KB039075

2023 K리그 연감
1983~2022

2023 K리그 연감 1983-2022

K LEAGUE
Annual Report
2023

(사) 한국프로축구연맹

차 례 •

연감을 보기 전에 알아두어야 할 축구 기록 용어 6
2022 K리그를 빛낸 최고의 별 7
2022년 K리그 일지 8

Section 1 • 구단별 2022 기록포인트

울산 현대 10
연혁 | 2022년 선수명단 | 2022년 개인기록
전북 현대 모터스 16
연혁 | 2022년 선수명단 | 2022년 개인기록
포항 스틸러스 22
연혁 | 2022년 선수명단 | 2022년 개인기록
인천 유나이티드 28
연혁 | 2022년 선수명단 | 2022년 개인기록
제주 유나이티드 34
연혁 | 2022년 선수명단 | 2022년 개인기록
강원FC 40
연혁 | 2022년 선수명단 | 2022년 개인기록
수원FC 46
연혁 | 2022년 선수명단 | 2022년 개인기록
대구FC 52
연혁 | 2022년 선수명단 | 2022년 개인기록
FC서울 58
연혁 | 2022년 선수명단 | 2022년 개인기록
수원 삼성 블루윙즈 64
연혁 | 2022년 선수명단 | 2022년 개인기록
김천 상무 70
연혁 | 2022년 선수명단 | 2022년 개인기록
성남FC 76
연혁 | 2022년 선수명단 | 2022년 개인기록
광주FC 82
연혁 | 2022년 선수명단 | 2022년 개인기록
대전 하나 시티즌 88
연혁 | 2022년 선수명단 | 2022년 개인기록
FC안양 94
연혁 | 2022년 선수명단 | 2022년 개인기록
경남FC 100
연혁 | 2022년 선수명단 | 2022년 개인기록
부천FC 1995 106
연혁 | 2022년 선수명단 | 2022년 개인기록
충남 아산 FC 112
연혁 | 2022년 선수명단 | 2022년 개인기록
서울 이랜드 FC 118
연혁 | 2022년 선수명단 | 2022년 개인기록
김포FC 124
연혁 | 2022년 선수명단 | 2022년 개인기록
안산 그리너스 130
연혁 | 2022년 선수명단 | 2022년 개인기록
부산 아이파크 136
연혁 | 2022년 선수명단 | 2022년 개인기록
전남 드래곤즈 142
연혁 | 2022년 선수명단 | 2022년 개인기록

Section 2 • 2022 시즌 기록

2022년 구단별 유료 관중 현황 150
K리그1 | K리그2 | 승강 플레이오프
2022년 전 경기 전 시간 출전자 150
2022년 심판배정 기록 150
K리그1 주심, 대기심, VAR | K리그1 부심 |
K리그2 주심, 대기심, VAR | K리그2 부심 |
승강플레이오프 주심, 대기심, VAR | 승강플레이오프 부심
하나원큐 K리그1 2022 경기일정표 151
2022년 K리그1 팀별 연속 승패 · 득실점 기록 154
울산 | 전북 | 포항 | 인천 | 제주 | 강원
| 수원FC | 대구 | 서울 | 수원 | 김천 | 성남
2022년 K리그1 팀 간 경기 기록 160
2022년 K리그1 최종 순위 및 팀별 경기기록, 승률 161
2022년 K리그1 팀별 개인 기록 162
울산 | 전북 | 포항 | 인천 | 제주 | 강원
| 수원FC | 대구 | 서울 | 수원 | 김천 | 성남
2022년 K리그1 득점 순위 168
2022년 K리그1 도움 순위 169
2022년 K리그1 골키퍼 실점 기록 171
하나원큐 K리그2 2022 경기일정표 172
2022년 K리그2 팀별 연속 승패 · 득실점 기록 174
광주 | 대전 | 안양 | 경남 | 부천 | 충남아산
| 서울E | 김포 | 안산 | 부산 | 전남
2022년 K리그2 팀 간 경기 기록 180
2022년 K리그2 최종 순위 및 팀별 경기기록, 승률 181
2022년 K리그2 팀별 개인 기록 182
광주 | 대전 | 안양 | 경남 | 부천 | 충남아산
| 서울E | 김포 | 안산 | 부산 | 전남
2022년 K리그2 득점 순위 187
2022년 K리그2 도움 순위 189
2022년 K리그2 골키퍼 실점 기록 190
하나원큐 K리그 2022 승강 플레이오프 경기일정표 191
2022년 승강 플레이오프 팀 간 경기기록 191
2022년 승강 플레이오프 팀별 개인 기록 191
수원 | 김천 | 대전 | 안양
2022년 승강 플레이오프 선수 득점 기록 192
2022년 승강 플레이오프 선수 도움 기록 192
2022년 승강 플레이오프 골키퍼 실점 기록 192

Section 3 • K리그1 통산기록

K리그1 통산 팀 간 경기기록 194
K리그1 통산 팀 최다 기록 197
K리그1 통산 팀 최소 기록 197
K리그1 통산 팀 최다 연속 기록 197
K리그1 통산 선수 출전 순위 197

K리그1 통산 선수 득점 순위 ········· 197
K리그1 통산 선수 도움 순위 ········· 197
K리그1 통산 선수 공격포인트 순위 ········· 197
K리그1 통산 골키퍼 무실점 순위 ········· 198
K리그1 통산 선수 연속 득점 순위 ········· 198
K리그1 통산 선수 연속 도움 순위 ········· 198
K리그1 통산 선수 연속 공격포인트 순위 ········· 198
K리그1 통산 골키퍼 연속 무실점 경기 순위 ········· 198

Section 4 • K리그2 통산기록

K리그2 통산 팀 간 경기기록 ········· 200
K리그2 통산 팀 최다 기록 ········· 203
K리그2 통산 팀 최소 기록 ········· 203
K리그2 통산 팀 최다 연속 기록 ········· 203
K리그2 통산 선수 출전 순위 ········· 204
K리그2 통산 선수 득점 순위 ········· 204
K리그2 통산 선수 도움 순위 ········· 204
K리그2 통산 선수 공격포인트 순위 ········· 204
K리그2 통산 골키퍼 무실점 순위 ········· 204
K리그2 통산 선수 연속 득점 순위 ········· 204
K리그2 통산 선수 연속 공격포인트 순위 ········· 204
K리그2 통산 골키퍼 연속 무실점 경기 순위 ········· 204

Section 5 • K리그 승강 플레이오프 통산기록

승강 플레이오프 통산 팀 간 경기기록 ········· 206

Section 6 • 프로축구 역대 통산기록

프로축구 통산 팀 간 경기 기록 ········· 208
프로축구 통산 팀 최다 기록 ········· 214
프로축구 통산 팀 최소 기록 ········· 214
프로축구 통산 팀 최다 연승 ········· 214
프로축구 통산 팀 최다 연패 ········· 215
프로축구 통산 팀 최다 연속 무승 ········· 215
프로축구 통산 팀 최다 연속 무패 ········· 215
프로축구 통산 팀 최다 연속 무승부 ········· 215
프로축구 통산 팀 최다 연속 득점 ········· 215
프로축구 통산 팀 최다 연속 실점 ········· 215
프로축구 통산 팀 최다 연속 무득점 ········· 215
프로축구 통산 팀 최다 연속 무실점 ········· 216
프로축구 통산 팀 300승·400승·500승·600승 기록 ········· 216
프로축구 통산 선수 최다 기록 ········· 216
프로축구 통산 선수 출전 순위 ········· 216
프로축구 통산 선수 득점 순위 ········· 217
프로축구 통산 선수 도움 순위 ········· 217
프로축구 통산 선수 공격포인트 순위 ········· 217
프로축구 통산 선수 파울 순위 ········· 217
프로축구 통산 선수 경고 순위 ········· 217
프로축구 통산 골키퍼 무실점 순위 ········· 217
프로축구 통산 선수 연속 득점 순위 ········· 217
프로축구 통산 선수 연속 도움 순위 ········· 217
프로축구 통산 선수 연속 공격포인트 순위 ········· 217
프로축구 통산 골키퍼 연속 무실점 경기 순위 ········· 217
프로축구 통산 선수 연속 무교체 순위 ········· 218
프로축구 통산 최단시간 골 순위 ········· 218
프로축구 통산 최장거리 골 순위 ········· 218
역대 시즌별 최다 득점 기록 ········· 218
역대 시즌별 최다 도움 기록 ········· 219
역대 득점 해트트릭 기록 ········· 220
K리그 BC | K리그1 | K리그2
역대 도움 해트트릭 기록 ········· 222
K리그 BC | K리그1 | K리그2
역대 자책골 기록 ········· 223
K리그 BC | K리그1 | K리그2 | K리그 승강 플레이오프
역대 단일 시즌 득점·도움 10-10 기록 ········· 227
역대 대회별 전 경기, 전 시간 출전자 ········· 228
역대 감독별 승·무·패 기록 ········· 230
역대 선수별 경기기록 ········· 238

Section 7 • 2022년 경기기록부

하나원큐 K리그1 2022 대회요강 ········· 426
하나원큐 K리그1 2022 경기기록부 ········· 434
하나원큐 K리그2 2022 대회요강 ········· 491
하나원큐 K리그2 2022 경기기록부 ········· 499
하나원큐 K리그 승강 플레이오프 2022 대회요강 ········· 554
하나원큐 K리그 승강 플레이오프 2022 경기기록부 ········· 561
2022 K리그 주니어 U18 대회요강 ········· 562
2022 K리그 주니어 U18 경기일정표 및 결과 ········· 566
A그룹 전반기 | B그룹 전반기 |
후반기 상위스플릿 | 후반기 하위스플릿
2022 K리그 주니어 U18 팀 순위 ········· 568
A그룹 전반기 | B그룹 전반기 |
후반기 상위스플릿 | 후반기 하위스플릿
AFC 챔피언스리그 2022 ········· 569
F조 | G조 | H조 | I조 | 16강 | 8강 | 4강

Section 8 • 시즌별 기타 기록

역대 시즌별 팀 순위 ········· 572
역대 대회방식 변천사 ········· 582
역대 신인선수선발 제도 변천사 ········· 585
역대 외국인 선수 보유 및 출전한도 변천사 ········· 585
역대 승점제도 변천사 ········· 585
역대 관중 기록 ········· 586
K리그 BC | K리그1 | K리그2 | K리그 승강 플레이오프
역대 시즌별 개인상 수상자 ········· 588

연감을 보기 전에 알아두어야 할 축구 기록 용어

축구장 규격 규정

형태	직사각형
길이	최소 90m(100야드) ~ 최대 120m(130야드)
너비	최소 45m(50야드) ~ 최대 90m(100야드)
길이(국제경기 기준)	최소 100m(110야드) ~ 최대 110m(120야드)
너비(국제경기 기준)	최소 64m(70야드) ~ 최대 75m(80야드)
골대 높이	2.44m(8피트)

축구장 약어 표시

E.L	엔드라인(End Line)
C.KL	코너킥 왼쪽 지점
PAL EL	페널티 에어리어 왼쪽 엔드라인 부근
GAL EL	골 에어리어 왼쪽 엔드라인 부근
GAL 내 EL	골 에어리어 왼쪽 안 엔드라인 부근
GAR 내 EL	골 에어리어 오른쪽 안 엔드라인 부근
GAR EL	골 에어리어 오른쪽 엔드라인 부근
PAR EL	페널티 에어리어 오른쪽 엔드라인 부근
C.KR	코너킥 오른쪽 지점
PAL CK	페널티 에어리어 왼쪽 코너킥 지점 부근
PAR CK	페널티 에어리어 오른쪽 코너킥 지점 부근
GAL 내	골 에어리어 왼쪽 안
GA 정면 내	골 에어리어 정면 안
GAR 내	골 에어리어 오른쪽 안
PAL	페널티 에어리어 왼쪽
PAR	페널티 에어리어 오른쪽
PAL TL	페널티 에어리어 왼쪽 터치라인 부근
GAL	골 에어리어 왼쪽
GA 정면	골 에어리어 정면
GAR	골 에어리어 오른쪽
PAR TR	페널티 에어리어 오른쪽 터치라인 부근
TL	터치라인(Touch Line)
PAL 내	페널티 에어리어 왼쪽 안
PA 정면 내	페널티 에어리어 정면 안
PAR 내	페널티 에어리어 오른쪽 안
PAL	페널티 에어리어 왼쪽
PA 정면	페널티 에어리어 정면
PAR	페널티 에어리어 오른쪽
AKL	아크서클 왼쪽
AK 정면	아크서클 정면
AKR	아크서클 오른쪽
MFL TL	미드필드 왼쪽 터치라인 부근
MFR TL	미드필드 오른쪽 터치라인 부근
MFL	미드필드 왼쪽
MF 정면	미드필드 정면
MFR	미드필드 오른쪽
HLL	하프라인(Half Live) 왼쪽
HL 정면	하프라인 정면
HLR	하프라인 오른쪽
자기 측 MFL	자기 측 미드필드 왼쪽
자기 측 MF 정면	자기 측 미드필드 정면
자기 측 MFR	자기 측 미드필드 오른쪽

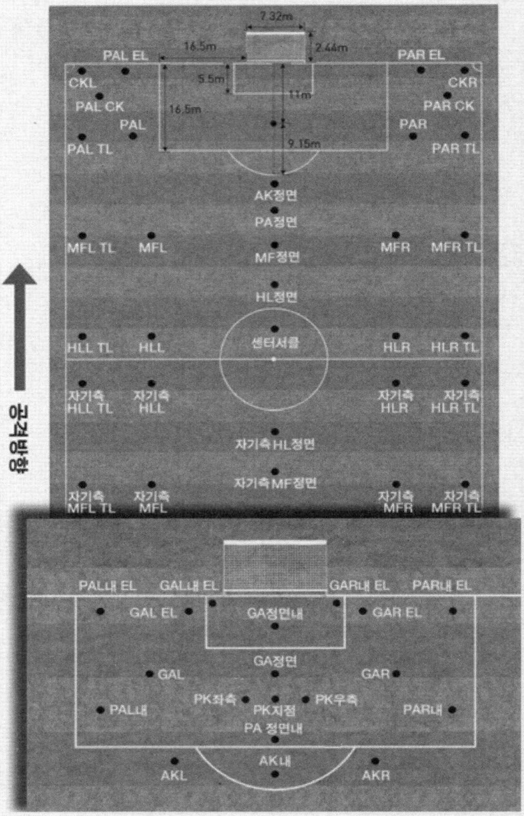

경기 기록 용어

1. 패스 종류	⌒	머리 높이 이상의 패스
	→	무릎에서 가슴 높이 정도의 패스
	~	땅볼 패스
2. 기타 약어	B	공이 골대의 가로축(Cross Bar)에 맞을 때
	H	헤딩 패스나 슈팅 / Half time
	L	좌측(Left)
	P	공이 골대의 세로축(Post)에 맞을 때
	R	우측(Right)
	AK	아크서클(Arc Circle)
	CK	코너킥(Corner Kicks)
	FO	모든 종류의 파울
	GA	골 에어리어(Goal Area)
	GK	골키퍼 / 골킥(Goal Kick)
	MF	미드필더 / 미드필드(Midfield)
	OS	오프사이드(Offside)
	PA	페널티 에어리어(Penalty Area)
	PK	페널티킥(Penalty Kick)
	PSO	승부차기(Penalty Shoot-Out)
	GL	득점(Goal)
	AS	도움(Assist)
	ST	슈팅(Shoot)
	FK	프리킥(Free Kick)

2022 K리그를 빛낸 최고의 별

K리그1 | K리그2

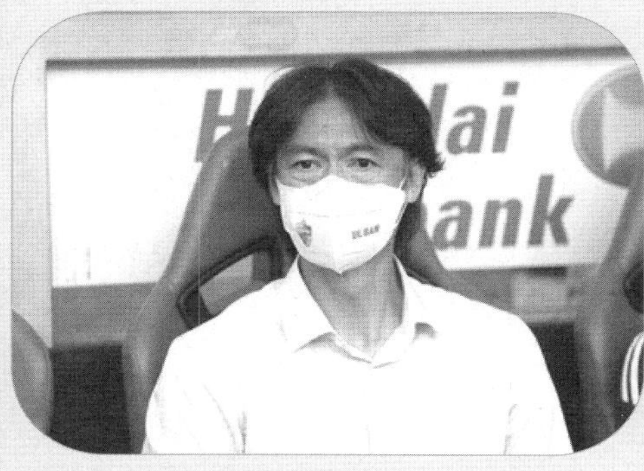

감독상
홍명보 울산 현대

감독상
광주FC **이정효**

MVP
이청용 울산 현대

MVP
광주FC **안영규**

영플레이어상
양현준 강원FC

영플레이어상
광주FC **엄지성**

2022년 K리그 일지

월	일	내용
1	5	'2021 K리그 테크니컬 리포트' 발간
	12	FIFA 온라인 4 'eK리그 챔피언십' 출범
	13	K리그 - 넥슨, 유소년 축구 지원 프로젝트 'Ground N' 출범
	17	2022 제1차 이사회 및 정기총회 개최
	21	'2021 K리그 사회공헌활동 백서' 발간
2	2	'K리그 공식 서체' 공개
	2	IFFHS 선정 세계프로축구리그 순위 11년 연속 아시아 1위 선정
	17	K리그 신인선수교육, '메타버스'로 비대면 진행
	22	K리그 - 삼성물산 잔디환경연구소, 잔디관리 컨설팅 파트너십
3	4	K리그 - 프로젝트 위드(ProjectWITH), 팬을 위한 공동 사업 추진
	5	'2022 K리그 주니어' 개막
	8	바른세상병원과 3년 연속 공식 지정 병원 협약
	14	김학범 전 감독, 'K리그 앰버서더'로 위촉
	16	K리그 파워랭킹, '아디다스 포인트'로 새 출발
4	9	'드림어시스트' 3기 발대식 개최
	11	2022 'K리그 마스코트 반장선거' 실시
	12	K리그 - 쿠팡플레이, 2025년까지 '포괄적 파트너십' 체결
	22	육성응원 등 코로나19 관련 제한사항 대부분 해제
	27	크라운제과 키커, '2022 K리그 마스코트 반장선거' 공식 후원사 선정
	29	K리그 - 파라다이스시티, '이달의 감독상' 후원 협약
5	16	수원 마스코트 '아길레온', 3년 연속 '마스코트 반장'으로 선출
	17	해양 환경 보호 위한 '아디다스 런 포 더 오션 위크' 진행
	24	팬 프렌들리 클럽상 선정 방식 개선, 팬 투표 도입
	27	2022 eK리그 챔피언십 시즌1 개막
6	16	신규 부가데이터 월별 'GK 선방지수 TOP5' 공개
	23	2022 제5차 이사회 개최
	24	휴테크 안마의자 '이달의 퍼포먼스 상' 신설
	27	축구산업 아카데미 네트워킹 데이 개최
	28	유소년 지도자 피지컬 교육 실시 및 피지컬 T/F 발족
7	7	'쿠팡플레이 시리즈' 팀 K리그 명단 공개
	11	'쿠팡플레이 시리즈' 팀 K리그 유니폼 및 등 번호 공개
	13	'쿠팡플레이 시리즈' 1차전 팀 K리그 vs 토트넘
	16	'2022 GROUND.N K리그 U18 & 17 챔피언십' 개막
	22	K리그 - 핏투게더, 2024년까지 파트너십 연장
	24	K리그 멤버십 어플 'Kick' 베타 버전 출시
	27	K리그 - 하나은행, '든든미래 어시스트 시즌2' 종료
8	10	K리그 외국인 선수 제도 개정 위한 1차 공청회 개최
	11	'2022 GROUND.N K리그 U15 & 14 챔피언십' 개막
	19	'2022 스페셜올림픽 코리아 K리그 통합축구 Unified Cup' 1차 리그 개최
	31	K리그 '모두의 드리블' 홍보영상, 부산국제광고제 크리스탈상 수상
9	8	'생명나눔 주간' 맞아 다채로운 이벤트 준비
	15	경기 영상 기반 NFT 플랫폼 'ELVN(일레븐)' 출시
	19	K리그 외국인 선수 제도 개정 위한 2차 공청회 개최
	21	기술 분석을 담은 월간 테크니컬 리포트 '월간 TSG' 창간
	27	K리그 '드림어시스트' 와디즈 펀딩 진행
	28	팬과 함께하는 'K리그1 파이널라운드 미디어데이' 개최
	28	'K리그 파이널라운드 패스 이벤트' 실시
	30	K리그 오리지널 시리즈 'THE K', 스카이스포츠에서 첫 방송
10	1	'2022 K리그 여자 풋살대회 퀸컵(K-WIN CUP)' 개최
	7	K리그 유소년 학부모 대상 교육 실시
	23	'2022 스페셜올림픽코리아 K리그 통합축구 Unified Cup' 2차 리그 개최
	24	이동 약자 체험 '모두의 드리블', 전주월드컵경기장에서 실시
	24	2022 제7차 이사회 개최
	24	K리그 시상식에서 대중교통 장려 '환승캠페인' 실시
11	24	K리그 유스 대상 '심판 자격증 취득 특별 코스' 실시
	24	K리그 메타버스 'K리그 아일랜드', 더 샌드박스에서 공개
	25	'2022 스페셜올림픽코리아 K리그 국제 통합축구 클럽컵' 개최
	27	2022 K리그 의무세미나 개최
12	9	K리그 '모두의 드리블' 홍보영상, 클리오 스포츠 어워드 금상 수상
	9	'2022 K리그 유소년 지도자 해외연수' 스페인에서 12일간 진행
	10	2022 스페셜올림픽코리아 K리그 통합축구 올스타전 개최
	16	연맹 - 천안시티FC - 충북청주FC, 사랑나눔 봉사활동 실시
	29	'2022 K리그 사진전' 성수동에서 개최

Section 1

구단별 2022 기록포인트

울산 현대
전북 현대 모터스
포항 스틸러스
인천 유나이티드
제주 유나이티드
강원FC
수원FC
대구FC
FC서울
수원 삼성 블루윙즈
김천 상무
성남FC

광주FC
대전 하나 시티즌
FC안양
경남FC
부천FC 1995
충남 아산 FC
서울 이랜드 FC
김포 FC
안산 그리너스
부산 아이파크
전남 드래곤즈

울산 현대

창단년도_ 1983년
전화_ 052-209-7000
숙소전화_ 052-209-7114
팩스_ 052-202-6145
홈페이지_ www.uhfc.tv
인스타그램_ ulsanhyundaifootballclub
페이스북_ www.facebook.com/ulsanfc
유튜브_ www.youtube.com/ulsanhyundai
주소_ 우 44018 울산광역시 동구 봉수로 507(서부동) 현대스포츠클럽
Hyundai Sports Club, 507, Bongsuro(Seobu-dong), Dong-gu, Ulsan, KOREA 44018

연혁

1983 12월 6일 현대 호랑이 축구단 창단(인천/경기 연고)
1984 84 축구대제전 수퍼리그 종합 3위
1985 85 축구대제전 수퍼리그 종합 4위
1986 86 프로축구선수권대회 우승 86 축구대제전 종합 3위
1987 강원도로 연고지 이전 87 한국프로축구대회 4위
1988 88 한국프로축구대회 2위
1989 89 한국프로축구대회 6위
1990 울산광역시로 연고지 이전 90 한국프로축구대회 5위
1991 91 한국프로축구대회 2위
1992 92 한국프로축구대회 3위 92 아디다스컵 5위
1993 93 한국프로축구대회 3위 93 아디다스컵 2위
1994 94 하이트배 코리안리그 4위 94 아디다스컵 5위
1995 95 하이트배 코리안리그 3위(전기 2위, 후기 3위)
95 아디다스컵 우승
1996 96 라피도컵 프로축구대회 통합우승(전기 우승, 후기 9위)
96 아디다스컵 4위, 아시안컵 위너스컵 3위
1997 97 라피도컵 프로축구대회 전기리그 우승
97 아디다스컵 3위, 97 프로스펙스컵 A조 4위
1998 모기업 현대자동차에서 현대중공업으로 이전
98 아디다스코리아컵 우승 98 필립모리스코리아컵 8위
98 현대컵 K-리그 준우승 제3회 삼보체인지업 FA컵 준우승
1999 99 바이코리아컵 K-리그 6위 99 대한화재컵 3위
99 아디다스컵 8강 제4회 삼보컴퓨터 FA컵 3위
2000 2000 삼성 디지털 K-리그 10위
2000 대한화재컵 B조 3위 2000 아디다스컵 8강 6위
2001 2001 포스코 K-리그 6위 아디다스컵 2001 B조 4위
2002 2002 삼성 파브 K-리그 준우승 아디다스컵 2002 준우승
2003 삼성 하우젠 K-리그 2003 준우승 제8회 하나은행 FA컵 3위
2004 삼성 하우젠 K-리그 2004 통합순위 1위(전기 3위, 후기 3위)
삼성 하우젠컵 2004 5위
2005 삼성 하우젠 K-리그 2005 우승(전기 3위, 후기 3위)
삼성 하우젠컵 2005 준우승
2006 제7회 삼성 하우젠 수퍼컵 2006 우승(3월 4일)
A3 챔피언스컵 2006 우승 AFC 챔피언스리그 공동 3위
2007 삼성 하우젠컵 2007 우승
삼성 하우젠 K-리그 2007 정규리그 4위
2008 법인설립 (주)울산 현대 축구단
'울산 현대 호랑이 축구단'에서 '울산 현대 축구단'으로 구단명칭 변경
삼성 하우젠컵 2008 B조 3위
삼성 하우젠 K-리그 2008 플레이오프 최종 3위(정규리그 4위)
2009 '(주)울산 현대 축구단'에서 '(주)현대중공업 스포츠'로 법인 변경
2009 K-리그 8위
2010 쏘나타 K리그 2010 플레이오프 최종 5위(정규리그 4위)
2011 러시앤캐시컵 2011 우승, 득점왕(김신욱), 도움왕(최재수) 수상
현대오일뱅크 K리그 2011 6위
현대오일뱅크 K리그 2011 챔피언십 준우승
K리그 통산 최초 400승 달성(7월 16일 강원전)
곽태휘 · 김영광 K리그 대상 베스트 11 선정
2012 현대오일뱅크 K리그 2012 5위
K리그 대상 페어플레이상 수상, 이근호 · 곽태휘 베스트 11 선정
김호곤 감독 통산 100승 달성(8월 8일 성남일화전, 탄천종합운동장)
AFC 챔피언스리그 2012 우승 / MVP(이근호)
AFC 올해의 클럽상 / 올해의 감독상(김호곤) / 올해의 선수상(이근호)
FIFA 클럽 월드컵 6위
2013 현대오일뱅크 K리그 클래식 2013 준우승
김신욱 · 김치곤 · 김승규 · 이용 K리그 클래식 베스트 11 선정
김신욱 K리그 대상 MVP, 아디다스 올인 팬타스틱 플레이어 선정
2014 현대오일뱅크 K리그 클래식 2014 6위
2015 현대오일뱅크 K리그 클래식 2015 7위
김신욱 K리그 클래식 득점상 수상 / K리그 유소년 클럽상
2016 현대오일뱅크 K리그 클래식 2016 4위
2017 제22회 KEB하나은행 FA컵 우승
KEB하나은행 K리그 2017 4위
K리그 통산 최초 500승 달성 (7월 19일 강원전)
대한민국 스포츠산업대상 우수프로스포츠단상 (장관상)
2018 제23회 KEB하나은행 FA컵 준우승 / K리그 유소년 클럽상
주니오 · 리차드 K리그1 베스트 11 / 한승규 영플레이어상 수상
2019 하나원큐 K리그1 2019 준우승
주니오 · 김보경 · 김태환 K리그1 베스트 11 / 김보경 MVP 수상
2020 AFC 챔피언스리그 2020 우승
하나원큐 K리그1 2020 준우승
조현우 · 김태환 · 주니오 K리그1 베스트 11 / 주니오 득점상 수상
제25회 하나은행 FA컵 준우승
2021 하나원큐 K리그1 2021 준우승
하나원큐 K리그1 팬 프렌들리상 수상 / 조현우 · 불투이스 · 이동준 · 바코 베스트 11 / 설영우 영플레이어상 수상
2022 하나원큐 K리그1 2022 우승
K리그 통산 최초 600승 달성 (8월 21일 김천전)
홍명보 감독 K리그1 감독상, 이청용 MVP 수상
조현우 · 김영권 · 김태환 · 이청용 K리그1 베스트 11 선정

2022년 선수명단

대표이사(단장)_ 김광국　사무국장_ 이종훈　감독_ 홍명보
코치_ 이케다 세이고, 김상록, 조광수　GK코치_ 양지원　피지컬코치_ 이세준　전력분석관_ 이순석, 김형철
통역_ 문건호　트레이너_ 이인철, 정성덕, 박영훈

포지션	선수명		생년월일	출신교	키(cm) / 몸무게(kg)
GK	조 수 혁	趙 秀 赫	1987.03.18	건국대	188 / 83
	조 현 우	趙 賢 祐	1991.09.25	선문대	189 / 75
	설 현 빈	偰 賢 彬	2001.08.07	울산대	190 / 78
	민 동 환	閔 東 煥	2001.01.12	현대고	187 / 78
DF	김 현 우	金 炫 佑	1999.03.07	현대고	184 / 74
	임 종 은	林 宗 垠	1990.06.18	현대고	192 / 88
	이 명 재	李 明 載	1993.11.04	홍익대	182 / 68
	정 승 현	鄭 昇 炫	1994.04.03	연세대	188 / 89
	김 영 권	金 英 權	1990.02.27	전주대	186 / 83
	김 태 환	金 太 煥	1989.07.24	울산대	177 / 72
	오 인 표	吳 仁 杓	1997.03.18	성균관대	178 / 63
	김 재 성	金 哉 成	1999.07.13	동국대	179 / 75
	김 기 희	金 基 熙	1989.07.13	홍익대	188 / 80
	설 영 우	薛 英 佑	1998.12.05	울산대	180 / 72
MF	박 용 우	朴 鎔 宇	1993.09.10	건국대	186 / 80
	윤 일 록	尹 日 錄	1992.03.07	진주고	178 / 65
	아마노 준	天野純 / Amano Jun	1991.07.19	*일본	175 / 67
	바　　코	Valeri Qazaishvili	1993.01.29	*조지아	174 / 74
	엄 원 상	嚴 元 相	1999.01.06	아주대	171 / 67
	황 재 환	黃 載 桓	2001.04.12	현대고	170 / 60
	원 두 재	元 斗 才	1997.11.18	한양대	187 / 80
	김 민 준	金 民 俊	2000.02.12	울산대	183 / 78
	김 성 준	金 聖 埈	1988.04.08	홍익대	174 / 68
	신 형 민	辛 炯 旼	1986.07.18	홍익대	182 / 77
	고 명 진	高 明 桭	1988.01.09	석관중	185 / 77
	이 규 성	李 奎 成	1994.05.10	홍익대	176 / 67
	최 기 윤	崔 起 淪	2002.04.09	용인대	175 / 68
	이　　호	李　浩	1984.10.22	중동고	183 / 76
	이 청 용	李 靑 龍	1988.07.02	도봉중	180 / 70
FW	레오나르도	Leonardo Nascimento Lopes de Souza	1997.05.28	*브라질	180 / 70
	마틴 아담	Martin Adam	1994.11.06	*헝가리	190 / 95
	박 주 영	朴 主 永	1985.07.10	고려대	182 / 75

2022년 개인기록_ K리그1

위치	배번	경기번호	06	10	13	23	25	35	38	45	50	57
		날 짜	02.20	02.26	03.01	03.06	03.11	03.27	04.02	04.05	04.09	05.05
		홈/원정	홈	원정	홈	원정	홈	홈	원정	원정	홈	원정
		장 소	문수	탄천	문수	전주W	문수	문수	인천	제주W	문수	수원W
		상 대	김천	성남	수원FC	전북	서울	포항	인천	제주	대구	수원
		결 과	무	승	승	승	승	승	무	승	승	패
		점 수	0 : 0	2 : 0	2 : 1	1 : 0	2 : 1	2 : 0	1 : 1	2 : 1	3 : 1	0 : 1
		승 점	1	4	7	10	13	16	17	20	23	23
		슈팅수	20 : 6	10 : 6	12 : 5	9 : 8	9 : 9	11 : 5	14 : 12	5 : 16	11 : 8	6 : 15
GK	1	조 수 혁						○ 0/0				
	21	조 현 우	○ 0/0	○ 0/0	○ 0/0	○ 0/0	○ 0/0		○ 0/0	○ 0/0	○ 0/0	○ 0/0
DF	5	임 종 은	○ 0/0	○ 0/0				○ 1/0	○ 0/0	○ 0/0	○ 0/0	◈ 0/0
	13	이 명 재						○ 0/0	○ 0/0			○ 0/0
	15	정 승 현										
	19	김 영 권	○ 0/0 C	○ 0/0	○ 0/0	○ 0/0	○ 0/0		△ 0/0	○ 0/0 S	○ 0/0	○ 0/0
	23	김 태 환	○ 0/0	○ 0/0	○ 0/0	○ 0/0	○ 0/0			○ 0/0	○ 0/0	○ 0/0 C
	25	오 인 표						▽ 0/0	▽ 0/0			
	30	김 재 성						△ 0/0 C				
	44	김 기 희			○ 0/0	○ 0/0	▽ 0/0					
MF	66	설 영 우	○ 0/0	○ 0/0	○ 0/1	○ 0/1	○ 0/0	○ 0/0	○ 0/0	○ 0/0	○ 0/0	
	6	박 용 우			○ 0/0	△ 0/0	○ 0/0	○ 0/0	○ 0/0	○ 0/0	▽ 0/0	
	8	아 마 노	▽ 0/0	○ 2/0	▽ 0/0	○ 0/0 C		△ 0/1 C	△ 0/0	▽ 1/0	○ 1/0	○ 0/0
	10	바 코	○ 0/0	○ 0/0	○ 1/0	○ 0/0	△ 0/1		△ 0/0	○ 0/0	○ 1/0	▽ 0/0
	11	엄 원 상	△ 0/0	△ 0/0	○ 0/0	△ 0/0	○ 1/0	△ 0/0	○ 1/0	△ 1/0	△ 1/1	△ 0/0
	14	황 재 환										
	16	원 두 재	○ 0/0	▽ 0/0	△ 0/0	▽ 0/0						○ 0/0
	17	김 민 준	▽ 0/0	▽ 0/0	▽ 1/0	▽ 0/0	▽ 0/0		▽ 0/0		▽ 0/0	▽ 0/0
	18	김 성 준					▽ 0/0	△ 0/0				○ 0/0 S
	20	신 형 민		△ 0/0			△ 0/0					△ 0/0
	22	고 명 진								△ 0/0	△ 0/0	▽ 0/0
	24	이 규 성	○ 0/0 C	○ 0/0	▽ 0/0	▽ 0/0	○ 0/0	▽ 0/0	○ 0/0	△ 0/0	▽ 0/0	
	29	최 기 윤						▽ 0/0		▽ 0/0		▽ 0/0 C
	35	이 호										
	72	이 청 용	○ 0/0	▽ 0/0	△ 0/0	○ 0/0 C	△ 0/0	○ 0/0 C		○ 0/1		△ 0/0
FW	7	윤 일 록	△ 0/0					▽ 0/0	▽ 0/1		△ 0/0	
	9	레오나르도			△ 0/0 C	△ 1/0	○ 1/0 C	○ 1/0	○ 0/0	▽ 0/0 C	○ 0/0	△ 0/0
	63	마틴 아담										
	91	박 주 영		△ 0/0								

선수자료 : 득점/도움 ○ = 선발출전 △ = 교체 IN ▽ = 교체 OUT ◈ = 교체 IN/OUT C = 경고 S = 퇴장

위치	배번	경기번호	62	68	75	81	87	95	101	106	110	117
		날 짜	05.08	05.14	05.18	05.21	05.28	06.19	06.22	06.26	07.02	07.05
		홈/원정	원정	홈	홈	원정	원정	홈	원정	홈	원정	홈
		장 소	강릉	문수	문수	김천	수원	문수	서울W	문수	포항	문수
		상 대	강원	인천	제주	김천	수원FC	전북	서울	성남	포항	강원
		결 과	승	무	승	승	승	패	승	무	패	승
		점 수	3 : 1	2 : 2	1 : 0	2 : 0	2 : 1	1 : 3	2 : 1	0 : 0	0 : 2	2 : 1
		승 점	26	27	30	33	36	36	39	40	40	43
		슈팅수	10 : 13	18 : 6	26 : 7	7 : 14	6 : 10	18 : 9	13 : 6	13 : 6	5 : 6	13 : 8
GK	1	조 수 혁										
	21	조 현 우	○ 0/0	○ 0/0	○ 0/0	○ 0/0	○ 0/0	○ 0/0	○ 0/0	○ 0/0	○ 0/0	○ 0/0
DF	5	임 종 은					○ 0/0	○ 0/0		○ 0/0		○ 0/1
	13	이 명 재	△ 0/0			○ 0/0 C			○ 0/0	○ 0/0 C	▽ 0/0	○ 0/0
	15	정 승 현										
	19	김 영 권	▽ 0/0	○ 0/0	○ 0/0	○ 0/0	○ 0/0	○ 0/0	○ 0/0	○ 0/0	○ 0/0	○ 0/0
	23	김 태 환	○ 0/0	○ 0/0 C	○ 0/0	○ 0/0	○ 0/0 C	○ 0/0		○ 0/0	○ 0/0	
	25	오 인 표										
	30	김 재 성										
	44	김 기 희							○ 0/0		○ 0/0	
MF	66	설 영 우	○ 0/1	○ 0/0	○ 0/0		○ 0/0	○ 0/0	○ 0/0		△ 0/0	○ 0/0
	6	박 용 우	○ 0/0	○ 0/0	○ 0/0	○ 0/0	▽ 0/0	▽ 0/0	○ 0/0 C	○ 0/0	○ 0/0	
	8	아 마 노	△ 0/0	○ 1/0	○ 0/0		△ 1/0 C	▽ 0/0	△ 0/0	○ 0/0	○ 0/0	○ 0/0
	10	바 코	○ 0/0	△ 0/0	○ 0/0	○ 0/0	○ 1/0 C	△ 0/0	○ 1/0	○ 0/0	▽ 0/0	△ 0/0
	11	엄 원 상	△ 1/2	○ 0/1	△ 1/0	△ 0/0	△ 0/0	△ 1/0	△ 1/0	△ 0/0		○ 1/0
	14	황 재 환									▽ 0/0	▽ 0/0
	16	원 두 재	○ 0/0	○ 0/0	○ 0/0		△ 0/0					○ 0/0
	17	김 민 준	▽ 0/0	▽ 0/0				▽ 0/0		▽ 0/0		
	18	김 성 준										
	20	신 형 민				△ 0/0						
	22	고 명 진				○ 0/0	○ 0/0	○ 0/0				
	24	이 규 성	○ 0/0	▽ 0/0		○ 0/0 C			▽ 0/0	▽ 0/0	○ 0/0	▽ 0/0
	29	최 기 윤			▽ 0/0	▽ 0/1	▽ 0/0		▽ 0/0			
	35	이 호										
	72	이 청 용	○ 0/0	△ 0/0	▽ 0/0	△ 0/0	▽ 0/0	○ 0/0	△ 0/0	△ 0/0	△ 0/0 C	△ 0/0
FW	7	윤 일 록			△ 0/0	▽ 1/0			▽ 0/0 C	▽ 0/0		
	9	레오나르도	▽ 2/0	○ 1/0	○ 0/1	▽ 1/0	○ 0/1 C	○ 0/0	○ 0/0 C		○ 0/0 C	△ 1/1
	63	마틴 아담										
	91	박 주 영						△ 0/0		△ 0/0	△ 0/0	▽ 0/0

위치	배번	경기번호	124	128	146	153	161	163	142	135	174	179
		날 짜	07.09	07.16	07.30	08.02	08.07	08.13	08.21	08.27	09.04	09.07
		홈/원정	원정	홈	홈	홈	원정	홈	원정	원정	원정	홈
		장 소	대구전	문수	문수	문수	전주W	문수	김천	제주W	탄천	문수
		상 대	대구	수원	강원	서울	전북	대구	김천	제주	성남	수원
		결 과	무	승	승	무	무	승	승	무	패	승
		점 수	1 : 1	2 : 1	2 : 1	1 : 1	1 : 1	4 : 0	2 : 1	1 : 1	0 : 2	1 : 0
		승 점	44	47	50	51	52	55	58	59	59	62
		슈팅수	13 : 10	20 : 5	5 : 15	15 : 4	9 : 11	20 : 13	9 : 4	7 : 12	7 : 10	8 : 4
GK	1	조 수 혁										
	21	조 현 우	○ 0/0	○ 0/0	○ 0/0	○ 0/0	○ 0/0 C	○ 0/0	○ 0/0	○ 0/0	○ 0/0	○ 0/0
DF	5	임 종 은						○ 0/0	○ 0/0		▽ 0/0	
	13	이 명 재	△ 0/0	○ 0/1	○ 0/1							
	15	정 승 현										
	19	김 영 권	○ 0/0	○ 0/0	○ 0/0	○ 0/0	○ 0/0	○ 0/0	○ 0/0	○ 0/0	○ 0/0	▽ 0/0
	23	김 태 환	▽ 0/0			○ 0/0	○ 0/0 C	○ 0/1	○ 0/1	○ 0/0 C		○ 0/1
	25	오 인 표										
	30	김 재 성										
	44	김 기 희	○ 0/0	○ 0/0 C	○ 0/0	○ 0/0	○ 0/0			○ 0/0		○ 0/0
MF	66	설 영 우	○ 0/0 C	○ 0/0	○ 0/0	○ 0/0	○ 0/0 C	○ 0/0	○ 0/0	○ 0/0	○ 0/0	○ 0/0
	6	박 용 우		△ 0/0		○ 0/0	▽ 0/0		△ 0/0	○ 0/0	○ 0/0	○ 0/0
	8	아 마 노	△ 0/0 C		○ 1/0		△ 0/0	▽ 1/0		▽ 0/0	○ 0/0	△ 0/0
	10	바 코	○ 0/0	○ 0/0	△ 0/0	○ 1/0	○ 0/0	△ 1/0	○ 0/0	▽ 1/0	△ 0/0	▽ 0/0
	11	엄 원 상	△ 0/0	○ 1/0	△ 0/0	△ 0/1	○ 1/0	○ 0/0	○ 0/0	△ 0/0	○ 0/0	△ 0/0
	14	황 재 환	▽ 0/0	▽ 0/0	▽ 0/0						▽ 0/0	
	16	원 두 재	▽ 0/0	▽ 0/0 C	○ 0/0		△ 0/0 C	○ 0/0	▽ 0/0		▽ 0/0	△ 0/0
	17	김 민 준										▽ 0/0 C
	18	김 성 준										
	20	신 형 민	△ 0/0									
	22	고 명 진			▽ 0/0							
	24	이 규 성	▽ 0/0	▽ 1/0 C	△ 0/0	○ 0/0	▽ 0/0 C		△ 0/0	○ 0/0		▽ 0/0
	29	최 기 윤	▽ 0/0			▽ 0/0	▽ 0/0	▽ 0/0	▽ 0/0	▽ 0/0		△ 0/0
	35	이 호										
	72	이 청 용	△ 0/0	△ 0/0	▽ 1/0 C	△ 0/0	△ 0/0	○ 0/0	○ 0/1	△ 0/0	△ 0/0	○ 0/0
FW	7	윤 일 록		△ 0/0		▽ 0/0		△ 0/0			○ 0/0	
	9	레오나르도	○ 1/0	○ 0/1	○ 0/0	△ 0/0	○ 0/0 C	△ 1/0	△ 0/0	△ 0/0	○ 0/0	△ 0/0
	63	마틴 아담				▽ 0/0		▽ 1/1	▽ 2/0	○ 0/1	△ 0/0	▽ 1/0
	91	박 주 영										

선수자료 : 득점/도움 ○ = 선발출전 △ = 교체 IN ▽ = 교체 OUT ◈ = 교체 IN/OUT C = 경고 S = 퇴장

위치	배번	경기번호	185	191	193	200	206	211	217	226		
		날 짜	09.11	09.14	09.18	10.01	10.08	10.11	10.16	10.23		
		홈/원정	홈	원정	홈	원정	홈	원정	원정	홈		
		장 소	문수	인천	문수	인천	문수	포항	춘천	문수		
		상 대	포항	인천	수원FC	인천	전북	포항	강원	제주		
		결 과	패	무	승	승	승	무	승	패		
		점 수	1 : 2	0 : 0	2 : 0	3 : 0	2 : 1	1 : 1	2 : 1	1 : 2		
		승 점	62	63	66	69	72	73	76	76		
		슈팅수	10 : 9	11 : 5	16 : 7	13 : 7	23 : 8	4 : 9	13 : 5	9 : 17		
GK	1	조 수 혁		△ 0/0	○ 0/0 C							
	21	조 현 우	○ 0/0	▽ 0/0		○ 0/0	○ 0/0	○ 0/0	○ 0/0	○ 0/0		
DF	5	임 종 은		○ 0/0								
	13	이 명 재		○ 0/0	○ 0/0	▽ 0/1	△ 0/0	○ 0/0	○ 0/0	▽ 0/0		
	15	정 승 현		○ 0/0	○ 0/0	○ 0/0 C	○ 0/0 C	○ 0/0 C				
	19	김 영 권	○ 0/0		○ 0/0	○ 0/0	○ 0/0	○ 0/0	○ 0/0	○ 0/0		
	23	김 태 환	○ 0/0	○ 0/0	○ 0/0 C	○ 0/0	▽ 0/0	▽ 0/0		○ 0/0		
	25	오 인 표							△ 0/0			
	30	김 재 성										
	44	김 기 희	○ 0/0 C						○ 0/1	○ 0/0		
MF	66	설 영 우	○ 0/0		△ 0/0	△ 0/0	○ 0/0 C	△ 0/0	○ 0/0	△ 0/0		
	6	박 용 우	○ 0/0	△ 0/0	○ 0/0	○ 0/0	▽ 0/0	○ 0/0 C	○ 0/0	○ 0/0		
	8	아 마 노	△ 0/0	▽ 0/0	△ 0/0	▽ 1/0 C				▽ 0/0 C		
	10	바 코	○ 0/0	△ 0/0	▽ 0/0	▽ 0/0	○ 0/0	○ 1/0	▽ 0/0	△ 0/0		
	11	엄 원 상				△ 0/0	△ 0/0	△ 0/1 C	◈ 1/0			
	14	황 재 환		▽ 0/0	▽ 0/0							
	16	원 두 재		○ 0/0		△ 0/0		△ 0/0				
	17	김 민 준	▽ 0/0	▽ 0/0		△ 0/0 C		△ 0/0	▽ 0/0	▽ 0/0		
	18	김 성 준										
	20	신 형 민										
	22	고 명 진										
	24	이 규 성	○ 0/0	▽ 0/0	○ 0/0 C		○ 0/1 C	▽ 0/0	○ 0/0	○ 0/0		
	29	최 기 윤			△ 0/0	▽ 1/0	▽ 0/0	▽ 0/0		△ 0/0		
	35	이 호								◈ 0/0		
	72	이 청 용	▽ 0/0 C		▽ 1/0	○ 0/0	○ 0/0	▽ 0/0	○ 0/0	▽ 1/0		
FW	7	윤 일 록	△ 0/0	△ 0/0								
	9	레오나르도	△ 0/0	△ 0/0	▽ 1/0	▽ 0/0	○ 0/0	△ 0/0	○ 0/0			
	63	마틴 아담	▽ 1/0 C	○ 0/0	△ 0/0	△ 1/0	△ 2/0	▽ 0/0 C	△ 1/1	○ 0/1		
	91	박 주 영								△ 0/0		

전북 현대 모터스

창단년도_ 1994년
전화_ 063-273-1763~5
팩스_ 063-273-1762
홈페이지_ www.hyundai-motorsfc.com
주소_ 우 54809 전라북도 전주시 기린대로 1055
1055, Girin-daero, Deokjin-gu, Jeonju-si, Jeollabuk-do, KOREA 54809

연혁

1994 전북 다이노스 축구단 창단
1995 95 아디다스컵 4위 95 하이트배 코리안리그 7위
1996 96 아디다스컵 7위 96 라피도컵 프로축구대회 5위
96 프로축구 페어플레이상 수상
1997 구단명칭(전북 현대 다이노스 축구단) 및 심볼마크 변경
97 아디다스컵 9위 97 라피도컵 프로축구대회 6위
97 프로스펙스컵 9위 97 프로축구 공격상 수상
1998 98 아디다스코리아컵 B조 4위(B조 최다득점)
98 필립모리스코리아컵 7위
98 현대컵 K-리그 6위
1999 구단 CI 변경(엠블럼 제작 및 마스코트 변경)
제47회 대통령배 축구대회 준우승(2군)
현대자동차 직영 체제로 전환
새 경영진 체제 출범: 정몽구 구단주, 이용훈 단장(4대) 취임
99 대한화재컵 B조 3위(최다득점)
99 바이코리아컵 K-리그 7위 99 아디다스컵 5위
제4회 삼보컴퓨터 FA컵 준우승
2000 구단 명칭(전북 현대 다이노스→전북 현대 모터스) 및 엠블럼 변경
2000 대한화재컵 A조 3위 2000 삼성 디지털 K-리그 4위
제5회 서울은행 FA컵 우승
2001 제3회 2001 포스데이타 수퍼컵 준우승
2001 아디다스컵 B조 2위 중국 친선경기
독일 브레멘 친선경기 2001 포스코 K-리그 9위
제6회 서울은행 FA컵 3위
2002 제12회 아시안컵 위너스컵 준우승
아디다스컵 2002 A조 4위 2002 삼성 파브 K-리그 7위
제7회 서울-하나은행 FA컵 4위
2003 삼성 하우젠 K-리그 2003 5위 제8회 하나은행 FA컵 우승
2004 AFC 챔피언스리그 4강(총 10전 6승 1무 3패)
제5회 2004 K-리그 수퍼컵 우승
삼성 하우젠 K-리그 2004 전기 2위 삼성 하우젠컵 2004 3위
삼성 하우젠 K-리그 후기 12위(정규리그 통합 5위)
제9회 하나은행 FA컵 8강
2005 통영컵 국제프로축구대회(총 3전 1승 2패)
삼성 하우젠 K-리그 2005 전기 11위 삼성 하우젠컵 2005 12위
중국 노능태산 친선경기(총 1전 1패)
삼성 하우젠 K-리그 후기 12위(정규리그 통합 12위)
제10회 하나은행 FA컵 우승
2006 구단 엠블럼 변경
AFC 챔피언스리그 우승(총 12전 7승 1무 4패)
삼성 하우젠컵 2006 6위
삼성 하우젠 K-리그 2006 전기 7위, 후기 13위(통합 11위)
제11회 하나은행 FA컵 8강
FIFA 클럽월드컵: 클럽 아메리카전(멕시코)
2007 삼성 하우젠컵 2007 6위 제12회 하나은행 FA컵 16강
AFC 챔피언스리그 8강
삼성 하우젠 K-리그 8위
2008 삼성 하우젠컵 2008 B조 1위
제13회 하나은행 FA컵 8강 삼성 하우젠 K-리그 2008 4위
2009 피스컵 코리아 2009 B조 3위
2009 K-리그 정규 1위 / K-리그 챔피언십 우승
2010 쏘나타 K리그 정규 3위, 플레이오프 3위
포스코컵 2010(A조 1위) 준우승
AFC 챔피언스리그 2010(F조 2위) 8강
2011 현대오일뱅크 K리그 정규 1위 / 챔피언십 우승
AFC 챔피언스리그 2011 준우승
2012 현대오일뱅크 K리그 2012 준우승
제17회 하나은행 FA컵 8강
AFC 챔피언스리그 2012 H조 3위
2013 구단 CI 변경(엠블럼 및 캐릭터 변경)
현대오일뱅크 K리그 클래식 2013 3위
제18회 하나은행 FA컵 준우승
AFC 챔피언스리그 2013 16강
2014 현대오일뱅크 K리그 클래식 2014 우승
제19회 하나은행 FA컵 4강 AFC 챔피언스리그 2014 16강
2015 현대오일뱅크 K리그 클래식 2015 우승
제20회 KEB하나은행 FA컵 16강
AFC 챔피언스리그 2015 8강
2016 현대오일뱅크 K리그 클래식 2016 준우승
제21회 KEB하나은행 FA컵 8강
AFC 챔피언스리그 2016 우승
2016 FIFA 클럽월드컵 5위
2017 KEB하나은행 K리그 클래식 2017 우승
2018 KEB 하나은행 K리그1 2018 우승
2019 하나원큐 K리그1 2019 우승
2020 하나원큐 K리그1 2020 우승 제25회 하나은행 FA컵 2020 우승
2021 하나원큐 K리그1 2021 우승
2022 하나원큐 K리그1 2022 준우승 AFC 챔피언스리그 2022 4강
제27회 하나원큐 FA컵 우승

2022년 선수명단

대표이사_ 허병길　테크니컬 디렉터_ 박지성　감독_ 김상식
수석코치_ 김두현　코치_ 안재석 · 박원재　B팀코치_ 유경렬　GK코치_ 이운재　피지컬코치_ 펠리페　스카우터_ 김성진 · 노종건 · 정훈　주치의_ 송하헌　물리치료사_ 지우반　의무_ 김재오 · 김병선 · 이규열 · 박정훈　통역_ 김민수　장비_ 이민호　분석관_ 노동현 · 이선구　팀매니저_ 김광수

포지션	선수명		생년월일	출신교	키(cm) / 몸무게(kg)
GK	이 범 수	李範守	1990.12.10	경희대	190 / 85
	김 준 홍	金峻弘	2003.06.03	영생고	190 / 87
	송 범 근	宋範根	1997.10.15	고려대	194 / 88
	전 지 완	田志玩	2004.05.14	영생고	189 / 81
DF	노 윤 상	盧尹上	2002.03.03	영생고	190 / 79
	박 진 섭	朴鎭燮	1995.10.23	디지털서울문화예술대	182 / 75
	윤 영 선	尹榮善	1988.10.04	단국대	185 / 78
	최 보 경	崔普慶	1988.04.12	동국대	184 / 79
	구 자 룡	具滋龍	1992.04.06	매탄고	182 / 77
	김 진 수	金珍洙	1992.06.13	경희대	177 / 68
	최 철 순	崔喆淳	1987.02.08	충북대	175 / 68
	홍 정 호	洪正好	1989.08.12	조선대	186 / 77
	박 진 성	朴眞瑆	2001.05.15	연세대	178 / 76
	박 성 현	朴聖賢	2001.09.25	과천고	182 / 67
	이 우 연	李優演	2003.01.22	영생고	187 / 83
	이 성 민	李姓旻	2000.07.24	용인대	187 / 76
	최 현 웅	崔賢雄	2003.10.09	천안한마음고	188 / 80
	박 창 우	朴昶佑	2003.03.01	영생고	178 / 64
	김 문 환	金紋奐	1995.08.01	중앙대	173 / 64
MF	한 교 원	韓敎元	1990.06.15	조선이공대	182 / 73
	백 승 호	白昇浩	1997.03.17	Escola Lleó XIII(스페인)	180 / 78
	바 로 우	Modou Barrow	1992.10.13	* 감비아 / 스웨덴	177 / 60
	김 보 경	金甫炅	1989.10.06	홍익대	176 / 72
	이 승 기	李承琪	1988.06.02	울산대	177 / 67
	홍 장 우	洪壯宇	2002.05.05	홍익대	173 / 68
	문 선 민	文宣民	1992.06.09	장훈고	172 / 68
	맹 성 웅	孟成雄	1998.02.04	영남대	183 / 70
	류 재 문	柳在文	1993.11.08	영남대	184 / 72
	배 재 익	裵宰翊	2001.03.16	전주대	174 / 70
	장 윤 호	張潤鎬	1996.08.25	영생고	178 / 68
	강 영 석	姜瑩碩	2002.05.05	용인대	171 / 68
	강 상 윤	姜尙潤	2004.05.31	영생고	171 / 64
	명 세 진	明世振	2001.05.24	영생고	175 / 68
	김 태 현	金兌玹	2001.12.21	단국대	180 / 74
	박 채 준	朴採浚	2003.05.26	영생고	170 / 66
	이 윤 권	李倫劵	2000.01.16	조선대	175 / 65
	박 규 민	朴奎旻	2001.06.08	광주대	180 / 71
	김 진 규	金鎭圭	1997.02.24	개성고	177 / 68
FW	구스타보	Gustavo Henrique da Silva Sousa	1994.03.29	* 브라질	189 / 83
	조 규 성	曺圭成	1998.01.25	광주대	185 / 70
	이 근 호	李根好	1996.05.21	연세대	185 / 85
	송 민 규	松旻揆	1999.09.12	충주상고	179 / 72
	박 준 범	朴俊汎	2001.04.05	연세대	183 / 77
	이 준 호	李俊護	2002.09.28	중앙대	188 / 86

2022년 개인기록_ K리그1

위치	배번	경기번호	01	12	17	23	27	33	40	43	49	55
		날 짜	02.19	02.27	03.02	03.06	03.12	03.19	04.02	04.05	04.09	05.05
		홈/원정	홈	원정	홈	홈	원정	홈	원정	원정	원정	홈
		장 소	전주W	대구전	전주W	전주W	제주W	전주W	강릉	수원W	탄천	전주W
		상 대	수원FC	대구	포항	울산	제주	김천	강원	수원	성남	서울
		결 과	1.1	무	패	패	패	무	승	승	승	무
		점 수	1 : 0	1 : 1	0 : 1	0 : 1	0 : 2	1 : 1	2 : 1	1 : 0	4 : 0	1 : 1
		승 점	3	4	4	4	4	5	8	11	14	15
		슈팅수	9 : 9	8 : 10	8 : 15	8 : 9	8 : 7	18 : 8	7 : 17	7 : 7	11 : 16	8 : 8
GK	1	이범수										▽ 0/0
	30	김준홍										△ 0/0
	31	송범근	○ 0/0	○ 0/0	○ 0/0	○ 0/0	○ 0/0	○ 0/0	○ 0/0	○ 0/0	○ 0/0	
DF	3	노윤상										
	4	박진섭	△ 0/0	○ 0/0 C	○ 0/0	○ 0/0	△ 0/0	○ 0/0	○ 0/0	○ 0/0	○ 0/0 C	△ 0/0
	5	윤영선									△ 0/0	
	6	최보경								○ 0/0	○ 0/0	○ 0/0
	15	구자룡	○ 0/0	○ 0/0			○ 0/0			△ 0/0		
	22	이 용							○ 0/0 C	○ 0/0 C		
	23	김진수	○ 0/0	○ 0/0	△ 0/0	○ 0/0 C	○ 0/0	○ 0/0	△ 0/0	○ 0/0 C	○ 0/0	○ 0/0
	25	최철순	○ 0/0	○ 0/0	○ 0/0	○ 0/0	○ 0/0	○ 0/0				△ 0/0
	26	홍정호	○ 0/0 C	○ 0/0 C	○ 0/0	○ 0/0	○ 0/0	○ 0/1	○ 0/0 C			▽ 0/0
	33	박진성			▽ 0/0							
	39	박성현										
	95	김문환							○ 0/0	○ 0/0	○ 0/0	○ 0/0
MF	7	한교원										▽ 0/0
	8	백승호	○ 0/0 C	○ 0/0	○ 0/0	○ 0/0	○ 0/0 C	○ 0/0	○ 0/1	○ 0/0	○ 0/0	
	11	바로우							▽ 0/0	▽ 0/0	△ 1/1 C	○ 0/0
	13	김보경	△ 0/0 C	△ 1/0	△ 0/0	△ 0/0	○ 0/0		△ 1/0 C	◈ 0/0		△ 0/1
	14	이승기			▽ 0/0 C	▽ 0/0	△ 0/0					
	17	쿠니모토	▽ 0/0 C	▽ 0/0		○ 0/0 C	▽ 0/0		▽ 0/1		▽ 0/0	
	28	맹성웅			▽ 0/0 C							
	29	류재문	▽ 0/0					▽ 0/0				▽ 1/0
	36	강상윤										▽ 0/0
	37	이지훈				▽ 0/0	▽ 0/0					
	61	한승규			▽ 0/0							
	97	김진규						○ 0/0	○ 0/0	○ 1/0	○ 0/0	○ 0/0 C
FW	9	구스타보	△ 0/0	△ 0/0	○ 0/0 C	△ 0/0	△ 0/0	△ 1/0	○ 0/0	△ 0/1	▽ 1/0	
	10	조규성										
	12	김승대					◈ 0/0					
	21	송민규	△ 1/0	○ 0/0	△ 0/0	△ 0/0	△ 0/0	○ 0/0				
	27	문선민	△ 0/1	△ 0/0	△ 0/0	△ 0/0		△ 0/0	△ 0/0		○ 0/1	△ 0/0
	44	이준호										
	77	이윤권	▽ 0/0			▽ 0/0	▽ 0/0					
	88	박규민	▽ 0/0	▽ 0/0 C	▽ 0/0			▽ 0/0	▽ 1/0	▽ 0/0	▽ 0/0	
	90	일류첸코	▽ 0/0	▽ 0/0	△ 0/0 C	▽ 0/0	▽ 0/0	○ 0/0		○ 0/0	△ 2/0	○ 0/0 C

1. 선수자료 : 득점/도움 ○ = 선발출전 △ = 교체 IN ▽ = 교체 OUT ◈ = 교체 IN/OUT C = 경고 S = 퇴장

위치	배번	경기번호	64	71	76	84	86	95	100	103	111	120
		날 짜	05.08	05.15	05.18	05.22	05.28	06.19	06.22	06.25	07.02	07.06
		홈/원정	원정	홈	원정	원정	홈	원정	홈	홈	원정	원정
		장 소	인천	전주W	포항	수원	전주W	문수	전주W	전주W	김천	서울W
		상 대	인천	강원	포항	수원FC	제주	울산	수원	대구	김천	서울
		결 과	승	무	승	승	패	승	승	무	승	승
		점 수	1 : 0	1 : 1	1 : 0	1 : 0	0 : 2	3 : 1	2 : 1	1 : 1	2 : 1	1 : 0
		승 점	18	19	22	25	25	28	31	32	35	38
		슈팅수	14 : 12	7 : 8	3 : 11	11 : 12	7 : 6	9 : 18	15 : 12	15 : 12	9 : 17	9 : 13
GK	1	이범수										
	30	김준홍		△ 0/0								
	31	송범근	○ 0/0	▽ 0/0	○ 0/0	○ 0/0	○ 0/0	○ 0/0	○ 0/0	○ 0/0	○ 0/0	○ 0/0
DF	3	노윤상	△ 0/0									
	4	박진섭	○ 0/0					○ 0/0	○ 0/0	○ 0/0 C	○ 0/0	○ 0/0
	5	윤영선			○ 0/0	○ 0/0						
	6	최보경		○ 0/0	△ 0/0		▽ 0/0					
	15	구자룡		△ 0/0								
	22	이 용	△ 0/0	○ 0/0		○ 0/0	○ 0/0 C			△ 0/0	○ 0/0	
	23	김진수	○ 0/0 C		▽ 0/0 C	◆ 0/0		○ 0/0	○ 0/0	○ 1/0		○ 0/0
	25	최철순									△ 0/0	
	26	홍정호	○ 0/0	▽ 0/0	○ 0/0	○ 0/0 C	○ 0/0	○ 0/1	○ 1/0	○ 0/0	○ 0/0	○ 0/0
	33	박진성			△ 0/0	▽ 0/0	○ 0/0				▽ 0/0	
	39	박성현										
	95	김문환	▽ 0/0	▽ 0/0	○ 0/0 C	○ 0/0	○ 0/0	○ 0/0	○ 1/0	○ 0/0		○ 0/0
MF	7	한교원		○ 0/0		△ 0/0	▽ 0/0	△ 0/0				
	8	백승호		○ 0/0 C		○ 0/0	○ 0/0	○ 0/1	○ 0/1	△ 0/0	▽ 0/0	○ 0/0
	11	바로우	△ 0/0	○ 1/0	△ 0/0		△ 0/0	▽ 1/0 C	○ 0/0 C	△ 0/0	○ 0/2	△ 0/0
	13	김보경	△ 0/1							△ 0/0		△ 0/0
	14	이승기	▽ 0/0	△ 0/0								
	17	쿠니모토			○ 1/0	○ 0/0	○ 0/0	▽ 2/0	○ 0/0	▽ 0/0	△ 1/0	▽ 0/0
	28	맹성웅			▽ 0/0							
	29	류재문	○ 0/0		○ 0/0	△ 0/0		○ 0/0	○ 0/1	○ 0/0	○ 0/0	○ 0/0
	36	강상윤	▽ 0/0 C	▽ 0/0								▽ 0/0
	37	이지훈										
	61	한승규										
	97	김진규	△ 0/0	▽ 0/0	△ 0/0	▽ 0/0	○ 0/0	△ 0/0		▽ 0/0	○ 0/0	
FW	9	구스타보	○ 1/0	○ 0/1	△ 0/0		△ 0/0	○ 0/0 C	▽ 0/0	△ 0/0	△ 1/0	▽ 1/0
	10	조규성										
	12	김승대										
	21	송민규	▽ 0/0		▽ 0/0		▽ 0/0				○ 0/0	○ 0/1
	27	문선민	▽ 0/0	△ 0/0		△ 0/0	△ 0/0	△ 0/0	△ 0/0			
	44	이준호						▽ 0/0	▽ 0/0	▽ 0/0		
	77	이윤권								▽ 0/0		
	88	박규민			▽ 0/0 C	▽ 0/0						
	90	일류첸코		△ 0/0	▽ 0/0	○ 0/0			△ 0/0	▽ 0/0 C	▽ 0/0	△ 0/0

위치	배번	경기번호	123	127	145	156	161	140	164	136	172	178
		날 짜	07.09	07.16	07.30	08.03	08.07	08.10	08.13	08.29	09.03	09.07
		홈/원정	홈	홈	홈	원정	홈	원정	원정	홈	원정	홈
		장 소	전주W	전주W	전주W	춘천	전주W	수원	인천	전주W	김천	전주W
		상 대	인천	성남	제주	강원	울산	수원FC	인천	포항	김천	서울
		결 과	무	승	승	패	무	승	패	무	무	무
		점 수	2 : 2	3 : 2	1 : 0	1 : 2	1 : 1	1 : 0	1 : 3	2 : 2	2 : 2	0 : 0
		승 점	39	42	45	45	46	49	49	50	51	52
		슈팅수	20 : 17	10 : 15	7 : 13	7 : 9	11 : 9	17 : 5	8 : 17	6 : 16	13 : 11	9 : 5
GK	1	이 범 수						○ 0/0				
	30	김 준 홍										
	31	송 범 근	○ 0/0	○ 0/0	○ 0/0 C	○ 0/0	○ 0/0		○ 0/0	○ 0/0	○ 0/0	○ 0/0
DF	3	노 윤 상										
	4	박 진 섭	○ 0/0	○ 1/0	○ 0/0	○ 0/0	○ 0/0 C	○ 0/0	○ 0/0 C		○ 0/0	○ 0/0
	5	윤 영 선	○ 0/0	▽ 0/0	○ 0/0	○ 0/0	○ 0/0 C	○ 0/0	○ 0/0	○ 0/0	○ 0/0	△ 0/0
	6	최 보 경										
	15	구 자 룡		△ 0/0						○ 0/0	△ 0/0	○ 0/0
	22	이 용										
	23	김 진 수	○ 1/0	○ 0/0	△ 0/0 C		○ 0/0	○ 0/0	○ 0/0 C	△ 0/1		○ 0/0
	25	최 철 순		▽ 0/0	△ 0/0	△ 0/0						○ 0/0
	26	홍 정 호										
	33	박 진 성			▽ 0/0	▽ 0/0 C				▽ 0/0	▽ 0/0	
	39	박 성 현										
	95	김 문 환	○ 0/0	△ 0/0	▽ 0/1	○ 0/0	○ 0/0	○ 0/0 C	○ 0/0	○ 0/0	○ 0/0	
MF	7	한 교 원	△ 0/0		▽ 0/0	△ 1/0	△ 0/0		△ 0/0	△ 0/0	△ 0/0	△ 0/0
	8	백 승 호	○ 0/0	○ 0/2	▽ 0/0				△ 0/0	○ 1/0	○ 1/0	○ 0/0
	11	바 로 우	○ 1/0	○ 0/0	○ 0/0	▽ 0/0	○ 1/0			○ 0/0	▽ 1/0	△ 0/0
	13	김 보 경	△ 0/0		△ 0/0	△ 0/0	△ 0/0	○ 0/0 C	△ 0/0	△ 0/0	▽ 0/0	▽ 0/0
	14	이 승 기			△ 0/0		△ 0/0	△ 0/0		△ 0/0	△ 0/1	▽ 0/0
	17	쿠니모토										
	28	맹 성 웅	▽ 0/0	△ 0/0	○ 0/0	▽ 0/0 C	▽ 0/1	○ 0/0	▽ 0/0	▽ 0/0	▽ 0/0 C	○ 0/0
	29	류 재 문				○ 0/0	○ 0/0	○ 0/0	○ 0/0			
	36	강 상 윤	▽ 0/0	▽ 0/0	▽ 0/0 C		▽ 0/0	▽ 0/0	▽ 0/0		△ 0/0	
	37	이 지 훈										
	61	한 승 규										
	97	김 진 규	▽ 0/0	○ 0/0		○ 0/0		▽ 0/1 C	△ 0/0	▽ 0/0	▽ 0/0	▽ 0/0
FW	9	구스타보	○ 0/1	○ 2/0	○ 0/0	△ 0/1	○ 0/0	△ 0/0	▽ 0/0	△ 1/0	○ 0/0	△ 0/0
	10	조 규 성										
	12	김 승 대										
	21	송 민 규		○ 0/0		▽ 0/0	▽ 0/0	▽ 1/0	○ 1/0	▽ 0/0		
	27	문 선 민			△ 1/0	△ 0/0		△ 0/0			△ 0/0	▽ 0/0
	44	이 준 호				▽ 0/0			▽ 0/0			
	77	이 윤 권								▽ 0/0		
	88	박 규 민										
	90	일류첸코	△ 0/0									

선수자료 : 득점/도움 ○ = 선발출전 △ = 교체 IN ▽ = 교체 OUT ◈ = 교체 IN/OUT C = 경고 S = 퇴장

위치	배번	경기번호	181	190	195	201	206	212	219	227		
		날 짜	09.10	09.14	09.18	10.01	10.08	10.11	10.16	10.23		
		홈/원정	원정	홈	원정	홈	원정	홈	원정	홈		
		장 소	대구전	전주W	수원W	전주W	문수	전주W	제주W	전주W		
		상 대	대구	성남	수원	포항	울산	강원	제주	인천		
		결 과	승	승	승	승	패	승	승	승		
		점 수	5 : 0	1 : 0	3 : 2	3 : 1	1 : 2	1 : 0	2 : 1	2 : 1		
		승 점	55	58	61	64	64	67	70	73		
		슈팅수	18 : 19	8 : 6	12 : 7	17 : 6	8 : 23	11 : 11	14 : 19	19 : 17		
GK	1	이 범 수							○ 0/0			
	30	김 준 홍										
	31	송 범 근	○ 0/0	○ 0/0	○ 0/0	○ 0/0	○ 0/0	○ 0/0		○ 0/0		
DF	3	노 윤 상										
	4	박 진 섭	▽ 1/0	○ 0/0	○ 0/0	○ 0/0	○ 0/0	○ 0/0	○ 0/0	○ 0/0		
	5	윤 영 선	○ 0/0	○ 0/0	▽ 0/0 C	△ 0/0	○ 0/0		○ 0/0	▽ 0/0		
	6	최 보 경						▽ 0/0				
	15	구 자 룡	△ 0/0	△ 0/0	△ 0/0			○ 1/0	△ 0/0	△ 0/0		
	22	이 용										
	23	김 진 수	○ 0/1	○ 0/1	○ 0/0	○ 0/0			△ 0/0	△ 0/0		
	25	최 철 순	○ 0/0	▽ 0/0			○ 0/0	△ 0/0	▽ 0/0			
	26	홍 정 호				▽ 0/0						
	33	박 진 성						△ 0/0	▽ 0/0	▽ 0/0		
	39	박 성 현						▽ 0/0				
	95	김 문 환		△ 0/0	○ 0/0	○ 0/1	○ 0/0	▽ 0/0		○ 0/0		
MF	7	한 교 원	○ 2/0	▽ 0/0	▽ 0/0	○ 2/0	▽ 0/0		△ 0/0	▽ 0/0		
	8	백 승 호	▽ 0/0	○ 0/0	○ 0/0	○ 0/0	○ 0/0	○ 0/0				
	11	바 로 우	▽ 2/1	○ 1/0	▽ 2/0 C	▽ 1/1	△ 1/0 C		▽ 0/1	△ 0/0		
	13	김 보 경	▽ 0/0	▽ 0/0	▽ 0/0			▽ 0/1		○ 0/0		
	14	이 승 기	△ 0/0	△ 0/0	△ 0/0			△ 0/0		▽ 0/0		
	17	쿠니모토										
	28	맹 성 웅	○ 0/1 C	▽ 0/0 C		○ 0/0	▽ 0/0		△ 0/0 C			
	29	류 재 문			▽ 0/0 C		△ 0/0 C	○ 0/0	○ 0/0	○ 0/0		
	36	강 상 윤				▽ 0/0	▽ 0/0		▽ 0/0 C	▽ 0/0		
	37	이 지 훈										
	61	한 승 규										
	97	김 진 규	△ 0/0		△ 0/0			○ 0/0 C	○ 1/0	△ 0/0		
FW	9	구스타보	△ 0/0	△ 0/0		○ 0/0	△ 0/0	▽ 0/0	△ 0/0 C			
	10	조 규 성	▽ 0/0	▽ 0/0	○ 1/1	△ 0/0	○ 0/0	△ 0/0	○ 1/0	○ 2/0 C		
	12	김 승 대										
	21	송 민 규			△ 0/1	△ 0/0	○ 0/1	△ 0/0	▽ 0/0			
	27	문 선 민	△ 0/0	△ 0/0	△ 0/0					△ 0/0		
	44	이 준 호										
	77	이 윤 권										
	88	박 규 민										
	90	일류첸코										

포 항 스 틸 러 스

창단년도_ 1973년

전화_ 054-282-2002

팩스_ 054-282-9500

홈페이지_ www.steelers.kr

주소_ 우 37751 경상북도 포항시 북구 중흥로 231 동양빌딩 7층
7F Dongyang Bld., 231 Jungheung-ro, Buk-gu,
Pohang-si, Gyeongbuk, KOREA 37751

연혁

1973 실업축구단 창단　한홍기 1대 감독 취임
1974 제22회 대통령배 전국축구대회 우승
1975 제12회 전국실업축구연맹전 춘계 우승
1977 제14회 전국실업축구연맹전 준우승
제32회 전국축구선수권대회 준우승
1978 제2회 실업축구회장배 준우승
1979 제3회 실업축구회장배 우승
1981 제18회 전국실업축구연맹전 추계 우승
1982 코리언리그(제19회 전국실업축구연맹전) 우승
1983 수퍼리그 참가
1984 프로축구단 전환
1985 최은택 2대 감독 취임
팀명 변경(돌핀스 → 아톰즈)
85 축구대제전 수퍼리그 준우승
신인선수상 수상자(이흥실) 배출
1986 86 축구대제전 우승
1987 이회택 3대 감독 취임
87 한국프로축구대회 준우승
1988 88 한국프로축구대회 우승
1990 국내최초 축구전용구장 준공(11월 1일)
1992 국내 최초 프로팀 통산 200승 달성(8월 26일 vs 천안일화)
92 한국프로축구대회 우승
1993 허정무 4대 감독 취임
93 아디다스컵 우승
1995 ㈜포항프로축구 법인 출범(5월 29일)
95 하이트배 코리안리그 준우승
1996 박성화 5대 감독 취임
제1회 FA컵 우승　96 아디다스컵 준우승
1997 팀명 변경(아톰즈 → 스틸러스)
96-97 Asian Club Championship 우승
97 Asian Super Cup 준우승　97 프로스펙스컵 준우승
1998 97-98 Asian Club Championship 우승(2연패)
98 Asian Super Cup 준우승
신인선수상 수상자(이동국) 배출
2001 최순호 6대 감독 취임　클럽하우스 준공
제6회 서울은행 FA컵 준우승
2002 제7회 하나-서울은행 FA컵 준우승
2003 사명 변경 ㈜포항프로축구 → ㈜포항스틸러스
산하 유소년 육성시스템 구축
2004 삼성하우젠 K-리그 2004 준우승
신인선수상 배출(문민귀)
2005 파리아스 7대 감독 취임
국내 최초 팀 통산 1,000호골 달성(이정호)
팀 통산 300승 달성(10월 23일 vs 광주상무)
A3 Nissan Champions Cup 2005 준우승
2007 삼성하우젠 K-리그 2007 우승
제12회 하나은행 FA컵 준우승
2008 제13회 하나은행 FA컵 우승
2009 AFC Champions League 2009 우승
피스컵 코리아 2009 우승
FIFA Club Worldcup 3위
AFC 선정 2009 올해의 아시아 최고 클럽
2010 레모스 8대 감독 취임
홍콩구정컵 국제축구대회 우승
2011 황선홍 9대 감독 취임
2012 팀 통산 400승 달성(3월 25일 vs 상주상무)
제17회 하나은행 FA컵 우승
신인선수상 수상자(이명주) 배출
2013 제18회 하나은행 FA컵 우승(2연패)
현대오일뱅크 K리그 클래식 2013 우승
영플레이어상 수상자(고무열) 배출(2년 연속)
2014 영플레이어상 수상자(김승대) 배출(3년 연속)
그린스타디움상 수상
2015 그린스타디움상 수상(2년 연속)
2016 최진철 10대 감독 취임
최순호 11대 감독 취임
그린스타디움상 수상(3년 연속)
2017 팀 통산 500승 달성(9월 20일 vs 강원FC)
도움상 수상자 배출(손준호)　그린스타디움상 수상(4년 연속)
2018 전 경기 전 시간 출전상 수상자(강현무, 김승대) 배출
2019 김기동 12대 감독 취임
국내 최초 풋볼퍼포먼스센터 오픈(4월 29일)
2020 포항스틸야드 개장 30주년
K리그 최초 3위팀 감독상 수상자(김기동) 배출
도움상(강상우), 영플레이어상(송민규), 전 경기 전 시간 출전상(강현무) 수상자 배출
2021 AFC Champions League 2021 준우승
공로상 수상자 배출(오범석)

2022년 선수명단

대표이사_ 최인석　단장_ 장영복　감독_ 김기동
수석코치_ 김대건　필드코치_ 이광재, 이규용　GK코치_ 박호진　피지컬코치_ Junior, 박효준　주무_ 진남호　의무트레이너_ 이종규, 강동훈　물리치료사_ 변종근　장비_ 김태은　통역_ 기지용　분석관_ 이창주

포지션	선수명		생년월일	출신교	키(cm) / 몸무게(kg)
GK	윤 평 국	尹平國	1992.02.08	인천대	189 / 85
	강 현 무	姜賢茂	1995.03.13	포항제철고	185 / 78
	조 성 훈	趙晟訓	1998.04.21	숭실대	189 / 85
	이 승 환	李承桓	2003.04.05	포항제철고	186 / 78
	류 원 우	柳垣宇	1990.08.05	광양제철고	187 / 86
DF	심 상 민	沈相旼	1993.05.21	부경고	172 / 70
	이 광 준	李侊俊	1996.01.08	단국대	187 / 73
	그 랜 트	Alexander Ian Grant	1994.01.23	*오스트레일리아	191 / 82
	김 용 환	金容奐	1993.05.25	숭실대	175 / 67
	박 승 욱	朴乘煜	1997.05.07	동의대	184 / 78
	박 건	朴建	1990.07.11	수원대	185 / 77
	신 광 훈	申光勳	1997.03.18	포철공고	178 / 73
	박 찬 용	朴璨溶	1996.01.27	대구대	186 / 81
	최 도 윤	崔度潤	2001.05.19	건국대	174 / 72
	김 민 규	金玟圭	1999.11.25	건국대	188 / 82
	하 창 래	河昌來	1994.10.16	중앙대	188 / 82
MF	이 수 빈	李秀彬	2000.05.07	포항제철고	180 / 70
	신 진 호	申嗔浩	1988.09.07	영남대	177 / 72
	고 영 준	高映埈	2001.07.09	포항제철고	169 / 68
	이 승 모	李勝模	1998.03.30	포항제철고	185 / 70
	노 경 호	盧京鎬	2000.07.05	조선대	172 / 70
	윤 민 호	尹珉皓	1999.10.17	현대고	170 / 63
	조 재 훈	調在勳	2003.06.29	덕영고	178 / 65
	정 재 희	鄭在熙	1994.04.28	상지대	174 / 70
	김 진 현	金眞鉉	1999.09.28	용인대	178 / 73
	김 준 호	金俊鎬	2002.12.11	포항제철고	182 / 72
FW	임 상 협	林相協	1988.07.08	류츠게이자이대	180 / 73
	허 용 준	許榕埈	1993.01.08	고려대	184 / 75
	김 승 대	金承大	1991.04.01	영남대	175 / 64
	이 호 재	李昊宰	2000.10.14	고려대	192 / 84
	이 광 혁	李侊赫	1995.09.11	포항제철고	169 / 60
	완 델 손	Wanderson Carvalho de Oliveira	1989.03.31	*브라질	172 / 60
	권 기 표	權奇杓	1997.06.26	건국대	175 / 71
	이 지 용	李知容	1999.04.01	숭실대	176 / 68

2022년 개인기록_ K리그1

위치	배번	경기번호	04	11	17	21	28	35	42	48	51	58
		날 짜	02.20	02.27	03.02	03.05	03.12	03.27	04.03	04.06	04.10	05.05
		홈/원정	원정	원정	원정	원정	원정	원정	홈	홈	원정	홈
		장 소	제주W	김천	전주W	인천	수원W	문수	포항	포항	강릉	포항
		상 대	제주	김천	전북	인천	수원	울산	서울	수원FC	강원	대구
		결 과	승	패	승	승	무	패	무	승	무	무
		점 수	3 : 0	2 : 3	1 : 0	1 : 0	1 : 1	0 : 2	1 : 1	2 : 0	1 : 1	1 : 1
		승 점	3	3	6	9	10	10	11	14	15	16
		슈팅수	9 : 9	12 : 7	15 : 8	10 : 4	8 : 7	5 : 11	10 : 5	15 : 5	9 : 8	7 : 6
GK	1	윤평국	○ 0/0	○ 0/0	○ 0/0	○ 0/0	○ 0/0	○ 0/0	○ 0/0	○ 0/0	○ 0/0	○ 0/0
	31	강현무										
	91	류원우										
DF	2	심상민	▽ 0/0	○ 0/0	▽ 0/0	▽ 0/0	○ 0/0	○ 0/0	○ 0/0	○ 0/0	○ 0/0	○ 0/0
	3	이광준										
	5	그랜트	○ 0/0	○ 0/0 C	○ 0/0	○ 0/0 C	○ 0/0	○ 0/0	○ 0/0	○ 0/0 C	○ 0/0	
	10	강상우	△ 0/0									
	13	김용환	△ 0/0	△ 0/0	△ 0/0	△ 0/0 C		△ 0/0				△ 0/0
	14	박승욱	○ 0/0 C	○ 0/0	○ 0/1 C	○ 0/0	○ 0/0 C	○ 0/0	○ 0/0	○ 0/0	○ 0/0	○ 0/0 C
	15	박건										
	20	박찬용	○ 0/0	○ 0/0	○ 0/0	○ 0/0	○ 0/0	○ 0/0 C	○ 0/0	○ 0/0 C	○ 0/0	○ 0/0 C
	45	하창래										
MF	4	이수빈	△ 0/0	△ 0/0	△ 0/0	△ 0/0	△ 0/0		○ 0/1	▽ 0/0	▽ 0/0	▽ 0/0
	6	신진호	○ 0/0 C	○ 0/1 C	○ 0/0 C	○ 0/0	○ 0/0 C	○ 0/0 C		○ 1/0 C	○ 0/0	○ 0/1
	11	고영준	▽ 0/0	▽ 0/0	○ 0/0	○ 0/0	▽ 0/0	▽ 0/0	○ 0/0	△ 0/0 C	△ 0/0	○ 1/0
	16	이승모	▽ 0/0 C	▽ 0/1	▽ 0/0	▽ 0/0	▽ 0/0	▽ 0/0	▽ 0/0	△ 0/1	△ 0/0	△ 0/0
	17	신광훈	▽ 0/0	▽ 0/0	▽ 0/0	▽ 0/0	▽ 0/0	▽ 0/0 C	○ 0/0	△ 0/0	△ 0/0 C	○ 0/0
	23	노경호										
	24	윤민호										
	26	조재훈										◈ 0/0
	66	김준호										
FW	7	임상협	○ 1/0 C		▽ 0/0	○ 1/0	○ 1/0 C	○ 0/0	▽ 0/0	▽ 0/0	△ 0/0	▽ 0/0
	8	허용준	△ 2/0	△ 1/0	△ 0/0	△ 0/0		△ 0/0		▽ 1/0 C	▽ 1/0	
	11	팔라시오스		▽ 1/0								
	12	김승대							△ 0/0	▽ 0/0	▽ 0/0	
	18	이호재					△ 0/0					△ 0/0 C
	19	김지민		△ 0/0			△ 0/0					
	22	이광혁	▽ 0/0	▽ 0/0 C	△ 0/0	△ 0/0	▽ 0/0		▽ 1/0	▽ 0/0	▽ 0/0	△ 0/0
	27	정재희	△ 0/1	△ 0/0	○ 1/0	▽ 0/0	△ 0/0	▽ 0/0	△ 0/0	△ 0/0	△ 0/0	▽ 0/0
	77	완델손						△ 0/0	△ 0/0	△ 0/0	▽ 0/0	
	88	권기표										
	90	모세스						△ 0/0				▽ 0/0

선수자료 : 득점/도움 ○ = 선발출전 △ = 교체 IN ▽ = 교체 OUT ◈ = 교체 IN/OUT C = 경고 S = 퇴장

위치	배번	경기번호	66	72	76	80	89	92	99	107	110	115
		날 짜	05.08	05.15	05.18	05.21	05.29	06.17	06.21	06.26	07.02	07.05
		홈/원정	홈	원정	홈	홈	원정	홈	원정	홈	홈	원정
		장 소	포항	서울W	포항	포항	대구전	포항	수원	포항	포항	탄천
		상 대	성남	서울	전북	인천	대구	강원	수원FC	김천	울산	성남
		결 과	승	패	패	승	무	승	패	무	승	승
		점 수	1 : 0	0 : 1	0 : 1	2 : 0	2 : 2	3 : 1	1 : 2	1 : 1	2 : 0	4 : 1
		승 점	19	19	19	22	23	26	26	27	30	33
		슈팅수	12 : 2	5 : 18	11 : 3	13 : 7	8 : 17	9 : 10	6 : 10	15 : 3	6 : 5	13 : 16
GK	1	윤 평 국	○ 0/0	○ 0/0	○ 0/0	○ 0/0	○ 0/0	○ 0/0	○ 0/0	○ 0/0		
	31	강 현 무									○ 0/0	○ 0/0
	91	류 원 우										
DF	2	심 상 민	○ 0/0 C	○ 0/0	○ 0/0	○ 0/0	○ 0/0	▽ 0/0	▽ 0/0	▽ 0/0	△ 0/0	○ 0/0
	3	이 광 준										
	5	그 랜 트					○ 0/0	○ 0/0	○ 0/0	○ 0/0	○ 0/0	○ 0/0
	10	강 상 우										
	13	김 용 환	△ 0/0	○ 0/0	▽ 0/0				△ 0/0	△ 0/0		△ 0/0
	14	박 승 욱	○ 0/0	○ 0/0	○ 0/0	○ 0/0	○ 0/0	○ 0/0	△ 0/0		○ 0/0	○ 0/1
	15	박 건										
	20	박 찬 용	○ 0/0	○ 0/0 C	○ 0/0	○ 0/0 C		△ 0/0	○ 0/0	○ 0/0	○ 0/0	○ 0/0
	45	하 창 래										
MF	4	이 수 빈	▽ 0/0	▽ 0/0	△ 0/0 C	○ 0/0	△ 0/0	○ 0/0 C	○ 0/0 CC		▽ 0/0	▽ 0/0
	6	신 진 호	○ 0/0				▽ 0/1	○ 0/1	▽ 0/0	○ 0/0	○ 0/0	△ 0/0
	11	고 영 준	○ 1/0	▽ 0/0	○ 0/0	△ 0/0	▽ 0/0 C	△ 0/0		▽ 0/0	▽ 0/1	○ 0/1
	16	이 승 모	△ 0/1 C	○ 0/0	○ 0/0	○ 0/0	○ 0/0 C	▽ 1/0 C	○ 0/0	○ 0/0 C		▽ 0/0
	17	신 광 훈	○ 0/0	○ 0/0	○ 0/0	○ 0/0 C	○ 0/0	○ 0/1	○ 0/1	○ 0/0	○ 0/0	
	23	노 경 호										
	24	윤 민 호										
	26	조 재 훈										
	66	김 준 호						△ 0/0	△ 0/0		△ 0/0	
FW	7	임 상 협	▽ 0/0	○ 0/0	▽ 0/0 C	△ 0/0	○ 0/1	▽ 1/0	▽ 0/0	○ 1/0 C	▽ 0/0	△ 1/0
	8	허 용 준			△ 0/0	◈ 0/0	△ 0/0	△ 0/0	△ 1/0	▽ 0/0 C	▽ 0/1	△ 1/2
	11	팔라시오스										
	12	김 승 대		△ 0/0		▽ 0/0	△ 0/0			△ 0/0	▽ 2/0	△ 2/0
	18	이 호 재	△ 0/0		△ 0/0	△ 0/0				△ 0/0	△ 0/0	▽ 0/0
	19	김 지 민										
	22	이 광 혁	▽ 0/0	▽ 0/0	◈ 0/0	▽ 0/0	▽ 0/0					
	27	정 재 희	△ 0/0	△ 0/0	○ 0/0	○ 2/0	△ 1/0	△ 0/0	△ 0/0	▽ 0/1	△ 0/0	▽ 0/0
	77	완 델 손						▽ 1/0 C	▽ 0/0	△ 0/0	△ 0/0	▽ 0/0
	88	권 기 표										
	90	모 세 스	▽ 0/0	△ 0/0	▽ 0/0	▽ 0/0	▽ 1/0	▽ 0/0	▽ 0/0 C			

위치	배번	경기번호	126	132	148	151	159	165	144	136	171	177
		날 짜	07.10	07.16	07.30	08.02	08.06	08.14	08.20	08.29	09.03	09.06
		홈/원정	홈	홈	홈	원정	홈	원정	홈	원정	홈	원정
		장 소	포항	포항	포항	김천	포항	제주W	포항	전주W	포항	수원
		상 대	수원	제주	서울	김천	강원	제주	인천	전북	대구	수원FC
		결 과	승	무	패	승	승	패	무	무	승	패
		점 수	1 : 0	1 : 1	1 : 2	1 : 0	2 : 1	0 : 5	1 : 1	2 : 2	4 : 1	0 : 1
		승 점	36	37	37	40	43	43	44	45	48	48
		슈팅수	14 : 6	6 : 6	10 : 5	13 : 12	4 : 8	5 : 10	4 : 3	16 : 6	7 : 8	13 : 12
GK	1	윤 평 국										
	31	강 현 무	○ 0/0	○ 0/0	○ 0/0	○ 0/0 C	○ 0/0 C	○ 0/0	▽ 0/0	○ 0/0	○ 0/0	○ 0/0
	91	류 원 우							△ 0/0			
DF	2	심 상 민	▽ 0/0	▽ 0/0	○ 0/0	○ 0/0					△ 0/0	○ 0/0
	3	이 광 준										△ 0/0
	5	그 랜 트	○ 0/0	○ 0/0	△ 0/0	▽ 1/0 C	○ 0/0	○ 0/0	○ 0/0	○ 0/0	○ 0/0	▽ 0/0
	10	강 상 우										
	13	김 용 환		△ 0/0	△ 0/0		△ 0/0					
	14	박 승 욱	○ 0/0 C		○ 0/0	○ 0/0	○ 0/0	▽ 0/0	△ 0/0			
	15	박 건						△ 0/0 CC				
	20	박 찬 용	○ 0/0	○ 0/0	○ 0/0	○ 0/0	○ 0/0	○ 0/0	○ 0/0	○ 0/0	○ 0/0	○ 0/0
	45	하 창 래										
MF	4	이 수 빈	△ 0/0	○ 0/0	▽ 0/0 C	○ 0/0	▽ 0/0	○ 0/0	△ 0/0	△ 0/0	△ 0/0 C	△ 0/0
	6	신 진 호	○ 1/0	○ 0/0	○ 0/0	○ 0/0	○ 0/2	▽ 0/0	○ 0/0 C	○ 1/0	○ 1/3 C	
	11	고 영 준	○ 0/0	○ 0/0	△ 0/0	▽ 0/0	○ 1/0 C	○ 0/0	▽ 0/0	○ 0/1	▽ 0/0	▽ 0/0
	16	이 승 모	▽ 0/0						▽ 0/0 C	▽ 0/0	▽ 0/0	▽ 0/0
	17	신 광 훈	△ 0/0	○ 0/0	▽ 0/0	△ 0/0 C	○ 0/0	▽ 0/0	○ 0/0	○ 0/0	○ 0/0 C	
	23	노 경 호										△ 0/0
	24	윤 민 호										
	26	조 재 훈										
	66	김 준 호						△ 0/0				▽ 0/0
FW	7	임 상 협	○ 0/0	▽ 0/0	○ 0/0	△ 0/0	▽ 0/0	○ 0/0 C		△ 0/0	△ 2/0	△ 0/0
	8	허 용 준		▽ 0/0	▽ 1/0	▽ 0/0	▽ 1/0	▽ 0/0 C	▽ 1/0	○ 0/0	○ 0/0 C	○ 0/0 C
	11	팔라시오스										
	12	김 승 대	○ 0/0	▽ 0/0	▽ 0/0	△ 0/0	△ 0/0	△ 0/0	△ 0/1 C	△ 0/0	△ 0/0	△ 0/0
	18	이 호 재						△ 0/0				
	19	김 지 민										
	22	이 광 혁							▽ 0/0	▽ 0/0	▽ 0/0	▽ 0/0
	27	정 재 희	▽ 0/0	△ 1/0	▽ 0/1	△ 0/0	△ 0/0	▽ 0/0	○ 0/0	▽ 1/0	▽ 1/0	○ 0/0
	77	완 델 손	△ 0/0	△ 0/0 C	△ 0/0	▽ 0/0	▽ 0/0	△ 0/0	○ 0/0	○ 0/0 C	○ 0/0	○ 0/0
	88	권 기 표				▽ 0/1	△ 0/0					
	90	모 세 스		△ 0/0	△ 0/0	△ 0/0			△ 0/0			

선수자료 : 득점/도움 ○ = 선발출전 △ = 교체 IN ▽ = 교체 OUT ◈ = 교체 IN/OUT C = 경고 S = 퇴장

위치	배번	경기번호	185	192	196	201	205	211	221	228		
		날 짜	09.11	09.14	09.18	10.01	10.08	10.11	10.16	10.23		
		홈/원정	원정	원정	원정	원정	홈	홈	원정	홈		
		장 소	문수	수원W	탄천	전주W	포항	포항	인천	포항		
		상 대	울산	수원	성남	전북	제주	울산	인천	강원		
		결 과	승	승	무	패	패	무	무	승		
		점 수	2 : 1	2 : 0	1 : 1	1 : 3	1 : 2	1 : 1	1 : 1	1 : 0		
		승 점	51	54	55	55	55	56	57	60		
		슈팅수	9 : 10	8 : 15	14 : 7	6 : 17	6 : 10	9 : 4	10 : 13	7 : 6		
GK	1	윤평국										
	31	강현무	○ 0/0	○ 0/0 C	○ 0/0	○ 0/0	○ 0/0	○ 0/0	○ 0/0	○ 0/0		
	91	류원우										
DF	2	심상민					○ 0/0		○ 0/0	○ 0/0		
	3	이광준				○ 0/0			△ 0/0			
	5	그랜트	○ 0/0	○ 1/0 C								
	10	강상우										
	13	김용환			△ 0/0	○ 0/1	▽ 0/0	○ 0/0	○ 0/0	○ 0/0		
	14	박승욱					△ 0/0	○ 0/0	○ 0/0	○ 0/0		
	15	박 건										
	20	박찬용	△ 0/0		○ 0/0		○ 0/0	○ 0/0				
	45	하창래	▽ 0/0 C	○ 0/0 C	○ 0/0	○ 0/0 C	○ 0/0	○ 0/0	○ 0/0	○ 0/0		
MF	4	이수빈				△ 0/0	○ 0/0		▽ 0/0	▽ 0/0 C		
	6	신진호	○ 0/0	○ 0/1 C	○ 0/0	○ 0/0 C		○ 0/0	○ 0/0	○ 0/0		
	11	고영준	▽ 1/0	▽ 1/0	△ 0/0	○ 1/0	○ 0/0	▽ 0/0	○ 0/0	▽ 0/1		
	16	이승모	▽ 0/0 C	▽ 0/0	▽ 0/0							
	17	신광훈	○ 0/0 C	○ 0/0	▽ 0/0 C	▽ 0/0	△ 0/0					
	23	노경호	△ 1/0	△ 0/0			▽ 0/0					
	24	윤민호			▽ 0/0 C					△ 0/0		
	26	조재훈								△ 0/0		
	66	김준호			△ 0/0					△ 0/0		
FW	7	임상협	○ 0/0	○ 0/0	▽ 0/0	▽ 0/0	○ 0/0 C	△ 0/1	○ 0/0	△ 0/0		
	8	허용준		▽ 0/1	○ 0/0	▽ 0/0 C	△ 0/0	○ 0/0 C	▽ 0/1			
	11	팔라시오스										
	12	김승대	○ 0/0	△ 0/0	▽ 0/0	△ 0/0	▽ 1/0	○ 0/0	▽ 0/0	▽ 1/0		
	18	이호재	△ 0/0	△ 0/0	△ 0/0	△ 0/0		△ 1/0	△ 0/0	△ 0/0		
	19	김지민										
	22	이광혁	▽ 0/0			▽ 0/0	▽ 0/0					
	27	정재희	△ 0/0	○ 0/0	△ 0/0	△ 0/0	△ 0/0	▽ 0/0		▽ 0/0		
	77	완델손	○ 0/1	○ 0/0	○ 0/0	○ 0/0	△ 0/0	○ 0/0	△ 1/0	▽ 0/0		
	88	권기표										
	90	모세스										

인 천 유 나 이 티 드

창단년도_ 2003년

전화_ 032-880-5500

팩스_ 032-423-1509

홈페이지_ www.incheonutd.com

주소_ 우 22328 인천광역시 중구 참외전로 246
(도원동 7-1) 인천축구전용경기장 내 3층
Incheon Football Stadium, 246, Chamoejeon-ro(7-1, Dowon-dong), Jung-gu, Incheon, KOREA 22328

연혁

2003 인천시민프로축구단 창단발표(안상수 인천광역시장)
안종복 단장 임용
한국프로축구연맹 창단 승인
베르너 로란트 초대감독 선임

2004 캐치프레이즈 'Blue Hearts 2004', 캐릭터 '유티' 확정
창단식 및 일본 감바 오사카 초청경기(문학경기장)

2005 캐치프레이즈 '푸른물결 2005' 확정
장외룡 감독 취임
삼성 하우젠 K-리그 2005 정규리그 통합 1위(전기 2위, 후기 4위)로 플레이오프 진출, 삼성 하우젠 K-리그 2005 준우승
삼성 하우젠 K-리그 2005 관중 1위(총 316,591명, 평균 24,353명)
장외룡 감독 삼성 하우젠 K-리그 대상, 올해의 감독상 수상
삼성 하우젠 K-리그 2005 베스트11 DF 부문 수상(임중용)
인천유나이티드 서포터즈 삼성 하우젠 K-리그 대상 공로상 수상

2006 프로축구 최초의 23억여 원 경영흑자 달성
캐치프레이즈 '시민속으로(into the community)' 확정
인천유나이티드 소재 다큐멘터리 영화 〈비상〉 개봉
인천유나이티드 U-12팀 창단
삼성 하우젠 K-리그 2006 통합 13위(전기 10위, 후기 6위)
제11회 하나은행 FA컵 3위

2007 안종복 사장 취임, 7억여 원 경영흑자 달성
캐치프레이즈 'My Pride My United' 확정
장외룡 감독 잉글랜드 프리미어리그 유학, 박이천 감독대행 취임
제12회 하나은행 FA컵 3위

2008 3년 연속 경영흑자 달성 '인천축구전용경기장' 착공
인천유나이티드 U-18 대건고 창단

2009 일리야 페트코비치 감독 선임
2009 K-리그 5위(플레이오프 진출)
피스컵 코리아 A조 2위(플레이오프 진출)
인천유나이티드 U-15 광성중 창단

2010 허정무 감독 선임
2010 K리그 득점왕 수상(유병수)

2011 조건도 대표이사 취임

2012 인천축구전용경기장 준공 및 개막전(2012년 3월 11일 VS 수원)
조동암 대표이사 취임, 김봉길 감독 취임
현대오일뱅크 K리그 2012 B그룹 1위(통합 9위)
현대오일뱅크 K리그 2012 베스트11 DF 부문 수상(정인환)
19경기 연속 무패 팀최다 기록 수립

2013 현대 오일뱅크 K리그 클래식 상위스플릿 진출 및 최종 7위
인천유나이티드 주주명판 및 주주동산 건립
창단 10주년 기념 경기 개최(10월 6일, 인천 vs 서울)
캐치프레이즈 '인천축구지대본' 확정
U-18 대건고 제94회 전국체육대회 준우승

2014 캐치프레이즈 '승리, 그 이상의 감동' 확정
김광석 대표이사 취임
2014년도 2차(13~25R) 그린스타디움상 수상

2015 김도훈 감독 선임, 정의석 단장 취임
캐치프레이즈 'Play, Together!' 확정
현대오일뱅크 K리그 클래식 2015 B그룹 2위(통합 8위)
2015 제20회 KEB하나은행 FA컵 준우승
U-18 대건고 2015 아디다스 K리그 주니어 A조 전, 후기 통합 우승
U-18 대건고 2015 대교눈높이 전국고등축구리그 왕중왕전 준우승
U-15 광성중 2015 대교눈높이 전국중등축구리그 왕중왕전 우승
현대오일뱅크 K리그 클래식 2015 베스트11 DF 부문 수상(요니치)

2016 박영복 대표이사 취임, 김석현 단장 취임
캐치프레이즈 '우리는 인천' 확정
U-15 광성중 '제45회 전국소년체육대회' 우승
U-18 대건고 '2016 K리그 U17, U18 챔피언십' 동반 준우승
U-18 대건고 '2016 아디다스 K리그 주니어 A조 후기리그' 준우승
2016년도 1차(1~12R) 그린스타디움상 수상
현대오일뱅크 K리그 클래식 2016 베스트11 DF 부문 수상(요니치)

2017 이기형 감독 선임 정병일 대표이사 취임
강인덕 대표이사 취임

2018 욘 안데르센 감독 선임
U-12, U-15 광성중 주말리그 우승
U-18 대건고 대한축구협회장배 및 전반기 왕중왕전 준우승
자카르타-팔렘방 아시안게임 금메달 획득(김진야)
구단 최초 월드컵 국가대표 배출(문선민)
KEB하나은행 K리그 1 2018 베스트11 MF부문 수상(아길라르)
전달수 대표이사 취임

2019 캐치프레이즈 '인천축구시대' 사용
유상철 감독 선임
U-15 광성중 소년체전 우승, U-15 광성중 K리그 주니어 A조 준우승
U-18 대건고 문체부장관배 및 전국체전 우승

2020 임완섭 감독 선임 조성환 감독 선임
U-18 대건고 문체부장관배 및 전국체전 준우승
인천유나이티드 소재 다큐멘터리 영화 〈비상 2020〉 제작
구단 마스코트 '유티' 리뉴얼

2021 스페셜올림픽 K리그 유니파이드컵 첫 번째 승리자(B조 1위) 수상
멤버십 제도 최초 도입

2022 구단 창단 첫 ACL(아시아챔피언스리그) 진출(하나원큐 K리그1 4위)
구단 창단 첫 축구센터(인천 연수구 선학동 부지) 준공
인천경찰청과 지역 실종자 찾기 합동 캠페인 'RE:United' 진행
인천유나이티드 서포터즈 올해의 인천인 대상 단체부문 수상

2022년 선수명단

대표이사_ 전달수 사무국장_ 윤종민 전력강화실장_ 임중용
감독_ 조성환 수석코치_ 최영근 코치_ 김한윤·박용호·김재성 GK코치_ 김이섭 피지컬코치_ 오지우
팀매니저_ 김민석 선수트레이너_ 황근우·피민혁 물리치료사_ 최재혁 장비관_ 조용희 전력분석관_ 육태훈 통역_ 박준성

포지션	선수명		생년월일	출신교	키(cm) / 몸무게(kg)
GK	이 태 희	李太熙	1995.04.26	대건고	188 / 87
	김 동 헌	金東憲	1997.03.03	용인대	186 / 87
	민 성 준	閔盛俊	1999.07.22	대건고	190 / 77
	김 유 성	金유성	2001.03.31	대건고	187 / 80
DF	김 광 석	金光碩	1983.02.12	청평고	182 / 74
	강 민 수	姜敏壽	1986.02.14	고양고	186 / 74
	강 윤 구	姜潤求	1993.02.08	동아대	170 / 70
	김 준 엽	金俊燁	1988.05.10	홍익대	178 / 76
	델브리지	Harrison Andrew Delbridge	1992.03.15	*오스트레일리아	193 / 93
	김 창 수	金昌秀	1985.09.12	동명정보고	178 / 75
	오 반 석	吳반석	1988.05.20	건국대	190 / 81
	이 주 용	李周勇	1992.04.24	동아대	180 / 78
	오 재 석	吳宰碩	1990.01.04	경희대	178 / 75
	김 대 경	金大景	1991.09.02	숭실대	179 / 73
	김 동 민	金東玟	1994.08.16	인천대	179 / 71
MF	이 명 주	李明周	1990.04.24	영남대	176 / 72
	김 도 혁	金鍍爀	1992.02.08	연세대	173 / 70
	정 혁	鄭 赫	1986.05.21	전주대	175 / 70
	아길라르	Elías Fernando Aguilar Vargas	1991.11.07	*코스타리카	174 / 75
	이 동 수	李東洙	1994.06.03	가톨릭관동대	185 / 72
	여 름	呂 름	1989.06.22	광주대	176 / 69
	이 강 현	李剛玹	1998.07.31	호남대	181 / 76
	민 경 현	閔景現	2001.12.16	용인대	174 / 66
	박 창 환	朴昶奐	2001.11.21	숭실고	176 / 68
	김 성 민	金聖旻	2000.07.03	용인대	171 / 69
	박 현 빈	博賢賓	2003.05.19	대건고	177 / 70
FW	이 용 재	李勇載	1991.06.08	포철공고	186 / 78
	김 대 중	金大中	1992.10.13	홍익대	188 / 85
	송 시 우	宋始雨	1993.08.28	단국대	174 / 72
	김 민 석	金珉碩	2002.09.05	대건고	180 / 72
	김 보 섭	金甫燮	1998.01.10	대건고	183 / 75
	홍 시 후	洪施侯	2001.01.08	상문고	177 / 70
	에르난데스	Hernandes Rodrigues da Silva	1999.09.02	*브라질	183 / 75

2022년 개인기록 _ K리그1

위치	배번	경기번호	03	08	16	21	29	36	38	44	53	59
		날 짜	02.19	02.26	03.01	03.05	03.13	03.20	04.02	04.05	04.10	05.05
		홈/원정	홈	홈	원정	홈	홈	원정	홈	원정	홈	원정
		장 소	인천	인천	강릉	인천	인천	탄천	인천	대구전	인천	수원
		상 대	수원	서울	강원	포항	김천	성남	울산	대구	제주	수원FC
		결 과	승	무	승	패	승	승	무	승	무	무
		점 수	1 : 0	1 : 1	1 : 0	0 : 1	1 : 0	1 : 0	1 : 1	2 : 1	2 : 2	2 : 2
		승 점	3	4	7	7	10	13	14	17	18	19
		슈팅수	17 : 5	8 : 11	10 : 12	4 : 10	11 : 14	4 : 9	12 : 14	7 : 10	4 : 15	10 : 14
GK	1	이 태 희										
	21	김 동 헌	○ 0/0	○ 0/0	○ 0/0	○ 0/0	○ 0/0	○ 0/0	○ 0/0	○ 0/0	○ 0/0	○ 0/0
	23	민 성 준										
DF	3	김 광 석										▽ 0/0
	4	강 민 수	▽ 0/0	○ 0/0	○ 0/0	○ 0/0			△ 0/0	△ 0/0	○ 0/0 S	
	6	강 윤 구	▽ 0/0	○ 0/0	▽ 0/0 C		△ 0/0					
	17	김 준 엽	△ 0/0		○ 1/0 C	▽ 0/0		△ 0/0	○ 0/0	▽ 0/0 C		
	20	델브리지		△ 0/0		△ 0/0	○ 0/0	○ 0/0	○ 0/0	○ 0/0	○ 0/0	○ 0/0
	22	김 창 수						△ 0/0				
	26	오 반 석			○ 0/0 C	○ 0/0 C	○ 0/0	○ 0/0	○ 0/0 C	▽ 0/0	○ 0/0	○ 0/0
	32	이 주 용									△ 0/0	
	34	오 재 석										
	47	김 동 민	○ 0/0	○ 0/0 C	○ 0/0 C	○ 0/0 C	○ 0/0	○ 0/0	○ 0/1	○ 0/0 S		
MF	5	이 명 주	▽ 0/0	▽ 0/0	○ 0/1	▽ 0/0	▽ 0/0	▽ 0/0	▽ 0/0	○ 0/0	▽ 1/0	○ 1/0
	7	김 도 혁	○ 0/0	○ 0/0 C	△ 0/0	▽ 0/0	▽ 0/0	▽ 0/0	▽ 0/0	▽ 0/0	▽ 0/1	○ 0/1
	8	정 혁										
	10	아길라르		△ 0/0	▽ 0/0	▽ 0/0		▽ 0/0 C	▽ 0/0 C	▽ 0/0	▽ 0/0	○ 0/0
	16	이 동 수	△ 0/0 C		△ 0/0	△ 0/0	△ 0/0	△ 0/0	△ 0/0	○ 0/0	△ 0/0	
	18	여 름	○ 0/0	○ 0/0	▽ 0/0 C	▽ 0/0	○ 0/0	○ 0/0	▽ 0/0	△ 0/0	▽ 0/0	▽ 0/0
	24	이 강 현	○ 0/0	▽ 0/0			△ 0/0					△ 0/0
	28	민 경 현	△ 0/0	△ 0/0	△ 0/0	○ 0/0	▽ 0/0	○ 0/0	○ 0/0	○ 0/0	○ 0/0	○ 0/0
	30	박 창 환				△ 0/0				△ 0/0	△ 0/0	
	33	김 성 민										
	39	박 현 빈										
FW	9	무 고 사	○ 1/0	▽ 0/0	△ 0/0	○ 0/0	○ 1/0	▽ 1/0	▽ 1/0	○ 2/0	▽ 1/0	○ 1/0
	11	이 용 재	△ 0/1	△ 0/0 C	▽ 0/0	△ 0/0	▽ 0/0		△ 0/0		△ 0/0	
	15	김 대 중										
	19	송 시 우	△ 0/0	△ 0/0	△ 0/0	△ 0/0	◈ 0/0		△ 0/0		△ 0/0	△ 0/0
	25	김 민 석										
	27	김 보 섭	▽ 0/0	▽ 0/0			○ 0/0 C	○ 0/0 CC		△ 0/0	○ 0/0	○ 0/0
	37	홍 시 후	▽ 0/0	▽ 0/0			△ 0/0	△ 0/0	△ 0/0			
	40	이 준 석			▽ 0/0							
	98	에르난데스										

선수자료 : 득점/도움 ○ = 선발출전 △ = 교체 IN ▽ = 교체 OUT ◈ = 교체 IN/OUT C = 경고 S = 퇴장

위치	배번	경기번호	64	68	74	80	88	93	102	105	114	119
		날 짜	05.08	05.14	05.17	05.21	05.29	06.18	06.22	06.25	07.03	07.06
		홈/원정	홈	원정	홈	원정	홈	원정	홈	원정	원정	홈
		장 소	인천	문수	인천	포항	인천	제주W	인천	서울W	수원W	인천
		상 대	전북	울산	대구	포항	성남	제주	강원	서울	수원	수원FC
		결 과	패	무	무	패	승	패	승	무	무	패
		점 수	0 : 1	2 : 2	2 : 2	0 : 2	1 : 0	1 : 2	4 : 1	1 : 1	0 : 0	0 : 1
		승 점	19	20	21	21	24	24	27	28	29	29
		슈팅수	12 : 14	6 : 18	9 : 12	7 : 13	10 : 11	9 : 22	7 : 21	10 : 17	14 : 13	10 : 12
GK	1	이 태 희		○ 0/0	○ 0/0	○ 0/0						
	21	김 동 헌	○ 0/0				○ 0/0	○ 0/0	○ 0/0	○ 0/0	○ 0/0	○ 0/0
	23	민 성 준										
DF	3	김 광 석	▽ 0/0 C		○ 0/0	▽ 0/0	△ 0/0	○ 0/0	△ 0/0		○ 0/0	○ 0/0
	4	강 민 수		△ 0/0	○ 0/0	○ 0/0	▽ 0/0	○ 0/0	○ 0/0	○ 0/0		
	6	강 윤 구							▽ 0/1	▽ 0/1		△ 0/0
	17	김 준 엽						△ 0/0 C	○ 0/0 C	○ 0/0 C		○ 0/0
	20	델브리지	○ 0/0	▽ 0/0		△ 0/0	○ 0/0	○ 0/0	○ 0/0	○ 0/0	○ 0/0	▽ 0/0
	22	김 창 수										
	26	오 반 석	○ 0/0	○ 0/0								
	32	이 주 용		▽ 0/0		○ 0/0	○ 0/0	○ 0/0			○ 0/0	
	34	오 재 석										
	47	김 동 민		○ 0/0 C	○ 0/0	○ 0/0	○ 0/0 C		▽ 0/0	○ 0/0	○ 0/0 C	○ 0/0
MF	5	이 명 주	▽ 0/0	○ 0/1	△ 0/0	○ 0/0	○ 0/0	○ 0/0	○ 0/1	▽ 1/0	○ 0/0	○ 0/0
	7	김 도 혁	▽ 0/0	○ 0/0	△ 0/0	▽ 0/0	▽ 0/0 C	▽ 0/0	▽ 0/1	▽ 0/0		
	8	정 혁										
	10	아길라르	▽ 0/0		○ 0/0	△ 0/0	▽ 0/0	▽ 0/0	▽ 0/0 C	▽ 0/0 C	△ 0/0	▽ 0/0
	16	이 동 수	△ 0/0		▽ 0/0	△ 0/0	▽ 0/0	△ 0/0		△ 0/0	▽ 0/0	○ 0/0
	18	여 름	▽ 0/0	△ 0/0	▽ 0/0							
	24	이 강 현	△ 0/0	▽ 0/1		▽ 0/0	△ 0/0		△ 0/0	△ 0/0	△ 0/0	
	28	민 경 현	○ 0/0	○ 0/0	○ 0/0	▽ 0/0	▽ 0/0	▽ 0/0	△ 0/0	△ 0/0	○ 0/0	▽ 0/0
	30	박 창 환										
	33	김 성 민									▽ 0/0	△ 0/0 C
	39	박 현 빈										
FW	9	무 고 사	○ 0/0	○ 1/0	○ 2/0	○ 0/0	○ 0/0	△ 0/0	○ 3/0	○ 0/0		
	11	이 용 재	△ 0/0	▽ 1/0	▽ 0/0	▽ 0/0		▽ 0/1			▽ 0/0	▽ 0/0
	15	김 대 중										△ 0/0
	19	송 시 우	△ 0/0		△ 0/0	△ 0/0	△ 1/0	△ 0/0	△ 1/0	△ 0/0	△ 0/0	△ 0/0
	25	김 민 석										
	27	김 보 섭	○ 0/0	△ 0/0	▽ 0/0		△ 0/0 C	▽ 1/0	△ 0/1	△ 0/0	△ 0/0	▽ 0/0
	37	홍 시 후	△ 0/0	△ 0/0	△ 0/0	△ 0/0	△ 0/0	△ 0/0 C	▽ 0/0	▽ 0/0	▽ 0/0 C	△ 0/0
	40	이 준 석										
	98	에르난데스										

위치	배번	경기번호	123	129	149	154	162	164	144	138	170	175
		날 짜	07.09	07.16	07.30	08.03	08.07	08.13	08.20	08.27	09.02	09.06
		홈/원정	원정	원정	원정	홈	원정	홈	원정	홈	홈	원정
		장 소	전주W	김천	탄천	인천	대구전	인천	포항	인천	인천	제주W
		상 대	전북	김천	성남	수원FC	대구	전북	포항	서울	강원	제주
		결 과	무	승	패	무	승	승	무	승	패	승
		점 수	2 : 2	1 : 0	1 : 3	1 : 1	3 : 2	3 : 1	1 : 1	2 : 0	0 : 1	1 : 0
		승 점	30	33	33	34	37	40	41	44	44	47
		슈팅수	17 : 20	7 : 13	9 : 25	17 : 8	12 : 10	17 : 8	3 : 4	7 : 11	10 : 8	7 : 17
GK	1	이 태 희			○ 0/0	○ 0/0	○ 0/0	○ 0/0	○ 0/0	○ 0/0	○ 0/0	○ 0/0
	21	김 동 헌	○ 0/0	○ 0/0								
	23	민 성 준										
DF	3	김 광 석	○ 0/0	▽ 0/0	○ 0/0			○ 0/0	○ 0/0			
	4	강 민 수				○ 0/0	○ 0/0	○ 0/0	○ 0/0	○ 0/0	○ 0/0	○ 0/0 C
	6	강 윤 구	○ 0/0	○ 0/0	▽ 0/0	△ 0/0		▽ 0/0 C	▽ 0/0			○ 0/0 C
	17	김 준 엽	○ 0/0	○ 0/0 C		▽ 0/0	○ 0/0 C			○ 0/1	○ 0/0	○ 0/0
	20	델브리지		○ 0/0	○ 0/0 C	○ 0/0	○ 0/0 C	○ 0/0	○ 0/0	○ 0/0	○ 0/0 C	○ 0/0
	22	김 창 수						△ 0/0	△ 0/0		△ 0/0	△ 0/0
	26	오 반 석			▽ 0/0							
	32	이 주 용										
	34	오 재 석										
	47	김 동 민	○ 0/0	○ 0/0 C	△ 0/0	○ 0/0	○ 0/0 C			○ 0/0 C	○ 0/0	○ 0/0
MF	5	이 명 주	△ 0/1	○ 0/0	○ 0/0	▽ 0/0	▽ 1/0	▽ 0/1	○ 0/0	▽ 0/0	○ 0/0	
	7	김 도 혁			▽ 0/0	▽ 0/0	○ 1/0	▽ 0/0	▽ 0/0	○ 1/0	▽ 0/0	△ 0/0
	8	정 혁										
	10	아길라르	○ 0/1	△ 0/0	△ 0/0	▽ 0/0	○ 0/1 C		△ 0/0	○ 0/0	▽ 0/0	▽ 0/0 C
	16	이 동 수	▽ 0/0	△ 0/0		△ 0/0	△ 0/0	△ 0/0	△ 0/0	△ 0/0		△ 0/0
	18	여 름										
	24	이 강 현		▽ 0/0	○ 0/0	△ 0/0					△ 0/0	▽ 1/0
	28	민 경 현	△ 0/0	▽ 0/0	▽ 1/0	○ 0/0	▽ 0/0	▽ 0/0	▽ 0/0 C	○ 0/0	▽ 0/0 C	
	30	박 창 환						△ 0/0				
	33	김 성 민	○ 1/0	○ 0/0	○ 0/0		△ 0/0	△ 0/0	△ 0/0		▽ 0/0	▽ 0/0
	39	박 현 빈	▽ 0/0 C									
FW	9	무 고 사										
	11	이 용 재	▽ 0/0		▽ 0/0						▽ 0/0	▽ 0/0
	15	김 대 중									△ 0/0	
	19	송 시 우	▽ 0/0	△ 0/0	△ 0/0	△ 0/0	◈ 0/0	▽ 1/0	▽ 1/0	△ 0/0	△ 0/0	△ 0/0
	25	김 민 석										
	27	김 보 섭	△ 1/0	△ 1/0	△ 0/1	△ 1/0	△ 0/0	○ 0/1	▽ 0/0	△ 0/0	△ 0/0 C	○ 0/1
	37	홍 시 후		▽ 0/0		▽ 0/0	▽ 0/0	△ 0/0	△ 0/0	▽ 0/0		
	40	이 준 석										
	98	에르난데스	△ 0/0	◈ 0/1	△ 0/0	○ 0/1	○ 1/2 C	○ 2/0 C	○ 0/0	▽ 1/0		

선수자료 : 득점/도움 ○ = 선발출전 △ = 교체 IN ▽ = 교체 OUT ◈ = 교체 IN/OUT C = 경고 S = 퇴장

위치	배번	경기번호	186	191	198	200	207	213	221	227		
		날 짜	09.11	09.14	09.18	10.01	10.08	10.11	10.16	10.23		
		홈/원정	원정	홈	원정	홈	원정	홈	홈	원정		
		장 소	수원W	인천	김천	인천	춘천	인천	인천	전주W		
		상 대	수원	울산	김천	울산	강원	제주	포항	전북		
		결 과	무	무	패	패	무	승	무	패		
		점 수	3 : 3	0 : 0	0 : 1	0 : 3	0 : 0	3 : 1	1 : 1	1 : 2		
		승 점	48	49	49	49	50	53	54	54		
		슈팅수	12 : 15	5 : 11	6 : 17	7 : 13	10 : 11	14 : 12	13 : 10	17 : 19		
GK	1	이태희	○ 0/0									
	21	김동헌		○ 0/0	○ 0/0	○ 0/0	○ 0/0	○ 0/0	○ 0/0			
	23	민성준								○ 0/0		
DF	3	김광석		○ 0/0	○ 0/0	▽ 0/0						
	4	강민수	○ 0/0		▽ 0/0		○ 0/0	○ 0/0				
	6	강윤구		▽ 0/0 C	△ 0/0	○ 0/0 CC						
	17	김준엽	○ 0/0	○ 0/0	○ 0/0	○ 0/0	△ 0/0	○ 0/0	○ 0/0	▽ 0/1		
	20	델브리지	○ 0/1	○ 0/0	○ 0/0	○ 0/0 C	○ 0/0 C		○ 0/0	○ 0/0 C		
	22	김창수		○ 0/0	○ 0/0	△ 0/0	△ 0/0	△ 0/0	△ 0/0	△ 0/0 C		
	26	오반석							△ 0/0	○ 0/0		
	32	이주용					▽ 0/0	○ 0/0	○ 0/0	▽ 0/0		
	34	오재석					▽ 0/0	▽ 0/1	▽ 0/0			
	47	김동민	○ 0/0	△ 0/0	△ 0/0	○ 0/0	○ 0/0	○ 0/0	○ 0/0	○ 0/0 C		
MF	5	이명주		△ 0/0	○ 0/0	○ 0/0			▽ 0/0	○ 0/0		
	7	김도혁	○ 0/0 C	△ 0/0	▽ 0/0	▽ 0/0	▽ 0/0	△ 0/0	△ 0/0	▽ 0/0		
	8	정 혁				△ 0/0		△ 0/0	△ 0/0	△ 0/0		
	10	아길라르	▽ 0/1	△ 0/0	▽ 0/0	▽ 0/0	△ 0/0	△ 0/0				
	16	이동수	△ 0/0	▽ 0/0		△ 0/0	○ 0/0	▽ 1/0	△ 0/0	▽ 0/0		
	18	여 름						△ 0/0				
	24	이강현	▽ 1/0 C	○ 0/0 C	△ 0/0		○ 0/0	▽ 0/0	▽ 0/0			
	28	민경현	▽ 0/0									
	30	박창환	△ 0/0	△ 0/0	▽ 0/0 C	▽ 0/0	△ 0/0			△ 0/0		
	33	김성민	△ 0/0							◈ 0/0		
	39	박현빈										
FW	9	무고사										
	11	이용재			▽ 0/0		▽ 0/0					
	15	김대중	△ 1/0									
	19	송시우			△ 0/0	△ 0/0						
	25	김민석	△ 1/0	▽ 0/0				▽ 1/1	▽ 0/0	△ 1/0		
	27	김보섭	▽ 0/0	▽ 0/0	△ 0/0	△ 0/0	△ 0/0	○ 0/0	○ 1/0	○ 0/0		
	37	홍시후	▽ 0/0	▽ 0/0		▽ 0/0	▽ 0/0	▽ 1/1	▽ 0/0	▽ 0/0		
	40	이준석										
	98	에르난데스										

제 주 유 나 이 티 드

창단년도_ 1982년

전화_ 064-738-0934~6

팩스_ 064-738-0600

홈페이지_ www.jeju-utd.com

주소_ 우 63558 제주특별자치도 서귀포시 일주서로 166-31(강정동)
166-31, Iljuseo-ro(Gangjeong-dong), Seogwipo-si, Jeju-do, KOREA 63558

연혁

1982 유공 코끼리 축구단 창단(프로축구단 제2호)
초대 최종현 구단주, 조규향 단장 취임, 초대 이종환 감독 취임
1983 프로축구 원년 구단으로 리그 참가(연고지: 서울, 인천, 경기)
83 수퍼리그 3위
1984 84 축구대제전 수퍼리그 전반기 우승
84 축구대제전 수퍼리그 챔피언결정전 준우승
1985 제2대 김정남 감독 취임
제1회 일본 국제평화기원 축구대회 우승
1989 89 한국프로축구대회 우승
1990 2군 창설(함흥철 감독, 조윤환 코치 취임)
제21회 태국 킹스컵 축구대회 3위
90 한국프로축구 2군리그 준우승
인천, 경기 → 서울 연고지 이전 (12월)
1992 제2대 이계원 단장 취임 제3대 박성화 감독 취임
1993 제2대 김항덕 구단주 취임
1994 94 아디다스컵 우승
94 하이트배 코리안리그 준우승
제4대 니폼니시 감독(러시아) 취임
1996 서울 → 부천 연고지 이전 (1월)
유공 코끼리 → 부천 유공 구단명칭 변경
96 아디다스컵 우승
1997 부천 유공 → 부천 SK 구단명칭 변경(10월)
1998 98 아디다스컵 코리아컵 준우승
98 필립모리스코리아컵 준우승
제5대 조윤환 감독 취임
1999 제3대 강성길 단장 취임
99 바이코리아컵 K-리그 3위
2000 2000 대한화재컵 우승 2000 삼성 디지털 K-리그 준우승
2001 제6대 최윤겸 감독 취임
2002 제7대 트나즈 트르판 감독(터키) 취임
2003 제8대 하재훈 감독 취임
2004 제9대 정해성 감독 취임 제9회 하나은행 FA컵 준우승
2005 제4대 정순기 단장 취임
제3대 신헌철 SK(주) 대표이사 구단주 취임
2006 부천 → 제주 연고지 이전
부천 SK → 제주 유나이티드 FC 구단명칭 변경
2007 제주 유나이티드 FC 클럽하우스 준공
2008 제10대 알툴 감독 취임
제주유나이티드에프씨 주식회사로 독립법인 전환
2009 제1대 변명기 대표이사 취임 제11대 박경훈 감독 취임
코리안 풋볼 드림매치 2009 연변FC 초청경기
2010 제4대 구자영 구단주 취임
쏘나타 K리그 2010 준우승
제15회 하나은행 FA컵 공동 3위 및 페어플레이상 수상
K리그 대상 감독상(박경훈), MVP(김은중), 'FAN'tastic Player(구자철), 도움상(구자철), 베스트11(홍정호, 구자철, 김은중) 수상
2011 AFC 챔피언스리그 2011 조별예선 3위
2012 축구단 창단 30주년
제17회 하나은행 FA컵 페어플레이상 수상
2013 팬 프렌들리 클럽 수상
2014 제2대 장석수 대표이사 취임
대한민국 스포츠산업대상 대통령표창 수상(프로구단 최초)
2015 제5대 정철길 구단주 취임 제12대 조성환 감독 취임
제6대 김준 구단주 취임
K리그 대상 베스트11 선정(송진형)
2016 현대오일뱅크 K리그 클래식 2016 3위
K리그 대상 페어플레이상 수상, 베스트11(정운), 영플레이어상(안현범), 사랑나눔상(이근호) 수상
2017 KEB하나은행 K리그 클래식 2018 2위
K리그 어워즈 '팬 프렌들리 클럽상' 수상
K리그 대상 베스트11 선정(이창민, 오반석)
2018 제3대 안승희 대표이사 취임
오반석, 2018 러시아 월드컵 대표팀 발탁
정태욱, 2018 자카르타-팔렘방 아시안게임 대표팀 발탁
2019 제15대 최윤겸 감독 취임
제24회 KEB하나은행 FA컵 16강
2020 제16대 남기일 감독 취임
제4대 한중길 대표이사 취임
제5대 김현희 단장 취임
하나원큐 K리그2 2020 우승, K리그1 승격
제25회 하나은행 FA컵 16강
2021 하나원큐 K리그1 2021 FINAL A 진출
강윤성, 2021도쿄올림픽 대표팀 발탁
K리그 대상 득점상 및 베스트11 선정(주민규)
2022 하나원큐 K리그1 2022 5위
제27회 하나원큐 FA컵 4라운드
K리그 대상 그린 위너스상 수상, 베스트11 선정(주민규)

2022년 선수명단

대표이사_ 한중길 단장_ 김현희 감독_ 남기일
수석코치_ 마철준 코치_ 김효일 · 정조국 GK코치_ 기우성 피지컬코치_ 장석민 주무_ 한승수
AT_ 김범수 · 오경현 · 윤재현 장비담당_ 문성준 차량담당_ 오경명 스카우트_ 신현호

포지션	성명	한자명	생년월일	출신교	키(cm) / 몸무게(kg)
GK	김동준	金承奎	1994.12.19	연세대	189 / 85
	임준섭	林俊燮	2003.08.22	제주U18	194 / 80
	유연수	柳然修	1998.02.26	호남대	193 / 89
	김근배	金根培	1986.08.07	고려대	187 / 80
DF	이지솔	李志率	1999.07.09	언남고	182 / 65
	정 운	鄭 澐	1989.06.30	명지대	180 / 76
	김주원	金走員	1991.07.29	영남대	185 / 83
	안현범	安鉉範	1994.12.21	동국대	179 / 74
	정우재	鄭宇宰	1992.06.28	예원예술대	179 / 70
	김경재	金徑裁	1993.07.24	아주대	183 / 73
	우민걸	禹敏傑	1999.08.24	문경대	176 / 64
	안태현	安邰鉉	1993.03.01	홍익대	174 / 70
	김대환	金大煥	2004.10.19	제주U18	172 / 67
	최재혁	崔材赫	2003.07.22	부경고	174 / 65
	김오규	金吾奎	1989.06.20	관동대	182 / 75
	김동국	金東局	2003.12.10	홍천FC	175 / 63
	김명순	金明淳	2000.07.17	광주대	177 / 66
MF	최영준	崔榮峻	1991.12.15	건국대	181 / 76
	이창민	李昌珉	1994.01.20	중앙대	178 / 74
	윤빛가람	尹빛가람	1990.05.07	부산외대	178 / 75
	한종무	韓宗武	2003.05.02	제주U18	180 / 67
	김규형	金奎亨	1999.03.29	현대고	168 / 63
	김봉수	金奉首	1999.12.26	광주대	181 / 74
	구자철	具慈哲	1989.02.27	보인고	183 / 74
FW	진성욱	陳成昱	1993.12.16	대건고	183 / 82
	조성준	趙聖俊	1990.11.27	청주대	176 / 72
	서진수	徐進水	2000.10.18	제주U18	183 / 71
	조나탄 링	Erik Jonathan Ring	1991.12.05	* 스웨덴	182 / 74
	제르소	Gerso Fernandes	1991.02.23	*포르투갈, 기니비사우	172 / 62
	주민규	周敏圭	1990.04.13	한양대	183 / 79
	김주공	金周孔	1996.04.23	전주대	180 / 66
	김범수	金杋洙	2000.04.08	J-SUN FC	172 / 63
	변경준	邊勁埈	2002.04.08	통진고	181 / 70

2022년 개인기록 _ K리그1

위치	배번	경기번호	04	09	14	24	27	32	37	45	53	56
		날 짜	02.20	02.26	03.01	03.06	03.12	03.19	04.02	04.05	04.10	05.05
		홈/원정	홈	홈	원정	홈	홈	원정	홈	홈	원정	원정
		장 소	제주W	제주W	수원W	제주W	제주W	서울W	제주W	제주W	인천	탄천
		상 대	포항	강원	수원	수원FC	전북	서울	대구	울산	인천	성남
		결 과	패	무	승	무	승	승	무	패	무	승
		점 수	0 : 3	0 : 0	1 : 0	0 : 0	2 : 0	2 : 1	0 : 0	1 : 2	2 : 2	2 : 1
		승 점	0	1	4	5	8	11	12	12	13	16
		슈팅수	9 : 9	15 : 7	11 : 9	9 : 6	7 : 8	8 : 7	14 : 11	16 : 5	15 : 4	14 : 10
GK	1	김동준	▽ 0/0	○ 0/0	○ 0/0	○ 0/0	○ 0/0	○ 0/0	○ 0/0	○ 0/0		○ 0/0
	31	유연수	△ 0/0								○ 0/0	
	41	김근배										
DF	4	이지솔					△ 0/0		△ 0/0 C			△ 0/0
	5	홍성욱					▽ 0/0	▽ 0/0	▽ 0/0	▽ 0/0		
	13	정 운	○ 0/0 C	○ 0/0	○ 0/0 C	○ 0/0	○ 0/0	○ 0/0	○ 0/0	○ 0/0	○ 0/0 C	○ 0/0
	16	김주원										
	22	정우재	○ 0/0	○ 0/0	○ 0/1	○ 0/0	▽ 0/0	△ 0/0			○ 0/0	○ 0/0
	23	김경재										△ 0/0
	27	안태현							○ 0/0	▽ 0/0	○ 0/1	
	35	김오규	○ 0/0 C	○ 0/0	○ 0/0 C	○ 0/0	○ 0/0 C	○ 0/0 C	○ 0/0	○ 1/0 C		○ 0/0 C
	39	김명순	△ 0/0				▽ 0/0	▽ 0/0	▽ 0/0			△ 0/0
	91	이정문	△ 0/0									
MF	6	최영준	○ 0/0	○ 0/0	○ 0/0	○ 0/0 C	○ 0/0	○ 0/0	△ 0/0	▽ 0/0 C	○ 0/0 C	○ 0/0
	8	이창민	○ 0/0	○ 0/0	○ 0/0 C	○ 0/0	○ 0/0	○ 0/0	○ 0/0 C	○ 0/1	○ 0/0	○ 0/0
	14	윤빛가람	▽ 0/0					△ 0/0	▽ 0/0	△ 0/0		
	17	안현범	▽ 0/0	○ 0/0	○ 0/0	▽ 0/0 C	△ 0/0	○ 0/0		○ 0/0	▽ 0/0	▽ 0/0
	24	한종무										
	28	김규형		△ 0/0								
	30	김봉수		○ 0/0	○ 0/0	○ 0/0	△ 0/0	△ 0/0	△ 0/0	△ 0/0 C	○ 0/0	▽ 0/0
	42	구자철							△ 0/0	▽ 0/0		
FW	2	진성욱					△ 0/0	△ 0/0 C				
	7	조성준				△ 0/0					△ 0/1	△ 0/0
	9	서진수										
	10	조나탄 링	◆ 0/0	△ 0/0		△ 0/0	▽ 0/0	▽ 2/0	▽ 0/0	△ 0/0	△ 0/0	◆ 1/0
	11	제르소	○ 0/0	◆ 0/0	○ 0/0	▽ 0/0	▽ 0/1 C	▽ 0/0	○ 0/0	○ 0/0	▽ 0/0	▽ 1/1 C
	18	주민규	○ 0/0	△ 0/0	○ 0/0	○ 0/0	○ 1/1	▽ 0/2	▽ 0/0	△ 0/0	○ 2/0	○ 0/1
	19	김주공	△ 0/0	▽ 0/0	△ 1/0	△ 0/0	△ 1/0	△ 0/0	△ 0/0	△ 0/0	△ 0/0	
	20	김범수										
	29	변경준		▽ 0/0	▽ 0/0					▽ 0/0		
	40	추상훈	▽ 0/0	▽ 0/0		▽ 0/0					▽ 0/0	▽ 0/0

선수자료 : 득점/도움 ○ = 선발출전 △ = 교체 IN ▽ = 교체 OUT ◆ = 교체 IN/OUT C = 경고 S = 퇴장

위치	배번	경기번호	65	70	75	83	86	93	98	108	109	116
		날 짜	05.08	05.15	05.18	05.22	05.28	06.18	06.21	06.26	07.02	07.05
		홈/원정	홈	원정	원정	홈	원정	홈	원정	원정	홈	원정
		장 소	제주W	수원	문수	제주W	전주W	제주W	대구전	강릉	제주W	김천
		상 대	김천	수원FC	울산	수원	전북	인천	대구	강원	서울	김천
		결 과	승	승	패	무	승	승	패	패	무	패
		점 수	3 : 1	3 : 1	0 : 1	0 : 0	2 : 0	2 : 1	0 : 1	2 : 4	2 : 2	0 : 4
		승 점	19	22	22	23	26	29	29	29	30	30
		슈팅수	18 : 20	24 : 9	7 : 26	2 : 9	6 : 7	22 : 9	13 : 12	9 : 9	10 : 17	14 : 12
GK	1	김 동 준	○ 0/0	○ 0/0	○ 0/0	○ 0/0	○ 0/0	○ 0/0	○ 0/0		○ 0/0	○ 0/0
	31	유 연 수								○ 0/0		
	41	김 근 배										
DF	4	이 지 솔	△ 0/0	△ 0/0	△ 0/0	△ 0/0	△ 0/0		△ 0/0			○ 0/0
	5	홍 성 욱					△ 0/0					
	13	정 운	○ 0/1 C	○ 0/1	○ 0/0	○ 0/0 C		○ 0/0	▽ 0/0			
	16	김 주 원										
	22	정 우 재	○ 0/0	▽ 0/0	△ 0/0		○ 0/0	▽ 0/0 C	○ 0/0	△ 0/0	▽ 0/0	
	23	김 경 재			○ 0/0	△ 0/0	○ 0/0 C	▽ 0/0	○ 0/0	○ 0/0	○ 0/0	△ 0/0
	27	안 태 현										
	35	김 오 규	○ 0/0 C	○ 0/0 C		○ 0/0 C	○ 0/0	○ 0/0 C		○ 0/0	○ 0/0 C	○ 0/0
	39	김 명 순	△ 0/0	△ 0/0	▽ 0/0	▽ 0/0		△ 0/0		▽ 0/0	△ 0/0	▽ 0/0
	91	이 정 문										
MF	6	최 영 준	○ 0/0	○ 0/0	○ 0/0	○ 0/0	○ 0/0	○ 0/0	○ 0/0	○ 0/0	○ 0/0	○ 0/0
	8	이 창 민	▽ 0/0 C	▽ 1/0	▽ 0/0			△ 0/0	○ 0/0 C	△ 0/0	○ 0/0	▽ 0/0
	14	윤빛가람										
	17	안 현 범	▽ 0/0	○ 0/0	○ 0/0 C	▽ 0/0	○ 0/0	○ 0/0	○ 0/0	▽ 0/0	▽ 0/0	○ 0/0
	24	한 종 무				▽ 0/0	▽ 0/0	▽ 0/0		▽ 0/0		△ 0/0
	28	김 규 형					△ 0/0					
	30	김 봉 수	○ 0/0	○ 0/0	○ 0/0	○ 0/0	▽ 0/0	△ 0/0	○ 0/0	○ 0/0	○ 0/0	○ 0/0
	42	구 자 철										
FW	2	진 성 욱			△ 0/0							
	7	조 성 준	△ 0/0	△ 0/2	△ 0/0	△ 0/0	▽ 0/1	△ 0/0	▽ 0/0	△ 0/0	△ 0/0	△ 0/0
	9	서 진 수										
	10	조나탄 링	◈ 0/0 C	◈ 0/0		▽ 0/0		▽ 0/0		▽ 0/0	△ 0/0	△ 0/0
	11	제 르 소	▽ 0/0	▽ 0/0	△ 0/0	○ 0/0	▽ 0/1	▽ 1/0	△ 0/0	▽ 0/1	▽ 1/0	▽ 0/0
	18	주 민 규	○ 3/0	○ 1/0	▽ 0/0	○ 0/0	○ 2/0	○ 1/0	○ 0/0	○ 2/0	○ 0/1	▽ 0/0
	19	김 주 공	△ 0/0 C	△ 1/0	▽ 0/0	△ 0/0	△ 0/0	△ 0/0	△ 0/0	△ 0/0	△ 0/0	△ 0/0
	20	김 범 수							▽ 0/0 C	△ 0/0 C	▽ 1/0	▽ 0/0
	29	변 경 준										
	40	추 상 훈	▽ 0/0	▽ 0/0	▽ 0/0							

위치	배번	경기번호	121	132	145	152	158	165	139	135	169	175
		날 짜	07.08	07.16	07.30	08.02	08.05	08.14	08.20	08.27	09.02	09.06
		홈/원정	홈	원정	원정	홈	원정	홈	홈	홈	원정	홈
		장 소	제주W	포항	전주W	제주W	서울W	제주W	제주W	제주W	수원	제주W
		상 대	성남	포항	전북	성남	서울	포항	수원	울산	수원FC	인천
		결 과	승	무	패	패	승	승	패	무	무	패
		점 수	3 : 2	1 : 1	0 : 1	1 : 2	2 : 0	5 : 0	1 : 2	1 : 1	2 : 2	0 : 1
		승 점	33	34	34	34	37	40	40	41	42	42
		슈팅수	14 : 12	6 : 6	13 : 7	11 : 14	6 : 11	10 : 5	16 : 13	12 : 7	15 : 11	17 : 7
GK	1	김 동 준	○ 0/0	○ 0/0	○ 0/0	○ 0/0		○ 0/0	○ 0/0	○ 0/0		
	31	유 연 수										
	41	김 근 배					○ 0/0				○ 0/0	○ 0/0
DF	4	이 지 솔	△ 0/0	△ 0/0			△ 0/0					
	5	홍 성 욱										
	13	정 운			○ 0/0	○ 0/0 C	○ 0/0	○ 0/0	○ 0/0	○ 0/0	○ 0/0	○ 0/0
	16	김 주 원										
	22	정 우 재			△ 0/0	▽ 0/0				○ 0/0	△ 0/0	○ 0/0
	23	김 경 재	▽ 0/0			△ 0/0	○ 0/0	○ 0/0 C	▽ 0/0	○ 0/0	○ 0/0	▽ 0/0
	27	안 태 현										
	35	김 오 규	○ 0/0	○ 0/0	○ 0/0	○ 0/0			△ 0/0			△ 0/0
	39	김 명 순									▽ 0/0	
	91	이 정 문										
MF	6	최 영 준	○ 0/0	○ 0/0	○ 0/0	○ 0/0	○ 0/0	○ 0/0	○ 0/1	○ 0/0	○ 0/0 C	▽ 0/0
	8	이 창 민	△ 1/0	○ 0/0	▽ 0/0			△ 0/0	△ 0/0	△ 0/0	▽ 0/0	○ 0/0
	14	윤빛가람					▽ 0/0	▽ 2/0	▽ 0/0	▽ 0/0	○ 0/0	
	17	안 현 범	▽ 0/0	○ 0/0 C	○ 0/0	▽ 0/0 C	▽ 0/0	▽ 0/0	○ 0/0 C		○ 1/0	▽ 0/0
	24	한 종 무	▽ 0/0	▽ 1/0	▽ 0/0	▽ 0/0	△ 0/0	△ 0/0	△ 0/0		△ 0/0	
	28	김 규 형					△ 0/0 S					
	30	김 봉 수	○ 0/1	▽ 0/0	▽ 0/0 C	○ 0/0		△ 0/0	△ 0/0			▽ 0/0
	42	구 자 철	△ 0/0	△ 0/0	△ 0/0							
FW	2	진 성 욱			△ 0/0	▽ 0/0	▽ 0/0	▽ 0/1	▽ 1/0	▽ 0/0 C	△ 0/0 C	△ 0/0
	7	조 성 준	○ 0/0	○ 0/0	▽ 0/0	△ 0/0 C	○ 0/0	○ 0/0	▽ 0/0	○ 0/1	△ 0/0	△ 0/0
	9	서 진 수										
	10	조나탄 링	▽ 0/1	▽ 0/0		○ 0/1		△ 1/0		△ 0/0	▽ 0/0	
	11	제 르 소	○ 2/0	▽ 0/0	▽ 0/0	▽ 0/0	▽ 1/1 C	▽ 1/0	○ 0/0	○ 1/0 C	▽ 0/1	○ 0/0 C
	18	주 민 규	▽ 0/0	▽ 0/1	○ 0/0	△ 1/0	△ 0/1	△ 1/0	△ 0/0	△ 0/0	▽ 1/0	○ 0/0
	19	김 주 공	△ 0/0	△ 0/0	△ 0/0	△ 0/0	○ 1/0	○ 0/3	○ 0/0	▽ 0/0	△ 0/0 C	△ 0/0
	20	김 범 수		△ 0/0	△ 0/0		▽ 0/0	▽ 0/0 C	▽ 0/0	▽ 0/0		▽ 0/0
	29	변 경 준	△ 0/0	△ 0/0		△ 0/0	△ 0/0			△ 0/0		△ 0/0
	40	추 상 훈										

선수자료 : 득점/도움 ○ = 선발출전 △ = 교체 IN ▽ = 교체 OUT ◈ = 교체 IN/OUT C = 경고 S = 퇴장

위치	배번	경기번호	182	188	197	202	205	213	219	226		
		날 짜	09.10	09.13	09.18	10.02	10.08	10.11	10.16	10.23		
		홈/원정	원정	홈	원정	홈	원정	원정	홈	원정		
		장 소	김천	제주W	춘천	제주W	포항	인천	제주W	문수		
		상 대	김천	대구	강원	강원	포항	인천	전북	울산		
		결 과	승	무	패	패	승	패	패	승		
		점 수	2 : 1	2 : 2	1 : 2	1 : 2	2 : 1	1 : 3	1 : 2	2 : 1		
		승 점	45	46	46	46	49	49	49	52		
		슈팅수	18 : 9	11 : 17	12 : 15	13 : 7	10 : 6	12 : 14	19 : 14	17 : 9		
GK	1	김동준	○ 0/0	○ 0/0	○ 0/0	○ 0/0	○ 0/0	○ 0/0	○ 0/0			
	31	유연수										
	41	김근배								○ 0/0		
DF	4	이지솔			△ 0/0	△ 0/0	△ 0/0					
	5	홍성욱										
	13	정 운	○ 0/0	○ 0/0	○ 0/0	○ 0/0	○ 0/0	○ 0/0	○ 0/0 C	○ 0/0		
	16	김주원								▽ 0/0		
	22	정우재	○ 0/0	○ 0/0	○ 0/0	○ 0/0	○ 0/0	○ 0/0 C	▽ 0/0 C			
	23	김경재	△ 0/0									
	27	안태현								△ 0/0		
	35	김오규	○ 0/0	○ 0/0	○ 0/0	○ 0/0	○ 0/0	○ 0/0	○ 0/0 C			
	39	김명순							▽ 0/0	▽ 0/0 C		
	91	이정문										
MF	6	최영준	○ 0/0	○ 0/0	▽ 0/0	○ 0/0 C			○ 0/0	○ 0/0		
	8	이창민				△ 0/0	○ 1/0	○ 0/1	○ 0/1	○ 0/1		
	14	윤빛가람	▽ 0/0	○ 0/1	○ 0/0	○ 0/1	▽ 1/0	▽ 0/0				
	17	안현범	▽ 0/0	▽ 0/0								
	24	한종무			△ 0/0							
	28	김규형			△ 0/0		△ 0/0	△ 0/0				
	30	김봉수	△ 0/0		▽ 0/0	▽ 0/0	○ 0/0	▽ 0/0	○ 0/0	○ 0/0		
	42	구자철					△ 0/0 C	△ 0/0	△ 0/0	△ 1/1		
FW	2	진성욱	▽ 0/0	○ 1/0 CC	▽ 0/0	▽ 0/0	△ 0/0	▽ 0/0	△ 0/0	△ 0/0		
	7	조성준	△ 0/0	△ 0/0		△ 0/0	▽ 0/0	▽ 0/0	△ 0/0	○ 0/0		
	9	서진수	▽ 1/0	△ 0/0	○ 1/0	▽ 0/0	▽ 0/0	○ 1/0	▽ 0/0	▽ 1/0		
	10	조나탄 링	△ 1/0 C	△ 0/0	△ 0/0	▽ 0/0		△ 0/0		△ 0/0		
	11	제르소		▽ 0/0	▽ 0/0 C	▽ 0/0	▽ 0/1	▽ 0/0 C	○ 0/0	▽ 0/0		
	18	주민규	△ 0/0	△ 0/0		△ 1/0	▽ 0/0	△ 0/0	○ 1/0	○ 0/0		
	19	김주공	○ 0/1	▽ 1/0								
	20	김범수	▽ 0/0	▽ 0/0	▽ 0/0	△ 0/0						
	29	변경준			△ 0/0		△ 0/0	△ 0/0				
	40	추상훈										

강 원 FC

창단년도_ 2008년

홈페이지_ www.gangwon-fc.com

춘천사무국_ 주소 우 24239 강원도 춘천시 스포츠타운길 124 1층 강원 FC 사무국

124, Sports town-gil, Chuncheon-si, Gangwon-do, KOREA 24239

전화 033-254-2853 **팩스** 033-252-2854

강릉사무국_ 주소 우 25611 강원도 강릉시 남부로 222 강남축구공원 내 강원 FC사무국

222, Nambu-ro, Gangneung-si, Gangwon-do, KOREA 25611

전화_ 033-655-6652 / 033-655-6653 **팩스_** 033-655-6660

연혁

2008 강원도민프로축구단 창단추진 발표
강원도민프로축구단 창단준비팀 구성
강원도민프로축구단 창단준비위원회 발족
강원도민프로축구단 발기인 총회, 김병두 초대 대표이사 취임
(주)강원도민프로축구단 법인 설립
도민주 공모
한국프로축구연맹 창단승인
제4차 이사회 - 신임 김원동 대표이사 취임
초대 최순호 감독 선임
창단식 및 엠블럼 공개

2009 김영후 조모컵 2009 한일올스타전 선발
2009 K-리그 홈경기 20만 관중(관중동원 3위) 돌파
2009 K-리그 13위
제5회 대한민국 스포츠산업대상 프로스포츠 부문 최우수마케팅상 대상 수상
2009 K-리그 대상 김영후 신인선수상, 페어플레이상, 서포터스 나르샤 공로상 수상
김원동 대표이사 2009 대한축구협회 특별공헌상 수상

2010 캐치프레이즈 '무한비상' 확정
선수단 숙소 '오렌지하우스' 개관
유소년클럽 창단
소나타 K리그 2010 12위
2010 K리그 대상 페어플레이상 수상

2011 캐치프레이즈 '강원천하' 확정
김상호 감독 선임
마스코트 '강웅이' 탄생
남종현 대표이사 취임
U-15 및 U-18 유스팀 창단
R리그 정성민 득점왕 수상
현대오일뱅크 K리그 2011 16위

2012 캐치프레이즈 'stand up! 2012!!' 확정
오재석 2012 런던올림픽 최종멤버 선발
김학범 감독 선임
김은중 K리그 통산 8번째 400경기 출전
현대오일뱅크 K리그 2012 14위

2013 캐치프레이즈 '투혼 2013' 확정
임은주 대표이사 취임 김용갑 감독 선임
현대오일뱅크 K리그 클래식 2013 12위

2014 캐치프레이즈 'Power of Belief 2014 Born again GWFC' 확정
알툴 감독 선임
현대오일뱅크 K리그 챌린지 2014 4위

2015 캐치프레이즈 'Power of GangwonFC 2015' 확정
최윤겸 감독 선임
현대오일뱅크 K리그 챌린지 2015 7위

2016 조태룡 대표이사 취임
K리그 클래식(1부리그) 승격(현대오일뱅크 K리그 챌린지 2016 3위)
제2차 플러스스타디움상 수상
세계 최초 스키점프장의 축구장 활용

2017 2017년 팀 창단 후 최초 상위 스플릿 진출
도·시민구단 최초 K리그 클래식(1부리그) 승격 첫해 스플릿A 진출
KEB하나은행 K리그 클래식 2017 6위
세계 최초 프로축구단 스키점프대 홈 경기장 사용
(평창 동계올림픽 알펜시아 스타디움)
국내 프로스포츠 최초 암호화폐 거래소 '코인원' 서브스폰서 계약
K리그 구단 역대 한 시즌 최다 '소규모 스폰서' 173개 업체 계약

2018 조태룡 대표이사 사임 한원석 대표이사(직무대행) 취임
KEB하나은행 K리그1 2018 8위
코인원 2년 연속 스폰서 계약 체결
파마누코, 광동제약 스폰서 계약 체결
강원혈액원, 2군사령부 MOU 체결

2019 박종완 대표이사 취임
원주 의료기기 메디컬 스폰서 MOU 체결
하나원큐 K리그1 2019 6위
김지현 영플레이어상 수상

2020 하나원큐 K리그1 2020 7위

2021 이영표 대표이사 취임
김동현 올림픽대표팀 발탁
제26회 하나은행 FA컵 준결승 진출(구단 최초 준결승 진출)
최용수 감독 선임
하나원큐 K리그1 2021 11위

2022 휠라 용품 스폰서 계약 체결
하나원큐 K리그1 2022 6위, 파이널라운드 A그룹 진출

2022년 선수명단

대표이사_ 이영표　총괄단장_ 정태규　운영사업단장_ 김태주　감독_ 최용수
코치_ 김성재 · 이정열 · 하대성 · 정인환　GK코치_ 김태수　피지컬코치_ 바우지니　스카우터_ 김유진 · 유영길　트레이너_ 전명구 · 김정훈 · 송민영 · 김민기　통역관_ 최동은　전력분석관_ 김정훈 · 전곤재　장비담당관_ 유형준 · 김태석　주무_ 최재훈

포지션	선수명		생년월일	출신교	키(cm) / 몸무게(kg)
GK	권 재 범	權才範	2001.07.08	경희고	191 / 87
	김 정 호	金楨浩	1998.04.07	개성고	185 / 77
	박 희 근	朴熙根	1999.08.28	호남대	183 / 78
	유 상 훈	柳相勳	1989.05.25	홍익대	194 / 84
	이 광 연	李光淵	1999.09.11	인천대	184 / 85
DF	강 지 훈	姜志勳	1997.01.06	용인대	177 / 64
	권 석 주	權錫珠	2003.06.12	강릉제일고	179 / 70
	김 기 환	金起煥	2000.01.01	동국대	178 / 74
	김 영 빈	金榮彬	1991.09.20	광주대	184 / 79
	김 원 균	金遠均	1992.05.01	고려대	186 / 76
	김 주 성	金珠成	2002.05.22	안동과학대	177 / 74
	김주형㉘	金主亨	1999.12.26	수원대	188 / 84
	김 진 호	金進晧	2000.01.21	광운대	178 / 74
	송 준 석	宋俊錫	2001.02.06	청주대	174 / 68
	윤 석 영	尹錫榮	1990.02.13	광양제철고	182 / 77
	이 웅 희	李雄熙	1988.07.18	배재대	184 / 82
	이 지 우	李智雨	2003.04.16	대륜고	175 / 68
	임 창 우	任倉佑	1992.02.13	현대고	183 / 72
	정 승 용	鄭昇勇	1991.03.25	동북고	182 / 83
	조 윤 성	趙允晟	1999.01.12	청주대	185 / 80
	조 현 태	趙炫泰	2004.10.27	강릉제일고	187 / 83
	지 의 수	池宜水	2000.03.25	중경고	178 / 72
	최 인 규	崔仁圭	2003.01.25	강릉중앙고	188 / 80
	케 빈	Kevin Nils Lennart Höög Jansson	2000.09.29	*스웨덴	190 / 82
MF	김 대 우	金大禹	2000.12.02	숭실대	179 / 78
	김 동 현	金東現	1997.06.11	중앙대	182 / 72
	김 현 규	金現規	2001.07.12	청주대	178 / 70
	서 민 우	徐珉優	1998.03.12	영남대	184 / 75
	양 현 준	梁玄準	2002.05.25	부산정보고	179 / 69
	이 강 한	李剛漢	2000.04.07	관동대	176 / 68
	최 성 민	崔成敏	2003.09.25	강릉제일고	182 / 78
	한 국 영	韓國榮	1990.04.19	숭실대	183 / 76
	홍 성 무	洪誠茂	2003.05.22	강릉제일고	175 / 70
	홍 원 진	洪元辰	2000.04.04	상지대	183 / 79
	황 문 기	黃文基	1996.12.08	현대고	176 / 70
FW	갈 레 고	Jefferson Galego(Jefferson Fernando Isídio)	1997.04.04	브라질	176 / 71
	강 의 찬	姜義燦	2001.01.09	경희대	179 / 76
	고 무 열	高武烈	1990.09.05	숭실대	185 / 78
	김 대 원	金大元	1997.02.10	보인고	171 / 65
	김주형㉙	金珠亨	2003.05.13	중동FC	180 / 74
	김 해 승	金諧承	2003.02.06	신라고	185 / 80
	박 경 배	朴經培	2001.02.15	강릉제일고	182 / 70
	박 기 현	朴基賢	2004.04.10	강릉제일고	175 / 68
	박 상 혁	朴相赫	2002.06.13	태성고	185 / 75
	발 샤	Balša Sekulić	1998.06.10	*몬테네그로	183 / 73
	신 창 무	申昶武	1992.09.17	우석대	170 / 67
	우 병 철	禹昞哲	2000.11.05	숭실대	182 / 77
	이 정 협	李庭協	1991.06.24	숭실대	186 / 76
	정 민 우	鄭旼遇	2000.09.27	중동고	179 / 71
	홍 석 환	洪石煥	2003.06.05	강릉제일고	182 / 77

2022년 개인기록 _ K리그1

위치	배번	경기번호	05	09	16	20	30	31	40	47	51	60
		날 짜	02.20	02.26	03.01	03.05	03.13	03.19	04.02	04.06	04.10	05.05
		홈/원정	홈	원정	홈	홈	홈	원정	홈	원정	홈	원정
		장 소	강릉	제주W	강릉	강릉	강릉	수원W	강릉	서울W	강릉	김천
		상 대	성남	제주	인천	대구	수원FC	수원	전북	서울	포항	김천
		결 과	승	무	패	승	패	무	패	무	무	패
		점 수	2 : 0	0 : 0	0 : 1	2 : 0	0 : 2	2 : 2	1 : 2	2 : 2	1 : 1	0 : 1
		승 점	3	4	4	7	7	8	8	9	10	10
		슈팅수	9 : 15	7 : 15	12 : 10	7 : 9	9 : 7	12 : 11	17 : 7	11 : 13	8 : 9	7 : 9
GK	1	유상훈	○ 0/0	○ 0/0	○ 0/0	○ 0/0	○ 0/0		○ 0/0	○ 0/0		○ 0/0
	25	김정호									△ 0/0	
	32	이광연						○ 0/0			▽ 0/0	
DF	2	김영빈	○ 0/0	○ 0/0	○ 0/0	○ 0/0	○ 0/0	○ 0/0 C	○ 0/0	○ 0/0	○ 0/0 C	○ 0/0 C
	3	케 빈						△ 0/0	△ 0/0			
	7	윤석영						○ 1/0	▽ 0/0	▽ 0/0	△ 0/0	○ 0/0
	15	이웅희										
	22	정승용	○ 0/1 C	○ 0/0	○ 0/0	△ 1/0 C	▽ 0/0	○ 0/0	○ 0/0	○ 0/0	○ 0/0	○ 0/0
	23	임창우	○ 0/0	○ 0/0	○ 0/0	○ 0/0	○ 0/0		△ 0/0	○ 0/0	○ 0/1	○ 0/0
	24	김진호										
	66	김원균										
	71	츠베타노프				▽ 0/0 C	△ 0/0			△ 0/0		
MF	4	서민우	○ 0/0	○ 0/0	○ 0/0	○ 0/0	○ 0/0	○ 0/0	○ 0/0	○ 0/0 C	○ 0/0	○ 0/0
	5	김대우	○ 0/0	○ 0/0	▽ 0/0	△ 0/0	△ 0/0 C	△ 0/0			▽ 0/0	
	6	김동현	○ 0/0	○ 0/0	○ 0/0 C	○ 0/0	○ 0/0	○ 0/0	○ 0/0	○ 0/0	○ 0/0	○ 0/0
	8	한국영										
	19	강지훈	○ 0/0	○ 0/0	○ 0/0	○ 0/1	○ 0/0	○ 0/0	○ 0/0	○ 0/0	▽ 0/0 C	▽ 0/0
	21	코바야시			△ 0/0	▽ 0/0 C	▽ 0/0	▽ 0/0	○ 0/0	△ 0/0	△ 0/0	▽ 0/0
	47	양현준	△ 0/0			▽ 0/1	▽ 0/0	▽ 0/1	▽ 0/0	▽ 0/1	◈ 1/0	○ 0/0 C
	88	황문기	▽ 0/0	▽ 0/0	▽ 0/0	△ 0/0	△ 0/0	○ 1/0	▽ 0/0		▽ 0/0	△ 0/0
FW	9	디 노	△ 1/0	△ 0/0	△ 0/0	▽ 1/0	▽ 0/0					
	10	고무열										
	11	갈레고										
	14	신창무	△ 0/0	△ 0/0	△ 0/0					△ 0/0	△ 0/0	
	16	박경배		△ 0/0				△ 0/0				
	17	김대원	▽ 1/0	▽ 0/0	○ 0/0	○ 0/0	○ 0/0		△ 1/0	▽ 2/0	○ 0/0	○ 0/0
	18	이정협	▽ 0/0	▽ 0/0 C	▽ 0/0	△ 0/0	△ 0/0	▽ 0/0	○ 0/0	○ 0/0	○ 0/0	
	29	김주형										
	40	홍석환										
	98	발 샤										
	99	박상혁										△ 0/0

선수자료 : 득점/도움 ○ = 선발출전 △ = 교체 IN ▽ = 교체 OUT ◈ = 교체 IN/OUT C = 경고 S = 퇴장

위치	배번	경기번호	62	71	78	82	90	92	102	108	112	117
		날 짜	05.08	05.15	05.18	05.22	05.29	06.17	06.22	06.26	07.02	07.05
		홈/원정	홈	원정	홈	원정	홈	원정	원정	홈	원정	원정
		장 소	강릉	전주W	강릉	대구전	강릉	포항	인천	강릉	탄천	문수
		상 대	울산	전북	서울	대구	수원	포항	인천	제주	성남	울산
		결 과	패	무	승	패	무	패	패	승	승	패
		점 수	1 : 3	1 : 1	1 : 0	0 : 3	1 : 1	1 : 3	1 : 4	4 : 2	2 : 0	1 : 2
		승 점	10	11	14	14	15	15	15	18	21	21
		슈팅수	13 : 10	8 : 7	7 : 8	7 : 5	10 : 4	10 : 9	21 : 7	9 : 9	10 : 11	8 : 13
GK	1	유상훈	○ 0/0	○ 0/0	○ 0/0	▽ 0/0	○ 0/0	○ 0/0		○ 0/0	○ 0/0	○ 0/0
	25	김정호				△ 0/0			○ 0/0			
	32	이광연										
DF	2	김영빈	○ 0/0	○ 0/0	○ 0/0	○ 0/0	○ 1/0	○ 0/0	○ 0/0	○ 0/0	○ 1/0	○ 0/0
	3	케빈						△ 0/0	○ 0/0	▽ 0/0	△ 0/0	△ 0/0
	7	윤석영	▽ 0/0	○ 0/0	○ 0/0	○ 0/0 C	○ 0/1	○ 0/0		△ 0/0 C	○ 0/0	○ 0/0
	15	이웅희						△ 0/0				
	22	정승용	○ 0/0 C	○ 0/0	○ 0/0	▽ 0/0	○ 0/0 C	○ 0/0	○ 0/0	○ 0/0	▽ 1/0	○ 0/0
	23	임창우	▽ 0/0	○ 0/0	○ 0/0	○ 0/0	○ 0/0	○ 0/0	○ 0/0	○ 1/0 C	○ 0/0	○ 0/0
	24	김진호	△ 0/0	▽ 0/0	○ 0/0	▽ 0/0	▽ 0/0	▽ 0/0	▽ 0/0	○ 0/1 C	○ 0/0	○ 0/0
	66	김원균		△ 0/0		△ 0/0			△ 0/0			
	71	츠베타노프	△ 0/0		△ 0/0 C	△ 0/0						
MF	4	서민우	○ 0/0	○ 0/0	▽ 0/0 C	▽ 0/0	▽ 0/0	▽ 0/0	△ 0/0	▽ 0/0	▽ 0/0	▽ 0/0
	5	김대우	▽ 1/0		△ 0/0		△ 0/0	△ 0/0	▽ 0/0	△ 0/0	△ 0/0	
	6	김동현	○ 0/0	○ 0/0	○ 0/1	○ 0/0	○ 0/0	▽ 0/0	○ 0/0	▽ 0/0	○ 0/0	○ 0/0
	8	한국영					▽ 0/0					
	19	강지훈										
	21	코바야시	△ 0/0			△ 0/0		▽ 0/0	△ 0/1 C			
	47	양현준	○ 0/0	○ 0/0	○ 0/0	○ 0/0	○ 0/0 C	○ 0/0	○ 0/0	○ 0/0	▽ 0/0	▽ 0/0
	88	황문기	▽ 0/0	▽ 0/0	▽ 1/0 C	▽ 0/0	△ 0/0		▽ 0/0	△ 0/0	△ 0/0	△ 0/0
FW	9	디노										
	10	고무열										
	11	갈레고										
	14	신창무						△ 0/0				△ 0/0
	16	박경배	▽ 0/0 C	△ 0/0								
	17	김대원	△ 0/0	○ 1/0	▽ 0/0	○ 0/0	○ 0/0	▽ 0/0	△ 1/0	○ 2/2	○ 0/1	▽ 0/0
	18	이정협						△ 0/0	▽ 0/0	▽ 1/0	▽ 0/0	▽ 0/0
	29	김주형								△ 0/0		
	40	홍석환			△ 0/0	△ 0/0						
	98	발샤									△ 0/0	△ 1/0
	99	박상혁	△ 0/0		◆ 0/0		△ 0/0					

위치	배번	경기번호	122	130	146	156	159	141	167	133	170	176
		날 짜	07.08	07.16	07.30	08.03	08.06	08.10	08.15	08.27	09.02	09.06
		홈/원정	홈	원정	원정	홈	원정	홈	홈	원정	원정	홈
		장 소	춘천	수원	문수	춘천	포항	춘천	춘천	수원W	인천	춘천
		상 대	김천	수원FC	울산	전북	포항	대구	수원FC	수원	인천	김천
		결 과	승	승	패	승	패	승	패	승	승	패
		점 수	3 : 2	4 : 2	1 : 2	2 : 1	1 : 2	1 : 0	2 : 3	3 : 2	1 : 0	0 : 1
		승 점	24	27	27	30	30	33	33	36	39	39
		슈팅수	12 : 13	14 : 16	15 : 5	9 : 7	8 : 4	4 : 14	16 : 8	6 : 11	8 : 10	10 : 9
GK	1	유상훈	○ 0/0 C	○ 0/0	○ 0/0	○ 0/0	○ 0/0	○ 0/0	○ 0/0	○ 0/0	○ 0/0	○ 0/0
	25	김정호										
	32	이광연										
DF	2	김영빈	○ 0/0	○ 0/0	○ 0/0 C	○ 0/0	○ 0/0		○ 0/0	○ 0/0	○ 0/0	○ 0/0 C
	3	케빈					▽ 0/0	○ 0/0	△ 0/0	▽ 0/0	▽ 0/0 C	△ 0/0
	7	윤석영	○ 0/0	○ 0/0	○ 0/0	○ 0/0	○ 0/1	○ 0/0	○ 0/0	○ 0/0	○ 0/0 C	○ 0/0 C
	15	이웅희	△ 0/0			△ 0/0					△ 0/0	△ 0/0
	22	정승용	○ 0/0	○ 0/0	○ 0/0	○ 0/0	△ 0/0	○ 0/0	○ 0/0	○ 0/0	○ 0/0	○ 0/0
	23	임창우	○ 0/0	○ 0/0	○ 0/0	○ 0/0	○ 0/0	○ 0/0	○ 0/0	○ 1/0	○ 0/0	○ 0/0
	24	김진호	▽ 1/0	○ 0/0	○ 0/1 C	▽ 0/0	○ 0/0	○ 0/0	○ 1/0	○ 1/0 C	▽ 0/0	▽ 0/0
	66	김원균										
	71	츠베타노프										
MF	4	서민우	▽ 0/0	▽ 0/0	▽ 0/0	△ 0/0	○ 0/0	▽ 0/0	▽ 0/0	△ 0/0	△ 0/0	▽ 0/0
	5	김대우	△ 0/0									
	6	김동현	○ 0/0	○ 0/0	△ 0/0	○ 0/0	▽ 0/0	○ 0/0	▽ 0/0	○ 0/0	▽ 0/0 C	▽ 0/0
	8	한국영		△ 0/0	▽ 0/0	▽ 0/0	△ 0/0	△ 0/0				
	19	강지훈										
	21	코바야시										
	47	양현준	○ 1/0	○ 2/1	○ 0/0	▽ 1/0	▽ 0/0	▽ 0/0	▽ 0/0 C	△ 0/0	▽ 1/0	○ 0/0
	88	황문기	△ 0/0	△ 0/0	△ 0/0	△ 1/0	△ 0/0		△ 0/0		△ 0/0	△ 0/0
FW	9	디노										
	10	고무열										
	11	갈레고				△ 0/0	△ 0/0	△ 1/0	△ 0/0	▽ 1/0	△ 0/0	△ 0/0
	14	신창무										
	16	박경배										
	17	김대원	▽ 0/2	▽ 1/2	○ 1/0	▽ 0/2	▽ 0/0	○ 0/0	○ 0/0	○ 0/2	○ 0/0	▽ 0/0
	18	이정협	△ 0/0	△ 1/0	△ 0/0	△ 0/0	▽ 1/0	▽ 0/0 C	△ 1/0	△ 0/0 C	△ 0/1	△ 0/0
	29	김주형										
	40	홍석환										
	98	발샤	▽ 1/0	▽ 0/0	▽ 0/0	▽ 0/0	△ 0/0	△ 0/0	▽ 0/0 C	▽ 0/0	▽ 0/0	▽ 0/0
	99	박상혁										

선수자료 : 득점/도움 ○ = 선발출전 △ = 교체 IN ▽ = 교체 OUT ◈ = 교체 IN/OUT C = 경고 S = 퇴장

위치	배번	경기번호	183	189	197	202	207	212	217	228		
		날 짜	09.10	09.13	09.18	10.02	10.08	10.11	10.16	10.23		
		홈/원정	원정	원정	홈	원정	홈	원정	홈	원정		
		장 소	탄천	서울W	춘천	제주W	춘천	전주W	춘천	포항		
		상 대	성남	서울	제주	제주	인천	전북	울산	포항		
		결 과	승	패	승	승	무	패	패	패		
		점 수	4 : 0	0 : 1	2 : 1	2 : 1	0 : 0	0 : 1	1 : 2	0 : 1		
		승 점	42	42	45	48	49	49	49	49		
		슈팅수	9 : 13	6 : 13	15 : 12	7 : 13	11 : 10	11 : 11	5 : 13	6 : 7		
GK	1	유 상 훈	○ 0/0	○ 0/0	○ 0/0	○ 0/0	○ 0/0	○ 0/0	○ 0/0	○ 0/0		
	25	김 정 호										
	32	이 광 연										
DF	2	김 영 빈		○ 0/0 C	○ 2/0	○ 0/0	○ 0/0	○ 0/0	○ 0/0	○ 0/0		
	3	케 빈	△ 1/0	△ 0/0	▽ 0/0	▽ 0/0	▽ 0/0	▽ 0/0	△ 0/0	▽ 0/0 C		
	7	윤 석 영	○ 0/0	○ 0/0	○ 0/0	○ 0/0	○ 0/0	○ 0/0	○ 0/0	○ 0/0		
	15	이 웅 희	△ 0/0	△ 0/0	△ 0/0	△ 0/0	△ 0/0			▽ 0/0		
	22	정 승 용	○ 0/0	○ 0/0	○ 0/0	○ 0/0	○ 0/0	○ 0/0	○ 0/0	○ 0/0		
	23	임 창 우	○ 0/0	○ 0/0	○ 0/0	○ 0/0	○ 0/0	○ 0/0	○ 0/0	○ 0/0		
	24	김 진 호	▽ 0/0	▽ 0/0	▽ 0/0	▽ 0/0	▽ 0/0	○ 0/0	○ 0/0	△ 0/0		
	66	김 원 균										
	71	츠베타노프										
MF	4	서 민 우	○ 0/0	▽ 0/0	△ 0/0	○ 0/1	○ 0/0	○ 0/0	○ 0/0	○ 0/0 C		
	5	김 대 우						△ 0/0				
	6	김 동 현	○ 0/0	▽ 0/0	▽ 0/0 C							
	8	한 국 영										
	19	강 지 훈										
	21	코바야시										
	47	양 현 준	▽ 2/0	▽ 0/0	▽ 0/0	▽ 0/0	○ 0/0	▽ 0/0	○ 0/0	▽ 0/0		
	88	황 문 기	▽ 0/0	△ 0/0	△ 0/0	△ 0/0 C	△ 0/0	▽ 0/0	▽ 0/0	△ 0/0		
FW	9	디 노										
	10	고 무 열						△ 0/0				
	11	갈 레 고	△ 1/0	△ 0/0	△ 0/0 C	△ 0/0		△ 0/0 C	△ 0/0	△ 0/0		
	14	신 창 무										
	16	박 경 배										
	17	김 대 원	○ 0/0	○ 0/0	○ 0/2	○ 1/0	○ 0/0	○ 0/0	○ 1/0	○ 0/0		
	18	이 정 협	▽ 0/0	▽ 0/0	▽ 0/0	▽ 1/0	▽ 0/0		▽ 0/0	▽ 0/0 C		
	29	김 주 형										
	40	홍 석 환										
	98	발 샤	△ 0/0	△ 0/0	△ 0/0	△ 0/0	△ 0/0			△ 0/0		
	99	박 상 혁										

수원 FC

창단년도_ 2003년

전화_ 031-228-4521~3

팩스_ 031-228-4458

홈페이지_ www.suwonfc.com

주소_ 우 16308 경기도 수원시 장안구 경수대로 893 수원종합운동장 내
Suwon Sports Complex, 893, Gyeongsu-daero, Jangan-gu, Suwon-si, Gyeonggi-do, KOREA 16308

연혁

2003 수원시청축구단 창단
제49회 경기도체육대회 우승
인터막스 K2 전기리그 6위
인터막스 K2 후기리그 3위
제8회 하나은행 FA컵 16강

2004 제52회 대통령배 전국축구대회 16강
제50회 경기도체육대회 우승
현대자동차 K2 전기리그 5위
2004 K2 선수권대회 준우승
제9회 하나은행 FA컵 16강
현대자동차 K2 후기리그 3위

2005 제53회 대통령배 전국축구대회 16강
제51회 경기도체육대회 우승
국민은행 K2 전기리그 우승
생명과학기업 STC 2005 K2 선수권대회 우승
국민은행 K2 챔피언결정전 준우승 / 후기리그 5위

2006 제54회 대통령배 전국축구대회 8강
제52회 경기도체육대회 우승
STC내셔널리그 전기리그 6위
제87회 전국체육대회 축구 준우승
STC내셔널리그 후기리그 3위

2007 제55회 대통령배 전국축구대회 우승
제53회 경기도체육대회 우승
KB국민은행 내셔널리그 전기리그 4위
한국수력원자력 2007내셔널축구 선수권대회 우승
제88회 전국체육대회 축구 준우승
KB국민은행 내셔널리그 챔피언결정전 준우승
KB국민은행 내셔널리그 후기리그 우승

2008 제56회 대통령배 전국축구대회 16강
제54회 경기도 체육대회 우승
KB국민은행 내셔널리그 전기리그 3위
KB국민은행 내셔널리그 챔피언결정전 준우승
KB국민은행 내셔널리그 후기리그 우승

2009 교보생명 내셔널리그 통합1위 / 후기리그 준우승

2010 제56회 경기도 체육대회 축구 준우승
대한생명 내셔널리그 통합우승 / 후기리그 준우승

2011 제57회 경기도 체육대회 축구 우승
제92회 전국체육대회 일반부 우승

2012 우리은행 2012 내셔널축구선수권대회 우승
프로축구 2부 리그 참가 확정

2013 현대오일뱅크 K리그 챌린지 참가
제18회 하나은행 FA컵 8강 진출(챌린지팀 중 유일)
현대오일뱅크 K리그 챌린지 4위

2014 제19회 하나은행 FA컵 16강 진출
현대오일뱅크 K리그 챌린지 정규리그 6위

2015 제4대 김춘호 이사장 취임
현대오일뱅크 K리그 챌린지 2위(K리그 클래식 승격)

2016 현대오일뱅크 K리그 클래식 12위

2017 캐치프레이즈 'RISE AGAIN' 선정
김대의 감독 선임
KEB하나은행 K리그 챌린지 2017 6위

2018 KEB하나은행 K리그2 2018 7위

2019 하나원큐 K리그2 2019 8위

2020 김도균 감독 선임
하나원큐 K리그2 2020 2위(K리그1 승격)

2021 하나원큐 K리그1 2020 스플릿A 진출, 4위

2022 김도균 감독 재계약
하나원큐 K리그1 잔류, 7위

2022년 선수명단

대표이사_ 김병두　단장_ 김호곤　감독_ 김도균
수석코치_ 이정수　코치_ 김영삼 · 기현서　골키퍼코치_ 김성수　피지컬코치_ 박성준
스카우터_ 김성근　의무트레이너_ 김정원 · 강수헌 · 김진석　전력분석관_ 최정탁　선수단매니저_ 장재호

포지션	선수명		생년월일	출신교	키(cm) / 몸무게(kg)
GK	박 배 종	朴培悰	1989.10.23	광운대	185 / 78
	이 범 영	李範永	1989.04.02	신갈고	197 / 95
	김 찬 용	金贊容	2000.07.26	레이크랜드 칼리지(미국)	180 / 65
	유 현	劉賢	1984.08.01	중앙대	184 / 82
DF	정 동 호	鄭東浩	1990.03.07	부경고	174 / 68
	박 민 규	朴玟奎	1995.08.10	호남대	177 / 67
	곽 윤 호	郭胤豪	1995.09.30	우석대	185 / 83
	잭 슨	Lachlan Robert Tua Jackson	1995.03.12	*오스트레일리아	196 / 85
	박 주 호	朴主護	1987.01.16	숭실대	175 / 71
	김 상 원	金相沅	1992.02.20	울산대	176 / 69
	이 용	李鎔	1986.12.24	중앙대	180 / 74
	김 주 엽	金柱燁	2000.04.05	보인고	180 / 76
	김 동 우	金東佑	1988.02.05	조선대	189 / 87
	신 세 계	申世界	1990.09.16	성균관대	178 / 75
	신 재 원	申在源	1998.09.16	고려대	183 / 75
MF	정 재 용	鄭宰溶	1990.09.14	고려대	188 / 70
	무 릴 로	Murilo Henrique Pereira Rocha	1994.11.20	*브라질	177 / 76
	김 건 웅	金健雄	1997.08.29	울산현대고	185 / 81
	정 재 윤	鄭載潤	2002.05.07	청주대	180 / 77
	장 혁 진	張爀鎭	1989.12.06	배재대	178 / 71
	황 순 민	黃順旻	1990.09.14	가미무라고(일본)	178 / 69
	이 기 혁	李期奕	2000.07.07	울산대	184 / 72
	니 실 라	Urho Benjam Nissilae	1996.04.04	*핀란드	174 / 68
FW	김 현	金玄	1993.05.03	영생고	190 / 87
	라 스	Lars Veldwijk	1991.08.21	*네덜란드	197 / 94
	이 승 우		1998.01.06	광성중	173 / 63
	양 동 현	梁東炫	1986.03.28	동북고	186 / 80
	김 승 준	金承俊	1994.09.11	숭실대	180 / 70
	강 준 모	姜準模	2002.02.08	드레스덴 국제학교(독일)	181 / 78
	장 재 웅	張在熊	2001.01.08	제주국제대	176 / 70
	이 영 준	李泳俊	2003.05.23	신평고	190 / 83

2022년 개인기록_ K리그1

위치	배번	경기번호	01	07	13	24	30	34	41	48	52	59
		날 짜	02.19	02.26	03.01	03.06	03.13	03.20	04.03	04.06	04.10	05.05
		홈/원정	원정	원정	원정	원정	원정	홈	홈	원정	홈	홈
		장 소	전주W	수원W	문수	제주W	강릉	수원	수원	포항	수원	수원
		상 대	전북	수원	울산	제주	강원	대구	성남	포항	김천	인천
		결 과	패	패	패	무	승	승	패	패	승	무
		점 수	0 : 1	0 : 1	1 : 2	0 : 0	2 : 0	4 : 3	3 : 4	0 : 2	3 : 2	2 : 2
		승 점	0	0	0	1	4	7	7	7	10	11
		슈팅수	9 : 9	14 : 7	5 : 12	6 : 9	7 : 9	13 : 12	13 : 14	5 : 15	12 : 11	14 : 10
GK	1	박배종										
	27	이범영							○ 0/0			
	51	유현	○ 0/0	○ 0/0	○ 0/0	○ 0/0	○ 0/0	○ 0/0		○ 0/0	○ 0/0	○ 0/0
DF	2	정동호										▽ 0/0
	3	박민규	○ 0/0	○ 0/0	○ 0/0	○ 0/0	○ 0/0	○ 0/0			○ 0/0 C	○ 0/0
	4	곽윤호	○ 0/0 C	▽ 0/0	○ 0/0 C	○ 0/0		△ 0/0	○ 0/0	○ 0/0	○ 0/0	△ 0/0
	5	잭슨	○ 0/0	○ 0/0	○ 0/1	○ 0/0	○ 0/0	○ 1/0 C	○ 0/0	○ 0/0	○ 0/0 C	○ 0/0 C
	6	박주호	○ 0/0	○ 0/0	○ 0/0	○ 0/0	○ 0/0	▽ 0/0		▽ 0/0	▽ 0/0	○ 0/0
	13	김상원			▽ 0/0	○ 0/0 C	△ 0/0	△ 0/0		△ 0/0		
	22	이용										
	24	김주엽	▽ 0/0						○ 0/1	△ 0/0	△ 0/0	△ 0/0
	26	김동우	△ 0/0	○ 0/0			○ 1/0	▽ 0/0				○ 0/0
	30	신세계								▽ 0/0	▽ 0/0	
	77	신재원		△ 0/0		◈ 0/0	▽ 0/0 C	▽ 0/0	▽ 0/0			
MF	8	정재용	△ 0/0 C	△ 0/0	▽ 0/0	△ 0/0	△ 1/0	△ 0/0			△ 0/0	△ 0/0
	10	무릴로	△ 0/0	△ 0/0	△ 0/0							
	14	김건웅	▽ 0/0		○ 0/0	○ 0/0	○ 0/0	○ 0/0		○ 0/0	○ 0/2	▽ 0/0
	17	장혁진				▽ 0/0	▽ 0/0		○ 0/1			
	20	황순민		▽ 0/0			△ 0/1	▽ 0/0	○ 0/0 C	▽ 0/0 C	▽ 0/0	
	21	강준모										
	23	이기혁	▽ 0/0	▽ 0/0						▽ 0/0		
	25	니실라	▽ 0/0	▽ 0/0 C	△ 0/0	△ 0/0	▽ 0/1	○ 1/1	○ 0/0	○ 0/0	△ 0/0	▽ 0/0
FW	7	김현	△ 0/0	△ 0/0	△ 0/0 C	△ 0/0			▽ 1/0	○ 0/0	○ 1/0	△ 1/0 C
	9	라스	○ 0/0	○ 0/0	△ 0/0				△ 1/0	△ 0/0	△ 1/0	▽ 0/1
	11	이승우	△ 0/0	△ 0/0	△ 0/0	△ 0/0	▽ 0/0	○ 1/0	▽ 1/0	△ 0/0	○ 1/1 C	○ 1/0
	16	정재윤							△ 0/0			
	18	양동현	▽ 0/0						△ 0/0	▽ 0/0		
	19	김승준			▽ 1/0	▽ 0/0	△ 0/0	△ 1/0		△ 0/0		△ 0/1
	28	박상명			▽ 0/0	▽ 0/0	▽ 0/0	△ 0/0	△ 0/1			
	29	장재웅										
	99	이영준		▽ 0/0	▽ 0/0	▽ 0/0	△ 0/0	▽ 0/1	▽ 0/0		▽ 0/0	▽ 0/0

선수자료 : 득점/도움 ○ = 선발출전 △ = 교체 IN ▽ = 교체 OUT ◈ = 교체 IN/OUT C = 경고 S = 퇴장

위치	배번	경기번호	63	70	77	84	87	91	99	104	113	119
		날 짜	05.08	05.15	05.18	05.22	05.28	06.17	06.21	06.25	07.03	07.06
		홈/원정	원정	홈	원정	홈	홈	원정	홈	홈	원정	원정
		장 소	서울W	수원	탄천	수원	수원	김천	수원	수원	대구전	인천
		상 대	서울	제주	성남	전북	울산	김천	포항	수원	대구	인천
		결 과	패	패	무	패	패	승	승	승	무	승
		점 수	1 : 3	1 : 3	2 : 2	0 : 1	1 : 2	1 : 0	2 : 1	3 : 0	0 : 0	1 : 0
		승 점	11	11	12	12	12	15	18	21	22	25
		슈팅수	5 : 13	9 : 24	12 : 7	12 : 11	10 : 6	14 : 9	10 : 6	12 : 12	12 : 13	12 : 10
GK	1	박배종			○ 0/0	○ 0/0	○ 0/0	○ 0/0	○ 0/0	○ 0/0	○ 0/0	○ 0/0
	27	이범영										
	51	유현	○ 0/0	○ 0/0								
DF	2	정동호	○ 0/0	▽ 0/0	△ 1/0	○ 0/0	△ 0/0	△ 0/0		○ 0/0	○ 0/0	
	3	박민규	○ 0/0	○ 0/0		▽ 0/0	○ 0/0	○ 0/0	○ 0/0	○ 0/0	○ 0/0	○ 0/0
	4	곽윤호	○ 0/0 C	△ 0/0	△ 0/0	○ 0/0 C	○ 0/0	△ 0/0	△ 0/0			△ 0/0
	5	잭슨		▽ 0/0 C	○ 0/0 C		○ 0/0			△ 0/0		
	6	박주호	○ 0/0 CC		○ 0/0	○ 0/0	○ 0/0 C	○ 0/0	○ 0/0			
	13	김상원			▽ 0/0	△ 0/0						
	22	이용										
	24	김주엽	△ 0/0	△ 0/0	▽ 0/0	▽ 0/0						
	26	김동우	○ 0/0	○ 0/0	▽ 0/0			▽ 0/0	▽ 0/0			▽ 0/0
	30	신세계			△ 0/0	○ 0/0	▽ 0/0	○ 0/0	○ 0/0 C	○ 0/1	○ 0/0	○ 0/0
	77	신재원										
MF	8	정재용	△ 0/0	△ 0/0		△ 0/0		△ 0/0 C	▽ 0/0	○ 0/0	○ 0/0	○ 0/0
	10	무릴로						▽ 0/0	▽ 0/0	▽ 1/0	▽ 0/0	△ 0/0
	14	김건웅	▽ 0/0	○ 0/0 C	○ 0/0	○ 0/0	○ 0/0 C	○ 0/0	○ 0/0	○ 0/0	○ 0/0	○ 0/0
	17	장혁진		▽ 0/0	▽ 0/0		▽ 0/0		△ 0/0	▽ 1/0	△ 0/0	▽ 0/0
	20	황순민	▽ 0/0									
	21	강준모										
	23	이기혁		▽ 0/0		▽ 0/0	▽ 0/1	▽ 0/0 C	▽ 0/0	▽ 0/0	▽ 0/0	▽ 0/0
	25	니실라	△ 0/0	△ 0/0		▽ 0/0				△ 0/0	△ 0/0	△ 1/0
FW	7	김현	◈ 0/0	△ 0/0	○ 0/0	▽ 0/0	△ 0/0	▽ 0/0 C		◈ 0/0	▽ 0/0	△ 0/0
	9	라스	▽ 0/0	○ 0/0	△ 0/0	△ 0/0	▽ 0/0	○ 0/1 C	○ 0/1	○ 0/2	○ 0/0	○ 0/0
	11	이승우	○ 0/1	▽ 0/0	○ 0/0	△ 0/0	△ 1/0	△ 1/0	△ 1/0 C	△ 1/0	◈ 0/0 C	▽ 0/0
	16	정재윤	▽ 0/0				▽ 0/0		▽ 0/0		▽ 0/0	
	18	양동현					△ 0/0		△ 0/0		△ 0/0	
	19	김승준	△ 1/0	○ 0/0	△ 0/1	△ 0/0	△ 0/0	△ 0/0	△ 1/0	△ 0/0	△ 0/0	△ 0/0
	28	박상명										
	29	장재웅						▽ 0/0				
	99	이영준			▽ 0/0					▽ 0/0		▽ 0/0

위치	배번	경기번호	125	130	150	154	160	140	167	137	169	177
		날짜	07.10	07.16	07.31	08.03	08.06	08.10	08.15	08.28	09.02	09.06
		홈/원정	홈	홈	홈	원정	홈	홈	원정	원정	홈	홈
		장소	수원	수원	수원	인천	수원	수원	춘천	탄천	수원	수원
		상대	서울	강원	대구	인천	수원	전북	강원	성남	제주	포항
		결과	승	패	무	무	승	패	승	패	무	승
		점수	4 : 3	2 : 4	2 : 2	1 : 1	4 : 2	0 : 1	3 : 2	1 : 2	2 : 2	1 : 0
		승점	28	28	29	30	33	33	36	36	37	40
		슈팅수	13 : 16	16 : 14	7 : 23	8 : 17	12 : 13	5 : 17	8 : 16	11 : 10	11 : 15	12 : 13
GK	1	박배종	○ 0/0	○ 0/0	○ 0/0	○ 0/0	○ 0/0	○ 0/0	○ 0/0	○ 0/0	○ 0/0	○ 0/0
	27	이범영										
	51	유현										
DF	2	정동호			○ 0/0	○ 0/0	△ 0/0	△ 0/0				△ 0/0
	3	박민규	○ 0/0	○ 0/0	○ 0/0	○ 0/0	○ 0/1	▽ 0/0	○ 1/0 C	○ 0/0	○ 0/0	○ 0/0
	4	곽윤호	△ 0/1		△ 0/0	△ 0/0			▽ 0/0		○ 0/0	△ 0/0
	5	잭슨				▽ 0/0						
	6	박주호	○ 0/1	▽ 0/0	○ 0/0	○ 0/0	○ 0/0	▽ 0/0	○ 0/0	▽ 0/0 C	○ 0/0	○ 0/0
	13	김상원										
	22	이용		△ 0/0			○ 0/0	○ 0/0	○ 0/0 C	○ 0/0	○ 0/1	○ 0/0
	24	김주엽										
	26	김동우	▽ 0/0	○ 0/0	▽ 0/0					○ 0/0		
	30	신세계	○ 0/0	▽ 0/0	○ 0/0 C	▽ 0/0	○ 0/0 C	○ 0/0	○ 0/0	○ 0/0	▽ 0/0	○ 0/0
	77	신재원				△ 0/0						
MF	8	정재용	○ 1/1	○ 1/0	○ 1/0	○ 0/1	○ 1/0	○ 0/0	△ 0/0	○ 0/0	○ 0/0	▽ 0/0 C
	10	무릴로	▽ 0/0	▽ 0/2	◈ 0/0		◈ 0/1	△ 0/0		△ 0/0	△ 0/0	▽ 0/1
	14	김건웅	○ 0/0	○ 0/0	○ 0/0	○ 0/0	○ 0/0	○ 0/0	○ 0/0	△ 0/0	○ 1/0	○ 0/0
	17	장혁진				△ 0/0	▽ 0/0	▽ 0/0	▽ 0/0	▽ 0/0	◈ 0/0	△ 0/0
	20	황순민										
	21	강준모										
	23	이기혁	▽ 0/0	▽ 0/0	▽ 0/0	▽ 0/0	▽ 0/0	▽ 0/0			▽ 0/0 C	▽ 0/0
	25	니실라	△ 0/0	△ 0/0	△ 0/0	△ 0/0	△ 0/0		△ 0/0 C			
FW	7	김현		△ 0/0	△ 1/0	○ 1/0	▽ 2/0	○ 0/0 C		△ 0/0	▽ 0/0	△ 0/0
	9	라스	○ 1/0	○ 0/0	▽ 0/0		△ 1/0	△ 0/0	○ 1/0	▽ 0/0	△ 0/0	▽ 1/0
	11	이승우	△ 1/0	△ 1/0 S			△ 0/1	△ 0/0	△ 0/0 C	△ 1/0	△ 0/0	▽ 0/0
	16	정재윤			▽ 0/0	▽ 0/0	▽ 0/0		▽ 1/0	▽ 0/0		
	18	양동현							△ 0/0 C			
	19	김승준	△ 1/0	△ 0/0	△ 0/0 S			△ 0/0	◈ 0/0	△ 0/0	△ 0/0	△ 0/0
	28	박상명										
	29	장재웅						▽ 0/0	▽ 0/1	▽ 0/0		
	99	이영준	▽ 0/0	▽ 0/0		◈ 0/0					▽ 1/0	

선수자료 : 득점/도움 ○ = 선발출전 △ = 교체 IN ▽ = 교체 OUT ◈ = 교체 IN/OUT C = 경고 S = 퇴장

위치	배번	경기번호	184	187	193	203	210	214	218	223		
		날 짜	09.10	09.13	09.18	10.02	10.09	10.12	10.16	10.22		
		홈/원정	원정	홈	원정	홈	원정	홈	원정	홈		
		장 소	서울W	수원	문수	수원	대구전	수원	수원W	수원		
		상 대	서울	김천	울산	김천	대구	성남	수원	서울		
		결 과	무	승	패	무	패	승	패	패		
		점 수	2 : 2	2 : 1	0 : 2	2 : 2	1 : 2	2 : 1	0 : 3	0 : 2		
		승 점	41	44	44	45	45	48	48	48		
		슈팅수	12 : 17	17 : 8	7 : 16	14 : 12	5 : 6	11 : 12	8 : 16	10 : 8		
GK	1	박배종	○ 0/0	○ 0/0	○ 0/0	○ 0/0	○ 0/0	○ 0/0		○ 0/0		
	27	이범영							○ 0/0			
	51	유현										
DF	2	정동호	▽ 1/0	△ 0/0	○ 0/0	◆ 0/0	◆ 0/0	▽ 0/0	○ 0/0			
	3	박민규	○ 0/0	▽ 0/0	○ 0/0	○ 0/0	○ 0/0	△ 0/0	△ 0/0	○ 0/0		
	4	곽윤호	△ 0/0	○ 0/0	▽ 0/0 C		▽ 0/0	▽ 0/0		△ 0/0		
	5	잭슨			△ 0/0	○ 1/0	○ 0/0	○ 0/0 C	○ 0/0	▽ 0/0		
	6	박주호	▽ 0/0	▽ 0/0	▽ 0/0	▽ 0/0	○ 0/0	○ 0/0 C		○ 0/0		
	13	김상원										
	22	이용	○ 0/0	○ 0/0 C		○ 0/1	○ 0/0	○ 0/0		○ 0/0		
	24	김주엽										
	26	김동우										
	30	신세계	○ 0/0	○ 0/0	○ 0/0	○ 0/0		△ 0/0	○ 0/0	▽ 0/0		
	77	신재원							◆ 0/0			
MF	8	정재용	▽ 0/0	△ 0/0	○ 0/0	○ 0/0	△ 0/0	○ 0/0	△ 0/0	△ 0/0		
	10	무릴로	△ 0/1	▽ 0/0	△ 0/0	△ 0/0	▽ 0/0		▽ 0/0	△ 0/0		
	14	김건웅	○ 0/0	○ 0/0	▽ 0/0	○ 0/0	○ 0/0	○ 1/0	○ 0/0	▽ 0/0		
	17	장혁진	△ 0/0	△ 0/0	△ 0/0	△ 0/0						
	20	황순민			△ 0/0				▽ 0/0			
	21	강준모							▽ 0/0	▽ 0/0		
	23	이기혁				▽ 0/0						
	25	니실라										
FW	7	김현	△ 1/0	▽ 0/0 C		△ 0/0	○ 0/1	△ 0/0	○ 0/0			
	9	라스	○ 0/1	△ 0/1	△ 0/0	▽ 1/0	△ 0/0	▽ 1/0	△ 0/0	○ 0/0		
	11	이승우	△ 0/0	○ 2/0	○ 0/0 C		△ 1/0	△ 0/0 C	○ 0/0 C	○ 0/0		
	16	정재윤					▽ 0/0			▽ 0/0		
	18	양동현								△ 0/0		
	19	김승준	▽ 0/0	△ 0/0	▽ 0/0	△ 0/0	△ 0/0	△ 0/0	▽ 0/0	△ 0/0		
	28	박상명										
	29	장재웅	▽ 0/0	▽ 0/0	▽ 0/0	▽ 0/0	▽ 0/0	▽ 0/0	△ 0/0			
	99	이영준						▽ 0/0				

대 구 FC

창단년도_ 2002년

전화_ 053-222-3600

팩스_ 053-222-3601

홈페이지_ www.daegufc.co.kr

주소_ 우 41594 대구광역시 북구 고성로 191 DGB대구은행파크 2층 대구FC 사무실
DGB Daegubank Park, 191, Goseong-ro, Buk-gu, Daegu, KOREA 41594

연혁

2002 발기인 총회
(주)대구시민프로축구단 창립총회
노희찬 대표이사 취임 초대 박종환 감독 취임
1차 시민주 공모 대구FC로 구단명칭 결정
한국프로축구연맹 창단 인가 승인

2003 초대단장 이대섭 선임 2차 시민주 공모
엠블럼 및 유니폼 선정 대구FC 창단식

2004 주주동산 건립

2005 대구스포츠기념관 개관

2006 대구FC 통영컵 우승
제2기 이인중 대표이사 취임 제2기 최종준 단장 취임
김범일(대구광역시 시장) 구단주 취임
제3기 최종준 대표이사 취임 제2대 변병주 감독 취임

2007 유소년 클럽 창단
'삼성 하우젠 K-리그 대상' 페어플레이팀상 수상

2008 대구FC U-18클럽 창단(현풍고)
대구FC U-15 청소년 축구대회 개최

2009 제3기 박종선 단장 취임 제4기 박종선 대표이사 취임
대구FC 유소년축구센터 개관 제3대 이영진 감독 취임

2010 포스코컵 2010 C조 2위(8강 진출)

2011 제4기 김재하 단장 취임 제5기 김재하 대표이사 취임
U-18 제52회 청룡기 전국고교축구대회 우승(현풍고등학교)
대구FC U-15클럽 창단(율원중학교)
제4대 모아시르 페레이라(브라질) 감독 취임

2012 제5대 당성증 감독 취임
2012년 제1차(1R~15R) 플러스스타디움상 수상
U-18 대구시 축구협회장기 우승(현풍고)

2013 제6대 백종철 감독 취임
교육기부 인증기관 선정(교육과학기술부)
2013년 제2차 팬 프렌들리 클럽 수상 (프로축구연맹)
공로상: 사랑나눔상 수상(프로축구연맹)

2014 제7대 최덕주 감독 취임
U-18 문체부장관기 준우승(현풍고)
제5기 조광래 단장 취임 제6기 조광래 대표이사 취임

2015 제8대 이영진 감독 취임
제1차 풀스타디움상, 플러스스타디움상, 그린스타디움상 수상
U-10(신흥초) 화랑대기 전국 유소년 축구대회 우승
U-15(율원중) 무학기 전국 중학교 축구대회 우승
제3차 풀스타디움상, 플러스스타디움상

2016 K리그 챌린지 한 경기 최다 관중 기록 경신(4.10 경남전 / 23,015명)
제1차 K리그 챌린지 풀스타디움 · 플러스스타디움 · 그린스타디움상 수상
대구FC 유소년 축구센터 개관
K리그 클래식 승격
제3차 K리그 챌린지 풀스타디움 · 플러스스타디움상 수상
U-12(신흥초), U-15(율원중), U-18(현풍고) 제35회 대구광역시 협회장기 우승
제9대 손현준 감독 취임

2017 제1차 플러스스타디움상 수상
제10대 안드레 감독 취임(역대 최초 K리그 선수 출신 감독)

2018 제23회 KEB하나은행 FA컵 우승
창단 첫 ACL 진출권 획득
창단 이후 최다 점수 차(8점) 승리[2018.08.08 VS 양평FC]

2019 마스코트 고슴도치 리카 탄생(2019.01.30)
DGB대구은행파크 개장(2019.03.09)
2019 AFC 챔피언스리그 조별예선 3위
제15회 대한민국 스포츠산업대상 우수프로스포츠단 부문 장관상
2019 하나원큐 K리그 대상 시상식 플러스스타디움상 수상
2019 하나원큐 K리그 대상 시상식 팬 프렌들리 클럽상 수상
하나원큐 K리그 2019 제1, 2, 3차 팬 프렌들리 클럽상 수상
하나원큐 K리그 2019 제1차 플러스스타디움상, 2차 그린스타디움상 수상
2019시즌 매진 총 9회 기록

2020 하나원큐 K리그 2020 제1, 2, 3차 팬 프렌들리 클럽상 수상
2020 하나원큐 K리그 대상 시상식 팬 프렌들리 클럽상 수상
대구FC 통산 800호골 달성(6.7 성남전, 에드가)
대구FC 통산 200승 달성(9.16 성남전)
제11대 이병근 감독 취임(2020.11)

2021 하나원큐 K리그1 2021 3위(역대 최고 순위 경신)
2021 하나은행 FA컵 준우승
2021 AFC 챔피언스리그 16강 진출
대구FC U-18팀(현풍고) 2021 K리그 U-18 챔피언십 우승
하나원큐 K리그1 2021 그린스타디움상 수상
제12대 가마 감독 취임(2021.12)

2022 2022 AFC 챔피언스리그 16강 진출
K리그1 평균 관중 3위
하나원큐 K리그1 2022 8위
제27회 하나원큐 FA컵 4강
하나원큐 K리그1 2022 제2차 플러스스타디움상 수상
K4리그 페어플레이상 수상
제13대 최원권 감독 취임(2022.11)

2022년 선수명단

대표이사_ 조광래　단장_ 조광래　감독대행_ 최원권
GK코치_ 이용발　피트니스코치/통역_ 이종현　2군코치_ 정선호
물리치료사_ 노현욱　트레이너_ 박해승 · 이대균　키트매니저_ 김동규　전력분석관_ 박준철

포지션	선수명		생년월일	출신교	신장(cm)/체중(kg)
GK	최 영 은	崔永恩	1995.09.26	성균관대	189 / 78
	오 승 훈	吳承訓	1988.06.30	호남대	192 / 75
	이 윤 오	李閏悟	1999.03.23	중동고	190 / 84
	이 학 윤	李學玧	2000.03.09	포항제철고	189 / 75
	한 지 율	韓智聿	2003.03.21	현풍고	193 / 90
DF	황 재 원	黃才媛	2002.08.16	홍익대	180 / 73
	김 우 석	金祐錫	1996.08.04	신갈고	187 / 74
	정 태 욱	鄭泰昱	1997.05.16	아주대	194 / 92
	장 성 원	張成源	1997.06.17	한남대	175 / 70
	홍 정 운	洪正雲	1994.11.29	명지대	187 / 76
	김 진 혁	金鎭爀	1993.06.03	숭실대	187 / 78
	케 이 타	鈴木圭太, Suzuki Keita	1997.12.20	*일본	172 / 70
	이 원 우	李源友	2003.03.16	장훈고	191 / 80
	박 병 현	朴炳玹	1993.03.28	상지대	184 / 83
	이 태 희	李台熙	1992.06.16	숭실대	183 / 74
	이 진 용	李珍鎔	2001.05.01	현풍고	180 / 73
	박 재 현	朴栽玄	2003.09.16	계명고	177 / 69
	홍 　 철	洪 　 喆	1990.09.17	단국대	176 / 70
	손 승 우	孫承宇	2002.03.18	천안제일고	176 / 71
	박 재 경	朴在慶	2000.04.28	학성고	190 / 80
	김 리 관	金理寬	2003.04.02	현풍고	184 / 80
	조 진 우	趙進優	1999.11.17	인천남고	189 / 81
MF	오 후 성	吳厚性	1999.08.25	현풍고	173 / 64
	안 용 우	安庸佑	1991.08.10	동의대	176 / 69
	고 재 현	高在賢	1999.03.05	대륜고	180 / 74
	최 민 기	崔珉綺	2002.11.08	장훈고	180 / 73
	김 희 승	金熹承	2003.01.19	천안제일고	184 / 81
	배 수 민	裵洙珉	2002.03.21	청주대	183 / 73
	페 　 냐	Daniel dos Santos Penha	1998.10.17	*브라질	170 / 69
	이 용 래	李容來	1986.04.17	고려대	175 / 71
FW	세 징 야	Cesar Fernando Silva dos Santos	1989.11.29	*브라질	177 / 74
	전 용 준	全勇俊	2003.07.16	진위고	180 / 69
	제 　 카	José Joaquim de Carvalho	1997.03.06	*브라질	190 / 83
	이 근 호	李根鎬	1985.04.11	부평고	176 / 74
	김 태 양	金太陽	2000.02.07	연세대	184 / 77
	김 동 현	金東現	2003.04.17	학성고	173 / 68
	박 용 희	朴鏞熹	2002.03.29	홍익대	180 / 74
	정 치 인	鄭治仁	1997.08.21	대구공고	182 / 71
	이 종 훈	李宗勳	2002.03.21	현풍고	175 / 70
	신 　 중	愼 　 中	2001.11.13	청구고	175 / 71
	안 창 민	安倉民	2001.06.28	부평고	189 / 81

2022년 개인기록 _ K리그1

위치	배번	경기번호	02	12	18	20	26	34	37	44	50	58
		날짜	02.19	02.27	03.02	03.05	03.11	03.20	04.02	04.05	04.09	05.05
		홈/원정	홈	홈	홈	원정	홈	원정	원정	홈	원정	원정
		장소	대구전	대구전	대구전	강릉	대구전	수원	제주W	대구전	문수	포항
		상대	서울	전북	김천	강원	성남	수원FC	제주	인천	울산	포항
		결과	패	무	승	패	승	패	무	패	패	무
		점수	0 : 2	1 : 1	1 : 0	0 : 2	3 : 1	3 : 4	0 : 0	1 : 2	1 : 3	1 : 1
		승점	0	1	4	4	7	7	8	8	8	9
		슈팅수	8 : 11	10 : 8	9 : 13	9 : 7	16 : 7	12 : 13	11 : 14	10 : 7	8 : 11	6 : 7
GK	1	최영은										
	21	오승훈	○ 0/0	○ 0/0	○ 0/0	○ 0/0	○ 0/0	○ 0/0	○ 0/0	○ 0/0	○ 0/0	○ 0/1
	31	이윤오										
DF	2	황재원	▽ 0/0				▽ 0/0	○ 0/0	○ 0/0	▽ 0/0	▽ 0/0	○ 1/0
	3	김우석										
	4	정태욱	○ 0/0	○ 0/0	○ 0/1	○ 0/0	○ 0/0 C	○ 0/0	○ 0/0	○ 0/0	○ 0/0	▽ 0/0 C
	5	장성원								△ 0/0	△ 0/0	△ 0/0
	6	홍정운	○ 0/0 C	▽ 0/0							○ 0/0	○ 0/0 C
	7	김진혁	▽ 0/0	○ 0/0 C	▽ 0/0	▽ 0/0	○ 0/0		○ 0/0	○ 0/0 C	○ 0/0	○ 0/0
	15	이원우					△ 0/0					
	18	케이타	△ 0/0	△ 0/0 C	○ 0/0	○ 0/0	△ 0/0		▽ 0/0 C			
	20	박병현		○ 0/0 C	○ 0/0			○ 0/0 C	○ 0/0	▽ 0/0 C		△ 0/0
	25	이태희	△ 0/0	○ 0/1	○ 0/0	○ 0/0 C	△ 0/0					
	26	이진용		○ 0/0	○ 0/0	▽ 0/0		○ 0/0	○ 0/0 C	▽ 0/0	▽ 0/0	○ 0/0
	33	홍철	▽ 0/0	▽ 0/0							○ 0/0 C	○ 0/0
	66	조진우			○ 0/0	○ 0/0	○ 0/0	○ 0/0 C	○ 0/0	○ 0/0		
MF	13	오후성									△ 0/0	
	17	고재현	▽ 0/0 C	○ 1/0	▽ 1/0 C	▽ 0/0	▽ 1/0			△ 1/0		▽ 0/0
	28	최민기										
	30	라마스	○ 0/0 C	○ 0/0	○ 0/0	○ 0/0	▽ 1/0 C	○ 1/0	▽ 0/0	○ 0/0	▽ 0/0	○ 0/0
	36	김희승	△ 0/0 C				○ 0/0 CC	○ 0/0	○ 0/0	○ 0/0	▽ 0/0	
	70	페냐										
	74	이용래	▽ 0/0			△ 0/0	△ 0/0		△ 0/0	△ 0/0	△ 0/0 C	
FW	9	에드가	○ 0/0	△ 0/0	△ 0/0	○ 0/0 C	▽ 1/0					
	11	세징야	○ 0/0	○ 0/0	○ 0/0	○ 0/0	○ 0/0	○ 2/0				△ 0/0
	14	안용우					▽ 0/1	○ 0/1	△ 0/0	○ 0/0	△ 0/0	
	19	제카								△ 0/0	○ 1/0 C	○ 0/0 C
	22	이근호	△ 0/0			△ 0/0	△ 0/0	△ 0/0			▽ 0/0	▽ 0/0
	23	김태양							△ 0/0 C			
	30	박용희										
	32	정치인	△ 0/0		△ 0/0	△ 0/0		▽ 0/0	▽ 0/0	▽ 0/0	△ 0/0	

선수자료 : 득점/도움 ○ = 선발출전 △ = 교체 IN ▽ = 교체 OUT ◈ = 교체 IN/OUT C = 경고 S = 퇴장

위치	배번	경기번호	61	67	74	82	89	94	98	103	113	118
		날 짜	05.08	05.14	05.17	05.22	05.29	06.18	06.21	06.25	07.03	07.06
		홈/원정	홈	원정	원정	홈	홈	원정	홈	원정	홈	원정
		장 소	대구전	김천	인천	대구전	대구전	탄천	대구전	전주W	대구전	수원W
		상 대	수원	김천	인천	강원	포항	성남	제주	전북	수원FC	수원
		결 과	승	무	무	승	무	무	승	무	무	무
		점 수	3 : 0	1 : 1	2 : 2	3 : 0	2 : 2	1 : 1	1 : 0	1 : 1	0 : 0	1 : 1
		승 점	12	13	14	17	18	19	22	23	24	25
		슈팅수	7 : 10	13 : 16	12 : 9	5 : 7	17 : 8	15 : 10	12 : 13	12 : 15	13 : 12	9 : 10
GK	1	최영은										
	21	오승훈	○ 0/0	○ 0/0	○ 0/0 C	○ 0/0	○ 0/0	○ 0/0	○ 0/0	○ 0/0	○ 0/0	○ 0/0
	31	이윤오										
DF	2	황재원	○ 0/0	○ 0/0 C	○ 0/0 C	○ 0/0 C	▽ 0/2	○ 0/0	○ 0/0	○ 0/0	○ 0/0	△ 0/0
	3	김우석										
	4	정태욱	○ 0/0	○ 0/0 C	○ 0/0	○ 1/0	○ 0/0	○ 0/0	▽ 0/0 C		▽ 0/0	○ 0/0
	5	장성원	△ 0/0						△ 0/0	△ 0/0		
	6	홍정운	○ 0/0 C	○ 0/0 C	○ 1/0	▽ 0/0	○ 0/0	○ 0/0	○ 0/0			
	7	김진혁	▽ 0/0	▽ 0/0 C	○ 0/0 C	○ 1/0	○ 0/0	○ 0/0	○ 0/0	○ 0/0	○ 0/0	○ 0/0
	15	이원우										
	18	케이타	△ 0/0	△ 0/0	▽ 0/0	△ 0/0		△ 0/0		▽ 0/0	△ 0/0 C	△ 0/0
	20	박병현	◈ 0/0							○ 0/0 C	△ 0/0	
	25	이태희			△ 0/0		△ 0/0				△ 0/0	▽ 0/0
	26	이진용	○ 0/0 C	▽ 0/0	▽ 0/0 C	○ 0/0	▽ 0/0	△ 0/0 C	▽ 0/0 C		▽ 0/0	▽ 0/0
	33	홍 철	○ 0/0	○ 0/0	△ 0/0	▽ 0/0	○ 0/0	▽ 0/0	○ 0/0		○ 0/0 C	○ 0/0
	66	조진우				△ 0/0			△ 1/0	○ 0/0	▽ 0/0	○ 1/0
MF	13	오후성										
	17	고재현	▽ 1/0	▽ 0/0	▽ 0/0	▽ 0/1	▽ 1/0	△ 0/0	▽ 0/0	▽ 1/0	▽ 0/0 C	▽ 0/0
	28	최민기										
	30	라마스	▽ 0/0	▽ 0/0	▽ 0/0	○ 1/0	○ 0/0	○ 0/1	○ 0/0	○ 0/0		
	36	김희승								△ 0/0		
	70	페 냐										
	74	이용래	△ 0/0	△ 0/0	△ 0/0	△ 0/0	△ 0/0	▽ 0/0	△ 0/0	○ 0/0	○ 0/0	○ 0/0
FW	9	에드가										
	11	세징야	▽ 1/1 C	○ 1/0	○ 1/1	▽ 0/2	○ 0/0	○ 0/0	○ 0/1	○ 0/0	○ 0/0	▽ 0/0
	14	안용우					△ 0/0				△ 0/0	△ 0/0
	19	제 카	○ 1/1	○ 0/1	▽ 0/0	▽ 0/0 C	▽ 1/0	○ 1/0 C	▽ 0/0 C		▽ 0/0	△ 0/0
	22	이근호	△ 0/0	△ 0/0	△ 0/0	△ 0/0	△ 0/0		△ 0/0	▽ 0/0	△ 0/0	▽ 0/0
	23	김태양										
	30	박용희										
	32	정치인		△ 0/0	△ 0/0	△ 0/0		▽ 0/0		△ 0/0 C		△ 0/0

위치	배번	경기번호	124	131	150	155	162	141	163	134	171	180
		날짜	07.09	07.16	07.31	08.03	08.07	08.10	08.13	08.28	09.03	09.07
		홈/원정	홈	원정	원정	홈	홈	원정	원정	홈	원정	홈
		장소	대구전	서울W	수원	대구전	대구전	춘천	문수	대구전	포항	대구전
		상대	울산	서울	수원FC	수원	인천	강원	울산	김천	포항	성남
		결과	무	패	무	패	패	패	패	무	패	승
		점수	1 : 1	1 : 2	2 : 2	1 : 2	2 : 3	0 : 1	0 : 4	0 : 0	1 : 4	1 : 0
		승점	26	26	27	27	27	27	27	28	28	31
		슈팅수	10 : 13	4 : 18	23 : 7	12 : 12	10 : 12	14 : 4	13 : 20	14 : 9	8 : 7	16 : 10
GK	1	최영은		△ 0/0 C								
	21	오승훈	○ 0/0	▽ 0/0 C	○ 0/0	○ 0/0 C	○ 0/0	○ 0/0	○ 0/0	○ 0/0	○ 0/0	○ 0/0
	31	이윤오										
DF	2	황재원	○ 0/0	○ 0/0	▽ 0/0	○ 0/0	△ 0/0 C	▽ 0/0 C		○ 0/0	○ 0/0	○ 0/0
	3	김우석			○ 0/0 S			▽ 0/0 C			○ 0/0	△ 0/0
	4	정태욱	○ 0/0	▽ 0/0	▽ 0/0	○ 0/0	○ 0/0	○ 0/0	○ 0/0	○ 0/0 C		○ 0/0
	5	장성원			△ 0/0		○ 0/0	△ 0/0	○ 0/0	▽ 0/0 C	▽ 0/0	△ 0/0
	6	홍정운		○ 0/0	○ 0/0	▽ 0/0			△ 0/0	○ 0/0	○ 0/0	○ 0/0
	7	김진혁	○ 0/0	○ 0/0	○ 0/1	○ 0/0	○ 1/0	○ 0/0	▽ 0/0			
	15	이원우										
	18	케이타	△ 0/0		△ 0/0	△ 0/0 C	○ 0/0	○ 0/0 C		▽ 0/0 C	▽ 0/0	△ 0/0
	20	박병현		△ 0/0								
	25	이태희	△ 0/0		△ 0/0				○ 0/0	△ 0/0		
	26	이진용	▽ 0/0	▽ 0/0 C	○ 0/0	▽ 0/0 C	▽ 0/0	▽ 0/0 C		△ 0/0	△ 0/0	▽ 0/0
	33	홍철	○ 0/0 C	○ 0/0	▽ 0/0	▽ 0/0				○ 0/0	○ 0/0	▽ 0/0
	66	조진우	○ 0/0	△ 0/0			○ 0/0 C	○ 0/0	○ 0/0	○ 0/0	○ 0/0 C	○ 0/0
MF	13	오후성				△ 0/0	△ 0/0		△ 0/0	△ 0/0		
	17	고재현	▽ 0/0	▽ 1/0	▽ 1/0	▽ 0/0	▽ 0/0	▽ 0/0	○ 0/0			◆ 0/0
	28	최민기							△ 0/0			
	30	라마스										
	36	김희승				△ 0/0	△ 0/0	△ 0/0	▽ 0/0			
	70	페냐		▽ 0/0 C	○ 1/0	○ 0/0	○ 0/1	○ 0/0 C	▽ 0/0	▽ 0/0 C	○ 0/0 C	△ 0/0
	74	이용래	○ 0/0	○ 0/0			▽ 0/0					▽ 0/0
FW	9	에드가										
	11	세징야			△ 0/0	○ 1/0 C			▽ 0/0		△ 0/0	○ 0/0
	14	안용우	▽ 0/0	△ 0/0					△ 0/0			
	19	제카	○ 1/0	○ 0/1	○ 0/0	○ 0/0 C	▽ 0/0	○ 0/0 C	▽ 0/0	○ 0/0	○ 0/0	○ 1/0
	22	이근호	△ 0/0	△ 0/0		△ 0/0		△ 0/0	△ 0/0	△ 0/0	△ 0/0	▽ 0/0
	23	김태양										
	30	박용희								▽ 0/0	▽ 0/0	
	32	정치인					△ 0/0	△ 0/0				

선수자료 : 득점/도움 ○ = 선발출전 △ = 교체 IN ▽ = 교체 OUT ◆ = 교체 IN/OUT C = 경고 S = 퇴장

위치	배번	경기번호	181	188	194	199	210	216	220	225		
		날 짜	09.10	09.13	09.18	10.01	10.09	10.12	10.16	10.22		
		홈/원정	홈	원정	홈	원정	홈	원정	홈	원정		
		장 소	대구전	제주W	대구전	서울W	대구전	수원W	대구전	탄천		
		상 대	전북	제주	서울	서울	수원FC	수원	김천	성남		
		결 과	패	무	승	승	승	승	무	무		
		점 수	0 : 5	2 : 2	3 : 0	3 : 2	2 : 1	2 : 1	1 : 1	4 : 4		
		승 점	31	32	35	38	41	44	45	46		
		슈팅수	19 : 18	17 : 11	17 : 9	9 : 9	6 : 5	9 : 11	9 : 12	6 : 23		
GK	1	최영은							○ 0/0			
	21	오승훈	○ 0/0	○ 0/0	○ 0/0	○ 0/0	○ 0/0	○ 0/0				
	31	이윤오								○ 0/0		
DF	2	황재원	○ 0/0	○ 0/0	○ 0/0	○ 0/0	○ 0/1	○ 0/0	○ 0/0	△ 0/0		
	3	김우석	△ 0/0	▽ 0/0 C	△ 0/0			△ 0/0	△ 0/0	○ 0/1		
	4	정태욱	○ 0/0	○ 0/0	○ 0/0	○ 0/0	○ 0/0	○ 0/0	○ 0/0	○ 0/0		
	5	장성원	△ 0/0	▽ 0/0	○ 0/0	▽ 0/1 C	△ 0/0	○ 0/0	▽ 0/0 C	○ 0/1		
	6	홍정운	○ 0/0	○ 0/0 C		▽ 0/0	○ 1/0	○ 0/0	○ 0/0	△ 0/0		
	7	김진혁										
	15	이원우	△ 0/0			△ 0/0				▽ 0/0		
	18	케이타		▽ 0/0		▽ 0/0	▽ 0/0 C		△ 0/0	▽ 0/0		
	20	박병현			○ 0/0	△ 0/0						
	25	이태희										
	26	이진용	▽ 0/0	▽ 0/0 C	▽ 0/0 C		○ 0/0	▽ 0/0	○ 0/0	▽ 0/0		
	33	홍 철	▽ 0/0	△ 0/0	○ 0/0	△ 0/0	△ 0/0	○ 0/1	▽ 0/0	△ 0/0		
	66	조진우	▽ 0/0 C	△ 0/0	○ 0/0	○ 0/0	○ 0/1	○ 0/0	▽ 0/0			
MF	13	오후성	△ 0/0		△ 0/0					○ 1/0		
	17	고재현		○ 1/1	▽ 1/0	○ 0/0	○ 1/0	▽ 1/0	○ 0/0	○ 0/0		
	28	최민기										
	30	라마스										
	36	김희승										
	70	페 냐	△ 0/0									
	74	이용래	▽ 0/0	△ 0/0	△ 0/0	○ 0/0	▽ 0/0 C	△ 0/0	△ 0/0	△ 0/1		
FW	9	에드가										
	11	세징야	○ 0/0	○ 1/0	▽ 1/0	▽ 2/0 C	○ 0/0 C	○ 1/1	○ 1/0			
	14	안용우								▽ 2/0		
	19	제 카	○ 0/0	○ 0/1	▽ 0/2	○ 1/0	▽ 0/0 C		▽ 0/1			
	22	이근호	▽ 0/0 C	△ 0/0	△ 1/0 C	△ 0/0	△ 0/0	△ 0/0	△ 0/0	△ 1/0		
	23	김태양										
	30	박용희								▽ 0/0		
	32	정치인						▽ 0/0				

FC 서울

창단년도_ 1983년

전화_ 02-306-5050

팩스_ 02-306-1620

홈페이지_ www.fcseoul.com

주소_ 우 03932 서울특별시 마포구 월드컵로 240
서울월드컵경기장 내
Seoul World Cup Stadium, 240, World Cup-ro, Mapo-gu, Seoul, KOREA 03932

연혁

1983 럭키금성황소축구단 창단
제1대 구자경 구단주 취임
1985 85 축구대제전 수퍼리그 우승
1986 86 축구대제전 준우승
1987 제1회 윈풀라이컵 준우승
1988 제6회 홍콩 구정컵 3위
제43회 전국축구선수권대회 우승
1989 89 한국프로축구대회 준우승
1990 90 한국프로축구대회 우승
서울 연고지 이전
1991 구단명칭 'LG치타스'로 변경(마스코트: 황소 → 치타)
제2대 구본무 구단주 취임
1992 92 아디다스컵 준우승
1993 93 한국프로축구대회 준우승
1994 94 아디다스컵 준우승
1996 안양 연고지 이전(구단명칭 '안양LG치타스'로 변경)
1997 제2회 FA컵 3위
1998 제3대 허창수 구단주 취임
제3회 삼보체인지업 FA컵 우승
1999 99 아디다스컵 준우승
99 티켓링크 수퍼컵 준우승
2000 2000 삼성 디지털 K-리그 우승
2001 2001 포스데이타 수퍼컵 우승
2001 포스코 K-리그 준우승
2002 2001-02 아시안 클럽 챔피언십 준우승
2004 서울 연고지 복귀(구단명칭 'FC서울'로 변경)
2005 보카 주니어스 친선경기
K리그 단일 시즌 최다 관중 신기록 수립(45만 8,605명)
문화관광부 제정 제1회 스포츠산업대상 수상
2006 삼성 하우젠컵 2006 우승
FC 도쿄 친선경기
2007 삼성 하우젠컵 2007 준우승
프로스포츠 단일 경기 최다 관중 기록 수립(5만 5,397명)
맨체스터 유나이티드 친선경기, FC 도쿄 친선경기
2008 삼성 하우젠 K-리그 2008 준우승
LA 갤럭시 친선경기
2009 AFC 챔피언스리그 2009 8강
맨체스터 유나이티드 친선경기
2010 쏘나타 K리그 2010 우승
포스코컵 2010 우승
프로스포츠 단일 경기 최다 관중 신기록 수립(6만 747명)
K리그 단일 시즌 최다 총관중 신기록(54만 6,397명)
K리그 최다 홈 18연승 타이기록 수립
2011 AFC 챔피언스리그 2011 8강
구단 최다 7연승 신기록 수립
K리그 최초 2시즌 연속 50만 총관중 달성
2012 현대오일뱅크 K리그 2012 우승
K리그 단일 정규리그 최다 승점 신기록 수립(96점)
K리그 단일 정규리그 최다 승수 신기록 수립(29승)
K리그 3시즌 연속 최다 총관중 달성
2013 AFC 챔피언스리그 2013 준우승
K리그 통산 400승 달성
2014 제19회 하나은행 FA컵 준우승
AFC 챔피언스리그 2014 4강
K리그 최초 2년 연속 AFC 챔피언스리그 4강 진출
AFC 클럽랭킹 K리그 1위(아시아 2위)
K리그 역대 최다 관중 1~10위 석권
(7/12 對수원 46,549명 입장/K리그 역대 최다 관중 9위 기록)
바이엘 04 레버쿠젠 친선경기
2015 제20회 KEB하나은행 FA컵 우승
AFC 클럽랭킹 K리그 1위(아시아 4위)
K리그 최초 6년 연속 30만 관중 돌파
구단 통산 1,500호 골 달성(K리그 기준)
2016 현대오일뱅크 K리그 클래식 2016 우승
제21회 KEB하나은행 FA컵 준우승
2016 AFC 챔피언스리그 4강
K리그 단일 경기 최다 관중 기록 9위 달성(6월 18일 47,899명)
K리그 최초 7년 연속 30만 관중 돌파
2017 K리그 최초 8년 연속 30만 관중 돌파(310,061명)
2019 K리그 30만 관중 돌파(관중수 1위 324,162명)
K리그 관중 입장수익 1위, 관중 1인당 입장수익 1위
2021 K리그 2021 유소년 클럽상 수상
2022 제27회 하나원큐 FA컵 준우승
K리그1 2022 풀 스타디움상 수상
K리그1 2022 유소년 클럽상 수상

2022년 선수명단

대표이사_ 여은주　단장_ 유성한　감독_ 안익수
코치_ 김진규 · 김명곤 · 윤현필　GK코치_ 전상욱　피지컬코치_ 정훈기　팀매니저_ 이지훈
팀닥터_ 조윤상 · 한덕현　트레이너_ 박성률 · 강대성　물리치료사_ 서성태　통역관_ 이석진　전력분석관_ 김형수 · 이용제　장비담당관_ 이천길

포지션	선수명		생년월일	출신교	키(cm) / 몸무게(kg)
GK	백 종 범	白種範	2001.01.21	오산고	190 / 85
	황 성 민	黃聖珉	1991.06.23	한남대	188 / 83
	양 한 빈	梁韓彬	1991.08.30	백암고	195 / 90
	서 주 환	徐宙桓	1999.06.24	울산대	191 / 79
DF	황 현 수	黃賢秀	1995.07.22	오산고	183 / 80
	이 상 민	李相珉	1998.01.01	숭실대	188 / 77
	오스마르	Osmar Ibañez Barba	1988.06.05	*스페인	192 / 86
	이 한 범	李韓汎	2002.06.07	보인고	190 / 84
	강 상 희	姜常熙	1998.03.07	선문대	180 / 73
	김 주 성	金朱晟	2000.12.12	오산고	186 / 76
	박 성 훈	朴聲勳	2003.01.27	오산고	183 / 72
	김 진 야	金鎭冶	1998.06.30	대건고	177 / 63
	고 광 민	高光民	1988.09.21	아주대	172 / 63
	양 유 민	梁裕敏	1999.10.11	숭실대	181 / 70
	이 태 석	李太錫	2002.07.28	오산고	174 / 70
	윤 종 규	尹鍾奎	1998.03.20	신갈고	173 / 65
MF	기 성 용	奇誠庸	1989.01.24	금호고	189 / 75
	임 민 혁	林旼赫	1997.03.05	수원공고	168 / 64
	고 요 한	高요한	1988.03.10	토월중	170 / 65
	케이지로	小川慶治朗 / Ogawa Keijiro	1992.07.14	*일본	168 / 67
	정 현 철	鄭鉉哲	1993.04.26	동국대	187 / 72
	안 지 만	安知萬	2003.01.11	오산고	178 / 65
	팔로세비치	Aleksandar Paločević	1993.08.22	*세르비아	180 / 70
	서 재 민	徐材珉	2003.09.16	오산고	178 / 73
	백 상 훈	白尙訓	2002.01.07	오산고	173 / 70
	박장한결	朴張한결	2004.02.15	보인고	178 / 72
	조 지 훈	趙志焄	1990.05.29	연세대	191 / 80
	김 우 홍	金祐泓	1995.01.11	풍기중	174 / 73
	한 승 규	韓承規	1996.09.28	연세대	174 / 65
	차 오 연	車五硏	1998.04.15	한양대	188 / 75
FW	나 상 호	羅相鎬	1996.08.12	단국대	173 / 70
	김 신 진	金信珍	2001.07.13	선문대	186 / 80
	지 동 원	池東沅	1991.05.28	광양제철고	188 / 81
	조 영 욱	曺永旭	1999.02.05	고려대	181 / 73
	손 호 준	孫浩峻	2002.07.20	보인고	178 / 70
	정 한 민	鄭翰旻	2001.01.08	오산고	183 / 78
	권 성 윤	權成允	2001.03.30	오산고	176 / 68
	강 성 진	姜成眞	2003.03.26	오산고	178 / 76
	안 기 훈	安氣焄	2002.01.01	오산고	173 / 60
	박 동 진	朴東眞	1994.12.10	한남대	182 / 72
	일류첸코	Stanislav Iljutcenko	1990.08.13	*독일	187 / 82
	박 호 민	朴鎬緡	2001.10.09	고려대	190 / 85

2022년 개인기록_ K리그1

위치	배번	경기번호	02	08	15	22	25	32	42	47	54	55
		날 짜	02.19	02.26	03.01	03.06	03.11	03.19	04.03	04.06	04.10	05.05
		홈/원정	원정	원정	원정	원정	원정	홈	원정	홈	홈	원정
		장 소	대구전	인천	탄천	김천	문수	서울W	포항	서울W	서울W	전주W
		상 대	대구	인천	성남	김천	울산	제주	포항	강원	수원	전북
		결 과	승	무	무	패	패	패	무	무	승	무
		점 수	2 : 0	1 : 1	0 : 0	0 : 2	1 : 2	1 : 2	1 : 1	2 : 2	2 : 0	1 : 1
		승 점	3	4	5	5	5	5	6	7	10	11
		슈팅수	11 : 8	11 : 8	12 : 3	13 : 10	9 : 9	7 : 8	5 : 10	13 : 11	11 : 5	8 : 8
GK	1	백종범						▽ 0/0				
	18	황성민						△ 0/0				
	21	양한빈	○ 0/0	○ 0/0	○ 0/0	○ 0/0	○ 0/0		○ 0/0	○ 0/0	○ 0/0	○ 0/0
DF	2	황현수										
	3	이상민									△ 0/0	
	17	김진야	△ 0/0	△ 1/0	△ 0/0	△ 0/0	▽ 0/0		△ 0/0	▽ 0/0	△ 0/0	△ 0/0
	20	이한범	○ 0/0	○ 0/0	○ 0/0	○ 0/0	○ 0/0		○ 0/0	○ 0/0	▽ 0/0 C	○ 0/1
	23	윤종규	○ 0/1	○ 0/0	○ 0/0 C	○ 0/0 C	○ 0/0		○ 0/0 C	○ 0/0	○ 0/0	○ 0/0
	27	고광민										
	28	강상희										○ 0/0
	30	김주성										
	33	양유민						▽ 0/0 C				
	40	박성훈						△ 0/0				
	45	히카르도						○ 0/0				
	88	이태석	○ 0/0 C	▽ 0/0 C	○ 0/0	○ 0/0	△ 0/0		▽ 0/0	△ 0/0	▽ 0/0 C	▽ 0/0
MF	5	오스마르	○ 0/0	○ 0/0	○ 0/0	○ 0/0	○ 0/0		○ 0/0	○ 0/0 C	○ 0/0	
	6	기성용	○ 0/0	○ 0/0	○ 0/0 C	▽ 0/0	○ 0/0		○ 0/0 C	○ 0/0	○ 0/0	○ 0/0
	8	임민혁					◆ 0/0 C		△ 0/0	▽ 0/0		
	13	고요한	○ 0/1	○ 0/1	○ 0/0 C	▽ 0/0		○ 0/0	○ 0/0	◆ 0/0		
	14	케이지로										
	16	정현철										
	26	팔로세비치	▽ 0/0	▽ 0/0	○ 0/0	▽ 0/0	○ 0/0	○ 0/0 C	▽ 0/0	▽ 0/0	▽ 1/0	▽ 0/0
	30	김진성						▽ 0/0				
	35	백상훈						△ 0/0				
	44	조지훈										
	61	정원진	△ 0/0			△ 0/0	▽ 0/0					
	61	한승규							△ 0/0	△ 1/0	○ 0/0	▽ 0/0
	96	황인범										△ 0/0 C
FW	7	나상호	▽ 1/0 C	○ 0/0	○ 0/0	○ 0/0	○ 0/0	○ 0/0	○ 1/0 C	○ 1/0	○ 1/0	○ 0/0
	9	김신진		△ 0/0 C		△ 0/0	△ 0/0	○ 0/0		○ 0/0	○ 0/0	
	10	지동원		△ 0/0	△ 0/0	◆ 0/0						
	11	조영욱	○ 1/0	▽ 0/0	▽ 0/0	○ 0/0	○ 1/0		○ 0/0	△ 0/1	○ 0/1	△ 0/0
	11	이승재						△ 0/1				
	14	벤					△ 0/0			▽ 0/0		
	19	정한민						▽ 0/0				
	24	권성윤	△ 0/0	△ 0/0		△ 0/0		○ 0/0				▽ 0/0
	29	강성진	▽ 0/0	▽ 0/0	▽ 0/0	▽ 0/0	▽ 0/1	▽ 0/0	▽ 0/0	△ 0/0	△ 0/0 C	△ 0/0
	50	박동진										○ 1/0 C
	90	일류첸코										
	99	박호민						△ 1/0				

선수자료 : 득점 / 도움 ○ = 선발출전 △ = 교체 IN ▽ = 교체 OUT ◆ = 교체 IN / OUT C = 경고 S = 퇴장

위치	배번	경기번호	63	72	78	79	85	96	101	105	109	120
		날 짜	05.08	05.15	05.18	05.21	05.28	06.19	06.22	06.25	07.02	07.06
		홈/원정	홈	홈	원정	홈	홈	원정	홈	홈	원정	홈
		장 소	서울W	서울W	강릉	서울W	서울W	수원W	서울W	서울W	제주W	서울W
		상 대	수원FC	포항	강원	성남	김천	수원	울산	인천	제주	전북
		결 과	승	승	패	패	무	승	패	무	무	패
		점 수	3 : 1	1 : 0	0 : 1	0 : 1	2 : 2	1 : 0	1 : 2	1 : 1	2 : 2	0 : 1
		승 점	14	17	17	17	18	21	21	22	23	23
		슈팅수	13 : 5	18 : 5	8 : 7	16 : 3	17 : 7	4 : 9	6 : 13	17 : 10	17 : 10	13 : 9
GK	1	백 종 범	△ 0/0	○ 0/0	○ 0/0							
	18	황 성 민										
	21	양 한 빈	▽ 0/0			○ 0/0	○ 0/0	○ 0/0	○ 0/0	○ 0/0	○ 0/0	○ 0/0
DF	2	황 현 수							△ 0/0	○ 0/0 C	○ 0/0	
	3	이 상 민				△ 0/0	○ 1/0	○ 0/0	○ 0/0	○ 0/0	▽ 0/0	○ 0/0 C
	17	김 진 야	○ 0/1	○ 0/0	○ 0/0	○ 0/0	▽ 0/0			△ 0/0	○ 0/0	○ 0/0
	20	이 한 범	○ 0/0	○ 0/0	○ 0/0	▽ 0/0				△ 0/0	△ 0/0	○ 0/0
	23	윤 종 규	○ 1/0	○ 0/0 C	○ 0/0 C		○ 0/0	○ 0/0	○ 0/0	○ 0/0	○ 0/0	○ 0/0
	27	고 광 민				△ 0/0	△ 0/0	△ 0/0	△ 0/0	△ 0/0		
	28	강 상 희			▽ 0/0							
	30	김 주 성										
	33	양 유 민										
	40	박 성 훈										
	45	히카르도										
	88	이 태 석			△ 0/0	▽ 0/0	△ 0/0	▽ 0/0	○ 0/0	○ 0/0	△ 0/0	▽ 0/0
MF	5	오스마르	○ 1/0 C	○ 0/0	○ 0/0	○ 0/0 C	○ 0/0	○ 0/0	▽ 0/0			
	6	기 성 용	○ 0/1	○ 0/0	△ 0/0	○ 0/0	○ 0/0	○ 0/0	△ 0/0	○ 0/0	○ 0/0	△ 0/0
	8	임 민 혁					▽ 0/0					
	13	고 요 한										
	14	케이지로										
	16	정 현 철										
	26	팔로세비치	▽ 0/0	○ 0/0	△ 0/0	○ 0/0	▽ 1/0	▽ 0/0	○ 1/0 C	◈ 0/0 C	▽ 0/0	△ 0/0
	30	김 진 성										
	35	백 상 훈						△ 0/0		▽ 0/0	△ 0/0	▽ 0/0
	44	조 지 훈							▽ 0/0			▽ 0/0
	61	정 원 진										
	61	한 승 규	▽ 0/0	▽ 0/0	▽ 0/0	▽ 0/0						
	96	황 인 범	△ 0/0	◈ 0/0	▽ 0/0	△ 0/0 C	△ 0/0	○ 0/0	▽ 0/0 C			
FW	7	나 상 호	○ 0/1	○ 1/0	△ 0/0		△ 0/1	▽ 0/1				
	9	김 신 진	△ 1/0	△ 0/0	▽ 0/0	△ 0/0				▽ 0/0	▽ 0/0 C	△ 0/0
	10	지 동 원										
	11	조 영 욱	○ 0/0	○ 0/0	○ 0/0	○ 0/0	○ 0/0	○ 1/0	○ 0/1	○ 1/0	○ 0/1	○ 0/0 C
	11	이 승 재										
	14	벤										
	19	정 한 민							▽ 0/0	▽ 0/0	▽ 1/0 C	△ 0/0
	24	권 성 윤				▽ 0/0	△ 0/0				△ 0/0	○ 0/0
	29	강 성 진		△ 0/0	▽ 0/0		▽ 0/0	△ 0/0	△ 0/0	▽ 0/1	▽ 1/0	▽ 0/0
	50	박 동 진	○ 0/0 C	▽ 0/0 C	△ 0/0	○ 0/0	▽ 0/0 C	○ 0/0	○ 0/0	△ 0/0	△ 0/0 C	
	90	일류첸코										
	99	박 호 민										

위치	배번	경기번호	125	131	148	153	158	168	143	138	173	178
		날 짜	07.10	07.16	07.30	08.02	08.05	08.15	08.21	08.27	09.04	09.07
		홈/원정	원정	홈	원정	원정	홈	원정	홈	원정	홈	원정
		장 소	수원	서울W	포항	문수	서울W	김천	서울W	인천	서울W	전주W
		상 대	수원FC	대구	포항	울산	제주	김천	성남	인천	수원	전북
		결 과	패	승	승	무	패	승	승	패	패	무
		점 수	3 : 4	2 : 1	2 : 1	1 : 1	0 : 2	2 : 1	2 : 0	0 : 2	1 : 3	0 : 0
		승 점	23	26	29	30	30	33	36	36	36	37
		슈팅수	16 : 13	18 : 4	5 : 10	4 : 15	11 : 6	20 : 9	12 : 6	11 : 7	11 : 11	5 : 9
GK	1	백종범										
	18	황성민										
	21	양한빈	○ 0/0	○ 0/0 C	○ 0/0	○ 0/0	○ 0/0	○ 0/0	○ 0/0	○ 0/0	○ 0/0	○ 0/0
DF	2	황현수	○ 0/0	○ 0/0								△ 0/0
	3	이상민	○ 0/1		○ 0/0	○ 0/0	○ 0/0	○ 0/0	○ 0/1	○ 0/0 C	○ 0/0	○ 0/0
	17	김진야	○ 0/0	○ 0/0	○ 0/0	○ 0/0	○ 0/0	△ 0/0	▽ 0/0	▽ 0/0	△ 0/0	○ 0/0
	20	이한범	△ 1/0	○ 0/0	○ 0/0	○ 0/0	○ 0/0 C	○ 0/0	○ 0/0			
	23	윤종규	○ 0/0	○ 0/0			▽ 0/0 C	○ 0/0	○ 0/0 C	○ 0/0	○ 0/0 C	
	27	고광민			▽ 1/0	△ 0/0	◈ 0/0					
	28	강상희								△ 0/0	△ 0/0	▽ 0/0
	30	김주성										
	33	양유민										
	40	박성훈										
	45	히카르도										
	88	이태석			△ 0/0	▽ 0/0		▽ 0/0	△ 0/0	△ 0/0	▽ 0/0	○ 0/0
MF	5	오스마르										△ 0/0
	6	기성용	○ 0/0 C	○ 0/0 C	○ 0/0 C		○ 0/0	○ 0/0	○ 0/0 C	○ 0/0	○ 0/0	
	8	임민혁						△ 0/0 C	△ 0/0	△ 0/0 C	△ 0/0 C	△ 0/0
	13	고요한										
	14	케이지로			◈ 0/0	▽ 0/0	▽ 0/0	▽ 0/0	▽ 0/0	▽ 0/0	▽ 0/0	△ 0/0
	16	정현철										
	26	팔로세비치	○ 0/1	▽ 0/0	○ 0/0	△ 0/0	▽ 0/0	▽ 1/1	▽ 0/0	▽ 0/0	▽ 0/0	▽ 0/0
	30	김진성										
	35	백상훈	▽ 0/0	▽ 0/0	▽ 0/0				△ 0/0			▽ 0/0
	44	조지훈				○ 0/0						
	61	정원진										
	61	한승규				▽ 0/0	△ 0/0					
	96	황인범		△ 0/0								
FW	7	나상호	△ 0/0	△ 1/0	△ 1/0	△ 0/0	○ 0/0	▽ 0/1	○ 0/0 C	○ 0/0	○ 0/0 CC	
	9	김신진	△ 1/0				△ 0/0 S			○ 0/0		
	10	지동원										
	11	조영욱	△ 0/0	○ 0/1	○ 0/0	○ 0/0	△ 0/0	▽ 1/0	▽ 0/0	▽ 0/0	△ 0/0	○ 0/0
	11	이승재										
	14	벤										
	19	정한민	▽ 0/0	▽ 0/0	▽ 0/0	▽ 0/0		△ 0/0	△ 0/0		△ 0/0	▽ 0/0
	24	권성윤										
	29	강성진	▽ 0/1	▽ 0/0	▽ 0/0	▽ 0/0	▽ 0/0	△ 0/0	▽ 0/0	△ 0/0	▽ 0/0	▽ 0/0
	50	박동진	▽ 1/0	△ 0/0	△ 0/0	△ 0/0	△ 0/0	△ 0/0		▽ 0/0	▽ 0/0	○ 0/0
	90	일류첸코		△ 1/0	△ 0/1	△ 1/0	○ 0/0	○ 0/0	△ 2/0	△ 0/0	○ 1/0 C	△ 0/0
	99	박호민										

선수자료 : 득점/도움 ○ = 선발출전 △ = 교체 IN ▽ = 교체 OUT ◈ = 교체 IN/OUT C = 경고 S = 퇴장

위치	배번	경기번호	184	189	194	199	208	215	222	223		
		날 짜	09.10	09.13	09.18	10.01	10.09	10.12	10.16	10.22		
		홈/원정	홈	홈	원정	홈	원정	홈	홈	원정		
		장 소	서울W	서울W	대구전	서울W	수원W	서울W	서울W	수원		
		상 대	수원FC	강원	대구	대구	수원	김천	성남	수원FC		
		결 과	무	승	패	패	무	무	패	승		
		점 수	2 : 2	1 : 0	0 : 3	2 : 3	0 : 0	1 : 1	0 : 1	2 : 0		
		승 점	38	41	41	41	42	43	43	46		
		슈팅수	17 : 12	13 : 6	9 : 17	9 : 9	8 : 5	9 : 11	9 : 7	8 : 10		
GK	1	백 종 범										
	18	황 성 민										
	21	양 한 빈	○ 0/0 C	○ 0/0 C	○ 0/0	○ 0/0	○ 0/0	○ 0/0	○ 0/0	○ 0/0		
DF	2	황 현 수	▽ 0/0									
	3	이 상 민	○ 0/1	○ 0/0	○ 0/0 C	○ 0/1	○ 0/0	○ 0/0	○ 0/0	○ 0/0		
	17	김 진 야	△ 0/0	△ 0/0	△ 0/0	○ 0/0	○ 0/0	▽ 0/0		○ 0/0		
	20	이 한 범										
	23	윤 종 규	○ 0/0	○ 0/0	○ 0/0	▽ 0/0 C	○ 0/0	○ 0/0	○ 0/0 C			
	27	고 광 민							▽ 0/0	○ 0/0 C		
	28	강 상 희										
	30	김 주 성				△ 0/0 C	○ 0/0 C	○ 0/0	○ 0/0	▽ 0/0		
	33	양 유 민										
	40	박 성 훈										
	45	히카르도										
	88	이 태 석	▽ 0/0	▽ 0/0	○ 0/0							
MF	5	오스마르	△ 0/0	○ 0/0	○ 0/0	○ 0/0 C	○ 0/0	○ 0/0	○ 0/0	○ 0/0 C		
	6	기 성 용	○ 0/0 C	▽ 0/0	▽ 0/0	○ 0/0	▽ 0/0	△ 0/0	▽ 0/0	▽ 0/0		
	8	임 민 혁			△ 0/0							
	13	고 요 한										
	14	케이지로	△ 0/0		△ 0/0	△ 0/0		△ 0/0				
	16	정 현 철	▽ 0/0	○ 0/0 C	▽ 0/0 C	▽ 0/0 C		△ 0/0				
	26	팔로세비치	△ 0/0	○ 0/0	▽ 0/0	▽ 1/0	○ 0/0	▽ 0/0	▽ 0/0	▽ 0/0		
	30	김 진 성										
	35	백 상 훈										
	44	조 지 훈							△ 0/0	△ 0/0		
	61	정 원 진										
	61	한 승 규										
	96	황 인 범										
FW	7	나 상 호	○ 0/0	▽ 0/0	○ 0/0	△ 0/0	▽ 0/0	○ 0/0	○ 0/0	○ 1/0		
	9	김 신 진					△ 0/0	▽ 1/0	△ 0/0	△ 0/0		
	10	지 동 원										
	11	조 영 욱	△ 0/0	△ 1/0	△ 0/0 C	○ 0/0	△ 0/0	▽ 0/1	△ 0/0	○ 0/1		
	11	이 승 재										
	14	벤										
	19	정 한 민	▽ 0/0	▽ 0/0	△ 0/0	▽ 0/0	△ 0/0	△ 0/0		△ 1/0		
	24	권 성 윤							△ 0/0			
	29	강 성 진		△ 0/1	▽ 0/0		○ 0/0	▽ 0/0	▽ 0/0	△ 0/0		
	50	박 동 진	▽ 1/0	△ 0/0	▽ 0/0	△ 0/0						
	90	일류첸코	○ 1/0	○ 0/0 C		○ 1/0	▽ 0/0 C	△ 0/0	○ 0/0	▽ 0/0		
	99	박 호 민										

수원 삼성 블루윙즈

창단년도_ 1995년

전화_ 031-247-2002

팩스_ 031-257-0766

홈페이지_ www.bluewings.kr

주소_ 우 16230 경기도 수원시 팔달구 월드컵로 310(우만동)
수원월드컵경기장 4층
4F, Suwon World Cup Stadium, 310, World cup-ro(Uman-dong), Paldal-gu, Suwon-si, Gyeonggi-do, KOREA 16230

연혁

1995 수원 삼성 블루윙즈 축구단 창단식
제1대 윤성규 단장 취임

1996 라피도컵 프로축구대회 후기리그 우승

1998 제2대 허영호 단장 취임
98 현대컵 K-리그 우승

1999 시즌 전관왕 달성
제1회 99 티켓링크 수퍼컵 우승
대한화재컵 우승
아디다스컵 우승
99 K-리그 우승

2000 제2회 2000 티켓링크 수퍼컵 우승
2000 아디다스컵 우승

2001 아디다스컵 2001 우승
제20회 아시안 클럽 챔피언십 우승
제7회 아시안 슈퍼컵 우승
K리그 사상 최단기간 100승 달성(3.31)

2002 제21회 아시안 클럽 챔피언십 우승
제8회 아시안 슈퍼컵 우승
제7회 서울 - 하나은행 FA컵 우승

2004 제3대 안기헌 단장 취임, 차범근 감독 취임
삼성 하우젠 K-리그 2004 후기 우승
삼성 하우젠 K-리그 2004 우승

2005 A3 챔피언스컵 우승
제6회 K-리그 수퍼컵 2005 우승
삼성 하우젠컵 2005 우승

2006 삼성 하우젠 K-리그 2006 후기 우승
제11회 하나은행 FA컵 준우승

2007 K리그 사상 최단기간 200승 달성(3.17)
K리그 사상 최단기간 총관중 400만 기록(234경기)

2008 삼성 하우젠컵 2008 우승
삼성 하우젠 K리그 2008 우승

2009 제14회 하나은행 FA컵 우승

2010 윤성효 감독 취임
제15회 하나은행 FA컵 우승

2011 제4대 오근영 단장 취임
수원월드컵경기장 첫 만석(10.3 서울전, 44,537명)

2012 제5대 이석명 단장 취임(6.1)
수원월드컵경기장 최다 관중 경신(4.1 서울전 45,192명)
K리그 최초 30경기 홈 연속득점(6.27 전남전, 3 : 2 승)
K리그 최단기간 300승 달성(10.3 서울전, 1 : 0 승)
K리그 연고도시 최초 600만 관중 달성(11.25 부산전, 2 : 1 승)

2013 서정원 감독 취임
풀스타디움상 수상

2014 박찬형 대표이사 취임
구단 통산 1000호골 기록(4.1 포항전 고차원)
풀스타디움상, 팬프렌들리 클럽상 수상

2015 현대오일뱅크 K리그 클래식 2015 준우승
K리그 페어플레이상 수상

2016 김준식 대표이사, 제6대 박창수 단장 취임
제21회 KEB하나은행 FA컵 우승
이임생 감독 취임

2018 박찬형 대표이사 취임

2019 제7대 오동석 단장 취임
제24회 KEB하나은행 FA컵 우승

2020 박건하 감독 취임
이준 대표이사 취임

2022 이병근 감독 취임

2022년 선수명단

대표이사_ 이준 단장_ 오동석 감독_ 이병근
수석코치_ 최성용 코치_ 조재민 · 오장은 GK코치_ 김대환 피지컬_ 권보성 주치의_ 배상원 의무트레이너_ 김광태 · 한승희 · 허지섭
비디오분석관_ 백송화 스포츠사이언시스트_ 송기호 물리치료사_ 김광태 · 한승희 통역_ Arthur Jun · 김성건 1군매니저_ 서영진
스카우터_ 이종민 · 이경수 장비_ 엽현수

포지션	선수명		생년월일	출신교	키(cm) / 몸무게(kg)
GK	노동건	盧東件	1991.10.04	고려대	191 / 88
	양형모	梁馨模	1991.07.16	충북대	185 / 84
	이성주	李聖柱	1999.04.03	동국대	192 / 85
	박지민	朴志旼	2000.05.25	매탄고	188 / 85
DF	양상민	梁相珉	1984.02.24	숭실대	182 / 78
	불투이스	Dave Bulthuis	1990.06.28	*네덜란드	192 / 78
	김태환	金泰煥	2000.03.25	매탄고	179 / 73
	박형진	朴亨鎭	1990.06.24	고려대	182 / 75
	고명석	高明錫	1995.09.27	홍익대	189 / 80
	이기제	李基濟	1991.07.09	동국대	175 / 68
	신원호	申原浩	2001.05.19	보인고	176 / 67
	박대원	朴大元	1998.02.25	고려대	178 / 76
	장호익	張鎬翼	1993.12.04	호남대	173 / 62
	민상기	閔尙基	1991.08.27	매탄고	184 / 77
	황명현	黃溟玹	2001.11.14	동국대	190 / 85
	황인택	黃仁澤	2003.04.01	매탄고	182 / 74
MF	한석종	韓石種	1992.07.19	숭실대	186 / 80
	사리치	Elvis Sarić	1990.07.21	*보스니아 헤르체고비나	180 / 71
	정승원	鄭承原	1997.02.27	안동고	173 / 68
	강현묵	姜鉉默	2001.03.28	매탄고	173 / 67
	강태원	姜泰源	2000.03.03	숭실대	175 / 68
	최성근	崔成根	1991.07.28	고려대	183 / 73
	염기훈	廉基勳	1983.03.30	호남대	182 / 80
	명준재	明俊在	1994.07.02	고려대	178 / 68
	허동호	許桐豪	2000.06.24	매탄고	180 / 73
	정호진	鄭好軫	1999.08.06	고려대	183 / 72
	유제호	劉帝頀	2000.08.15	동국대	178 / 72
	이종성	李宗成	1992.08.05	매탄고	187 / 72
	박상혁	朴相赫	1998.04.20	고려대	165 / 60
FW	마나부	齋藤学 / Saito Manabu	1990.04.04	*일본	169 / 67
	전진우	全晉旴	1999.09.09	매탄고	181 / 69
	유주안	柳宙岸	1998.10.01	매탄고	177 / 70
	오현규	吳賢揆	2001.04.12	매탄고	183 / 72
	안병준	安炳俊	1990.05.22	추오대(일본)	183 / 75
	이상민	李尙珉	2004.06.29	매탄고	175 / 65
	류승우	柳承祐	1993.12.17	중앙대	174 / 68
	구민서	具民書	2002.04.07	매탄고	184 / 69

2022년 개인기록 _ K리그1

위치	배번	경기번호	03	07	14	19	28	31	39	43	54	57
		날 짜	02.19	02.26	03.01	03.05	03.12	03.19	04.02	04.05	04.10	05.05
		홈/원정	원정	홈	홈	원정	홈	홈	원정	홈	원정	홈
		장 소	인천	수원W	수원W	탄천	수원W	수원W	김천	수원W	서울W	수원W
		상 대	인천	수원FC	제주	성남	포항	강원	김천	전북	서울	울산
		결 과	패	승	패	무	무	무	무	패	패	승
		점 수	0 : 1	1 : 0	0 : 1	2 : 2	1 : 1	2 : 2	1 : 1	0 : 1	0 : 2	1 : 0
		승 점	0	3	3	4	5	6	7	7	7	10
		슈팅수	5 : 17	7 : 14	9 : 11	9 : 8	7 : 8	11 : 12	9 : 14	7 : 7	5 : 11	15 : 6
GK	19	노 동 건										
	21	양 형 모	○ 0/0	○ 0/0	○ 0/0	○ 0/0	○ 0/0	○ 0/0	○ 0/0	○ 0/0		○ 0/0
	34	박 지 민									○ 0/0	
DF	3	양 상 민										
	4	불투이스	△ 0/0	○ 0/0	○ 0/0	○ 0/0 C	○ 0/0	○ 0/0	○ 0/0	○ 0/0	○ 0/0	○ 0/0
	11	김 태 환	○ 0/0	△ 0/0	△ 0/0	○ 0/0	○ 0/0	○ 0/0	○ 0/0	○ 0/0 C	○ 0/0	
	13	박 형 진		○ 1/0	▽ 0/0	▽ 0/0 C	▽ 0/0					
	15	고 명 석										△ 0/0
	23	이 기 제	○ 0/0			○ 0/0	○ 0/0	○ 0/1	○ 0/1	○ 0/0	○ 0/0	○ 0/0
	33	박 대 원	▽ 0/0 C		△ 0/0		○ 0/0	▽ 0/0 C	○ 0/0	○ 0/0		
	35	장 호 익	○ 0/0	○ 0/0	▽ 0/0	△ 0/0		△ 0/0			○ 0/0	○ 0/0
	39	민 상 기	○ 0/0	○ 0/0	○ 0/0	▽ 0/0	○ 0/0	○ 0/0				▽ 0/0
	50	이 한 도		○ 0/0	○ 0/0 C	○ 0/0 C			○ 0/0	○ 0/0	○ 0/0	△ 0/0
	90	구 대 영					△ 0/0					
MF	6	한 석 종	○ 0/0					▽ 0/0				
	8	사 리 치	▽ 0/0					△ 0/1	○ 1/0	○ 0/0	▽ 0/0	○ 1/0
	10	정 승 원	○ 0/0 C	○ 0/0	▽ 0/0					△ 0/0	○ 0/0	○ 0/1
	12	강 현 묵		▽ 0/0	▽ 0/0	○ 0/1	△ 0/0	▽ 0/0	△ 0/0	▽ 0/0	△ 0/0 C	
	25	최 성 근	◈ 0/0	○ 0/0 C	○ 0/0	▽ 0/0						
	26	염 기 훈			△ 0/0	△ 0/0	△ 0/0	△ 0/0	▽ 0/0			△ 0/0
	30	류 승 우					▽ 0/0			△ 0/0	▽ 0/0	○ 0/0
	36	명 준 재										
	55	정 호 진										
	66	김 상 준		△ 0/0		△ 1/0	▽ 0/0	△ 1/0	▽ 0/0	△ 0/0		
	88	유 제 호					△ 0/0	▽ 0/0 C	△ 0/0	▽ 0/0	▽ 0/0	▽ 0/0
	92	이 종 성										
	98	박 상 혁										
FW	5	마 나 부										
	7	그 로 닝	△ 0/0	▽ 0/0	○ 0/0 C	▽ 0/0 C	▽ 0/0	△ 0/0	▽ 0/0	▽ 0/0 C	△ 0/0	▽ 0/0 C
	9	김 건 희	○ 0/0 S			○ 0/0	△ 1/0	○ 1/0	▽ 0/0	△ 0/0	○ 0/0 C	
	14	전 진 우			△ 0/0							
	14	한 석 희							△ 0/0	◈ 0/0		
	16	유 주 안	△ 0/0	△ 0/0								▽ 0/0
	18	오 현 규	▽ 0/0	▽ 0/1	○ 0/0	△ 1/0	▽ 0/0	▽ 0/0	△ 0/0	▽ 0/0	△ 0/0	△ 0/0 C
	22	안 병 준										

선수자료 : 득점/도움 ○ = 선발출전 △ = 교체 IN ▽ = 교체 OUT ◈ = 교체 IN/OUT C = 경고 S = 퇴장

위치	배번	경기번호	61	69	73	83	90	96	100	104	114	118
		날 짜	05.08	05.14	05.17	05.22	05.29	06.19	06.22	06.25	07.03	07.06
		홈/원정	원정	홈	홈	원정	원정	홈	원정	원정	홈	홈
		장 소	대구전	수원W	수원W	제주W	강릉	수원W	전주W	수원	수원W	수원W
		상 대	대구	성남	김천	제주	강원	서울	전북	수원FC	인천	대구
		결 과	패	승	승	무	무	패	패	패	무	무
		점 수	0 : 3	1 : 0	2 : 1	0 : 0	1 : 1	0 : 1	1 : 2	0 : 3	0 : 0	1 : 1
		승 점	10	13	16	17	18	18	18	18	19	20
		슈팅수	10 : 7	10 : 10	10 : 15	9 : 2	4 : 10	9 : 4	12 : 15	12 : 12	13 : 14	10 : 9
GK	19	노동건										
	21	양형모	○ 0/0	○ 0/0	○ 0/0	○ 0/0	○ 0/0	○ 0/0	○ 0/0	○ 0/0	○ 0/0	○ 0/0
	34	박지민										
DF	3	양상민										
	4	불투이스	○ 0/0	○ 0/0	○ 0/0	△ 0/0	○ 0/0 C	○ 0/0 C	○ 0/0	○ 0/0	○ 0/0	○ 0/0
	11	김태환			○ 0/0	▽ 0/0			▽ 0/0		△ 0/0	▽ 0/0
	13	박형진						△ 0/0	▽ 0/0			
	15	고명석	△ 0/0	△ 0/0	△ 0/0	▽ 0/0	△ 0/0	○ 0/0	○ 0/0	△ 0/0		
	23	이기제	○ 0/0	△ 0/0	▽ 1/0	○ 0/0	○ 0/0	▽ 0/0		○ 0/0	○ 0/0	△ 0/1
	33	박대원										▽ 0/0
	35	장호익	○ 0/0 C	▽ 0/0	△ 0/0	△ 0/0	○ 0/1	▽ 0/0	△ 0/0		○ 0/0	△ 0/0
	39	민상기		○ 0/0	○ 0/0	○ 0/0	○ 0/0 CC			▽ 0/0	○ 0/0	○ 0/0
	50	이한도	▽ 0/0	△ 0/0	△ 0/0	○ 0/0	△ 0/0			○ 0/0		
	90	구대영	△ 0/0	▽ 0/0	▽ 0/0 C	△ 0/0		△ 0/0	○ 0/0 C	○ 0/0		
MF	6	한석종		▽ 0/0 C	○ 0/0	○ 0/0	▽ 0/0 C	○ 0/0	○ 0/0	△ 0/0	▽ 0/0	△ 0/0
	8	사리치	○ 0/0	○ 0/0	▽ 0/1	▽ 0/0 C	○ 0/0	○ 0/0 C	△ 1/0	▽ 0/0	▽ 0/0	○ 0/0
	10	정승원	○ 0/0 C	▽ 0/0		▽ 0/0	▽ 0/0	△ 0/0	○ 0/0	○ 0/0 C	○ 0/0	○ 0/0
	12	강현묵	△ 0/0	△ 0/1	▽ 0/1	△ 0/0 C	△ 0/0	▽ 0/0	▽ 0/0	△ 0/0	▽ 0/0	▽ 0/0
	25	최성근										
	26	염기훈	△ 0/0	△ 0/0	△ 0/0 C	△ 0/0	△ 0/0	△ 0/0 C	△ 0/0	△ 0/0		
	30	류승우	▽ 0/0	▽ 0/0	△ 0/0	○ 0/0 C	▽ 0/0	○ 0/0	△ 0/0	▽ 0/0		
	36	명준재										
	55	정호진										○ 0/0 CC
	66	김상준	▽ 0/0								△ 0/0	
	88	유제호										
	92	이종성										
	98	박상혁										
FW	5	마나부									△ 0/0	▽ 0/0
	7	그로닝	▽ 0/0				▽ 0/0	△ 0/0	△ 0/0			
	9	김건희								△ 0/0	○ 0/0	▽ 0/0
	14	전진우		○ 1/0 C	○ 1/0	▽ 0/0	▽ 0/0 C	▽ 0/0	▽ 0/0	▽ 0/0	▽ 0/0	
	14	한석희										
	16	유주안	▽ 0/0									
	18	오현규	△ 0/0	○ 0/0	▽ 0/0		△ 1/0	▽ 0/0	▽ 0/0	▽ 0/0	△ 0/0	△ 1/0
	22	안병준										△ 0/0 C

위치	배번	경기번호	126	128	147	155	160	166	139	133	173	179
		날 짜	07.10	07.16	07.30	08.03	08.06	08.14	08.20	08.27	09.04	09.07
		홈/원정	원정	원정	홈	원정	원정	홈	원정	홈	원정	원정
		장 소	포항	문수	수원W	대구전	수원	수원W	제주W	수원W	서울W	문수
		상 대	포항	울산	김천	대구	수원FC	성남	제주	강원	서울	울산
		결 과	패	패	무	승	패	승	승	패	승	패
		점 수	0 : 1	1 : 2	0 : 0	2 : 1	2 : 4	4 : 1	2 : 1	2 : 3	3 : 1	0 : 1
		승 점	20	20	21	24	24	27	30	30	33	33
		슈팅수	6 : 14	5 : 20	17 : 11	12 : 12	13 : 12	19 : 11	13 : 16	11 : 6	11 : 11	4 : 8
GK	19	노 동 건										
	21	양 형 모	○ 0/0	○ 0/0	○ 0/0	○ 0/0	○ 0/0	○ 0/0 C	○ 0/0	○ 0/0	○ 0/0	○ 0/0
	34	박 지 민										
DF	3	양 상 민				○ 0/0	▽ 0/0					▽ 0/0
	4	불투이스	○ 0/0	○ 0/0	○ 0/0	△ 0/0		○ 0/0	○ 0/0	○ 0/0	○ 0/0	
	11	김 태 환	△ 0/0	△ 0/0	○ 0/0	○ 0/0 C	○ 0/1	○ 0/0	○ 0/0	△ 0/0	○ 0/0	
	13	박 형 진										△ 0/0
	15	고 명 석					△ 0/0	▽ 1/0	○ 0/0	○ 0/0	○ 0/0	△ 0/0
	23	이 기 제	○ 0/0	○ 0/1	○ 0/0	△ 0/0	○ 0/0	○ 0/2	○ 0/0	○ 0/1	○ 0/2	▽ 0/0
	33	박 대 원				▽ 0/0	△ 0/0					○ 0/0
	35	장 호 익	○ 0/0 C	▽ 0/0		○ 0/1	▽ 0/0	△ 0/0	▽ 0/0	▽ 0/0	△ 0/0 C	○ 0/0
	39	민 상 기	○ 0/0	○ 0/0	○ 0/0	▽ 0/0	○ 0/0	△ 0/0	△ 0/0	△ 0/0		○ 0/0
	50	이 한 도										
	90	구 대 영										
MF	6	한 석 종	▽ 0/0	△ 0/0	△ 0/0	▽ 0/0	△ 0/0		△ 0/0	△ 0/0		▽ 0/0
	8	사 리 치	○ 0/0 C	▽ 0/0	○ 0/0	◈ 0/0				▽ 0/0	△ 0/0	○ 0/0
	10	정 승 원	○ 0/0	△ 0/0	○ 0/0	○ 0/0	○ 0/0	○ 0/0	○ 0/0		○ 0/0	
	12	강 현 묵	▽ 0/0		△ 0/0	△ 0/0				▽ 0/0	▽ 0/0	▽ 0/0
	25	최 성 근										
	26	염 기 훈	◈ 0/0					△ 0/0	△ 0/0		△ 0/0	
	30	류 승 우	△ 0/0	▽ 0/0	▽ 0/0		△ 1/0	▽ 0/0	▽ 1/0	▽ 0/0	▽ 0/0	
	36	명 준 재										
	55	정 호 진						▽ 0/0 C				
	66	김 상 준										
	88	유 제 호										
	92	이 종 성		○ 0/0 C	▽ 0/0	△ 0/0 C	▽ 0/0	○ 0/0	▽ 0/0	○ 0/0	▽ 0/0 C	
	98	박 상 혁										
FW	5	마 나 부	▽ 0/0	▽ 0/0		▽ 0/1	▽ 0/0	△ 0/1	△ 0/0	△ 0/1	△ 0/0	△ 0/0 C
	7	그 로 닝										
	9	김 건 희	▽ 0/0	○ 0/0								
	14	전 진 우		△ 0/0	▽ 0/0	○ 1/0	▽ 0/0	▽ 2/0	▽ 0/0	▽ 0/0	▽ 0/1 C	▽ 0/0
	14	한 석 희										
	16	유 주 안										△ 0/0
	18	오 현 규	△ 0/0	▽ 0/0 C	△ 0/0	○ 1/0 C	△ 0/1	▽ 1/0	▽ 1/1	○ 1/0	▽ 2/0	△ 0/0
	22	안 병 준	△ 0/0	△ 1/0	○ 0/0		○ 1/0	△ 0/0	△ 0/0	△ 1/0	△ 1/0	○ 0/0

선수자료 : 득점/도움 ○ = 선발출전 △ = 교체 IN ▽ = 교체 OUT ◈ = 교체 IN/OUT C = 경고 S = 퇴장

위치	배번	경기번호	186	192	195	204	208	216	218	224	승강PO 02	승강PO 04
		날 짜	09.11	09.14	09.18	10.03	10.09	10.12	10.16	10.22	10.26	10.29
		홈/원정	홈	홈	홈	원정	홈	홈	홈	원정	원정	홈
		장 소	수원W	수원W	수원W	탄천	수원W	수원W	수원W	김천	안양	수원W
		상 대	인천	포항	전북	성남	서울	대구	수원FC	김천	안양	안양
		결 과	무	패	패	승	무	패	승	승	무	승
		점 수	3 : 3	0 : 2	2 : 3	2 : 0	0 : 0	1 : 2	3 : 0	3 : 1	0 : 0	2 : 1
		승 점	34	34	34	37	38	38	41	44	1	4
		슈팅수	15 : 12	15 : 8	7 : 12	8 : 17	5 : 8	11 : 9	16 : 8	11 : 15	8 : 8	27 : 9
GK	19	노 동 건					○ 0/0	○ 0/0				
	21	양 형 모	○ 0/0	○ 0/0	○ 0/0	▽ 0/0			○ 0/0	○ 0/0	○ 0/0	○ 0/0
	34	박 지 민				△ 0/0						
DF	3	양 상 민				○ 0/0		△ 0/0			▽ 0/0	△ 0/0
	4	불투이스	○ 0/0	○ 0/0	○ 0/0 CC		○ 0/0	○ 0/0 C	○ 0/0	○ 0/0	△ 0/0	▽ 0/0
	11	김 태 환	○ 0/0	▽ 0/0	▽ 0/0	○ 0/0	○ 0/0	▽ 0/0	△ 0/0	△ 0/0	△ 0/0	▽ 0/0 C
	13	박 형 진			△ 0/0		△ 0/0	▽ 0/0		△ 0/0		△ 0/0
	15	고 명 석	○ 2/0	○ 0/0	○ 0/0	○ 0/0	○ 0/0	○ 0/0 C	○ 0/0	○ 0/0	○ 0/0	○ 0/0
	23	이 기 제	○ 0/2	▽ 0/0 C	▽ 0/1 C	○ 0/0	○ 0/0 C	○ 0/1	○ 0/0	○ 0/1	○ 0/0	○ 0/1
	33	박 대 원							△ 0/0			
	35	장 호 익		△ 0/0	△ 0/0				▽ 0/0	▽ 0/0	○ 0/0	△ 0/0
	39	민 상 기	△ 0/0									
	50	이 한 도										
	90	구 대 영										
MF	6	한 석 종						▽ 0/0				
	8	사 리 치		△ 0/0	○ 0/0 CC			△ 0/0	○ 0/0 C	▽ 0/0	○ 0/0	▽ 0/0
	10	정 승 원	○ 0/0 C	○ 0/0	○ 0/0	○ 0/0	○ 0/0	○ 0/0 C				
	12	강 현 묵		▽ 0/0			△ 0/0	△ 0/0	△ 0/1	△ 0/0	▽ 0/0	△ 0/1
	25	최 성 근										
	26	염 기 훈	△ 0/0									
	30	류 승 우			▽ 0/0	○ 0/0 C	▽ 0/0	△ 0/0	▽ 0/0	▽ 0/0	▽ 0/0	▽ 0/0
	36	명 준 재		△ 0/0		△ 0/0 C			▽ 0/0	▽ 0/0	△ 0/0	▽ 0/0
	55	정 호 진										
	66	김 상 준										
	88	유 제 호										
	92	이 종 성	○ 0/0	○ 0/0 C	○ 0/0	○ 0/0	○ 0/0 C		○ 1/0 C	○ 1/0	○ 0/0	○ 0/0 C
	98	박 상 혁	▽ 0/0	▽ 0/0				▽ 0/0				
FW	5	마 나 부	△ 0/0	△ 0/0	△ 1/0	△ 0/0	▽ 0/0	△ 0/0		△ 0/0		△ 0/0 C
	7	그 로 닝										
	9	김 건 희										
	14	전 진 우	▽ 0/0	▽ 0/0	△ 0/0	▽ 0/1	▽ 0/0	▽ 0/0		△ 1/1	▽ 0/0	◈ 0/0
	14	한 석 희										
	16	유 주 안	▽ 0/0									
	18	오 현 규	▽ 1/0	○ 0/0	○ 1/0	○ 1/0	○ 0/0 CC		○ 1/0	▽ 0/0	○ 0/0	○ 1/0 C
	22	안 병 준	△ 0/0	△ 0/0	▽ 0/0	▽ 0/0	△ 0/0	○ 1/0 C	○ 1/0	○ 1/0 C	△ 0/0	○ 1/0

김 천 상 무

창단년도_ 2021년
전화_ 054-434-6666
팩스_ 054-434-6611
홈페이지_ www.gimcheonfc.com
주소_ 우 39524 경상북도 김천시 운동장길 1 김천종합운동장
1, Undongjang-gil, Gimcheon-si, Gyeongsangbuk-do, KOREA 39524

연혁

2020 유치의향서 한국프로축구연맹 제출
상무프로축구단 유치 시민 공청회 개최
김천시 ↔ 국군체육부대 연고지 협약 체결
김천상무프로축구단 창단 발표 (김충섭 김천시장)
사단법인 김천시민프로축구단 설립
창단 승인 (한국프로축구연맹 이사회)
배낙호 대표이사, 이흥실 단장 선임 및 사무국 구성
구단명 김천상무FC, 엠블럼, 슬로건 'Happy 김천 Together 상무' 공개

2021 초대 김태완 감독 선임
U18 경북미용예술고, U15 김천문성중 창단
유니폼, 마스코트 '슈웅' 공개 및 출범식 진행
16경기 연속 무패 팀최다 기록 수립
김천 1기, 2기 전역 기념식 진행
구성윤, 박지수, 정승현, 조규성 국가대표 발탁
권혁규, 김주성, 박지민, 서진수, 오현규 U23 국가대표 발탁
하나원큐 K리그2 2021 우승
하나원큐 K리그2 2021 최다득점
하나원큐 K리그1 2022 직행 승격
K리그2 대상 감독상 김태완 감독 수상
K리그2 대상 BEST11 구성윤(GK), 정승현(DF) 수상

2022 승격 기념 경기장 새단장(가변석 출입구 게이트 전면도로 외)
김천시 교육지원청 업무 협조 MOU 체결
창단 첫 K리그1 홈경기(VS 포항스틸러스)
울진 산불피해 이재민 성금 전달(홈경기 유료관중 입장수익)
2022 2차 K리그1 팬 프렌들리 클럽상 3위 수상
김천 3기 전역(정승현 외 12명)
김천 4기 전역기념식 진행(문지환 외 10명), 창단 이후 최다 관중 기록
권창훈 2022 FIFA 카타르 월드컵 출전 국가대표 명단 발탁

2022년 선수명단

대표이사_ 배낙호 단장_ 이흥실 감독_ 김태완
수석코치_ 성한수 코치_ 김치우·신상우 GK코치_ 곽상득 피지컬코치_ 심정현 의무트레이너_ 구성훈 물리치료사_ 김영효 전력분석관_ 김민혁
부사관_ 유로몬

포지션	선수명		생년월일	출신교	키 / 몸무게	전 소속팀
GK	김정훈	金禎勳	2001.04.20	전주영생고	188 / 82	전북
	문경건	文慶建	1995.02.09	광운대	187 / 82	제주
	신송훈	申松勳	2002.11.07	금호고	180 / 79	광주
	황인재	黃仁具	1994.04.22	남부대	187 / 73	포항
DF	김륜성	金侖成	2002.06.04	포항제철고	179 / 70	포항
	박지수	朴志水	1994.06.13	대건고	184 / 70	수원FC
	송주훈	宋株熏	1994.01.13	건국대	190 / 83	제주
	이유현	李裕賢	1997.02.08	단국대	179 / 74	전북
	임승겸	林昇謙	1995.04.26	고려대	185 / 78	안양
	최병찬	崔炳贊	1996.04.04	홍익대	178 / 73	부천
MF	강윤성	姜允盛	1997.07.01	대구공고	172 / 65	제주
	고승범	高丞範	1994.04.24	경희대	173 / 70	수원
	권창훈	權昶勳	1994.06.30	매탄고	174 / 69	수원
	김준범	金俊範	1998.01.14	연세대	176 / 74	인천
	김한길	金한길	1995.06.21	아주대	178 / 65	전남
	문지환	文智煥	1994.07.26	단국대	184 / 77	인천
	윤석주	尹碩珠	2002.02.25	포항제철고	178 / 69	포항
	이영재	李英才	1994.09.13	용인대	174 / 60	수원FC
	이지훈	李知勳	2002.03.02	전주영생고	177 / 60	전북
	정동윤	鄭東潤	1994.04.03	성균관대	175 / 72	인천
	지언학	池彥學	1994.03.22	경희대	177 / 73	인천
	한찬희	韓贊熙	1997.03.17	광양제철고	181 / 75	서울
FW	김경민	金燗珉	1997.01.22	전주대	185 / 78	전남
	김지현	金址泫	1996.07.22	제주제일고	184 / 80	울산
	이준석	李俊石	2000.04.07	대건고	180 / 75	인천

위치	배번	경기번호	06	11	18	22	29	33	39	46	52	60
		날 짜	02.20	02.27	03.02	03.06	03.13	03.19	04.02	04.06	04.10	05.05
		홈/원정	원정	홈	원정	홈	원정	원정	홈	원정	원정	홈
		장 소	문수	김천	대구전	김천	인천	전주W	김천	탄천	수원	김천
		상 대	울산	포항	대구	서울	인천	전북	수원	성남	수원FC	강원
		결 과	무	승	패	승	패	무	무	승	패	승
		점 수	0 : 0	3 : 2	0 : 1	2 : 0	0 : 1	1 : 1	1 : 1	3 : 0	2 : 3	1 : 0
		승 점	1	4	4	7	7	8	9	12	12	15
		슈팅수	6 : 20	7 : 12	13 : 9	10 : 13	14 : 11	8 : 18	14 : 9	10 : 15	11 : 12	9 : 7
GK	1	황인재				○ 0/0	○ 0/0	○ 0/0 C	○ 0/0			○ 0/0
	12	김정훈										
	25	구성윤	○ 0/0	○ 0/0	○ 0/0					○ 0/0	○ 0/0	
DF	4	송주훈									△ 0/0	
	6	문지환							○ 0/0	○ 0/0 C	○ 0/0	△ 0/0
	13	정동윤	○ 0/0	○ 0/0	○ 0/0	○ 0/0	○ 0/0	△ 0/0	△ 0/0			
	15	정승현	▽ 0/0						○ 0/0	○ 0/0	○ 0/0 C	○ 0/0
	23	박지수	△ 0/0	○ 0/0 C	○ 0/0	○ 0/0	○ 0/0 C	○ 0/0	△ 0/0	△ 1/0	○ 0/0	△ 0/0
	30	김주성					△ 0/0 C		○ 0/0	○ 0/0		○ 0/0 C
	32	강윤성							○ 0/0	○ 0/0 C		○ 0/0
	32	연제운		▽ 0/1			○ 0/0	▽ 0/0				
	33	임승겸										
	34	최병찬										
	35	이유현										
	38	김륜성										
	45	하창래	○ 0/0 CC		○ 0/0	○ 0/0		○ 0/0		△ 0/0	▽ 0/0	
MF	7	고승범	○ 0/0	○ 0/0	▽ 0/0	○ 0/0	▽ 0/0	○ 0/0 C				▽ 0/0
	14	김한길			△ 0/0	△ 0/0			▽ 0/0	▽ 0/0	△ 0/0	△ 0/0
	16	정현철	○ 0/0	○ 1/0	▽ 0/0	○ 0/0	○ 0/0	△ 0/0		△ 0/0	▽ 0/0	
	22	한찬희										
	26	권창훈	○ 0/0	▽ 0/0		▽ 0/1	▽ 0/0	△ 0/0	△ 0/0	△ 0/0		▽ 0/0
	26	김민석									△ 0/0	
	27	유인수	○ 0/0	○ 0/0	○ 0/0	○ 0/0	▽ 0/0	△ 0/0	▽ 0/0	▽ 0/0	○ 1/0	○ 0/0
	31	이영재	△ 0/0	▽ 0/0	○ 0/0	▽ 0/1	○ 0/0	○ 0/0	○ 0/0	▽ 0/2 C	△ 0/0	▽ 0/0
	36	명준재		△ 0/0 C	◈ 0/0							
	36	김준범										
	37	이지훈										
	38	최준혁		△ 0/0								
	39	윤석주										
	42	권혁규	△ 0/0	△ 0/0	△ 0/0	△ 0/0		○ 0/0	○ 0/0	▽ 0/0	△ 0/0	○ 0/0
	98	박상혁	▽ 0/0	△ 0/0	△ 0/0	△ 0/0	△ 0/0		▽ 0/0		▽ 0/0	
FW	9	서진수	▽ 0/0	▽ 1/0	▽ 0/0 C	▽ 0/0 C	▽ 0/0	▽ 0/0		△ 0/0	▽ 0/0	▽ 0/0
	10	조규성	○ 0/0	▽ 1/0	○ 0/0	○ 2/0	○ 0/0	○ 1/0	▽ 1/0	○ 1/0	○ 1/0	▽ 1/0 C
	19	김경민							△ 0/0	▽ 1/0	▽ 0/1	△ 0/0
	28	김지현		△ 0/0	△ 0/0		△ 0/0	▽ 0/0				△ 0/0
	29	지언학			▽ 0/0	◈ 0/0	△ 0/0	▽ 0/0				
	40	이준석										

선수자료 : 득점/도움 ○ = 선발출전 △ = 교체 IN ▽ = 교체 OUT ◈ = 교체 IN/OUT C = 경고 S = 퇴장

위치	배번	경기번호	65	67	73	81	85	91	97	107	111	116
		날 짜	05.08	05.14	05.17	05.21	05.28	06.17	06.21	06.26	07.02	07.05
		홈/원정	원정	홈	원정	홈	원정	홈	홈	원정	홈	홈
		장 소	제주W	김천	수원W	김천	서울W	김천	김천	포항	김천	김천
		상 대	제주	대구	수원	울산	서울	수원FC	성남	포항	전북	제주
		결 과	패	무	패	패	무	패	무	무	패	승
		점 수	1 : 3	1 : 1	1 : 2	0 : 2	2 : 2	0 : 1	1 : 1	1 : 1	1 : 2	4 : 0
		승 점	15	16	16	16	17	17	18	19	19	22
		슈팅수	20 : 18	16 : 13	15 : 10	14 : 7	7 : 17	9 : 14	14 : 11	3 : 15	17 : 9	12 : 14
GK	1	황 인 재	○ 0/0									
	12	김 정 훈							○ 0/0	○ 0/0	△ 0/0	
	25	구 성 윤		○ 0/0	○ 0/0	○ 0/0	○ 0/0	○ 0/0			▽ 0/0	○ 0/0
DF	4	송 주 훈		○ 0/0	▽ 0/0		▽ 0/0				▽ 0/0	△ 0/0
	6	문 지 환			○ 0/0 C	△ 0/0	○ 0/0	○ 0/0 C	▽ 0/0			
	13	정 동 윤										
	15	정 승 현	○ 0/0	○ 0/0 C	○ 0/0 C	○ 0/0	○ 1/0	○ 0/0 C	○ 0/0	○ 0/0	△ 0/0	○ 0/0
	23	박 지 수	○ 0/0 C	○ 0/0	▽ 0/0							
	30	김 주 성	▽ 0/0		△ 0/0	○ 0/0						
	32	강 윤 성	○ 0/0	▽ 0/0		○ 0/0	○ 0/0	○ 0/0	○ 0/0	▽ 0/0	○ 0/0	○ 0/0
	32	연 제 운							△ 0/0	○ 0/0	○ 1/0	▽ 0/0
	33	임 승 겸										
	34	최 병 찬										
	35	이 유 현										
	38	김 륜 성										
	45	하 창 래				△ 0/0	○ 0/0	○ 0/0	○ 0/0 C	○ 0/0	▽ 0/0	
MF	7	고 승 범	▽ 0/0	○ 0/0	△ 0/0	▽ 0/0	○ 0/0					
	14	김 한 길	△ 0/0	▽ 0/0	△ 0/0 C	△ 0/0	▽ 0/1	○ 0/0 C	○ 0/0	○ 0/0	○ 0/0	▽ 0/0
	16	정 현 철						▽ 0/0	○ 0/0	○ 0/0		△ 0/0
	22	한 찬 희				△ 0/0					○ 0/0	○ 0/0
	26	권 창 훈	▽ 0/0	△ 0/0	○ 0/0	▽ 0/0	▽ 0/0	△ 0/0	△ 0/0	▽ 0/1	○ 0/0	▽ 0/0
	26	김 민 석										
	27	유 인 수	○ 0/0	○ 1/0	○ 0/0	▽ 0/0	△ 0/0 C	▽ 0/0				
	31	이 영 재	○ 0/0	○ 0/0	○ 0/0 C	○ 0/0	○ 0/1	○ 0/0	○ 0/1	○ 0/0	○ 0/1	▽ 1/0
	36	명 준 재		△ 0/0	▽ 0/0		△ 0/0	△ 0/0	△ 0/0	△ 0/0	△ 0/0	△ 1/0
	36	김 준 범										
	37	이 지 훈										
	38	최 준 혁										
	39	윤 석 주										
	42	권 혁 규	○ 0/0	○ 0/0 C	△ 0/0 C	▽ 0/0						○ 0/0
	98	박 상 혁							▽ 0/0			△ 0/0
FW	9	서 진 수	△ 0/0		▽ 0/0	▽ 0/0		▽ 0/0			▽ 0/0	△ 0/0
	10	조 규 성	▽ 0/0	▽ 0/1	△ 1/0	○ 0/0	○ 1/0	○ 0/0	○ 1/0	○ 0/0	△ 0/0	▽ 0/1
	19	김 경 민	△ 0/0			△ 0/0		△ 0/0		△ 0/0	△ 0/0	
	28	김 지 현	△ 0/0	△ 0/0	▽ 0/0		△ 0/0		▽ 0/0	○ 1/0	▽ 0/0 C	○ 1/0
	29	지 언 학										
	40	이 준 석										

위치	배번	경기번호	122	129	147	151	157	168	142	134	172	176
		날 짜	07.08	07.16	07.30	08.02	08.05	08.15	08.21	08.28	09.03	09.06
		홈/원정	원정	홈	원정	홈	원정	홈	홈	원정	홈	원정
		장 소	춘천	김천	수원W	김천	탄천	김천	김천	대구전	김천	춘천
		상 대	강원	인천	수원	포항	성남	서울	울산	대구	전북	강원
		결 과	패	패	무	패	승	패	패	무	무	승
		점 수	2 : 3	0 : 1	0 : 0	0 : 1	4 : 1	1 : 2	1 : 2	0 : 0	2 : 2	1 : 0
		승 점	22	22	23	23	26	26	26	27	28	31
		슈팅수	13 : 12	13 : 7	11 : 17	12 : 13	15 : 15	9 : 20	4 : 9	9 : 14	11 : 13	9 : 10
GK	1	황 인 재				▽ 0/0	○ 0/0	○ 0/0	○ 0/0		○ 0/0 C	
	12	김 정 훈				△ 0/0				○ 0/0		○ 0/0
	25	구 성 윤	○ 0/0	○ 0/0	○ 0/0							
DF	4	송 주 훈		○ 0/0 C	○ 0/0	▽ 0/0						
	6	문 지 환									△ 0/0	△ 0/0
	13	정 동 윤										
	15	정 승 현	○ 0/0 C									
	23	박 지 수		○ 0/0	△ 0/0	○ 0/0	○ 0/0 C	○ 0/0	○ 0/0	○ 0/0	○ 0/1	○ 0/0
	30	김 주 성										
	32	강 윤 성	▽ 0/0	○ 0/0	○ 0/0	○ 0/0	○ 0/0 C	○ 0/0	○ 0/0	○ 0/0	○ 0/0	△ 0/0 C
	32	연 제 운	○ 0/0		○ 0/0	○ 0/0	○ 0/0					
	33	임 승 겸						○ 0/0	○ 0/0	○ 0/0	○ 0/0	○ 0/0
	34	최 병 찬				△ 0/0			◈ 0/0			▽ 0/0
	35	이 유 현							△ 0/0			○ 0/0
	38	김 륜 성					△ 0/0	▽ 0/0	○ 0/0 C	▽ 0/0		
	45	하 창 래										
MF	7	고 승 범		○ 0/0						△ 0/0	▽ 0/0	○ 0/0
	14	김 한 길	▽ 0/1	▽ 0/0	▽ 0/0	▽ 0/0	▽ 0/0 C	△ 0/0	△ 0/0	△ 0/0	○ 0/0	△ 0/0
	16	정 현 철			▽ 0/0	△ 0/0 C		▽ 0/0 C				
	22	한 찬 희	▽ 0/0		△ 0/0 C		▽ 0/0 C	▽ 0/0	▽ 0/0	△ 0/0	▽ 0/0	
	26	권 창 훈	▽ 0/0	△ 0/0		▽ 0/0	○ 0/0	○ 0/0	△ 0/0	△ 0/0	○ 0/0	△ 0/0
	26	김 민 석										
	27	유 인 수	△ 0/0	○ 0/0	○ 0/0							
	31	이 영 재	○ 0/0	○ 0/0	△ 0/0	○ 0/0	△ 0/0	○ 0/1	△ 0/0	▽ 0/0	▽ 0/0	
	36	명 준 재	△ 0/0	▽ 0/0	△ 0/0 C	△ 0/0	△ 2/0	△ 0/0				
	36	김 준 범						△ 0/0	○ 1/0	○ 0/0	△ 1/0	▽ 0/0 C
	37	이 지 훈								▽ 0/0		▽ 0/0
	38	최 준 혁										
	39	윤 석 주						△ 0/0	▽ 0/0	▽ 0/0	△ 0/0	○ 0/0
	42	권 혁 규	○ 0/0	○ 0/0	▽ 0/0	▽ 0/0	○ 0/0					
	98	박 상 혁	△ 1/0	△ 0/0	▽ 0/0	○ 0/0						
FW	9	서 진 수	△ 0/0		▽ 0/0							
	10	조 규 성	○ 1/0	△ 0/0			○ 1/2					
	19	김 경 민			△ 0/0	△ 0/0	▽ 1/1	▽ 1/0 C	▽ 0/0	△ 0/0	○ 1/0	▽ 0/0
	28	김 지 현	○ 0/0	▽ 0/0	○ 0/0	○ 0/0	○ 0/1	△ 0/0	○ 0/1	○ 0/0	△ 0/0	△ 0/0
	29	지 언 학										
	40	이 준 석					◈ 0/0	▽ 0/0	▽ 0/0	▽ 0/0	▽ 0/1	▽ 0/0

선수자료 : 득점/도움 ○ = 선발출전 △ = 교체 IN ▽ = 교체 OUT ◈ = 교체 IN/OUT C = 경고 S = 퇴장

위치	배번	경기번호	182	187	198	203	209	215	220	224	승강PO 01	승강PO 03
		날 짜	09.10	09.13	09.18	10.02	10.09	10.12	10.16	10.22	10.26	10.29
		홈/원정	홈	원정	홈	원정	홈	원정	원정	홈	원정	홈
		장 소	김천	수원	김천	수원	김천	서울W	대구전	김천	대전W	김천
		상 대	제주	수원FC	인천	수원FC	성남	서울	대구	수원	대전	대전
		결 과	패	패	승	무	무	무	무	패	패	패
		점 수	1 : 2	1 : 2	1 : 0	2 : 2	1 : 1	1 : 1	1 : 1	1 : 3	1 : 2	0 : 4
		승 점	31	31	34	35	36	37	38	38	0	0
		슈팅수	9 : 18	8 : 17	17 : 6	12 : 14	16 : 10	11 : 9	12 : 9	15 : 11	8 : 15	10 : 13
GK	1	황인재	○ 0/0		○ 0/0	○ 0/0	○ 0/0			○ 0/0	○ 0/0	○ 0/0
	12	김정훈		○ 0/0				○ 0/0	○ 0/0			
	25	구성윤										
DF	4	송주훈	△ 0/0	▽ 0/0	○ 0/0		○ 0/0	○ 0/0	○ 0/0	▽ 0/0	○ 0/0 C	○ 0/0
	6	문지환	△ 0/0	○ 0/0	▽ 0/0 C	▽ 0/0	△ 0/0	○ 0/0	△ 0/0	▽ 0/0 C	○ 1/0	○ 0/0
	13	정동윤				△ 0/0	▽ 0/0			▽ 0/0		▽ 0/0
	15	정승현										
	23	박지수	○ 0/0	○ 0/0	○ 0/0	○ 0/0	○ 0/0	○ 0/0	○ 0/0	△ 0/0	○ 0/0	○ 0/0
	30	김주성										
	32	강윤성	▽ 0/0	△ 0/0	○ 0/0 C	○ 0/1 C		▽ 0/0	○ 0/0		○ 0/0	○ 0/0 C
	32	연제운										
	33	임승겸	○ 0/0 C	△ 0/0		○ 0/0 C				○ 0/0		
	34	최병찬		▽ 0/0 C			△ 0/0	△ 0/0		○ 0/0 C		
	35	이유현	○ 0/0	○ 0/0	○ 0/0	▽ 0/0 C	○ 0/0	○ 0/0	○ 0/0	△ 0/0	○ 0/0 C	△ 0/0
	38	김륜성										
	45	하창래										
MF	7	고승범	○ 0/0	▽ 0/0	△ 0/0	▽ 0/0	○ 0/0	○ 0/1	○ 0/1		○ 0/0	▽ 0/0
	14	김한길	△ 0/0	△ 0/0	△ 0/0	○ 1/0	▽ 0/0	△ 0/0	○ 1/0	△ 0/0	△ 0/0	△ 0/0
	16	정현철										
	22	한찬희										
	26	권창훈	▽ 0/0		▽ 0/0	△ 0/0	△ 0/0	▽ 0/0	○ 0/0		△ 0/0	▽ 0/0
	26	김민석										
	27	유인수										
	31	이영재	▽ 0/0	△ 0/0	○ 1/0	▽ 0/0	△ 0/0	○ 1/0	△ 0/0	○ 0/0	▽ 0/1	○ 0/0
	36	명준재										
	36	김준범	△ 0/0	○ 0/0	▽ 0/0	△ 0/0	▽ 0/1	△ 0/0	▽ 0/0	○ 0/0 C	△ 0/0	
	37	이지훈		▽ 0/0		▽ 0/0				▽ 0/0	▽ 0/0	
	38	최준혁										
	39	윤석주	▽ 0/0	△ 0/0	△ 0/0	△ 0/0	▽ 0/0		▽ 0/0	△ 0/0		△ 0/0
	42	권혁규										
	98	박상혁										
FW	9	서진수										
	10	조규성										
	19	김경민	△ 0/0		△ 0/0	△ 1/0 C	▽ 1/0	▽ 0/0	△ 0/0	○ 1/0	▽ 0/0	△ 0/0
	28	김지현	○ 1/0	○ 1/0	○ 0/0	○ 0/0 C	○ 0/0	○ 0/0	▽ 0/0	△ 0/0	○ 0/0	○ 0/0
	29	지언학										
	40	이준석	▽ 0/0	▽ 0/0	▽ 0/0		△ 0/0			▽ 0/0 C		▽ 0/0

성 남 FC

창단년도_ 1989년

전화_ 031-709-4133

팩스_ 031-709-4443

홈페이지_ www.seongnamfc.com

주소_ 우 13553 경기도 성남시 분당구 분당수서로 489(정자동) 성남축구센터 3층
3F, Seongnam Football Center, 489, Bundangsuseo-ro, Bundang-gu, Seongnam-si, Gyeonggi-do, KOREA 13553

연혁

1988 일화프로축구단 창단 인가(9월 20일)
㈜통일스포츠 설립(10월 28일)

1989 창단식(3월 18일)
89 한국프로축구대회 5위

1992 92 아디다스컵 우승
92 한국프로축구대회 준우승

1993 92 한국프로축구대회 우승

1994 94 하이트배 코리안리그 우승

1995 95 하이트배 코리안리그 챔피언결정전 우승
제15회 아시안 클럽 챔피언십 우승
95 하이트배 코리안리그 전기 우승

1996 제11회 아프로-아시안 클럽 챔피언십 우승, 그랜드슬램 달성
제2회 아시안 슈퍼컵 우승
연고지 이전(3월 27일, 서울 강북 → 충남 천안)
96 AFC 선정 최우수클럽상 수상

1997 제16회 아시안 클럽 챔피언십 준우승
제2회 FA컵 준우승

1999 제4회 삼보컴퓨터 FA컵 우승
제47회 대통령배 전국축구대회 우승(2군)
연고지 이전(12월 27일, 충남 천안 → 경기 성남)

2000 제2회 2000 티켓링크 수퍼컵 준우승
대한화재컵 3위 아디다스컵 축구대회 준우승
삼성 디지털 K-리그 3위 제5회 서울은행 FA컵 3위

2001 2001 포스코 K-리그 우승 2군리그 우승
아디다스컵 축구대회 3위 제6회 서울은행 FA컵 8강

2002 삼성 파브 K-리그 우승 아디다스컵 우승
제3회 2001 포스데이타 수퍼컵 우승
제7회 서울 - 하나은행 FA컵 3위

2003 삼성 하우젠 K-리그 우승 2군리그 우승(중부)

2004 삼성 하우젠컵 2004 우승
A3 챔피언스컵 우승 AFC 챔피언스리그 준우승
제5회 2004 K-리그 수퍼컵 준우승
2군리그 준우승

2005 삼성 하우젠 K-리그 2005 후기리그 우승

2006 삼성 하우젠 K-리그 2006 우승(전기 1위 / 후기 9위)
삼성 하우젠컵 2006 준우승

2007 삼성 하우젠 K-리그 2007 준우승(정규리그 1위)

2008 삼성 하우젠 K-리그 2008 5위(정규리그 3위)

2009 2009 K-리그 준우승(정규리그 4위)
제14회 하나은행 FA컵 준우승
2군리그 준우승

2010 AFC 챔피언스리그 2010 우승 FIFA클럽월드컵 4강
쏘나타 K리그 2010 4위(정규리그 5위)
AFC '올해의 클럽' 수상

2011 제16회 하나은행 FA컵 우승 R리그 A조 1위

2012 홍콩 아시안챌린지컵 우승
2012 피스컵수원 준우승

2013 현대오일뱅크 K리그 클래식 2013 8위
성남시민프로축구단 창단발표
성남시와 통일그룹 간 양해각서 체결
시민구단 지원조례 제정
성남일화천마프로축구단 인수계약서 체결
초대 박종환 감독 취임, 초대 신문선 대표이사 취임

2014 구단명칭 법원 등기 이전 완료, 엠블럼 및 마스코트 확정
창단식 개최 제2대 김학범 감독 취임
제19회 하나은행 FA컵 우승
현대오일뱅크 K리그 클래식 2014 9위

2015 제2대 곽선우 대표이사 취임
시민구단 최초 AFC 챔피언스리그 16강 진출
김학범 감독 K리그 통산 100승 달성
현대오일뱅크 K리그 클래식 2015 5위

2016 제3대 이석훈 대표이사 취임
2016 K리그 '팬 프렌들리 클럽상' 수상

2017 제3대 박경훈 감독 취임
KEB하나은행 K리그 챌린지 2017 4위
K리그 챌린지 풀스타디움상, 팬 프렌들리 클럽상 수상

2018 제4대 남기일 감독 취임
제4대 윤기천 대표이사 취임
K리그2 풀스타디움상 수상
2019 K리그1 승격(2018 K리그2 2위)
제4회 스포츠마케팅어워드 프로스포츠 구단 부문 본상

2019 제5대 이재하 대표이사 취임
하나원큐 K리그1 2019 9위
2019 K리그 사랑나눔상 수상
제5회 스포츠마케팅어워드 프로스포츠 구단 부문 대상

2020 제5대 김남일 감독 취임
하나원큐 K리그1 2020 10위
하나원큐 K리그1 페어플레이상 수상

2021 제6대 박창훈 대표이사 취임
성남FC 클럽하우스 준공
하나원큐 K리그1 2021 10위

2022 하나원큐 K리그1 2022 12위

2022년 선수명단

대표이사_ 박창훈 감독대행_ 정경호
코치_ 이태우 코치_ 남궁웅 GK코치_ 백민철 피지컬코치_ 한상혁
트레이너_ 강훈 트레이너_ 이강훈 트레이너_ 김한결 통역_ 최혁순 분석관_ 이승민 주무_ 김민재 장비_ 변정민

포지션	선수명		생년월일	출신교	키(cm) / 몸무게(kg)
GK	최 필 수	崔 弼 守	1991.06.20	성균관대	190 / 85
	허 자 웅	許 仔 雄	1998.05.12	청주대	185 / 70
	정 명 제	鄭 明 題	2002.06.30	풍생고	192 / 80
	김 영 광	金 永 光	1983.06.28	한려대	183 / 87
DF	이 시 영	李 時 榮	1997.04.21	전주대	172 / 70
	권 완 규	權 完 規	1991.11.20	성균관대	183 / 76
	강 의 빈	姜 義 彬	1998.04.01	광운대	189 / 86
	마 상 훈	馬 相 訓	1991.07.25	순천고	183 / 79
	이 지 훈	李 知 勳	1994.03.24	울산대	176 / 69
	곽 광 선	郭 珖 善	1986.03.28	숭실대	186 / 76
	양 시 후	梁 時 侯	2000.04.04	단국대	185 / 80
	조 성 욱	趙 成 昱	1995.03.22	단국대	188 / 79
	장 효 준	張 孝 俊	2000.02.09	동국대	174 / 68
	연 제 운	延 濟 運	1994.08.28	선문대	185 / 78
	최 지 묵	崔 祗 默	1998.10.09	울산대	178 / 70
	김 지 수	金 志 樹	2004.12.24	풍생고	192 / 84
	김 훈 민	金 訓 民	2001.03.01	숭실대	173 / 69
	박 수 일	朴 秀 日	1996.02.22	광주대	178 / 68
	김 민 혁	金 敏 爀	1992.02.27	숭실대	187 / 73
MF	김 현 태	金 炫 兌	1994.11.14	영남대	187 / 74
	권 순 형	權 純 亨	1986.06.16	고려대	176 / 73
	김 민 혁	金 珉 赫	1992.08.16	광운대	182 / 70
	안 진 범	安 進 範	1992.03.10	고려대	174 / 69
	강 재 우	姜 在 禹	2000.05.30	고려대	180 / 72
	유 인 수	兪 仁 秀	1994.12.28	광운대	178 / 70
	밀 로 스	Miloš Raičković	1993.12.02	*몬테네그로	184 / 78
FW	뮬 리 치	Fejsal Mulić	1994.10.03	*세르비아	203 / 84
	박 용 지	朴 勇 智	1992.10.09	중앙대	183 / 74
	이 종 호	李 宗 浩	1992.02.24	광양제철고	180 / 77
	팔라시오스	Manuel Emilio Palacios Murillo	1993.02.13	*콜롬비아	183 / 75
	이 재 원	李 材 元	1997.02.21	경희대	173 / 66
	조 상 준	趙 相 俊	1999.07.11	제주국제대	174 / 70
	엄 승 민	嚴 承 民	2003.05.02	영생고	181 / 78
	구 본 철	具 本 哲	1999.10.11	단국대	173 / 73
	박 지 원	朴 祉 原	2000.11.01	선문대	166 / 63
	심 동 운	沈 東 雲	1990.03.03	홍익대	169 / 67
	전 성 수	田 成 秀	2000.07.13	계명고	185 / 78

2022년 개인기록 _ K리그1

위치	배번	경기번호	05	10	15	19	26	36	41	46	49	56
		날 짜	02.20	02.26	03.01	03.05	03.11	03.20	04.03	04.06	04.09	05.05
		홈/원정	원정	홈	홈	홈	원정	홈	원정	홈	홈	홈
		장 소	강릉	탄천	탄천	탄천	대구전	탄천	수원	탄천	탄천	탄천
		상 대	강원	울산	서울	수원	대구	인천	수원FC	김천	전북	제주
		결 과	패	패	무	무	패	패	승	패	패	패
		점 수	0 : 2	0 : 2	0 : 0	2 : 2	1 : 3	0 : 1	4 : 3	0 : 3	0 : 4	1 : 2
		승 점	0	0	1	2	2	2	5	5	5	5
		슈팅수	15 : 9	6 : 10	3 : 12	8 : 9	7 : 16	9 : 4	14 : 13	15 : 10	16 : 11	10 : 14
GK	1	최 필 수					○ 0/0					○ 0/0
	41	김 영 광	○ 0/0	○ 0/0	○ 0/0	○ 0/0		○ 0/0	○ 0/0	○ 0/0	○ 0/0	
DF	2	이 시 영	○ 0/0 C	○ 0/0	○ 0/0	○ 0/0	▽ 0/0		○ 0/1 C	▽ 0/0	△ 0/0	△ 0/0
	3	권 완 규	○ 0/0 C	○ 0/0	○ 0/0	○ 0/0	○ 0/0	○ 0/0 C	○ 0/0 C	○ 0/0	○ 0/0	○ 0/0
	4	강 의 빈	△ 0/0	△ 0/0	○ 0/0	○ 0/0	○ 0/0	○ 0/0	○ 0/0	○ 0/0		△ 0/0
	5	마 상 훈	○ 0/0	○ 0/0 CC		○ 0/0	○ 0/0		△ 0/0		○ 0/0	
	18	이 지 훈		△ 0/0	▽ 0/0	○ 0/0	▽ 0/0	▽ 0/0			▽ 0/0	▽ 0/0
	20	곽 광 선			○ 0/0						○ 0/0 C	
	24	양 시 후				△ 0/0						
	26	조 성 욱						△ 0/0				
	29	장 효 준					△ 0/0		△ 0/0	△ 0/0		
	32	연 제 운										
	34	최 지 묵	○ 0/0	▽ 0/0 C	△ 0/0		◈ 0/0	○ 0/0				○ 0/0
	36	김 지 수										
	37	김 훈 민										
	66	박 수 일	▽ 0/0	○ 0/0	○ 0/0	▽ 0/0	○ 0/1	○ 0/0	▽ 1/0	○ 0/0	△ 0/0	○ 0/0
	92	김 민 혁							○ 0/0	▽ 0/0	○ 0/0	○ 1/0 C
MF	6	김 현 태			△ 0/0			△ 0/0 S				
	7	권 순 형	▽ 0/0	▽ 0/0							▽ 0/0	○ 0/0
	13	김 민 혁	○ 0/0	▽ 0/0			△ 0/0	○ 0/0 C	○ 1/0	○ 0/0	○ 0/0 C	○ 0/0 C
	22	안 진 범							▽ 0/1	○ 0/0	△ 0/0	▽ 0/0
	25	강 재 우			△ 0/0						▽ 0/0	▽ 0/0 C
	27	유 인 수										
	92	이 종 성	○ 0/0 C	△ 0/0	○ 0/0 C	○ 0/0	○ 0/0 C	▽ 0/0	△ 0/0	◈ 0/0 C		
	93	밀 로 스										
FW	8	뮬 리 치	○ 0/0	○ 0/0	▽ 0/0	△ 1/0		△ 0/0 C	○ 1/0	○ 0/0	△ 0/0	△ 0/0
	9	박 용 지	△ 0/0				△ 0/0				▽ 0/0	▽ 0/0
	10	이 종 호						△ 0/0		△ 0/0		
	11	팔라시오스						▽ 0/0	△ 0/0	△ 0/0	△ 0/0	△ 0/0
	15	이 재 원		▽ 0/0	▽ 0/0	▽ 0/0 C	○ 0/0	▽ 0/0		▽ 0/0		
	17	조 상 준							◈ 0/0			
	19	엄 승 민		△ 0/0		▽ 0/0	▽ 0/0					
	23	구 본 철										
	27	정 석 화				△ 0/0	△ 0/0		▽ 0/0	△ 0/0		
	28	박 지 원	△ 0/0	△ 0/0	▽ 0/0	△ 0/0		△ 0/0				
	30	심 동 운										
	33	전 성 수	▽ 0/0	▽ 0/0	△ 0/0	▽ 1/0	▽ 1/0	▽ 0/0 C	▽ 0/0	▽ 0/0	▽ 0/0	◈ 0/0

선수자료 : 득점/도움 ○ = 선발출전 △ = 교체 IN ▽ = 교체 OUT ◈ = 교체 IN/OUT C = 경고 S = 퇴장

위치	배번	경기번호	66	69	77	79	88	94	97	106	112	115
		날 짜	05.08	05.14	05.18	05.21	05.29	06.18	06.21	06.26	07.02	07.05
		홈/원정	원정	원정	홈	원정	원정	홈	원정	원정	홈	홈
		장 소	포항	수원W	탄천	서울W	인천	탄천	김천	문수	탄천	탄천
		상 대	포항	수원	수원FC	서울	인천	대구	김천	울산	강원	포항
		결 과	패	패	무	승	패	무	무	무	패	패
		점 수	0 : 1	0 : 1	2 : 2	1 : 0	0 : 1	1 : 1	1 : 1	0 : 0	0 : 2	1 : 4
		승 점	5	5	6	9	9	10	11	12	12	12
		슈팅수	2 : 12	10 : 10	7 : 12	3 : 16	11 : 10	10 : 15	11 : 14	6 : 13	11 : 10	16 : 13
GK	1	최필수										
	41	김영광	○ 0/0	○ 0/0	○ 0/0 C	○ 0/0 C	○ 0/0	○ 0/0	○ 0/0	○ 0/0	○ 0/0	○ 0/0
DF	2	이시영	○ 0/0	○ 0/0	○ 0/1	△ 0/0	○ 0/0	○ 0/0	○ 0/0	○ 0/0	○ 0/0	
	3	권완규	○ 0/0	△ 0/0	▽ 0/1	○ 0/0 CC						
	4	강의빈	○ 0/0	○ 0/0	○ 0/0 C	△ 0/0	○ 0/0					△ 0/0
	5	마상훈			△ 0/0			○ 0/0 C	○ 0/0	○ 0/0	▽ 0/0	
	18	이지훈	○ 0/0	△ 0/0		△ 0/0			▽ 0/0	▽ 0/0	▽ 0/0	
	20	곽광선						△ 0/0	△ 0/0	△ 0/0		▽ 0/0
	24	양시후										
	26	조성욱										
	29	장효준				▽ 0/0	▽ 0/0 C		△ 0/0	○ 0/0 C	△ 0/0	○ 0/0
	32	연제운										
	34	최지묵		▽ 0/0		○ 0/0	○ 0/0	○ 0/0	▽ 0/0	△ 0/0 C	○ 0/0	△ 0/0
	36	김지수		▽ 0/0	○ 0/0	○ 0/0	○ 0/0	○ 0/0	○ 0/0	○ 0/0	○ 0/0	○ 0/0
	37	김훈민										
	66	박수일	△ 0/0 C		○ 0/0 C	▽ 0/0	△ 0/0				△ 0/0	○ 0/0
	92	김민혁										
MF	6	김현태						▽ 0/0	○ 0/0	▽ 0/0	▽ 0/0	
	7	권순형	▽ 0/0	○ 0/0		△ 0/0		▽ 0/0	▽ 0/0	▽ 0/0	▽ 0/0	
	13	김민혁	○ 0/0	△ 0/0	○ 1/0	○ 0/0	○ 0/0 C	◈ 0/0	○ 0/0			▽ 0/0 C
	22	안진범		○ 0/0	△ 0/0							▽ 0/0
	25	강재우	▽ 0/0		△ 0/0	▽ 0/0	▽ 0/0	▽ 0/0				
	27	유인수										
	92	이종성	○ 0/0		▽ 0/0 C							
	93	밀로스								△ 0/0	△ 0/0	○ 0/0
FW	8	뮬리치	▽ 0/0	△ 0/0	▽ 0/0		△ 0/0	△ 0/0	▽ 1/0	▽ 0/0	△ 0/0	▽ 0/0
	9	박용지										
	10	이종호	△ 0/0	▽ 0/0	▽ 0/0	▽ 0/1	○ 0/0			▽ 0/0	▽ 0/0	△ 0/0 C
	11	팔라시오스	▽ 0/0	△ 0/0	△ 0/0		△ 0/0	○ 0/1		△ 0/0	○ 0/0	○ 0/1
	15	이재원		▽ 0/0		○ 0/0	▽ 0/0	△ 0/0	△ 0/0	△ 0/0		
	17	조상준	△ 0/0		△ 0/0							
	19	엄승민	△ 0/0						◈ 0/0			
	23	구본철		○ 0/0 C	▽ 1/0 C	▽ 1/0 C	○ 0/0	○ 1/0	○ 0/0	○ 0/0	○ 0/0	△ 0/0
	27	정석화										
	28	박지원						△ 0/0	△ 0/0			
	30	심동운									△ 0/0	▽ 1/0 C
	33	전성수		▽ 0/0		△ 0/0		▽ 0/0				△ 0/0

위치	배번	경기번호	121	127	149	152	157	166	143	137	174	180
		날 짜	07.08	07.16	07.30	08.02	08.05	08.14	08.21	08.28	09.04	09.07
		홈/원정	원정	원정	홈	원정	홈	원정	원정	홈	홈	원정
		장 소	제주W	전주W	탄천	제주W	탄천	수원W	서울W	탄천	탄천	대구전
		상 대	제주	전북	인천	제주	김천	수원	서울	수원FC	울산	대구
		결 과	패	패	승	승	패	패	패	승	승	패
		점 수	2 : 3	2 : 3	3 : 1	2 : 1	1 : 4	1 : 4	0 : 2	2 : 1	2 : 0	0 : 1
		승 점	12	12	15	18	18	18	18	21	24	24
		슈팅수	12 : 14	15 : 10	25 : 9	14 : 11	15 : 15	11 : 19	6 : 12	10 : 11	10 : 7	10 : 16
GK	1	최 필 수				○ 0/0		○ 0/0				○ 0/0
	41	김 영 광	○ 0/0	○ 0/0	○ 0/0		○ 0/0		○ 0/0	○ 0/0	○ 0/0	
DF	2	이 시 영	▽ 0/0	▽ 0/0	△ 0/0	△ 0/0	△ 0/0		○ 0/0		○ 0/0 C	△ 0/0
	3	권 완 규	○ 0/0	○ 0/0	○ 1/0	○ 0/0 C	○ 0/0	○ 0/0			▽ 0/0	
	4	강 의 빈							▽ 0/0	△ 0/0	△ 0/1	△ 0/0
	5	마 상 훈	▽ 0/0	○ 0/0	△ 0/0	▽ 0/0	△ 0/0			○ 0/0		○ 0/0
	18	이 지 훈			△ 0/0	△ 0/0		△ 0/0				
	20	곽 광 선								▽ 0/0	○ 0/0	
	24	양 시 후									▽ 0/0	△ 0/0
	26	조 성 욱				△ 0/0			○ 0/0	△ 0/0	○ 0/0	○ 0/0
	29	장 효 준							○ 0/0		○ 0/0 C	
	32	연 제 운										
	34	최 지 묵	△ 0/0		○ 0/0		▽ 0/0 C	○ 0/0 C				
	36	김 지 수	○ 0/0	○ 0/1	▽ 0/0	○ 0/0	○ 0/0	○ 0/0	○ 0/0	○ 0/0 C		▽ 0/0
	37	김 훈 민			▽ 0/0	▽ 0/1	▽ 0/0	▽ 0/0		▽ 0/0		▽ 0/0
	66	박 수 일	○ 0/0	○ 0/0	▽ 1/0	○ 0/0 C	○ 1/0	○ 1/0	○ 0/0	○ 0/0	△ 0/0 C	○ 0/0
	92	김 민 혁										
MF	6	김 현 태	▽ 0/0						△ 0/0			
	7	권 순 형		▽ 0/0	▽ 0/0	▽ 0/0	▽ 0/0	▽ 0/0		○ 0/0	△ 1/0	○ 0/0
	13	김 민 혁		△ 0/0 C	△ 0/0	▽ 0/0	△ 0/0	◆ 0/0	▽ 0/0	△ 0/0	▽ 1/0 C	△ 0/0
	22	안 진 범						△ 0/0			▽ 0/0	
	25	강 재 우									▽ 0/1 C	
	27	유 인 수										
	92	이 종 성										
	93	밀 로 스	○ 2/0	○ 1/0	○ 0/0	○ 0/0 C	○ 0/0	○ 0/0		▽ 0/0		▽ 0/0
FW	8	뮬 리 치	○ 0/0		○ 0/0	○ 2/0	○ 0/0	○ 0/0		▽ 1/0	△ 0/0	▽ 0/0
	9	박 용 지										
	10	이 종 호		△ 0/1				△ 0/0	△ 0/0			
	11	팔라시오스	△ 0/0	▽ 0/0	△ 0/1	△ 0/0	△ 0/0		△ 0/0 C	△ 1/0		○ 0/0
	15	이 재 원							▽ 0/0	△ 0/0	○ 0/0	
	17	조 상 준		△ 0/0								
	19	엄 승 민										
	23	구 본 철	○ 0/2	○ 1/0	○ 1/0	△ 0/0	○ 0/0	▽ 0/0	○ 0/0	○ 0/0 C	△ 0/0	○ 0/0
	27	정 석 화										
	28	박 지 원	△ 0/0									
	30	심 동 운	▽ 0/0	△ 0/0	▽ 0/0	▽ 0/1	▽ 0/0	▽ 0/0	▽ 0/0	▽ 0/0		◆ 0/0
	33	전 성 수	△ 0/0	▽ 0/0				△ 0/0	△ 0/0			

선수자료 : 득점/도움 ○ = 선발출전 △ = 교체 IN ▽ = 교체 OUT ◆ = 교체 IN/OUT C = 경고 S = 퇴장

위치	배번	경기번호	183	190	196	204	209	214	222	225		
		날 짜	09.10	09.14	09.18	10.03	10.09	10.12	10.16	10.22		
		홈/원정	홈	원정	홈	홈	원정	원정	원정	홈		
		장 소	탄천	전주W	탄천	탄천	김천	수원	서울W	탄천		
		상 대	강원	전북	포항	수원	김천	수원FC	서울	대구		
		결 과	패	패	무	패	무	패	승	무		
		점 수	0 : 4	0 : 1	1 : 1	0 : 2	1 : 1	1 : 2	1 : 0	4 : 4		
		승 점	24	24	25	25	26	26	29	30		
		슈팅수	13 : 9	6 : 8	7 : 14	17 : 8	10 : 16	12 : 11	7 : 9	23 : 6		
GK	1	최필수		○ 0/0								
	41	김영광	○ 0/0		○ 0/0 C	○ 0/0	○ 0/0	○ 0/0	○ 0/0	○ 0/0 C		
DF	2	이시영		○ 0/0	△ 0/0	△ 0/0	▽ 0/0					
	3	권완규					○ 0/0	○ 0/0	○ 0/0	○ 1/0 C		
	4	강의빈		○ 0/0	△ 0/0		△ 0/0	△ 0/0		△ 0/0 C		
	5	마상훈						△ 0/0	△ 0/0	△ 0/0		
	18	이지훈										
	20	곽광선	△ 0/0	○ 0/0	○ 0/0	▽ 0/0						
	24	양시후		▽ 0/0 C		△ 0/0	▽ 0/0	▽ 0/0	○ 0/0	▽ 0/0		
	26	조성욱		○ 0/0 C	○ 0/0	○ 0/0						
	29	장효준	△ 0/0		○ 0/0 C	▽ 0/0		△ 0/0	○ 0/0	▽ 0/0		
	32	연제운	○ 0/0 C	△ 0/0	▽ 0/0	○ 0/0	○ 0/0	▽ 0/0	○ 0/0	○ 0/0		
	34	최지묵	▽ 0/0				○ 0/0	▽ 0/0	▽ 0/0	▽ 0/0		
	36	김지수	▽ 0/0									
	37	김훈민										
	66	박수일	○ 0/0	△ 0/0	○ 1/0	○ 0/0	△ 0/0	▽ 0/0	△ 0/0	△ 0/0		
	92	김민혁										
MF	6	김현태	▽ 0/0									
	7	권순형	○ 0/0		△ 0/0	○ 0/0						
	13	김민혁	▽ 0/0	○ 0/0 C		▽ 0/0	▽ 0/1	○ 0/1 C	○ 0/0	▽ 0/0		
	22	안진범	△ 0/0	▽ 0/0	▽ 0/0	▽ 0/0				▽ 0/0		
	25	강재우		▽ 0/0			△ 0/0					
	27	유인수	○ 0/0	○ 0/0			▽ 0/0	○ 1/0 C	○ 0/0	○ 0/0 C		
	92	이종성										
	93	밀로스			▽ 0/0		△ 0/0 C	△ 0/0		△ 0/0		
FW	8	뮬리치	△ 0/0		▽ 0/0 C	△ 0/0 C	○ 1/0	△ 0/0	△ 1/0	○ 1/1		
	9	박용지										
	10	이종호		◈ 0/0								
	11	팔라시오스	△ 0/0	△ 0/0 C	△ 0/0	△ 0/0	△ 0/0	○ 0/0	▽ 0/0	△ 2/0		
	15	이재원		▽ 0/0	○ 0/0	▽ 0/0			○ 0/0			
	17	조상준										
	19	엄승민										
	23	구본철	○ 0/0	△ 0/0	▽ 0/1	○ 0/0	○ 0/0	○ 0/0	▽ 0/0	○ 0/1		
	27	정석화										
	28	박지원										
	30	심동운	▽ 0/0			△ 0/0	▽ 0/0	▽ 0/0				
	33	전성수			△ 0/0 C							

광 주 FC

창단년도_ 2010년

전화_ 062-373-7733

팩스_ 062-371-7734

홈페이지_ www.gwangjufc.com

주소_ 우 62048 광주광역시 서구 금화로 240(풍암동) 축구전용구장 2층
2F, Gwangju Football Stadium, 240, Geumhwa-ro, Seo-gu, Gwangju, KOREA 62048

연혁

2010 광주시민프로축구단 창단 발표
범시민 창단준비위원회 발족(606명)
㈜광주시민프로축구단 법인 설립
시민주 제1, 2차 공모(19,068명 참여)
구단 엠블럼 CI 공개

2011 현대오일뱅크 K리그 2011 11위
K리그 통산 시민구단 창단 시즌 최다승 기록_9승
박기동, 이승기 대한민국 축구 국가대표팀 발탁

2012 현대오일뱅크 K리그 2012 15위
U-18 14회 백운기 전국고등학교 축구대회 우승
U-15 금석배 전국학생 축구대회 저학년부 우승

2013 현대오일뱅크 K리그 챌린지 2013 3위

2014 현대오일뱅크 K리그 챌린지 2014 4위
승강 플레이오프 통합스코어 4 : 2 승리(Vs 경남FC)
K리그 클래식 승격 확정
U-18 2014 아디다스 올인 K리그 주니어 우승

2015 현대오일뱅크 K리그 클래식 2015 10위
승격팀 최초 잔류 · 팀 창단 최다승 달성(10승)

2016 현대오일뱅크 K리그 클래식 2016 8위(역대 최고 순위)
승격팀 최초 2년 연속 잔류 · 팀 창단 최다승 신기록(11승)
정조국 2016 K리그 대상 3관왕(MVP, 최다득점상, 베스트11)
U-18 제18회 백운기 전국고교축구대회 우승
U-15 2016 예산사과기 전국중등축구대회 우승 (저학년부)
U-12 2016 화랑대기 전국 유소년 축구대회 우승

2017 2017 KEB 하나은행 K리그 클래식 정규리그 12위
제22회 KEB 하나은행 FA컵 8강 (최고성적)
U-18 제19회 백운기 전국고교축구대회 우승

2018 2018 KEB 하나은행 K리그2 정규리그 5위 - 준플레이오프
나상호 K리그2 대상 3관왕 (MVP, 최다득점상, 베스트11 FW부문)
나상호 대한민국 축구 국가대표팀 발탁
나상호 아시안게임 금메달
U-18 제73회 전국고교선수권대회 우승

2019 하나원큐 K리그2 2019 우승, K리그1 승격
광주 축구전용구장 및 연습구장 개장
구단 통산 100승 달성 · 창단 첫 6연승 달성
K리그2 최다무패 신기록(19경기)
풀-플러스스타디움상 수상_13~24R
펠리페 K리그2 대상 최다득점상 수상(19골)
U-18 2019 K리그 유스 챔피언십 우승
U-18 2019 전국고등리그 왕중왕전 우승
U-18 2019 광주광역시협회장기 우승
U-12 제48회 전국소년체전 지역예선 우승
U-12 2019 광주광역시협회장기 우승
U-12 2019 전국 초등 축구리그 우승_ 광주 지역

2020 하나원큐 K리그1 2020 6위_역대 최고 성적
창단 첫 파이널A 진출 및 1부리그 최다 무패(7경기, 2승 5무)
펠리페 광주FC 소속 통산 최다득점 기록 갱신(66경기 38골)
엄원상 대한민국 축구 국가대표팀 발탁
제25회 KEB하나은행 FA컵 16강
U-18 2020 K리그 주니어 B조(남부권역) 우승
제41회 대한축구협회장배 3위

2021 하나원큐 K리그1 2021 12위
광주축구전용구장 첫 승(7라운드 vs인천)
이한도, 구단 첫 수비수 주간 MVP 수상(11R)
엄지성 · 엄원상, 이달의 영플레이어상 수상(8, 10월)
창단 첫 포항스틸러스전 승리(36R)

2022 하나원큐 K리그2 2022 우승(통산 2회), K리그1 승격
K리그2 역대 최단 기간 우승(4경기)
K리그2 홈 최다연승(10연승 / 20R vs안양)
K리그2 최다승·최다승점 신기록(25승-86점)
2022 K리그 대상 시상식 9관왕(감독상, MVP, 영플레이어상, 베스트11 6명)
엄지성 대한민국 축구 국가대표팀 발탁_데뷔전-데뷔골
이정효 감독, 이달의 감독상 2회 수상(4월, 9월)
허율 구단 통산 500호 골 득점(8R vs경남)
2022 K리그2 최다 관중 입장(5,861명 / 43R vs경남)
플러스스타디움상 수상_31R~44R

2022년 선수명단

대표이사_ 노동일 사무처장_ 김성규 감독_ 이정효
수석코치_ 이정규 필드코치_ 조용태 피지컬코치_ 김경도 GK코치_ 신정환 주치의_ 이준영 주무_ 정일오
트레이너_ 이규성 · 김민식 · 고한슬 분석관_ 박원규 통역관_ 최현석

포지션	선수명		생년월일	출신교	키(cm) / 몸무게(kg)
GK	김 경 민	金 耿 民	1991.11.01	한양대	190/78
	이 준	李 準	1997.07.14	연세대	188/79
	노 희 동	盧 熙 東	2002.06.03	경북미용예술고	192/88
DF	이 한 샘	李 한 샘	1989.10.18	건국대	185/83
	이 민 기	李 旼 氣	1993.05.19	전주대	175/71
	김 현 훈	金 泫 訓	1991.04.30	홍익대	184/82
	안 영 규	安 泳 奎	1989.12.04	울산대	185/79
	이 으 뜸	李 으 뜸	1989.09.02	용인대	177/73
	이 상 기	李 相 基	1996.05.07	영남대	179/78
	박 준 강	朴 埈 江	1991.06.06	상지대	174/69
	아 론	Aaron Robert Calver	1996.01.12	*오스트레일리아	186/76
	김 재 봉	金 載 俸	1996.09.06	광주대	188/78
	김 승 우	金 承 優	1998.03.25	연세대	184/70
MF	김 종 우	金 鍾 佑	1993.10.01	선문대	180/73
	두 현 석	杜 玹 碩	1995.12.21	연세대	169/65
	이 찬 동	李 燦 東	1993.01.10	인천대	183/82
	이 희 균	李 熙 均	1998.04.29	단국대	168/63
	문 상 윤	文 相 閏	1991.01.09	아주대	179/70
	이 순 민	李 淳 敏	1994.05.22	영남대	179/73
	정 호 연	鄭 好 淵	2000.09.28	단국대	180/73
	박 한 빈	朴 限 彬	1997.09.21	신갈고	183/80
	최 준 혁	崔 峻 赫	1994.09.05	단국대	187/88
FW	헤 이 스	Isnairo Reis Silva Morais	1993.01.06	*브라질	175/73
	엄 지 성	嚴 志 成	2002.05.09	금호고	178/70
	허 율	許 律	2001.04.12	금호고	193/87
	마 이 키	Mike dos Santos Nenatarvicius	1993.03.08	*브라질	175/67
	이 건 희	李 建 喜	1998.02.17	한양대	186/78
	정 종 훈	鄭 鍾 勳	2003.09.17	금호고	174/69
	하 승 운	河 勝 云	1998.05.04	연세대	177/74
	양 창 훈	梁 昌 勳	1991.01.24	중앙대	186/82
	장 동 찬	張 東 燦	2000.10.17	울산대	181/70
	산 드 로	Sandro César Cordovil de Lima	1990.10.28	브라질	186/86

2022년 개인기록_ K리그2

위치	배번	경기번호	01	09	16	23	28	31	39	43	49	54
		날 짜	02.19	02.27	03.12	03.16	03.20	03.26	04.03	04.06	04.10	04.18
		홈/원정	홈	홈	원정	홈	원정	홈	원정	홈	홈	원정
		장 소	광주	광주	안산	광주	부천	광주	밀양	광주	광주	안양
		상 대	김포	대전	안산	서울E	부천	충남아산	경남	부산	전남	안양
		결 과	패	승	승	승	패	승	승	승	승	무
		점 수	1 : 2	2 : 0	2 : 0	2 : 1	0 : 2	2 : 1	2 : 1	1 : 0	1 : 0	2 : 2
		승 점	0	3	6	9	9	12	15	18	21	22
		슈팅수	6 : 6	12 : 5	14 : 7	13 : 8	13 : 6	10 : 4	15 : 7	5 : 9	15 : 3	10 : 8
GK	1	김경민		○ 0/0	○ 0/0	○ 0/0	○ 0/0	○ 0/0	○ 0/0	○ 0/0	○ 0/0	○ 0/0
	21	이 준	○ 0/0									
	32	노희동										
DF	3	이민기	○ 0/0	○ 0/0 C								
	5	김현훈		○ 0/0			▽ 0/0 C	○ 0/0	○ 0/0 C	△ 0/0	○ 0/0	○ 0/0
	6	안영규	▽ 0/0	○ 0/0	○ 0/0	○ 0/0	○ 0/0	○ 0/0	▽ 0/0	○ 0/0	○ 1/0	
	8	이으뜸	△ 0/0		○ 0/2	△ 0/0	○ 0/0	○ 1/0	○ 0/1	△ 0/0	○ 0/1	○ 0/0
	20	이순민	○ 0/0 C	○ 0/0	○ 0/0 C	▽ 0/0	○ 0/0 C	▽ 0/0 C	○ 1/0	○ 0/0 C		
	22	이상기	▽ 0/0	○ 0/0	△ 0/0	○ 0/0	△ 0/0	▽ 0/0	△ 0/0	○ 0/0	△ 0/0 C	▽ 0/0
	25	박준강										
	28	아 론									△ 0/0	
	31	양창훈										
	34	김재봉						△ 0/0	△ 0/0	▽ 0/0 C	○ 0/0	○ 0/0
	40	김승우			▽ 0/0 C	○ 0/0						○ 0/0
MF	10	김종우	△ 0/0	△ 0/0	△ 0/0	△ 0/0						
	11	헤이스	○ 0/0	▽ 2/0	○ 0/0	▽ 1/0 C	○ 0/0 C	○ 1/0	○ 0/0	△ 0/0	▽ 0/0	○ 1/0
	14	이찬동			△ 0/0	△ 0/0						
	16	엄지성	○ 0/0 C	▽ 0/0	▽ 0/0	○ 0/0	▽ 0/0			○ 1/0	○ 0/0	○ 1/0
	17	문상윤	▽ 0/0						▽ 0/0			
	23	정호연	▽ 0/0	▽ 0/0	▽ 0/0 C	▽ 0/0	▽ 0/0	○ 0/0	▽ 0/0	▽ 0/0	○ 0/0	△ 0/0 C
	27	김진영								▽ 0/0		△ 0/0
	33	박한빈	○ 0/0	○ 0/0 C	○ 0/0	○ 0/0	○ 0/0	○ 0/0	○ 0/0	○ 0/0	○ 0/0	○ 0/0 C
FW	13	두현석	△ 0/0	◈ 0/0	▽ 1/0	▽ 0/0	▽ 0/0	△ 0/0 C	▽ 0/0	▽ 0/0	▽ 0/0	△ 0/1
	15	이희균	△ 0/0	△ 0/0			△ 0/0	△ 0/0	△ 0/0	△ 0/0		▽ 0/0 C
	18	허 율		△ 0/0		△ 0/0	△ 0/0	△ 0/1	△ 1/0	△ 0/1	○ 0/0 C	▽ 0/0
	19	마이키			△ 0/0 C		△ 0/0	▽ 0/0				
	24	이건희	△ 1/0	▽ 0/0	▽ 1/0	▽ 1/1	△ 0/0	▽ 0/0				
	26	정종훈							△ 0/0			
	30	하승운	▽ 0/0	△ 0/0	△ 0/0	△ 0/0	▽ 0/0		▽ 0/0	▽ 0/0 C		
	91	산드로										

선수자료 : 득점/도움 ○ = 선발출전 △ = 교체 IN ▽ = 교체 OUT ◈ = 교체 IN/OUT C = 경고 S = 퇴장

위치	배번	경기번호	56	64	67	74	83	86	94	96	102	106
		날 짜	04.23	05.04	05.07	05.15	05.22	05.28	06.05	06.11	06.18	06.21
		홈/원정	홈	원정	홈	홈	원정	원정	홈	홈	원정	원정
		장 소	광주	김포	광주	광주	진주J	부산A	광주	광주	광양	대전W
		상 대	부천	김포	서울E	안산	경남	부산	충남아산	안양	전남	대전
		결 과	승	승	승	승	무	승	승	승	무	무
		점 수	1 : 0	2 : 1	1 : 0	2 : 0	2 : 2	3 : 0	3 : 2	4 : 0	1 : 1	1 : 1
		승 점	25	28	31	34	35	38	41	44	45	46
		슈팅수	7 : 9	8 : 14	11 : 7	8 : 4	9 : 7	15 : 12	7 : 8	21 : 2	13 : 8	6 : 12
GK	1	김경민	○ 0/0	○ 0/0	○ 0/0	○ 0/0	○ 0/0	○ 0/0	○ 0/0 C	○ 0/0	○ 0/0	○ 0/0
	21	이 준										
	32	노희동										
DF	3	이민기	○ 0/0	△ 0/0	○ 0/0	△ 0/0	▽ 0/0	△ 0/0	▽ 0/0		▽ 0/0	△ 0/0
	5	김현훈	○ 0/0	○ 0/0	△ 0/0	▽ 0/0	▽ 0/0 C	○ 0/0	○ 0/0	△ 0/0	○ 0/0	△ 0/0
	6	안영규	○ 0/0	○ 0/0	○ 0/0 C	○ 0/0	○ 0/1	○ 0/0	○ 0/0	▽ 0/0 C	▽ 0/0 C	○ 0/0
	8	이으뜸	△ 0/0	○ 1/0		○ 0/0	○ 0/0	▽ 0/1 C	△ 0/0	○ 0/0	△ 0/0	○ 0/0
	20	이순민		△ 0/0	○ 0/0	△ 0/0	▽ 0/0	▽ 0/0	▽ 0/0 C	○ 0/0	△ 0/0	○ 0/0 C
	22	이상기	△ 0/0		▽ 0/0			△ 0/1	▽ 0/0			
	25	박준강										▽ 0/0
	28	아 론	△ 0/0			△ 0/0	△ 0/0			○ 0/0		▽ 0/1
	31	양창훈										
	34	김재봉	○ 0/0	○ 0/0 C	○ 0/0 C	○ 0/0	○ 0/0	○ 0/0	○ 0/0	▽ 0/0	△ 0/0	○ 0/0
	40	김승우	△ 0/0 C									
MF	10	김종우			▽ 0/0					▽ 1/0	△ 1/0	▽ 1/0
	11	헤이스	○ 0/1	○ 0/0	△ 0/0	▽ 0/0	○ 1/0	○ 0/0	○ 2/0	△ 0/0	○ 0/0	▽ 0/0
	14	이찬동										
	16	엄지성	▽ 0/0	▽ 1/0	△ 1/0	○ 0/0	▽ 0/0					○ 0/0
	17	문상윤										
	23	정호연	▽ 0/0 C	▽ 0/0 C	△ 0/1	▽ 0/0		○ 0/0 C		▽ 0/0	▽ 0/0	▽ 0/0 C
	27	김진영										
	33	박한빈		△ 0/0 C	○ 0/0	○ 0/1	○ 1/0	△ 0/0	○ 0/0	△ 0/1 C	○ 0/1	△ 0/0
FW	13	두현석	▽ 0/0 C	▽ 0/0	△ 0/0	▽ 0/0	△ 0/0	▽ 1/0	△ 0/0	○ 0/0	○ 0/0	△ 0/0 C
	15	이희균	▽ 0/0 C	▽ 0/0			△ 0/0		△ 0/0	△ 0/0	▽ 0/0	
	18	허 율	△ 0/0	△ 0/1	▽ 0/0	△ 1/0	▽ 0/0	△ 1/0	△ 1/0 C	△ 1/0	△ 0/0	△ 0/0
	19	마이키	▽ 1/0 C	▽ 0/0	▽ 0/0	▽ 0/0	△ 0/0	▽ 1/0	▽ 0/0	○ 0/1	▽ 0/0	
	24	이건희						▽ 0/0	▽ 0/0			
	26	정종훈										
	30	하승운		△ 0/0	▽ 0/0	△ 1/0	△ 0/1	△ 0/0 C	△ 0/0	▽ 1/0 C	○ 0/0	
	91	산드로										

위치	배번	경기번호	114	118	121	129	131	144	146	152	157	163
		날 짜	06.26	07.02	07.05	07.11	07.15	07.27	07.30	08.07	08.13	08.17
		홈/원정	홈	원정	홈	원정	홈	원정	홈	원정	원정	홈
		장 소	광주	김포	광주	목동	광주	부산A	광주	아산	안산	광주
		상 대	경남	김포	부천	서울E	안양	부산	대전	충남아산	안산	전남
		결 과	패	무	승	무	무	승	승	승	무	무
		점 수	1 : 4	0 : 0	2 : 1	2 : 2	0 : 0	2 : 0	1 : 0	2 : 0	0 : 0	1 : 1
		승 점	46	47	50	51	52	55	58	61	62	63
		슈팅수	13 : 8	10 : 5	12 : 3	10 : 4	9 : 4	9 : 10	11 : 6	10 : 11	23 : 6	14 : 7
GK	1	김경민	○ 0/0	○ 0/0	○ 0/0	○ 0/0	○ 0/0		○ 0/0	○ 0/0	○ 0/0	○ 0/0
	21	이 준						○ 0/0				
	32	노희동										
DF	3	이민기					△ 0/0	△ 0/0	▽ 0/0 C	△ 0/0	○ 0/0	△ 0/0
	5	김현훈		▽ 0/0		▽ 0/0		△ 0/0	△ 0/0	○ 0/0		△ 0/0
	6	안영규	○ 0/0	○ 0/0 C	▽ 0/0		○ 0/0		○ 0/0	○ 0/0	▽ 0/0 C	
	8	이으뜸	○ 0/0		○ 0/1	△ 0/0	▽ 0/0	▽ 0/0		▽ 0/1	△ 0/0	▽ 0/0 C
	20	이순민	▽ 0/0	▽ 0/0	○ 0/0	△ 0/0	○ 0/0	○ 0/0	○ 0/0	○ 0/0	△ 0/0	○ 0/0
	22	이상기		▽ 0/0	○ 0/0	▽ 0/0			▽ 0/0	△ 0/0	○ 0/0	
	25	박준강	△ 0/0	△ 0/0								
	28	아 론	▽ 0/0 C	△ 0/0	○ 1/0	△ 0/0	○ 0/0	▽ 1/0 C	○ 0/0		○ 0/0	○ 0/0
	31	양창훈										
	34	김재봉	○ 0/0	○ 0/0	△ 0/0	○ 0/0		○ 0/0		▽ 0/0 C		▽ 0/0 C
	40	김승우						△ 0/0				
MF	10	김종우	△ 0/0	△ 0/0	▽ 0/0	▽ 0/0	○ 0/0 CC		△ 0/0		△ 0/0	
	11	헤이스	△ 0/0	○ 0/0	△ 0/0	○ 0/1	△ 0/0	○ 0/1	▽ 1/0 C	○ 0/1	△ 0/0	▽ 0/0 C
	14	이찬동										
	16	엄지성	△ 0/0	▽ 0/0	▽ 1/0	△ 1/0	▽ 0/0	△ 0/0	○ 0/0		○ 0/0	△ 0/0
	17	문상윤										
	23	정호연	○ 0/1	△ 0/0	△ 0/0	○ 1/0 C	△ 0/0 C		○ 0/0	○ 0/0	▽ 0/0	○ 0/0
	27	김진영										
	33	박한빈	▽ 1/0 C		○ 0/0	○ 0/0	○ 0/0	○ 0/0	○ 0/0	△ 0/0 C	○ 0/0	▽ 0/0
FW	13	두현석	○ 0/0	○ 0/0		○ 0/0	▽ 0/0	○ 0/0	△ 0/0	▽ 0/0		○ 0/0
	15	이희균		▽ 0/0 C			△ 0/0	▽ 0/0 C			▽ 0/0	△ 0/0 C
	18	허 율	△ 0/0		▽ 0/0	△ 0/0	▽ 0/0	▽ 1/0 C		△ 0/0	▽ 0/0	
	19	마이키	▽ 0/0	△ 0/0	▽ 0/1		▽ 0/0			△ 1/0	▽ 0/0	△ 0/0
	24	이건희										
	26	정종훈										
	30	하승운	▽ 0/0		△ 0/0	▽ 0/0		▽ 0/1	△ 0/0	▽ 0/0		▽ 0/1
	91	산드로		○ 0/0	△ 0/0	▽ 0/0	△ 0/0	△ 0/0	▽ 0/1	▽ 1/0	△ 0/0	○ 1/0

선수자료 : 득점/도움 ○ = 선발출전 △ = 교체 IN ▽ = 교체 OUT ◈ = 교체 IN/OUT C = 경고 S = 퇴장

위치	배번	경기번호	166	171	177	182	189	194	205	209	215	218
		날 짜	08.20	08.27	08.30	09.03	09.11	09.14	09.26	10.02	10.09	10.15
		홈/원정	원정	홈	원정	홈	원정	원정	홈	원정	홈	원정
		장 소	목동	광주	부천	광주	광양	안양	광주	대전W	광주	아산
		상 대	서울E	부산	부천	김포	전남	안양	안산	대전	경남	충남아산
		결 과	승	승	패	승	승	승	승	무	승	무
		점 수	4 : 0	1 : 0	1 : 2	2 : 1	3 : 2	2 : 1	3 : 0	2 : 2	4 : 0	0 : 0
		승 점	66	69	69	72	75	78	81	82	85	86
		슈팅수	13 : 10	9 : 10	11 : 10	16 : 3	11 : 10	9 : 6	13 : 3	10 : 10	14 : 4	9 : 4
GK	1	김경민	○ 0/0	○ 0/0	○ 0/0	○ 0/0	○ 0/0 C	○ 0/0				
	21	이 준							○ 0/0 C	○ 0/0	○ 0/0	
	32	노희동										○ 0/0
DF	3	이민기	▽ 0/1 C	○ 0/0	○ 0/0	○ 0/0	○ 1/0	△ 0/0 C	△ 0/0	○ 0/0		△ 0/0
	5	김현훈	▽ 0/0 C		▽ 0/0					△ 0/0		▽ 0/0
	6	안영규	▽ 0/0	▽ 0/0	○ 0/0	▽ 0/0 C	○ 0/0	○ 0/0	○ 0/0	○ 0/0	○ 0/0	○ 0/0
	8	이으뜸		△ 0/0 C		△ 0/1		▽ 0/0			○ 0/1	
	20	이순민	△ 0/0			▽ 0/0 C		○ 1/0	○ 0/0	○ 0/0		
	22	이상기	▽ 0/0	▽ 0/0		▽ 0/0	▽ 0/0	▽ 0/0		△ 1/0	○ 0/0	▽ 0/0
	25	박준강										
	28	아 론	△ 0/0	○ 0/0	△ 0/0	○ 1/0	▽ 0/0	○ 0/0	○ 0/0 C	▽ 0/0	△ 0/0	△ 0/0
	31	양창훈							▽ 0/0			
	34	김재봉	○ 0/0	△ 0/0	△ 0/0	○ 0/0 C	△ 0/0	▽ 0/0			▽ 0/0	
	40	김승우										
MF	10	김종우		▽ 0/0	△ 0/0		▽ 0/0	▽ 0/0 C	▽ 0/0	▽ 0/1	▽ 0/0	
	11	헤이스	○ 2/0	○ 0/0	○ 1/0	○ 0/0	△ 0/0	○ 0/0	△ 0/0	○ 0/0 C		○ 0/0
	14	이찬동										
	16	엄지성	○ 1/0	▽ 1/0					▽ 0/1	▽ 0/0	▽ 1/0	
	17	문상윤										
	23	정호연	○ 0/0	○ 0/0	○ 0/0	○ 0/0	○ 0/0	▽ 0/0 C	△ 0/0 C		○ 0/2	○ 0/0
	27	김진영										
	33	박한빈	○ 0/0	△ 0/0	○ 0/1	△ 0/1	○ 0/0	△ 0/0	○ 1/0	○ 0/0	▽ 0/1 C	○ 0/0
FW	13	두현석	△ 0/0		▽ 0/0	△ 0/0	○ 0/1	△ 0/0 C	○ 1/0	▽ 1/0 C		○ 0/0
	15	이희균		▽ 0/0	▽ 0/0		◆ 0/0				△ 0/0	△ 0/0
	18	허 율		△ 0/0	▽ 0/0 C	▽ 0/0	▽ 0/1	△ 0/0		▽ 0/0	△ 0/0	△ 0/0
	19	마이키				▽ 0/0	△ 0/0		▽ 0/1	△ 0/0	△ 1/0	▽ 0/0
	24	이건희	▽ 1/0		△ 0/0	△ 1/0	△ 0/0		△ 0/0		△ 1/0	▽ 0/0
	26	정종훈										
	30	하승운	△ 0/0	△ 0/0	△ 0/0			△ 0/0	△ 0/1	△ 0/0	▽ 0/0	△ 0/0
	91	산드로	△ 0/1	○ 0/0 C	▽ 0/0 C	△ 0/0	○ 2/1 C	○ 1/0	▽ 1/0	△ 0/1	○ 1/0	▽ 0/0 C

대전 하나 시티즌

창단년도_ 1997년

전화_ 042-824-2002

팩스_ 042-824-7048

홈페이지_ www.DHCFC.kr

페이스북_ https://www.facebook.com/dhcfc.kr

유튜브_ https://www.youtube.com/c/daejeonhanacitizen

주소_ 우 34148 대전광역시 유성구 월드컵대로 32(노은동) 대전 월드컵경기장 서관 3층
3F, West Gate, Daejeon World Cup Stadium, 32, World Cup-daero(Noeun-dong), Yuseong-gu, Daejeon, KOREA 34148

연혁

1996	(주)대전프로축구 창설
1997	대전 시티즌 프로축구단 창설
	97 라피도컵 프로축구대회 7위
	97 아디다스컵 페어플레이팀 수상
	97 라피도컵 '올해의 페어플레이'팀 수상
1998	98 현대컵 K-리그 9위
1999	99 바이코리아컵 K-리그 8위
2000	2000 삼성 디지털 K-리그 8위
2001	2001 포스코 K-리그 10위
	제6회 서울은행 FA컵 우승
2002	2002 삼성 파브 K-리그 10위
	제7회 하나-서울은행 FA컵 4강
2003	AFC 챔피언스리그 본선진출
	삼성 하우젠 K-리그 6위
	제8회 하나은행 FA컵 8강
2004	삼성 하우젠 K-리그 2004 통합 11위(전기 11위, 후기 11위)
	삼성 하우젠컵 2004 준우승
	제9회 하나은행 FA컵 4강
2005	삼성 하우젠컵 2005 10위
	삼성 하우젠 K-리그 2005 10위
	삼성 하우젠 K-리그 2005 전기 8위, 후기 7위
	1차 시민주 공모
2006	2차 시민주 공모
	삼성 하우젠 K-리그 2006 전기 3위, 후기 12위
	삼성 하우젠컵 2006 4위 (B조 5위)
2007	삼성 하우젠컵 2007 10위 (B조 5위)
	삼성 하우젠 K-리그 6위 (6강 진출)
2008	삼성 하우젠컵 2008년 B조 4위
	삼성 하우젠 K-리그 13위
2009	2009 K-리그 9위
	피스컵 A조 5위
	제14회 하나은행 FA컵 4강
	제14회 하나은행 FA컵 페어플레이팀 수상
2010	쏘나타 K리그 2010 13위
	포스코컵 2010 C조 5위
2011	현대오일뱅크 K리그 2011 15위
	러시앤캐시컵 2011 A조 6위
2012	현대오일뱅크 K리그 2012 13위
2013	현대오일뱅크 K리그 클래식 2013 14위
2014	현대오일뱅크 K리그 챌린지 2014 우승
2015	현대오일뱅크 K리그 클래식 2015 12위
2016	현대오일뱅크 K리그 챌린지 2016 7위
2017	KEB하나은행 K리그 챌린지 2017 10위
2018	KEB하나은행 K리그2 2018 4위
2019	하나원큐 K리그2 2019 9위
2020	하나금융그룹 인수, 기업구단 전환
	'대전하나시티즌'으로 팀명 변경
	하나원큐 K리그2 2020 4위
2021	하나원큐 K리그2 2021 2위
2022	하나원큐 K리그2 2022 2위, K리그1 승격

2022년 선수명단

이사장_ 허정무 대표이사_ 민인홍 단장_ 김원택 국장_ 이조영 감독_ 이민성
수석코치_ 김종영 GK코치_ 졸레 코치_ 진경선 피지컬코치_ 혼돈 전력분석코치_ 김혁중 B팀코치_ 김경량 · 박원홍 B팀GK코치_ 이선형
주무_ 조현준 · 이명구 의무트레이너_ 김진욱 · 조상제 물리치료사_ 권순민 통역_ 김승현 장비_ 김동률

포지션	선수명		생년월일	출신교	키(cm) / 몸무게(kg)
GK	이 창 근	李昌根	1993.08.30	동래고	186 / 75
	정 산	鄭 山	1989.02.10	경희대	191 / 86
	김 병 엽	金炳燁	1999.04.21	청주대성고	187 / 80
	김 태 양	金太陽	2000.03.02	청주대성고	187 / 75
	이 준 서	李俊敍	1998.03.07	동국대	185 / 82
DF	서 영 재	徐永在	1995.05.23	한양대	182 / 71
	김 민 덕	金民悳	1996.07.08	성균관대	183 / 78
	김 재 우	金載雨	1998.02.06	영등포공고	187 / 84
	권 한 진	權韓眞	1988.05.19	경희대	187 / 77
	민 준 영	閔竣渶	1996.07.27	동국대	170 / 66
	임 덕 근	林德近	2000.02.25	천안제일고	183 / 77
	조 유 민	曺侑珉	1996.11.17	중앙대	182 / 79
	박 태 건	朴峻成	2000.05.05	인천대	174 / 70
	이 종 현	李鐘賢	1997.01.24	인천대	172 / 65
	배 서 준	培瑞峻	2003.12.11	진위고	173 / 63
	김 태 현	金太賢	2003.03.08	진위고	182 / 74
	이 인 규	李寅圭	1992.09.16	남부대	184 / 80
	이 선 호	李璇浩	2003.12.16	진위고	175 / 68
	이 한 빈	李韓彬	2003.02.07	진위고	186 / 82
	김 지 훈	金志勳	2000.06.26	충남기계공고	175 / 60
	김 선 호	金善鎬	2001.03.29	금호고	180 / 70
	변 준 수	卞俊殊	2001.11.30	한양대	190 / 88
MF	임 은 수	林恩水	1996.04.01	동국대	181 / 70
	마 사	石田雅俊 / Ishida Masatoshi	1995.05.04	*일본	180 / 68
	이 진 현	李鎭賢	1997.08.26	성균관대	173 / 65
	백 세 현	白勢鉉	2001.09.07	볼타고(이탈리아)	185 / 75
	김 찬 우	金贊宇	1999.06.11	한양대	183 / 77
	김 영 욱	金泳旭	1991.04.29	광양제철고	177 / 70
	윌 리 안	Willyan da Silva Barbosa	1994.02.17	*브라질	170 / 69
	주 세 종	朱世鐘	1990.10.30	건국대	176 / 72
	이 현 식	李炫植	1996.03.21	용인대	175 / 64
	이 은 재	李恩宰	2003.03.13	진위고	177 / 71
	배 준 호	裵峻浩	2003.08.21	진위고	180 / 70
	양 지 훈	梁智勳	1999.05.05	연세대	175 / 70
FW	공 민 현	孔敏懸	1990.01.19	청주대	182 / 70
	김 승 섭	金承燮	1996.11.01	경희대	177 / 65
	전 병 관	全炳關	2002.11.10	양지FC U-18	178 / 63
	신 상 은	申相垠	1999.08.20	성균관대	183 / 76
	김 인 균	金仁均	1998.07.23	청주대	175 / 67
	강 세 혁	剛世奕	2002.10.23	충남기공	182 / 72
	노 건 우	盧建宇	2000.12.10	용인대	170 / 64
	레안드로	Leandro Joaquim Ribeiro	1995.01.13	*브라질	176 / 75
	카 이 저	Renato Kayzer de Souza	1996.02.17	*브라질	174 / 76
	이 선 유	李善有	2001.03.05	한양대	175 / 70
	송 창 석	宋昌錫	2000.06.12	용인대	182 / 77

2022년 개인기록 _ K리그2

위치	배번	경기번호	09	12	18	21	29	32	38	41	46	55
		날 짜	02.27	03.05	03.12	03.15	03.20	03.26	04.02	04.05	04.09	04.18
		홈/원정	원정	원정	홈	홈	원정	홈	원정	원정	홈	원정
		장 소	광주	부산A	대전W	대전W	김포	대전W	부천	광양	대전W	아산
		상 대	광주	부산	안양	안산	김포	경남	부천	전남	서울E	충남아산
		결 과	패	무	무	무	승	승	패	승	승	승
		점 수	0 : 2	1 : 1	1 : 1	0 : 0	2 : 1	4 : 1	1 : 2	1 : 0	2 : 1	3 : 0
		승 점	0	1	2	3	6	9	9	12	15	18
		슈팅수	5 : 12	12 : 6	16 : 8	26 : 6	6 : 8	20 : 9	14 : 11	15 : 3	10 : 12	9 : 19
GK	1	이 창 근	○ 0/0	○ 0/0	○ 0/0	○ 0/0	○ 0/0	○ 0/0	○ 0/0	○ 0/0	○ 0/0	○ 0/0 C
	23	정 산										
	25	이 준 서										
DF	2	서 영 재	▽ 0/0		▽ 0/0							
	3	김 민 덕	△ 0/0	○ 0/0	○ 0/0	○ 0/0		○ 0/0	○ 0/0	○ 0/0 C	○ 0/0	○ 0/0
	4	김 재 우										
	5	권 한 진	○ 0/0	△ 0/0			○ 0/0 C	△ 0/0		▽ 0/0		
	12	민 준 영		○ 0/0 C	△ 0/0	▽ 0/0	○ 0/0	▽ 0/0	○ 0/0		○ 0/0 C	○ 0/0
	15	임 덕 근		○ 0/0	▽ 0/0 C	△ 0/0	○ 0/0	△ 0/0		▽ 0/0 C	○ 0/0	○ 0/0 S
	20	조 유 민	○ 0/0	○ 0/0			○ 0/0	○ 0/0	○ 1/0	○ 0/0 C	○ 2/0	○ 0/0
	27	이 종 현	○ 0/0 C	○ 0/0 C	○ 0/0	▽ 0/0	○ 0/0	○ 0/0	○ 0/0		▽ 0/0 C	○ 1/0 C
	28	배 서 준										
	36	김 지 훈										
	37	김 선 호				△ 0/0 S			△ 0/0	○ 0/0		
	42	변 준 수			○ 0/0	○ 0/0		○ 0/0 C	○ 0/0	○ 0/0	△ 0/0	△ 0/0
MF	6	임 은 수			△ 0/0	▽ 0/0	○ 0/0	○ 0/0	○ 0/0 C	△ 0/0	○ 0/0	○ 1/0
	8	주 세 종										
	10	이 진 현			○ 0/0						▽ 0/2	○ 0/0
	14	김 영 욱	○ 0/0 C	▽ 0/0		○ 0/0				▽ 0/0		
	17	이 현 식	▽ 0/0	△ 0/0			○ 0/0 C	▽ 0/0	▽ 0/0	△ 0/0 C	△ 0/0 C	▽ 0/0
	22	김 인 균	▽ 0/0	△ 0/1	▽ 0/0	▽ 0/0		△ 1/0	▽ 0/0	△ 0/1	△ 0/0 C	
	33	배 준 호	▽ 0/0									
	55	양 지 훈				△ 0/0	▽ 0/0					
	94	윌 리 안										
FW	7	마 사	△ 0/0	▽ 1/0	○ 0/1	○ 0/0		▽ 3/0	▽ 0/0	○ 0/0	▽ 0/0	△ 1/0
	8	포 파						△ 0/0	△ 0/0		▽ 0/0	▽ 0/0
	9	공 민 현	▽ 0/0	△ 0/0	▽ 0/0			▽ 0/0	▽ 0/0		△ 0/0	
	11	김 승 섭	△ 0/0	△ 0/0		△ 0/0	△ 0/0	▽ 0/2	△ 0/0	○ 1/0	▽ 0/0	▽ 0/1
	13	전 병 관										
	18	원 기 종	△ 0/0 C	▽ 0/0	△ 1/0	△ 0/0	▽ 0/0 C	△ 0/0	△ 0/0	▽ 0/0	△ 0/0	△ 0/1 C
	19	신 상 은				▽ 0/0						
	29	노 건 우					◆ 0/0					
	70	레안드로	○ 0/0	▽ 0/0	○ 0/0	○ 0/0	○ 2/0					
	77	이 선 유	△ 0/0	▽ 0/0			△ 0/0					
	79	카 이 저										
	91	송 창 석			△ 0/0					△ 0/0		

선수자료 : 득점/도움 ○ = 선발출전 △ = 교체 IN ▽ = 교체 OUT ◆ = 교체 IN/OUT C = 경고 S = 퇴장

경기번호	58	69	72	76	81	88	91	99	101	106	115
날 짜	04.24	05.09	05.14	05.17	05.21	05.28	06.04	06.13	06.18	06.21	06.26
홈/원정	원정	홈	원정	홈	홈	원정	홈	원정	원정	홈	홈
장 소	안산	대전W	진주J	대전W	대전W	목동	대전W	아산	안양	대전W	대전W
상 대	안산	김포	경남	부산	부천	서울E	전남	충남아산	안양	광주	김포
결 과	승	무	무	승	승	승	승	패	무	무	무
점 수	2 : 1	4 : 4	1 : 1	4 : 3	1 : 0	1 : 0	3 : 2	0 : 1	2 : 2	1 : 1	1 : 1
승 점	21	22	23	26	29	32	35	35	36	37	38
슈팅수	12 : 11	14 : 13	6 : 13	31 : 8	8 : 18	7 : 13	14 : 13	13 : 15	12 : 10	12 : 6	20 : 8
이창근	○ 0/0	○ 0/0	○ 0/0	○ 0/0	○ 0/0	○ 0/0	○ 0/0	○ 0/0	○ 0/0 C	○ 0/0	○ 0/0
정 산											
이준서											
서영재										△ 0/0	▽ 0/0
김민덕	○ 0/0	○ 0/0 C	○ 0/0	○ 0/0	○ 0/0	○ 0/0	○ 0/0	○ 0/0	○ 0/0	▽ 0/0	
김재우				△ 0/0	△ 0/0	△ 0/0	○ 0/0	○ 0/0	△ 0/0		
권한진			△ 0/0				▽ 0/0	▽ 0/0			
민준영	○ 0/0	○ 0/1 C	▽ 0/0						▽ 0/0 C	▽ 0/0 C	
임덕근			○ 0/0 C	○ 0/0	○ 0/0	○ 0/1	○ 2/0	○ 0/0	△ 0/0	○ 0/0 C	○ 0/0
조유민	○ 0/0 C	○ 1/0	○ 0/0	○ 1/0	○ 0/0	○ 0/0			○ 0/0	○ 0/0	○ 0/0
이종현	○ 0/0		○ 0/0	○ 0/0	○ 0/0 C		○ 0/0	○ 0/0	○ 0/1	○ 0/0	○ 0/0 C
배서준			△ 0/0								
김지훈											
김선호	△ 0/0			▽ 0/0							
변준수	▽ 0/0 C	▽ 0/0				▽ 0/0	△ 0/0				△ 0/0
임은수	○ 0/1	○ 0/0	△ 0/0					△ 0/0	○ 0/0 C	○ 0/0 C	▽ 0/0
주세종											
이진현	▽ 0/0	▽ 0/0		○ 1/2 C	○ 0/1	○ 0/0	○ 0/0 C	▽ 0/0	○ 0/0	△ 0/0	▽ 0/0
김영욱		○ 0/1			○ 0/0 C						
이현식	△ 0/0	△ 0/0	▽ 0/0	○ 0/0	△ 0/0	○ 0/0	△ 0/0	△ 0/0		▽ 1/0 C	▽ 0/0
김인균	△ 1/0	△ 1/0	△ 0/0 C	▽ 0/0	△ 0/0 C	○ 0/0	○ 0/0	▽ 0/0	△ 0/0	△ 0/0	△ 0/0
배준호		▽ 0/0									
양지훈											
윌리안											○ 1/0 C
마 사	▽ 1/0	△ 1/0	▽ 0/0			▽ 0/0	△ 0/0	△ 0/0	▽ 0/0	▽ 0/0	△ 0/0
포 파	▽ 0/0	▽ 0/0		▽ 0/0	▽ 0/0			▽ 0/0			
공민현	△ 0/0		▽ 0/0	△ 1/1		▽ 0/0	▽ 0/0	△ 0/0	△ 1/0	△ 0/1	▽ 0/0
김승섭	▽ 0/0	▽ 1/0	▽ 0/0	△ 0/0	▽ 1/0 C	△ 0/0	▽ 1/0	▽ 0/0	▽ 0/0	▽ 0/0	△ 0/0
전병관											
원기종	△ 0/0	△ 0/0	△ 0/0	△ 0/0	▽ 0/0	△ 1/0	△ 0/0	△ 0/0	△ 0/0		△ 0/0
신상은						△ 0/0					
노건우											
레안드로		△ 0/0	○ 1/0 C	▽ 1/0	▽ 0/0	▽ 0/0	▽ 0/1	○ 0/0	▽ 0/0	○ 0/0	○ 0/0
이선유											
카이저											
송창석					△ 0/0				▽ 1/0	△ 0/0	

위치	배번	경기번호	117	122	135	146	153	159	164	167	172	179
		날 짜	07.02	07.05	07.18	07.30	08.07	08.14	08.17	08.21	08.27	08.31
		홈/원정	원정	홈	홈	원정	홈	홈	원정	홈	홈	원정
		장 소	부천	대전W	대전W	광주	대전W	대전W	창원C	대전W	대전W	목동
		상 대	부천	안산	서울E	광주	부산	충남아산	경남	안양	부천	서울E
		결 과	패	승	승	패	승	승	패	패	승	패
		점 수	0 : 2	2 : 0	3 : 1	0 : 1	3 : 0	2 : 1	1 : 2	2 : 3	3 : 1	1 : 2
		승 점	38	41	44	44	47	50	50	50	53	53
		슈팅수	13 : 14	15 : 8	13 : 10	6 : 11	13 : 8	7 : 10	10 : 10	11 : 7	15 : 9	11 : 8
GK	1	이창근	○ 0/0	○ 0/0	○ 0/0							
	23	정산				○ 0/0						
	25	이준서					○ 0/0 C	○ 0/0	○ 0/0	○ 0/0	○ 0/0	○ 0/0
DF	2	서영재				▽ 0/0				△ 0/0	○ 0/0	
	3	김민덕				○ 0/0 C	▽ 0/0	▽ 0/0	△ 0/0	○ 0/0		
	4	김재우	○ 0/0		○ 0/0				○ 0/0			
	5	권한진			○ 0/0							
	12	민준영	○ 0/0	○ 1/0	○ 0/0 CC		○ 0/0	○ 0/0 C	○ 0/0 C	▽ 0/0		○ 0/0
	15	임덕근	▽ 0/0 C		○ 0/1		○ 0/0	○ 0/1	△ 0/0	○ 0/1	○ 0/0	○ 0/0
	20	조유민	○ 0/0	○ 0/0		○ 0/0	○ 0/0	○ 0/0	○ 0/0	○ 0/0	○ 0/0	○ 0/0 C
	27	이종현	○ 0/0	○ 0/0	○ 0/0	○ 0/0 C	▽ 0/0					
	28	배서준										
	36	김지훈										
	37	김선호										
	42	변준수		○ 0/0		△ 0/0	△ 0/0	△ 0/0			○ 0/0	○ 0/0
MF	6	임은수	△ 0/0	▽ 0/0				○ 0/0	▽ 0/0			
	8	주세종			▽ 0/1	○ 0/0	○ 0/0	▽ 0/0	○ 0/0	○ 0/0	▽ 0/0	▽ 0/0
	10	이진현	▽ 0/0		▽ 0/0			△ 0/0	▽ 0/0		△ 0/0	▽ 1/0
	14	김영욱		△ 0/0	△ 0/0				▽ 0/0	○ 0/0	○ 0/0	○ 0/0 C
	17	이현식	△ 0/0	○ 0/0 C		▽ 0/0 C		△ 0/0			▽ 0/0	△ 0/0
	22	김인균	△ 0/0	▽ 0/0		△ 0/0 C	△ 1/0	○ 0/0 C				
	33	배준호			▽ 1/0	▽ 0/0						
	55	양지훈										
	94	윌리안	▽ 0/0	○ 1/0	▽ 1/0	○ 0/0	○ 0/0	▽ 1/0	△ 0/0	○ 1/0 C	○ 1/0	○ 0/0
FW	7	마사	▽ 0/0	△ 0/2	△ 0/0		▽ 0/1		△ 0/0	○ 0/0	▽ 0/0	▽ 0/0
	8	포파										
	9	공민현		▽ 0/0	△ 0/0	△ 0/0	△ 1/0	△ 0/0		△ 0/0	△ 1/0	△ 0/0
	11	김승섭	▽ 0/0	△ 0/0	△ 0/0	▽ 0/0	△ 0/0	△ 0/0				
	13	전병관							▽ 0/0			
	18	원기종	△ 0/0									
	19	신상은									△ 0/1	△ 0/0
	29	노건우										
	70	레안드로	○ 0/0	○ 0/0	○ 1/1	○ 0/0 C	○ 0/0	▽ 0/0	○ 1/0	▽ 0/0	◆ 0/0	▽ 0/0
	77	이선유										
	79	카이저				△ 0/0	▽ 1/0	▽ 1/0	○ 0/1	○ 1/0	○ 1/0 C	△ 0/0
	91	송창석	△ 0/0									

선수자료 : 득점/도움 ○ = 선발출전 △ = 교체 IN ▽ = 교체 OUT ◆ = 교체 IN/OUT C = 경고 S = 퇴장

경기번호	188	192	196	140	202	209	145	213	217	승강PO 01	승강PO 03
날 짜	09.10	09.13	09.17	09.21	09.25	10.02	10.05	10.08	10.15	10.26	10.29
홈/원정	홈	원정	원정	원정	홈	홈	홈	원정	원정	홈	원정
장 소	대전W	부산A	광양	안양	대전W	대전W	대전W	김포	안산	대전W	김천
상 대	충남아산	부산	전남	안양	경남	광주	전남	김포	안산	김천	김천
결 과	무	승	무	승	승	무	승	승	승	승	승
점 수	1 : 1	3 : 1	1 : 1	1 : 0	3 : 0	2 : 2	2 : 1	3 : 0	2 : 1	2 : 1	4 : 0
승 점	54	57	58	61	64	65	68	71	74	3	6
슈팅수	7 : 12	7 : 11	7 : 11	8 : 10	15 : 9	10 : 10	7 : 9	12 : 17	12 : 11	15 : 8	13 : 19
이창근				○ 0/0	○ 0/0	○ 0/0	○ 0/0	○ 0/0	○ 0/0		
정 산											
이준서	○ 0/0	○ 0/0	○ 0/0								
서영재	○ 0/0 C		○ 0/0		▽ 0/0	△ 0/1	○ 0/0	○ 0/0	○ 0/0		
김민덕	○ 0/0	△ 0/0	○ 0/0	○ 0/0	○ 0/0	○ 0/0	△ 0/0	○ 0/0	○ 0/0		
김재우				○ 0/0 C	○ 0/0 C	○ 0/0 C	○ 1/0	○ 0/0	○ 0/0		
권한진		▽ 0/0		○ 0/0	○ 0/0	○ 0/0	▽ 0/0				
민준영		○ 0/0		▽ 0/0 C			▽ 0/0				
임덕근	○ 0/0	△ 0/0	▽ 0/0	△ 0/0	△ 0/0	△ 0/0	○ 0/0	△ 0/0	△ 0/0		
조유민	○ 0/0	○ 1/0	○ 0/0			△ 0/0	○ 0/0	○ 0/0 C	○ 0/0		
이종현											
배서준											
김지훈	▽ 0/0		○ 0/0								
김선호											
변준수		○ 0/1									
임은수		○ 0/0	○ 0/0	△ 0/0					△ 0/0		
주세종	○ 0/0	△ 0/0	▽ 0/0 C	▽ 0/0	▽ 0/0	▽ 0/0 C	△ 0/1	▽ 0/1	▽ 0/0		
이진현	△ 0/0	○ 0/0		○ 1/0	○ 0/0	○ 0/0	▽ 0/0	▽ 0/0 C	▽ 1/0		
김영욱	△ 0/0 C										
이현식	▽ 0/0		△ 0/0	○ 0/1 C	○ 0/1	▽ 0/0 C		○ 0/1	○ 0/1 C		
김인균	△ 0/0	▽ 1/0	△ 1/0	▽ 0/0	△ 0/0	○ 0/0 C	△ 0/0	△ 0/0	△ 0/0		
배준호						▽ 0/0	△ 0/0	▽ 0/0	▽ 0/0		
양지훈											
윌리안	▽ 0/0		▽ 0/0		▽ 0/0	△ 1/1 C	▽ 1/0	△ 0/0			
마 사	▽ 0/0		▽ 0/0		▽ 2/0	△ 1/0	▽ 0/0 C	△ 0/0	△ 0/0		
포 파											
공민현	△ 0/0	▽ 0/1	△ 0/0	△ 0/0 C	▽ 0/0	▽ 0/0	△ 0/0	▽ 1/0	▽ 0/0 C		
김승섭		▽ 0/0		▽ 0/0	△ 1/0	▽ 0/0		△ 0/0			
전병관											
원기종											
신상은		▽ 1/0	△ 0/0	△ 0/0							
노건우											
레안드로	◈ 0/0	△ 0/1	△ 0/0	△ 0/0	△ 0/1		○ 0/1	▽ 2/0	▽ 1/0		
이선유											
카이저	○ 0/0	△ 0/0	▽ 0/0	▽ 0/0	△ 0/0				△ 0/0		
송창석											

FC 안 양

창단년도_ 2013년
전화_ 031-476-3377
팩스_ 031-476-2020
홈페이지_ www.fc-anyang.com
주소_ 우 13918 경기도 안양시 동안구 평촌대로 389
389, Pyeongchon-daero, Dongan-gu, Anyang-si, Gyeonggi-do, KOREA 13918

연혁

2012 창단 및 지원 조례안 가결
프로축구연맹 리그 참가 승인
재단법인 설립 승인
초대 이우형 감독 취임
구단명 확정

2013 초대 오근영 단장 취임
프로축구단 창단식
현대오일뱅크 K리그 챌린지 2013 5위(12승 9무 14패)
K리그 대상 챌린지 베스트11(MF 최진수) 선정

2014 현대오일뱅크 K리그 챌린지 2014 5위(15승 6무 15패)
K리그 대상 사랑나눔상 수상
K리그 대상 챌린지 베스트11(MF 최진수) 선정
제2대 이필운 구단주, 박영조 단장 취임

2015 현대오일뱅크 K리그 챌린지 2015 6위(13승 15무 12패)
K리그 대상 챌린지 베스트11(MF 고경민) 선정
제3대 이강호 단장 취임 / 제4대 김기용 단장 취임

2016 현대오일뱅크 K리그 챌린지 2016 9위(11승 13무 16패)
제5대 송기찬 단장 취임

2017 제6대 임은주 단장 취임(2월 20일)
제4대 고정운 감독 취임(11월 9일)
K리그 챌린지 7위(10승 9무 17패)
3차 풀스타디움 클럽 선정(한국프로축구연맹)
3차 플러스스타디움 클럽 선정(한국프로축구연맹)

2018 KEB하나은행 K리그2 2018 6위(12승 8무 16패)
제5대 김형열 감독 취임(11월 29일)
제7대 장철혁 단장 취임(12월 14일)

2019 하나원큐 K리그2 2019 3위(15승 10무 11패)
1차 풀스타디움 클럽 선정(한국프로축구연맹)
1차 플러스스타디움 클럽 선정(한국프로축구연맹)
K리그2 베스트11(FW 조규성, DF 김상원, MF 알렉스) 선정

2020 하나원큐 K리그2 2020 9위(6승 7무 14패)
제6대 이우형 감독 취임(12월 4일)

2021 하나원큐 K리그2 2021 3위(17승 11무 9패)
K리그2 베스트11(DF 주현우, MF 김경중, FW 조나탄) 선정
K리그2 도움상(DF 주현우) 수상

2022 하나원큐 K리그2 2022 3위(19승 12무 9패)
구단 최초 K리그 승강플레이오프 진출
K리그2 도움상(FW 아코스티) 수상

2022년 선수명단

구단주_ 최대호 단장_ 장철혁 사무국장_허욱 감독_ 이우형
수석코치_ 유병훈 코치_ 김연건 GK코치_ 최익형 피지컬코치_ 김성현 의무팀장_ 서준석 재활트레이너_ 황희석 · 신영재 전력분석관_ 이재철
장비관리사_ 주종환 팀매니저/통역_ 노상래 스카우트팀장_ 송상일 스카우터_ 주현재 실장_ 조해원

포지션	선수명		생년월일	출신교	키(cm) / 몸무게(kg)
GK	박 성 수	朴成洙	1996.05.12	하남FC	192 / 78
	정 민 기	鄭民基	1996.02.09	중앙대	190 / 78
	김 태 훈	金兌勳	1997.04.24	영남대	187 / 77
DF	최 승 훈	崔勝勳	2000.01.16	기전대	190 / 82
	김 동 진	金東珍	1992.12.28	아주대	177 / 74
	이 창 용	李昌勇	1990.08.27	용인대	180 / 76
	박 경 빈	朴暻彬	2002.07.22	한양대	190 / 83
	유 종 현	劉宗賢	1988.03.14	건국대	195 / 90
	연 제 민	延濟民	1993.05.28	한남대	187 / 82
	김 주 환	金周煥	2001.02.17	포항제철고	177 / 70
	박 종 현	朴終泫	2000.11.24	숭실대	185 / 78
	김 형 진	金炯進	1993.12.20	배재대	185 / 72
	구 대 영	具大榮	1992.05.09	홍익대	177 / 72
	이 상 용	李相龍	1994.03.19	전주대	180 / 71
	정 준 연	鄭俊硯	1989.04.30	광양제철고	178 / 70
	임 승 겸	林昇謙	1995.04.26	울산현대고	185 / 78
	백 동 규	白棟圭	1991.05.30	동아대	184 / 71
	윤 준 성	尹准聖	1989.09.28	경희대	187 / 81
MF	홍 창 범	洪昌汎	1998.10.22	성균관대	170 / 68
	이 정 빈	李正斌	1995.01.11	인천대	173 / 63
	황 기 욱	黃基旭	1996.06.10	연세대	184 / 74
	전 보 민	田甫珉	2000.05.10	제주국제대	175 / 67
	김 정 현	金楨鉉	1993.06.01	중동고	185 / 74
	안드리고	Andrigo Oliveira de Araújo	1995.02.27	*브라질	173 / 70
	주 현 우	朱眩旴	1990.09.12	동신대	173 / 67
FW	유 종 우	柳鐘宇	1998.02.14	숭실대	181 / 72
	이 재 용	李在用	2002.09.20	한라대	177 / 67
	양 정 운	梁正運	2001.05.14	단국대	176 / 68
	백 성 동	白星東	1991.08.13	연세대	171 / 66
	김 륜 도	金侖度	1991.07.09	광운대	187 / 74
	정 석 화	鄭錫華	1991.05.17	고려대	171 / 62
	아코스티	Maxwell Boadu Acosty	1991.09.10	*가나	178 / 75
	김 경 중	金京中	1991.04.16	고려대	179 / 71
	심 동 운	沈東雲	1990.03.03	홍익대	169 / 67
	박 재 용	朴才用	2000.03.13	인천대	193 / 85
	조 나 탄	Jonathan Alonso Moya Aguilar	1992.01.06	*코스타리카	187 / 84
	정 현 욱	鄭賢旭	2001.04.12	레가네스 후베닐A(스페인)	183 / 73
	홍 현 호	洪賢虎	2002.06.11	골클럽 U18	174 / 70

위치	배번	경기번호	02	08	13	18	25	34	37	44	48	54
		날 짜	02.19	02.27	03.06	03.12	03.16	03.27	04.02	04.06	04.10	04.18
		홈/원정	홈	홈	홈	원정	홈	원정	홈	원정	원정	홈
		장 소	안양	안양	안양	대전W	안양	잠실	안양	안산	부천	안양
		상 대	전남	충남아산	경남	대전	부산	서울E	김포	안산	부천	광주
		결 과	승	승	패	무	승	무	승	승	패	무
		점 수	1 : 0	2 : 0	2 : 3	1 : 1	1 : 0	0 : 0	3 : 2	2 : 1	0 : 2	2 : 2
		승 점	3	6	6	7	10	11	14	17	17	18
		슈팅수	5 : 7	11 : 10	9 : 16	8 : 16	10 : 16	12 : 10	7 : 11	12 : 9	13 : 10	8 : 10
GK	13	정민기	○ 0/0	○ 0/0	○ 0/0	○ 0/0	○ 0/0	○ 0/0	○ 0/0	○ 0/0	○ 0/0	○ 0/0
DF	2	정준연										
	4	이창용	○ 0/0	○ 0/0	○ 0/0	○ 0/0	○ 0/0	○ 0/0	△ 1/0 C			
	15	김형진		△ 0/0	△ 0/0	△ 0/0	▽ 1/0					
	19	김주환	○ 0/0	○ 0/0 C	○ 0/0	○ 0/0	○ 0/0 S			△ 0/0	△ 0/0	△ 0/0
	20	이상용									○ 0/0	○ 0/0
	22	김동진		△ 0/0	△ 0/0	△ 0/0	○ 0/0	○ 0/0	○ 0/1 C	○ 0/0	○ 0/0	○ 0/1
	25	박종현	▽ 0/0	▽ 0/0				▽ 0/0	▽ 0/0	○ 0/0 C	▽ 0/0	○ 0/0
	30	백동규	○ 0/0	▽ 0/0	○ 0/0	○ 0/0	○ 0/0	○ 0/0 C	○ 0/0	○ 0/0	○ 0/0	○ 1/0
	33	임승겸				△ 0/0	△ 0/0	△ 0/0	△ 0/0	△ 0/0	△ 0/0	
	40	연제민	○ 0/0	○ 0/0	▽ 0/0	▽ 0/0		▽ 0/0	○ 0/0	○ 0/0		
	66	황기욱	○ 0/0	○ 0/0 C	○ 0/0	○ 0/0 C	▽ 0/0	△ 0/0	▽ 0/1 C	○ 1/0 C	▽ 0/0 C	
	77	전보민						△ 0/0				
	83	윤준성										
	90	구대영										
	99	주현우	○ 0/0	○ 0/0	○ 0/0	▽ 0/1 C	○ 0/0	○ 0/0	○ 0/0	○ 0/0 C	○ 0/0	○ 0/0
MF	6	김정현										
	7	백성동							△ 0/0	△ 0/0	▽ 0/0	▽ 0/0
	8	안드리고				△ 0/0	△ 0/0		△ 0/1	△ 0/0	△ 0/0	
	14	홍창범	△ 0/0	△ 0/0	▽ 0/0	▽ 0/0	▽ 0/0	▽ 0/0	▽ 0/0	▽ 0/1	▽ 0/0	▽ 0/0 C
	88	이정빈										△ 0/0
FW	9	조나탄	○ 1/0	▽ 1/1	○ 0/0	○ 1/0	○ 0/0	○ 0/0				
	10	아코스티	▽ 0/1	▽ 0/0 C	▽ 1/0		△ 0/0	○ 0/0	△ 0/0	▽ 0/0	△ 0/0	▽ 0/0 C
	11	김경중	△ 0/0	△ 1/0	▽ 1/1	▽ 0/0	△ 0/0	△ 0/0	▽ 2/0 C	▽ 1/1	▽ 0/0	▽ 0/0
	16	박재용		△ 0/0	△ 0/0				▽ 0/0	▽ 0/0		△ 0/0
	18	유종우	△ 0/0									
	19	양정운					▽ 0/0					
	23	이재용				▽ 0/0						
	27	정석화										
	28	김륜도						▽ 0/0	○ 0/0		○ 0/0	○ 0/0
	30	심동운	▽ 0/0	▽ 0/0	△ 0/0	△ 0/0					△ 0/0	△ 0/0

선수자료 : 득점/도움 ○ = 선발출전 △ = 교체 IN ▽ = 교체 OUT ◈ = 교체 IN/OUT C = 경고 S = 퇴장

배번	59	62	66	73	77	85	87	96	101	110	112	116
	04.24	05.03	05.07	05.14	05.17	05.22	05.28	06.11	06.18	06.22	06.25	07.02
	원정	원정	홈	원정	원정	홈	홈	원정	홈	원정	홈	원정
	부산A	아산	안양	김포	광양	안양	안양	광주	안양	부천	안양	안산
	부산	충남아산	안산	김포	전남	서울E	경남	광주	대전	부천	서울E	안산
	무	패	무	승	패	무	승	패	무	승	승	승
	1 : 1	0 : 2	1 : 1	1 : 0	0 : 2	0 : 0	1 : 0	0 : 4	2 : 2	1 : 0	1 : 0	4 : 1
	19	19	20	23	23	24	27	27	28	31	34	37
	14 : 13	10 : 16	14 : 6	11 : 8	6 : 12	7 : 7	15 : 10	2 : 21	10 : 12	9 : 8	9 : 10	15 : 13
13	○ 0/0	○ 0/0	○ 0/0	○ 0/0	○ 0/0	○ 0/0	○ 0/0	○ 0/0	○ 0/0	○ 0/0 C	○ 0/0	○ 0/0
2			○ 0/0 C			○ 0/0	▽ 0/0	▽ 0/0	▽ 0/0	△ 0/0		△ 0/0
4				△ 0/0	○ 0/0 C	○ 0/0 C			▽ 0/0	○ 0/0	○ 0/0	○ 0/0
15												
19	△ 0/0	▽ 0/0	△ 0/0	▽ 0/0	△ 0/0		△ 0/0	△ 0/0	△ 0/0	▽ 0/0	▽ 0/0 C	▽ 0/0
20	○ 0/0						▽ 0/0		▽ 0/0	△ 0/0	△ 0/0	
22	▽ 0/0	○ 0/0 C	▽ 0/0	△ 0/0	○ 0/0	△ 0/0	▽ 0/0	○ 0/0	△ 0/0		○ 0/0	△ 0/0
25	▽ 0/0	△ 0/0	○ 0/0 C	○ 0/0	○ 0/0	○ 0/0	○ 0/0	○ 0/0	○ 0/0	○ 0/0	▽ 0/0	○ 0/0 C
30	○ 0/0	○ 0/0 C	○ 0/0	○ 0/0	○ 0/0	○ 0/0	○ 0/0	○ 0/0	○ 0/0	○ 0/0	○ 0/0	○ 0/0 C
33												
40		▽ 0/0 C		▽ 0/0								
66	△ 0/0	▽ 0/0 C	△ 0/0	○ 0/0 C	▽ 0/0	○ 0/0	▽ 0/0	▽ 0/0 C		▽ 0/0	○ 0/0	▽ 0/1
77												
83		▽ 0/0										
90												
99	○ 0/0	△ 0/0 C	○ 0/0	○ 1/0	▽ 0/0	▽ 0/0	△ 0/0	▽ 0/0	▽ 0/0	○ 0/0	△ 0/0	▽ 0/0
6												
7	▽ 0/0	△ 0/0	▽ 0/0	○ 0/0	△ 0/0	▽ 0/0	○ 1/0 C	○ 0/0	▽ 0/0	△ 0/0	▽ 0/0	▽ 0/0
8	△ 0/0	△ 0/0 C	▽ 0/1	△ 0/0	△ 0/0	△ 0/0	○ 0/0	△ 0/0	○ 0/1	▽ 0/0	△ 0/0	○ 2/1 C
14	▽ 0/0		▽ 0/0		▽ 0/0		△ 0/1	○ 0/0 CC		△ 0/0	▽ 0/0	△ 0/0
88	△ 0/0	○ 0/0	△ 0/0	▽ 0/0	△ 0/0	▽ 0/0			△ 0/0			
9		△ 0/0	○ 1/0	▽ 0/0	○ 0/0	○ 0/0	○ 0/0	△ 0/0	○ 2/0	○ 1/0	○ 1/0	○ 0/0
10	○ 1/0	○ 0/0	○ 0/0	△ 0/1	▽ 0/0 C		△ 0/0	△ 0/0	○ 0/0	▽ 0/1	△ 0/1 C	▽ 2/0
11	○ 0/1 C	○ 0/0	△ 0/0	▽ 0/0 C	▽ 0/0	△ 0/0	▽ 0/0	▽ 0/0	△ 0/0	△ 0/0	▽ 0/0 C	△ 0/1
16												
18												
19												
23						▽ 0/0						
27												
28	○ 0/0	▽ 0/0		△ 0/0	△ 0/0	△ 0/0	△ 0/0	▽ 0/0	△ 0/1	▽ 0/0 C	△ 0/0	△ 0/0
30								△ 0/0				

위치	배번	경기번호	124	130	131	147	155	156	161	167	173	176
		날 짜	07.06	07.11	07.15	07.31	08.08	08.13	08.16	08.21	08.27	08.30
		홈/원정	홈	원정	원정	홈	원정	원정	홈	원정	홈	원정
		장 소	안양	김포	광주	안양	창원C	광양	안양	대전W	안양	부산A
		상 대	충남아산	김포	광주	부산	경남	전남	부천	대전	김포	부산
		결 과	무	승	무	승	승	무	승	승	무	승
		점 수	1 : 1	2 : 0	0 : 0	1 : 0	3 : 2	2 : 2	4 : 2	3 : 2	0 : 0	1 : 0
		승 점	38	41	42	45	48	49	52	55	56	59
		슈팅수	9 : 11	11 : 9	4 : 9	13 : 14	8 : 9	10 : 8	16 : 10	7 : 11	11 : 6	10 : 11
GK	13	정민기	○ 0/0	○ 0/0	○ 0/0	○ 0/0	○ 0/0	○ 0/0	○ 0/0	○ 0/0	○ 0/0	○ 0/0
DF	2	정준연	△ 0/0 C					△ 0/0	▽ 0/0		△ 0/0	○ 0/0
	4	이창용	○ 0/0		○ 0/0	○ 0/0	○ 0/0	▽ 0/0	○ 0/0 C	○ 0/0	○ 0/0 C	
	15	김형진										
	19	김주환	▽ 0/0	▽ 0/0 C	△ 0/0							
	20	이상용		▽ 0/0	△ 0/0			△ 0/0	△ 0/0			
	22	김동진	△ 0/0	○ 1/0 C	▽ 0/0 C	○ 1/0	○ 1/1	○ 0/1	▽ 0/0	▽ 0/0	○ 0/0	△ 0/0 C
	25	박종현	○ 0/0 C	○ 0/0	○ 0/0	○ 0/0	○ 0/0	▽ 0/0	▽ 0/0	○ 0/0	○ 0/0 C	
	30	백동규	○ 0/0	○ 0/0	○ 0/0	○ 0/0	○ 0/0	○ 0/0	○ 1/0	○ 0/0	▽ 0/0	
	33	임승겸										
	40	연제민		△ 0/0								○ 0/0
	66	황기욱	▽ 0/0			▽ 0/0	△ 0/0	▽ 0/0		△ 0/0	○ 0/0	
	77	전보민										
	83	윤준성										○ 0/0
	90	구대영				△ 0/0	△ 0/0	▽ 0/0 C	△ 0/1	○ 0/0	△ 0/0	○ 0/0 C
	99	주현우	▽ 0/0	△ 0/0	○ 0/0	▽ 0/0	▽ 0/1	○ 0/0	△ 0/0	△ 0/0	▽ 0/0	▽ 0/0
MF	6	김정현				△ 0/0	▽ 0/0 C	△ 0/0	○ 0/0 C	▽ 0/0 C		○ 0/0 C
	7	백성동	△ 0/0	△ 0/0	▽ 0/0	▽ 0/0	▽ 0/0	○ 1/0	▽ 0/1	▽ 0/0	○ 0/0	△ 0/0
	8	안드리고	▽ 0/0	▽ 0/0	▽ 0/0	▽ 0/0 C	△ 0/0	○ 1/0	○ 3/0	▽ 1/0	▽ 0/0	△ 0/0
	14	홍창범	△ 0/0	△ 0/0	▽ 0/0 C		△ 0/0					
	88	이정빈		▽ 0/0	△ 0/0	△ 0/0	▽ 0/0	△ 0/0	△ 0/0	△ 0/0	△ 0/0	▽ 0/0
FW	9	조나탄	○ 0/1	○ 0/1	△ 0/0				△ 0/0	△ 1/0 C	△ 0/0	▽ 0/0
	10	아코스티	○ 0/0	○ 1/0	○ 0/0	○ 0/1	○ 1/0 C		○ 0/2	○ 0/3	▽ 0/0 C	
	11	김경중	▽ 1/0	▽ 0/0								
	16	박재용				△ 0/0	▽ 0/0 C	△ 0/0	▽ 0/0	▽ 1/0	▽ 0/0	△ 0/0
	18	유종우										
	19	양정운										
	23	이재용										▽ 0/0
	27	정석화		△ 0/0 C	△ 0/0	△ 0/0						△ 1/0
	28	김륜도	△ 0/0		▽ 0/0	▽ 0/0	△ 0/0	▽ 0/0		△ 0/0	△ 0/0	▽ 0/0
	30	심동운										

선수자료 : 득점/도움 ○ = 선발출전 △ = 교체 IN ▽ = 교체 OUT ◈ = 교체 IN/OUT C = 경고 S = 퇴장

경기번호	185	194	200	140	203	208	211	216	222	승강PO 02	승강PO 04
날 짜	09.05	09.14	09.17	09.21	09.25	10.01	10.08	10.15	10.23	10.26	10.29
홈/원정	홈	홈	원정	홈	원정	홈	홈	원정	홈	홈	원정
장 소	안양	안양	아산	안양	목동	안양	안양	창원C	안양	안양	수원W
상 대	전남	광주	충남아산	대전	서울E	안산	부천	경남	경남	수원	수원
결 과	승	패	무	패	패	승	승	패	무	무	패
점 수	3 : 1	1 : 2	0 : 0	0 : 1	2 : 3	2 : 0	1 : 0	0 : 1	0 : 0	0 : 0	1 : 2
승 점	62	62	63	63	63	66	69	69	69	1	1
슈팅수	13 : 10	6 : 9	4 : 11	10 : 8	10 : 14	15 : 4	18 : 6	9 : 7	14 : 10	8 : 8	9 : 27
정 민 기	○ 0/0	○ 0/0	○ 0/0	○ 0/0	○ 0/0	○ 0/0	○ 0/0	○ 0/0	○ 0/0	○ 0/0	○ 0/0
정 준 연	○ 0/0	▽ 0/0									
이 창 용	○ 2/0	○ 0/0 C	△ 0/0	○ 0/0	○ 0/0	○ 0/0	▽ 0/0		○ 0/0	○ 0/0	▽ 0/0 C
김 형 진								△ 0/0	△ 0/0	△ 0/0	△ 0/0
김 주 환	△ 0/0		▽ 0/0					○ 0/0			
이 상 용											
김 동 진		○ 0/0	△ 0/0	○ 0/0	▽ 0/0	○ 0/0	○ 0/0	△ 0/0	○ 0/0	○ 0/0	○ 0/0
박 종 현	▽ 0/0	○ 0/0		○ 0/0	▽ 0/0	○ 0/0	○ 0/0	○ 0/0	○ 0/0	○ 0/0 C	○ 0/0
백 동 규	○ 0/0	○ 0/0 C	▽ 0/0	○ 0/0	○ 0/0	○ 0/0	○ 0/0		○ 0/0	○ 0/0	○ 0/0
임 승 겸											
연 제 민	△ 0/0		○ 0/0				△ 0/0	○ 0/0			△ 0/0
황 기 욱	△ 0/0	△ 0/0	▽ 0/0 C	△ 0/0		△ 0/0	△ 0/0	▽ 0/0	△ 0/0	▽ 0/0	▽ 0/0
전 보 민											
윤 준 성			○ 0/0 C		○ 0/0			○ 0/0			
구 대 영				▽ 0/0 C	△ 0/0	○ 0/0	▽ 0/0		△ 0/0 C	▽ 0/0	▽ 0/0
주 현 우	▽ 0/0	△ 0/0	○ 0/0	△ 0/0	○ 0/0	△ 0/0	△ 0/1	▽ 0/0	▽ 0/0	△ 0/0	△ 0/1
김 정 현	▽ 0/0	○ 1/0	△ 0/0	▽ 0/0							
백 성 동	▽ 1/0	○ 0/0	△ 0/0	○ 0/0	○ 1/0	▽ 1/0	○ 0/0	○ 0/0	▽ 0/0	▽ 0/0	○ 0/0
안드리고	○ 0/0									△ 0/0	◈ 0/0
홍 창 범				▽ 0/0 C	▽ 0/0	▽ 0/0	▽ 0/0	△ 0/0	▽ 0/0	▽ 0/0	▽ 0/0 C
이 정 빈		▽ 0/0	○ 0/0	△ 0/0	△ 0/0	△ 0/0	△ 0/0				
조 나 탄	○ 0/1	○ 0/0	△ 0/0			▽ 0/0	▽ 0/0	▽ 0/0	▽ 0/0	▽ 0/0	○ 0/0
아코스티					△ 0/1	▽ 1/0	○ 0/0	▽ 0/0	○ 0/0	○ 0/0	○ 1/0
김 경 중									△ 0/0	△ 0/0	△ 0/0
박 재 용	△ 0/0			▽ 0/0	▽ 0/0	△ 0/0	△ 1/0	△ 0/0	△ 0/0	△ 0/0	◈ 0/0
유 종 우				△ 0/0 C	△ 0/0						
양 정 운											
이 재 용			▽ 0/0								
정 석 화	▽ 0/0	▽ 0/1	▽ 0/0 C	▽ 0/0	▽ 1/0	▽ 0/0	▽ 0/0	▽ 0/0	▽ 0/0		
김 륜 도	△ 0/0	△ 0/0	○ 0/0	△ 0/0	△ 0/0	△ 0/0		△ 0/0			
심 동 운											

경 남 FC

창단년도_ 2006년

전화_ 055-283-2020

팩스_ 055-283-2992

홈페이지_ www.gyeongnamfc.com

주소_ 우 51460 경상남도 창원시 성산구 비음로 97 창원축구센터
1F Changwon Football Center, 97, Bieum-ro (Sapajeong-dong), Seongsan-gu, Changwon-si, Gyeongsangnam-do, KOREA 51460

연혁

2005 발기인 총회 및 이사회 개최(대표이사 박창식 취임)
법인설립 등기
법인설립 신고 및 사업자 등록
제1차 공개 선수선발 테스트 실시
구단 홈페이지 및 주주관리 시스템 운영
(주)STX와 메인스폰서 계약
구단CI 공모작 발표(명칭, 엠블럼, 캐릭터)
도민주 공모 실시
제2차 공개 선수선발 테스트 실시
경남FC 창단 만장일치 승인(한국프로축구연맹 이사회)

2006 제1대 김태호 구단주 취임
창단식(창원경륜경기장)
K-리그 데뷔

2007 제2대 대표이사 전형두 취임
삼성 하우젠 K-리그 2006 6강 플레이오프 진출, 종합 4위
제3대 김영조 대표이사 취임
제4대 김영만 대표이사 취임

2008 제13회 하나은행 FA컵 준우승

2010 새 엠블럼 및 유니폼 발표
제2대 김두관 구단주 취임
제5대 전형두 대표이사 취임

2011 사무국 이전 및 메가스토어 오픈

2012 제6대 권영민 대표이사 취임
제17회 하나은행 FA컵 준우승
제3대 홍준표 구단주 취임

2013 제7대 안종복 대표이사 취임
대우조선해양과 메인스폰서 계약
플러스스타디움상, 팬 프렌들리 상 수상
현대오일뱅크 K리그 2013 대상 플러스스타디움상 수상
현대오일뱅크 K리그 대상 팬 프렌들리 클럽상 수상

2014 경남FC vs 아인트호벤(박지성 선수 은퇴) 경기 개최

2015 제8대 김형동 대표이사 취임
제9대 박치근 대표이사 취임

2016 제10대 조기호 대표이사 취임

2017 KEB하나은행 K리그 챌린지 2017 우승
2018 시즌 K리그1(클래식) 승격

2018 제4대 김경수 구단주 취임
KEB하나은행 K리그1 2018 준우승
플러스스타디움상

2019 구단 최초 아시아 챔피언스 리그 본선 진출
2020 시즌 K리그2 강등

2020 제11대 박진관 대표이사 취임
하나원큐 K리그2 베스트11 수상(백성동)

2021 재단법인 경남FC 유소년재단 설립

2022 제5대 박완수 구단주 취임
하나원큐 K리그2 베스트11 수상(티아고)

2022년 선수명단

대표이사_ 박진관 사무국장_ 김순란 감독_ 설기현
수석코치_ 홍준형 코치_ 배효성 GK코치_ 강성관 피지컬트레이너_ 하파엘(Cavenaghi Rafael)
전력강화실장_ 김영근 물리치료사_ 김도완 트레이너_ 최문석·하승훈 통역_ 이상민 전력분석관_ 이순욱 팀매니저_ 배기종·조규철

포지션	선수명		생년월일	출신교	키(cm)/ 몸무게(kg)
GK	손 정 현	孫政玄	1991.11.25	광주대	191 / 88
	안 호 진	安虎眞	2003.01.13	의정부FC	189 / 80
	고 동 민	高東民	1999.01.12	대륜고	188 / 82
DF	박 광 일	朴光一	1991.02.10	연세대	175 / 68
	배 승 진	裵乘桭	1987.11.03	울산대	182 / 75
	김 영 찬	金榮讚	1993.09.04	고려대	189 / 82
	이 재 명	李在明	1991.07.25	진주고	182 / 74
	김 범 용	金範容	1990.07.29	건국대	181 / 72
	우 주 성	禹周成	1993.06.08	중앙대	183 / 75
	이 광 선	李光善	1989.09.06	경희대	192 / 89
	김 명 준	金明俊	1994.05.13	영남대	184 / 75
	김 지 운	金只澐	1990.07.02	명지대	176 / 62
	이 준 재	李準宰	2003.07.14	진주고	180 / 67
	이 민 기	李旼紀	2001.01.06	한양대	183 / 70
	이 찬 욱	異燦煜	2003.02.03	진주고	186 / 79
	김 종 필	金鐘必	1992.03.09	장훈고	183 / 72
	박 재 환	朴財喚	2000.10.11	오산고	191 / 84
	장 민	張 民	1999.01.29	한양대	182 / 74
MF	이 우 혁	李愚赫	1993.02.24	문성고	185 / 79
	정 충 근	鄭充根	1995.03.01	강구중	175 / 60
	이 지 승	李志承	1999.01.11	호남대	177 / 76
	이 광 진	李廣鎭	1991.07.23	동북고	179 / 66
	국 진 우	鞠鎭宇	2003.09.06	부평고	176 / 75
	배 범 근	裵範根	1993.03.04	호남대	186 / 74
	제 해 성	諸海成	2002.04.26	용인대	170 / 63
	유 용 현	柳龍賢	2000.02.27	솔FC	183 / 75
	박 민 서	朴民西	2000.09.15	현풍고	175 / 68
	료노스케	大堀亮之介 / Ohori Ryonosuke	2001.01.10	*일본	173 / 68
	카스트로	Guilherme Nascimento de Castro	1995.02.17	*브라질	165 / 63
FW	윤 주 태	尹柱泰	1990.06.22	연세대	181 / 78
	황 일 수	黃一秀	1987.08.08	동아대	173 / 72
	하 남	河 男	1998.12.07	남부대	185 / 75
	원 기 종	元基鍾	1996.01.16	건국대	178 / 75
	고 경 민	高敬旻	1987.04.11	한양대	177 / 73
	설 현 진	偰賢進	2000.03.10	광주대	184 / 78
	모 재 현	牟在顯	1996.09.24	광주대	184 / 74
	서 재 원	徐材源	2003.06.18	신평고	179 / 70
	김 세 윤	金歲尹	1999.04.29	충남기공	174 / 65
	티 아 고	Tiago Pereira da Silva	1993.10.28	*브라질	190 / 75
	엘리아르도	Heliardo Vieira da Silva	1991.12.14	*브라질	190 / 84

2022년 개인기록_ K리그2

위치	배번	경기번호	04	10	13	19	30	32	39	45	50	52
		날 짜	02.20	02.27	03.06	03.13	03.20	03.26	04.03	04.06	04.11	04.16
		홈/원정	홈	홈	원정	홈	원정	원정	홈	원정	원정	홈
		장 소	밀양	밀양	안양	밀양	안산	대전W	밀양	아산	김포	진주J
		상 대	서울E	부산	안양	전남	안산	대전	광주	충남아산	김포	부천
		결 과	패	승	승	패	무	패	패	무	패	패
		점 수	0 : 1	3 : 2	3 : 2	1 : 2	2 : 2	1 : 4	1 : 2	2 : 2	1 : 2	2 : 3
		승 점	0	3	6	6	7	7	7	8	8	8
		슈팅수	5 : 10	16 : 2	16 : 9	14 : 9	20 : 16	9 : 20	7 : 15	4 : 13	9 : 12	12 : 11
GK	1	김민준						△ 0/0				
	31	손정현	○ 0/0	○ 0/0	○ 0/0	○ 0/0	○ 0/0	○ 0/0 S				
	88	고동민							○ 0/0	○ 0/0	○ 0/0	
DF	2	박광일				▽ 0/0	▽ 0/1	△ 0/0 C	○ 0/0	△ 0/0	○ 0/0	○ 0/0
	4	배승진					○ 0/0					
	5	김영찬										
	13	이재명	○ 0/0	○ 0/0	▽ 0/1							
	14	김범용	△ 0/0	△ 0/0 C	○ 0/0	○ 0/0	○ 0/0	○ 0/0				
	15	우주성										
	16	이광진	○ 0/0	○ 0/0 C	○ 0/1		△ 0/0 C	▽ 0/0	▽ 0/0	○ 0/0	○ 0/0 C	○ 0/2
	20	이광선				△ 0/0 C	△ 0/0	△ 0/0	○ 0/0	△ 0/0	△ 0/0	○ 0/0
	22	김명준				△ 0/0		△ 0/0 C	○ 0/0	○ 0/0	○ 0/0	○ 0/0
	27	김지운										
	29	이준재	○ 0/0	▽ 0/0 C	○ 0/0		△ 0/0	▽ 0/0	▽ 0/0	▽ 0/0		○ 0/0
	33	이민기	○ 0/0	▽ 0/0	△ 0/0	○ 0/0	▽ 0/0	▽ 0/0	○ 0/0	○ 0/0	○ 0/0	▽ 0/0 C
	45	이찬욱										
	50	김종필	○ 0/0	○ 0/0	○ 0/0	○ 0/0 CC		▽ 0/0	△ 0/0			△ 0/0
	73	박재환		△ 0/0	○ 1/0	○ 0/0	○ 0/0	○ 0/0 C	△ 0/0	○ 1/0 C	○ 0/0 C	
MF	6	이우혁				△ 0/0	▽ 0/0					○ 0/0
	8	이지승	▽ 0/0	▽ 0/0		▽ 0/0	▽ 0/0	△ 0/0	△ 0/0 C	○ 0/0 C	○ 0/0	
	17	장혁진	△ 0/0									
	19	고경민										
	25	배범근		△ 0/0								
	66	박민서				▽ 0/0	△ 0/0 C	▽ 0/1			◆ 1/0 C	▽ 0/0 C
	94	윌리안		○ 1/1	○ 0/1	▽ 0/0						
	95	카스트로										
FW	7	정충근			△ 0/0	○ 1/0	▽ 0/0	○ 0/0	○ 0/0	△ 0/0	▽ 0/0 C	○ 0/0
	10	엘리아르도										
	11	황일수										
	17	하남	△ 0/0	△ 0/0	▽ 0/0		○ 2/0	○ 0/0 C	▽ 0/0	▽ 0/0		
	18	원기종										
	21	설현진	▽ 0/0	▽ 0/0							▽ 0/0	○ 0/0
	24	모재현	△ 0/0	△ 1/0	▽ 0/0							
	26	서재원	▽ 0/0							▽ 0/0		
	27	이의형	○ 0/0 C	▽ 0/0	△ 0/0		○ 0/0	○ 1/0	▽ 0/0	○ 1/0 C	▽ 0/0	
	28	티아고				△ 0/0	△ 0/0		△ 1/0 CC		△ 0/0	○ 2/0
	44	료노스케									△ 0/0	
	70	김세윤										
	98	에르난데스	▽ 0/0	○ 1/0 C	○ 2/0 C	○ 0/1 S			○ 0/0	○ 0/1	○ 0/0	△ 0/0

선수자료 : 득점/도움 ○ = 선발출전 △ = 교체 IN ▽ = 교체 OUT ◆ = 교체 IN/OUT C = 경고 S = 퇴장

경기번호	57	61	72	80	83	87	92	98	105	108	114
날 짜	04.23	05.03	05.14	05.18	05.22	05.28	06.04	06.12	06.19	06.22	06.26
홈/원정	홈	원정	홈	원정	홈	원정	홈	원정	원정	홈	원정
장 소	진주J	안산	진주J	부천	진주J	안양	진주J	광양	부산A	진주J	광주
상 대	서울E	안산	대전	부천	광주	안양	김포	전남	부산	충남아산	광주
결 과	승	승	무	승	무	패	승	무	무	무	승
점 수	3 : 1	3 : 2	1 : 1	1 : 0	2 : 2	0 : 1	6 : 1	2 : 2	1 : 1	0 : 0	4 : 1
승 점	11	14	15	18	19	19	22	23	24	25	28
슈팅수	15 : 17	18 : 12	13 : 6	8 : 14	7 : 9	10 : 15	17 : 12	11 : 14	12 : 8	8 : 15	8 : 13
김 민 준											
손 정 현			○ 0/0	○ 0/0		○ 0/0	○ 0/0	○ 0/0	○ 0/0	○ 0/0	○ 0/0
고 동 민	○ 0/0	○ 0/0			○ 0/0						
박 광 일	▽ 0/1	▽ 0/0					▽ 0/1	▽ 0/0	▽ 0/1		▽ 0/1
배 승 진											
김 영 찬						○ 0/0	○ 0/0	○ 0/0	○ 0/0	△ 0/0	○ 0/0
이 재 명				△ 0/0	△ 0/0		○ 0/0	▽ 0/0	△ 0/0	▽ 0/0	△ 0/0
김 범 용		○ 0/0	▽ 0/0	△ 0/0	○ 0/0 C	▽ 0/0 C	△ 0/0	△ 0/0	△ 0/0	○ 0/0	△ 0/0
우 주 성											
이 광 진	○ 0/1	○ 0/0	○ 0/1	▽ 0/1	▽ 0/0	△ 0/0	▽ 0/0	▽ 0/1	○ 0/0		▽ 0/0
이 광 선	△ 0/0						△ 0/0			▽ 0/0	
김 명 준	○ 1/0	○ 0/0	○ 0/0 C	○ 0/0	○ 0/1	○ 0/0	▽ 0/0	○ 0/0	○ 0/0 C		○ 0/0
김 지 운											
이 준 재	△ 0/0	△ 0/0 C	○ 1/0	○ 0/0	○ 0/0	▽ 0/0	△ 0/0	△ 0/0	△ 0/0	○ 0/0	△ 0/0
이 민 기	○ 0/0		△ 0/0	▽ 0/0 C	▽ 0/0	○ 0/0		△ 0/0	▽ 0/0	△ 0/0	▽ 1/0 C
이 찬 욱											
김 종 필											
박 재 환	▽ 0/0	○ 0/0	○ 0/0	○ 0/0	○ 0/0					○ 0/0	
이 우 혁	▽ 0/0	○ 0/0	○ 0/0	○ 0/0	△ 0/0	○ 0/0	○ 0/0	○ 0/0	▽ 0/0	○ 0/0	○ 0/1 C
이 지 승	△ 0/0										
장 혁 진											
고 경 민				▽ 0/0	△ 0/0	△ 0/0	△ 0/0		△ 0/0	○ 0/0	▽ 1/0
배 범 근											
박 민 서											
윌 리 안		△ 0/1	○ 0/0	△ 0/0	▽ 1/0	○ 0/0	○ 2/1	○ 1/0 C			
카스트로											
정 충 근	▽ 0/1	▽ 1/0		▽ 0/0	△ 0/0	△ 0/0		△ 0/0	▽ 0/0	▽ 0/0	
엘리아르도											
황 일 수											
하 남	△ 0/0	▽ 0/0	△ 0/0	▽ 0/0	△ 0/0		△ 0/0		◆ 0/0	▽ 0/0	△ 0/0
원 기 종											
설 현 진	▽ 0/0		▽ 0/0							▽ 0/0	△ 0/0 C
모 재 현	△ 0/0 C	△ 0/0	△ 0/0	△ 0/0	▽ 0/0	▽ 0/0	○ 0/1	▽ 0/0 C	○ 0/0	△ 0/0	○ 0/0
서 재 원											
이 의 형		△ 0/0									
티 아 고	○ 1/0 C	▽ 2/1 C	○ 0/0	△ 1/0	○ 1/0	○ 0/0	▽ 1/1	○ 1/0	○ 1/0	△ 0/0	▽ 1/0
료노스케											
김 세 윤											
에르난데스	○ 1/0	○ 0/1	▽ 0/0 C	○ 0/0	▽ 0/0	○ 0/0	▽ 3/0	○ 0/0	○ 0/0	△ 0/0	○ 1/1 C

위치	배번	경기번호	123	126	132	141	150	155	160	164	175	178
		날 짜	07.06	07.09	07.15	07.26	08.01	08.08	08.14	08.17	08.28	08.31
		홈/원정	원정	홈	홈	홈	원정	홈	원정	홈	홈	원정
		장 소	광양	진주J	창원C	창원C	부천	창원C	김포	창원C	창원C	아산
		상 대	전남	부산	충남아산	안산	부천	안양	김포	대전	안산	충남아산
		결 과	무	승	패	승	패	패	승	승	승	패
		점 수	1 : 1	1 : 0	0 : 1	2 : 1	1 : 3	2 : 3	3 : 1	2 : 1	2 : 1	1 : 2
		승 점	29	32	32	35	35	35	38	41	44	44
		슈팅수	11 : 15	18 : 8	11 : 13	16 : 15	13 : 14	9 : 8	12 : 13	10 : 10	14 : 15	11 : 14
GK	1	김민준										
	31	손정현	○ 0/0	○ 0/0	○ 0/0	○ 0/0	○ 0/0	○ 0/0	○ 0/0	○ 0/0	○ 0/0 C	
	88	고동민										○ 0/0
DF	2	박광일	▽ 0/0	△ 0/0	△ 0/0	▽ 0/1	○ 0/0		△ 0/0	△ 0/0		▽ 0/0
	4	배승진										
	5	김영찬	△ 0/0	○ 0/0	△ 0/0	○ 0/0	○ 0/0	○ 1/0	○ 0/0	○ 0/0		○ 0/0
	13	이재명	△ 0/0	△ 0/0	△ 0/0	△ 0/0 C	△ 0/0	△ 0/0	▽ 0/0			
	14	김범용										
	15	우주성										▽ 0/0
	16	이광진	○ 0/1	○ 0/0	○ 0/0	△ 0/0	△ 0/0 C	○ 0/0	▽ 0/0	○ 0/0	○ 0/0	○ 0/0
	20	이광선										
	22	김명준	▽ 0/0	△ 0/0	○ 0/0	○ 0/0	○ 0/0	○ 0/0	○ 0/0	▽ 0/0 C	○ 0/0	△ 0/0
	27	김지운		▽ 0/0	▽ 0/0	△ 0/0		▽ 0/0				
	29	이준재	△ 0/0		△ 0/0		△ 0/0	△ 0/0	○ 0/1	▽ 0/0	○ 0/0	△ 0/0 C
	33	이민기	▽ 0/0	▽ 0/0	▽ 0/0	▽ 0/0	▽ 0/0	▽ 0/0		△ 0/0 C	○ 0/1	○ 0/0 C
	45	이찬욱								△ 0/0		
	50	김종필										
	73	박재환	○ 0/0	▽ 0/0	▽ 0/0	△ 0/0			△ 0/0 C	▽ 0/0	○ 0/0	○ 0/0
MF	6	이우혁	○ 0/0	○ 0/0	▽ 0/0	○ 0/0 C	▽ 0/0	▽ 0/0	○ 0/0 C	△ 0/0	○ 0/0 C	△ 0/0
	8	이지승										
	17	장혁진										
	19	고경민	▽ 1/0	○ 0/1	○ 0/0	▽ 0/0	○ 1/0	○ 0/0	△ 0/0	△ 1/0 C	△ 0/0	△ 0/0
	25	배범근										
	66	박민서										
	94	윌리안										
	95	카스트로						△ 0/0	▽ 0/0	○ 0/0	▽ 1/0	○ 0/0
FW	7	정충근										
	10	엘리아르도					△ 0/0	△ 0/0	▽ 0/0	▽ 0/0	◈ 0/0	▽ 0/1
	11	황일수										
	17	하 남	△ 0/0	▽ 0/0	▽ 0/0							
	18	원기종			△ 0/0	○ 0/0	▽ 0/0	▽ 0/0	○ 1/1		▽ 0/1	
	21	설현진	△ 0/0 C	△ 0/0								
	24	모재현	○ 0/0	○ 1/0	○ 0/0	▽ 0/0	○ 0/1	▽ 0/0	△ 1/0	○ 0/1	○ 1/0	△ 0/0 C
	26	서재원		◈ 0/0		△ 0/0						▽ 1/0
	27	이의형										
	28	티아고	○ 0/0	○ 0/0	○ 0/0	○ 2/0	○ 0/0	○ 1/0	▽ 1/0	○ 1/0	○ 0/0	▽ 0/0 C
	44	료노스케										
	70	김세윤				▽ 0/0	▽ 0/0	△ 0/2	△ 0/0	▽ 0/0	△ 0/0	
	98	에르난데스	▽ 0/0									

선수자료 : 득점/도움 ○ = 선발출전 △ = 교체 IN ▽ = 교체 OUT ◈ = 교체 IN/OUT C = 경고 S = 퇴장

경기번호	184	187	191	197	137	202	210	215	216	221	222
날 짜	09.05	09.10	09.13	09.17	09.21	09.25	10.02	10.09	10.15	10.19	10.23
홈/원정	원정	원정	홈	홈	원정	원정	홈	원정	홈	원정	원정
장 소	목동	부산A	창원C	창원C	목동	대전W	창원C	광주	창원C	부천	안양
상 대	서울E	부산	김포	부천	서울E	대전	전남	광주	안양	부천	안양
결 과	패	패	승	패	승	패	승	패	승	승	무
점 수	1 : 2	0 : 1	1 : 0	0 : 3	1 : 0	0 : 3	2 : 0	0 : 4	1 : 0	3 : 2	0 : 0
승 점	44	44	47	47	50	50	53	53	56	56	56
슈팅수	14 : 15	10 : 12	8 : 6	11 : 19	10 : 14	9 : 15	12 : 13	4 : 14	7 : 9	9 : 9	10 : 14
김 민 준											
손 정 현											
고 동 민	○ 0/0	○ 0/0	○ 0/0	○ 0/0	○ 0/0 C	○ 0/0	○ 0/0	○ 0/0	○ 0/0	○ 0/0	○ 0/0
박 광 일		△ 0/0	△ 0/0		▽ 0/0						
배 승 진											
김 영 찬	○ 0/0 C	▽ 0/0	△ 0/0	○ 0/0 S			○ 0/0	▽ 0/0 C			
이 재 명											
김 범 용						○ 0/0	○ 0/0	○ 0/0	○ 0/0 C	△ 0/0	▽ 0/0
우 주 성	▽ 0/0	○ 0/0	○ 0/0	○ 0/0	△ 0/0	▽ 0/0	▽ 0/0	▽ 0/0	△ 0/0	○ 0/0	○ 0/0
이 광 진	○ 0/0	○ 0/0 C		○ 0/0			▽ 0/0	△ 0/0 C	△ 1/0	▽ 1/0	○ 0/0
이 광 선				△ 0/0	○ 0/0	○ 0/0		△ 0/0	▽ 0/0		
김 명 준	○ 0/0	○ 0/0	○ 0/0	○ 0/0	○ 0/0	○ 0/0					○ 0/0
김 지 운			△ 0/0								
이 준 재	△ 0/0					△ 0/0		△ 0/0 C	▽ 0/0	○ 0/0 C	
이 민 기		○ 0/0	▽ 0/0	○ 0/0 C	○ 0/0	○ 0/0 C	△ 0/0 C		○ 0/0	○ 0/0	△ 0/0
이 찬 욱									△ 0/0		
김 종 필											
박 재 환		△ 0/0	○ 0/0 C		△ 0/0		○ 0/0	○ 0/0	○ 0/0	○ 0/0	○ 0/0
이 우 혁	○ 0/0 C		○ 0/0	▽ 0/0	○ 0/0	△ 0/0	△ 0/0	▽ 0/0		▽ 0/0 C	△ 0/0
이 지 승			▽ 0/0 C		○ 0/0	▽ 0/0	○ 0/0	○ 0/0 C	▽ 0/0	△ 0/0	▽ 0/0
장 혁 진											
고 경 민	△ 0/0	○ 0/0 C	○ 0/0	▽ 0/0	▽ 0/0	△ 0/0 C	▽ 0/0	○ 0/0	△ 0/0	○ 0/0	
배 범 근											
박 민 서	○ 0/0	△ 0/0	▽ 1/0	▽ 0/0 C	▽ 0/0 C		▽ 1/0 C	▽ 0/0	▽ 0/0	▽ 0/0 C	▽ 0/0 C
윌 리 안											
카스트로	▽ 0/0	▽ 0/0			△ 0/0	△ 0/0	△ 0/0	△ 0/0	△ 0/0	△ 0/0	▽ 0/0
정 충 근					▽ 1/0	▽ 0/0	▽ 0/0	▽ 0/0		▽ 0/0	
엘리아르도	▽ 0/0	△ 0/0		△ 0/0	▽ 0/0						
황 일 수						△ 0/0	△ 0/0				△ 0/0
하 남											
원 기 종											△ 0/0
설 현 진											
모 재 현	○ 1/0	▽ 0/0	○ 0/1	○ 0/0	△ 0/0	○ 0/0	○ 0/1	○ 0/0	○ 0/0	△ 1/1	▽ 0/0
서 재 원	△ 0/0	◈ 0/0	◈ 0/0	△ 0/0 C		▽ 0/0			▽ 0/0	▽ 0/0	△ 0/0
이 의 형											
티 아 고	○ 0/0	○ 0/0 C	○ 0/0	○ 0/0	△ 0/0	▽ 0/0	△ 1/0	△ 0/0	○ 0/0	△ 1/1	○ 0/0 C
료노스케											
김 세 윤		▽ 0/0									
에르난데스											

부천 FC 1995

창단년도_ 2007년
전화_ 032-655-1995
팩스_ 032-655-1996
홈페이지_ www.bfc1995.com
주소_ 우 14655 경기도 부천시 원미구 소사로 482(춘의동 8)
482, Sosa-ro, Wonmi-gu, Bucheon-si, Gyounggi-do, KOREA 14655

연혁

2006 새로운 부천축구클럽 창단 시민모임 발족
2007 부천시와 연고지 협약
부천FC1995 창단
2008 2008 DAUM K3리그 13위(7승 7무 15패)
부천FC vs 부천OB 사랑의 자선경기
2009 AFC Wimbledon과 협약
2009 DAUM K3리그 4위(17승 9무 6패)
FC United of Manchester와 월드풋볼드림매치 개최
2010 (주)부천에프씨1995 법인설립(대표이사 정해춘)
2010 제15회 하나은행 FA컵 참가
2010 DAUM K3리그 7위(14승 4무 7패)
2011 전국체전 도대표 선발전(결승)
2011 챌린저스리그 컵대회 3위
DAUM 챌린저스리그 2011 A조 3위(8승 5무 9패)
2012 2012 DAUM 챌린저스리그 B조 5위(12승 5무 8패)
부천시민프로축구단으로서 시의회 지원 조례안 가결
한국프로축구연맹 가입 승인
2013 프로축구단으로 데뷔
현대오일뱅크 K리그 챌린지 2013 7위(8승 9무 18패)
유소년팀(U-18, U-15, U-12) 창단
2014 현대오일뱅크 K리그 챌린지 2014 10위(6승 9무 21패)
2015 K리그 최초 CGV 브랜드관 오픈(CGV부천역점 부천FC관)
뒤셀도르프 U-23과 아프리카 어린이를 위한 솔라등 기부 자선경기
현대오일뱅크 K리그 챌린지 2015 5위(15승 10무 15패)
2016 부천FC 사회적 협동조합 설립
복합 팬서비스 공간 레드바코드 오픈
K리그 챌린지 최초 FA컵 4강 진출
현대오일뱅크 K리그 챌린지 2016 3위(19승 10무 11패) 플레이오프 진출
2016시즌 K리그 챌린지 3차 팬 프렌들리 클럽 수상
2017 2017시즌 챌린지 1차 팬 프렌들리 클럽상 수상
KEB하나은행 K리그 챌린지 2017 5위(15승 7무 14패)
2018 K리그2 최초 개막 5연승 기록
K리그2 1차 그린스타디움 수상(부천도시공사)
K리그2 2차 그린스타디움 수상(부천도시공사)
KEB하나은행 K리그2 2018 8위(11승 6무 19패)
2019 구단 창단 200번째 홈경기 달성
2019 아디다스 K리그 주니어 U-15 A조 우승
2019 K리그 사랑나눔상 수상
K리그2 리그 마지막 5경기 5연승 기록
하나원큐 K리그2 2019 4위(14승 10무 13패), 플레이오프 진출
2020 구단 프로통산 100번째 승리 달성
부천FC1995 U-18 2020 춘계고등연맹전 우승
부천FC1995 U-15 2020 K리그 주니어 A조 2년 연속 우승
하나원큐 K리그2 2020 8위(7승 5무 15패)
2021 K리그 통산 100승 달성
하나원큐 K리그2 2021 10위(9승 10무 17패)
세이브더칠드런 협약 및 아동권리 강화 캠페인 진행
지역 발달장애인 축구단 '복사골FC' 지원 협약 체결
2022 구단 프로통산 홈 200득점 달성
구단 통산 500경기 달성
구단 홈경기 최다 무패 기록 달성(11경기)
K리그 통산 400번째 득점 달성
구단 역사상 세 번째 플레이오프 진출
하나원큐 K리그2 2022 5위(17승 10무 14패)
조현택 K리그2 BEST 11 수상

2022년 선수명단

대표이사_ 정해춘 단장_ 김성남 사무국장 문재식 감독_ 이영민
수석코치_ 민영기 코치_ 권오규 GK코치_ 김지운 피지컬코치_ 김형록
물리치료사_ 최규진 의무트레이너_ 박순호 · 유호준 스카우터_ 조범석 전력분석관_ 박성동 매니저_ 최우혁 통역_ 강샛별

포지션	선수명		생년월일	출신교	키(cm) / 몸무게(kg)
GK	최철원	崔喆原	1994.07.23	광주대	194 / 87
	이주현	李周賢	1998.12.06	중앙대	188 / 78
	김호준	金鎬浚	1984.06.21	고려대	190 / 90
DF	배재우	裵栽釪	1993.05.17	용인대	174 / 72
	이풍연	李豊衍	2000.05.04	숭실대	188 / 83
	김강산	金江山	1998.09.15	대구대	184 / 77
	닐손주니어	Nilson Ricardo da Silva Junior	1989.03.31	*브라질	185 / 85
	국태정	國太正	1995.09.13	단국대	178 / 75
	윤지혁	尹志赫	1998.02.07	숭실대	190 / 87
	김정호	金政浩	1995.05.31	인천대	187 / 83
	이용혁	李鎔赫	1996.08.03	전주기전대	188 / 84
	조현택	趙玹澤	2001.08.02	신갈고	182 / 76
	감한솔	甘한솔	1993.11.19	경희대	176 / 67
	김규민	金規旻	2000.01.20	용인대	174 / 70
	이동희	李東熙	2000.02.07	호남대	186 / 83
	유승현	兪勝峴	2000.01.20	덕영고	174 / 70
MF	송홍민	宋洪民	1996.02.07	남부대	184 / 80
	김준형	金俊亨	1996.04.05	송호대	177 / 73
	조수철	趙秀哲	1990.10.30	우석대	180 / 71
	박창준	朴彰俊	1996.12.23	학성고	177 / 67
	최재영	崔載瑩	1998.03.18	중앙대	181 / 73
	박하빈	朴昰斌	1997.04.23	울산대	181 / 70
	이시헌	李始憲	1998.05.04	중앙대	177 / 67
	오재혁	吳宰奕	2002.06.21	포항제철고	174 / 69
	이현기	李鉉基	2003.11.21	수원공고	181 / 74
FW	요르만	Jorman Israel Aguilar Bustamante	1994.09.11	*파나마	181 / 80
	추정호	秋正浩	1997.12.09	중앙대	180 / 75
	은나마니	Samuel Nnamani Onyedikachukwu	1995.06.03	*나이지리아	183 / 89
	김규민	金奎敏	2003.03.15	부천FC U-18	171 / 63
	안재준	安在俊	2001.04.03	현대고	180 / 71
	김호남	金浩男	1989.06.14	광주대	177 / 74
	한지호	韓志皓	1988.12.15	홍익대	180 / 74

2022년 개인기록_ K리그2

위치	배번	경기번호	05	07	15	20	24	28	38	42	48	52
		날 짜	02.20	02.26	03.06	03.13	03.16	03.20	04.02	04.05	04.10	04.16
		홈/원정	홈	홈	홈	원정	원정	홈	홈	홈	홈	원정
		장 소	부천	부천	부천	부산A	광양	부천	부천	부천	부천	진주J
		상 대	충남아산	안산	김포	부산	전남	광주	대전	서울E	안양	경남
		결 과	무	승	승	승	패	승	승	무	승	승
		점 수	0 : 0	2 : 1	1 : 0	1 : 0	1 : 2	2 : 0	2 : 1	0 : 0	2 : 0	3 : 2
		승 점	1	4	7	10	10	13	16	17	20	23
		슈팅수	10 : 16	10 : 9	11 : 3	13 : 11	10 : 11	6 : 13	11 : 14	10 : 10	10 : 13	11 : 12
GK	1	최 철 원	○ 0/0	○ 0/0	○ 0/0	○ 0/0	○ 0/0	○ 0/0	○ 0/0	○ 0/0	○ 0/0	○ 0/0
	21	이 주 현										
	39	김 호 준										
DF	2	배 재 우										
	3	이 풍 연	▽ 0/0 C									
	5	김 강 산	○ 0/0	○ 0/0	○ 0/0	○ 0/0 C	○ 0/1	○ 0/0 C	○ 0/1	○ 0/0	○ 0/0	○ 0/0
	6	닐손주니어	○ 0/0	○ 0/0	○ 0/0	○ 0/0	○ 0/0	○ 0/0	○ 1/0	○ 0/0	○ 0/0	○ 0/0
	13	국 태 정	○ 0/0	▽ 0/0	△ 0/0	○ 0/0 C	△ 0/0					
	15	윤 지 혁										
	17	김 규 민						▽ 1/0				
	20	김 정 호	△ 0/0 C				▽ 0/0 C	△ 0/0				△ 0/0
	23	이 용 혁		○ 0/0	○ 0/0 C				○ 0/0 C	○ 0/0	○ 1/0	○ 0/0 C
	26	조 현 택		△ 0/1	▽ 0/0 C	○ 0/0	○ 1/0	○ 0/0	○ 0/0	○ 0/0	○ 0/0	▽ 0/0
	31	감 한 솔				○ 0/0	○ 0/0 S				△ 0/0	△ 0/0
	34	최 병 찬						△ 0/0				
	45	이 동 희										
	66	유 승 현										
MF	4	송 홍 민		△ 0/0	△ 0/0		▽ 0/0		▽ 0/0		△ 0/0	△ 0/0
	8	김 준 형	○ 0/0	○ 0/0 C	▽ 0/0	○ 0/0 C	△ 0/0	▽ 0/1	○ 0/0	○ 0/0	▽ 0/0	▽ 0/0
	10	조 수 철	○ 0/0	△ 0/0 C	△ 0/0	△ 0/0	▽ 0/0	△ 0/0	○ 0/0	△ 0/0	○ 0/0	○ 0/0
	11	박 창 준	△ 0/0	▽ 0/0	▽ 0/0	▽ 0/0	△ 0/0 C	▽ 1/0 C	▽ 1/0	△ 0/0	▽ 1/0	▽ 0/2
	14	최 재 영						△ 0/0				
	24	박 하 빈										
	25	이 시 헌			△ 0/0		○ 0/0	△ 0/0	△ 0/0	▽ 0/0		
	28	이 현 기										
	77	오 재 혁		▽ 0/0	▽ 1/0	▽ 0/0		▽ 0/0 C		▽ 0/0	▽ 0/0	△ 0/0
FW	7	요 르 만	▽ 0/0	▽ 0/0	▽ 0/0	△ 0/0	▽ 0/0	▽ 0/0	▽ 0/0	▽ 0/0	▽ 0/0	△ 1/0
	16	은나마니	○ 0/0 C	△ 0/0	○ 0/0	○ 0/1	△ 0/0		△ 0/0	△ 0/0	△ 0/0	▽ 1/0
	18	안 재 준	△ 0/0	▽ 0/0			▽ 0/0					
	19	김 호 남	○ 0/0	○ 0/0	○ 0/0			○ 0/0	○ 0/0 C	○ 0/0	○ 0/0	○ 1/0
	22	한 지 호	▽ 0/0	△ 2/0	△ 0/0	○ 1/0	△ 0/0 C	○ 0/1	△ 0/0	○ 0/0	△ 0/1	▽ 0/0
	27	이 의 형										
	35	김 규 민										

선수자료 : 득점/도움 ○ = 선발출전 △ = 교체 IN ▽ = 교체 OUT ◈ = 교체 IN/OUT C = 경고 S = 퇴장

위치	배번	경기번호	56	63	68	75	80	81	93	100	103	110
		날 짜	04.23	05.04	05.07	05.15	05.18	05.21	06.04	06.13	06.18	06.22
		홈/원정	원정	홈	홈	원정	홈	원정	원정	원정	원정	홈
		장 소	광주	부천	부천	아산	부천	대전W	목동	안산	김포	부천
		상 대	광주	부산	전남	충남아산	경남	대전	서울E	안산	김포	안양
		결 과	패	승	승	무	패	패	무	패	패	패
		점 수	0 : 1	3 : 1	2 : 1	0 : 0	0 : 1	0 : 1	1 : 1	0 : 3	1 : 2	0 : 1
		승 점	23	26	29	30	30	30	31	31	31	31
		슈팅수	9 : 7	11 : 16	13 : 2	7 : 14	14 : 8	18 : 8	11 : 15	11 : 16	12 : 9	8 : 9
GK	1	최철원	○ 0/0	○ 0/0	○ 0/0	○ 0/0	○ 0/0	○ 0/0	○ 0/0	○ 0/0	○ 0/0	○ 0/0
	21	이주현										
	39	김호준										
DF	2	배재우										
	3	이풍연						△ 0/0				
	5	김강산	○ 0/0	○ 0/0	○ 0/0	○ 0/0	○ 0/0	○ 0/0	○ 0/0	○ 0/0	○ 0/0	○ 0/0
	6	닐손주니어	○ 0/0	○ 1/0	○ 0/0	○ 0/0 C	○ 0/0	▽ 0/0	○ 0/0	○ 0/0	○ 0/0	○ 0/0
	13	국태정	△ 0/0	▽ 0/0			○ 0/0		△ 0/0	○ 0/0		△ 0/0
	15	윤지혁										
	17	김규민							▽ 0/0		○ 0/0	
	20	김정호	△ 0/0								△ 0/0	
	23	이용혁	○ 0/0	○ 0/0 C	○ 0/0	○ 0/0	▽ 0/0	▽ 0/0	○ 0/0 CC		○ 0/0 C	
	26	조현택	▽ 0/0	△ 0/0	○ 0/0	○ 0/0		○ 0/0				▽ 0/0
	31	감한솔	▽ 0/0							△ 0/0		
	34	최병찬			○ 0/0		○ 0/0					
	45	이동희					△ 0/0	△ 0/0	△ 0/0	○ 0/0		○ 0/0
	66	유승현										
MF	4	송홍민		○ 0/0	△ 0/0	▽ 0/0 C	△ 0/0	▽ 0/0			△ 0/0	
	8	김준형	▽ 0/0	△ 0/0	▽ 0/0	△ 0/0	▽ 0/0		▽ 0/0	▽ 0/0 C	▽ 0/0	▽ 0/0
	10	조수철	○ 0/0	▽ 0/1	○ 0/1	○ 0/0		○ 0/0	○ 1/0	▽ 0/0	▽ 0/0	△ 0/0
	11	박창준	▽ 0/0	△ 0/0								
	14	최재영			▽ 0/0		▽ 0/0	△ 0/0	△ 0/0	△ 0/0 C		▽ 0/0
	24	박하빈								△ 0/0	▽ 0/0	
	25	이시헌			△ 0/0	△ 0/0	△ 0/0	▽ 0/0	▽ 0/0	△ 0/0	△ 0/0	▽ 0/0
	28	이현기										
	77	오재혁	△ 0/0	○ 1/0		▽ 0/0	○ 0/0	△ 0/0	▽ 0/0	△ 0/0	▽ 0/0	△ 0/0
FW	7	요르만	△ 0/0	▽ 1/0	▽ 0/0	▽ 0/0	▽ 0/0	▽ 0/0		▽ 0/0		▽ 0/0
	16	은나마니	▽ 0/0	△ 0/0	△ 1/0	△ 0/0	△ 0/0	△ 0/0	▽ 0/1	▽ 0/0	△ 0/0 C	△ 0/0
	18	안재준					▽ 0/0		△ 0/0			△ 0/0
	19	김호남	○ 0/0 C	○ 0/0		○ 0/0		○ 0/0	○ 0/0	○ 0/0	○ 0/1	○ 0/0
	22	한지호	△ 0/0	▽ 0/0 C	○ 1/0 C	○ 0/0	△ 0/0	○ 0/0	△ 0/0	▽ 0/0	○ 1/0	○ 0/0
	27	이의형										
	35	김규민										

위치	배번	경기번호	113	117	121	127	138	143	150	154	158	161
		날 짜	06.26	07.02	07.05	07.09	07.23	07.26	08.01	08.08	08.13	08.16
		홈/원정	원정	홈	원정	원정	홈	원정	홈	원정	홈	원정
		장 소	부산A	부천	광주	안산	부천	김포	부천	광양	부천	안양
		상 대	부산	대전	광주	안산	충남아산	김포	경남	전남	서울E	안양
		결 과	승	승	패	승	승	무	승	무	무	패
		점 수	2 : 0	2 : 0	1 : 2	2 : 1	2 : 1	1 : 1	3 : 1	1 : 1	0 : 0	2 : 4
		승 점	34	37	37	40	43	44	47	48	49	49
		슈팅수	8 : 10	14 : 13	3 : 12	11 : 18	11 : 7	6 : 12	14 : 13	11 : 7	16 : 7	10 : 16
GK	1	최철원	○ 0/0	○ 0/0		○ 0/0	○ 0/0	○ 0/0	○ 0/0	○ 0/0	○ 0/0	○ 0/0
	21	이주현			○ 0/0							
	39	김호준										
DF	2	배재우					○ 0/0 C	○ 0/0	○ 0/0	○ 0/0	○ 0/0	▽ 0/0
	3	이풍연			▽ 0/0							
	5	김강산	▽ 0/0 C	○ 0/0 C		○ 0/0	○ 0/0	▽ 0/0 C		○ 0/0	○ 0/0	○ 0/0
	6	닐손주니어	○ 0/0	○ 0/1		○ 0/0	○ 0/0	○ 0/0	○ 1/0	○ 1/0	○ 0/0	○ 0/0
	13	국태정		△ 0/0	○ 0/0		△ 0/0					△ 0/0
	15	윤지혁			△ 0/0							
	17	김규민			○ 0/0							
	20	김정호			○ 0/0				△ 0/0			
	23	이용혁	△ 0/0		▽ 0/0 C		△ 0/0	△ 0/0 C	○ 0/0	○ 0/0 C		
	26	조현택	○ 0/0	○ 1/0	△ 0/0	○ 0/0	▽ 1/0	○ 1/0	○ 0/0	○ 0/0	○ 0/0	○ 0/0 C
	31	감한솔	○ 0/0	○ 0/0								
	34	최병찬										
	45	이동희	○ 0/0	○ 0/0		○ 0/0	▽ 0/0	○ 0/0	○ 0/0		○ 0/0	○ 0/0
	66	유승현										
MF	4	송홍민	△ 0/0	△ 0/0		△ 0/0			△ 1/0		▽ 0/0	△ 0/1
	8	김준형	▽ 0/0	▽ 0/0		▽ 0/0	▽ 0/0	△ 0/0	▽ 0/0 C	○ 0/1 C		▽ 0/0
	10	조수철	△ 0/0	△ 0/0	▽ 0/0 C	△ 1/0	△ 0/0	▽ 0/0				
	11	박창준		△ 0/0	△ 1/0	▽ 0/0	△ 0/1 C	▽ 0/0	△ 0/0	▽ 0/0	△ 0/0	△ 2/0
	14	최재영	△ 0/0		○ 0/0 C		△ 0/0	△ 0/0		△ 0/0	△ 0/0	
	24	박하빈										
	25	이시헌	▽ 0/0	▽ 0/0		▽ 0/0	▽ 1/1	○ 0/1 C	△ 0/0	△ 0/0	▽ 0/0	▽ 0/0
	28	이현기										
	77	오재혁	▽ 0/1	▽ 0/1	△ 0/0 C	○ 0/0	○ 0/0	▽ 0/0	○ 0/1	○ 0/0	○ 0/0	○ 0/0
FW	7	요르만			▽ 0/0				▽ 0/0			
	16	은나마니	△ 0/0			▽ 1/0 C	○ 0/0	△ 0/0 C	◈ 0/0 C			
	18	안재준	▽ 2/0	▽ 0/0	○ 0/0	△ 0/0		▽ 0/0	▽ 0/0	△ 0/0	△ 0/0	△ 0/0
	19	김호남	○ 0/1	▽ 1/0	△ 0/0	○ 0/0	▽ 0/0		▽ 1/0 C	▽ 0/0 C	▽ 0/0	▽ 0/0 C
	22	한지호									△ 0/0	△ 0/0
	27	이의형		△ 0/0	▽ 0/0	△ 0/0		△ 0/0		▽ 0/0	▽ 0/0	▽ 0/0
	35	김규민										

선수자료 : 득점/도움 ○ = 선발출전 △ = 교체 IN ▽ = 교체 OUT ◈ = 교체 IN/OUT C = 경고 S = 퇴장

경기번호	170	172	177	181	190	197	201	207	211	220	221
날 짜	08.22	08.27	08.30	09.03	09.11	09.17	09.24	10.01	10.08	10.15	10.19
홈/원정	홈	원정	홈	원정	홈	원정	홈	원정	원정	홈	홈
장 소	부천	대전W	부천	아산	부천	창원C	부천	목동	안양	부천	부천
상 대	부산	대전	광주	충남아산	안산	경남	김포	서울E	안양	전남	경남
결 과	무	패	승	승	무	승	패	패	패	무	패
점 수	1 : 1	1 : 3	2 : 1	3 : 0	3 : 3	3 : 0	0 : 1	0 : 3	0 : 1	2 : 2	2 : 3
승 점	50	50	53	56	57	60	60	60	60	61	61
슈팅수	16 : 10	9 : 15	10 : 11	13 : 11	18 : 10	19 : 11	11 : 9	13 : 22	6 : 18	9 : 13	9 : 9
최 철 원	○ 0/0	○ 0/0	○ 0/0	○ 0/0	○ 0/0	○ 0/0	○ 0/0		○ 0/0		○ 0/0 C
이 주 현								○ 0/0		△ 0/0	
김 호 준										▽ 0/0	
배 재 우	○ 0/0	▽ 0/0		△ 0/0	△ 0/0	○ 0/0	○ 0/0		○ 0/0		▽ 0/1
이 풍 연								△ 0/0	△ 0/0	○ 0/0	
김 강 산	○ 0/0	○ 0/0	○ 0/0	○ 0/0	○ 1/0	○ 0/0 C	○ 0/0	○ 0/0	○ 0/0		○ 0/0
닐손주니어	○ 0/0	○ 1/0	○ 0/0	○ 1/0	○ 0/1	○ 1/0	○ 0/0	▽ 0/0	▽ 0/0		○ 0/0
국 태 정		▽ 0/0		△ 0/0		△ 0/0	▽ 0/0				
윤 지 혁										○ 1/0	
김 규 민							△ 0/0			○ 0/0	
김 정 호										○ 0/0	
이 용 혁	○ 0/0 C	○ 0/0 C							○ 0/0		△ 0/0
조 현 택	○ 0/1	△ 0/0	○ 0/0	○ 1/1	○ 1/1	▽ 0/0		○ 0/0 C	○ 0/0		○ 0/0
감 한 솔											
최 병 찬											
이 동 희		△ 0/0	○ 0/0	○ 0/0	○ 0/0	○ 0/0	○ 0/0 C	○ 0/0 C			○ 1/0
유 승 현										○ 0/0	
송 홍 민	○ 0/0	○ 0/0	△ 0/0	△ 0/0	△ 0/0	△ 0/0	△ 0/0	△ 0/0 C		○ 0/1	○ 1/0
김 준 형	△ 0/0	▽ 0/0	▽ 0/0	▽ 0/1	▽ 0/0	○ 0/1	○ 0/0	▽ 0/0	○ 0/0		▽ 0/0
조 수 철											
박 창 준	△ 0/0	△ 0/0	○ 0/0	▽ 0/0 C	▽ 0/0		△ 0/0	○ 0/0	△ 0/0		▽ 0/0
최 재 영	▽ 0/0						▽ 0/0	▽ 0/0		▽ 0/0 C	△ 0/0
박 하 빈										△ 0/1	
이 시 헌	△ 0/0	▽ 0/0	▽ 2/0	▽ 0/0	▽ 0/0	▽ 0/1	▽ 0/0	△ 0/0	△ 0/0	△ 1/0	△ 0/0
이 현 기										△ 0/0	
오 재 혁	▽ 0/0	△ 0/0	○ 0/0	○ 0/0	○ 0/0	▽ 0/0 C			▽ 0/0		
요 르 만	△ 1/0		△ 0/0	▽ 1/0	▽ 0/0	▽ 0/0	▽ 0/0	○ 0/0	▽ 0/0		▽ 0/0
은나마니								△ 0/0	△ 0/0	▽ 0/0	
안 재 준		▽ 0/0	△ 0/0	△ 0/0	△ 1/1 C	△ 1/0		△ 0/0	△ 0/0	▽ 0/0	△ 0/0
김 호 남		○ 0/0	▽ 0/0	▽ 0/0	▽ 0/0	▽ 0/0	▽ 0/0	▽ 0/0	▽ 0/0 C		▽ 0/0
한 지 호	▽ 0/0 C		○ 0/1 C		△ 0/0	△ 1/0 C	△ 0/0	▽ 0/0	▽ 0/0		△ 0/0 C
이 의 형	▽ 0/0	△ 0/0 CC		△ 0/0	△ 0/0	△ 0/0				▽ 0/0	
김 규 민							△ 0/0			△ 0/0	

충남 아산 FC

창단년도_ 2020년
전화_ 041-533-2017
팩스_ 041-544-2017
홈페이지_ www.asanfc.com
주소_ 우 31580 충청남도 아산시 남부로 370-24 이순신종합운동장 내
Yi Sun-Sin Sports Complex, 370-24, Nambu-ro, Asan-si, Chungcheongnam-do, KOREA 31580

연혁

2019 창단준비위원회 발족
팀 공식 명칭 충남 아산 프로축구단 확정, 엠블럼 발표

2020 하나원큐 K리그2 2020 10위

2021 하나원큐 K리그2 2021 8위(11승 8무 17패)
하나원큐 K리그2 2021 사랑나눔상 수상
하나원큐 K리그2 2021 영플레이어상 수상자 배출(김인균)
사회공헌활동 204회 달성

2022 전혜자 대표이사 취임
박성관 단장 취임
하나원큐 K리그2 2022 6위(13승 13무 14패)
하나원큐 K리그2 2022 득점상 & 베스트11 수상자 배출(유강현)

2022년 선수명단

대표이사_ 전혜자　단장_ 박성관　사무국장_ 김현석　감독_ 박동혁
수석코치_ 권우경　코치_ 김용태　GK코치_ 권순형　피지컬코치_ 박원익　의무트레이너_ 엄성현·정성령　물리치료사_ 진성혁
매니저_ 단분도　전력분석관_ 문세종

포지션	선수명		생년월일	출신교	키(cm) / 몸무게(kg)
GK	박 한 근	朴韓槿	1996.05.07	전주대	184 / 76
	박 주 원	朴柱元	1990.10.19	홍익대	192 / 81
	문 현 호	文炫晧	2003.05.13	매탄고	196 / 87
DF	김 채 운	金埰韻	2000.03.20	대건고	177 / 73
	이 호 인	李灝因	1995.12.29	상지대	184 / 70
	최 규 백	崔圭伯	1994.01.23	대구대	188 / 80
	이 재 성	李宰誠	1988.07.05	고려대	187 / 81
	박 성 우	朴成祐	1996.05.14	전주대	180 / 77
	이 학 민	李學玟	1991.03.11	상지대	174 / 70
	송 주 호	宋株昊	1991.03.20	고려대	189 / 84
	유 준 수	柳俊秀	1988.05.08	고려대	184 / 84
	박 철 우	朴哲祐	1997.10.21	국제사이버대	176 / 70
	배 수 용	裵洙瑢	1998.06.07	보인고	187 / 85
	이 은 범	李殷汎	1996.01.30	서남대	183 / 75
	현 승 윤	玄勝允	1998.02.28	청주대	184 / 78
MF	김 종 국	金鐘局	1989.01.08	울산대	180 / 74
	최 범 경	崔凡境	1997.06.24	광운대	176 / 74
	홍 현 승	洪鉉昇	1999.03.13	한남대	180 / 75
	이 상 민	李相旻	1999.08.30	중앙대	182 / 77
	김 강 국	金康國	1997.01.07	인천대	181 / 72
	박 세 직	朴世直	1989.05.25	한양대	178 / 76
	김 민 석	金玟錫	1997.09.20	숭실대	174 / 66
	김 혜 성	金慧成	1996.04.11	홍익대	188 / 81
	이 태 윤	李太潤	2000.08.21	성균관대	187 / 77
FW	송 승 민	宋承珉	1992.01.11	인천대	187 / 82
	조 주 영	曺主煐	1994.02.04	아주대	187 / 86
	유 강 현	柳强賢	1996.04.27	서해고	186 / 78
	이 승 재	李承宰	1998.02.06	홍익대	180 / 75
	강 민 규	姜旻圭	1998.09.07	경기대	186 / 81
	양 정 운	梁正運	2001.05.14	단국대	176 / 68
	박 민 서	朴珉緒	1998.06.30	호남대	183 / 72
	정 건 우	鄭建禹	2002.09.02	선문대	184 / 78

2022년 개인기록_ K리그2

위치	배번	경기번호	05	08	14	22	26	31	40	45	47	55
		날 짜	02.20	02.27	03.06	03.15	03.19	03.26	04.03	04.06	04.09	04.18
		홈/원정	원정	원정	원정	원정	원정	원정	홈	홈	홈	홈
		장 소	부천	안양	광양	김포	목동	광주	아산	아산	아산	아산
		상 대	부천	안양	전남	김포	서울E	광주	부산	경남	안산	대전
		결 과	무	패	무	승	무	패	승	무	무	패
		점 수	0 : 0	0 : 2	0 : 0	4 : 0	0 : 0	1 : 2	1 : 0	2 : 2	0 : 0	0 : 3
		승 점	1	1	2	5	6	6	9	10	11	11
		슈팅수	16 : 10	10 : 11	11 : 6	20 : 14	10 : 22	4 : 10	9 : 5	13 : 4	15 : 3	19 : 9
GK	1	박 한 근									○ 0/0	○ 0/0
	21	박 주 원	○ 0/0	▽ 0/0	○ 0/0	▽ 0/0	○ 0/0	○ 0/0	○ 0/0	○ 0/0		
	90	문 현 호		△ 0/0		△ 0/0						
DF	2	김 채 운	○ 0/0	▽ 0/0	▽ 0/0	▽ 0/1	○ 0/0		▽ 0/0	○ 0/0	○ 0/0 C	○ 0/0
	3	이 호 인	△ 0/0	○ 0/0	○ 0/0	○ 0/0	○ 0/0 C	○ 0/0	○ 0/0	○ 0/0	○ 0/0 C	○ 0/0
	4	최 규 백										
	5	이 재 성										
	13	박 성 우	○ 0/0 C	▽ 0/0	○ 0/0		○ 0/0	○ 0/0	△ 0/0			△ 0/0
	14	이 학 민		△ 0/0		○ 0/0 C			○ 0/0	○ 0/0	○ 0/0	○ 0/0 CC
	15	송 주 호			△ 0/0							
	16	유 준 수	▽ 0/0									
	23	박 철 우						▽ 0/0				
	25	배 수 용				△ 0/0						
	47	이 은 범	○ 0/0	○ 0/0	○ 0/0	○ 0/0	○ 0/0 C	○ 0/0 C	○ 0/0	○ 0/0	○ 0/0	▽ 0/0
MF	6	김 종 국	○ 0/0 C	▽ 0/0								△ 0/0
	8	최 범 경		△ 0/0		△ 0/0		△ 0/0		▽ 0/0	△ 0/0	▽ 0/0
	20	이 상 민	○ 0/0	○ 0/0 C	○ 0/0	○ 0/0	○ 0/0	○ 0/0	○ 0/0	○ 0/0	○ 0/0	○ 0/0
	22	김 강 국			○ 0/0	▽ 1/0	○ 0/0	○ 0/0	○ 0/0	○ 1/0	▽ 0/0	
	24	박 세 직	○ 0/0	○ 0/0	○ 0/0	○ 0/0	○ 0/0	○ 0/0	○ 0/0	○ 0/0	○ 0/0	○ 0/0
	33	김 혜 성				△ 0/0					△ 0/0	▽ 0/0
FW	7	송 승 민	○ 0/0	○ 0/0	○ 0/0	▽ 0/0 C	○ 0/0	○ 0/0	○ 0/1	○ 1/0	○ 0/0 C	▽ 0/0
	9	조 주 영	△ 0/0	△ 0/0	△ 0/0			▽ 0/0 C	△ 0/0		△ 0/0	
	10	유 강 현	▽ 0/0	○ 0/0	▽ 0/0	▽ 2/2 C	▽ 0/0	△ 0/0	▽ 1/0	▽ 0/0	▽ 0/0	△ 0/0
	11	이 승 재										
	11	유 동 규	▽ 0/0	▽ 0/0 C	△ 0/0	△ 0/0	△ 0/0	▽ 0/0 C	△ 0/0			△ 0/0
	18	강 민 규	△ 0/0 C	△ 0/0	▽ 0/0	○ 1/0	○ 0/0	△ 1/0	▽ 0/0	△ 0/0	▽ 0/0	▽ 0/0
	19	조 건 규								△ 0/0		
	19	양 정 운										
	77	박 민 서										
	99	정 건 우										△ 0/0

선수자료 : 득점/도움 ○ = 선발출전 △ = 교체 IN ▽ = 교체 OUT ◈ = 교체 IN/OUT C = 경고 S = 퇴장

위치	배번	경기번호	60	62	70	75	79	90	94	99	104	108
		날 짜	04.24	05.03	05.09	05.15	05.18	05.29	06.05	06.13	06.19	06.22
		홈/원정	홈	홈	원정	홈	원정	홈	원정	홈	홈	원정
		장 소	아산	아산	부산A	아산	안산	아산	광주	아산	아산	진주J
		상 대	김포	안양	부산	부천	안산	전남	광주	대전	서울E	경남
		결 과	승	승	패	무	승	승	패	승	무	무
		점 수	2 : 1	2 : 0	1 : 3	0 : 0	1 : 0	1 : 0	2 : 3	1 : 0	0 : 0	0 : 0
		승 점	14	17	17	18	21	24	24	27	28	29
		슈팅수	13 : 7	16 : 10	12 : 6	14 : 7	17 : 10	7 : 5	8 : 7	15 : 13	11 : 9	15 : 8
GK	1	박한근				○ 0/0	○ 0/0	○ 0/0	○ 0/0			
	21	박주원	○ 0/0 C	○ 0/0	▽ 0/0					○ 0/0	○ 0/0	○ 0/0
	90	문현호			△ 0/0							
DF	2	김채운	▽ 0/0	▽ 0/0	▽ 0/0	▽ 0/0	▽ 0/0	▽ 0/0	▽ 0/0 C	▽ 0/0	○ 0/0	
	3	이호인	○ 0/1 C	○ 0/0	▽ 0/0							
	4	최규백										
	5	이재성				○ 0/0	○ 0/0	○ 0/0	○ 0/0	○ 0/0	○ 0/0 C	○ 0/0
	13	박성우	○ 0/0	○ 0/0	▽ 0/0	○ 0/0				○ 0/0	○ 0/0	○ 0/0
	14	이학민			△ 0/0	△ 0/0	○ 0/0 C	○ 0/0	○ 0/0			
	15	송주호										
	16	유준수										
	23	박철우					△ 0/0	△ 0/0	△ 0/0 C	△ 0/0 C	△ 0/0	○ 0/0
	25	배수용			△ 0/0			○ 0/0	○ 0/0	○ 0/0	○ 0/0	
	47	이은범	○ 0/0	○ 0/0	○ 0/0 C	○ 0/0	○ 0/0 C	○ 0/0	○ 0/0	○ 0/0	○ 0/0	○ 0/0
MF	6	김종국										
	8	최범경		△ 0/0	△ 0/0 C	○ 0/0		▽ 0/0	○ 0/0	▽ 0/0	▽ 0/0	△ 0/0
	20	이상민	○ 0/0	○ 0/0	○ 0/0	○ 0/0	○ 0/0					○ 0/0
	22	김강국	○ 1/0	○ 0/0	○ 0/0	○ 0/0	○ 0/1	○ 0/0 C	○ 0/0 C	○ 0/0	○ 0/0	○ 0/0
	24	박세직	○ 0/0	○ 0/0 C	○ 0/0 C	○ 0/0	○ 1/0	○ 0/0	▽ 0/0	○ 1/0 C	○ 0/0	○ 0/0
	33	김혜성	△ 0/0	△ 0/0				△ 0/0	△ 0/0	△ 0/0		
FW	7	송승민	○ 0/0	○ 1/0	○ 0/0	○ 0/0	○ 0/0	○ 0/1	○ 0/0	○ 0/1	○ 0/0	○ 0/0
	9	조주영	△ 0/0	△ 0/0	△ 0/0		▽ 0/0	△ 0/0	△ 1/0			△ 0/0
	10	유강현	▽ 1/0	▽ 1/0	○ 1/0	▽ 0/0	△ 0/0	▽ 1/0	▽ 1/0	▽ 0/0	▽ 0/0	▽ 0/0
	11	이승재										
	11	유동규										
	18	강민규	▽ 0/0	▽ 0/0	▽ 0/0	△ 0/0	△ 0/0 C				△ 0/0	
	19	조건규										
	19	양정운										
	77	박민서	△ 0/0				▽ 0/0			△ 0/0		◈ 0/0
	99	정건우										▽ 0/0

위치	배번	경기번호	111	119	124	128	132	138	152	159	165	169
		날 짜	06.25	07.03	07.06	07.10	07.15	07.23	08.07	08.14	08.17	08.22
		홈/원정	홈	홈	원정	홈	원정	원정	홈	원정	홈	원정
		장 소	아산	아산	안양	아산	창원C	부천	아산	대전W	아산	안산
		상 대	안산	부산	안양	전남	경남	부천	광주	대전	김포	안산
		결 과	승	패	무	승	승	패	패	패	패	무
		점 수	3 : 1	0 : 2	1 : 1	4 : 0	1 : 0	1 : 2	0 : 2	1 : 2	0 : 1	2 : 2
		승 점	32	32	33	36	39	39	39	39	39	40
		슈팅수	10 : 9	13 : 10	11 : 9	6 : 7	13 : 11	7 : 11	11 : 10	10 : 7	17 : 3	14 : 11
GK	1	박 한 근							○ 0/0			
	21	박 주 원	○ 0/0	○ 0/0	○ 0/0	○ 0/1	○ 0/0	○ 0/0		○ 0/0	○ 0/0	○ 0/0
	90	문 현 호										
DF	2	김 채 운	▽ 0/0	▽ 0/0	▽ 0/0	▽ 0/0	▽ 0/0	▽ 0/0	▽ 0/0	▽ 0/0		△ 0/1
	3	이 호 인									○ 0/0	○ 0/0 S
	4	최 규 백										
	5	이 재 성	○ 0/0	○ 0/0	○ 0/0	○ 0/0		○ 0/0	○ 0/0			
	13	박 성 우	▽ 0/0	▽ 0/0	△ 0/0				○ 0/0 CC			
	14	이 학 민	△ 0/0	△ 0/0	▽ 0/0	○ 0/1	○ 1/0	○ 0/0		○ 0/0	○ 0/0	○ 1/0
	15	송 주 호										
	16	유 준 수			▽ 0/0	△ 0/0	▽ 0/0	○ 0/0		▽ 0/0		
	23	박 철 우	△ 0/0	△ 0/0 C	△ 0/0	△ 0/0	△ 0/0	△ 0/0	△ 0/0	△ 0/0	○ 0/0	▽ 0/0
	25	배 수 용					△ 0/0					
	47	이 은 범	○ 0/0	○ 0/0	○ 0/0	○ 0/0	○ 0/0 C		○ 0/0	○ 0/0	○ 0/0 C	○ 0/0
MF	6	김 종 국						△ 0/0		△ 0/0		
	8	최 범 경	△ 1/1	△ 0/0	△ 0/0	△ 0/0		△ 0/0	○ 0/0	△ 0/0	△ 0/0	△ 0/1
	20	이 상 민	○ 0/0	○ 0/0	○ 0/0 C	○ 0/0	○ 0/0	○ 0/0	○ 0/0	○ 0/0	○ 0/0	○ 0/0
	22	김 강 국	▽ 1/0	○ 0/0	▽ 0/0	○ 1/1	○ 0/0	▽ 0/0	△ 0/0	▽ 0/0	○ 0/0	▽ 0/0
	24	박 세 직	○ 0/0	○ 0/0	○ 0/0	▽ 0/0	○ 0/0	○ 0/0	○ 0/0	○ 0/0	○ 0/0	○ 0/0
	33	김 혜 성	△ 0/0			▽ 0/0	○ 0/0		▽ 0/0 C			△ 0/0
FW	7	송 승 민	○ 0/0	○ 0/0	○ 0/1	▽ 0/0	△ 0/0	○ 0/0	△ 0/0	○ 0/0	○ 0/0	▽ 0/0
	9	조 주 영	▽ 0/0	▽ 0/0			▽ 0/0	△ 0/0			△ 0/0	△ 0/0
	10	유 강 현	△ 1/0	△ 0/0	△ 1/0	△ 2/0	△ 0/0	▽ 1/0	△ 0/0	△ 1/0	▽ 0/0	▽ 1/0 C
	11	이 승 재				△ 0/0		◆ 0/0		△ 0/0		
	11	유 동 규										
	18	강 민 규			△ 0/0				▽ 0/0	▽ 0/0	◆ 0/0	△ 0/0
	19	조 건 규										
	19	양 정 운						▽ 0/0			▽ 0/0	
	77	박 민 서		◆ 0/0					▽ 0/0			
	99	정 건 우	▽ 0/0	▽ 0/0	▽ 0/0	▽ 0/0	▽ 0/0		◆ 0/0	▽ 0/0		▽ 0/0

선수자료 : 득점/도움 ○ = 선발출전 △ = 교체 IN ▽ = 교체 OUT ◆ = 교체 IN/OUT C = 경고 S = 퇴장

위치	배번	경기번호	174	178	181	188	195	200	206	142	214	218
		날 짜	08.28	08.31	09.03	09.10	09.14	09.17	10.01	10.05	10.09	10.15
		홈/원정	원정	홈	홈	원정	원정	홈	원정	홈	원정	홈
		장 소	광양	아산	아산	대전W	목동	아산	김포	아산	부산B	아산
		상 대	전남	경남	부천	대전	서울E	안양	김포	서울E	부산	광주
		결 과	승	승	패	무	패	무	패	승	패	무
		점 수	3 : 1	2 : 1	0 : 3	1 : 1	0 : 3	0 : 0	0 : 1	2 : 1	0 : 4	0 : 0
		승 점	43	46	46	47	47	48	48	51	51	52
		슈팅수	12 : 12	14 : 11	11 : 13	12 : 7	11 : 10	11 : 4	12 : 5	9 : 10	10 : 12	4 : 9
GK	1	박한근	○ 0/0	○ 0/0	○ 0/0				△ 0/0	○ 0/0	▽ 0/0	○ 0/0
	21	박주원				○ 0/0	○ 0/0	○ 0/0	▽ 0/0			
	90	문현호									△ 0/0	
DF	2	김채운	▽ 0/0 C		△ 0/0	▽ 0/0	▽ 0/0 C	△ 0/0	△ 0/0	▽ 0/0	▽ 0/0	△ 0/0
	3	이호인			○ 0/0		△ 0/0	△ 0/0	△ 0/0 C			▽ 0/0
	4	최규백								△ 0/0 CC		
	5	이재성	○ 0/0	○ 0/0	▽ 0/0	○ 0/0 C	○ 0/0	○ 0/0	▽ 0/0			
	13	박성우	▽ 0/0	▽ 0/0		○ 0/0	○ 0/0	▽ 0/0	▽ 0/0			▽ 0/0 C
	14	이학민	△ 0/0	△ 0/0	▽ 0/0		△ 0/0			○ 0/0	○ 0/0	△ 0/0
	15	송주호										
	16	유준수									△ 0/0	
	23	박철우	△ 1/0	○ 0/0		△ 0/0		▽ 0/0	○ 0/0	△ 0/0	△ 0/0	▽ 0/0
	25	배수용								▽ 0/0 C	○ 0/0	○ 0/0
	47	이은범	○ 0/0	○ 0/0	▽ 0/0 C	○ 0/0	○ 0/0	○ 0/0	○ 0/0	○ 0/0	○ 0/0 C	
MF	6	김종국			○ 0/0		△ 0/0				△ 0/0	
	8	최범경	△ 0/0	△ 0/0	△ 0/0	△ 0/0	○ 0/0		△ 0/0			△ 0/0
	20	이상민	○ 0/0	○ 1/0	○ 0/0	○ 0/0	○ 0/0	○ 0/0	○ 0/0	○ 0/0	○ 0/0 C	○ 0/0
	22	김강국	▽ 0/0	○ 0/0		○ 0/0 C	▽ 0/0	○ 0/0	○ 0/0	○ 0/1	▽ 0/0	○ 0/0
	24	박세직	○ 0/1	○ 0/0 C	△ 0/0	○ 0/0	▽ 0/0	○ 0/0 C		○ 0/0	○ 0/0	○ 0/0
	33	김혜성	○ 0/0		○ 0/0			△ 0/0	○ 0/0			△ 0/0
FW	7	송승민	△ 0/0	○ 0/0	△ 0/0	△ 0/0	○ 0/0	△ 0/0	△ 0/0	○ 1/0	○ 0/0	△ 0/0 C
	9	조주영	△ 0/0	△ 0/0	△ 0/0					△ 0/0		
	10	유강현	▽ 2/0	▽ 0/0	○ 0/0	▽ 1/0	△ 0/0	○ 0/0 C	○ 0/0	▽ 1/0	○ 0/0	○ 0/0
	11	이승재			▽ 0/0	▽ 0/0		◈ 0/0				
	11	유동규										
	18	강민규				△ 0/0				◈ 0/0	◈ 0/0	
	19	조건규										
	19	양정운		▽ 0/0	▽ 0/0			▽ 0/0	▽ 0/0			▽ 0/0
	77	박민서				▽ 0/0	▽ 0/0	▽ 0/0 C	▽ 0/0	△ 0/1		▽ 0/0
	99	정건우	▽ 0/0			◈ 0/0	◈ 0/0			▽ 0/0	▽ 0/0	

서울 이랜드 FC

창단년도_ 2014년
전화_ 02-3431-5470
팩스_ 02-3431-5480
홈페이지_ www.seoulelandfc.com
주소_ 우 07990 서울특별시 양천구 안양천로 939 목동종합운동장 GATE 10(서울 이랜드 FC 사무국)
939, Anyangcheon-ro, Yangcheon-gu, Seoul, KOREA 07990

연혁

2014 창단 의향서 제출(4월)
제1대 박상균 대표이사 취임
제1대 김태완 단장 취임(4월)
서울시와 프로축구연고협약 체결
초대감독 '마틴 레니' 선임(7월)
프로축구연맹 이사회 축구단 가입 승인(8월)
팀명칭 '서울 이랜드 FC' 확정(8월)

2015 공식 엠블럼 발표(2월)
창단 유니폼 발표(2월)
K리그 챌린지 참가
K리그2 1차 팬 프렌들리 클럽상 수상(6월)
K리그2 2차 팬 프렌들리 클럽상 수상(9월)
K리그2 2차 풀스타디움 클럽상 수상(9월)
유소년 팀 창단(11월)
K리그2 3차 팬 프렌들리 클럽상 수상(12월)
현대오일뱅크 K리그 챌린지 2015 4위

2016 제2대 박건하 감독 취임(6월)
K리그2 1차 팬 프렌들리 클럽상 수상(6월)
제2대 한만진 대표이사 취임(12월)

2017 제3대 김병수 감독 취임(1월)
창단 100경기(부산아이파크전)
U15팀 금강대기 준우승
제4대 인창수 감독 취임(12월)
제3대 김현수 대표이사 취임(12월)

2018 제5대 김현수 감독 취임(12월)
서울특별시장 '나눔의 가치' 표창 수상(12월)
제2대 박공원 단장 취임(12월)

2019 제4대 장동우 대표이사 취임(2월)
K리그2 2차 팬 프렌들리 클럽상 수상(8월)
U18팀 제40회 대한축구협회장배 전국대회 4강(6월)
송파구청장 '나눔의 가치' 표창 수상(10월)
제6대 정정용 감독 취임(11월)

2020 창단 200경기(제주유나이티드전)(7월)
K리그2 3차 팬 프렌들리 클럽상 수상(11월)

2021 창단 첫 개막전 승리 (부산아이파크전)(2월)
U18팀 2021 K리그 유스챔피언십 8강(8월)

2022 홈구장 '목동종합운동장' 이전(1월)
제5대 김병권 대표이사 취임(1월)
구단 최초 대한민국 국가대표팀 발탁_ 이재익(3월)
K리그2 2차 그린스타디움상 수상(10월)
2022 스페셜올림픽 코리아 K리그 통합축구 UNIFIED CUP 첫 번째 승리자 수상(10월)
제7대 박충균 감독 취임(11월)

2022년 선수명단

대표이사_ 김병권　사무국장_ 채승목　감독_ 정정용
코치_ 최철우 · 백영철 · 이문선　GK코치_ 서동명　피지컬코치_ 김연준　피지컬트레이너_ 홍덕기　전력분석관_ 김서기 · 송석화　팀닥터_ 김진수
의무트레이너_ 성형호 · 엄동환 · 한두원　장비_ 정서호　통역_ 신성규　강화부장_ 곽진서

포지션	선수명		생년월일	출신교	키(cm) / 몸무게(kg)
GK	김 형 근	金 亨 根	1994.01.06	영남대	188 / 78
	문 정 인	文 正 仁	1998.03.16	현대고	193 / 83
	주 현 성	朱 賢 姓	1999.03.31	용인대	184 / 80
	윤 보 상	潤 普 相	1993.09.09	울산대	185 / 91
DF	황 태 현	黃 太 現	1999.01.29	중앙대	179 / 75
	김 민 규	金 旻 奎	1998.04.01	풍생고	188 / 77
	한 용 수	韓 龍 水	1990.05.05	한양대	184 / 80
	김 진 환	金 眞 奐	1989.03.01	경희대	186 / 78
	채 광 훈	蔡 光 勳	1993.08.17	상지대	173 / 72
	이 재 익	李 在 翊	1999.05.21	보인고	186 / 82
	김 혁 구	金 赫 求	2004.01.21	수원공고	185 / 80
	김 진 혁	金 進 赫	2002.05.01	서귀포고	187 / 84
	김 연 수	金 緣 秀	1993.12.29	한라대	184 / 77
	박 준 영	朴 俊 永	2003.06.18	보인고	186 / 78
	조 동 재	趙 東 宰	2003.05.16	용인시축구센터 덕영 U18	180 / 74
	서 보 민	徐 寶 民	1990.06.22	관동대	175 / 68
	박 경 민	朴 驚 民	1999.08.02	개성고	174 / 65
	이 인 재	李 仁 在	1992.05.13	단국대	186 / 78
MF	유 정 완	柳 政 完	1996.04.05	연세대	177 / 70
	채 영 현	蔡 榮 炫	1999.02.01	김천대	170 / 65
	서 재 민	徐 在 民	1997.12.04	현풍고	171 / 67
	김 정 현	金 貞 現	2000.06.09	한양대	175 / 69
	김 정 환	金 正 桓	1997.01.04	신갈고	175 / 65
	김 원 식	金 元 植	1991.11.05	동북고	187 / 80
	곽 성 욱	郭 成 昱	1993.07.12	아주대	166 / 66
	박 태 준	朴 太 浚	1999.01.19	풍생고	175 / 74
	츠 바 사	西 翼 / Nishi Tsubasa	1990.04.08	*일본	173 / 66
	류 연 준	柳 延 俊	2000.04.10	김천대	177 / 70
	김 선 민	金 善 珉	1991.12.12	예원예대	168 / 68
FW	김 인 성	金 仁 成	1989.09.09	성균관대	180 / 77
	까데나시	Felipe Cadenazzi	1991.10.12	*아르헨티나	192 / 83
	아 센 호	Mauricio Gabriel Asenjo	1994.07.23	*아르헨티나	187 / 86
	이 동 률	李 東 律	2000.06.09	제주 U18	174 / 68
	김 정 수	金 廷 洙	2000.11.30	성균관대	175 / 68
	정 성 호	鄭 星 豪	2001.07.06	용인대	188 / 84
	박 준 영	朴 浚 英	2003.06.06	서울E U18	174 / 68
	이 정 문	李 庭 門	1998.03.18	연세대	195 / 90
	이 성 윤	李 誠 尹	2000.10.31	영생고	184 / 75

2022년 개인기록_ K리그2

위치	배번	경기번호	04	11	17	23	26	34	36	42	46	53
		날 짜	02.20	03.05	03.12	03.16	03.19	03.27	04.02	04.05	04.09	04.17
		홈/원정	원정	원정	원정	원정	홈	홈	원정	원정	원정	원정
		장 소	밀양	안산	김포	광주	목동	잠실	광양	부천	대전W	부산A
		상 대	경남	안산	김포	광주	충남아산	안양	전남	부천	대전	부산
		결 과	승	승	무	패	무	무	무	무	패	승
		점 수	1 : 0	1 : 0	2 : 2	1 : 2	0 : 0	0 : 0	1 : 1	0 : 0	1 : 2	2 : 1
		승 점	3	6	7	7	8	9	10	11	11	14
		슈팅수	10 : 5	18 : 4	19 : 11	8 : 13	22 : 10	10 : 12	15 : 9	10 : 10	12 : 10	16 : 9
GK	1	김 형 근										
	77	윤 보 상	○ 0/0	○ 0/0 C	○ 0/0	○ 0/0	○ 0/0	○ 0/0	○ 0/0	○ 0/0	○ 0/0	○ 0/0
DF	2	배 재 우			△ 0/0	▽ 0/0				○ 0/0 C		△ 0/0
	2	황 태 현	○ 0/0			△ 0/0	▽ 0/0	▽ 0/0	▽ 0/0		○ 0/0	▽ 0/0
	3	김 민 규						○ 0/0				
	4	한 용 수	○ 0/0	○ 0/0 C	▽ 0/0	○ 0/0	○ 0/0	○ 0/0	○ 0/0	○ 0/0	○ 0/0	○ 0/0
	5	김 진 환										△ 0/0
	6	채 광 훈	○ 0/0	○ 0/0	▽ 0/0	△ 0/0	▽ 0/0 C	○ 0/0	○ 0/0	○ 0/0	△ 0/0	○ 0/0
	14	이 재 익	○ 0/0	○ 1/0	○ 0/0	○ 0/0	○ 0/0		△ 0/0		▽ 0/0	
	23	김 연 수	○ 0/0	○ 0/0	○ 0/0	○ 0/0	○ 0/0	○ 0/0	○ 0/0	○ 0/0	○ 0/0	○ 0/0
	27	조 동 재		△ 0/0								
	66	박 경 민										
	91	이 정 문										
	92	이 인 재										
MF	8	곽 성 욱	▽ 0/0				△ 0/0			△ 0/0		
	15	김 원 식	△ 0/0	△ 0/0 C	△ 0/0	▽ 0/0	○ 0/0	○ 0/0	△ 0/0	△ 0/0	△ 0/0	▽ 0/0
	19	유 정 완	▽ 0/0	△ 0/0 C	▽ 0/0 C	△ 1/0	△ 0/0	▽ 0/0	△ 0/0	△ 0/0	△ 0/0	△ 1/0
	22	서 재 민										
	33	박 태 준					▽ 0/0		▽ 0/1 C	▽ 0/0	○ 0/0 C	△ 0/0
	44	츠 바 사		▽ 0/0	▽ 0/0 C	○ 0/0 S			▽ 0/0	▽ 0/0	▽ 0/0	▽ 0/0
	55	서 보 민		▽ 0/0	○ 0/0	▽ 0/0	△ 0/0	△ 0/0	△ 0/0	▽ 0/0	▽ 0/0	
	88	김 선 민	○ 0/0	○ 0/0	○ 0/0			○ 0/0	○ 0/0	○ 0/0	○ 0/0	○ 0/0
FW	7	김 인 성	▽ 0/0	▽ 0/0 C			▽ 0/0	▽ 0/0	○ 0/0	▽ 0/0	▽ 0/0	▽ 0/0
	9	까데나시	△ 1/0	△ 0/0	△ 0/0	△ 0/0	○ 0/0					
	10	아 센 호		▽ 0/0	○ 1/0	○ 0/0 CC		▽ 0/0	▽ 0/0			
	11	김 정 환	△ 0/1	△ 0/0	△ 0/0	△ 0/0	△ 0/0	△ 0/0		△ 0/0 C	△ 0/0	△ 0/1
	17	이 동 률	▽ 0/0	▽ 0/1	▽ 0/1 C	▽ 0/0	▽ 0/0	△ 0/0	▽ 1/0		▽ 0/0	▽ 0/1
	30	김 정 수										
	39	정 성 호						△ 0/0		▽ 0/0	△ 0/0	○ 1/0
	90	박 준 영										
	99	이 성 윤	△ 0/0		△ 1/0	▽ 0/0	△ 0/0		△ 0/0 C	△ 0/0		

선수자료 : 득점/도움 ○ = 선발출전 △ = 교체 IN ▽ = 교체 OUT ◈ = 교체 IN/OUT C = 경고 S = 퇴장

위치	배번	경기번호	57	67	78	85	88	93	65	97	104	109
		날 짜	04.23	05.07	05.17	05.22	05.28	06.04	06.08	06.12	06.19	06.22
		홈/원정	원정	원정	홈	원정	홈	홈	홈	홈	원정	홈
		장 소	진주J	광주	목동	안양	목동	목동	목동	목동	아산	목동
		상 대	경남	광주	김포	안양	대전	부천	전남	부산	충남아산	안산
		결 과	패	패	승	무	패	무	무	무	무	패
		점 수	1 : 3	0 : 1	3 : 1	0 : 0	0 : 1	1 : 1	1 : 1	2 : 2	0 : 0	2 : 3
		승 점	14	14	17	18	18	19	20	21	22	22
		슈팅수	17 : 15	7 : 11	12 : 9	7 : 7	13 : 7	15 : 11	13 : 12	12 : 7	9 : 11	13 : 12
GK	1	김 형 근										
	77	윤 보 상	○ 0/0	○ 0/0	○ 0/0 C	○ 0/0	○ 0/0	○ 0/0	○ 0/0	○ 0/0	○ 0/0	○ 0/0
DF	2	배 재 우	▽ 0/0		▽ 0/0	○ 0/0	○ 0/0	○ 0/0				▽ 0/0
	2	황 태 현									△ 0/0	○ 0/0
	3	김 민 규	△ 0/0				△ 0/0	○ 0/0 C	○ 0/0	△ 0/0		
	4	한 용 수	○ 0/0	○ 0/0 C	○ 0/0	○ 0/0	○ 0/0	▽ 0/0				
	5	김 진 환	△ 0/0					△ 0/0	○ 0/0		▽ 0/0	
	6	채 광 훈	○ 0/0	○ 0/0	○ 0/0							
	14	이 재 익		▽ 0/0						▽ 0/0	○ 0/0	○ 0/0
	23	김 연 수	○ 0/0	○ 0/0 C	▽ 0/0	○ 0/0	○ 0/0 C	○ 0/0	○ 0/0	○ 0/0 CC		○ 0/0
	27	조 동 재				▽ 0/0	○ 0/0 C					
	66	박 경 민										
	91	이 정 문										
	92	이 인 재			△ 0/0	○ 0/0	▽ 0/0					
MF	8	곽 성 욱							△ 0/0 C	△ 0/0		
	15	김 원 식	▽ 0/0	△ 0/0 C	△ 0/0	△ 0/0	△ 0/0	△ 0/0	△ 0/0	○ 0/0	○ 0/0 C	○ 0/0 C
	19	유 정 완	△ 0/0 C		△ 0/0	△ 0/0		▽ 0/0	△ 0/0	△ 0/0	△ 0/0	△ 0/0
	22	서 재 민						▽ 0/0 C	○ 0/0	○ 0/0 C	○ 0/0	△ 0/1
	33	박 태 준	○ 0/0	▽ 0/0	▽ 0/0	△ 0/0	△ 0/0					
	44	츠 바 사	▽ 0/0	△ 0/0	△ 0/0	▽ 0/0	▽ 0/0	○ 1/0	▽ 0/0	▽ 0/0	○ 0/0	▽ 1/0
	55	서 보 민		○ 0/0					▽ 0/0	○ 0/0	○ 0/0	
	88	김 선 민		○ 0/0	○ 1/0	○ 0/0	▽ 0/0	○ 0/0	○ 0/0	○ 0/0	○ 0/0	△ 0/0 C
FW	7	김 인 성	○ 1/0	▽ 0/0	○ 1/0	▽ 0/0	▽ 0/0	△ 0/0	▽ 0/0	△ 1/0	△ 0/0	△ 0/0
	9	까데나시	△ 0/0	△ 0/0	○ 1/1	▽ 0/0	○ 0/0	△ 0/0	△ 0/0	▽ 0/0	▽ 0/0	○ 1/0
	10	아 센 호		▽ 0/0	▽ 0/0	△ 0/0	△ 0/0 C	▽ 0/0	▽ 0/0	▽ 0/0		▽ 0/0
	11	김 정 환	△ 0/0	△ 0/0		▽ 0/0	▽ 0/0	▽ 0/0	△ 0/0	▽ 1/0	▽ 0/0	▽ 0/1
	17	이 동 률	▽ 0/0	▽ 0/0	▽ 0/0	△ 0/0			▽ 0/0 C	△ 0/1	▽ 0/0	▽ 0/0
	30	김 정 수										
	39	정 성 호	▽ 0/0								△ 0/0	
	90	박 준 영			△ 0/0		△ 0/0	△ 0/0				△ 0/0
	99	이 성 윤		△ 0/0								

위치	배번	경기번호	112	120	129	135	149	151	158	162	166	179
		날 짜	06.25	07.03	07.11	07.18	08.01	08.06	08.13	08.16	08.20	08.31
		홈/원정	원정	홈	홈	원정	홈	홈	원정	원정	홈	홈
		장 소	안양	목동	목동	대전W	목동	목동	부천	부산A	목동	목동
		상 대	안양	전남	광주	대전	김포	안산	부천	부산	광주	대전
		결 과	패	무	무	패	승	무	무	패	패	승
		점 수	0 : 1	1 : 1	2 : 2	1 : 3	3 : 0	2 : 2	0 : 0	0 : 1	0 : 4	2 : 1
		승 점	22	23	24	24	27	28	29	29	29	32
		슈팅수	10 : 9	7 : 14	4 : 10	10 : 13	11 : 5	12 : 12	7 : 16	11 : 10	10 : 13	8 : 11
GK	1	김 형 근			△ 0/0	○ 0/0				○ 0/0	○ 0/0	
	77	윤 보 상	○ 0/0	○ 0/0	▽ 0/0		○ 0/0	○ 0/0	○ 0/0			○ 0/0
DF	2	배 재 우										
	2	황 태 현	▽ 0/0	▽ 0/0	○ 0/0	○ 0/0	○ 0/0 C	○ 0/0		○ 0/0	▽ 0/0	▽ 0/0
	3	김 민 규	○ 0/0 C	▽ 0/0 C		▽ 0/0						
	4	한 용 수			▽ 0/0	▽ 0/0						
	5	김 진 환										
	6	채 광 훈					△ 0/0	△ 0/0	△ 0/0	▽ 0/0	○ 0/0	○ 0/0
	14	이 재 익	○ 0/0	○ 0/0	○ 0/0	○ 0/0	○ 0/0	○ 0/0	○ 0/0	○ 0/0	○ 0/0	○ 0/0
	23	김 연 수	○ 0/0	○ 0/0	○ 0/0 CC		○ 0/0	○ 0/0	○ 0/0	○ 0/0	○ 0/0	○ 0/0 C
	27	조 동 재		○ 0/0 C	△ 0/0	△ 0/0						
	66	박 경 민										
	91	이 정 문		△ 0/0	△ 0/0 C							
	92	이 인 재								△ 0/0		△ 0/0 C
MF	8	곽 성 욱		△ 0/0							△ 0/0	
	15	김 원 식	○ 0/0	△ 0/0	△ 0/0	△ 0/0	△ 0/0	△ 0/0	○ 0/0	△ 0/0	△ 0/0	○ 0/0 C
	19	유 정 완	△ 0/0	△ 0/0		△ 0/0	△ 0/0	△ 0/0	△ 0/0			△ 0/0
	22	서 재 민	▽ 0/0		▽ 0/0	▽ 0/0	○ 0/0	○ 0/0	○ 0/0		▽ 0/0	
	33	박 태 준							△ 0/0	△ 0/0		
	44	츠 바 사	▽ 0/0	▽ 1/0	○ 0/0 C	▽ 1/0	▽ 0/0	▽ 0/0	▽ 0/0	▽ 0/0	▽ 0/0	▽ 0/0
	55	서 보 민	△ 0/0			△ 0/0	▽ 0/0 C	▽ 0/0	▽ 0/0	▽ 0/0	△ 0/0	△ 0/0
	88	김 선 민	△ 0/0	○ 0/0	○ 0/1	○ 0/0	○ 0/0	○ 0/0 C	○ 0/0	○ 0/0	○ 0/0	○ 0/0
FW	7	김 인 성	▽ 0/0	○ 0/1	△ 0/0	△ 0/0	△ 0/0	△ 0/0	△ 0/0	○ 0/0		△ 0/0
	9	까데나시	△ 0/0	▽ 0/0	▽ 2/0 C	○ 0/1	▽ 0/1		○ 0/0 C	△ 0/0	○ 0/0	▽ 1/0
	10	아 센 호						▽ 1/0			△ 0/0 C	
	11	김 정 환	○ 0/0	▽ 0/0 C	○ 0/0	○ 0/0 CC	▽ 1/0	▽ 0/0	▽ 0/0	▽ 0/0	▽ 0/0	▽ 0/1 C
	17	이 동 률	▽ 0/0	△ 0/0 S			▽ 1/0	▽ 1/0	▽ 0/0	▽ 0/0		▽ 1/0
	30	김 정 수			▽ 0/1				◆ 0/0		▽ 0/0	
	39	정 성 호										
	90	박 준 영	△ 0/0				△ 1/0	△ 0/0		△ 0/0	△ 0/0	△ 0/0
	99	이 성 윤				▽ 0/0						

선수자료 : 득점/도움 ○ = 선발출전 △ = 교체 IN ▽ = 교체 OUT ◆ = 교체 IN/OUT C = 경고 S = 퇴장

위치	배번	경기번호	184	186	195	199	137	203	207	142	212	219
		날 짜	09.05	09.10	09.14	09.17	09.21	09.25	10.01	10.05	10.08	10.15
		홈/원정	홈	원정	홈	원정	홈	홈	홈	원정	원정	홈
		장 소	목동	김포	목동	안산	목동	목동	목동	아산	광양	목동
		상 대	경남	김포	충남아산	안산	경남	안양	부천	충남아산	전남	부산
		결 과	승	승	승	무	패	승	승	패	패	패
		점 수	2 : 1	3 : 0	3 : 0	1 : 1	0 : 1	3 : 2	3 : 0	1 : 2	0 : 3	0 : 1
		승 점	35	38	41	42	42	45	48	48	48	48
		슈팅수	15 : 14	15 : 11	10 : 11	12 : 6	14 : 10	14 : 10	22 : 13	10 : 9	10 : 15	10 : 5
GK	1	김형근						△ 0/0				
	77	윤보상	○ 0/0	○ 0/0 C	○ 0/0	○ 0/0	○ 0/0	▽ 0/0	○ 0/0	○ 0/0	○ 0/0	○ 0/0
DF	2	배재우										
	2	황태현	○ 0/0	▽ 0/0	○ 1/0	○ 0/0	○ 0/0	○ 1/0	▽ 0/0	▽ 0/0	○ 0/0	
	3	김민규			△ 0/0	○ 0/1						△ 0/0
	4	한용수		△ 0/0				○ 0/0	○ 0/0	▽ 0/0		
	5	김진환										
	6	채광훈	▽ 0/0		○ 0/1	▽ 0/0	▽ 0/0	○ 0/1	○ 0/0	○ 0/0	○ 0/0	▽ 0/0
	14	이재익	○ 0/0	○ 0/0	○ 0/0	○ 0/0	▽ 0/0		○ 0/0	△ 0/0	○ 0/0 S	
	23	김연수	○ 0/0	○ 0/0	▽ 0/0		○ 0/0	○ 0/0	○ 0/0	○ 0/0	○ 0/0	○ 0/0
	27	조동재					△ 0/0					
	66	박경민	△ 0/0									△ 0/0
	91	이정문			△ 0/0	△ 0/0	△ 0/0					
	92	이인재	○ 0/0	○ 0/0	○ 0/0	○ 0/0	○ 0/0	○ 0/0		▽ 0/0	○ 0/0	○ 0/0
MF	8	곽성욱	△ 0/0				▽ 0/0				△ 0/0	△ 0/0
	15	김원식		△ 0/0	▽ 0/0 C	△ 0/0	△ 0/0 C	△ 0/0	△ 0/0		△ 0/0	○ 0/0
	19	유정완	△ 0/0		△ 0/0	▽ 0/0		△ 0/0		△ 0/0 C		
	22	서재민		▽ 0/0 C								▽ 0/0
	33	박태준										
	44	츠바사	▽ 0/0	○ 0/0	▽ 0/0	○ 0/0	△ 0/0	▽ 0/1	▽ 1/0	○ 0/0	▽ 0/0	○ 0/0
	55	서보민	△ 0/0	△ 0/1		△ 0/0			△ 0/0	△ 0/0		
	88	김선민	○ 1/0	○ 0/0	△ 0/0	▽ 0/0 C	○ 0/0	○ 0/0	○ 0/0	○ 0/0	▽ 0/0	○ 0/0
FW	7	김인성		△ 0/1	○ 2/0	△ 0/0	△ 0/0		△ 0/0		△ 0/0	△ 0/0
	9	까데나시	▽ 1/1 C	▽ 1/0		▽ 1/0	▽ 0/0	△ 0/0	▽ 0/0	○ 1/0	▽ 0/0	▽ 0/0
	10	아센호						▽ 0/0	△ 0/0	△ 0/0 C	△ 0/0	
	11	김정환	▽ 0/0	▽ 1/0	▽ 0/0		○ 0/0	▽ 1/0	▽ 2/0	▽ 0/0	▽ 0/0	▽ 0/0
	17	이동률	▽ 0/0	▽ 1/0	▽ 0/1	▽ 0/0	▽ 0/0	▽ 1/0	▽ 0/0	▽ 0/0	▽ 0/0	▽ 0/0
	30	김정수										△ 0/0
	39	정성호										
	90	박준영	△ 0/0	△ 0/0	△ 0/0	△ 0/0		△ 0/0 C	△ 0/0	△ 0/0	△ 0/0	
	99	이성윤										

김 포 FC

창단년도_ 2013년

전화_ 031-997-9527

팩스_ 031-986-5517

홈페이지_ www.gimpofc.co.kr

주소_ 우 10068 경기도 김포시 김포한강3로 385 솔터축구장
385, Gimpohangang 3-ro, Gimposi, Gyeonggi-do, KOREA, 10068

연혁

2013 김포시민축구단 창단
제1대 유종완 감독 취임
챌린저스리그 6위

2014 제2대 안종관 감독 취임
제3대 김승기 감독 취임
K3챌린저스리그 15위

2015 K3리그 2위
제20회 KEB하나은행 FA컵 32강 진출

2016 K3리그 2위

2017 K3리그 어드밴스 5위

2018 제4대 오종렬 감독 취임
K3리그 어드밴스 4위
제23회 KEB하나은행 FA컵 32강 진출

2019 K3리그 어드밴스 3위
제24회 KEB하나은행 FA컵 32강 진출

2020 발기인총회 및 창립이사회 개최
법인설립 허가 신청서류 제출
법인설립 허가
제5대 고정운 감독 취임
제1대 서영길 대표이사 취임
K3리그 8위

2021 김포FC 출범
재단법인 김포FC 업무개시
한국프로축구연맹 가입 신청
K3 정규리그 2위
대한축구협회 K3 챔피언십 우승
U18 선수단 창단

2022 한국프로축구연맹 가입 승인
K리그2 진출 시즌 개막전 프로데뷔 첫 승
하나원큐 K리그2 2022 8위(10승 11무 19패)
U12, 15 선수단 창단
서영길 대표이사 연임

2022년 선수명단

대표이사_ 서영길 사무국장_ 이유묵 감독_ 고정운
수석코치_ 손현준 GK코치_ 정성진 코치_ 조한범 전력강화실장_ 인창수
팀매니저_ 정석환 선수트레이너_ 박상현 전력분석관_ 김진교 물리치료사_ 김희진 통역_ 백낙우 장비관_ 정경영

포지션	선수명		생년월일	출신교	키(cm) / 몸무게(kg)
GK	김 민 재	金民在	2001.06.02	고려대	188 / 79
	송 민 혁	宋民革	2001.04.01	삽교고	188 / 86
	이 상 욱	李相旭	1990.03.09	호남대	190 / 93
	최 봉 진	崔鳳珍	1992.04.06	중앙대	193 / 89
DF	김 종 민	金種民	2001.04.13	김천대	191 / 85
	김 태 한	金台翰	1996.02.24	한양대	184 / 76
	박 경 록	朴景祿	1994.09.30	동아대	185 / 80
	양 준 아	梁準我	1989.06.13	장훈고	189 / 86
	윤 상 혁	尹尙爀	1997.02.26	남부대	184 / 78
	윤 태 웅	尹跆熊	1999.05.03	연세대	188 / 82
	이 중 호	李仲豪	1998.05.16	청주대	182 / 78
	임 준 우	林俊優	2002.01.05	위덕대	181 / 75
	황 도 연	黃渡然	1991.02.27	광양제철고	183 / 74
MF	구 본 상	具本想	1989.10.04	명지대	179 / 70
	김 이 석	金利錫	1998.06.19	수원대	179/ 71
	김 종 석	金綜錫	1995.01.11	상지대	180 / 77
	박 대 한	朴大韓	1991.05.01	성균관대	173 / 71
	박 재 우	朴宰佑	1998.03.06	성균관대	174 / 74
	이 강 연	李康衍	1991.01.26	세종대	181 / 75
	이 규 로	李奎魯	1988.08.20	광양제철고	180 / 69
	이 성 재	李晟宰	1995.05.07	선문대	171 / 67
	이 호 빈	李鎬彬	1999.11.25	신갈고	175 / 63
	최 재 훈	崔宰熏	1995.11.20	중앙대	175 / 70
	한 정 우	韓整宇	1998.12.26	숭실대	172 / 69
	홍 창 오	洪昌晤	1995.12.16	상지대	173 / 70
FW	권 민 재	權珉載	2001.06.11	동국대	170 / 66
	나 성 은	羅聖恩	1996.04.06	수원대	174 / 70
	백 성 진	白成珍	1999.09.08	인천대	174 / 70
	손 석 용	孫碩庸	1998.09.04	현풍고	179 / 78
	윤 민 호	尹旼顥	1995.12.06	전주대	178 / 80
	이 태 민	李太珉	2003.05.09	개성고	177 / 67
	임 재 혁	任宰赫	1999.02.06	신갈고	180 / 74
	정 의 찬	鄭義贊	1996.12.18	초당대	172 / 72
	조 향 기	趙香氣	1992.03.23	광운대	188 / 83
	최 민 서	崔民胥	2002.03.05	제철고	182 / 77

2022년 개인기록_ K리그2

위치	배번	경기번호	01	06	15	17	22	29	35	37	50	51
		날 짜	02.19	02.26	03.06	03.12	03.15	03.20	03.27	04.02	04.11	04.16
		홈/원정	원정	원정	원정	홈	홈	홈	원정	원정	홈	홈
		장 소	광주	광양	부천	김포	김포	김포	부산A	안양	김포	김포
		상 대	광주	전남	부천	서울E	충남아산	대전	부산	안양	경남	안산
		결 과	승	승	패	무	패	패	패	패	승	무
		점 수	2 : 1	2 : 0	0 : 1	2 : 2	0 : 4	1 : 2	0 : 2	2 : 3	2 : 1	1 : 1
		승 점	3	6	6	7	7	7	7	7	10	11
		슈팅수	6 : 6	8 : 6	3 : 11	11 : 19	14 : 20	8 : 6	8 : 9	11 : 7	12 : 9	14 : 8
GK	1	이 상 욱	○ 0/0	○ 0/0	○ 0/0	○ 0/0	○ 0/0	○ 0/0 S				
	31	최 봉 진							○ 0/0	○ 0/0	○ 0/0	○ 0/0
	41	송 민 혁						△ 0/0 C				
DF	3	박 경 록	○ 0/0 C	○ 0/1	○ 0/0	○ 0/0	○ 0/0	○ 0/0 C	○ 0/0		○ 0/0	○ 0/0
	4	김 태 한	○ 0/0 CC			△ 0/0	○ 0/0	○ 0/0	▽ 0/0		○ 0/0 C	○ 0/0 C
	5	박 준 희	○ 0/0	○ 0/0 C	○ 0/0	○ 0/0 C	▽ 0/0					
	11	서 경 주							○ 0/0 C			△ 0/0
	14	양 준 아						△ 0/0 C	△ 0/0	○ 0/0	○ 0/0	○ 0/0
	22	이 중 호										
	24	황 도 연										
	25	박 대 한	○ 0/0	○ 0/0	○ 0/0	○ 0/0	○ 0/0	▽ 0/0			○ 0/0 C	
	28	김 수 범							△ 0/0 C	△ 0/0	○ 0/1	○ 0/0
	30	김 종 민										
	35	박 재 우							▽ 0/0	○ 1/0		
	88	이 규 로										
MF	2	어 정 원	▽ 0/1	▽ 0/0	△ 0/0	◆ 0/0 C						
	6	이 성 재										
	7	마루오카	△ 0/0	△ 0/0	△ 0/0			△ 0/0	△ 0/0			
	8	구 본 상			△ 0/0			△ 0/0		○ 1/0 C	▽ 0/0 C	○ 0/0
	19	한 정 우	△ 0/0	△ 1/0	○ 0/0	▽ 0/0	○ 0/0	○ 0/0		▽ 0/0		▽ 0/0
	23	최 재 훈	○ 0/0	○ 0/0	○ 0/0	○ 0/0 C	▽ 0/0 C	▽ 1/0 C	▽ 0/0	○ 0/0	△ 0/0	○ 0/0
	26	이 강 연		○ 0/0	○ 0/0	○ 0/0	△ 0/0	○ 0/0	○ 0/0	○ 0/0		
	29	권 민 재	▽ 0/1 C	▽ 0/0	▽ 0/0	▽ 0/1	▽ 0/0	▽ 0/0	▽ 0/0	▽ 0/0		
	33	윤 상 혁										
	66	김 이 석										
FW	9	유리치치					△ 0/0				△ 0/0	△ 0/0
	10	김 종 석	○ 1/0	○ 0/0	▽ 0/0	○ 0/0	○ 0/0	○ 0/0	○ 0/0	○ 0/1	○ 1/0	
	12	최 민 서							△ 0/0		▽ 0/0	▽ 0/0
	13	임 재 혁								△ 0/0		
	17	홍 창 오										
	18	정 의 찬					△ 0/0	▽ 0/0	○ 0/0	△ 0/1	△ 0/0	◆ 0/0
	20	조 향 기										
	27	윤 태 웅										
	32	윤 민 호	▽ 0/0	○ 0/0 C	○ 0/0	○ 1/0	○ 0/0 C	○ 0/0	○ 0/0	○ 0/0	○ 1/0	○ 1/0
	47	나 성 은	△ 0/0	△ 0/0		△ 0/0						
	76	이 태 민										
	99	손 석 용	○ 1/0 C	▽ 1/0	▽ 0/0 C	○ 1/0	○ 0/0 S			▽ 0/0	▽ 0/0	○ 0/1

선수자료 : 득점/도움　○ = 선발출전　△ = 교체 IN　▽ = 교체 OUT　◆ = 교체 IN/OUT　C = 경고　S = 퇴장

위치	배번	경기번호	60	64	69	73	78	84	89	92	103	107
		날 짜	04.24	05.04	05.09	05.14	05.17	05.22	05.29	06.04	06.18	06.21
		홈/원정	원정	홈	원정	홈	원정	홈	원정	원정	홈	홈
		장 소	아산	김포	대전W	김포	목동	김포	안산	진주J	김포	김포
		상 대	충남아산	광주	대전	안양	서울E	부산	안산	경남	부천	전남
		결 과	패	패	무	패	패	승	무	패	승	무
		점 수	1 : 2	1 : 2	4 : 4	0 : 1	1 : 3	1 : 0	1 : 1	1 : 6	2 : 1	2 : 2
		승 점	11	11	12	12	12	15	16	16	19	20
		슈팅수	7 : 13	14 : 8	13 : 14	8 : 11	9 : 12	17 : 12	9 : 6	12 : 17	9 : 12	9 : 7
GK	1	이 상 욱		○ 0/0	○ 0/0	○ 0/0					○ 0/0	○ 0/0
	31	최 봉 진	○ 0/0				○ 0/0	○ 0/0	○ 0/0	○ 0/0		
	41	송 민 혁										
DF	3	박 경 록	○ 0/0	○ 0/0	○ 0/0	○ 0/0	○ 0/0	△ 0/0		△ 0/0		
	4	김 태 한	○ 0/0	○ 1/0 C	○ 0/0 C	○ 0/0	○ 0/0 S			○ 0/0 C		△ 0/0
	5	박 준 희		○ 0/0	○ 0/0	○ 0/0	○ 0/0	▽ 0/0	○ 0/0 C			
	11	서 경 주										
	14	양 준 아	○ 0/0 C	△ 0/0	△ 0/0	△ 0/0	○ 0/1 C	○ 1/0	○ 1/0	▽ 0/0	○ 0/0 C	△ 0/0
	22	이 중 호										
	24	황 도 연										
	25	박 대 한					▽ 0/0	○ 0/0	○ 0/0	○ 0/0	○ 0/0	○ 0/0
	28	김 수 범					○ 0/0 C	○ 0/0	○ 0/0	○ 0/0	○ 0/1	○ 0/0 C
	30	김 종 민										○ 1/0
	35	박 재 우	▽ 0/0 C	○ 0/0	○ 0/0	○ 0/0						
	88	이 규 로										○ 0/0
MF	2	어 정 원	○ 0/0	○ 0/0 C	○ 0/0	○ 0/0						
	6	이 성 재										
	7	마루오카		△ 0/0						○ 0/0		
	8	구 본 상	▽ 0/0						△ 0/0			△ 0/0
	19	한 정 우					△ 0/0				△ 0/0	▽ 0/1
	23	최 재 훈	○ 0/0	▽ 0/0			▽ 0/0	○ 0/0 C	▽ 0/0	△ 0/0	▽ 0/0	▽ 0/0
	26	이 강 연			▽ 1/0 C	▽ 0/0		○ 0/0	○ 0/0 C	○ 0/0	▽ 0/0	
	29	권 민 재					△ 1/0	▽ 0/0	▽ 0/0	▽ 0/0	▽ 0/0	
	33	윤 상 혁									○ 0/0	▽ 0/0
	66	김 이 석										
FW	9	유리치치	△ 0/0 C	△ 0/0				◆ 0/0 C				
	10	김 종 석	○ 0/0	○ 0/0	○ 0/0	○ 0/0 C	△ 0/0	○ 0/1 C	○ 0/0	○ 0/0	○ 0/0	▽ 0/0
	12	최 민 서	▽ 0/0	▽ 0/0	▽ 0/0	▽ 0/0	▽ 0/0	△ 0/0	◆ 0/0			
	13	임 재 혁										
	17	홍 창 오										
	18	정 의 찬	△ 0/0	▽ 0/0	△ 0/0	△ 0/0	△ 0/0					
	20	조 향 기			△ 1/0 C	○ 0/0			△ 0/0	△ 0/0	△ 0/0	△ 0/1
	27	윤 태 웅										
	32	윤 민 호	○ 1/0		▽ 2/0		△ 0/0	○ 0/0	○ 0/1	▽ 0/0	○ 0/1 S	
	47	나 성 은				△ 0/0	▽ 0/0	△ 0/0	△ 0/0		△ 0/0	▽ 0/0
	76	이 태 민										△ 0/0 C
	99	손 석 용	△ 0/0	○ 0/0	○ 0/3	▽ 0/0	▽ 0/0	▽ 0/0	▽ 0/0	○ 0/0	○ 2/0	○ 1/0

위치	배번	경기번호	115	118	125	130	133	136	143	149	160	165
		날 짜	06.26	07.02	07.06	07.11	07.17	07.23	07.26	08.01	08.14	08.17
		홈/원정	원정	홈	원정	홈	원정	원정	홈	원정	홈	원정
		장 소	대전W	김포	부산A	김포	광양	안산	김포	목동	김포	아산
		상 대	대전	광주	부산	안양	전남	안산	부천	서울E	경남	충남아산
		결 과	무	무	승	패	승	패	무	패	패	승
		점 수	1:1	0:0	3:0	0:2	1:0	1:3	1:1	0:3	1:3	1:0
		승 점	21	22	25	25	28	28	29	29	29	32
		슈팅수	8:20	5:10	11:9	9:11	7:10	7:12	12:6	5:11	13:12	3:17
GK	1	이상욱	○ 0/0	○ 0/0	○ 0/0	○ 0/0	○ 0/0	○ 0/0	○ 0/0	○ 0/0		○ 0/0 C
	31	최봉진									○ 0/0	
	41	송민혁										
DF	3	박경록		△ 0/0	▽ 0/0	○ 0/0	○ 0/0	○ 0/0		○ 0/0	○ 0/0	○ 0/0
	4	김태한	○ 0/0	○ 0/0	△ 0/0		△ 0/0		○ 0/0	△ 0/0	○ 0/1	○ 0/0
	5	박준희										
	11	서경주										
	14	양준아	△ 0/0								△ 0/0	
	22	이중호							▽ 0/0		▽ 0/0	
	24	황도연		▽ 0/0	○ 0/0	○ 0/0	○ 0/0		○ 0/0 C	▽ 0/0		
	25	박대한	▽ 0/0	○ 0/0	○ 0/0	○ 0/0	○ 1/0 C	○ 0/0	△ 0/0	▽ 0/0	△ 0/0	▽ 0/0
	28	김수범	○ 0/0									
	30	김종민	○ 0/0	○ 0/0	○ 1/0	○ 0/0 C	○ 0/0	○ 0/0	○ 0/0	○ 0/0 C	○ 0/0	○ 0/0 C
	35	박재우			▽ 0/0	△ 0/0		▽ 0/0				
	88	이규로	▽ 0/0	○ 0/0	△ 0/0	▽ 0/0	▽ 0/0	△ 0/0	○ 0/0	○ 0/0 C	▽ 0/0	○ 0/0
MF	2	어정원										
	6	이성재				△ 0/0		△ 0/0			○ 0/0	
	7	마루오카										
	8	구본상							▽ 0/0			
	19	한정우	△ 0/0		△ 0/0	△ 0/0	△ 0/1	△ 0/0	▽ 0/0	▽ 0/0		
	23	최재훈	△ 0/0		○ 0/0 C		▽ 0/0	▽ 0/0	△ 0/0	▽ 0/0		
	26	이강연	○ 0/0 C	○ 0/0 C		▽ 0/0		○ 0/0 C		△ 0/0		△ 0/0
	29	권민재										
	33	윤상혁										△ 0/0 C
	66	김이석					△ 0/0 C		○ 0/0	○ 0/0	▽ 0/0	○ 1/0 C
FW	9	유리치치										
	10	김종석	○ 0/0	○ 0/0	○ 0/1	▽ 0/0	▽ 0/0	▽ 0/0 C	▽ 0/0	○ 0/0 C		▽ 0/0
	12	최민서										
	13	임재혁										
	17	홍창오										
	18	정의찬	▽ 0/0	▽ 0/0								△ 0/0
	20	조향기	△ 0/0	△ 0/0	△ 0/0 C	△ 0/0	△ 0/0	△ 0/0	△ 1/0	△ 0/0	○ 0/0	△ 0/0 C
	27	윤태웅									△ 0/0	
	32	윤민호		○ 0/0	▽ 1/0	○ 0/0	▽ 0/0 C	▽ 1/0	▽ 0/0	▽ 0/0	△ 0/0	▽ 0/0
	47	나성은	▽ 1/0	△ 0/0	▽ 0/0	▽ 0/0	▽ 0/0	▽ 0/1			▽ 1/0 C	▽ 0/0
	76	이태민	△ 0/0		△ 0/0 C	△ 0/0	△ 0/0	△ 0/0	△ 0/0	△ 0/0	△ 0/0	△ 0/0
	99	손석용	▽ 0/1	▽ 0/0 C	▽ 1/1	▽ 0/0	○ 0/0	○ 0/0	△ 0/1	△ 0/0	▽ 0/0	▽ 0/0

선수자료 : 득점/도움 ○ = 선발출전 △ = 교체 IN ▽ = 교체 OUT ◈ = 교체 IN/OUT C = 경고 S = 퇴장

위치	배번	경기번호	168	173	180	182	186	191	198	201	206	213
		날 짜	08.21	08.27	08.31	09.03	09.10	09.13	09.17	09.24	10.01	10.08
		홈/원정	홈	원정	홈	원정	홈	원정	홈	원정	홈	홈
		장 소	김포	안양	김포	광주	김포	창원C	김포	부천	김포	김포
		상 대	전남	안양	안산	광주	서울E	경남	부산	부천	충남아산	대전
		결 과	무	무	패	패	패	패	무	승	승	패
		점 수	1 : 1	0 : 0	0 : 3	1 : 2	0 : 3	0 : 1	0 : 0	1 : 0	1 : 0	0 : 3
		승 점	33	34	34	34	34	34	35	38	41	41
		슈팅수	10 : 16	6 : 11	12 : 9	3 : 16	11 : 15	6 : 8	9 : 15	9 : 11	5 : 12	17 : 12
GK	1	이 상 욱	○ 0/0	○ 0/0	○ 0/0	○ 0/0	○ 0/0	○ 0/0	○ 0/0	○ 0/0 C	○ 0/0 C	
	31	최 봉 진										○ 0/0
	41	송 민 혁										
DF	3	박 경 록	○ 0/0	▽ 0/0		○ 0/0	○ 0/0	○ 0/0	○ 0/0	○ 0/0	○ 0/0	○ 0/0
	4	김 태 한	○ 0/0	○ 0/0	○ 0/0	○ 0/0	○ 0/0	○ 0/0 C	○ 0/0	○ 0/0	○ 0/0	○ 0/0
	5	박 준 희										
	11	서 경 주										
	14	양 준 아										
	22	이 중 호								○ 0/0	○ 0/0	△ 0/0
	24	황 도 연										
	25	박 대 한	△ 0/0	△ 0/0	○ 0/0	△ 0/0	○ 0/0		▽ 0/0	△ 0/0	△ 0/0	○ 0/0
	28	김 수 범										
	30	김 종 민	○ 0/0 C	○ 0/0 C		○ 0/0	▽ 0/0	○ 0/0	○ 0/0		○ 0/0 C	△ 0/0
	35	박 재 우										
	88	이 규 로	○ 1/0	○ 0/0		▽ 0/0 C	△ 0/0	○ 0/0	▽ 0/0			
MF	2	어 정 원										
	6	이 성 재	▽ 0/0		○ 0/0 CC		△ 0/0	▽ 0/0	△ 0/0	△ 0/0		△ 0/0
	7	마루오카										
	8	구 본 상										
	19	한 정 우			△ 0/0				△ 0/0	△ 0/0		
	23	최 재 훈		○ 0/0	△ 0/0	○ 0/0 C	○ 0/0	△ 0/0	○ 0/0	○ 0/0 C	○ 0/0	○ 0/0 C
	26	이 강 연	▽ 0/0		○ 0/0			△ 0/0		○ 0/0	△ 0/0	▽ 0/0
	29	권 민 재			▽ 0/0		▽ 0/0	▽ 0/0		△ 0/0		
	33	윤 상 혁	▽ 0/0	▽ 0/0	▽ 0/0	○ 0/0 C	▽ 0/0	▽ 0/0	△ 0/0	▽ 0/0	▽ 0/0 C	▽ 0/0
	66	김 이 석		○ 0/0	○ 0/0	○ 0/0	▽ 0/0 C		▽ 0/0	▽ 0/0	▽ 1/0	▽ 0/0
FW	9	유리치치										
	10	김 종 석	△ 0/0	△ 0/0	○ 0/0	△ 0/0	△ 0/0	▽ 0/0	△ 0/0 C		△ 0/0	
	12	최 민 서										
	13	임 재 혁										
	17	홍 창 오				△ 0/0		△ 0/0	△ 0/0			
	18	정 의 찬	◈ 0/0	○ 0/0	◈ 0/0				○ 0/0 C	▽ 0/0	▽ 0/1	
	20	조 향 기	○ 0/0	△ 0/0	△ 0/0	△ 0/0	△ 0/0	▽ 0/0		▽ 1/0	○ 0/0	△ 0/0
	27	윤 태 웅						△ 0/0				
	32	윤 민 호	△ 0/0	▽ 0/0	▽ 0/0	▽ 0/0	○ 0/0			△ 0/0		○ 0/0
	47	나 성 은	▽ 0/0								△ 0/0	▽ 0/0
	76	이 태 민	△ 0/0		▽ 0/0	▽ 0/1	▽ 0/0	△ 0/0	▽ 0/0		◈ 0/0	▽ 0/0
	99	손 석 용	○ 0/0	○ 0/0	△ 0/0	▽ 1/0	△ 0/0	○ 0/0	▽ 0/0	▽ 0/0	▽ 0/0	△ 0/0

안 산 그 리 너 스

창단년도_ 2017년
전화_ 031-480-2002
팩스_ 031-480-2055
홈페이지_ greenersfc.com
주소_ 우 15396 경기도 안산시 단원구 화랑로 260 와스타디움 3층
3F, Wa stadium, 260, Hwarang-ro, Danwon-gu, Ansan-si, Gyeonggi-do, KOREA 15396

연혁

2016 안산시 시민프로축구단 창단 발표
창단추진준비위원회 발족
팀명칭 공모
초대 이흥실 감독 선임
'안산 그리너스 FC' 팀명칭 확정

2017 구단 엠블럼 공개
테이블석 시즌권 완판
창단식 개최
창단 첫 홈경기 승리(vs 대전 2:1승)
2017시즌 1차 '플러스스타디움상' 수상
2017시즌 2차 '풀스타디움상' 수상
사회공헌활동 230회 달성
KEB하나은행 K리그 챌린지 2017 9위(7승 12무 17패)
K리그 대상 시상식 '플러스스타디움상', '사랑나눔상' 수상
KEB하나은행 K리그 챌린지 최다도움상 MF 장혁진 수상

2018 샘 오취리, 안산 그리너스 FC 다문화 홍보대사 위촉
2018시즌 1차 '풀스타디움상' 수상
제2대 이종걸 단장 취임
2018시즌 2차 '팬 프렌들리 상' 수상
제2대 임완섭 감독 취임
사회공헌활동 341회 달성
KEB하나은행 K리그2 2018 9위(10승 9무 17패)
K리그 대상 시상식 '사랑나눔상', '그린스타디움상' 수상
스포츠마케팅어워드 프로스포츠 구단 부문 본상 수상

2019 제2대 김호석 대표이사 취임
이태성, 안산 그리너스 FC 홍보대사 위촉
2019시즌 1차 '그린스타디움상' 수상
2019시즌 2차 '그린스타디움상' 수상
K리그 대상 시상식 '그린스타디움상' 수상
K리그 대상 시상식 'K리그2 전 경기/ 전 시간 출전상' (DF 이인재) 수상
'스포츠마케팅어워드' 프로스포츠 구단 부문 본상 수상
사회공헌활동 381회 달성
하나원큐 K리그2 2019 5위(14승 8무 14패)
2019시즌 3차 '그린스타디움상', '풀스타디움상', '플러스스타디움상' 수상
제3대 김길식 감독 취임

2020 제4대 김복식 단장 취임
2020시즌 2차 '그린스타디움상' 수상
K리그 대상 시상식 '사랑나눔상' 수상
하나원큐 K리그2 2020 7위(7승 7무 13패)
사회공헌활동 139회 달성

2021 제5대 김진형 단장 취임
하나원큐 K리그2 2021 7위(11승 10무 15패)
사회공헌활동 100회 달성
제4대 조민국 감독 취임

2022 하나원큐 K리그2 2022 9위(8승 13무 19패)
제5대 임종헌 감독 취임
제3대 이종걸 대표이사 취임
제6대 김길식 단장 취임

2022년 선수명단

구단주_ 이민근　대표이사_ 이종걸　단장_ 김길식　감독_ 임종헌
코치_ 김정우 · 천지훈　GK코치_ 신화용　피지컬코치_ 손동민　트레이너(AT)_ 전방욱 · 윤찬희　주치의_ 정태석　한방주치의_ 조평근
팀매니저_ 정세현　통역_ 이한결　지원스태프_ 조우현

포지션	선수명		생년월일	출신교	키(cm) / 몸무게(kg)
GK	이 승 빈	李承豳	1990.05.27	숭실대	184 / 80
	김 선 우	金善于	1993.04.22	성균관대	188 / 81
	이 찬 우	李燦玗	1997.06.27	아주대	185 / 81
	김 원 중	金愿重	2001.04.04	김천대	190 / 84
DF	김 보 섭	金甫燮	2000.01.10	한양대	171 / 68
	고 태 규	高態規	1996.08.02	현대고	190 / 83
	권 영 호	權英鎬	1992.07.31	명지대	190 / 83
	박 민 준	朴民埈	2001.03.10	명지대	183 / 73
	신 일 수	申壹守	1994.09.04	고려대	189 / 78
	아스나위	Asnawi Mangkualam Bahar	1999.10.04	*인도네시아	174 / 70
	김 민 호	金珉浩	1997.06.11	연세대	188 / 85
	이 준 희	李準熙	1988.06.01	경희대	182 / 75
	장 유 섭	張裕攝	1996.06.24	명지대	185 / 82
	안 성 민	安性玟	1999.08.09	경희대	185 / 76
	김 정 민	金晶珉	1995.09.06	영남대	172 / 65
	김 예 성	金譽聲	1996.10.21	광주대	173 / 70
	조 인 홍	趙仁洪	1998.05.04	원광대	183 / 75
	박 동 휘	朴東輝	1996.01.18	울산대	172 / 64
	박 성 현	朴姓賢	2003.05.14	안산U18	181 / 72
MF	이 상 민	李尙旻	1995.05.02	고려대	175 / 71
	이 와 세	磐瀬剛 /Iwase Go	1995.06.28	*일본	171 / 67
	김 영 남	金榮男	1991.03.24	중앙대	178 / 75
	송 진 규	宋珍圭	1997.07.12	중앙대	176 / 72
	김 지 안	金志矸	1995.12.30	용인대	181 / 75
	이 진 섭	李進燮	2002.01.23	안산U18	183 / 78
	장 동 혁	張東爀	2003.11.03	중앙고	180 / 70
	전 용 운	全龍雲	2002.11.05	안산U18	177 / 71
	김 경 수	金敬秀	2000.12.05	전주대	181 / 73
	변 승 환	卞承煥	1999.03.12	김천대	177 / 72
	이 건 영	李健渶	2000.02.26	홍익대	183 / 72
	장 동 혁	張東赫	1999.08.28	연세대	183 / 72
FW	두아르테	Róbson Carlos Duarte	1993.06.20	*브라질	174 / 68
	김 경 준	金京俊	1996.10.01	영남대	178 / 75
	까 뇨 뚜	Anderson Cardoso de Campos: Canhoto	1997.03.30	*브라질	179 / 68
	강 수 일	姜修一	1987.07.15	상지대	185 / 74
	신 재 혁	申在爀	2001.06.04	건국대	178 / 67
	최 건 주	崔建柱	1999.06.26	건국대	176 / 64
	티 아 고	Thiago Henrique do Espirito Santo	1995.08.15	*브라질	188 / 82
	이 지 성	李知成	1999.05.05	용인대	176 / 65
	윤 경 원	尹經原	2001.04.09	현대고	184 / 80
	이 건 희	李建熙	2002.09.07	서울디지털대	179 / 70
	권 우 현	權祐賢	2003.05.01	안산U18	177 / 63

2022년 개인기록_ K리그2

위치	배번	경기번호	03	07	11	16	21	30	33	44	47	51
		날 짜	02.20	02.26	03.05	03.12	03.15	03.20	03.26	04.06	04.09	04.16
		홈/원정	홈	원정	홈	홈	원정	홈	원정	홈	원정	원정
		장 소	안산	부천	안산	안산	대전W	안산	광양	안산	아산	김포
		상 대	부산	부천	서울E	광주	대전	경남	전남	안양	충남아산	김포
		결 과	무	패	패	패	무	무	무	패	무	무
		점 수	1 : 1	1 : 2	0 : 1	0 : 2	0 : 0	2 : 2	1 : 1	1 : 2	0 : 0	1 : 1
		승 점	1	1	1	1	2	3	4	4	5	6
		슈팅수	8 : 12	9 : 10	4 : 18	7 : 14	6 : 26	16 : 20	3 : 15	9 : 12	3 : 15	8 : 14
GK	1	이 승 빈			○ 0/0	○ 0/0	○ 0/0	○ 0/0	○ 0/0	○ 0/0	○ 0/0	○ 0/0
	19	김 선 우										
	31	이 찬 우										
	41	김 원 중	○ 0/0	○ 0/0								
DF	2	김 보 섭					△ 0/0					▽ 1/0
	4	권 영 호	○ 0/0	○ 1/0	○ 0/0 C		△ 0/0	○ 0/0	○ 0/0	○ 0/0 C	○ 0/0	○ 0/0
	5	박 민 준										△ 0/0
	6	신 일 수		▽ 0/0 C		▽ 0/0				△ 0/0 C	△ 0/0	△ 0/0
	14	아스나위	△ 0/0	△ 0/0		▽ 0/0			△ 0/0	△ 0/0	△ 0/0	▽ 0/0 C
	20	김 민 호	○ 0/0	○ 0/0	○ 0/0	▽ 0/0			○ 0/0	○ 0/0	○ 0/0	▽ 0/0
	22	이 준 희	○ 0/0 C		○ 0/0			△ 0/0	○ 0/0	○ 0/0	△ 0/0	
	23	장 유 섭				△ 0/0	▽ 0/0		○ 0/0	▽ 0/0		○ 0/0
	24	안 성 민	▽ 0/0 C	○ 0/0	▽ 0/0	○ 0/0	○ 0/0	▽ 0/0	○ 0/0		▽ 0/0	
	29	김 예 성				△ 0/0	○ 0/0	○ 0/0		○ 0/0	○ 0/0	○ 0/0
	34	김 재 봉				○ 0/0	○ 0/0	○ 0/0 C				
	38	박 동 휘										
MF	8	이 상 민	○ 0/0	○ 0/0	○ 0/0	○ 0/0	○ 0/0	○ 1/0		○ 0/0	○ 0/0	○ 0/0 C
	12	이 와 세	▽ 0/0 C	○ 0/0	▽ 0/0			▽ 0/0 C	▽ 0/0 C	▽ 0/0	▽ 0/0 C	▽ 0/0 C
	13	김 영 남							△ 0/0		△ 0/0	
	15	송 진 규				△ 0/0	△ 0/0					
	18	김 지 안										
	32	이 진 섭										
	33	장 동 혁					△ 0/0	△ 0/0	▽ 0/0	△ 0/0	▽ 0/0	
	34	전 용 운										
	35	김 경 수	△ 0/0	△ 0/0	○ 0/0	○ 0/0 C	○ 0/0	▽ 0/0	△ 0/0			
	36	변 승 환										△ 0/0 C
	40	이 건 영										
	44	장 동 혁										
	66	김 이 석	△ 0/0	○ 0/0	△ 0/0				▽ 0/0		△ 0/0	△ 0/0
FW	7	두아르테	▽ 0/1	△ 0/0	○ 0/0 C	○ 0/0	○ 0/0 S			▽ 0/0		
	9	김 경 준	△ 0/0			▽ 0/0	▽ 0/0					
	10	까 뇨 뚜										
	11	강 수 일	△ 0/0	▽ 0/0	▽ 0/0			△ 0/0	△ 0/0	○ 0/0 C	○ 0/0	▽ 0/0
	16	신 재 혁							▽ 1/0	▽ 0/0		
	17	최 건 주	▽ 1/0	▽ 0/0	△ 0/0	▽ 0/0	▽ 0/0 C	○ 0/0		△ 1/0	▽ 0/0	○ 0/1
	21	티 아 고	▽ 0/0	△ 0/0	○ 0/0 C			△ 1/0	○ 0/1 S			
	26	이 지 성				△ 0/0	▽ 0/0	▽ 0/0	◆ 0/0 C			△ 0/0
	28	김 륜 도	○ 0/0	▽ 0/0	△ 0/0			○ 0/0				
	37	윤 경 원				△ 0/0	◆ 0/0				▽ 0/0	

선수자료 : 득점/도움 ○ = 선발출전 △ = 교체 IN ▽ = 교체 OUT ◆ = 교체 IN/OUT C = 경고 S = 퇴장

위치	배번	경기번호	58	61	66	74	79	82	89	95	100	109
		날 짜	04.24	05.03	05.07	05.15	05.18	05.21	05.29	06.05	06.13	06.22
		홈/원정	홈	홈	원정	원정	홈	원정	홈	원정	홈	원정
		장 소	안산	안산	안양	광주	안산	광양	안산	부산A	안산	목동
		상 대	대전	경남	안양	광주	충남아산	전남	김포	부산	부천	서울E
		결 과	패	패	무	패	패	승	무	패	승	승
		점 수	1 : 2	2 : 3	1 : 1	0 : 2	0 : 1	3 : 2	1 : 1	0 : 2	3 : 0	3 : 2
		승 점	6	6	7	7	7	10	11	11	14	17
		슈팅수	11 : 12	12 : 18	6 : 14	4 : 8	10 : 17	7 : 12	6 : 9	7 : 13	16 : 11	12 : 13
GK	1	이승빈	○ 0/0	○ 0/0	○ 0/0	○ 0/0	○ 0/0	○ 0/0 C	○ 0/0	○ 0/0	○ 0/0 C	○ 0/0
	19	김선우										
	31	이찬우										
	41	김원중										
DF	2	김보섭	○ 0/1	▽ 0/0	▽ 0/0	▽ 0/0	◈ 0/0	○ 1/0	▽ 0/0 C	▽ 0/0	▽ 0/0	▽ 0/0
	4	권영호								△ 0/0	○ 0/0 C	○ 0/0
	5	박민준	△ 0/0	△ 0/0	○ 0/0							
	6	신일수	○ 0/0	▽ 0/0	○ 0/0	○ 0/0	▽ 0/0	△ 0/0	○ 0/1 CC			
	14	아스나위	△ 0/0	○ 0/0 C	▽ 0/0							
	20	김민호	○ 0/0	○ 0/0	○ 0/0	○ 0/0 C	○ 0/0	○ 0/0 C	○ 0/0	▽ 0/0 C	○ 0/0	○ 0/0 C
	22	이준희	○ 0/0	△ 0/1			△ 0/0	△ 0/0				▽ 0/0
	23	장유섭	▽ 0/0 C	▽ 0/0	△ 0/0	▽ 0/0	△ 0/0 C	▽ 0/0	△ 0/0	○ 0/0		
	24	안성민									△ 0/0	
	29	김예성	▽ 0/0	▽ 0/0	▽ 0/0	○ 0/0	▽ 0/0	○ 0/0	○ 0/0	○ 0/0	○ 0/0	△ 0/0
	34	김재봉										
	38	박동휘										
MF	8	이상민	○ 1/0	○ 0/0	○ 0/0	△ 0/0	○ 0/0	○ 0/0 C	○ 0/0	○ 0/0	○ 1/0	○ 0/1 C
	12	이와세		△ 0/0	○ 0/0	○ 0/0 C	○ 0/0	○ 0/0	○ 0/0	○ 0/0	○ 0/0 C	○ 0/0
	13	김영남				△ 0/0		▽ 0/0	▽ 0/0	▽ 0/0	▽ 0/0	▽ 0/0
	15	송진규	▽ 0/0 C			○ 0/0	△ 0/0			▽ 0/0	▽ 0/0	▽ 2/0
	18	김지안								△ 0/0		
	32	이진섭				△ 0/0	▽ 0/0	△ 0/0				
	33	장동혁										
	34	전용운										
	35	김경수							△ 0/0	△ 0/0	△ 0/0	△ 0/0
	36	변승환		▽ 0/0								
	40	이건영										
	44	장동혁										
	66	김이석	▽ 0/0	○ 0/0	○ 0/0	▽ 0/0	▽ 0/0 C	△ 0/0	△ 0/0 C	△ 0/0		
FW	7	두아르테		△ 1/0	△ 0/0 C		○ 0/0	▽ 0/0	▽ 0/0			△ 1/0
	9	김경준	▽ 0/0			▽ 0/0			△ 0/0			
	10	까뇨뚜		△ 1/0	△ 0/0	△ 0/0 C	○ 0/0	▽ 1/1	▽ 0/0	▽ 0/0	○ 1/1	○ 0/1
	11	강수일	△ 0/0		△ 0/0 C	▽ 0/0 C	△ 0/0	△ 1/0	△ 0/0	△ 0/0	△ 1/0	△ 0/0
	16	신재혁										
	17	최건주	△ 0/0	○ 0/0	▽ 1/0	△ 0/0	○ 0/0	▽ 0/0	▽ 1/0	○ 0/0	▽ 0/0	▽ 0/0
	21	티아고									△ 0/0 C	△ 0/0
	26	이지성	△ 0/0									
	28	김륜도										
	37	윤경원										

위치	배번	경기번호	111	116	122	127	134	136	141	148	151	157
		날 짜	06.25	07.02	07.05	07.09	07.18	07.23	07.26	07.31	08.06	08.13
		홈/원정	원정	홈	원정	홈	원정	홈	원정	홈	원정	홈
		장 소	아산	안산	대전W	안산	부산A	안산	창원C	안산	목동	안산
		상 대	충남아산	안양	대전	부천	부산	김포	경남	전남	서울E	광주
		결 과	패	패	패	패	승	승	패	승	무	무
		점 수	1 : 3	1 : 4	0 : 2	1 : 2	1 : 0	3 : 1	1 : 2	3 : 0	2 : 2	0 : 0
		승 점	17	17	17	17	20	23	23	26	27	28
		슈팅수	9 : 10	13 : 15	8 : 15	18 : 11	17 : 12	12 : 7	15 : 16	9 : 19	12 : 12	6 : 23
GK	1	이승빈	○ 0/0	○ 0/0	○ 0/0	○ 0/0	○ 0/0	○ 0/0	○ 0/0	○ 0/0	○ 0/0	○ 0/0
	19	김선우										
	31	이찬우										
	41	김원중										
DF	2	김보섭	▽ 0/0	△ 0/0		▽ 0/0	△ 0/0	▽ 0/0				
	4	권영호	○ 0/0	○ 0/0	○ 0/0 C	○ 0/0	○ 1/0				▽ 0/0 C	
	5	박민준										
	6	신일수				△ 0/0	▽ 0/0	○ 0/0	○ 0/0	▽ 0/0		
	14	아스나위	△ 0/0	△ 0/0	○ 0/0	▽ 0/0 C	○ 0/0 C	○ 1/0	▽ 0/0	○ 1/0	○ 0/0	△ 0/0
	20	김민호	○ 0/0 C		○ 0/0	○ 0/0	○ 0/0 S					○ 0/0
	22	이준희		○ 0/0	▽ 0/0 C	○ 0/0	○ 0/0 C	▽ 0/0	○ 0/1	▽ 0/0	▽ 1/0	○ 0/0
	23	장유섭		○ 0/0	△ 0/0	▽ 0/0 C		○ 0/0	▽ 0/0	△ 0/0	△ 0/0	
	24	안성민			△ 0/0 C		△ 0/0			△ 0/0		▽ 0/0
	29	김예성	▽ 0/0	▽ 0/0								
	34	김재봉										
	38	박동휘						△ 0/0	△ 0/0		△ 0/0	○ 0/0 CC
MF	8	이상민	○ 0/0				△ 0/0	○ 0/0	○ 0/0	○ 0/0	○ 0/0	○ 0/0
	12	이와세	○ 0/0	○ 0/0	▽ 0/0					○ 0/0	○ 0/0	
	13	김영남	▽ 0/0		△ 0/0	▽ 0/0	○ 0/0	○ 0/0	○ 0/0	○ 0/0 C	▽ 0/0 C	○ 0/0
	15	송진규	▽ 0/0	△ 0/0	○ 0/0	○ 0/0	△ 0/1	▽ 1/0	△ 0/0	▽ 0/0	○ 0/1	○ 0/0
	18	김지안										
	32	이진섭										
	33	장동혁			▽ 0/0	△ 0/0			▽ 0/0			
	34	전용운										
	35	김경수	△ 1/0	▽ 0/0	▽ 0/0	△ 0/0	▽ 0/0	△ 0/0	▽ 0/0	△ 0/0	△ 0/0	
	36	변승환							△ 0/0			
	40	이건영								▽ 0/0		
	44	장동혁				△ 0/0			△ 0/0			
	66	김이석		▽ 0/0	▽ 0/0 C							
FW	7	두아르테	△ 0/1	▽ 0/0	△ 0/0	▽ 1/0	▽ 0/0	○ 0/0	○ 0/0	○ 0/2	○ 0/1	○ 0/0
	9	김경준		○ 1/0	○ 0/0	○ 0/0	△ 0/0	△ 0/0	○ 1/0	△ 0/0	△ 1/0	△ 0/0
	10	까뇨뚜	○ 0/0									
	11	강수일	△ 0/0									
	16	신재혁									▽ 0/0	▽ 0/0 C
	17	최건주	▽ 0/0 C	○ 0/0	△ 0/0	△ 0/0	▽ 0/0	△ 1/1	◈ 0/0	△ 0/0	△ 0/0	△ 0/0
	21	티아고	△ 0/0	△ 0/0			▽ 0/0 C	▽ 0/0		▽ 2/0	▽ 0/0	▽ 0/0
	26	이지성										
	28	김륜도										
	37	윤경원										

선수자료 : 득점/도움 ○ = 선발출전 △ = 교체 IN ▽ = 교체 OUT ◈ = 교체 IN/OUT C = 경고 S = 퇴장

위치	배번	경기번호	169	175	180	183	190	193	199	205	208	217
		날 짜	08.22	08.28	08.31	09.04	09.11	09.14	09.17	09.26	10.01	10.15
		홈/원정	홈	원정	원정	홈	원정	홈	홈	원정	원정	홈
		장 소	안산	창원C	김포	안산	부천	안산	안산	광주	안양	안산
		상 대	충남아산	경남	김포	부산	부천	전남	서울E	광주	안양	대전
		결 과	무	패	승	승	무	패	무	패	패	패
		점 수	2 : 2	1 : 2	3 : 0	3 : 1	3 : 3	1 : 7	1 : 1	0 : 3	0 : 2	1 : 2
		승 점	29	29	32	35	36	36	37	37	37	37
		슈팅수	11 : 14	15 : 14	9 : 12	12 : 8	10 : 18	21 : 21	6 : 12	3 : 13	4 : 15	11 : 12
GK	1	이 승 빈	○ 0/0	▽ 0/0								
	19	김 선 우		△ 0/0	○ 0/0 C	○ 0/0	○ 0/0	○ 0/0	○ 0/0	○ 0/0	○ 0/0	
	31	이 찬 우										○ 0/0
	41	김 원 중										
DF	2	김 보 섭					△ 0/0	▽ 0/0	▽ 0/0 C		△ 0/0	▽ 0/0
	4	권 영 호	▽ 0/0	○ 0/0	○ 0/0	▽ 0/0	○ 0/0 C	▽ 0/0		△ 0/0		△ 1/0
	5	박 민 준										
	6	신 일 수										
	14	아스나위	▽ 0/1	○ 0/0	▽ 0/0	○ 0/1					△ 0/0	▽ 0/0
	20	김 민 호	○ 0/0	○ 0/0	○ 0/0	○ 0/0 C	○ 0/0 C	○ 0/0 C		▽ 0/0	○ 0/0	
	22	이 준 희	○ 0/0	○ 0/0	▽ 0/0	▽ 0/0	○ 0/0	○ 0/1	▽ 0/0	○ 0/0	○ 0/0	○ 0/1
	23	장 유 섭						△ 1/0	○ 0/0	△ 0/0	○ 0/0	
	24	안 성 민			○ 0/0				○ 0/0	▽ 0/0	○ 0/0	▽ 0/0
	29	김 예 성	△ 0/0		△ 0/0		△ 0/0	△ 0/0	△ 0/0	△ 0/0		△ 0/0
	34	김 재 봉										
	38	박 동 휘			△ 0/0	△ 0/0	▽ 0/0	▽ 0/0	○ 0/0 C	▽ 0/0	▽ 0/0	▽ 0/0
MF	8	이 상 민	○ 0/0	○ 0/0	○ 1/0	○ 1/0	○ 0/0	○ 0/0	○ 0/1	○ 0/0	△ 0/0	○ 0/0
	12	이 와 세										
	13	김 영 남	○ 0/0 C	▽ 0/0		○ 0/0	▽ 0/0	▽ 0/0	○ 0/0	○ 0/0	○ 0/0	○ 0/0
	15	송 진 규	○ 0/0	△ 0/0	▽ 0/0	○ 1/1	○ 1/0			○ 0/0 C	△ 0/0	○ 0/0
	18	김 지 안										
	32	이 진 섭										
	33	장 동 혁										
	34	전 용 운						△ 0/0			▽ 0/0	
	35	김 경 수	▽ 0/0		▽ 0/0					△ 0/0		△ 0/0
	36	변 승 환			△ 0/0			△ 0/0	△ 0/0		▽ 0/0	△ 0/0
	40	이 건 영										
	44	장 동 혁		△ 0/0								
	66	김 이 석										
FW	7	두아르테	○ 0/0 C	○ 0/0	○ 1/1	△ 0/0	○ 0/1 C	○ 0/0	○ 0/0 S			○ 0/0
	9	김 경 준	○ 1/0	○ 1/0	○ 0/0	○ 0/0	△ 0/0	○ 0/0	○ 1/0	○ 0/0	▽ 0/0	▽ 0/0 C
	10	까 뇨 뚜										
	11	강 수 일										
	16	신 재 혁		▽ 0/0	△ 0/0	▽ 0/0	▽ 0/0			▽ 0/0		
	17	최 건 주	△ 0/0	○ 0/0	◈ 1/0	○ 1/1	▽ 0/0	▽ 0/0	▽ 0/0	▽ 0/0	▽ 0/0	△ 0/0
	21	티 아 고	△ 0/0			△ 0/0 C	△ 2/0	△ 0/0	△ 0/0	△ 0/0	△ 0/0 C	
	26	이 지 성										
	28	김 륜 도										
	37	윤 경 원										

부 산 아 이 파 크

창단년도_ 1983년
전화_ 051-941-1100
팩스_ 051-941-6715
홈페이지_ www.busanipark.com
주소_ 우 46703 부산광역시 강서구 체육공원로 43(대저1동, 강서체육공원)
43, Cheyukgongwon-ro, Gangseo-gu, Busan, KOREA 46703

연혁

1983 대우 로얄즈 프로축구단 창단(전신)
1984 84 축구대제전 수퍼리그 종합우승
1986 제5회 아시안 클럽 챔피언십 우승
프로선수권대회 준우승
1987 제1회 아프로 - 아시안 클럽 챔피언십 우승
87 한국프로축구대회 종합우승
1989 전국축구선수권대회(왕중왕전) 우승
1990 전국축구선수권대회(왕중왕전) 우승
1991 91 한국프로축구대회 종합우승
1997 97 아디다스컵 우승
97 라피도컵 프로축구대회 우승
97 프로스펙스컵 우승
1998 98 필립모리스코리아컵 우승
1999 99 바이코리아컵 K-리그 준우승
2000 구단 인수(현대산업개발)
부산 아이콘스 프로축구단 재창단
제5회 서울은행 FA컵 3위
2001 아디다스컵 2001 준우승
2003 부산 아이콘스 클럽하우스 완공
주식회사 부산 아이콘스 독립 법인 출범
2004 삼성 하우젠 K-리그 2004 통합 7위
제9회 하나은행 FA컵 우승
2005 구단명 부산 아이파크, 사명 아이파크스포츠㈜ 변경
삼성 하우젠 K-리그 2005 전기리그 우승
AFC 챔피언스리그 4강 진출
삼성 하우젠 K-리그 2005 공동 3위
2006 삼성 하우젠 K-리그 2006 전기 6위 / 후기 8위
2007 삼성 하우젠 K-리그 2007 13위
2008 삼성 하우젠컵 2008 6강 진출
삼성 하우젠 K리그 2008 12위
2009 2009 K리그 12위
피스컵 코리아 2009 2위
2010 쏘나타 K-리그 2010 8위
제15회 하나은행 FA컵 준우승
2011 러시앤캐시컵 2011 준우승
현대오일뱅크 K리그 2011 정규 5위 / 챔피언십 6위
2012 현대오일뱅크 K리그 2012 그룹A(상위 스플릿), 7위
2013 현대오일뱅크 K리그 클래식 2013 그룹A(상위 스플릿), 6위
2014 현대오일뱅크 K리그 클래식 2014 그룹B 8위
2015 현대오일뱅크 K리그 클래식 2015 11위, K리그 챌린지 강등
2016 현대오일뱅크 K리그 챌린지 2016 5위
2017 KEB하나은행 K리그 챌린지 2017 2위
제22회 KEB하나은행 FA컵 준우승
2018 KEB하나은행 K리그2 2018 3위
2019 하나원큐 K리그2 2019 2위, K리그1 승격
2020 하나원큐 K리그1 2020 12위, K리그2 강등
2021 하나원큐 K리그2 2021 5위
2022 하나원큐 K리그2 2022 10위

2022년 선수명단

대표이사_ 김병석 감독_ 박진섭
코치_ 김치곤 · 최광희 GK코치_ 박지훈 피지컬코치_ 최준혁
스카우터_ 백종석 트레이너_ 김홍재 · 김승규 통역관_ 변준원 전력분석관_ 안세형 장비담당관_ 진원석 팀매니저_ 안대규

포지션	선수명		생년월일	출신교	키(cm) / 몸무게(kg)
GK	구 상 민	具想珉	1991.10.31	동의대	186 / 83
	안 준 수	安俊秀	1998.01.28	영석고	190 / 84
	전 종 혁	全鐘赫	1996.03.21	연세대	185 / 85
	진 필 립	陳必立	2000.09.02	중원대	187 / 80
	황 병 근	黃秉根	1994.06.14	국제사이버대	193 / 93
DF	구 현 준	具賢峻	1993.12.13	동래고	182 / 70
	김 동 수	金東洙	1995.02.21	영등포공고	188 / 82
	박 세 진	朴世晉	1995.12.15	영남대	177 / 68
	박 호 영	朴祜永	1999.04.07	개성고	196 / 90
	발렌티노스	Valentinos Sielis	1990.03.01	*키프로스	188 / 85
	이 한 도	李韓道	1994.03.16	용인대	185 / 80
	조 위 제	趙偉濟	2001.08.25	용인대	189 / 82
	최 예 훈	崔豫勳	2003.08.19	보인고	180 / 73
	최 준	崔 俊	1999.04.17	연세대	174 / 69
	한 희 훈	韓熙訓	1990.08.10	상지대	183 / 78
	홍 욱 현	洪旭賢	2004.01.06	개성고	188 / 74
	황 준 호	黃俊皓	1998.05.04	용인대	190 / 82
MF	김 상 준	金相駿	2001.10.01	매탄고	185 / 75
	김 정 민	金正緡	1999.11.13	금호고	182 / 80
	라 마 스	Bruno José Pavan Lama	1994.04.13	*브라질	178 / 78
	문 창 진	文昶眞	1993.07.12	위덕대	170 / 62
	박 종 우	朴鍾友	1989.03.10	연세대	180 / 74
	성 호 영	成浩永	1999.01.08	영남대	173 / 68
	어 정 원	魚貞元	1999.07.08	동국대	175 / 68
	에 드 워 즈	Ryan Marc Edwards	1993.11.17	*오스트레일리아	175 / 73
	이 강 희	李康熙	2001.08.24	신평고	189 / 72
	이 상 헌	李尙憲	1998.02.26	울산현대고	179 / 72
	정 원 진	鄭原進	1994.08.10	영남대	176 / 65
FW	강 윤 구	姜潤求	2002.04.08	포천일고	177 / 73
	김 도 형	金度亨	1990.10.06	동아대	183 / 70
	김 찬	金 澯	2000.04.25	포항제철고	189 / 83
	드 로 젝	Domagoj Drozdek	1996.03.20	*크로아티아	180 / 73
	박 정 인	朴正仁	2000.10.07	울산현대고	180 / 74
	이 태 민	李泰旼	2003.05.09	개성고	176 / 70
	이 현 준	李玹準	2004.04.23	개성고	188 / 74

위치	배번	경기번호	03	10	12	20	25	27	35	40	43	53
		날 짜	02.20	02.27	03.05	03.13	03.16	03.19	03.27	04.03	04.06	04.17
		홈/원정	원정	원정	홈	홈	원정	홈	홈	원정	원정	홈
		장 소	안산	밀양	부산A	부산A	안양	부산A	부산A	아산	광주	부산A
		상 대	안산	경남	대전	부천	안양	전남	김포	충남아산	광주	서울E
		결 과	무	패	무	패	패	패	승	패	패	패
		점 수	1 : 1	2 : 3	1 : 1	0 : 1	0 : 1	0 : 2	2 : 0	0 : 1	0 : 1	1 : 2
		승 점	1	1	2	2	2	2	5	5	5	5
		슈팅수	12 : 8	2 : 16	6 : 12	11 : 13	16 : 10	12 : 11	9 : 8	5 : 9	9 : 5	9 : 16
GK	1	구 상 민								○ 0/0		
	13	안 준 수	○ 0/0	○ 0/0	○ 0/0	○ 0/0	○ 0/0	○ 0/0	○ 0/0		○ 0/0	○ 0/0
	31	황 병 근										
DF	3	최 예 훈		△ 0/0	○ 0/0	▽ 0/0 C	△ 0/0	○ 0/0	▽ 0/0			
	5	홍 욱 현		△ 0/0	○ 0/1	○ 0/0		○ 0/0		○ 0/0	▽ 0/0	○ 0/0
	6	발렌티노스	△ 0/0	○ 1/0 S			○ 0/0 C	○ 0/0 C	○ 0/0	○ 0/0	○ 0/0	○ 0/0
	15	이 청 웅	▽ 0/0	○ 0/0	▽ 0/0	○ 0/0				○ 0/0		▽ 0/0
	19	박 세 진	△ 0/0		△ 1/0	△ 0/0			○ 0/1	▽ 0/0	○ 0/0	○ 0/0 C
	20	조 위 제			△ 0/0	▽ 0/0			△ 0/0		○ 0/0 CC	
	23	김 동 수										
	27	구 현 준	▽ 0/0 C	▽ 0/0			▽ 0/0					
	28	한 희 훈										
	35	박 호 영					○ 0/0		△ 0/0			
MF	45	황 준 호	○ 0/0	○ 0/0			▽ 0/0		▽ 0/0			
	48	최 준	○ 0/1	○ 0/1 C	▽ 0/0	○ 0/0	○ 0/0	○ 0/0		○ 0/0 C	○ 0/0	○ 0/1
	50	이 한 도										
	2	어 정 원										
	4	에드워즈	○ 0/0	○ 0/0 C	○ 0/0	▽ 0/0		○ 0/0	○ 0/0	▽ 0/0		△ 0/0
	6	김 정 현	▽ 0/0		○ 0/0				○ 0/0	▽ 0/0		
	8	박 종 우	○ 0/0	○ 0/1 C	▽ 0/0		△ 0/0 C	△ 0/0 C	○ 0/0	▽ 0/0		△ 0/0
	10	이 상 헌	○ 0/0						△ 0/0	△ 0/0	▽ 0/0	○ 0/0
	17	김 정 민	△ 0/0			△ 0/0	○ 0/0	▽ 0/0		△ 0/0	○ 0/0 C	▽ 0/0
	21	문 창 진										
FW	22	이 강 희		△ 0/0	△ 0/0 C	△ 0/0	○ 0/0 C	○ 0/0 C	▽ 0/0	△ 0/0	○ 0/0 C	▽ 0/0
	24	강 윤 구	▽ 0/0	▽ 0/0	▽ 0/0	▽ 0/0 C	▽ 0/0	△ 0/0 C	△ 0/0	△ 0/0	△ 0/0 C	
	30	라 마 스										
	42	권 혁 규										
	44	성 호 영										
	61	정 원 진										
	66	김 상 준										
	97	김 진 규				○ 0/0						
	7	드 로 젝		△ 0/0		△ 0/0	○ 0/0	▽ 0/0				
	11	박 정 인	○ 1/0	▽ 1/0	○ 0/0			○ 0/0		△ 0/0	▽ 0/0	○ 0/0
	18	김 찬				△ 0/0	▽ 0/0		▽ 0/1	▽ 0/0 C	△ 0/0	△ 0/0
	22	안 병 준			△ 0/0	○ 0/0			○ 2/0	○ 0/0	○ 0/0 C	○ 1/0 C
	33	김 도 형										
	37	이 현 준			△ 0/0		△ 0/0	△ 0/0				
	76	이 태 민	△ 0/0	▽ 0/0	▽ 0/0	▽ 0/0	△ 0/0	▽ 0/0			△ 0/0	
	77	정 훈 성										

선수자료 : 득점/도움 ○ = 선발출전 △ = 교체 IN ▽ = 교체 OUT ◈ = 교체 IN/OUT C = 경고 S = 퇴장

위치	배번	경기번호	59	63	70	71	76	84	86	95	97	105
		날짜	04.24	05.04	05.09	05.14	05.17	05.22	05.28	06.05	06.12	06.19
		홈/원정	홈	원정	홈	홈	원정	원정	홈	홈	원정	홈
		장소	부산A	부천	부산A	부산A	대전W	김포	부산A	부산A	목동	부산A
		상대	안양	부천	충남아산	전남	대전	김포	광주	안산	서울E	경남
		결과	무	패	승	무	패	패	패	승	무	무
		점수	1 : 1	1 : 3	3 : 1	1 : 1	3 : 4	0 : 1	0 : 3	2 : 0	2 : 2	1 : 1
		승점	6	6	9	10	10	10	10	13	14	15
		슈팅수	13 : 14	16 : 11	6 : 12	12 : 17	8 : 31	12 : 17	12 : 15	13 : 7	7 : 12	8 : 12
GK	1	구상민						△ 0/0	○ 0/0	○ 0/0	○ 0/0	○ 0/0
	13	안준수	○ 0/0	○ 0/0	○ 0/0	○ 0/0	○ 0/0 C	▽ 0/0				
	31	황병근										
DF	3	최예훈							△ 0/0			
	5	홍욱현	△ 0/0				▽ 0/0	▽ 0/0	△ 0/0			
	6	발렌티노스	▽ 0/0	○ 0/0	○ 0/0	○ 0/0	▽ 1/0					
	15	이청웅	○ 0/0	▽ 0/0			△ 0/0		○ 0/0	△ 0/0	△ 0/0	△ 0/0
	19	박세진	○ 0/0	▽ 0/0	○ 0/1	▽ 0/0	○ 0/1	○ 0/0 C	▽ 0/0	○ 0/0	○ 0/1	▽ 0/0
	20	조위제	○ 0/0	○ 0/0	○ 0/0	○ 0/0 C	○ 0/0	○ 0/0 C	▽ 0/0	○ 0/0	○ 0/0	▽ 0/0
	23	김동수										
	27	구현준								△ 0/0	△ 0/0	△ 0/0
	28	한희훈										
	35	박호영										
MF	45	황준호						△ 0/0	○ 0/0	○ 0/0	○ 0/0 C	○ 0/0
	48	최준	○ 0/0 C				○ 0/2	○ 0/0 C				△ 0/0
	50	이한도										
	2	어정원										
	4	에드워즈	○ 0/0	▽ 0/0	△ 0/0	△ 0/1	○ 0/0 C	○ 0/0	○ 0/0	○ 0/0 C	▽ 0/0	▽ 0/0
	6	김정현		△ 0/0	○ 0/0 C	▽ 0/0				▽ 0/0 C	▽ 0/0	○ 0/0
	8	박종우	▽ 0/0	○ 0/0 C	○ 0/1	▽ 0/0 C		▽ 0/0	▽ 0/0	○ 0/0	○ 0/0	○ 0/0 C
	10	이상헌	△ 0/0	○ 0/1	▽ 2/0	○ 0/0 C	○ 0/0	○ 0/0	▽ 0/0	○ 1/0 C	○ 0/1	○ 1/0
	17	김정민			△ 0/0	△ 0/0	○ 1/0		▽ 0/0	▽ 0/0	▽ 0/0	▽ 0/0
	21	문창진										
FW	22	이강희	△ 0/0	△ 0/0	○ 0/0	○ 0/0 C		○ 0/0				
	24	강윤구	▽ 1/0	○ 0/0	○ 0/1 C	○ 0/0						
	30	라마스										
	42	권혁규										
	44	성호영										
	61	정원진										
	66	김상준										
	97	김진규										
	7	드로젝	▽ 0/0	○ 0/0	▽ 0/0 C	○ 1/0	▽ 0/0	▽ 0/0	○ 0/0	△ 1/0	△ 0/0	
	11	박정인	○ 0/1 C	○ 1/0	▽ 1/0	△ 0/0	○ 1/0	△ 0/0				△ 0/0
	18	김찬	△ 0/0	△ 0/0			△ 0/0	△ 0/0	△ 0/0	▽ 0/0	○ 1/0	○ 0/0 C
	22	안병준			△ 0/0	○ 0/0	△ 0/0	○ 0/0	○ 0/0	△ 0/0	△ 1/0	△ 0/0
	33	김도형										
	37	이현준							△ 0/0 C			
	76	이태민							△ 0/0			
	77	정훈성								▽ 0/0	▽ 0/0	▽ 0/0

위치	배번	경기번호	113	119	125	126	134	139	144	147	153	162
		날 짜	06.26	07.03	07.06	07.09	07.18	07.24	07.27	07.31	08.07	08.16
		홈/원정	홈	원정	홈	원정	홈	원정	홈	원정	원정	홈
		장 소	부산A	아산	부산A	진주J	부산A	광양	부산A	안양	대전W	부산A
		상 대	부천	충남아산	김포	경남	안산	전남	광주	안양	대전	서울E
		결 과	패	승	패	패	패	무	패	패	패	승
		점 수	0 : 2	2 : 0	0 : 3	0 : 1	0 : 1	0 : 0	0 : 2	0 : 1	0 : 3	1 : 0
		승 점	15	18	18	18	18	19	19	19	19	22
		슈팅수	10 : 8	10 : 13	9 : 11	8 : 18	12 : 17	9 : 15	10 : 9	14 : 13	8 : 13	10 : 11
GK	1	구 상 민	○ 0/0	▽ 0/0								○ 0/0
	13	안 준 수				○ 0/0	○ 0/0					
	31	황 병 근		△ 0/0	○ 0/0			○ 0/0	○ 0/0	○ 0/0	○ 0/0	
DF	3	최 예 훈										
	5	홍 욱 현										
	6	발렌티노스						○ 0/0	○ 0/0	○ 0/0		○ 0/0
	15	이 청 웅										△ 0/0
	19	박 세 진	▽ 0/0	▽ 0/0	▽ 0/0	○ 0/0	△ 0/0	▽ 0/0	▽ 0/0	△ 0/0	○ 0/0 C	○ 0/0
	20	조 위 제	○ 0/0	○ 0/0	▽ 0/0	△ 0/0	○ 0/0			○ 0/0	○ 0/0	
	23	김 동 수	○ 0/0	○ 0/0	○ 0/0	○ 0/0						
	27	구 현 준	△ 0/0	○ 0/0	○ 0/0 C		△ 0/0				△ 0/0	
	28	한 희 훈		△ 0/0	△ 0/0	▽ 0/0 C						
	35	박 호 영										
MF	45	황 준 호	△ 0/0									△ 0/0
	48	최 준	○ 0/0	○ 0/0	○ 0/0	○ 0/0	○ 0/0	○ 0/0	○ 0/0	○ 0/0 C		○ 0/0 C
	50	이 한 도				▽ 0/0 C	○ 0/0	○ 0/0 C	○ 0/0		○ 0/0	○ 0/0
	2	어 정 원	◈ 0/0				▽ 0/0	○ 0/0	○ 0/0	▽ 0/0 C	▽ 0/0	△ 0/1
	4	에드워즈		○ 0/0	▽ 0/0			▽ 0/0 C	△ 0/0	▽ 0/0	○ 0/0	○ 0/0
	6	김 정 현										
	8	박 종 우	○ 0/0	○ 0/0 C	○ 0/0	△ 0/0	○ 0/0	△ 0/0	▽ 0/0	○ 0/0	▽ 0/0	
	10	이 상 헌	▽ 0/0	○ 1/0	▽ 0/0	○ 0/0	▽ 0/0	△ 0/0	▽ 0/0		○ 0/0	
	17	김 정 민	○ 0/0		△ 0/0		△ 0/0			△ 0/0		
	21	문 창 진	△ 0/0	△ 0/0	△ 0/0	△ 0/0			△ 0/0			
FW	22	이 강 희										
	24	강 윤 구										
	30	라 마 스			▽ 0/0	○ 0/0	○ 0/0	▽ 0/0	▽ 0/0	○ 0/0	△ 0/0	▽ 0/0
	42	권 혁 규										
	44	성 호 영								△ 0/0	△ 0/0	
	61	정 원 진				△ 0/0	▽ 0/0	▽ 0/0	▽ 0/0	▽ 0/0	▽ 0/0	○ 0/0
	66	김 상 준				▽ 0/0	▽ 0/0	○ 0/0	△ 0/0		△ 0/0	▽ 0/0
	97	김 진 규										
	7	드 로 젝	△ 0/0							▽ 0/0	▽ 0/0	▽ 0/0
	11	박 정 인	▽ 0/0	▽ 0/0		▽ 0/0	△ 0/0	△ 0/0	△ 0/0	○ 0/0		▽ 1/0
	18	김 찬	○ 0/0	○ 1/1	○ 0/0	△ 0/0 C	▽ 0/0	○ 0/0	○ 0/0	△ 0/0	▽ 0/0	△ 0/0
	22	안 병 준										
	33	김 도 형			△ 0/0	▽ 0/0	△ 0/0	△ 0/0	△ 0/0		△ 0/0	
	37	이 현 준										
	76	이 태 민										
	77	정 훈 성	▽ 0/0		△ 0/0							

선수자료 : 득점/도움 ○ = 선발출전 △ = 교체 IN ▽ = 교체 OUT ◈ = 교체 IN/OUT C = 경고 S = 퇴장

위치	배번	경기번호	170	171	176	183	187	192	198	204	214	219
		날 짜	08.22	08.27	08.30	09.04	09.10	09.13	09.17	09.26	10.09	10.15
		홈/원정	원정	원정	홈	원정	홈	홈	원정	원정	홈	원정
		장 소	부천	광주	부산A	안산	부산A	부산A	김포	광양	부산B	목동
		상 대	부천	광주	안양	안산	경남	대전	김포	전남	충남아산	서울E
		결 과	무	패	패	패	승	패	무	승	승	승
		점 수	1 : 1	0 : 1	0 : 1	1 : 3	1 : 0	1 : 3	0 : 0	1 : 0	4 : 0	1 : 0
		승 점	23	23	23	23	26	26	27	30	33	36
		슈팅수	10 : 16	10 : 9	11 : 10	8 : 12	12 : 10	11 : 7	15 : 9	6 : 15	12 : 10	5 : 10
GK	1	구 상 민	○ 0/0	○ 0/0	○ 0/0	○ 0/0	○ 0/0	○ 0/0				○ 0/0 C
	13	안 준 수										
	31	황 병 근							○ 0/0	○ 0/0	○ 0/0	
DF	3	최 예 훈				△ 0/0					△ 0/0	
	5	홍 욱 현										
	6	발렌티노스	○ 0/0	△ 0/0	○ 0/0 C	○ 0/0	○ 0/0	○ 0/0		○ 0/0 C	○ 0/0	
	15	이 청 웅	△ 0/0 C									
	19	박 세 진	▽ 0/0	▽ 0/0 C	△ 0/0	▽ 0/0	△ 0/0	△ 0/0		△ 0/0		
	20	조 위 제		○ 0/0			△ 0/0		○ 0/0			○ 0/0
	23	김 동 수										
	27	구 현 준	△ 0/0		▽ 0/0							
	28	한 희 훈										
	35	박 호 영										
MF	45	황 준 호	△ 0/0	△ 0/0	△ 0/0	△ 0/0 C	▽ 0/0	○ 1/0	▽ 0/0 C	△ 0/0		
	48	최 준	○ 0/0	○ 0/0	○ 0/0	▽ 0/1 C	○ 0/0	▽ 0/0	▽ 0/0	○ 0/0 C		▽ 0/0 C
	50	이 한 도	○ 0/0	○ 0/0	○ 0/0	○ 0/0	○ 0/0	○ 0/0	○ 0/0	○ 0/0	○ 1/0	○ 0/0
	2	어 정 원	▽ 0/0	○ 0/0	▽ 0/0	○ 0/0	○ 0/0	○ 0/0	△ 0/0	○ 0/0 C	○ 0/1	○ 0/0
	4	에드워즈	▽ 0/0	△ 0/0	△ 0/0	△ 0/0	○ 0/1	▽ 0/1	○ 0/0	▽ 0/0	▽ 0/0 C	
	6	김 정 현										
	8	박 종 우							△ 0/0	△ 0/0	△ 0/0	
	10	이 상 헌		▽ 0/0	△ 0/0 C	△ 0/0 C	▽ 1/0 C		▽ 0/0 C	▽ 0/0 C	▽ 1/0	▽ 0/1
	17	김 정 민						△ 0/0				
	21	문 창 진										
FW	22	이 강 희							○ 0/0	△ 0/0	○ 0/0	△ 0/0
	24	강 윤 구										
	30	라 마 스			○ 0/0	○ 0/0		△ 0/0	△ 0/0	▽ 1/0	▽ 1/0	○ 0/0
	42	권 혁 규					▽ 0/0	○ 0/0	○ 0/0		▽ 0/1 C	○ 0/0 C
	44	성 호 영	△ 0/0	△ 0/0	▽ 0/0	▽ 0/0	▽ 0/0	▽ 0/0	○ 0/0	▽ 0/0	▽ 1/0	○ 0/0
	61	정 원 진	○ 1/0	▽ 0/0	○ 0/0	○ 1/0	○ 0/0	○ 0/0	○ 0/0	○ 0/0	○ 0/2	○ 1/0
	66	김 상 준	○ 0/0	▽ 0/0	▽ 0/0	▽ 0/0 C	△ 0/0 C			○ 0/0	△ 0/0	
	97	김 진 규										
	7	드 로 젝	△ 0/0	▽ 0/0	▽ 0/0	▽ 0/0						
	11	박 정 인	▽ 0/0	○ 0/0 S							△ 0/0	▽ 0/0
	18	김 찬	▽ 0/0									
	22	안 병 준										
	33	김 도 형					△ 0/0	▽ 0/0			△ 0/0 C	△ 0/0
	37	이 현 준		△ 0/0	△ 0/0	△ 0/0		△ 0/0				△ 0/0
	76	이 태 민										
	77	정 훈 성										

전남 드래곤즈

창단년도_ 1994년
전화_ 061-815-0114
팩스_ 061-815-0119
홈페이지_ www.dragons.co.kr
주소_ 우 57801 전라남도 광양시 희망길 12-14 제철협력회관 1층
1F, 12-14, Huimang-gil, Gwangyang-si, Jeonnam, KOREA 57801

연혁

1994 (주)전남 프로축구 설립(11월 1일)
전남 드래곤즈 프로축구단 창단(12월 16일)
(사장: 한경식, 단장: 서정복, 감독: 정병탁)

1995 95 하이트배 코리안리그 전기 6위, 후기 5위

1996 제2대 단장(조병옥), 제2대 감독(허정무) 취임
96 라피도컵 프로축구대회 전기 6위, 후기 6위

1997 제2대 사장(박종태), 제3대 단장(김영석) 취임
97 아디다스컵 준우승, 페어플레이상
97 라피도컵 프로축구대회 준우승
제2회 FA컵 우승, 페어플레이상

1998 제3회 삼보체인지 FA컵 3위
제3대 감독(이회택) 취임

1999 제3대 사장(한경식) 취임
프로축구 올해의 페어플레이팀
제9회 아시안컵 위너스컵 준우승 바이코리아컵 K-리그 3위

2000 대한화재컵 준우승 아디다스컵 공동 3위

2001 2001 포스코 K-리그 8위
제4대 사장(김문순), 제4대 단장(서정복) 취임

2002 삼성 파브 K-리그 5위

2003 삼성 하우젠 K-리그 4위
제8회 하나은행 FA컵 준우승, 페어플레이상
대한민국 최초 클럽시스템 도입
광양제철중 전국대회 2관왕
광양제철남초 동원컵 왕중왕전 우승

2004 제4대 감독(이장수) 취임 제1회 통영컵 대회 우승
제5대 사장(박성주), 단장(김종대) 취임
삼성 하우젠 K-리그 3위

2005 제5대 감독(허정무) 취임
삼성 하우젠 K-리그 11위
창단멤버 김태영 통산 250경기 출전 뒤 은퇴 (11/6)
제10회 하나은행 FA컵 3위

2006 제6대 사장(공윤찬) 취임
삼성 하우젠 K-리그 6위 제11회 하나은행 FA컵 우승
올해의 프로축구대상 특별상 팀 통산 500득점 달성

2007 제7대 사장(이건수) 취임
제12회 하나은행 FA컵 우승(사상 최초 2연패)
삼성 하우젠 K-리그 10위 AFC 챔피언스리그 출전

2008 제6대 단장(김영훈), 제6대 감독(박항서) 취임
AFC 챔피언스리그 출전
삼성 하우젠 K-리그 9위 삼성 하우젠컵 준우승

2009 2009 K-리그 4위

2010 쏘나타 K리그 10위 2010 하나은행 FA컵 3위
제7대 감독(정해성) 취임

2011 제8대 사장(유종호) 취임 현대오일뱅크 K리그 2011 7위
팀 통산 200승 달성 팀 통산 700골 달성(지동원)
유스 출신 지동원 잉글랜드 프리미어리그 선더랜드 이적

2012 제8대 감독(하석주) 취임 감사나눔운동 시작
현대오일뱅크 K리그 2012 11위

2013 유스 출신 윤석영 잉글랜드 프리미어리그 QPR 이적
제9대 사장(박세연) 취임
현대오일뱅크 K리그 클래식 2013 10위
팀 통산 800호골 달성(임경현)

2014 현대오일뱅크 K리그 클래식 2014 7위
제9대 감독(노상래) 취임

2015 현대오일뱅크 K리그 클래식 2015 9위
제20회 KEB하나은행 FA컵 4강
광양제철고 전국대회 2관왕
(K리그 U-18 챔피언십 우승, 백운기 전구고교축구대회 우승)
광양제철중 제51회 춘계중등연맹전 우승

2016 현대오일뱅크 K리그 클래식 2016 5위
K리그 대상 사회공헌상 수상
광양제철중 추계중등축구연맹전 우승

2017 KEB하나은행 K리그 클래식 2017 10위
유스 출신 한찬희, 이유현 U-20 월드컵 16강
제10대 사장(신승재) 취임
U-15 대한축구협회장배 우승 U-15 무학기 우승

2018 제12대 감독(유상철) 취임
KEB하나은행 K리그 어워즈 2018 사랑나눔상 수상
팀 통산 1000호골 달성(유고비치)
KEB하나은행 K리그1 2018 12위

2019 제11대 사장(조청명), 제13대 감독(파비아노 수아레즈) 취임
하나원큐 K리그2 2019 6위 제14대 감독(전경준) 취임

2020 하나원큐 K리그 대상 2020 그린스타디움상 수상
팀 통산 1100호골 달성(쥴리안) 팀 통산 300승 달성

2021 제12대 사장(이광수) 취임
하나원큐 K리그2 2021 제1, 2차 그린스타디움상
하나원큐 K리그2 2021 준PO (4위)
제26회 2021 하나은행 FA컵 우승

2022 제7대 단장(최동균) 취임 제15대 감독(이장관) 취임
하나원큐 K리그2 2022 11위

2022년 선수명단

사장_ 이광수　단장_ 최동균　사무국장_ 류호성　감독_ 이장관
수석코치_ 김영진　GK코치_ 한동진　코치_ 최효진·김영욱·강진규　피지컬코치_ 최희영
의무팀_ 공윤덕·함성원　분석팀_ 이창근·김동현　통역_ 강인엽　장비_ 박상욱　팀매니저_ 송창권

포지션	성명		생년월일	출신교	키(cm) / 몸무게(kg)
GK	오 찬 식	吳贊植	1997.01.24	광운대	191 / 85
	김 다 솔	金다솔	1989.01.04	연세대	188 / 80
	임 민 혁	林民奕	1994.03.05	고려대	186 / 79
DF	장 성 록	張成綠	2001.11.13	경희고	186 / 83
	최 희 원	崔熙願	1999.05.11	중앙대	184 / 78
	최 정 원	崔定原	1995.08.16	건국대	185 / 84
	고 태 원	高兌沅	1993.05.10	호남대	187 / 80
	이 선 걸	李善傑	1997.08.06	관동대	167 / 68
	여 승 원	余承原	2000.05.05	명지대	179 / 72
	장 순 혁	張淳赫	1993.04.16	중원대	188 / 78
	홍 석 현	洪錫鉉	2002.02.21	선문대	184 / 76
	유 지 하	柳知荷	1999.06.01	동경한국학교(고)	187 / 83
	이 성 빈	李聖斌	1999.05.31	열린사이버대	185 / 83
	김 영 욱	金瑛昱	2000.03.02	천안제일고	175 / 66
	김 수 범	金洙範	1990.10.02	상지대	176 / 72
	한 호 강	韓浩康	1993.09.18	조선대(일본)	186 / 80
	이 규 혁	李揆奕	1999.05.04	동국대	175 / 77
	최 호 정	崔皓程	1989.12.08	관동대	182 / 75
	손 호 준	孫昊儁	2002.07.03	매탄고	175 / 66
	김 태 현	金泰賢	1996.12.19	용인대	175 / 71
MF	장 성 재	張成載	1995.09.12	고려대	178 / 69
	이 석 현	李碩賢	1990.06.13	선문대	177 / 68
	김 현 욱	金賢旭	1995.06.22	한양대	160 / 61
	이 후 권	李厚權	1990.10.30	광운대	180 / 75
	박 성 결	朴聖潔	2001.04.03	용인대	160 / 54
	유 헤 이	佐藤優平 / Sato Yuhei	1990.10.29	*일본	171 / 64
	전 승 민	田昇閔	2000.12.15	용인대	174 / 69
FW	임 찬 울	任찬울	1994.07.14	한양대	176 / 71
	카차라바	Nikoloz(Nika) Kacharava	1994.01.13	*조지아	197 / 90
	플 라 나	Leonard Arben Pllana	1996.08.26	*코소보	183 / 83
	박 희 성	朴喜成	1990.04.07	고려대	188 / 80
	한 석 희	韓碩熙	1996.05.16	호남대	168 / 68
	박 인 혁	朴仁赫	1995.12.29	경희대	186 / 80
	정 우 빈	鄭優斌	2001.05.08	중앙대	175 / 64
	김 건 오	金建旿	2001.08.13	연세대	167 / 68
	최 성 진	崔成眞	2002.06.24	광양제철고	192 / 85
	추 상 훈	秋相熏	2000.02.03	조선대	170 / 70
	발로텔리	Jonathan Boareto dos Reis(Jonathan Balotelli)	1989.04.02	*브라질	183 / 77
	이 중 민	李衆旻	1999.11.03	광주대	188 / 84

2022년 개인기록 _ K리그2

위치	배번	경기번호	02	06	14	19	24	27	33	36	41	49
		날 짜	02.19	02.26	03.06	03.13	03.16	03.19	03.26	04.02	04.05	04.10
		홈/원정	원정	홈	홈	원정	홈	원정	홈	홈	홈	원정
		장 소	안양	광양	광양	밀양	광양	부산A	광양	광양	광양	광주
		상 대	안양	김포	충남아산	경남	부천	부산	안산	서울E	대전	광주
		결 과	패	패	무	승	승	승	무	무	패	패
		점 수	0 : 1	0 : 2	0 : 0	2 : 1	2 : 1	2 : 0	1 : 1	1 : 1	0 : 1	0 : 1
		승 점	0	0	1	4	7	10	11	12	12	12
		슈팅수	7 : 5	6 : 8	6 : 11	9 : 14	11 : 10	11 : 12	15 : 3	9 : 15	3 : 15	3 : 15
GK	21	오 찬 식										
	31	김 다 솔	○ 0/0	○ 0/0	○ 0/0	○ 0/0	○ 0/0	○ 0/0	○ 0/0	○ 0/0	○ 0/0	○ 0/0
	36	임 민 혁										
DF	3	최 희 원					△ 0/0	○ 0/0		▽ 0/0	▽ 0/0	
	4	최 정 원	○ 0/0	○ 0/0		○ 0/0	○ 0/0 C					
	5	고 태 원			○ 0/0 C				○ 0/0	▽ 0/0 C	○ 0/0	○ 0/0 C
	13	이 선 걸										
	17	여 승 원							△ 0/0			
	19	박 성 결										
	20	장 순 혁	○ 0/0	○ 0/0	○ 0/0	○ 0/0	○ 0/0 C	○ 0/0	○ 0/0	○ 0/0		○ 0/0
	23	유 지 하										
	27	김 영 욱						△ 0/0		△ 0/0		
	28	김 수 범										
	30	한 호 강							▽ 0/0	○ 0/0	▽ 0/0	○ 0/0
	38	이 규 혁	○ 0/0	○ 0/0								▽ 0/0
	55	최 호 정		△ 0/0							○ 0/0	
	66	손 호 준	▽ 0/0 C		▽ 0/0	△ 0/0	▽ 0/0	▽ 1/0		▽ 0/0	▽ 0/0	
	77	김 태 현	○ 0/0	○ 0/0	○ 0/0	○ 0/0	▽ 0/0	○ 0/0	○ 0/0	○ 0/0 CC	△ 0/0	○ 0/0 C
MF	6	장 성 재	△ 0/0			○ 1/0	○ 0/0	○ 0/0	▽ 0/0	△ 0/0		
	8	이 석 현										▽ 0/0
	10	김 현 욱	○ 0/0	○ 0/0	○ 0/0	△ 0/0	○ 0/0	○ 0/0	○ 0/0	○ 0/0		
	16	이 후 권	▽ 0/0	▽ 0/0	○ 0/0	△ 0/0			△ 0/0 C		○ 0/0 S	
	24	유 헤 이	△ 0/0 C	○ 0/0	▽ 0/0	▽ 0/0	△ 0/0	○ 0/1		▽ 0/0	○ 0/0	△ 0/0
	45	전 승 민	▽ 0/0	▽ 0/0		▽ 0/0	▽ 0/0		▽ 0/0		△ 0/0	△ 0/0
	55	정 호 진	△ 0/0		○ 0/0	○ 0/0 C	○ 0/0		△ 0/0		△ 0/0	▽ 0/0
FW	7	임 찬 울			△ 0/0	▽ 0/0	△ 0/0 C	▽ 0/1			○ 0/0	△ 0/0
	9	카차라바		△ 0/0	△ 0/0	▽ 1/0 C	△ 0/0	△ 0/0	△ 1/0	○ 0/0	△ 0/0	△ 0/0
	11	플 라 나	○ 0/0	▽ 0/0	△ 0/0	▽ 0/0	△ 1/0	△ 1/0	○ 0/0	○ 0/0	△ 0/0	○ 0/0
	12	박 희 성						△ 0/0 C			▽ 0/0	
	14	서 명 원							△ 0/0			
	14	한 석 희										
	18	박 인 혁	▽ 0/0 C	○ 0/0	▽ 0/0	△ 0/0	▽ 0/0	▽ 0/0	▽ 0/0	△ 1/0	▽ 0/0	△ 0/0
	29	정 우 빈										
	37	김 건 오										
	39	최 성 진										▽ 0/0
	40	추 상 훈										
	89	발로텔리	△ 0/0	△ 0/0	○ 0/0	△ 0/0	▽ 1/0	▽ 0/0				
	99	이 중 민							▽ 0/0	△ 0/0 C		▽ 0/0

선수자료 : 득점/도움 ○ = 선발출전 △ = 교체 IN ▽ = 교체 OUT ◈ = 교체 IN/OUT C = 경고 S = 퇴장

위치	배번	경기번호	68	71	77	82	90	91	65	98	102	107
		날 짜	05.07	05.14	05.17	05.21	05.29	06.04	06.08	06.12	06.18	06.21
		홈/원정	원정	원정	홈	홈	원정	원정	원정	홈	홈	원정
		장 소	부천	부산A	광양	광양	아산	대전W	목동	광양	광양	김포
		상 대	부천	부산	안양	안산	충남아산	대전	서울E	경남	광주	김포
		결 과	패	무	승	패	패	패	무	무	무	무
		점 수	1 : 2	1 : 1	2 : 0	2 : 3	0 : 1	2 : 3	1 : 1	2 : 2	1 : 1	2 : 2
		승 점	12	13	16	16	16	16	17	18	19	20
		슈팅수	2 : 13	17 : 12	12 : 6	12 : 7	5 : 7	13 : 14	12 : 13	14 : 11	8 : 13	7 : 9
GK	21	오 찬 식										
	31	김 다 솔	○ 0/0	○ 0/0	○ 0/0	○ 0/0	○ 0/0	○ 0/0	○ 0/0	○ 0/0 C	○ 0/0	○ 0/0
	36	임 민 혁										
DF	3	최 희 원										
	4	최 정 원	○ 0/0				○ 0/0	△ 0/0	○ 0/0	○ 0/0 C	▽ 0/0	△ 0/0
	5	고 태 원	○ 0/0		△ 0/0					○ 0/0	○ 0/0	○ 0/0
	13	이 선 걸						▽ 0/0				
	17	여 승 원									△ 0/0	
	19	박 성 결										
	20	장 순 혁	○ 0/0	○ 0/0	○ 0/0	○ 0/0 C	○ 0/0	▽ 0/0				
	23	유 지 하										
	27	김 영 욱										
	28	김 수 범										
	30	한 호 강		○ 0/0	▽ 0/0	▽ 0/0	○ 0/0		○ 0/0		△ 0/0	○ 0/0
	38	이 규 혁	▽ 0/0	△ 0/0								
	55	최 호 정						▽ 0/0			△ 0/0	△ 0/0
	66	손 호 준	▽ 0/0						▽ 0/0	▽ 0/0	▽ 0/0	
	77	김 태 현	○ 0/0	○ 0/0	▽ 1/0	○ 0/0	○ 0/0 C	○ 0/1	○ 0/0	○ 0/1 C	○ 0/0	○ 0/0
MF	6	장 성 재	○ 0/0	○ 0/0	○ 0/0	○ 0/0	○ 0/0 C	○ 0/0	○ 0/0	○ 0/0		
	8	이 석 현	▽ 0/0	○ 0/0	○ 0/0	○ 0/0						
	10	김 현 욱										▽ 0/0
	16	이 후 권		△ 0/0	△ 0/0	△ 0/0 C	○ 0/0	○ 0/0	▽ 0/0 C	○ 0/0	▽ 0/0	○ 0/0 C
	24	유 헤 이	▽ 0/1	▽ 0/0	○ 0/1	▽ 0/0 C	○ 0/0	○ 0/0	○ 0/0	○ 1/0	○ 0/0	○ 0/0
	45	전 승 민	△ 0/0	▽ 0/0	○ 0/0 C	○ 1/0	▽ 0/0	○ 1/0	○ 0/0	△ 0/0	○ 0/0	▽ 0/0
	55	정 호 진	△ 0/0 CC					△ 0/0	△ 0/0			
FW	7	임 찬 울	△ 0/0	▽ 0/1	○ 0/1	○ 0/1				▽ 1/0	▽ 0/0	▽ 0/0
	9	카차라바										
	11	플 라 나	△ 1/0	▽ 1/0	○ 0/0	▽ 1/0						
	12	박 희 성	▽ 0/0	△ 0/0		△ 0/0	△ 0/0	▽ 0/0	△ 0/0	△ 0/0		
	14	서 명 원										
	14	한 석 희										
	18	박 인 혁	△ 0/0 C	▽ 0/0	▽ 0/0	▽ 0/0	○ 0/0	▽ 1/0	▽ 0/0 C	○ 0/0	○ 1/0	○ 0/0
	29	정 우 빈		△ 0/0		△ 0/0	▽ 0/0	△ 0/0	△ 0/0			
	37	김 건 오										
	39	최 성 진										
	40	추 상 훈										△ 0/0
	89	발로텔리						△ 0/0	△ 0/0	△ 0/1	○ 0/0	△ 1/0
	99	이 중 민		△ 0/0	△ 1/0	△ 0/1	△ 0/0	△ 0/0	▽ 1/0	▽ 0/0	△ 0/1	▽ 1/0

위치	배번	경기번호	120	123	128	133	139	148	154	156	163	168
		날 짜	07.03	07.06	07.10	07.17	07.24	07.31	08.08	08.13	08.17	08.21
		홈/원정	원정	홈	원정	홈	홈	원정	홈	홈	원정	원정
		장 소	목동	광양	아산	광양	광양	안산	광양	광양	광주	김포
		상 대	서울E	경남	충남아산	김포	부산	안산	부천	안양	광주	김포
		결 과	무	무	패	패	무	패	무	무	무	무
		점 수	1 : 1	1 : 1	0 : 4	0 : 1	0 : 0	0 : 3	1 : 1	2 : 2	1 : 1	1 : 1
		승 점	21	22	22	22	23	23	24	25	26	27
		슈팅수	14 : 7	15 : 11	7 : 6	10 : 7	15 : 9	19 : 9	7 : 11	8 : 10	7 : 14	16 : 10
GK	21	오찬식										
	31	김다솔	○ 0/0	○ 0/0	○ 0/0	○ 0/0	○ 0/0	○ 0/0	○ 0/0			
	36	임민혁								○ 0/0	○ 0/0	○ 0/0
DF	3	최희원										
	4	최정원	○ 0/0	○ 0/0		△ 0/0			○ 0/0	○ 0/0	○ 0/0	○ 0/0
	5	고태원	○ 0/0 C		○ 0/0 C		○ 0/0 C	○ 0/0	○ 0/0	○ 1/0	○ 0/0	○ 0/0
	13	이선걸										
	17	여승원					▽ 0/0	▽ 0/0	○ 0/0 C	○ 0/0	△ 0/0	
	19	박성결		▽ 0/0	△ 0/0							
	20	장순혁			△ 0/0	▽ 0/0	○ 0/0	○ 0/0 C				
	23	유지하										
	27	김영욱										
	28	김수범					△ 0/0	▽ 0/0	○ 0/0	○ 0/0	○ 0/0	○ 0/0
	30	한호강		○ 0/0	▽ 0/0						△ 0/0	△ 0/0
	38	이규혁			▽ 0/0 C						▽ 0/0	
	55	최호정				○ 0/0			△ 0/0			
	66	손호준	△ 0/0		△ 0/0							
	77	김태현	○ 0/0	△ 0/0		○ 0/0	▽ 0/0	○ 0/0			▽ 0/0	○ 0/0
MF	6	장성재					▽ 0/0	○ 0/0	▽ 0/0			
	8	이석현										
	10	김현욱	▽ 0/0	▽ 0/0	▽ 0/0	○ 0/0 C	○ 0/0	▽ 0/0	○ 0/0	○ 0/1	▽ 0/0	▽ 0/0
	16	이후권	▽ 0/0	○ 0/1	○ 0/0	○ 0/0	○ 0/0	△ 0/0		○ 0/0	○ 0/0 C	
	24	유헤이	○ 0/1 C	○ 0/0	○ 0/0	○ 0/0	○ 0/0	△ 0/0				△ 0/0
	45	전승민	○ 1/0	○ 0/0	▽ 0/0		△ 0/0	▽ 0/0	○ 0/0 C	○ 0/0	▽ 0/0	○ 0/1
	55	정호진										
FW	7	임찬울	▽ 0/0	△ 0/0	▽ 0/0	▽ 0/0		△ 0/0	○ 1/0	▽ 1/0	△ 1/0	▽ 0/0
	9	카차라바			△ 0/0							
	11	플라나					△ 0/0	△ 0/0	△ 0/1	△ 0/0	○ 0/0 C	▽ 0/0
	12	박희성	▽ 0/0									
	14	서명원										
	14	한석희		△ 0/0	△ 0/0	△ 0/0						
	18	박인혁	△ 0/0	▽ 1/0 C	○ 0/0	▽ 0/0	○ 0/0	○ 0/0	△ 0/0	○ 0/0	▽ 0/0	▽ 1/0
	29	정우빈										
	37	김건오				△ 0/0						
	39	최성진					△ 0/0	△ 0/0				
	40	추상훈	△ 0/0	△ 0/0		▽ 0/0			▽ 0/0	▽ 0/0	△ 0/0	△ 0/0
	89	발로텔리	○ 0/0	○ 0/0	○ 0/0	○ 0/0				△ 0/0	△ 0/1	○ 0/0 C
	99	이중민	△ 0/0	▽ 0/0		△ 0/0	▽ 0/0	▽ 0/0	▽ 0/0			△ 0/0

선수자료 : 득점/도움 ○ = 선발출전 △ = 교체 IN ▽ = 교체 OUT ◈ = 교체 IN/OUT C = 경고 S = 퇴장

위치	배번	경기번호	174	185	189	193	196	204	210	145	212	220
		날 짜	08.28	09.05	09.11	09.14	09.17	09.26	10.02	10.05	10.08	10.15
		홈/원정	홈	원정	홈	원정	홈	홈	원정	원정	홈	원정
		장 소	광양	안양	광양	안산	광양	광양	창원C	대전W	광양	부천
		상 대	충남아산	안양	광주	안산	대전	부산	경남	대전	서울E	부천
		결 과	패	패	패	승	무	패	패	패	승	무
		점 수	1 : 3	1 : 3	2 : 3	7 : 1	1 : 1	0 : 1	0 : 2	1 : 2	3 : 0	2 : 2
		승 점	27	27	27	30	31	31	31	31	34	35
		슈팅수	12 : 12	10 : 13	10 : 11	21 : 21	11 : 7	15 : 6	13 : 12	9 : 7	15 : 10	13 : 9
GK	21	오찬식			○ 0/0							
	31	김다솔										
	36	임민혁	○ 0/0	○ 0/0		○ 0/0	○ 0/0	○ 0/0	○ 0/0	○ 0/0	○ 0/0	○ 0/0 C
DF	3	최희원							△ 0/0	▽ 0/0		
	4	최정원	○ 0/0	○ 0/0		△ 0/0						
	5	고태원	○ 0/0	△ 0/0	○ 0/0	▽ 0/0 C	○ 0/0	○ 0/0	▽ 0/0		○ 0/0	○ 1/0 C
	13	이선걸										
	17	여승원	▽ 0/0		△ 0/0	△ 0/0 C		△ 0/0	○ 0/0	▽ 0/0		
	19	박성결				▽ 0/0	▽ 0/1	▽ 0/0	△ 0/0	▽ 1/0	▽ 0/0	△ 0/0
	20	장순혁		▽ 0/0								
	23	유지하								△ 0/0		
	27	김영욱										
	28	김수범	△ 0/0	○ 0/0 C	▽ 0/0	○ 0/0	○ 0/0	▽ 0/0	△ 0/0	○ 0/0	▽ 0/1	○ 0/0 C
	30	한호강										
	38	이규혁			▽ 0/0						△ 0/0	○ 0/0
	55	최호정										
	66	손호준										
	77	김태현	○ 0/0	○ 0/0	○ 0/0	○ 0/0	○ 0/0	○ 0/0	○ 0/0	○ 0/0	○ 0/0	○ 0/0
MF	6	장성재						◈ 0/0		▽ 0/0	○ 0/1	○ 0/1
	8	이석현		▽ 0/0	▽ 0/0	▽ 0/0	▽ 0/0	▽ 0/0	△ 0/0	△ 0/0		
	10	김현욱	○ 0/0	▽ 0/0	△ 0/0	▽ 1/0	○ 0/0	○ 0/0	▽ 0/0	○ 0/0 C	○ 1/0	○ 0/0
	16	이후권	▽ 0/0		○ 1/0	○ 1/0	○ 0/0	○ 0/0	▽ 0/0 C	△ 0/0	○ 1/0	
	24	유헤이	▽ 0/0	▽ 0/0	△ 0/0	○ 0/0	○ 0/0	○ 0/0	○ 0/0	○ 0/0	▽ 0/0	○ 0/0
	45	전승민	△ 0/0	△ 0/0	○ 0/0	△ 0/0	△ 0/0	△ 0/0	▽ 0/0		△ 0/0	
	55	정호진										
FW	7	임찬울	▽ 0/0	△ 0/0	○ 0/0 C	△ 1/0				▽ 0/0 C	△ 0/0	△ 0/1
	9	카차라바										
	11	플라나	▽ 0/0	△ 0/0	○ 0/0	△ 0/0	△ 0/0	△ 0/0	○ 0/0	△ 0/0	△ 0/0	▽ 1/0
	12	박희성										
	14	서명원										
	14	한석희										
	18	박인혁	△ 0/0	○ 0/0		○ 2/0	△ 0/0	△ 0/0	△ 0/0	○ 0/0	△ 0/0	
	29	정우빈										
	37	김건오							▽ 0/0			
	39	최성진										
	40	추상훈	△ 0/0	▽ 0/0 C								▽ 0/0 C
	89	발로텔리	○ 1/0	△ 1/0	△ 1/0	▽ 2/2	○ 0/0	○ 0/0	○ 0/0	△ 0/0	▽ 0/0	△ 0/0
	99	이중민	△ 0/0	○ 0/0	▽ 0/0		▽ 1/0	▽ 0/0			▽ 1/0	▽ 0/0

Section 2

2022 시즌 기록

2022년 구단별 유료 관중 현황
K리그1 | K리그2 | 승강 플레이오프

2022년 전 경기 전 시간 출전자

2022년 심판배정 기록
K리그1 주심, 대기심, VAR | K리그1 부심
| K리그2 주심, 대기심, VAR | K리그2 부심
| 승강플레이오프 주심, 대기심, VAR | 승강플레이오프 부심

하나원큐 K리그1 2022 경기일정표

2022년 K리그1 팀별 연속 승패 · 득실점 기록
울산 | 전북 | 포항 | 인천 | 제주 | 강원
| 수원FC | 대구 | 서울 | 수원 | 김천 | 성남

2022년 K리그1 팀 간 경기 기록

2022년 K리그1 최종 순위 및 팀별 경기기록, 승률

2022년 K리그1 팀별 개인 기록
울산 | 전북 | 포항 | 인천 | 제주 | 강원
| 수원FC | 대구 | 서울 | 수원 | 김천 | 성남

2022년 K리그1 득점 순위

2022년 K리그1 도움 순위

2022년 K리그1 골키퍼 실점 기록

하나원큐 K리그2 2022 경기일정표

2022년 K리그2 팀별 연속 승패 · 득실점 기록
광주 | 대전 | 안양 | 경남 | 부천 | 충남아산
| 서울E | 김포 | 안산 | 부산 | 전남

2022년 K리그2 팀 간 경기 기록

2022년 K리그2 최종 순위 및 팀별 경기기록, 승률

2022년 K리그2 팀별 개인 기록
광주 | 대전 | 안양 | 경남 | 부천 | 충남아산
| 서울E | 김포 | 안산 | 부산 | 전남

2022년 K리그2 득점 순위

2022년 K리그2 도움 순위

2022년 K리그2 골키퍼 실점 기록

하나원큐 K리그 2022 승강 플레이오프 경기일정표

2022년 승강 플레이오프 팀 간 경기기록

2022년 승강 플레이오프 팀별 개인 기록
수원 | 김천 | 대전 | 안양

2022년 승강 플레이오프 선수 득점 기록

2022년 승강 플레이오프 선수 도움 기록

2022년 승강 플레이오프 골키퍼 실점 기록

2022년 구단별 유료 관중 현황

K리그1

구단	경기수	관중수	평균
울산	19	166,114	8,742
전북	19	114,328	6,017
포항	18	85,969	4,776
인천	19	99,968	5,261
제주	19	59,884	3,151
강원	18	38,973	2,165
수원FC	20	63,244	3,162
대구	19	121,815	6,411
서울	19	166,934	8,786
수원	20	117,001	5,850
김천	19	28,889	1,520
성남	19	35,912	1,890
총계	228	1,099,031	4,810.92

K리그2

구단	경기수	관중수	평균
광주	20	26,154	1,307
대전	20	45,411	2,270
안양	21	32,795	1,561
경남	20	18,335	916
부천	21	26,377	1,256
충남아산	20	30,054	1,502
서울E	20	23,119	1,155
김포	20	24,769	1,238
안산	20	23,121	1,156
부산	20	29,360	1,468
전남	20	21,612	1,080
총계	222	301,107	1,355.36

승강 플레이오프

구단	경기수	관중수	평균
수원	1	12,842	12,842
김천	1	2,918	2,918
대전	1	8,545	8,545
안양	1	4,863	4,863
총계	4	29,168	29,168

2022년 전 경기 전 시간 출전자

구분	출전 내용	선수명	소속	출전수	교체수
K리그1	전경기	정승용	강원	38	5
		팔로세비치	서울	38	28
		서민우	강원	38	19
K리그2	전경기/전시간	정민기	안양	41	0

2022년 심판배정 기록

K리그1 주심, 대기심, VAR

성명	주심	대기심	VAR
정동식	22	11	12
박병진	20	15	6
이동준	19	9	8
고형진	19	5	18
김종혁	19	3	13
김용우	17	12	9
송민석	16	17	11
신용준	15	18	11
김동진	15	6	15
김대용	15	5	20
김영수	11	23	7
김우성	10	12	15
최현재	10	12	13
채상협	8	15	9
김희곤	7	4	5
안재훈	5	19	4
정회수	0	9	7
서동진	0	8	6
조지음	0	7	7
최규현	0	5	9
설태환	0	4	0
최광호	0	3	5
오현진	0	2	5
성덕효	0	2	3
김도연	0	1	12
김재홍	0	1	0
최대우	0	0	33
박진호	0	0	31
이슬기	0	0	30
김동인	0	0	25
매호영	0	0	25
박상준	0	0	16
송봉근	0	0	15
김성호	0	0	15
윤재열	0	0	13
임정수	0	0	12
김경민	0	0	11

K리그1 부심

성명	부심
지승민	40
김계용	39
이정민	38
박상준	32
윤재열	32
곽승순	31
김지욱	31
박균용	28
방기열	26
천진희	26
송봉근	25
강동호	24
양재용	24
성주경	22
장종필	22
이정석	13
김경민	2
설귀선	1

승강플레이오프 주심, 대기심, VAR

성명	주심	대기심	VAR
김종혁	2	0	0
이동준	2	0	0
김우성	0	2	0
송민석	0	2	0
고형진	0	0	2
박상준	0	0	2
송봉근	0	0	2
김대용	0	0	1
최현재	0	0	1

승강플레이오프 부심

성명	부심
곽승순	2
방기열	2
윤재열	2
장종필	2

하나원큐 K리그1 2022 경기일정표

K리그2 주심, 대기심, VAR

성명	주심	대기심	VAR
정회수	21	10	13
오현진	19	6	13
최규현	19	3	13
조지음	18	10	8
최광호	15	5	11
서동진	14	21	8
김도연	11	13	21
설태환	10	23	0
안재훈	10	2	2
김영수	10	1	6
박종명	9	22	0
신용준	8	1	13
채상협	8	1	2
성덕효	7	17	12
최현재	7	0	11
임정수	6	10	26
송민석	6	0	10
김용우	4	1	17
정동식	4	0	11
김희곤	3	0	4
최승환	2	23	0
최철준	2	18	0
김대용	2	1	7
김우성	2	1	6
김재홍	1	33	0
고형진	1	0	12
이동준	1	0	10
김동진	1	0	6
박병진	1	0	6
박진호	0	0	36
최대우	0	0	32
김동인	0	0	24
이슬기	0	0	24
매호영	0	0	23
김종혁	0	0	15
김성호	0	0	13
송봉근	0	0	10
박상준	0	0	9
윤재열	0	0	6
김경민	0	0	4

K리그2 부심

성명	부심
설귀선	45
이영운	45
구은석	42
이병주	41
주현민	38
신재환	37
이양우	36
서영규	33
박남수	30
홍석찬	29
김경민	24
김태형	14
강도준	5
양재용	4
김지욱	3
송봉근	2
방기열	2
성주경	2
이정민	2
지승민	2
박상준	1
윤재열	1
강동호	1
곽승순	1
김계용	1
이정석	1
장종필	1
천진희	1

라운드	경기번호	대회구분	경기일자	경기시간	홈팀	결과	원정팀	경기장소	관중수
1	1	일반	02.19	14:00	전북	1:0	수원FC	전주W	7,715
1	2	일반	02.19	16:30	대구	0:2	서울	대구전	8,082
1	3	일반	02.19	16:30	인천	1:0	수원	인천	5,382
1	4	일반	02.20	14:00	제주	0:3	포항	제주W	2,514
1	5	일반	02.20	14:00	강원	2:0	성남	강릉	1,933
1	6	일반	02.20	16:30	울산	0:0	김천	문수	4,673
2	7	일반	02.26	14:00	수원	1:0	수원FC	수원W	5,626
2	8	일반	02.26	14:00	인천	1:1	서울	인천	4,618
2	9	일반	02.26	16:30	제주	0:0	강원	제주W	1,736
2	10	일반	02.26	16:30	성남	0:2	울산	탄천	1,633
2	11	일반	02.27	14:00	김천	3:2	포항	김천	2,932
2	12	일반	02.27	16:30	대구	1:1	전북	대구전	5,526
3	13	일반	03.01	14:00	울산	2:1	수원FC	문수	5,260
3	14	일반	03.01	14:00	수원	0:1	제주	수원W	4,022
3	15	일반	03.01	16:30	성남	0:0	서울	탄천	2,393
3	16	일반	03.01	16:30	강원	0:1	인천	강릉	1,559
3	17	일반	03.02	19:00	전북	0:1	포항	전주W	2,160
3	18	일반	03.02	19:30	대구	1:0	김천	대구전	2,520
4	19	일반	03.05	14:00	성남	2:2	수원	탄천	2,008
4	20	일반	03.05	16:30	강원	2:0	대구	강릉	1,075
4	21	일반	03.05	19:00	인천	0:1	포항	인천	3,581
4	22	일반	03.06	14:00	김천	2:0	서울	김천	1,552
4	23	일반	03.06	16:30	전북	0:1	울산	전주W	8,297
4	24	일반	03.06	16:30	제주	0:0	수원FC	제주W	3,021
5	25	일반	03.11	19:00	울산	2:1	서울	문수	3,452
5	26	일반	03.11	19:00	대구	3:1	성남	대구전	2,580
5	27	일반	03.12	14:00	제주	2:0	전북	제주W	2,619
5	28	일반	03.12	16:30	수원	1:1	포항	수원W	4,044
5	29	일반	03.13	14:00	인천	1:0	김천	인천	2,607
5	30	일반	03.13	16:30	강원	0:2	수원FC	강릉	1,154
6	31	일반	03.19	14:00	수원	2:2	강원	수원W	1,989
6	32	일반	03.19	16:30	서울	1:2	제주	서울W	6,276
6	33	일반	03.19	19:00	전북	1:1	김천	전주W	2,767
6	34	일반	03.20	14:00	수원FC	4:3	대구	수원	3,129
6	36	일반	03.20	19:00	성남	0:1	인천	탄천	1,361
6	35	일반	03.27	14:00	울산	2:0	포항	문수	6,552
7	37	일반	04.02	14:00	제주	0:0	대구	제주W	2,381
7	38	일반	04.02	14:00	인천	1:1	울산	인천	7,054
7	39	일반	04.02	16:30	김천	1:1	수원	김천	1,676
7	40	일반	04.02	19:00	강원	1:2	전북	강릉	1,830
7	41	일반	04.03	14:00	수원FC	3:4	성남	수원	2,226
7	42	일반	04.03	16:30	포항	1:1	서울	포항	5,815
8	43	일반	04.05	19:00	수원	0:1	전북	수원W	3,275
8	44	일반	04.05	19:30	대구	1:2	인천	대구전	3,009

라운드	경기번호	대회구분	경기일자	경기시간	홈팀	결과	원정팀	경기장소	관중수
8	45	일반	04.05	19:30	제주	1:2	울산	제주W	2,504
8	46	일반	04.06	19:00	성남	0:3	김천	탄천	691
8	47	일반	04.06	19:30	서울	2:2	강원	서울W	3,792
8	48	일반	04.06	19:30	포항	2:0	수원FC	포항	2,792
9	49	일반	04.09	14:00	성남	0:4	전북	탄천	2,681
9	50	일반	04.09	16:30	울산	3:1	대구	문수	6,759
9	51	일반	04.10	14:00	강원	1:1	포항	강릉	1,475
9	52	일반	04.10	15:00	수원FC	3:2	김천	수원	2,091
9	53	일반	04.10	16:30	인천	2:2	제주	인천	5,234
9	54	일반	04.10	19:00	서울	2:0	수원	서울W	14,625
10	55	일반	05.05	14:00	전북	1:1	서울	전주W	12,024
10	56	일반	05.05	14:00	성남	1:2	제주	탄천	2,073
10	57	일반	05.05	16:30	수원	1:0	울산	수원W	11,418
10	58	일반	05.05	16:30	포항	1:1	대구	포항	9,926
10	59	일반	05.05	19:00	수원FC	2:2	인천	수원	3,794
10	60	일반	05.05	19:00	김천	1:0	강원	김천	1,971
11	61	일반	05.08	14:00	대구	3:0	수원	대구전	7,075
11	62	일반	05.08	13:30	강원	1:3	울산	강릉	2,207
11	63	일반	05.08	16:30	서울	3:1	수원FC	서울W	12,790
11	64	일반	05.08	16:30	인천	0:1	전북	인천	7,597
11	65	일반	05.08	19:00	제주	3:1	김천	제주W	2,111
11	66	일반	05.08	19:00	포항	1:0	성남	포항	3,142
12	67	일반	05.14	16:30	김천	1:1	대구	김천	1,901
12	68	일반	05.14	19:00	울산	2:2	인천	문수	8,351
12	69	일반	05.14	19:00	수원	1:0	성남	수원W	5,564
12	70	일반	05.15	14:20	수원FC	1:3	제주	수원	2,785
12	71	일반	05.15	16:30	전북	1:1	강원	전주W	6,755
12	72	일반	05.15	19:00	서울	1:0	포항	서울W	8,610
13	73	일반	05.17	19:00	수원	2:1	김천	수원W	2,290
13	74	일반	05.17	19:30	인천	2:2	대구	인천	2,754
13	75	일반	05.18	19:00	울산	1:0	제주	문수	4,293
13	76	일반	05.18	19:00	포항	0:1	전북	포항	3,591
13	77	일반	05.18	19:30	성남	2:2	수원FC	탄천	1,711
13	78	일반	05.18	19:30	강원	1:0	서울	강릉	1,668
14	79	일반	05.21	16:30	서울	0:1	성남	서울W	9,247
14	80	일반	05.21	18:00	포항	2:0	인천	포항	4,824
14	81	일반	05.21	19:00	김천	0:2	울산	김천	2,094
14	82	일반	05.22	16:30	대구	3:0	강원	대구전	6,633
14	83	일반	05.22	16:30	제주	0:0	수원	제주W	4,027
14	84	일반	05.22	19:00	수원FC	0:1	전북	수원	4,037
15	85	일반	05.28	16:30	서울	2:2	김천	서울W	8,211
15	86	일반	05.28	19:00	전북	0:2	제주	전주W	7,010
15	87	일반	05.28	19:00	수원FC	1:2	울산	수원	4,485
15	88	일반	05.29	16:30	인천	1:0	성남	인천	6,119
15	89	일반	05.29	19:00	대구	2:2	포항	대구전	7,040
15	90	일반	05.29	19:00	강원	1:1	수원	강릉	2,069
16	91	일반	06.17	19:00	김천	0:1	수원FC	김천	1,331
16	92	일반	06.17	19:30	포항	3:1	강원	포항	3,036
16	93	일반	06.18	18:00	제주	2:1	인천	제주W	4,155
16	94	일반	06.18	19:30	성남	1:1	대구	탄천	2,400
16	95	일반	06.19	18:00	울산	1:3	전북	문수	13,192
16	96	일반	06.19	19:30	수원	0:1	서울	수원W	12,922
17	97	일반	06.21	19:00	김천	1:1	성남	김천	389
17	98	일반	06.21	19:30	대구	1:0	제주	대구전	4,651
17	99	일반	06.21	19:30	수원FC	2:1	포항	수원	1,798
17	100	일반	06.22	19:00	전북	2:1	수원	전주W	4,815
17	101	일반	06.22	19:30	서울	1:2	울산	서울W	8,523
17	102	일반	06.22	19:30	인천	4:1	강원	인천	2,509
18	103	일반	06.25	18:00	전북	1:1	대구	전주W	5,920
18	104	일반	06.25	19:00	수원FC	3:0	수원	수원	6,090
18	105	일반	06.25	20:00	서울	1:1	인천	서울W	10,787
18	106	일반	06.26	18:00	울산	0:0	성남	문수	5,483
18	107	일반	06.26	19:00	포항	1:1	김천	포항	2,966
18	108	일반	06.26	19:30	강원	4:2	제주	강릉	1,454
19	109	일반	07.02	18:00	제주	2:2	서울	제주W	4,019
19	110	일반	07.02	19:00	포항	2:0	울산	포항	7,279
19	111	일반	07.02	19:00	김천	1:2	전북	김천	2,030
19	112	일반	07.02	20:00	성남	0:2	강원	탄천	1,950
19	113	일반	07.03	19:00	대구	0:0	수원FC	대구전	7,325
19	114	일반	07.03	19:30	수원	0:0	인천	수원W	4,325
20	115	일반	07.05	19:00	성남	1:4	포항	탄천	804
20	116	일반	07.05	19:00	김천	4:0	제주	김천	557
20	117	일반	07.05	19:30	울산	2:1	강원	문수	3,344
20	118	일반	07.06	19:00	수원	1:1	대구	수원W	2,231
20	119	일반	07.06	19:00	인천	0:1	수원FC	인천	3,647
20	120	일반	07.06	19:30	서울	0:1	전북	서울W	8,537
21	121	일반	07.08	19:30	제주	3:2	성남	제주W	3,002
21	122	일반	07.08	19:30	강원	3:2	김천	춘천	1,633
21	123	일반	07.09	19:00	전북	2:2	인천	전주W	6,666
21	124	일반	07.09	20:00	대구	1:1	울산	대구전	9,509
21	125	일반	07.10	19:00	수원FC	4:3	서울	수원	4,783
21	126	일반	07.10	19:00	포항	1:0	수원	포항	4,608
22	127	일반	07.16	18:00	전북	3:2	성남	전주W	4,601
22	128	일반	07.16	18:00	울산	2:1	수원	문수	6,202
22	129	일반	07.16	18:00	김천	0:1	인천	김천	1,096
22	130	일반	07.16	19:00	수원FC	2:4	강원	수원	2,939
22	131	일반	07.16	20:00	서울	2:1	대구	서울W	8,846
22	132	일반	07.16	20:00	포항	1:1	제주	포항	4,281
25	145	일반	07.30	19:00	전북	1:0	제주	전주W	5,138
25	146	일반	07.30	19:00	울산	2:1	강원	문수	6,952
25	147	일반	07.30	19:00	수원	0:0	김천	수원W	4,072
25	148	일반	07.30	19:30	포항	1:2	서울	포항	6,355

라운드	경기번호	대회구분	경기일자	경기시간	홈팀	결과	원정팀	경기장소	관중수
25	149	일반	07.30	20:00	성남	3:1	인천	탄천	1,861
25	150	일반	07.31	19:30	수원FC	2:2	대구	수원	2,201
26	151	일반	08.02	19:00	김천	0:1	포항	김천	1,081
26	152	일반	08.02	19:30	제주	1:2	성남	제주W	2,738
26	153	일반	08.02	20:00	울산	1:1	서울	문수	6,682
26	154	일반	08.03	19:00	인천	1:1	수원FC	인천	3,731
26	155	일반	08.03	19:30	대구	1:2	수원	대구전	8,551
26	156	일반	08.03	19:30	강원	2:1	전북	춘천	2,709
27	157	일반	08.05	19:00	성남	1:4	김천	탄천	1,179
27	158	일반	08.05	19:30	서울	0:2	제주	서울W	7,583
27	159	일반	08.06	19:00	포항	2:1	강원	포항	4,380
27	160	일반	08.06	19:30	수원FC	4:2	수원	수원	6,022
27	161	일반	08.07	19:00	전북	1:1	울산	전주W	11,480
27	162	일반	08.07	19:30	대구	2:3	인천	대구전	6,336
24	140	일반	08.10	19:00	수원FC	0:1	전북	수원	1,886
24	141	일반	08.10	19:30	강원	1:0	대구	춘천	1,708
28	163	일반	08.13	18:00	울산	4:0	대구	문수	9,585
28	164	일반	08.13	19:30	인천	3:1	전북	인천	6,339
28	165	일반	08.14	19:00	제주	5:0	포항	제주W	4,038
28	166	일반	08.14	19:30	수원	4:1	성남	수원W	4,496
28	167	일반	08.15	18:00	강원	2:3	수원FC	춘천	3,183
28	168	일반	08.15	19:00	김천	1:2	서울	김천	2,037
24	139	일반	08.20	20:00	제주	1:2	수원	제주W	3,521
24	144	일반	08.20	18:00	포항	1:1	인천	포항	3,479
24	142	일반	08.21	19:00	김천	1:2	울산	김천	1,757
24	143	일반	08.21	18:00	서울	2:0	성남	서울W	7,755
23	133	일반	08.27	18:00	수원	2:3	강원	수원W	6,312
23	135	일반	08.27	19:00	제주	1:1	울산	제주W	5,103
23	138	일반	08.27	20:00	인천	2:0	서울	인천	10,139
23	134	일반	08.28	19:00	대구	0:0	김천	대구전	6,303
23	137	일반	08.28	19:00	성남	2:1	수원FC	탄천	2,329
23	136	일반	08.29	19:00	전북	2:2	포항	전주W	3,333
29	169	일반	09.02	19:00	수원FC	2:2	제주	수원	1,798
29	170	일반	09.02	19:30	인천	0:1	강원	인천	4,372
29	171	일반	09.03	16:30	포항	4:1	대구	포항	4,051
29	172	일반	09.03	19:00	김천	2:2	전북	김천	1,273
29	173	일반	09.04	16:30	서울	1:3	수원	서울W	16,333
29	174	일반	09.04	19:00	성남	2:0	울산	탄천	2,355
30	175	일반	09.06	19:00	제주	0:1	인천	제주W	1,688
30	176	일반	09.06	19:30	강원	0:1	김천	춘천	1,788
30	177	일반	09.06	19:30	수원FC	1:0	포항	수원	1,894
30	178	일반	09.07	19:00	전북	0:0	서울	전주W	4,121
30	179	일반	09.07	19:30	울산	1:0	수원	문수	4,960
30	180	일반	09.07	19:30	대구	1:0	성남	대구전	4,322
31	181	일반	09.10	14:00	대구	0:5	전북	대구전	5,215
31	182	일반	09.10	14:00	김천	1:2	제주	김천	848
31	183	일반	09.10	16:30	성남	0:4	강원	탄천	1,609
31	184	일반	09.10	19:00	서울	2:2	수원FC	서울W	10,265
31	185	일반	09.11	16:30	울산	1:2	포항	문수	11,345
31	186	일반	09.11	19:00	수원	3:3	인천	수원W	8,491
32	187	일반	09.13	19:00	수원FC	2:1	김천	수원	1,369
32	188	일반	09.13	19:30	제주	2:2	대구	제주W	1,512
32	189	일반	09.13	19:30	서울	1:0	강원	서울W	5,349
32	190	일반	09.14	19:00	전북	1:0	성남	전주W	3,334
32	191	일반	09.14	19:00	인천	0:0	울산	인천	4,472
32	192	일반	09.14	19:30	수원	0:2	포항	수원W	2,768
33	193	일반	09.18	15:00	울산	2:0	수원FC	문수	15,161
33	194	일반	09.18	15:00	대구	3:0	서울	대구전	9,330
33	195	일반	09.18	15:00	수원	2:3	전북	수원W	10,018
33	196	일반	09.18	15:00	성남	1:1	포항	탄천	1,876
33	197	일반	09.18	15:00	강원	2:1	제주	춘천	3,344
33	198	일반	09.18	15:00	김천	1:0	인천	김천	1,260
34	199	파이널B	10.01	14:00	서울	2:3	대구	서울W	7,805
34	200	파이널A	10.01	16:30	인천	0:3	울산	인천	9,251
34	201	파이널A	10.01	19:00	전북	3:1	포항	전주W	7,808
34	202	파이널A	10.02	14:00	제주	1:2	강원	제주W	3,143
34	203	파이널B	10.02	16:30	수원FC	2:2	김천	수원	2,319
34	204	파이널B	10.03	14:00	성남	0:2	수원	탄천	3,024
35	205	파이널A	10.08	14:00	포항	1:2	제주	포항	4,304
35	206	파이널A	10.08	16:30	울산	2:1	전북	문수	20,051
35	207	파이널A	10.08	19:00	강원	0:0	인천	춘천	3,751
35	208	파이널B	10.09	14:00	수원	0:0	서울	수원W	10,818
35	209	파이널B	10.09	16:30	김천	1:1	성남	김천	644
35	210	파이널B	10.09	19:00	대구	2:1	수원FC	대구전	8,097
36	211	파이널A	10.11	15:00	포항	1:1	울산	포항	3,376
36	212	파이널A	10.11	19:30	전북	1:0	강원	전주W	3,113
36	213	파이널A	10.11	19:30	인천	3:1	제주	인천	2,970
36	214	파이널B	10.12	19:30	수원FC	2:1	성남	수원	1,146
36	215	파이널B	10.12	19:30	서울	1:1	김천	서울W	4,318
36	216	파이널B	10.12	19:30	수원	1:2	대구	수원W	3,093
37	217	파이널A	10.16	14:00	강원	1:2	울산	춘천	4,433
37	218	파이널B	10.16	14:00	수원	3:0	수원FC	수원W	9,227
37	219	파이널A	10.16	16:30	제주	1:2	전북	제주W	6,052
37	220	파이널B	10.16	16:30	대구	1:1	김천	대구전	9,711
37	221	파이널A	10.16	19:00	인천	1:1	포항	인천	7,592
37	222	파이널B	10.16	19:00	서울	0:1	성남	서울W	7,282
38	223	파이널B	10.22	15:00	수원FC	0:2	서울	수원	6,452
38	224	파이널B	10.22	15:00	김천	1:3	수원	김천	2,460
38	225	파이널B	10.22	15:00	성남	4:4	대구	탄천	1,974
38	226	파이널A	10.23	15:00	울산	1:2	제주	문수	23,817
38	227	파이널A	10.23	15:00	전북	2:1	인천	전주W	7,271
38	228	파이널A	10.23	15:00	포항	1:0	강원	포항	7,764

2022년 K리그1 팀별 연속 승패 · 득실점 기록 | 울산

일자	상대	홈/원정	승	무	패	득점	실점	연속기록 승	무	패	득점	실점	무득점	무실점
02.20	김천	홈		■		0	0							
02.26	성남	원정	▲			2	0							
03.01	수원FC	홈	▲			2	1							
03.06	전북	원정	▲			1	0							
03.11	서울	홈	▲			2	1							
03.27	포항	홈	▲			2	0							
04.02	인천	원정		■		1	1							
04.05	제주	원정	▲			2	1							
04.09	대구	홈	▲			3	1							
05.05	수원	원정			▼	0	1							
05.08	강원	원정	▲			3	1							
05.14	인천	홈		■		2	2							
05.18	제주	홈	▲			1	0							
05.21	김천	원정	▲			2	0							
05.28	수원FC	원정	▲			2	1							
06.19	전북	홈			▼	1	3							
06.22	서울	원정	▲			2	1							
06.26	성남	홈		■		0	0							
07.02	포항	원정			▼	0	2							
07.05	강원	홈	▲			2	1							
07.09	대구	원정		■		1	1							
07.16	수원	홈	▲			2	1							
07.30	강원	홈	▲			2	1							
08.02	서울	홈		■		1	1							
08.07	전북	원정		■		1	1							
08.13	대구	홈	▲			4	0							
08.21	김천	원정	▲			2	1							
08.27	제주	원정		■		1	1							
09.04	성남	원정			▼	0	2							
09.07	수원	홈	▲			1	0							
09.11	포항	홈			▼	1	2							
09.14	인천	원정		■		0	0							
09.18	수원FC	홈	▲			2	0							
10.01	인천	원정	▲			3	0							
10.08	전북	홈	▲			2	1							
10.11	포항	원정		■		1	1							
10.16	강원	원정	▲			2	1							
10.23	제주	홈			▼	1	2							

2022년 K리그1 팀별 연속 승패 · 득실점 기록 | 전북

일자	상대	홈/원정	승	무	패	득점	실점	연속기록 승	무	패	득점	실점	무득점	무실점
02.19	수원FC	홈	▲			1	0							
02.27	대구	원정		■		1	1							
03.02	포항	홈			▼	0	1							
03.06	울산	홈			▼	0	1							
03.12	제주	원정			▼	0	2							
03.19	김천	홈		■		1	1							
04.02	강원	원정	▲			2	1							
04.05	수원	원정	▲			1	0							
04.09	성남	원정	▲			4	0							
05.05	서울	홈		■		1	1							
05.08	인천	원정	▲			1	0							
05.15	강원	홈		■		1	1							
05.18	포항	원정	▲			1	0							
05.22	수원FC	원정	▲			1	0							
05.28	제주	홈			▼	0	2							
06.19	울산	원정	▲			3	1							
06.22	수원	홈	▲			2	1							
06.25	대구	홈		■		1	1							
07.02	김천	원정	▲			2	1							
07.06	서울	원정	▲			1	0							
07.09	인천	홈		■		2	2							
07.16	성남	홈	▲			3	2							
07.30	제주	홈	▲			1	0							
08.03	강원	원정			▼	1	2							
08.07	울산	홈		■		1	1							
08.10	수원FC	원정	▲			1	0							
08.13	인천	원정			▼	1	3							
08.29	포항	홈		■		2	2							
09.03	김천	원정		■		2	2							
09.07	서울	홈		■		0	0							
09.10	대구	원정	▲			5	0							
09.14	성남	홈	▲			1	0							
09.18	수원	원정	▲			3	2							
10.01	포항	홈	▲			3	1							
10.08	울산	원정			▼	1	2							
10.11	강원	홈	▲			1	0							
10.16	제주	원정	▲			2	1							
10.23	인천	홈	▲			2	1							

2022년 K리그1 팀별 연속 승패 · 득실점 기록 | 포항

일자	상대	홈/원정	승	무	패	득점	실점	연속기록						
								승	무	패	득점	실점	무득점	무실점
02.20	제주	원정	▲			3	0							
02.27	김천	원정			▼	2	3							
03.02	전북	원정	▲			1	0							
03.05	인천	원정	▲			1	0							
03.12	수원	원정		■		1	1							
03.27	울산	원정			▼	0	2							
04.03	서울	홈		■		1	1							
04.06	수원FC	홈	▲			2	0							
04.10	강원	원정		■		1	1							
05.05	대구	홈		■		1	1							
05.08	성남	홈	▲			1	0							
05.15	서울	원정			▼	0	1							
05.18	전북	홈			▼	0	1							
05.21	인천	홈	▲			2	0							
05.29	대구	원정		■		2	2							
06.17	강원	홈	▲			3	1							
06.21	수원FC	원정			▼	1	2							
06.26	김천	홈		■		1	1							
07.02	울산	홈	▲			2	0							
07.05	성남	원정	▲			4	1							
07.10	수원	홈	▲			1	0							
07.16	제주	홈		■		1	1							
07.30	서울	홈			▼	1	2							
08.02	김천	원정	▲			1	0							
08.06	강원	홈	▲			2	1							
08.14	제주	원정			▼	0	5							
08.20	인천	홈		■		1	1							
08.29	전북	원정		■		2	2							
09.03	대구	홈	▲			4	1							
09.06	수원FC	원정			▼	0	1							
09.11	울산	원정	▲			2	1							
09.14	수원	원정	▲			2	0							
09.18	성남	원정		■		1	1							
10.01	전북	원정			▼	1	3							
10.08	제주	홈			▼	1	2							
10.11	울산	홈		■		1	1							
10.16	인천	원정		■		1	1							
10.23	강원	홈	▲			1	0							

2022년 K리그1 팀별 연속 승패 · 득실점 기록 | 인천

일자	상대	홈/원정	승	무	패	득점	실점	연속기록						
								승	무	패	득점	실점	무득점	무실점
02.19	수원	홈	▲			1	0							
02.26	서울	홈		■		1	1							
03.01	강원	원정	▲			1	0							
03.05	포항	홈			▼	0	1							
03.13	김천	홈	▲			1	0							
03.20	성남	원정	▲			1	0							
04.02	울산	홈		■		1	1							
04.05	대구	원정	▲			2	1							
04.10	제주	홈		■		2	2							
05.05	수원FC	원정		■		2	2							
05.08	전북	홈			▼	0	1							
05.14	울산	원정		■		2	2							
05.17	대구	홈		■		2	2							
05.21	포항	원정			▼	0	2							
05.29	성남	홈	▲			1	0							
06.18	제주	원정			▼	1	2							
06.22	강원	홈	▲			4	1							
06.25	서울	원정		■		1	1							
07.03	수원	원정		■		0	0							
07.06	수원FC	홈			▼	0	1							
07.09	전북	원정		■		2	2							
07.16	김천	원정	▲			1	0							
07.30	성남	원정			▼	1	3							
08.03	수원FC	홈		■		1	1							
08.07	대구	원정	▲			3	2							
08.13	전북	홈	▲			3	1							
08.20	포항	원정		■		1	1							
08.27	서울	홈	▲			2	0							
09.02	강원	홈			▼	0	1							
09.06	제주	원정	▲			1	0							
09.11	수원	원정		■		3	3							
09.14	울산	홈		■		0	0							
09.18	김천	원정			▼	0	1							
10.01	울산	홈			▼	0	3							
10.08	강원	원정		■		0	0							
10.11	제주	홈	▲			3	1							
10.16	포항	홈		■		1	1							
10.23	전북	원정			▼	1	2							

2022년 K리그1 팀별 연속 승패 · 득실점 기록 Ⅰ 제주

일자	상대	홈/원정	승	무	패	득점	실점	연속기록 승	무	패	득점	실점	무득점	무실점
02.20	포항	홈			▼	0	3							
02.26	강원	홈		■		0	0							
03.01	수원	원정	▲			1	0							
03.06	수원FC	홈		■		0	0							
03.12	전북	홈	▲			2	0							
03.19	서울	원정	▲			2	1							
04.02	대구	홈		■		0	0							
04.05	울산	홈			▼	1	2							
04.10	인천	원정		■		2	2							
05.05	성남	원정	▲			2	1							
05.08	김천	홈	▲			3	1							
05.15	수원FC	원정	▲			3	1							
05.18	울산	원정			▼	0	1							
05.22	수원	홈		■		0	0							
05.28	전북	원정	▲			2	0							
06.18	인천	홈	▲			2	1							
06.21	대구	원정			▼	0	1							
06.26	강원	원정			▼	2	4							
07.02	서울	홈		■		2	2							
07.05	김천	원정			▼	0	4							
07.08	성남	홈	▲			3	2							
07.16	포항	원정		■		1	1							
07.30	전북	원정			▼	0	1							
08.02	성남	홈			▼	1	2							
08.05	서울	원정	▲			2	0							
08.14	포항	홈	▲			5	0							
08.20	수원	홈			▼	1	2							
08.27	울산	홈		■		1	1							
09.02	수원FC	원정		■		2	2							
09.06	인천	홈			▼	0	1							
09.10	김천	원정	▲			2	1							
09.13	대구	홈		■		2	2							
09.18	강원	원정			▼	1	2							
10.02	강원	홈			▼	1	2							
10.08	포항	원정	▲			2	1							
10.11	인천	원정			▼	1	3							
10.16	전북	홈			▼	1	2							
10.23	울산	원정	▲			2	1							

2022년 K리그1 팀별 연속 승패 · 득실점 기록 Ⅰ 강원

일자	상대	홈/원정	승	무	패	득점	실점	연속기록 승	무	패	득점	실점	무득점	무실점
02.19	전북	원정			▼	0	1							
02.26	수원	원정			▼	0	1							
03.01	울산	원정			▼	1	2							
03.06	제주	원정		■		0	0							
03.13	강원	원정	▲			2	0							
03.20	대구	홈	▲			4	3							
04.03	성남	홈			▼	3	4							
04.06	포항	원정			▼	0	2							
04.10	김천	홈	▲			3	2							
05.05	인천	홈		■		2	2							
05.08	서울	원정			▼	1	3							
05.15	제주	홈			▼	1	3							
05.18	성남	원정		■		2	2							
05.22	전북	홈			▼	0	1							
05.28	울산	홈			▼	1	2							
06.17	김천	원정	▲			1	0							
06.21	포항	홈	▲			2	1							
06.25	수원	홈	▲			3	0							
07.03	대구	원정		■		0	0							
07.06	인천	원정	▲			1	0							
07.10	서울	홈	▲			4	3							
07.16	강원	홈			▼	2	4							
07.31	대구	홈		■		2	2							
08.03	인천	원정		■		1	1							
08.06	수원	홈	▲			4	2							
08.10	전북	홈			▼	0	1							
08.15	강원	원정	▲			3	2							
08.28	성남	원정			▼	1	2							
09.02	제주	홈		■		2	2							
09.06	포항	홈	▲			1	0							
09.10	서울	원정		■		2	2							
09.13	김천	홈	▲			2	1							
09.18	울산	원정			▼	0	2							
10.02	김천	홈		■		2	2							
10.09	대구	원정			▼	1	2							
10.12	성남	홈	▲			2	1							
10.16	수원	원정			▼	0	3							
10.22	서울	홈			▼	0	2							

2022년 K리그1 팀별 연속 승패 · 득실점 기록 | 수원FC

일자	상대	홈/원정	승	무	패	득점	실점	연속기록 승	연속기록 무	연속기록 패	연속기록 득점	연속기록 실점	연속기록 무득점	연속기록 무실점
02.20	성남	홈	▲			2	0							
02.26	제주	원정		■		0	0							
03.01	인천	홈			▼	0	1							
03.05	대구	홈	▲			2	0							
03.13	수원FC	홈			▼	0	2							
03.19	수원	원정		■		2	2							
04.02	전북	홈			▼	1	2							
04.06	서울	원정		■		2	2							
04.10	포항	홈		■		1	1							
05.05	김천	원정			▼	0	1							
05.08	울산	홈			▼	1	3							
05.15	전북	원정		■		1	1							
05.18	서울	홈	▲			1	0							
05.22	대구	원정			▼	0	3							
05.29	수원	홈		■		1	1							
06.17	포항	원정			▼	1	3							
06.22	인천	원정			▼	1	4							
06.26	제주	홈	▲			4	2							
07.02	성남	원정	▲			2	0							
07.05	울산	원정			▼	1	2							
07.08	김천	홈	▲			3	2							
07.16	수원FC	원정	▲			4	2							
07.30	울산	원정			▼	1	2							
08.03	전북	홈	▲			2	1							
08.06	포항	원정			▼	1	2							
08.10	대구	홈	▲			1	0							
08.15	수원FC	홈			▼	2	3							
08.27	수원	원정	▲			3	2							
09.02	인천	원정	▲			1	0							
09.06	김천	홈			▼	0	1							
09.10	성남	원정	▲			4	0							
09.13	서울	원정			▼	0	1							
09.18	제주	홈	▲			2	1							
10.02	제주	원정	▲			2	1							
10.08	인천	홈		■		0	0							
10.11	전북	원정			▼	0	1							
10.16	울산	홈			▼	1	2							
10.23	포항	원정			▼	0	1							

2022년 K리그1 팀별 연속 승패 · 득실점 기록 | 대구

일자	상대	홈/원정	승	무	패	득점	실점	연속기록 승	연속기록 무	연속기록 패	연속기록 득점	연속기록 실점	연속기록 무득점	연속기록 무실점
02.19	서울	홈			▼	0	2							
02.27	전북	홈		■		1	1							
03.02	김천	홈	▲			1	0							
03.05	강원	원정			▼	0	2							
03.11	성남	홈	▲			3	1							
03.20	수원FC	원정			▼	3	4							
04.02	제주	원정		■		0	0							
04.05	인천	홈			▼	1	2							
04.09	울산	원정			▼	1	3							
05.05	포항	원정		■		1	1							
05.08	수원	홈	▲			3	0							
05.14	김천	원정		■		1	1							
05.17	인천	원정		■		2	2							
05.22	강원	홈	▲			3	0							
05.29	포항	홈		■		2	2							
06.18	성남	원정		■		1	1							
06.21	제주	홈	▲			1	0							
06.25	전북	원정		■		1	1							
07.03	수원FC	홈		■		0	0							
07.06	수원	원정		■		1	1							
07.09	울산	홈		■		1	1							
07.16	서울	원정			▼	1	2							
07.31	수원FC	원정		■		2	2							
08.03	수원	홈			▼	1	2							
08.07	인천	홈			▼	2	3							
08.10	강원	원정			▼	0	1							
08.13	울산	원정			▼	0	4							
08.28	김천	홈		■		0	0							
09.03	포항	원정			▼	1	4							
09.07	성남	홈	▲			1	0							
09.10	전북	홈			▼	0	5							
09.13	제주	원정		■		2	2							
09.18	서울	홈	▲			3	0							
10.01	서울	원정	▲			3	2							
10.09	수원FC	홈	▲			2	1							
10.12	수원	원정	▲			2	1							
10.16	김천	홈		■		1	1							
10.22	성남	원정		■		4	4							

2022년 K리그1 팀별 연속 승패 · 득실점 기록 | 서울

일자	상대	홈/원정	승	무	패	득점	실점	연속기록						
								승	무	패	득점	실점	무득점	무실점
02.19	대구	원정	▲			2	0							
02.26	인천	원정		■		1	1							
03.01	성남	원정		■		0	0							
03.06	김천	원정			▼	0	2							
03.11	울산	원정			▼	1	2							
03.19	제주	홈			▼	1	2							
04.03	포항	원정		■		1	1							
04.06	강원	홈		■		2	2							
04.10	수원	홈	▲			2	0							
05.05	전북	원정		■		1	1							
05.08	수원FC	홈	▲			3	1							
05.15	포항	홈	▲			1	0							
05.18	강원	원정			▼	0	1							
05.21	성남	홈			▼	0	1							
05.28	김천	홈		■		2	2							
06.19	수원	원정	▲			1	0							
06.22	울산	홈			▼	1	2							
06.25	인천	홈		■		1	1							
07.02	제주	원정		■		2	2							
07.06	전북	홈			▼	0	1							
07.10	수원FC	원정			▼	3	4							
07.16	대구	홈	▲			2	1							
07.30	포항	원정	▲			2	1							
08.02	울산	원정		■		1	1							
08.05	제주	홈			▼	0	2							
08.15	김천	원정	▲			2	1							
08.21	성남	홈	▲			2	0							
08.27	인천	원정			▼	0	2							
09.04	수원	홈			▼	1	3							
09.07	전북	원정		■		0	0							
09.10	수원FC	홈		■		2	2							
09.13	강원	홈	▲			1	0							
09.18	대구	원정			▼	0	3							
10.01	대구	홈			▼	2	3							
10.09	수원	원정		■		0	0							
10.12	김천	홈		■		1	1							
10.16	성남	홈			▼	0	1							
10.22	수원FC	원정	▲			2	0							

2022년 K리그1 팀별 연속 승패 · 득실점 기록 | 수원

일자	상대	홈/원정	승	무	패	득점	실점	연속기록						
								승	무	패	득점	실점	무득점	무실점
02.19	인천	원정			▼	0	1							
02.26	수원FC	홈	▲			1	0							
03.01	제주	홈			▼	0	1							
03.05	성남	원정		■		2	2							
03.12	포항	홈		■		1	1							
03.19	강원	홈		■		2	2							
04.02	김천	원정		■		1	1							
04.05	전북	홈			▼	0	1							
04.10	서울	원정			▼	0	2							
05.05	울산	홈	▲			1	0							
05.08	대구	원정			▼	0	3							
05.14	성남	홈	▲			1	0							
05.17	김천	홈	▲			2	1							
05.22	제주	원정		■		0	0							
05.29	강원	원정		■		1	1							
06.19	서울	홈			▼	0	1							
06.22	전북	원정			▼	1	2							
06.25	수원FC	원정			▼	0	3							
07.03	인천	홈		■		0	0							
07.06	대구	홈		■		1	1							
07.10	포항	원정			▼	0	1							
07.16	울산	원정			▼	1	2							
07.30	김천	홈		■		0	0							
08.03	대구	원정	▲			2	1							
08.06	수원FC	원정			▼	2	4							
08.14	성남	홈	▲			4	1							
08.20	제주	원정	▲			2	1							
08.27	강원	홈			▼	2	3							
09.04	서울	원정	▲			3	1							
09.07	울산	원정			▼	0	1							
09.11	인천	홈		■		3	3							
09.14	포항	홈			▼	0	2							
09.18	전북	홈			▼	2	3							
10.03	성남	원정	▲			2	0							
10.09	서울	홈		■		0	0							
10.12	대구	홈			▼	1	2							
10.16	수원FC	홈	▲			3	0							
10.22	김천	원정	▲			3	1							
10.26	안양	원정		■		0	0							
10.29	안양	홈				2	1							

: 승강 플레이오프

2022년 K리그1 팀별 연속 승패 · 득실점 기록 | 김천

일자	상대	홈/원정	승	무	패	득점	실점	연속기록						
								승	무	패	득점	실점	무득점	무실점
02.20	울산	원정		■		0	0							
02.27	포항	홈	▲			3	2							
03.02	대구	원정			▼	0	1							
03.06	서울	홈	▲			2	0							
03.13	인천	원정			▼	0	1							
03.19	전북	원정		■		1	1							
04.02	수원	홈		■		1	1							
04.06	성남	원정	▲			3	0							
04.10	수원FC	원정			▼	2	3							
05.05	강원	홈	▲			1	0							
05.08	제주	원정			▼	1	3							
05.14	대구	홈		■		1	1							
05.17	수원	원정			▼	1	2							
05.21	울산	홈			▼	0	2							
05.28	서울	원정		■		2	2							
06.17	수원FC	홈			▼	0	1							
06.21	성남	홈		■		1	1							
06.26	포항	원정		■		1	1							
07.02	전북	홈			▼	1	2							
07.05	제주	홈	▲			4	0							
07.08	강원	원정			▼	2	3							
07.16	인천	홈			▼	0	1							
07.30	수원	원정		■		0	0							
08.02	포항	홈			▼	0	1							
08.05	성남	원정	▲			4	1							
08.15	서울	홈			▼	1	2							
08.21	울산	홈			▼	1	2							
08.28	대구	원정		■		0	0							
09.03	전북	홈		■		2	2							
09.06	강원	원정	▲			1	0							
09.10	제주	홈			▼	1	2							
09.13	수원FC	원정			▼	1	2							
09.18	인천	홈	▲			1	0							
10.02	수원FC	원정		■		2	2							
10.09	성남	홈		■		1	1							
10.12	서울	원정		■		1	1							
10.16	대구	원정		■		1	1							
10.22	수원	홈			▼	1	3							
10.26	대전	원정			▼	1	2							
10.29	대전	홈			▼	0	4							

: 승강 플레이오프

2022년 K리그1 팀별 연속 승패 · 득실점 기록 | 성남

일자	상대	홈/원정	승	무	패	득점	실점	연속기록						
								승	무	패	득점	실점	무득점	무실점
02.20	강원	원정			▼	0	2							
02.26	울산	홈			▼	0	2							
03.01	서울	홈		■		0	0							
03.05	수원	홈		■		2	2							
03.11	대구	원정			▼	1	3							
03.20	인천	홈			▼	0	1							
04.03	수원FC	원정	▲			4	3							
04.06	김천	홈			▼	0	3							
04.09	전북	홈			▼	0	4							
05.05	제주	홈			▼	1	2							
05.08	포항	원정			▼	0	1							
05.14	수원	원정			▼	0	1							
05.18	수원FC	홈		■		2	2							
05.21	서울	원정	▲			1	0							
05.29	인천	원정			▼	0	1							
06.18	대구	홈		■		1	1							
06.21	김천	원정		■		1	1							
06.26	울산	원정		■		0	0							
07.02	강원	홈			▼	0	2							
07.05	포항	홈			▼	1	4							
07.08	제주	원정			▼	2	3							
07.16	전북	원정			▼	2	3							
07.30	인천	홈	▲			3	1							
08.02	제주	원정	▲			2	1							
08.05	김천	홈			▼	1	4							
08.14	수원	원정			▼	1	4							
08.21	서울	원정			▼	0	2							
08.28	수원FC	홈	▲			2	1							
09.04	울산	홈	▲			2	0							
09.07	대구	원정			▼	0	1							
09.10	강원	홈			▼	0	4							
09.14	전북	원정			▼	0	1							
09.18	포항	홈		■		1	1							
10.03	수원	홈			▼	0	2							
10.09	김천	원정		■		1	1							
10.12	수원FC	원정			▼	1	2							
10.16	서울	원정	▲			1	0							
10.22	대구	홈		■		4	4							

2022년 K리그1 팀 간 경기 기록

팀명	승점	상대팀	승	무	패	득점	실점	득실	도움	경고	퇴장
울산	76	합계	22	10	6	57	33	24	32	56	2
	12	강원	4	0	0	9	4	5	8	1	0
	7	김천	2	1	0	4	1	3	3	4	0
	7	대구	2	1	0	8	2	6	3	2	0
	7	서울	2	1	0	5	3	2	2	4	0
	4	성남	1	1	1	2	2	0	0	1	0
	6	수원	2	0	1	3	2	1	3	6	1
	9	수원FC	3	0	0	6	2	4	2	8	0
	6	인천	1	3	0	6	3	3	3	4	0
	7	전북	2	1	1	5	5	0	2	11	0
	7	제주	2	1	1	5	4	1	4	3	1
	4	포항	1	1	2	4	5	-1	2	12	0

팀명	승점	상대팀	승	무	패	득점	실점	득실	도움	경고	퇴장
전북	73	합계	21	10	7	56	36	20	37	61	1
	7	강원	2	1	1	5	4	1	5	7	0
	5	김천	1	2	0	5	4	1	4	1	0
	5	대구	1	2	0	7	2	5	3	6	0
	5	서울	1	2	0	2	1	1	2	2	0
	9	성남	3	0	0	8	2	6	5	3	0
	9	수원	3	0	0	6	3	3	5	6	0
	9	수원FC	3	0	0	3	0	3	2	8	0
	4	울산	1	1	2	5	5	0	4	8	1
	7	인천	2	1	1	6	6	0	2	5	0
	6	제주	2	0	2	3	5	-2	2	8	0
	7	포항	2	1	1	6	4	2	3	7	0

팀명	승점	상대팀	승	무	패	득점	실점	득실	도움	경고	퇴장
포항	60	합계	16	12	10	52	41	11	36	80	0
	10	강원	3	1	0	7	3	4	5	7	0
	4	김천	1	1	1	4	4	0	4	9	0
	5	대구	1	2	0	7	4	3	6	9	0
	1	서울	0	1	2	2	4	-2	2	2	0
	7	성남	2	1	0	6	2	4	5	4	0
	7	수원	2	1	0	4	1	3	2	8	0
	3	수원FC	1	0	2	3	3	0	2	9	0
	7	울산	2	1	1	5	4	1	4	7	0
	8	인천	2	2	0	5	2	3	2	7	0
	4	전북	1	1	2	4	6	-2	3	8	0
	4	제주	1	1	2	5	8	-3	1	10	0

팀명	승점	상대팀	승	무	패	득점	실점	득실	도움	경고	퇴장
인천	54	합계	13	15	10	46	42	4	31	63	2
	7	강원	2	1	1	5	2	3	5	11	0
	6	김천	2	0	1	2	1	1	1	4	0
	7	대구	2	1	0	7	5	2	3	6	1
	5	서울	1	2	0	4	2	2	2	6	0
	6	성남	2	0	1	3	3	0	1	7	0
	5	수원	1	2	0	4	3	1	3	5	0
	2	수원FC	0	2	1	3	4	-1	2	1	0
	3	울산	0	3	1	3	6	-3	3	8	0
	4	전북	1	1	2	6	6	0	5	7	0
	7	제주	2	1	1	7	5	2	6	5	1
	2	포항	0	2	2	2	5	-3	0	3	0

팀명	승점	상대팀	승	무	패	득점	실점	득실	도움	경고	퇴장
제주	52	합계	14	10	14	52	50	2	39	63	1
	1	강원	0	1	3	4	8	-4	2	3	0
	6	김천	2	0	1	5	6	-1	2	6	0
	2	대구	0	2	1	2	3	-1	1	6	0
	7	서울	2	1	0	6	3	3	5	4	1
	6	성남	2	0	1	6	5	1	5	5	0
	4	수원	1	1	1	2	2	0	2	6	0
	5	수원FC	1	2	0	5	3	2	4	6	0
	4	울산	1	1	2	4	5	-1	4	7	0
	4	인천	1	1	2	5	7	-2	3	7	0
	6	전북	2	0	2	5	3	2	5	7	0
	7	포항	2	1	1	8	5	3	6	6	0

팀명	승점	상대팀	승	무	패	득점	실점	득실	도움	경고	퇴장
강원	49	합계	14	7	17	50	52	-2	28	46	0
	3	김천	1	0	2	3	4	-1	2	5	0
	6	대구	2	0	1	3	3	0	2	5	0
	4	서울	1	1	1	3	3	0	2	5	0
	9	성남	3	0	0	8	0	8	2	1	0
	5	수원	1	2	0	6	5	1	4	5	0
	3	수원FC	1	0	2	6	7	-1	3	3	0
	0	울산	0	0	4	4	9	-5	1	4	0
	4	인천	1	1	2	2	5	-3	2	5	0
	4	전북	1	1	2	4	5	-1	2	1	0
	10	제주	3	1	0	8	4	4	6	7	0
	1	포항	0	1	3	3	7	-4	2	5	0

팀명	승점	상대팀	승	무	패	득점	실점	득실	도움	경고	퇴장
수원FC	48	합계	13	9	16	56	63	-7	38	50	2
	6	강원	2	0	1	7	6	1	5	6	1
	10	김천	3	1	0	8	5	3	6	9	0
	5	대구	1	2	1	7	7	0	3	3	1
	4	서울	1	1	2	7	10	-3	6	3	0
	4	성남	1	1	2	8	9	-1	4	6	0
	6	수원	2	0	2	7	6	1	6	3	0
	0	울산	0	0	3	2	6	-4	2	6	0
	5	인천	1	2	0	4	3	1	3	2	0
	0	전북	0	0	3	0	3	-3	0	4	0
	2	제주	0	2	1	3	5	-2	1	4	0
	6	포항	2	0	1	3	3	0	2	4	0

팀명	승점	상대팀	승	무	패	득점	실점	득실	도움	경고	퇴장
대구	46	합계	10	16	12	52	59	-7	32	88	1
	3	강원	1	0	2	3	3	0	3	10	0
	6	김천	1	3	0	3	2	1	3	10	0
	6	서울	2	0	2	7	6	1	4	12	0
	8	성남	2	2	0	9	6	3	5	6	0
	7	수원	2	1	1	7	4	3	4	8	0
	5	수원FC	1	2	1	7	7	0	4	9	1
	1	울산	0	1	2	2	8	-6	0	4	0
	1	인천	0	1	2	5	7	-2	2	8	0
	2	전북	0	2	1	2	7	-5	1	7	0
	5	제주	1	2	0	3	2	1	3	9	0
	2	포항	0	2	1	4	7	-3	3	5	0

팀명	승점	상대팀	승	무	패	득점	실점	득실	도움	경고	퇴장
서울	46	합계	11	13	14	43	47	-4	29	71	1
	4	강원	1	1	1	3	3	0	2	5	0
	5	김천	1	2	1	5	6	-1	4	3	0
	6	대구	2	0	2	6	7	-1	4	11	0
	4	성남	1	1	2	2	2	0	1	9	0
	7	수원	2	1	1	4	3	1	2	10	0
	7	수원FC	2	1	1	10	7	3	8	7	0
	1	울산	0	1	2	3	5	-2	2	3	0
	2	인천	0	2	1	2	4	-2	2	6	0
	2	전북	0	2	1	1	2	-1	1	4	0
	1	제주	0	1	2	3	6	-3	2	7	1
	7	포항	2	1	0	4	2	2	1	6	0

팀명	승점	상대팀	승	무	패	득점	실점	득실	도움	경고	퇴장
김천	38	합계	8	14	16	45	48	-3	26	58	0
	6	강원	2	0	1	4	3	1	1	5	0
	3	대구	0	3	1	2	3	-1	2	3	0
	5	서울	1	2	1	6	5	1	6	4	0
	8	성남	2	2	0	9	3	6	8	8	0
	2	수원	0	2	2	3	6	-3	0	11	0
	1	수원FC	0	1	3	5	8	-3	2	10	0
	1	울산	0	1	2	1	4	-3	1	3	0
	3	인천	1	0	2	1	2	-1	0	5	0
	2	전북	0	2	1	4	5	-1	3	4	0
	3	제주	1	0	2	6	5	1	1	2	0
	4	포항	1	1	1	4	4	0	2	3	0

팀명	승점	상대팀	승	무	패	득점	실점	득실	도움	경고	퇴장
수원	44	합계	11	11	16	44	49	-5	33	73	1
	2	강원	0	2	1	5	6	-1	5	7	0
	8	김천	2	2	0	6	3	3	5	3	0
	4	대구	1	1	2	4	7	-3	4	12	0
	4	서울	1	1	2	3	4	-1	3	12	0
	10	성남	3	1	0	9	3	6	6	10	0
	6	수원FC	2	0	2	6	7	-1	4	4	0
	3	울산	1	0	2	2	3	-1	2	5	0
	2	인천	0	2	1	3	4	-1	2	3	1
	0	전북	0	0	3	3	6	-3	1	8	0
	4	제주	1	1	1	2	2	0	1	5	0
	1	포항	0	1	2	1	4	-3	0	4	0

팀명	승점	상대팀	승	무	패	득점	실점	득실	도움	경고	퇴장
성남	30	합계	7	9	22	37	70	-33	22	71	1
	0	강원	0	0	3	0	8	-8	0	4	0
	2	김천	0	2	2	3	9	-6	1	3	0
	2	대구	0	2	2	6	9	-3	4	6	0
	7	서울	2	1	1	2	2	0	1	6	0
	1	수원	0	1	3	3	9	-6	0	4	0
	7	수원FC	2	1	1	9	8	1	5	11	0
	4	울산	1	1	1	2	2	0	2	10	0
	3	인천	1	0	2	3	3	0	1	6	1
	0	전북	0	0	3	2	8	-6	2	7	0
	3	제주	1	0	2	5	6	-1	4	6	0
	1	포항	0	1	2	2	6	-4	2	8	0

2022년 K리그1 최종 순위 및 팀별 경기기록, 승률

구분	파이널 A						파이널 B					
순위	1	2	3	4	5	6	7	8	9	10	11	12
구단	울산	전북	포항	인천	제주	강원	수원FC	대구	서울	수원	김천	성남
승점	76	73	60	54	52	49	48	46	46	44	38	30
승	22	21	16	13	14	14	13	10	11	11	8	7
무	10	20	12	15	10	7	9	16	13	11	14	9
패	6	7	10	10	14	17	16	12	14	16	16	22
득	57	56	52	46	52	50	56	52	43	44	45	37
실	33	36	41	42	50	52	63	59	47	49	48	70
차	24	20	11	4	2	-2	-7	-7	-4	-5	-3	-33
승률	71.1	64.6	57.9	53.9	50.0	46.1	46.1	47.4	46.1	43.4	39.5	30.3

구분	홈	원정	홈	원정	홈	원정	홈	원정	홈	원정	홈	원정	홈	원정	홈	원정	홈	원정	홈	원정	홈	원정	홈	원정
승	12	10	8	13	9	7	7	6	5	9	8	6	9	4	8	2	6	5	6	5	5	3	3	4
무	4	6	8	2	6	6	7	8	7	3	3	4	4	5	6	10	5	8	7	4	5	9	6	3
패	3	3	3	4	3	7	5	5	7	7	7	10	7	9	5	7	8	6	7	9	9	7	10	12
득	31	26	23	33	26	26	23	23	25	27	24	26	40	16	26	26	24	19	24	20	22	23	20	17
실	17	16	18	18	14	27	18	24	23	27	22	30	38	25	21	38	25	22	22	27	24	24	40	30
차	14	10	5	15	12	-1	5	-1	2	0	2	-4	2	-9	5	-12	-1	-3	2	-7	-2	-1	-20	-13
승률	73.7	68.4	63.2	73.7	66.7	50.0	55.3	52.6	44.7	55.3	52.8	40.0	55.0	36.1	57.9	36.8	44.7	47.4	47.5	38.9	39.5	39.5	31.6	28.9

2022년 K리그1 팀별 개인 기록 | 울산

선수명	대회	출전	교체	득점	도움	코너킥	파울	파울득	오프사이드	슈팅	유효슈팅	경고	퇴장	실점	자책
고명진	K1	7	4	0	0	0	3	1	0	1	0	0	0	0	0
김기희	K1	15	1	0	1	0	9	7	0	4	0	2	0	0	0
김민준	K1	19	19	1	0	0	9	10	2	9	7	2	0	0	0
김성준	K1	3	2	0	0	0	4	1	0	1	1	0	1	0	0
김영권	K1	36	3	0	0	0	17	18	1	5	1	1	1	0	0
김재성	K1	1	1	0	0	0	0	0	0	0	0	1	0	0	0
김태환	K1	30	3	0	3	0	29	14	1	7	5	6	0	0	0
레오나르도	K1	34	17	11	4	0	60	30	9	65	49	7	0	0	0
마틴 아담	K1	14	11	9	4	0	9	8	0	21	14	2	0	0	0
바 코	K1	37	17	8	1	1	11	31	3	84	58	1	0	0	0
박용우	K1	31	9	0	0	0	25	23	0	15	10	2	0	0	0
박주영	K1	6	6	0	0	0	2	0	0	2	0	0	0	0	0
설영우	K1	34	5	0	3	0	26	45	4	29	13	3	0	0	0
신형민	K1	5	5	0	0	0	1	1	0	0	0	0	0	0	0
아마노	K1	30	19	9	1	92	29	59	10	62	36	6	0	0	0
엄원상	K1	33	24	12	6	0	19	36	9	47	37	1	0	0	0
오인표	K1	3	3	0	0	0	2	2	0	1	1	0	0	0	0
원두재	K1	21	12	0	0	0	13	15	1	6	1	2	0	0	0
윤일록	K1	14	13	1	1	1	7	10	2	16	10	1	0	0	0
이규성	K1	31	17	1	1	35	40	15	1	21	12	6	0	0	0
이명재	K1	19	6	0	3	2	8	10	1	12	2	2	0	0	0
이청용	K1	35	23	3	2	49	14	61	4	23	15	5	0	0	0
이 호	K1	1	2	0	0	0	0	0	0	0	0	0	0	0	0
임종은	K1	15	3	1	1	0	7	6	1	5	3	0	0	0	0
정승현	K1	21	2	1	0	0	18	5	1	3	3	8	0	0	0
조수혁	K1	3	1	0	0	0	0	1	0	0	0	1	0	0	0
조현우	K1	36	1	0	0	0	0	2	0	0	0	1	0	33	0
최기윤	K1	19	19	1	1	0	11	10	2	7	5	1	0	0	0
황재환	K1	8	8	0	0	0	4	1	0	3	2	0	0	0	0

2022년 K리그1 팀별 개인 기록 | 전북

선수명	대회	출전	교체	득점	도움	코너킥	파울	파울득	오프사이드	슈팅	유효슈팅	경고	퇴장	실점	자책
강상윤	K1	15	15	0	0	0	12	5	1	8	4	3	0	0	0
구스타보	K1	34	23	8	4	0	32	23	15	51	36	3	0	0	0
구자룡	K1	15	9	1	0	0	9	6	1	2	2	0	0	0	0
김문환	K1	28	6	1	2	0	16	21	0	14	8	2	0	0	0
김보경	K1	25	23	2	3	20	31	30	2	21	12	3	0	0	0
김준홍	K1	2	2	0	0	0	0	0	0	0	0	0	0	1	0
김진규	K1	26	15	2	1	32	29	6	1	29	8	3	0	0	0
	K2	1	0	0	0	0	3	1	0	3	1	0	0	0	0
	계	27	15	2	1	32	32	7	1	32	9	3	0	0	0
김진수	K1	31	9	2	3	2	21	27	7	27	9	6	0	0	0
노윤상	K1	1	1	0	0	0	0	0	0	0	0	0	0	0	0
류재문	K1	20	6	1	1	0	22	6	1	9	3	2	0	0	0
맹성웅	K1	17	12	0	2	0	34	28	0	7	3	6	0	0	0
문선민	K1	23	22	1	2	0	11	16	2	20	11	0	0	0	0
바로우	K1	28	18	13	6	1	25	27	16	34	23	5	0	0	0
박규민	K1	9	9	1	0	0	6	8	0	5	3	2	0	0	0
박성현	K1	1	1	0	0	0	0	0	0	0	0	0	0	0	0
박진섭	K1	33	4	2	0	0	43	20	3	8	7	5	0	0	0
박진성	K1	12	11	0	0	0	7	1	0	5	2	1	0	0	0
백승호	K1	30	5	2	5	68	27	22	0	31	13	3	0	0	0
송민규	K1	22	15	3	3	0	10	20	5	29	18	0	0	0	0
송범근	K1	35	1	0	0	0	0	3	0	0	0	1	0	34	0
윤영선	K1	20	6	0	0	0	9	8	0	1	0	2	0	0	0
이범수	K1	3	1	0	0	0	0	0	0	0	0	0	0	1	0
이승기	K1	16	16	0	1	11	4	3	0	8	4	1	0	0	0
이윤권	K1	5	5	0	0	0	0	2	0	0	0	0	0	0	0
이준호	K1	5	5	0	0	0	1	2	0	0	0	0	0	0	0
조규성	K1	31	13	17	5	0	42	56	11	100	52	2	0	0	0
최보경	K1	7	3	0	0	0	4	0	0	1	0	0	0	0	0
최철순	K1	17	8	0	0	0	7	15	1	3	2	0	0	0	0
쿠니모토	K1	14	9	4	1	25	20	11	1	11	6	2	0	0	0
한교원	K1	20	17	5	0	0	11	16	9	26	14	0	0	0	0
홍정호	K1	19	3	1	2	0	14	14	3	8	4	4	1	0	0

2022년 K리그1 팀별 개인 기록 | 포항

선수명	대회	출전	교체	득점	도움	코너킥	파울	파울득	오프사이드	슈팅	유효슈팅	경고	퇴장	실점	자책
강상우	K1	1	1	0	0	0	0	0	0	0	0	0	0	0	0
강현무	K1	20	1	0	0	0	1	4	0	0	0	3	0	24	0
고영준	K1	37	22	6	4	17	37	56	4	45	26	3	0	0	0
권기표	K1	2	2	0	1	0	0	2	0	1	0	0	0	0	0
그랜트	K1	27	3	2	0	0	17	12	0	13	6	5	0	0	0
김승대	K1	28	26	6	1	1	24	16	8	14	12	1	0	0	0
김용환	K1	21	16	0	1	0	12	7	1	1	0	1	0	0	0
김준호	K1	7	7	0	0	1	1	1	0	0	0	0	0	0	0
김지민	K1	2	2	0	0	0	1	2	0	0	0	0	0	0	0
노경호	K1	4	4	1	0	0	0	0	0	1	1	0	0	0	0
류원우	K1	1	1	0	0	0	0	0	0	0	0	0	0	0	0
모세스	K1	13	13	1	0	0	10	8	3	5	2	1	0	0	0
박 건	K1	1	1	0	0	0	2	0	0	0	0	2	0	0	0
박승욱	K1	29	4	0	2	0	25	22	0	6	2	5	0	0	0
박찬용	K1	33	2	0	0	0	35	10	2	10	3	5	0	0	0
신광훈	K1	33	16	0	2	0	48	28	0	7	0	7	0	0	0
신진호	K1	32	4	4	10	152	49	25	0	30	14	10	0	0	0
심상민	K1	29	10	0	0	1	12	28	1	1	0	1	0	0	0
완델손	K1	27	18	2	1	10	27	27	0	27	11	3	0	0	0
윤민호	K1	2	2	0	0	0	3	1	0	2	0	1	0	0	0
윤평국	K1	18	0	0	0	0	0	4	0	0	0	0	0	17	1
이광준	K1	3	2	0	0	0	1	0	0	0	0	0	0	0	0
이광혁	K1	21	22	1	0	9	19	21	0	13	10	1	0	0	0
이수빈	K1	32	24	0	1	0	31	13	0	10	4	7	0	0	0
이승모	K1	27	21	1	3	0	26	21	2	17	10	7	0	0	0
이호재	K1	16	16	1	0	0	3	2	0	4	4	1	0	0	0
임상협	K1	36	22	8	2	0	18	32	8	39	31	6	0	0	1
정재희	K1	37	31	7	3	10	6	7	3	52	26	0	0	0	0
조재훈	K1	2	3	0	0	0	0	0	0	1	1	0	0	0	0
하창래	K1	20	5	0	0	0	18	13	2	5	1	6	0	0	0
허용준	K1	30	26	10	5	0	38	25	20	55	30	7	0	0	0

2022년 K리그1 팀별 개인 기록 | 인천

선수명	대회	출전	교체	득점	도움	코너킥	파울	파울득	오프사이드	슈팅	유효슈팅	경고	퇴장	실점	자책
강민수	K1	25	6	0	0	0	11	16	2	1	1	1	1	0	0
강윤구	K1	17	12	0	2	2	28	11	1	6	2	6	0	0	0
김광석	K1	17	7	0	0	0	5	4	0	0	0	1	0	0	0
김대중	K1	3	3	1	0	0	1	1	0	2	2	0	0	0	0
김도혁	K1	34	27	2	3	22	33	38	5	29	12	3	0	0	0
김동민	K1	32	4	0	1	0	30	14	1	10	4	10	1	0	0
김동헌	K1	25	0	0	0	0	0	6	0	0	0	0	0	22	0
김민석	K1	5	5	3	1	0	2	3	0	5	4	0	0	0	0
김보섭	K1	34	24	5	4	0	30	31	12	58	29	5	0	0	0
김성민	K1	12	9	1	0	1	10	8	0	5	2	1	0	0	0
김준엽	K1	25	8	1	2	1	19	13	1	5	4	7	0	0	0
김창수	K1	12	10	0	0	0	2	1	0	0	0	1	0	0	0
델브리지	K1	33	5	0	1	0	38	10	0	16	4	6	0	0	1
무고사	K1	18	6	14	0	0	16	17	8	56	39	0	0	0	0
민경현	K1	30	18	1	0	3	24	22	3	10	4	2	0	0	0
민성준	K1	1	0	0	0	0	0	0	0	0	0	0	0	2	0
박창환	K1	10	10	0	0	0	5	3	0	2	0	1	0	0	0
박현빈	K1	1	1	0	0	0	1	0	0	1	1	1	0	0	0
송시우	K1	29	31	4	0	0	17	34	7	27	18	0	0	0	0
아길라르	K1	32	27	0	3	61	35	60	2	28	15	6	0	0	0
에르난데스	K1	8	5	4	4	0	2	8	5	21	10	2	0	0	0
	K2	20	7	8	4	0	16	20	3	47	25	4	1	0	0
	계	28	12	12	8	0	18	28	8	68	35	6	1	0	0
여 름	K1	14	10	0	0	6	19	9	0	4	1	1	0	0	0
오반석	K1	13	3	0	0	0	9	7	0	3	0	3	0	0	0
오재석	K1	3	3	0	1	0	1	2	0	2	2	0	0	0	0
이강현	K1	22	18	2	1	0	17	8	0	4	2	2	0	0	0
이동수	K1	31	28	1	0	0	9	5	0	10	5	1	0	0	0
이명주	K1	34	17	4	5	46	35	25	0	25	13	0	0	0	0
이용재	K1	20	20	1	2	0	13	13	7	14	10	1	0	0	0
이주용	K1	10	4	0	0	12	12	6	3	6	2	0	0	0	0
이태희	K1	12	0	0	0	0	0	5	0	0	0	0	0	18	0
정 혁	K1	4	4	0	0	4	1	2	0	1	1	0	0	0	0
홍시후	K1	28	28	1	1	0	17	22	1	19	8	2	0	0	0

2022년 K리그1 팀별 개인 기록 | 제주

선수명	대회	출전	교체	득점	도움	코너킥	파울	파울득	오프사이드	슈팅	유효슈팅	경고	퇴장	실점	자책
구자철	K1	9	9	1	1	0	5	5	1	8	2	1	0	0	0
김경재	K1	18	9	0	0	0	16	11	1	0	0	2	0	0	0
김규형	K1	6	6	0	0	0	1	0	0	0	0	0	1	0	0
김근배	K1	4	0	0	0	0	0	0	0	0	0	0	0	4	0
	K2	0	0	0	0	0	0	0	0	0	0	0	0	0	0
	계	4	0	0	0	0	0	0	0	0	0	0	0	4	0
김동준	K1	32	1	0	0	0	1	8	0	0	0	0	0	38	0
김명순	K1	16	16	0	0	0	7	6	1	2	0	1	0	0	1
김범수	K1	15	15	1	0	0	14	4	1	6	3	3	0	0	0
김봉수	K1	33	16	0	1	0	19	35	1	3	0	2	0	0	0
김오규	K1	30	2	1	0	0	23	21	0	9	2	12	0	0	2
김주공	K1	31	27	5	4	3	14	28	4	35	22	2	0	0	0
김주원	K1	1	1	0	0	0	0	0	0	0	0	0	0	0	0
변경준	K1	12	12	0	0	0	4	5	1	2	0	0	0	0	0
서진수	K1	25	23	5	0	0	14	22	2	21	11	2	0	0	0
안태현	K1	4	2	0	1	0	2	2	0	1	0	0	0	0	0
안현범	K1	30	16	1	0	1	23	29	8	23	9	5	0	0	0
유연수	K1	3	1	0	0	0	0	1	0	0	0	0	0	8	0
윤빛가람	K1	15	11	3	2	46	8	5	1	24	11	0	0	0	0
이지솔	K1	16	15	0	0	0	4	5	0	1	1	1	0	0	0
이창민	K1	31	13	3	4	109	29	15	3	80	24	4	0	0	0
정우재	K1	28	11	0	1	0	13	11	0	14	5	3	0	0	0
정 운	K1	32	1	0	2	0	16	31	1	9	3	7	0	0	0
제르소	K1	37	28	8	7	1	61	55	11	63	34	7	0	0	0
조나탄링	K1	28	31	5	2	23	17	9	1	32	14	2	0	0	0
조성준	K1	30	24	0	5	1	9	22	5	8	2	1	0	0	0
주민규	K1	37	19	17	7	0	19	41	11	95	44	0	0	0	0
진성욱	K1	19	18	2	1	0	19	18	8	20	6	5	0	0	0
최영준	K1	36	4	0	1	0	43	42	0	13	1	5	0	0	0
한종무	K1	14	14	1	0	2	7	3	0	5	1	0	0	0	0
홍성욱	K1	5	5	0	0	0	1	1	0	0	0	0	0	0	0

2022년 K리그1 팀별 개인 기록 | 강원

선수명	대회	출전	교체	득점	도움	코너킥	파울	파울득	오프사이드	슈팅	유효슈팅	경고	퇴장	실점	자책
갈레고	K1	14	14	3	0	0	11	10	0	12	6	2	0	0	0
강지훈	K1	10	2	0	1	0	10	3	0	4	1	1	0	0	0
고무열	K1	1	1	0	0	0	0	0	0	0	0	0	0	0	0
김대우	K1	16	14	1	0	0	10	10	0	6	1	1	0	0	0
김대원	K1	37	14	12	13	140	21	24	4	63	31	0	0	0	0
김동현	K1	33	9	0	1	0	41	36	0	17	5	3	0	0	0
김영빈	K1	36	0	4	0	0	31	9	2	18	9	6	0	0	0
김원균	K1	3	3	0	0	0	2	0	0	1	1	0	0	0	0
김정호	K1	3	2	0	0	0	0	0	0	0	0	0	0	5	0
김주형㉙	K1	1	1	0	0	0	0	0	0	0	0	0	0	0	0
김진호	K1	28	16	3	2	0	26	34	4	12	7	3	0	0	0
디 노	K1	5	5	2	0	0	6	6	0	9	5	0	0	0	0
박경배	K1	4	4	0	0	0	5	1	0	2	1	1	0	0	0
박상혁	K1	4	5	0	0	0	0	0	0	2	0	0	0	0	0
발 사	K1	18	18	2	0	0	12	6	3	17	14	1	0	0	0
서민우	K1	38	19	0	1	0	30	22	1	11	7	3	0	0	1
신창무	K1	7	7	0	0	2	7	5	1	3	1	0	0	0	0
양현준	K1	36	22	8	4	0	38	38	6	66	31	3	0	0	0
유상훈	K1	35	1	0	0	0	0	10	0	0	0	1	0	45	0
윤석영	K1	32	5	1	2	1	14	16	0	3	1	4	0	0	0
이광연	K1	2	1	0	0	0	0	1	0	0	0	0	0	2	0
이웅희	K1	11	11	0	0	0	2	3	0	1	0	0	0	0	0
이정협	K1	31	28	5	1	0	25	30	17	31	21	4	0	0	0
임창우	K1	37	2	2	1	5	20	27	3	26	11	1	0	0	0
정승용	K1	38	5	2	1	0	37	52	5	26	15	4	0	0	0
츠베타노프	K1	6	6	0	0	0	3	2	1	0	0	2	0	0	0
케 빈	K1	21	19	1	0	0	14	5	1	13	4	2	0	0	0
코바야시	K1	12	11	0	1	0	9	17	0	9	3	2	0	0	0
한국영	K1	6	6	0	0	0	3	8	0	0	0	0	0	0	0
홍석환	K1	2	2	0	0	0	0	0	0	0	0	0	0	0	0
황문기	K1	34	33	3	0	7	20	24	1	22	10	2	0	0	0

2022년 K리그1 팀별 개인 기록 | 수원FC

선수명	대회	출전	교체	득점	도움	코너킥	파울	파울득	오프사이드	슈팅	유효슈팅	경고	퇴장	실점	자책
강준모	K1	2	2	0	0	0	0	0	0	1	0	0	0	0	0
곽윤호	K1	29	18	0	1	0	14	34	0	3	2	5	0	0	1
김건웅	K1	36	6	2	2	0	28	18	2	17	8	2	0	0	0
김동우	K1	15	8	1	0	0	8	4	1	2	2	0	0	0	0
김상원	K1	7	6	0	0	0	4	4	1	2	1	1	0	0	0
김승준	K1	32	32	5	2	0	10	14	5	21	14	0	1	0	0
김주엽	K1	9	8	0	1	0	4	0	0	1	0	0	0	0	0
김 현	K1	31	26	8	1	1	25	21	7	43	23	5	0	0	0
니실라	K1	22	19	2	2	33	17	17	1	18	10	2	0	0	0
라 스	K1	34	21	8	7	0	18	19	9	82	40	1	0	0	0
무릴로	K1	23	25	1	5	45	16	32	0	29	16	0	0	0	0
박민규	K1	35	5	1	1	11	15	54	3	12	6	2	0	0	0
박배종	K1	25	0	0	0	0	0	4	0	0	0	0	0	37	0
박상명	K1	5	5	0	1	0	3	6	0	2	2	0	0	0	0
박주호	K1	32	10	0	1	0	38	39	0	7	2	5	0	0	0
신세계	K1	27	9	0	1	0	21	8	0	5	1	3	0	0	0
신재원	K1	7	9	0	0	0	4	2	0	2	0	1	0	0	1
양동현	K1	8	8	0	0	0	5	3	0	4	1	1	0	0	0
유 현	K1	11	0	0	0	0	1	5	0	0	0	0	0	19	0
이기혁	K1	20	20	0	1	0	14	12	0	9	4	2	0	0	0
이범영	K1	2	0	0	0	0	0	0	0	0	0	0	0	7	0
이승우	K1	35	27	14	3	0	48	66	9	63	32	7	1	0	0
이영준	K1	16	17	1	1	0	6	5	0	9	5	0	0	0	0
이 용	K1	21	3	0	2	36	24	11	0	4	1	5	0	0	0
장재웅	K1	11	11	0	1	0	6	5	0	3	1	0	0	0	0
장혁진	K1	21	21	1	1	9	15	29	0	7	4	0	0	0	0
	K2	1	1	0	0	0	0	1	0	0	0	0	0	0	0
	계	22	22	1	1	9	15	30	0	7	4	0	0	0	0
잭 슨	K1	21	5	2	1	0	14	8	1	7	6	6	0	0	0
정동호	K1	21	15	2	0	9	7	17	0	9	4	0	0	0	0
정재용	K1	34	20	5	2	0	18	14	1	28	14	3	0	0	0
정재윤	K1	12	12	1	0	0	2	3	0	2	1	0	0	0	0
황순민	K1	9	8	0	1	0	6	4	0	2	0	2	0	0	0

2022년 K리그1 팀별 개인 기록 | 대구

선수명	대회	출전	교체	득점	도움	코너킥	파울	파울득	오프사이드	슈팅	유효슈팅	경고	퇴장	실점	자책
고재현	K1	32	26	13	2	0	36	27	10	45	29	0	0	3	0
김우석	K1	10	7	0	1	0	6	5	0	2	0	0	0	2	1
김진혁	K1	26	6	2	1	0	29	22	4	18	5	0	0	4	0
김태양	K1	1	1	0	0	0	1	0	0	0	0	0	0	1	0
김희승	K1	11	7	0	0	0	21	6	0	7	4	0	0	3	0
박병현	K1	12	7	0	0	0	14	3	0	1	1	0	0	4	0
박용희	K1	3	3	0	0	0	1	1	1	1	1	0	0	0	0
세징야	K1	29	9	12	6	91	20	69	12	100	41	2	0	4	0
안용우	K1	12	10	2	2	6	3	1	0	4	3	0	0	0	0
에드가	K1	5	3	1	0	0	13	7	3	12	7	0	0	1	0
오승훈	K1	36	1	0	1	0	1	5	0	1	0	0	0	3	0
오후성	K1	8	7	1	0	1	2	5	0	4	1	0	0	0	0
이근호	K1	31	31	2	0	0	9	13	2	12	5	0	0	2	0
이용래	K1	28	22	0	1	1	24	8	0	2	0	0	0	2	0
이원우	K1	4	4	0	0	0	1	0	0	0	0	0	0	0	0
이윤오	K1	1	0	0	0	0	0	1	0	0	0	0	0	0	0
이진용	K1	33	23	0	0	0	69	37	1	16	2	0	0	10	0
이태희	K1	13	9	0	1	0	6	1	0	6	5	0	0	1	0
장성원	K1	21	16	0	2	0	14	13	0	6	3	0	0	3	0
정치인	K1	16	16	0	0	0	6	6	4	11	6	0	0	1	0
정태욱	K1	36	5	1	1	0	36	24	1	22	10	0	0	5	0
제 카	K1	28	12	7	7	0	72	27	15	65	25	2	0	8	0
조진우	K1	26	7	2	1	0	20	15	0	9	3	0	0	4	0
최민기	K1	1	1	0	0	0	1	0	0	1	1	0	0	0	0
최영은	K1	2	1	0	0	0	0	0	0	0	0	0	0	1	0
케이타	K1	27	23	0	0	1	29	31	1	2	1	0	0	7	0
페 냐	K1	10	5	1	1	22	16	13	1	25	8	0	0	4	0
홍정운	K1	25	6	2	0	0	18	4	0	10	4	0	0	5	0
홍 철	K1	28	14	0	1	9	21	18	2	9	1	0	0	3	0
황재원	K1	34	10	1	3	1	41	25	2	12	5	0	0	5	0

2022년 K리그1 팀별 개인 기록 | 서울

선수명	대회	출전	교체	득점	도움	코너킥	파울	파울득	오프사이드	슈팅	유효슈팅	경고	퇴장	실점	자책
강상희	K1	5	4	0	0	0	0	1	0	0	0	0	0	0	0
강성진	K1	34	33	1	4	14	7	19	1	25	11	1	0	0	0
고광민	K1	10	10	1	0	0	5	4	0	3	3	1	0	0	0
고요한	K1	7	3	0	2	1	2	14	0	3	3	1	0	0	0
권성윤	K1	10	8	0	0	4	4	5	0	0	0	0	0	0	0
기성용	K1	35	10	0	1	28	24	25	2	35	10	7	0	0	1
김신진	K1	20	16	3	0	0	11	7	11	17	7	2	1	0	0
김주성	K1	12	5	0	0	0	12	5	0	2	0	4	0	0	0
김진성	K1	1	1	0	0	0	1	0	0	1	1	0	0	0	0
김진야	K1	34	19	1	1	0	18	18	5	13	6	0	0	0	0
나상호	K1	32	12	8	4	65	22	44	3	43	25	5	0	0	0
박동진	K1	23	17	3	0	0	23	20	4	28	11	5	0	0	0
박성훈	K1	1	1	0	0	0	0	0	0	0	0	0	0	0	0
박호민	K1	1	1	1	0	0	0	0	0	1	1	0	0	0	0
백상훈	K1	10	10	0	0	0	10	10	0	2	1	0	0	0	0
백종범	K1	4	2	0	0	0	0	0	0	0	0	0	0	3	0
벤	K1	2	2	0	0	0	2	1	0	1	0	0	0	0	0
양유민	K1	1	1	0	0	0	4	2	0	0	0	1	0	0	0
양한빈	K1	35	1	0	0	0	0	5	0	0	0	3	0	44	0
오스마르	K1	24	3	1	0	0	22	3	0	4	3	5	0	0	0
윤종규	K1	32	2	1	1	1	40	21	1	8	4	10	0	0	0
이상민	K1	25	3	1	4	0	23	10	0	8	3	3	0	0	0
이태석	K1	27	20	0	0	4	17	22	2	10	3	3	0	0	0
이한범	K1	23	5	1	1	0	26	7	0	9	3	2	0	0	0
일류첸코	K1	33	22	9	1	1	41	36	11	47	28	6	0	0	0
임민혁	K1	10	11	0	0	7	8	4	0	1	0	4	0	0	0
정한민	K1	20	20	2	0	0	11	3	2	17	9	1	0	0	0
정현철	K1	20	13	1	0	0	16	5	0	6	2	5	0	0	0
조영욱	K1	37	16	6	7	8	25	47	9	83	40	2	0	0	0
조지훈	K1	5	4	0	0	0	1	1	0	1	1	0	0	0	0
지동원	K1	3	4	0	0	0	2	1	0	1	1	0	0	0	0
케이지로	K1	12	13	0	0	1	8	1	4	7	2	0	0	0	0
팔로세비치	K1	38	29	5	2	45	31	43	5	54	20	3	0	0	0
한승규	K1	11	10	1	0	5	5	8	0	9	6	0	0	0	0
황성민	K1	1	1	0	0	0	0	0	0	0	0	0	0	0	0
황인범	K1	9	9	0	0	13	6	5	1	7	5	3	0	0	0
황현수	K1	7	3	0	0	0	3	2	0	0	0	1	0	0	0
히카르도	K1	1	0	0	0	0	2	1	1	0	0	0	0	0	0

2022년 K리그1 팀별 개인 기록 | 수원

선수명	대회	출전	교체	득점	도움	코너킥	파울	파울득	오프사이드	슈팅	유효슈팅	경고	퇴장	실점	자책
강현묵	K1	29	28	0	4	0	22	14	2	14	8	2	0	0	0
고명석	K1	23	10	3	0	0	9	12	0	8	6	1	0	0	0
그로닝	K1	14	13	0	0	0	18	10	7	10	2	4	0	0	0
김건희	K1	12	6	2	0	0	10	15	1	25	13	1	1	0	0
김태환	K1	31	14	0	1	0	28	25	3	25	8	2	0	0	0
노동건	K1	2	0	0	0	0	0	0	0	0	0	0	0	2	0
류승우	K1	26	22	2	0	0	28	23	1	27	16	2	0	0	0
마나부	K1	18	18	1	3	0	10	9	2	13	8	1	0	0	0
명준재	K1	20	21	3	0	0	11	18	0	6	5	3	0	0	0
민상기	K1	24	8	0	0	0	10	9	0	5	3	2	0	0	0
박대원	K1	11	7	0	0	0	9	3	0	3	0	2	0	0	0
박상혁	K1	16	15	1	0	3	12	13	0	12	8	0	0	0	0
박지민	K1	2	1	0	0	0	1	0	0	0	0	0	0	2	0
박형진	K1	11	10	1	0	11	6	7	0	2	1	1	0	0	0
불투이스	K1	35	3	0	0	0	25	17	2	8	3	6	0	0	0
사리치	K1	28	16	3	2	20	36	10	1	21	12	6	0	0	0
안병준	K1	18	12	7	0	0	12	20	7	34	19	3	0	0	0
	K2	14	6	4	0	0	12	22	4	32	14	2	0	0	0
	계	32	18	11	0	0	24	42	11	76	33	5	0	0	0
양상민	K1	5	3	0	0	0	7	1	0	0	0	0	0	0	0
양형모	K1	35	1	0	0	0	0	3	0	0	0	1	0	45	0
염기훈	K1	19	20	0	0	7	5	14	1	12	3	2	0	0	0
오현규	K1	36	27	13	3	0	32	33	9	66	40	5	0	0	0
유제호	K1	6	6	0	0	0	8	3	0	0	0	1	0	0	0
유주안	K1	6	6	0	0	0	0	3	0	2	1	0	0	0	0
이기제	K1	35	8	1	14	118	19	14	1	20	10	3	0	0	0
이종성	K1	25	11	2	0	0	38	36	0	9	5	11	0	0	0
장호익	K1	29	19	0	2	0	30	33	0	2	1	3	0	0	0
전진우	K1	25	22	6	3	1	23	48	2	46	25	3	0	0	0
정승원	K1	29	7	0	1	0	15	37	8	23	10	5	0	0	0
정호진	K1	2	1	0	0	0	4	0	0	0	0	3	0	0	0
	K2	10	7	0	0	0	8	6	0	0	0	3	0	0	0
	계	12	8	0	0	0	12	6	0	0	0	6	0	0	0
최성근	K1	4	3	0	0	0	6	17	0	1	0	1	0	0	0
한석종	K1	20	15	0	0	0	20	9	0	2	1	2	0	0	0

2022년 K리그1 팀별 개인 기록 | 김천

선수명	대회	출전	교체	득점	도움	코너킥	파울	파울득	오프사이드	슈팅	유효슈팅	경고	퇴장	실점	자책
강윤성	K1	28	7	0	1	0	22	23	1	9	4	5	0	0	0
고승범	K1	23	11	0	2	48	14	19	0	31	13	1	0	0	0
구성윤	K1	15	1	0	0	0	0	0	0	0	0	0	0	20	0
권창훈	K1	33	26	0	2	11	23	23	3	48	23	0	0	0	0
김경민	K1	24	22	7	2	0	15	5	3	28	17	2	0	0	0
김륜성	K1	4	3	0	0	0	3	5	0	0	0	1	0	0	0
김정훈	K1	9	2	0	0	0	0	1	0	0	0	0	0	6	0
김준범	K1	13	9	2	1	2	9	7	0	15	9	2	0	0	0
김지현	K1	31	17	4	2	0	21	22	12	37	17	2	0	0	0
김한길	K1	34	27	2	2	1	19	18	3	22	8	3	0	0	0
문지환	K1	19	11	0	0	0	24	12	1	3	0	5	0	0	0
박지수	K1	30	7	1	1	0	17	27	0	8	2	4	0	0	0
송주훈	K1	16	9	0	0	0	7	11	0	3	0	1	0	0	0
윤석주	K1	12	11	0	0	0	6	4	0	1	1	0	0	0	0
이영재	K1	37	17	3	7	96	17	47	1	74	33	2	0	0	0
이유현	K1	10	3	0	0	0	11	4	0	9	5	1	0	0	0
이준석	K1	12	13	0	1	0	11	8	3	8	3	1	0	0	0
이지훈	K1	7	7	0	0	0	2	4	0	3	2	0	0	0	0
임승겸	K1	9	1	0	0	0	5	0	0	0	0	2	0	0	0
	K2	6	6	0	0	0	1	5	0	2	1	0	0	0	0
	계	15	7	0	0	0	6	5	0	2	1	2	0	0	0
정동윤	K1	10	5	0	0	0	12	6	0	3	1	0	0	0	0
지언학	K1	4	5	0	0	0	0	0	0	2	1	0	0	0	0
최병찬	K1	7	7	0	0	0	7	2	0	0	0	2	0	0	0
	K2	3	1	0	0	0	2	1	1	2	1	0	0	0	0
	계	10	8	0	0	0	9	3	1	2	1	2	0	0	0
한찬희	K1	10	8	0	0	1	7	2	0	7	2	2	0	0	0
황인재	K1	16	1	0	0	0	1	4	0	0	0	2	0	22	0

2022년 K리그1 팀별 개인 기록 | 성남

선수명	대회	출전	교체	득점	도움	코너킥	파울	파울득	오프사이드	슈팅	유효슈팅	경고	퇴장	실점	자책
강의빈	K1	24	13	0	1	0	19	8	0	2	2	2	0	0	0
강재우	K1	11	11	0	1	0	11	6	1	2	0	2	0	0	0
곽광선	K1	12	7	0	0	0	7	5	0	0	0	1	0	0	2
구본철	K1	27	9	5	4	70	26	34	3	51	25	4	0	0	0
권순형	K1	22	16	1	0	11	13	17	0	18	6	0	0	0	0
권완규	K1	25	3	2	1	0	31	15	1	13	4	7	0	0	0
김민혁①	K1	32	20	3	2	0	48	30	2	26	14	9	0	0	1
김민혁②	K1	4	1	1	0	0	2	2	0	4	4	1	0	0	0
김영광	K1	32	0	0	0	0	0	11	0	0	0	4	0	58	0
김지수	K1	19	4	0	1	0	3	9	0	0	0	1	0	0	0
김현태	K1	9	8	0	0	0	4	2	0	1	0	0	1	0	0
김훈민	K1	6	6	0	1	0	0	4	0	6	3	0	0	0	0
마상훈	K1	21	10	0	0	0	12	10	1	6	2	3	0	0	0
뮬리치	K1	33	22	9	1	0	22	18	19	99	52	3	0	0	0
밀로스	K1	15	8	3	0	0	17	8	1	30	15	2	0	0	0
박수일	K1	34	15	5	1	46	19	28	8	33	14	4	0	0	0
박용지	K1	4	4	0	0	0	2	2	0	2	0	0	0	0	0
박지원	K1	8	8	0	0	0	0	1	0	1	0	0	0	0	0
심동운	K1	15	16	1	1	1	4	8	2	7	4	1	0	0	0
	K2	7	7	0	0	2	1	2	0	3	2	0	0	0	0
	계	22	23	1	1	3	5	10	2	10	6	1	0	0	0
안진범	K1	14	12	0	1	4	13	17	0	0	0	0	0	0	0
양시후	K1	9	8	0	0	0	3	2	0	0	0	1	0	0	0
엄승민	K1	5	6	0	0	0	5	1	0	1	0	0	0	0	0
연제운	K1	19	7	1	1	0	8	7	0	2	1	1	0	0	0
유인수	K1	25	9	3	0	0	19	29	4	24	11	3	0	0	0
이시영	K1	30	14	0	2	0	20	28	0	6	2	3	0	0	0
이재원	K1	19	14	0	0	0	14	16	1	10	3	1	0	0	0
이종호	K1	14	14	0	2	0	8	8	4	15	10	1	0	0	0
이지훈	K1	16	14	0	0	2	4	16	0	4	3	0	0	0	0
장효준	K1	17	11	0	0	3	10	6	0	1	0	4	0	0	0
전성수	K1	19	20	2	0	0	10	12	2	15	10	2	0	0	0
조상준	K1	4	5	0	0	0	1	1	0	3	1	0	0	0	0
조성욱	K1	9	3	0	0	0	6	2	0	3	1	1	0	0	0
최지묵	K1	23	14	0	0	16	28	23	0	2	1	4	0	0	0
최필수	K1	6	0	0	0	0	0	0	0	0	0	0	0	12	0
팔라시오스	K1	30	25	4	3	2	29	21	4	36	25	2	0	0	0

2022년 K리그1 득점 순위

순위	선수명	소속	경기수	득점수	경기당 득점률	교체수	출전 시간
1	조규성	전북	31	17	54.8	13	2,607
2	주민규	제주	37	17	45.9	19	2,810
3	무고사	인천	18	14	77.8	6	1,601
4	이승우	수원FC	35	14	40.0	27	2,748
5	바로우	전북	28	13	46.4	18	2,156
6	고재현	대구	32	13	40.6	26	2,586
7	오현규	수원	36	13	36.1	27	2,399
8	세징야	대구	29	12	41.4	9	2,565
9	엄원상	울산	33	12	36.4	24	2,347
10	김대원	강원	37	12	32.4	14	3,287
11	레오나르도	울산	34	11	32.4	17	2,404
12	허용준	포항	30	10	33.3	26	1,947
13	마틴 아담	울산	14	9	64.3	11	842
14	아마노	울산	30	9	30.0	19	2,198
15	뮬리치	성남	33	9	27.3	22	2,007
16	일류첸코	서울	33	9	27.3	22	2,111
17	김현	수원FC	31	8	25.8	26	1,752
18	나상호	서울	32	8	25.0	12	2,597
19	구스타보	전북	34	8	23.5	23	2,030
20	라스	수원FC	34	8	23.5	21	2,580
21	임상협	포항	36	8	22.2	22	2,798
22	양현준	강원	36	8	22.2	22	2,910
23	제르소	제주	37	8	21.6	28	2,837
24	바코	울산	37	8	21.6	17	3,003
25	안병준	수원	18	7	38.9	12	1,168
26	김경민	김천	24	7	29.2	22	1,072
27	제카	대구	28	7	25.0	12	2,430
28	정재희	포항	37	7	18.9	31	2,134
29	전진우	수원	25	6	24.0	22	1,774
30	김승대	포항	28	6	21.4	26	1,550
31	고영준	포항	37	6	16.2	22	2,859
32	조영욱	서울	37	6	16.2	16	2,968
33	한교원	전북	20	5	25.0	17	1,077
34	서진수	제주	25	5	20.0	23	1,383
35	구본철	성남	27	5	18.5	9	2,353
36	조나탄 링	제주	28	5	17.9	31	1,425
37	김주공	제주	31	5	16.1	27	1,537
38	이정협	강원	31	5	16.1	28	1,960
39	김승준	수원FC	32	5	15.6	32	1,501
40	정재용	수원FC	34	5	14.7	20	2,177
41	김보섭	인천	34	5	14.7	24	2,385
42	박수일	성남	34	5	14.7	15	2,574
43	팔로세비치	서울	38	5	13.2	29	2,747
44	에르난데스	인천	8	4	50.0	5	577
45	쿠니모토	전북	14	4	28.6	9	1,133
46	송시우	인천	29	4	13.8	31	1,107
47	팔라시오스	성남	30	4	13.3	25	1557
48	김지현	김천	31	4	12.9	17	1,987
49	신진호	포항	32	4	12.5	4	2,960
50	이명주	인천	34	4	11.8	17	2,883
51	김민혁	성남	36	4	11.1	21	2,617
52	김영빈	강원	36	4	11.1	0	3,448
53	김민석	인천	5	3	60.0	5	232
54	갈레고	강원	14	3	21.4	14	386
55	밀로스	성남	15	3	20.0	8	991
56	윤빛가람	제주	15	3	20.0	11	1,143
57	라마스	대구	18	3	16.7	6	1,649
58	명준재	수원	20	3	15.0	21	622
59	김신진	서울	20	3	15.0	16	923
60	송민규	전북	22	3	13.6	15	1,573
61	박동진	서울	23	3	13.0	17	1,230
62	고명석	수원	23	3	13.0	10	1,661
63	유인수	성남	25	3	12.0	9	2,069
64	사리치	수원	28	3	10.7	16	1,855
65	김진호	강원	28	3	10.7	16	2,307
66	이창민	제주	31	3	9.7	13	2,542
67	황문기	강원	34	3	8.8	33	1,247
68	이청용	울산	35	3	8.6	23	2,397
69	이영재	김천	37	3	8.1	17	2,950
70	디노	강원	5	2	40.0	5	264
71	김상준	수원	8	2	25.0	8	358
72	안용우	대구	12	2	16.7	10	488
73	김건희	수원	12	2	16.7	6	799
74	김준범	김천	13	2	15.4	9	868
75	발샤	강원	18	2	11.1	18	610
76	진성욱	제주	19	2	10.5	18	882
77	전성수	성남	19	2	10.5	20	931
78	정한민	서울	20	2	10.0	20	868
79	정동호	수원FC	21	2	9.5	15	1,370
80	잭슨	수원FC	21	2	9.5	5	1,797
81	니실라	수원FC	22	2	9.1	19	1,057
82	이강현	인천	22	2	9.1	18	1,213
83	김보경	전북	25	2	8.0	23	1,601
84	이종성	수원	25	2	8.0	11	1,995
85	홍정운	대구	25	2	8.0	6	2,162
86	권완규	성남	25	2	8.0	3	2,203
87	류승우	수원	26	2	7.7	22	1,638
88	김진규	전북	26	2	7.7	15	1,809
89	조진우	대구	26	2	7.7	7	2,181
90	김진혁	대구	26	2	7.7	6	2,423
91	완델손	포항	27	2	7.4	18	1,536
92	그랜트	포항	27	2	7.4	3	2,432
93	백승호	전북	30	2	6.7	5	2,651
94	이근호	대구	31	2	6.5	31	909

순위	선수명	소속	경기수	득점수	경기당 득점률	교체수	출전 시간
95	김 진 수	전북	31	2	6.5	9	2,639
96	박 진 섭	전북	33	2	6.1	4	2,934
97	김 한 길	김천	34	2	5.9	27	1,908
98	김 도 혁	인천	34	2	5.9	27	2,489
99	김 건 웅	수원FC	36	2	5.6	6	3,245
100	임 창 우	강원	37	2	5.4	2	3,487
101	정 승 용	강원	38	2	5.3	5	3,504
102	박 호 민	서울	1	1	100.0	1	11
103	김 대 중	인천	3	1	33.3	3	50
104	노 경 호	포항	4	1	25.0	4	82
105	에 드 가	대구	5	1	20.0	3	356
106	오 후 성	대구	8	1	12.5	7	217
107	구 자 철	제주	9	1	11.1	9	240
108	박 규 민	전북	9	1	11.1	9	284
109	고 광 민	서울	10	1	10.0	10	388
110	페 냐	대구	10	1	10.0	5	829
111	박 형 진	수원	11	1	9.1	10	557
112	한 승 규	서울	11	1	9.1	10	598
113	정 재 윤	수원FC	12	1	8.3	12	167
114	김 성 민	인천	12	1	8.3	9	597
115	모 세 스	포항	13	1	7.7	13	484
116	한 종 무	제주	14	1	7.1	14	553
117	윤 일 록	울산	14	1	7.1	13	705
118	김 범 수	제주	15	1	6.7	15	472
119	구 자 룡	전북	15	1	6.7	9	741
120	심 동 운	성남	15	1	6.7	16	804
121	김 동 우	수원FC	15	1	6.7	8	1,134
122	임 종 은	울산	15	1	6.7	3	1,335
123	이 호 재	포항	16	1	6.3	16	227
124	이 영 준	수원FC	16	1	6.3	17	418
125	김 대 우	강원	16	1	6.3	14	541
126	박 상 혁	수원	16	1	6.3	15	666
127	마 나 부	수원	18	1	5.6	18	805
128	최 기 윤	울산	19	1	5.3	19	473
129	김 민 준	울산	19	1	5.3	19	573
130	연 제 운	성남	19	1	5.3	7	1,655
131	홍 정 호	전북	19	1	5.3	3	1,705
132	이 용 재	인천	20	1	5.0	20	849
133	정 현 철	서울	20	1	5.0	13	1,409
134	류 재 문	전북	20	1	5.0	6	1,622
135	이 광 혁	포항	21	1	4.8	22	939
136	케 빈	강원	21	1	4.8	19	1,020
137	장 혁 진	수원FC	21	1	4.8	21	1,087
138	정 승 현	울산	21	1	4.8	2	1,908
139	권 순 형	성남	22	1	4.5	16	1,594
140	문 선 민	전북	23	1	4.3	22	999
141	무 릴 로	수원FC	23	1	4.3	25	1,532
142	이 한 범	서울	23	1	4.3	5	1,906

순위	선수명	소속	경기수	득점수	경기당 득점률	교체수	출전 시간
143	오스마르	서울	24	1	4.2	3	2,138
144	김 준 엽	인천	25	1	4.0	8	2,103
145	이 상 민	서울	25	1	4.0	3	2,281
146	이 승 모	포항	27	1	3.7	21	1,841
147	홍 시 후	인천	28	1	3.6	28	1,198
148	김 문 환	전북	28	1	3.6	6	2,519
149	민 경 현	인천	30	1	3.3	18	2,041
150	박 지 수	김천	30	1	3.3	7	2,446
151	안 현 범	제주	30	1	3.3	16	2,602
152	김 오 규	제주	30	1	3.3	2	2,773
153	이 동 수	인천	31	1	3.2	28	1,191
154	이 규 성	울산	31	1	3.2	17	2,414
155	윤 석 영	강원	32	1	3.1	5	2,797
156	윤 종 규	서울	32	1	3.1	2	3,031
157	강 성 진	서울	34	1	2.9	33	1,821
158	김 진 야	서울	34	1	2.9	19	2,303
159	황 재 원	대구	34	1	2.9	10	2,906
160	이 기 제	수원	35	1	2.9	8	3,079
161	박 민 규	수원FC	35	1	2.9	5	3,160
162	정 태 욱	대구	36	1	2.8	5	3,323

2022년 K리그1 도움 순위

순위	선수명	소속	경기수	도움수	경기당 도움률	교체수	출전 시간
1	이 기 제	수원	35	14	40.0	8	3,079
2	김 대 원	강원	37	13	35.1	14	3,287
3	신 진 호	포항	32	10	31.3	4	2,960
4	제 카	대구	28	7	25.0	12	2,430
5	라 스	수원FC	34	7	20.6	21	2,580
6	주 민 규	제주	37	7	18.9	19	2,810
7	제 르 소	제주	37	7	18.9	28	2,837
8	이 영 재	김천	37	7	18.9	17	2,950
9	조 영 욱	서울	37	7	18.9	16	2,968
10	바 로 우	전북	28	6	21.4	18	2,156
11	세 징 야	대구	29	6	20.7	9	2,565
12	엄 원 상	울산	33	6	18.2	24	2,347
13	무 릴 로	수원FC	23	5	21.7	25	1,532
14	조 성 준	제주	30	5	16.7	24	1,818
15	허 용 준	포항	30	5	16.7	26	1,947
16	백 승 호	전북	30	5	16.7	5	2,651
17	조 규 성	전북	31	5	16.1	13	2,607
18	이 명 주	인천	34	5	14.7	17	2,883
19	에르난데스	인천	8	4	50.0	5	577
20	마틴 아담	울산	14	4	28.6	11	842
21	이 상 민	서울	25	4	16.0	3	2,281
22	구 본 철	성남	27	4	14.8	9	2,353
23	강 현 묵	수원	29	4	13.8	28	1,306
24	김 주 공	제주	31	4	12.9	27	1,537
25	이 창 민	제주	31	4	12.9	13	2,542

순위	선수명	소속	경기수	도움수	경기당 도움률	교체수	출전 시간
26	나상호	서울	32	4	12.5	12	2,597
27	강성진	서울	34	4	11.8	33	1,821
28	구스타보	전북	34	4	11.8	23	2,030
29	김보섭	인천	34	4	11.8	24	2,385
30	레오나르도	울산	34	4	11.8	17	2,404
31	양현준	강원	36	4	11.1	22	2,910
32	고영준	포항	37	4	10.8	22	2,859
33	마나부	수원	18	3	16.7	18	805
34	이명재	울산	19	3	15.8	6	1,549
35	송민규	전북	22	3	13.6	15	1,573
36	김보경	전북	25	3	12.0	23	1,601
37	전진우	수원	25	3	12.0	22	1,774
38	이승모	포항	27	3	11.1	21	1,841
39	팔라시오스	성남	30	3	10.0	25	1,557
40	김태환	울산	30	3	10.0	3	2,798
41	김진수	전북	31	3	9.7	9	2,639
42	아길라르	인천	32	3	9.4	27	2,110
43	김도혁	인천	34	3	8.8	27	2,489
44	설영우	울산	34	3	8.8	5	2,879
45	황재원	대구	34	3	8.8	10	2,906
46	이승우	수원FC	35	3	8.6	27	2,748
47	오현규	수원	36	3	8.3	27	2,399
48	정재희	포항	37	3	8.1	31	2,134
49	고요한	서울	7	2	28.6	3	589
50	안용우	대구	12	2	16.7	10	488
51	이종호	성남	14	2	14.3	14	710
52	윤빛가람	제주	15	2	13.3	11	1,143
53	강윤구	인천	17	2	11.8	12	1,162
54	맹성웅	전북	17	2	11.8	12	1,283
55	홍정호	전북	19	2	10.5	3	1,705
56	이용재	인천	20	2	10.0	20	849
57	장성원	대구	21	2	9.5	16	1,065
58	이용	수원FC	21	2	9.5	3	1,805
59	니실라	수원FC	22	2	9.1	19	1,057
60	문선민	전북	23	2	8.7	22	999
61	고승범	김천	23	2	8.7	11	1,895
62	김경민	김천	24	2	8.3	22	1,072
63	김준엽	인천	25	2	8.0	8	2,103
64	조나탄 링	제주	28	2	7.1	31	1,425
65	사리치	수원	28	2	7.1	16	1,855
66	김진호	강원	28	2	7.1	16	2,307
67	김문환	전북	28	2	7.1	6	2,519
68	장호익	수원	29	2	6.9	19	1,882
69	박승욱	포항	29	2	6.9	4	2,572
70	이시영	성남	30	2	6.7	14	2,251
71	김지현	김천	31	2	6.5	17	1,987
72	김승준	수원FC	32	2	6.3	32	1,501
73	고재현	대구	32	2	6.3	26	2,586
74	윤석영	강원	32	2	6.3	5	2,797
75	정운	제주	32	2	6.3	1	3,069
76	권창훈	김천	33	2	6.1	26	1,966
77	신광훈	포항	33	2	6.1	16	2,635
78	김한길	김천	34	2	5.9	27	1,908
79	정재용	수원FC	34	2	5.9	20	2,177
80	이청용	울산	35	2	5.7	23	2,397
81	김민혁	성남	36	2	5.6	21	2,617
82	임상협	포항	36	2	5.6	22	2,798
83	김건웅	수원FC	36	2	5.6	6	3,245
84	팔로세비치	서울	38	2	5.3	29	2,747
85	이승재	서울	1	1	100.0	1	11
86	권기표	포항	2	1	50.0	2	54
87	오재석	인천	3	1	33.3	3	257
88	안태현	제주	4	1	25.0	2	318
89	박상명	수원FC	5	1	20.0	5	191
90	김민석	인천	5	1	20.0	5	232
91	김훈민	성남	6	1	16.7	6	352
92	구자철	제주	9	1	11.1	9	240
93	김주엽	수원FC	9	1	11.1	8	317
94	황순민	수원FC	9	1	11.1	8	436
95	김우석	대구	10	1	10.0	7	496
96	페냐	대구	10	1	10.0	5	829
97	강지훈	강원	10	1	10.0	2	937
98	장재웅	수원FC	11	1	9.1	11	182
99	강재우	성남	11	1	9.1	11	469
100	이준석	김천	12	1	8.3	13	638
101	코바야시	강원	12	1	8.3	11	694
102	이태희	대구	13	1	7.7	9	615
103	김준범	김천	13	1	7.7	9	868
104	윤일록	울산	14	1	7.1	13	705
105	안진범	성남	14	1	7.1	12	800
106	쿠니모토	전북	14	1	7.1	9	1,133
107	심동운	성남	15	1	6.7	16	804
108	임종은	울산	15	1	6.7	3	1,335
109	김기희	울산	15	1	6.7	1	1,345
110	이영준	수원FC	16	1	6.3	17	418
111	이승기	전북	16	1	6.3	16	611
112	라마스	부산	18	1	5.6	6	1,649
113	최기윤	울산	19	1	5.3	19	473
114	진성욱	제주	19	1	5.3	18	882
115	연제운	성남	19	1	5.3	7	1,655
116	김지수	성남	19	1	5.3	4	1,656
117	이기혁	수원FC	20	1	5.0	20	648
118	류재문	전북	20	1	5.0	6	1,622
119	김용환	포항	21	1	4.8	16	848
120	장혁진	수원FC	21	1	4.8	21	1,087
121	잭슨	수원FC	21	1	4.8	5	1,797

순위	선수명	소속	경기수	도움수	경기당 도움률	교체수	출전 시간
122	이 강 현	인천	22	1	4.5	18	1,213
123	이 한 범	서울	23	1	4.3	5	1,906
124	강 의 빈	성남	24	1	4.2	13	1,493
125	권 완 규	성남	25	1	4.0	3	2,203
126	김 진 규	전북	26	1	3.8	15	1,809
127	조 진 우	대구	26	1	3.8	7	2,181
128	김 진 혁	대구	26	1	3.8	6	2,423
129	완 델 손	포항	27	1	3.7	18	1,536
130	신 세 계	수원FC	27	1	3.7	9	2,178
131	홍 시 후	인천	28	1	3.6	28	1,198
132	이 용 래	대구	28	1	3.6	22	1,379
133	김 승 대	포항	28	1	3.6	26	1,550
134	홍 철	대구	28	1	3.6	14	2,109
135	정 우 재	제주	28	1	3.6	11	2,355
136	강 윤 성	김천	28	1	3.6	7	2,466
137	곽 윤 호	수원FC	29	1	3.4	18	1,963
138	정 승 원	수원	29	1	3.4	7	2,475
139	아 마 노	울산	30	1	3.3	19	2,198
140	박 지 수	김천	30	1	3.3	7	2,446
141	김 현	수원FC	31	1	3.2	26	1,752
142	이 정 협	강원	31	1	3.2	28	1,960
143	김 태 환	수원	31	1	3.2	14	2,346
144	이 규 성	울산	31	1	3.2	17	2,414
145	이 수 빈	포항	32	1	3.1	24	1,952
146	박 주 호	수원FC	32	1	3.1	10	2,753
147	김 동 민	인천	32	1	3.1	4	2,817
148	윤 종 규	서울	32	1	3.1	2	3,031
149	물 리 치	성남	33	1	3.0	22	2,007
150	일류첸코	서울	33	1	3.0	22	2,111
151	김 봉 수	제주	33	1	3.0	16	2,633
152	델브리지	인천	33	1	3.0	5	2,845
153	김 동 현	강원	33	1	3.0	9	2,941
154	김 진 야	서울	34	1	2.9	19	2,303
155	박 수 일	성남	34	1	2.9	15	2,574
156	기 성 용	서울	35	1	2.9	10	3,061
157	박 민 규	수원FC	35	1	2.9	5	3,160
158	정 태 욱	대구	36	1	2.8	5	3,323
159	최 영 준	제주	36	1	2.8	4	3,355
160	오 승 훈	대구	36	1	2.8	1	3,465
161	바 코	울산	37	1	2.7	17	3,003
162	임 창 우	강원	37	1	2.7	2	3,487
163	서 민 우	강원	38	1	2.6	19	2,936
164	정 승 용	강원	38	1	2.6	5	3,504

2022년 K리그1 골키퍼 실점 기록

선수명	소속	팀당 총경기수	출전 경기수	실점	1경기당 실점률
조 수 혁	울산	38	2	0	0.00
이 범 수	전북	38	3	1	0.33
김 정 훈	김천	38	7	6	0.86
김 동 헌	인천	38	25	22	0.88
조 현 우	울산	38	36	33	0.92
윤 평 국	포항	38	18	17	0.94
송 범 근	전북	38	35	34	0.97
최 영 은	대구	38	1	1	1.00
이 광 연	강원	38	2	2	1.00
노 동 건	수원	38	2	2	1.00
백 종 범	서울	38	3	3	1.00
김 근 배	제주	38	4	4	1.00
김 동 준	제주	38	32	38	1.19
강 현 무	포항	38	20	24	1.20
양 한 빈	서울	38	35	44	1.26
양 형 모	수원	38	35	45	1.29
유 상 훈	강원	38	35	45	1.29
구 성 윤	김천	38	15	20	1.33
황 인 재	김천	38	16	22	1.38
오 승 훈	대구	38	36	53	1.47
박 배 종	수원FC	38	25	37	1.48
이 태 희	인천	38	12	18	1.50
유 현	수원FC	38	11	19	1.73
김 영 광	성남	38	32	58	1.81
박 지 민	수원	38	1	2	2.00
민 성 준	인천	38	1	2	2.00
최 필 수	성남	38	6	12	2.00
유 연 수	제주	38	2	6	3.00
이 범 영	수원FC	38	2	7	3.50
이 윤 오	대구	38	1	4	4.00
김 정 호	강원	38	1	4	4.00

하나원큐 K리그2 2022 경기일정표

라운드	경기번호	대회구분	경기일자	경기시간	홈팀	결과	원정팀	경기장소	관중수
1	1	일반	02.19	13:30	광주	1:2	김포	광주	697
1	2	일반	02.19	16:00	안양	1:0	전남	안양	1,438
1	3	일반	02.20	13:30	안산	1:1	부산	안산	1,070
1	4	일반	02.20	16:00	경남	0:1	서울E	밀양	1,973
1	5	일반	02.20	16:00	부천	0:0	충남아산	부천	1,017
2	6	일반	02.26	13:30	전남	0:2	김포	광양	869
2	7	일반	02.26	16:00	부천	2:1	안산	부천	691
2	8	일반	02.27	13:30	안양	2:0	충남아산	안양	1,138
2	9	일반	02.27	16:00	광주	2:0	대전	광주	696
2	10	일반	02.27	16:00	경남	3:2	부산	밀양	1,062
3	11	일반	03.05	13:30	안산	0:1	서울E	안산	533
3	12	일반	03.05	16:00	부산	1:1	대전	부산A	2,304
3	13	일반	03.06	13:30	안양	2:3	경남	안양	1,013
3	14	일반	03.06	16:00	전남	0:0	충남아산	광양	740
3	15	일반	03.06	18:30	부천	1:0	김포	부천	796
4	16	일반	03.12	13:30	안산	0:2	광주	안산	455
4	17	일반	03.12	13:30	김포	2:2	서울E	김포	2,061
4	18	일반	03.12	16:00	대전	1:1	안양	대전W	2,417
4	19	일반	03.13	13:30	경남	1:2	전남	밀양	281
4	20	일반	03.13	16:00	부산	0:1	부천	부산A	905
5	21	일반	03.15	19:00	대전	0:0	안산	대전W	607
5	22	일반	03.15	19:30	김포	0:4	충남아산	김포	570
5	23	일반	03.16	19:00	광주	2:1	서울E	광주	321
5	24	일반	03.16	19:00	전남	2:1	부천	광양	457
5	25	일반	03.16	19:30	안양	1:0	부산	안양	599
6	26	일반	03.19	13:30	서울E	0:0	충남아산	목동	2,376
6	27	일반	03.19	16:00	부산	0:2	전남	부산A	711
6	28	일반	03.20	13:30	부천	2:0	광주	부천	1,057
6	29	일반	03.20	16:00	김포	1:2	대전	김포	1,398
6	30	일반	03.20	18:30	안산	2:2	경남	안산	560
7	31	일반	03.26	13:30	광주	2:1	충남아산	광주	416
7	32	일반	03.26	16:00	대전	4:1	경남	대전W	1,164
7	33	일반	03.26	18:30	전남	1:1	안산	광양	780
7	34	일반	03.27	13:00	서울E	0:0	안양	잠실	1,044
7	35	일반	03.27	16:00	부산	2:0	김포	부산A	1,658
8	36	일반	04.02	13:30	전남	1:1	서울E	광양	663
8	37	일반	04.02	16:00	안양	3:2	김포	안양	2,883
8	38	일반	04.02	18:30	부천	2:1	대전	부천	1,131
8	39	일반	04.03	13:30	경남	1:2	광주	밀양	442
8	40	일반	04.03	16:00	충남아산	1:0	부산	아산	5,612
9	41	일반	04.05	19:00	전남	0:1	대전	광양	525
9	42	일반	04.05	19:30	부천	0:0	서울E	부천	613
9	43	일반	04.06	19:00	광주	1:0	부산	광주	385
9	44	일반	04.06	19:00	안산	1:2	안양	안산	1,283
9	45	일반	04.06	19:30	충남아산	2:2	경남	아산	232
10	46	일반	04.09	16:00	대전	2:1	서울E	대전W	1,969
10	47	일반	04.09	18:30	충남아산	0:0	안산	아산	744
10	48	일반	04.10	13:30	부천	2:0	안양	부천	1,762
10	49	일반	04.10	16:00	광주	1:0	전남	광주	909
10	50	일반	04.11	19:30	김포	2:1	경남	김포	686
11	51	일반	04.16	16:00	김포	1:1	안산	김포	1,574
11	52	일반	04.16	18:30	경남	2:3	부천	진주J	1,399
11	53	일반	04.17	16:00	부산	1:2	서울E	부산A	1,369
11	54	일반	04.18	19:00	안양	2:2	광주	안양	1,044
11	55	일반	04.18	19:30	충남아산	0:3	대전	아산	759
12	56	일반	04.23	16:00	광주	1:0	부천	광주	1,061
12	57	일반	04.23	18:30	경남	3:1	서울E	진주J	938
12	58	일반	04.24	13:30	안산	1:2	대전	안산	1,016
12	59	일반	04.24	16:00	부산	1:1	안양	부산A	1,232
12	60	일반	04.24	18:30	충남아산	2:1	김포	아산	734
13	61	일반	05.03	19:00	안산	2:3	경남	안산	588
13	62	일반	05.03	19:30	충남아산	2:0	안양	아산	506
13	63	일반	05.04	19:00	부천	3:1	부산	부천	864
13	64	일반	05.04	19:30	김포	1:2	광주	김포	975
14	66	일반	05.07	13:30	안양	1:1	안산	안양	1,625
14	67	일반	05.07	16:00	광주	1:0	서울E	광주	1,145
14	68	일반	05.07	18:30	부천	2:1	전남	부천	1,425
14	69	일반	05.09	19:00	대전	4:4	김포	대전W	1,679
14	70	일반	05.09	19:30	부산	3:1	충남아산	부산A	1,585
15	71	일반	05.14	16:00	부산	1:1	전남	부산A	2,823
15	72	일반	05.14	18:30	경남	1:1	대전	진주J	1,379
15	73	일반	05.14	18:30	김포	0:1	안양	김포	1,534
15	74	일반	05.15	16:00	광주	2:0	안산	광주	1,049
15	75	일반	05.15	18:30	충남아산	0:0	부천	아산	1,137
16	76	일반	05.17	19:00	대전	4:3	부산	대전W	1,172
16	77	일반	05.17	19:00	전남	2:0	안양	광양	698
16	78	일반	05.17	19:30	서울E	3:1	김포	목동	799
16	79	일반	05.18	19:30	안산	0:1	충남아산	안산	785
16	80	일반	05.18	19:30	부천	0:1	경남	부천	1,266
17	81	일반	05.21	16:00	대전	1:0	부천	대전W	4,607
17	82	일반	05.21	18:30	전남	2:3	안산	광양	1,138
17	83	일반	05.22	16:00	경남	2:2	광주	진주J	1,218
17	84	일반	05.22	16:00	김포	1:0	부산	김포	1,452
17	85	일반	05.22	18:30	안양	0:0	서울E	안양	1,430
18	86	일반	05.28	16:00	부산	0:3	광주	부산A	1,904
18	87	일반	05.28	18:30	안양	1:0	경남	안양	1,354
18	88	일반	05.28	18:30	서울E	0:1	대전	목동	1,713
18	89	일반	05.29	16:00	안산	1:1	김포	안산	1,344
18	90	일반	05.29	18:30	충남아산	1:0	전남	아산	4,594
19	91	일반	06.04	18:00	대전	3:2	전남	대전W	3,273

라운드	경기번호	대회구분	경기일자	경기시간	홈팀	결과	원정팀	경기장소	관중수
19	92	일반	06.04	18:00	경남	6:1	김포	진주J	752
19	93	일반	06.04	20:00	서울E	1:1	부천	목동	1,222
19	94	일반	06.05	18:00	광주	3:2	충남아산	광주	660
19	95	일반	06.05	20:00	부산	2:0	안산	부산A	916
13	65	일반	06.08	19:00	서울E	1:1	전남	목동	705
20	96	일반	06.11	18:00	광주	4:0	안양	광주	849
20	97	일반	06.12	18:00	서울E	2:2	부산	목동	1,796
20	98	일반	06.12	20:00	전남	2:2	경남	광양	968
20	99	일반	06.13	19:00	충남아산	1:0	대전	아산	1,032
20	100	일반	06.13	19:30	안산	3:0	부천	안산	855
21	101	일반	06.18	18:00	안양	2:2	대전	안양	1,805
21	102	일반	06.18	20:00	전남	1:1	광주	광양	1,868
21	103	일반	06.18	20:00	김포	2:1	부천	김포	1,595
21	104	일반	06.19	18:00	충남아산	0:0	서울E	아산	1,246
21	105	일반	06.19	20:00	부산	1:1	경남	부산A	1,390
22	106	일반	06.21	19:00	대전	1:1	광주	대전W	1,791
22	107	일반	06.21	19:30	김포	2:2	전남	김포	801
22	108	일반	06.22	19:00	경남	0:0	충남아산	진주J	386
22	109	일반	06.22	19:30	서울E	2:3	안산	목동	563
22	110	일반	06.22	19:30	부천	0:1	안양	부천	772
23	111	일반	06.25	18:00	충남아산	3:1	안산	아산	1,732
23	112	일반	06.25	20:00	안양	1:0	서울E	안양	1,242
23	113	일반	06.26	18:00	부산	0:2	부천	부산A	1,113
23	114	일반	06.26	20:00	광주	1:4	경남	광주	2,089
23	115	일반	06.26	20:00	대전	1:1	김포	대전W	1,554
24	116	일반	07.02	18:00	안산	1:4	안양	안산	1,018
24	117	일반	07.02	18:00	부천	2:0	대전	부천	1,540
24	118	일반	07.02	20:00	김포	0:0	광주	김포	1,504
24	119	일반	07.03	18:00	충남아산	0:2	부산	아산	704
24	120	일반	07.03	20:00	서울E	1:1	전남	목동	655
25	121	일반	07.05	19:00	광주	2:1	부천	광주	487
25	122	일반	07.05	19:30	대전	2:0	안산	대전W	1,098
25	123	일반	07.06	19:00	전남	1:1	경남	광양	1,906
25	124	일반	07.06	19:30	안양	1:1	충남아산	안양	826
25	125	일반	07.06	19:30	부산	0:3	김포	부산A	1,054
26	126	일반	07.09	18:00	경남	1:0	부산	진주J	965
26	127	일반	07.09	18:00	안산	1:2	부천	안산	1088
26	128	일반	07.10	19:30	충남아산	4:0	전남	아산	712
26	129	일반	07.11	19:00	서울E	2:2	광주	목동	550
26	130	일반	07.11	19:30	김포	0:2	안양	김포	934
27	131	일반	07.15	19:00	광주	0:0	안양	광주	867
27	132	일반	07.15	19:30	경남	0:1	충남아산	창원C	1,047
27	133	일반	07.17	18:00	전남	0:1	김포	광양	1,710
27	134	일반	07.18	19:00	부산	0:1	안산	부산A	993
27	135	일반	07.18	19:30	대전	3:1	서울E	대전W	1,482

라운드	경기번호	대회구분	경기일자	경기시간	홈팀	결과	원정팀	경기장소	관중수
28	136	일반	07.23	20:00	안산	3:1	김포	안산	3,019
28	138	일반	07.23	20:00	부천	2:1	충남아산	부천	985
28	139	일반	07.24	18:00	전남	0:0	부산	광양	1,248
29	141	일반	07.26	19:00	경남	2:1	안산	창원C	597
29	143	일반	07.26	19:30	김포	1:1	부천	김포	1,285
29	144	일반	07.27	19:00	부산	0:2	광주	부산A	1,219
30	146	일반	07.30	19:00	광주	1:0	대전	광주	3,326
30	147	일반	07.31	19:30	안양	1:0	부산	안양	1,161
30	148	일반	07.31	20:00	안산	3:0	전남	안산	968
30	149	일반	08.01	19:30	서울E	3:0	김포	목동	605
30	150	일반	08.01	19:30	부천	3:1	경남	부천	1,011
31	151	일반	08.06	19:00	서울E	2:2	안산	목동	623
31	152	일반	08.07	19:00	충남아산	0:2	광주	아산	546
31	153	일반	08.07	19:30	대전	3:0	부산	대전W	1,981
31	154	일반	08.08	19:00	전남	1:1	부천	광양	1,041
31	155	일반	08.08	19:00	경남	2:3	안양	창원C	627
32	156	일반	08.13	18:00	전남	2:2	안양	광양	1,042
32	157	일반	08.13	20:00	안산	0:0	광주	안산	1,319
32	158	일반	08.13	20:00	부천	0:0	서울E	부천	1,013
32	159	일반	08.14	18:00	대전	2:1	충남아산	대전W	2,070
32	160	일반	08.14	20:00	김포	1:3	경남	김포	1,196
33	161	일반	08.16	19:00	안양	4:2	부천	안양	1,064
33	162	일반	08.16	19:00	부산	1:0	서울E	부산A	1,062
33	163	일반	08.17	19:00	광주	1:1	전남	광주	872
33	164	일반	08.17	19:00	경남	2:1	대전	창원C	572
33	165	일반	08.17	19:30	충남아산	0:1	김포	아산	441
34	166	일반	08.20	19:00	서울E	0:4	광주	목동	1,403
34	167	일반	08.21	18:00	대전	2:3	안양	대전W	2,884
34	168	일반	08.21	20:00	김포	1:1	전남	김포	1,301
34	169	일반	08.22	19:00	안산	2:2	충남아산	안산	537
34	170	일반	08.22	19:30	부천	1:1	부산	부천	802
35	171	일반	08.27	16:00	광주	1:0	부산	광주	1,335
35	172	일반	08.27	18:30	대전	3:1	부천	대전W	3,351
35	173	일반	08.27	18:30	안양	0:0	김포	안양	3,027
35	174	일반	08.28	16:00	전남	1:3	충남아산	광양	1,234
35	175	일반	08.28	18:30	경남	2:1	안산	창원C	925
36	176	일반	08.30	19:00	부산	0:1	안양	부산A	1,029
36	177	일반	08.30	19:30	부천	2:1	광주	부천	555
36	178	일반	08.31	19:00	충남아산	2:1	경남	아산	433
36	179	일반	08.31	19:30	서울E	2:1	대전	목동	1,210
36	180	일반	08.31	19:30	김포	0:3	안산	김포	768
37	181	일반	09.03	16:00	충남아산	0:3	부천	아산	2,134
37	182	일반	09.03	18:30	광주	2:1	김포	광주	1,825
37	183	일반	09.04	16:00	안산	3:1	부산	안산	1,184
37	184	일반	09.05	19:00	서울E	2:1	경남	목동	228

라운드	경기번호	대회구분	경기일자	경기시간	홈팀	결과	원정팀	경기장소	관중수
37	185	일반	09.05	19:30	안양	3:1	전남	안양	257
38	186	일반	09.10	13:30	김포	0:3	서울E	김포	895
38	187	일반	09.10	16:00	부산	1:0	경남	부산A	1,571
38	188	일반	09.10	18:30	대전	1:1	충남아산	대전W	1,873
38	189	일반	09.11	13:30	전남	2:3	광주	광양	1,250
38	190	일반	09.11	16:00	부천	3:3	안산	부천	1,930
39	191	일반	09.13	19:00	경남	1:0	김포	창원C	510
39	192	일반	09.13	19:30	부산	1:3	대전	부산A	1,834
39	193	일반	09.14	19:00	안산	1:7	전남	안산	654
39	194	일반	09.14	19:30	안양	1:2	광주	안양	1,106
39	195	일반	09.14	19:30	서울E	3:0	충남아산	목동	509
40	196	일반	09.17	13:30	전남	1:1	대전	광양	842
40	197	일반	09.17	16:00	경남	0:3	부천	창원C	1,124
40	198	일반	09.17	16:00	김포	0:0	부산	김포	1,367
40	199	일반	09.17	18:30	안산	1:1	서울E	안산	835
40	200	일반	09.17	18:30	충남아산	0:0	안양	아산	2,355
28	137	일반	09.21	19:30	서울E	0:1	경남	목동	700
28	140	일반	09.21	19:00	안양	0:1	대전	안양	1,202
41	201	일반	09.24	16:00	부천	0:1	김포	부천	2,276
41	202	일반	09.25	13:30	대전	3:0	경남	대전W	3,007
41	203	일반	09.25	16:00	서울E	3:2	안양	목동	1,492
41	204	일반	09.26	19:00	전남	0:1	부산	광양	736
41	205	일반	09.26	19:30	광주	3:0	안산	광주	1,304
42	206	일반	10.01	13:30	김포	1:0	충남아산	김포	972
42	207	일반	10.01	16:00	서울E	3:0	부천	목동	1,605
42	208	일반	10.01	18:30	안양	2:0	안산	안양	2,235
42	209	일반	10.02	13:30	대전	2:2	광주	대전W	5,230
42	210	일반	10.02	16:00	경남	2:0	전남	창원C	1,014
29	142	일반	10.05	19:30	충남아산	2:1	서울E	아산	1,022
29	145	일반	10.05	19:00	대전	2:1	전남	대전W	2,202
43	211	일반	10.08	13:30	안양	1:0	부천	안양	2,705
43	212	일반	10.08	16:00	전남	3:0	서울E	광양	1,897
43	213	일반	10.08	18:30	김포	0:3	대전	김포	1,901
43	214	일반	10.09	13:30	부산	4:0	충남아산	부산B	2,688
43	215	일반	10.09	16:00	광주	4:0	경남	광주	5,861
44	216	일반	10.15	15:00	경남	1:0	안양	창원C	1,124
44	217	일반	10.15	15:00	안산	1:2	대전	안산	4,010
44	218	일반	10.15	15:00	충남아산	0:0	광주	아산	3,379
44	219	일반	10.15	15:00	서울E	0:1	부산	목동	3,321
44	220	일반	10.15	15:00	부천	2:2	전남	부천	2,752
45	221	PO	10.19	19:00	부천	2:3	경남	부천	2,119
46	222	PO	10.23	13:00	안양	0:0	경남	안양	3,641

2022년 K리그2 팀별 연속 승패 · 득실점 기록 | 광주

일자	상대	홈/원정	승	무	패	득점	실점	연속기록						
								승	무	패	득점	실점	무득점	무실점
02.19	김포	홈			▼	1	2							
02.27	대전	홈	▲			2	0							
03.12	안산	원정	▲			2	0							
03.16	서울E	홈	▲			2	1							
03.20	부천	원정			▼	0	2							
03.26	충남아산	홈	▲			2	1							
04.03	경남	원정	▲			2	1							
04.06	부산	홈	▲			1	0							
04.10	전남	홈	▲			1	0							
04.18	안양	원정		■		2	2							
04.23	부천	홈	▲			1	0							
05.04	김포	원정	▲			2	1							
05.07	서울E	홈	▲			1	0							
05.15	안산	홈	▲			2	0							
05.22	경남	원정		■		2	2							
05.28	부산	원정	▲			3	0							
06.05	충남아산	홈	▲			3	2							
06.11	안양	홈	▲			4	0							
06.18	전남	원정		■		1	1							
06.21	대전	원정		■		1	1							
06.26	경남	홈			▼	1	4							
07.02	김포	원정		■		0	0							
07.05	부천	홈	▲			2	1							
07.11	서울E	원정		■		2	2							
07.15	안양	홈		■		0	0							
07.27	부산	원정	▲			2	0							
07.30	대전	홈	▲			1	0							
08.07	충남아산	원정	▲			2	0							
08.13	안산	원정		■		0	0							
08.17	전남	홈		■		1	1							
08.20	서울E	원정	▲			4	0							
08.27	부산	홈	▲			1	0							
08.30	부천	원정			▼	1	2							
09.03	김포	홈	▲			2	1							
09.11	전남	원정	▲			3	2							
09.14	안양	원정	▲			2	1							
09.26	안산	홈	▲			3	0							
10.02	대전	원정		■		2	2							
10.09	경남	홈	▲			4	0							
10.15	충남아산	원정		■		0	0							

2022년 K리그2 팀별 연속 승패 · 득실점 기록 | 대전

일자	상대	홈/원정	승	무	패	득점	실점	연속기록						
								승	무	패	득점	실점	무득점	무실점
02.27	광주	원정			▼	0	2							
03.05	부산	원정		■		1	1							
03.12	안양	홈		■		1	1							
03.15	안산	홈		■		0	0							
03.20	김포	원정	▲			2	1							
03.26	경남	홈	▲			4	1							
04.02	부천	원정			▼	1	2							
04.05	전남	원정	▲			1	0							
04.09	서울E	홈	▲			2	1							
04.18	충남아산	원정	▲			3	0							
04.24	안산	원정	▲			2	1							
05.09	김포	홈		■		4	4							
05.14	경남	원정		■		1	1							
05.17	부산	홈	▲			4	3							
05.21	부천	홈	▲			1	0							
05.28	서울E	원정	▲			1	0							
06.04	전남	홈	▲			3	2							
06.13	충남아산	원정			▼	0	1							
06.18	안양	원정		■		2	2							
06.21	광주	홈		■		1	1							
06.26	김포	홈		■		1	1							
07.02	부천	원정			▼	0	2							
07.05	안산	홈	▲			2	0							
07.18	서울E	홈	▲			3	1							
07.30	광주	원정			▼	0	1							
08.07	부산	홈	▲			3	0							
08.14	충남아산	홈	▲			2	1							
08.17	경남	원정			▼	1	2							
08.21	안양	홈			▼	2	3							
08.27	부천	홈	▲			3	1							
08.31	서울E	원정			▼	1	2							
09.10	충남아산	홈		■		1	1							
09.13	부산	원정	▲			3	1							
09.17	전남	원정		■		1	1							
09.21	안양	원정	▲			1	0							
09.25	경남	홈	▲			3	0							
10.02	광주	홈		■		2	2							
10.05	전남	홈	▲			2	1							
10.08	김포	원정	▲			3	0							
10.15	안산	원정	▲			2	1							
10.26	김천	홈	▲			2	1							
10.29	김천	원정	▲			4	0							

: 승강 플레이오프

2022년 K리그2 팀별 연속 승패 · 득실점 기록 | 안양

일자	상대	홈/원정	승	무	패	득점	실점	연속기록						
								승	무	패	득점	실점	무득점	무실점
02.19	전남	홈	▲			1	0							
02.27	충남아산	홈	▲			2	0							
03.06	경남	홈			▼	2	3							
03.12	대전	원정		■		1	1							
03.16	부산	홈	▲			1	0							
03.27	서울E	원정		■		0	0							
04.02	김포	홈	▲			3	2							
04.06	안산	원정	▲			2	1							
04.10	부천	원정			▼	0	2							
04.18	광주	홈		■		2	2							
04.24	부산	원정		■		1	1							
05.03	충남아산	원정			▼	0	2							
05.07	안산	홈		■		1	1							
05.14	김포	원정	▲			1	0							
05.17	전남	원정			▼	0	2							
05.22	서울E	홈		■		0	0							
05.28	경남	홈	▲			1	0							
06.11	광주	원정			▼	0	4							
06.18	대전	홈		■		2	2							
06.22	부천	원정	▲			1	0							
06.25	서울E	홈	▲			1	0							
07.02	안산	원정	▲			4	1							
07.06	충남아산	홈		■		1	1							
07.11	김포	원정	▲			2	0							
07.15	광주	원정		■		0	0							
07.31	부산	홈	▲			1	0							
08.08	경남	원정	▲			3	2							
08.13	전남	원정		■		2	2							
08.16	부천	홈	▲			4	2							
08.21	대전	원정	▲			3	2							
08.27	김포	홈		■		0	0							
08.30	부산	원정	▲			1	0							
09.05	전남	홈	▲			3	1							
09.14	광주	홈			▼	1	2							
09.17	충남아산	원정		■		0	0							
09.21	대전	홈			▼	0	1							
09.25	서울E	원정			▼	2	3							
10.01	안산	홈	▲			2	0							
10.08	부천	홈	▲			1	0							
10.15	경남	원정			▼	0	1							
10.23	경남	홈		■		0	0							
10.26	수원	홈		■		0	0							
10.29	수원	원정				1	2							

2022년 K리그2 팀별 연속 승패 · 득실점 기록 | 경남

일자	상대	홈/원정	승	무	패	득점	실점	연속기록						
								승	무	패	득점	실점	무득점	무실점
02.20	서울E	홈			▼	0	1							
02.27	부산	홈	▲			3	2							
03.06	안양	원정	▲			3	2							
03.13	전남	홈			▼	1	2							
03.20	안산	원정		■		2	2							
03.26	대전	원정			▼	1	4							
04.03	광주	홈			▼	1	2							
04.06	충남아산	원정		■		2	2							
04.11	김포	원정			▼	1	2							
04.16	부천	홈			▼	2	3							
04.23	서울E	홈	▲			3	1							
05.03	안산	원정	▲			3	2							
05.14	대전	홈		■		1	1							
05.18	부천	원정	▲			1	0							
05.22	광주	홈		■		2	2							
05.28	안양	원정			▼	0	1							
06.04	김포	홈	▲			6	1							
06.12	전남	원정		■		2	2							
06.19	부산	원정		■		1	1							
06.22	충남아산	홈		■		0	0							
06.26	광주	원정	▲			4	1							
07.06	전남	원정		■		1	1							
07.09	부산	홈	▲			1	0							
07.15	충남아산	홈			▼	0	1							
07.26	안산	홈	▲			2	1							
08.01	부천	원정			▼	1	3							
08.08	안양	홈			▼	2	3							
08.14	김포	원정	▲			3	1							
08.17	대전	홈	▲			2	1							
08.28	안산	홈	▲			2	1							
08.31	충남아산	원정			▼	1	2							
09.05	서울E	원정			▼	1	2							
09.10	부산	원정			▼	0	1							
09.13	김포	홈	▲			1	0							
09.17	부천	홈			▼	0	3							
09.21	서울E	원정	▲			1	0							
09.25	대전	원정			▼	0	3							
10.02	전남	홈	▲			2	0							
10.09	광주	원정			▼	0	4							
10.15	안양	홈	▲			1	0							
10.19	부천	원정	▲			3	2							
10.23	안양	원정		■		0	0							

2022년 K리그2 팀별 연속 승패 · 득실점 기록 | 부천

일자	상대	홈/원정	승	무	패	득점	실점	연속기록						
								승	무	패	득점	실점	무득점	무실점
02.20	충남아산	홈		■		0	0							
02.26	안산	홈	▲			2	1							
03.06	김포	홈	▲			1	0							
03.13	부산	원정	▲			1	0							
03.16	전남	원정			▼	1	2							
03.20	광주	홈	▲			2	0							
04.02	대전	홈	▲			2	1							
04.05	서울E	홈		■		0	0							
04.10	안양	홈	▲			2	0							
04.16	경남	원정	▲			3	2							
04.23	광주	원정			▼	0	1							
05.04	부산	홈	▲			3	1							
05.07	전남	홈	▲			2	1							
05.15	충남아산	원정		■		0	0							
05.18	경남	홈			▼	0	1							
05.21	대전	원정			▼	0	1							
06.04	서울E	원정		■		1	1							
06.13	안산	원정			▼	0	3							
06.18	김포	원정			▼	1	2							
06.22	안양	홈			▼	0	1							
06.26	부산	원정	▲			2	0							
07.02	대전	홈	▲			2	0							
07.05	광주	원정			▼	1	2							
07.09	안산	원정	▲			2	1							
07.23	충남아산	홈	▲			2	1							
07.26	김포	원정		■		1	1							
08.01	경남	홈	▲			3	1							
08.08	전남	원정		■		1	1							
08.13	서울E	홈		■		0	0							
08.16	안양	원정			▼	2	4							
08.22	부산	홈		■		1	1							
08.27	대전	원정			▼	1	3							
08.30	광주	홈	▲			2	1							
09.03	충남아산	원정	▲			3	0							
09.11	안산	홈		■		3	3							
09.17	경남	원정	▲			3	0							
09.24	김포	홈			▼	0	1							
10.01	서울E	원정			▼	0	3							
10.08	안양	원정			▼	0	1							
10.15	전남	홈		■		2	2							
10.19	경남	홈			▼	2	3							

2022년 K리그2 팀별 연속 승패 · 득실점 기록 | 충남아산

일자	상대	홈/원정	승	무	패	득점	실점	연속기록						
								승	무	패	득점	실점	무득점	무실점
02.20	부천	원정		■		0	0							
02.27	안양	원정			▼	0	2							
03.06	전남	원정		■		0	0							
03.15	김포	원정	▲			4	0							
03.19	서울E	원정		■		0	0							
03.26	광주	원정			▼	1	2							
04.03	부산	홈	▲			1	0							
04.06	경남	홈		■		2	2							
04.09	안산	홈		■		0	0							
04.18	대전	홈			▼	0	3							
04.24	김포	홈	▲			2	1							
05.03	안양	홈	▲			2	0							
05.09	부산	원정			▼	1	3							
05.15	부천	홈		■		0	0							
05.18	안산	원정	▲			1	0							
05.29	전남	홈	▲			1	0							
06.05	광주	원정			▼	2	3							
06.13	대전	홈	▲			1	0							
06.19	서울E	홈		■		0	0							
06.22	경남	원정		■		0	0							
06.25	안산	홈	▲			3	1							
07.03	부산	홈			▼	0	2							
07.06	안양	원정		■		1	1							
07.10	전남	홈	▲			4	0							
07.15	경남	원정	▲			1	0							
07.23	부천	원정			▼	1	2							
08.07	광주	홈			▼	0	2							
08.14	대전	원정			▼	1	2							
08.17	김포	홈			▼	0	1							
08.22	안산	원정		■		2	2							
08.28	전남	원정	▲			3	1							
08.31	경남	홈	▲			2	1							
09.03	부천	홈			▼	0	3							
09.10	대전	원정		■		1	1							
09.14	서울E	원정			▼	0	3							
09.17	안양	홈		■		0	0							
10.01	김포	원정			▼	0	1							
10.05	서울E	홈	▲			2	1							
10.09	부산	원정			▼	0	4							
10.15	광주	홈		■		0	0							

2022년 K리그2 팀별 연속 승패 · 득실점 기록 | 서울E

일자	상대	홈/원정	승	무	패	득점	실점	연속기록						
								승	무	패	득점	실점	무득점	무실점
02.20	경남	원정	▲			1	0							
03.05	안산	원정	▲			1	0							
03.12	김포	원정		■		2	2							
03.16	광주	원정			▼	1	2							
03.19	충남아산	홈		■		0	0							
03.27	안양	홈		■		0	0							
04.02	전남	원정		■		1	1							
04.05	부천	원정		■		0	0							
04.09	대전	원정			▼	1	2							
04.17	부산	원정	▲			2	1							
04.23	경남	원정			▼	1	3							
05.07	광주	원정			▼	0	1							
05.17	김포	홈	▲			3	1							
05.22	안양	원정		■		0	0							
05.28	대전	홈			▼	0	1							
06.04	부천	홈		■		1	1							
06.08	전남	홈		■		1	1							
06.12	부산	홈		■		2	2							
06.19	충남아산	원정		■		0	0							
06.22	안산	홈			▼	2	3							
06.25	안양	원정			▼	0	1							
07.03	전남	홈		■		1	1							
07.11	광주	홈		■		2	2							
07.18	대전	원정			▼	1	3							
08.01	김포	홈	▲			3	0							
08.06	안산	홈		■		2	2							
08.13	부천	원정		■		0	0							
08.16	부산	원정			▼	0	1							
08.20	광주	홈			▼	0	4							
08.31	대전	홈	▲			2	1							
09.05	경남	홈	▲			2	1							
09.10	김포	원정	▲			3	0							
09.14	충남아산	홈	▲			3	0							
09.17	안산	원정		■		1	1							
09.21	경남	홈			▼	0	1							
09.25	안양	홈	▲			3	2							
10.01	부천	홈	▲			3	0							
10.05	충남아산	원정			▼	1	2							
10.08	전남	원정			▼	0	3							
10.15	부산	홈			▼	0	1							

2022년 K리그2 팀별 연속 승패 · 득실점 기록 | 김포

일자	상대	홈/원정	승	무	패	득점	실점	연속기록						
								승	무	패	득점	실점	무득점	무실점
02.19	광주	원정	▲			2	1							
02.26	전남	원정	▲			2	0							
03.06	부천	원정			▼	0	1							
03.12	서울E	홈		■		2	2							
03.15	충남아산	홈			▼	0	4							
03.20	대전	홈			▼	1	2							
03.27	부산	원정			▼	0	2							
04.02	안양	원정			▼	2	3							
04.11	경남	홈	▲			2	1							
04.16	안산	홈		■		1	1							
04.24	충남아산	원정			▼	1	2							
05.04	광주	홈			▼	1	2							
05.09	대전	원정		■		4	4							
05.14	안양	홈			▼	0	1							
05.17	서울E	원정			▼	1	3							
05.22	부산	홈	▲			1	0							
05.29	안산	원정		■		1	1							
06.04	경남	원정			▼	1	6							
06.18	부천	홈	▲			2	1							
06.21	전남	홈		■		2	2							
06.26	대전	원정		■		1	1							
07.02	광주	홈		■		0	0							
07.06	부산	원정	▲			3	0							
07.11	안양	홈			▼	0	2							
07.17	전남	원정	▲			1	0							
07.23	안산	원정			▼	1	3							
07.26	부천	홈		■		1	1							
08.01	서울E	원정			▼	0	3							
08.14	경남	홈			▼	1	3							
08.17	충남아산	원정	▲			1	0							
08.21	전남	홈		■		1	1							
08.27	안양	원정		■		0	0							
08.31	안산	홈			▼	0	3							
09.03	광주	원정			▼	1	2							
09.10	서울E	홈			▼	0	3							
09.13	경남	원정			▼	0	1							
09.17	부산	홈		■		0	0							
09.24	부천	원정	▲			1	0							
10.01	충남아산	홈	▲			1	0							
10.08	대전	홈			▼	0	3							

2022년 K리그2 팀별 연속 승패 · 득실점 기록 | 안산

일자	상대	홈/원정	승	무	패	득점	실점	연속기록						
								승	무	패	득점	실점	무득점	무실점
02.20	부산	홈		■		1	1							
02.26	부천	원정			▼	1	2							
03.05	서울E	홈			▼	0	1							
03.12	광주	홈			▼	0	2							
03.15	대전	원정		■		0	0							
03.20	경남	홈		■		2	2							
03.26	전남	원정		■		1	1							
04.06	안양	홈			▼	1	2							
04.09	충남아산	원정		■		0	0							
04.16	김포	원정		■		1	1							
04.24	대전	홈			▼	1	2							
05.03	경남	홈			▼	2	3							
05.07	안양	원정		■		1	1							
05.15	광주	원정			▼	0	2							
05.18	충남아산	홈			▼	0	1							
05.21	전남	원정	▲			3	2							
05.29	김포	홈		■		1	1							
06.05	부산	원정			▼	0	2							
06.13	부천	홈	▲			3	0							
06.22	서울E	원정	▲			3	2							
06.25	충남아산	원정			▼	1	3							
07.02	안양	홈			▼	1	4							
07.05	대전	원정			▼	0	2							
07.09	부천	홈			▼	1	2							
07.18	부산	원정	▲			1	0							
07.23	김포	홈	▲			3	1							
07.26	경남	원정			▼	1	2							
07.31	전남	홈	▲			3	0							
08.06	서울E	원정		■		2	2							
08.13	광주	홈		■		0	0							
08.22	충남아산	홈		■		2	2							
08.28	경남	원정			▼	1	2							
08.31	김포	원정	▲			3	0							
09.04	부산	홈	▲			3	1							
09.11	부천	원정		■		3	3							
09.14	전남	홈			▼	1	7							
09.17	서울E	홈		■		1	1							
09.26	광주	원정			▼	0	3							
10.01	안양	원정			▼	0	2							
10.15	대전	홈			▼	1	2							

2022년 K리그2 팀별 연속 승패 · 득실점 기록 | 부산

일자	상대	홈/원정	승	무	패	득점	실점	연속기록 승	연속기록 무	연속기록 패	연속기록 득점	연속기록 실점	연속기록 무득점	연속기록 무실점
02.20	안산	원정		■		1	1							
02.27	경남	원정			▼	2	3							
03.05	대전	홈		■		1	1							
03.13	부천	홈			▼	0	1							
03.16	안양	원정			▼	0	1							
03.19	전남	홈			▼	0	2							
03.27	김포	홈	▲			2	0							
04.03	충남아산	원정			▼	0	1							
04.06	광주	원정			▼	0	1							
04.17	서울E	홈			▼	1	2							
04.24	안양	홈		■		1	1							
05.04	부천	원정			▼	1	3							
05.09	충남아산	홈	▲			3	1							
05.14	전남	홈		■		1	1							
05.17	대전	원정			▼	3	4							
05.22	김포	원정			▼	0	1							
05.28	광주	홈			▼	0	3							
06.05	안산	홈	▲			2	0							
06.12	서울E	원정		■		2	2							
06.19	경남	홈		■		1	1							
06.26	부천	홈			▼	0	2							
07.03	충남아산	원정	▲			2	0							
07.06	김포	홈			▼	0	3							
07.09	경남	원정			▼	0	1							
07.18	안산	홈			▼	0	1							
07.24	전남	원정		■		0	0							
07.27	광주	홈			▼	0	2							
07.31	안양	원정			▼	0	1							
08.07	대전	원정			▼	0	3							
08.16	서울E	홈	▲			1	0							
08.22	부천	원정		■		1	1							
08.27	광주	원정			▼	0	1							
08.30	안양	홈			▼	0	1							
09.04	안산	원정			▼	1	3							
09.10	경남	홈	▲			1	0							
09.13	대전	홈			▼	1	3							
09.17	김포	원정		■		0	0							
09.26	전남	원정	▲			1	0							
10.09	충남아산	홈	▲			4	0							
10.15	서울E	원정	▲			1	0							

2022년 K리그2 팀별 연속 승패 · 득실점 기록 | 전남

일자	상대	홈/원정	승	무	패	득점	실점	연속기록 승	연속기록 무	연속기록 패	연속기록 득점	연속기록 실점	연속기록 무득점	연속기록 무실점
02.19	안양	원정			▼	0	1							
02.26	김포	홈			▼	0	2							
03.06	충남아산	홈		■		0	0							
03.13	경남	원정	▲			2	1							
03.16	부천	홈	▲			2	1							
03.19	부산	원정	▲			2	0							
03.26	안산	홈		■		1	1							
04.02	서울E	홈		■		1	1							
04.05	대전	홈			▼	0	1							
04.10	광주	원정			▼	0	1							
05.07	부천	원정			▼	1	2							
05.14	부산	원정		■		1	1							
05.17	안양	홈	▲			2	0							
05.21	안산	홈			▼	2	3							
05.29	충남아산	원정			▼	0	1							
06.04	대전	원정			▼	2	3							
06.08	서울E	원정		■		1	1							
06.12	경남	홈		■		2	2							
06.18	광주	홈		■		1	1							
06.21	김포	원정		■		2	2							
07.03	서울E	원정		■		1	1							
07.06	경남	홈		■		1	1							
07.10	충남아산	원정			▼	0	4							
07.17	김포	홈			▼	0	1							
07.24	부산	홈		■		0	0							
07.31	안산	원정			▼	0	3							
08.08	부천	홈		■		1	1							
08.13	안양	홈		■		2	2							
08.17	광주	원정		■		1	1							
08.21	김포	원정		■		1	1							
08.28	충남아산	홈			▼	1	3							
09.05	안양	원정			▼	1	3							
09.11	광주	홈			▼	2	3							
09.14	안산	원정	▲			7	1							
09.17	대전	홈		■		1	1							
09.26	부산	홈			▼	0	1							
10.02	경남	원정			▼	0	2							
10.05	대전	원정			▼	1	2							
10.08	서울E	홈	▲			3	0							
10.15	부천	원정		■		2	2							

2022년 K리그2 팀 간 경기 기록

팀명	승점	상대팀	승	무	패	득점	실점	득실	도움	경고	퇴장
광주	86	합계	25	11	4	68	32	36	47	89	0
	7	경남	2	1	1	9	7	2	8	5	0
	7	김포	2	1	1	5	4	1	3	10	0
	8	대전	2	2	0	6	3	3	4	9	0
	12	부산	4	0	0	7	0	7	5	11	0
	6	부천	2	0	2	4	5	-1	4	10	0
	10	서울E	3	1	0	9	3	6	5	6	0
	10	안산	3	1	0	7	0	7	6	8	0
	8	안양	2	2	0	8	3	5	3	13	0
	8	전남	2	2	0	6	4	2	6	9	0
	10	충남아산	3	1	0	7	3	4	3	8	0

팀명	승점	상대팀	승	무	패	득점	실점	득실	도움	경고	퇴장
대전	74	합계	21	11	8	70	45	25	43	79	2
	7	경남	2	1	1	9	4	5	5	6	0
	2	광주	0	2	2	3	6	-3	3	17	0
	8	김포	2	2	0	10	6	4	4	9	0
	10	부산	3	1	0	11	5	6	8	4	0
	6	부천	2	0	2	5	5	0	2	7	0
	9	서울E	3	0	1	7	4	3	6	8	0
	10	안산	3	1	0	6	2	4	4	5	1
	5	안양	1	2	1	6	6	0	4	9	0
	10	전남	3	1	0	7	4	3	4	7	0
	7	충남아산	2	1	1	6	3	3	3	7	1

팀명	승점	상대팀	승	무	패	득점	실점	득실	도움	경고	퇴장
안양	69	합계	19	13	9	52	41	11	38	73	2
	6	경남	2	1	2	6	6	0	4	5	0
	2	광주	0	2	2	3	8	-5	2	9	0
	10	김포	3	1	0	6	2	4	5	12	0
	5	대전	1	2	1	6	6	0	6	7	0
	10	부산	3	1	0	4	1	3	2	5	1
	9	부천	3	0	1	6	4	2	6	5	0
	5	서울E	1	2	1	3	3	0	2	5	1
	10	안산	3	1	0	9	3	6	6	8	0
	7	전남	2	1	1	6	5	1	3	3	0
	5	충남아산	1	2	1	3	3	0	2	14	0

팀명	승점	상대팀	승	무	패	득점	실점	득실	도움	경고	퇴장
경남	56	합계	17	9	16	63	63	0	44	84	3
	4	광주	1	1	2	7	9	-2	4	12	0
	9	김포	3	0	1	11	4	7	7	8	0
	4	대전	1	1	2	4	9	-5	3	11	1
	7	부산	2	1	1	5	4	1	3	8	0
	3	부천	2	0	3	7	11	-4	6	10	1
	6	서울E	2	0	2	5	4	1	3	7	0
	10	안산	3	1	0	9	6	3	7	8	0
	6	안양	2	1	2	6	6	0	5	5	0
	5	전남	1	2	1	6	5	1	4	8	1
	2	충남아산	0	2	2	3	5	-2	2	7	0

팀명	승점	상대팀	승	무	패	득점	실점	득실	도움	경고	퇴장
부천	61	합계	17	10	14	54	47	7	35	71	1
	9	경남	3	0	2	11	7	4	6	9	0
	6	광주	2	0	2	5	4	1	3	9	0
	4	김포	1	1	2	3	4	-1	2	9	0
	6	대전	2	0	2	5	5	0	3	6	0
	10	부산	3	1	0	7	2	5	5	8	0
	3	서울E	0	3	1	1	4	-3	1	5	0
	7	안산	2	1	1	7	8	-1	4	6	0
	3	안양	1	0	3	4	6	-2	2	3	0
	5	전남	1	2	1	6	6	0	5	8	1
	8	충남아산	2	2	0	5	1	4	4	8	0

팀명	승점	상대팀	승	무	패	득점	실점	득실	도움	경고	퇴장
충남아산	52	합계	13	13	14	39	44	-5	18	59	1
	8	경남	2	2	0	5	3	2	0	2	0
	1	광주	0	1	3	3	7	-4	0	11	0
	6	김포	2	0	2	6	3	3	4	7	0
	4	대전	1	1	2	3	6	-3	1	6	0
	3	부산	1	0	3	2	9	-7	1	6	0
	2	부천	0	2	2	1	5	-4	0	4	0
	5	서울E	1	2	1	2	4	-2	2	7	0
	8	안산	2	2	0	6	3	3	4	7	1
	5	안양	1	2	1	3	3	0	1	7	0
	10	전남	3	1	0	8	1	7	5	2	0

팀명	승점	상대팀	승	무	패	득점	실점	득실	도움	경고	퇴장
서울E	48	합계	11	15	14	46	47	-1	24	63	3
	6	경남	2	0	2	4	5	-1	2	3	0
	1	광주	0	1	3	3	9	-6	2	11	1
	10	김포	3	1	0	11	3	8	5	8	0
	3	대전	1	0	3	4	7	-3	2	10	0
	4	부산	1	1	2	4	5	-1	3	3	0
	6	부천	1	3	0	4	1	3	0	5	0
	5	안산	1	2	1	6	6	0	4	9	0
	5	안양	1	2	1	3	3	0	2	2	0
	3	전남	0	3	1	3	6	-3	2	7	2
	5	충남아산	1	2	1	4	2	2	2	5	0

팀명	승점	상대팀	승	무	패	득점	실점	득실	도움	경고	퇴장
김포	41	합계	10	11	19	39	65	-26	27	83	4
	3	경남	1	0	3	4	11	-7	2	6	0
	4	광주	1	1	2	4	5	-1	3	12	0
	2	대전	0	2	2	6	10	-4	4	9	1
	7	부산	2	1	1	4	2	2	3	10	0
	7	부천	2	1	1	4	3	1	3	5	1
	1	서울E	0	1	3	3	11	-8	2	9	1
	2	안산	0	2	2	3	8	-5	3	7	0
	1	안양	0	1	3	2	6	-4	2	4	0
	8	전남	2	2	0	6	3	3	4	8	0
	6	충남아산	2	0	2	3	6	-3	1	13	1

팀명	승점	상대팀	승	무	패	득점	실점	득실	도움	경고	퇴장
안산	37	합계	8	13	19	49	67	-18	27	77	4
	1	경남	0	1	3	6	9	-3	2	3	0
	1	광주	0	1	3	0	7	-7	0	9	0
	8	김포	2	2	0	8	3	5	4	9	0
	1	대전	0	1	3	2	6	-4	2	8	1
	7	부산	2	1	1	5	4	1	5	9	1
	4	부천	1	1	2	8	7	1	2	10	0
	5	서울E	1	2	1	6	6	0	5	9	1
	1	안양	0	1	3	3	9	-6	0	6	0
	7	전남	2	1	1	8	10	-2	5	7	1
	2	충남아산	0	2	2	3	6	-3	2	7	0

팀명	승점	상대팀	승	무	패	득점	실점	득실	도움	경고	퇴장
전남	35	합계	6	17	17	47	58	-11	25	57	1
	5	경남	1	2	1	5	6	-1	3	7	0
	2	광주	0	2	2	4	6	-2	2	5	0
	2	김포	0	2	2	3	6	-3	1	3	0
	1	대전	0	1	3	4	7	-3	2	2	1
	5	부산	1	2	1	3	2	1	3	2	0
	5	부천	1	2	1	6	6	0	4	12	0
	6	서울E	1	3	0	6	3	3	3	8	0
	4	안산	1	1	2	10	8	2	4	7	0
	4	안양	1	1	2	5	6	-1	3	6	0
	1	충남아산	0	1	3	1	8	-7	0	5	0

팀명	승점	상대팀	승	무	패	득점	실점	득실	도움	경고	퇴장
부산	36	합계	9	9	22	34	52	-18	28	79	2
	4	경남	1	1	2	4	5	-1	3	10	1
	0	광주	0	0	4	0	7	-7	0	8	1
	4	김포	1	1	2	2	4	-2	2	6	0
	1	대전	0	1	3	5	11	-6	5	4	0
	1	부천	0	1	3	2	7	-5	1	4	0
	7	서울E	2	1	1	5	4	1	5	7	0
	4	안산	1	1	2	4	5	-1	2	8	0
	1	안양	0	1	3	1	4	-3	1	9	0
	5	전남	1	2	1	2	3	-1	1	14	0
	9	충남아산	3	0	1	9	2	7	8	9	0

2022년 K리그2 최종 순위 및 팀별 경기기록, 승률

구분	승격	승강PO	플레이오프								
순위	1	2	3	4	5	6	7	8	9	10	11
구단	광주	대전	안양	경남	부천	충남아산	서울E	김포	안산	부산	전남
승점	86	74	69	56	61	52	48	41	37	36	35
승	25	21	19	17	17	13	11	10	8	9	6
무	11	11	13	9	10	13	15	11	13	9	17
패	4	8	9	16	14	14	14	19	19	22	17
득	68	70	52	63	54	39	46	39	49	34	47
실	32	45	41	63	47	44	47	65	67	52	58
차	36	25	11	0	7	-5	-1	-26	-18	-18	-11
승률	76.3	66.3	62.2	51.2	53.7	48.8	46.3	38.8	36.3	33.8	36.3

구분	홈	원정	홈	원정	홈	원정	홈	원정	홈	원정	홈	원정	홈	원정	홈	원정	홈	원정	홈	원정	홈	원정
승	16	9	12	9	11	8	10	7	11	6	9	4	7	4	4	6	4	4	6	3	3	3
무	2	9	7	4	7	6	3	6	6	4	6	7	8	7	7	4	6	7	4	5	10	7
패	2	2	1	7	3	6	7	9	4	10	5	9	5	9	9	10	10	9	10	12	7	10
득	35	33	44	26	29	23	32	31	31	23	20	19	30	16	16	23	27	22	19	15	22	25
실	13	19	24	21	17	24	25	38	19	28	17	27	24	23	32	33	35	32	25	27	25	33
차	22	14	20	5	12	-1	7	-7	12	-5	3	-8	6	-7	-16	-10	-8	-10	-6	-12	-3	-8
승률	85.0	67.5	77.5	55.0	69.0	55.0	57.5	45.5	66.7	40.0	60.0	37.5	55.0	37.5	37.5	40.0	35.0	37.5	40.0	27.5	40.0	32.5

2022년 K리그2 팀별 개인 기록 | 광주

선수명	대회	출전	교체	득점	도움	코너킥	파울	파울득	오프사이드	슈팅	유효슈팅	경고	퇴장	실점	자책
김경민	K2	34	0	0	0	0	0	3	0	0	0	2	0	28	0
김승우	K2	5	3	0	0	0	2	3	0	0	0	2	0	0	0
김재봉	K2	32	13	0	0	1	29	12	0	6	3	7	0	0	0
김종우	K2	22	21	3	1	10	12	24	0	15	7	3	0	0	0
김진영	K2	2	2	0	0	0	3	3	0	2	2	0	0	0	0
김현훈	K2	27	16	0	0	0	22	10	0	4	3	4	0	0	1
노희동	K2	1	0	0	0	0	0	0	0	0	0	0	0	0	0
두현석	K2	36	27	4	2	14	22	17	2	22	11	5	0	0	0
마이키	K2	25	24	4	3	0	13	19	2	28	21	2	0	0	0
문상윤	K2	2	2	0	0	0	1	4	1	0	0	0	0	0	0
박준강	K2	3	3	0	0	0	0	0	0	0	0	0	0	0	0
박한빈	K2	38	11	3	6	0	33	31	1	33	21	7	0	0	0
산드로	K2	19	13	7	4	0	38	32	8	42	22	4	0	0	0
아 론	K2	25	15	3	1	0	18	2	3	15	9	3	0	0	0
안영규	K2	36	9	1	1	0	32	20	2	12	5	6	0	0	0
양창훈	K2	1	1	0	0	2	2	1	0	0	0	0	0	0	0
엄지성	K2	28	18	9	1	10	29	47	5	59	33	1	0	0	0
이건희	K2	15	15	6	1	0	9	21	4	27	9	0	0	0	0
이민기	K2	26	16	1	1	0	19	16	2	9	3	4	0	0	0
이상기	K2	28	22	1	1	0	25	17	2	7	3	1	0	0	0
이순민	K2	32	14	2	0	0	36	55	0	28	11	8	0	0	0
이으뜸	K2	30	16	2	9	49	24	34	6	12	4	3	0	0	0
이 준	K2	5	0	0	0	0	0	0	0	0	0	1	0	4	0
이찬동	K2	2	2	0	0	0	3	1	0	0	0	0	0	0	0
이희균	K2	23	24	0	0	0	19	13	0	8	1	5	0	0	0
정종훈	K2	1	1	0	0	0	0	0	0	0	0	0	0	0	0
정호연	K2	36	21	1	4	0	65	68	3	18	8	10	0	0	0
최준혁	K1	1	1	0	0	0	0	1	0	0	0	0	0	0	0
하승운	K2	30	29	2	4	1	18	16	2	10	7	3	0	0	0
허 율	K2	33	32	6	4	0	34	21	2	33	14	4	0	0	0
헤이스	K2	39	16	12	4	93	51	102	10	66	43	5	0	0	0

2022년 K리그2 팀별 개인 기록 | 대전

선수명	대회	출전	교체	득점	도움	코너킥	파울	파울득	오프사이드	슈팅	유효슈팅	경고	퇴장	실점	자책
공민현	K2	32	32	5	3	0	28	13	4	22	13	2	0	0	0
권한진	K2	14	8	0	0	0	4	2	0	0	0	1	0	0	0
김민덕	K2	33	7	0	0	0	33	12	1	5	2	3	0	0	0
김선호	K2	5	4	0	0	1	1	2	0	1	1	0	1	0	0
김승섭	K2	31	30	5	3	27	4	14	10	38	26	1	0	0	0
김영욱	K2	13	6	0	1	24	18	6	0	5	2	4	0	0	0
김인균	K2	33	29	6	2	13	31	27	9	42	23	6	0	0	0
김재우	K2	15	4	1	0	0	8	7	0	4	2	3	0	0	0
김지훈	K2	2	1	0	0	0	2	0	0	0	0	0	0	0	0
노건우	K2	1	2	0	0	0	0	0	0	0	0	0	0	0	0
레안드로	K2	33	20	9	5	18	8	34	13	27	18	2	0	0	0
마 사	K2	33	29	10	4	7	23	22	2	50	25	1	0	0	0
민준영	K2	24	9	1	1	10	35	31	1	29	14	10	0	0	0
배서준	K2	1	1	0	0	0	0	0	0	0	0	0	0	0	0
배준호	K2	8	8	1	0	0	5	7	1	2	1	0	0	0	0
변준수	K2	19	10	0	1	0	27	14	1	5	2	2	0	0	0
서영재	K2	14	8	0	1	0	12	18	1	8	4	1	0	0	0
송창석	K2	6	6	1	0	0	2	0	2	2	1	0	0	0	0
신상은	K2	7	7	1	1	0	3	3	0	5	3	0	0	0	0
양지훈	K2	2	2	0	0	0	3	0	0	5	3	0	0	0	0
윌리안	K2	27	14	13	5	3	49	36	24	66	35	4	0	0	0
이선유	K2	3	3	0	0	0	1	0	1	1	1	0	0	0	0
이종현	K2	23	3	1	1	0	36	21	1	18	6	7	0	0	0
이준서	K2	9	0	0	0	0	0	2	0	0	0	1	0	12	0
이진현	K2	27	16	4	5	61	30	34	2	34	17	3	0	0	0
이창근	K2	30	0	0	0	0	0	4	0	0	0	2	0	32	0
이현식	K2	31	23	1	4	3	51	63	5	16	5	9	0	0	0
임덕근	K2	34	14	2	4	0	26	24	0	25	11	5	1	0	0
임은수	K2	23	11	1	1	0	16	24	0	18	9	3	0	0	1
전병관	K2	1	1	0	0	0	0	0	1	1	1	0	0	0	0
정 산	K2	1	0	0	0	0	0	0	0	0	0	0	0	1	0
조유민	K2	33	1	6	0	0	26	19	0	19	12	4	0	0	0
주세종	K2	17	12	0	3	37	19	26	0	6	1	2	0	0	0
카이저	K2	13	9	4	1	0	13	13	9	20	10	1	0	0	0
포 파	K2	9	9	0	0	0	6	12	1	10	8	0	0	0	0

2022년 K리그2 팀별 개인 기록 | 안양

선수명	대회	출전	교체	득점	도움	코너킥	파울	파울득	오프사이드	슈팅	유효슈팅	경고	퇴장	실점	자책
구대영	K1	8	6	0	0	0	6	7	0	2	0	2	0	0	0
	K2	12	9	0	1	0	12	11	0	3	3	4	0	0	0
	계	20	15	0	1	0	18	18	0	6	3	6	0	0	0
김경중	K2	25	23	6	4	2	27	24	3	29	18	4	0	0	0
김동진	K2	38	18	3	4	40	27	43	2	21	11	5	0	0	0
김륜도	K2	34	27	0	1	0	21	32	12	19	6	1	0	0	0
김정현	K2	20	13	1	0	0	28	24	0	19	8	6	0	0	0
김주환	K2	25	19	0	0	0	11	21	0	3	1	3	1	0	0
김형진	K2	6	6	1	0	0	2	1	0	2	1	0	0	0	0
박재용	K2	19	19	2	0	0	8	11	1	10	6	1	0	0	0
박종현	K2	36	12	0	0	0	36	15	0	7	3	5	0	0	0
백동규	K2	39	3	2	0	0	52	8	1	9	5	4	0	0	1
백성동	K2	35	25	5	1	39	15	35	5	45	23	1	0	0	0
아코스티	K2	33	19	7	11	1	27	54	12	71	36	6	0	0	0
안드리고	K2	28	22	7	4	33	33	13	2	31	16	3	0	0	0
연제민	K2	15	8	0	0	0	18	6	0	3	0	1	0	0	0
유종우	K2	3	3	0	0	0	1	0	0	0	0	1	0	0	0
윤준성	K2	5	1	0	0	0	7	2	0	2	2	1	0	0	0
이상용	K2	11	8	0	0	0	2	2	0	1	0	0	0	0	0
이재용	K2	4	4	0	0	0	4	2	1	3	2	0	0	0	0
이정빈	K2	23	21	0	0	13	11	25	0	22	11	0	0	0	0
이창용	K2	30	6	3	0	0	27	17	0	17	10	6	1	0	0
전보민	K2	1	1	0	0	0	0	0	0	0	0	0	0	0	0
정민기	K2	41	0	0	0	0	1	11	0	0	0	1	0	41	0
정석화	K1	4	4	0	0	2	4	2	0	2	1	0	0	0	0
	K2	13	13	2	1	0	10	11	0	6	3	2	0	0	0
	계	17	17	2	1	2	14	13	0	8	4	2	0	0	0
정준연	K2	14	10	0	0	0	10	11	0	4	4	2	0	0	0
조나탄	K2	31	14	9	4	0	24	27	24	55	33	1	0	0	0
주현우	K2	41	24	1	3	52	27	36	3	13	7	3	0	0	0
홍창범	K2	28	27	0	2	0	34	35	1	16	5	5	0	0	0
황기욱	K2	34	25	1	2	0	48	19	1	11	7	9	0	0	0

2022년 K리그2 팀별 개인 기록 | 경남

선수명	대회	출전	교체	득점	도움	코너킥	파울	파울득	오프사이드	슈팅	유효슈팅	경고	퇴장	실점	자책
고경민	K2	27	18	4	1	1	24	28	10	34	19	3	0	0	0
고동민	K2	18	0	0	0	0	1	2	0	0	0	1	0	28	0
김명준	K2	33	7	1	1	0	27	15	0	5	3	4	0	0	0
김민준	K2	1	1	0	0	0	0	0	0	0	0	0	0	0	0
김범용	K2	22	11	0	0	0	24	25	0	8	4	4	0	0	0
김세윤	K2	7	7	0	2	4	6	0	0	0	0	0	0	0	0
김영찬	K2	21	6	1	0	0	10	10	0	6	4	2	1	0	1
김종필	K2	7	3	0	0	0	2	3	0	3	1	2	0	0	0
김지운	K2	5	5	0	0	0	2	2	0	0	0	0	0	0	0
료노스케	K2	1	1	0	0	0	1	0	0	0	0	0	0	0	0
모재현	K2	35	19	6	6	0	26	51	6	50	22	3	0	0	0
박광일	K2	24	20	0	6	13	17	11	0	4	1	1	0	0	0
박민서	K2	15	15	3	1	4	23	12	1	18	12	8	0	0	0
박재환	K2	30	10	2	0	0	14	6	1	12	5	5	0	0	0
배범근	K2	1	1	0	0	0	0	0	0	0	0	0	0	0	0
배승진	K2	1	0	0	0	0	1	1	0	1	1	0	0	0	0
서재원	K2	13	16	1	0	0	4	11	1	7	5	1	0	0	0
설현진	K2	10	9	0	0	0	9	9	0	10	8	2	0	0	0
손정현	K2	23	0	0	0	0	2	5	0	0	0	1	1	32	0
엘리아르도	K2	10	11	0	1	0	6	4	1	9	2	0	0	0	0
우주성	K2	12	7	0	0	0	8	9	0	2	2	0	0	0	0
원기종	K2	28	26	3	3	0	12	24	2	29	13	3	0	0	0
이광선	K2	15	11	0	0	0	4	4	1	2	0	1	0	0	0
이광진	K2	37	16	2	8	130	37	46	2	11	6	6	0	0	0
이민기	K2	37	22	1	1	3	33	17	0	3	1	8	0	0	0
이우혁	K2	33	16	0	1	29	32	17	0	16	4	6	0	3	0
이재명	K2	17	14	0	1	0	10	6	0	1	0	1	0	0	1
이준재	K2	32	22	1	1	0	23	11	0	3	1	5	0	0	1
이지승	K2	17	12	0	0	8	26	7	0	10	1	4	0	0	0
이찬욱	K2	2	2	0	0	0	0	0	0	0	0	0	0	0	0
정충근	K2	21	17	3	1	0	17	12	0	22	14	1	0	0	0
카스트로	K2	14	12	1	0	0	5	11	1	18	7	0	0	0	0
티아고	K2	37	16	19	3	0	48	25	12	102	50	7	0	0	0
하 남	K2	19	18	2	0	1	31	16	0	26	16	1	0	0	0
황일수	K2	3	3	0	0	0	2	1	0	0	0	0	0	0	0

2022년 K리그2 팀별 개인 기록 | 부천

선수명	대회	출전	교체	득점	도움	코너킥	파울	파울득	오프사이드	슈팅	유효슈팅	경고	퇴장	실점	자책
감한솔	K2	8	4	0	0	0	6	3	1	2	0	0	1	0	0
국태정	K2	19	14	0	0	7	15	6	1	5	1	1	0	0	0
김강산	K2	38	2	1	2	1	47	30	1	16	7	6	0	0	0
김규민⑰	K2	6	3	1	0	2	3	9	0	2	2	0	0	0	0
김규민㉟	K2	2	2	0	0	0	0	1	0	3	2	0	0	0	0
김정호	K2	9	7	0	0	0	1	3	0	0	0	2	0	0	0
김준형	K2	37	28	0	4	46	33	30	0	23	4	5	0	0	0
김호남	K2	34	15	3	2	0	27	14	4	21	13	6	0	0	0
김호준	K2	1	1	0	0	0	0	0	0	0	0	0	0	0	0
닐손주니어	K2	39	3	7	2	0	16	11	2	25	14	1	0	0	0
박창준	K2	30	28	6	3	0	30	51	6	22	15	4	0	0	0
박하빈	K2	3	3	0	1	0	0	0	0	1	1	0	0	0	0
배재우	K2	24	11	0	1	1	19	24	1	6	1	2	0	0	0
송홍민	K2	28	23	2	2	16	21	5	0	19	8	2	0	0	0
안재준	K2	24	23	4	1	0	10	4	11	24	11	1	0	0	0
오재혁	K2	33	22	2	3	9	30	28	1	30	19	3	0	0	0
요르만	K2	29	28	4	0	6	10	16	7	28	13	0	0	0	0
유승현	K2	1	0	0	0	0	1	3	0	0	0	0	0	0	0
윤지혁	K2	2	1	1	0	0	0	1	0	1	1	0	0	0	0
은나마니	K2	27	24	3	2	0	40	17	12	35	19	5	0	0	0
이동희	K2	21	5	1	0	0	21	9	1	7	3	2	0	0	0
이시헌	K2	33	31	4	3	19	19	30	0	45	21	1	0	0	0
이용혁	K2	24	7	1	0	0	22	36	0	4	2	12	0	0	0
이의형	K2	22	18	2	0	0	25	30	5	16	10	4	0	0	0
이주현	K2	3	1	0	0	0	0	0	0	0	0	0	0	7	0
이풍연	K2	6	5	0	0	0	4	2	0	1	0	1	0	0	0
이현기	K2	1	1	0	0	0	1	4	0	0	0	0	0	0	0
조수철	K2	25	16	2	2	0	21	10	0	29	14	2	0	0	0
조현택	K2	34	10	6	4	0	30	33	2	44	21	3	0	0	0
최재영	K2	18	17	0	0	3	26	7	0	5	3	3	0	0	0
최철원	K2	38	0	0	0	0	0	7	0	0	0	1	0	40	0
한지호	K2	30	21	6	3	50	42	34	6	45	19	7	0	0	0

2022년 K리그2 팀별 개인 기록 | 충남아산

선수명	대회	출전	교체	득점	도움	코너킥	파울	파울득	오프사이드	슈팅	유효슈팅	경고	퇴장	실점	자책
강민규	K2	24	25	2	0	0	14	5	4	31	15	2	0	0	0
김강국	K2	36	11	5	3	69	37	32	1	44	23	3	0	0	0
김민석	K1	1	1	0	0	0	0	0	0	0	0	0	0	0	0
김종국	K2	8	6	0	0	5	5	5	0	3	2	1	0	0	0
김채운	K2	36	30	0	2	0	37	36	2	24	9	4	0	0	0
김혜성	K2	18	14	0	0	0	11	9	0	9	5	1	0	0	0
문현호	K2	4	4	0	0	0	0	0	0	0	0	0	0	0	0
박민서	K2	12	14	0	1	0	8	13	4	14	6	1	0	0	0
박성우	K2	25	12	0	0	0	21	30	1	14	3	4	0	0	0
박세직	K2	39	4	2	1	64	46	45	1	39	14	5	0	0	0
박주원	K2	27	4	0	1	0	1	4	0	0	0	1	0	25	0
박철우	K2	25	21	1	0	3	25	15	0	16	3	3	0	0	0
박한근	K2	14	2	0	0	0	0	1	0	0	0	0	0	19	0
배수용	K2	10	4	0	0	0	10	2	0	1	1	1	0	0	0
송승민	K2	40	12	3	4	0	54	68	18	60	30	3	0	0	0
송주호	K2	1	1	0	0	0	0	0	0	0	0	0	0	0	0
양정운	K2	8	8	0	0	0	5	6	1	3	1	0	0	0	0
유강현	K2	40	33	19	2	0	51	57	11	107	61	3	0	0	0
유동규	K2	8	8	0	0	2	7	8	0	5	2	2	0	0	0
유준수	K2	7	6	0	0	0	0	1	0	0	0	0	0	0	0
이상민	K2	36	0	1	0	0	31	43	2	15	7	3	0	0	0
이승재	K1	1	1	0	1	0	0	0	0	0	0	0	0	0	0
	K2	6	8	0	0	0	1	5	1	3	2	0	0	0	0
	계	7	9	0	1	0	1	5	1	3	2	0	0	0	0
이은범	K2	38	2	0	0	0	30	26	2	13	5	8	0	0	1
이재성	K2	20	2	0	0	0	14	14	0	9	1	2	0	0	1
이학민	K2	27	11	2	1	0	26	21	0	22	10	4	0	0	0
이호인	K2	20	6	0	1	0	17	5	0	3	0	4	1	0	0
정건우	K2	15	18	0	0	0	7	6	2	5	3	0	0	0	0
조건규	K2	1	1	0	0	0	0	0	0	0	0	0	0	0	0
조주영	K2	23	23	1	0	0	8	7	3	14	6	1	0	0	0
최규백	K2	1	1	0	0	0	1	0	0	0	0	2	0	0	0
최범경	K2	30	26	1	2	55	15	12	2	20	12	1	0	0	0

2022년 K리그2 팀별 개인 기록 | 서울E

선수명	대회	출전	교체	득점	도움	코너킥	파울	파울득	오프사이드	슈팅	유효슈팅	경고	퇴장	실점	자책
곽성욱	K2	11	11	0	0	7	7	2	0	5	1	1	0	0	0
김민규	K2	12	7	0	1	0	10	6	0	1	0	3	0	0	0
김선민	K2	37	6	2	1	0	76	22	0	30	12	3	0	0	0
김연수	K2	37	2	0	0	0	51	18	1	14	8	7	0	0	0
김원식	K2	38	29	0	0	1	30	34	0	13	7	7	0	0	0
김인성	K2	34	28	5	2	1	19	49	13	51	32	1	0	0	0
김정수	K2	4	5	0	1	0	5	3	0	4	1	0	0	0	0
김정환	K2	37	33	6	4	0	36	33	2	47	22	5	0	0	0
김진환	K2	5	4	0	0	0	0	1	0	1	1	0	0	0	0
김형근	K2	5	2	0	0	0	0	0	0	0	0	0	0	11	0
까데나시	K2	33	25	10	4	0	43	32	8	54	26	3	0	0	0
박경민	K2	2	2	0	0	0	0	0	0	1	0	0	0	0	0
박준영⑨⑨	K2	18	18	1	0	0	8	10	2	9	6	1	0	0	0
박태준	K2	12	10	0	1	2	6	16	0	9	4	2	0	0	0
서보민	K2	25	21	0	1	34	10	7	1	20	6	1	0	0	0
서재민	K2	14	8	0	1	24	11	12	0	7	3	3	0	0	0
아센호	K2	19	17	2	0	0	25	16	2	35	19	5	0	0	0
유정완	K2	30	30	2	0	0	15	28	2	21	9	4	0	0	0
윤보상	K2	37	2	0	0	0	0	4	0	0	0	3	0	36	0
이동률	K2	34	34	6	5	2	24	44	10	44	28	2	1	0	0
이성윤	K2	8	8	1	0	0	8	2	0	13	9	1	0	0	0
이인재	K2	14	5	0	0	0	8	3	0	4	2	1	0	0	0
이재익	K2	29	6	1	0	0	27	5	0	9	3	0	1	0	0
이정문	K1	1	1	0	0	0	0	0	0	0	0	0	0	0	0
	K2	5	5	0	0	0	4	1	0	1	0	1	0	0	0
	계	6	6	0	0	0	4	1	0	1	0	1	0	0	0
정성호	K2	6	5	1	0	0	5	4	0	13	6	0	0	0	0
조동재	K2	7	5	0	0	4	4	6	0	3	3	2	0	0	0
채광훈	K2	28	12	0	2	71	12	26	1	18	11	1	0	0	0
츠바사	K2	37	29	5	1	20	21	32	3	26	16	2	1	0	0
한용수	K2	22	6	0	0	0	14	25	3	6	0	2	0	0	0
황태현	K2	27	13	2	0	7	10	17	0	19	13	1	0	0	0

2022년 K리그2 팀별 개인 기록 | 김포

선수명	대회	출전	교체	득점	도움	코너킥	파울	파울득	오프사이드	슈팅	유효슈팅	경고	퇴장	실점	자책
구본상	K2	9	7	1	0	0	10	14	0	3	2	2	0	0	0
권민재	K2	17	17	1	2	7	14	14	3	9	4	1	0	0	0
김이석	K2	29	20	2	0	19	43	34	3	13	7	6	0	0	0
김종민	K2	19	2	2	0	0	26	3	0	9	5	6	0	0	0
김종석	K2	36	15	2	3	60	33	49	0	39	17	5	0	0	0
김태한	K2	32	6	1	1	0	25	20	2	7	2	8	1	0	0
나성은	K2	20	20	2	1	7	16	11	0	14	7	1	0	0	0
마루오카	K2	7	6	0	0	2	1	3	0	3	1	0	0	0	0
박경록	K2	33	5	0	1	0	26	13	0	9	4	2	0	0	0
박대한	K2	32	13	1	0	0	41	34	0	12	7	2	0	0	0
박재우	K2	9	5	1	0	0	13	11	0	2	2	1	0	0	0
박준희	K2	11	2	0	0	0	9	5	0	2	1	3	0	0	0
서경주	K2	2	1	0	0	8	4	2	0	2	1	1	0	0	0
손석용	K2	38	24	8	7	0	52	50	16	71	42	3	1	0	0
송민혁	K2	1	1	0	0	0	0	0	0	0	0	1	0	0	0
양준아	K2	17	9	2	1	0	15	9	0	7	6	4	0	0	0
유리치치	K2	6	7	0	0	0	7	5	0	5	2	2	0	0	0
윤민호	K2	33	16	8	2	0	46	48	8	41	31	3	1	0	0
윤상혁	K2	13	11	0	0	0	8	9	0	1	0	3	0	0	0
윤태웅	K2	2	2	0	0	0	2	0	0	0	0	0	0	0	0
이강연	K2	25	11	1	0	0	17	12	0	9	3	5	0	0	0
이규로	K2	17	9	1	0	2	11	18	0	7	5	2	0	0	0
이상욱	K2	29	0	0	0	0	1	5	0	0	0	3	1	40	0
이성재	K2	10	8	0	0	11	11	4	0	13	7	2	0	0	0
이중호	K2	5	3	0	0	0	2	6	0	2	2	0	0	0	0
이태민	K2	26	27	0	1	0	23	34	2	11	7	2	0	0	0
임재혁	K2	1	1	0	0	0	1	1	0	0	0	0	0	0	0
정의찬	K2	20	20	0	2	0	16	24	4	17	8	1	0	0	0
조향기	K2	25	21	3	1	0	16	29	4	31	18	3	0	0	0
최민서	K2	10	11	0	0	0	3	2	2	4	2	0	0	0	0
최봉진	K2	11	0	0	0	0	0	1	0	0	0	0	0	25	0
최재훈	K2	33	17	1	0	0	30	46	0	13	3	8	0	0	0
한정우	K2	21	18	1	2	16	7	20	0	8	3	0	0	0	0
홍창오	K2	3	3	0	0	0	2	1	0	2	0	0	0	0	0
황도연	K2	6	2	0	0	0	2	2	0	1	1	1	0	0	0

2022년 K리그2 팀별 개인 기록 I 안산

선수명	대회	출전	교체	득점	도움	코너킥	파울	파울득	오프사이드	슈팅	유효슈팅	경고	퇴장	실점	자책
강수일	K2	18	16	2	0	0	9	15	5	15	8	3	0	0	0
권영호	K2	26	8	3	0	0	29	18	2	14	7	6	0	0	0
김경수	K2	24	21	1	0	3	7	11	0	6	2	1	0	0	0
김경준	K2	25	14	6	0	1	22	40	7	50	32	1	0	0	0
김민호	K2	31	4	0	0	0	28	22	0	4	2	8	1	0	0
김보섭	K2	22	21	2	1	12	14	16	2	8	3	2	0	0	0
김선우	K2	8	1	0	0	0	0	2	0	0	0	1	0	17	0
김영남	K2	26	15	0	0	0	20	15	0	8	4	3	0	0	0
김예성	K2	25	15	0	0	0	5	20	1	5	3	0	0	0	0
김원중	K2	2	0	0	0	0	0	0	0	0	0	0	0	3	0
김지안	K2	1	1	0	0	0	0	0	0	0	0	0	0	0	0
까뇨뚜	K2	10	6	3	3	8	9	18	1	26	15	1	0	0	0
두아르테	K2	30	14	4	7	30	17	55	2	50	29	4	2	0	0
박동휘	K2	12	10	0	0	0	13	12	0	2	1	3	0	0	0
박민준	K2	4	3	0	0	0	2	1	0	0	0	0	0	0	0
변승환	K2	8	8	0	0	0	3	3	0	1	1	1	0	0	0
송진규	K2	26	16	5	3	19	18	45	0	36	22	2	0	0	0
신일수	K2	17	11	0	1	1	15	11	0	9	3	4	0	0	0
신재혁	K2	9	9	1	0	0	5	2	1	2	2	1	0	0	0
아스나위	K2	26	18	2	2	0	28	15	3	9	8	4	0	0	0
안성민	K2	18	11	0	0	0	11	15	1	2	1	2	0	0	0
윤경원	K2	3	4	0	0	0	3	0	0	2	0	0	0	0	0
이건영	K2	1	1	0	0	0	1	0	0	0	0	0	0	0	0
이상민	K2	36	3	5	2	61	56	53	0	24	16	3	0	0	0
이승빈	K2	30	1	0	0	0	0	5	0	0	0	2	0	45	0
이와세	K2	22	9	0	0	0	24	21	2	6	3	7	0	0	0
이준희	K2	30	13	1	4	1	31	20	8	9	7	3	0	0	0
이지성	K2	6	7	0	0	0	5	3	0	3	3	1	0	0	0
이진섭	K2	3	3	0	0	0	2	0	0	2	0	0	0	0	0
이찬우	K2	1	0	0	0	0	0	0	0	0	0	0	0	2	0
장동혁	K2	3	3	0	0	0	1	0	0	0	0	0	0	0	0
장동혁	K2	8	8	0	0	1	4	0	0	2	0	0	0	0	0
장유섭	K2	24	17	1	0	0	19	7	0	3	2	3	0	0	0
전용운	K2	2	2	0	0	0	0	0	0	0	0	0	0	0	0
최건주	K2	39	33	7	3	1	26	32	20	45	25	2	0	0	0
티아고	K2	21	19	5	1	0	12	6	3	34	22	5	1	0	0

2022년 K리그2 팀별 개인 기록 I 부산

선수명	대회	출전	교체	득점	도움	코너킥	파울	파울득	오프사이드	슈팅	유효슈팅	경고	퇴장	실점	자책
강윤구	K2	13	10	1	1	5	13	24	2	13	4	4	0	0	0
구상민	K2	16	2	0	0	0	0	1	0	0	0	1	0	19	0
구현준	K2	13	11	0	0	0	4	7	2	3	0	2	0	0	0
권혁규	K1	19	10	0	0	0	17	14	0	7	1	2	0	0	0
	K2	5	2	0	1	0	13	5	0	2	2	2	0	0	0
	계	24	12	0	1	0	30	19	0	9	3	4	0	0	0
김도형	K2	10	10	0	0	0	3	7	1	6	1	1	0	0	0
김동수	K2	4	0	0	0	0	0	2	0	0	0	0	0	0	0
김상준	K1	8	8	2	0	0	4	3	0	2	2	0	0	0	0
	K2	13	10	0	0	0	10	4	0	1	0	2	0	0	0
	계	21	18	2	0	0	14	7	0	3	2	2	0	0	0
김정민	K2	19	15	1	0	1	7	2	0	11	4	1	0	0	0
김 찬	K2	25	18	2	2	0	34	34	3	18	6	3	0	0	0
드로젝	K2	21	17	2	0	6	13	9	3	20	12	1	0	0	0
라마스	K1	18	6	3	1	8	15	18	1	27	11	2	0	0	0
	K2	15	9	2	0	21	5	10	4	31	15	0	0	0	0
	계	33	15	5	1	29	20	28	5	58	26	2	0	0	0
문창진	K2	5	5	0	0	0	1	1	0	4	1	0	0	0	0
박세진	K2	34	22	1	4	19	24	40	12	7	4	4	0	0	0
박정인	K2	26	17	6	1	0	23	20	2	42	23	1	1	0	0
박종우	K2	29	16	0	2	40	39	24	0	11	4	7	0	0	0
박호영	K2	2	1	0	0	0	2	0	0	1	0	0	0	0	0
발렌티노스	K2	25	4	2	0	0	17	10	3	9	6	4	1	0	0
성호영	K2	12	10	1	0	1	11	8	1	7	7	0	0	0	0
안준수	K2	17	1	0	0	0	0	6	0	0	0	1	0	24	0
어정원	K2	25	14	0	3	11	24	33	1	21	8	4	0	0	0
에드워즈	K2	34	19	0	3	0	29	12	0	13	8	5	0	0	0
이강희	K2	18	10	0	0	0	14	17	0	14	4	5	0	0	0
이상헌	K2	31	19	7	3	6	34	28	4	42	18	7	0	0	0
이청웅	K2	15	10	0	0	0	8	2	1	3	0	1	0	0	0
이한도	K1	13	5	0	0	0	6	13	3	4	0	2	0	0	0
	K2	16	1	1	0	0	8	10	1	3	1	2	0	0	0
	계	29	6	1	0	0	14	23	4	7	1	4	0	0	0
이현준	K2	9	9	0	0	0	6	6	1	0	0	1	0	0	0
정원진	K1	3	3	0	0	0	0	3	0	3	2	0	0	0	0
	K2	17	7	3	2	31	7	14	0	25	14	0	0	0	0
	계	20	10	3	2	31	7	17	0	28	16	0	0	0	0
정훈성	K2	5	5	0	0	0	4	3	0	5	2	0	0	0	0
조위제	K2	25	8	0	0	0	17	13	0	4	0	4	0	0	0
최예훈	K2	9	7	0	0	0	2	2	0	0	0	1	0	0	0
최 준	K2	31	6	0	6	2	36	44	2	20	7	9	0	0	0
한희훈	K2	3	3	0	0	0	2	1	0	0	0	1	0	0	0
홍욱현	K2	11	6	0	1	0	14	9	0	1	0	0	0	0	0
황병근	K1	0	0	0	0	0	0	0	0	0	0	0	0	0	0
	K2	9	1	0	0	0	1	2	0	0	0	0	0	9	0
	계	9	1	0	0	0	1	2	0	0	0	0	0	9	0
황준호	K2	19	12	1	0	0	14	10	4	15	6	3	0	0	0

2022년 K리그2 팀별 개인 기록 | 전남

선수명	대회	출전	교체	득점	도움	코너킥	파울	파울득	오프사이드	슈팅	유효슈팅	경고	퇴장	실점	자책
고태원	K2	27	5	2	0	0	22	23	0	9	6	8	0	0	0
김건오	K2	2	2	0	0	0	0	2	0	0	0	0	0	0	0
김다솔	K2	27	0	0	0	0	0	4	0	0	0	1	0	36	0
김수범	K2	27	9	0	3	13	31	31	1	10	6	5	0	0	0
김영욱	K2	2	2	0	0	0	1	1	0	0	0	0	0	0	0
김태현	K2	37	6	1	2	0	30	62	2	24	10	5	0	0	0
김현욱	K2	29	12	2	1	71	21	33	1	36	15	2	0	0	0
박성결	K2	9	9	1	1	0	8	5	1	9	4	0	0	0	0
박인혁	K2	38	26	7	0	0	55	48	21	67	35	4	0	0	0
박희성	K2	10	10	0	0	0	8	3	1	4	0	1	0	0	0
발로텔리	K2	28	17	7	4	0	22	21	20	53	27	1	0	0	0
서명원	K2	1	1	0	0	0	0	0	0	1	0	0	0	0	0
손호준	K2	13	13	1	0	0	5	0	1	4	1	1	0	0	0
여승원	K2	13	10	0	0	0	10	4	1	1	0	2	0	0	0
오찬식	K2	1	0	0	0	0	0	0	0	0	0	0	0	3	0
유지하	K2	1	1	0	0	0	1	1	0	0	0	0	0	0	0
유헤이	K2	36	15	1	4	71	25	27	4	28	12	3	0	0	0
이규혁	K2	10	7	0	0	1	9	9	0	3	1	1	0	0	0
이석현	K2	12	9	0	0	10	6	7	0	0	0	0	0	0	0
이선걸	K2	1	1	0	0	0	1	2	0	0	0	0	0	0	0
이중민	K2	26	25	5	2	0	15	16	11	27	16	1	0	0	0
이후권	K2	31	14	3	1	0	45	28	4	11	6	6	1	0	1
임민혁	K2	12	0	0	0	0	0	3	0	0	0	1	0	19	0
임찬울	K2	29	24	5	5	6	20	11	3	29	15	3	0	0	0
장성재	K2	21	8	1	2	26	15	29	0	13	8	1	0	0	0
장순혁	K2	20	4	0	0	0	12	7	0	4	2	3	0	0	1
전승민	K2	34	23	3	1	14	15	18	0	34	19	2	0	0	0
정우빈	K2	5	5	0	0	0	1	1	0	0	0	0	0	0	0
최성진	K2	3	3	0	0	0	4	0	0	3	1	0	0	0	0
최정원	K2	21	5	0	0	0	17	3	1	1	0	2	0	0	0
최호정	K2	7	5	0	0	0	3	2	0	0	0	0	0	0	0
최희원	K2	6	5	0	0	0	2	1	0	1	0	0	0	0	0
추상훈	K1	8	8	0	0	0	3	1	0	6	3	0	0	0	0
	K2	11	11	0	0	0	9	4	1	5	3	2	0	0	0
	계	19	19	0	0	0	12	5	1	11	6	2	0	0	0
카차리바	K2	10	9	2	0	0	12	8	8	12	8	1	0	0	0
플라나	K2	30	22	6	1	3	13	29	7	41	21	1	0	0	0
한석희	K1	2	3	0	0	0	0	0	0	0	0	0	0	0	0
	K2	3	3	0	0	0	2	2	0	5	3	0	0	0	0
	계	5	6	0	0	0	2	2	0	5	3	0	0	0	0
한호강	K2	15	8	0	0	0	15	3	0	1	1	0	0	0	0

2022년 K리그2 득점 순위

순위	선수명	소속	경기수	득점수	경기당 득점률	교체수	출전 시간
1	티아고	경남	37	19	51.4	16	2,930
2	유강현	충남아산	40	19	47.5	33	3,021
3	윌리안	대전	27	13	48.1	14	2,089
4	헤이스	광주	39	12	30.8	16	3,203
5	까데나시	서울E	33	10	30.3	25	1,969
6	마사	대전	33	10	30.3	29	2,024
7	엄지성	광주	28	9	32.1	18	2,067
8	조나탄	안양	31	9	29.0	14	2,506
9	레안드로	대전	33	9	27.3	20	2,508
10	에르난데스	인천	20	8	40.0	7	1,713
11	윤민호	김포	33	8	24.2	16	2,624
12	손석용	김포	38	8	21.1	24	2,938
13	산드로	광주	19	7	36.8	13	1,357
14	안드리고	안양	28	7	25.0	22	1,606
15	발로텔리	전남	28	7	25.0	17	1,940
16	이상헌	부산	31	7	22.6	19	2,233
17	아코스티	안양	33	7	21.2	19	2,567
18	박인혁	전남	38	7	18.4	26	2,554
19	최건주	안산	39	7	17.9	33	2,832
20	닐손주니어	부천	39	7	17.9	3	3,725
21	이건희	광주	15	6	40.0	15	756
22	김경중	안양	25	6	24.0	23	1,562
23	김경준	안산	25	6	24.0	14	1,663
24	박정인	부산	26	6	23.1	17	1,705
25	플라나	전남	30	6	20.0	22	1,842
26	박창준	부천	30	6	20.0	28	1,939
27	한지호	부천	30	6	20.0	21	1,952
28	허율	광주	33	6	18.2	32	1,384
29	김인균	대전	33	6	18.2	29	1,720
30	조유민	대전	33	6	18.2	1	3,101
31	이동률	서울E	34	6	17.6	34	2,144
32	조현택	부천	34	6	17.6	10	2,902
33	모재현	경남	35	6	17.1	19	2,582
34	김정환	서울E	37	6	16.2	33	2,075
35	티아고	안산	21	5	23.8	19	1,160
36	이중민	전남	26	5	19.2	25	1,236
37	송진규	안산	26	5	19.2	16	1,846
38	임찬울	전남	29	5	17.2	24	1,784
39	김승섭	대전	31	5	16.1	30	1,452
40	공민현	대전	32	5	15.6	32	1,441
41	김인성	서울E	34	5	14.7	28	2,221
42	백성동	안양	35	5	14.3	25	2,514
43	김강국	충남아산	36	5	13.9	11	3,218
44	이상민	안산	36	5	13.9	3	3,318
45	츠바사	서울E	37	5	13.5	29	2,688
46	카이저	대전	13	4	30.8	9	830
47	안병준	수원	14	4	28.6	6	960

순위	선수명	소속	경기수	득점수	경기당 득점률	교체수	출전 시간
48	안재준	부천	24	4	16.7	23	938
49	마이키	광주	25	4	16.0	24	1,181
50	고경민	경남	27	4	14.8	18	1,704
51	이진현	대전	27	4	14.8	16	1,979
52	요르만	부천	29	4	13.8	28	1,591
53	두아르테	안산	30	4	13.3	14	2,249
54	이시헌	부천	33	4	12.1	31	1,677
55	두현석	광주	36	4	11.1	27	2,414
56	까뇨뚜	안산	10	3	30.0	6	738
57	박민서	경남	15	3	20.0	15	893
58	정원진	부산	17	3	17.6	7	1,456
59	정충근	경남	21	3	14.3	17	1,190
60	김종우	광주	22	3	13.6	21	974
61	조향기	김포	25	3	12.0	21	1,265
62	아론	광주	25	3	12.0	15	1,541
63	권영호	안산	26	3	11.5	8	2,086
64	은나마니	부천	27	3	11.1	24	1,400
65	원기종	경남	28	3	10.7	26	1,299
66	이창용	안양	30	3	10.0	6	2,584
67	이후권	전남	31	3	9.7	14	2,352
68	전승민	전남	34	3	8.8	23	2,025
69	김호남	부천	34	3	8.8	15	2,834
70	김동진	안양	38	3	7.9	18	2,790
71	박한빈	광주	38	3	7.9	11	3,104
72	송승민	충남아산	40	3	7.5	12	3,496
73	카차라바	전남	10	2	20.0	9	490
74	정석화	안양	13	2	15.4	13	712
75	라마스	부산	15	2	13.3	9	1,162
76	양준아	김포	17	2	11.8	9	1,065
77	강수일	안산	18	2	11.1	16	853
78	박재용	안양	19	2	10.5	19	621
79	하남	경남	19	2	10.5	18	926
80	아센호	서울E	19	2	10.5	17	1,055
81	김종민	김포	19	2	10.5	2	1,758
82	나성은	김포	20	2	10.0	20	961
83	드로젝	부산	21	2	9.5	17	1,251
84	김보섭	안산	22	2	9.1	21	980
85	이의형	부천	22	2	9.1	18	1,083
86	강민규	충남아산	24	2	8.3	25	1,230
87	김찬	부산	25	2	8.0	18	1,289
88	조수철	부천	25	2	8.0	16	1,515
89	발렌티노스	부산	25	2	8.0	4	2,165
90	아스나위	안산	26	2	7.7	18	1,689
91	이학민	충남아산	27	2	7.4	11	1,850
92	황태현	서울E	27	2	7.4	13	2,213
93	고태원	전남	27	2	7.4	5	2,356
94	송홍민	부천	28	2	7.1	23	1,233
95	김이석	김포	29	2	6.9	20	2,130
96	김현욱	전남	29	2	6.9	12	2,466
97	유정완	서울E	30	2	6.7	30	944
98	하승운	광주	30	2	6.7	29	1,185
99	이으뜸	광주	30	2	6.7	16	2,099
100	박재환	경남	30	2	6.7	10	2,453
101	이순민	광주	32	2	6.3	14	2,609
102	오재혁	부천	33	2	6.1	22	2,344
103	임덕근	대전	34	2	5.9	14	2,385
104	김종석	김포	36	2	5.6	15	2,818
105	이광진	경남	37	2	5.4	16	2,968
106	김선민	서울E	37	2	5.4	6	3,330
107	박세직	충남아산	39	2	5.1	4	3,655
108	백동규	안양	39	2	5.1	3	3,722
109	윤지혁	부천	2	1	50.0	1	117
110	송창석	대전	6	1	16.7	6	181
111	김형진	안양	6	1	16.7	6	186
112	정성호	서울E	6	1	16.7	5	346
113	김규민⑰	부천	6	1	16.7	3	454
114	신상은	대전	7	1	14.3	7	236
115	배준호	대전	8	1	12.5	8	295
116	이성윤	서울E	8	1	12.5	8	309
117	신재혁	안산	9	1	11.1	9	318
118	구본상	김포	9	1	11.1	7	484
119	박성결	전남	9	1	11.1	9	487
120	박재우	김포	9	1	11.1	5	694
121	성호영	부산	12	1	8.3	10	701
122	손호준	전남	13	1	7.7	13	480
123	서재원	경남	13	1	7.7	16	485
124	강윤구	부산	13	1	7.7	10	831
125	카스트로	경남	14	1	7.1	12	764
126	김재우	대전	15	1	6.7	4	1,133
127	이한도	부산	16	1	6.3	1	1,512
128	권민재	김포	17	1	5.9	17	680
129	이규로	김포	17	1	5.9	9	1,358
130	박준영⑨⑨	서울E	18	1	5.6	18	422
131	김정민	부산	19	1	5.3	15	944
132	황준호	부산	19	1	5.3	12	1,083
133	김정현	안양	20	1	5.0	13	1,510
134	한정우	김포	21	1	4.8	18	927
135	김영찬	경남	21	1	4.8	6	1,582
136	이동희	부천	21	1	4.8	5	1,725
137	장성재	전남	21	1	4.8	8	1,793
138	조주영	충남아산	23	1	4.3	23	603
139	임은수	대전	23	1	4.3	11	1,651
140	이종현	대전	23	1	4.3	3	2,069
141	김경수	안산	24	1	4.2	21	807
142	장유섭	안산	24	1	4.2	17	1,553
143	이용혁	부천	24	1	4.2	7	1,857
144	민준영	대전	24	1	4.2	9	2,047
145	박철우	충남아산	25	1	4.0	21	1,402

순위	선수명	소속	경기수	득점수	경기당 득점률	교체수	출전 시간
146	이 강 연	김포	25	1	4.0	11	1,841
147	이 민 기	광주	26	1	3.8	16	1,613
148	이 상 기	광주	28	1	3.6	22	1,628
149	이 재 익	서울E	29	1	3.4	6	2,449
150	최 범 경	충남아산	30	1	3.3	26	1,583
151	이 준 희	안산	30	1	3.3	13	2,464
152	이 현 식	대전	31	1	3.2	23	2,045
153	이 준 재	경남	32	1	3.1	22	1,837
154	박 대 한	김포	32	1	3.1	13	2,517
155	김 태 한	김포	32	1	3.1	6	2,687
156	최 재 훈	김포	33	1	3.0	17	2,393
157	김 명 준	경남	33	1	3.0	7	2,848
158	황 기 욱	안양	34	1	2.9	25	2,167
159	박 세 진	부산	34	1	2.9	22	2,396
160	정 호 연	광주	36	1	2.8	21	2,709
161	유 헤 이	전남	36	1	2.8	15	2,923
162	안 영 규	광주	36	1	2.8	9	3,201
163	이 상 민	충남아산	36	1	2.8	0	3,461
164	이 민 기	경남	37	1	2.7	22	2,817
165	김 태 현	전남	37	1	2.7	6	3,439
166	김 강 산	부천	38	1	2.6	2	3,620
167	주 현 우	안양	41	1	2.4	24	2,977

2022년 K리그2 도움 순위

순위	선수명	소속	경기수	도움수	경기당 도움률	교체수	출전 시간
1	아코스티	안양	33	11	33.3	19	2,567
2	이 으 뜸	광주	30	9	30.0	16	2,099
3	이 광 진	경남	37	8	21.6	16	2,968
4	두아르테	안산	30	7	23.3	14	2,249
5	손 석 용	김포	38	7	18.4	24	2,938
6	박 광 일	경남	24	6	25.0	20	1,557
7	최 준	부산	31	6	19.4	6	2,865
8	모 재 현	경남	35	6	17.1	19	2,582
9	박 한 빈	광주	38	6	15.8	11	3,104
10	이 진 현	대전	27	5	18.5	16	1,979
11	윌 리 안	대전	27	5	18.5	14	2,089
12	임 찬 울	전남	29	5	17.2	24	1,784
13	레안드로	대전	33	5	15.2	20	2,508
14	이 동 률	서울E	34	5	14.7	34	2,144
15	산 드 로	광주	19	4	21.1	13	1,357
16	에르난데스	인천	20	4	20.0	7	1,713
17	김 경 중	안양	25	4	16.0	23	1,562
18	안드리고	안양	28	4	14.3	22	1,606
19	발로텔리	전남	28	4	14.3	17	1,940
20	하 승 운	광주	30	4	13.3	29	1,185
21	이 준 희	안산	30	4	13.3	13	2,464
22	이 현 식	대전	31	4	12.9	23	2,045
23	조 나 탄	안양	31	4	12.9	14	2,506
24	허 율	광주	33	4	12.1	32	1,384
25	까데나시	서울E	33	4	12.1	25	1,969
26	마 사	대전	33	4	12.1	29	2,024
27	임 덕 근	대전	34	4	11.8	14	2,385
28	박 세 진	부산	34	4	11.8	22	2,396
29	조 현 택	부천	34	4	11.8	10	2,902
30	정 호 연	광주	36	4	11.1	21	2,709
31	유 헤 이	전남	36	4	11.1	15	2,923
32	김 정 환	서울E	37	4	10.8	33	2,075
33	김 준 형	부천	37	4	10.8	28	2,664
34	김 동 진	안양	38	4	10.5	18	2,790
35	헤 이 스	광주	39	4	10.3	16	3,203
36	송 승 민	충남아산	40	4	10.0	12	3,496
37	까 뇨 뚜	안산	10	3	30.0	6	738
38	주 세 종	대전	17	3	17.6	12	1,258
39	마 이 키	광주	25	3	12.0	24	1,181
40	어 정 원	부산	25	3	12.0	14	1,959
41	송 진 규	안산	26	3	11.5	16	1,846
42	김 수 범	전남	27	3	11.1	9	2,139
43	원 기 종	경남	28	3	10.7	26	1,299
44	박 창 준	부천	30	3	10.0	28	1,939
45	한 지 호	부천	30	3	10.0	21	1,952
46	김 승 섭	대전	31	3	9.7	30	1,452
47	이 상 헌	부산	31	3	9.7	19	2,233
48	공 민 현	대전	32	3	9.4	32	1,441
49	이 시 헌	부천	33	3	9.1	31	1,677
50	오 재 혁	부천	33	3	9.1	22	2,344
51	에드워즈	부산	34	3	8.8	19	2,576
52	김 종 석	김포	36	3	8.3	15	2,818
53	김 강 국	충남아산	36	3	8.3	11	3,218
54	티 아 고	경남	37	3	8.1	16	2,930
55	최 건 주	안산	39	3	7.7	33	2,832
56	주 현 우	안양	41	3	7.3	24	2,977
57	김 세 윤	경남	7	2	28.6	7	268
58	권 민 재	김포	17	2	11.8	17	680
59	정 원 진	부산	17	2	11.8	7	1,456
60	정 의 찬	김포	20	2	10.0	20	1,151
61	한 정 우	김포	21	2	9.5	18	927
62	장 성 재	전남	21	2	9.5	8	1,793
63	김 찬	부산	25	2	8.0	18	1,289
64	조 수 철	부천	25	2	8.0	16	1,515
65	이 중 민	전남	26	2	7.7	25	1,236
66	아스나위	안산	26	2	7.7	18	1,689
67	은나마니	부천	27	2	7.4	24	1,400
68	송 홍 민	부천	28	2	7.1	23	1,233
69	홍 창 범	안양	28	2	7.1	27	1,588
70	채 광 훈	서울E	28	2	7.1	12	2,275
71	박 종 우	부산	29	2	6.9	16	2,032
72	최 범 경	충남아산	30	2	6.7	26	1,583

순위	선수명	소속	경기수	도움수	경기당 도움률	교체수	출전 시간
73	김 인 균	대전	33	2	6.1	29	1,720
74	윤 민 호	김포	33	2	6.1	16	2,624
75	황 기 욱	안양	34	2	5.9	25	2,167
76	김 인 성	서울E	34	2	5.9	28	2,221
77	김 호 남	부천	34	2	5.9	15	2,834
78	김 채 운	충남아산	36	2	5.6	30	2,178
79	두 현 석	광주	36	2	5.6	27	2,414
80	이 상 민	안산	36	2	5.6	3	3,318
81	김 태 현	전남	37	2	5.4	6	3,439
82	김 강 산	부천	38	2	5.3	2	3,620
83	닐손주니어	부천	39	2	5.1	3	3,725
84	유 강 현	충남아산	40	2	5.0	33	3,021
85	박 하 빈	부천	3	1	33.3	3	109
86	김 정 수	서울E	4	1	25.0	5	162
87	권 혁 규	부산	5	1	20.0	2	422
88	신 상 은	대전	7	1	14.3	7	236
89	박 성 결	전남	9	1	11.1	9	487
90	엘리아르도	경남	10	1	10.0	11	417
91	홍 욱 현	부산	11	1	9.1	6	822
92	박 민 서	충남아산	12	1	8.3	14	574
93	박 태 준	서울E	12	1	8.3	10	659
94	구 대 영	안양	12	1	8.3	9	689
95	김 민 규	서울E	12	1	8.3	7	809
96	정 석 화	안양	13	1	7.7	13	712
97	카 이 저	대전	13	1	7.7	9	830
98	강 윤 구	부산	13	1	7.7	10	831
99	김 영 욱	대전	13	1	7.7	6	905
100	서 영 재	대전	14	1	7.1	8	997
101	서 재 민	서울E	14	1	7.1	8	1,149
102	이 건 희	광주	15	1	6.7	15	756
103	박 민 서	경남	15	1	6.7	15	893
104	이 재 명	경남	17	1	5.9	14	749
105	신 일 수	안산	17	1	5.9	11	1,030
106	양 준 아	김포	17	1	5.9	9	1,065
107	변 준 수	대전	19	1	5.3	10	1,323
108	나 성 은	김포	20	1	5.0	20	961
109	이 호 인	충남아산	20	1	5.0	6	1,578
110	티 아 고	안산	21	1	4.8	19	1,160
111	정 충 근	경남	21	1	4.8	17	1,190
112	김 종 우	광주	22	1	4.5	21	974
113	김 보 섭	안산	22	1	4.5	21	980
114	임 은 수	대전	23	1	4.3	11	1651
115	이 종 현	대전	23	1	4.3	3	2,069
116	안 재 준	부천	24	1	4.2	23	938
117	배 재 우	부천	24	1	4.2	11	1,828
118	민 준 영	대전	24	1	4.2	9	2,047
119	서 보 민	서울E	25	1	4.0	21	1,252
120	조 향 기	김포	25	1	4.0	21	1,265
121	아 론	광주	25	1	4.0	15	1,541
122	이 태 민	김포	26	1	3.8	27	924
123	이 민 기	광주	26	1	3.8	16	1,613
124	박 정 인	부산	26	1	3.8	17	1,705
125	고 경 민	경남	27	1	3.7	18	1,704
126	이 학 민	충남아산	27	1	3.7	11	1,850
127	박 주 원	충남아산	27	1	3.7	4	2,457
128	이 상 기	광주	28	1	3.6	22	1,628
129	엄 지 성	광주	28	1	3.6	18	2,067
130	김 현 욱	전남	29	1	3.4	12	2,466
131	플 라 나	전남	30	1	3.3	22	1,842
132	이 후 권	전남	31	1	3.2	14	2,352
133	이 준 재	경남	32	1	3.1	22	1,837
134	김 태 한	김포	32	1	3.1	6	2,687
135	이 우 혁	경남	33	1	3.0	16	2,544
136	김 명 준	경남	33	1	3.0	7	2,848
137	박 경 록	김포	33	1	3.0	5	2,957
138	김 륜 도	안양	34	1	2.9	27	1,624
139	전 승 민	전남	34	1	2.9	23	2,025
140	백 성 동	안양	35	1	2.9	25	2,514
141	안 영 규	광주	36	1	2.8	9	3,201
142	츠 바 사	서울E	37	1	2.7	29	2,688
143	이 민 기	경남	37	1	2.7	22	2,817
144	김 선 민	서울E	37	1	2.7	6	3,330
145	박 세 직	충남아산	39	1	2.6	4	3,655

2022년 K리그2 골키퍼 실점 기록

선수명	소속	팀당 총경기수	출전 경기수	실점	1경기당 실점
노 희 동	광주	40	1	0	0.00
김 호 준	부천	41	1	0	0.00
이 준	광주	40	5	4	0.80
김 경 민	광주	40	34	28	0.82
박 주 원	충남아산	40	27	25	0.93
윤 보 상	서울E	40	37	36	0.97
정 산	대전	40	1	1	1.00
정 민 기	안양	41	41	41	1.00
최 철 원	부천	41	38	40	1.05
이 창 근	대전	40	30	32	1.07
황 병 근	부산	40	8	9	1.13
구 상 민	부산	40	15	18	1.20
이 준 서	대전	40	9	12	1.33
김 다 솔	전남	40	27	36	1.33
박 한 근	충남아산	40	13	18	1.38
이 상 욱	김포	40	29	40	1.38
손 정 현	경남	42	23	32	1.39
안 준 수	부산	40	17	24	1.41
김 원 중	안산	40	2	3	1.50
이 승 빈	안산	40	30	45	1.50
고 동 민	경남	42	18	28	1.56

선수명	소속	팀당 총경기수	출전 경기수	실점	1경기당 실점
임 민 혁	전남	40	12	19	1.58
이 찬 우	안산	40	1	2	2.00
최 봉 진	김포	40	11	25	2.27
김 선 우	안산	40	7	17	2.43
이 주 현	부천	41	2	5	2.50
김 형 근	서울E	40	3	8	2.67
이 우 혁	경남	42	1	3	3.00
오 찬 식	전남	40	1	3	3.00

하나원큐 K리그 2022 승강 플레이오프 경기일정표

날짜	시간	홈팀	결과	원정팀	장소	관중수
10.26	19:30	대 전	2:1	김 천	대전W	8,545
10.26	19:30	안 양	0:0	수 원	안양	4,863
10.29	16:00	김 천	0:4	대 전	김천	2,918
10.29	14:00	수 원	2:1	안 양	수원W	12,842

2022년 승강 플레이오프 팀 간 경기기록

팀명	상대팀	승	무	패	득점	실점	득실	도움	경고	퇴장
수 원	안 양	1	1	0	2	1	1	2	4	0
김 천	대 전	0	0	2	1	6	-5	1	3	0
대 전	김 천	2	0	0	6	1	5	3	6	0
안 양	수 원	0	1	1	1	2	-1	1	3	0

2022년 승강 플레이오프 팀별 개인 기록 | 수원

선수명	출전	교체	득점	도움	코너킥	파울	파울득	오프사이드	슈팅	유효슈팅	경고	퇴장	실점	자책
강 현 묵	2	2	0	1	1	0	0	0	0	0	0	0	0	0
고 명 석	2	0	0	0	0	0	0	0	0	0	0	0	0	0
김 태 환	2	2	0	0	0	1	3	0	1	1	1	0	0	0
류 승 우	2	2	0	0	0	4	0	0	3	1	0	0	0	0
마 나 부	1	1	0	0	0	1	0	0	0	0	1	0	0	0
명 준 재	2	2	0	0	0	0	1	0	2	1	0	0	0	0
박 대 원	0	0	0	0	0	0	0	0	0	0	0	0	0	0
박 지 민	0	0	0	0	0	0	0	0	0	0	0	0	0	0
박 형 진	1	1	0	0	0	0	0	0	1	0	0	0	0	0
불투이스	2	2	0	0	0	1	1	0	1	0	0	0	0	0
사 리 치	2	1	0	0	0	2	0	0	2	1	0	0	0	0
안 병 준	2	1	1	0	0	1	5	0	10	4	0	0	0	0
양 상 민	2	2	0	0	0	0	2	0	0	0	0	0	0	0
양 형 모	2	0	0	0	0	0	0	0	0	0	0	0	1	0
오 현 규	2	0	1	0	0	2	2	0	6	3	1	0	0	0
이 기 제	2	0	0	1	11	0	0	0	2	1	0	0	0	0
이 종 성	2	0	0	0	0	3	4	0	2	0	1	0	0	0
장 호 익	2	1	0	0	0	1	3	0	1	0	0	0	0	0
전 진 우	2	3	0	0	0	0	4	1	4	1	0	0	0	0

2022년 승강 플레이오프 팀별 개인 기록 | 김천

선수명	출전	교체	득점	도움	코너킥	파울	파울득	오프사이드	슈팅	유효슈팅	경고	퇴장	실점	자책
강 윤 성	2	0	0	0	0	4	4	0	1	1	1	0	0	0
고 승 범	2	1	0	0	4	2	5	0	1	0	0	0	0	0
권 창 훈	2	2	0	0	0	1	2	0	3	2	0	0	0	0
김 경 민	2	2	0	0	0	1	1	1	3	1	0	0	0	0
김 준 범	1	1	0	0	0	1	0	0	0	0	0	0	0	0
김 지 현	2	0	0	0	0	2	6	0	3	2	0	0	0	0
김 한 길	2	2	0	0	0	0	2	0	1	1	0	0	0	0
문 지 환	2	0	1	0	0	3	3	0	2	2	0	0	0	0
박 지 수	2	0	0	0	0	0	5	0	2	2	0	0	0	0
송 주 훈	2	0	0	0	0	3	3	0	4	3	1	0	0	0
윤 석 주	1	1	0	0	0	0	0	0	1	0	0	0	0	0
이 영 재	2	1	0	1	8	1	3	0	4	1	0	0	0	0
이 유 현	2	1	0	0	0	2	0	0	0	0	1	0	0	0
이 준 석	1	1	0	0	0	0	1	0	0	0	0	0	0	0
이 지 훈	1	1	0	0	0	1	1	1	0	0	0	0	0	0
임 승 겸	0	0	0	0	0	0	0	0	0	0	0	0	0	0
정 동 윤	1	1	0	0	0	0	1	0	2	0	0	0	0	0
최 병 찬	0	0	0	0	0	0	0	0	0	0	0	0	0	0
황 인 재	2	0	0	0	0	0	0	0	0	0	0	0	6	0

2022년 승강 플레이오프 팀별 개인 기록 | 대전

선수명	출전	교체	득점	도움	코너킥	파울	파울득	오프사이드	슈팅	유효슈팅	경고	퇴장	실점	자책
공 민 현	2	2	0	0	0	5	2	2	3	1	0	0	0	0
김 민 덕	2	0	0	0	0	2	1	0	2	0	0	0	0	0
김 승 섭	1	1	1	0	0	0	0	0	2	2	0	0	0	0
김 영 욱	0	0	0	0	0	0	0	0	0	0	0	0	0	0
김 인 균	2	2	1	1	0	2	0	1	2	2	0	0	0	0
김 재 우	2	0	0	0	0	2	1	0	0	0	1	0	0	0
레안드로	2	2	0	0	0	2	2	4	6	2	0	0	0	0
마 사	1	1	0	1	0	0	0	0	0	0	0	0	0	0
배 준 호	2	2	0	0	0	2	2	0	1	0	0	0	0	0
서 영 재	2	0	0	0	0	6	3	0	2	1	0	0	0	0
신 상 은	2	2	0	1	0	1	1	0	0	0	0	0	0	0
이 준 서	0	0	0	0	0	0	0	0	0	0	0	0	0	0
이 진 현	2	0	2	0	9	2	2	0	5	3	2	0	0	0
이 창 근	2	0	0	0	0	0	1	0	0	0	0	0	1	0
이 현 식	2	0	0	0	0	5	4	0	2	1	1	0	0	0
임 덕 근	2	2	0	0	0	0	0	0	1	0	0	0	0	0
임 은 수	0	0	0	0	0	0	0	0	0	0	0	0	0	0
정 산	0	0	0	0	0	0	0	0	0	0	0	0	0	0
조 유 민	2	0	1	0	0	3	1	0	1	1	1	0	0	0
주 세 종	2	2	1	0	4	5	1	0	1	1	1	0	0	0

2022년 승강 플레이오프 팀별 개인 기록 | 안양

선수명	출전	교체	득점	도움	코너킥	파울	파울득	오프사이드	슈팅	유효슈팅	경고	퇴장	실점	자책
구대영	2	2	0	0	0	1	2	0	1	0	0	0	0	0
김경중	2	2	0	0	0	1	0	1	0	0	0	0	0	0
김동진	2	0	0	0	3	2	4	0	1	0	0	0	0	0
김형진	2	2	0	0	0	3	0	0	0	0	0	0	0	0
박재용	2	3	0	0	0	0	0	0	1	0	0	0	0	0
박종현	2	0	0	0	0	3	1	0	0	0	1	0	0	0
백동규	2	0	0	0	0	1	1	0	0	0	0	0	0	0
백성동	2	1	0	0	3	0	2	0	4	0	0	0	0	0
아코스티	2	0	1	0	0	3	2	0	2	1	0	0	0	0
안드리고	2	3	0	0	2	0	1	0	2	2	0	0	0	0
연제민	1	1	0	0	0	0	0	0	0	0	0	0	0	0
이창용	2	1	0	0	0	1	0	0	0	0	1	0	0	0
정민기	2	0	0	0	0	0	0	0	0	0	0	0	2	0
조나탄	2	1	0	0	0	5	1	2	3	3	0	0	0	0
주현우	2	2	0	1	2	0	1	0	0	0	0	0	0	0
홍창범	2	2	0	0	0	5	0	0	2	0	1	0	0	0
황기욱	2	2	0	0	0	1	1	0	1	1	0	0	0	0

2022년 승강 플레이오프 선수 득점 기록

선수명	소속	경기수	득점수	교체 IN/OUT	경기당 득점률
이진현	대전	2	2	0	1.0
김승섭	대전	1	1	1	1.0
김인균	대전	2	1	2	0.5
주세종	대전	2	1	2	0.5
안병준	수원	2	1	1	0.5
조유민	대전	2	1	0	0.5
문지환	김천	2	1	0	0.5
아코스티	안양	2	1	0	0.5
오현규	수원	2	1	0	0.5

2022년 승강 플레이오프 선수 도움 기록

선수명	소속	경기수	도움수	교체 IN/OUT	경기당 도움률
마 사	대전	1	1	1	1.0
신상은	대전	2	1	2	0.5
강현묵	수원	2	1	2	0.5
김인균	대전	2	1	2	0.5
주현우	안양	2	1	2	0.5
이영재	김천	2	1	1	0.5
이기제	수원	2	1	0	0.5

2022년 승강 플레이오프 골키퍼 실점 기록

선수명	소속	총경기수	출전경기수	실점	1경기당 실점
양형모	수원	2	2	1	0.50
이창근	대전	2	2	1	0.50
정민기	안양	2	2	2	1.00
황인재	김천	2	2	6	3.00

Section 3

K리그1 통산기록

K리그1 통산 팀 간 경기기록
K리그1 통산 팀 최다 기록
K리그1 통산 팀 최소 기록
K리그1 통산 팀 최다 연속 기록
K리그1 통산 선수 출전 순위
K리그1 통산 선수 득점 순위
K리그1 통산 선수 도움 순위
K리그1 통산 선수 공격포인트 순위
K리그1 통산 골키퍼 무실점 순위
K리그1 통산 선수 연속 득점 순위
K리그1 통산 선수 연속 도움 순위
K리그1 통산 선수 연속 공격포인트 순위
K리그1 통산 골키퍼 연속 무실점 경기 순위

K리그1 통산 팀 간 경기기록

팀명	상대팀	승	무	패	득점	실점	도움	경고	퇴장
전북	강원	14	4	4	45	25	36	42	1
	경남	7	4	1	30	10	18	21	0
	광주	10	4	1	32	14	20	29	1
	김천	1	2	0	5	4	4	1	0
	대구	15	5	2	42	16	24	44	0
	대전	4	1	0	13	7	10	7	0
	부산	10	1	1	23	11	14	18	0
	상주	13	4	2	41	15	34	34	3
	서울	21	9	5	59	31	42	70	0
	성남	13	6	4	39	21	24	45	1
	수원	22	6	7	64	34	38	71	2
	수원FC	5	3	2	15	11	5	24	0
	울산	18	13	7	51	33	35	63	1
	인천	15	12	4	46	26	30	61	1
	전남	11	5	2	34	15	23	34	1
	제주	19	7	7	52	32	40	60	1
	포항	18	8	10	52	37	36	79	3
	계	216	94	59	643	342	433	703	15

팀명	상대팀	승	무	패	득점	실점	도움	경고	퇴장
울산	강원	18	4	0	47	17	32	32	0
	경남	8	4	0	26	11	18	16	1
	광주	10	5	1	23	9	15	23	0
	김천	2	1	0	4	1	3	4	0
	대구	13	6	3	42	23	23	34	1
	대전	4	2	0	12	3	12	12	0
	부산	5	5	3	16	11	9	24	1
	상주	12	3	4	43	21	28	22	0
	서울	17	12	5	49	33	29	56	2
	성남	9	4	9	23	24	13	27	0
	수원	15	11	8	46	43	33	58	2
	수원FC	8	1	1	19	11	9	16	1
	인천	14	13	5	54	38	36	40	2
	전남	9	4	6	24	24	15	31	3
	전북	7	13	18	33	51	23	79	1
	제주	12	8	12	42	35	29	55	5
	포항	16	8	11	48	44	29	80	3
	계	179	104	86	551	399	356	609	22

팀명	상대팀	승	무	패	득점	실점	도움	경고	퇴장
포항	강원	11	7	4	44	22	33	31	1
	경남	6	3	3	16	12	11	22	0
	광주	12	5	1	33	16	21	25	3
	김천	1	1	1	4	4	4	9	0
	대구	8	7	7	30	29	20	37	3
	대전	5	0	0	9	1	8	10	0
	부산	5	3	4	17	13	12	24	0
	상주	10	2	7	35	29	27	38	1
	서울	14	8	12	41	38	29	66	1
	성남	15	4	6	36	20	27	48	2
	수원	10	14	10	37	40	24	62	1
	수원FC	4	0	6	13	13	9	19	0
	울산	11	8	16	44	48	35	58	1
	인천	16	10	8	53	31	32	61	0
	전남	9	6	3	32	20	20	32	2
	전북	10	8	18	37	52	29	84	1
	제주	9	8	13	34	46	22	58	0
	계	156	94	119	515	434	363	684	16

팀명	상대팀	승	무	패	득점	실점	도움	경고	퇴장
서울	강원	8	9	7	30	29	21	38	1
	경남	2	7	2	12	12	10	15	0
	광주	10	4	1	29	17	17	18	0
	김천	1	2	1	5	6	4	3	0
	대구	8	8	6	28	28	18	33	2
	대전	5	0	0	10	4	9	3	0
	부산	5	4	4	14	12	7	13	0
	상주	8	4	7	28	22	21	28	0
	성남	12	6	8	32	23	22	43	1
	수원	19	10	6	51	40	33	76	0
	수원FC	7	2	1	23	9	17	12	0
	울산	5	12	17	33	49	23	49	0
	인천	13	9	11	44	31	29	51	3
	전남	12	3	4	34	21	18	32	1
	전북	5	9	21	31	59	17	62	2
	제주	9	11	10	39	37	24	37	2
	포항	12	8	14	38	41	23	55	0
	계	141	108	120	481	440	313	568	12

팀명	상대팀	승	무	패	득점	실점	도움	경고	퇴장
수원	강원	10	6	5	37	31	28	43	0
	경남	5	6	2	18	13	10	10	0
	광주	7	5	3	21	14	16	22	0
	김천	2	2	0	6	3	5	3	0
	대구	8	6	7	26	21	17	45	1
	대전	4	0	1	12	6	7	7	0
	부산	6	5	2	16	9	7	22	0
	상주	8	7	3	23	16	11	28	0
	서울	6	10	19	40	51	22	76	1
	성남	10	8	9	33	28	21	38	1
	수원FC	5	1	6	17	22	9	19	0
	울산	8	11	15	43	46	23	53	0
	인천	14	13	6	52	38	36	51	1
	전남	8	4	5	28	22	16	23	1
	전북	7	6	22	34	64	21	76	4
	제주	18	6	8	47	34	34	48	1
	포항	10	14	10	40	37	28	55	0
	계	136	110	123	493	455	311	619	10

팀명	상대팀	승	무	패	득점	실점	도움	경고	퇴장
제주	강원	5	6	10	32	37	23	33	0
	경남	5	5	5	18	17	10	17	1
	광주	5	4	3	14	10	8	20	1
	김천	2	0	1	5	6	2	6	0
	대구	6	7	7	31	25	16	31	0
	대전	4	2	1	16	8	12	14	0
	부산	5	2	1	12	6	9	13	0
	상주	7	4	6	33	28	21	17	0
	서울	10	11	9	37	39	27	50	2
	성남	9	10	5	35	30	24	36	4
	수원	8	6	18	34	47	24	54	1
	수원FC	3	3	4	16	16	10	20	0

팀명	상대팀	승	무	패	득점	실점	도움	경고	퇴장
	울산	12	8	12	35	42	25	42	0
	인천	10	10	8	30	27	21	46	0
	전남	15	3	2	41	17	29	25	2
	전북	7	7	19	32	52	20	79	1
	포항	13	8	9	46	34	31	46	1
	계	126	96	120	467	441	312	549	13

팀명	상대팀	승	무	패	득점	실점	도움	경고	퇴장
인천	강원	7	5	11	27	38	19	41	2
	경남	2	7	4	11	14	8	28	0
	광주	4	8	6	15	17	8	34	2
	김천	2	0	1	2	1	1	4	0
	대구	8	8	5	25	24	12	39	2
	대전	5	0	1	10	4	3	16	0
	부산	6	5	4	18	11	12	28	1
	상주	8	6	7	26	26	21	26	1
	서울	11	9	13	31	44	24	60	2
	성남	8	9	10	25	25	16	42	0
	수원	6	13	14	38	52	23	65	0
	수원FC	3	5	2	12	9	7	13	0
	울산	5	13	14	38	54	26	55	1
	전남	5	9	7	26	25	16	42	0
	전북	4	12	15	26	46	18	68	0
	제주	8	10	10	27	30	14	50	1
	포항	8	10	16	31	53	17	56	4
	계	100	129	140	388	473	245	667	16

팀명	상대팀	승	무	패	득점	실점	도움	경고	퇴장
성남	강원	4	3	10	15	23	10	34	2
	경남	6	2	4	14	11	6	20	1
	광주	5	5	3	11	8	8	31	0
	김천	0	2	2	3	9	1	3	0
	대구	0	8	8	14	24	8	29	0
	대전	5	1	1	16	6	12	17	0
	부산	6	2	4	11	11	6	20	2
	상주	4	6	3	13	12	8	20	0
	서울	8	6	12	23	32	14	45	1
	수원	9	8	10	28	33	17	46	0
	수원FC	4	2	5	19	21	10	16	1
	울산	9	4	9	24	23	16	49	0
	인천	10	9	8	25	25	15	46	2
	전남	4	5	5	9	10	6	27	0
	전북	4	6	13	21	39	11	47	3
	제주	5	10	9	30	35	23	42	0
	포항	6	4	15	20	36	12	42	1
	계	89	83	121	296	358	183	534	13

팀명	상대팀	승	무	패	득점	실점	도움	경고	퇴장
강원	경남	6	2	2	15	10	13	14	0
	광주	2	5	2	15	14	9	18	0
	김천	1	0	2	3	4	2	5	0
	대구	6	6	11	23	31	16	34	0
	대전	1	1	2	5	7	4	10	0
	부산	2	2	1	10	9	7	8	1
	상주	6	1	5	18	17	12	21	0
	서울	7	9	8	29	30	19	38	0
	성남	10	3	4	23	15	11	34	0
	수원	5	6	10	31	37	16	43	1

팀명	상대팀	승	무	패	득점	실점	도움	경고	퇴장
	수원FC	1	1	4	7	10	3	7	0
	울산	0	4	18	17	47	9	23	2
	인천	11	5	7	38	27	21	40	1
	전남	4	5	2	16	12	7	23	1
	전북	4	4	14	25	45	15	42	0
	제주	10	6	5	37	32	25	37	2
	포항	4	7	11	22	44	15	38	1
	계	80	67	108	334	391	204	435	9

팀명	상대팀	승	무	패	득점	실점	도움	경고	퇴장
대구	강원	11	6	6	31	23	22	40	2
	경남	2	4	4	10	16	7	22	1
	광주	5	1	4	17	17	9	18	0
	김천	1	3	0	3	2	3	10	0
	대전	1	2	1	7	6	3	3	0
	부산	1	1	2	5	4	4	9	0
	상주	4	6	4	18	17	13	27	1
	서울	6	8	8	28	28	18	52	1
	성남	8	8	0	24	14	19	23	0
	수원	7	6	8	21	26	11	45	4
	수원FC	3	4	1	14	11	9	14	1
	울산	3	6	13	23	42	14	30	1
	인천	5	8	8	24	25	14	34	0
	전남	6	4	2	20	14	16	26	0
	전북	2	5	15	16	42	11	44	1
	제주	7	7	6	25	31	16	45	1
	포항	7	7	8	29	30	19	45	1
	계	79	86	90	315	348	208	487	14

팀명	상대팀	승	무	패	득점	실점	도움	경고	퇴장
전남	강원	2	5	4	12	16	8	26	0
	경남	4	3	4	16	20	13	21	0
	광주	4	2	5	18	15	10	21	1
	대구	2	4	6	14	20	9	12	2
	대전	3	3	2	11	10	7	15	0
	부산	5	4	1	16	10	9	19	0
	상주	8	3	5	25	20	16	18	1
	서울	4	3	12	21	34	13	39	1
	성남	5	5	4	10	9	4	21	0
	수원	5	4	8	22	28	18	28	2
	수원FC	1	2	0	2	1	2	6	0
	울산	6	4	9	24	24	14	33	0
	인천	7	9	5	25	26	15	48	1
	전북	2	5	11	15	34	12	27	1
	제주	2	3	15	17	41	10	29	1
	포항	3	6	9	20	32	13	35	0
	계	63	65	100	268	340	173	398	10

팀명	상대팀	승	무	패	득점	실점	도움	경고	퇴장
광주	강원	2	5	2	14	15	7	23	0
	대구	4	1	5	17	17	8	22	2
	대전	2	1	1	5	3	5	7	0
	부산	3	2	1	7	4	6	9	0
	상주	4	0	6	10	9	6	14	1
	서울	1	4	10	17	29	6	23	0
	성남	3	5	5	8	11	3	23	0
	수원	3	5	7	14	21	8	32	1
	수원FC	4	1	2	10	6	8	13	0

팀명	상대팀	승	무	패	득점	실점	도움	경고	퇴장
	울산	1	5	10	9	23	3	23	1
	인천	6	8	4	17	15	11	34	0
	전남	5	2	4	15	18	12	23	0
	전북	1	4	10	14	32	10	27	1
	제주	3	4	5	10	14	7	22	0
	포항	1	5	12	16	33	9	38	2
	계	43	52	84	183	250	109	333	8

팀명	상대팀	승	무	패	득점	실점	도움	경고	퇴장
경남	강원	2	2	6	10	15	7	17	2
	대구	4	4	2	16	10	8	26	0
	대전	2	2	0	9	2	6	12	0
	부산	1	2	3	5	13	4	10	0
	상주	5	3	3	14	11	6	19	1
	서울	2	7	2	12	12	9	19	1
	성남	4	2	6	11	14	6	15	0
	수원	2	6	5	13	18	6	21	0
	울산	0	4	8	11	26	9	17	0
	인천	4	7	2	14	11	3	21	1
	전남	4	3	4	20	16	9	18	0
	전북	1	4	7	10	30	8	24	0
	제주	5	5	5	17	18	9	33	1
	포항	3	3	6	12	16	7	20	0
	계	39	54	59	174	212	97	272	6

팀명	상대팀	승	무	패	득점	실점	도움	경고	퇴장
수원FC	강원	4	1	1	10	7	7	9	1
	광주	2	1	4	6	10	4	16	1
	김천	3	1	0	8	5	6	9	0
	대구	1	4	3	11	14	6	8	1
	상주	0	1	2	1	6	1	8	0
	서울	1	2	7	9	23	8	14	0
	성남	5	2	4	21	19	12	21	1
	수원	6	1	5	22	17	12	18	0
	울산	1	1	8	11	19	10	23	0
	인천	2	5	3	9	12	6	20	0
	전남	0	2	1	1	2	1	7	0
	전북	2	3	5	11	15	7	20	0
	제주	4	3	3	16	16	10	17	0
	포항	6	0	4	13	13	7	21	1
	계	37	27	50	149	178	97	211	5

팀명	상대팀	승	무	패	득점	실점	도움	경고	퇴장
부산	강원	1	2	2	9	10	8	8	0
	경남	3	2	1	13	5	9	12	0
	광주	1	2	3	4	7	2	11	0
	대구	2	1	1	4	5	2	8	0
	대전	2	3	1	5	4	4	13	1
	상주	1	3	2	6	9	4	11	2
	서울	4	4	5	12	14	6	30	0
	성남	4	2	6	11	11	4	30	0
	수원	2	5	6	9	16	5	26	0
	울산	3	5	5	11	16	7	33	0
	인천	4	5	6	11	18	6	29	0
	전남	1	4	5	10	16	6	22	1
	전북	1	1	10	11	23	8	21	0
	제주	1	2	5	6	12	4	8	0
	포항	4	3	5	13	17	8	18	0
	계	34	44	63	135	183	83	280	4

팀명	상대팀	승	무	패	득점	실점	도움	경고	퇴장
대전	강원	2	1	1	7	5	2	5	0
	경남	0	2	2	2	9	2	6	0
	광주	1	1	2	3	5	2	8	0
	대구	1	2	1	6	7	2	11	1
	부산	1	3	2	4	5	4	9	0
	서울	0	0	5	4	10	4	6	0
	성남	1	1	5	6	16	5	15	0
	수원	1	0	4	6	12	4	16	0
	울산	0	2	4	3	12	0	7	0
	인천	1	0	5	4	10	2	7	1
	전남	2	3	3	10	11	7	21	0
	전북	0	1	4	7	13	5	10	0
	제주	1	2	4	8	16	5	9	0
	포항	0	0	5	1	9	1	10	0
	계	11	18	47	71	140	45	140	2

팀명	상대팀	승	무	패	득점	실점	도움	경고	퇴장
김천	강원	2	0	1	4	3	1	5	0
	대구	0	3	1	2	3	2	3	0
	서울	1	2	1	6	5	6	4	0
	성남	2	2	0	9	3	8	8	0
	수원	0	2	2	3	6	0	11	0
	수원FC	0	1	3	5	8	2	10	0
	울산	0	1	2	1	4	1	3	0
	인천	1	0	2	1	2	0	5	0
	전북	0	2	1	4	5	3	4	0
	제주	1	0	2	6	5	1	2	0
	포항	1	1	1	4	4	2	3	0
	계	8	14	16	45	48	26	58	0

팀명	상대팀	승	무	패	득점	실점	도움	경고	퇴장
상주	강원	5	1	6	17	18	9	19	1
	경남	3	3	5	11	14	8	16	1
	광주	6	0	4	9	10	7	17	0
	대구	4	6	4	17	18	12	23	0
	부산	2	3	1	9	6	6	11	1
	서울	7	4	8	22	28	16	32	2
	성남	3	6	4	12	13	7	18	1
	수원	3	7	8	16	23	10	28	2
	수원FC	2	1	0	6	1	3	5	0
	울산	4	3	12	21	43	12	29	0
	인천	7	6	8	26	26	17	37	1
	전남	5	3	8	20	25	11	24	0
	전북	2	4	13	15	41	12	34	1
	제주	6	4	7	28	33	15	30	0
	포항	7	2	10	29	35	18	29	1
	계	66	53	98	258	334	163	352	11

K리그1 통산 팀 최다 기록

기록구분	기록	구단명
승 리	216	전 북
패 전	140	인 천
무승부	129	인 천
득 점	643	전 북
실 점	473	인 천
도 움	433	전 북
코너킥	1,803	전 북
파 울	5,368	인 천
오프사이드	708	울 산
슈 팅	4,979	전 북
페널티킥 획득	66	전 북
페널티킥 성공	52	전 북
페널티킥 실패	18	포 항
경 고	703	전 북
퇴 장	22	울 산

K리그1 통산 팀 최소 기록

기록구분	기록	구단명
승 리	8	김 천
패 전	16	김 천
무승부	14	김 천
득 점	45	김 천
실 점	48	김 천
도 움	26	김 천
코너킥	162	김 천
파 울	383	김 천
오프사이드	42	김 천
슈 팅	435	김 천
페널티킥 획득	5	김 천
페널티킥 성공	4	대 전
페널티킥 실패	0	김 천
경 고	58	김 천
퇴 장	0	김 천

K리그1 통산 팀 최다 연속 기록

기록구분	기록	구단명(기간)
연속 승	9	전북(2014.10.01 ~ 2014.11.22) 전북(2018.03.18 ~ 2018.05.02)
연속 무승부	5	경남(2013.03.16 ~ 2013.04.21) 성남(2015.04.15 ~ 2015.05.10) 수원(2016.04.10 ~ 2016.04.30) 인천(2013.09.11 ~ 2013.10.27)
연속 패	8	강원(2013.07.16 ~ 2013.09.01) 대전(2015.06.28 ~ 2015.08.15) 인천(2020.05.23 ~ 2020.07.04)
연속 득점	26	전북(2013.03.03 ~ 2013.09.01)
연속 무득점	9	인천(2014.03.15 ~ 2014.04.27)
연속 무승	20	부산(2015.08.12 ~ 2020.06.17)
연속 무패	33	전북(2016.03.12 ~ 2016.10.02)
연속 실점	20	강원(2013.07.13 ~ 2013.11.27) 경남(2018.11.10 ~ 2019.06.22)
연속 무실점	8	전북(2014.10.01 ~ 2014.11.15)

K리그1 통산 선수 출전 순위

순위	선수명	최종 K리그1 소속팀	출전
1	김 태 환	울 산	321
2	염 기 훈	수 원	282
3	김 광 석	인 천	270
4	고 요 한	서 울	267
5	윤빛가람	제 주	258
6	홍 철	대 구	256
7	오스마르	서 울	247
8	심 동 운	성 남	243
9	신 광 훈	포 항	236
10	김 승 대	포 항	235
10	한 교 원	전 북	235

K리그1 통산 선수 득점 순위

순위	선수명	소속팀	득점	경기수	교체수	경기당득점
1	이동국	전북	87	230	157	0.38
2	김신욱	전북	83	212	109	0.39
3	주니오	울산	79	110	53	0.72
4	데 얀	대구	76	179	105	0.42
5	세징야	대구	69	173	38	0.40

K리그1 통산 선수 도움 순위

순위	선수명	소속팀	도움	경기수	교체수	경기당도움
1	염기훈	수원	63	282	132	0.22
2	김태환	울산	51	321	41	0.16
3	세징야	대구	45	173	38	0.26
4	신진호	포항	43	226	64	0.19
5	김승대	포항	40	235	96	0.17

K리그1 통산 선수 공격포인트 순위

순위	선수명	최종소속팀	공격포인트	경기수	경기당공격P
1	세 징 야	대구	114	173	0.66
2	이 동 국	전북	111	230	0.48
3	김 신 욱	전북	104	212	0.49
4	염 기 훈	수원	102	282	0.36
5	데 얀	대구	93	179	0.52

K리그1 통산 골키퍼 무실점 순위

순위	선수명	최종 K리그1 소속팀	무실점 경기수
1	송 범 근	전 북	70
2	신 화 용	수 원	68
	조 현 우	울 산	67
4	이 창 근	제 주	46
5	유 상 훈	강 원	44
	김 호 준	부 산	44

K리그1 통산 선수 연속 득점 순위

순위	선수명	당시 소속팀	연속경기수	비고
1	이 동 국	전 북	7	2013.05.11 ~ 2013.07.13
	조 나 탄	수 원	7	2016.09.10 ~ 2016.10.30
	주 민 규	상 주	7	2017.08.12 ~ 2017.09.30
4	주 니 오	울 산	6	2018.08.15 ~ 2018.09.15
	무 고 사	인 천	6	2022.03.13 ~ 2022.05.05

K리그1 통산 선수 연속 도움 순위

순위	선수명	당시 소속팀	연속경기수	비고
1	레오나르도	전 북	4	2013.08.04 ~ 2013.08.24
	에스쿠데로	서 울	4	2013.11.02 ~ 2013.11.24
	유 지 훈	상 주	4	2014.04.27 ~ 2014.07.06
	염 기 훈	수 원	4	2015.04.04 ~ 2015.04.18
	코 바	울 산	4	2015.08.29 ~ 2015.09.19
	권 창 훈	수 원	4	2016.10.02 ~ 2016.10.30
	강 상 우	포 항	4	2020.09.20 ~ 2020.10.18

K리그1 통산 선수 연속 공격포인트 순위

순위	선수명	당시 소속팀	연속경기수	비고
1	이 명 주	포 항	11	2014.03.15 ~ 2014.05.10
2	조 나 탄	수 원	8	2016.08.28 ~ 2016.10.30
3	이 동 국	전 북	7	2013.05.11 ~ 2013.07.13
	김 동 섭	성 남	7	2013.07.31 ~ 2013.09.07
	염 기 훈	수 원	7	2015.03.14 ~ 2015.04.26
	아드리아노	서 울	7	2016.03.20 ~ 2016.04.30
	주 민 규	상 주	7	2017.08.12 ~ 2017.09.30
	에 드 가	대 구	7	2018.09.02 ~ 2018.10.20
	세 징 야	대 구	7	2018.11.24 ~ 2019.04.06
	세 징 야	대 구	7	2020.05.29 ~ 2020.07.05

K리그1 통산 골키퍼 연속 무실점 경기 순위

순위	선수명	당시 소속팀	연속경기수	비고
1	송 범 근	전 북	7	2018.03.31 ~ 2018.04.29
2	신 화 용	포 항	6	2014.07.05 ~ 2014.08.09
	권 순 태	전 북	6	2014.10.01 ~ 2014.11.15
4	신 화 용	포 항	5	2013.07.16 ~ 2013.08.18

Section 4

K리그2 통산기록

K리그2 통산 팀 간 경기기록
K리그2 통산 팀 최다 기록
K리그2 통산 팀 최소 기록
K리그2 통산 팀 최다 연속 기록
K리그2 통산 선수 출전 순위
K리그2 통산 선수 득점 순위
K리그2 통산 선수 도움 순위
K리그2 통산 선수 공격포인트 순위
K리그2 통산 골키퍼 무실점 순위
K리그2 통산 선수 연속 득점 순위
K리그2 통산 선수 연속 공격포인트 순위
K리그2 통산 골키퍼 연속 무실점 경기 순위

K리그2 통산 팀 간 경기기록

팀명	상대팀	승	무	패	득점	실점	도움	경고	퇴장
안양	강원	2	4	6	8	20	3	37	1
	경남	6	5	13	22	32	14	39	2
	고양	8	4	5	21	15	16	30	0
	광주	5	7	9	28	37	15	40	0
	김천	1	3	0	6	4	5	9	0
	김포	3	1	0	6	2	5	12	0
	대구	4	6	2	19	16	13	25	0
	대전	8	12	12	41	50	27	51	3
	부산	8	7	10	33	37	21	47	2
	부천	17	12	12	52	48	37	80	1
	상주	3	1	5	13	21	7	16	0
	서울E	16	8	7	45	32	22	54	2
	성남	1	3	4	7	10	6	10	0
	수원FC	7	6	15	32	47	19	52	1
	아산	4	1	7	16	20	13	31	0
	안산	11	5	7	34	24	17	44	1
	안산무궁	6	3	8	24	20	14	35	0
	전남	6	5	4	18	16	8	19	1
	제주	0	0	3	3	9	1	5	0
	충남아산	6	4	1	15	7	10	25	1
	충주	8	5	4	28	20	19	27	0
	계	130	102	134	471	487	292	688	15

팀명	상대팀	승	무	패	득점	실점	도움	경고	퇴장
부천	경남	8	3	13	33	38	17	43	0
	고양	9	4	4	27	17	17	34	0
	광주	5	5	11	20	27	12	38	1
	김천	0	1	3	0	4	0	6	0
	김포	1	1	2	3	4	2	9	0
	대구	2	4	6	7	13	2	19	1
	대전	12	6	13	32	37	18	56	2
	부산	9	8	7	25	24	17	46	2
	상주	2	2	5	10	14	6	17	0
	서울E	9	7	15	30	53	22	45	1
	성남	2	1	5	9	13	3	12	0
	수원FC	11	6	11	42	37	19	50	3
	아산	3	3	6	16	16	12	21	0
	안산	10	5	8	35	34	21	39	0
	안산무궁	4	4	9	19	28	14	30	0
	안양	12	12	17	48	52	32	75	1
	전남	4	5	6	15	19	8	26	2
	제주	0	0	3	0	7	0	5	0
	충남아산	5	4	2	8	4	5	20	1
	충주	7	3	7	15	18	12	38	0
	계	121	86	158	413	477	249	650	17

팀명	상대팀	승	무	패	득점	실점	도움	경고	퇴장
대전	강원	5	1	2	13	7	10	15	0
	경남	8	4	8	37	33	25	45	0
	고양	5	3	0	13	4	8	11	0
	광주	6	5	6	18	14	14	41	1
	김천	0	1	3	4	9	2	8	0
	김포	2	2	0	10	6	4	9	0
	대구	2	2	4	6	9	5	14	0
	부산	7	6	12	32	45	24	50	2
	부천	13	6	12	37	32	21	66	1
	서울E	11	7	9	30	29	22	54	0
	성남	0	2	6	6	16	6	17	0
	수원FC	7	2	10	31	39	19	42	0
	아산	4	3	5	12	14	9	23	1
	안산	11	7	5	31	20	19	46	1
	안산무궁	2	2	4	10	11	7	5	0
	안양	12	12	8	50	41	32	61	1
	전남	8	5	3	22	16	13	25	0
	제주	2	0	1	5	5	3	6	0
	충남아산	5	3	3	19	16	11	20	2
	충주	5	3	0	17	6	12	8	0
	계	115	76	101	403	372	266	566	9

팀명	상대팀	승	무	패	득점	실점	도움	경고	퇴장
수원FC	강원	2	2	4	10	13	9	19	0
	경남	6	4	2	19	14	12	19	0
	고양	4	6	3	15	12	7	31	2
	광주	4	3	10	15	28	10	30	1
	대구	4	3	2	15	13	13	19	0
	대전	10	2	7	39	31	21	27	0
	부산	3	4	5	11	16	4	25	0
	부천	11	6	11	37	42	30	64	1
	상주	2	4	3	10	11	6	20	0
	서울E	9	6	5	30	23	16	36	0
	성남	1	2	5	3	11	0	18	0
	아산	2	2	8	9	17	6	36	0
	안산	7	2	6	22	21	16	30	2
	안산무궁	5	1	7	20	21	13	28	0
	안양	15	6	7	47	32	22	60	1
	전남	2	3	2	14	14	6	13	0
	제주	0	1	2	1	4	1	6	0
	충남아산	2	1	0	8	1	6	4	0
	충주	7	3	3	22	12	14	16	0
	계	96	61	92	347	336	212	501	7

팀명	상대팀	승	무	패	득점	실점	도움	경고	퇴장
부산	강원	3	1	1	5	3	4	13	0
	경남	4	3	9	19	24	14	37	2
	고양	4	0	0	6	0	6	7	0
	광주	1	6	5	12	19	7	26	2
	김천	1	1	2	4	10	1	6	0
	김포	1	1	2	2	4	2	6	0
	대구	1	0	3	2	7	2	8	0
	대전	12	6	7	45	32	33	45	1
	부천	7	8	9	24	25	15	29	0
	서울E	13	6	5	48	31	31	33	1
	성남	3	3	2	7	5	5	15	1
	수원FC	5	4	3	16	11	10	20	1
	아산	7	4	2	22	13	12	28	0
	안산	10	6	4	31	16	18	41	1
	안산무궁	2	1	1	8	4	6	12	0
	안양	10	7	8	37	33	25	55	1
	전남	3	4	5	8	12	4	25	1
	충남아산	4	1	3	13	10	10	18	1
	충주	3	1	0	7	1	3	9	0

팀명	상대팀	승	무	패	득점	실점	도움	경고	퇴장
	계	94	63	71	316	260	208	433	12

팀명	상대팀	승	무	패	득점	실점	도움	경고	퇴장
경남	강원	3	5	0	6	2	6	11	0
	고양	5	1	2	16	7	12	17	0
	광주	1	1	2	7	9	4	12	0
	김천	1	1	2	5	6	4	8	0
	김포	3	0	1	11	4	7	8	0
	대구	2	1	5	6	12	6	15	2
	대전	8	4	8	33	37	21	41	3
	부산	9	3	4	24	19	18	29	0
	부천	13	3	8	38	33	23	52	3
	상주	1	0	3	4	8	1	10	0
	서울E	6	8	9	25	26	16	41	0
	성남	3	1	0	7	3	6	13	0
	수원FC	2	4	6	14	19	9	30	0
	아산	3	1	0	8	4	7	9	0
	안산	7	4	4	25	21	16	25	1
	안산무궁	1	2	5	4	13	3	12	0
	안양	13	5	6	32	22	21	47	0
	전남	1	6	4	9	13	5	18	1
	제주	0	2	1	4	5	2	9	0
	충남아산	3	3	5	14	14	7	18	1
	충주	5	1	2	13	7	12	12	0
	계	90	56	77	305	284	206	437	11

팀명	상대팀	승	무	패	득점	실점	도움	경고	퇴장
광주	강원	3	1	1	9	5	7	6	1
	경남	2	1	1	9	7	8	5	0
	고양	3	3	3	11	13	6	14	0
	김포	2	1	1	5	4	3	10	0
	대구	2	1	1	5	4	5	9	0
	대전	6	5	6	14	18	10	25	1
	부산	5	6	1	19	12	14	28	0
	부천	11	5	5	27	20	16	40	0
	상주	1	0	4	5	10	4	8	0
	서울E	9	3	0	28	8	15	19	0
	성남	1	2	1	6	6	4	4	0
	수원FC	10	3	4	28	15	18	31	1
	아산	4	3	1	13	6	6	13	0
	안산	6	3	3	17	8	11	25	2
	안산무궁	4	1	5	14	13	10	21	1
	안양	9	7	5	37	28	22	38	0
	전남	4	3	1	12	8	8	16	1
	충남아산	3	1	0	7	3	3	8	0
	충주	3	4	2	11	6	6	14	0
	계	88	53	45	277	194	176	334	7

팀명	상대팀	승	무	패	득점	실점	도움	경고	퇴장
서울E	강원	0	3	5	10	17	6	21	0
	경남	9	8	6	26	25	19	38	1
	고양	4	3	1	15	7	11	13	0
	광주	0	3	9	8	28	6	24	2
	김천	1	1	2	5	5	3	7	0
	김포	3	1	0	11	3	5	8	0
	대구	1	4	3	6	10	6	14	0
	대전	9	7	11	29	30	23	56	3
	부산	5	6	13	31	48	21	35	1
	부천	15	7	9	53	30	29	59	0
	상주	1	1	2	6	7	5	8	0
	성남	2	5	1	10	8	7	14	0
	수원FC	5	6	9	23	30	18	29	2
	아산	1	3	8	9	25	6	32	0
	안산	10	8	5	30	22	20	41	2
	안산무궁	2	4	2	8	8	7	16	0
	안양	7	8	16	32	45	15	51	1
	전남	2	9	4	12	18	8	24	2
	제주	0	1	2	4	6	1	9	1
	충남아산	2	3	6	8	11	4	17	1
	충주	6	1	1	17	7	13	11	0
	계	85	92	115	353	390	233	527	16

팀명	상대팀	승	무	패	득점	실점	도움	경고	퇴장
안산	경남	4	4	7	21	25	11	24	0
	광주	3	3	6	8	17	3	22	1
	김천	0	1	3	1	6	1	9	0
	김포	2	2	0	8	3	4	9	0
	대전	5	7	11	20	31	17	40	4
	부산	4	6	10	16	31	10	29	1
	부천	8	5	10	34	35	21	48	3
	서울E	5	8	10	22	30	14	39	1
	성남	1	4	3	4	6	3	22	0
	수원FC	6	2	7	21	22	13	25	0
	아산	2	3	7	6	13	4	23	0
	안양	7	5	11	24	34	13	36	1
	전남	6	4	5	20	23	12	23	2
	제주	0	1	2	3	6	1	6	0
	충남아산	4	4	3	10	9	6	24	0
	계	57	59	95	218	291	133	379	13

팀명	상대팀	승	무	패	득점	실점	도움	경고	퇴장
대구	강원	6	2	4	20	16	11	24	0
	경남	5	1	2	12	6	9	10	0
	고양	6	2	4	21	16	11	19	0
	광주	1	1	2	4	5	0	6	0
	대전	4	2	2	9	6	6	16	0
	부산	3	0	1	7	2	4	11	0
	부천	6	4	2	13	7	10	26	1
	상주	2	1	1	10	5	6	10	0
	서울E	3	4	1	10	6	8	6	0
	수원FC	2	3	4	13	15	6	28	0
	안산무궁	3	4	5	17	18	10	25	0
	안양	2	6	4	16	19	14	33	0
	충주	7	4	1	19	11	11	18	0
	계	50	34	33	171	132	106	232	1

팀명	상대팀	승	무	패	득점	실점	도움	경고	퇴장
강원	경남	0	5	3	2	6	1	11	0
	고양	6	3	3	16	9	11	23	1
	광주	1	1	3	5	9	4	4	1
	대구	4	2	6	16	20	10	23	0
	대전	2	1	5	7	13	5	15	1
	부산	1	1	3	3	5	2	12	0
	부천	5	2	6	18	19	11	39	1
	상주	1	0	3	5	7	1	9	0
	서울E	5	3	0	17	10	10	16	0

팀명	상대팀	승	무	패	득점	실점	도움	경고	퇴장
	수원FC	4	2	2	13	10	10	24	0
	안산무궁	7	1	4	19	11	8	24	1
	안양	6	4	2	20	8	10	27	2
	충주	8	2	2	24	14	15	18	0
	계	50	27	42	165	141	98	245	7

팀명	상대팀	승	무	패	득점	실점	도움	경고	퇴장
전남	경남	4	6	1	13	9	5	18	0
	광주	1	3	4	8	12	6	15	0
	김천	1	2	1	6	7	3	8	1
	김포	0	2	2	3	6	1	3	0
	대전	3	5	8	16	22	9	26	2
	부산	5	4	3	12	8	10	16	0
	부천	6	5	4	19	15	13	36	0
	서울E	4	9	2	18	12	11	23	0
	수원FC	2	3	2	14	14	9	23	0
	아산	1	1	2	3	5	1	11	1
	안산	5	4	6	23	20	14	28	1
	안양	4	5	6	16	18	5	32	0
	제주	1	1	1	2	3	2	7	0
	충남아산	3	4	4	6	12	4	17	0
	계	40	54	46	159	163	93	263	5

팀명	상대팀	승	무	패	득점	실점	도움	경고	퇴장
성남	경남	0	1	3	3	7	2	6	0
	광주	1	2	1	6	6	5	6	0
	대전	6	2	0	16	6	9	9	0
	부산	2	3	3	5	7	2	12	1
	부천	5	1	2	13	9	4	13	0
	서울E	1	5	2	8	10	4	14	0
	수원FC	5	2	1	11	3	7	10	0
	아산	4	2	3	9	8	3	19	0
	안산	3	4	1	6	4	0	11	0
	안양	4	3	1	10	7	4	18	0
	계	31	25	17	87	67	40	118	1

팀명	상대팀	승	무	패	득점	실점	도움	경고	퇴장
충남 아산	경남	5	3	3	14	14	3	13	1
	광주	0	1	3	3	7	0	11	0
	김천	0	0	4	3	9	1	5	0
	김포	2	0	2	6	3	4	7	0
	대전	3	3	5	16	19	9	16	1
	부산	3	1	4	10	13	6	14	0
	부천	2	4	5	4	8	0	20	0
	서울E	6	3	2	11	8	8	23	0
	수원FC	0	1	2	1	8	0	7	0
	안산	3	4	4	9	10	5	22	2
	안양	1	4	6	7	15	3	29	0
	전남	4	4	3	12	6	8	11	0
	제주	0	0	3	1	5	1	3	0
	계	29	28	46	97	125	48	181	4

팀명	상대팀	승	무	패	득점	실점	도움	경고	퇴장
김천	경남	2	1	1	6	5	5	7	0
	대전	3	1	0	9	4	7	8	0
	부산	2	1	1	10	4	6	5	0
	부천	3	1	0	4	0	4	8	0
	서울E	2	1	1	5	5	3	6	0
	안산	3	1	0	6	1	1	9	0
	안양	0	3	1	4	6	2	7	0
	전남	1	2	1	7	6	3	10	1
	충남아산	4	0	0	9	3	5	8	0
	계	20	11	5	60	34	36	68	1

팀명	상대팀	승	무	패	득점	실점	도움	경고	퇴장
제주	경남	1	2	0	5	4	5	5	0
	대전	1	0	2	5	5	4	3	1
	부천	3	0	0	7	0	5	6	0
	서울E	2	1	0	6	4	3	11	0
	수원FC	2	1	0	4	1	4	6	0
	안산	2	1	0	6	3	4	3	0
	안양	3	0	0	9	3	6	10	0
	전남	1	1	1	3	2	1	5	0
	충남아산	3	0	0	5	1	2	5	0
	계	18	6	3	50	23	34	54	1

팀명	상대팀	승	무	패	득점	실점	도움	경고	퇴장
김포	경남	1	0	3	4	11	2	6	0
	광주	1	1	2	4	5	3	12	0
	대전	0	2	2	6	10	4	9	1
	부산	2	1	1	4	2	3	10	0
	부천	2	1	1	4	3	3	5	1
	서울E	0	1	3	3	11	2	9	1
	안산	0	2	2	3	8	3	7	0
	안양	0	1	3	2	6	2	4	0
	전남	2	2	0	6	3	4	8	0
	충남아산	2	0	2	3	6	1	13	1
	계	10	11	19	39	65	27	83	4

팀명	상대팀	승	무	패	득점	실점	도움	경고	퇴장
안산 무궁화	강원	4	1	7	11	19	5	35	0
	경남	5	2	1	13	4	9	14	0
	고양	8	6	3	28	13	21	40	1
	광주	5	1	4	13	14	9	29	2
	대구	5	4	3	18	17	12	20	1
	대전	4	2	2	11	10	8	14	1
	부산	1	1	2	4	8	1	8	0
	부천	9	4	4	28	19	17	53	1
	상주	1	2	6	7	20	5	30	0
	서울E	2	4	2	8	8	3	11	1
	수원FC	7	1	5	21	20	11	32	1
	안양	8	3	6	20	24	11	48	0
	충주	7	6	4	24	25	14	32	0
	계	66	37	49	206	201	126	366	8

팀명	상대팀	승	무	패	득점	실점	도움	경고	퇴장
아산	경남	0	1	3	4	8	1	5	0
	광주	1	3	4	6	13	5	17	1
	대전	5	3	4	14	12	12	27	1
	부산	2	4	7	13	22	7	34	2
	부천	6	3	3	16	16	7	22	0
	서울E	8	3	1	25	9	15	19	0
	성남	3	2	4	8	9	7	26	0
	수원FC	8	2	2	17	9	12	24	1
	안산	7	3	2	13	6	8	19	0
	안양	7	1	4	20	16	13	24	0
	전남	2	1	1	5	3	4	4	0
	계	49	26	35	141	123	91	221	5

팀명	상대팀	승	무	패	득점	실점	도움	경고	퇴장
상주	강원	3	0	1	7	5	5	6	0
	경남	3	0	1	8	4	6	0	0
	고양	6	2	1	20	6	16	17	0
	광주	4	0	1	10	5	6	12	1
	대구	1	1	2	5	10	1	12	0
	부천	5	2	2	14	10	6	17	1
	서울E	2	1	1	7	6	6	6	0
	수원FC	3	4	2	11	10	6	18	0
	안산무궁	6	2	1	20	7	15	12	0
	안양	5	1	3	21	13	12	17	1
	충주	5	2	2	19	12	13	10	0
	계	43	15	17	142	88	92	127	3

팀명	상대팀	승	무	패	득점	실점	도움	경고	퇴장
고양	강원	3	3	6	9	16	4	29	0
	경남	2	1	5	7	16	5	17	1
	광주	3	3	3	13	11	6	19	0
	대구	4	2	6	16	21	4	28	1
	대전	0	3	5	4	13	2	15	1
	부산	0	0	4	0	6	0	11	1
	부천	4	4	9	17	27	8	39	0
	상주	1	2	6	6	20	1	8	1
	서울E	1	3	4	7	15	4	19	0
	수원FC	3	6	4	12	15	6	27	0
	안산무궁	3	6	8	13	28	9	22	0
	안양	5	4	8	15	21	7	42	0
	충주	7	8	2	27	22	21	32	2
	계	36	45	70	146	231	77	308	7

팀명	상대팀	승	무	패	득점	실점	도움	경고	퇴장
충주	강원	2	2	8	14	24	7	21	0
	경남	2	1	5	7	13	2	11	0
	고양	2	8	7	22	27	15	30	0
	광주	2	4	3	6	11	3	19	1
	대구	1	4	7	11	19	9	18	0
	대전	0	3	5	6	17	4	11	0
	부산	0	1	3	1	7	1	7	0
	부천	7	3	7	18	15	15	44	0
	상주	2	2	5	12	19	8	19	0
	서울E	1	1	6	7	17	3	14	0
	수원FC	3	3	7	12	22	7	23	0
	안산무궁	4	6	7	25	24	16	24	0
	안양	4	5	8	20	28	13	32	0
	계	30	43	78	161	243	103	273	1

K리그2 통산 팀 최다 기록

기록구분	기록	구단명
승 리	130	안 양
패 전	158	부 천
무승부	102	안 양
득 점	471	안 양
실 점	487	안 양
도 움	292	안 양
코너킥	1,675	안 양
파 울	5,405	부 천
오프사이드	609	안 양
슈 팅	4,107	부 천
페널티킥 획득	62	안 양
페널티킥 성공	49	안 양
페널티킥 실패	17	대 전
경 고	688	안 양
퇴 장	17	부 천

K리그2 통산 팀 최소 기록

기록구분	기록	구단명
승 리	10	김 포
패 전	3	제 주
무승부	6	제 주
득 점	39	김 포
실 점	23	제 주
도 움	27	김 포
코너킥	121	제 주
파 울	418	제 주
오프사이드	33	김 천
슈 팅	319	제 주
페널티킥 획득	4	김 포
페널티킥 성공	2	김 포
페널티킥 실패	1	김천, 성남
경 고	54	제 주
퇴 장	1	김천, 대구, 성남, 제주, 충주

K리그2 통산 팀 최다 연속 기록

기록구분	기록	구단명 (기간)
연속 승	11	상 주 (2013.09.01 ~ 2013.11.10)
연속 무승부	6	전 남 (2022.06.08 ~ 2022.07.06)
연속 패	9	서울E (2019.05.20 ~ 2019.07.21) 안 산 (2018.06.30 ~ 2018.08.26)
연속 득점	31	대 구 (2014.09.14 ~ 2015.07.11)
연속 무득점	8	충남아산 (2022.10.11 ~ 2022.03.06)
연속 무승	25	고 양 (2016.05.08 ~ 2016.09.25)
연속 무패	19	경 남 (2016.10.30 ~ 2017.06.24) 광 주 (2019.03.03 ~ 2019.07.14)
연속 실점	20	대 전 (2016.10.15 ~ 2017.06.26)
연속 무실점	6	광 주 (2014.11.08 ~ 2018.03.10) 상 주 (2013.09.01 ~ 2013.10.05) 성 남 (2017.05.07 ~ 2017.06.12)

K리그2 통산 선수 출전 순위

순위	선수명	최종 K리그2 소속팀	출전
1	고 경 민	경남	254
2	김 륜 도	안양	251
3	장 혁 진	수원FC	245
4	공 민 현	대전	243
5	닐손주니어	부천	217
6	문 기 한	부천	213
7	한 지 호	부천	195
8	백 성 동	안양	191
9	진 창 수	서울E	184
10	김 영 광	서울E	183

K리그2 통산 선수 득점 순위

순위	선수명	최종소속팀	득점	경기수	교체수	경기당득점
1	고경민	경남	75	254	138	0.3
2	알렉스	서울E	64	153	65	0.42
3	안병준	부산	56	91	22	0.62
4	주민규	제주	52	146	61	0.36
5	공민현	대전	48	243	129	0.2

K리그2 통산 선수 도움 순위

순위	선수명	최종소속팀	도움	경기수	교체수	경기당도움
1	장혁진	수원FC	45	245	81	0.18
2	문기한	부천	43	213	112	0.20
3	임창균	전남	27	157	100	0.17
4	권용현	안양	27	162	98	0.17
5	최진수	아산	24	111	49	0.22

K리그2 통산 선수 공격포인트 순위

순위	선수명	최종소속팀	공격포인트	경기수	경기당공격P
1	고경민	경남	96	254	0.38
2	알렉스	서울E	77	153	0.50
3	공민현	대전	67	243	0.28
4	주민규	제주	66	146	0.45
5	안병준	부산	64	91	0.70

K리그2 통산 골키퍼 무실점 순위

순위	선수명	최종 K리그2 소속팀	무실점 경기수
1	김 영 광	서울E	52
2	박 배 종	수원FC	48
3	박 주 원	충남아산	40
4	류 원 우	부천	37
5	구 상 민	부산	35
6	김 경 민	광주	35

K리그2 통산 선수 연속 득점 순위

순위	선수명	당시 소속팀	연속경기수	비고
1	주민규	서울E	7	2015.05.10 ~ 2015.06.10
	김동찬	대전	7	2016.04.17 ~ 2016.05.25
	이정협	부산	7	2017.03.04 ~ 2017.04.22
4	아드리아노	대전	6	2014.03.22 ~ 2014.04.27
	안병준	부산	6	2021.05.10 ~ 2021.06.20
	안병준	부산	6	2021.08.28 ~ 2021.10.03

K리그2 통산 선수 연속 공격포인트 순위

순위	선수명	당시 소속팀	연속경기수	비고
1	이 근 호	상주	9	2013.04.13 ~ 2013.08.04
2	주 민 규	서울E	8	2015.05.02 ~ 2015.06.10
3	김 동 찬	대전	7	2016.04.17 ~ 2016.05.25
	파 울 로	대구	7	2016.05.29 ~ 2016.07.02
	이 정 협	부산	7	2017.03.04 ~ 2017.04.22
6	아드리아노	대전	6	2014.03.22 ~ 2014.04.27
	안 병 준	부산	6	2021.05.10 ~ 2021.06.20
	안 병 준	부산	6	2021.08.28 ~ 2021.10.03

K리그2 통산 골키퍼 연속 무실점 경기 순위

순위	선수명	당시 소속팀	연속경기수	비고
1	김 호 준	상주	6	2013.09.01 ~ 2013.10.05
	김 동 준	성남	6	2017.05.07 ~ 2017.06.12
3	김 선 규	대전	5	2014.05.18 ~ 2014.06.16
	김 영 광	서울E	5	2016.10.08 ~ 2016.10.30
	김 다 솔	수원FC	5	2018.07.30 ~ 2018.08.25
	박 배 종	수원FC	5	2020.09.14 ~ 2020.10.10

Section 5

K리그 승강 플레이오프 통산기록

승강 플레이오프 통산 팀 간 경기기록

승강 플레이오프 통산 팀 간 경기기록

팀명	상대팀	승	무	패	득점	실점	도움	경고	퇴장
대 전	강 원	1	0	1	2	4	2	2	0
	김 천	2	0	0	6	1	3	6	0
	계	3	0	1	8	5	5	8	0

팀명	상대팀	승	무	패	득점	실점	도움	경고	퇴장
부 산	경 남	1	1	0	2	0	1	3	0
	상 주	1	0	1	1	1	0	4	0
	서 울	0	1	1	2	4	2	5	0
	수원FC	0	0	2	0	3	0	10	0
	계	2	2	4	5	8	3	22	0

팀명	상대팀	승	무	패	득점	실점	도움	경고	퇴장
강 원	대 전	1	0	1	4	2	2	6	0
	상 주	1	0	1	2	4	2	5	0
	성 남	0	2	0	1	1	1	6	0
	계	2	2	2	7	7	5	17	0

팀명	상대팀	승	무	패	득점	실점	도움	경고	퇴장
수원FC	부 산	2	0	0	3	0	2	3	1
	계	2	0	0	3	0	2	3	1

팀명	상대팀	승	무	패	득점	실점	도움	경고	퇴장
수 원	안 양	1	1	0	2	1	2	4	0
	계	1	1	0	2	1	2	4	0

팀명	상대팀	승	무	패	득점	실점	도움	경고	퇴장
서 울	부 산	1	1	0	4	2	4	3	0
	계	1	1	0	4	2	4	3	0

팀명	상대팀	승	무	패	득점	실점	도움	경고	퇴장
광 주	경 남	1	1	0	4	2	2	2	0
	계	1	1	0	4	2	2	2	0

팀명	상대팀	승	무	패	득점	실점	도움	경고	퇴장
성 남	강 원	0	2	0	1	1	0	8	0
	계	0	2	0	1	1	0	8	0

팀명	상대팀	승	무	패	득점	실점	도움	경고	퇴장
경 남	광 주	0	1	1	2	4	2	5	0
	부 산	0	1	1	0	2	0	5	0
	계	0	2	2	2	6	2	10	0

팀명	상대팀	승	무	패	득점	실점	도움	경고	퇴장
안 양	수 원	0	1	1	1	2	1	3	0
	계	0	1	1	1	2	1	3	0

팀명	상대팀	승	무	패	득점	실점	도움	경고	퇴장
김 천	대 전	0	0	2	1	6	1	3	0
	계	0	0	2	1	6	1	3	0

팀명	상대팀	승	무	패	득점	실점	도움	경고	퇴장
상 주	강 원	1	0	1	4	2	2	1	0
	부 산	1	1	0	1	1	0	4	0
	계	2	1	1	5	3	2	5	0

Section 6

프로축구 역대 통산기록

프로축구 통산 팀 간 경기 기록
프로축구 통산 팀 최다 기록
프로축구 통산 팀 최소 기록
프로축구 통산 팀 최다 연승
프로축구 통산 팀 최다 연패
프로축구 통산 팀 최다 연속 무승
프로축구 통산 팀 최다 연속 무패
프로축구 통산 팀 최다 연속 무승부
프로축구 통산 팀 최다 연속 득점
프로축구 통산 팀 최다 연속 실점
프로축구 통산 팀 최다 연속 무득점
프로축구 통산 팀 최다 연속 무실점
프로축구 통산 팀 300승 · 400승 · 500승 · 600승 기록
프로축구 통산 선수 최다 기록
프로축구 통산 선수 출전 순위
프로축구 통산 선수 득점 순위
프로축구 통산 선수 도움 순위
프로축구 통산 선수 공격포인트 순위
프로축구 통산 선수 파울 순위
프로축구 통산 선수 경고 순위
프로축구 통산 골키퍼 무실점 순위
프로축구 통산 선수 연속 득점 순위
프로축구 통산 선수 연속 도움 순위
프로축구 통산 선수 연속 공격포인트 순위
프로축구 통산 골키퍼 연속 무실점 경기 순위
프로축구 통산 선수 연속 무교체 순위
프로축구 통산 최단시간 골 순위
프로축구 통산 최장거리 골 순위
역대 시즌별 최다 득점 기록
역대 시즌별 최다 도움 기록
역대 득점 해트트릭 기록
K리그 BC* | K리그1 | K리그2
역대 도움 해트트릭 기록
K리그 BC* | K리그1 | K리그2
역대 자책골 기록
K리그 BC* | K리그1 | K리그2 | K리그 승강 플레이오프
역대 단일 시즌 득점 · 도움 10-10 기록
역대 대회별 전 경기, 전 시간 출전자
역대 감독별 승 · 무 · 패 기록
역대 선수별 경기기록

*BC(Before Classic): 1983~2012년

프로축구 통산 팀 간 경기 기록

팀명	상대팀	승	무	패	득점	실점	도움	경고	퇴장
울산	강원	24	5	2	63	29	44	51	1
	경남	19	7	4	52	25	40	49	2
	광주	14	6	1	30	12	20	28	0
	광주상무	15	6	3	35	13	26	40	0
	국민은행	4	0	0	14	3	11	0	0
	김천	2	1	0	4	1	3	4	0
	대구	29	14	8	86	47	53	96	1
	대전	32	17	11	98	52	74	97	2
	버팔로	3	2	1	10	5	7	10	0
	부산	54	46	53	172	169	118	212	13
	상무	2	1	0	4	1	2	0	0
	상주	16	4	4	56	29	37	27	0
	서울	66	56	51	220	197	145	236	11
	성남	48	37	45	153	149	101	178	4
	수원	37	26	28	115	111	89	161	4
	수원FC	8	1	1	19	11	9	16	1
	인천	27	17	13	89	60	59	98	3
	전남	35	23	23	101	86	65	154	5
	전북	39	29	40	141	145	89	198	5
	제주	64	55	50	203	178	140	225	9
	포항	58	52	64	209	209	147	260	7
	한일은행	5	5	1	16	8	14	9	0
	할렐루야	4	2	1	13	7	10	1	0
	계	605	412	404	1903	1547	1303	2150	68

팀명	상대팀	승	무	패	득점	실점	도움	경고	퇴장
포항	강원	16	8	6	56	28	42	48	1
	경남	19	6	6	53	32	36	58	0
	광주	15	6	1	41	18	27	33	3
	광주상무	16	4	1	37	17	22	40	0
	국민은행	4	1	3	14	9	11	5	0
	김천	1	1	1	4	4	4	9	0
	대구	21	17	13	76	60	55	96	4
	대전	27	17	8	76	39	54	79	1
	버팔로	4	2	0	13	5	10	4	1
	부산	50	47	55	177	181	122	201	3
	상무	2	1	0	4	2	3	3	0
	상주	13	2	8	44	35	35	46	1
	서울	62	51	56	241	217	167	251	8
	성남	62	34	36	178	135	127	185	2
	수원	35	34	33	118	113	76	182	4
	수원FC	4	0	6	13	13	9	19	0
	울산	64	52	58	209	209	154	253	7
	인천	25	19	15	91	67	59	109	2
	전남	31	25	23	100	87	68	153	4
	전북	35	25	41	129	134	87	188	4
	제주	62	48	61	220	223	153	221	5
	한일은행	5	4	2	12	8	7	3	0
	할렐루야	5	3	3	15	11	8	6	0
	계	578	407	436	1921	1647	1336	2192	50

팀명	상대팀	승	무	패	득점	실점	도움	경고	퇴장
서울	강원	15	9	8	52	39	34	53	2
	경남	14	11	8	41	31	33	68	0
	광주	13	4	2	38	22	24	24	0
	광주상무	15	5	4	38	14	19	33	0
	국민은행	2	2	0	6	2	4	0	0
	김천	1	2	1	5	6	4	3	0
	대구	19	15	14	70	55	46	74	4
	대전	25	18	12	77	54	49	85	1
	버팔로	6	0	0	17	5	12	4	0
	부산	55	49	46	190	169	123	186	9
	상무	1	2	0	3	2	3	1	0
	상주	12	4	7	38	27	29	38	0
	성남	42	43	46	158	164	111	226	7
	수원	39	25	35	122	130	78	228	0
	수원FC	7	2	1	23	9	17	12	0
	울산	51	56	66	197	220	137	251	10
	인천	23	20	16	82	57	58	107	5
	전남	37	25	20	119	88	71	157	3
	전북	33	27	38	133	144	79	181	3
	제주	61	55	51	218	194	143	216	7
	포항	56	51	62	217	241	151	249	10
	한일은행	8	1	2	26	9	20	7	0
	할렐루야	3	1	3	9	7	8	4	0
	계	538	427	442	1879	1689	1253	2207	61

팀명	상대팀	승	무	패	득점	실점	도움	경고	퇴장
부산	강원	9	6	4	25	17	17	43	0
	경남	15	8	23	52	56	38	108	5
	고양	4	0	0	6	0	6	7	0
	광주	4	10	9	23	31	14	47	3
	광주상무	8	7	9	25	24	21	29	1
	국민은행	6	2	0	18	6	11	3	0
	김천	1	1	2	4	10	1	6	0
	김포	1	1	2	2	4	2	6	0
	대구	11	8	15	46	60	28	67	2
	대전	49	17	23	147	101	100	157	2
	버팔로	3	0	3	13	12	9	10	0
	부천	7	8	9	24	25	15	29	0
	상무	1	0	2	5	6	4	0	0
	상주	5	5	3	16	16	11	23	2
	서울	46	49	55	169	190	92	235	12
	서울E	13	6	5	48	31	31	33	1
	성남	38	41	44	133	147	84	219	5
	수원	17	23	42	83	123	52	174	5
	수원FC	5	4	5	16	14	10	30	1
	아산	7	4	2	22	13	12	28	0
	안산	10	6	4	31	16	18	41	1
	안산무궁	2	1	1	8	4	6	12	0
	안양	10	7	8	37	33	25	55	1
	울산	53	46	54	169	172	113	254	15
	인천	9	18	13	33	43	17	79	0
	전남	28	20	36	101	121	66	175	8
	전북	21	17	33	80	106	48	144	2
	제주	50	50	50	152	162	79	224	3
	충남아산	4	1	3	13	10	10	18	1
	충주	3	1	0	7	1	3	9	0
	포항	55	47	50	181	177	108	226	7
	한일은행	8	1	2	22	11	17	5	0

팀명	상대팀	승	무	패	득점	실점	도움	경고	퇴장
	할렐루야	3	5	3	13	10	7	9	1
	계	506	420	514	1724	1752	1075	2505	78

팀명	상대팀	승	무	패	득점	실점	도움	경고	퇴장
제주	강원	10	7	12	51	45	34	45	0
	경남	11	17	11	47	48	28	67	1
	광주	6	5	5	20	18	13	26	1
	광주상무	13	5	5	29	14	19	36	1
	국민은행	5	1	2	13	7	8	4	0
	김천	2	0	1	5	6	2	6	0
	대구	19	15	13	69	49	36	80	0
	대전	26	12	21	82	65	59	97	3
	버팔로	6	0	0	16	5	11	4	1
	부산	50	50	50	162	152	109	204	4
	부천	3	0	0	7	0	5	6	0
	상무	1	1	1	4	2	3	2	0
	상주	8	6	7	40	35	24	24	0
	서울	51	55	61	194	218	136	237	9
	서울E	2	1	0	6	4	3	11	0
	성남	37	47	46	164	183	108	194	12
	수원	27	19	48	109	151	68	173	4
	수원FC	5	4	4	20	17	14	26	0
	안산	2	1	0	6	3	4	3	0
	안양	3	0	0	9	3	6	10	0
	울산	50	55	64	178	203	114	230	4
	인천	18	20	15	55	51	36	88	3
	전남	41	21	17	126	86	90	129	7
	전북	29	22	50	120	150	75	190	4
	충남아산	3	0	0	5	1	2	5	0
	포항	61	48	62	223	220	156	212	5
	한일은행	4	4	3	15	9	11	6	0
	할렐루야	4	5	2	22	16	15	4	0
	계	497	421	500	1797	1761	1189	2119	59

팀명	상대팀	승	무	패	득점	실점	도움	경고	퇴장
성남	강원	11	6	13	35	35	22	67	2
	경남	14	7	11	46	39	22	58	1
	광주	9	7	7	30	28	20	48	1
	광주상무	13	5	6	34	21	24	26	2
	김천	0	2	2	3	9	1	3	0
	대구	19	14	14	68	55	44	82	0
	대전	45	15	8	117	57	87	114	3
	버팔로	4	1	1	8	5	4	8	1
	부산	44	41	38	147	133	106	159	9
	부천	5	1	2	13	9	4	13	0
	상주	8	7	4	26	17	14	24	0
	서울	46	43	42	164	158	110	208	4
	서울E	1	5	2	8	10	4	14	0
	수원	26	27	33	107	124	61	164	2
	수원FC	9	4	6	30	24	17	26	1
	아산	4	2	3	9	8	3	19	0
	안산	3	4	1	6	4	0	11	0
	안양	4	3	1	10	7	4	18	0
	울산	45	37	48	149	153	106	212	7
	인천	19	21	13	62	47	37	101	3
	전남	32	26	21	87	69	55	159	3
	전북	29	22	37	108	126	72	162	5

팀명	상대팀	승	무	패	득점	실점	도움	경고	퇴장
	제주	46	47	37	183	164	114	180	5
	포항	36	34	62	135	178	87	213	8
	계	472	381	412	1585	1480	1018	2089	57

팀명	상대팀	승	무	패	득점	실점	도움	경고	퇴장
전북	강원	21	4	6	65	38	48	68	1
	경남	19	7	7	70	38	44	67	2
	광주	13	5	1	47	18	32	39	1
	광주상무	13	7	4	36	21	25	37	0
	김천	1	2	0	5	4	4	1	0
	대구	30	12	9	94	49	56	98	1
	대전	20	15	17	71	64	48	89	2
	부산	33	17	21	106	80	73	104	4
	상주	17	4	2	54	16	42	38	3
	서울	38	27	33	144	133	93	193	2
	성남	37	22	29	126	108	80	187	4
	수원	37	23	31	147	117	94	191	4
	수원FC	5	3	2	15	11	5	24	0
	울산	40	29	39	145	141	98	209	6
	인천	21	19	14	74	56	49	121	1
	전남	32	27	20	113	83	68	163	3
	제주	50	22	29	150	120	103	197	3
	포항	41	25	35	134	129	86	206	4
	계	468	270	299	1596	1226	1048	2032	41

팀명	상대팀	승	무	패	득점	실점	도움	경고	퇴장
수원	강원	21	4	6	65	38	48	68	1
	경남	19	7	7	70	38	44	67	2
	광주	13	5	1	47	18	32	39	1
	광주상무	13	7	4	36	21	25	37	0
	김천	1	2	0	5	4	4	1	0
	대구	30	12	9	94	49	56	98	1
	대전	20	15	17	71	64	48	89	2
	부산	33	17	21	106	80	73	104	4
	상주	17	4	2	54	16	42	38	3
	서울	38	27	33	144	133	93	193	2
	성남	37	22	29	126	108	80	187	4
	수원	37	23	31	147	117	94	191	4
	수원FC	5	3	2	15	11	5	24	0
	울산	40	29	39	145	141	98	209	6
	인천	21	19	14	74	56	49	121	1
	전남	32	27	20	113	83	68	163	3
	제주	50	22	29	150	120	103	197	3
	포항	41	25	35	134	129	86	206	4
	계	468	270	299	1596	1226	1048	2032	41

팀명	상대팀	승	무	패	득점	실점	도움	경고	퇴장
전남	강원	9	10	5	37	33	26	52	0
	경남	16	12	10	49	45	32	72	0
	광주	6	8	12	31	39	20	50	1
	광주상무	12	6	3	27	14	16	34	0
	김천	1	2	1	6	7	3	8	1
	김포	0	2	2	3	6	1	3	0
	대구	15	12	13	64	60	47	82	5
	대전	28	22	25	93	79	57	116	3
	부산	36	20	28	121	101	80	127	2
	부천	6	5	4	19	15	13	36	0

	상주	13	4	6	33	22	19	25	1
	서울	20	25	37	88	119	59	141	4
	서울E	4	9	2	18	12	11	23	0
	성남	21	26	32	69	87	42	156	4
	수원	21	17	33	86	108	57	130	4
	수원FC	3	5	2	16	15	11	29	0
	아산	1	1	2	3	5	1	11	1
	안산	5	4	6	23	20	14	28	1
	안양	4	5	6	16	18	5	32	0
	울산	23	23	35	86	101	51	155	2
	인천	12	20	14	45	47	29	102	4
	전북	20	27	32	83	113	61	136	4
	제주	17	21	41	86	126	54	120	4
	충남아산	3	4	4	6	12	4	17	0
	포항	23	25	31	87	100	50	154	1
	계	319	315	386	1195	1304	763	1839	42

팀명	상대팀	승	무	패	득점	실점	도움	경고	퇴장
대전	강원	13	4	8	41	37	28	53	1
	경남	12	14	16	56	70	38	87	0
	고양	5	3	0	13	4	8	11	0
	광주	10	8	9	29	25	21	66	1
	광주상무	10	10	5	30	20	12	35	0
	김천	2	1	3	10	10	5	14	0
	김포	2	2	0	10	6	4	9	0
	대구	13	18	13	59	56	39	112	3
	부산	23	17	49	101	147	69	166	5
	부천	13	6	12	37	32	21	66	1
	상주	3	2	1	9	6	5	10	0
	서울	12	18	25	54	77	38	100	3
	서울E	11	7	9	30	29	22	54	0
	성남	8	15	45	57	117	39	122	3
	수원	11	16	29	45	87	31	113	3
	수원FC	7	2	10	31	39	19	42	0
	아산	4	3	5	12	14	9	23	1
	안산	11	7	5	31	20	19	46	1
	안산무궁	2	2	4	10	11	7	5	0
	안양	12	12	8	50	41	32	61	1
	울산	11	17	32	52	98	24	107	1
	인천	5	6	21	23	46	11	65	1
	전남	25	22	28	79	93	51	145	4
	전북	17	15	20	64	71	44	98	1
	제주	21	12	26	65	82	39	90	1
	충남아산	5	3	3	19	16	11	20	2
	충주	5	3	0	17	6	12	8	0
	포항	8	17	27	39	76	19	92	2
	계	281	262	413	1073	1336	677	1820	35

팀명	상대팀	승	무	패	득점	실점	도움	경고	퇴장
대구	강원	21	11	14	64	54	42	89	2
	경남	9	6	19	37	59	26	68	2
	고양	6	2	4	21	16	11	19	0
	광주	7	5	8	30	31	13	39	0
	광주상무	14	5	4	42	25	26	43	0
	김천	1	3	0	3	2	3	10	0
	대전	13	18	13	56	59	38	88	2
	부산	15	8	11	60	46	38	79	2

	부천	6	4	2	13	7	10	26	1
	상주	10	9	5	37	25	21	45	1
	서울	14	15	19	55	70	35	115	1
	서울E	3	4	1	10	6	8	6	0
	성남	14	14	19	55	68	34	88	1
	수원	9	12	25	43	66	24	100	5
	수원FC	5	7	5	27	26	15	42	1
	안산무궁	3	4	5	17	18	10	25	0
	안양	2	6	4	16	19	14	33	0
	울산	8	14	29	47	86	25	86	3
	인천	12	19	18	63	64	39	108	0
	전남	13	12	15	60	64	40	85	3
	전북	9	12	30	49	94	35	113	1
	제주	13	15	19	49	69	32	100	3
	충주	7	4	1	19	11	11	18	0
	포항	13	17	21	60	76	41	101	2
	계	227	226	291	933	1061	591	1526	30

팀명	상대팀	승	무	패	득점	실점	도움	경고	퇴장
경남	강원	11	9	7	30	22	25	44	2
	고양	5	1	2	16	7	12	17	0
	광주	5	2	3	15	14	11	24	0
	광주상무	7	4	3	14	9	9	20	0
	김천	1	1	2	5	6	4	8	0
	김포	3	0	1	11	4	7	8	0
	대구	19	6	9	59	37	35	66	4
	대전	16	14	12	70	56	43	87	4
	부산	23	8	15	56	52	42	89	1
	부천	13	3	8	38	33	23	52	3
	상주	7	3	9	23	25	12	35	1
	서울	8	11	14	31	41	20	63	1
	서울E	6	8	9	25	26	16	41	0
	성남	11	7	14	39	46	24	60	0
	수원	9	12	14	37	48	22	64	0
	수원FC	2	4	6	14	19	9	30	0
	아산	3	1	0	8	4	7	9	0
	안산	7	4	4	25	21	16	25	1
	안산무궁	1	2	5	4	13	3	12	0
	안양	13	5	6	32	22	21	47	0
	울산	4	7	19	25	52	20	48	1
	인천	11	15	5	38	33	19	49	2
	전남	10	12	16	45	49	27	77	2
	전북	7	7	19	38	70	25	69	1
	제주	11	17	11	48	47	24	83	1
	충남아산	3	3	5	14	14	7	18	1
	충주	5	1	2	13	7	12	12	0
	포항	6	6	19	32	53	19	67	0
	계	227	173	239	805	830	514	1224	25

팀명	상대팀	승	무	패	득점	실점	도움	경고	퇴장
인천	강원	13	6	15	46	53	33	58	2
	경남	5	15	11	33	38	23	66	0
	광주	6	12	6	23	23	13	40	2
	광주상무	7	4	6	20	17	11	24	0
	김천	2	0	1	2	1	1	4	0
	대구	18	19	12	64	63	36	105	4
	대전	21	6	5	46	23	24	79	1

팀명	상대팀	승	무	패	득점	실점	도움	경고	퇴장
	부산	13	18	9	43	33	27	74	1
	상주	11	7	9	31	29	22	33	1
	서울	16	20	23	57	82	40	111	3
	성남	13	21	19	47	62	32	102	1
	수원	9	18	29	56	87	30	122	4
	수원FC	3	5	2	12	9	7	13	0
	울산	13	17	27	60	89	39	106	1
	전남	14	20	12	47	45	25	95	4
	전북	14	19	21	56	74	39	121	0
	제주	15	20	18	51	55	24	94	2
	포항	15	19	25	67	91	36	113	6
	계	208	246	250	761	874	462	1360	32

팀명	상대팀	승	무	패	득점	실점	도움	경고	퇴장
강원	경남	7	9	11	22	30	15	39	0
	고양	6	3	3	16	9	11	23	1
	광주	5	9	7	28	28	19	35	1
	광주상무	1	1	2	4	6	3	4	0
	김천	1	0	2	3	4	2	5	0
	대구	14	11	21	54	64	36	78	0
	대전	8	4	13	37	41	26	49	1
	부산	4	6	9	17	25	12	33	1
	부천	5	2	6	18	19	11	39	1
	상주	11	2	12	33	35	18	41	0
	서울	8	9	15	39	52	24	54	0
	서울E	5	3	0	17	10	10	16	0
	성남	13	6	11	35	35	20	50	0
	수원	6	8	16	39	56	21	51	1
	수원FC	5	3	6	20	20	13	31	0
	안산무궁	7	1	4	19	11	8	24	1
	안양	6	4	2	20	8	10	27	2
	울산	2	5	24	29	63	19	34	2
	인천	15	6	13	53	46	33	62	1
	전남	5	10	9	33	37	17	47	1
	전북	6	4	21	38	65	23	61	0
	제주	12	7	10	45	51	29	50	2
	충주	8	2	2	24	14	15	18	0
	포항	6	8	16	28	56	18	51	1
	계	166	123	235	671	785	413	922	16

팀명	상대팀	승	무	패	득점	실점	도움	경고	퇴장
광주	강원	7	9	5	28	28	16	43	1
	경남	3	2	5	14	15	11	19	0
	고양	3	3	3	11	13	6	14	0
	김포	2	1	1	5	4	3	10	0
	대구	8	5	7	31	30	18	45	2
	대전	9	8	10	25	29	19	43	2
	부산	9	10	4	31	23	25	52	0
	부천	11	5	5	27	20	16	40	0
	상주	10	1	11	24	23	14	37	1
	서울	2	4	13	22	38	9	36	0
	서울E	9	3	0	28	8	15	19	0
	성남	7	7	9	28	30	16	43	0
	수원	3	6	10	18	30	8	45	1
	수원FC	14	4	6	38	21	26	44	1
	아산	4	3	1	13	6	6	13	0
	안산	6	3	3	17	8	11	25	2
	안산무궁	4	1	5	14	13	10	21	1
	안양	9	7	5	37	28	22	38	0
	울산	1	6	14	12	30	6	34	1
	인천	6	12	6	23	23	15	48	0
	전남	12	8	6	39	31	30	53	1
	전북	1	5	13	18	47	14	36	1
	제주	5	5	6	18	20	12	27	0
	충남아산	3	1	0	7	3	3	8	0
	충주	3	4	2	11	6	6	14	0
	포항	1	6	15	18	41	10	54	2
	계	152	129	165	557	568	347	861	16

팀명	상대팀	승	무	패	득점	실점	도움	경고	퇴장
수원FC	강원	6	3	5	20	20	16	28	1
	경남	6	4	2	19	14	12	19	0
	고양	4	6	3	15	12	7	31	2
	광주	6	4	14	21	38	14	46	2
	김천	3	1	0	8	5	6	9	0
	대구	5	7	5	26	27	19	27	1
	대전	10	2	7	39	31	21	27	0
	부산	5	4	5	14	16	6	28	1
	부천	11	6	11	37	42	30	64	1
	상주	2	5	5	11	17	7	28	0
	서울	1	2	7	9	23	8	14	0
	서울E	9	6	5	30	23	16	36	0
	성남	6	4	9	24	30	12	39	1
	수원	6	1	5	22	17	12	18	0
	아산	2	2	8	9	17	6	36	0
	안산	7	2	6	22	21	16	30	2
	안산무궁	5	1	7	20	21	13	28	0
	안양	15	6	7	47	32	22	60	1
	울산	1	1	8	11	19	10	23	0
	인천	2	5	3	9	12	6	20	0
	전남	2	5	3	15	16	7	20	0
	전북	2	3	5	11	15	7	20	0
	제주	4	4	5	17	20	11	23	0
	충남아산	2	1	0	8	1	6	4	0
	충주	7	3	3	22	12	14	16	0
	포항	6	0	4	13	13	7	21	1
	계	135	88	142	499	514	311	715	13

팀명	상대팀	승	무	패	득점	실점	도움	경고	퇴장
안양	강원	2	4	6	8	20	3	37	1
	경남	6	5	13	22	32	14	39	2
	고양	8	4	5	21	15	16	30	0
	광주	5	7	9	28	37	15	40	0
	김천	1	3	0	6	4	5	9	0
	김포	3	1	0	6	2	5	12	0
	대구	4	6	2	19	16	13	25	0
	대전	8	12	12	41	50	27	51	3
	부산	8	7	10	33	37	21	47	2
	부천	17	12	12	52	48	37	80	1
	상주	3	1	5	13	21	7	16	0
	서울E	16	8	7	45	32	22	54	2
	성남	1	3	4	7	10	6	10	0
	수원	0	1	1	1	2	1	3	0
	수원FC	7	6	15	32	47	19	52	1

팀명	상대팀	승	무	패	득점	실점	도움	경고	퇴장
	아산	4	1	7	16	20	13	31	0
	안산	11	5	7	34	24	17	44	1
	안산무궁	6	3	8	24	20	14	35	0
	전남	6	5	4	18	16	8	19	1
	제주	0	0	3	3	9	1	5	0
	충남아산	6	4	1	15	7	10	25	1
	충주	8	5	4	28	20	19	27	0
	계	130	103	135	472	489	293	691	15

팀명	상대팀	승	무	패	득점	실점	도움	경고	퇴장
부천	강원	6	2	5	19	18	10	21	3
	경남	8	3	13	33	38	17	43	0
	고양	9	4	4	27	17	17	34	0
	광주	5	5	11	20	27	12	38	1
	김천	0	1	3	0	4	0	6	0
	김포	1	1	2	3	4	2	9	0
	대구	2	4	6	7	13	2	19	1
	대전	12	6	13	32	37	18	56	2
	부산	9	8	7	25	24	17	46	2
	상주	2	2	5	10	14	6	17	0
	서울E	9	7	15	30	53	22	45	1
	성남	2	1	5	9	13	3	12	0
	수원FC	11	6	11	42	37	19	50	3
	아산	3	3	6	16	16	12	21	0
	안산	10	5	8	35	34	21	39	0
	안산무궁	4	4	9	19	28	14	30	0
	안양	12	12	17	48	52	32	75	1
	전남	4	5	6	15	19	8	26	2
	제주	0	0	3	0	7	0	5	0
	충남아산	5	4	2	8	4	5	20	1
	충주	7	3	7	15	18	12	38	0
	계	121	86	158	413	477	249	650	17

팀명	상대팀	승	무	패	득점	실점	도움	경고	퇴장
서울E	강원	0	3	5	10	17	6	21	0
	경남	9	8	6	26	25	19	38	1
	고양	4	3	1	15	7	11	13	0
	광주	0	3	9	8	28	6	24	2
	김천	1	1	2	5	5	3	7	0
	김포	3	1	0	11	3	5	8	0
	대구	1	4	3	6	10	6	14	0
	대전	9	7	11	29	30	23	56	3
	부산	5	6	13	31	48	21	35	1
	부천	15	7	9	53	30	29	59	0
	상주	1	1	2	6	7	5	8	0
	성남	2	5	1	10	8	7	14	0
	수원FC	5	6	9	23	30	18	29	2
	아산	1	3	8	9	25	6	32	0
	안산	10	8	5	30	22	20	41	2
	안산무궁	2	4	2	8	8	7	16	0
	안양	7	8	16	32	45	15	51	1
	전남	2	9	4	12	18	8	24	2
	제주	0	1	2	4	6	1	9	1
	충남아산	2	3	6	8	11	4	17	1
	충주	6	1	1	17	7	13	11	0
	계	85	92	115	353	390	233	527	16

팀명	상대팀	승	무	패	득점	실점	도움	경고	퇴장
안산	경남	4	4	7	21	25	11	24	0
	광주	3	3	6	8	17	3	22	1
	김천	0	1	3	1	6	1	9	0
	김포	2	2	0	8	3	4	9	0
	대전	5	7	11	20	31	17	40	4
	부산	4	6	10	16	31	10	29	1
	부천	8	5	10	34	35	21	48	3
	서울E	5	8	10	22	30	14	39	1
	성남	1	4	3	4	6	3	22	0
	수원FC	6	2	7	21	22	13	25	0
	아산	2	3	7	6	13	4	23	0
	안양	7	5	11	24	34	13	36	1
	전남	6	4	5	20	23	12	23	2
	제주	0	1	2	3	6	1	6	0
	충남아산	4	4	3	10	9	6	24	0
	계	57	59	95	218	291	133	379	13

팀명	상대팀	승	무	패	득점	실점	도움	경고	퇴장
충남아산	경남	5	3	3	14	14	3	13	1
	광주	0	1	3	3	7	0	11	0
	김천	0	0	4	3	9	1	5	0
	김포	2	0	2	6	3	4	7	0
	대전	3	3	5	16	19	9	16	1
	부산	3	1	4	10	13	6	14	0
	부천	2	4	5	4	8	0	20	0
	서울E	6	3	2	11	8	8	23	0
	수원FC	0	1	2	1	8	0	7	0
	안산	3	4	4	9	10	5	22	2
	안양	1	4	6	7	15	3	29	0
	전남	4	4	3	12	6	8	11	0
	제주	0	0	3	1	5	1	3	0
	계	29	28	46	97	125	48	181	4

팀명	상대팀	승	무	패	득점	실점	도움	경고	퇴장
김천	강원	2	0	1	4	3	1	5	0
	경남	2	1	1	6	5	5	7	0
	대구	0	3	1	2	3	2	3	0
	대전	3	1	2	10	10	8	11	0
	부산	2	1	1	10	4	6	5	0
	부천	3	1	0	4	0	4	8	0
	서울	1	2	1	6	5	6	4	0
	서울E	2	1	1	5	5	3	6	0
	성남	2	2	0	9	3	8	8	0
	수원	0	2	2	3	6	0	11	0
	수원FC	0	1	3	5	8	2	10	0
	안산	3	1	0	6	1	1	9	0
	안양	0	3	1	4	6	2	7	0
	울산	0	1	2	1	4	1	3	0
	인천	1	0	2	1	2	0	5	0
	전남	1	2	1	7	6	3	10	1
	전북	0	2	1	4	5	3	4	0
	제주	1	0	2	6	5	1	2	0
	충남아산	4	0	0	9	3	5	8	0
	포항	1	1	1	4	4	2	3	0
	계	28	25	23	106	88	63	129	1

팀명	상대팀	승	무	패	득점	실점	도움	경고	퇴장
김포	경남	1	0	3	4	11	2	6	0
	광주	1	1	2	4	5	3	12	0
	대전	0	2	2	6	10	4	9	1
	부산	2	1	1	4	2	3	10	0
	부천	2	1	1	4	3	3	5	1
	서울E	0	1	3	3	11	2	9	1
	안산	0	2	2	3	8	3	7	0
	안양	0	1	3	2	6	2	4	0
	전남	2	2	0	6	3	4	8	0
	충남아산	2	0	2	3	6	1	13	1
	계	10	11	19	39	65	27	83	4

팀명	상대팀	승	무	패	득점	실점	도움	경고	퇴장
상주	강원	12	2	11	35	33	22	36	1
	경남	9	3	7	25	23	18	32	1
	고양	6	2	1	20	6	16	17	0
	광주	11	1	10	23	24	16	39	1
	대구	5	9	10	25	37	16	42	0
	대전	1	2	3	6	9	4	5	0
	부산	3	5	5	16	16	9	24	1
	부천	5	2	2	14	10	6	17	1
	서울	7	4	12	27	38	18	40	3
	서울E	2	1	1	7	6	6	6	0
	성남	4	7	8	17	26	10	28	1
	수원	4	7	11	18	32	12	35	2
	수원FC	5	5	2	17	11	9	23	0
	안산무궁	6	2	1	20	7	15	12	0
	안양	5	1	3	21	13	12	17	1
	울산	4	4	16	29	56	19	40	0
	인천	9	7	11	29	31	18	47	1
	전남	6	4	13	22	33	12	36	0
	전북	2	4	17	16	54	13	40	2
	제주	7	6	8	35	40	19	40	0
	충주	5	2	2	19	12	13	10	0
	포항	8	2	13	35	44	21	43	1
	계	126	82	167	476	561	304	629	16

팀명	상대팀	승	무	패	득점	실점	도움	경고	퇴장
안산 무궁화	강원	4	1	7	11	19	5	35	0
	경남	5	2	1	13	4	9	14	0
	고양	8	6	3	28	13	21	40	1
	광주	5	1	4	13	14	9	29	2
	대구	5	4	3	18	17	12	20	1
	대전	4	2	2	11	10	8	14	1
	부산	1	1	2	4	8	1	8	0
	부천	9	4	4	28	19	17	53	1
	상주	1	2	6	7	20	5	30	0
	서울E	2	4	2	8	8	3	11	1
	수원FC	7	1	5	21	20	11	32	1
	안양	8	3	6	20	24	11	48	0
	충주	7	6	4	24	25	14	32	0
	계	66	37	49	206	201	126	366	8

팀명	상대팀	승	무	패	득점	실점	도움	경고	퇴장
광주 상무	강원	2	1	1	6	4	2	9	0
	경남	3	4	7	9	14	8	24	0
	대구	4	5	14	25	42	18	34	0

	대전	5	10	10	20	30	13	41	0
	부산	9	7	8	24	25	18	38	1
	서울	4	5	15	14	38	9	38	0
	성남	6	5	13	21	34	17	45	0
	수원	4	4	15	13	33	6	37	2
	울산	3	6	15	13	35	7	35	0
	인천	6	4	7	17	20	13	23	1
	전남	3	6	12	14	27	11	30	0
	전북	4	7	13	21	36	11	35	0
	제주	5	5	13	14	29	7	32	3
	포항	1	4	16	17	37	9	27	0
	계	59	73	159	228	404	149	448	7

팀명	상대팀	승	무	패	득점	실점	도움	경고	퇴장
아산	경남	0	1	3	4	8	1	5	0
	광주	1	3	4	6	13	5	17	1
	대전	5	3	4	14	12	12	27	1
	부산	2	4	7	13	22	7	34	2
	부천	6	3	3	16	16	7	22	0
	서울E	8	3	1	25	9	15	19	0
	성남	3	2	4	8	9	7	26	0
	수원FC	8	2	2	17	9	12	24	1
	안산	7	3	2	13	6	8	19	0
	안양	7	1	4	20	16	13	24	0
	전남	2	1	1	5	3	4	4	0
	계	49	26	35	141	123	91	221	5

팀명	상대팀	승	무	패	득점	실점	도움	경고	퇴장
고양	강원	3	3	6	9	16	4	29	0
	경남	2	1	5	7	16	5	17	1
	광주	3	3	3	13	11	6	19	0
	대구	4	2	6	16	21	4	28	1
	대전	0	3	5	4	13	2	15	1
	부산	0	0	4	0	6	0	11	1
	부천	4	4	9	17	27	8	39	0
	상주	1	2	6	6	20	1	8	1
	서울E	1	3	4	7	15	4	19	0
	수원FC	3	6	4	12	15	6	27	0
	안산무궁	3	6	8	13	28	9	22	0
	안양	5	4	8	15	21	7	42	0
	충주	7	8	2	27	22	21	32	2
	계	36	45	70	146	231	77	308	7

팀명	상대팀	승	무	패	득점	실점	도움	경고	퇴장
충주	강원	2	2	8	14	24	7	21	0
	경남	2	1	5	7	13	2	11	0
	고양	2	8	7	22	27	15	30	0
	광주	2	4	3	6	11	3	19	1
	대구	1	4	7	11	19	9	18	0
	대전	0	3	5	6	17	4	11	0
	부산	0	1	3	1	7	1	7	0
	부천	7	3	7	18	15	15	44	0
	상주	2	2	5	12	19	8	19	0
	서울E	1	1	6	7	17	3	14	0
	수원FC	3	3	7	12	22	7	23	0
	안산무궁	4	6	7	25	24	16	24	0
	안양	4	5	8	20	28	13	32	0
	계	30	43	78	161	243	103	273	1

팀명	상대팀	승	무	패	득점	실점	도움	경고	퇴장
할렐루야	국민은행	6	2	0	17	4	9	1	0
	부산	3	5	3	10	13	8	8	0
	상무	1	0	2	5	4	3	2	0
	서울	3	1	3	7	9	7	4	0
	울산	1	2	4	7	13	6	3	0
	제주	2	5	4	16	22	10	9	1
	포항	3	3	5	11	15	11	3	1
	한일은행	0	6	1	4	5	3	3	0
	계	19	24	22	77	85	57	33	2

팀명	상대팀	승	무	패	득점	실점	도움	경고	퇴장
한일은행	국민은행	1	2	1	6	7	4	2	0
	부산	2	1	8	11	22	7	10	0
	상무	0	2	1	5	6	4	1	0
	서울	2	1	8	9	26	7	8	0
	울산	1	5	5	8	16	4	7	0
	제주	3	4	4	9	15	8	6	0
	포항	2	4	5	8	12	8	4	0
	할렐루야	1	6	0	5	4	3	2	0
	계	12	25	32	61	108	45	40	0

팀명	상대팀	승	무	패	득점	실점	도움	경고	퇴장
국민은행	부산	0	2	6	6	18	2	2	0
	서울	0	2	2	2	6	2	2	0
	울산	0	0	4	3	14	3	1	0
	제주	2	1	5	7	13	4	9	1
	포항	3	1	4	9	14	6	4	0
	한일은행	1	2	1	7	6	5	3	0
	할렐루야	0	2	6	4	17	3	3	1
	계	6	10	28	38	88	25	24	2

팀명	상대팀	승	무	패	득점	실점	도움	경고	퇴장
상무	부산	2	0	1	6	5	6	1	0
	서울	0	2	1	2	3	2	2	0
	울산	0	1	2	1	4	0	4	0
	제주	1	1	1	2	4	1	0	0
	포항	0	1	2	2	4	2	3	0
	한일은행	1	2	0	6	5	6	1	0
	할렐루야	2	0	1	4	5	2	0	0
	계	6	7	8	23	30	19	11	0

팀명	상대팀	승	무	패	득점	실점	도움	경고	퇴장
전북 버팔로	부산	3	0	3	12	13	7	12	0
	서울	0	0	6	5	17	4	6	1
	성남	1	1	4	5	8	4	10	1
	울산	1	2	3	5	10	4	10	0
	제주	0	0	6	5	16	2	6	1
	포항	0	2	4	5	13	4	4	1
	계	5	5	26	37	77	25	48	4

프로축구 통산 팀 최다 기록

구분	기록	구단명
승리	605	울산
패전	514	부산
무승부	427	서울
득점	1,921	포항
실점	1,761	제주
도움	1,336	포항
코너킥	6,706	부산
파울	22,743	부산
오프사이드	3,461	울산
슈팅	16,845	서울
페널티킥 획득	195	부산
페널티킥 성공	159	부산
페널티킥 실패	52	울산
경고	2,505	부산
퇴장	78	부산

프로축구 통산 팀 최소 기록

구분	기록	구단명
승리	5	버팔로
패전	8	상무
무승부	5	버팔로
득점	23	상무
실점	30	상무
도움	19	상무
코너킥	84	상무
파울	243	상무
오프사이드	28	상무
슈팅	263	상무
페널티킥 획득	1	상무
페널티킥 성공	0	상무
페널티킥 실패	0	버팔로, 한일은행, 할렐루야
경고	11	상무
퇴장	0	상무, 한일은행

프로축구 통산 팀 최다 연승

순위	연속기록	리그	팀명	기록 내용
1	11경기	K리그2	상주	2013.09.01 ~ 2013.11.10
2	9경기	BC	울산	2002.10.19 ~ 2003.03.23
		BC	성남일화	2002.11.10 ~ 2003.04.30
		K리그1	전북	2014.10.01 ~ 2014.11.22
		K리그1	전북	2018.03.18 ~ 2018.05.02
6	8경기	BC	부산	1998.05.23 ~ 1998.07.26
		BC	수원	1999.07.29 ~ 1999.08.29
		BC	울산	2003.05.24 ~ 2003.07.06
		BC	성남일화	2003.08.03 ~ 2003.09.14
		BC	수원	2008.03.19 ~ 2008.04.26
		BC	포항	2009.06.21 ~ 2009.07.25
		BC	전북	2010.06.06 ~ 2010.08.08
		BC	전북	2012.05.11 ~ 2012.07.01
		K리그2/1	경남	2017.10.08 ~ 2018.04.01

프로축구 통산 팀 최다 연패

순위	연속기록	리그	팀명	기록 내용
1	14경기	BC	상주*	2012.09.16 ~ 2012.12.01
2	10경기	BC	전북버팔로	1994.09.10 ~ 1994.11.12
3	9경기	K리그2	안산	2018.06.30 ~ 2018.08.26
		K리그2	서울E	2019.05.20 ~ 2019.07.21
5	8경기	BC	대우[부산]	1994.08.13 ~ 1994.09.10
		BC	광주상무	2008.08.24 ~ 2008.09.28
		BC	광주상무	2009.09.13 ~ 2009.11.01
		BC	강원	2010.05.05 ~ 2010.07.24
		BC	강원	2011.06.18 ~ 2011.08.13
		K리그1	강원	2013.07.16 ~ 2013.09.01
		K리그2	대전	2015.06.28 ~ 2015.08.15
		K리그2	전남	2018.10.20 ~ 2019.03.10
		K리그1	인천	2020.05.23 ~ 2020.07.04

* 2012년 상주 기권으로 인한 14경기 연패

프로축구 통산 팀 최다 연속 무승

순위	연속기록	리그	팀명	기록 내용
1	25경기	K리그2	고양	2016.05.08 ~ 2016.09.25
2	23경기	BC	광주상무	2008.04.30 ~ 2008.10.18
3	22경기	BC	대전	1997.05.07 ~ 1997.10.12
		BC	부천SK[제주]	2002.11.17 ~ 2003.07.12
		BC	부산	2005.07.06 ~ 2006.04.05
6	21경기	BC	안양LG[서울]	1997.03.22 ~ 1997.07.13
		BC	광주상무	2010.05.23 ~ 2010.11.07
8	20경기	BC	대전	2002.08.04 ~ 2003.03.23
		K리그1	경남	2019.04.02 ~ 2019.08.03
		K리그2	전남	2022.05.21 ~ 2022.09.11
10	19경기	BC	상주*	2012.08.08 ~ 2012.12.01
		K리그1	대전	2013.04.07 ~ 2013.08.15

* 2012년 상주 기권패(연속 14경기) 포함

프로축구 통산 팀 최다 연속 무패

순위	연속기록	리그	팀명	기록 내용
1	33경기	K리그1	전북	2016.03.12 ~ 2016.10.02
2	22경기	K리그1	전북	2014.09.06 ~ 2015.04.18
		K2~K1	제주	2020.08.01 ~ 2021.03.20
4	21경기	BC	대우[부산]	1991.05.08 ~ 1991.08.31
		BC	전남	1997.05.10 ~ 1997.09.27
6	20경기	BC	전북	2011.07.03 ~ 2012.03.17
7	19경기	BC	성남일화	2006.10.22 ~ 2007.05.26
		BC	울산	2007.05.09 ~ 2007.09.29
		BC	인천	2012.08.04 ~ 2012.11.28
		BC	포항	2012.10.28 ~ 2013.05.11
		BC	경남	2016.10.30 ~ 2017.06.24
		K리그2	광주	2019.03.03 ~ 2019.07.14

프로축구 통산 팀 최다 연속 무승부

순위	연속기록	리그	팀명	기록 내용
1	10경기	BC	안양LG[서울]	1997.05.10 ~ 1997.07.13
2	9경기	BC	일화[성남]	1992.05.09 ~ 1992.06.20
		BC	전남	2006.03.18 ~ 2006.04.29
4	7경기	BC	전남	1997.05.18 ~ 1997.07.09
		BC	대구	2004.08.01 ~ 2004.08.29
		BC	포항	2005.03.16 ~ 2005.04.27
7	6경기	BC	유공[제주]	1986.05.31 ~ 1986.07.06
		BC	대우[부산]	1992.05.09 ~ 1992.06.06
		BC	부산	2000.07.01 ~ 2000.07.22
		BC	부천SK[제주]	2004.04.10 ~ 2004.05.23
		BC	포항	2004.05.26 ~ 2004.07.11
		BC	전북	2004.08.08 ~ 2004.09.01
		BC	경남	2009.03.08 ~ 2009.04.12
		K2	전남	2022.06.08 ~ 2022.07.06

프로축구 통산 팀 최다 연속 득점

순위	연속기록	리그	팀명	기록 내용
1	31경기	BC	럭키금성[서울]	1989.09.23 ~ 1990.09.01
		K리그2	대구	2014.09.14 ~ 2015.07.11
3	26경기	BC	수원	2011.07.02 ~ 2012.04.14
		K리그1	전북	2013.03.03 ~ 2013.09.01
5	25경기	BC	안양LG[서울]	2000.04.29 ~ 2000.09.30
		K리그2	제주	2020.05.23 ~ 2020.11.07
7	24경기	BC	대구	2008.05.05 ~ 2008.10.29
		BC	전북	2009.12.06 ~ 2010.08.22
		BC	포항	2012.10.28 ~ 2013.07.03

프로축구 통산 팀 최다 연속 실점

순위	연속기록	리그	팀명	기록 내용
1	27경기	BC	부산	2005.07.06 ~ 2006.05.05
2	24경기	BC	강원	2009.04.26 ~ 2009.10.24
3	23경기	BC	천안[성남]	1996.07.04 ~ 1996.10.30
4	22경기	BC	전북	2005.05.08 ~ 2005.10.23
		BC	대구	2010.04.11 ~ 2010.10.03
6	21경기	BC	대전	1998.09.19 ~ 1999.07.03
		BC	서울	2010.10.09 ~ 2011.06.11
8	20경기	BC	전북	1998.05.23 ~ 1998.09.26
		BC	수원	2000.04.09 ~ 2000.07.23
		K리그1	강원	2013.07.13 ~ 2013.11.27
		K리그2	대전	2016.10.15 ~ 2017.06.26
		K리그1	경남	2018.11.10 ~ 2019.06.22

프로축구 통산 팀 최다 연속 무득점

순위	연속기록	리그	팀명	기록 내용
1	15경기	BC	상주	2012.08.26 ~ 2012.12.01
2	9경기	K리그2	인천	2014.03.15 ~ 2014.04.27
3	7경기	BC	대전	2008.10.19 ~ 2009.03.14
		K리그1	인천	2019.04.03 ~ 2019.05.11

		K리그2	부천	2020.08.22 ~ 2020.09.26
		K리그2	충남아산	2020.10.11 ~ 2021.03.06
		K리그2	부천	2021.04.04 ~ 2021.05.08
		K리그2	서울E	2021.05.29 ~ 2021.07.05
		K리그2	부산	2022.07.06 ~ 2022.08.07
10	6경기	BC	대우[부산]	1992.09.02 ~ 1992.09.26
		BC	인천	2005.03.13 ~ 2005.04.09
		BC	제주	2009.09.19 ~ 2009.11.01
		K리그1	부산	2013.09.08 ~ 2013.10.27
		K리그1	수원FC	2016.05.28 ~ 2016.06.29
		K리그2	고양	2016.07.09 ~ 2016.08.13

* 2012년 상주 14경기 연속 기권패(2012.09.16~2012.12.01)

프로축구 통산 팀 최다 연속 무실점

순위	연속기록	리그	팀명	기록 내용
1	8경기	BC	일화[성남]	1993.04.10 ~ 1993.05.29
		K리그1	전북	2014.10.01 ~ 2014.11.15
3	7경기	BC	수원	2008.03.19 ~ 2008.04.20
		K리그1	전북	2018.03.31 ~ 2018.04.29
5	6경기	BC	대우[부산]	1987.04.04 ~ 1987.04.19
		BC	일화[성남]	1993.08.14 ~ 1993.09.08
		BC	성남일화[성남]	2008.07.12 ~ 2008.08.30
		K리그2	상주	2013.09.01 ~ 2013.10.05
		K리그2	성남	2017.05.07 ~ 2017.06.12

프로축구 통산 팀 300승 · 400승 · 500승 · 600승 기록

구분	구단명	일자	경기수	비고
300승	울산	2005.10.02	772경기	부산 : 울산
	포항	2005.10.23	792경기	광주상무 : 포항
	부산	2006.07.19	820경기	제주 : 부산
	서울	2008.08.30	876경기	서울 : 광주상무
	제주	2009.04.22	912경기	제주 : 광주상무
	성남일화[성남]	2009.05.23	758경기	성남일화 : 전남
	수원	2012.10.03	640경기	수원 : 서울
	전북	2015.04.18	751경기	전북 : 제주
	전남	2020.10.18	940경기	수원FC : 전남
400승	울산	2011.07.16	991경기	강원 : 울산
	포항	2012.03.25	1,012경기	상주 : 포항
	서울	2013.06.01	1,049경기	서울 : 전남
	부산	2014.11.22	1,138경기	부산 : 경남
	제주	2016.04.17	1,169경기	울산 : 제주
	성남	2016.06.29	1,028경기	서울 : 성남
	수원	2019.05.29	892경기	수원 : 포항
	전북	2010.08.16	922경기	전북 : 울산
500승	울산	2017.07.19	1,226경기	강원 : 울산
	포항	2017.09.20	1,234경기	포항 : 강원
	서울	2019.05.28	1,280경기	서울 : 성남
	부산	2022.06.05	1,418경기	부산 : 안산
600승	울산	2022.08.21	1,410경기	김천 : 울산

프로축구 통산 선수 최다 기록

구분	기록	선수명	소속팀	소속팀별 득점	비고
최다 득점	228골	이동국	포항	47골	
			전북	164골	
			성남일화	2골	
			광주상무	15골	
최다 도움	110회	염기훈	경찰	11회	
			울산	4회	
			수원	87회	
			전북	8회	
최다 페널티킥	42회	이동국	광주상무	5회	
			성남일화	1회	
			전북	32회	
			포항	4회	
최다 코너킥	963회	염기훈	전북	60회	
			수원	785회	
			울산	58회	
			경찰	60회	
최다 슈팅	1,596회	이동국	포항	370회	
			전북	1,034회	
			성남일화	39회	
			광주상무	153회	
최다 오프사이드	398회	샤샤	수원	152회	
			부산	83회	
			성남	163회	
최다 파울	970회	김상식	전북	260회	
			성남일화	593회	
			광주상무	117회	
최다 경고	143회	김한윤	포항	5회	
			부천SK	48회	
			부산	30회	
			성남일화	12회	
			서울	48회	
단일 경기 최다 득점	5골	샤샤	성남일화	5골	2002.03.17(성남) 성남일화 : 부천SK
단일 경기 최다 도움	4회	이호석	경남	4회	2016.09.07(창원C) 경남 : 고양
가장 빠른 골		방승환	인천	0분 11초	2007.05.23(인천W) 인천 : 포항
가장 늦은 골		오현규	수원	120분 1초	2022.10.29(수원W) 수원 : 안양

프로축구 통산 선수 출전 순위

순위	선수명	최종 소속	출전				
			프로통산	BC	K리그1	K리그2	승강PO
1	김병지	전남	706	605	101	-	-
2	김영광	성남	588	273	131	183	1
3	이동국	전북	548	318	230	-	-
4	최은성	전북	532	498	34	-	-
5	김기동	포항	501	501	-	-	-
6	김용대	울산	460	323	137	-	-
7	김상식	전북	458	438	20	-	-

8	강민수	인천	456	197	232	27	0
9	김광석	인천	451	181	270	0	0
10	오승범	강원	446	303	68	73	2

프로축구 통산 선수 득점 순위

순위	선수명	최종 소속	득점				
			프로통산	BC	K리그1	K리그2	승강PO
1	이동국	전북	228	141	87	-	-
2	데 얀	대구	198	122	76	-	-
3	김신욱	전북	132	49	83	-	-
4	김은중	대전	123	119	1	3	-
5	정조국	제주	121	67	37	17	-

프로축구 통산 선수 도움 순위

순위	선수명	최종 소속	도움				
			프로통산	BC	K리그1	K리그2	승강PO
1	염기훈	수원	110	36	63	11	-
2	이동국	전북	77	53	24	-	-
3	몰리나	서울	69	42	27	-	-
4	신태용	성남일화	68	68	-	-	-
5	황진성	강원	67	51	16	-	-

프로축구 통산 선수 공격포인트 순위

순위	선수명	최종 소속	공격포인트				
			프로통산	BC	K리그1	K리그2	승강PO
1	이동국	전북	305	194	111	-	-
2	데 얀	대구	246	153	93	-	-
3	염기훈	수원	187	67	102	18	-
4	김은중	대전	179	173	2	4	-
5	신태용	성남일화	167	167	-	-	-

프로축구 통산 선수 파울 순위

순위	선수명	최종 소속	파울				
			프로통산	BC	K리그1	K리그2	승강PO
1	김상식	전북	970	936	34	-	-
2	김한윤	성남일화	905	853	52	-	-
3	오범석	포항	872	535	232	105	-
4	김진우	수원	795	795	-	-	-
5	유경렬	대구	741	705	36	-	-

프로축구 통산 선수 경고 순위

순위	선수명	최종 소속	경고				
			프로통산	BC	K리그1	K리그2	승강PO
1	김한윤	성남일화	143	131	12	-	-
2	신광훈	포항	104	38	56	10	0
3	오범석	포항	102	50	33	19	0
4	강민수	인천	96	57	34	5	0
5	양상민	수원	95	61	15	19	0

프로축구 통산 골키퍼 무실점 순위

순위	선수명	최종 소속	무실점경기				
			프로통산	BC	K리그1	K리그2	승강PO
1	김병지	전남	229	202	27	-	-
2	김영광	성남	171	85	34	52	-
3	최은성	전북	152	140	12	-	-
4	이운재	전남	140	140	-	-	-
5	김용대	울산	133	94	39	-	-

프로축구 통산 선수 연속 득점 순위

순위	선수명	소속팀	구분	연속	기간
1	황선홍	포항	BC	8경기	1995.08.19 ~ 1995.10.04
	김도훈	전북	BC	8경기	2000.06.17 ~ 2000.07.16
3	안정환	부산	BC	7경기	1999.07.24 ~ 1999.09.04
	이동국	전북	BC	7경기	2013.05.11 ~ 2013.07.13
	주민규	서울E	K리그2	7경기	2015.05.10 ~ 2015.06.10
	김동찬	대전	K리그2	7경기	2016.04.17 ~ 2016.05.25
	조나탄	수원	K리그1	7경기	2016.09.10 ~ 2016.10.30
	이정협	부산	K리그2	7경기	2017.03.04 ~ 2017.04.22
	주민규	상주	K리그1	7경기	2017.08.12 ~ 2017.09.30

프로축구 통산 선수 연속 도움 순위

순위	선수명	소속팀	구분	연속	기간
1	라 데	포항	BC	6경기	1996.07.28 ~ 1996.09.04
2	몰리나	서울	BC	5경기	2012.04.29 ~ 2012.05.28
3	김용세 외 20명			4경기	

프로축구 통산 선수 연속 공격포인트 순위

순위	선수명	소속팀	구분	연속	기간
1	이명주	서울	K리그1	11경기	2014.03.15 ~ 2014.05.10
2	마니치	부산	BC	9경기	1997.09.07 ~ 1997.10.19
	까보레	경남	BC	9경기	2007.08.15 ~ 2007.10.06
	에닝요	대구	BC	9경기	2008.07.12 ~ 2008.09.28
	이근호	상주	K리그2	9경기	2013.04.13 ~ 2013.08.04

프로축구 통산 골키퍼 연속 무실점 경기 순위

순위	선수명	소속팀	구분	연속	비고
1	신의손	일화[성남]	BC	8경기	1993.04.10 ~ 1993.05.29
2	조병득	할렐루야	BC	7경기	1985.04.20 ~ 1985.06.18
	이운재	수원	BC	7경기	2008.03.19 ~ 2008.04.20
	송범근	전북	K리그1	7경기	2018.03.31 ~ 2018.04.29
5	김풍주	대우[부산]	BC	6경기	1987.07.25 ~ 1987.09.26
	신의손	일화[성남]	BC	6경기	1993.08.14 ~ 1993.09.08
	김대환	수원	BC	6경기	2004.08.04 ~ 2004.10.31
	김승규	울산	BC	6경기	2010.06.06 ~ 2012.04.11
	김호준	상주	K리그2	6경기	2013.09.01 ~ 2013.10.05
	신화용	포항	K리그1	6경기	2014.07.05 ~ 2014.08.09
	권순태	전북	K리그1	6경기	2014.10.01 ~ 2014.11.15
	김동준	성남	K리그2	6경기	2017.05.07 ~ 2017.06.12

프로축구 통산 선수 연속 무교체 순위

순위	선수명	소속팀	구분	기록	기간
1	김병지	서울	BC	153경기	2004.04.03 ~ 2007.10.14
2	이용발	전북	BC	151경기	1999.03.31 ~ 2002.11.17
3	신의손	일화	BC	136경기	1992.03.28 ~ 1995.09.06
4	김영광	서울E	BC	105경기	2016.08.22 ~ 2019.07.14
5	조준호	제주	BC	93경기	2004.04.03 ~ 2006.07.09

프로축구 통산 최단시간 골 순위

순위	경기일자	대회구분	시간	선수	소속
1	2007.05.23	BC / 리그컵	전반 00:11	방승환	인천
2	2013.10.05	K리그1	전반 00:17	곽광선	포항
	2021.04.25	K리그2	전반 00:17	심동운	안양
4	2017.07.16	K리그1	전반 00:18	로페즈	전북
5	1986.04.12	BC / 리그	전반 00:19	권혁표	한일은행

프로축구 통산 최장거리 골 순위

순위	기록	선수명	소속팀	구분	일자	대진
1	85m	권정혁	인천	K리그1	2013.07.21	제주 : 인천
2	82m	알렉스	제주	K리그1	2017.09.20	수원 : 제주
3	67m	김현	성남	K리그1	2016.07.17	수원 : 성남
4	65m	도화성	부산	BC	2005.05.29	부천SK : 부산
5	57m	고종수	수원	BC	2002.09.04	전북 : 수원

역대 시즌별 최다 득점 기록

연도	대회명	득점(경기수)	선수명(소속팀)
83	수퍼리그	9(14)	박윤기(유공)
84	축구대제전 수퍼리그	16(28)	백종철(현대)
85	축구대제전 수퍼리그	12(21)	피아퐁(럭금), 김용세(유공)
86	축구대제전	10(19)	정해원(대우)
	프로축구선수권대회	9(15)	함현기(현대)
87	한국프로축구대회	15(30)	최상국(포철)
88	한국프로축구대회	12(23)	이기근(포철)
89	한국프로축구대회	20(39)	조긍연(포철)
90	한국프로축구대회	12(30)	윤상철(럭금)
91	한국프로축구대회	16(37)	이기근(포철)
92	한국프로축구대회	10(30)	임근재(LG)
	아디다스컵	5(6)	노수진(유공)
93	한국프로축구대회	10(23)	차상해(포철)
	아디다스컵	3(5)	임근재(LG), 강재훈(현대)
		3(2)	최문식(포철)
94	하이트배 코리안리그	21(28)	윤상철(LG)
	아디다스컵	4(6)	라데(포철)
95	하이트배 코리안리그	15(26)	노상래(전남)
	아디다스컵	6(7)	김현석(현대)
96	라피도컵 프로축구대회	18(24)	신태용(천안)
	아디다스컵	5(8)	세르게이(부천SK)
		5(6)	이원식(부천SK)
97	라피도컵 프로축구대회	9(17)	김현석(울산)
	아디다스컵	8(9)	서정원(안양LG)
	프로스펙스컵	6(7)	마니치(부산)
98	현대컵 K-리그	14(20)	유상철(울산)
	필립모리스코리아컵	7(9)	김종건(울산)
	아디다스코리아컵	11(10)	김현석(울산)
99	바이코리아컵 K-리그	18(26)	샤샤(수원)
	대한화재컵	6(9)	안정환(부산)
		6(8)	김종건(울산)
	아디다스컵	3(3)	데니스(수원)
00	삼성 디지털 K-리그	12(20)	김도훈(전북)
	대한화재컵	6(10)	이원식(부천SK)
	아디다스컵	2(3)	서정원(수원), 김현수(성남일화),
		2(2)	이상윤(성남일화), 고종수(수원), 왕정현(안양LG)
01	포스코 K-리그	13(22)	산드로(수원)
	아디다스컵	7(9)	김도훈(전북)
02	삼성 파브 K-리그	14(27)	에드밀손(전북)
	아디다스컵	10(11)	샤샤(성남일화)
03	삼성 하우젠 K-리그	28(40)	김도훈(성남일화)
04	삼성 하우젠 K-리그	14(22)	모따(전남)
	삼성 하우젠컵	7(7)	카르로스(울산)
05	삼성 하우젠 K-리그	13(17)	마차도(울산)
	삼성 하우젠컵	7(12)	산드로(대구)
06	삼성 하우젠 K-리그	16(28)	우성용(성남일화)
	삼성 하우젠컵	8(13)	최성국(울산)
07	삼성 하우젠 K-리그	18(26)	까보레(경남)
	삼성 하우젠컵	7(9)	루이지뉴(대구)
08	삼성 하우젠 K-리그	16(27)	두두(성남일화)
	삼성 하우젠컵	9(8)	에닝요(대구)
09	K-리그	21(29)	이동국(전북)
	피스컵 코리아	4(5)	유창현(포항), 노병준(포항)
10	쏘나타 K리그	22(28)	유병수(인천)
	포스코컵	6(7)	데얀(서울)
11	현대오일뱅크 K리그	24(30)	데얀(서울)
	러시앤캐시컵	11(8)	김신욱(울산)
12	현대오일뱅크 K리그	31(42)	데얀(서울)
13	현대오일뱅크 K리그 클래식	19(29)	데얀(서울)
		19(36)	김신욱(울산)
	현대오일뱅크 K리그 챌린지	15(25)	이근호(상주)
		15(29)	이상협(상주)
		15(32)	알렉스(고양)
14	현대오일뱅크 K리그 클래식	14(35)	산토스(수원)
	현대오일뱅크 K리그 챌린지	27(32)	아드리아노(대전)
15	현대오일뱅크 K리그 클래식	18(38)	김신욱(울산)
	현대오일뱅크 K리그 챌린지	26(39)	조나탄(대구)
16	현대오일뱅크 K리그 클래식	20(31)	정조국(광주)
	현대오일뱅크 K리그 챌린지	20(39)	김동찬(대전)
17	KEB하나은행 K리그 클래식	22(29)	조나탄(수원)

Section 6 역대 통산 기록

연도	대회명	득점(경기수)	선수명(소속팀)
	KEB하나은행 K리그 챌린지	22(32)	말컹(경남)
18	KEB하나은행 K리그1	26(31)	말컹(경남)
	KEB하나은행 K리그2	16(31)	나상호(광주)
19	하나원큐 K리그1	20(33)	타가트(수원)
	하나원큐 K리그2	19(27)	펠리페(광주)
20	하나원큐 K리그1	26(27)	주니오(울산)
	하나원큐 K리그2	21(26)	안병준(수원FC)
21	하나원큐 K리그1	22(34)	주민규(제주)
	하나원큐 K리그2	23(34)	안병준(부산)
22	하나원큐 K리그1	17(31)	조규성(전북)
	하나원큐 K리그2	19(37)	티아고(경남)

역대 시즌별 최다 도움 기록

연도	대회명	도움(경기수)	선수명(소속팀)
83	수퍼리그	6(15)	박창선(할렐루야)
84	축구대제전 수퍼리그	9(27)	렌스베르겐(현대)
85	축구대제전 수퍼리그	6(21)	피아퐁(럭키금성)
86	축구대제전	8(15)	강득수(럭키금성)
	프로축구선수권대회	4(12)	전영수(현대)
		4(14)	여범규(대우)
		4(16)	신동철(유공)
87	한국프로축구대회	8(30)	최상국(포항)
88	한국프로축구대회	5(15)	김종부(포항)
		5(23)	함현기(현대), 황보관(유공), 강득수(럭키금성)
89	한국프로축구대회	11(39)	이흥실(포항)
90	한국프로축구대회	7(29)	송주석(현대)
91	한국프로축구대회	8(29)	김준현(유공)
92	한국프로축구대회	8(25)	신동철(유공)
	아디다스컵	3 (6)	이기근(포항)
		3 (7)	이인재(LG)
93	한국프로축구대회	8(27)	윤상철(LG)
	아디다스컵	2 (5)	루벤(대우) 外 3명
94	하이트배 코리안리그	10(21)	고정운(일화)
	아디다스컵	4 (5)	조정현(유공)
95	하이트배 코리안리그	7(26)	아미르(대우)
	아디다스컵	3 (5)	윤정환(유공)
		3 (6)	아미르(대우)
96	라피도컵 프로축구대회	14(32)	라데(포항)
	아디다스컵	3 (7)	윤정환(부천SK)
		3 (8)	윤정춘(부천SK)
97	라피도컵 프로축구대회	5(10)	이성남(수원)
		5(14)	정정수(울산)
		5(16)	신홍기(울산)
	아디다스컵	4 (8)	고종수(수원)
		4 (9)	김범수(전북), 박건하(수원), 김현석(울산)
	프로스펙스컵	5 (7)	올레그(안양LG)
98	현대컵 K-리그	9(19)	정정수(울산)
	필립모리스코리아컵	4 (8)	윤정환(부천SK)
	아디다스코리아컵	3 (9)	장철민(울산), 강준호(안양LG)
99	바이코리아컵 K-리그	8(25)	변재섭(전북)
	대한화재컵	4 (8)	서혁수(전북), 조성환(부천SK)
	아디다스컵	3 (3)	이성남(수원)
00	삼성 디지털 K-리그	10(29)	안드레(안양LG)
	대한화재컵	4 (9)	전경준(부천SK)
	아디다스컵	4(10)	최문식(전남)
		4 (3)	이성남(수원)
01	포스코 K-리그	10(23)	우르모브(부산)
	아디다스컵	5(11)	마니치(부산)
02	삼성 파브 K-리그	9(18)	이천수(울산)
		9(27)	김대의(성남일화)
	아디다스컵	4 (9)	안드레(안양LG)
		4(11)	샤샤(성남일화)
03	삼성 하우젠 K-리그	14(39)	에드밀손(전북)
04	삼성 하우젠 K-리그	6(18)	홍순학(대구)
	삼성 하우젠컵	5(11)	따바레즈(포항)
05	삼성 하우젠 K-리그	9	히칼도(서울)
	삼성 하우젠컵	5	세자르(전북), 히칼도(서울)
06	삼성 하우젠 K-리그	8(24)	슈바(대전)
	삼성 하우젠컵	5 (9)	두두(성남일화)
07	삼성 하우젠 K-리그	11(23)	따바레즈(포항)
	삼성 하우젠컵	5 (8)	이청용(서울)
08	삼성 하우젠 K-리그	6(14)	브라질리아(울산)
	삼성 하우젠컵	9 (3)	변성환(제주)
09	K-리그	12(30)	루이스(전북)
	피스컵 코리아	3 (4)	조찬호(포항), 이슬기(대구), 오장은(울산)
10	쏘나타 K리그	11(26)	구자철(제주)
	포스코컵	4 (5)	장남석(대구)
11	현대오일뱅크 K리그	15(29)	이동국(전북)
	러시앤캐시컵	4 (6)	최재수(울산)
12	현대오일뱅크 K리그	19(41)	몰리나(서울)
13	현대오일뱅크 K리그 클래식	13(35)	몰리나(서울)
	현대오일뱅크 K리그 챌린지	11(21)	염기훈(경찰)
14	현대오일뱅크 K리그 클래식	10(26)	이승기(전북)
		10(35)	레오나르도(전북)
	현대오일뱅크 K리그 챌린지	9(33)	최진호(강원)
		9(36)	권용현(수원FC)
15	현대오일뱅크 K리그 클래식	17(35)	염기훈(수원)
	현대오일뱅크 K리그 챌린지	12(39)	김재성(서울E)
16	현대오일뱅크 K리그 클래식	15(34)	염기훈(수원)
	현대오일뱅크 K리그 챌린지	10(27)	이호석(경남)
17	KEB하나은행 K리그 클래식	14(35)	손준호(포항)
	KEB하나은행 K리그 챌린지	13(33)	장혁진(안산)
18	KEB하나은행 K리그1	11(25)	세징야(대구)

연도	대회명	도움경기수)	선수명(소속팀)
	KEB하나은행 K리그2	9(32)	박수일(대전), 호물로(부산)
19	하나원큐 K리그1	10(32)	문선민(전북)
		10(35)	세징야(대구)
	하나원큐 K리그2	10(29)	정재희(전남)
20	하나원큐 K리그1	12(26)	강상우(포항)
	하나원큐 K리그2	7(23)	김영욱(제주)
21	하나원큐 K리그1	10(32)	김보경(전북)
		10(36)	무릴로(수원FC)
	하나원큐 K리그2	8(37)	주현우(안양)
22	하나원큐 K리그1	14(35)	이기제(수원)
	하나원큐 K리그2	11(33)	아코스티(안양)

역대 득점 해트트릭 기록_ K리그 BC

번호	경기일자	선수명	소속	상대팀	경기장	대회구분	득점
1	83.08.25	김 희 철	포철	유공	동대문	정규리그	3
2	83.09.22	박 윤 기	유공	국민은	동대문	정규리그	3
3	84.07.22	정 해 원	대우	럭금	부산 구덕	정규리그	3
4	84.07.28	이 태 호	대우	한일은	동대문	정규리그	3
5	84.08.26	백 종 철	현대	국민은	울산 공설	정규리그	3
6	86.10.19	정 해 원	대우	유공	대구 시민	정규리그	3
7	86.10.22	정 해 원	대우	한일은	포항 종합	정규리그	3
8	87.07.27	이 태 호	대우	럭금	대전 한밭	정규리그	3
9	88.06.04	조 긍 연	포철	럭금	포항 종합	정규리그	3
10	89.05.20	조 긍 연	포철	대우	포항 종합	정규리그	3
11	89.10.21	조 긍 연	포철	현대	강릉 종합	정규리그	3
12	92.06.13	임 근 재	LG	대우	마산	정규리그	3
13	93.07.07	차 상 해	포철	대우	광양 전용	정규리그	3
14	93.08.25	윤 상 철	LG	유공	동대문	정규리그	3
15	93.09.28	강 재 순	현대	일화	동대문	정규리그	3
16	93.11.06	최 문 식	포철	일화	목동	리그컵	3
17	94.05.25	윤 상 철	LG	버팔로	동대문	리그컵	3
18	94.06.01	라 데	포철	버팔로	포항 스틸야드	리그컵	3
19	94.07.23	이 상 윤	일화	LG	동대문	정규리그	3
20	94.07.30	라 데	포철	LG	동대문	정규리그	4
21	94.08.27	김 상 훈	LG	대우	부산 구덕	정규리그	3
22	94.10.22	황 보 관	유공	버팔로	동대문	정규리그	3
23	94.11.05	라 데	포철	LG	동대문	정규리그	4
24	94.11.05	윤 상 철	LG	포철	동대문	정규리그	3
25	95.08.30	노 상 래	전남	대우	광양 전용	정규리그	3
26	95.09.06	황 선 홍	포항	대우	부산 구덕	정규리그	3
27	96.04.07	김 도 훈	전북	안양LG	안양	리그컵	3
28	96.04.24	세르게이	부천SK	부산	속초	리그컵	3
29	96.06.22	조 셉	부천SK	천안	목동	정규리그	3
30	96.08.18	신 태 용	천안	울산	보령	정규리그	3
31	96.08.22	신 태 용	천안	포항	포항 스틸야드	정규리그	3
32	96.08.25	조 정 현	부천SK	천안	목동	정규리그	3
33	96.08.25	홍 명 보	포항	전북	전주	정규리그	3
34	96.09.12	세르게이	부천SK	안양LG	동대문	정규리그	3
35	96.11.02	세르게이	부천SK	안양LG	목동	정규리그	3
36	97.04.12	윤 정 춘	부천SK	안양LG	목동	리그컵	3
37	97.04.16	이 원 식	부천SK	울산	목동	리그컵	3
38	97.09.27	김 현 석	울산	천안	울산 공설	정규리그	3
39	98.03.31	김 현 석	울산	대전	대전 한밭	리그컵	4
40	98.04.22	제 용 삼	안양LG	부산	부산 구덕	리그컵	3
41	98.05.23	김 종 건	울산	천안	울산 공설	리그컵	3
42	98.07.25	최 진 철	전북	천안	전주	정규리그	3
43	98.08.26	유 상 철	울산	대전	울산 공설	정규리그	3
44	98.09.26	샤 샤	수원	대전	수원 종합	정규리그	3
45	99.06.23	안 정 환	부산	대전	속초	정규리그	3
46	99.07.28	이 성 재	부천SK	전북	목동	정규리그	3
47	99.08.18	고 정 운	포항	울산	울산 공설	정규리그	3
48	99.08.18	최 용 수	안양LG	전북	안양	정규리그	3
49	99.08.21	샤 샤	수원	부천SK	목동	정규리그	4
50	99.08.25	김 종 건	울산	부산	부산 구덕	정규리그	3
51	99.10.13	샤 샤	수원	대전	대전 한밭	정규리그	3
52	00.06.21	김 도 훈	전북	대전	대전 한밭	정규리그	3
53	00.08.19	왕 정 현	안양LG	전북	안양	정규리그	3
54	00.08.30	데 니 스	수원	대전	대전 한밭	정규리그	3
55	00.09.03	이 상 윤	성남일화	부천SK	목동	정규리그	3
56	00.10.11	데 니 스	수원	전남	광양 전용	정규리그	3
57	00.10.11	산드로C	수원	전남	광양 전용	정규리그	3
58	01.06.24	샤 샤	성남일화	부천SK	부천 종합	정규리그	3
59	01.06.27	코 난	포항	대전	대전 한밭	정규리그	3
60	01.07.11	샤 샤	성남일화	대전	대전 한밭	정규리그	3
61	01.09.09	산드로C	수원	전북	수원 월드컵	정규리그	3
62	01.09.26	박 정 환	안양LG	부산	부산 구덕	정규리그	3
63	02.03.17	샤 샤	성남일화	부천SK	성남 종합	리그컵	5
64	02.04.10	뚜 따	안양LG	부산	부산 구덕	리그컵	3
65	02.11.17	서 정 원	수원	부천SK	부천 종합	정규리그	3
66	02.11.17	유 상 철	울산	부산	울산 문수	정규리그	4
67	03.03.26	마 그 노	전북	부산	전주 월드컵	정규리그	3
68	03.05.04	이 동 국	광주상무	부산	부산 아시아드	정규리그	3
69	03.08.06	김 도 훈	성남일화	부천SK	부천 종합	정규리그	3
70	03.09.03	이따마르	전남	포항	포항 스틸야드	정규리그	3
71	03.10.05	김 도 훈	성남일화	안양LG	성남 종합	정규리그	3
72	03.11.09	김 도 훈	성남일화	대구	대구 시민	정규리그	3
73	03.11.16	도 도	울산	광주상무	울산 문수	정규리그	4
74	04.04.10	훼 이 종	대구	광주상무	대구 스타디움	정규리그	3
75	04.06.13	나 드 손	수원	광주상무	수원 월드컵	정규리그	3
76	04.08.04	제 칼 로	울산	부산	울산 문수	리그컵	3
77	04.08.21	코 난	포항	서울	포항 스틸야드	리그컵	3
78	04.11.20	우 성 용	포항	광주상무	광주 월드컵	정규리그	3
79	05.03.06	노 나 또	서울	전남	광양 전용	리그컵	3
80	05.05.05	나 드 손	수원	대구	대구 스타디움	리그컵	3
81	05.05.15	네 아 가	전남	대구	광양 전용	정규리그	3
82	05.05.18	박 주 영	서울	광주상무	서울 월드컵	정규리그	3

번호	경기일자	선수명	소속	상대팀	경기장	대회구분	득점
83	05.05.29	산 드 로	대구	수원	대구 스타디움	정규리그	3
84	05.07.03	남 기 일	성남일화	서울	탄천 종합	정규리그	3
85	05.07.10	박 주 영	서울	포항	서울 월드컵	정규리그	3
86	05.08.31	김 도 훈	성남일화	인천	탄천 종합	정규리그	3
87	05.11.27	이 천 수	울산	인천	인천 월드컵	정규리그	3
88	06.09.23	오 장 은	대구	전북	전주 월드컵	정규리그	3
89	07.03.14	안 정 환	수원	대전	수원 월드컵	리그컵	3
90	07.03.21	박 주 영	서울	수원	서울 월드컵	리그컵	3
91	07.05.20	스 테 보	전북	대구	전주 월드컵	정규리그	3
92	07.09.22	데 닐 손	대전	대구	대전 월드컵	정규리그	3
93	08.04.27	라돈치치	인천	대구	대구 스타디움	정규리그	3
94	08.05.24	호 물 로	제주	광주상무	제주 월드컵	정규리그	3
95	08.07.05	데 얀	서울	포항	서울 월드컵	정규리그	3
96	08.08.27	에 닝 요	대구	대전	대구 시민	리그컵	3
97	09.04.04	최 태 욱	전북	성남일화	전주 월드컵	정규리그	3
98	09.05.02	이 동 국	전북	제주	제주 종합	정규리그	3
99	09.07.04	이 동 국	전북	광주상무	광주 월드컵	정규리그	3
100	09.08.26	노 병 준	포항	서울	포항 스틸야드	리그컵	3
101	10.03.20	모 따	포항	강원	포항 스틸야드	정규리그	3
102	10.03.28	김 영 후	강원	전남	강릉 종합	정규리그	3
103	10.04.18	유 병 수	인천	포항	인천 월드컵	정규리그	4
104	10.05.05	데 얀	서울	성남일화	서울 월드컵	정규리그	3
105	10.08.14	몰 리 나	성남일화	인천	인천 월드컵	정규리그	3
106	10.08.29	한 상 운	부산	전남	부산 아시아드	정규리그	3
107	10.10.02	오르티고사	울산	대전	대전 월드컵	정규리그	3
108	10.10.09	유 병 수	인천	대전	인천 월드컵	정규리그	3
109	11.05.08	데 얀	서울	상주	상주 시민	정규리그	3
110	11.06.18	염 기 훈	수원	대구	수원 월드컵	정규리그	3
111	11.07.06	김 신 욱	울산	경남	울산 문수	리그컵	4
112	11.08.06	김 동 찬	전북	강원	강릉 종합	정규리그	3
113	11.08.21	이 동 국	전북	포항	전주 월드컵	정규리그	3
114	11.08.27	몰 리 나	서울	강원	서울 월드컵	정규리그	3
115	11.09.24	데 얀	서울	대전	서울 월드컵	정규리그	3
116	11.10.30	하 대 성	서울	경남	진주 종합	정규리그	3
117	12.03.16	이 근 호	울산	성남일화	울산 문수	스플릿일반	3
118	12.04.22	에 벨 톤	성남일화	광주	탄천 종합	스플릿일반	3
119	12.05.13	자 일	제주	강원	제주 월드컵	스플릿일반	3
120	12.06.24	이 동 국	전북	경남	전주 월드컵	스플릿일반	3
121	12.07.11	웨 슬 리	강원	대전	대전 월드컵	스플릿일반	3
122	12.07.21	서 동 현	제주	전남	제주 월드컵	스플릿일반	3
123	12.08.04	까 이 끼	경남	대구	창원C	스플릿일반	3
124	12.08.22	김 신 욱	울산	상주	상주 시민	스플릿일반	3
125	12.10.07	지 쿠	강원	대전	대전 월드컵	스플릿B	3
126	12.10.07	케 빈	대전	강원	대전 월드컵	스플릿B	3
127	12.11.29	조 찬 호	포항	서울	포항 스틸야드	스플릿A	3

※ 단일 라운드 2회 해트트릭:
조정현(부천SK), 홍명보(포항): 부천SK vs 천안 / 전북 vs 포항 96.08.25
유상철(울산), 서정원(수원): 울산 vs 부산 / 부천SK vs 수원 02.11.17

※ 단일 경기 양 팀 선수 동시 해트트릭:
윤상철(LG), 라데(포철): LG vs 포철 94.11.05
케빈(대전), 지쿠(강원): 대전 vs 강원 12.10.07

※ 단일 경기 한 팀 선수 동시 해트트릭:
데니스(수원), 산드로C(수원): 전남 vs 수원 00.10.11

※ 단일 경기 한 팀 선수 득점 - 도움 해트트릭
박주영(서울 / 득점), 히칼도(서울 / 도움): 서울 vs 포항 05.07.10

※ 단일 경기 한 선수 득점 - 도움 해트트릭
몰리나(서울): 서울 vs 강원 11.08.27

※ 단일 시즌 개인 최다 해트트릭(3회):
라데(포항,1994), 세르게이(부천SK,1996), 김도훈(성남일화, 2003)

역대 득점 해트트릭 기록_ K리그1

번호	경기일자	선수명	소속	상대팀	경기장	대회구분	득점
1	13.04.20	정 대 세	수원	대전	대전 월드컵	스플릿일반	3
2	13.05.26	페 드 로	제주	서울	제주 월드컵	스플릿일반	3
3	13.07.06	페 드 로	제주	경남	창원 축구센터	스플릿일반	3
4	13.07.31	조 찬 호	포항	강원	포항 스틸야드	스플릿일반	3
5	13.08.03	임 상 협	부산	경남	부산 아시아드	스플릿일반	3
6	13.10.30	김 형 범	경남	전남	창원 축구센터	스플릿B	3
7	13.11.20	데 얀	서울	전북	서울 월드컵	스플릿A	3
8	13.11.30	김 동 기	강원	제주	강릉 종합	스플릿B	3
9	14.09.06	박 수 창	제주	전남	제주 월드컵	스플릿일반	4
10	15.04.04	김 두 현	성남	대전	대전 월드컵	스플릿일반	3
11	15.09.09	로 페 즈	제주	대전	대전 월드컵	스플릿일반	3
12	15.10.04	산 토 스	수원	광주	광주 월드컵	스플릿일반	3
13	15.10.25	코 바	울산	전남	광양 전용	스플릿B	3
14	15.11.07	윤 주 태	서울	수원	서울 월드컵	스플릿A	4
15	16.10.29	로 페 즈	전북	전남	순천 팔마	스플릿A	3
16	17.05.07	자 일	전남	광주	순천 팔마	스플릿일반	3
17	17.07.15	페 체 신	전남	대구	광양 전용	스플릿일반	3
18	17.07.19	데 얀	서울	인천	인천 전용	스플릿일반	3
19	17.07.19	조 나 탄	수원	전남	수원 월드컵	스플릿일반	3
20	17.09.10	이 승 기	전북	강원	전주 월드컵	스플릿일반	3
21	17.10.08	주 니 오	대구	전남	광양 전용	스플릿일반	3
22	17.10.15	완 델 손	광주	전남	광양 전용	스플릿B	3
23	18.03.04	말 컹	경남	상주	창원 축구센터	스플릿일반	3
24	18.04.21	제 리 치	강원	전남	광양 전용	스플릿일반	3
25	18.05.02	마 그 노	제주	강원	제주 월드컵	스플릿일반	3
26	18.08.15	이 석 현	포항	전북	포항 스틸야드	스플릿일반	3
27	18.08.18	말 컹	경남	포항	포항 스틸야드	스플릿일반	3
28	18.08.19	제 리 치	강원	인천	춘천 송암	스플릿일반	4
29	19.06.23	완 델 손	포항	강원	춘천 송암	스플릿일반	3
30	19.06.23	조 재 완	강원	포항	춘천 송암	스플릿일반	3
31	19.07.10	문 선 민	전북	대구	DGB대구은행파크	스플릿일반	3
32	19.07.10	윤 일 록	제주	서울	제주 월드컵	스플릿일반	3
33	19.08.17	타 가 트	수원	강원	춘천 송암	스플릿일반	3
34	19.08.25	완 델 손	포항	인천	포항 스틸야드	스플릿일반	3
35	19.09.01	무 고 사	인천	울산	인천 전용	스플릿일반	3
36	20.07.04	주 니 오	울산	인천	울산 문수	스플릿일반	3
37	20.09.06	무 고 사	인천	강원	강릉 종합	스플릿일반	3

번호	경기일자	선수명	소속	상대팀	경기장	대회구분	득점
38	20.09.20	팔로세비치	포항	상주	포항 스틸야드	스플릿일반	3
39	20.09.26	타 가 트	수원	서울	수원 월드컵	파이널B	3
40	20.09.27	무 고 사	인천	성남	탄천 종합	파이널B	3
41	20.09.27	일류첸코	포항	광주	포항 스틸야드	파이널A	3
42	20.05.18	임 상 협	포항	수원FC	수원 종합	스플릿일반	3
43	21.06.06	구스타보	전북	성남	탄천 종합	스플릿일반	3
44	21.07.25	라 스	수원FC	울산	울산 문수	스플릿일반	3
45	22.05.08	주 민 규	제주	김천	제주 월드컵	스플릿일반	3
46	22.06.22	무 고 사	인천	강원	인천 전용	스플릿일반	3

※ 단일 경기 한 팀 선수 득점 - 도움 해트트릭:
산토스(수원/득점), 염기훈(수원/도움): 광주 vs 수원 15.10.04

※ 단일 경기 양 팀 선수 동시 해트트릭:
조재완(강원), 완델손(포항) : 강원 vs 포항, 19.06.23

※ 한 라운드 해트트릭 3회 기록: 2020년 K리그1 23라운드(9.26~27)
타가트(수원), 무고사(인천), 일류첸코(포항)

역대 득점 해트트릭 기록_ K리그2

번호	경기일자	선수명	소속	상대팀	경기장	대회구분	득점
1	13.09.29	정 성 민	충주	부천	부천 종합	일반	3
2	14.03.29	이 재 권	안산	대구	안산 와스타디움	일반	3
3	14.05.14	최 진 호	강원	고양	고양 종합	일반	3
4	14.05.25	최 진 호	강원	충주	춘천 송암	일반	3
5	14.06.15	조 엘 손	강원	안산	강릉 종합	일반	3
6	14.07.13	아드리아노	대전	안양	대전 월드컵	일반	3
7	14.09.17	최 진 호	강원	대구	춘천 송암	일반	3
8	14.11.02	조 나 탄	대구	강원	대구 스타디움	일반	4
9	15.06.03	이 정 협	상주	경남	상주 시민	일반	3
10	15.06.03	주 민 규	서울E	부천	부천 종합	일반	3
11	15.09.23	조 나 탄	대구	상주	대구 스타디움	일반	3
12	15.10.03	타라바이	서울E	안양	안양 종합	일반	3
13	15.11.22	조 석 재	충주	고양	고양 종합	일반	3
14	16.07.31	정 성 민	안산	대구	안산 와스타디움	일반	3
15	16.08.13	고 경 민	부산	안산	부산 아시아드	일반	3
16	16.09.07	크리스찬	경남	고양	창원축구센터	일반	4
17	16.10.15	하 파 엘	충주	안산	충주 종합	일반	4
18	17.07.23	김 동 찬	성남	수원FC	탄천 종합	일반	3
19	17.08.23	최 오 백	서울E	아산	잠실	일반	3
20	17.09.03	고 경 민	부산	대전	부산 구덕	일반	3
21	17.09.17	김 현	아산	안양	안양 종합	일반	3
22	18.07.29	고 경 민	부산	안양	부산 구덕	일반	3
23	19.03.10	펠 리 페	광주	아산	광주 월드컵	일반	3
24	19.03.16	고 무 열	아산	부천	아산 이순신	일반	3
25	19.07.21	고 무 열	아산	서울E	아산 이순신	일반	3
26	19.03.30	호 물 로	부산	부천	부산 구덕	일반	3
27	19.08.31	노보트니	부산	서울E	잠실 올림픽	일반	3
28	20.09.27	고 경 민	경남	충남아산	창원축구센터	일반	3
29	21.05.24	박 인 혁	대전	부천	대전 월드컵	일반	3
30	21.06.05	발로텔리	전남	서울E	광양 전용	일반	3
31	21.06.12	알렉산드로	충남아산	대전	아산 이순신	일반	3
32	21.06.13	안 병 준	부산	안산	안산 와스타디움	일반	3
33	21.08.08	김 륜 도	안산	부천	부천 종합	일반	3
34	21.10.10	마 사	대전	안산	한밭 종합	일반	3
35	22.03.26	마 사	대전	경남	대전 월드컵	일반	3
36	22.06.04	에르난데스	경남	김포	진주 종합	일반	3
37	22.08.16	안드리고	안양	부천	안양 종합	일반	3

※ 단일 시즌 개인 최다 해트트릭(3회): 최진호(강원, 2014)

역대 도움 해트트릭 기록_ K리그 BC

번호	경기일자	선수명	소속	상대팀	경기장	대회구분	도움
1	83.07.02	김 창 호	유공	포철	대전 한밭	정규리그	3
2	84.06.17	노 인 호	현대	할렐루야	전주	정규리그	3
3	84.11.03	김 한 봉	현대	국민은행	동대문	정규리그	3
4	86.10.12	강 득 수	럭금	포철	안동	정규리그	3
5	91.05.11	강 득 수	현대	LG	울산 공설	정규리그	3
6	91.09.11	이 영 진	LG	일화	동대문	정규리그	3
7	93.09.28	김 종 건	현대	일화	동대문	정규리그	3
8	93.10.16	김 용 갑	일화	포철	동대문	정규리그	3
9	96.06.19	신 홍 기	울산	전남	울산 공설	정규리그	3
10	97.08.13	올 레 그	안양LG	전북	안양	리그컵	3
11	97.08.23	샤 샤	부산	포항	포항 스틸야드	정규리그	3
12	98.08.26	정 정 수	울산	대전	울산 공설	정규리그	3
13	00.10.15	데 니 스	수원	포항	동대문	리그컵	3
14	01.06.27	박 태 하	포항	대전	대전 한밭	정규리그	3
15	02.11.17	이 천 수	울산	부산	울산 문수	정규리그	3
16	03.03.26	에드밀손	전북	부산	전주 월드컵	정규리그	3
17	03.05.11	김 도 훈	성남일화	안양LG	안양	정규리그	3
18	03.09.03	마 리 우	안양LG	부천SK	부천 종합	정규리그	3
19	05.05.05	세 자 르	전북	서울	전주 월드컵	리그컵	3
20	05.07.10	히 칼 도	서울	포항	서울 월드컵	정규리그	3
21	05.08.28	김 도 훈	성남일화	전북	전주 월드컵	정규리그	3
22	06.03.25	최 원 권	서울	제주	제주 월드컵	정규리그	3
23	07.04.04	이 현 승	전북	포항	전주 월드컵	리그컵	3
24	08.07.19	이 근 호	대구	부산	부산 아시아드	정규리그	3
25	09.03.07	이 청 용	서울	전남	광양 전용	정규리그	3
26	09.07.22	오 장 은	울산	제주	울산 문수	리그컵	3
27	10.04.04	데 얀	서울	수원	서울 월드컵	정규리그	3
28	10.09.10	김 영 후	강원	전북	전주 월드컵	정규리그	3
29	11.04.16	이 동 국	전북	광주	전주 월드컵	정규리그	3
30	11.06.18	모 따	포항	상주	포항 스틸야드	정규리그	3
31	11.08.27	몰 리 나	서울	강원	서울 월드컵	정규리그	3
32	12.06.23	이 승 기	광주	전남	광주 월드컵	스플릿일반	3

※ 단일 경기 한 선수 득점 - 도움 해트트릭
몰리나(서울): 서울 vs 강원 11.08.27

역대 도움 해트트릭 기록_ K리그1

번호	경기일자	선수명	소속	상대팀	경기장	대회구분	도움
1	13.04.20	홍 철	수원	대전	대전 월드컵	스플릿일반	3
2	15.06.17	홍 철	수원	제주	제주 월드컵	스플릿일반	3
3	15.10.04	염기훈	수원	광주	광주 월드컵	스플릿일반	3
4	16.07.31	염기훈	수원	제주	수원 월드컵	스플릿일반	3
5	16.10.29	레오나르도	전북	전남	순천 팔마	스플릿A	3
6	17.10.22	이재성⑰	전북	강원	춘천 송암	스플릿A	3
7	18.09.15	한교원	전북	제주	전주 월드컵	스플릿일반	3
8	19.07.09	정승용	강원	상주	춘천 송암	스플릿일반	3
9	19.07.10	서진수	제주	서울	제주 월드컵	스플릿일반	3
10	20.07.04	김인성	울산	인천	울산 문수	스플릿일반	3
11	22.98.14	김주공	제주	포항	제주 월드컵	스플릿일반	3
12	22.09.03	신진호	포항	대구	포항 스틸야드	스플릿일반	3

※ 단일 경기 한 팀 선수 득점 - 도움 해트트릭:
산토스(수원/득점), 염기훈(수원/도움): 광주 vs 수원 15.10.04

역대 도움 해트트릭 기록_ K리그2

번호	경기일자	선수명	소속	상대팀	경기장	대회구분	도움
1	13.06.06	유수현	수원FC	경찰	수원 종합	일반	3
2	13.09.08	알렉스	고양	광주	고양 종합	일반	3
3	15.11.11	자 파	수원FC	상주	상주 시민	일반	3
4	16.09.07	이호석	경남	고양	창원축구센터	일반	4
5	19.08.17	장혁진	안산	수원FC	수원 종합	일반	3
6	22.05.09	손석용	김포	대전	대전 월드컵	일반	3
7	22.08.21	아코스티	안양	대전	대전 월드컵	일반	3

역대 자책골 기록_ K리그 BC

경기일자	선수명	소속	상대팀	경기구분			시간
83.06.25	강신우	대우	유공	원정	정규리그	전기	후반 44
83.09.10	김형남	포철	유공	원정	정규리그	후기	후반 10
84.05.12	김광훈	럭금	대우	원정	정규리그	전기	후반 16
84.06.28	김경식	한일	럭금	홈	정규리그	전기	후반 30
84.06.28	문영서	할렐	대우	원정	정규리그	전기	후반 40
84.06.30	주영만	국민	럭금	홈	정규리그	전기	후반 29
84.08.17	김경식	한일	현대	홈	정규리그	후기	전반 19
84.11.04	정태영	럭금	대우	원정	정규리그	후기	후반 08
85.07.02	이돈철	현대	럭금	원정	정규리그	일반	후반 44
86.03.23	김흥권	현대	유공	홈	정규리그	전기	전반 34
86.07.06	박경훈	포철	현대	홈	리그컵	일반	전반 41
86.09.11	손형선	대우	현대	홈	리그컵	일반	후반 04
86.09.14	이재희	대우	럭금	원정	리그컵	일반	전반 38
86.10.26	박연혁	유공	현대	원정	정규리그	후기	전반 13
87.04.11	조영증	럭금	대우	원정	정규리그	일반	전반 15
87.08.17	김문경	현대	포철	원정	정규리그	일반	전반 40
87.09.20	남기영	포철	현대	원정	정규리그	일반	후반 13
88.04.02	강태식	포철	럭금	홈	정규리그	일반	후반 45
88.07.10	정종수	유공	포철	홈	정규리그	일반	전반 17
89.04.16	이화열	포철	럭금	원정	정규리그	일반	후반 23
89.10.25	공문배	포철	유공	홈	정규리그	일반	전반 31
90.04.08	이영진	럭금	현대	원정	정규리그	일반	후반 18
90.04.22	안익수	일화	유공	원정	정규리그	일반	후반 23
91.05.04	하성준	일화	유공	원정	정규리그	일반	후반 39
91.06.22	최윤겸	유공	현대	홈	정규리그	일반	전반 45
91.09.07	박현용	대우	LG	원정	정규리그	일반	후반 33
91.09.14	권형정	포철	현대	원정	정규리그	일반	전반 14
92.09.30	이재일	현대	포철	원정	리그컵	일반	전반 35
92.11.07	조민국	LG	현대	원정	정규리그	일반	후반 10
93.05.08	김삼수	LG	현대	홈	정규리그	일반	전반 30
93.07.07	차석준	유공	일화	원정	정규리그	일반	후반 40
93.08.14	알미르	대우	LG	홈	정규리그	일반	후반 26
94.05.21	유동관	포철	LG	홈	리그컵	일반	전반 21
94.08.13	조덕제	대우	일화	원정	정규리그	일반	후반 27
94.08.27	정인호	유공	현대	홈	정규리그	일반	후반 43
94.09.10	최영희	대우	일화	홈	정규리그	일반	후반 27
94.09.24	김판근	LG	현대	홈	정규리그	일반	후반 26
94.11.09	이종화	일화	유공	홈	정규리그	일반	전반 09
95.03.25	손종찬	유공	LG	홈	리그컵	일반	전반 38
95.06.21	김경래	전북	포항	홈	정규리그	전기	전반 07
95.08.30	이영진	일화	전북	홈	정규리그	후기	전반 26
95.08.30	정인호	유공	포항	원정	정규리그	후기	후반 22
96.04.18	신성환	수원	부천SK	홈	리그컵	일반	후반 31
96.05.12	박광현	천안	포항	홈	정규리그	전기	전반 40
96.05.15	정영호	전남	안양LG	원정	정규리그	전기	후반 36
96.06.29	하상수	부산	부천SK	홈	정규리그	전기	전반 44
96.07.06	이민성	부산	전남	홈	정규리그	전기	후반 28
97.04.12	김주성	부산	수원	원정	리그컵	일반	후반 16
97.05.10	신성환	수원	울산	원정	정규리그	일반	전반 45
97.07.12	최영일	부산	포항	홈	정규리그	일반	후반 38
97.07.13	무탐바	안양LG	천안	홈	정규리그	일반	후반 38
97.07.23	마시엘	전남	안양LG	홈	리그컵	A조	후반 21
97.09.24	김현수	전남	울산	원정	리그컵	A조	후반 43
98.06.06	김봉현	전북	부천SK	홈	리그컵	일반	전반 30
98.07.25	김태영	전남	안양LG	홈	정규리그	일반	전반 43
98.08.01	신성환	수원	천안	원정	정규리그	일반	전반 03
98.08.19	김재형	부산	안양LG	홈	정규리그	일반	전반 21
98.08.29	무탐바	안양LG	전북	원정	정규리그	일반	후반 43
98.09.23	이영상	포항	부천SK	홈	정규리그	일반	후반 47
98.10.14	보리스	부천SK	수원	홈	정규리그	일반	전반 19
99.06.27	유동우	대전	수원	홈	정규리그	일반	후반 13
99.07.03	호제리오	전북	울산	원정	정규리그	일반	후반 25
99.07.07	이임생	부천SK	전남	홈	정규리그	일반	전반 35
99.07.17	김학철	안양LG	전남	원정	정규리그	일반	후반 14
99.07.28	장민석	전북	부천SK	원정	정규리그	일반	전반 36
99.08.18	이경춘	전북	안양LG	원정	정규리그	일반	후반 15
99.08.25	이기형	수원	포항	홈	정규리그	일반	전반 29
99.10.09	김영철	천안	대전	홈	정규리그	일반	연(후) 01
99.10.31	손현준	부산	수원	원정	정규리그	PO	후반 36
00.03.19	이창엽	대전	부산	홈	리그컵	B조	후반 05
00.05.17	이정효	부산	포항	홈	정규리그	일반	후반 33
00.10.01	호제리오	전북	포항	중립	정규리그	일반	전반 29

경기일자	선수명	소속	상대팀	경기구분			시간
00.10.07	최 진 철	전북	성남일화	홈	정규리그	일반	전반 13
01.05.05	졸 리	수원	전북	홈	리그컵	4강전	후반 08
01.08.01	이 창 원	전남	부천SK	홈	정규리그	일반	후반 16
01.09.08	박 종 문	전남	울산	원정	정규리그	일반	후반 24
01.09.26	이 싸 빅	포항	울산	원정	정규리그	일반	후반 52
02.04.06	이 임 생	부천SK	전북	원정	리그컵	A조	전반 33
02.04.27	윤 희 준	부산	울산	원정	리그컵	B조	전반 28
02.07.28	김 현 수	성남일화	수원	원정	정규리그	일반	후반 16
02.08.28	심 재 원	부산	전북	홈	정규리그	일반	전반 38
02.11.06	왕 정 현	안양LG	대전	원정	정규리그	일반	후반 13
03.04.30	윤 원 철	부천SK	대구	홈	정규리그	일반	전반 08
03.05.21	김 치 곤	안양LG	광주상무	원정	정규리그	일반	전반 03
03.05.21	박 준 홍	광주상무	안양LG	홈	정규리그	일반	후반 32
03.09.07	조 병 국	수원	부산	원정	정규리그	일반	전반 42
03.09.24	보 리 스	부천SK	안양LG	원정	정규리그	일반	전반 26
03.09.24	유 경 렬	울산	성남일화	홈	정규리그	일반	전반 42
03.10.05	김 치 곤	안양LG	성남일화	원정	정규리그	일반	후반 02
03.11.09	이 응 제	전북	부산	원정	정규리그	일반	후반 22
04.04.10	곽 희 주	수원	전북	원정	정규리그	전기	전반 24
04.04.17	쏘 우 자	서울	부천SK	원정	정규리그	전기	전반 13
04.04.17	이 싸 빅	성남일화	인천	원정	정규리그	전기	후반 10
04.04.24	조 병 국	수원	성남일화	원정	정규리그	전기	전반 34
04.05.08	이 싸 빅	성남일화	포항	홈	정규리그	전기	전반 20
04.07.11	성 한 수	전남	전북	원정	리그컵	일반	전반 27
04.07.18	한 정 국	대전	부산	홈	리그컵	일반	전반 22
04.07.25	김 현 수	전북	성남일화	원정	리그컵	일반	전반 25
04.09.11	강 용	포항	서울	홈	정규리그	후기	전반 06
05.04.13	윤 희 준	부산	부천SK	원정	리그컵	일반	전반 45
05.05.01	산 토 스	포항	부산	원정	리그컵	일반	전반 10
05.05.05	이 상 호	부천SK	포항	원정	리그컵	일반	전반 08
05.05.08	김 한 윤	부천SK	전남	홈	리그컵	일반	전반 38
05.08.31	유 경 렬	울산	부천SK	홈	정규리그	후기	후반 14
05.09.04	이 창 원	전남	부천SK	홈	정규리그	후기	전반 47
05.10.16	마 토	수원	전북	홈	정규리그	후기	후반 00
05.10.30	박 재 홍	전남	전북	원정	정규리그	후기	후반 35
05.11.09	장 경 진	인천	광주상무	홈	정규리그	후기	후반 18
06.04.01	박 규 선	울산	수원	홈	정규리그	전기	후반 34
06.05.10	김 광 석	광주상무	대구	원정	정규리그	전기	전반 45
06.05.10	전 광 환	전북	수원	원정	정규리그	전기	후반 37
06.05.27	마 토	수원	인천	원정	리그컵	일반	후반 42
06.07.26	김 윤 식	포항	울산	홈	리그컵	일반	전반 21
06.08.30	이 장 관	부산	대구	홈	정규리그	후기	후반 11
06.09.09	김 영 선	전북	인천	홈	정규리그	후기	후반 08
06.09.23	이 동 원	전남	부산	홈	정규리그	후기	후반 01
06.09.30	이 민 성	서울	대구	원정	정규리그	후기	전반 16
06.09.30	조 성 환	포항	인천	원정	정규리그	후기	후반 18
06.10.04	유 경 렬	울산	서울	원정	정규리그	후기	전반 18
07.03.10	니 콜 라	제주	성남일화	홈	정규리그	일반	후반 07
07.05.05	김 진 규	전남	포항	홈	정규리그	일반	전반 36
07.05.05	김 동 규	광주상무	수원	홈	정규리그	일반	전반 42
07.08.15	이 준 기	전남	인천	원정	정규리그	일반	후반 40

경기일자	선수명	소속	상대팀	경기구분			시간
07.08.18	심 재 원	부산	포항	홈	정규리그	일반	후반 30
07.08.29	김 성 근	포항	서울	원정	정규리그	일반	전반 12
07.08.29	황 재 원	포항	서울	원정	정규리그	일반	전반 22
07.09.01	조 네 스	포항	대구	원정	정규리그	일반	전반 21
07.09.02	배 효 성	부산	전북	원정	정규리그	일반	후반 40
08.04.16	김 영 철	성남일화	전북	원정	리그컵	B조	전반 05
08.05.03	김 영 철	성남일화	포항	홈	정규리그	일반	후반 26
08.05.25	이 상 일	전남	대구	홈	정규리그	일반	전반 45
08.06.25	김 주 환	대구	성남일화	원정	리그컵	B조	전반 23
08.06.25	아 디	서울	경남	홈	리그컵	A조	전반 43
08.07.02	강 민 수	전북	울산	원정	리그컵	B조	전반 02
08.07.12	진 경 선	대구	경남	홈	정규리그	일반	전반 38
08.08.23	강 선 규	대전	전남	홈	정규리그	일반	후반 42
08.08.24	김 명 중	광주상무	부산	홈	정규리그	일반	전반 32
08.09.13	현 영 민	울산	수원	홈	정규리그	일반	후반 07
08.09.20	안 현 식	인천	대구	홈	정규리그	일반	전반 15
08.10.25	알렉산더	전북	인천	홈	정규리그	일반	후반 28
08.11.01	김 민 오	울산	경남	원정	정규리그	일반	후반 25
08.11.02	송 한 복	광주상무	인천	홈	정규리그	일반	전반 43
08.11.09	김 태 영	부산	울산	원정	정규리그	일반	전반 17
09.05.09	김 정 겸	포항	제주	홈	정규리그	일반	후반 07
09.05.27	김 상 식	전북	제주	원정	리그컵	B조	후반 05
09.05.27	김 형 호	전남	강원	원정	리그컵	A조	후반 07
09.06.21	챠 디	인천	포항	홈	정규리그	일반	전반 47
09.07.12	김 한 섭	대전	강원	홈	정규리그	일반	전반 02
09.07.12	김 주 영	경남	성남일화	원정	정규리그	일반	후반 12
09.09.06	김 승 현	전남	경남	원정	정규리그	일반	전반 38
09.09.06	이 원 재	울산	부산	홈	정규리그	일반	후반 47
09.09.20	이 강 진	부산	전북	원정	정규리그	일반	전반 01
09.10.02	곽 태 휘	전남	전북	원정	정규리그	일반	후반 27
09.10.24	황 선 필	광주상무	포항	홈	정규리그	일반	후반 25
09.11.01	이 범 영	부산	인천	홈	정규리그	일반	전반 48
10.03.06	이 요 한	전북	제주	원정	정규리그	일반	전반 07
10.04.11	안 현 식	인천	부산	원정	정규리그	일반	후반 32
10.04.18	김 인 호	제주	수원	홈	정규리그	일반	후반 39
10.07.28	김 진 규	서울	수원	홈	리그컵	PO	후반 17
10.07.28	심 우 연	전북	경남	홈	리그컵	PO	후반 36
10.08.07	안 재 준	인천	수원	홈	정규리그	일반	전반 37
10.08.15	양 승 원	대구	포항	홈	정규리그	일반	후반 48
10.08.22	신 광 훈	포항	인천	홈	정규리그	일반	후반 24
10.08.28	김 진 규	서울	수원	원정	정규리그	일반	전반 03
10.09.01	김 형 일	포항	서울	홈	정규리그	일반	후반 46
10.09.04	안 현 식	인천	부산	홈	정규리그	일반	후반 27
10.09.04	모 따	수원	강원	원정	정규리그	일반	후반 46
10.10.30	유 지 노	전남	전북	원정	정규리그	일반	전반 10
10.11.03	김 종 수	경남	포항	원정	정규리그	일반	전반 11
11.03.12	황 재 훈	대전	서울	홈	정규리그	일반	전반 34
11.03.16	강 민 수	울산	부산	홈	리그컵	B조	후반 18
11.03.20	백 종 환	강원	제주	원정	정규리그	일반	후반 22
11.04.24	이 용 기	경남	수원	원정	정규리그	일반	후반 20
11.04.24	김 성 환	성남일화	제주	원정	정규리그	일반	후반 29

경기일자	선수명	소속	상대팀	경기구분			시간
11.04.30	이 용 기	경남	성남일화	홈	정규리그	일반	전반 12
11.05.08	박 용 호	서울	상주	원정	정규리그	일반	전반 18
11.05.21	김 한 윤	부산	수원	원정	정규리그	일반	후반 19
11.05.21	김 인 한	경남	상주	홈	정규리그	일반	후반 36
11.06.11	이 정 호	부산	강원	원정	정규리그	일반	전반 41
11.06.11	윤 시 호	대구	대전	홈	정규리그	일반	후반 12
11.06.18	김 인 호	제주	전북	원정	정규리그	일반	후반 37
11.07.09	유 경 렬	대구	부산	홈	정규리그	일반	후반 15
11.07.10	사 샤	성남일화	인천	홈	정규리그	일반	후반 01
11.07.10	배 효 성	인천	성남일화	원정	정규리그	일반	후반 11:
11.07.16	김 수 범	광주	전북	홈	정규리그	일반	후반 17
11.07.24	정 호 정	성남일화	전북	원정	정규리그	일반	전반 15
11.08.06	이 동 원	부산	포항	원정	정규리그	일반	전반 15
12.03.10	김 창 수	부산	제주	홈	정규리그	스일반	후반 13
12.04.11	김 기 희	대구	경남	홈	정규리그	스일반	전반 45
12.05.13	유 종 현	광주	수원	원정	정규리그	스일반	후반 17
12.05.13	황 순 민	대구	부산	원정	정규리그	스일반	후반 48
12.06.17	송 진 형	제주	수원	원정	정규리그	스일반	전반 24
12.06.24	고 슬 기	울산	서울	원정	정규리그	스일반	전반 39
12.06.30	한 그 루	대전	부산	원정	정규리그	스일반	전반 03
12.07.01	양 상 민	수원	포항	원정	정규리그	스일반	전반 09
12.10.06	에 델	부산	수원	홈	정규리그	스A	전반 33
12.10.27	마르케스	제주	부산	홈	정규리그	스A	전반 45
12.11.18	마다스치	제주	부산	원정	정규리그	스A	후반 30
12.11.21	이 명 주	포항	부산	원정	정규리그	스A	전반 05

역대 자책골 기록_ K리그1

경기일자	선수명	소속	상대팀	경기구분		시간
13.03.09	박 진 포	성남일화	제주	원정	스플릿일반	전반 43
13.04.06	보 스 나	수원	대구	홈	스플릿일반	전반 43
13.04.07	윤 영 선	성남일화	부산	원정	스플릿일반	후반 26
13.04.13	이 윤 표	인천	대구	원정	스플릿일반	후반 28
13.04.28	아 디	서울	강원	원정	스플릿일반	전반 38
13.05.18	신 광 훈	포항	울산	홈	스플릿일반	전반 24
13.06.23	이 강 진	대전	경남	원정	스플릿일반	전반 02
13.07.03	이 웅 희	대전	수원	원정	스플릿일반	전반 24
13.07.03	최 은 성	전북	성남일화	홈	스플릿일반	후반 34
13.09.01	최 우 재	강원	울산	룸	스플릿일반	전반 32
13.09.28	윤 영 선	성남일화	경남	원정	스플릿B	전반 29
13.10.05	곽 광 선	수원	포항	원정	스플릿A	전반 00
13.10.09	이 용	제주	강원	홈	스플릿B	후반 24
13.10.20	황 도 연	제주	대전	홈	스플릿B	후반 34
13.11.10	김 평 래	성남일화	제주	원정	스플릿B	전반 19
14.03.09	이 용	제주	수원	홈	스플릿일반	후반 24
14.03.16	이 용	제주	전남	원정	스플릿일반	후반 17
14.03.16	우 주 성	경남	울산	원정	스플릿일반	후반 25
14.03.29	최 철 순	상주	포항	원정	스플릿일반	전반 37
14.04.26	알 렉 스	제주	부산	홈	스플릿일반	전반 12
14.04.26	스 레 텐	경남	전북	원정	스플릿일반	전반 28
14.05.04	이 경 렬	부산	경남	홈	스플릿일반	후반 23
14.05.10	이 근 호	상주	수원	홈	스플릿일반	후반 49
14.09.10	김 근 환	울산	수원	원정	스플릿일반	전반 28
14.11.01	이 재 원	울산	수원	홈	스플릿A	후반 11
15.03.07	정 준 연	광주	인천	원정	스플릿일반	후반 46
15.03.21	제 종 현	광주	부산	원정	스플릿일반	전반 23
15.04.05	정 준 연	광주	울산	원정	스플릿일반	전반 15
15.04.12	김 기 희	전북	광주	원정	스플릿일반	후반 45
15.05.16	김 동 철	전남	서울	원정	스플릿일반	전반 31
15.05.17	요 니 치	인천	부산	원정	스플릿일반	전반 12
15.06.03	양 준 아	제주	성남	홈	스플릿일반	전반 31
15.06.07	양 상 민	수원	광주	홈	스플릿일반	후반 33
15.07.08	오 반 석	제주	포항	원정	스플릿일반	후반 24
15.07.11	강 준 우	제주	전북	홈	스플릿일반	후반 45
15.08.12	유 지 훈	부산	전북	원정	스플릿일반	후반 40
15.09.12	김 태 윤	성남	포항	원정	스플릿일반	후반 30
15.03.07	김 대 중	인천	광주	홈	스플릿일반	전반 32
16.05.07	블 라 단	수원FC	제주	홈	스플릿일반	전반 32
16.05.21	이 웅 희	상주	성남	홈	스플릿일반	후반 12
16/5/29	오스마르	서울	전남	홈	스플릿일반	전반 10
16.06.15	김 용 대	울산	전남	원정	스플릿일반	전반 03
16.06.15	황 의 조	성남	포항	원정	스플릿일반	전반 12
16.06.15	민 상 기	수원	전북	원정	스플릿일반	전반 37
16.06.15	홍 준 호	광주	서울	원정	스플릿일반	후반 10
16.06.18	백 동 규	제주	포항	홈	스플릿일반	후반 49
16.06.29	유 상 훈	서울	성남	홈	스플릿일반	후반 08
16.07.02	정 동 호	울산	수원	홈	스플릿일반	전반 10
16.07.16	김 보 경	전북	제주	원정	스플릿일반	후반 18
16.07.17	김 태 수	인천	서울	홈	스플릿일반	전반 26
16.08.17	박 준 혁	성남	광주	홈	스플릿일반	후반 08
16.09.10	신 광 훈	포항	수원FC	홈	스플릿일반	후반 41
16.10.02	김 용 대	울산	인천	홈	스플릿일반	전반 03
16.10.02	임 하 람	수원FC	수원	원정	스플릿일반	전반 45
16.11.02	요 니 치	인천	수원	원정	스플릿B	전반 05
16.11.02	연 제 운	성남	수원FC	홈	스플릿B	후반 37
16.11.06	최 효 진	전남	울산	홈	스플릿A	전반 22
17.04.09	김 용 환	인천	포항	원정	스플릿일반	후반 33
17.04.22	부 노 자	인천	서울	원정	스플릿일반	전반 44
17.06.24	이 한 도	광주	전남	홈	스플릿일반	전반 30
17.06.25	조 원 희	수원	강원	홈	스플릿일반	후반 44
17.07.12	이 호 승	전남	강원	원정	스플릿일반	후반 03
17.07.22	본 즈	광주	전남	홈	스플릿일반	후반 39
17.08.02	채 프 만	인천	전북	홈	스플릿일반	전반 18
17.08.02	배 슬 기	포항	광주	홈	스플릿일반	전반 23
17.08.06	이 광 선	상주	강원	홈	스플릿일반	후반 35
17.08.12	곽 광 선	수원	서울	홈	스플릿일반	후반 16
17.09.20	이 한 도	광주	서울	홈	스플릿일반	전반 41
17.09.30	하 창 래	인천	대구	원정	스플릿일반	전반 03
17.10.14	채 프 만	인천	포항	원정	스플릿B	전반 06
17.10.15	이 영 재	울산	수원	원정	스플릿A	전반 21
17.10.21	고 태 원	전남	포항	홈	스플릿B	후반 32
17.11.18	박 동 진	광주	포항	홈	스플릿B	후반 38
18.03.11	이 웅 희	서울	강원	홈	스플릿일반	후반 05

경기일자	선수명	소속	상대팀	경기구분		시간
18.04.07	박 종 진	인천	전남	홈	스플릿일반	전반 30
18.04.11	맥 고 완	강원	수원	홈	스플릿일반	후반 05
18.04.14	이 윤 표	인천	제주	원정	스플릿일반	전반 19
18.04.15	한 희 훈	대구	강원	홈	스플릿일반	후반 30
18.04.21	김 진 혁	대구	서울	원정	스플릿일반	후반 35
18.04.25	무 고 사	인천	울산	원정	스플릿일반	전반 21
18.05.20	곽 태 휘	서울	전북	홈	스플릿일반	후반 36
18.07.11	이 정 빈	인천	강원	홈	스플릿일반	후반 24
18.08.04	권 한 진	제주	서울	원정	스플릿일반	전반 34
18.08.22	양 한 빈	서울	포항	홈	스플릿일반	전반 13
18.09.01	김 민 우	상주	전남	홈	스플릿일반	후반 33
18.09.02	김 은 선	수원	대구	원정	스플릿일반	전반 07
18.09.29	이 범 영	강원	전북	원정	스플릿일반	후반 31
18.10.28	부 노 자	인천	대구	홈	스플릿B	전반 16
18.11.03	이 광 선	제주	경남	홈	스플릿A	전반 19
18.12.02	김 현 훈	경남	전북	원정	스플릿A	전반 13
19.03.17	전 민 광	포항	경남	홈	스플릿일반	후반 39
19.03.30	김 경 재	상주	서울	원정	스플릿일반	전반 43
19.04.02	곽 태 휘	경남	전북	홈	스플릿일반	전반 19
19.04.27	이 동 희	제주	상주	홈	스플릿일반	후반 12
19.05.18	바그닝요	수원	울산	홈	스플릿일반	후반 10
19.06.15	김 우 석	대구	강원	홈	스플릿일반	전반 01
19.07.31	마 그 노	제주	전북	원정	스플릿일반	전반 27
19.08.11	조 현 우	대구	울산	원정	스플릿일반	전반 23
19.08.16	윤 영 선	울산	전북	원정	스플릿일반	후반 05
19.08.17	민 상 기	수원	강원	원정	스플릿일반	후반 14
19.09.21	김 동 준	성남	제주	원정	스플릿일반	전반 43
19.10.27	김 원 일	제주	경남	원정	파이널B	후반 33
20.05.30	이 한 도	광주	울산	홈	스플릿일반	전반 21
20.06.14	박 주 영	서울	대구	원정	스플릿일반	전반 40
20.06.14	정 현 철	서울	대구	원정	스플릿일반	후반 19
20.06.27	박 준 강	부산	성남	홈	스플릿일반	전반 08
20.07.25	김 진 혁	상주	울산	홈	스플릿일반	후반 13
20.08.02	한 석 종	상주	강원	원정	스플릿일반	전반 20
20.09.05	도스톤벡	부산	서울	원정	스플릿일반	전반 24
20.09.12	여 름	광주	전북	홈	스플릿일반	전반 25
20.09.12	김 재 우	대구	울산	원정	스플릿일반	후반 01
20.09.13	조 성 진	수원	서울	원정	스플릿일반	전반 06
20.10.17	김 재 우	대구	상주	원정	파이널A	전반 34
21.02.27	김 원 균	서울	전북	원정	스플릿일반	후반 30
21.03.07	정 동 호	수원FC	서울	원정	스플릿일반	전반 27
21.03.13	한 희 훈	광주	전북	홈	스플릿일반	후반 43
21.03.21	이 승 모	포항	성남	원정	스플릿일반	전반 35
21.04.11	장 호 익	수원	제주	원정	스플릿일반	후반 33
21.04.30	홍 준 호	서울	성남	홈	스플릿일반	후반 12
21.05.01	박 지 수	수원FC	대구	홈	스플릿일반	전반 38
21.05.22	홍 성 욱	제주	성남	홈	스플릿일반	전반 26
21.05.30	김 수 범	강원	대구	원정	스플릿일반	전반 43
21.07.20	김 동 우	수원FC	수원	원정	스플릿일반	후반 24
21.07.21	이 한 도	광주	강원	홈	스플릿일반	후반 33
21.09.05	홍 정 호	전북	서울	원정	스플릿일반	후반 23

경기일자	선수명	소속	상대팀	경기구분		시간
21.09.21	김 영 빈	강원	수원	원정	스플릿일반	후반 06
21.09.21	구 자 룡	전북	광주	원정	스플릿일반	후반 34
21.09.22	박 수 일	성남	수원FC	원정	스플릿일반	후반 49
21.09.25	조 성 훈	포항	제주	홈	스플릿일반	전반 37
21.10.24	김 태 환	울산	성남	원정	스플릿일반	후반 26
21.10.24	그 랜 트	포항	인천	홈	스플릿일반	후반 29
21.11.03	알 렉 스	광주	서울	홈	파이널B	후반 19
21.11.07	이 준	포항	광주	홈	파이널B	전반 47
21.11.21	윤 일 록	울산	제주	홈	파이널A	후반 29
22.02.26	기 성 용	서울	인천	원정	스플릿일반	전반 18
22.04.03	신 재 원	수원FC	성남	홈	스플릿일반	전반 46
22.05.08	김 명 순	제주	김천	홈	스플릿일반	후반 48
22.05.15	김 오 규	제주	수원FC	원정	스플릿일반	전반 30
22.05.18	김 민 혁	성남	수원FC	홈	스플릿일반	후반 39
22.05.22	곽 윤 호	수원FC	전북	홈	스플릿일반	후반 26
22.06.17	윤 평 국	포항	강원	홈	스플릿일반	전반 43
22.07.05	김 오 규	제주	김천	원정	스플릿일반	후반 35
22.08.07	델브리지	인천	대구	원정	스플릿일반	전반 09
22.09.03	임 상 협	포항	대구	홈	스플릿일반	후반 23
22.09.06	서 민 우	강원	김천	홈	스플릿일반	전반 42
22.09.18	곽 광 선	성남	포항	홈	스플릿일반	후반 32
22.10.03	곽 광 선	성남	수원	홈	스플릿일반	후반 09

역대 자책골 기록_ K리그2

경기일자	선수명	소속	상대팀	경기구분		시간
13.05.12	방 대 종	상주	부천	원정	일반	후반 09
13.05.13	백 성 우	안양	광주	원정	일반	후반 47
13.07.06	김 동 우	경찰	수원FC	원정	일반	후반 12
13.07.13	윤 성 우	고양	경찰	홈	일반	전반 16
13.07.13	김 태 준	고양	경찰	홈	일반	전반 40
13.08.25	유 현	경찰	상주	원정	일반	후반 31
13.09.09	가 솔 현	안양	경찰	홈	일반	후반 36
13.11.30	송 승 주	경찰	안양	원정	일반	후반 38
14.04.27	양 상 민	안산	광주	원정	일반	전반 27
14.05.24	이 준 희	대구	안양	원정	일반	전반 42
14.06.21	장 원 석	대전	대구	원정	일반	전반 40
14.07.05	임 선 영	광주	고양	원정	일반	후반 23
14.07.26	허 재 원	대구	안양	홈	일반	전반 39
14.11.01	마 철 준	광주	안산	원정	일반	후반 17
15.05.16	노 형 구	충주	서울E	원정	일반	후반 08
15.08.02	진 창 수	고양	상주	홈	일반	전반 20
15.09.13	김 재 웅	수원FC	안양	원정	일반	후반 29
15.10.11	서 명 식	강원	부천	원정	일반	후반 22
15.10.26	배 일 환	상주	고양	홈	일반	후반 32
15.11.01	김 원 균	강원	고양	원정	일반	후반 14
15.11.25	김 영 광	서울E	수원FC	원정	플레이오프	후반 10
16.04.09	김 영 남	부천	서울E	홈	일반	전반 24
16.05.05	박 주 원	대전	안양	원정	일반	후반 16
16.06.08	윤 성 열	서울E	충주	원정	일반	전반 18
16.08.20	안 현 식	강원	부천	홈	일반	전반 44
16.10.30	지 구 민	고양	부천	원정	일반	후반 29

경기일자	선수명	소속	상대팀	경기구분		시간
17.04.01	박 한 수	안산	부천	홈	일반	후반 36
17.04.16	이 범 수	경남	성남	원정	일반	후반 15
17.04.22	김 진 규	대전	부산	홈	일반	전반 15
17.05.20	닐손주니어	부천	아산	홈	일반	전반 10
17.05.21	송 주 호	안산	안양	원정	일반	후반 25
17.05.27	권 태 안	안양	경남	홈	일반	전반 40
17.08.19	권 태 안	안양	성남	홈	일반	전반 39
17.10.01	이 준 희	경남	안산	원정	일반	후반 49
17.10.21	김 형 록	경남	아산	원정	일반	후반 02
18.03.11	코 네	안산	대전	홈	일반	후반 07
18.04.07	민 상 기	아산	부천	홈	일반	후반 32
18.04.14	전 수 현	안양	서울E	원정	일반	전반 18
18.05.06	연 제 운	성남	수원FC	홈	일반	전반 30
18.08.05	송 주 호	안산	안양	원정	일반	후반 47
18.09.22	김 재 현	서울E	부천	홈	일반	전반 35
18.10.13	장 순 혁	부천	안양	홈	일반	전반 31
18.10.13	이 재 안	수원FC	대전	홈	일반	전반 32
18.10.21	안 지 호	서울E	안양	홈	일반	전반 36
18.10.27	안 성 빈	서울E	아산	홈	일반	전반 14
18.11.11	윤 준 성	대전	안양	홈	일반	후반 11
19.03.02	김 문 환	부산	안양	홈	일반	후반 07
19.04.07	김 진 환	광주	안양	홈	일반	전반 31
19.05.04	황 인 재	안산	아산	원정	일반	후반 39
19.05.25	김 영 광	서울E	안양	원정	일반	전반 47
19.05.27	이 인 재	안산	부천	홈	일반	후반 04
19.06.01	김 경 민	전남	안산	홈	일반	전반 22
19.06.24	박 형 순	수원FC	광주	홈	일반	후반 20
19.06.29	이 병 욱	서울E	안산	원정	일반	전반 08
19.07.20	김 명 준	부산	부천	홈	일반	후반 47
19.08.12	황 인 재	안산	아산	홈	일반	후반 05
19.09.01	곽 광 선	전남	수원FC	원정	일반	후반 03
20.05.30	윤 경 보	대전	경남	원정	일반	후반 44
20.06.21	유 종 현	안양	수원FC	원정	일반	전반 16
20.07.04	김 성 현	서울E	수원FC	홈	일반	후반 09
20.07.04	김 민 호	안산	전남	원정	일반	후반 28
20.08.08	룩	경남	대전	원정	일반	전반 20
20.08.30	감 한 솔	부천	충남아산	홈	일반	전반 40
20.09.19	박 요 한	안양	전남	홈	일반	전반 27
20.10.03	정 민 기	안양	제주	원정	일반	후반 10
20.10.18	박 찬 용	전남	수원FC	원정	일반	전반 00
20.10.18	이 지 훈	수원FC	전남	홈	일반	전반 09
21.04.04	사 무 엘	전남	대전	홈	일반	후반 36
21.06.06	김 선 우	안산	김천	원정	일반	후반 32
21.06.12	한 용 수	충남아산	대전	홈	일반	후반 03
21.07.17	연 제 민	안산	부산	원정	일반	후반 40
21.08.15	우 주 성	김천	충남아산	원정	일반	후반 19
21.08.21	강 수 일	안산	충남아산	홈	일반	전반 16
21.08.29	박 찬 용	전남	김천	홈	일반	후반 15
21.09.18	김 정 현	부산	안양	홈	일반	후반 23
21.09.26	구 성 윤	김천	대전	홈	일반	전반 17
22.04.09	임 은 수	대전	서울E	홈	일반	전반 44

경기일자	선수명	소속	상대팀	경기구분		시간
22.04.18	김 현 훈	광주	안양	원정	일반	전반 34
22.06.04	이 재 명	경남	김포	홈	일반	후반 46
22.06.08	이 후 권	전남	서울E	원정	일반	전반 23
22.06.11	백 동 규	안양	광주	원정	일반	전반 46
22.07.10	장 순 혁	전남	충남아산	원정	일반	후반 48
22.08.08	이 준 재	경남	안양	홈	일반	후반 03
22.08.22	이 은 범	충남아산	안산	원정	일반	후반 22
22.08.31	김 영 찬	경남	충남아산	원정	일반	전반 29
22.09.10	이 재 성	충남아산	대전	원정	일반	전반 08

역대 자책골 기록_ K리그 승강 플레이오프

경기일자	선수명	소속	상대팀	경기구분		시간
14.12.03	스 레 텐	경남	광주	원정	승강 플레이오프	후반 40
21.12.12	이 지 솔	대전	강원	원정	승강 플레이오프	전반 26

역대 단일 시즌 득점 · 도움 10-10 기록

선수명	구단	출전-득점-도움	연도	기록달성	비고
라 데	포항	39 - 13 - 16	1996	28경기째	BC
비 탈 리	수원	36 - 10 - 10	1999	35경기째	BC
최 용 수	안양	34 - 14 - 10	2000	33경기째	BC
김 대 의	성남일	38 - 17 - 12	2002	26경기째	BC
에드밀손	전북	39 - 17 - 14	2003	32경기째	BC
김 도 훈	성남일	40 - 28 - 13	2003	37경기째	BC
에 닝 요	전북	28 - 10 - 12	2009	28경기째	BC
데 얀	서울	35 - 19 - 10	2010	28경기째(10.09)	BC
김 은 중	제주	34 - 17 - 11	2010	32경기째(10.31)	BC
루 시 오	경남	32 - 15 - 10	2010	31경기째(11.07)	BC
에 닝 요	전북	33 - 18 - 10	2010	31경기째(11.20)	2년연속/ BC
이 동 국	전북	29 - 16 - 15	2011	20경기째(08.06)	BC
몰 리 나	서울	29 - 10 - 12	2011	27경기째(10.23)	BC
몰 리 나	서울	41 - 19 - 10	2012	22경기째(07.28)	2년연속/ BC
에 닝 요	전북	38 - 15 - 13	2012	26경기째(08.23)	BC
산 토 스	제주	35 - 14 - 11	2012	31경기째(11.18)	BC
루 시 오	광주	32 - 13 - 10	2013	32경기째(11.10)	K리그2
로 페 즈	제주	33 - 11 - 11	2015	30경기째(10.04)	K리그1
정 원 진	경남	34 - 10 - 10	2017	34경기째(10.29)	K리그2
호 물 로	부산	38 - 11 - 10	2018	38경기째(12.09)	K리그2
세 징 야	대구	35 - 15 - 10	2019	34경기째 (11.23)	K리그1
문 선 민	전북	32 - 10 - 10	2019	29경기째 (10.20)	K리그1
김 대 원	강원	37 - 12 - 13	2022	27경기째((08.27)	K리그1

역대 대회별 전 경기, 전 시간 출전자

연도	시즌	경기수	전 경기 전 시간	전 경기
83	수퍼리그	16	최기봉, 이강조(이상 유공), 유태목(대우), 김성부(포철)	최종덕, 홍성호, 박상인, 오석재, 이강석(이상 할렐루야), 김용세(유공), 이춘석(대우), 최상국(포항제철)
84	축구대제전 수퍼리그	28	최기봉, 오연교(이상 유공), 김평석(현대), 조병득(할렐루야), 박창선(대우)	신문선, 김용세(이상 유공), 조영증(럭키금성), 백종철(현대), 박상인(할렐루야), 이재희(대우)
85	축구대제전 수퍼리그	21	최강희, 김문경(이상 현대), 전차식(포항제철), 김현태, 강득수(이상 럭키금성), 김풍주(대우), 최영희(한일은행), 황정현(할렐루야)	한문배, 이상래, 피아퐁(이상 럭키금성), 신문선(유공), 김영세(유공) 박상인(할렐루야), 신제경(상무), 김대흠(상무), 최태진(대우), 조성규(한일은행), 이흥실(포항제철)
86	축구대제전	20	박노봉(대우)	민진홍(유공), 함현기(현대), 윤성효(한일은행)
	프로축구선수권대회	16	최기봉(유공)	민진홍, 신동철(이상 유공), 권오손, 구상범, 박항서, 이상래(이상 럭키금성)
87	한국프로축구대회	32	최기봉(유공)	
88	한국프로축구대회	24	이문영(유공)	이광종(유공), 김문경(현대)
89	한국프로축구대회	40	임종헌(일화), 강재순(현대)	
90	한국프로축구대회	30		윤상철(럭키금성)
91	한국프로축구대회	40		고정운(일화)
92	한국프로축구대회	30	사리체프(일화), 정종선(현대)	신홍기(현대), 임근재(LG)
	아디다스컵	10	사리체프(일화), 정용환(대우)	
93	한국프로축구대회	30	사리체프(일화), 최영일(현대)	이광종(유공)
	아디다스컵	5	사리체프(일화)	
94	하이트배 코리안리그	30	사리체프(일화), 이명열(포항제철)	
	아디다스컵	6	사리체프(일화) 外 다수	
95	하이트배 코리안리그	28	샤샤(유공)	
	아디다스컵	7	샤샤(유공) 外 다수	
96	라피도컵 프로축구대회	32		라데(포항)
	아디다스컵	8	공문배(포항) 外 다수	박태하(포항) 外 다수
97	라피도컵 프로축구대회	18	김봉현(전북), 최은성(대전)	황연석(천안)
	아디다스컵	9	아보라(천안) 外 다수	정성천(대전) 外 다수
	프로스펙스컵	11	김이섭(포항)	
98	현대컵 K-리그	22	김병지(울산)	이문석(울산) 外 다수
	필립모리스코리아컵	9	박태하(포항) 外 다수	무탐바(안양LG) 外 다수
	아디다스코리아컵	11	김상훈(울산) 外 다수	김기동(부천SK) 外 다수
99	바이코리아컵 K-리그	32~27	이용발(부천SK)	이원식(부천SK), 김정혁(전남), 김현석(울산), 황승주(울산)
	대한화재컵	8~11	김봉현(전북) 外 다수	김기동(부천SK) 外 다수
	아디다스컵	1~4	곽경근(부천SK) 外 다수	공오균(대전) 外 다수
00	삼성 디지털 K-리그	32~27	이용발(부천SK), 조성환(부천SK)	박남열(성남일화), 신홍기(수원), 안드레(안양LG), 세자르(전남), 김종천(포항)
	대한화재컵	8~11	이용발(부천SK), 조성환(부천SK) 外 다수	신의손(안양LG) 外 다수
	아디다스컵	1~4	이용발(부천SK), 조성환(부천SK) 外 다수	김대환(수원) 外 다수
01	포스코 K-리그	27	김기동(부천SK), 이용발(부천SK), 신의손(안양LG)	남기일(부천SK), 신태용(성남일화), 이기형(수원)
	아디다스컵	8~11	심재원(부산), 산드로(수원) 外 다수	하리(부산), 윤희준(부산) 外 다수
02	삼성파브 K-리그	27	김기동(부천SK), 이용발(부천SK), 박종문(전남)	이영수(전남), 김대의(성남일화), 이병근(수원), 에드밀손(전북), 추운기(전북)
	아디다스컵	8~11	신태용(성남일화), 서정원(수원) 外 다수	김현수(성남일화), 신의손(안양LG) 外 다수
03	삼성 하우젠 K-리그	44		마그노(전북), 도도(울산)
04	삼성 하우젠 K-리그	24~27	김병지(포항), 유경렬(울산), 서동명(울산), 조준호(부천SK), 윤희준(부산)	김은중(서울)
	삼성 하우젠컵	12	김병지(포항), 곽희주(수원), 이용발(전북), 조준호(부천SK), 한태유(서울), 이반, 박우현(이상 성남일화)	최성용(수원), 임중용(인천), 김기형(부천SK), 손대호(수원), 김경량(전북) 外 다수
05	삼성 하우젠 K-리그	24~27	김병지(포항), 조준호(부천SK), 임중용(인천)	산드로(대구), 김기동(포항)

연도	시즌	경기수	전 경기 전 시간	전 경기
	삼성 하우젠컵	12	김병지(포항), 조준호(부천SK), 김성근(포항), 산토스(포항), 주승진(대전), 김영철, 배효성(이상 성남일화), 송정현(대구), 산드로(대구), 전재호(인천)	현영민(울산) 外 다수
06	삼성 하우젠 K-리그	26~29	김병지(서울), 최은성(대전), 이정래(경남)	장학영, 박진섭(이상 성남일화), 박종진(대구), 루시아노(경남)
	삼성 하우젠컵	13	배효성(부산), 장학영(성남일화), 김병지(서울), 최은성(대전), 이정래(경남)	박동혁(울산), 이종민(울산), 김치우(인천), 박용호(광주상무), 이정수(수원), 최성국(울산), 장남석(대구), 이승현(부산), 우성용(성남일화), 박재현(인천), 최영훈(전북), 주광윤(전남)
07	삼성 하우젠 K-리그	31~26	김용대, 장학영, 김영철(이상 성남일화), 염동균(전남), 김병지(서울)	데얀(인천), 산드로(전남), 송정현(전남), 김상록(인천)
	삼성 하우젠컵	10~12	김병지(서울), 김현수(대구) 外 다수	아디(서울), 데닐손(대전), 박성호(부산)
08	삼성 하우젠 K-리그	28~26	이운재(수원), 정성룡(포항), 백민철(대구)	데얀(서울), 두두(성남일화), 이근호(대구), 라돈치치(인천), 김영빈(인천)
	삼성 하우젠컵	10~12	백민철(대구)	서동현(수원), 김상식, 박진섭, 장학영(이상 성남일화), 김영삼(울산), 현영민(울산), 이승렬(서울), 조형익(대구)
09	K-리그	28~30	김영광(울산)	김상식(전북), 루이스(전북), 윤준하(강원)
	피스컵 코리아	2~10	조병국, 이호(이상 성남일화), 신형민(포항), 백민철(대구) 外 다수	박희도(부산), 장학영(성남), 구자철(제주) 外 다수
10	쏘나타 K리그	28~31	김호준(제주), 김용대(서울), 정성룡(성남일화), 김병지(경남), 백민철(대구)	김영후(강원), 유병수(인천)
	포스코컵	4~7	김용대(서울) 外 다수	아디(서울) 外 다수
11	현대오일뱅크 K리그	30~35	박호진(광주), 김병지(경남), 이운재(전남) 外 다수	김신욱(울산) 外 다수
	러시앤캐시컵	1~8	윤시호(대구), 조동건(성남일화), 박준혁(대구) 外 다수	고슬기(울산), 김신욱(울산) 外 다수
12	현대오일뱅크 K리그	44	김용대(서울)	자일(제주), 한지호(부산)
13	현대오일뱅크 K리그 클래식	38	권정혁(인천)	전상욱(성남일화), 김치곤(울산)
14	현대오일뱅크 K리그 클래식	38	김병지(전남)	
	현대오일뱅크 K리그 챌린지	36		권용현(수원FC)
15	현대오일뱅크 K리그 클래식	38	신화용(포항), 오스마르(서울)	김신욱(울산)
	현대오일뱅크 K리그 챌린지	41		조현우(대구)
16	현대오일뱅크 K리그 클래식	38		송승민(광주)
	현대오일뱅크 K리그 챌린지	40	김한빈(충주)	
17	KEB하나은행 K리그 클래식	38		송승민(광주), 오르샤(울산), 염기훈(수원)
	KEB하나은행 K리그 챌린지	36	김영광(서울E)	안태현(부천)
18	KEB하나은행 K리그1	38	김승대(포항), 강현무(포항)	
	KEB하나은행 K리그2	36	김영광(서울E)	
19	하나원큐 K리그1	38	송범근(전북), 한국영(강원)	연제운(성남), 조현우(대구), 완델손(포항)
	하나원큐 K리그2	36~37	이인재(안산)	박진섭(안산), 이동준(부산)
20	하나원큐 K리그1	27	조현우(울산), 강현무(포항), 송범근(전북)	정태욱(대구), 김민우(수원), 김광석(포항), 송민규(포항), 주니오(울산), 김대원(대구),
	하나원큐 K리그2	27~29		
21	하나원큐 K리그1	38	조현우(울산), 김영광(성남)	이기제(수원), 정우재(제주)
	하나원큐 K리그2	36~37		주현우(안양)
22	하나원큐 K리그1	38		정승용(강원), 팔로세비치(서울), 서민우(강원)
	하나원큐 K리그2	40~41	정민기(안양)	

역대 감독별 승 · 무 · 패 기록

BC: K리그 승강제 이전(~2012) / K1: K리그1 / K2: K리그2 / 승: K리그 승강 플레이오프

감독명	기간	구단명	재임년도	승	무	패	비고
가 마		통산		5	12	10	
	K1	대구	2022	5	12	10	~2022.08.14
강 철		통산		0	0	1	
	K2	대전	2020	0	0	1	2020.09.09~2020.09.17
고재욱		통산		154	134	125	
	BC	럭키금성	1988	6	11	7	
			1989	15	17	8	
			1990	14	11	5	
		LG	1991	9	15	16	
			1992	12	16	12	
			1993	11	12	12	
		현대	1995	16	14	5	
		울산	1996	19	5	16	
			1997	13	13	9	
			1998	20	10	12	
			1999	15	6	16	
			2000	4	4	7	~2000.06.13
고정운		통산		22	19	35	
	K2	안양	2018	12	8	16	
		김포	2022	10	11	19	
고종수		통산		19	11	20	
	K2	대전	2018	16	8	14	
			2019	3	3	6	~2019.05.20
곽경근		통산		8	9	18	
	K2	부천	2013	8	9	18	
구상범		통산		1	4	6	
	K1	성남	2016	1	2	6	2016.09.13~
	승		2016	0	2	0	2016.09.13~
귀네슈		통산		51	37	22	
	BC	서울	2007	14	17	7	
			2008	20	12	7	
			2009	17	8	8	~2009.11.25
김귀화		통산		5	5	5	
	BC	경남	2010	5	5	5	2010.08.01~2010.11.29
김기동		통산		57	34	42	
	K1	포항	2019	14	7	9	2019.04.23~
			2020	15	5	7	
			2021	12	10	16	
			2022	16	12	10	
김기복		통산		40	31	107	
	BC	버팔로	1994	5	5	26	
		대전	1997	4	12	19	
			1998	11	3	21	
			1999	12	1	23	
			2000	8	10	18	
김길식		통산		14	17	25	
	K2	안산	2020	7	7	13	
			2021	7	10	12	~2021.09.15
김남일		통산		22	24	46	
	K1	성남	2020	7	7	13	
			2021	11	11	16	
			2022	4	6	17	~2022.08.24
김대식		통산		1	0	4	
	K2	부천	2018	1	0	4	2018.10.08~

감독명	기간	구단명	재임년도	승	무	패	비고
김대의		통산		25	13	34	
	K2	수원FC	2017	2	0	0	2017.10.20~
			2018	13	3	20	
			2019	10	10	14	~2019.10.29
김도균		통산		44	22	38	
	K2	수원FC	2020	17	4	7	
	K1		2021	14	9	15	
			2022	13	9	16	
김도훈		통산		92	60	55	
	K1	인천	2015	13	12	13	2015.01.03~
			2016	5	9	14	~2016.08.31
		울산	2017	17	11	10	
			2018	17	12	9	
			2019	23	10	5	
			2020	17	6	4	~2020.12.23
김병수		통산		44	44	64	
	K2	서울E	2017	7	14	15	2017.01.09~
	K1	강원	2018	5	4	7	2018.08.13~
			2019	14	8	16	
			2020	9	7	11	
			2021	9	11	15	~2021.11.03
김봉길		통산		36	44	38	
	BC	인천	2010	0	0	5	2010.06.09~2010.08.22
			2012	16	14	7	2012.04.12~
	K1		2013	12	14	12	
			2014	8	16	14	~2014.12.19
김상식		통산		43	20	13	
	K1	전북	2021	22	10	6	
			2022	21	10	7	
김상호		통산		8	8	32	
	BC	강원	2011	3	6	20	2011.04.08~
			2012	5	2	12	~2012.07.01
김성재		통산		0	0	1	
	K1	서울	2016	0	0	1	2016.06.23~2016.06.26
김영민		통산		0	0	1	
	K1	대전	2015	0	0	1	2015.05.21~2015.05.31
김인수		통산		3	1	1	
	K1	제주	2016	3	1	1	2016.10.15~2016.11.07
김인완		통산		7	10	28	
	K1	대전	2013	2	9	19	~2013.10.02
		전남	2018	5	1	9	2018.08.16~
김정남		통산		210	168	159	
	BC	유공	1985	3	1	3	1985.07.22~
			1986	11	12	13	
			1987	9	9	14	
			1988	8	8	8	
			1989	17	15	8	
			1990	8	12	10	
			1991	10	17	13	
			1992	1	0	6	~1992.05.12
		울산	2000	3	3	4	2000.08.22~
			2001	13	6	16	
			2002	18	11	9	
			2003	20	13	11	

감독명	기간	구단명	재임년도	승	무	패	비고
			2004	15	13	9	
			2005	21	9	9	
			2006	14	14	11	
			2007	20	13	7	
			2008	19	12	8	~2008.12.25
김종부		통산		66	40	48	
	K2	경남	2016	18	6	16	
			2017	24	7	5	
	K1		2018	18	11	9	
	승		2019	0	1	1	~2019.12.25
	K1		2019	6	15	17	~2019.12.25
김종필		통산		30	41	59	
	K2	충주	2013	4	5	9	2013.07.22~
			2014	6	16	14	
			2015	10	11	19	
		안양	2017	10	9	17	
김종현		통산		2	4	4	
	K2	대전	2017	2	4	4	2017.08.31~
김태수		통산		5	6	6	
	BC	부산	1996	5	6	6	1996.07.22~
김태완		통산		78	60	94	
	BC	상주	2011	2	2	9	2011.07.14~2011.12.28
	K1		2017	8	11	19	
	승		2017	1	0	1	
	K1		2018	10	10	18	
			2019	16	7	15	
			2020	13	5	9	
	K2	김천	2021	20	11	5	
	K1		2022	8	14	16	
	승		2022	0	0	2	
김판곤		통산		10	7	16	
	BC	부산	2006	8	3	9	2006.04.04~2006.08.22
			2007	2	4	7	2007.08.07~
김학범		통산		118	84	86	
	BC	성남일화	2005	15	12	10	2005.01.05~
			2006	23	11	8	
			2007	16	7	6	
			2008	21	7	10	
		강원	2012	9	5	11	2012.07.09~
	K1		2013	2	9	11	~2013.08.10
		성남	2014	5	5	5	2014.09.05~
			2015	15	15	8	
			2016	10	8	11	~2016.09.12
		광주	2017	2	5	6	2017.08.16~2017.11.18
김현수		통산		1	5	6	
	K2	서울E	2019	1	5	6	~2019.05.22
김현준		통산		0	1	0	
	K1	강원	2021	0	1	0	2021.11.06~2021.11.15
김형렬		통산		2	1	4	
	BC	전북	2005	2	1	4	2005.06.13~2005.07.10
김형열		통산		21	18	26	
	K2	안양	2019	15	11	12	
			2020	6	7	14	~2020.11.25
김 호		통산		207	154	180	
	BC	한일은행	1984	5	11	12	
			1985	3	10	8	
			1986	4	4	12	
		현대	1988	10	5	9	
			1989	7	15	18	
			1990	6	14	10	
		수원	1996	21	11	8	
			1997	14	13	9	
			1998	18	7	12	
			1999	31	4	8	
			2000	15	11	12	
			2001	19	6	13	
			2002	16	10	10	
			2003	19	15	10	~2003.11.18
		대전	2007	8	0	6	2007.07.01~
			2008	7	14	15	
			2009	4	4	8	~2009.06.26
김호곤		통산		126	76	95	
	BC	부산	2000	13	10	14	2000.03.07~
			2001	16	13	9	
			2002	8	8	15	~2002.11.05
		울산	2009	11	9	12	
			2010	16	7	11	
			2011	22	8	13	
			2012	18	14	12	
	K1		2013	22	7	9	~2013.12.04
김호영		통산		46	24	35	
	K1	강원	2013	6	3	7	2013.08.14~2013.12.10
	승		2013	1	0	1	2013.08.14~2013.12.10
	K1	서울	2020	4	3	2	2020.07.31~2020.09.24
		광주	2021	10	7	21	
	K2		2022	25	11	4	
김희태		통산		11	6	13	
	BC	대우	1994	4	0	5	1994.09.08~
			1995	7	6	8	~1995.08.03
남기일		통산		125	97	112	
	K2	광주	2013	9	0	7	2013.08.18~
			2014	15	12	11	
	승		2014	1	1	0	
	K1		2015	10	12	16	
			2016	11	14	13	
			2017	4	7	14	~2017.08.14
	K2	성남	2018	18	11	7	
	K1		2019	12	9	17	~2019.12.16
	K2	제주	2020	18	6	3	
	K1		2021	13	15	10	
			2022	14	10	14	
남대식		통산		2	6	6	
	BC	전북	2001	2	6	6	2001.07.19~2001.10.03
노상래		통산		31	34	44	
	K1	전남	2015	12	13	13	
			2016	11	10	12	~2016.10.14
			2017	8	11	19	
노흥섭		통산		3	2	11	
	BC	국민은행	1983	3	2	11	
니폼니시		통산		57	38	53	
	BC	유공	1995	11	11	13	
		부천유공	1996	18	11	11	

감독명	기간	구단명	재임년도	승	무	패	비고
		부천SK	1997	8	12	15	
			1998	20	4	14	~1998.10.28
당성증		통산		0	3	6	
	BC	대구	2012	0	0	1	2012.11.29~
	K1	대구	2013	0	3	5	~2013.04.22
데니스		통산		1	4	6	
	K1	부산	2015	1	4	6	2015.07.13~2015.10.11
레 네		통산		14	18	30	
	BC	천안일화	1997	8	13	14	
			1998	6	5	16	~1998.09.08
레 니		통산		21	18	17	
	K2	서울E	2015	16	14	11	
			2016	5	4	6	~2016.06.15
레모스		통산		2	3	6	
	BC	포항	2010	2	3	6	2010.01.04~2010.05.10
로란트		통산		5	9	10	
	BC	인천	2004	5	9	10	2004.03.01~2004.08.30
모라이스		통산		41	16	8	
	K1	전북	2019	22	13	3	
			2020	19	3	5	~2020.12.21
모아시르		통산		16	13	14	
	BC	대구	2012	16	13	14	~2012.11.28
문정식		통산		25	18	16	
	BC	현대	1984	13	10	5	
			1985	10	4	7	
			1986	2	4	4	~1986.04.22
민동성		통산		5	0	5	
	K2	충주	2013	1	0	2	2013.06.20~2013.07.21
		안산	2021	4	0	3	2021.09.16~
박건하		통산		28	24	26	
	K2	서울E	2016	11	8	4	2016.06.28~2017.01.10
	K1	수원	2020	4	2	2	2020.09.08~
			2021	12	10	16	
			2022	1	4	4	~2022.04.14
박경훈		통산		89	73	66	
	BC	부산	2002	0	0	4	2002.11.06~2002.11.21
		제주	2010	20	11	5	
			2011	10	11	10	
			2012	16	15	13	
	K1		2013	16	10	12	
			2014	14	12	12	~2014.12.18
	K2	성남	2017	13	14	10	
박동혁		통산		62	45	68	
	K2	아산	2018	21	9	6	
			2019	12	8	16	
		충남아산	2020	5	7	15	
			2021	11	8	17	
			2022	13	13	14	
박병주		통산		20	22	29	
	BC	안양LG	1997	3	18	14	
			1998	17	4	15	
박성철		통산		0	1	1	
	K1	인천	2018	0	1	1	2018.05.12~2018.06.08
박성화		통산		118	94	110	
	BC	유공	1992	10	10	13	1992.05.13~
			1993	7	15	13	

감독명	기간	구단명	재임년도	승	무	패	비고
			1994	15	9	8	~1994.10.29
		포항	1996	20	13	7	
			1997	15	15	8	
			1998	18	6	15	
			1999	16	4	18	
			2000	7	9	11	~2000.07.31
	K2	경남	2015	10	13	17	2015.01.06~2015.11.24
박세학		통산		39	32	46	
	BC	럭키금성	1984	8	6	14	
			1985	10	7	4	
			1986	14	12	10	
			1987	7	7	18	
박이천		통산		15	11	12	
	BC	인천	2007	15	11	12	
박종환		통산		126	157	137	
	BC	일화	1989	6	21	13	1989.03.19~
			1990	7	10	13	
			1991	13	11	16	
			1992	13	19	8	
			1993	14	12	9	
			1994	17	11	8	
			1995	16	13	6	
		대구	2003	7	16	21	2003.03.19~
			2004	9	16	11	
			2005	12	9	15	
			2006	10	16	13	
	K1	성남	2014	2	3	4	~2014.04.22
박진섭		통산		51	44	55	
	K2	광주	2018	11	15	11	
			2019	21	10	5	
	K1		2020	6	7	14	~2020.12.07
		서울	2021	6	7	14	~2021.09.05
	K2	부산	2022	7	5	11	2022.06.03~
박창현		통산		7	8	6	
	BC	포항	2010	7	8	6	2010.05.11~2010.12.12
박 철		통산		0	1	4	
	K2	대전	2019	0	1	4	2019.05.21~2019.06.30
박항서		통산		118	75	138	
	BC	경남	2006	14	6	19	
			2007	14	10	13	
		전남	2008	10	5	14	
			2009	13	11	11	
			2010	9	9	14	~2010.11.09
		상주	2012	7	6	31	
	승		2013	1	0	1	
	K2		2013	23	8	4	
	K1		2014	7	13	18	
	K2		2015	20	7	13	
박혁순		통산		1	1	3	
	K1	서울	2020	1	1	3	2020.09.25~2020.11.12
박효진		통산		7	3	10	
	K2	강원	2014	5	0	5	2014.09.19~
	K1		2017	2	3	5	2017.08.15~2017.11.01
백종철		통산		6	11	13	
	K1	대구	2013	6	11	13	2013.04.23~2013.11.30
변병주		통산		28	20	57	

감독명	기간	구단명	재임년도	승	무	패	비고
	BC	대구	2007	10	7	19	
			2008	11	4	21	
			2009	7	9	17	
브랑코	통산			5	7	8	
	K1	경남	2014	5	6	7	2014.08.15~
	승		2014	0	1	1	2014.08.15~
비츠케이	통산			17	18	5	
	BC	대우	1991	17	18	5	
빙가다	통산			25	6	6	
	BC	서울	2010	25	6	6	~2010.12.13
샤키(세쿨라라치)	통산			7	6	10	
	BC	부산	1996	7	6	10	~1996.07.21
서정원	통산			92	66	63	
	K1	수원	2013	15	8	15	
			2014	19	10	9	
			2015	19	10	9	
			2016	10	18	10	
			2017	17	13	8	
			2018	12	7	12	2018.10.15~2018.12.02
설기현	통산			38	30	39	
	K2	경남	2020	10	11	8	
			2021	11	10	15	
			2022	17	9	16	
손현준	통산			11	7	10	
	K2	대구	2016	9	4	3	2016.08.13~
	K1		2017	2	3	7	~2017.05.22
송경섭	통산			9	7	13	
	K1	전남	2016	1	1	3	2016.10.15~2016.11.07
		강원	2017	1	0	1	2017.11.02~
			2018	7	6	9	~2018.08.12
송광환	통산			0	1	1	
	K1	경남	2013	0	1	1	2013.05.23~2013.06.01
송선호	통산			67	40	61	
	K2	부천	2015	13	7	10	2015.05.29~2015.10.01
			2016	17	9	10	~2016.10.12
		아산	2017	16	9	13	
		부천	2019	14	10	13	
			2020	7	5	15	~2020.11.18
신우성	통산			4	2	8	
	BC	대우	1995	4	2	8	1995.08.04~
신윤기	통산			6	3	8	
	BC	부산	1999	6	3	8	1999.06.10~1999.09.08
신진원	통산			0	0	2	
	BC	대전	2011	0	0	2	2011.07.06~2011.07.17
신태용	통산			58	42	53	
	BC	성남일화	2009	19	10	11	
			2010	14	12	8	
			2011	11	10	14	
			2012	14	10	20	~2012.12.08
신홍기	통산			0	0	1	
	K1	전북	2013	0	0	1	2013.06.20~2013.06.27
안데르센	통산			10	8	13	
	K1	인천	2018	9	7	8	2018.06.09~
			2019	1	1	5	~2019.04.15
안드레	통산			36	35	31	
	K1	대구	2017	9	11	6	2017.05.23~

감독명	기간	구단명	재임년도	승	무	패	비고
			2018	14	8	16	2018.01.05~
			2019	13	16	9	
안승인	통산			7	8	25	
	K2	충주	2016	7	8	25	
안익수	통산			66	47	57	
	BC	부산	2011	19	7	13	
			2012	13	14	17	~2012.12.13
	K1	성남일화	2013	17	9	12	~2013.12.22
		서울	2021	6	4	1	2021.09.06~
			2022	11	13	14	
알툴	통산			30	23	41	
	BC	제주	2008	9	10	17	
			2009	10	7	14	~2009.10.14
	K2	강원	2014	11	6	10	~2014.09.18
앤디 에글리	통산			9	12	15	
	BC	부산	2006	5	3	5	2006.08.23~
			2007	4	9	10	~2007.06.30
엥겔	통산			12	11	7	
	BC	대우	1990	12	11	7	
여범규	통산			7	5	7	
	K2	광주	2013	7	5	7	~2013.08.16
왕선재	통산			15	20	35	
	BC	대전	2009	6	5	6	2009.06.27~
			2010	6	8	18	
			2011	3	7	11	~2011.07.05
우성용	통산			4	5	15	
	K2	서울E	2019	4	5	15	2019.05.23~2019.11.27
유상철	통산			25	31	50	
	BC	대전	2011	3	3	6	2011.07.18~
			2012	13	11	20	~2012.12.01
	K1	전남	2018	3	7	13	~2018.08.15
		인천	2019	6	10	11	2019.05.17~
윤덕여	통산			0	0	1	
	BC	전남	2012	0	0	1	2012.08.11~2012.08.13
윤성효	통산			76	52	67	
	BC	수원	2010	10	5	4	2010.06.08~
			2011	18	6	10	
			2012	20	13	11	~2012.12.11
	K1	부산	2013	14	10	14	
			2014	10	13	15	
			2015	4	5	13	~2015.07.12
윤정환	통산			27	26	23	
	K1	울산	2015	13	14	11	
			2016	14	12	12	~2016.11.20
이강조	통산			59	72	157	
	BC	광주상무	2003	13	7	24	2003.01.03~
			2004	10	13	13	
			2005	7	8	21	
			2006	9	10	20	
			2007	5	9	22	
			2008	3	10	23	
			2009	9	4	19	
			2010	3	11	15	~2010.10.27
이기형	통산			15	26	23	
	K1	인천	2016	6	3	1	2016.09.01~
			2017	7	18	13	

감독명	기간	구단명	재임년도	승	무	패	비고
			2018	1	4	7	~2018.05.11
		부산	2020	1	1	2	2020.09.29~2020.11.24
이낙영		통산		2	10	28	
	K2	고양	2016	2	10	28	
이민성		통산		42	19	21	
	K2	대전	2021	18	8	12	
	승		2021	1	0	1	
	K2		2022	21	11	8	
	승		2022	2	0	0	
이병근		통산		37	30	36	
	K1	수원	2018	1	4	2	2018.08.30~2018.10.14
		대구	2020	10	8	9	2020.02.05~2020.11.05
			2021	15	10	13	
	승	수원	2022	1	1	0	2022.04.15~
	K1		2022	10	7	12	2022.04.15~
이상윤		통산		2	4	7	
	K1	성남	2014	2	4	7	2014.04.23~2014.08.26
이성길		통산		4	9	5	
	K2	고양	2014	4	9	5	2014.07.25~
이수철		통산		6	7	12	
	BC	광주상무	2010	0	1	2	2010.10.28~
		상주	2011	6	6	10	2011.01.12~2011.07.13
이승엽		통산		4	1	1	
	승	부산	2017	1	0	1	2017.10.13~
	K2		2017	3	1	0	2017.10.13~
이영무		통산		30	26	37	
	K2	고양	2013	10	11	14	
			2014	7	5	6	~2014.07.24
			2015	13	10	17	2015.02.16~
이영민		통산		52	42	55	
	K2	안양	2015	12	7	7	2015.06.16~
			2016	11	13	16	
		안산	2018	3	2	1	2018.08.23~2018.09.29
		부천	2021	9	10	17	
			2022	17	10	14	
이영익		통산		4	7	15	
	K2	대전	2017	4	7	15	~2017.08.30
이영진		통산		44	38	51	
(1963)	BC	대구	2010	7	5	21	
			2011	9	11	15	~2011.11.01
	K2		2015	18	13	10	
			2016	10	9	5	~2016.08.12
이영진		통산		0	1	0	
(1972)	K1	성남	2014	0	1	0	2014.08.27~2014.09.04
이우형		통산		64	48	53	
	K2	안양	2013	12	9	14	
			2014	15	6	15	
			2015	1	8	5	~2015.06.16
			2021	17	11	9	
			2022	19	13	9	
	승		2022	0	1	1	
이을용		통산		6	7	9	
	K1	서울	2018	6	7	9	2018.05.01~2018.10.10
이임생		통산		14	16	19	
	K1	수원	2019	12	12	14	
			2020	2	4	5	~2020.07.16

감독명	기간	구단명	재임년도	승	무	패	비고
이장관		통산		2	12	9	
	K2	전남	2022	2	12	9	2022.06.09~
이장수		통산		55	46	52	
	BC	천안일화	1996	11	10	19	1996.04.03~1996.12.31
		전남	2004	14	11	12	~2004.12.13
		서울	2005	13	10	13	2005.01.03~
			2006	17	15	8	
이재철		통산		2	3	9	
	K2	충주	2013	2	3	9	~2013.06.19
이정효		통산		25	11	4	
	K2	광주	2022	25	11	4	
이종환		통산		22	20	16	
	BC	유공	1983	5	7	4	
			1984	13	9	6	
			1985	4	4	6	~1985.07.21
이차만		통산		90	74	65	
	BC	대우	1987	16	14	2	
			1988	8	5	11	
			1989	14	14	12	
			1992	4	13	9	~1992.09.23
		부산	1997	22	11	5	
			1998	17	6	12	
			1999	7	2	5	~1999.06.09
	K1	경남	2014	2	9	9	~2014.08.14
이태호		통산		13	22	35	
	BC	대전	2001	9	10	16	
			2002	4	12	19	
이회택		통산		139	129	130	
	BC	포항제철	1987	16	8	8	
			1988	9	9	6	
			1989	13	14	13	
			1990	9	10	11	
			1991	12	15	13	
			1992	16	14	10	
		전남	1998	0	1	0	1998.10.15~
			1999	14	6	18	
			2000	14	10	15	
			2001	8	11	16	
			2002	11	11	13	
			2003	17	20	7	
이흥실		통산		70	59	74	
	BC	전북	2012	22	13	9	2012.01.05~2012.12.12
	K2	안산경찰	2015	9	15	16	
		안산무궁	2016	21	7	12	
		안산	2017	7	12	17	2017.01.04~
			2018	6	5	13	~2018.08.21
		대전	2019	5	7	7	2019.07.02~
인창수		통산		11	8	19	
	K2	서울E	2016	1	1	0	2016.06.16~2016.06.27
			2018	10	7	19	
임완섭		통산		15	12	24	
	K2	안산	2018	1	2	3	2018.09.30~
			2019	14	8	14	~2019.12.23
	K1	인천	2020	0	2	7	2020.02.06~2020.06.28
임종헌		통산		5	5	7	
	K2	안산	2022	5	5	7	2022.07.08~

감독명	기간	구단명	재임년도	승	무	패	비고
임중용		통산		0	5	4	
	K1	인천	2019	0	2	2	2019.04.16~2019.05.14
			2020	0	3	2	2020.06.29~2020.08.06
임창수		통산		3	8	17	
	BC	국민은행	1984	3	8	17	
장외룡		통산		50	42	47	
	BC	부산	1999	8	0	5	1999.09.09~
		인천	2004	4	5	3	2004.08.31~
			2005	19	9	11	
			2006	8	16	15	
			2008	11	12	13	
장운수		통산		45	23	25	
	BC	대우	1983	6	7	3	
			1984	13	5	2	1984.06.21~
			1985	9	7	5	
			1986	17	4	15	
장종대		통산		6	7	8	
	BC	상무	1985	6	7	8	
전경준		통산		32	37	26	
	K2	전남	2019	7	5	3	2019.07.31~
			2020	8	14	5	
			2021	13	14	10	
			2022	4	4	8	~2022.06.05
정갑석		통산		26	12	30	
	K2	부천	2016	2	1	2	2016.10.15~2016.11.16
			2017	15	7	14	
			2018	9	4	14	~2018.09.14
정경호		통산		3	3	5	
	K1	성남	2022	3	3	5	2022.08.24~
정병탁		통산		10	12	23	
	BC	전남	1995	9	10	16	
			1996	1	2	7	~1996.05.27
정정용		통산		30	34	39	
	K2	서울E	2020	11	6	10	
			2021	8	13	15	
			2022	11	15	14	
정종수		통산		4	3	5	
	BC	울산	2000	4	3	5	2000.06.14~2000.08.21
정해성		통산		63	67	78	
	BC	부천SK	2004	6	19	11	
			2005	17	9	10	
		제주	2006	11	12	16	
			2007	10	8	18	
		전남	2011	14	11	10	
			2012	5	8	13	~2012.08.10
정해원		통산		1	1	7	
	BC	대우	1994	1	1	7	1994.06.22~1994.09.07
조광래		통산		140	119	125	
	BC	대우	1992	5	6	3	1992.09.24~
			1993	8	15	12	
			1994	4	8	6	~1994.06.21
		안양LG	1999	14	6	19	
			2000	20	9	10	
			2001	14	11	10	
			2002	17	9	10	
			2003	14	14	16	

감독명	기간	구단명	재임년도	승	무	패	비고
		서울	2004	9	16	11	
		경남	2008	13	9	14	
			2009	11	11	10	
			2010	11	5	4	~2010.07.31
조덕제		통산		87	73	81	
	K2	수원FC	2013	13	8	14	
			2014	12	12	12	
			2015	19	12	11	
	승		2015	2	0	0	
	K1		2016	10	9	19	
	K2		2017	7	9	10	~2017.08.23
		부산	2019	19	13	5	
	승		2019	1	1	0	
	K1		2020	4	9	10	~2020.09.28
조동현		통산		36	15	21	
	K2	경찰	2013	20	4	11	
		안산경찰	2014	16	11	10	
조민국		통산		19	20	31	
	K1	울산	2014	13	11	14	~2014.11.30
	K2	대전	2020	3	1	5	2020.09.18~2020.12.08
		안산	2022	3	8	12	~2022.07.07
조민혁		통산		1	2	1	
	K2	부천	2018	1	2	1	2018.09.15~2018.10.07
조성환		통산		93	67	85	
	K1	제주	2015	14	8	16	
			2016	14	7	12	~2016.10.14
			2017	19	9	10	
			2018	14	12	12	
			2019	0	4	5	~2019.05.03
		인천	2020	7	1	5	2020.08.07~
			2021	12	11	15	
			2022	13	15	10	
조영증		통산		31	33	47	
	BC	LG	1994	15	9	12	
			1995	6	13	16	
		안양LG	1996	10	11	19	
조윤옥		통산		4	1	3	
	BC	대우	1984	4	1	3	~1984.06.20
조윤환		통산		94	67	81	
	BC	유공	1994	2	2	0	1994.11.01~
		부천SK	1999	22	0	16	
			2000	19	11	13	
			2001	4	6	10	~2001.08.14
		전북	2001	3	2	0	2001.10.04~
			2002	11	12	12	
			2003	18	15	11	
			2004	13	12	11	
			2005	2	7	8	~2005.06.13
조종화		통산		2	3	3	
	K2	수원FC	2017	2	3	3	2017.08.24~2017.10.19
조중연		통산		22	19	17	
	BC	현대	1986	15	7	4	1986.04.23~
			1987	7	12	13	
조진호		통산		55	32	42	
	BC	제주	2009	0	1	2	2009.10.15~2009.11.01
	K1	대전	2013	5	2	1	2013.10.05~2013.12.08

감독명	기간	구단명	재임년도	승	무	패	비고
	K2		2014	20	10	6	
	K1		2015	1	2	8	~2015.05.21
		상주	2016	12	7	19	~2016.11.24
	K2	부산	2017	17	10	6	~2017.10.10
주승진		통산		2	1	5	
	K1	수원	2020	2	1	5	2020.07.17~2020.09.07
차경복		통산		131	83	101	
	BC	전북	1995	11	6	18	
			1996	12	10	18	~1996.12.05
		천안일화	1998	2	1	5	1998.09.09~
			1999	12	7	18	
		성남일화	2000	19	12	10	
			2001	16	13	7	
			2002	19	12	7	
			2003	27	10	7	
			2004	13	12	11	
차범근		통산		157	119	116	
	BC	현대	1991	13	16	11	
			1992	16	8	16	
			1993	14	10	11	
			1994	12	16	8	
		수원	2004	17	14	8	
			2005	13	14	9	
			2006	14	16	12	
			2007	21	8	10	
			2008	25	8	7	
			2009	8	8	14	
			2010	4	1	10	~2010.06.07
최강희		통산		229	115	101	
	BC	전북	2005	2	3	7	2005.07.11~
			2006	11	13	15	
			2007	12	12	12	
			2008	17	8	14	
			2009	19	8	7	
			2010	22	7	9	
			2011	20	9	4	
	K1		2013	12	6	6	2013.06.27~
			2014	24	9	5	
			2015	22	7	9	
			2016	20	16	2	
			2017	22	9	7	
			2018	26	8	4	
최덕주		통산		13	8	15	
	K2	대구	2014	13	8	15	~2014.11.18
최만희		통산		73	55	111	
	BC	전북	1997	7	14	14	
			1998	14	4	17	
			1999	14	5	17	
			2000	14	6	17	
			2001	4	3	10	~2001.07.18
		광주	2011	10	8	17	
			2012	10	15	19	~2012.12.02
최문식		통산		18	15	33	
	K1	대전	2015	3	5	18	2015.06.01~
	K2		2016	15	10	15	~2016.10.30
최순호		통산		108	80	136	

감독명	기간	구단명	재임년도	승	무	패	비고
	BC	포항	2000	2	2	6	2000.08.01~
			2001	14	8	13	
			2002	11	11	13	
			2003	17	13	14	
			2004	13	13	13	
		강원	2009	8	7	18	
			2010	8	6	18	
			2011	1	1	4	~2011.04.07
	K1	포항	2016	2	2	2	2016.10.01~
			2017	15	7	16	
			2018	15	9	14	
			2019	2	1	5	~2019.04.22
최영준		통산		19	9	20	
	승	부산	2015	0	0	2	2015.10.12~
	K1		2015	0	2	3	2015.10.12~
	K2		2016	19	7	15	
최용수		통산		138	74	87	
	BC	서울	2011	15	4	6	2011.04.27~2011.12.08
			2012	29	9	6	
	K1		2013	17	11	10	
			2014	15	13	10	
			2015	17	11	10	
			2016	9	3	3	~2016.06.22
	승		2018	1	1	0	2018.10.11~
	K1		2018	1	2	3	2018.10.11~
			2019	15	11	12	
			2020	3	1	9	~2020.07.30
		강원	2021	1	1	0	2021.11.16~
	승		2021	1	0	1	2021.11.16~
	K1		2022	14	7	17	
최원권		통산		5	4	2	
	K1	대구	2022	5	4	2	2022.08.14~
최윤겸		통산		131	134	127	
	BC	부천SK	2001	5	9	1	2001.08.15~
			2002	8	4	9	~2002.09.01
		대전	2003	18	11	15	2003.01.03~
			2004	11	13	12	
			2005	9	16	11	
			2006	12	16	11	
			2007	4	12	7	~2007.06.30
	K2	강원	2015	13	12	15	
			2016	21	9	12	
	승		2016	0	2	0	
	K1		2017	10	7	9	~2017.08.14
	승	부산	2018	0	1	1	~2018.12.19
	K2		2018	15	14	8	~2018.12.19
	K1	제주	2019	5	8	16	2019.05.03~2019.12.25
최은택		통산		20	16	21	
	BC	포항제철	1985	9	7	5	
			1986	11	9	16	
최진철		통산		10	8	14	
	K1	포항	2016	10	8	14	~2016.09.24
최진한		통산		40	33	65	
	BC	경남	2011	16	7	14	
			2012	14	8	22	
	K1		2013	2	6	3	~2013.05.22

감독명	기간	구단명	재임년도	승	무	패	비고
	K2	부천	2014	6	9	21	2014.02.06~
			2015	2	3	5	~2015.05.28
트나즈 트르판	통산			3	7	13	
	BC	부천SK	2002	3	6	5	2002.09.02~
			2003	0	1	8	~2003.05.15
파리 야스	통산			83	55	43	
	BC	포항	2005	15	15	6	
			2006	19	9	12	
			2007	17	12	12	
			2008	14	7	8	
			2009	18	12	5	~2009.12.25
파비 아노	통산			6	4	11	
	K2	전남	2019	6	4	11	~2019.07.30
파비오	통산			6	3	4	
	K1	전북	2013	6	3	4	~2013.06.19
페레즈	통산			14	13	26	
	K2	부산	2021	12	9	15	
			2022	2	4	11	~2022.06.01
페트코 비치	통산			26	23	28	
	BC	인천	2009	13	15	8	
			2010	7	2	7	~2010.06.08
	K1	경남	2013	6	6	13	2013.06.02~2013.12.16
포터 필드	통산			30	40	53	
	BC	부산	2003	13	10	21	
			2004	8	16	12	
			2005	9	11	17	
			2006	0	3	3	~2006.04.03
하석주	통산			31	28	34	
	BC	전남	2012	8	6	3	2012.08.14~
	K1		2013	9	13	16	
			2014	14	9	15	~2014.11.30
하재훈	통산			3	11	21	
	BC	부천SK	2003	3	11	21	2003.05.16~2003.11.20
한홍기	통산			16	11	17	
	BC	포항제철	1983	6	4	6	
			1984	10	7	11	
함흥철	통산			19	24	22	
	BC	할렐루야	1983	6	8	2	
			1984	10	9	9	
			1985	3	7	11	
허정무	통산			121	128	113	
	BC	포항제철	1993	12	14	9	
			1994	14	13	9	
		포항	1995	16	13	6	
		전남	1996	9	9	12	1996.05.28~
			1997	17	15	4	
			1998	13	5	17	~1998.10.14
			2005	10	11	15	2005.01.03~
			2006	13	15	11	
			2007	7	9	11	
		인천	2010	2	6	3	2010.08.23~
			2011	7	16	12	
			2012	1	2	4	~2012.04.11
홍명보	통산			43	21	12	
	K1	울산	2021	21	11	6	
			2022	22	10	6	
황보관	통산			1	3	3	
	BC	서울	2011	1	3	3	2011.01.05~2011.04.26
황선홍	통산			170	105	116	
	BC	부산	2008	10	8	19	
			2009	12	11	15	
			2010	11	10	12	~2010.12.12
		포항	2011	21	8	8	
			2012	23	8	13	
	K1		2013	21	11	6	
			2014	16	10	12	
			2015	18	12	8	
		서울	2016	12	4	6	2016.06.27~
			2017	16	13	9	
			2018	2	4	4	~2018.04.30
	K2	대전	2020	8	6	4	2020.01.04~2020.09.08

BC: K리그 BC(~2012) / K1: K리그1 / K2: K리그2 / 승: K리그 승강 플레이오프

가도에프(Shohruh Gadoev) 우즈베키스탄 1991.12.31

대회	연도	소속	출전	교체	득점	도움	파울	경고	퇴장
K2	2018	대전	32	30	8	4	29	4	1
	2019	대전	8	8	0	1	7	0	0
	합계		40	38	8	5	36	4	1
프로통산			40	38	8	5	36	4	1

가브리엘(Gabriel Barbosa Avelino) 브라질 1999.03.17

대회	연도	소속	출전	교체	득점	도움	파울	경고	퇴장
K1	2021	서울	15	14	2	1	19	3	0
	합계		15	14	2	1	19	3	0
프로통산			15	14	2	1	19	3	0

가브리엘(Gabriel Lima) 브라질 1978.06.13

대회	연도	소속	출전	교체	득점	도움	파울	경고	퇴장
BC	2006	대구	17	15	2	3	35	3	0
	합계		17	15	2	3	35	3	0
프로통산			17	15	2	3	35	3	0

가비(Gabriel Popescu) 루마니아 1973.12.25

대회	연도	소속	출전	교체	득점	도움	파울	경고	퇴장
BC	2002	수원	24	10	6	1	59	8	0
	2003	수원	31	4	6	2	61	6	0
	2004	수원	4	4	0	1	2	0	0
	합계		59	18	12	4	122	14	0
프로통산			59	18	12	4	122	14	0

가빌란(Jaime Gavilan Martinez) 스페인 1985.05.12

대회	연도	소속	출전	교체	득점	도움	파울	경고	퇴장
K1	2016	수원FC	22	18	3	2	26	5	0
	합계		22	18	3	2	26	5	0
K2	2017	수원FC	1	1	0	0	1	0	0
	합계		1	1	0	0	1	0	0
프로통산			23	19	3	2	27	5	0

가솔현(賈率賢) 고려대 1991.02.12

대회	연도	소속	출전	교체	득점	도움	파울	경고	퇴장
K1	2018	전남	26	2	0	0	19	3	0
	2020	강원	0	0	0	0	0	0	0
	합계		26	2	0	0	19	3	0
K2	2013	안양	20	0	3	0	37	5	0
	2014	안양	26	1	1	2	35	6	0
	2015	안양	26	1	1	0	28	7	0
	2016	안양	20	6	0	0	24	5	0
	2019	전남	19	6	0	1	27	4	0
	합계		111	14	5	3	151	27	0
프로통산			137	16	5	3	170	30	0

가우초(Eric Freire Gomes) 브라질 1972.09.22

대회	연도	소속	출전	교체	득점	도움	파울	경고	퇴장
BC	2004	부산	13	8	4	0	26	3	0
	합계		13	8	4	0	26	3	0
프로통산			13	8	4	0	26	3	0

가이모토(海本幸治郎, Kaimoto Kojiro) 일본 1977.10.14

대회	연도	소속	출전	교체	득점	도움	파울	경고	퇴장
BC	2001	성남일화	1	1	0	0	4	1	0
	2002	성남일화	21	11	0	1	36	2	0
	합계		22	12	0	1	40	3	0
프로통산			22	12	0	1	40	3	0

갈레고(Jefferson Galego(Jefferson Fernando Isídio)) 브라질 1997.04.04

대회	연도	소속	출전	교체	득점	도움	파울	경고	퇴장
K1	2022	강원	14	14	3	0	11	2	0
	합계		14	14	3	0	11	2	0
프로통산			14	14	3	0	11	2	0

감한솔(甘한솔) 경희대 1993.11.19

대회	연도	소속	출전	교체	득점	도움	파울	경고	퇴장
K2	2015	대구	7	6	0	0	5	1	0
	2016	대구	5	3	0	1	4	0	0
	2017	서울E	21	6	1	2	16	2	0
	2018	서울E	13	7	0	0	14	0	0
	2019	부천	33	5	2	4	30	6	0
	2020	부천	14	4	0	0	20	1	0
	2022	부천	8	4	0	0	6	0	1
	합계		101	35	3	7	95	10	1
프로통산			101	35	3	7	95	10	1

강경호(姜京昊) 한양대 1957.02.02

대회	연도	소속	출전	교체	득점	도움	파울	경고	퇴장
BC	1983	국민은행	5	4	0	0	1	0	0
	1984	국민은행	11	3	3	0	11	1	0
	합계		16	7	3	0	12	1	0
프로통산			16	7	3	0	12	1	0

강구남(姜求南) 경희대 1987.07.31

대회	연도	소속	출전	교체	득점	도움	파울	경고	퇴장
BC	2008	대전	4	4	0	1	3	0	0
	2009	광주상무	2	2	0	0	4	0	0
	2010	광주상무	6	5	0	0	8	0	0
	2011	대전	6	5	0	0	5	1	0
	합계		18	16	0	1	20	1	0
프로통산			18	16	0	1	20	1	0

강금철(姜錦哲) 전주대 1972.03.19

대회	연도	소속	출전	교체	득점	도움	파울	경고	퇴장
BC	1995	전북	2	2	0	0	5	0	0
	1996	전북	0	0	0	0	0	0	0
	1999	전북	10	9	1	1	10	1	0
	2000	전북	5	4	0	0	5	2	0
	2001	전북	13	3	0	0	28	1	0
	합계		30	18	1	1	48	4	0
프로통산			30	18	1	1	48	4	0

강기원(康己源) 고려대 1981.10.07

대회	연도	소속	출전	교체	득점	도움	파울	경고	퇴장
BC	2004	울산	11	10	0	0	11	1	0
	2005	울산	4	2	0	0	4	0	0
	2006	경남	18	11	0	0	23	2	0
	2007	경남	30	15	0	0	30	5	0
	2008	경남	2	1	0	0	1	1	0
	합계		65	39	0	0	69	9	0
프로통산			65	39	0	0	69	9	0

강대희(姜大熙) 경희고 1977.02.02

대회	연도	소속	출전	교체	득점	도움	파울	경고	퇴장
BC	2000	수원	15	11	0	0	18	0	0
	2003	대구	4	4	0	0	2	0	0
	합계		19	15	0	0	20	0	0
프로통산			19	15	0	0	20	0	0

강동구(姜冬求) 관동대 1983.08.04

대회	연도	소속	출전	교체	득점	도움	파울	경고	퇴장
BC	2007	제주	4	2	0	0	5	1	0
	2008	제주	12	7	0	0	7	0	0
	합계		16	9	0	0	12	1	0
프로통산			16	9	0	0	12	1	0

강두호(康斗豪) 건국대 1978.03.28

대회	연도	소속	출전	교체	득점	도움	파울	경고	퇴장
BC	2007	제주	4	3	0	0	8	1	0
	합계		4	3	0	0	8	1	0
프로통산			4	3	0	0	8	1	0

강득수(姜得壽) 연세대 1961.08.16

대회	연도	소속	출전	교체	득점	도움	파울	경고	퇴장
BC	1984	럭키금성	27	4	2	6	25	1	0
	1985	럭키금성	21	0	5	3	18	1	0
	1986	럭키금성	17	1	2	10	19	0	0
	1987	럭키금성	31	7	4	3	24	0	0
	1988	럭키금성	23	1	3	5	19	2	0
	1989	럭키금성	20	1	4	7	21	1	0
	1990	현대	20	1	1	4	24	0	0
	1991	현대	19	14	1	4	19	0	0
	합계		178	29	22	42	169	5	0
프로통산			178	29	22	42	169	5	0

강만영(姜萬永) 인천대 1962.06.14

대회	연도	소속	출전	교체	득점	도움	파울	경고	퇴장
BC	1988	럭키금성	15	7	2	1	13	1	0
	1989	럭키금성	12	12	0	1	7	0	0
	합계		27	19	2	2	20	1	0
프로통산			27	19	2	2	20	1	0

강명철(姜明鐵) 경희대 1984.06.20

대회	연도	소속	출전	교체	득점	도움	파울	경고	퇴장
BC	2007	서울	1	1	0	0	1	0	0
	합계		1	1	0	0	1	0	0
프로통산			1	1	0	0	1	0	0

강모근(姜模根) 가톨릭관동대 1994.06.11

대회	연도	소속	출전	교체	**실점**	도움	파울	경고	퇴장
K1	2017	강원	1	0	5	0	0	0	0
	합계		1	0	5	0	0	0	0
프로통산			1	0	5	0	0	0	0

강민(康忞) 건국대 1989.06.07

대회	연도	소속	출전	교체	득점	도움	파울	경고	퇴장
K2	2013	광주	6	2	0	0	2	0	0
	합계		6	2	0	0	2	0	0
프로통산			6	2	0	0	2	0	0

강민규(姜玟圭) 경기대 1998.09.07

대회	연도	소속	출전	교체	득점	도움	파울	경고	퇴장
K2	2022	충남아산	24	25	2	0	14	2	0
	합계		24	25	2	0	14	2	0
프로통산			24	25	2	0	14	2	0

강민수(姜敏壽) 고양고 1986.02.14

대회	연도	소속	출전	교체	득점	도움	파울	경고	퇴장
BC	2005	전남	13	4	0	0	33	6	0
	2006	전남	28	3	0	0	38	9	0
	2007	전남	18	0	1	0	27	3	1
	2008	전북	28	6	0	0	48	8	0
	2009	제주	22	2	0	0	35	11	0
	2010	수원	24	5	2	0	40	6	0
	2011	울산	32	10	2	0	34	7	0
	2012	울산	32	7	2	0	40	7	0
	합계		197	37	7	0	295	57	1
K1	2013	울산	37	0	2	1	47	5	0
	2014	울산	11	0	0	1	15	4	0
	2014	상주	19	2	1	0	25	6	0
	2016	울산	26	8	0	0	20	2	0
	2017	울산	24	4	0	0	17	4	0
	2018	울산	30	3	1	0	22	1	0
	2019	울산	23	1	3	0	20	7	0
	2020	부산	20	1	1	0	19	3	0
	2021	인천	17	2	0	0	11	1	0
	2022	인천	25	6	0	0	11	1	1
	합계		232	27	8	2	207	34	1
K2	2015	상주	27	7	0	1	28	5	0
	2021	부산	0	0	0	0	0	0	0
	합계		27	7	0	1	28	5	0
프로통산			456	71	15	3	530	96	2

강민우(姜民右) 동국대 1987.03.26

대회	연도	소속	출전	교체	득점	도움	파울	경고	퇴장
BC	2010	강원	0	0	0	0	0	0	0
	2011	상주	2	2	0	0	0	0	0
	2012	상주	0	0	0	0	0	0	0

대회	연도	소속	출전	교체	득점	도움	파울	경고	퇴장
	합계		2	2	0	0	0	0	0
프로통산			2	2	0	0	0	0	0

강민재(姜玟在) 광운대 1999.12.25

대회	연도	소속	출전	교체	득점	도움	파울	경고	퇴장
K2	2019	수원FC	2	2	0	0	0	0	0
	합계		2	2	0	0	0	0	0
프로통산			2	2	0	0	0	0	0

강민혁(康珉赫) 대구대 1982.07.10

대회	연도	소속	출전	교체	득점	도움	파울	경고	퇴장
BC	2006	경남	35	1	1	0	59	9	0
	2007	제주	18	2	1	0	17	3	0
	2008	광주상무	19	3	0	0	11	1	0
	2009	광주상무	27	1	0	0	25	3	0
	2009	제주	2	0	0	0	2	0	0
	2010	제주	29	4	0	0	26	2	0
	2011	제주	21	3	0	0	21	3	1
	2012	경남	41	6	0	2	57	8	0
	합계		192	20	2	2	218	29	1
K1	2013	경남	27	6	0	0	37	3	0
	합계		27	6	0	0	37	3	0
프로통산			219	26	2	2	255	32	1

강봉균(姜奉均) 고려대 1993.07.06

대회	연도	소속	출전	교체	실점	도움	파울	경고	퇴장
K1	2017	수원	0	0	0	0	0	0	0
	2018	수원	0	0	0	0	0	0	0
	합계		0	0	0	0	0	0	0
프로통산			0	0	0	0	0	0	0

강상우(姜祥佑) 경희대 1993.10.07

대회	연도	소속	출전	교체	득점	도움	파울	경고	퇴장
K1	2014	포항	8	8	0	0	10	1	0
	2015	포항	5	4	1	0	6	0	0
	2016	포항	30	5	1	2	56	8	0
	2017	포항	33	0	0	1	48	3	0
	2018	포항	36	2	3	2	41	5	0
	2019	상주	15	8	3	0	7	1	0
	2020	상주	16	8	7	5	6	0	0
	2020	포항	10	0	1	7	9	2	0
	2021	포항	37	2	4	8	28	2	0
	2022	포항	1	1	0	0	0	0	0
	합계		191	38	20	25	211	22	0
프로통산			191	38	20	25	211	22	0

강상윤(姜尙潤) 영생고 2004.05.31

대회	연도	소속	출전	교체	득점	도움	파울	경고	퇴장
K1	2022	전북	15	15	0	0	12	3	0
	합계		15	15	0	0	12	3	0
프로통산			15	15	0	0	12	3	0

강상진(姜相珍) 중앙대 1970.12.03

대회	연도	소속	출전	교체	득점	도움	파울	경고	퇴장
BC	1993	대우	9	6	0	0	15	3	0
	1994	대우	2	2	0	0	0	0	0
	합계		11	8	0	0	15	3	0
프로통산			11	8	0	0	15	3	0

강상협(姜尙協) 동래고 1977.12.17

대회	연도	소속	출전	교체	득점	도움	파울	경고	퇴장
BC	1995	포항	0	0	0	0	0	0	0
	1996	포항	0	0	0	0	0	0	0
	합계		0	0	0	0	0	0	0
프로통산			0	0	0	0	0	0	0

강상희(姜常熙) 선문대 1998.03.07

대회	연도	소속	출전	교체	득점	도움	파울	경고	퇴장
K1	2020	서울	3	1	0	0	5	1	0
	2021	서울	9	5	1	0	1	0	0
	2022	서울	5	4	0	0	0	0	0
	합계		17	10	1	0	6	1	0
프로통산			17	10	1	0	6	1	0

강선규(康善圭) 건국대 1986.04.20

대회	연도	소속	출전	교체	득점	도움	파울	경고	퇴장
BC	2008	대전	17	4	0	1	36	3	0
	2010	강원	5	0	0	1	10	0	0
	합계		22	4	0	2	46	3	0
프로통산			22	4	0	2	46	3	0

강성관(姜聖觀) 상지대 1987.11.06

대회	연도	소속	출전	교체	실점	도움	파울	경고	퇴장
BC	2010	성남일화	3	0	4	0	0	0	0
	2011	성남일화	4	0	4	0	1	0	0
	2012	상주	0	0	0	0	0	0	0
	합계		7	0	8	0	1	0	0
K1	2013	성남일화	0	0	0	0	0	0	0
	합계		0	0	0	0	0	0	0
K2	2013	상주	0	0	0	0	0	0	0
	2014	강원	1	0	2	0	0	0	0
	2015	강원	12	2	11	0	0	0	0
	합계		13	2	13	0	0	0	0
프로통산			20	2	21	0	1	0	0

강성민(姜成敏) 경희대 1974.12.26

대회	연도	소속	출전	교체	득점	도움	파울	경고	퇴장
BC	1995	전북	10	6	2	0	4	1	0
	1996	전북	7	7	0	0	1	0	0
	1998	전북	2	2	0	1	0	0	0
	합계		19	15	2	1	5	1	0
프로통산			19	15	2	1	5	1	0

강성일(姜成一) 한양대 1979.06.04

대회	연도	소속	출전	교체	실점	도움	파울	경고	퇴장
BC	2002	대전	1	0	2	0	0	0	0
	2003	대전	0	0	0	0	0	0	0
	2004	대전	0	0	0	0	0	0	0
	합계		1	0	2	0	0	0	0
프로통산			1	0	2	0	0	0	0

강성진(姜成眞) 오산고 2003.03.26

대회	연도	소속	출전	교체	득점	도움	파울	경고	퇴장
K1	2021	서울	14	14	1	2	4	0	0
	2022	서울	34	33	1	4	7	1	0
	합계		48	47	2	6	11	1	0
프로통산			48	47	2	6	11	1	0

강성호(姜聲浩) 여주상고 1971.02.22

대회	연도	소속	출전	교체	득점	도움	파울	경고	퇴장
BC	1998	전북	9	7	0	0	14	0	0
	합계		9	7	0	0	14	0	0
프로통산			9	7	0	0	14	0	0

강세혁(剛世奕) 충남기계공고 2002.10.23

대회	연도	소속	출전	교체	득점	도움	파울	경고	퇴장
K2	2021	대전	1	1	0	0	2	0	0
	합계		1	1	0	0	2	0	0
프로통산			1	1	0	0	2	0	0

강수일(姜修一) 상지대 1987.07.15

대회	연도	소속	출전	교체	득점	도움	파울	경고	퇴장
BC	2007	인천	2	2	0	1	0	0	0
	2008	인천	5	4	0	0	3	0	0
	2009	인천	26	17	5	1	12	5	0
	2010	인천	25	21	4	1	15	2	0
	2011	제주	25	20	3	1	17	1	0
	2012	제주	32	23	3	2	27	2	0
	합계		115	87	15	6	74	10	0
K1	2013	제주	27	20	1	3	21	4	0
	2014	포항	29	21	6	3	36	2	0
	2015	제주	14	7	5	2	8	1	0
	합계		70	48	12	8	65	7	0
K2	2021	안산	12	11	1	0	6	1	0
	2022	안산	18	16	2	0	9	3	0
	합계		30	27	3	0	15	4	0
프로통산			215	162	30	14	154	21	0

강승조(康承助) 단국대 1986.01.20

대회	연도	소속	출전	교체	득점	도움	파울	경고	퇴장
BC	2008	부산	5	4	0	0	7	2	0
	2009	부산	22	13	4	1	36	8	0
	2010	전북	29	15	5	2	43	7	0
	2011	전북	4	4	0	0	2	1	0
	2011	경남	9	1	1	1	17	6	0
	2012	경남	32	9	5	4	57	4	1
	합계		101	46	15	8	162	28	1
K1	2013	경남	26	14	4	6	26	4	1
	2014	서울	17	14	0	1	18	2	0
	합계		43	28	4	7	44	6	1
K2	2015	안산경찰	19	8	2	2	27	7	0
	2016	안산무궁	14	8	2	0	12	2	0
	2017	대전	10	9	0	0	5	2	0
	2017	경남	3	3	0	0	0	0	0
	2020	경남	7	6	0	0	5	3	0
	합계		53	34	4	2	49	14	0
프로통산			197	108	23	17	255	48	2

강시훈(康永連) 숭실대 1992.02.08

대회	연도	소속	출전	교체	득점	도움	파울	경고	퇴장
K1	2018	대구	0	0	0	0	0	0	0
	합계		0	0	0	0	0	0	0
프로통산			0	0	0	0	0	0	0

강신명(姜信明) 전주대 1997.02.12

대회	연도	소속	출전	교체	득점	도움	파울	경고	퇴장
K2	2020	수원FC	3	3	0	0	3	1	0
	합계		3	3	0	0	3	1	0
프로통산			3	3	0	0	3	1	0

강신우(姜信友) 진주고 1999.04.21

대회	연도	소속	출전	교체	실점	도움	파울	경고	퇴장
K1	2019	경남	0	0	0	0	0	0	0
	합계		0	0	0	0	0	0	0
K2	2020	경남	0	0	0	0	0	0	0
	합계		0	0	0	0	0	0	0
프로통산			0	0	0	0	0	0	0

강신우(姜信寓) 서울대 1959.03.18

대회	연도	소속	출전	교체	득점	도움	파울	경고	퇴장
BC	1983	대우	15	1	0	0	26	2	0
	1984	대우	27	6	5	3	29	2	0
	1985	대우	13	2	1	1	14	0	0
	1986	대우	29	11	1	0	36	0	0
	1987	럭키금성	18	8	0	0	11	1	0
	합계		102	28	7	4	116	5	0
프로통산			102	28	7	4	116	5	0

강영제(羌永提) 조선대 1994.08.11

대회	연도	소속	출전	교체	득점	도움	파울	경고	퇴장
K2	2016	대전	7	7	0	0	3	1	0
	합계		7	7	0	0	3	1	0
프로통산			7	7	0	0	3	1	0

강영철(姜英喆)

대회	연도	소속	출전	교체	득점	도움	파울	경고	퇴장
BC	1983	대우	1	2	0	0	0	0	0
	합계		1	2	0	0	0	0	0
프로통산			1	2	0	0	0	0	0

강용(康勇) 고려대 1979.01.14

대회	연도	소속	출전	교체	득점	도움	파울	경고	퇴장
BC	2001	포항	10	3	0	1	23	2	0
	2002	포항	7	6	0	0	6	2	0
	2003	포항	37	6	2	4	73	3	1
	2004	포항	31	13	1	1	52	4	0
	2005	전남	12	6	0	0	27	1	0
	2006	광주상무	25	6	4	2	45	3	0
	2007	광주상무	26	3	0	1	50	2	1
	2008	전남	0	0	0	0	0	0	0
	2009	강원	14	1	0	1	20	0	0
	2011	대구	9	1	0	0	15	3	0
	2012	대구	10	6	1	0	14	5	0
	합계		181	51	8	10	325	25	2
K1	2013	인천	4	1	0	0	5	1	0

	합계		4	1	0	0	5	1	0
프로통산			185	52	8	10	330	26	2

강용국(康龍國) 동국대 1961.11.17

대회	연도	소속	출전	교체	득점	도움	파울	경고	퇴장
BC	1985	한일은행	19	11	1	1	22	0	0
	1986	한일은행	5	5	0	1	3	0	0
	합계		24	16	1	2	25	0	0
프로통산			24	16	1	2	25	0	0

강우람(姜우람) 광운대 1986.05.04

대회	연도	소속	출전	교체	득점	도움	파울	경고	퇴장
BC	2012	대전	0	0	0	0	0	0	0
	합계		0	0	0	0	0	0	0
프로통산			0	0	0	0	0	0	0

강원길(姜源吉) 전북대 1968.03.17

대회	연도	소속	출전	교체	득점	도움	파울	경고	퇴장
BC	1994	버팔로	26	7	0	0	31	1	0
	1995	전북	25	5	1	0	31	4	0
	합계		51	12	1	0	62	5	0
프로통산			51	12	1	0	62	5	0

강윤구(姜潤求) 동아대 1993.02.08

대회	연도	소속	출전	교체	득점	도움	파울	경고	퇴장
K1	2018	대구	18	4	1	1	24	4	0
	2019	대구	15	9	0	0	15	0	0
	2020	인천	12	7	0	0	15	2	0
	2021	인천	20	9	0	2	18	3	0
	2022	인천	17	12	0	2	28	6	0
	합계		82	41	1	5	100	15	0
프로통산			82	41	1	5	100	15	0

강윤구(姜潤求) 골클럽U18 2002.04.08

대회	연도	소속	출전	교체	득점	도움	파울	경고	퇴장
K1	2021	울산	7	7	0	0	5	2	0
	합계		7	7	0	0	5	2	0
K2	2022	부산	13	10	1	1	13	4	0
	합계		13	10	1	1	13	4	0
프로통산			20	17	1	1	18	6	0

강윤성(姜允盛) 대구공고 1997.07.01

대회	연도	소속	출전	교체	득점	도움	파울	경고	퇴장
K1	2019	제주	23	11	0	1	26	3	0
	2021	제주	23	20	0	0	13	4	0
	2022	김천	28	7	0	1	22	5	0
	합계		74	38	0	2	61	12	0
K2	2016	대전	26	24	0	0	27	5	0
	2017	대전	14	4	0	0	11	2	0
	2018	대전	26	15	3	0	26	2	0
	2020	제주	21	17	3	4	23	6	0
	합계		87	60	6	4	87	15	0
승	2022	김천	2	0	0	0	4	1	0
	합계		2	0	0	0	4	1	0
프로통산			163	98	6	6	152	28	0

강의빈(姜義彬) 광운대 1998.04.01

대회	연도	소속	출전	교체	득점	도움	파울	경고	퇴장
K1	2022	성남	24	13	0	1	19	2	0
	합계		24	13	0	1	19	2	0
K2	2020	경남	2	1	0	0	3	1	0
	2021	부천	25	3	0	0	39	5	0
	합계		27	4	0	0	42	6	0
프로통산			51	17	0	1	61	8	0

강인준(康仁準) 호남대 1987.10.27

대회	연도	소속	출전	교체	득점	도움	파울	경고	퇴장
BC	2010	제주	0	0	0	0	0	0	0
	2011	제주	0	0	0	0	0	0	0
	2011	대전	1	1	0	0	1	0	1
	합계		1	1	0	0	1	0	1
프로통산			1	1	0	0	1	0	1

강재순(姜才淳) 성균관대 1964.12.15

대회	연도	소속	출전	교체	득점	도움	파울	경고	퇴장
BC	1987	현대	5	5	0	0	0	0	0
	1988	현대	22	3	4	3	32	3	0
	1989	현대	40	0	6	6	52	0	0
	1991	현대	27	19	3	1	19	1	0
	1992	현대	29	22	4	3	39	1	0
	1993	현대	32	8	9	3	43	2	0
	1994	현대	25	10	0	3	25	0	0
	1995	현대	16	17	2	2	12	1	0
	합계		196	84	28	21	222	8	0
프로통산			196	84	28	21	222	8	0

강재우(姜在禹) 고려대 2000.05.30

대회	연도	소속	출전	교체	득점	도움	파울	경고	퇴장
K1	2021	성남	19	21	0	0	13	5	0
	2022	성남	11	11	0	1	11	2	0
	합계		30	32	0	1	24	7	0
프로통산			30	32	0	1	24	7	0

강재욱(姜宰旭) 홍익대 1985.04.05

대회	연도	소속	출전	교체	실점	도움	파울	경고	퇴장
BC	2009	서울	0	0	0	0	0	0	0
	합계		0	0	0	0	0	0	0
프로통산			0	0	0	0	0	0	0

강정대(姜征大) 한양대 1971.08.22

대회	연도	소속	출전	교체	득점	도움	파울	경고	퇴장
BC	1997	대전	17	0	0	0	25	2	0
	1998	대전	20	6	0	1	26	3	0
	1999	대전	20	10	1	1	26	1	0
	2000	대전	3	3	0	0	1	0	0
	합계		60	19	1	2	78	6	0
프로통산			60	19	1	2	78	6	0

강정묵(姜定默) 단국대 1996.03.21

대회	연도	소속	출전	교체	실점	도움	파울	경고	퇴장
K1	2022	김천	0	0	0	0	0	0	0
	합계		0	0	0	0	0	0	0
K2	2018	서울E	0	0	0	0	0	0	0
	2019	서울E	3	1	7	0	0	0	0
	2020	서울E	9	1	7	0	1	1	0
	2021	김천	7	0	8	0	0	1	0
	합계		19	2	22	0	1	2	0
프로통산			19	2	22	0	1	2	0

강정훈(姜正勳) 건국대 1987.12.16

대회	연도	소속	출전	교체	득점	도움	파울	경고	퇴장
BC	2010	서울	4	3	0	0	9	1	0
	2011	서울	9	10	2	1	7	1	0
	2012	서울	3	2	0	0	3	0	0
	합계		16	15	2	1	19	2	0
K1	2013	서울	0	0	0	0	0	0	0
	2013	강원	13	11	0	1	10	2	0
	합계		13	11	0	1	10	2	0
프로통산			29	26	2	2	29	4	0

강정훈(姜政勳) 한양대 1976.02.20

대회	연도	소속	출전	교체	득점	도움	파울	경고	퇴장
BC	1998	대전	21	20	1	1	13	3	0
	1999	대전	25	21	1	2	28	1	0
	2000	대전	27	20	1	3	25	2	0
	2001	대전	6	6	0	0	10	1	0
	2002	대전	25	8	0	1	39	5	0
	2003	대전	28	12	1	2	52	1	0
	2004	대전	33	8	1	1	71	8	0
	2005	대전	34	4	2	2	92	5	0
	2006	대전	34	6	1	0	72	6	0
	2007	대전	26	10	0	0	51	4	0
	합계		259	115	8	12	453	36	0
프로통산			259	115	8	12	453	36	0

강종구(姜宗求) 동의대 1989.05.08

대회	연도	소속	출전	교체	득점	도움	파울	경고	퇴장
BC	2011	포항	1	1	0	0	0	0	0
	합계		1	1	0	0	0	0	0
프로통산			1	1	0	0	0	0	0

강종국(姜種麴) 홍익대 1991.11.12

대회	연도	소속	출전	교체	득점	도움	파울	경고	퇴장
K1	2013	경남	14	13	2	1	18	2	0
	합계		14	13	2	1	18	2	0
K2	2014	안산경찰	12	9	0	0	5	1	0
	2015	안산경찰	6	6	0	1	4	1	0
	2015	경남	1	1	0	0	0	0	0
	합계		19	16	0	1	9	2	0
프로통산			33	29	2	2	27	4	0

* 실점: 2014년 2 / 통산 2

강주호(姜周澔) 경희대 1989.03.26

대회	연도	소속	출전	교체	득점	도움	파울	경고	퇴장
BC	2012	전북	2	2	0	0	2	0	0
	합계		2	2	0	0	2	0	0
K2	2013	충주	31	19	3	3	58	9	0
	합계		31	19	3	3	58	9	0
프로통산			33	21	3	3	60	9	0

강준모(姜準模) 독일 드레스덴 국제학교 2002.02.08

대회	연도	소속	출전	교체	득점	도움	파울	경고	퇴장
K1	2022	수원FC	2	2	0	0	0	0	0
	합계		2	2	0	0	0	0	0
프로통산			2	2	0	0	0	0	0

강준우(康準佑) 인천대 1982.06.03

대회	연도	소속	출전	교체	득점	도움	파울	경고	퇴장
BC	2007	제주	15	10	0	0	20	1	0
	2008	제주	19	3	1	0	23	6	0
	2009	제주	19	4	0	1	27	6	0
	2010	제주	4	0	0	0	10	1	0
	2011	제주	23	5	0	1	28	9	0
	합계		80	22	1	2	108	23	0
K1	2014	제주	4	4	0	0	0	0	0
	2015	제주	10	7	0	0	6	2	0
	2016	제주	1	1	0	0	0	0	0
	합계		15	12	0	0	6	2	0
K2	2017	안양	18	4	2	0	23	3	0
	합계		18	4	2	0	23	3	0
프로통산			113	38	3	2	137	28	0

강준호(姜俊好) 제주제일고 1971.11.27

대회	연도	소속	출전	교체	득점	도움	파울	경고	퇴장
BC	1994	LG	21	9	0	5	27	4	0
	1995	LG	10	5	0	1	11	1	0
	1996	안양LG	22	18	0	1	15	2	0
	1997	안양LG	26	3	0	0	51	5	1
	1998	안양LG	29	2	1	4	61	11	0
	1999	안양LG	11	8	0	1	7	1	0
	2000	안양LG	10	7	1	2	9	1	0
	2001	안양LG	2	2	0	0	1	0	0
	합계		131	54	2	14	182	25	1
프로통산			131	54	2	14	182	25	1

강지용(姜大浩/←강대호) 한양대 1989.11.23

대회	연도	소속	출전	교체	득점	도움	파울	경고	퇴장
BC	2009	포항	0	0	0	0	0	0	0
	2010	포항	5	2	0	0	13	2	0
	2011	포항	0	0	0	0	0	0	0
	2012	부산	1	1	0	0	0	0	0
	합계		6	3	0	0	13	2	0
K1	2017	강원	25	8	1	0	20	3	1
	2018	인천	4	2	0	0	5	2	0
	합계		29	10	1	0	25	5	1
K2	2014	부천	30	2	5	1	55	8	0
	2015	부천	34	2	0	0	37	6	1
	2016	부천	38	1	1	1	49	11	0
	합계		102	5	6	2	141	25	1
프로통산			137	18	7	2	179	32	2

강지훈(姜志勳) 용인대 1997.01.06

대회	연도	소속	출전	교체	득점	도움	파울	경고	퇴장

K1	2018 강원	12	5	1	1	12	1	0
	2019 강원	29	22	2	0	28	4	0
	2020 강원	0	0	0	0	0	0	0
	2020 상주	1	1	0	1	3	0	0
	2022 강원	10	2	0	1	10	1	0
	합계	52	30	3	3	53	6	0
K2	2021 김천	16	11	2	1	17	3	0
	합계	16	11	2	1	17	3	0
프로통산		68	41	5	4	70	9	0

강진규(康晉奎) 중앙대 1983.09.10

대회	연도 소속	출전	교체	득점	도움	파울	경고	퇴장
BC	2006 전남	0	0	0	0	0	0	0
	2008 광주상무	8	6	0	0	5	0	0
	2009 광주상무	22	17	3	1	5	0	0
	2009 전남	0	0	0	0	0	0	0
	2010 전남	3	2	0	0	3	1	0
	2011 전남	1	0	0	0	1	0	0
	합계	34	25	3	1	14	1	0
프로통산		34	25	3	1	14	1	0

강진욱(姜珍旭) 중동고 1986.02.13

대회	연도 소속	출전	교체	득점	도움	파울	경고	퇴장
BC	2006 제주	3	1	0	0	6	0	0
	2008 광주상무	14	3	0	0	34	2	0
	2009 울산	11	3	0	1	12	1	0
	2010 울산	16	12	0	1	11	1	0
	2011 울산	17	7	1	3	15	4	0
	2012 울산	19	6	0	2	19	3	0
	합계	80	32	1	7	97	11	0
K1	2013 성남일화	6	2	0	0	4	1	0
	2015 성남	0	0	0	0	0	0	0
	합계	6	2	0	0	4	1	0
프로통산		86	34	1	7	101	12	0

강진웅(姜珍熊) 선문대 1985.05.01

대회	연도 소속	출전	교체	실점	도움	파울	경고	퇴장
K2	2013 고양	13	1	15	0	1	0	0
	2014 고양	17	1	19	0	0	0	0
	2015 고양	18	1	35	0	0	0	0
	2016 고양	33	0	57	0	1	1	0
	합계	81	3	126	0	2	1	0
프로통산		81	3	126	0	2	1	0

강창근(姜昌根) 울산대 1956.04.28

대회	연도 소속	출전	교체	실점	도움	파울	경고	퇴장
BC	1983 국민은행	8	0	13	0	0	0	0
	합계	8	0	13	0	0	0	0
프로통산		8	0	13	0	0	0	0

강철(姜喆) 연세대 1971.11.02

대회	연도 소속	출전	교체	득점	도움	파울	경고	퇴장
BC	1993 유공	9	1	1	1	15	2	0
	1994 유공	13	3	0	2	12	1	0
	1995 유공	17	0	1	2	41	2	0
	1998 부천SK	30	5	2	4	64	5	0
	1999 부천SK	34	2	1	1	46	3	0
	2000 부천SK	35	1	4	3	55	3	0
	2001 전남	18	8	1	2	25	1	0
	2002 전남	29	2	0	0	21	3	0
	2003 전남	22	3	0	0	15	1	0
	합계	207	25	10	15	294	21	0
프로통산		207	25	10	15	294	21	0

강철민(姜澈珉) 단국대 1988.08.09

대회	연도 소속	출전	교체	득점	도움	파울	경고	퇴장
BC	2011 경남	5	1	0	0	6	0	0
	합계	5	1	0	0	6	0	0
K2	2013 경찰	4	4	0	0	1	0	0
	2014 안산경찰	1	1	0	0	0	0	0
	합계	5	5	0	0	1	0	0
프로통산		10	6	0	0	7	0	0

강태식(姜太植) 한양대 1963.03.15

대회	연도 소속	출전	교체	득점	도움	파울	경고	퇴장
BC	1986 포항제철	22	2	0	5	31	3	0
	1987 포항제철	30	1	3	2	52	5	0
	1988 포항제철	23	2	0	1	42	2	0
	1989 포항제철	25	7	0	2	42	1	0
	합계	100	12	3	10	167	11	0
프로통산		100	12	3	10	167	11	0

강태욱(姜泰旭) 단국대 1992.05.28

대회	연도 소속	출전	교체	득점	도움	파울	경고	퇴장
K2	2017 안산	9	6	0	0	15	1	0
	합계	9	6	0	0	15	1	0
프로통산		9	6	0	0	15	1	0

강태원(姜泰源) 숭실대 2000.03.03

대회	연도 소속	출전	교체	득점	도움	파울	경고	퇴장
K1	2021 수원	0	0	0	0	0	0	0
	합계	0	0	0	0	0	0	0
프로통산		0	0	0	0	0	0	0

강한빛(姜한빛) 호남대 1993.07.20

대회	연도 소속	출전	교체	득점	도움	파울	경고	퇴장
K2	2018 대전	2	2	0	0	4	0	0
	2019 대전	6	6	0	0	5	1	0
	합계	8	8	0	0	9	1	0
프로통산		8	8	0	0	9	1	0

강한상(姜漢相) 안동대 1966.03.20

대회	연도 소속	출전	교체	득점	도움	파울	경고	퇴장
BC	1988 유공	12	0	0	0	21	4	0
	1989 유공	17	1	0	0	9	2	0
	합계	29	1	0	0	30	6	0
프로통산		29	1	0	0	30	6	0

강현무(姜賢茂) 포항제철고 1995.03.13

대회	연도 소속	출전	교체	실점	도움	파울	경고	퇴장
K1	2015 포항	0	0	0	0	0	0	0
	2016 포항	0	0	0	0	0	0	0
	2017 포항	26	1	33	0	1	1	0
	2018 포항	38	0	49	0	2	1	0
	2019 포항	23	0	29	0	0	3	0
	2020 포항	27	0	35	1	0	2	0
	2021 포항	27	1	28	0	0	1	0
	2022 포항	20	1	24	0	1	3	0
	합계	161	3	198	1	4	11	0
프로통산		161	3	198	1	4	11	0

강현묵(姜鉉默) 매탄고 2001.03.28

대회	연도 소속	출전	교체	득점	도움	파울	경고	퇴장
K1	2020 수원	1	1	0	0	2	1	0
	2021 수원	33	32	1	2	24	2	0
	2022 수원	29	28	0	4	22	2	0
	합계	63	61	1	6	48	5	0
승	2022 수원	2	2	0	1	0	0	0
	합계	2	2	0	1	0	0	0
프로통산		65	63	1	7	48	5	0

강현영(姜鉉映) 중앙대 1989.05.20

대회	연도 소속	출전	교체	득점	도움	파울	경고	퇴장
BC	2012 대구	0	0	0	0	0	0	0
	합계	0	0	0	0	0	0	0
프로통산		0	0	0	0	0	0	0

강현욱(姜鉉旭) 충주험멜 1985.11.04

대회	연도 소속	출전	교체	득점	도움	파울	경고	퇴장
BC	2008 대전	1	0	0	0	1	0	0
	합계	1	0	0	0	1	0	0
프로통산		1	0	0	0	1	0	0

강호광(姜鎬光) 경상대 1961.01.22

대회	연도 소속	출전	교체	득점	도움	파울	경고	퇴장
BC	1984 국민은행	6	3	0	0	4	0	0
	합계	6	3	0	0	4	0	0
프로통산		6	3	0	0	4	0	0

강훈(姜訓) 광운대 1991.05.15

대회	연도 소속	출전	교체	실점	도움	파울	경고	퇴장
K2	2014 부천	19	0	26	0	2	1	0
	2015 부천	0	0	0	0	0	0	0
	합계	19	0	26	0	2	1	0
프로통산		19	0	26	0	2	1	0

게인리히(Alexander Geynrikh) 우즈베키스탄 1984.10.06

대회	연도 소속	출전	교체	득점	도움	파울	경고	퇴장
BC	2011 수원	20	19	3	0	38	5	0
	합계	20	19	3	0	38	5	0
프로통산		20	19	3	0	38	5	0

겐나디(Gennadi Styopushkin) 러시아 1964.06.20

대회	연도 소속	출전	교체	득점	도움	파울	경고	퇴장
BC	1995 일화	24	14	1	0	24	7	1
	1996 천안일화	31	2	0	1	30	8	0
	1997 안양LG	4	2	0	0	5	1	0
	합계	59	18	1	1	59	16	1
프로통산		59	18	1	1	59	16	1

견희재(甄熙材) 고려대 1988.11.27

대회	연도 소속	출전	교체	득점	도움	파울	경고	퇴장
BC	2012 성남일화	0	0	0	0	0	0	0
	합계	0	0	0	0	0	0	0
프로통산		0	0	0	0	0	0	0

경재윤(慶宰允) 동국대 1988.04.06

대회	연도 소속	출전	교체	득점	도움	파울	경고	퇴장
K2	2013 고양	0	0	0	0	0	0	0
	2014 부천	4	4	0	0	4	0	0
	합계	4	4	0	0	4	0	0
프로통산		4	4	0	0	4	0	0

고강준(←고대서) 전주대 1991.11.10

대회	연도 소속	출전	교체	득점	도움	파울	경고	퇴장
K2	2015 경남	6	6	0	0	5	1	0
	합계	6	6	0	0	5	1	0
프로통산		6	6	0	0	5	1	0

고건우(高건禑/←고기구) 숭실대 1980.07.31

대회	연도 소속	출전	교체	득점	도움	파울	경고	퇴장
BC	2004 부천SK	18	7	0	2	24	1	0
	2005 부천SK	30	16	5	1	56	5	0
	2006 포항	27	18	9	3	42	0	0
	2007 포항	24	18	2	0	45	2	0
	2008 전남	18	13	3	2	14	1	0
	2009 전남	12	10	0	0	15	0	0
	2010 포항	7	6	1	0	5	1	0
	2010 대전	6	5	0	1	12	0	0
	합계	142	93	20	9	213	10	0
프로통산		142	93	20	9	213	10	0

고경민(高敬旻) 한양대 1987.04.11

대회	연도 소속	출전	교체	득점	도움	파울	경고	퇴장
BC	2010 인천	2	2	0	0	0	0	0
	합계	2	2	0	0	0	0	0
K1	2019 경남	22	17	0	4	21	4	0
	합계	22	17	0	4	21	4	0
K2	2013 안양	18	11	6	2	24	4	0
	2013 경찰	9	0	2	0	12	2	0
	2014 안산경찰	34	11	11	4	40	3	0
	2015 안산경찰	8	2	1	0	7	0	0
	2015 안양	25	7	15	1	21	3	0
	2016 부산	26	24	7	4	18	3	0
	2017 부산	18	10	9	0	14	2	0
	2018 부산	32	20	9	5	19	3	0
	2020 경남	28	14	7	2	31	4	0
	2021 경남	29	21	4	2	34	5	0
	2022 경남	27	18	4	1	24	3	0
	합계	254	138	75	21	244	32	0
승	2017 부산	2	2	0	0	2	0	0
	2018 부산	2	2	0	0	0	0	0
	2019 경남	2	2	0	0	1	0	0

대회	연도	소속	출전	교체	득점	도움	파울	경고	퇴장
	합계		6	6	0	0	3	0	0
프로통산			284	163	75	25	268	36	0

고경준(高敬竣) 제주제일고 1987.03.07

대회	연도	소속	출전	교체	득점	도움	파울	경고	퇴장
BC	2006	수원	9	4	1	0	19	4	0
	2008	경남	0	0	0	0	0	0	0
	합계		9	4	1	0	19	4	0
K2	2016	서울E	1	1	0	0	1	0	0
	합계		1	1	0	0	1	0	0
프로통산			10	5	1	0	20	4	0

고광민(高光民) 아주대 1988.09.21

대회	연도	소속	출전	교체	득점	도움	파울	경고	퇴장
BC	2011	서울	7	6	0	1	10	1	0
	2012	서울	11	12	0	0	5	0	0
	합계		18	18	0	1	15	1	0
K1	2013	서울	3	3	0	0	1	0	0
	2014	서울	20	9	1	3	12	2	0
	2015	서울	28	4	0	3	20	1	0
	2016	서울	33	2	1	2	40	4	0
	2019	서울	35	6	1	2	26	4	1
	2020	서울	23	4	1	1	33	2	0
	2021	서울	18	7	0	1	20	2	1
	2022	서울	10	10	1	0	5	1	0
	합계		170	45	5	12	157	16	2
프로통산			188	63	5	13	172	17	2

고동민(高東民) 대륜고 1999.01.12

대회	연도	소속	출전	교체	득점	도움	파울	경고	퇴장
K2	2022	경남	18	0	0	0	1	1	0
	합계		18	0	0	0	1	1	0
프로통산			18	0	0	0	1	1	0

고란(Goran Jevtić) 유고슬라비아 1970.08.10

대회	연도	소속	출전	교체	득점	도움	파울	경고	퇴장
BC	1993	현대	13	8	0	0	13	2	0
	1994	현대	18	1	0	0	21	4	0
	1995	현대	16	14	0	1	18	6	0
	합계		47	23	0	1	52	12	0
프로통산			47	23	0	1	52	12	0

고래세(高來世) 진주고 1992.03.23

대회	연도	소속	출전	교체	득점	도움	파울	경고	퇴장
BC	2011	경남	1	1	0	0	0	0	0
	2012	경남	2	3	0	0	0	0	0
	합계		3	4	0	0	0	0	0
K1	2013	경남	2	1	0	0	0	1	0
	2014	경남	1	1	0	0	0	0	0
	합계		3	2	0	0	0	1	0
프로통산			6	6	0	0	0	1	0

고메스(Anicio Gomes) 브라질 1982.04.01

대회	연도	소속	출전	교체	득점	도움	파울	경고	퇴장
BC	2010	제주	6	6	1	0	1	0	0
	합계		6	6	1	0	1	0	0
프로통산			6	6	1	0	1	0	0

고메즈(Andre Gomes) 브라질 1975.12.23

대회	연도	소속	출전	교체	득점	도움	파울	경고	퇴장
BC	2004	전북	26	7	2	1	56	5	1
	2005	포항	7	6	0	0	9	0	1
	합계		33	13	2	1	65	5	2
프로통산			33	13	2	1	65	5	2

고명석(高明錫) 홍익대 1995.09.27

대회	연도	소속	출전	교체	득점	도움	파울	경고	퇴장
K1	2019	수원	19	2	0	0	13	2	0
	2020	상주	11	1	0	0	8	2	0
	2021	수원	2	2	0	0	1	0	0
	2022	수원	23	10	3	0	9	1	0
	합계		55	15	3	0	31	5	0
K2	2017	부천	28	5	2	0	20	2	0
	2018	대전	34	3	1	0	20	1	0
	2021	김천	4	0	0	0	1	0	0
	합계		66	8	3	0	41	3	0
승	2022	수원	2	0	0	0	0	0	0
	합계		2	0	0	0	0	0	0
프로통산			123	23	6	0	72	8	0

고명진(高明振) 석관중 1988.01.09

대회	연도	소속	출전	교체	득점	도움	파울	경고	퇴장
BC	2004	서울	5	3	0	0	4	0	0
	2005	서울	1	0	0	0	1	0	0
	2006	서울	19	7	1	0	30	2	0
	2007	서울	12	6	1	1	15	3	0
	2008	서울	14	10	1	0	15	1	0
	2009	서울	23	16	2	1	14	4	0
	2010	서울	9	8	0	0	9	1	0
	2011	서울	24	4	2	7	42	6	0
	2012	서울	39	9	1	3	61	1	0
	합계		146	63	8	12	191	18	0
K1	2013	서울	30	4	3	2	27	8	0
	2014	서울	31	4	2	1	31	3	0
	2015	서울	20	8	1	0	18	5	0
	2020	울산	14	13	0	2	17	3	0
	2021	울산	15	9	0	0	15	1	0
	2022	울산	7	4	0	0	3	0	0
	합계		117	42	6	5	111	20	0
프로통산			263	105	14	17	302	38	0

고무열(高武烈) 숭실대 1990.09.05

대회	연도	소속	출전	교체	득점	도움	파울	경고	퇴장
BC	2011	포항	28	16	10	3	29	2	0
	2012	포항	39	32	6	6	61	2	0
	합계		67	48	16	9	90	4	0
K1	2013	포항	34	23	8	5	48	5	0
	2014	포항	27	19	5	1	47	2	0
	2015	포항	30	19	6	2	42	3	1
	2016	전북	22	19	1	2	15	4	0
	2017	전북	14	13	0	0	14	2	0
	2019	전북	6	5	0	0	4	0	0
	2020	강원	24	12	9	1	28	0	0
	2021	강원	24	17	6	3	22	2	0
	2022	강원	1	1	0	0	0	0	0
	합계		182	128	35	14	220	18	1
K2	2018	아산	30	9	6	3	31	8	0
	2019	아산	22	4	12	3	26	3	0
	합계		52	13	18	6	57	11	0
프로통산			301	189	69	29	367	33	1

고민기(高旼奇) 고려대 1978.07.01

대회	연도	소속	출전	교체	득점	도움	파울	경고	퇴장
BC	2001	전북	1	1	0	0	1	0	0
	합계		1	1	0	0	1	0	0
프로통산			1	1	0	0	1	0	0

고민성(高旼成) 매탄고 1995.11.20

대회	연도	소속	출전	교체	득점	도움	파울	경고	퇴장
K1	2014	수원	0	0	0	0	0	0	0
	2015	수원	1	1	0	0	0	0	0
	합계		1	1	0	0	0	0	0
K2	2016	강원	11	11	0	1	8	0	0
	2018	대전	7	7	0	0	1	1	0
	합계		18	18	0	1	9	1	0
프로통산			19	19	0	1	9	1	0

고민혁(高敏赫) 현대고 1996.02.10

대회	연도	소속	출전	교체	득점	도움	파울	경고	퇴장
K1	2015	대전	11	9	1	1	6	1	0
	합계		11	9	1	1	6	1	0
K2	2016	대전	1	1	0	0	0	0	0
	2017	서울E	4	4	0	1	3	0	0
	합계		5	5	0	1	3	0	0
프로통산			16	14	1	2	9	1	0

고백진(高白鎭) 건국대 1966.05.03

대회	연도	소속	출전	교체	득점	도움	파울	경고	퇴장
BC	1989	유공	1	1	0	0	0	0	0
	합계		1	1	0	0	0	0	0
프로통산			1	1	0	0	0	0	0

고범수(高範壽) 선문대 1980.04.16

대회	연도	소속	출전	교체	득점	도움	파울	경고	퇴장
BC	2006	광주상무	8	2	0	0	12	1	0
	합계		8	2	0	0	12	1	0
프로통산			8	2	0	0	12	1	0

고병욱(高竝旭) 광양제철고 1992.08.21

대회	연도	소속	출전	교체	득점	도움	파울	경고	퇴장
K1	2015	전남	4	4	0	0	1	0	0
	합계		4	4	0	0	1	0	0
프로통산			4	4	0	0	1	0	0

고병운(高炳運) 광운대 1973.09.28

대회	연도	소속	출전	교체	득점	도움	파울	경고	퇴장
BC	1996	포항	29	12	0	0	38	3	0
	1997	포항	33	10	0	0	57	4	0
	1998	포항	32	9	0	1	45	3	0
	2001	포항	23	11	0	1	28	1	0
	2002	포항	34	0	0	1	68	3	0
	2003	포항	42	4	0	2	90	4	0
	2005	대전	13	7	0	0	14	0	0
	2006	대전	32	8	0	1	53	4	0
	합계		238	61	0	6	393	22	0
프로통산			238	61	0	6	393	22	0

고보연(高輔演) 아주대 1991.07.11

대회	연도	소속	출전	교체	득점	도움	파울	경고	퇴장
K2	2014	부천	11	11	1	0	13	1	0
	합계		11	11	1	0	13	1	0
프로통산			11	11	1	0	13	1	0

고봉현(高奉玄) 홍익대 1979.07.02

대회	연도	소속	출전	교체	득점	도움	파울	경고	퇴장
BC	2003	대구	18	8	2	1	46	2	0
	2004	대구	11	7	2	0	18	1	0
	2005	대구	10	10	1	0	13	2	0
	합계		39	25	5	1	77	5	0
프로통산			39	25	5	1	77	5	0

고성민(高成敏) 명지대 1972.09.07

대회	연도	소속	출전	교체	득점	도움	파울	경고	퇴장
BC	1995	전북	23	15	2	1	29	5	0
	1996	전북	29	20	2	1	36	2	0
	1997	전북	16	9	0	2	27	3	0
	1998	전북	1	1	0	0	0	0	0
	합계		69	45	4	4	92	10	0
프로통산			69	45	4	4	92	10	0

고슬기(高슬기) 오산고 1986.04.21

대회	연도	소속	출전	교체	득점	도움	파울	경고	퇴장
BC	2007	포항	0	0	0	0	0	0	0
	2008	광주상무	28	13	3	1	37	3	0
	2009	광주상무	20	16	2	2	26	3	0
	2009	포항	1	0	0	0	4	1	0
	2010	울산	15	11	1	1	26	5	0
	2011	울산	37	10	7	2	72	10	0
	2012	울산	40	13	4	8	51	4	0
	합계		141	63	17	14	216	26	0
K1	2018	인천	31	6	2	2	40	9	0
	합계		31	6	2	2	40	9	0
프로통산			172	69	19	16	256	35	0

고승범(高丞範) 경희대 1994.04.24

대회	연도	소속	출전	교체	득점	도움	파울	경고	퇴장
K1	2016	수원	13	11	0	0	12	1	0
	2017	수원	33	17	2	2	37	4	0
	2018	대구	9	2	0	0	13	1	0
	2019	수원	10	4	0	0	14	2	0
	2020	수원	22	3	3	3	33	2	0
	2021	수원	15	7	1	4	20	3	0
	2022	김천	23	11	0	2	14	1	0

대회	연도	소속	출전	교체	득점	도움	파울	경고	퇴장
	합계		125	55	6	11	143	14	0
K2	2021	김천	10	5	3	2	7	2	0
	합계		10	5	3	2	7	2	0
승	2022	김천	2	1	0	0	2	0	0
	합계		2	1	0	0	2	0	0
프로통산			137	61	9	13	152	16	0

고영준(高映埈) 포항제철고 2001.07.09

대회	연도	소속	출전	교체	득점	도움	파울	경고	퇴장
K1	2020	포항	8	8	2	1	1	0	0
	2021	포항	32	34	3	2	33	2	0
	2022	포항	37	22	6	4	37	3	0
	합계		77	64	11	7	71	5	0
프로통산			77	64	11	7	71	5	0

고요한(高요한) 토월중 1988.03.10

대회	연도	소속	출전	교체	득점	도움	파울	경고	퇴장
BC	2006	서울	1	0	0	0	0	0	0
	2007	서울	6	6	0	0	14	1	0
	2008	서울	4	3	0	0	9	2	0
	2009	서울	16	11	0	0	26	5	0
	2010	서울	7	7	1	0	11	0	0
	2011	서울	19	6	3	0	29	4	0
	2012	서울	38	4	1	2	45	7	0
	합계		91	37	5	2	134	19	0
K1	2013	서울	37	25	5	3	52	3	0
	2014	서울	32	19	4	3	38	3	0
	2015	서울	33	22	2	1	34	2	0
	2016	서울	27	5	2	5	28	4	0
	2017	서울	28	9	2	0	45	9	0
	2018	서울	32	10	8	4	47	7	1
	2019	서울	35	6	3	6	58	9	0
	2020	서울	15	12	0	0	13	2	0
	2021	서울	21	14	2	3	26	3	0
	2022	서울	7	3	0	2	2	1	0
	합계		267	125	28	27	343	43	1
승	2018	서울	2	0	1	1	6	0	0
	합계		2	0	1	1	6	0	0
프로통산			360	162	34	30	483	62	1

고은성(高銀成) 단국대 1988.06.23

대회	연도	소속	출전	교체	득점	도움	파울	경고	퇴장
BC	2011	광주	1	0	0	0	0	1	0
	합계		1	0	0	0	0	1	0
프로통산			1	0	0	0	0	1	0

고의석(高義錫) 명지대 1962.10.15

대회	연도	소속	출전	교체	득점	도움	파울	경고	퇴장
BC	1983	대우	4	3	0	0	5	0	0
	1983	유공	6	3	0	1	1	1	0
	1984	유공	2	1	0	0	0	0	0
	1985	상무	14	2	0	1	17	1	0
	합계		26	9	0	2	23	2	0
프로통산			26	9	0	2	23	2	0

고재성(高在成) 대구대 1985.01.28

대회	연도	소속	출전	교체	득점	도움	파울	경고	퇴장
BC	2009	성남일화	25	8	1	1	49	9	0
	2010	성남일화	17	6	0	1	30	3	0
	2012	경남	31	18	2	5	42	5	0
	합계		73	32	3	7	121	17	0
K1	2014	상주	12	10	0	1	8	0	0
	2014	경남	12	6	1	0	14	2	0
	합계		24	16	1	1	22	2	0
K2	2013	상주	28	18	3	2	33	2	0
	2015	경남	11	9	2	1	14	0	0
	합계		39	27	5	3	47	2	0
승	2013	상주	1	1	0	0	0	0	0
	2014	경남	2	2	0	1	1	0	0
	합계		3	3	0	1	1	0	0
프로통산			139	78	9	12	191	21	0

고재현(高在賢) 대륜고 1999.03.05

대회	연도	소속	출전	교체	득점	도움	파울	경고	퇴장
K1	2018	대구	12	8	0	1	12	0	0
	2019	대구	3	2	0	0	6	1	0
	2020	대구	1	1	0	0	3	0	0
	2022	대구	32	26	13	2	36	3	0
	합계		48	37	13	3	57	4	0
K2	2020	서울E	19	8	2	1	21	3	0
	2021	서울E	25	11	2	1	21	2	0
	합계		44	19	4	2	42	5	0
프로통산			92	56	17	5	99	9	0

고정빈(高正彬) 한남대 1984.02.09

대회	연도	소속	출전	교체	득점	도움	파울	경고	퇴장
BC	2007	대구	0	0	0	0	0	0	0
	합계		0	0	0	0	0	0	0
프로통산			0	0	0	0	0	0	0

고정운(高正云) 건국대 1966.06.27

대회	연도	소속	출전	교체	득점	도움	파울	경고	퇴장
BC	1989	일화	31	3	4	8	51	0	0
	1990	일화	21	3	4	3	46	2	0
	1991	일화	40	3	13	7	82	0	0
	1992	일화	33	3	7	4	67	4	0
	1993	일화	2	1	0	0	2	0	0
	1994	일화	21	3	4	10	29	1	0
	1995	일화	29	3	5	4	65	2	0
	1996	천안일화	12	2	4	1	20	2	0
	1998	포항	16	1	5	6	39	4	0
	1999	포항	21	8	9	5	39	1	0
	2001	포항	4	4	0	0	2	0	0
	합계		230	34	55	48	442	16	0
프로통산			230	34	55	48	442	16	0

고종수(高宗秀) 금호고 1978.10.30

대회	연도	소속	출전	교체	득점	도움	파울	경고	퇴장
BC	1996	수원	14	15	1	4	5	0	0
	1997	수원	15	10	3	5	30	2	1
	1998	수원	20	2	3	4	38	3	0
	1999	수원	21	4	4	7	29	1	0
	2000	수원	13	6	7	3	21	3	0
	2001	수원	20	10	10	6	29	2	0
	2002	수원	20	16	4	3	10	0	0
	2004	수원	5	5	0	0	2	0	0
	2005	전남	16	13	2	0	12	0	0
	2007	대전	11	5	1	1	12	1	0
	2008	대전	16	2	2	1	17	3	1
	합계		171	88	37	34	205	15	2
프로통산			171	88	37	34	205	15	2

고준영(高儁榮) 천안제일고 2000.10.27

대회	연도	소속	출전	교체	득점	도움	파울	경고	퇴장
K2	2019	서울E	8	8	0	0	5	0	0
	합계		8	8	0	0	5	0	0
프로통산			8	8	0	0	5	0	0

고차원(高次元) 아주대 1986.04.30

대회	연도	소속	출전	교체	득점	도움	파울	경고	퇴장
BC	2009	전남	22	14	2	2	20	3	0
	2010	전남	9	8	0	1	2	0	0
	2011	상주	33	22	4	1	41	2	0
	2012	상주	18	15	3	1	26	2	0
	2012	전남	4	3	2	0	1	0	0
	합계		86	62	11	5	90	7	0
K1	2013	수원	1	1	0	0	0	0	0
	2014	수원	26	21	3	1	14	1	0
	2015	수원	25	16	0	0	18	2	0
	2016	수원	11	9	0	1	8	0	0
	2017	수원	1	1	0	0	1	0	0
	합계		64	48	3	2	41	3	0
K2	2018	서울E	10	6	1	0	8	0	1
	합계		10	6	1	0	8	0	1
프로통산			160	116	15	7	139	10	1

고창현(高昌賢) 초당대 1983.09.15

대회	연도	소속	출전	교체	득점	도움	파울	경고	퇴장
BC	2002	수원	5	4	0	0	5	0	0
	2003	수원	17	15	0	1	26	0	0
	2004	수원	6	6	0	1	4	0	0
	2005	부산	9	7	0	0	7	1	0
	2006	부산	19	15	2	0	25	2	0
	2007	광주상무	24	11	0	1	29	4	0
	2008	광주상무	29	16	4	1	27	4	0
	2009	대전	23	6	12	3	18	12	0
	2010	대전	12	2	4	1	19	4	1
	2010	울산	18	8	6	4	16	2	0
	2011	울산	32	26	3	5	27	6	0
	2012	울산	19	14	2	1	15	0	1
	합계		213	130	33	18	218	35	2
K1	2013	울산	10	10	0	1	5	2	0
	2014	울산	25	21	4	3	31	5	0
	2015	울산	8	8	0	1	3	1	0
	합계		43	39	4	5	39	8	0
프로통산			256	169	37	23	257	43	2

고채완(←고대우) 배재대 1987.02.09

대회	연도	소속	출전	교체	득점	도움	파울	경고	퇴장
BC	2010	대전	1	1	0	0	0	0	0
	2011	대전	5	5	0	0	1	1	0
	2012	대전	2	2	0	0	0	0	0
	합계		8	8	0	0	1	1	0
K2	2014	안양	0	0	0	0	0	0	0
	합계		0	0	0	0	0	0	0
프로통산			8	8	0	0	1	1	0

고태규(高態規) 용인대 1996.08.02

대회	연도	소속	출전	교체	득점	도움	파울	경고	퇴장
K1	2019	대구	0	0	0	0	0	0	0
	2020	대구	0	0	0	0	0	0	0
	합계		0	0	0	0	0	0	0
K2	2021	안산	24	16	0	1	10	3	0
	합계		24	16	0	1	10	3	0
프로통산			24	16	0	1	10	3	0

고태원(高兌沅) 호남대 1993.05.10

대회	연도	소속	출전	교체	득점	도움	파울	경고	퇴장
K1	2016	전남	26	4	0	1	35	6	0
	2017	전남	26	3	0	0	26	2	1
	2018	전남	1	0	0	0	4	0	0
	2018	상주	3	3	0	0	2	2	0
	2019	상주	3	1	0	0	5	0	0
	합계		59	11	0	1	72	10	1
K2	2020	전남	9	8	0	0	1	1	0
	2021	전남	16	4	1	0	15	3	1
	2022	전남	27	5	2	0	22	8	0
	합계		52	17	3	0	38	12	1
프로통산			111	28	3	1	110	22	2

고티(Petr Gottwald) 체코 1973.04.28

대회	연도	소속	출전	교체	득점	도움	파울	경고	퇴장
BC	1998	전북	9	9	0	0	11	2	0
	합계		9	9	0	0	11	2	0
프로통산			9	9	0	0	11	2	0

고현(高賢) 대구대 1973.02.01

대회	연도	소속	출전	교체	득점	도움	파울	경고	퇴장
BC	1996	안양LG	2	2	0	0	0	1	0
	합계		2	2	0	0	0	1	0
프로통산			2	2	0	0	0	1	0

공문배(孔文培) 건국대 1964.08.28

대회	연도	소속	출전	교체	득점	도움	파울	경고	퇴장
BC	1987	포항제철	5	4	0	0	3	0	0
	1988	포항제철	14	2	0	0	26	5	0
	1989	포항제철	34	7	0	2	65	1	0
	1990	포항제철	27	5	0	0	25	1	0
	1991	포항제철	28	6	0	1	37	1	1

대회	연도	소속	출전	교체	득점	도움	파울	경고	퇴장
	1992	포항제철	11	7	0	0	20	4	0
	1993	포항제철	28	12	0	0	40	4	0
	1994	포항제철	22	6	0	0	25	4	0
	1995	포항	24	20	0	1	23	5	0
	1996	포항	32	4	0	0	24	3	0
	1997	포항	28	4	0	1	28	4	0
	1998	포항	15	9	0	0	24	3	0
	합계		268	86	0	5	340	35	1
프로통산			268	86	0	5	340	35	1

공민현(孔敏懸) 청주대 1990.01.19

대회	연도	소속	출전	교체	득점	도움	파울	경고	퇴장
K1	2019	성남	33	21	2	2	54	6	0
	2021	제주	12	12	0	2	13	1	0
	합계		45	33	2	4	67	7	0
K2	2013	부천	28	14	7	0	47	4	0
	2014	부천	31	6	4	2	76	3	0
	2015	부천	36	16	6	1	80	4	0
	2016	안산무궁	34	20	7	1	52	8	0
	2017	아산	16	8	1	1	29	4	0
	2017	부천	4	2	1	1	7	0	0
	2018	부천	24	6	6	3	62	8	0
	2020	제주	23	12	9	3	39	8	0
	2021	대전	15	13	2	4	25	1	0
	2022	대전	32	32	5	3	28	2	0
	합계		243	129	48	19	445	42	0
승	2021	대전	2	2	0	0	2	0	0
	2022	대전	2	2	0	0	5	0	0
	합계		4	4	0	0	7	0	0
프로통산			292	166	50	23	519	49	0

공오균(孔吳均) 관동대(가톨릭관동대) 1974.09.10

대회	연도	소속	출전	교체	득점	도움	파울	경고	퇴장
BC	1997	대전	33	10	1	2	64	4	0
	1998	대전	25	15	5	2	56	3	0
	1999	대전	31	13	6	3	44	5	0
	2000	대전	24	19	2	0	37	4	0
	2001	대전	29	19	9	2	57	8	0
	2002	대전	20	19	1	0	37	3	0
	2003	대전	31	19	5	6	49	4	0
	2004	대전	32	24	4	1	53	2	0
	2005	대전	30	22	3	2	54	4	0
	2006	대전	36	30	2	0	49	5	0
	2007	경남	14	13	2	0	13	4	0
	2008	경남	14	14	3	0	29	3	0
	합계		319	217	43	18	542	49	0
프로통산			319	217	43	18	542	49	0

공용석(孔用錫) 건국대 1995.11.15

대회	연도	소속	출전	교체	득점	도움	파울	경고	퇴장
K1	2015	대전	0	0	0	0	0	0	0
	합계		0	0	0	0	0	0	0
프로통산			0	0	0	0	0	0	0

공용훈(孔涌熏) 용인대 1995.05.10

대회	연도	소속	출전	교체	득점	도움	파울	경고	퇴장
K2	2017	대전	1	1	0	0	0	0	0
	2020	대전	0	0	0	0	0	0	0
	합계		1	1	0	0	0	0	0
프로통산			1	1	0	0	0	0	0

공태하(孔泰賀/←공영선) 연세대 1987.05.09

대회	연도	소속	출전	교체	득점	도움	파울	경고	퇴장
BC	2010	전남	5	3	2	0	9	0	0
	2011	전남	8	4	1	0	15	0	0
	2012	전남	10	8	0	0	17	1	0
	합계		23	15	3	0	41	1	0
K1	2013	전남	7	5	0	0	1	0	0
	2015	대전	10	9	0	0	4	1	0
	합계		17	14	0	0	5	1	0
프로통산			40	29	3	0	46	2	0

곽경근(郭慶根) 고려대 1972.10.10

대회	연도	소속	출전	교체	득점	도움	파울	경고	퇴장
BC	1998	부천SK	30	14	9	2	57	5	0
	1999	부천SK	36	12	13	8	72	3	0
	2000	부천SK	39	11	9	4	94	2	0
	2001	부천SK	29	13	2	6	41	1	0
	2002	부천SK	21	15	3	0	29	3	1
	2003	부산	27	14	0	3	36	2	0
	2004	부산	30	3	0	0	28	3	0
	합계		212	82	36	23	357	19	1
프로통산			212	82	36	23	357	19	1

곽광선(郭珖善) 숭실대 1986.03.28

대회	연도	소속	출전	교체	득점	도움	파울	경고	퇴장
BC	2009	강원	28	0	3	0	36	3	0
	2010	강원	30	1	2	0	39	6	0
	2011	강원	27	1	0	0	28	6	0
	2012	수원	30	4	0	0	28	11	0
	합계		115	6	5	0	131	26	0
K1	2013	수원	23	5	0	0	26	5	0
	2014	수원	4	0	0	0	4	0	0
	2014	상주	18	5	0	0	25	5	0
	2016	수원	21	5	1	0	21	5	0
	2017	수원	31	3	2	0	25	2	1
	2018	수원	30	6	2	0	27	2	0
	2021	광주	10	6	0	0	5	3	0
	2022	성남	12	7	0	0	7	1	0
	합계		149	37	5	0	140	23	1
K2	2015	상주	25	4	0	0	30	7	0
	2019	전남	27	3	0	0	28	2	0
	2020	전남	15	5	0	0	15	4	0
	합계		67	12	0	0	73	13	0
프로통산			331	55	10	0	344	62	1

곽기훈(郭奇勳) 중앙대 1979.11.05

대회	연도	소속	출전	교체	득점	도움	파울	경고	퇴장
BC	2002	울산	1	1	0	0	1	1	0
	합계		1	1	0	0	1	1	0
프로통산			1	1	0	0	1	1	0

곽래승(郭來昇) 우석대 1990.09.11

대회	연도	소속	출전	교체	득점	도움	파울	경고	퇴장
K2	2014	부천	4	4	0	0	3	0	0
	합계		4	4	0	0	3	0	0
프로통산			4	4	0	0	3	0	0

곽성욱(郭成煜) 아주대 1993.07.12

대회	연도	소속	출전	교체	득점	도움	파울	경고	퇴장
K2	2019	안산	22	17	1	1	26	0	0
	2020	서울E	17	12	1	0	11	0	0
	2021	서울E	15	15	1	1	19	3	0
	2022	서울E	11	11	0	0	7	1	0
	합계		65	55	3	2	63	4	0
프로통산			65	55	3	2	63	4	0

곽성찬(郭成燦) 수원공고 1993.07.12

대회	연도	소속	출전	교체	득점	도움	파울	경고	퇴장
K2	2017	안산	5	5	0	0	6	1	0
	합계		5	5	0	0	6	1	0
프로통산			5	5	0	0	6	1	0

곽성호(郭星浩) 한양대 1961.12.24

대회	연도	소속	출전	교체	득점	도움	파울	경고	퇴장
BC	1985	현대	9	7	0	0	1	0	0
	합계		9	7	0	0	1	0	0
프로통산			9	7	0	0	1	0	0

곽성환(郭誠煥) 동의대 1992.03.29

대회	연도	소속	출전	교체	득점	도움	파울	경고	퇴장
K2	2016	충주	9	8	1	0	8	0	0
	합계		9	8	1	0	8	0	0
프로통산			9	8	1	0	8	0	0

곽완섭(郭完燮) 경일대 1980.07.07

대회	연도	소속	출전	교체	득점	도움	파울	경고	퇴장
BC	2003	울산	0	0	0	0	0	0	0
	합계		0	0	0	0	0	0	0
프로통산			0	0	0	0	0	0	0

곽윤호(郭胤豪) 우석대 1995.09.30

대회	연도	소속	출전	교체	득점	도움	파울	경고	퇴장
K1	2021	수원FC	25	8	0	1	12	1	0
	2022	수원FC	29	18	0	1	14	5	0
	합계		54	26	0	2	26	6	0
프로통산			54	26	0	2	26	6	0

곽재민(郭在旻) 한남대 1991.10.23

대회	연도	소속	출전	교체	득점	도움	파울	경고	퇴장
K2	2014	대전	1	1	0	0	1	0	0
	합계		1	1	0	0	1	0	0
프로통산			1	1	0	0	1	0	0

곽정술(郭釘球) 울산대 1990.03.11

대회	연도	소속	출전	교체	득점	도움	파울	경고	퇴장
K2	2013	고양	2	2	0	0	1	0	0
	합계		2	2	0	0	1	0	0
프로통산			2	2	0	0	1	0	0

곽창규(郭昌奎) 아주대 1962.09.01

대회	연도	소속	출전	교체	득점	도움	파울	경고	퇴장
BC	1986	대우	10	5	1	0	19	1	0
	1987	대우	21	17	0	1	25	1	0
	1988	대우	11	7	0	1	17	0	0
	1989	대우	20	14	0	0	22	2	0
	1990	대우	6	3	0	0	3	1	0
	1991	대우	6	6	0	1	5	0	0
	합계		74	52	1	3	91	5	0
프로통산			74	52	1	3	91	5	0

곽창희(郭昌熙) 조선대 1987.07.26

대회	연도	소속	출전	교체	득점	도움	파울	경고	퇴장
BC	2010	대전	19	16	2	1	27	1	0
	2011	대전	5	3	0	0	13	1	0
	합계		24	19	2	1	40	2	0
프로통산			24	19	2	1	40	2	0

곽철호(郭喆鎬) 명지대 1986.05.08

대회	연도	소속	출전	교체	득점	도움	파울	경고	퇴장
BC	2008	대전	13	9	1	0	24	4	0
	2009	대전	5	6	0	0	5	1	0
	2010	광주상무	1	1	0	0	0	0	0
	2011	상주	7	6	0	1	7	1	0
	합계		26	22	1	1	36	6	0
프로통산			26	22	1	1	36	6	0

곽태휘(郭泰輝) 중앙대 1981.07.08

대회	연도	소속	출전	교체	득점	도움	파울	경고	퇴장
BC	2005	서울	19	6	1	1	42	8	1
	2006	서울	23	8	1	1	37	1	0
	2007	서울	12	5	0	0	16	3	0
	2007	전남	13	0	1	0	26	2	0
	2008	전남	13	5	2	1	13	2	0
	2009	전남	10	2	0	1	20	0	0
	2011	울산	41	0	9	2	39	4	0
	2012	울산	32	4	3	0	26	4	0
	합계		163	30	17	6	219	24	1
K1	2016	서울	11	3	0	0	13	3	0
	2017	서울	24	6	2	0	24	1	0
	2018	서울	14	2	1	0	13	0	0
	2019	경남	16	4	0	0	14	0	0
	합계		65	15	3	0	64	4	0
승	2018	서울	0	0	0	0	0	0	0
	2019	경남	1	1	0	0	0	0	0
	합계		1	1	0	0	0	0	0
프로통산			229	46	20	6	283	28	1

곽해성(郭海盛) 광운대 1991.12.06

대회	연도	소속	출전	교체	득점	도움	파울	경고	퇴장
K1	2014	성남	15	6	1	0	9	1	0
	2015	성남	23	5	0	3	10	0	0
	2016	성남	9	3	0	1	11	1	0

대회	연도	소속	출전	교체	득점	도움	파울	경고	퇴장
	2016	제주	8	3	2	1	3	1	0
	2017	인천	2	2	0	0	1	0	0
	2018	인천	7	3	0	0	5	1	0
	2019	인천	14	3	0	4	9	0	0
	합계		78	25	3	9	48	4	0
K2	2017	성남	4	1	0	0	2	0	0
	2020	부천	11	5	0	2	7	0	0
	합계		15	6	0	2	9	0	0
프로통산			93	31	3	11	57	4	0

곽희주(郭熙柱) 광운대 1981.10.05

대회	연도	소속	출전	교체	득점	도움	파울	경고	퇴장
BC	2003	수원	11	4	0	0	13	0	0
	2004	수원	37	0	0	0	106	7	0
	2005	수원	30	3	4	1	98	5	0
	2006	수원	20	3	1	1	53	4	0
	2007	수원	26	6	1	1	40	3	0
	2008	수원	35	1	3	1	58	5	0
	2009	수원	22	1	0	0	45	5	1
	2010	수원	26	0	3	1	54	8	0
	2011	수원	19	6	3	0	39	3	0
	2012	수원	33	11	1	1	54	10	0
	합계		259	35	16	6	560	50	1
K1	2013	수원	26	10	1	0	40	5	0
	2015	수원	13	11	1	0	14	1	0
	2016	수원	10	7	1	0	12	3	0
	합계		49	28	3	0	66	9	0
프로통산			308	63	19	6	626	59	1

구경현(具景炫) 전주대 1981.04.30

대회	연도	소속	출전	교체	득점	도움	파울	경고	퇴장
BC	2003	안양LG	4	1	0	0	9	0	0
	2004	서울	10	5	0	0	9	0	0
	2005	서울	1	1	0	0	2	0	0
	2006	광주상무	24	8	1	0	20	3	0
	2007	광주상무	28	4	0	1	30	5	0
	2008	서울	10	8	1	0	6	0	1
	2009	제주	17	11	0	1	11	0	0
	2010	제주	9	4	0	0	1	0	0
	합계		103	42	2	2	88	8	1
프로통산			103	42	2	2	88	8	1

구대령(具大領) 동국대 1979.10.24

대회	연도	소속	출전	교체	득점	도움	파울	경고	퇴장
BC	2003	대구	10	10	1	0	14	3	0
	합계		10	10	1	0	14	3	0
프로통산			10	10	1	0	14	3	0

구대엽(具代燁) 광주대 1992.11.17

대회	연도	소속	출전	교체	득점	도움	파울	경고	퇴장
K2	2015	서울E	0	0	0	0	0	0	0
	2016	서울E	1	0	0	0	1	0	0
	합계		1	0	0	0	1	0	0
프로통산			1	0	0	0	1	0	0

구대영(具大榮) 홍익대 1992.05.09

대회	연도	소속	출전	교체	득점	도움	파울	경고	퇴장
K1	2019	수원	18	7	2	1	26	4	0
	2020	수원	9	3	0	0	8	0	0
	2021	수원	17	13	0	0	6	3	0
	2022	수원	8	6	0	0	6	2	0
	합계		52	29	2	1	46	9	0
K2	2014	안양	14	6	0	0	18	5	0
	2015	안양	34	6	0	1	31	9	0
	2016	안양	27	3	0	0	18	5	0
	2017	안양	10	1	0	0	14	0	0
	2017	아산	10	1	0	1	8	2	0
	2018	아산	14	7	1	0	18	6	0
	2022	안양	12	9	0	1	12	4	0
	합계		121	33	1	3	119	31	0
승	2022	안양	2	2	0	0	1	0	0
	합계		2	2	0	0	1	0	0
프로통산			175	64	3	4	166	40	0

구본상(具本想) 명지대 1989.10.04

대회	연도	소속	출전	교체	득점	도움	파울	경고	퇴장
BC	2012	인천	20	7	0	0	35	5	0
	합계		20	7	0	0	35	5	0
K1	2013	인천	30	14	0	1	56	6	0
	2014	인천	33	7	0	3	86	6	0
	2015	울산	30	15	1	0	43	13	0
	2016	울산	14	7	0	0	20	1	0
	합계		107	43	1	4	205	26	0
K2	2019	안양	35	27	1	1	71	10	0
	2020	대전	6	3	0	1	5	3	0
	2021	대전	1	1	0	0	1	0	0
	2022	김포	9	7	1	0	10	2	0
	합계		51	38	2	2	87	15	0
프로통산			178	88	3	6	327	46	0

구본석(具本錫) 경남상고 1962.09.05

대회	연도	소속	출전	교체	득점	도움	파울	경고	퇴장
BC	1985	유공	11	6	2	1	5	1	0
	1986	유공	33	8	10	3	28	1	0
	1987	유공	18	10	2	2	8	0	0
	1988	유공	6	2	1	1	4	0	0
	1989	유공	9	6	1	0	5	0	0
	1990	유공	10	5	2	0	9	2	0
	1991	유공	37	4	0	1	20	2	1
	1992	유공	22	0	0	0	6	0	0
	1993	유공	9	0	0	0	3	0	0
	1994	유공	19	6	4	0	8	1	0
	합계		174	47	22	8	96	7	1
프로통산			174	47	22	8	96	7	1

구본철(具本哲) 단국대 1999.10.11

대회	연도	소속	출전	교체	득점	도움	파울	경고	퇴장
K1	2021	인천	29	29	2	0	20	2	0
	2022	성남	27	9	5	4	26	4	0
	합계		56	38	7	4	46	6	0
K2	2020	부천	8	8	0	0	8	1	0
	합계		8	8	0	0	8	1	0
프로통산			64	46	7	4	54	7	0

구본혁(構本革) 영석고 1998.02.09

대회	연도	소속	출전	교체	득점	도움	파울	경고	퇴장
K2	2020	안양	17	6	0	3	9	1	0
	합계		17	6	0	3	9	1	0
프로통산			17	6	0	3	9	1	0

구상민(具相珉) 동의대 1991.10.31

대회	연도	소속	출전	교체	실점	도움	파울	경고	퇴장
K2	2016	부산	32	0	25	0	1	2	0
	2017	부산	13	0	11	0	0	1	0
	2018	부산	21	0	15	0	1	1	0
	2019	부산	2	0	5	0	0	0	0
	2021	부산	1	0	2	0	0	0	0
	2022	부산	16	2	19	0	0	1	0
	합계		85	2	77	0	2	5	0
승	2017	부산	1	0	1	0	0	0	0
	2018	부산	2	0	4	0	0	0	0
	합계		3	0	5	0	0	0	0
프로통산			88	2	82	0	2	5	0

구상민(具相敏) 상지대 1976.04.04

대회	연도	소속	출전	교체	득점	도움	파울	경고	퇴장
BC	1999	전남	0	0	0	0	0	0	0
	합계		0	0	0	0	0	0	0
프로통산			0	0	0	0	0	0	0

구상범(具相範) 인천대 1964.06.15

대회	연도	소속	출전	교체	득점	도움	파울	경고	퇴장
BC	1986	럭키금성	26	1	5	0	34	2	0
	1987	럭키금성	31	1	3	1	21	4	0
	1988	럭키금성	10	0	2	0	11	0	0
	1989	럭키금성	9	0	0	0	9	1	0
	1990	럭키금성	9	1	1	0	12	1	0
	1991	LG	36	5	2	5	41	1	0
	1992	LG	26	4	1	5	20	3	0
	1993	LG	11	1	1	1	9	1	0
	1994	대우	24	4	0	6	21	2	0
	1995	포항	16	11	1	2	18	3	0
	합계		198	28	16	20	196	18	0
프로통산			198	28	16	20	196	18	0

구성윤(具聖潤) 재현고 1994.06.27

대회	연도	소속	출전	교체	실점	도움	파울	경고	퇴장
K1	2020	대구	17	0	27	1	0	1	0
	2022	김천	15	1	20	0	0	0	0
	합계		32	1	47	1	0	1	0
K2	2021	김천	18	0	11	1	0	1	0
	합계		18	0	11	1	0	1	0
프로통산			50	1	58	2	0	2	0

구스타보(Gustavo Custodio dos Santos) 브라질 1997.03.09

대회	연도	소속	출전	교체	득점	도움	파울	경고	퇴장
K1	2020	인천	3	3	0	0	1	1	0
	합계		3	3	0	0	1	1	0
프로통산			3	3	0	0	1	1	0

구스타보(Gustavo Henrique da Silva Sousa) 브라질 1994.03.29

대회	연도	소속	출전	교체	득점	도움	파울	경고	퇴장
K1	2020	전북	14	7	5	2	11	4	0
	2021	전북	34	27	15	5	36	5	0
	2022	전북	34	23	8	4	32	3	0
	합계		82	57	28	11	79	12	0
프로통산			82	57	28	11	79	12	0

구스타보(Gustavo Affonso Sauerbeck) 브라질 1993.04.30

대회	연도	소속	출전	교체	득점	도움	파울	경고	퇴장
K2	2016	대전	22	16	6	6	44	3	0
	합계		22	16	6	6	44	3	0
프로통산			22	16	6	6	44	3	0

구아라(Paulo Roberto Chamon de Castilho) 브라질 1979.08.29

대회	연도	소속	출전	교체	득점	도움	파울	경고	퇴장
BC	2008	부산	7	3	2	1	7	0	0
	2009	부산	5	3	0	0	4	0	0
	합계		12	6	2	1	11	0	0
프로통산			12	6	2	1	11	0	0

구자룡(具滋龍) 매탄고 1992.04.06

대회	연도	소속	출전	교체	득점	도움	파울	경고	퇴장
BC	2011	수원	1	1	0	0	2	0	0
	합계		1	1	0	0	2	0	0
K1	2013	수원	3	2	0	0	3	0	0
	2014	수원	7	6	0	0	2	0	0
	2015	수원	25	5	0	0	15	4	0
	2016	수원	32	1	1	0	42	6	0
	2017	수원	29	2	0	0	32	6	0
	2018	수원	22	7	0	0	20	1	0
	2019	수원	30	1	1	0	31	5	0
	2020	전북	2	1	0	0	2	0	0
	2021	전북	17	5	0	0	17	1	0
	2022	전북	15	9	1	0	9	0	0
	합계		182	39	3	0	173	23	0
K2	2013	경찰	6	5	0	0	3	0	0
	합계		6	5	0	0	3	0	0
프로통산			189	45	3	0	178	23	0

구자철(具慈哲) 보인정보산업고(보인고) 1989.02.27

대회	연도	소속	출전	교체	득점	도움	파울	경고	퇴장
BC	2007	제주	16	11	1	2	20	2	0
	2008	제주	14	5	0	1	36	5	0
	2009	제주	28	7	2	4	66	8	0

대회	연도	소속	출전	교체	득점	도움	파울	경고	퇴장
	2010	제주	30	6	5	12	50	5	0
	합계		88	29	8	19	172	20	0
K1	2022	제주	9	9	1	1	5	1	0
	합계		9	9	1	1	5	1	0
프로통산			97	38	9	20	177	21	0

구즈노프(Yevgeni Kuznetsov) 러시아 1961.08.30

대회	연도	소속	출전	교체	득점	도움	파울	경고	퇴장
BC	1996	전남	15	7	1	2	10	1	1
	합계		15	7	1	2	10	1	1
프로통산			15	7	1	2	10	1	1

구한식(具漢湜) 전남체고 1962.04.08

대회	연도	소속	출전	교체	득점	도움	파울	경고	퇴장
BC	1987	유공	3	3	0	0	2	0	0
	합계		3	3	0	0	2	0	0
프로통산			3	3	0	0	2	0	0

구현서(具鉉書) 중앙대 1982.05.13

대회	연도	소속	출전	교체	득점	도움	파울	경고	퇴장
BC	2005	전북	3	3	0	0	1	0	0
	2006	전남	9	9	2	2	7	1	0
	합계		12	12	2	2	8	1	0
프로통산			12	12	2	2	8	1	0

구현준(具賢俊) 동래고 1993.12.13

대회	연도	소속	출전	교체	득점	도움	파울	경고	퇴장
BC	2012	부산	1	1	0	0	1	0	0
	합계		1	1	0	0	1	0	0
K1	2013	부산	1	0	0	0	2	0	0
	2014	부산	2	0	0	0	2	0	0
	2015	부산	11	2	0	1	13	1	0
	합계		14	2	0	1	17	1	0
K2	2016	부산	14	3	0	1	16	4	0
	2017	부산	19	3	1	1	25	4	0
	2018	부산	15	3	0	1	14	2	1
	2019	부산	6	1	0	0	6	1	0
	2021	부산	1	0	0	0	3	0	0
	2022	부산	13	11	0	0	4	2	0
	합계		68	21	1	3	68	13	1
승	2015	부산	0	0	0	0	0	0	0
	2018	부산	2	0	0	0	1	0	0
	합계		2	0	0	0	1	0	0
프로통산			85	24	1	4	87	14	1

국진우(鞠鎭宇) 부평고 2003.09.06

대회	연도	소속	출전	교체	득점	도움	파울	경고	퇴장
K2	2022	경남	0	0	0	0	0	0	0
	합계		0	0	0	0	0	0	0
프로통산			0	0	0	0	0	0	0

국태정(國太正) 단국대 1995.09.13

대회	연도	소속	출전	교체	득점	도움	파울	경고	퇴장
K1	2017	전북	0	0	0	0	0	0	0
	2018	포항	0	0	0	0	0	0	0
	합계		0	0	0	0	0	0	0
K2	2019	부천	17	2	1	3	17	2	1
	2020	부천	26	4	1	1	20	4	0
	2021	부천	18	7	1	0	11	2	0
	2022	부천	19	14	0	0	15	1	0
	합계		80	27	3	4	63	9	1
프로통산			80	27	3	4	63	9	1

권경원(權敬原) 동아대 1992.01.31

대회	연도	소속	출전	교체	득점	도움	파울	경고	퇴장
K1	2013	전북	20	8	0	1	37	6	0
	2014	전북	5	4	0	0	4	1	0
	2019	전북	13	2	2	1	21	6	0
	2020	상주	23	1	1	0	24	1	0
	2021	성남	18	2	1	1	16	2	0
	합계		79	17	4	3	102	16	0
프로통산			79	17	4	3	102	16	0

권경호(權景昊) 동국대 1986.07.12

대회	연도	소속	출전	교체	득점	도움	파울	경고	퇴장
BC	2009	강원	3	2	0	0	3	0	0
	합계		3	2	0	0	3	0	0
프로통산			3	2	0	0	3	0	0

권기보(權奇補) 운봉공고 1982.05.04

대회	연도	소속	출전	교체	실점	도움	파울	경고	퇴장
BC	2004	수원	0	0	0	0	0	0	0
	2005	수원	0	0	0	0	0	0	0
	2006	수원	1	0	1	0	0	0	0
	2007	수원	0	0	0	0	0	0	0
	2008	수원	0	0	0	0	0	0	0
	합계		1	0	1	0	0	0	0
프로통산			1	0	1	0	0	0	0

권기표(權奇杓) 포항제철고 1997.06.26

대회	연도	소속	출전	교체	득점	도움	파울	경고	퇴장
K1	2018	포항	2	2	0	0	4	0	0
	2021	포항	11	13	1	0	15	1	0
	2022	포항	2	2	0	1	0	0	0
	합계		15	17	1	1	19	1	0
K2	2019	서울E	21	15	3	1	19	2	0
	2020	안양	10	10	0	0	12	3	0
	합계		31	25	3	1	31	5	0
프로통산			46	42	4	2	50	6	0

권덕용(權德容) 인천대 1982.05.03

대회	연도	소속	출전	교체	득점	도움	파울	경고	퇴장
BC	2005	대전	2	2	0	0	1	1	0
	합계		2	2	0	0	1	1	0
프로통산			2	2	0	0	1	1	0

권민재(權珉載) 동국대 2001.06.11

대회	연도	소속	출전	교체	득점	도움	파울	경고	퇴장
K2	2022	김포	17	17	1	2	14	1	0
	합계		17	17	1	2	14	1	0
프로통산			17	17	1	2	14	1	0

권석근(權錫根) 고려대 1983.05.08

대회	연도	소속	출전	교체	득점	도움	파울	경고	퇴장
BC	2006	울산	3	3	0	0	0	0	0
	2007	울산	1	1	0	0	1	0	0
	합계		4	4	0	0	1	0	0
프로통산			4	4	0	0	1	0	0

권성윤(權成尹) 오산고 2001.03.30

대회	연도	소속	출전	교체	득점	도움	파울	경고	퇴장
K1	2020	서울	2	2	0	0	1	0	0
	2021	서울	12	12	0	0	9	1	0
	2022	서울	10	8	0	0	4	0	0
	합계		24	22	0	0	14	1	0
프로통산			24	22	0	0	14	1	0

권세진(權世鎭) 명지대 1973.05.20

대회	연도	소속	출전	교체	득점	도움	파울	경고	퇴장
BC	1996	안양LG	22	9	0	1	28	5	0
	1997	안양LG	14	4	0	0	24	3	0
	1999	포항	0	0	0	0	0	0	0
	합계		36	13	0	1	52	8	0
프로통산			36	13	0	1	52	8	0

권수현(權修鉉) 아주대 1991.03.26

대회	연도	소속	출전	교체	득점	도움	파울	경고	퇴장
K2	2014	광주	2	1	0	0	7	0	0
	합계		2	1	0	0	7	0	0
프로통산			2	1	0	0	7	0	0

권순태(權純泰) 전주대 1984.09.11

대회	연도	소속	출전	교체	실점	도움	파울	경고	퇴장
BC	2006	전북	30	1	33	0	0	2	0
	2007	전북	27	1	29	0	1	1	0
	2008	전북	33	0	41	0	0	2	0
	2009	전북	33	1	40	0	0	3	0
	2010	전북	30	2	28	0	0	1	0
	2011	상주	17	1	34	0	2	3	0
	2012	상주	16	1	19	0	1	2	0
	2012	전북	2	0	2	0	0	0	0
	합계		188	7	226	0	4	14	0
K1	2013	전북	8	1	17	0	0	0	0
	2014	전북	34	2	19	0	1	2	0
	2015	전북	36	0	35	0	2	4	0
	2016	전북	35	0	37	0	0	1	0
	합계		113	3	108	0	3	7	0
프로통산			301	10	334	0	7	21	0

권순학(權純鶴) 전주대 1987.09.02

대회	연도	소속	출전	교체	득점	도움	파울	경고	퇴장
BC	2010	전북	1	1	0	0	0	0	0
	합계		1	1	0	0	0	0	0
프로통산			1	1	0	0	0	0	0

권순형(權純亨) 고려대 1986.06.16

대회	연도	소속	출전	교체	득점	도움	파울	경고	퇴장
BC	2009	강원	18	6	0	2	14	2	0
	2010	강원	26	10	1	0	19	1	0
	2011	강원	25	10	1	0	31	3	0
	2012	제주	40	28	1	0	34	5	0
	합계		109	54	3	2	98	11	0
K1	2013	제주	14	9	0	0	10	2	0
	2014	상주	27	9	2	3	20	4	0
	2015	제주	4	2	1	0	5	0	0
	2016	제주	37	11	5	8	34	2	0
	2017	제주	32	13	2	7	17	2	0
	2018	제주	29	11	2	6	28	1	0
	2019	제주	27	13	1	0	25	1	0
	2020	성남	7	2	1	0	4	0	0
	2021	성남	16	6	0	0	14	1	0
	2022	성남	22	16	1	0	13	0	0
	합계		215	92	15	24	170	13	0
K2	2015	상주	23	7	2	3	16	3	0
	합계		23	7	2	3	16	3	0
프로통산			347	153	20	29	284	27	0

권승리(權勝利) 우석대 1997.04.21

대회	연도	소속	출전	교체	득점	도움	파울	경고	퇴장
K2	2019	부천	1	1	0	0	0	0	0
	2020	부천	12	7	0	0	16	3	0
	합계		13	8	0	0	16	3	0
프로통산			13	8	0	0	16	3	0

권승철(權勝喆) 영남대 1997.03.08

대회	연도	소속	출전	교체	득점	도움	파울	경고	퇴장
K2	2020	안양	0	0	0	0	0	0	0
	합계		0	0	0	0	0	0	0
프로통산			0	0	0	0	0	0	0

권영대(權寧大) 호남대 1963.03.13

대회	연도	소속	출전	교체	득점	도움	파울	경고	퇴장
BC	1989	현대	15	5	0	0	17	2	0
	1990	현대	13	8	0	0	4	1	0
	합계		28	13	0	0	21	3	0
프로통산			28	13	0	0	21	3	0

권영진(權永秦) 성균관대 1991.01.23

대회	연도	소속	출전	교체	득점	도움	파울	경고	퇴장
K1	2013	전북	2	1	0	0	7	2	0
	2014	전북	1	1	0	0	0	0	0
	합계		3	2	0	0	7	2	0
프로통산			3	2	0	0	7	2	0

권영호(權英鎬) 명지대 1992.07.31

대회	연도	소속	출전	교체	득점	도움	파울	경고	퇴장
K1	2015	광주	4	3	0	0	2	0	0
	합계		4	3	0	0	2	0	0
K2	2016	고양	34	2	0	0	35	2	1
	2018	대전	13	4	1	0	18	3	0
	2019	대전	0	0	0	0	0	0	0
	2022	안산	26	8	3	0	29	6	0
	합계		73	14	4	0	82	11	1
프로통산			77	17	4	0	84	11	1

권오손(權五孫) 서울시립대 1959.02.03

대회	연도	소속	출전	교체	득점	도움	파울	경고	퇴장
BC	1983	국민은행	1	0	0	0	0	0	0
	1984	럭키금성	12	2	0	0	7	0	0
	1985	럭키금성	16	1	0	1	13	2	0
	1986	럭키금성	26	2	0	0	29	1	0
	1987	럭키금성	2	2	0	0	0	0	0
	1988	현대	3	1	0	0	3	1	0
	합계		60	8	0	1	52	4	0
프로통산			60	8	0	1	52	4	0

권완규(權完規) 성균관대 1991.11.20

대회	연도	소속	출전	교체	득점	도움	파울	경고	퇴장
K1	2014	경남	17	3	1	0	27	3	0
	2015	인천	34	0	1	0	50	8	0
	2016	인천	21	5	2	1	38	4	0
	2017	포항	32	2	0	3	35	7	0
	2018	포항	10	1	0	1	14	3	1
	2018	상주	12	0	1	0	13	1	0
	2019	상주	31	0	1	0	35	7	1
	2020	포항	14	5	1	0	17	1	0
	2021	포항	37	1	1	0	55	7	0
	2022	성남	25	3	2	1	31	7	0
	합계		233	20	10	6	315	48	2
프로통산			233	20	10	6	315	48	2

권용남(權容南) 단국대 1985.12.02

대회	연도	소속	출전	교체	득점	도움	파울	경고	퇴장
BC	2009	제주	6	5	0	0	6	0	0
	2011	제주	11	11	2	1	1	0	0
	2012	제주	8	9	0	0	4	1	0
	합계		25	25	2	1	11	1	0
K2	2013	광주	10	10	0	1	5	0	0
	합계		10	10	0	1	5	0	0
프로통산			35	35	2	2	16	1	0

권용현(權容賢) 호원대 1991.10.23

대회	연도	소속	출전	교체	득점	도움	파울	경고	퇴장
K1	2016	제주	5	5	0	0	5	1	0
	2016	수원FC	16	6	5	2	26	2	0
	2017	제주	2	2	2	0	2	0	0
	2018	경남	7	7	0	1	8	0	0
	2020	부산	4	4	0	0	4	1	0
	합계		34	24	7	3	45	4	0
K2	2013	수원FC	13	8	4	2	15	2	0
	2014	수원FC	36	24	2	9	33	1	0
	2015	수원FC	40	12	7	6	69	5	0
	2017	경남	13	8	2	3	20	2	0
	2018	수원FC	12	12	0	0	9	2	0
	2019	부산	30	29	2	4	31	1	0
	2020	안양	18	5	3	3	30	4	0
	합계		162	98	20	27	207	17	0
승	2015	수원FC	2	1	0	0	2	0	0
	2019	부산	1	1	0	0	0	0	0
	합계		3	2	0	0	2	0	0
프로통산			199	124	27	30	254	21	0

권재곤(權在坤) 광운대 1961.09.19

대회	연도	소속	출전	교체	득점	도움	파울	경고	퇴장
BC	1984	현대	6	4	2	1	4	0	0
	합계		6	4	2	1	4	0	0
프로통산			6	4	2	1	4	0	0

권재범(權才範) 경희고 2001.07.08

대회	연도	소속	출전	교체	실점	도움	파울	경고	퇴장
K1	2020	강원	0	0	0	0	0	0	0
	합계		0	0	0	0	0	0	0
프로통산			0	0	0	0	0	0	0

권정혁(權正赫) 고려대 1978.08.02

대회	연도	소속	출전	교체	실점	도움	파울	경고	퇴장
BC	2001	울산	14	0	26	0	0	0	0
	2002	울산	8	0	9	0	0	0	0
	2003	울산	2	0	4	0	0	1	0
	2004	울산	1	0	3	0	0	0	0
	2005	광주상무	0	0	0	0	0	0	0
	2006	광주상무	22	1	21	0	1	0	0
	2007	포항	2	2	1	0	0	0	0
	2011	인천	14	0	18	0	0	0	0
	2012	인천	7	0	8	0	0	0	0
	합계		70	3	90	0	1	1	0
K1	2013	인천	38	0	46	0	0	1	0
	2014	인천	28	0	35	0	0	0	0
	2015	광주	17	0	16	0	1	0	0
	합계		83	0	97	0	1	1	0
K2	2016	경남	13	0	21	0	1	1	0
	합계		13	0	21	0	1	1	0
프로통산			166	3	208	0	3	3	0

* 득점: 2013년 1 / 통산 1

권중화(權重華) 강원대 1968.02.11

대회	연도	소속	출전	교체	득점	도움	파울	경고	퇴장
BC	1990	유공	8	8	3	0	12	1	0
	1991	유공	9	9	1	0	11	1	0
	1992	유공	13	7	1	2	13	1	0
	1993	LG	17	14	1	0	15	1	0
	1994	LG	20	18	3	0	11	1	0
	1995	전남	6	5	0	1	2	0	0
	1996	전남	11	6	0	0	13	2	0
	합계		84	67	9	3	77	7	0
프로통산			84	67	9	3	77	7	0

권진영(權鎭永) 숭실대 1991.10.23

대회	연도	소속	출전	교체	득점	도움	파울	경고	퇴장
K1	2013	부산	3	1	0	0	1	0	0
	2014	부산	6	4	0	0	13	3	0
	2016	상주	6	6	0	0	5	1	0
	합계		15	11	0	0	19	4	0
K2	2015	상주	1	1	0	0	2	0	0
	2017	부산	13	4	1	0	19	3	0
	2018	부산	7	0	0	0	4	0	0
	2019	부산	3	3	0	0	2	0	0
	2020	안양	3	2	0	0	2	1	0
	합계		27	10	1	0	29	4	0
승	2018	부산	1	0	0	0	2	2	0
	합계		1	0	0	0	2	2	0
프로통산			43	21	1	0	50	10	0

권집(權輯) 동북고 1984.02.13

대회	연도	소속	출전	교체	득점	도움	파울	경고	퇴장
BC	2003	수원	14	2	0	1	28	1	0
	2004	수원	3	1	0	0	5	0	0
	2005	전남	2	2	0	0	3	0	0
	2005	전북	13	4	0	0	21	0	0
	2006	전북	18	4	2	1	36	5	0
	2007	전북	23	14	0	2	49	3	0
	2008	포항	3	3	0	0	2	0	0
	2008	대전	13	4	0	0	15	4	0
	2009	대전	26	11	0	1	33	5	0
	2010	대전	25	11	1	3	40	4	0
	합계		140	56	3	8	232	22	0
프로통산			140	56	3	8	232	22	0

권찬수(權贊修) 단국대 1974.05.30

대회	연도	소속	출전	교체	실점	도움	파울	경고	퇴장
BC	1999	천안일화	22	4	33	0	0	0	0
	2000	성남일화	14	0	21	0	0	2	0
	2001	성남일화	7	1	4	0	0	0	0
	2002	성남일화	15	1	15	0	0	0	0
	2003	성남일화	22	0	27	0	1	1	0
	2004	인천	8	0	13	0	1	2	0
	2005	인천	4	0	2	0	0	0	0
	2005	성남일화	10	0	11	0	0	2	0
	2006	인천	3	0	6	0	0	0	0
	2007	인천	12	0	18	0	1	1	0
	합계		117	6	150	0	3	8	0
K1	2013	성남일화	0	0	0	0	0	0	0
	합계		0	0	0	0	0	0	0
프로통산			117	6	150	0	3	8	0

권창훈(權昶勳) 매탄고 1994.06.30

대회	연도	소속	출전	교체	득점	도움	파울	경고	퇴장
K1	2013	수원	8	8	0	1	5	0	0
	2014	수원	20	19	1	2	12	1	0
	2015	수원	35	15	10	0	25	1	0
	2016	수원	27	14	7	4	22	1	0
	2021	수원	11	9	1	0	3	1	0
	2022	김천	33	26	0	2	23	0	0
	합계		134	91	19	9	90	4	0
승	2022	김천	2	2	0	0	1	0	0
	합계		2	2	0	0	1	0	0
프로통산			136	93	19	9	91	4	0

권태규(權泰圭) 상지대 1971.02.14

대회	연도	소속	출전	교체	득점	도움	파울	경고	퇴장
BC	1990	유공	4	5	0	0	1	0	0
	1991	유공	8	8	1	0	1	0	0
	1992	유공	7	7	1	0	5	1	0
	1993	유공	10	10	0	0	8	0	0
	1994	유공	9	9	1	2	5	0	0
	1995	유공	11	9	2	1	9	0	0
	1996	부천유공	14	10	2	1	13	1	0
	1997	안양LG	16	14	1	1	19	4	0
	합계		79	72	8	5	61	6	0
프로통산			79	72	8	5	61	6	0

권태안(權泰安) 매탄고 1992.04.09

대회	연도	소속	출전	교체	실점	도움	파울	경고	퇴장
BC	2011	수원	0	0	0	0	0	0	0
	2012	수원	0	0	0	0	0	0	0
	합계		0	0	0	0	0	0	0
K1	2018	상주	2	1	2	0	0	0	0
	2019	상주	8	1	13	0	0	1	0
	합계		10	2	15	0	0	1	0
K2	2016	충주	5	0	8	0	0	0	0
	2017	안양	19	0	29	0	0	0	0
	합계		24	0	37	0	0	0	0
프로통산			34	2	52	0	0	1	0

권한진(權韓眞) 경희대 1988.05.19

대회	연도	소속	출전	교체	득점	도움	파울	경고	퇴장
K1	2016	제주	37	6	5	1	33	5	0
	2017	제주	26	5	0	0	20	2	0
	2018	제주	32	4	3	0	16	4	0
	2019	제주	8	2	0	0	8	1	0
	2021	제주	30	7	1	0	25	3	0
	합계		133	24	9	1	102	15	0
K2	2020	제주	21	4	1	0	22	2	0
	2022	대전	14	8	0	0	4	1	0
	합계		35	12	1	0	26	3	0
프로통산			168	36	10	1	128	18	0

권해창(權海昶) 동아대 1972.09.02

대회	연도	소속	출전	교체	득점	도움	파울	경고	퇴장
BC	1995	대우	26	24	0	1	13	2	0
	1996	부산	14	12	0	1	16	4	0
	1998	부산	9	8	0	0	4	1	0
	1999	부산	15	15	2	0	6	0	0
	2000	부산	16	14	0	0	8	2	0
	합계		80	73	2	2	47	9	0
프로통산			80	73	2	2	47	9	0

권혁관(權赫寬) 관동대(가톨릭관동대) 1990.09.09

대회	연도	소속	출전	교체	득점	도움	파울	경고	퇴장
K2	2013	충주	6	6	0	0	4	2	0
	합계		6	6	0	0	4	2	0
프로통산			6	6	0	0	4	2	0

권혁규(權赫奎) 개성고 2001.03.13

대회	연도	소속	출전	교체	득점	도움	파울	경고	퇴장
K1	2020	부산	16	13	1	0	23	4	0
	2022	김천	19	10	0	0	17	2	0
	합계		35	23	1	0	40	6	0
K2	2019	부산	2	2	0	0	2	1	0
	2021	김천	14	4	0	1	35	4	0
	2022	부산	5	2	0	1	13	2	0
	합계		21	8	0	2	50	7	0
프로통산			56	31	1	2	90	13	0

권혁진(權赫珍) 숭실대 1988.03.23

대회	연도	소속	출전	교체	득점	도움	파울	경고	퇴장
BC	2011	인천	2	2	0	0	2	0	0
	합계		2	2	0	0	2	0	0
K1	2013	인천	0	0	0	0	0	0	0
	2014	인천	6	6	0	0	4	1	0
	2016	수원FC	5	4	0	0	9	1	0
	합계		11	10	0	0	13	2	0
K2	2013	경찰	17	14	0	2	17	2	0
	합계		17	14	0	2	17	2	0
프로통산			30	26	0	2	32	4	0

권혁진(權赫辰) 울산대 1984.12.25

대회	연도	소속	출전	교체	득점	도움	파울	경고	퇴장
BC	2007	울산	9	8	1	0	10	0	0
	2008	대전	18	12	2	3	30	1	0
	2009	광주상무	3	2	0	0	2	0	0
	2010	대전	2	2	0	0	0	0	0
	합계		32	24	3	3	42	1	0
프로통산			32	24	3	3	42	1	0

권혁태(權赫台) 경희대 1985.08.28

대회	연도	소속	출전	교체	득점	도움	파울	경고	퇴장
BC	2008	대전	0	0	0	0	0	0	0
	합계		0	0	0	0	0	0	0
프로통산			0	0	0	0	0	0	0

권혁표(權赫杓) 중앙대 1962.05.25

대회	연도	소속	출전	교체	득점	도움	파울	경고	퇴장
BC	1985	한일은행	17	7	2	0	15	0	0
	1986	한일은행	15	3	2	0	28	0	0
	합계		32	10	4	0	43	0	0
프로통산			32	10	4	0	43	0	0

권현민(權賢旼) 대구대 1991.04.11

대회	연도	소속	출전	교체	득점	도움	파울	경고	퇴장
K2	2014	충주	0	0	0	0	0	0	0
	합계		0	0	0	0	0	0	0
프로통산			0	0	0	0	0	0	0

권형선(權亨宣) 단국대 1987.05.22

대회	연도	소속	출전	교체	득점	도움	파울	경고	퇴장
BC	2010	제주	1	1	0	0	0	0	0
	2011	전남	0	0	0	0	0	0	0
	합계		1	1	0	0	0	0	0
프로통산			1	1	0	0	0	0	0

권형정(權衡正) 한양대 1967.05.19

대회	연도	소속	출전	교체	득점	도움	파울	경고	퇴장
BC	1990	포항제철	21	3	1	0	26	1	0
	1991	포항제철	37	9	1	0	26	1	0
	1992	포항제철	35	4	0	1	33	3	0
	1993	포항제철	33	1	0	0	30	3	0
	1994	포항제철	19	3	1	3	16	1	0
	합계		145	20	3	4	131	9	0
프로통산			145	20	3	4	131	9	0

그랜트(Alexander Ian Grant) 오스트레일리아 1994.01.23

대회	연도	소속	출전	교체	득점	도움	파울	경고	퇴장
K1	2021	포항	16	4	2	1	18	7	1
	2022	포항	27	3	2	0	17	5	0
	합계		43	7	4	1	35	12	1
프로통산			43	7	4	1	35	12	1

그로닝(Sebastian Grønning Andersen) 덴마크 1997.02.03

대회	연도	소속	출전	교체	득점	도움	파울	경고	퇴장
K1	2022	수원	14	13	0	0	18	4	0
	합계		14	13	0	0	18	4	0
프로통산			14	13	0	0	18	4	0

금교진(琴教眞) 영남대 1992.01.03

대회	연도	소속	출전	교체	득점	도움	파울	경고	퇴장
K1	2015	대전	15	5	0	0	14	1	0
	합계		15	5	0	0	14	1	0
K2	2014	대구	15	1	2	0	21	3	0
	2015	대구	2	2	0	0	0	0	0
	2017	서울E	24	8	2	2	29	3	0
	합계		41	11	4	2	50	6	0
프로통산			56	16	4	2	64	7	0

기가(Ivan Giga Vuković) 몬테네그로 1987.02.09

대회	연도	소속	출전	교체	득점	도움	파울	경고	퇴장
K1	2013	성남일화	11	12	3	0	10	3	0
	2014	성남	1	1	0	0	0	0	0
	합계		12	13	3	0	10	3	0
프로통산			12	13	3	0	10	3	0

기성용(奇誠庸) 금호고 1989.01.24

대회	연도	소속	출전	교체	득점	도움	파울	경고	퇴장
BC	2006	서울	0	0	0	0	0	0	0
	2007	서울	22	11	0	0	49	4	0
	2008	서울	27	10	4	2	44	10	0
	2009	서울	31	8	4	10	50	6	0
	합계		80	29	8	12	143	20	0
K1	2020	서울	5	6	0	0	3	0	0
	2021	서울	35	10	3	1	37	3	0
	2022	서울	35	10	0	1	24	7	0
	합계		75	26	3	2	64	10	0
프로통산			155	55	11	14	207	30	0

기요소프(Khurshid Giyosov) 우즈베키스탄 1995.04.13

대회	연도	소속	출전	교체	득점	도움	파울	경고	퇴장
K2	2020	안양	4	4	1	0	3	0	0
	합계		4	4	1	0	3	0	0
프로통산			4	4	1	0	3	0	0

기현서(奇賢舒) 고려대 1984.05.06

대회	연도	소속	출전	교체	득점	도움	파울	경고	퇴장
BC	2007	경남	4	1	0	0	7	1	0
	2008	경남	0	0	0	0	0	0	0
	합계		4	1	0	0	7	1	0
프로통산			4	1	0	0	7	1	0

기호영(奇豪榮) 경기대 1977.01.20

대회	연도	소속	출전	교체	득점	도움	파울	경고	퇴장
BC	1999	부산	0	0	0	0	0	0	0
	합계		0	0	0	0	0	0	0
프로통산			0	0	0	0	0	0	0

길영태(吉永泰) 관동대(가톨릭관동대) 1991.06.15

대회	연도	소속	출전	교체	득점	도움	파울	경고	퇴장
K1	2014	포항	1	0	0	0	3	1	0
	합계		1	0	0	0	3	1	0
K2	2016	강원	6	1	0	0	12	3	0
	합계		6	1	0	0	12	3	0
승	2016	강원	1	1	0	0	0	0	0
	합계		1	1	0	0	0	0	0
프로통산			8	2	0	0	15	4	0

김강국(金康國) 인천대 1997.01.07

대회	연도	소속	출전	교체	득점	도움	파울	경고	퇴장
K1	2019	인천	3	0	0	0	5	0	0
	합계		3	0	0	0	5	0	0
K2	2020	충남아산	10	2	0	0	8	0	0
	2021	충남아산	31	6	2	4	37	4	0
	2022	충남아산	36	11	5	3	37	3	0
	합계		77	19	7	7	82	7	0
프로통산			80	19	7	7	87	7	0

김강남(金岡南) 고려대 1954.07.19

대회	연도	소속	출전	교체	득점	도움	파울	경고	퇴장
BC	1983	유공	13	5	1	2	9	1	0
	1984	대우	3	3	0	0	0	1	0
	합계		16	8	1	2	9	2	0
프로통산			16	8	1	2	9	2	0

김강산(金江山) 대구대 1998.09.15

대회	연도	소속	출전	교체	득점	도움	파울	경고	퇴장
K2	2020	부천	20	1	0	0	24	4	0
	2021	부천	18	0	0	0	23	2	0
	2022	부천	38	2	1	2	47	6	0
	합계		76	3	1	2	94	12	0
프로통산			76	3	1	2	94	12	0

김강선(金强善) 호남대 1979.05.23

대회	연도	소속	출전	교체	득점	도움	파울	경고	퇴장
BC	2002	전남	5	4	0	0	7	0	0
	2003	전남	1	1	0	0	1	0	0
	합계		6	5	0	0	8	0	0
프로통산			6	5	0	0	8	0	0

김건오(金建旿) 연세대 2001.08.13

대회	연도	소속	출전	교체	득점	도움	파울	경고	퇴장
K2	2022	전남	2	2	0	0	0	0	0
	합계		2	2	0	0	0	0	0
프로통산			2	2	0	0	0	0	0

김건웅(金健雄) 울산현대고 1997.08.29

대회	연도	소속	출전	교체	득점	도움	파울	경고	퇴장
K1	2016	울산	12	8	0	0	12	2	0
	2017	울산	2	2	0	0	4	0	0
	2018	울산	2	2	0	0	4	0	0
	2021	수원FC	34	13	1	0	46	7	0
	2022	수원FC	36	6	2	2	28	2	0
	합계		86	31	3	2	94	11	0
K2	2019	전남	33	14	3	1	33	4	0
	2020	수원FC	26	6	1	0	42	7	0
	합계		59	20	4	1	75	11	0
프로통산			145	51	7	3	169	22	0

김건형(金建衡) 경희대 1979.09.11

대회	연도	소속	출전	교체	득점	도움	파울	경고	퇴장
BC	2000	울산	25	10	1	2	43	2	1
	2001	울산	1	1	0	0	1	0	0
	2002	울산	2	2	0	0	3	0	0
	2003	대구	8	8	2	0	11	1	0
	2004	대구	5	5	1	0	6	1	0
	합계		41	26	4	2	64	4	1
프로통산			41	26	4	2	64	4	1

김건호(金乾鎬) 단국대 1990.11.28

대회	연도	소속	출전	교체	득점	도움	파울	경고	퇴장
K2	2013	부천	22	3	0	0	32	2	0
	2014	부천	4	0	0	0	10	3	0
	합계		26	3	0	0	42	5	0
프로통산			26	3	0	0	42	5	0

김건희(金健熙) 고려대 1995.02.22

대회	연도	소속	출전	교체	득점	도움	파울	경고	퇴장
K1	2016	수원	20	17	1	3	30	4	0
	2017	수원	7	7	0	1	4	0	0
	2018	수원	9	7	1	0	11	1	0
	2019	상주	10	1	8	1	10	0	0
	2020	수원	17	12	2	0	18	2	0
	2021	수원	24	17	6	1	24	3	0
	2022	수원	12	6	2	0	10	1	1
	합계		99	67	20	6	107	11	1
프로통산			99	67	20	6	107	11	1

김경국(金慶國) 부경대 1988.10.29

대회	연도	소속	출전	교체	득점	도움	파울	경고	퇴장
BC	2011	대전	1	1	0	0	0	0	0
	합계		1	1	0	0	0	0	0
프로통산			1	1	0	0	0	0	0

김경도(金炅度) 경기대 1985.06.02

대회	연도	소속	출전	교체	득점	도움	파울	경고	퇴장
BC	2009	대전	1	1	0	0	0	0	0
	2010	대전	1	1	0	0	0	0	0
	합계		2	2	0	0	0	0	0
프로통산			2	2	0	0	0	0	0

김경래(金京來) 명지대 1964.03.18

대회	연도	소속	출전	교체	득점	도움	파울	경고	퇴장
BC	1988	대우	11	9	0	0	2	0	0
	1989	대우	10	9	0	0	3	0	0
	1990	대우	5	5	0	0	3	0	0
	1991	대우	16	7	0	0	13	0	0
	1992	대우	11	8	0	1	5	1	0
	1993	대우	8	8	0	0	6	0	0
	1994	버팔로	35	1	11	3	20	4	0
	1995	전북	29	4	1	0	25	1	0
	1996	전북	19	8	2	1	17	2	0
	1997	전북	24	15	0	0	27	3	0
	합계		168	74	14	5	121	11	0
프로통산			168	74	14	5	121	11	0

김경량(金京亮) 숭실대 1973.12.22

대회	연도	소속	출전	교체	득점	도움	파울	경고	퇴장
BC	1996	전북	21	15	0	1	29	6	0
	1997	전북	4	3	0	0	3	1	0
	1998	전북	32	8	0	2	61	4	0
	1999	전북	24	7	0	2	46	1	1
	2000	전북	36	9	1	1	55	3	0
	2001	전북	26	12	0	0	40	3	0
	2002	전북	31	2	0	2	77	6	1
	2003	전북	41	6	0	4	139	7	0
	2004	전북	32	7	1	2	78	6	0
	2005	전북	14	5	0	0	39	2	0
	2006	전북	0	0	0	0	0	0	0
	합계		261	74	2	14	567	39	2
프로통산			261	74	2	14	567	39	2

김경렬(金敬烈) 영남대 1974.05.15

대회	연도	소속	출전	교체	득점	도움	파울	경고	퇴장
BC	1997	울산	3	3	0	0	3	1	0
	1998	전남	6	7	0	0	4	0	0
	합계		9	10	0	0	7	1	0
프로통산			9	10	0	0	7	1	0

김경민(金耿民) 연세대 1990.08.15

대회	연도	소속	출전	교체	득점	도움	파울	경고	퇴장
K1	2014	상주	0	0	0	0	0	0	0
	2015	인천	1	0	0	0	2	1	0
	2016	인천	9	4	0	0	11	2	0
	2017	인천	14	6	0	0	13	3	0
	합계		24	10	0	0	26	6	0
K2	2013	부천	13	2	1	0	16	4	0
	2015	상주	1	1	0	0	0	0	0
	2020	경남	8	3	0	0	12	3	0
	합계		22	6	1	0	28	7	0
프로통산			46	16	1	0	54	13	0

김경민(金耿民) 한양대 1991.11.01

대회	연도	소속	출전	교체	실점	도움	파울	경고	퇴장
K1	2014	제주	2	1	0	0	0	0	0
	2015	제주	7	0	11	0	1	1	0
	2016	제주	10	1	18	0	0	1	0
	2018	제주	2	0	2	0	1	1	0
	합계		21	2	32	0	2	3	0
K2	2017	부산	14	0	11	0	0	1	0
	2021	서울E	34	0	34	0	0	0	0
	2022	광주	34	0	28	0	0	2	0
	합계		82	0	73	0	0	3	0
승	2017	부산	0	0	0	0	0	0	0
	합계		0	0	0	0	0	0	0
프로통산			103	2	105	0	2	6	0

김경민(金烱珉) 전주대 1997.01.22

대회	연도	소속	출전	교체	득점	도움	파울	경고	퇴장
K1	2018	전남	20	16	1	0	20	1	0
	합계		20	16	1	0	20	1	0
K2	2019	전남	26	25	2	1	16	1	0
	2020	안양	21	19	4	0	30	0	0
	2021	전남	2	2	0	0	4	0	0
	2021	김천	3	3	0	0	3	0	0
	합계		52	49	6	1	53	1	0
프로통산			72	65	7	1	73	2	0

김경범(金暻範) 여주상고 1965.03.05

대회	연도	소속	출전	교체	득점	도움	파울	경고	퇴장
BC	1985	유공	16	5	0	1	10	2	0
	1986	유공	32	1	1	2	24	3	0
	1989	일화	37	2	1	1	33	3	0
	1990	일화	29	0	1	3	21	3	0
	1991	일화	34	7	3	3	31	4	0
	1992	일화	29	11	0	3	23	2	0
	1993	일화	18	9	0	0	10	0	0
	1994	일화	17	4	1	2	18	2	0
	1995	일화	29	6	1	2	35	2	0
	1996	천안일화	34	4	0	8	28	4	0
	1997	천안일화	27	9	1	1	18	5	0
	1998	부천SK	36	7	0	7	34	2	0
	합계		338	65	9	33	285	32	0
프로통산			338	65	9	33	285	32	0

김경수(金敬秀) 전주대 2000.12.05

대회	연도	소속	출전	교체	득점	도움	파울	경고	퇴장
K2	2022	안산	24	21	1	0	7	1	0
	합계		24	21	1	0	7	1	0
프로통산			24	21	1	0	7	1	0

김경식(金京植) 중앙대 1961.09.15

대회	연도	소속	출전	교체	득점	도움	파울	경고	퇴장
BC	1984	한일은행	25	0	0	1	23	2	0
	1985	한일은행	14	1	1	0	17	0	0
	합계		39	1	1	1	40	2	0
프로통산			39	1	1	1	40	2	0

김경연(金敬淵) 건국대 1992.11.03

대회	연도	소속	출전	교체	득점	도움	파울	경고	퇴장
K2	2018	광주	0	0	0	0	0	0	0
	합계		0	0	0	0	0	0	0
프로통산			0	0	0	0	0	0	0

김경우(金敬祐) 울산대 1996.09.20

대회	연도	소속	출전	교체	득점	도움	파울	경고	퇴장
K2	2019	아산	4	4	0	0	4	1	0
	합계		4	4	0	0	4	1	0
프로통산			4	4	0	0	4	1	0

김경일(金景一) 광양제철고 1980.08.30

대회	연도	소속	출전	교체	득점	도움	파울	경고	퇴장
BC	1999	전남	3	2	0	0	3	0	0
	2000	전남	8	7	0	0	2	1	0
	2001	전남	12	11	0	0	8	1	0
	2004	대구	6	6	0	1	4	1	0
	합계		29	26	0	1	17	3	0
프로통산			29	26	0	1	17	3	0

김경재(金徑栽) 아주대 1993.07.24

대회	연도	소속	출전	교체	득점	도움	파울	경고	퇴장
K1	2016	전남	7	4	0	0	1	0	0
	2017	전남	8	6	0	0	2	0	0
	2018	전남	2	0	0	0	0	0	0
	2018	상주	8	3	0	1	5	1	0
	2019	상주	30	5	0	0	18	5	0
	2021	제주	21	11	1	1	18	4	0
	2022	제주	18	9	0	0	16	2	0
	합계		94	38	1	2	60	12	0
K2	2020	제주	6	6	0	0	4	0	0
	합계		6	6	0	0	4	0	0
프로통산			100	44	1	2	64	12	0

김경준(金京俊) 영남대 1996.10.01

대회	연도	소속	출전	교체	득점	도움	파울	경고	퇴장
K1	2017	대구	3	4	0	0	2	0	0
	2018	대구	9	8	1	0	8	1	1
	합계		12	12	1	0	10	1	1
K2	2018	안양	18	16	3	3	21	1	0
	2019	서울E	26	22	4	2	17	1	0
	2020	안산	10	9	0	0	4	1	0
	2022	안산	25	14	6	0	22	1	0
	합계		79	61	13	5	64	4	0
프로통산			91	73	14	5	74	5	1

김경중(金京中) 고려대 1991.04.16

대회	연도	소속	출전	교체	득점	도움	파울	경고	퇴장
K1	2017	강원	32	31	3	1	39	3	0
	2018	강원	2	2	0	0	0	0	0
	2018	상주	11	10	0	0	4	1	0
	2019	상주	13	12	2	0	5	2	0
	2020	강원	18	13	1	2	27	4	0
	합계		76	68	6	3	75	10	0
K2	2021	안양	27	23	7	4	26	1	0
	2022	안양	25	23	6	4	27	4	0
	합계		52	46	13	8	53	5	0
승	2022	안양	2	2	0	0	1	0	0
	합계		2	2	0	0	1	0	0
프로통산			130	116	19	11	129	15	0

김경진(金慶鎭) 숭실대 1978.03.15

대회	연도	소속	출전	교체	실점	도움	파울	경고	퇴장
BC	2002	부산	0	0	0	0	0	0	0
	합계		0	0	0	0	0	0	0
프로통산			0	0	0	0	0	0	0

김경춘(金敬春) 부경대 1984.01.27

대회	연도	소속	출전	교체	득점	도움	파울	경고	퇴장
BC	2010	강원	2	1	0	0	0	0	0
	합계		2	1	0	0	0	0	0
프로통산			2	1	0	0	0	0	0

김경태(金炅泰) 경북산업대(경일대) 1973.07.05

대회	연도	소속	출전	교체	득점	도움	파울	경고	퇴장
BC	1997	부천SK	16	3	0	0	30	4	0
	1998	부천SK	6	6	0	0	4	1	0
	2000	부천SK	1	1	0	0	1	0	0
	2001	부천SK	4	2	0	0	3	0	0
	합계		27	12	0	0	38	5	0
프로통산			27	12	0	0	38	5	0

김경호(金景浩) 영남대 1961.10.17

대회	연도	소속	출전	교체	득점	도움	파울	경고	퇴장
BC	1983	포항제철	14	1	1	0	7	0	1
	1984	포항제철	26	1	7	3	13	0	0
	1985	포항제철	12	5	0	0	11	0	0
	1988	포항제철	5	5	0	0	0	0	0
	합계		57	12	8	3	31	0	1
프로통산			57	12	8	3	31	0	1

김관규(金官奎) 명지대 1976.10.10

대회	연도	소속	출전	교체	득점	도움	파울	경고	퇴장
BC	1995	대우	1	1	1	0	3	1	0
	2000	부산	0	0	0	0	0	0	0
	2002	부산	1	1	0	0	2	0	0
	2003	대구	1	1	0	0	0	0	0
	합계		3	3	1	0	5	1	0
프로통산			3	3	1	0	5	1	0

김광명(金光明) 경상대 1961.09.09

대회	연도	소속	출전	교체	득점	도움	파울	경고	퇴장
BC	1985	상무	7	4	1	0	10	0	0
	합계		7	4	1	0	10	0	0
프로통산			7	4	1	0	10	0	0

김광석(金光奭) 청평고 1983.02.12

대회	연도	소속	출전	교체	득점	도움	파울	경고	퇴장

대회	연도	소속	출전	교체	득점	도움	파울	경고	퇴장
BC	2003	포항	9	1	0	0	15	3	0
	2004	포항	0	0	0	0	0	0	0
	2005	광주상무	10	1	1	0	16	1	0
	2006	광주상무	14	2	0	0	11	1	0
	2007	포항	17	10	0	1	29	2	0
	2008	포항	21	3	1	3	42	5	0
	2009	포항	19	5	0	0	13	1	0
	2010	포항	16	6	0	0	12	1	0
	2011	포항	34	1	0	0	30	0	0
	2012	포항	41	0	1	0	51	4	0
	합계		181	29	3	4	219	18	0
K1	2013	포항	36	0	0	0	35	2	0
	2014	포항	33	0	2	0	37	2	0
	2015	포항	24	0	0	0	14	0	0
	2016	포항	37	1	1	0	28	4	0
	2017	포항	16	0	1	0	13	1	0
	2018	포항	36	0	3	1	15	2	0
	2019	포항	19	1	0	0	11	3	0
	2020	포항	27	2	0	0	23	2	0
	2021	인천	25	0	1	0	14	1	0
	2022	인천	17	7	0	0	5	1	0
	합계		270	11	8	1	195	18	0
프로통산			451	40	11	5	414	36	0

김광선(金光善) 안양공고 1983.06.17

대회	연도	소속	출전	교체	득점	도움	파울	경고	퇴장
BC	2002	대전	7	7	0	0	8	2	0
	합계		7	7	0	0	8	2	0
프로통산			7	7	0	0	8	2	0

김광수(金光洙) 경신고 1977.03.10

대회	연도	소속	출전	교체	실점	도움	파울	경고	퇴장
BC	1996	수원	0	0	0	0	0	0	0
	2002	수원	0	0	0	0	0	0	0
	2003	수원	0	0	0	0	0	0	0
	합계		0	0	0	0	0	0	0
프로통산			0	0	0	0	0	0	0

김광훈(金光勳) 한양대 1961.02.20

대회	연도	소속	출전	교체	득점	도움	파울	경고	퇴장
BC	1983	유공	2	2	0	0	1	0	0
	1984	럭키금성	23	4	0	1	23	2	0
	1985	럭키금성	13	3	0	0	25	1	0
	합계		38	9	0	1	49	3	0
프로통산			38	9	0	1	49	3	0

김굉명(金宏明) 서산시민 1984.02.25

대회	연도	소속	출전	교체	득점	도움	파울	경고	퇴장
BC	2008	경남	1	1	0	0	0	0	0
	합계		1	1	0	0	0	0	0
프로통산			1	1	0	0	0	0	0

김교빈(金敎彬) 광운대 1987.12.29

대회	연도	소속	출전	교체	실점	도움	파울	경고	퇴장
BC	2011	전남	0	0	0	0	0	0	0
	2012	대구	3	1	2	0	0	0	0
	합계		3	1	2	0	0	0	0
K1	2014	경남	0	0	0	0	0	0	0
	2016	인천	1	0	3	0	0	0	0
	2016	전남	1	0	2	0	0	0	0
	2017	포항	0	0	0	0	0	0	0
	합계		2	0	0	0	0	0	0
K2	2015	경남	1	0	1	0	0	0	0
	합계		1	0	1	0	0	0	0
프로통산			6	1	8	0	0	0	0

김국진(金國鎭) 동의대 1978.02.09

대회	연도	소속	출전	교체	득점	도움	파울	경고	퇴장
BC	2002	대전	13	9	1	0	14	2	0
	2003	대전	2	2	0	0	2	0	0
	합계		15	11	1	0	16	2	0
프로통산			15	11	1	0	16	2	0

김국환(金國煥) 청주대 1972.09.13

대회	연도	소속	출전	교체	득점	도움	파울	경고	퇴장
BC	1995	일화	2	2	1	1	2	1	0
	1996	천안일화	3	2	0	0	2	0	0
	1997	천안일화	4	3	1	0	5	1	0
	합계		9	7	2	1	9	2	0
프로통산			9	7	2	1	9	2	0

김귀현(金貴鉉) 남해해성중 1990.01.04

대회	연도	소속	출전	교체	득점	도움	파울	경고	퇴장
K1	2013	대구	0	0	0	0	0	0	0
	합계		0	0	0	0	0	0	0
K2	2014	대구	18	11	1	0	36	4	0
	합계		18	11	1	0	36	4	0
프로통산			18	11	1	0	36	4	0

김귀화(金貴華) 아주대 1970.03.15

대회	연도	소속	출전	교체	득점	도움	파울	경고	퇴장
BC	1991	대우	19	19	1	0	3	0	0
	1992	대우	21	3	0	1	15	1	0
	1993	대우	31	13	2	5	16	1	0
	1994	대우	34	10	9	3	28	2	0
	1997	부산	10	5	1	1	9	0	0
	1998	안양LG	26	20	1	4	33	4	0
	1999	안양LG	29	12	2	5	21	1	0
	2000	안양LG	33	23	0	1	27	1	0
	합계		203	105	16	20	152	10	0
프로통산			203	105	16	20	152	10	0

김규남(金奎男) 전주대 1992.11.26

대회	연도	소속	출전	교체	득점	도움	파울	경고	퇴장
K2	2015	충주	1	1	0	0	0	1	0
	합계		1	1	0	0	0	1	0
프로통산			1	1	0	0	0	1	0

김규민(金奎敏) 부천FC U18 2003.03.15

대회	연도	소속	출전	교체	득점	도움	파울	경고	퇴장
K2	2022	부천	2	2	0	0	0	0	0
	합계		2	2	0	0	0	0	0
프로통산			2	2	0	0	0	0	0

김규민(金規旻) 용인대 2000.01.20

대회	연도	소속	출전	교체	득점	도움	파울	경고	퇴장
K2	2022	부천	6	3	1	0	3	0	0
	합계		6	3	1	0	3	0	0
프로통산			6	3	1	0	3	0	0

김규표(金規漂) 성균관대 1999.02.08

대회	연도	소속	출전	교체	득점	도움	파울	경고	퇴장
K2	2020	경남	8	3	0	0	8	1	0
	합계		8	3	0	0	8	1	0
프로통산			8	3	0	0	8	1	0

김규형(金奎亨) 현대고 1999.03.29

대회	연도	소속	출전	교체	득점	도움	파울	경고	퇴장
K1	2022	제주	6	6	0	0	1	0	1
	합계		6	6	0	0	1	0	1
프로통산			6	6	0	0	1	0	1

김근배(金根培) 고려대 1986.08.07

대회	연도	소속	출전	교체	실점	도움	파울	경고	퇴장
BC	2009	강원	4	0	10	0	0	0	0
	2010	강원	6	2	10	0	0	0	0
	2011	강원	12	0	18	0	1	1	0
	2012	강원	17	1	34	0	2	5	0
	합계		39	3	72	0	3	6	0
K1	2013	강원	23	0	34	0	0	0	0
	2014	상주	5	0	12	0	0	1	0
	2016	성남	9	0	12	0	0	0	0
	2019	성남	2	0	4	0	0	0	0
	2020	성남	0	0	0	0	0	0	0
	2021	성남	0	0	0	0	0	0	0
	2022	제주	4	0	4	0	0	0	0
	합계		43	0	66	0	0	1	0
K2	2015	상주	20	0	26	0	1	1	0
	2015	강원	3	1	3	0	0	0	0
	2018	성남	23	2	23	0	1	1	0
	2020	대전	9	0	9	0	0	1	0
	2022	김포	0	0	0	0	0	0	0
	합계		55	3	61	0	2	3	0
승	2013	강원	2	0	4	0	0	0	0
	2016	성남	1	0	1	0	0	0	0
	합계		3	0	5	0	0	0	0
프로통산			140	6	204	0	5	10	0

김근철(金根哲) 배재대 1983.06.24

대회	연도	소속	출전	교체	득점	도움	파울	경고	퇴장
BC	2005	대구	7	7	0	1	4	0	0
	2006	경남	25	14	3	3	27	3	0
	2007	경남	27	8	1	2	40	5	0
	2008	경남	17	4	1	0	39	3	0
	2009	경남	5	5	0	0	3	0	0
	2010	부산	30	15	2	5	48	8	0
	2011	부산	6	6	0	0	6	2	0
	2012	전남	13	11	0	0	10	2	0
	합계		130	70	7	11	177	23	0
프로통산			130	70	7	11	177	23	0

김근환(金根煥) 천안중 1986.08.12

대회	연도	소속	출전	교체	득점	도움	파울	경고	퇴장
K1	2014	울산	17	6	0	0	11	0	0
	2015	울산	18	3	0	1	10	0	0
	2016	수원FC	30	11	0	1	17	2	0
	2017	서울	1	1	0	0	1	0	0
	2018	경남	10	10	0	1	2	0	0
	2019	인천	1	1	0	0	0	0	0
	합계		77	32	0	3	41	2	0
K2	2017	경남	12	12	3	1	3	0	0
	합계		12	12	3	1	3	0	0
프로통산			89	44	3	4	44	2	0

김기남(金起南) 중앙대 1971.01.18

대회	연도	소속	출전	교체	득점	도움	파울	경고	퇴장
BC	1993	포항제철	10	7	0	2	14	0	0
	1994	포항제철	22	11	1	1	34	3	0
	1995	포항	30	7	2	5	44	8	0
	1998	안양LG	17	13	0	0	31	3	0
	1999	부천SK	25	17	1	4	51	6	0
	2000	포항	27	18	1	2	47	1	0
	2001	포항	18	6	1	2	41	1	0
	2002	포항	31	13	1	0	46	2	0
	합계		180	92	7	16	308	24	0
프로통산			180	92	7	16	308	24	0

김기남(金期南) 울산대 1973.07.20

대회	연도	소속	출전	교체	득점	도움	파울	경고	퇴장
BC	1996	울산	20	14	5	3	13	3	0
	1997	울산	29	28	6	2	24	0	0
	1998	울산	36	34	4	5	38	3	0
	1999	울산	31	25	5	3	39	0	0
	2000	울산	8	8	4	0	5	0	0
	2001	울산	19	15	2	0	12	0	0
	합계		143	124	26	13	131	6	0
프로통산			143	124	26	13	131	6	0

김기동(金基東) 신평고 1972.01.12

대회	연도	소속	출전	교체	득점	도움	파울	경고	퇴장
BC	1993	유공	7	4	0	0	8	0	0
	1994	유공	15	12	0	0	12	0	0
	1995	유공	29	2	0	1	39	3	0
	1996	부천유공	33	0	2	3	38	2	1
	1997	부천SK	14	1	5	0	15	2	0
	1998	부천SK	34	7	1	3	32	3	1
	1999	부천SK	36	19	3	3	47	2	0
	2000	부천SK	41	7	1	3	67	6	0
	2001	부천SK	30	0	1	2	28	1	0
	2002	부천SK	35	0	4	2	56	2	0
	2003	포항	30	5	3	1	57	2	0

대회	연도	소속	출전	교체	득점	도움	파울	경고	퇴장
	2004	포항	25	12	1	0	28	0	0
	2005	포항	36	20	3	5	75	2	0
	2006	포항	25	12	0	7	33	3	0
	2007	포항	36	10	4	1	69	3	0
	2008	포항	19	12	3	3	30	1	0
	2009	포항	23	15	4	5	25	1	0
	2010	포항	13	11	0	0	16	2	0
	2011	포항	20	17	4	1	13	0	0
	합계		501	166	39	40	688	35	2
프로통산			501	166	39	40	688	35	2

김기범(金起範) 동아대 1976.08.14

대회	연도	소속	출전	교체	득점	도움	파울	경고	퇴장
BC	1999	수원	1	1	0	0	1	0	0
	2000	수원	12	7	1	1	25	5	0
	2001	수원	21	13	0	3	42	3	0
	2002	수원	11	6	0	0	24	3	0
	2003	수원	8	7	0	0	11	0	0
	2004	수원	1	1	0	0	1	0	0
	합계		54	35	1	4	104	11	0
프로통산			54	35	1	4	104	11	0

김기선(金基善) 숭실대 1969.02.27

대회	연도	소속	출전	교체	득점	도움	파울	경고	퇴장
BC	1992	유공	14	5	2	0	14	1	0
	1993	유공	26	6	1	1	15	1	0
	1994	유공	26	15	6	1	15	1	0
	1995	유공	17	11	0	0	12	0	0
	1996	부천유공	9	7	0	1	7	0	0
	1996	전남	13	12	3	1	4	1	0
	1997	전남	32	21	8	1	19	5	0
	1998	전남	33	25	2	3	27	1	0
	합계		170	102	22	8	113	10	0
프로통산			170	102	22	8	113	10	0

김기수(金起秀) 선문대 1987.12.13

대회	연도	소속	출전	교체	득점	도움	파울	경고	퇴장
BC	2009	부산	9	6	0	0	12	1	0
	2010	부산	3	2	0	0	5	1	0
	합계		12	8	0	0	17	2	0
K1	2015	대전	7	1	0	0	8	3	0
	합계		7	1	0	0	8	3	0
프로통산			19	9	0	0	25	5	0

김기수() 연세대 1995.04.29

대회	연도	소속	출전	교체	득점	도움	파울	경고	퇴장
K1	2022	수원FC	0	0	0	0	0	0	0
	합계		0	0	0	0	0	0	0
프로통산			0	0	0	0	0	0	0

김기열(金氣烈) 풍생고 1998.11.14

대회	연도	소속	출전	교체	득점	도움	파울	경고	퇴장
K1	2019	성남	3	2	0	0	3	1	0
	합계		3	2	0	0	3	1	0
프로통산			3	2	0	0	3	1	0

김기영(金基永) 울산대 1996.08.14

대회	연도	소속	출전	교체	득점	도움	파울	경고	퇴장
K2	2019	아산	3	1	0	0	4	1	0
	합계		3	1	0	0	4	1	0
프로통산			3	1	0	0	4	1	0

김기완(金起完) 건국대 1966.03.16

대회	연도	소속	출전	교체	득점	도움	파울	경고	퇴장
BC	1989	일화	9	8	1	0	7	1	0
	합계		9	8	1	0	7	1	0
프로통산			9	8	1	0	7	1	0

김기용(金基容) 고려대 1990.12.07

대회	연도	소속	출전	교체	실점	도움	파울	경고	퇴장
K1	2013	부산	2	0	3	0	1	1	0
	2014	부산	0	0	0	0	0	0	0
	2015	부산	0	0	0	0	0	0	0
	합계		2	0	3	0	1	1	0
K2	2017	대전	5	0	12	0	1	1	0
	합계		5	0	12	0	1	1	0
프로통산			7	0	15	0	2	2	0

김기윤(金基潤) 관동대(가톨릭관동대) 1961.05.05

대회	연도	소속	출전	교체	득점	도움	파울	경고	퇴장
BC	1984	대우	15	6	4	2	13	1	0
	1985	대우	16	0	0	0	24	0	1
	1987	럭키금성	1	1	0	0	0	0	0
	합계		32	7	4	2	37	1	1
프로통산			32	7	4	2	37	1	1

김기종(金基鍾) 숭실대 1975.05.22

대회	연도	소속	출전	교체	득점	도움	파울	경고	퇴장
BC	2001	부산	3	4	0	0	5	0	0
	2002	부산	7	6	0	0	5	0	0
	합계		10	10	0	0	10	0	0
프로통산			10	10	0	0	10	0	0

김기태(金基太) 홍익대 1993.11.10

대회	연도	소속	출전	교체	득점	도움	파울	경고	퇴장
K2	2015	안양	0	0	0	0	0	0	0
	합계		0	0	0	0	0	0	0
프로통산			0	0	0	0	0	0	0

김기현(金基鉉) 경희대 1978.10.07

대회	연도	소속	출전	교체	득점	도움	파울	경고	퇴장
BC	1999	안양LG	1	1	0	0	0	0	0
	2000	안양LG	1	1	0	0	0	0	0
	2003	대구	16	10	0	0	12	3	0
	합계		18	12	0	0	12	3	0
프로통산			18	12	0	0	12	3	0

김기형(金基炯) 아주대 1977.07.10

대회	연도	소속	출전	교체	득점	도움	파울	경고	퇴장
BC	2000	부천SK	1	1	1	0	0	0	0
	2001	부천SK	4	4	0	0	4	0	0
	2002	부천SK	8	5	1	0	13	3	0
	2003	부천SK	17	9	0	1	30	3	0
	2004	부천SK	28	7	6	1	44	2	0
	2005	부천SK	29	13	2	3	32	3	0
	2006	제주	26	16	4	2	39	1	0
	2007	제주	19	13	1	1	22	2	0
	합계		132	68	15	8	184	14	0
프로통산			132	68	15	8	184	14	0

김기홍(金基弘) 울산대 1981.03.21

대회	연도	소속	출전	교체	득점	도움	파울	경고	퇴장
BC	2004	대전	6	5	0	0	5	1	0
	2005	대전	1	1	0	0	0	0	0
	합계		7	6	0	0	5	1	0
프로통산			7	6	0	0	5	1	0

김기효(金基孝) 진주고 1958.02.09

대회	연도	소속	출전	교체	득점	도움	파울	경고	퇴장
BC	1983	국민은행	8	1	1	0	5	0	0
	1984	국민은행	2	1	0	0	1	0	0
	합계		10	2	1	0	6	0	0
프로통산			10	2	1	0	6	0	0

김기희(金基熙) 홍익대 1989.07.13

대회	연도	소속	출전	교체	득점	도움	파울	경고	퇴장
BC	2011	대구	14	3	0	0	14	1	0
	2012	대구	17	2	2	0	17	2	1
	합계		31	5	2	0	31	3	1
K1	2013	전북	19	1	0	0	21	5	0
	2014	전북	28	1	0	2	41	4	0
	2015	전북	33	2	0	0	31	6	0
	2020	울산	12	1	0	1	6	1	1
	2021	울산	36	2	1	1	35	5	0
	2022	울산	15	1	0	1	9	2	0
	합계		143	8	1	5	143	23	1
프로통산			174	13	3	5	174	26	2

김길식(金吉植) 단국대 1978.08.24

대회	연도	소속	출전	교체	득점	도움	파울	경고	퇴장
BC	2001	전남	6	4	1	0	6	0	0
	2003	전남	6	6	1	0	3	0	0
	2004	부천SK	24	14	1	0	30	4	0
	2005	부천SK	31	24	5	2	38	2	0
	2006	제주	31	19	3	0	61	2	0
	2008	대전	10	8	0	0	20	2	0
	합계		108	75	11	2	158	10	0
프로통산			108	75	11	2	158	10	0

김남건(金南建) 선문대 1990.08.06

대회	연도	소속	출전	교체	득점	도움	파울	경고	퇴장
K1	2014	성남	2	2	0	0	0	0	0
	합계		2	2	0	0	0	0	0
프로통산			2	2	0	0	0	0	0

김남우(金南佑) 전주대 1980.05.14

대회	연도	소속	출전	교체	득점	도움	파울	경고	퇴장
BC	2003	대구	7	1	0	0	20	3	0
	합계		7	1	0	0	20	3	0
프로통산			7	1	0	0	20	3	0

김남일(金南日) 한양대 1977.03.14

대회	연도	소속	출전	교체	득점	도움	파울	경고	퇴장
BC	2000	전남	30	19	1	1	57	2	0
	2001	전남	25	5	0	3	79	2	0
	2002	전남	15	6	0	2	44	2	1
	2003	전남	23	3	6	1	65	6	0
	2004	전남	10	2	1	2	30	3	0
	2005	수원	6	2	0	0	18	1	0
	2006	수원	26	2	0	0	77	9	0
	2007	수원	28	6	0	0	51	9	0
	2012	인천	34	10	0	3	78	12	0
	합계		197	55	8	12	499	46	1
K1	2013	인천	25	11	0	0	60	13	0
	2014	전북	20	13	2	0	42	8	0
	합계		45	24	2	0	102	21	0
프로통산			242	79	10	12	601	67	1

김남춘(金南春) 광운대 1989.04.19

대회	연도	소속	출전	교체	득점	도움	파울	경고	퇴장
K1	2013	서울	0	0	0	0	0	0	0
	2014	서울	7	2	1	0	5	1	0
	2015	서울	17	3	1	0	12	2	0
	2016	서울	18	2	0	1	17	2	0
	2017	상주	19	2	1	1	12	2	0
	2018	상주	19	3	1	0	19	0	0
	2018	서울	8	1	0	0	4	1	0
	2019	서울	4	1	0	0	7	0	0
	2020	서울	22	4	0	0	21	6	0
	합계		114	18	4	2	97	14	0
승	2017	상주	0	0	0	0	0	0	0
	합계		0	0	0	0	0	0	0
프로통산			114	18	4	2	97	14	0

김남탁(金南卓) 광운대 1992.09.28

대회	연도	소속	출전	교체	득점	도움	파울	경고	퇴장
K2	2015	안양	0	0	0	0	0	0	0
	합계		0	0	0	0	0	0	0
프로통산			0	0	0	0	0	0	0

김남호(金南浩) 연세대 1965.10.17

대회	연도	소속	출전	교체	득점	도움	파울	경고	퇴장
BC	1988	럭키금성	8	6	0	0	4	1	0
	1989	럭키금성	1	1	0	0	0	0	0
	합계		9	7	0	0	4	1	0
프로통산			9	7	0	0	4	1	0

김다빈(金茶彬) 고려대 1989.08.29

대회	연도	소속	출전	교체	득점	도움	파울	경고	퇴장
BC	2009	대전	3	3	0	0	3	0	0
	2010	대전	1	1	0	0	0	0	0
	2010	울산	3	3	0	0	2	0	0
	2011	울산	0	0	0	0	0	0	0
	2012	울산	2	2	0	0	0	0	0
	합계		9	9	0	0	5	0	0

대회	연도	소속	출전	교체	득점	도움	파울	경고	퇴장
K2	2013	충주	4	4	0	0	3	0	0
	합계		4	4	0	0	3	0	0
프로통산			13	13	0	0	8	0	0

김다솔(金다솔) 연세대 1989.01.04

대회	연도	소속	출전	교체	실점	도움	파울	경고	퇴장
BC	2010	포항	1	1	1	0	0	1	0
	2011	포항	8	0	8	0	0	0	0
	2012	포항	12	0	14	0	0	0	0
	합계		21	1	23	0	0	1	0
K1	2013	포항	5	0	7	0	0	1	0
	2014	포항	7	0	9	0	0	0	0
	2015	대전	0	0	0	0	0	0	0
	2016	인천	3	0	7	0	0	0	0
	2019	수원	7	0	17	0	0	0	0
	2020	수원	0	0	0	0	0	0	0
	합계		22	0	40	0	0	1	0
K2	2017	수원FC	8	0	9	0	2	2	0
	2018	수원FC	29	1	27	0	0	2	0
	2021	전남	21	0	18	0	0	1	0
	2022	전남	27	0	36	0	0	1	0
	합계		85	1	90	0	2	6	0
프로통산			128	2	153	0	2	8	0

김대건(金大健) 배재대 1977.04.27

대회	연도	소속	출전	교체	득점	도움	파울	경고	퇴장
BC	2001	부천SK	2	1	0	0	5	0	0
	2002	전북	9	4	1	0	12	2	0
	2003	광주상무	35	6	0	1	48	3	0
	2004	광주상무	27	4	0	1	33	1	0
	2005	전북	8	1	1	0	24	0	0
	2006	경남	19	4	1	0	31	2	0
	2007	경남	29	3	0	0	36	3	0
	2008	경남	27	8	1	1	40	6	0
	2009	수원	1	1	0	0	3	0	0
	2010	부산	7	6	0	0	17	3	0
	합계		164	38	4	3	249	20	0
프로통산			164	38	4	3	249	20	0

김대경(金大景) 숭실대 1991.09.02

대회	연도	소속	출전	교체	득점	도움	파울	경고	퇴장
K1	2013	수원	22	21	1	1	12	3	0
	2014	수원	1	1	0	0	0	0	0
	2015	인천	18	13	0	1	10	0	0
	2016	인천	16	11	1	1	8	0	0
	2017	인천	2	1	2	0	0	0	0
	2018	인천	0	0	0	0	0	0	0
	2019	인천	1	1	0	0	0	0	0
	2022	인천	0	0	0	0	0	0	0
	합계		60	48	4	3	30	3	0
프로통산			60	48	4	3	30	3	0

김대경(金大慶) 부평고 1987.10.17

대회	연도	소속	출전	교체	득점	도움	파울	경고	퇴장
BC	2007	제주	0	0	0	0	0	0	0
	2008	제주	1	1	0	0	4	0	0
	합계		1	1	0	0	4	0	0
프로통산			1	1	0	0	4	0	0

김대광(金大光) 동국대 1992.04.10

대회	연도	소속	출전	교체	득점	도움	파울	경고	퇴장
K2	2016	부천	2	2	0	0	1	0	0
	2017	서울E	6	6	1	0	6	1	0
	합계		8	8	1	0	7	1	0
프로통산			8	8	1	0	7	1	0

김대성(金大成) 대구대 1972.05.10

대회	연도	소속	출전	교체	득점	도움	파울	경고	퇴장
BC	1995	LG	23	8	4	2	23	1	0
	1996	안양LG	38	12	1	3	40	5	0
	1997	안양LG	30	12	4	0	28	2	1
	1998	안양LG	31	10	0	4	39	2	0
	1999	안양LG	22	14	1	0	15	2	0
	합계		144	56	10	9	145	12	1
프로통산			144	56	10	9	145	12	1

김대수(金大樹) 울산대 1975.03.20

대회	연도	소속	출전	교체	득점	도움	파울	경고	퇴장
BC	1997	대전	5	1	0	0	6	1	0
	1998	대전	8	5	0	0	8	0	1
	1999	대전	9	6	0	0	7	0	0
	2000	대전	8	2	0	0	10	0	0
	2001	대전	3	2	0	0	0	0	0
	2002	대전	11	1	0	0	13	2	0
	2003	대구	11	2	0	0	11	2	0
	2004	부천SK	11	5	0	0	16	1	0
	합계		66	24	0	0	71	6	1
프로통산			66	24	0	0	71	6	1

김대식(金大植) 인천대 1973.03.02

대회	연도	소속	출전	교체	득점	도움	파울	경고	퇴장
BC	1995	전북	27	4	1	1	20	4	0
	1996	전북	34	4	0	2	31	4	0
	1999	전북	22	7	0	2	9	1	0
	2000	전북	32	9	1	2	33	3	0
	2001	전북	28	2	0	2	20	1	0
	합계		143	26	2	9	113	13	0
프로통산			143	26	2	9	113	13	0

김대열(金大烈) 단국대 1987.04.12

대회	연도	소속	출전	교체	득점	도움	파울	경고	퇴장
BC	2010	대구	6	6	0	0	12	4	0
	2011	대구	8	2	0	0	14	2	1
	2012	대구	37	23	1	0	43	5	0
	합계		51	31	1	0	69	11	1
K1	2013	대구	19	13	0	0	24	2	0
	2016	상주	7	6	0	1	7	1	0
	합계		26	19	0	1	31	3	0
K2	2014	대구	26	6	3	2	51	3	0
	2015	상주	7	1	0	0	13	3	0
	2016	대구	2	2	0	0	1	0	0
	2017	대전	32	14	0	1	56	5	0
	2019	안산	15	9	1	0	16	3	1
	2020	안산	17	14	1	0	14	3	0
	2021	안산	4	4	0	0	5	1	0
	합계		103	50	5	3	156	18	1
프로통산			180	100	6	4	256	32	2

김대영(金大英)

대회	연도	소속	출전	교체	득점	도움	파울	경고	퇴장
BC	1988	대우	9	6	0	0	13	1	0
	합계		9	6	0	0	13	1	0
프로통산			9	6	0	0	13	1	0

김대우(金大禹) 숭실대 2000.12.02

대회	연도	소속	출전	교체	득점	도움	파울	경고	퇴장
K1	2021	강원	21	19	2	1	12	2	0
	2022	강원	16	14	1	0	10	1	0
	합계		37	33	3	1	22	3	0
승	2021	강원	2	2	0	0	4	0	0
	합계		2	2	0	0	4	0	0
프로통산			39	35	3	1	26	3	0

김대욱(金旲昱) 조선대 1987.11.23

대회	연도	소속	출전	교체	득점	도움	파울	경고	퇴장
BC	2010	대전	2	1	0	0	2	1	0
	합계		2	1	0	0	2	1	0
K2	2018	안양	1	1	0	0	1	0	0
	합계		1	1	0	0	1	0	0
프로통산			3	2	0	0	3	1	0

김대욱(金大旭) 호남대 1978.04.02

대회	연도	소속	출전	교체	득점	도움	파울	경고	퇴장
BC	2001	전남	4	4	0	0	9	1	0
	2003	광주상무	0	0	0	0	0	0	0
	합계		4	4	0	0	9	1	0
프로통산			4	4	0	0	9	1	0

김대원(金大元) 보인고 1997.02.10

대회	연도	소속	출전	교체	득점	도움	파울	경고	퇴장
K1	2017	대구	10	9	0	1	1	0	0
	2018	대구	23	13	3	5	13	0	0
	2019	대구	36	20	4	2	19	2	1
	2020	대구	27	18	3	4	15	2	0
	2021	강원	33	18	9	4	14	0	0
	2022	강원	37	14	12	13	21	0	0
	합계		166	92	31	29	83	4	1
K2	2016	대구	6	6	1	0	1	0	0
	합계		6	6	1	0	1	0	0
승	2021	강원	2	0	0	1	1	0	0
	합계		2	0	0	1	1	0	0
프로통산			174	98	32	30	85	4	1

김대의(金大儀) 고려대 1974.05.30

대회	연도	소속	출전	교체	득점	도움	파울	경고	퇴장
BC	2000	성남일화	24	23	5	4	23	0	0
	2001	성남일화	30	24	2	3	36	3	0
	2002	성남일화	38	6	17	12	53	2	0
	2003	성남일화	25	17	3	2	25	3	0
	2004	수원	36	10	7	3	49	3	0
	2005	수원	25	10	5	2	28	1	0
	2006	수원	36	12	5	2	45	2	0
	2007	수원	27	18	5	3	30	1	0
	2008	수원	30	17	1	4	29	2	0
	2009	수원	26	12	1	4	24	2	0
	2010	수원	11	7	0	2	6	1	0
	합계		308	156	51	41	348	20	0
프로통산			308	156	51	41	348	20	0

김대중(金大中) 홍익대 1992.10.13

대회	연도	소속	출전	교체	득점	도움	파울	경고	퇴장
K1	2015	인천	16	7	0	0	8	0	0
	2016	인천	16	8	1	0	5	2	0
	2017	인천	22	15	0	5	13	0	0
	2018	인천	29	4	0	0	16	2	0
	2019	상주	2	2	0	0	1	0	0
	2020	상주	1	1	0	0	0	0	0
	2020	인천	5	5	1	0	1	0	0
	2021	인천	5	5	0	1	1	0	0
	2022	인천	3	3	1	0	1	0	0
	합계		99	50	3	6	46	4	0
K2	2014	대전	8	6	0	0	3	0	0
	합계		8	6	0	0	3	0	0
프로통산			107	56	3	6	49	4	0

김대진(金大鎭) 강원대 1969.05.10

대회	연도	소속	출전	교체	득점	도움	파울	경고	퇴장
BC	1992	일화	17	13	0	0	21	1	0
	1993	일화	4	4	0	0	2	0	0
	합계		21	17	0	0	23	1	0
프로통산			21	17	0	0	23	1	0

김대철(金大哲) 인천대 1977.08.26

대회	연도	소속	출전	교체	득점	도움	파울	경고	퇴장
BC	2000	부천SK	7	6	0	0	13	2	0
	2001	전남	1	1	0	0	2	0	0
	합계		8	7	0	0	15	2	0
프로통산			8	7	0	0	15	2	0

김대한(金大韓) 선문대 1994.04.21

대회	연도	소속	출전	교체	득점	도움	파울	경고	퇴장
K2	2015	안양	14	14	0	1	7	1	0
	2016	안양	8	7	2	0	11	1	0
	합계		22	21	2	1	18	2	0
프로통산			22	21	2	1	18	2	0

김대현(金大顯) 대신고 1981.09.02

대회	연도	소속	출전	교체	득점	도움	파울	경고	퇴장
BC	2000	수원	0	0	0	0	0	0	0
	합계		0	0	0	0	0	0	0
프로통산			0	0	0	0	0	0	0

김대호(金大虎) 숭실대 1988.05.15

대회	연도	소속	출전	교체	득점	도움	파울	경고	퇴장
BC	2010	포항	5	4	0	0	9	2	0
	2011	포항	13	4	0	0	22	1	0
	2012	포항	16	7	5	0	28	3	0
	합계		34	15	5	0	59	6	0
K1	2013	포항	25	6	0	3	42	6	0
	2014	포항	24	8	0	1	33	6	0
	2015	포항	18	4	1	0	30	7	0
	2016	포항	3	1	0	0	3	2	0
	2017	포항	0	0	0	0	0	0	0
	2019	제주	1	0	0	0	1	1	0
	합계		71	19	1	4	109	22	0
K2	2016	안산무궁	7	1	0	1	12	1	0
	2018	수원FC	7	2	1	0	7	2	0
	2019	수원FC	2	2	0	0	3	1	0
	합계		16	5	1	1	22	4	0
프로통산			121	39	7	5	190	32	0

김대호(金大乎) 숭실대 1986.04.15

대회	연도	소속	출전	교체	실점	도움	파울	경고	퇴장
BC	2012	전남	1	0	1	0	0	0	0
	합계		1	0	1	0	0	0	0
K1	2013	포항	0	0	0	0	0	0	0
	2014	전남	0	0	0	0	0	0	0
	합계		0	0	0	0	0	0	0
K2	2015	안산경찰	1	1	1	0	0	0	0
	2016	안산무궁	6	1	17	0	0	0	0
	합계		7	2	18	0	0	0	0
프로통산			8	2	19	0	0	0	0

김대환(金大煥) 경성고 1959.10.23

대회	연도	소속	출전	교체	득점	도움	파울	경고	퇴장
BC	1983	국민은행	4	4	0	0	2	0	0
	합계		4	4	0	0	2	0	0
프로통산			4	4	0	0	2	0	0

김대환(金大桓) 한양대 1976.01.01

대회	연도	소속	출전	교체	실점	도움	파울	경고	퇴장
BC	1998	수원	4	1	6	0	0	0	0
	1999	수원	4	0	4	0	0	0	0
	2000	수원	37	0	55	0	2	2	0
	2003	수원	2	0	2	0	0	0	0
	2004	수원	13	0	9	0	1	1	0
	2005	수원	6	0	7	0	1	1	0
	2006	수원	3	0	5	0	0	0	0
	2007	수원	0	0	0	0	0	0	0
	2008	수원	1	0	1	0	0	1	0
	2009	수원	0	0	0	0	0	0	0
	2010	수원	6	0	13	0	0	0	0
	2011	수원	0	0	0	0	0	0	0
	합계		76	1	102	0	4	5	0
프로통산			76	1	102	0	4	5	0

김대흠(金大欽) 경희대 1961.07.08

대회	연도	소속	출전	교체	득점	도움	파울	경고	퇴장
BC	1985	상무	21	1	4	3	31	1	0
	합계		21	1	4	3	31	1	0
프로통산			21	1	4	3	31	1	0

김덕수(金德洙) 우석대 1987.04.24

대회	연도	소속	출전	교체	실점	도움	파울	경고	퇴장
K2	2013	부천	28	0	51	0	1	1	0
	합계		28	0	51	0	1	1	0
프로통산			28	0	51	0	1	1	0

김덕일(金德一) 풍생고 1990.07.11

대회	연도	소속	출전	교체	득점	도움	파울	경고	퇴장
BC	2011	성남일화	6	6	1	0	5	1	0
	2012	성남일화	7	7	0	0	4	1	0
	합계		13	13	1	0	9	2	0
프로통산			13	13	1	0	9	2	0

김덕중(金德中) 아주대 1996.03.02

대회	연도	소속	출전	교체	득점	도움	파울	경고	퇴장
K1	2018	인천	0	0	0	0	0	0	0
	합계		0	0	0	0	0	0	0
K2	2019	안양	0	0	0	0	0	0	0
	합계		0	0	0	0	0	0	0
프로통산			0	0	0	0	0	0	0

김덕중(金德重) 연세대 1980.06.05

대회	연도	소속	출전	교체	득점	도움	파울	경고	퇴장
BC	2003	대구	30	10	0	1	14	3	0
	2004	대구	3	2	0	0	1	0	0
	합계		33	12	0	1	15	3	0
프로통산			33	12	0	1	15	3	0

김도균(金徒均) 울산대 1977.01.13

대회	연도	소속	출전	교체	득점	도움	파울	경고	퇴장
BC	1999	울산	11	6	0	0	9	1	0
	2000	울산	14	2	1	1	21	1	0
	2001	울산	27	9	1	1	31	1	0
	2002	울산	18	4	1	3	21	1	0
	2003	울산	34	11	0	2	41	4	0
	2005	성남일화	7	3	0	0	22	1	0
	2005	전남	10	1	0	0	19	1	0
	2006	전남	7	5	0	0	17	3	0
	합계		128	41	3	7	181	13	0
프로통산			128	41	3	7	181	13	0

김도근(金道根) 한양대 1972.03.02

대회	연도	소속	출전	교체	득점	도움	파울	경고	퇴장
BC	1995	전남	10	6	0	0	12	1	1
	1996	전남	36	7	10	2	60	4	0
	1997	전남	21	1	7	3	29	3	0
	1998	전남	20	3	6	3	40	3	0
	1999	전남	25	18	2	4	51	1	0
	2000	전남	11	1	5	2	26	2	0
	2001	전남	3	2	0	0	3	0	0
	2002	전남	30	16	3	2	58	4	0
	2003	전남	41	20	1	5	72	5	0
	2004	전남	5	2	0	0	4	0	0
	2005	전남	4	4	0	1	4	0	0
	2005	수원	12	9	0	0	14	0	0
	2006	경남	23	21	0	2	12	1	0
	합계		241	110	34	24	385	24	1
프로통산			241	110	34	24	385	24	1

김도연(金度延) 예원예대 1989.01.01

대회	연도	소속	출전	교체	득점	도움	파울	경고	퇴장
BC	2011	대전	9	9	0	0	6	2	0
	합계		9	9	0	0	6	2	0
프로통산			9	9	0	0	6	2	0

김도엽(金度燁/←김인한) 선문대 1988.11.26

대회	연도	소속	출전	교체	득점	도움	파울	경고	퇴장
BC	2010	경남	23	17	7	2	33	2	0
	2011	경남	29	18	5	1	20	2	0
	2012	경남	40	25	10	2	38	4	0
	합계		92	60	22	5	91	8	0
K1	2013	경남	8	6	0	1	7	1	0
	2014	경남	27	18	1	0	19	3	0
	2016	상주	3	2	1	0	1	1	0
	2018	제주	7	6	0	0	1	0	0
	합계		45	32	2	1	28	5	0
K2	2015	상주	18	12	6	0	16	2	1
	2016	경남	8	6	1	4	6	1	0
	2017	경남	10	7	3	0	4	0	0
	2018	성남	13	11	1	2	6	1	0
	2019	아산	13	11	0	1	6	1	0
	합계		62	47	11	7	38	5	1
프로통산			199	139	35	13	157	18	1

김도용(金道瑢) 홍익대 1976.05.28

대회	연도	소속	출전	교체	득점	도움	파울	경고	퇴장
BC	1999	안양LG	23	12	0	2	43	6	0
	2000	안양LG	13	7	0	0	22	5	0
	2001	안양LG	0	0	0	0	0	0	0
	2003	안양LG	14	8	0	0	22	2	0
	2004	성남일화	13	9	0	0	25	2	0
	2005	전남	24	3	0	1	51	7	0
	2006	전남	12	7	0	1	21	2	0
	합계		99	46	0	4	184	24	0
프로통산			99	46	0	4	184	24	0

김도혁(金鍍爀) 연세대 1992.02.08

대회	연도	소속	출전	교체	득점	도움	파울	경고	퇴장
K1	2014	인천	26	20	2	2	37	6	0
	2015	인천	23	13	1	1	43	3	0
	2016	인천	33	11	3	2	35	5	0
	2017	인천	20	10	1	2	11	3	0
	2019	인천	11	8	0	1	11	1	0
	2020	인천	22	4	2	3	35	2	0
	2021	인천	34	26	2	3	24	5	0
	2022	인천	34	27	2	3	33	3	0
	합계		203	119	13	17	229	28	0
K2	2018	아산	15	4	1	0	24	3	0
	2019	아산	21	4	0	1	20	1	0
	합계		36	8	1	1	44	4	0
프로통산			239	127	14	18	273	32	0

김도형(金度亨) 동아대 1990.10.06

대회	연도	소속	출전	교체	득점	도움	파울	경고	퇴장
K1	2013	부산	2	2	0	0	0	0	0
	2017	상주	2	2	0	0	0	0	0
	2018	상주	21	19	4	3	16	3	0
	2018	포항	10	10	2	1	0	0	0
	2019	포항	9	8	0	0	1	0	0
	합계		44	41	6	4	17	3	0
K2	2015	충주	19	12	5	4	10	2	0
	2016	충주	34	17	3	5	21	3	0
	2020	수원FC	6	6	0	0	1	0	0
	2022	부산	10	10	0	0	3	1	0
	합계		69	45	8	9	35	6	0
승	2017	상주	0	0	0	0	0	0	0
	합계		0	0	0	0	0	0	0
프로통산			113	86	14	13	52	9	0

김도훈(金度勳) 한양대 1988.07.26

대회	연도	소속	출전	교체	득점	도움	파울	경고	퇴장
K2	2013	경찰	10	6	0	0	19	0	0
	2014	안산경찰	4	4	0	0	3	1	0
	합계		14	10	0	0	22	1	0
프로통산			14	10	0	0	22	1	0

김도훈(金度勳) 연세대 1970.07.21

대회	연도	소속	출전	교체	득점	도움	파울	경고	퇴장
BC	1995	전북	25	5	9	5	37	3	0
	1996	전북	22	9	10	3	23	0	0
	1997	전북	14	2	4	1	31	2	0
	2000	전북	27	2	15	0	68	2	0
	2001	전북	35	1	15	5	80	5	0
	2002	전북	30	11	10	4	50	2	0
	2003	성남일화	40	1	28	13	87	2	0
	2004	성남일화	32	6	10	3	63	3	0
	2005	성남일화	32	18	13	7	58	3	0
	합계		257	55	114	41	497	22	0
프로통산			257	55	114	41	497	22	0

김동건(金東建) 단국대 1990.05.07

대회	연도	소속	출전	교체	득점	도움	파울	경고	퇴장
K2	2013	수원FC	0	0	0	0	0	0	0
	합계		0	0	0	0	0	0	0
프로통산			0	0	0	0	0	0	0

김동곤(金董坤) 인천대 1993.06.11

대회	연도	소속	출전	교체	득점	도움	파울	경고	퇴장
K2	2016	대전	4	4	0	0	4	0	0
	합계		4	4	0	0	4	0	0

대회	연도	소속	출전	교체	득점	도움	파울	경고	퇴장
프로통산			4	4	0	0	4	0	0

김동군(金東君) 호남대 1971.07.22

대회	연도	소속	출전	교체	득점	도움	파울	경고	퇴장
BC	1994	일화	5	5	1	0	2	0	0
	1995	일화	9	9	2	1	11	0	0
	1996	천안일화	3	4	0	0	3	0	0
	1997	천안일화	17	8	0	0	29	2	0
	1998	천안일화	28	12	3	2	37	5	0
	2000	전북	0	0	0	0	0	0	0
	합계		62	38	6	3	82	7	0
프로통산			62	38	6	3	82	7	0

김동권(金東權) 청구고 1992.04.04

대회	연도	소속	출전	교체	득점	도움	파울	경고	퇴장
K2	2013	충주	21	0	0	0	39	9	0
	2014	충주	6	0	0	0	10	5	0
	2020	서울E	13	2	0	0	17	4	0
	합계		40	2	0	0	66	18	0
프로통산			40	2	0	0	66	18	0

김동규(金東圭) 연세대 1981.05.13

대회	연도	소속	출전	교체	득점	도움	파울	경고	퇴장
BC	2004	울산	8	6	0	0	13	3	0
	2005	울산	0	0	0	0	0	0	0
	2006	광주상무	11	5	0	0	21	2	0
	2007	광주상무	10	4	0	0	7	2	0
	2008	울산	7	2	0	0	9	1	0
	2009	울산	0	0	0	0	0	0	0
	합계		36	17	0	0	50	8	0
프로통산			36	17	0	0	50	8	0

김동근(金東根) 중대부고 1961.05.20

대회	연도	소속	출전	교체	득점	도움	파울	경고	퇴장
BC	1985	상무	6	1	1	0	5	0	0
	합계		6	1	1	0	5	0	0
프로통산			6	1	1	0	5	0	0

김동기(金東期) 경희대 1989.05.27

대회	연도	소속	출전	교체	득점	도움	파울	경고	퇴장
BC	2012	강원	7	7	0	0	17	0	0
	합계		7	7	0	0	17	0	0
K1	2013	강원	22	14	5	4	62	9	0
	2017	포항	5	4	0	1	0	0	0
	합계		27	18	5	5	62	9	0
K2	2014	강원	27	21	4	0	45	7	1
	2015	강원	7	5	2	1	9	0	1
	2015	안양	16	11	2	3	19	4	0
	2016	안양	6	6	0	0	5	0	0
	2017	성남	0	0	0	0	0	0	0
	합계		56	43	8	4	78	11	2
승	2013	강원	2	1	0	0	2	0	0
	합계		2	1	0	0	2	0	0
프로통산			92	69	13	9	159	20	2

김동기(金東基) 한성대 1971.05.22

대회	연도	소속	출전	교체	득점	도움	파울	경고	퇴장
BC	1994	대우	22	8	0	0	22	6	1
	1995	포항	4	3	0	0	1	0	0
	1996	포항	3	3	0	0	3	1	0
	1997	포항	17	6	0	1	23	2	0
	1998	포항	6	5	0	0	7	0	0
	합계		52	25	0	1	56	9	1
프로통산			52	25	0	1	56	9	1

김동룡(金東龍) 홍익대 1975.05.08

대회	연도	소속	출전	교체	득점	도움	파울	경고	퇴장
BC	1999	전북	0	0	0	0	0	0	0
	합계		0	0	0	0	0	0	0
프로통산			0	0	0	0	0	0	0

김동민(金東玟) 인천대 1994.08.16

대회	연도	소속	출전	교체	득점	도움	파울	경고	퇴장
K1	2017	인천	13	2	0	0	16	2	0
	2018	인천	17	3	1	0	27	4	0
	2019	인천	23	5	0	0	34	7	0
	2020	상주	0	0	0	0	0	0	0
	2021	인천	1	0	0	0	3	0	0
	2022	인천	32	4	0	1	30	10	1
	합계		86	14	1	1	110	23	1
K2	2021	김천	8	6	0	1	5	1	0
	합계		8	6	0	1	5	1	0
프로통산			94	20	1	2	115	24	1

김동민(金東敏) 연세대 1987.06.23

대회	연도	소속	출전	교체	득점	도움	파울	경고	퇴장
BC	2009	울산	0	0	0	0	0	0	0
	합계		0	0	0	0	0	0	0
프로통산			0	0	0	0	0	0	0

김동석(金東錫) 용강중 1987.03.26

대회	연도	소속	출전	교체	득점	도움	파울	경고	퇴장
BC	2006	서울	7	6	0	1	11	1	0
	2007	서울	28	20	2	2	37	4	0
	2008	울산	6	5	0	0	3	0	0
	2010	대구	19	9	1	0	31	4	0
	2011	울산	10	8	0	0	5	1	0
	2012	울산	23	16	0	2	19	2	0
	합계		93	64	3	5	106	12	0
K1	2013	울산	4	4	0	0	1	0	0
	2014	서울	3	3	0	0	4	1	0
	2015	인천	28	15	2	2	30	5	0
	2016	인천	10	4	0	0	10	1	0
	2017	인천	6	3	0	0	9	0	1
	2018	인천	1	1	0	0	1	0	0
	합계		52	30	2	2	55	7	1
프로통산			145	94	5	7	161	19	1

김동선(金東先) 명지대 1978.03.15

대회	연도	소속	출전	교체	득점	도움	파울	경고	퇴장
BC	2001	대전	15	15	1	1	11	1	0
	2002	대전	8	8	0	0	8	0	0
	합계		23	23	1	1	19	1	0
프로통산			23	23	1	1	19	1	0

김동섭(金東燮) 장훈고 1989.03.29

대회	연도	소속	출전	교체	득점	도움	파울	경고	퇴장
BC	2011	광주	27	22	7	2	70	3	0
	2012	광주	32	25	7	0	64	6	0
	합계		59	47	14	2	134	9	0
K1	2013	성남일화	36	7	14	3	80	4	0
	2014	성남	34	29	4	0	30	2	0
	2015	성남	5	5	0	0	6	1	0
	2015	부산	8	6	0	0	4	0	0
	합계		83	47	18	3	120	7	0
K2	2016	안산무궁	16	10	4	1	16	1	0
	2017	아산	6	6	0	0	5	2	0
	2018	부산	7	7	1	0	5	2	0
	2019	서울E	1	1	0	0	0	0	0
	합계		30	24	5	1	26	5	0
프로통산			172	118	37	6	280	21	0

김동수(金東洙) 경희대 1995.02.21

대회	연도	소속	출전	교체	득점	도움	파울	경고	퇴장
K2	2020	안양	9	3	0	0	17	2	0
	2022	부산	4	0	0	0	0	0	0
	합계		13	3	0	0	17	2	0
프로통산			13	3	0	0	17	2	0

김동우(金東佑) 한양대 1975.07.27

대회	연도	소속	출전	교체	득점	도움	파울	경고	퇴장
BC	1998	전남	6	5	0	1	9	0	0
	1999	전남	17	11	0	0	11	2	0
	합계		23	16	0	1	20	2	0
프로통산			23	16	0	1	20	2	0

김동우(金東佑) 조선대 1988.02.05

대회	연도	소속	출전	교체	득점	도움	파울	경고	퇴장
BC	2010	서울	10	4	0	0	17	2	0
	2011	서울	16	1	0	0	24	2	0
	2012	서울	23	6	0	0	25	2	0
	합계		49	11	0	0	66	6	0
K1	2014	서울	0	0	0	0	0	0	0
	2015	서울	20	2	1	0	19	3	0
	2016	서울	13	3	0	0	9	2	0
	2017	서울	5	1	0	1	10	2	0
	2017	대구	14	1	0	0	11	0	0
	2018	서울	17	1	1	1	9	2	0
	2019	제주	26	3	0	0	17	2	0
	2020	부산	19	2	1	0	9	1	0
	2021	수원FC	8	7	0	0	2	0	0
	2022	수원FC	15	8	1	0	8	0	0
	합계		137	28	4	2	94	12	0
K2	2013	경찰	27	7	3	0	26	2	1
	2014	안산경찰	11	1	1	0	6	3	1
	2021	부산	9	8	0	0	2	2	0
	합계		47	16	4	0	34	7	2
승	2018	서울	2	0	0	1	1	1	0
	합계		2	0	0	1	1	1	0
프로통산			235	55	8	3	195	26	2

김동욱(金東煜) 예원예술대 1991.03.10

대회	연도	소속	출전	교체	득점	도움	파울	경고	퇴장
K2	2013	충주	0	0	0	0	0	0	0
	합계		0	0	0	0	0	0	0
프로통산			0	0	0	0	0	0	0

김동준(金東俊) 연세대 1994.12.19

대회	연도	소속	출전	교체	실점	도움	파울	경고	퇴장
K1	2016	성남	26	1	35	0	0	1	0
	2019	성남	28	1	27	0	1	1	1
	2022	제주	32	1	38	0	1	0	0
	합계		86	3	100	0	2	2	1
K2	2017	성남	36	1	29	1	0	2	0
	2018	성남	6	2	3	0	0	0	0
	2020	대전	5	0	7	0	0	0	0
	2021	대전	27	0	41	0	1	1	0
	합계		74	3	80	1	1	3	0
승	2016	성남	1	0	0	0	0	0	0
	2021	대전	2	0	4	0	0	0	0
	합계		3	0	4	0	0	0	0
프로통산			163	6	184	1	3	5	1

김동진(金東珍) 아주대 1992.12.28

대회	연도	소속	출전	교체	득점	도움	파울	경고	퇴장
K1	2017	대구	21	5	0	0	25	5	0
	2019	대구	13	2	0	0	22	2	1
	2020	대구	11	5	1	0	12	2	0
	합계		45	12	1	0	59	9	1
K2	2014	대구	10	3	0	0	18	2	0
	2015	대구	18	1	0	1	24	4	0
	2016	대구	36	4	0	0	37	4	0
	2018	아산	12	0	0	0	30	3	0
	2019	아산	20	7	0	0	30	3	0
	2021	경남	35	3	2	1	56	4	0
	2022	안양	38	18	3	4	27	5	0
	합계		169	36	5	6	222	25	0
승	2022	안양	2	0	0	0	2	0	0
	합계		2	0	0	0	2	0	0
프로통산			216	48	6	6	283	34	1

김동진(金東進) 안양공고 1982.01.29

대회	연도	소속	출전	교체	득점	도움	파울	경고	퇴장
BC	2000	안양LG	7	2	1	1	10	1	0
	2001	안양LG	6	3	0	0	7	2	0
	2002	안양LG	8	6	0	0	11	1	0
	2003	안양LG	35	15	5	2	60	3	0
	2004	서울	18	5	3	2	51	2	0
	2005	서울	32	5	3	1	79	6	0
	2006	서울	13	1	1	0	33	2	0

대회	연도	소속	출전	교체	득점	도움	파울	경고	퇴장
	2010	울산	23	3	0	1	31	5	0
	2011	서울	9	6	1	0	8	1	0
	합계		151	46	14	7	290	23	0
K2	2016	서울E	34	1	1	3	39	10	0
	합계		34	1	1	3	39	10	0
프로통산			185	47	15	10	329	33	0

김동진(金東珍) 상지대 1989.07.13

대회	연도	소속	출전	교체	득점	도움	파울	경고	퇴장
BC	2010	성남일화	0	0	0	0	0	0	0
	합계		0	0	0	0	0	0	0
프로통산			0	0	0	0	0	0	0

김동찬(金東燦) 호남대 1986.04.19

대회	연도	소속	출전	교체	득점	도움	파울	경고	퇴장
BC	2006	경남	3	3	0	0	5	0	0
	2007	경남	10	7	1	0	13	1	0
	2008	경남	25	11	7	3	29	3	0
	2009	경남	30	21	12	8	15	2	0
	2010	경남	21	17	2	4	16	2	0
	2011	전북	23	23	10	3	16	3	0
	2012	전북	20	21	2	0	13	1	0
	합계		132	103	34	18	107	12	0
K1	2014	상주	17	15	2	0	13	1	0
	2014	전북	5	5	2	1	2	0	0
	2015	전북	15	15	0	2	4	0	0
	합계		37	35	4	3	19	1	0
K2	2013	상주	27	18	6	4	26	0	0
	2016	대전	39	16	20	8	31	2	0
	2017	성남	17	7	6	1	10	0	0
	2018	수원FC	9	8	1	0	5	1	0
	2019	수원FC	9	9	0	0	2	1	0
	합계		101	58	33	13	74	4	0
승	2013	상주	2	2	0	0	1	0	0
	합계		2	2	0	0	1	0	0
프로통산			272	198	71	34	201	17	0

김동철(金東徹) 고려대 1990.10.01

대회	연도	소속	출전	교체	득점	도움	파울	경고	퇴장
BC	2012	전남	9	3	0	0	19	1	0
	합계		9	3	0	0	19	1	0
K1	2013	전남	21	2	0	0	26	6	0
	2014	전남	11	7	0	0	10	3	0
	2015	전남	29	11	0	0	37	4	0
	합계		61	20	0	0	73	13	0
K2	2016	서울E	34	4	1	2	68	7	0
	2017	아산	15	6	1	2	25	4	0
	2018	아산	18	6	0	0	5	1	0
	2018	서울E	3	0	0	0	8	2	0
	2019	서울E	12	3	0	0	21	3	0
	합계		82	19	2	4	127	17	0
프로통산			152	42	2	4	219	31	0

김동철(金東鐵) 한양대 1972.04.19

대회	연도	소속	출전	교체	득점	도움	파울	경고	퇴장
BC	1994	대우	4	4	0	0	3	3	0
	합계		4	4	0	0	3	3	0
프로통산			4	4	0	0	3	3	0

김동해(金東海) 한양대 1966.03.16

대회	연도	소속	출전	교체	득점	도움	파울	경고	퇴장
BC	1989	럭키금성	23	16	0	2	19	0	0
	1990	럭키금성	8	8	0	0	2	0	0
	1992	LG	10	6	0	1	10	2	0
	1993	LG	33	8	4	0	33	3	0
	1994	LG	30	12	2	5	22	3	0
	1995	LG	25	11	3	1	35	6	0
	1996	수원	10	3	0	1	19	2	0
	합계		139	64	9	10	140	16	0
프로통산			139	64	9	10	140	16	0

김동헌(金東憲) 용인대 1997.03.03

대회	연도	소속	출전	교체	실점	도움	파울	경고	퇴장
K1	2019	인천	0	0	0	0	0	0	0
	2020	인천	3	0	4	0	0	0	0
	2021	인천	13	1	10	0	1	2	0
	2022	인천	25	0	22	0	0	0	0
	합계		41	1	36	0	1	2	0
프로통산			41	1	36	0	1	2	0

김동혁(金東奕) 조선대 1991.01.25

대회	연도	소속	출전	교체	득점	도움	파울	경고	퇴장
K1	2013	대전	0	0	0	0	0	0	0
	합계		0	0	0	0	0	0	0
프로통산			0	0	0	0	0	0	0

김동현(金東炫) 동아대 1994.07.14

대회	연도	소속	출전	교체	득점	도움	파울	경고	퇴장
K1	2016	포항	16	15	0	2	11	3	1
	합계		16	15	0	2	11	3	1
프로통산			16	15	0	2	11	3	1

김동현(金東現) 중앙대 1997.06.11

대회	연도	소속	출전	교체	득점	도움	파울	경고	퇴장
K1	2019	성남	7	5	0	0	6	1	0
	2020	성남	21	6	0	2	36	5	0
	2021	강원	23	10	1	0	35	5	0
	2022	강원	33	9	0	1	41	3	0
	합계		84	30	1	3	118	14	0
K2	2018	광주	36	5	3	5	41	5	0
	합계		36	5	3	5	41	5	0
프로통산			120	35	4	8	159	19	0

김동현(金洞現) 광운대 1995.10.21

대회	연도	소속	출전	교체	득점	도움	파울	경고	퇴장
K2	2018	부천	7	7	0	1	3	0	0
	합계		7	7	0	1	3	0	0
프로통산			7	7	0	1	3	0	0

김동현(金東昡) 경희고 1980.08.17

대회	연도	소속	출전	교체	득점	도움	파울	경고	퇴장
BC	1999	수원	3	3	0	0	3	1	0
	2003	수원	2	2	0	0	6	0	0
	2005	수원	1	1	0	0	1	0	0
	2007	전북	6	5	0	0	14	0	0
	합계		12	11	0	0	24	1	0
프로통산			12	11	0	0	24	1	0

김동현(金東炫) 한양대 1984.05.20

대회	연도	소속	출전	교체	득점	도움	파울	경고	퇴장
BC	2004	수원	26	22	4	1	51	1	0
	2005	수원	29	12	6	5	95	4	0
	2007	성남일화	26	14	5	2	69	6	0
	2008	성남일화	30	26	4	4	33	1	0
	2009	경남	15	12	1	0	33	2	0
	2010	광주상무	19	12	3	0	37	5	0
	2011	상주	10	7	2	2	11	1	0
	합계		155	105	25	14	329	20	0
프로통산			155	105	25	14	329	20	0

김동환(金東煥) 울산대 1983.01.17

대회	연도	소속	출전	교체	득점	도움	파울	경고	퇴장
BC	2004	울산	2	2	0	0	3	1	0
	2005	수원	1	0	0	0	3	1	0
	합계		3	2	0	0	6	2	0
프로통산			3	2	0	0	6	2	0

김동효(金桐孝) 동래고 1990.04.05

대회	연도	소속	출전	교체	득점	도움	파울	경고	퇴장
BC	2009	경남	2	2	0	0	2	0	0
	합계		2	2	0	0	2	0	0
프로통산			2	2	0	0	2	0	0

김동훈(金東勳) 한양대 1966.09.11

대회	연도	소속	출전	교체	실점	도움	파울	경고	퇴장
BC	1988	대우	11	2	13	0	0	0	0
	1989	대우	27	1	28	0	1	2	0
	1990	대우	22	0	18	0	0	0	0
	1992	대우	19	0	14	0	1	3	0
	1993	대우	8	1	7	0	0	0	0
	1994	버팔로	15	4	29	0	1	0	0
	합계		102	8	109	0	3	5	0
프로통산			102	8	109	0	3	5	0

김동휘(金東輝) 수원대 1989.12.23

대회	연도	소속	출전	교체	득점	도움	파울	경고	퇴장
K2	2013	안양	0	0	0	0	0	0	0
	합계		0	0	0	0	0	0	0
프로통산			0	0	0	0	0	0	0

김동희(金東熙) 연세대 1989.05.06

대회	연도	소속	출전	교체	득점	도움	파울	경고	퇴장
BC	2011	포항	1	1	0	0	1	0	0
	2012	대전	9	9	0	0	5	1	0
	합계		10	10	0	0	6	1	0
K1	2014	성남	32	25	5	2	26	2	0
	2015	성남	28	26	2	2	13	2	0
	2016	성남	17	17	0	0	7	0	1
	합계		77	68	7	4	46	4	1
K2	2017	성남	8	10	0	0	4	1	0
	2018	성남	3	3	0	0	0	0	0
	합계		11	13	0	0	4	1	0
승	2016	성남	2	2	0	0	0	0	0
	합계		2	2	0	0	0	0	0
프로통산			100	93	7	4	56	6	1

김두함(金豆咸) 안동대 1970.03.08

대회	연도	소속	출전	교체	득점	도움	파울	경고	퇴장
BC	1996	수원	1	1	0	0	0	0	0
	합계		1	1	0	0	0	0	0
프로통산			1	1	0	0	0	0	0

김두현(金斗炫) 용인대학원 1982.07.14

대회	연도	소속	출전	교체	득점	도움	파울	경고	퇴장
BC	2001	수원	15	16	0	1	16	2	0
	2002	수원	20	16	2	1	29	2	0
	2003	수원	34	18	4	2	61	4	0
	2004	수원	22	5	1	4	46	6	0
	2005	수원	9	1	1	1	13	4	0
	2005	성남일화	21	7	2	3	41	1	0
	2006	성남일화	33	2	8	4	82	4	0
	2007	성남일화	28	14	7	2	51	3	0
	2009	수원	12	3	4	4	18	0	0
	2010	수원	19	13	3	1	30	4	0
	2012	수원	8	8	1	1	13	1	0
	합계		221	103	33	24	400	31	0
K1	2013	수원	6	5	1	0	2	1	0
	2014	수원	31	20	3	4	37	1	0
	2015	성남	35	21	7	8	29	0	0
	2016	성남	28	23	4	0	25	5	0
	합계		100	69	15	12	93	7	0
K2	2017	성남	25	24	3	1	21	2	0
	합계		25	24	3	1	21	2	0
승	2016	성남	2	2	0	0	2	0	0
	합계		2	2	0	0	2	0	0
프로통산			348	198	51	37	516	40	0

김레오(金레오) 울산대 1996.10.02

대회	연도	소속	출전	교체	득점	도움	파울	경고	퇴장
K1	2018	울산	0	0	0	0	0	0	0
	합계		0	0	0	0	0	0	0
K2	2019	아산	22	21	2	0	20	2	0
	합계		22	21	2	0	20	2	0
프로통산			22	21	2	0	20	2	0

김륜도(金侖度) 광운대 1991.07.09

대회	연도	소속	출전	교체	득점	도움	파울	경고	퇴장
K2	2014	부천	34	5	1	0	47	5	0
	2015	부천	39	6	5	3	56	5	0
	2016	부천	27	22	0	2	24	2	0
	2017	아산	9	7	0	0	4	0	0
	2018	아산	13	12	3	1	11	2	0

대회	연도	소속	출전	교체	득점	도움	파울	경고	퇴장
	2019	부천	35	20	6	5	34	3	0
	2020	안산	25	15	5	0	13	0	0
	2021	안산	35	8	9	4	32	2	0
	2022	안산	4	2	0	0	4	0	0
	2022	안양	30	25	0	1	17	1	0
	합계		251	122	29	16	242	20	0
프로통산			251	122	29	16	242	20	0

김륜성(金侖成) 포항제철고 2002.06.04

대회	연도	소속	출전	교체	득점	도움	파울	경고	퇴장
K1	2021	포항	13	10	0	0	8	4	0
	2022	김천	4	3	0	0	3	1	0
	합계		17	13	0	0	11	5	0
프로통산			17	13	0	0	11	5	0

김만수(金萬壽) 광운대 1961.06.19

대회	연도	소속	출전	교체	득점	도움	파울	경고	퇴장
BC	1983	포항제철	4	4	0	0	0	0	0
	1985	포항제철	1	1	0	0	0	0	0
	합계		5	5	0	0	0	0	0
프로통산			5	5	0	0	0	0	0

김만중(金萬中) 명지대 1978.11.04

대회	연도	소속	출전	교체	득점	도움	파울	경고	퇴장
BC	2001	부천SK	2	2	0	0	0	0	0
	합계		2	2	0	0	0	0	0
프로통산			2	2	0	0	0	0	0

김만태(金萬泰) 광운대 1964.01.30

대회	연도	소속	출전	교체	득점	도움	파울	경고	퇴장
BC	1990	현대	3	3	0	0	2	0	0
	합계		3	3	0	0	2	0	0
프로통산			3	3	0	0	2	0	0

김명곤(金明坤) 중앙대 1974.04.15

대회	연도	소속	출전	교체	득점	도움	파울	경고	퇴장
BC	1997	포항	31	25	1	2	46	4	0
	1998	포항	17	16	2	0	17	2	0
	1999	포항	13	7	1	3	18	1	0
	2000	포항	31	10	5	4	47	5	0
	2002	전남	4	4	0	0	2	1	0
	합계		96	62	9	9	130	13	0
프로통산			96	62	9	9	130	13	0

김명관(金明寬) 광운전자공고 1959.11.27

대회	연도	소속	출전	교체	득점	도움	파울	경고	퇴장
BC	1983	유공	15	2	0	1	10	0	0
	1984	유공	26	8	1	0	24	1	0
	1985	유공	16	4	0	2	17	1	0
	1986	유공	29	1	0	0	67	0	0
	1987	유공	18	10	0	1	12	2	0
	합계		104	25	1	4	130	4	0
프로통산			104	25	1	4	130	4	0

김명광(金明光) 대구대 1984.05.07

대회	연도	소속	출전	교체	득점	도움	파울	경고	퇴장
BC	2007	대구	0	0	0	0	0	0	0
	합계		0	0	0	0	0	0	0
프로통산			0	0	0	0	0	0	0

김명규(金明奎) 수원대 1990.08.29

대회	연도	소속	출전	교체	득점	도움	파울	경고	퇴장
K2	2013	부천	1	1	0	0	0	0	0
	합계		1	1	0	0	0	0	0
프로통산			1	1	0	0	0	0	0

김명순(金明淳) 광주대 2000.07.17

대회	연도	소속	출전	교체	득점	도움	파울	경고	퇴장
K1	2021	제주	7	7	0	0	3	0	0
	2022	제주	16	16	0	0	7	1	0
	합계		23	23	0	0	10	1	0
프로통산			23	23	0	0	10	1	0

김명운(金明雲) 숭실대 1987.11.01

대회	연도	소속	출전	교체	득점	도움	파울	경고	퇴장
BC	2007	전남	2	2	0	0	0	0	0
	2008	전남	18	15	1	0	19	0	0
	2009	전남	20	19	2	2	18	2	0
	2010	전남	3	2	0	0	5	0	0
	2011	인천	12	11	1	1	22	0	0
	2012	상주	15	10	1	1	19	0	0
	합계		70	59	5	4	83	2	0
K2	2013	상주	5	5	2	0	2	0	0
	합계		5	5	2	0	2	0	0
프로통산			75	64	7	4	85	2	0

김명재(金明宰) 포철공고 1994.05.30

대회	연도	소속	출전	교체	득점	도움	파울	경고	퇴장
K2	2017	안산	9	9	1	0	3	0	0
	2018	안산	3	2	0	0	3	0	0
	합계		12	11	1	0	6	0	0
프로통산			12	11	1	0	6	0	0

김명준(金明俊/←김종혁) 영남대 1994.05.13

대회	연도	소속	출전	교체	득점	도움	파울	경고	퇴장
K1	2015	부산	16	3	1	0	21	4	0
	2020	부산	8	4	0	0	9	2	0
	합계		24	7	1	0	30	6	0
K2	2016	부산	16	2	0	1	21	7	0
	2017	부산	10	3	0	1	16	1	0
	2018	부산	29	1	1	0	27	3	0
	2019	부산	32	1	2	1	35	9	0
	2021	경남	7	2	0	0	4	0	0
	2022	경남	33	7	1	1	27	4	0
	합계		127	16	4	4	130	24	0
승	2015	부산	2	1	0	0	6	1	0
	2018	부산	1	0	0	0	0	0	0
	2019	부산	2	0	0	0	4	0	0
	합계		5	1	0	0	10	1	0
프로통산			156	24	5	4	170	31	0

김명중(金明中) 동국대 1985.02.06

대회	연도	소속	출전	교체	득점	도움	파울	경고	퇴장
BC	2005	포항	8	7	0	0	26	2	0
	2006	포항	13	12	0	0	16	3	0
	2007	포항	11	7	0	0	19	3	0
	2008	광주상무	31	8	7	2	67	5	0
	2009	광주상무	26	6	8	5	74	1	0
	2009	포항	2	2	1	0	0	0	0
	2010	전남	26	20	3	3	52	4	0
	2011	전남	27	14	5	1	65	6	0
	2012	강원	22	22	2	1	28	1	0
	합계		166	98	26	12	347	25	0
프로통산			166	98	26	12	347	25	0

김명진(金明眞) 부평고 1985.03.23

대회	연도	소속	출전	교체	득점	도움	파울	경고	퇴장
BC	2006	포항	0	0	0	0	0	0	0
	합계		0	0	0	0	0	0	0
프로통산			0	0	0	0	0	0	0

김명환(金名煥) 정명고 1987.03.06

대회	연도	소속	출전	교체	득점	도움	파울	경고	퇴장
BC	2006	제주	2	2	0	0	1	0	0
	2007	제주	5	1	0	0	8	1	0
	2008	제주	13	5	0	0	14	1	0
	2009	제주	12	3	0	1	16	0	0
	2010	제주	8	4	0	0	1	0	0
	합계		40	15	0	1	40	2	0
프로통산			40	15	0	1	40	2	0

김명휘(金明輝) 하쓰시바하시모고(일본) 1981.05.08

대회	연도	소속	출전	교체	득점	도움	파울	경고	퇴장
BC	2002	성남일화	0	0	0	0	0	0	0
	합계		0	0	0	0	0	0	0
프로통산			0	0	0	0	0	0	0

김문경(金文經) 단국대 1960.01.06

대회	연도	소속	출전	교체	득점	도움	파울	경고	퇴장
BC	1984	현대	13	0	0	0	3	0	0
	1985	현대	21	0	0	0	5	0	0
	1987	현대	16	1	0	1	7	0	0
	1988	현대	24	1	0	2	11	1	0
	1989	현대	11	3	0	1	9	1	0
	합계		85	5	0	4	35	2	0
프로통산			85	5	0	4	35	2	0

김문수(金文殊) 관동대(가톨릭관동대) 1989.07.14

대회	연도	소속	출전	교체	득점	도움	파울	경고	퇴장
BC	2011	강원	1	0	0	0	4	1	0
	합계		1	0	0	0	4	1	0
K2	2013	경찰	1	0	0	0	0	1	0
	합계		1	0	0	0	0	1	0
프로통산			2	0	0	0	4	2	0

김문주(金汶柱) 건국대 1990.03.24

대회	연도	소속	출전	교체	득점	도움	파울	경고	퇴장
K1	2013	대전	0	0	0	0	0	0	0
	합계		0	0	0	0	0	0	0
프로통산			0	0	0	0	0	0	0

김문환(金紋奐) 중앙대 1995.08.01

대회	연도	소속	출전	교체	득점	도움	파울	경고	퇴장
K1	2020	부산	24	1	1	0	28	7	0
	2022	전북	28	6	1	2	16	2	0
	합계		52	7	2	2	44	9	0
K2	2017	부산	30	10	4	1	30	4	1
	2018	부산	24	9	3	1	23	5	0
	2019	부산	27	3	0	2	29	7	0
	합계		81	22	7	4	82	16	1
승	2017	부산	2	0	0	0	1	0	0
	2018	부산	2	0	0	0	2	1	0
	2019	부산	2	0	0	0	0	0	0
	합계		6	0	0	0	3	1	0
프로통산			139	29	9	6	129	26	1

김민구(金敏九) 영남대 1964.01.29

대회	연도	소속	출전	교체	득점	도움	파울	경고	퇴장
BC	1988	포항제철	19	6	0	2	32	1	0
	1989	포항제철	6	1	0	0	11	2	0
	1990	포항제철	3	3	0	0	4	0	0
	합계		28	10	0	2	47	3	0
프로통산			28	10	0	2	47	3	0

김민구(金旻九) 연세대 1985.06.06

대회	연도	소속	출전	교체	득점	도움	파울	경고	퇴장
BC	2008	인천	1	1	0	0	0	0	0
	합계		1	1	0	0	0	0	0
프로통산			1	1	0	0	0	0	0

김민구(金玟究) 관동대(가톨릭관동대) 1984.05.07

대회	연도	소속	출전	교체	득점	도움	파울	경고	퇴장
BC	2011	대구	21	17	1	1	22	2	1
	합계		21	17	1	1	22	2	1
프로통산			21	17	1	1	22	2	1

김민규(金民奎) 단국대 1993.10.18

대회	연도	소속	출전	교체	득점	도움	파울	경고	퇴장
K1	2016	울산	0	0	0	0	0	0	0
	2018	울산	2	2	0	0	3	0	0
	합계		2	2	0	0	3	0	0
K2	2017	서울E	10	9	1	1	10	1	0
	2018	광주	14	14	1	0	9	0	1
	합계		24	23	2	1	19	1	1
프로통산			26	25	2	1	22	1	1

김민규(金旻奎) 풍생고 1998.04.01

대회	연도	소속	출전	교체	득점	도움	파울	경고	퇴장
K2	2017	성남	2	1	0	0	2	0	0
K2	2020	서울E	2	2	0	0	0	0	0
	2021	서울E	2	0	0	0	3	0	0
	2022	서울E	12	7	0	1	10	3	0
	합계		18	10	0	1	15	3	0
프로통산			18	10	0	1	15	3	0

김민규(金閔圭) 숭실대 1982.12.24

대회	연도	소속	출전	교체	실점	도움	파울	경고	퇴장
BC	2005	전북	0	0	0	0	0	0	0
	합계		0	0	0	0	0	0	0
프로통산			0	0	0	0	0	0	0

김민균(金民均) 명지대 1988.11.30

대회	연도	소속	출전	교체	득점	도움	파울	경고	퇴장
BC	2009	대구	31	12	1	2	43	3	0
	2010	대구	15	15	1	1	5	0	0
	합계		46	27	2	3	48	3	0
K1	2014	울산	14	10	2	0	10	0	0
	합계		14	10	2	0	10	0	0
K2	2016	안양	38	23	11	4	36	4	0
	2017	안양	10	4	4	4	17	1	0
	2017	아산	7	7	0	0	0	1	0
	2018	아산	18	18	4	0	8	2	0
	2019	서울E	32	10	5	6	27	3	0
	2020	서울E	24	11	5	0	5	0	0
	2021	서울E	11	11	0	1	1	0	0
	합계		140	84	29	15	94	11	0
프로통산			200	121	33	18	152	14	0

김민기(金珉基) 건국대 1990.06.21

대회	연도	소속	출전	교체	득점	도움	파울	경고	퇴장
K2	2014	수원FC	4	3	0	0	4	2	0
	합계		4	3	0	0	4	2	0
프로통산			4	3	0	0	4	2	0

김민덕(金民悳) 성균관대 1996.07.08

대회	연도	소속	출전	교체	득점	도움	파울	경고	퇴장
K1	2019	울산	1	0	0	0	0	0	0
	2020	울산	0	0	0	0	0	0	0
	합계		1	0	0	0	0	0	0
K2	2021	대전	32	5	1	0	22	6	0
	2022	대전	33	7	0	0	33	3	0
	합계		65	12	1	0	55	9	0
승	2021	대전	2	2	0	0	0	0	0
	2022	대전	2	0	0	0	2	0	0
	합계		4	2	0	0	2	0	0
프로통산			70	14	1	0	57	9	0

김민서(金淨賢) 부평고 2000.06.05

대회	연도	소속	출전	교체	득점	도움	파울	경고	퇴장
K2	2019	서울E	0	0	0	0	0	0	0
	합계		0	0	0	0	0	0	0
프로통산			0	0	0	0	0	0	0

김민석(金珉錫) 단국대 1998.08.11

대회	연도	소속	출전	교체	득점	도움	파울	경고	퇴장
K1	2020	인천	0	0	0	0	0	0	0
	합계		0	0	0	0	0	0	0
프로통산			0	0	0	0	0	0	0

김민석(金珉碩) 대건고 2002.09.05

대회	연도	소속	출전	교체	득점	도움	파울	경고	퇴장
K1	2021	인천	1	1	0	0	2	0	0
	2022	인천	5	5	3	1	2	0	0
	합계		6	6	3	1	4	0	0
프로통산			6	6	3	1	4	0	0

김민석(金玟錫) 숭실대 1997.09.20

대회	연도	소속	출전	교체	득점	도움	파울	경고	퇴장
K1	2022	김천	1	1	0	0	0	0	0
	합계		1	1	0	0	0	0	0
K2	2019	아산	16	14	1	0	15	2	0
	2020	충남아산	19	18	0	1	23	1	0
	2021	충남아산	3	3	1	0	0	0	0
	2021	김천	1	1	0	0	0	0	0
	합계		39	36	2	1	38	3	0
프로통산			40	37	2	1	38	3	0

김민섭(金民燮) 용인대 2000.03.03

대회	연도	소속	출전	교체	득점	도움	파울	경고	퇴장
K2	2021	경남	2	2	0	0	0	0	0
	합계		2	2	0	0	0	0	0
프로통산			2	2	0	0	0	0	0

김민섭(金民燮) 숭실대 1987.09.22

대회	연도	소속	출전	교체	득점	도움	파울	경고	퇴장
BC	2009	대전	18	9	0	0	19	2	0
	합계		18	9	0	0	19	2	0
프로통산			18	9	0	0	19	2	0

김민성(金旻聖) 광운대 1995.02.21

대회	연도	소속	출전	교체	득점	도움	파울	경고	퇴장
K2	2017	안산	11	7	0	0	7	1	0
	2018	안산	0	0	0	0	0	0	0
	2019	안산	0	0	0	0	0	0	0
	합계		11	7	0	0	7	1	0
프로통산			11	7	0	0	7	1	0

김민성(金民成) 언남고 1998.04.18

대회	연도	소속	출전	교체	득점	도움	파울	경고	퇴장
K2	2018	대전	0	0	0	0	0	0	0
	2019	대전	3	2	0	0	3	0	0
	합계		3	2	0	0	3	0	0
프로통산			3	2	0	0	3	0	0

김민수(金旼洙) 한남대 1984.12.14

대회	연도	소속	출전	교체	득점	도움	파울	경고	퇴장
BC	2008	대전	17	14	2	2	19	2	1
	2009	인천	21	11	2	3	21	2	0
	2010	인천	4	3	0	1	4	0	0
	2011	상주	16	12	2	3	8	3	0
	2012	상주	10	10	0	1	6	1	0
	2012	인천	1	1	0	0	0	0	0
	합계		69	51	6	10	58	8	1
K1	2013	경남	16	14	0	0	19	1	0
	합계		16	14	0	0	19	1	0
K2	2014	광주	19	18	2	2	26	2	0
	합계		19	18	2	2	26	2	0
프로통산			104	83	8	12	103	11	1

김민수(金顧洙) 용인대 1989.07.13

대회	연도	소속	출전	교체	득점	도움	파울	경고	퇴장
K2	2013	부천	0	0	0	0	0	0	0
	합계		0	0	0	0	0	0	0
프로통산			0	0	0	0	0	0	0

김민수(金旻秀) 홍익대 1994.03.04

대회	연도	소속	출전	교체	득점	도움	파울	경고	퇴장
K2	2016	고양	8	8	0	0	9	2	0
	합계		8	8	0	0	9	2	0
프로통산			8	8	0	0	9	2	0

김민식(金敏植) 호남대 1985.10.29

대회	연도	소속	출전	교체	실점	도움	파울	경고	퇴장
BC	2008	전북	0	0	0	0	0	0	0
	2009	전북	2	1	3	0	0	0	0
	2010	전북	7	0	11	0	0	0	0
	2011	전북	17	0	17	0	0	2	0
	2012	전북	9	1	11	0	0	0	0
	합계		35	2	42	0	0	2	0
K1	2014	상주	18	0	29	0	0	2	0
	2014	전북	3	1	0	0	0	0	0
	2015	전남	10	0	21	0	0	0	0
	2016	전남	7	0	11	0	0	0	0
	합계		38	1	61	0	0	2	0
K2	2013	상주	3	0	5	0	0	0	0
	2017	안양	17	0	29	0	1	1	1
	합계		20	0	34	0	1	1	1
승	2013	상주	2	0	2	0	0	0	0
	합계		2	0	2	0	0	0	0
프로통산			95	3	139	0	1	5	1

김민식(金民植) 용인대 1998.03.18

대회	연도	소속	출전	교체	득점	도움	파울	경고	퇴장
K2	2020	충남아산	2	0	0	0	2	0	0
	합계		2	0	0	0	2	0	0
프로통산			2	0	0	0	2	0	0

김민오(金敏吾) 울산대 1983.05.08

대회	연도	소속	출전	교체	득점	도움	파울	경고	퇴장
BC	2006	울산	9	4	0	0	16	0	0
	2007	울산	18	16	0	0	27	5	0
	2008	울산	18	14	0	0	27	2	0
	2009	울산	1	1	0	0	1	0	0
	2010	광주상무	4	2	0	0	2	0	0
	2011	상주	10	0	0	0	8	2	0
	합계		60	37	0	0	81	9	0
프로통산			60	37	0	0	81	9	0

김민우(金民友) 연세대 1990.02.25

대회	연도	소속	출전	교체	득점	도움	파울	경고	퇴장
K1	2017	수원	30	3	6	5	38	6	0
	2018	상주	36	9	2	1	59	1	0
	2019	상주	20	6	2	2	20	2	0
	2019	수원	6	1	1	0	10	0	0
	2020	수원	27	2	4	3	41	4	0
	2021	수원	33	17	6	3	48	2	0
	합계		152	38	21	14	216	15	0
프로통산			152	38	21	14	216	15	0

김민우(金玟佑) 홍익대 1997.06.03

대회	연도	소속	출전	교체	득점	도움	파울	경고	퇴장
K2	2019	아산	7	6	0	0	6	0	0
	합계		7	6	0	0	6	0	0
프로통산			7	6	0	0	6	0	0

김민재(金玟哉) 연세대 1996.11.15

대회	연도	소속	출전	교체	득점	도움	파울	경고	퇴장
K1	2017	전북	29	3	2	0	27	10	0
	2018	전북	23	4	1	0	15	3	0
	합계		52	7	3	0	42	13	0
프로통산			52	7	3	0	42	13	0

김민재(金民在) 고려대 2001.06.02

대회	연도	소속	출전	교체	득점	도움	파울	경고	퇴장
K2	2022	김포	0	0	0	0	0	0	0
	합계		0	0	0	0	0	0	0
프로통산			0	0	0	0	0	0	0

김민제(金旼第) 중앙대 1989.09.12

대회	연도	소속	출전	교체	득점	도움	파울	경고	퇴장
K1	2016	수원FC	12	0	1	0	16	1	0
	합계		12	0	1	0	16	1	0
K2	2015	서울E	22	12	1	1	22	4	0
	2016	서울E	10	7	0	0	6	0	0
	2017	수원FC	2	0	0	0	3	1	0
	2018	수원FC	2	1	0	0	5	0	0
	합계		36	20	1	1	36	5	0
프로통산			48	20	2	1	52	6	0

김민준(金敏俊) 한남대 1994.01.27

대회	연도	소속	출전	교체	득점	도움	파울	경고	퇴장
K1	2017	강원	7	4	0	0	11	1	0
	합계		7	4	0	0	11	1	0
프로통산			7	4	0	0	11	1	0

김민준(金敏俊) 울산대 1994.03.22

대회	연도	소속	출전	교체	득점	도움	파울	경고	퇴장
K1	2018	전남	7	2	0	0	10	1	0
	합계		7	2	0	0	10	1	0
K2	2016	부산	10	3	0	0	8	1	0
	2019	전남	15	9	0	0	23	3	0
	합계		25	12	0	0	31	4	0
프로통산			32	14	0	0	41	5	0

김민준(金民俊) 울산대 2000.02.12

대회	연도	소속	출전	교체	득점	도움	파울	경고	퇴장
K1	2021	울산	28	28	5	1	25	2	0
	2022	울산	19	19	1	0	9	2	0
	합계		47	47	6	1	34	4	0
K2	2017	경남	7	7	0	0	7	0	0
	합계		7	7	0	0	7	0	0
프로통산			47	47	6	1	34	4	0

김민준(金旻俊) 보인고 2000.01.19

대회	연도	소속	출전	교체	실점	도움	파울	경고	퇴장
K2	2021	경남	1	0	1	0	0	0	0
	2022	경남	1	1	0	0	0	0	0
	합계		2	1	1	0	0	0	0
프로통산			2	1	1	0	0	0	0

김민철(金敏哲) 건국대 1972.03.01

대회	연도	소속	출전	교체	실점	도움	파울	경고	퇴장
BC	1994	유공	5	0	5	0	0	1	0
	1996	전남	16	0	34	0	1	1	0
	합계		21	0	39	0	1	2	0
프로통산			21	0	39	0	1	2	0

김민학(金民學) 선문대 1988.10.04

대회	연도	소속	출전	교체	득점	도움	파울	경고	퇴장
BC	2010	전북	5	1	1	0	7	0	0
	2011	전북	1	1	0	0	2	1	0
	합계		6	2	1	0	9	1	0
프로통산			6	2	1	0	9	1	0

김민혁(金珉赫) 광운대 1992.08.16

대회	연도	소속	출전	교체	득점	도움	파울	경고	퇴장
K1	2015	서울	6	6	0	0	8	1	0
	2016	광주	36	7	3	8	66	7	0
	2017	광주	34	12	2	3	45	2	0
	2018	포항	2	2	0	0	2	0	0
	2019	성남	8	1	2	2	13	2	0
	2019	상주	14	6	1	1	12	2	0
	2020	상주	11	4	2	0	23	1	0
	2021	성남	21	9	1	2	26	2	1
	2022	성남	32	20	3	2	48	9	0
	합계		164	67	14	18	243	26	1
K2	2018	성남	17	6	2	1	15	2	0
	합계		17	6	2	1	15	2	0
프로통산			181	73	16	19	258	28	1

김민혁(金敏爀) 숭실대 1992.02.27

대회	연도	소속	출전	교체	득점	도움	파울	경고	퇴장
K1	2019	전북	26	3	1	0	24	5	0
	2020	전북	15	2	1	0	10	0	0
	2021	전북	21	1	1	0	12	4	0
	2022	성남	4	1	1	0	2	1	0
	합계		66	7	4	0	48	10	0
프로통산			66	7	4	0	48	10	0

김민혁(金敏奕) 광양제철고 2000.03.24

대회	연도	소속	출전	교체	득점	도움	파울	경고	퇴장
K2	2019	전남	5	5	0	0	4	2	0
	합계		5	5	0	0	4	2	0
프로통산			5	5	0	0	4	2	0

김민혜(金敏慧) 영동고 1954.12.04

대회	연도	소속	출전	교체	득점	도움	파울	경고	퇴장
BC	1983	대우	9	3	0	3	5	0	0
	1984	할렐루야	8	4	0	0	4	0	0
	1985	할렐루야	9	0	0	0	13	0	0
	합계		26	7	0	3	22	0	0
프로통산			26	7	0	3	22	0	0

김민호(金珉浩) 연세대 1997.06.11

대회	연도	소속	출전	교체	득점	도움	파울	경고	퇴장
K1	2018	수원	0	0	0	0	0	0	0
	2019	수원	1	1	0	0	0	0	0
	합계		1	1	0	0	0	0	0
K2	2020	안산	20	2	0	0	21	8	0
	2021	안산	24	4	1	1	14	2	0
	2022	안산	31	4	0	0	28	8	1
	합계		75	10	1	1	63	18	1
프로통산			76	11	1	1	63	18	1

김민호(金敏浩) 인천대 1990.10.01

대회	연도	소속	출전	교체	득점	도움	파울	경고	퇴장
K2	2013	부천	19	2	1	1	28	1	0
	합계		19	2	1	1	28	1	0
프로통산			19	2	1	1	28	1	0

김민호(金珉浩) 건국대 1985.05.13

대회	연도	소속	출전	교체	득점	도움	파울	경고	퇴장
BC	2007	성남일화	7	7	0	0	2	1	0
	2008	성남일화	1	1	0	0	0	0	0
	2008	전남	13	5	1	2	26	3	0
	2009	전남	9	7	1	0	8	2	0
	2010	대구	2	2	0	0	0	0	0
	합계		32	22	2	2	36	6	0
프로통산			32	22	2	2	36	6	0

김바우(金바우) 한양대 1984.01.12

대회	연도	소속	출전	교체	득점	도움	파울	경고	퇴장
BC	2007	서울	1	1	0	0	1	0	0
	2008	대전	1	1	0	0	1	1	0
	2009	포항	2	2	0	0	3	1	0
	2010	포항	1	1	0	0	1	1	0
	2011	대전	9	6	0	0	15	1	0
	합계		14	11	0	0	21	4	0
프로통산			14	11	0	0	21	4	0

김백근(金伯根) 동아대 1975.10.12

대회	연도	소속	출전	교체	득점	도움	파울	경고	퇴장
BC	1998	부산	10	7	0	1	4	0	0
	합계		10	7	0	1	4	0	0
프로통산			10	7	0	1	4	0	0

김범기(金範基) 호남대 1974.03.01

대회	연도	소속	출전	교체	득점	도움	파울	경고	퇴장
BC	1996	전남	3	3	0	0	2	0	0
	합계		3	3	0	0	2	0	0
프로통산			3	3	0	0	2	0	0

김범수(金杋洙) J-SUN FC 2000.04.08

대회	연도	소속	출전	교체	득점	도움	파울	경고	퇴장
K1	2022	제주	15	15	1	0	14	3	0
	합계		15	15	1	0	14	3	0
프로통산			15	15	1	0	14	3	0

김범수(金範洙) 숭실대 1972.06.26

대회	연도	소속	출전	교체	득점	도움	파울	경고	퇴장
BC	1995	전북	25	5	7	3	45	8	0
	1996	전북	33	9	3	5	49	7	0
	1997	전북	28	10	2	7	51	8	0
	1998	전북	23	17	2	1	39	4	1
	1999	전북	12	12	0	1	10	1	0
	2000	안양LG	2	2	0	0	0	0	0
	합계		123	55	14	17	194	28	1
프로통산			123	55	14	17	194	28	1

김범수(金範洙) 관동대(가톨릭관동대) 1986.01.13

대회	연도	소속	출전	교체	득점	도움	파울	경고	퇴장
BC	2010	광주상무	5	5	0	0	1	1	0
	합계		5	5	0	0	1	1	0
프로통산			5	5	0	0	1	1	0

김범용(金範容) 건국대 1990.07.29

대회	연도	소속	출전	교체	득점	도움	파울	경고	퇴장
K1	2021	수원FC	9	8	0	0	4	0	0
	합계		9	8	0	0	4	0	0
K2	2018	수원FC	27	2	0	0	35	4	1
	2020	수원FC	3	0	0	0	2	0	0
	2022	경남	22	11	0	0	24	4	0
	합계		52	13	0	0	61	8	1
프로통산			61	21	0	0	65	8	1

김범준(金汎峻) 경희대 1988.07.14

대회	연도	소속	출전	교체	득점	도움	파울	경고	퇴장
BC	2011	상주	10	6	0	0	9	0	0
	합계		10	6	0	0	9	0	0
프로통산			10	6	0	0	9	0	0

김범진(金汎珍) 한양대 1997.02.19

대회	연도	소속	출전	교체	득점	도움	파울	경고	퇴장
K2	2021	경남	2	1	0	0	7	3	0
	합계		2	1	0	0	7	3	0
프로통산			2	1	0	0	7	3	0

김병관(金炳官) 광운대 1966.02.16

대회	연도	소속	출전	교체	득점	도움	파울	경고	퇴장
BC	1984	한일은행	11	1	0	0	8	2	0
	1985	한일은행	2	0	0	0	0	0	0
	1990	현대	3	3	0	0	0	0	0
	합계		16	4	0	0	8	2	0
프로통산			16	4	0	0	8	2	0

김병석(金秉析) 한양공고 1985.09.17

대회	연도	소속	출전	교체	득점	도움	파울	경고	퇴장
BC	2012	대전	18	13	4	0	32	3	0
	합계		18	13	4	0	32	3	0
K1	2013	대전	31	14	2	3	39	5	1
	2015	대전	6	0	1	0	4	1	0
	합계		37	14	3	3	43	6	1
K2	2014	안산경찰	28	5	0	0	21	1	0
	2015	안산경찰	23	9	1	3	28	3	0
	2016	대전	34	8	1	0	34	3	1
	2017	서울E	2	2	0	0	1	0	0
	2017	안산	15	10	1	0	11	1	0
	합계		102	34	3	3	95	8	1
프로통산			157	61	10	6	170	17	2

김병엽(金炳燁) 광양제철고 1999.04.21

대회	연도	소속	출전	교체	실점	도움	파울	경고	퇴장
K2	2020	전남	0	0	0	0	0	0	0
	2021	전남	1	0	3	0	0	0	0
	2022	대전	0	0	0	0	0	0	0
	합계		1	0	3	0	0	0	0
프로통산			1	0	3	0	0	0	0

김병오(金炳旿) 성균관대 1989.06.26

대회	연도	소속	출전	교체	득점	도움	파울	경고	퇴장
K1	2016	수원FC	28	13	4	3	50	8	0
	2017	상주	25	19	3	1	31	5	0
	2020	부산	20	16	0	1	24	2	0
	합계		73	48	7	5	105	15	0
K2	2013	안양	17	16	1	1	18	0	0
	2015	충주	33	10	9	3	49	4	0
	2019	수원FC	25	15	2	2	34	3	0
	2021	전남	15	9	0	1	15	2	0
	합계		90	50	12	7	116	9	0
승	2017	상주	1	1	0	0	1	0	0
	합계		1	1	0	0	1	0	0
프로통산			164	99	19	12	222	24	0

김병지(金秉址) 알로이시오기계공고 1970.04.08

대회	연도	소속	출전	교체	실점	도움	파울	경고	퇴장
BC	1992	현대	10	1	11	0	0	0	0
	1993	현대	25	2	19	0	0	1	0
	1994	현대	27	0	27	0	2	1	0
	1995	현대	35	1	26	0	2	1	0
	1996	울산	30	0	37	0	1	1	0
	1997	울산	20	0	17	0	0	1	0
	1998	울산	25	0	33	0	2	2	0
	1999	울산	20	0	32	0	1	1	0
	2000	울산	31	0	38	0	1	2	0
	2001	포항	25	1	24	0	1	1	0
	2002	포항	21	0	27	0	1	1	0
	2003	포항	43	1	43	0	1	2	0
	2004	포항	39	0	39	0	0	1	0
	2005	포항	36	0	31	0	1	1	0
	2006	서울	40	0	34	0	0	0	0
	2007	서울	38	0	25	0	0	0	0
	2008	서울	6	0	7	0	0	0	0
	2009	경남	29	1	30	0	0	1	0
	2010	경남	35	0	41	0	0	2	0
	2011	경남	33	0	44	0	1	2	0
	2012	경남	37	0	44	0	1	2	0
	합계		605	7	629	0	15	23	0

대회	연도	소속	출전	교체	득점	도움	파울	경고	퇴장
K1	2013	전남	36	0	42	0	2	2	0
	2014	전남	38	0	53	0	0	0	0
	2015	전남	27	0	30	0	1	0	0
	합계		101	0	125	0	3	2	0
프로통산			706	7	754	0	18	25	0

* 득점: 1998년 1, 2000년 2 / 통산 3

김병채(金昞蔡) 동북고 1981.04.14

대회	연도	소속	출전	교체	득점	도움	파울	경고	퇴장
BC	2000	안양LG	1	1	0	0	1	0	0
	2001	안양LG	2	2	0	0	0	0	0
	2002	안양LG	0	0	0	0	0	0	0
	2003	광주상무	39	20	3	1	37	4	0
	2004	광주상무	33	29	4	1	9	1	0
	2005	서울	7	4	0	0	16	0	0
	2006	경남	5	5	0	0	3	0	0
	2007	부산	3	3	0	0	6	0	0
	합계		90	64	7	2	72	5	0
프로통산			90	64	7	2	72	5	0

김병탁(金丙卓) 동아대 1970.09.18

대회	연도	소속	출전	교체	득점	도움	파울	경고	퇴장
BC	1997	부산	6	5	0	0	2	1	0
	1998	부산	16	8	0	0	18	0	0
	합계		22	13	0	0	20	1	0
프로통산			22	13	0	0	20	1	0

김병환(金秉桓) 국민대 1956.10.10

대회	연도	소속	출전	교체	득점	도움	파울	경고	퇴장
BC	1984	국민은행	18	4	3	0	19	2	0
	합계		18	4	3	0	19	2	0
프로통산			18	4	3	0	19	2	0

김보경(金甫炅) 홍익대 1989.10.06

대회	연도	소속	출전	교체	득점	도움	파울	경고	퇴장
K1	2016	전북	29	4	4	7	30	3	0
	2017	전북	15	1	3	2	18	3	0
	2019	울산	35	6	13	9	40	6	0
	2020	전북	25	17	5	2	28	0	0
	2021	전북	32	24	3	10	32	2	0
	2022	전북	25	23	2	3	31	3	0
	합계		161	75	30	33	179	17	0
프로통산			161	75	30	33	179	17	0

김보섭(金甫燮) 대건고 1998.01.10

대회	연도	소속	출전	교체	득점	도움	파울	경고	퇴장
K1	2017	인천	3	3	0	0	3	0	0
	2018	인천	21	18	2	1	27	5	0
	2019	인천	13	9	0	0	13	0	0
	2020	상주	17	14	1	1	21	2	0
	2021	인천	15	11	0	1	13	2	0
	2022	인천	34	24	5	4	30	5	0
	합계		103	79	8	7	107	14	0
K2	2021	김천	6	5	0	0	3	1	0
	합계		6	5	0	0	3	1	0
프로통산			109	84	8	7	110	15	0

김보섭(金甫燮) 한양대 2000.01.10

대회	연도	소속	출전	교체	득점	도움	파울	경고	퇴장
K2	2022	안산	22	21	2	1	14	2	0
	합계		22	21	2	1	14	2	0
프로통산			22	21	2	1	14	2	0

김보성(金保成) 동아대 1989.04.04

대회	연도	소속	출전	교체	득점	도움	파울	경고	퇴장
BC	2012	경남	3	3	0	0	1	1	0
	합계		3	3	0	0	1	1	0
프로통산			3	3	0	0	1	1	0

김보용(金甫容) 숭실대 1997.07.15

대회	연도	소속	출전	교체	득점	도움	파울	경고	퇴장
K2	2020	전남	9	9	0	0	3	0	0
	합계		9	9	0	0	3	0	0
프로통산			9	9	0	0	3	0	0

김본광(金本光) 탐라대 1988.09.30

대회	연도	소속	출전	교체	득점	도움	파울	경고	퇴장
K2	2013	수원FC	18	8	3	4	28	3	0
	2014	수원FC	29	8	3	0	39	9	0
	합계		47	16	6	4	67	12	0
프로통산			47	16	6	4	67	12	0

김봉겸(金奉謙) 고려대 1984.05.01

대회	연도	소속	출전	교체	득점	도움	파울	경고	퇴장
BC	2009	강원	17	2	2	0	13	3	0
	2010	강원	9	2	0	1	5	0	0
	합계		26	4	2	1	18	3	0
프로통산			26	4	2	1	18	3	0

김봉길(金奉吉) 연세대 1966.03.15

대회	연도	소속	출전	교체	득점	도움	파울	경고	퇴장
BC	1989	유공	24	21	5	0	15	1	0
	1990	유공	27	17	5	2	19	0	0
	1991	유공	6	3	0	0	5	0	0
	1992	유공	34	18	4	2	31	2	1
	1993	유공	30	16	8	4	23	0	0
	1994	유공	30	23	1	2	11	0	0
	1995	전남	32	5	8	3	21	4	0
	1996	전남	36	18	7	2	25	1	1
	1997	전남	33	29	6	1	26	2	0
	1998	전남	13	12	0	0	16	2	0
	합계		265	162	44	16	192	12	2
프로통산			265	162	44	16	192	12	2

김봉성(金峯成) 아주대 1962.11.28

대회	연도	소속	출전	교체	득점	도움	파울	경고	퇴장
BC	1986	대우	5	5	0	0	5	0	0
	1988	대우	13	9	0	0	12	0	0
	1989	대우	7	8	0	0	5	0	0
	합계		25	22	0	0	22	0	0
프로통산			25	22	0	0	22	0	0

김봉수(金奉首) 광주대 1999.12.26

대회	연도	소속	출전	교체	득점	도움	파울	경고	퇴장
K1	2021	제주	28	27	3	1	16	3	0
	2022	제주	33	16	0	1	19	2	0
	합계		61	43	3	2	35	5	0
프로통산			61	43	3	2	35	5	0

김봉수(金奉洙) 고려대 1970.12.04

대회	연도	소속	출전	교체	**실점**	도움	파울	경고	퇴장
BC	1992	LG	14	0	13	0	0	0	0
	1993	LG	7	1	5	0	0	0	0
	1994	LG	18	2	25	0	2	1	0
	1995	LG	14	0	18	0	1	1	0
	1996	안양LG	12	0	23	0	1	1	0
	1997	안양LG	10	0	22	0	0	0	0
	1998	안양LG	19	2	23	0	0	2	0
	1999	안양LG	12	0	26	0	1	3	0
	2000	울산	3	1	4	0	0	0	0
	합계		109	6	159	0	5	8	0
프로통산			109	6	159	0	5	8	0

김봉진(金奉眞) 동의대 1990.07.18

대회	연도	소속	출전	교체	득점	도움	파울	경고	퇴장
K1	2013	강원	12	1	2	1	16	3	0
	2021	광주	17	14	0	0	8	2	0
	합계		29	15	2	1	24	5	0
K2	2015	경남	7	3	0	0	9	1	0
	합계		7	3	0	0	9	1	0
승	2013	강원	1	0	0	0	0	0	0
	합계		1	0	0	0	0	0	0
프로통산			37	18	2	1	33	6	0

김봉현(金奉鉉/←김인수) 호남대 1974.07.07

대회	연도	소속	출전	교체	득점	도움	파울	경고	퇴장
BC	1995	전북	6	5	0	0	4	2	0
	1996	전북	26	4	1	1	53	7	0
	1997	전북	33	2	4	0	82	7	0
	1998	전북	33	0	3	1	72	7	0
	1999	전북	30	3	2	3	31	3	0
	2001	전북	5	0	0	0	7	2	0
	2002	전북	1	1	0	0	1	0	0
	합계		134	15	10	5	250	28	0
프로통산			134	15	10	5	250	28	0

김부관(金附罐) 광주대 1990.09.03

대회	연도	소속	출전	교체	득점	도움	파울	경고	퇴장
K1	2016	수원FC	25	20	1	3	13	1	0
	합계		25	20	1	3	13	1	0
K2	2015	수원FC	27	25	3	3	26	3	0
	2017	수원FC	3	3	0	0	1	0	0
	2017	아산	8	8	1	1	3	2	0
	2018	아산	1	0	0	0	0	0	0
	합계		39	36	4	4	30	5	0
프로통산			64	56	5	7	43	6	0

김부만(金富萬) 영남대 1965.05.07

대회	연도	소속	출전	교체	득점	도움	파울	경고	퇴장
BC	1988	포항제철	4	4	1	0	2	1	0
	1989	포항제철	34	11	0	0	26	1	0
	1990	포항제철	8	7	0	0	3	0	0
	1991	포항제철	3	3	0	0	0	0	0
	합계		49	25	1	0	31	2	0
프로통산			49	25	1	0	31	2	0

김삼수(金三洙) 동아대 1963.02.08

대회	연도	소속	출전	교체	득점	도움	파울	경고	퇴장
BC	1986	현대	13	2	3	5	20	1	0
	1987	현대	29	4	2	2	40	2	0
	1988	현대	13	8	0	0	13	0	0
	1989	럭키금성	30	16	1	0	43	3	0
	1990	럭키금성	14	9	1	0	22	2	0
	1991	LG	17	10	1	0	19	2	0
	1992	LG	28	10	1	2	35	4	0
	1993	LG	19	9	0	1	29	7	0
	1994	대우	25	14	1	0	24	4	1
	합계		188	82	10	10	245	25	1
프로통산			188	82	10	10	245	25	1

김상규(金相圭) 광운대 1973.11.02

대회	연도	소속	출전	교체	득점	도움	파울	경고	퇴장
BC	1996	부천유공	2	2	0	0	1	0	0
	합계		2	2	0	0	1	0	0
프로통산			2	2	0	0	1	0	0

김상균(金相均) 동신대 1991.02.13

대회	연도	소속	출전	교체	득점	도움	파울	경고	퇴장
K2	2013	고양	2	1	0	0	1	1	0
	2014	고양	2	2	0	0	0	0	0
	합계		4	3	0	0	1	1	0
프로통산			4	3	0	0	1	1	0

김상기(金尙基) 광운대 1982.04.05

대회	연도	소속	출전	교체	득점	도움	파울	경고	퇴장
BC	2005	수원	0	0	0	0	0	0	0
	2006	수원	2	2	0	0	0	0	0
	합계		2	2	0	0	0	0	0
프로통산			2	2	0	0	0	0	0

김상덕(金相德) 주문진중 1985.01.01

대회	연도	소속	출전	교체	득점	도움	파울	경고	퇴장
BC	2005	수원	1	1	0	0	2	1	0
	2010	대전	0	0	0	0	0	0	0
	합계		1	1	0	0	2	1	0
프로통산			1	1	0	0	2	1	0

김상록(金相綠) 고려대 1979.02.25

대회	연도	소속	출전	교체	득점	도움	파울	경고	퇴장
BC	2001	포항	34	16	4	1	23	1	0
	2002	포항	15	12	1	2	23	0	0
	2003	포항	28	20	2	2	32	2	0
	2004	광주상무	31	10	1	1	29	3	0
	2005	광주상무	30	14	5	5	19	0	0
	2006	제주	32	8	6	3	35	0	0

대회	연도	소속	출전	교체	득점	도움	파울	경고	퇴장
	2007	인천	37	16	10	6	24	2	0
	2008	인천	27	25	1	2	19	0	0
	2009	인천	15	14	1	0	8	0	0
	2010	부산	13	12	0	0	6	0	0
	합계		262	147	31	22	218	8	0
K2	2013	부천	19	19	1	1	6	0	0
	합계		19	19	1	1	6	0	0
프로통산			281	166	32	23	224	8	0

김상문(金相文) 고려대 1967.04.08

대회	연도	소속	출전	교체	득점	도움	파울	경고	퇴장
BC	1990	유공	26	4	1	2	35	4	0
	1991	유공	37	4	2	2	53	3	1
	1992	유공	18	5	2	2	30	1	0
	1993	유공	34	5	3	0	54	2	0
	1994	유공	14	6	3	0	14	0	0
	1995	유공	5	5	0	0	1	0	0
	1995	대우	12	8	2	0	18	1	0
	1996	부산	17	7	0	0	27	3	0
	1997	부산	30	13	2	2	28	4	0
	1998	부산	28	13	3	3	48	0	0
	합계		221	70	18	11	308	18	1
프로통산			221	70	18	11	308	18	1

김상식(金相植) 대구대 1976.12.17

대회	연도	소속	출전	교체	득점	도움	파울	경고	퇴장
BC	1999	천안일화	36	4	1	2	73	5	0
	2000	성남일화	27	2	3	1	62	6	0
	2001	성남일화	32	1	0	0	93	6	0
	2002	성남일화	36	0	4	4	88	6	0
	2003	광주상무	42	1	2	2	69	4	0
	2004	광주상무	31	2	2	1	48	2	0
	2005	성남일화	30	0	1	1	65	3	1
	2006	성남일화	29	4	1	0	58	4	0
	2007	성남일화	28	1	4	2	68	4	0
	2008	성남일화	37	2	0	1	86	6	0
	2009	전북	33	2	0	0	51	3	0
	2010	전북	28	9	0	2	82	11	0
	2011	전북	22	5	0	0	56	9	0
	2012	전북	27	13	0	1	37	4	0
	합계		438	46	18	17	936	73	1
K1	2013	전북	20	6	1	0	34	6	1
	합계		20	6	1	0	34	6	1
프로통산			458	52	19	17	970	79	2

김상우(金相佑) 중앙대 1995.03.14

대회	연도	소속	출전	교체	득점	도움	파울	경고	퇴장
K2	2018	수원FC	0	0	0	0	0	0	0
	합계		0	0	0	0	0	0	0
프로통산			0	0	0	0	0	0	0

김상욱(金相昱) 대불대 1994.01.04

대회	연도	소속	출전	교체	득점	도움	파울	경고	퇴장
K1	2016	광주	1	1	0	0	0	0	0
	합계		1	1	0	0	0	0	0
프로통산			1	1	0	0	0	0	0

김상원(金相沅) 울산대 1992.02.20

대회	연도	소속	출전	교체	득점	도움	파울	경고	퇴장
K1	2014	제주	1	1	0	0	0	0	0
	2015	제주	21	4	3	3	25	6	0
	2016	제주	16	7	0	1	26	5	0
	2017	제주	4	3	0	0	2	1	0
	2017	광주	5	1	0	0	6	1	0
	2018	제주	3	2	0	0	1	0	1
	2020	포항	11	3	0	0	16	5	0
	2021	수원FC	34	9	0	1	32	3	0
	2022	수원FC	7	6	0	0	4	1	0
	합계		102	36	3	5	112	22	1
K2	2019	안양	34	10	6	8	32	8	0
	합계		34	10	6	8	32	8	0
프로통산			136	46	9	13	144	30	1

김상준(金相駿) 매탄고 2001.10.01

대회	연도	소속	출전	교체	득점	도움	파울	경고	퇴장
K1	2019	수원	0	0	0	0	0	0	0
	2021	수원	3	3	0	0	1	0	0
	2022	수원	8	8	2	0	4	0	0
	합계		11	11	2	0	5	0	0
K2	2022	부산	13	10	0	0	10	2	0
	합계		13	10	0	0	10	2	0
프로통산			24	21	2	0	15	2	0

김상준(金相濬) 남부대 1993.06.25

대회	연도	소속	출전	교체	득점	도움	파울	경고	퇴장
K2	2016	고양	26	23	2	0	32	2	0
	합계		26	23	2	0	32	2	0
프로통산			26	23	2	0	32	2	0

김상진(金尙鎭) 한양대 1967.02.15

대회	연도	소속	출전	교체	득점	도움	파울	경고	퇴장
BC	1990	럭키금성	26	18	2	2	58	3	0
	1991	LG	27	17	6	2	39	7	1
	1992	LG	29	20	6	0	35	4	0
	1993	LG	3	3	0	0	3	0	0
	1994	LG	11	11	1	1	11	3	1
	1995	유공	14	14	0	0	13	3	0
	1996	부천유공	1	1	0	0	2	1	0
	합계		111	84	15	5	161	21	2
프로통산			111	84	15	5	161	21	2

김상필(金相泌) 성균관대 1989.04.26

대회	연도	소속	출전	교체	득점	도움	파울	경고	퇴장
K1	2015	대전	24	5	0	0	9	1	0
	합계		24	5	0	0	9	1	0
K2	2014	대전	1	0	0	0	0	0	0
	2016	충주	32	3	1	1	29	4	0
	2017	아산	2	1	0	0	1	0	0
	2018	아산	3	3	0	0	3	0	0
	합계		38	7	1	1	33	4	0
프로통산			62	12	1	1	42	5	0

김상호(金相鎬) 동아대 1964.10.05

대회	연도	소속	출전	교체	득점	도움	파울	경고	퇴장
BC	1987	포항제철	29	11	3	1	23	2	0
	1988	포항제철	15	4	0	4	10	0	0
	1989	포항제철	14	5	0	2	8	0	0
	1990	포항제철	22	2	2	2	20	0	0
	1991	포항제철	36	9	5	6	21	0	0
	1992	포항제철	9	1	0	0	7	0	0
	1993	포항제철	14	6	0	3	1	0	0
	1994	포항제철	10	7	0	0	3	0	0
	1995	전남	25	5	1	3	8	2	0
	1996	전남	27	17	0	2	8	1	0
	1997	전남	27	21	3	1	19	1	0
	1998	전남	4	4	1	0	1	1	0
	합계		232	92	15	24	129	7	0
프로통산			232	92	15	24	129	7	0

김상화(金相華) 동국대 1968.08.25

대회	연도	소속	출전	교체	득점	도움	파울	경고	퇴장
BC	1991	유공	2	1	0	0	0	1	0
	1994	대우	2	2	0	0	0	0	0
	합계		4	3	0	0	0	1	0
프로통산			4	3	0	0	0	1	0

김상훈(金湘勳) 숭실대 1973.06.08

대회	연도	소속	출전	교체	득점	도움	파울	경고	퇴장
BC	1996	울산	15	5	0	0	26	2	0
	1997	울산	20	3	2	0	53	1	1
	1998	울산	36	1	0	2	57	8	0
	1999	울산	32	5	1	1	82	6	0
	2000	울산	34	2	1	0	87	7	0
	2001	울산	17	6	0	1	33	3	0
	2002	포항	11	2	0	1	22	5	0
	2003	포항	37	13	1	1	57	4	0
	2004	성남일화	10	4	0	0	18	2	0
	합계		212	41	5	6	435	38	1
프로통산			212	41	5	6	435	38	1

김서준(←김현기) 한남대 1989.03.24

대회	연도	소속	출전	교체	득점	도움	파울	경고	퇴장
K2	2013	수원FC	19	12	2	2	32	2	0
	2014	수원FC	32	11	6	6	32	5	0
	2015	수원FC	21	4	1	4	31	4	0
	합계		72	27	9	12	95	11	0
승	2015	수원FC	0	0	0	0	0	0	0
	합계		0	0	0	0	0	0	0
프로통산			72	27	9	12	95	11	0

김서준(金鉉基) 한남대 1989.03.24

대회	연도	소속	출전	교체	득점	도움	파울	경고	퇴장
K2	2013	수원FC	19	12	2	2	32	2	0
	2014	수원FC	32	11	6	6	32	5	0
	2015	수원FC	21	4	1	4	31	4	0
	합계		72	27	9	12	95	11	0
승	2015	수원FC	0	0	0	0	0	0	0
	합계		0	0	0	0	0	0	0
프로통산			72	27	9	12	95	11	0

김석만(金石萬) 호남대 1982.07.01

대회	연도	소속	출전	교체	득점	도움	파울	경고	퇴장
BC	2005	전남	1	1	0	0	1	0	0
	합계		1	1	0	0	1	0	0
프로통산			1	1	0	0	1	0	0

김석우(金錫佑) 중경고 1983.05.06

대회	연도	소속	출전	교체	득점	도움	파울	경고	퇴장
BC	2004	포항	14	5	0	0	11	0	0
	2005	광주상무	4	3	0	0	3	0	0
	2007	부산	6	5	0	0	6	1	0
	2008	부산	5	0	0	0	8	0	0
	합계		29	13	0	0	28	1	0
프로통산			29	13	0	0	28	1	0

김석원(金錫垣) 고려대 1960.11.07

대회	연도	소속	출전	교체	득점	도움	파울	경고	퇴장
BC	1983	유공	9	2	3	0	2	0	0
	1984	유공	17	6	5	1	8	0	0
	1985	유공	2	0	0	0	3	1	0
	합계		28	8	8	1	13	1	0
프로통산			28	8	8	1	13	1	0

김석호(金錫昊) 가톨릭관동대 1994.11.01

대회	연도	소속	출전	교체	득점	도움	파울	경고	퇴장
K1	2018	인천	0	0	0	0	0	0	0
	합계		0	0	0	0	0	0	0
프로통산			0	0	0	0	0	0	0

김선규(金善奎) 동아대 1987.10.07

대회	연도	소속	출전	교체	실점	도움	파울	경고	퇴장
BC	2010	경남	0	0	0	0	0	0	0
	2011	경남	0	0	0	0	0	0	0
	2012	대전	35	1	55	0	1	3	0
	합계		35	1	55	0	1	3	0
K1	2013	대전	22	0	38	0	0	0	0
	합계		22	0	38	0	0	0	0
K2	2014	대전	21	1	24	1	0	0	0
	2015	안양	6	0	8	0	1	0	1
	2016	안양	21	1	24	0	0	2	0
	합계		48	2	56	1	1	2	1
프로통산			105	3	149	1	2	5	1

김선민(金善民) 예원예술대 1991.12.12

대회	연도	소속	출전	교체	득점	도움	파울	경고	퇴장
K1	2014	울산	18	16	0	0	10	0	0
	2017	대구	33	12	0	8	24	2	0
	2019	대구	12	2	0	0	28	3	0
	2020	대구	16	8	0	0	41	2	1
	합계		79	38	0	8	103	7	1
K2	2015	안양	32	11	6	2	34	3	0

	2016	대전	30	7	4	3	31	4	0
	2018	아산	2	1	0	0	2	0	0
	2019	아산	4	2	0	0	12	0	0
	2021	서울E	34	1	0	0	70	5	0
	2022	서울E	37	6	2	1	76	3	0
	합계		139	28	12	6	225	15	0
프로통산			218	66	12	14	328	22	1

김선우(金善友) 동국대 1983.10.17

대회	연도	소속	출전	교체	득점	도움	파울	경고	퇴장
BC	2007	인천	9	8	0	1	13	1	0
	2008	인천	1	1	0	0	0	0	0
	2011	포항	1	1	0	0	0	0	0
	2012	포항	6	6	0	1	5	1	0
	합계		17	16	0	2	18	2	0
K1	2013	성남일화	2	2	0	0	0	0	0
	합계		2	2	0	0	0	0	0
프로통산			19	18	0	2	18	2	0

김선우(金善佑) 울산대 1993.04.19

대회	연도	소속	출전	교체	득점	도움	파울	경고	퇴장
K1	2015	제주	2	1	0	0	0	0	0
	2016	제주	5	4	0	0	4	1	0
	2018	전남	14	8	0	0	12	2	0
	2019	상주	3	2	0	1	1	0	0
	2020	상주	6	3	0	0	6	1	0
	합계		30	18	0	1	23	4	0
K2	2015	경남	18	0	1	1	14	3	0
	2017	경남	3	3	0	0	1	1	0
	2019	전남	0	0	0	0	0	0	0
	2021	전남	7	3	0	0	6	1	0
	합계		28	6	1	1	21	5	0
프로통산			58	24	1	2	44	9	0

김선우(金善于) 성균관대 1993.04.22

대회	연도	소속	출전	교체	실점	도움	파울	경고	퇴장
K1	2016	수원	0	0	0	0	0	0	0
	2018	수원	1	0	4	0	0	0	0
	합계		1	0	4	0	0	0	0
K2	2020	안산	11	1	14	0	0	1	0
	2021	안산	9	0	15	0	0	1	0
	2022	안산	8	1	17	0	0	1	0
	합계		28	2	46	0	0	3	0
프로통산			29	2	50	0	0	3	0

김선우(金宣羽) 한양대 1986.01.23

대회	연도	소속	출전	교체	득점	도움	파울	경고	퇴장
BC	2008	인천	6	4	0	0	4	1	0
	2010	광주상무	6	6	0	0	11	0	0
	2011	상주	7	5	0	0	10	2	0
	합계		19	15	0	0	25	3	0
K2	2013	수원FC	6	3	0	0	10	1	0
	합계		6	3	0	0	10	1	0
프로통산			25	18	0	0	35	4	0

김선일(金善壹) 동국대 1985.06.11

대회	연도	소속	출전	교체	득점	도움	파울	경고	퇴장
BC	2009	수원	0	0	0	0	0	0	0
	합계		0	0	0	0	0	0	0
프로통산			0	0	0	0	0	0	0

김선진(金善進) 전주대 1990.10.01

대회	연도	소속	출전	교체	실점	도움	파울	경고	퇴장
BC	2012	제주	0	0	0	0	0	0	0
	합계		0	0	0	0	0	0	0
프로통산			0	0	0	0	0	0	0

김선태(金善泰) 중앙대 1971.05.29

대회	연도	소속	출전	교체	득점	도움	파울	경고	퇴장
BC	1994	현대	3	3	0	0	1	0	0
	합계		3	3	0	0	1	0	0
프로통산			3	3	0	0	1	0	0

김선호(金善鎬) 금호고 2001.03.29

대회	연도	소속	출전	교체	득점	도움	파울	경고	퇴장
K2	2021	대전	1	1	0	0	1	0	0
	2022	대전	5	4	0	0	1	0	1
	합계		6	5	0	0	2	0	1
프로통산			6	5	0	0	2	0	1

김성경(金成經) 한양대 1976.05.15

대회	연도	소속	출전	교체	득점	도움	파울	경고	퇴장
BC	1999	전남	5	5	0	0	7	1	0
	합계		5	5	0	0	7	1	0
프로통산			5	5	0	0	7	1	0

김성구(金聖求) 숭실대 1969.03.15

대회	연도	소속	출전	교체	득점	도움	파울	경고	퇴장
BC	1992	현대	20	20	2	1	9	1	0
	1993	현대	24	24	1	0	7	0	0
	1994	현대	22	13	2	3	17	0	0
	1995	현대	4	4	0	0	3	0	0
	1997	전북	25	19	4	0	18	1	0
	1998	전북	34	3	1	3	52	4	0
	1999	전북	6	6	0	0	0	0	0
	합계		135	89	10	7	106	6	0
프로통산			135	89	10	7	106	6	0

김성국(金成國) 광운대 1990.03.01

대회	연도	소속	출전	교체	득점	도움	파울	경고	퇴장
K2	2013	안양	1	0	0	0	3	0	0
	합계		1	0	0	0	3	0	0
프로통산			1	0	0	0	3	0	0

김성국(金成國) 충북대 1980.03.01

대회	연도	소속	출전	교체	실점	도움	파울	경고	퇴장
BC	2003	부산	0	0	0	0	0	0	0
	합계		0	0	0	0	0	0	0
프로통산			0	0	0	0	0	0	0

김성규(金星圭) 현대고 1981.06.05

대회	연도	소속	출전	교체	득점	도움	파울	경고	퇴장
BC	2000	울산	9	8	0	0	1	0	0
	2001	울산	3	2	0	0	2	0	0
	합계		12	10	0	0	3	0	0
프로통산			12	10	0	0	3	0	0

김성근(金成根) 연세대 1977.06.20

대회	연도	소속	출전	교체	득점	도움	파울	경고	퇴장
BC	2000	대전	17	3	1	0	12	1	0
	2001	대전	27	3	0	0	37	1	0
	2002	대전	32	2	1	0	40	5	0
	2003	대전	40	0	2	0	42	8	0
	2004	포항	24	1	0	0	19	2	0
	2005	포항	33	1	0	0	53	7	0
	2006	포항	31	0	0	0	47	3	0
	2007	포항	23	3	0	0	33	5	0
	2008	전북	10	2	0	0	9	2	0
	2008	수원	7	5	0	0	2	0	0
	합계		244	20	4	0	294	34	0
프로통산			244	20	4	0	294	34	0

김성기(金聖基) 한양대 1961.11.21

대회	연도	소속	출전	교체	득점	도움	파울	경고	퇴장
BC	1985	유공	17	0	1	1	29	4	0
	1986	유공	14	7	0	0	15	2	0
	1987	유공	27	7	4	1	33	3	0
	1988	유공	13	3	0	0	28	2	0
	1989	유공	9	2	0	0	15	0	1
	1990	유공	1	2	0	0	0	0	0
	1990	대우	17	2	0	0	37	5	0
	1991	대우	34	3	0	0	45	5	1
	1992	대우	8	4	0	1	17	4	0
	합계		140	30	5	3	219	25	2
프로통산			140	30	5	3	219	25	2

김성길(金聖吉) 일본 동명고 1983.07.08

대회	연도	소속	출전	교체	득점	도움	파울	경고	퇴장
BC	2003	울산	1	1	0	0	0	0	0
	2004	광주상무	12	6	0	0	11	1	0
	2005	광주상무	20	17	0	1	19	0	0
	2006	경남	30	17	2	4	50	2	0
	2007	경남	26	15	1	3	38	3	0
	2008	경남	12	8	1	1	14	3	0
	2009	경남	5	3	0	0	3	1	0
	합계		106	67	4	9	135	10	0
프로통산			106	67	4	9	135	10	0

김성남(金成男) 고려대 1954.07.19

대회	연도	소속	출전	교체	득점	도움	파울	경고	퇴장
BC	1983	유공	9	5	0	0	7	1	0
	1984	대우	6	6	0	0	2	0	0
	1985	대우	3	3	1	0	4	0	0
	합계		18	14	1	0	13	1	0
프로통산			18	14	1	0	13	1	0

김성민(金聖旻) 용인대 2000.07.03

대회	연도	소속	출전	교체	득점	도움	파울	경고	퇴장
K1	2022	인천	12	9	1	0	10	1	0
	합계		12	9	1	0	10	1	0
프로통산			12	9	1	0	10	1	0

김성민(金成民) 고려대 1985.04.19

대회	연도	소속	출전	교체	득점	도움	파울	경고	퇴장
BC	2008	울산	7	6	1	0	3	0	0
	2009	울산	2	2	0	0	1	0	0
	2011	광주	4	4	1	0	3	0	0
	2012	상주	1	1	0	0	0	0	0
	합계		14	13	2	0	7	0	0
K2	2014	충주	1	1	0	0	0	0	0
	합계		1	1	0	0	0	0	0
프로통산			15	14	2	0	7	0	0

김성민(金成珉) 고려대 1981.02.06

대회	연도	소속	출전	교체	실점	도움	파울	경고	퇴장
BC	2005	부천SK	0	0	0	0	0	0	0
	2006	광주상무	3	0	4	0	0	0	0
	2007	광주상무	2	0	5	0	0	0	0
	2008	제주	0	0	0	0	0	0	0
	2009	제주	16	0	28	0	0	1	0
	합계		21	0	37	0	0	1	0
프로통산			21	0	37	0	0	1	0

김성민(金聖民) 호남대 1987.05.11

대회	연도	소속	출전	교체	득점	도움	파울	경고	퇴장
BC	2011	광주	2	1	1	0	1	0	0
	합계		2	1	1	0	1	0	0
프로통산			2	1	1	0	1	0	0

김성배(金成培) 배재대 1975.05.25

대회	연도	소속	출전	교체	득점	도움	파울	경고	퇴장
BC	1998	부산	19	7	0	0	42	6	1
	1999	부산	20	5	0	0	47	5	0
	2000	부산	7	1	0	0	8	1	0
	합계		46	13	0	0	97	12	1
프로통산			46	13	0	0	97	12	1

김성부(金成富) 진주고 1954.07.09

대회	연도	소속	출전	교체	득점	도움	파울	경고	퇴장
BC	1983	포항제철	16	0	0	0	6	0	0
	1984	포항제철	17	4	0	0	10	0	0
	합계		33	4	0	0	16	0	0
프로통산			33	4	0	0	16	0	0

김성수(金聖洙) 배재대 1992.12.26

대회	연도	소속	출전	교체	득점	도움	파울	경고	퇴장
K1	2013	대전	11	10	0	0	13	3	0
	2015	대전	4	4	0	0	2	0	0
	합계		15	14	0	0	15	3	0
K2	2014	대전	4	4	0	0	0	0	0
	2016	고양	8	7	0	0	6	1	0
	2017	대전	0	0	0	0	0	0	0
	합계		12	11	0	0	6	1	0
프로통산			27	25	0	0	21	4	0

김성수(金星洙) 연세대 1963.03.12

대회	연도	소속	출전	교체	실점	도움	파울	경고	퇴장
BC	1986	한일은행	16	1	23	0	1	0	0
	합계		16	1	23	0	1	0	0
프로통산			16	1	23	0	1	0	0

김성식(金星式) 연세대 1992.05.24

대회	연도	소속	출전	교체	득점	도움	파울	경고	퇴장
K2	2015	고양	11	6	0	0	9	2	1
	합계		11	6	0	0	9	2	1
프로통산			11	6	0	0	9	2	1

김성일(金成一) 홍익대 1975.11.02

대회	연도	소속	출전	교체	득점	도움	파울	경고	퇴장
BC	1998	대전	11	11	0	1	8	0	0
	1999	대전	6	5	0	0	8	0	0
	합계		17	16	0	1	16	0	0
프로통산			17	16	0	1	16	0	0

김성일(金成鎰) 연세대 1973.04.13

대회	연도	소속	출전	교체	득점	도움	파울	경고	퇴장
BC	1998	안양LG	27	7	0	1	70	10	0
	1999	안양LG	35	1	0	0	49	5	0
	2000	안양LG	32	1	0	1	56	1	0
	2001	안양LG	25	2	0	0	24	2	0
	2002	안양LG	0	0	0	0	0	0	0
	2003	안양LG	14	1	0	0	24	8	0
	2004	성남일화	22	12	0	1	29	1	0
	2005	성남일화	3	1	0	0	6	1	0
	합계		158	25	0	3	258	28	0
프로통산			158	25	0	3	258	28	0

김성재(金聖宰) 한양대 1976.09.17

대회	연도	소속	출전	교체	득점	도움	파울	경고	퇴장
BC	1999	안양LG	34	15	5	1	33	2	0
	2000	안양LG	34	15	3	6	44	4	0
	2001	안양LG	29	5	2	1	53	6	0
	2002	안양LG	29	11	3	0	41	2	0
	2003	안양LG	29	14	0	1	45	3	0
	2004	서울	21	10	0	1	28	4	0
	2005	서울	27	16	0	0	40	3	0
	2006	경남	23	11	0	0	35	4	0
	2007	전남	16	10	0	0	30	1	0
	2008	전남	25	9	0	1	28	3	0
	2009	전남	2	2	0	0	0	0	0
	합계		269	118	13	11	377	32	0
프로통산			269	118	13	11	377	32	0

김성주(金成柱/←김영근) 숭실대 1990.11.15

대회	연도	소속	출전	교체	득점	도움	파울	경고	퇴장
K1	2016	상주	11	6	0	1	3	0	0
	2017	상주	21	5	0	1	17	3	0
	2018	울산	2	2	0	0	1	0	0
	2018	제주	13	2	1	0	13	1	0
	2019	제주	19	13	0	1	10	1	0
	2020	인천	14	3	0	0	8	0	0
	2021	포항	3	3	0	0	3	1	0
	합계		83	34	1	3	55	6	0
K2	2015	서울E	37	14	5	6	30	4	0
	2017	서울E	5	2	0	0	4	1	1
	합계		42	16	5	6	34	5	1
프로통산			125	50	6	9	89	11	1

김성주(金晟柱) 광양제철고 1998.08.23

대회	연도	소속	출전	교체	득점	도움	파울	경고	퇴장
K1	2017	전남	2	3	0	0	0	0	0
	합계		2	3	0	0	0	0	0
K2	2018	대전	6	6	0	0	7	1	0
	합계		6	6	0	0	7	1	0
프로통산			8	9	0	0	7	1	0

김성준(金聖埈) 홍익대 1988.04.08

대회	연도	소속	출전	교체	득점	도움	파울	경고	퇴장
BC	2009	대전	15	7	1	1	34	3	0
	2010	대전	26	14	1	1	52	6	0
	2011	대전	30	3	2	5	46	4	0
	2012	성남일화	37	7	3	5	49	6	0
	합계		108	31	7	12	181	19	0
K1	2013	성남일화	26	15	4	3	37	7	0
	2014	성남	5	5	0	0	3	0	0
	2015	성남	31	15	3	2	35	3	0
	2016	상주	36	12	3	0	33	3	0
	2017	상주	19	7	1	0	26	5	0
	2018	서울	11	5	1	0	15	0	0
	2019	울산	5	5	0	0	0	0	0
	2020	울산	3	3	0	0	4	0	0
	2021	울산	14	13	0	2	13	1	0
	2022	울산	3	2	0	0	4	0	1
	합계		153	82	12	7	170	19	1
프로통산			261	113	19	19	351	38	1

김성진(金成珍) 명지대 1990.07.02

대회	연도	소속	출전	교체	득점	도움	파울	경고	퇴장
K2	2013	광주	2	2	0	0	0	0	0
	합계		2	2	0	0	0	0	0
프로통산			2	2	0	0	0	0	0

김성진(金成陳) 중동고 1975.05.06

대회	연도	소속	출전	교체	득점	도움	파울	경고	퇴장
BC	1993	LG	1	1	0	0	0	0	0
	합계		1	1	0	0	0	0	0
프로통산			1	1	0	0	0	0	0

김성철(金成喆) 숭실대 1980.05.12

대회	연도	소속	출전	교체	득점	도움	파울	경고	퇴장
BC	2003	부천SK	15	2	0	0	23	5	0
	2004	부천SK	15	3	0	0	36	4	0
	합계		30	5	0	0	59	9	0
프로통산			30	5	0	0	59	9	0

김성현(金成炫) 진주고 1993.06.25

대회	연도	소속	출전	교체	득점	도움	파울	경고	퇴장
BC	2012	경남	5	2	0	0	9	1	0
	합계		5	2	0	0	9	1	0
K1	2013	경남	11	7	0	0	17	3	0
	합계		11	7	0	0	17	3	0
K2	2014	충주	3	1	0	0	2	0	0
	2014	안산경찰	9	1	0	0	13	3	0
	2015	안산경찰	2	2	0	0	0	0	0
	2016	안산무궁	0	0	0	0	0	0	0
	2016	경남	0	0	0	0	0	0	0
	2020	서울E	6	3	0	0	10	3	0
	2021	서울E	1	0	0	0	0	1	0
	합계		21	7	0	0	25	7	0
프로통산			37	16	0	0	51	11	0

김성현(金成賢) 남부대 1990.07.01

대회	연도	소속	출전	교체	득점	도움	파울	경고	퇴장
K1	2015	광주	4	4	0	0	3	0	0
	합계		4	4	0	0	3	0	0
프로통산			4	4	0	0	3	0	0

김성현(金晟賢) 성균관대 1993.06.04

대회	연도	소속	출전	교체	득점	도움	파울	경고	퇴장
K1	2016	수원FC	0	0	0	0	0	0	0
	합계		0	0	0	0	0	0	0
프로통산			0	0	0	0	0	0	0

김성호(金聖昊) 국민대 1970.05.16

대회	연도	소속	출전	교체	득점	도움	파울	경고	퇴장
BC	1994	버팔로	33	11	5	5	42	1	0
	1995	전북	19	14	1	1	28	0	0
	합계		52	25	6	6	70	1	0
프로통산			52	25	6	6	70	1	0

김성환(金城煥) 동아대 1986.12.15

대회	연도	소속	출전	교체	득점	도움	파울	경고	퇴장
BC	2009	성남일화	33	6	4	3	56	8	0
	2010	성남일화	32	1	1	0	46	7	0
	2011	성남일화	34	3	1	2	69	5	0
	2012	성남일화	23	2	2	1	42	7	0
	합계		122	12	8	6	213	27	0
K1	2013	울산	34	7	2	2	56	9	0
	2014	울산	28	6	1	1	42	12	0
	2016	상주	23	5	7	1	26	3	0
	2016	울산	6	0	0	0	11	3	0
	2017	울산	19	12	1	0	28	5	0
	합계		110	30	11	4	163	32	0
K2	2015	상주	28	12	9	2	46	9	0
	합계		28	12	9	2	46	9	0
프로통산			260	54	28	12	422	68	0

김성훈(金盛勳) 경희대 1991.05.24

대회	연도	소속	출전	교체	득점	도움	파울	경고	퇴장
K2	2015	고양	1	0	0	0	0	0	0
	합계		1	0	0	0	0	0	0
프로통산			1	0	0	0	0	0	0

김성훈(金成勳) 매탄고 1999.06.03

대회	연도	소속	출전	교체	득점	도움	파울	경고	퇴장
K2	2018	대전	0	0	0	0	0	0	0
	합계		0	0	0	0	0	0	0
프로통산			0	0	0	0	0	0	0

김세윤(金歲尹) 충남기계공고 1999.04.29

대회	연도	소속	출전	교체	득점	도움	파울	경고	퇴장
K2	2018	대전	1	1	0	0	0	0	0
	2019	대전	9	8	0	0	6	2	0
	2020	대전	8	8	0	0	8	2	0
	2021	대전	1	1	0	0	2	0	0
	2022	경남	7	7	0	2	6	0	0
	합계		26	25	0	2	22	4	0
프로통산			26	25	0	2	22	4	0

김세인(金世仁) 영남대 1976.10.02

대회	연도	소속	출전	교체	득점	도움	파울	경고	퇴장
BC	1999	포항	30	20	4	4	24	1	0
	합계		30	20	4	4	24	1	0
프로통산			30	20	4	4	24	1	0

김세일(金世一) 동국대 1958.07.25

대회	연도	소속	출전	교체	득점	도움	파울	경고	퇴장
BC	1984	한일은행	19	8	2	1	10	1	0
	합계		19	8	2	1	10	1	0
프로통산			19	8	2	1	10	1	0

김세준(金世埈) 청구고 1992.04.11

대회	연도	소속	출전	교체	실점	도움	파울	경고	퇴장
BC	2012	경남	0	0	0	0	0	0	0
	합계		0	0	0	0	0	0	0
프로통산			0	0	0	0	0	0	0

김세훈(金世勳) 중앙대 1991.12.27

대회	연도	소속	출전	교체	득점	도움	파울	경고	퇴장
K1	2016	인천	1	1	0	0	1	0	0
	합계		1	1	0	0	1	0	0
프로통산			1	1	0	0	1	0	0

김소웅(金邵雄) 풍생고 1999.06.17

대회	연도	소속	출전	교체	득점	도움	파울	경고	퇴장
K1	2019	성남	5	5	0	1	3	0	0
	합계		5	5	0	1	3	0	0
K2	2018	성남	4	4	0	0	3	1	0
	2021	경남	3	3	0	0	2	1	0
	합계		7	7	0	0	5	2	0
프로통산			12	12	0	1	8	2	0

김수길(金秀吉) 명지대 1959.03.06

대회	연도	소속	출전	교체	득점	도움	파울	경고	퇴장
BC	1983	국민은행	14	4	3	0	14	0	0
	1984	국민은행	5	1	0	1	5	0	0
	1985	럭키금성	2	2	0	0	0	0	0
	합계		21	7	3	1	19	0	0
프로통산			21	7	3	1	19	0	0

김수범(金洙範) 상지대 1990.10.02

대회	연도	소속	출전	교체	득점	도움	파울	경고	퇴장

대회	연도	소속	출전	교체	득점	도움	파울	경고	퇴장
BC	2011	광주	23	6	0	3	44	7	0
	2012	광주	38	2	0	4	80	11	0
	합계		61	8	0	7	124	18	0
K1	2014	제주	31	8	1	1	46	10	0
	2015	제주	17	4	0	0	27	4	0
	2016	제주	0	0	0	0	0	0	0
	2017	제주	6	0	0	1	9	2	0
	2018	제주	16	1	0	0	16	2	0
	2020	강원	3	0	1	0	2	0	0
	2021	강원	18	9	0	1	17	1	0
	2021	수원FC	9	5	0	0	8	0	0
	합계		100	27	2	3	125	19	0
K2	2013	광주	31	2	2	0	42	2	0
	2022	김포	11	2	0	2	19	3	0
	2022	전남	16	7	0	1	12	2	0
	합계		58	11	2	3	73	7	0
프로통산			219	46	4	13	322	44	0

김수안(金秀岸/←김용진) 건국대 1993.06.10

대회	연도	소속	출전	교체	득점	도움	파울	경고	퇴장
K1	2017	울산	12	12	0	0	11	2	0
	2018	울산	1	1	0	0	0	0	0
	2019	울산	9	2	1	0	13	3	0
	합계		22	15	1	0	24	5	0
K2	2015	강원	14	7	0	2	10	2	0
	2016	충주	7	7	0	0	7	0	0
	2020	서울E	12	9	0	0	14	4	0
	합계		33	23	0	2	31	6	0
프로통산			55	38	1	2	55	11	0

김수연(金水連) 동국대 1983.04.17

대회	연도	소속	출전	교체	득점	도움	파울	경고	퇴장
BC	2006	포항	4	1	0	0	8	1	0
	2007	포항	13	2	2	0	45	6	1
	2008	포항	2	1	0	0	3	0	0
	2009	광주상무	4	3	0	0	10	1	0
	2010	광주상무	3	1	1	0	6	1	0
	합계		26	8	3	0	72	9	1
프로통산			26	8	3	0	72	9	1

김수진(金壽珍) 대구대 1977.06.13

대회	연도	소속	출전	교체	실점	도움	파울	경고	퇴장
BC	2000	포항	0	0	0	0	0	0	0
	합계		0	0	0	0	0	0	0
프로통산			0	0	0	0	0	0	0

김수현(金樹炫) 고려대 1967.07.28

대회	연도	소속	출전	교체	득점	도움	파울	경고	퇴장
BC	1990	현대	1	1	0	0	0	0	0
	합계		1	1	0	0	0	0	0
프로통산			1	1	0	0	0	0	0

김수형(金洙亨) 부경대 1983.03.26

대회	연도	소속	출전	교체	득점	도움	파울	경고	퇴장
BC	2003	부산	4	4	0	1	2	1	0
	2004	부산	4	4	0	0	1	0	0
	2006	광주상무	13	7	0	0	22	1	0
	합계		21	15	0	1	25	2	0
프로통산			21	15	0	1	25	2	0

김순호(金淳鎬) 경신고 1982.01.08

대회	연도	소속	출전	교체	득점	도움	파울	경고	퇴장
BC	2004	성남일화	1	1	0	0	0	0	0
	합계		1	1	0	0	0	0	0
프로통산			1	1	0	0	0	0	0

김슬기(金슬기) 전주대 1992.11.06

대회	연도	소속	출전	교체	득점	도움	파울	경고	퇴장
K1	2014	경남	20	18	0	1	8	1	0
	합계		20	18	0	1	8	1	0
K2	2015	경남	15	10	1	1	10	0	0
	2016	경남	16	15	0	0	9	0	0
	합계		31	25	1	1	19	0	0
승	2014	경남	0	0	0	0	0	0	0
	합계		0	0	0	0	0	0	0
프로통산			51	43	1	2	27	1	0

김승규(金承奎) 현대고 1990.09.30

대회	연도	소속	출전	교체	실점	도움	파울	경고	퇴장
BC	2008	울산	2	2	0	0	0	0	0
	2009	울산	0	0	0	0	0	0	0
	2010	울산	7	1	7	0	0	1	0
	2011	울산	2	1	0	0	0	0	0
	2012	울산	12	0	20	0	0	0	0
	합계		23	4	27	0	0	1	0
K1	2013	울산	32	0	27	0	1	2	0
	2014	울산	29	0	28	0	1	3	0
	2015	울산	34	1	42	0	0	3	0
	2019	울산	16	0	21	1	0	2	0
	합계		111	1	118	1	2	10	0
프로통산			134	5	145	1	2	11	0

김승대(金承大) 영남대 1991.04.01

대회	연도	소속	출전	교체	득점	도움	파울	경고	퇴장
K1	2013	포항	21	12	3	6	27	1	0
	2014	포항	30	6	10	8	34	4	0
	2015	포항	34	9	8	4	17	1	0
	2017	포항	11	5	2	1	3	0	1
	2018	포항	38	0	8	5	19	0	0
	2019	포항	20	0	3	7	9	2	0
	2019	전북	11	9	1	1	7	0	0
	2020	강원	22	9	2	6	4	0	0
	2021	전북	20	20	0	1	8	0	0
	2022	전북	1	2	0	0	2	0	0
	2022	포항	27	24	6	1	22	1	0
	합계		235	96	43	40	152	9	1
프로통산			235	96	43	40	152	9	1

김승명(金承明) 전주대 1987.09.01

대회	연도	소속	출전	교체	득점	도움	파울	경고	퇴장
BC	2010	강원	3	2	0	0	2	0	0
	합계		3	2	0	0	2	0	0
프로통산			3	2	0	0	2	0	0

김승민(金承敏) 매탄고 1992.09.16

대회	연도	소속	출전	교체	득점	도움	파울	경고	퇴장
BC	2011	수원	0	0	0	0	0	0	0
	합계		0	0	0	0	0	0	0
프로통산			0	0	0	0	0	0	0

김승섭(金承燮) 경희대 1996.11.01

대회	연도	소속	출전	교체	득점	도움	파울	경고	퇴장
K2	2018	대전	21	20	2	1	9	0	0
	2019	대전	31	19	3	4	15	2	0
	2020	대전	15	11	2	2	4	0	0
	2021	대전	21	17	1	5	9	1	0
	2022	대전	31	30	5	3	4	1	0
	합계		119	97	13	15	41	4	0
승	2021	대전	2	1	0	0	0	0	0
	2022	대전	1	1	1	0	0	0	0
	합계		3	2	1	0	0	0	0
프로통산			122	99	14	15	41	4	0

김승안(金承安) 한양대 1972.09.24

대회	연도	소속	출전	교체	실점	도움	파울	경고	퇴장
BC	1994	포항제철	1	0	3	0	0	0	0
	1995	포항	1	0	1	0	0	0	0
	1997	대전	2	2	5	0	0	0	0
	합계		4	2	9	0	0	0	0
프로통산			4	2	9	0	0	0	0

김승용(金承龍) 방송대 1985.03.14

대회	연도	소속	출전	교체	득점	도움	파울	경고	퇴장
BC	2004	서울	14	8	0	2	23	0	0
	2005	서울	20	11	1	2	30	1	0
	2006	서울	13	12	1	2	16	0	0
	2007	광주상무	23	11	0	2	25	1	0
	2008	광주상무	19	16	3	2	28	1	0
	2008	서울	1	1	1	1	2	0	0
	2009	서울	27	22	1	4	25	4	1
	2010	전북	5	5	1	0	9	1	0
	2012	울산	34	26	3	6	47	6	0
	합계		156	112	11	21	205	14	1
K1	2013	울산	27	27	2	3	15	2	0
	2017	강원	34	29	3	6	13	2	0
	2018	강원	15	13	1	2	9	1	0
	2019	인천	2	2	0	0	0	0	0
	합계		78	71	6	11	37	5	0
프로통산			234	183	17	32	242	19	1

김승우(金承優) 연세대 1998.03.25

대회	연도	소속	출전	교체	득점	도움	파울	경고	퇴장
K1	2019	제주	8	6	0	0	0	1	0
	합계		8	6	0	0	0	1	0
K2	2020	제주	1	1	0	0	0	0	0
	2021	부산	19	11	0	0	9	4	0
	2022	광주	5	3	0	0	2	2	0
	합계		25	15	0	0	11	6	0
프로통산			33	21	0	0	11	7	0

김승준(金承俊) 숭실대 1994.09.11

대회	연도	소속	출전	교체	득점	도움	파울	경고	퇴장
K1	2015	울산	11	8	4	0	5	0	0
	2016	울산	30	23	8	2	15	1	0
	2017	울산	30	17	3	1	15	2	0
	2018	울산	19	17	2	3	10	0	1
	2019	경남	29	12	6	4	17	3	0
	2020	부산	11	11	0	0	12	0	0
	2021	수원FC	22	22	1	1	14	1	0
	2022	수원FC	32	32	5	2	10	0	1
	합계		184	142	29	13	98	7	2
K2	2020	경남	1	1	0	0	0	0	0
	합계		1	1	0	0	0	0	0
승	2019	경남	1	1	0	0	1	0	0
	합계		1	1	0	0	1	0	0
프로통산			186	144	29	13	99	7	2

김승한(金昇漢) 울산대 1974.05.11

대회	연도	소속	출전	교체	득점	도움	파울	경고	퇴장
BC	1997	대전	22	20	2	1	20	2	0
	1998	대전	24	22	2	1	18	1	0
	1999	대전	13	14	0	1	11	1	0
	합계		59	56	4	3	49	4	0
프로통산			59	56	4	3	49	4	0

김승현(金承鉉) 호남대 1979.08.18

대회	연도	소속	출전	교체	득점	도움	파울	경고	퇴장
BC	2002	전남	16	8	3	0	11	3	0
	2003	전남	9	8	0	2	18	1	0
	2004	광주상무	13	10	3	0	21	1	0
	2005	광주상무	12	9	0	0	10	0	0
	2006	전남	8	7	0	0	11	0	0
	2007	전남	5	5	0	0	3	1	0
	2008	부산	25	16	5	2	35	1	1
	2009	전남	24	9	4	5	34	5	0
	2010	전남	9	6	2	0	9	1	0
	합계		121	78	17	9	152	13	1
프로통산			121	78	17	9	152	13	1

김승호(金承鎬) 명지대 1978.05.19

대회	연도	소속	출전	교체	득점	도움	파울	경고	퇴장
BC	2001	안양LG	2	2	0	0	1	0	0
	합계		2	2	0	0	1	0	0
프로통산			2	2	0	0	1	0	0

김승호(金承湖) 예원예술대 1989.04.24

대회	연도	소속	출전	교체	득점	도움	파울	경고	퇴장
BC	2011	인천	0	0	0	0	0	0	0
	합계		0	0	0	0	0	0	0
프로통산			0	0	0	0	0	0	0

김시만(金時萬) 홍익대 1975.03.03

대회	연도	소속	출전	교체	득점	도움	파울	경고	퇴장
BC	1998	전남	3	4	0	0	5	0	0
	합계		3	4	0	0	5	0	0
프로통산			3	4	0	0	5	0	0

김시우(金始佑) 안동고 1997.06.26

대회	연도	소속	출전	교체	득점	도움	파울	경고	퇴장
K1	2017	광주	2	2	0	0	1	0	0
	합계		2	2	0	0	1	0	0
K2	2018	광주	1	1	0	0	1	0	0
	합계		1	1	0	0	1	0	0
프로통산			3	3	0	0	2	0	0

김시운(金是橒) 홍익대 1984.01.29

대회	연도	소속	출전	교체	득점	도움	파울	경고	퇴장
BC	2006	포항	22	18	0	1	31	2	0
	2007	포항	13	9	0	1	24	1	0
	2008	포항	2	2	0	0	1	0	0
	합계		37	29	0	2	56	3	0
프로통산			37	29	0	2	56	3	0

김신(金信) 영생고 1995.03.30

대회	연도	소속	출전	교체	득점	도움	파울	경고	퇴장
K1	2014	전북	1	1	0	0	1	0	0
	2018	경남	9	9	0	1	8	0	0
	합계		10	10	0	1	9	0	0
K2	2016	충주	35	22	13	6	23	2	0
	2017	부천	29	20	4	6	19	3	0
	합계		64	42	17	12	42	5	0
프로통산			74	52	17	13	51	5	0

김신영(金信泳) 한양대 1983.06.16

대회	연도	소속	출전	교체	득점	도움	파울	경고	퇴장
BC	2012	전남	11	7	1	2	9	0	0
	2012	전북	11	11	0	0	9	1	0
	합계		22	18	1	2	18	1	0
K1	2013	전북	17	16	1	0	18	3	0
	2014	부산	8	7	0	0	4	1	0
	합계		25	23	1	0	22	4	0
프로통산			47	41	2	2	40	5	0

김신영(金信榮) 관동대(가톨릭관동대) 1958.07.29

대회	연도	소속	출전	교체	득점	도움	파울	경고	퇴장
BC	1986	유공	16	9	0	2	8	1	0
	합계		16	9	0	2	8	1	0
프로통산			16	9	0	2	8	1	0

김신욱(金信煜) 중앙대 1988.04.14

대회	연도	소속	출전	교체	득점	도움	파울	경고	퇴장
BC	2009	울산	27	12	7	1	58	5	0
	2010	울산	33	21	10	3	36	1	0
	2011	울산	43	22	19	4	80	1	0
	2012	울산	35	13	13	2	89	5	0
	합계		138	68	49	10	263	12	0
K1	2013	울산	36	2	19	6	86	6	0
	2014	울산	20	4	9	2	33	2	0
	2015	울산	38	14	18	4	41	1	0
	2016	전북	33	28	7	2	35	1	0
	2017	전북	35	26	10	1	33	3	0
	2018	전북	33	23	11	3	43	5	0
	2019	전북	17	12	9	3	15	1	0
	합계		212	109	83	21	286	19	0
프로통산			350	177	132	31	549	31	0

김신진(金信珍) 선문대 2001.07.13

대회	연도	소속	출전	교체	득점	도움	파울	경고	퇴장
K1	2022	서울	20	16	3	0	11	2	1
	합계		20	16	3	0	11	2	1
프로통산			20	16	3	0	11	2	1

김신철(金伸哲) 연세대 1990.11.29

대회	연도	소속	출전	교체	득점	도움	파울	경고	퇴장
K2	2013	부천	25	24	2	2	34	3	0
	2014	안산경찰	11	8	0	2	11	1	0
	2015	안산경찰	2	2	0	0	2	0	0
	2015	부천	0	0	0	0	0	0	0
	2016	부천	0	0	0	0	0	0	0
	2017	안양	8	8	2	0	3	1	0
	2018	안양	20	20	2	0	7	1	0
	2019	안양	3	3	0	0	1	1	0
	합계		69	65	6	4	58	7	0
프로통산			69	65	6	4	58	7	0

김연건(金衍健) 단국대 1981.03.12

대회	연도	소속	출전	교체	득점	도움	파울	경고	퇴장
BC	2002	전북	14	14	0	0	28	1	0
	2003	전북	2	2	0	0	3	0	0
	2004	전북	16	15	0	0	28	2	0
	2005	전북	6	6	0	0	22	2	0
	2008	성남일화	5	5	0	0	5	1	0
	합계		43	42	0	0	86	6	0
프로통산			43	42	0	0	86	6	0

김연수(金延洙) 한라대 1993.12.29

대회	연도	소속	출전	교체	득점	도움	파울	경고	퇴장
K1	2020	인천	16	2	0	0	17	2	0
	2021	인천	6	3	0	0	6	2	0
	합계		22	5	0	0	23	4	0
K2	2017	서울E	9	4	0	0	10	1	0
	2018	안산	18	7	0	0	25	0	0
	2019	안산	32	0	1	1	33	4	0
	2022	서울E	37	2	0	0	51	7	0
	합계		96	13	1	1	119	12	0
프로통산			118	18	1	1	142	16	0

김연수(金演收) 충남기계공고 1995.01.16

대회	연도	소속	출전	교체	득점	도움	파울	경고	퇴장
K2	2014	대전	0	0	0	0	0	0	0
	합계		0	0	0	0	0	0	0
프로통산			0	0	0	0	0	0	0

김연왕(金淵王) 정명고 1993.10.19

대회	연도	소속	출전	교체	득점	도움	파울	경고	퇴장
K1	2019	성남	1	1	0	0	0	0	0
	합계		1	1	0	0	0	0	0
K2	2020	안산	4	4	0	0	7	0	0
	합계		4	4	0	0	7	0	0
프로통산			5	5	0	0	7	0	0

김영광(金永光) 한려대 1983.06.28

대회	연도	소속	출전	교체	실점	도움	파울	경고	퇴장
BC	2002	전남	0	0	0	0	0	0	0
	2003	전남	11	0	15	0	1	0	0
	2004	전남	22	0	19	0	1	2	0
	2005	전남	32	0	34	1	2	3	0
	2006	전남	13	0	16	0	1	1	0
	2007	울산	36	0	26	0	1	4	1
	2008	울산	33	2	33	0	2	2	0
	2009	울산	32	0	33	0	0	1	0
	2010	울산	28	1	35	0	0	2	0
	2011	울산	34	1	36	0	1	5	0
	2012	울산	32	0	32	0	1	4	0
	합계		273	4	279	1	10	24	1
K1	2013	울산	6	0	10	0	0	0	0
	2014	경남	32	0	43	0	0	2	0
	2020	성남	23	0	33	0	0	0	0
	2021	성남	38	0	46	0	0	3	0
	2022	성남	32	0	58	0	0	4	0
	합계		131	0	190	0	0	9	0
K2	2015	서울E	38	0	0	0	2	2	1
	2016	서울E	39	0	0	0	0	3	0
	2017	서울E	36	0	0	0	0	1	0
	2018	서울E	36	0	0	1	1	1	0
	2019	서울E	34	1	0	1	1	1	0
	합계		183	1	0	2	4	8	1
승	2014	경남	1	0	0	0	0	0	0
	합계		1	0	0	0	0	0	0
프로통산			588	5	725	3	14	41	2

김영권(金英權) 전주대 1990.02.27

대회	연도	소속	출전	교체	득점	도움	파울	경고	퇴장
K1	2022	울산	36	3	0	0	17	1	1
	합계		36	3	0	0	17	1	1
프로통산			36	3	0	0	17	1	1

김영규(金泳奎) 국민대 1962.03.01

대회	연도	소속	출전	교체	득점	도움	파울	경고	퇴장
BC	1985	유공	8	2	0	0	7	0	0
	1986	유공	23	11	2	2	24	1	0
	1987	유공	27	14	0	2	29	1	0
	합계		58	27	2	4	60	2	0
프로통산			58	27	2	4	60	2	0

김영근(金榮根) 경희대 1978.10.12

대회	연도	소속	출전	교체	득점	도움	파울	경고	퇴장
BC	2001	대전	32	5	1	0	54	6	0
	2002	대전	23	5	1	1	45	4	0
	2003	대전	26	9	1	1	51	4	1
	2004	대전	19	2	0	0	25	0	0
	2005	대전	10	3	0	0	29	2	0
	2006	광주상무	23	8	1	0	28	1	0
	2007	광주상무	29	6	0	0	37	1	0
	2008	경남	1	1	0	0	0	0	0
	합계		163	39	4	2	269	18	1
프로통산			163	39	4	2	269	18	1

김영기(金永奇) 안동대 1973.12.25

대회	연도	소속	출전	교체	득점	도움	파울	경고	퇴장
BC	1998	수원	2	1	0	0	4	1	0
	합계		2	1	0	0	4	1	0
프로통산			2	1	0	0	4	1	0

김영남(金榮男) 중앙대 1991.03.24

대회	연도	소속	출전	교체	득점	도움	파울	경고	퇴장
K1	2013	성남일화	3	2	0	0	4	0	0
	2014	성남	4	2	0	0	4	2	0
	합계		7	4	0	0	8	2	0
K2	2015	부천	29	13	4	3	29	7	0
	2016	부천	37	11	1	1	55	10	0
	2017	부천	14	7	1	3	13	0	0
	2017	아산	9	2	0	1	9	3	0
	2018	아산	3	2	0	0	5	1	0
	2019	부천	6	2	0	0	4	0	0
	2020	부천	23	7	1	0	28	6	0
	2022	안산	26	15	0	0	20	3	0
	합계		147	59	7	8	163	30	0
프로통산			154	63	7	8	171	32	0

김영남(金榮男) 초당대 1986.04.02

대회	연도	소속	출전	교체	득점	도움	파울	경고	퇴장
K2	2013	안양	6	5	0	1	7	1	0
	합계		6	5	0	1	7	1	0
프로통산			6	5	0	1	7	1	0

김영도(金榮道) 안동과학대 1994.04.04

대회	연도	소속	출전	교체	득점	도움	파울	경고	퇴장
K2	2016	안양	17	16	3	0	20	2	0
	2018	안양	14	9	0	1	21	2	0
	합계		31	25	3	1	41	4	0
프로통산			31	25	3	1	41	4	0

김영무(金英務) 숭실대 1984.03.19

대회	연도	소속	출전	교체	실점	도움	파울	경고	퇴장
BC	2007	대구	3	0	11	0	0	0	0
	2008	대구	0	0	0	0	0	0	0
	합계		3	0	11	0	0	0	0
프로통산			3	0	11	0	0	0	0

김영빈(金榮彬) 고려대 1984.04.08

대회	연도	소속	출전	교체	득점	도움	파울	경고	퇴장
BC	2007	인천	6	2	0	0	15	1	0
	2008	인천	28	7	3	0	53	4	0
	2009	인천	27	16	0	0	34	4	0

대회	연도	소속	출전	교체	득점	도움	파울	경고	퇴장
	2010	인천	12	4	1	0	25	2	0
	2011	인천	2	1	0	0	2	0	0
	2011	대전	9	4	0	0	11	1	0
	합계		84	34	4	0	140	12	0
K1	2014	경남	6	0	0	0	8	0	0
	합계		6	0	0	0	8	0	0
승	2014	경남	1	1	0	0	0	0	0
	합계		1	1	0	0	0	0	0
프로통산			91	35	4	0	148	12	0

김영빈(金榮彬) 광주대 1991.09.20

대회	연도	소속	출전	교체	득점	도움	파울	경고	퇴장
K1	2015	광주	28	3	2	0	23	6	0
	2016	광주	27	4	0	0	30	10	0
	2017	광주	23	7	2	0	20	6	0
	2018	상주	18	3	0	0	20	3	0
	2019	상주	23	3	1	1	23	4	1
	2020	강원	26	2	1	0	32	6	0
	2021	강원	33	1	3	1	40	12	0
	2022	강원	36	0	4	0	31	6	0
	합계		214	23	13	2	219	53	1
K2	2014	광주	26	2	1	1	39	6	0
	2019	광주	3	1	0	0	0	0	0
	합계		29	3	1	1	39	6	0
승	2014	광주	2	0	0	0	1	0	0
	2021	강원	2	0	0	0	1	0	0
	합계		4	0	0	0	2	0	0
프로통산			247	26	14	3	260	59	1

김영삼(金英三) 고려대 1982.04.04

대회	연도	소속	출전	교체	득점	도움	파울	경고	퇴장
BC	2005	울산	16	12	2	0	18	1	0
	2006	울산	29	8	0	0	53	5	0
	2007	울산	33	15	1	2	63	6	0
	2008	울산	34	1	0	1	35	4	0
	2009	울산	1	1	0	0	1	0	0
	2010	광주상무	19	1	0	0	14	3	0
	2011	상주	16	2	0	0	23	3	0
	2011	울산	3	0	0	0	3	2	0
	2012	울산	28	9	0	2	29	4	0
	합계		179	49	3	5	239	28	0
K1	2013	울산	26	3	1	1	45	5	0
	2014	울산	24	2	0	0	31	6	0
	2015	울산	5	4	0	0	5	1	0
	2016	울산	1	1	0	0	0	0	0
	합계		56	10	1	1	81	12	0
프로통산			235	59	4	6	320	40	0

김영삼(金泳三) 연세대 1980.03.12

대회	연도	소속	출전	교체	득점	도움	파울	경고	퇴장
BC	2003	전북	1	1	0	0	2	0	0
	2004	전북	1	1	0	0	0	0	0
	합계		2	2	0	0	2	0	0
프로통산			2	2	0	0	2	0	0

김영선(金永善) 경희대 1975.04.03

대회	연도	소속	출전	교체	득점	도움	파울	경고	퇴장
BC	1998	수원	33	0	0	0	68	5	0
	1999	수원	24	4	0	0	55	4	0
	2000	수원	7	2	0	0	14	3	0
	2001	수원	21	6	0	0	17	2	0
	2002	수원	30	0	0	0	33	3	0
	2003	수원	29	1	0	2	35	2	1
	2005	수원	0	0	0	0	0	0	0
	2006	전북	19	0	0	0	24	1	0
	2007	전북	22	0	0	0	30	5	0
	합계		185	13	0	2	276	25	1
프로통산			185	13	0	2	276	25	1

김영섭(金永燮) 숭실대 1970.08.13

대회	연도	소속	출전	교체	득점	도움	파울	경고	퇴장
BC	1993	대우	1	1	0	0	1	0	0
	1994	버팔로	17	3	0	0	18	3	0
	합계		18	4	0	0	19	3	0
프로통산			18	4	0	0	19	3	0

김영승(金泳勝) 호원대 1993.02.22

대회	연도	소속	출전	교체	득점	도움	파울	경고	퇴장
K1	2015	대전	1	1	0	0	0	0	0
	합계		1	1	0	0	0	0	0
K2	2014	대전	5	4	1	0	0	0	0
	합계		5	4	1	0	0	0	0
프로통산			6	5	1	0	0	0	0

김영신(金映伸) 연세대 1986.02.28

대회	연도	소속	출전	교체	득점	도움	파울	경고	퇴장
BC	2006	전북	8	8	0	0	15	1	0
	2007	전북	6	4	0	0	12	2	0
	2008	제주	9	6	0	1	9	0	0
	2009	제주	24	18	1	0	25	5	0
	2010	제주	33	22	2	4	26	2	0
	2011	제주	23	13	1	0	17	3	0
	2012	상주	20	3	1	0	21	2	0
	합계		123	74	5	5	125	15	0
K1	2014	제주	6	2	0	0	6	1	0
	2015	제주	14	11	2	0	8	1	0
	2018	강원	9	7	0	0	4	0	0
	합계		29	20	2	0	18	2	0
K2	2013	상주	12	4	0	1	15	1	0
	2016	부산	20	17	0	3	10	3	0
	2017	성남	13	11	0	0	5	0	0
	합계		45	32	0	4	30	4	0
프로통산			197	126	7	9	173	21	0

김영우(金永佑) 경기대 1984.06.15

대회	연도	소속	출전	교체	득점	도움	파울	경고	퇴장
BC	2007	경남	6	3	0	0	10	1	0
	2008	경남	26	24	3	1	14	3	0
	2009	경남	24	13	1	5	23	2	0
	2010	경남	28	12	2	2	40	6	0
	2011	경남	16	8	3	3	15	4	0
	2011	전북	7	0	0	0	11	0	0
	합계		107	60	9	11	113	16	0
K1	2013	전북	3	0	0	0	8	0	0
	2014	전남	19	16	0	0	13	3	0
	합계		22	16	0	0	21	3	0
K2	2013	경찰	2	2	0	0	2	0	0
	합계		2	2	0	0	2	0	0
프로통산			131	78	9	11	136	19	0

김영욱(金泳旭) 광양제철고 1991.04.29

대회	연도	소속	출전	교체	득점	도움	파울	경고	퇴장
BC	2010	전남	4	4	0	0	5	0	0
	2011	전남	23	18	1	0	24	2	0
	2012	전남	35	10	3	5	65	5	0
	합계		62	32	4	5	94	7	0
K1	2013	전남	14	11	0	0	15	1	0
	2014	전남	11	10	0	0	12	1	0
	2015	전남	27	19	2	2	24	4	0
	2016	전남	33	9	2	0	60	8	0
	2017	전남	30	7	4	8	41	5	0
	2018	전남	33	11	3	2	28	1	0
	2021	제주	25	21	0	3	37	4	0
	합계		173	88	11	15	217	24	0
K2	2019	전남	28	14	6	3	43	7	0
	2020	제주	23	4	1	7	55	7	0
	2022	대전	13	6	0	1	18	4	0
	합계		64	24	7	11	116	18	0
승	2022	대전	0	0	0	0	0	0	0
	합계		0	0	0	0	0	0	0
프로통산			299	144	22	31	427	49	0

김영욱(金永旭) 한양대 1994.10.29

대회	연도	소속	출전	교체	득점	도움	파울	경고	퇴장
K2	2015	경남	21	12	2	0	12	0	1
	2016	경남	4	4	0	1	2	0	0
	합계		25	16	2	1	14	0	1
프로통산			25	16	2	1	14	0	1

김영욱(金英昱) 천안제일고 2000.03.02

대회	연도	소속	출전	교체	득점	도움	파울	경고	퇴장
K2	2020	제주	1	0	0	0	0	1	0
	2021	전남	16	11	1	1	15	4	0
	2022	전남	2	2	0	0	1	0	0
	합계		19	13	1	1	16	5	0
프로통산			19	13	1	1	16	5	0

김영익(金永翊) 충북대 1996.01.21

대회	연도	소속	출전	교체	실점	도움	파울	경고	퇴장
K2	2019	아산	0	0	0	0	0	0	0
	합계		0	0	0	0	0	0	0
프로통산			0	0	0	0	0	0	0

김영주(金榮珠) 서울시립대 1964.01.01

대회	연도	소속	출전	교체	득점	도움	파울	경고	퇴장
BC	1989	일화	35	18	6	5	36	0	0
	1990	일화	24	17	3	0	23	1	0
	1991	일화	21	20	0	0	7	0	0
	합계		80	55	9	5	66	1	0
프로통산			80	55	9	5	66	1	0

김영준(金榮俊) 홍익대 1985.07.15

대회	연도	소속	출전	교체	득점	도움	파울	경고	퇴장
BC	2009	광주상무	0	0	0	0	0	0	0
	합계		0	0	0	0	0	0	0
프로통산			0	0	0	0	0	0	0

김영진(金永眞) 전주대 1970.06.16

대회	연도	소속	출전	교체	득점	도움	파울	경고	퇴장
BC	1994	버팔로	24	10	0	1	22	3	2
	합계		24	10	0	1	22	3	2
프로통산			24	10	0	1	22	3	2

김영찬(金榮讚) 고려대 1993.09.04

대회	연도	소속	출전	교체	득점	도움	파울	경고	퇴장
K1	2013	전북	1	0	0	0	0	0	0
	2013	대구	6	1	0	0	5	0	0
	2015	전북	5	2	0	0	3	1	0
	2016	전북	12	4	0	0	9	2	0
	2017	전북	0	0	0	0	0	0	0
	합계		24	7	0	0	17	3	0
K2	2014	수원FC	19	5	0	1	24	5	0
	2018	안양	31	1	0	1	40	6	0
	2019	수원FC	20	2	0	1	21	7	0
	2020	부천	21	2	2	0	27	4	0
	2021	경남	28	2	0	0	28	6	0
	2022	경남	21	6	1	0	10	2	1
	합계		140	18	3	3	150	30	1
프로통산			164	25	3	3	167	33	1

김영철(金永哲) 광운전자공고 1960.04.28

대회	연도	소속	출전	교체	득점	도움	파울	경고	퇴장
BC	1984	국민은행	21	6	3	3	12	1	1
	합계		21	6	3	3	12	1	1
프로통산			21	6	3	3	12	1	1

김영철(金榮哲) 아주대 1967.10.10

대회	연도	소속	출전	교체	득점	도움	파울	경고	퇴장
BC	1990	현대	2	2	0	0	0	0	0
	1996	수원	1	1	0	0	0	0	0
	합계		3	3	0	0	0	0	0
프로통산			3	3	0	0	0	0	0

김영철(金永徹) 건국대 1976.06.30

대회	연도	소속	출전	교체	득점	도움	파울	경고	퇴장
BC	1999	천안일화	33	1	0	1	38	3	0
	2000	성남일화	38	3	0	3	33	4	0
	2001	성남일화	35	0	0	1	47	4	0
	2002	성남일화	36	0	0	0	53	2	0
	2003	광주상무	35	1	0	0	40	7	0

대회	연도	소속	출전	교체	득점	도움	파울	경고	퇴장
	2004	광주상무	30	0	0	0	28	4	0
	2005	성남일화	36	1	0	0	49	3	0
	2006	성남일화	32	2	0	0	38	5	0
	2007	성남일화	29	0	1	2	28	3	0
	2008	성남일화	32	1	0	0	40	3	0
	2009	전남	20	9	0	0	13	2	0
	합계		356	18	1	7	407	40	0
프로통산			356	18	1	7	407	40	0

김영철(金永哲) 풍생고 1984.04.08

대회	연도	소속	출전	교체	득점	도움	파울	경고	퇴장
BC	2003	전남	7	7	0	0	4	1	0
	2005	광주상무	2	2	0	0	0	0	0
	2007	경남	3	3	0	0	2	1	0
	합계		12	12	0	0	6	2	0
프로통산			12	12	0	0	6	2	0

김영한(金永韓) 성균관대 1998.02.21

대회	연도	소속	출전	교체	득점	도움	파울	경고	퇴장
K2	2020	경남	4	4	0	0	4	1	0
	합계		4	4	0	0	4	1	0
프로통산			4	4	0	0	4	1	0

김영호(金榮浩) 단국대 1961.04.20

대회	연도	소속	출전	교체	실점	도움	파울	경고	퇴장
BC	1985	유공	13	0	14	0	0	0	0
	1986	유공	24	0	28	0	0	0	0
	1989	일화	18	2	25	0	0	0	0
	1990	일화	21	0	25	0	0	2	0
	1991	일화	22	3	35	0	1	2	0
	합계		98	5	127	0	1	4	0
프로통산			98	5	127	0	1	4	0

김영호(金永湖) 주문진수도공고 1972.06.06

대회	연도	소속	출전	교체	실점	도움	파울	경고	퇴장
BC	1995	포항	0	0	0	0	0	0	0
	1996	포항	0	0	0	0	0	0	0
	합계		0	0	0	0	0	0	0
프로통산			0	0	0	0	0	0	0

김영후(金泳厚) 숭실대 1983.03.11

대회	연도	소속	출전	교체	득점	도움	파울	경고	퇴장
BC	2009	강원	30	6	13	8	29	4	0
	2010	강원	32	2	14	5	39	1	0
	2011	강원	31	19	6	0	36	0	0
	합계		93	27	33	13	104	5	0
K1	2013	강원	5	4	1	0	7	0	0
	합계		5	4	1	0	7	0	0
K2	2013	경찰	23	15	10	3	19	3	0
	2014	강원	23	17	4	1	27	3	1
	2016	안양	20	17	3	1	20	1	0
	합계		66	49	17	5	66	7	1
승	2013	강원	1	0	0	0	3	0	0
	합계		1	0	0	0	3	0	0
프로통산			165	80	51	18	180	12	1

김예성(金譽聲) 광주대 1996.10.21

대회	연도	소속	출전	교체	득점	도움	파울	경고	퇴장
K2	2018	대전	14	3	0	0	14	1	0
	2019	대전	10	5	0	0	4	1	0
	2021	안산	12	4	0	0	13	3	0
	2022	안산	25	15	0	0	5	0	0
	합계		61	27	0	0	36	5	0
프로통산			61	27	0	0	36	5	0

김예지(金芮志) 단국대 1999.06.06

대회	연도	소속	출전	교체	실점	도움	파울	경고	퇴장
K1	2021	제주	0	0	0	0	0	0	0
	합계		0	0	0	0	0	0	0
프로통산			0	0	0	0	0	0	0

김오규(金吾奎) 관동대(가톨릭관동대) 1989.06.20

대회	연도	소속	출전	교체	득점	도움	파울	경고	퇴장
BC	2011	강원	1	0	0	0	2	0	0
	2012	강원	33	6	0	0	44	4	0
	합계		34	6	0	0	46	4	0
K1	2013	강원	34	1	0	0	35	8	0
	2016	상주	24	1	0	0	28	8	0
	2017	상주	0	0	0	0	0	0	0
	2017	강원	33	0	2	0	24	2	0
	2018	강원	31	0	0	1	29	5	0
	2019	강원	28	0	1	1	25	8	0
	2020	강원	4	1	0	0	4	1	0
	2021	제주	37	3	1	1	45	7	0
	2022	제주	30	2	1	0	23	12	0
	합계		221	8	5	3	213	51	0
K2	2014	강원	31	0	1	0	28	6	1
	2015	강원	14	0	0	0	18	1	0
	2015	상주	11	1	0	1	11	2	0
	2020	제주	18	3	1	0	23	4	0
	합계		74	4	2	1	80	13	1
승	2013	강원	2	0	0	1	7	2	0
	합계		2	0	0	1	7	2	0
프로통산			331	18	7	5	346	70	1

김오성(金五星) 고려대 1986.08.16

대회	연도	소속	출전	교체	득점	도움	파울	경고	퇴장
BC	2009	대구	5	5	0	0	3	0	0
	2010	대구	1	1	0	0	2	0	0
	합계		6	6	0	0	5	0	0
프로통산			6	6	0	0	5	0	0

김완수(金完洙) 전북대 1962.01.13

대회	연도	소속	출전	교체	득점	도움	파울	경고	퇴장
BC	1983	포항제철	7	3	2	0	5	0	0
	1984	포항제철	9	4	1	0	5	1	0
	1985	포항제철	16	0	0	1	36	1	0
	1986	포항제철	22	4	4	1	25	1	0
	합계		54	11	7	2	71	3	0
프로통산			54	11	7	2	71	3	0

김완수(金完秀) 중앙대 1981.06.05

대회	연도	소속	출전	교체	득점	도움	파울	경고	퇴장
BC	2004	대구	12	11	0	0	14	2	0
	2005	대구	9	7	0	0	9	1	0
	합계		21	18	0	0	23	3	0
프로통산			21	18	0	0	23	3	0

김왕주(金旺珠) 연세대 1968.06.12

대회	연도	소속	출전	교체	득점	도움	파울	경고	퇴장
BC	1991	일화	10	10	0	0	5	1	0
	1993	일화	3	5	0	0	1	0	0
	합계		13	15	0	0	6	1	0
프로통산			13	15	0	0	6	1	0

김요환(金耀煥) 연세대 1977.05.23

대회	연도	소속	출전	교체	득점	도움	파울	경고	퇴장
BC	2002	전남	8	8	0	0	4	0	0
	2003	전남	5	5	0	0	3	0	0
	2004	전남	6	7	0	0	3	0	0
	2005	전남	9	10	0	0	7	0	0
	합계		28	30	0	0	17	0	0
프로통산			28	30	0	0	17	0	0

김용구(金勇九) 인천대 1981.03.08

대회	연도	소속	출전	교체	득점	도움	파울	경고	퇴장
BC	2004	인천	8	8	0	0	9	1	0
	합계		8	8	0	0	9	1	0
프로통산			8	8	0	0	9	1	0

김용대(金龍大) 연세대 1979.10.11

대회	연도	소속	출전	교체	실점	도움	파울	경고	퇴장
BC	2002	부산	9	1	10	0	0	0	0
	2003	부산	36	0	54	0	0	1	0
	2004	부산	29	0	29	0	1	2	0
	2005	부산	29	1	36	0	2	0	0
	2006	성남일화	28	0	28	0	0	2	0
	2007	성남일화	29	0	26	0	0	0	0
	2008	광주상무	25	0	46	0	0	0	0
	2009	광주상무	26	0	34	0	0	0	0
	2009	성남일화	2	1	0	0	0	0	0
	2010	서울	37	0	35	0	0	0	0
	2011	서울	29	1	37	0	2	1	0
	2012	서울	44	0	42	0	0	2	0
	합계		323	4	385	0	5	8	0
K1	2013	서울	35	0	42	0	0	1	0
	2014	서울	24	1	19	0	0	0	0
	2015	서울	12	0	21	0	0	0	0
	2016	울산	24	0	25	0	0	1	0
	2017	울산	28	0	35	0	1	1	0
	2018	울산	14	1	20	0	0	2	0
	합계		137	2	162	0	1	5	0
프로통산			460	6	547	0	6	13	0

김용범(金龍凡) 고려대 1971.06.16

대회	연도	소속	출전	교체	득점	도움	파울	경고	퇴장
BC	1998	대전	29	5	0	1	32	3	0
	1999	대전	26	8	0	1	31	2	0
	2000	대전	15	5	0	0	14	1	0
	2001	대전	1	0	0	0	1	0	0
	합계		71	18	0	2	78	6	0
프로통산			71	18	0	2	78	6	0

김용세(金鏞世) 중동고 1960.04.21

대회	연도	소속	출전	교체	득점	도움	파울	경고	퇴장
BC	1983	유공	16	2	2	4	10	1	0
	1984	유공	28	2	14	2	40	1	0
	1985	유공	21	1	12	0	19	1	0
	1986	유공	13	0	6	7	17	2	0
	1987	유공	18	4	1	2	16	1	0
	1988	유공	11	1	4	1	23	2	0
	1989	일화	21	9	6	0	27	3	1
	1990	일화	24	9	7	1	18	0	0
	1991	일화	13	10	1	1	9	1	0
	합계		165	38	53	18	179	12	1
프로통산			165	38	53	18	179	12	1

김용찬(金容燦) 아주대 1990.04.08

대회	연도	소속	출전	교체	득점	도움	파울	경고	퇴장
K1	2013	경남	23	7	0	0	41	6	0
	2014	인천	0	0	0	0	0	0	0
	합계		23	7	0	0	41	6	0
K2	2015	충주	6	2	0	1	8	1	0
	합계		6	2	0	1	8	1	0
프로통산			29	9	0	1	49	7	0

김용태(金龍太) 울산대 1984.05.20

대회	연도	소속	출전	교체	득점	도움	파울	경고	퇴장
BC	2006	대전	28	19	2	3	25	0	0
	2007	대전	22	16	0	0	26	3	0
	2008	대전	22	14	1	1	27	2	0
	2009	울산	21	13	0	0	13	2	0
	2010	울산	4	5	0	0	0	0	0
	2011	상주	18	5	1	0	16	2	0
	2012	상주	21	13	1	4	12	2	0
	2012	울산	7	5	0	1	3	0	0
	합계		143	90	5	9	122	11	0
K1	2013	울산	27	22	2	3	16	1	0
	2014	울산	12	6	2	0	8	3	0
	2014	부산	14	8	1	1	11	0	0
	2015	부산	21	15	0	0	10	1	0
	합계		74	51	5	4	45	5	0
K2	2016	충주	25	11	0	4	19	1	0
	합계		25	11	0	4	19	1	0
프로통산			242	152	10	17	186	17	0

김용한(金容漢) 수원대 1990.07.30

대회	연도	소속	출전	교체	득점	도움	파울	경고	퇴장
K2	2013	수원FC	8	9	0	0	5	0	0
	합계		8	9	0	0	5	0	0
프로통산			8	9	0	0	5	0	0

김용한(金龍漢) 강릉농공고 1986.06.28

대회	연도	소속	출전	교체	득점	도움	파울	경고	퇴장
BC	2006	인천	3	3	0	0	3	1	0
	합계		3	3	0	0	3	1	0
프로통산			3	3	0	0	3	1	0

김용해(金龍海) 동국대 1958.05.24

대회	연도	소속	출전	교체	득점	도움	파울	경고	퇴장
BC	1983	유공	2	2	0	0	0	0	0
	1984	럭키금성	9	8	0	1	4	0	0
	1985	럭키금성	2	2	1	0	0	0	0
	합계		13	12	1	1	4	0	0
프로통산			13	12	1	1	4	0	0

김용호(金龍虎) 수도전기공고 1971.03.20

대회	연도	소속	출전	교체	득점	도움	파울	경고	퇴장
BC	1990	대우	2	2	0	0	1	0	0
	1994	대우	4	4	0	0	1	0	0
	합계		6	6	0	0	2	0	0
프로통산			6	6	0	0	2	0	0

김용환(金容奐) 숭실대 1993.05.25

대회	연도	소속	출전	교체	득점	도움	파울	경고	퇴장
K1	2014	인천	14	2	0	0	23	1	0
	2015	인천	3	3	0	0	0	1	0
	2016	인천	28	6	3	2	28	6	0
	2017	인천	30	8	2	1	32	3	0
	2018	인천	18	7	0	0	15	2	0
	2019	포항	35	5	2	1	39	2	0
	2020	포항	3	0	0	1	2	0	0
	2021	포항	2	0	0	0	2	1	0
	2022	포항	21	16	0	1	12	1	0
	합계		154	47	7	6	153	17	0
K2	2021	김천	20	6	1	1	20	5	0
	합계		20	6	1	1	20	5	0
프로통산			174	53	8	7	173	22	0

김용훈(金龍勳) 경북산업대(경일대) 1969.09.15

대회	연도	소속	출전	교체	득점	도움	파울	경고	퇴장
BC	1994	버팔로	1	1	0	0	0	0	0
	합계		1	1	0	0	0	0	0
프로통산			1	1	0	0	0	0	0

김용희(金容熙) 중앙대 1978.10.15

대회	연도	소속	출전	교체	득점	도움	파울	경고	퇴장
BC	2001	성남일화	27	1	1	0	37	4	0
	2002	성남일화	18	8	0	1	19	3	0
	2003	성남일화	2	1	0	0	6	0	0
	2004	부산	31	3	0	1	47	9	0
	2005	광주상무	34	6	1	0	43	5	0
	2006	광주상무	32	11	3	2	27	2	0
	2007	부산	6	3	0	0	5	1	0
	2008	전북	1	0	0	0	1	0	0
	합계		151	33	5	4	185	24	0
프로통산			151	33	5	4	185	24	0

김우경(金祐經) 묵호고 1991.12.04

대회	연도	소속	출전	교체	득점	도움	파울	경고	퇴장
BC	2011	강원	0	0	0	0	0	0	0
	합계		0	0	0	0	0	0	0
프로통산			0	0	0	0	0	0	0

김우석(金祐錫) 신갈고 1996.08.04

대회	연도	소속	출전	교체	득점	도움	파울	경고	퇴장
K1	2017	대구	12	2	1	0	27	4	0
	2018	대구	20	5	0	0	15	4	0
	2019	대구	35	4	1	2	35	9	0
	2020	대구	25	2	0	0	22	5	0
	2021	대구	12	8	0	0	9	3	0
	2022	대구	10	7	0	1	6	2	1
	합계		114	28	2	3	114	27	1
K2	2016	대구	0	0	0	0	0	0	0
	합계		0	0	0	0	0	0	0
프로통산			114	28	2	3	114	27	1

김우재(金佑載) 경희대 1976.09.13

대회	연도	소속	출전	교체	득점	도움	파울	경고	퇴장
BC	1999	천안일화	7	7	0	0	5	0	0
	2000	성남일화	2	2	0	0	3	0	0
	2001	성남일화	1	1	0	0	2	0	0
	2002	성남일화	8	8	0	0	8	0	0
	2003	성남일화	30	7	2	0	60	8	0
	2004	인천	32	6	1	1	93	8	0
	2005	전남	15	8	0	1	28	3	0
	합계		95	39	3	2	199	19	0
프로통산			95	39	3	2	199	19	0

김우진(金佑鎭) 경기대 1989.09.17

대회	연도	소속	출전	교체	득점	도움	파울	경고	퇴장
BC	2012	대전	1	1	0	0	1	0	0
	합계		1	1	0	0	1	0	0
K2	2013	부천	1	1	0	0	0	0	0
	합계		1	1	0	0	0	0	0
프로통산			2	2	0	0	1	0	0

김우진(金佑振) 경희대 1980.04.19

대회	연도	소속	출전	교체	득점	도움	파울	경고	퇴장
BC	2003	부천SK	12	7	0	1	9	1	0
	2004	부천SK	30	5	0	1	40	2	0
	합계		42	12	0	2	49	3	0
프로통산			42	12	0	2	49	3	0

김우철(金禹哲) 단국대 1989.07.04

대회	연도	소속	출전	교체	득점	도움	파울	경고	퇴장
BC	2012	전북	2	2	0	0	1	0	0
	합계		2	2	0	0	1	0	0
K1	2013	전북	0	0	0	0	0	0	0
	합계		0	0	0	0	0	0	0
K2	2014	광주	4	3	0	0	8	0	0
	합계		4	3	0	0	8	0	0
프로통산			6	5	0	0	9	0	0

김우철(金禹喆) 상지대 1982.10.01

대회	연도	소속	출전	교체	득점	도움	파울	경고	퇴장
BC	2007	전북	1	1	0	0	0	0	0
	합계		1	1	0	0	0	0	0
프로통산			1	1	0	0	0	0	0

김우현 동아대 1974.01.01

대회	연도	소속	출전	교체	득점	도움	파울	경고	퇴장
BC	1996	부천유공	0	0	0	0	0	0	0
	합계		0	0	0	0	0	0	0
프로통산			0	0	0	0	0	0	0

김우홍(金祐泓) 풍기중 1995.01.11

대회	연도	소속	출전	교체	득점	도움	파울	경고	퇴장
K1	2018	서울	1	1	0	0	0	0	0
	합계		1	1	0	0	0	0	0
프로통산			1	1	0	0	0	0	0

김운오(金雲五) 고려대 1961.04.14

대회	연도	소속	출전	교체	득점	도움	파울	경고	퇴장
BC	1984	한일은행	6	2	0	0	1	0	0
	합계		6	2	0	0	1	0	0
프로통산			6	2	0	0	1	0	0

김원균(金遠均) 고려대 1992.05.01

대회	연도	소속	출전	교체	득점	도움	파울	경고	퇴장
K1	2015	서울	1	1	0	0	1	1	0
	2017	서울	8	6	0	0	20	2	0
	2018	서울	24	1	1	0	38	7	0
	2019	서울	11	2	0	0	16	1	0
	2020	서울	0	0	0	0	0	0	0
	2021	서울	19	7	0	0	27	4	0
	2022	강원	3	3	0	0	2	0	0
	합계		66	20	1	0	104	15	0
K2	2015	강원	15	1	0	0	21	2	0
	2016	강원	8	2	1	0	15	3	0
	합계		23	3	1	0	36	5	0
승	2018	서울	2	0	0	0	2	0	0
	합계		2	0	0	0	2	0	0
프로통산			91	23	2	0	142	20	0

김원근(金元根) 성균관대 1958.07.28

대회	연도	소속	출전	교체	득점	도움	파울	경고	퇴장
BC	1984	한일은행	5	4	0	0	1	0	0
	합계		5	4	0	0	1	0	0
프로통산			5	4	0	0	1	0	0

김원민(金元敏) 건국대 1987.08.12

대회	연도	소속	출전	교체	득점	도움	파울	경고	퇴장
K2	2013	안양	29	26	4	4	31	1	0
	2014	안양	25	25	2	2	17	1	0
	2017	안양	11	10	0	0	6	0	0
	2018	안양	25	17	4	3	14	1	0
	2019	안양	27	26	3	0	17	3	0
	합계		117	104	13	9	85	6	0
프로통산			117	104	13	9	85	6	0

김원석(金洹碩) 중원대 1997.12.10

대회	연도	소속	출전	교체	득점	도움	파울	경고	퇴장
K2	2020	충남아산	14	13	1	1	8	0	0
	2021	충남아산	10	10	0	0	4	0	0
	합계		24	23	1	1	12	0	0
프로통산			24	23	1	1	12	0	0

김원식(金元植) 동북고 1991.11.05

대회	연도	소속	출전	교체	득점	도움	파울	경고	퇴장
K1	2015	인천	31	3	0	0	83	15	0
	2016	서울	20	7	0	0	19	2	0
	2017	서울	6	6	0	0	6	0	0
	2018	서울	11	7	0	0	17	1	0
	2019	서울	19	7	0	0	19	2	0
	2020	서울	16	6	1	0	27	3	0
	2021	광주	27	19	0	0	52	6	0
	합계		130	55	1	0	223	29	0
K2	2013	경찰	8	7	0	0	11	2	0
	2014	안산경찰	2	2	0	0	0	0	0
	2022	서울E	38	29	0	0	30	7	0
	합계		48	38	0	0	41	9	0
승	2018	서울	1	1	0	0	1	0	0
	합계		1	1	0	0	1	0	0
프로통산			179	94	1	0	265	38	0

김원일(金源一) 숭실대 1986.10.18

대회	연도	소속	출전	교체	득점	도움	파울	경고	퇴장
BC	2010	포항	13	2	0	0	21	2	0
	2011	포항	23	5	0	1	44	8	0
	2012	포항	32	3	4	0	63	5	0
	합계		68	10	4	1	128	15	0
K1	2013	포항	34	1	3	0	56	8	0
	2014	포항	18	2	1	0	40	5	0
	2015	포항	24	1	0	0	36	5	0
	2016	포항	17	3	0	0	25	4	1
	2017	제주	26	3	3	1	34	9	0
	2018	제주	20	0	0	0	32	8	0
	2019	제주	9	5	1	0	15	1	0
	합계		148	15	8	1	238	40	1
프로통산			216	25	12	2	366	55	1

김원중(金愿重) 김천대 2001.04.04

대회	연도	소속	출전	교체	**실점**	도움	파울	경고	퇴장
K2	2022	안산	2	0	3	0	0	0	0
	합계		2	0	3	0	0	0	0
프로통산			2	0	3	0	0	0	0

김유성(金侑聖) 경희대 1988.12.04

대회	연도	소속	출전	교체	득점	도움	파울	경고	퇴장
BC	2010	경남	3	1	0	0	3	0	0
	2011	경남	4	2	0	1	11	0	0
	2011	대구	6	4	0	0	7	1	0
	2012	대구	12	11	2	0	7	1	1
	합계		25	18	2	1	28	2	1
K1	2013	대구	0	0	0	0	0	0	0

대회	연도	소속	출전	교체	득점	도움	파울	경고	퇴장
	합계		0	0	0	0	0	0	0
K2	2014	광주	11	10	0	0	9	2	0
	2015	고양	36	14	12	3	65	2	0
	2016	고양	21	9	1	0	43	3	0
	합계		68	33	13	3	117	7	0
프로통산			93	51	15	4	145	9	1

김유성(金유성) 대건고 2001.03.31

대회	연도	소속	출전	교체	실점	도움	파울	경고	퇴장
K1	2020	인천	0	0	0	0	0	0	0
	2021	인천	0	0	0	0	0	0	0
	2022	인천	0	0	0	0	0	0	0
	합계		0	0	0	0	0	0	0
프로통산			0	0	0	0	0	0	0

김유진(金裕晋) 부산정보산업고 1983.06.19

대회	연도	소속	출전	교체	득점	도움	파울	경고	퇴장
BC	2002	수원	0	0	0	0	0	0	0
	2005	부산	25	1	0	0	27	3	0
	2007	부산	11	0	1	0	10	0	0
	2008	부산	25	5	2	0	33	5	0
	2009	부산	10	3	0	1	13	0	0
	합계		71	9	3	1	83	8	0
프로통산			71	9	3	1	83	8	0

김윤구(金潤求) 경희대 1979.09.01

대회	연도	소속	출전	교체	득점	도움	파울	경고	퇴장
BC	2002	울산	4	2	0	0	5	0	0
	2003	울산	2	2	0	0	1	0	0
	2004	울산	2	2	0	0	1	0	0
	합계		8	6	0	0	7	0	0
프로통산			8	6	0	0	7	0	0

김윤구(金允求) 광운대 1985.02.25

대회	연도	소속	출전	교체	득점	도움	파울	경고	퇴장
BC	2007	광주상무	14	3	0	0	14	2	0
	합계		14	3	0	0	14	2	0
프로통산			14	3	0	0	14	2	0

김윤근(金允根) 동아대 1972.09.22

대회	연도	소속	출전	교체	득점	도움	파울	경고	퇴장
BC	1995	유공	15	15	2	0	17	0	0
	1996	부천유공	25	19	7	2	18	1	0
	1999	부천SK	0	0	0	0	0	0	0
	합계		40	34	9	2	35	1	0
프로통산			40	34	9	2	35	1	0

김윤수(金潤洙) 영남대 1994.05.17

대회	연도	소속	출전	교체	득점	도움	파울	경고	퇴장
K2	2018	광주	0	0	0	0	0	0	0
	합계		0	0	0	0	0	0	0
프로통산			0	0	0	0	0	0	0

김윤재(金潤載) 홍익대 1992.05.14

대회	연도	소속	출전	교체	득점	도움	파울	경고	퇴장
K2	2014	대전	0	0	0	0	0	0	0
	2015	수원FC	3	3	1	0	0	1	0
	합계		3	3	1	0	0	1	0
프로통산			3	3	1	0	0	1	0

김윤호(金倫滸) 관동대(가톨릭관동대) 1990.09.21

대회	연도	소속	출전	교체	득점	도움	파울	경고	퇴장
K1	2013	강원	4	4	0	0	5	0	0
	합계		4	4	0	0	5	0	0
K2	2014	강원	25	15	0	2	29	5	0
	2015	강원	21	18	1	0	27	4	0
	2016	강원	13	9	0	0	17	4	0
	2017	부산	3	2	0	0	2	1	1
	합계		62	44	1	2	75	14	1
승	2013	강원	1	1	0	0	2	0	0
	2016	강원	1	1	0	0	0	0	0
	합계		2	2	0	0	2	0	0
프로통산			68	50	1	2	82	14	1

김은석(金恩奭) 경기대 1972.03.14

대회	연도	소속	출전	교체	득점	도움	파울	경고	퇴장
BC	1999	포항	23	3	0	0	17	1	0
	2000	포항	22	1	0	0	19	2	0
	2001	포항	22	5	1	1	21	1	0
	2002	포항	26	5	0	0	50	5	0
	합계		93	14	1	1	107	9	0
프로통산			93	14	1	1	107	9	0

김은선(金恩宣) 대구대 1988.03.30

대회	연도	소속	출전	교체	득점	도움	파울	경고	퇴장
BC	2011	광주	27	4	0	1	79	9	0
	2012	광주	34	4	8	1	78	10	0
	합계		61	8	8	2	157	19	0
K1	2014	수원	37	5	3	0	80	4	0
	2015	수원	9	2	1	0	13	1	0
	2017	수원	7	2	0	0	11	2	0
	2018	수원	10	6	0	0	13	0	0
	합계		63	15	4	0	117	7	0
K2	2013	광주	27	2	7	2	82	9	0
	2016	안산무궁	21	8	0	0	26	3	0
	2017	아산	12	1	3	0	21	4	0
	합계		60	11	10	2	129	16	0
프로통산			184	34	22	4	403	42	0

김은중(金殷中) 동북고 1979.04.08

대회	연도	소속	출전	교체	득점	도움	파울	경고	퇴장
BC	1997	대전	14	14	0	0	3	0	0
	1998	대전	29	8	6	2	32	0	0
	1999	대전	24	9	4	1	38	1	0
	2000	대전	20	8	5	2	18	2	0
	2001	대전	31	5	9	5	60	4	0
	2002	대전	27	1	7	1	35	2	1
	2003	대전	22	4	11	2	38	5	0
	2004	서울	29	11	8	2	58	3	0
	2005	서울	30	18	7	7	59	0	0
	2006	서울	37	26	14	5	59	2	0
	2007	서울	16	10	4	2	26	1	0
	2008	서울	21	17	5	4	21	1	0
	2010	제주	34	4	17	11	43	4	0
	2011	제주	30	11	6	8	32	1	0
	2012	강원	41	21	16	2	48	3	0
	합계		405	167	119	54	570	29	1
K1	2013	강원	13	11	0	1	13	0	0
	2013	포항	9	9	1	0	4	0	0
	합계		22	20	1	1	17	0	0
K2	2014	대전	17	16	3	1	6	0	0
	합계		17	16	3	1	6	0	0
프로통산			444	203	123	56	593	29	1

김은철(金恩徹) 경희대 1968.05.29

대회	연도	소속	출전	교체	득점	도움	파울	경고	퇴장
BC	1991	유공	31	15	1	2	32	3	0
	1992	유공	11	8	2	1	8	0	0
	1993	유공	9	9	0	0	3	0	0
	1996	부천유공	31	12	0	1	24	2	0
	1997	부천SK	16	11	0	0	14	3	0
	1998	부천SK	2	2	0	0	0	0	0
	합계		100	57	3	4	81	8	0
프로통산			100	57	3	4	81	8	0

김은후(金珢侯/←김의범) 신갈고 1990.05.23

대회	연도	소속	출전	교체	득점	도움	파울	경고	퇴장
BC	2010	전북	1	1	0	0	1	0	0
	2011	강원	6	6	0	1	5	1	0
	합계		7	7	0	1	6	1	0
프로통산			7	7	0	1	6	1	0

김의섭(金義燮) 경기대 1987.09.22

대회	연도	소속	출전	교체	득점	도움	파울	경고	퇴장
BC	2010	전북	1	1	0	0	0	0	0
	합계		1	1	0	0	0	0	0
프로통산			1	1	0	0	0	0	0

김의신(金義信) 호원대 1992.11.26

대회	연도	소속	출전	교체	득점	도움	파울	경고	퇴장
K1	2015	광주	1	1	0	0	0	0	0
	합계		1	1	0	0	0	0	0
프로통산			1	1	0	0	0	0	0

김의원(金毅員) 동북고 1998.11.01

대회	연도	소속	출전	교체	득점	도움	파울	경고	퇴장
K2	2017	경남	4	3	0	1	6	0	0
	합계		4	3	0	1	6	0	0
프로통산			4	3	0	1	6	0	0

김이석(金利錫) 수원대 1998.06.19

대회	연도	소속	출전	교체	득점	도움	파울	경고	퇴장
K2	2021	안산	10	6	0	0	10	0	0
	2022	안산	16	13	0	0	23	3	0
	2022	김포	13	7	2	0	20	3	0
	합계		39	26	2	0	53	6	0
프로통산			39	26	2	0	53	6	0

김이섭(金利燮) 전주대 1974.04.27

대회	연도	소속	출전	교체	실점	도움	파울	경고	퇴장
BC	1997	포항	28	0	28	0	0	1	0
	1998	포항	31	1	47	0	1	0	0
	1999	포항	13	0	20	0	0	0	0
	2000	포항	5	0	8	0	1	0	0
	2002	전북	0	0	0	0	0	0	0
	2003	전북	19	0	28	0	0	0	0
	2004	인천	15	0	15	0	0	0	0
	2005	인천	20	0	25	0	1	2	0
	2006	인천	11	0	9	0	0	0	0
	2007	인천	26	0	31	0	0	0	0
	2008	인천	13	1	13	0	0	0	0
	2009	인천	24	0	24	0	0	0	0
	2010	인천	12	1	25	0	0	0	0
	합계		217	3	273	0	3	3	0
프로통산			217	3	273	0	3	3	0

김이주(金利主) 전주대 1966.03.01

대회	연도	소속	출전	교체	득점	도움	파울	경고	퇴장
BC	1989	일화	36	23	3	3	30	1	0
	1990	일화	24	18	2	2	24	2	0
	1991	일화	35	27	8	5	36	1	0
	1992	일화	34	28	2	1	49	0	0
	1993	일화	29	17	7	3	36	1	0
	1994	일화	30	18	7	1	39	1	0
	1995	일화	27	24	2	3	32	0	0
	1996	수원	5	6	0	1	7	0	0
	1997	수원	1	1	0	0	2	0	0
	1997	천안일화	18	10	8	2	26	2	0
	1998	천안일화	27	21	0	2	38	0	0
	합계		266	193	39	23	319	8	0
프로통산			266	193	39	23	319	8	0

김익현(金益現) 고려대 1989.04.30

대회	연도	소속	출전	교체	득점	도움	파울	경고	퇴장
BC	2009	부산	2	1	0	0	2	0	0
	2010	부산	0	0	0	0	0	0	0
	2011	부산	6	6	0	0	4	3	0
	2012	부산	6	6	0	0	8	2	0
	합계		14	13	0	0	14	5	0
K1	2013	부산	22	7	1	1	16	6	0
	2014	부산	19	14	1	0	24	4	0
	2015	부산	7	4	0	0	7	2	0
	합계		48	25	2	1	47	12	0
승	2015	부산	1	1	0	0	2	0	0
	합계		1	1	0	0	2	0	0
프로통산			63	39	2	1	63	17	0

김익형(金翼亨) 한양대 1958.06.17

대회	연도	소속	출전	교체	득점	도움	파울	경고	퇴장
BC	1985	포항제철	16	0	0	1	12	1	0
	1986	포항제철	25	7	0	0	20	0	0
	합계		41	7	0	1	32	1	0

대회	연도	소속	출전	교체	득점	도움	파울	경고	퇴장
프로통산			41	7	0	1	32	1	0

김인균(金仁均) 청주대 1998.07.23

대회	연도	소속	출전	교체	득점	도움	파울	경고	퇴장
K2	2020	충남아산	12	9	0	0	13	1	0
	2021	충남아산	32	12	8	2	47	5	0
	2022	대전	33	29	6	2	31	6	0
	합계		77	50	14	4	91	12	0
승	2022	대전	2	2	1	1	2	0	0
	합계		2	2	1	1	2	0	0
프로통산			79	52	15	5	93	12	0

김인석(金仁錫) 군장대 1992.04.23

대회	연도	소속	출전	교체	실점	도움	파울	경고	퇴장
K1	2015	제주	0	0	0	0	0	0	0
	합계		0	0	0	0	0	0	0
프로통산			0	0	0	0	0	0	0

김인섭(金仁燮) 동국대 1972.07.09

대회	연도	소속	출전	교체	득점	도움	파울	경고	퇴장
BC	1995	포항	1	1	0	0	0	0	0
	합계		1	1	0	0	0	0	0
프로통산			1	1	0	0	0	0	0

김인성(金仁成) 성균관대 1989.09.09

대회	연도	소속	출전	교체	득점	도움	파울	경고	퇴장
K1	2013	성남일화	31	31	2	2	23	1	0
	2014	전북	11	10	0	0	13	1	0
	2015	인천	32	19	5	0	58	3	0
	2016	울산	16	16	1	0	15	0	0
	2017	울산	36	26	5	3	41	2	0
	2018	울산	32	18	3	5	25	2	0
	2019	울산	34	18	9	3	40	3	0
	2020	울산	24	8	4	6	26	2	0
	2021	울산	15	12	4	0	8	0	0
	합계		231	158	33	19	249	14	0
K2	2021	서울E	15	4	6	2	11	2	0
	2022	서울E	34	28	5	2	19	1	0
	합계		49	32	11	4	30	3	0
프로통산			280	190	44	23	279	17	0

김인완(金仁完) 경희대 1971.02.13

대회	연도	소속	출전	교체	득점	도움	파울	경고	퇴장
BC	1995	전남	24	14	2	4	33	2	1
	1996	전남	31	19	3	2	46	4	0
	1997	전남	22	7	6	4	31	2	0
	1998	전남	33	11	8	2	52	3	0
	1999	전남	15	11	1	2	22	1	0
	1999	천안일화	11	2	3	1	29	0	0
	2000	성남일화	10	9	0	0	16	1	0
	합계		146	73	23	15	229	13	1
프로통산			146	73	23	15	229	13	1

김인호(金仁鎬) 마산공고 1983.06.09

대회	연도	소속	출전	교체	득점	도움	파울	경고	퇴장
BC	2006	전북	28	11	0	0	41	5	1
	2007	전북	18	6	0	0	27	6	0
	2008	전북	17	8	0	2	18	0	0
	2009	전북	1	1	0	0	2	1	0
	2009	제주	6	2	0	0	9	2	0
	2010	제주	10	3	0	0	14	2	0
	2011	제주	11	1	2	0	23	4	0
	합계		91	32	2	2	134	20	1
프로통산			91	32	2	2	134	20	1

김일진(金一鎭) 영남대 1970.04.05

대회	연도	소속	출전	교체	실점	도움	파울	경고	퇴장
BC	1993	포항제철	2	0	3	0	0	0	0
	1998	포항	9	1	5	0	1	0	0
	1999	포항	0	0	0	0	0	0	0
	2000	포항	2	0	5	0	0	0	0
	합계		13	1	13	0	1	0	0
프로통산			13	1	13	0	1	0	0

김재구(金在九) 단국대 1977.03.12

대회	연도	소속	출전	교체	득점	도움	파울	경고	퇴장
BC	2000	성남일화	1	0	0	0	3	0	0
	2001	성남일화	1	1	0	0	0	0	0
	합계		2	1	0	0	3	0	0
프로통산			2	1	0	0	3	0	0

김재봉(金載俸) 광주대 1996.09.06

대회	연도	소속	출전	교체	득점	도움	파울	경고	퇴장
K1	2021	제주	0	0	0	0	0	0	0
	합계		0	0	0	0	0	0	0
K2	2018	성남	9	6	0	0	12	2	0
	2020	제주	4	2	0	0	6	0	0
	2021	안산	4	2	0	0	7	2	0
	2022	안산	3	0	0	0	2	1	0
	2022	광주	29	13	0	0	27	6	0
	합계		49	23	0	0	54	11	0
프로통산			49	23	0	0	54	11	0

김재석(金載錫) 수원공고 2001.02.01

대회	연도	소속	출전	교체	득점	도움	파울	경고	퇴장
K2	2020	안산	0	0	0	0	0	0	0
	합계		0	0	0	0	0	0	0
프로통산			0	0	0	0	0	0	0

김재성(金在成) 아주대 1983.10.03

대회	연도	소속	출전	교체	득점	도움	파울	경고	퇴장
BC	2005	부천SK	35	10	2	1	69	4	0
	2006	제주	31	4	2	2	53	6	0
	2007	제주	24	4	2	4	52	6	0
	2008	포항	26	16	2	2	26	6	0
	2009	포항	26	15	1	4	52	4	0
	2010	포항	24	11	1	2	45	6	0
	2011	포항	30	5	5	4	44	8	0
	2012	상주	24	0	4	2	34	10	0
	합계		220	65	19	21	375	50	0
K1	2013	포항	3	1	0	1	5	2	0
	2014	포항	29	15	7	4	36	6	0
	2016	제주	8	7	0	1	6	1	0
	2017	전남	14	9	0	1	7	1	0
	합계		54	32	7	7	54	10	0
K2	2013	상주	26	15	3	2	43	6	0
	2015	서울E	39	4	4	12	48	7	0
	2016	서울E	17	3	1	1	21	4	0
	합계		82	22	8	15	112	17	0
프로통산			356	119	34	43	541	77	0

김재성(金哉成) 동국대 1999.07.15

대회	연도	소속	출전	교체	득점	도움	파울	경고	퇴장
K1	2022	울산	1	1	0	0	0	1	0
	합계		1	1	0	0	0	1	0
K2	2020	충남아산	5	1	0	0	5	1	0
	2021	충남아산	5	5	1	0	0	1	0
	합계		10	6	1	0	5	2	0
프로통산			11	7	1	0	5	3	0

김재소(金在昭) 경희고 1965.11.06

대회	연도	소속	출전	교체	득점	도움	파울	경고	퇴장
BC	1989	일화	20	11	0	1	22	1	0
	1990	일화	10	6	0	1	15	2	0
	1991	일화	29	18	0	0	37	2	0
	1992	일화	10	7	0	0	11	0	0
	1993	일화	1	1	0	0	0	0	0
	합계		70	43	0	2	85	5	0
프로통산			70	43	0	2	85	5	0

김재신(金在信) 건국대 1973.08.30

대회	연도	소속	출전	교체	득점	도움	파울	경고	퇴장
BC	1998	수원	7	5	1	0	8	0	0
	1999	수원	7	5	0	0	7	0	0
	2000	수원	6	2	0	0	9	0	0
	합계		20	12	1	0	24	0	0
프로통산			20	12	1	0	24	0	0

김재신(金在新) 숭실대 1975.03.03

대회	연도	소속	출전	교체	득점	도움	파울	경고	퇴장
BC	1999	전북	1	1	0	0	0	0	0
	2000	전북	18	16	0	1	20	2	0
	2001	전북	10	10	0	0	7	1	0
	합계		29	27	0	1	27	3	0
프로통산			29	27	0	1	27	3	0

김재연(金載淵) 연세대 1989.02.08

대회	연도	소속	출전	교체	득점	도움	파울	경고	퇴장
K2	2013	수원FC	8	3	0	0	12	2	0
	2014	수원FC	15	8	0	0	17	0	0
	2016	서울E	8	7	0	0	5	1	0
	합계		31	18	0	0	34	3	0
프로통산			31	18	0	0	34	3	0

김재우(金載雨) 영등포공고 1998.02.06

대회	연도	소속	출전	교체	득점	도움	파울	경고	퇴장
K1	2020	대구	11	2	0	0	7	4	0
	2021	대구	19	9	0	0	5	2	0
	합계		30	11	0	0	12	6	0
K2	2018	부천	1	0	0	0	0	0	0
	2019	부천	25	5	1	3	29	2	0
	2022	대전	15	4	1	0	8	3	0
	합계		41	9	2	3	37	5	0
승	2022	대전	2	0	0	0	2	1	0
	합계		2	0	0	0	2	1	0
프로통산			73	20	2	3	51	12	0

김재웅(金栽雄) 경희대 1988.01.01

대회	연도	소속	출전	교체	득점	도움	파울	경고	퇴장
BC	2011	인천	17	10	4	1	49	7	0
	2012	인천	18	16	0	4	47	4	0
	합계		35	26	4	5	96	11	0
K1	2013	인천	7	7	1	0	10	1	0
	2015	인천	1	1	0	0	1	1	0
	2016	수원FC	7	3	0	0	17	2	0
	합계		15	11	1	0	28	4	0
K2	2014	안양	27	23	7	0	67	7	0
	2015	수원FC	17	1	4	1	46	7	0
	2016	안산무궁	16	11	2	0	35	4	0
	2017	아산	6	3	0	0	11	3	0
	2018	서울E	24	21	0	1	30	6	0
	합계		90	59	13	2	189	27	0
승	2015	수원FC	2	0	0	0	6	1	0
	합계		2	0	0	0	6	1	0
프로통산			142	96	18	7	319	43	0

김재윤(←김성균) 서귀포고 1990.09.04

대회	연도	소속	출전	교체	득점	도움	파울	경고	퇴장
BC	2009	성남일화	4	5	0	0	4	2	0
	2010	강원	1	1	0	0	0	0	0
	2011	전남	0	0	0	0	0	0	0
	합계		5	6	0	0	4	2	0
프로통산			5	6	0	0	4	2	0

김재철(金載哲) 건국대 1996.02.19

대회	연도	소속	출전	교체	득점	도움	파울	경고	퇴장
K2	2020	충남아산	5	5	0	0	1	0	0
	합계		5	5	0	0	1	0	0
프로통산			5	5	0	0	1	0	0

김재헌(金載憲) 영국 포츠머스FC U18 1996.07.26

대회	연도	소속	출전	교체	득점	도움	파울	경고	퇴장
K2	2020	수원FC	4	4	0	0	6	2	0
	2021	충남아산	6	6	0	1	7	1	0
	합계		10	10	0	1	13	3	0
프로통산			10	10	0	1	13	3	0

김재현(金渽玹/←김응진) 광양제철고 1987.03.09

대회	연도	소속	출전	교체	득점	도움	파울	경고	퇴장
BC	2007	전남	1	1	0	0	1	0	0
	2008	전남	4	2	0	0	2	2	0

대회	연도	소속	출전	교체	득점	도움	파울	경고	퇴장
	2009	전남	8	0	1	0	14	3	0
	2010	부산	26	4	2	0	40	9	0
	2011	부산	17	3	1	0	17	3	0
	합계		56	10	4	0	74	17	0
K1	2013	부산	8	1	0	0	9	0	0
	2014	부산	5	2	0	1	8	2	0
	합계		13	3	0	1	17	2	0
K2	2016	부산	22	1	1	1	23	2	0
	2017	서울E	12	4	1	1	8	2	0
	2018	서울E	24	3	1	0	19	4	0
	합계		58	8	3	2	50	8	0
프로통산			127	21	7	3	141	27	0

김재형(←김재영) 아주대 1973.09.02

대회	연도	소속	출전	교체	득점	도움	파울	경고	퇴장
BC	1996	부산	32	8	6	2	46	5	0
	1997	부산	24	10	0	1	31	8	0
	1998	부산	7	5	0	0	12	2	0
	1999	부산	31	17	0	2	68	1	0
	2000	부산	19	12	0	1	29	1	1
	2001	부산	32	19	1	2	42	3	0
	2002	부산	16	9	0	0	33	3	0
	2004	부산	18	13	2	0	26	3	1
	2005	부산	21	6	1	0	50	3	1
	2006	전북	14	7	0	1	38	1	0
	2007	전북	15	14	0	0	21	0	0
	합계		229	120	10	9	396	30	3
프로통산			229	120	10	9	396	30	3

김재홍(金在鴻) 숭실대 1984.08.10

대회	연도	소속	출전	교체	득점	도움	파울	경고	퇴장
BC	2007	대구	1	0	0	1	2	0	0
	합계		1	0	0	1	2	0	0
프로통산			1	0	0	1	2	0	0

김재환(金載桓) 전주대 1988.05.27

대회	연도	소속	출전	교체	득점	도움	파울	경고	퇴장
BC	2011	전북	3	0	0	0	11	3	0
	2012	전북	1	0	0	0	2	0	0
	합계		4	0	0	0	13	3	0
K1	2013	전북	5	2	0	0	6	1	0
	합계		5	2	0	0	6	1	0
K2	2014	수원FC	4	1	0	0	1	0	0
	합계		4	1	0	0	1	0	0
프로통산			13	3	0	0	20	4	0

김재환(金才煥) 마산공고 1958.08.10

대회	연도	소속	출전	교체	득점	도움	파울	경고	퇴장
BC	1985	현대	4	1	0	1	3	0	0
	합계		4	1	0	1	3	0	0
프로통산			4	1	0	1	3	0	0

김재훈(金載薰) 건국대 1988.02.21

대회	연도	소속	출전	교체	득점	도움	파울	경고	퇴장
BC	2011	전남	1	1	0	0	1	1	0
	2012	대전	7	1	0	0	7	3	0
	합계		8	2	0	0	8	4	0
K2	2014	충주	19	4	1	1	21	2	0
	합계		19	4	1	1	21	2	0
프로통산			27	6	1	1	29	6	0

김정겸(金正謙) 동국대 1976.06.09

대회	연도	소속	출전	교체	득점	도움	파울	경고	퇴장
BC	1999	전남	13	13	0	0	6	0	0
	2000	전남	29	6	1	1	57	3	0
	2001	전남	16	6	0	0	25	4	0
	2002	전남	5	5	0	0	1	0	0
	2003	전남	27	4	0	2	39	4	0
	2004	전남	26	5	1	2	43	3	0
	2005	전북	34	3	1	0	52	3	0
	2006	전북	13	0	0	0	16	2	0
	2007	전북	12	5	0	0	26	2	1
	2008	포항	3	2	0	1	2	0	0
	2009	포항	23	3	1	1	38	4	0
	2010	포항	16	2	1	0	23	3	0
	2011	포항	9	2	0	0	9	2	0
	합계		226	56	5	7	337	30	1
프로통산			226	56	5	7	337	30	1

김정광(金正光) 영남대 1988.03.14

대회	연도	소속	출전	교체	득점	도움	파울	경고	퇴장
BC	2011	성남일화	0	0	0	0	0	0	0
	합계		0	0	0	0	0	0	0
프로통산			0	0	0	0	0	0	0

김정민(金正緡) 금호고 1999.11.13

대회	연도	소속	출전	교체	득점	도움	파울	경고	퇴장
K2	2021	부산	13	8	0	0	15	4	0
	2022	부산	19	15	1	0	7	1	0
	합계		32	23	1	0	22	5	0
프로통산			32	23	1	0	22	5	0

김정민(金晶珉) 영남대 1995.09.06

대회	연도	소속	출전	교체	득점	도움	파울	경고	퇴장
K2	2022	안산	0	0	0	0	0	0	0
	합계		0	0	0	0	0	0	0
프로통산			0	0	0	0	0	0	0

김정빈(金楨彬) 선문대 1987.08.23

대회	연도	소속	출전	교체	득점	도움	파울	경고	퇴장
BC	2012	상주	2	2	0	0	8	0	0
	합계		2	2	0	0	8	0	0
K2	2014	수원FC	31	6	4	2	53	2	0
	2015	수원FC	20	6	0	2	31	6	0
	2016	경남	32	7	0	2	31	3	0
	2017	경남	0	0	0	0	0	0	0
	합계		83	19	4	6	115	11	0
프로통산			85	21	4	6	123	11	0

김정수(金貞秀) 성균관대 2000.11.30

대회	연도	소속	출전	교체	득점	도움	파울	경고	퇴장
K2	2022	서울E	4	5	0	1	5	0	0
	합계		4	5	0	1	5	0	0
프로통산			4	5	0	1	5	0	0

김정수(金廷洙) 중앙대 1975.01.17

대회	연도	소속	출전	교체	득점	도움	파울	경고	퇴장
BC	1997	대전	25	1	3	0	9	1	0
	1999	대전	4	3	0	1	6	0	0
	2000	대전	0	0	0	0	0	0	0
	2001	대전	29	1	0	0	12	1	0
	2002	대전	30	1	0	0	12	4	0
	2003	대전	36	13	0	2	36	1	0
	2004	부천SK	30	6	0	0	27	2	0
	2005	부천SK	4	2	0	0	2	0	0
	합계		158	27	3	3	104	9	0
프로통산			158	27	3	3	104	9	0

김정우(金正友) 고려대 1982.05.09

대회	연도	소속	출전	교체	득점	도움	파울	경고	퇴장
BC	2003	울산	34	8	1	3	38	7	0
	2004	울산	18	4	0	0	49	4	1
	2005	울산	32	4	0	2	91	9	0
	2008	성남일화	30	26	5	4	41	3	0
	2009	성남일화	35	11	5	4	63	10	0
	2010	광주상무	19	2	3	0	19	3	0
	2011	상주	26	6	18	1	30	5	0
	2011	성남일화	2	3	0	0	3	0	0
	2012	전북	33	14	5	2	50	4	0
	합계		229	78	37	16	384	45	1
K1	2013	전북	8	4	0	1	8	1	0
	합계		8	4	0	1	8	1	0
프로통산			237	82	37	17	392	46	1

김정욱(金晶昱) 아주대 1976.03.01

대회	연도	소속	출전	교체	득점	도움	파울	경고	퇴장
BC	1998	부산	3	3	1	0	4	0	0
	2000	울산	4	4	0	0	1	0	0
	합계		7	7	1	0	5	0	0
프로통산			7	7	1	0	5	0	0

김정은(金政銀) 동국대 1963.11.27

대회	연도	소속	출전	교체	득점	도움	파울	경고	퇴장
BC	1986	한일은행	10	5	0	0	10	0	0
	합계		10	5	0	0	10	0	0
프로통산			10	5	0	0	10	0	0

김정재(金正才) 경희대 1974.05.22

대회	연도	소속	출전	교체	득점	도움	파울	경고	퇴장
BC	1997	천안일화	20	8	0	0	37	4	0
	1998	천안일화	24	9	0	0	47	5	0
	1999	천안일화	11	2	0	1	30	6	0
	2000	성남일화	23	7	1	1	53	7	0
	2001	성남일화	14	12	0	0	16	2	0
	2002	성남일화	24	16	0	0	27	2	0
	2003	성남일화	14	12	0	0	25	2	0
	2004	인천	9	4	1	0	25	4	0
	합계		139	70	2	2	260	32	0
프로통산			139	70	2	2	260	32	0

김정주(金正柱) 강릉제일고 1991.09.26

대회	연도	소속	출전	교체	득점	도움	파울	경고	퇴장
BC	2010	강원	7	7	0	0	3	0	0
	2011	강원	5	2	0	0	7	1	0
	2012	강원	3	1	0	0	1	0	0
	합계		15	10	0	0	11	1	0
K2	2017	대전	15	14	0	3	8	1	0
	합계		15	14	0	3	8	1	0
프로통산			30	24	0	3	19	2	0

김정혁(金正赫) 명지대 1968.11.30

대회	연도	소속	출전	교체	득점	도움	파울	경고	퇴장
BC	1992	대우	34	9	2	2	50	6	0
	1993	대우	10	7	0	0	15	2	0
	1994	대우	11	12	0	0	15	1	0
	1996	부산	11	8	0	0	13	0	0
	1996	전남	21	8	0	3	39	10	0
	1997	전남	34	3	1	3	66	6	0
	1998	전남	26	10	0	2	42	2	0
	1999	전남	35	3	1	3	44	1	0
	2000	전남	23	2	0	2	30	1	0
	2001	전남	28	6	0	0	22	1	0
	2002	전남	6	3	0	0	5	1	0
	합계		239	71	4	15	341	31	0
프로통산			239	71	4	15	341	31	0

김정현(金楨鉉) 중동고 1993.06.01

대회	연도	소속	출전	교체	득점	도움	파울	경고	퇴장
K1	2016	광주	7	6	1	0	14	3	0
	2017	광주	14	8	2	0	15	4	1
	2019	성남	18	8	1	1	28	3	0
	2020	부산	8	4	1	0	10	3	0
	합계		47	26	5	1	67	13	1
K2	2018	성남	30	3	2	1	72	5	0
	2021	부산	25	13	0	0	41	6	0
	2022	부산	10	6	0	0	10	2	0
	2022	안양	10	7	1	0	18	4	0
	합계		75	29	3	1	141	17	0
프로통산			122	55	8	2	208	30	1

김정현(金正炫) 호남대 1979.04.01

대회	연도	소속	출전	교체	득점	도움	파울	경고	퇴장
BC	2003	부천SK	0	0	0	0	0	0	0
	합계		0	0	0	0	0	0	0
프로통산			0	0	0	0	0	0	0

김정현(金正炫) 강릉제일고 1988.05.16

대회	연도	소속	출전	교체	득점	도움	파울	경고	퇴장
BC	2007	인천	0	0	0	0	0	0	0
	2008	인천	1	1	0	0	1	0	0
	합계		1	1	0	0	1	0	0
프로통산			1	1	0	0	1	0	0

김정호(金政浩) 인천대 1995.05.31

대회	연도	소속	출전	교체	득점	도움	파울	경고	퇴장
K1	2018	인천	12	7	0	0	5	1	0
	2019	인천	25	3	1	0	23	2	0
	2020	인천	11	3	0	0	14	4	0
	합계		48	13	1	0	42	7	0
K2	2021	부천	30	5	0	0	24	6	0
	2022	부천	9	7	0	0	1	2	0
	합계		39	12	0	0	25	8	0
프로통산			87	25	1	0	67	15	0

김정호(金楨浩) 개성고 1998.04.07

대회	연도	소속	출전	교체	실점	도움	파울	경고	퇴장
K1	2020	부산	4	0	5	0	0	0	0
	2021	강원	6	0	9	0	0	0	0
	2022	강원	3	2	5	0	0	0	0
	합계		13	2	19	0	0	0	0
K2	2017	부산	0	0	0	0	0	0	0
	2018	부산	0	0	0	0	0	0	0
	2019	부산	2	0	5	0	1	1	0
	합계		2	0	5	0	1	1	0
승	2019	부산	0	0	0	0	0	0	0
	합계		0	0	0	0	0	0	0
프로통산			15	2	24	0	1	1	0

김정환(金正桓) 신갈고 1997.01.04

대회	연도	소속	출전	교체	득점	도움	파울	경고	퇴장
K1	2016	서울	1	1	0	0	0	0	0
	2017	서울	0	0	0	0	0	0	0
	2020	광주	11	10	2	2	4	0	0
	합계		12	11	2	2	4	0	0
K2	2018	광주	26	22	4	3	22	1	0
	2019	광주	19	19	4	1	17	2	0
	2021	서울E	19	19	3	1	10	1	0
	2022	서울E	37	33	6	4	36	5	0
	합계		101	93	17	9	85	9	0
프로통산			113	104	19	11	89	9	0

김정훈(金禎勳) 영생고 2001.04.20

대회	연도	소속	출전	교체	실점	도움	파울	경고	퇴장
K1	2019	전북	0	0	0	0	0	0	0
	2020	전북	0	0	0	0	0	0	0
	2021	전북	3	3	1	0	0	0	0
	2022	김천	9	2	6	0	0	0	0
	합계		12	5	7	0	0	0	0
K2	2021	김천	0	0	0	0	0	0	0
	합계		0	0	0	0	0	0	0
프로통산			12	5	7	0	0	0	0

김정훈(金正訓) 관동대(가톨릭관동대) 1991.12.23

대회	연도	소속	출전	교체	득점	도움	파울	경고	퇴장
K2	2014	충주	29	19	3	1	28	4	0
	2015	충주	23	18	1	1	27	0	0
	2016	충주	28	24	0	1	28	3	0
	합계		80	61	4	3	83	7	0
프로통산			80	61	4	3	83	7	0

김정훈(金正勳) 독일 FSV Mainz05 1989.02.13

대회	연도	소속	출전	교체	득점	도움	파울	경고	퇴장
BC	2008	대전	5	5	1	0	7	1	0
	2009	대전	0	0	0	0	0	0	0
	합계		5	5	1	0	7	1	0
프로통산			5	5	1	0	7	1	0

김정희(金正熙) 한양대 1956.01.13

대회	연도	소속	출전	교체	득점	도움	파울	경고	퇴장
BC	1983	할렐루야	15	4	2	1	6	1	0
	1984	할렐루야	26	7	1	3	8	1	0
	1985	할렐루야	9	3	0	0	4	0	0
	합계		50	14	3	4	18	2	0
프로통산			50	14	3	4	18	2	0

김제환(金濟煥) 명지대 1985.06.07

대회	연도	소속	출전	교체	득점	도움	파울	경고	퇴장
K2	2013	경찰	17	13	2	1	11	2	0
	합계		17	13	2	1	11	2	0
프로통산			17	13	2	1	11	2	0

김종건(金鍾建) 서울시립대 1964.03.29

대회	연도	소속	출전	교체	득점	도움	파울	경고	퇴장
BC	1985	현대	17	4	2	1	15	1	0
	1986	현대	28	10	2	4	38	3	0
	1987	현대	27	3	2	3	38	2	0
	1988	현대	15	7	0	2	18	1	0
	1989	현대	18	3	8	2	41	2	0
	1990	현대	5	5	0	0	4	0	0
	1991	현대	5	5	0	0	2	0	0
	1991	일화	1	2	0	0	0	0	0
	1992	일화	11	11	0	0	8	1	0
	합계		127	50	14	12	164	10	0
프로통산			127	50	14	12	164	10	0

김종건(金鐘建) 한양대 1969.05.10

대회	연도	소속	출전	교체	득점	도움	파울	경고	퇴장
BC	1992	현대	12	13	1	0	11	0	0
	1993	현대	14	15	2	4	11	3	0
	1994	현대	26	15	9	0	21	1	0
	1995	현대	27	21	4	1	22	0	0
	1996	울산	18	11	4	2	20	0	0
	1997	울산	19	13	4	0	36	3	0
	1998	울산	31	20	12	2	41	3	0
	1999	울산	33	18	15	5	32	0	0
	2000	울산	13	10	1	1	14	0	0
	합계		193	136	52	15	208	10	0
프로통산			193	136	52	15	208	10	0

김종경(金種慶) 홍익대 1982.05.09

대회	연도	소속	출전	교체	득점	도움	파울	경고	퇴장
BC	2004	광주상무	5	2	0	0	3	2	0
	2005	광주상무	1	0	0	0	0	0	0
	2006	경남	23	7	4	0	67	9	0
	2007	전북	17	9	1	0	27	6	0
	2008	대구	2	1	0	0	2	0	0
	합계		48	19	5	0	99	17	0
프로통산			48	19	5	0	99	17	0

김종국(金鐘局) 울산대 1989.01.08

대회	연도	소속	출전	교체	득점	도움	파울	경고	퇴장
BC	2011	울산	3	2	0	0	0	0	0
	2012	울산	0	0	0	0	0	0	0
	2012	강원	16	7	0	4	20	3	0
	합계		19	9	0	4	20	3	0
K1	2013	울산	5	5	0	0	1	0	0
	2015	대전	30	6	1	3	37	4	0
	2016	수원FC	26	12	2	2	21	4	0
	합계		61	23	3	5	59	8	0
K2	2014	대전	22	9	1	1	26	5	0
	2017	아산	17	1	0	0	31	5	0
	2018	아산	30	6	1	2	36	4	0
	2018	수원FC	2	1	0	0	2	0	0
	2019	수원FC	12	6	0	0	10	0	0
	2020	충남아산	22	2	0	2	34	5	0
	2021	충남아산	10	5	0	0	10	2	0
	2022	충남아산	8	6	0	0	5	1	0
	합계		123	36	2	5	154	22	0
프로통산			203	68	5	14	233	33	0

김종만(金鍾萬) 동아대 1959.06.30

대회	연도	소속	출전	교체	득점	도움	파울	경고	퇴장
BC	1983	국민은행	11	0	0	0	15	1	1
	1984	국민은행	3	0	0	0	2	0	0
	1986	럭키금성	15	2	0	0	19	0	0
	1987	럭키금성	13	4	0	0	10	1	0
	합계		42	6	0	0	46	2	1
프로통산			42	6	0	0	46	2	1

김종민(金宗珉) 장훈고 1992.08.11

대회	연도	소속	출전	교체	득점	도움	파울	경고	퇴장
K1	2016	수원	11	10	1	1	10	0	0
	2017	수원	1	1	0	0	0	0	0
	2018	수원	7	4	1	0	10	1	0
	합계		19	15	2	1	20	1	0
프로통산			19	15	2	1	20	1	0

김종민(金種珉) 충북대 1993.10.03

대회	연도	소속	출전	교체	득점	도움	파울	경고	퇴장
K2	2016	부산	13	13	0	1	3	0	1
	합계		13	13	0	1	3	0	1
프로통산			13	13	0	1	3	0	1

김종민(金鍾珉) 한양대 1965.01.06

대회	연도	소속	출전	교체	득점	도움	파울	경고	퇴장
BC	1987	럭키금성	10	3	2	0	9	1	0
	1988	럭키금성	3	3	0	0	3	0	0
	1989	럭키금성	1	1	0	0	0	0	0
	1990	럭키금성	1	1	0	0	0	0	0
	합계		15	8	2	0	12	1	0
프로통산			15	8	2	0	12	1	0

김종복(金鍾福) 중앙대 1984.11.10

대회	연도	소속	출전	교체	득점	도움	파울	경고	퇴장
BC	2006	대구	0	0	0	0	0	0	0
	합계		0	0	0	0	0	0	0
프로통산			0	0	0	0	0	0	0

김종부(金鍾夫) 고려대 1965.01.13

대회	연도	소속	출전	교체	득점	도움	파울	경고	퇴장
BC	1988	포항제철	15	7	0	5	17	0	0
	1989	포항제철	18	14	1	2	19	1	0
	1990	대우	22	5	5	1	19	1	0
	1991	대우	7	7	0	0	6	0	0
	1992	대우	6	6	0	0	5	0	0
	1993	대우	2	2	0	0	0	0	0
	1993	일화	3	3	0	0	1	0	0
	1994	일화	3	2	0	0	0	0	0
	1995	대우	5	5	0	0	5	0	0
	합계		81	51	6	8	72	2	0
프로통산			81	51	6	8	72	2	0

김종석(金綜錫) 상지대 1994.12.11

대회	연도	소속	출전	교체	득점	도움	파울	경고	퇴장
K1	2016	포항	1	1	0	0	0	0	0
	2017	포항	1	1	0	0	0	0	0
	합계		2	2	0	0	0	0	0
K2	2018	안산	17	12	0	2	11	1	0
	2019	안산	1	1	0	0	0	0	0
	합계		18	13	0	2	11	1	0
프로통산			20	15	0	2	11	1	0

김종석(金宗錫) 경상대 1963.05.31

대회	연도	소속	출전	교체	득점	도움	파울	경고	퇴장
BC	1986	럭키금성	27	13	0	0	8	0	0
	1987	럭키금성	7	4	0	0	2	0	0
	합계		34	17	0	0	10	0	0
프로통산			34	17	0	0	10	0	0

김종설(金鐘卨) 중앙대 1960.03.16

대회	연도	소속	출전	교체	득점	도움	파울	경고	퇴장
BC	1983	국민은행	1	0	0	0	2	1	0
	합계		1	0	0	0	2	1	0
프로통산			1	0	0	0	2	1	0

김종성(金鍾城) 아주대 1988.03.12

대회	연도	소속	출전	교체	득점	도움	파울	경고	퇴장
K2	2013	수원FC	24	9	2	0	41	8	1
	2014	안양	26	9	1	0	49	8	0
	2015	안양	16	6	0	0	19	4	0
	합계		66	24	3	0	109	20	1
프로통산			66	24	3	0	109	20	1

김종수(金鐘洙) 동국대 1986.07.25

대회	연도	소속	출전	교체	득점	도움	파울	경고	퇴장
BC	2009	경남	17	2	1	0	50	5	0

대회	연도	소속	출전	교체	득점	도움	파울	경고	퇴장
	2010	경남	7	4	0	0	12	1	0
	2011	경남	1	0	0	0	2	0	0
	2012	경남	19	9	0	0	17	4	0
	합계		44	15	1	0	81	10	0
K1	2013	대전	5	2	0	1	8	3	0
	합계		5	2	0	1	8	3	0
프로통산			49	17	1	1	89	13	0

김종식(金鍾植) 울산대 1967.03.18

대회	연도	소속	출전	교체	득점	도움	파울	경고	퇴장
BC	1990	현대	1	1	0	0	0	0	0
	1991	현대	8	6	0	0	18	2	0
	1992	현대	17	12	0	1	29	1	0
	1993	현대	10	6	0	0	14	2	0
	1994	현대	17	12	0	0	15	3	0
	1995	현대	25	19	1	1	35	6	0
	1996	울산	13	9	0	1	16	1	0
	1997	울산	2	1	0	0	3	1	0
	합계		93	66	1	3	130	16	0
프로통산			93	66	1	3	130	16	0

김종연(金鍾然) 조선대 1975.11.11

대회	연도	소속	출전	교체	득점	도움	파울	경고	퇴장
BC	1997	안양LG	16	13	3	0	21	1	0
	1998	안양LG	20	19	2	1	15	2	0
	1999	안양LG	6	7	1	1	9	1	0
	합계		42	39	6	2	45	4	0
프로통산			42	39	6	2	45	4	0

김종우(金鍾佑) 선문대 1993.10.01

대회	연도	소속	출전	교체	득점	도움	파울	경고	퇴장
K1	2016	수원	3	3	0	0	2	0	0
	2017	수원	25	18	2	5	30	3	0
	2018	수원	24	17	4	1	19	3	0
	2019	수원	21	15	0	1	33	3	0
	2020	수원	3	3	0	0	3	0	0
	2021	광주	19	12	5	2	24	2	0
	합계		95	68	11	9	111	11	0
K2	2015	수원FC	32	15	4	9	48	3	0
	2022	광주	22	21	3	1	12	3	0
	합계		54	36	7	10	60	6	0
승	2015	수원FC	2	2	0	1	2	0	0
	합계		2	2	0	1	2	0	0
프로통산			151	106	18	20	173	17	0

김종원(金鍾沅) 세종대 1993.04.10

대회	연도	소속	출전	교체	득점	도움	파울	경고	퇴장
K2	2016	고양	2	0	0	0	2	0	0
	합계		2	0	0	0	2	0	0
프로통산			2	0	0	0	2	0	0

김종진(金鐘振) 영문고 1999.04.12

대회	연도	소속	출전	교체	득점	도움	파울	경고	퇴장
K1	2018	경남	6	6	1	0	2	1	0
	2019	경남	7	7	1	0	6	0	0
	합계		13	13	2	0	8	1	0
승	2019	경남	0	0	0	0	0	0	0
	합계		0	0	0	0	0	0	0
프로통산			13	13	2	0	8	1	0

김종천(金鍾天) 중앙대 1976.07.07

대회	연도	소속	출전	교체	득점	도움	파울	경고	퇴장
BC	1999	포항	30	23	1	3	20	1	0
	2000	포항	36	17	5	2	30	1	0
	2001	포항	9	7	0	0	2	0	0
	2003	광주상무	34	8	1	2	46	1	0
	2004	포항	15	13	0	0	9	0	0
	2005	포항	2	1	0	0	1	0	0
	2006	전북	2	1	0	0	1	0	0
	합계		128	70	7	7	109	3	0
프로통산			128	70	7	7	109	3	0

김종철(金鍾哲) 인천대 1983.11.09

대회	연도	소속	출전	교체	득점	도움	파울	경고	퇴장
BC	2006	울산	1	1	0	0	3	0	0
	합계		1	1	0	0	3	0	0
프로통산			1	1	0	0	3	0	0

김종필(金鐘必) 장훈고 1992.03.09

대회	연도	소속	출전	교체	득점	도움	파울	경고	퇴장
K1	2019	경남	23	7	2	0	32	3	1
	합계		23	7	2	0	32	3	1
K2	2021	경남	2	2	0	0	1	1	0
	2022	경남	7	3	0	0	2	2	0
	합계		9	5	0	0	3	3	0
승	2019	경남	2	0	0	0	4	1	0
	합계		2	0	0	0	4	1	0
프로통산			34	12	2	0	39	7	1

김종필(金宗弼) 동국대 1967.11.11

대회	연도	소속	출전	교체	득점	도움	파울	경고	퇴장
BC	1994	대우	4	5	0	1	0	0	0
	합계		4	5	0	1	0	0	0
프로통산			4	5	0	1	0	0	0

김종현(金宗賢) 충북대 1973.07.10

대회	연도	소속	출전	교체	득점	도움	파울	경고	퇴장
BC	1998	전남	24	18	3	3	18	1	0
	1999	전남	34	18	4	8	33	3	0
	2000	전남	37	26	5	3	31	1	0
	2001	전남	33	24	2	9	26	1	0
	2002	전남	12	12	1	0	3	0	0
	2003	대전	42	25	10	2	31	0	0
	2004	대전	26	22	4	1	19	2	1
	2005	대전	31	27	1	2	19	0	0
	합계		239	172	30	28	180	8	1
프로통산			239	172	30	28	180	8	1

김종환(金鐘煥) 서울대 1962.11.15

대회	연도	소속	출전	교체	득점	도움	파울	경고	퇴장
BC	1985	현대	15	2	4	3	27	1	0
	1986	현대	22	12	2	3	16	0	0
	1988	유공	15	13	0	1	12	0	0
	합계		52	27	6	7	55	1	0
프로통산			52	27	6	7	55	1	0

김종훈(金鐘勳) 홍익대 1980.12.17

대회	연도	소속	출전	교체	득점	도움	파울	경고	퇴장
BC	2007	경남	14	6	0	0	24	2	0
	2008	경남	21	4	1	0	39	3	0
	2009	경남	5	3	0	0	3	1	0
	2010	부산	7	5	0	0	6	2	0
	합계		47	18	1	0	72	8	0
프로통산			47	18	1	0	72	8	0

김주공(金周孔) 전주대 1996.04.23

대회	연도	소속	출전	교체	득점	도움	파울	경고	퇴장
K1	2020	광주	23	21	2	3	10	0	0
	2021	광주	30	19	5	1	19	1	0
	2022	제주	31	27	5	4	14	2	0
	합계		84	67	12	8	43	3	0
K2	2019	광주	17	10	3	2	12	1	0
	합계		17	10	3	2	12	1	0
프로통산			101	77	15	10	55	4	0

김주봉(金冑奉) 숭실대 1986.04.07

대회	연도	소속	출전	교체	득점	도움	파울	경고	퇴장
BC	2009	강원	3	1	0	0	2	1	0
	합계		3	1	0	0	2	1	0
프로통산			3	1	0	0	2	1	0

김주빈(金周彬) 관동대(가톨릭관동대) 1990.12.07

대회	연도	소속	출전	교체	득점	도움	파울	경고	퇴장
K2	2014	대구	14	8	1	1	14	2	0
	합계		14	8	1	1	14	2	0
프로통산			14	8	1	1	14	2	0

김주성(金朱晟) 오산고 2000.12.12

대회	연도	소속	출전	교체	득점	도움	파울	경고	퇴장
K1	2019	서울	10	3	0	0	4	1	0
	2020	서울	13	2	0	0	17	2	0
	2022	김천	7	3	0	0	6	2	0
	2022	서울	5	2	0	0	6	2	0
	합계		35	10	0	0	33	7	0
K2	2021	김천	8	4	0	0	7	1	0
	합계		8	4	0	0	7	1	0
프로통산			43	14	0	0	40	8	0

김주성(金鑄城) 조선대 1966.01.17

대회	연도	소속	출전	교체	득점	도움	파울	경고	퇴장
BC	1987	대우	28	5	10	4	52	4	0
	1988	대우	10	4	3	0	18	0	0
	1989	대우	8	1	2	1	22	0	0
	1990	대우	9	4	2	0	27	3	0
	1991	대우	37	10	14	5	88	4	0
	1992	대우	9	4	0	1	23	1	0
	1994	대우	3	1	0	0	6	0	0
	1995	대우	30	10	2	1	46	6	0
	1996	부산	26	0	2	2	49	5	0
	1997	부산	34	0	0	1	33	3	0
	1998	부산	28	1	0	1	45	6	1
	1999	부산	33	5	0	1	57	5	0
	합계		255	45	35	17	466	37	1
프로통산			255	45	35	17	466	37	1

김주엽(金柱燁) 보인고 2000.04.05

대회	연도	소속	출전	교체	득점	도움	파울	경고	퇴장
K1	2021	수원FC	12	12	0	1	8	1	0
	2022	수원FC	9	8	0	1	4	0	0
	합계		21	20	0	2	12	1	0
K2	2019	수원FC	8	7	0	0	4	1	0
	2020	수원FC	0	0	0	0	0	0	0
	합계		8	7	0	0	4	1	0
프로통산			29	27	0	2	16	2	0

김주영(金周榮) 연세대 1988.07.09

대회	연도	소속	출전	교체	득점	도움	파울	경고	퇴장
BC	2009	경남	21	1	0	0	26	4	0
	2010	경남	30	1	0	0	31	4	0
	2011	경남	4	0	1	0	2	0	0
	2012	서울	33	7	0	0	12	4	0
	합계		88	9	1	0	71	12	0
K1	2013	서울	31	2	2	1	24	4	0
	2014	서울	29	1	2	0	21	5	0
	합계		60	3	4	1	45	9	0
프로통산			148	12	5	1	116	21	0

김주영(金周寧) 건국대 1977.06.06

대회	연도	소속	출전	교체	득점	도움	파울	경고	퇴장
BC	2000	안양LG	1	1	0	0	0	0	0
	합계		1	1	0	0	0	0	0
프로통산			1	1	0	0	0	0	0

김주원(金走員/←김준수) 영남대 1991.07.29

대회	연도	소속	출전	교체	득점	도움	파울	경고	퇴장
K1	2013	포항	7	4	1	0	2	1	0
	2014	포항	10	4	0	0	14	4	0
	2015	포항	18	2	2	0	34	3	0
	2016	포항	22	6	0	0	21	7	0
	2017	전남	13	6	0	0	12	1	0
	2021	제주	2	2	0	0	1	0	0
	2022	제주	1	1	0	0	0	0	0
	합계		73	25	3	0	84	16	0
K2	2018	아산	6	3	0	1	5	0	0
	2019	아산	10	2	0	0	9	1	1
	2019	전남	12	1	0	0	17	3	0
	2020	전남	26	0	1	1	34	5	0
	합계		54	6	1	2	65	9	1
프로통산			127	31	4	2	149	25	1

김주일(金住鎰) 대구대 1974.03.05

대회	연도	소속	출전	교체	득점	도움	파울	경고	퇴장
BC	1997	천안일화	6	3	0	0	7	2	0

대회	연도	소속	출전	교체	득점	도움	파울	경고	퇴장
	합계		6	3	0	0	7	2	0
프로통산			6	3	0	0	7	2	0

김주형(金珠亨) 중동FC U18 2003.05.13

대회	연도	소속	출전	교체	득점	도움	파울	경고	퇴장
K1	2022	강원	1	1	0	0	0	0	0
	합계		1	1	0	0	0	0	0
프로통산			1	1	0	0	0	0	0

김주형(金柱亨) 동의대 1989.08.23

대회	연도	소속	출전	교체	득점	도움	파울	경고	퇴장
BC	2010	대전	2	2	0	0	1	0	0
	2011	대전	2	2	0	0	2	0	0
	합계		4	4	0	0	3	0	0
K2	2014	충주	0	0	0	0	0	0	0
	합계		0	0	0	0	0	0	0
프로통산			4	4	0	0	3	0	0

김주환(金周煥) 포항제철고 2001.02.17

대회	연도	소속	출전	교체	득점	도움	파울	경고	퇴장
K1	2020	포항	1	1	0	0	0	0	0
	합계		1	1	0	0	0	0	0
K2	2021	경남	24	6	0	0	19	4	1
	2022	안양	25	19	0	0	11	3	1
	합계		49	25	0	0	30	7	2
프로통산			50	26	0	0	30	7	2

김주환(金周奐) 아주대 1982.04.24

대회	연도	소속	출전	교체	득점	도움	파울	경고	퇴장
BC	2005	대구	15	7	1	2	23	2	0
	2006	대구	19	9	0	0	34	4	0
	2007	대구	22	6	1	4	29	2	0
	2008	대구	10	3	2	1	11	0	0
	2009	대구	17	2	1	0	26	7	0
	2010	광주상무	1	1	0	0	0	0	0
	2011	상주	9	2	0	0	10	3	0
	2011	대구	0	0	0	0	0	0	0
	합계		93	30	5	7	133	18	0
프로통산			93	30	5	7	133	18	0

김주훈(金柱薰) 동아대 1959.02.27

대회	연도	소속	출전	교체	득점	도움	파울	경고	퇴장
BC	1983	국민은행	5	1	0	1	3	0	0
	합계		5	1	0	1	3	0	0
프로통산			5	1	0	1	3	0	0

김준(金俊) 대월중 1986.12.09

대회	연도	소속	출전	교체	득점	도움	파울	경고	퇴장
BC	2003	수원	0	0	0	0	0	0	0
	합계		0	0	0	0	0	0	0
프로통산			0	0	0	0	0	0	0

김준민(金俊旻) 동의대 1983.09.07

대회	연도	소속	출전	교체	득점	도움	파울	경고	퇴장
BC	2007	대전	1	1	0	0	0	0	0
	합계		1	1	0	0	0	0	0
프로통산			1	1	0	0	0	0	0

김준범(金俊範) 연세대 1998.01.14

대회	연도	소속	출전	교체	득점	도움	파울	경고	퇴장
K1	2018	경남	22	17	1	0	18	6	0
	2019	경남	28	10	1	3	26	1	0
	2020	인천	21	20	1	1	20	4	0
	2021	인천	19	17	1	0	14	2	0
	2022	김천	13	9	2	1	9	2	0
	합계		103	73	6	5	87	15	0
승	2019	경남	2	0	0	0	6	1	0
	2022	김천	1	1	0	0	1	0	0
	합계		3	1	0	0	7	1	0
프로통산			106	74	6	5	94	16	0

김준범(金峻範) 호남대 1986.06.23

대회	연도	소속	출전	교체	득점	도움	파울	경고	퇴장
BC	2012	강원	1	1	0	0	0	0	0
	합계		1	1	0	0	0	0	0
프로통산			1	1	0	0	0	0	0

김준석(金俊錫) 고려대 1976.04.21

대회	연도	소속	출전	교체	실점	도움	파울	경고	퇴장
BC	1999	부산	6	1	11	0	0	0	0
	2000	부산	0	0	0	0	0	0	0
	합계		6	1	11	0	0	0	0
프로통산			6	1	11	0	0	0	0

김준섭(金準燮) 홍익대 1999.10.01

대회	연도	소속	출전	교체	득점	도움	파울	경고	퇴장
K2	2021	안양	3	3	0	0	1	0	0
	합계		3	3	0	0	1	0	0
프로통산			3	3	0	0	1	0	0

김준엽(金俊燁) 홍익대 1988.05.10

대회	연도	소속	출전	교체	득점	도움	파울	경고	퇴장
BC	2010	제주	1	1	0	0	0	0	0
	2011	제주	2	0	0	0	3	0	0
	2012	제주	11	5	0	0	12	3	0
	합계		14	6	0	0	15	3	0
K1	2014	경남	13	4	0	0	18	2	0
	2019	대구	22	9	0	1	19	1	0
	2020	인천	15	2	0	3	13	2	0
	2021	인천	18	4	0	0	16	3	0
	2022	인천	25	8	1	2	19	7	0
	합계		93	27	1	6	85	15	0
K2	2013	광주	29	13	5	2	50	3	0
	2015	경남	34	3	0	1	41	6	0
	2016	안산무궁	28	10	1	3	28	3	0
	2017	아산	18	0	0	2	30	3	0
	2018	부천	31	2	1	3	45	2	0
	합계		140	28	7	11	194	17	0
승	2014	경남	2	1	0	0	1	1	0
	합계		2	1	0	0	1	1	0
프로통산			249	62	8	17	295	36	0

김준태(金俊泰) 한남대 1985.05.31

대회	연도	소속	출전	교체	득점	도움	파울	경고	퇴장
BC	2010	강원	4	3	0	0	3	0	0
	합계		4	3	0	0	3	0	0
K2	2015	고양	38	7	2	4	48	8	0
	2016	서울E	24	5	1	2	41	4	0
	2017	서울E	24	7	0	2	55	1	0
	2018	서울E	17	9	0	1	40	3	0
	합계		103	28	3	9	184	16	0
프로통산			107	31	3	9	187	16	0

김준현(金俊鉉) 연세대 1964.01.20

대회	연도	소속	출전	교체	득점	도움	파울	경고	퇴장
BC	1986	대우	11	9	3	0	8	2	0
	1987	유공	26	13	3	4	22	3	1
	1988	유공	10	8	0	0	14	0	0
	1989	유공	33	33	5	4	20	3	0
	1990	유공	17	16	1	0	12	1	0
	1991	유공	29	25	0	8	23	3	0
	1992	유공	2	2	0	0	1	0	0
	합계		128	106	12	16	100	12	1
프로통산			128	106	12	16	100	12	1

김준협(金俊協) 오현고 1978.11.11

대회	연도	소속	출전	교체	득점	도움	파울	경고	퇴장
BC	2004	울산	1	1	0	0	1	0	0
	합계		1	1	0	0	1	0	0
프로통산			1	1	0	0	1	0	0

김준형(金俊亨) 송호대 1996.04.05

대회	연도	소속	출전	교체	득점	도움	파울	경고	퇴장
K1	2017	수원	0	0	0	0	0	0	0
	2018	수원	5	4	0	0	4	1	0
	2020	수원	2	2	0	0	2	0	0
	2021	수원FC	12	12	0	1	12	2	0
	합계		19	18	0	1	18	3	0
K2	2019	광주	16	14	0	0	17	1	0
	2022	부천	37	28	0	4	33	5	0
	합계		53	42	0	4	50	6	0
프로통산			72	60	0	5	68	9	0

김준호(金俊鎬) 포항제철고 2002.12.11

대회	연도	소속	출전	교체	득점	도움	파울	경고	퇴장
K1	2021	포항	2	2	0	0	2	0	0
	2022	포항	7	7	0	0	1	0	0
	합계		9	9	0	0	3	0	0
프로통산			9	9	0	0	3	0	0

김준홍(金峻弘) 영생고 2003.06.03

대회	연도	소속	출전	교체	실점	도움	파울	경고	퇴장
K1	2021	전북	2	2	0	0	0	0	0
	2022	전북	2	2	1	0	0	0	0
	합계		4	4	1	0	0	0	0
프로통산			4	4	1	0	0	0	0

김지민(金智珉) 동래고 1993.06.05

대회	연도	소속	출전	교체	득점	도움	파울	경고	퇴장
BC	2012	부산	7	6	0	0	6	1	0
	합계		7	6	0	0	6	1	0
K1	2013	부산	3	3	0	0	0	0	0
	2014	부산	3	3	0	0	2	0	0
	2015	부산	1	1	0	0	2	0	0
	2018	포항	17	11	4	1	24	4	0
	2019	포항	4	4	1	0	3	0	0
	2022	포항	2	2	0	0	1	0	0
	합계		30	24	5	1	32	4	0
K2	2016	부산	1	1	0	0	1	0	0
	2019	수원FC	12	12	1	0	10	3	0
	합계		13	13	1	0	11	3	0
프로통산			50	43	6	1	49	8	0

김지민(金智敏) 한양대 1984.11.27

대회	연도	소속	출전	교체	득점	도움	파울	경고	퇴장
BC	2007	울산	0	0	0	0	0	0	0
	2008	포항	1	1	0	0	0	0	0
	2009	대전	7	5	0	0	10	2	0
	2010	광주상무	2	0	0	0	2	0	0
	2011	상주	8	3	0	0	7	2	0
K2	2013	수원FC	0	0	0	0	0	0	0
	합계		0	0	0	0	0	0	0
	합계		18	9	0	0	19	4	0
프로통산			18	9	0	0	19	4	0

김지성(金志成) 동의대 1987.11.08

대회	연도	소속	출전	교체	실점	도움	파울	경고	퇴장
K2	2013	광주	25	0	39	0	2	1	0
	합계		25	0	39	0	2	1	0
프로통산			25	0	39	0	2	1	0

김지수(金志樹) 풍생고 2004.12.24

대회	연도	소속	출전	교체	득점	도움	파울	경고	퇴장
K1	2022	성남	19	4	0	1	3	1	0
	합계		19	4	0	1	3	1	0
프로통산			19	4	0	1	3	1	0

김지안(金志矸) 용인대 1995.12.30

대회	연도	소속	출전	교체	득점	도움	파울	경고	퇴장
K2	2022	안산	1	1	0	0	0	0	0
	합계		1	1	0	0	0	0	0
프로통산			1	1	0	0	0	0	0

김지운(金只澐/←김봉래) 명지대 1990.07.02

대회	연도	소속	출전	교체	득점	도움	파울	경고	퇴장
K1	2013	제주	23	5	1	0	23	3	0
	2014	제주	7	6	0	1	1	0	0
	2015	제주	21	12	1	1	9	2	0
	2016	제주	10	2	0	0	3	0	0
	2019	제주	6	0	0	0	8	5	0
	합계		67	25	2	2	44	10	0
K2	2016	서울E	12	2	0	3	8	0	0
	2017	서울E	9	2	1	0	7	1	0
	2017	수원FC	13	1	0	5	4	0	0
	2018	아산	2	2	0	0	3	0	0

대회	연도	소속	출전	교체	득점	도움	파울	경고	퇴장
	2019	아산	11	6	0	0	9	1	0
	2020	제주	1	1	0	0	1	0	0
	2022	경남	5	5	0	0	2	0	0
	합계		53	19	1	8	34	2	0
프로통산			120	44	3	10	78	12	0

김지운 아주대 1976.11.13

대회	연도	소속	출전	교체	실점	도움	파울	경고	퇴장
BC	1999	부천SK	0	0	0	0	0	0	0
	2000	부천SK	0	0	0	0	0	0	0
	2001	부천SK	0	0	0	0	0	0	0
	2003	광주상무	0	0	0	0	0	0	0
	2004	부천SK	0	0	0	0	0	0	0
	2006	대구	6	1	5	0	0	0	0
	합계		6	1	5	0	0	0	0
프로통산			6	1	5	0	0	0	0

김지웅(金知雄) 경희대 1989.01.14

대회	연도	소속	출전	교체	득점	도움	파울	경고	퇴장
BC	2010	전북	16	15	1	2	23	4	0
	2011	전북	13	12	3	0	27	6	0
	2012	경남	2	2	1	0	1	0	0
	합계		31	29	5	2	51	10	0
K1	2013	부산	2	2	0	0	2	1	0
	합계		2	2	0	0	2	1	0
K2	2014	고양	4	1	1	0	8	0	1
	2015	고양	5	5	1	1	1	1	0
	합계		9	6	2	1	9	1	1
프로통산			42	37	7	3	62	12	1

김지웅(金智雄) 광운대 1990.05.19

대회	연도	소속	출전	교체	득점	도움	파울	경고	퇴장
K1	2014	상주	0	0	0	0	0	0	0
	합계		0	0	0	0	0	0	0
K2	2013	부천	4	4	0	0	1	0	0
	2015	상주	0	0	0	0	0	0	0
	합계		4	4	0	0	1	0	0
프로통산			4	4	0	0	1	0	0

김지철(金地鐵) 예원예술대 1995.04.06

대회	연도	소속	출전	교체	실점	도움	파울	경고	퇴장
K2	2016	대전	0	0	0	0	0	0	0
	합계		0	0	0	0	0	0	0
프로통산			0	0	0	0	0	0	0

김지혁(金志赫) 경남상고 1981.10.26

대회	연도	소속	출전	교체	실점	도움	파울	경고	퇴장
BC	2001	부산	3	0	4	0	0	0	0
	2002	부산	0	0	0	0	0	0	0
	2003	부산	0	0	0	0	0	0	0
	2004	부산	2	0	8	0	0	0	0
	2005	울산	4	1	4	0	0	0	0
	2006	울산	29	2	27	0	0	1	0
	2007	울산	5	1	3	0	0	0	0
	2008	포항	21	1	25	0	0	1	0
	2009	포항	10	1	14	0	1	0	0
	2010	광주상무	26	1	39	0	0	2	0
	2011	상주	11	0	12	0	0	2	0
	합계		111	7	136	0	1	6	0
프로통산			111	7	136	0	1	6	0

김지현(金址泫) 강원한라대 1996.07.22

대회	연도	소속	출전	교체	득점	도움	파울	경고	퇴장
K1	2018	강원	12	12	3	0	9	0	0
	2019	강원	27	21	10	1	21	3	0
	2020	강원	23	14	8	2	25	1	0
	2021	울산	17	16	1	1	12	0	0
	2022	김천	31	17	4	2	21	2	0
	합계		110	80	26	6	88	6	0
승	2022	김천	2	0	0	0	2	0	0
	합계		2	0	0	0	2	0	0
프로통산			112	80	26	6	90	6	0

김지호(金芝鎬) 수원대 1997.08.03

대회	연도	소속	출전	교체	득점	도움	파울	경고	퇴장
K2	2018	부천	7	7	0	0	4	1	0
	2019	부천	3	2	0	0	3	0	0
	합계		10	9	0	0	7	1	0
프로통산			10	9	0	0	7	1	0

김지환(金智煥) 영동대 1988.04.21

대회	연도	소속	출전	교체	실점	도움	파울	경고	퇴장
BC	2011	부산	0	0	0	0	0	0	0
	합계		0	0	0	0	0	0	0
프로통산			0	0	0	0	0	0	0

김지훈(金志訓) 청주대 1993.06.16

대회	연도	소속	출전	교체	득점	도움	파울	경고	퇴장
K2	2016	고양	16	8	0	1	15	2	0
	합계		16	8	0	1	15	2	0
프로통산			16	8	0	1	15	2	0

김지훈(金志勳) 원주공고 1997.09.30

대회	연도	소속	출전	교체	득점	도움	파울	경고	퇴장
K2	2016	서울E	0	0	0	0	0	0	0
	합계		0	0	0	0	0	0	0
프로통산			0	0	0	0	0	0	0

김지훈(金志勳) 충남기공고 2000.06.26

대회	연도	소속	출전	교체	득점	도움	파울	경고	퇴장
K2	2019	대전	1	1	0	0	0	0	0
	2020	대전	9	2	0	2	9	0	0
	2021	대전	1	1	0	0	0	0	0
	2022	대전	2	1	0	0	2	0	0
	합계		13	5	0	2	11	0	0
프로통산			13	5	0	2	11	0	0

김진국(金鎭國) 건국대 1951.09.14

대회	연도	소속	출전	교체	득점	도움	파울	경고	퇴장
BC	1984	국민은행	15	10	2	3	5	0	0
	합계		15	10	2	3	5	0	0
프로통산			15	10	2	3	5	0	0

김진규(金珍圭) 안동고 1985.02.16

대회	연도	소속	출전	교체	득점	도움	파울	경고	퇴장
BC	2003	전남	11	4	1	0	12	2	0
	2004	전남	15	0	1	1	22	5	0
	2007	전남	9	0	2	0	14	4	0
	2007	서울	9	1	0	0	19	1	0
	2008	서울	29	4	0	0	51	7	1
	2009	서울	32	4	0	3	45	6	0
	2010	서울	30	4	1	0	33	3	1
	2012	서울	37	2	4	1	49	7	0
	합계		172	19	9	5	245	35	2
K1	2013	서울	35	1	6	1	25	3	0
	2014	서울	33	3	2	2	43	3	0
	2015	서울	15	5	0	0	15	1	0
	합계		83	9	8	3	83	7	0
K2	2017	대전	13	2	0	0	11	4	0
	합계		13	2	0	0	11	4	0
프로통산			268	30	17	8	339	46	2

김진규(金鎭圭) 개성고 1997.02.24

대회	연도	소속	출전	교체	득점	도움	파울	경고	퇴장
K1	2015	부산	14	10	1	2	11	3	0
	2020	부산	8	8	1	2	8	0	0
	2022	전북	26	15	2	1	29	3	0
	합계		48	33	4	5	48	6	0
K2	2016	부산	6	5	0	0	6	0	0
	2017	부산	10	6	0	0	12	2	0
	2018	부산	32	15	7	2	43	3	0
	2019	부산	32	18	4	3	19	1	0
	2021	부산	27	7	4	2	30	2	1
	2022	부산	1	0	0	0	3	0	0
	합계		108	51	15	7	113	8	1
승	2015	부산	1	1	0	0	1	0	0
	2018	부산	2	1	1	0	2	1	0
	2019	부산	2	1	0	0	4	0	0
	합계		5	3	1	0	7	1	0
프로통산			161	87	20	12	168	15	1

김진래(金進來) 매탄고 1997.05.01

대회	연도	소속	출전	교체	득점	도움	파울	경고	퇴장
K2	2018	안양	24	3	1	2	27	4	0
	2019	안산	19	6	0	0	21	5	0
	2020	안산	9	0	0	0	18	3	0
	2021	안산	25	5	1	1	17	3	0
	합계		77	14	2	3	83	15	0
프로통산			77	14	2	3	83	15	0

김진만(金眞萬) 선문대 1990.05.03

대회	연도	소속	출전	교체	득점	도움	파울	경고	퇴장
BC	2011	대전	1	1	0	0	0	0	0
	합계		1	1	0	0	0	0	0
프로통산			1	1	0	0	0	0	0

김진성(金眞成) 광운대 1999.12.09

대회	연도	소속	출전	교체	득점	도움	파울	경고	퇴장
K1	2021	서울	8	6	1	0	2	0	0
	2022	서울	1	1	0	0	1	0	0
	합계		9	7	1	0	3	0	0
프로통산			9	7	1	0	3	0	0

김진성(金進成) 한남대 1997.06.16

대회	연도	소속	출전	교체	득점	도움	파울	경고	퇴장
K2	2019	전남	3	2	0	0	2	2	0
	2021	전남	1	1	0	0	0	0	0
	합계		4	3	0	0	2	2	0
프로통산			4	3	0	0	2	2	0

김진솔(金眞率) 우석대 1989.01.11

대회	연도	소속	출전	교체	득점	도움	파울	경고	퇴장
BC	2010	대전	4	4	0	0	4	1	0
	2011	대전	4	3	0	0	8	2	0
	합계		8	7	0	0	12	3	0
프로통산			8	7	0	0	12	3	0

김진수(金鎭秀) 신갈고 1995.02.28

대회	연도	소속	출전	교체	득점	도움	파울	경고	퇴장
K1	2016	광주	1	1	0	0	1	0	0
	합계		1	1	0	0	1	0	0
프로통산			1	1	0	0	1	0	0

김진수(金珍洙) 경희대 1992.06.13

대회	연도	소속	출전	교체	득점	도움	파울	경고	퇴장
K1	2017	전북	29	3	4	5	36	7	0
	2018	전북	7	1	1	0	10	3	0
	2019	전북	27	3	2	4	35	5	1
	2020	전북	15	0	0	2	24	1	1
	2021	전북	12	1	0	0	20	5	0
	2022	전북	31	9	2	3	21	6	0
	합계		121	17	9	14	146	27	2
프로통산			121	17	9	14	146	27	2

김진수(金珍洙) 창원기계공고 1984.07.02

대회	연도	소속	출전	교체	실점	도움	파울	경고	퇴장
BC	2006	인천	0	0	0	0	0	0	0
	2007	인천	0	0	0	0	0	0	0
	합계		0	0	0	0	0	0	0
프로통산			0	0	0	0	0	0	0

김진식(金珍植) 전주대 1977.03.16

대회	연도	소속	출전	교체	실점	도움	파울	경고	퇴장
BC	2003	대구	22	1	33	0	1	0	0
	2004	대구	2	0	4	0	1	0	0
	2005	대구	16	0	21	0	0	2	0
	합계		40	1	58	0	2	2	0
프로통산			40	1	58	0	2	2	0

김진야(金鎭冶) 대건고 1998.06.30

대회	연도	소속	출전	교체	득점	도움	파울	경고	퇴장
K1	2017	인천	16	15	0	1	14	1	0
	2018	인천	25	13	1	1	27	3	0
	2019	인천	32	11	0	1	27	1	0
	2020	서울	24	13	0	3	19	1	0

대회	연도	소속	출전	교체	득점	도움	파울	경고	퇴장
	2021	서울	18	12	0	0	11	1	0
	2022	서울	34	19	1	1	18	0	0
	합계		149	83	2	7	116	7	0
프로통산			149	83	2	7	116	7	0

김진영(金珍英) 건국대 1992.03.02

대회	연도	소속	출전	교체	실점	도움	파울	경고	퇴장
K1	2014	포항	1	1	1	0	0	0	0
	2015	포항	0	0	0	0	0	0	0
	2016	포항	17	2	15	0	1	0	0
	2017	포항	1	1	2	0	0	0	0
	합계		19	4	18	0	1	0	0
K2	2018	대전	11	1	17	0	1	0	1
	2019	대전	7	0	13	0	0	0	0
	2020	대전	14	0	20	0	1	1	0
	합계		32	1	50	0	2	1	1
프로통산			51	5	68	0	3	1	1

김진영(金眞詠) 선문대 2000.10.20

대회	연도	소속	출전	교체	득점	도움	파울	경고	퇴장
K2	2022	광주	2	2	0	0	3	0	0
	합계		2	2	0	0	3	0	0
프로통산			2	2	0	0	3	0	0

김진옥(金鎭玉) 영남대 1952.12.17

대회	연도	소속	출전	교체	득점	도움	파울	경고	퇴장
BC	1983	할렐루야	5	2	0	0	5	0	0
	1984	할렐루야	17	0	0	0	22	2	0
	1985	할렐루야	18	3	0	0	35	2	0
	합계		40	5	0	0	62	4	0
프로통산			40	5	0	0	62	4	0

김진용(金珍龍) 한양대 1982.10.09

대회	연도	소속	출전	교체	득점	도움	파울	경고	퇴장
BC	2004	울산	29	22	3	3	34	2	0
	2005	울산	27	24	8	2	27	1	0
	2006	경남	30	16	7	4	41	3	0
	2008	경남	31	26	6	3	36	1	0
	2009	성남일화	37	34	7	5	43	4	0
	2010	성남일화	11	11	0	2	8	1	0
	2011	성남일화	13	13	2	0	9	2	0
	2011	강원	12	9	2	0	15	3	0
	2012	포항	21	21	1	1	28	8	0
	합계		211	176	36	20	241	25	0
K1	2013	강원	7	6	0	0	7	0	0
	합계		7	6	0	0	7	0	0
K2	2017	경남	2	2	0	0	4	2	0
	합계		2	2	0	0	4	2	0
프로통산			220	184	36	20	252	27	0

김진용(金鎭用) 대구대 1973.05.05

대회	연도	소속	출전	교체	득점	도움	파울	경고	퇴장
BC	1996	안양LG	12	12	0	1	7	0	0
	1997	안양LG	1	1	0	0	0	0	0
	2000	안양LG	1	1	0	0	0	0	0
	합계		14	14	0	1	7	0	0
프로통산			14	14	0	1	7	0	0

김진우(金珍友) 대구대 1975.10.09

대회	연도	소속	출전	교체	득점	도움	파울	경고	퇴장
BC	1996	수원	23	10	0	1	60	5	0
	1997	수원	30	8	0	0	59	8	0
	1998	수원	33	6	0	2	93	7	0
	1999	수원	41	2	0	4	142	7	0
	2000	수원	34	0	1	3	99	8	0
	2001	수원	27	1	1	2	64	3	0
	2002	수원	13	4	0	0	15	0	0
	2003	수원	26	8	0	2	56	2	0
	2004	수원	35	4	0	3	105	3	0
	2005	수원	18	8	0	0	34	1	0
	2006	수원	22	12	0	0	48	1	0
	2007	수원	8	5	0	1	20	1	0
	합계		310	68	2	18	795	46	0
프로통산			310	68	2	18	795	46	0

김진욱(金鎭旭) 홍익대 1997.03.06

대회	연도	소속	출전	교체	득점	도움	파울	경고	퇴장
K2	2019	안산	10	10	1	1	6	0	0
	합계		10	10	1	1	6	0	0
프로통산			10	10	1	1	6	0	0

김진일(金鎭一) 마산공고 1985.10.26

대회	연도	소속	출전	교체	득점	도움	파울	경고	퇴장
BC	2009	강원	5	3	1	0	8	0	0
	2010	강원	1	1	0	0	1	0	0
	합계		6	4	1	0	9	0	0
프로통산			6	4	1	0	9	0	0

김진혁(金鎭爀) 숭실대 1993.06.03

대회	연도	소속	출전	교체	득점	도움	파울	경고	퇴장
K1	2017	대구	32	8	4	0	42	7	0
	2018	대구	25	11	1	0	25	4	1
	2019	대구	6	3	4	1	10	1	0
	2019	상주	9	1	1	0	13	1	0
	2020	상주	19	1	1	0	17	4	0
	2021	대구	34	8	6	2	41	2	0
	2022	대구	26	6	2	1	29	4	0
	합계		151	38	19	4	177	23	1
K2	2015	대구	12	12	0	0	4	1	0
	합계		12	12	0	0	4	1	0
프로통산			163	50	19	4	181	24	1

김진현(金眞賢) 광양제철고 1987.07.29

대회	연도	소속	출전	교체	득점	도움	파울	경고	퇴장
BC	2007	전남	0	0	0	0	0	0	0
	2008	전남	8	1	2	0	9	2	0
	2009	전남	8	4	0	0	9	1	0
	2010	경남	12	11	0	1	6	1	0
	2011	경남	8	6	0	1	8	0	0
	합계		36	22	2	2	32	4	0
K1	2013	대전	2	0	0	1	3	1	0
	합계		2	0	0	1	3	1	0
K2	2016	부천	14	1	0	0	16	3	0
	2017	부천	2	1	0	0	0	0	0
	합계		16	2	0	0	16	3	0
프로통산			54	24	2	3	51	8	0

김진현(金眞鉉) 용인대 1999.09.28

대회	연도	소속	출전	교체	득점	도움	파울	경고	퇴장
K1	2020	광주	2	2	0	0	0	0	0
	2021	포항	5	5	0	0	1	1	0
	합계		7	7	0	0	1	1	0
프로통산			7	7	0	0	1	1	0

김진형(金鎭亨) 한양대 1969.04.10

대회	연도	소속	출전	교체	득점	도움	파울	경고	퇴장
BC	1992	유공	22	10	0	0	19	1	0
	1993	유공	33	4	0	0	39	2	0
	1994	유공	14	5	0	0	10	2	0
	1995	유공	22	8	0	0	44	6	0
	1996	부천유공	29	23	1	0	40	3	0
	1997	부천SK	1	1	0	0	0	0	0
	1997	천안일화	10	5	0	0	5	0	0
	1998	전남	1	1	0	0	0	0	0
	1998	포항	11	11	0	0	12	3	0
	1999	포항	20	11	1	0	26	3	0
	합계		163	79	2	0	195	20	0
프로통산			163	79	2	0	195	20	0

김진호(金進晧) 광운대 2000.01.21

대회	연도	소속	출전	교체	득점	도움	파울	경고	퇴장
K1	2022	강원	28	16	3	2	26	3	0
	합계		28	16	3	2	26	3	0
프로통산			28	16	3	2	26	3	0

김진환(金眞煥) 경희대 1989.03.01

대회	연도	소속	출전	교체	득점	도움	파울	경고	퇴장
BC	2011	강원	19	1	0	0	27	2	0
	2012	강원	19	3	0	0	23	4	0
	합계		38	4	0	0	50	6	0
K1	2013	강원	12	3	0	0	15	3	0
	2014	인천	2	1	0	0	0	0	0
	2015	인천	20	3	3	0	17	3	0
	2016	광주	5	3	0	0	1	0	0
	2017	상주	7	5	0	1	10	1	0
	2018	상주	12	11	0	0	8	2	0
	합계		58	26	3	1	51	9	0
K2	2016	안양	17	0	0	0	23	6	0
	2018	광주	5	2	0	0	2	1	0
	2019	광주	12	2	1	0	8	0	0
	2020	서울E	11	2	1	1	20	3	0
	2021	서울E	22	4	2	0	21	4	0
	2022	서울E	5	4	0	0	0	0	0
	합계		72	14	4	1	74	14	0
승	2017	상주	0	0	0	0	0	0	0
	합계		0	0	0	0	0	0	0
프로통산			168	44	7	2	175	29	0

김찬(金澯) 포항제철고 2000.04.25

대회	연도	소속	출전	교체	득점	도움	파울	경고	퇴장
K2	2019	대전	7	6	1	0	7	1	0
	2020	충남아산	25	20	1	1	33	4	0
	2021	충남아산	25	24	1	1	44	5	0
	2022	부산	25	18	2	2	34	3	0
	합계		82	68	5	4	118	13	0
프로통산			82	68	5	4	118	13	0

김찬영(金燦榮) 경희대 1989.04.01

대회	연도	소속	출전	교체	득점	도움	파울	경고	퇴장
K1	2014	부산	23	13	0	0	16	3	0
	2015	부산	9	4	0	0	9	0	0
	합계		32	17	0	0	25	3	0
K2	2017	안양	4	2	0	0	1	0	0
	합계		4	2	0	0	1	0	0
프로통산			36	19	0	0	26	3	0

김찬중(金燦中) 건국대 1976.06.14

대회	연도	소속	출전	교체	득점	도움	파울	경고	퇴장
BC	1999	대전	28	14	0	0	37	2	0
	2000	대전	28	11	0	0	24	1	0
	2001	대전	2	1	0	1	3	0	0
	2002	대전	2	2	0	0	0	1	0
	2003	대전	2	1	0	0	3	0	0
	합계		62	29	0	1	67	4	0
프로통산			62	29	0	1	67	4	0

김찬희(金燦喜) 한양대 1990.06.25

대회	연도	소속	출전	교체	득점	도움	파울	경고	퇴장
BC	2012	포항	2	2	0	0	4	0	0
	합계		2	2	0	0	4	0	0
K1	2015	대전	5	5	0	0	7	0	0
	합계		5	5	0	0	7	0	0
K2	2014	대전	27	19	8	5	79	6	0
	2017	대전	18	15	4	3	43	4	0
	2018	대전	4	4	0	0	10	2	0
	2019	부천	12	12	1	0	7	0	0
	합계		61	50	13	8	139	12	0
프로통산			68	57	13	8	150	12	0

김창대(金昌大) 한남대 1992.11.02

대회	연도	소속	출전	교체	득점	도움	파울	경고	퇴장
K2	2013	충주	19	17	0	1	8	1	0
	합계		19	17	0	1	8	1	0
프로통산			19	17	0	1	8	1	0

김창수(金昌洙) 동명정보고 1985.09.12

대회	연도	소속	출전	교체	득점	도움	파울	경고	퇴장
BC	2004	울산	1	1	0	0	2	1	0
	2006	대전	10	5	0	0	5	1	0
	2007	대전	23	4	1	3	42	8	0
	2008	부산	28	3	1	2	48	5	0

대회	연도	소속	출전	교체	득점	도움	파울	경고	퇴장
	2009	부산	29	1	1	2	36	6	0
	2010	부산	32	1	2	3	62	8	0
	2011	부산	35	0	1	5	49	6	0
	2012	부산	28	2	2	0	25	2	0
	합계		186	17	8	15	269	37	0
K1	2016	전북	8	0	0	1	6	0	1
	2017	울산	29	0	0	2	29	4	2
	2018	울산	26	3	0	1	13	1	0
	2019	울산	9	2	0	0	5	1	0
	2020	광주	24	4	0	1	11	1	0
	2021	인천	9	4	0	0	3	0	0
	2022	인천	12	10	0	0	2	1	0
	합계		117	23	0	5	69	8	3
프로통산			303	40	8	20	338	45	3

김창오(金昌五) 연세대 1978.01.10

대회	연도	소속	출전	교체	득점	도움	파울	경고	퇴장
BC	2002	부산	18	15	2	1	29	1	0
	2003	부산	5	4	0	0	8	0	0
	합계		23	19	2	1	37	1	0
프로통산			23	19	2	1	37	1	0

김창욱(金滄旭) 동의대 1992.12.04

대회	연도	소속	출전	교체	득점	도움	파울	경고	퇴장
K2	2015	서울E	29	18	0	2	27	2	0
	2016	서울E	11	7	0	1	12	0	0
	2017	서울E	21	5	2	3	22	3	0
	2018	서울E	22	8	0	1	22	5	0
	합계		83	38	2	7	83	10	0
프로통산			83	38	2	7	83	10	0

김창원(金昌源) 국민대 1971.06.22

대회	연도	소속	출전	교체	득점	도움	파울	경고	퇴장
BC	1994	일화	8	3	0	0	8	1	0
	1995	일화	2	1	0	0	2	1	0
	1997	천안일화	31	15	2	1	19	3	0
	1998	천안일화	34	5	0	1	43	4	0
	1999	천안일화	3	0	0	0	2	0	0
	2000	성남일화	18	2	0	0	22	0	0
	합계		96	26	2	2	96	9	0
프로통산			96	26	2	2	96	9	0

김창헌(金昶憲) 신평고 1999.07.06

대회	연도	소속	출전	교체	득점	도움	파울	경고	퇴장
K2	2019	수원FC	1	1	0	0	0	0	0
	합계		1	1	0	0	0	0	0
프로통산			1	1	0	0	0	0	0

김창현(金昌炫) 배재대 1993.02.09

대회	연도	소속	출전	교체	득점	도움	파울	경고	퇴장
K1	2015	대전	2	2	0	0	5	1	0
	합계		2	2	0	0	5	1	0
프로통산			2	2	0	0	5	1	0

김창호(金昌浩) 전남기계공고 1956.06.06

대회	연도	소속	출전	교체	득점	도움	파울	경고	퇴장
BC	1983	유공	11	8	0	3	4	0	0
	1984	유공	10	8	0	2	7	1	0
	합계		21	16	0	5	11	1	0
프로통산			21	16	0	5	11	1	0

김창효(金昌孝) 고려대 1959.05.07

대회	연도	소속	출전	교체	득점	도움	파울	경고	퇴장
BC	1984	한일은행	19	7	0	0	11	0	0
	1985	한일은행	13	0	1	0	17	3	0
	1986	포항제철	13	2	0	0	13	0	0
	1987	럭키금성	2	1	0	0	0	0	0
	합계		47	10	1	0	41	3	0
프로통산			47	10	1	0	41	3	0

김창훈(金彰勳) 고려대 1987.04.03

대회	연도	소속	출전	교체	득점	도움	파울	경고	퇴장
BC	2008	제주	1	1	0	0	1	0	0
	2009	포항	8	2	1	0	18	0	0
	2010	포항	1	1	0	0	3	0	0
	2011	대전	29	0	1	0	25	4	0
	2012	대전	38	0	2	4	39	8	0
	합계		77	4	4	4	86	12	0
K1	2013	인천	14	0	0	2	13	2	0
	2014	상주	13	8	1	1	12	2	0
	2015	인천	1	0	0	0	1	0	0
	합계		28	8	1	3	26	4	0
K2	2015	상주	1	0	0	0	0	0	0
	합계		1	0	0	0	0	0	0
프로통산			106	12	5	7	112	16	0

김창훈(金暢訓) 광운대 1990.02.17

대회	연도	소속	출전	교체	득점	도움	파울	경고	퇴장
K1	2016	상주	1	1	0	0	0	0	0
	합계		1	1	0	0	0	0	0
K2	2014	수원FC	20	1	1	0	24	4	0
	2015	수원FC	33	6	0	0	23	4	0
	2017	수원FC	4	1	0	0	5	1	0
	2018	수원FC	6	2	0	0	6	1	0
	합계		63	10	1	0	58	10	0
승	2015	수원FC	2	1	0	0	1	0	0
	합계		2	1	0	0	1	0	0
프로통산			66	12	1	0	59	10	0

김창희(金昌熙) 건국대 1986.12.05

대회	연도	소속	출전	교체	득점	도움	파울	경고	퇴장
BC	2009	대구	12	12	0	0	8	1	0
	2010	대구	0	0	0	0	0	0	0
	합계		12	12	0	0	8	1	0
프로통산			12	12	0	0	8	1	0

김창희(金昌希) 영남대 1987.06.08

대회	연도	소속	출전	교체	득점	도움	파울	경고	퇴장
BC	2010	강원	10	3	0	0	9	0	0
	합계		10	3	0	0	9	0	0
프로통산			10	3	0	0	9	0	0

김채운(金埰韻) 대건고 2000.03.20

대회	연도	소속	출전	교체	득점	도움	파울	경고	퇴장
K1	2019	인천	1	1	0	0	0	0	0
	2020	인천	0	0	0	0	0	0	0
	2021	인천	7	5	0	0	8	0	1
	합계		8	6	0	0	8	0	1
K2	2022	충남아산	36	30	0	2	37	4	0
	합계		36	30	0	2	37	4	0
프로통산			44	36	0	2	45	4	1

김철기(金哲起) 강동고 1977.12.27

대회	연도	소속	출전	교체	득점	도움	파울	경고	퇴장
BC	2001	대전	3	3	0	0	5	1	0
	합계		3	3	0	0	5	1	0
프로통산			3	3	0	0	5	1	0

김철명(金喆明) 인천대 1972.10.24

대회	연도	소속	출전	교체	득점	도움	파울	경고	퇴장
BC	1993	포항제철	1	1	0	0	1	0	0
	합계		1	1	0	0	1	0	0
프로통산			1	1	0	0	1	0	0

김철수(金哲洙) 한양대 1952.07.06

대회	연도	소속	출전	교체	득점	도움	파울	경고	퇴장
BC	1983	포항제철	15	0	0	0	13	3	0
	1984	포항제철	10	1	0	0	10	1	0
	1985	포항제철	18	1	0	1	5	1	0
	1986	포항제철	4	0	0	0	2	0	0
	합계		47	2	0	1	30	5	0
프로통산			47	2	0	1	30	5	0

김철웅(金哲雄) 한성대 1979.12.19

대회	연도	소속	출전	교체	득점	도움	파울	경고	퇴장
BC	2004	울산	14	9	0	0	11	1	0
	합계		14	9	0	0	11	1	0
프로통산			14	9	0	0	11	1	0

김철호(金喆淏) 강원관광대 1983.09.26

대회	연도	소속	출전	교체	득점	도움	파울	경고	퇴장
BC	2004	성남일화	18	4	0	2	53	3	0
	2005	성남일화	33	8	1	0	96	4	0
	2006	성남일화	26	8	1	1	80	5	0
	2007	성남일화	9	4	1	0	18	2	0
	2008	성남일화	29	14	0	2	52	6	0
	2009	성남일화	32	22	0	0	56	3	0
	2010	성남일화	27	19	3	2	50	3	0
	2011	상주	29	7	1	4	48	4	0
	2012	상주	19	10	2	0	23	1	0
	2012	성남일화	7	5	0	1	16	3	0
	합계		229	101	9	12	492	34	0
K1	2013	성남일화	29	9	1	2	45	5	1
	2014	성남	29	9	2	1	43	2	0
	2015	성남	32	7	0	0	63	5	0
	2016	수원FC	5	2	0	0	10	0	0
	합계		95	27	3	3	161	12	1
K2	2017	수원FC	8	7	0	0	7	0	0
	2018	수원FC	3	2	0	0	0	0	0
	합계		11	9	0	0	7	0	0
프로통산			335	137	12	15	660	46	1

김철호(金喆鎬) 오산고 1995.10.25

대회	연도	소속	출전	교체	**실점**	도움	파울	경고	퇴장
K1	2014	서울	0	0	0	0	0	0	0
	2016	서울	0	0	0	0	0	0	0
	2017	서울	0	0	0	0	0	0	0
	합계		0	0	0	0	0	0	0
프로통산			0	0	0	0	0	0	0

김충현(金忠現) 오산고 1997.01.03

대회	연도	소속	출전	교체	득점	도움	파울	경고	퇴장
K2	2016	충주	0	0	0	0	0	0	0
	합계		0	0	0	0	0	0	0
프로통산			0	0	0	0	0	0	0

김충환(金忠煥) 연세대 1961.01.29

대회	연도	소속	출전	교체	득점	도움	파울	경고	퇴장
BC	1985	유공	1	1	0	0	1	1	0
	1985	한일은행	5	3	1	0	6	0	0
	1986	한일은행	12	9	1	1	5	1	0
	합계		18	13	2	1	12	2	0
프로통산			18	13	2	1	12	2	0

김치곤(金致坤) 동래고 1983.07.29

대회	연도	소속	출전	교체	득점	도움	파울	경고	퇴장
BC	2002	안양LG	14	3	1	0	34	3	1
	2003	안양LG	20	4	0	0	43	6	0
	2004	서울	19	2	0	0	38	7	0
	2005	서울	20	4	0	2	49	8	0
	2006	서울	24	4	0	0	41	7	0
	2007	서울	33	4	1	0	39	4	0
	2008	서울	30	6	0	0	38	10	0
	2009	서울	22	5	1	0	34	7	0
	2010	울산	33	5	0	0	27	4	0
	2011	상주	19	4	0	0	32	3	1
	2012	상주	23	1	1	0	31	3	0
	2012	울산	13	3	0	0	11	0	0
	합계		270	45	4	2	417	62	2
K1	2013	울산	38	3	3	0	43	3	0
	2014	울산	34	2	2	0	37	3	1
	2015	울산	20	6	1	0	18	4	0
	2016	울산	13	6	2	0	7	0	0
	2017	울산	11	2	1	0	10	5	0
	합계		116	19	9	0	115	15	1
프로통산			386	64	13	2	532	77	3

김치우(金致佑) 중앙대 1983.11.11

대회	연도	소속	출전	교체	득점	도움	파울	경고	퇴장
BC	2004	인천	19	11	1	0	22	0	0
	2005	인천	11	8	0	0	10	1	0
	2006	인천	37	2	2	4	34	6	0
	2007	전남	25	0	1	4	28	3	1

대회	연도	소속	출전	교체	득점	도움	파울	경고	퇴장
	2008	전남	13	2	1	1	10	2	0
	2008	서울	14	6	3	2	16	2	0
	2009	서울	22	5	3	4	26	3	1
	2010	서울	23	18	2	0	13	2	0
	2011	상주	28	5	2	0	29	5	0
	2012	상주	12	1	0	5	11	4	0
	2012	서울	8	6	0	0	4	0	0
	합계		212	64	15	20	203	28	2
K1	2013	서울	24	2	1	2	14	3	0
	2014	서울	25	6	1	3	15	1	0
	2015	서울	17	1	1	1	15	2	0
	2016	서울	26	11	0	3	16	3	0
	2017	서울	21	3	0	2	20	1	0
	합계		113	23	3	11	80	10	0
K2	2018	부산	28	3	1	2	27	3	0
	2019	부산	23	3	0	4	12	5	0
	합계		51	6	1	6	39	8	0
승	2018	부산	2	1	0	0	0	0	0
	2019	부산	2	1	0	0	5	1	0
	합계		4	2	0	0	5	1	0
프로통산			380	95	19	37	327	47	2

김태곤(金太崑) 전주기전대 1998.12.29

대회	연도	소속	출전	교체	실점	도움	파울	경고	퇴장
K1	2020	광주	0	0	0	0	0	0	0
	합계		0	0	0	0	0	0	0
K2	2019	광주	0	0	0	0	0	0	0
	합계		0	0	0	0	0	0	0
프로통산			0	0	0	0	0	0	0

김태근(金泰根) 아주대 1961.02.23

대회	연도	소속	출전	교체	득점	도움	파울	경고	퇴장
BC	1985	포항제철	4	1	0	1	8	2	0
	합계		4	1	0	1	8	2	0
프로통산			4	1	0	1	8	2	0

김태민(金泰民) 고려대 1960.08.10

대회	연도	소속	출전	교체	득점	도움	파울	경고	퇴장
BC	1984	할렐루야	3	3	0	0	0	0	0
	1985	할렐루야	2	2	0	0	0	0	0
	합계		5	5	0	0	0	0	0
프로통산			5	5	0	0	0	0	0

김태민(金泰敏) 청구고 1982.05.25

대회	연도	소속	출전	교체	득점	도움	파울	경고	퇴장
BC	2002	부산	0	0	0	0	0	0	0
	2003	부산	35	11	1	1	54	2	0
	2004	부산	28	11	1	2	36	6	0
	2005	부산	27	14	2	0	32	3	0
	2006	부산	20	11	0	0	23	4	0
	2007	부산	20	14	0	0	25	5	0
	2008	제주	16	10	0	0	32	8	0
	2009	광주상무	20	9	2	0	29	5	0
	2010	광주상무	12	3	0	0	15	3	0
	2010	제주	0	0	0	0	0	0	0
	2011	제주	4	3	0	0	5	2	0
	2012	강원	26	15	0	0	42	7	0
	합계		208	101	6	3	293	45	0
프로통산			208	101	6	3	293	45	0

김태봉(金泰奉) 한민대 1988.02.28

대회	연도	소속	출전	교체	득점	도움	파울	경고	퇴장
K1	2015	대전	19	0	3	2	13	2	0
	합계		19	0	3	2	13	2	0
K2	2013	안양	24	1	0	1	17	1	0
	2014	안양	35	3	1	5	21	1	0
	2015	안양	15	0	1	0	7	5	0
	2016	대전	6	5	0	0	2	0	0
	2017	대전	11	2	1	2	11	1	0
	합계		91	11	3	8	58	8	0
프로통산			110	11	6	10	71	10	0

김태수(金泰樹) 광운대 1981.08.25

대회	연도	소속	출전	교체	득점	도움	파울	경고	퇴장
BC	2004	전남	21	15	0	0	31	3	0
	2005	전남	28	5	1	0	75	8	0
	2006	전남	33	8	3	1	43	4	0
	2007	전남	24	3	3	0	54	3	0
	2008	전남	21	8	1	0	35	4	0
	2009	포항	27	9	6	0	55	3	0
	2010	포항	23	8	0	2	32	3	0
	2011	포항	24	13	2	1	28	3	0
	2012	포항	8	5	0	2	7	0	0
	합계		209	74	16	6	360	31	0
K1	2013	포항	18	10	0	0	24	3	0
	2014	포항	28	11	0	1	37	1	0
	2015	포항	26	18	1	0	19	2	0
	2016	인천	23	16	1	1	14	0	0
	합계		95	55	2	2	94	6	0
K2	2017	서울E	9	7	1	0	4	0	0
	합계		9	7	1	0	4	0	0
프로통산			313	136	19	8	458	37	0

김태수(金泰洙) 연세대 1958.02.25

대회	연도	소속	출전	교체	득점	도움	파울	경고	퇴장
BC	1983	대우	12	7	0	0	7	2	0
	1984	대우	7	7	0	0	2	0	0
	1985	대우	5	3	0	0	5	0	0
	합계		24	17	0	0	14	2	0
프로통산			24	17	0	0	14	2	0

김태수(金泰洙) 관동대(가톨릭관동대) 1975.11.15

대회	연도	소속	출전	교체	실점	도움	파울	경고	퇴장
BC	2003	안양LG	1	0	3	0	0	0	0
	2004	서울	0	0	0	0	0	0	0
	합계		1	0	3	0	0	0	0
프로통산			1	0	3	0	0	0	0

김태양(金太陽) 연세대 2000.02.07

대회	연도	소속	출전	교체	득점	도움	파울	경고	퇴장
K1	2021	대구	1	1	0	0	2	0	0
	2022	대구	1	1	0	0	1	1	0
	합계		2	2	0	0	3	1	0
프로통산			2	2	0	0	3	1	0

김태양(金太陽) 청주대성고 2000.03.02

대회	연도	소속	출전	교체	실점	도움	파울	경고	퇴장
K2	2021	대전	0	0	0	0	0	0	0
	합계		0	0	0	0	0	0	0
프로통산			0	0	0	0	0	0	0

김태연(金泰燃) 장훈고 1988.06.27

대회	연도	소속	출전	교체	득점	도움	파울	경고	퇴장
BC	2011	대전	11	1	0	0	17	1	0
	2012	대전	34	6	3	0	37	7	0
	합계		45	7	3	0	54	8	0
K1	2013	대전	34	4	2	1	33	6	0
	2015	부산	0	0	0	0	0	0	0
	합계		34	4	2	1	33	6	0
프로통산			79	11	5	1	87	14	0

김태엽(金泰燁) 아주대 1972.03.02

대회	연도	소속	출전	교체	득점	도움	파울	경고	퇴장
BC	1995	전남	6	6	0	0	7	2	0
	1996	전남	12	7	0	0	8	3	0
	1997	전남	1	0	1	0	1	0	0
	1998	전남	18	14	0	0	13	1	0
	합계		37	27	1	0	29	6	0
프로통산			37	27	1	0	29	6	0

김태영(金兌映) 예원예술대 1987.09.14

대회	연도	소속	출전	교체	득점	도움	파울	경고	퇴장
K2	2013	부천	24	5	1	1	39	4	0
	2014	부천	15	14	1	1	8	1	0
	합계		39	19	2	2	47	5	0
프로통산			39	19	2	2	47	5	0

김태영(金兌炯) 협성고 1962.06.13

대회	연도	소속	출전	교체	득점	도움	파울	경고	퇴장
BC	1986	럭키금성	3	3	0	0	1	0	0
	합계		3	3	0	0	1	0	0
프로통산			3	3	0	0	1	0	0

김태영(金泰映) 동아대 1970.11.08

대회	연도	소속	출전	교체	득점	도움	파울	경고	퇴장
BC	1995	전남	32	0	2	0	60	8	0
	1996	전남	28	2	1	0	57	5	0
	1997	전남	17	0	1	0	26	3	0
	1998	전남	19	4	0	2	55	3	0
	1999	전남	30	7	0	2	73	5	0
	2000	전남	31	6	0	4	53	2	1
	2001	전남	26	4	1	1	40	3	0
	2002	전남	24	9	0	1	41	2	0
	2003	전남	29	5	0	1	42	5	0
	2004	전남	12	3	0	1	26	1	0
	2005	전남	2	2	0	0	4	0	0
	합계		250	42	5	12	477	37	1
프로통산			250	42	5	12	477	37	1

김태영(金泰榮) 건국대 1982.01.17

대회	연도	소속	출전	교체	득점	도움	파울	경고	퇴장
BC	2004	전북	28	6	0	0	68	4	0
	2005	전북	6	1	0	0	13	1	0
	2006	부산	18	8	0	1	24	4	0
	2007	부산	6	0	0	0	7	2	0
	2008	부산	13	1	0	0	26	4	1
	2009	부산	9	1	0	0	19	3	0
	합계		80	17	0	1	157	18	1
프로통산			80	17	0	1	157	18	1

김태완(金泰完) 홍익대 1971.06.01

대회	연도	소속	출전	교체	득점	도움	파울	경고	퇴장
BC	1997	대전	21	6	1	0	18	1	0
	1998	대전	30	1	1	1	13	2	0
	1999	대전	27	8	3	1	32	4	0
	2000	대전	24	4	0	0	27	4	0
	2001	대전	14	4	0	0	17	6	0
	합계		116	23	5	2	107	17	0
프로통산			116	23	5	2	107	17	0

김태왕(金泰旺) 상지대 1988.11.16

대회	연도	소속	출전	교체	득점	도움	파울	경고	퇴장
BC	2011	성남일화	1	2	0	0	0	0	0
	합계		1	2	0	0	0	0	0
프로통산			1	2	0	0	0	0	0

김태욱(金兌昱) 선문대 1987.07.09

대회	연도	소속	출전	교체	득점	도움	파울	경고	퇴장
BC	2009	경남	27	10	2	0	45	2	0
	2010	경남	32	3	2	2	59	3	0
	2011	경남	16	4	1	0	33	5	0
	합계		75	17	5	2	137	10	0
프로통산			75	17	5	2	137	10	0

김태윤(金台潤) 풍생고 1986.07.25

대회	연도	소속	출전	교체	득점	도움	파울	경고	퇴장
BC	2005	성남일화	18	12	0	0	16	1	0
	2006	성남일화	21	14	1	0	31	2	0
	2007	성남일화	1	1	0	0	1	0	0
	2008	광주상무	28	6	0	0	30	4	0
	2009	광주상무	18	12	0	0	17	2	0
	2009	성남일화	1	0	0	0	3	1	0
	2010	성남일화	9	1	0	0	11	0	0
	2011	성남일화	28	2	0	3	39	3	0
	2012	인천	16	5	1	0	11	0	0
	합계		140	53	2	3	159	13	0
K1	2013	인천	15	6	0	0	15	2	0
	2015	성남	16	1	0	0	17	3	0
	2016	성남	33	1	1	0	12	6	0
	2020	광주	1	1	0	0	0	0	0
	합계		65	9	1	0	44	11	0

대회	연도	소속	출전	교체	득점	도움	파울	경고	퇴장
K2	2017	성남	5	1	0	0	3	0	0
	2018	광주	16	2	0	0	14	2	0
	2019	광주	2	0	0	0	1	0	0
	합계		23	3	0	0	18	2	0
승	2016	성남	2	0	0	0	1	0	0
	합계		2	0	0	0	1	0	0
프로통산			230	65	3	3	222	26	0

김태윤(金兌玧) 진주고 2003.02.27

대회	연도	소속	출전	교체	득점	도움	파울	경고	퇴장
K2	2022	경남	0	0	0	0	0	0	0
	합계		0	0	0	0	0	0	0
프로통산			0	0	0	0	0	0	0

김태은(金兌恩) 배재대 1989.09.21

대회	연도	소속	출전	교체	득점	도움	파울	경고	퇴장
BC	2011	인천	1	1	0	0	1	0	0
	합계		1	1	0	0	1	0	0
K2	2015	서울E	15	2	0	0	11	4	0
	2016	서울E	22	6	0	0	44	8	0
	2017	대전	25	6	0	0	52	13	0
	2018	서울E	18	5	0	0	26	2	1
	합계		80	19	0	0	133	27	1
프로통산			81	20	0	0	134	27	1

김태인(金泰仁) 영남대 1972.05.21

대회	연도	소속	출전	교체	득점	도움	파울	경고	퇴장
BC	1995	전북	1	1	0	0	1	0	0
	1997	전북	1	1	0	0	0	0	0
	합계		2	2	0	0	1	0	0
프로통산			2	2	0	0	1	0	0

김태종(金泰鍾) 단국대 1982.10.29

대회	연도	소속	출전	교체	득점	도움	파울	경고	퇴장
BC	2006	제주	2	0	0	0	2	0	0
	2007	제주	3	2	0	0	4	0	0
	합계		5	2	0	0	6	0	0
프로통산			5	2	0	0	6	0	0

김태준(金泰俊) 일본 류츠케이자이대 1989.04.25

대회	연도	소속	출전	교체	득점	도움	파울	경고	퇴장
BC	2011	부산	2	2	0	0	0	0	0
	2012	부산	1	2	0	0	1	1	0
	합계		3	4	0	0	1	1	0
K2	2013	고양	5	1	0	0	10	2	0
	합계		5	1	0	0	10	2	0
프로통산			8	5	0	0	11	3	0

김태진(金泰振) 강릉농공고 1984.08.30

대회	연도	소속	출전	교체	득점	도움	파울	경고	퇴장
BC	2006	수원	1	1	0	0	0	0	0
	합계		1	1	0	0	0	0	0
K1	2013	대구	0	0	0	0	0	0	0
	합계		0	0	0	0	0	0	0
프로통산			1	1	0	0	0	0	0

김태진(金泰眞) 동아대 1969.08.09

대회	연도	소속	출전	교체	득점	도움	파울	경고	퇴장
BC	1992	대우	4	3	0	0	3	0	0
	1993	대우	20	20	2	1	12	1	0
	1994	대우	11	8	2	1	7	1	0
	1995	대우	5	5	0	1	0	0	0
	합계		40	36	4	3	22	2	0
프로통산			40	36	4	3	22	2	0

김태진(金泰鎭) 경희대 1977.04.02

대회	연도	소속	출전	교체	실점	도움	파울	경고	퇴장
BC	2000	전남	0	0	0	0	0	0	0
	2001	전남	9	1	10	0	1	0	0
	2003	대구	23	1	27	0	0	2	0
	2004	대구	34	0	47	0	0	4	0
	2005	대구	18	0	27	0	1	2	0
	2006	대구	11	1	20	0	1	3	0
	합계		95	3	131	0	3	11	0
프로통산			95	3	131	0	3	11	0

김태진(金泰鎭) 연세대 1984.10.29

대회	연도	소속	출전	교체	득점	도움	파울	경고	퇴장
BC	2006	서울	1	0	0	0	3	0	0
	2007	서울	14	8	0	0	27	2	0
	2008	인천	15	12	0	0	28	3	0
	합계		30	20	0	0	58	5	0
프로통산			30	20	0	0	58	5	0

김태한(金台翰) 현풍고 1996.02.24

대회	연도	소속	출전	교체	득점	도움	파울	경고	퇴장
K1	2018	대구	3	1	0	0	4	0	0
	2019	대구	3	0	0	0	4	1	0
	합계		6	1	0	0	8	1	0
K2	2022	김포	32	6	1	1	25	8	1
	합계		32	6	1	1	25	8	1
프로통산			38	7	1	1	33	9	1

김태현(金太炫) 통진고 2000.09.17

대회	연도	소속	출전	교체	득점	도움	파울	경고	퇴장
K1	2019	울산	0	0	0	0	0	0	0
	2021	울산	6	5	0	0	5	0	1
	합계		6	5	0	0	5	0	1
K2	2019	대전	11	1	0	0	13	3	0
	2020	서울E	24	1	1	0	35	5	0
	합계		35	2	1	0	48	8	0
프로통산			41	7	1	0	53	8	1

김태현(金泰賢) 용인대 1996.12.19

대회	연도	소속	출전	교체	득점	도움	파울	경고	퇴장
K2	2018	안산	18	11	0	2	16	2	0
	2019	서울E	11	3	0	2	15	1	0
	2020	안산	25	1	2	1	30	6	0
	2021	전남	30	10	0	0	32	8	0
	2022	전남	37	6	1	2	30	5	0
	합계		121	31	3	7	123	22	0
프로통산			121	31	3	7	123	22	0

김태형(金兌炯) 진주상고 1960.02.18

대회	연도	소속	출전	교체	실점	도움	파울	경고	퇴장
BC	1983	국민은행	5	0	10	0	0	0	0
	1984	국민은행	13	0	32	0	0	0	0
	합계		18	0	42	0	0	0	0
프로통산			18	0	42	0	0	0	0

김태호(金台鎬) 아주대 1989.09.22

대회	연도	소속	출전	교체	득점	도움	파울	경고	퇴장
K1	2013	전남	26	2	0	1	30	6	0
	2014	전남	32	6	0	3	43	5	0
	2015	전남	6	2	0	0	12	2	0
	2019	인천	0	0	0	0	0	0	0
	합계		64	10	0	4	85	13	0
K2	2016	안양	15	1	0	0	21	2	0
	2017	안양	30	2	0	0	36	5	0
	2018	안양	10	3	0	1	17	3	0
	합계		55	6	0	1	74	10	0
프로통산			119	16	0	5	159	23	0

김태호(金鮐壕/←김준호) 단국대 1992.06.05

대회	연도	소속	출전	교체	실점	도움	파울	경고	퇴장
K1	2015	전북	0	0	0	0	0	0	0
	2016	전북	0	0	0	0	0	0	0
	2017	전북	0	0	0	0	0	0	0
	합계		0	0	0	0	0	0	0
프로통산			0	0	0	0	0	0	0

김태호(金泰昊) 숭실대 1985.01.26

대회	연도	소속	출전	교체	득점	도움	파울	경고	퇴장
BC	2010	강원	0	0	0	0	0	0	0
	합계		0	0	0	0	0	0	0
프로통산			0	0	0	0	0	0	0

김태환(金太煥) 울산대 1989.07.24

대회	연도	소속	출전	교체	득점	도움	파울	경고	퇴장
BC	2010	서울	19	15	0	3	20	3	0
	2011	서울	17	14	1	0	27	2	0
	2012	서울	19	19	1	0	11	3	0
	합계		55	48	2	3	58	8	0
K1	2013	성남일화	34	4	3	4	65	4	1
	2014	성남	36	3	5	4	71	7	0
	2015	울산	33	7	1	7	50	7	1
	2016	울산	36	9	4	3	49	2	0
	2017	상주	34	4	2	7	65	8	0
	2018	상주	21	1	0	4	32	5	0
	2018	울산	8	2	0	2	13	1	0
	2019	울산	30	3	2	7	51	9	0
	2020	울산	25	1	1	4	39	5	0
	2021	울산	34	4	0	6	50	9	0
	2022	울산	30	3	0	3	29	6	0
	합계		321	41	18	51	514	63	2
승	2017	상주	1	0	0	0	0	0	0
	합계		1	0	0	0	0	0	0
프로통산			377	89	20	54	572	71	2

김태환(金泰煥) 매탄고 2000.03.25

대회	연도	소속	출전	교체	득점	도움	파울	경고	퇴장
K1	2019	수원	3	0	0	0	6	1	0
	2020	수원	13	6	1	2	16	3	0
	2021	수원	36	9	1	5	36	4	0
	2022	수원	31	14	0	1	28	2	0
	합계		83	29	2	8	86	10	0
승	2022	수원	2	2	0	0	1	1	0
	합계		2	2	0	0	1	1	0
프로통산			85	31	2	8	87	11	0

김태환(金泰換) 남부대 1993.12.11

대회	연도	소속	출전	교체	득점	도움	파울	경고	퇴장
K2	2016	충주	2	1	0	0	2	1	0
	합계		2	1	0	0	2	1	0
프로통산			2	1	0	0	2	1	0

김태환(金泰煥) 연세대 1958.03.20

대회	연도	소속	출전	교체	득점	도움	파울	경고	퇴장
BC	1984	할렐루야	7	6	0	1	5	0	0
	1985	할렐루야	18	6	0	1	9	1	0
	1987	유공	15	11	0	0	6	1	0
	합계		40	23	0	2	20	2	0
프로통산			40	23	0	2	20	2	0

김태훈(金泰勳) 영남대 1997.04.24

대회	연도	소속	출전	교체	실점	도움	파울	경고	퇴장
K2	2019	안양	0	0	0	0	0	0	0
	2020	안양	0	0	0	0	0	0	0
	2021	안양	0	0	0	0	0	0	0
	2022	안양	0	0	0	0	0	0	0
	합계		0	0	0	0	0	0	0
승	2022	안양	0	0	0	0	0	0	0
	합계		0	0	0	0	0	0	0
프로통산			0	0	0	0	0	0	0

김판곤(金判坤) 호남대 1969.05.01

대회	연도	소속	출전	교체	득점	도움	파울	경고	퇴장
BC	1992	현대	10	7	0	1	12	2	1
	1993	현대	29	15	0	0	38	7	0
	1995	현대	6	1	0	0	12	3	0
	1996	울산	2	1	0	0	0	0	0
	1997	전북	6	4	0	0	11	2	0
	합계		53	28	0	1	73	14	1
프로통산			53	28	0	1	73	14	1

김판근(金判根) 고려대 1966.03.05

대회	연도	소속	출전	교체	득점	도움	파울	경고	퇴장
BC	1987	대우	30	5	2	3	41	1	0
	1988	대우	3	1	2	0	0	0	0
	1989	대우	30	17	2	5	25	1	0
	1990	대우	20	3	0	2	21	0	0
	1991	대우	37	6	2	2	46	3	0
	1992	대우	23	9	1	0	27	1	0

대회	연도	소속	출전	교체	득점	도움	파울	경고	퇴장
	1993	대우	24	10	2	2	29	2	0
	1994	LG	23	4	0	3	21	4	0
	1995	LG	35	2	1	1	22	2	0
	1996	안양LG	15	2	0	0	17	1	0
	1997	안양LG	27	6	1	3	16	1	0
	합계		267	65	13	21	265	16	0
프로통산			267	65	13	21	265	16	0

김평래(金平來) 중앙대 1987.11.09

대회	연도	소속	출전	교체	득점	도움	파울	경고	퇴장
BC	2011	성남일화	1	1	0	0	1	0	0
	2012	성남일화	18	8	0	0	24	1	0
	합계		19	9	0	0	25	1	0
K1	2013	성남일화	22	15	0	1	30	3	0
	2014	성남	22	9	0	0	15	4	0
	2015	전남	29	10	0	0	26	3	0
	2016	전남	12	4	0	0	25	1	0
	2018	전남	2	2	0	0	5	0	0
	합계		87	40	0	1	101	11	0
프로통산			106	49	0	1	126	12	0

김평석(金平錫) 광운대 1958.09.22

대회	연도	소속	출전	교체	득점	도움	파울	경고	퇴장
BC	1984	현대	28	0	0	5	27	1	0
	1985	현대	10	0	0	0	20	0	0
	1986	현대	13	0	0	2	17	1	0
	1987	현대	27	0	0	2	40	4	1
	1988	현대	8	1	0	0	14	1	0
	1989	유공	21	4	0	0	31	2	0
	1990	유공	20	1	0	0	10	1	0
	합계		127	6	0	9	159	10	1
프로통산			127	6	0	9	159	10	1

김평진(金平鎭) 한남대 1990.08.11

대회	연도	소속	출전	교체	득점	도움	파울	경고	퇴장
K1	2013	대전	2	1	0	0	2	1	0
	합계		2	1	0	0	2	1	0
프로통산			2	1	0	0	2	1	0

김풍주(金豊柱) 양곡종고 1964.10.01

대회	연도	소속	출전	교체	실점	도움	파울	경고	퇴장
BC	1983	대우	1	0	0	0	0	0	0
	1984	대우	17	0	9	0	0	0	0
	1985	대우	21	0	16	0	0	1	0
	1986	대우	24	0	21	0	0	0	0
	1987	대우	15	1	9	0	1	0	0
	1988	대우	7	1	5	0	0	0	0
	1989	대우	6	1	5	0	0	0	0
	1990	대우	8	0	7	0	0	1	0
	1991	대우	37	0	27	0	0	0	0
	1993	대우	24	0	23	0	0	1	0
	1994	대우	17	1	29	0	0	0	0
	1996	부산	4	0	7	0	0	1	0
	합계		181	4	158	0	1	4	0
프로통산			181	4	158	0	1	4	0

김풍해(金豊海) 고려대 1960.07.13

대회	연도	소속	출전	교체	득점	도움	파울	경고	퇴장
BC	1985	상무	1	0	0	0	0	0	0
	합계		1	0	0	0	0	0	0
프로통산			1	0	0	0	0	0	0

김필호(金珌淏) 광주대 1994.03.31

대회	연도	소속	출전	교체	득점	도움	파울	경고	퇴장
K2	2016	고양	18	15	0	1	15	4	0
	합계		18	15	0	1	15	4	0
프로통산			18	15	0	1	15	4	0

김학범(金鶴範) 명지대 1960.03.01

대회	연도	소속	출전	교체	득점	도움	파울	경고	퇴장
BC	1984	국민은행	13	4	1	0	9	0	0
	합계		13	4	1	0	9	0	0
프로통산			13	4	1	0	9	0	0

김학범(金學範) 조선대 1962.06.07

대회	연도	소속	출전	교체	득점	도움	파울	경고	퇴장
BC	1986	유공	1	1	0	0	1	0	0
	합계		1	1	0	0	1	0	0
프로통산			1	1	0	0	1	0	0

김학수(金鶴守) 경희대 1958.10.18

대회	연도	소속	출전	교체	득점	도움	파울	경고	퇴장
BC	1985	대우	13	8	0	0	18	0	0
	1986	대우	10	7	0	0	5	0	0
	합계		23	15	0	0	23	0	0
프로통산			23	15	0	0	23	0	0

김학순(金鶴淳) 전주대 1972.03.09

대회	연도	소속	출전	교체	득점	도움	파울	경고	퇴장
BC	1995	LG	0	0	0	0	0	0	0
	합계		0	0	0	0	0	0	0
프로통산			0	0	0	0	0	0	0

김학진(金學鎭) 광운대 1988.10.25

대회	연도	소속	출전	교체	득점	도움	파울	경고	퇴장
BC	2011	전북	1	1	0	0	1	1	0
	합계		1	1	0	0	1	1	0
프로통산			1	1	0	0	1	1	0

김학철(金學哲) 중앙대 1959.10.19

대회	연도	소속	출전	교체	득점	도움	파울	경고	퇴장
BC	1984	한일은행	21	9	1	2	15	0	0
	1984	한일은행	2	2	0	0	4	0	0
	합계		23	11	1	2	19	0	0
프로통산			23	11	1	2	19	0	0

김학철(金學喆) 인천대 1970.05.05

대회	연도	소속	출전	교체	득점	도움	파울	경고	퇴장
BC	1992	일화	8	7	0	0	4	0	0
	1993	일화	22	9	0	0	33	2	0
	1994	일화	17	3	0	0	19	2	0
	1996	천안일화	15	7	0	0	22	1	0
	1997	포항	3	1	0	0	2	0	0
	1998	안양LG	31	13	0	1	49	2	0
	1999	안양LG	18	5	1	0	24	3	1
	합계		114	45	1	1	153	10	1
프로통산			114	45	1	1	153	10	1

김학철(金學喆) 국민대 1972.11.04

대회	연도	소속	출전	교체	득점	도움	파울	경고	퇴장
BC	1995	대우	7	2	0	0	16	4	0
	1996	부산	15	5	1	0	38	2	1
	1997	부산	32	6	0	1	40	6	0
	2000	부산	29	1	0	0	32	5	0
	2001	부산	16	1	0	0	28	1	0
	2002	부산	25	4	0	1	40	1	0
	2003	대구	35	2	0	2	49	7	0
	2004	인천	28	4	0	0	40	3	0
	2005	인천	36	2	0	0	47	5	0
	2006	인천	32	1	0	0	57	5	0
	2007	인천	26	9	0	0	44	8	0
	2008	인천	3	1	0	0	4	0	0
	합계		284	38	1	4	435	47	1
프로통산			284	38	1	4	435	47	1

김한길(金한길) 아주대 1995.06.21

대회	연도	소속	출전	교체	득점	도움	파울	경고	퇴장
K1	2017	서울	10	10	0	0	6	2	0
	2018	서울	12	10	1	0	19	2	0
	2019	서울	12	9	0	2	9	1	0
	2020	서울	4	3	0	0	0	0	0
	2022	김천	34	27	2	2	19	3	0
	합계		72	59	3	4	53	8	0
K2	2020	전남	3	3	0	0	4	0	0
	2021	전남	5	3	0	0	1	0	0
	2021	김천	3	2	0	0	1	0	0
	합계		11	8	0	0	6	0	0
승	2018	서울	1	0	0	0	1	0	0
	2022	김천	2	2	0	0	0	0	0
	합계		3	2	0	0	1	0	0
프로통산			86	69	3	4	60	8	0

김한봉(金漢奉) 부산상고 1957.12.15

대회	연도	소속	출전	교체	득점	도움	파울	경고	퇴장
BC	1984	현대	27	0	3	5	19	2	0
	1985	현대	18	1	4	5	20	0	0
	1986	현대	2	1	0	0	5	0	0
	합계		47	2	7	10	44	2	0
프로통산			47	2	7	10	44	2	0

김한빈(金漢彬) 선문대 1991.03.31

대회	연도	소속	출전	교체	득점	도움	파울	경고	퇴장
K2	2014	충주	19	3	0	2	14	1	0
	2015	충주	3	0	0	0	7	1	0
	2016	충주	40	0	1	2	21	2	0
	2017	부천	27	5	1	1	17	2	0
	2018	부천	0	0	0	0	0	0	0
	2019	부천	12	3	1	1	10	1	0
	2020	충남아산	0	0	0	0	0	0	0
	합계		101	11	3	6	69	7	0
프로통산			101	11	3	6	69	7	0

김한섭(金翰燮) 동국대 1982.05.08

대회	연도	소속	출전	교체	득점	도움	파울	경고	퇴장
BC	2009	대전	11	0	1	0	25	1	0
	2010	대전	18	3	0	0	29	2	0
	2011	대전	19	0	0	1	25	5	0
	2011	인천	8	1	0	0	9	2	0
	2012	인천	15	3	0	0	20	2	0
	합계		71	7	1	1	108	12	0
K1	2013	대전	11	6	0	1	11	3	0
	합계		11	6	0	1	11	3	0
K2	2014	대전	18	15	1	2	13	0	0
	합계		18	15	1	2	13	0	0
프로통산			100	28	2	4	132	15	0

김한성(金韓成) 광운대 1998.10.29

대회	연도	소속	출전	교체	득점	도움	파울	경고	퇴장
K2	2020	충남아산	1	1	0	0	1	0	0
	합계		1	1	0	0	1	0	0
프로통산			1	1	0	0	1	0	0

김한욱(金漢旭) 숭실대 1972.06.08

대회	연도	소속	출전	교체	득점	도움	파울	경고	퇴장
BC	1999	포항	22	19	0	1	36	3	0
	2000	포항	25	8	0	2	48	3	0
	2001	성남일화	5	2	0	0	2	0	0
	합계		52	29	0	3	86	6	0
프로통산			52	29	0	3	86	6	0

김한원(金漢元) 세경대 1981.08.06

대회	연도	소속	출전	교체	득점	도움	파울	경고	퇴장
BC	2006	인천	15	12	3	1	20	2	0
	2007	전북	10	9	0	0	12	1	0
	2008	전북	4	2	0	0	11	0	0
	합계		29	23	3	1	43	3	0
K1	2016	수원FC	18	7	1	0	21	8	0
	합계		18	7	1	0	21	8	0
K2	2013	수원FC	30	13	8	6	33	9	0
	2014	수원FC	24	4	8	3	30	11	0
	2015	수원FC	26	9	1	0	22	5	0
	합계		80	26	17	9	85	25	0
승	2015	수원FC	1	1	0	0	0	0	0
	합계		1	1	0	0	0	0	0
프로통산			128	57	21	10	149	36	0

김한윤(金漢潤) 광운대 1974.07.11

대회	연도	소속	출전	교체	득점	도움	파울	경고	퇴장
BC	1997	부천SK	28	14	1	0	73	7	0
	1998	부천SK	24	11	1	0	36	4	0
	1999	부천SK	8	8	0	0	16	2	0
	1999	포항	14	7	0	0	33	1	0
	2000	포항	22	19	1	0	25	4	0

대회	연도	소속	출전	교체	득점	도움	파울	경고	퇴장
	2001	부천SK	16	6	0	0	34	3	0
	2002	부천SK	15	4	1	0	32	4	0
	2003	부천SK	34	0	0	1	72	10	0
	2004	부천SK	20	4	0	0	47	7	0
	2005	부천SK	28	2	1	0	63	11	0
	2006	서울	31	4	0	0	69	11	1
	2007	서울	29	9	0	0	61	12	0
	2008	서울	26	11	0	0	54	9	0
	2009	서울	25	10	0	1	70	11	0
	2010	서울	20	16	0	1	33	5	1
	2011	부산	27	6	3	1	53	12	0
	2012	부산	36	2	2	0	82	18	1
	합계		403	133	10	4	853	131	3
K1	2013	성남일화	27	16	1	2	52	12	0
	합계		27	16	1	2	52	12	0
프로통산			430	149	11	6	905	143	3

김해국(金海國) 경상대 1974.05.20

대회	연도	소속	출전	교체	득점	도움	파울	경고	퇴장
BC	1997	전남	21	10	2	0	29	3	0
	1998	전남	6	0	0	0	17	2	0
	1999	전남	7	4	0	0	3	0	0
	2000	전남	3	2	0	0	7	0	0
	합계		37	16	2	0	56	5	0
프로통산			37	16	2	0	56	5	0

김해년(金海年) 중앙대 1964.07.05

대회	연도	소속	출전	교체	득점	도움	파울	경고	퇴장
BC	1986	한일은행	8	1	0	0	11	1	0
	합계		8	1	0	0	11	1	0
프로통산			8	1	0	0	11	1	0

김해식(金海植) 한남대 1996.02.12

대회	연도	소속	출전	교체	득점	도움	파울	경고	퇴장
K2	2016	대전	20	7	1	0	21	4	0
	2017	대전	6	3	0	0	7	0	0
	합계		26	10	1	0	28	4	0
프로통산			26	10	1	0	28	4	0

김해운(金海雲) 대구대 1973.12.25

대회	연도	소속	출전	교체	실점	도움	파울	경고	퇴장
BC	1996	천안일화	1	0	1	0	0	0	0
	1997	천안일화	7	1	5	0	0	0	0
	1998	천안일화	30	0	39	0	5	3	0
	1999	천안일화	19	4	25	0	0	0	0
	2000	성남일화	27	0	33	0	1	1	0
	2001	성남일화	30	1	24	0	1	0	0
	2002	성남일화	24	1	30	0	0	1	0
	2003	성남일화	22	0	21	0	2	1	0
	2004	성남일화	22	2	25	0	1	0	0
	2005	성남일화	9	0	7	0	2	1	0
	2006	성남일화	6	1	4	0	0	1	0
	2007	성남일화	0	0	0	0	0	0	0
	2008	성남일화	4	0	5	0	0	0	0
	합계		201	10	219	0	12	8	0
프로통산			201	10	219	0	12	8	0

김해원(金海元) 한남대 1986.05.23

대회	연도	소속	출전	교체	득점	도움	파울	경고	퇴장
BC	2009	전남	9	2	1	0	16	2	0
	2010	대구	1	1	0	0	1	0	0
	합계		10	3	1	0	17	2	0
프로통산			10	3	1	0	17	2	0

김해출(金海出) 광양제철고 1981.02.03

대회	연도	소속	출전	교체	득점	도움	파울	경고	퇴장
BC	1999	전남	2	2	0	0	0	0	0
	2000	전남	1	1	0	0	0	0	0
	합계		3	3	0	0	0	0	0
프로통산			3	3	0	0	0	0	0

김혁(金赫) 연세대 1985.05.04

대회	연도	소속	출전	교체	득점	도움	파울	경고	퇴장
BC	2008	인천	7	3	0	0	12	0	0
	합계		7	3	0	0	12	0	0
프로통산			7	3	0	0	12	0	0

김혁중(金赫重) 단국대 1994.12.09

대회	연도	소속	출전	교체	득점	도움	파울	경고	퇴장
K1	2018	인천	1	1	0	0	0	0	0
	합계		1	1	0	0	0	0	0
프로통산			1	1	0	0	0	0	0

김혁진(金奕辰) 경희대 1991.03.06

대회	연도	소속	출전	교체	득점	도움	파울	경고	퇴장
K1	2016	수원FC	6	6	0	1	0	0	0
	합계		6	6	0	1	0	0	0
K2	2014	수원FC	27	20	0	0	27	4	0
	2015	수원FC	14	12	0	2	12	3	0
	합계		41	32	0	2	39	7	0
프로통산			47	38	0	3	39	7	0

김현(金玄) 영생고 1993.05.03

대회	연도	소속	출전	교체	득점	도움	파울	경고	퇴장
BC	2012	전북	9	9	1	0	11	3	0
	합계		9	9	1	0	11	3	0
K1	2013	성남일화	4	4	0	0	1	0	0
	2014	제주	33	23	2	5	60	2	0
	2015	제주	26	21	3	1	34	3	0
	2016	제주	6	5	0	0	6	1	0
	2016	성남	15	10	3	0	23	2	0
	2018	제주	3	3	0	0	1	0	0
	2019	제주	2	2	0	0	4	1	0
	2020	부산	7	7	1	0	4	0	0
	2021	인천	29	15	7	0	36	3	0
	2022	수원FC	31	26	8	1	25	5	0
	합계		156	116	24	7	194	17	0
K2	2017	아산	23	21	6	3	45	3	0
	2018	아산	20	16	4	2	28	4	1
	합계		43	37	10	5	73	7	1
승	2016	성남	2	1	0	0	5	1	0
	합계		2	1	0	0	5	1	0
프로통산			210	163	35	12	283	28	1

김현관(金賢官) 동국대 1985.04.20

대회	연도	소속	출전	교체	득점	도움	파울	경고	퇴장
BC	2008	서울	1	1	0	0	0	0	0
	합계		1	1	0	0	0	0	0
프로통산			1	1	0	0	0	0	0

김현규(金賢圭) 경희고 1997.08.23

대회	연도	소속	출전	교체	득점	도움	파울	경고	퇴장
K2	2016	서울E	8	8	0	1	4	0	0
	2017	서울E	1	1	0	0	0	0	0
	2018	안양	4	4	0	0	5	2	0
	합계		13	13	0	1	9	2	0
프로통산			13	13	0	1	9	2	0

김현기(金賢技) 상지대 1985.12.16

대회	연도	소속	출전	교체	득점	도움	파울	경고	퇴장
BC	2006	포항	2	2	0	0	0	0	0
	합계		2	2	0	0	0	0	0
프로통산			2	2	0	0	0	0	0

김현동(金鉉東) 강원대 1972.08.25

대회	연도	소속	출전	교체	득점	도움	파울	경고	퇴장
BC	1996	안양LG	14	14	1	1	14	0	0
	1997	안양LG	11	7	0	0	15	0	0
	합계		25	21	1	1	29	0	0
프로통산			25	21	1	1	29	0	0

김현민(金鉉敏) 한성대 1970.04.09

대회	연도	소속	출전	교체	득점	도움	파울	경고	퇴장
BC	1997	대전	28	21	5	4	47	2	0
	1998	대전	4	5	0	1	3	0	0
	1999	대전	17	16	2	0	10	3	0
	2000	대전	12	13	2	1	17	2	0
	합계		61	55	9	6	77	7	0
프로통산			61	55	9	6	77	7	0

김현배(金賢培) 고려대 1976.06.09

대회	연도	소속	출전	교체	득점	도움	파울	경고	퇴장
BC	1999	울산	0	0	0	0	0	0	0
	2000	울산	3	1	1	0	9	1	0
	합계		3	1	1	0	9	1	0
프로통산			3	1	1	0	9	1	0

김현복(金顯福) 중앙대 1954.12.09

대회	연도	소속	출전	교체	득점	도움	파울	경고	퇴장
BC	1983	할렐루야	12	9	2	1	4	0	0
	1984	할렐루야	19	5	0	0	28	0	0
	1985	할렐루야	16	5	0	1	25	3	0
	합계		47	19	2	2	57	3	0
프로통산			47	19	2	2	57	3	0

김현석(金賢錫) 서울시립대 1966.09.14

대회	연도	소속	출전	교체	득점	도움	파울	경고	퇴장
BC	1989	일화	27	6	0	0	50	5	0
	1990	일화	14	2	0	0	21	4	0
	합계		41	8	0	0	71	9	0
프로통산			41	8	0	0	71	9	0

김현석(金鉉錫) 연세대 1967.05.05

대회	연도	소속	출전	교체	득점	도움	파울	경고	퇴장
BC	1990	현대	28	1	5	3	41	3	0
	1991	현대	39	10	14	4	50	2	0
	1992	현대	37	12	13	7	62	2	0
	1993	현대	11	8	1	1	12	0	0
	1995	현대	33	2	18	7	34	5	0
	1996	울산	34	5	9	9	43	4	0
	1997	울산	30	2	13	5	54	5	0
	1998	울산	37	8	17	5	84	6	0
	1999	울산	36	3	8	6	41	2	0
	2001	울산	31	9	6	5	41	3	1
	2002	울산	35	3	6	2	30	5	0
	2003	울산	20	8	0	0	16	3	0
	합계		371	71	110	54	508	40	1
프로통산			371	71	110	54	508	40	1

김현성(金賢聖) 동북고 1989.09.27

대회	연도	소속	출전	교체	득점	도움	파울	경고	퇴장
BC	2010	대구	10	6	1	0	13	1	0
	2011	대구	29	9	7	2	63	2	0
	2012	서울	13	13	1	0	13	1	0
	합계		52	28	9	2	89	4	0
K1	2013	서울	17	16	1	1	13	0	0
	2014	서울	6	4	0	1	6	0	0
	2015	서울	17	14	4	0	18	3	0
	2019	성남	23	16	3	1	37	2	0
	2020	성남	15	10	0	1	17	3	0
	2021	성남	7	6	0	0	5	1	0
	합계		85	66	8	4	96	9	0
K2	2016	부산	3	3	0	0	1	1	0
	2017	부산	4	4	0	0	6	0	0
	2018	부산	22	15	1	0	33	3	0
	합계		29	22	1	0	40	4	0
승	2018	부산	2	2	0	0	1	0	0
	합계		2	2	0	0	1	0	0
프로통산			168	118	18	6	226	17	0

김현성(金炫成) 광주대 1993.03.28

대회	연도	소속	출전	교체	실점	도움	파울	경고	퇴장
K1	2017	대구	0	0	0	0	0	0	0
	합계		0	0	0	0	0	0	0
K2	2015	서울E	1	0	4	0	0	0	0
	2016	서울E	0	0	0	0	0	0	0
	합계		1	0	4	0	0	0	0
프로통산			1	0	4	0	0	0	0

김현솔(金현솔) 브라질 카피바리아누 1991.05.17

대회	연도	소속	출전	교체	득점	도움	파울	경고	퇴장
K1	2018	포항	5	6	0	1	4	0	0
	합계		5	6	0	1	4	0	0

대회	연도	소속	출전	교체	득점	도움	파울	경고	퇴장
K2	2016	서울E	7	7	0	0	9	2	0
	합계		7	7	0	0	9	2	0
프로통산			12	13	0	1	13	2	0

김현수(金顯秀) 연세대 1992.04.05

대회	연도	소속	출전	교체	득점	도움	파울	경고	퇴장
K2	2015	대구	3	3	0	0	0	0	0
	2016	대구	2	2	0	0	1	1	0
	합계		5	5	0	0	1	1	0
프로통산			5	5	0	0	1	1	0

김현수(金鉉洙) 아주대 1973.03.13

대회	연도	소속	출전	교체	득점	도움	파울	경고	퇴장
BC	1995	대우	32	3	1	0	44	4	0
	1996	부산	29	7	2	1	22	1	0
	1997	부산	29	6	3	0	31	3	0
	1998	부산	19	4	2	0	21	1	0
	1999	부산	27	4	1	0	35	2	0
	2000	성남일화	40	0	3	1	60	5	0
	2001	성남일화	35	1	2	0	42	3	0
	2002	성남일화	36	2	4	0	49	3	0
	2003	성남일화	38	7	3	1	42	2	0
	2004	인천	30	0	1	0	23	6	0
	2005	전남	5	3	0	0	6	0	0
	2006	대구	35	2	1	2	20	5	0
	2007	대구	28	2	1	0	43	3	0
	합계		383	41	24	5	438	38	0
프로통산			383	41	24	5	438	38	0

김현수(金鉉洙) 연세대 1973.02.14

대회	연도	소속	출전	교체	득점	도움	파울	경고	퇴장
BC	1995	전남	26	0	1	2	52	3	0
	1996	전남	20	8	0	2	26	5	0
	1997	전남	30	10	0	1	20	1	1
	2000	전남	8	8	0	0	3	0	0
	2001	전남	17	8	0	0	25	4	0
	2002	전남	30	3	1	2	65	4	0
	2003	전북	42	20	0	1	76	3	0
	2004	전북	29	7	0	0	26	4	0
	2005	전북	25	5	0	0	35	2	0
	2006	전북	24	5	1	1	58	6	0
	2007	전북	25	6	0	0	51	7	1
	2008	전북	15	10	1	0	28	2	0
	합계		291	90	4	9	465	41	2
프로통산			291	90	4	9	465	41	2

김현승(金炫承) 홍익대 1984.11.16

대회	연도	소속	출전	교체	득점	도움	파울	경고	퇴장
BC	2008	광주상무	4	5	0	0	5	0	0
	2009	광주상무	1	1	0	0	1	0	0
	합계		5	6	0	0	6	0	0
프로통산			5	6	0	0	6	0	0

김현우(金炫佑) 현대고 1999.03.07

대회	연도	소속	출전	교체	득점	도움	파울	경고	퇴장
K1	2022	울산	0	0	0	0	0	0	0
	합계		0	0	0	0	0	0	0
프로통산			0	0	0	0	0	0	0

김현우(金炫祐) 중앙대 1999.04.23

대회	연도	소속	출전	교체	득점	도움	파울	경고	퇴장
K2	2020	제주	3	3	0	0	3	0	0
	합계		3	3	0	0	3	0	0
프로통산			3	3	0	0	3	0	0

김현우(金玄雨) 광운대 1989.04.17

대회	연도	소속	출전	교체	득점	도움	파울	경고	퇴장
BC	2012	성남일화	8	7	0	0	11	3	0
	합계		8	7	0	0	11	3	0
프로통산			8	7	0	0	11	3	0

김현욱(金賢旭) 한양대 1995.06.22

대회	연도	소속	출전	교체	득점	도움	파울	경고	퇴장
K1	2017	제주	3	3	0	0	1	0	0
	2018	제주	22	16	4	2	16	3	0
	2019	강원	31	21	2	2	13	0	0
	합계		56	40	6	4	30	3	0
K2	2020	전남	20	3	3	1	18	4	0
	2021	전남	35	1	3	4	21	2	0
	2022	전남	29	12	2	1	21	2	0
	합계		84	16	8	6	60	8	0
프로통산			140	56	14	10	90	11	0

김현중(金鉉重) 한양대 1996.05.03

대회	연도	소속	출전	교체	득점	도움	파울	경고	퇴장
K1	2019	경남	0	0	0	0	0	0	0
	합계		0	0	0	0	0	0	0
프로통산			0	0	0	0	0	0	0

김현태(金炫兌) 영남대 1994.11.14

대회	연도	소속	출전	교체	득점	도움	파울	경고	퇴장
K1	2017	전남	0	0	0	0	0	0	0
	합계		0	0	0	0	0	0	0
K2	2018	안산	13	3	2	0	12	0	0
	2020	안산	5	0	0	0	11	3	0
	2021	안산	20	8	0	0	20	4	0
	합계		38	11	2	0	43	7	0
프로통산			38	11	2	0	43	7	0

김현태(金鉉泰) 용인대 1992.05.13

대회	연도	소속	출전	교체	득점	도움	파울	경고	퇴장
K2	2015	수원FC	0	0	0	0	0	0	0
	합계		0	0	0	0	0	0	0
프로통산			0	0	0	0	0	0	0

김현태(金顯泰) 고려대 1961.05.01

대회	연도	소속	출전	교체	실점	도움	파울	경고	퇴장
BC	1984	럭키금성	23	1	37	0	0	0	0
	1985	럭키금성	21	0	19	0	0	1	0
	1986	럭키금성	30	1	32	0	0	0	0
	1987	럭키금성	18	0	36	0	1	0	1
	1988	럭키금성	8	0	12	0	0	0	0
	1989	럭키금성	9	1	9	0	0	0	0
	1990	럭키금성	2	0	2	0	0	0	0
	1991	LG	3	2	4	0	0	0	0
	1996	안양LG	0	0	0	0	0	0	0
	합계		114	5	151	0	1	1	1
프로통산			114	5	151	0	1	1	1

김현호(金鉉浩) 신평고 1981.09.30

대회	연도	소속	출전	교체	득점	도움	파울	경고	퇴장
BC	1995	포항	0	0	0	0	0	0	0
	합계		0	0	0	0	0	0	0
프로통산			0	0	0	0	0	0	0

김현훈(金泫訓) 홍익대 1991.04.30

대회	연도	소속	출전	교체	득점	도움	파울	경고	퇴장
K1	2018	경남	30	3	1	0	29	2	0
	합계		30	3	1	0	29	2	0
K2	2021	서울E	21	1	1	0	30	4	0
	2022	광주	27	16	0	0	22	4	0
	합계		48	17	1	0	52	8	0
프로통산			78	20	2	0	81	10	0

김형근(金亨根) 영남대 1994.01.06

대회	연도	소속	출전	교체	실점	도움	파울	경고	퇴장
K2	2016	부산	6	0	9	0	0	0	0
	2017	부산	10	0	8	0	0	0	0
	2018	부산	14	0	17	0	0	0	0
	2019	부산	16	0	21	0	0	1	0
	2020	서울E	18	1	5	0	1	2	0
	2021	서울E	2	0	5	0	0	0	0
	2022	서울E	5	2	11	0	0	0	0
	합계		71	3	91	0	1	3	0
승	2017	부산	1	0	0	0	0	0	0
	2018	부산	0	0	0	0	0	0	0
	합계		1	0	0	0	0	0	0
프로통산			72	3	91	0	1	3	0

김형남(金炯男) 중대부고 1956.12.18

대회	연도	소속	출전	교체	득점	도움	파울	경고	퇴장
BC	1983	포항제철	13	2	0	0	17	2	0
	1984	포항제철	13	6	0	0	11	0	0
	합계		26	8	0	0	28	2	0
프로통산			26	8	0	0	28	2	0

김형록(金泂錄) 동아대 1991.06.17

대회	연도	소속	출전	교체	실점	도움	파울	경고	퇴장
K1	2014	제주	0	0	0	0	0	0	0
	2015	제주	0	0	0	0	0	0	0
	합계		0	0	0	0	0	0	0
K2	2015	경남	0	0	0	0	0	0	0
	2017	경남	2	0	3	0	0	0	0
	합계		2	0	3	0	0	0	0
프로통산			2	0	3	0	0	0	0

김형범(金炯氾) 건국대 1984.01.01

대회	연도	소속	출전	교체	득점	도움	파울	경고	퇴장
BC	2004	울산	29	25	1	5	36	2	0
	2005	울산	14	13	4	1	5	1	0
	2006	전북	28	12	7	4	35	4	0
	2007	전북	6	5	2	0	6	1	0
	2008	전북	31	25	7	4	20	2	0
	2009	전북	1	1	0	0	0	0	0
	2010	전북	9	8	1	0	8	1	0
	2011	전북	4	4	0	0	3	0	0
	2012	대전	32	18	5	10	35	3	0
	합계		154	111	27	24	148	14	0
K1	2013	경남	22	18	8	0	27	1	0
	합계		22	18	8	0	27	1	0
프로통산			176	129	35	24	175	15	0

김형원(金亨願) 연세대 1999.02.22

대회	연도	소속	출전	교체	득점	도움	파울	경고	퇴장
K2	2020	경남	7	5	1	0	5	3	0
	2021	경남	1	1	0	0	1	0	0
	합계		8	6	1	0	6	3	0
프로통산			8	6	1	0	6	3	0

김형일(金亨鎰) 경희대 1984.04.27

대회	연도	소속	출전	교체	득점	도움	파울	경고	퇴장
BC	2007	대전	29	2	0	1	68	11	0
	2008	대전	16	3	0	0	22	7	0
	2008	포항	3	0	0	0	7	1	0
	2009	포항	30	1	2	1	40	9	0
	2010	포항	22	2	2	1	27	8	0
	2011	포항	21	2	0	0	26	3	0
	2012	상주	17	2	1	0	19	3	0
	합계		138	12	5	3	209	42	0
K1	2013	포항	2	2	0	0	0	0	0
	2014	포항	14	3	1	0	13	3	0
	2015	전북	24	2	0	0	29	4	0
	2016	전북	13	1	0	0	20	4	0
	합계		53	8	1	0	62	11	0
K2	2013	상주	26	0	0	0	29	3	1
	2017	부천	10	4	0	1	10	1	0
	합계		36	4	0	1	39	4	1
프로통산			227	24	6	4	310	57	1

김형진(金炯進) 배재대 1993.12.20

대회	연도	소속	출전	교체	득점	도움	파울	경고	퇴장
K2	2016	대전	16	8	0	0	29	4	0
	2017	안양	10	5	0	0	6	2	0
	2018	안양	23	10	0	0	25	2	0
	2019	안양	31	4	0	0	28	5	0
	2020	안양	22	3	0	0	27	3	0
	2021	안양	34	1	0	1	47	8	0
	2022	안양	6	6	1	0	2	0	0
	합계		142	37	1	1	164	24	0
승	2022	안양	2	2	0	0	3	0	0
	합계		2	2	0	0	3	0	0
프로통산			144	39	1	1	167	24	0

김형철(金亨哲) 동아대 1983.10.02

대회	연도	소속	출전	교체	득점	도움	파울	경고	퇴장
BC	2006	수원	1	1	0	0	0	1	0
	합계		1	1	0	0	0	1	0
프로통산			1	1	0	0	0	1	0

김형필(金炯必) 경희대 1987.01.13

대회	연도	소속	출전	교체	득점	도움	파울	경고	퇴장
BC	2010	전남	11	10	3	0	5	1	0
	2011	전남	3	3	0	0	0	0	0
	2012	부산	1	1	0	0	2	1	0
	합계		15	14	3	0	7	2	0
K2	2016	경남	10	9	2	0	6	1	0
	합계		10	9	2	0	6	1	0
프로통산			25	23	5	0	13	3	0

김형호(金滎鎬) 광양제철고 1987.03.25

대회	연도	소속	출전	교체	득점	도움	파울	경고	퇴장
BC	2009	전남	21	2	0	1	25	2	0
	2010	전남	23	3	1	1	35	7	0
	2011	전남	9	0	0	0	7	0	0
	합계		53	5	1	2	67	9	0
프로통산			53	5	1	2	67	9	0

김혜성(金慧成) 홍익대 1996.04.11

대회	연도	소속	출전	교체	득점	도움	파울	경고	퇴장
K2	2018	광주	0	0	0	0	0	0	0
	2021	충남아산	17	11	1	0	17	3	0
	2022	충남아산	18	14	0	0	11	1	0
	합계		35	25	1	0	28	4	0
프로통산			35	25	1	0	28	4	0

김호남(金浩男) 광주대 1989.06.14

대회	연도	소속	출전	교체	득점	도움	파울	경고	퇴장
BC	2011	광주	2	2	0	0	2	1	0
	2012	광주	1	1	0	0	3	0	0
	합계		3	3	0	0	5	1	0
K1	2015	광주	29	13	8	1	27	4	0
	2016	제주	31	29	8	3	10	1	0
	2017	상주	32	11	7	2	22	2	0
	2018	상주	21	16	2	1	16	1	0
	2018	제주	12	5	0	0	6	0	0
	2019	제주	17	5	0	1	26	3	0
	2019	인천	18	14	4	0	14	1	0
	2020	인천	14	11	2	0	14	1	1
	2021	수원FC	5	5	0	0	5	0	0
	2021	포항	1	1	0	0	0	0	0
	합계		180	110	31	8	140	13	1
K2	2013	광주	28	15	7	6	36	4	0
	2014	광주	35	13	7	5	51	5	0
	2022	부천	34	15	3	2	27	6	0
	합계		97	43	17	13	114	15	0
승	2014	광주	2	0	1	0	4	0	0
	2017	상주	2	0	0	0	2	0	0
	합계		4	0	1	0	6	0	0
프로통산			284	156	49	21	265	29	1

김호영(金昊榮/←김용갑) 동국대 1969.10.29

대회	연도	소속	출전	교체	득점	도움	파울	경고	퇴장
BC	1991	일화	10	10	0	1	7	1	0
	1992	일화	6	3	0	0	5	0	0
	1993	일화	8	6	0	3	3	0	0
	1994	일화	6	7	1	0	6	2	0
	1995	일화	6	7	0	1	2	0	0
	1996	전북	35	13	9	5	29	2	0
	1997	전북	27	21	4	3	12	0	0
	1998	전북	22	19	3	3	15	0	0
	1999	전북	1	1	0	0	1	0	0
	합계		121	87	17	16	80	5	0
프로통산			121	87	17	16	80	5	0

김호유(金浩猷) 성균관대 1981.02.19

대회	연도	소속	출전	교체	득점	도움	파울	경고	퇴장
BC	2003	전남	0	0	0	0	0	0	0
	2004	전남	14	4	1	0	20	2	0
	2005	전남	10	6	0	0	13	0	0
	2006	전남	10	3	1	0	15	3	0
	2007	제주	14	6	0	2	17	3	0
	합계		48	19	2	2	65	8	0
프로통산			48	19	2	2	65	8	0

김호준(金鎬俊) 인천대 1996.03.18

대회	연도	소속	출전	교체	득점	도움	파울	경고	퇴장
K2	2019	서울E	0	0	0	0	0	0	0
	합계		0	0	0	0	0	0	0
프로통산			0	0	0	0	0	0	0

김호준(金鎬浚) 고려대 1984.06.21

대회	연도	소속	출전	교체	실점	도움	파울	경고	퇴장
BC	2005	서울	3	0	6	0	1	0	0
	2007	서울	0	0	0	0	0	0	0
	2008	서울	31	0	32	0	0	2	0
	2009	서울	24	1	26	0	1	2	0
	2010	제주	35	0	32	0	2	2	0
	2011	제주	24	0	36	0	0	2	0
	2012	상주	9	0	17	0	0	0	0
	합계		126	1	149	0	4	8	0
K1	2014	제주	37	1	37	1	0	1	0
	2015	제주	31	0	45	0	0	1	0
	2016	제주	28	1	39	0	1	2	0
	2017	제주	19	0	22	0	0	0	0
	2018	강원	6	1	10	0	1	0	1
	2019	강원	28	1	35	0	0	2	0
	2020	부산	10	0	11	0	0	0	0
	합계		159	4	199	1	2	6	1
K2	2013	상주	30	0	23	0	0	2	0
	2021	부천	4	0	7	0	1	1	0
	2022	부천	1	1	0	0	0	0	0
	합계		35	1	30	0	1	3	0
프로통산			320	6	378	1	7	17	1

김호철(金虎喆) 숭실대 1971.01.05

대회	연도	소속	출전	교체	득점	도움	파울	경고	퇴장
BC	1993	유공	1	1	0	0	1	0	0
	1995	유공	2	2	0	0	3	0	0
	1996	부천유공	0	0	0	0	0	0	0
	합계		3	3	0	0	4	0	0
프로통산			3	3	0	0	4	0	0

김홍기(金弘冀) 중앙대 1976.03.14

대회	연도	소속	출전	교체	득점	도움	파울	경고	퇴장
BC	1999	전북	2	2	0	0	0	0	0
	2000	전북	4	4	0	0	2	0	0
	합계		6	6	0	0	2	0	0
프로통산			6	6	0	0	2	0	0

김홍운(金弘運) 건국대 1964.03.21

대회	연도	소속	출전	교체	득점	도움	파울	경고	퇴장
BC	1987	포항제철	26	20	9	3	19	3	0
	1988	포항제철	21	7	1	2	24	1	0
	1989	포항제철	7	7	1	0	2	0	0
	1990	포항제철	15	11	1	2	23	2	0
	1991	포항제철	3	3	0	0	1	0	0
	1991	유공	8	7	0	0	3	0	0
	1992	LG	8	7	1	0	13	0	0
	1993	현대	5	5	0	0	1	1	0
	합계		93	67	13	7	86	7	0
프로통산			93	67	13	7	86	7	0

김홍일(金弘一) 연세대 1987.09.29

대회	연도	소속	출전	교체	득점	도움	파울	경고	퇴장
BC	2009	수원	5	2	0	0	7	0	0
	2011	광주	2	2	0	1	2	0	0
	합계		7	4	0	1	9	0	0
K2	2014	수원FC	5	5	0	0	4	1	0
	합계		5	5	0	0	4	1	0
프로통산			12	9	0	1	13	1	0

김홍주(金洪柱) 한양대 1955.03.21

대회	연도	소속	출전	교체	득점	도움	파울	경고	퇴장
BC	1983	국민은행	13	0	0	0	7	2	0
	1984	국민은행	7	2	0	0	3	1	0
	합계		20	2	0	0	10	3	0
프로통산			20	2	0	0	10	3	0

김홍철(金弘哲) 한양대 1979.06.02

대회	연도	소속	출전	교체	득점	도움	파울	경고	퇴장
BC	2002	전남	6	1	1	0	4	0	0
	2003	전남	25	9	0	3	17	1	0
	2004	전남	17	6	0	0	24	3	0
	2005	포항	22	14	1	0	21	0	0
	2006	부산	2	2	0	0	1	0	0
	합계		72	32	2	3	67	4	0
프로통산			72	32	2	3	67	4	0

김황정(金晃正) 한남대 1975.11.19

대회	연도	소속	출전	교체	득점	도움	파울	경고	퇴장
BC	2001	울산	7	7	0	0	7	0	0
	합계		7	7	0	0	7	0	0
프로통산			7	7	0	0	7	0	0

김황호(金黃鎬) 경희대 1954.08.15

대회	연도	소속	출전	교체	실점	도움	파울	경고	퇴장
BC	1984	현대	7	1	3	0	0	0	0
	1985	현대	18	1	18	0	0	0	0
	1986	현대	2	0	3	0	0	0	0
	합계		27	2	24	0	0	0	0
프로통산			27	2	24	0	0	0	0

김효기(金孝基) 조선대 1986.07.03

대회	연도	소속	출전	교체	득점	도움	파울	경고	퇴장
BC	2010	울산	1	1	0	0	0	0	0
	2011	울산	0	0	0	0	0	0	0
	2012	울산	4	4	0	0	2	0	0
	합계		5	5	0	0	2	0	0
K1	2016	전북	0	0	0	0	0	0	0
	2018	경남	30	17	7	1	35	3	0
	2019	경남	29	18	4	3	41	2	0
	2020	광주	12	12	0	0	3	0	0
	2021	광주	2	2	0	0	3	1	0
	합계		73	49	11	4	82	6	0
K2	2015	안양	15	7	8	2	35	3	0
	2016	안양	13	3	4	0	20	1	0
	2017	안양	33	21	5	3	74	3	0
	합계		61	31	17	5	129	7	0
승	2019	경남	1	1	0	0	2	0	0
	합계		1	1	0	0	2	0	0
프로통산			140	86	28	9	215	13	0

김효일(金孝日) 경상대 1978.09.07

대회	연도	소속	출전	교체	득점	도움	파울	경고	퇴장
BC	2003	전남	19	11	0	0	24	2	0
	2004	전남	16	9	0	0	23	0	0
	2005	전남	17	3	0	0	41	3	0
	2006	전남	35	10	1	2	67	6	0
	2007	경남	29	11	1	0	45	1	0
	2008	경남	25	8	1	1	32	5	0
	2009	부산	12	4	0	0	18	0	0
	2010	부산	11	8	0	0	5	0	0
	합계		164	64	3	3	255	17	0
K2	2014	충주	0	0	0	0	0	0	0
	합계		0	0	0	0	0	0	0
프로통산			164	64	3	3	255	17	0

김효준(金孝埈) 경일대 1978.10.13

대회	연도	소속	출전	교체	득점	도움	파울	경고	퇴장
BC	2006	경남	8	3	0	0	12	1	0
	2007	경남	5	3	0	0	8	1	0
	합계		13	6	0	0	20	2	0
K2	2013	안양	25	0	2	0	33	3	0

대회	연도	소속	출전	교체	득점	도움	파울	경고	퇴장
	2014	안양	11	2	0	0	7	3	0
	합계		36	2	2	0	40	6	0
프로통산			49	8	2	0	60	8	0

김효진(金孝鎭) 연세대 1990.10.22

대회	연도	소속	출전	교체	득점	도움	파울	경고	퇴장
K1	2013	강원	1	1	0	0	1	0	0
	합계		1	1	0	0	1	0	0
프로통산			1	1	0	0	1	0	0

김효찬(金孝粲) 성균관대 1998.01.21

대회	연도	소속	출전	교체	득점	도움	파울	경고	퇴장
K2	2020	전남	0	0	0	0	0	0	0
	합계		0	0	0	0	0	0	0
프로통산			0	0	0	0	0	0	0

김후석(金厚奭) 영남대 1974.03.20

대회	연도	소속	출전	교체	득점	도움	파울	경고	퇴장
BC	1997	포항	7	7	0	0	4	2	0
	1998	포항	6	5	0	0	6	0	0
	합계		13	12	0	0	10	2	0
프로통산			13	12	0	0	10	2	0

김훈민(金訓民) 숭실대 2001.03.01

대회	연도	소속	출전	교체	득점	도움	파울	경고	퇴장
K1	2022	성남	6	6	0	1	0	0	0
	합계		6	6	0	1	0	0	0
프로통산			6	6	0	1	0	0	0

김훈성(金勳成) 고려대 1991.05.20

대회	연도	소속	출전	교체	득점	도움	파울	경고	퇴장
K2	2015	고양	2	2	0	0	0	0	0
	합계		2	2	0	0	0	0	0
프로통산			2	2	0	0	0	0	0

김흥권(金興權) 전남대 1963.12.02

대회	연도	소속	출전	교체	득점	도움	파울	경고	퇴장
BC	1984	현대	9	2	1	2	8	0	0
	1985	현대	11	1	0	0	7	0	0
	1986	현대	31	1	2	1	41	4	0
	1987	현대	4	4	0	0	1	1	0
	1989	현대	19	8	1	2	18	0	0
	합계		74	16	4	5	75	5	0
프로통산			74	16	4	5	75	5	0

김흥일(金興一) 동아대 1992.11.02

대회	연도	소속	출전	교체	득점	도움	파울	경고	퇴장
K1	2013	대구	14	14	0	0	6	0	0
	합계		14	14	0	0	6	0	0
K2	2014	대구	9	8	0	0	4	0	0
	합계		9	8	0	0	4	0	0
프로통산			23	22	0	0	10	0	0

김희승(金熹承) 천안제일고 2003.01.19

대회	연도	소속	출전	교체	득점	도움	파울	경고	퇴장
K1	2021	대구	2	1	0	0	4	0	0
	2022	대구	11	7	0	0	21	3	0
	합계		13	8	0	0	25	3	0
프로통산			13	8	0	0	25	3	0

김희원(金熙元) 청주대 1994.07.12

대회	연도	소속	출전	교체	득점	도움	파울	경고	퇴장
K2	2017	서울E	2	1	0	0	0	0	1
	2018	안양	4	4	0	0	1	0	0
	합계		6	5	0	0	1	0	1
프로통산			6	5	0	0	1	0	1

김희철(金熙澈) 충북대 1960.09.03

대회	연도	소속	출전	교체	득점	도움	파울	경고	퇴장
BC	1983	포항제철	13	4	5	3	4	0	0
	1984	포항제철	8	6	0	1	4	0	0
	1985	상무	11	6	2	1	8	0	0
	합계		32	16	7	5	16	0	0
프로통산			32	16	7	5	16	0	0

김희태(金熙泰) 연세대 1953.07.10

대회	연도	소속	출전	교체	득점	도움	파울	경고	퇴장
BC	1983	대우	2	2	0	0	0	0	0
	합계		2	2	0	0	0	0	0
프로통산			2	2	0	0	0	0	0

까뇨뚜(Anderson Cardoso de Campos: Canhoto) 브라질 1997.03.30

대회	연도	소속	출전	교체	득점	도움	파울	경고	퇴장
K2	2020	안산	13	10	1	2	11	3	0
	2021	안산	9	8	1	1	3	0	0
	2022	안산	10	6	3	3	9	1	0
	합계		32	24	5	6	23	4	0
프로통산			32	24	5	6	23	4	0

까데나시(Felipe Cadenazzi) 아르헨티나 1991.10.12

대회	연도	소속	출전	교체	득점	도움	파울	경고	퇴장
K2	2022	서울E	33	25	10	4	43	3	0
	합계		33	25	10	4	43	3	0
프로통산			33	25	10	4	43	3	0

까랑가(Luiz Fernando da Silva Monte) 브라질 1991.04.14

대회	연도	소속	출전	교체	득점	도움	파울	경고	퇴장
K1	2015	제주	16	8	5	3	34	3	0
	2016	제주	2	0	0	0	2	1	0
	합계		18	8	5	3	36	4	0
프로통산			18	8	5	3	36	4	0

까르멜로(Carmelo Enrique Valencia Chaverra) 콜롬비아 1984.07.13

대회	연도	소속	출전	교체	득점	도움	파울	경고	퇴장
BC	2010	울산	24	20	8	3	20	1	0
	합계		24	20	8	3	20	1	0
프로통산			24	20	8	3	20	1	0

까를로스(Jose Carlos Santos da Silva) 브라질 1975.03.19

대회	연도	소속	출전	교체	득점	도움	파울	경고	퇴장
BC	2004	포항	25	20	4	2	48	3	0
	합계		25	20	4	2	48	3	0
프로통산			25	20	4	2	48	3	0

까를로스(Jean Carlos Donde) 브라질 1983.08.12

대회	연도	소속	출전	교체	득점	도움	파울	경고	퇴장
BC	2011	성남일화	3	3	0	0	1	0	0
	합계		3	3	0	0	1	0	0
프로통산			3	3	0	0	1	0	0

까밀로(Camilo da Silva Sanvezzo) 브라질 1988.07.21

대회	연도	소속	출전	교체	득점	도움	파울	경고	퇴장
BC	2010	경남	9	8	0	1	22	1	0
	합계		9	8	0	1	22	1	0
프로통산			9	8	0	1	22	1	0

까보레(Everaldo de Jesus Pereira) 브라질 1980.02.19

대회	연도	소속	출전	교체	득점	도움	파울	경고	퇴장
BC	2007	경남	31	5	18	8	48	5	0
	합계		31	5	18	8	48	5	0
프로통산			31	5	18	8	48	5	0

까스띠쇼(Jonathan Emanuel Castillo) 아르헨티나 1993.01.05

대회	연도	소속	출전	교체	득점	도움	파울	경고	퇴장
K2	2016	충주	1	1	0	0	1	0	0
	합계		1	1	0	0	1	0	0
프로통산			1	1	0	0	1	0	0

까시아노(Dias Moreira Cassiano) 브라질 1989.06.16

대회	연도	소속	출전	교체	득점	도움	파울	경고	퇴장
K1	2015	광주	11	8	1	0	16	2	0
	합계		11	8	1	0	16	2	0
프로통산			11	8	1	0	16	2	0

까시아노(Cassiano Mendes da Rocha) 브라질 1975.12.04

대회	연도	소속	출전	교체	득점	도움	파울	경고	퇴장
BC	2003	포항	15	13	4	0	15	1	0
	합계		15	13	4	0	15	1	0
프로통산			15	13	4	0	15	1	0

까이끼(Caique Silva Rocha) 브라질 1987.01.10

대회	연도	소속	출전	교체	득점	도움	파울	경고	퇴장
BC	2012	경남	41	10	12	7	60	5	0
	합계		41	10	12	7	60	5	0
K1	2013	울산	18	14	3	4	19	2	0
	2014	울산	1	1	0	0	0	0	0
	합계		19	15	3	4	19	2	0
프로통산			60	25	15	11	79	7	0

까이오(Antonio Caio Silva Souza) 브라질 1980.10.11

대회	연도	소속	출전	교체	득점	도움	파울	경고	퇴장
BC	2004	전남	15	14	0	2	18	0	0
	합계		15	14	0	2	18	0	0
프로통산			15	14	0	2	18	0	0

깔레오(Coelho Goncalves) 브라질 1995.09.22

대회	연도	소속	출전	교체	득점	도움	파울	경고	퇴장
K2	2014	충주	4	4	0	0	1	0	0
	합계		4	4	0	0	1	0	0
프로통산			4	4	0	0	1	0	0

꼬레아(Nestor Correa) 우루과이 1974.08.23

대회	연도	소속	출전	교체	득점	도움	파울	경고	퇴장
BC	2000	전북	23	15	3	4	45	1	1
	2002	전남	15	12	0	2	36	3	0
	합계		38	27	3	6	81	4	1
프로통산			38	27	3	6	81	4	1

끌레베르(Cleber Arildo da Silva) 브라질 1969.01.21

대회	연도	소속	출전	교체	득점	도움	파울	경고	퇴장
BC	2001	울산	30	2	2	2	53	7	0
	2002	울산	34	6	0	0	63	7	0
	2003	울산	33	5	1	1	54	6	1
	합계		97	13	3	3	170	20	1
프로통산			97	13	3	3	170	20	1

끌레오(Cleomir Mala dos Santos) 브라질 1972.02.02

대회	연도	소속	출전	교체	득점	도움	파울	경고	퇴장
BC	1997	전남	5	3	0	2	6	1	0
	합계		5	3	0	2	6	1	0
프로통산			5	3	0	2	6	1	0

끼리노(Thiago Quirino da Silva) 브라질 1985.01.04

대회	연도	소속	출전	교체	득점	도움	파울	경고	퇴장
BC	2011	대구	14	10	3	1	24	2	1
	합계		14	10	3	1	24	2	1
프로통산			14	10	3	1	24	2	1

나광현(羅光鉉) 명지대 1982.06.21

대회	연도	소속	출전	교체	득점	도움	파울	경고	퇴장
BC	2006	대전	1	1	0	0	0	0	0
	2007	대전	8	7	1	0	10	1	0
	2008	대전	18	9	1	0	26	7	0
	2009	대전	14	11	0	1	8	2	0
	합계		41	28	2	1	44	10	0
프로통산			41	28	2	1	44	10	0

나니(Jonathan Nanizayamo) 프랑스 1991.06.05

대회	연도	소속	출전	교체	득점	도움	파울	경고	퇴장
K1	2017	강원	4	4	0	0	3	0	0
	합계		4	4	0	0	3	0	0
프로통산			4	4	0	0	3	0	0

나드손(Nadson Rodrigues de Souza) 브라질 1982.01.30

대회	연도	소속	출전	교체	득점	도움	파울	경고	퇴장
BC	2003	수원	18	9	14	1	25	2	0
	2004	수원	38	27	14	4	66	5	0
	2005	수원	15	14	7	1	17	1	0

대회	연도	소속	출전	교체	득점	도움	파울	경고	퇴장
	2007	수원	15	14	8	5	10	2	0
	합계		86	64	43	11	118	10	0
프로통산			86	64	43	11	118	10	0

나상호(羅相鎬) 단국대 1996.08.12

대회	연도	소속	출전	교체	득점	도움	파울	경고	퇴장
K1	2017	광주	18	14	2	0	20	1	0
	2020	성남	19	8	7	0	18	2	0
	2021	서울	34	14	9	6	21	2	0
	2022	서울	32	12	8	4	22	5	0
	합계		103	48	26	10	81	10	0
K2	2018	광주	31	3	16	1	38	3	0
	합계		31	3	16	1	38	3	0
프로통산			134	51	42	11	119	13	0

나성은(羅聖恩) 수원대 1996.04.06

대회	연도	소속	출전	교체	득점	도움	파울	경고	퇴장
K1	2018	전북	3	2	0	0	1	0	0
	2020	전북	1	1	0	0	1	0	0
	2021	수원FC	4	5	0	0	4	0	0
	합계		8	8	0	0	6	0	0
K2	2022	김포	20	20	2	1	16	1	0
	합계		20	20	2	1	16	1	0
프로통산			28	28	2	1	22	1	0

나승화(羅承和) 한양대 1969.10.08

대회	연도	소속	출전	교체	득점	도움	파울	경고	퇴장
BC	1991	포항제철	17	4	0	3	14	0	0
	1992	포항제철	16	5	0	1	18	0	0
	1993	포항제철	16	9	0	2	13	2	0
	1994	포항제철	25	7	0	3	26	2	0
	합계		74	25	0	9	71	4	0
프로통산			74	25	0	9	71	4	0

나시모프(Bakhodir Nasimov) 우즈베키스탄 1987.05.02

대회	연도	소속	출전	교체	득점	도움	파울	경고	퇴장
K2	2017	안산	23	18	2	0	35	3	0
	합계		23	18	2	0	35	3	0
프로통산			23	18	2	0	35	3	0

나일균(羅一均) 경일대 1977.08.02

대회	연도	소속	출전	교체	득점	도움	파울	경고	퇴장
BC	2000	울산	1	1	0	0	2	0	0
	합계		1	1	0	0	2	0	0
프로통산			1	1	0	0	2	0	0

나지(Naji Mohammed Majrashi) 사우디아라비아 1984.02.02

대회	연도	소속	출전	교체	득점	도움	파울	경고	퇴장
BC	2011	울산	9	9	0	1	2	1	0
	합계		9	9	0	1	2	1	0
프로통산			9	9	0	1	2	1	0

나치선(羅治善) 국민대 1966.03.07

대회	연도	소속	출전	교체	**실점**	도움	파울	경고	퇴장
BC	1989	일화	23	2	26	0	1	1	0
	1990	일화	1	0	3	0	0	0	0
	합계		24	2	29	0	1	1	0
프로통산			24	2	29	0	1	1	0

나카자토(Nakazato Takahiro, 中里崇宏) 일본 1990.03.29

대회	연도	소속	출전	교체	득점	도움	파울	경고	퇴장
K1	2019	강원	11	7	0	0	11	3	0
	합계		11	7	0	0	11	3	0
프로통산			11	7	0	0	11	3	0

나희근(羅熙根) 아주대 1979.05.05

대회	연도	소속	출전	교체	득점	도움	파울	경고	퇴장
BC	2001	포항	1	1	0	0	1	0	0
	2003	포항	0	0	0	0	0	0	0
	2004	대구	12	3	0	0	23	1	0
	2005	대구	21	11	1	0	48	1	0
	2006	대구	5	2	2	0	6	0	1
	2007	대구	1	1	0	0	0	0	0
	합계		40	18	3	0	78	2	1
프로통산			40	18	3	0	78	2	1

난도(Ferdinando Pereira Leda) 브라질 1980.04.22

대회	연도	소속	출전	교체	득점	도움	파울	경고	퇴장
BC	2012	인천	19	4	0	0	31	2	0
	합계		19	4	0	0	31	2	0
프로통산			19	4	0	0	31	2	0

남광현(南侊炫) 경기대 1987.08.25

대회	연도	소속	출전	교체	득점	도움	파울	경고	퇴장
BC	2010	전남	5	2	1	1	17	1	0
	합계		5	2	1	1	17	1	0
K2	2016	경남	7	7	1	1	7	1	0
	합계		7	7	1	1	7	1	0
프로통산			12	9	2	2	24	2	0

남궁도(南宮道) 경희고 1982.06.04

대회	연도	소속	출전	교체	득점	도움	파울	경고	퇴장
BC	2001	전북	6	6	0	0	9	1	0
	2002	전북	3	3	0	1	4	0	0
	2003	전북	18	16	5	2	16	2	0
	2004	전북	21	16	3	1	35	0	0
	2005	전북	2	1	0	0	3	0	0
	2005	전남	24	17	2	4	31	2	0
	2006	광주상무	30	27	4	2	48	5	0
	2007	광주상무	28	19	9	1	48	2	0
	2008	포항	25	21	6	1	28	4	0
	2009	포항	5	4	1	0	9	0	0
	2010	성남일화	22	20	2	0	13	1	0
	2011	성남일화	20	19	3	1	20	1	0
	2012	대전	18	16	0	1	22	3	0
	합계		222	185	35	14	286	21	0
K2	2013	안양	29	29	1	1	19	2	0
	2014	안양	3	3	0	0	4	0	0
	합계		32	32	1	1	23	2	0
프로통산			254	217	36	15	309	23	0

남궁웅(南宮雄) 경희고 1984.03.29

대회	연도	소속	출전	교체	득점	도움	파울	경고	퇴장
BC	2003	수원	22	20	1	3	21	0	0
	2004	수원	5	5	0	0	2	0	0
	2005	광주상무	29	23	0	2	31	1	0
	2006	광주상무	30	20	0	3	43	6	0
	2006	수원	1	1	0	0	0	0	0
	2007	수원	9	9	1	0	6	1	0
	2008	수원	15	14	0	1	26	2	0
	2011	성남일화	5	5	0	0	1	1	0
	2012	성남일화	30	15	0	1	38	7	0
	합계		146	112	2	10	168	18	0
K1	2013	강원	21	8	0	2	16	3	0
	합계		21	8	0	2	16	3	0
승	2013	강원	1	1	0	0	2	0	0
	합계		1	1	0	0	2	0	0
프로통산			168	121	2	12	186	21	0

남기설(南起雪) 영남대 1970.12.08

대회	연도	소속	출전	교체	득점	도움	파울	경고	퇴장
BC	1993	대우	16	14	1	0	18	3	0
	1994	LG	20	17	3	1	17	1	0
	1995	LG	4	4	0	0	2	1	0
	합계		40	35	4	1	37	5	0
프로통산			40	35	4	1	37	5	0

남기성(南基成) 한양대 1977.10.10

대회	연도	소속	출전	교체	득점	도움	파울	경고	퇴장
BC	2000	수원	2	1	0	0	1	0	0
	합계		2	1	0	0	1	0	0
프로통산			2	1	0	0	1	0	0

남기영(南基永) 경희대 1962.07.10

대회	연도	소속	출전	교체	득점	도움	파울	경고	퇴장
BC	1986	포항제철	23	2	0	0	26	3	0
	1987	포항제철	30	7	0	0	43	4	0
	1988	포항제철	6	2	0	0	9	0	0
	1989	포항제철	21	12	0	0	30	3	1
	1990	포항제철	19	9	0	0	36	3	0
	1991	포항제철	32	11	1	0	43	5	1
	1992	포항제철	14	7	0	1	18	4	0
	합계		145	50	1	1	205	22	2
프로통산			145	50	1	1	205	22	2

남기일(南基一) 경희대 1974.08.17

대회	연도	소속	출전	교체	득점	도움	파울	경고	퇴장
BC	1997	부천SK	18	14	0	3	14	0	0
	1998	부천SK	15	16	1	1	17	2	0
	1999	부천SK	20	18	1	3	23	1	0
	2000	부천SK	11	9	1	1	12	0	0
	2001	부천SK	35	15	9	2	41	2	0
	2002	부천SK	32	3	4	6	50	5	1
	2003	부천SK	30	8	5	5	50	4	1
	2004	전남	29	22	2	2	40	3	0
	2005	성남일화	28	22	7	4	47	0	0
	2006	성남일화	32	27	8	2	51	1	0
	2007	성남일화	20	19	2	4	27	3	0
	2008	성남일화	7	7	0	1	8	1	0
	합계		277	180	40	34	380	22	2
프로통산			277	180	40	34	380	22	2

남대식(南大植) 건국대 1990.03.07

대회	연도	소속	출전	교체	득점	도움	파울	경고	퇴장
K2	2013	충주	20	2	2	0	14	2	0
	2014	안양	0	0	0	0	0	0	0
	합계		20	2	2	0	14	2	0
프로통산			20	2	2	0	14	2	0

남민호(南民浩) 동국대 1980.12.17

대회	연도	소속	출전	교체	**실점**	도움	파울	경고	퇴장
BC	2003	부천SK	1	0	4	0	0	0	0
	합계		1	0	4	0	0	0	0
프로통산			1	0	4	0	0	0	0

남설현(南설현) 부경대 1990.02.10

대회	연도	소속	출전	교체	득점	도움	파울	경고	퇴장
BC	2012	경남	2	2	0	0	1	0	0
	합계		2	2	0	0	1	0	0
프로통산			2	2	0	0	1	0	0

남세인(南世仁) 동의대 1993.01.15

대회	연도	소속	출전	교체	득점	도움	파울	경고	퇴장
K2	2014	대구	0	0	0	0	0	0	0
	합계		0	0	0	0	0	0	0
프로통산			0	0	0	0	0	0	0

남송(Nan Song, 南松/←난송) 중국 1997.06.21

대회	연도	소속	출전	교체	득점	도움	파울	경고	퇴장
K2	2018	부천	3	3	0	0	3	1	0
	합계		3	3	0	0	3	1	0
프로통산			3	3	0	0	3	1	0

남승우(南昇佑) 연세대 1992.02.18

대회	연도	소속	출전	교체	득점	도움	파울	경고	퇴장
K1	2018	강원	1	1	0	0	0	0	0
	합계		1	1	0	0	0	0	0
프로통산			1	1	0	0	0	0	0

남영열(南永烈) 한남대 1981.07.10

대회	연도	소속	출전	교체	득점	도움	파울	경고	퇴장
BC	2005	대구	24	9	1	0	39	6	0
	합계		24	9	1	0	39	6	0
프로통산			24	9	1	0	39	6	0

남영훈(男泳勳) 명지대 1979.09.22

대회	연도	소속	출전	교체	득점	도움	파울	경고	퇴장
BC	2003	광주상무	16	12	0	1	8	3	0
	2004	포항	15	15	0	0	17	2	0
	2005	포항	7	7	0	0	6	2	0
	2006	경남	15	8	1	0	25	6	0
	2007	경남	12	6	0	0	13	2	0
	합계		65	48	1	1	69	15	0

대회	연도	소속	출전	교체	득점	도움	파울	경고	퇴장
프로통산			65	48	1	1	69	15	0

남웅기(南雄基) 동국대 1976.05.20

대회	연도	소속	출전	교체	득점	도움	파울	경고	퇴장
BC	1999	전북	5	5	1	0	3	0	0
	합계		5	5	1	0	3	0	0
프로통산			5	5	1	0	3	0	0

남윤재(南潤宰) 충남기계공고 1996.05.31

대회	연도	소속	출전	교체	득점	도움	파울	경고	퇴장
K2	2016	대전	1	1	0	0	1	0	0
	2017	대전	1	1	0	0	2	0	0
	합계		2	2	0	0	3	0	0
프로통산			2	2	0	0	3	0	0

남윤재(南尹在) 광양제철고 2001.04.14

대회	연도	소속	출전	교체	득점	도움	파울	경고	퇴장
K2	2021	전남	1	1	0	0	1	0	0
	합계		1	1	0	0	1	0	0
프로통산			1	1	0	0	1	0	0

남익경(南翼璟) 포철공고 1983.01.26

대회	연도	소속	출전	교체	득점	도움	파울	경고	퇴장
BC	2002	포항	0	0	0	0	0	0	0
	2003	포항	8	8	1	0	3	0	0
	2004	포항	12	11	1	1	8	1	0
	2005	포항	13	12	0	0	15	0	0
	2006	포항	3	3	1	0	2	0	0
	2007	광주상무	18	14	0	0	17	0	0
	2008	광주상무	20	14	2	4	19	1	0
	합계		74	62	5	5	64	2	0
프로통산			74	62	5	5	64	2	0

남일우(南溢祐) 광주대 1989.08.28

대회	연도	소속	출전	교체	득점	도움	파울	경고	퇴장
BC	2012	인천	1	1	0	0	0	0	0
	합계		1	1	0	0	0	0	0
프로통산			1	1	0	0	0	0	0

남준재(南濬在) 연세대 1988.04.07

대회	연도	소속	출전	교체	득점	도움	파울	경고	퇴장
BC	2010	인천	28	26	3	5	18	3	0
	2011	전남	9	8	1	0	16	1	0
	2011	제주	3	3	0	0	1	0	0
	2012	제주	0	0	0	0	0	0	0
	2012	인천	22	11	8	1	37	5	0
	합계		62	48	12	6	72	9	0
K1	2013	인천	32	19	4	1	42	3	0
	2014	인천	17	13	3	0	18	0	0
	2015	성남	30	28	4	2	45	3	0
	2018	인천	14	12	4	2	19	2	0
	2019	인천	13	9	1	0	20	3	0
	2019	제주	14	12	3	1	19	2	0
	2020	포항	7	7	0	0	5	0	0
	합계		127	100	19	6	168	13	0
K2	2016	안산무궁	17	12	2	2	11	2	0
	2017	아산	14	12	2	0	15	1	0
	2017	성남	1	1	0	0	2	0	0
	합계		32	25	4	2	28	3	0
프로통산			221	173	35	14	268	25	0

남지훈(南知訓) 수원대 1992.12.19

대회	연도	소속	출전	교체	실점	도움	파울	경고	퇴장
K2	2015	안양	0	0	0	0	0	0	0
	2016	안양	0	0	0	0	0	0	0
	합계		0	0	0	0	0	0	0
프로통산			0	0	0	0	0	0	0

남하늘(南하늘) 한남대 1995.10.27

대회	연도	소속	출전	교체	득점	도움	파울	경고	퇴장
K2	2016	고양	16	15	2	0	18	3	0
	합계		16	15	2	0	18	3	0
프로통산			16	15	2	0	18	3	0

남현성(南縣成) 성균관대 1985.05.06

대회	연도	소속	출전	교체	득점	도움	파울	경고	퇴장
BC	2008	대구	4	2	0	0	3	2	0
	2009	대구	10	8	0	1	10	0	0
	합계		14	10	0	1	13	2	0
프로통산			14	10	0	1	13	2	0

남현우(南賢宇) 인천대 1979.04.20

대회	연도	소속	출전	교체	실점	도움	파울	경고	퇴장
BC	2002	부천SK	0	0	0	0	0	0	0
	합계		0	0	0	0	0	0	0
프로통산			0	0	0	0	0	0	0

남호상(南虎相) 동아대 1966.01.17

대회	연도	소속	출전	교체	득점	도움	파울	경고	퇴장
BC	1989	일화	1	2	0	0	2	0	0
	합계		1	2	0	0	2	0	0
프로통산			1	2	0	0	2	0	0

남희철(南希撤) 동국대 1995.05.02

대회	연도	소속	출전	교체	득점	도움	파울	경고	퇴장
K2	2019	아산	13	13	1	0	6	4	0
	2020	충남아산	0	0	0	0	0	0	0
	합계		13	13	1	0	6	4	0
프로통산			13	13	1	0	6	4	0

내마냐(Nemanja Dancetović) 유고슬라비아 1973.07.25

대회	연도	소속	출전	교체	득점	도움	파울	경고	퇴장
BC	2000	울산	6	5	0	1	6	1	0
	합계		6	5	0	1	6	1	0
프로통산			6	5	0	1	6	1	0

네게바(Guilherme Ferreira Pinto: Negueba) 브라질 1992.04.07

대회	연도	소속	출전	교체	득점	도움	파울	경고	퇴장
K1	2018	경남	36	16	5	7	28	2	1
	2019	경남	11	5	0	0	9	1	0
	2021	인천	31	29	2	4	29	7	0
	합계		78	50	7	11	66	10	1
K2	2020	경남	19	18	2	2	16	2	1
	합계		19	18	2	2	16	2	1
프로통산			97	68	9	13	82	12	2

네또(Euvaldo Jose de Aguiar Neto) 브라질 1982.09.17

대회	연도	소속	출전	교체	득점	도움	파울	경고	퇴장
BC	2005	전북	30	15	8	1	121	9	0
	합계		30	15	8	1	121	9	0
프로통산			30	15	8	1	121	9	0

네벨톤(Neverton Inacio Dionizio) 브라질 1992.06.07

대회	연도	소속	출전	교체	득점	도움	파울	경고	퇴장
K2	2014	대구	1	1	0	0	0	0	0
	합계		1	1	0	0	0	0	0
프로통산			1	1	0	0	0	0	0

네아가(Adrian Constantin Neaga) 루마니아 1979.06.04

대회	연도	소속	출전	교체	득점	도움	파울	경고	퇴장
BC	2005	전남	26	6	11	2	47	6	1
	2006	전남	21	12	2	3	36	1	0
	2006	성남일화	15	8	4	1	29	3	0
	2007	성남일화	11	9	0	1	13	3	0
	합계		73	35	17	7	125	13	1
프로통산			73	35	17	7	125	13	1

네코(Danilo Montecino Neco) 브라질 1986.01.27

대회	연도	소속	출전	교체	득점	도움	파울	경고	퇴장
BC	2010	제주	32	28	6	5	45	2	0
	합계		32	28	6	5	45	2	0
K2	2017	성남	4	4	0	0	3	1	0
	합계		4	4	0	0	3	1	0
프로통산			36	32	6	5	48	3	0

노건우(盧建宇) 용인대 2000.12.10

대회	연도	소속	출전	교체	득점	도움	파울	경고	퇴장
K2	2022	대전	1	2	0	0	0	0	0
	합계		1	2	0	0	0	0	0
프로통산			1	2	0	0	0	0	0

노경민(魯京旻) 숭실대 1987.11.01

대회	연도	소속	출전	교체	득점	도움	파울	경고	퇴장
BC	2009	대전	5	4	0	0	4	1	0
	합계		5	4	0	0	4	1	0
프로통산			5	4	0	0	4	1	0

노경태(盧炅兌) 전주대 1986.09.20

대회	연도	소속	출전	교체	득점	도움	파울	경고	퇴장
BC	2009	강원	7	3	0	0	6	0	0
	합계		7	3	0	0	6	0	0
프로통산			7	3	0	0	6	0	0

노경호(盧京鎬) 조선대 2000.07.05

대회	연도	소속	출전	교체	득점	도움	파울	경고	퇴장
K1	2021	포항	1	1	0	0	1	0	0
	2022	포항	4	4	1	0	0	0	0
	합계		5	5	1	0	1	0	0
프로통산			5	5	1	0	1	0	0

노경환(盧慶煥) 한양대 1967.05.06

대회	연도	소속	출전	교체	득점	도움	파울	경고	퇴장
BC	1989	대우	37	26	4	2	38	2	0
	1990	대우	26	17	4	2	34	3	0
	1991	대우	19	18	1	0	9	1	0
	1992	대우	22	16	0	4	29	1	0
	1994	대우	27	20	9	3	30	1	0
	1995	대우	18	19	3	1	16	2	0
	합계		149	116	21	12	156	10	0
프로통산			149	116	21	12	156	10	0

노나또(Raimundo Nonato de Lima Ribeiro) 브라질 1979.07.05

대회	연도	소속	출전	교체	득점	도움	파울	경고	퇴장
BC	2004	대구	32	9	19	3	48	6	0
	2005	서울	17	16	7	0	19	0	0
	합계		49	25	26	3	67	6	0
프로통산			49	25	26	3	67	6	0

노대호(盧大鎬) 광운대 1990.01.26

대회	연도	소속	출전	교체	득점	도움	파울	경고	퇴장
K2	2013	부천	14	14	3	1	11	3	0
	합계		14	14	3	1	11	3	0
프로통산			14	14	3	1	11	3	0

노동건(盧東件) 고려대 1991.10.04

대회	연도	소속	출전	교체	실점	도움	파울	경고	퇴장
K1	2014	수원	4	0	4	0	0	0	0
	2015	수원	16	0	20	0	0	1	0
	2016	수원	22	1	37	0	0	1	0
	2017	포항	13	2	25	0	0	0	0
	2018	수원	21	1	33	0	0	0	0
	2019	수원	29	0	26	0	1	3	0
	2020	수원	11	0	15	0	0	0	0
	2021	수원	15	0	17	0	0	1	0
	2022	수원	2	0	2	0	0	0	0
	합계		133	4	179	0	1	6	0
프로통산			133	4	179	0	1	6	0

노병준(盧炳俊) 한양대 1979.09.29

대회	연도	소속	출전	교체	득점	도움	파울	경고	퇴장
BC	2002	전남	5	5	0	0	4	0	0
	2003	전남	39	36	7	4	19	6	0
	2004	전남	28	27	3	3	24	4	1
	2005	전남	29	27	6	1	37	1	0
	2008	포항	21	19	5	0	16	1	0
	2009	포항	27	19	7	5	27	3	0
	2010	포항	6	5	1	0	10	1	0
	2010	울산	14	14	1	1	7	0	0
	2011	포항	34	29	5	2	39	2	0
	2012	포항	35	33	7	2	24	1	0
	합계		238	214	42	18	207	19	1
K1	2013	포항	26	26	6	1	21	1	0

	합계		26	26	6	1	21	1	0
K2	2014	대구	19	12	4	3	15	4	0
	2015	대구	34	29	7	4	22	5	0
	2016	대구	14	14	0	0	4	0	0
	합계		67	55	11	7	41	9	0
프로통산			331	295	59	26	269	29	1

노보트니(Novothny Soma Zsombor) 헝가리 1994.06.16

대회	연도	소속	출전	교체	득점	도움	파울	경고	퇴장
K2	2019	부산	27	17	12	1	31	5	0
	합계		27	17	12	1	31	5	0
승	2019	부산	2	1	1	0	1	1	0
	합계		2	1	1	0	1	1	0
프로통산			29	18	13	1	32	6	0

노상래(盧相來) 숭실대 1970.12.15

대회	연도	소속	출전	교체	득점	도움	파울	경고	퇴장
BC	1995	전남	33	2	16	6	68	4	0
	1996	전남	32	14	13	7	47	5	1
	1997	전남	17	9	7	3	18	2	0
	1998	전남	31	8	10	8	71	7	0
	1999	전남	36	11	11	6	50	1	0
	2000	전남	37	21	9	5	44	0	0
	2001	전남	27	19	5	4	31	0	0
	2002	전남	6	5	0	0	9	1	0
	2003	대구	21	18	4	1	31	4	1
	2004	대구	6	5	1	0	8	1	0
	합계		246	112	76	40	377	25	2
프로통산			246	112	76	40	377	25	2

노성민(盧聖民) 인천대 1995.07.19

대회	연도	소속	출전	교체	득점	도움	파울	경고	퇴장
K1	2018	인천	0	0	0	0	0	0	0
	합계		0	0	0	0	0	0	0
프로통산			0	0	0	0	0	0	0

노수만(魯秀晩) 울산대 1975.12.22

대회	연도	소속	출전	교체	**실점**	도움	파울	경고	퇴장
BC	1998	울산	2	0	5	0	0	0	0
	1999	전남	3	0	4	0	0	0	0
	합계		5	0	9	0	0	0	0
프로통산			5	0	9	0	0	0	0

노수진(魯壽珍) 고려대 1962.02.10

대회	연도	소속	출전	교체	득점	도움	파울	경고	퇴장
BC	1986	유공	13	4	4	1	14	1	0
	1987	유공	30	4	12	6	37	4	0
	1988	유공	10	3	2	1	10	1	0
	1989	유공	30	4	16	7	27	3	0
	1990	유공	13	3	1	1	11	0	0
	1991	유공	20	10	5	1	10	1	0
	1992	유공	19	7	5	2	10	2	0
	1993	유공	1	1	0	0	0	0	0
	합계		136	36	45	19	119	12	0
프로통산			136	36	45	19	119	12	0

노연빈(盧延貧) 청주대 1990.04.02

대회	연도	소속	출전	교체	득점	도움	파울	경고	퇴장
K2	2014	충주	25	3	1	0	48	4	0
	2015	충주	22	2	0	0	33	7	0
	2016	충주	2	0	0	0	5	0	0
	합계		49	5	1	0	86	11	0
프로통산			49	5	1	0	86	11	0

노우진(盧玗珍/←노용훈) 연세대 1986.03.29

대회	연도	소속	출전	교체	득점	도움	파울	경고	퇴장
BC	2009	경남	10	5	0	0	13	3	0
	2011	부산	1	1	0	0	1	1	0
	2011	대전	10	3	0	1	20	4	0
	2012	대전	9	8	0	0	18	4	0
	합계		30	17	0	1	52	12	0
프로통산			30	17	0	1	52	12	0

노윤상(盧尹上) 영생고 2002.03.03

대회	연도	소속	출전	교체	득점	도움	파울	경고	퇴장
K1	2021	전북	1	1	0	0	0	0	0
	2022	전북	1	1	0	0	0	0	0
	합계		2	2	0	0	0	0	0
프로통산			2	2	0	0	0	0	0

노인호(盧仁鎬) 명지대 1960.09.10

대회	연도	소속	출전	교체	득점	도움	파울	경고	퇴장
BC	1984	현대	14	9	0	5	4	0	0
	1985	현대	4	1	2	0	6	0	0
	1986	유공	5	4	0	0	6	1	0
	1987	현대	5	4	0	1	3	0	0
	합계		28	18	2	6	19	1	0
프로통산			28	18	2	6	19	1	0

노재승(盧載承) 경희대 1990.04.19

대회	연도	소속	출전	교체	득점	도움	파울	경고	퇴장
K2	2015	충주	1	1	0	0	0	0	0
	합계		1	1	0	0	0	0	0
프로통산			1	1	0	0	0	0	0

노정윤(盧廷潤) 고려대 1971.03.28

대회	연도	소속	출전	교체	득점	도움	파울	경고	퇴장
BC	2003	부산	27	13	2	5	64	2	0
	2004	부산	30	17	4	6	41	5	0
	2005	울산	35	35	0	5	31	4	0
	2006	울산	8	8	0	0	7	0	0
	합계		100	73	6	16	143	11	0
프로통산			100	73	6	16	143	11	0

노종건(爐鍾健) 인천대 1981.02.24

대회	연도	소속	출전	교체	득점	도움	파울	경고	퇴장
BC	2004	인천	7	2	0	0	15	0	0
	2005	인천	30	8	1	0	67	6	0
	2006	인천	28	10	0	0	62	7	0
	2007	인천	23	14	0	0	51	5	0
	2008	인천	23	9	0	2	44	7	0
	2009	인천	19	9	0	0	36	3	0
	2010	인천	2	2	0	0	5	0	0
	합계		132	54	1	2	280	28	0
프로통산			132	54	1	2	280	28	0

노주섭(盧周燮) 전주대 1970.09.13

대회	연도	소속	출전	교체	득점	도움	파울	경고	퇴장
BC	1994	버팔로	33	2	0	0	23	3	0
	1995	포항	7	5	0	1	4	2	0
	1996	포항	1	1	0	0	0	0	0
	1996	안양LG	5	2	1	0	13	1	0
	1997	안양LG	4	4	0	0	3	0	0
	합계		50	14	1	1	43	6	0
프로통산			50	14	1	1	43	6	0

노지훈(魯知勛) 광운대 1999.04.01

대회	연도	소속	출전	교체	**실점**	도움	파울	경고	퇴장
K1	2021	포항	0	0	0	0	0	0	0
	합계		0	0	0	0	0	0	0
프로통산			0	0	0	0	0	0	0

노진호(盧振鎬) 광운대 1969.04.09

대회	연도	소속	출전	교체	득점	도움	파울	경고	퇴장
BC	1992	대우	2	2	0	0	0	0	0
	합계		2	2	0	0	0	0	0
프로통산			2	2	0	0	0	0	0

노태경(盧泰景) 포철공고 1972.04.22

대회	연도	소속	출전	교체	득점	도움	파울	경고	퇴장
BC	1992	포항제철	7	4	0	1	6	1	0
	1993	포항제철	26	5	0	3	25	4	0
	1994	포항제철	17	3	0	0	18	2	0
	1995	포항	24	6	1	0	25	5	0
	1996	포항	39	2	1	1	31	4	0
	1997	포항	27	5	1	4	25	2	0
	2000	포항	15	10	0	1	5	2	0
	합계		155	35	3	10	135	20	0
프로통산			155	35	3	10	135	20	0

노행석(魯幸錫) 동국대 1988.11.17

대회	연도	소속	출전	교체	득점	도움	파울	경고	퇴장
BC	2011	광주	1	0	0	0	1	0	0
	2012	광주	11	1	1	0	32	7	0
	합계		12	1	1	0	33	7	0
K1	2015	부산	23	5	1	0	36	5	0
	합계		23	5	1	0	36	5	0
K2	2014	대구	31	5	3	0	58	7	0
	2018	부산	3	1	1	0	2	0	0
	2019	부산	1	0	0	0	4	1	0
	합계		35	6	4	0	64	8	0
승	2018	부산	2	1	0	0	4	0	0
	합계		2	1	0	0	4	0	0
프로통산			72	13	6	0	137	20	0

노형구(盧亨求) 매탄고 1992.04.29

대회	연도	소속	출전	교체	득점	도움	파울	경고	퇴장
BC	2011	수원	2	0	0	0	3	1	0
	2012	수원	0	0	0	0	0	0	0
	합계		2	0	0	0	3	1	0
K2	2015	충주	23	9	0	0	24	5	0
	합계		23	9	0	0	24	5	0
프로통산			25	9	0	0	27	6	0

노희동(盧熙東) 경북미용예술고 2002.06.03

대회	연도	소속	출전	교체	득점	도움	파울	경고	퇴장
K2	2022	광주	1	0	0	0	0	0	0
	합계		1	0	0	0	0	0	0
프로통산			1	0	0	0	0	0	0

논코비치(Nenad Nonković) 유고슬라비아 1970.10.01

대회	연도	소속	출전	교체	득점	도움	파울	경고	퇴장
BC	1996	천안일화	18	15	3	0	22	4	0
	합계		18	15	3	0	22	4	0
프로통산			18	15	3	0	22	4	0

니실라(Urho Benjam Nissilae) 핀란드 1996.04.04

대회	연도	소속	출전	교체	득점	도움	파울	경고	퇴장
K1	2022	수원FC	22	19	2	2	17	2	0
	합계		22	19	2	2	17	2	0
프로통산			22	19	2	2	17	2	0

니콜라(Nikola Vasiljević) 보스니아 헤르체고비나 1983.12.19

대회	연도	소속	출전	교체	득점	도움	파울	경고	퇴장
BC	2006	제주	13	1	0	0	29	2	0
	2007	제주	11	4	0	1	23	2	0
	합계		24	5	0	1	52	4	0
프로통산			24	5	0	1	52	4	0

니콜라오(Nicolao Manuel Dumitru Cardoso) 이탈리아 1991.10.12

대회	연도	소속	출전	교체	득점	도움	파울	경고	퇴장
K1	2021	수원	17	20	1	0	10	0	0
	합계		17	20	1	0	10	0	0
프로통산			17	20	1	0	10	0	0

니콜리치(Stefan Nikolić) 몬테네그로 1990.04.16

대회	연도	소속	출전	교체	득점	도움	파울	경고	퇴장
K1	2014	인천	7	5	0	0	11	0	1
	합계		7	5	0	0	11	0	1
프로통산			7	5	0	0	11	0	1

닐손주니어(Nilson Ricardo da Silva Junior) 브라질 1989.03.31

대회	연도	소속	출전	교체	득점	도움	파울	경고	퇴장
K1	2014	부산	30	4	2	0	42	2	0
	2015	부산	9	4	0	0	10	1	0
	합계		39	8	2	0	52	3	0
K2	2016	부산	21	0	1	1	26	4	0
	2017	부천	34	2	3	3	24	2	0
	2018	부천	28	2	2	1	31	1	0
	2019	부천	37	0	10	0	22	3	0

대회	연도	소속	출전	교체	득점	도움	파울	경고	퇴장
	2020	안양	26	2	1	1	11	1	0
	2021	안양	32	9	4	2	12	2	0
	2022	부천	39	3	7	2	16	1	0
	합계		217	18	28	10	142	14	0
프로통산			256	26	30	10	194	17	0

닐톤(Soares Rodrigues Nilton) 브라질 1993.09.11

대회	연도	소속	출전	교체	득점	도움	파울	경고	퇴장
K1	2015	대전	12	11	0	1	13	2	0
	합계		12	11	0	1	13	2	0
프로통산			12	11	0	1	13	2	0

다니엘(Oliveira Moreira Daniel) 브라질 1991.03.14

대회	연도	소속	출전	교체	득점	도움	파울	경고	퇴장
K1	2015	광주	2	2	0	0	1	0	0
	합계		2	2	0	0	1	0	0
프로통산			2	2	0	0	1	0	0

다니엘(Daniel Freire Mendes) 브라질 1981.01.18

대회	연도	소속	출전	교체	득점	도움	파울	경고	퇴장
BC	2004	울산	10	9	0	1	8	1	0
	합계		10	9	0	1	8	1	0
프로통산			10	9	0	1	8	1	0

다닐로(Almeida Alvesdanilo) 브라질 1991.04.11

대회	연도	소속	출전	교체	득점	도움	파울	경고	퇴장
K2	2020	수원FC	12	12	3	1	30	2	0
	합계		12	12	3	1	30	2	0
프로통산			12	12	3	1	30	2	0

다닐요(Danilo da Cruz Oliveira) 브라질 1979.02.25

대회	연도	소속	출전	교체	득점	도움	파울	경고	퇴장
BC	2004	대구	3	3	0	1	3	0	0
	합계		3	3	0	1	3	0	0
프로통산			3	3	0	1	3	0	0

다리오(Dario Frederico da Silva Junior) 브라질 1991.09.11

대회	연도	소속	출전	교체	득점	도움	파울	경고	퇴장
K1	2019	대구	3	3	0	0	2	0	0
	합계		3	3	0	0	2	0	0
프로통산			3	3	0	0	2	0	0

다미르(Damir Sovsić) 크로아티아 1990.02.05

대회	연도	소속	출전	교체	득점	도움	파울	경고	퇴장
K1	2017	수원	21	16	0	0	14	1	0
	합계		21	16	0	0	14	1	0
프로통산			21	16	0	0	14	1	0

다보(Cheick Oumar Dabo) 말리 1981.01.12

대회	연도	소속	출전	교체	득점	도움	파울	경고	퇴장
BC	2002	부천SK	28	20	10	4	41	0	0
	2003	부천SK	28	23	5	2	34	2	0
	2004	부천SK	21	11	6	0	38	1	0
	합계		77	54	21	6	113	3	0
프로통산			77	54	21	6	113	3	0

다실바(Cleonesio Carlos da Silva) 브라질 1976.04.12

대회	연도	소속	출전	교체	득점	도움	파울	경고	퇴장
BC	2005	포항	24	11	8	1	33	1	0
	2005	부산	12	6	4	1	19	3	0
	2006	제주	14	7	4	1	18	0	0
	합계		50	24	16	3	70	4	0
프로통산			50	24	16	3	70	4	0

다오(Dao Cheick Tidiani) 말리 1982.09.25

대회	연도	소속	출전	교체	득점	도움	파울	경고	퇴장
BC	2002	부천SK	4	2	0	0	7	3	0
	합계		4	2	0	0	7	3	0
프로통산			4	2	0	0	7	3	0

다이고(Watanabe Daigo, 渡邉大剛) 일본 1984.12.03

대회	연도	소속	출전	교체	득점	도움	파울	경고	퇴장
K2	2016	부산	5	4	0	0	4	0	0
	합계		5	4	0	0	4	0	0
프로통산			5	4	0	0	4	0	0

다이치(Jusuf Dajić) 보스니아 헤르체고비나 1984.08.21

대회	연도	소속	출전	교체	득점	도움	파울	경고	퇴장
BC	2008	전북	14	12	7	1	23	1	0
	합계		14	12	7	1	23	1	0
프로통산			14	12	7	1	23	1	0

다카하기(Takahagi Yojiro, 高萩洋次郎) 일본 1986.08.02

대회	연도	소속	출전	교체	득점	도움	파울	경고	퇴장
K1	2015	서울	14	11	2	0	15	2	0
	2016	서울	32	16	1	4	26	5	0
	합계		46	27	3	4	41	7	0
프로통산			46	27	3	4	41	7	0

다카하라(Takahara Naohiro, 高原直泰) 일본 1979.06.04

대회	연도	소속	출전	교체	득점	도움	파울	경고	퇴장
BC	2010	수원	12	7	4	0	18	1	0
	합계		12	7	4	0	18	1	0
프로통산			12	7	4	0	18	1	0

달리(Dalibor Veselinović) 크로아티아 1987.09.21

대회	연도	소속	출전	교체	득점	도움	파울	경고	퇴장
K1	2017	인천	11	7	0	1	18	2	0
	합계		11	7	0	1	18	2	0
프로통산			11	7	0	1	18	2	0

당성증(唐聖增) 국민대 1966.01.04

대회	연도	소속	출전	교체	득점	도움	파울	경고	퇴장
BC	1991	LG	1	1	0	0	0	0	0
	합계		1	1	0	0	0	0	0
프로통산			1	1	0	0	0	0	0

데니스(Denis Laktionov /←이성남) 1977.09.04

대회	연도	소속	출전	교체	득점	도움	파울	경고	퇴장
BC	1996	수원	20	23	5	0	16	2	0
	1997	수원	20	20	3	6	31	2	0
	1998	수원	18	9	5	4	46	5	1
	1999	수원	20	16	7	10	38	4	0
	2000	수원	27	13	10	7	54	7	0
	2001	수원	36	12	7	3	76	5	0
	2002	수원	20	15	5	7	31	5	0
	2003	성남일화	38	16	9	10	67	6	0
	2004	성남일화	21	10	4	2	27	1	0
	2005	성남일화	20	6	1	6	39	6	0
	2005	부산	5	4	0	0	9	1	0
	2006	수원	16	14	0	2	19	4	0
	2012	강원	10	10	1	2	7	1	0
	합계		271	168	57	59	460	49	1
K1	2013	강원	1	1	0	0	0	0	0
	합계		1	1	0	0	0	0	0
프로통산			272	169	57	59	460	49	1

데닐손(Denilson Martins Nascimento) 브라질 1976.09.04

대회	연도	소속	출전	교체	득점	도움	파울	경고	퇴장
BC	2006	대전	26	11	9	3	79	4	0
	2007	대전	34	4	19	5	80	7	0
	2008	포항	19	9	6	6	27	4	0
	2009	포항	28	14	10	3	43	6	0
	합계		107	38	44	17	229	21	0
프로통산			107	38	44	17	229	21	0

데얀(Dejan Damjanović) 몬테네그로 1981.07.27

대회	연도	소속	출전	교체	득점	도움	파울	경고	퇴장
BC	2007	인천	36	6	19	3	58	4	1
	2008	서울	33	13	15	6	47	2	0
	2009	서울	25	12	14	1	46	9	1
	2010	서울	35	12	19	10	51	5	0
	2011	서울	30	5	24	7	46	4	0
	2012	서울	42	8	31	4	57	5	0
	합계		201	56	122	31	305	29	2
K1	2013	서울	29	5	19	5	46	2	0
	2016	서울	36	21	13	2	51	4	0
	2017	서울	37	26	19	3	35	2	0
	2018	수원	33	18	13	3	24	1	0
	2019	수원	21	15	3	1	20	2	0
	2020	대구	23	20	9	3	10	0	0
	합계		179	105	76	17	186	11	0
프로통산			380	161	198	48	491	40	2

데이비드(David Aparecido da Silva) 브라질 1989.11.12

대회	연도	소속	출전	교체	득점	도움	파울	경고	퇴장
K1	2019	포항	9	7	2	1	15	1	1
	합계		9	7	2	1	15	1	1
프로통산			9	7	2	1	15	1	1

데이비드(Deyvid Franck Silva Sacconi) 브라질 1987.04.10

대회	연도	소속	출전	교체	득점	도움	파울	경고	퇴장
K2	2016	대구	13	13	0	1	6	1	0
	합계		13	13	0	1	6	1	0
프로통산			13	13	0	1	6	1	0

데이비슨(Jason Davidson) 오스트레일리아 1991.06.29

대회	연도	소속	출전	교체	득점	도움	파울	경고	퇴장
K1	2019	울산	3	2	0	0	1	1	0
	2020	울산	4	0	0	0	8	1	0
	합계		7	2	0	0	9	2	0
프로통산			7	2	0	0	9	2	0

데파울라(Felipe de Paula) 브라질 1988.01.17

대회	연도	소속	출전	교체	득점	도움	파울	경고	퇴장
K2	2016	고양	22	16	5	0	25	2	0
	합계		22	16	5	0	25	2	0
프로통산			22	16	5	0	25	2	0

델리치(Mateas Delić) 크로아티아 1988.06.17

대회	연도	소속	출전	교체	득점	도움	파울	경고	퇴장
BC	2011	강원	13	11	0	0	10	0	0
	합계		13	11	0	0	10	0	0
프로통산			13	11	0	0	10	0	0

델브리지(Harrison Andrew Delbridge) 오스트레일리아 1992.03.15

대회	연도	소속	출전	교체	득점	도움	파울	경고	퇴장
K1	2021	인천	34	14	1	2	34	5	0
	2022	인천	33	5	0	1	38	6	0
	합계		67	19	1	3	72	11	0
프로통산			67	19	1	3	72	11	0

도나치(James Kevin Donachie) 오스트레일리아 1993.05.14

대회	연도	소속	출전	교체	득점	도움	파울	경고	퇴장
K1	2018	전남	11	2	0	0	13	3	0
	합계		11	2	0	0	13	3	0
프로통산			11	2	0	0	13	3	0

도도(Ricardo Lucas Dodo) 브라질 1974.02.05

대회	연도	소속	출전	교체	득점	도움	파울	경고	퇴장
BC	2003	울산	44	12	27	3	34	2	0
	2004	울산	18	8	6	1	24	0	0
	합계		62	20	33	4	58	2	0
프로통산			62	20	33	4	58	2	0

도동현(都東顯) 경희대 1993.11.19

대회	연도	소속	출전	교체	득점	도움	파울	경고	퇴장
K1	2019	경남	3	3	0	0	3	1	0
	합계		3	3	0	0	3	1	0
K2	2020	경남	8	8	1	0	4	0	0
	2021	경남	19	19	1	0	17	4	0
	합계		27	27	2	0	21	4	0
승	2019	경남	1	1	0	0	1	0	0

대회	연도	소속	출전	교체	득점	도움	파울	경고	퇴장
	합계		1	1	0	0	1	0	0
프로통산			31	31	2	0	25	5	0

도스톤벡(Dostonbek Tursunov) 우즈베키스탄 1995.06.13

대회	연도	소속	출전	교체	득점	도움	파울	경고	퇴장
K1	2020	부산	16	3	1	0	14	2	0
	합계		16	3	1	0	14	2	0
프로통산			16	3	1	0	14	2	0

도재준(都在俊) 배재대 1980.05.06

대회	연도	소속	출전	교체	득점	도움	파울	경고	퇴장
BC	2003	성남일화	0	0	0	0	0	0	0
	2004	성남일화	12	4	1	0	14	2	0
	2005	성남일화	16	13	1	0	21	2	0
	2006	성남일화	2	2	0	0	0	0	0
	2008	인천	3	3	0	0	3	1	0
	2009	인천	1	1	0	0	0	0	0
	합계		34	23	2	0	38	5	0
프로통산			34	23	2	0	38	5	0

도화성(都和成) 숭실대 1980.06.27

대회	연도	소속	출전	교체	득점	도움	파울	경고	퇴장
BC	2003	부산	24	10	0	0	42	5	1
	2004	부산	30	9	2	0	69	9	0
	2005	부산	26	8	1	3	43	4	1
	2006	부산	10	4	0	0	14	2	0
	2008	부산	17	5	0	2	28	6	0
	2009	인천	26	14	2	2	44	3	0
	2010	인천	13	8	2	2	17	3	0
	합계		146	58	7	9	257	32	2
프로통산			146	58	7	9	257	32	2

돈지덕(頓智德) 인천대 1980.04.28

대회	연도	소속	출전	교체	득점	도움	파울	경고	퇴장
K2	2013	안양	15	1	0	1	26	4	0
	합계		15	1	0	1	26	4	0
프로통산			15	1	0	1	26	4	0

두두(Eduardo Francisco de Silva Neto) 브라질 1980.02.02

대회	연도	소속	출전	교체	득점	도움	파울	경고	퇴장
BC	2004	성남일화	17	4	7	2	18	0	0
	2005	성남일화	29	13	10	6	24	2	0
	2006	성남일화	22	4	4	6	28	4	0
	2006	서울	13	4	3	2	14	1	0
	2007	서울	20	9	6	1	14	1	0
	2008	성남일화	37	14	18	7	18	1	0
	합계		138	48	48	24	116	9	0
프로통산			138	48	48	24	116	9	0

두아르테(Róbson Carlos Duarte) 브라질 1993.06.20

대회	연도	소속	출전	교체	득점	도움	파울	경고	퇴장
K2	2018	광주	15	5	6	3	10	0	0
	2019	서울E	28	13	6	5	27	2	1
	2021	안산	32	23	8	3	20	1	0
	2022	안산	30	14	4	7	17	4	2
	합계		105	55	24	18	74	7	3
프로통산			105	55	24	18	74	7	3

두윤성(杜允誠/←두경수) 관동대(가톨릭관동대) 1974.10.17

대회	연도	소속	출전	교체	득점	도움	파울	경고	퇴장
BC	1997	천안일화	1	0	0	0	2	0	0
	합계		1	0	0	0	2	0	0
프로통산			1	0	0	0	2	0	0

두현석(杜玹碩) 연세대 1995.12.21

대회	연도	소속	출전	교체	득점	도움	파울	경고	퇴장
K1	2020	광주	11	11	1	0	4	0	0
	2021	광주	8	8	1	0	7	0	0
	합계		19	19	2	0	11	0	0
K2	2018	광주	26	21	2	3	18	3	0
	2019	광주	23	24	3	4	10	0	0
	2022	광주	36	27	4	2	22	5	0
	합계		85	72	9	9	50	8	0
프로통산			104	91	11	9	61	8	0

둘카(Cristian Alexandru Dulca) 루마니아 1972.10.25

대회	연도	소속	출전	교체	득점	도움	파울	경고	퇴장
BC	1999	포항	17	10	1	2	27	1	0
	합계		17	10	1	2	27	1	0
프로통산			17	10	1	2	27	1	0

드라간(Dragan Skrba) 세르비아 1965.08.26

대회	연도	소속	출전	교체	실점	도움	파울	경고	퇴장
BC	1995	포항	32	0	25	0	3	4	0
	1996	포항	17	2	22	0	1	2	0
	1997	포항	10	0	11	0	0	2	0
	합계		59	2	58	0	4	8	0
프로통산			59	2	58	0	4	8	0

드라간(Dragan Stojisavljević) 세르비아 몬테네그로 1974.01.06

대회	연도	소속	출전	교체	득점	도움	파울	경고	퇴장
BC	2000	안양LG	19	5	2	4	35	2	0
	2001	안양LG	29	19	4	6	47	5	0
	2003	안양LG	18	9	5	5	40	2	0
	2004	인천	4	4	0	0	2	1	0
	합계		70	37	11	15	124	10	0
프로통산			70	37	11	15	124	10	0

드라간(Dragan Mladenović) 세르비아 몬테네그로 1976.02.16

대회	연도	소속	출전	교체	득점	도움	파울	경고	퇴장
BC	2006	인천	12	4	2	2	26	1	0
	2007	인천	29	7	3	3	62	13	1
	2008	인천	25	4	2	4	41	6	0
	2009	인천	6	4	0	0	5	1	0
	합계		72	19	7	9	134	21	1
프로통산			72	19	7	9	134	21	1

드라젠(Drazen Podunavac) 유고슬라비아 1969.04.30

대회	연도	소속	출전	교체	득점	도움	파울	경고	퇴장
BC	1996	부산	16	8	0	0	13	4	0
	합계		16	8	0	0	13	4	0
프로통산			16	8	0	0	13	4	0

드로겟(Droguett Diocares Hugo Patrici) 칠레 1982.09.02

대회	연도	소속	출전	교체	득점	도움	파울	경고	퇴장
BC	2012	전북	37	19	10	9	42	3	0
	합계		37	19	10	9	42	3	0
K1	2014	제주	36	11	10	3	27	2	0
	합계		36	11	10	3	27	2	0
프로통산			73	30	20	12	69	5	0

드로젝(Domagoj Drozdek) 크로아티아 1996.03.20

대회	연도	소속	출전	교체	득점	도움	파울	경고	퇴장
K2	2021	부산	32	26	1	2	26	3	0
	2022	부산	21	17	2	0	13	1	0
	합계		53	43	3	2	39	4	0
프로통산			53	43	3	2	39	4	0

디노(Dino Islamović) 스웨덴 1994.01.17

대회	연도	소속	출전	교체	득점	도움	파울	경고	퇴장
K1	2022	강원	5	5	2	0	6	0	0
	합계		5	5	2	0	6	0	0
프로통산			5	5	2	0	6	0	0

디디(Sebastiao Pereira do Nascimento) 브라질 1976.02.24

대회	연도	소속	출전	교체	득점	도움	파울	경고	퇴장
BC	2002	부산	23	10	5	3	58	2	0
	합계		23	10	5	3	58	2	0
프로통산			23	10	5	3	58	2	0

디마(Dmitri Karsakov) 러시아 1971.12.29

대회	연도	소속	출전	교체	득점	도움	파울	경고	퇴장
BC	1996	부천유공	3	3	0	0	1	0	0
	합계		3	3	0	0	1	0	0
프로통산			3	3	0	0	1	0	0

디마스(Dimas Roberto da Silva) 브라질 1977.08.01

대회	연도	소속	출전	교체	득점	도움	파울	경고	퇴장
BC	2000	전남	1	1	0	0	1	0	0
	합계		1	1	0	0	1	0	0
프로통산			1	1	0	0	1	0	0

디아스 에콰도르 1969.09.15

대회	연도	소속	출전	교체	득점	도움	파울	경고	퇴장
BC	1996	전남	9	6	1	1	12	0	0
	합계		9	6	1	1	12	0	0
프로통산			9	6	1	1	12	0	0

디에고(Diego Mauricio Mchado de Brito) 브라질 1991.06.25

대회	연도	소속	출전	교체	득점	도움	파울	경고	퇴장
K1	2017	강원	36	32	13	3	25	2	0
	2018	강원	35	23	7	6	21	4	1
	합계		71	55	20	9	46	6	1
K2	2019	부산	21	22	6	1	11	2	0
	합계		21	22	6	1	11	2	0
승	2019	부산	2	2	0	1	1	0	0
	합계		2	2	0	1	1	0	0
프로통산			94	79	26	11	58	8	1

디에고(Diego Pelicles da Silva) 브라질 1982.10.23

대회	연도	소속	출전	교체	득점	도움	파울	경고	퇴장
K2	2014	광주	14	8	3	2	27	3	0
	합계		14	8	3	2	27	3	0
승	2014	광주	2	2	1	0	0	0	0
	합계		2	2	1	0	0	0	0
프로통산			16	10	4	2	27	3	0

디에고(Diego da Silva Giaretta) 이탈리아 1983.11.27

대회	연도	소속	출전	교체	득점	도움	파울	경고	퇴장
BC	2011	인천	9	3	1	0	13	1	0
	합계		9	3	1	0	13	1	0
프로통산			9	3	1	0	13	1	0

디에고(Diego Oliveira de Queiroz) 브라질 1990.06.22

대회	연도	소속	출전	교체	득점	도움	파울	경고	퇴장
BC	2011	수원	4	4	0	0	2	0	0
	합계		4	4	0	0	2	0	0
프로통산			4	4	0	0	2	0	0

디오고(Diogo da Silva Farias) 브라질 1990.06.13

대회	연도	소속	출전	교체	득점	도움	파울	경고	퇴장
K1	2013	인천	32	26	7	2	57	6	0
	2014	인천	11	9	1	0	24	1	0
	합계		43	35	8	2	81	7	0
프로통산			43	35	8	2	81	7	0

따르따(Vinicius Silva Soares) 브라질 1989.04.13

대회	연도	소속	출전	교체	득점	도움	파울	경고	퇴장
K1	2014	울산	20	11	3	3	46	0	0
	2015	울산	15	14	0	2	23	3	0
	합계		35	25	3	5	69	3	0
프로통산			35	25	3	5	69	3	0

따바레즈(Andre Luiz Tavares) 브라질 1983.07.30

대회	연도	소속	출전	교체	득점	도움	파울	경고	퇴장
BC	2004	포항	34	11	6	9	47	4	0
	2005	포항	19	10	5	3	22	0	1
	2006	포항	25	17	6	4	26	3	0
	2007	포항	35	14	3	13	41	1	1
	합계		113	52	20	29	136	8	2
프로통산			113	52	20	29	136	8	2

떼이세이라(Jucimar Jose Teixeira) 브라질 1990.05.20

대회	연도	소속	출전	교체	득점	도움	파울	경고	퇴장
K1	2018	포항	10	3	0	2	19	1	0
	합계		10	3	0	2	19	1	0
프로통산			10	3	0	2	19	1	0

뚜따(Moacir Bastosa) 브라질 1974.06.20

대회	연도	소속	출전	교체	득점	도움	파울	경고	퇴장
BC	2002	안양LG	26	9	13	4	76	8	0
	2003	수원	31	12	14	6	68	3	0
	합계		57	21	27	10	144	11	0
프로통산			57	21	27	10	144	11	0

뚜레(Dzevad Turković) 크로아티아 1972.08.17

대회	연도	소속	출전	교체	득점	도움	파울	경고	퇴장
BC	1996	부산	6	5	0	1	16	2	0
	1997	부산	28	17	3	3	59	9	0
	1998	부산	30	13	6	6	65	8	0
	1999	부산	26	16	2	2	34	4	0
	2000	부산	21	16	0	0	32	5	0
	2001	부산	2	3	0	0	6	0	0
	2001	성남일화	2	2	0	0	3	0	0
	합계		115	72	11	12	215	28	0
프로통산			115	72	11	12	215	28	0

뚜찡야(Bruno Marques Ostapenco) 브라질 1992.05.20

대회	연도	소속	출전	교체	득점	도움	파울	경고	퇴장
K2	2013	충주	13	13	1	0	5	1	0
	합계		13	13	1	0	5	1	0
프로통산			13	13	1	0	5	1	0

라경호(羅勁皓) 인천대 1981.03.15

대회	연도	소속	출전	교체	득점	도움	파울	경고	퇴장
BC	2004	인천	6	5	0	0	2	0	0
	2005	인천	1	1	0	0	0	0	0
	합계		7	6	0	0	2	0	0
프로통산			7	6	0	0	2	0	0

라데(Rade Bogdanović) 유고슬라비아 1970.05.21

대회	연도	소속	출전	교체	득점	도움	파울	경고	퇴장
BC	1992	포항제철	17	11	3	3	14	1	0
	1993	포항제철	27	7	9	4	37	2	1
	1994	포항제철	33	10	22	6	47	2	0
	1995	포항	31	10	8	6	65	5	1
	1996	포항	39	6	13	16	55	2	0
	합계		147	44	55	35	218	12	2
프로통산			147	44	55	35	218	12	2

라덱(Radek Divecky) 체코 1974.03.21

대회	연도	소속	출전	교체	득점	도움	파울	경고	퇴장
BC	2000	전남	9	9	2	0	18	1	0
	합계		9	9	2	0	18	1	0
프로통산			9	9	2	0	18	1	0

라돈치치(Dzenan Radoncić) 몬테네그로 1983.08.02

대회	연도	소속	출전	교체	득점	도움	파울	경고	퇴장
BC	2004	인천	16	13	0	1	50	4	0
	2005	인천	27	12	13	2	91	5	0
	2006	인천	31	20	2	2	69	4	1
	2007	인천	16	12	2	2	39	2	0
	2008	인천	32	7	14	2	102	3	0
	2009	성남일화	32	23	5	2	86	8	0
	2010	성남일화	31	12	13	6	96	7	0
	2011	성남일화	10	9	3	2	19	2	0
	2012	수원	31	21	12	5	77	6	0
	합계		226	129	64	24	629	41	1
K1	2013	수원	12	8	4	0	22	2	0
	합계		12	8	4	0	22	2	0
프로통산			238	137	68	24	651	43	1

라마스(Bruno Jose Pavan Lamas) 브라질 1994.04.13

대회	연도	소속	출전	교체	득점	도움	파울	경고	퇴장
K1	2021	대구	17	3	0	1	22	2	0
	2022	대구	18	6	3	1	15	2	0
	합계		35	9	3	2	37	4	0
K2	2022	부산	15	9	2	0	5	0	0
	합계		15	9	2	0	5	0	0
프로통산			50	18	5	2	42	4	0

라스(Lars Veldwijk/←벨트비크) 네덜란드 1991.08.21

대회	연도	소속	출전	교체	득점	도움	파울	경고	퇴장
K1	2020	전북	10	10	1	0	5	0	0
	2021	수원FC	37	12	18	6	43	4	0
	2022	수원FC	34	21	8	7	18	1	0
	합계		81	43	27	13	66	5	0
K2	2020	수원FC	17	9	5	3	23	1	0
	합계		17	9	5	3	23	1	0
프로통산			98	52	32	16	89	6	0

라울(Raul Andres Tattagona Lemos) 우루과이 1987.03.06

대회	연도	소속	출전	교체	득점	도움	파울	경고	퇴장
K2	2017	안산	31	5	15	2	54	6	0
	2018	안산	18	13	3	1	20	0	1
	합계		49	18	18	3	74	6	1
프로통산			49	18	18	3	74	6	1

라이언존슨(Ryan Johnson) 자메이카 1984.11.26

대회	연도	소속	출전	교체	득점	도움	파울	경고	퇴장
K2	2015	서울E	31	31	1	3	16	0	0
	합계		31	31	1	3	16	0	0
프로통산			31	31	1	3	16	0	0

라임(Rahim Besirović) 유고슬라비아 1971.01.02

대회	연도	소속	출전	교체	득점	도움	파울	경고	퇴장
BC	1998	부산	12	10	2	0	18	3	0
	1999	부산	9	8	2	0	13	0	0
	합계		21	18	4	0	31	3	0
프로통산			21	18	4	0	31	3	0

라자르(Lazar Veselinović) 세르비아 1986.08.04

대회	연도	소속	출전	교체	득점	도움	파울	경고	퇴장
K1	2015	포항	16	14	0	0	15	1	0
	2016	포항	25	20	4	4	18	2	0
	합계		41	34	4	4	33	3	0
프로통산			41	34	4	4	33	3	0

라피치(Stipe Lapić) 크로아티아 1983.01.22

대회	연도	소속	출전	교체	득점	도움	파울	경고	퇴장
BC	2009	강원	11	1	2	0	12	2	0
	2010	강원	20	1	0	1	18	8	0
	2011	강원	1	0	0	0	0	0	0
	합계		32	2	2	1	30	10	0
프로통산			32	2	2	1	30	10	0

라힘(Rahim Zafer) 터키 1971.01.25

대회	연도	소속	출전	교체	득점	도움	파울	경고	퇴장
BC	2003	대구	14	4	0	0	21	2	0
	합계		14	4	0	0	21	2	0
프로통산			14	4	0	0	21	2	0

란코비치(Ljubisa Ranković) 유고슬라비아 1973.12.10

대회	연도	소속	출전	교체	득점	도움	파울	경고	퇴장
BC	1996	천안일화	17	17	0	1	7	1	0
	합계		17	17	0	1	7	1	0
프로통산			17	17	0	1	7	1	0

레반(Levan Shengelia) 조지아 1995.10.27

대회	연도	소속	출전	교체	득점	도움	파울	경고	퇴장
K2	2017	대전	28	21	5	2	12	1	0
	합계		28	21	5	2	12	1	0
프로통산			28	21	5	2	12	1	0

레스(Leszek Iwanicki) 폴란드 1959.08.12

대회	연도	소속	출전	교체	득점	도움	파울	경고	퇴장
BC	1989	유공	8	9	0	0	3	0	0
	합계		8	9	0	0	3	0	0
프로통산			8	9	0	0	3	0	0

레안드로(Leandro Joaquim Ribeiro) 브라질 1995.01.13

대회	연도	소속	출전	교체	득점	도움	파울	경고	퇴장
K2	2020	서울E	26	10	10	5	18	1	0
	2021	서울E	35	16	3	7	11	2	0
	2022	대전	33	20	9	5	8	2	0
	합계		94	46	22	17	37	5	0
승	2022	대전	2	2	0	0	2	0	0
	합계		2	2	0	0	2	0	0
프로통산			96	48	22	17	39	5	0

레안드로(Leandro Bernardi Silva) 브라질 1979.10.06

대회	연도	소속	출전	교체	득점	도움	파울	경고	퇴장
BC	2008	대구	13	1	0	0	21	4	0
	합계		13	1	0	0	21	4	0
프로통산			13	1	0	0	21	4	0

레안드롱(Leandro Costa Miranda) 브라질 1983.07.18

대회	연도	소속	출전	교체	득점	도움	파울	경고	퇴장
BC	2005	대전	30	2	9	2	94	8	0
	2006	울산	33	19	6	1	79	7	0
	2007	전남	13	13	1	1	26	1	0
	합계		76	34	16	4	199	16	0
프로통산			76	34	16	4	199	16	0

레안드리뉴(George Leandro Abreu de Lima) 브라질 1985.11.09

대회	연도	소속	출전	교체	득점	도움	파울	경고	퇴장
BC	2012	대구	29	14	4	2	42	5	0
	합계		29	14	4	2	42	5	0
K1	2013	대구	21	9	1	3	33	2	1
	2014	전남	30	30	3	3	26	2	0
	2015	전남	20	17	1	1	26	3	0
	합계		71	56	5	7	85	7	1
프로통산			100	70	9	9	127	12	1

레오(Leonardo de Oliveira Clemente Marins) 브라질 1989.04.12

대회	연도	소속	출전	교체	득점	도움	파울	경고	퇴장
K1	2015	수원	11	10	1	0	10	0	0
	합계		11	10	1	0	10	0	0
프로통산			11	10	1	0	10	0	0

레오(Leonardo Henrique Santos de Souza) 브라질 1990.03.10

대회	연도	소속	출전	교체	득점	도움	파울	경고	퇴장
BC	2010	제주	2	2	0	0	0	0	0
	합계		2	2	0	0	0	0	0
K1	2017	대구	19	8	7	0	27	6	1
	합계		19	8	7	0	27	6	1
K2	2017	부산	2	1	0	0	2	0	0
	합계		2	1	0	0	2	0	0
승	2017	부산	1	1	0	0	0	0	0
	합계		1	1	0	0	0	0	0
프로통산			24	12	7	0	29	6	1

레오(Leo Jaime da Silva Pinheiro) 브라질 1986.03.28

대회	연도	소속	출전	교체	득점	도움	파울	경고	퇴장
K2	2015	대구	38	6	5	3	45	6	0
	합계		38	6	5	3	45	6	0
프로통산			38	6	5	3	45	6	0

레오(Leopoldo Roberto Markovsky) 브라질 1983.08.29

대회	연도	소속	출전	교체	득점	도움	파울	경고	퇴장
BC	2009	대구	14	2	4	1	41	2	0
	2010	대구	22	17	5	0	41	6	0

	합계		36	19	9	1	82	8	0
프로통산			36	19	9	1	82	8	0

레오(Leonardo Ferreira) 브라질 1988.06.07

대회	연도	소속	출전	교체	득점	도움	파울	경고	퇴장
BC	2012	대전	9	5	0	0	10	1	0
	합계		9	5	0	0	10	1	0
프로통산			9	5	0	0	10	1	0

레오(Cesar Leonardo Torres) 아르헨티나 1975.10.27

대회	연도	소속	출전	교체	득점	도움	파울	경고	퇴장
BC	2001	전북	3	3	0	0	5	0	0
	합계		3	3	0	0	5	0	0
프로통산			3	3	0	0	5	0	0

레오(Leonard Bisaku) 크로아티아 1974.10.22

대회	연도	소속	출전	교체	득점	도움	파울	경고	퇴장
BC	2002	포항	13	12	3	0	21	3	0
	2003	성남일화	9	10	1	0	19	2	0
	합계		22	22	4	0	40	5	0
프로통산			22	22	4	0	40	5	0

레오가말류(Leonardo Gamalho de Souza) 브라질 1986.01.30

대회	연도	소속	출전	교체	득점	도움	파울	경고	퇴장
K1	2018	포항	28	19	6	1	27	1	0
	합계		28	19	6	1	27	1	0
프로통산			28	19	6	1	27	1	0

레오나르도(Rodrigues Pereira Leonard) 브라질 1986.09.22

대회	연도	소속	출전	교체	득점	도움	파울	경고	퇴장
BC	2012	전북	17	13	5	2	11	3	0
	합계		17	13	5	2	11	3	0
K1	2013	전북	37	22	7	13	43	2	0
	2014	전북	35	28	6	10	24	5	0
	2015	전북	37	25	10	3	11	3	0
	2016	전북	34	23	12	6	13	1	0
	합계		143	98	35	32	91	11	0
프로통산			160	111	40	34	102	14	0

레오나르도(Leonardo Nascimento Lopes de Souza) 브라질 1997.05.28

대회	연도	소속	출전	교체	득점	도움	파울	경고	퇴장
K1	2022	울산	34	17	11	4	60	7	0
	합계		34	17	11	4	60	7	0
프로통산			34	17	11	4	60	7	0

레오마르(Leomar Leiria) 브라질 1971.06.26

대회	연도	소속	출전	교체	득점	도움	파울	경고	퇴장
BC	2002	전북	10	5	0	0	11	1	0
	합계		10	5	0	0	11	1	0
프로통산			10	5	0	0	11	1	0

레이나(Javier Arley Reina Calvo) 콜롬비아 1989.01.04

대회	연도	소속	출전	교체	득점	도움	파울	경고	퇴장
BC	2011	전남	22	13	3	2	39	2	0
	2012	성남일화	20	7	5	3	28	5	0
	합계		42	20	8	5	67	7	0
K1	2013	성남일화	0	0	0	0	0	0	0
	2015	성남	15	7	1	3	28	3	0
	합계		15	7	1	3	28	3	0
프로통산			57	27	9	8	95	10	0

레이어(Adrian Leijer) 오스트레일리아 1986.03.25

대회	연도	소속	출전	교체	득점	도움	파울	경고	퇴장
K1	2016	수원FC	28	0	0	0	32	11	1
	합계		28	0	0	0	32	11	1
K2	2017	수원FC	29	2	3	0	41	9	1
	2018	수원FC	9	1	0	0	11	3	0
	합계		38	3	3	0	52	12	1
프로통산			66	3	3	0	84	23	2

렌스베르겐(Rob Landsbergen) 네덜란드 1960.02.25

대회	연도	소속	출전	교체	득점	도움	파울	경고	퇴장
BC	1984	현대	27	4	9	9	37	2	0
	1985	현대	11	7	2	1	20	0	0
	합계		38	11	11	10	57	2	0
프로통산			38	11	11	10	57	2	0

로만(Roman Gibala) 체코 1972.10.05

대회	연도	소속	출전	교체	득점	도움	파울	경고	퇴장
BC	2003	대구	19	16	1	1	15	2	0
	합계		19	16	1	1	15	2	0
프로통산			19	16	1	1	15	2	0

로브렉(Lovrek Kruno Hrvatsko) 크로아티아 1979.09.11

대회	연도	소속	출전	교체	득점	도움	파울	경고	퇴장
BC	2010	전북	30	25	13	1	36	4	0
	2011	전북	25	19	2	2	37	4	0
	합계		55	44	15	3	73	8	0
프로통산			55	44	15	3	73	8	0

로빙요(Daniel Santos Silva: Daniel Lovinho) 브라질 1989.01.09

대회	연도	소속	출전	교체	득점	도움	파울	경고	퇴장
K2	2017	서울E	15	12	0	0	19	0	0
	합계		15	12	0	0	19	0	0
프로통산			15	12	0	0	19	0	0

로시(Ruben Dario Rossi) 아르헨티나 1973.10.28

대회	연도	소속	출전	교체	득점	도움	파울	경고	퇴장
BC	1994	대우	7	4	1	0	7	0	0
	합계		7	4	1	0	7	0	0
프로통산			7	4	1	0	7	0	0

로저(Roger Rodrigues da Silva) 브라질 1985.01.07

대회	연도	소속	출전	교체	득점	도움	파울	경고	퇴장
K1	2014	수원	32	19	7	2	62	6	0
	합계		32	19	7	2	62	6	0
프로통산			32	19	7	2	62	6	0

로페즈(Ricardo Lopes Pereira) 브라질 1990.10.28

대회	연도	소속	출전	교체	득점	도움	파울	경고	퇴장
K1	2015	제주	33	6	11	11	44	6	0
	2016	전북	35	20	13	6	59	9	0
	2017	전북	22	12	4	3	22	1	1
	2018	전북	31	10	13	6	56	5	1
	2019	전북	36	12	11	7	64	5	0
	합계		157	60	52	33	245	26	2
프로통산			157	60	52	33	245	26	2

로페즈(Vinicius Silva Souto Lopes) 브라질 1988.01.29

대회	연도	소속	출전	교체	득점	도움	파울	경고	퇴장
BC	2011	광주	5	5	0	0	2	0	0
	합계		5	5	0	0	2	0	0
프로통산			5	5	0	0	2	0	0

롤란(Rolandas Karcemarskas) 리투아니아 1980.09.07

대회	연도	소속	출전	교체	득점	도움	파울	경고	퇴장
BC	2000	부천SK	15	15	3	1	26	3	0
	2001	부천SK	8	7	1	0	11	1	0
	2002	부천SK	2	2	0	0	3	0	0
	합계		25	24	4	1	40	4	0
프로통산			25	24	4	1	40	4	0

료노스케(Ohori Ryonosuke, 大堀亮之介) 일본 2001.01.10

대회	연도	소속	출전	교체	득점	도움	파울	경고	퇴장
K2	2022	경남	1	1	0	0	1	0	0
	합계		1	1	0	0	1	0	0
프로통산			1	1	0	0	1	0	0

료헤이(Michibuchi Ryohei, 道渕諒平) 일본 1994.06.16

대회	연도	소속	출전	교체	득점	도움	파울	경고	퇴장
K2	2021	충남아산	7	3	2	1	15	3	0
	합계		7	3	2	1	15	3	0
프로통산			7	3	2	1	15	3	0

루벤(Ruben Bernuncio) 아르헨티나 1976.01.19

대회	연도	소속	출전	교체	득점	도움	파울	경고	퇴장
BC	1993	대우	5	2	1	2	15	1	0
	1994	대우	4	5	0	0	1	0	0
	합계		9	7	1	2	16	1	0
프로통산			9	7	1	2	16	1	0

루비(Rubenilson Monteiro Ferreira) 브라질 1972.08.07

대회	연도	소속	출전	교체	득점	도움	파울	경고	퇴장
BC	1997	천안일화	25	12	6	1	25	4	0
	1998	천안일화	29	12	7	0	33	5	1
	합계		54	24	13	1	58	9	1
프로통산			54	24	13	1	58	9	1

루사르도(Arsenio Luzardo) 우루과이 1959.09.03

대회	연도	소속	출전	교체	득점	도움	파울	경고	퇴장
BC	1992	LG	7	3	2	1	10	0	0
	1993	LG	11	9	1	1	4	1	0
	합계		18	12	3	2	14	1	0
프로통산			18	12	3	2	14	1	0

루시아노(Luciano Valente de Deus) 브라질 1981.06.12

대회	연도	소속	출전	교체	득점	도움	파울	경고	퇴장
BC	2004	대전	20	2	5	0	52	0	0
	2005	부산	31	12	9	3	75	1	0
	2006	경남	36	9	7	2	79	2	0
	2007	부산	30	12	5	1	71	0	0
	합계		117	35	26	6	277	3	0
프로통산			117	35	26	6	277	3	0

루시오(Lucio Teofilo da Silva) 브라질 1984.07.02

대회	연도	소속	출전	교체	득점	도움	파울	경고	퇴장
BC	2010	경남	32	10	15	10	68	5	0
	2011	경남	10	6	6	3	10	2	0
	2011	울산	15	10	0	2	12	2	0
	합계		57	26	21	15	90	9	0
K2	2013	광주	32	10	13	10	47	2	0
	합계		32	10	13	10	47	2	0
프로통산			89	36	34	25	137	11	0

루시오(Lucio Filomelo) 아르헨티나 1980.05.08

대회	연도	소속	출전	교체	득점	도움	파울	경고	퇴장
BC	2005	부산	8	7	0	1	22	1	0
	합계		8	7	0	1	22	1	0
프로통산			8	7	0	1	22	1	0

루시오(Lucio Flavio da Silva Oliva) 브라질 1986.08.29

대회	연도	소속	출전	교체	득점	도움	파울	경고	퇴장
BC	2012	전남	15	14	6	1	28	2	0
	합계		15	14	6	1	28	2	0
K1	2013	대전	7	6	1	0	11	2	0
	합계		7	6	1	0	11	2	0
프로통산			22	20	7	1	39	4	0

루시우(Lucenble Pereira da Silva) 브라질 1975.01.14

대회	연도	소속	출전	교체	득점	도움	파울	경고	퇴장
BC	2003	울산	14	14	0	3	12	0	0
	합계		14	14	0	3	12	0	0
프로통산			14	14	0	3	12	0	0

루아티(Louati Imed) 튀니지 1993.08.11

대회	연도	소속	출전	교체	득점	도움	파울	경고	퇴장
K2	2015	경남	12	5	2	0	23	2	0
	합계		12	5	2	0	23	2	0
프로통산			12	5	2	0	23	2	0

루이(Rui Manuel Guerreiro Nobre Esteves) 포르투갈 1967.01.30

대회	연도	소속	출전	교체	득점	도움	파울	경고	퇴장
BC	1997	부산	5	5	1	1	5	0	0
	1998	부산	17	14	2	3	27	1	1
	합계		22	19	3	4	32	1	1
프로통산			22	19	3	4	32	1	1

루이스(Marques Lima Luiz Carlos) 브라질 1989.05.30

대회	연도	소속	출전	교체	득점	도움	파울	경고	퇴장
K1	2014	제주	7	7	1	0	7	0	0
	합계		7	7	1	0	7	0	0
프로통산			7	7	1	0	7	0	0

루이스 브라질 1962.03.16

대회	연도	소속	출전	교체	득점	도움	파울	경고	퇴장
BC	1984	포항제철	17	3	0	0	31	4	0
	합계		17	3	0	0	31	4	0
프로통산			17	3	0	0	31	4	0

루이스(Luiz Henrique da Silva Alves) 브라질 1981.07.02

대회	연도	소속	출전	교체	득점	도움	파울	경고	퇴장
BC	2008	수원	7	7	0	0	6	0	0
	2008	전북	16	5	5	2	10	4	0
	2009	전북	34	10	9	13	40	3	0
	2010	전북	28	12	5	3	15	3	0
	2011	전북	24	18	4	2	22	2	0
	2012	전북	15	11	3	4	18	1	0
	합계		124	63	26	24	111	13	0
K1	2015	전북	16	13	1	2	9	2	0
	2016	전북	11	9	3	2	10	0	0
	합계		27	22	4	4	19	2	0
K2	2016	강원	20	9	7	4	21	2	0
	합계		20	9	7	4	21	2	0
승	2016	강원	2	0	0	0	3	1	0
	합계		2	0	0	0	3	1	0
프로통산			173	94	37	32	154	18	0

루이지뉴(Luis Carlos Fernandes) 브라질 1985.07.25

대회	연도	소속	출전	교체	득점	도움	파울	경고	퇴장
BC	2007	대구	32	11	18	0	50	5	0
	2008	울산	24	21	11	3	31	1	0
	2009	울산	2	2	0	0	0	0	0
	2011	인천	10	9	2	1	18	4	0
	합계		68	43	31	4	99	10	0
K2	2013	광주	4	4	1	0	4	0	0
	합계		4	4	1	0	4	0	0
프로통산			72	47	32	4	103	10	0

루츠(Ion Ionut Lutu) 루마니아 1975.08.03

대회	연도	소속	출전	교체	득점	도움	파울	경고	퇴장
BC	2000	수원	19	13	2	3	28	2	1
	2001	수원	9	7	1	4	10	0	0
	2002	수원	9	7	3	2	11	0	0
	합계		37	27	6	9	49	2	1
프로통산			37	27	6	9	49	2	1

루카(Luka Rotković) 몬테네그로 1988.07.05

대회	연도	소속	출전	교체	득점	도움	파울	경고	퇴장
K2	2017	안산	9	9	1	0	11	2	0
	합계		9	9	1	0	11	2	0
프로통산			9	9	1	0	11	2	0

루카스(Lucas Douglas) 브라질 1994.01.19

대회	연도	소속	출전	교체	득점	도움	파울	경고	퇴장
K1	2015	성남	15	14	0	0	15	0	0
	합계		15	14	0	0	15	0	0
프로통산			15	14	0	0	15	0	0

루카스(Waldir Lucas Pereira Filho) 브라질 1982.02.05

대회	연도	소속	출전	교체	득점	도움	파울	경고	퇴장
BC	2008	수원	6	7	0	1	11	0	0
	합계		6	7	0	1	11	0	0
프로통산			6	7	0	1	11	0	0

루크(Luke Ramon de Vere) 오스트레일리아 1989.11.05

대회	연도	소속	출전	교체	득점	도움	파울	경고	퇴장
BC	2011	경남	34	2	2	0	34	3	0
	2012	경남	26	3	3	1	23	3	0
	합계		60	5	5	1	57	6	0
K1	2013	경남	9	4	0	0	3	1	0
	2014	경남	13	3	1	0	12	5	0
	합계		22	7	1	0	15	6	0
프로통산			82	12	6	1	72	12	0

루키(Lucky Isibor) 나이지리아 1977.01.01

대회	연도	소속	출전	교체	득점	도움	파울	경고	퇴장
BC	2000	수원	5	3	1	0	6	0	0
	합계		5	3	1	0	6	0	0
프로통산			5	3	1	0	6	0	0

루키안(Araujo de Almeida Lukian) 브라질 1991.09.21

대회	연도	소속	출전	교체	득점	도움	파울	경고	퇴장
K2	2015	부천	22	18	4	4	25	1	0
	2016	부천	39	7	15	4	71	7	0
	2017	부산	18	16	2	0	22	1	0
	2017	안양	10	2	4	0	20	2	0
	합계		89	43	25	8	138	11	0
프로통산			89	43	25	8	138	11	0

룩(Luc Castaignos) 네덜란드 1992.09.27

대회	연도	소속	출전	교체	득점	도움	파울	경고	퇴장
K1	2019	경남	22	15	3	3	27	0	0
	합계		22	15	3	3	27	0	0
K2	2020	경남	8	7	2	0	9	2	0
	합계		8	7	2	0	9	2	0
프로통산			30	22	5	3	36	2	0

룰리냐(Morais dos Reis Luiz Marcelo) 브라질 1990.04.10

대회	연도	소속	출전	교체	득점	도움	파울	경고	퇴장
K1	2016	포항	18	16	2	1	25	2	0
	2017	포항	33	6	17	4	37	5	0
	합계		51	22	19	5	62	7	0
프로통산			51	22	19	5	62	7	0

류범희(柳範熙) 광주대 1991.07.29

대회	연도	소속	출전	교체	득점	도움	파울	경고	퇴장
K1	2015	광주	2	2	0	0	2	1	0
	합계		2	2	0	0	2	1	0
K2	2015	경남	19	14	0	0	18	3	0
	합계		19	14	0	0	18	3	0
프로통산			21	16	0	0	20	4	0

류봉기(柳奉基) 단국대 1968.09.02

대회	연도	소속	출전	교체	득점	도움	파울	경고	퇴장
BC	1991	일화	16	8	0	0	21	1	1
	1992	일화	28	6	0	1	46	3	0
	1993	일화	17	10	0	0	15	3	0
	1994	일화	1	1	0	0	0	0	0
	1995	일화	1	2	0	0	1	1	0
	1996	천안일화	23	5	1	0	31	4	0
	1997	천안일화	29	8	0	0	61	2	0
	1998	천안일화	25	7	0	0	45	4	0
	1999	천안일화	6	3	0	0	8	0	0
	합계		146	50	1	1	228	18	1
프로통산			146	50	1	1	228	18	1

류승우(柳承祐) 중앙대 1993.12.17

대회	연도	소속	출전	교체	득점	도움	파울	경고	퇴장
K1	2017	제주	8	8	1	0	4	0	0
	2018	제주	28	26	2	1	14	0	0
	2019	상주	12	8	1	1	18	0	0
	2020	상주	1	1	0	0	1	0	0
	2021	제주	8	8	1	1	3	1	0
	2022	수원	26	22	2	0	28	2	0
	합계		83	73	7	3	68	3	0
K2	2020	제주	8	8	0	1	6	0	0
	합계		8	8	0	1	6	0	0
승	2022	수원	2	2	0	0	4	0	0
	합계		2	2	0	0	4	0	0
프로통산			93	83	7	4	78	3	0

류언재(柳彦在) 인천대 1994.11.05

대회	연도	소속	출전	교체	득점	도움	파울	경고	퇴장
K2	2017	수원FC	1	1	0	0	0	0	0
	2018	광주	1	1	0	0	0	0	0
	2019	안양	23	5	0	1	19	3	0
	합계		25	7	0	1	19	3	0
프로통산			25	7	0	1	19	3	0

류영록(柳永祿) 건국대 1969.08.04

대회	연도	소속	출전	교체	실점	도움	파울	경고	퇴장
BC	1992	포항제철	1	0	4	0	0	0	0
	1993	대우	1	0	2	0	0	0	0
	1994	대우	9	1	12	0	1	1	0
	1995	대우	0	0	0	0	0	0	0
	1996	전남	0	0	0	0	0	0	0
	합계		11	1	18	0	1	1	0
프로통산			11	1	18	0	1	1	0

류웅열(柳雄烈) 명지대 1968.04.25

대회	연도	소속	출전	교체	득점	도움	파울	경고	퇴장
BC	1993	대우	21	8	3	0	26	6	0
	1994	대우	10	4	1	0	15	2	0
	1995	대우	8	3	0	0	12	5	0
	1996	부산	11	4	0	0	12	2	0
	1997	부산	24	7	2	0	28	4	0
	1998	부산	11	3	1	0	15	0	0
	1999	부산	16	1	3	0	26	1	1
	2000	부산	16	3	1	0	21	3	0
	2000	수원	10	3	3	2	17	2	1
	2001	수원	13	7	0	0	9	2	0
	합계		140	43	14	2	181	27	2
프로통산			140	43	14	2	181	27	2

류원우(柳垣宇) 광양제철고 1990.08.05

대회	연도	소속	출전	교체	실점	도움	파울	경고	퇴장
BC	2009	전남	0	0	0	0	0	0	0
	2010	전남	0	0	0	0	0	0	0
	2011	전남	1	0	1	0	0	0	0
	2012	전남	8	0	21	0	1	2	0
	합계		9	0	22	0	1	2	0
K1	2013	전남	2	0	3	0	0	0	0
	2018	포항	0	0	0	0	0	0	0
	2019	포항	15	0	20	0	0	0	0
	2022	포항	1	1	0	0	0	0	0
	합계		17	0	23	0	0	0	0
K2	2014	광주	8	0	11	0	0	0	0
	2015	부천	28	0	28	0	1	4	0
	2016	부천	40	1	36	0	1	3	0
	2017	부천	34	1	43	0	1	1	0
	합계		110	2	117	0	3	8	0
프로통산			136	2	162	0	4	10	0

류재문(柳在文) 영남대 1993.11.08

대회	연도	소속	출전	교체	득점	도움	파울	경고	퇴장
K1	2017	대구	23	6	1	3	28	4	0
	2018	대구	23	6	2	0	20	2	0
	2019	대구	21	15	1	1	15	4	0
	2020	대구	21	11	2	0	23	3	0
	2021	전북	20	8	1	1	21	5	0
	2022	전북	20	6	1	1	22	2	0
	합계		128	52	8	6	129	20	0
K2	2015	대구	36	2	6	3	54	3	0
	2016	대구	5	1	0	0	4	1	0
	합계		41	3	6	3	58	4	0
프로통산			149	49	13	8	165	22	0

* 실점: 2018년 1 / 통산 1

류제식(柳濟植) 인천대 1972.01.03

대회	연도	소속	출전	교체	실점	도움	파울	경고	퇴장
BC	1991	대우	3	0	5	0	2	1	0
	1992	대우	7	1	9	0	0	0	0
	1993	대우	1	1	0	0	0	0	0
	합계		11	2	14	0	2	1	0
프로통산			11	2	14	0	2	1	0

류현진(柳鉉珍) 가톨릭관동대 1995.01.23

대회	연도	소속	출전	교체	득점	도움	파울	경고	퇴장
K2	2017	안산	8	7	0	0	5	1	0
	합계		8	7	0	0	5	1	0
프로통산			8	7	0	0	5	1	0

류형렬(柳亨烈) 선문대 1985.11.02

대회	연도	소속	출전	교체	득점	도움	파울	경고	퇴장
BC	2009	성남일화	0	0	0	0	0	0	0
	합계		0	0	0	0	0	0	0
프로통산			0	0	0	0	0	0	0

리마(Joao Maria Lima do Nascimento) 브라질 1982.09.04

대회	연도	소속	출전	교체	득점	도움	파울	경고	퇴장
BC	2010	서울	0	0	0	0	0	0	0
	합계		0	0	0	0	0	0	0
프로통산			0	0	0	0	0	0	0

리웨이펑(Li Weifeng, 李瑋鋒) 중국 1978.01.26

대회	연도	소속	출전	교체	득점	도움	파울	경고	퇴장
BC	2009	수원	26	0	1	0	42	7	0
	2010	수원	29	0	1	1	62	9	0
	합계		55	0	2	1	104	16	0
프로통산			55	0	2	1	104	16	0

리차드(Richard Windbichler) 오스트리아 1991.04.02

대회	연도	소속	출전	교체	득점	도움	파울	경고	퇴장
K1	2017	울산	30	1	2	1	16	4	0
	2018	울산	28	2	0	1	30	5	1
	2021	성남	22	6	1	0	23	6	0
	합계		80	9	3	2	69	15	1
프로통산			80	9	3	2	69	15	1

리챠드(Richard Offiong Edet) 영국(잉글랜드) 1983.12.17

대회	연도	소속	출전	교체	득점	도움	파울	경고	퇴장
BC	2005	전남	1	1	0	0	1	0	0
	합계		1	1	0	0	1	0	0
프로통산			1	1	0	0	1	0	0

리춘유(Li Chun Yu, 李春郁) 중국 1986.10.09

대회	연도	소속	출전	교체	득점	도움	파울	경고	퇴장
BC	2010	강원	7	2	0	2	15	2	0
	합계		7	2	0	2	15	2	0
프로통산			7	2	0	2	15	2	0

리치(Cunha Reche Vinivius) 브라질 1984.01.28

대회	연도	소속	출전	교체	득점	도움	파울	경고	퇴장
K1	2014	전북	2	2	0	0	4	0	0
	합계		2	2	0	0	4	0	0
프로통산			2	2	0	0	4	0	0

링꼰(Joao Paulo da Silva Neto Rincon) 브라질 1975.10.27

대회	연도	소속	출전	교체	득점	도움	파울	경고	퇴장
BC	2001	전북	6	4	0	0	11	0	0
	합계		6	4	0	0	11	0	0
프로통산			6	4	0	0	11	0	0

마그노(Damasceno Santos da Cruz Magno) 브라질 1988.05.20

대회	연도	소속	출전	교체	득점	도움	파울	경고	퇴장
K1	2017	제주	32	24	13	3	23	6	0
	2018	제주	34	17	8	2	40	3	0
	2019	제주	36	23	8	2	31	1	0
	합계		102	64	29	7	94	10	0
프로통산			102	64	29	7	94	10	0

마그노(Magno Alves de Araujo) 브라질 1976.01.13

대회	연도	소속	출전	교체	득점	도움	파울	경고	퇴장
BC	2003	전북	44	8	27	8	25	2	0
	합계		44	8	27	8	25	2	0
프로통산			44	8	27	8	25	2	0

마나부(Saito Manabu, 齋藤学) 일본 1990.04.04

대회	연도	소속	출전	교체	득점	도움	파울	경고	퇴장
K1	2022	수원	18	18	1	3	10	1	0
	합계		18	18	1	3	10	1	0
승	2022	수원	1	1	0	0	1	1	0
	합계		1	1	0	0	1	1	0
프로통산			19	19	1	3	11	2	0

마니(Jeannot Giovanny) 모리셔스 1975.09.25

대회	연도	소속	출전	교체	득점	도움	파울	경고	퇴장
BC	1996	울산	11	10	3	0	5	0	0
	1997	울산	12	10	2	1	10	0	0
	합계		23	20	5	1	15	0	0
프로통산			23	20	5	1	15	0	0

마니치(Radivoje Manić) 세르비아 몬테네그로 1972.01.16

대회	연도	소속	출전	교체	득점	도움	파울	경고	퇴장
BC	1996	부산	24	16	8	0	25	6	0
	1997	부산	28	15	13	6	20	5	0
	1999	부산	39	11	9	9	46	7	1
	2000	부산	34	19	8	9	27	5	0
	2001	부산	27	17	8	8	18	5	0
	2002	부산	20	13	7	2	11	3	1
	2004	인천	16	4	7	1	15	5	0
	2005	인천	17	17	2	4	11	3	0
	합계		205	112	62	39	173	39	2
프로통산			205	112	62	39	173	39	2

마다스치(Adrian Anthony Madaschi) 오스트레일리아 1982.07.11

대회	연도	소속	출전	교체	득점	도움	파울	경고	퇴장
BC	2012	제주	26	2	0	1	33	10	0
	합계		26	2	0	1	33	10	0
K1	2013	제주	9	4	0	1	9	1	0
	합계		9	4	0	1	9	1	0
프로통산			35	6	0	2	42	11	0

마라냥(Luis Carlos dos Santos Martins) 브라질 1984.06.19

대회	연도	소속	출전	교체	득점	도움	파울	경고	퇴장
BC	2012	울산	39	33	13	4	48	5	0
	합계		39	33	13	4	48	5	0
K1	2013	제주	31	20	7	7	33	4	0
	합계		31	20	7	7	33	4	0
K2	2016	강원	13	13	2	0	6	0	0
	합계		13	13	2	0	6	0	0
승	2016	강원	1	1	0	0	0	0	0
	합계		1	1	0	0	0	0	0
프로통산			84	67	22	11	87	9	0

마라냥(Rodrigo Meneses Quintanilha) 브라질 1992.12.11

대회	연도	소속	출전	교체	득점	도움	파울	경고	퇴장
K2	2019	부천	9	8	0	1	13	0	0
	합계		9	8	0	1	13	0	0
프로통산			9	8	0	1	13	0	0

마라냥(Francinilson Santos Meirelles) 브라질 1990.05.03

대회	연도	소속	출전	교체	득점	도움	파울	경고	퇴장
K2	2014	대전	16	8	0	1	17	0	0
	합계		16	8	0	1	17	0	0
프로통산			16	8	0	1	17	0	0

마루오카(Maruoka Mitsuru, 丸岡満) 일본 1996.01.06

대회	연도	소속	출전	교체	득점	도움	파울	경고	퇴장
K2	2022	김포	7	6	0	0	1	0	0
	합계		7	6	0	0	1	0	0
프로통산			7	6	0	0	1	0	0

마르셀(Marcel Augusto Ortolan) 브라질 1981.11.12

대회	연도	소속	출전	교체	득점	도움	파울	경고	퇴장
BC	2004	수원	36	20	12	2	106	4	0
	2011	수원	11	8	3	2	21	2	0
	합계		47	28	15	4	127	6	0
프로통산			47	28	15	4	127	6	0

마르셀(Marcelo de Paula Pinheiro) 브라질 1983.05.11

대회	연도	소속	출전	교체	득점	도움	파울	경고	퇴장
BC	2009	경남	6	1	0	0	11	0	0
	합계		6	1	0	0	11	0	0
프로통산			6	1	0	0	11	0	0

마르셀로(Marcelo Aparecido Toscano) 브라질 1985.05.12

대회	연도	소속	출전	교체	득점	도움	파울	경고	퇴장
K1	2016	제주	37	19	11	9	26	2	0
	2017	제주	13	6	6	3	10	0	0
	합계		50	25	17	12	36	2	0
프로통산			50	25	17	12	36	2	0

마르셀로(Marcelo Macedo) 브라질 1983.02.01

대회	연도	소속	출전	교체	득점	도움	파울	경고	퇴장
BC	2004	성남일화	13	11	4	1	30	0	0
	합계		13	11	4	1	30	0	0
프로통산			13	11	4	1	30	0	0

마르셀로(Marcelo Bras Ferreira da Silva) 브라질 1981.02.03

대회	연도	소속	출전	교체	득점	도움	파울	경고	퇴장
BC	2010	경남	4	5	0	0	1	0	0
	합계		4	5	0	0	1	0	0
프로통산			4	5	0	0	1	0	0

마르시오(Marcio Diogo Lobato Rodrigues) 브라질 1985.09.22

대회	연도	소속	출전	교체	득점	도움	파울	경고	퇴장
BC	2010	수원	9	9	1	0	12	0	0
	합계		9	9	1	0	12	0	0
프로통산			9	9	1	0	12	0	0

마르싱요(Maxsuel Rodrigo Lino) 브라질 1985.09.08

대회	연도	소속	출전	교체	득점	도움	파울	경고	퇴장
K1	2013	전남	1	1	0	0	2	0	0
	합계		1	1	0	0	2	0	0
프로통산			1	1	0	0	2	0	0

마르싱유(Amarel de Oliveira Junior Marcio) 브라질 1991.03.24

대회	연도	소속	출전	교체	득점	도움	파울	경고	퇴장
K2	2015	충주	32	23	1	2	24	1	0
	합계		32	23	1	2	24	1	0
프로통산			32	23	1	2	24	1	0

마르첼(Marcel Lazareanu) 루마니아 1959.06.21

대회	연도	소속	출전	교체	실점	도움	파울	경고	퇴장
BC	1990	일화	8	0	12	0	0	1	0
	1991	일화	21	3	28	0	1	1	1
	합계		29	3	40	0	1	2	1
프로통산			29	3	40	0	1	2	1

마르케스(Agustinho Marques Renanl) 브라질 1983.03.08

대회	연도	소속	출전	교체	득점	도움	파울	경고	퇴장
BC	2012	제주	13	12	1	1	13	0	0
	합계		13	12	1	1	13	0	0
프로통산			13	12	1	1	13	0	0

마르코(Marcos Danilo Urena Porras) 코스타리카 1990.03.05

대회	연도	소속	출전	교체	득점	도움	파울	경고	퇴장
K1	2020	광주	8	8	0	1	0	0	0
	합계		8	8	0	1	0	0	0
프로통산			8	8	0	1	0	0	0

마르코(Marco Aurelio Martins Ivo) 브라질 1976.12.03

대회	연도	소속	출전	교체	득점	도움	파울	경고	퇴장
BC	2002	안양LG	32	25	9	1	26	1	0
	합계		32	25	9	1	26	1	0
프로통산			32	25	9	1	26	1	0

마르코(Marco Aurelio Wagner Pereira) 브라질 1980.04.22

대회	연도	소속	출전	교체	득점	도움	파울	경고	퇴장
BC	2006	제주	1	0	0	0	4	0	0
	합계		1	0	0	0	4	0	0
프로통산			1	0	0	0	4	0	0

마르코비치(Ivan Marković) 세르비아 1994.06.20

대회	연도	소속	출전	교체	득점	도움	파울	경고	퇴장
K2	2016	경남	2	2	0	0	2	0	0
	합계		2	2	0	0	2	0	0
프로통산			2	2	0	0	2	0	0

마르코스(Marcos Antonio Nascimento Santos) 브라질 1988.06.10

대회	연도	소속	출전	교체	득점	도움	파울	경고	퇴장
K2	2018	안양	33	4	2	1	61	5	0
	합계		33	4	2	1	61	5	0
프로통산			33	4	2	1	61	5	0

마르코스(Marcos Antonio da Silva) 브라질 1977.04.07

대회	연도	소속	출전	교체	득점	도움	파울	경고	퇴장
BC	2001	울산	31	23	4	3	24	2	0
	2002	울산	2	2	0	0	0	0	0
	합계		33	25	4	3	24	2	0
프로통산			33	25	4	3	24	2	0

마르크(Benie Bolou Jean Marck) 코트디부아르 1982.11.09

대회	연도	소속	출전	교체	득점	도움	파울	경고	퇴장
BC	2000	성남일화	5	5	0	0	11	1	0
	합계		5	5	0	0	11	1	0
프로통산			5	5	0	0	11	1	0

마리우(Luis Mario Miranda da Silva) 브라질 1976.11.01

대회	연도	소속	출전	교체	득점	도움	파울	경고	퇴장
BC	2003	안양LG	20	8	4	8	26	3	0
	합계		20	8	4	8	26	3	0
프로통산			20	8	4	8	26	3	0

마말리(Emeka Esanga Mamale) 콩고민주공화국 1977.10.21

대회	연도	소속	출전	교체	득점	도움	파울	경고	퇴장
BC	1996	포항	5	5	0	0	9	0	0
	1997	포항	3	2	1	0	7	0	0
	합계		8	7	1	0	16	0	0
프로통산			8	7	1	0	16	0	0

마사(Ishida Masatoshi, 石田雅俊) 일본 1995.05.04

대회	연도	소속	출전	교체	득점	도움	파울	경고	퇴장
K1	2021	강원	9	10	0	0	4	0	0
	합계		9	10	0	0	4	0	0
K2	2019	안산	24	21	9	1	24	1	0
	2020	수원FC	27	5	10	4	24	3	0
	2021	대전	15	6	9	1	23	1	0
	2022	대전	33	29	10	4	23	1	0
	합계		99	61	38	10	94	6	0
승	2021	대전	2	1	0	1	2	0	0
	2022	대전	1	1	0	1	0	0	0
	합계		3	2	0	2	2	0	0
프로통산			111	73	38	12	100	6	0

마사(Ohasi Masahiro, 大橋正博) 일본 1981.06.23

대회	연도	소속	출전	교체	득점	도움	파울	경고	퇴장
BC	2009	강원	22	11	4	2	11	0	0
	2011	강원	5	5	0	1	1	0	0
	합계		27	16	4	3	12	0	0
프로통산			27	16	4	3	12	0	0

마상훈(馬相訓) 순천고 1991.07.25

대회	연도	소속	출전	교체	득점	도움	파울	경고	퇴장
BC	2012	강원	0	0	0	0	0	0	0
	합계		0	0	0	0	0	0	0
K1	2014	전남	1	1	0	0	0	0	0
	2018	상주	1	1	0	0	0	0	0
	2019	상주	15	9	0	0	9	1	0
	2020	성남	9	3	1	0	11	1	0
	2021	성남	31	13	3	0	31	5	0
	2022	성남	21	10	0	0	12	3	0
	합계		78	37	4	0	63	10	0
K2	2018	수원FC	9	4	0	0	12	2	0
	합계		9	4	0	0	12	2	0
프로통산			87	41	4	0	75	12	0

마스다(Masuda Chikashi, 增田誓志) 일본 1985.06.19

대회	연도	소속	출전	교체	득점	도움	파울	경고	퇴장
K1	2013	울산	35	12	4	3	43	3	0
	2014	울산	0	0	0	0	0	0	0
	2015	울산	31	12	3	0	32	1	0
	2016	울산	32	6	0	1	38	5	0
	합계		98	30	7	4	113	9	0
K2	2019	서울E	12	6	0	0	15	3	0
	합계		12	6	0	0	15	3	0
프로통산			110	36	7	4	128	12	0

마스덴(Christopher Marsden) 영국(잉글랜드) 1969.01.03

대회	연도	소속	출전	교체	득점	도움	파울	경고	퇴장
BC	2004	부산	2	0	1	0	4	2	0
	합계		2	0	1	0	4	2	0
프로통산			2	0	1	0	4	2	0

마시엘(Maciel Luiz Franco) 브라질 1972.03.15

대회	연도	소속	출전	교체	득점	도움	파울	경고	퇴장
BC	1997	전남	19	0	3	0	42	1	0
	1998	전남	27	3	1	1	66	9	0
	1999	전남	36	2	2	1	78	3	0
	2000	전남	36	2	1	0	78	7	0
	2001	전남	29	1	0	0	60	7	0
	2002	전남	27	5	2	1	57	3	0
	2003	전남	10	4	1	0	17	4	0
	합계		184	17	10	3	398	34	0
프로통산			184	17	10	3	398	34	0

마쎄도(Wanderson de Macedo Costa/←완델손D) 브라질 1992.05.31

대회	연도	소속	출전	교체	득점	도움	파울	경고	퇴장
K1	2017	광주	18	10	8	0	23	2	1
	2018	전남	24	20	7	2	17	3	0
	합계		42	30	15	2	40	5	1
K2	2019	전남	2	2	0	0	3	1	0
	합계		2	2	0	0	3	1	0
프로통산			44	32	15	2	43	6	1

마에조노(Maezono Masakiyo, 前園真聖) 일본 1973.10.29

대회	연도	소속	출전	교체	득점	도움	파울	경고	퇴장
BC	2003	안양LG	16	10	0	4	11	1	0
	2004	인천	13	8	1	1	13	2	0
	합계		29	18	1	5	24	3	0
프로통산			29	18	1	5	24	3	0

마우리(Mauricio de Oliveira Anastacio) 브라질 1962.09.29

대회	연도	소속	출전	교체	득점	도움	파울	경고	퇴장
BC	1994	현대	14	11	2	2	8	0	0
	1995	현대	4	4	0	1	3	0	0
	합계		18	15	2	3	11	0	0
프로통산			18	15	2	3	11	0	0

마우리데스(Maurides Roque Junior) 브라질 1994.03.10

대회	연도	소속	출전	교체	득점	도움	파울	경고	퇴장
K2	2020	안양	10	6	3	0	10	1	0
	합계		10	6	3	0	10	1	0
프로통산			10	6	3	0	10	1	0

마우리시오(Mauricio Fernandes) 브라질 1976.07.05

대회	연도	소속	출전	교체	득점	도움	파울	경고	퇴장
BC	2007	포항	8	3	0	0	23	3	0
	합계		8	3	0	0	23	3	0
프로통산			8	3	0	0	23	3	0

마우링요(Mauro Job Pontes Junior) 브라질 1989.12.10

대회	연도	소속	출전	교체	득점	도움	파울	경고	퇴장
K1	2016	전남	7	8	0	0	11	0	0
	2017	서울	9	8	0	0	5	1	0
	합계		16	16	0	0	16	1	0
프로통산			16	16	0	0	16	1	0

마우콘(Malcon Marschel Silva Carvalho Santos) 브라질 1995.07.05

대회	연도	소속	출전	교체	득점	도움	파울	경고	퇴장
K2	2016	충주	13	0	0	0	16	4	0
	합계		13	0	0	0	16	4	0
프로통산			13	0	0	0	16	4	0

마유송(Francisco de Farias Mailson) 브라질 1990.12.23

대회	연도	소속	출전	교체	득점	도움	파울	경고	퇴장
K1	2017	제주	2	2	0	0	1	0	0
	합계		2	2	0	0	1	0	0
프로통산			2	2	0	0	1	0	0

마이콘(Maycon Carvalho Inez) 브라질 1986.07.21

대회	연도	소속	출전	교체	득점	도움	파울	경고	퇴장
K2	2014	고양	3	3	0	0	0	0	0
	합계		3	3	0	0	0	0	0
프로통산			3	3	0	0	0	0	0

마이키(Mike dos Santos Nenatarvicius) 브라질 1993.03.08

대회	연도	소속	출전	교체	득점	도움	파울	경고	퇴장
K2	2022	광주	25	24	4	3	13	2	0
	합계		25	24	4	3	13	2	0
프로통산			25	24	4	3	13	2	0

마징요(Marcio de Souza Gregorio Junio) 브라질 1986.05.14

대회	연도	소속	출전	교체	득점	도움	파울	경고	퇴장
BC	2010	경남	3	3	0	0	7	0	0
	합계		3	3	0	0	7	0	0
프로통산			3	3	0	0	7	0	0

마차도(Leandro Machado) 브라질 1976.03.22

대회	연도	소속	출전	교체	득점	도움	파울	경고	퇴장
BC	2005	울산	17	8	13	1	42	5	0
	2006	울산	26	18	1	3	34	2	0
	2007	울산	10	9	2	0	8	3	0
	합계		53	35	16	4	84	10	0
프로통산			53	35	16	4	84	10	0

마철준(馬哲俊) 경희대 1980.11.16

대회	연도	소속	출전	교체	득점	도움	파울	경고	퇴장
BC	2004	부천SK	22	12	1	0	30	2	0
	2005	부천SK	18	7	1	0	22	4	0
	2006	제주	33	7	0	0	71	4	0
	2007	광주상무	25	7	0	0	47	3	0
	2008	광주상무	16	8	0	1	15	4	0

대회	연도	소속	출전	교체	득점	도움	파울	경고	퇴장
	2009	제주	25	10	0	0	50	9	0
	2010	제주	29	9	0	0	42	9	0
	2011	제주	16	9	0	0	19	5	0
	2012	제주	0	0	0	0	0	0	0
	2012	전북	7	6	0	0	7	2	0
	합계		191	75	2	1	303	42	0
K1	2015	광주	1	1	0	0	0	0	0
	합계		1	1	0	0	0	0	0
K2	2013	광주	12	3	0	2	13	3	1
	2014	광주	16	4	1	0	11	3	0
	합계		28	7	1	2	24	6	1
승	2014	광주	0	0	0	0	0	0	0
	합계		0	0	0	0	0	0	0
프로통산			220	83	3	3	327	48	1

마쿠스(Marcus Ake Jens Erik Nilsson) 스웨덴 1988.02.26

대회	연도	소속	출전	교체	득점	도움	파울	경고	퇴장
K1	2017	포항	0	0	0	0	0	0	0
	합계		0	0	0	0	0	0	0
프로통산			0	0	0	0	0	0	0

마테우스(Matheus Humberto Maximiano) 브라질 1989.05.31

대회	연도	소속	출전	교체	득점	도움	파울	경고	퇴장
BC	2011	대구	9	8	1	0	6	0	0
	2012	대구	23	15	2	2	37	5	0
	합계		32	23	3	2	43	5	0
K2	2014	대구	18	14	2	1	32	2	0
	합계		18	14	2	1	32	2	0
프로통산			50	37	5	3	75	7	0

마테우스(Matheus Alves Leandro) 브라질 1993.05.19

대회	연도	소속	출전	교체	득점	도움	파울	경고	퇴장
K2	2016	강원	37	22	12	1	69	8	0
	2018	수원FC	13	4	2	0	18	4	0
	2021	충남아산	15	14	3	1	15	4	0
	합계		65	40	17	2	102	16	0
승	2016	강원	2	2	0	0	7	0	0
	합계		2	2	0	0	7	0	0
프로통산			67	42	17	2	109	16	0

마토(Mato Neretljak) 크로아티아 1979.06.03

대회	연도	소속	출전	교체	득점	도움	파울	경고	퇴장
BC	2005	수원	31	2	10	2	102	7	0
	2006	수원	37	1	4	2	96	7	0
	2007	수원	35	1	7	0	87	7	0
	2008	수원	29	1	0	4	46	3	0
	2011	수원	25	0	8	0	39	6	0
	합계		157	5	29	8	370	30	0
프로통산			157	5	29	8	370	30	0

마티아스(Coureur Mathias) 프랑스 1988.03.22

대회	연도	소속	출전	교체	득점	도움	파울	경고	퇴장
K1	2019	성남	21	19	2	0	20	1	0
	합계		21	19	2	0	20	1	0
프로통산			21	19	2	0	20	1	0

마티야(Matija Ljujic) 세르비아 1993.10.28

대회	연도	소속	출전	교체	득점	도움	파울	경고	퇴장
K1	2021	강원	9	10	1	0	9	2	0
	합계		9	10	1	0	9	2	0
승	2021	강원	1	1	0	0	0	0	0
	합계		1	1	0	0	0	0	0
프로통산			10	11	1	0	9	2	0

마티치(Bojan Matić) 세르비아 1991.12.22

대회	연도	소속	출전	교체	득점	도움	파울	경고	퇴장
K1	2018	서울	9	7	1	0	7	0	1
	합계		9	7	1	0	7	0	1
프로통산			9	7	1	0	7	0	1

마틴 아담(Ádám Martin) 헝가리 1994.11.06

대회	연도	소속	출전	교체	득점	도움	파울	경고	퇴장
K1	2022	울산	14	11	9	4	9	2	0
	합계		14	11	9	4	9	2	0
프로통산			14	11	9	4	9	2	0

마하지(Rashid Abdulhakim Mahazi) 오스트레일리아 1992.04.20

대회	연도	소속	출전	교체	득점	도움	파울	경고	퇴장
K1	2019	인천	13	5	1	0	18	4	0
	2020	인천	7	4	0	0	9	3	0
	합계		20	9	1	0	27	7	0
프로통산			20	9	1	0	27	7	0

막스 유고슬라비아 1965.12.10

대회	연도	소속	출전	교체	득점	도움	파울	경고	퇴장
BC	1994	일화	11	10	2	0	15	5	0
	합계		11	10	2	0	15	5	0
프로통산			11	10	2	0	15	5	0

말로니(Johnathan Marlone Azevedo da Silva) 브라질 1992.04.02

대회	연도	소속	출전	교체	득점	도움	파울	경고	퇴장
K2	2020	수원FC	18	12	2	4	5	1	0
	합계		18	12	2	4	5	1	0
프로통산			18	12	2	4	5	1	0

말론(Marlón Jonathan de Jesús Pabón) 에쿠아도르 1991.09.04

대회	연도	소속	출전	교체	득점	도움	파울	경고	퇴장
K2	2019	부천	29	23	10	3	47	6	0
	합계		29	23	10	3	47	6	0
프로통산			29	23	10	3	47	6	0

말컹(Marcos Vinicius do Amaral Alves) 브라질 1994.06.17

대회	연도	소속	출전	교체	득점	도움	파울	경고	퇴장
K1	2018	경남	31	13	26	5	42	4	1
	합계		31	13	26	5	42	4	1
K2	2017	경남	32	5	22	3	63	5	0
	합계		32	5	22	3	63	5	0
프로통산			63	18	48	8	105	9	1

매그넘(Magnum Rafael Farias Tavares) 브라질 1982.03.24

대회	연도	소속	출전	교체	득점	도움	파울	경고	퇴장
BC	2011	울산	5	5	0	0	3	0	0
	합계		5	5	0	0	3	0	0
프로통산			5	5	0	0	3	0	0

매튜(Matthew John Jurman) 오스트레일리아 1989.12.08

대회	연도	소속	출전	교체	득점	도움	파울	경고	퇴장
K1	2017	수원	25	3	2	1	31	9	0
	2018	수원	4	0	0	0	7	1	0
	합계		29	3	2	1	38	10	0
프로통산			29	3	2	1	38	10	0

맥고완(Dylan John McGowan) 오스트레일리아 1991.08.06

대회	연도	소속	출전	교체	득점	도움	파울	경고	퇴장
K1	2018	강원	15	6	1	0	14	2	0
	합계		15	6	1	0	14	2	0
프로통산			15	6	1	0	14	2	0

맥긴(Niall Peter McGinn) 영국(북아일랜드) 1987.07.20

대회	연도	소속	출전	교체	득점	도움	파울	경고	퇴장
K1	2017	광주	7	7	0	0	5	0	0
	합계		7	7	0	0	5	0	0
프로통산			7	7	0	0	5	0	0

맥도날드(Sherjill Jermaine Mac-Donald) 네덜란드 1984.11.20

대회	연도	소속	출전	교체	득점	도움	파울	경고	퇴장
K2	2018	부산	2	2	0	0	2	0	0
	합계		2	2	0	0	2	0	0
프로통산			2	2	0	0	2	0	0

맥카이(Matthew Graham McKay) 오스트레일리아 1983.01.11

대회	연도	소속	출전	교체	득점	도움	파울	경고	퇴장
BC	2012	부산	27	8	1	6	45	7	0
	합계		27	8	1	6	45	7	0
프로통산			27	8	1	6	45	7	0

맹성웅(孟成雄) 영남대 1998.02.04

대회	연도	소속	출전	교체	득점	도움	파울	경고	퇴장
K1	2022	전북	17	12	0	2	34	6	0
	합계		17	12	0	2	34	6	0
K2	2019	안양	26	22	0	0	28	3	0
	2020	안양	24	10	0	2	39	4	0
	2021	안양	34	6	1	1	53	4	0
	합계		84	38	1	3	120	11	0
프로통산			101	50	1	5	154	17	0

맹수일(孟秀一) 동아대 1961.03.22

대회	연도	소속	출전	교체	득점	도움	파울	경고	퇴장
BC	1985	럭키금성	8	5	1	0	4	0	0
	1986	유공	21	6	1	1	21	2	0
	1987	유공	1	1	0	0	0	0	0
	합계		30	12	2	1	25	2	0
프로통산			30	12	2	1	25	2	0

맹진오(孟珍吾) 호남대 1986.03.06

대회	연도	소속	출전	교체	득점	도움	파울	경고	퇴장
BC	2009	포항	0	0	0	0	0	0	0
	2010	대구	3	3	0	0	5	0	0
	합계		3	3	0	0	5	0	0
프로통산			3	3	0	0	5	0	0

머치(Mutch Jordon James Edward Sydney) 영국(잉글랜드) 1991.12.02

대회	연도	소속	출전	교체	득점	도움	파울	경고	퇴장
K1	2019	경남	8	6	1	0	11	2	1
	합계		8	6	1	0	11	2	1
프로통산			8	6	1	0	11	2	1

메도(Ivan Medvid) 크로아티아 1977.10.13

대회	연도	소속	출전	교체	득점	도움	파울	경고	퇴장
BC	2002	포항	18	3	1	7	53	6	0
	2003	포항	29	13	0	4	47	4	0
	합계		47	16	1	11	100	10	0
프로통산			47	16	1	11	100	10	0

메조이(Géza Mészöly) 헝가리 1967.02.25

대회	연도	소속	출전	교체	득점	도움	파울	경고	퇴장
BC	1990	포항제철	12	1	2	1	28	1	0
	1991	포항제철	4	2	0	0	11	0	0
	합계		16	3	2	1	39	1	0
프로통산			16	3	2	1	39	1	0

멘도사(Mendoza Renreria Mauricio) 콜롬비아 1981.12.28

대회	연도	소속	출전	교체	득점	도움	파울	경고	퇴장
BC	2011	경남	1	1	0	1	1	0	0
	합계		1	1	0	1	1	0	0
프로통산			1	1	0	1	1	0	0

멘디(Mendy Frederic) 프랑스 1988.09.18

대회	연도	소속	출전	교체	득점	도움	파울	경고	퇴장
K1	2016	울산	18	5	6	1	23	3	0
	2017	제주	34	21	7	2	54	2	0
	합계		52	26	13	3	77	5	0
프로통산			52	26	13	3	77	5	0

명성준(明成峻) 대건고 1998.03.18

대회	연도	소속	출전	교체	득점	도움	파울	경고	퇴장
K1	2017	인천	1	1	0	0	0	0	0
	합계		1	1	0	0	0	0	0
K2	2018	부천	2	2	0	0	3	1	0
	합계		2	2	0	0	3	1	0
프로통산			3	3	0	0	3	1	0

명재용(明載容) 조선대 1973.02.26

대회	연도	소속	출전	교체	득점	도움	파울	경고	퇴장
BC	1997	전북	9	4	1	0	18	2	0

대회	연도	소속	출전	교체	득점	도움	파울	경고	퇴장
	1998	전북	26	19	2	1	41	2	0
	1999	전북	29	22	2	2	31	2	0
	2000	전북	23	11	4	1	35	1	0
	2001	전북	12	7	1	1	16	2	0
	2002	전북	6	6	0	0	7	1	0
	합계		105	69	10	5	148	10	0
프로통산			105	69	10	5	148	10	0

명준재(明俊在) 고려대 1994.07.02

대회	연도	소속	출전	교체	득점	도움	파울	경고	퇴장
K1	2016	전북	0	0	0	0	0	0	0
	2018	전북	4	2	0	0	1	0	0
	2019	전북	5	1	0	0	8	1	0
	2019	인천	16	14	2	1	21	6	0
	2020	수원	11	6	0	2	21	3	0
	2022	김천	16	17	3	0	8	2	0
	2022	수원	4	4	0	0	3	1	0
	합계		56	44	5	3	62	13	0
K2	2017	서울E	17	16	3	1	14	2	0
	2021	김천	6	5	1	1	7	2	0
	합계		23	21	4	2	21	4	0
승	2022	수원	2	2	0	0	0	0	0
	합계		2	2	0	0	0	0	0
프로통산			81	67	9	5	83	17	0

명진영(明珍榮) 아주대 1973.05.20

대회	연도	소속	출전	교체	득점	도움	파울	경고	퇴장
BC	1996	부산	9	6	1	1	9	2	0
	1997	부산	3	3	0	0	2	0	0
	1998	부산	9	9	1	1	8	1	1
	1999	부산	9	10	0	0	7	1	0
	합계		30	28	2	2	26	4	1
프로통산			30	28	2	2	26	4	1

모나또(Andrew Erick Feitosa) 브라질 1992.09.01

대회	연도	소속	출전	교체	득점	도움	파울	경고	퇴장
BC	2011	경남	6	5	0	0	5	0	0
	합계		6	5	0	0	5	0	0
프로통산			6	5	0	0	5	0	0

모따(Joao Soares da Mota Neto) 브라질 1980.11.21

대회	연도	소속	출전	교체	득점	도움	파울	경고	퇴장
BC	2004	전남	29	11	14	2	65	12	0
	2005	성남일화	9	3	7	4	29	5	1
	2006	성남일화	19	11	7	2	19	1	0
	2007	성남일화	21	7	9	2	39	9	0
	2008	성남일화	30	6	9	5	48	12	0
	2009	성남일화	11	2	2	4	17	1	0
	2010	포항	28	9	9	7	42	7	0
	2011	포항	31	19	14	8	56	10	0
	합계		178	68	71	34	315	57	1
프로통산			178	68	71	34	315	57	1

모따(Jose Rorberto Rodrigues Mota/←호세모따) 브라질 1979.05.10

대회	연도	소속	출전	교체	득점	도움	파울	경고	퇴장
BC	2010	수원	25	14	11	0	29	5	1
	2012	부산	2	2	0	0	0	0	0
	합계		27	16	11	0	29	5	1
프로통산			27	16	11	0	29	5	1

모라이스(Bittencourt Morais Danny) 브라질 1985.06.29

대회	연도	소속	출전	교체	득점	도움	파울	경고	퇴장
K2	2017	부산	26	0	1	0	50	4	0
	합계		26	0	1	0	50	4	0
승	2017	부산	1	0	0	0	0	0	0
	합계		1	0	0	0	0	0	0
프로통산			27	0	1	0	50	4	0

모리츠(Andre Francisco Moritz) 이탈리아 1986.08.06

대회	연도	소속	출전	교체	득점	도움	파울	경고	퇴장
K1	2015	포항	11	9	0	1	12	2	0
	합계		11	9	0	1	12	2	0
프로통산			11	9	0	1	12	2	0

모세스(Moses Owoicho Ogbu) 스웨덴 1991.02.07

대회	연도	소속	출전	교체	득점	도움	파울	경고	퇴장
K1	2022	포항	13	13	1	0	10	1	0
	합계		13	13	1	0	10	1	0
프로통산			13	13	1	0	10	1	0

모이세스(Moises Oliveira Brito) 브라질 1986.07.17

대회	연도	소속	출전	교체	득점	도움	파울	경고	퇴장
K1	2016	제주	1	1	0	0	1	0	0
	합계		1	1	0	0	1	0	0
프로통산			1	1	0	0	1	0	0

모재현(牟在現) 광주대 1996.09.24

대회	연도	소속	출전	교체	득점	도움	파울	경고	퇴장
K2	2017	수원FC	15	15	3	1	12	1	0
	2018	수원FC	20	15	1	1	29	2	0
	2019	수원FC	1	1	0	0	4	0	0
	2019	안양	12	10	3	1	10	1	0
	2020	수원FC	18	12	2	2	21	2	0
	2021	안양	33	28	5	2	37	2	0
	2022	경남	35	19	6	6	26	3	0
	합계		134	100	20	13	139	11	0
프로통산			134	100	20	13	139	11	0

몰리나(Mauricio Alejandro Molina Uribe) 콜롬비아 1980.04.30

대회	연도	소속	출전	교체	득점	도움	파울	경고	퇴장
BC	2009	성남일화	17	5	10	3	17	4	0
	2010	성남일화	33	13	12	8	28	6	0
	2011	서울	29	8	10	12	30	5	0
	2012	서울	41	6	18	19	45	4	0
	합계		120	32	50	42	120	19	0
K1	2013	서울	35	13	9	13	24	3	0
	2014	서울	19	10	5	3	9	1	0
	2015	서울	35	20	4	11	23	5	0
	합계		89	43	18	27	56	9	0
프로통산			209	75	68	69	176	28	0

무고사(Stefan Mugosa) 몬테네그로 1992.02.26

대회	연도	소속	출전	교체	득점	도움	파울	경고	퇴장
K1	2018	인천	35	9	19	4	24	5	0
	2019	인천	32	8	14	4	28	2	0
	2020	인천	24	8	12	2	16	1	0
	2021	인천	20	10	9	0	13	1	0
	2022	인천	18	6	14	0	16	0	0
	합계		129	41	68	10	97	9	0
프로통산			129	41	68	10	97	9	0

무랄랴(Luiz Philipe Lima de Oliveira) 브라질 1993.01.21

대회	연도	소속	출전	교체	득점	도움	파울	경고	퇴장
K1	2016	포항	20	8	1	0	11	2	0
	2017	포항	33	17	0	2	28	11	0
	합계		53	25	1	2	39	13	0
K2	2018	성남	11	8	3	0	12	3	0
	합계		11	8	3	0	12	3	0
프로통산			64	33	4	2	51	16	0

무릴로(Murilo Henrique Pereira Rocha 브라질 1994.11.20

대회	연도	소속	출전	교체	득점	도움	파울	경고	퇴장
K1	2020	전북	17	15	1	0	10	1	0
	2021	수원FC	36	26	5	10	37	4	0
	2022	수원FC	23	25	1	5	16	0	0
	합계		76	66	7	15	63	5	0
프로통산			76	66	7	15	63	5	0

무사(Javier Martin Musa) 아르헨티나 1979.01.15

대회	연도	소속	출전	교체	득점	도움	파울	경고	퇴장
BC	2004	수원	19	6	1	1	47	1	0
	2005	수원	9	1	0	0	16	3	0
	2005	울산	7	0	0	0	18	1	0
	합계		35	7	1	1	81	5	0
프로통산			35	7	1	1	81	5	0

무삼파(Kizito Musampa) 네덜란드 1977.07.20

대회	연도	소속	출전	교체	득점	도움	파울	경고	퇴장
BC	2008	서울	5	3	0	0	7	0	0
	합계		5	3	0	0	7	0	0
프로통산			5	3	0	0	7	0	0

무스타파(Gonden Mustafa) 터키 1975.08.01

대회	연도	소속	출전	교체	득점	도움	파울	경고	퇴장
BC	2002	부천SK	6	6	0	0	3	0	0
	2003	부천SK	1	1	0	0	3	0	0
	합계		7	7	0	0	6	0	0
프로통산			7	7	0	0	6	0	0

무야키치(Armin Mujakic) 오스트리아 1995.03.07

대회	연도	소속	출전	교체	득점	도움	파울	경고	퇴장
K2	2020	충남아산	17	15	4	0	48	6	0
	합계		17	15	4	0	48	6	0
프로통산			17	15	4	0	48	6	0

무탐바(Mutamba Kabongo) 콩고민주공화국 1972.12.09

대회	연도	소속	출전	교체	득점	도움	파울	경고	퇴장
BC	1997	안양LG	32	5	3	0	55	4	0
	1998	안양LG	34	4	4	2	59	5	0
	1999	안양LG	28	6	2	1	45	5	0
	2000	안양LG	15	6	0	0	26	5	0
	합계		109	21	9	3	185	19	0
프로통산			109	21	9	3	185	19	0

문경건(文慶建) 광운대 1995.02.09

대회	연도	소속	출전	교체	실점	도움	파울	경고	퇴장
K1	2021	대구	2	0	4	0	0	0	0
	2022	제주	0	0	0	0	0	0	0
	합계		2	0	4	0	0	0	0
K2	2021	안산	3	1	5	0	0	0	0
	합계		3	1	5	0	0	0	0
프로통산			5	1	9	0	0	0	0

문광석(文光錫) 한양대 1996.03.02

대회	연도	소속	출전	교체	실점	도움	파울	경고	퇴장
K1	2018	제주	0	0	0	0	0	0	0
	2019	성남	0	0	0	0	0	0	0
	합계		0	0	0	0	0	0	0
프로통산			0	0	0	0	0	0	0

문기한(文記韓) 영남사이버대 1989.03.17

대회	연도	소속	출전	교체	득점	도움	파울	경고	퇴장
BC	2008	서울	3	2	0	0	3	0	0
	2009	서울	0	0	0	0	0	0	0
	2010	서울	0	0	0	0	0	0	0
	2011	서울	13	12	0	0	14	2	0
	2012	서울	1	1	0	0	1	0	0
	합계		17	15	0	0	18	2	0
K2	2013	경찰	28	7	2	6	57	7	0
	2014	안산경찰	21	15	1	2	32	6	0
	2015	대구	38	32	1	10	56	9	0
	2016	부천	38	31	4	8	47	4	0
	2017	부천	33	7	5	8	59	4	0
	2018	부천	34	6	0	5	37	5	0
	2019	부천	21	14	1	4	24	4	0
	합계		213	112	14	43	312	39	0
프로통산			230	127	14	43	330	41	0

문대성(文大成) 중앙대 1986.03.15

대회	연도	소속	출전	교체	득점	도움	파울	경고	퇴장
BC	2007	전북	4	4	0	1	3	1	0
	2008	전북	11	9	1	2	15	2	0
	2009	성남일화	14	11	0	0	12	3	0
	2010	성남일화	9	9	2	0	4	1	0

	2011	울산	2	2	0	0	0	0	0
	합계		40	35	3	3	34	7	0
프로통산			40	35	3	3	34	7	0

문동주(文棟柱) 대구대 1990.07.08

대회	연도	소속	출전	교체	득점	도움	파울	경고	퇴장
K1	2013	서울	0	0	0	0	0	0	0
	합계		0	0	0	0	0	0	0
프로통산			0	0	0	0	0	0	0

문민귀(文民貴) 호남대 1981.11.15

대회	연도	소속	출전	교체	득점	도움	파울	경고	퇴장
BC	2004	포항	35	8	1	2	39	4	0
	2005	포항	17	11	0	1	20	4	0
	2006	경남	12	2	0	0	18	3	0
	2006	수원	10	3	0	1	15	1	0
	2007	수원	7	5	0	1	11	0	0
	2008	수원	5	2	0	0	14	1	0
	2009	수원	9	4	0	1	16	2	0
	2010	수원	4	1	0	0	14	1	0
	2011	제주	2	1	0	0	4	0	0
	합계		101	37	1	6	151	16	0
프로통산			101	37	1	6	151	16	0

문민호(文敏鎬) 광운대 1958.09.18

대회	연도	소속	출전	교체	득점	도움	파울	경고	퇴장
BC	1985	유공	5	5	1	0	1	0	0
	합계		5	5	1	0	1	0	0
프로통산			5	5	1	0	1	0	0

문병우(文炳祐) 명지대 1986.05.03

대회	연도	소속	출전	교체	득점	도움	파울	경고	퇴장
BC	2009	강원	3	3	0	0	4	0	0
	합계		3	3	0	0	4	0	0
K1	2013	강원	9	9	0	1	8	1	0
	합계		9	9	0	1	8	1	0
프로통산			12	12	0	1	12	1	0

문삼진(文三鎭) 성균관대 1973.03.03

대회	연도	소속	출전	교체	득점	도움	파울	경고	퇴장
BC	1999	천안일화	29	9	0	0	48	3	0
	2000	성남일화	31	13	1	4	43	4	0
	2001	성남일화	11	10	0	0	4	0	0
	2002	성남일화	19	10	0	2	45	2	0
	2003	성남일화	0	0	0	0	0	0	0
	합계		90	42	1	6	140	9	0
프로통산			90	42	1	6	140	9	0

문상윤(文相閏) 아주대 1991.01.09

대회	연도	소속	출전	교체	득점	도움	파울	경고	퇴장
BC	2012	인천	26	19	1	1	18	1	0
	합계		26	19	1	1	18	1	0
K1	2013	인천	29	18	3	2	29	1	0
	2014	인천	31	17	3	3	17	2	0
	2015	전북	9	8	0	2	15	1	0
	2016	제주	22	19	3	2	11	0	0
	2017	제주	18	15	1	3	11	1	0
	2019	성남	14	11	1	0	13	0	0
	합계		123	88	11	12	96	5	0
K2	2018	성남	34	13	4	7	38	0	0
	2020	서울E	11	11	0	1	9	0	0
	2021	서울E	4	4	0	0	0	0	0
	2022	광주	2	2	0	0	1	0	0
	합계		51	30	4	8	48	0	0
프로통산			200	137	16	21	162	6	0

문선민(文宣民) 장훈고 1992.06.09

대회	연도	소속	출전	교체	득점	도움	파울	경고	퇴장
K1	2017	인천	30	27	4	3	46	4	0
	2018	인천	37	22	14	6	30	0	0
	2019	전북	32	23	10	10	38	3	0
	2020	상주	20	14	5	4	15	1	0
	2021	전북	19	16	3	1	14	0	0
	2022	전북	23	22	1	2	11	0	0
	합계		161	124	37	26	154	8	0
K2	2021	김천	1	1	0	0	1	0	0
	합계		1	1	0	0	1	0	0
프로통산			162	125	37	26	155	8	0

문영래(文永來) 국민대 1964.03.06

대회	연도	소속	출전	교체	득점	도움	파울	경고	퇴장
BC	1988	유공	15	15	0	1	19	3	0
	1989	유공	33	25	2	5	49	4	0
	1990	유공	15	13	1	1	18	0	0
	1991	유공	14	7	0	0	19	3	0
	1992	유공	1	1	0	0	1	0	0
	1993	유공	10	10	0	1	10	1	0
	1994	버팔로	32	9	3	3	47	8	0
	1995	전북	16	12	0	0	17	2	0
	합계		136	92	6	11	180	21	0
프로통산			136	92	6	11	180	21	0

문영서(文永瑞) 안양공고 1956.12.20

대회	연도	소속	출전	교체	득점	도움	파울	경고	퇴장
BC	1984	할렐루야	15	2	0	1	20	1	0
	1985	할렐루야	12	0	0	1	21	0	0
	합계		27	2	0	2	41	1	0
프로통산			27	2	0	2	41	1	0

문용휘(文容輝) 용인대 1995.06.07

대회	연도	소속	출전	교체	실점	도움	파울	경고	퇴장
K2	2018	대전	0	0	0	0	0	0	0
	2019	대전	0	0	0	0	0	0	0
	합계		0	0	0	0	0	0	0
프로통산			0	0	0	0	0	0	0

문원근(文元根) 동아대 1963.09.16

대회	연도	소속	출전	교체	득점	도움	파울	경고	퇴장
BC	1989	일화	18	5	0	4	36	4	0
	1990	일화	2	1	0	0	3	1	0
	합계		20	6	0	4	39	5	0
프로통산			20	6	0	4	39	5	0

문정인(文正仁) 현대고 1998.03.16

대회	연도	소속	출전	교체	실점	도움	파울	경고	퇴장
K1	2018	울산	0	0	0	0	0	0	0
	2019	울산	0	0	0	0	0	0	0
	합계		0	0	0	0	0	0	0
K2	2020	서울E	1	0	2	0	1	1	0
	2021	서울E	0	0	0	0	0	0	0
	합계		1	0	2	0	1	1	0
프로통산			1	0	2	0	1	1	0

문정주(文禎珠) 선문대 1990.03.22

대회	연도	소속	출전	교체	득점	도움	파울	경고	퇴장
K2	2013	충주	29	24	2	1	41	4	0
	합계		29	24	2	1	41	4	0
프로통산			29	24	2	1	41	4	0

문주원(文周元) 경희대 1983.05.08

대회	연도	소속	출전	교체	득점	도움	파울	경고	퇴장
BC	2006	대구	19	13	1	1	33	3	0
	2007	대구	18	13	1	0	40	1	0
	2008	대구	26	19	2	2	34	3	0
	2009	강원	12	11	1	0	8	0	0
	합계		75	56	5	3	115	7	0
K1	2013	경남	4	4	0	0	3	1	0
	2014	경남	7	3	0	0	11	1	0
	합계		11	7	0	0	14	2	0
프로통산			86	63	5	3	129	9	0

문준호(文竣湖) 용인대 1993.07.12

대회	연도	소속	출전	교체	득점	도움	파울	경고	퇴장
K1	2016	수원	0	0	0	0	0	0	0
	합계		0	0	0	0	0	0	0
K2	2018	안양	5	4	1	0	2	0	0
	합계		5	4	1	0	2	0	0
프로통산			5	4	1	0	2	0	0

문지환(文智煥) 단국대 1994.07.26

대회	연도	소속	출전	교체	득점	도움	파울	경고	퇴장
K1	2019	성남	21	3	0	0	31	5	0
	2020	인천	19	3	0	0	30	4	0
	2021	인천	8	4	1	0	14	2	1
	2022	김천	19	11	0	0	24	5	0
	합계		67	21	1	0	99	16	1
K2	2017	성남	13	8	0	0	8	1	0
	2018	성남	6	4	0	0	12	2	0
	2021	김천	7	1	1	0	14	1	0
	합계		26	13	1	0	34	4	0
승	2022	김천	2	0	1	0	3	0	0
	합계		2	0	1	0	3	0	0
프로통산			95	34	3	0	136	20	1

문진용(文眞勇) 경희대 1991.12.14

대회	연도	소속	출전	교체	득점	도움	파울	경고	퇴장
K1	2013	전북	4	4	0	0	5	1	0
	합계		4	4	0	0	5	1	0
K2	2015	대구	1	0	0	0	2	0	0
	2017	대전	3	3	0	1	0	0	0
	합계		4	3	0	1	2	0	0
프로통산			8	7	0	1	7	1	0

문창진(文昶眞) 위덕대 1993.07.12

대회	연도	소속	출전	교체	득점	도움	파울	경고	퇴장
BC	2012	포항	4	4	0	0	0	0	0
	합계		4	4	0	0	0	0	0
K1	2013	포항	7	7	1	0	3	0	0
	2014	포항	24	17	2	2	20	1	0
	2015	포항	11	6	4	2	10	1	0
	2016	포항	23	15	3	4	12	1	0
	2017	강원	29	17	6	3	21	1	0
	2018	강원	10	10	1	0	3	0	0
	2019	인천	20	19	2	1	5	0	0
	2020	상주	16	15	1	1	3	1	0
	합계		140	106	20	13	77	5	0
K2	2021	김천	5	3	1	0	7	0	0
	2022	부산	5	5	0	0	1	0	0
	합계		10	8	1	0	8	0	0
프로통산			154	118	21	13	85	5	0

문창현(文昶現) 명지대 1992.11.12

대회	연도	소속	출전	교체	득점	도움	파울	경고	퇴장
K1	2015	성남	0	0	0	0	0	0	0
	합계		0	0	0	0	0	0	0
프로통산			0	0	0	0	0	0	0

문태권(文泰權) 명지대 1968.05.14

대회	연도	소속	출전	교체	득점	도움	파울	경고	퇴장
BC	1993	현대	9	1	0	0	12	2	0
	1994	현대	11	5	0	0	12	2	0
	1995	전남	2	2	0	1	3	0	0
	1996	전남	4	4	0	0	4	0	0
	합계		26	12	0	1	31	4	0
프로통산			26	12	0	1	31	4	0

문태혁(文泰赫) 광양제철고 1983.03.31

대회	연도	소속	출전	교체	득점	도움	파울	경고	퇴장
BC	2000	수원	0	0	0	0	0	0	0
	합계		0	0	0	0	0	0	0
프로통산			0	0	0	0	0	0	0

문현호(文炫浩) 매탄고 2003.05.13

대회	연도	소속	출전	교체	실점	도움	파울	경고	퇴장
K2	2022	충남아산	4	4	0	0	0	0	0
	합계		4	4	0	0	0	0	0
프로통산			4	4	0	0	0	0	0

뮬리치(Fejsal Mulić) 세르비아 1994.10.03

대회	연도	소속	출전	교체	득점	도움	파울	경고	퇴장
K1	2021	성남	36	25	13	0	60	6	0
	2022	성남	33	22	9	1	22	3	0
	합계		69	47	22	1	82	9	0
프로통산			69	47	22	1	82	9	0

미구엘(Miguel Antonio Bianconi Kohl) 브라질 1992.05.14

대회	연도	소속	출전	교체	득점	도움	파울	경고	퇴장
K2	2013	충주	8	7	0	0	12	1	0
	합계		8	7	0	0	12	1	0
프로통산			8	7	0	0	12	1	0

미노리(Sato Minori, 佐藤穣) 일본 1991.03.02

대회	연도	소속	출전	교체	득점	도움	파울	경고	퇴장
K2	2018	광주	12	10	0	0	17	1	0
	합계		12	10	0	0	17	1	0
프로통산			12	10	0	0	17	1	0

미니치(Bosko Minić) 유고슬라비아 1966.10.24

대회	연도	소속	출전	교체	득점	도움	파울	경고	퇴장
BC	1995	전남	22	7	1	2	22	4	0
	합계		22	7	1	2	22	4	0
프로통산			22	7	1	2	22	4	0

미르코(Mirko Jovanović) 유고슬라비아 1971.03.14

대회	연도	소속	출전	교체	득점	도움	파울	경고	퇴장
BC	1999	전북	14	8	4	1	22	0	0
	2000	전북	7	7	0	1	2	0	0
	합계		21	15	4	2	24	0	0
프로통산			21	15	4	2	24	0	0

미샤(Miodrag Vasiljević) 유고슬라비아 1980.08.21

대회	연도	소속	출전	교체	득점	도움	파울	경고	퇴장
BC	2001	성남일화	4	5	0	0	4	0	0
	합계		4	5	0	0	4	0	0
프로통산			4	5	0	0	4	0	0

미셀(Michel Neves Dias) 브라질 1980.07.13

대회	연도	소속	출전	교체	득점	도움	파울	경고	퇴장
BC	2003	전남	13	9	4	3	17	3	0
	합계		13	9	4	3	17	3	0
프로통산			13	9	4	3	17	3	0

미첼(Michel Pensee Billong) 카메룬 1973.06.16

대회	연도	소속	출전	교체	득점	도움	파울	경고	퇴장
BC	1997	천안일화	3	2	1	0	7	0	1
	1998	천안일화	15	3	1	0	29	4	0
	1999	천안일화	32	0	0	0	66	5	0
	합계		50	5	2	0	102	9	1
프로통산			50	5	2	0	102	9	1

미카엘(Karapet Mikaelyan) 아르메니아 1968.09.27

대회	연도	소속	출전	교체	득점	도움	파울	경고	퇴장
BC	1997	부천SK	15	15	1	2	11	1	0
	합계		15	15	1	2	11	1	0
프로통산			15	15	1	2	11	1	0

미콜라(Kovtaliuk Mykola) 우크라이나 1995.04.26

대회	연도	소속	출전	교체	득점	도움	파울	경고	퇴장
K2	2019	안양	11	10	3	0	10	1	0
	합계		11	10	3	0	10	1	0
프로통산			11	10	3	0	10	1	0

미트로(Slavisa Mitrović) 보스니아 헤르체고비나 1977.07.05

대회	연도	소속	출전	교체	득점	도움	파울	경고	퇴장
BC	2002	수원	7	6	0	1	25	3	0
	합계		7	6	0	1	25	3	0
프로통산			7	6	0	1	25	3	0

미하이(Dragus Mihai) 루마니아 1973.03.13

대회	연도	소속	출전	교체	득점	도움	파울	경고	퇴장
BC	1998	수원	21	17	6	2	45	3	1
	합계		21	17	6	2	45	3	1
프로통산			21	17	6	2	45	3	1

미하일(Radmilo Mihajlović) 유고슬라비아 1964.11.19

대회	연도	소속	출전	교체	득점	도움	파울	경고	퇴장
BC	1997	포항	3	3	0	0	2	1	0
	합계		3	3	0	0	2	1	0
프로통산			3	3	0	0	2	1	0

믹스(Mikkel Morgenstar Palssonn Diskerud) 미국 1990.10.02

대회	연도	소속	출전	교체	득점	도움	파울	경고	퇴장
K1	2018	울산	17	7	2	0	22	3	0
	2019	울산	31	29	6	2	22	3	0
	합계		48	36	8	2	44	6	0
프로통산			48	36	8	2	44	6	0

민경인(閔庚仁) 고려대 1979.05.09

대회	연도	소속	출전	교체	득점	도움	파울	경고	퇴장
BC	2003	성남일화	1	1	0	0	2	0	0
	합계		1	1	0	0	2	0	0
프로통산			1	1	0	0	2	0	0

민경현(閔景鉉) 한양공고 1998.05.04

대회	연도	소속	출전	교체	득점	도움	파울	경고	퇴장
K1	2019	포항	0	0	0	0	0	0	0
	합계		0	0	0	0	0	0	0
프로통산			0	0	0	0	0	0	0

민경현(閔景現) 용인대 2001.12.16

대회	연도	소속	출전	교체	득점	도움	파울	경고	퇴장
K1	2022	인천	30	18	1	0	24	2	0
	합계		30	18	1	0	24	2	0
프로통산			30	18	1	0	24	2	0

민동환(閔洞煥) 현대고 2001.01.12

대회	연도	소속	출전	교체	실점	도움	파울	경고	퇴장
K1	2020	울산	0	0	0	0	0	0	0
	2022	울산	0	0	0	0	0	0	0
	합계		0	0	0	0	0	0	0
프로통산			0	0	0	0	0	0	0

민병욱

대회	연도	소속	출전	교체	득점	도움	파울	경고	퇴장
BC	1983	대우	5	6	1	0	2	0	0
	합계		5	6	1	0	2	0	0
프로통산			5	6	1	0	2	0	0

민상기(閔尙基) 매탄고 1991.08.27

대회	연도	소속	출전	교체	득점	도움	파울	경고	퇴장
BC	2010	수원	1	0	0	0	1	0	0
	2011	수원	1	1	0	0	0	0	0
	2012	수원	5	4	0	0	8	0	0
	합계		7	5	0	0	9	0	0
K1	2013	수원	30	6	0	0	41	3	0
	2014	수원	20	4	0	1	30	2	0
	2015	수원	7	2	1	0	8	1	0
	2016	수원	8	3	0	0	11	0	0
	2017	수원	7	2	0	0	8	1	0
	2019	수원	20	4	0	0	16	3	1
	2020	수원	21	2	0	0	23	1	0
	2021	수원	30	3	2	0	29	3	0
	2022	수원	24	8	0	0	10	2	0
	합계		167	34	3	1	176	16	1
K2	2017	아산	9	2	1	0	10	0	0
	2018	아산	27	0	0	0	32	8	0
	합계		36	2	1	0	42	8	0
프로통산			210	41	4	1	227	24	1

민성준(閔盛俊) 대건고 1999.07.22

대회	연도	소속	출전	교체	실점	도움	파울	경고	퇴장
K1	2022	인천	1	0	2	0	0	0	0
	합계		1	0	2	0	0	0	0
프로통산			1	0	2	0	0	0	0

민영기(閔榮基) 경상대 1976.03.28

대회	연도	소속	출전	교체	득점	도움	파울	경고	퇴장
BC	1999	울산	5	1	0	0	7	0	0
	2000	울산	14	5	0	0	16	1	0
	2004	대구	25	1	0	0	48	9	0
	2005	대구	28	4	0	0	37	8	0
	2006	대전	37	3	1	0	27	5	0
	2007	대전	32	6	0	0	33	2	0
	2008	대전	23	5	0	1	31	2	0
	2009	부산	18	14	1	0	13	3	0
	합계		182	39	2	1	212	30	0
프로통산			182	39	2	1	212	30	0

민준영(閔竣渶) 언남고 1996.07.27

대회	연도	소속	출전	교체	득점	도움	파울	경고	퇴장
K1	2018	경남	1	1	0	0	1	1	0
	합계		1	1	0	0	1	1	0
K2	2019	아산	8	2	1	0	9	2	0
	2020	안산	11	8	0	0	12	3	0
	2021	안산	16	3	2	0	24	3	0
	2021	대전	5	2	0	0	16	2	0
	2022	대전	24	9	1	1	35	10	0
	합계		64	24	4	1	96	20	0
승	2021	대전	0	0	0	0	0	0	0
	합계		0	0	0	0	0	0	0
프로통산			65	25	4	1	97	21	0

민진홍(閔鎭泓) 동대문상고 1960.03.11

대회	연도	소속	출전	교체	득점	도움	파울	경고	퇴장
BC	1983	대우	2	1	0	0	0	0	0
	1984	럭키금성	16	8	0	1	5	0	0
	1985	유공	2	1	0	0	1	0	0
	1986	유공	36	4	2	2	35	3	0
	1987	유공	15	6	0	0	21	0	1
	1988	유공	3	3	0	0	0	0	0
	합계		74	23	2	3	62	3	1
프로통산			74	23	2	3	62	3	1

민현홍(閔玹泓) 숭실대 1995.08.28

대회	연도	소속	출전	교체	득점	도움	파울	경고	퇴장
K2	2017	수원FC	5	3	0	0	4	0	0
	2018	수원FC	4	0	0	0	10	3	0
	2020	수원FC	0	0	0	0	0	0	0
	합계		9	3	0	0	14	3	0
프로통산			9	3	0	0	14	3	0

밀로스(Miloš Raičković) 몬테네그로 1993.12.02

대회	연도	소속	출전	교체	득점	도움	파울	경고	퇴장
K1	2022	성남	15	8	3	0	17	2	0
	합계		15	8	3	0	17	2	0
프로통산			15	8	3	0	17	2	0

밀톤(Milton Fabian Rodriguez Suarez) 콜롬비아 1976.04.28

대회	연도	소속	출전	교체	득점	도움	파울	경고	퇴장
BC	2005	전북	11	7	4	0	25	1	0
	2006	전북	10	8	2	0	14	0	0
	합계		21	15	6	0	39	1	0
프로통산			21	15	6	0	39	1	0

바그너(Qerino da Silva Wagner/←박은호) 브라질 1987.01.31

대회	연도	소속	출전	교체	득점	도움	파울	경고	퇴장
BC	2011	대전	27	17	7	1	29	2	0
	합계		27	17	7	1	29	2	0
K2	2014	안양	17	16	1	0	7	1	0
	합계		17	16	1	0	7	1	0
프로통산			44	33	8	1	36	3	0

바그너(Wagner Luiz da Silva) 브라질 1981.09.13

대회	연도	소속	출전	교체	득점	도움	파울	경고	퇴장
BC	2009	포항	5	5	0	0	1	1	0
	합계		5	5	0	0	1	1	0
프로통산			5	5	0	0	1	1	0

바그닝요(Wagner da Silva Souza) 브라질 1990.01.30

대회	연도	소속	출전	교체	득점	도움	파울	경고	퇴장
K1	2018	수원	17	10	7	1	22	1	1
	2019	수원	19	16	1	1	18	2	1
	합계		36	26	8	2	40	3	2

대회	연도	소속	출전	교체	득점	도움	파울	경고	퇴장
K2	2016	부천	36	4	9	3	131	10	2
	2017	부천	28	1	12	1	106	11	0
	합계		64	5	21	4	237	21	2
프로통산			100	31	29	6	277	24	4

바데아(Pavel Badea) 루마니아 1967.06.10

대회	연도	소속	출전	교체	득점	도움	파울	경고	퇴장
BC	1996	수원	32	6	4	4	41	4	0
	1997	수원	33	3	3	4	45	7	0
	1998	수원	15	2	4	2	17	4	0
	합계		80	11	11	10	103	15	0
프로통산			80	11	11	10	103	15	0

바락신(Kirill Varaksin) 러시아 1974.08.03

대회	연도	소속	출전	교체	득점	도움	파울	경고	퇴장
BC	1995	유공	7	5	1	0	10	0	0
	합계		7	5	1	0	10	0	0
프로통산			7	5	1	0	10	0	0

바로스(Barros Rodrigues Ricardo Filipe) 포르투갈 1990.04.27

대회	연도	소속	출전	교체	득점	도움	파울	경고	퇴장
K1	2017	광주	1	1	0	0	3	0	0
	합계		1	1	0	0	3	0	0
프로통산			1	1	0	0	3	0	0

바로우(Modou Barrow) 스웨덴 1992.10.13

대회	연도	소속	출전	교체	득점	도움	파울	경고	퇴장
K1	2020	전북	15	11	2	4	20	1	0
	2021	전북	20	16	3	2	17	3	0
	2022	전북	28	18	13	6	25	5	0
	합계		63	45	18	12	62	9	0
프로통산			63	45	18	12	62	9	0

바바(Baba Yuta, 馬場憂太) 일본 1984.01.22

대회	연도	소속	출전	교체	득점	도움	파울	경고	퇴장
BC	2011	대전	6	5	1	0	7	0	0
	2012	대전	30	9	4	2	44	9	0
	합계		36	14	5	2	51	9	0
K1	2013	대전	7	5	0	0	4	1	0
	합계		7	5	0	0	4	1	0
프로통산			43	19	5	2	55	10	0

바바라데(Ajibade Kunde Babalade) 나이지리아 1972.03.29

대회	연도	소속	출전	교체	득점	도움	파울	경고	퇴장
BC	1997	안양LG	3	2	0	0	4	2	0
	합계		3	2	0	0	4	2	0
프로통산			3	2	0	0	4	2	0

바벨(Vaber Mendes Ferreira) 브라질 1981.09.22

대회	연도	소속	출전	교체	득점	도움	파울	경고	퇴장
BC	2009	대전	24	3	1	3	49	4	0
	2010	대전	12	6	0	0	12	0	0
	합계		36	9	1	3	61	4	0
프로통산			36	9	1	3	61	4	0

바비오(Wiliam Silva Gomes Barbio) 브라질 1992.10.22

대회	연도	소속	출전	교체	득점	도움	파울	경고	퇴장
K2	2020	부천	25	4	3	1	45	2	0
	2021	서울E	16	15	1	1	13	1	0
	합계		41	19	4	2	58	3	0
프로통산			41	19	4	2	58	3	0

바우지비아(Ferreira da Silva Leite Caique) 브라질 1992.10.23

대회	연도	소속	출전	교체	득점	도움	파울	경고	퇴장
K1	2014	성남	13	12	1	1	16	1	0
	합계		13	12	1	1	16	1	0
프로통산			13	12	1	1	16	1	0

바우텔(Walter Junio da Silva Clementino) 브라질 1982.01.12

대회	연도	소속	출전	교체	득점	도움	파울	경고	퇴장
BC	2008	대전	9	3	1	1	12	1	0
	합계		9	3	1	1	12	1	0
프로통산			9	3	1	1	12	1	0

바울(Valdeir da Silva Santos) 브라질 1977.04.12

대회	연도	소속	출전	교체	득점	도움	파울	경고	퇴장
BC	2009	대구	15	8	2	0	24	2	0
	합계		15	8	2	0	24	2	0
프로통산			15	8	2	0	24	2	0

바이아노(Jefferson Silva dos Santos: Jefferson Baiano) 브라질 1995.05.10

대회	연도	소속	출전	교체	득점	도움	파울	경고	퇴장
K2	2020	부천	11	10	1	2	22	1	0
	합계		11	10	1	2	22	1	0
프로통산			11	10	1	2	22	1	0

바이아노(Claudio Celio Cunha Defensor) 브라질 1974.02.19

대회	연도	소속	출전	교체	득점	도움	파울	경고	퇴장
BC	2001	울산	6	6	0	0	3	0	0
	합계		6	6	0	0	3	0	0
프로통산			6	6	0	0	3	0	0

바이야(Santos Fabio Junior Nascimento) 브라질 1983.11.02

대회	연도	소속	출전	교체	득점	도움	파울	경고	퇴장
BC	2011	인천	31	12	2	1	32	1	0
	합계		31	12	2	1	32	1	0
프로통산			31	12	2	1	32	1	0

바이오(Bruno Henrique Baio da Cunha) 브라질 1995.10.03

대회	연도	소속	출전	교체	득점	도움	파울	경고	퇴장
K2	2019	전남	16	4	10	0	37	7	0
	2020	대전	20	14	4	3	44	5	0
	2021	대전	31	23	4	2	29	4	0
	합계		67	41	18	5	110	16	0
승	2021	대전	2	2	0	0	2	0	0
	합계		2	2	0	0	2	0	0
프로통산			69	43	18	5	112	16	0

바조(Blaze Ilijoski) 마케도니아 1984.07.09

대회	연도	소속	출전	교체	득점	도움	파울	경고	퇴장
BC	2006	인천	14	12	3	0	28	2	0
	2010	강원	7	5	1	1	8	2	0
	합계		21	17	4	1	36	4	0
프로통산			21	17	4	1	36	4	0

바코(Valeri Qazaishvili: Vako) 조지아 1993.01.29

대회	연도	소속	출전	교체	득점	도움	파울	경고	퇴장
K1	2021	울산	34	21	9	3	16	0	0
	2022	울산	37	17	8	1	11	1	0
	합계		71	38	17	4	27	1	0
프로통산			71	38	17	4	27	1	0

바티스타(Edinaldo Batista Libanio) 브라질 1979.04.02

대회	연도	소속	출전	교체	득점	도움	파울	경고	퇴장
BC	2003	안양LG	9	4	0	0	39	4	0
	합계		9	4	0	0	39	4	0
프로통산			9	4	0	0	39	4	0

바하(Mahmadu Alphajor Bah) 시에라리온 1977.01.01

대회	연도	소속	출전	교체	득점	도움	파울	경고	퇴장
BC	1997	전남	12	13	0	1	23	2	0
	1998	전남	18	18	0	2	30	2	1
	합계		30	31	0	3	53	4	1
프로통산			30	31	0	3	53	4	1

박강조(朴康造) 일본 다키가와다고 1980.01.24

대회	연도	소속	출전	교체	득점	도움	파울	경고	퇴장
BC	2000	성남일화	31	8	0	1	41	1	0
	2001	성남일화	20	15	1	2	12	1	0
	2002	성남일화	18	17	0	0	19	2	0
	합계		69	40	1	3	72	4	0
프로통산			69	40	1	3	72	4	0

박건(朴建) 수원대 1990.07.11

대회	연도	소속	출전	교체	득점	도움	파울	경고	퇴장
K1	2022	포항	1	1	0	0	2	2	0
	합계		1	1	0	0	2	2	0
K2	2018	부천	25	4	0	0	28	2	0
	2019	부천	26	5	1	1	29	3	0
	합계		51	9	1	1	57	5	0
프로통산			52	10	1	1	59	7	0

박건영(朴建映) 영남대 1987.03.14

대회	연도	소속	출전	교체	득점	도움	파울	경고	퇴장
BC	2011	대전	9	3	0	0	6	1	0
	2012	대전	0	0	0	0	0	0	0
	합계		9	3	0	0	6	1	0
프로통산			9	3	0	0	6	1	0

박건하(朴建夏) 경희대 1971.07.25

대회	연도	소속	출전	교체	득점	도움	파울	경고	퇴장
BC	1996	수원	34	0	14	6	56	2	0
	1997	수원	19	3	2	4	38	2	0
	1998	수원	22	9	2	0	45	6	0
	1999	수원	39	18	12	6	59	5	0
	2000	수원	19	2	6	5	31	2	0
	2001	수원	30	15	4	4	41	2	0
	2002	수원	26	12	2	2	29	1	0
	2003	수원	31	11	0	0	50	3	0
	2004	수원	31	9	1	0	49	3	0
	2005	수원	26	1	1	0	47	5	0
	2006	수원	15	4	0	0	15	2	1
	합계		292	84	44	27	460	33	1
프로통산			292	84	44	27	460	33	1

박건희(朴建熙) 한라대 1990.08.27

대회	연도	소속	출전	교체	실점	도움	파울	경고	퇴장
K2	2013	부천	0	0	0	0	0	0	0
	합계		0	0	0	0	0	0	0
프로통산			0	0	0	0	0	0	0

박경규(朴景奎) 연세대 1977.03.10

대회	연도	소속	출전	교체	득점	도움	파울	경고	퇴장
BC	2000	대전	12	12	1	0	6	0	0
	2001	대전	17	17	3	0	11	1	0
	2002	대전	6	6	1	0	2	0	0
	2003	대전	5	5	0	0	6	0	0
	합계		40	40	5	0	25	1	0
프로통산			40	40	5	0	25	1	0

박경록(朴景祿) 동아대 1994.09.30

대회	연도	소속	출전	교체	득점	도움	파울	경고	퇴장
K2	2016	부산	2	0	0	0	0	0	0
	2022	김포	33	5	0	1	26	2	0
	합계		35	5	0	1	26	2	0
프로통산			35	5	0	1	26	2	0

박경민(朴耿敏) 개성고 1999.08.02

대회	연도	소속	출전	교체	득점	도움	파울	경고	퇴장
K1	2020	부산	0	0	0	0	0	0	0
	합계		0	0	0	0	0	0	0
K2	2019	부산	4	2	0	0	8	0	0
	2022	서울E	2	2	0	0	0	0	0
	합계		6	4	0	0	8	0	0
프로통산			6	4	0	0	8	0	0

박경배(朴經培) 강릉제일고 2001.02.15

대회	연도	소속	출전	교체	득점	도움	파울	경고	퇴장
K1	2021	강원	4	4	0	0	2	1	0
	2022	강원	4	4	0	0	5	1	0
	합계		8	8	0	0	7	2	0
프로통산			8	8	0	0	7	2	0

박경삼(朴瓊三) 한성대 1978.06.06

대회	연도	소속	출전	교체	득점	도움	파울	경고	퇴장
BC	2001	울산	7	3	0	0	5	1	0
	2002	울산	1	1	0	0	2	0	0
	2003	광주상무	22	7	1	0	34	3	0
	2009	제주	1	0	0	0	3	1	0

대회	연도	소속	출전	교체	득점	도움	파울	경고	퇴장
	합계		31	11	1	0	44	5	0
프로통산			31	11	1	0	44	5	0

박경순(朴敬淳) 인천대 1988.09.30

대회	연도	소속	출전	교체	득점	도움	파울	경고	퇴장
BC	2011	인천	0	0	0	0	0	0	0
	합계		0	0	0	0	0	0	0
프로통산			0	0	0	0	0	0	0

박경완(朴景浣) 아주대 1988.07.22

대회	연도	소속	출전	교체	득점	도움	파울	경고	퇴장
K2	2014	부천	5	5	0	0	4	1	0
	합계		5	5	0	0	4	1	0
프로통산			5	5	0	0	4	1	0

박경익(朴慶益) 광주대 1991.08.13

대회	연도	소속	출전	교체	득점	도움	파울	경고	퇴장
BC	2012	울산	0	0	0	0	0	0	0
	합계		0	0	0	0	0	0	0
K1	2014	상주	10	10	1	1	7	3	0
	합계		10	10	1	1	7	3	0
K2	2015	상주	3	1	0	1	7	1	0
	2017	안산	0	0	0	0	0	0	0
	합계		3	1	0	1	7	1	0
프로통산			13	11	1	2	14	4	0

박경환(朴景晥) 고려대 1976.12.29

대회	연도	소속	출전	교체	득점	도움	파울	경고	퇴장
BC	2001	전북	8	8	1	0	6	2	0
	2003	대구	19	1	0	2	37	8	0
	2004	대구	22	5	0	0	33	5	1
	2005	포항	0	0	0	0	0	0	0
	합계		49	14	1	2	76	15	1
프로통산			49	14	1	2	76	15	1

박경훈(朴景勳) 한양대 1961.01.19

대회	연도	소속	출전	교체	득점	도움	파울	경고	퇴장
BC	1984	포항제철	21	4	0	2	13	1	0
	1985	포항제철	4	0	0	0	6	0	0
	1986	포항제철	3	1	0	0	4	0	0
	1987	포항제철	31	0	0	3	31	2	0
	1988	포항제철	12	2	0	0	15	2	0
	1989	포항제철	5	1	1	0	1	0	0
	1990	포항제철	8	3	0	0	13	1	0
	1991	포항제철	23	13	3	0	22	2	0
	1992	포항제철	27	10	0	3	35	0	0
	합계		134	34	4	8	140	8	0
프로통산			134	34	4	8	140	8	0

박공재(朴攻在) 조선대 1964.03.06

대회	연도	소속	출전	교체	득점	도움	파울	경고	퇴장
BC	1986	한일은행	4	2	0	0	6	1	0
	합계		4	2	0	0	6	1	0
프로통산			4	2	0	0	6	1	0

박관우(朴寬優) 선문대 1996.06.04

대회	연도	소속	출전	교체	득점	도움	파울	경고	퇴장
K1	2019	성남	8	8	0	0	3	1	0
	2020	부산	5	5	0	0	2	0	0
	합계		13	13	0	0	5	1	0
K2	2018	안산	16	16	1	0	5	2	0
	합계		16	16	1	0	5	2	0
프로통산			29	29	1	0	10	3	0

박광민(朴光民) 배재대 1982.05.14

대회	연도	소속	출전	교체	득점	도움	파울	경고	퇴장
BC	2006	성남일화	5	4	1	1	4	0	0
	2007	성남일화	1	1	0	0	0	0	0
	2008	광주상무	3	3	0	0	4	0	0
	2009	광주상무	1	1	0	0	1	0	0
	합계		10	9	1	1	9	0	0
프로통산			10	9	1	1	9	0	0

박광일(朴光一) 연세대 1991.02.10

대회	연도	소속	출전	교체	득점	도움	파울	경고	퇴장
K1	2018	전남	13	4	0	0	9	0	0
	2019	경남	8	4	0	1	0	0	0
	합계		21	8	0	1	9	0	0
K2	2022	경남	24	20	0	6	17	1	0
	합계		24	20	0	6	17	1	0
승	2019	경남	0	0	0	0	0	0	0
	합계		0	0	0	0	0	0	0
프로통산			45	28	0	7	26	1	0

박광현(朴光鉉) 구룡포종고 1967.07.24

대회	연도	소속	출전	교체	득점	도움	파울	경고	퇴장
BC	1989	현대	14	6	0	0	26	3	0
	1990	현대	7	3	0	0	9	0	0
	1991	현대	10	7	0	0	14	1	0
	1992	일화	17	6	0	0	25	5	0
	1993	일화	23	14	1	0	36	7	0
	1994	일화	14	7	1	0	19	2	1
	1995	일화	29	6	0	0	52	9	1
	1996	천안일화	30	6	3	0	66	9	2
	1997	천안일화	30	7	0	0	63	9	0
	1998	천안일화	23	9	0	0	55	6	1
	1999	천안일화	11	8	0	0	13	3	0
	합계		208	79	5	0	378	54	5
프로통산			208	79	5	0	378	54	5

박국창(朴國昌) 조선대 1963.08.15

대회	연도	소속	출전	교체	득점	도움	파울	경고	퇴장
BC	1985	유공	8	8	0	0	6	0	0
	1986	유공	3	3	0	0	3	0	0
	1986	럭키금성	6	6	1	0	9	0	0
	1987	럭키금성	11	10	0	1	13	0	0
	합계		28	27	1	1	31	0	0
프로통산			28	27	1	1	31	0	0

박규민(朴奎旻) 광주대 2001.06.08

대회	연도	소속	출전	교체	득점	도움	파울	경고	퇴장
K1	2022	전북	9	9	1	0	6	2	0
	합계		9	9	1	0	6	2	0
프로통산			9	9	1	0	6	2	0

박규선(朴圭善) 서울체고 1981.09.24

대회	연도	소속	출전	교체	득점	도움	파울	경고	퇴장
BC	2000	울산	11	11	1	0	12	1	0
	2001	울산	26	20	0	0	13	1	0
	2002	울산	25	11	0	2	17	3	0
	2003	울산	8	6	0	0	4	0	0
	2004	전북	17	4	1	0	15	1	0
	2005	전북	21	9	1	0	30	4	0
	2006	울산	28	13	0	3	37	4	0
	2007	부산	18	16	0	2	26	3	0
	2008	광주상무	32	13	4	3	38	3	0
	합계		186	103	7	10	192	20	0
프로통산			186	103	7	10	192	20	0

박금렬(朴錦烈) 단국대 1972.05.05

대회	연도	소속	출전	교체	득점	도움	파울	경고	퇴장
BC	1998	천안일화	5	5	0	0	1	0	0
	합계		5	5	0	0	1	0	0
프로통산			5	5	0	0	1	0	0

박기동(朴己東) 숭실대 1988.11.01

대회	연도	소속	출전	교체	득점	도움	파울	경고	퇴장
BC	2011	광주	31	15	3	5	60	2	0
	2012	광주	31	16	5	5	50	1	0
	합계		62	31	8	10	110	3	0
K1	2013	제주	6	6	0	0	4	0	0
	2013	전남	18	12	1	1	18	0	0
	2014	전남	7	5	0	0	4	1	0
	2016	상주	25	13	9	8	21	3	0
	2016	전남	5	4	0	0	6	0	0
	2017	수원	25	21	3	0	25	3	0
	2018	수원	8	6	1	2	9	2	0
	2019	경남	7	7	1	0	2	0	0
	2019	대구	12	11	1	1	6	1	0
	2021	대구	2	2	0	0	1	0	0
	합계		115	87	16	12	96	10	0
K2	2015	상주	35	30	6	5	40	6	0
	2020	경남	22	20	4	4	21	1	0
	합계		57	50	10	9	61	7	0
프로통산			234	168	34	31	267	20	0

박기욱(朴起旭) 울산대 1978.12.22

대회	연도	소속	출전	교체	득점	도움	파울	경고	퇴장
BC	2001	울산	28	11	0	3	44	5	0
	2002	울산	5	5	0	0	6	0	0
	2003	광주상무	8	8	0	0	10	0	0
	2004	광주상무	9	9	1	0	7	0	0
	2005	부천SK	14	15	1	1	24	2	0
	2006	제주	13	12	0	2	16	2	0
	합계		77	60	2	6	107	9	0
프로통산			77	60	2	6	107	9	0

박기필(朴起必) 건국대 1984.07.29

대회	연도	소속	출전	교체	득점	도움	파울	경고	퇴장
BC	2005	부산	1	0	0	0	2	1	0
	2006	부산	9	8	1	1	6	1	0
	합계		10	8	1	1	8	2	0
프로통산			10	8	1	1	8	2	0

박기형(朴基亨) 천안농고 1963.04.21

대회	연도	소속	출전	교체	득점	도움	파울	경고	퇴장
BC	1983	포항제철	4	5	0	0	0	0	0
	1989	포항제철	1	1	0	0	0	0	0
	합계		5	6	0	0	0	0	0
프로통산			5	6	0	0	0	0	0

박남열(朴南烈) 대구대 1970.05.04

대회	연도	소속	출전	교체	득점	도움	파울	경고	퇴장
BC	1993	일화	27	23	3	1	13	2	0
	1994	일화	27	19	4	2	34	4	0
	1995	일화	24	20	2	2	26	2	0
	1996	천안일화	35	5	9	8	45	2	1
	1999	천안일화	27	11	4	2	48	5	0
	2000	성남일화	41	14	13	3	63	2	0
	2001	성남일화	24	11	3	3	27	3	0
	2002	성남일화	31	28	1	3	53	3	0
	2003	성남일화	11	9	1	0	26	2	0
	2004	수원	3	3	0	0	0	0	0
	합계		250	143	40	24	335	25	1
프로통산			250	143	40	24	335	25	1

박내인(朴來仁) 전북대 1962.08.20

대회	연도	소속	출전	교체	득점	도움	파울	경고	퇴장
BC	1985	상무	6	1	0	0	4	0	0
	합계		6	1	0	0	4	0	0
프로통산			6	1	0	0	4	0	0

박노봉(朴魯鳳) 고려대 1961.06.19

대회	연도	소속	출전	교체	득점	도움	파울	경고	퇴장
BC	1985	대우	16	0	1	0	18	1	0
	1986	대우	32	0	1	0	36	4	0
	1987	대우	29	1	0	0	14	0	0
	1988	대우	17	3	1	0	14	0	0
	1989	대우	38	9	1	0	41	3	0
	1990	대우	21	0	0	2	14	1	0
	1991	대우	1	1	0	0	0	0	0
	합계		154	14	4	2	137	9	0
프로통산			154	14	4	2	137	9	0

박대식(朴大植) 중앙대 1984.03.03

대회	연도	소속	출전	교체	득점	도움	파울	경고	퇴장
BC	2007	부산	1	0	0	0	1	0	0
	합계		1	0	0	0	1	0	0
프로통산			1	0	0	0	1	0	0

박대원(朴大元) 고려대 1998.02.25

대회	연도	소속	출전	교체	득점	도움	파울	경고	퇴장
K1	2019	수원	4	3	0	0	4	0	0
	2020	수원	4	1	0	0	5	0	0

대회	연도	소속	출전	교체	득점	도움	파울	경고	퇴장
	2021	수원	27	9	0	0	33	5	0
	2022	수원	11	7	0	0	9	2	0
	합계		46	20	0	0	51	7	0
승	2022	수원	0	0	0	0	0	0	0
	합계		0	0	0	0	0	0	0
프로통산			46	20	0	0	51	7	0

박대제(朴大濟) 서울시립대 1958.10.14

대회	연도	소속	출전	교체	득점	도움	파울	경고	퇴장
BC	1984	한일은행	14	6	1	0	8	1	0
	1985	한일은행	4	3	0	0	7	0	0
	합계		18	9	1	0	15	1	0
프로통산			18	9	1	0	15	1	0

박대한(朴大韓) 성균관대 1991.05.01

대회	연도	소속	출전	교체	득점	도움	파울	경고	퇴장
K1	2015	인천	35	3	1	1	44	8	0
	2016	인천	26	3	0	2	31	6	0
	2017	전남	16	7	0	0	17	4	0
	2018	전남	5	5	1	0	3	0	0
	2018	상주	3	2	0	0	2	0	0
	2019	상주	1	1	0	0	0	0	0
	2020	인천	3	2	0	0	0	0	0
	합계		89	23	2	3	97	18	0
K2	2014	강원	3	1	0	0	5	0	0
	2020	전남	7	4	0	0	5	0	0
	2021	안양	18	5	0	0	23	5	0
	2022	김포	32	13	1	0	41	2	0
	합계		60	23	1	0	74	7	0
프로통산			149	46	3	3	171	25	0

박대한(朴大翰) 인천대 1996.04.19

대회	연도	소속	출전	교체	실점	도움	파울	경고	퇴장
K1	2017	전남	3	0	7	0	0	0	0
	2018	전남	5	0	12	0	0	0	0
	합계		8	0	19	0	0	0	0
K2	2019	전남	0	0	0	0	0	0	0
	2020	수원FC	0	0	0	0	0	0	0
	합계		0	0	0	0	0	0	0
프로통산			8	0	19	0	0	0	0

박대훈(朴大勳) 서남대 1996.03.30

대회	연도	소속	출전	교체	득점	도움	파울	경고	퇴장
K2	2016	대전	25	24	3	1	23	0	0
	2017	대전	15	14	2	1	11	2	0
	2018	대전	7	6	0	1	4	0	0
	합계		47	44	5	3	38	2	0
프로통산			47	44	5	3	38	2	0

박도현(朴度賢) 배재대 1980.07.04

대회	연도	소속	출전	교체	득점	도움	파울	경고	퇴장
BC	2003	부천SK	2	2	0	0	0	0	0
	2007	대전	15	15	0	0	18	2	0
	합계		17	17	0	0	18	2	0
프로통산			17	17	0	0	18	2	0

박동균(朴東均) 중앙대 1964.10.15

대회	연도	소속	출전	교체	득점	도움	파울	경고	퇴장
BC	1988	럭키금성	15	3	0	0	11	4	0
	합계		15	3	0	0	11	4	0
프로통산			15	3	0	0	11	4	0

박동석(朴東錫) 아주대 1981.05.03

대회	연도	소속	출전	교체	실점	도움	파울	경고	퇴장
BC	2002	안양LG	1	0	1	0	0	0	0
	2003	안양LG	25	0	39	0	0	0	0
	2004	서울	12	0	7	0	1	0	0
	2005	서울	21	0	25	0	0	1	0
	2006	서울	0	0	0	0	0	0	0
	2007	광주상무	19	1	22	0	1	1	0
	2008	광주상무	8	0	10	0	0	0	0
	2009	서울	10	1	9	0	0	0	0
	합계		96	2	113	0	2	2	0
프로통산			96	2	113	0	2	2	0

박동수(朴東洙) 서귀포고 1982.02.25

대회	연도	소속	출전	교체	득점	도움	파울	경고	퇴장
BC	2000	포항	6	5	0	0	3	1	0
	합계		6	5	0	0	3	1	0
프로통산			6	5	0	0	3	1	0

박동우(朴東佑) 국민대 1970.11.03

대회	연도	소속	출전	교체	실점	도움	파울	경고	퇴장
BC	1995	일화	1	0	2	0	0	0	0
	1996	천안일화	12	0	22	0	0	0	0
	1997	부천SK	15	0	28	0	1	1	0
	1998	부천SK	36	0	48	0	0	1	0
	1999	부천SK	0	0	0	0	0	0	0
	2000	전남	27	0	30	0	0	0	0
	합계		91	0	130	0	1	2	0
프로통산			91	0	130	0	1	2	0

박동진(朴東眞) 한남대 1994.12.10

대회	연도	소속	출전	교체	득점	도움	파울	경고	퇴장
K1	2016	광주	24	10	0	0	14	4	0
	2017	광주	33	3	0	0	36	5	0
	2018	서울	15	4	0	0	17	5	0
	2019	서울	32	32	6	3	25	4	0
	2020	서울	3	3	1	0	3	1	0
	2020	상주	7	4	1	0	13	0	0
	2022	서울	23	17	3	0	23	5	0
	합계		137	73	11	3	131	24	0
K2	2021	김천	21	18	9	2	19	5	0
	합계		21	18	9	2	19	5	0
프로통산			158	91	20	5	150	29	0

박동혁(朴東赫) 고려대 1979.04.18

대회	연도	소속	출전	교체	득점	도움	파울	경고	퇴장
BC	2002	전북	21	3	2	0	35	2	0
	2003	전북	31	12	1	0	65	8	0
	2004	전북	22	5	4	0	42	7	0
	2005	전북	27	2	5	0	49	7	0
	2006	울산	34	4	4	0	54	5	1
	2007	울산	32	5	4	1	39	4	0
	2008	울산	37	3	1	2	55	5	0
	합계		204	34	21	3	339	38	1
K1	2013	울산	25	19	0	0	5	1	0
	2014	울산	15	11	1	0	14	2	0
	합계		40	30	1	0	19	3	0
프로통산			244	64	22	3	358	41	1

박동혁(朴東爀) 현대고 1992.03.11

대회	연도	소속	출전	교체	득점	도움	파울	경고	퇴장
BC	2012	울산	0	0	0	0	0	0	0
	합계		0	0	0	0	0	0	0
프로통산			0	0	0	0	0	0	0

박동휘(朴東輝) 울산대 1996.01.18

대회	연도	소속	출전	교체	득점	도움	파울	경고	퇴장
K2	2022	안산	12	10	0	0	13	3	0
	합계		12	10	0	0	13	3	0
프로통산			12	10	0	0	13	3	0

박두흥(朴斗興) 성균관대 1964.04.01

대회	연도	소속	출전	교체	득점	도움	파울	경고	퇴장
BC	1989	일화	27	10	1	0	40	2	0
	1990	일화	2	1	0	0	2	0	0
	1991	일화	24	12	0	4	26	1	0
	1992	일화	9	5	1	1	11	1	0
	합계		62	28	2	5	79	4	0
프로통산			62	28	2	5	79	4	0

박래철(朴徠徹) 호남대 1977.08.20

대회	연도	소속	출전	교체	득점	도움	파울	경고	퇴장
BC	2000	대전	7	2	0	0	10	1	0
	2001	대전	10	8	0	0	16	4	0
	2002	대전	10	7	0	0	12	1	0
	2005	대전	1	1	0	0	0	0	0
	2006	대전	1	1	0	0	0	0	0
	합계		29	19	0	0	38	6	0
프로통산			29	19	0	0	38	6	0

박명수(朴明洙) 대건고 1998.01.11

대회	연도	소속	출전	교체	득점	도움	파울	경고	퇴장
K2	2017	경남	11	9	0	1	8	2	0
	2018	대전	4	1	0	0	3	1	0
	합계		15	10	0	1	11	3	0
프로통산			15	10	0	1	11	3	0

박무홍(朴武洪) 영남대 1957.08.19

대회	연도	소속	출전	교체	득점	도움	파울	경고	퇴장
BC	1983	포항제철	6	6	0	1	2	1	0
	1984	포항제철	2	1	0	0	1	0	0
	합계		8	7	0	1	3	1	0
프로통산			8	7	0	1	3	1	0

박문기(朴雯璣) 전주대 1983.11.15

대회	연도	소속	출전	교체	득점	도움	파울	경고	퇴장
BC	2006	전남	1	1	0	0	0	0	0
	합계		1	1	0	0	0	0	0
프로통산			1	1	0	0	0	0	0

박민(朴愍) 대구대 1986.05.06

대회	연도	소속	출전	교체	득점	도움	파울	경고	퇴장
BC	2009	경남	21	5	2	0	38	5	0
	2010	경남	4	1	0	0	3	0	0
	2011	경남	8	7	1	0	19	3	0
	2012	광주	21	1	2	0	41	3	0
	합계		54	14	5	0	101	11	0
K1	2013	강원	20	12	1	0	17	2	0
	합계		20	12	1	0	17	2	0
K2	2014	안양	23	1	2	1	19	0	0
	2017	부천	15	3	1	1	14	3	0
	합계		38	4	3	2	33	3	0
승	2013	강원	1	1	0	0	1	0	0
	합계		1	1	0	0	1	0	0
프로통산			113	31	9	2	152	16	0

박민규(朴玟奎) 호남대 1995.08.10

대회	연도	소속	출전	교체	득점	도움	파울	경고	퇴장
K1	2017	서울	1	1	0	0	2	1	0
	2018	서울	0	0	0	0	0	0	0
	2022	수원FC	35	5	1	1	15	2	0
	합계		36	6	1	1	17	3	0
K2	2019	대전	15	0	0	0	16	3	0
	2020	수원FC	26	0	0	2	16	2	0
	2021	부산	31	2	0	2	26	3	0
	합계		72	2	0	4	58	8	0
프로통산			108	8	1	5	75	11	0

박민근(朴敏根) 한남대 1984.02.27

대회	연도	소속	출전	교체	득점	도움	파울	경고	퇴장
BC	2011	대전	18	13	1	1	30	5	0
	2012	대전	6	3	0	0	12	3	0
	합계		24	16	1	1	42	8	0
프로통산			24	16	1	1	42	8	0

박민서(朴民西) 현풍고 2000.09.15

대회	연도	소속	출전	교체	득점	도움	파울	경고	퇴장
K1	2020	대구	0	0	0	0	0	0	0
	2021	대구	1	1	0	0	0	0	0
	합계		1	1	0	0	0	0	0
K2	2022	경남	15	15	3	1	23	8	0
	합계		15	15	3	1	23	8	0
프로통산			16	16	3	1	23	8	0

박민서(朴珉緖) 호남대 1998.06.30

대회	연도	소속	출전	교체	득점	도움	파울	경고	퇴장
K2	2019	아산	23	19	5	3	20	0	0
	2020	충남아산	14	13	0	0	18	0	0
	2021	충남아산	23	22	1	1	16	0	0
	2022	충남아산	12	14	0	1	8	1	0
	합계		72	68	6	5	62	1	0
프로통산			72	68	6	5	62	1	0

박민서(朴玟緖) 고려대 1976.08.24

대회	연도	소속	출전	교체	득점	도움	파울	경고	퇴장
BC	1999	부산	27	10	0	0	38	5	0
	2000	부산	26	10	2	0	29	2	2
	2001	부산	14	10	0	0	3	0	0
	2002	포항	11	8	0	0	17	3	0
	2003	부천SK	7	1	0	0	13	3	0
	2004	부천SK	1	1	0	0	0	0	0
	합계		86	40	2	0	100	13	2
프로통산			86	40	2	0	100	13	2

박민선(朴玟宣) 용인대 1991.04.04

대회	연도	소속	출전	교체	실점	도움	파울	경고	퇴장
K2	2014	대구	3	1	5	0	0	0	0
	합계		3	1	5	0	0	0	0
프로통산			3	1	5	0	0	0	0

박민수(朴珉秀) 경희대 1998.07.27

대회	연도	소속	출전	교체	득점	도움	파울	경고	퇴장
K2	2020	제주	1	1	0	0	0	0	0
	합계		1	1	0	0	0	0	0
프로통산			1	1	0	0	0	0	0

박민영(朴民迎) 원주학성고 1987.04.02

대회	연도	소속	출전	교체	득점	도움	파울	경고	퇴장
BC	2004	성남일화	0	0	0	0	0	0	0
	합계		0	0	0	0	0	0	0
프로통산			0	0	0	0	0	0	0

박민준(朴民埈) 명지대 2001.03.10

대회	연도	소속	출전	교체	득점	도움	파울	경고	퇴장
K2	2022	안산	4	3	0	0	2	0	0
	합계		4	3	0	0	2	0	0
프로통산			4	3	0	0	2	0	0

박배종(朴培悰/←박형순) 광운대 1989.10.23

대회	연도	소속	출전	교체	실점	도움	파울	경고	퇴장
K1	2016	수원FC	12	0	18	0	0	0	0
	2021	수원FC	16	1	23	0	1	0	0
	2022	수원FC	25	0	37	0	0	0	0
	합계		53	1	78	0	1	0	0
K2	2013	수원FC	16	0	20	0	1	1	1
	2014	수원FC	18	1	21	1	0	0	0
	2015	수원FC	22	0	23	0	1	1	0
	2017	아산	35	0	37	0	2	2	0
	2018	아산	17	0	14	0	0	0	0
	2018	수원FC	3	1	5	0	0	0	0
	2019	수원FC	28	0	41	0	0	0	0
	2020	수원FC	11	0	11	0	0	1	0
	합계		150	2	172	1	4	5	1
승	2015	수원FC	2	0	0	0	0	0	0
	합계		2	0	0	0	0	0	0
프로통산			205	3	250	1	5	5	1

박병규(朴炳圭) 고려대 1982.03.01

대회	연도	소속	출전	교체	득점	도움	파울	경고	퇴장
BC	2005	울산	34	0	0	1	22	5	0
	2006	울산	28	0	0	1	18	7	0
	2007	울산	38	0	0	1	46	3	0
	2008	울산	18	2	0	0	9	2	0
	2009	광주상무	8	2	0	1	10	1	0
	2010	광주상무	26	4	0	0	19	2	0
	2010	울산	0	0	0	0	0	0	0
	2011	울산	10	5	0	0	2	0	0
	합계		162	13	0	4	126	20	0
프로통산			162	13	0	4	126	20	0

박병원(朴炳垣) 경희대 1983.09.02

대회	연도	소속	출전	교체	득점	도움	파울	경고	퇴장
K2	2013	안양	29	15	6	1	47	2	0
	2014	고양	34	16	3	3	51	2	0
	합계		63	31	9	4	98	4	0
프로통산			63	31	9	4	98	4	0

박병주(朴炳柱) 단국대 1985.03.24

대회	연도	소속	출전	교체	득점	도움	파울	경고	퇴장
BC	2011	광주	23	4	0	0	50	6	1
	2012	제주	19	7	0	0	16	4	0
	합계		42	11	0	0	66	10	1
K2	2013	광주	4	0	0	0	4	0	0
	합계		4	0	0	0	4	0	0
프로통산			46	11	0	0	70	10	1

박병주(朴秉柱) 한성대 1977.10.05

대회	연도	소속	출전	교체	득점	도움	파울	경고	퇴장
BC	2003	대구	10	3	0	1	20	3	0
	합계		10	3	0	1	20	3	0
프로통산			10	3	0	1	20	3	0

박병철(朴炳澈) 한양대 1954.11.25

대회	연도	소속	출전	교체	득점	도움	파울	경고	퇴장
BC	1984	럭키금성	16	0	0	0	7	2	0
	합계		16	0	0	0	7	2	0
프로통산			16	0	0	0	7	2	0

박병현(朴炳玹) 상지대 1993.03.28

대회	연도	소속	출전	교체	득점	도움	파울	경고	퇴장
K1	2018	대구	23	9	2	0	24	7	0
	2019	대구	31	5	0	1	48	7	0
	2020	상주	5	0	0	0	10	2	0
	2021	대구	8	3	1	0	9	1	0
	2022	대구	12	7	0	0	14	4	0
	합계		79	24	3	1	105	21	0
K2	2016	부산	1	1	0	0	0	0	0
	합계		1	1	0	0	0	0	0
프로통산			80	25	3	1	105	21	0

박복준(朴福濬) 연세대 1960.04.21

대회	연도	소속	출전	교체	득점	도움	파울	경고	퇴장
BC	1983	대우	3	1	0	0	2	0	0
	1984	현대	9	1	1	0	9	0	0
	1986	럭키금성	4	2	0	0	2	1	0
	합계		16	4	1	0	13	1	0
프로통산			16	4	1	0	13	1	0

박상록(朴相錄) 경희대 1957.03.18

대회	연도	소속	출전	교체	득점	도움	파울	경고	퇴장
BC	1984	국민은행	2	2	0	0	1	0	0
	합계		2	2	0	0	1	0	0
프로통산			2	2	0	0	1	0	0

박상록(朴常綠) 안동대 1965.08.13

대회	연도	소속	출전	교체	득점	도움	파울	경고	퇴장
BC	1989	일화	16	12	0	0	17	1	0
	1990	일화	2	2	0	0	2	0	0
	합계		18	14	0	0	19	1	0
프로통산			18	14	0	0	19	1	0

박상명(朴庠明) 숭실대 2000.04.21

대회	연도	소속	출전	교체	득점	도움	파울	경고	퇴장
K1	2022	수원FC	5	5	0	1	3	0	0
	합계		5	5	0	1	3	0	0
프로통산			5	5	0	1	3	0	0

박상신(朴相信) 동아대 1978.01.23

대회	연도	소속	출전	교체	득점	도움	파울	경고	퇴장
BC	2000	부산	3	3	0	0	1	0	0
	2001	부산	3	4	0	0	2	0	0
	2003	광주상무	5	5	1	0	6	0	0
	2004	부산	11	11	0	0	4	1	0
	합계		22	23	1	0	13	1	0
프로통산			22	23	1	0	13	1	0

박상욱(朴相旭) 대구예술대 1986.01.30

대회	연도	소속	출전	교체	득점	도움	파울	경고	퇴장
BC	2009	광주상무	2	2	0	0	0	0	0
	2010	광주상무	1	0	0	0	0	0	0
	2011	대전	1	1	0	0	4	0	0
	합계		4	3	0	0	4	0	0
프로통산			4	3	0	0	4	0	0

박상인(朴商寅) 동래고 1952.11.15

대회	연도	소속	출전	교체	득점	도움	파울	경고	퇴장
BC	1983	할렐루야	16	4	4	3	1	1	0
	1984	할렐루야	28	5	7	2	10	0	0
	1985	할렐루야	21	5	6	2	9	1	0
	1986	현대	20	12	3	0	6	1	0
	1987	현대	1	1	0	0	1	0	0
	합계		86	27	20	7	27	3	0
프로통산			86	27	20	7	27	3	0

박상인(朴相麟) 제주제일고 1976.03.10

대회	연도	소속	출전	교체	득점	도움	파울	경고	퇴장
BC	1995	포항	1	1	1	0	1	0	0
	1998	포항	2	3	0	0	1	0	0
	1999	포항	11	11	3	1	7	0	0
	2000	포항	4	6	0	0	0	0	0
	2001	포항	5	6	0	2	3	0	0
	2002	포항	8	8	0	0	8	0	0
	합계		31	35	4	3	20	0	0
프로통산			31	35	4	3	20	0	0

박상진(朴相珍) 경희대 1987.03.03

대회	연도	소속	출전	교체	득점	도움	파울	경고	퇴장
BC	2010	강원	22	3	0	1	21	1	0
	2011	강원	24	8	0	0	12	3	0
	2012	강원	15	5	0	0	4	0	0
	합계		61	16	0	1	37	4	0
K1	2013	강원	18	4	0	1	19	2	0
	합계		18	4	0	1	19	2	0
K2	2014	강원	4	1	0	0	5	2	0
	2015	강원	0	0	0	0	0	0	0
	합계		4	1	0	0	5	2	0
승	2013	강원	1	0	0	0	1	0	0
	합계		1	0	0	0	1	0	0
프로통산			84	21	0	2	62	8	0

박상철(朴相澈) 배재대 1984.02.03

대회	연도	소속	출전	교체	실점	도움	파울	경고	퇴장
BC	2004	성남일화	8	0	11	0	0	0	0
	2005	성남일화	17	0	16	0	0	0	0
	2006	성남일화	6	0	4	0	0	0	0
	2008	전남	4	1	2	0	0	0	0
	2009	전남	11	0	16	0	0	4	0
	2010	전남	9	1	10	0	0	2	0
	2011	상주	2	0	4	0	0	1	0
	합계		57	2	63	0	0	7	0
프로통산			57	2	63	0	0	7	0

박상혁(朴相赫) 고려대 1998.04.20

대회	연도	소속	출전	교체	득점	도움	파울	경고	퇴장
K1	2019	수원	2	2	0	0	0	0	0
	2020	수원	20	17	1	0	10	3	0
	2022	김천	13	12	1	0	10	0	0
	2022	수원	3	3	0	0	2	0	0
	합계		38	34	2	0	22	3	0
K2	2021	김천	15	15	2	1	6	0	0
	합계		15	15	2	1	6	0	0
프로통산			53	49	4	1	28	3	0

박상혁(朴相赫) 태성고 2002.06.13

대회	연도	소속	출전	교체	득점	도움	파울	경고	퇴장
K1	2021	강원	16	16	0	0	7	1	0
	2022	강원	4	5	0	0	0	0	0
	합계		20	21	0	0	7	1	0
승	2021	강원	1	1	0	0	0	0	0
	합계		1	1	0	0	0	0	0
프로통산			21	22	0	0	7	1	0

박상현(朴相泫) 고려대 1987.02.11

대회	연도	소속	출전	교체	득점	도움	파울	경고	퇴장
BC	2011	광주	0	0	0	0	0	0	0
	합계		0	0	0	0	0	0	0
프로통산			0	0	0	0	0	0	0

박상희(朴商希) 상지대 1987.12.02

대회	연도	소속	출전	교체	득점	도움	파울	경고	퇴장
BC	2010	성남일화	6	6	0	0	5	0	0
	2011	성남일화	3	3	0	0	1	0	0
	2012	상주	12	11	2	0	21	2	0
	합계		21	20	2	0	27	2	0
K2	2013	상주	1	1	0	0	0	0	0
	합계		1	1	0	0	0	0	0
프로통산			22	21	2	0	27	2	0

박석호(朴石浩) 청주대 1961.05.20

대회	연도	소속	출전	교체	실점	도움	파울	경고	퇴장
BC	1989	포항제철	1	0	3	0	0	0	0
	합계		1	0	3	0	0	0	0
프로통산			1	0	3	0	0	0	0

박선용(朴宣勇) 호남대 1989.03.12

대회	연도	소속	출전	교체	득점	도움	파울	경고	퇴장
BC	2012	전남	36	3	2	0	55	5	0
	합계		36	3	2	0	55	5	0
K1	2013	전남	31	9	0	2	30	5	0
	2014	전남	9	1	0	0	13	0	0
	2015	포항	22	4	0	2	28	3	0
	2016	포항	31	6	0	1	40	1	1
	2017	포항	1	1	0	0	0	0	0
	합계		94	21	0	5	111	9	1
K2	2017	아산	4	2	0	0	2	0	0
	2018	아산	3	2	0	0	1	0	0
	합계		7	4	0	0	3	0	0
프로통산			137	28	2	5	169	14	1

박선우(朴善禹) 건국대 1986.09.08

대회	연도	소속	출전	교체	득점	도움	파울	경고	퇴장
BC	2010	대전	1	1	0	0	0	0	0
	합계		1	1	0	0	0	0	0
프로통산			1	1	0	0	0	0	0

박선주(朴宣柱) 연세대 1992.03.26

대회	연도	소속	출전	교체	득점	도움	파울	경고	퇴장
K1	2013	포항	3	2	0	0	5	2	0
	2014	포항	18	12	0	0	27	4	0
	2015	포항	11	4	0	0	19	5	0
	2016	포항	12	2	0	2	10	4	0
	2017	강원	16	8	0	1	15	6	1
	2018	강원	8	3	1	0	6	0	0
	합계		68	31	1	3	82	21	1
K2	2019	광주	14	1	0	1	18	2	0
	합계		14	1	0	1	18	2	0
프로통산			82	32	1	4	100	23	1

박선홍(朴善洪) 전주대 1993.11.05

대회	연도	소속	출전	교체	득점	도움	파울	경고	퇴장
K1	2015	광주	10	10	1	1	1	1	0
	2016	광주	1	1	0	0	0	0	0
	합계		11	11	1	1	1	1	0
프로통산			11	11	1	1	1	1	0

박성결(朴聖潔) 용인대 2001.04.03

대회	연도	소속	출전	교체	득점	도움	파울	경고	퇴장
K2	2022	전남	9	9	1	1	8	0	0
	합계		9	9	1	1	8	0	0
프로통산			9	9	1	1	8	0	0

박성배(朴成培) 숭실대 1975.11.28

대회	연도	소속	출전	교체	득점	도움	파울	경고	퇴장
BC	1998	전북	32	6	12	3	47	5	1
	1999	전북	30	10	11	1	30	2	0
	2000	전북	32	7	11	3	49	2	1
	2001	전북	23	11	3	4	26	1	0
	2002	전북	25	19	4	1	28	1	0
	2003	광주상무	26	19	2	1	44	2	0
	2004	광주상무	31	15	3	4	55	2	0
	2005	부산	25	19	7	2	56	2	0
	2007	수원	19	18	2	1	33	6	0
	합계		243	124	55	20	368	23	2
프로통산			243	124	55	20	368	23	2

박성부(朴成扶) 숭실대 1995.06.06

대회	연도	소속	출전	교체	득점	도움	파울	경고	퇴장
K2	2018	안산	4	4	0	0	1	0	0
	합계		4	4	0	0	1	0	0
프로통산			4	4	0	0	1	0	0

박성수(朴成洙) 하남고 1996.05.12

대회	연도	소속	출전	교체	실점	도움	파울	경고	퇴장
K1	2021	대구	0	0	0	0	0	0	0
	합계		0	0	0	0	0	0	0
K2	2022	안양	0	0	0	0	0	0	0
	합계		0	0	0	0	0	0	0
승	2022	안양	0	0	0	0	0	0	0
	합계		0	0	0	0	0	0	0
프로통산			0	0	0	0	0	0	0

박성용(朴成庸) 단국대 1991.06.26

대회	연도	소속	출전	교체	득점	도움	파울	경고	퇴장
K2	2014	대구	11	5	1	0	8	1	0
	2015	대구	10	2	0	0	15	2	0
	합계		21	7	1	0	23	3	0
프로통산			21	7	1	0	23	3	0

박성우(朴晟佑) 광운대 1995.10.11

대회	연도	소속	출전	교체	득점	도움	파울	경고	퇴장
K1	2018	포항	2	2	0	0	0	0	0
	합계		2	2	0	0	0	0	0
K2	2019	아산	8	4	0	1	9	1	0
	합계		8	4	0	1	9	1	0
프로통산			10	6	0	1	9	1	0

박성우(朴成祐) 전주대 1996.05.14

대회	연도	소속	출전	교체	득점	도움	파울	경고	퇴장
K2	2018	서울E	10	6	0	0	7	3	0
	2019	서울E	10	6	1	0	15	3	0
	2020	서울E	15	7	0	0	18	3	0
	2021	서울E	14	8	0	0	14	2	0
	2022	충남아산	25	12	0	0	21	4	0
	합계		74	39	1	0	75	15	0
프로통산			74	39	1	0	75	15	0

박성진(朴省珍) 동국대 1985.01.28

대회	연도	소속	출전	교체	득점	도움	파울	경고	퇴장
K2	2013	안양	32	7	6	7	32	2	0
	2014	안양	34	6	8	6	40	3	0
	2017	안양	6	6	0	0	2	0	0
	2018	안양	7	6	0	0	1	0	0
	합계		79	25	14	13	75	5	0
프로통산			79	25	14	13	75	5	0

박성철(朴聖哲) 동아대 1975.03.16

대회	연도	소속	출전	교체	득점	도움	파울	경고	퇴장
BC	1997	부천SK	18	14	4	0	18	1	0
	1998	부천SK	15	13	0	0	27	0	0
	1999	부천SK	10	10	3	0	13	1	0
	2002	부천SK	22	22	3	3	21	2	0
	2003	부천SK	30	18	5	0	39	2	0
	2004	부천SK	7	6	0	0	21	1	0
	2005	성남일화	0	0	0	0	0	0	0
	2006	경남	16	12	1	0	24	4	0
	2007	경남	14	10	1	0	20	0	0
	합계		132	105	17	3	183	11	0
프로통산			132	105	17	3	183	11	0

박성현(朴聖賢) 과천고 2001.09.25

대회	연도	소속	출전	교체	득점	도움	파울	경고	퇴장
K1	2022	전북	1	1	0	0	0	0	0
	합계		1	1	0	0	0	0	0
프로통산			1	1	0	0	0	0	0

박성호(朴成鎬) 부평고 1982.07.27

대회	연도	소속	출전	교체	득점	도움	파울	경고	퇴장
BC	2001	안양LG	5	4	0	0	12	0	0
	2003	안양LG	2	2	0	0	0	0	0
	2006	부산	27	18	2	1	53	3	0
	2007	부산	33	13	5	2	68	2	1
	2008	대전	31	3	7	4	79	7	0
	2009	대전	28	6	9	2	69	3	0
	2010	대전	15	1	6	3	30	3	0
	2011	대전	29	6	8	1	75	7	0
	2012	포항	39	32	9	8	58	2	0
	합계		209	85	46	21	444	27	1
K1	2013	포항	32	24	8	2	44	3	0
	2015	포항	26	26	3	0	18	3	0
	2016	울산	8	5	1	0	12	1	0
	합계		66	55	12	2	74	7	0
K2	2017	성남	31	13	9	1	44	2	0
	합계		31	13	9	1	44	2	0
프로통산			306	153	67	24	562	36	1

박성호(朴成晧) 호남대 1992.05.18

대회	연도	소속	출전	교체	득점	도움	파울	경고	퇴장
K2	2014	고양	5	5	0	0	3	0	0
	2015	고양	0	0	0	0	0	0	0
	합계		5	5	0	0	3	0	0
프로통산			5	5	0	0	3	0	0

박성홍(朴成弘) 호남대 1980.03.01

대회	연도	소속	출전	교체	득점	도움	파울	경고	퇴장
BC	2003	대구	26	5	0	2	52	4	0
	합계		26	5	0	2	52	4	0
프로통산			26	5	0	2	52	4	0

박성화(朴成華) 고려대 1955.05.07

대회	연도	소속	출전	교체	득점	도움	파울	경고	퇴장
BC	1983	할렐루야	14	2	3	1	4	0	0
	1984	할렐루야	23	2	6	2	8	0	0
	1986	포항제철	29	3	0	1	8	0	0
	1987	포항제철	16	10	0	0	4	0	0
	합계		82	17	9	4	24	0	0
프로통산			82	17	9	4	24	0	0

박성훈(朴聲勳) 오산고 2003.01.27

대회	연도	소속	출전	교체	득점	도움	파울	경고	퇴장
K1	2022	서울	1	1	0	0	0	0	0
	합계		1	1	0	0	0	0	0
프로통산			1	1	0	0	0	0	0

박세영(朴世英) 동아대 1989.10.03

대회	연도	소속	출전	교체	득점	도움	파울	경고	퇴장
BC	2012	성남일화	4	3	2	0	0	0	0
	합계		4	3	2	0	0	0	0
프로통산			4	3	2	0	0	0	0

박세직(朴世直) 한양대 1989.05.25

대회	연도	소속	출전	교체	득점	도움	파울	경고	퇴장
BC	2012	전북	15	11	0	1	8	1	0
	합계		15	11	0	1	8	1	0
K1	2013	전북	11	9	1	0	6	1	0
	2015	인천	30	27	4	2	16	0	0
	2016	인천	27	15	3	0	27	3	0
	2017	인천	5	1	1	0	8	1	0
	2019	인천	15	8	0	0	12	0	0
	합계		88	60	9	2	69	5	0
K2	2017	아산	5	5	0	0	6	0	0
	2018	아산	20	15	1	4	8	0	0
	2019	아산	16	2	1	0	20	0	0
	2020	충남아산	26	1	0	1	29	4	0
	2021	충남아산	27	9	0	2	33	2	0
	2022	충남아산	39	4	2	1	46	5	0
	합계		133	36	4	8	142	11	0
프로통산			236	107	13	11	219	17	0

박세진(朴世晉) 영남대 1995.12.15

대회	연도	소속	출전	교체	득점	도움	파울	경고	퇴장
K1	2017	대구	4	3	0	0	2	0	0
	2019	상주	7	8	0	0	4	1	0
	2020	상주	12	12	0	0	7	0	0

대회	연도	소속	출전	교체	득점	도움	파울	경고	퇴장
	합계		23	23	0	0	13	1	0
K2	2016	대구	30	2	2	4	38	6	0
	2018	수원FC	20	8	1	0	17	4	0
	2020	수원FC	1	1	0	0	1	0	0
	2021	충남아산	33	1	0	4	30	6	1
	2022	부산	34	22	1	4	24	4	0
	합계		118	34	4	12	110	20	1
프로통산			141	57	4	12	123	21	1

박세환(朴世桓) 고려사이버대 1993.06.05

대회	연도	소속	출전	교체	득점	도움	파울	경고	퇴장
K2	2014	충주	4	4	0	0	2	0	0
	2014	안산경찰	3	2	0	0	3	0	0
	2015	안산경찰	7	7	0	0	5	0	0
	합계		14	13	0	0	10	0	0
프로통산			14	13	0	0	10	0	0

박수일(朴秀日) 광주대 1996.02.22

대회	연도	소속	출전	교체	득점	도움	파울	경고	퇴장
K1	2020	성남	11	7	0	0	10	2	1
	2021	성남	24	17	3	4	11	4	0
	2022	성남	34	15	5	1	19	4	0
	합계		69	39	8	5	40	10	1
K2	2018	대전	32	6	0	9	31	4	0
	2019	대전	32	3	1	3	27	1	0
	합계		64	9	1	12	58	5	0
프로통산			133	48	9	17	98	15	1

박수창(朴壽昶) 경희대 1989.06.20

대회	연도	소속	출전	교체	득점	도움	파울	경고	퇴장
BC	2012	대구	1	1	0	0	1	0	0
	합계		1	1	0	0	1	0	0
K1	2014	제주	21	16	6	1	19	1	0
	2015	제주	20	17	3	1	13	1	0
	2016	상주	14	9	0	0	11	1	0
	2017	상주	9	7	0	0	4	0	0
	합계		64	49	9	2	47	3	0
K2	2013	충주	29	10	0	2	41	3	0
	2018	대전	13	8	2	3	10	3	0
	2019	대전	26	19	0	1	38	3	0
	합계		68	37	2	6	89	9	0
프로통산			133	87	11	8	137	12	0

박순배(朴淳培) 인천대 1969.04.22

대회	연도	소속	출전	교체	득점	도움	파울	경고	퇴장
BC	1997	포항	6	3	0	3	9	1	0
	1998	포항	2	2	0	0	3	0	0
	합계		8	5	0	3	12	1	0
프로통산			8	5	0	3	12	1	0

박승광(朴承光) 광운대 1981.02.13

대회	연도	소속	출전	교체	득점	도움	파울	경고	퇴장
BC	2003	부천SK	3	0	0	0	6	0	0
	합계		3	0	0	0	6	0	0
프로통산			3	0	0	0	6	0	0

박승국(朴勝國) 경희대 1969.08.08

대회	연도	소속	출전	교체	득점	도움	파울	경고	퇴장
BC	1994	버팔로	8	7	0	1	7	0	0
	1995	전북	1	1	0	0	2	0	0
	합계		9	8	0	1	9	0	0
프로통산			9	8	0	1	9	0	0

박승기(朴昇基) 동아대 1960.09.03

대회	연도	소속	출전	교체	득점	도움	파울	경고	퇴장
BC	1984	국민은행	26	0	1	1	12	3	0
	합계		26	0	1	1	12	3	0
프로통산			26	0	1	1	12	3	0

박승렬(朴丞烈) 동북고 1994.01.07

대회	연도	소속	출전	교체	득점	도움	파울	경고	퇴장
K2	2015	안양	9	9	0	0	12	1	0
	합계		9	9	0	0	12	1	0
프로통산			9	9	0	0	12	1	0

박승민(朴昇敏) 경희대 1983.04.21

대회	연도	소속	출전	교체	득점	도움	파울	경고	퇴장
BC	2006	인천	14	14	1	0	7	1	0
	2007	인천	7	7	0	0	2	0	0
	2008	인천	11	9	0	0	21	4	0
	2009	광주상무	5	5	0	0	6	0	0
	2010	광주상무	12	10	0	0	7	0	0
	합계		49	45	1	0	43	5	0
프로통산			49	45	1	0	43	5	0

박승수(朴昇洙) 호남대 1972.05.13

대회	연도	소속	출전	교체	득점	도움	파울	경고	퇴장
BC	1995	전남	0	0	0	0	0	0	0
	합계		0	0	0	0	0	0	0
프로통산			0	0	0	0	0	0	0

박승우(朴承祐) 청주대 1992.06.08

대회	연도	소속	출전	교체	득점	도움	파울	경고	퇴장
K2	2016	고양	25	5	0	1	13	6	0
	합계		25	5	0	1	13	6	0
프로통산			25	5	0	1	13	6	0

박승욱(朴乘煜) 동의대 1997.05.07

대회	연도	소속	출전	교체	득점	도움	파울	경고	퇴장
K1	2021	포항	19	3	1	0	20	5	0
	2022	포항	29	4	0	2	25	5	0
	합계		48	7	1	2	45	10	0
프로통산			48	7	1	2	45	10	0

박승일(朴乘一) 경희대 1989.01.08

대회	연도	소속	출전	교체	득점	도움	파울	경고	퇴장
BC	2010	울산	0	0	0	0	0	0	0
	2011	울산	21	16	2	1	21	0	0
	2012	울산	6	4	0	0	3	0	0
	합계		27	20	2	1	24	0	0
K1	2013	전남	1	1	0	0	1	0	0
	2013	제주	3	3	0	1	1	0	0
	2014	상주	11	9	0	1	9	0	0
	합계		15	13	0	2	11	0	0
K2	2015	상주	0	0	0	0	0	0	0
	2016	안양	29	24	2	0	23	2	0
	2017	안양	1	1	0	0	0	0	0
	합계		30	25	2	0	23	2	0
프로통산			72	58	4	3	58	2	0

박신영(朴信永) 조선대 1977.12.21

대회	연도	소속	출전	교체	득점	도움	파울	경고	퇴장
BC	2004	인천	3	1	0	0	8	1	0
	합계		3	1	0	0	8	1	0
프로통산			3	1	0	0	8	1	0

박양하(朴良夏) 고려대 1962.05.28

대회	연도	소속	출전	교체	득점	도움	파울	경고	퇴장
BC	1986	대우	20	1	1	6	19	0	0
	1987	대우	5	2	0	1	1	0	0
	1988	대우	14	3	1	2	25	1	0
	1989	대우	5	5	0	0	1	0	0
	1990	대우	5	5	0	0	5	0	0
	합계		49	16	2	9	51	1	0
프로통산			49	16	2	9	51	1	0

박연혁(朴鍊赫) 광운대 1960.04.25

대회	연도	소속	출전	교체	실점	도움	파울	경고	퇴장
BC	1986	유공	9	0	11	0	0	0	0
	합계		9	0	11	0	0	0	0
프로통산			9	0	11	0	0	0	0

박영근(朴永根) 고려대 1981.09.13

대회	연도	소속	출전	교체	득점	도움	파울	경고	퇴장
BC	2004	부천SK	2	2	0	0	1	0	0
	2005	부천SK	3	3	0	0	1	0	0
	합계		5	5	0	0	2	0	0
프로통산			5	5	0	0	2	0	0

박영섭(朴榮燮) 성균관대 1972.07.29

대회	연도	소속	출전	교체	득점	도움	파울	경고	퇴장
BC	1995	포항	20	12	2	0	26	3	0
	1996	포항	11	12	1	0	5	1	0
	1997	포항	9	9	1	0	4	0	0
	1998	포항	13	8	0	1	18	1	1
	합계		53	41	4	1	53	5	1
프로통산			53	41	4	1	53	5	1

박영수(朴泳洙) 충남기계공고 1995.06.19

대회	연도	소속	출전	교체	득점	도움	파울	경고	퇴장
K1	2015	대전	3	3	0	0	0	0	0
	합계		3	3	0	0	0	0	0
프로통산			3	3	0	0	0	0	0

박영수(朴英洙) 경희고 1959.01.18

대회	연도	소속	출전	교체	실점	도움	파울	경고	퇴장
BC	1983	유공	7	0	12	0	0	0	0
	1985	유공	3	0	7	0	0	0	0
	합계		10	0	19	0	0	0	0
프로통산			10	0	19	0	0	0	0

박영순(朴榮淳) 아주대 1977.03.25

대회	연도	소속	출전	교체	득점	도움	파울	경고	퇴장
BC	1995	대우	0	0	0	0	0	0	0
	2000	부산	0	0	0	0	0	0	0
	2001	부산	0	0	0	0	0	0	0
	합계		0	0	0	0	0	0	0
프로통산			0	0	0	0	0	0	0

박영준(朴榮埈) 의정부고 1990.05.04

대회	연도	소속	출전	교체	득점	도움	파울	경고	퇴장
BC	2011	전남	2	2	0	0	0	0	0
	2012	전남	1	1	0	0	1	0	0
	합계		3	3	0	0	1	0	0
프로통산			3	3	0	0	1	0	0

박완선(朴莞善) 용인대 1990.05.28

대회	연도	소속	출전	교체	실점	도움	파울	경고	퇴장
K2	2018	광주	0	0	0	0	0	0	0
	합계		0	0	0	0	0	0	0
프로통산			0	0	0	0	0	0	0

박요셉(朴요셉) 전주대 1980.12.03

대회	연도	소속	출전	교체	득점	도움	파울	경고	퇴장
BC	2002	안양LG	19	1	0	0	10	0	0
	2003	안양LG	16	10	3	0	28	1	0
	2004	서울	25	6	1	1	37	5	0
	2005	광주상무	15	1	1	1	15	2	0
	2006	광주상무	34	2	0	0	27	6	0
	2007	서울	3	3	0	0	8	0	0
	2008	서울	0	0	0	0	0	0	0
	합계		112	23	5	2	125	14	0
프로통산			112	23	5	2	125	14	0

박요한(朴耀韓) 단국대 1994.12.17

대회	연도	소속	출전	교체	득점	도움	파울	경고	퇴장
K1	2017	강원	13	6	1	0	14	1	0
	합계		13	6	1	0	14	1	0
K2	2016	강원	2	2	0	0	0	0	0
	2019	부천	9	6	1	0	7	2	0
	2020	부천	1	0	0	0	0	0	0
	합계		12	8	1	0	7	2	0
프로통산			25	14	2	0	21	3	0

박요한(朴요한) 연세대 1989.01.16

대회	연도	소속	출전	교체	득점	도움	파울	경고	퇴장
BC	2011	광주	0	0	0	0	0	0	0
	2012	광주	5	3	0	0	5	1	0
	합계		5	3	0	0	5	1	0
K2	2013	충주	11	0	0	0	9	5	0
	2014	충주	26	4	0	2	20	2	0
	2015	충주	26	7	0	1	21	7	0
	2016	안산무궁	5	2	0	0	1	0	0
	2017	아산	0	0	0	0	0	0	0
	2018	광주	28	4	0	3	29	1	0
	2019	수원FC	23	2	0	1	18	3	0
	2020	안양	18	3	0	1	15	3	0

대회	연도	소속	출전	교체	득점	도움	파울	경고	퇴장
	합계		137	22	0	8	113	21	0
프로통산			142	25	0	8	118	22	0

박용우(朴鎔宇) 건국대 1993.09.10

대회	연도	소속	출전	교체	득점	도움	파울	경고	퇴장
K1	2015	서울	26	8	0	0	23	3	0
	2016	서울	19	7	1	0	24	3	0
	2017	울산	31	17	2	0	34	3	0
	2018	울산	31	10	3	2	46	4	0
	2019	울산	36	11	0	0	39	2	0
	2020	상주	25	5	1	0	11	0	0
	2021	울산	9	7	0	0	7	2	0
	2022	울산	31	9	0	0	25	2	0
	합계		208	74	7	2	209	19	0
K2	2021	김천	5	3	0	0	4	0	0
	합계		5	3	0	0	4	0	0
프로통산			213	77	7	2	213	19	0

박용재(朴容材) 아주대 1989.11.28

대회	연도	소속	출전	교체	득점	도움	파울	경고	퇴장
BC	2012	수원	0	0	0	0	0	0	0
	합계		0	0	0	0	0	0	0
K1	2013	전남	4	3	0	0	5	0	0
	2014	전남	2	2	0	1	2	0	0
	합계		6	5	0	1	7	0	0
프로통산			6	5	0	1	7	0	0

박용주(朴龍柱) 한양대 1954.10.13

대회	연도	소속	출전	교체	득점	도움	파울	경고	퇴장
BC	1984	대우	4	2	0	0	3	0	0
	1985	대우	10	6	0	1	11	0	0
	합계		14	8	0	1	14	0	0
프로통산			14	8	0	1	14	0	0

박용준(朴鏞峻) 선문대 1993.06.21

대회	연도	소속	출전	교체	득점	도움	파울	경고	퇴장
K1	2013	수원	0	0	0	0	0	0	0
	합계		0	0	0	0	0	0	0
K2	2014	부천	5	5	1	0	3	0	0
	2015	부천	13	13	0	0	11	0	0
	합계		18	18	1	0	14	0	0
프로통산			18	18	1	0	14	0	0

박용지(朴勇智) 중앙대 1992.10.09

대회	연도	소속	출전	교체	득점	도움	파울	경고	퇴장
K1	2013	울산	16	15	1	1	21	4	0
	2014	울산	6	6	0	0	7	0	0
	2014	부산	21	14	2	0	29	6	0
	2015	부산	16	14	1	0	11	0	0
	2015	성남	17	17	1	3	9	2	0
	2016	성남	27	25	1	2	23	4	0
	2017	인천	21	15	4	1	21	2	0
	2018	인천	3	3	0	0	3	0	0
	2018	상주	11	4	4	1	19	2	0
	2019	상주	36	23	12	3	35	2	0
	2021	성남	20	21	1	0	24	4	0
	2022	성남	4	4	0	0	2	0	0
	합계		198	161	27	11	204	26	0
K2	2020	대전	26	16	3	0	24	3	0
	합계		26	16	3	0	24	3	0
승	2016	성남	2	2	0	0	2	0	0
	합계		2	2	0	0	2	0	0
프로통산			226	179	30	11	230	29	0

박용호(朴容昊) 부평고 1981.03.25

대회	연도	소속	출전	교체	득점	도움	파울	경고	퇴장
BC	2000	안양LG	8	0	0	0	9	0	0
	2001	안양LG	23	8	2	0	16	1	0
	2002	안양LG	9	3	1	0	11	1	0
	2003	안양LG	21	5	2	0	14	2	0
	2004	서울	5	5	0	0	1	1	0
	2005	광주상무	28	2	3	0	24	3	0
	2006	광주상무	37	5	2	1	41	3	0
	2007	서울	9	4	0	0	5	1	0
	2008	서울	26	8	0	0	16	2	0
	2009	서울	23	3	2	0	33	3	0
	2010	서울	24	7	0	1	19	2	0
	2011	서울	18	4	1	0	14	2	0
	2012	부산	32	9	2	1	20	2	0
	합계		263	63	15	3	223	23	0
K1	2013	부산	25	5	2	1	12	3	0
	합계		25	5	2	1	12	3	0
K2	2015	강원	10	4	0	0	7	1	0
	합계		10	4	0	0	7	1	0
프로통산			298	72	17	4	242	27	0

박용희(朴鏞熹) 홍익대 2002.03.29

대회	연도	소속	출전	교체	득점	도움	파울	경고	퇴장
K1	2022	대구	3	3	0	0	1	0	0
	합계		3	3	0	0	1	0	0
프로통산			3	3	0	0	1	0	0

박우정(朴瑀情) 경희대 1995.07.26

대회	연도	소속	출전	교체	득점	도움	파울	경고	퇴장
K2	2017	대전	1	1	0	0	0	0	0
	합계		1	1	0	0	0	0	0
프로통산			1	1	0	0	0	0	0

박우현(朴雨賢) 인천대 1980.04.28

대회	연도	소속	출전	교체	득점	도움	파울	경고	퇴장
BC	2004	성남일화	24	1	0	1	53	3	0
	2005	성남일화	12	8	1	0	18	2	0
	2006	성남일화	14	3	1	0	17	6	0
	2008	성남일화	17	5	0	0	29	3	0
	2009	성남일화	11	5	0	0	10	1	0
	2010	부산	15	4	0	1	34	4	0
	2011	강원	6	1	0	0	9	5	0
	2012	강원	34	9	0	0	40	4	0
	합계		133	36	2	2	210	28	0
프로통산			133	36	2	2	210	28	0

박원길(朴元吉) 울산대 1977.08.13

대회	연도	소속	출전	교체	득점	도움	파울	경고	퇴장
BC	2000	울산	1	1	0	0	1	0	0
	합계		1	1	0	0	1	0	0
프로통산			1	1	0	0	1	0	0

박원재(朴源載) 위덕대 1984.05.28

대회	연도	소속	출전	교체	득점	도움	파울	경고	퇴장
BC	2003	포항	1	1	0	0	0	0	0
	2004	포항	29	20	0	1	22	0	0
	2005	포항	21	9	0	3	34	2	0
	2006	포항	24	10	3	3	28	2	0
	2007	포항	25	7	3	1	28	2	0
	2008	포항	26	5	4	3	32	4	0
	2010	전북	20	7	0	5	47	6	0
	2011	전북	27	0	1	4	49	6	0
	2012	전북	31	3	0	1	49	6	0
	합계		204	62	11	21	289	28	0
K1	2013	전북	15	0	0	2	20	3	1
	2014	전북	3	1	0	0	5	0	0
	2015	전북	9	2	0	1	13	1	0
	2016	전북	18	4	0	2	34	3	0
	2017	전북	10	4	0	1	17	4	0
	2018	전북	7	1	0	0	13	2	0
	2019	전북	1	0	0	0	2	1	0
	합계		63	12	0	6	104	14	1
프로통산			267	74	11	27	393	42	1

박원재(朴元在) 중앙대 1994.05.07

대회	연도	소속	출전	교체	득점	도움	파울	경고	퇴장
K1	2017	전북	2	1	0	1	1	0	0
	2018	전북	1	0	0	0	2	0	0
	2019	성남	11	8	1	0	7	0	0
	2021	제주	19	18	1	1	11	3	0
	합계		33	27	2	2	21	3	0
K2	2020	제주	13	6	0	3	5	0	0
	합계		13	6	0	3	5	0	0
프로통산			46	33	2	5	26	3	0

박원홍(朴元弘) 울산대 1984.04.07

대회	연도	소속	출전	교체	득점	도움	파울	경고	퇴장
BC	2006	울산	1	1	0	0	0	0	0
	2007	울산	0	0	0	0	0	0	0
	2009	광주상무	6	5	0	0	4	0	0
	2010	광주상무	9	9	1	0	3	0	0
	합계		16	15	1	0	7	0	0
프로통산			16	15	1	0	7	0	0

박윤기(朴潤基) 서울시립대 1960.06.10

대회	연도	소속	출전	교체	득점	도움	파울	경고	퇴장
BC	1983	유공	14	2	9	2	12	0	0
	1984	유공	27	6	5	5	30	0	0
	1985	유공	18	9	2	2	20	1	0
	1986	유공	25	11	3	1	23	1	0
	1987	럭키금성	13	4	2	0	16	1	0
	합계		97	32	21	10	101	3	0
프로통산			97	32	21	10	101	3	0

박윤화(朴允和) 숭실대 1978.06.13

대회	연도	소속	출전	교체	득점	도움	파울	경고	퇴장
BC	2001	안양LG	3	1	0	1	9	1	0
	2002	안양LG	15	13	1	0	14	1	0
	2003	안양LG	9	6	0	1	10	0	0
	2004	광주상무	23	21	1	1	26	1	0
	2005	광주상무	24	12	0	1	27	3	0
	2007	대구	28	3	0	4	49	5	0
	2008	경남	2	2	0	0	1	1	0
	2009	경남	1	0	0	0	4	0	0
	합계		105	58	2	8	140	12	0
프로통산			105	58	2	8	140	12	0

박인철(朴仁哲) 영남대 1976.04.17

대회	연도	소속	출전	교체	**실점**	도움	파울	경고	퇴장
BC	1999	전남	5	0	8	0	0	0	0
	합계		5	0	8	0	0	0	0
프로통산			5	0	8	0	0	0	0

박인혁(朴仁赫) 경희대 1995.12.29

대회	연도	소속	출전	교체	득점	도움	파울	경고	퇴장
K2	2018	대전	33	12	7	3	82	9	0
	2019	대전	33	16	3	0	64	6	0
	2020	대전	9	8	1	1	18	3	0
	2021	대전	24	19	6	2	36	3	0
	2022	전남	38	26	7	0	55	4	0
	합계		137	81	24	6	255	25	0
승	2021	대전	1	1	0	0	0	0	0
	합계		1	1	0	0	0	0	0
프로통산			138	82	24	6	255	25	0

박일권(朴一權) 금호고 1995.03.04

대회	연도	소속	출전	교체	득점	도움	파울	경고	퇴장
K1	2015	광주	5	5	0	0	2	1	0
	합계		5	5	0	0	2	1	0
프로통산			5	5	0	0	2	1	0

박임수(朴林洙) 아주대 1989.02.07

대회	연도	소속	출전	교체	득점	도움	파울	경고	퇴장
K2	2013	수원FC	1	1	0	0	0	0	0
	합계		1	1	0	0	0	0	0
프로통산			1	1	0	0	0	0	0

박재권(朴在權) 한양대

대회	연도	소속	출전	교체	득점	도움	파울	경고	퇴장
BC	1988	대우	5	2	0	0	3	0	0
	합계		5	2	0	0	3	0	0
프로통산			5	2	0	0	3	0	0

박재민(朴宰民) 광운대 1996.05.10

대회	연도	소속	출전	교체	득점	도움	파울	경고	퇴장
K1	2019	울산	0	0	0	0	0	0	0
	합계		0	0	0	0	0	0	0

대회	연도	소속	출전	교체	득점	도움	파울	경고	퇴장
프로통산			0	0	0	0	0	0	0

박재성(朴財成) 대구대 1991.06.19

대회	연도	소속	출전	교체	득점	도움	파울	경고	퇴장
K1	2014	성남	1	1	0	0	0	0	0
	합계		1	1	0	0	0	0	0
프로통산			1	1	0	0	0	0	0

박재용(朴才用) 인천대 2000.03.13

대회	연도	소속	출전	교체	득점	도움	파울	경고	퇴장
K2	2022	안양	19	19	2	0	8	1	0
	합계		19	19	2	0	8	1	0
승	2022	안양	2	3	0	0	0	0	0
	합계		2	3	0	0	0	0	0
프로통산			21	22	2	0	8	1	0

박재용(朴宰用) 명지대 1985.12.30

대회	연도	소속	출전	교체	득점	도움	파울	경고	퇴장
BC	2006	성남일화	3	0	0	0	2	2	0
	2007	성남일화	0	0	0	0	0	0	0
	2008	성남일화	3	3	0	0	0	0	0
	합계		6	3	0	0	2	2	0
프로통산			6	3	0	0	2	2	0

박재우(朴宰祐) 건국대 1995.10.11

대회	연도	소속	출전	교체	득점	도움	파울	경고	퇴장
K1	2015	대전	10	6	0	0	1	0	0
	합계		10	6	0	0	1	0	0
K2	2016	대전	3	2	0	0	0	0	0
	2017	대전	21	8	0	2	23	5	1
	2018	대전	15	6	0	3	18	2	0
	2019	아산	8	5	0	0	10	0	0
	2020	충남아산	16	4	0	0	21	1	1
	2021	충남아산	0	0	0	0	0	0	0
	합계		63	25	0	5	72	8	2
프로통산			73	31	0	5	73	8	2

박재우(朴宰佑) 성균관대 1998.03.06

대회	연도	소속	출전	교체	득점	도움	파울	경고	퇴장
K1	2019	포항	2	1	0	0	2	0	0
	2020	포항	8	5	0	0	14	2	0
	2021	포항	2	3	0	0	0	0	0
	합계		12	9	0	0	16	2	0
K2	2022	김포	9	5	1	0	13	1	0
	합계		9	5	1	0	13	1	0
프로통산			21	14	1	0	29	3	0

박재철(朴宰徹) 한양대 1990.03.29

대회	연도	소속	출전	교체	득점	도움	파울	경고	퇴장
K2	2014	부천	8	6	1	0	5	0	0
	합계		8	6	1	0	5	0	0
프로통산			8	6	1	0	5	0	0

박재현(朴栽賢) 상지대 1980.10.29

대회	연도	소속	출전	교체	득점	도움	파울	경고	퇴장
BC	2003	대구	3	3	0	0	6	0	0
	2005	인천	4	4	0	0	7	0	0
	2006	인천	17	11	0	1	30	3	0
	2007	인천	31	24	5	2	60	5	0
	2008	인천	29	27	0	2	42	1	0
	2009	인천	16	8	0	4	39	4	0
	합계		100	77	5	9	184	13	0
프로통산			100	77	5	9	184	13	0

박재홍(朴栽弘) 연세대 1990.04.06

대회	연도	소속	출전	교체	득점	도움	파울	경고	퇴장
K2	2013	부천	32	0	1	0	46	7	0
	2014	부천	18	6	0	0	21	4	0
	2015	부천	2	2	0	0	0	0	0
	합계		52	8	1	0	67	11	0
프로통산			52	8	1	0	67	11	0

박재홍(朴載泓) 명지대 1978.11.10

대회	연도	소속	출전	교체	득점	도움	파울	경고	퇴장
BC	2003	전북	35	5	2	1	78	10	0
	2004	전북	15	1	0	2	41	4	0
	2005	전남	23	2	0	0	66	9	0
	2006	전남	30	4	0	1	63	5	1
	2008	경남	27	1	0	0	46	5	0
	2009	경남	5	1	0	0	4	1	0
	2011	경남	24	5	0	0	28	4	0
	합계		159	19	2	4	326	38	1
프로통산			159	19	2	4	326	38	1

박재환(朴財喚) 오산고 2000.10.11

대회	연도	소속	출전	교체	득점	도움	파울	경고	퇴장
K2	2022	경남	30	10	2	0	14	5	0
	합계		30	10	2	0	14	5	0
프로통산			30	10	2	0	14	5	0

박재훈(朴在勳) 김천대 1998.09.01

대회	연도	소속	출전	교체	득점	도움	파울	경고	퇴장
K1	2020	포항	1	1	0	0	1	0	0
	합계		1	1	0	0	1	0	0
프로통산			1	1	0	0	1	0	0

박정민(朴正珉) 한남대 1988.10.25

대회	연도	소속	출전	교체	득점	도움	파울	경고	퇴장
BC	2012	광주	8	8	1	1	8	2	0
	합계		8	8	1	1	8	2	0
K2	2013	광주	14	14	3	1	19	2	0
	합계		14	14	3	1	19	2	0
프로통산			22	22	4	2	27	4	0

박정민(朴廷珉) 고려대 1973.05.04

대회	연도	소속	출전	교체	득점	도움	파울	경고	퇴장
BC	1998	울산	13	11	0	0	11	0	0
	1999	울산	7	6	0	0	7	1	0
	2000	울산	1	0	0	0	3	1	0
	합계		21	17	0	0	21	2	0
프로통산			21	17	0	0	21	2	0

박정배(朴正倍) 성균관대 1967.02.19

대회	연도	소속	출전	교체	득점	도움	파울	경고	퇴장
BC	1990	럭키금성	26	6	1	0	30	1	0
	1991	LG	38	2	4	4	51	3	0
	1992	LG	35	1	3	0	35	2	0
	1993	LG	12	2	1	0	16	1	0
	1994	대우	14	2	1	0	12	1	0
	1995	대우	23	5	0	1	25	4	0
	1996	부산	17	7	0	0	21	7	0
	1997	울산	22	2	0	0	26	4	0
	1998	울산	37	3	2	0	55	4	0
	1999	울산	3	3	0	0	0	0	0
	합계		227	33	12	5	271	27	0
프로통산			227	33	12	5	271	27	0

박정빈(朴正斌) 광양제철고 1994.02.22

대회	연도	소속	출전	교체	득점	도움	파울	경고	퇴장
K1	2021	서울	15	14	1	0	14	2	1
	합계		15	14	1	0	14	2	1
프로통산			15	14	1	0	14	2	1

박정석(朴庭奭) 동북고 1977.04.19

대회	연도	소속	출전	교체	득점	도움	파울	경고	퇴장
BC	2001	안양LG	31	1	1	0	69	5	0
	2002	안양LG	9	3	0	0	26	2	0
	2003	안양LG	19	1	0	0	67	5	0
	2004	서울	28	0	0	2	85	8	0
	2005	서울	18	6	0	0	55	9	0
	2006	서울	3	1	0	0	5	0	0
	합계		108	12	1	2	307	29	0
프로통산			108	12	1	2	307	29	0

박정수(朴庭秀) 상지대 1987.01.13

대회	연도	소속	출전	교체	득점	도움	파울	경고	퇴장
K1	2018	강원	25	10	1	1	49	8	0
	2020	광주	25	3	0	0	39	5	0
	2021	광주	2	2	0	0	0	0	0
	합계		52	15	1	1	88	13	0
K2	2015	고양	15	3	2	0	26	9	0
	2019	광주	27	8	1	0	48	4	0
	합계		42	11	3	0	74	13	0
프로통산			94	26	4	1	162	26	0

박정수(朴正洙) 경희대 1994.04.12

대회	연도	소속	출전	교체	득점	도움	파울	경고	퇴장
K1	2021	성남	2	1	0	0	2	2	0
	합계		2	1	0	0	2	2	0
프로통산			2	1	0	0	2	2	0

박정식(朴正植) 광운대 1988.01.20

대회	연도	소속	출전	교체	득점	도움	파울	경고	퇴장
K2	2013	안양	23	6	1	1	28	6	0
	2014	안양	13	7	0	0	10	0	0
	합계		36	13	1	1	38	6	0
프로통산			36	13	1	1	38	6	0

박정식(朴正植) 호남대 1983.03.07

대회	연도	소속	출전	교체	득점	도움	파울	경고	퇴장
BC	2006	대구	11	7	0	0	17	0	0
	2007	대구	18	3	1	0	41	7	0
	2008	대구	21	7	0	1	26	4	0
	2009	대구	12	5	0	1	8	4	0
	2010	광주상무	0	0	0	0	0	0	0
	2011	상주	0	0	0	0	0	0	0
	합계		62	22	1	2	92	15	0
프로통산			62	22	1	2	92	15	0

박정인(朴正仁) 현대고 2000.10.07

대회	연도	소속	출전	교체	득점	도움	파울	경고	퇴장
K1	2019	울산	6	6	0	0	7	0	0
	2020	울산	7	7	0	1	6	0	0
	합계		13	13	0	1	13	0	0
K2	2021	부산	29	15	8	3	26	2	0
	2022	부산	26	17	6	1	23	1	1
	합계		55	32	14	4	49	3	1
프로통산			68	45	14	5	62	3	1

박정일(朴晶一) 건국대 1959.11.19

대회	연도	소속	출전	교체	득점	도움	파울	경고	퇴장
BC	1984	럭키금성	18	11	4	2	10	0	0
	합계		18	11	4	2	10	0	0
프로통산			18	11	4	2	10	0	0

박정주(朴廷柱) 한양대 1979.06.26

대회	연도	소속	출전	교체	득점	도움	파울	경고	퇴장
BC	2003	부천SK	4	4	0	0	3	1	0
	합계		4	4	0	0	3	1	0
프로통산			4	4	0	0	3	1	0

박정현 동아대 1974.05.28

대회	연도	소속	출전	교체	득점	도움	파울	경고	퇴장
BC	1999	전북	0	0	0	0	0	0	0
	합계		0	0	0	0	0	0	0
프로통산			0	0	0	0	0	0	0

박정혜(朴炡慧) 숭실대 1987.04.21

대회	연도	소속	출전	교체	득점	도움	파울	경고	퇴장
BC	2009	대전	27	5	1	0	42	3	0
	2010	대전	23	6	1	0	34	4	0
	2011	대전	10	1	0	0	14	1	0
	합계		60	12	2	0	90	8	0
프로통산			60	12	2	0	90	8	0

박정호(朴政護) 영생고 1997.02.18

대회	연도	소속	출전	교체	득점	도움	파울	경고	퇴장
K1	2018	전북	1	1	0	0	2	0	0
	합계		1	1	0	0	2	0	0
프로통산			1	1	0	0	2	0	0

박정환(朴晶煥) 인천대 1977.01.14

대회	연도	소속	출전	교체	득점	도움	파울	경고	퇴장
BC	1999	안양LG	0	0	0	0	0	0	0
	2000	안양LG	5	5	1	0	6	1	0
	2001	안양LG	16	10	9	2	25	2	0
	2002	안양LG	18	18	2	1	25	1	0
	2004	광주상무	28	22	6	2	65	3	0

대회	연도	소속	출전	교체	득점	도움	파울	경고	퇴장
	2005	광주상무	18	15	2	0	28	0	0
	2006	전북	4	4	0	0	9	0	0
	2007	전북	5	5	1	0	5	1	0
	합계		94	79	21	5	163	8	0
프로통산			94	79	21	5	163	8	0

박정훈(朴正勳) 고려대 1988.06.28

대회	연도	소속	출전	교체	득점	도움	파울	경고	퇴장
BC	2011	전북	1	0	1	0	1	0	0
	2012	강원	3	4	1	0	7	1	0
	합계		4	4	2	0	8	1	0
K2	2014	부천	7	6	0	0	6	2	0
	2015	고양	22	10	5	0	23	3	0
	2016	고양	31	23	3	1	27	5	0
	합계		60	39	8	1	56	10	0
프로통산			64	43	10	1	64	11	0

박종대(朴鍾大) 동아대 1966.01.12

대회	연도	소속	출전	교체	득점	도움	파울	경고	퇴장
BC	1989	일화	10	8	2	0	7	1	0
	1990	일화	24	15	3	1	12	0	0
	1991	일화	13	6	4	1	9	0	0
	합계		47	29	9	2	28	1	0
프로통산			47	29	9	2	28	1	0

박종문(朴種汶) 전주대 1970.10.02

대회	연도	소속	출전	교체	**실점**	도움	파울	경고	퇴장
BC	1995	전남	10	4	11	0	0	0	0
	1997	전남	28	0	22	0	0	0	0
	1998	전남	21	0	32	0	2	0	0
	1999	전남	12	1	11	0	0	0	0
	2000	전남	12	0	17	0	1	1	0
	2001	전남	27	1	35	0	1	0	0
	2002	전남	33	0	29	0	0	0	0
	2003	전남	33	0	33	0	0	1	0
	2004	전남	13	0	16	0	1	1	0
	2005	전남	3	0	5	0	0	0	0
	2006	전남	0	0	0	0	0	0	0
	합계		192	6	211	0	5	3	0
프로통산			192	6	211	0	5	3	0

박종오(朴宗吾) 한양대 1991.04.12

대회	연도	소속	출전	교체	득점	도움	파울	경고	퇴장
K2	2014	부천	2	2	0	0	1	0	0
	합계		2	2	0	0	1	0	0
프로통산			2	2	0	0	1	0	0

박종우(朴鍾佑) 연세대 1989.03.10

대회	연도	소속	출전	교체	득점	도움	파울	경고	퇴장
BC	2010	부산	13	7	0	1	20	1	0
	2011	부산	30	5	2	3	49	9	0
	2012	부산	28	13	3	5	61	10	0
	합계		71	25	5	9	130	20	0
K1	2013	부산	31	1	2	6	81	9	0
	2018	수원	7	6	0	0	6	1	0
	2020	부산	19	7	1	1	26	6	0
	합계		57	14	3	7	113	16	0
K2	2019	부산	33	4	2	7	55	6	1
	2021	부산	6	4	0	0	3	1	0
	합계		39	8	2	7	58	7	1
프로통산			167	47	10	23	301	43	1

박종우(朴鐘佑) 숭실대 1979.04.11

대회	연도	소속	출전	교체	득점	도움	파울	경고	퇴장
BC	2002	전남	24	4	1	2	32	2	0
	2003	전남	26	7	0	4	26	4	0
	2004	광주상무	32	8	3	1	41	5	0
	2005	광주상무	28	9	1	3	35	1	0
	2006	전남	31	8	0	2	48	5	0
	2007	경남	29	11	3	3	43	3	0
	2008	경남	28	7	1	2	34	7	0
	2009	경남	1	0	0	0	3	1	0
	합계		199	54	9	17	262	28	0
프로통산			199	54	9	17	262	28	0

박종욱(朴鍾旭) 울산대 1975.01.11

대회	연도	소속	출전	교체	득점	도움	파울	경고	퇴장
BC	1997	울산	20	6	1	0	34	4	0
	1998	울산	1	1	0	0	0	0	0
	1999	울산	21	9	0	0	30	3	0
	2000	울산	18	2	0	1	29	3	0
	2001	울산	7	7	0	0	3	1	0
	2002	울산	9	8	0	0	7	1	0
	합계		76	33	1	1	103	12	0
프로통산			76	33	1	1	103	12	0

박종원(朴鍾遠) 연세대 1955.04.12

대회	연도	소속	출전	교체	득점	도움	파울	경고	퇴장
BC	1983	대우	10	6	0	1	7	0	0
	1984	대우	9	5	1	0	10	0	0
	1985	대우	3	2	0	0	3	0	0
	합계		22	13	1	1	20	0	0
프로통산			22	13	1	1	20	0	0

박종윤(朴鐘允) 호남대 1987.12.17

대회	연도	소속	출전	교체	득점	도움	파울	경고	퇴장
BC	2010	경남	3	1	0	0	0	0	0
	합계		3	1	0	0	0	0	0
프로통산			3	1	0	0	0	0	0

박종인(朴鍾仁) 호남대 1988.11.12

대회	연도	소속	출전	교체	득점	도움	파울	경고	퇴장
BC	2012	광주	1	1	0	0	0	0	0
	합계		1	1	0	0	0	0	0
K2	2013	광주	10	10	0	1	12	2	0
	합계		10	10	0	1	12	2	0
프로통산			11	11	0	1	12	2	0

박종인(朴鍾仁) 동아대 1974.04.10

대회	연도	소속	출전	교체	득점	도움	파울	경고	퇴장
BC	1997	안양LG	8	6	2	0	5	0	0
	1998	안양LG	18	11	2	1	29	2	0
	1999	안양LG	15	15	2	1	10	3	0
	2000	안양LG	3	3	0	0	1	0	0
	합계		44	35	6	2	45	5	0
프로통산			44	35	6	2	45	5	0

박종준(朴鐘俊) 영생고 2000.05.12

대회	연도	소속	출전	교체	**실점**	도움	파울	경고	퇴장
K2	2021	안산	0	0	0	0	0	0	0
	합계		0	0	0	0	0	0	0
프로통산			0	0	0	0	0	0	0

박종진(朴宗眞) 숭실대 1987.06.24

대회	연도	소속	출전	교체	득점	도움	파울	경고	퇴장
BC	2009	강원	26	23	1	3	9	1	0
	2010	강원	4	4	0	0	2	0	0
	2010	수원	12	11	0	0	13	0	0
	2011	수원	21	17	1	2	21	3	0
	2012	수원	17	17	1	2	13	0	0
	합계		80	72	3	7	58	4	0
K1	2013	수원	4	4	0	0	2	0	0
	2015	수원	0	0	0	0	0	0	0
	2016	인천	8	7	0	0	3	1	0
	2017	인천	25	16	0	0	20	3	0
	2018	인천	15	14	1	1	11	0	0
	합계		52	41	1	1	36	4	0
K2	2013	경찰	5	1	0	0	8	0	0
	2014	안산경찰	25	11	0	1	24	6	0
	2015	안산경찰	8	5	0	0	9	0	0
	합계		38	17	0	1	41	6	0
프로통산			170	130	4	9	135	14	0

박종진(朴鐘珍) 호남대 1980.05.04

대회	연도	소속	출전	교체	득점	도움	파울	경고	퇴장
BC	2003	대구	39	5	0	1	47	4	0
	2004	대구	27	4	0	0	27	4	0
	2005	대구	30	9	0	1	54	5	0
	2006	대구	36	3	0	1	76	7	0
	2007	대구	28	1	1	0	24	3	0
	2008	광주상무	28	3	0	0	36	7	0
	2009	대구	1	1	0	0	1	0	0
	2010	대구	21	7	0	1	31	5	0
	2011	대구	18	6	0	0	17	3	0
	2012	대구	24	2	0	0	36	6	0
	합계		252	41	1	4	349	44	0
K1	2013	대구	11	1	0	0	14	2	0
	합계		11	1	0	0	14	2	0
K2	2014	대구	7	3	0	0	3	0	0
	합계		7	3	0	0	3	0	0
프로통산			270	45	1	4	366	46	0

박종찬(朴鍾燦) 한남대 1981.10.02

대회	연도	소속	출전	교체	득점	도움	파울	경고	퇴장
BC	2005	인천	1	1	0	0	0	0	0
	합계		1	1	0	0	0	0	0
K2	2013	수원FC	31	11	11	1	46	7	1
	2014	수원FC	20	15	3	1	21	3	0
	2015	수원FC	7	7	1	0	3	0	0
	합계		58	33	15	2	70	10	1
프로통산			59	34	15	2	70	10	1

박종찬(朴鍾瓚) 서울시립대 1971.02.08

대회	연도	소속	출전	교체	득점	도움	파울	경고	퇴장
BC	1993	일화	22	18	0	0	7	1	0
	1994	일화	1	1	0	0	0	0	0
	1995	일화	3	2	0	0	0	0	0
	1996	천안일화	1	1	0	0	0	0	0
	합계		27	22	0	0	7	1	0
프로통산			27	22	0	0	7	1	0

박종필(朴鍾弼) 한양공고 1976.10.17

대회	연도	소속	출전	교체	득점	도움	파울	경고	퇴장
BC	1995	전북	3	3	0	0	0	0	0
	1996	전북	3	3	0	0	0	0	0
	1997	전북	2	2	0	0	0	0	0
	합계		8	8	0	0	0	0	0
프로통산			8	8	0	0	0	0	0

박종현(朴終泫) 숭실대 2000.11.24

대회	연도	소속	출전	교체	득점	도움	파울	경고	퇴장
K2	2022	안양	36	12	0	0	36	5	0
	합계		36	12	0	0	36	5	0
승	2022	안양	2	0	0	0	3	1	0
	합계		2	0	0	0	3	1	0
프로통산			38	12	0	0	39	6	0

박주성(朴住成) 마산공고 1984.02.20

대회	연도	소속	출전	교체	득점	도움	파울	경고	퇴장
BC	2003	수원	11	9	0	0	12	0	0
	2004	수원	7	5	0	1	8	2	0
	2005	광주상무	3	1	0	0	2	0	0
	2006	광주상무	25	12	0	1	29	6	1
	2006	수원	1	1	0	0	0	0	0
	2007	수원	6	1	0	0	7	0	0
	2008	수원	1	1	0	0	0	0	0
	합계		54	30	0	2	58	8	1
K1	2013	경남	17	9	0	0	33	3	0
	2014	경남	35	2	1	0	36	2	0
	합계		52	11	1	0	69	5	0
K2	2016	경남	8	5	0	0	7	2	0
	2017	대전	9	1	0	0	3	3	0
	합계		17	6	0	0	10	5	0
승	2014	경남	1	0	0	0	0	0	0
	합계		1	0	0	0	0	0	0
프로통산			124	47	1	2	137	18	1

박주영(朴主永) 고려대 1985.07.10

대회	연도	소속	출전	교체	득점	도움	파울	경고	퇴장
BC	2005	서울	30	5	18	4	35	2	0
	2006	서울	30	16	8	1	25	0	0

	2007	서울	14	7	5	0	7	0	0
	2008	서울	17	7	2	4	19	2	0
	합계		91	35	33	9	86	4	0
K1	2015	서울	23	13	7	2	24	2	0
	2016	서울	34	24	10	1	35	3	0
	2017	서울	34	31	8	1	28	0	0
	2018	서울	20	17	3	0	19	1	0
	2019	서울	35	16	10	7	34	2	0
	2020	서울	23	8	4	2	17	0	0
	2021	서울	17	15	0	0	12	1	0
	2022	울산	6	6	0	0	2	0	0
	합계		192	130	42	13	171	9	0
승	2018	서울	2	2	1	1	1	0	0
	합계		2	2	1	1	1	0	0
프로통산			285	167	76	23	258	13	0

박주원(朴株元) 홍익대 1990.10.19

대회	연도	소속	출전	교체	실점	도움	파울	경고	퇴장
K1	2013	대전	0	0	0	0	0	0	0
	2015	대전	22	0	41	0	0	2	0
	합계		22	0	41	0	0	2	0
K2	2014	대전	16	1	12	0	2	2	0
	2016	대전	27	0	34	0	1	1	0
	2017	아산	0	0	0	0	0	0	0
	2018	아산	14	0	12	0	0	1	0
	2018	대전	2	0	2	0	0	0	0
	2019	대전	29	0	34	0	0	0	0
	2020	대전	0	0	0	0	0	0	0
	2021	대전	2	0	1	0	0	0	0
	2022	충남아산	27	4	25	1	1	1	0
	합계		117	5	120	1	4	5	0
승	2021	대전	0	0	0	0	0	0	0
	합계		0	0	0	0	0	0	0
프로통산			139	5	161	1	4	7	0

박주원(朴周元) 부산대 1960.01.28

대회	연도	소속	출전	교체	득점	도움	파울	경고	퇴장
BC	1984	현대	5	4	0	0	0	0	0
	합계		5	4	0	0	0	0	0
프로통산			5	4	0	0	0	0	0

박주현(朴株炫) 관동대(가톨릭관동대) 1984.09.29

대회	연도	소속	출전	교체	득점	도움	파울	경고	퇴장
BC	2007	대전	6	5	1	0	11	0	0
	2008	대전	8	4	2	0	14	3	0
	2010	대전	2	2	1	0	0	0	0
	합계		16	11	4	0	25	3	0
프로통산			16	11	4	0	25	3	0

박주호(朴主護) 숭실대 1987.01.16

대회	연도	소속	출전	교체	득점	도움	파울	경고	퇴장
K1	2018	울산	17	11	0	0	23	2	0
	2019	울산	23	7	0	1	22	5	0
	2020	울산	12	3	0	1	16	1	0
	2021	수원FC	29	7	0	0	32	5	0
	2022	수원FC	32	10	0	1	38	5	0
	합계		113	38	0	3	131	18	0
프로통산			113	38	0	3	131	18	0

박준강(朴埈江) 상지대 1991.06.06

대회	연도	소속	출전	교체	득점	도움	파울	경고	퇴장
K1	2013	부산	30	0	1	0	35	8	0
	2014	부산	14	1	0	1	20	5	0
	2015	부산	20	7	0	0	13	1	0
	2016	상주	9	1	0	0	12	3	0
	2017	상주	7	2	0	0	7	1	0
	2020	부산	19	8	0	1	24	7	0
	2021	광주	1	1	0	0	1	0	0
	합계		100	20	1	2	112	25	0
K2	2018	부산	14	9	1	1	13	1	0
	2019	부산	14	8	0	2	21	3	0
	2022	광주	3	3	0	0	0	0	0
	합계		31	20	1	3	34	4	0
승	2015	부산	2	1	0	0	2	1	0
	2019	부산	1	1	0	0	0	0	0
	합계		3	2	0	0	2	1	0
프로통산			134	42	2	5	148	30	0

박준성(朴俊成) 조선대 1984.09.11

대회	연도	소속	출전	교체	득점	도움	파울	경고	퇴장
BC	2007	제주	6	5	0	0	10	1	0
	합계		6	5	0	0	10	1	0
프로통산			6	5	0	0	10	1	0

박준승(朴俊勝) 홍익대 1990.02.27

대회	연도	소속	출전	교체	득점	도움	파울	경고	퇴장
K2	2013	경찰	6	6	0	0	0	0	0
	합계		6	6	0	0	0	0	0
프로통산			6	6	0	0	0	0	0

박준영(朴俊泳) 광운대 1995.03.15

대회	연도	소속	출전	교체	득점	도움	파울	경고	퇴장
K1	2018	서울	0	0	0	0	0	0	0
	2019	서울	1	1	0	0	0	0	0
	합계		1	1	0	0	0	0	0
K2	2020	안산	6	2	0	0	8	1	0
	2021	안산	3	3	0	0	1	0	0
	합계		9	5	0	0	9	1	0
프로통산			10	6	0	0	9	1	0

박준영(朴濬英) 서울E U18 2003.06.06

대회	연도	소속	출전	교체	득점	도움	파울	경고	퇴장
K2	2022	서울E	18	18	1	0	8	1	0
	합계		18	18	1	0	8	1	0
프로통산			18	18	1	0	8	1	0

박준영(朴俊英) 광양제철고 1981.07.08

대회	연도	소속	출전	교체	실점	도움	파울	경고	퇴장
BC	2000	전남	0	0	0	0	0	0	0
	2003	대구	0	0	0	0	0	0	0
	2004	대구	0	0	0	0	0	0	0
	2005	대구	2	0	6	0	0	0	0
	합계		2	0	6	0	0	0	0
프로통산			2	0	6	0	0	0	0

박준오(朴俊五) 대구대 1986.03.01

대회	연도	소속	출전	교체	실점	도움	파울	경고	퇴장
BC	2010	대구	0	0	0	0	0	0	0
	합계		0	0	0	0	0	0	0
프로통산			0	0	0	0	0	0	0

박준태(朴俊泰) 고려대 1989.12.02

대회	연도	소속	출전	교체	득점	도움	파울	경고	퇴장
BC	2009	울산	8	8	0	0	4	0	0
	2010	울산	1	1	0	0	0	0	0
	2011	인천	26	25	5	1	10	2	0
	2012	인천	27	26	3	0	21	2	0
	합계		62	60	8	1	35	4	0
K1	2013	전남	27	17	1	1	22	1	0
	2014	전남	7	9	0	0	3	0	0
	2016	상주	24	14	8	1	13	1	0
	2016	전남	4	4	0	0	3	0	0
	2018	전남	8	6	0	0	12	0	0
	합계		70	50	9	2	53	2	0
K2	2015	상주	2	2	0	0	3	1	0
	2017	부산	23	18	2	3	17	1	0
	합계		25	20	2	3	20	2	0
승	2017	부산	1	1	0	0	2	0	0
	합계		1	1	0	0	2	0	0
프로통산			158	131	19	6	110	8	0

박준혁(朴俊赫) 전주대 1987.04.11

대회	연도	소속	출전	교체	실점	도움	파울	경고	퇴장
BC	2010	경남	0	0	0	0	0	0	0
	2011	대구	24	0	32	0	1	4	1
	2012	대구	38	0	53	0	2	2	0
	합계		62	0	85	0	3	6	1
K1	2013	제주	31	0	38	0	1	4	0
	2014	성남	35	0	33	0	0	2	0
	2015	성남	32	0	26	0	0	4	0
	2016	성남	3	0	4	0	0	0	0
	합계		101	0	101	0	1	10	0
K2	2018	대전	18	0	17	0	0	1	0
	2019	전남	31	0	38	0	0	3	0
	2020	전남	24	0	22	0	1	4	0
	2021	전남	15	0	12	0	0	1	0
	합계		88	0	89	0	1	9	0
프로통산			251	0	275	0	5	25	1

박준형(朴俊炯) 동의대 1993.01.25

대회	연도	소속	출전	교체	득점	도움	파울	경고	퇴장
K1	2019	수원	2	1	0	0	2	1	0
	합계		2	1	0	0	2	1	0
프로통산			2	1	0	0	2	1	0

박준홍(朴埈弘) 연세대 1978.04.13

대회	연도	소속	출전	교체	득점	도움	파울	경고	퇴장
BC	2001	부산	7	7	0	0	4	0	0
	2002	부산	10	6	0	0	10	0	0
	2003	광주상무	20	7	0	0	13	3	0
	2004	광주상무	15	1	0	0	25	1	0
	2005	부산	16	3	0	0	26	3	0
	2006	부산	5	4	0	0	3	1	0
	합계		73	28	0	0	81	8	0
프로통산			73	28	0	0	81	8	0

박준희(朴畯熙) 건국대 1991.03.01

대회	연도	소속	출전	교체	득점	도움	파울	경고	퇴장
K1	2014	포항	1	0	0	0	3	0	0
	2015	포항	3	2	0	0	4	0	0
	2016	포항	13	11	0	0	14	3	0
	2020	광주	2	1	0	0	1	0	0
	합계		19	14	0	0	22	3	0
K2	2017	안산	22	4	1	0	16	5	1
	2018	안산	31	3	2	2	31	4	0
	2019	안산	32	9	1	3	35	2	0
	2021	부천	17	6	0	1	15	3	0
	2022	김포	11	2	0	0	9	3	0
	합계		113	24	4	6	106	17	1
프로통산			132	38	4	6	128	20	1

박중천(朴重天) 명지대 1983.10.11

대회	연도	소속	출전	교체	실점	도움	파울	경고	퇴장
BC	2006	제주	0	0	0	0	0	0	0
	2009	제주	0	0	0	0	0	0	0
	합계		0	0	0	0	0	0	0
프로통산			0	0	0	0	0	0	0

박지민(朴智敏) 경희대 1994.03.07

대회	연도	소속	출전	교체	득점	도움	파울	경고	퇴장
K1	2014	경남	4	4	0	0	0	1	0
	합계		4	4	0	0	0	1	0
K2	2015	충주	12	12	1	0	6	0	0
	2016	충주	31	24	5	1	27	3	0
	합계		43	36	6	1	33	3	0
프로통산			47	40	6	1	33	4	0

박지민(朴志旼) 매탄고 2000.05.25

대회	연도	소속	출전	교체	실점	도움	파울	경고	퇴장
K1	2018	수원	0	0	0	0	0	0	0
	2019	수원	1	0	4	0	0	0	0
	2020	상주	3	0	2	0	0	1	0
	2021	수원	0	0	0	0	0	0	0
	2022	수원	2	1	2	0	1	0	0
	합계		6	1	8	0	1	1	0
K2	2021	김천	1	0	2	0	1	0	0
	합계		1	0	2	0	1	0	0
승	2022	수원	0	0	0	0	0	0	0
	합계		0	0	0	0	0	0	0
프로통산			7	1	10	0	2	1	0

박지수(朴志水) 대건고 1994.06.13

대회	연도	소속	출전	교체	득점	도움	파울	경고	퇴장
K1	2018	경남	33	3	2	0	31	7	0
	2021	수원FC	14	1	0	1	21	8	1
	2022	김천	30	7	1	1	17	4	0
	합계		77	11	3	2	69	19	1
K2	2015	경남	28	16	1	1	17	4	0
	2016	경남	35	4	1	0	40	7	0
	2017	경남	33	0	2	1	39	5	0
	2021	김천	7	0	1	0	6	0	0
	합계		103	20	5	2	102	16	0
승	2022	김천	2	0	0	0	0	0	0
	합계		2	0	0	0	0	0	0
프로통산			182	31	8	4	171	35	1

박지영(朴至永) 건국대 1987.02.07

대회	연도	소속	출전	교체	실점	도움	파울	경고	퇴장
BC	2010	수원	0	0	0	0	0	0	0
	합계		0	0	0	0	0	0	0
K1	2014	상주	1	0	1	0	1	0	0
	합계		1	0	1	0	1	0	0
K2	2013	안양	2	0	3	0	0	0	0
	2015	상주	1	0	0	0	0	0	0
	2015	안양	0	0	0	0	0	0	0
	합계		3	0	3	0	0	0	0
프로통산			4	0	4	0	1	0	0

박지용(朴志容) 대전상업정보고 1983.05.28

대회	연도	소속	출전	교체	득점	도움	파울	경고	퇴장
BC	2004	전남	3	2	0	0	2	0	0
	2007	전남	8	4	0	0	19	5	0
	2008	전남	12	3	0	0	16	5	0
	2009	전남	23	6	0	1	30	7	0
	2010	전남	4	2	0	0	1	0	0
	2011	강원	12	0	0	0	26	7	0
	합계		62	17	0	1	94	24	0
프로통산			62	17	0	1	94	24	0

박지원(朴祉原) 선문대 2000.11.01

대회	연도	소속	출전	교체	득점	도움	파울	경고	퇴장
K1	2022	성남	8	8	0	0	0	0	0
	합계		8	8	0	0	0	0	0
프로통산			8	8	0	0	0	0	0

박지호(朴志鎬) 인천대 1970.07.04

대회	연도	소속	출전	교체	득점	도움	파울	경고	퇴장
BC	1993	LG	26	22	0	0	18	4	0
	1994	LG	4	4	0	1	5	1	0
	1995	포항	6	5	0	1	13	0	0
	1996	포항	9	7	1	0	7	3	0
	1997	포항	20	14	5	0	31	3	0
	1999	천안일화	5	5	0	1	6	0	0
	합계		70	57	6	3	80	11	0
프로통산			70	57	6	3	80	11	0

박진섭(朴鎭燮) 서울문화예술대 1995.10.23

대회	연도	소속	출전	교체	득점	도움	파울	경고	퇴장
K1	2022	전북	33	4	2	0	43	5	0
	합계		33	4	2	0	43	5	0
K2	2018	안산	26	4	2	0	30	5	0
	2019	안산	36	6	5	1	59	3	0
	2020	대전	24	3	3	1	48	6	0
	2021	대전	33	1	5	2	66	10	0
	합계		119	14	15	4	203	24	0
승	2021	대전	2	0	0	1	7	0	0
	합계		2	0	0	1	7	0	0
프로통산			154	18	17	5	253	29	0

박진섭(朴珍燮) 고려대 1977.03.11

대회	연도	소속	출전	교체	득점	도움	파울	경고	퇴장
BC	2002	울산	33	10	2	4	51	3	1
	2003	울산	41	10	1	6	65	6	0
	2004	울산	28	2	0	2	42	6	0
	2005	울산	14	0	0	2	17	3	0
	2005	성남일화	21	5	0	1	25	3	0
	2006	성남일화	35	18	0	3	34	2	0
	2007	성남일화	24	8	0	4	27	7	0
	2008	성남일화	35	3	0	2	31	6	0
	2009	부산	27	1	0	1	29	8	0
	2010	부산	26	3	0	2	27	9	0
	합계		284	60	3	27	348	53	1
프로통산			284	60	3	27	348	53	1

박진성(朴眞珵) 연세대 2001.05.15

대회	연도	소속	출전	교체	득점	도움	파울	경고	퇴장
K1	2021	전북	11	6	0	0	9	4	0
	2022	전북	12	11	0	0	7	1	0
	합계		23	17	0	0	16	5	0
프로통산			23	17	0	0	16	5	0

박진수(朴鎭秀) 고려대 1987.03.01

대회	연도	소속	출전	교체	득점	도움	파울	경고	퇴장
K2	2013	충주	33	3	3	1	63	7	0
	2014	충주	30	13	1	2	34	2	0
	2015	충주	11	10	0	0	3	0	0
	합계		74	26	4	3	100	9	0
프로통산			74	26	4	3	100	9	0

박진옥(朴鎭玉) 경희대 1982.05.28

대회	연도	소속	출전	교체	득점	도움	파울	경고	퇴장
BC	2005	부천SK	29	25	1	0	15	1	0
	2006	제주	24	11	0	0	28	4	0
	2007	제주	28	4	1	0	36	1	0
	2008	제주	15	10	0	0	14	0	0
	2009	광주상무	11	8	0	0	15	0	0
	2010	광주상무	10	7	0	0	9	0	0
	2010	제주	0	0	0	0	0	0	0
	2011	제주	21	6	0	1	27	2	0
	2012	제주	16	9	0	0	16	3	0
	합계		154	80	2	1	160	11	0
K1	2013	대전	30	5	0	0	31	2	0
	합계		30	5	0	0	31	2	0
K2	2014	광주	8	2	0	0	16	1	0
	합계		8	2	0	0	16	1	0
프로통산			192	87	2	1	207	14	0

박진이(朴眞伊) 아주대 1983.04.05

대회	연도	소속	출전	교체	득점	도움	파울	경고	퇴장
BC	2007	경남	7	5	0	0	4	1	0
	2008	경남	20	4	0	1	26	2	0
	2009	경남	3	2	0	0	4	0	0
	합계		30	11	0	1	34	3	0
프로통산			30	11	0	1	34	3	0

박진포(朴珍鋪) 대구대 1987.08.13

대회	연도	소속	출전	교체	득점	도움	파울	경고	퇴장
BC	2011	성남일화	32	2	0	3	62	6	0
	2012	성남일화	40	0	0	3	74	7	0
	합계		72	2	0	6	136	13	0
K1	2013	성남일화	35	3	1	5	55	8	0
	2014	성남	32	2	1	2	45	6	0
	2016	상주	20	2	0	1	24	3	0
	2016	성남	3	1	0	0	3	1	0
	2017	제주	12	0	1	1	21	6	0
	2018	제주	26	0	0	2	17	3	0
	2019	제주	22	3	0	2	46	5	0
	합계		150	11	3	13	211	32	0
K2	2015	상주	32	3	3	3	35	4	0
	합계		32	3	3	3	35	4	0
승	2016	성남	1	0	0	0	1	0	0
	합계		1	0	0	0	1	0	0
프로통산			255	16	6	22	383	49	0

박찬용(朴璨溶) 대구대 1996.01.27

대회	연도	소속	출전	교체	득점	도움	파울	경고	퇴장
K1	2022	포항	33	2	0	0	35	5	0
	합계		33	2	0	0	35	5	0
K2	2020	전남	24	0	2	0	18	4	0
	2021	전남	33	3	0	2	39	4	0
	합계		57	3	2	2	57	8	0
프로통산			90	5	2	2	92	13	0

박찬울(朴찬울) 수원대 1993.04.28

대회	연도	소속	출전	교체	득점	도움	파울	경고	퇴장
K2	2017	안산	13	3	0	0	14	2	0
	합계		13	3	0	0	14	2	0
프로통산			13	3	0	0	14	2	0

박창선(朴昌善) 경희대 1954.02.02

대회	연도	소속	출전	교체	득점	도움	파울	경고	퇴장
BC	1983	할렐루야	15	1	3	6	24	3	0
	1984	대우	28	0	6	7	29	0	0
	1985	대우	5	0	0	2	6	1	0
	1986	대우	12	4	0	1	16	0	0
	1987	유공	13	3	2	1	24	0	0
	합계		73	8	11	17	99	4	0
프로통산			73	8	11	17	99	4	0

박창주(朴昌宙) 단국대 1972.09.30

대회	연도	소속	출전	교체	실점	도움	파울	경고	퇴장
BC	1999	울산	2	1	5	0	0	0	0
	2000	울산	0	0	0	0	0	0	0
	2001	울산	0	0	0	0	0	0	0
	합계		2	1	5	0	0	0	0
프로통산			2	1	5	0	0	0	0

박창준(朴彰俊) 아주대 1996.12.23

대회	연도	소속	출전	교체	득점	도움	파울	경고	퇴장
K1	2018	강원	14	6	0	1	17	3	0
	2019	강원	13	13	1	1	9	2	0
	합계		27	19	1	2	26	5	0
K2	2020	경남	22	20	2	1	24	4	0
	2021	부천	29	13	13	1	35	4	1
	2022	부천	30	28	6	3	30	4	0
	합계		81	61	21	5	89	12	1
프로통산			108	80	22	7	115	17	1

박창헌(朴昌憲) 동국대 1985.12.12

대회	연도	소속	출전	교체	득점	도움	파울	경고	퇴장
BC	2008	인천	14	6	0	0	21	3	0
	2009	인천	14	11	0	0	16	1	0
	2010	인천	11	10	0	0	12	1	0
	2011	경남	4	3	0	0	5	0	0
	합계		43	30	0	0	54	5	0
프로통산			43	30	0	0	54	5	0

박창현(朴昶鉉) 한양대 1966.06.08

대회	연도	소속	출전	교체	득점	도움	파울	경고	퇴장
BC	1989	포항제철	29	13	3	2	23	3	0
	1992	포항제철	28	8	7	4	26	1	0
	1993	포항제철	23	16	4	2	27	0	0
	1994	포항제철	20	15	1	0	15	2	0
	1995	전남	8	7	0	0	6	0	0
	합계		108	59	15	8	97	6	0
프로통산			108	59	15	8	97	6	0

박창환(朴昶奐) 숭실고 2001.11.21

대회	연도	소속	출전	교체	득점	도움	파울	경고	퇴장
K1	2021	인천	23	22	0	0	13	2	0
	2022	인천	10	10	0	0	5	1	0
	합계		33	32	0	0	18	3	0
프로통산			33	32	0	0	18	3	0

박채준(朴採浚) 영생고 2003.05.26

대회	연도	소속	출전	교체	득점	도움	파울	경고	퇴장
K1	2022	전북	0	0	0	0	0	0	0
	합계		0	0	0	0	0	0	0
프로통산			0	0	0	0	0	0	0

박천신(朴天申) 동의대 1983.11.04

대회	연도	소속	출전	교체	득점	도움	파울	경고	퇴장
BC	2006	전남	2	2	0	0	4	1	0

대회	연도	소속	출전	교체	득점	도움	파울	경고	퇴장
	2007	전남	3	3	0	0	2	0	0
	합계		5	5	0	0	6	1	0
프로통산			5	5	0	0	6	1	0

박철(朴徹) 대구대 1973.08.20

대회	연도	소속	출전	교체	득점	도움	파울	경고	퇴장
BC	1994	LG	25	2	2	0	22	3	0
	1995	LG	23	0	2	1	47	5	0
	1996	안양LG	19	10	1	0	18	2	0
	1999	부천SK	27	2	0	0	32	5	0
	2000	부천SK	32	2	1	1	27	1	0
	2001	부천SK	27	2	0	1	24	1	0
	2002	부천SK	27	3	1	0	15	1	0
	2003	대전	25	5	0	0	14	2	0
	2004	대전	24	1	0	0	10	1	0
	2005	대전	16	3	0	1	15	0	0
	합계		245	30	7	4	224	21	0
프로통산			245	30	7	4	224	21	0

박철우(朴哲佑) 국제사이버대 1997.10.21

대회	연도	소속	출전	교체	득점	도움	파울	경고	퇴장
K2	2022	충남아산	25	21	1	0	25	3	0
	합계		25	21	1	0	25	3	0
프로통산			25	21	1	0	25	3	0

박철우(朴哲祐) 청주상고 1965.09.29

대회	연도	소속	출전	교체	실점	도움	파울	경고	퇴장
BC	1985	포항제철	11	0	7	0	0	0	0
	1986	포항제철	3	0	5	0	0	0	0
	1991	포항제철	28	1	31	0	2	0	0
	1992	LG	13	1	17	0	0	0	0
	1993	LG	29	1	30	0	2	1	0
	1994	LG	20	2	30	0	1	0	0
	1995	전남	11	5	15	0	0	0	0
	1996	수원	22	0	18	0	2	2	0
	1997	수원	19	0	23	0	1	2	0
	1998	전남	15	0	12	0	0	1	0
	1999	전남	19	1	29	0	0	0	0
	합계		190	11	217	0	8	6	0
프로통산			190	11	217	0	8	6	0

박철웅(朴鐵雄) 영남대 1958.04.15

대회	연도	소속	출전	교체	득점	도움	파울	경고	퇴장
BC	1983	포항제철	4	4	0	0	0	0	0
	1984	포항제철	1	0	0	0	0	0	0
	합계		5	4	0	0	0	0	0
프로통산			5	4	0	0	0	0	0

박철형(朴哲亨) 울산대 1982.03.17

대회	연도	소속	출전	교체	득점	도움	파울	경고	퇴장
BC	2005	부천SK	2	2	0	0	0	0	0
	2006	제주	4	4	0	0	2	0	0
	합계		6	6	0	0	2	0	0
프로통산			6	6	0	0	2	0	0

박청효(朴青孝) 연세대 1990.02.13

대회	연도	소속	출전	교체	득점	도움	파울	경고	퇴장
K1	2013	경남	10	0	0	0	0	1	0
	2014	경남	0	0	0	0	0	0	0
	합계		10	0	0	0	0	1	0
K2	2014	충주	8	0	0	0	0	1	0
	2015	충주	4	0	0	0	0	0	0
	2017	수원FC	4	0	0	0	0	1	0
	합계		16	0	0	0	0	2	0
프로통산			26	0	0	0	0	3	0

박충균(朴忠均) 건국대 1973.06.20

대회	연도	소속	출전	교체	득점	도움	파울	경고	퇴장
BC	1996	수원	10	3	0	0	14	1	0
	1997	수원	12	4	0	0	30	3	0
	1998	수원	2	1	0	0	3	0	0
	2001	수원	2	1	0	0	0	0	0
	2001	성남일화	9	4	1	1	12	2	0
	2002	성남일화	10	4	0	1	14	2	0
	2003	성남일화	25	9	0	1	45	4	0
	2004	부산	14	9	0	0	12	3	0
	2005	부산	10	1	0	0	16	0	0
	2006	대전	22	8	0	0	43	4	0
	2007	부산	10	6	0	0	14	2	0
	합계		126	50	1	3	203	21	0
프로통산			126	50	1	3	203	21	0

박태민(朴太民) 연세대 1986.01.21

대회	연도	소속	출전	교체	득점	도움	파울	경고	퇴장
BC	2008	수원	6	3	0	0	12	0	0
	2009	수원	2	1	0	0	3	0	0
	2010	수원	2	1	0	0	3	0	0
	2011	부산	23	7	1	1	34	4	0
	2012	인천	40	5	0	4	44	3	0
	합계		73	17	1	5	96	7	0
K1	2013	인천	36	1	3	0	46	6	0
	2014	인천	36	1	1	2	37	4	0
	2015	성남	20	2	0	1	30	3	0
	2016	성남	1	0	0	0	0	0	0
	합계		93	4	4	3	113	13	0
K2	2018	성남	7	2	0	0	9	0	0
	합계		7	2	0	0	9	0	0
프로통산			173	23	5	8	218	20	0

박태수(朴太洙) 홍익대 1989.12.01

대회	연도	소속	출전	교체	득점	도움	파울	경고	퇴장
BC	2011	인천	6	3	0	0	10	2	0
	2012	인천	2	1	0	0	3	0	0
	합계		8	4	0	0	13	2	0
K1	2013	대전	14	5	0	0	33	5	0
	합계		14	5	0	0	33	5	0
K2	2014	충주	25	1	1	4	59	10	0
	2015	안양	22	10	0	1	28	3	0
	합계		47	11	1	5	87	13	0
프로통산			69	20	1	5	133	20	0

박태웅(朴泰雄) 숭실대 1988.01.30

대회	연도	소속	출전	교체	득점	도움	파울	경고	퇴장
BC	2010	경남	2	1	0	0	2	1	0
	2011	강원	14	5	0	1	30	5	0
	2012	강원	8	6	0	0	16	3	0
	2012	수원	8	5	0	1	14	3	0
	합계		32	17	0	2	62	12	0
K1	2013	수원	0	0	0	0	0	0	0
	2014	상주	0	0	0	0	0	0	0
	합계		0	0	0	0	0	0	0
K2	2013	상주	2	0	0	0	5	2	0
	2016	경남	7	7	0	0	17	2	0
	합계		9	7	0	0	22	4	0
승	2013	상주	0	0	0	0	0	0	0
	합계		0	0	0	0	0	0	0
프로통산			41	24	0	2	84	16	0

박태원(朴泰元) 순천고 1977.04.12

대회	연도	소속	출전	교체	득점	도움	파울	경고	퇴장
BC	2000	전남	1	1	0	0	1	0	0
	합계		1	1	0	0	1	0	0
프로통산			1	1	0	0	1	0	0

박태윤(朴泰潤) 중앙대 1991.04.05

대회	연도	소속	출전	교체	득점	도움	파울	경고	퇴장
K1	2014	울산	0	0	0	0	0	0	0
	합계		0	0	0	0	0	0	0
프로통산			0	0	0	0	0	0	0

박태준(朴泰濬) 풍생고 1999.01.19

대회	연도	소속	출전	교체	득점	도움	파울	경고	퇴장
K1	2019	성남	9	5	0	0	13	2	0
	2020	성남	17	12	2	0	14	0	0
	2021	성남	8	7	0	0	6	1	0
	합계		34	24	2	0	33	3	0
K2	2018	성남	20	10	1	0	25	3	0
	2021	안양	20	4	0	6	26	1	0
	2022	서울E	12	10	0	1	6	2	0
	합계		52	24	1	7	57	6	0
프로통산			86	48	3	7	90	9	0

박태하(朴泰夏) 대구대 1968.05.29

대회	연도	소속	출전	교체	득점	도움	파울	경고	퇴장
BC	1991	포항제철	31	6	3	0	52	4	0
	1992	포항제철	35	11	5	7	55	4	0
	1993	포항제철	5	4	0	0	2	0	0
	1996	포항	36	7	9	4	64	3	0
	1997	포항	18	0	6	4	15	1	0
	1998	포항	38	9	9	10	65	3	0
	1999	포항	31	4	5	4	53	3	0
	2000	포항	35	4	8	2	42	2	0
	2001	포항	32	14	1	6	37	5	0
	합계		261	59	46	37	385	25	0
프로통산			261	59	46	37	385	25	0

박태형(朴泰炯) 단국대 1992.04.07

대회	연도	소속	출전	교체	득점	도움	파울	경고	퇴장
K2	2015	고양	15	4	0	0	10	4	0
	2016	고양	34	1	0	0	25	7	0
	합계		49	5	0	0	35	11	0
프로통산			49	5	0	0	35	11	0

박태홍(朴台洪) 연세대 1991.03.25

대회	연도	소속	출전	교체	득점	도움	파울	경고	퇴장
K1	2017	대구	10	0	0	1	13	4	0
	2019	경남	1	1	0	0	1	1	0
	합계		11	1	0	1	14	5	0
K2	2016	대구	38	0	1	0	64	8	0
	2018	부산	4	1	0	0	8	0	0
	2020	경남	2	1	0	0	4	1	0
	2021	부천	12	6	0	0	12	3	0
	합계		56	8	1	0	88	12	0
프로통산			67	9	1	1	102	17	0

박하빈(朴昰斌) 울산대 1997.04.23

대회	연도	소속	출전	교체	득점	도움	파울	경고	퇴장
K1	2019	울산	1	1	0	0	0	0	0
	합계		1	1	0	0	0	0	0
K2	2021	부천	6	5	0	0	5	2	0
	2022	부천	3	3	0	1	0	0	0
	합계		9	8	0	1	5	2	0
프로통산			10	9	0	1	5	2	0

박한근(朴韓槿) 전주대 1996.05.07

대회	연도	소속	출전	교체	실점	도움	파울	경고	퇴장
K1	2018	제주	1	0	0	0	1	1	0
	2019	제주	0	0	0	0	0	0	0
	합계		1	0	0	0	1	1	0
K2	2021	충남아산	20	0	24	0	0	0	0
	2022	충남아산	14	2	19	0	0	0	0
	합계		34	2	43	0	0	0	0
프로통산			35	2	43	0	1	1	0

박한빈(朴限彬) 신갈고 1997.09.21

대회	연도	소속	출전	교체	득점	도움	파울	경고	퇴장
K1	2017	대구	17	10	0	0	22	2	0
	2018	대구	24	19	3	0	26	2	0
	2019	대구	15	12	0	0	17	0	0
	2020	대구	8	3	1	1	22	2	0
	2021	대구	16	12	0	0	21	5	0
	합계		80	56	4	1	108	11	0
K2	2016	대구	6	6	0	0	4	0	0
	2022	광주	38	11	3	6	33	7	0
	합계		44	17	3	6	37	7	0
프로통산			124	73	7	7	145	18	0

박한석

대회	연도	소속	출전	교체	득점	도움	파울	경고	퇴장
BC	1995	대우	0	0	0	0	0	0	0
	1996	부산	0	0	0	0	0	0	0

		합계	0	0	0	0	0	0	0
프로통산			0	0	0	0	0	0	0

박한수(朴漢洙) 전주대 1991.01.15

대회	연도	소속	출전	교체	득점	도움	파울	경고	퇴장
K2	2017	안산	24	3	3	1	24	5	0
		합계	24	3	3	1	24	5	0
프로통산			24	3	3	1	24	5	0

박한준(朴漢峻) 안양공고 1997.09.12

대회	연도	소속	출전	교체	득점	도움	파울	경고	퇴장
K2	2016	안양	1	1	0	0	0	0	0
	2017	안양	4	4	0	1	2	0	0
		합계	5	5	0	1	2	0	0
프로통산			5	5	0	1	2	0	0

박항서(朴恒緖) 한양대 1959.01.04

대회	연도	소속	출전	교체	득점	도움	파울	경고	퇴장
BC	1984	럭키금성	21	3	2	1	21	2	0
	1985	럭키금성	19	3	4	3	32	3	0
	1986	럭키금성	35	3	6	3	65	4	0
	1987	럭키금성	28	1	7	0	39	3	1
	1988	럭키금성	12	5	1	1	18	2	0
		합계	115	15	20	8	175	14	1
프로통산			115	15	20	8	175	14	1

박헌균(朴憲均) 안양공고 1971.05.29

대회	연도	소속	출전	교체	득점	도움	파울	경고	퇴장
BC	1990	유공	4	4	0	0	1	0	0
		합계	4	4	0	0	1	0	0
프로통산			4	4	0	0	1	0	0

박혁순(朴赫淳) 연세대 1980.03.06

대회	연도	소속	출전	교체	득점	도움	파울	경고	퇴장
BC	2003	안양LG	7	7	0	0	4	1	0
	2006	광주상무	15	11	1	0	7	0	0
	2007	경남	5	4	1	1	9	1	0
	2008	경남	2	1	0	0	1	0	0
		합계	29	23	2	1	21	2	0
프로통산			29	23	2	1	21	2	0

박현(朴賢) 인천대 1988.09.24

대회	연도	소속	출전	교체	득점	도움	파울	경고	퇴장
BC	2011	광주	4	1	0	2	7	0	0
	2012	광주	13	13	2	0	10	0	0
		합계	17	14	2	2	17	0	0
K2	2013	광주	23	17	4	3	25	3	0
	2014	광주	12	9	0	0	12	1	0
		합계	35	26	4	3	37	4	0
프로통산			52	40	6	5	54	4	0

박현범(朴玹範) 연세대 1987.05.07

대회	연도	소속	출전	교체	득점	도움	파울	경고	퇴장
BC	2008	수원	18	10	2	2	19	0	0
	2009	수원	14	11	1	0	8	0	0
	2010	제주	26	4	3	2	28	3	1
	2011	제주	18	1	6	2	20	0	0
	2011	수원	13	3	0	2	23	2	0
	2012	수원	38	8	4	0	63	6	0
		합계	127	37	16	8	161	11	1
K1	2013	수원	14	6	0	0	15	0	0
	2015	수원	2	2	0	0	0	1	0
	2016	수원	8	4	0	0	7	0	0
		합계	24	12	0	0	22	1	0
K2	2014	안산경찰	21	15	0	0	28	3	0
	2015	안산경찰	19	11	1	0	13	1	0
		합계	40	26	1	0	41	4	0
프로통산			191	75	17	8	224	16	1

박현빈(博賢賓) 대건고 2003.05.19

대회	연도	소속	출전	교체	득점	도움	파울	경고	퇴장
K1	2022	인천	1	1	0	0	1	1	0
		합계	1	1	0	0	1	1	0
프로통산			1	1	0	0	1	1	0

박현순 경북산업대(경일대) 1972.01.02

대회	연도	소속	출전	교체	득점	도움	파울	경고	퇴장
BC	1995	포항	0	0	0	0	0	0	0
		합계	0	0	0	0	0	0	0
프로통산			0	0	0	0	0	0	0

박현용(朴鉉用) 아주대 1964.04.06

대회	연도	소속	출전	교체	득점	도움	파울	경고	퇴장
BC	1987	대우	12	10	0	0	7	0	0
	1988	대우	10	10	1	0	10	0	0
	1989	대우	17	3	2	0	28	1	0
	1990	대우	28	3	3	0	46	2	0
	1991	대우	39	0	7	2	35	3	0
	1992	대우	29	0	1	0	36	3	1
	1993	대우	34	0	3	2	37	3	0
	1994	대우	10	0	0	0	6	0	0
	1995	대우	19	5	0	0	21	3	0
		합계	198	31	17	4	226	15	1
프로통산			198	31	17	4	226	15	1

박현우(朴賢優) 진주고 1997.02.21

대회	연도	소속	출전	교체	득점	도움	파울	경고	퇴장
K2	2016	경남	0	0	0	0	0	0	0
		합계	0	0	0	0	0	0	0
프로통산			0	0	0	0	0	0	0

박형근(朴亨根) 경희대 1985.12.14

대회	연도	소속	출전	교체	득점	도움	파울	경고	퇴장
BC	2008	인천	5	5	0	0	1	0	0
		합계	5	5	0	0	1	0	0
프로통산			5	5	0	0	1	0	0

박형민(朴炯旼) 단국대 1994.04.07

대회	연도	소속	출전	교체	실점	도움	파울	경고	퇴장
K1	2017	광주	0	0	0	0	0	0	0
		합계	0	0	0	0	0	0	0
K2	2018	안산	1	0	4	0	0	0	0
		합계	1	0	4	0	0	0	0
프로통산			1	0	4	0	0	0	0

박형주(朴亨珠) 한양대 1972.02.02

대회	연도	소속	출전	교체	득점	도움	파울	경고	퇴장
BC	1999	포항	23	7	0	1	23	0	0
	2000	포항	27	8	0	2	34	4	0
	2001	포항	17	10	0	0	27	5	0
		합계	67	25	0	3	84	9	0
프로통산			67	25	0	3	84	9	0

박형진(朴亨鎭) 고려대 1990.06.24

대회	연도	소속	출전	교체	득점	도움	파울	경고	퇴장
K1	2018	수원	19	1	1	3	21	2	0
	2019	수원	23	8	0	0	29	2	0
	2021	수원	1	1	0	0	0	0	0
	2022	수원	11	10	1	0	6	1	0
		합계	54	20	2	3	56	5	0
승	2022	수원	1	1	0	0	0	0	0
		합계	1	1	0	0	0	0	0
프로통산			55	21	2	3	56	5	0

박호민(朴鎬緡) 고려대 2001.10.09

대회	연도	소속	출전	교체	득점	도움	파울	경고	퇴장
K1	2022	서울	1	1	1	0	0	0	0
		합계	1	1	1	0	0	0	0
프로통산			1	1	1	0	0	0	0

박호영(朴祜永) 개성고 1999.04.07

대회	연도	소속	출전	교체	득점	도움	파울	경고	퇴장
K1	2020	부산	2	2	0	0	3	0	0
		합계	2	2	0	0	3	0	0
K2	2018	부산	2	2	0	0	0	0	0
	2019	부산	7	6	0	0	4	1	0
	2021	부산	27	7	0	0	23	5	0
	2022	부산	2	1	0	0	2	0	0
		합계	38	16	0	0	29	6	0
승	2019	부산	1	1	0	0	0	0	0
		합계	1	1	0	0	0	0	0
프로통산			41	19	0	0	32	6	0

박호용(朴鎬用) 안동고 1991.06.30

대회	연도	소속	출전	교체	득점	도움	파울	경고	퇴장
BC	2011	인천	3	2	0	0	6	2	0
		합계	3	2	0	0	6	2	0
프로통산			3	2	0	0	6	2	0

박호진(朴虎珍) 연세대 1976.10.22

대회	연도	소속	출전	교체	실점	도움	파울	경고	퇴장
BC	1999	수원	0	0	0	0	0	0	0
	2000	수원	1	0	1	0	1	0	0
	2001	수원	11	0	13	0	0	0	0
	2002	수원	5	0	3	0	0	0	0
	2003	광주상무	6	0	9	0	0	0	0
	2004	광주상무	17	1	16	0	0	0	0
	2005	수원	4	0	3	0	0	0	0
	2006	수원	25	1	19	0	0	0	0
	2007	수원	4	0	6	0	0	0	0
	2009	수원	4	0	10	0	0	0	0
	2011	광주	31	0	44	0	1	2	0
	2012	광주	35	0	52	0	0	2	0
		합계	143	2	176	0	2	4	0
K1	2013	강원	15	0	30	0	1	1	0
		합계	15	0	30	0	1	1	0
승	2013	강원	0	0	0	0	0	0	0
		합계	0	0	0	0	0	0	0
프로통산			158	2	206	0	3	5	0

박효빈(朴孝彬) 한양대 1972.01.07

대회	연도	소속	출전	교체	득점	도움	파울	경고	퇴장
BC	1995	유공	18	12	0	0	16	1	0
	1996	부천유공	11	7	0	0	8	3	0
	1997	부천SK	21	20	1	1	15	3	0
	1998	부천SK	7	6	3	0	6	0	0
	1999	안양LG	3	3	0	0	5	0	0
		합계	60	48	4	1	50	7	0
프로통산			60	48	4	1	50	7	0

박효진(朴孝鎭) 한양대 1972.07.22

대회	연도	소속	출전	교체	득점	도움	파울	경고	퇴장
BC	1999	천안일화	1	1	0	0	0	0	0
		합계	1	1	0	0	0	0	0
프로통산			1	1	0	0	0	0	0

박훈(朴勳) 성균관대 1978.02.02

대회	연도	소속	출전	교체	득점	도움	파울	경고	퇴장
BC	2000	대전	6	5	0	0	10	3	0
	2001	대전	1	1	0	0	5	0	0
		합계	7	6	0	0	15	3	0
프로통산			7	6	0	0	15	3	0

박희도(朴禧燾) 동국대 1986.03.20

대회	연도	소속	출전	교체	득점	도움	파울	경고	퇴장
BC	2008	부산	26	19	4	4	48	4	0
	2009	부산	35	10	8	7	66	10	0
	2010	부산	22	10	7	6	46	3	0
	2011	부산	14	8	2	1	24	3	0
	2012	서울	17	17	1	1	18	3	0
		합계	114	64	22	19	202	23	0
K1	2013	전북	34	31	3	3	49	2	0
	2015	전북	0	0	0	0	0	0	0
		합계	34	31	3	3	49	2	0
K2	2014	안산경찰	22	11	4	4	27	4	0
	2015	안산경찰	27	12	4	0	34	3	0
	2016	강원	13	13	0	0	10	1	0
		합계	62	36	8	4	71	8	0
승	2016	강원	1	1	0	0	1	0	0
		합계	1	1	0	0	1	0	0
프로통산			211	132	33	26	323	33	0

박희성(朴喜成) 고려대 1990.04.07

대회	연도	소속	출전	교체	득점	도움	파울	경고	퇴장
K1	2013	서울	15	15	1	1	11	1	0

대회	연도	소속	출전	교체	득점	도움	파울	경고	퇴장
	2014	서울	19	19	2	0	21	1	0
	2015	서울	2	2	0	0	2	1	0
	2016	상주	15	7	3	0	17	1	0
	2017	상주	5	5	0	0	4	0	0
	2017	서울	1	1	0	0	0	0	0
	2018	서울	11	11	1	0	12	2	0
	합계		68	60	7	1	67	6	0
K2	2021	전남	17	16	0	2	12	1	0
	2022	전남	10	10	0	0	8	1	0
	합계		27	26	0	2	20	2	0
프로통산			95	86	7	3	87	8	0

박희성(朴熙成) 호남대 1987.04.07

대회	연도	소속	출전	교체	득점	도움	파울	경고	퇴장
BC	2011	광주	27	9	0	1	29	2	0
	2012	광주	23	3	2	0	31	2	0
	합계		50	12	2	1	60	4	0
K1	2014	성남	22	4	0	1	8	3	0
	합계		22	4	0	1	8	3	0
K2	2013	광주	23	2	0	1	37	2	0
	합계		23	2	0	1	37	2	0
프로통산			95	18	2	3	105	9	0

박희성(朴喜成) 원광대 1990.03.22

대회	연도	소속	출전	교체	득점	도움	파울	경고	퇴장
K2	2014	충주	1	0	0	0	5	1	0
	합계		1	0	0	0	5	1	0
프로통산			1	0	0	0	5	1	0

박희완(朴喜完) 단국대 1975.05.09

대회	연도	소속	출전	교체	득점	도움	파울	경고	퇴장
BC	1999	전남	2	2	0	0	2	0	0
	2006	대구	2	2	0	0	1	1	0
	합계		4	4	0	0	3	1	0
프로통산			4	4	0	0	3	1	0

박희원(朴喜遠) 영남대 1962.03.06

대회	연도	소속	출전	교체	득점	도움	파울	경고	퇴장
BC	1986	포항제철	1	0	0	0	1	0	0
	합계		1	0	0	0	1	0	0
프로통산			1	0	0	0	1	0	0

박희철(朴喜撤) 홍익대 1986.01.07

대회	연도	소속	출전	교체	득점	도움	파울	경고	퇴장
BC	2006	포항	6	5	0	0	15	0	0
	2007	포항	6	5	0	0	5	1	0
	2008	경남	1	0	0	0	1	0	0
	2008	포항	6	3	0	2	12	2	0
	2009	포항	11	2	0	0	37	2	0
	2010	포항	11	7	0	1	30	5	0
	2011	포항	16	4	0	1	38	4	0
	2012	포항	32	1	0	2	74	14	0
	합계		89	27	0	6	212	28	0
K1	2013	포항	22	7	0	0	24	5	0
	2014	포항	19	9	0	0	39	6	0
	합계		41	16	0	0	63	11	0
K2	2015	안산경찰	22	8	0	0	30	5	0
	2016	안산무궁	1	1	0	0	0	0	0
	합계		23	9	0	0	30	5	0
프로통산			153	52	0	6	305	44	0

박희탁(朴熙卓) 한양대 1967.05.18

대회	연도	소속	출전	교체	득점	도움	파울	경고	퇴장
BC	1990	대우	4	4	0	1	2	1	0
	1992	대우	7	6	0	0	7	3	0
	합계		11	10	0	1	9	4	0
프로통산			11	10	0	1	9	4	0

반데르(Wander Luiz Bitencourt Junior) 브라질 1987.05.30

대회	연도	소속	출전	교체	득점	도움	파울	경고	퇴장
K1	2014	울산	4	3	0	1	4	0	0
	합계		4	3	0	1	4	0	0
프로통산			4	3	0	1	4	0	0

반덴브링크(Sebastiaan van den Brink) 네덜란드 1982.09.11

대회	연도	소속	출전	교체	득점	도움	파울	경고	퇴장
BC	2011	부산	3	3	0	0	1	0	0
	합계		3	3	0	0	1	0	0
프로통산			3	3	0	0	1	0	0

반델레이(Francisco Vanderlei) 브라질 1987.09.25

대회	연도	소속	출전	교체	득점	도움	파울	경고	퇴장
K2	2014	대전	23	20	7	3	34	1	0
	합계		23	20	7	3	34	1	0
프로통산			23	20	7	3	34	1	0

반도(Wando da Costa Silva) 브라질 1980.05.18

대회	연도	소속	출전	교체	득점	도움	파울	경고	퇴장
BC	2011	수원	0	0	0	0	0	0	0
	합계		0	0	0	0	0	0	0
프로통산			0	0	0	0	0	0	0

발라웅(Balao Junior Cavalcante da Costa) 브라질 1975.05.08

대회	연도	소속	출전	교체	득점	도움	파울	경고	퇴장
BC	2003	울산	17	14	4	1	22	2	0
	합계		17	14	4	1	22	2	0
프로통산			17	14	4	1	22	2	0

발랑가(Bollanga Priso Gustave) 카메룬 1972.02.13

대회	연도	소속	출전	교체	득점	도움	파울	경고	퇴장
BC	1996	전북	10	9	2	1	4	1	0
	합계		10	9	2	1	4	1	0
프로통산			10	9	2	1	4	1	0

발레리(Valery Vyalichka) 벨라루스 1966.09.12

대회	연도	소속	출전	교체	득점	도움	파울	경고	퇴장
BC	1996	천안일화	2	2	0	0	2	0	0
	합계		2	2	0	0	2	0	0
프로통산			2	2	0	0	2	0	0

발레아(Jorge Baleaismael) 스페인 1993.01.27

대회	연도	소속	출전	교체	득점	도움	파울	경고	퇴장
K2	2020	안산	3	3	0	0	3	0	0
	합계		3	3	0	0	3	0	0
프로통산			3	3	0	0	3	0	0

발렌찡(Francisco de Assis Clarentino Valentim) 브라질 1977.06.20

대회	연도	소속	출전	교체	득점	도움	파울	경고	퇴장
BC	2004	서울	6	3	0	0	5	0	0
	합계		6	3	0	0	5	0	0
프로통산			6	3	0	0	5	0	0

발렌티노스(Valentinos Sielis) 키프로스 1990.03.01

대회	연도	소속	출전	교체	득점	도움	파울	경고	퇴장
K1	2017	강원	7	1	1	0	7	1	0
	2018	강원	32	3	0	0	24	1	0
	2019	강원	24	2	2	1	16	1	0
	합계		63	6	3	1	47	3	0
K2	2020	제주	3	2	0	0	1	0	0
	2021	부산	24	5	1	0	14	0	0
	2022	부산	25	4	2	0	17	4	1
	합계		52	11	3	0	32	4	1
프로통산			115	17	6	1	79	7	1

발로텔리(Jonathan Boareto dos Reis) 브라질 1989.04.02

대회	연도	소속	출전	교체	득점	도움	파울	경고	퇴장
K2	2018	부산	4	2	2	0	4	1	0
	2021	전남	31	11	11	3	50	6	0
	2022	전남	28	17	7	4	22	1	0
	합계		63	30	20	7	76	8	0
프로통산			63	30	20	7	76	8	0

발샤(Balša Sekulić) 몬테네그로 1998.06.10

대회	연도	소속	출전	교체	득점	도움	파울	경고	퇴장
K1	2022	강원	18	18	2	0	12	1	0
	합계		18	18	2	0	12	1	0
프로통산			18	18	2	0	12	1	0

발푸르트(Arsenio Jermaine Cedric Valpoort) 네덜란드 1992.08.05

대회	연도	소속	출전	교체	득점	도움	파울	경고	퇴장
K2	2018	부산	10	10	1	1	14	0	0
	합계		10	10	1	1	14	0	0
프로통산			10	10	1	1	14	0	0

방대종(方大鍾) 동아대 1985.01.28

대회	연도	소속	출전	교체	득점	도움	파울	경고	퇴장
BC	2008	대구	7	5	0	0	5	2	0
	2009	대구	25	4	2	0	31	6	0
	2010	대구	23	2	0	1	31	4	0
	2011	전남	14	5	0	0	17	3	0
	2012	상주	19	2	2	1	17	2	0
	합계		88	18	4	2	101	17	0
K1	2013	전남	2	0	0	0	0	1	0
	2014	전남	32	3	1	0	36	3	0
	2015	전남	24	9	0	0	16	5	0
	2016	전남	11	4	0	0	9	1	0
	합계		69	16	1	0	61	10	0
K2	2013	상주	15	1	1	0	18	0	1
	2017	안양	14	0	1	0	5	3	0
	합계		29	1	2	0	23	3	1
프로통산			186	35	7	2	185	30	1

방승환(方承奐) 동국대 1983.02.25

대회	연도	소속	출전	교체	득점	도움	파울	경고	퇴장
BC	2004	인천	25	18	4	0	46	3	0
	2005	인천	31	21	5	2	67	4	0
	2006	인천	30	22	3	0	65	5	0
	2007	인천	28	15	6	5	69	9	0
	2008	인천	13	8	1	2	22	2	1
	2009	제주	27	16	5	0	63	6	0
	2010	서울	21	18	4	3	31	6	0
	2011	서울	16	14	2	1	18	3	0
	2012	부산	33	25	5	2	73	3	0
	합계		224	157	35	15	454	41	1
K1	2013	부산	14	11	0	0	22	2	0
	합계		14	11	0	0	22	2	0
프로통산			238	168	35	15	476	43	1

방윤출(方允出) 대신고 1957.05.15

대회	연도	소속	출전	교체	득점	도움	파울	경고	퇴장
BC	1984	한일은행	17	13	0	2	2	0	0
	합계		17	13	0	2	2	0	0
프로통산			17	13	0	2	2	0	0

방인웅(方寅雄) 인천대 1962.01.31

대회	연도	소속	출전	교체	득점	도움	파울	경고	퇴장
BC	1986	유공	7	1	0	0	18	1	0
	1987	유공	6	1	0	0	8	1	0
	1989	일화	19	4	0	0	39	4	0
	1991	일화	23	5	0	0	35	5	1
	1992	일화	26	7	1	1	41	6	0
	1993	일화	28	6	0	0	33	5	1
	1994	일화	9	5	0	0	12	1	0
	1995	일화	10	0	0	1	15	0	0
	합계		128	29	1	2	201	23	2
프로통산			128	29	1	2	201	23	2

방찬준(方讚晙) 한남대 1994.04.15

대회	연도	소속	출전	교체	득점	도움	파울	경고	퇴장
K1	2015	수원	1	1	0	0	0	0	0
	합계		1	1	0	0	0	0	0
K2	2016	강원	10	10	3	0	4	0	0
	2019	안산	22	22	4	2	8	1	0
	합계		32	32	7	2	12	1	0
프로통산			33	33	7	2	12	1	0

배관영(裵寬榮) 울산대 1982.04.13

대회	연도	소속	출전	교체	실점	도움	파울	경고	퇴장
BC	2005	울산	0	0	0	0	0	0	0
	2006	울산	0	0	0	0	0	0	0
	2007	울산	0	0	0	0	0	0	0
	2008	울산	0	0	0	0	0	0	0
	합계		0	0	0	0	0	0	0
프로통산			0	0	0	0	0	0	0

배기종(裵起鐘) 광운대 1983.05.26

대회	연도	소속	출전	교체	득점	도움	파울	경고	퇴장
BC	2006	대전	27	22	7	3	50	3	0
	2007	수원	17	13	0	2	19	0	0
	2008	수원	16	16	5	3	28	1	0
	2009	수원	19	14	2	1	29	3	0
	2010	제주	24	18	5	1	40	1	0
	2011	제주	26	15	3	6	40	2	0
	합계		129	98	22	16	206	10	0
K1	2013	제주	8	2	2	1	15	2	0
	2014	수원	14	12	3	1	12	0	0
	2015	제주	9	8	2	3	11	2	0
	2018	경남	23	23	2	1	11	1	0
	2019	경남	31	30	5	1	13	4	0
	합계		85	75	14	7	62	9	0
K2	2013	경찰	18	10	3	4	15	3	1
	2016	경남	15	14	4	3	14	0	0
	2017	경남	32	30	6	3	12	2	0
	2020	경남	4	4	0	1	2	0	0
	합계		69	58	13	11	43	5	1
승	2019	경남	2	2	0	0	1	0	0
	합계		2	2	0	0	1	0	0
프로통산			285	233	49	34	312	24	1

배민호(裵珉鎬) 한양대 1991.10.25

대회	연도	소속	출전	교체	득점	도움	파울	경고	퇴장
K2	2014	고양	19	6	0	0	14	1	0
	합계		19	6	0	0	14	1	0
프로통산			19	6	0	0	14	1	0

배범근(裵範根) 호남대 1993.03.04

대회	연도	소속	출전	교체	득점	도움	파울	경고	퇴장
K2	2022	경남	1	1	0	0	0	0	0
	합계		1	1	0	0	0	0	0
프로통산			1	1	0	0	0	0	0

배서준(培瑞峻) 진위고 2003.12.11

대회	연도	소속	출전	교체	득점	도움	파울	경고	퇴장
K2	2022	대전	1	1	0	0	0	0	0
	합계		1	1	0	0	0	0	0
프로통산			1	1	0	0	0	0	0

배성재(裵城裁) 한양대 1979.07.01

대회	연도	소속	출전	교체	득점	도움	파울	경고	퇴장
BC	2002	대전	8	6	0	0	14	2	0
	2003	대전	4	0	0	0	4	0	0
	2004	대전	6	4	0	0	7	0	0
	합계		18	10	0	0	25	2	0
프로통산			18	10	0	0	25	2	0

배세현(裵世玹) 제주U18 1995.03.27

대회	연도	소속	출전	교체	득점	도움	파울	경고	퇴장
K1	2015	제주	1	1	0	0	2	0	0
	합계		1	1	0	0	2	0	0
프로통산			1	1	0	0	2	0	0

배수용(裵洙瑢) 보인고 1998.06.07

대회	연도	소속	출전	교체	득점	도움	파울	경고	퇴장
K2	2020	충남아산	23	0	0	0	18	4	0
	2021	충남아산	2	2	0	0	0	0	0
	2022	충남아산	10	4	0	0	10	1	0
	합계		35	6	0	0	28	5	0
프로통산			35	6	0	0	28	5	0

배수한(裵洙漢) 예원예술대 1988.09.15

대회	연도	소속	출전	교체	득점	도움	파울	경고	퇴장
K2	2013	수원FC	2	2	0	0	2	0	0
	합계		2	2	0	0	2	0	0
프로통산			2	2	0	0	2	0	0

배수현(裵洙鉉) 건국대 1969.10.30

대회	연도	소속	출전	교체	득점	도움	파울	경고	퇴장
BC	1992	현대	2	2	0	0	2	0	0
	합계		2	2	0	0	2	0	0
프로통산			2	2	0	0	2	0	0

배슬기(裵슬기) 광양제철고 1985.06.09

대회	연도	소속	출전	교체	득점	도움	파울	경고	퇴장
BC	2012	포항	0	0	0	0	0	0	0
	합계		0	0	0	0	0	0	0
K1	2013	포항	3	1	0	0	4	1	0
	2014	포항	14	3	1	0	22	3	0
	2015	포항	27	0	0	1	42	8	0
	2016	포항	26	1	1	0	28	4	0
	2017	포항	36	2	2	1	28	1	0
	2018	포항	17	10	0	0	4	2	0
	2019	포항	12	7	1	0	1	0	0
	합계		135	24	5	2	129	19	0
프로통산			135	24	5	2	129	19	0

배승진(裵乘桭) 오산중 1987.11.03

대회	연도	소속	출전	교체	득점	도움	파울	경고	퇴장
K1	2014	인천	11	2	0	0	26	3	0
	2016	인천	4	2	0	0	8	1	0
	2019	경남	7	3	0	1	9	1	0
	합계		22	7	0	1	43	5	0
K2	2015	안산경찰	33	6	0	0	58	10	0
	2016	안산무궁	7	3	2	0	7	1	0
	2017	성남	20	5	0	0	23	5	0
	2020	경남	21	0	0	0	36	8	0
	2021	경남	15	6	0	0	15	2	0
	2022	경남	1	0	0	0	1	0	0
	합계		97	20	2	0	140	26	0
프로통산			119	27	2	1	183	31	0

배신영(裵信泳) 단국대 1992.06.11

대회	연도	소속	출전	교체	득점	도움	파울	경고	퇴장
K1	2016	수원FC	9	7	0	0	2	1	1
	2019	상주	3	3	0	1	2	0	0
	합계		12	10	0	1	4	1	1
K2	2015	수원FC	26	14	5	0	21	2	0
	2016	대구	3	3	0	0	2	0	0
	2017	수원FC	13	13	0	0	5	0	0
	2018	수원FC	5	4	0	0	9	1	0
	합계		47	34	5	0	37	3	0
승	2015	수원FC	2	2	0	0	0	0	0
	합계		2	2	0	0	0	0	0
프로통산			61	46	5	1	41	4	1

배실용(裵實龍) 광운대 1962.04.11

대회	연도	소속	출전	교체	득점	도움	파울	경고	퇴장
BC	1985	한일은행	4	2	0	0	3	0	0
	1986	한일은행	9	1	0	0	18	0	0
	합계		13	3	0	0	21	0	0
프로통산			13	3	0	0	21	0	0

배인영(裵仁英) 영남대 1990.03.12

대회	연도	소속	출전	교체	실점	도움	파울	경고	퇴장
K1	2013	대구	0	0	0	0	0	0	0
	합계		0	0	0	0	0	0	0
프로통산			0	0	0	0	0	0	0

배일환(裵日換) 단국대 1988.07.20

대회	연도	소속	출전	교체	득점	도움	파울	경고	퇴장
BC	2011	제주	2	2	0	0	2	0	0
	2012	제주	40	29	5	2	56	1	0
	합계		42	31	5	2	58	1	0
K1	2013	제주	31	22	2	6	46	2	0
	2014	제주	26	22	0	2	22	1	0
	2016	상주	4	1	0	0	6	1	0
	2018	제주	0	0	0	0	0	0	0
	합계		61	45	2	8	74	4	0
K2	2015	상주	24	18	3	2	24	0	0
	합계		24	18	3	2	24	0	0
프로통산			127	94	10	12	156	5	0

배재우(裵栽釪) 용인대 1993.05.17

대회	연도	소속	출전	교체	득점	도움	파울	경고	퇴장
K1	2015	제주	6	2	0	0	8	3	0
	2016	제주	16	9	0	1	13	2	0
	2017	제주	13	6	0	1	7	0	0
	2018	제주	2	1	0	0	2	0	0
	2018	울산	1	0	0	0	0	0	0
	2019	상주	4	1	0	1	4	0	0
	2020	상주	13	1	0	0	19	2	0
	2021	울산	1	1	0	0	1	0	0
	합계		56	21	0	3	54	7	0
K2	2022	서울E	10	6	0	0	9	1	0
	2022	부천	14	5	0	1	10	1	0
	합계		24	11	0	1	19	2	0
프로통산			80	32	0	4	73	9	0

배주익(裵住翊) 서울시립대 1976.09.09

대회	연도	소속	출전	교체	득점	도움	파울	경고	퇴장
BC	1999	천안일화	2	2	0	0	2	0	0
	합계		2	2	0	0	2	0	0
프로통산			2	2	0	0	2	0	0

배준렬(裵俊烈) 대건고 1996.09.23

대회	연도	소속	출전	교체	득점	도움	파울	경고	퇴장
K2	2016	부천	5	5	0	0	6	1	0
	합계		5	5	0	0	6	1	0
프로통산			5	5	0	0	6	1	0

배준호(裵峻浩) 진위고 2003.08.21

대회	연도	소속	출전	교체	득점	도움	파울	경고	퇴장
K2	2022	대전	8	8	1	0	5	0	0
	합계		8	8	1	0	5	0	0
승	2022	대전	2	2	0	0	2	0	0
	합계		2	2	0	0	2	0	0
프로통산			10	10	1	0	7	0	0

배지훈(裴智君) 홍익대 1995.05.30

대회	연도	소속	출전	교체	득점	도움	파울	경고	퇴장
K2	2017	수원FC	20	5	0	2	20	5	0
	2018	수원FC	9	3	1	0	14	1	0
	합계		29	8	1	2	34	6	0
프로통산			29	8	1	2	34	6	0

배진수(裵眞誰) 중앙대 1976.01.25

대회	연도	소속	출전	교체	득점	도움	파울	경고	퇴장
BC	2001	성남일화	2	3	0	0	4	0	0
	2004	성남일화	1	1	0	0	3	0	0
	합계		3	4	0	0	7	0	0
프로통산			3	4	0	0	7	0	0

배창근(裵昌根) 영남대 1971.03.16

대회	연도	소속	출전	교체	득점	도움	파울	경고	퇴장
BC	1994	포항제철	9	9	0	1	4	0	0
	1995	포항	6	5	1	0	3	1	0
	합계		15	14	1	1	7	1	0
프로통산			15	14	1	1	7	1	0

배천석(裵千奭) 숭실대 1990.04.27

대회	연도	소속	출전	교체	득점	도움	파울	경고	퇴장
K1	2013	포항	20	17	4	2	19	0	0
	2014	포항	4	4	0	0	5	0	0
	2015	부산	21	7	1	1	36	0	0
	2016	전남	23	16	3	3	12	3	0
	2017	전남	8	7	0	1	7	0	0
	합계		76	51	8	7	79	3	0
프로통산			76	51	8	7	79	3	0

배해민(裵海珉) 중앙중 1988.04.25

대회	연도	소속	출전	교체	득점	도움	파울	경고	퇴장
BC	2007	서울	0	0	0	0	0	0	0
	2008	서울	1	1	0	0	1	0	0

대회	연도	소속	출전	교체	득점	도움	파울	경고	퇴장
	2011	서울	4	4	0	0	1	0	0
	합계		5	5	0	0	2	0	0
K2	2015	고양	13	13	1	0	3	0	0
	합계		13	13	1	0	3	0	0
프로통산			18	18	1	0	5	0	0

배효성(裵曉星) 관동대(가톨릭관동대) 1982.01.01

대회	연도	소속	출전	교체	득점	도움	파울	경고	퇴장
BC	2004	부산	12	2	0	1	15	2	0
	2005	부산	34	0	0	0	44	2	0
	2006	부산	38	0	1	0	42	3	0
	2007	부산	29	0	0	0	36	7	1
	2008	부산	12	3	0	0	17	4	0
	2009	광주상무	25	2	0	0	41	9	0
	2010	광주상무	26	1	0	1	28	6	0
	2011	인천	31	2	1	0	28	5	0
	2012	강원	27	2	2	2	22	4	0
	합계		234	12	4	4	273	42	1
K1	2013	강원	34	0	4	0	32	5	1
	합계		34	0	4	0	32	5	1
K2	2014	강원	27	3	2	0	29	9	1
	2015	경남	22	3	0	0	21	5	0
	2016	충주	19	3	0	0	17	4	0
	합계		68	9	2	0	67	18	1
승	2013	강원	2	0	0	0	5	2	0
	합계		2	0	0	0	5	2	0
프로통산			338	21	10	4	377	67	3

백기홍(白起洪) 경북산업대(경일대) 1971.03.11

대회	연도	소속	출전	교체	득점	도움	파울	경고	퇴장
BC	1990	포항제철	1	1	0	0	0	0	0
	1991	포항제철	1	1	0	1	1	0	0
	1992	포항제철	15	11	2	1	16	1	0
	1993	포항제철	26	15	0	4	35	4	0
	1994	포항제철	22	11	1	1	20	1	0
	1996	포항	19	16	0	2	24	1	0
	1997	포항	5	3	0	0	2	0	0
	1997	천안일화	17	12	0	0	20	2	0
	1998	천안일화	11	10	0	0	11	0	0
	1999	안양LG	4	2	0	1	3	0	0
	합계		121	82	3	10	132	9	0
프로통산			121	82	3	10	132	9	0

백남수(白南秀) 한양대 1961.11.10

대회	연도	소속	출전	교체	득점	도움	파울	경고	퇴장
BC	1983	유공	14	6	0	1	11	2	0
	1984	유공	17	11	1	2	13	0	0
	1985	유공	8	3	1	0	11	2	0
	1986	포항제철	19	10	1	0	14	0	0
	합계		58	30	3	3	49	4	0
프로통산			58	30	3	3	49	4	0

백동규(白棟圭) 동아대 1991.05.30

대회	연도	소속	출전	교체	득점	도움	파울	경고	퇴장
K1	2015	제주	16	2	0	0	27	3	0
	2016	제주	21	7	0	1	24	1	0
	2017	제주	3	1	0	0	5	2	0
	2018	상주	18	9	0	0	19	3	0
	2019	상주	15	9	0	0	14	3	0
	2019	제주	8	2	0	0	13	3	0
	합계		81	30	0	1	102	15	0
K2	2014	안양	24	9	0	0	30	4	0
	2015	안양	12	0	0	0	19	4	0
	2020	제주	11	2	0	0	17	5	0
	2021	안양	35	0	3	0	35	3	1
	2022	안양	39	3	2	0	52	4	0
	합계		121	14	5	0	153	20	1
승	2022	안양	2	0	0	0	1	0	0
	합계		2	0	0	0	1	0	0
프로통산			204	44	5	1	256	35	1

백민철(白珉喆) 동국대 1977.07.28

대회	연도	소속	출전	교체	실점	도움	파울	경고	퇴장
BC	2000	안양LG	0	0	0	0	0	0	0
	2002	안양LG	0	0	0	0	0	0	0
	2003	광주상무	5	0	0	0	0	0	0
	2004	광주상무	6	0	0	0	0	0	0
	2005	서울	0	0	0	0	0	0	0
	2006	대구	23	0	26	0	1	1	0
	2007	대구	33	0	51	1	1	2	0
	2008	대구	36	0	77	0	2	2	0
	2009	대구	20	1	22	0	0	0	0
	2010	대구	33	0	68	0	0	3	0
	2011	대구	10	0	18	0	0	1	0
	2012	경남	8	1	16	0	0	0	0
	합계		174	2	291	1	4	9	0
K1	2013	경남	21	0	20	0	0	1	0
	합계		21	0	20	0	0	1	0
K2	2014	광주	6	0	7	0	0	1	0
	합계		6	0	7	0	0	1	0
승	2014	광주	0	0	0	0	0	0	0
	합계		0	0	0	0	0	0	0
프로통산			201	2	318	1	4	11	0

백상훈(白尙訓) 오산고 2002.01.07

대회	연도	소속	출전	교체	득점	도움	파울	경고	퇴장
K1	2021	서울	18	16	0	0	22	0	1
	2022	서울	10	10	0	0	10	0	0
	합계		28	26	0	0	32	0	1
프로통산			28	26	0	0	32	0	1

백선규(白善圭) 한남대 1989.05.02

대회	연도	소속	출전	교체	실점	도움	파울	경고	퇴장
BC	2011	인천	1	0	4	0	0	0	0
	2012	인천	0	0	0	0	0	0	0
	합계		1	0	4	0	0	0	0
프로통산			1	0	4	0	0	0	0

백성동(白星東) 연세대 1991.08.13

대회	연도	소속	출전	교체	득점	도움	파울	경고	퇴장
K2	2017	수원FC	32	9	8	4	43	3	0
	2018	수원FC	30	10	5	1	27	3	0
	2019	수원FC	35	1	7	7	36	3	0
	2020	경남	26	2	9	2	24	1	0
	2021	경남	33	3	4	6	18	1	0
	2022	안양	35	25	5	1	15	1	0
	합계		191	50	38	21	163	12	0
승	2022	안양	2	1	0	0	0	0	0
	합계		2	1	0	0	0	0	0
프로통산			193	51	38	21	163	12	0

백성우(白成右) 단국대 1990.04.08

대회	연도	소속	출전	교체	실점	도움	파울	경고	퇴장
K2	2013	안양	2	0	4	0	0	0	0
	합계		2	0	4	0	0	0	0
프로통산			2	0	4	0	0	0	0

백성진(白成珍) 인천대 1999.09.08

대회	연도	소속	출전	교체	득점	도움	파울	경고	퇴장
K2	2022	김포	0	0	0	0	0	0	0
	합계		0	0	0	0	0	0	0
프로통산			0	0	0	0	0	0	0

백성진(白聖辰) 중앙대 1954.05.12

대회	연도	소속	출전	교체	득점	도움	파울	경고	퇴장
BC	1983	국민은행	14	3	0	0	10	0	0
	합계		14	3	0	0	10	0	0
프로통산			14	3	0	0	10	0	0

백송(白松) 아주대 1966.08.15

대회	연도	소속	출전	교체	득점	도움	파울	경고	퇴장
BC	1989	유공	15	12	0	0	18	2	0
	1990	유공	1	1	0	0	0	0	0
	1993	유공	12	11	0	0	12	0	0
	1994	버팔로	30	19	8	2	20	8	0
	1995	전북	11	12	1	0	19	2	0
	합계		69	55	9	2	69	12	0
프로통산			69	55	9	2	69	12	0

백수현(白守鉉) 상지대 1986.07.20

대회	연도	소속	출전	교체	득점	도움	파울	경고	퇴장
BC	2010	경남	1	1	0	0	1	0	0
	합계		1	1	0	0	1	0	0
프로통산			1	1	0	0	1	0	0

백승대(白承大) 아주대 1970.03.02

대회	연도	소속	출전	교체	득점	도움	파울	경고	퇴장
BC	1991	현대	9	2	0	0	10	0	0
	1992	현대	33	6	0	2	35	1	0
	1993	현대	26	6	1	0	30	3	0
	1997	안양LG	11	5	0	0	16	2	0
	합계		79	19	1	2	91	6	0
프로통산			79	19	1	2	91	6	0

백승민(白承敏) 백암고 1986.03.12

대회	연도	소속	출전	교체	득점	도움	파울	경고	퇴장
BC	2006	전남	18	15	0	1	25	0	0
	2007	전남	16	13	0	0	18	1	0
	2008	전남	17	4	0	1	29	4	0
	2009	전남	20	7	0	1	24	3	0
	2010	전남	21	12	3	2	32	2	0
	2011	전남	1	1	0	0	0	0	0
	합계		93	52	3	5	128	10	0
프로통산			93	52	3	5	128	10	0

백승우(白承禹) 연세대 1999.04.27

대회	연도	소속	출전	교체	득점	도움	파울	경고	퇴장
K2	2020	제주	1	1	0	0	0	0	0
	합계		1	1	0	0	0	0	0
프로통산			1	1	0	0	0	0	0

백승우(白承祐) 동아대 1973.05.28

대회	연도	소속	출전	교체	득점	도움	파울	경고	퇴장
BC	1996	부천유공	5	3	0	0	3	0	0
	1997	부천SK	3	3	0	0	1	0	0
	합계		8	6	0	0	4	0	0
프로통산			8	6	0	0	4	0	0

백승원(白承原) 강원대 1992.04.18

대회	연도	소속	출전	교체	득점	도움	파울	경고	퇴장
K1	2015	인천	3	2	0	0	7	2	0
	합계		3	2	0	0	7	2	0
프로통산			3	2	0	0	7	2	0

백승철(白承哲) 영남대 1975.03.09

대회	연도	소속	출전	교체	득점	도움	파울	경고	퇴장
BC	1998	포항	35	21	12	3	65	3	0
	1999	포항	21	11	8	1	42	1	0
	합계		56	32	20	4	107	4	0
프로통산			56	32	20	4	107	4	0

백승현(白承鉉) 울산대 1995.03.10

대회	연도	소속	출전	교체	득점	도움	파울	경고	퇴장
K1	2018	전남	1	1	0	1	0	0	0
	합계		1	1	0	1	0	0	0
프로통산			1	1	0	1	0	0	0

백승호(白昇浩) 대신고 1997.03.17

대회	연도	소속	출전	교체	득점	도움	파울	경고	퇴장
K1	2021	전북	25	7	4	0	21	2	0
	2022	전북	30	5	2	5	27	3	0
	합계		55	12	6	5	48	5	0
프로통산			55	12	6	5	48	5	0

백영철(白榮喆) 경희대 1978.11.11

대회	연도	소속	출전	교체	득점	도움	파울	경고	퇴장
BC	2001	성남일화	11	6	2	1	24	3	0
	2002	성남일화	18	16	0	2	26	1	1
	2003	성남일화	1	1	0	0	0	0	0
	2004	성남일화	7	7	0	0	13	0	0
	2005	포항	22	20	0	1	18	2	0
	2006	경남	21	13	1	2	46	5	1
	2007	경남	16	11	0	0	20	2	0

대회	연도	소속	출전	교체	득점	도움	파울	경고	퇴장
	2008	대구	28	8	0	1	54	8	0
	2009	대구	25	5	1	2	43	7	1
	2010	대구	8	1	0	0	15	2	0
	합계		157	88	4	9	259	30	3
프로통산			157	88	4	9	259	30	3

백자건(Bai Zijian, 白子建) 중국 1992.10.16

대회	연도	소속	출전	교체	득점	도움	파울	경고	퇴장
BC	2011	대전	14	14	0	1	4	1	0
	합계		14	14	0	1	4	1	0
프로통산			14	14	0	1	4	1	0

백재우(白栽宇) 광주대 1991.04.27

대회	연도	소속	출전	교체	득점	도움	파울	경고	퇴장
K2	2016	안양	0	0	0	0	0	0	0
	합계		0	0	0	0	0	0	0
프로통산			0	0	0	0	0	0	0

백종범(白種範) 오산고 2001.01.21

대회	연도	소속	출전	교체	실점	도움	파울	경고	퇴장
K1	2020	서울	0	0	0	0	0	0	0
	2021	서울	0	0	0	0	0	0	0
	2022	서울	4	2	3	0	0	0	0
	합계		4	2	3	0	0	0	0
프로통산			4	2	3	0	0	0	0

백종철(白鍾哲) 경희대 1961.03.09

대회	연도	소속	출전	교체	득점	도움	파울	경고	퇴장
BC	1984	현대	28	9	16	4	19	0	0
	1985	현대	6	4	0	0	5	0	0
	1986	현대	12	12	3	0	10	0	0
	1987	현대	25	19	3	2	11	0	0
	1988	현대	20	15	2	1	16	0	0
	1989	일화	22	6	10	2	19	1	0
	1990	일화	26	13	1	2	16	1	0
	1991	일화	4	2	1	0	4	0	0
	합계		143	80	36	11	100	2	0
프로통산			143	80	36	11	100	2	0

백종환(白鐘煥) 인천대 1985.04.18

대회	연도	소속	출전	교체	득점	도움	파울	경고	퇴장
BC	2008	제주	7	6	0	0	7	2	0
	2009	제주	5	3	0	0	7	1	0
	2010	제주	0	0	0	0	0	0	0
	2010	강원	7	6	1	1	8	1	0
	2011	강원	20	13	0	0	24	2	0
	2012	강원	36	20	2	0	56	7	0
	합계		75	48	3	1	102	13	0
K1	2014	상주	16	8	1	0	31	4	0
	2017	강원	10	4	0	0	15	3	0
	합계		26	12	1	0	46	7	0
K2	2013	상주	32	7	0	7	49	6	0
	2014	강원	9	2	0	0	21	2	0
	2015	강원	34	4	2	1	54	9	0
	2016	강원	33	2	0	2	45	8	0
	2018	대전	5	2	0	0	7	0	0
	합계		113	17	2	10	176	25	0
승	2013	상주	2	0	0	0	1	0	0
	합계		2	0	0	0	1	0	0
프로통산			216	77	6	11	325	45	0

백주현(白周俔) 조선대 1984.02.09

대회	연도	소속	출전	교체	득점	도움	파울	경고	퇴장
BC	2006	수원	6	5	0	0	10	2	0
	2008	광주상무	1	1	0	0	0	0	0
	합계		7	6	0	0	10	2	0
프로통산			7	6	0	0	10	2	0

백지훈(白智勳) 안동고 1985.02.28

대회	연도	소속	출전	교체	득점	도움	파울	경고	퇴장
BC	2003	전남	4	4	0	0	1	0	0
	2004	전남	18	10	1	0	32	1	1
	2005	서울	22	16	2	0	33	2	0
	2006	서울	15	10	1	0	19	3	0
	2006	수원	14	4	5	0	27	2	0
	2007	수원	23	6	6	1	27	3	0
	2008	수원	22	12	4	2	19	2	0
	2009	수원	23	15	1	2	19	4	0
	2010	수원	15	8	2	3	10	1	0
	2012	상주	14	13	0	1	8	2	0
	합계		170	98	22	9	195	20	1
K1	2014	울산	19	19	2	0	5	0	0
	2015	수원	21	16	0	0	11	2	0
	2016	수원	18	14	0	1	9	1	0
	합계		58	49	2	1	25	3	0
K2	2013	상주	11	11	1	0	6	0	0
	2017	서울E	15	12	1	0	9	2	0
	합계		26	23	2	0	15	2	0
프로통산			254	170	26	10	235	25	1

백진철(白進哲) 중앙대 1982.02.03

대회	연도	소속	출전	교체	득점	도움	파울	경고	퇴장
BC	2006	전남	2	2	1	0	0	0	0
	합계		2	2	1	0	0	0	0
프로통산			2	2	1	0	0	0	0

백치수(白致守) 한양대 1962.09.03

대회	연도	소속	출전	교체	득점	도움	파울	경고	퇴장
BC	1984	포항제철	23	4	0	0	22	1	0
	1985	포항제철	20	3	0	2	20	0	0
	1986	포항제철	20	8	0	1	17	0	0
	1987	포항제철	6	6	0	0	3	0	0
	1988	포항제철	18	3	1	0	23	2	0
	1989	포항제철	20	13	1	0	17	1	0
	합계		107	37	2	3	102	4	0
프로통산			107	37	2	3	102	4	0

백현영(白鉉英) 고려대 1958.07.29

대회	연도	소속	출전	교체	득점	도움	파울	경고	퇴장
BC	1984	유공	19	17	0	0	8	0	0
	1985	유공	12	5	4	0	7	0	0
	1986	유공	21	10	4	1	11	0	0
	합계		52	32	8	1	26	0	0
프로통산			52	32	8	1	26	0	0

백형진(白亨珍) 건국대 1970.07.01

대회	연도	소속	출전	교체	득점	도움	파울	경고	퇴장
BC	1998	안양LG	19	16	2	1	20	3	0
	1999	안양LG	20	21	1	0	16	2	0
	합계		39	37	3	1	36	5	0
프로통산			39	37	3	1	36	5	0

번즈(Nathan Joel Burns) 오스트레일리아 1988.05.07

대회	연도	소속	출전	교체	득점	도움	파울	경고	퇴장
BC	2012	인천	3	3	0	0	4	0	0
	합계		3	3	0	0	4	0	0
프로통산			3	3	0	0	4	0	0

베네가스(Gabriel Nicolas Benegas) 아르헨티나 1996.03.01

대회	연도	소속	출전	교체	득점	도움	파울	경고	퇴장
K2	2021	서울E	23	13	6	1	70	7	0
	합계		23	13	6	1	70	7	0
프로통산			23	13	6	1	70	7	0

베르나르도(Bernardo Vieira de Souza) 브라질 1990.05.20

대회	연도	소속	출전	교체	득점	도움	파울	경고	퇴장
K1	2016	울산	0	0	0	0	0	0	0
	합계		0	0	0	0	0	0	0
프로통산			0	0	0	0	0	0	0

베르손(Bergson Gustavo Silveira da Silva) 브라질 1991.02.09

대회	연도	소속	출전	교체	득점	도움	파울	경고	퇴장
BC	2011	수원	8	8	0	0	5	2	0
	합계		8	8	0	0	5	2	0
K1	2015	부산	7	7	0	0	9	1	0
	합계		7	7	0	0	9	1	0
프로통산			15	15	0	0	14	3	0

베리(Greggory Austin Berry) 미국 1988.10.06

대회	연도	소속	출전	교체	득점	도움	파울	경고	퇴장
K2	2015	안양	34	1	1	0	34	2	0
	합계		34	1	1	0	34	2	0
프로통산			34	1	1	0	34	2	0

베리발두(Perivaldo Lucio Dantas) 브라질 1953.07.12

대회	연도	소속	출전	교체	득점	도움	파울	경고	퇴장
BC	1987	유공	1	1	0	0	0	0	0
	합계		1	1	0	0	0	0	0
프로통산			1	1	0	0	0	0	0

베크리치(Samir Bekrić) 보스니아 헤르체고비나 1984.10.20

대회	연도	소속	출전	교체	득점	도움	파울	경고	퇴장
BC	2010	인천	16	7	2	0	7	0	0
	합계		16	7	2	0	7	0	0
프로통산			16	7	2	0	7	0	0

베하(László Pecha) 헝가리 1963.10.26

대회	연도	소속	출전	교체	득점	도움	파울	경고	퇴장
BC	1990	포항제철	10	4	0	0	12	0	0
	1991	포항제철	5	5	0	1	4	0	0
	합계		15	9	0	1	16	0	0
프로통산			15	9	0	1	16	0	0

벤(Ben Halloran) 오스트레일리아 1992.06.14

대회	연도	소속	출전	교체	득점	도움	파울	경고	퇴장
K1	2022	서울	2	2	0	0	2	0	0
	합계		2	2	0	0	2	0	0
프로통산			2	2	0	0	2	0	0

벨라스케즈(Juan Sebastian Velasquez) 콜롬비아 1991.02.11

대회	연도	소속	출전	교체	득점	도움	파울	경고	퇴장
K2	2019	수원FC	8	8	0	0	8	0	0
	합계		8	8	0	0	8	0	0
프로통산			8	8	0	0	8	0	0

벨루소(Jonatas Elias Belusso) 시리아 1988.06.10

대회	연도	소속	출전	교체	득점	도움	파울	경고	퇴장
K2	2015	강원	31	21	15	1	31	2	0
	2016	서울E	17	13	4	1	20	4	0
	합계		48	34	19	2	51	6	0
프로통산			48	34	19	2	51	6	0

벨코스키(Krste Velkoski) 마케도니아 1988.02.20

대회	연도	소속	출전	교체	득점	도움	파울	경고	퇴장
K1	2016	인천	24	20	4	2	19	0	0
	합계		24	20	4	2	19	0	0
프로통산			24	20	4	2	19	0	0

변경준(邊勁竣) 통진고 2002.04.08

대회	연도	소속	출전	교체	득점	도움	파울	경고	퇴장
K1	2021	제주	3	3	0	0	4	0	0
	2022	제주	12	12	0	0	4	0	0
	합계		15	15	0	0	8	0	0
프로통산			15	15	0	0	8	0	0

변병주(邊炳柱) 연세대 1961.04.26

대회	연도	소속	출전	교체	득점	도움	파울	경고	퇴장
BC	1983	대우	4	0	1	1	8	0	0
	1984	대우	19	9	4	1	18	1	0
	1985	대우	4	1	1	2	7	0	0
	1986	대우	12	5	2	3	13	0	0
	1987	대우	30	15	5	4	43	1	0
	1988	대우	11	6	2	3	12	0	0
	1989	대우	19	5	7	1	33	0	0
	1990	현대	10	3	3	0	10	1	0
	1991	현대	22	15	3	1	31	1	0
	합계		131	59	28	16	175	4	0

대회	연도	소속	출전	교체	득점	도움	파울	경고	퇴장
프로통산			131	59	28	16	175	4	0

변성환(卞盛奐) 울산대 1979.12.22

대회	연도	소속	출전	교체	득점	도움	파울	경고	퇴장
BC	2002	울산	25	12	0	0	40	1	0
	2003	울산	14	7	0	0	15	0	1
	2004	울산	15	3	0	0	14	1	0
	2005	울산	5	1	0	0	6	1	0
	2006	울산	27	17	0	0	25	1	1
	2007	부산	23	3	0	1	22	3	0
	2008	제주	25	9	1	3	28	1	0
	2012	성남일화	5	1	0	0	10	4	0
	합계		139	53	1	4	160	12	2
K2	2013	안양	21	2	0	0	36	3	0
	2014	안양	1	1	0	0	0	0	0
	합계		22	3	0	0	36	3	0
프로통산			161	56	1	4	196	15	2

변승환(卞承煥) 김천대 1999.03.12

대회	연도	소속	출전	교체	득점	도움	파울	경고	퇴장
K2	2022	안산	8	8	0	0	3	1	0
	합계		8	8	0	0	3	1	0
프로통산			8	8	0	0	3	1	0

변웅(卞雄) 울산대 1986.05.07

대회	연도	소속	출전	교체	득점	도움	파울	경고	퇴장
BC	2009	울산	0	0	0	0	0	0	0
	2010	광주상무	10	5	0	1	13	0	0
	2011	상주	9	7	0	0	6	0	0
	합계		19	12	0	1	19	0	0
K1	2013	울산	1	1	1	0	1	0	0
	합계		1	1	1	0	1	0	0
K2	2014	충주	16	7	1	0	31	4	0
	합계		16	7	1	0	31	4	0
프로통산			36	20	2	1	51	4	0

변일우(邊一雨) 경희대 1959.03.01

대회	연도	소속	출전	교체	득점	도움	파울	경고	퇴장
BC	1984	할렐루야	23	13	3	1	21	0	0
	1985	할렐루야	14	7	2	1	15	1	0
	합계		37	20	5	2	36	1	0
프로통산			37	20	5	2	36	1	0

변재섭(邊載燮) 전주대 1975.09.17

대회	연도	소속	출전	교체	득점	도움	파울	경고	퇴장
BC	1997	전북	26	9	2	2	31	0	0
	1998	전북	25	12	3	4	36	6	0
	1999	전북	34	13	2	8	27	4	0
	2000	전북	32	21	0	5	24	0	0
	2001	전북	25	11	2	3	33	3	0
	2002	전북	7	7	0	0	3	0	0
	2003	전북	0	0	0	0	0	0	0
	2004	부천SK	15	6	1	1	22	3	0
	2005	부천SK	33	21	1	2	36	4	0
	2006	제주	25	17	2	0	26	2	0
	2007	전북	8	3	0	1	9	2	0
	합계		230	120	13	26	247	24	0
프로통산			230	120	13	26	247	24	0

변정석(邊晶錫) 인천대 1993.03.04

대회	연도	소속	출전	교체	득점	도움	파울	경고	퇴장
K2	2016	대전	1	1	0	0	0	0	0
	합계		1	1	0	0	0	0	0
프로통산			1	1	0	0	0	0	0

변준범(邊峻範) 건국대 1991.02.05

대회	연도	소속	출전	교체	득점	도움	파울	경고	퇴장
K2	2019	서울E	23	4	0	0	18	3	0
	합계		23	4	0	0	18	3	0
프로통산			23	4	0	0	18	3	0

변준수(卞俊殊) 한양대 2001.11.30

대회	연도	소속	출전	교체	득점	도움	파울	경고	퇴장
K2	2021	대전	1	0	0	0	3	1	0
	2022	대전	19	10	0	1	27	2	0
	합계		20	10	0	1	30	3	0
프로통산			20	10	0	1	30	3	0

보그단(Bogdan Milić / ←복이) 몬테네그로 1987.11.24

대회	연도	소속	출전	교체	득점	도움	파울	경고	퇴장
BC	2012	광주	36	20	5	3	74	6	0
	합계		36	20	5	3	74	6	0
K2	2013	수원FC	28	16	3	5	38	2	0
	합계		28	16	3	5	38	2	0
프로통산			64	36	8	8	112	8	0

보띠(Raphael Jose Botti Zacarias Sena) 브라질 1981.02.23

대회	연도	소속	출전	교체	득점	도움	파울	경고	퇴장
BC	2002	전북	19	19	0	0	28	1	0
	2003	전북	29	15	5	1	71	1	0
	2004	전북	21	4	3	2	51	5	0
	2005	전북	30	8	2	4	68	3	1
	2006	전북	30	16	4	0	51	5	0
	합계		129	62	14	7	269	15	1
프로통산			129	62	14	7	269	15	1

보로(Boro Janičić) 유고슬라비아 1967.01.01

대회	연도	소속	출전	교체	득점	도움	파울	경고	퇴장
BC	1994	LG	28	7	0	3	30	5	0
	1995	LG	15	9	0	0	15	1	0
	합계		43	16	0	3	45	6	0
프로통산			43	16	0	3	45	6	0

보르코(Borko Veselinović) 세르비아 몬테네그로 1986.01.06

대회	연도	소속	출전	교체	득점	도움	파울	경고	퇴장
BC	2008	인천	30	16	7	3	30	3	0
	2009	인천	19	13	1	0	36	1	0
	합계		49	29	8	3	66	4	0
프로통산			49	29	8	3	66	4	0

보리스(Boris Vostrosablin) 러시아 1968.10.07

대회	연도	소속	출전	교체	득점	도움	파울	경고	퇴장
BC	1997	부천SK	28	0	5	0	34	3	1
	1998	부천SK	19	15	1	0	16	4	0
	합계		47	15	6	0	50	7	1
프로통산			47	15	6	0	50	7	1

보리스(Boris Raić) 크로아티아 1976.12.03

대회	연도	소속	출전	교체	득점	도움	파울	경고	퇴장
BC	2003	부천SK	15	1	0	0	18	5	0
	2004	부천SK	26	3	0	0	49	7	0
	2005	부천SK	7	1	0	0	13	2	0
	합계		48	5	0	0	80	14	0
프로통산			48	5	0	0	80	14	0

보비(Robert Cullen) 일본 1985.06.07

대회	연도	소속	출전	교체	득점	도움	파울	경고	퇴장
K2	2015	서울E	35	20	2	4	37	2	0
	합계		35	20	2	4	37	2	0
프로통산			35	20	2	4	37	2	0

보산치치(Milos Bosancić) 세르비아 1988.05.22

대회	연도	소속	출전	교체	득점	도움	파울	경고	퇴장
K1	2013	경남	31	10	9	1	43	5	0
	2014	경남	10	9	0	1	8	0	0
	합계		41	19	9	2	51	5	0
프로통산			41	19	9	2	51	5	0

보스나(Eddy Bosnar) 오스트레일리아 1980.04.29

대회	연도	소속	출전	교체	득점	도움	파울	경고	퇴장
BC	2012	수원	36	6	2	0	38	7	1
	합계		36	6	2	0	38	7	1
K1	2013	수원	10	2	0	1	11	3	0
	합계		10	2	0	1	11	3	0
프로통산			46	8	2	1	49	10	1

보아뗑(Ricardo Resende Silva) 브라질 1976.02.18

대회	연도	소속	출전	교체	득점	도움	파울	경고	퇴장
BC	2001	포항	10	7	2	1	9	1	0
	합계		10	7	2	1	9	1	0
프로통산			10	7	2	1	9	1	0

본즈(Olivier Harouna Bonnes) 프랑스 1990.02.07

대회	연도	소속	출전	교체	득점	도움	파울	경고	퇴장
K1	2016	광주	15	3	0	0	27	1	0
	2017	광주	28	9	1	2	32	4	0
	합계		43	12	1	2	59	5	0
K2	2018	광주	3	2	0	0	5	0	0
	2018	성남	8	5	0	0	8	1	0
	합계		11	7	0	0	13	1	0
프로통산			54	19	1	2	72	6	0

부노자(Gordan Bunoza) 크로아티아 1988.02.05

대회	연도	소속	출전	교체	득점	도움	파울	경고	퇴장
K1	2017	인천	14	2	0	0	20	4	0
	2018	인천	30	2	1	0	36	0	0
	2019	인천	15	2	0	0	16	1	1
	2020	인천	1	2	0	0	0	0	0
	합계		60	8	1	0	72	5	1
프로통산			60	8	1	0	72	5	1

부발로(Milan Bubalo) 세르비아 1990.08.05

대회	연도	소속	출전	교체	득점	도움	파울	경고	퇴장
K1	2013	경남	34	11	6	0	39	3	0
	합계		34	11	6	0	39	3	0
프로통산			34	11	6	0	39	3	0

부쉬(Sergiu Florin Buş) 루마니아 1992.11.02

대회	연도	소속	출전	교체	득점	도움	파울	경고	퇴장
K1	2021	성남	18	20	1	0	12	0	0
	합계		18	20	1	0	12	0	0
프로통산			18	20	1	0	12	0	0

부야(Vujaklija Srdan) 세르비아 1988.03.21

대회	연도	소속	출전	교체	득점	도움	파울	경고	퇴장
K2	2018	광주	6	4	1	0	5	0	0
	합계		6	4	1	0	5	0	0
프로통산			6	4	1	0	5	0	0

부영태(夫英太) 탐라대 1985.09.02

대회	연도	소속	출전	교체	득점	도움	파울	경고	퇴장
BC	2003	부산	2	2	0	0	1	0	0
	2004	부산	1	1	0	0	1	1	0
	2005	부산	0	0	0	0	0	0	0
	2008	대전	6	4	0	1	5	0	0
	2009	대전	1	1	0	0	2	0	0
	합계		10	8	0	1	9	1	0
프로통산			10	8	0	1	9	1	0

불투이스(Dave Bulthuis) 네덜란드 1990.06.28

대회	연도	소속	출전	교체	득점	도움	파울	경고	퇴장
K1	2019	울산	19	3	1	1	19	1	0
	2020	울산	22	2	0	0	25	5	1
	2021	울산	31	3	3	0	28	4	0
	2022	수원	35	3	0	0	25	6	0
	합계		107	11	4	1	97	16	1
승	2022	수원	2	2	0	0	1	0	0
	합계		2	2	0	0	1	0	0
프로통산			109	13	4	1	98	16	1

뷔텍(Witold Bendkowski) 폴란드 1961.09.02

대회	연도	소속	출전	교체	득점	도움	파울	경고	퇴장
BC	1990	유공	21	5	1	0	32	1	0
	1991	유공	11	0	1	0	18	1	0
	1992	유공	20	6	0	0	35	5	0
	합계		52	11	2	0	85	7	0
프로통산			52	11	2	0	85	7	0

브라운(Greg Brown) 오스트레일리아 1962.07.29

대회	연도	소속	출전	교체	득점	도움	파울	경고	퇴장
BC	1991	포항제철	2	1	0	1	1	0	0
	합계		2	1	0	1	1	0	0

대회	연도	소속	출전	교체	득점	도움	파울	경고	퇴장
프로통산			2	1	0	1	1	0	0

브라질리아(Cristiano Pereira de Souza) 브라질 1977.07.28

대회	연도	소속	출전	교체	득점	도움	파울	경고	퇴장
BC	2007	대전	13	5	3	2	33	3	0
	2008	울산	19	10	3	6	32	5	0
	2009	포항	6	6	0	0	4	0	0
	2009	전북	15	12	6	2	7	1	0
	합계		53	33	12	10	76	9	0
프로통산			53	33	12	10	76	9	0

브랑코(Branko Bozović) 유고슬라비아 1969.10.21

대회	연도	소속	출전	교체	득점	도움	파울	경고	퇴장
BC	1996	울산	14	11	0	3	26	3	0
	합계		14	11	0	3	26	3	0
프로통산			14	11	0	3	26	3	0

브랑코(Branko Radovanović) 유고슬라비아 1981.02.18

대회	연도	소속	출전	교체	득점	도움	파울	경고	퇴장
BC	1999	부산	4	4	0	0	5	1	0
	합계		4	4	0	0	5	1	0
프로통산			4	4	0	0	5	1	0

브루노(Alex Bruno de Souza Silva) 브라질 1993.10.07

대회	연도	소속	출전	교체	득점	도움	파울	경고	퇴장
K2	2017	경남	32	23	0	8	26	4	1
	2018	수원FC	21	16	1	2	12	0	0
	합계		53	39	1	10	38	4	1
프로통산			53	39	1	10	38	4	1

브루노(Bruno Cunha Cantanhede) 브라질 1993.07.22

대회	연도	소속	출전	교체	득점	도움	파울	경고	퇴장
K2	2017	대전	18	4	4	2	38	3	0
	2018	안양	11	9	0	0	18	1	0
	합계		29	13	4	2	56	4	0
프로통산			29	13	4	2	56	4	0

브루노(Bruno Moreira Soares) 브라질 1999.04.08

대회	연도	소속	출전	교체	득점	도움	파울	경고	퇴장
K2	2020	안산	5	3	1	0	8	2	0
	2020	충남아산	15	8	2	0	17	1	0
	합계		20	11	3	0	25	3	0
프로통산			20	11	3	0	25	3	0

브루노(Bruno Cazarine Constantino) 브라질 1985.05.06

대회	연도	소속	출전	교체	득점	도움	파울	경고	퇴장
BC	2009	경남	3	2	0	0	4	0	0
	합계		3	2	0	0	4	0	0
프로통산			3	2	0	0	4	0	0

브루노(Bruno Cesar Correa) 브라질 1986.03.22

대회	연도	소속	출전	교체	득점	도움	파울	경고	퇴장
BC	2010	인천	19	17	1	3	17	1	0
	합계		19	17	1	3	17	1	0
프로통산			19	17	1	3	17	1	0

브루노 누네스(Bruno Fernandes Nunes) 브라질 1990.07.08

대회	연도	소속	출전	교체	득점	도움	파울	경고	퇴장
K2	2019	전남	25	15	6	3	42	4	0
	합계		25	15	6	3	42	4	0
프로통산			25	15	6	3	42	4	0

브루닝요(Bruno Cardoso Gonçalves Santos) 브라질 1990.02.25

대회	연도	소속	출전	교체	득점	도움	파울	경고	퇴장
K2	2016	안양	15	9	0	0	19	2	0
	합계		15	9	0	0	19	2	0
프로통산			15	9	0	0	19	2	0

브루스(Bruce Jose Djite) 오스트레일리아 1987.03.25

대회	연도	소속	출전	교체	득점	도움	파울	경고	퇴장
K1	2016	수원FC	13	9	5	1	20	3	0
	합계		13	9	5	1	20	3	0
K2	2017	수원FC	26	13	6	1	37	4	0
	합계		26	13	6	1	37	4	0
프로통산			39	22	11	2	57	7	0

블라단(Madan Adzić) 몬테네그로 1987.07.05

대회	연도	소속	출전	교체	득점	도움	파울	경고	퇴장
K1	2016	수원FC	27	1	3	0	33	9	0
	2019	포항	3	0	0	0	4	3	0
	합계		30	1	3	0	37	12	0
K2	2014	수원FC	14	1	0	0	22	3	0
	2015	수원FC	24	1	0	1	39	8	0
	2017	수원FC	23	1	0	0	23	5	0
	합계		61	3	0	1	84	16	0
승	2015	수원FC	2	0	0	0	2	0	0
	합계		2	0	0	0	2	0	0
프로통산			93	4	3	1	123	28	0

비니시우스(Vinicius Conceicao da Silva) 브라질 1977.03.07

대회	연도	소속	출전	교체	득점	도움	파울	경고	퇴장
BC	2006	울산	29	14	1	1	68	9	0
	합계		29	14	1	1	68	9	0
프로통산			29	14	1	1	68	9	0

비니시우스(Marcos Vinicius dos Santos Rosa) 브라질 1988.09.13

대회	연도	소속	출전	교체	득점	도움	파울	경고	퇴장
BC	2011	울산	1	1	0	0	0	0	0
	합계		1	1	0	0	0	0	0
프로통산			1	1	0	0	0	0	0

비도시치(Dario Vidošić) 오스트레일리아 1987.04.08

대회	연도	소속	출전	교체	득점	도움	파울	경고	퇴장
K2	2017	성남	7	5	0	0	12	0	0
	합계		7	5	0	0	12	0	0
프로통산			7	5	0	0	12	0	0

비아나(Fernando Viana Jardim Silva) 브라질 1992.02.20

대회	연도	소속	출전	교체	득점	도움	파울	경고	퇴장
K2	2018	수원FC	15	6	6	0	43	5	0
	합계		15	6	6	0	43	5	0
프로통산			15	6	6	0	43	5	0

비에라(Julio Cesar Gouveia Vieira) 브라질 1974.02.25

대회	연도	소속	출전	교체	득점	도움	파울	경고	퇴장
BC	2001	전북	14	2	3	1	24	1	0
	2002	전북	31	16	4	5	61	5	0
	2003	전남	33	19	0	10	75	6	0
	2004	전남	19	3	2	2	44	5	0
	합계		97	40	9	18	204	17	0
프로통산			97	40	9	18	204	17	0

비에리(Jorge Luis Barbieri) 브라질 1979.05.01

대회	연도	소속	출전	교체	득점	도움	파울	경고	퇴장
BC	2005	울산	3	3	0	1	1	0	0
	합계		3	3	0	1	1	0	0
프로통산			3	3	0	1	1	0	0

비엘키에비치(Osvaldo Diego Bielkiewicz) 아르헨티나 1991.01.04

대회	연도	소속	출전	교체	득점	도움	파울	경고	퇴장
K2	2018	서울E	18	11	3	1	17	1	0
	합계		18	11	3	1	17	1	0
프로통산			18	11	3	1	17	1	0

비욘존슨(Bjørn Johnsen) 노르웨이 1991.11.06

대회	연도	소속	출전	교체	득점	도움	파울	경고	퇴장
K1	2020	울산	18	17	5	1	9	0	1
	합계		18	17	5	1	9	0	1
프로통산			18	17	5	1	9	0	1

비케라(Gilvan Gomes Vieira) 브라질 1984.04.09

대회	연도	소속	출전	교체	득점	도움	파울	경고	퇴장
BC	2009	제주	9	4	0	1	14	2	0
	합계		9	4	0	1	14	2	0
프로통산			9	4	0	1	14	2	0

비탈리(Vitaliy Parakhnevych) 우크라이나 1969.05.04

대회	연도	소속	출전	교체	득점	도움	파울	경고	퇴장
BC	1995	전북	10	2	4	0	6	2	0
	1996	전북	33	9	10	3	25	6	0
	1997	전북	29	13	7	2	24	6	0
	1998	전북	9	6	1	0	10	1	0
	1998	수원	21	7	7	4	39	5	0
	1999	수원	36	22	10	10	35	5	0
	2000	수원	8	7	5	0	4	3	0
	2001	안양LG	9	6	2	0	6	0	0
	2002	부천SK	8	7	4	1	6	1	0
	합계		163	79	50	20	155	29	0
프로통산			163	79	50	20	155	29	0

빅(Victor Rodrigues da Silva) 브라질 1976.02.10

대회	연도	소속	출전	교체	득점	도움	파울	경고	퇴장
BC	2003	안양LG	3	3	0	0	0	0	0
	합계		3	3	0	0	0	0	0
프로통산			3	3	0	0	0	0	0

빅터(Andrade Santos Victor) 브라질 1995.09.30

대회	연도	소속	출전	교체	득점	도움	파울	경고	퇴장
K1	2021	수원FC	2	2	0	0	2	1	0
	합계		2	2	0	0	2	1	0
프로통산			2	2	0	0	2	1	0

빅토르(Paulo Victo Costa Soares) 브라질 1994.09.13

대회	연도	소속	출전	교체	득점	도움	파울	경고	퇴장
K2	2016	고양	23	21	2	0	44	7	0
	합계		23	21	2	0	44	7	0
프로통산			23	21	2	0	44	7	0

빅토르(Victor Shaka) 나이지리아 1975.05.01

대회	연도	소속	출전	교체	득점	도움	파울	경고	퇴장
BC	1997	안양LG	19	6	5	2	48	7	0
	1998	안양LG	32	19	8	2	67	4	0
	1999	안양LG	15	15	1	1	37	2	0
	1999	울산	11	0	7	3	23	1	1
	2000	울산	22	8	1	2	65	4	0
	2001	부산	5	2	2	0	9	1	1
	2002	부산	4	4	1	0	4	0	0
	합계		108	54	25	10	253	19	2
프로통산			108	54	25	10	253	19	2

빈치씽코(Gustavo Vintecinco) 브라질 1995.08.02

대회	연도	소속	출전	교체	득점	도움	파울	경고	퇴장
K1	2020	부산	14	11	0	0	12	2	0
	합계		14	11	0	0	12	2	0
K2	2019	안산	28	10	9	3	64	11	2
	합계		28	10	9	3	64	11	2
프로통산			42	21	9	3	76	13	2

빌(Rosimar Amancio) 브라질 1984.07.02

대회	연도	소속	출전	교체	득점	도움	파울	경고	퇴장
K1	2015	부산	4	4	0	0	5	0	0
	합계		4	4	0	0	5	0	0
승	2015	부산	1	0	0	0	1	0	0
	합계		1	0	0	0	1	0	0
프로통산			5	4	0	0	6	0	0

빌라(Ricardo Villar) 브라질 1979.08.11

대회	연도	소속	출전	교체	득점	도움	파울	경고	퇴장
BC	2005	전남	4	4	0	0	10	1	0
	합계		4	4	0	0	10	1	0
프로통산			4	4	0	0	10	1	0

빌비야(Nemanja Bilbija) 보스니아 헤르체고비나

1990.11.02

대회	연도	소속	출전	교체	득점	도움	파울	경고	퇴장
K1	2019	강원	6	4	2	1	6	1	0
	합계		6	4	2	1	6	1	0
프로통산			6	4	2	1	6	1	0

빠울로(Paulo Roberto Morais Junior) 브라질 1984.02.25

대회	연도	소속	출전	교체	득점	도움	파울	경고	퇴장
BC	2012	인천	5	5	1	0	5	0	0
	합계		5	5	1	0	5	0	0
프로통산			5	5	1	0	5	0	0

빠찌(Rafael Sobreira da Costa) 브라질 1981.03.15

대회	연도	소속	출전	교체	득점	도움	파울	경고	퇴장
BC	2008	제주	9	3	1	1	12	0	0
	합계		9	3	1	1	12	0	0
프로통산			9	3	1	1	12	0	0

뻬드롱(Christiano Florencio da Silva) 브라질 1978.04.05

대회	연도	소속	출전	교체	득점	도움	파울	경고	퇴장
BC	2008	성남일화	3	2	1	0	2	0	0
	합계		3	2	1	0	2	0	0
프로통산			3	2	1	0	2	0	0

뽀뽀(Adilson Rerreira de Souza: Popo) 브라질 1978.09.01

대회	연도	소속	출전	교체	득점	도움	파울	경고	퇴장
BC	2005	부산	30	8	4	6	66	7	1
	2006	부산	36	5	20	8	47	6	0
	2007	경남	25	10	8	10	23	3	1
	합계		91	23	32	24	136	16	2
프로통산			91	23	32	24	136	16	2

삐레스(Jose Sebastiao Pires Neto) 브라질 1956.02.03

대회	연도	소속	출전	교체	득점	도움	파울	경고	퇴장
BC	1994	현대	16	11	0	2	9	1	0
	합계		16	11	0	2	9	1	0
프로통산			16	11	0	2	9	1	0

삥요(Felipe Barreto da Silva) 브라질 1992.01.29

대회	연도	소속	출전	교체	득점	도움	파울	경고	퇴장
BC	2011	제주	2	2	0	0	0	0	0
	합계		2	2	0	0	0	0	0
프로통산			2	2	0	0	0	0	0

사드(Hassan Ali Saad: Soony Saad) 레바논 1992.08.17

대회	연도	소속	출전	교체	득점	도움	파울	경고	퇴장
K2	2020	안산	11	9	0	0	12	0	0
	합계		11	9	0	0	12	0	0
프로통산			11	9	0	0	12	0	0

사디크(Sadiq Saadoun Abdul Ridha) 이라크 1973.10.01

대회	연도	소속	출전	교체	득점	도움	파울	경고	퇴장
BC	1996	안양LG	16	2	1	0	38	7	0
	합계		16	2	1	0	38	7	0
프로통산			16	2	1	0	38	7	0

사리치(Elvis Sarić) 크로아티아 1990.07.21

대회	연도	소속	출전	교체	득점	도움	파울	경고	퇴장
K1	2018	수원	18	8	3	1	29	5	0
	2019	수원	12	3	1	7	23	3	0
	2022	수원	28	16	3	2	36	6	0
	합계		58	27	7	10	88	14	0
승	2022	수원	2	1	0	0	2	0	0
	합계		2	1	0	0	2	0	0
프로통산			60	28	7	10	90	14	0

사무엘(Samuel Firmino de Jesus) 브라질 1986.04.07

대회	연도	소속	출전	교체	득점	도움	파울	경고	퇴장
K2	2016	부산	3	1	0	0	5	1	0
	합계		3	1	0	0	5	1	0
프로통산			3	1	0	0	5	1	0

사브첸코(Volodymyr Savchenko) 우크라이나 1973.09.09

대회	연도	소속	출전	교체	실점	도움	파울	경고	퇴장
BC	1996	안양LG	12	0	22	0	1	1	0
	합계		12	0	22	0	1	1	0
프로통산			12	0	22	0	1	1	0

사살락(Sasalak Haiprakhon) 태국 1996.01.08

대회	연도	소속	출전	교체	득점	도움	파울	경고	퇴장
K1	2021	전북	2	2	0	0	0	0	0
	합계		2	2	0	0	0	0	0
프로통산			2	2	0	0	0	0	0

사샤(Sasa Ognenovski) 오스트레일리아 1979.04.03

대회	연도	소속	출전	교체	득점	도움	파울	경고	퇴장
BC	2009	성남일화	31	3	2	1	75	11	2
	2010	성남일화	29	1	3	0	49	7	1
	2011	성남일화	28	1	5	0	47	10	1
	2012	성남일화	11	1	0	0	18	3	0
	합계		99	6	10	1	189	31	4
프로통산			99	6	10	1	189	31	4

사싸(Jefferson Gomes de Oliveira) 브라질 1988.01.26

대회	연도	소속	출전	교체	득점	도움	파울	경고	퇴장
K1	2015	대전	7	3	0	0	11	3	0
	합계		7	3	0	0	11	3	0
프로통산			7	3	0	0	11	3	0

사이먼(Matthew Blake Simon) 오스트레일리아 1986.01.22

대회	연도	소속	출전	교체	득점	도움	파울	경고	퇴장
BC	2012	전남	6	2	0	0	19	2	0
	합계		6	2	0	0	19	2	0
프로통산			6	2	0	0	19	2	0

산델(Marcelo Sander Lima de Souza) 브라질 1972.12.28

대회	연도	소속	출전	교체	득점	도움	파울	경고	퇴장
BC	1998	부천SK	7	7	0	0	10	1	0
	합계		7	7	0	0	10	1	0
프로통산			7	7	0	0	10	1	0

산드로(Sandro César Cordovil de Lima) 브라질 1990.10.28

대회	연도	소속	출전	교체	득점	도움	파울	경고	퇴장
K2	2022	광주	19	13	7	4	38	4	0
	합계		19	13	7	4	38	4	0
프로통산			19	13	7	4	38	4	0

산드로(Sandro Hiroshi Parreao Oi) 브라질 1979.11.19

대회	연도	소속	출전	교체	득점	도움	파울	경고	퇴장
BC	2005	대구	36	7	17	3	49	2	0
	2006	전남	3	2	2	0	4	0	0
	2007	전남	27	6	8	1	36	1	0
	2008	전남	1	0	0	0	0	0	0
	2009	수원	8	7	0	0	10	0	0
	합계		75	22	27	4	99	3	0
프로통산			75	22	27	4	99	3	0

산드로(Sandro da Silva Mendonça) 브라질 1983.10.01

대회	연도	소속	출전	교체	득점	도움	파울	경고	퇴장
K1	2013	대구	15	13	1	2	18	0	0
	합계		15	13	1	2	18	0	0
프로통산			15	13	1	2	18	0	0

산드로C(Sandro Cardoso dos Santos) 브라질 1980.03.22

대회	연도	소속	출전	교체	득점	도움	파울	경고	퇴장
BC	2000	수원	11	5	5	4	10	2	0
	2001	수원	33	1	17	3	46	8	1
	2002	수원	29	1	10	2	63	8	1
	2005	수원	26	16	5	1	22	3	1
	2006	수원	15	6	0	3	11	2	0
	2006	전남	13	12	3	0	3	1	0
	2007	전남	4	3	1	0	3	1	0
	합계		131	44	41	13	158	25	3
프로통산			131	44	41	13	158	25	3

산자르(Sanjar Tursunov/ ←뚜르스노프) 우즈베키스탄 1986.12.29

대회	연도	소속	출전	교체	득점	도움	파울	경고	퇴장
K2	2018	대전	16	12	2	2	14	2	0
	2019	대전	11	8	0	0	7	1	0
	합계		27	20	2	2	21	3	0
프로통산			27	20	2	2	21	3	0

산타나(Rinaldo Santana dos Santos) 브라질 1975.08.24

대회	연도	소속	출전	교체	득점	도움	파울	경고	퇴장
BC	2004	서울	15	7	2	0	14	0	0
	합계		15	7	2	0	14	0	0
프로통산			15	7	2	0	14	0	0

산토스(Natanael de Sousa Santos Junior) 브라질 1985.12.25

대회	연도	소속	출전	교체	득점	도움	파울	경고	퇴장
BC	2010	제주	28	18	14	5	45	0	0
	2011	제주	29	6	14	4	33	2	0
	2012	제주	35	12	14	11	33	0	0
	합계		92	36	42	20	111	2	0
K1	2013	수원	19	7	8	1	25	1	0
	2014	수원	35	27	14	7	27	2	0
	2015	수원	29	23	12	1	23	0	0
	2016	수원	33	19	12	3	30	1	0
	2017	수원	29	22	9	2	23	1	0
	합계		145	98	55	14	128	5	0
프로통산			237	134	97	34	239	7	0

산토스(Diogo Santos Rangel) 동티모르 1991.08.19

대회	연도	소속	출전	교체	득점	도움	파울	경고	퇴장
K2	2014	대전	1	1	0	0	3	0	0
	2014	강원	1	1	0	0	1	0	0
	합계		2	2	0	0	4	0	0
프로통산			2	2	0	0	4	0	0

산토스(Remerson dos Santos) 브라질 1972.07.13

대회	연도	소속	출전	교체	득점	도움	파울	경고	퇴장
BC	1999	울산	4	3	0	0	4	0	0
	2000	울산	28	2	1	0	51	7	0
	합계		32	5	1	0	55	7	0
프로통산			32	5	1	0	55	7	0

산토스(Rogerio Pinheiro dos Santos) 브라질 1972.04.21

대회	연도	소속	출전	교체	득점	도움	파울	경고	퇴장
BC	2003	포항	29	1	3	0	55	5	0
	2004	포항	33	6	2	0	58	10	0
	2005	포항	33	1	1	0	71	8	0
	2006	경남	34	0	2	0	67	7	0
	2007	경남	25	1	1	2	18	5	0
	2008	경남	30	4	1	0	42	3	0
	합계		184	13	10	2	311	38	0
프로통산			184	13	10	2	311	38	0

산토스(Alexandre Zacarias dos Santos) 브라질 1982.10.23

대회	연도	소속	출전	교체	득점	도움	파울	경고	퇴장
BC	2010	대전	16	5	0	0	31	4	0
	합계		16	5	0	0	31	4	0
프로통산			16	5	0	0	31	4	0

산티아고(Santiago de Sagastizabal) 아르헨티나 1997.05.09

대회	연도	소속	출전	교체	득점	도움	파울	경고	퇴장

대회	연도	소속	출전	교체	득점	도움	파울	경고	퇴장
K2	2021	안산	8	8	1	0	7	2	0
	합계		8	8	1	0	7	2	0
프로통산			8	8	1	0	7	2	0

산티아고(Petrony Santiago de Barros) 브라질 1980.02.18

대회	연도	소속	출전	교체	득점	도움	파울	경고	퇴장
BC	2004	대구	10	5	0	0	20	3	0
	2005	대구	17	4	0	2	37	6	0
	합계		27	9	0	2	57	9	0
프로통산			27	9	0	2	57	9	0

살람쇼(Abdule Salam Sow) 기니 1970.08.13

대회	연도	소속	출전	교체	득점	도움	파울	경고	퇴장
BC	1996	전남	3	3	0	0	5	1	0
	합계		3	3	0	0	5	1	0
프로통산			3	3	0	0	5	1	0

샤리(Yary David Silvera) 우루과이 1976.02.20

대회	연도	소속	출전	교체	득점	도움	파울	경고	퇴장
BC	2000	부천SK	32	30	3	6	24	3	0
	2001	부천SK	14	13	2	1	8	2	0
	2003	부천SK	23	14	2	1	17	1	0
	합계		69	57	7	8	49	6	0
프로통산			69	57	7	8	49	6	0

샤샤(Aleksandr Podshivalov) 러시아 1964.09.06

대회	연도	소속	출전	교체	실점	도움	파울	경고	퇴장
BC	1994	유공	2	0	2	0	0	0	0
	1995	유공	35	0	41	0	3	1	0
	1996	부천유공	26	1	38	0	0	1	0
	1997	부천SK	10	0	13	0	0	0	0
	합계		73	1	94	0	3	2	0
프로통산			73	1	94	0	3	2	0

샤샤(Sasa Drakulić) 유고슬라비아 1972.08.28

대회	연도	소속	출전	교체	득점	도움	파울	경고	퇴장
BC	1995	대우	31	18	8	0	45	4	0
	1996	부산	20	12	3	5	51	5	0
	1997	부산	28	14	11	5	57	5	0
	1998	부산	13	4	4	0	38	6	0
	1998	수원	18	6	8	1	36	4	0
	1999	수원	37	6	23	4	78	7	1
	2000	수원	14	3	5	1	30	3	0
	2001	성남일화	34	11	15	4	40	3	0
	2002	성남일화	37	10	19	8	71	4	0
	2003	성남일화	39	27	8	9	58	2	1
	합계		271	111	104	37	504	43	2
프로통산			271	111	104	37	504	43	2

샤샤(Sasa Milaimović) 크로아티아 1975.08.27

대회	연도	소속	출전	교체	득점	도움	파울	경고	퇴장
BC	2000	포항	12	9	6	0	24	3	0
	2001	포항	13	9	2	0	20	1	0
	합계		25	18	8	0	44	4	0
프로통산			25	18	8	0	44	4	0

샤흐트(Dietmar Schacht) 독일 1960.04.06

대회	연도	소속	출전	교체	득점	도움	파울	경고	퇴장
BC	1985	포항제철	7	0	2	0	5	1	0
	합계		7	0	2	0	5	1	0
프로통산			7	0	2	0	5	1	0

샴(Same Nkwelle Corentin) 카메룬 1979.04.30

대회	연도	소속	출전	교체	득점	도움	파울	경고	퇴장
BC	2002	대전	27	13	1	1	59	2	0
	합계		27	13	1	1	59	2	0
프로통산			27	13	1	1	59	2	0

서경조(徐庚祚) 동아대 1969.09.28

대회	연도	소속	출전	교체	득점	도움	파울	경고	퇴장
BC	1988	현대	2	2	0	0	0	0	0
	합계		2	2	0	0	0	0	0
프로통산			2	2	0	0	0	0	0

서경주(徐炅主) 전주대 1997.08.11

대회	연도	소속	출전	교체	득점	도움	파울	경고	퇴장
K1	2021	대구	2	2	0	0	2	0	0
	합계		2	2	0	0	2	0	0
K2	2019	서울E	15	3	1	0	26	3	0
	2020	서울E	3	1	0	0	4	1	0
	2022	김포	2	1	0	0	4	1	0
	합계		20	5	1	0	34	5	0
프로통산			22	7	1	0	36	5	0

서관수(徐冠秀) 단국대 1980.02.25

대회	연도	소속	출전	교체	득점	도움	파울	경고	퇴장
BC	2003	성남일화	3	2	0	0	4	0	0
	2005	성남일화	1	1	0	0	1	0	0
	2006	대구	1	1	0	0	3	0	0
	합계		5	4	0	0	8	0	0
프로통산			5	4	0	0	8	0	0

서기복(徐基復) 연세대 1979.01.28

대회	연도	소속	출전	교체	득점	도움	파울	경고	퇴장
BC	2003	전북	17	17	0	3	11	1	0
	2004	인천	19	17	0	3	26	4	0
	2005	인천	13	10	1	1	11	4	0
	2006	인천	17	17	1	0	24	1	0
	2007	인천	9	8	0	0	17	2	0
	합계		75	69	2	7	89	12	0
프로통산			75	69	2	7	89	12	0

서덕규(徐德圭) 숭실대 1978.10.22

대회	연도	소속	출전	교체	득점	도움	파울	경고	퇴장
BC	2001	울산	32	2	0	0	48	5	0
	2002	울산	29	6	0	0	44	5	0
	2003	울산	8	4	0	0	4	0	0
	2004	광주상무	32	1	0	0	39	2	0
	2005	광주상무	16	5	0	0	19	3	0
	2006	울산	11	8	0	0	18	0	0
	2007	울산	18	10	0	0	19	1	0
	2008	울산	7	4	0	0	8	2	0
	합계		153	40	0	0	199	18	0
프로통산			153	40	0	0	199	18	0

서동명(徐東明) 울산대 1974.05.04

대회	연도	소속	출전	교체	실점	도움	파울	경고	퇴장
BC	1996	울산	7	0	17	0	0	0	0
	1997	울산	15	0	26	0	0	1	0
	2000	전북	30	1	43	0	0	0	0
	2001	전북	27	3	32	0	0	2	0
	2002	울산	26	0	27	0	0	1	0
	2003	울산	42	0	40	0	0	2	0
	2004	울산	36	0	25	0	0	1	0
	2005	울산	26	1	25	0	1	1	0
	2006	울산	12	2	7	0	1	1	0
	2007	부산	9	1	9	0	1	0	0
	2008	부산	9	0	13	0	0	1	0
	합계		239	8	264	0	3	10	0
프로통산			239	8	264	0	3	10	0

* 득점: 2000년 1 / 통산 1

서동욱(徐東煜) 대신고 1993.10.15

대회	연도	소속	출전	교체	득점	도움	파울	경고	퇴장
K2	2013	부천	0	0	0	0	0	0	0
	합계		0	0	0	0	0	0	0
프로통산			0	0	0	0	0	0	0

서동원(徐東元) 고려대 1973.12.12

대회	연도	소속	출전	교체	득점	도움	파울	경고	퇴장
BC	1997	울산	20	19	2	0	31	1	0
	1998	울산	1	1	0	0	2	0	0
	1999	울산	1	1	0	0	0	0	0
	합계		22	21	2	0	33	1	0
프로통산			22	21	2	0	33	1	0

서동원(徐東原) 연세대 1975.08.14

대회	연도	소속	출전	교체	득점	도움	파울	경고	퇴장
BC	1998	대전	29	0	1	0	48	6	0
	1999	대전	28	2	3	1	53	7	0
	2000	대전	28	9	4	4	51	5	0
	2001	수원	10	9	0	0	11	0	0
	2001	전북	15	5	1	1	18	5	0
	2002	전북	7	4	0	0	6	1	0
	2003	광주상무	19	9	0	0	22	2	0
	2004	광주상무	29	10	1	1	42	5	0
	2005	인천	30	13	5	3	53	2	0
	2006	인천	8	5	0	0	11	2	0
	2006	성남일화	13	13	0	0	14	3	0
	2007	성남일화	7	7	0	0	3	0	0
	2008	부산	18	6	1	2	32	7	0
	2009	부산	27	13	0	2	51	9	0
	2010	부산	5	4	0	0	3	1	0
	합계		273	109	16	14	418	55	0
프로통산			273	109	16	14	418	55	0

서동현(徐東鉉) 건국대 1985.06.05

대회	연도	소속	출전	교체	득점	도움	파울	경고	퇴장
BC	2006	수원	26	18	2	2	51	1	0
	2007	수원	12	7	4	1	21	0	0
	2008	수원	35	22	13	2	50	7	0
	2009	수원	15	11	0	1	30	2	0
	2010	수원	12	8	2	0	21	4	0
	2010	강원	13	9	5	0	30	4	0
	2011	강원	28	15	4	1	29	6	0
	2012	제주	43	20	12	3	49	5	0
	합계		184	110	42	10	281	29	0
K1	2013	제주	24	13	5	6	32	5	0
	2015	제주	4	0	1	0	7	1	0
	2016	수원FC	9	7	1	0	7	1	0
	합계		37	20	7	6	46	7	0
K2	2014	안산경찰	30	19	7	2	50	8	0
	2015	안산경찰	19	4	6	2	31	3	0
	2016	대전	8	5	1	0	5	1	0
	2017	수원FC	16	9	5	0	22	1	0
	2018	수원FC	10	9	0	3	7	1	0
	합계		83	46	19	7	115	14	0
프로통산			304	176	68	23	442	50	0

서동현(徐東賢) 송호대 1998.09.05

대회	연도	소속	출전	교체	실점	도움	파울	경고	퇴장
K2	2019	서울E	0	0	0	0	0	0	0
	2020	서울E	0	0	0	0	0	0	0
	합계		0	0	0	0	0	0	0
프로통산			0	0	0	0	0	0	0

서명식(徐明植) 가톨릭관동대 1992.05.31

대회	연도	소속	출전	교체	득점	도움	파울	경고	퇴장
K1	2015	대전	7	3	0	0	7	0	0
	합계		7	3	0	0	7	0	0
K2	2015	강원	14	6	0	1	11	0	0
	2016	부천	6	2	0	0	6	0	0
	합계		20	8	0	1	17	0	0
프로통산			27	11	0	1	24	0	0

서명원(徐明原) 신평고 1995.04.19

대회	연도	소속	출전	교체	득점	도움	파울	경고	퇴장
K1	2015	대전	24	15	5	0	27	3	0
	2016	울산	10	10	0	0	7	3	0
	2018	강원	1	2	0	0	0	0	0
	2019	강원	4	4	0	0	3	1	0
	합계		39	31	5	0	37	7	0
K2	2014	대전	26	14	4	5	27	0	0
	2020	부천	9	9	0	0	6	0	0
	2021	전남	10	9	1	0	5	1	0
	2022	전남	1	1	0	0	0	0	0
	합계		46	33	5	5	38	1	0
프로통산			85	64	10	5	75	8	0

서민국(徐愍國) 인천대 1983.11.23

대회	연도	소속	출전	교체	득점	도움	파울	경고	퇴장
BC	2006	인천	9	8	0	1	4	0	0

대회	연도	소속	출전	교체	득점	도움	파울	경고	퇴장
	2007	인천	19	13	1	2	30	5	0
	2008	인천	1	1	0	0	1	1	0
	2009	광주상무	5	4	0	0	7	1	0
	2010	광주상무	23	17	0	1	21	1	0
	2010	인천	1	1	0	0	0	0	0
	합계		58	44	1	4	63	8	0
프로통산			58	44	1	4	63	8	0

서민우(徐珉優) 영남대 1998.03.12

대회	연도	소속	출전	교체	득점	도움	파울	경고	퇴장
K1	2020	강원	8	8	0	0	6	1	0
	2021	강원	23	21	1	0	27	5	0
	2022	강원	38	19	0	1	30	3	0
	합계		69	48	1	1	63	9	0
승	2021	강원	1	0	0	1	1	1	0
	합계		1	0	0	1	1	1	0
프로통산			70	48	1	2	64	10	0

서민환(徐民煥) 광양제철고 1992.05.09

대회	연도	소속	출전	교체	득점	도움	파울	경고	퇴장
K1	2015	전남	0	0	0	0	0	0	0
	합계		0	0	0	0	0	0	0
프로통산			0	0	0	0	0	0	0

서병환(徐炳煥) 고려대 1984.06.01

대회	연도	소속	출전	교체	득점	도움	파울	경고	퇴장
BC	2008	울산	2	2	0	0	0	0	0
	합계		2	2	0	0	0	0	0
프로통산			2	2	0	0	0	0	0

서보민(徐保閔) 가톨릭관동대 1990.06.22

대회	연도	소속	출전	교체	득점	도움	파울	경고	퇴장
K1	2017	포항	19	19	1	2	4	0	0
	2019	성남	32	7	4	4	13	1	0
	2020	성남	5	4	0	1	0	0	0
	2021	성남	23	13	0	1	7	1	0
	합계		79	43	5	8	24	2	0
K2	2014	강원	31	26	3	1	15	2	0
	2015	강원	36	8	3	9	31	2	0
	2016	강원	36	25	3	3	19	2	0
	2018	성남	35	6	5	1	22	1	0
	2022	서울E	25	21	0	1	10	1	0
	합계		163	86	14	15	97	8	0
승	2016	강원	2	1	0	0	1	0	0
	합계		2	1	0	0	1	0	0
프로통산			244	130	19	23	122	10	0

서상민(徐相民) 연세대 1986.07.25

대회	연도	소속	출전	교체	득점	도움	파울	경고	퇴장
BC	2008	경남	32	11	5	0	78	10	0
	2009	경남	18	14	1	1	26	3	1
	2010	경남	32	26	4	2	60	5	0
	2011	경남	21	16	2	2	32	2	1
	2012	전북	22	11	4	5	49	4	0
	합계		125	78	16	10	245	24	2
K1	2013	전북	25	19	3	1	38	7	0
	2014	상주	30	14	2	1	48	5	0
	2015	전북	3	3	1	0	5	2	0
	2016	전북	8	8	0	0	10	2	0
	합계		66	44	6	2	101	16	0
K2	2015	상주	2	1	0	0	2	0	0
	2017	수원FC	17	13	1	0	16	2	0
	합계		19	14	1	0	18	2	0
프로통산			210	136	23	12	364	42	2

서석범(徐錫範) 건국대 1960.09.12

대회	연도	소속	출전	교체	실점	도움	파울	경고	퇴장
BC	1984	럭키금성	6	1	8	0	0	0	0
	합계		6	1	8	0	0	0	0
프로통산			6	1	8	0	0	0	0

서석원(徐錫元) 일본 류쓰케이자이대 1985.05.19

대회	연도	소속	출전	교체	득점	도움	파울	경고	퇴장
BC	2009	성남일화	3	3	0	0	2	1	0
	합계		3	3	0	0	2	1	0
프로통산			0	0	0	0	0	0	0

서세경(徐世卿) 가톨릭관동대 1996.05.18

대회	연도	소속	출전	교체	득점	도움	파울	경고	퇴장
K2	2018	수원FC	0	0	0	0	0	0	0
	합계		0	0	0	0	0	0	0
프로통산			0	0	0	0	0	0	0

서승훈(徐承勳) 중원대 1991.08.31

대회	연도	소속	출전	교체	득점	도움	파울	경고	퇴장
K2	2014	대전	0	0	0	0	0	0	0
	합계		0	0	0	0	0	0	0
프로통산			0	0	0	0	0	0	0

서영덕(徐營德) 고려대 1987.05.09

대회	연도	소속	출전	교체	득점	도움	파울	경고	퇴장
BC	2010	경남	0	0	0	0	0	0	0
	합계		0	0	0	0	0	0	0
프로통산			0	0	0	0	0	0	0

서영재(徐永在) 한양대 1995.05.23

대회	연도	소속	출전	교체	득점	도움	파울	경고	퇴장
K2	2020	대전	15	0	0	0	12	3	1
	2021	대전	34	1	1	4	26	6	0
	2022	대전	14	8	0	1	12	1	0
	합계		63	9	1	5	50	10	1
승	2021	대전	2	0	0	0	2	1	0
	2022	대전	2	0	0	0	6	0	0
	합계		4	0	0	0	8	1	0
프로통산			67	9	1	5	58	11	1

서용덕(徐庸德) 연세대 1989.09.10

대회	연도	소속	출전	교체	득점	도움	파울	경고	퇴장
K1	2014	울산	13	12	1	0	14	0	0
	2015	울산	7	7	0	1	5	0	0
	합계		20	19	1	1	19	0	0
K2	2016	안양	34	14	3	4	47	5	0
	2017	아산	15	12	0	3	18	1	0
	2018	아산	4	4	0	0	1	0	0
	2018	부산	1	1	0	0	0	0	0
	2019	부산	9	7	0	1	13	0	0
	합계		63	38	3	8	79	6	0
승	2018	부산	0	0	0	0	0	0	0
	2019	부산	1	1	0	0	0	0	0
	합계		1	1	0	0	0	0	0
프로통산			84	58	4	9	98	6	0

서우민(徐佑旼) 충남기계공고 2000.03.20

대회	연도	소속	출전	교체	득점	도움	파울	경고	퇴장
K2	2019	대전	1	1	0	0	1	0	0
	합계		1	1	0	0	1	0	0
프로통산			1	1	0	0	1	0	0

서재민(徐在民) 현풍고 1997.12.04

대회	연도	소속	출전	교체	득점	도움	파울	경고	퇴장
K1	2018	대구	1	1	0	0	1	0	0
	2019	인천	2	2	0	0	1	0	0
	합계		3	3	0	0	2	0	0
K2	2020	서울E	14	1	1	2	14	1	0
	2021	서울E	11	5	1	1	6	2	0
	2022	서울E	14	8	0	1	11	3	0
	합계		39	14	2	4	31	6	0
프로통산			42	17	2	4	33	6	0

서재원(徐材源) 신평고 2003.06.18

대회	연도	소속	출전	교체	득점	도움	파울	경고	퇴장
K2	2022	경남	13	16	1	0	4	1	0
	합계		13	16	1	0	4	1	0
프로통산			13	16	1	0	4	1	0

서정원(徐正源) 고려대 1970.12.17

대회	연도	소속	출전	교체	득점	도움	파울	경고	퇴장
BC	1992	LG	21	2	4	0	17	0	0
	1993	LG	11	5	2	1	14	2	0
	1994	LG	4	2	1	0	5	0	0
	1995	LG	4	2	0	1	5	0	0
	1996	안양LG	27	15	6	5	23	1	0
	1997	안양LG	17	0	9	1	26	1	0
	1999	수원	27	5	11	5	32	1	0
	2000	수원	25	13	4	1	17	1	0
	2001	수원	33	10	11	2	31	3	0
	2002	수원	32	15	9	1	42	1	0
	2003	수원	43	7	10	5	58	1	0
	2004	수원	25	16	1	3	18	1	0
	합계		269	92	68	25	288	12	0
프로통산			269	92	68	25	288	12	0

서정진(徐訂晋) 보인정보산업고(보인고) 1989.09.06

대회	연도	소속	출전	교체	득점	도움	파울	경고	퇴장
BC	2008	전북	22	15	1	2	30	7	0
	2009	전북	15	13	2	1	17	1	0
	2010	전북	17	12	0	0	17	2	0
	2011	전북	9	8	1	2	7	0	0
	2012	수원	39	21	3	6	58	9	0
	합계		102	69	7	11	129	19	0
K1	2013	수원	35	12	6	5	39	4	0
	2014	수원	29	21	2	4	27	1	0
	2015	수원	24	16	1	0	14	0	0
	2016	울산	9	7	0	0	6	1	0
	2017	수원	4	4	0	0	3	0	0
	합계		101	60	9	9	89	6	0
K2	2016	서울E	19	5	0	5	20	1	0
	합계		19	5	0	5	20	1	0
프로통산			222	134	16	25	238	26	0

서주환(徐宙桓) 울산대 1999.06.24

대회	연도	소속	출전	교체	실점	도움	파울	경고	퇴장
K1	2020	울산	0	0	0	0	0	0	0
	2021	울산	0	0	0	0	0	0	0
	2022	서울	0	0	0	0	0	0	0
	합계		0	0	0	0	0	0	0
프로통산			0	0	0	0	0	0	0

서준영(徐俊榮) 연세대 1995.09.29

대회	연도	소속	출전	교체	득점	도움	파울	경고	퇴장
K2	2017	안산	2	2	0	0	0	0	0
	합계		2	2	0	0	0	0	0
프로통산			2	2	0	0	0	0	0

서지원(徐志源) 천안농고 1967.09.15

대회	연도	소속	출전	교체	득점	도움	파울	경고	퇴장
BC	1986	포항제철	1	2	0	0	0	0	0
	합계		1	2	0	0	0	0	0
프로통산			1	2	0	0	0	0	0

서진섭(徐震燮) 울산대 1967.11.25

대회	연도	소속	출전	교체	득점	도움	파울	경고	퇴장
BC	1990	현대	1	1	0	0	1	0	0
	합계		1	1	0	0	1	0	0
프로통산			1	1	0	0	1	0	0

서진수(徐進水) 제주U18 2000.10.18

대회	연도	소속	출전	교체	득점	도움	파울	경고	퇴장
K1	2019	제주	11	10	0	4	7	0	0
	2022	김천	17	17	1	0	7	2	0
	2022	제주	8	6	4	0	7	0	0
	합계		36	33	5	4	21	2	0
K2	2020	제주	5	5	0	0	10	2	0
	2021	김천	19	16	2	3	16	0	0
	합계		24	21	2	3	26	2	0
프로통산			60	54	7	7	47	4	0

서창호(徐彰浩) 국민대 1960.03.16

대회	연도	소속	출전	교체	득점	도움	파울	경고	퇴장
BC	1985	상무	2	2	0	0	3	0	0
	합계		2	2	0	0	3	0	0
프로통산			2	2	0	0	3	0	0

서혁수(徐赫秀) 경희대 1973.10.01

대회	연도	소속	출전	교체	득점	도움	파울	경고	퇴장
BC	1998	전북	26	4	0	1	29	5	0
	1999	전북	34	0	5	8	91	5	0
	2000	전북	32	2	0	6	72	2	0
	2001	전북	34	1	0	2	76	3	0
	2002	전북	31	4	0	2	73	6	0
	2003	전북	31	9	2	4	68	4	0
	2004	성남일화	28	4	0	0	60	5	0
	합계		216	24	7	23	469	30	0
프로통산			216	24	7	23	469	30	0

서형승(徐亨承) 한남대 1992.09.22

대회	연도	소속	출전	교체	득점	도움	파울	경고	퇴장
K2	2015	고양	26	26	3	1	16	3	0
	합계		26	26	3	1	16	3	0
프로통산			26	26	3	1	16	3	0

서홍민(徐洪旻) 한양대 1991.12.23

대회	연도	소속	출전	교체	득점	도움	파울	경고	퇴장
K2	2016	부산	0	0	0	0	0	0	0
	합계		0	0	0	0	0	0	0
프로통산			0	0	0	0	0	0	0

서효원(徐孝源) 숭실대 1967.09.15

대회	연도	소속	출전	교체	득점	도움	파울	경고	퇴장
BC	1994	포항제철	23	11	4	3	31	2	1
	1995	포항	29	5	4	2	60	4	0
	1996	포항	33	8	2	2	55	4	0
	1997	포항	34	7	1	1	43	2	1
	1998	포항	38	7	2	6	60	1	0
	합계		157	38	13	14	249	13	2
프로통산			157	38	13	14	249	13	2

석동우(石東祐) 용인대 1990.05.27

대회	연도	소속	출전	교체	득점	도움	파울	경고	퇴장
K2	2014	부천	17	6	0	1	21	2	0
	합계		17	6	0	1	21	2	0
프로통산			17	6	0	1	21	2	0

선명진(宣明辰) 건국대 1986.12.15

대회	연도	소속	출전	교체	득점	도움	파울	경고	퇴장
BC	2010	인천	2	1	0	0	0	0	0
	합계		2	1	0	0	0	0	0
프로통산			2	1	0	0	0	0	0

설기현(薛琦鉉) 광운대 1979.01.08

대회	연도	소속	출전	교체	득점	도움	파울	경고	퇴장
BC	2010	포항	16	4	7	3	38	0	0
	2011	울산	41	16	7	10	80	8	0
	2012	인천	40	14	7	3	113	4	0
	합계		97	34	21	16	231	12	0
K1	2013	인천	26	19	4	4	88	2	0
	2014	인천	7	7	0	0	18	0	0
	합계		33	26	4	4	106	2	0
프로통산			130	60	25	20	337	14	0

설영우(薛英佑) 울산대 1998.12.05

대회	연도	소속	출전	교체	득점	도움	파울	경고	퇴장
K1	2020	울산	14	8	0	0	7	2	0
	2021	울산	31	11	2	3	26	4	0
	2022	울산	34	5	0	3	26	3	0
	합계		79	24	2	6	59	9	0
프로통산			79	24	2	6	59	9	0

설익찬(薛益贊) 학성고 1978.03.25

대회	연도	소속	출전	교체	득점	도움	파울	경고	퇴장
BC	1996	수원	0	0	0	0	0	0	0
	1999	수원	7	6	1	1	15	0	0
	2000	수원	8	3	0	0	7	2	0
	합계		15	9	1	1	22	2	0
프로통산			15	9	1	1	22	2	0

설정현(薛廷賢) 단국대 1959.03.06

대회	연도	소속	출전	교체	득점	도움	파울	경고	퇴장
BC	1984	한일은행	26	1	2	0	17	0	0
	1985	한일은행	10	0	0	0	8	2	0
	1986	한일은행	14	3	0	0	16	0	0
	합계		50	4	2	0	41	2	0
프로통산			50	4	2	0	41	2	0

설현빈(偰賢彬) 울산대 2001.08.07

대회	연도	소속	출전	교체	실점	도움	파울	경고	퇴장
K1	2022	울산	0	0	0	0	0	0	0
	합계		0	0	0	0	0	0	0
프로통산			0	0	0	0	0	0	0

설현진(偰賢進) 광주대 2000.03.10

대회	연도	소속	출전	교체	득점	도움	파울	경고	퇴장
K2	2021	경남	4	4	0	0	5	0	0
	2022	경남	10	9	0	0	9	2	0
	합계		14	13	0	0	14	2	0
프로통산			14	13	0	0	14	2	0

성경모(成京模) 동의대 1980.06.26

대회	연도	소속	출전	교체	실점	도움	파울	경고	퇴장
BC	2003	전북	0	0	0	0	0	0	0
	2004	전북	0	0	0	0	0	0	0
	2005	인천	15	0	15	0	1	1	0
	2006	인천	25	0	30	0	0	0	0
	2007	인천	0	0	0	0	0	0	0
	2008	인천	12	0	16	0	0	0	0
	2009	인천	2	0	2	0	0	0	0
	2010	인천	1	0	2	0	0	0	0
	2011	광주	4	0	11	0	0	1	0
	합계		59	0	76	0	1	2	0
프로통산			59	0	76	0	1	2	0

성경일(成京一) 건국대 1983.03.01

대회	연도	소속	출전	교체	실점	도움	파울	경고	퇴장
BC	2005	전북	0	0	0	0	0	0	0
	2006	전북	8	1	10	0	0	1	0
	2007	전북	10	1	13	0	0	0	0
	2008	경남	3	0	6	0	1	1	0
	2009	광주상무	2	0	6	0	1	1	0
	2010	광주상무	6	0	6	0	1	1	1
	합계		29	2	41	0	3	4	1
프로통산			29	2	41	0	3	4	1

성봉재(成奉宰) 동국대 1993.04.29

대회	연도	소속	출전	교체	득점	도움	파울	경고	퇴장
K1	2015	성남	3	3	0	0	6	0	0
	2016	성남	5	4	1	0	5	1	0
	합계		8	7	1	0	11	1	0
K2	2017	경남	8	6	0	1	12	0	0
	합계		8	6	0	1	12	0	0
프로통산			16	13	1	1	23	1	0

성원종(成元鍾) 경상대 1970.09.27

대회	연도	소속	출전	교체	실점	도움	파울	경고	퇴장
BC	1992	대우	15	1	20	0	1	1	0
	1994	버팔로	25	3	48	0	2	3	1
	1995	전북	16	1	22	0	2	3	0
	1996	전북	14	1	23	0	2	2	0
	1997	전북	17	0	31	0	1	1	0
	1998	부산	5	1	4	0	0	0	0
	1999	대전	4	0	9	0	2	1	0
	2000	대전	0	0	0	0	0	0	0
	합계		96	7	157	0	10	11	1
프로통산			96	7	157	0	10	11	1

성은준(成殷準) 호남대 1970.08.20

대회	연도	소속	출전	교체	득점	도움	파울	경고	퇴장
BC	1994	버팔로	16	7	0	0	4	1	0
	합계		16	7	0	0	4	1	0
프로통산			16	7	0	0	4	1	0

성종현(成宗鉉) 울산대 1979.04.02

대회	연도	소속	출전	교체	득점	도움	파울	경고	퇴장
BC	2004	전북	3	1	0	0	4	0	0
	2005	전북	13	2	0	1	31	3	0
	2006	광주상무	0	0	0	0	0	0	0
	2007	광주상무	6	2	0	0	2	0	0
	2008	전북	7	2	1	1	15	1	0
	2009	전북	5	2	0	0	8	0	0
	2010	전북	9	3	0	1	15	4	0
	합계		43	12	1	3	75	8	0
프로통산			43	12	1	3	75	8	0

성한수(成漢洙) 연세대 1976.03.27

대회	연도	소속	출전	교체	득점	도움	파울	경고	퇴장
BC	1999	대전	14	7	4	2	16	2	0
	2000	대전	13	11	2	0	18	3	0
	2001	대전	12	12	0	0	10	1	0
	2002	전남	7	5	2	0	9	0	0
	2003	전남	6	6	0	1	4	0	0
	2004	전남	7	7	0	0	6	0	0
	합계		59	48	8	3	63	6	0
프로통산			59	48	8	3	63	6	0

성호영(成浩永) 영남대 1999.01.08

대회	연도	소속	출전	교체	득점	도움	파울	경고	퇴장
K1	2020	부산	0	0	0	0	0	0	0
	합계		0	0	0	0	0	0	0
K2	2021	부산	8	7	0	0	8	0	0
	2022	부산	12	10	1	0	11	0	0
	합계		20	17	1	0	19	0	0
프로통산			20	17	1	0	19	0	0

세르게이(Sergey Burdin) 러시아 1970.03.02

대회	연도	소속	출전	교체	득점	도움	파울	경고	퇴장
BC	1996	부천유공	36	12	22	5	47	9	0
	1997	부천SK	27	8	6	1	37	7	0
	1999	천안일화	33	22	7	4	58	6	0
	2000	성남일화	0	0	0	0	0	0	0
	합계		96	42	35	10	142	22	0
프로통산			96	42	35	10	142	22	0

세르지뉴(Sergio Ricardo dos Santos Junior: Sergiho) 브라질 1990.12.03

대회	연도	소속	출전	교체	득점	도움	파울	경고	퇴장
K1	2021	대구	13	9	0	0	15	4	0
	합계		13	9	0	0	15	4	0
프로통산			13	9	0	0	15	4	0

세르지오(Sergio Luis Cogo) 브라질 1960.09.28

대회	연도	소속	출전	교체	득점	도움	파울	경고	퇴장
BC	1983	포항제철	2	2	0	0	0	0	0
	합계		2	2	0	0	0	0	0
프로통산			2	2	0	0	0	0	0

세르지오(Sergio Ricardo dos Santos Vieira) 브라질 1975.05.28

대회	연도	소속	출전	교체	득점	도움	파울	경고	퇴장
BC	2001	안양LG	13	13	2	0	15	1	0
	합계		13	13	2	0	15	1	0
프로통산			13	13	2	0	15	1	0

세르징요(Sergio Paulo Nascimento Filho) 시리아 1988.04.27

대회	연도	소속	출전	교체	득점	도움	파울	경고	퇴장
K2	2015	대구	36	23	4	2	73	6	0
	2016	강원	19	3	0	2	38	4	0
	합계		55	26	4	4	111	10	0
승	2016	강원	2	0	0	0	5	1	0
	합계		2	0	0	0	5	1	0
프로통산			57	26	4	4	116	11	0

세바스티안(Sebastjan Cimirotić) 슬로베니아 1974.09.14

대회	연도	소속	출전	교체	득점	도움	파울	경고	퇴장
BC	2005	인천	3	3	1	0	3	0	0
	합계		3	3	1	0	3	0	0
프로통산			3	3	1	0	3	0	0

세베로(Marcos Lueders Severo)브라질 1965.03.13

대회	연도	소속	출전	교체	득점	도움	파울	경고	퇴장

대회	연도	소속	출전	교체	득점	도움	파울	경고	퇴장
BC	1995	현대	18	9	4	4	43	6	0
	합계		18	9	4	4	43	6	0
프로통산			18	9	4	4	43	6	0

세이트(Seyit Cem Unsal) 터키 1975.10.09

대회	연도	소속	출전	교체	득점	도움	파울	경고	퇴장
BC	1997	안양LG	3	2	0	1	3	0	0
	1998	안양LG	6	5	0	0	5	0	0
	합계		9	7	0	1	8	0	0
프로통산			9	7	0	1	8	0	0

세자르(Julio Cesar Guterres) 브라질 1959.02.21

대회	연도	소속	출전	교체	득점	도움	파울	경고	퇴장
BC	1984	포항제철	12	6	0	1	20	2	0
	합계		12	6	0	1	20	2	0
프로통산			12	6	0	1	20	2	0

세자르(Cezar da Costa Oliveira) 브라질 1973.12.09

대회	연도	소속	출전	교체	득점	도움	파울	경고	퇴장
BC	1999	전남	31	9	13	2	82	2	0
	2000	전남	39	13	11	0	77	2	0
	2001	전남	32	14	12	4	57	2	0
	2002	전남	6	4	0	0	9	1	0
	합계		108	40	36	6	225	7	0
프로통산			108	40	36	6	225	7	0

세자르(Paulo Cesar de Souza) 브라질 1979.02.16

대회	연도	소속	출전	교체	득점	도움	파울	경고	퇴장
BC	2005	전북	12	11	0	5	30	2	0
	합계		12	11	0	5	30	2	0
프로통산			12	11	0	5	30	2	0

세지오(Sergio Guimaraes da Silva Junior) 브라질 1979.02.19

대회	연도	소속	출전	교체	득점	도움	파울	경고	퇴장
BC	2005	부천SK	11	6	2	3	18	1	0
	합계		11	6	2	3	18	1	0
프로통산			11	6	2	3	18	1	0

세징야(Cesar Fernando Silva dos Santos: Cesinha) 브라질 1989.11.29

대회	연도	소속	출전	교체	득점	도움	파울	경고	퇴장
K1	2017	대구	27	6	7	7	39	8	0
	2018	대구	25	5	8	11	24	6	2
	2019	대구	35	4	15	10	36	4	0
	2020	대구	25	3	18	4	25	2	0
	2021	대구	32	11	9	7	27	2	0
	2022	대구	29	9	12	6	20	4	0
	합계		173	38	69	45	171	26	2
K2	2016	대구	36	11	11	8	79	12	0
	합계		36	11	11	8	79	12	0
프로통산			209	49	80	53	250	38	2

셀리오(Celio Ferreira dos Santos) 브라질 1987.07.20

대회	연도	소속	출전	교체	득점	도움	파울	경고	퇴장
K1	2016	울산	10	3	1	0	11	4	0
	합계		10	3	1	0	11	4	0
프로통산			10	3	1	0	11	4	0

셀린(Alessandro Padovani Celin) 브라질 1989.09.11

대회	연도	소속	출전	교체	득점	도움	파울	경고	퇴장
BC	2011	광주	1	1	0	0	0	0	0
	합계		1	1	0	0	0	0	0
프로통산			1	1	0	0	0	0	0

셀미르(Selmir dos Santos Bezerra) 브라질 1979.08.23

대회	연도	소속	출전	교체	득점	도움	파울	경고	퇴장
BC	2005	인천	31	17	9	6	84	3	0
	2006	인천	13	4	5	0	34	2	0
	2006	전남	14	4	5	1	29	0	0
	2007	대구	18	16	3	0	21	2	0
	2008	대전	12	8	4	1	25	1	0
	합계		88	49	26	8	193	8	0
프로통산			88	49	26	8	193	8	0

소광호(蘇光鎬) 한양대 1961.03.27

대회	연도	소속	출전	교체	득점	도움	파울	경고	퇴장
BC	1984	럭키금성	13	7	0	2	5	0	0
	1985	상무	20	2	0	3	22	1	0
	합계		33	9	0	5	27	1	0
프로통산			33	9	0	5	27	1	0

소말리아(Waderson de Paula Sabino) 브라질 1977.06.22

대회	연도	소속	출전	교체	득점	도움	파울	경고	퇴장
BC	2006	부산	22	12	9	6	56	3	1
	합계		22	12	9	6	56	3	1
프로통산			22	12	9	6	56	3	1

소우자(Jose Augusto Freitas Sousa) 브라질 1978.08.02

대회	연도	소속	출전	교체	득점	도움	파울	경고	퇴장
BC	2008	부산	3	3	0	0	0	0	0
	합계		3	3	0	0	0	0	0
프로통산			3	3	0	0	0	0	0

소콜(Sokol Cikalleshi) 알바니아 1990.07.27

대회	연도	소속	출전	교체	득점	도움	파울	경고	퇴장
BC	2012	인천	6	6	0	0	10	0	0
	합계		6	6	0	0	10	0	0
프로통산			6	6	0	0	10	0	0

손국회(孫國會) 초당대 1987.05.15

대회	연도	소속	출전	교체	득점	도움	파울	경고	퇴장
K2	2013	충주	18	2	1	0	19	0	0
	합계		18	2	1	0	19	0	0
프로통산			18	2	1	0	19	0	0

손기련(孫基連) 단국대 1995.03.22

대회	연도	소속	출전	교체	득점	도움	파울	경고	퇴장
K2	2017	안산	25	15	0	0	21	1	0
	합계		25	15	0	0	21	1	0
프로통산			25	15	0	0	21	1	0

손대원(孫大源) 강원대 1975.02.10

대회	연도	소속	출전	교체	득점	도움	파울	경고	퇴장
BC	1997	울산	4	3	0	0	3	0	0
	1999	울산	2	2	0	0	1	0	0
	2000	울산	24	3	1	2	24	4	0
	2001	울산	2	2	0	0	1	0	0
	합계		32	10	1	2	29	4	0
프로통산			32	10	1	2	29	4	0

손대호(孫大鎬) 명지대 1981.09.11

대회	연도	소속	출전	교체	득점	도움	파울	경고	퇴장
BC	2002	수원	14	4	0	0	28	3	0
	2003	수원	8	7	1	0	10	2	0
	2004	수원	20	6	0	1	54	4	0
	2005	전남	6	5	0	0	8	1	0
	2005	성남일화	6	1	0	0	17	1	0
	2006	성남일화	10	6	0	0	29	4	0
	2007	성남일화	26	16	2	1	71	7	0
	2008	성남일화	29	12	1	1	83	5	0
	2009	인천	10	5	0	0	15	2	1
	2012	인천	22	20	0	0	11	4	0
	합계		151	82	4	3	326	33	1
K1	2013	인천	23	13	1	2	27	2	0
	합계		23	13	1	2	27	2	0
프로통산			174	95	5	5	353	35	1

손민우(孫旼佑) 동국대 1997.04.25

대회	연도	소속	출전	교체	득점	도움	파울	경고	퇴장
K2	2019	광주	1	1	0	0	1	0	0
	합계		1	1	0	0	1	0	0
프로통산			1	1	0	0	1	0	0

손상호(孫祥豪) 울산대 1974.05.04

대회	연도	소속	출전	교체	득점	도움	파울	경고	퇴장
BC	1997	울산	3	3	0	0	1	0	0
	2001	울산	5	1	0	0	10	0	1
	2002	울산	12	6	0	0	20	2	0
	합계		20	10	0	0	31	2	1
프로통산			20	10	0	0	31	2	1

손석용(孫碩庸) 현풍고 1998.09.04

대회	연도	소속	출전	교체	득점	도움	파울	경고	퇴장
K2	2020	서울E	0	0	0	0	0	0	0
	2022	김포	38	24	8	7	52	3	1
	합계		38	24	8	7	52	3	1
프로통산			38	24	8	7	52	3	1

손설민(孫雪旼) 관동대(가톨릭관동대) 1990.04.26

대회	연도	소속	출전	교체	득점	도움	파울	경고	퇴장
BC	2012	전남	15	13	2	1	17	2	0
	합계		15	13	2	1	17	2	0
K1	2015	대전	9	5	0	0	14	5	0
	합계		9	5	0	0	14	5	0
K2	2015	강원	4	4	0	0	3	0	0
	2016	강원	4	4	0	1	0	1	0
	합계		8	8	0	1	3	1	0
프로통산			32	26	2	2	34	8	0

손세범(孫世凡) 용인대 1992.03.07

대회	연도	소속	출전	교체	득점	도움	파울	경고	퇴장
K2	2016	고양	6	3	0	0	8	2	0
	합계		6	3	0	0	8	2	0
프로통산			6	3	0	0	8	2	0

손승준(孫昇準) 통진종고 1982.05.16

대회	연도	소속	출전	교체	득점	도움	파울	경고	퇴장
BC	2001	수원	9	8	0	0	9	2	0
	2002	수원	17	6	0	2	41	1	0
	2003	수원	22	12	0	0	37	5	0
	2005	광주상무	19	2	1	2	52	6	0
	2007	수원	4	2	0	0	14	0	0
	2008	수원	1	1	0	0	1	0	0
	2009	전북	9	1	0	0	37	2	1
	2010	전북	22	11	3	0	79	17	0
	2011	전북	9	4	0	0	26	6	0
	합계		112	47	4	4	296	39	1
프로통산			112	47	4	4	296	39	1

손시헌(孫時憲) 숭실대 1992.09.18

대회	연도	소속	출전	교체	득점	도움	파울	경고	퇴장
K2	2013	수원FC	6	3	0	0	4	0	0
	2014	수원FC	0	0	0	0	0	0	0
	합계		6	3	0	0	4	0	0
프로통산			6	3	0	0	4	0	0

손웅정(孫雄政) 명지대 1966.06.16

대회	연도	소속	출전	교체	득점	도움	파울	경고	퇴장
BC	1985	상무	7	5	0	0	5	1	0
	1987	현대	16	14	5	0	11	1	0
	1988	현대	4	4	0	0	2	1	0
	1989	일화	10	11	2	0	10	0	0
	합계		37	34	7	0	28	3	0
프로통산			37	34	7	0	28	3	0

손일표(孫一杓) 선문대 1981.03.29

대회	연도	소속	출전	교체	실점	도움	파울	경고	퇴장
BC	2004	대구	0	0	0	0	0	0	0
	합계		0	0	0	0	0	0	0
프로통산			0	0	0	0	0	0	0

손재영(孫材榮) 숭실대 1991.09.09

대회	연도	소속	출전	교체	득점	도움	파울	경고	퇴장
K1	2014	울산	0	0	0	0	0	0	0
	합계		0	0	0	0	0	0	0
프로통산			0	0	0	0	0	0	0

손정탁(孫禎鐸) 울산대 1976.05.31

대회	연도	소속	출전	교체	득점	도움	파울	경고	퇴장
BC	1999	울산	16	16	2	2	14	0	0
	2000	울산	18	17	2	2	16	0	0

대회	연도	소속	출전	교체	득점	도움	파울	경고	퇴장
	2001	울산	1	1	0	0	4	0	0
	2003	광주상무	34	25	4	1	49	3	0
	2004	전북	15	12	2	1	24	1	0
	2005	전북	12	7	1	1	18	2	0
	2005	수원	4	4	0	0	4	0	0
	2006	수원	6	6	0	0	4	1	0
	합계		106	88	11	7	133	7	0
프로통산			106	88	11	7	133	7	0

손정현(孫政玄) 광주대 1991.11.25

대회	연도	소속	출전	교체	실점	도움	파울	경고	퇴장
K1	2014	경남	6	0	9	0	1	1	0
	2018	경남	25	0	25	0	0	1	0
	2019	경남	13	0	26	0	1	1	0
	합계		44	0	60	0	2	3	0
K2	2015	경남	39	0	42	0	2	3	0
	2016	안산무궁	9	0	14	0	1	0	1
	2017	아산	3	0	3	0	0	0	0
	2020	경남	23	0	31	0	1	1	0
	2021	경남	28	0	36	0	1	3	0
	2022	경남	23	0	32	0	2	1	1
	합계		125	0	158	0	7	8	2
승	2014	경남	1	0	3	0	0	0	0
	2019	경남	0	0	0	0	0	0	0
	합계		1	0	3	0	0	0	0
프로통산			170	0	221	0	9	11	2

손종석(孫宗錫) 서울시립대 1954.03.10

대회	연도	소속	출전	교체	득점	도움	파울	경고	퇴장
BC	1984	현대	3	3	0	0	0	0	0
	합계		3	3	0	0	0	0	0
프로통산			3	3	0	0	0	0	0

손종찬(孫宗贊) 아주대 1966.11.01

대회	연도	소속	출전	교체	득점	도움	파울	경고	퇴장
BC	1989	대우	6	4	0	0	4	1	0
	1990	유공	3	3	0	0	1	0	0
	1991	유공	15	8	0	1	10	1	0
	1992	유공	29	17	0	0	28	1	0
	1993	유공	22	20	0	1	8	1	0
	1994	유공	23	15	0	1	14	2	0
	1995	유공	10	7	0	0	11	1	0
	합계		108	74	0	3	76	7	0
프로통산			108	74	0	3	76	7	0

손준호(孫準浩) 영남대 1992.05.12

대회	연도	소속	출전	교체	득점	도움	파울	경고	퇴장
K1	2014	포항	25	4	1	2	66	8	0
	2015	포항	35	3	9	4	87	9	0
	2016	포항	4	1	0	0	5	0	0
	2017	포항	35	7	4	14	69	7	0
	2018	전북	30	13	4	4	71	7	1
	2019	전북	31	6	5	3	82	11	0
	2020	전북	25	2	2	5	59	5	0
	합계		185	36	25	32	439	47	1
프로통산			185	36	25	32	439	47	1

손창후(孫昌厚) 우신고 1957.02.05

대회	연도	소속	출전	교체	득점	도움	파울	경고	퇴장
BC	1983	할렐루야	10	4	0	1	1	0	0
	합계		10	4	0	1	1	0	0
프로통산			10	4	0	1	1	0	0

손현준(孫賢俊) 동아대 1972.03.20

대회	연도	소속	출전	교체	득점	도움	파울	경고	퇴장
BC	1995	LG	20	6	1	0	57	8	0
	1996	안양LG	37	3	0	0	66	4	0
	1997	안양LG	22	8	0	0	32	3	0
	1998	안양LG	17	12	0	0	28	1	0
	1999	부산	13	8	0	0	29	4	0
	2000	안양LG	20	15	0	0	37	8	0
	2001	안양LG	16	8	0	0	33	1	0
	2002	안양LG	25	6	0	0	43	0	0
	합계		170	66	1	0	325	29	0
프로통산			170	66	1	0	325	29	0

손형선(孫炯先) 광운대 1964.02.22

대회	연도	소속	출전	교체	득점	도움	파울	경고	퇴장
BC	1986	대우	27	2	1	0	36	2	0
	1987	대우	24	2	1	0	44	2	0
	1988	대우	23	4	3	1	33	1	0
	1989	대우	34	3	1	1	62	2	0
	1990	포항제철	23	1	1	4	44	1	0
	1991	포항제철	21	9	0	0	42	3	0
	1992	LG	20	1	1	0	38	6	0
	1993	LG	10	3	0	0	20	1	0
	합계		182	25	8	6	319	18	0
프로통산			182	25	8	6	319	18	0

손형준(孫亨準) 진주고 1995.01.13

대회	연도	소속	출전	교체	득점	도움	파울	경고	퇴장
K1	2013	경남	0	0	0	0	0	0	0
	합계		0	0	0	0	0	0	0
K2	2015	경남	10	5	0	0	5	1	0
	합계		10	5	0	0	5	1	0
프로통산			10	5	0	0	5	1	0

손호준(孫昊儁) 매탄고 2002.07.03

대회	연도	소속	출전	교체	득점	도움	파울	경고	퇴장
K1	2021	수원	0	0	0	0	0	0	0
	합계		0	0	0	0	0	0	0
K2	2022	전남	13	13	1	0	5	1	0
	합계		13	13	1	0	5	1	0
프로통산			13	13	1	0	5	1	0

솔로(Andrei Solomatin) 러시아 1975.09.09

대회	연도	소속	출전	교체	득점	도움	파울	경고	퇴장
BC	2004	성남일화	4	4	0	0	2	0	0
	합계		4	4	0	0	2	0	0
프로통산			4	4	0	0	2	0	0

솔로비(Mikhail Nikolayevich Solovyov) 러시아 1968.12.23

대회	연도	소속	출전	교체	득점	도움	파울	경고	퇴장
BC	1992	일화	6	6	0	0	4	0	0
	합계		6	6	0	0	4	0	0
프로통산			6	6	0	0	4	0	0

송경섭(宋京燮) 단국대 1971.02.25

대회	연도	소속	출전	교체	득점	도움	파울	경고	퇴장
BC	1996	수원	2	2	0	0	2	0	0
	합계		2	2	0	0	2	0	0
프로통산			2	2	0	0	2	0	0

송광환(宋光煥) 연세대 1966.02.01

대회	연도	소속	출전	교체	득점	도움	파울	경고	퇴장
BC	1989	대우	31	18	1	2	30	0	0
	1990	대우	25	5	0	1	27	3	0
	1991	대우	1	1	0	0	1	0	0
	1992	대우	17	3	0	1	30	2	0
	1993	대우	14	4	0	0	27	3	0
	1994	대우	14	2	0	0	25	3	0
	1995	전남	34	2	0	2	43	3	0
	1996	전남	32	8	0	1	43	3	0
	1997	전남	32	8	0	3	53	2	0
	1998	전남	26	12	0	1	41	1	0
	합계		226	63	1	11	320	20	0
프로통산			226	63	1	11	320	20	0

송근수(宋根琇) 창원기계공고 1984.05.06

대회	연도	소속	출전	교체	득점	도움	파울	경고	퇴장
BC	2005	부산	3	2	0	0	1	0	0
	2006	광주상무	1	2	0	0	3	0	0
	2008	경남	0	0	0	0	0	0	0
	합계		4	4	0	0	4	0	0
프로통산			4	4	0	0	4	0	0

송덕균(宋德均) 홍익대 1971.03.16

대회	연도	소속	출전	교체	실점	도움	파울	경고	퇴장
BC	1995	전북	10	1	15	0	1	1	0
	1999	전북	0	0	0	0	0	0	0
	합계		10	1	15	0	1	1	0
프로통산			10	1	15	0	1	1	0

송동진(宋東晉) 포철공고 1984.05.12

대회	연도	소속	출전	교체	실점	도움	파울	경고	퇴장
BC	2008	포항	0	0	0	0	0	0	0
	2009	포항	0	0	0	0	0	0	0
	2010	포항	1	0	5	0	0	0	0
	합계		1	0	5	0	0	0	0
프로통산			1	0	5	0	0	0	0

송만호(宋萬浩) 고려대 1969.07.06

대회	연도	소속	출전	교체	득점	도움	파울	경고	퇴장
BC	1991	유공	2	2	0	0	2	0	0
	1992	유공	1	1	0	0	0	0	0
	합계		3	3	0	0	2	0	0
프로통산			3	3	0	0	2	0	0

송민국(宋旻鞠) 광운대 1985.04.25

대회	연도	소속	출전	교체	득점	도움	파울	경고	퇴장
BC	2008	경남	2	1	0	0	0	0	0
	합계		2	1	0	0	0	0	0
K2	2013	충주	1	0	0	0	1	0	0
	2014	충주	0	0	0	0	0	0	0
	합계		1	0	0	0	1	0	0
프로통산			3	1	0	0	1	0	0

송민규(松旻揆) 충주상고 1999.09.12

대회	연도	소속	출전	교체	득점	도움	파울	경고	퇴장
K1	2018	포항	2	2	0	0	2	0	0
	2019	포항	27	25	2	3	20	1	0
	2020	포항	27	14	10	6	20	1	0
	2021	포항	16	3	7	0	17	1	1
	2021	전북	17	14	3	3	13	0	0
	2022	전북	22	15	3	3	10	0	0
	합계		111	73	25	15	82	3	1
프로통산			111	73	25	15	82	3	1

송민규(宋旼奎/←송승주) 동북고 1991.04.26

대회	연도	소속	출전	교체	득점	도움	파울	경고	퇴장
BC	2011	서울	1	1	0	0	1	1	0
	합계		1	1	0	0	1	1	0
K2	2013	경찰	12	8	0	0	19	2	0
	2014	안산경찰	2	2	1	0	0	0	0
	합계		14	10	1	0	19	2	0
프로통산			15	11	1	0	20	3	0

송민우(宋旼佑) 호남대 1993.12.13

대회	연도	소속	출전	교체	득점	도움	파울	경고	퇴장
K2	2017	수원FC	2	2	0	0	1	0	0
	합계		2	2	0	0	1	0	0
프로통산			2	2	0	0	1	0	0

송민혁(宋民革) 삽교고 2001.04.01

대회	연도	소속	출전	교체	실점	도움	파울	경고	퇴장
K2	2022	김포	1	1	0	0	0	1	0
	합계		1	1	0	0	0	1	0
프로통산			1	1	0	0	0	1	0

송범근(宋範根) 고려대 1997.10.15

대회	연도	소속	출전	교체	실점	도움	파울	경고	퇴장
K1	2018	전북	30	0	18	0	0	0	0
	2019	전북	38	0	32	0	1	2	0
	2020	전북	27	0	21	0	0	1	0
	2021	전북	37	5	35	0	0	2	0
	2022	전북	35	1	34	0	0	1	0
	합계		167	6	140	0	1	6	0
프로통산			167	6	140	0	1	6	0

송병용(宋炳龍) 한남대 1991.03.03

대회	연도	소속	출전	교체	득점	도움	파울	경고	퇴장
K2	2014	안양	0	0	0	0	0	0	0
	합계		0	0	0	0	0	0	0
프로통산			0	0	0	0	0	0	0

송선호(宋鮮浩) 인천대 1966.01.24

대회	연도	소속	출전	교체	득점	도움	파울	경고	퇴장
BC	1988	유공	16	7	1	0	27	2	0
	1989	유공	35	19	3	3	40	5	0
	1990	유공	24	16	0	2	30	2	0
	1991	유공	19	17	0	0	21	2	0
	1992	유공	11	5	0	0	11	5	0
	1993	유공	21	8	0	0	31	3	1
	1994	유공	15	7	0	0	15	4	0
	1995	유공	15	8	0	0	18	4	0
	1996	부천유공	10	8	0	0	10	3	0
	합계		166	95	4	5	203	30	1
프로통산			166	95	4	5	203	30	1

송성범(宋成範) 호원대 1992.06.10

대회	연도	소속	출전	교체	득점	도움	파울	경고	퇴장
K1	2015	광주	3	2	0	0	2	1	0
	합계		3	2	0	0	2	1	0
K2	2016	충주	2	2	0	0	0	0	0
	합계		2	2	0	0	0	0	0
프로통산			5	4	0	0	2	1	0

송성현(宋性玄) 광운대 1988.02.14

대회	연도	소속	출전	교체	득점	도움	파울	경고	퇴장
BC	2011	성남일화	0	0	0	0	0	0	0
	합계		0	0	0	0	0	0	0
프로통산			0	0	0	0	0	0	0

송수영(宋修映) 연세대 1991.07.08

대회	연도	소속	출전	교체	득점	도움	파울	경고	퇴장
K1	2014	경남	33	26	4	3	22	1	0
	2015	제주	4	4	0	0	1	0	0
	2018	상주	7	8	0	0	3	0	0
	2019	상주	11	11	0	0	3	0	0
	합계		55	49	4	3	29	1	0
K2	2015	경남	15	11	0	1	12	1	0
	2016	경남	31	19	9	6	17	5	0
	2017	수원FC	26	21	2	1	19	1	0
	2019	수원FC	4	4	0	0	3	0	0
	2020	수원FC	5	5	0	1	4	2	0
	합계		81	60	11	9	55	9	0
승	2014	경남	2	0	1	0	2	0	0
	합계		2	0	1	0	2	0	0
프로통산			138	109	16	12	86	10	0

송승민(宋承珉) 인천대 1992.01.11

대회	연도	소속	출전	교체	득점	도움	파울	경고	퇴장
K1	2015	광주	33	7	3	4	47	4	0
	2016	광주	38	2	4	3	60	2	0
	2017	광주	38	6	5	2	43	2	0
	2018	포항	30	21	2	2	32	0	0
	2019	상주	2	2	0	0	2	0	0
	2020	상주	11	8	1	0	14	0	0
	2021	광주	18	17	0	1	14	1	0
	합계		170	63	15	12	212	9	0
K2	2014	광주	19	11	0	2	22	1	0
	2022	충남아산	40	12	3	4	54	3	0
	합계		59	23	3	6	76	4	0
승	2014	광주	2	2	0	0	3	1	0
	합계		2	2	0	0	3	1	0
프로통산			231	88	18	18	291	14	0

송시영(宋時永) 한양대 1962.08.15

대회	연도	소속	출전	교체	득점	도움	파울	경고	퇴장
BC	1986	한일은행	2	2	0	0	3	0	0
	합계		2	2	0	0	3	0	0
프로통산			2	2	0	0	3	0	0

송시우(宋治雨) 단국대 1993.08.28

대회	연도	소속	출전	교체	득점	도움	파울	경고	퇴장
K1	2016	인천	28	28	5	1	19	3	0
	2017	인천	32	27	5	0	35	2	0
	2018	인천	10	10	1	0	5	0	0
	2018	상주	12	10	1	0	6	0	0
	2019	상주	23	22	3	4	31	1	0
	2020	인천	25	24	2	2	19	5	0
	2021	인천	34	34	4	2	25	3	1
	2022	인천	29	31	4	0	17	0	0
	합계		193	186	25	9	157	14	1
프로통산			193	186	25	9	157	14	1

송영록(宋永錄) 조선대 1961.03.13

대회	연도	소속	출전	교체	득점	도움	파울	경고	퇴장
BC	1984	국민은행	18	3	0	0	13	0	0
	합계		18	3	0	0	13	0	0
프로통산			18	3	0	0	13	0	0

송영민(宋靈民) 동의대 1995.03.11

대회	연도	소속	출전	교체	실점	도움	파울	경고	퇴장
K2	2016	대구	0	0	0	0	0	0	0
	합계		0	0	0	0	0	0	0
프로통산			0	0	0	0	0	0	0

송용진(宋勇眞) 안동고 1985.01.01

대회	연도	소속	출전	교체	득점	도움	파울	경고	퇴장
BC	2004	부산	1	1	0	0	2	0	0
	합계		1	1	0	0	2	0	0
프로통산			1	1	0	0	2	0	0

송원재(宋愿宰) 고려대 1989.02.21

대회	연도	소속	출전	교체	득점	도움	파울	경고	퇴장
K1	2014	상주	13	9	0	0	3	0	0
	합계		13	9	0	0	3	0	0
K2	2013	부천	4	0	0	0	2	0	0
	2013	상주	2	0	0	1	4	0	0
	2015	부천	28	19	0	0	45	6	0
	2016	부천	31	18	0	1	32	4	0
	합계		65	37	0	2	83	10	0
승	2013	상주	2	0	0	0	3	0	0
	합계		2	0	0	0	3	0	0
프로통산			80	46	0	2	89	10	0

송유걸(宋裕傑) 경희대 1985.02.16

대회	연도	소속	출전	교체	실점	도움	파울	경고	퇴장
BC	2006	전남	1	0	4	0	0	0	0
	2007	전남	0	0	0	0	0	0	0
	2007	인천	0	0	0	0	0	0	0
	2008	인천	12	1	12	0	1	0	0
	2009	인천	10	0	11	0	0	0	0
	2010	인천	19	1	31	0	1	0	0
	2011	인천	13	0	17	0	0	1	0
	2012	강원	25	1	33	0	0	2	0
	합계		80	3	108	0	2	3	0
K1	2015	울산	1	0	2	0	0	0	0
	2017	강원	1	0	2	0	0	0	0
	합계		2	0	4	0	0	0	0
K2	2013	경찰	11	1	15	0	1	2	0
	2014	안산경찰	3	0	7	0	0	0	0
	2016	강원	15	0	12	0	0	1	0
	2018	부산	2	0	3	0	0	0	0
	합계		31	1	37	0	1	3	0
승	2016	강원	0	0	0	0	0	0	0
	합계		0	0	0	0	0	0	0
프로통산			113	4	149	0	3	6	0

송윤석(宋允石) 호남대 1977.09.20

대회	연도	소속	출전	교체	득점	도움	파울	경고	퇴장
BC	2000	전남	12	9	0	0	9	1	0
	2001	전남	4	3	0	0	1	0	0
	2003	광주상무	0	0	0	0	0	0	0
	합계		16	12	0	0	10	1	0
프로통산			16	12	0	0	10	1	0

송재용

대회	연도	소속	출전	교체	실점	도움	파울	경고	퇴장
BC	1983	국민은행	1	0	3	0	0	0	0
	합계		1	0	3	0	0	0	0
프로통산			1	0	3	0	0	0	0

송재한(宋在漢) 동아대 1987.11.24

대회	연도	소속	출전	교체	득점	도움	파울	경고	퇴장
BC	2010	전북	0	0	0	0	0	0	0
	합계		0	0	0	0	0	0	0
프로통산			0	0	0	0	0	0	0

송정우(宋楨佑) 아주대 1982.03.22

대회	연도	소속	출전	교체	득점	도움	파울	경고	퇴장
BC	2005	대구	12	13	1	1	14	2	0
	2006	대구	20	18	2	1	20	2	0
	2007	대구	8	8	0	2	8	1	0
	합계		40	39	3	4	42	5	0
프로통산			40	39	3	4	42	5	0

송정현(宋町賢) 아주대 1976.05.28

대회	연도	소속	출전	교체	득점	도움	파울	경고	퇴장
BC	1999	전남	5	5	1	1	6	0	0
	2000	전남	13	11	2	0	11	1	0
	2001	전남	5	5	0	0	1	0	0
	2003	대구	37	26	3	1	59	4	0
	2004	대구	25	16	1	2	44	3	0
	2005	대구	34	1	3	6	61	3	0
	2006	전남	35	13	6	5	85	4	0
	2007	전남	27	7	3	2	34	2	0
	2008	전남	20	13	4	2	30	3	0
	2009	울산	6	6	0	0	4	0	0
	2009	전남	15	9	2	2	20	3	0
	2010	전남	17	11	2	2	22	1	0
	2011	전남	12	9	0	0	12	3	0
	합계		251	132	27	23	389	27	0
프로통산			251	132	27	23	389	27	0

송제헌(宋制憲) 선문대 1986.07.17

대회	연도	소속	출전	교체	득점	도움	파울	경고	퇴장
BC	2009	포항	3	2	0	0	6	0	0
	2010	대구	19	13	2	1	31	0	0
	2011	대구	25	10	8	0	33	6	1
	2012	대구	36	25	11	1	54	7	0
	합계		83	50	21	2	124	13	1
K1	2013	전북	14	15	1	0	2	0	0
	2014	상주	6	6	0	0	4	1	0
	2016	인천	14	13	3	1	13	0	0
	합계		34	34	4	1	19	1	0
K2	2015	상주	1	1	0	1	2	0	0
	2017	경남	14	12	3	0	8	0	0
	합계		15	13	3	1	10	0	0
프로통산			132	97	28	4	153	14	1

송종국(宋鍾國) 연세대 1979.02.20

대회	연도	소속	출전	교체	득점	도움	파울	경고	퇴장
BC	2001	부산	35	12	2	1	42	2	0
	2002	부산	10	4	2	0	8	3	0
	2005	수원	20	7	1	1	52	2	0
	2006	수원	27	6	0	3	55	2	0
	2007	수원	33	4	0	4	70	3	0
	2008	수원	29	2	2	1	59	1	1
	2009	수원	22	4	0	0	49	3	0
	2010	수원	10	3	0	1	17	1	0
	2011	울산	18	4	0	0	21	4	0
	합계		204	46	7	11	373	21	1
프로통산			204	46	7	11	373	21	1

송주석(宋柱錫) 고려대 1967.02.26

대회	연도	소속	출전	교체	득점	도움	파울	경고	퇴장
BC	1990	현대	29	4	3	7	68	3	0
	1991	현대	30	17	3	0	45	3	1
	1992	현대	30	17	5	1	44	4	1
	1993	현대	26	16	3	1	26	2	1
	1994	현대	15	8	2	1	15	3	0
	1995	현대	29	4	10	4	56	5	1
	1996	울산	32	13	8	4	57	8	0

대회	연도	소속	출전	교체	득점	도움	파울	경고	퇴장
	1997	울산	28	11	10	3	71	6	0
	1998	울산	20	14	3	0	37	4	1
	1999	울산	9	9	0	1	9	0	0
	합계		248	113	47	22	428	38	5
프로통산			248	113	47	22	428	38	5

송주한(宋柱韓) 인천대 1993.06.16

대회	연도	소속	출전	교체	득점	도움	파울	경고	퇴장
K1	2015	대전	12	3	0	0	6	1	0
	합계		12	3	0	0	6	1	0
K2	2014	대전	30	12	1	5	19	2	0
	2015	경남	17	5	0	1	20	5	0
	2016	경남	0	0	0	0	0	0	0
	합계		47	17	1	6	39	7	0
프로통산			59	20	1	6	45	8	0

송주호(宋株昊) 고려대 1991.03.20

대회	연도	소속	출전	교체	득점	도움	파울	경고	퇴장
K2	2017	안산	24	4	0	0	41	7	0
	2018	안산	17	6	1	0	16	3	0
	2021	안산	22	8	2	1	32	2	0
	2022	충남아산	1	1	0	0	0	0	0
	합계		64	19	3	1	89	12	0
프로통산			64	19	3	1	89	12	0

송주훈(宋株熏) 건국대 1994.01.13

대회	연도	소속	출전	교체	득점	도움	파울	경고	퇴장
K1	2019	경남	9	2	0	0	4	1	0
	2022	김천	16	9	0	0	7	1	0
	합계		25	11	0	0	11	2	0
K2	2021	김천	3	0	0	0	4	1	0
	합계		3	0	0	0	4	1	0
승	2022	김천	2	0	0	0	3	1	0
	합계		2	0	0	0	3	1	0
프로통산			30	11	0	0	18	4	0

송준석(宋俊錫) 청주대 2001.02.06

대회	연도	소속	출전	교체	득점	도움	파울	경고	퇴장
K1	2021	강원	11	11	0	0	12	1	0
	2022	강원	0	0	0	0	0	0	0
	합계		11	11	0	0	12	1	0
프로통산			11	11	0	0	12	1	0

송지용(宋智庸) 고려대 1989.04.12

대회	연도	소속	출전	교체	실점	도움	파울	경고	퇴장
BC	2012	전남	0	0	0	0	0	0	0
	합계		0	0	0	0	0	0	0
프로통산			0	0	0	0	0	0	0

송진규(宋珍圭) 중앙대 1997.07.12

대회	연도	소속	출전	교체	득점	도움	파울	경고	퇴장
K1	2019	수원	7	7	0	0	9	1	0
	합계		7	7	0	0	9	1	0
K2	2020	안산	9	5	0	1	3	1	0
	2021	안산	1	1	0	0	0	0	0
	2022	안산	26	16	5	3	18	2	0
	합계		36	22	5	4	21	3	0
프로통산			43	29	5	4	30	4	0

송진형(宋珍炯) 당산서중 1987.08.13

대회	연도	소속	출전	교체	득점	도움	파울	경고	퇴장
BC	2004	서울	1	1	0	0	0	0	0
	2006	서울	8	8	0	0	9	1	0
	2007	서울	11	10	0	0	5	1	0
	2012	제주	39	9	10	5	41	6	0
	합계		59	28	10	5	55	8	0
K1	2013	제주	33	11	3	4	15	3	0
	2014	제주	36	15	3	3	23	3	0
	2015	제주	29	19	6	6	25	3	0
	2016	제주	28	5	7	4	16	2	0
	2018	서울	6	6	1	0	2	0	0
	합계		132	56	20	17	81	11	0
프로통산			191	84	30	22	136	19	0

송창남(宋昌南) 배재대 1977.12.31

대회	연도	소속	출전	교체	득점	도움	파울	경고	퇴장
BC	2000	대전	1	1	0	0	1	0	0
	2001	부천SK	6	4	0	0	2	1	0
	2002	부천SK	1	1	0	0	0	0	0
	2003	부천SK	0	0	0	0	0	0	0
	합계		8	6	0	0	3	1	0
프로통산			8	6	0	0	3	1	0

송창석(宋昌錫) 2000.06.12

대회	연도	소속	출전	교체	득점	도움	파울	경고	퇴장
K2	2022	대전	6	6	1	0	2	0	0
	합계		6	6	1	0	2	0	0
프로통산			6	6	1	0	2	0	0

송창좌(宋昌左) 관동대(가톨릭관동대) 1977.04.26

대회	연도	소속	출전	교체	득점	도움	파울	경고	퇴장
BC	2000	대전	0	0	0	0	0	0	0
	합계		0	0	0	0	0	0	0
프로통산			0	0	0	0	0	0	0

송창호(宋昌鎬) 동아대 1986.02.20

대회	연도	소속	출전	교체	득점	도움	파울	경고	퇴장
BC	2009	포항	12	10	1	3	6	1	0
	2010	포항	11	6	0	0	5	0	0
	2011	대구	26	8	2	3	31	6	0
	2012	대구	37	13	0	1	36	4	0
	합계		86	37	3	7	78	11	0
K1	2013	대구	34	13	5	1	23	5	0
	2014	전남	28	14	4	1	23	4	0
	2016	전남	3	3	0	0	0	0	0
	2017	전남	11	7	0	0	4	1	1
	합계		76	37	9	2	50	10	1
K2	2015	안산경찰	34	9	3	1	35	4	0
	2016	안산무궁	5	2	0	0	4	0	0
	2018	부산	12	4	0	1	9	0	0
	합계		51	15	3	2	48	4	0
승	2018	부산	0	0	0	0	0	0	0
	합계		0	0	0	0	0	0	0
프로통산			213	89	15	11	176	25	1

송치훈(宋致勳) 광운대 1991.09.24

대회	연도	소속	출전	교체	득점	도움	파울	경고	퇴장
K2	2013	부천	20	12	2	1	17	2	0
	합계		20	12	2	1	17	2	0
프로통산			20	12	2	1	17	2	0

송태림(宋泰林) 중앙대 1984.02.20

대회	연도	소속	출전	교체	득점	도움	파울	경고	퇴장
BC	2006	전남	3	0	0	0	9	0	0
	2007	전남	4	4	0	0	1	0	0
	2008	부산	1	1	0	0	3	1	0
	합계		8	5	0	0	13	1	0
프로통산			8	5	0	0	13	1	0

송태철(宋泰喆) 중앙대 1961.11.12

대회	연도	소속	출전	교체	득점	도움	파울	경고	퇴장
BC	1986	한일은행	6	2	0	0	2	0	0
	합계		6	2	0	0	2	0	0
프로통산			6	2	0	0	2	0	0

송한기(宋漢基) 우석대 1988.08.07

대회	연도	소속	출전	교체	득점	도움	파울	경고	퇴장
K2	2015	고양	2	1	0	0	0	0	0
	합계		2	1	0	0	0	0	0
프로통산			2	1	0	0	0	0	0

송한복(宋韓福) 배재고 1984.04.12

대회	연도	소속	출전	교체	득점	도움	파울	경고	퇴장
BC	2005	전남	0	0	0	0	0	0	0
	2006	전남	4	2	0	0	4	1	0
	2007	전남	1	1	0	0	1	0	0
	2008	광주상무	21	14	0	1	29	4	0
	2009	광주상무	16	11	0	1	35	4	0
	2009	전남	3	1	0	0	7	1	0
	2010	전남	14	13	0	1	19	4	0
	2011	대구	24	11	0	2	55	7	0
	2012	대구	11	4	0	0	30	4	0
	합계		94	57	0	5	180	25	0
K1	2013	대구	6	3	0	0	9	1	0
	합계		6	3	0	0	9	1	0
K2	2014	광주	6	5	0	0	13	0	0
	합계		6	5	0	0	13	0	0
프로통산			106	65	0	5	202	26	0

송호영(宋號營) 한양대 1988.01.21

대회	연도	소속	출전	교체	득점	도움	파울	경고	퇴장
BC	2009	경남	26	20	3	3	26	2	0
	2010	성남일화	29	28	0	0	17	3	0
	2011	성남일화	16	11	2	0	12	1	0
	2012	제주	3	3	0	0	1	0	0
	합계		74	62	5	3	56	6	0
K1	2013	전남	5	5	1	0	3	0	0
	2014	경남	3	3	0	0	2	0	0
	합계		8	8	1	0	5	0	0
프로통산			82	70	6	3	61	6	0

송홍민(宋洪民) 남부대 1996.02.07

대회	연도	소속	출전	교체	득점	도움	파울	경고	퇴장
K2	2018	부천	17	9	0	1	16	2	1
	2019	부천	20	10	2	0	22	2	0
	2020	부천	13	4	0	0	15	1	1
	2021	부천	20	7	0	0	26	4	0
	2022	부천	28	23	2	2	21	2	0
	합계		98	53	4	3	100	11	2
프로통산			98	53	4	3	100	11	2

송홍섭(宋洪燮) 경희대 1976.11.28

대회	연도	소속	출전	교체	득점	도움	파울	경고	퇴장
BC	1999	수원	1	1	0	0	0	0	0
	2003	대구	4	2	0	0	5	0	0
	합계		5	3	0	0	5	0	0
프로통산			5	3	0	0	5	0	0

송환영(宋晥永) 한양대 1997.10.11

대회	연도	소속	출전	교체	득점	도움	파울	경고	퇴장
K2	2019	아산	7	4	1	0	6	0	0
	2020	충남아산	4	4	0	0	5	2	0
	2021	충남아산	1	1	0	0	1	0	0
	합계		12	9	1	0	12	2	0
프로통산			12	9	1	0	12	2	0

수보티치(Danijel Subotic) 스위스 1989.01.31

대회	연도	소속	출전	교체	득점	도움	파울	경고	퇴장
K1	2017	울산	11	11	1	0	8	4	0
	합계		11	11	1	0	8	4	0
프로통산			11	11	1	0	8	4	0

수신야르(Aleksandar Susnjar) 오스트레일리아 1995.08.19

대회	연도	소속	출전	교체	득점	도움	파울	경고	퇴장
K2	2019	부산	29	0	0	0	46	10	1
	합계		29	0	0	0	46	10	1
승	2019	부산	2	0	0	0	2	0	0
	합계		2	0	0	0	2	0	0
프로통산			31	0	0	0	48	10	1

수쿠타 파수(Richard Sukuta-Pasu) 독일 1990.06.24

대회	연도	소속	출전	교체	득점	도움	파울	경고	퇴장
K2	2020	서울E	23	19	7	1	43	5	0
	합계		23	19	7	1	43	5	0
프로통산			23	19	7	1	43	5	0

수호자(Mario Sergio Aumarante Santana) 브라질 1977.01.30

대회	연도	소속	출전	교체	득점	도움	파울	경고	퇴장
BC	2004	울산	31	21	2	1	24	4	0
	합계		31	21	2	1	24	4	0
프로통산			31	21	2	1	24	4	0

슈마로프(Valeri Schmarov) 러시아 1965.02.23

대회	연도	소속	출전	교체	득점	도움	파울	경고	퇴장
BC	1996	전남	4	2	0	0	7	0	0
	합계		4	2	0	0	7	0	0
프로통산			4	2	0	0	7	0	0

슈바(Adriano Neves Pereira) 브라질 1979.05.24

대회	연도	소속	출전	교체	득점	도움	파울	경고	퇴장
BC	2006	대전	32	9	6	10	110	7	0
	2007	대전	14	2	8	1	52	3	0
	2008	전남	22	8	10	3	67	3	0
	2009	전남	30	5	16	4	83	6	0
	2010	전남	19	7	6	3	40	4	0
	2011	포항	15	10	6	3	25	1	1
	2012	광주	3	4	1	0	0	0	0
	합계		135	45	53	24	377	24	1
프로통산			135	45	53	24	377	24	1

슈벵크(Cleber Schwenck Tiene) 브라질 1979.02.28

대회	연도	소속	출전	교체	득점	도움	파울	경고	퇴장
BC	2007	포항	17	12	4	1	50	4	0
	합계		17	12	4	1	50	4	0
프로통산			17	12	4	1	50	4	0

스레텐(Sreten Sretenović) 세르비아 1985.01.12

대회	연도	소속	출전	교체	득점	도움	파울	경고	퇴장
K1	2013	경남	33	1	0	0	68	11	0
	2014	경남	32	0	2	1	62	7	0
	합계		65	1	2	1	130	18	0
승	2014	경남	2	0	0	0	5	1	0
	합계		2	0	0	0	5	1	0
프로통산			67	1	2	1	135	19	0

스카첸코(Serhiy Skachenko) 우크라이나 1972.11.18

대회	연도	소속	출전	교체	득점	도움	파울	경고	퇴장
BC	1996	안양LG	39	3	15	3	55	4	0
	1997	안양LG	12	3	3	1	19	1	0
	1997	전남	17	14	7	2	17	1	0
	합계		68	20	25	6	91	6	0
프로통산			68	20	25	6	91	6	0

스테반(Stevan Racić) 세르비아 1984.01.17

대회	연도	소속	출전	교체	득점	도움	파울	경고	퇴장
BC	2009	대전	13	12	0	2	22	4	0
	합계		13	12	0	2	22	4	0
프로통산			13	12	0	2	22	4	0

스테보(Stevica Ristić) 마케도니아 1982.05.23

대회	연도	소속	출전	교체	득점	도움	파울	경고	퇴장
BC	2007	전북	29	9	15	5	75	2	0
	2008	전북	14	6	4	2	23	3	1
	2008	포항	14	11	6	4	34	1	0
	2009	포항	24	20	8	4	48	5	0
	2011	수원	13	4	9	1	28	2	0
	2012	수원	35	20	10	3	61	6	0
	합계		129	70	52	19	269	19	1
K1	2013	수원	13	7	5	2	25	3	0
	2014	전남	35	4	13	4	64	2	0
	2015	전남	35	8	12	3	42	3	0
	2016	전남	14	8	2	0	8	1	0
	합계		97	27	32	9	139	9	0
프로통산			226	97	84	28	408	28	1

스토야노비치(Milos Stojanović) 세르비아 1984.12.25

대회	연도	소속	출전	교체	득점	도움	파울	경고	퇴장
K1	2014	경남	30	19	7	0	51	4	0
	합계		30	19	7	0	51	4	0
K2	2015	경남	23	9	9	0	53	5	0
	2016	부산	15	8	2	1	32	3	0
	합계		38	17	11	1	85	8	0
승	2014	경남	2	0	1	0	4	0	0
	합계		2	0	1	0	4	0	0
프로통산			70	36	19	1	140	12	0

스토키치(Jovica Stokić: Joco Stokić) 보스니아 헤르체고비나 1987.07.04

대회	연도	소속	출전	교체	득점	도움	파울	경고	퇴장
K1	2014	제주	5	5	0	0	7	1	0
	합계		5	5	0	0	7	1	0
프로통산			5	5	0	0	7	1	0

슬라브코(Seorgievski Slavcho) 마케도니아 1980.03.30

대회	연도	소속	출전	교체	득점	도움	파울	경고	퇴장
BC	2009	울산	29	9	3	3	17	5	0
	합계		29	9	3	3	17	5	0
프로통산			29	9	3	3	17	5	0

시로(Ciro Henrique Alves Ferreira e Silva) 브라질 1989.04.18

대회	연도	소속	출전	교체	득점	도움	파울	경고	퇴장
K1	2015	제주	7	8	0	0	6	1	0
	합계		7	8	0	0	6	1	0
프로통산			7	8	0	0	6	1	0

시마다(Shimada Yusuke, 島田裕介) 일본 1982.01.19

대회	연도	소속	출전	교체	득점	도움	파울	경고	퇴장
BC	2012	강원	23	10	1	2	34	2	0
	합계		23	10	1	2	34	2	0
프로통산			23	10	1	2	34	2	0

시모(Simo Krunić) 보스니아 헤르체고비나 1969.01.03

대회	연도	소속	출전	교체	득점	도움	파울	경고	퇴장
BC	1996	포항	6	6	2	0	14	2	0
	합계		6	6	2	0	14	2	0
프로통산			6	6	2	0	14	2	0

시몬(Victor Simoes de Oliveira) 브라질 1981.03.23

대회	연도	소속	출전	교체	득점	도움	파울	경고	퇴장
BC	2007	전남	10	5	1	3	21	0	0
	2008	전남	14	11	2	1	20	3	0
	합계		24	16	3	4	41	3	0
프로통산			24	16	3	4	41	3	0

시미치(Dusan Simić) 세르비아 몬테네그로 1980.07.22

대회	연도	소속	출전	교체	득점	도움	파울	경고	퇴장
BC	2003	부산	28	16	0	0	19	5	0
	합계		28	16	0	0	19	5	0
프로통산			28	16	0	0	19	5	0

시미치(Josip Simić) 크로아티아 1977.09.16

대회	연도	소속	출전	교체	득점	도움	파울	경고	퇴장
BC	2004	울산	25	24	2	2	26	1	0
	합계		25	24	2	2	26	1	0
프로통산			25	24	2	2	26	1	0

시시(Gonzalez Martinez Sisinio) 스페인 1986.04.22

대회	연도	소속	출전	교체	득점	도움	파울	경고	퇴장
K2	2015	수원FC	17	9	0	1	25	6	0
	합계		17	9	0	1	25	6	0
승	2015	수원FC	2	1	0	0	1	0	0
	합계		2	1	0	0	1	0	0
프로통산			19	10	0	1	26	6	0

신경모(辛景模) 중앙대 1987.12.12

대회	연도	소속	출전	교체	득점	도움	파울	경고	퇴장
BC	2011	수원	2	2	0	0	4	0	0
	합계		2	2	0	0	4	0	0
프로통산			2	2	0	0	4	0	0

신광훈(申光勳) 포철공고 1987.03.18

대회	연도	소속	출전	교체	득점	도움	파울	경고	퇴장
BC	2006	포항	10	6	1	1	23	5	0
	2007	포항	5	4	1	0	2	3	0
	2008	포항	4	4	0	1	5	1	0
	2008	전북	19	1	1	3	31	3	0
	2009	전북	14	5	0	0	26	3	0
	2010	전북	12	0	0	1	32	3	0
	2010	포항	8	0	0	0	17	3	0
	2011	포항	26	0	1	4	62	10	0
	2012	포항	37	0	0	3	48	7	1
	합계		135	20	4	13	246	38	1
K1	2013	포항	33	1	0	4	53	10	0
	2014	포항	33	0	3	2	46	8	0
	2016	포항	8	0	0	0	18	3	0
	2017	서울	21	0	0	1	20	3	0
	2018	서울	18	1	0	2	25	4	0
	2019	강원	36	4	2	4	46	7	0
	2020	강원	21	0	0	2	28	5	0
	2021	포항	33	7	1	0	46	9	1
	2022	포항	33	16	0	2	48	7	0
	합계		236	29	6	17	330	56	1
K2	2015	안산경찰	28	2	1	1	45	9	0
	2016	안산무궁	15	2	0	1	17	1	0
	합계		43	4	1	2	62	10	0
승	2018	서울	0	0	0	0	0	0	0
	합계		0	0	0	0	0	0	0
프로통산			414	53	11	32	638	104	2

신대경(申大京) 경희대 1982.04.15

대회	연도	소속	출전	교체	득점	도움	파울	경고	퇴장
BC	2005	부천SK	0	0	0	0	0	0	0
	2006	제주	0	0	0	0	0	0	0
	합계		0	0	0	0	0	0	0
프로통산			0	0	0	0	0	0	0

신동근(申東根) 연세대 1981.02.15

대회	연도	소속	출전	교체	득점	도움	파울	경고	퇴장
BC	2004	성남일화	3	3	0	0	2	0	0
	2005	성남일화	1	1	0	0	1	0	0
	2006	성남일화	7	7	0	0	4	0	0
	2008	광주상무	22	12	0	0	15	2	0
	2009	광주상무	5	2	0	0	3	0	0
	합계		38	25	0	0	25	2	0
프로통산			38	25	0	0	25	2	0

신동빈(申東彬) 선문대 1985.06.11

대회	연도	소속	출전	교체	득점	도움	파울	경고	퇴장
BC	2008	전북	1	1	0	0	1	0	0
	합계		1	1	0	0	1	0	0
프로통산			1	1	0	0	1	0	0

신동일(申東一) 광주대 1993.07.09

대회	연도	소속	출전	교체	득점	도움	파울	경고	퇴장
K2	2016	충주	2	2	0	0	2	0	0
	합계		2	2	0	0	2	0	0
프로통산			2	2	0	0	2	0	0

신동철(申東喆) 명지대 1962.11.09

대회	연도	소속	출전	교체	득점	도움	파울	경고	퇴장
BC	1983	국민은행	2	0	1	1	3	0	0
	1986	유공	29	6	2	6	16	1	0
	1987	유공	4	3	0	1	1	1	0
	1988	유공	23	3	8	3	13	2	0
	1989	유공	9	6	0	0	1	0	0
	1990	유공	10	5	1	0	4	0	0
	1991	유공	24	17	1	1	7	1	0
	1992	유공	34	3	3	10	16	3	0
	1993	유공	13	5	0	0	3	0	0
	합계		148	48	16	22	64	8	0
프로통산			148	48	16	22	64	8	0

신동혁(新洞革) 브라질 ACD Potyguar 1987.07.17

대회	연도	소속	출전	교체	득점	도움	파울	경고	퇴장
BC	2011	인천	4	5	0	0	1	0	0
	합계		4	5	0	0	1	0	0
K2	2014	대전	3	4	0	0	2	0	0

대회	연도	소속	출전	교체	득점	도움	파울	경고	퇴장
	합계		3	4	0	0	2	0	0
프로통산			7	9	0	0	3	0	0

신문선(辛文善) 연세대 1958.03.11

대회	연도	소속	출전	교체	득점	도움	파울	경고	퇴장
BC	1983	유공	15	5	1	1	9	2	0
	1984	유공	28	2	2	1	11	0	0
	1985	유공	21	3	0	2	22	0	0
	합계		64	10	3	4	42	2	0
프로통산			64	10	3	4	42	2	0

신범철(申凡喆) 아주대 1970.09.27

대회	연도	소속	출전	교체	실점	도움	파울	경고	퇴장
BC	1993	대우	2	0	3	0	0	0	0
	1994	대우	11	0	20	0	0	0	0
	1995	대우	6	1	6	0	1	1	0
	1997	부산	21	0	15	0	0	1	0
	1998	부산	31	1	36	0	2	3	0
	1999	부산	36	3	41	0	2	2	0
	2000	부산	16	1	26	0	1	0	0
	2000	수원	0	0	0	0	0	0	0
	2001	수원	27	0	33	0	0	2	0
	2002	수원	12	0	20	0	0	0	0
	2003	수원	1	0	0	0	0	0	0
	2004	인천	13	0	15	0	2	1	0
	합계		176	6	215	0	8	10	0
프로통산			176	6	215	0	8	10	0

신병호(申秉澔) 건국대 1977.04.26

대회	연도	소속	출전	교체	득점	도움	파울	경고	퇴장
BC	2002	울산	7	6	1	0	12	1	0
	2002	전남	26	8	8	1	42	0	0
	2003	전남	42	22	16	4	61	3	0
	2004	전남	21	14	3	2	37	3	0
	2005	전남	8	7	0	0	13	0	0
	2006	경남	26	21	5	0	51	3	0
	2007	제주	14	12	0	0	25	1	0
	2008	제주	6	6	2	0	1	0	0
	합계		150	96	35	7	242	11	0
프로통산			150	96	35	7	242	11	0

신상근(申相根) 청주상고 1961.04.24

대회	연도	소속	출전	교체	득점	도움	파울	경고	퇴장
BC	1984	포항제철	21	10	3	7	17	0	0
	1985	포항제철	11	6	1	0	5	1	0
	1986	포항제철	6	6	0	1	2	0	0
	1987	럭키금성	31	7	3	3	27	1	0
	1988	럭키금성	15	12	1	0	15	1	0
	1989	럭키금성	5	5	0	0	5	0	0
	합계		89	46	8	11	71	3	0
프로통산			89	46	8	11	71	3	0

신상우(申相又) 광운대 1976.03.10

대회	연도	소속	출전	교체	득점	도움	파울	경고	퇴장
BC	1999	대전	31	8	5	0	67	4	0
	2000	대전	30	7	1	2	59	4	0
	2001	대전	32	2	1	1	70	7	0
	2004	대전	15	4	0	0	32	0	0
	2005	성남일화	1	1	0	0	0	0	0
	2006	성남일화	1	1	0	0	0	0	0
	합계		110	23	7	3	228	15	0
프로통산			110	23	7	3	228	15	0

신상은(申相垠) 성균관대 1999.08.20

대회	연도	소속	출전	교체	득점	도움	파울	경고	퇴장
K2	2021	대전	16	16	2	0	13	0	0
	2022	대전	7	7	1	1	3	0	0
	합계		23	23	3	1	16	0	0
승	2021	대전	0	0	0	0	0	0	0
	2022	대전	2	2	0	1	1	0	0
	합계		2	2	0	1	1	0	0
프로통산			25	25	3	2	17	0	0

신상훈(申相訓) 중앙대 1983.06.20

대회	연도	소속	출전	교체	득점	도움	파울	경고	퇴장
BC	2006	전북	4	2	0	0	5	0	0
	2007	전북	0	0	0	0	0	0	0
	합계		4	2	0	0	5	0	0
프로통산			4	2	0	0	5	0	0

신상휘(申相輝) 매탄고 2000.07.14

대회	연도	소속	출전	교체	득점	도움	파울	경고	퇴장
K1	2019	수원	1	1	0	0	1	0	0
	합계		1	1	0	0	1	0	0
프로통산			1	1	0	0	1	0	0

신선진(申善眞) 단국대 1994.06.21

대회	연도	소속	출전	교체	득점	도움	파울	경고	퇴장
K2	2017	안산	0	0	0	0	0	0	0
	합계		0	0	0	0	0	0	0
프로통산			0	0	0	0	0	0	0

신성재(申成在) 오산고 1997.01.27

대회	연도	소속	출전	교체	득점	도움	파울	경고	퇴장
K2	2020	전남	3	3	0	0	2	0	0
	합계		3	3	0	0	2	0	0
프로통산			3	3	0	0	2	0	0

신성환(申聖煥) 인천대 1968.10.10

대회	연도	소속	출전	교체	득점	도움	파울	경고	퇴장
BC	1992	포항제철	16	10	0	0	17	1	0
	1993	포항제철	15	11	0	0	9	0	0
	1994	포항제철	27	13	0	0	35	8	0
	1995	포항	22	10	1	0	28	3	0
	1996	수원	32	0	1	1	75	8	2
	1997	수원	30	3	3	0	79	9	0
	1998	수원	15	6	1	0	27	3	0
	합계		157	53	6	1	270	32	2
프로통산			157	53	6	1	270	32	2

신세계(申世界) 성균관대 1990.09.16

대회	연도	소속	출전	교체	득점	도움	파울	경고	퇴장
BC	2011	수원	11	5	0	0	25	6	0
	2012	수원	7	5	0	0	13	2	0
	합계		18	10	0	0	38	8	0
K1	2013	수원	16	2	0	0	24	3	0
	2014	수원	20	4	0	0	28	2	0
	2015	수원	18	8	1	0	21	2	0
	2016	수원	22	3	0	1	26	3	0
	2017	상주	13	0	0	0	12	0	0
	2018	상주	22	1	0	0	20	5	0
	2018	수원	5	0	0	0	8	1	0
	2019	수원	23	4	1	2	28	5	0
	2020	강원	18	2	0	0	37	5	0
	2021	강원	24	6	1	0	25	3	0
	2022	수원FC	27	9	0	1	21	3	0
	합계		208	39	3	4	250	32	0
승	2017	상주	2	0	0	0	0	0	0
	합계		2	0	0	0	0	0	0
프로통산			228	49	3	4	288	40	0

신송훈(申松勳) 금호고 2002.11.07

대회	연도	소속	출전	교체	실점	도움	파울	경고	퇴장
K1	2021	광주	1	0	1	0	0	0	0
	2022	김천	0	0	0	0	0	0	0
	합계		1	0	1	0	0	0	0
K2	2022	광주	0	0	0	0	0	0	0
	합계		0	0	0	0	0	0	0
승	2022	김천	0	0	0	0	0	0	0
	합계		0	0	0	0	0	0	0
프로통산			1	0	1	0	0	0	0

신수진(申洙鎭) 고려대 1982.10.26

대회	연도	소속	출전	교체	득점	도움	파울	경고	퇴장
BC	2005	부산	6	3	0	0	5	0	0
	2006	부산	1	0	0	0	3	0	0
	2008	광주상무	5	1	0	0	4	0	0
	합계		12	4	0	0	12	0	0
프로통산			12	4	0	0	12	0	0

신승경(辛承庚) 호남대 1981.09.07

대회	연도	소속	출전	교체	실점	도움	파울	경고	퇴장
BC	2004	부산	5	0	9	0	0	1	0
	2005	부산	9	1	11	0	0	1	0
	2006	부산	3	0	7	0	0	0	0
	2007	부산	2	0	2	0	1	0	0
	2008	부산	1	0	2	0	0	0	0
	2008	경남	0	0	0	0	0	0	0
	2009	경남	2	0	4	0	0	1	0
	합계		22	1	35	0	1	3	0
프로통산			22	1	35	0	1	3	0

신승호(申陞昊) 아주대 1975.05.13

대회	연도	소속	출전	교체	득점	도움	파울	경고	퇴장
BC	1999	전남	9	10	0	1	3	0	0
	2000	부천SK	2	1	0	0	4	0	0
	2001	부천SK	0	0	0	0	0	0	0
	2002	부천SK	27	8	0	0	43	5	0
	2003	부천SK	22	3	0	0	20	1	0
	2004	부천SK	22	12	0	0	31	0	0
	2005	부천SK	23	7	1	0	32	3	0
	2006	경남	33	2	1	3	59	7	0
	합계		138	43	2	4	192	16	0
프로통산			138	43	2	4	192	16	0

신연수(申燃秀) 매탄고 1992.04.06

대회	연도	소속	출전	교체	득점	도움	파울	경고	퇴장
BC	2011	수원	1	1	0	0	0	0	0
	2012	상주	1	1	0	0	0	0	0
	합계		2	2	0	0	0	0	0
K1	2014	부산	1	1	0	0	2	1	0
	합계		1	1	0	0	2	1	0
프로통산			3	3	0	0	2	1	0

신연호(申連浩) 고려대 1964.05.08

대회	연도	소속	출전	교체	득점	도움	파울	경고	퇴장
BC	1987	현대	9	5	0	0	5	1	0
	1988	현대	21	2	1	0	22	2	0
	1989	현대	21	7	3	2	31	0	0
	1990	현대	17	4	3	0	26	0	0
	1991	현대	36	4	0	1	30	1	0
	1992	현대	23	9	2	0	13	0	0
	1993	현대	28	10	2	3	19	2	1
	1994	현대	15	13	1	1	16	1	0
	합계		170	54	12	7	162	7	1
프로통산			170	54	12	7	162	7	1

신영록(申榮綠) 호남대 1981.09.07

대회	연도	소속	출전	교체	득점	도움	파울	경고	퇴장
BC	2003	부산	7	4	0	0	12	0	0
	2004	부산	1	1	0	0	1	0	0
	2005	부산	14	0	0	0	24	5	0
	합계		22	5	0	0	37	5	0
프로통산			22	5	0	0	37	5	0

신영록(辛泳錄) 세일중 1987.03.27

대회	연도	소속	출전	교체	득점	도움	파울	경고	퇴장
BC	2003	수원	3	4	0	0	0	0	0
	2004	수원	6	6	0	0	2	0	0
	2005	수원	7	7	1	0	7	1	0
	2006	수원	12	12	2	1	20	2	0
	2007	수원	3	1	2	0	11	1	0
	2008	수원	23	16	7	4	43	0	0
	2010	수원	9	4	3	1	24	3	0
	2011	제주	8	7	0	0	16	2	0
	합계		71	57	15	6	123	9	0
프로통산			71	57	15	6	123	9	0

신영준(辛映俊) 호남대 1989.09.06

대회	연도	소속	출전	교체	득점	도움	파울	경고	퇴장
BC	2011	전남	20	17	3	1	14	0	0
	2012	전남	20	19	3	1	18	0	0

	합계		40	36	6	2	32	0	0
K1	2013	전남	3	3	0	0	1	0	0
	2013	포항	13	13	2	2	5	0	0
	2014	포항	15	14	0	0	11	3	0
	2016	상주	16	15	2	0	9	0	0
	2017	상주	6	5	0	0	5	0	0
	2017	강원	1	1	0	0	1	0	0
	합계		54	51	4	2	32	3	0
K2	2015	강원	19	15	3	3	12	1	0
	2018	부산	11	11	2	1	4	1	0
	합계		30	26	5	4	16	2	0
승	2018	부산	0	0	0	0	0	0	0
	합계		0	0	0	0	0	0	0
프로통산			124	113	15	8	80	5	0

신영철(申映哲) 풍생고 1986.03.14

대회	연도	소속	출전	교체	득점	도움	파울	경고	퇴장
BC	2005	성남일화	3	3	0	0	0	0	0
	2006	성남일화	4	4	1	0	7	0	0
	2009	성남일화	0	0	0	0	0	0	0
	2010	성남일화	0	0	0	0	0	0	0
	합계		7	7	1	0	7	0	0
프로통산			7	7	1	0	7	0	0

신완희(申頑熙) 탐라대 1988.05.12

대회	연도	소속	출전	교체	득점	도움	파울	경고	퇴장
BC	2011	부산	0	0	0	0	0	0	0
	합계		0	0	0	0	0	0	0
프로통산			0	0	0	0	0	0	0

신우식(申友植) 연세대 1968.03.25

대회	연도	소속	출전	교체	득점	도움	파울	경고	퇴장
BC	1990	럭키금성	3	3	0	0	0	0	0
	1991	LG	2	1	0	0	1	0	0
	1994	LG	12	2	0	0	16	1	0
	1995	LG	1	0	0	0	1	1	0
	합계		18	6	0	0	18	2	0
프로통산			18	6	0	0	18	2	0

신윤기(辛允基) 영남상고 1957.03.23

대회	연도	소속	출전	교체	득점	도움	파울	경고	퇴장
BC	1983	유공	8	2	0	1	5	1	0
	합계		8	2	0	1	5	1	0
프로통산			8	2	0	1	5	1	0

신의손[申宜孫/←사리체프(Valeri Sarychev)] 1960.01.12

대회	연도	소속	출전	교체	실점	도움	파울	경고	퇴장
BC	1992	일화	40	0	31	0	0	1	0
	1993	일화	35	0	33	0	0	0	0
	1994	일화	36	0	33	0	1	0	0
	1995	일화	34	0	27	0	2	3	0
	1996	천안일화	27	0	51	0	0	0	0
	1997	천안일화	16	2	28	0	1	0	0
	1998	천안일화	5	0	16	0	0	0	0
	2000	안양LG	32	1	35	0	0	1	0
	2001	안양LG	35	0	29	0	1	0	0
	2002	안양LG	35	0	36	0	1	1	0
	2003	안양LG	18	0	26	0	0	1	0
	2004	서울	7	0	12	0	0	0	0
	합계		320	3	357	0	6	7	0
프로통산			320	3	357	0	6	7	0

신인섭(申仁燮) 건국대 1989.06.01

대회	연도	소속	출전	교체	득점	도움	파울	경고	퇴장
BC	2011	부산	0	0	0	0	0	0	0
	합계		0	0	0	0	0	0	0
프로통산			0	0	0	0	0	0	0

신일수(申壹守) 고려대 1994.09.04

대회	연도	소속	출전	교체	득점	도움	파울	경고	퇴장
K2	2015	서울E	12	7	0	0	20	5	0
	2016	서울E	22	13	0	1	36	6	0
	2018	안산	27	3	1	0	28	6	1
	2022	안산	17	11	0	1	15	4	0
	합계		78	34	1	2	99	21	1
프로통산			78	34	1	2	99	21	1

신재원(申在源) 고려대 1998.09.16

대회	연도	소속	출전	교체	득점	도움	파울	경고	퇴장
K1	2019	서울	2	2	0	0	1	1	0
	2021	서울	9	9	1	0	6	1	0
	2022	수원FC	7	9	0	0	4	1	0
	합계		18	20	1	0	11	3	0
K2	2020	안산	14	14	0	1	7	1	0
	합계		14	14	0	1	7	1	0
프로통산			32	34	1	1	18	4	0

신재필(申栽必) 안양공고 1982.05.25

대회	연도	소속	출전	교체	득점	도움	파울	경고	퇴장
BC	2002	안양LG	0	0	0	0	0	0	0
	2003	안양LG	1	2	0	0	2	1	0
	합계		1	2	0	0	2	1	0
K2	2013	고양	26	10	0	0	43	7	0
	2014	고양	14	12	0	0	9	1	1
	합계		40	22	0	0	52	8	1
프로통산			41	24	0	0	54	9	1

신재혁(申在爀) 건국대 2001.06.04

대회	연도	소속	출전	교체	득점	도움	파울	경고	퇴장
K2	2021	안산	1	1	0	0	0	0	0
	2022	안산	9	9	1	0	5	1	0
	합계		10	10	1	0	5	1	0
프로통산			10	10	1	0	5	1	0

신재흠(申在欽) 연세대 1959.03.26

대회	연도	소속	출전	교체	득점	도움	파울	경고	퇴장
BC	1983	대우	1	1	0	0	2	1	0
	1984	럭키금성	27	3	1	2	21	1	0
	합계		28	4	1	2	23	2	0
프로통산			28	4	1	2	23	2	0

신정환(申正桓) 관동대(가톨릭관동대) 1986.08.18

대회	연도	소속	출전	교체	실점	도움	파울	경고	퇴장
BC	2008	제주	0	0	0	0	0	0	0
	2011	전남	0	0	0	0	0	0	0
	합계		0	0	0	0	0	0	0
프로통산			0	0	0	0	0	0	0

신제경(辛齊耕) 중앙대 1961.01.25

대회	연도	소속	출전	교체	득점	도움	파울	경고	퇴장
BC	1985	상무	21	2	0	0	26	0	0
	합계		21	2	0	0	26	0	0
프로통산			21	2	0	0	26	0	0

신제호(辛齊虎) 중앙대 1962.10.03

대회	연도	소속	출전	교체	득점	도움	파울	경고	퇴장
BC	1985	한일은행	14	0	0	0	24	2	0
	1986	한일은행	10	0	0	0	12	1	0
	합계		24	0	0	0	36	3	0
프로통산			24	0	0	0	36	3	0

신종혁(辛鍾赫) 대구대 1976.03.04

대회	연도	소속	출전	교체	득점	도움	파울	경고	퇴장
BC	1999	포항	0	0	0	0	0	0	0
	2000	포항	5	3	0	1	8	0	0
	합계		5	3	0	1	8	0	0
프로통산			5	3	0	1	8	0	0

신준배(辛俊培) 선문대 1985.10.26

대회	연도	소속	출전	교체	실점	도움	파울	경고	퇴장
BC	2009	대전	3	0	4	0	0	0	0
	2010	대전	9	0	14	0	1	1	0
	2011	대전	3	1	4	0	0	0	0
	합계		15	1	22	0	1	1	0
프로통산			15	1	22	0	1	1	0

신진원(申晉遠) 연세대 1974.09.27

대회	연도	소속	출전	교체	득점	도움	파울	경고	퇴장
BC	1997	대전	32	19	6	1	52	3	0
	1998	대전	32	12	8	3	41	5	0
	1999	대전	7	6	1	1	3	1	0
	2000	대전	30	20	1	6	38	2	0
	2001	전남	26	20	2	1	29	2	0
	2002	전남	8	8	0	0	2	1	0
	2003	대전	10	10	0	0	7	0	0
	2004	대전	2	2	0	0	6	1	0
	합계		147	97	18	12	178	15	0
프로통산			147	97	18	12	178	15	0

신진하(申昊津) 한양대 1996.09.03

대회	연도	소속	출전	교체	득점	도움	파울	경고	퇴장
K2	2019	전남	2	2	0	0	2	0	0
	합계		2	2	0	0	2	0	0
프로통산			2	2	0	0	2	0	0

신진호(申嗔浩) 영남대 1988.09.07

대회	연도	소속	출전	교체	득점	도움	파울	경고	퇴장
BC	2011	포항	6	6	0	1	5	2	0
	2012	포항	23	10	1	6	49	5	1
	합계		29	16	1	7	54	7	1
K1	2013	포항	20	6	2	2	34	3	0
	2015	포항	17	0	3	3	39	5	0
	2016	서울	6	2	1	2	9	1	0
	2016	상주	23	7	0	6	37	2	0
	2017	상주	12	5	1	1	19	5	0
	2018	서울	34	11	2	4	67	8	1
	2019	울산	24	12	1	4	39	5	1
	2020	울산	22	9	1	4	26	3	0
	2021	포항	36	8	2	7	68	5	0
	2022	포항	32	4	4	10	49	10	0
	합계		226	64	17	43	387	47	2
승	2017	상주	2	0	0	0	11	1	0
	합계		2	0	0	0	11	1	0
프로통산			257	80	18	50	452	55	3

신찬우(申讚優) 연세대 1997.02.08

대회	연도	소속	출전	교체	득점	도움	파울	경고	퇴장
K1	2018	전남	0	0	0	0	0	0	0
	합계		0	0	0	0	0	0	0
K2	2019	전남	0	0	0	0	0	0	0
	합계		0	0	0	0	0	0	0
프로통산			0	0	0	0	0	0	0

신창무(申昶武) 우석대 1992.09.17

대회	연도	소속	출전	교체	득점	도움	파울	경고	퇴장
K1	2017	대구	19	14	2	1	28	5	0
	2018	상주	21	18	1	2	13	2	0
	2019	상주	16	16	1	0	10	1	0
	2019	대구	8	8	1	0	6	2	0
	2020	대구	18	10	0	0	24	3	0
	2021	강원	19	18	1	1	18	1	0
	2022	강원	7	7	0	0	7	0	0
	합계		108	91	6	4	106	14	0
K2	2014	대구	12	11	0	1	12	0	0
	2015	대구	10	9	0	0	15	3	0
	2016	대구	31	18	1	0	41	10	0
	합계		53	38	1	1	68	13	0
승	2021	강원	2	2	0	0	3	0	0
	합계		2	2	0	0	3	0	0
프로통산			163	131	7	5	177	27	0

신태용(申台龍) 영남대 1970.10.11

대회	연도	소속	출전	교체	득점	도움	파울	경고	퇴장
BC	1992	일화	23	10	9	5	39	0	0
	1993	일화	33	5	6	7	43	2	0
	1994	일화	29	11	8	4	33	0	0
	1995	일화	33	9	6	4	40	4	0
	1996	천안일화	29	3	21	3	48	3	0
	1997	천안일화	19	7	3	2	34	1	1
	1998	천안일화	24	9	3	6	36	2	0
	1999	천안일화	35	14	9	2	54	3	0
	2000	성남일화	34	13	9	7	43	4	0

대회	연도	소속	출전	교체	득점	도움	파울	경고	퇴장
	2001	성남일화	36	8	5	10	43	0	0
	2002	성남일화	37	5	6	7	60	4	0
	2003	성남일화	38	9	8	7	60	3	0
	2004	성남일화	31	11	6	4	39	4	1
	합계		401	114	99	68	572	30	2
프로통산			401	114	99	68	572	30	2

*실점: 2002년 2 / 통산 2

신학영(申學榮) 동북고 1994.03.04

대회	연도	소속	출전	교체	득점	도움	파울	경고	퇴장
K2	2015	경남	7	6	0	0	8	0	0
	2016	경남	24	14	1	1	19	2	0
	2017	대전	24	17	1	0	23	2	0
	2018	대전	15	13	0	1	17	3	0
	2019	대전	12	8	0	1	21	5	0
	합계		82	58	2	3	88	12	0
프로통산			82	58	2	3	88	12	0

신현준(申賢儁) 세종대 1992.06.15

대회	연도	소속	출전	교체	득점	도움	파울	경고	퇴장
K2	2016	부천	11	11	1	0	6	2	0
	2017	부천	12	12	1	0	4	3	0
	2018	부천	5	5	0	0	3	0	0
	합계		28	28	2	0	13	5	0
프로통산			28	28	2	0	13	5	0

신현준(申鉉俊) 명지대 1986.03.08

대회	연도	소속	출전	교체	득점	도움	파울	경고	퇴장
BC	2009	강원	0	0	0	0	0	0	0
	합계		0	0	0	0	0	0	0
프로통산			0	0	0	0	0	0	0

신현호(申鉉浩) 한양대 1953.09.21

대회	연도	소속	출전	교체	득점	도움	파울	경고	퇴장
BC	1984	할렐루야	26	16	1	4	7	0	0
	1985	할렐루야	10	7	1	2	5	0	0
	합계		36	23	2	6	12	0	0
프로통산			36	23	2	6	12	0	0

신현호(辛賢浩) 연세대 1977.07.07

대회	연도	소속	출전	교체	득점	도움	파울	경고	퇴장
BC	2000	부천SK	3	3	0	0	1	0	0
	2001	부천SK	0	0	0	0	0	0	0
	2002	부천SK	10	9	0	0	11	0	0
	2003	부천SK	20	9	0	0	31	6	0
	합계		33	21	0	0	43	6	0
프로통산			33	21	0	0	43	6	0

신형민(辛炯旼) 홍익대 1986.07.18

대회	연도	소속	출전	교체	득점	도움	파울	경고	퇴장
BC	2008	포항	24	12	3	1	40	4	0
	2009	포항	28	6	4	2	50	5	0
	2010	포항	22	1	0	0	50	11	0
	2011	포항	28	1	4	1	45	7	0
	2012	포항	25	0	1	2	47	8	0
	합계		127	20	12	6	232	35	0
K1	2014	전북	25	2	0	0	39	4	0
	2016	전북	10	1	1	0	11	2	0
	2017	전북	34	5	0	1	35	10	0
	2018	전북	28	11	0	1	34	5	0
	2019	전북	28	7	0	0	45	9	0
	2020	전북	9	7	0	0	2	1	0
	2021	울산	18	13	0	0	22	3	0
	2022	울산	5	5	0	0	1	0	0
	합계		157	51	1	2	189	34	0
K2	2015	안산경찰	38	0	4	0	35	8	0
	2016	안산무궁	25	3	0	0	30	5	0
	합계		63	3	4	0	65	13	0
프로통산			347	74	17	8	486	82	0

신호은(申鎬殷) 영남대 1991.06.16

대회	연도	소속	출전	교체	득점	도움	파울	경고	퇴장
K2	2014	부천	1	1	0	0	0	0	0
	합계		1	1	0	0	0	0	0
프로통산			1	1	0	0	0	0	0

신홍기(辛弘基) 한양대 1968.05.04

대회	연도	소속	출전	교체	득점	도움	파울	경고	퇴장
BC	1991	현대	39	5	1	4	33	3	0
	1992	현대	39	2	8	6	56	1	0
	1993	현대	12	2	2	1	6	2	0
	1994	현대	20	6	1	2	16	1	0
	1995	현대	34	3	4	6	37	4	0
	1996	울산	30	1	4	8	51	7	0
	1997	울산	30	6	2	6	33	5	0
	1998	수원	26	2	5	3	60	1	0
	1999	수원	39	0	3	5	69	7	0
	2000	수원	37	0	4	1	57	4	0
	2001	수원	30	14	1	0	41	3	1
	합계		336	41	35	42	459	38	1
프로통산			336	41	35	42	459	38	1

신화용(申和容) 청주대 1983.04.13

대회	연도	소속	출전	교체	실점	도움	파울	경고	퇴장
BC	2004	포항	0	0	0	0	0	0	0
	2005	포항	0	0	0	0	0	0	0
	2006	포항	13	0	21	0	0	0	0
	2007	포항	26	3	25	0	0	2	0
	2008	포항	9	1	9	0	0	0	0
	2009	포항	26	1	26	0	0	2	0
	2010	포항	27	1	43	0	0	2	0
	2011	포항	29	1	29	0	1	2	0
	2012	포항	32	0	33	0	1	1	1
	합계		162	7	186	0	2	9	1
K1	2013	포항	33	0	31	0	0	2	0
	2014	포항	31	1	29	0	1	3	0
	2015	포항	38	0	32	0	0	3	0
	2016	포항	23	2	31	0	0	1	0
	2017	수원	33	2	30	0	1	0	0
	2018	수원	17	1	17	0	0	0	0
	합계		175	6	170	0	2	9	0
프로통산			337	13	356	0	4	18	1

신희재(申熙梓) 선문대 1992.12.27

대회	연도	소속	출전	교체	득점	도움	파울	경고	퇴장
K2	2015	대구	1	1	0	0	0	0	0
	2016	대구	0	0	0	0	0	0	0
	합계		1	1	0	0	0	0	0
프로통산			1	1	0	0	0	0	0

실라지(Vladimir Siladi) 세르비아 1993.04.23

대회	연도	소속	출전	교체	득점	도움	파울	경고	퇴장
K1	2021	강원	18	17	3	2	13	1	0
	합계		18	17	3	2	13	1	0
프로통산			18	17	3	2	13	1	0

실바(Álvaro Peralta Silva Linares) 필리핀 1984.03.30

대회	연도	소속	출전	교체	득점	도움	파울	경고	퇴장
K1	2015	대전	7	1	0	0	2	0	0
	합계		7	1	0	0	2	0	0
K2	2016	대전	15	1	0	0	24	5	0
	합계		15	1	0	0	24	5	0
프로통산			22	2	0	0	26	5	0

실바(Alexandre Capelin e Silva) 브라질 1989.01.11

대회	연도	소속	출전	교체	득점	도움	파울	경고	퇴장
BC	2012	전남	1	1	0	0	1	0	0
	합계		1	1	0	0	1	0	0
프로통산			1	1	0	0	1	0	0

실바(Marcelo da Silva Santos) 브라질 1978.11.30

대회	연도	소속	출전	교체	득점	도움	파울	경고	퇴장
BC	2000	성남일화	7	4	0	0	18	2	0
	합계		7	4	0	0	18	2	0
프로통산			7	4	0	0	18	2	0

실바(Antonio Marcos da Silva) 브라질 1977.06.20

대회	연도	소속	출전	교체	득점	도움	파울	경고	퇴장
BC	2002	전남	10	8	0	0	6	0	0
	합계		10	8	0	0	6	0	0
프로통산			10	8	0	0	6	0	0

실바(Valdenir da Silva Vitalino) 브라질 1977.02.21

대회	연도	소속	출전	교체	득점	도움	파울	경고	퇴장
BC	2005	서울	8	1	0	0	20	3	0
	합계		8	1	0	0	20	3	0
프로통산			8	1	0	0	20	3	0

실바(Elpidio Pereira da Silva Filho) 브라질 1975.07.19

대회	연도	소속	출전	교체	득점	도움	파울	경고	퇴장
BC	2006	수원	14	14	2	1	15	0	0
	합계		14	14	2	1	15	0	0
프로통산			14	14	2	1	15	0	0

실바(Welington da Silva de Souza) 브라질 1987.05.27

대회	연도	소속	출전	교체	득점	도움	파울	경고	퇴장
BC	2008	경남	7	6	0	0	11	0	0
	합계		7	6	0	0	11	0	0
프로통산			7	6	0	0	11	0	0

실반(Silvan Lopes) 브라질 1973.07.20

대회	연도	소속	출전	교체	득점	도움	파울	경고	퇴장
BC	1994	포항제철	16	4	2	3	31	2	0
	1995	포항	22	8	0	3	37	4	0
	합계		38	12	2	6	68	6	0
프로통산			38	12	2	6	68	6	0

실빙요(Silvio Jose Cardoso Reis Junior) 브라질 1990.07.01

대회	연도	소속	출전	교체	득점	도움	파울	경고	퇴장
K1	2016	성남	13	10	2	0	9	0	0
	합계		13	10	2	0	9	0	0
승	2016	성남	0	0	0	0	0	0	0
	합계		0	0	0	0	0	0	0
프로통산			13	10	2	0	9	0	0

심광욱(深光昱) 아주대 1994.01.03

대회	연도	소속	출전	교체	득점	도움	파울	경고	퇴장
K1	2015	제주	8	9	0	1	6	1	0
	2016	광주	4	4	0	0	0	0	0
	합계		12	13	0	1	6	1	0
K2	2017	서울E	2	2	0	0	2	0	0
	합계		2	2	0	0	2	0	0
프로통산			14	15	0	1	8	1	0

심규선(沈規善) 명지대 1962.01.14

대회	연도	소속	출전	교체	득점	도움	파울	경고	퇴장
BC	1986	포항제철	22	14	1	1	15	1	0
	합계		22	14	1	1	15	1	0
프로통산			22	14	1	1	15	1	0

심동운(沈東雲) 홍익대 1990.03.03

대회	연도	소속	출전	교체	득점	도움	파울	경고	퇴장
BC	2012	전남	30	19	4	0	22	2	0
	합계		30	19	4	0	22	2	0
K1	2013	전남	29	3	5	3	22	4	0
	2014	전남	20	11	2	1	16	1	0
	2015	포항	28	23	1	3	14	1	0
	2016	포항	36	19	10	1	16	2	0
	2017	포항	37	31	8	2	23	3	0
	2018	상주	31	14	8	0	16	2	0
	2019	상주	17	14	2	1	8	1	0
	2019	포항	8	5	1	0	6	0	0
	2020	포항	22	20	0	1	11	1	0
	2022	성남	15	16	1	1	4	1	0
	합계		243	156	38	13	136	16	0
K2	2021	안양	26	19	2	1	26	1	0
	2022	안양	7	7	0	0	1	0	0
	합계		33	26	2	1	27	1	0

대회	연도	소속	출전	교체	득점	도움	파울	경고	퇴장
프로통산			306	201	44	14	185	19	0

심민(沈旼) 한양대 1998.02.15

대회	연도	소속	출전	교체	실점	도움	파울	경고	퇴장
K2	2020	충남아산	0	0	0	0	0	0	0
	2021	충남아산	0	0	0	0	0	0	0
	합계		0	0	0	0	0	0	0
프로통산			0	0	0	0	0	0	0

심민석(沈敏錫) 관동대(가톨릭관동대) 1977.10.21

대회	연도	소속	출전	교체	득점	도움	파울	경고	퇴장
BC	2000	성남일화	0	0	0	0	0	0	0
	2004	성남일화	1	1	0	0	2	0	0
	합계		1	1	0	0	2	0	0
프로통산			1	1	0	0	2	0	0

심민용(心民龍) 부평고 2001.12.04

대회	연도	소속	출전	교체	득점	도움	파울	경고	퇴장
K2	2021	경남	0	0	0	0	0	0	0
	합계		0	0	0	0	0	0	0
프로통산			0	0	0	0	0	0	0

심봉섭(沈鳳燮) 한양대 1966.09.10

대회	연도	소속	출전	교체	득점	도움	파울	경고	퇴장
BC	1989	대우	23	11	2	3	27	0	0
	1990	대우	24	19	1	1	23	1	0
	1991	대우	30	32	3	1	30	2	0
	1992	대우	28	21	5	1	24	2	0
	1993	대우	27	17	2	0	25	3	0
	1994	대우	18	16	0	1	9	2	0
	1995	LG	6	7	0	0	5	0	0
	합계		156	123	13	7	143	10	0
프로통산			156	123	13	7	143	10	0

심상민(沈相旼) 중앙대 1993.05.21

대회	연도	소속	출전	교체	득점	도움	파울	경고	퇴장
K1	2014	서울	2	2	0	0	1	0	0
	2015	서울	12	6	0	2	14	0	0
	2016	서울	4	2	0	0	2	1	0
	2017	서울	13	7	0	1	7	1	0
	2018	서울	16	3	0	0	15	1	0
	2019	포항	26	2	0	1	14	2	0
	2020	포항	3	0	0	0	5	1	0
	2020	상주	10	1	0	1	7	0	0
	2021	포항	2	0	0	0	1	0	0
	2022	포항	29	10	0	0	12	1	0
	합계		117	33	0	5	78	7	0
K2	2016	서울E	13	0	1	0	6	0	0
	2021	김천	17	2	0	3	10	2	0
	합계		30	2	1	3	16	2	0
프로통산			147	35	1	8	94	9	0

심영성(沈永星) 제주제일고 1987.01.15

대회	연도	소속	출전	교체	득점	도움	파울	경고	퇴장
BC	2004	성남일화	7	7	0	0	7	0	0
	2005	성남일화	2	2	0	0	1	0	0
	2006	성남일화	7	5	0	0	15	1	0
	2006	제주	8	4	0	1	10	1	0
	2007	제주	25	14	5	1	20	0	0
	2008	제주	23	14	7	3	14	1	0
	2009	제주	25	17	2	1	14	1	0
	2011	제주	8	8	0	0	0	0	0
	2012	제주	1	1	0	0	0	0	0
	2012	강원	9	8	1	0	8	2	0
	합계		115	80	15	6	89	6	0
K1	2015	제주	0	0	0	0	0	0	0
	합계		0	0	0	0	0	0	0
K2	2016	강원	30	30	4	2	16	2	0
	2017	서울E	16	16	2	1	10	2	0
	합계		46	46	6	3	26	4	0
승	2016	강원	0	0	0	0	0	0	0
	합계		0	0	0	0	0	0	0
프로통산			161	126	21	9	115	10	0

심우연(沈愚燃) 건국대 1985.04.03

대회	연도	소속	출전	교체	득점	도움	파울	경고	퇴장
BC	2006	서울	9	9	2	0	7	0	0
	2007	서울	15	12	2	0	13	0	0
	2008	서울	0	0	0	0	0	0	0
	2009	서울	2	2	0	0	2	0	0
	2010	전북	29	11	2	1	28	2	0
	2011	전북	21	4	2	0	30	5	0
	2012	전북	31	7	0	1	29	8	0
	합계		107	45	8	2	109	15	0
K1	2013	성남일화	11	4	0	0	5	2	0
	2014	성남	5	3	0	0	2	0	0
	2015	성남	1	1	0	0	0	0	0
	2016	서울	9	9	0	0	3	0	0
	2017	서울	3	3	0	0	1	1	0
	합계		29	20	0	0	11	3	0
프로통산			136	65	8	2	120	18	0

심원성(沈圓盛) 아주대 1999.04.29

대회	연도	소속	출전	교체	득점	도움	파울	경고	퇴장
K1	2021	서울	0	0	0	0	0	0	0
	합계		0	0	0	0	0	0	0
프로통산			0	0	0	0	0	0	0

심재명(沈載明) 중앙대 1989.06.07

대회	연도	소속	출전	교체	득점	도움	파울	경고	퇴장
BC	2011	성남일화	10	10	0	1	5	0	0
	2012	성남일화	2	2	0	0	2	0	0
	합계		12	12	0	1	7	0	0
프로통산			12	12	0	1	7	0	0

심재민(沈在旻) 울산대 1997.10.07

대회	연도	소속	출전	교체	득점	도움	파울	경고	퇴장
K2	2019	안산	2	2	0	0	1	0	0
	2020	안산	8	7	0	0	9	1	0
	2021	안산	9	10	1	0	7	0	0
	합계		19	19	1	0	17	1	0
프로통산			19	19	1	0	17	1	0

심재원(沈載源) 연세대 1977.03.11

대회	연도	소속	출전	교체	득점	도움	파울	경고	퇴장
BC	2000	부산	13	4	0	0	19	2	0
	2001	부산	18	0	1	0	19	1	0
	2002	부산	14	3	0	0	21	2	0
	2003	부산	25	7	0	2	30	7	0
	2004	광주상무	7	2	0	0	11	1	0
	2005	광주상무	29	1	2	1	71	5	0
	2006	부산	28	2	1	0	50	3	0
	2007	부산	25	1	0	1	43	5	1
	2008	부산	7	4	0	1	7	2	0
	합계		166	24	4	5	271	28	1
프로통산			166	24	4	5	271	28	1

심재훈(沈載訓) 상지대 1994.03.07

대회	연도	소속	출전	교체	실점	도움	파울	경고	퇴장
K2	2017	안양	1	1	2	0	0	0	0
	합계		1	1	2	0	0	0	0
프로통산			1	1	2	0	0	0	0

심제혁(沈帝赫) 오산고 1995.03.05

대회	연도	소속	출전	교체	득점	도움	파울	경고	퇴장
K1	2014	서울	4	4	0	0	6	0	0
	2015	서울	8	8	0	0	11	1	0
	2016	서울	5	5	0	1	2	0	0
	합계		17	17	0	1	19	1	0
K2	2017	성남	23	21	0	0	32	2	0
	합계		23	21	0	0	32	2	0
프로통산			40	38	0	1	51	3	0

심종보(沈宗輔) 진주국제대 1984.05.21

대회	연도	소속	출전	교체	득점	도움	파울	경고	퇴장
BC	2007	경남	4	3	0	0	4	0	0
	합계		4	3	0	0	4	0	0
프로통산			4	3	0	0	4	0	0

심진의(沈眞意) 선문대 1992.04.16

대회	연도	소속	출전	교체	득점	도움	파울	경고	퇴장
K2	2015	충주	28	25	2	1	11	0	0
	합계		28	25	2	1	11	0	0
프로통산			28	25	2	1	11	0	0

심진형(沈珍亨) 연세대 1987.03.18

대회	연도	소속	출전	교체	득점	도움	파울	경고	퇴장
BC	2011	경남	1	1	0	0	0	0	0
	합계		1	1	0	0	0	0	0
프로통산			1	1	0	0	0	0	0

싸비치(Dusan Savić) 마케도니아 1985.10.01

대회	연도	소속	출전	교체	득점	도움	파울	경고	퇴장
BC	2010	인천	2	2	0	0	3	0	0
	합계		2	2	0	0	3	0	0
프로통산			2	2	0	0	3	0	0

싼더(Sander Oostrom) 네덜란드 1967.07.14

대회	연도	소속	출전	교체	득점	도움	파울	경고	퇴장
BC	1997	포항	20	16	4	2	24	3	0
	1998	포항	1	1	0	0	1	0	0
	합계		21	17	4	2	25	3	0
프로통산			21	17	4	2	25	3	0

쏘우자(Marcelo Tome de Souza) 브라질 1969.04.21

대회	연도	소속	출전	교체	득점	도움	파울	경고	퇴장
BC	2004	서울	30	2	0	0	27	5	0
	합계		30	2	0	0	27	5	0
프로통산			30	2	0	0	27	5	0

쏘자(Ednilton Souza de Brito) 브라질 1981.06.04

대회	연도	소속	출전	교체	득점	도움	파울	경고	퇴장
BC	2008	제주	10	7	0	0	8	0	0
	합계		10	7	0	0	8	0	0
프로통산			10	7	0	0	8	0	0

씨마오(Simao Pedro Goncalves de Figueiredo Costa) 포르투갈

대회	연도	소속	출전	교체	득점	도움	파울	경고	퇴장
BC	2001	대전	5	5	0	0	1	0	0
	합계		5	5	0	0	1	0	0
프로통산			5	5	0	0	1	0	0

씨엘(Jociel Ferreira da Silva) 브라질 1982.03.31

대회	연도	소속	출전	교체	득점	도움	파울	경고	퇴장
BC	2007	부산	13	9	1	1	29	1	0
	합계		13	9	1	1	29	1	0
프로통산			13	9	1	1	29	1	0

아가시코프(Sergey Nikolaevich Agashkov) 러시아 1962.11.06

대회	연도	소속	출전	교체	득점	도움	파울	경고	퇴장
BC	1992	포항제철	4	3	1	0	3	0	0
	합계		4	3	1	0	3	0	0
프로통산			4	3	1	0	3	0	0

아고스(Agostinho Petronilo de Oliveira Filho) 브라질 1978.12.12

대회	연도	소속	출전	교체	득점	도움	파울	경고	퇴장
BC	2005	부천SK	19	13	2	1	45	1	1
	합계		19	13	2	1	45	1	1
프로통산			19	13	2	1	45	1	1

아그보(Alex Agbo) 나이지리아 1977.07.01

대회	연도	소속	출전	교체	득점	도움	파울	경고	퇴장
BC	1996	천안일화	6	6	1	0	18	2	0
	1997	천안일화	17	12	1	0	47	2	0
	합계		23	18	2	0	65	4	0
프로통산			23	18	2	0	65	4	0

아기치(Jasmin Agić) 크로아티아 1974.12.26

대회	연도	소속	출전	교체	득점	도움	파울	경고	퇴장
BC	2005	인천	33	10	3	4	72	8	0
	2006	인천	16	4	2	3	36	4	0
	합계		49	14	5	7	108	12	0
프로통산			49	14	5	7	108	12	0

아길라르(Elías Fernando Aguilar Vargas) 코스타리카 1991.11.

대회	연도	소속	출전	교체	득점	도움	파울	경고	퇴장
K1	2018	인천	35	12	3	10	50	5	0
	2019	제주	26	18	4	5	39	1	0
	2020	인천	17	8	2	3	27	4	0
	2021	인천	33	23	5	6	54	6	0
	2022	인천	32	27	0	3	35	6	0
	합계		143	88	14	27	205	22	0
K2	2020	제주	3	2	0	1	3	0	0
	합계		3	2	0	1	3	0	0
프로통산			146	90	14	28	208	22	0

아니에르(Henri Anier) 에스토니아 1990.12.17

대회	연도	소속	출전	교체	득점	도움	파울	경고	퇴장
K2	2019	수원FC	21	13	4	4	46	3	0
	합계		21	13	4	4	46	3	0
프로통산			21	13	4	4	46	3	0

아다오(Jose Adao Fonseca) 브라질 1972.11.30

대회	연도	소속	출전	교체	득점	도움	파울	경고	퇴장
BC	1998	전남	22	20	7	0	30	4	0
	합계		22	20	7	0	30	4	0
프로통산			22	20	7	0	30	4	0

아데마(Adhemar Ferreira de Camargo Neto) 브라질 1972.04.27

대회	연도	소속	출전	교체	득점	도움	파울	경고	퇴장
BC	2004	성남일화	10	8	0	0	18	0	0
	합계		10	8	0	0	18	0	0
프로통산			10	8	0	0	18	0	0

아도(Agnaldo Cordeiro Pereira) 브라질 1975.01.25

대회	연도	소속	출전	교체	득점	도움	파울	경고	퇴장
BC	2003	안양LG	17	14	5	1	40	1	0
	합계		17	14	5	1	40	1	0
프로통산			17	14	5	1	40	1	0

아드리아노(Carlos Adriano de Sousa Cruz) 브라질 1987.09.28

대회	연도	소속	출전	교체	득점	도움	파울	경고	퇴장
K1	2015	대전	17	3	7	1	25	4	1
	2015	서울	13	3	8	1	28	3	0
	2016	서울	30	17	17	6	30	2	1
	2018	전북	25	23	8	2	19	3	0
	2019	전북	1	1	0	0	0	0	0
	2020	서울	7	7	0	0	4	0	0
	합계		93	54	40	10	106	12	2
K2	2014	대전	32	5	27	4	76	5	0
	합계		32	5	27	4	76	5	0
프로통산			125	59	67	14	182	17	2

아드리아노(Adriano Adriano Antunes de Paula) 브라질 1981.03.07

대회	연도	소속	출전	교체	득점	도움	파울	경고	퇴장
BC	2004	부산	13	7	2	1	36	0	0
	합계		13	7	2	1	36	0	0
프로통산			13	7	2	1	36	0	0

아드리아노(Antonio Adriano Antunes de Paula) 브라질 1987.06.13

대회	연도	소속	출전	교체	득점	도움	파울	경고	퇴장
K1	2013	대구	9	9	0	0	14	0	0
	합계		9	9	0	0	14	0	0
프로통산			9	9	0	0	14	0	0

아드리안(Chaminga Adrien Zazi) 콩고민주공화국 1975.03.26

대회	연도	소속	출전	교체	득점	도움	파울	경고	퇴장
BC	1997	천안일화	9	8	1	1	12	2	0
	합계		9	8	1	1	12	2	0
프로통산			9	8	1	1	12	2	0

아드리안(Adrian Dumitru Mihalcea) 루마니아 1976.05.24

대회	연도	소속	출전	교체	득점	도움	파울	경고	퇴장
BC	2005	전남	3	3	0	0	5	0	0
	합계		3	3	0	0	5	0	0
프로통산			3	3	0	0	5	0	0

아디(Adilson dos Santos) 브라질 1976.05.12

대회	연도	소속	출전	교체	득점	도움	파울	경고	퇴장
BC	2006	서울	34	3	1	2	67	4	0
	2007	서울	36	4	2	1	56	5	0
	2008	서울	34	4	3	1	32	5	0
	2009	서울	28	1	3	1	34	2	1
	2010	서울	31	4	5	1	48	5	0
	2011	서울	30	0	0	1	14	5	0
	2012	서울	38	5	1	3	27	4	0
	합계		231	21	15	10	278	30	1
K1	2013	서울	33	3	3	2	27	5	0
	합계		33	3	3	2	27	5	0
프로통산			264	24	18	12	305	35	1

아디(Adnan Oçelli) 알바니아 1966.03.06

대회	연도	소속	출전	교체	득점	도움	파울	경고	퇴장
BC	1996	수원	16	2	1	0	27	7	1
	합계		16	2	1	0	27	7	1
프로통산			16	2	1	0	27	7	1

아론(Aaron Robert Calver) 오스트레일리아 1996.01.12

대회	연도	소속	출전	교체	득점	도움	파울	경고	퇴장
K2	2022	광주	25	15	3	1	18	3	0
	합계		25	15	3	1	18	3	0
프로통산			25	15	3	1	18	3	0

아르시치(Lazar Arsić) 세르비아 1991.09.24

대회	연도	소속	출전	교체	득점	도움	파울	경고	퇴장
K2	2020	서울E	9	9	0	0	5	2	0
	합계		9	9	0	0	5	2	0
프로통산			9	9	0	0	5	2	0

아르체(Juan Carlos Arce Justiniano) 볼리비아 1985.04.10

대회	연도	소속	출전	교체	득점	도움	파울	경고	퇴장
BC	2008	성남일화	15	15	0	1	10	2	0
	합계		15	15	0	1	10	2	0
프로통산			15	15	0	1	10	2	0

아리넬송(Arinelson Freire Nunes) 브라질 1973.01.27

대회	연도	소속	출전	교체	득점	도움	파울	경고	퇴장
BC	2001	전북	11	9	2	3	5	3	0
	2002	울산	8	10	0	2	7	2	0
	합계		19	19	2	5	12	5	0
프로통산			19	19	2	5	12	5	0

아리아스(Arias Moros Cesar Augusto) 콜롬비아 1988.04.02

대회	연도	소속	출전	교체	득점	도움	파울	경고	퇴장
K1	2013	대전	15	4	6	0	37	3	0
	합계		15	4	6	0	37	3	0
프로통산			15	4	6	0	37	3	0

아마노(Amano Jun, 天野純) 일본 1991.07.19

대회	연도	소속	출전	교체	득점	도움	파울	경고	퇴장
K1	2022	울산	30	19	9	1	29	6	0
	합계		30	19	9	1	29	6	0
프로통산			30	19	9	1	29	6	0

아미르(Amir Teljigović) 보스니아 헤르체고비나 1966.08.07

대회	연도	소속	출전	교체	득점	도움	파울	경고	퇴장
BC	1994	대우	24	12	1	3	38	5	2
	1995	대우	32	14	2	10	50	7	0
	1996	부산	18	11	0	2	22	4	0
	합계		74	37	3	15	110	16	2
프로통산			74	37	3	15	110	16	2

아보라(Stanley Aborah) 가나/이탈리아 1969.08.25

대회	연도	소속	출전	교체	득점	도움	파울	경고	퇴장
BC	1997	천안일화	30	3	2	1	80	8	1
	1998	천안일화	6	2	0	0	14	2	0
	합계		36	5	2	1	94	10	1
프로통산			36	5	2	1	94	10	1

아사모아(Derek Asamoah) 영국(잉글랜드) 1981.05.01

대회	연도	소속	출전	교체	득점	도움	파울	경고	퇴장
BC	2011	포항	31	22	7	5	60	3	0
	2012	포항	30	25	6	1	46	1	0
	합계		61	47	13	6	106	4	0
K1	2013	대구	33	13	4	1	49	5	0
	합계		33	13	4	1	49	5	0
프로통산			94	60	17	7	155	9	0

아센호(Mauricio Gabriel Asenjo) 아르헨티나 1994.07.23

대회	연도	소속	출전	교체	득점	도움	파울	경고	퇴장
K2	2022	서울E	19	17	2	0	25	5	0
	합계		19	17	2	0	25	5	0
프로통산			19	17	2	0	25	5	0

아슐마토프(Rustamjon Ashurmatov) 우즈베키스탄 1996.07.07

대회	연도	소속	출전	교체	득점	도움	파울	경고	퇴장
K1	2020	광주	21	0	1	1	13	2	0
	2021	강원	19	3	1	0	17	5	0
	합계		40	3	2	1	30	7	0
K2	2019	광주	26	2	1	1	20	7	0
	합계		26	2	1	1	20	7	0
프로통산			66	5	3	2	50	14	0

아스나위(Asnawi Mangkualam Bahar) 인도네시아 1999.10.04

대회	연도	소속	출전	교체	득점	도움	파울	경고	퇴장
K2	2021	안산	14	7	0	1	17	1	0
	2022	안산	26	18	2	2	28	4	0
	합계		40	25	2	3	45	5	0
프로통산			40	25	2	3	45	5	0

아지마(Mohamed Semida Abdel Azim) 이집트 1968.10.17

대회	연도	소속	출전	교체	득점	도움	파울	경고	퇴장
BC	1996	울산	18	14	1	1	21	3	0
	합계		18	14	1	1	21	3	0
프로통산			18	14	1	1	21	3	0

아지송(Waldison Rodrigues de Souza) 브라질 1984.06.17

대회	연도	소속	출전	교체	득점	도움	파울	경고	퇴장
K1	2013	제주	3	3	0	0	4	0	0
	합계		3	3	0	0	4	0	0
프로통산			3	3	0	0	4	0	0

아첼(Aczel Zoltan) 헝가리 1967.03.13

대회	연도	소속	출전	교체	득점	도움	파울	경고	퇴장
BC	1991	대우	6	0	0	1	4	2	0
	합계		6	0	0	1	4	2	0
프로통산			6	0	0	1	4	2	0

아츠키(Wada Atsukii, 和田篤紀) 일본 1993.02.09

대회	연도	소속	출전	교체	득점	도움	파울	경고	퇴장
K2	2017	서울E	32	7	2	7	53	3	0
	합계		32	7	2	7	53	3	0
프로통산			32	7	2	7	53	3	0

아코스(Szarka Akos) 슬로바키아 1990.11.24

대회	연도	소속	출전	교체	득점	도움	파울	경고	퇴장
K2	2020	수원FC	3	3	0	0	8	1	0
	합계		3	3	0	0	8	1	0
프로통산			3	3	0	0	8	1	0

아코스티(Boadu Maxwell Acosty) 이탈리아 1991.09.10

대회	연도	소속	출전	교체	득점	도움	파울	경고	퇴장
K2	2020	안양	19	5	7	0	31	3	0

대회	연도	소속	출전	교체	득점	도움	파울	경고	퇴장
	2021	안양	16	10	5	1	18	2	0
	2022	안양	33	19	7	11	27	6	0
	합계		68	34	19	12	76	11	0
승	2022	안양	2	0	1	0	3	0	0
	합계		2	0	1	0	3	0	0
프로통산			70	34	20	12	79	11	0

아키(Ienaga Akihiro, 家長昭博) 일본 1986.06.13

대회	연도	소속	출전	교체	득점	도움	파울	경고	퇴장
BC	2012	울산	12	12	1	1	8	1	0
	합계		12	12	1	1	8	1	0
프로통산			12	12	1	1	8	1	0

아킨슨(Dalian Robert Atkinson) 영국(잉글랜드) 1968.03.21

대회	연도	소속	출전	교체	득점	도움	파울	경고	퇴장
BC	2001	대전	4	5	1	0	6	2	0
	2001	전북	4	4	0	0	1	0	0
	합계		8	9	1	0	7	2	0
프로통산			8	9	1	0	7	2	0

아톰(Artem Yashkin) 우크라이나 1975.04.29

대회	연도	소속	출전	교체	득점	도움	파울	경고	퇴장
BC	2004	부천SK	23	17	0	2	36	3	0
	합계		23	17	0	2	36	3	0
프로통산			23	17	0	2	36	3	0

아트(Gefferson da Silva Goulart) 브라질 1978.01.09

대회	연도	소속	출전	교체	득점	도움	파울	경고	퇴장
BC	2006	부산	5	2	1	1	5	0	0
	합계		5	2	1	1	5	0	0
프로통산			5	2	1	1	5	0	0

아틸라(Kámán Attila) 헝가리 1969.11.20

대회	연도	소속	출전	교체	득점	도움	파울	경고	퇴장
BC	1994	유공	12	8	1	1	20	1	1
	1995	유공	3	3	1	0	1	0	0
	합계		15	11	2	1	21	1	1
프로통산			15	11	2	1	21	1	1

안광호(安光鎬) 연세대 1968.12.19

대회	연도	소속	출전	교체	득점	도움	파울	경고	퇴장
BC	1992	대우	10	5	0	0	8	1	0
	1993	대우	4	3	0	0	8	1	0
	합계		14	8	0	0	16	2	0
프로통산			14	8	0	0	16	2	0

안광호(安光鎬) 배재대 1979.01.10

대회	연도	소속	출전	교체	득점	도움	파울	경고	퇴장
BC	2002	전북	1	1	0	0	1	0	0
	합계		1	1	0	0	1	0	0
프로통산			1	1	0	0	1	0	0

안기철(安基喆) 아주대 1962.04.24

대회	연도	소속	출전	교체	득점	도움	파울	경고	퇴장
BC	1986	대우	17	9	2	1	17	2	0
	1987	대우	27	23	1	1	17	2	0
	1988	대우	23	10	1	3	20	0	0
	1989	대우	18	16	0	1	10	1	0
	합계		85	58	4	6	64	5	0
프로통산			85	58	4	6	64	5	0

안대현(安大賢) 전주대 1977.08.20

대회	연도	소속	출전	교체	득점	도움	파울	경고	퇴장
BC	2000	전북	3	3	0	0	3	0	0
	2001	전북	13	8	0	0	16	2	0
	2002	전북	1	1	0	0	1	0	0
	2003	전북	0	0	0	0	0	0	0
	합계		17	12	0	0	20	2	0
프로통산			17	12	0	0	20	2	0

안데르손(Anderson Ricardo dos Santos) 브라질 1983.03.22

대회	연도	소속	출전	교체	득점	도움	파울	경고	퇴장
BC	2009	서울	13	10	4	1	24	2	0
	합계		13	10	4	1	24	2	0
프로통산			13	10	4	1	24	2	0

안델손(Anderson Jose Lopes de Souza) 브라질 1993.09.15

대회	연도	소속	출전	교체	득점	도움	파울	경고	퇴장
K1	2018	서울	30	12	6	4	40	5	0
	합계		30	12	6	4	40	5	0
프로통산			30	12	6	4	40	5	0

안델손(Anderson Andrade Antunes) 브라질 1981.11.15

대회	연도	소속	출전	교체	득점	도움	파울	경고	퇴장
BC	2010	대구	11	4	2	1	28	0	0
	합계		11	4	2	1	28	0	0
프로통산			11	4	2	1	28	0	0

안동민(安東珉) 신평고 1999.05.11

대회	연도	소속	출전	교체	득점	도움	파울	경고	퇴장
K2	2019	대전	4	4	0	1	3	0	0
	2020	대전	1	1	0	0	0	0	0
	합계		5	5	0	1	3	0	0
프로통산			5	5	0	1	3	0	0

안동은(安東銀) 경운대 1988.10.01

대회	연도	소속	출전	교체	득점	도움	파울	경고	퇴장
K2	2013	고양	28	9	0	0	52	4	0
	2014	안산경찰	6	5	0	0	4	1	0
	2015	고양	3	0	0	0	6	1	0
	합계		37	14	0	0	62	6	0
프로통산			37	14	0	0	62	6	0

안동혁(安東赫) 광운대 1988.11.11

대회	연도	소속	출전	교체	득점	도움	파울	경고	퇴장
BC	2011	광주	23	15	0	1	17	2	0
	2012	광주	28	11	1	2	42	7	0
	합계		51	26	1	3	59	9	0
K2	2013	광주	20	19	1	1	23	0	0
	2015	안양	24	12	0	2	35	1	0
	2017	안양	6	3	0	0	3	1	0
	2018	서울E	10	7	1	0	5	1	0
	합계		60	41	2	3	66	3	0
프로통산			111	67	3	6	125	12	0

안드레(André Luis da Costa Alfredo) 브라질 1997.04.21

대회	연도	소속	출전	교체	득점	도움	파울	경고	퇴장
K2	2020	대전	26	9	13	3	27	5	0
	합계		26	9	13	3	27	5	0
프로통산			26	9	13	3	27	5	0

안드레(Andre Luiz Alves Santos) 브라질 1972.11.16

대회	연도	소속	출전	교체	득점	도움	파울	경고	퇴장
BC	2000	안양LG	38	4	9	14	74	4	0
	2001	안양LG	27	19	2	4	36	3	0
	2002	안양LG	31	19	7	9	41	4	1
	합계		96	42	18	27	151	11	1
프로통산			96	42	18	27	151	11	1

안드레이(Andriy Sydelnykov) 우크라이나 1967.09.27

대회	연도	소속	출전	교체	득점	도움	파울	경고	퇴장
BC	1995	전남	28	7	4	1	60	9	1
	1996	전남	29	5	3	0	31	8	0
	합계		57	12	7	1	91	17	1
프로통산			57	12	7	1	91	17	1

안드리고(Andrigo Oliveira de Araújo) 브라질 1995.02.27

대회	연도	소속	출전	교체	득점	도움	파울	경고	퇴장
K2	2022	안양	28	22	7	4	33	3	0
	합계		28	22	7	4	33	3	0
승	2022	안양	2	3	0	0	0	0	0
	합계		2	3	0	0	0	0	0
프로통산			30	25	7	4	33	3	0

안병건(安炳乾) 한라대 1988.12.08

대회	연도	소속	출전	교체	득점	도움	파울	경고	퇴장
K2	2019	전남	3	0	0	0	5	3	0
	합계		3	0	0	0	5	3	0
프로통산			3	0	0	0	5	3	0

안병준(安炳俊) 일본 주오대 1990.05.22

대회	연도	소속	출전	교체	득점	도움	파울	경고	퇴장
K1	2022	수원	18	12	7	0	12	3	0
	합계		18	12	7	0	12	3	0
K2	2019	수원FC	17	7	8	0	25	3	0
	2020	수원FC	26	6	21	4	25	3	0
	2021	부산	34	3	23	4	38	6	0
	2022	부산	14	6	4	0	12	2	0
	합계		91	22	56	8	100	14	0
승	2022	수원	2	1	1	0	1	0	0
	합계		2	1	1	0	1	0	0
프로통산			111	35	64	8	113	17	0

안병태(安炳泰) 한양대 1959.02.22

대회	연도	소속	출전	교체	득점	도움	파울	경고	퇴장
BC	1983	포항제철	10	2	0	0	10	0	0
	1984	포항제철	14	5	0	0	6	1	0
	1986	포항제철	12	4	0	0	12	1	0
	합계		36	11	0	0	28	2	0
프로통산			36	11	0	0	28	2	0

안상민(安相珉) 정명정보고 1995.05.18

대회	연도	소속	출전	교체	득점	도움	파울	경고	퇴장
K1	2017	강원	2	2	0	0	3	1	0
	합계		2	2	0	0	3	1	0
K2	2021	대전	2	2	0	0	0	0	0
	합계		2	2	0	0	0	0	0
프로통산			4	4	0	0	3	1	0

안상현(安相炫) 능곡중 1986.03.05

대회	연도	소속	출전	교체	득점	도움	파울	경고	퇴장
BC	2003	안양LG	0	0	0	0	0	0	0
	2004	서울	1	1	0	0	3	0	0
	2005	서울	1	1	0	0	0	0	0
	2006	서울	1	1	1	0	1	1	0
	2007	서울	11	10	1	0	9	1	0
	2008	서울	1	0	0	0	1	1	1
	2009	경남	9	8	0	0	14	1	0
	2010	경남	24	18	0	1	31	5	1
	2011	대구	15	11	0	0	33	8	0
	2012	대구	32	10	0	1	57	14	0
	합계		95	60	2	2	149	31	2
K1	2013	대구	33	6	0	1	49	11	0
	2015	대전	25	7	0	0	30	8	0
	2016	성남	23	7	0	2	43	4	0
	합계		81	20	0	3	122	23	0
K2	2014	대구	32	2	1	1	50	7	0
	2017	성남	24	6	1	0	43	7	0
	2018	대전	27	3	1	0	48	6	0
	2019	대전	29	8	2	1	59	11	0
	합계		112	19	5	2	200	31	0
승	2016	성남	2	1	0	0	5	2	0
	합계		2	1	0	0	5	2	0
프로통산			290	100	7	7	476	87	2

안선진(安鮮鎭) 고려대 1975.09.19

대회	연도	소속	출전	교체	득점	도움	파울	경고	퇴장
BC	2003	포항	16	14	0	0	15	0	0
	합계		16	14	0	0	15	0	0
프로통산			16	14	0	0	15	0	0

안성규(安聖奎) 충북대

대회	연도	소속	출전	교체	득점	도움	파울	경고	퇴장
BC	1995	대우	1	1	0	0	2	1	0
	합계		1	1	0	0	2	1	0
프로통산			1	1	0	0	2	1	0

안성남(安成男) 중앙대 1984.04.17

대회	연도	소속	출전	교체	득점	도움	파울	경고	퇴장

대회	연도	소속	출전	교체	득점	도움	파울	경고	퇴장
BC	2009	강원	21	15	1	1	9	2	0
	2010	강원	26	22	5	3	14	2	0
	2011	광주	22	18	2	0	17	3	0
	2012	광주	25	24	0	1	22	5	0
	합계		94	79	8	5	62	12	0
K1	2015	광주	8	7	0	0	3	0	0
	2018	경남	6	5	0	0	1	0	0
	2019	경남	19	4	0	0	8	1	0
	합계		33	16	0	0	12	1	0
K2	2014	광주	8	5	2	1	14	0	0
	2015	강원	7	4	0	0	12	2	0
	2016	경남	37	29	4	2	14	2	0
	2017	경남	30	16	1	1	18	4	0
	2020	경남	8	4	0	0	12	1	0
	합계		90	58	7	4	70	9	0
승	2014	광주	0	0	0	0	0	0	0
	2019	경남	1	1	0	0	0	0	0
	합계		1	1	0	0	0	0	0
프로통산			218	154	15	9	144	22	0

안성민(安性玟) 경희대 1999.08.09

대회	연도	소속	출전	교체	득점	도움	파울	경고	퇴장
K2	2020	안산	0	0	0	0	0	0	0
	2022	안산	18	11	0	0	11	2	0
	합계		18	11	0	0	11	2	0
프로통산			18	11	0	0	11	2	0

안성민(安成民) 건국대 1985.11.03

대회	연도	소속	출전	교체	득점	도움	파울	경고	퇴장
BC	2007	부산	18	13	1	1	29	1	0
	2008	부산	17	14	1	0	28	4	0
	2009	부산	20	10	1	0	37	8	0
	2010	대구	28	9	3	1	33	5	0
	2011	대구	11	7	3	0	21	4	0
	합계		94	53	9	2	148	22	0
프로통산			94	53	9	2	148	22	0

안성빈(安聖彬) 수원대 1988.10.03

대회	연도	소속	출전	교체	득점	도움	파울	경고	퇴장
BC	2010	경남	8	8	1	0	6	1	0
	2011	경남	5	5	0	0	2	0	0
	2012	경남	11	10	1	0	12	1	0
	합계		24	23	2	0	20	2	0
K1	2014	경남	7	3	1	0	9	1	0
	합계		7	3	1	0	9	1	0
K2	2013	경찰	23	13	1	2	31	2	0
	2014	안산경찰	15	15	1	3	13	3	0
	2015	안양	36	19	8	4	66	6	0
	2016	안양	28	2	1	5	34	4	0
	2017	안양	18	6	0	1	20	1	0
	2017	경남	2	0	0	0	4	0	0
	2018	서울E	13	2	0	1	17	1	0
	2019	안양	13	10	0	1	12	2	0
	합계		148	67	11	17	197	19	0
승	2014	경남	2	1	0	0	3	1	0
	합계		2	1	0	0	3	1	0
프로통산			181	94	14	17	229	23	0

안성열(安星烈) 국민대 1958.08.01

대회	연도	소속	출전	교체	득점	도움	파울	경고	퇴장
BC	1983	국민은행	10	4	0	1	8	1	0
	1985	상무	18	2	0	0	10	1	0
	합계		28	6	0	1	18	2	0
프로통산			28	6	0	1	18	2	0

안성일(安聖逸) 아주대 1966.09.10

대회	연도	소속	출전	교체	득점	도움	파울	경고	퇴장
BC	1989	대우	21	13	6	0	17	1	0
	1990	대우	14	8	1	0	23	1	0
	1991	대우	36	7	2	3	49	5	1
	1992	대우	35	12	5	0	49	7	0
	1993	대우	24	18	1	2	25	3	0
	1994	포항제철	22	15	0	3	19	2	0
	1995	대우	30	11	4	0	52	11	0
	1996	부산	18	12	0	0	35	3	0
	합계		200	96	19	8	269	33	1
프로통산			200	96	19	8	269	33	1

안성호(安成皓) 대구대 1976.03.30

대회	연도	소속	출전	교체	득점	도움	파울	경고	퇴장
BC	1999	수원	1	1	0	0	2	0	0
	합계		1	1	0	0	2	0	0
프로통산			1	1	0	0	2	0	0

안성훈(安成勳) 한려대 1982.09.11

대회	연도	소속	출전	교체	득점	도움	파울	경고	퇴장
BC	2002	안양LG	11	5	0	0	11	2	0
	2003	안양LG	11	6	0	0	8	0	0
	2004	인천	19	10	0	0	30	1	0
	2005	인천	10	6	0	0	3	1	0
	2006	인천	9	7	0	2	19	1	0
	2007	인천	4	4	0	0	4	2	0
	합계		64	38	0	2	75	7	0
프로통산			64	38	0	2	75	7	0

안세희(安世熙) 원주한라대 1991.02.08

대회	연도	소속	출전	교체	득점	도움	파울	경고	퇴장
K1	2015	부산	5	1	0	0	9	1	1
	2015	대전	4	0	0	0	2	1	0
	2017	포항	2	1	0	0	2	0	0
	2019	상주	3	1	0	0	4	1	0
	합계		14	3	0	0	17	3	1
K2	2016	안양	34	6	0	0	27	6	0
	2017	안양	3	1	0	0	3	0	0
	2018	안양	0	0	0	0	0	0	0
	2020	안양	4	2	1	0	4	1	0
	합계		41	9	1	0	34	7	0
프로통산			55	12	1	0	51	10	1

안셀(Nicholas Clive Ansell) 오스트레일리아 1994.02.02

대회	연도	소속	출전	교체	득점	도움	파울	경고	퇴장
K2	2019	전남	15	3	0	0	11	1	1
	2020	경남	5	4	0	0	6	2	0
	합계		20	7	0	0	17	3	1
프로통산			20	7	0	0	17	3	1

안수민(安首玟) 동국대 1994.05.26

대회	연도	소속	출전	교체	득점	도움	파울	경고	퇴장
K1	2017	강원	3	3	0	0	3	1	0
	합계		3	3	0	0	3	1	0
프로통산			3	3	0	0	3	1	0

안수현(安壽賢) 조선대 1992.06.13

대회	연도	소속	출전	교체	득점	도움	파울	경고	퇴장
K1	2015	전남	1	1	0	0	1	0	0
	합계		1	1	0	0	1	0	0
프로통산			1	1	0	0	1	0	0

안승인(安承仁) 경원대학원 1973.03.14

대회	연도	소속	출전	교체	득점	도움	파울	경고	퇴장
BC	1999	부천SK	15	15	0	2	7	0	0
	2000	부천SK	9	9	1	0	13	2	0
	2001	부천SK	25	20	3	1	24	0	0
	2002	부천SK	25	18	2	2	47	0	0
	2003	부천SK	38	25	1	3	55	4	0
	2004	부천SK	5	5	0	0	3	0	0
	합계		117	92	7	8	149	6	0
프로통산			117	92	7	8	149	6	0

안영규(安泳奎) 울산대 1989.12.04

대회	연도	소속	출전	교체	득점	도움	파울	경고	퇴장
BC	2012	수원	0	0	0	0	0	0	0
	합계		0	0	0	0	0	0	0
K1	2015	광주	33	6	2	0	36	6	0
	2017	광주	1	0	0	0	1	1	0
	2019	성남	29	8	0	1	31	3	0
	2020	성남	13	10	0	0	6	0	0
	2021	성남	21	11	0	0	29	3	0
	합계		97	35	2	1	103	13	0
K2	2014	대전	34	2	1	1	45	5	0
	2016	안산무궁	18	4	0	1	20	3	0
	2017	아산	10	4	0	1	7	2	0
	2018	광주	36	2	1	0	24	1	0
	2022	광주	36	9	1	1	32	6	0
	합계		134	21	3	4	128	17	0
프로통산			231	56	5	5	231	30	0

안영진(安映珍) 울산대 1988.04.01

대회	연도	소속	출전	교체	득점	도움	파울	경고	퇴장
K2	2013	부천	7	7	0	0	1	0	0
	합계		7	7	0	0	1	0	0
프로통산			7	7	0	0	1	0	0

안영학(安英學, An Yong Hak) 일본 릿쇼대 1978.10.25

대회	연도	소속	출전	교체	득점	도움	파울	경고	퇴장
BC	2006	부산	29	8	3	2	57	0	0
	2007	부산	30	3	4	0	65	2	0
	2008	수원	9	7	0	0	13	2	0
	2009	수원	14	6	2	0	24	1	0
	합계		82	24	9	2	159	5	0
프로통산			82	24	9	2	159	5	0

안용우(安庸佑) 동의대 1991.08.10

대회	연도	소속	출전	교체	득점	도움	파울	경고	퇴장
K1	2014	전남	31	7	6	6	19	4	0
	2015	전남	34	18	3	4	22	1	0
	2016	전남	32	24	4	0	24	2	0
	2017	전남	14	10	0	1	14	0	0
	2021	대구	33	25	0	1	22	2	0
	2022	대구	12	10	2	2	3	0	0
	합계		156	94	15	14	104	9	0
프로통산			156	94	15	14	104	9	0

안원응(安元應) 성균관대 1961.01.14

대회	연도	소속	출전	교체	득점	도움	파울	경고	퇴장
BC	1984	한일은행	6	2	0	0	5	2	0
	합계		6	2	0	0	5	2	0
프로통산			6	2	0	0	5	2	0

안은산(安恩山) 고려대1996.10.04

대회	연도	소속	출전	교체	득점	도움	파울	경고	퇴장
K2	2019	수원FC	4	2	0	0	5	0	0
	합계		4	2	0	0	5	0	0
프로통산			4	2	0	0	5	0	0

안익수(安益秀) 인천대 1965.05.06

대회	연도	소속	출전	교체	득점	도움	파울	경고	퇴장
BC	1989	일화	22	6	0	0	23	3	0
	1990	일화	29	1	0	1	35	2	0
	1991	일화	12	4	0	0	19	1	0
	1992	일화	27	3	0	0	46	6	0
	1993	일화	26	3	0	0	37	2	1
	1994	일화	20	3	1	1	31	3	0
	1995	일화	17	3	0	0	25	4	0
	1996	포항	30	11	0	0	39	3	0
	1997	포항	34	6	1	0	52	6	0
	1998	포항	36	1	0	1	63	6	0
	합계		253	41	2	3	370	36	1
프로통산			253	41	2	3	370	36	1

안일주(安一柱) 동국대 1988.05.02

대회	연도	소속	출전	교체	득점	도움	파울	경고	퇴장
BC	2011	포항	0	0	0	0	0	0	0
	2012	상주	1	1	0	0	0	0	0
	합계		1	1	0	0	0	0	0
K2	2013	상주	0	0	0	0	0	0	0
	2014	부천	20	1	0	0	21	2	0
	2015	부천	16	5	0	0	16	2	0
	합계		36	6	0	0	37	4	0

대회	연도	소속	출전	교체	득점	도움	파울	경고	퇴장
프로통산			37	7	0	0	37	4	0

안재곤(安栽坤) 아주대 1984.08.15

대회	연도	소속	출전	교체	득점	도움	파울	경고	퇴장
BC	2008	인천	4	1	0	0	9	1	0
	2010	인천	1	1	0	0	0	0	0
	2011	인천	5	4	0	0	12	1	0
	2012	인천	0	0	0	0	0	0	0
	합계		10	6	0	0	21	2	0
프로통산			10	6	0	0	21	2	0

안재준(安宰晙) 고려대 1986.02.08

대회	연도	소속	출전	교체	득점	도움	파울	경고	퇴장
BC	2008	인천	28	1	0	0	44	9	0
	2009	인천	33	1	0	1	50	6	0
	2010	인천	28	0	1	3	58	4	1
	2011	전남	27	2	1	0	35	5	0
	2012	전남	32	1	1	0	40	4	0
	합계		148	5	3	4	227	28	1
K1	2013	인천	31	0	4	0	64	8	0
	2014	인천	36	1	0	0	49	5	0
	합계		67	1	4	0	113	13	0
K2	2015	안산경찰	35	0	1	0	55	10	0
	2016	안산무궁	8	2	0	0	8	2	0
	2017	성남	13	3	1	1	18	4	0
	2018	대전	10	5	0	0	9	1	0
	합계		66	10	2	1	90	17	0
프로통산			281	16	9	5	430	58	1

안재준(安在俊) 현대고 2001.04.03

대회	연도	소속	출전	교체	득점	도움	파울	경고	퇴장
K2	2021	부천	19	15	0	1	9	1	0
	2022	부천	24	23	4	1	10	1	0
	합계		43	38	4	2	19	2	0
프로통산			43	38	4	2	19	2	0

안재홍(安宰弘) 영남대 1998.03.01

대회	연도	소속	출전	교체	득점	도움	파울	경고	퇴장
K2	2020	전남	0	0	0	0	0	0	0
	합계		0	0	0	0	0	0	0
프로통산			0	0	0	0	0	0	0

안재훈(安在勳) 건국대 1988.02.01

대회	연도	소속	출전	교체	득점	도움	파울	경고	퇴장
BC	2011	대구	20	1	0	2	27	2	0
	2012	대구	9	3	1	0	11	2	0
	합계		29	4	1	2	38	4	0
K1	2013	대구	5	1	0	0	5	1	0
	2014	상주	22	3	1	0	25	4	1
	합계		27	4	1	0	30	5	1
K2	2013	수원FC	16	1	0	0	18	2	0
	2015	상주	8	3	0	0	8	1	0
	2015	대구	3	0	0	0	2	0	0
	2017	수원FC	5	4	0	0	2	0	0
	2017	서울E	9	3	0	0	10	1	0
	합계		41	11	0	0	40	4	0
프로통산			97	19	2	2	108	13	1

안정환(安貞桓) 아주대 1976.01.27

대회	연도	소속	출전	교체	득점	도움	파울	경고	퇴장
BC	1998	부산	33	8	13	4	31	4	0
	1999	부산	34	9	21	7	26	3	1
	2000	부산	20	8	10	0	20	0	0
	2007	수원	25	20	5	0	22	4	0
	2008	부산	27	8	6	3	47	6	1
	합계		139	53	55	14	146	17	2
프로통산			139	53	55	14	146	17	2

안젤코비치(Miodrag Andjelković) 세르비아 몬테네그로 1977.12.07

대회	연도	소속	출전	교체	득점	도움	파울	경고	퇴장
BC	2004	인천	11	5	4	0	26	1	1
	합계		11	5	4	0	26	1	1
프로통산			11	5	4	0	26	1	1

안종관(安種官) 광운대 1966.08.30

대회	연도	소속	출전	교체	득점	도움	파울	경고	퇴장
BC	1989	현대	28	6	0	1	31	2	0
	1990	현대	20	6	0	1	21	0	0
	합계		48	12	0	2	52	2	0
프로통산			48	12	0	2	52	2	0

안종훈(安鐘薰) 조선대 1989.07.05

대회	연도	소속	출전	교체	득점	도움	파울	경고	퇴장
BC	2011	제주	2	2	0	0	3	0	0
	합계		2	2	0	0	3	0	0
K1	2013	제주	15	14	1	0	17	0	0
	합계		15	14	1	0	17	0	0
K2	2014	광주	15	8	0	2	17	1	0
	합계		15	8	0	2	17	1	0
프로통산			32	24	1	2	37	1	0

안주형(安主形) 신갈고 1999.01.02

대회	연도	소속	출전	교체	득점	도움	파울	경고	퇴장
K2	2018	대전	3	2	1	0	8	1	0
	2019	대전	1	1	0	0	0	1	0
	합계		4	3	1	0	8	2	0
프로통산			4	3	1	0	8	2	0

안준수(安俊洙) 영석고 1998.01.28

대회	연도	소속	출전	교체	실점	도움	파울	경고	퇴장
K2	2021	부산	15	0	23	0	1	1	0
	2022	부산	17	1	24	0	0	1	0
	합계		32	1	47	0	1	2	0
프로통산			32	1	47	0	1	2	0

안준원(安俊垣) 부산상고 1961.03.10

대회	연도	소속	출전	교체	득점	도움	파울	경고	퇴장
BC	1985	상무	20	0	1	0	11	2	0
	1986	포항제철	7	2	0	0	8	1	0
	합계		27	2	1	0	19	3	0
프로통산			27	2	1	0	19	3	0

안지만(安知萬) 오산고 2003.01.11

대회	연도	소속	출전	교체	득점	도움	파울	경고	퇴장
K1	2022	서울	0	0	0	0	0	0	0
	합계		0	0	0	0	0	0	0
프로통산			0	0	0	0	0	0	0

안지현(安祉炫) 건국대 1994.03.25

대회	연도	소속	출전	교체	실점	도움	파울	경고	퇴장
K2	2016	강원	0	0	0	0	0	0	0
	2017	서울E	0	0	0	0	0	0	0
	2018	서울E	0	0	0	0	0	0	0
	합계		0	0	0	0	0	0	0
프로통산			0	0	0	0	0	0	0

안지호(安顯植/←안현식) 연세대 1987.04.24

대회	연도	소속	출전	교체	득점	도움	파울	경고	퇴장
BC	2008	인천	21	4	0	0	41	3	0
	2009	인천	2	0	0	0	0	0	0
	2010	인천	12	3	0	0	13	3	0
	2011	경남	14	1	1	0	23	5	1
	합계		49	8	1	0	77	11	1
K1	2017	강원	24	5	3	0	23	6	0
	합계		24	5	3	0	23	6	0
K2	2014	고양	25	4	0	0	34	4	0
	2015	고양	30	1	0	0	30	5	1
	2016	강원	34	0	2	0	38	6	1
	2018	서울E	27	2	1	1	28	7	1
	2019	서울E	14	3	0	0	9	0	1
	합계		130	10	3	1	139	22	4
승	2016	강원	2	0	0	0	2	0	0
	합계		2	0	0	0	2	0	0
프로통산			205	23	7	1	241	39	5

안진규(安眞圭) 연세대 1970.10.18

대회	연도	소속	출전	교체	득점	도움	파울	경고	퇴장
BC	1994	현대	4	4	0	0	2	0	0
	1995	현대	7	7	0	0	4	0	1
	1996	울산	3	1	0	0	2	1	0
	1996	전남	3	3	0	0	1	0	0
	합계		17	15	0	0	9	1	1
프로통산			17	15	0	0	9	1	1

안진범(安進範) 고려대 1992.03.10

대회	연도	소속	출전	교체	득점	도움	파울	경고	퇴장
K1	2014	울산	24	18	2	2	23	1	0
	2015	인천	9	8	0	0	10	1	0
	2018	상주	3	3	0	0	4	0	0
	2019	상주	18	12	0	2	22	2	0
	2020	인천	3	3	0	0	2	0	0
	2021	성남	17	15	1	1	16	1	0
	2022	성남	14	12	0	1	13	0	0
	합계		88	71	3	6	90	5	0
K2	2016	안양	27	16	0	3	35	3	0
	2017	안양	9	8	0	0	11	1	0
	2018	안양	9	2	0	0	19	1	0
	합계		45	26	0	3	65	5	0
프로통산			133	97	3	9	155	10	0

안찬기(安燦基) 인천대 1998.04.06

대회	연도	소속	출전	교체	실점	도움	파울	경고	퇴장
K1	2020	수원	0	0	0	0	0	0	0
	2021	수원	0	0	0	0	0	0	0
	합계		0	0	0	0	0	0	0
프로통산			0	0	0	0	0	0	0

안태은(安太銀) 조선대 1985.09.17

대회	연도	소속	출전	교체	득점	도움	파울	경고	퇴장
BC	2006	서울	26	7	0	0	39	4	0
	2007	서울	4	3	0	0	3	0	0
	2008	서울	10	3	0	1	19	4	0
	2009	서울	19	8	0	1	24	3	0
	2010	포항	8	3	0	0	13	3	1
	2011	인천	9	8	0	1	13	0	0
	합계		76	32	0	3	111	14	1
프로통산			76	32	0	3	111	14	1

안태현(安部鉉) 홍익대 1993.03.01

대회	연도	소속	출전	교체	득점	도움	파울	경고	퇴장
K1	2020	상주	22	4	1	1	25	5	0
	2022	제주	4	2	0	1	2	0	0
	합계		26	6	1	2	27	5	0
K2	2016	서울E	31	25	3	1	18	4	0
	2017	부천	36	2	1	1	41	2	0
	2018	부천	35	0	0	2	50	4	0
	2019	부천	36	10	4	2	43	3	0
	2021	김천	6	1	0	0	7	1	0
	2021	부천	17	3	1	0	12	2	0
	합계		161	41	9	6	171	16	0
프로통산			187	47	10	8	198	21	0

안토니스(Terry Antonis) 오스트레일리아 1993.11.26

대회	연도	소속	출전	교체	득점	도움	파울	경고	퇴장
K1	2019	수원	11	6	0	3	8	1	0
	2020	수원	16	13	0	0	10	1	1
	2021	수원	4	4	0	0	0	2	0
	합계		31	23	0	3	18	4	1
프로통산			31	23	0	3	18	4	1

안토니오(Matheus Antonio de Souza Santos) 브라질 1978.10.23

대회	연도	소속	출전	교체	득점	도움	파울	경고	퇴장
BC	2005	전북	5	4	1	0	4	0	0
	합계		5	4	1	0	4	0	0
프로통산			5	4	1	0	4	0	0

안툰(Antun Matthew Kovacić) 오스트레일리아 1981.07.10

대회	연도	소속	출전	교체	득점	도움	파울	경고	퇴장
BC	2009	울산	4	3	0	0	2	1	0
	합계		4	3	0	0	2	1	0

대회	연도	소속	출전	교체	득점	도움	파울	경고	퇴장
프로통산			4	3	0	0	2	1	0

안해성(安海盛) 인천대 1999.03.09

대회	연도	소속	출전	교체	득점	도움	파울	경고	퇴장
K1	2021	포항	0	0	0	0	0	0	0
	합계		0	0	0	0	0	0	0
프로통산			0	0	0	0	0	0	0

안현범(安鉉範) 동국대 1994.12.21

대회	연도	소속	출전	교체	득점	도움	파울	경고	퇴장
K1	2015	울산	17	16	0	1	16	2	0
	2016	제주	28	15	8	4	30	2	0
	2017	제주	27	10	2	2	18	1	0
	2019	제주	13	2	4	0	8	1	0
	2021	제주	29	16	2	3	12	1	0
	2022	제주	30	16	1	0	23	5	0
	합계		144	75	17	10	107	12	0
K2	2018	아산	27	16	5	2	28	2	0
	2019	아산	13	2	0	2	16	1	0
	2020	제주	22	2	3	1	19	1	0
	합계		62	20	8	5	63	4	0
프로통산			206	95	25	15	170	16	0

안호진(安虎眞) 의정부FC 2003.01.13

대회	연도	소속	출전	교체	실점	도움	파울	경고	퇴장
K2	2022	경남	0	0	0	0	0	0	0
	합계		0	0	0	0	0	0	0
프로통산			0	0	0	0	0	0	0

안홍민(安洪珉) 관동대(가톨릭관동대) 1971.09.06

대회	연도	소속	출전	교체	득점	도움	파울	경고	퇴장
BC	1996	울산	25	16	10	1	40	2	0
	1997	울산	24	23	2	3	41	3	1
	1998	울산	23	22	3	2	38	3	0
	1999	울산	28	24	2	5	42	3	0
	2000	울산	19	14	1	3	36	2	0
	2001	전북	18	18	1	0	9	2	0
	합계		137	117	19	14	206	15	1
프로통산			137	117	19	14	206	15	1

안효연(安孝鍊) 동국대 1978.04.16

대회	연도	소속	출전	교체	득점	도움	파울	경고	퇴장
BC	2003	부산	14	12	0	2	8	0	0
	2004	부산	30	20	6	3	22	1	0
	2005	수원	30	20	3	5	24	1	0
	2006	성남일화	28	26	1	1	13	1	0
	2007	수원	12	10	1	2	3	0	0
	2008	수원	15	15	2	2	9	0	0
	2009	전남	5	5	0	0	0	0	0
	합계		134	108	13	15	79	3	0
프로통산			134	108	13	15	79	3	0

안효철(安孝哲) 성균관대 1965.05.15

대회	연도	소속	출전	교체	실점	도움	파울	경고	퇴장
BC	1989	일화	1	0	1	0	0	0	0
	합계		1	0	1	0	0	0	0
프로통산			1	0	1	0	0	0	0

알도(Clodoaldo Paulino de Lima) 브라질 1978.11.25

대회	연도	소속	출전	교체	득점	도움	파울	경고	퇴장
BC	2008	포항	2	1	0	0	5	0	0
	합계		2	1	0	0	5	0	0
프로통산			2	1	0	0	5	0	0

알라올(Alaor Palacio Junior) 브라질 1968.12.12

대회	연도	소속	출전	교체	득점	도움	파울	경고	퇴장
BC	1996	수원	9	8	1	0	14	1	0
	합계		9	8	1	0	14	1	0
프로통산			9	8	1	0	14	1	0

알란(Allan Rodrigo Aal) 브라질 1979.03.12

대회	연도	소속	출전	교체	득점	도움	파울	경고	퇴장
BC	2004	대전	4	1	0	0	11	1	0
	합계		4	1	0	0	11	1	0
프로통산			4	1	0	0	11	1	0

알랭(Noudjeu Mbianda Nicolas Alain) 카메룬 1976.07.12

대회	연도	소속	출전	교체	득점	도움	파울	경고	퇴장
BC	2000	전북	17	13	0	0	25	0	0
	합계		17	13	0	0	25	0	0
프로통산			17	13	0	0	25	0	0

알레(Alexandre Garcia Ribeiro) 브라질 1984.05.08

대회	연도	소속	출전	교체	득점	도움	파울	경고	퇴장
BC	2009	대전	10	8	0	4	20	0	0
	2010	대전	21	10	1	3	40	2	1
	합계		31	18	1	7	60	2	1
프로통산			31	18	1	7	60	2	1

알레망(Rafael Berger) 브라질 1986.07.14

대회	연도	소속	출전	교체	득점	도움	파울	경고	퇴장
K1	2018	포항	9	2	1	0	16	3	0
	합계		9	2	1	0	16	3	0
프로통산			9	2	1	0	16	3	0

알레망(Tofolo Junior Jose Carlos) 브라질 1989.03.02

대회	연도	소속	출전	교체	득점	도움	파울	경고	퇴장
K2	2018	부산	8	5	2	0	17	0	0
	합계		8	5	2	0	17	0	0
프로통산			8	5	2	0	17	0	0

알렉산더(Aleksandar Petrović) 세르비아 1983.03.22

대회	연도	소속	출전	교체	득점	도움	파울	경고	퇴장
BC	2008	전북	15	1	0	0	22	6	0
	2009	전북	9	5	0	0	11	2	0
	2009	전남	6	5	1	0	13	2	0
	합계		30	11	1	0	46	10	0
프로통산			30	11	1	0	46	10	0

알렉산드로(Alessandro Lopes Pereira) 브라질 1984.02.13

대회	연도	소속	출전	교체	득점	도움	파울	경고	퇴장
BC	2012	대전	21	2	0	0	51	8	0
	합계		21	2	0	0	51	8	0
K2	2013	충주	11	1	0	0	26	2	0
	합계		11	1	0	0	26	2	0
프로통산			32	3	0	0	77	10	0

알렉산드로(Alexsandro Ribeiro da Silva) 브라질 1980.04.13

대회	연도	소속	출전	교체	득점	도움	파울	경고	퇴장
BC	2008	대구	14	9	1	1	11	0	0
	합계		14	9	1	1	11	0	0
프로통산			14	9	1	1	11	0	0

알렉산드로(Alexandro da Silva Batista) 브라질 1986.11.06

대회	연도	소속	출전	교체	득점	도움	파울	경고	퇴장
BC	2010	포항	9	6	1	1	20	2	0
	합계		9	6	1	1	20	2	0
프로통산			9	6	1	1	20	2	0

알렉산드로(Alex Sandro de Oliveira) 브라질 1995.08.20

대회	연도	소속	출전	교체	득점	도움	파울	경고	퇴장
K2	2021	충남아산	30	18	7	0	27	0	0
	합계		30	18	7	0	27	0	0
프로통산			30	18	7	0	27	0	0

알렉세이(Alexey Sudarikov) 러시아 1971.05.01

대회	연도	소속	출전	교체	득점	도움	파울	경고	퇴장
BC	1994	LG	3	3	0	0	4	0	0
	합계		3	3	0	0	4	0	0
프로통산			3	3	0	0	4	0	0

알렉세이(Aleksei Prudnikov) 러시아 1960.03.20

대회	연도	소속	출전	교체	실점	도움	파울	경고	퇴장
BC	1995	전북	10	0	11	0	0	0	0
	1996	전북	27	1	34	0	2	2	0
	1997	전북	18	0	23	0	0	0	0
	1998	전북	1	0	2	0	0	0	0
	합계		56	1	70	0	2	2	0
프로통산			56	1	70	0	2	2	0

알렉세이(Aleksey Shichogolev) 러시아 1972.09.18

대회	연도	소속	출전	교체	득점	도움	파울	경고	퇴장
BC	1996	부천유공	22	5	0	0	16	5	0
	합계		22	5	0	0	16	5	0
프로통산			22	5	0	0	16	5	0

알렉스(Aleksandar JovanoviSarić) 오스트레일리아 1989.08.04

대회	연도	소속	출전	교체	득점	도움	파울	경고	퇴장
K1	2014	제주	31	3	1	1	36	4	1
	2015	제주	22	6	0	0	16	4	0
	2017	제주	12	2	1	0	6	0	0
	2018	제주	16	5	1	0	5	0	0
	2019	제주	23	6	0	0	16	3	0
	합계		104	22	3	1	79	11	1
K2	2013	수원FC	24	3	0	0	30	6	0
	합계		24	3	0	0	30	6	0
프로통산			128	25	3	1	109	17	1

알렉스(Wesley Alex Maiolino) 브라질 1988.02.10

대회	연도	소속	출전	교체	득점	도움	파울	경고	퇴장
K2	2013	고양	32	10	15	6	44	4	0
	2014	고양	14	0	11	3	24	1	0
	2014	강원	15	5	5	1	20	1	0
	2016	대구	20	10	5	0	20	2	0
	2017	안양	5	5	0	0	5	0	0
	2017	서울E	14	7	7	0	14	3	0
	2018	안양	28	8	15	3	30	2	0
K2	2019	서울E	25	20	6	0	24	1	0
	합계		153	65	64	13	181	14	0
프로통산			153	65	64	13	181	14	0

알렉스(Alexandre Monteiro de Lima) 브라질 1988.12.15

대회	연도	소속	출전	교체	득점	도움	파울	경고	퇴장
K2	2018	수원FC	30	9	5	1	48	4	0
K2	2019	안양	33	7	13	5	29	2	0
	합계		63	16	18	6	77	6	0
프로통산			63	16	18	6	77	6	0

알렉스(Aleksandar Jozević) 유고슬라비아 1968.07.14

대회	연도	소속	출전	교체	득점	도움	파울	경고	퇴장
BC	1993	대우	6	4	0	0	9	2	0
	합계		6	4	0	0	9	2	0
프로통산			6	4	0	0	9	2	0

알렉스(Aleksandar Vlahović) 유고슬라비아 1969.07.24

대회	연도	소속	출전	교체	득점	도움	파울	경고	퇴장
BC	1997	부산	1	1	1	0	1	0	0
	합계		1	1	1	0	1	0	0
프로통산			1	1	1	0	1	0	0

알렉스(Alexander Popovich) 몰도바 1977.04.09

대회	연도	소속	출전	교체	득점	도움	파울	경고	퇴장
BC	2001	성남일화	6	5	0	0	3	0	0
	합계		6	5	0	0	3	0	0
프로통산			6	5	0	0	3	0	0

알렉스(Alex Chandre de Oliveira) 브라질 1977.12.21

대회	연도	소속	출전	교체	득점	도움	파울	경고	퇴장
BC	2003	대전	28	23	4	2	60	1	0
	합계		28	23	4	2	60	1	0
프로통산			28	23	4	2	60	1	0

알렉스(Alexsandro Marques de Oliveira) 브라질 1978.06.17

대회	연도	소속	출전	교체	득점	도움	파울	경고	퇴장

대회	연도	소속	출전	교체	득점	도움	파울	경고	퇴장
BC	2007	제주	1	1	0	0	0	0	0
	합계		1	1	0	0	0	0	0
프로통산			1	1	0	0	0	0	0

알렉스(Alex Asamoah) 가나 1986.08.28

대회	연도	소속	출전	교체	득점	도움	파울	경고	퇴장
BC	2010	경남	2	3	0	0	2	1	0
	합계		2	3	0	0	2	1	0
프로통산			2	3	0	0	2	1	0

알렉스(Aleksandar Andrejević) 세르비아 1992.03.28

대회	연도	소속	출전	교체	득점	도움	파울	경고	퇴장
K1	2021	광주	31	4	1	0	21	2	0
	합계		31	4	1	0	21	2	0
프로통산			31	4	1	0	21	2	0

알렉스(Alex Martins Ferreira) 브라질 1993.07.08

대회	연도	소속	출전	교체	득점	도움	파울	경고	퇴장
K2	2021	전남	18	16	3	1	12	0	0
	합계		18	16	3	1	12	0	0
프로통산			18	16	3	1	12	0	0

알렌(Alen Avdić) 보스니아 헤르체고비나 1977.04.03

대회	연도	소속	출전	교체	득점	도움	파울	경고	퇴장
BC	2001	수원	5	5	1	0	6	1	0
	2002	수원	3	3	0	0	10	1	0
	2003	수원	2	2	0	0	6	0	0
	합계		10	10	1	0	22	2	0
프로통산			10	10	1	0	22	2	0

알리(Al Hilfi Ali Abbas Mshehid) 오스트레일리아 1986.08.30

대회	연도	소속	출전	교체	득점	도움	파울	경고	퇴장
K1	2016	포항	10	3	1	0	9	2	0
	합계		10	3	1	0	9	2	0
프로통산			10	3	1	0	9	2	0

알리(Marian Aliuta) 루마니아 1978.02.04

대회	연도	소속	출전	교체	득점	도움	파울	경고	퇴장
BC	2005	전남	0	0	0	0	0	0	0
	합계		0	0	0	0	0	0	0
프로통산			0	0	0	0	0	0	0

알리바예프(Ikromjon Alibaev) 우즈베키스탄 1994.01.09

대회	연도	소속	출전	교체	득점	도움	파울	경고	퇴장
K1	2019	서울	35	9	3	5	49	5	0
	2020	서울	11	8	0	0	12	2	0
	합계		46	17	3	5	61	7	0
K2	2021	대전	17	7	1	1	32	2	0
	합계		17	7	1	1	32	2	0
프로통산			63	24	4	6	93	9	0

알리송(Alison Barros Moraes) 브라질 1982.06.30

대회	연도	소속	출전	교체	득점	도움	파울	경고	퇴장
BC	2002	울산	10	11	2	3	9	0	0
	2003	울산	7	8	0	0	3	1	0
	2003	대전	19	18	5	2	10	1	0
	2004	대전	24	23	1	1	15	3	0
	2005	대전	18	18	2	0	14	2	0
	합계		78	78	10	6	51	7	0
프로통산			78	78	10	6	51	7	0

알미르(Jose Almir Barros Neto) 브라질 1985.08.22

대회	연도	소속	출전	교체	득점	도움	파울	경고	퇴장
BC	2008	경남	7	4	1	1	18	1	0
	합계		7	4	1	1	18	1	0
K1	2014	울산	2	2	0	0	3	0	0
	합계		2	2	0	0	3	0	0
K2	2013	고양	18	6	6	3	40	3	0
	2014	강원	12	7	3	0	30	2	0
	2015	부천	28	19	1	3	43	2	0
	합계		58	32	10	6	113	7	0
프로통산			67	38	11	7	134	8	0

알미르(Almir Lopes de Luna) 브라질 1982.05.20

대회	연도	소속	출전	교체	득점	도움	파울	경고	퇴장
BC	2007	울산	36	24	8	6	69	3	0
	2008	울산	17	8	6	2	31	0	0
	2009	울산	29	13	7	2	61	5	0
	2010	포항	25	18	4	4	16	1	0
	2011	인천	5	3	0	0	2	0	0
	합계		112	66	25	14	179	9	0
프로통산			112	66	25	14	179	9	0

알미르(Almir Kayumov) 러시아 1964.12.30

대회	연도	소속	출전	교체	득점	도움	파울	경고	퇴장
BC	1993	대우	18	3	0	0	35	8	0
	합계		18	3	0	0	35	8	0
프로통산			18	3	0	0	35	8	0

알베스(Jorge Luiz Alves Justino) 브라질 1982.04.02

대회	연도	소속	출전	교체	득점	도움	파울	경고	퇴장
BC	2009	수원	4	2	0	0	10	1	0
	합계		4	2	0	0	10	1	0
프로통산			4	2	0	0	10	1	0

알파이(Fehmi Alpay Özalan) 터키 1973.05.29

대회	연도	소속	출전	교체	득점	도움	파울	경고	퇴장
BC	2004	인천	8	0	0	0	17	2	1
	합계		8	0	0	0	17	2	1
프로통산			8	0	0	0	17	2	1

알핫산(George Alhassan) 가나 1955.11.11

대회	연도	소속	출전	교체	득점	도움	파울	경고	퇴장
BC	1984	현대	11	4	4	3	2	0	0
	합계		11	4	4	3	2	0	0
프로통산			11	4	4	3	2	0	0

애드깔로스(Edcarlos Conceicao Santos) 브라질 1985.05.10

대회	연도	소속	출전	교체	득점	도움	파울	경고	퇴장
K1	2013	성남일화	17	6	0	0	14	2	0
	합계		17	6	0	0	14	2	0
프로통산			17	6	0	0	14	2	0

야고(Moreira Silva Yago) 브라질 1994.04.28

대회	연도	소속	출전	교체	득점	도움	파울	경고	퇴장
K2	2017	서울E	3	2	0	0	7	0	0
	합계		3	2	0	0	7	0	0
프로통산			3	2	0	0	7	0	0

야스다(Yasuda Michihiro, 安田理大) 일본 1987.12.20

대회	연도	소속	출전	교체	득점	도움	파울	경고	퇴장
K2	2017	부산	21	5	1	4	17	2	0
	합계		21	5	1	4	17	2	0
승	2017	부산	2	0	0	0	3	1	0
	합계		2	0	0	0	3	1	0
프로통산			23	5	1	4	20	3	0

얀(Kraus Jan) 체코 1979.08.28

대회	연도	소속	출전	교체	득점	도움	파울	경고	퇴장
BC	2003	대구	28	24	5	1	43	6	0
	합계		28	24	5	1	43	6	0
프로통산			28	24	5	1	43	6	0

양기훈(梁琪勳) 성균관대 1992.04.09

대회	연도	소속	출전	교체	득점	도움	파울	경고	퇴장
K2	2015	서울E	17	4	0	1	17	4	0
	2016	서울E	1	0	0	0	2	0	0
	합계		18	4	0	1	19	4	0
프로통산			18	4	0	1	19	4	0

양동연(梁東燕) 경희대 1970.04.30

대회	연도	소속	출전	교체	득점	도움	파울	경고	퇴장
BC	1995	전남	12	7	0	0	9	0	1
	1996	전남	35	5	0	0	54	8	0
	1997	전남	25	2	0	2	48	4	0
	1998	전남	23	9	1	0	52	4	0
	2000	전남	4	4	0	0	1	0	0
	합계		99	27	1	2	164	16	1
프로통산			99	27	1	2	164	16	1

양동원(梁棟原) 백암고 1987.02.05

대회	연도	소속	출전	교체	**실점**	도움	파울	경고	퇴장
BC	2005	대전	0	0	0	0	0	0	0
	2006	대전	0	0	0	0	0	0	0
	2007	대전	3	1	1	0	0	0	0
	2008	대전	6	1	10	0	0	1	0
	2009	대전	1	0	3	0	0	0	0
	2010	대전	10	0	21	0	0	1	0
	2011	수원	3	0	4	0	0	0	0
	2012	수원	11	0	13	0	0	1	0
	합계		34	2	52	0	0	3	0
K1	2013	수원	3	0	2	0	0	1	0
	2016	상주	14	0	26	0	0	0	0
	합계		17	0	28	0	0	1	0
K2	2014	강원	16	1	26	0	0	0	0
	2015	상주	17	0	29	0	0	1	0
	2016	강원	2	0	1	0	0	0	0
	2017	성남	2	1	2	0	0	0	0
	2018	안양	1	0	1	0	1	0	0
	2019	안양	32	0	41	0	1	1	0
	2020	안양	13	0	21	0	0	1	0
	2021	안양	3	0	2	0	0	0	0
	합계		86	2	123	0	2	3	0
프로통산			137	4	203	0	2	7	0

양동철(梁東哲) 부경대 1985.08.26

대회	연도	소속	출전	교체	득점	도움	파울	경고	퇴장
BC	2010	전북	3	1	0	0	7	1	0
	합계		3	1	0	0	7	1	0
프로통산			3	1	0	0	7	1	0

양동현(梁東炫) 동북고 1986.03.28

대회	연도	소속	출전	교체	득점	도움	파울	경고	퇴장
BC	2005	울산	0	0	0	0	0	0	0
	2006	울산	13	13	1	0	19	0	0
	2007	울산	16	13	6	0	31	2	0
	2008	울산	14	13	0	2	18	0	0
	2009	부산	33	18	8	5	38	2	0
	2010	부산	27	23	1	4	16	2	0
	2011	부산	31	25	11	4	30	5	0
	합계		134	105	27	15	152	11	0
K1	2013	부산	9	2	3	3	19	2	0
	2014	부산	14	2	4	1	25	2	0
	2014	울산	16	7	5	2	20	3	0
	2015	울산	30	18	8	3	51	2	0
	2016	포항	32	9	13	4	37	6	0
	2017	포항	36	4	19	2	38	5	0
	2020	성남	23	19	3	0	19	0	0
	2021	수원FC	29	32	7	1	19	1	0
	2022	수원FC	8	8	0	0	5	1	0
	합계		197	101	62	16	233	22	0
K2	2013	경찰	21	10	11	4	39	3	0
	합계		21	10	11	4	39	3	0
프로통산			352	216	100	35	424	36	0

양동협(梁棟硤) 관동대(가톨릭관동대) 1989.04.25

대회	연도	소속	출전	교체	득점	도움	파울	경고	퇴장
K2	2013	충주	20	14	1	4	21	3	0
	2014	충주	7	6	1	1	14	0	0
	합계		27	20	2	5	35	3	0
프로통산			27	20	2	5	35	3	0

양상민(梁相珉) 숭실대 1984.02.24

대회	연도	소속	출전	교체	득점	도움	파울	경고	퇴장
BC	2005	전남	29	6	1	5	66	6	0
	2006	전남	26	2	3	2	54	9	0
	2007	전남	2	0	0	0	7	1	0

대회	연도	소속	출전	교체	득점	도움	파울	경고	퇴장
	2007	수원	31	2	0	5	55	3	0
	2008	수원	22	7	0	2	36	3	1
	2009	수원	18	5	0	0	23	5	1
	2010	수원	23	4	0	3	51	10	0
	2011	수원	24	8	0	1	40	10	0
	2012	수원	29	5	2	3	62	14	0
	합계		204	39	6	21	394	61	2
K1	2014	수원	3	2	0	0	3	1	0
	2015	수원	28	11	3	0	16	2	0
	2016	수원	16	6	0	0	17	4	0
	2017	수원	6	3	0	1	3	0	0
	2018	수원	10	2	1	0	12	0	0
	2019	수원	21	7	0	0	21	6	0
	2020	수원	14	2	0	0	20	2	0
	2021	수원	9	5	0	0	9	0	0
	2022	수원	5	3	0	0	7	0	0
	합계		112	41	4	1	108	15	0
K2	2013	경찰	27	1	1	2	46	15	0
	2014	안산경찰	14	1	1	0	30	4	0
	합계		41	2	2	2	76	19	0
승	2022	수원	2	2	0	0	0	0	0
	합계		2	2	0	0	0	0	0
프로통산			359	84	12	24	578	95	2

양상준(梁相俊) 홍익대 1988.11.21

대회	연도	소속	출전	교체	득점	도움	파울	경고	퇴장
BC	2010	경남	4	4	0	0	8	0	0
	합계		4	4	0	0	8	0	0
K2	2014	충주	7	5	0	0	12	0	0
	2015	충주	5	5	0	1	10	0	0
	합계		12	10	0	1	22	0	0
프로통산			16	14	0	1	30	0	0

양세근(梁世根) 탐라대 1988.10.08

대회	연도	소속	출전	교체	득점	도움	파울	경고	퇴장
BC	2009	제주	7	4	0	0	11	2	0
	2010	제주	3	3	0	0	3	0	0
	합계		10	7	0	0	14	2	0
프로통산			10	7	0	0	14	2	0

양세운(梁世運) 남부대 1990.12.23

대회	연도	소속	출전	교체	득점	도움	파울	경고	퇴장
K2	2013	광주	1	1	0	0	0	0	0
	2015	충주	0	0	0	0	0	0	0
	2016	충주	1	1	0	0	1	0	0
	합계		2	2	0	0	1	0	0
프로통산			2	2	0	0	1	0	0

양승원(梁勝源) 대구대 1985.07.15

대회	연도	소속	출전	교체	득점	도움	파울	경고	퇴장
BC	2008	대구	10	5	1	0	14	3	0
	2009	대구	20	3	0	1	33	4	0
	2010	대구	16	5	0	0	26	3	0
	합계		46	13	1	1	73	10	0
K1	2013	대구	1	1	0	0	0	0	0
	합계		1	1	0	0	0	0	0
프로통산			47	14	1	1	73	10	0

양시후(梁時侯) 단국대 2000.04.04

대회	연도	소속	출전	교체	득점	도움	파울	경고	퇴장
K1	2022	성남	9	8	0	0	3	1	0
	합계		9	8	0	0	3	1	0
프로통산			9	8	0	0	3	1	0

양영민(楊泳民) 명지대 1974.07.19

대회	연도	소속	출전	교체	**실점**	도움	파울	경고	퇴장
BC	1999	천안일화	0	0	0	0	0	0	0
	2000	성남일화	0	0	0	0	0	0	0
	2002	성남일화	0	0	0	0	0	0	0
	2003	성남일화	0	0	0	0	0	0	0
	2004	성남일화	8	2	6	0	1	0	0
	2005	성남일화	1	0	1	0	0	0	0
	합계		9	2	7	0	1	0	0
프로통산			9	2	7	0	1	0	0

양유민(梁裕敏) 숭실대 1999.10.11

대회	연도	소속	출전	교체	득점	도움	파울	경고	퇴장
K1	2020	서울	4	4	0	0	5	0	0
	2021	서울	1	1	0	0	1	0	0
	2022	서울	1	1	0	0	4	1	0
	합계		6	6	0	0	10	1	0
프로통산			6	6	0	0	10	1	0

양익전(梁益銓) 서울대 1966.03.20

대회	연도	소속	출전	교체	득점	도움	파울	경고	퇴장
BC	1989	유공	2	2	0	0	0	0	0
	합계		2	2	0	0	0	0	0
프로통산			2	2	0	0	0	0	0

양정민(梁正玟) 부경대 1986.05.21

대회	연도	소속	출전	교체	득점	도움	파울	경고	퇴장
BC	2009	대전	22	6	0	0	64	5	0
	2010	대전	21	4	0	0	55	12	0
	2011	대전	5	3	0	0	10	4	1
	합계		48	13	0	0	129	21	1
프로통산			48	13	0	0	129	21	1

양정민(梁政民) 대신고 1992.07.22

대회	연도	소속	출전	교체	득점	도움	파울	경고	퇴장
BC	2011	강원	1	1	0	0	0	0	0
	합계		1	1	0	0	0	0	0
프로통산			1	1	0	0	0	0	0

양정운(梁正運) 단국대 2001.05.14

대회	연도	소속	출전	교체	득점	도움	파울	경고	퇴장
K2	2022	안양	1	1	0	0	1	0	0
	2022	충남아산	7	7	0	0	4	0	0
	합계		8	8	0	0	5	0	0
프로통산			8	8	0	0	5	0	0

양정원(梁政元) 단국대 1976.05.22

대회	연도	소속	출전	교체	득점	도움	파울	경고	퇴장
BC	1999	부산	3	3	0	0	1	0	0
	합계		3	3	0	0	1	0	0
프로통산			3	3	0	0	1	0	0

양정환(梁禎桓) 고려대 1966.07.26

대회	연도	소속	출전	교체	득점	도움	파울	경고	퇴장
BC	1988	럭키금성	9	8	0	2	6	0	0
	1989	럭키금성	5	5	0	0	3	0	0
	합계		14	13	0	2	9	0	0
프로통산			14	13	0	2	9	0	0

양종후(梁鐘厚) 고려대 1974.04.05

대회	연도	소속	출전	교체	득점	도움	파울	경고	퇴장
BC	1998	수원	4	3	0	0	4	1	0
	1999	수원	26	3	1	0	47	5	0
	2000	수원	29	4	3	0	81	11	0
	2001	수원	5	2	0	0	7	2	0
	합계		64	12	4	0	139	19	0
프로통산			64	12	4	0	139	19	0

양준아(梁準我) 고려대 1989.06.13

대회	연도	소속	출전	교체	득점	도움	파울	경고	퇴장
BC	2010	수원	9	7	0	1	13	3	0
	2011	수원	7	3	2	0	15	2	0
	2011	제주	6	3	1	0	17	3	1
	2012	제주	0	0	0	0	0	0	0
	2012	전남	9	4	0	1	12	2	0
	합계		31	17	3	2	57	10	1
K1	2013	제주	2	0	1	0	7	2	0
	2014	상주	30	3	3	1	47	6	1
	2015	제주	31	9	0	0	35	4	0
	2016	전남	17	6	2	0	27	6	0
	2017	전남	13	8	0	0	9	1	0
	2018	전남	24	6	0	0	24	5	0
	2019	인천	12	5	0	0	9	0	0
	2020	인천	18	0	0	0	14	4	0
	합계		147	37	6	1	172	28	1
K2	2013	상주	4	1	0	0	7	1	0
	2022	김포	17	9	2	1	15	4	0
	합계		21	10	2	1	22	5	0
승	2013	상주	2	0	0	0	0	0	0
	합계		2	0	0	0	0	0	0
프로통산			201	64	11	4	251	43	2

양지원(梁志源) 울산대 1974.04.28

대회	연도	소속	출전	교체	**실점**	도움	파울	경고	퇴장
BC	1998	울산	15	0	20	0	3	0	0
	1999	울산	16	1	22	0	0	0	0
	2000	울산	4	0	8	0	1	0	1
	2001	울산	21	0	26	0	2	3	0
	2002	울산	0	0	0	0	0	0	0
	합계		56	1	76	0	6	3	1
프로통산			56	1	76	0	6	3	1

양지훈(梁智勳) 연세대 1999.05.05

대회	연도	소속	출전	교체	득점	도움	파울	경고	퇴장
K2	2022	대전	2	2	0	0	3	0	0
	합계		2	2	0	0	3	0	0
프로통산			2	2	0	0	3	0	0

양진웅(梁眞熊) 울산대 1991.01.24

대회	연도	소속	출전	교체	**실점**	도움	파울	경고	퇴장
K2	2013	부천	7	0	10	0	0	0	0
	2014	부천	4	0	8	0	0	0	0
	합계		11	0	18	0	0	0	0
프로통산			11	0	18	0	0	0	0

양창훈(梁昌勳) 중앙대 1999.01.24

대회	연도	소속	출전	교체	득점	도움	파울	경고	퇴장
K2	2022	광주	1	1	0	0	2	0	0
	합계		1	1	0	0	2	0	0
프로통산			1	1	0	0	2	0	0

양태렬(梁兌列) 언남고 1995.05.25

대회	연도	소속	출전	교체	득점	도움	파울	경고	퇴장
K1	2018	포항	2	2	0	0	0	0	0
	2020	포항	0	0	0	0	0	0	0
	합계		2	2	0	0	0	0	0
K2	2019	아산	15	6	3	0	20	2	0
	합계		15	6	3	0	20	2	0
프로통산			17	8	3	0	20	2	0

양한빈(梁韓彬) 백암고 1991.08.30

대회	연도	소속	출전	교체	**실점**	도움	파울	경고	퇴장
BC	2011	강원	0	0	0	0	0	0	0
	2012	강원	1	0	1	0	0	0	0
	합계		1	0	1	0	0	0	0
K1	2013	성남일화	1	1	1	0	0	0	0
	2014	서울	0	0	0	0	0	0	0
	2015	서울	0	0	0	0	0	0	0
	2017	서울	27	0	29	0	0	2	0
	2018	서울	37	0	46	0	1	0	0
	2019	서울	7	1	11	0	0	0	0
	2020	서울	16	0	19	0	1	1	1
	2021	서울	36	0	43	0	0	2	0
	2022	서울	35	1	44	0	0	3	0
	합계		159	3	193	0	2	8	1
승	2018	서울	2	0	2	0	0	0	0
	합계		2	0	2	0	0	0	0
프로통산			162	3	196	0	2	8	1

양현정(梁鉉正) 단국대 1977.07.25

대회	연도	소속	출전	교체	득점	도움	파울	경고	퇴장
BC	2000	전북	32	23	6	7	27	3	0
	2001	전북	23	20	2	2	22	0	0
	2002	전북	25	24	3	4	36	7	0
	2003	전북	1	1	0	0	1	0	0
	2005	대구	5	5	0	0	7	0	0
	합계		86	73	11	13	93	10	0
프로통산			86	73	11	13	93	10	0

양현준(梁玄準) 부산정보고 2002.05.25

대회	연도	소속	출전	교체	득점	도움	파울	경고	퇴장
K1	2021	강원	9	9	0	0	6	2	0
	2022	강원	36	22	8	4	38	3	0
	합계		45	31	8	4	44	5	0
승	2021	강원	0	0	0	0	0	0	0
	합계		0	0	0	0	0	0	0
프로통산			45	31	8	4	44	5	0

양형모(梁馨模) 충북대 1991.07.16

대회	연도	소속	출전	교체	실점	도움	파울	경고	퇴장
K1	2016	수원	17	1	22	0	0	1	0
	2017	수원	7	2	11	0	1	1	0
	2019	수원	1	0	2	0	0	0	0
	2020	수원	16	0	15	0	0	1	0
	2021	수원	23	0	33	0	3	0	0
	2022	수원	35	1	45	0	0	1	0
	합계		99	4	128	0	4	4	0
K2	2018	아산	4	0	1	0	0	0	0
	2019	아산	7	0	15	0	1	0	0
	합계		11	0	16	0	1	0	0
승	2022	수원	2	0	1	0	0	0	0
	합계		2	0	1	0	0	0	0
프로통산			112	4	145	0	5	4	0

얜(Yan Song, 閻嵩) 중국 1981.03.20

대회	연도	소속	출전	교체	득점	도움	파울	경고	퇴장
BC	2010	제주	0	0	0	0	0	0	0
	합계		0	0	0	0	0	0	0
프로통산			0	0	0	0	0	0	0

어경준(魚慶俊) 용강중 1987.12.10

대회	연도	소속	출전	교체	득점	도움	파울	경고	퇴장
BC	2009	성남일화	11	10	0	0	10	2	0
	2009	서울	1	1	0	0	1	0	0
	2010	서울	1	1	0	0	1	0	0
	2010	대전	16	4	4	1	11	2	0
	2011	서울	9	10	0	0	7	0	0
	합계		38	26	4	1	30	4	0
프로통산			38	26	4	1	30	4	0

어정원(魚貞元) 동국대 1999.07.08

대회	연도	소속	출전	교체	득점	도움	파울	경고	퇴장
K2	2021	부산	6	6	0	0	2	1	0
	2022	김포	8	5	0	1	12	2	0
	2022	부산	17	9	0	2	12	2	0
	합계		31	20	0	3	26	5	0
프로통산			31	20	0	3	26	5	0

엄승민(嚴承民) 영생고 2003.05.02

대회	연도	소속	출전	교체	득점	도움	파울	경고	퇴장
K1	2022	성남	5	6	0	0	5	0	0
	합계		5	6	0	0	5	0	0
프로통산			5	6	0	0	5	0	0

엄승민(嚴勝民) 인천남고 2000.06.07

대회	연도	소속	출전	교체	득점	도움	파울	경고	퇴장
K2	2019	수원FC	1	1	0	0	0	0	0
	합계		1	1	0	0	0	0	0
프로통산			1	1	0	0	0	0	0

엄영식(嚴泳植) 풍기고 1970.06.23

대회	연도	소속	출전	교체	득점	도움	파울	경고	퇴장
BC	1994	LG	1	1	0	0	0	0	0
	1995	전남	6	6	0	0	3	0	0
	1996	전남	11	6	0	0	8	1	0
	1997	전남	3	3	0	0	2	0	0
	합계		21	16	0	0	13	1	0
프로통산			21	16	0	0	13	1	0

엄원상(嚴原上) 아주대 1999.01.06

대회	연도	소속	출전	교체	득점	도움	파울	경고	퇴장
K1	2020	광주	23	18	7	2	6	1	0
	2021	광주	26	13	6	1	13	0	0
	2022	울산	33	24	12	6	19	1	0
	합계		82	55	25	9	38	2	0
K2	2019	광주	16	13	2	0	5	0	0
	합계		16	13	2	0	5	0	0
프로통산			98	68	27	9	43	2	0

엄지성(嚴志成) 금호고 2002.05.09

대회	연도	소속	출전	교체	득점	도움	파울	경고	퇴장
K1	2021	광주	37	34	4	1	34	2	0
	합계		37	34	4	1	34	2	0
K2	2022	광주	28	18	9	1	29	1	0
	합계		28	18	9	1	29	1	0
프로통산			65	52	13	2	63	3	0

엄진태(嚴鎭泰) 경희대 1992.03.28

대회	연도	소속	출전	교체	득점	도움	파울	경고	퇴장
K2	2015	충주	15	8	0	1	14	1	0
	2016	충주	21	6	0	0	23	5	0
	합계		36	14	0	1	37	6	0
프로통산			36	14	0	1	37	6	0

에니키(Henrique Dias de Carvalho) 브라질 1984.05.23

대회	연도	소속	출전	교체	득점	도움	파울	경고	퇴장
BC	2004	대전	15	11	2	2	39	1	0
	2005	대전	14	14	1	0	22	3	0
	합계		29	25	3	2	61	4	0
프로통산			29	25	3	2	61	4	0

에닝요(Enio Oliveira Junior/←에니오) 브라질 1981.05.16

대회	연도	소속	출전	교체	득점	도움	파울	경고	퇴장
BC	2003	수원	21	19	2	2	20	2	1
	2007	대구	28	7	4	8	34	7	0
	2008	대구	27	13	17	8	25	6	1
	2009	전북	28	17	10	12	17	4	1
	2010	전북	33	12	18	10	23	6	0
	2011	전북	26	17	11	5	23	4	0
	2012	전북	38	17	15	13	34	11	0
	합계		201	102	77	58	176	40	3
K1	2013	전북	13	11	3	6	10	2	0
	2015	전북	17	14	1	2	9	3	0
	합계		30	25	4	8	19	5	0
프로통산			231	127	81	66	195	45	3

에델(Eder Luiz Lima de Sousa) 브라질 1987.01.09

대회	연도	소속	출전	교체	득점	도움	파울	경고	퇴장
K1	2017	전북	24	20	3	3	36	3	0
	2019	성남	21	11	5	1	29	1	0
	합계		45	31	8	4	65	4	0
K2	2015	대구	39	24	10	4	59	3	0
	2016	대구	37	24	6	2	54	4	1
	2018	성남	28	15	7	2	53	5	0
	2020	제주	4	4	1	0	1	0	0
	합계		108	67	24	8	167	12	1
프로통산			153	98	32	12	232	16	1

에델(Eder Luis Carvalho) 브라질 1984.05.14

대회	연도	소속	출전	교체	득점	도움	파울	경고	퇴장
BC	2011	부산	12	0	1	0	20	1	0
	2012	부산	41	1	0	0	54	10	0
	합계		53	1	1	0	74	11	0
프로통산			53	1	1	0	74	11	0

에두(Eduardo Goncalves de Oliveira) 브라질 1981.11.30

대회	연도	소속	출전	교체	득점	도움	파울	경고	퇴장
BC	2007	수원	34	15	7	4	71	3	1
	2008	수원	38	8	16	7	57	6	0
	2009	수원	23	7	7	4	40	3	1
	합계		95	30	30	15	168	12	2
K1	2015	전북	20	6	11	3	23	3	0
	2016	전북	11	11	1	1	12	2	0
	2017	전북	31	28	13	2	37	3	0
	합계		62	45	25	6	72	8	0
프로통산			157	75	55	21	240	20	2

에듀(Eduardo J. Salles) 브라질 1977.12.13

대회	연도	소속	출전	교체	득점	도움	파울	경고	퇴장
BC	2004	전북	21	19	4	1	34	2	0
	합계		21	19	4	1	34	2	0
프로통산			21	19	4	1	34	2	0

에듀(Eduardo Marques de Jesus Passos) 브라질 1976.06.26

대회	연도	소속	출전	교체	득점	도움	파울	경고	퇴장
BC	2006	대구	28	15	3	1	61	5	0
	합계		28	15	3	1	61	5	0
프로통산			28	15	3	1	61	5	0

에드가(Edgar Bruno da Silva) 브라질 1987.01.03

대회	연도	소속	출전	교체	득점	도움	파울	경고	퇴장
K1	2018	대구	18	2	8	3	32	3	0
	2019	대구	24	7	11	4	52	4	0
	2020	대구	16	6	5	3	28	3	0
	2021	대구	32	12	10	5	59	5	0
	2022	대구	5	3	1	0	13	1	0
	합계		95	30	35	15	184	16	0
프로통산			95	30	35	15	184	16	0

에드밀손(Edmilson Dias de Lucena) 포르투갈 1968.05.29

대회	연도	소속	출전	교체	득점	도움	파울	경고	퇴장
BC	2002	전북	27	9	14	3	36	2	0
	2003	전북	39	4	17	14	59	7	1
	2004	전북	1	1	0	0	0	0	0
	2005	전북	3	3	0	0	0	0	0
	합계		70	17	31	17	95	9	1
프로통산			70	17	31	17	95	9	1

에드손(Edson Rodrigues Farias) 브라질 1992.01.12

대회	연도	소속	출전	교체	득점	도움	파울	경고	퇴장
K2	2016	부천	4	4	0	0	3	0	0
	합계		4	4	0	0	3	0	0
프로통산			4	4	0	0	3	0	0

에드손(Edson Araujo da Silva) 브라질 1980.07.26

대회	연도	소속	출전	교체	득점	도움	파울	경고	퇴장
BC	2008	대전	10	5	0	1	22	2	0
	합계		10	5	0	1	22	2	0
프로통산			10	5	0	1	22	2	0

에드워즈(Ryan Marc Edwards) 오스트레일리아 1993.11.17

대회	연도	소속	출전	교체	득점	도움	파울	경고	퇴장
K2	2021	부산	16	4	0	1	24	6	0
	2022	부산	34	19	0	3	29	5	0
	합계		50	23	0	4	53	11	0
프로통산			50	23	0	4	53	11	0

에디(Edmilson Akves) 브라질 1976.02.17

대회	연도	소속	출전	교체	득점	도움	파울	경고	퇴장
BC	2002	울산	19	4	4	0	27	3	0
	2003	울산	22	16	0	0	20	0	0
	합계		41	20	4	0	47	3	0
프로통산			41	20	4	0	47	3	0

에디뉴(Franciscoedson Moreiradasilva) 브라질 1994.08.08

대회	연도	소속	출전	교체	득점	도움	파울	경고	퇴장
K2	2020	대전	15	12	5	1	9	1	0
	2021	대전	10	7	2	0	5	0	0
	합계		25	19	7	1	14	1	0
프로통산			25	19	7	1	14	1	0

에딘(Edin Junuzović) 크로아티아 1986.04.28

대회	연도	소속	출전	교체	득점	도움	파울	경고	퇴장
K1	2014	경남	15	14	2	0	26	1	0
	합계		15	14	2	0	26	1	0
프로통산			15	14	2	0	26	1	0

에레라(Ignacio Jose Herrera Fernandez) 칠레 1987.10.14

대회	연도	소속	출전	교체	득점	도움	파울	경고	퇴장
K2	2018	서울E	11	10	1	0	5	1	0
	합계		11	10	1	0	5	1	0
프로통산			11	10	1	0	5	1	0

에르난데스(Hernandes Rodrigues da Silva) 브라질 1999.09.02

대회	연도	소속	출전	교체	득점	도움	파울	경고	퇴장
K1	2022	인천	8	5	4	4	2	2	0
	합계		8	5	4	4	2	2	0
K2	2020	전남	16	13	3	3	10	0	0
	2021	경남	27	21	10	1	18	1	0
	2022	경남	20	7	8	4	16	4	1
	합계		63	41	21	8	44	5	1
프로통산			71	46	25	12	46	7	1

에릭(Eriks Pelcis) 라트비아 1978.06.25

대회	연도	소속	출전	교체	득점	도움	파울	경고	퇴장
BC	1999	안양LG	22	15	4	0	32	1	0
	2000	안양LG	1	1	0	0	1	0	0
	합계		23	16	4	0	33	1	0
프로통산			23	16	4	0	33	1	0

에릭(Eric Obinna) 프랑스 1981.06.10

대회	연도	소속	출전	교체	득점	도움	파울	경고	퇴장
BC	2008	대전	18	15	2	0	21	0	0
	합계		18	15	2	0	21	0	0
프로통산			18	15	2	0	21	0	0

에반드로(Evandro Silva do Nascimento) 브라질 1987.09.26

대회	연도	소속	출전	교체	득점	도움	파울	경고	퇴장
K1	2017	대구	29	6	11	2	53	5	0
	2018	서울	30	23	3	2	35	1	0
	합계		59	29	14	4	88	6	0
승	2018	서울	2	2	0	0	1	0	0
	합계		2	2	0	0	1	0	0
프로통산			61	31	14	4	89	6	0

에벨찡요(Heverton Duraes Coutinho Alves) 브라질 1985.10.28

대회	연도	소속	출전	교체	득점	도움	파울	경고	퇴장
BC	2011	성남일화	12	5	6	2	22	2	0
	2012	성남일화	18	12	1	1	27	5	0
	합계		30	17	7	3	49	7	0
프로통산			30	17	7	3	49	7	0

에벨톤(Everton Leandro dos Santos Pinto) 브라질 1986.10.14

대회	연도	소속	출전	교체	득점	도움	파울	경고	퇴장
BC	2011	성남일화	28	11	5	1	31	3	0
	2012	성남일화	36	7	12	2	51	2	0
	합계		64	18	17	3	82	5	0
K1	2014	서울	16	7	3	1	22	0	0
	2015	서울	16	14	4	0	4	0	0
	2015	울산	8	8	0	0	4	0	0
	합계		40	29	7	1	30	0	0
프로통산			104	47	24	4	112	5	0

에벨톤(Everton Nascimento de Mendonca) 브라질 1993.07.03

대회	연도	소속	출전	교체	득점	도움	파울	경고	퇴장
K2	2016	부천	2	2	1	0	0	0	0
	합계		2	2	1	0	0	0	0
프로통산			2	2	1	0	0	0	0

에벨톤C(Everton Cardoso da Silva) 브라질 1988.12.11

대회	연도	소속	출전	교체	득점	도움	파울	경고	퇴장
BC	2012	수원	29	18	7	4	55	6	0
	합계		29	18	7	4	55	6	0
프로통산			29	18	7	4	55	6	0

에스쿠데로(Sergio Ariel Escudero) 일본 1988.09.01

대회	연도	소속	출전	교체	득점	도움	파울	경고	퇴장
BC	2012	서울	20	18	4	3	48	1	0
	합계		20	18	4	3	48	1	0
K1	2013	서울	34	23	4	7	56	2	0
	2014	서울	32	20	6	4	42	2	0
	2018	울산	14	12	3	1	11	0	1
	합계		80	55	13	12	109	4	1
프로통산			100	73	17	15	157	5	1

에스테베즈(Ricardo Felipe dos Santos Esteves) 포르투갈 1979.09.16

대회	연도	소속	출전	교체	득점	도움	파울	경고	퇴장
BC	2010	서울	14	4	4	5	30	4	0
	합계		14	4	4	5	30	4	0
프로통산			14	4	4	5	30	4	0

에스티벤(Juan Estiven Velez Upegui) 콜롬비아 1982.02.09

대회	연도	소속	출전	교체	득점	도움	파울	경고	퇴장
BC	2010	울산	32	10	1	1	32	2	0
	2011	울산	35	12	0	0	53	6	0
	2012	울산	39	13	0	0	42	3	0
	합계		106	35	1	1	127	11	0
K1	2014	제주	12	8	0	0	11	0	0
	합계		12	8	0	0	11	0	0
프로통산			118	43	1	1	138	11	0

엔리끼(Luciano Henrique de Gouvea) 브라질 1978.10.10

대회	연도	소속	출전	교체	득점	도움	파울	경고	퇴장
BC	2006	포항	29	19	7	6	33	3	0
	합계		29	19	7	6	33	3	0
프로통산			29	19	7	6	33	3	0

엔조(Maidana Enzo Damian) 아르헨티나 1988.01.13

대회	연도	소속	출전	교체	득점	도움	파울	경고	퇴장
K1	2017	인천	6	6	1	0	5	1	0
	합계		6	6	1	0	5	1	0
프로통산			6	6	1	0	5	1	0

엘리아르도(Heliardo Vieira da Silva) 브라질 1991.12.14

대회	연도	소속	출전	교체	득점	도움	파울	경고	퇴장
K2	2022	경남	10	11	0	1	6	0	0
	합계		10	11	0	1	6	0	0
프로통산			10	11	0	1	6	0	0

엘리아스(Fernandes de Oliveira Elias) 브라질 1992.05.22

대회	연도	소속	출전	교체	득점	도움	파울	경고	퇴장
K1	2015	부산	8	8	0	0	3	1	0
	합계		8	8	0	0	3	1	0
승	2015	부산	0	0	0	0	0	0	0
	합계		0	0	0	0	0	0	0
프로통산			8	8	0	0	3	1	0

엘리오(Eionar Nascimento Ribeiro) 브라질 1982.06.10

대회	연도	소속	출전	교체	득점	도움	파울	경고	퇴장
BC	2011	인천	6	4	1	0	7	0	0
	합계		6	4	1	0	7	0	0
프로통산			6	4	1	0	7	0	0

엘리치(Ahmad Elrich) 오스트레일리아 1981.05.30

대회	연도	소속	출전	교체	득점	도움	파울	경고	퇴장
BC	2004	부산	10	3	1	3	24	4	0
	합계		10	3	1	3	24	4	0
프로통산			10	3	1	3	24	4	0

여름(呂름) 광주대 1989.06.22

대회	연도	소속	출전	교체	득점	도움	파울	경고	퇴장
K1	2015	광주	31	8	1	2	48	6	0
	2016	광주	30	8	2	0	40	5	0
	2017	상주	24	9	1	1	41	8	1
	2018	상주	11	3	0	1	19	0	0
	2020	광주	25	1	0	0	37	3	0
	2021	제주	10	8	0	0	18	3	0
	2021	서울	12	9	0	0	9	1	0
	2022	인천	14	10	0	0	19	1	0
	합계		157	56	4	4	231	27	1
K2	2013	광주	29	22	2	1	50	8	0
	2014	광주	27	11	0	2	46	5	0
	2018	광주	9	8	1	1	15	0	0
	2019	광주	29	12	3	3	22	2	0
	합계		94	53	6	7	133	15	0
승	2014	광주	2	0	0	2	2	0	0
	2017	상주	2	0	1	0	2	0	0
	합계		4	0	1	2	4	0	0
프로통산			255	109	11	13	368	42	1

여명용(呂明龍) 한양대 1987.06.11

대회	연도	소속	출전	교체	실점	도움	파울	경고	퇴장
K2	2013	고양	23	1	35	0	1	1	0
	2014	고양	20	1	22	0	0	4	0
	2015	고양	22	0	33	0	0	3	0
	합계		65	2	90	0	1	8	0
프로통산			65	2	90	0	1	8	0

여범규(余範奎) 연세대 1962.06.24

대회	연도	소속	출전	교체	득점	도움	파울	경고	퇴장
BC	1986	대우	27	1	1	5	30	5	0
	1987	대우	27	11	3	0	25	0	0
	1988	대우	12	5	1	0	16	0	0
	1989	대우	38	15	4	3	69	1	0
	1990	대우	10	7	1	0	18	3	0
	1991	대우	16	14	1	0	24	3	0
	1992	대우	11	8	0	0	13	1	0
	합계		141	61	11	8	195	13	0
프로통산			141	61	11	8	195	13	0

여봉훈(余奉訓) 안동고 1994.03.12

대회	연도	소속	출전	교체	득점	도움	파울	경고	퇴장
K1	2017	광주	31	11	1	1	62	8	0
	2020	광주	14	9	0	0	15	0	1
	2021	광주	21	17	1	0	18	3	0
	합계		66	37	2	1	95	11	1
K2	2018	광주	26	12	0	1	46	7	0
	2019	광주	23	8	1	1	43	7	0
	합계		49	20	1	2	89	14	0
프로통산			115	57	3	3	184	25	1

여성해(呂成海) 한양대 1987.08.06

대회	연도	소속	출전	교체	득점	도움	파울	경고	퇴장
K1	2014	경남	20	3	1	0	28	3	0
	2016	상주	4	0	0	0	2	0	0
	2018	경남	13	0	0	0	11	2	0
	2019	경남	11	2	0	0	10	2	0
	2019	인천	12	0	0	1	8	1	0
	합계		60	5	1	1	59	8	0
K2	2015	상주	19	2	2	0	27	2	0
	2016	경남	8	0	0	0	12	0	0
	합계		27	2	2	0	39	2	0
승	2014	경남	1	0	0	0	3	1	0
	합계		1	0	0	0	3	1	0
프로통산			88	7	3	1	101	11	0

여승원(余承原) 명지대 2000.05.05

대회	연도	소속	출전	교체	득점	도움	파울	경고	퇴장
K2	2022	전남	13	10	0	0	10	2	0
	합계		13	10	0	0	10	2	0
프로통산			13	10	0	0	10	2	0

여승원(呂承垣) 광운대 1984.05.01

대회	연도	소속	출전	교체	득점	도움	파울	경고	퇴장
BC	2004	인천	9	4	1	0	20	0	0
	2005	인천	4	4	0	0	5	0	0

대회	연도	소속	출전	교체	득점	도움	파울	경고	퇴장
	2006	광주상무	21	16	2	2	32	4	0
	2007	광주상무	27	21	2	1	48	4	0
	2008	인천	12	10	0	0	12	2	0
	2010	수원	5	4	0	0	3	0	0
	합계		78	59	5	3	120	10	0
프로통산			78	59	5	3	120	10	0

여인언(呂仁言) 한남대 1992.04.29

대회	연도	소속	출전	교체	득점	도움	파울	경고	퇴장
K1	2016	수원FC	0	0	0	0	0	0	0
	합계		0	0	0	0	0	0	0
프로통산			0	0	0	0	0	0	0

여재항(余在恒) 서울시립대 1962.06.28

대회	연도	소속	출전	교체	득점	도움	파울	경고	퇴장
BC	1985	상무	2	0	0	0	3	0	0
	합계		2	0	0	0	3	0	0
프로통산			2	0	0	0	3	0	0

여효진(余孝珍) 고려대 1983.04.25

대회	연도	소속	출전	교체	득점	도움	파울	경고	퇴장
BC	2007	광주상무	27	6	2	1	55	7	0
	2008	광주상무	4	3	0	0	3	1	0
	2011	서울	9	2	0	1	22	5	0
	2012	부산	0	0	0	0	0	0	0
	합계		40	11	2	2	80	13	0
K2	2013	고양	14	6	0	0	19	2	0
	2014	고양	30	5	1	1	54	12	0
	2015	고양	27	1	0	0	31	6	0
	합계		71	12	1	1	104	20	0
프로통산			111	23	3	3	184	33	0

연재천(延才千) 울산대 1978.01.17

대회	연도	소속	출전	교체	득점	도움	파울	경고	퇴장
BC	2000	울산	2	1	0	0	3	0	0
	2001	울산	2	1	0	0	3	0	0
	2003	광주상무	1	1	0	0	1	0	0
	합계		5	3	0	0	7	0	0
프로통산			5	3	0	0	7	0	0

연제민(延濟民) 한남대 1993.05.28

대회	연도	소속	출전	교체	득점	도움	파울	경고	퇴장
K1	2013	수원	4	4	0	0	2	0	0
	2014	수원	0	0	0	0	0	0	0
	2014	부산	20	0	0	0	28	2	0
	2015	수원	22	7	0	0	23	1	0
	2016	수원	10	5	1	0	10	2	0
	2017	전남	7	2	0	0	7	1	0
	합계		63	18	1	0	70	6	0
K2	2018	부산	3	3	0	0	0	0	0
	2020	안산	13	2	0	0	20	4	0
	2021	안산	33	3	0	0	22	9	0
	2022	안양	15	8	0	0	18	1	0
	합계		64	16	0	0	60	14	0
승	2022	안양	1	1	0	0	0	0	0
	합계		1	1	0	0	0	0	0
프로통산			128	35	1	0	130	20	0

연제운(延濟運) 선문대 1994.08.28

대회	연도	소속	출전	교체	득점	도움	파울	경고	퇴장
K1	2016	성남	16	5	1	0	16	4	0
	2019	성남	38	1	0	0	24	0	0
	2020	성남	25	0	0	0	9	3	1
	2022	김천	11	4	1	1	5	0	0
	2022	성남	8	3	0	0	3	1	0
	합계		98	13	2	1	57	8	1
K2	2017	성남	33	1	0	0	21	2	0
	2018	성남	29	1	2	1	18	2	0
	합계		62	2	2	1	39	4	0
승	2016	성남	0	0	0	0	0	0	0
	합계		0	0	0	0	0	0	0
프로통산			160	15	4	2	96	12	1

염강륜(←염호덕) 연세대 1992.04.13

대회	연도	소속	출전	교체	득점	도움	파울	경고	퇴장
K2	2013	안양	1	1	0	0	0	0	0
	합계		1	1	0	0	0	0	0
프로통산			1	1	0	0	0	0	0

염기훈(廉基勳) 호남대 1983.03.30

대회	연도	소속	출전	교체	득점	도움	파울	경고	퇴장
BC	2006	전북	31	7	7	5	37	1	0
	2007	전북	18	3	5	3	23	1	0
	2007	울산	3	3	1	0	1	0	0
	2008	울산	19	11	5	1	11	0	0
	2009	울산	20	10	3	3	24	0	0
	2010	수원	19	4	1	10	23	0	0
	2011	수원	29	11	9	14	24	0	0
	합계		139	49	31	36	143	2	0
K1	2013	수원	9	1	1	1	8	0	0
	2014	수원	35	5	4	8	15	1	0
	2015	수원	35	4	8	17	26	1	0
	2016	수원	34	10	4	15	21	1	0
	2017	수원	38	18	6	11	19	1	0
	2018	수원	34	18	6	4	17	1	0
	2019	수원	26	14	6	3	10	1	0
	2020	수원	25	15	3	4	18	0	0
	2021	수원	27	27	1	0	9	1	0
	2022	수원	19	20	0	0	5	2	0
	합계		282	132	39	63	148	9	0
K2	2013	경찰	21	1	7	11	14	1	0
	합계		21	1	7	11	14	1	0
프로통산			442	182	77	110	305	12	0

염동균(廉東均) 강릉상고 1983.09.06

대회	연도	소속	출전	교체	**실점**	도움	파울	경고	퇴장
BC	2002	전남	1	1	0	0	0	0	0
	2003	전남	0	0	0	0	0	0	0
	2005	광주상무	9	0	15	0	1	2	0
	2006	전남	25	0	18	0	1	2	0
	2007	전남	27	0	29	0	0	0	0
	2008	전남	26	1	41	0	0	2	0
	2009	전남	24	0	35	0	1	1	0
	2010	전남	24	1	44	0	0	2	0
	2011	전북	14	0	17	0	0	0	0
	합계		150	3	199	0	3	9	0
프로통산			150	3	199	0	3	9	0

염유신(廉裕申) 선문대 1992.08.10

대회	연도	소속	출전	교체	득점	도움	파울	경고	퇴장
K1	2014	성남	0	0	0	0	0	0	0
	합계		0	0	0	0	0	0	0
프로통산			0	0	0	0	0	0	0

예병원(芮柄瑗) 대륜고 1998.03.25

대회	연도	소속	출전	교체	득점	도움	파울	경고	퇴장
K1	2018	대구	0	0	0	0	0	0	0
	합계		0	0	0	0	0	0	0
프로통산			0	0	0	0	0	0	0

옐라(Josko Jelicić) 크로아티아 1971.01.05

대회	연도	소속	출전	교체	득점	도움	파울	경고	퇴장
BC	2002	포항	5	4	0	0	3	0	0
	합계		5	4	0	0	3	0	0
프로통산			5	4	0	0	3	0	0

오경석(吳敬錫) 동아대 1973.02.24

대회	연도	소속	출전	교체	득점	도움	파울	경고	퇴장
BC	1995	전남	22	15	4	0	15	2	0
	1996	전남	15	12	2	0	8	2	0
	1996	부천유공	2	3	0	1	2	0	0
	1997	부천SK	16	15	2	0	12	1	0
	합계		55	45	8	1	37	5	0
프로통산			55	45	8	1	37	5	0

오광진(吳光珍) 울산대 1987.06.04

대회	연도	소속	출전	교체	득점	도움	파울	경고	퇴장
K1	2017	대구	20	11	0	0	17	7	0
	2018	대구	4	2	0	0	8	2	0
	합계		24	13	0	0	25	9	0
K2	2013	수원FC	20	6	0	0	23	2	0
	2014	수원FC	2	1	0	0	3	0	0
	2015	수원FC	22	8	0	2	26	2	0
	2016	대구	7	6	0	0	4	0	0
	합계		51	21	0	2	56	4	0
승	2015	수원FC	0	0	0	0	0	0	0
	합계		0	0	0	0	0	0	0
프로통산			75	34	0	2	81	13	0

오광훈(吳侊勳) 단국대 1973.12.12

대회	연도	소속	출전	교체	득점	도움	파울	경고	퇴장
BC	1999	전북	31	23	3	0	20	0	0
	2000	전북	14	13	1	0	9	1	0
	2001	전북	4	4	0	0	5	1	0
	합계		49	40	4	0	34	2	0
프로통산			49	40	4	0	34	2	0

오군지미(Marvin Ogunjimi) 벨기에 1987.10.12

대회	연도	소속	출전	교체	득점	도움	파울	경고	퇴장
K1	2016	수원FC	10	8	3	0	8	3	0
	합계		10	8	3	0	8	3	0
프로통산			10	8	3	0	8	3	0

오규빈(吳圭彬) 가톨릭관동대 1992.09.04

대회	연도	소속	출전	교체	득점	도움	파울	경고	퇴장
K2	2015	서울E	0	0	0	0	0	0	0
	2016	충주	21	4	1	0	20	5	0
	합계		21	4	1	0	20	5	0
프로통산			21	4	1	0	20	5	0

오규찬(吳圭贊) 수원공고 1982.08.28

대회	연도	소속	출전	교체	득점	도움	파울	경고	퇴장
BC	2001	수원	3	3	0	0	1	0	0
	2003	수원	6	6	1	0	8	0	0
	합계		9	9	1	0	9	0	0
프로통산			9	9	1	0	9	0	0

오기재(吳起在) 영남대 1983.09.26

대회	연도	소속	출전	교체	득점	도움	파울	경고	퇴장
K2	2013	고양	32	9	3	2	47	2	0
	2014	고양	22	12	0	1	29	5	0
	2015	고양	37	8	4	2	47	6	0
	2016	고양	23	1	0	1	31	6	0
	합계		114	30	7	6	154	19	0
프로통산			114	30	7	6	154	19	0

오까야마(Okayama Kazunari, 岡山一成) 일본 1978.04.24

대회	연도	소속	출전	교체	득점	도움	파울	경고	퇴장
BC	2009	포항	9	5	1	0	11	2	0
	2010	포항	8	2	0	0	10	1	0
	합계		17	7	1	0	21	3	0
프로통산			17	7	1	0	21	3	0

오닐(Brandon Oneill) 오스트레일리아 1994.04.12

대회	연도	소속	출전	교체	득점	도움	파울	경고	퇴장
K1	2020	포항	13	6	0	0	24	3	0
	합계		13	6	0	0	24	3	0
프로통산			13	6	0	0	24	3	0

오도현(吳到炫) 금호고 1994.12.06

대회	연도	소속	출전	교체	득점	도움	파울	경고	퇴장
K1	2015	광주	23	22	0	0	17	1	0
	2016	광주	13	12	2	0	2	0	0
	2017	포항	5	2	0	0	2	0	1
	합계		41	36	2	0	21	1	1
K2	2013	광주	13	7	0	0	22	2	0
	2014	광주	20	15	0	0	26	3	0
	2017	성남	5	2	0	0	7	1	0
	합계		38	24	0	0	55	6	0
승	2014	광주	2	2	0	0	1	0	0
	합계		2	2	0	0	1	0	0
프로통산			81	62	2	0	77	7	1

오동천(吳東天) 영남상고 1966.01.20

대회	연도	소속	출전	교체	득점	도움	파울	경고	퇴장
BC	1989	일화	27	13	1	2	26	1	0
	1990	일화	25	10	0	1	27	1	0
	1991	일화	37	14	6	6	49	4	0
	1992	일화	33	19	3	2	37	6	0
	1993	일화	30	19	4	3	35	1	1
	1994	일화	24	18	2	0	21	1	0
	1995	전북	28	15	1	2	28	2	0
	1996	전북	23	20	3	1	12	0	0
	합계		227	128	20	17	235	16	1
프로통산			227	128	20	17	235	16	1

오르샤(Mislav Oršić) 크로아티아 1992.12.29

대회	연도	소속	출전	교체	득점	도움	파울	경고	퇴장
K1	2015	전남	33	17	9	7	29	4	0
	2016	전남	16	3	5	4	12	1	0
	2017	울산	38	16	10	3	21	1	0
	2018	울산	14	6	4	1	6	0	0
	합계		101	42	28	15	68	6	0
프로통산			101	42	28	15	68	6	0

오르슐리치(Marin Oršulić) 크로아티아 1987.08.25

대회	연도	소속	출전	교체	득점	도움	파울	경고	퇴장
K2	2017	성남	15	5	0	0	15	7	0
	2018	성남	2	1	0	0	3	0	0
	합계		17	6	0	0	18	7	0
프로통산			17	6	0	0	18	7	0

오르시니(Nicolas Orsini) 아르헨티나 1994.09.12

대회	연도	소속	출전	교체	득점	도움	파울	경고	퇴장
K2	2016	안양	7	3	1	0	11	1	0
	합계		7	3	1	0	11	1	0
프로통산			7	3	1	0	11	1	0

오르티고사(Jose Maria Ortigoza Ortiz) 파라과이 1987.04.01

대회	연도	소속	출전	교체	득점	도움	파울	경고	퇴장
BC	2010	울산	27	13	17	3	65	5	0
	합계		27	13	17	3	65	5	0
프로통산			27	13	17	3	65	5	0

오명관(吳明官) 한양대 1974.04.29

대회	연도	소속	출전	교체	득점	도움	파울	경고	퇴장
BC	1997	안양LG	24	9	0	0	42	5	0
	1998	안양LG	10	6	0	1	17	1	1
	1998	포항	3	2	0	1	8	1	0
	1999	포항	14	5	0	0	18	2	0
	2000	포항	18	8	0	0	13	2	1
	2001	포항	24	3	0	0	42	3	0
	2002	포항	1	2	0	0	0	0	0
	2003	부천SK	11	2	0	0	20	2	0
	2004	부천SK	1	1	0	0	1	0	0
	합계		106	38	0	2	161	16	2
프로통산			106	38	0	2	161	16	2

오민엽(吳民曄) 명지대 1990.06.23

대회	연도	소속	출전	교체	득점	도움	파울	경고	퇴장
K2	2013	충주	3	1	0	0	1	0	0
	합계		3	1	0	0	1	0	0
프로통산			3	1	0	0	1	0	0

오반석(吳반석) 건국대 1988.05.20

대회	연도	소속	출전	교체	득점	도움	파울	경고	퇴장
BC	2012	제주	25	5	1	0	32	6	0
	합계		25	5	1	0	32	6	0
K1	2013	제주	30	3	1	0	48	8	0
	2014	제주	36	4	0	1	40	4	0
	2015	제주	34	2	1	0	32	4	1
	2016	제주	16	2	1	0	16	0	0
	2017	제주	33	2	2	0	20	3	0
	2018	제주	24	1	1	0	15	2	0
	2020	인천	14	2	0	0	11	3	0
	2021	인천	30	6	0	0	16	4	0
	2022	인천	13	3	0	0	9	3	0
	합계		230	25	6	1	207	31	1
프로통산			255	30	7	1	239	37	1

오범석(吳範錫) 포철공고 1984.07.29

대회	연도	소속	출전	교체	득점	도움	파울	경고	퇴장
BC	2003	포항	1	1	0	0	1	0	0
	2004	포항	25	7	1	0	49	3	0
	2005	포항	33	2	2	0	78	7	0
	2006	포항	33	7	2	2	128	10	0
	2007	포항	16	8	0	0	42	6	0
	2009	울산	14	1	0	0	37	2	0
	2010	울산	21	3	4	2	33	5	0
	2011	수원	29	3	0	1	66	6	0
	2012	수원	39	1	0	1	101	11	0
	합계		211	33	9	6	535	50	0
K1	2014	수원	11	0	0	0	17	2	0
	2015	수원	29	5	1	1	53	9	0
	2017	강원	28	4	0	1	53	7	0
	2018	강원	32	6	1	1	52	5	0
	2019	강원	20	10	0	0	25	3	0
	2020	포항	9	6	0	0	13	2	0
	2021	포항	18	17	0	0	19	5	0
	합계		147	48	2	3	232	33	0
K2	2013	경찰	23	3	2	2	69	10	0
	2014	안산경찰	16	1	2	0	36	9	0
	합계		39	4	4	2	105	19	0
프로통산			397	85	15	11	872	102	0

오베라(Jobson Leandro Pereira de Oliveira) 브라질 1988.02.15

대회	연도	소속	출전	교체	득점	도움	파울	경고	퇴장
BC	2009	제주	23	9	7	4	46	3	0
	합계		23	9	7	4	46	3	0
프로통산			23	9	7	4	46	3	0

오병민(吳秉旻) 선문대 1988.06.28

대회	연도	소속	출전	교체	득점	도움	파울	경고	퇴장
BC	2012	경남	0	0	0	0	0	0	0
	합계		0	0	0	0	0	0	0
프로통산			0	0	0	0	0	0	0

오봉진(吳鳳鎭) 유성생명과학고 1989.06.30

대회	연도	소속	출전	교체	득점	도움	파울	경고	퇴장
BC	2008	제주	0	0	0	0	0	0	0
	2009	제주	4	2	1	0	15	1	0
	2011	상주	2	1	0	0	3	0	0
	2012	상주	0	0	0	0	0	0	0
	합계		6	3	1	0	18	1	0
K1	2013	대전	1	1	0	0	0	0	0
	합계		1	1	0	0	0	0	0
프로통산			7	4	1	0	18	1	0

오봉철(吳奉哲) 건국대 1966.12.17

대회	연도	소속	출전	교체	득점	도움	파울	경고	퇴장
BC	1989	현대	25	8	0	2	27	2	0
	1991	현대	3	2	0	0	3	0	0
	합계		28	10	0	2	30	2	0
프로통산			28	10	0	2	30	2	0

오비나(Obinna John Nkedoi) 나이지리아 1980.06.03

대회	연도	소속	출전	교체	득점	도움	파울	경고	퇴장
BC	2002	대전	2	2	0	0	2	0	0
	합계		2	2	0	0	2	0	0
프로통산			2	2	0	0	2	0	0

오사구오나(Ighodaro Christian Osaguona) 나이지리아 1990.10.10

대회	연도	소속	출전	교체	득점	도움	파울	경고	퇴장
K1	2019	제주	11	8	1	0	18	3	0
	합계		11	8	1	0	18	3	0
프로통산			11	8	1	0	18	3	0

오상헌(吳尙憲) 문성대 1994.08.31

대회	연도	소속	출전	교체	득점	도움	파울	경고	퇴장
K2	2016	경남	0	0	0	0	0	0	0
	합계		0	0	0	0	0	0	0
프로통산			0	0	0	0	0	0	0

오석재(吳錫載) 건국대 1958.10.13

대회	연도	소속	출전	교체	득점	도움	파울	경고	퇴장
BC	1983	할렐루야	16	2	6	2	19	0	0
	1984	할렐루야	22	5	9	3	24	0	0
	1985	할렐루야	17	4	3	1	35	3	0
	합계		55	11	18	6	78	3	0
프로통산			55	11	18	6	78	3	0

오세종(吳世宗) 경기대 1976.03.09

대회	연도	소속	출전	교체	득점	도움	파울	경고	퇴장
BC	1999	대전	1	1	0	0	0	0	0
	합계		1	1	0	0	0	0	0
프로통산			1	1	0	0	0	0	0

오세훈(吳世勳) 현대고 1999.01.15

대회	연도	소속	출전	교체	득점	도움	파울	경고	퇴장
K1	2018	울산	3	3	0	0	4	0	0
	2020	상주	13	4	4	2	21	2	0
	2021	울산	19	11	7	1	22	0	0
	합계		35	18	11	3	47	2	0
K2	2019	아산	30	11	7	3	56	1	0
	2021	김천	4	1	0	0	6	2	0
	합계		34	12	7	3	62	3	0
프로통산			69	30	18	6	109	5	0

오셀리(Adnan Ocelli) 알바니아 1966.03.06

대회	연도	소속	출전	교체	득점	도움	파울	경고	퇴장
BC	1996	수원	0	0	0	0	0	0	0
	합계		0	0	0	0	0	0	0
프로통산			0	0	0	0	0	0	0

오스마르(Osmar Ibáñez Barba) 스페인 1988.06.05

대회	연도	소속	출전	교체	득점	도움	파울	경고	퇴장
K1	2014	서울	34	3	2	1	33	5	0
	2015	서울	38	0	3	1	42	2	0
	2016	서울	37	1	4	3	31	6	0
	2017	서울	33	1	4	0	39	3	0
	2019	서울	31	1	4	5	32	3	0
	2020	서울	15	3	1	1	15	4	0
	2021	서울	35	2	1	1	29	3	0
	2022	서울	24	3	1	0	22	5	0
	합계		247	14	20	12	243	31	0
프로통산			247	14	20	12	243	31	0

오스만(Osman de Menezes Venancio Junior) 브라질 1992.10.29

대회	연도	소속	출전	교체	득점	도움	파울	경고	퇴장
K1	2019	경남	7	3	1	0	8	1	0
	합계		7	3	1	0	8	1	0
프로통산			7	3	1	0	8	1	0

오승민(吳承珉) 배재대 1995.03.10

대회	연도	소속	출전	교체	득점	도움	파울	경고	퇴장
K2	2018	성남	0	0	0	0	0	0	0
	합계		0	0	0	0	0	0	0
프로통산			0	0	0	0	0	0	0

오승범(吳承範) 오현고 1981.02.26

대회	연도	소속	출전	교체	득점	도움	파울	경고	퇴장
BC	1999	천안일화	0	0	0	0	0	0	0
	2003	광주상무	40	4	2	1	73	3	0
	2004	성남일화	14	7	0	0	26	1	0
	2005	포항	29	19	2	0	28	4	0
	2006	포항	34	20	2	0	40	0	0
	2007	포항	35	20	1	0	40	3	0
	2008	제주	24	15	1	1	29	2	0
	2009	제주	29	6	1	2	51	2	0
	2010	제주	32	18	1	2	45	6	0

대회	연도	소속	출전	교체	득점	도움	파울	경고	퇴장
	2011	제주	29	1	0	4	55	5	0
	2012	제주	37	22	0	3	32	2	0
	합계		303	132	10	13	419	28	0
K1	2013	제주	31	12	0	1	24	2	0
	2014	제주	15	12	0	0	12	0	0
	2017	강원	22	15	0	1	16	1	0
	합계		68	39	0	2	52	3	0
K2	2015	충주	37	6	3	4	44	6	0
	2016	강원	36	4	1	1	37	3	0
	합계		73	10	4	5	81	9	0
승	2016	강원	2	0	0	0	4	1	0
	합계		2	0	0	0	4	1	0
프로통산			446	181	14	20	556	41	0

오승인(吳承仁) 광운대 1965.12.20

대회	연도	소속	출전	교체	득점	도움	파울	경고	퇴장
BC	1988	포항제철	1	1	0	0	0	0	0
	1991	유공	4	4	0	0	8	0	0
	1992	유공	27	18	2	0	14	1	0
	1993	유공	14	5	0	0	11	1	0
	1994	유공	15	3	0	0	13	1	0
	합계		61	31	2	0	46	3	0
프로통산			61	31	2	0	46	3	0

오승혁(吳昇爀) 중앙대 1961.02.08

대회	연도	소속	출전	교체	실점	도움	파울	경고	퇴장
BC	1985	상무	4	1	6	0	1	0	0
	합계		4	1	6	0	1	0	0
프로통산			4	1	6	0	1	0	0

오승훈(吳承訓) 호남대 1988.06.30

대회	연도	소속	출전	교체	실점	도움	파울	경고	퇴장
K1	2015	대전	16	0	31	0	2	1	0
	2016	상주	18	0	30	0	1	2	0
	2017	상주	21	0	32	0	3	2	1
	2018	울산	17	0	20	0	0	0	0
	2019	울산	20	0	17	0	0	2	0
	2019	제주	11	0	21	0	0	0	0
	2021	제주	25	0	26	0	0	2	0
	2022	대구	36	1	53	1	1	3	0
	합계		164	1	230	1	7	12	1
K2	2020	제주	25	0	20	0	0	2	0
	합계		25	0	20	0	0	2	0
프로통산			189	1	250	1	7	14	1

오연교(吳連教) 한양대 1960.05.25

대회	연도	소속	출전	교체	실점	도움	파울	경고	퇴장
BC	1983	유공	9	0	10	0	0	0	0
	1984	유공	28	0	22	0	1	0	0
	1985	유공	5	0	5	0	0	0	0
	1986	유공	3	0	3	0	0	0	0
	1987	유공	3	1	8	0	0	0	0
	1988	현대	17	0	12	0	0	0	0
	1989	현대	13	1	13	0	1	1	0
	1990	현대	19	0	24	1	1	0	0
	합계		97	2	97	1	3	1	0
프로통산			97	2	97	1	3	1	0

오영섭(吳榮燮) 전남대 1962.05.12

대회	연도	소속	출전	교체	득점	도움	파울	경고	퇴장
BC	1984	국민은행	17	7	1	6	15	0	0
	합계		17	7	1	6	15	0	0
프로통산			17	7	1	6	15	0	0

오영준(吳泳俊) 광양제철고 1993.01.16

대회	연도	소속	출전	교체	득점	도움	파울	경고	퇴장
K1	2015	전남	4	3	0	0	0	0	0
	2016	전남	1	1	0	0	0	0	0
	합계		5	4	0	0	0	0	0
프로통산			5	4	0	0	0	0	0

오원종(吳源鐘) 연세대 1983.06.17

대회	연도	소속	출전	교체	득점	도움	파울	경고	퇴장
BC	2006	경남	8	6	0	0	9	0	0
	2009	강원	19	19	4	1	7	0	0
	2010	강원	9	8	0	1	4	1	0
	2011	상주	5	4	0	0	1	1	0
	합계		41	37	4	2	21	2	0
프로통산			41	37	4	2	21	2	0

오유진(吳柳珍) 국민대 1970.07.30

대회	연도	소속	출전	교체	득점	도움	파울	경고	퇴장
BC	1994	버팔로	4	4	0	0	4	0	0
	합계		4	4	0	0	4	0	0
프로통산			4	4	0	0	4	0	0

오윤기(吳潤基) 전주대학원 1971.04.13

대회	연도	소속	출전	교체	득점	도움	파울	경고	퇴장
BC	1998	수원	1	1	0	0	1	0	0
	1999	수원	1	1	0	0	1	0	0
	합계		2	2	0	0	2	0	0
프로통산			2	2	0	0	2	0	0

오윤석(吳允錫) 아주대 1990.12.03

대회	연도	소속	출전	교체	득점	도움	파울	경고	퇴장
K2	2017	안산	11	4	0	1	10	1	0
	합계		11	4	0	1	10	1	0
프로통산			11	4	0	1	10	1	0

오인표(吳仁標) 성균관대 1997.03.18

대회	연도	소속	출전	교체	득점	도움	파울	경고	퇴장
K1	2022	울산	3	3	0	0	2	0	0
	합계		3	3	0	0	2	0	0
프로통산			3	3	0	0	2	0	0

오인환(吳仁煥) 홍익대 1976.11.30

대회	연도	소속	출전	교체	득점	도움	파울	경고	퇴장
BC	1999	포항	3	2	0	0	2	0	0
	합계		3	2	0	0	2	0	0
프로통산			3	2	0	0	2	0	0

오장은(吳章銀) 조천중 1985.07.24

대회	연도	소속	출전	교체	득점	도움	파울	경고	퇴장
BC	2005	대구	23	13	3	2	40	1	0
	2006	대구	32	9	6	2	51	3	0
	2007	울산	24	9	0	1	45	5	0
	2008	울산	33	3	2	1	66	5	0
	2009	울산	28	4	4	6	57	5	0
	2010	울산	33	3	2	3	74	4	0
	2011	수원	30	5	4	2	48	2	0
	2012	수원	26	5	1	0	40	5	0
	합계		229	51	22	17	421	30	0
K1	2013	수원	34	6	1	4	60	6	0
	2014	수원	12	2	0	0	16	2	0
	2016	수원	7	5	1	0	11	1	0
	합계		53	13	2	4	87	9	0
K2	2017	성남	3	2	0	0	5	1	0
	2018	대전	6	3	0	0	6	2	0
	합계		9	5	0	0	11	3	0
프로통산			291	69	24	21	519	42	0

오재석(吳宰碩) 경희대 1990.01.04

대회	연도	소속	출전	교체	득점	도움	파울	경고	퇴장
BC	2010	수원	7	5	0	0	10	1	0
	2011	강원	24	1	1	1	41	5	0
	2012	강원	31	4	2	3	43	3	0
	합계		62	10	3	4	94	9	0
K1	2021	인천	26	7	0	2	28	0	0
	2022	인천	3	3	0	1	1	0	0
	합계		29	10	0	3	29	0	0
프로통산			91	20	3	7	123	9	0

오재혁(吳宰赫) 건동대 1989.02.20

대회	연도	소속	출전	교체	득점	도움	파울	경고	퇴장
K2	2013	부천	8	3	0	0	13	1	0
	합계		8	3	0	0	13	1	0
프로통산			8	3	0	0	13	1	0

오재혁(吳宰奕) 포항제철고 2002.06.21

대회	연도	소속	출전	교체	득점	도움	파울	경고	퇴장
K2	2021	부천	17	10	0	1	21	3	0
	2022	부천	33	22	2	3	30	3	0
	합계		50	32	2	4	51	6	0
프로통산			50	32	2	4	51	6	0

오정석(吳政錫) 아주대 1978.09.05

대회	연도	소속	출전	교체	득점	도움	파울	경고	퇴장
BC	2001	부산	6	6	1	0	4	1	0
	2002	부산	5	5	0	0	4	1	0
	2003	부산	1	1	0	0	2	0	0
	2004	광주상무	1	1	0	0	0	0	0
	2005	광주상무	3	3	0	0	1	0	0
	합계		16	16	1	0	11	2	0
프로통산			16	16	1	0	11	2	0

오종철(吳宗哲) 한양대 1988.08.21

대회	연도	소속	출전	교체	득점	도움	파울	경고	퇴장
BC	2012	전북	0	0	0	0	0	0	0
	합계		0	0	0	0	0	0	0
K2	2013	충주	3	1	0	0	2	2	0
	합계		3	1	0	0	2	2	0
프로통산			3	1	0	0	2	2	0

오주포(吳柱捕) 건국대 1973.06.21

대회	연도	소속	출전	교체	득점	도움	파울	경고	퇴장
BC	1995	일화	6	5	0	0	11	3	0
	1996	천안일화	1	1	0	0	1	0	0
	1998	전남	8	5	0	0	19	4	0
	1999	전남	6	3	0	0	9	0	0
	2000	전남	7	5	0	0	8	1	0
	2003	대구	16	12	1	1	25	3	0
	2004	대구	3	2	0	0	6	1	0
	2006	대구	2	2	0	0	3	0	0
	합계		49	35	1	1	82	12	0
프로통산			49	35	1	1	82	12	0

오주현(吳周炫) 고려대 1987.04.02

대회	연도	소속	출전	교체	득점	도움	파울	경고	퇴장
BC	2010	대구	19	6	0	2	32	5	1
	2011	대구	4	0	0	0	4	2	0
	합계		23	6	0	2	36	7	1
K1	2013	제주	18	3	0	0	32	4	0
	합계		18	3	0	0	32	4	0
프로통산			41	9	0	2	68	11	1

오주호(吳周昊) 동아대 1992.04.02

대회	연도	소속	출전	교체	득점	도움	파울	경고	퇴장
K2	2015	고양	7	2	0	0	11	0	0
	합계		7	2	0	0	11	0	0
프로통산			7	2	0	0	11	0	0

오찬식(吳贊植) 광운대 1997.01.24

대회	연도	소속	출전	교체	실점	도움	파울	경고	퇴장
K2	2020	전남	3	0	3	0	0	0	0
	2021	전남	0	0	0	0	0	0	0
	2022	전남	1	0	3	0	0	0	0
	합계		4	0	6	0	0	0	0
프로통산			4	0	6	0	0	0	0

오창식(吳昶食) 건국대 1984.03.27

대회	연도	소속	출전	교체	득점	도움	파울	경고	퇴장
BC	2007	울산	1	0	0	0	3	0	0
	2008	울산	14	0	0	0	20	3	0
	2009	울산	4	1	0	0	1	0	0
	2010	광주상무	2	0	0	0	5	0	0
	2011	상주	3	1	0	0	2	1	0
	합계		24	2	0	0	31	4	0
프로통산			24	2	0	0	31	4	0

오창현(吳昌炫) 단국대 1993.03.02

대회	연도	소속	출전	교체	득점	도움	파울	경고	퇴장
K1	2016	포항	15	15	2	2	5	1	0
	2017	포항	5	5	0	0	0	1	0
	합계		20	20	2	2	5	2	0
프로통산			20	20	2	2	5	2	0

오창현(吳昌炫) 광운대 1989.05.04

대회	연도	소속	출전	교체	득점	도움	파울	경고	퇴장
K2	2015	서울E	3	3	0	0	2	0	0
	2016	대전	27	5	0	0	31	4	0
	합계		30	8	0	0	33	4	0
프로통산			30	8	0	0	33	4	0

오철석(吳哲錫) 연세대 1982.03.23

대회	연도	소속	출전	교체	득점	도움	파울	경고	퇴장
BC	2005	부산	0	0	0	0	0	0	0
	2006	부산	20	17	1	3	31	2	0
	2008	부산	6	6	0	0	10	0	0
	2009	부산	14	14	0	0	21	1	0
	합계		40	37	1	3	62	3	0
프로통산			40	37	1	3	62	3	0

오태동(吳太東) 전주대 1972.07.14

대회	연도	소속	출전	교체	득점	도움	파울	경고	퇴장
BC	1995	전남	0	0	0	0	0	0	0
	합계		0	0	0	0	0	0	0
프로통산			0	0	0	0	0	0	0

오필환(吳必煥) 청주상고 1958.11.12

대회	연도	소속	출전	교체	득점	도움	파울	경고	퇴장
BC	1983	할렐루야	12	9	2	1	5	0	0
	1984	할렐루야	13	11	1	0	6	0	0
	1985	할렐루야	9	5	2	0	7	0	0
	합계		34	25	5	1	18	0	0
프로통산			34	25	5	1	18	0	0

오혁진(吳赫鎭) 조선대 1994.01.21

대회	연도	소속	출전	교체	득점	도움	파울	경고	퇴장
K2	2016	대전	0	0	0	0	0	0	0
	합계		0	0	0	0	0	0	0
프로통산			0	0	0	0	0	0	0

오현규(吳賢揆) 매탄고 2001.04.12

대회	연도	소속	출전	교체	득점	도움	파울	경고	퇴장
K1	2019	수원	11	11	0	0	6	2	0
	2020	상주	5	5	2	0	6	0	0
	2021	수원	2	2	0	0	0	0	0
	2022	수원	36	27	13	3	32	5	0
	합계		54	45	15	3	44	7	0
K2	2021	김천	33	27	5	3	20	4	0
	합계		33	27	5	3	20	4	0
승	2022	수원	2	0	1	0	2	1	0
	합계		2	0	1	0	2	1	0
프로통산			89	72	21	6	66	12	0

오현민(吳玹旼) 건국대 1996.04.23

대회	연도	소속	출전	교체	득점	도움	파울	경고	퇴장
K2	2021	안산	0	0	0	0	0	0	0
	합계		0	0	0	0	0	0	0
프로통산			0	0	0	0	0	0	0

오후성(吳厚性) 현풍고 1999.08.25

대회	연도	소속	출전	교체	득점	도움	파울	경고	퇴장
K1	2018	대구	1	1	0	0	2	0	0
	2019	대구	8	8	0	1	0	0	0
	2020	대구	6	6	0	0	0	0	0
	2021	대구	22	22	1	1	9	0	0
	2022	대구	8	7	1	0	2	0	0
	합계		45	44	2	2	13	0	0
프로통산			45	44	2	2	13	0	0

온병훈(溫炳勳) 숭실대 1985.08.07

대회	연도	소속	출전	교체	득점	도움	파울	경고	퇴장
BC	2006	포항	1	1	0	0	0	0	0
	2007	포항	1	1	0	0	4	1	0
	2008	전북	9	9	2	0	11	1	0
	2009	전북	3	3	0	0	1	0	0
	2010	대구	28	18	4	2	30	5	0
	2011	대구	13	8	0	1	17	1	0
	합계		55	40	6	3	63	8	0
K1	2013	대구	2	2	0	0	3	1	0
	합계		2	2	0	0	3	1	0
프로통산			57	42	6	3	66	9	0

올레그(Oleg Elyshev) 러시아 1971.05.30

대회	연도	소속	출전	교체	득점	도움	파울	경고	퇴장
BC	1997	안양LG	18	2	2	6	31	5	1
	1998	안양LG	34	9	7	4	53	5	0
	1999	안양LG	31	14	5	5	43	5	0
	합계		83	25	14	15	127	15	1
프로통산			83	25	14	15	127	15	1

올렉(Oleg Zoteev) 우즈베키스탄 1989.07.05

대회	연도	소속	출전	교체	득점	도움	파울	경고	퇴장
K2	2020	전남	8	4	0	1	8	0	0
	2021	전남	25	8	1	1	22	3	0
	합계		33	12	1	2	30	3	0
프로통산			33	12	1	2	30	3	0

올리(Aurelian Cosmi Olaroiu) 루마니아 1969.06.10

대회	연도	소속	출전	교체	득점	도움	파울	경고	퇴장
BC	1997	수원	32	4	5	0	61	9	0
	1998	수원	25	11	0	1	55	6	1
	1999	수원	30	0	2	0	76	11	1
	2000	수원	11	3	0	1	15	3	0
	합계		98	18	7	2	207	29	2
프로통산			98	18	7	2	207	29	2

올리베(Alcir de Oliveira Fonseca) 브라질 1977.11.14

대회	연도	소속	출전	교체	득점	도움	파울	경고	퇴장
BC	2002	성남일화	18	18	0	2	38	5	0
	합계		18	18	0	2	38	5	0
프로통산			18	18	0	2	38	5	0

올리베라(Juan Manuel Olivera Lopez) 우루과이 1981.08.14

대회	연도	소속	출전	교체	득점	도움	파울	경고	퇴장
BC	2006	수원	15	12	5	0	25	1	0
	합계		15	12	5	0	25	1	0
프로통산			15	12	5	0	25	1	0

옹동균(邕東均) 건국대 1991.11.23

대회	연도	소속	출전	교체	득점	도움	파울	경고	퇴장
K1	2015	전북	1	1	0	0	1	0	0
	합계		1	1	0	0	1	0	0
K2	2016	충주	2	2	0	0	1	0	0
	합계		2	2	0	0	1	0	0
프로통산			3	3	0	0	2	0	0

와타루(Wataru Murofushi, 室伏航) 일본 1995.06.13

대회	연도	소속	출전	교체	득점	도움	파울	경고	퇴장
K2	2021	부천	3	3	0	0	0	0	0
	합계		3	3	0	0	0	0	0
프로통산			3	3	0	0	0	0	0

완델손(Wanderson Carvalho Oliveira/←완델손C) 브라질 1989.03.31

대회	연도	소속	출전	교체	득점	도움	파울	경고	퇴장
K1	2015	대전	15	2	6	1	25	2	0
	2016	제주	14	10	4	3	18	0	0
	2017	포항	19	9	1	4	11	2	0
	2018	전남	33	7	4	5	38	3	1
	2019	포항	38	7	15	9	49	2	0
	2022	포항	27	18	2	1	27	3	0
	합계		146	53	32	23	168	12	1
K2	2016	대전	18	5	5	2	24	3	0
	합계		18	5	5	2	24	3	0
프로통산			164	58	37	25	192	15	1

완호우량(Wan Houliang, 万厚良) 중국 1986.02.25

대회	연도	소속	출전	교체	득점	도움	파울	경고	퇴장
BC	2009	전북	4	1	0	0	18	3	0
	합계		4	1	0	0	18	3	0
프로통산			4	1	0	0	18	3	0

왕건명(王件明) 단국대 1993.07.04

대회	연도	소속	출전	교체	득점	도움	파울	경고	퇴장
K2	2018	광주	3	1	0	0	1	1	0
	합계		3	1	0	0	1	1	0
프로통산			3	1	0	0	1	1	0

왕선재(王善財) 연세대 1959.03.16

대회	연도	소속	출전	교체	득점	도움	파울	경고	퇴장
BC	1984	한일은행	27	6	7	8	20	0	0
	1985	럭키금성	14	6	1	5	9	0	0
	1986	럭키금성	7	6	0	2	5	0	0
	1987	포항제철	2	2	0	0	4	0	0
	1988	포항제철	1	1	0	0	2	0	0
	1988	현대	5	5	0	0	4	0	1
	1989	현대	18	16	0	1	13	2	0
	합계		74	42	8	16	57	2	1
프로통산			74	42	8	16	57	2	1

왕정현(王淨鉉) 배재대 1976.08.30

대회	연도	소속	출전	교체	득점	도움	파울	경고	퇴장
BC	1999	안양LG	13	13	0	2	16	0	0
	2000	안양LG	25	21	9	2	32	2	0
	2001	안양LG	18	16	0	0	22	1	0
	2002	안양LG	25	8	1	2	28	3	0
	2003	안양LG	24	6	1	1	27	1	0
	2004	서울	14	14	2	0	11	2	0
	2005	전북	24	19	3	2	26	1	0
	2006	전북	23	7	0	1	24	3	0
	합계		166	104	16	10	186	13	0
프로통산			166	104	16	10	186	13	0

외슬(Weslley Braz de Almeida) 브라질 1981.05.07

대회	연도	소속	출전	교체	득점	도움	파울	경고	퇴장
BC	2011	대전	2	2	0	0	1	1	0
	합계		2	2	0	0	1	1	0
프로통산			2	2	0	0	1	1	0

요니치(Matej Jonjić) 크로아티아 1991.01.29

대회	연도	소속	출전	교체	득점	도움	파울	경고	퇴장
K1	2015	인천	37	0	0	0	23	4	0
	2016	인천	34	0	0	0	24	6	0
	합계		71	0	0	0	47	10	0
프로통산			71	0	0	0	47	10	0

요르만(Jorman Israel Aguilar Bustamante) 파나마 1994.09.11

대회	연도	소속	출전	교체	득점	도움	파울	경고	퇴장
K2	2022	부천	29	28	4	0	10	0	0
	합계		29	28	4	0	10	0	0
프로통산			29	28	4	0	10	0	0

요바노비치(Igor Jovanović) 독일 1989.05.03

대회	연도	소속	출전	교체	득점	도움	파울	경고	퇴장
K1	2020	성남	2	0	0	0	3	1	0
	합계		2	0	0	0	3	1	0
프로통산			2	0	0	0	3	1	0

요반치치(Madimir Jovancić) 세르비아 1987.05.31

대회	연도	소속	출전	교체	득점	도움	파울	경고	퇴장
BC	2012	성남일화	16	11	3	0	26	5	0
	합계		16	11	3	0	26	5	0
프로통산			16	11	3	0	26	5	0

요한(Jovan Sarcević) 유고슬라비아 1966.01.07

대회	연도	소속	출전	교체	득점	도움	파울	경고	퇴장
BC	1994	LG	11	2	1	0	22	3	0
	1995	LG	24	4	0	1	43	2	1
	합계		35	6	1	1	65	5	1
프로통산			35	6	1	1	65	5	1

용재현(龍齎弦/←용현진) 건국대 1988.07.19

대회	연도	소속	출전	교체	득점	도움	파울	경고	퇴장
BC	2010	성남일화	7	1	0	1	20	4	0
	2011	성남일화	16	7	0	0	23	4	0

	2012	상주	12	2	0	0	29	4	0
	합계		35	10	0	1	72	12	0
K1	2014	인천	24	3	0	0	33	6	0
	2015	인천	5	1	0	0	3	3	0
	합계		29	4	0	0	36	9	0
K2	2013	상주	1	1	0	0	0	0	0
	2016	부산	30	0	1	1	38	10	0
	2017	안양	18	0	0	0	28	9	1
	합계		49	1	1	1	66	19	1
프로통산			113	15	1	2	174	40	1

우르모브(Zoran Urumov) 유고슬라비아 1977.08.30

대회	연도	소속	출전	교체	득점	도움	파울	경고	퇴장
BC	1999	부산	12	8	1	0	20	4	0
	2000	부산	21	13	3	2	31	7	0
	2001	부산	33	12	3	11	46	11	0
	2002	부산	25	9	3	3	24	4	1
	2003	부산	14	7	7	1	8	2	1
	2003	수원	8	8	1	0	6	0	0
	2004	수원	21	20	1	3	15	2	0
	합계		134	77	19	20	150	30	2
프로통산			134	77	19	20	150	30	2

우르코 베라(Urko Vera Mateos) 스페인 1987.05.14

대회	연도	소속	출전	교체	득점	도움	파울	경고	퇴장
K1	2015	전북	6	6	0	0	7	0	0
	합계		6	6	0	0	7	0	0
프로통산			6	6	0	0	7	0	0

우민걸(禹敏傑) 문경대 1999.08.24

대회	연도	소속	출전	교체	득점	도움	파울	경고	퇴장
K1	2022	제주	0	0	0	0	0	0	0
	합계		0	0	0	0	0	0	0
프로통산			0	0	0	0	0	0	0

우병철(禹昞哲) 숭실대 2000.11.05

대회	연도	소속	출전	교체	득점	도움	파울	경고	퇴장
K1	2022	강원	0	0	0	0	0	0	0
	합계		0	0	0	0	0	0	0
프로통산			0	0	0	0	0	0	0

우상호(禹相晧) 일본 메이카이대 1992.12.07

대회	연도	소속	출전	교체	득점	도움	파울	경고	퇴장
K1	2017	대구	17	12	0	0	30	3	0
	합계		17	12	0	0	30	3	0
K2	2016	대구	17	5	1	0	30	4	0
	합계		17	5	1	0	30	4	0
프로통산			34	17	1	0	60	7	0

우성문(禹成汶) 경희대 1975.10.19

대회	연도	소속	출전	교체	득점	도움	파울	경고	퇴장
BC	1998	부산	28	19	1	1	50	2	1
	1999	부산	30	11	1	0	34	4	0
	2000	성남일화	38	9	2	5	62	3	0
	2005	부산	3	1	0	0	4	0	0
	합계		99	40	4	6	150	9	1
프로통산			99	40	4	6	150	9	1

우성용(禹成用) 아주대 1973.08.18

대회	연도	소속	출전	교체	득점	도움	파울	경고	퇴장
BC	1996	부산	31	21	4	2	34	2	0
	1997	부산	30	13	2	1	37	3	0
	1998	부산	25	20	4	3	41	2	0
	1999	부산	38	24	9	2	52	4	0
	2000	부산	34	10	6	3	51	3	0
	2001	부산	33	8	16	3	37	1	0
	2002	부산	26	4	13	3	31	3	0
	2003	포항	40	3	15	8	78	4	0
	2004	포항	27	2	10	0	50	4	0
	2005	성남일화	30	21	3	2	60	0	0
	2006	성남일화	41	17	19	5	72	3	0
	2007	울산	35	15	9	8	55	5	0
	2008	울산	31	26	5	3	30	6	0
	2009	인천	18	16	1	0	15	1	0
	합계		439	200	116	43	643	41	0
프로통산			439	200	116	43	643	41	0

우승제(禹承濟) 배재대 1982.10.23

대회	연도	소속	출전	교체	득점	도움	파울	경고	퇴장
BC	2005	대전	6	3	0	0	6	0	0
	2006	대전	12	12	0	0	14	1	0
	2007	대전	20	17	1	2	26	3	0
	2008	대전	25	6	0	0	32	5	0
	2009	대전	28	10	1	1	30	2	0
	2010	대전	24	0	1	1	33	4	1
	2011	수원	15	11	0	0	6	0	0
	합계		130	59	3	4	147	15	1
프로통산			130	59	3	4	147	15	1

우예찬(禹藝燦) 충북대 1996.03.30

대회	연도	소속	출전	교체	득점	도움	파울	경고	퇴장
K2	2019	수원FC	2	2	0	0	1	0	0
	합계		2	2	0	0	1	0	0
프로통산			2	2	0	0	1	0	0

우제원(禹濟元) 성보고 1972.08.09

대회	연도	소속	출전	교체	득점	도움	파울	경고	퇴장
BC	1998	안양LG	1	1	0	0	0	0	0
	1999	안양LG	4	4	0	0	4	0	0
	합계		5	5	0	0	4	0	0
프로통산			5	5	0	0	4	0	0

우주성(禹周成) 중앙대 1993.06.08

대회	연도	소속	출전	교체	득점	도움	파울	경고	퇴장
K1	2014	경남	9	0	0	0	6	1	0
	2018	경남	28	1	0	1	14	2	0
	2019	경남	26	3	1	1	18	4	1
	2020	상주	8	6	0	0	3	1	0
	합계		71	10	1	2	41	8	1
K2	2015	경남	33	0	2	1	26	5	0
	2016	경남	33	3	0	2	26	4	0
	2017	경남	31	1	3	3	37	6	0
	2020	경남	1	0	0	0	1	0	0
	2021	김천	24	3	1	3	15	1	0
	2022	경남	12	7	0	0	8	0	0
	합계		134	14	6	9	113	16	0
프로통산			205	24	7	11	154	24	1

우찬양(禹贊梁) 포항제철고 1997.04.27

대회	연도	소속	출전	교체	득점	도움	파울	경고	퇴장
K1	2016	포항	2	1	0	0	2	0	0
	2017	포항	4	2	0	0	5	1	0
	2018	포항	10	2	0	0	10	1	0
	2019	포항	0	0	0	0	0	0	0
	합계		16	5	0	0	17	2	0
K2	2019	수원FC	7	0	0	0	7	0	0
	합계		7	0	0	0	7	0	0
프로통산			23	5	0	0	24	2	0

우치체(Nebojša Vučićević) 유고슬라비아 1962.07.30

대회	연도	소속	출전	교체	득점	도움	파울	경고	퇴장
BC	1991	대우	6	6	0	0	3	2	0
	1992	대우	26	22	1	0	35	4	0
	1993	대우	13	11	0	1	15	3	0
	합계		45	39	1	1	53	9	0
프로통산			45	39	1	1	53	9	0

우현(禹賢) 태성고 1987.01.05

대회	연도	소속	출전	교체	득점	도움	파울	경고	퇴장
K2	2016	대전	11	9	0	1	12	4	0
	합계		11	9	0	1	12	4	0
프로통산			11	9	0	1	12	4	0

우혜성(禹惠成) 홍익대 1992.01.21

대회	연도	소속	출전	교체	득점	도움	파울	경고	퇴장
K2	2016	고양	19	1	0	0	28	7	0
	합계		19	1	0	0	28	7	0
프로통산			19	1	0	0	28	7	0

우홍균(郵弘均) 전주대 1969.07.21

대회	연도	소속	출전	교체	득점	도움	파울	경고	퇴장
BC	1997	포항	1	1	0	0	1	0	0
	합계		1	1	0	0	1	0	0
프로통산			1	1	0	0	1	0	0

원기종(元基鍾) 건국대 1996.01.06

대회	연도	소속	출전	교체	득점	도움	파울	경고	퇴장
K2	2018	서울E	6	5	0	0	3	2	0
	2019	서울E	26	20	4	3	16	1	0
	2020	서울E	20	19	4	2	7	2	0
	2021	대전	24	19	4	2	8	0	0
	2022	대전	21	21	2	1	9	3	0
	2022	경남	7	5	1	2	3	0	0
	합계		104	89	15	10	46	8	0
승	2021	대전	2	1	0	0	3	0	0
	합계		2	1	0	0	3	0	0
프로통산			106	90	15	10	49	8	0

원두재(元斗載) 한양대 1997.11.18

대회	연도	소속	출전	교체	득점	도움	파울	경고	퇴장
K1	2020	울산	23	6	0	1	32	3	0
	2021	울산	30	5	1	1	32	3	1
	2022	울산	21	12	0	0	13	2	0
	합계		74	23	1	2	77	8	1
프로통산			74	23	1	2	77	8	1

원종덕(元鍾悳) 홍익대 1977.08.16

대회	연도	소속	출전	교체	실점	도움	파울	경고	퇴장
BC	2001	안양LG	0	0	0	0	0	0	0
	2004	서울	17	0	16	0	0	0	0
	2005	서울	12	0	19	0	0	0	0
	2007	서울	0	0	0	0	0	0	0
	합계		29	0	35	0	0	0	0
프로통산			29	0	35	0	0	0	0

월신요(Wilson Costa de Mendonça) 브라질 1956.10.03

대회	연도	소속	출전	교체	득점	도움	파울	경고	퇴장
BC	1984	포항제철	7	5	1	1	7	1	0
	합계		7	5	1	1	7	1	0
프로통산			7	5	1	1	7	1	0

웨슬리(Weslley Smith Alves Feitosa) 브라질 1992.04.21

대회	연도	소속	출전	교체	득점	도움	파울	경고	퇴장
BC	2011	전남	25	12	4	1	72	6	0
	2012	강원	36	13	9	4	101	9	0
	합계		61	25	13	5	173	15	0
K1	2013	전남	23	15	5	3	58	7	0
	2015	부산	30	11	8	1	58	10	0
	2017	인천	27	19	2	1	67	9	0
	합계		80	45	15	5	183	26	0
승	2015	부산	2	1	0	0	4	1	0
	합계		2	1	0	0	4	1	0
프로통산			143	71	28	10	360	42	0

웨슬리(Wesley Barbosa de Morais) 브라질 1981.11.10

대회	연도	소속	출전	교체	득점	도움	파울	경고	퇴장
BC	2009	전남	26	11	3	4	57	5	0
	합계		26	11	3	4	57	5	0
K1	2013	강원	32	16	2	1	70	8	0
	합계		32	16	2	1	70	8	0
프로통산			58	27	5	5	127	13	0

웰링턴(Welington Goncalves Amorim) 브라질 1977.01.23

대회	연도	소속	출전	교체	득점	도움	파울	경고	퇴장
BC	2005	포항	12	7	2	2	30	2	0
	합계		12	7	2	2	30	2	0
프로통산			12	7	2	2	30	2	0

웰링톤(Wellington Cirino Priori) 브라질 1990.02.21

대회	연도	소속	출전	교체	득점	도움	파울	경고	퇴장
K1	2016	광주	3	3	0	0	1	0	0
	합계		3	3	0	0	1	0	0
프로통산			3	3	0	0	1	0	0

윌리안(Willyan da Silva Barbosa) 브라질 1994.02.17

대회	연도	소속	출전	교체	득점	도움	파울	경고	퇴장
K1	2020	광주	17	13	5	3	27	6	1
	합계		17	13	5	3	27	6	1
K2	2019	광주	25	16	8	2	52	6	0
	2021	경남	27	10	11	2	46	5	0
	2022	경남	10	4	5	4	19	1	0
	2022	대전	17	10	8	1	30	3	0
	합계		79	40	32	9	147	15	0
프로통산			96	53	37	12	174	21	1

윌리안(William Junior Salles de Lima Souza) 브라질 1983.05.14

대회	연도	소속	출전	교체	득점	도움	파울	경고	퇴장
BC	2007	부산	4	3	0	0	14	2	0
	합계		4	3	0	0	14	2	0
프로통산			4	3	0	0	14	2	0

윌리암(William Fernando da Silva) 브라질 1986.11.20

대회	연도	소속	출전	교체	득점	도움	파울	경고	퇴장
K1	2013	부산	25	25	2	0	34	4	0
	합계		25	25	2	0	34	4	0
프로통산			25	25	2	0	34	4	0

윌리엄(William Henrique Rodrigues da Silva) 브라질 1992.01.28

대회	연도	소속	출전	교체	득점	도움	파울	경고	퇴장
K2	2017	안산	2	2	0	0	1	0	0
	합계		2	2	0	0	1	0	0
프로통산			2	2	0	0	1	0	0

윌킨슨(Alexander William Wilkinson) 오스트레일리아 1984.08.13

대회	연도	소속	출전	교체	득점	도움	파울	경고	퇴장
BC	2012	전북	15	3	0	0	8	0	0
	합계		15	3	0	0	8	0	0
K1	2013	전북	25	1	2	2	18	3	0
	2014	전북	25	1	0	0	23	4	0
	2015	전북	21	3	0	0	9	1	0
	합계		71	5	2	2	50	8	0
프로통산			86	8	2	2	58	8	0

유강현(柳忼儇) 서해고 1996.04.27

대회	연도	소속	출전	교체	득점	도움	파울	경고	퇴장
K2	2021	경남	5	5	0	0	2	0	0
	2022	충남아산	40	33	19	2	51	3	0
	합계		45	38	19	2	53	3	0
프로통산			45	38	19	2	53	3	0

유경렬(柳俓烈) 단국대 1978.08.15

대회	연도	소속	출전	교체	득점	도움	파울	경고	퇴장
BC	2003	울산	34	0	1	1	83	7	0
	2004	울산	36	0	2	0	72	3	0
	2005	울산	32	0	2	0	72	8	0
	2006	울산	34	2	1	1	75	10	0
	2007	울산	38	1	2	0	94	6	0
	2008	울산	35	2	4	1	83	5	0
	2009	울산	26	2	1	0	49	5	0
	2010	울산	28	2	1	2	58	9	1
	2011	대구	21	1	2	0	31	4	0
	2012	대구	31	1	1	2	88	8	0
	합계		315	11	17	7	705	65	1
K1	2013	대구	20	2	1	0	36	5	0
	합계		20	2	1	0	36	5	0
프로통산			335	13	18	7	741	70	1

유고비치(Vedran Jugović) 크로아티아 1989.07.31

대회	연도	소속	출전	교체	득점	도움	파울	경고	퇴장
K1	2016	전남	33	10	5	3	25	6	0
	2017	전남	28	7	3	0	19	3	0
	2018	전남	27	8	1	0	25	3	0
	합계		88	25	9	3	69	12	0
K2	2019	전남	7	4	0	0	4	3	0
	합계		7	4	0	0	4	3	0
프로통산			95	29	9	3	73	15	0

유대순(劉大淳) 고려대 1965.03.04

대회	연도	소속	출전	교체	**실점**	도움	파울	경고	퇴장
BC	1989	유공	23	0	22	0	1	1	0
	1990	유공	22	0	18	0	0	0	0
	1991	유공	12	0	9	0	1	1	0
	1992	유공	13	0	21	0	2	1	0
	1993	유공	27	1	31	0	1	0	0
	1994	유공	5	0	7	0	1	0	0
	합계		102	1	108	0	6	3	0
프로통산			102	1	108	0	6	3	0

유대현(柳大鉉) 홍익대 1990.02.28

대회	연도	소속	출전	교체	득점	도움	파울	경고	퇴장
K2	2014	부천	29	5	0	3	37	2	0
	2015	부천	27	13	0	0	31	4	0
	2016	부천	22	6	0	0	24	4	0
	합계		78	24	0	3	92	10	0
프로통산			78	24	0	3	92	10	0

유동관(柳東官) 한양대 1963.05.12

대회	연도	소속	출전	교체	득점	도움	파울	경고	퇴장
BC	1986	포항제철	15	6	0	1	18	1	0
	1987	포항제철	25	10	1	1	18	0	0
	1988	포항제철	16	5	1	2	19	2	0
	1989	포항제철	30	9	0	0	29	3	0
	1990	포항제철	13	3	0	0	26	3	0
	1991	포항제철	34	4	2	0	52	6	0
	1992	포항제철	20	10	0	0	37	2	0
	1993	포항제철	29	4	1	0	45	5	0
	1994	포항제철	19	8	0	0	27	3	0
	1995	포항	6	3	0	0	14	0	0
	합계		207	62	5	4	285	25	0
프로통산			207	62	5	4	285	25	0

유동규(柳東奎) 대신고 1995.05.25

대회	연도	소속	출전	교체	득점	도움	파울	경고	퇴장
K1	2021	인천	6	5	1	0	8	0	0
	합계		6	5	1	0	8	0	0
K2	2022	충남아산	8	8	0	0	7	2	0
	합계		8	8	0	0	7	2	0
프로통산			14	13	1	0	15	2	0

유동민(柳東玟) 초당대 1989.03.27

대회	연도	소속	출전	교체	득점	도움	파울	경고	퇴장
BC	2011	광주	18	18	2	0	12	0	0
	2012	광주	2	2	0	0	0	0	0
	합계		20	20	2	0	12	0	0
프로통산			20	20	2	0	12	0	0

유동우(柳東雨) 한양대 1968.03.07

대회	연도	소속	출전	교체	득점	도움	파울	경고	퇴장
BC	1995	전남	34	3	0	0	30	3	0
	1996	전남	24	2	0	0	14	1	1
	1997	전남	22	12	0	1	9	2	0
	1998	전남	31	7	0	0	17	0	0
	1999	대전	32	3	0	0	18	2	0
	2000	대전	32	0	0	1	23	2	0
	2001	대전	5	1	0	0	5	0	0
	합계		180	28	0	2	116	10	1
프로통산			180	28	0	2	116	10	1

유리(Yuri Matveev) 러시아 1967.06.08

대회	연도	소속	출전	교체	득점	도움	파울	경고	퇴장
BC	1996	수원	10	2	2	2	32	4	0
	1997	수원	20	16	4	0	40	6	0
	합계		30	18	6	2	72	10	0
프로통산			30	18	6	2	72	10	0

유리쉬쉬킨(Yuri Nikolayevich Shishkin) 러시아 1963.09.01

대회	연도	소속	출전	교체	**실점**	도움	파울	경고	퇴장
BC	1995	전남	19	1	26	0	1	1	0
	합계		19	1	26	0	1	1	0
프로통산			19	1	26	0	1	1	0

유리치치(Luka Juričić) 크로아티아 1996.11.25

대회	연도	소속	출전	교체	득점	도움	파울	경고	퇴장
K2	2022	김포	6	7	0	0	7	2	0
	합계		6	7	0	0	7	2	0
프로통산			6	7	0	0	7	2	0

유만기(劉萬基) 성균관대 1988.03.22

대회	연도	소속	출전	교체	득점	도움	파울	경고	퇴장
K2	2013	고양	28	25	3	0	25	0	0
	합계		28	25	3	0	25	0	0
프로통산			28	25	3	0	25	0	0

유민철(柳敏哲) 중앙대 1984.09.16

대회	연도	소속	출전	교체	득점	도움	파울	경고	퇴장
BC	2009	대전	1	1	0	0	1	0	0
	합계		1	1	0	0	1	0	0
프로통산			1	1	0	0	1	0	0

유병수(兪炳守) 홍익대 1988.03.26

대회	연도	소속	출전	교체	득점	도움	파울	경고	퇴장
BC	2009	인천	34	19	14	4	67	7	0
	2010	인천	31	9	22	0	73	4	0
	2011	인천	13	6	4	2	22	3	0
	합계		78	34	40	6	162	14	0
프로통산			78	34	40	6	162	14	0

유병옥(兪炳玉) 한양대 1964.03.02

대회	연도	소속	출전	교체	득점	도움	파울	경고	퇴장
BC	1987	포항제철	27	5	0	0	13	1	0
	1988	포항제철	14	1	0	0	16	0	0
	1989	포항제철	29	4	0	1	28	2	0
	1990	포항제철	8	5	0	0	6	0	0
	1991	포항제철	23	17	0	0	13	0	0
	1992	LG	18	9	0	1	19	2	0
	1993	LG	19	4	0	0	10	1	0
	1994	LG	28	7	0	2	36	3	0
	1995	LG	17	8	0	0	31	3	0
	합계		183	60	0	4	172	12	0
프로통산			183	60	0	4	172	12	0

유병훈(柳炳勳) 원주공고 1976.07.03

대회	연도	소속	출전	교체	득점	도움	파울	경고	퇴장
BC	1995	대우	2	2	0	0	4	1	0
	1996	부산	13	7	0	0	19	3	0
	1997	부산	10	9	1	0	6	1	0
	1998	부산	12	7	0	0	14	2	0
	1999	부산	8	5	0	0	6	0	0
	2000	부산	11	7	0	0	6	0	0
	2001	부산	0	0	0	0	0	0	0
	2002	부산	10	6	0	0	6	0	1
	2003	부산	20	8	0	0	19	1	1
	합계		86	51	1	0	80	8	2
프로통산			86	51	1	0	80	8	2

유상수(柳商秀) 고려대 1973.08.28

대회	연도	소속	출전	교체	득점	도움	파울	경고	퇴장
BC	1996	부천유공	33	5	0	2	83	7	0
	1997	부천SK	30	4	0	2	58	10	0
	1998	부천SK	38	1	0	0	51	1	0
	1999	안양LG	11	6	0	0	17	3	0
	2000	안양LG	15	13	0	1	22	1	1
	2001	안양LG	15	13	0	0	26	2	0
	2002	안양LG	21	13	0	1	34	2	0

	2003	전남	39	12	3	1	59	6	0
	2004	전남	31	3	0	0	41	4	1
	2005	전남	33	2	3	1	32	4	0
	2006	전남	31	4	0	1	25	6	0
	합계		297	76	6	9	448	46	2
프로통산			297	76	6	9	448	46	2

유상철(柳想鐵) 건국대 1971.10.18

대회	연도	소속	출전	교체	득점	도움	파울	경고	퇴장
BC	1994	현대	26	9	5	1	29	2	0
	1995	현대	33	1	2	2	40	5	0
	1996	울산	6	2	1	0	11	2	0
	1997	울산	17	1	1	0	18	1	0
	1998	울산	23	2	15	3	49	2	1
	2002	울산	8	1	9	0	19	0	0
	2003	울산	10	2	3	2	23	1	1
	2005	울산	18	8	1	1	15	1	0
	2006	울산	1	1	0	0	1	0	0
	합계		142	27	37	9	205	14	2
프로통산			142	27	37	9	205	14	2

유상훈(柳相勳) 홍익대 1989.05.25

대회	연도	소속	출전	교체	실점	도움	파울	경고	퇴장
BC	2011	서울	1	1	0	0	0	0	0
	합계		1	1	0	0	0	0	0
K1	2013	서울	3	0	4	0	0	0	0
	2014	서울	15	1	9	0	0	0	0
	2015	서울	26	0	23	0	0	2	0
	2016	서울	21	1	28	0	0	1	0
	2017	상주	8	1	16	0	0	0	0
	2018	상주	13	0	15	0	2	2	0
	2018	서울	1	0	2	0	0	0	0
	2019	서울	32	1	38	0	0	1	0
	2020	서울	11	0	25	0	1	0	0
	2021	서울	2	0	3	0	0	0	0
	2022	강원	35	1	45	0	0	1	0
	합계		167	5	208	0	3	7	0
승	2017	상주	2	0	1	0	0	0	0
	합계		2	0	0	0	0	0	0
프로통산			170	6	209	0	3	7	0

유성민(柳聖敏) 호남대 1972.05.11

대회	연도	소속	출전	교체	득점	도움	파울	경고	퇴장
BC	1995	전남	1	1	0	0	0	0	0
	합계		1	1	0	0	0	0	0
프로통산			1	1	0	0	0	0	0

유성우(劉成佑) 서울시립대 1971.05.23

대회	연도	소속	출전	교체	득점	도움	파울	경고	퇴장
BC	1994	대우	5	1	0	0	7	1	0
	1995	전북	9	8	0	1	10	1	0
	1996	전북	1	1	0	0	2	0	0
	1997	전북	11	7	0	1	15	1	0
	1998	전북	1	1	0	0	1	0	0
	합계		27	18	0	2	35	3	0
프로통산			27	18	0	2	35	3	0

유성조(兪誠朝) 동국대 1957.12.27

대회	연도	소속	출전	교체	득점	도움	파울	경고	퇴장
BC	1985	한일은행	13	4	0	0	13	3	0
	합계		13	4	0	0	13	3	0
프로통산			13	4	0	0	13	3	0

유수상(柳秀相) 연세대 1967.12.10

대회	연도	소속	출전	교체	득점	도움	파울	경고	퇴장
BC	1990	대우	18	11	2	0	10	0	0
	1991	대우	35	25	2	5	22	1	0
	1992	대우	13	8	2	0	12	0	0
	1995	대우	25	13	1	1	15	1	0
	1996	부산	28	13	0	2	25	2	0
	1997	부산	9	8	0	1	5	1	0
	1998	부산	1	1	0	0	1	0	0
	합계		129	79	7	9	90	5	0
프로통산			129	79	7	9	90	5	0

유수철(柳手喆) 동아대 1992.08.08

대회	연도	소속	출전	교체	득점	도움	파울	경고	퇴장
K2	2019	부산	1	1	0	0	2	1	0
	합계		1	1	0	0	2	1	0
프로통산			1	1	0	0	2	1	0

유수현(柳秀賢) 선문대 1986.05.13

대회	연도	소속	출전	교체	득점	도움	파울	경고	퇴장
BC	2010	전남	1	1	0	0	1	0	0
	합계		1	1	0	0	1	0	0
K1	2014	상주	3	3	0	0	2	0	0
	2016	수원FC	2	1	0	0	4	0	0
	합계		5	4	0	0	6	0	0
K2	2013	수원FC	34	4	5	6	67	5	0
	2014	수원FC	7	1	1	0	8	1	0
	2015	상주	1	0	0	0	2	0	0
	2016	안양	15	9	1	1	18	1	0
	2017	안양	17	16	0	0	12	5	0
	합계		74	30	7	7	107	12	0
프로통산			80	35	7	7	114	12	0

유순열(柳洵烈) 청주대 1959.01.07

대회	연도	소속	출전	교체	득점	도움	파울	경고	퇴장
BC	1983	포항제철	1	1	0	0	0	0	0
	합계		1	1	0	0	0	0	0
프로통산			1	1	0	0	0	0	0

유승관(劉承官) 건국대 1966.01.22

대회	연도	소속	출전	교체	득점	도움	파울	경고	퇴장
BC	1989	일화	25	22	5	1	16	0	0
	1990	일화	11	12	0	0	6	0	0
	1991	일화	1	1	0	0	0	0	0
	1994	버팔로	17	16	2	1	5	0	0
	1995	전북	5	5	0	0	4	0	0
	합계		59	56	7	2	31	0	0
프로통산			59	56	7	2	31	0	0

유승민(柳昇旻) 영생고 1998.09.24

대회	연도	소속	출전	교체	득점	도움	파울	경고	퇴장
K1	2018	전북	1	1	0	0	0	0	0
	합계		1	1	0	0	0	0	0
프로통산			1	1	0	0	0	0	0

유승완(劉丞婉) 성균관대 1992.02.06

대회	연도	소속	출전	교체	득점	도움	파울	경고	퇴장
K2	2016	대전	22	22	2	1	11	2	0
	합계		22	22	2	1	11	2	0
프로통산			22	22	2	1	11	2	0

유승현(兪勝峴) 덕영고 2003.06.04

대회	연도	소속	출전	교체	득점	도움	파울	경고	퇴장
K2	2022	부천	1	0	0	0	1	0	0
	합계		1	0	0	0	1	0	0
프로통산			1	0	0	0	1	0	0

유양준(兪亮濬) 경기대 1985.09.22

대회	연도	소속	출전	교체	득점	도움	파울	경고	퇴장
BC	2008	수원	1	0	0	0	1	0	0
	합계		1	0	0	0	1	0	0
프로통산			1	0	0	0	1	0	0

유연수(柳然修) 호남대 1998.02.26

대회	연도	소속	출전	교체	실점	도움	파울	경고	퇴장
K1	2021	제주	4	1	3	0	0	0	0
	2022	제주	3	1	8	0	0	0	0
	합계		7	2	11	0	0	0	0
K2	2020	제주	1	0	0	0	0	0	0
	합계		1	0	0	0	0	0	0
프로통산			8	2	11	0	0	0	0

유연승(兪嚥昇/←유성기) 연세대 1991.12.21

대회	연도	소속	출전	교체	득점	도움	파울	경고	퇴장
K1	2015	대전	16	10	1	2	17	4	0
	합계		16	10	1	2	17	4	0
K2	2014	대전	9	6	0	2	19	1	0
	2017	안산	26	8	1	1	38	7	0
	2018	안양	5	2	0	1	11	3	0
	2019	안양	8	8	0	0	2	0	0
	2020	안양	7	6	1	1	6	2	0
	합계		55	30	2	5	76	13	0
프로통산			71	40	3	7	93	17	0

유우람(兪우람) 인천대 1984.03.16

대회	연도	소속	출전	교체	득점	도움	파울	경고	퇴장
BC	2009	대전	4	3	0	0	7	2	0
	2012	대전	0	0	0	0	0	0	0
	합계		4	3	0	0	7	2	0
프로통산			4	3	0	0	7	2	0

유인(劉人) 연세대 1975.08.08

대회	연도	소속	출전	교체	득점	도움	파울	경고	퇴장
BC	1998	천안일화	15	11	1	1	16	1	0
	1999	울산	1	1	0	0	0	0	0
	합계		16	12	1	1	16	1	0
프로통산			16	12	1	1	16	1	0

유인수(兪仁秀) 광운대 1994.12.28

대회	연도	소속	출전	교체	득점	도움	파울	경고	퇴장
K1	2020	성남	23	6	2	3	28	2	0
	2022	김천	19	8	2	0	11	1	0
	2022	성남	6	1	1	0	8	2	0
	합계		48	15	5	3	47	5	0
K2	2021	김천	19	2	1	0	17	2	0
	합계		19	2	1	0	17	2	0
프로통산			67	17	6	3	64	7	0

유재영(劉在永) 성균관대 1958.12.06

대회	연도	소속	출전	교체	득점	도움	파울	경고	퇴장
BC	1985	한일은행	17	12	2	1	10	0	0
	1986	한일은행	19	2	0	0	27	1	0
	합계		36	14	2	1	37	1	0
프로통산			36	14	2	1	37	1	0

유재원(柳在垣) 고려대 1990.02.24

대회	연도	소속	출전	교체	득점	도움	파울	경고	퇴장
K1	2013	강원	2	2	0	0	0	0	0
	합계		2	2	0	0	0	0	0
프로통산			2	2	0	0	0	0	0

유재형(劉在炯) 명지대 1977.08.24

대회	연도	소속	출전	교체	득점	도움	파울	경고	퇴장
BC	2002	울산	5	5	0	0	7	1	0
	합계		5	5	0	0	7	1	0
프로통산			5	5	0	0	7	1	0

유재호(柳載澔) 우석대 1989.05.07

대회	연도	소속	출전	교체	득점	도움	파울	경고	퇴장
K1	2013	인천	3	3	0	0	0	0	0
	2016	인천	1	0	0	0	0	0	0
	합계		4	3	0	0	0	0	0
프로통산			4	3	0	0	0	0	0

유재훈(兪在勳) 울산대 1983.07.07

대회	연도	소속	출전	교체	실점	도움	파울	경고	퇴장
BC	2006	대전	0	0	0	0	0	0	0
	2007	대전	3	0	2	0	0	0	0
	2008	대전	0	0	0	0	0	0	0
	2009	대전	1	0	3	0	0	0	0
	합계		4	0	5	0	0	0	0
프로통산			4	0	5	0	0	0	0

유정완(柳政完) 연세대 1996.04.05

대회	연도	소속	출전	교체	득점	도움	파울	경고	퇴장
K2	2018	서울E	13	11	0	1	7	0	0
	2019	서울E	11	9	1	0	7	2	0
	2020	서울E	1	1	0	0	0	0	0
	2021	서울E	11	11	3	0	11	1	0
	2022	서울E	30	30	2	0	15	4	0
	합계		66	62	6	1	40	7	0
프로통산			66	62	6	1	40	7	0

유제호(劉齊昊) 아주대 1992.08.10

대회	연도	소속	출전	교체	득점	도움	파울	경고	퇴장
K1	2014	포항	0	0	0	0	0	0	0
	2015	포항	1	1	0	0	1	0	0
	합계		1	1	0	0	1	0	0
K2	2016	서울E	8	7	0	0	7	0	0
	합계		8	7	0	0	7	0	0
프로통산			9	8	0	0	8	0	0

유제호(劉帝護) 동국대 2000.08.15

대회	연도	소속	출전	교체	득점	도움	파울	경고	퇴장
K1	2022	수원	6	6	0	0	8	1	0
	합계		6	6	0	0	8	1	0
프로통산			6	6	0	0	8	1	0

유종완(兪鍾完) 경희대 1959.08.12

대회	연도	소속	출전	교체	득점	도움	파울	경고	퇴장
BC	1983	대우	7	3	0	0	4	1	1
	1984	대우	2	1	0	0	1	0	0
	1985	대우	4	2	0	0	5	0	0
	합계		13	6	0	0	10	1	1
프로통산			13	6	0	0	10	1	1

유종우(柳鐘宇) 숭실대 1998.02.14

대회	연도	소속	출전	교체	득점	도움	파울	경고	퇴장
K2	2020	안양	9	9	0	0	7	1	0
	2021	안양	2	2	0	0	0	0	0
	2022	안양	3	3	0	0	1	1	0
	합계		14	14	0	0	8	2	0
프로통산			14	14	0	0	8	2	0

유종현(劉宗賢) 건국대 1988.03.14

대회	연도	소속	출전	교체	득점	도움	파울	경고	퇴장
BC	2011	광주	26	4	2	1	36	13	0
	2012	광주	21	10	0	0	30	6	0
	합계		47	14	2	1	66	19	0
K2	2013	광주	20	2	1	1	32	6	0
	2014	충주	30	2	2	0	42	3	0
	2015	안양	15	5	0	0	13	3	0
	2016	안양	9	3	0	0	14	3	0
	2019	안양	28	11	0	1	33	9	0
	2020	안양	18	8	1	0	25	5	1
	2021	안양	8	6	0	0	6	3	0
	합계		128	37	4	2	165	32	1
프로통산			175	51	6	3	231	51	1

유주안(柳宙岸) 매탄고 1998.10.01

대회	연도	소속	출전	교체	득점	도움	파울	경고	퇴장
K1	2017	수원	15	15	2	2	10	1	0
	2018	수원	14	12	2	1	7	0	0
	2019	수원	8	8	0	1	6	0	0
	2020	수원	1	1	0	0	0	0	0
	2021	수원	8	8	0	1	2	0	0
	2022	수원	6	6	0	0	0	0	0
	합계		52	50	4	5	25	1	0
K2	2020	수원FC	9	9	0	2	3	0	0
	합계		9	9	0	2	3	0	0
프로통산			61	59	4	7	28	1	0

유준수(柳俊秀) 고려대 1988.05.08

대회	연도	소속	출전	교체	득점	도움	파울	경고	퇴장
BC	2011	인천	18	14	0	1	27	4	0
	2012	인천	9	8	0	0	14	0	0
	합계		27	22	0	1	41	4	0
K1	2014	울산	23	10	3	1	19	1	0
	2015	울산	16	1	1	0	7	1	2
	2016	상주	11	3	1	0	4	0	0
	2017	상주	25	22	1	2	32	4	0
	2019	포항	6	3	0	0	4	1	0
	합계		81	39	6	3	66	7	2
K2	2021	충남아산	33	2	2	0	33	9	0
	2022	충남아산	7	6	0	0	0	0	0
	합계		40	8	2	0	33	9	0
승	2017	상주	2	2	0	0	2	0	0
	합계		2	2	0	0	2	0	0
프로통산			150	71	8	4	142	20	2

유준영(柳晙永) 경희대 1990.02.17

대회	연도	소속	출전	교체	득점	도움	파울	경고	퇴장
K2	2013	부천	15	9	3	1	14	1	0
	2014	부천	31	24	3	5	23	3	0
	2015	부천	4	5	0	0	0	0	0
	2015	경남	3	3	0	0	2	0	0
	합계		53	41	6	6	39	4	0
프로통산			53	41	6	6	39	4	0

유지노(柳志弩) 광양제철고 1989.11.06

대회	연도	소속	출전	교체	득점	도움	파울	경고	퇴장
BC	2008	전남	11	2	0	1	6	1	0
	2009	전남	16	5	0	0	15	1	0
	2010	전남	13	5	0	0	12	3	0
	2011	전남	20	3	0	1	13	3	0
	2012	전남	12	2	0	0	19	4	0
	합계		72	17	0	2	65	12	0
K1	2013	부산	6	1	0	0	8	1	0
	2014	부산	19	1	0	0	23	3	0
	2015	부산	26	2	1	0	35	3	0
	2016	수원FC	4	1	0	0	7	1	0
	합계		55	5	1	0	73	8	0
승	2015	부산	1	1	0	0	1	0	0
	합계		1	1	0	0	1	0	0
프로통산			128	23	1	2	139	20	0

유지민(柳知民) 숭실대 1993.08.27

대회	연도	소속	출전	교체	득점	도움	파울	경고	퇴장
K2	2017	부천	13	13	0	1	7	2	0
	2019	안산	4	4	0	0	4	0	0
	합계		17	17	0	1	11	2	0
프로통산			17	17	0	1	11	2	0

유지하(柳知荷) 동경한국학교(고) 1999.06.01

대회	연도	소속	출전	교체	득점	도움	파울	경고	퇴장
K2	2022	전남	1	1	0	0	1	0	0
	합계		1	1	0	0	1	0	0
프로통산			1	1	0	0	1	0	0

유지훈(柳志訓) 한양대 1988.06.09

대회	연도	소속	출전	교체	득점	도움	파울	경고	퇴장
BC	2010	경남	2	2	0	0	3	0	0
	2011	부산	5	3	0	0	8	2	0
	2012	부산	31	16	1	0	28	2	0
	합계		38	21	1	0	39	4	0
K1	2014	상주	18	2	1	4	25	6	2
	2014	부산	9	0	0	0	9	0	0
	2015	부산	23	4	1	1	37	7	0
	2018	경남	13	4	0	1	2	0	0
	합계		63	10	2	6	73	13	2
K2	2013	상주	5	2	0	0	7	0	0
	2016	부산	14	9	0	0	13	1	0
	2017	부산	9	4	0	1	7	2	0
	2017	서울E	12	2	0	1	12	0	0
	2018	서울E	10	2	0	0	10	2	0
	2020	경남	17	1	1	0	25	2	0
	2021	경남	4	3	0	0	1	1	0
	합계		71	23	1	2	75	8	0
승	2013	상주	0	0	0	0	0	0	0
	2015	부산	2	0	0	0	5	2	0
	합계		2	0	0	0	5	2	0
프로통산			174	54	4	8	192	27	2

유진석(柳珍錫) 경희대 1996.02.17

대회	연도	소속	출전	교체	득점	도움	파울	경고	퇴장
K2	2018	대전	4	4	0	0	2	1	0
	합계		4	4	0	0	2	1	0
프로통산			4	4	0	0	2	1	0

유진오(兪鎭午) 연세대 1976.03.10

대회	연도	소속	출전	교체	득점	도움	파울	경고	퇴장
BC	1999	안양LG	14	7	0	0	42	3	0
	2000	안양LG	2	2	0	0	0	0	0
	합계		16	9	0	0	42	3	0
프로통산			16	9	0	0	42	3	0

유창균(劉昶均) 울산대 1992.07.02

대회	연도	소속	출전	교체	득점	도움	파울	경고	퇴장
K2	2015	부천	0	0	0	0	0	0	0
	합계		0	0	0	0	0	0	0
프로통산			0	0	0	0	0	0	0

유창현(柳昌鉉) 대구대 1985.05.14

대회	연도	소속	출전	교체	득점	도움	파울	경고	퇴장
BC	2009	포항	25	18	11	5	24	0	0
	2010	포항	15	12	2	2	6	0	0
	2011	상주	21	13	2	2	16	4	0
	2012	상주	24	16	4	2	33	5	0
	2012	포항	10	9	1	1	6	0	0
	합계		95	68	20	12	85	9	0
K1	2013	포항	4	4	0	0	3	0	0
	2014	포항	28	27	4	3	25	1	0
	2015	전북	7	7	2	0	10	0	0
	2016	성남	3	3	0	0	2	1	0
	합계		42	41	6	3	40	2	0
K2	2016	서울E	9	9	0	0	7	1	0
	합계		9	9	0	0	7	1	0
프로통산			146	118	26	15	132	12	0

유청윤(柳淸潤) 경희대 1992.09.07

대회	연도	소속	출전	교체	득점	도움	파울	경고	퇴장
K1	2014	성남	2	1	0	0	1	0	0
	2015	성남	0	0	0	0	0	0	0
	합계		2	1	0	0	1	0	0
프로통산			2	1	0	0	1	0	0

유청인(柳靑忍) 숭실대 1996.08.06

대회	연도	소속	출전	교체	득점	도움	파울	경고	퇴장
K1	2017	강원	0	0	0	0	0	0	0
	합계		0	0	0	0	0	0	0
K2	2019	안산	0	0	0	0	0	0	0
	합계		0	0	0	0	0	0	0
프로통산			0	0	0	0	0	0	0

유카(Jukka Koskinen) 핀란드 1972.11.29

대회	연도	소속	출전	교체	득점	도움	파울	경고	퇴장
BC	1999	안양LG	14	5	0	0	14	1	0
	합계		14	5	0	0	14	1	0
프로통산			14	5	0	0	14	1	0

유태목(柳泰穆) 연세대 1957.04.30

대회	연도	소속	출전	교체	득점	도움	파울	경고	퇴장
BC	1983	대우	16	0	1	0	7	0	0
	1984	대우	22	5	2	0	23	1	0
	1985	대우	9	3	0	0	6	0	0
	1986	현대	29	1	0	1	27	0	0
	1987	현대	19	9	1	0	7	1	0
	합계		95	18	4	1	70	2	0
프로통산			95	18	4	1	70	2	0

유해성(劉海成) KC대 1996.01.01

대회	연도	소속	출전	교체	득점	도움	파울	경고	퇴장
K2	2018	대전	7	7	0	0	2	0	0
	2019	대전	7	7	1	0	3	0	0
	합계		14	14	1	0	5	0	0
프로통산			14	14	1	0	5	0	0

유헤이(Sato Yuhei, 佐藤優平) 일본 1990.10.29

대회	연도	소속	출전	교체	득점	도움	파울	경고	퇴장
K2	2022	전남	36	15	1	4	25	3	0
	합계		36	15	1	4	25	3	0
프로통산			36	15	1	4	25	3	0

유현(劉賢) 중앙대 1984.08.01

대회	연도	소속	출전	교체	실점	도움	파울	경고	퇴장
BC	2009	강원	29	0	56	1	0	0	0
	2010	강원	28	2	51	0	0	0	0

대회	연도	소속	출전	교체	실점	도움	파울	경고	퇴장
	2011	강원	23	0	33	0	0	0	0
	2012	인천	35	0	32	0	1	1	0
	합계		115	2	172	1	1	1	0
K1	2014	인천	10	0	11	0	1	0	0
	2015	인천	26	1	25	0	2	2	0
	2016	서울	18	1	18	0	0	0	0
	2017	서울	11	0	13	0	0	0	0
	2018	서울	0	0	0	0	0	0	0
	2021	수원FC	23	0	34	0	2	5	0
	2022	수원FC	11	0	19	0	1	0	0
	합계		99	2	120	0	6	7	0
K2	2013	경찰	23	2	31	0	0	1	0
	2014	안산경찰	20	1	23	0	3	2	0
	2020	수원FC	17	1	18	1	0	1	0
	합계		60	4	72	1	3	4	0
승	2018	서울	0	0	0	0	0	0	0
	합계		0	0	0	0	0	0	0
프로통산			274	8	364	2	10	12	0

유현구(柳鉉口) 보인정보산업고(보인고) 1983.01.25

대회	연도	소속	출전	교체	득점	도움	파울	경고	퇴장
BC	2005	부천SK	7	7	0	0	8	0	0
	2006	제주	11	9	1	0	10	2	0
	2007	광주상무	19	18	0	1	17	1	0
	2008	광주상무	7	6	1	0	6	1	0
	합계		44	40	2	1	41	4	0
프로통산			44	40	2	1	41	4	0

유호준(柳好俊) 광운대 1985.01.14

대회	연도	소속	출전	교체	득점	도움	파울	경고	퇴장
BC	2008	울산	31	16	2	3	38	5	0
	2009	울산	6	5	0	0	2	0	0
	2010	부산	29	5	5	3	53	4	0
	2011	부산	18	10	0	0	23	1	0
	2012	경남	17	16	0	0	16	3	0
	합계		101	52	7	6	132	13	0
K1	2013	경남	5	5	0	1	3	1	0
	합계		5	5	0	1	3	1	0
K2	2014	안산경찰	13	9	0	0	17	1	0
	2015	안산경찰	10	8	0	0	14	2	0
	2015	경남	1	1	0	0	2	1	0
	합계		24	18	0	0	33	4	0
프로통산			130	75	7	7	168	18	0

유홍열(柳弘烈) 숭실대 1983.12.30

대회	연도	소속	출전	교체	득점	도움	파울	경고	퇴장
BC	2006	전남	4	4	0	0	5	0	0
	2007	전남	0	0	0	0	0	0	0
	2008	전남	9	6	1	2	9	1	0
	2009	전남	6	6	0	0	5	0	0
	2010	전남	1	1	0	0	1	0	0
	합계		20	17	1	2	20	1	0
프로통산			20	17	1	2	20	1	0

윤경보(尹慶保) 호남대 1995.08.16

대회	연도	소속	출전	교체	득점	도움	파울	경고	퇴장
K2	2018	대전	4	2	0	0	5	0	0
	2019	대전	15	4	0	0	16	2	0
	2020	대전	2	1	0	0	2	0	0
	합계		21	7	0	0	23	2	0
프로통산			21	7	0	0	23	2	0

윤경원(尹經原) 현대고 2001.04.09

대회	연도	소속	출전	교체	득점	도움	파울	경고	퇴장
K2	2022	안산	3	4	0	0	3	0	0
	합계		3	4	0	0	3	0	0
프로통산			3	4	0	0	3	0	0

윤광복(尹光卜) 조선대 1989.01.25

대회	연도	소속	출전	교체	득점	도움	파울	경고	퇴장
BC	2011	광주	0	0	0	0	0	0	0
	합계		0	0	0	0	0	0	0
프로통산			0	0	0	0	0	0	0

윤근호(尹根鎬) 동국대 1977.11.08

대회	연도	소속	출전	교체	득점	도움	파울	경고	퇴장
BC	2000	전북	1	1	0	0	0	1	0
	2001	전북	1	1	0	0	0	0	0
	합계		2	2	0	0	0	1	0
프로통산			2	2	0	0	0	1	0

윤기원(尹基源) 아주대 1987.05.20

대회	연도	소속	출전	교체	실점	도움	파울	경고	퇴장
BC	2010	인천	1	0	0	0	0	1	0
	2011	인천	7	0	7	0	0	0	0
	합계		8	0	7	0	0	1	0
프로통산			8	0	7	0	0	1	0

윤기해(尹期海) 초당대 1991.02.09

대회	연도	소속	출전	교체	실점	도움	파울	경고	퇴장
BC	2012	광주	5	0	9	0	1	0	0
	합계		5	0	9	0	1	0	0
K2	2013	광주	5	0	11	0	0	0	0
	합계		5	0	11	0	0	0	0
프로통산			10	0	20	0	1	0	0

윤덕여(尹德汝) 성균관대 1961.03.25

대회	연도	소속	출전	교체	득점	도움	파울	경고	퇴장
BC	1984	한일은행	26	4	0	0	23	2	0
	1985	한일은행	19	0	0	0	23	1	0
	1986	현대	5	1	0	0	2	0	0
	1987	현대	18	7	1	0	14	0	0
	1988	현대	17	2	1	1	31	2	0
	1989	현대	8	1	1	0	7	2	0
	1990	현대	10	0	0	0	13	0	0
	1991	현대	14	3	0	0	16	2	0
	1992	포항제철	12	9	0	0	14	1	0
	합계		129	27	3	1	143	10	0
프로통산			129	27	3	1	143	10	0

윤동권(尹東權) 선문대 1999.02.11

대회	연도	소속	출전	교체	득점	도움	파울	경고	퇴장
K2	2021	충남아산	0	0	0	0	0	0	0
	합계		0	0	0	0	0	0	0
프로통산			0	0	0	0	0	0	0

윤동민(尹東民) 경희대 1988.07.24

대회	연도	소속	출전	교체	득점	도움	파울	경고	퇴장
BC	2011	부산	18	16	2	0	8	0	0
	2012	부산	22	22	4	0	19	1	0
	합계		40	38	6	0	27	1	0
K1	2013	부산	14	15	0	3	8	1	0
	2014	부산	2	2	0	0	2	0	0
	2015	부산	16	16	0	0	7	0	0
	2016	상주	6	4	1	0	2	0	0
	2017	상주	12	12	1	0	5	0	0
	2018	전남	13	13	0	0	3	1	0
	합계		63	62	2	3	27	2	0
K2	2017	부산	3	3	0	1	6	1	0
	합계		3	3	0	1	6	1	0
승	2015	부산	1	1	0	0	0	0	0
	합계		1	1	0	0	0	0	0
프로통산			107	104	8	4	60	4	0

윤동민(尹東珉) 성균관대 1986.07.18

대회	연도	소속	출전	교체	득점	도움	파울	경고	퇴장
K2	2013	수원FC	8	7	1	1	3	0	0
	합계		8	7	1	1	3	0	0
프로통산			8	7	1	1	3	0	0

윤동헌(尹東憲) 고려대 1983.05.02

대회	연도	소속	출전	교체	득점	도움	파울	경고	퇴장
BC	2007	울산	1	0	0	0	2	0	0
	합계		1	0	0	0	2	0	0
K2	2013	고양	32	6	2	3	23	3	0
	2014	고양	33	20	3	5	18	1	0
	합계		65	26	5	8	41	4	0
프로통산			66	26	5	8	43	4	0

윤민호(尹珉皓) 현대고 1999.10.17

대회	연도	소속	출전	교체	득점	도움	파울	경고	퇴장
K1	2022	포항	2	2	0	0	3	1	0
	합계		2	2	0	0	3	1	0
프로통산			2	2	0	0	3	1	0

윤민호(尹旼顥) 전주대 1995.12.06

대회	연도	소속	출전	교체	득점	도움	파울	경고	퇴장
K2	2022	김포	33	16	8	2	46	3	1
	합계		33	16	8	2	46	3	1
프로통산			33	16	8	2	46	3	1

윤병기(尹炳基) 숭실대 1973.04.22

대회	연도	소속	출전	교체	득점	도움	파울	경고	퇴장
BC	1999	전남	12	9	0	1	14	3	0
	2000	전남	11	8	0	0	7	1	0
	2001	전남	2	1	0	0	4	1	0
	합계		25	18	0	1	25	5	0
프로통산			25	18	0	1	25	5	0

윤보상(尹普相) 울산대 1993.09.09

대회	연도	소속	출전	교체	실점	도움	파울	경고	퇴장
K1	2016	광주	22	1	21	0	0	2	0
	2017	광주	26	1	42	0	1	2	0
	2018	상주	15	1	25	0	0	1	0
	2019	상주	29	1	37	0	0	1	0
	2021	광주	22	0	32	0	0	1	0
	합계		114	4	157	0	1	7	0
K2	2018	광주	7	0	7	0	0	0	0
	2020	제주	1	0	3	0	0	0	0
	2022	서울E	37	2	36	0	0	3	0
	합계		45	2	46	0	0	3	0
프로통산			159	6	203	0	1	10	0

윤보영(尹寶營) 울산대 1978.04.29

대회	연도	소속	출전	교체	득점	도움	파울	경고	퇴장
BC	2001	포항	4	4	0	0	0	0	0
	2002	포항	30	13	5	2	28	2	0
	2003	포항	11	11	0	1	4	0	0
	합계		45	28	5	3	32	2	0
프로통산			45	28	5	3	32	2	0

윤빛가람(尹빛가람) 부산외대 1990.05.07

대회	연도	소속	출전	교체	득점	도움	파울	경고	퇴장
BC	2010	경남	29	5	9	7	28	1	0
	2011	경남	32	9	8	7	38	10	0
	2012	성남일화	31	20	1	3	34	5	1
	합계		92	34	18	17	100	16	1
K1	2013	제주	31	14	1	2	30	5	0
	2014	제주	37	11	4	4	28	3	0
	2015	제주	36	3	6	7	31	7	0
	2017	제주	17	3	2	3	11	1	1
	2018	상주	33	2	7	3	18	2	0
	2019	상주	27	1	8	4	19	3	0
	2019	제주	9	2	1	1	6	0	0
	2020	울산	24	6	4	0	36	1	0
	2021	울산	29	16	3	5	20	2	0
	2022	제주	15	11	3	2	8	0	0
	합계		258	69	39	31	207	24	1
프로통산			350	103	57	48	307	40	2

윤상철(尹相喆) 건국대 1965.06.14

대회	연도	소속	출전	교체	득점	도움	파울	경고	퇴장
BC	1988	럭키금성	18	6	4	1	23	0	0
	1989	럭키금성	38	10	17	6	60	3	0
	1990	럭키금성	30	4	12	2	45	0	0
	1991	LG	31	16	7	2	38	0	0
	1992	LG	34	22	7	2	43	2	0
	1993	LG	32	6	9	8	50	0	1
	1994	LG	34	6	24	1	34	3	0
	1995	LG	31	19	4	2	20	0	0
	1996	안양LG	33	21	14	4	23	1	0

대회	연도	소속	출전	교체	득점	도움	파울	경고	퇴장
	1997	안양LG	19	13	3	3	15	0	0
	합계		300	123	101	31	351	9	1
프로통산			300	123	101	31	351	9	1

윤상혁(尹尙爀) 남부대 1997.02.26

대회	연도	소속	출전	교체	득점	도움	파울	경고	퇴장
K2	2022	김포	13	11	0	0	8	3	0
	합계		13	11	0	0	8	3	0
프로통산			13	11	0	0	8	3	0

윤상호(尹相皓) 호남대 1992.06.04

대회	연도	소속	출전	교체	득점	도움	파울	경고	퇴장
K1	2015	인천	13	9	0	1	16	2	0
	2016	인천	28	16	0	0	44	6	0
	2017	인천	11	7	0	0	14	1	0
	2018	인천	3	2	0	0	5	0	0
	합계		55	34	0	1	79	9	0
K2	2014	광주	13	12	0	0	16	1	0
	2019	서울E	15	10	0	1	12	2	0
	합계		28	22	0	1	28	3	0
승	2014	광주	0	0	0	0	0	0	0
	합계		0	0	0	0	0	0	0
프로통산			83	56	0	2	107	12	0

윤서호(尹惰鎬) 경희대 1998.02.02

대회	연도	소속	출전	교체	득점	도움	파울	경고	퇴장
K1	2019	수원	0	0	0	0	0	0	0
	합계		0	0	0	0	0	0	0
프로통산			0	0	0	0	0	0	0

윤석(尹石) 전북대 1985.02.28

대회	연도	소속	출전	교체	득점	도움	파울	경고	퇴장
BC	2007	제주	1	1	0	0	0	0	0
	합계		1	1	0	0	0	0	0
프로통산			1	1	0	0	0	0	0

윤석영(尹錫榮) 광양제철고 1990.02.13

대회	연도	소속	출전	교체	득점	도움	파울	경고	퇴장
BC	2009	전남	21	4	1	0	17	0	0
	2010	전남	19	5	0	5	16	1	0
	2011	전남	21	2	1	1	11	6	0
	2012	전남	25	1	2	4	14	4	0
	합계		86	12	4	10	58	11	0
K1	2018	서울	22	2	1	3	16	5	0
	2019	강원	28	12	0	1	16	3	0
	2020	부산	6	1	0	0	2	1	0
	2021	강원	31	11	1	1	8	1	0
	2022	강원	32	5	1	2	14	4	0
	합계		119	31	3	7	56	14	0
승	2018	서울	1	0	0	0	0	0	0
	2021	강원	2	0	0	0	1	1	0
	합계		3	0	0	0	1	1	0
프로통산			208	43	7	17	115	26	0

윤석주(尹碩珠) 포항제철고 2002.02.25

대회	연도	소속	출전	교체	득점	도움	파울	경고	퇴장
K1	2022	김천	12	11	0	0	6	0	0
	합계		12	11	0	0	6	0	0
K2	2021	경남	9	9	0	1	8	2	0
	합계		9	9	0	1	8	2	0
승	2022	김천	1	1	0	0	0	0	0
	합계		1	1	0	0	0	0	0
프로통산			22	21	0	1	14	2	0

윤석희(尹錫熙) 울산대 1993.07.21

대회	연도	소속	출전	교체	득점	도움	파울	경고	퇴장
K2	2015	고양	6	6	2	0	3	0	0
	2016	고양	0	0	0	0	0	0	0
	합계		6	6	2	0	3	0	0
프로통산			6	6	2	0	3	0	0

윤선호(尹銑皓) 숭실대 1995.11.08

대회	연도	소속	출전	교체	득점	도움	파울	경고	퇴장
K2	2019	안산	1	0	0	0	2	0	0
	합계		1	0	0	0	2	0	0
프로통산			1	0	0	0	2	0	0

윤성열(尹誠悅) 배재대 1987.12.22

대회	연도	소속	출전	교체	득점	도움	파울	경고	퇴장
K2	2015	서울E	38	3	1	3	14	2	0
	2016	서울E	15	2	1	4	6	0	0
	2018	서울E	2	0	0	0	0	0	0
	2019	서울E	10	1	0	1	4	0	0
	합계		65	6	2	8	24	2	0
프로통산			65	6	2	8	24	2	0

윤성우(尹星宇) 상지대 1989.11.08

대회	연도	소속	출전	교체	득점	도움	파울	경고	퇴장
BC	2012	서울	1	1	0	0	0	0	0
	합계		1	1	0	0	0	0	0
K2	2013	고양	22	21	0	1	2	2	0
	합계		22	21	0	1	2	2	0
프로통산			23	22	0	1	2	2	0

윤성한(尹成韓) 경희대 1998.01.17

대회	연도	소속	출전	교체	득점	도움	파울	경고	퇴장
K2	2019	대전	6	6	1	0	3	1	0
	2020	대전	5	4	0	1	7	1	0
	합계		11	10	1	1	10	2	0
프로통산			11	10	1	1	10	2	0

윤성효(尹星孝) 연세대 1962.05.18

대회	연도	소속	출전	교체	득점	도움	파울	경고	퇴장
BC	1986	한일은행	20	1	5	1	31	3	0
	1987	포항제철	20	8	2	1	21	0	0
	1988	포항제철	7	1	1	0	12	1	0
	1989	포항제철	22	9	1	2	31	1	0
	1990	포항제철	25	7	0	0	35	2	0
	1991	포항제철	21	10	0	1	28	2	0
	1992	포항제철	33	10	0	3	54	4	0
	1993	포항제철	34	21	2	1	23	1	0
	1994	대우	20	4	2	1	34	2	0
	1995	대우	27	7	0	2	40	7	0
	1996	수원	34	2	5	1	72	9	0
	1997	수원	26	2	3	1	53	3	0
	1998	수원	19	16	2	0	37	2	0
	2000	수원	3	3	0	0	2	1	0
	합계		311	101	23	14	473	38	0
프로통산			311	101	23	14	473	38	0

윤승원(尹承圓/←윤현오) 오산고 1995.02.11

대회	연도	소속	출전	교체	득점	도움	파울	경고	퇴장
K1	2016	서울	1	1	0	0	1	1	0
	2017	서울	17	17	3	1	18	3	0
	2018	서울	10	10	0	0	4	0	0
	합계		28	28	3	1	23	4	0
K2	2020	대전	7	5	2	0	12	2	0
	합계		7	5	2	0	12	2	0
프로통산			35	33	5	1	35	6	0

윤승현(尹勝鉉) 연세대 1988.12.13

대회	연도	소속	출전	교체	득점	도움	파울	경고	퇴장
BC	2012	서울	1	1	0	0	1	0	0
	2012	성남일화	5	5	0	0	7	0	0
	합계		6	6	0	0	8	0	0
프로통산			6	6	0	0	8	0	0

윤시호(尹施淏/←윤홍창) 동북고 1984.05.12

대회	연도	소속	출전	교체	득점	도움	파울	경고	퇴장
BC	2007	서울	7	7	0	0	5	2	0
	2008	서울	11	10	0	0	10	1	0
	2009	서울	0	0	0	0	0	0	0
	2010	서울	0	0	0	0	0	0	0
	2011	대구	25	3	0	3	23	4	0
	2012	서울	3	3	0	0	1	0	0
	합계		46	23	0	3	39	7	0
프로통산			46	23	0	3	39	7	0

윤신영(尹信榮) 경기대 1987.05.22

대회	연도	소속	출전	교체	득점	도움	파울	경고	퇴장
BC	2009	대전	6	5	0	0	4	1	0
	2010	광주상무	2	2	0	0	1	0	0
	2011	상주	17	8	0	0	20	5	0
	2012	경남	31	0	0	0	44	6	0
	합계		56	15	0	0	69	12	0
K1	2013	경남	32	2	2	2	51	7	0
	2015	대전	15	4	0	0	10	1	0
	합계		47	6	2	2	61	8	0
K2	2017	대전	21	4	0	0	23	2	0
	2018	대전	18	2	0	1	14	1	0
	2019	대전	22	7	0	0	14	3	0
	2020	부천	6	3	0	0	6	1	0
	합계		67	16	0	1	57	7	0
프로통산			170	37	2	3	187	27	0

윤여산(尹如山) 한남대 1982.07.09

대회	연도	소속	출전	교체	득점	도움	파울	경고	퇴장
BC	2005	인천	0	0	0	0	0	0	0
	2006	대구	11	3	0	0	22	0	0
	2007	대구	18	12	0	0	29	3	0
	2008	대구	13	6	1	0	22	1	0
	2009	대구	24	3	0	1	50	7	0
	2010	광주상무	16	4	0	0	23	7	0
	2011	상주	12	1	0	0	22	6	1
	합계		94	29	1	1	168	24	1
프로통산			94	29	1	1	168	24	1

윤영노(尹英老) 숭실대 1989.05.01

대회	연도	소속	출전	교체	득점	도움	파울	경고	퇴장
BC	2012	부산	1	1	0	0	2	0	0
	합계		1	1	0	0	2	0	0
프로통산			1	1	0	0	2	0	0

윤영선(尹榮善) 단국대 1988.10.04

대회	연도	소속	출전	교체	득점	도움	파울	경고	퇴장
BC	2010	성남일화	5	2	0	0	6	0	0
	2011	성남일화	18	3	0	0	31	2	0
	2012	성남일화	34	5	0	0	45	3	1
	합계		57	10	0	0	82	5	1
K1	2013	성남일화	36	6	2	0	41	7	0
	2014	성남	19	3	0	0	17	2	0
	2015	성남	35	1	2	0	37	11	0
	2016	성남	16	0	1	0	12	5	0
	2016	상주	6	0	0	0	7	4	0
	2017	상주	17	6	0	0	13	2	0
	2018	상주	3	0	0	0	1	0	0
	2019	울산	27	2	0	0	24	9	0
	2020	울산	0	0	0	0	0	0	0
	2020	서울	9	1	0	0	19	3	0
	2021	수원FC	6	2	0	1	8	2	0
	2022	전북	20	6	0	0	9	2	0
	합계		194	27	5	1	188	47	0
K2	2018	성남	17	2	1	0	20	2	0
	합계		17	2	1	0	20	2	0
승	2017	상주	2	0	0	0	3	0	0
	합계		2	0	0	0	3	0	0
프로통산			270	39	6	1	293	54	1

윤영승(尹英勝) 일본 도쿄조선대 1991.08.13

대회	연도	소속	출전	교체	득점	도움	파울	경고	퇴장
K1	2013	대구	1	1	0	0	0	0	0
	합계		1	1	0	0	0	0	0
K2	2014	대구	8	8	0	0	9	2	0
	합계		8	8	0	0	9	2	0
프로통산			9	9	0	0	9	2	0

윤영종(尹英鍾) 인천대 1979.01.23

대회	연도	소속	출전	교체	득점	도움	파울	경고	퇴장
BC	2001	전남	1	1	0	0	0	0	0
	합계		1	1	0	0	0	0	0
프로통산			1	1	0	0	0	0	0

윤영준(尹詠準) 상지대 1993.09.01

대회	연도	소속	출전	교체	득점	도움	파울	경고	퇴장
K2	2016	고양	23	16	2	0	31	4	0
	합계		23	16	2	0	31	4	0
프로통산			23	16	2	0	31	4	0

윤용구(尹勇九) 건국대 1977.08.08

대회	연도	소속	출전	교체	득점	도움	파울	경고	퇴장
BC	2000	전남	13	13	0	0	3	0	0
	2001	전남	2	2	1	0	1	0	0
	2004	부천SK	20	14	0	1	25	2	0
	합계		35	29	1	1	29	2	0
프로통산			35	29	1	1	29	2	0

윤용호(尹龍鎬) 한양대 1996.03.06

대회	연도	소속	출전	교체	득점	도움	파울	경고	퇴장
K1	2017	수원	3	3	1	0	2	0	0
	2018	수원	5	4	0	0	7	0	0
	2020	성남	5	5	0	0	7	0	0
	합계		13	12	1	0	16	0	0
K2	2019	대전	12	9	1	0	11	1	0
	2019	전남	5	5	1	0	3	1	0
	합계		17	14	2	0	14	2	0
프로통산			30	26	3	0	30	2	0

윤원일(尹遠溢) 선문대 1986.10.23

대회	연도	소속	출전	교체	득점	도움	파울	경고	퇴장
BC	2008	제주	5	5	0	0	7	1	0
	2009	제주	2	3	0	0	2	0	0
	2011	제주	6	4	0	0	8	2	0
	2012	제주	2	2	0	0	0	0	0
	합계		15	14	0	0	17	3	0
K1	2013	대전	20	3	1	0	14	3	0
	2015	대전	3	0	0	0	3	1	0
	합계		23	3	1	0	17	4	0
K2	2014	대전	27	3	0	0	23	1	0
	합계		27	3	0	0	23	1	0
프로통산			65	20	1	0	57	8	0

윤원일(尹元一) 포철공고 1983.03.31

대회	연도	소속	출전	교체	득점	도움	파울	경고	퇴장
BC	2003	수원	0	0	0	0	0	0	0
	2004	대구	23	12	1	1	54	5	0
	2005	대구	6	2	0	0	9	1	0
	2006	인천	18	11	0	1	34	2	0
	2007	인천	20	8	0	0	49	6	0
	2008	인천	17	7	0	0	33	4	0
	2009	인천	18	3	1	0	34	7	0
	2010	인천	17	3	0	2	28	4	1
	2011	포항	1	1	0	0	2	1	0
	2012	포항	1	1	0	0	2	1	0
	합계		121	48	2	4	245	31	1
프로통산			121	48	2	4	245	31	1

윤원철(尹元喆) 경희대 1979.01.06

대회	연도	소속	출전	교체	득점	도움	파울	경고	퇴장
BC	2001	부천SK	4	4	0	0	9	0	0
	2002	부천SK	2	2	0	0	1	0	0
	2003	부천SK	13	6	0	0	33	2	0
	2004	부천SK	9	8	1	0	16	2	0
	합계		28	20	1	0	59	4	0
프로통산			28	20	1	0	59	4	0

윤일록(尹日錄) 진주고 1992.03.07

대회	연도	소속	출전	교체	득점	도움	파울	경고	퇴장
BC	2011	경남	26	15	4	6	34	2	0
	2012	경남	42	18	6	2	40	5	0
	합계		68	33	10	8	74	7	0
K1	2013	서울	29	23	2	0	19	1	0
	2014	서울	27	15	7	2	35	0	0
	2015	서울	20	13	1	3	27	2	0
	2016	서울	26	14	6	7	30	1	0
	2017	서울	35	15	5	12	36	5	0
	2019	제주	34	7	11	3	58	3	0
	2021	울산	12	12	0	2	3	0	0
	2022	울산	14	13	1	1	7	1	0
	합계		197	112	33	30	215	13	0
프로통산			265	145	43	38	289	20	0

윤재훈(尹在訓) 울산대 1973.12.25

대회	연도	소속	출전	교체	득점	도움	파울	경고	퇴장
BC	1996	울산	30	3	0	1	78	8	0
	1997	울산	22	6	0	0	51	6	0
	1998	울산	25	6	0	3	74	7	0
	1999	울산	23	10	0	1	35	9	0
	2000	전북	26	4	0	1	54	7	0
	2001	전북	0	0	0	0	0	0	0
	합계		126	29	0	6	292	37	0
프로통산			126	29	0	6	292	37	0

윤정규(尹正奎) 명지대 1991.12.04

대회	연도	소속	출전	교체	실점	도움	파울	경고	퇴장
K1	2014	부산	0	0	0	0	0	0	0
	합계		0	0	0	0	0	0	0
프로통산			0	0	0	0	0	0	0

윤정춘(尹晶椿) 순천고 1973.02.18

대회	연도	소속	출전	교체	득점	도움	파울	경고	퇴장
BC	1994	유공	1	1	0	0	0	0	0
	1995	유공	9	8	2	0	7	0	0
	1996	부천유공	30	18	3	5	23	2	0
	1997	부천SK	29	10	8	5	41	3	0
	1998	부천SK	32	22	5	3	30	2	0
	1999	부천SK	35	18	5	3	41	4	0
	2000	부천SK	41	24	4	3	59	5	0
	2001	부천SK	32	17	1	3	36	6	0
	2002	부천SK	27	13	1	4	29	2	0
	2003	부천SK	32	16	1	1	32	0	0
	2004	부천SK	5	3	0	0	8	0	0
	2005	대전	12	11	1	0	13	1	0
	합계		285	161	31	27	319	25	0
프로통산			285	161	31	27	319	25	0

윤정환(宋善榮) 동아대 1973.02.16

대회	연도	소속	출전	교체	득점	도움	파울	경고	퇴장
BC	1995	유공	24	7	3	5	47	9	0
	1996	부천유공	22	1	2	8	42	2	0
	1997	부천SK	16	10	3	3	38	4	0
	1998	부천SK	28	13	4	8	41	4	0
	1999	부천SK	18	3	3	4	37	1	0
	2003	성남일화	30	26	1	3	44	2	0
	2004	전북	34	5	2	8	76	6	0
	2005	전북	31	20	2	5	45	6	0
	합계		203	85	20	44	370	34	0
프로통산			203	85	20	44	370	34	0

윤종규(尹鍾奎) 신갈고 1998.03.20

대회	연도	소속	출전	교체	득점	도움	파울	경고	퇴장
K1	2018	서울	5	0	0	0	7	0	0
	2019	서울	29	6	0	2	20	1	0
	2020	서울	17	0	0	0	13	1	0
	2021	서울	32	5	1	2	30	1	0
	2022	서울	32	2	1	1	40	10	0
	합계		115	13	2	5	110	13	0
K2	2017	경남	5	1	0	0	6	3	0
	합계		5	1	0	0	6	3	0
승	2018	서울	2	0	0	0	1	1	0
	합계		2	0	0	0	1	1	0
프로통산			122	14	2	5	117	17	0

윤종태(尹鐘太) 일본 환태평양대 1998.02.12

대회	연도	소속	출전	교체	득점	도움	파울	경고	퇴장
K1	2020	대구	4	4	0	0	5	0	0
	2021	대구	0	0	0	0	0	0	0
	합계		4	4	0	0	5	0	0
프로통산			4	4	0	0	5	0	0

윤종현(尹鐘玄) 동아대 1961.07.03

대회	연도	소속	출전	교체	득점	도움	파울	경고	퇴장
BC	1984	국민은행	1	1	0	0	0	0	0
	합계		1	1	0	0	0	0	0
프로통산			1	1	0	0	0	0	0

윤주열(尹周烈) 인천대 1992.05.10

대회	연도	소속	출전	교체	득점	도움	파울	경고	퇴장
K1	2015	인천	0	0	0	0	0	0	0
	합계		0	0	0	0	0	0	0
프로통산			0	0	0	0	0	0	0

윤주일(尹柱日) 동아대 1980.03.10

대회	연도	소속	출전	교체	득점	도움	파울	경고	퇴장
BC	2003	대구	36	16	5	3	74	8	0
	2004	대구	29	8	3	3	56	5	0
	2005	대구	26	10	1	2	34	4	0
	2006	대구	13	9	1	1	19	2	0
	2007	인천	6	5	0	0	7	0	0
	2007	전남	8	6	0	0	15	1	0
	2008	전남	4	1	0	0	4	0	0
	2009	전남	4	2	0	0	10	2	0
	2010	부산	0	0	0	0	0	0	0
	합계		126	57	10	9	219	22	0
프로통산			126	57	10	9	219	22	0

윤주태(尹柱泰) 연세대 1990.06.22

대회	연도	소속	출전	교체	득점	도움	파울	경고	퇴장
K1	2014	서울	10	9	2	0	2	0	0
	2015	서울	26	26	9	1	17	0	0
	2016	서울	17	16	3	2	11	3	0
	2017	상주	8	8	0	1	2	0	0
	2018	상주	8	8	0	1	1	0	0
	2018	서울	7	5	2	0	6	0	0
	2019	서울	14	14	1	1	9	1	0
	2020	서울	18	14	3	1	10	1	0
	합계		108	100	20	7	58	5	0
K2	2021	경남	14	14	2	0	6	0	0
	합계		14	14	2	0	6	0	0
승	2017	상주	1	2	0	0	1	0	0
	2018	서울	2	2	0	0	5	1	0
	합계		3	4	0	0	6	1	0
프로통산			125	118	22	7	70	6	0

윤준성(尹准聖) 경희대 1989.09.28

대회	연도	소속	출전	교체	득점	도움	파울	경고	퇴장
BC	2012	포항	1	0	0	0	1	1	0
	합계		1	0	0	0	1	1	0
K1	2013	포항	1	1	0	0	0	0	0
	2014	포항	11	11	0	1	2	1	0
	2015	대전	15	1	0	0	9	2	0
	2016	상주	10	1	0	0	10	0	0
	2017	상주	15	3	0	0	15	2	0
	합계		52	17	0	1	36	5	0
K2	2017	대전	6	1	0	0	4	0	0
	2018	대전	18	3	1	0	14	5	0
	2019	수원FC	21	5	0	0	27	6	0
	2021	안양	4	2	0	0	0	0	0
	2022	안양	5	1	0	0	7	1	0
	합계		54	12	1	0	52	12	0
프로통산			107	29	1	1	89	18	0

윤준수(尹晙洙) 경기대 1986.03.28

대회	연도	소속	출전	교체	득점	도움	파울	경고	퇴장
BC	2007	전남	1	1	0	0	1	0	0
	합계		1	1	0	0	1	0	0
프로통산			1	1	0	0	1	0	0

윤준하(尹俊河) 대구대 1987.01.04

대회	연도	소속	출전	교체	득점	도움	파울	경고	퇴장
BC	2009	강원	30	20	7	5	21	2	0
	2010	강원	17	14	0	1	12	1	0
	2011	강원	30	23	1	4	32	2	0
	2012	인천	3	3	0	0	8	1	0

대회	연도	소속	출전	교체	득점	도움	파울	경고	퇴장
	합계		80	60	8	10	73	6	0
K1	2013	대전	6	6	0	0	1	0	0
	2015	대전	0	0	0	0	0	0	0
	합계		6	6	0	0	1	0	0
K2	2014	안산경찰	23	18	4	3	42	1	0
	2015	안산경찰	15	14	1	1	18	4	0
	합계		38	32	5	4	60	5	0
프로통산			124	98	13	14	134	11	0

윤중희(尹重熙) 중앙대 1975.12.08

대회	연도	소속	출전	교체	득점	도움	파울	경고	퇴장
BC	1999	부천SK	9	7	0	0	4	0	0
	2000	부천SK	11	6	0	0	20	1	0
	2001	부천SK	22	8	1	0	30	3	0
	2002	부천SK	5	3	0	0	7	1	0
	2003	부천SK	21	3	0	1	23	6	0
	2004	부천SK	2	2	0	0	1	0	0
	합계		70	29	1	1	85	11	0
프로통산			70	29	1	1	85	11	0

윤지혁(尹志赫) 숭실대 1998.02.07

대회	연도	소속	출전	교체	득점	도움	파울	경고	퇴장
K1	2018	전북	0	0	0	0	0	0	0
	2019	전북	0	0	0	0	0	0	0
	합계		0	0	0	0	0	0	0
K2	2019	부천	1	1	0	0	0	0	0
	2021	부천	12	5	0	0	10	0	0
	2022	부천	2	1	1	0	0	0	0
	합계		15	7	1	0	10	0	0
프로통산			15	7	1	0	10	0	0

윤태수(尹太秀) 아주대 1993.04.16

대회	연도	소속	출전	교체	득점	도움	파울	경고	퇴장
K1	2016	수원FC	6	6	0	0	5	1	0
	합계		6	6	0	0	5	1	0
K2	2017	수원FC	5	4	0	0	4	0	0
	합계		5	4	0	0	4	0	0
프로통산			11	10	0	0	9	1	0

윤태웅(尹跆熊) 연세대 1999.05.03

대회	연도	소속	출전	교체	득점	도움	파울	경고	퇴장
K2	2022	김포	2	2	0	0	2	0	0
	합계		2	2	0	0	2	0	0
프로통산			2	2	0	0	2	0	0

윤평국(尹平國) 인천대 1992.02.08

대회	연도	소속	출전	교체	실점	도움	파울	경고	퇴장
K1	2016	상주	0	0	0	0	0	0	0
	2017	광주	3	1	4	0	0	0	0
	2020	광주	14	0	24	0	0	0	0
	2021	광주	11	0	14	0	0	2	0
	2022	포항	18	0	17	0	0	0	0
	합계		46	1	59	0	0	2	0
K2	2015	상주	2	0	2	0	0	1	0
	2018	광주	24	0	26	0	2	1	0
	2019	광주	26	1	24	0	0	0	0
	합계		52	1	52	0	2	2	0
프로통산			98	2	111	0	2	4	0

윤화평(尹和平) 강릉농공고 1983.03.26

대회	연도	소속	출전	교체	득점	도움	파울	경고	퇴장
BC	2002	수원	1	1	0	0	0	0	0
	2006	수원	4	4	0	0	3	0	0
	합계		5	5	0	0	3	0	0
프로통산			5	5	0	0	3	0	0

윤희준(尹熙俊) 연세대 1972.11.01

대회	연도	소속	출전	교체	득점	도움	파울	경고	퇴장
BC	1995	대우	8	1	0	1	21	2	0
	1996	부산	23	3	1	0	48	8	2
	1997	부산	22	8	0	2	36	3	0
	2000	부산	24	3	1	0	39	6	0
	2001	부산	33	5	3	2	58	6	0
	2002	부산	31	4	1	1	56	6	0
	2003	부산	36	5	2	1	52	7	0
	2004	부산	34	0	1	0	69	6	0
	2005	부산	15	1	0	0	11	6	1
	2006	전남	26	20	1	1	23	4	0
	합계		252	50	10	8	413	54	3
프로통산			252	50	10	8	413	54	3

율리안(Iulian Arhire) 루마니아 1976.03.17

대회	연도	소속	출전	교체	득점	도움	파울	경고	퇴장
BC	1999	포항	7	6	0	0	6	2	0
	합계		7	6	0	0	6	2	0
프로통산			7	6	0	0	6	2	0

은나마니(Samuel Onyedikachuwu Nnamani/← 사무엘) 나이지리아 1995.06.

대회	연도	소속	출전	교체	득점	도움	파울	경고	퇴장
K2	2021	전남	31	19	4	1	46	4	0
	2022	부천	27	24	3	2	40	5	0
	합계		58	43	7	3	86	9	0
프로통산			58	43	7	3	86	9	0

은성수(殷成洙) 숭실대 1993.06.22

대회	연도	소속	출전	교체	득점	도움	파울	경고	퇴장
K1	2017	수원	0	0	0	0	0	0	0
	합계		0	0	0	0	0	0	0
K2	2018	안양	11	4	1	0	12	0	0
	2019	안양	3	3	0	0	0	0	0
	합계		14	7	1	0	12	0	0
프로통산			14	7	1	0	12	0	0

은종구(殷鍾九) 전주대 1968.08.01

대회	연도	소속	출전	교체	득점	도움	파울	경고	퇴장
BC	1993	현대	17	15	0	2	10	0	0
	1994	현대	1	1	0	0	1	0	0
	합계		18	16	0	2	11	0	0
프로통산			18	16	0	2	11	0	0

음밤바(Emile Bertrand Mbamba) 카메룬 1982.10.27

대회	연도	소속	출전	교체	득점	도움	파울	경고	퇴장
BC	2009	대구	7	6	0	0	12	1	0
	합계		7	6	0	0	12	1	0
프로통산			7	6	0	0	12	1	0

이강민(李康敏) 연세대 1954.07.21

대회	연도	소속	출전	교체	득점	도움	파울	경고	퇴장
BC	1984	현대	10	8	3	1	2	0	0
	합계		10	8	3	1	2	0	0
프로통산			10	8	3	1	2	0	0

이강민(李康敏) 경희대 1985.08.29

대회	연도	소속	출전	교체	득점	도움	파울	경고	퇴장
BC	2009	강원	10	7	0	1	7	0	0
	합계		10	7	0	1	7	0	0
프로통산			10	7	0	1	7	0	0

이강석(李康錫) 서울대 1958.05.21

대회	연도	소속	출전	교체	득점	도움	파울	경고	퇴장
BC	1983	할렐루야	16	7	2	3	11	1	0
	1984	할렐루야	15	10	1	1	20	2	0
	1985	할렐루야	11	8	1	0	12	0	0
	합계		42	25	4	4	43	3	0
프로통산			42	25	4	4	43	3	0

이강연(李康衍) 세종대 1991.01.26

대회	연도	소속	출전	교체	득점	도움	파울	경고	퇴장
K2	2022	김포	25	11	1	0	17	5	0
	합계		25	11	1	0	17	5	0
프로통산			25	11	1	0	17	5	0

이강욱(李康旭) 서울대 1963.05.07

대회	연도	소속	출전	교체	득점	도움	파울	경고	퇴장
BC	1986	유공	5	5	0	0	3	0	0
	합계		5	5	0	0	3	0	0
프로통산			5	5	0	0	3	0	0

이강일(李康一) 광운대 1981.06.26

대회	연도	소속	출전	교체	득점	도움	파울	경고	퇴장
BC	2004	대전	1	1	0	0	0	0	0
	합계		1	1	0	0	0	0	0
프로통산			1	1	0	0	0	0	0

이강조(李康助) 고려대 1954.10.27

대회	연도	소속	출전	교체	득점	도움	파울	경고	퇴장
BC	1983	유공	16	0	2	3	6	0	0
	1984	유공	27	0	4	5	19	0	0
	1985	유공	7	5	1	3	3	0	0
	합계		50	5	7	11	28	0	0
프로통산			50	5	7	11	28	0	0

이강현(李剛玹) 호남대 1998.07.31

대회	연도	소속	출전	교체	득점	도움	파울	경고	퇴장
K1	2021	인천	16	15	0	0	27	2	0
	2022	인천	22	18	2	1	17	2	0
	합계		38	33	2	1	44	4	0
프로통산			38	33	2	1	44	4	0

이강희(李康熙) 신평고 2001.08.24

대회	연도	소속	출전	교체	득점	도움	파울	경고	퇴장
K2	2022	부산	18	10	0	0	14	5	0
	합계		18	10	0	0	14	5	0
프로통산			18	10	0	0	14	5	0

이건(李健) 중앙대 1996.01.08

대회	연도	소속	출전	교체	득점	도움	파울	경고	퇴장
K1	2019	성남	0	0	0	0	0	0	0
	합계		0	0	0	0	0	0	0
K2	2017	안산	21	1	0	0	39	8	0
	2018	안산	20	4	3	1	21	5	0
	합계		41	5	3	1	60	13	0
프로통산			41	5	3	1	60	13	0

이건영(李健渶) 홍익대 2000.02.26

대회	연도	소속	출전	교체	득점	도움	파울	경고	퇴장
K2	2022	안산	1	1	0	0	1	0	0
	합계		1	1	0	0	1	0	0
프로통산			1	1	0	0	1	0	0

이건철(李建澈) 경희대 1996.02.21

대회	연도	소속	출전	교체	득점	도움	파울	경고	퇴장
K2	2018	대전	1	1	0	0	0	0	0
	합계		1	1	0	0	0	0	0
프로통산			1	1	0	0	0	0	0

이건희(李建喜) 한양대 1998.02.17

대회	연도	소속	출전	교체	득점	도움	파울	경고	퇴장
K2	2020	서울E	5	5	0	0	4	0	0
	2021	서울E	9	8	1	1	20	4	0
	2022	광주	15	15	6	1	9	0	0
	합계		29	28	7	2	33	4	0
프로통산			29	28	7	2	33	4	0

이겨레(李겨레) 동북중 1985.08.22

대회	연도	소속	출전	교체	득점	도움	파울	경고	퇴장
BC	2008	대전	1	1	0	0	0	0	0
	합계		1	1	0	0	0	0	0
프로통산			1	1	0	0	0	0	0

이경근(李景根) 숭실고 1978.06.16

대회	연도	소속	출전	교체	득점	도움	파울	경고	퇴장
BC	1999	수원	1	0	0	0	5	0	0
	2000	수원	6	1	0	0	10	2	0
	합계		7	1	0	0	15	2	0
프로통산			7	1	0	0	15	2	0

이경남(李敬男) 경희대 1961.11.04

대회	연도	소속	출전	교체	득점	도움	파울	경고	퇴장
BC	1985	현대	10	9	1	0	3	0	0
	1986	현대	1	1	0	0	0	0	0
	합계		11	10	1	0	3	0	0
프로통산			11	10	1	0	3	0	0

이경렬(李京烈) 고려대 1988.01.16

대회	연도	소속	출전	교체	득점	도움	파울	경고	퇴장
BC	2010	경남	6	2	0	0	8	1	0
	2011	경남	26	7	2	0	20	4	0

	2012	부산	39	6	1	0	25	6	0
	합계		71	15	3	0	53	11	0
K1	2013	부산	22	3	0	1	35	4	0
	2014	부산	30	1	2	0	39	8	0
	2015	부산	34	0	3	0	31	10	0
	2016	상주	8	3	1	0	4	2	0
	2017	상주	11	3	0	0	9	5	0
	2018	전남	4	0	1	1	2	0	0
	합계		109	10	7	2	120	29	0
K2	2017	부산	5	1	1	0	11	3	0
	2019	서울E	15	0	0	1	13	6	0
	합계		20	1	1	1	24	9	0
승	2015	부산	2	0	0	0	5	1	0
	2017	부산	0	0	0	0	0	0	0
	합계		2	0	0	0	5	1	0
프로통산			202	26	11	3	202	50	0

이경수(李經受) 수원대 1991.07.21

대회	연도	소속	출전	교체	득점	도움	파울	경고	퇴장
K2	2014	부천	9	8	0	0	7	2	0
	합계		9	8	0	0	7	2	0
프로통산			9	8	0	0	7	2	0

이경수(李慶洙) 숭실대 1973.10.28

대회	연도	소속	출전	교체	득점	도움	파울	경고	퇴장
BC	1996	수원	6	2	0	0	7	1	0
	1998	울산	25	15	0	0	37	4	0
	1999	천안일화	16	11	1	0	22	0	0
	2000	전북	3	2	0	0	8	0	0
	2001	전북	14	11	1	0	37	2	0
	2003	대구	22	17	1	0	34	4	0
	2004	대구	13	8	1	0	19	3	0
	2005	대전	29	10	1	1	52	6	0
	합계		128	76	5	1	216	20	0
프로통산			128	76	5	1	216	20	0

이경수(李炅秀) 천안제일고 1992.10.23

대회	연도	소속	출전	교체	득점	도움	파울	경고	퇴장
BC	2011	강원	0	0	0	0	0	0	0
	합계		0	0	0	0	0	0	0
프로통산			0	0	0	0	0	0	0

이경우(李庚祐) 주문진수도공고 1977.05.03

대회	연도	소속	출전	교체	득점	도움	파울	경고	퇴장
BC	1999	수원	3	3	0	0	1	0	0
	2000	수원	13	9	3	1	18	2	0
	2001	수원	0	0	0	0	0	0	0
	2004	수원	1	1	0	0	1	1	0
	합계		17	13	3	1	20	3	0
프로통산			17	13	3	1	20	3	0

이경춘(李炅春) 아주대 1969.04.14

대회	연도	소속	출전	교체	득점	도움	파울	경고	퇴장
BC	1992	대우	14	12	0	0	11	2	0
	1993	대우	4	4	0	0	2	0	0
	1994	버팔로	23	1	2	0	38	5	0
	1995	전북	31	2	0	0	70	8	0
	1996	전북	33	2	0	0	62	5	0
	1997	전북	31	1	2	0	62	7	0
	1998	전북	32	5	1	2	81	5	0
	1999	전북	16	6	0	0	39	4	0
	2000	전북	1	1	0	0	3	0	0
	합계		185	34	5	2	368	36	0
프로통산			185	34	5	2	368	36	0

이경환(李京煥) 명신대 1988.03.21

대회	연도	소속	출전	교체	득점	도움	파울	경고	퇴장
BC	2009	대전	22	16	0	1	30	7	0
	2010	대전	20	15	1	1	31	4	0
	2011	수원	2	1	0	0	1	0	0
	합계		44	32	1	2	62	11	0
프로통산			44	32	1	2	62	11	0

이계원(李啓源) 인천대 1965.03.16

대회	연도	소속	출전	교체	득점	도움	파울	경고	퇴장
BC	1985	상무	17	2	2	2	19	1	0
	1988	포항제철	19	13	0	0	11	0	0
	1989	포항제철	20	11	1	2	19	1	0
	1990	포항제철	26	5	4	2	30	1	0
	1991	포항제철	30	11	2	2	26	1	0
	1992	포항제철	16	10	1	0	14	0	0
	1993	포항제철	13	11	1	1	8	1	0
	합계		141	63	11	9	127	5	0
프로통산			141	63	11	9	127	5	0

이고르(Garcia Silva Hygor Cleber) 브라질 1992.08.13

대회	연도	소속	출전	교체	득점	도움	파울	경고	퇴장
K1	2016	수원	2	2	1	0	0	0	0
	합계		2	2	1	0	0	0	0
프로통산			2	2	1	0	0	0	0

이관우(李官雨) 한양대 1978.02.25

대회	연도	소속	출전	교체	득점	도움	파울	경고	퇴장
BC	2000	대전	12	9	1	1	14	2	0
	2001	대전	12	8	6	4	15	2	0
	2002	대전	19	8	2	1	15	6	0
	2003	대전	38	30	4	5	47	5	0
	2004	대전	29	19	5	2	34	8	0
	2005	대전	32	10	4	5	64	9	0
	2006	대전	23	12	3	3	28	2	0
	2006	수원	15	7	2	4	18	2	0
	2007	수원	35	23	4	5	50	2	0
	2008	수원	28	28	2	3	24	3	0
	2009	수원	3	2	0	0	4	1	0
	2010	수원	5	5	0	0	9	2	0
	합계		251	161	33	33	322	44	0
프로통산			251	161	33	33	322	44	0

이관표(李官表) 중앙대 1994.09.07

대회	연도	소속	출전	교체	득점	도움	파울	경고	퇴장
K2	2015	수원FC	23	11	2	3	25	3	0
	2016	경남	19	10	2	1	14	3	0
	2017	경남	4	4	0	0	2	0	0
	합계		46	25	4	4	41	6	0
프로통산			46	25	4	4	41	6	0

이관호(李寬鎬) 명지대 1960.06.28

대회	연도	소속	출전	교체	실점	도움	파울	경고	퇴장
BC	1985	상무	18	1	24	0	0	0	0
	합계		18	1	24	0	0	0	0
프로통산			18	1	24	0	0	0	0

이광래(李光來) 중앙고 1972.05.24

대회	연도	소속	출전	교체	득점	도움	파울	경고	퇴장
BC	1992	LG	2	2	0	0	7	1	0
	1993	LG	2	2	0	0	0	0	0
	합계		4	4	0	0	7	1	0
프로통산			4	4	0	0	7	1	0

이광석(李光錫) 중앙대 1975.03.05

대회	연도	소속	출전	교체	실점	도움	파울	경고	퇴장
BC	1998	전북	34	0	58	0	4	2	0
	1999	전북	33	0	54	0	1	1	0
	2000	전북	8	1	12	0	1	1	0
	2001	전북	11	1	14	0	0	0	0
	2003	광주상무	33	0	43	0	2	2	0
	2004	전북	5	0	5	0	0	1	0
	2005	전북	20	1	28	0	1	0	0
	2006	전북	2	0	4	0	0	0	0
	2007	경남	8	1	10	0	0	0	0
	2008	경남	33	0	45	0	2	3	0
	2009	경남	2	1	4	0	0	0	0
	합계		189	5	277	0	11	10	0
프로통산			189	5	277	0	11	10	0

이광선(李光善) 경희대 1989.09.06

대회	연도	소속	출전	교체	득점	도움	파울	경고	퇴장
K1	2016	제주	34	3	5	1	52	2	0
	2017	상주	7	2	0	0	4	1	0
	2018	상주	21	13	2	1	31	2	0
	2018	제주	12	8	2	0	12	0	0
	2019	경남	29	4	0	0	38	8	0
	합계		103	30	9	2	137	13	0
K2	2020	경남	27	2	1	1	38	7	0
	2021	경남	18	2	0	1	17	3	0
	2022	경남	15	11	0	0	4	1	0
	합계		60	15	1	2	59	11	0
승	2017	상주	2	2	0	0	0	0	0
	2019	경남	2	0	0	0	3	0	0
	합계		4	2	0	0	3	0	0
프로통산			167	47	10	4	199	24	0

이광연(李光淵) 인천대 1999.09.11

대회	연도	소속	출전	교체	실점	도움	파울	경고	퇴장
K1	2019	강원	8	0	19	0	0	1	0
	2020	강원	11	0	16	0	0	0	0
	2021	강원	4	1	7	0	0	1	0
	2022	강원	2	1	2	0	0	0	0
	합계		25	2	44	0	0	2	0
승	2021	강원	2	0	2	0	0	1	0
	합계		2	0	2	0	0	1	0
프로통산			27	2	46	0	0	3	0

이광재(李珖載) 대구대 1980.01.01

대회	연도	소속	출전	교체	득점	도움	파울	경고	퇴장
BC	2003	광주상무	17	5	5	1	33	4	0
	2004	전남	9	10	0	0	7	0	0
	2005	전남	15	14	1	2	31	4	0
	2006	전남	22	17	5	1	43	3	0
	2007	포항	29	24	7	1	36	4	0
	2008	포항	9	10	0	1	5	2	0
	2009	포항	4	4	0	0	5	0	0
	2009	전북	11	10	1	1	10	3	0
	2010	전북	12	11	1	1	10	2	0
	2012	대구	8	8	0	0	7	1	0
	합계		136	113	20	8	187	23	0
K2	2013	고양	12	9	0	0	17	1	0
	2014	고양	28	18	2	4	29	3	0
	2015	고양	25	24	3	0	21	2	0
	합계		65	51	5	4	67	6	0
프로통산			201	164	25	12	254	29	0

이광재(李曠載) 배재대 1998.06.10

대회	연도	소속	출전	교체	득점	도움	파울	경고	퇴장
K2	2018	부천	28	28	3	0	32	2	0
	2019	부천	7	7	0	0	11	2	0
	2020	부천	3	3	0	0	0	0	0
	합계		38	38	3	0	43	4	0
프로통산			38	38	3	0	43	4	0

이광조(李光照) 한양대 1962.08.20

대회	연도	소속	출전	교체	득점	도움	파울	경고	퇴장
BC	1986	현대	3	2	0	0	2	0	0
	1987	현대	2	1	0	0	2	0	0
	1988	현대	8	5	0	0	11	1	0
	1989	유공	24	7	0	0	17	2	0
	1990	유공	20	2	0	0	31	2	0
	1991	유공	16	6	0	0	12	1	0
	1992	유공	9	1	0	0	4	1	0
	1993	LG	20	3	0	0	4	4	0
	합계		102	27	0	0	83	11	0
프로통산			102	27	0	0	83	11	0

이광종(李光鍾) 중앙대 1964.04.01

대회	연도	소속	출전	교체	득점	도움	파울	경고	퇴장
BC	1988	유공	24	5	1	2	34	1	0
	1989	유공	37	7	2	6	40	1	1
	1990	유공	25	8	4	1	35	1	0
	1991	유공	11	6	1	0	8	1	0

대회	연도	소속	출전	교체	득점	도움	파울	경고	퇴장
	1992	유공	28	15	5	1	33	1	0
	1993	유공	35	10	4	2	48	1	0
	1994	유공	35	14	9	3	54	2	0
	1995	유공	28	3	4	2	49	2	0
	1996	수원	30	16	5	4	51	3	0
	1997	수원	13	14	1	0	17	0	0
	합계		266	98	36	21	369	13	1
프로통산			266	98	36	21	369	13	1

이광준(李侊俊) 단국대 1996.01.08

대회	연도	소속	출전	교체	득점	도움	파울	경고	퇴장
K1	2021	포항	20	11	0	0	16	2	0
	2022	포항	3	2	0	0	1	0	0
	합계		23	13	0	0	17	2	0
프로통산			23	13	0	0	17	2	0

이광진(李廣鎭) 동북고 1991.07.23

대회	연도	소속	출전	교체	득점	도움	파울	경고	퇴장
BC	2010	서울	0	0	0	0	0	0	0
	2011	서울	0	0	0	0	0	0	0
	2011	대구	0	0	0	0	0	0	0
	2012	대구	1	1	0	0	0	0	0
	합계		1	1	0	0	0	0	0
K1	2015	대전	2	2	0	0	2	0	0
	2016	수원FC	25	11	0	0	26	5	0
	2018	경남	20	1	0	2	16	1	0
	2019	경남	21	5	0	2	18	4	0
	합계		68	19	0	4	62	10	0
K2	2013	광주	16	3	4	2	29	2	0
	2014	대전	7	1	0	0	9	1	0
	2015	대구	5	4	0	0	4	0	0
	2017	수원FC	31	9	0	3	51	11	0
	2018	수원FC	11	5	0	0	16	3	0
	2021	경남	8	3	0	1	12	3	0
	2022	경남	37	16	2	8	37	6	0
	합계		115	41	6	14	158	26	0
승	2019	경남	2	0	0	0	3	0	0
	합계		2	0	0	0	3	0	0
프로통산			186	61	6	18	223	36	0

이광진(李光振) 경일대 1972.05.27

대회	연도	소속	출전	교체	득점	도움	파울	경고	퇴장
BC	2002	대전	7	7	0	0	7	0	0
	합계		7	7	0	0	7	0	0
프로통산			7	7	0	0	7	0	0

이광혁(李侊赫) 포항제철고 1995.09.11

대회	연도	소속	출전	교체	득점	도움	파울	경고	퇴장
K1	2014	포항	9	9	0	0	6	1	0
	2015	포항	19	16	2	0	11	0	0
	2016	포항	12	9	0	2	14	3	0
	2017	포항	30	28	1	6	16	1	0
	2018	포항	16	15	1	2	7	1	0
	2019	포항	23	22	2	1	18	3	0
	2020	포항	25	24	1	4	17	4	0
	2022	포항	21	22	1	0	19	1	0
	합계		155	145	8	15	108	14	0
프로통산			155	145	8	15	108	14	0

이광현(李光鉉) 중앙대 1973.03.16

대회	연도	소속	출전	교체	득점	도움	파울	경고	퇴장
BC	1996	천안일화	9	9	1	0	3	1	0
	1997	천안일화	12	8	0	0	8	0	0
	합계		21	17	1	0	11	1	0
프로통산			21	17	1	0	11	1	0

이광현(李光鉉) 고려대 1981.07.18

대회	연도	소속	출전	교체	득점	도움	파울	경고	퇴장
BC	2004	전북	2	1	0	0	3	0	0
	2005	전북	7	2	0	0	11	0	0
	2006	전북	9	4	0	0	7	0	0
	2008	광주상무	7	0	0	0	7	2	0
	2009	전북	4	2	0	0	2	1	0
	2010	전북	6	4	0	0	5	0	0
	2011	전북	4	2	0	0	5	0	0
	2012	대전	2	0	0	0	2	1	0
	합계		41	15	0	0	42	4	0
프로통산			41	15	0	0	42	4	0

이광호(李光好) 상지대 1977.05.24

대회	연도	소속	출전	교체	득점	도움	파울	경고	퇴장
BC	2000	수원	1	0	0	0	2	0	0
	합계		1	0	0	0	2	0	0
프로통산			1	0	0	0	2	0	0

이광훈(李侊勳) 포철공고 1993.11.26

대회	연도	소속	출전	교체	득점	도움	파울	경고	퇴장
BC	2012	포항	0	0	0	0	0	0	0
	합계		0	0	0	0	0	0	0
K1	2013	포항	1	1	0	0	0	0	0
	2014	포항	4	4	0	0	4	0	0
	2015	대전	1	1	0	0	1	0	0
	2016	수원FC	3	3	0	0	0	0	0
	합계		9	9	0	0	5	0	0
프로통산			9	9	0	0	5	0	0

이규로(李奎魯) 광양제철고 1988.08.20

대회	연도	소속	출전	교체	득점	도움	파울	경고	퇴장
BC	2007	전남	8	3	1	0	9	0	0
	2008	전남	19	11	1	1	19	2	0
	2009	전남	28	6	5	0	34	7	0
	2010	서울	2	1	0	0	2	0	0
	2011	서울	14	6	0	1	23	2	0
	2012	인천	23	3	1	2	39	5	0
	합계		94	30	8	4	126	16	0
K1	2013	전북	15	5	0	0	17	1	0
	2014	전북	14	4	0	1	16	3	0
	2015	전북	2	0	0	0	3	0	0
	2016	서울	8	6	0	0	10	2	0
	2017	서울	18	5	0	3	40	4	0
	합계		57	20	0	4	86	10	0
K2	2016	서울E	11	4	2	0	12	3	0
	2020	대전	12	6	0	1	13	2	0
	2021	대전	5	2	0	0	7	2	0
	2021	서울E	11	2	0	2	13	1	1
	2022	김포	17	9	1	0	11	2	0
	합계		56	23	3	3	56	10	1
프로통산			207	73	11	11	268	36	1

이규성(李奎成) 홍익대 1994.05.10

대회	연도	소속	출전	교체	득점	도움	파울	경고	퇴장
K1	2015	부산	18	10	1	2	14	2	0
	2018	상주	12	7	0	1	5	1	0
	2019	상주	35	4	0	3	24	3	0
	2020	부산	22	10	1	1	17	2	0
	2021	성남	32	17	0	2	23	4	0
	2022	울산	31	17	1	1	40	6	0
	합계		150	65	3	10	123	18	0
K2	2016	부산	32	17	1	3	29	4	0
	2017	부산	15	11	3	0	15	2	0
	2018	부산	8	6	0	1	9	0	0
	합계		55	34	4	4	53	6	0
승	2015	부산	2	2	0	0	2	0	0
	2017	부산	0	0	0	0	0	0	0
	합계		2	2	0	0	2	0	0
프로통산			207	101	7	14	178	24	0

이규철(李揆喆) 울산대 1982.05.01

대회	연도	소속	출전	교체	득점	도움	파울	경고	퇴장
BC	2006	대전	5	3	0	0	5	0	0
	합계		5	3	0	0	5	0	0
프로통산			5	3	0	0	5	0	0

이규칠(李圭七) 영남대 1975.11.28

대회	연도	소속	출전	교체	득점	도움	파울	경고	퇴장
BC	1998	포항	7	7	0	0	8	1	0
	1999	포항	5	4	0	0	8	0	0
	합계		12	11	0	0	16	1	0
프로통산			12	11	0	0	16	1	0

이규혁(李揆奕) 동국대 1999.05.04

대회	연도	소속	출전	교체	득점	도움	파울	경고	퇴장
K1	2019	제주	0	0	0	0	0	0	0
	2021	제주	9	11	0	1	8	0	0
	합계		9	11	0	1	8	0	0
K2	2020	제주	6	6	0	1	10	0	0
	2021	충남아산	11	6	0	1	8	1	0
	2022	전남	10	7	0	0	9	1	0
	합계		27	19	0	2	27	2	0
프로통산			36	30	0	3	35	2	0

이규호(李圭鎬) 연세대 1979.07.13

대회	연도	소속	출전	교체	득점	도움	파울	경고	퇴장
BC	2002	부산	24	3	0	0	15	3	0
	2004	부산	0	0	0	0	0	0	0
	합계		24	3	0	0	15	3	0
프로통산			24	3	0	0	15	3	0

이근표(李根杓) 수원대 1992.02.06

대회	연도	소속	출전	교체	실점	도움	파울	경고	퇴장
BC	2012	경남	0	0	0	0	0	0	0
	합계		0	0	0	0	0	0	0
K1	2013	강원	0	0	0	0	0	0	0
	합계		0	0	0	0	0	0	0
프로통산			0	0	0	0	0	0	0

이근호(李根鎬) 부평고 1985.04.11

대회	연도	소속	출전	교체	득점	도움	파울	경고	퇴장
BC	2005	인천	5	5	0	0	3	0	0
	2006	인천	3	3	0	0	3	0	0
	2007	대구	27	5	10	3	32	3	0
	2008	대구	32	4	13	6	31	2	0
	2012	울산	33	11	8	6	41	3	0
	합계		100	28	31	15	110	8	0
K1	2014	상주	18	6	4	2	13	1	0
	2015	전북	15	7	4	1	14	0	0
	2016	제주	35	19	5	6	39	1	0
	2017	강원	37	4	8	9	51	3	0
	2018	강원	13	3	0	4	17	0	0
	2018	울산	22	17	4	0	17	1	0
	2019	울산	18	18	2	5	13	1	0
	2020	울산	12	12	0	3	6	1	0
	2021	대구	30	31	3	0	12	1	0
	2022	대구	31	31	2	0	9	2	0
	합계		231	148	32	30	191	11	0
K2	2013	상주	25	6	15	6	26	3	0
	합계		25	6	15	6	26	3	0
승	2013	상주	2	0	0	1	2	1	0
	합계		2	0	0	1	2	1	0
프로통산			358	182	78	52	329	23	0

이근호(李根好) 연세대 1996.05.21

대회	연도	소속	출전	교체	득점	도움	파울	경고	퇴장
K1	2018	포항	30	26	3	4	14	2	0
	2019	전북	2	2	0	0	1	0	0
	2019	제주	13	12	1	1	8	1	0
	2020	상주	7	6	0	1	4	1	0
	합계		52	46	4	6	27	4	0
K2	2021	김천	2	2	1	0	2	0	0
	합계		2	2	1	0	2	0	0
프로통산			54	48	5	6	29	4	0

이기근(李基根) 한양대 1965.08.13

대회	연도	소속	출전	교체	득점	도움	파울	경고	퇴장
BC	1987	포항제철	26	19	6	0	18	2	0
	1988	포항제철	23	6	12	1	22	1	0
	1989	포항제철	33	16	6	2	32	4	0
	1990	포항제철	21	17	3	0	11	0	0
	1991	포항제철	37	19	16	1	38	1	0

대회	연도	소속	출전	교체	득점	도움	파울	경고	퇴장
	1992	포항제철	16	10	2	3	9	1	0
	1993	대우	28	21	7	2	32	3	0
	1994	대우	23	22	4	4	21	0	0
	1996	수원	32	27	11	6	49	3	0
	1997	수원	25	24	3	0	27	1	0
	합계		264	181	70	19	259	16	0
프로통산			264	181	70	19	259	16	0

이기동(李期東) 연세대 1984.05.11

대회	연도	소속	출전	교체	득점	도움	파울	경고	퇴장
BC	2010	포항	3	2	1	0	3	2	0
	2011	포항	1	1	0	0	0	0	0
	합계		4	3	1	0	3	2	0
프로통산			4	3	1	0	3	2	0

이기범(李基汎) 경북산업대(경일대) 1970.08.08

대회	연도	소속	출전	교체	득점	도움	파울	경고	퇴장
BC	1993	일화	10	7	1	2	14	0	1
	1994	일화	21	16	2	2	12	1	0
	1995	일화	7	5	1	0	11	1	0
	1996	천안일화	34	25	5	0	45	3	0
	1997	천안일화	20	11	1	3	41	3	0
	1998	천안일화	26	18	0	3	37	8	0
	1999	울산	27	26	1	4	34	1	0
	2000	수원	14	12	0	0	21	3	0
	합계		159	120	11	14	215	20	1
프로통산			159	120	11	14	215	20	1

이기부(李基富) 아주대 1976.03.16

대회	연도	소속	출전	교체	득점	도움	파울	경고	퇴장
BC	1999	부산	17	14	1	0	25	1	0
	2000	부산	34	11	8	4	64	5	0
	2001	부산	26	17	1	0	28	2	0
	2002	포항	6	6	1	1	13	1	0
	2004	인천	1	1	0	0	0	0	0
	합계		84	49	11	5	130	9	0
프로통산			84	49	11	5	130	9	0

이기제(李基濟) 동국대 1991.07.09

대회	연도	소속	출전	교체	득점	도움	파울	경고	퇴장
K1	2016	울산	35	5	0	2	40	6	0
	2017	울산	8	2	0	1	7	2	0
	2018	수원	19	5	2	3	21	1	0
	2020	수원	4	1	0	0	4	1	0
	2021	수원	38	2	5	5	31	3	0
	2022	수원	35	8	1	14	19	3	0
	합계		139	23	8	25	122	16	0
승	2022	수원	2	0	0	1	0	0	0
	합계		2	0	0	1	0	0	0
프로통산			141	23	8	26	122	16	0

이기혁(李期奕) 울산대 2000.07.07

대회	연도	소속	출전	교체	득점	도움	파울	경고	퇴장
K1	2021	수원FC	15	16	0	0	11	3	0
	2022	수원FC	20	20	0	1	14	2	0
	합계		35	36	0	1	25	5	0
프로통산			35	36	0	1	25	5	0

이기현(李起現) 동국대 1993.12.16

대회	연도	소속	출전	교체	실점	도움	파울	경고	퇴장
K1	2017	제주	0	0	0	0	0	0	0
	합계		0	0	0	0	0	0	0
K2	2015	부천	12	0	17	0	0	0	0
	2016	경남	5	0	7	0	0	0	0
	2018	부천	2	0	4	0	0	0	0
	2019	아산	11	0	21	1	1	0	0
	2020	충남아산	18	0	25	0	1	2	0
	2021	충남아산	16	0	17	0	0	1	0
	합계		64	0	91	1	2	3	0
프로통산			64	0	91	1	2	3	0

이기형(李奇炯) 한양대 1957.06.11

대회	연도	소속	출전	교체	실점	도움	파울	경고	퇴장
BC	1984	한일은행	4	0	4	0	0	0	0
	합계		4	0	4	0	0	0	0
프로통산			4	0	4	0	0	0	0

이기형(李祺炯) 고려대 1974.09.28

대회	연도	소속	출전	교체	득점	도움	파울	경고	퇴장
BC	1996	수원	22	0	3	2	31	0	0
	1997	수원	15	3	1	0	24	3	0
	1998	수원	24	10	4	4	48	1	0
	1999	수원	36	6	3	4	55	3	0
	2000	수원	3	4	0	0	2	0	0
	2001	수원	27	12	1	1	30	1	0
	2002	수원	29	7	6	3	38	4	0
	2003	성남일화	38	1	3	4	53	5	0
	2004	성남일화	27	5	2	2	37	5	0
	2005	서울	16	8	0	1	30	4	0
	2006	서울	17	10	0	2	13	0	0
	합계		254	66	23	23	361	26	0
프로통산			254	66	23	23	361	26	0

이기형(李基炯) 동국대 1981.05.09

대회	연도	소속	출전	교체	득점	도움	파울	경고	퇴장
BC	2004	수원	2	2	0	0	3	0	0
	2005	수원	0	0	0	0	0	0	0
	합계		2	2	0	0	3	0	0
프로통산			2	2	0	0	3	0	0

이길용(李吉龍) 고려대 1959.09.29

대회	연도	소속	출전	교체	득점	도움	파울	경고	퇴장
BC	1983	포항제철	13	3	7	1	15	2	0
	1984	포항제철	22	10	5	7	15	1	0
	1985	포항제철	13	11	0	1	19	1	0
	1986	포항제철	14	11	2	0	10	1	0
	1987	포항제철	18	16	3	3	12	3	0
	1988	포항제철	7	8	0	0	1	0	0
	1989	포항제철	5	5	0	0	1	0	0
	합계		92	64	17	12	73	8	0
프로통산			92	64	17	12	73	8	0

이길용(李佶勇) 광운대 1976.03.30

대회	연도	소속	출전	교체	득점	도움	파울	경고	퇴장
BC	1999	울산	21	17	5	2	19	1	0
	2000	울산	18	15	1	0	17	1	0
	2001	울산	15	11	5	0	11	0	0
	2002	울산	34	20	8	1	40	1	0
	2003	포항	26	22	2	3	31	1	1
	2004	포항	1	1	0	0	1	0	0
	2004	부천SK	11	11	1	0	7	0	0
	합계		126	97	22	6	126	4	1
프로통산			126	97	22	6	126	4	1

이길훈(李吉薰) 고려대 1983.03.06

대회	연도	소속	출전	교체	득점	도움	파울	경고	퇴장
BC	2006	수원	21	15	0	1	32	2	0
	2007	광주상무	33	24	0	1	58	1	0
	2008	광주상무	13	11	1	0	11	2	0
	2009	수원	10	8	1	2	6	2	0
	2010	수원	5	5	0	0	8	0	0
	2010	부산	1	1	0	0	1	0	0
	2011	부산	1	1	0	0	1	0	0
	합계		84	65	2	4	117	7	0
프로통산			84	65	2	4	117	7	0

이남규(李南揆) 한양대 1993.03.18

대회	연도	소속	출전	교체	득점	도움	파울	경고	퇴장
K1	2015	포항	0	0	0	0	0	0	0
	2016	포항	2	2	0	0	0	0	0
	합계		2	2	0	0	0	0	0
프로통산			2	2	0	0	0	0	0

이남수(李南洙) 광운대 1987.03.15

대회	연도	소속	출전	교체	득점	도움	파울	경고	퇴장
BC	2010	전북	0	0	0	0	0	0	0
	합계		0	0	0	0	0	0	0
프로통산			0	0	0	0	0	0	0

이남용(李南容) 중앙대 1988.06.13

대회	연도	소속	출전	교체	득점	도움	파울	경고	퇴장
BC	2011	전남	0	0	0	0	0	0	0
	합계		0	0	0	0	0	0	0
프로통산			0	0	0	0	0	0	0

이다원(李多元) 배재대 1995.09.21

대회	연도	소속	출전	교체	득점	도움	파울	경고	퇴장
K2	2018	성남	16	13	0	1	14	0	0
	합계		16	13	0	1	14	0	0
프로통산			16	13	0	1	14	0	0

이대명(李大明) 홍익대 1991.01.08

대회	연도	소속	출전	교체	득점	도움	파울	경고	퇴장
K1	2013	인천	0	0	0	0	0	0	0
	합계		0	0	0	0	0	0	0
프로통산			0	0	0	0	0	0	0

이대희(李岱憙) 아주대 1974.04.26

대회	연도	소속	출전	교체	실점	도움	파울	경고	퇴장
BC	1997	부천SK	10	0	22	0	1	0	0
	1998	부천SK	2	0	3	0	0	0	0
	2001	포항	0	0	0	0	0	0	0
	2002	포항	8	0	11	0	0	0	0
	2003	포항	0	0	0	0	0	0	0
	합계		20	0	36	0	1	0	0
프로통산			20	0	36	0	1	0	0

이도권(李度權) 성균관대 1979.08.08

대회	연도	소속	출전	교체	득점	도움	파울	경고	퇴장
BC	2006	전북	5	4	0	0	3	1	0
	합계		5	4	0	0	3	1	0
프로통산			5	4	0	0	3	1	0

이도성(李道成) 배재대 1984.03.22

대회	연도	소속	출전	교체	득점	도움	파울	경고	퇴장
BC	2007	대전	2	1	0	0	4	0	0
	합계		2	1	0	0	4	0	0
K2	2013	고양	33	10	0	0	74	8	0
	2014	고양	33	3	1	1	63	10	0
	2015	고양	34	10	0	1	48	10	0
	2016	고양	29	17	1	3	35	6	0
	합계		129	40	2	5	220	34	0
프로통산			131	41	2	5	224	34	0

이도현(李途炫) 경희대 1996.02.17

대회	연도	소속	출전	교체	득점	도움	파울	경고	퇴장
K1	2019	포항	0	0	0	0	0	0	0
	합계		0	0	0	0	0	0	0
프로통산			0	0	0	0	0	0	0

이돈철(李敦哲) 동아대 1961.01.13

대회	연도	소속	출전	교체	득점	도움	파울	경고	퇴장
BC	1985	현대	14	1	0	0	12	0	0
	1986	현대	17	0	0	1	25	1	0
	1988	현대	6	3	0	0	6	0	0
	합계		37	4	0	1	43	1	0
프로통산			37	4	0	1	43	1	0

이동건(李動建) 신갈고 1999.02.07

대회	연도	소속	출전	교체	득점	도움	파울	경고	퇴장
K1	2018	대구	0	0	0	0	0	0	0
	합계		0	0	0	0	0	0	0
프로통산			0	0	0	0	0	0	0

이동경(李東炅) 홍익대 1997.09.20

대회	연도	소속	출전	교체	득점	도움	파울	경고	퇴장
K1	2018	울산	1	1	0	0	2	0	0
	2019	울산	25	25	3	2	25	4	0
	2020	울산	18	19	2	1	15	2	0
	2021	울산	28	23	6	3	22	4	0
	합계		72	68	11	6	64	10	0
K2	2018	안양	10	10	0	0	5	0	0
	합계		10	10	0	0	5	0	0
프로통산			82	78	11	6	69	10	0

이동국(李同國) 위덕대 1979.04.29

대회	연도	소속	출전	교체	득점	도움	파울	경고	퇴장
BC	1998	포항	24	10	11	2	25	1	0
	1999	포항	19	5	8	4	28	1	0
	2000	포항	8	1	4	1	9	0	0
	2001	포항	17	5	3	1	23	1	0
	2002	포항	21	12	7	3	24	4	0
	2003	광주상무	27	4	11	6	33	1	0
	2004	광주상무	23	7	4	5	32	2	0
	2005	광주상무	1	1	0	0	0	0	0
	2005	포항	24	4	7	4	40	3	0
	2006	포항	10	4	7	1	17	1	0
	2008	성남일화	13	10	2	2	20	0	0
	2009	전북	32	5	22	0	46	2	0
	2010	전북	30	8	13	3	20	2	1
	2011	전북	29	6	16	15	33	2	0
	2012	전북	40	12	26	6	69	7	0
	합계		318	94	141	53	419	27	1
K1	2013	전북	30	10	13	2	32	2	0
	2014	전북	31	15	13	6	25	1	0
	2015	전북	33	17	13	5	26	4	0
	2016	전북	27	19	12	0	17	1	0
	2017	전북	30	30	10	5	23	2	0
	2018	전북	35	27	13	4	22	4	0
	2019	전북	33	29	9	2	22	2	0
	2020	전북	11	10	4	0	3	1	0
	합계		230	157	87	24	170	17	0
프로통산			548	251	228	77	589	44	1

이동근(李東根) 경희대 1981.01.23

대회	연도	소속	출전	교체	득점	도움	파울	경고	퇴장
BC	2003	부천SK	21	9	2	1	26	3	0
	2004	부천SK	6	6	0	0	3	1	0
	2005	광주상무	2	2	0	0	2	0	0
	2006	광주상무	5	3	0	0	3	1	0
	2008	대전	16	8	0	2	18	1	0
	2009	울산	3	3	0	0	4	0	0
	합계		53	31	2	3	56	6	0
프로통산			53	31	2	3	56	6	0

이동근(李東根) 울산대 1988.11.28

대회	연도	소속	출전	교체	득점	도움	파울	경고	퇴장
BC	2011	경남	3	3	1	0	0	0	0
	합계		3	3	1	0	0	0	0
프로통산			3	3	1	0	0	0	0

이동률(李東律) 제주U18 2000.06.09

대회	연도	소속	출전	교체	득점	도움	파울	경고	퇴장
K1	2019	제주	5	5	0	0	2	0	0
	2021	제주	19	21	0	0	12	0	0
	합계		24	26	0	0	14	0	0
K2	2020	제주	14	13	5	3	17	0	0
	2022	서울E	34	34	6	5	24	2	1
	합계		48	47	11	8	41	2	1
프로통산			72	73	11	8	55	2	1

이동명(李東明) 부평고 1987.10.04

대회	연도	소속	출전	교체	득점	도움	파울	경고	퇴장
BC	2006	제주	5	4	0	0	2	0	0
	2007	제주	10	8	0	0	8	0	0
	2008	부산	8	8	0	0	6	1	0
	2009	부산	5	5	0	0	7	1	0
	합계		28	25	0	0	23	2	0
K1	2013	대구	2	1	0	0	2	0	0
	합계		2	1	0	0	2	0	0
K2	2014	대구	4	1	0	0	5	1	0
	합계		4	1	0	0	5	1	0
프로통산			34	27	0	0	30	3	0

이동수(李東洙) 가톨릭관동대 1994.06.03

대회	연도	소속	출전	교체	득점	도움	파울	경고	퇴장
K1	2017	제주	11	8	0	0	8	0	0
	2018	제주	28	25	2	0	23	3	0
	2019	제주	14	9	0	0	18	0	0
	2020	상주	12	5	0	0	10	1	0
	2021	제주	12	12	0	0	10	1	0
	2022	인천	31	28	1	0	9	1	0
	합계		108	87	3	0	78	6	0
K2	2016	대전	36	4	1	2	40	4	0
	2021	김천	6	3	0	1	9	2	0
	합계		42	7	1	3	49	6	0
프로통산			150	94	4	3	127	12	0

이동식(李東植) 홍익대 1979.03.15

대회	연도	소속	출전	교체	득점	도움	파울	경고	퇴장
BC	2002	포항	0	0	0	0	0	0	0
	2003	포항	0	0	0	0	0	0	0
	2004	부천SK	18	10	1	1	39	4	0
	2005	부천SK	26	10	3	1	50	3	0
	2006	광주상무	28	6	0	0	70	5	0
	2007	광주상무	18	9	2	2	44	3	1
	2008	제주	27	2	0	1	91	11	0
	2009	제주	21	8	0	0	42	7	0
	2010	수원	4	3	0	0	11	1	0
	합계		142	48	6	5	347	34	1
프로통산			142	48	6	5	347	34	1

이동우(李東雨) 동국대 1985.07.31

대회	연도	소속	출전	교체	득점	도움	파울	경고	퇴장
K2	2013	충주	11	1	0	0	10	3	0
	합계		11	1	0	0	10	3	0
프로통산			11	1	0	0	10	3	0

이동욱(李東昱) 연세대 1976.04.10

대회	연도	소속	출전	교체	득점	도움	파울	경고	퇴장
BC	2001	수원	3	3	0	0	1	0	0
	2002	수원	1	1	0	0	0	0	0
	합계		4	4	0	0	1	0	0
프로통산			4	4	0	0	1	0	0

이동원(李東遠) 숭실대 1983.11.07

대회	연도	소속	출전	교체	득점	도움	파울	경고	퇴장
BC	2005	전남	10	3	0	2	18	0	0
	2006	전남	24	9	2	0	45	3	0
	2007	인천	30	13	1	1	60	4	0
	2008	대전	28	2	3	0	55	6	0
	2009	울산	27	7	1	0	53	6	0
	2010	울산	4	1	0	0	7	1	0
	2011	울산	0	0	0	0	0	0	0
	2011	부산	6	1	0	0	7	2	0
	합계		129	36	7	3	245	22	0
프로통산			129	36	7	3	245	22	0

이동일(李東日) 성균관대 1995.08.01

대회	연도	소속	출전	교체	득점	도움	파울	경고	퇴장
K2	2016	부산	1	1	0	0	0	0	0
	2017	부산	0	0	0	0	0	0	0
	합계		1	1	0	0	0	0	0
프로통산			1	1	0	0	0	0	0

이동재(李動在) 문성고 1996.07.20

대회	연도	소속	출전	교체	득점	도움	파울	경고	퇴장
K2	2015	강원	1	1	0	0	1	0	0
	합계		1	1	0	0	1	0	0
프로통산			1	1	0	0	1	0	0

이동준(李東俊) 숭실대 1997.02.01

대회	연도	소속	출전	교체	득점	도움	파울	경고	퇴장
K1	2020	부산	26	5	5	4	46	7	0
	2021	울산	32	19	11	4	45	4	0
	합계		58	24	16	8	91	11	0
K2	2017	부산	8	7	2	0	5	2	0
	2018	부산	23	23	4	1	14	1	0
	2019	부산	37	15	13	7	40	1	0
	합계		68	45	19	8	59	4	0
승	2017	부산	2	2	0	0	4	1	0
	2018	부산	2	2	0	0	0	0	0
	2019	부산	2	1	0	0	3	0	0
	합계		6	5	0	0	7	1	0
프로통산			132	74	35	16	157	16	0

이동하(李東夏) 조선대 1995.09.30

대회	연도	소속	출전	교체	득점	도움	파울	경고	퇴장
K2	2018	광주	0	0	0	0	0	0	0
	합계		0	0	0	0	0	0	0
프로통산			0	0	0	0	0	0	0

이동현(李東炫) 경희대 1989.11.19

대회	연도	소속	출전	교체	득점	도움	파울	경고	퇴장
BC	2010	강원	5	5	0	0	1	1	0
	합계		5	5	0	0	1	1	0
K1	2013	대전	27	23	3	3	33	3	0
	합계		27	23	3	3	33	3	0
K2	2014	대전	2	1	0	0	2	0	0
	2015	안양	12	12	1	0	10	1	0
	합계		14	13	1	0	12	1	0
프로통산			46	41	4	3	46	5	0

이동희(李東熙) 한양대 1996.07.03

대회	연도	소속	출전	교체	득점	도움	파울	경고	퇴장
K1	2018	제주	12	8	0	0	12	1	0
	2019	제주	10	3	0	0	11	2	1
	합계		22	11	0	0	23	3	1
K2	2020	제주	2	1	0	0	3	0	0
	합계		2	1	0	0	3	0	0
프로통산			24	12	0	0	26	3	1

이동희(李東熙) 호남대 2000.02.07

대회	연도	소속	출전	교체	득점	도움	파울	경고	퇴장
K2	2022	부천	21	5	1	0	21	2	0
	합계		21	5	1	0	21	2	0
프로통산			21	5	1	0	21	2	0

이따마르(Itamar Batista da Silva) 브라질 1980.04.12

대회	연도	소속	출전	교체	득점	도움	파울	경고	퇴장
BC	2003	전남	34	6	23	5	67	9	1
	2004	전남	31	10	11	3	64	9	0
	2005	포항	16	10	4	2	30	3	0
	2005	수원	10	1	4	0	23	2	0
	2006	수원	17	9	4	0	33	4	0
	2006	성남일화	14	8	3	2	26	3	0
	2007	성남일화	20	15	5	2	37	3	0
	합계		142	59	54	14	280	33	1
프로통산			142	59	54	14	280	33	1

이래준(李萊俊) 동래고 1997.03.19

대회	연도	소속	출전	교체	득점	도움	파울	경고	퇴장
K1	2016	포항	0	0	0	0	0	0	0
	2017	포항	4	4	0	0	4	1	0
	2018	포항	3	3	0	1	2	0	0
	2020	부산	0	0	0	0	0	0	0
	합계		7	7	0	1	6	1	0
K2	2020	안산	9	5	1	0	4	2	0
	2021	부산	17	14	0	1	15	2	1
	합계		26	19	1	1	19	4	1
프로통산			33	26	1	2	25	5	1

이레마(Oleg Eremin) 러시아 1967.10.28

대회	연도	소속	출전	교체	득점	도움	파울	경고	퇴장
BC	1997	포항	4	3	0	0	11	1	0
	합계		4	3	0	0	11	1	0
프로통산			4	3	0	0	11	1	0

이리네(Irineu Ricardo) 브라질 1977.07.12

대회	연도	소속	출전	교체	득점	도움	파울	경고	퇴장
BC	2001	성남일화	15	3	3	0	55	2	0
	2002	성남일화	20	13	8	4	43	3	0
	2003	성남일화	38	22	9	5	90	3	0
	2004	성남일화	16	9	5	1	28	2	0
	2004	부천SK	15	2	4	0	45	2	0
	2005	부천SK	9	1	4	1	26	1	0

대회	연도	소속	출전	교체	득점	도움	파울	경고	퇴장
	2006	제주	19	10	6	0	25	0	0
	2007	제주	31	16	6	1	59	9	0
	합계		163	76	45	12	371	22	0
프로통산			163	76	45	12	371	22	0

이명건(李明建) 동의대 1994.07.27

대회	연도	소속	출전	교체	득점	도움	파울	경고	퇴장
K1	2017	포항	1	1	0	0	0	0	0
	합계		1	1	0	0	0	0	0
K2	2020	충남아산	4	4	0	0	2	0	0
	합계		4	4	0	0	2	0	0
프로통산			5	5	0	0	2	0	0

이명열(李明烈) 인천대 1968.06.25

대회	연도	소속	출전	교체	실점	도움	파울	경고	퇴장
BC	1991	포항제철	1	0	2	0	0	0	0
	1992	포항제철	6	0	4	0	0	1	0
	1993	포항제철	26	0	22	0	0	1	0
	1994	포항제철	35	0	42	0	1	0	0
	1995	포항	2	0	4	0	0	1	0
	1996	포항	25	2	24	0	2	1	0
	1999	포항	5	0	10	0	0	0	0
	합계		100	2	108	0	3	4	0
프로통산			100	2	108	0	3	4	0

이명재(李明載) 홍익대 1993.11.04

대회	연도	소속	출전	교체	득점	도움	파울	경고	퇴장
K1	2014	울산	2	2	0	0	2	0	0
	2015	울산	19	10	0	3	23	2	0
	2016	울산	5	3	0	1	6	0	0
	2017	울산	32	1	1	4	26	2	0
	2018	울산	32	2	0	5	25	3	0
	2019	울산	24	2	0	3	19	0	0
	2021	울산	2	1	0	0	0	0	0
	2022	울산	19	6	0	3	8	2	0
	합계		135	27	1	19	109	9	0
K2	2021	김천	8	0	0	1	4	1	1
	합계		8	0	0	1	4	1	1
프로통산			143	27	1	20	113	10	1

이명주(李明周) 영남대 1990.04.24

대회	연도	소속	출전	교체	득점	도움	파울	경고	퇴장
BC	2012	포항	35	12	5	6	71	4	0
	합계		35	12	5	6	71	4	0
K1	2013	포항	34	4	7	4	61	7	0
	2014	포항	11	2	5	9	19	3	0
	2017	서울	13	5	2	1	21	0	0
	2019	서울	10	4	1	1	19	3	0
	2022	인천	34	17	4	5	35	0	0
	합계		102	32	19	20	155	13	0
K2	2018	아산	30	8	5	5	64	5	0
	2019	아산	19	5	2	1	26	5	0
	합계		49	13	7	6	90	10	0
프로통산			186	57	31	32	316	27	0

이명철(李明哲) 인제대 1989.05.29

대회	연도	소속	출전	교체	득점	도움	파울	경고	퇴장
BC	2011	대전	2	1	0	0	4	0	0
	합계		2	1	0	0	4	0	0
프로통산			2	1	0	0	4	0	0

이무형(李武炯) 배재대 1980.11.08

대회	연도	소속	출전	교체	득점	도움	파울	경고	퇴장
BC	2003	대전	2	2	0	0	1	0	0
	2004	대전	10	6	0	0	13	1	0
	합계		12	8	0	0	14	1	0
프로통산			12	8	0	0	14	1	0

이문석(李文奭) 인천대 1970.03.06

대회	연도	소속	출전	교체	득점	도움	파울	경고	퇴장
BC	1993	현대	3	3	0	0	1	0	0
	1994	현대	10	8	0	0	4	0	0
	1995	현대	12	12	0	1	4	0	0
	1996	울산	31	8	0	0	24	2	1
	1997	울산	22	6	0	1	15	2	1
	1998	울산	42	13	2	1	72	2	0
	1999	울산	31	17	0	1	41	6	0
	2000	부산	0	0	0	0	0	0	0
	합계		151	67	2	4	161	12	2
프로통산			151	67	2	4	161	12	2

이문선(李文善) 단국대 1983.01.21

대회	연도	소속	출전	교체	득점	도움	파울	경고	퇴장
BC	2005	대구	7	3	0	0	5	2	0
	2006	대구	12	6	0	1	19	1	0
	합계		19	9	0	1	24	3	0
프로통산			19	9	0	1	24	3	0

이문영(李文榮) 서울시립대 1965.05.05

대회	연도	소속	출전	교체	실점	도움	파울	경고	퇴장
BC	1987	유공	30	1	35	0	0	2	0
	1988	유공	24	0	24	0	0	1	0
	1989	유공	17	0	18	0	0	1	0
	1990	유공	8	0	12	0	0	2	0
	1991	유공	28	0	31	0	0	1	0
	1992	유공	27	0	31	0	1	0	0
	합계		134	1	151	0	1	7	0
프로통산			134	1	151	0	1	7	0

이민규(李敏圭) 홍익대 1989.01.06

대회	연도	소속	출전	교체	득점	도움	파울	경고	퇴장
BC	2011	강원	14	2	0	0	13	2	0
	2012	강원	9	5	0	0	2	2	0
	합계		23	7	0	0	15	4	0
K2	2013	충주	16	0	0	1	26	4	1
	2014	충주	11	4	0	0	12	2	0
	합계		27	4	0	1	38	6	1
프로통산			50	11	0	1	53	10	1

이민규(李敏圭) 용인대 1996.02.09

대회	연도	소속	출전	교체	득점	도움	파울	경고	퇴장
K2	2019	서울E	2	1	0	0	3	0	0
	합계		2	1	0	0	3	0	0
프로통산			2	1	0	0	3	0	0

이민규(李敏圭) 고려대 1992.04.24

대회	연도	소속	출전	교체	득점	도움	파울	경고	퇴장
K2	2019	안산	0	0	0	0	0	0	0
	합계		0	0	0	0	0	0	0
프로통산			0	0	0	0	0	0	0

이민기(李旼氣) 전주대 1993.05.19

대회	연도	소속	출전	교체	득점	도움	파울	경고	퇴장
K1	2016	광주	9	6	1	0	8	1	0
	2017	광주	28	3	0	2	49	7	0
	2018	상주	6	0	0	0	9	2	0
	2019	상주	11	4	0	1	11	0	0
	2020	광주	13	1	0	0	8	2	1
	2021	광주	32	15	1	2	29	5	0
	합계		99	29	2	5	114	17	1
K2	2018	광주	11	2	0	0	10	2	0
	2022	광주	26	16	1	1	19	4	0
	합계		37	18	1	1	29	6	0
프로통산			136	47	3	6	143	23	1

이민기(李旼紀) 한양대 2001.01.06

대회	연도	소속	출전	교체	득점	도움	파울	경고	퇴장
K2	2021	경남	1	1	0	0	0	1	0
	2022	경남	37	22	1	1	33	8	0
	합계		38	23	1	1	33	9	0
프로통산			38	23	1	1	33	9	0

이민선(李珉善) 선문대 1983.10.21

대회	연도	소속	출전	교체	득점	도움	파울	경고	퇴장
BC	2004	대구	4	4	0	0	2	1	0
	2006	대전	0	0	0	0	0	0	0
	합계		4	4	0	0	2	1	0
프로통산			4	4	0	0	2	1	0

이민섭(李珉攝) 동아대 1990.08.24

대회	연도	소속	출전	교체	득점	도움	파울	경고	퇴장
K1	2013	대구	0	0	0	0	0	0	0
	합계		0	0	0	0	0	0	0
프로통산			0	0	0	0	0	0	0

이민성(李敏成) 아주대 1973.06.23

대회	연도	소속	출전	교체	득점	도움	파울	경고	퇴장
BC	1996	부산	29	3	3	0	64	8	0
	1997	부산	12	2	0	1	30	3	0
	1998	부산	10	7	1	0	13	3	0
	2001	부산	22	2	1	0	19	3	0
	2002	부산	22	13	1	0	20	4	0
	2003	포항	39	7	1	1	53	11	0
	2004	포항	26	4	2	2	34	1	1
	2005	서울	32	6	0	0	45	8	0
	2006	서울	34	3	0	1	27	4	0
	2007	서울	7	2	0	1	11	1	0
	2008	서울	14	5	0	0	19	2	0
	합계		247	54	9	6	335	48	1
프로통산			247	54	9	6	335	48	1

이민수(李泯洙) 한남대 1992.01.11

대회	연도	소속	출전	교체	득점	도움	파울	경고	퇴장
K1	2018	강원	1	1	0	0	2	0	0
	합계		1	1	0	0	2	0	0
프로통산			1	1	0	0	2	0	0

이민우(李珉雨) 광주대 1991.12.01

대회	연도	소속	출전	교체	득점	도움	파울	경고	퇴장
K1	2014	성남	15	15	0	0	6	0	0
	합계		15	15	0	0	6	0	0
K2	2015	부천	17	16	2	0	16	1	0
	2017	안산	24	20	0	1	20	1	0
	2018	안산	2	2	0	0	1	0	0
	합계		43	38	2	1	37	2	0
프로통산			58	53	2	1	43	2	0

이바노프(Dimitar Vladev Ivanov) 불가리아 1970.10.07

대회	연도	소속	출전	교체	득점	도움	파울	경고	퇴장
BC	1998	부천SK	12	13	2	1	13	0	0
	합계		12	13	2	1	13	0	0
프로통산			12	13	2	1	13	0	0

이반(Ivan Herceg) 크로아티아 1990.02.10

대회	연도	소속	출전	교체	득점	도움	파울	경고	퇴장
K1	2018	경남	0	0	0	0	0	0	0
	합계		0	0	0	0	0	0	0
K2	2016	경남	22	7	0	1	23	5	0
	2017	경남	30	1	1	0	14	6	0
	2018	서울E	10	4	0	0	6	1	0
	합계		62	12	1	1	43	12	0
프로통산			62	12	1	1	43	12	0

이반(Ivan Perić) 세르비아 1982.05.05

대회	연도	소속	출전	교체	득점	도움	파울	경고	퇴장
BC	2007	제주	7	6	0	0	22	2	0
	합계		7	6	0	0	22	2	0
프로통산			7	6	0	0	22	2	0

이반(Ivan Testemitanu) 몰도바 1974.04.27

대회	연도	소속	출전	교체	득점	도움	파울	경고	퇴장
BC	2001	성남일화	30	7	2	2	42	5	0
	2004	성남일화	27	9	1	0	41	3	0
	합계		57	16	3	2	83	8	0
프로통산			57	16	3	2	83	8	0

이반(Ivan Ricardo Alves de Oliveira) 브라질 1974.10.27

대회	연도	소속	출전	교체	득점	도움	파울	경고	퇴장
BC	2001	전남	15	9	4	1	10	0	0
	2002	전남	27	21	0	1	22	1	0
	합계		42	30	4	2	32	1	0
프로통산			42	30	4	2	32	1	0

이반코비치(Mario Ivanković) 크로아티아

1975.02.08

대회	연도	소속	출전	교체	득점	도움	파울	경고	퇴장
BC	2001	수원	3	3	0	0	2	0	0
	2002	수원	2	2	0	0	0	0	0
	합계		5	5	0	0	2	0	0
프로통산			5	5	0	0	2	0	0

이범수(李範守) 경희대 1990.12.10

대회	연도	소속	출전	교체	실점	도움	파울	경고	퇴장
BC	2010	전북	1	0	3	0	0	0	0
	2011	전북	2	0	4	0	0	0	0
	2012	전북	0	0	0	0	0	0	0
	합계		3	0	7	0	0	0	0
K1	2013	전북	0	0	0	0	0	0	0
	2014	전북	0	0	0	0	0	0	0
	2018	경남	13	0	19	0	0	0	0
	2019	경남	25	0	35	0	0	2	0
	2020	강원	16	0	25	0	1	1	0
	2021	강원	29	1	35	0	0	1	0
	2022	전북	3	1	1	0	0	0	0
	합계		86	2	115	0	1	4	0
K2	2015	서울E	2	0	0	0	0	0	0
	2016	대전	13	0	0	0	1	1	0
	2017	경남	21	0	0	0	0	1	0
	합계		36	0	0	0	1	2	0
승	2019	경남	2	0	2	0	0	0	0
	2021	강원	0	0	0	0	0	0	0
	합계		2	0	2	0	0	0	0
프로통산			127	2	164	0	2	6	0

이범수(李範洙) 울산대 1978.01.27

대회	연도	소속	출전	교체	득점	도움	파울	경고	퇴장
BC	2000	울산	6	6	0	1	7	0	0
	2001	울산	2	2	0	0	2	0	0
	합계		8	8	0	1	9	0	0
프로통산			8	8	0	1	9	0	0

이범수(李範守) 경희대 1990.12.10

대회	연도	소속	출전	교체	득점	도움	파울	경고	퇴장
BC	2010	전북	1	0	0	0	0	0	0
	2011	전북	2	0	0	0	0	0	0
	2012	전북	0	0	0	0	0	0	0
	합계		3	0	0	0	0	0	0
프로통산			127	2	0	0	2	6	0

이범영(李範永) 신갈고 1989.04.02

대회	연도	소속	출전	교체	실점	도움	파울	경고	퇴장
BC	2008	부산	16	0	25	0	0	1	0
	2009	부산	6	1	7	0	0	0	0
	2010	부산	6	0	8	0	0	0	0
	2011	부산	18	0	29	0	0	1	0
	2012	부산	12	0	17	0	0	0	0
	합계		58	1	86	0	0	2	0
K1	2013	부산	31	0	33	0	1	1	0
	2014	부산	31	0	38	0	0	3	0
	2015	부산	27	0	37	1	0	2	0
	2017	강원	36	0	58	0	0	1	0
	2018	강원	30	2	42	0	0	1	0
	2020	전북	0	0	0	0	0	0	0
	2021	전북	1	0	1	0	0	0	0
	2022	수원FC	2	0	7	0	0	0	0
	합계		158	2	216	1	1	8	0
승	2015	부산	2	0	3	0	0	0	0
	합계		2	0	3	0	0	0	0
프로통산			218	3	305	1	1	10	0

이병근(李昞根) 한양대 1973.04.28

대회	연도	소속	출전	교체	득점	도움	파울	경고	퇴장
BC	1996	수원	30	10	0	1	57	7	1
	1997	수원	33	14	2	1	43	4	0
	1998	수원	29	13	1	1	47	5	0
	1999	수원	39	21	2	2	57	2	0
	2000	수원	25	3	0	1	40	1	0
	2001	수원	31	5	0	0	55	5	0
	2002	수원	36	8	0	2	39	2	0
	2003	수원	38	2	2	5	81	4	0
	2004	수원	16	9	0	0	24	3	0
	2005	수원	28	15	0	1	38	3	0
	2006	수원	4	3	0	0	4	0	0
	2006	대구	10	3	2	1	23	3	0
	2007	대구	5	2	1	0	7	0	0
	합계		324	108	10	15	515	39	1
프로통산			324	108	10	15	515	39	1

이병기(李丙基) 고려대 1963.02.22

대회	연도	소속	출전	교체	득점	도움	파울	경고	퇴장
BC	1986	대우	11	11	0	1	2	0	0
	1988	대우	8	7	0	0	14	0	0
	합계		19	18	0	1	16	0	0
프로통산			19	18	0	1	16	0	0

이병욱(李秉煜) 영남대 1996.11.14

대회	연도	소속	출전	교체	득점	도움	파울	경고	퇴장
K1	2020	강원	0	0	0	0	0	0	0
	2021	강원	4	3	0	0	0	0	0
	합계		4	3	0	0	0	0	0
K2	2018	서울E	1	1	0	0	3	1	0
	2019	서울E	11	6	0	0	7	0	1
	2022	김포	0	0	0	0	0	0	0
	합계		12	7	0	0	10	1	1
프로통산			16	10	0	0	10	1	1

이병윤(李炳允) 부경대 1986.04.26

대회	연도	소속	출전	교체	득점	도움	파울	경고	퇴장
BC	2011	전남	7	6	1	0	8	1	0
	합계		7	6	1	0	8	1	0
프로통산			7	6	1	0	8	1	0

이보(Olivio da Rosa) 브라질 1986.10.02

대회	연도	소속	출전	교체	득점	도움	파울	경고	퇴장
BC	2012	인천	27	16	4	6	26	2	0
	합계		27	16	4	6	26	2	0
K1	2014	인천	33	12	7	6	39	2	0
	합계		33	12	7	6	39	2	0
프로통산			60	28	11	12	65	4	0

이봉준(李奉埈) 삼일고 1992.04.11

대회	연도	소속	출전	교체	득점	도움	파울	경고	퇴장
BC	2012	강원	1	1	0	0	0	0	0
	합계		1	1	0	0	0	0	0
프로통산			1	1	0	0	0	0	0

이부열(李富烈) 마산공고 1958.10.16

대회	연도	소속	출전	교체	득점	도움	파울	경고	퇴장
BC	1983	국민은행	15	3	1	1	9	2	0
	1984	국민은행	28	3	3	3	12	0	0
	1985	럭키금성	19	6	1	0	20	0	0
	1986	럭키금성	30	5	1	0	20	1	0
	1987	럭키금성	10	4	0	0	4	1	0
	1988	럭키금성	7	4	0	0	4	0	0
	합계		109	25	6	4	69	4	0
프로통산			109	25	6	4	69	4	0

이비니(Bernie Alpha Ibini-Isei) 오스트레일리아 1992.09.12

대회	연도	소속	출전	교체	득점	도움	파울	경고	퇴장
K1	2019	전북	13	11	1	1	7	0	0
	합계		13	11	1	1	7	0	0
프로통산			13	11	1	1	7	0	0

이삭(Victor Issac Acosta) 아르헨티나 1986.12.04

대회	연도	소속	출전	교체	득점	도움	파울	경고	퇴장
BC	2010	대구	3	3	0	0	7	0	0
	합계		3	3	0	0	7	0	0
프로통산			3	3	0	0	7	0	0

이상규(李相奎) 광운대 1977.09.05

대회	연도	소속	출전	교체	득점	도움	파울	경고	퇴장
BC	2000	대전	6	6	0	0	1	0	0
	2001	대전	11	7	0	0	11	1	0
	2002	대전	2	1	0	0	1	0	0
	합계		19	14	0	0	13	1	0
프로통산			19	14	0	0	13	1	0

이상기(李相基) 성균관대 1987.03.08

대회	연도	소속	출전	교체	실점	도움	파울	경고	퇴장
BC	2011	상주	4	1	7	0	0	0	0
	2012	상주	6	1	10	0	0	1	0
	합계		10	2	17	0	0	1	0
K1	2013	수원	1	0	0	0	0	0	0
	합계		1	0	0	0	0	0	0
K2	2013	상주	0	0	0	0	0	0	0
	2014	수원FC	19	1	28	0	0	2	0
	2015	수원FC	1	0	2	0	0	0	0
	2015	강원	12	3	15	0	0	1	0
	2016	서울E	1	0	3	0	0	0	0
	2017	서울E	0	0	0	0	0	0	0
	합계		33	4	48	0	0	3	0
프로통산			44	6	65	0	0	4	0

이상기(李相基) 영남대 1996.05.07

대회	연도	소속	출전	교체	득점	도움	파울	경고	퇴장
K1	2017	포항	28	28	2	3	14	3	0
	2018	포항	28	12	1	1	25	7	0
	2019	포항	16	5	0	0	22	3	1
	2020	상주	9	4	1	0	12	2	0
	2021	대구	2	2	0	0	0	0	0
	합계		83	51	4	4	73	15	1
K2	2021	김천	3	1	0	0	3	0	0
	2022	광주	28	22	1	1	25	1	0
	합계		31	23	1	1	28	1	0
프로통산			114	74	5	5	101	16	1

이상기(李相紀) 관동대 1970.03.20

대회	연도	소속	출전	교체	득점	도움	파울	경고	퇴장
BC	1992	포항제철	8	7	0	0	10	0	0
	합계		8	7	0	0	10	0	0
프로통산			8	7	0	0	10	0	0

이상덕(李相德) 동아대 1986.11.05

대회	연도	소속	출전	교체	득점	도움	파울	경고	퇴장
BC	2009	대구	7	3	3	0	2	0	0
	2010	대구	26	6	1	1	31	3	0
	2011	대구	16	1	1	0	18	3	0
	합계		49	10	5	1	51	6	0
프로통산			49	10	5	1	51	6	0

이상돈(李相燉) 울산대 1985.08.12

대회	연도	소속	출전	교체	득점	도움	파울	경고	퇴장
BC	2008	울산	8	5	0	0	15	1	0
	2009	울산	8	7	0	1	11	2	0
	2010	수원	5	2	1	0	2	2	0
	2010	강원	16	1	0	1	12	1	0
	2011	강원	23	1	0	2	24	2	0
	2012	강원	11	4	0	0	8	1	0
	합계		71	20	1	4	72	9	0
K2	2015	고양	32	1	1	0	18	3	0
	2016	고양	38	7	0	1	24	2	0
	합계		70	8	1	1	42	5	0
프로통산			141	28	2	5	114	14	0

이상래(李相來) 중앙고 1961.07.12

대회	연도	소속	출전	교체	득점	도움	파울	경고	퇴장
BC	1984	럭키금성	15	15	0	0	9	1	0
	1985	럭키금성	21	6	7	5	17	0	0
	1986	럭키금성	35	11	7	6	39	1	0
	1987	럭키금성	19	8	0	1	24	0	0
	1988	유공	15	8	0	0	24	3	0
	합계		105	48	14	12	113	5	0
프로통산			105	48	14	12	113	5	0

이상민(李尙旻) 고려대 1995.05.02

대회	연도	소속	출전	교체	득점	도움	파울	경고	퇴장
K1	2017	수원	3	3	0	0	1	0	0
	2019	수원	1	0	0	0	5	2	0
	2020	수원	6	3	0	0	10	1	0
	합계		10	6	0	0	16	3	0
K2	2018	수원FC	12	6	0	0	13	2	0
	2021	안산	35	0	4	6	54	5	0
	2022	안산	36	3	5	2	56	3	0
	합계		83	9	9	8	123	10	0
프로통산			93	15	9	8	139	13	0

이상민(李相珉) 숭실대 1998.01.01

대회	연도	소속	출전	교체	득점	도움	파울	경고	퇴장
K1	2018	울산	0	0	0	0	0	0	0
	2022	서울	25	3	1	4	23	3	0
	합계		25	3	1	4	23	3	0
K2	2020	서울E	26	0	0	2	22	0	0
	2021	서울E	28	2	1	1	29	9	0
	합계		54	2	1	3	51	9	0
프로통산			79	5	2	7	74	12	0

이상민(李相旻) 중앙대 1999.08.30

대회	연도	소속	출전	교체	득점	도움	파울	경고	퇴장
K2	2020	충남아산	4	3	1	0	2	0	0
	2021	충남아산	23	6	0	0	23	5	1
	2022	충남아산	36	0	1	0	31	3	0
	합계		63	9	2	0	56	8	1
프로통산			63	9	2	0	56	8	1

이상민(李相敏) 묵호중 1986.09.14

대회	연도	소속	출전	교체	득점	도움	파울	경고	퇴장
BC	2008	경남	7	6	0	0	11	1	0
	합계		7	6	0	0	11	1	0
프로통산			7	6	0	0	11	1	0

이상석(李相錫) 고려대 1985.01.06

대회	연도	소속	출전	교체	득점	도움	파울	경고	퇴장
BC	2007	대구	1	1	0	0	1	0	0
	합계		1	1	0	0	1	0	0
프로통산			1	1	0	0	1	0	0

이상수(李上水) 포항제철고 1999.03.08

대회	연도	소속	출전	교체	득점	도움	파울	경고	퇴장
K2	2020	충남아산	3	1	0	0	0	0	0
	2021	충남아산	1	1	0	0	0	0	0
	합계		4	2	0	0	0	0	0
프로통산			4	2	0	0	0	0	0

이상용(李相龍) 전주대 1994.03.19

대회	연도	소속	출전	교체	득점	도움	파울	경고	퇴장
K2	2017	안양	24	1	1	1	30	7	0
	2018	안양	13	1	2	0	15	1	0
	2019	안양	12	4	0	0	11	4	0
	2020	안양	12	5	0	0	11	2	0
	2021	안양	1	1	0	0	0	1	0
	2022	안양	11	8	0	0	2	0	0
	합계		73	20	3	1	69	15	0
프로통산			73	20	3	1	69	15	0

이상용(李相龍) 고려대 1961.01.25

대회	연도	소속	출전	교체	득점	도움	파울	경고	퇴장
BC	1984	유공	11	5	2	0	8	0	0
	1985	유공	7	6	0	0	4	1	0
	1987	유공	5	5	0	0	4	0	0
	합계		23	16	2	0	16	1	0
프로통산			23	16	2	0	16	1	0

이상용(李相龍) 조선대 1963.04.29

대회	연도	소속	출전	교체	득점	도움	파울	경고	퇴장
BC	1985	럭키금성	5	5	0	0	4	0	0
	1986	럭키금성	5	6	0	0	4	0	0
	1987	유공	1	1	0	0	0	0	0
	합계		11	12	0	0	8	0	0
프로통산			11	12	0	0	8	0	0

이상용(李相容) 연세대 1986.01.09

대회	연도	소속	출전	교체	득점	도움	파울	경고	퇴장
BC	2008	전남	1	1	0	0	0	0	0
	합계		1	1	0	0	0	0	0
프로통산			1	1	0	0	0	0	0

이상우(李相雨) 홍익대 1985.04.10

대회	연도	소속	출전	교체	득점	도움	파울	경고	퇴장
BC	2008	서울	3	3	0	0	2	1	0
	합계		3	3	0	0	2	1	0
K2	2013	안양	18	2	2	1	16	3	0
	2016	안양	20	5	1	3	16	5	0
	합계		38	7	3	4	32	8	0
프로통산			41	10	3	4	34	9	0

이상우(李相禹) 한양대 1976.08.01

대회	연도	소속	출전	교체	실점	도움	파울	경고	퇴장
BC	1999	안양LG	0	0	0	0	0	0	0
	합계		0	0	0	0	0	0	0
프로통산			0	0	0	0	0	0	0

이상욱(李相旭) 호남대 1990.03.09

대회	연도	소속	출전	교체	실점	도움	파울	경고	퇴장
K1	2014	수원	0	0	0	0	0	0	0
	2015	수원	0	0	0	0	0	0	0
	2016	수원	0	0	0	0	0	0	0
	합계		0	0	0	0	0	0	0
K2	2017	수원FC	24	0	33	0	0	0	0
	2018	수원FC	5	0	14	0	0	0	0
	2022	김포	29	0	40	0	1	3	1
	합계		58	0	87	0	1	3	1
프로통산			58	0	87	0	1	3	1

이상욱(李商旭) 연세대 1973.05.27

대회	연도	소속	출전	교체	득점	도움	파울	경고	퇴장
BC	1999	수원	5	5	0	0	3	0	0
	합계		5	5	0	0	3	0	0
프로통산			5	5	0	0	3	0	0

이상원(李相元) 아주대 1991.04.24

대회	연도	소속	출전	교체	득점	도움	파울	경고	퇴장
K2	2014	안양	2	2	0	0	2	1	0
	합계		2	2	0	0	2	1	0
프로통산			2	2	0	0	2	1	0

이상윤(李相潤) 건국대 1969.04.10

대회	연도	소속	출전	교체	득점	도움	파울	경고	퇴장
BC	1990	일화	14	7	4	1	16	1	0
	1991	일화	35	15	15	5	41	4	0
	1992	일화	35	22	12	2	35	3	0
	1993	일화	32	15	7	6	34	3	0
	1994	일화	31	15	6	5	29	2	0
	1995	일화	24	16	1	5	39	2	0
	1996	천안일화	25	16	5	7	28	1	0
	1997	천안일화	12	0	1	0	19	2	0
	1998	천안일화	13	1	3	0	36	3	1
	1999	천안일화	16	5	3	2	17	2	0
	2000	성남일화	36	14	13	6	44	4	0
	2001	부천SK	20	20	1	4	17	0	0
	합계		293	146	71	43	355	27	1
프로통산			293	146	71	43	355	27	1

이상일(李相一) 중앙대 1979.05.25

대회	연도	소속	출전	교체	득점	도움	파울	경고	퇴장
BC	2003	대구	28	7	2	1	43	2	0
	2004	대구	17	4	1	3	18	2	0
	2005	대구	14	14	1	0	10	1	0
	2006	대구	32	14	1	4	49	5	0
	2007	전남	16	6	0	1	16	2	0
	2008	전남	18	7	1	0	22	3	0
	합계		125	52	6	9	158	15	0
프로통산			125	52	6	9	158	15	0

이상준(李常俊) 개성고 1999.10.14

대회	연도	소속	출전	교체	득점	도움	파울	경고	퇴장
K1	2020	부산	16	7	0	0	13	1	0
	합계		16	7	0	0	13	1	0
K2	2018	부산	1	1	0	0	0	0	0
	2019	부산	4	0	1	1	3	0	0
	2021	부산	7	1	0	0	4	2	0
	합계		12	2	1	1	7	2	0
프로통산			28	9	1	1	20	3	0

이상철(李相哲) 고려대 1958.08.04

대회	연도	소속	출전	교체	득점	도움	파울	경고	퇴장
BC	1984	현대	12	9	2	2	4	0	0
	1985	현대	15	7	5	0	12	0	0
	1986	현대	28	16	7	3	28	2	0
	1987	현대	28	13	8	1	16	2	0
	합계		83	45	22	6	60	4	0
프로통산			83	45	22	6	60	4	0

이상태(李相泰) 대구대 1977.10.25

대회	연도	소속	출전	교체	득점	도움	파울	경고	퇴장
BC	2000	수원	4	3	0	0	4	2	0
	2004	수원	10	5	0	0	22	3	0
	2005	수원	1	1	0	0	0	0	0
	2006	수원	5	4	0	0	9	0	0
	2006	경남	5	4	0	0	7	2	0
	합계		25	17	0	0	42	7	0
프로통산			25	17	0	0	42	7	0

이상헌(李尙憲) 현대고 1998.02.26

대회	연도	소속	출전	교체	득점	도움	파울	경고	퇴장
K1	2017	울산	0	0	0	0	0	0	0
	2018	울산	2	2	0	0	2	0	0
	2018	전남	21	19	5	2	15	4	0
	2019	울산	5	5	1	0	6	0	0
	2020	울산	8	8	1	0	8	1	0
	합계		36	34	7	2	31	5	0
K2	2021	부산	33	27	3	3	30	3	0
	2022	부산	31	19	7	3	34	7	0
	합계		64	46	10	6	64	10	0
프로통산			100	80	17	8	95	15	0

이상헌(李相憲) 동국대 1975.10.11

대회	연도	소속	출전	교체	득점	도움	파울	경고	퇴장
BC	1998	안양LG	3	3	0	0	3	0	0
	1999	안양LG	19	4	0	0	34	6	0
	2000	안양LG	31	8	2	0	58	6	0
	2001	안양LG	1	1	0	0	3	1	0
	2002	안양LG	1	1	0	0	1	1	0
	2003	안양LG	20	5	1	1	46	4	0
	2004	인천	20	8	1	0	35	3	0
	2005	인천	8	6	1	0	6	1	0
	2006	인천	11	2	1	0	21	1	1
	합계		114	38	6	1	207	23	1
프로통산			114	38	6	1	207	23	1

이상현(李相賢) 진주고 1996.03.13

대회	연도	소속	출전	교체	득점	도움	파울	경고	퇴장
K2	2015	경남	12	9	1	0	7	0	0
	2016	경남	0	0	0	0	0	0	0
	2017	경남	1	1	0	0	0	0	0
	합계		13	10	1	0	7	0	0
프로통산			13	10	1	0	7	0	0

이상협(李相協) 고려대 1990.01.01

대회	연도	소속	출전	교체	득점	도움	파울	경고	퇴장
K1	2013	서울	5	4	0	0	4	0	0
	2014	서울	21	19	1	0	16	2	0
	2015	서울	10	11	0	0	7	0	0
	2016	서울	3	3	0	0	3	0	0
	2017	인천	20	8	0	0	15	1	0
	2018	상주	5	4	0	0	4	1	0
	2019	상주	3	3	0	0	1	0	0
	합계		67	52	1	0	50	4	0
프로통산			67	52	1	0	50	4	0

이상협(李相俠) 동북고 1986.08.03

대회	연도	소속	출전	교체	득점	도움	파울	경고	퇴장
BC	2006	서울	2	1	1	0	8	0	0
	2007	서울	24	19	6	2	60	5	0
	2008	서울	17	16	3	1	19	3	0
	2009	서울	21	19	2	1	26	5	0
	2010	제주	17	14	6	1	29	4	0
	2011	제주	3	3	0	0	5	1	0
	2011	대전	7	7	1	0	6	1	1
	2012	상주	9	6	3	1	20	3	0
	합계		100	85	22	6	173	22	1
K1	2014	상주	1	1	0	0	1	1	0
	2014	전북	23	22	3	0	17	0	0
	2015	전북	8	8	0	0	4	2	0
	2015	성남	3	3	0	0	1	0	0
	합계		35	34	3	0	23	3	0
K2	2013	상주	29	25	15	3	34	3	0
	2016	경남	1	1	0	0	0	0	0
	합계		30	26	15	3	34	3	0
승	2013	상주	2	2	2	0	1	0	0
	합계		2	2	2	0	1	0	0
프로통산			167	147	42	9	231	28	1

이상호(李尙浩) 단국대 1981.11.18

대회	연도	소속	출전	교체	득점	도움	파울	경고	퇴장
BC	2004	부천SK	0	0	0	0	0	0	0
	2005	부천SK	27	1	0	1	44	4	0
	2006	제주	23	0	1	0	33	4	1
	2007	제주	30	1	0	0	33	8	0
	2008	제주	20	6	0	0	17	6	1
	2009	제주	30	10	0	0	39	6	1
	2010	제주	33	4	0	1	37	4	0
	2011	전남	9	2	0	0	7	0	0
	합계		188	27	1	2	229	35	3
K1	2013	전남	3	1	0	0	1	0	0
	합계		3	1	0	0	1	0	0
프로통산			191	28	1	2	230	35	3

이상호(李相湖) 울산대 1987.05.09

대회	연도	소속	출전	교체	득점	도움	파울	경고	퇴장
BC	2006	울산	17	9	2	2	39	4	0
	2007	울산	22	14	4	1	49	3	0
	2008	울산	20	7	5	0	50	4	0
	2009	수원	20	10	1	1	32	1	0
	2010	수원	20	9	1	3	29	3	0
	2011	수원	29	13	6	3	51	5	0
	2012	전남	16	3	0	0	19	3	0
	2012	수원	16	2	2	0	25	4	0
	합계		144	64	21	10	275	24	0
K1	2014	상주	17	5	5	2	18	2	0
	2014	수원	9	8	1	1	10	0	0
	2015	수원	30	17	5	2	30	3	0
	2016	수원	29	15	4	2	34	2	0
	2017	서울	28	14	3	1	27	1	0
	2018	서울	23	16	2	1	26	2	0
	합계		136	75	20	9	145	10	0
K2	2013	상주	21	10	3	4	36	1	0
	합계		21	10	3	4	36	1	0
승	2013	상주	2	2	1	1	2	0	0
	합계		2	2	1	1	2	0	0
프로통산			303	151	45	24	458	35	0

이상홍(李相洪) 연세대 1979.02.04

대회	연도	소속	출전	교체	득점	도움	파울	경고	퇴장
BC	2003	부천SK	11	4	0	1	33	3	0
	2004	부천SK	22	8	0	0	56	3	0
	2005	부천SK	6	1	0	1	12	1	0
	2006	제주	25	18	0	0	35	1	0
	2007	경남	31	1	0	0	57	3	0
	2008	경남	26	5	0	1	47	4	0
	2009	경남	24	3	0	0	51	4	0
	2010	전남	25	5	0	1	65	6	0
	2011	부산	11	3	0	0	9	3	0
	합계		181	48	0	4	365	28	0
프로통산			181	48	0	4	365	28	0

이상희(李祥喜) 홍익대 1988.05.18

대회	연도	소속	출전	교체	득점	도움	파울	경고	퇴장
BC	2011	대전	6	2	0	0	11	1	1
	합계		6	2	0	0	11	1	1
K1	2014	인천	0	0	0	0	0	0	0
	합계		0	0	0	0	0	0	0
프로통산			6	2	0	0	11	1	1

이석(李錫) 전주대 1979.02.01

대회	연도	소속	출전	교체	득점	도움	파울	경고	퇴장
BC	2001	전북	8	8	1	0	3	0	0
	2002	대전	11	10	0	0	9	0	0
	합계		19	18	1	0	12	0	0
프로통산			19	18	1	0	12	0	0

이석경(李錫景) 경희대 1969.01.19

대회	연도	소속	출전	교체	득점	도움	파울	경고	퇴장
BC	1991	유공	3	3	0	0	2	0	0
	1991	포항제철	4	4	0	0	2	0	0
	1992	유공	3	3	0	0	0	0	0
	1993	유공	5	5	0	0	5	0	0
	1994	유공	12	12	0	0	12	0	0
	1995	유공	15	6	2	0	19	5	0
	1996	부천유공	7	6	1	2	6	2	0
	1997	부천SK	12	12	0	0	12	1	0
	1998	천안일화	28	17	9	3	44	4	0
	1999	천안일화	15	14	4	1	17	2	0
	2000	성남일화	3	4	0	0	1	0	0
	합계		107	86	16	6	120	14	0
프로통산			107	86	16	6	120	14	0

이석규(李石圭) 인천대 1999.12.14

대회	연도	소속	출전	교체	득점	도움	파울	경고	퇴장
K1	2021	포항	5	5	0	0	5	0	0
	합계		5	5	0	0	5	0	0
프로통산			5	5	0	0	5	0	0

이석종(李碩鐘) 광운대 1960.02.20

대회	연도	소속	출전	교체	득점	도움	파울	경고	퇴장
BC	1984	한일은행	6	4	0	0	5	0	0
	합계		6	4	0	0	5	0	0
프로통산			6	4	0	0	5	0	0

이석현(李碩賢) 선문대 1990.06.13

대회	연도	소속	출전	교체	득점	도움	파울	경고	퇴장
K1	2013	인천	33	15	7	3	19	1	0
	2014	인천	25	21	1	1	6	0	0
	2015	서울	9	9	0	0	4	0	0
	2016	서울	20	14	2	0	13	1	0
	2017	서울	17	10	1	0	10	0	0
	2018	서울	3	3	0	0	1	0	0
	2018	포항	18	4	5	4	11	1	0
	2019	포항	16	15	2	0	9	0	0
	합계		141	91	18	8	73	3	0
K2	2021	전남	10	8	1	0	4	0	0
	2022	전남	12	9	0	0	6	0	0
	합계		22	17	1	0	10	0	0
프로통산			163	108	19	8	83	3	0

이선걸(李善傑) 가톨릭관동대 1997.08.06

대회	연도	소속	출전	교체	득점	도움	파울	경고	퇴장
K2	2019	안양	11	8	1	1	7	2	0
	2020	안양	16	10	1	2	11	1	0
	2021	안양	2	1	0	0	1	0	0
	2022	전남	1	1	0	0	1	0	0
	합계		30	20	2	3	20	3	0
프로통산			30	20	2	3	20	3	0

이선우(李善雨) 일본 모모야마대 1978.04.01

대회	연도	소속	출전	교체	득점	도움	파울	경고	퇴장
BC	2002	수원	7	8	0	1	12	0	0
	2003	수원	3	3	0	0	3	0	0
	2006	수원	3	4	0	0	2	0	0
	합계		13	15	0	1	17	0	0
프로통산			13	15	0	1	17	0	0

이선유(李善有) 한양대 2001.03.05

대회	연도	소속	출전	교체	득점	도움	파울	경고	퇴장
K2	2022	대전	3	3	0	0	1	0	0
	합계		3	3	0	0	1	0	0
프로통산			3	3	0	0	1	0	0

이선재(李善宰) 대구대 1972.03.28

대회	연도	소속	출전	교체	득점	도움	파울	경고	퇴장
BC	1997	부산	1	0	0	0	2	0	0
	1999	부산	0	0	0	0	0	0	0
	합계		1	0	0	0	2	0	0
프로통산			1	0	0	0	2	0	0

이성길(李聖吉) 동아대 1958.04.20

대회	연도	소속	출전	교체	득점	도움	파울	경고	퇴장
BC	1983	국민은행	9	5	0	0	4	0	0
	1985	상무	5	4	0	1	4	0	0
	합계		14	9	0	1	8	0	0
프로통산			14	9	0	1	8	0	0

이성덕(李成德) 동국대 1976.05.09

대회	연도	소속	출전	교체	득점	도움	파울	경고	퇴장
BC	1999	울산	4	5	0	0	1	1	0
	2000	울산	0	0	0	0	0	0	0
	합계		4	5	0	0	1	1	0
프로통산			4	5	0	0	1	1	0

이성민(李性旻) 제주국제대 1998.06.29

대회	연도	소속	출전	교체	득점	도움	파울	경고	퇴장
K2	2021	안산	1	1	0	0	0	0	0
	합계		1	1	0	0	0	0	0
프로통산			1	1	0	0	0	0	0

이성민(李聖敏) 호남대 1986.05.16

대회	연도	소속	출전	교체	득점	도움	파울	경고	퇴장
BC	2009	강원	16	15	2	0	28	2	0
	2011	대구	1	1	0	0	2	1	0
	합계		17	16	2	0	30	3	0
프로통산			17	16	2	0	30	3	0

이성우(安成佑) 단국대 1992.07.11

대회	연도	소속	출전	교체	득점	도움	파울	경고	퇴장
K1	2015	인천	7	8	0	0	3	0	0
	합계		7	8	0	0	3	0	0
프로통산			7	8	0	0	3	0	0

이성운(李城芸) 경기대 1978.12.25

대회	연도	소속	출전	교체	득점	도움	파울	경고	퇴장
BC	2001	성남일화	0	0	0	0	0	0	0
	2002	성남일화	1	1	0	0	2	0	0
	2003	성남일화	10	10	0	0	17	0	0
	2004	성남일화	4	4	0	0	5	1	0
	2007	대전	24	14	0	2	51	4	0
	2008	대전	26	7	1	0	57	6	0
	2009	대전	16	10	1	0	25	1	0
	2011	부산	6	6	0	0	7	2	0
	2012	부산	9	7	0	0	10	1	0
	합계		96	59	2	2	174	15	0
K1	2013	부산	1	0	0	0	1	0	0
	합계		1	0	0	0	1	0	0
프로통산			97	59	2	2	175	15	0

이성윤(李聖允) 영생고 2000.10.31

대회	연도	소속	출전	교체	득점	도움	파울	경고	퇴장
K1	2019	전북	0	0	0	0	0	0	0
	2020	전북	5	5	1	0	6	0	0
	2021	전북	10	10	1	0	10	0	0
	합계		15	15	2	0	16	0	0
K2	2022	서울E	8	8	1	0	8	1	0
	합계		8	8	1	0	8	1	0

대회	연도	소속	출전	교체	득점	도움	파울	경고	퇴장
프로통산			23	23	3	0	24	1	0

이성재(李成宰) 고양고 1987.09.16

대회	연도	소속	출전	교체	득점	도움	파울	경고	퇴장
BC	2007	포항	0	0	0	0	0	0	0
	2008	포항	1	1	0	0	0	1	0
	2009	인천	1	1	0	0	1	0	0
	2010	포항	5	5	0	0	6	0	0
	2011	상주	12	12	2	0	17	3	0
	2012	상주	17	17	3	1	12	0	0
	합계		36	36	5	1	36	4	0
K2	2013	수원FC	6	6	0	0	7	1	0
	2014	고양	15	13	2	0	25	5	0
	합계		21	19	2	0	32	6	0
프로통산			57	55	7	1	68	10	0

이성재(李晟宰) 선문대 1995.05.07

대회	연도	소속	출전	교체	득점	도움	파울	경고	퇴장
K2	2017	성남	18	14	0	0	19	4	0
	합계		18	14	0	0	19	4	0
프로통산			18	14	0	0	19	4	0

이성재(李成宰) 고려대 1976.05.16

대회	연도	소속	출전	교체	득점	도움	파울	경고	퇴장
BC	1999	부천SK	32	32	9	2	41	1	0
	2000	부천SK	39	37	7	2	46	2	0
	2001	부천SK	9	8	1	0	8	0	0
	2002	부천SK	15	8	1	0	35	3	0
	2003	부천SK	20	17	1	0	15	0	0
	2004	부산	18	14	2	2	20	1	0
	2006	울산	6	4	0	0	7	0	0
	합계		139	120	21	6	172	7	0
프로통산			139	120	21	6	172	7	0

이성주(李聖柱) 동국대 1999.04.03

대회	연도	소속	출전	교체	실점	도움	파울	경고	퇴장
K1	2021	수원	0	0	0	0	0	0	0
	2022	수원	0	0	0	0	0	0	0
	합계		0	0	0	0	0	0	0
프로통산			0	0	0	0	0	0	0

이성현(李聖賢) 연세대 1989.10.09

대회	연도	소속	출전	교체	득점	도움	파울	경고	퇴장
K1	2013	제주	3	1	0	0	4	0	0
	합계		3	1	0	0	4	0	0
프로통산			3	1	0	0	4	0	0

이성환(李星煥) 건국대 1984.05.28

대회	연도	소속	출전	교체	득점	도움	파울	경고	퇴장
BC	2007	대구	0	0	0	0	0	0	0
	합계		0	0	0	0	0	0	0
프로통산			0	0	0	0	0	0	0

이세인(李世仁) 한양대 1980.06.16

대회	연도	소속	출전	교체	득점	도움	파울	경고	퇴장
BC	2005	대전	3	2	0	0	4	0	0
	2006	대전	10	4	0	0	21	3	0
	2007	대전	8	3	0	0	14	4	0
	2008	부산	5	4	0	0	6	1	0
	2009	강원	10	2	1	0	4	0	0
	합계		36	15	1	0	49	8	0
프로통산			36	15	1	0	49	8	0

이세주(李世周) 주엽공고 1987.10.02

대회	연도	소속	출전	교체	득점	도움	파울	경고	퇴장
BC	2006	인천	1	1	0	0	0	0	0
	2007	인천	4	2	0	0	2	0	0
	2008	인천	3	1	0	0	2	1	0
	2009	인천	13	4	0	1	18	3	0
	2010	인천	15	8	1	0	10	2	0
	합계		36	16	1	1	32	6	0
프로통산			36	16	1	1	32	6	0

이세준(李世俊) 포철공고 1984.07.24

대회	연도	소속	출전	교체	득점	도움	파울	경고	퇴장
BC	2004	포항	5	5	0	1	3	0	0
	합계		5	5	0	1	3	0	0
프로통산			5	5	0	1	3	0	0

이세환(李世煥) 고려대 1986.04.21

대회	연도	소속	출전	교체	득점	도움	파울	경고	퇴장
BC	2008	울산	16	13	0	0	15	3	0
	2009	울산	7	3	0	1	10	1	0
	합계		23	16	0	1	25	4	0
K2	2013	고양	25	4	3	0	27	4	0
	2014	고양	25	3	1	0	28	5	0
	합계		50	7	4	0	55	9	0
프로통산			73	23	4	1	80	13	0

이수길(李秀吉) 경일대 1979.04.09

대회	연도	소속	출전	교체	득점	도움	파울	경고	퇴장
K2	2013	수원FC	9	6	0	0	9	1	0
	합계		9	6	0	0	9	1	0
프로통산			9	6	0	0	9	1	0

이수빈(李秀彬) 포항제철고 2000.05.07

대회	연도	소속	출전	교체	득점	도움	파울	경고	퇴장
K1	2019	포항	28	10	1	1	54	5	0
	2020	전북	4	4	0	0	2	0	0
	2021	포항	24	20	0	1	23	4	0
	2022	포항	32	24	0	1	31	7	0
	합계		88	58	1	3	110	16	0
프로통산			88	58	1	3	110	16	0

이수철(李壽澈) 영남대 1966.05.20

대회	연도	소속	출전	교체	득점	도움	파울	경고	퇴장
BC	1989	현대	27	15	4	1	24	2	0
	1990	현대	3	3	0	0	1	0	0
	1991	현대	8	7	1	0	2	1	0
	1992	현대	7	8	2	0	1	0	0
	1993	현대	26	18	1	2	23	3	0
	1994	현대	13	3	1	1	14	1	0
	1995	현대	7	7	0	0	1	0	0
	합계		91	61	9	4	66	7	0
프로통산			91	61	9	4	66	7	0

이수철(李洙澈) 단국대 1979.05.26

대회	연도	소속	출전	교체	득점	도움	파울	경고	퇴장
BC	2002	전북	1	1	0	0	1	0	0
	합계		1	1	0	0	1	0	0
프로통산			1	1	0	0	1	0	0

이수환(李受奐) 포철공고 1984.03.03

대회	연도	소속	출전	교체	득점	도움	파울	경고	퇴장
BC	2004	포항	6	4	0	0	5	0	0
	2005	포항	1	1	0	0	0	0	0
	2006	포항	0	0	0	0	0	0	0
	2008	광주상무	1	1	0	0	1	0	0
	합계		8	6	0	0	6	0	0
프로통산			8	6	0	0	6	0	0

이순민(李淳敏) 영남대 1994.05.22

대회	연도	소속	출전	교체	득점	도움	파울	경고	퇴장
K1	2017	광주	0	0	0	0	0	0	0
	2020	광주	2	0	0	0	5	2	0
	2021	광주	28	22	1	1	31	3	0
	합계		30	22	1	1	36	5	0
K2	2022	광주	32	14	2	0	36	8	0
	합계		32	14	2	0	36	8	0
프로통산			62	36	3	1	72	13	0

이순석(李淳碩) 여의도고 1991.12.22

대회	연도	소속	출전	교체	득점	도움	파울	경고	퇴장
K2	2013	부천	6	4	0	0	12	2	0
	합계		6	4	0	0	12	2	0
프로통산			6	4	0	0	12	2	0

이순우(李淳雨) 건국대 1974.08.23

대회	연도	소속	출전	교체	득점	도움	파울	경고	퇴장
BC	1999	부천SK	0	0	0	0	0	0	0
	합계		0	0	0	0	0	0	0
프로통산			0	0	0	0	0	0	0

이순행(李順行) 국민대 1974.04.02

대회	연도	소속	출전	교체	득점	도움	파울	경고	퇴장
BC	2000	포항	6	6	0	0	7	0	0
	합계		6	6	0	0	7	0	0
프로통산			6	6	0	0	7	0	0

이스칸데로프(Jamshid Iskanderov) 우즈베키스탄 1993.10.16

대회	연도	소속	출전	교체	득점	도움	파울	경고	퇴장
K1	2020	성남	21	9	0	2	10	0	0
	2021	성남	25	21	1	4	14	1	0
	합계		46	30	1	6	24	1	0
프로통산			46	30	1	6	24	1	0

이스트반(Nyúl István) 헝가리 1961.02.25

대회	연도	소속	출전	교체	득점	도움	파울	경고	퇴장
BC	1990	럭키금성	6	4	2	0	10	0	0
	합계		6	4	2	0	10	0	0
프로통산			6	4	2	0	10	0	0

이슬기(李슬기) 동국대 1986.09.24

대회	연도	소속	출전	교체	득점	도움	파울	경고	퇴장
BC	2009	대구	29	1	3	7	50	4	0
	2010	대구	23	20	1	4	36	2	0
	2011	포항	5	3	0	0	12	2	0
	2012	대전	1	1	0	0	0	0	0
	합계		58	25	4	11	98	8	0
K1	2013	대전	4	2	0	0	7	1	0
	2015	인천	1	0	0	0	3	0	0
	합계		5	2	0	0	10	1	0
K2	2016	안양	2	2	0	0	2	1	0
	합계		2	2	0	0	2	1	0
프로통산			65	29	4	11	110	10	0

이슬찬(李슬찬) 광양제철고 1993.08.15

대회	연도	소속	출전	교체	득점	도움	파울	경고	퇴장
BC	2012	전남	4	4	0	0	6	0	0
	합계		4	4	0	0	6	0	0
K1	2013	전남	3	3	0	0	3	0	0
	2014	전남	1	1	0	0	1	0	0
	2015	전남	22	9	0	0	40	7	0
	2016	전남	14	8	0	1	14	3	0
	2017	전남	33	2	4	2	28	10	0
	2018	전남	28	4	0	2	18	4	1
	합계		101	27	4	5	104	24	1
K2	2019	전남	20	3	0	1	17	3	0
	2020	대전	17	7	0	1	16	1	0
	2021	대전	0	0	0	0	0	0	0
	합계		37	10	0	2	33	4	0
프로통산			142	41	4	7	143	28	1

이승규(李承圭) 선문대 1992.07.27

대회	연도	소속	출전	교체	실점	도움	파울	경고	퇴장
K1	2019	강원	0	0	0	0	0	0	0
	합계		0	0	0	0	0	0	0
K2	2015	고양	1	1	0	0	0	0	0
	2016	고양	3	0	8	0	0	0	0
	합계		4	1	8	0	0	0	0
프로통산			4	1	8	0	0	0	0

이승규(李承奎) 중앙대 1970.01.17

대회	연도	소속	출전	교체	득점	도움	파울	경고	퇴장
BC	1994	버팔로	35	0	0	1	29	3	0
	1995	전남	1	1	0	0	0	0	0
	합계		36	1	0	1	29	3	0
프로통산			36	1	0	1	29	3	0

이승근(李昇根) 한남대 1981.11.10

대회	연도	소속	출전	교체	득점	도움	파울	경고	퇴장
BC	2004	대구	22	10	0	0	26	4	0
	2005	대구	6	4	0	0	4	1	0
	합계		28	14	0	0	30	5	0
프로통산			28	14	0	0	30	5	0

이승기(李承琪) 울산대 1988.06.02

대회	연도	소속	출전	교체	득점	도움	파울	경고	퇴장
BC	2011	광주	27	4	8	2	33	0	0
	2012	광주	40	6	4	12	49	1	0
	합계		67	10	12	14	82	1	0
K1	2013	전북	21	5	5	3	19	2	0
	2014	전북	26	8	5	10	30	0	0
	2016	상주	15	10	1	1	12	1	0
	2016	전북	4	4	0	1	3	0	0
	2017	전북	31	22	9	3	26	2	0
	2018	전북	27	13	1	6	7	0	0
	2019	전북	25	13	4	5	15	1	0
	2020	전북	24	13	5	2	14	1	0
	2021	전북	27	22	4	4	15	0	0
	2022	전북	16	16	0	1	4	1	0
	합계		216	126	34	36	145	8	0
K2	2015	상주	22	11	5	5	18	1	0
	합계		22	11	5	5	18	1	0
프로통산			305	147	51	55	245	10	0

이승렬(李昇烈) 신갈고 1989.03.06

대회	연도	소속	출전	교체	득점	도움	파울	경고	퇴장
BC	2008	서울	31	24	5	1	43	1	0
	2009	서울	26	20	7	1	33	6	0
	2010	서울	28	21	10	6	32	6	0
	2011	서울	19	20	1	0	22	2	0
	2012	울산	14	9	2	1	24	2	0
	합계		118	94	25	9	154	17	0
K1	2013	성남일화	23	16	3	1	39	6	0
	2014	전북	9	9	0	1	13	2	0
	2015	전북	3	3	0	0	2	1	1
	2016	수원FC	4	3	0	0	8	3	0
	합계		39	31	3	2	62	12	1
프로통산			157	125	28	11	216	29	1

이승렬(李承烈) 한라대 1983.09.28

대회	연도	소속	출전	교체	득점	도움	파울	경고	퇴장
BC	2007	포항	1	1	0	0	0	0	0
	합계		1	1	0	0	0	0	0
프로통산			1	1	0	0	0	0	0

이승모(李勝模) 포항제철고 1998.03.30

대회	연도	소속	출전	교체	득점	도움	파울	경고	퇴장
K1	2017	포항	3	2	0	0	2	1	0
	2019	포항	2	2	0	0	4	0	0
	2020	포항	19	13	2	2	26	4	0
	2021	포항	35	28	1	2	36	1	0
	2022	포항	27	21	1	3	26	7	0
	합계		86	66	4	7	94	13	0
K2	2018	광주	10	10	1	1	4	1	0
	합계		10	10	1	1	4	1	0
프로통산			96	76	5	8	98	14	0

이승목(李昇穆) 관동대(가톨릭관동대) 1984.07.18

대회	연도	소속	출전	교체	득점	도움	파울	경고	퇴장
BC	2007	제주	5	4	0	0	11	1	0
	2010	대전	0	0	0	0	0	0	0
	합계		5	4	0	0	11	1	0
프로통산			5	4	0	0	11	1	0

이승빈(李承鑌/←이희성) 숭실대 1990.05.27

대회	연도	소속	출전	교체	실점	도움	파울	경고	퇴장
K1	2014	울산	9	1	14	0	0	1	0
	2015	울산	1	1	0	0	0	0	0
	합계		10	2	14	0	0	1	0
K2	2018	안산	17	2	19	0	0	2	0
	2019	안산	18	0	25	0	0	0	0
	2020	안산	17	1	20	0	0	3	0
	2021	안산	25	1	29	0	0	2	0
	2022	안산	30	1	45	0	0	2	0
	합계		107	5	138	0	0	9	0
프로통산			117	7	152	0	0	10	0

이승엽 진주고 2000.07.20

대회	연도	소속	출전	교체	득점	도움	파울	경고	퇴장
K1	2019	경남	1	1	0	0	1	0	0
	합계		1	1	0	0	1	0	0
프로통산			1	1	0	0	1	0	0

이승엽(李昇燁) 연세대 1975.10.12

대회	연도	소속	출전	교체	득점	도움	파울	경고	퇴장
BC	1998	포항	11	9	0	1	17	3	0
	1999	포항	25	9	0	1	36	2	0
	2000	포항	26	5	0	2	45	4	0
	2001	포항	29	9	1	0	53	4	0
	2002	포항	22	10	0	1	42	2	1
	2003	부천SK	2	2	0	0	1	0	0
	합계		115	44	1	5	194	15	1
프로통산			115	44	1	5	194	15	1

이승우(李承우) 광성중 1998.01.06

대회	연도	소속	출전	교체	득점	도움	파울	경고	퇴장
K1	2022	수원FC	35	27	14	3	48	7	1
	합계		35	27	14	3	48	7	1
프로통산			35	27	14	3	48	7	1

이승원(李昇元) 숭실대 1986.10.14

대회	연도	소속	출전	교체	득점	도움	파울	경고	퇴장
BC	2010	대전	2	1	0	0	3	0	0
	합계		2	1	0	0	3	0	0
프로통산			2	1	0	0	3	0	0

이승재(李承宰) 홍익대 1998.02.06

대회	연도	소속	출전	교체	득점	도움	파울	경고	퇴장
K1	2020	서울	1	1	0	0	0	0	0
	2022	서울	1	1	0	1	0	0	0
	합계		2	2	0	1	0	0	0
K2	2021	충남아산	16	15	1	1	19	2	0
	2022	충남아산	6	8	0	0	1	0	0
	합계		22	23	1	1	20	2	0
프로통산			24	25	1	2	20	2	0

이승재 광운대 1971.11.02

대회	연도	소속	출전	교체	득점	도움	파울	경고	퇴장
BC	1999	전북	14	14	0	0	9	2	0
	합계		14	14	0	0	9	2	0
프로통산			14	14	0	0	9	2	0

이승준(李承俊) 성균관대 1972.09.01

대회	연도	소속	출전	교체	실점	도움	파울	경고	퇴장
BC	2000	대전	4	1	5	0	0	1	0
	2001	대전	2	0	4	0	0	0	0
	2002	대전	9	0	14	0	0	0	0
	2003	대전	8	1	12	0	0	0	0
	2004	대전	4	0	9	0	0	0	0
	2005	대전	4	1	5	0	0	0	0
	2006	부산	2	0	4	0	0	0	0
	합계		33	3	53	0	0	1	0
프로통산			33	3	53	0	0	1	0

이승태(李承泰) 연세대 1972.03.28

대회	연도	소속	출전	교체	실점	도움	파울	경고	퇴장
BC	1996	부산	9	0	19	0	0	0	0
	합계		9	0	19	0	0	0	0
프로통산			9	0	19	0	0	0	0

이승현(李昇鉉) 한양대 1985.07.25

대회	연도	소속	출전	교체	득점	도움	파울	경고	퇴장
BC	2006	부산	36	22	7	3	38	1	0
	2007	부산	18	15	0	0	16	0	0
	2008	부산	19	14	3	1	20	0	0
	2009	부산	33	20	5	1	42	1	0
	2010	부산	19	16	1	1	14	1	0
	2011	전북	29	21	7	3	27	1	0
	2012	전북	32	24	5	5	25	4	0
	합계		186	132	28	14	182	8	0
K1	2014	상주	17	14	2	2	18	1	0
	2014	전북	7	6	1	0	4	0	0
	2015	전북	10	10	0	0	11	0	0
	2016	수원FC	31	17	6	1	28	1	0
	합계		65	47	9	3	61	2	0
K2	2013	상주	26	22	4	0	17	1	0
	2017	수원FC	34	6	7	1	42	4	0
	2018	수원FC	32	19	0	1	24	1	0
	2019	수원FC	3	2	0	0	1	0	0
	합계		95	49	11	2	84	6	0
승	2013	상주	2	2	1	0	2	0	0
	합계		2	2	1	0	2	0	0
프로통산			348	230	49	19	329	16	0

이승현(李承炫) 홍익대 1995.04.04

대회	연도	소속	출전	교체	득점	도움	파울	경고	퇴장
K2	2017	성남	0	0	0	0	0	0	0
	합계		0	0	0	0	0	0	0
프로통산			0	0	0	0	0	0	0

이승협(李承協) 연세대 1971.04.15

대회	연도	소속	출전	교체	득점	도움	파울	경고	퇴장
BC	1995	포항	10	6	0	1	7	2	0
	1996	포항	2	1	0	0	1	0	0
	1997	포항	8	2	0	0	11	0	0
	1998	포항	20	6	0	0	28	4	0
	합계		40	15	0	1	47	6	0
프로통산			40	15	0	1	47	6	0

이승호(李承鎬) 충북대 1970.08.25

대회	연도	소속	출전	교체	득점	도움	파울	경고	퇴장
BC	1997	대전	18	18	1	0	9	0	0
	합계		18	18	1	0	9	0	0
프로통산			18	18	1	0	9	0	0

이승환(李承桓) 포항제철고 2003.04.05

대회	연도	소속	출전	교체	득점	도움	파울	경고	퇴장
K1	2022	포항	0	0	0	0	0	0	0
	합계		0	0	0	0	0	0	0
프로통산			0	0	0	0	0	0	0

이승희(李承熙) 홍익대 1988.06.10

대회	연도	소속	출전	교체	득점	도움	파울	경고	퇴장
BC	2010	전남	21	7	0	1	22	7	0
	2011	전남	28	2	0	1	56	9	0
	2012	전남	7	4	0	0	6	1	0
	2012	제주	10	6	0	0	19	2	0
	합계		66	19	0	2	103	19	0
K1	2013	전남	33	1	0	1	43	6	0
	2014	전남	31	6	1	0	51	9	0
	2017	포항	13	4	1	0	21	3	0
	합계		77	11	2	1	115	18	0
프로통산			143	30	2	3	218	37	0

이시영(李時榮) 전주대 1997.04.21

대회	연도	소속	출전	교체	득점	도움	파울	경고	퇴장
K1	2021	성남	23	9	0	2	22	3	0
	2022	성남	30	14	0	2	20	3	0
	합계		53	23	0	4	42	6	0
K2	2018	성남	4	3	0	0	1	0	0
	2019	광주	13	1	0	3	17	2	0
	2020	서울E	11	2	0	1	13	3	0
	합계		28	6	0	4	31	5	0
프로통산			81	29	0	8	73	11	0

이시헌(李始憲) 중앙대 1998.05.04

대회	연도	소속	출전	교체	득점	도움	파울	경고	퇴장
K1	2019	전북	0	0	0	0	0	0	0
	2020	전북	2	2	0	0	0	0	0
	합계		2	2	0	0	0	0	0
K2	2019	부천	11	11	0	0	7	0	0
	2021	부천	24	18	4	3	26	4	0
	2022	부천	33	31	4	3	19	1	0
	합계		68	60	8	6	52	5	0
프로통산			70	62	8	6	52	5	0

이시환(李視煥) 풍생고 1998.05.25

대회	연도	소속	출전	교체	실점	도움	파울	경고	퇴장

대회	연도	소속	출전	교체	득점	도움	파울	경고	퇴장
K2	2017	성남	0	0	0	0	0	0	0
	2020	수원FC	1	1	0	0	0	0	0
	합계		1	1	0	0	0	0	0
프로통산			1	1	0	0	0	0	0

이싸빅(李싸빅/←싸빅[Jasenko Sabitović]) 1973.03.29

대회	연도	소속	출전	교체	득점	도움	파울	경고	퇴장
BC	1998	포항	32	6	1	1	62	6	0
	1999	포항	29	0	0	0	47	5	0
	2000	포항	34	1	1	1	46	5	0
	2001	포항	33	0	3	0	59	3	0
	2002	포항	24	4	1	0	83	4	0
	2003	성남일화	33	7	2	1	67	4	0
	2004	성남일화	34	22	0	2	47	4	0
	2005	성남일화	9	1	0	0	17	1	0
	2005	수원	8	1	0	1	34	2	0
	2006	수원	20	7	1	1	22	2	0
	2007	수원	10	3	0	0	25	3	0
	2008	전남	5	2	0	0	9	2	0
	합계		271	54	9	7	518	41	0
프로통산			271	54	9	7	518	41	0

이안(Iain Stuart Fyfe) 오스트레일리아 1982.04.03

대회	연도	소속	출전	교체	득점	도움	파울	경고	퇴장
BC	2011	부산	15	4	1	0	20	1	0
	합계		15	4	1	0	20	1	0
프로통산			15	4	1	0	20	1	0

이양종(李洋鍾) 관동대(가톨릭관동대) 1989.07.17

대회	연도	소속	출전	교체	실점	도움	파울	경고	퇴장
BC	2011	대구	1	0	1	0	0	1	0
	2012	대구	2	1	1	0	0	0	0
	합계		3	1	2	0	0	1	0
K1	2013	대구	24	0	35	0	1	1	0
	2017	대구	3	0	4	0	0	0	0
	합계		27	0	39	0	1	1	0
K2	2014	대구	19	1	21	0	0	0	0
	2015	대구	1	1	0	0	0	0	0
	2016	대구	1	0	1	0	0	0	0
	합계		21	2	22	0	0	0	0
프로통산			51	3	63	0	1	2	0

이여성(李如星) 대신고 1983.01.05

대회	연도	소속	출전	교체	득점	도움	파울	경고	퇴장
BC	2002	수원	3	2	0	0	4	0	0
	2006	부산	11	9	0	0	11	0	0
	2007	부산	24	12	1	4	25	0	0
	2008	대전	26	17	1	1	27	3	0
	2009	대전	4	4	0	0	3	1	0
	합계		68	44	2	5	70	4	0
프로통산			68	44	2	5	70	4	0

이영길(李永吉) 경희대 1957.03.01

대회	연도	소속	출전	교체	득점	도움	파울	경고	퇴장
BC	1983	할렐루야	1	1	0	0	0	0	0
	1984	할렐루야	1	1	0	0	0	0	0
	합계		2	2	0	0	0	0	0
프로통산			2	2	0	0	0	0	0

이영덕(李永德) 동국대 1990.03.18

대회	연도	소속	출전	교체	득점	도움	파울	경고	퇴장
K2	2013	충주	22	13	0	2	22	0	0
	합계		22	13	0	2	22	0	0
프로통산			22	13	0	2	22	0	0

이영배(李映培) 명지대 1975.03.25

대회	연도	소속	출전	교체	득점	도움	파울	경고	퇴장
BC	1999	천안일화	16	16	3	1	22	1	0
	2000	성남일화	2	2	0	0	0	0	0
	합계		18	18	3	1	22	1	0
프로통산			18	18	3	1	22	1	0

이영상(李永相) 한양대 1967.02.24

대회	연도	소속	출전	교체	득점	도움	파울	경고	퇴장
BC	1990	포항제철	18	11	0	0	14	1	0
	1991	포항제철	4	2	0	0	8	0	0
	1992	포항제철	27	12	1	0	36	2	0
	1993	포항제철	27	3	1	0	48	6	0
	1994	포항제철	31	5	1	0	54	8	0
	1995	포항	27	2	1	0	42	4	1
	1996	포항	30	8	2	1	38	7	0
	1997	포항	20	11	0	0	24	3	0
	1998	포항	30	7	0	0	34	6	0
	1999	포항	22	6	0	0	28	3	0
	합계		236	67	6	1	326	40	1
프로통산			236	67	6	1	326	40	1

이영수(李榮洙) 호남대 1978.07.30

대회	연도	소속	출전	교체	득점	도움	파울	경고	퇴장
BC	2001	전남	7	6	0	1	3	0	0
	2002	전남	27	2	0	4	47	1	0
	2003	전남	18	6	0	0	37	3	0
	2004	전남	14	2	0	0	33	4	0
	2007	전남	8	3	0	0	9	2	0
	합계		74	19	0	5	129	10	0
프로통산			74	19	0	5	129	10	0

이영우(李英雨) 동아대 1972.01.19

대회	연도	소속	출전	교체	득점	도움	파울	경고	퇴장
BC	1994	대우	1	0	0	0	1	0	0
	합계		1	0	0	0	1	0	0
프로통산			1	0	0	0	1	0	0

이영익(李榮益) 고려대 1966.08.30

대회	연도	소속	출전	교체	득점	도움	파울	경고	퇴장
BC	1989	럭키금성	39	1	3	0	56	3	0
	1990	럭키금성	26	5	1	2	31	1	0
	1991	LG	17	4	0	0	27	3	0
	1992	LG	9	2	1	1	13	2	0
	1993	LG	33	2	1	0	43	1	0
	1994	LG	2	2	0	0	3	0	0
	1995	LG	32	12	0	3	52	5	0
	1996	안양LG	21	8	0	0	10	1	0
	1997	안양LG	11	7	0	0	6	0	0
	합계		190	43	6	6	241	16	0
프로통산			190	43	6	6	241	16	0

이영재(李英才) 용인대 1994.09.13

대회	연도	소속	출전	교체	득점	도움	파울	경고	퇴장
K1	2015	울산	10	8	1	2	7	0	0
	2017	울산	30	21	2	2	19	4	0
	2018	울산	22	17	2	2	16	3	0
	2019	경남	11	7	2	1	7	1	0
	2019	강원	13	5	6	5	6	0	0
	2020	강원	23	17	2	1	14	3	0
	2021	수원FC	30	17	5	7	21	1	0
	2022	김천	37	17	3	7	17	2	0
	합계		176	109	23	27	107	14	0
K2	2016	부산	17	7	1	2	7	1	0
	합계		17	7	1	2	7	1	0
승	2022	김천	2	1	0	1	1	0	0
	합계		2	1	0	1	1	0	0
프로통산			195	117	24	30	115	15	0

이영준(李泳俊) 신평고 2003.05.23

대회	연도	소속	출전	교체	득점	도움	파울	경고	퇴장
K1	2021	수원FC	13	13	0	1	4	1	0
	2022	수원FC	16	17	1	1	6	0	0
	합계		29	30	1	2	10	1	0
프로통산			29	30	1	2	10	1	0

이영진(李永眞) 인천대 1963.10.27

대회	연도	소속	출전	교체	득점	도움	파울	경고	퇴장
BC	1986	럭키금성	28	6	3	3	19	4	0
	1987	럭키금성	26	11	2	1	18	2	1
	1988	럭키금성	19	0	1	2	37	4	0
	1989	럭키금성	13	0	0	2	28	1	0
	1990	럭키금성	5	0	0	2	13	2	0
	1991	LG	34	1	3	7	57	8	0
	1992	LG	32	5	2	3	38	7	1
	1993	LG	22	5	0	3	32	4	0
	1994	LG	15	1	0	3	22	3	1
프로통산			220	46	11	28	294	39	3

이영진(李永鎭) 대구대 1972.03.27

대회	연도	소속	출전	교체	득점	도움	파울	경고	퇴장
BC	1994	일화	31	6	1	3	39	6	0
	1995	일화	31	4	0	0	37	8	0
	1996	천안일화	17	6	1	0	28	5	0
	1999	천안일화	17	10	0	0	20	3	1
	2000	성남일화	0	0	0	0	0	0	0
	2002	성남일화	4	4	0	0	5	1	0
	2003	성남일화	27	7	0	1	27	3	0
	2004	성남일화	4	2	0	0	7	0	0
	합계		131	39	2	4	163	26	1
프로통산			131	39	2	4	163	26	1

이영창(李伶昶) 홍익대 1993.01.10

대회	연도	소속	출전	교체	실점	도움	파울	경고	퇴장
K2	2015	충주	3	0	4	0	1	0	0
	2016	충주	27	0	44	0	1	1	0
	2017	대전	10	0	18	0	1	0	0
	2018	부천	4	0	7	0	0	0	0
	2019	부천	2	0	3	0	0	0	0
	2020	부천	3	1	2	0	0	0	0
	합계		49	1	78	0	3	1	0
프로통산			49	1	78	0	3	1	0

이영표(李榮杓) 건국대 1977.04.23

대회	연도	소속	출전	교체	득점	도움	파울	경고	퇴장
BC	2000	안양LG	18	0	2	1	26	2	0
	2001	안양LG	29	3	0	1	47	2	0
	2002	안양LG	23	2	1	5	24	3	0
	합계		70	5	3	7	97	7	0
프로통산			70	5	3	7	97	7	0

이영훈(李映勳) 광양제철고 1980.03.23

대회	연도	소속	출전	교체	득점	도움	파울	경고	퇴장
BC	1999	전남	3	2	0	0	6	0	0
	2001	전남	2	2	0	0	2	0	0
	2003	광주상무	0	0	0	0	0	0	0
	2004	전남	1	1	0	0	1	1	0
	2005	전남	4	3	0	0	3	1	0
	합계		10	8	0	0	12	2	0
프로통산			10	8	0	0	12	2	0

이예찬(李예찬) 대신고 1996.05.01

대회	연도	소속	출전	교체	득점	도움	파울	경고	퇴장
K2	2016	고양	37	13	1	1	34	3	0
	2017	서울E	24	13	0	2	13	2	0
	2018	서울E	9	5	0	0	9	2	0
	합계		70	31	1	3	56	7	0
프로통산			70	31	1	3	56	7	0

이와세(Iwase Go, 磐瀬剛) 일본 1995.06.28

대회	연도	소속	출전	교체	득점	도움	파울	경고	퇴장
K2	2021	안산	26	14	1	1	39	6	0
	2022	안산	22	9	0	0	24	7	0
	합계		48	23	1	1	63	13	0
프로통산			48	23	1	1	63	13	0

이완(李宛) 연세대 1984.05.03

대회	연도	소속	출전	교체	득점	도움	파울	경고	퇴장
BC	2006	전남	4	4	0	0	7	2	0
	2007	전남	6	4	0	0	10	0	0
	2008	광주상무	5	0	1	0	7	0	0
	2009	광주상무	29	12	1	2	27	1	0
	2009	전남	4	1	0	1	7	0	0
	2010	전남	18	3	0	1	14	4	0
	2011	전남	18	3	1	2	17	6	0
	2012	전남	8	4	0	0	9	1	0

	합계		92	31	3	6	98	14	0
K1	2013	울산	4	2	0	0	3	1	0
	합계		4	2	0	0	3	1	0
K2	2014	광주	19	4	3	2	27	2	0
	2015	강원	4	0	0	0	3	0	0
	합계		23	4	3	2	30	2	0
승	2014	광주	2	0	0	0	2	1	0
	합계		2	0	0	0	2	1	0
프로통산			121	37	6	8	133	18	0

이완희(李完熙) 홍익대 1987.07.10

대회	연도	소속	출전	교체	득점	도움	파울	경고	퇴장
K2	2013	안양	14	12	1	1	15	0	0
	2014	충주	17	15	3	1	16	1	0
	2015	충주	1	1	0	0	1	0	0
	합계		32	28	4	2	32	1	0
프로통산			32	28	4	2	32	1	0

이요한(李曜漢) 동북고 1985.12.18

대회	연도	소속	출전	교체	득점	도움	파울	경고	퇴장
BC	2004	인천	8	7	0	0	8	0	0
	2005	인천	17	9	0	0	22	4	0
	2006	인천	17	9	0	0	17	1	1
	2007	제주	21	7	0	1	36	5	0
	2008	전북	15	1	1	0	27	3	1
	2009	전북	13	4	0	0	11	2	0
	2010	전북	10	4	2	0	18	2	0
	2011	부산	18	9	0	1	20	3	0
	2012	부산	0	0	0	0	0	0	0
	합계		119	50	3	2	159	20	2
K1	2013	성남일화	3	2	0	0	6	2	0
	2014	성남	17	12	0	0	10	5	0
	2015	성남	6	6	0	0	1	0	0
	합계		26	20	0	0	17	7	0
프로통산			145	70	3	2	176	27	2

이용(李龍) 고려대 1989.01.21

대회	연도	소속	출전	교체	득점	도움	파울	경고	퇴장
BC	2011	광주	29	1	0	0	25	4	0
	2012	광주	18	7	1	1	24	7	0
	합계		47	8	1	1	49	11	0
K1	2013	제주	27	2	2	0	31	4	0
	2014	제주	18	8	0	0	10	2	1
	2015	제주	7	3	1	0	8	2	0
	2016	성남	0	0	0	0	0	0	0
	2017	강원	1	1	0	0	1	0	0
	합계		53	14	3	0	50	8	1
K2	2017	아산	1	1	0	0	0	0	0
	2018	아산	2	1	0	1	1	0	0
	2019	수원FC	7	6	1	0	5	1	0
	합계		10	8	1	1	6	1	0
승	2016	성남	0	0	0	0	0	0	0
	합계		0	0	0	0	0	0	0
프로통산			110	30	5	2	105	20	1

이용(李鎔) 중앙대 1986.12.24

대회	연도	소속	출전	교체	득점	도움	파울	경고	퇴장
BC	2010	울산	25	3	0	3	31	5	0
	2011	울산	28	12	0	1	26	1	0
	2012	울산	22	5	0	5	24	1	0
	합계		75	20	0	9	81	7	0
K1	2013	울산	37	1	1	2	36	3	0
	2014	울산	31	5	0	3	32	4	0
	2016	상주	23	2	2	2	21	4	0
	2016	울산	1	0	0	1	0	0	0
	2017	전북	8	3	0	0	7	0	0
	2018	전북	32	2	0	9	35	4	0
	2019	전북	20	1	0	3	23	5	0
	2021	전북	25	2	0	2	24	2	0
	2022	수원FC	13	1	0	2	18	2	0
	합계		218	20	3	25	228	32	0
K2	2015	상주	33	1	0	4	31	9	0
	합계		33	1	0	4	31	9	0
프로통산			326	41	3	38	340	48	0

이용(李龍) 명지대 1960.03.16

대회	연도	소속	출전	교체	득점	도움	파울	경고	퇴장
BC	1984	국민은행	9	4	3	0	4	0	0
	합계		9	4	3	0	4	0	0
프로통산			9	4	3	0	4	0	0

이용기(李龍起) 연세대 1985.05.30

대회	연도	소속	출전	교체	득점	도움	파울	경고	퇴장
BC	2009	경남	0	0	0	0	0	0	0
	2010	경남	20	6	0	0	35	7	0
	2011	경남	9	4	0	0	11	5	0
	2012	경남	7	3	0	0	14	2	1
	합계		36	13	0	0	60	14	1
K1	2014	상주	5	3	0	0	8	4	0
	합계		5	3	0	0	8	4	0
K2	2013	상주	1	1	0	0	1	0	0
	2015	충주	16	2	0	0	11	4	0
	합계		17	3	0	0	12	4	0
승	2013	상주	0	0	0	0	0	0	0
	합계		0	0	0	0	0	0	0
프로통산			58	19	0	0	80	22	1

이용래(李容來) 고려대 1986.04.17

대회	연도	소속	출전	교체	득점	도움	파울	경고	퇴장
BC	2009	경남	30	3	6	6	38	4	0
	2010	경남	32	4	4	1	33	4	0
	2011	수원	28	2	0	3	53	5	0
	2012	수원	25	1	2	2	41	5	0
	합계		115	10	12	12	165	18	0
K1	2013	수원	20	9	1	1	24	1	0
	2016	수원	13	7	0	0	9	1	0
	2017	수원	19	12	2	1	19	1	0
	2021	대구	24	21	0	0	45	8	0
	합계		76	49	3	2	97	11	0
K2	2014	안산경찰	33	3	3	3	37	6	0
	2015	안산경찰	14	4	1	1	23	3	0
	합계		47	7	4	4	60	9	0
프로통산			238	66	19	18	322	38	0

이용발(李容跋) 동아대 1973.03.15

대회	연도	소속	출전	교체	**실점**	도움	파울	경고	퇴장
BC	1994	유공	2	0	3	0	0	0	0
	1995	유공	0	0	0	0	0	0	0
	1996	부천유공	14	1	19	0	2	1	0
	1999	부천SK	38	0	55	0	1	1	0
	2000	부천SK	43	0	59	3	3	1	0
	2001	부천SK	35	0	42	0	2	1	0
	2002	전북	35	0	48	0	0	1	0
	2003	전북	25	0	30	0	0	0	0
	2004	전북	31	0	25	0	0	1	0
	2005	전북	17	1	27	0	0	1	0
	2006	경남	0	0	0	0	0	0	0
	합계		240	2	308	3	8	7	0
프로통산			240	2	308	3	8	7	0

*득점: 2000년 1 / 통산 1

이용설(李容設) 중앙대 1958.01.26

대회	연도	소속	출전	교체	득점	도움	파울	경고	퇴장
BC	1983	대우	2	1	0	0	1	0	0
	1984	럭키금성	2	1	0	0	1	0	0
	합계		4	2	0	0	2	0	0
프로통산			4	2	0	0	2	0	0

이용성(李龍成) 단국대 1956.03.27

대회	연도	소속	출전	교체	득점	도움	파울	경고	퇴장
BC	1983	국민은행	6	1	0	0	3	0	0
	합계		6	1	0	0	3	0	0
프로통산			6	1	0	0	3	0	0

이용수(李容秀) 서울대 1959.12.27

대회	연도	소속	출전	교체	득점	도움	파울	경고	퇴장
BC	1984	럭키금성	25	3	8	0	8	0	0
	1985	할렐루야	10	8	0	2	4	0	0
	합계		35	11	8	2	12	0	0
프로통산			35	11	8	2	12	0	0

이용승(李勇承) 영남대 1984.08.28

대회	연도	소속	출전	교체	득점	도움	파울	경고	퇴장
BC	2007	경남	29	23	1	2	60	6	0
	2008	경남	11	9	0	0	16	2	0
	합계		40	32	1	2	76	8	0
K1	2013	전남	3	2	0	0	2	1	0
	합계		3	2	0	0	2	1	0
프로통산			43	34	1	2	78	9	0

이용우(李鎔宇) 수원공고 1977.07.20

대회	연도	소속	출전	교체	득점	도움	파울	경고	퇴장
BC	1998	수원	2	1	0	0	9	0	0
	2001	수원	2	2	0	0	0	0	0
	2002	수원	4	4	0	0	6	0	0
	2003	수원	3	3	0	0	7	0	0
	합계		11	10	0	0	22	0	0
프로통산			11	10	0	0	22	0	0

이용재(李勇載) 포철공고 1991.06.08

대회	연도	소속	출전	교체	득점	도움	파울	경고	퇴장
K1	2022	인천	20	20	1	2	13	1	0
	합계		20	20	1	2	13	1	0
프로통산			20	20	1	2	13	1	0

이용재(李龍宰) 관동대(가톨릭관동대) 1971.03.30

대회	연도	소속	출전	교체	득점	도움	파울	경고	퇴장
BC	1996	전남	1	0	0	0	2	0	0
	합계		1	0	0	0	2	0	0
프로통산			1	0	0	0	2	0	0

이용준(李鎔駿) 현대고 1990.04.03

대회	연도	소속	출전	교체	득점	도움	파울	경고	퇴장
BC	2010	울산	0	0	0	0	0	0	0
	합계		0	0	0	0	0	0	0
프로통산			0	0	0	0	0	0	0

이용하(李龍河) 전북대 1973.12.15

대회	연도	소속	출전	교체	득점	도움	파울	경고	퇴장
BC	1997	부산	1	1	0	0	1	0	0
	1998	부산	13	11	2	0	12	4	0
	1999	부산	33	30	1	1	29	4	0
	2000	부산	14	13	1	0	16	1	0
	2001	부산	31	27	3	2	33	7	0
	2002	부산	14	11	0	0	29	1	0
	2003	부산	20	16	0	0	25	5	0
	2004	인천	13	11	1	1	10	1	0
	합계		139	120	8	4	155	23	0
프로통산			139	120	8	4	155	23	0

이용혁(李鎔赫) 전주기전대 1996.08.03

대회	연도	소속	출전	교체	득점	도움	파울	경고	퇴장
K1	2020	수원	0	0	0	0	0	0	0
	합계		0	0	0	0	0	0	0
K2	2022	부천	24	7	1	0	22	12	0
	합계		24	7	1	0	22	12	0
프로통산			24	7	1	0	22	12	0

이우영(李宇暎) 연세대 1973.08.19

대회	연도	소속	출전	교체	득점	도움	파울	경고	퇴장
BC	1998	안양LG	2	3	0	0	0	0	0
	합계		2	3	0	0	0	0	0
프로통산			2	3	0	0	0	0	0

이우진(李玗晉/←이강진) 중동중 1986.04.25

대회	연도	소속	출전	교체	득점	도움	파울	경고	퇴장
BC	2003	수원	1	1	0	0	2	0	0
	2006	부산	20	0	0	1	20	0	0
	2007	부산	6	2	0	0	11	2	0
	2008	부산	21	6	0	0	21	1	0
	2009	부산	32	3	2	1	42	4	0

대회	연도	소속	출전	교체	득점	도움	파울	경고	퇴장
	2012	전북	0	0	0	0	0	0	0
	합계		80	12	2	2	96	7	0
K1	2013	대전	32	5	1	0	29	2	0
	2014	전북	2	1	0	0	2	1	0
	2015	대전	20	6	0	0	8	3	0
	2016	제주	3	3	1	0	1	0	0
	합계		57	15	2	0	40	6	0
프로통산			137	27	4	2	136	13	0

이우찬(李又燦) 영남상고 1963.06.09

대회	연도	소속	출전	교체	득점	도움	파울	경고	퇴장
BC	1984	대우	2	2	0	0	0	0	0
	1985	대우	9	5	2	1	5	2	0
	1986	대우	11	8	3	1	11	0	0
	합계		22	15	5	2	16	2	0
프로통산			22	15	5	2	16	2	0

이우혁(李愚赫) 강릉문성고 1993.02.24

대회	연도	소속	출전	교체	득점	도움	파울	경고	퇴장
BC	2011	강원	7	7	0	0	5	1	0
	2012	강원	8	6	0	0	3	1	0
	합계		15	13	0	0	8	2	0
K1	2013	강원	12	8	1	1	12	3	0
	2016	전북	2	0	0	0	2	0	0
	2017	광주	19	8	1	0	31	4	0
	2018	인천	1	0	0	0	2	0	0
	2019	인천	8	3	2	0	5	1	0
	2020	인천	8	4	0	0	11	1	0
	합계		50	23	4	1	63	9	0
K2	2014	강원	30	8	2	5	38	0	0
	2015	강원	21	14	0	5	29	2	0
	2021	경남	26	7	0	0	21	4	0
	2022	경남	33	16	0	1	32	6	0
	합계		110	45	2	11	120	12	0
승	2013	강원	2	2	0	0	1	0	0
	합계		2	2	0	0	1	0	0
프로통산			177	83	6	12	192	23	0

*실점: 2022년 3 / 통산 3

이운재(李雲在) 경희대 1973.04.26

대회	연도	소속	출전	교체	실점	도움	파울	경고	퇴장
BC	1996	수원	13	0	14	0	1	1	0
	1997	수원	17	0	27	0	2	1	0
	1998	수원	34	1	31	0	2	0	1
	1999	수원	39	0	37	0	2	2	0
	2002	수원	19	0	17	0	0	0	0
	2003	수원	41	0	44	0	2	0	0
	2004	수원	26	0	24	0	0	0	0
	2005	수원	26	0	33	0	0	0	0
	2006	수원	14	1	14	0	0	1	0
	2007	수원	35	0	33	0	0	1	0
	2008	수원	39	0	29	0	1	0	0
	2009	수원	26	0	26	0	1	2	0
	2010	수원	14	0	29	0	0	0	0
	2011	전남	34	0	29	0	0	0	0
	2012	전남	33	0	38	0	0	0	0
	합계		410	2	425	0	11	8	1
프로통산			410	2	425	0	11	8	1

이웅희(李雄熙) 배재대 1988.07.18

대회	연도	소속	출전	교체	득점	도움	파울	경고	퇴장
BC	2011	대전	17	11	1	0	8	1	0
	2012	대전	34	5	0	0	52	9	0
	합계		51	16	1	0	60	10	0
K1	2013	대전	32	3	3	1	29	2	0
	2014	서울	24	1	0	1	28	2	0
	2015	서울	32	1	0	1	29	5	0
	2016	상주	23	1	2	0	14	3	0
	2017	상주	5	0	0	0	4	0	0
	2017	서울	5	0	0	0	13	1	0
	2018	서울	11	2	0	0	12	2	0
	2019	서울	20	8	0	0	24	3	0
	2022	강원	11	11	0	0	2	0	0
	합계		163	27	5	3	155	18	0
K2	2020	대전	16	2	0	0	10	2	0
	2021	대전	22	1	1	1	22	5	0
	합계		38	3	1	1	32	7	0
승	2018	서울	2	0	0	0	1	0	0
	2021	대전	2	1	0	0	0	0	0
	합계		4	1	0	0	1	0	0
프로통산			256	47	7	4	248	35	0

이원규(李源規) 연세대 1988.05.01

대회	연도	소속	출전	교체	득점	도움	파울	경고	퇴장
BC	2011	부산	3	1	1	0	3	0	0
	2012	부산	1	2	0	0	1	0	0
	합계		4	3	1	0	4	0	0
프로통산			4	3	1	0	4	0	0

이원식(李元植) 한양대 1973.05.16

대회	연도	소속	출전	교체	득점	도움	파울	경고	퇴장
BC	1996	부천유공	21	21	7	1	19	2	0
	1997	부천SK	29	14	11	2	38	4	1
	1998	부천SK	26	19	10	3	22	1	0
	1999	부천SK	38	31	9	4	33	2	0
	2000	부천SK	32	33	13	1	24	1	0
	2001	부천SK	29	27	5	2	21	3	0
	2002	부천SK	29	27	4	2	17	2	0
	2003	부천SK	38	35	10	2	29	4	0
	2004	서울	10	8	1	1	8	0	0
	2005	서울	17	17	3	0	11	5	0
	2006	대전	1	1	0	0	2	1	0
	합계		270	233	73	18	224	25	1
프로통산			270	233	73	18	224	25	1

이원영(李元煐/←이정호) 보인정보산업고(보인고) 1981.03.13

대회	연도	소속	출전	교체	득점	도움	파울	경고	퇴장
BC	2005	포항	20	9	2	0	37	2	0
	2006	포항	21	3	3	0	60	7	0
	2007	전북	25	11	2	1	33	5	0
	2008	제주	32	3	2	0	41	6	0
	2009	부산	25	3	3	2	39	4	0
	2010	부산	27	3	1	1	42	4	0
	2011	부산	14	2	2	1	18	3	0
	합계		164	34	15	5	270	31	0
K1	2013	부산	32	7	2	1	40	7	0
	2014	부산	14	5	0	0	14	4	0
	합계		46	12	2	1	54	11	0
K2	2016	부산	24	7	2	1	16	4	0
	합계		24	7	2	1	16	4	0
프로통산			234	53	19	7	340	46	0

이원우(李源友) 장훈고 2003.03.16

대회	연도	소속	출전	교체	득점	도움	파울	경고	퇴장
K1	2022	대구	4	4	0	0	1	0	0
	합계		4	4	0	0	1	0	0
프로통산			4	4	0	0	1	0	0

이원재(李源在) 포철공고 1986.02.24

대회	연도	소속	출전	교체	득점	도움	파울	경고	퇴장
BC	2005	포항	2	2	0	0	1	0	0
	2006	포항	9	1	0	0	12	5	0
	2007	포항	5	0	1	0	7	0	0
	2008	전북	6	5	0	0	4	1	0
	2009	울산	18	5	2	0	20	3	0
	2010	울산	0	0	0	0	0	0	0
	2010	포항	3	0	0	0	3	1	0
	2011	포항	2	2	0	0	0	0	0
	2012	포항	3	1	0	0	4	1	0
	합계		48	16	3	0	51	11	0
K2	2013	경찰	28	6	0	0	34	9	0
	2014	안산경찰	11	3	1	0	8	1	0
	2015	대구	26	6	1	0	23	7	0
	2016	경남	13	3	1	0	12	1	0
	합계		78	18	3	0	77	18	0
프로통산			126	34	6	0	128	29	0

이원준(李元準) 중앙대 1972.04.02

대회	연도	소속	출전	교체	득점	도움	파울	경고	퇴장
BC	1995	LG	15	13	0	0	5	1	0
	1996	안양LG	11	11	0	0	4	1	0
	1997	안양LG	8	5	0	0	7	1	0
	1998	안양LG	1	1	0	0	1	0	0
	합계		35	30	0	0	17	3	0
프로통산			35	30	0	0	17	3	0

이원철(李元哲) 전주대 1967.05.10

대회	연도	소속	출전	교체	득점	도움	파울	경고	퇴장
BC	1990	포항제철	16	14	1	1	26	1	0
	1991	포항제철	34	14	7	1	43	2	0
	1992	포항제철	25	11	8	3	42	1	1
	1993	포항제철	30	17	4	1	49	1	0
	1994	포항제철	18	13	3	0	24	0	0
	1995	포항	19	16	3	1	29	1	0
	1996	포항	14	14	0	1	17	1	0
	합계		156	99	26	8	230	7	1
프로통산			156	99	26	8	230	7	1

이유민(李裕珉) 동국대 1971.01.09

대회	연도	소속	출전	교체	득점	도움	파울	경고	퇴장
BC	1995	포항	2	2	0	0	6	0	0
	합계		2	2	0	0	6	0	0
프로통산			2	2	0	0	6	0	0

이유성(李有成) 중앙대 1977.05.20

대회	연도	소속	출전	교체	득점	도움	파울	경고	퇴장
BC	2000	전북	0	0	0	0	0	0	0
	2001	전북	2	2	0	0	1	0	0
	합계		2	2	0	0	1	0	0
프로통산			2	2	0	0	1	0	0

이유준(李洧樽) 오산중 1989.09.26

대회	연도	소속	출전	교체	득점	도움	파울	경고	퇴장
K1	2013	강원	10	7	0	0	3	0	0
	합계		10	7	0	0	3	0	0
K2	2014	강원	2	2	0	0	1	0	0
	2016	충주	1	1	0	0	0	0	0
	합계		3	3	0	0	1	0	0
프로통산			13	10	0	0	4	0	0

이유현(李裕賢) 단국대 1997.02.08

대회	연도	소속	출전	교체	득점	도움	파울	경고	퇴장
K1	2017	전남	5	2	0	0	6	1	0
	2018	전남	28	18	0	2	37	2	0
	2021	전북	13	2	0	2	21	2	0
	2022	김천	10	3	0	0	11	1	0
	합계		56	25	0	4	75	6	0
K2	2019	전남	22	8	1	1	32	6	0
	2020	전남	20	0	1	1	32	5	0
	합계		42	8	2	2	64	11	0
승	2022	김천	2	1	0	0	2	1	0
	합계		2	1	0	0	2	1	0
프로통산			100	34	2	6	141	18	0

이윤권(李倫券) 조선대 2000.01.16

대회	연도	소속	출전	교체	득점	도움	파울	경고	퇴장
K1	2022	전북	5	5	0	0	0	0	0
	합계		5	5	0	0	0	0	0
프로통산			5	5	0	0	0	0	0

이윤규(李允揆) 관동대(가톨릭관동대) 1989.05.29

대회	연도	소속	출전	교체	실점	도움	파울	경고	퇴장
BC	2012	대구	0	0	0	0	0	0	0
	합계		0	0	0	0	0	0	0
K2	2013	충주	1	0	3	0	0	0	0
	합계		1	0	3	0	0	0	0
프로통산			1	0	3	0	0	0	0

이윤섭(李允燮) 순천향대학원 1979.07.30

대회	연도	소속	출전	교체	득점	도움	파울	경고	퇴장
BC	2002	울산	0	0	0	0	0	0	0
	2003	울산	6	2	0	0	6	0	0
	2004	울산	15	5	1	0	16	1	0
	2005	울산	1	1	0	0	0	0	0
	2006	광주상무	9	2	1	0	15	2	0
	2007	광주상무	25	5	2	0	35	9	0
	합계		56	15	4	0	72	12	0
프로통산			56	15	4	0	72	12	0

이윤오(李閏悟) 중동고 1999.03.23

대회	연도	소속	출전	교체	실점	도움	파울	경고	퇴장
K1	2021	대구	1	1	0	0	0	0	0
	2022	대구	1	0	4	0	0	0	0
	합계		2	1	4	0	0	0	0
프로통산			2	1	4	0	0	0	0

이윤의(李阮儀) 광운대 1987.07.25

대회	연도	소속	출전	교체	득점	도움	파울	경고	퇴장
BC	2010	강원	0	0	0	0	0	0	0
	2011	상주	4	3	0	0	4	0	0
	2012	상주	1	2	0	0	0	0	0
	2012	강원	4	4	0	0	7	0	0
	합계		9	9	0	0	11	0	0
K2	2013	부천	21	3	2	3	27	4	0
	합계		21	3	2	3	27	4	0
프로통산			30	12	2	3	38	4	0

* 실점: 2011년 3 / 통산 3

이윤표(李允杓) 한남대 1984.09.04

대회	연도	소속	출전	교체	득점	도움	파울	경고	퇴장
BC	2008	전남	1	1	0	0	0	0	0
	2009	대전	17	4	0	0	34	6	0
	2010	서울	0	0	0	0	0	0	0
	2011	인천	24	5	0	1	40	7	0
	2012	인천	37	1	3	1	70	12	0
	합계		79	11	3	2	144	25	0
K1	2013	인천	30	1	1	1	57	10	0
	2014	인천	37	1	0	1	56	2	0
	2015	인천	15	3	0	0	10	2	0
	2016	인천	24	2	1	0	40	8	0
	2017	인천	32	1	0	2	35	4	0
	2018	인천	15	2	1	2	12	3	0
	합계		153	10	3	6	210	29	0
프로통산			232	21	6	8	354	54	0

이윤호(李尹鎬) 고려대 1990.03.20

대회	연도	소속	출전	교체	득점	도움	파울	경고	퇴장
BC	2011	제주	0	0	0	0	0	0	0
	합계		0	0	0	0	0	0	0
프로통산			0	0	0	0	0	0	0

이윤환(李閏煥) 대신고 1996.10.16

대회	연도	소속	출전	교체	득점	도움	파울	경고	퇴장
K2	2016	부천	0	0	0	0	0	0	0
	2017	부천	1	1	1	0	0	0	0
	합계		1	1	1	0	0	0	0
프로통산			1	1	1	0	0	0	0

이으뜸(李으뜸) 용인대 1989.09.02

대회	연도	소속	출전	교체	득점	도움	파울	경고	퇴장
K1	2015	광주	24	6	0	4	27	5	0
	2016	광주	24	9	0	4	21	7	0
	2020	광주	15	5	0	3	9	0	0
	2021	광주	28	12	0	3	14	3	0
	합계		91	32	0	14	71	15	0
K2	2013	안양	10	1	0	1	12	2	0
	2014	안양	31	3	1	2	33	4	0
	2017	아산	10	3	0	0	14	1	1
	2018	아산	2	0	0	1	3	1	0
	2018	광주	10	3	0	4	10	0	0
	2019	광주	30	4	5	3	21	3	0
	2022	광주	30	16	2	9	24	3	0
	합계		123	30	8	20	117	14	1
프로통산			214	62	8	34	188	29	1

이은범(李殷汎) 서남대 1996.01.30

대회	연도	소속	출전	교체	득점	도움	파울	경고	퇴장
K1	2017	제주	14	14	2	0	18	4	0
	2018	제주	9	7	0	0	11	1	0
	2019	제주	7	6	0	1	3	1	0
	2019	성남	7	3	0	0	8	5	0
	합계		37	30	2	1	40	11	0
K2	2020	제주	1	1	0	0	0	0	0
	2020	충남아산	15	1	1	1	25	2	0
	2021	충남아산	25	0	1	0	24	4	0
	2022	충남아산	38	2	0	0	30	8	0
	합계		79	4	2	1	79	14	0
프로통산			116	34	4	2	119	25	0

이은재(李恩宰) 진위고 2003.03.13

대회	연도	소속	출전	교체	득점	도움	파울	경고	퇴장
K2	2022	대전	0	0	0	0	0	0	0
	합계		0	0	0	0	0	0	0
프로통산			0	0	0	0	0	0	0

이을용(李乙容) 강릉상고 1975.09.08

대회	연도	소속	출전	교체	득점	도움	파울	경고	퇴장
BC	1998	부천SK	33	6	3	0	74	7	0
	1999	부천SK	25	5	1	0	49	2	0
	2000	부천SK	37	6	5	1	71	4	0
	2001	부천SK	26	4	2	1	39	3	0
	2002	부천SK	7	3	0	1	5	1	0
	2003	안양LG	17	2	0	2	38	5	0
	2004	서울	10	1	0	0	25	3	0
	2006	서울	14	0	0	0	34	4	0
	2007	서울	30	8	1	2	42	6	0
	2008	서울	30	16	0	2	40	3	0
	2009	강원	24	3	0	2	26	3	0
	2010	강원	17	10	0	0	16	2	0
	2011	강원	20	10	1	1	27	2	0
	합계		290	74	13	12	486	45	0
프로통산			290	74	13	12	486	45	0

이응제(李應濟) 고려대 1980.04.07

대회	연도	소속	출전	교체	득점	도움	파울	경고	퇴장
BC	2003	전북	3	1	0	0	5	1	0
	2004	전북	3	1	0	0	6	0	0
	2005	광주상무	13	8	0	0	18	4	0
	2006	광주상무	6	2	0	0	3	1	0
	2007	전북	5	3	0	0	6	0	0
	합계		30	15	0	0	38	6	0
프로통산			30	15	0	0	38	6	0

이의형(李宜炯) 단국대 1998.03.03

대회	연도	소속	출전	교체	득점	도움	파울	경고	퇴장
K2	2021	경남	6	6	0	0	1	1	0
	2022	경남	9	5	2	0	15	2	0
	2022	부천	13	13	0	0	10	2	0
	합계		28	24	2	0	26	5	0
프로통산			28	24	2	0	26	5	0

이인규(李寅圭) 남부대 1992.09.16

대회	연도	소속	출전	교체	득점	도움	파울	경고	퇴장
K1	2014	전남	4	4	0	0	2	0	0
	합계		4	4	0	0	2	0	0
K2	2018	광주	9	9	0	1	5	1	0
	2019	부천	16	3	0	0	11	0	0
	2019	대전	12	4	0	0	9	1	0
	2020	대전	1	1	0	0	0	0	0
	합계		38	17	0	1	25	2	0
프로통산			42	21	0	1	27	2	0

이인규(李仁揆) 오산고 2000.01.16

대회	연도	소속	출전	교체	득점	도움	파울	경고	퇴장
K1	2019	서울	6	6	1	0	3	0	0
	2020	서울	0	0	0	0	0	0	0
	2021	서울	8	9	0	0	3	1	0
	합계		14	15	1	0	6	1	0
프로통산			14	15	1	0	6	1	0

이인수(李寅洙) 선문대 1993.11.16

대회	연도	소속	출전	교체	실점	도움	파울	경고	퇴장
K1	2016	수원FC	5	0	9	0	0	0	0
	합계		5	0	9	0	0	0	0
K2	2015	수원FC	19	0	33	0	0	0	0
	2017	수원FC	0	0	0	0	0	0	0
	2018	수원FC	0	0	0	0	0	0	0
	합계		19	0	33	0	0	0	0
승	2015	수원FC	0	0	0	0	0	0	0
	합계		0	0	0	0	0	0	0
프로통산			24	0	42	0	0	0	0

이인식(李仁植) 중앙대 1991.09.20

대회	연도	소속	출전	교체	득점	도움	파울	경고	퇴장
K2	2014	대전	6	5	0	0	11	1	0
	합계		6	5	0	0	11	1	0
프로통산			6	5	0	0	11	1	0

이인식(李仁植) 단국대 1983.02.14

대회	연도	소속	출전	교체	득점	도움	파울	경고	퇴장
BC	2005	전북	0	0	0	0	0	0	0
	2006	전북	2	1	0	0	5	0	0
	2008	제주	2	1	0	0	3	0	0
	2010	제주	3	3	0	0	0	0	0
	합계		7	5	0	0	8	0	0
프로통산			7	5	0	0	8	0	0

이인재(李仁在) 단국대 1992.05.13

대회	연도	소속	출전	교체	득점	도움	파울	경고	퇴장
K2	2017	안산	16	3	2	0	12	3	0
	2018	안산	29	1	1	0	18	3	0
	2019	안산	36	0	2	0	25	2	0
	2020	안산	21	0	0	0	17	4	0
	2021	서울E	21	4	0	1	18	3	0
	2022	서울E	14	5	0	0	8	1	0
	합계		137	13	5	1	98	16	0
프로통산			137	13	5	1	98	16	0

이인재(李仁載) 중앙대 1967.01.02

대회	연도	소속	출전	교체	득점	도움	파울	경고	퇴장
BC	1989	럭키금성	30	19	5	3	27	2	0
	1990	럭키금성	17	16	2	2	5	0	0
	1991	LG	14	13	0	0	3	0	0
	1992	LG	21	16	0	3	18	1	0
	1993	LG	21	21	1	0	22	2	0
	1994	LG	19	8	4	1	15	3	0
	1996	안양LG	11	10	0	1	5	0	0
	1997	안양LG	4	5	0	0	4	1	0
	합계		137	108	12	10	99	9	0
프로통산			137	108	12	10	99	9	0

이임생(李林生) 고려대학원 1971.11.18

대회	연도	소속	출전	교체	득점	도움	파울	경고	퇴장
BC	1994	유공	13	0	0	0	19	1	0
	1995	유공	24	5	0	1	30	3	0
	1996	부천유공	22	7	0	0	38	6	0
	1997	부천SK	2	2	0	0	0	0	0
	1998	부천SK	26	3	0	1	47	2	0
	1999	부천SK	34	3	2	0	62	4	0
	2000	부천SK	39	0	5	2	77	4	1
	2001	부천SK	11	0	1	0	16	1	0
	2002	부천SK	29	2	3	0	44	6	0
	2003	부산	29	2	0	1	38	6	0
	합계		229	24	11	5	371	33	1
프로통산			229	24	11	5	371	33	1

이장관(李將寬) 아주대 1974.07.04

대회	연도	소속	출전	교체	득점	도움	파울	경고	퇴장
BC	1997	부산	26	20	2	0	30	3	0

대회	연도	소속	출전	교체	득점	도움	파울	경고	퇴장
	1998	부산	32	5	0	2	53	4	0
	1999	부산	34	7	0	1	62	8	0
	2000	부산	33	6	1	1	59	8	0
	2001	부산	32	22	0	0	39	2	0
	2002	부산	25	21	0	1	26	2	0
	2003	부산	41	1	0	1	55	4	1
	2004	부산	34	2	0	1	50	6	0
	2005	부산	32	1	0	0	33	5	0
	2006	부산	33	3	1	1	44	3	0
	2007	부산	26	3	0	1	25	2	0
	2008	인천	6	3	0	0	11	0	0
	합계		354	94	4	9	487	47	1
프로통산			354	94	4	9	487	47	1

이장군(李長君) 조선대 1971.03.15

대회	연도	소속	출전	교체	득점	도움	파울	경고	퇴장
BC	1994	유공	1	1	0	0	0	0	0
	1995	유공	0	0	0	0	0	0	0
	합계		1	1	0	0	0	0	0
프로통산			1	1	0	0	0	0	0

이장수(李章洙) 연세대 1956.10.15

대회	연도	소속	출전	교체	득점	도움	파울	경고	퇴장
BC	1983	유공	10	0	6	1	9	3	0
	1984	유공	24	9	2	1	20	0	0
	1985	유공	12	2	0	0	17	1	0
	1986	유공	12	3	0	1	7	1	0
	합계		58	14	8	3	53	5	0
프로통산			58	14	8	3	53	5	0

이장욱(李章旭) 통진종고 1970.07.02

대회	연도	소속	출전	교체	득점	도움	파울	경고	퇴장
BC	1989	럭키금성	19	17	1	0	7	2	0
	1990	럭키금성	8	6	0	0	5	0	0
	1991	LG	27	21	2	0	23	3	0
	합계		54	44	3	0	35	5	0
프로통산			54	44	3	0	35	5	0

이재건(李載建) 송호대 1997.02.22

대회	연도	소속	출전	교체	득점	도움	파울	경고	퇴장
K2	2019	아산	16	15	0	2	11	2	0
	2020	충남아산	24	12	4	1	20	2	0
	2021	충남아산	1	1	0	0	0	0	0
	합계		41	28	4	3	31	4	0
프로통산			41	28	4	3	31	4	0

이재광(李在光) 인천대 1989.10.19

대회	연도	소속	출전	교체	득점	도움	파울	경고	퇴장
BC	2012	성남일화	3	2	0	0	3	0	0
	합계		3	2	0	0	3	0	0
프로통산			3	2	0	0	3	0	0

이재권(李在權) 고려대 1987.07.30

대회	연도	소속	출전	교체	득점	도움	파울	경고	퇴장
BC	2010	인천	30	8	1	1	53	5	0
	2011	인천	29	6	0	4	43	9	0
	2012	서울	6	6	0	0	5	1	0
	합계		65	20	1	5	101	15	0
K1	2013	서울	1	1	0	0	0	0	0
	2017	대구	11	8	0	0	11	1	0
	2019	강원	6	3	0	0	6	0	1
	2020	강원	14	6	1	2	33	5	0
	합계		32	18	1	2	50	6	1
K2	2014	안산경찰	35	12	6	2	49	10	0
	2015	안산경찰	10	7	0	1	9	4	0
	2016	대구	39	12	2	3	53	4	0
	2017	부산	14	2	2	0	24	4	0
	2018	부산	28	2	0	6	46	8	1
	합계		126	35	10	12	181	30	1
승	2017	부산	2	0	0	0	5	0	0
	2018	부산	2	0	0	0	4	0	0
	합계		4	0	0	0	9	0	0
프로통산			227	73	12	19	341	51	2

이재명(李在明) 진주고 1991.07.25

대회	연도	소속	출전	교체	득점	도움	파울	경고	퇴장
BC	2010	경남	9	4	0	0	11	1	0
	2011	경남	18	6	0	0	33	3	0
	2012	경남	33	1	0	3	35	2	0
	합계		60	11	0	3	79	6	0
K1	2013	전북	23	1	0	2	32	4	0
	2014	전북	8	1	0	2	12	2	0
	2015	전북	3	1	1	0	3	0	0
	2016	상주	9	5	0	0	7	2	0
	2017	상주	1	1	0	0	1	0	0
	2017	전북	1	1	0	0	1	0	0
	2018	경남	5	1	0	1	5	1	0
	2019	경남	8	2	0	0	9	2	0
	2022	경남	17	14	0	1	10	1	0
	합계		27	15	0	1	26	3	0
승	2019	경남	2	1	0	0	5	1	0
	합계		2	1	0	0	5	1	0
프로통산			147	40	1	9	180	21	0

이재민(李載珉) 명지대 1991.02.05

대회	연도	소속	출전	교체	득점	도움	파울	경고	퇴장
K1	2013	경남	3	2	0	0	2	0	0
	합계		3	2	0	0	2	0	0
프로통산			3	2	0	0	2	0	0

이재성(李宰誠) 고려대 1988.07.05

대회	연도	소속	출전	교체	득점	도움	파울	경고	퇴장
BC	2009	수원	11	2	1	0	16	3	0
	2010	울산	15	9	0	0	10	1	0
	2011	울산	27	5	2	1	31	5	0
	2012	울산	35	9	2	0	46	4	0
	합계		88	25	5	1	103	13	0
K1	2014	상주	10	1	0	0	7	0	1
	2014	울산	9	1	1	0	8	0	0
	2015	울산	11	2	0	0	8	3	0
	2016	울산	25	2	2	0	15	3	0
	2017	전북	21	4	2	0	20	3	0
	2018	전북	5	3	0	0	5	2	1
	2019	인천	20	0	1	0	19	4	0
	2020	인천	9	0	0	0	12	2	0
	합계		110	13	6	0	94	17	2
K2	2013	상주	27	3	2	1	21	3	0
	합계		27	3	2	1	21	3	0
승	2013	상주	2	0	0	0	3	0	0
	합계		2	0	0	0	3	0	0
프로통산			227	41	13	2	221	33	2

이재성(李在成) 고려대 1992.08.10

대회	연도	소속	출전	교체	득점	도움	파울	경고	퇴장
K1	2014	전북	26	4	4	3	25	2	0
	2015	전북	34	4	7	5	37	2	0
	2016	전북	32	3	3	11	40	6	0
	2017	전북	28	6	8	10	23	2	0
	2018	전북	17	10	4	3	13	0	0
	합계		137	27	26	32	138	12	0
프로통산			137	27	26	32	138	12	0

이재성(李在成) 한양대 1985.06.06

대회	연도	소속	출전	교체	득점	도움	파울	경고	퇴장
BC	2008	전남	3	3	0	0	3	0	0
	2009	전남	1	1	0	0	1	0	0
	합계		4	4	0	0	4	0	0
프로통산			4	4	0	0	4	0	0

이재안(李宰安) 한라대 1988.06.21

대회	연도	소속	출전	교체	득점	도움	파울	경고	퇴장
BC	2011	서울	7	7	0	0	0	0	0
	2012	경남	24	20	3	0	14	2	0
	합계		31	27	3	0	14	2	0
K1	2013	경남	37	14	7	1	15	3	0
	2014	경남	26	15	3	3	19	0	0
	2016	수원FC	24	17	0	2	9	1	0
	합계		87	46	10	6	43	4	0
K2	2015	서울E	9	7	1	1	4	2	0
	2017	아산	24	19	6	1	10	1	0
	2018	아산	14	11	2	3	8	0	0
	2018	수원FC	14	7	2	1	7	2	0
	2019	수원FC	14	12	0	2	5	0	0
	합계		75	56	11	8	34	5	0
승	2014	경남	1	1	0	0	0	0	0
	합계		1	1	0	0	0	0	0
프로통산			194	130	24	14	91	11	0

이재억(李在億) 아주대 1989.06.03

대회	연도	소속	출전	교체	득점	도움	파울	경고	퇴장
K1	2013	전남	5	3	0	0	9	1	0
	2014	전남	6	2	0	0	7	1	0
	2015	전남	2	2	0	0	3	1	0
	합계		13	7	0	0	19	3	0
K2	2016	안양	12	6	0	0	6	0	0
	합계		12	6	0	0	6	0	0
프로통산			25	13	0	0	25	3	0

이재용(李在用) 한라대 2002.09.20

대회	연도	소속	출전	교체	득점	도움	파울	경고	퇴장
K2	2022	안양	4	4	0	0	4	0	0
	합계		4	4	0	0	4	0	0
프로통산			4	4	0	0	4	0	0

이재원(李哉沅) 고려대 1983.03.04

대회	연도	소속	출전	교체	득점	도움	파울	경고	퇴장
BC	2006	울산	8	8	0	1	5	1	0
	2007	울산	1	1	0	0	2	0	0
	합계		9	9	0	1	7	1	0
K1	2014	울산	13	3	1	0	17	5	1
	2015	포항	9	5	0	0	7	0	0
	2016	포항	10	6	0	0	10	0	0
	합계		32	14	1	0	34	5	1
K2	2017	부천	3	3	0	0	3	1	0
	합계		3	3	0	0	3	1	0
프로통산			44	26	1	1	44	7	1

이재원(李材元) 경희대 1997.02.21

대회	연도	소속	출전	교체	득점	도움	파울	경고	퇴장
K1	2019	성남	16	10	2	0	26	5	0
	2020	성남	16	8	1	0	26	3	0
	2021	성남	4	4	0	0	3	0	0
	2022	성남	19	14	0	0	14	1	0
	합계		55	36	3	0	69	9	0
프로통산			55	36	3	0	69	9	0

이재원(李宰源) 숭실대 1989.04.05

대회	연도	소속	출전	교체	득점	도움	파울	경고	퇴장
K2	2013	수원FC	22	13	1	3	29	0	0
	합계		22	13	1	3	29	0	0
프로통산			22	13	1	3	29	0	0

이재익(李在翊) 보인고 1999.05.21

대회	연도	소속	출전	교체	득점	도움	파울	경고	퇴장
K1	2018	강원	8	6	0	0	9	2	0
	2019	강원	3	0	0	0	1	0	0
	합계		11	6	0	0	10	2	0
K2	2021	서울E	15	4	0	0	19	6	0
	2022	서울E	29	6	1	0	27	0	1
	합계		44	10	1	0	46	6	1
프로통산			55	16	1	0	56	8	1

이재일(李裁一) 이리고 1955.05.30

대회	연도	소속	출전	교체	실점	도움	파울	경고	퇴장
BC	1983	할렐루야	1	0	1	0	0	0	1
	1984	포항제철	13	0	16	0	0	1	0
	합계		14	0	17	0	0	1	1
프로통산			14	0	17	0	0	1	1

이재일(李在日) 건국대 1968.03.15

대회	연도	소속	출전	교체	득점	도움	파울	경고	퇴장

대회	연도	소속	출전	교체	득점	도움	파울	경고	퇴장
BC	1990	현대	7	1	0	0	13	0	0
	1991	현대	11	8	0	1	9	2	0
	1992	현대	9	5	0	0	8	2	0
	합계		27	14	0	1	30	4	0
프로통산			27	14	0	1	30	4	0

이재일(李在日) 성균관대 1988.11.16

대회	연도	소속	출전	교체	득점	도움	파울	경고	퇴장
BC	2011	수원	2	0	0	0	3	1	0
	합계		2	0	0	0	3	1	0
프로통산			2	0	0	0	3	1	0

이재천 한성대 1977.03.08

대회	연도	소속	출전	교체	득점	도움	파울	경고	퇴장
BC	2000	안양LG	0	0	0	0	0	0	0
	합계		0	0	0	0	0	0	0
프로통산			0	0	0	0	0	0	0

이재철(李在哲) 광운대 1975.12.25

대회	연도	소속	출전	교체	득점	도움	파울	경고	퇴장
BC	1999	수원	3	2	0	0	2	0	0
	합계		3	2	0	0	2	0	0
프로통산			3	2	0	0	2	0	0

이재현(李在玹) 건국대 1981.01.25

대회	연도	소속	출전	교체	득점	도움	파울	경고	퇴장
BC	2003	전북	1	0	0	0	5	0	0
	2004	전북	1	0	0	0	1	0	0
	합계		2	0	0	0	6	0	0
프로통산			2	0	0	0	6	0	0

이재현(李在玄) 전주대 1983.05.13

대회	연도	소속	출전	교체	득점	도움	파울	경고	퇴장
BC	2006	전북	2	1	0	0	3	1	0
	합계		2	1	0	0	3	1	0
프로통산			2	1	0	0	3	1	0

이재형(李在形) 영생고 1998.04.05

대회	연도	소속	출전	교체	득점	도움	파울	경고	퇴장
K1	2017	전북	0	0	0	0	0	0	0
	2018	전북	0	0	0	0	0	0	0
	2019	전북	0	0	0	0	0	0	0
	합계		0	0	0	0	0	0	0
프로통산			0	0	0	0	0	0	0

이재형(李宰馨) 한양대 1976.09.06

대회	연도	소속	출전	교체	실점	도움	파울	경고	퇴장
BC	1998	대전	1	1	0	0	0	0	0
	합계		1	1	0	0	0	0	0
프로통산			1	1	0	0	0	0	0

이재훈(李在勳) 연세대 1990.01.10

대회	연도	소속	출전	교체	득점	도움	파울	경고	퇴장
BC	2012	강원	10	2	0	0	15	1	0
	합계		10	2	0	0	15	1	0
K1	2013	강원	7	4	0	0	8	1	0
	합계		7	4	0	0	8	1	0
K2	2014	강원	34	1	0	3	39	3	0
	2015	강원	31	1	0	0	65	5	0
	2016	서울E	11	1	0	0	20	3	0
	2019	서울E	5	0	0	0	11	1	0
	2021	서울E	2	2	0	0	1	0	0
	합계		83	5	0	3	136	12	0
승	2013	강원	1	0	0	0	2	0	0
	합계		1	0	0	0	2	0	0
프로통산			101	11	0	3	161	14	0

이재희(李在熙) 경희대 1959.04.15

대회	연도	소속	출전	교체	득점	도움	파울	경고	퇴장
BC	1983	대우	13	2	0	1	15	1	0
	1984	대우	28	4	0	4	38	2	0
	1985	대우	1	0	0	0	3	0	0
	1986	대우	23	4	0	0	49	7	0
	1987	대우	26	2	1	1	54	5	0
	1988	대우	13	2	0	0	24	3	0
	1989	대우	27	5	0	0	39	4	0
	1990	대우	27	8	0	1	45	5	0
	1991	대우	28	7	0	0	57	3	0
	1992	대우	12	6	0	0	22	2	0
	합계		198	40	1	7	346	32	0
프로통산			198	40	1	7	346	32	0

이정국(李政國) 한양대 1973.03.22

대회	연도	소속	출전	교체	득점	도움	파울	경고	퇴장
BC	1999	포항	4	3	0	0	4	2	0
	합계		4	3	0	0	4	2	0
프로통산			4	3	0	0	4	2	0

이정근(李禎根) 건국대 1990.02.02

대회	연도	소속	출전	교체	득점	도움	파울	경고	퇴장
K1	2015	대전	10	0	0	0	5	1	0
	합계		10	0	0	0	5	1	0
프로통산			10	0	0	0	5	1	0

이정근(李正根) 문경대 1994.04.22

대회	연도	소속	출전	교체	득점	도움	파울	경고	퇴장
K2	2016	부산	13	8	0	0	24	4	0
	합계		13	8	0	0	24	4	0
프로통산			13	8	0	0	24	4	0

이정래(李廷來) 건국대 1979.11.12

대회	연도	소속	출전	교체	실점	도움	파울	경고	퇴장
BC	2002	전남	2	1	2	0	0	0	0
	2003	전남	0	0	0	0	0	0	0
	2004	전남	2	0	3	0	0	0	0
	2005	전남	1	0	2	0	0	0	0
	2006	경남	39	0	49	0	1	1	0
	2007	경남	29	1	32	0	0	2	0
	2008	광주상무	3	0	7	0	0	0	0
	2009	광주상무	4	0	9	0	0	0	0
	2010	경남	0	0	0	0	0	0	0
	2011	경남	4	0	2	0	0	0	0
	2012	광주	2	0	6	0	0	0	0
	합계		86	2	112	0	1	3	0
K2	2014	충주	7	0	11	0	0	1	0
	2015	충주	0	0	0	0	0	0	0
	합계		7	0	11	0	0	1	0
프로통산			93	2	123	0	1	4	0

이정문(李政文) 연세대 1998.03.18

대회	연도	소속	출전	교체	득점	도움	파울	경고	퇴장
K1	2021	제주	10	10	1	0	5	2	0
	2022	제주	1	1	0	0	0	0	0
	합계		11	11	1	0	5	2	0
K2	2019	대전	23	15	1	0	19	4	0
	2020	대전	21	9	2	1	21	3	0
	2022	서울E	5	5	0	0	4	1	0
	합계		49	29	3	1	44	8	0
프로통산			60	40	4	1	49	10	0

이정문(李廷文) 숭실대 1971.03.05

대회	연도	소속	출전	교체	실점	도움	파울	경고	퇴장
BC	1994	현대	3	0	5	0	0	0	0
	1995	현대	0	0	0	0	0	0	0
	1996	울산	3	0	8	0	1	0	0
	합계		6	0	13	0	1	0	0
프로통산			6	0	13	0	1	0	0

이정빈(李正斌) 인천대 1995.01.11

대회	연도	소속	출전	교체	득점	도움	파울	경고	퇴장
K1	2017	인천	8	8	0	0	7	1	0
	2018	인천	13	10	1	0	7	1	0
	2019	인천	8	7	0	0	7	1	0
	합계		29	25	1	0	21	3	0
K2	2019	안양	22	11	4	2	33	2	0
	2020	안양	3	1	2	0	2	0	0
	2021	김천	2	2	0	0	2	0	0
	2022	안양	23	21	0	0	11	0	0
	합계		50	35	6	2	48	2	0
프로통산			79	60	7	2	69	5	0

이정수(李正秀) 경희대 1980.01.08

대회	연도	소속	출전	교체	득점	도움	파울	경고	퇴장
BC	2002	안양LG	11	12	1	2	10	0	1
	2003	안양LG	18	1	1	0	22	2	0
	2004	서울	2	2	0	0	1	0	0
	2004	인천	20	1	0	0	41	9	0
	2005	인천	17	3	1	1	37	1	0
	2006	수원	36	7	2	0	63	5	0
	2007	수원	10	2	0	0	19	6	0
	2008	수원	24	0	1	1	50	7	0
	합계		138	28	6	4	243	30	1
K1	2016	수원	27	5	3	0	22	9	0
	2017	수원	3	1	0	0	3	0	0
	합계		30	6	3	0	25	9	0
프로통산			168	34	9	4	268	39	1

이정열(李定悅) 숭실대 1981.08.16

대회	연도	소속	출전	교체	득점	도움	파울	경고	퇴장
BC	2004	서울	20	4	0	0	14	0	0
	2005	서울	19	3	0	0	33	3	0
	2007	서울	21	10	0	0	16	2	0
	2008	인천	8	4	0	0	4	0	0
	2008	성남일화	1	1	0	0	1	0	0
	2009	전남	7	2	1	0	8	1	0
	2010	서울	5	2	0	0	1	0	0
	2011	서울	3	2	0	0	0	0	0
	2012	서울	0	0	0	0	0	0	0
	2012	대전	12	0	0	0	1	1	0
	합계		96	28	1	0	78	7	0
K1	2013	대전	1	1	0	0	0	0	0
	합계		1	1	0	0	0	0	0
프로통산			97	29	1	0	78	7	0

이정용(李貞龍) 연세대 1983.07.06

대회	연도	소속	출전	교체	득점	도움	파울	경고	퇴장
BC	2004	울산	4	1	0	1	11	0	0
	합계		4	1	0	1	11	0	0
프로통산			4	1	0	1	11	0	0

이정운(李正雲) 호남대 1978.04.19

대회	연도	소속	출전	교체	득점	도움	파울	경고	퇴장
BC	2001	포항	11	11	1	2	14	2	1
	2002	포항	21	15	0	2	27	2	0
	2005	광주상무	0	0	0	0	0	0	0
	합계		32	26	1	4	41	4	1
프로통산			32	26	1	4	41	4	1

이정운(李楨雲) 성균관대 1980.05.05

대회	연도	소속	출전	교체	득점	도움	파울	경고	퇴장
BC	2003	전남	1	1	0	0	0	0	0
	2004	전남	8	6	1	0	7	0	0
	2005	전남	22	15	4	0	47	4	0
	2010	강원	1	1	0	0	0	1	0
	2011	강원	11	5	1	0	8	0	0
	2012	강원	0	0	0	0	0	0	0
	합계		43	28	6	0	62	5	0
프로통산			43	28	6	0	62	5	0

이정원(李楨源) 서울대 1993.10.28

대회	연도	소속	출전	교체	득점	도움	파울	경고	퇴장
K2	2017	부천	0	0	0	0	0	0	0
	합계		0	0	0	0	0	0	0
프로통산			0	0	0	0	0	0	0

이정인(李正寅) 안동대 1973.02.10

대회	연도	소속	출전	교체	득점	도움	파울	경고	퇴장
BC	1996	전북	3	3	0	0	3	0	0
	1997	전북	1	1	0	0	1	0	0
	합계		4	4	0	0	4	0	0
프로통산			4	4	0	0	4	0	0

이정일(李正日) 고려대 1956.11.04

대회	연도	소속	출전	교체	득점	도움	파울	경고	퇴장
BC	1983	할렐루야	9	2	3	0	5	0	0

대회	연도	소속	출전	교체	득점	도움	파울	경고	퇴장
	1984	할렐루야	21	9	2	4	11	1	0
	1985	할렐루야	12	3	0	0	12	0	0
	합계		42	14	5	4	28	1	0
프로통산			42	14	5	4	28	1	0

이정진(李正進) 배재대 1993.12.23

대회	연도	소속	출전	교체	득점	도움	파울	경고	퇴장
K2	2016	부산	14	10	2	0	14	4	0
	합계		14	10	2	0	14	4	0
프로통산			14	10	2	0	14	4	0

이정찬(李正燦) 홍익대 1995.06.28

대회	연도	소속	출전	교체	득점	도움	파울	경고	퇴장
K2	2017	부천	12	12	0	0	12	1	0
	2018	부천	26	26	1	1	20	3	0
	2019	부천	9	8	0	0	13	0	0
	2020	부천	14	13	1	0	16	2	0
	합계		61	59	2	1	61	6	0
프로통산			61	59	2	1	61	6	0

이정태(李正太) 세한대 1995.02.15

대회	연도	소속	출전	교체	득점	도움	파울	경고	퇴장
K2	2018	성남	1	1	0	0	0	0	0
	합계		1	1	0	0	0	0	0
프로통산			1	1	0	0	0	0	0

이정필(李正泌) 울산대 1992.07.28

대회	연도	소속	출전	교체	득점	도움	파울	경고	퇴장
K2	2015	서울E	1	0	0	0	4	1	0
	합계		1	0	0	0	4	1	0
프로통산			1	0	0	0	4	1	0

이정헌(李柾憲) 조선대 1990.05.16

대회	연도	소속	출전	교체	득점	도움	파울	경고	퇴장
K2	2013	수원FC	17	5	0	0	28	3	0
	합계		17	5	0	0	28	3	0
프로통산			17	5	0	0	28	3	0

이정협(李庭協/←이정기) 숭실대 1991.06.24

대회	연도	소속	출전	교체	득점	도움	파울	경고	퇴장
K1	2013	부산	27	25	2	2	18	2	0
	2014	상주	25	23	4	0	15	2	0
	2015	부산	3	2	0	1	2	0	0
	2016	울산	30	25	4	1	25	4	0
	2020	부산	22	9	6	2	15	0	0
	2021	강원	18	17	1	1	17	3	0
	2022	강원	31	28	5	1	25	4	0
	합계		156	129	22	8	117	15	0
K2	2015	상주	17	8	7	6	19	0	0
	2017	부산	26	15	10	3	24	5	0
	2019	부산	31	17	13	4	31	6	0
	2021	경남	14	10	1	0	11	0	0
	합계		88	50	31	13	85	11	0
승	2017	부산	2	0	0	0	3	0	0
	2019	부산	2	0	0	0	0	0	0
	2021	강원	2	1	0	0	2	1	0
	합계		6	1	0	0	5	1	0
프로통산			250	180	53	21	207	27	0

이정형(李正螢) 고려대 1981.04.16

대회	연도	소속	출전	교체	실점	도움	파울	경고	퇴장
K2	2013	수원FC	9	0	13	0	0	1	0
	2014	수원FC	0	0	0	0	0	0	0
	합계		9	0	13	0	0	1	0
프로통산			9	0	13	0	0	1	0

이정호(李正鎬) 명지대 1972.11.10

대회	연도	소속	출전	교체	득점	도움	파울	경고	퇴장
BC	1995	LG	24	13	2	0	17	1	0
	1996	안양LG	33	4	0	5	37	5	0
	1997	안양LG	4	1	0	0	5	0	0
	합계		61	18	2	5	59	6	0
프로통산			61	18	2	5	59	6	0

이정환(李楨桓) 경기대 1988.12.02

대회	연도	소속	출전	교체	득점	도움	파울	경고	퇴장
K1	2013	경남	2	2	0	0	4	0	0
	합계		2	2	0	0	4	0	0
프로통산			2	2	0	0	4	0	0

이정환(李政桓) 숭실대 1991.03.23

대회	연도	소속	출전	교체	득점	도움	파울	경고	퇴장
K1	2014	부산	0	0	0	0	0	0	0
	합계		0	0	0	0	0	0	0
프로통산			0	0	0	0	0	0	0

이정효(李正孝) 아주대 1975.07.23

대회	연도	소속	출전	교체	득점	도움	파울	경고	퇴장
BC	1999	부산	15	5	0	0	23	1	0
	2000	부산	9	1	0	0	12	0	0
	2001	부산	22	17	0	0	23	0	0
	2002	부산	32	8	2	1	58	5	0
	2003	부산	19	9	0	0	29	4	0
	2004	부산	22	12	3	0	39	4	0
	2005	부산	32	9	2	3	64	5	0
	2006	부산	28	12	3	3	49	6	0
	2007	부산	32	13	3	2	47	6	0
	2008	부산	11	2	0	0	17	3	0
	합계		222	88	13	9	361	34	0
프로통산			222	88	13	9	361	34	0

이제규(李濟圭) 청주대 1986.07.10

대회	연도	소속	출전	교체	득점	도움	파울	경고	퇴장
BC	2009	대전	12	11	1	0	15	0	1
	2010	광주상무	0	0	0	0	0	0	0
	2011	상주	8	6	0	0	15	2	0
	합계		20	17	1	0	30	2	1
프로통산			20	17	1	0	30	2	1

이제승(李濟昇) 청주대 1991.11.29

대회	연도	소속	출전	교체	득점	도움	파울	경고	퇴장
K2	2014	부천	28	21	1	2	40	1	0
	합계		28	21	1	2	40	1	0
프로통산			28	21	1	2	40	1	0

이제승(李濟承) 중앙대 1973.04.25

대회	연도	소속	출전	교체	득점	도움	파울	경고	퇴장
BC	1996	전남	3	2	0	0	6	1	0
	합계		3	2	0	0	6	1	0
프로통산			3	2	0	0	6	1	0

이제호(李濟豪) 호남대 1997.07.10

대회	연도	소속	출전	교체	득점	도움	파울	경고	퇴장
K1	2019	인천	3	2	1	0	4	1	0
	2020	인천	1	1	0	0	1	0	1
	합계		4	3	1	0	5	1	1
프로통산			4	3	1	0	5	1	1

이종광(李鍾光) 광운대 1961.04.19

대회	연도	소속	출전	교체	득점	도움	파울	경고	퇴장
BC	1984	럭키금성	17	10	0	1	6	0	0
	1985	럭키금성	4	4	0	0	2	0	0
	합계		21	14	0	1	8	0	0
프로통산			21	14	0	1	8	0	0

이종묵(李鍾默) 강원대 1973.06.16

대회	연도	소속	출전	교체	득점	도움	파울	경고	퇴장
BC	1998	안양LG	4	4	0	0	6	1	0
	합계		4	4	0	0	6	1	0
프로통산			4	4	0	0	6	1	0

이종민(李宗珉) 서귀포고 1983.09.01

대회	연도	소속	출전	교체	득점	도움	파울	경고	퇴장
BC	2002	수원	0	0	0	0	0	0	0
	2003	수원	16	12	0	2	16	0	0
	2004	수원	5	5	0	0	3	0	0
	2005	울산	35	25	5	3	52	5	0
	2006	울산	24	4	2	4	37	4	0
	2007	울산	33	5	2	4	46	8	0
	2008	울산	3	0	0	1	3	0	0
	2008	서울	15	4	0	1	16	2	0
	2009	서울	10	4	0	0	12	1	0
	2010	서울	6	4	0	1	4	2	0
	2011	상주	23	14	0	1	15	2	0
	2012	상주	15	11	0	0	12	4	0
	2012	서울	3	2	0	0	3	0	0
	합계		188	90	9	17	219	28	0
K1	2013	수원	7	2	1	0	10	1	0
	2015	광주	33	5	5	4	41	6	0
	2016	광주	21	13	0	1	19	2	0
	2017	광주	20	12	0	1	18	3	0
	합계		81	32	6	6	88	12	0
K2	2014	광주	28	2	3	6	40	4	1
	2018	부산	23	8	0	3	26	4	0
	2019	부산	4	3	0	0	0	0	0
	합계		55	13	3	9	66	8	1
승	2014	광주	2	0	0	0	2	0	0
	2018	부산	1	1	0	0	0	0	0
	합계		3	1	0	0	2	0	0
프로통산			327	136	18	32	375	48	1

이종민(李鐘敏) 정명고 1983.08.01

대회	연도	소속	출전	교체	득점	도움	파울	경고	퇴장
BC	2003	부천SK	7	6	0	0	2	1	0
	2004	부천SK	4	3	0	0	4	0	0
	합계		11	9	0	0	6	1	0
프로통산			11	9	0	0	6	1	0

이종성(李宗成) 매탄고 1992.08.05

대회	연도	소속	출전	교체	득점	도움	파울	경고	퇴장
BC	2011	수원	2	0	0	0	8	1	0
	2012	상주	0	0	0	0	0	0	0
	합계		2	0	0	0	8	1	0
K1	2014	수원	3	3	0	0	1	0	0
	2016	수원	19	2	0	1	30	7	0
	2017	수원	35	10	2	2	48	8	0
	2018	수원	24	5	3	0	38	9	0
	2019	수원	5	2	0	0	6	2	0
	2020	수원	6	0	0	0	8	3	0
	2021	성남	26	14	1	0	40	8	0
	2022	성남	10	6	0	0	19	5	0
	2022	수원	15	5	2	0	19	6	0
	합계		143	47	8	3	209	48	0
K2	2015	대구	31	3	0	2	51	10	0
	합계		31	3	0	2	51	10	0
승	2022	수원	2	0	0	0	3	1	0
	합계		2	0	0	0	3	1	0
프로통산			178	50	8	5	271	60	0

이종욱(李鐘旭) 고려대 1999.01.26

대회	연도	소속	출전	교체	득점	도움	파울	경고	퇴장
K1	2020	인천	2	2	0	0	2	0	0
	2021	인천	6	6	0	0	4	0	0
	합계		8	8	0	0	6	0	0
프로통산			8	8	0	0	6	0	0

이종원(李鐘元) 성균관대 1989.03.14

대회	연도	소속	출전	교체	득점	도움	파울	경고	퇴장
BC	2011	부산	4	3	1	1	1	1	0
	2012	부산	37	17	2	3	69	9	0
	합계		41	20	3	4	70	10	0
K1	2013	부산	11	2	0	0	17	5	0
	2013	성남일화	13	12	4	1	19	1	0
	2014	성남	22	8	0	0	34	2	0
	2015	성남	21	10	0	1	24	2	0
	2016	성남	25	9	0	0	39	8	2
	2017	상주	15	5	0	1	18	2	2
	2018	상주	3	3	0	0	0	0	0
	합계		110	49	4	3	151	20	4
K2	2018	수원FC	1	0	0	0	4	0	0
	2019	수원FC	10	8	0	0	16	1	0
	합계		11	8	0	0	20	1	0
승	2017	상주	0	0	0	0	0	0	0

대회	연도	소속	출전	교체	득점	도움	파울	경고	퇴장
	합계		0	0	0	0	0	0	0
프로통산			162	77	7	7	241	31	4

이종찬(李種讚) 단국대 1989.08.17

대회	연도	소속	출전	교체	득점	도움	파울	경고	퇴장
K1	2013	강원	6	4	0	0	2	0	0
	합계		6	4	0	0	2	0	0
프로통산			6	4	0	0	2	0	0

이종찬(李鍾贊) 배재대 1987.05.26

대회	연도	소속	출전	교체	득점	도움	파울	경고	퇴장
BC	2007	제주	0	0	0	0	0	0	0
	2008	제주	0	0	0	0	0	0	0
	2010	대전	2	2	0	1	6	1	0
	2011	상주	5	0	0	0	5	0	0
	2012	상주	1	1	0	0	0	0	0
	합계		8	3	0	1	11	1	0
프로통산			8	3	0	1	11	1	0

이종현(李鐘賢) 인천대 1997.01.24

대회	연도	소속	출전	교체	득점	도움	파울	경고	퇴장
K2	2020	대전	6	5	0	0	20	2	0
	2021	대전	28	2	2	3	59	8	0
	2022	대전	23	3	1	1	36	7	0
	합계		57	10	3	4	115	17	0
승	2021	대전	2	0	1	0	2	0	0
	합계		2	0	1	0	2	0	0
프로통산			59	10	4	4	117	17	0

이종현(李鐘賢) 브라질 파울리스치냐 축구학교 1987.01.08

대회	연도	소속	출전	교체	득점	도움	파울	경고	퇴장
BC	2011	인천	5	4	0	0	5	0	0
	합계		5	4	0	0	5	0	0
프로통산			5	4	0	0	5	0	0

이종호(李宗浩) 광양제철고 1992.02.24

대회	연도	소속	출전	교체	득점	도움	파울	경고	퇴장
BC	2011	전남	21	20	2	3	24	5	0
	2012	전남	33	24	6	2	63	3	1
	합계		54	44	8	5	87	8	1
K1	2013	전남	32	21	6	4	50	3	0
	2014	전남	31	18	10	2	43	2	0
	2015	전남	31	15	12	3	54	6	0
	2016	전북	22	18	5	3	28	5	0
	2017	울산	34	24	8	3	51	4	0
	2018	울산	3	3	0	0	0	0	0
	2022	성남	14	14	0	2	8	1	0
	합계		167	113	41	17	234	21	0
K2	2020	전남	19	10	4	0	14	1	1
	2021	전남	28	19	8	1	21	1	0
	합계		47	29	12	1	35	2	1
프로통산			268	186	61	23	356	31	2

이종화(李鍾和) 인천대 1963.07.20

대회	연도	소속	출전	교체	득점	도움	파울	경고	퇴장
BC	1986	현대	6	1	1	0	6	0	0
	1989	현대	35	8	4	1	64	7	1
	1990	현대	16	8	2	1	26	6	0
	1991	현대	1	1	0	0	0	1	0
	1991	일화	15	11	1	0	20	3	0
	1992	일화	31	2	0	0	28	3	0
	1993	일화	32	0	0	0	28	6	0
	1994	일화	21	3	0	1	23	3	0
	1995	일화	25	2	1	0	22	5	1
	1996	천안일화	9	3	0	0	8	2	0
	합계		191	39	9	3	225	36	2
프로통산			191	39	9	3	225	36	2

이종훈(李宗勳) 현풍고 2002.03.21

대회	연도	소속	출전	교체	득점	도움	파울	경고	퇴장
K1	2021	대구	0	0	0	0	0	0	0
	2022	대구	0	0	0	0	0	0	0
	합계		0	0	0	0	0	0	0
프로통산			0	0	0	0	0	0	0

이종훈(李鍾勳) 중앙대 1970.09.03

대회	연도	소속	출전	교체	득점	도움	파울	경고	퇴장
BC	1994	버팔로	11	8	0	0	16	1	0
	합계		11	8	0	0	16	1	0
프로통산			11	8	0	0	16	1	0

이주상(李柱尙) 전주대 1981.11.11

대회	연도	소속	출전	교체	득점	도움	파울	경고	퇴장
BC	2006	제주	10	9	0	1	12	0	0
	합계		10	9	0	1	12	0	0
프로통산			10	9	0	1	12	0	0

이주영(李柱永) 영남대 1970.07.25

대회	연도	소속	출전	교체	득점	도움	파울	경고	퇴장
BC	1994	버팔로	26	22	3	0	5	1	0
	합계		26	22	3	0	5	1	0
프로통산			26	22	3	0	5	1	0

이주영(李柱永) 관동대(가톨릭관동대) 1977.09.15

대회	연도	소속	출전	교체	득점	도움	파울	경고	퇴장
BC	2000	성남일화	6	6	0	1	2	0	0
	합계		6	6	0	1	2	0	0
프로통산			6	6	0	1	2	0	0

이주용(李周勇) 동아대 1992.09.26

대회	연도	소속	출전	교체	득점	도움	파울	경고	퇴장
K1	2014	전북	22	0	1	1	42	4	0
	2015	전북	20	4	1	0	36	4	0
	2016	전북	7	1	0	0	12	2	0
	2018	전북	3	2	0	0	3	0	0
	2019	전북	15	4	0	3	25	4	0
	2020	전북	10	4	0	1	7	1	0
	2021	전북	6	3	0	0	9	0	0
	2022	인천	10	4	0	0	12	0	0
	합계		93	22	2	5	146	15	0
K2	2017	아산	25	3	0	5	42	2	0
	2018	아산	19	0	1	0	35	4	0
	합계		44	3	1	5	77	6	0
프로통산			137	25	3	10	223	21	0

이주용(李周勇) 홍익대 1992.05.18

대회	연도	소속	출전	교체	득점	도움	파울	경고	퇴장
K1	2015	부산	1	1	0	0	2	0	0
	합계		1	1	0	0	2	0	0
프로통산			1	1	0	0	2	0	0

이주한(李柱翰) 동국대 1962.04.27

대회	연도	소속	출전	교체	실점	도움	파울	경고	퇴장
BC	1985	한일은행	14	1	16	0	0	0	0
	1986	한일은행	5	1	10	0	0	0	0
	합계		19	2	26	0	0	0	0
프로통산			19	2	26	0	0	0	0

이주현(李周賢) 중앙대 1998.12.06

대회	연도	소속	출전	교체	실점	도움	파울	경고	퇴장
K2	2019	부천	0	0	0	0	0	0	0
	2020	부천	0	0	0	0	0	0	0
	2021	부천	2	0	3	0	0	0	0
	2022	부천	3	1	7	0	0	0	0
	합계		5	1	10	0	0	0	0
프로통산			5	1	10	0	0	0	0

이준(李準) 연세대 1997.07.14

대회	연도	소속	출전	교체	실점	도움	파울	경고	퇴장
K1	2019	포항	0	0	0	0	0	0	0
	2021	포항	6	0	7	0	1	0	1
	합계		6	0	7	0	1	0	1
K2	2022	광주	5	0	4	0	0	1	0
	합계		5	0	4	0	0	1	0
프로통산			11	0	11	0	1	1	1

이준(李1俊) 고려대 1974.05.28

대회	연도	소속	출전	교체	득점	도움	파울	경고	퇴장
BC	1997	대전	14	9	4	0	22	4	0
	1998	대전	15	14	0	0	13	2	0
	합계		29	23	4	0	35	6	0
프로통산			29	23	4	0	35	6	0

이준근(李埈根) 초당대 1987.03.30

대회	연도	소속	출전	교체	실점	도움	파울	경고	퇴장
BC	2010	대전	0	0	0	0	0	0	0
	합계		0	0	0	0	0	0	0
프로통산			0	0	0	0	0	0	0

이준기(李俊基) 단국대 1982.04.25

대회	연도	소속	출전	교체	득점	도움	파울	경고	퇴장
BC	2002	안양LG	2	2	0	0	1	0	0
	2006	서울	0	0	0	0	0	0	0
	2006	전남	6	5	0	0	2	1	0
	2007	전남	16	6	0	0	16	2	0
	2008	전남	17	4	0	0	20	2	0
	2009	전남	9	1	0	0	13	1	0
	2010	전남	20	12	0	0	11	1	0
	2011	전남	8	7	0	0	6	0	0
	합계		78	37	0	0	69	7	0
프로통산			78	37	0	0	69	7	0

이준서(李俊敍) 동국대 1998.03.07

대회	연도	소속	출전	교체	실점	도움	파울	경고	퇴장
K2	2021	대전	9	0	7	0	0	1	0
	2022	대전	9	0	12	0	0	1	0
	합계		18	0	19	0	0	2	0
승	2021	대전	0	0	0	0	0	0	0
	2022	대전	0	0	0	0	0	0	0
	합계		0	0	0	0	0	0	0
프로통산			18	0	19	0	0	2	0

이준석(李俊石) 대건고 2000.04.07

대회	연도	소속	출전	교체	득점	도움	파울	경고	퇴장
K1	2019	인천	12	8	0	0	13	0	0
	2020	인천	8	8	0	1	5	0	0
	2021	인천	8	8	1	0	5	0	0
	2022	인천	1	1	0	0	0	0	0
	2022	김천	11	12	0	1	11	1	0
	합계		40	37	1	2	34	1	0
승	2022	김천	1	1	0	0	0	0	0
	합계		1	1	0	0	0	0	0
프로통산			41	38	1	2	34	1	0

이준석(李俊錫) 광주대 1995.03.06

대회	연도	소속	출전	교체	득점	도움	파울	경고	퇴장
K2	2018	광주	0	0	0	0	0	0	0
	합계		0	0	0	0	0	0	0
프로통산			0	0	0	0	0	0	0

이준식(李俊植) 남부대 1991.10.14

대회	연도	소속	출전	교체	실점	도움	파울	경고	퇴장
K1	2014	울산	1	1	1	0	1	1	0
	합계		1	1	1	0	1	1	0
프로통산			1	1	1	0	1	1	0

이준엽(李埈燁) 명지대 1990.05.21

대회	연도	소속	출전	교체	득점	도움	파울	경고	퇴장
K1	2013	강원	27	20	1	1	36	4	0
	합계		27	20	1	1	36	4	0
K2	2014	강원	1	1	0	0	2	0	0
	합계		1	1	0	0	2	0	0
프로통산			28	21	1	1	38	4	0

이준영(李俊永) 경희대 1982.12.26

대회	연도	소속	출전	교체	득점	도움	파울	경고	퇴장
BC	2003	안양LG	33	23	7	1	42	1	0
	2004	서울	22	20	0	1	31	3	0
	2005	인천	14	14	1	0	13	1	0
	2006	인천	25	21	2	0	22	0	0
	2007	인천	26	20	2	1	20	6	0
	2008	인천	28	6	2	2	39	4	0
	2009	인천	12	9	0	1	6	2	0
	2010	인천	29	15	4	3	33	3	0
	합계		189	128	18	9	206	20	0

대회	연도	소속	출전	교체	득점	도움	파울	경고	퇴장
프로통산			189	128	18	9	206	20	0

이준용(李俊容) 대구대 1995.07.09

대회	연도	소속	출전	교체	득점	도움	파울	경고	퇴장
K1	2021	광주	2	2	0	0	0	0	0
	합계		2	2	0	0	0	0	0
프로통산			2	2	0	0	0	0	0

이준재(李準宰) 진주고 2003.07.14

대회	연도	소속	출전	교체	득점	도움	파울	경고	퇴장
K2	2022	경남	32	22	1	1	23	5	0
	합계		32	22	1	1	23	5	0
프로통산			32	22	1	1	23	5	0

이준택(李濬澤) 울산대 1966.01.24

대회	연도	소속	출전	교체	득점	도움	파울	경고	퇴장
BC	1989	현대	17	17	0	1	12	1	0
	1990	현대	11	10	2	0	15	2	0
	1992	현대	14	11	0	0	12	1	0
	1993	현대	4	4	0	0	2	0	0
	1994	현대	2	1	0	0	4	0	0
	합계		48	43	2	1	45	4	0
프로통산			48	43	2	1	45	4	0

이준협(李俊協) 관동대(가톨릭관동대) 1989.03.30

대회	연도	소속	출전	교체	득점	도움	파울	경고	퇴장
BC	2010	강원	3	3	0	0	3	1	0
	합계		3	3	0	0	3	1	0
프로통산			3	3	0	0	3	1	0

이준형(李濬榮) 조선대 1988.08.24

대회	연도	소속	출전	교체	득점	도움	파울	경고	퇴장
BC	2011	강원	3	3	0	0	1	0	0
	2012	강원	1	1	0	0	0	0	0
	합계		4	4	0	0	1	0	0
프로통산			4	4	0	0	1	0	0

이준호(李俊浩) 중앙대 1989.01.27

대회	연도	소속	출전	교체	득점	도움	파울	경고	퇴장
K1	2016	수원FC	28	2	0	0	26	6	0
	합계		28	2	0	0	26	6	0
K2	2013	수원FC	22	4	3	0	28	5	0
	2014	수원FC	19	2	0	1	20	1	0
	2015	수원FC	25	3	1	1	34	7	0
	합계		66	9	4	2	82	13	0
승	2015	수원FC	2	0	0	0	2	1	0
	합계		2	0	0	0	2	1	0
프로통산			96	11	4	2	110	20	0

이준호(李準鎬) 중앙대 1991.11.07

대회	연도	소속	출전	교체	득점	도움	파울	경고	퇴장
K2	2014	충주	10	10	0	0	3	1	0
	2015	안산경찰	5	5	0	0	5	1	0
	2016	안산무궁	0	0	0	0	0	0	0
	합계		15	15	0	0	8	2	0
프로통산			15	15	0	0	8	2	0

이준호(李俊昊) 광양제철고 1994.07.27

대회	연도	소속	출전	교체	득점	도움	파울	경고	퇴장
K2	2018	대전	1	1	0	0	1	0	0
	합계		1	1	0	0	1	0	0
프로통산			1	1	0	0	1	0	0

이준호(李俊湖) 중앙대 2000.04.06

대회	연도	소속	출전	교체	득점	도움	파울	경고	퇴장
K2	2020	충남아산	2	2	0	0	0	0	0
	합계		2	2	0	0	0	0	0
프로통산			2	2	0	0	0	0	0

이준호(李峻豪) 연세대 1967.06.06

대회	연도	소속	출전	교체	득점	도움	파울	경고	퇴장
BC	1990	대우	5	1	0	0	6	2	0
	합계		5	1	0	0	6	2	0
프로통산			5	1	0	0	6	2	0

이준호(李俊護) 중앙대 2002.09.28

대회	연도	소속	출전	교체	득점	도움	파울	경고	퇴장
K1	2022	전북	5	5	0	0	1	0	0
	합계		5	5	0	0	1	0	0
프로통산			5	5	0	0	1	0	0

이준희(李準熙) 경희대 1988.06.01

대회	연도	소속	출전	교체	득점	도움	파울	경고	퇴장
BC	2012	대구	19	2	0	0	44	6	0
	합계		19	2	0	0	44	6	0
K1	2013	대구	30	1	0	2	34	5	0
	합계		30	1	0	2	34	5	0
K2	2014	대구	31	2	1	4	49	8	0
	2015	대구	29	4	3	1	47	10	0
	2016	경남	3	3	0	0	4	1	0
	2017	서울E	4	1	0	0	2	2	0
	2017	부산	2	0	0	0	1	0	0
	2019	안산	11	3	0	1	12	4	0
	2020	안산	12	2	1	0	9	1	0
	2021	안산	30	12	1	0	29	3	0
	2022	안산	30	13	1	4	31	3	0
	합계		152	40	7	10	184	32	0
프로통산			201	43	7	12	262	43	0

이준희(李俊喜) 인천대 1993.12.10

대회	연도	소속	출전	교체	실점	도움	파울	경고	퇴장
K1	2015	포항	0	0	0	0	0	0	0
	2018	경남	0	0	0	0	0	0	0
	2019	대구	0	0	0	0	0	0	0
	2020	대구	0	0	0	0	0	0	0
	합계		0	0	0	0	0	0	0
K2	2016	경남	14	0	15	0	1	1	0
	2017	경남	13	0	15	0	0	2	0
	합계		27	0	30	0	1	3	0
프로통산			27	0	30	0	1	3	0

이중갑(李中甲) 명지대 1962.07.06

대회	연도	소속	출전	교체	득점	도움	파울	경고	퇴장
BC	1983	국민은행	2	0	0	0	0	0	0
	1986	현대	19	1	0	0	11	0	0
	1987	현대	25	6	1	0	17	0	0
	1988	현대	6	3	0	1	7	2	0
	합계		52	10	1	1	35	2	0
프로통산			52	10	1	1	35	2	0

이중권(李重券) 명지대 1992.01.01

대회	연도	소속	출전	교체	득점	도움	파울	경고	퇴장
K1	2013	전남	11	7	0	1	8	1	0
	2014	전남	1	1	0	0	0	0	0
	2016	인천	1	1	0	0	1	0	0
	합계		13	9	0	1	9	1	0
프로통산			13	9	0	1	9	1	0

이중민(李重旻) 광주대 1999.11.03

대회	연도	소속	출전	교체	득점	도움	파울	경고	퇴장
K1	2021	성남	23	24	1	0	18	1	0
	합계		23	24	1	0	18	1	0
K2	2022	전남	26	25	5	2	15	1	0
	합계		26	25	5	2	15	1	0
프로통산			49	49	6	2	33	2	0

이중서(李重瑞) 영남대 1995.06.09

대회	연도	소속	출전	교체	득점	도움	파울	경고	퇴장
K1	2017	광주	8	8	0	0	3	0	0
	합계		8	8	0	0	3	0	0
프로통산			8	8	0	0	3	0	0

이중원(李重元) 숭실대 1989.07.27

대회	연도	소속	출전	교체	득점	도움	파울	경고	퇴장
BC	2010	대전	7	7	0	0	2	0	0
	2011	대전	8	6	0	0	4	1	0
	합계		15	13	0	0	6	1	0
프로통산			15	13	0	0	6	1	0

이중재(李重宰) 경성고 1963.01.27

대회	연도	소속	출전	교체	득점	도움	파울	경고	퇴장
BC	1985	상무	11	4	1	3	10	0	0
	합계		11	4	1	3	10	0	0
프로통산			11	4	1	3	10	0	0

이중호(李仲豪) 청주대 1998.05.16

대회	연도	소속	출전	교체	득점	도움	파울	경고	퇴장
K2	2022	김포	5	3	0	0	2	0	0
	합계		5	3	0	0	2	0	0
프로통산			5	3	0	0	2	0	0

이지남(李指南) 안양공고 1984.11.21

대회	연도	소속	출전	교체	득점	도움	파울	경고	퇴장
BC	2004	서울	4	1	0	0	2	0	0
	2008	경남	8	5	1	0	18	2	0
	2009	경남	7	3	0	0	7	0	0
	2010	경남	23	8	1	0	32	7	0
	2011	대구	28	7	2	1	33	4	0
	2012	대구	32	0	3	0	41	13	0
	합계		102	24	7	1	133	26	0
K1	2013	대구	28	2	2	0	31	1	0
	2015	전남	19	3	0	0	22	3	0
	2016	전남	30	5	0	0	24	8	0
	2017	전남	20	3	1	0	17	4	0
	2018	전남	18	3	2	0	13	2	0
	합계		115	16	5	0	107	18	0
K2	2019	전남	16	5	1	0	25	1	0
	합계		16	5	1	0	25	1	0
프로통산			233	45	13	1	265	45	0

이지민(李智旼) 아주대 1993.09.04

대회	연도	소속	출전	교체	득점	도움	파울	경고	퇴장
K1	2015	전남	14	11	1	1	9	1	0
	2016	전남	20	11	1	0	20	3	0
	2020	부산	2	2	0	0	0	0	0
	합계		36	24	2	1	29	4	0
K2	2017	성남	32	5	1	4	36	5	0
	2018	성남	9	6	0	0	6	0	1
	합계		41	11	1	4	42	5	1
프로통산			77	35	3	5	71	9	1

이지성(李知成) 용인대 1999.05.05

대회	연도	소속	출전	교체	득점	도움	파울	경고	퇴장
K2	2022	안산	6	7	0	0	5	1	0
	합계		6	7	0	0	5	1	0
프로통산			6	7	0	0	5	1	0

이지솔(李志率) 언남고 1999.07.09

대회	연도	소속	출전	교체	득점	도움	파울	경고	퇴장
K1	2022	제주	16	15	0	0	4	1	0
	합계		16	15	0	0	4	1	0
K2	2018	대전	4	4	0	0	1	1	0
	2019	대전	23	2	1	0	38	6	1
	2020	대전	21	1	0	0	22	6	0
	2021	대전	24	3	0	0	32	7	0
	합계		72	10	1	0	93	20	1
승	2021	대전	2	0	0	0	1	1	0
	합계		2	0	0	0	1	1	0
프로통산			90	25	1	0	98	22	1

이지승(李志承) 호남대 1999.01.11

대회	연도	소속	출전	교체	득점	도움	파울	경고	퇴장
K1	2020	부산	1	1	0	0	0	0	0
	합계		1	1	0	0	0	0	0
K2	2021	부산	12	5	0	1	21	3	0
	2022	경남	17	12	0	0	26	4	0
	합계		29	17	0	1	47	7	0
프로통산			30	18	0	1	47	7	0

이지용(李知容) 숭실대 1999.04.01

대회	연도	소속	출전	교체	득점	도움	파울	경고	퇴장
K1	2020	포항	0	0	0	0	0	0	0
	합계		0	0	0	0	0	0	0
프로통산			0	0	0	0	0	0	0

이지훈(李知勳) 울산대 1994.03.24

대회	연도	소속	출전	교체	득점	도움	파울	경고	퇴장
K1	2017	울산	3	2	0	0	4	1	0

	2018	울산	1	0	0	0	2	0	0
	2019	인천	7	7	0	0	3	1	0
	2021	광주	33	10	0	0	19	4	0
	2022	성남	16	14	0	0	4	0	0
	합계		60	33	0	0	32	6	0
K2	2020	수원FC	21	8	0	1	15	4	0
	합계		21	8	0	1	15	4	0
프로통산			81	41	0	1	47	10	0

이지훈(李知勳) 영생고 2002.03.02

K1	2021	전북	17	17	0	0	16	2	0
	2022	전북	2	2	0	0	0	0	0
	2022	김천	5	5	0	0	2	0	0
	합계		24	24	0	0	18	2	0
승	2022	김천	1	1	0	0	1	0	0
	합계		1	1	0	0	1	0	0
프로통산			25	25	0	0	19	2	0

이지훈(李知訓) 울산대 1995.06.19

대회	연도	소속	출전	교체	득점	도움	파울	경고	퇴장
K2	2020	안산	16	6	1	1	16	4	0
	합계		16	6	1	1	16	4	0
프로통산			16	6	1	1	16	4	0

이진규(李眞奎) 동의대 1988.05.20

대회	연도	소속	출전	교체	실점	도움	파울	경고	퇴장
BC	2012	성남일화	0	0	0	0	0	0	0
	합계		0	0	0	0	0	0	0
프로통산			0	0	0	0	0	0	0

이진석(李振錫) 영남대 1991.09.10

대회	연도	소속	출전	교체	득점	도움	파울	경고	퇴장
K1	2013	포항	0	0	0	0	0	0	0
	2014	포항	1	1	0	0	1	0	0
	합계		1	1	0	0	1	0	0
프로통산			1	1	0	0	1	0	0

이진섭(李進燮) 안산U18 2002.01.23

대회	연도	소속	출전	교체	득점	도움	파울	경고	퇴장
K2	2021	안산	0	0	0	0	0	0	0
	2022	안산	3	3	0	0	2	0	0
	합계		3	3	0	0	2	0	0
프로통산			3	3	0	0	2	0	0

이진용(李珍鎔) 현풍고 2001.05.01

대회	연도	소속	출전	교체	득점	도움	파울	경고	퇴장
K1	2020	대구	0	0	0	0	0	0	0
	2021	대구	29	21	0	0	52	10	0
	2022	대구	33	23	0	0	69	10	0
	합계		62	44	0	0	121	20	0
프로통산			62	44	0	0	121	20	0

이진우(李鎭宇) 고려대 1982.09.03

대회	연도	소속	출전	교체	득점	도움	파울	경고	퇴장
BC	2007	울산	8	8	0	1	12	1	0
	2008	울산	3	3	0	0	2	0	0
	2009	대전	1	1	0	0	3	0	0
	합계		12	12	0	1	17	1	0
프로통산			12	12	0	1	17	1	0

이진욱(李眞旭) 가톨릭관동대 1992.09.11

대회	연도	소속	출전	교체	득점	도움	파울	경고	퇴장
K1	2015	인천	4	4	1	0	0	0	0
	2016	인천	2	2	0	0	1	0	0
	합계		6	6	1	0	1	0	0
프로통산			6	6	1	0	1	0	0

이진행(李晉行) 연세대 1971.07.10

대회	연도	소속	출전	교체	득점	도움	파울	경고	퇴장
BC	1996	수원	21	16	4	0	27	3	0
	1997	수원	25	14	3	3	31	2	0
	1998	수원	23	16	2	0	31	2	0
	1999	수원	14	10	2	1	17	0	0
	2000	수원	1	0	0	0	2	0	0
	합계		84	56	11	4	108	7	0
프로통산			84	56	11	4	108	7	0

이진현(李鎭賢) 성균관대 1997.08.26

대회	연도	소속	출전	교체	득점	도움	파울	경고	퇴장
K1	2018	포항	17	6	5	1	17	1	0
	2019	포항	20	17	1	2	21	0	0
	2020	대구	21	18	1	0	18	3	0
	합계		58	41	7	3	56	4	0
K2	2021	대전	22	8	1	3	16	2	0
	2022	대전	27	16	4	5	30	3	0
	합계		49	24	5	8	46	5	0
승	2021	대전	0	0	0	0	0	0	0
	2022	대전	2	0	2	0	2	2	0
	합계		2	0	2	0	2	2	0
프로통산			109	65	14	11	104	11	0

이진형(李鎭亨) 단국대 1988.02.22

대회	연도	소속	출전	교체	실점	도움	파울	경고	퇴장
BC	2011	제주	0	0	0	0	0	0	0
	2012	제주	0	0	0	0	0	0	0
	합계		0	0	0	0	0	0	0
K1	2017	인천	16	0	15	0	0	1	0
	2018	인천	13	0	27	0	0	1	0
	2020	광주	13	0	22	0	1	1	0
	2021	광주	4	0	5	0	0	0	0
	합계		46	0	69	0	1	3	0
K2	2013	안양	25	1	31	0	2	1	0
	2014	안양	34	0	50	0	0	1	0
	2015	안산경찰	23	1	26	0	0	2	0
	2016	안산무궁	26	0	24	0	0	2	0
	2016	안양	7	0	11	0	0	1	0
	2019	광주	9	1	4	0	0	0	0
	합계		124	3	146	0	2	7	0
프로통산			170	3	215	0	3	10	0

이진호(李珍浩) 울산과학대 1984.09.03

대회	연도	소속	출전	교체	득점	도움	파울	경고	퇴장
BC	2003	울산	1	2	0	0	1	0	0
	2004	울산	3	3	0	0	8	0	0
	2005	울산	25	24	5	1	30	1	0
	2006	광주상무	11	9	2	1	18	1	0
	2007	광주상무	24	17	2	0	27	2	0
	2008	울산	34	28	7	6	47	8	0
	2009	울산	23	20	6	0	41	2	0
	2010	울산	10	9	2	0	14	2	0
	2010	포항	12	10	4	1	18	4	1
	2011	울산	26	23	5	0	29	3	0
	2012	대구	39	23	9	1	94	9	0
	합계		208	168	42	10	327	32	1
K1	2013	대구	10	7	0	0	19	4	0
	2013	제주	17	14	3	3	23	2	1
	합계		27	21	3	3	42	6	1
K2	2014	광주	7	4	0	0	17	1	0
	합계		7	4	0	0	17	1	0
프로통산			242	193	45	13	386	39	2

이진호(李鎭鎬) 호남대 1969.03.01

대회	연도	소속	출전	교체	득점	도움	파울	경고	퇴장
BC	1992	대우	17	4	0	0	11	1	0
	1993	대우	12	3	0	0	20	6	0
	1995	대우	10	3	0	0	15	3	0
	1996	부산	4	2	0	0	8	1	0
	합계		43	12	0	0	54	11	0
프로통산			43	12	0	0	54	11	0

이찬동(李燦東) 인천대 1993.01.10

대회	연도	소속	출전	교체	득점	도움	파울	경고	퇴장
K1	2015	광주	30	5	0	1	57	10	0
	2016	광주	25	9	0	0	55	9	0
	2017	제주	28	14	2	1	39	8	0
	2018	제주	18	8	1	0	33	3	0
	2019	상주	4	1	0	0	4	1	0
	2020	상주	8	6	0	0	12	3	0
	2021	광주	21	18	2	0	26	5	0
	합계		134	61	5	2	226	39	0
K2	2014	광주	31	13	1	0	75	11	0
	2020	제주	4	3	0	0	4	1	0
	2022	광주	2	2	0	0	3	0	0
	합계		37	18	1	0	82	12	0
승	2014	광주	2	1	0	0	5	0	0
	합계		2	1	0	0	5	0	0
프로통산			173	80	6	2	313	51	0

이찬우(李燦玗) 아주대 1997.06.27

대회	연도	소속	출전	교체	실점	도움	파울	경고	퇴장
K2	2022	안산	1	0	2	0	0	0	0
	합계		1	0	2	0	0	0	0
프로통산			1	0	2	0	0	0	0

이찬욱(異燦煜) 진주고 2003.02.03

대회	연도	소속	출전	교체	득점	도움	파울	경고	퇴장
K2	2022	경남	2	2	0	0	0	0	0
	합계		2	2	0	0	0	0	0
프로통산			2	2	0	0	0	0	0

이찬행(李粲行) 단국대 1968.07.14

대회	연도	소속	출전	교체	득점	도움	파울	경고	퇴장
BC	1991	유공	6	4	0	0	7	2	0
	1992	유공	1	1	0	0	1	0	0
	1993	유공	8	6	0	0	11	0	0
	1994	유공	11	8	2	0	7	1	0
	1995	유공	9	6	0	0	4	2	0
	1996	부천유공	17	5	1	1	22	1	0
	1997	부천SK	11	3	1	1	18	5	0
	합계		63	33	4	2	70	11	0
프로통산			63	33	4	2	70	11	0

이창근(李昌根) 동래고 1993.08.30

대회	연도	소속	출전	교체	실점	도움	파울	경고	퇴장
BC	2012	부산	0	0	0	0	0	0	0
	합계		0	0	0	0	0	0	0
K1	2013	부산	5	0	5	0	0	1	0
	2014	부산	7	0	11	0	0	0	0
	2015	부산	11	0	18	0	1	0	0
	2016	수원FC	21	0	31	0	1	1	0
	2017	제주	19	0	15	0	1	2	0
	2018	제주	35	0	39	0	2	3	0
	2019	제주	23	0	45	0	0	1	0
	2020	상주	18	0	25	0	0	1	0
	2021	제주	10	1	16	0	0	0	0
	합계		149	1	205	0	5	9	0
K2	2016	부산	3	0	6	0	0	0	0
	2021	김천	8	0	11	0	0	1	0
	2022	대전	30	0	32	0	0	2	0
	합계		41	0	49	0	0	3	0
승	2015	부산	0	0	0	0	0	0	0
	2022	대전	2	0	1	0	0	0	0
	합계		2	0	1	0	0	0	0
프로통산			192	1	255	0	5	12	0

이창덕(李昌德) 수원공고 1981.06.05

대회	연도	소속	출전	교체	실점	도움	파울	경고	퇴장
BC	2000	수원	0	0	0	0	0	0	0
	2001	수원	0	0	0	0	0	0	0
	합계		0	0	0	0	0	0	0
프로통산			0	0	0	0	0	0	0

이창무(李昌茂) 홍익대 1993.03.01

대회	연도	소속	출전	교체	득점	도움	파울	경고	퇴장
K1	2016	수원FC	2	2	0	0	0	0	0
	합계		2	2	0	0	0	0	0
프로통산			2	2	0	0	0	0	0

이창민(李昌珉) 중앙대 1994.01.20

대회	연도	소속	출전	교체	득점	도움	파울	경고	퇴장
K1	2014	경남	32	11	2	3	26	3	0
	2015	전남	21	15	2	2	13	2	0

대회	연도	소속	출전	교체	득점	도움	파울	경고	퇴장
	2016	제주	21	10	2	3	7	3	0
	2017	제주	26	15	5	3	26	6	1
	2018	제주	23	8	3	6	22	2	0
	2019	제주	32	6	5	1	21	2	1
	2021	제주	34	2	4	2	17	0	0
	합계		189	67	23	20	132	18	2
K2	2020	제주	24	1	4	2	26	1	1
	합계		24	1	4	2	26	1	1
승	2014	경남	2	2	0	0	7	0	0
	합계		2	2	0	0	7	0	0
프로통산			215	70	27	22	165	19	3

이창민(李昌民) 울산대 1980.01.25

대회	연도	소속	출전	교체	실점	도움	파울	경고	퇴장
BC	2002	전북	0	0	0	0	0	0	0
	합계		0	0	0	0	0	0	0
프로통산			0	0	0	0	0	0	0

이창민(李昌珉) 진주고 1984.06.01

대회	연도	소속	출전	교체	실점	도움	파울	경고	퇴장
BC	2004	부산	0	0	0	0	0	0	0
	2005	부산	0	0	0	0	0	0	0
	2006	부산	0	0	0	0	0	0	0
	합계		0	0	0	0	0	0	0
프로통산			0	0	0	0	0	0	0

이창엽(李昌燁) 홍익대 1974.11.19

대회	연도	소속	출전	교체	득점	도움	파울	경고	퇴장
BC	1997	대전	34	1	0	3	60	3	0
	1998	대전	30	3	0	3	43	2	0
	1999	대전	14	5	0	1	13	0	0
	2000	대전	31	2	0	0	27	4	0
	2001	대전	11	7	0	1	19	3	0
	2002	대전	19	14	1	3	32	2	0
	2003	대전	33	15	2	3	62	3	0
	2004	대전	27	18	2	1	41	2	0
	2005	대전	8	8	0	0	8	3	0
	2006	경남	6	5	0	0	12	0	0
	합계		213	78	5	15	317	22	0
프로통산			213	78	5	15	317	22	0

이창용(李昌勇) 용인대 1990.08.27

대회	연도	소속	출전	교체	득점	도움	파울	경고	퇴장
K1	2013	강원	15	6	0	0	25	6	0
	2015	울산	17	10	0	0	16	3	0
	2016	울산	16	13	0	0	14	1	0
	2018	울산	2	0	1	0	4	1	0
	2019	성남	25	8	2	0	29	2	0
	2020	성남	19	3	2	1	19	4	1
	2021	성남	27	11	0	1	28	6	0
	합계		121	51	5	2	135	23	1
K2	2014	강원	22	4	1	1	41	3	1
	2017	아산	28	8	2	0	36	5	0
	2018	아산	15	2	0	0	17	3	0
	2022	안양	30	6	3	0	27	6	1
	합계		95	20	6	1	121	17	2
승	2022	안양	2	1	0	0	1	1	0
	합계		2	1	0	0	1	1	0
프로통산			218	72	11	3	257	41	3

이창원(李昌源) 영남대 1975.07.10

대회	연도	소속	출전	교체	득점	도움	파울	경고	퇴장
BC	2001	전남	15	2	0	0	11	0	0
	2002	전남	11	3	0	0	20	3	0
	2003	전남	8	2	0	0	18	0	0
	2004	전남	29	3	0	1	43	3	0
	2005	전남	26	1	1	0	70	7	0
	2006	포항	27	8	0	0	60	8	0
	2007	포항	22	6	0	0	35	3	0
	2008	포항	5	0	0	0	7	1	0
	2009	포항	0	0	0	0	0	0	0
	합계		143	25	1	1	264	25	0
프로통산			143	25	1	1	264	25	0

이창훈(李昶勳) 인천대 1986.12.17

대회	연도	소속	출전	교체	득점	도움	파울	경고	퇴장
BC	2009	강원	24	18	1	4	20	3	0
	2010	강원	25	23	2	1	13	0	0
	2011	강원	16	12	1	2	12	0	0
	2011	성남일화	9	9	0	2	7	1	0
	2012	성남일화	23	19	2	2	25	2	0
	합계		97	81	6	11	77	6	0
K1	2013	성남일화	7	7	0	0	4	2	0
	2014	성남	21	14	0	1	21	4	0
	2016	성남	2	1	0	0	3	1	0
	합계		30	22	0	1	28	7	0
K2	2015	상주	22	17	4	1	20	2	0
	2017	성남	16	16	1	0	11	2	0
	합계		38	33	5	1	31	4	0
승	2016	성남	1	0	0	0	2	0	0
	합계		1	0	0	0	2	0	0
프로통산			166	136	11	13	138	17	0

이창훈(李昌勳) 수원대 1995.11.16

대회	연도	소속	출전	교체	득점	도움	파울	경고	퇴장
K2	2018	안산	11	11	1	1	4	1	0
	2019	안산	22	11	2	0	4	2	0
	2020	안산	11	2	0	0	7	0	0
	합계		44	24	3	1	15	3	0
프로통산			44	24	3	1	15	3	0

이천수(李天秀) 고려대 1981.07.09

대회	연도	소속	출전	교체	득점	도움	파울	경고	퇴장
BC	2002	울산	18	5	7	9	35	2	0
	2003	울산	18	8	8	6	24	0	0
	2005	울산	14	6	7	5	34	5	0
	2006	울산	24	5	7	1	58	6	1
	2007	울산	26	12	7	3	52	4	0
	2008	수원	4	3	1	0	5	0	0
	2009	전남	8	6	4	1	13	1	0
	합계		112	45	41	25	221	18	1
K1	2013	인천	19	13	2	5	18	2	0
	2014	인천	28	23	1	3	41	5	1
	2015	인천	20	19	2	2	22	4	0
	합계		67	55	5	10	81	11	1
프로통산			179	100	46	35	302	29	2

이천흥(李千興) 명지대 1960.10.22

대회	연도	소속	출전	교체	득점	도움	파울	경고	퇴장
BC	1983	대우	1	1	0	0	0	0	0
	1984	대우	10	6	0	0	2	0	0
	1985	대우	13	8	0	0	5	0	0
	1986	대우	13	5	1	2	14	2	0
	합계		37	20	1	2	21	2	0
프로통산			37	20	1	2	21	2	0

이철희(李喆熙) 배재대 1985.08.06

대회	연도	소속	출전	교체	득점	도움	파울	경고	퇴장
BC	2008	대전	2	2	0	0	2	0	0
	합계		2	2	0	0	2	0	0
프로통산			2	2	0	0	2	0	0

이청용(李靑龍) 도봉중 1988.07.02

대회	연도	소속	출전	교체	득점	도움	파울	경고	퇴장
BC	2004	서울	0	0	0	0	0	0	0
	2006	서울	4	2	0	1	9	2	0
	2007	서울	23	11	3	6	39	6	0
	2008	서울	25	5	6	6	36	5	2
	2009	서울	16	5	3	4	9	0	0
	합계		68	23	12	17	93	13	2
K1	2020	울산	20	14	4	1	12	2	0
	2021	울산	25	21	3	1	18	2	0
	2022	울산	35	23	3	2	14	5	0
	합계		80	58	10	4	44	9	0
프로통산			148	81	22	21	137	22	2

이청웅(李淸熊) 영남대 1993.03.15

대회	연도	소속	출전	교체	득점	도움	파울	경고	퇴장
K1	2015	부산	6	1	0	0	10	1	0
	합계		6	1	0	0	10	1	0
K2	2016	부산	7	4	0	0	13	1	0
	2017	부산	13	3	0	1	25	1	0
	2018	부산	12	5	1	0	11	3	0
	2021	부산	3	1	0	0	1	2	0
	2022	부산	15	10	0	0	8	1	0
	합계		50	23	1	1	58	8	0
승	2015	부산	2	0	0	0	3	1	0
	2018	부산	1	1	0	0	0	0	0
	합계		3	1	0	0	3	1	0
프로통산			59	25	1	1	71	10	0

이총희(李聰熙) 통진고 1992.04.21

대회	연도	소속	출전	교체	득점	도움	파울	경고	퇴장
BC	2011	수원	1	1	0	0	3	0	0
	합계		1	1	0	0	3	0	0
프로통산			1	1	0	0	3	0	0

이춘석(李春錫) 연세대 1959.02.03

대회	연도	소속	출전	교체	득점	도움	파울	경고	퇴장
BC	1983	대우	16	3	8	1	10	0	0
	1985	상무	19	3	5	1	24	2	0
	1986	대우	9	4	0	0	9	0	0
	1987	대우	23	22	3	2	15	0	0
	합계		67	32	16	4	58	2	0
프로통산			67	32	16	4	58	2	0

이춘섭(李春燮) 동국대 1958.11.17

대회	연도	소속	출전	교체	실점	도움	파울	경고	퇴장
BC	1984	한일은행	24	0	41	0	0	0	0
	1985	한일은행	8	1	14	0	1	1	0
	합계		32	1	55	0	1	1	0
프로통산			32	1	55	0	1	1	0

이충호(李忠昊) 한양대 1968.07.04

대회	연도	소속	출전	교체	실점	도움	파울	경고	퇴장
BC	1991	현대	5	1	10	0	0	0	0
	합계		5	1	10	0	0	0	0
프로통산			5	1	10	0	0	0	0

이치준(李治準) 중앙대 1985.01.20

대회	연도	소속	출전	교체	득점	도움	파울	경고	퇴장
BC	2009	성남일화	1	1	0	0	0	0	0
	2010	성남일화	0	0	0	0	0	0	0
	2011	성남일화	0	0	0	0	0	0	0
	합계		1	1	0	0	0	0	0
K2	2013	경찰	20	9	0	1	37	8	1
	2014	수원FC	21	9	0	0	26	5	0
	합계		41	18	0	1	63	13	1
프로통산			42	19	0	1	63	13	1

이칠성(李七星) 서울시립대 1963.08.25

대회	연도	소속	출전	교체	득점	도움	파울	경고	퇴장
BC	1987	유공	20	5	4	3	12	0	0
	1988	유공	5	4	0	1	3	0	0
	1989	유공	2	1	0	0	0	0	0
	합계		27	10	4	4	15	0	0
프로통산			27	10	4	4	15	0	0

이태권(李泰權) 연세대 1980.07.14

대회	연도	소속	출전	교체	득점	도움	파울	경고	퇴장
BC	2005	수원	1	1	0	0	1	0	0
	합계		1	1	0	0	1	0	0
프로통산			1	1	0	0	1	0	0

이태민(李泰旼) 개성고 2003.05.09

대회	연도	소속	출전	교체	득점	도움	파울	경고	퇴장
K2	2021	부산	16	16	0	0	15	4	0
	2022	부산	8	8	0	0	11	0	0
	2022	김포	18	19	0	1	12	2	0
	합계		42	43	0	1	38	6	0
프로통산			42	43	0	1	38	6	0

이태석(李太錫) 오산고 2002.07.28

대회	연도	소속	출전	교체	득점	도움	파울	경고	퇴장
K1	2021	서울	19	8	0	2	21	5	0
	2022	서울	27	20	0	0	17	3	0
	합계		46	28	0	2	38	8	0
프로통산			46	28	0	2	38	8	0

이태엽(李太燁) 서울시립대 1959.06.16

대회	연도	소속	출전	교체	득점	도움	파울	경고	퇴장
BC	1983	국민은행	15	2	1	0	7	1	0
	1984	국민은행	17	10	2	0	15	3	0
	합계		32	12	3	0	22	4	0
프로통산			32	12	3	0	22	4	0

이태영(李泰英) 가톨릭관동대 1992.05.15

대회	연도	소속	출전	교체	득점	도움	파울	경고	퇴장
K2	2015	안양	1	1	0	0	1	0	0
	2016	충주	10	9	1	4	8	0	0
	합계		11	10	1	4	9	0	0
프로통산			11	10	1	4	9	0	0

이태영(李太永) 풍생고 1987.07.01

대회	연도	소속	출전	교체	득점	도움	파울	경고	퇴장
BC	2007	포항	0	0	0	0	0	0	0
	합계		0	0	0	0	0	0	0
프로통산			0	0	0	0	0	0	0

이태우(李泰雨) 경희대 1984.01.08

대회	연도	소속	출전	교체	득점	도움	파울	경고	퇴장
BC	2006	대구	2	2	0	0	2	1	0
	2007	대구	3	2	0	0	1	0	0
	합계		5	4	0	0	3	1	0
프로통산			5	4	0	0	3	1	0

이태윤(李泰潤) 성균관대 2000.08.21

대회	연도	소속	출전	교체	득점	도움	파울	경고	퇴장
K2	2022	충남아산	0	0	0	0	0	0	0
	합계		0	0	0	0	0	0	0
프로통산			0	0	0	0	0	0	0

이태현(李太賢) 한남대 1993.03.13

대회	연도	소속	출전	교체	득점	도움	파울	경고	퇴장
K2	2016	안양	4	3	0	0	6	1	0
	2017	안양	2	1	0	0	1	0	0
	합계		6	4	0	0	7	1	0
프로통산			6	4	0	0	7	1	0

이태형(李太炯) 한양대 1964.09.01

대회	연도	소속	출전	교체	득점	도움	파울	경고	퇴장
BC	1987	대우	19	18	1	0	23	0	0
	1988	대우	18	14	1	1	18	1	0
	1989	대우	19	15	2	0	20	1	0
	1990	대우	8	6	1	0	13	2	0
	1991	포항제철	8	6	1	1	9	0	0
	1992	포항제철	6	4	0	0	9	1	0
	1994	버팔로	8	6	0	0	4	1	0
	합계		86	69	6	2	96	6	0
프로통산			86	69	6	2	96	6	0

이태호(李太浩/←이주영) 성균관대 1991.03.16

대회	연도	소속	출전	교체	득점	도움	파울	경고	퇴장
K1	2018	강원	11	4	1	0	9	2	0
	합계		11	4	1	0	9	2	0
K2	2019	서울E	15	2	1	0	22	4	0
	2020	부천	4	4	0	0	4	1	0
	합계		19	6	1	0	26	5	0
프로통산			30	10	2	0	35	7	0

이태호(李泰昊) 고려대 1961.01.29

대회	연도	소속	출전	교체	득점	도움	파울	경고	퇴장
BC	1983	대우	8	2	3	3	13	2	0
	1984	대우	20	1	11	3	15	4	0
	1985	대우	5	1	4	0	3	0	0
	1986	대우	12	2	3	4	18	2	0
	1987	대우	19	14	6	2	10	0	1
	1988	대우	12	6	5	3	12	0	0
	1989	대우	25	7	8	3	34	1	0
	1990	대우	19	1	6	3	19	0	0
	1991	대우	33	26	5	5	28	0	0
	1992	대우	28	24	6	1	28	1	0
	합계		181	84	57	27	180	10	1
프로통산			181	84	57	27	180	10	1

이태홍(李太洪) 대구대 1971.10.01

대회	연도	소속	출전	교체	득점	도움	파울	경고	퇴장
BC	1992	일화	32	27	2	2	39	4	0
	1993	일화	27	6	6	4	55	4	0
	1994	일화	18	14	1	0	30	6	0
	1995	일화	26	20	3	1	24	3	1
	1996	천안일화	32	13	3	0	60	5	0
	1997	부천SK	11	4	1	0	24	3	1
	1999	부천SK	16	15	4	1	19	2	0
	합계		162	99	20	8	251	27	2
프로통산			162	99	20	8	251	27	2

이태훈(李太燻) 전북대 1971.06.07

대회	연도	소속	출전	교체	득점	도움	파울	경고	퇴장
BC	1994	버팔로	17	5	1	1	11	0	0
	1996	전북	9	7	0	0	14	0	0
	1997	전북	7	3	0	1	13	1	0
	1998	전북	6	5	1	0	2	1	0
	합계		39	20	2	2	40	2	0
프로통산			39	20	2	2	40	2	0

이태희(李太熙) 대건고 1995.04.26

대회	연도	소속	출전	교체	실점	도움	파울	경고	퇴장
K1	2015	인천	4	1	3	0	0	0	0
	2016	인천	8	0	9	0	1	1	0
	2017	인천	10	0	17	0	0	1	0
	2018	인천	7	0	14	0	0	0	0
	2019	인천	12	1	14	0	0	1	0
	2020	인천	12	0	11	0	0	2	0
	2021	인천	26	2	35	0	1	0	0
	2022	인천	12	0	18	0	0	0	0
	합계		91	4	121	0	2	5	0
프로통산			91	4	121	0	2	5	0

이태희(李台熙) 숭실대 1992.06.16

대회	연도	소속	출전	교체	득점	도움	파울	경고	퇴장
K1	2015	성남	13	1	1	1	23	0	0
	2016	성남	28	5	1	3	24	4	0
	2018	상주	9	3	1	1	8	2	0
	2019	상주	27	0	2	5	23	3	0
	2019	성남	9	0	0	0	20	1	0
	2020	성남	26	1	0	2	24	0	0
	2021	성남	27	7	1	1	16	3	0
	2022	대구	13	9	0	1	6	1	0
	합계		152	26	6	14	144	14	0
K2	2017	성남	29	1	0	1	31	3	0
	합계		29	1	0	1	31	3	0
승	2016	성남	0	0	0	0	0	0	0
	합계		0	0	0	0	0	0	0
프로통산			181	27	6	15	175	17	0

이태희(李台熙) 서울시립대 1959.08.10

대회	연도	소속	출전	교체	득점	도움	파울	경고	퇴장
BC	1983	국민은행	14	7	1	0	9	2	0
	1984	국민은행	14	7	1	1	15	0	0
	합계		28	14	2	1	24	2	0
프로통산			28	14	2	1	24	2	0

이택기(李宅基) 아주대 1989.03.31

대회	연도	소속	출전	교체	득점	도움	파울	경고	퇴장
BC	2012	서울	1	0	0	0	1	1	0
	합계		1	0	0	0	1	1	0
K1	2013	서울	1	1	0	0	1	0	0
	합계		1	1	0	0	1	0	0
K2	2014	충주	15	1	0	0	5	1	0
	2015	충주	29	2	0	0	17	1	0
	합계		44	3	0	0	22	2	0
프로통산			46	4	0	0	24	3	0

이평재(李平宰) 동아대 1969.03.24

대회	연도	소속	출전	교체	득점	도움	파울	경고	퇴장
BC	1991	현대	8	6	0	0	9	1	0
	1995	전남	6	5	0	0	7	1	0
	1996	전남	19	13	3	1	15	2	0
	합계		33	24	3	1	31	4	0
프로통산			33	24	3	1	31	4	0

이풍연(李豊衍) 숭실대 2000.05.04

대회	연도	소속	출전	교체	득점	도움	파울	경고	퇴장
K1	2020	수원	0	0	0	0	0	0	0
	2021	수원	0	0	0	0	0	0	0
	합계		0	0	0	0	0	0	0
K2	2022	부천	6	5	0	0	4	1	0
	합계		6	5	0	0	4	1	0
프로통산			6	5	0	0	4	1	0

이필주(李泌周) 동아대 1982.03.11

대회	연도	소속	출전	교체	득점	도움	파울	경고	퇴장
BC	2005	대전	1	1	0	0	2	0	0
	합계		1	1	0	0	2	0	0
프로통산			1	1	0	0	2	0	0

이하늘(李하늘) 원광대 1993.02.08

대회	연도	소속	출전	교체	득점	도움	파울	경고	퇴장
K2	2015	안양	0	0	0	0	0	0	0
	합계		0	0	0	0	0	0	0
프로통산			0	0	0	0	0	0	0

이학민(李學玟) 상지대 1991.03.11

대회	연도	소속	출전	교체	득점	도움	파울	경고	퇴장
K1	2014	경남	19	8	1	0	32	5	0
	2017	인천	7	0	0	0	2	0	0
	합계		26	8	1	0	34	5	0
K2	2015	부천	38	2	2	6	37	5	0
	2016	부천	36	1	2	2	41	9	0
	2017	성남	1	1	0	0	1	0	0
	2018	성남	32	7	0	4	53	2	0
	2019	수원FC	22	4	0	2	51	6	0
	2022	충남아산	27	11	2	1	26	4	0
	합계		156	26	6	15	209	26	0
승	2014	경남	1	0	0	0	1	0	0
	합계		1	0	0	0	1	0	0
프로통산			183	34	7	15	244	31	0

이학종(李學種) 고려대 1961.02.17

대회	연도	소속	출전	교체	득점	도움	파울	경고	퇴장
BC	1985	한일은행	19	0	1	3	21	2	0
	1986	한일은행	10	0	4	2	12	1	0
	1986	현대	3	2	0	1	3	0	0
	1987	현대	6	6	0	0	1	0	0
	1988	현대	17	3	7	1	18	2	0
	1989	현대	16	1	2	1	32	2	0
	1990	현대	3	1	0	0	2	0	0
	1991	현대	16	12	0	1	9	0	0
	합계		90	25	14	9	98	7	0
프로통산			90	25	14	9	98	7	0

이한도(李韓道) 용인대 1994.03.16

대회	연도	소속	출전	교체	득점	도움	파울	경고	퇴장
K1	2016	전북	0	0	0	0	0	0	0
	2017	광주	25	3	0	0	19	5	0
	2020	광주	10	2	0	0	3	1	0
	2021	광주	33	3	2	0	27	3	0
	2022	수원	13	5	0	0	6	2	0
	합계		81	13	2	0	55	11	0
K2	2018	광주	24	4	1	1	21	4	1
	2019	광주	26	2	1	0	24	4	1
	2022	부산	16	1	1	0	8	2	0
	합계		66	7	3	1	53	10	2
프로통산			147	20	5	1	108	21	2

이한범(李韓汎) 보인고 2002.06.17

대회	연도	소속	출전	교체	득점	도움	파울	경고	퇴장
K1	2021	서울	10	2	0	0	7	1	0
	2022	서울	23	5	1	1	26	2	0
	합계		33	7	1	1	33	3	0
프로통산			33	7	1	1	33	3	0

이한빈(李韓斌) 용인대 1997.07.25

대회	연도	소속	출전	교체	득점	도움	파울	경고	퇴장
K2	2018	수원FC	5	3	0	0	5	0	0
	합계		5	3	0	0	5	0	0
프로통산			5	3	0	0	5	0	0

이한빈(李韓彬) 진위고 2003.02.07

대회	연도	소속	출전	교체	득점	도움	파울	경고	퇴장
K2	2022	대전	0	0	0	0	0	0	0
	합계		0	0	0	0	0	0	0
프로통산			0	0	0	0	0	0	0

이한샘(李한샘) 건국대 1989.10.18

대회	연도	소속	출전	교체	득점	도움	파울	경고	퇴장
BC	2012	광주	29	3	2	0	87	14	0
	합계		29	3	2	0	87	14	0
K1	2013	경남	16	7	0	2	47	6	0
	2014	경남	12	4	0	0	14	4	0
	2021	광주	3	0	0	0	3	0	0
	합계		31	11	0	2	64	10	0
K2	2015	강원	33	1	1	0	57	12	0
	2016	강원	39	0	2	1	54	12	0
	2017	수원FC	9	4	0	0	7	3	0
	2018	아산	23	3	3	0	31	7	0
	2019	아산	14	0	1	0	17	4	0
	2019	수원FC	7	1	0	0	9	1	0
	2020	수원FC	19	2	0	0	17	4	0
	합계		144	11	7	1	192	43	0
승	2016	강원	2	0	0	0	5	2	0
	합계		2	0	0	0	5	2	0
프로통산			206	25	9	3	348	69	0

이한수(李韓洙) 동의대 1986.12.17

대회	연도	소속	출전	교체	득점	도움	파울	경고	퇴장
BC	2009	경남	3	1	0	0	4	0	0
	합계		3	1	0	0	4	0	0
프로통산			3	1	0	0	4	0	0

이한음(李漢音) 광운대 1991.02.22

대회	연도	소속	출전	교체	득점	도움	파울	경고	퇴장
K2	2015	강원	4	4	0	0	2	0	0
	2016	충주	16	16	1	0	4	1	0
	합계		20	20	1	0	6	1	0
프로통산			20	20	1	0	6	1	0

이해웅(李海雄) 신갈고 1998.11.20

대회	연도	소속	출전	교체	득점	도움	파울	경고	퇴장
K1	2017	대구	1	1	0	0	0	0	0
	2018	대구	1	1	0	0	1	0	0
	합계		2	2	0	0	1	0	0
프로통산			2	2	0	0	1	0	0

이행수(李炘守) 남부대 1990.08.27

대회	연도	소속	출전	교체	득점	도움	파울	경고	퇴장
BC	2012	대구	6	6	0	0	3	0	0
	합계		6	6	0	0	3	0	0
프로통산			6	6	0	0	3	0	0

이헌구(李憲球) 한양대 1961.04.13

대회	연도	소속	출전	교체	득점	도움	파울	경고	퇴장
BC	1985	상무	4	4	0	0	2	0	0
	합계		4	4	0	0	2	0	0
프로통산			4	4	0	0	2	0	0

이혁주(李爀柱) 선문대 1996.08.05

대회	연도	소속	출전	교체	득점	도움	파울	경고	퇴장
K2	2018	부천	1	1	0	0	0	0	0
	합계		1	1	0	0	0	0	0
프로통산			1	1	0	0	0	0	0

이현규(李鉉奎) 강원대 1970.08.16

대회	연도	소속	출전	교체	득점	도움	파울	경고	퇴장
BC	1993	대우	2	2	0	0	0	0	0
	합계		2	2	0	0	0	0	0
프로통산			2	2	0	0	0	0	0

이현기(李鉉基) 수원공고 2003.11.21

대회	연도	소속	출전	교체	득점	도움	파울	경고	퇴장
K2	2022	부천	1	1	0	0	1	0	0
	합계		1	1	0	0	1	0	0
프로통산			1	1	0	0	1	0	0

이현도(李泫都) 영남대 1989.03.06

대회	연도	소속	출전	교체	득점	도움	파울	경고	퇴장
BC	2012	부산	0	0	0	0	0	0	0
	합계		0	0	0	0	0	0	0
프로통산			0	0	0	0	0	0	0

이현동(李炫東) 청주대 1976.03.30

대회	연도	소속	출전	교체	득점	도움	파울	경고	퇴장
BC	1999	포항	3	2	0	1	10	0	0
	2000	포항	13	9	1	0	33	2	0
	2001	포항	9	8	0	1	11	2	0
	2003	광주상무	7	8	0	0	8	1	0
	2004	대구	3	2	0	0	7	0	0
	합계		35	29	1	2	69	5	0
프로통산			35	29	1	2	69	5	0

이현민(李賢民) 예원예술대 1991.05.21

대회	연도	소속	출전	교체	득점	도움	파울	경고	퇴장
K2	2013	충주	15	1	0	1	9	0	0
	합계		15	1	0	1	9	0	0
프로통산			15	1	0	1	9	0	0

이현민(李賢民) 울산대 1984.07.09

대회	연도	소속	출전	교체	득점	도움	파울	경고	퇴장
BC	2006	울산	4	4	0	0	4	0	0
	2007	울산	3	3	0	0	0	0	0
	2008	광주상무	7	3	0	0	9	0	0
	합계		14	10	0	0	13	0	0
프로통산			14	10	0	0	13	0	0

이현석(李玄錫) 서울대 1968.05.17

대회	연도	소속	출전	교체	득점	도움	파울	경고	퇴장
BC	1991	현대	9	9	0	0	4	0	0
	1992	현대	1	1	0	0	0	0	0
	1996	울산	18	19	4	1	5	0	0
	1997	울산	15	15	3	0	7	0	0
	합계		43	44	7	1	16	0	0
프로통산			43	44	7	1	16	0	0

이현성(李現星) 용인대 1993.05.20

대회	연도	소속	출전	교체	득점	도움	파울	경고	퇴장
K1	2016	인천	9	9	0	0	9	0	0
	2018	경남	0	0	0	0	0	0	0
	합계		9	9	0	0	9	0	0
K2	2017	경남	14	13	0	1	6	0	0
	2018	서울E	21	6	1	1	21	2	0
	2019	서울E	20	13	0	1	23	8	0
	합계		55	32	1	3	50	10	0
프로통산			64	41	1	3	59	10	0

이현승(李弦昇) 수원공고 1988.12.14

대회	연도	소속	출전	교체	득점	도움	파울	경고	퇴장
BC	2006	전북	17	13	3	1	21	2	0
	2007	전북	28	21	1	6	41	3	0
	2008	전북	19	15	2	2	30	1	0
	2009	전북	20	21	4	2	10	1	0
	2010	서울	3	3	0	0	2	1	0
	2011	전남	28	14	4	2	47	2	0
	2012	전남	32	15	1	4	63	6	0
	합계		147	102	15	17	214	16	0
K1	2013	전남	27	23	1	1	29	1	0
	2014	전남	19	11	2	2	20	3	0
	2015	대전	14	10	0	1	7	2	0
	합계		60	44	3	4	56	6	0
K2	2015	부천	17	7	3	0	24	1	0
	2016	안산무궁	38	16	8	6	49	3	0
	2017	아산	14	4	2	0	23	3	0
	2017	대전	6	3	1	0	7	1	0
	2018	부천	32	28	1	1	48	3	0
	합계		107	58	15	7	151	11	0
프로통산			314	204	33	28	421	33	0

이현식(李炫植) 용인대 1996.03.21

대회	연도	소속	출전	교체	득점	도움	파울	경고	퇴장
K1	2018	강원	27	17	0	2	31	4	0
	2019	강원	32	9	6	2	51	7	0
	2020	강원	20	14	1	1	31	5	0
	합계		79	40	7	5	113	16	0
K2	2021	대전	29	16	5	6	53	8	0
	2022	대전	31	23	1	4	51	9	0
	합계		60	39	6	10	104	17	0
승	2021	대전	2	0	1	0	8	0	0
	2022	대전	2	0	0	0	5	1	0
	합계		4	0	1	0	13	1	0
프로통산			143	79	14	15	230	34	0

이현우(李炫雨) 용인대 1994.03.20

대회	연도	소속	출전	교체	실점	도움	파울	경고	퇴장
K1	2017	대구	0	0	0	0	0	0	0
	2018	대구	0	0	0	0	0	0	0
	합계		0	0	0	0	0	0	0
프로통산			0	0	0	0	0	0	0

이현웅(李鉉雄) 연세대 1988.04.27

대회	연도	소속	출전	교체	득점	도움	파울	경고	퇴장
BC	2010	대전	28	21	2	1	30	1	0
	2011	대전	5	4	0	1	6	0	0
	2012	대전	36	13	0	4	68	8	0
	합계		69	38	2	6	104	9	0
K1	2013	수원	3	3	0	0	0	0	0
	2014	상주	5	5	0	1	2	0	0
	2018	경남	0	0	0	0	0	0	0
	합계		8	8	0	1	2	0	0
K2	2015	상주	1	1	0	0	1	0	0
	2017	경남	1	2	0	0	1	0	0
	2017	안양	1	1	0	0	0	0	0
	합계		3	4	0	0	2	0	0
프로통산			80	50	2	7	108	9	0

이현일(李炫一) 용인대 1994.09.13

대회	연도	소속	출전	교체	득점	도움	파울	경고	퇴장
K1	2019	성남	7	6	0	0	10	3	0
	2021	포항	3	3	0	0	3	0	0
	합계		10	9	0	0	13	3	0
K2	2017	성남	14	11	3	0	12	2	0
	2018	성남	14	14	4	1	14	0	0
	2020	부천	24	19	4	0	34	4	0
	2021	충남아산	11	9	1	1	18	1	0
	합계		63	53	12	2	78	7	0
프로통산			73	62	12	2	91	10	0

이현준(李玹準) 개성고 2004.04.23

대회	연도	소속	출전	교체	득점	도움	파울	경고	퇴장
K2	2022	부산	9	9	0	0	6	1	0
	합계		9	9	0	0	6	1	0
프로통산			9	9	0	0	6	1	0

이현진(李炫珍) 고려대 1984.05.15

대회	연도	소속	출전	교체	득점	도움	파울	경고	퇴장
BC	2005	수원	10	10	0	1	10	1	0
	2006	수원	23	14	2	0	29	1	0
	2007	수원	15	12	1	1	19	0	0
	2008	수원	2	2	0	0	5	0	0
	2009	수원	2	2	0	0	3	0	0
	2010	수원	25	24	3	2	20	3	0
	2011	수원	6	6	0	0	4	0	0

	2012	수원	11	11	0	0	2	0	0
	합계		94	81	6	4	92	5	0
K1	2013	제주	7	7	0	0	9	2	0
	합계		7	7	0	0	9	2	0
프로통산			101	88	6	4	101	7	0

이현창(李炫昌) 영남대 1985.11.02

대회	연도	소속	출전	교체	득점	도움	파울	경고	퇴장
BC	2009	대구	21	6	1	0	43	3	0
	2010	대구	22	3	1	0	30	2	0
	합계		43	9	2	0	73	5	0
K2	2013	고양	12	0	0	1	13	3	0
	2015	충주	24	10	1	2	25	2	0
	합계		36	10	1	3	38	5	0
프로통산			79	19	3	3	111	10	0

이현호(李賢皓) 탐라대 1988.11.29

대회	연도	소속	출전	교체	득점	도움	파울	경고	퇴장
BC	2010	제주	31	31	4	3	15	1	0
	2011	제주	28	24	2	2	8	1	0
	2012	성남일화	10	9	0	1	4	0	0
	합계		69	64	6	6	27	2	0
K1	2013	성남일화	6	6	0	0	3	0	0
	2014	제주	11	9	0	0	1	0	0
	2015	대전	12	12	0	1	3	1	0
	합계		29	27	0	1	7	1	0
프로통산			98	91	6	7	34	3	0

이현호(李賢虎) 인천대 1984.02.08

대회	연도	소속	출전	교체	실점	도움	파울	경고	퇴장
BC	2006	수원	0	0	0	0	0	0	0
	합계		0	0	0	0	0	0	0
프로통산			0	0	0	0	0	0	0

이현호(李賢虎) 동아대 1987.05.11

대회	연도	소속	출전	교체	득점	도움	파울	경고	퇴장
BC	2010	대전	0	0	0	0	0	0	0
	2011	대전	1	1	0	0	2	0	0
	합계		1	1	0	0	2	0	0
프로통산			1	1	0	0	2	0	0

이형기(李炯奇) 한라대 1989.07.22

대회	연도	소속	출전	교체	득점	도움	파울	경고	퇴장
BC	2012	전북	0	0	0	0	0	0	0
	합계		0	0	0	0	0	0	0
프로통산			0	0	0	0	0	0	0

이형상(李形象) 브라질 유학 1985.05.05

대회	연도	소속	출전	교체	득점	도움	파울	경고	퇴장
BC	2006	대전	1	1	0	0	0	0	0
	2007	대전	0	0	0	0	0	0	0
	2011	대구	7	7	0	1	11	1	0
	합계		8	8	0	1	11	1	0
프로통산			8	8	0	1	11	1	0

이형진(李炯瑨) 성균관대 1992.08.30

대회	연도	소속	출전	교체	득점	도움	파울	경고	퇴장
K1	2015	대전	3	3	0	0	0	0	0
	합계		3	3	0	0	0	0	0
프로통산			3	3	0	0	0	0	0

이혜강(李慧剛) 동의대 1987.03.28

대회	연도	소속	출전	교체	득점	도움	파울	경고	퇴장
BC	2010	경남	4	4	0	0	3	1	0
	2011	경남	7	5	0	0	5	0	0
	합계		11	9	0	0	8	1	0
프로통산			11	9	0	0	8	1	0

이호(李浩) 울산과학대 1984.10.22

대회	연도	소속	출전	교체	득점	도움	파울	경고	퇴장
BC	2003	울산	9	5	1	0	9	2	0
	2004	울산	29	5	1	0	57	5	1
	2005	울산	36	3	1	3	84	9	0
	2006	울산	7	0	1	2	17	1	1
	2009	성남일화	35	3	2	2	93	10	0
	2011	울산	40	14	0	3	46	5	0
	2012	울산	30	9	0	0	44	4	0
	합계		186	39	6	10	350	36	2
K1	2014	상주	17	2	2	1	13	3	0
	2014	울산	10	1	1	0	10	1	0
	2015	전북	11	7	0	0	17	4	0
	2016	전북	11	5	0	0	22	3	0
	합계		49	15	3	1	62	11	0
K2	2013	상주	32	7	0	2	44	6	0
	합계		32	7	0	2	44	6	0
승	2013	상주	2	0	0	0	2	0	0
	합계		2	0	0	0	2	0	0
프로통산			269	61	9	13	458	53	2

이호(李虎) 경희대 1986.01.06

대회	연도	소속	출전	교체	득점	도움	파울	경고	퇴장
BC	2009	강원	1	0	0	0	1	0	0
	2010	대전	7	4	0	0	9	2	0
	2011	대전	25	3	1	1	41	9	0
	2012	대전	23	5	0	0	47	10	0
	합계		56	12	1	1	98	21	0
K2	2013	경찰	25	18	2	2	27	8	0
	2014	안산경찰	3	2	0	0	2	1	0
	2014	대전	5	1	0	0	5	1	0
	합계		33	21	2	2	34	10	0
프로통산			89	33	3	3	132	31	0

이호빈(李鎬彬) 신갈고 1999.11.25

대회	연도	소속	출전	교체	득점	도움	파울	경고	퇴장
K2	2019	대전	3	2	1	0	1	0	0
	2020	대전	3	1	0	0	6	0	0
	2021	대전	1	1	0	0	0	0	0
	합계		7	4	1	0	7	0	0
프로통산			7	4	1	0	7	0	0

이호석(李鎬碩) 동국대 1991.05.21

대회	연도	소속	출전	교체	득점	도움	파울	경고	퇴장
K1	2014	경남	12	11	0	0	21	3	0
	2019	상주	0	0	0	0	0	0	0
	2020	인천	3	3	0	0	5	0	0
	합계		15	14	0	0	26	3	0
K2	2015	경남	16	12	2	1	21	4	0
	2016	경남	27	16	9	10	39	3	0
	2017	대전	27	10	5	6	32	7	0
	합계		70	38	16	17	92	14	0
승	2014	경남	1	1	0	0	0	0	0
	합계		1	1	0	0	0	0	0
프로통산			86	53	16	17	118	17	0

이호성(李浩成) 중앙대 1974.09.12

대회	연도	소속	출전	교체	득점	도움	파울	경고	퇴장
BC	1997	대전	18	16	1	0	25	1	0
	1998	대전	15	15	2	0	11	0	0
	1999	대전	23	15	5	1	23	2	0
	2000	대전	13	12	1	0	27	1	0
	2001	대전	5	5	0	0	7	0	0
	합계		74	63	9	1	93	4	0
프로통산			74	63	9	1	93	4	0

이호승(李昊乘) 동국대 1989.12.21

대회	연도	소속	출전	교체	실점	도움	파울	경고	퇴장
K1	2016	전남	28	1	34	1	0	1	0
	2017	전남	32	0	56	1	1	1	0
	2018	전남	28	0	44	0	0	0	0
	합계		88	1	134	2	1	2	0
K2	2019	전남	5	0	9	0	0	0	0
	합계		5	0	9	0	0	0	0
프로통산			93	1	143	2	1	2	0

이호인(李浩因) 상지대 1995.12.29

대회	연도	소속	출전	교체	득점	도움	파울	경고	퇴장
K1	2018	강원	3	3	0	0	2	0	0
	2019	강원	16	5	1	1	13	1	0
	2020	강원	7	5	1	0	3	0	0
	합계		26	13	2	1	18	1	0
K2	2021	대전	7	1	0	1	7	2	0
	2022	충남아산	20	6	0	1	17	4	1
	합계		27	7	0	2	24	6	1
프로통산			53	20	2	3	42	7	1

이호재(李昊宰) 고려대 2000.10.14

대회	연도	소속	출전	교체	득점	도움	파울	경고	퇴장
K1	2021	포항	15	16	2	0	10	1	0
	2022	포항	16	16	1	0	3	1	0
	합계		31	32	3	0	13	2	0
프로통산			31	32	3	0	13	2	0

이호창(李浩昌) 동국대 1988.10.11

대회	연도	소속	출전	교체	득점	도움	파울	경고	퇴장
BC	2011	인천	2	1	0	0	2	1	0
	합계		2	1	0	0	2	1	0
프로통산			2	1	0	0	2	1	0

이화열(李化烈) 관동대(가톨릭관동대) 1962.11.20

대회	연도	소속	출전	교체	득점	도움	파울	경고	퇴장
BC	1986	포항제철	1	1	0	0	0	0	0
	1989	포항제철	13	6	2	0	13	2	0
	합계		14	7	2	0	13	2	0
프로통산			14	7	2	0	13	2	0

이효균(李孝均) 동아대 1988.03.12

대회	연도	소속	출전	교체	득점	도움	파울	경고	퇴장
BC	2011	경남	13	8	3	0	31	2	0
	2012	인천	1	1	0	0	1	0	0
	합계		14	9	3	0	32	2	0
K1	2013	인천	13	13	3	0	2	0	0
	2014	인천	29	20	4	1	31	4	0
	2015	인천	11	9	1	1	13	1	0
	2016	인천	4	3	0	0	5	0	1
	2017	인천	7	5	1	0	7	0	0
	2018	인천	1	1	0	0	0	0	0
	합계		65	51	9	2	58	5	1
K2	2015	안양	15	13	2	1	28	2	0
	2016	부천	11	11	2	0	11	1	0
	합계		26	24	4	1	39	3	0
프로통산			105	84	16	3	129	10	1

이효용(李孝用) 창신고 1970.06.06

대회	연도	소속	출전	교체	득점	도움	파울	경고	퇴장
BC	1989	현대	14	12	1	2	5	0	0
	1990	현대	4	4	0	0	2	1	0
	합계		18	16	1	2	7	1	0
프로통산			18	16	1	2	7	1	0

이후권(李厚權) 광운대 1990.10.30

대회	연도	소속	출전	교체	득점	도움	파울	경고	퇴장
K1	2014	상주	15	9	0	0	18	5	0
	2016	성남	10	4	0	0	12	3	0
	2018	포항	20	19	0	1	23	0	0
	합계		45	32	0	1	53	8	0
K2	2013	부천	31	3	3	3	98	8	0
	2015	상주	0	0	0	0	0	0	0
	2015	부천	3	3	0	0	1	0	0
	2016	부천	3	1	0	0	3	0	0
	2017	성남	29	3	1	3	50	2	0
	2019	부산	5	5	0	0	10	2	0
	2019	전남	10	7	0	0	12	1	0
	2020	전남	22	11	2	0	24	7	0
	2021	전남	27	15	1	3	46	2	0
	2022	전남	31	14	3	1	45	6	1
	합계		161	62	10	10	289	28	1
프로통산			206	94	10	11	342	36	1

이훈(李訓) 아주대 1991.04.02

대회	연도	소속	출전	교체	득점	도움	파울	경고	퇴장
K2	2014	고양	9	6	0	0	8	0	0
	합계		9	6	0	0	8	0	0
프로통산			9	6	0	0	8	0	0

이훈(李勳) 성균관대 1970.04.07

대회	연도	소속	출전	교체	득점	도움	파울	경고	퇴장
BC	1993	LG	5	5	0	1	1	0	0
	합계		5	5	0	1	1	0	0
프로통산			5	5	0	1	1	0	0

이훈(李訓) 연세대 1986.04.29

대회	연도	소속	출전	교체	득점	도움	파울	경고	퇴장
BC	2009	경남	20	15	3	0	38	0	0
	2010	경남	23	18	1	0	26	1	0
	2011	경남	18	10	3	1	29	1	0
	합계		61	43	7	1	93	2	0
프로통산			61	43	7	1	93	2	0

이훈(李訓) 제주중앙고 1991.09.22

대회	연도	소속	출전	교체	득점	도움	파울	경고	퇴장
BC	2011	강원	0	0	0	0	0	0	0
	합계		0	0	0	0	0	0	0
프로통산			0	0	0	0	0	0	0

이휘수(李輝洙) 대구대 1990.05.28

대회	연도	소속	출전	교체	실점	도움	파울	경고	퇴장
K1	2013	전남	0	0	0	0	0	0	0
	합계		0	0	0	0	0	0	0
프로통산			0	0	0	0	0	0	0

이흥실(李興實) 한양대 1961.07.10

대회	연도	소속	출전	교체	득점	도움	파울	경고	퇴장
BC	1985	포항제철	21	5	10	2	19	1	0
	1986	포항제철	28	3	6	3	17	0	0
	1987	포항제철	29	4	12	6	20	3	0
	1988	포항제철	16	6	1	2	14	2	0
	1989	포항제철	39	6	4	11	33	3	0
	1990	포항제철	19	1	7	5	17	1	0
	1991	포항제철	15	11	4	6	6	0	0
	1992	포항제철	15	7	4	0	16	0	0
	합계		182	43	48	35	142	10	0
프로통산			182	43	48	35	142	10	0

이희균(李熙均) 단국대 1998.04.29

대회	연도	소속	출전	교체	득점	도움	파울	경고	퇴장
K1	2020	광주	2	2	0	0	2	0	0
	2021	광주	26	24	2	1	17	4	0
	합계		28	26	2	1	19	4	0
K2	2019	광주	16	16	0	2	16	4	0
	2022	광주	23	24	0	0	19	5	0
	합계		39	40	0	2	35	9	0
프로통산			67	66	2	3	54	13	0

이희선(李禧善) KC대 1997.03.21

대회	연도	소속	출전	교체	실점	도움	파울	경고	퇴장
K2	2020	안산	0	0	0	0	0	0	0
	합계		0	0	0	0	0	0	0
프로통산			0	0	0	0	0	0	0

이희찬(李熙燦) 포항제철고 1995.03.02

대회	연도	소속	출전	교체	득점	도움	파울	경고	퇴장
K2	2014	고양	0	0	0	0	0	0	0
	2014	부천	6	4	0	0	11	2	1
	2015	부천	0	0	0	0	0	0	0
	합계		6	4	0	0	11	2	1
프로통산			6	4	0	0	11	2	1

이희현(李熙鉉) 한려대 1986.10.07

대회	연도	소속	출전	교체	실점	도움	파울	경고	퇴장
K2	2014	부천	0	0	0	0	0	0	0
	합계		0	0	0	0	0	0	0
프로통산			0	0	0	0	0	0	0

인디오(Antonio Rogerio Silva Oliveira) 브라질 1981.11.21

대회	연도	소속	출전	교체	득점	도움	파울	경고	퇴장
BC	2008	경남	27	12	10	6	24	2	0
	2009	경남	30	12	9	5	27	2	0
	2010	전남	25	11	8	5	17	1	0
	2011	전남	17	17	2	1	5	1	0
	합계		99	52	29	17	73	6	0
프로통산			99	52	29	17	73	6	0

인준연(印峻延) 신평고 1991.03.12

대회	연도	소속	출전	교체	득점	도움	파울	경고	퇴장
BC	2012	대구	11	8	1	0	16	1	0
	합계		11	8	1	0	16	1	0
K2	2013	충주	14	11	2	1	17	3	0
	2014	대구	2	2	0	0	1	0	0
	2016	고양	30	14	2	1	45	9	1
	합계		46	27	4	2	63	12	1
프로통산			57	35	5	2	79	13	1

인지오(Jose Satiro do Nascimento) 브라질 1975.04.03

대회	연도	소속	출전	교체	득점	도움	파울	경고	퇴장
BC	2003	대구	19	2	3	3	28	1	0
	2004	대구	29	8	1	3	62	4	0
	2005	대구	15	8	0	1	14	2	0
	합계		63	18	4	7	104	7	0
프로통산			63	18	4	7	104	7	0

일류첸코(Stanislav Iljutcenko) 독일 1990.08.13

대회	연도	소속	출전	교체	득점	도움	파울	경고	퇴장
K1	2019	포항	18	9	9	2	30	5	0
	2020	포항	26	3	19	6	61	6	0
	2021	전북	34	20	15	4	48	4	0
	2022	전북	17	13	2	0	22	3	0
	2022	서울	16	9	7	1	19	3	0
	합계		111	54	52	13	180	21	0
프로통산			111	54	52	13	180	21	0

일리안(Iliyan Emilov Mitsanski) 불가리아 1985.12.20

대회	연도	소속	출전	교체	득점	도움	파울	경고	퇴장
K1	2015	수원	8	7	0	0	11	1	0
	합계		8	7	0	0	11	1	0
프로통산			8	7	0	0	11	1	0

일리치(Sasa Ilić) 마케도니아 1970.09.05

대회	연도	소속	출전	교체	실점	도움	파울	경고	퇴장
BC	1995	대우	30	1	42	0	0	0	0
	1996	부산	27	0	35	0	0	1	0
	1997	부산	17	0	11	0	0	1	0
	합계		74	1	88	0	0	2	0
프로통산			74	1	88	0	0	2	0

임경현(林京鉉) 숭실대 1986.10.06

대회	연도	소속	출전	교체	득점	도움	파울	경고	퇴장
BC	2009	부산	9	10	0	0	10	1	0
	2010	부산	1	1	0	0	1	0	0
	2010	수원	6	5	0	0	7	2	0
	2011	수원	3	2	0	1	10	2	0
	2012	수원	1	1	0	0	1	1	0
	합계		20	19	0	1	29	6	0
K1	2013	수원	2	2	0	0	0	0	0
	2013	전남	13	10	2	3	28	1	0
	합계		15	12	2	3	28	1	0
K2	2015	부천	13	13	2	1	19	5	0
	합계		13	13	2	1	19	5	0
프로통산			48	44	4	5	76	12	0

임경훈(林敬勳) 포철공고 1984.03.19

대회	연도	소속	출전	교체	득점	도움	파울	경고	퇴장
BC	2004	포항	0	0	0	0	0	0	0
	2006	경남	0	0	0	0	0	0	0
	2007	경남	0	0	0	0	0	0	0
	합계		0	0	0	0	0	0	0
프로통산			0	0	0	0	0	0	0

임고석(林告石) 성균관대 1960.02.18

대회	연도	소속	출전	교체	득점	도움	파울	경고	퇴장
BC	1983	대우	9	8	0	0	9	2	0
	1984	대우	11	8	4	0	4	0	0
	1985	대우	13	6	2	0	17	0	0
	1986	대우	25	8	5	2	35	1	0
	1987	현대	14	4	4	0	26	3	0
	1988	현대	19	10	4	1	31	1	0
	1989	유공	15	12	5	1	22	0	0
	1990	유공	5	5	0	0	5	2	0
	합계		111	61	24	4	149	9	0
프로통산			111	61	24	4	149	9	0

임관식(林官植) 호남대 1975.07.28

대회	연도	소속	출전	교체	득점	도움	파울	경고	퇴장
BC	1998	전남	27	14	0	1	39	4	0
	1999	전남	35	4	3	1	60	2	0
	2000	전남	34	9	1	2	61	4	0
	2001	전남	24	10	0	0	34	4	0
	2002	전남	27	14	0	0	55	1	0
	2003	전남	8	6	1	0	13	0	0
	2004	부산	28	16	0	3	65	2	0
	2005	부산	26	11	1	0	48	4	0
	2006	부산	29	15	0	3	55	2	0
	2007	전남	14	13	0	0	21	2	1
	2008	전남	3	3	0	0	3	1	0
	합계		255	115	6	10	454	26	1
프로통산			255	115	6	10	454	26	1

임규식(林奎植) 중앙대 1975.05.09

대회	연도	소속	출전	교체	득점	도움	파울	경고	퇴장
BC	1998	천안일화	11	10	0	0	6	2	0
	합계		11	10	0	0	6	2	0
프로통산			11	10	0	0	6	2	0

임근영(林根永) 울산현대고 1995.05.15

대회	연도	소속	출전	교체	득점	도움	파울	경고	퇴장
K2	2014	대구	0	0	0	0	0	0	0
	합계		0	0	0	0	0	0	0
프로통산			0	0	0	0	0	0	0

임근재(林根載) 연세대 1969.11.05

대회	연도	소속	출전	교체	득점	도움	파울	경고	퇴장
BC	1992	LG	37	20	10	2	34	0	0
	1993	LG	24	20	6	1	20	1	0
	1994	LG	24	22	2	1	8	0	0
	1995	포항	2	2	0	0	1	0	0
	1996	포항	4	4	0	0	3	1	0
	합계		91	68	18	4	66	2	0
프로통산			91	68	18	4	66	2	0

임기한(林基漢) 대구대 1973.11.20

대회	연도	소속	출전	교체	득점	도움	파울	경고	퇴장
BC	1994	유공	5	5	2	0	1	0	0
	1995	유공	1	1	0	0	0	0	0
	1999	부천SK	6	6	0	0	2	0	0
	합계		12	12	2	0	3	0	0
프로통산			12	12	2	0	3	0	0

임대준(林大準) 건국대 1994.05.04

대회	연도	소속	출전	교체	득점	도움	파울	경고	퇴장
K1	2017	광주	5	4	0	0	4	1	0
	합계		5	4	0	0	4	1	0
K2	2018	성남	1	1	0	0	2	0	0
	합계		1	1	0	0	2	0	0
프로통산			6	5	0	0	6	1	0

임덕근(林德近) 천안제일고 2000.02.25

대회	연도	소속	출전	교체	득점	도움	파울	경고	퇴장
K2	2020	제주	3	0	0	0	3	0	0
	2021	대전	11	2	0	1	4	1	0
	2022	대전	34	14	2	4	26	5	1
	합계		48	16	2	5	33	6	1
승	2022	대전	2	2	0	0	0	0	0
	합계		2	2	0	0	0	0	0
프로통산			50	18	2	5	33	6	1

임동준(任東俊) 단국대 1987.07.13

대회	연도	소속	출전	교체	득점	도움	파울	경고	퇴장
BC	2011	전북	1	1	0	0	1	0	0

대회	연도	소속	출전	교체	득점	도움	파울	경고	퇴장
	합계		1	1	0	0	1	0	0
프로통산			1	1	0	0	1	0	0

임동진(任東鎭) 명지대 1976.03.21

대회	연도	소속	출전	교체	득점	도움	파울	경고	퇴장
BC	1999	천안일화	6	2	0	0	14	1	0
	합계		6	2	0	0	14	1	0
프로통산			6	2	0	0	14	1	0

임동천(林東天) 고려대 1992.11.13

대회	연도	소속	출전	교체	득점	도움	파울	경고	퇴장
K1	2014	울산	0	0	0	0	0	0	0
	합계		0	0	0	0	0	0	0
프로통산			0	0	0	0	0	0	0

임동혁(林東奕) 숭실대 1993.06.08

대회	연도	소속	출전	교체	득점	도움	파울	경고	퇴장
K2	2016	부천	8	7	0	0	3	0	0
	2017	부천	34	1	2	0	35	6	0
	2018	부천	33	0	2	1	32	4	1
	2019	부천	32	2	3	1	31	1	0
	2020	제주	16	13	2	0	15	2	0
	합계		123	23	9	2	116	13	1
프로통산			123	23	9	2	116	13	1

임민혁(林旼赫) 수원공고 1997.03.05

대회	연도	소속	출전	교체	득점	도움	파울	경고	퇴장
K1	2016	서울	3	2	0	0	5	2	0
	2017	서울	4	4	0	0	4	0	0
	2020	광주	16	14	1	3	19	4	0
	2022	서울	10	11	0	0	8	4	0
	합계		33	31	1	3	36	10	0
K2	2018	광주	28	18	2	2	33	2	0
	2019	광주	18	13	2	0	26	2	0
	2021	경남	19	13	0	0	23	3	0
	합계		65	44	4	2	82	7	0
프로통산			98	75	5	5	118	17	0

임민혁(林民奕) 고려대 1994.03.05

대회	연도	소속	출전	교체	실점	도움	파울	경고	퇴장
K1	2017	전남	3	0	6	0	0	0	0
	합계		3	0	6	0	0	0	0
K2	2018	대전	9	2	11	0	0	2	0
	합계		9	2	11	0	0	2	0
프로통산			12	2	17	0	0	2	0

임상협(林相協) 일본 류쓰케이자이대 1988.07.08

대회	연도	소속	출전	교체	득점	도움	파울	경고	퇴장
BC	2009	전북	17	16	1	1	10	1	0
	2010	전북	7	5	0	0	4	0	0
	2011	부산	34	11	10	2	66	9	0
	2012	부산	39	19	3	1	41	6	0
	합계		97	51	14	4	121	16	0
K1	2013	부산	36	6	9	4	36	5	0
	2014	부산	35	5	11	2	64	4	1
	2016	상주	25	19	8	3	14	3	0
	2018	수원	19	14	2	1	6	2	0
	2019	수원	2	2	0	0	1	1	0
	2019	제주	4	3	0	0	3	0	0
	2020	수원	6	5	0	0	8	0	0
	2021	포항	36	25	11	4	28	4	0
	2022	포항	36	22	8	2	18	6	0
	합계		199	101	49	16	178	25	1
K2	2015	상주	34	20	12	3	29	4	0
	2016	부산	8	7	1	0	4	0	0
	2017	부산	30	15	6	4	39	2	0
	합계		72	42	19	7	72	6	0
프로통산			368	194	82	27	371	47	1

임석현(林錫炫) 연세대 1960.10.13

대회	연도	소속	출전	교체	득점	도움	파울	경고	퇴장
BC	1983	국민은행	12	6	3	2	7	0	0
	1984	국민은행	22	7	3	1	10	1	0
	1985	상무	2	2	0	0	1	0	0
	합계		36	15	6	3	18	1	0
프로통산			36	15	6	3	18	1	0

임선영(林善永) 수원대 1988.03.21

대회	연도	소속	출전	교체	득점	도움	파울	경고	퇴장
BC	2011	광주	20	14	0	1	14	2	0
	2012	광주	23	23	1	0	19	0	0
	합계		43	37	1	1	33	2	0
K1	2015	광주	29	11	4	1	31	0	0
	2017	광주	8	4	0	0	4	0	0
	2018	전북	19	12	3	2	20	2	0
	2019	전북	22	16	5	3	25	0	0
	2020	성남	6	3	0	0	2	0	0
	합계		84	46	12	6	82	2	0
K2	2013	광주	21	11	4	5	27	3	0
	2014	광주	22	6	7	1	33	1	0
	2016	안산무궁	7	4	1	0	8	0	0
	2017	아산	13	7	3	1	9	0	0
	2021	안양	3	3	0	0	1	0	0
	합계		66	31	15	7	78	4	0
승	2014	광주	2	1	0	0	4	0	0
	합계		2	1	0	0	4	0	0
프로통산			195	115	28	14	197	8	0

임성근(林聖根) 경상대 1963.10.01

대회	연도	소속	출전	교체	득점	도움	파울	경고	퇴장
BC	1987	럭키금성	11	11	1	0	3	0	0
	합계		11	11	1	0	3	0	0
프로통산			11	11	1	0	3	0	0

임성택(林成澤) 아주대 1988.07.19

대회	연도	소속	출전	교체	득점	도움	파울	경고	퇴장
BC	2011	대구	0	0	0	0	0	0	0
	합계		0	0	0	0	0	0	0
K1	2016	상주	4	5	0	0	0	0	0
	2017	상주	7	7	1	0	4	0	0
	합계		11	12	1	0	4	0	0
K2	2013	수원FC	28	18	4	4	28	2	0
	2014	수원FC	34	17	6	3	35	2	0
	2015	수원FC	22	14	9	2	14	2	0
	2017	수원FC	4	4	0	0	3	0	0
	합계		88	53	19	9	80	6	0
승	2015	수원FC	2	1	1	0	8	0	0
	합계		2	1	1	0	8	0	0
프로통산			101	66	21	9	92	6	0

임세진(任世鎭) 성균관대 1977.09.20

대회	연도	소속	출전	교체	득점	도움	파울	경고	퇴장
BC	2000	수원	0	0	0	0	0	0	0
	합계		0	0	0	0	0	0	0
프로통산			0	0	0	0	0	0	0

임세현(任世賢) 선문대 1988.05.30

대회	연도	소속	출전	교체	득점	도움	파울	경고	퇴장
BC	2011	성남일화	5	5	0	0	3	0	0
	합계		5	5	0	0	3	0	0
프로통산			5	5	0	0	3	0	0

임승겸(林昇謙) 현대고 1995.04.26

대회	연도	소속	출전	교체	득점	도움	파울	경고	퇴장
K1	2019	성남	17	7	0	0	15	5	0
	2020	성남	16	2	0	0	21	2	0
	2022	김천	9	1	0	0	5	2	0
	합계		42	10	0	0	41	9	0
K2	2021	안양	3	3	0	0	5	0	0
	2022	안양	6	6	0	0	1	0	0
	합계		9	9	0	0	6	0	0
승	2022	김천	0	0	0	0	0	0	0
	합계		0	0	0	0	0	0	0
프로통산			51	19	0	0	47	9	0

임영주(林暎周) 동국대 1976.03.08

대회	연도	소속	출전	교체	득점	도움	파울	경고	퇴장
BC	1999	대전	27	21	3	2	24	0	0
	2000	대전	21	21	0	0	17	2	0
	2001	대전	4	2	0	2	2	0	0
	2002	대전	9	5	0	0	14	0	0
	2003	대전	26	17	2	0	29	2	0
	2004	대전	18	10	0	0	25	0	0
	2005	대전	20	16	0	0	16	3	0
	2006	대전	24	20	0	1	26	1	0
	2007	대전	25	13	1	1	31	2	0
	합계		174	125	6	6	184	10	0
프로통산			174	125	6	6	184	10	0

임용주(林龍柱) 경원고 1959.03.08

대회	연도	소속	출전	교체	실점	도움	파울	경고	퇴장
BC	1983	포항제철	4	0	3	0	0	0	0
	합계		4	0	3	0	0	0	0
프로통산			4	0	3	0	0	0	0

임유환(林裕煥) 한양대 1983.12.02

대회	연도	소속	출전	교체	득점	도움	파울	경고	퇴장
BC	2004	전북	12	3	1	0	29	1	0
	2005	전북	16	6	0	0	20	2	1
	2006	전북	3	0	1	0	10	2	0
	2007	울산	16	5	0	0	19	2	0
	2007	전북	7	2	0	0	13	1	0
	2008	전북	34	1	3	0	50	6	0
	2009	전북	23	3	0	0	16	5	0
	2010	전북	19	3	0	1	35	3	0
	2011	전북	11	1	2	0	14	2	0
	2012	전북	27	3	2	0	32	5	0
	합계		168	27	9	1	238	29	1
K1	2013	전북	8	0	0	1	16	4	0
	합계		8	0	0	1	16	4	0
K2	2017	부산	6	4	0	0	4	1	0
	합계		6	4	0	0	4	1	0
승	2017	부산	1	0	0	0	1	0	0
	합계		1	0	0	0	1	0	0
프로통산			183	31	9	2	259	34	1

임은수(林恩水) 동국대 1996.04.01

대회	연도	소속	출전	교체	득점	도움	파울	경고	퇴장
K1	2018	인천	21	8	1	0	32	6	0
	2019	인천	13	0	0	0	18	3	0
	2020	인천	5	3	0	0	6	2	0
	2021	인천	0	0	0	0	0	0	0
	합계		39	11	1	0	56	11	0
K2	2021	대전	11	4	1	0	9	2	0
	2022	대전	23	11	1	1	16	3	0
	합계		34	15	2	1	25	5	0
승	2022	대전	0	0	0	0	0	0	0
	합계		0	0	0	0	0	0	0
프로통산			73	26	3	1	81	16	0

임인성(林忍星) 홍익대 1985.07.23

대회	연도	소속	출전	교체	실점	도움	파울	경고	퇴장
BC	2010	광주상무	1	0	3	0	0	0	0
	2011	상주	1	0	2	0	0	0	0
	합계		2	0	5	0	0	0	0
프로통산			2	0	5	0	0	0	0

임장묵(林張默) 경희대 1961.05.10

대회	연도	소속	출전	교체	득점	도움	파울	경고	퇴장
BC	1985	한일은행	4	4	0	0	1	0	0
	1986	한일은행	1	0	0	0	0	0	0
	합계		5	4	0	0	1	0	0
프로통산			5	4	0	0	1	0	0

임재선(林財善) 인천대 1968.06.10

대회	연도	소속	출전	교체	득점	도움	파울	경고	퇴장
BC	1991	LG	3	3	0	0	3	0	0
	1991	현대	16	11	1	1	16	2	0
	1992	현대	27	5	3	2	49	2	0
	1993	현대	31	7	6	3	50	5	0
	1994	현대	23	7	7	1	31	5	0

대회	연도	소속	출전	교체	득점	도움	파울	경고	퇴장
	1995	현대	21	21	1	1	21	2	0
	1996	울산	23	18	4	4	25	1	0
	1997	전남	22	17	1	1	31	2	0
	1998	천안일화	9	9	0	1	7	0	0
	합계		175	98	23	14	233	19	0
프로통산			175	98	23	14	233	19	0

임재혁(任宰赫) 신갈고 1999.02.06

대회	연도	소속	출전	교체	득점	도움	파울	경고	퇴장
K1	2018	대구	8	7	1	0	10	0	0
	2019	대구	0	0	0	0	0	0	0
	합계		8	7	1	0	10	0	0
K2	2021	안산	19	18	0	0	19	0	0
	2022	김포	1	1	0	0	1	0	0
	합계		20	19	0	0	20	0	0
프로통산			28	26	1	0	30	0	0

임재훈(林在勳) 명지대 1987.01.01

대회	연도	소속	출전	교체	득점	도움	파울	경고	퇴장
BC	2009	성남일화	2	2	0	0	0	0	0
	합계		2	2	0	0	0	0	0
프로통산			2	2	0	0	0	0	0

임종국(林鐘國) 단국대학원 1968.04.13

대회	연도	소속	출전	교체	실점	도움	파울	경고	퇴장
BC	1991	LG	4	1	6	0	0	0	0
	1992	LG	14	1	16	0	0	0	0
	1995	LG	6	0	13	0	0	0	0
	1996	안양LG	16	0	21	0	0	0	0
	1997	안양LG	25	0	38	0	1	2	0
	1998	안양LG	19	2	20	0	2	1	0
	1999	안양LG	27	0	41	0	3	3	0
	2001	부산	0	0	0	0	0	0	0
	합계		111	4	155	0	6	6	0
프로통산			111	4	155	0	6	6	0

임종욱(林鐘旭) 경희대 1986.08.26

대회	연도	소속	출전	교체	득점	도움	파울	경고	퇴장
K2	2013	충주	30	23	4	2	50	10	0
	합계		30	23	4	2	50	10	0
프로통산			30	23	4	2	50	10	0

임종은(林宗垠) 현대고 1990.06.18

대회	연도	소속	출전	교체	득점	도움	파울	경고	퇴장
BC	2009	울산	19	1	0	0	25	3	1
	2012	성남일화	38	5	2	1	30	4	0
	합계		57	6	2	1	55	7	1
K1	2013	전남	34	3	2	0	24	4	0
	2014	전남	29	6	0	0	19	2	0
	2015	전남	28	5	1	0	24	5	0
	2016	전북	28	3	0	0	28	8	0
	2017	전북	20	6	0	0	18	1	0
	2018	울산	31	5	2	1	17	2	0
	2021	울산	11	2	1	0	3	1	0
	2022	울산	15	3	1	1	7	0	0
	합계		196	33	7	2	140	23	0
프로통산			253	39	9	3	195	30	1

임종헌(林鐘憲) 고려대 1966.03.08

대회	연도	소속	출전	교체	득점	도움	파울	경고	퇴장
BC	1989	일화	40	0	0	1	19	0	0
	1990	일화	28	1	0	2	23	4	0
	1991	일화	30	4	0	0	19	2	0
	1992	일화	15	8	0	0	8	1	0
	1993	일화	7	6	0	0	1	0	0
	1994	현대	16	4	0	0	8	3	0
	1995	현대	29	6	0	1	14	4	0
	1996	울산	13	6	1	0	7	4	0
	합계		178	35	1	4	99	18	0
프로통산			178	35	1	4	99	18	0

임종훈(林鍾勳) 배재대 1976.06.14

대회	연도	소속	출전	교체	득점	도움	파울	경고	퇴장
BC	1999	전북	0	0	0	0	0	0	0
	2002	전북	11	4	0	1	12	3	0
	2003	전북	21	9	1	0	23	4	0
	2004	인천	3	1	0	0	5	1	0
	2004	전북	17	4	0	0	26	4	0
	2005	전북	7	3	0	0	10	3	0
	합계		59	21	1	1	76	15	0
프로통산			59	21	1	1	76	15	0

임준석(林峻奭) 충남기계공고 1994.10.20

대회	연도	소속	출전	교체	득점	도움	파울	경고	퇴장
K2	2020	안양	0	0	0	0	0	0	0
	합계		0	0	0	0	0	0	0
프로통산			0	0	0	0	0	0	0

임준섭(林俊燮) 제주U18 2003.08.22

대회	연도	소속	출전	교체	득점	도움	파울	경고	퇴장
K1	2022	제주	0	0	0	0	0	0	0
	합계		0	0	0	0	0	0	0
프로통산			0	0	0	0	0	0	0

임준식(林俊植) 충남기계공고 1997.02.14

대회	연도	소속	출전	교체	득점	도움	파울	경고	퇴장
K2	2016	대전	0	0	0	0	0	0	0
	합계		0	0	0	0	0	0	0
프로통산			0	0	0	0	0	0	0

임준식(林俊植) 영남대 1981.09.13

대회	연도	소속	출전	교체	득점	도움	파울	경고	퇴장
BC	2004	전남	1	0	0	0	0	1	0
	합계		1	0	0	0	0	1	0
프로통산			1	0	0	0	0	1	0

임중용(林重容) 성균관대 1975.04.21

대회	연도	소속	출전	교체	득점	도움	파울	경고	퇴장
BC	1999	부산	34	14	1	2	53	5	0
	2000	부산	24	14	0	1	33	3	1
	2001	부산	2	1	0	0	0	0	0
	2003	대구	15	9	1	0	33	2	0
	2004	인천	29	4	1	0	29	3	1
	2005	인천	39	1	3	2	31	2	0
	2006	인천	32	0	1	0	18	3	0
	2007	인천	33	2	0	0	27	3	1
	2008	인천	25	3	0	0	21	4	0
	2009	인천	34	0	1	0	44	7	0
	2010	인천	26	2	0	0	21	4	0
	2011	인천	1	1	0	0	0	0	0
	합계		294	51	8	5	310	36	3
프로통산			294	51	8	5	310	36	3

임지훈(林知訓) 통진고 2000.04.22

대회	연도	소속	출전	교체	실점	도움	파울	경고	퇴장
K2	2019	수원FC	0	0	0	0	0	0	0
	합계		0	0	0	0	0	0	0
프로통산			0	0	0	0	0	0	0

임진영(林眞穎) 울산과학대 1980.05.11

대회	연도	소속	출전	교체	득점	도움	파울	경고	퇴장
BC	2006	성남일화	7	5	0	0	13	1	0
	합계		7	5	0	0	13	1	0
프로통산			7	5	0	0	13	1	0

임진우(林珍佑) 영남대 1993.06.15

대회	연도	소속	출전	교체	득점	도움	파울	경고	퇴장
K1	2021	광주	1	1	0	0	0	0	0
	합계		1	1	0	0	0	0	0
K2	2019	광주	0	0	0	0	0	0	0
	합계		0	0	0	0	0	0	0
프로통산			1	1	0	0	0	0	0

임진욱(林珍旭) 동국대 1991.04.22

대회	연도	소속	출전	교체	득점	도움	파울	경고	퇴장
K2	2014	충주	21	11	7	0	22	0	0
	2015	충주	18	11	2	1	9	2	0
	합계		39	22	9	1	31	2	0
프로통산			39	22	9	1	31	2	0

임찬울(任찬울) 한양대 1994.07.14

대회	연도	소속	출전	교체	득점	도움	파울	경고	퇴장
K1	2017	강원	18	18	2	2	8	2	0
	2018	강원	13	13	0	2	3	0	0
	2019	제주	11	10	0	1	5	1	0
	합계		42	41	2	5	16	3	0
K2	2020	제주	3	3	0	0	2	0	0
	2020	전남	2	2	1	0	0	0	0
	2021	전남	0	0	0	0	0	0	0
	2022	전남	29	24	5	5	20	3	0
	합계		34	29	6	5	22	3	0
프로통산			76	70	8	10	38	6	0

임창균(林昌均) 경희대 1990.04.19

대회	연도	소속	출전	교체	득점	도움	파울	경고	퇴장
K1	2014	경남	5	5	0	0	4	1	0
	2016	수원FC	12	8	1	1	14	2	0
	합계		17	13	1	1	18	3	0
K2	2013	부천	32	10	5	7	24	6	0
	2015	경남	35	24	4	9	18	3	0
	2016	경남	18	8	0	3	12	1	0
	2017	수원FC	27	23	3	2	29	4	0
	2018	아산	4	3	2	0	0	1	0
	2019	아산	12	12	0	0	8	0	0
	2019	수원FC	11	11	0	2	12	2	0
	2020	전남	18	9	0	4	16	2	0
	합계		157	100	14	27	119	19	0
프로통산			174	113	15	28	137	22	0

임창우(任倉佑) 현대고 1992.02.13

대회	연도	소속	출전	교체	득점	도움	파울	경고	퇴장
BC	2011	울산	0	0	0	0	0	0	0
	2012	울산	6	1	0	0	5	1	0
	합계		6	1	0	0	5	1	0
K1	2013	울산	0	0	0	0	0	0	0
	2015	울산	27	3	1	0	25	6	0
	2021	강원	28	3	1	2	26	4	0
	2022	강원	37	2	2	1	20	1	0
	합계		92	8	4	3	71	11	0
K2	2014	대전	28	3	2	0	29	1	0
	합계		28	3	2	0	29	1	0
승	2021	강원	2	0	0	0	2	1	0
	합계		2	0	0	0	2	1	0
프로통산			128	12	6	3	107	14	0

임채관(林埰寬) 한남대 1995.10.28

대회	연도	소속	출전	교체	득점	도움	파울	경고	퇴장
K2	2020	안산	2	2	0	0	5	1	0
	2021	안산	0	0	0	0	0	0	0
	합계		2	2	0	0	5	1	0
프로통산			2	2	0	0	5	1	0

임채민(林採民) 영남대 1990.11.18

대회	연도	소속	출전	교체	득점	도움	파울	경고	퇴장
K1	2013	성남일화	21	3	3	0	20	5	2
	2014	성남	34	1	0	1	37	9	0
	2015	성남	13	0	0	1	13	3	0
	2016	성남	21	3	0	0	14	4	0
	2017	상주	20	3	1	0	23	3	0
	2018	상주	17	1	2	0	19	3	0
	2019	성남	25	3	2	0	24	6	0
	2020	강원	26	0	1	0	23	7	0
	2021	강원	28	1	1	0	15	5	1
	합계		205	15	10	2	188	45	3
K2	2018	성남	10	0	0	0	13	0	0
	합계		10	0	0	0	13	0	0
승	2016	성남	2	0	0	0	4	2	0
	2017	상주	2	0	0	0	2	2	0
	2021	강원	2	0	1	0	2	0	0
	합계		6	0	1	0	8	4	0
프로통산			221	15	11	2	209	49	3

임충현(林忠炫) 광운대 1983.07.20

대회	연도	소속	출전	교체	득점	도움	파울	경고	퇴장
BC	2007	대전	15	2	0	0	38	3	0
	합계		15	2	0	0	38	3	0
프로통산			15	2	0	0	38	3	0

임태섭(林太燮) 홍익대 1990.06.23

대회	연도	소속	출전	교체	득점	도움	파울	경고	퇴장
K2	2013	충주	12	12	2	1	12	1	0
	합계		12	12	2	1	12	1	0
프로통산			12	12	2	1	12	1	0

임하람(林하람) 연세대 1990.11.18

대회	연도	소속	출전	교체	득점	도움	파울	경고	퇴장
BC	2011	광주	14	4	0	0	34	5	0
	2012	광주	12	2	0	0	20	2	0
	합계		26	6	0	0	54	7	0
K1	2014	인천	12	8	0	0	10	1	0
	2016	수원FC	17	3	0	0	21	3	0
	합계		29	11	0	0	31	4	0
K2	2013	광주	28	3	0	0	46	3	0
	2015	수원FC	31	8	0	0	50	10	0
	2017	수원FC	14	5	0	0	15	2	0
	2018	수원FC	4	2	0	0	8	1	0
	합계		77	18	0	0	119	16	0
승	2015	수원FC	1	0	0	0	2	0	1
	합계		1	0	0	0	2	0	1
프로통산			133	35	0	0	206	27	1

임현우(林炫佑) 아주대 1983.03.26

대회	연도	소속	출전	교체	득점	도움	파울	경고	퇴장
BC	2005	대구	1	1	0	0	0	0	0
	2006	대구	2	2	0	0	2	0	0
	2007	대구	19	12	0	1	8	0	0
	2008	대구	20	11	0	1	14	1	0
	2009	대구	3	3	0	0	0	0	0
	합계		45	29	0	2	24	1	0
프로통산			45	29	0	2	24	1	0

임호(林虎) 경상대 1979.04.25

대회	연도	소속	출전	교체	득점	도움	파울	경고	퇴장
BC	2000	전남	4	4	0	1	2	0	0
	2001	전남	3	3	0	0	0	0	0
	2005	대구	11	5	0	0	35	3	0
	합계		18	12	0	1	37	3	0
프로통산			18	12	0	1	37	3	0

임홍현(林弘賢) 홍익대 1994.01.03

대회	연도	소속	출전	교체	실점	도움	파울	경고	퇴장
K2	2016	고양	4	0	7	0	0	0	0
	합계		4	0	7	0	0	0	0
프로통산			4	0	7	0	0	0	0

자심(Abbas Jassim) 이라크 1973.12.10

대회	연도	소속	출전	교체	득점	도움	파울	경고	퇴장
BC	1996	안양LG	31	18	4	5	26	3	0
	1997	안양LG	5	5	0	0	7	0	0
	1997	포항	15	11	2	1	12	3	0
	1998	포항	26	19	2	2	34	6	0
	1999	포항	19	18	2	4	14	0	0
	2000	포항	27	18	3	1	34	0	0
	2001	포항	7	5	2	1	3	1	0
	합계		130	94	15	14	130	13	0
프로통산			130	94	15	14	130	13	0

자엘(Jael Ferreira Vieira) 브라질 1988.10.30

대회	연도	소속	출전	교체	득점	도움	파울	경고	퇴장
BC	2012	성남일화	15	4	2	4	41	5	0
	합계		15	4	2	4	41	5	0
프로통산			15	4	2	4	41	5	0

자와다(Oskar Zawada) 폴란드 1996.02.01

대회	연도	소속	출전	교체	득점	도움	파울	경고	퇴장
K1	2021	제주	10	10	0	1	16	0	0
	합계		10	10	0	1	16	0	0
프로통산			10	10	0	1	16	0	0

자이로(Jairo Silva Santos) 브라질 1989.10.31

대회	연도	소속	출전	교체	득점	도움	파울	경고	퇴장
K2	2016	안양	12	9	0	2	27	4	0
	합계		12	9	0	2	27	4	0
프로통산			12	9	0	2	27	4	0

자일(Jair Eduardo Britto da Silva) 브라질 1988.06.10

대회	연도	소속	출전	교체	득점	도움	파울	경고	퇴장
BC	2011	제주	11	10	2	2	11	3	0
	2012	제주	44	16	18	9	49	0	0
	합계		55	26	20	11	60	3	0
K1	2016	전남	20	10	10	6	13	2	0
	2017	전남	35	19	16	3	25	4	0
	합계		55	29	26	9	38	6	0
프로통산			110	55	46	20	98	9	0

자크미치(Muhamed Dzakmic) 보스니아 헤르체고비나 1985.08.23

대회	연도	소속	출전	교체	득점	도움	파울	경고	퇴장
BC	2011	강원	17	8	0	2	27	4	0
	2012	강원	21	9	0	0	41	3	0
	합계		38	17	0	2	68	7	0
프로통산			38	17	0	2	68	7	0

자파(Jonas Augusto Bouvie) 브라질 1986.10.05

대회	연도	소속	출전	교체	득점	도움	파울	경고	퇴장
K2	2014	수원FC	18	5	7	1	27	2	0
	2015	수원FC	35	15	21	7	31	3	0
	합계		53	20	28	8	58	5	0
승	2015	수원FC	2	1	1	1	2	1	0
	합계		2	1	1	1	2	1	0
프로통산			55	21	29	9	60	6	0

잔코(Zanko Savov) 마케도니아 1965.10.14

대회	연도	소속	출전	교체	득점	도움	파울	경고	퇴장
BC	1995	전북	8	1	1	1	17	2	0
	1996	전북	32	15	3	2	33	2	0
	1997	전북	28	13	8	3	36	2	0
	1998	전북	25	21	4	0	19	1	0
	합계		93	50	16	6	105	7	0
프로통산			93	50	16	6	105	7	0

장경영(張景寧) 선문대 1982.03.12

대회	연도	소속	출전	교체	득점	도움	파울	경고	퇴장
BC	2006	인천	1	1	0	0	0	0	0
	합계		1	1	0	0	0	0	0
프로통산			1	1	0	0	0	0	0

장경진(張敬珍) 광양제철고 1983.08.31

대회	연도	소속	출전	교체	득점	도움	파울	경고	퇴장
BC	2002	전남	0	0	0	0	0	0	0
	2004	전남	2	1	0	0	1	0	0
	2005	인천	14	2	1	0	17	2	0
	2006	인천	27	1	0	0	53	5	0
	2007	인천	29	5	3	0	62	3	0
	2008	광주상무	12	1	0	0	15	6	0
	2009	광주상무	13	10	0	0	14	0	0
	2011	인천	14	7	0	0	20	5	0
	2012	광주	6	3	0	0	8	2	0
	합계		117	30	4	0	190	23	0
프로통산			117	30	4	0	190	23	0

장기봉(張基奉) 중앙대 1977.07.08

대회	연도	소속	출전	교체	득점	도움	파울	경고	퇴장
BC	2000	부산	0	0	0	0	0	0	0
	2001	부산	1	1	0	0	1	0	0
	합계		1	1	0	0	1	0	0
프로통산			1	1	0	0	1	0	0

장기정(張起淨) 전주대 1971.06.27

대회	연도	소속	출전	교체	득점	도움	파울	경고	퇴장
BC	1994	버팔로	1	1	0	0	2	0	0
	합계		1	1	0	0	2	0	0
프로통산			1	1	0	0	2	0	0

장남석(張南錫) 중앙대 1983.04.18

대회	연도	소속	출전	교체	득점	도움	파울	경고	퇴장
BC	2006	대구	36	23	9	4	39	3	0
	2007	대구	16	13	2	2	20	1	0
	2008	대구	29	21	11	4	44	2	0
	2009	대구	15	7	0	0	18	3	0
	2010	대구	24	12	4	5	36	2	0
	2011	상주	16	4	3	4	29	1	0
	합계		136	80	29	19	186	12	0
프로통산			136	80	29	19	186	12	0

장대일(張大一) 연세대 1975.03.09

대회	연도	소속	출전	교체	득점	도움	파울	경고	퇴장
BC	1998	천안일화	14	5	2	0	10	0	0
	1999	천안일화	21	10	3	2	41	4	0
	2000	성남일화	5	3	0	0	1	0	0
	2000	부산	11	1	0	0	9	1	0
	2001	부산	15	3	1	0	9	3	0
	2002	부산	5	3	0	0	2	0	0
	2003	부산	24	6	0	2	19	2	0
	합계		95	31	6	4	91	10	0
프로통산			95	31	6	4	91	10	0

장대희(張大熙) 중앙대 1994.04.19

대회	연도	소속	출전	교체	실점	도움	파울	경고	퇴장
K1	2015	울산	3	0	1	0	0	0	0
	2016	울산	3	0	6	0	0	0	0
	2017	울산	0	0	0	0	0	0	0
	2018	전남	5	0	13	0	0	0	0
	합계		11	0	20	0	0	0	0
프로통산			11	0	20	0	0	0	0

장동찬(張東燦) 울산대 2000.10.17

대회	연도	소속	출전	교체	득점	도움	파울	경고	퇴장
K1	2021	광주	0	0	0	0	0	0	0
	합계		0	0	0	0	0	0	0
프로통산			0	0	0	0	0	0	0

장동혁(張東赫) 연세대 1999.08.28

대회	연도	소속	출전	교체	득점	도움	파울	경고	퇴장
K2	2021	안산	9	3	1	0	17	2	0
K2	2022	안산	3	3	0	0	1	0	0
	합계		12	6	1	0	18	2	0
프로통산			12	6	1	0	18	2	0

장동혁(張東爀) 중앙고 2003.11.03

대회	연도	소속	출전	교체	득점	도움	파울	경고	퇴장
K2	2022	안산	8	8	0	0	4	0	0
	합계		8	8	0	0	4	0	0
프로통산			8	8	0	0	4	0	0

장동혁(張東爀) 명지대 1983.05.20

대회	연도	소속	출전	교체	득점	도움	파울	경고	퇴장
BC	2006	전남	12	9	0	0	26	3	0
	2007	전남	8	6	0	0	21	2	0
	2008	전남	1	1	0	0	0	0	0
	합계		21	16	0	0	47	5	0
프로통산			21	16	0	0	47	5	0

장동현(張東炫) 원주공고 1982.03.19

대회	연도	소속	출전	교체	득점	도움	파울	경고	퇴장
BC	2004	성남일화	4	4	1	0	5	0	0
	합계		4	4	1	0	5	0	0
프로통산			4	4	1	0	5	0	0

장민석(張緡碩) 홍익대 1976.03.31

대회	연도	소속	출전	교체	득점	도움	파울	경고	퇴장
BC	1999	전북	13	13	1	0	17	1	0
	합계		13	13	1	0	17	1	0
프로통산			13	13	1	0	17	1	0

장민준(張珉準) 진주고 2002.07.11

대회	연도	소속	출전	교체	득점	도움	파울	경고	퇴장
K2	2021	경남	0	0	0	0	0	0	0
	합계		0	0	0	0	0	0	0
프로통산			0	0	0	0	0	0	0

장백규(張伯圭) 선문대 1991.10.09

대회	연도	소속	출전	교체	득점	도움	파울	경고	퇴장
K2	2014	대구	18	10	3	4	16	0	0
	2015	대구	29	26	2	7	16	1	0
	2016	충주	28	21	4	0	23	1	0
	2019	부천	3	2	0	1	4	1	0
	합계		78	59	9	12	59	3	0
프로통산			78	59	9	12	59	3	0

장상원(張相元) 전주대 1977.09.30

대회	연도	소속	출전	교체	득점	도움	파울	경고	퇴장
BC	2003	울산	9	3	0	0	16	0	0
	2004	울산	14	13	1	0	21	1	0
	2005	울산	25	15	2	0	21	3	0
	2006	울산	30	20	2	0	25	4	0
	2007	울산	12	9	0	0	8	1	0
	2008	대구	10	9	0	0	6	2	0
	2009	대구	2	2	0	0	0	0	0
	합계		102	71	5	0	97	11	0
프로통산			102	71	5	0	97	11	0

장석민(張錫珉) 초당대 1989.07.25

대회	연도	소속	출전	교체	득점	도움	파울	경고	퇴장
BC	2011	강원	1	1	0	0	0	0	0
	합계		1	1	0	0	0	0	0
프로통산			1	1	0	0	0	0	0

장석원(張碩元) 단국대 1989.08.11

대회	연도	소속	출전	교체	득점	도움	파울	경고	퇴장
BC	2010	성남일화	3	3	0	0	0	0	0
	2011	성남일화	1	0	0	0	0	0	0
	2012	상주	2	2	0	0	1	0	0
	합계		6	5	0	0	1	0	0
K1	2014	성남	20	6	0	0	15	2	0
	2015	성남	18	3	0	0	14	2	0
	2016	성남	14	11	0	0	5	2	0
	합계		52	20	0	0	34	6	0
프로통산			58	25	0	0	35	6	0

장성록(張成綠) 경희고 2001.11.13

대회	연도	소속	출전	교체	득점	도움	파울	경고	퇴장
K2	2021	전남	11	9	0	0	3	0	0
	합계		11	9	0	0	3	0	0
프로통산			11	9	0	0	3	0	0

장성욱(張成旭) 한성대 1979.09.01

대회	연도	소속	출전	교체	득점	도움	파울	경고	퇴장
BC	2002	울산	0	0	0	0	0	0	0
	합계		0	0	0	0	0	0	0
프로통산			0	0	0	0	0	0	0

장성원(張成源) 한남대 1997.06.17

대회	연도	소속	출전	교체	득점	도움	파울	경고	퇴장
K1	2018	대구	9	5	0	1	7	2	0
	2019	대구	18	13	0	1	11	3	0
	2020	대구	2	2	0	0	1	0	0
	2021	대구	22	8	0	2	21	2	0
	2022	대구	21	16	0	2	14	3	0
	합계		72	44	0	6	54	10	0
프로통산			72	44	0	6	54	10	0

장성재(張成載) 고려대 1995.09.12

대회	연도	소속	출전	교체	득점	도움	파울	경고	퇴장
K1	2017	울산	2	2	0	0	2	0	0
	2018	울산	2	2	0	0	0	0	0
	합계		4	4	0	0	2	0	0
K2	2018	수원FC	11	10	0	1	8	0	0
	2019	수원FC	31	8	1	0	38	2	0
	2020	수원FC	20	11	0	3	11	2	0
	2021	전남	15	8	0	3	16	1	0
	2022	전남	21	8	1	2	15	1	0
	합계		98	45	2	9	88	6	0
프로통산			102	49	2	9	90	6	0

장성천(張誠泉) 부산개성고 1989.05.05

대회	연도	소속	출전	교체	득점	도움	파울	경고	퇴장
BC	2008	제주	0	0	0	0	0	0	0
	합계		0	0	0	0	0	0	0
프로통산			0	0	0	0	0	0	0

장성현(章誠玹) 원광대 1995.07.16

대회	연도	소속	출전	교체	득점	도움	파울	경고	퇴장
K2	2018	광주	1	1	0	0	0	0	0
	합계		1	1	0	0	0	0	0
프로통산			1	1	0	0	0	0	0

장순혁(張淳赫) 중원대 1993.04.16

대회	연도	소속	출전	교체	득점	도움	파울	경고	퇴장
K1	2016	울산	0	0	0	0	0	0	0
	합계		0	0	0	0	0	0	0
K2	2018	부천	17	8	0	0	16	2	2
	2019	아산	28	6	0	0	24	3	0
	2020	충남아산	15	3	1	0	9	4	0
	2021	전남	28	5	2	0	26	7	0
	2022	전남	20	4	0	0	12	3	0
	합계		108	26	3	0	87	19	2
프로통산			108	26	3	0	87	19	2

장영훈(張永勳) 경북산업대(경일대) 1972.02.04

대회	연도	소속	출전	교체	득점	도움	파울	경고	퇴장
BC	1992	포항제철	21	15	1	2	19	1	0
	1993	포항제철	27	19	4	2	31	2	0
	1994	포항제철	5	3	0	0	8	2	0
	1995	포항	17	14	3	1	23	1	0
	1996	포항	24	19	1	2	43	5	0
	1997	포항	28	10	4	3	42	3	0
	1998	포항	7	5	1	1	3	0	0
	1998	안양LG	5	4	0	0	6	2	0
	1999	안양LG	11	9	1	1	13	1	0
	합계		145	98	15	12	188	17	0
프로통산			145	98	15	12	188	17	0

장외룡(張外龍) 연세대 1959.04.05

대회	연도	소속	출전	교체	득점	도움	파울	경고	퇴장
BC	1983	대우	15	0	0	1	26	1	0
	1984	대우	18	3	0	0	14	4	1
	1985	대우	20	0	0	0	17	3	0
	1986	대우	24	6	0	1	18	3	0
	합계		77	9	0	2	75	11	1
프로통산			77	9	0	2	75	11	1

장용익(張勇翼) 수원대 1989.01.01

대회	연도	소속	출전	교체	득점	도움	파울	경고	퇴장
BC	2011	전남	0	0	0	0	0	0	0
	합계		0	0	0	0	0	0	0
프로통산			0	0	0	0	0	0	0

장우창(張佑暢) 광운대 1978.10.18

대회	연도	소속	출전	교체	득점	도움	파울	경고	퇴장
BC	2004	인천	8	5	0	1	16	3	0
	2005	인천	12	8	0	0	12	1	0
	2006	부산	7	4	0	0	3	1	0
	합계		27	17	0	1	31	5	0
프로통산			27	17	0	1	31	5	0

장원석(張原碩) 호남대 1986.04.16

대회	연도	소속	출전	교체	득점	도움	파울	경고	퇴장
BC	2009	인천	16	7	1	0	37	6	0
	2010	인천	10	5	0	0	26	5	0
	2011	인천	24	5	2	3	51	8	0
	2012	인천	1	1	0	0	3	1	0
	2012	제주	9	2	0	1	13	1	0
	합계		60	20	3	4	130	21	0
K1	2013	제주	10	5	0	0	10	1	0
	합계		10	5	0	0	10	1	0
K2	2014	대전	31	9	1	4	33	4	0
	2017	대전	14	4	0	1	19	5	0
	2018	대전	8	4	0	0	6	0	0
	합계		53	17	1	5	58	9	0
프로통산			123	42	4	9	198	31	0

장유섭(張裕攝/←장준수) 명지대 1996.06.24

대회	연도	소속	출전	교체	득점	도움	파울	경고	퇴장
K2	2019	안산	0	0	0	0	0	0	0
	2022	안산	24	17	1	0	19	3	0
	합계		24	17	1	0	19	3	0
프로통산			24	17	1	0	19	3	0

장윤호(張潤鎬) 영생고 1996.08.25

대회	연도	소속	출전	교체	득점	도움	파울	경고	퇴장
K1	2015	전북	10	7	2	0	20	2	0
	2016	전북	11	6	1	2	25	7	0
	2017	전북	17	11	1	3	28	2	0
	2018	전북	12	8	0	0	15	1	0
	2019	전북	2	2	0	0	1	0	0
	2019	인천	14	3	0	0	18	4	0
	2022	전북	0	0	0	0	0	0	0
	합계		66	37	4	5	107	16	0
K2	2020	서울E	19	6	0	1	29	4	0
	2021	서울E	24	11	1	2	38	3	1
	합계		43	17	1	3	67	7	1
프로통산			109	54	5	8	174	23	1

장은규(張殷圭) 건국대 1992.08.15

대회	연도	소속	출전	교체	득점	도움	파울	경고	퇴장
K1	2014	제주	22	5	0	0	51	7	0
	2015	제주	10	7	0	0	14	4	0
	2018	상주	0	0	0	0	0	0	0
	2019	상주	0	0	0	0	0	0	0
	합계		32	12	0	0	65	11	0
K2	2016	경남	36	10	1	1	61	8	1
	2017	성남	9	5	0	1	7	0	0
	2018	안양	5	4	0	0	1	1	0
	합계		50	19	1	2	69	9	1
프로통산			82	31	1	2	134	20	1

장재완(張在完) 고려대 1983.06.04

대회	연도	소속	출전	교체	득점	도움	파울	경고	퇴장
BC	2006	울산	0	0	0	0	0	0	0
	합계		0	0	0	0	0	0	0
프로통산			0	0	0	0	0	0	0

장재우(張在佑) 숭실대 1988.01.07

대회	연도	소속	출전	교체	득점	도움	파울	경고	퇴장
BC	2010	인천	0	0	0	0	0	0	0
	합계		0	0	0	0	0	0	0
프로통산			0	0	0	0	0	0	0

장재웅(張在熊) 제주국제대 2001.01.08

대회	연도	소속	출전	교체	득점	도움	파울	경고	퇴장
K1	2022	수원FC	11	11	0	1	6	0	0
	합계		11	11	0	1	6	0	0
프로통산			11	11	0	1	6	0	0

장재학(張在學) 중앙대 1967.01.15

대회	연도	소속	출전	교체	득점	도움	파울	경고	퇴장
BC	1989	포항제철	15	7	0	1	17	1	0
	1991	현대	10	6	0	0	8	0	0
	합계		25	13	0	1	25	1	0
프로통산			25	13	0	1	25	1	0

장정(張政) 아주대 1964.05.05

대회	연도	소속	출전	교체	득점	도움	파울	경고	퇴장
BC	1987	럭키금성	26	3	0	0	46	4	0
	1988	럭키금성	7	1	0	0	8	0	0
	합계		33	4	0	0	54	4	0
프로통산			33	4	0	0	54	4	0

장조윤(張朝潤) 보인정보산업고(보인고) 1988.01.01

대회	연도	소속	출전	교체	득점	도움	파울	경고	퇴장
BC	2007	전북	2	2	0	0	0	0	0
	합계		2	2	0	0	0	0	0
K2	2015	충주	11	10	1	0	4	0	0
	합계		11	10	1	0	4	0	0

대회	연도	소속	출전	교체	득점	도움	파울	경고	퇴장
프로통산			13	12	1	0	4	0	0

장주영(張柱泳) 청주대 1992.09.02

대회	연도	소속	출전	교체	득점	도움	파울	경고	퇴장
K2	2019	대전	6	3	0	0	5	0	0
	합계		6	3	0	0	5	0	0
프로통산			6	3	0	0	5	0	0

장준영(張竣營) 용인대 1993.02.04

대회	연도	소속	출전	교체	득점	도움	파울	경고	퇴장
K1	2021	수원FC	2	1	0	0	3	0	0
	합계		2	1	0	0	3	0	0
K2	2016	대전	20	1	1	0	33	4	0
	2017	대전	23	3	1	0	16	7	0
	2019	수원FC	25	5	3	3	29	5	0
	2020	수원FC	19	5	1	0	16	4	0
	합계		87	14	6	3	94	20	0
프로통산			89	15	6	3	97	20	0

장지현(張地鉉) 성균관대 1975.04.11

대회	연도	소속	출전	교체	득점	도움	파울	경고	퇴장
BC	1999	수원	18	8	0	2	31	4	0
	2000	수원	30	13	3	0	70	4	1
	2001	수원	8	7	0	1	16	0	0
	2004	수원	2	0	0	0	4	0	0
	2005	수원	8	4	0	0	19	1	0
	2006	전북	15	10	3	0	41	3	0
	2007	전북	13	9	0	1	17	3	0
	합계		94	51	6	4	198	15	1
프로통산			94	51	6	4	198	15	1

장창순(張暢純) 전북대 1962.09.01

대회	연도	소속	출전	교체	득점	도움	파울	경고	퇴장
BC	1985	상무	10	6	0	2	9	1	0
	1989	일화	9	10	0	0	2	0	0
	합계		19	16	0	2	11	1	0
프로통산			19	16	0	2	11	1	0

장철민(張鐵民) 부산공대(부경대) 1972.05.19

대회	연도	소속	출전	교체	득점	도움	파울	경고	퇴장
BC	1995	전북	17	15	1	0	12	1	0
	1996	전북	5	5	1	0	3	0	0
	1997	울산	7	6	0	1	5	0	0
	1998	울산	26	22	4	6	33	2	0
	1999	울산	6	5	0	0	2	0	0
	2000	울산	26	19	1	2	12	0	0
	2001	울산	9	7	1	3	11	0	0
	2002	울산	6	6	0	0	9	0	0
	합계		102	85	8	12	87	3	0
프로통산			102	85	8	12	87	3	0

장철용(張喆榕) 남부대 1995.11.13

대회	연도	소속	출전	교체	득점	도움	파울	경고	퇴장
K1	2017	포항	11	8	0	0	8	1	0
	합계		11	8	0	0	8	1	0
프로통산			11	8	0	0	8	1	0

장철우(張鐵雨) 아주대 1971.04.01

대회	연도	소속	출전	교체	득점	도움	파울	경고	퇴장
BC	1997	대전	32	5	2	3	33	3	0
	1998	대전	28	9	5	3	33	2	0
	1999	대전	30	9	8	5	39	4	1
	2000	대전	21	6	5	0	32	3	0
	2001	대전	31	2	1	1	69	5	0
	2002	대전	32	5	2	3	58	7	0
	2003	대전	40	3	0	1	66	6	0
	2004	대전	31	2	0	6	39	5	0
	2005	대전	29	6	0	0	54	5	0
	합계		274	47	23	22	423	40	1
프로통산			274	47	23	22	423	40	1

장클로드(Jane Claude Adrimer Bozga) 루마니아 1984.06.01

대회	연도	소속	출전	교체	득점	도움	파울	경고	퇴장
K2	2016	대전	37	4	2	1	57	12	0
	합계		37	4	2	1	57	12	0
프로통산			37	4	2	1	57	12	0

장태규(張汰圭) 아주대 1976.04.25

대회	연도	소속	출전	교체	득점	도움	파울	경고	퇴장
BC	1999	부산	2	3	0	0	1	1	0
	2000	부산	0	0	0	0	0	0	0
	합계		2	3	0	0	1	1	0
프로통산			2	3	0	0	1	1	0

장하늘(張하늘) 숭실고 2002.03.02

대회	연도	소속	출전	교체	득점	도움	파울	경고	퇴장
K2	2021	경남	2	2	0	0	4	1	0
	합계		2	2	0	0	4	1	0
프로통산			2	2	0	0	4	1	0

장학영(張學榮) 경기대 1981.08.24

대회	연도	소속	출전	교체	득점	도움	파울	경고	퇴장
BC	2004	성남일화	16	8	0	0	13	1	0
	2005	성남일화	36	2	0	0	48	4	0
	2006	성남일화	42	1	2	3	60	1	0
	2007	성남일화	29	0	3	2	31	2	0
	2008	성남일화	37	1	1	1	45	3	0
	2009	성남일화	36	2	0	4	42	3	1
	2010	성남일화	15	0	3	1	17	2	0
	2012	부산	23	2	0	0	32	7	0
	합계		234	16	9	11	288	23	1
K1	2013	부산	37	0	3	2	16	3	0
	2014	부산	33	4	0	3	23	2	0
	2015	성남	17	2	0	1	14	3	0
	2016	성남	31	2	0	2	36	4	0
	합계		118	8	3	8	89	12	0
K2	2017	성남	11	7	0	0	6	2	0
	합계		11	7	0	0	6	2	0
승	2016	성남	2	0	0	0	1	1	0
	합계		2	0	0	0	1	1	0
프로통산			365	31	12	19	384	38	1

장혁진(張爀鎭) 배재대 1989.12.06

대회	연도	소속	출전	교체	득점	도움	파울	경고	퇴장
BC	2011	강원	8	7	0	0	8	0	0
	2012	강원	15	12	1	1	15	1	0
	합계		23	19	1	1	23	1	0
K1	2014	상주	7	7	0	1	6	0	0
	2022	수원FC	21	21	1	1	15	0	0
	합계		28	28	1	2	21	0	0
K2	2013	상주	10	10	1	0	13	0	0
	2014	강원	9	3	0	2	10	1	0
	2015	강원	29	11	2	2	43	6	0
	2016	강원	37	21	2	5	30	2	0
	2017	안산	33	1	2	13	52	5	0
	2018	안산	34	12	3	8	42	1	0
	2019	안산	34	12	5	9	31	6	0
	2020	경남	26	4	0	3	49	6	0
	2021	경남	32	6	0	3	46	4	0
	2022	경남	1	1	0	0	0	0	0
	합계		245	81	15	45	316	31	0
승	2016	강원	2	2	0	0	0	0	0
	합계		2	2	0	0	0	0	0
프로통산			298	130	17	48	360	32	0

장현규(張鉉奎) 울산대 1981.08.22

대회	연도	소속	출전	교체	득점	도움	파울	경고	퇴장
BC	2004	대전	22	6	2	0	31	2	0
	2005	대전	24	4	0	0	45	5	0
	2006	대전	36	7	0	0	52	3	0
	2007	대전	19	5	0	0	27	4	0
	2008	포항	22	3	1	0	38	3	0
	2009	광주상무	29	7	3	2	24	0	0
	2010	광주상무	21	2	0	0	23	2	0
	2010	포항	1	1	0	0	3	1	0
	2011	포항	5	2	0	0	4	1	0
	합계		179	37	6	2	247	21	0
프로통산			179	37	6	2	247	21	0

장현수(張鉉洙) 용인대 1993.01.01

대회	연도	소속	출전	교체	득점	도움	파울	경고	퇴장
K1	2015	수원	4	4	0	1	2	0	0
	2016	수원	1	1	0	0	2	1	0
	2017	수원	1	1	1	0	3	0	0
	합계		6	6	1	1	7	1	0
K2	2016	부산	13	11	2	1	11	1	0
	2019	부천	25	21	1	0	22	2	0
	2020	부천	23	12	0	1	39	3	0
	2021	부천	15	7	0	2	19	1	0
	합계		76	51	3	4	91	7	0
프로통산			82	57	4	5	98	8	0

장현우(張現宇) 동북고 1993.05.26

대회	연도	소속	출전	교체	득점	도움	파울	경고	퇴장
K1	2014	상주	0	0	0	0	0	0	0
	합계		0	0	0	0	0	0	0
K2	2015	상주	1	1	0	0	3	0	0
	2016	부산	1	0	0	0	2	0	0
	합계		2	1	0	0	5	0	0
프로통산			2	1	0	0	5	0	0

장현호(張現浩) 고려대 1972.10.14

대회	연도	소속	출전	교체	득점	도움	파울	경고	퇴장
BC	1995	포항	26	2	0	1	26	2	0
	1996	포항	26	4	0	0	31	2	1
	1997	포항	23	6	0	0	32	1	0
	2000	포항	10	2	0	0	10	3	0
	2001	성남일화	0	0	0	0	0	0	0
	합계		85	14	0	1	99	8	1
프로통산			85	14	0	1	99	8	1

장형곤(張炯坤) 경희고 1961.01.29

대회	연도	소속	출전	교체	득점	도움	파울	경고	퇴장
BC	1984	현대	1	1	0	0	2	0	0
	합계		1	1	0	0	2	0	0
프로통산			1	1	0	0	2	0	0

장형관(張馨官) 인천대 1980.07.19

대회	연도	소속	출전	교체	득점	도움	파울	경고	퇴장
BC	2003	대구	14	12	0	0	10	2	0
	2004	대구	3	2	0	0	4	0	0
	합계		17	14	0	0	14	2	0
프로통산			17	14	0	0	14	2	0

장형석(張亨碩) 성보고 1972.07.07

대회	연도	소속	출전	교체	득점	도움	파울	경고	퇴장
BC	1992	현대	12	9	1	0	10	1	0
	1993	현대	1	1	0	1	0	0	0
	1995	현대	3	1	0	0	7	1	0
	1996	울산	28	9	5	0	52	5	1
	1997	울산	25	1	1	2	46	6	0
	1998	울산	18	13	0	0	30	2	0
	1999	울산	21	5	1	0	33	1	0
	1999	안양LG	10	4	0	1	18	3	0
	2002	부천SK	17	10	0	0	19	3	0
	합계		135	53	8	4	215	22	1
프로통산			135	53	8	4	215	22	1

장호익(張鎬翼) 호남대 1993.12.04

대회	연도	소속	출전	교체	득점	도움	파울	경고	퇴장
K1	2016	수원	16	2	0	0	27	2	0
	2017	수원	19	6	0	1	27	4	0
	2018	수원	24	5	0	2	27	4	1
	2019	상주	0	0	0	0	0	0	0
	2020	수원	18	4	0	0	26	4	0
	2021	수원	34	8	0	0	38	12	0
	2022	수원	29	19	0	2	30	3	0
	합계		140	44	0	5	175	29	1
승	2022	수원	2	1	0	0	1	0	0
	합계		2	1	0	0	1	0	0

대회	연도	소속	출전	교체	득점	도움	파울	경고	퇴장
프로통산			142	45	0	5	176	29	1

장효준(張孝俊) 동국대 2000.02.09

대회	연도	소속	출전	교체	득점	도움	파울	경고	퇴장
K1	2022	성남	17	11	0	0	10	4	0
	합계		17	11	0	0	10	4	0
프로통산			17	11	0	0	10	4	0

잭슨(Lachlan Robert Tua Jackson) 오스트레일리아 1995.03.12

대회	연도	소속	출전	교체	득점	도움	파울	경고	퇴장
K1	2021	수원FC	19	3	2	1	22	2	0
	2022	수원FC	21	5	2	1	14	6	0
	합계		40	8	4	2	36	8	0
프로통산			40	8	4	2	36	8	0

쟈스민(Mujdza Jasmin) 크로아티아 1974.03.02

대회	연도	소속	출전	교체	득점	도움	파울	경고	퇴장
BC	2002	성남일화	16	5	0	0	25	0	0
	합계		16	5	0	0	25	0	0
프로통산			16	5	0	0	25	0	0

전경준(全慶埈) 경북산업대(경일대) 1973.09.10

대회	연도	소속	출전	교체	득점	도움	파울	경고	퇴장
BC	1993	포항제철	8	7	0	1	5	0	0
	1994	포항제철	2	2	0	0	1	0	0
	1995	포항	19	19	0	1	13	3	0
	1996	포항	32	25	5	3	36	1	0
	1997	포항	33	18	2	3	33	3	0
	1998	포항	23	18	2	2	16	0	0
	1999	포항	10	7	0	0	10	0	0
	1999	부천SK	17	15	2	4	17	1	0
	2000	부천SK	38	37	7	13	24	4	1
	2001	부천SK	30	28	3	3	18	0	1
	2002	전북	32	13	4	3	33	3	0
	2003	전북	25	18	2	4	32	1	0
	2004	전북	11	11	1	0	6	0	0
	2005	전북	7	7	0	0	5	1	0
	합계		287	225	28	37	249	17	2
프로통산			287	225	28	37	249	17	2

전경진(全景鎭) 한양대 1976.02.10

대회	연도	소속	출전	교체	득점	도움	파울	경고	퇴장
BC	2000	성남일화	2	2	0	0	1	0	0
	합계		2	2	0	0	1	0	0
프로통산			2	2	0	0	1	0	0

전경택(田坰澤) 성균관대 1970.06.20

대회	연도	소속	출전	교체	득점	도움	파울	경고	퇴장
BC	1997	대전	22	5	0	0	36	2	0
	1998	대전	27	5	0	0	39	3	0
	1999	대전	5	4	0	0	7	1	0
	합계		54	14	0	0	82	6	0
프로통산			54	14	0	0	82	6	0

전광진(全光眞) 명지대 1981.06.30

대회	연도	소속	출전	교체	득점	도움	파울	경고	퇴장
BC	2004	성남일화	19	9	0	1	43	3	0
	2005	성남일화	9	7	0	0	11	0	0
	2006	광주상무	34	14	0	4	38	3	1
	2007	광주상무	25	6	0	2	43	12	0
	2008	성남일화	9	6	0	0	10	2	0
	2009	성남일화	23	4	0	0	27	4	1
	2010	성남일화	32	7	2	4	34	8	0
	합계		151	53	2	11	206	32	2
프로통산			151	53	2	11	206	32	2

전광철(全光哲) 경신고 1982.07.16

대회	연도	소속	출전	교체	득점	도움	파울	경고	퇴장
BC	2001	울산	1	1	0	0	0	0	0
	2002	울산	1	1	0	0	3	0	0
	합계		2	2	0	0	3	0	0
프로통산			2	2	0	0	3	0	0

전광환(田廣煥) 울산대 1982.07.29

대회	연도	소속	출전	교체	득점	도움	파울	경고	퇴장
BC	2005	전북	0	0	0	0	0	0	0
	2006	전북	18	3	0	0	35	3	0
	2007	전북	23	6	0	4	37	2	0
	2008	전북	4	1	0	0	4	1	0
	2009	광주상무	28	15	0	0	15	2	0
	2010	광주상무	26	5	0	0	28	1	0
	2010	전북	1	0	0	0	0	0	0
	2011	전북	7	1	0	0	10	1	0
	2012	전북	31	2	0	1	33	1	0
	합계		138	33	0	5	162	11	0
K1	2013	전북	19	7	0	0	17	1	0
	합계		19	7	0	0	17	1	0
K2	2014	부천	20	4	0	0	24	1	0
	2015	부천	33	2	0	0	21	5	0
	합계		53	6	0	0	45	6	0
프로통산			210	46	0	5	224	18	0

전기성(全基成) 광주대 1993.04.29

대회	연도	소속	출전	교체	득점	도움	파울	경고	퇴장
K2	2015	서울E	1	0	0	0	1	0	0
	2016	부천	0	0	0	0	0	0	0
	합계		1	0	0	0	1	0	0
프로통산			1	0	0	0	1	0	0

전덕찬(全德燦) 계성고 1963.05.05

대회	연도	소속	출전	교체	득점	도움	파울	경고	퇴장
BC	1984	대우	1	1	0	0	1	0	0
	1986	대우	1	1	0	0	0	0	0
	합계		2	2	0	0	1	0	0
프로통산			2	2	0	0	1	0	0

전만호(田萬浩) 대구공고 1967.01.07

대회	연도	소속	출전	교체	득점	도움	파울	경고	퇴장
BC	1990	대우	1	1	0	0	1	1	0
	합계		1	1	0	0	1	1	0
프로통산			1	1	0	0	1	1	0

전명근(田明根) 호남대 1990.04.30

대회	연도	소속	출전	교체	득점	도움	파울	경고	퇴장
K2	2013	광주	10	9	0	0	8	0	0
	합계		10	9	0	0	8	0	0
프로통산			10	9	0	0	8	0	0

전민관(全珉寬) 고려대 1990.10.19

대회	연도	소속	출전	교체	득점	도움	파울	경고	퇴장
K2	2013	부천	13	1	0	1	12	2	0
	2014	부천	1	1	0	0	0	0	0
	합계		14	2	0	1	12	2	0
프로통산			14	2	0	1	12	2	0

전민광(全珉洸) 중원대 1993.01.17

대회	연도	소속	출전	교체	득점	도움	파울	경고	퇴장
K1	2019	포항	18	0	0	0	9	1	0
	2020	포항	16	6	0	1	9	2	1
	2021	포항	32	11	0	3	20	5	0
	합계		66	17	0	4	38	8	1
K2	2015	서울E	18	7	1	1	14	1	0
	2016	서울E	26	11	0	0	21	1	0
	2017	서울E	29	5	1	0	21	2	0
	2018	서울E	31	1	1	2	29	4	1
	합계		104	24	3	3	85	8	1
프로통산			170	41	3	7	123	16	2

전병관(全炳關) 덕영고 2002.11.10

대회	연도	소속	출전	교체	득점	도움	파울	경고	퇴장
K2	2021	대전	7	7	1	0	6	0	0
	2022	대전	1	1	0	0	0	0	0
	합계		8	8	1	0	6	0	0
프로통산			8	8	1	0	6	0	0

전병수(全昞壽) 동국대 1992.03.14

대회	연도	소속	출전	교체	득점	도움	파울	경고	퇴장
K2	2015	강원	8	8	0	0	16	0	0
	합계		8	8	0	0	16	0	0
프로통산			8	8	0	0	16	0	0

전보민(田甫珉) 제주국제대 2000.05.10

대회	연도	소속	출전	교체	득점	도움	파울	경고	퇴장
K2	2022	안양	1	1	0	0	0	0	0
	합계		1	1	0	0	0	0	0
프로통산			1	1	0	0	0	0	0

전보훈(全寶訓) 숭실대 1988.03.10

대회	연도	소속	출전	교체	득점	도움	파울	경고	퇴장
BC	2011	대전	5	5	0	0	6	0	0
	합계		5	5	0	0	6	0	0
프로통산			5	5	0	0	6	0	0

전봉성(全峰星) 경운대 1985.03.18

대회	연도	소속	출전	교체	실점	도움	파울	경고	퇴장
BC	2008	전남	0	0	0	0	0	0	0
	합계		0	0	0	0	0	0	0
프로통산			0	0	0	0	0	0	0

전상대(田相大) 숭실대 1982.04.10

대회	연도	소속	출전	교체	득점	도움	파울	경고	퇴장
BC	2006	경남	2	2	0	0	2	0	0
	2008	대구	0	0	0	0	0	0	0
	합계		2	2	0	0	2	0	0
프로통산			2	2	0	0	2	0	0

전상욱(全相煜) 단국대 1979.09.22

대회	연도	소속	출전	교체	실점	도움	파울	경고	퇴장
BC	2005	성남일화	0	0	0	0	0	0	0
	2006	성남일화	3	1	2	0	0	0	0
	2008	성남일화	0	0	0	0	0	0	0
	2009	성남일화	3	0	2	0	0	0	0
	2010	부산	26	0	36	0	1	4	0
	2011	부산	21	0	23	0	1	5	0
	2012	부산	32	0	34	0	1	2	0
	합계		85	1	97	0	3	11	0
K1	2013	성남일화	38	1	41	0	1	1	0
	2014	성남	3	0	6	0	0	0	0
	2015	성남	6	0	7	0	0	3	0
	2016	성남	1	1	0	0	0	0	0
	합계		48	2	54	0	1	4	0
프로통산			133	3	151	0	4	15	0

전상훈(田尙勳) 연세대 1989.09.10

대회	연도	소속	출전	교체	득점	도움	파울	경고	퇴장
BC	2011	대전	4	0	0	0	4	0	0
	합계		4	0	0	0	4	0	0
K1	2014	경남	0	0	0	0	0	0	0
	합계		0	0	0	0	0	0	0
K2	2013	경찰	2	2	0	0	1	0	0
	2015	경남	26	9	0	1	21	3	0
	2016	경남	9	3	0	0	8	0	0
	2017	대전	11	2	0	0	4	2	0
	2018	대전	6	2	0	1	1	1	0
	2019	대전	1	0	0	0	1	1	0
	합계		55	18	0	2	36	7	0
프로통산			59	18	0	2	40	7	0

전석훈(全錫訓) 영남대 1997.12.03

대회	연도	소속	출전	교체	득점	도움	파울	경고	퇴장
K2	2018	서울E	3	3	0	0	3	0	0
	2019	서울E	13	13	1	1	7	1	0
	2020	서울E	5	5	0	0	4	0	0
	합계		21	21	1	1	14	1	0
프로통산			21	21	1	1	14	1	0

전성수(田成秀) 계명고 2000.07.13

대회	연도	소속	출전	교체	득점	도움	파울	경고	퇴장
K1	2019	성남	0	0	0	0	0	0	0
	2022	성남	19	20	2	0	10	2	0
	합계		19	20	2	0	10	2	0
프로통산			19	20	2	0	10	2	0

전수현(全首泫/←전태현) 울산대 1986.08.18

대회	연도	소속	출전	교체	실점	도움	파울	경고	퇴장
BC	2009	제주	5	1	13	0	1	0	0

	2010	제주	0	0	0	0	0	0	0
	2011	제주	7	1	9	0	0	1	0
	2012	제주	15	1	19	0	1	1	0
	합계		27	3	41	0	2	2	0
K1	2013	제주	7	0	8	0	0	1	0
	2015	제주	0	0	0	0	0	0	0
	2016	제주	1	0	0	0	0	0	0
	합계		8	0	8	0	0	1	0
K2	2014	안산경찰	14	1	19	0	2	0	0
	2015	안산경찰	17	0	21	0	0	1	0
	2017	대전	21	0	30	0	0	1	0
	2018	안양	32	0	41	0	0	0	0
	2019	수원FC	8	0	14	0	0	0	0
	합계		92	1	125	0	2	2	0
프로통산			127	4	174	0	4	5	0

전승민(田昇悶) 용인대 2000.12.15

대회	연도	소속	출전	교체	득점	도움	파울	경고	퇴장
K1	2020	성남	1	1	0	0	0	0	0
	2021	성남	2	2	0	0	0	0	0
	합계		3	3	0	0	0	0	0
K2	2022	전남	34	23	3	1	15	2	0
	합계		34	23	3	1	15	2	0
프로통산			37	26	3	1	15	2	0

전영수(全榮秀) 성균관대 1963.02.19

대회	연도	소속	출전	교체	득점	도움	파울	경고	퇴장
BC	1986	현대	22	14	1	7	16	1	0
	1989	유공	12	11	1	1	7	0	0
	1990	유공	6	4	1	1	3	0	0
	1991	유공	3	3	0	0	4	0	0
	합계		43	32	3	9	30	1	0
프로통산			43	32	3	9	30	1	0

전용운(全龍雲) 안산U18 2002.11.05

대회	연도	소속	출전	교체	득점	도움	파울	경고	퇴장
K2	2021	안산	0	0	0	0	0	0	0
	2022	안산	2	2	0	0	0	0	0
	합계		2	2	0	0	0	0	0
프로통산			2	2	0	0	0	0	0

전우근(全雨根) 인천대 1977.02.25

대회	연도	소속	출전	교체	득점	도움	파울	경고	퇴장
BC	1999	부산	18	6	1	2	28	4	0
	2000	부산	29	12	6	1	45	1	0
	2001	부산	35	13	8	2	53	1	1
	2002	부산	23	7	1	1	32	3	0
	2003	부산	27	13	2	1	30	1	0
	2004	광주상무	19	17	1	0	30	0	0
	2005	광주상무	8	7	0	0	10	0	0
	2006	부산	10	10	1	2	19	0	0
	2007	부산	21	17	1	0	24	1	0
	2008	부산	1	1	0	0	1	0	0
	합계		191	103	21	9	272	11	1
프로통산			191	103	21	9	272	11	1

전우영(全旴營/←전성찬) 광운대 1987.12.27

대회	연도	소속	출전	교체	득점	도움	파울	경고	퇴장
BC	2011	성남일화	24	7	3	2	38	4	0
	2012	성남일화	6	6	0	0	6	0	0
	합계		30	13	3	2	44	4	0
K1	2013	성남일화	0	0	0	0	0	0	0
	2013	부산	11	10	0	0	10	0	0
	2014	부산	17	16	0	0	14	0	0
	2015	부산	24	12	0	1	20	3	0
	2016	전남	3	2	0	0	8	1	0
	합계		55	40	0	1	52	4	0
승	2015	부산	1	1	0	0	2	1	0
	합계		1	1	0	0	2	1	0
프로통산			86	54	3	3	98	9	0

전운선(全雲仙) 국민대 1960.12.23

대회	연도	소속	출전	교체	실점	도움	파울	경고	퇴장
BC	1984	국민은행	15	0	26	0	0	0	0
	합계		15	0	26	0	0	0	0
프로통산			15	0	26	0	0	0	0

전원근(全源根) 고려대 1986.11.13

대회	연도	소속	출전	교체	득점	도움	파울	경고	퇴장
BC	2009	강원	28	4	1	2	31	1	0
	2010	대구	3	1	0	0	7	3	0
	합계		31	5	1	2	38	4	0
프로통산			31	5	1	2	38	4	0

전인석(田仁錫) 고려대 1955.09.25

대회	연도	소속	출전	교체	득점	도움	파울	경고	퇴장
BC	1984	대우	18	3	0	0	17	0	0
	1985	대우	13	2	0	0	21	1	0
	합계		31	5	0	0	38	1	0
프로통산			31	5	0	0	38	1	0

전재복(全在福) 경희대 1972.11.05

대회	연도	소속	출전	교체	득점	도움	파울	경고	퇴장
BC	1996	수원	27	10	0	1	33	1	0
	1997	수원	6	3	0	0	9	0	0
	합계		33	13	0	1	42	1	0
프로통산			33	13	0	1	42	1	0

전재운(全才雲) 울산대 1981.03.18

대회	연도	소속	출전	교체	득점	도움	파울	경고	퇴장
BC	2002	울산	22	14	3	3	21	2	0
	2003	울산	26	23	2	4	12	3	0
	2004	울산	20	16	1	2	24	4	0
	2005	수원	10	9	1	2	6	1	0
	2005	전북	10	6	0	1	21	1	0
	2006	전북	4	3	1	0	4	2	0
	2007	제주	23	11	3	2	23	4	0
	2008	제주	26	18	2	2	24	6	0
	2009	제주	17	17	0	0	7	1	0
	합계		158	117	13	16	142	24	0
프로통산			158	117	13	16	142	24	0

전재호(田在浩) 홍익대 1979.08.08

대회	연도	소속	출전	교체	득점	도움	파울	경고	퇴장
BC	2002	성남일화	3	3	0	0	4	1	0
	2003	성남일화	31	6	0	0	74	5	0
	2004	인천	30	4	1	2	49	3	1
	2005	인천	35	3	1	1	49	6	0
	2006	인천	14	5	0	0	24	3	0
	2007	인천	31	5	0	3	41	4	1
	2008	인천	24	5	1	0	39	3	0
	2009	인천	31	4	0	3	48	11	0
	2010	인천	26	3	0	2	37	2	0
	2011	인천	21	4	1	1	29	5	0
	2012	부산	3	3	0	0	1	0	0
	2012	강원	13	1	0	0	18	5	0
	합계		262	46	4	12	413	48	2
K1	2013	강원	26	13	2	3	32	6	1
	합계		26	13	2	3	32	6	1
승	2013	강원	2	2	0	0	3	1	0
	합계		2	2	0	0	3	1	0
프로통산			290	61	6	15	448	55	3

전정호(全廷鎬) 아주대 1999.01.06

대회	연도	소속	출전	교체	득점	도움	파울	경고	퇴장
K1	2021	수원FC	9	11	0	0	3	0	0
	합계		9	11	0	0	3	0	0
K2	2020	수원FC	1	1	0	0	1	0	0
	합계		1	1	0	0	1	0	0
프로통산			10	12	0	0	4	0	0

전종선(全鐘善) 서울체고 1962.02.15

대회	연도	소속	출전	교체	득점	도움	파울	경고	퇴장
BC	1983	유공	3	1	0	0	0	0	0
	1984	유공	11	6	0	1	4	0	0
	1985	유공	5	2	0	1	2	0	0
	합계		19	9	0	2	6	0	0
프로통산			19	9	0	2	6	0	0

전종혁(全鐘赫) 연세대 1996.03.21

대회	연도	소속	출전	교체	실점	도움	파울	경고	퇴장
K1	2019	성남	10	2	9	0	0	0	0
	2020	성남	4	0	4	0	0	0	0
	합계		14	2	13	0	0	0	0
K2	2018	성남	8	0	6	0	0	1	0
	2021	부천	16	0	23	0	1	2	0
	2022	부산	0	0	0	0	0	0	0
	합계		24	0	29	0	1	3	0
프로통산			38	2	42	0	1	3	0

전준형(田俊亨) 용문중 1986.08.28

대회	연도	소속	출전	교체	득점	도움	파울	경고	퇴장
BC	2009	경남	4	1	0	0	5	0	0
	2010	경남	23	4	2	1	23	5	0
	2011	인천	9	3	0	0	8	0	0
	2012	인천	11	4	0	0	14	1	0
	합계		47	12	2	1	50	6	0
K1	2013	인천	8	2	0	0	10	1	0
	합계		8	2	0	0	10	1	0
K2	2014	광주	8	2	0	0	8	1	0
	합계		8	2	0	0	8	1	0
프로통산			63	16	2	1	68	8	0

전지현(全志晛) 호남대 1995.05.03

대회	연도	소속	출전	교체	득점	도움	파울	경고	퇴장
K1	2018	전남	5	5	0	0	3	0	0
	합계		5	5	0	0	3	0	0
프로통산			5	5	0	0	3	0	0

전진우(全晉旴/←전세진) 매탄고 1999.09.09

대회	연도	소속	출전	교체	득점	도움	파울	경고	퇴장
K1	2018	수원	12	10	2	0	11	1	0
	2019	수원	20	14	0	2	10	3	0
	2020	상주	1	1	0	0	0	0	0
	2021	수원	8	8	0	0	6	1	0
	2022	수원	25	22	6	3	23	3	0
	합계		66	55	8	5	50	8	0
K2	2021	김천	1	1	0	0	3	0	0
	합계		1	1	0	0	3	0	0
승	2022	수원	2	3	0	0	0	0	0
	합계		2	3	0	0	0	0	0
프로통산			69	59	8	5	53	8	0

전차식(全且植) 동래고 1959.09.27

대회	연도	소속	출전	교체	득점	도움	파울	경고	퇴장
BC	1983	포항제철	13	2	0	0	8	1	0
	1984	포항제철	16	1	0	0	10	0	0
	1985	포항제철	21	0	0	1	13	1	0
	1986	포항제철	24	2	0	2	25	2	0
	합계		74	5	0	3	56	4	0
프로통산			74	5	0	3	56	4	0

전현근(全炫懃) 진주고 1997.02.25

대회	연도	소속	출전	교체	득점	도움	파울	경고	퇴장
K1	2019	성남	0	0	0	0	0	0	0
	합계		0	0	0	0	0	0	0
프로통산			0	0	0	0	0	0	0

전현석(田鉉錫) 울산대 1974.03.29

대회	연도	소속	출전	교체	득점	도움	파울	경고	퇴장
BC	1997	전북	16	13	1	3	11	3	0
	1998	전북	13	13	2	1	7	2	0
	1999	전북	19	20	3	3	10	1	0
	2000	전북	12	12	0	1	6	2	0
	합계		60	58	6	8	34	8	0
프로통산			60	58	6	8	34	8	0

전현욱(田鉉煜) 전주대 1992.03.16

대회	연도	소속	출전	교체	득점	도움	파울	경고	퇴장
K1	2015	수원	0	0	0	0	0	0	0
	합계		0	0	0	0	0	0	0
프로통산			0	0	0	0	0	0	0

전현재(全玄載) 광운대 1992.07.12

대회	연도	소속	출전	교체	득점	도움	파울	경고	퇴장
K2	2015	서울E	0	0	0	0	0	0	0
	합계		0	0	0	0	0	0	0
프로통산			0	0	0	0	0	0	0

전현철(全玄哲) 아주대 1990.07.03

대회	연도	소속	출전	교체	득점	도움	파울	경고	퇴장
BC	2012	성남일화	22	20	3	0	15	0	0
	합계		22	20	3	0	15	0	0
K1	2013	전남	30	26	6	1	8	1	0
	2014	전남	21	19	2	0	13	0	0
	2015	전남	20	19	1	0	7	0	0
	2017	대구	11	10	2	1	2	0	0
	2018	대구	13	13	0	0	2	0	0
	2019	대구	2	2	0	0	0	0	0
	합계		97	89	11	2	32	1	0
K2	2016	부산	8	8	0	0	1	0	0
	2017	부산	11	12	0	2	5	0	0
	합계		19	20	0	2	6	0	0
프로통산			138	129	14	4	53	1	0

전형섭(全亨涉) 성균관대 1990.02.21

대회	연도	소속	출전	교체	득점	도움	파울	경고	퇴장
K2	2014	대구	0	0	0	0	0	0	0
	합계		0	0	0	0	0	0	0
프로통산			0	0	0	0	0	0	0

전홍석(全弘錫) 선문대 1989.03.25

대회	연도	소속	출전	교체	실점	도움	파울	경고	퇴장
BC	2011	울산	0	0	0	0	0	0	0
	2012	울산	0	0	0	0	0	0	0
	합계		0	0	0	0	0	0	0
K1	2013	울산	0	0	0	0	0	0	0
	합계		0	0	0	0	0	0	0
프로통산			0	0	0	0	0	0	0

전효석(全效奭) 제주국제대 1997.05.28

대회	연도	소속	출전	교체	득점	도움	파울	경고	퇴장
K2	2019	아산	15	4	0	0	9	0	0
	합계		15	4	0	0	9	0	0
프로통산			15	4	0	0	9	0	0

정건우(鄭建禹) 선문대 2002.09.02

대회	연도	소속	출전	교체	득점	도움	파울	경고	퇴장
K2	2022	충남아산	15	18	0	0	7	0	0
	합계		15	18	0	0	7	0	0
프로통산			15	18	0	0	7	0	0

정경구(鄭敬九) 서울시립대 1970.06.17

대회	연도	소속	출전	교체	득점	도움	파울	경고	퇴장
BC	1995	전북	25	21	0	0	21	0	0
	1996	전북	21	18	1	2	18	0	0
	1997	전북	21	19	4	0	18	1	0
	1998	전북	21	19	0	1	34	3	0
	합계		88	77	5	3	91	4	0
프로통산			88	77	5	3	91	4	0

정경호(鄭卿浩) 청구고 1987.01.12

대회	연도	소속	출전	교체	득점	도움	파울	경고	퇴장
BC	2006	경남	23	19	1	1	21	1	0
	2007	경남	30	25	0	0	24	3	0
	2009	전남	9	5	1	2	7	0	0
	2010	광주상무	25	18	0	2	13	3	0
	2011	상주	11	1	0	2	19	3	0
	2012	제주	5	4	0	0	6	2	0
	합계		103	72	2	7	90	12	0
K2	2013	광주	17	15	0	0	23	1	0
	2017	안산	23	21	3	0	20	2	0
	합계		40	36	3	0	43	3	0
프로통산			143	108	5	7	133	15	0

정경호(鄭暻鎬) 울산대 1980.05.22

대회	연도	소속	출전	교체	득점	도움	파울	경고	퇴장
BC	2003	울산	38	38	5	4	28	2	0
	2004	울산	18	7	3	1	36	4	0
	2005	광주상무	27	11	4	1	30	0	1
	2006	광주상무	19	6	4	1	15	1	0
	2007	울산	23	14	2	0	25	2	0
	2007	전북	11	2	2	3	12	1	0
	2008	전북	32	20	5	2	31	4	0
	2009	강원	11	6	2	0	11	0	0
	2010	강원	26	8	3	1	20	4	0
	2011	강원	11	7	0	1	9	3	0
	2012	대전	22	7	0	0	18	2	1
	합계		238	126	30	14	235	23	2
프로통산			238	126	30	14	235	23	2

정광민(丁光民) 명지대 1976.01.08

대회	연도	소속	출전	교체	득점	도움	파울	경고	퇴장
BC	1998	안양LG	35	8	11	1	68	1	0
	1999	안양LG	38	15	8	7	49	4	0
	2000	안양LG	34	23	13	3	26	2	0
	2001	안양LG	16	15	0	2	11	3	0
	2002	안양LG	14	7	2	1	14	1	0
	2007	서울	8	5	0	0	6	2	0
	2007	대구	2	3	0	0	2	0	0
	합계		147	76	34	14	176	13	0
프로통산			147	76	34	14	176	13	0

정광석(鄭光錫) 성균관대 1970.12.01

대회	연도	소속	출전	교체	득점	도움	파울	경고	퇴장
BC	1993	대우	26	2	0	1	44	4	1
	1994	대우	14	5	1	0	18	0	0
	1997	부산	26	15	2	1	19	1	0
	1998	부산	13	5	0	0	13	1	0
	합계		79	27	3	2	94	6	1
프로통산			79	27	3	2	94	6	1

정규민(鄭奎民) 서해고 1995.04.01

대회	연도	소속	출전	교체	실점	도움	파울	경고	퇴장
K2	2014	고양	0	0	0	0	0	0	0
	합계		0	0	0	0	0	0	0
프로통산			0	0	0	0	0	0	0

정규진(政圭振) 상지대 1989.06.20

대회	연도	소속	출전	교체	실점	도움	파울	경고	퇴장
BC	2011	대전	0	0	0	0	0	0	0
	합계		0	0	0	0	0	0	0
프로통산			0	0	0	0	0	0	0

정근희(鄭根熹) 건국대 1988.12.08

대회	연도	소속	출전	교체	득점	도움	파울	경고	퇴장
BC	2011	전남	1	0	0	0	0	0	0
	2012	전남	4	0	0	0	6	1	0
	합계		5	0	0	0	6	1	0
K1	2013	전남	2	2	0	0	2	0	0
	합계		2	2	0	0	2	0	0
K2	2014	충주	0	0	0	0	0	0	0
	합계		0	0	0	0	0	0	0
프로통산			7	2	0	0	8	1	0

정기동(鄭基東) 청주상고 1961.05.13

대회	연도	소속	출전	교체	실점	도움	파울	경고	퇴장
BC	1983	포항제철	11	0	14	0	0	0	0
	1984	포항제철	15	0	28	0	0	1	0
	1985	포항제철	10	0	10	0	0	0	0
	1986	포항제철	32	0	36	0	0	1	0
	1987	포항제철	16	2	17	0	1	0	0
	1988	포항제철	18	0	24	0	0	0	0
	1989	포항제철	14	0	12	0	0	0	0
	1990	포항제철	7	0	5	0	0	0	0
	1991	포항제철	12	1	14	0	2	0	0
	합계		135	3	160	0	3	2	0
프로통산			135	3	160	0	3	2	0

정기운(鄭氣云) 광운대 1992.07.05

대회	연도	소속	출전	교체	득점	도움	파울	경고	퇴장
K1	2016	수원FC	5	5	0	0	2	1	0
	합계		5	5	0	0	2	1	0
K2	2015	수원FC	35	29	6	4	17	2	0
	2018	안산	4	4	0	0	2	0	0
	합계		39	33	6	4	19	2	0
승	2015	수원FC	0	0	0	0	0	0	0
	합계		0	0	0	0	0	0	0
프로통산			44	38	6	4	21	3	0

정길용(鄭吉容) 광운대 1975.06.21

대회	연도	소속	출전	교체	실점	도움	파울	경고	퇴장
BC	2000	안양LG	7	0	10	0	2	0	0
	2001	안양LG	0	0	0	0	0	0	0
	합계		7	0	10	0	2	0	0
프로통산			7	0	10	0	2	0	0

정다슬(鄭다슬) 한양대 1987.04.18

대회	연도	소속	출전	교체	득점	도움	파울	경고	퇴장
BC	2011	제주	0	0	0	0	0	0	0
	합계		0	0	0	0	0	0	0
K2	2013	안양	23	10	3	0	30	4	0
	2014	안양	7	6	0	0	1	0	0
	2015	안양	0	0	0	0	0	0	0
	합계		30	16	3	0	31	4	0
프로통산			30	16	3	0	31	4	0

정다운(鄭다운) 대구예술대 1989.07.13

대회	연도	소속	출전	교체	득점	도움	파울	경고	퇴장
K1	2013	수원	0	0	0	0	0	0	0
	합계		0	0	0	0	0	0	0
프로통산			0	0	0	0	0	0	0

정다훈(鄭多勛) 수원대 1995.06.16

대회	연도	소속	출전	교체	득점	도움	파울	경고	퇴장
K2	2018	광주	1	1	0	0	0	0	0
	합계		1	1	0	0	0	0	0
프로통산			1	1	0	0	0	0	0

정다훤(鄭多煊) 충북대 1987.12.22

대회	연도	소속	출전	교체	득점	도움	파울	경고	퇴장
BC	2009	서울	0	0	0	0	0	0	0
	2011	경남	32	8	0	4	41	8	0
	2012	경남	29	9	0	0	48	4	0
	합계		61	17	0	4	89	12	0
K1	2013	경남	34	5	1	0	73	9	0
	2014	제주	34	5	1	0	55	4	0
	2015	제주	25	4	2	0	38	8	0
	2018	제주	10	3	0	0	17	4	0
	합계		103	17	4	0	183	25	0
K2	2016	안산무궁	31	4	2	3	39	8	1
	2017	아산	11	5	1	1	18	5	0
	2019	아산	9	0	0	0	14	3	0
	2020	충남아산	18	3	0	0	28	8	0
	합계		69	12	3	4	99	24	1
프로통산			233	46	7	8	371	61	1

정대교(政代教) 영남대 1992.04.27

대회	연도	소속	출전	교체	득점	도움	파울	경고	퇴장
K2	2014	대구	13	13	0	1	10	1	0
	2015	대구	0	0	0	0	0	0	0
	합계		13	13	0	1	10	1	0
프로통산			13	13	0	1	10	1	0

정대선(鄭大善) 중앙대 1987.06.27

대회	연도	소속	출전	교체	득점	도움	파울	경고	퇴장
BC	2010	울산	18	13	1	1	17	3	0
	2011	울산	10	8	1	0	9	1	0
	2011	경남	11	11	1	1	4	0	0
	2012	경남	7	6	1	0	7	1	0
	합계		46	38	4	2	37	5	0
K1	2013	경남	10	10	0	0	8	1	0
	합계		10	10	0	0	8	1	0
K2	2014	안양	25	20	2	1	33	3	0
	합계		25	20	2	1	33	3	0
프로통산			81	68	6	3	78	9	0

정대세(鄭大世) 일본 조선대 1984.03.02

대회	연도	소속	출전	교체	득점	도움	파울	경고	퇴장
K1	2013	수원	23	10	10	2	42	6	0
	2014	수원	28	16	7	1	55	2	0
	2015	수원	21	10	6	5	42	2	0
	합계		72	36	23	8	139	10	0
프로통산			72	36	23	8	139	10	0

정대훈(鄭大勳) 포철공고 1977.12.21

대회	연도	소속	출전	교체	득점	도움	파울	경고	퇴장
BC	1999	포항	26	21	5	4	26	4	0
	2000	포항	8	7	0	0	3	1	0
	2001	포항	8	8	0	0	10	2	0
	2003	대구	0	0	0	0	0	0	0
	합계		42	36	5	4	39	7	0
프로통산			42	36	5	4	39	7	0

정동복(鄭東福) 연세대 1962.01.22

대회	연도	소속	출전	교체	득점	도움	파울	경고	퇴장
BC	1986	현대	11	8	0	0	9	1	0
	1987	현대	16	9	2	1	17	0	0
	1988	현대	6	4	0	2	4	0	0
	1989	현대	30	21	1	0	37	3	0
	1990	현대	22	16	6	1	23	1	0
	1991	현대	4	4	0	1	6	0	0
	1992	현대	2	3	0	0	2	0	0
	합계		91	65	9	5	98	5	0
프로통산			91	65	9	5	98	5	0

정동윤(鄭東潤) 성균관대 1994.04.03

대회	연도	소속	출전	교체	득점	도움	파울	경고	퇴장
K1	2016	광주	29	9	0	0	34	5	0
	2017	광주	24	6	0	1	28	4	0
	2018	인천	15	2	1	1	14	3	0
	2019	인천	22	4	0	2	29	5	0
	2020	인천	21	2	1	2	26	4	1
	2021	인천	11	3	0	0	14	1	0
	2022	김천	10	5	0	0	12	0	0
	합계		132	31	2	6	157	22	1
K2	2018	광주	2	2	0	0	1	0	0
	2021	김천	4	0	0	1	4	0	0
	합계		6	2	0	1	5	0	0
승	2022	김천	1	1	0	0	0	0	0
	합계		1	1	0	0	0	0	0
프로통산			139	34	2	7	162	22	1

정동진(鄭東珍) 조선대 1990.06.06

대회	연도	소속	출전	교체	득점	도움	파울	경고	퇴장
K2	2013	광주	1	1	0	0	0	0	0
	합계		1	1	0	0	0	0	0
프로통산			1	1	0	0	0	0	0

정동호(鄭東浩) 부경고 1990.03.07

대회	연도	소속	출전	교체	득점	도움	파울	경고	퇴장
K1	2014	울산	20	6	0	1	24	3	0
	2015	울산	28	1	2	4	40	7	0
	2016	울산	29	6	0	2	30	3	0
	2017	울산	4	2	0	0	3	2	0
	2018	울산	11	3	0	3	10	3	0
	2019	울산	15	5	0	0	14	2	0
	2020	울산	1	0	0	0	1	0	0
	2021	수원FC	24	6	0	3	21	5	0
	2022	수원FC	21	15	2	0	7	0	0
	합계		153	44	4	13	150	25	0
프로통산			153	44	4	13	150	25	0

정명오(鄭明五) 아주대 1986.10.29

대회	연도	소속	출전	교체	득점	도움	파울	경고	퇴장
BC	2009	경남	7	6	0	0	10	0	0
	2010	경남	1	1	0	0	0	0	0
	2012	전남	22	8	0	0	24	6	0
	합계		30	15	0	0	34	6	0
프로통산			30	15	0	0	34	6	0

정명원(鄭明元) 수일고 1999.01.18

대회	연도	소속	출전	교체	득점	도움	파울	경고	퇴장
K2	2018	수원FC	0	0	0	0	0	0	0
	합계		0	0	0	0	0	0	0
프로통산			0	0	0	0	0	0	0

정명제(鄭明題) 풍생고 2002.06.30

대회	연도	소속	출전	교체	실점	도움	파울	경고	퇴장
K1	2021	성남	0	0	0	0	0	0	0
	2022	성남	0	0	0	0	0	0	0
	합계		0	0	0	0	0	0	0
프로통산			0	0	0	0	0	0	0

정민(鄭珉) 조선대 1970.11.29

대회	연도	소속	출전	교체	득점	도움	파울	경고	퇴장
BC	1993	대우	1	1	0	0	1	0	0
	합계		1	1	0	0	1	0	0
프로통산			1	1	0	0	1	0	0

정민교(鄭敏教) 배재대 1987.04.22

대회	연도	소속	출전	교체	실점	도움	파울	경고	퇴장
K2	2013	안양	7	1	13	0	0	1	0
	2014	안양	0	0	0	0	0	0	0
	합계		7	1	13	0	0	1	0
프로통산			7	1	13	0	0	1	0

정민기(鄭民基) 중앙대 1996.02.09

대회	연도	소속	출전	교체	실점	도움	파울	경고	퇴장
K2	2018	안양	3	0	8	0	0	0	0
	2019	안양	3	0	4	0	0	1	0
	2020	안양	14	0	17	0	0	0	0
	2021	안양	34	0	38	0	0	0	0
	2022	안양	41	0	41	0	1	1	0
	합계		95	0	108	0	1	2	0
승	2022	안양	2	0	2	0	0	0	0
	합계		2	0	2	0	0	0	0
프로통산			97	0	110	0	1	2	0

정민무(鄭旻武) 포철공고 1985.03.03

대회	연도	소속	출전	교체	득점	도움	파울	경고	퇴장
K2	2013	고양	17	13	3	1	28	4	0
	2014	고양	16	15	1	1	21	3	0
	합계		33	28	4	2	49	7	0
프로통산			33	28	4	2	49	7	0

정민우(鄭珉優) 호남대 1992.12.01

대회	연도	소속	출전	교체	득점	도움	파울	경고	퇴장
K1	2016	수원FC	11	8	1	0	10	0	0
	합계		11	8	1	0	10	0	0
K2	2014	수원FC	31	22	8	5	26	3	0
	2015	수원FC	20	19	2	0	24	3	0
	2017	대전	14	12	4	0	16	2	0
	2018	대전	0	0	0	0	0	0	0
	합계		65	53	14	5	66	8	0
승	2015	수원FC	2	2	1	0	1	0	0
	합계		2	2	1	0	1	0	0
프로통산			78	63	16	5	77	8	0

정민우(鄭啓優) 중동고 2000.09.27

대회	연도	소속	출전	교체	득점	도움	파울	경고	퇴장
K1	2019	강원	0	0	0	0	0	0	0
	2021	강원	6	6	0	0	2	0	0
	합계		6	6	0	0	2	0	0
프로통산			6	6	0	0	2	0	0

정민형(鄭敏亨) 한국국제대 1987.05.14

대회	연도	소속	출전	교체	득점	도움	파울	경고	퇴장
BC	2011	부산	6	4	0	0	6	0	0
	2012	부산	2	2	0	0	0	0	0
	합계		8	6	0	0	6	0	0
프로통산			8	6	0	0	6	0	0

정산(鄭山) 경희대 1989.02.10

대회	연도	소속	출전	교체	실점	도움	파울	경고	퇴장
BC	2009	강원	0	0	0	0	0	0	0
	2010	강원	0	0	0	0	0	0	0
	2011	성남일화	1	0	3	0	0	0	0
	2012	성남일화	19	0	21	0	0	1	0
	합계		20	0	24	0	0	1	0
K1	2013	성남일화	0	0	0	0	0	0	0
	2014	성남	0	0	0	0	0	0	0
	2015	성남	0	0	0	0	0	0	0
	2016	울산	11	0	16	1	1	2	0
	2017	인천	12	0	21	0	0	1	0
	2018	인천	18	0	28	1	1	0	0
	2019	인천	27	1	40	0	1	2	0
	2020	인천	12	0	20	0	0	0	0
	2021	인천	1	1	0	0	0	0	0
	합계		81	2	125	2	3	5	0
K2	2022	대전	1	0	1	0	0	0	0
	합계		1	0	1	0	0	0	0
승	2022	대전	0	0	0	0	0	0	0
	합계		0	0	0	0	0	0	0
프로통산			102	2	150	2	3	6	0

정상규(鄭尙奎) 경희대 1998.09.08

대회	연도	소속	출전	교체	득점	도움	파울	경고	퇴장
K2	2020	제주	1	1	0	0	2	1	0
	합계		1	1	0	0	2	1	0
프로통산			1	1	0	0	2	1	0

정상남(丁祥楠) 연세대 1975.09.07

대회	연도	소속	출전	교체	득점	도움	파울	경고	퇴장
BC	1998	포항	2	2	0	0	3	0	0
	1999	포항	8	5	3	0	8	0	0
	합계		10	7	3	0	11	0	0
프로통산			10	7	3	0	11	0	0

정상모(鄭相摸) 울산대 1975.02.24

대회	연도	소속	출전	교체	득점	도움	파울	경고	퇴장
BC	1998	천안일화	11	7	1	0	14	0	0
	1999	천안일화	0	0	0	0	0	0	0
	합계		11	7	1	0	14	0	0
프로통산			11	7	1	0	14	0	0

정상빈(鄭想賓) 매탄고 2002.04.01

대회	연도	소속	출전	교체	득점	도움	파울	경고	퇴장
K1	2021	수원	28	23	6	2	30	6	0
	합계		28	23	6	2	30	6	0
프로통산			28	23	6	2	30	6	0

정상훈(鄭相勳) 성균관대 1985.03.22

대회	연도	소속	출전	교체	득점	도움	파울	경고	퇴장
BC	2008	경남	6	4	0	0	7	1	0
	합계		6	4	0	0	7	1	0
프로통산			6	4	0	0	7	1	0

정서운(鄭署運) 서남대 1993.12.08

대회	연도	소속	출전	교체	득점	도움	파울	경고	퇴장
K1	2015	대전	11	10	0	0	7	1	0
	합계		11	10	0	0	7	1	0
프로통산			11	10	0	0	7	1	0

정석근(鄭石根) 아주대 1977.11.25

대회	연도	소속	출전	교체	득점	도움	파울	경고	퇴장
BC	2000	부산	10	9	1	0	5	2	0
	2001	부산	2	2	0	0	1	0	0
	2003	광주상무	1	1	0	0	0	0	0
	합계		13	12	1	0	6	2	0
프로통산			13	12	1	0	6	2	0

정석민(鄭錫珉) 인제대 1988.01.27

대회	연도	소속	출전	교체	득점	도움	파울	경고	퇴장
BC	2010	포항	5	3	1	0	7	1	0
	2011	포항	8	4	2	0	6	2	0
	2012	제주	3	3	0	0	1	0	0
	합계		16	10	3	0	14	3	0
K1	2013	대전	36	14	4	1	49	4	0
	2015	전남	26	18	0	0	27	3	0
	2016	전남	6	5	0	0	15	2	0
	합계		68	37	4	1	91	9	0

대회	연도	소속	출전	교체	득점	도움	파울	경고	퇴장
K2	2014	대전	33	2	5	2	55	6	0
	합계		33	2	5	2	55	6	0
프로통산			117	49	12	3	160	18	0

정석화(鄭錫華) 고려대 1991.05.17

대회	연도	소속	출전	교체	득점	도움	파울	경고	퇴장
K1	2013	부산	32	20	0	1	20	2	0
	2014	부산	26	19	1	0	14	3	0
	2015	부산	24	19	2	1	11	1	0
	2018	강원	35	12	2	5	19	3	0
	2019	강원	7	1	0	2	5	0	0
	2020	강원	13	10	0	1	11	1	0
	2021	성남	10	8	0	0	9	0	0
	2022	성남	4	4	0	0	4	0	0
	합계		151	93	5	10	93	10	0
K2	2016	부산	40	20	4	10	16	5	0
	2017	부산	24	15	1	0	14	1	0
	2022	안양	13	13	2	1	10	2	0
	합계		77	48	7	11	40	8	0
승	2015	부산	1	1	0	0	0	0	0
	2017	부산	2	2	0	0	3	1	0
	합계		3	3	0	0	3	1	0
프로통산			231	144	12	21	136	19	0

정선호(鄭先皓) 동의대 1989.03.25

대회	연도	소속	출전	교체	득점	도움	파울	경고	퇴장
K1	2013	성남일화	1	1	0	0	0	0	0
	2014	성남	28	6	2	2	30	5	0
	2015	성남	31	14	1	0	23	4	0
	2016	성남	15	10	1	1	8	0	0
	2017	상주	2	2	0	0	0	0	0
	2018	대구	13	11	0	0	8	0	0
	2019	대구	5	5	0	0	4	0	0
	합계		95	49	4	3	73	9	0
K2	2020	수원FC	4	4	0	0	1	0	0
	합계		4	4	0	0	1	0	0
승	2016	성남	2	1	0	0	2	1	0
	합계		2	1	0	0	2	1	0
프로통산			101	54	4	3	76	10	0

정섭의(鄭燮義) 전주농전 1954.12.20

대회	연도	소속	출전	교체	득점	도움	파울	경고	퇴장
BC	1983	국민은행	12	5	0	0	11	1	0
	1984	국민은행	10	1	0	0	10	0	0
	합계		22	6	0	0	21	1	0
프로통산			22	6	0	0	21	1	0

정성교(鄭聖較) 연세대 1960.05.30

대회	연도	소속	출전	교체	실점	도움	파울	경고	퇴장
BC	1983	대우	15	0	14	0	0	0	0
	1984	대우	11	0	14	0	0	0	0
	1986	대우	12	0	16	0	1	0	0
	1987	대우	16	1	11	0	2	1	0
	1988	대우	8	1	12	0	0	0	0
	1989	대우	8	0	11	0	1	0	0
	합계		70	2	78	0	4	1	0
프로통산			70	2	78	0	4	1	0

정성룡(鄭成龍) 서귀포고 1985.01.04

대회	연도	소속	출전	교체	실점	도움	파울	경고	퇴장
BC	2004	포항	0	0	0	0	0	0	0
	2005	포항	0	0	0	0	0	0	0
	2006	포항	26	0	27	0	1	1	0
	2007	포항	16	1	18	0	1	1	0
	2008	성남일화	34	0	29	0	0	1	0
	2009	성남일화	36	0	41	0	1	1	1
	2010	성남일화	30	0	28	0	2	2	0
	2011	수원	31	0	32	0	1	2	0
	2012	수원	33	0	38	0	0	1	0
	합계		206	1	213	0	6	9	1
K1	2013	수원	34	0	41	1	0	0	0
	2014	수원	34	0	33	0	1	1	0
	2015	수원	22	0	23	0	0	2	0
	합계		90	0	97	1	1	3	0
프로통산			296	1	310	1	7	12	1

정성민(鄭成民) 광운대 1989.05.02

대회	연도	소속	출전	교체	득점	도움	파울	경고	퇴장
BC	2011	강원	13	9	1	0	4	0	0
	2012	강원	25	17	5	3	17	1	0
	합계		38	26	6	3	21	1	0
K1	2013	경남	1	1	0	0	1	0	0
	2020	부산	3	3	0	0	3	0	0
	합계		4	4	0	0	4	0	0
K2	2013	충주	14	1	6	1	16	3	0
	2014	충주	30	15	7	0	29	2	0
	2015	경남	18	9	0	0	12	5	0
	2016	경남	1	1	0	0	0	0	0
	2016	안산무궁	17	13	5	0	12	0	0
	2017	아산	21	18	2	1	18	3	0
	2018	성남	23	19	10	0	24	4	0
	2019	부산	1	1	0	0	0	0	0
	합계		125	77	30	2	111	17	0
승	2019	부산	1	1	0	0	0	0	0
	합계		1	1	0	0	0	0	0
프로통산			168	108	36	5	136	18	0

정성원(鄭盛元) 대건고 2001.01.29

대회	연도	소속	출전	교체	득점	도움	파울	경고	퇴장
K1	2021	인천	1	1	0	0	2	0	0
	합계		1	1	0	0	2	0	0
프로통산			1	1	0	0	2	0	0

정성원(鄭盛元) 제주대 1976.05.26

대회	연도	소속	출전	교체	득점	도움	파울	경고	퇴장
BC	2000	수원	0	0	0	0	0	0	0
	합계		0	0	0	0	0	0	0
프로통산			0	0	0	0	0	0	0

정성준(鄭星準) 보인고 2000.03.01

대회	연도	소속	출전	교체	득점	도움	파울	경고	퇴장
K1	2019	경남	0	0	0	0	0	0	0
	합계		0	0	0	0	0	0	0
프로통산			0	0	0	0	0	0	0

정성진(鄭聖鎭) 단국대 1964.07.06

대회	연도	소속	출전	교체	실점	도움	파울	경고	퇴장
BC	1990	현대	1	0	3	0	0	0	0
	1991	현대	6	0	7	0	0	0	0
	1992	현대	4	1	7	0	1	2	0
	합계		11	1	17	0	1	2	0
프로통산			11	1	17	0	1	2	0

정성천(鄭性天) 성균관대 1971.05.30

대회	연도	소속	출전	교체	득점	도움	파울	경고	퇴장
BC	1997	대전	30	1	5	2	37	2	0
	1998	대전	28	17	5	1	37	2	0
	1999	대전	27	22	2	2	42	2	0
	2000	대전	31	16	6	1	61	3	0
	2001	대전	5	5	0	0	7	1	0
	합계		121	61	18	6	184	10	0
프로통산			121	61	18	6	184	10	0

정성현(鄭成賢) 동국대 1996.03.25

대회	연도	소속	출전	교체	득점	도움	파울	경고	퇴장
K2	2019	아산	0	0	0	0	0	0	0
	합계		0	0	0	0	0	0	0
프로통산			0	0	0	0	0	0	0

정성호(鄭星豪) 용인대 2001.07.06

대회	연도	소속	출전	교체	득점	도움	파울	경고	퇴장
K2	2022	서울E	6	5	1	0	5	0	0
	합계		6	5	1	0	5	0	0
프로통산			6	5	1	0	5	0	0

정성호(鄭成浩) 대륜중 1986.04.07

대회	연도	소속	출전	교체	득점	도움	파울	경고	퇴장
BC	2007	서울	1	0	0	0	0	0	0
	2008	서울	1	0	0	0	0	0	0
	합계		2	0	0	0	0	0	0
프로통산			2	0	0	0	0	0	0

정성훈(丁成勳) 경희대 1979.07.04

대회	연도	소속	출전	교체	득점	도움	파울	경고	퇴장
BC	2002	울산	24	21	2	3	32	3	0
	2003	울산	15	15	0	1	20	2	0
	2004	대전	13	13	2	0	17	0	0
	2005	대전	5	5	1	0	6	1	0
	2006	대전	26	18	8	1	38	2	0
	2007	대전	19	15	3	0	30	2	1
	2008	부산	31	16	8	4	48	6	0
	2009	부산	16	10	8	1	17	4	0
	2010	부산	31	22	11	4	66	7	0
	2011	전북	27	24	5	6	29	1	0
	2012	전북	14	12	2	2	14	3	0
	2012	전남	13	9	3	2	12	1	0
	합계		234	180	53	24	329	32	1
K1	2013	대전	6	4	2	0	6	0	0
	2013	경남	10	11	1	0	16	1	0
	합계		16	15	3	0	22	1	0
K2	2017	부천	9	8	1	0	6	1	0
	합계		9	8	1	0	6	1	0
프로통산			259	203	57	24	357	34	1

정성훈(鄭聖勳) 인천대 1968.09.14

대회	연도	소속	출전	교체	득점	도움	파울	경고	퇴장
BC	1993	포항제철	2	2	0	0	2	0	0
	1994	유공	7	6	0	0	2	0	0
	1995	유공	4	2	0	0	3	1	0
	1996	수원	29	2	0	0	42	3	0
	1997	수원	27	1	0	0	38	3	0
	1998	수원	20	7	0	0	36	3	0
	합계		89	20	0	0	123	10	0
프로통산			89	20	0	0	123	10	0

정수남(鄭壽男) 중동고 1960.07.05

대회	연도	소속	출전	교체	득점	도움	파울	경고	퇴장
BC	1984	한일은행	16	6	0	0	11	1	0
	1985	한일은행	10	9	1	1	3	0	0
	합계		26	15	1	1	14	1	0
프로통산			26	15	1	1	14	1	0

정수종(鄭壽鍾) 수원고 1987.05.01

대회	연도	소속	출전	교체	득점	도움	파울	경고	퇴장
BC	2006	전북	10	6	0	0	8	2	0
	2007	전북	6	0	0	0	6	1	0
	2008	전북	3	1	0	0	3	1	0
	2009	전북	3	3	0	0	3	0	0
	합계		22	10	0	0	20	4	0
프로통산			22	10	0	0	20	4	0

정수호(鄭修昊/←정현윤) 한양대 1990.04.09

대회	연도	소속	출전	교체	득점	도움	파울	경고	퇴장
BC	2012	전남	2	0	0	0	1	0	0
	합계		2	0	0	0	1	0	0
K2	2013	안양	11	1	2	0	13	2	0
	2014	안양	4	0	0	0	2	0	0
	합계		15	1	2	0	15	2	0
프로통산			17	1	2	0	16	2	0

정승용(鄭昇勇) 동북고 1991.03.25

대회	연도	소속	출전	교체	득점	도움	파울	경고	퇴장
BC	2011	경남	5	4	0	1	12	1	0
	2012	서울	1	1	0	0	2	1	0
	합계		6	5	0	1	14	2	0
K1	2013	서울	1	1	0	0	0	0	0
	2014	서울	0	0	0	0	0	0	0
	2017	강원	31	4	0	0	38	4	0
	2018	강원	34	2	3	4	33	5	0
	2019	강원	29	13	0	6	29	6	0
	2021	강원	3	2	0	0	1	0	0

대회	연도	소속	출전	교체	득점	도움	파울	경고	퇴장
	2022	강원	38	5	2	1	37	4	0
	합계		136	27	5	11	138	19	0
K2	2016	강원	41	1	4	2	52	4	0
	합계		41	1	4	2	52	4	0
승	2016	강원	2	0	0	0	5	0	0
	2021	강원	1	1	0	0	0	0	0
	합계		3	1	0	0	5	0	0
프로통산			186	34	9	14	209	25	0

정승원(鄭承原) 안동고 1997.02.27

대회	연도	소속	출전	교체	득점	도움	파울	경고	퇴장
K1	2017	대구	9	9	0	0	7	2	0
	2018	대구	31	18	4	3	30	3	0
	2019	대구	33	9	3	2	41	0	0
	2020	대구	26	5	0	7	32	5	0
	2021	대구	22	4	1	2	22	2	0
	2022	수원	29	7	0	1	15	5	0
	합계		150	52	8	15	147	17	0
프로통산			150	52	8	15	147	17	0

정승현(鄭昇炫) 현대고 1994.04.03

대회	연도	소속	출전	교체	득점	도움	파울	경고	퇴장
K1	2015	울산	18	8	0	0	24	1	0
	2016	울산	19	4	1	0	26	6	1
	2017	울산	12	1	0	0	22	5	0
	2020	울산	23	0	2	0	27	6	0
	2022	김천	16	2	1	0	15	5	0
	2022	울산	5	0	0	0	3	3	0
	합계		93	15	4	0	117	26	1
K2	2021	김천	29	0	5	0	28	6	0
	합계		29	0	5	0	28	6	0
프로통산			122	15	9	0	145	32	1

정안모(鄭按模) 인천대 1989.03.17

대회	연도	소속	출전	교체	득점	도움	파울	경고	퇴장
BC	2012	대구	1	1	0	0	0	0	0
	합계		1	1	0	0	0	0	0
프로통산			1	1	0	0	0	0	0

정연웅(鄭然雄) 충남기계공고 1992.08.31

대회	연도	소속	출전	교체	득점	도움	파울	경고	퇴장
BC	2011	대전	1	1	0	0	2	0	0
	합계		1	1	0	0	2	0	0
프로통산			1	1	0	0	2	0	0

정영총(鄭永寵) 한양대 1992.06.24

대회	연도	소속	출전	교체	득점	도움	파울	경고	퇴장
K1	2015	제주	17	15	0	0	15	1	0
	2016	제주	13	14	1	0	5	0	0
	2017	광주	6	7	0	0	7	1	0
	합계		36	36	1	0	27	2	0
K2	2018	광주	25	17	4	0	30	5	0
	2019	광주	3	3	1	0	0	0	0
	합계		28	20	5	0	30	5	0
프로통산			64	56	6	0	57	7	0

정영호(鄭鈴湖) 서울시립대 1968.08.15

대회	연도	소속	출전	교체	득점	도움	파울	경고	퇴장
BC	1990	일화	29	5	0	0	55	3	0
	1991	일화	17	3	0	2	23	0	0
	1992	일화	26	3	0	0	43	5	0
	1993	일화	22	16	1	0	32	2	0
	1994	일화	20	3	0	0	29	1	0
	1995	전남	8	1	0	0	10	2	0
	1996	전남	8	4	0	0	12	4	0
	합계		130	35	1	2	204	17	0
프로통산			130	35	1	2	204	17	0

정영훈(丁永勳) 동의대 1975.05.01

대회	연도	소속	출전	교체	득점	도움	파울	경고	퇴장
BC	2001	대전	28	13	3	2	38	8	0
	2002	대전	21	16	2	2	18	3	0
	2003	대전	1	1	0	0	1	0	0
	2004	대구	7	8	1	2	2	0	0
	합계		57	38	6	6	59	11	0
프로통산			57	38	6	6	59	11	0

정용대(鄭容臺) 일본조선대 1978.02.04

대회	연도	소속	출전	교체	득점	도움	파울	경고	퇴장
BC	2001	포항	4	2	0	0	5	2	0
	합계		4	2	0	0	5	2	0
프로통산			4	2	0	0	5	2	0

정용환(鄭龍煥) 고려대 1960.02.10

대회	연도	소속	출전	교체	득점	도움	파울	경고	퇴장
BC	1984	대우	22	1	0	0	20	0	0
	1985	대우	2	0	0	0	1	0	0
	1986	대우	3	1	1	0	4	0	0
	1987	대우	19	0	1	1	22	0	0
	1988	대우	11	1	0	0	12	0	0
	1989	대우	9	0	0	1	14	0	0
	1990	대우	8	3	0	0	7	0	0
	1991	대우	33	1	2	0	40	0	0
	1992	대우	35	2	2	2	44	3	0
	1993	대우	6	3	2	0	11	2	0
	1994	대우	20	5	1	0	14	1	0
	합계		168	17	9	4	189	6	0
프로통산			168	17	9	4	189	6	0

정용훈(鄭湧勳) 대신고 1979.03.11

대회	연도	소속	출전	교체	득점	도움	파울	경고	퇴장
BC	1998	수원	26	19	3	3	24	1	0
	1999	수원	2	2	0	0	0	0	0
	2002	수원	16	12	0	0	17	0	0
	2003	수원	20	16	2	0	15	1	0
	합계		64	49	5	3	56	2	0
프로통산			64	49	5	3	56	2	0

정우근(鄭于根) 충남기계공고 1991.03.01

대회	연도	소속	출전	교체	득점	도움	파울	경고	퇴장
K2	2018	수원FC	14	11	2	0	22	0	0
	합계		14	11	2	0	22	0	0
프로통산			14	11	2	0	22	0	0

정우빈(鄭優斌) 중앙대 2001.05.08

대회	연도	소속	출전	교체	득점	도움	파울	경고	퇴장
K2	2022	전남	5	5	0	0	1	0	0
	합계		5	5	0	0	1	0	0
프로통산			5	5	0	0	1	0	0

정우성(鄭宇星) 중앙대 1986.06.19

대회	연도	소속	출전	교체	득점	도움	파울	경고	퇴장
BC	2009	대구	0	0	0	0	0	0	0
	합계		0	0	0	0	0	0	0
프로통산			0	0	0	0	0	0	0

정우승(鄭雨承) 단국대 1984.03.14

대회	연도	소속	출전	교체	득점	도움	파울	경고	퇴장
BC	2007	경남	2	0	0	0	2	0	0
	2008	경남	4	3	0	0	2	1	0
	합계		6	3	0	0	4	1	0
프로통산			6	3	0	0	4	1	0

정우영(鄭宇榮) 고려대 1971.12.08

대회	연도	소속	출전	교체	득점	도움	파울	경고	퇴장
BC	1994	현대	6	6	0	1	1	0	0
	1995	현대	0	0	0	0	0	0	0
	1998	울산	3	2	0	0	8	1	0
	합계		9	8	0	1	9	1	0
프로통산			9	8	0	1	9	1	0

정우인(鄭愚仁) 경희대 1988.02.01

대회	연도	소속	출전	교체	득점	도움	파울	경고	퇴장
BC	2011	광주	23	5	1	0	50	4	0
	2012	광주	34	6	1	0	62	15	0
	합계		57	11	2	0	112	19	0
K2	2013	광주	18	4	0	0	26	1	0
	2014	강원	28	5	1	1	43	6	0
	2015	강원	11	3	1	0	24	4	0
	2016	충주	21	8	0	0	19	4	0
	합계		78	20	2	1	112	15	0
프로통산			135	31	4	1	224	34	0

정우재(鄭宇宰) 예원예술대 1992.06.28

대회	연도	소속	출전	교체	득점	도움	파울	경고	퇴장
K1	2014	성남	2	2	0	0	1	1	0
	2017	대구	33	4	1	5	25	3	0
	2018	대구	32	6	1	3	24	3	0
	2019	제주	11	2	0	0	8	1	0
	2021	제주	38	6	3	2	28	1	0
	2022	제주	28	11	0	1	13	3	0
	합계		144	31	5	11	99	12	0
K2	2015	충주	26	4	1	1	23	2	0
	2016	대구	37	4	3	3	41	7	0
	2020	제주	21	3	3	4	18	2	0
	합계		84	11	7	8	82	11	0
프로통산			228	42	12	19	181	23	0

정우진(鄭禹鎭) 전주대 1969.01.20

대회	연도	소속	출전	교체	득점	도움	파울	경고	퇴장
BC	1996	부천유공	15	10	2	0	12	2	0
	1997	부천SK	6	5	0	0	1	1	0
	1997	전북	8	8	1	0	5	0	0
	1998	전북	4	4	0	0	8	0	0
	합계		33	27	3	0	26	3	0
프로통산			33	27	3	0	26	3	0

정운(鄭澐/←정부식) 명지대 1989.06.30

대회	연도	소속	출전	교체	득점	도움	파울	경고	퇴장
BC	2012	울산	0	0	0	0	0	0	0
	합계		0	0	0	0	0	0	0
K1	2016	제주	32	3	1	5	38	3	0
	2017	제주	30	4	1	3	21	4	0
	2018	제주	12	0	0	2	9	2	0
	2021	제주	35	5	1	2	40	7	0
	2022	제주	32	1	0	2	16	7	0
	합계		141	13	3	14	124	23	0
K2	2020	제주	24	2	2	0	33	6	0
	합계		24	2	2	0	33	6	0
프로통산			165	15	5	14	157	29	0

정웅일(鄭雄一) 연세대 1962.11.05

대회	연도	소속	출전	교체	득점	도움	파울	경고	퇴장
BC	1986	대우	4	2	0	0	4	0	0
	합계		4	2	0	0	4	0	0
프로통산			4	2	0	0	4	0	0

정원서(鄭源緖) 동아대 1959.04.16

대회	연도	소속	출전	교체	득점	도움	파울	경고	퇴장
BC	1983	포항제철	4	3	0	0	1	0	0
	합계		4	3	0	0	1	0	0
프로통산			4	3	0	0	1	0	0

정원영(鄭元寧) 선문대 1992.05.26

대회	연도	소속	출전	교체	득점	도움	파울	경고	퇴장
K2	2019	아산	8	2	0	0	5	0	0
	합계		8	2	0	0	5	0	0
프로통산			8	2	0	0	5	0	0

정원진(政原進) 영남대 1994.08.10

대회	연도	소속	출전	교체	득점	도움	파울	경고	퇴장
K1	2016	포항	11	9	0	0	11	2	0
	2018	포항	18	13	1	0	15	2	0
	2018	서울	1	2	0	0	1	0	0
	2019	서울	16	16	3	2	9	2	0
	2020	상주	6	5	1	0	6	0	0
	2021	서울	2	2	0	0	0	0	0
	2022	서울	3	3	0	0	0	0	0
	합계		57	50	5	2	42	6	0
K2	2017	경남	34	10	10	10	44	2	0
	2021	김천	15	10	1	0	15	3	0
	2022	부산	17	7	3	2	7	0	0
	합계		66	27	14	12	66	5	0
승	2018	서울	0	0	0	0	0	0	0

	합계		0	0	0	0	0	0	0
프로통산			123	77	19	14	108	11	0

정유석(鄭裕錫) 아주대 1977.10.25

대회	연도	소속	출전	교체	실점	도움	파울	경고	퇴장
BC	2000	부산	22	4	28	0	1	1	0
	2001	부산	35	0	46	0	2	0	0
	2002	부산	27	1	43	0	1	2	0
	2003	부산	8	0	17	0	0	1	0
	2004	광주상무	14	1	13	0	0	0	0
	2005	광주상무	24	0	33	0	1	1	0
	2006	부산	34	0	48	0	3	4	0
	2007	부산	26	1	36	0	0	0	0
	2008	부산	7	0	9	0	0	2	0
	2009	부산	1	1	2	0	0	0	0
	2011	울산	7	0	7	0	0	1	0
	합계		205	8	282	0	8	12	0
프로통산			205	8	282	0	8	12	0

정윤길(鄭允吉) 호남대 1976.10.23

대회	연도	소속	출전	교체	득점	도움	파울	경고	퇴장
BC	1999	전남	4	3	0	0	10	0	0
	합계		4	3	0	0	10	0	0
프로통산			4	3	0	0	10	0	0

정윤성(鄭允成) 수원공고 1984.06.01

대회	연도	소속	출전	교체	득점	도움	파울	경고	퇴장
BC	2003	수원	11	9	1	1	18	1	0
	2004	수원	0	0	0	0	0	0	0
	2005	광주상무	30	24	6	1	49	3	0
	2006	광주상무	16	14	0	0	21	1	0
	2007	수원	2	1	0	0	5	0	0
	2007	경남	14	8	6	3	24	1	0
	2008	경남	14	11	1	2	18	3	0
	2009	전남	15	12	3	2	17	3	0
	2010	전남	22	17	4	3	27	3	1
	2011	전남	8	5	0	1	17	1	0
	합계		132	101	21	13	196	16	1
프로통산			132	101	21	13	196	16	1

정의도(鄭義道) 연세대 1987.04.08

대회	연도	소속	출전	교체	실점	도움	파울	경고	퇴장
BC	2009	성남일화	1	1	0	0	0	0	0
	2010	성남일화	1	0	3	0	0	0	0
	합계		2	1	3	0	0	0	0
K2	2013	수원FC	11	1	18	0	0	0	0
	합계		11	1	18	0	0	0	0
프로통산			13	2	21	0	0	0	0

정의찬(鄭義贊) 초당대 1996.12.18

대회	연도	소속	출전	교체	득점	도움	파울	경고	퇴장
K2	2022	김포	20	20	0	2	16	1	0
	합계		20	20	0	2	16	1	0
프로통산			20	20	0	2	16	1	0

정인권(鄭寅權) 제주U18 1996.04.24

대회	연도	소속	출전	교체	득점	도움	파울	경고	퇴장
K2	2016	충주	0	0	0	0	0	0	0
	합계		0	0	0	0	0	0	0
프로통산			0	0	0	0	0	0	0

정인탁(鄭因託) 성균관대 1994.01.24

대회	연도	소속	출전	교체	득점	도움	파울	경고	퇴장
K2	2016	충주	2	1	0	0	3	0	0
	합계		2	1	0	0	3	0	0
프로통산			2	1	0	0	3	0	0

정인호(鄭寅浩) 중앙대 1971.03.21

대회	연도	소속	출전	교체	득점	도움	파울	경고	퇴장
BC	1994	유공	8	4	0	0	3	1	0
	1995	유공	21	6	0	0	41	3	0
	1996	부천유공	0	0	0	0	0	0	0
	합계		29	10	0	0	44	4	0
프로통산			29	10	0	0	44	4	0

정인환(鄭仁煥) 연세대 1986.12.15

대회	연도	소속	출전	교체	득점	도움	파울	경고	퇴장
BC	2006	전북	10	4	0	0	12	3	0
	2007	전북	13	2	1	1	45	6	0
	2008	전남	21	2	0	2	23	7	0
	2009	전남	9	5	0	0	13	2	0
	2010	전남	21	2	3	0	34	7	0
	2011	인천	24	2	2	1	43	6	0
	2012	인천	38	0	4	1	41	7	0
	합계		136	17	10	5	211	38	0
K1	2013	전북	25	2	4	0	28	3	0
	2014	전북	18	3	0	0	19	2	0
	2016	서울	7	0	0	0	8	2	0
	2017	서울	6	1	0	0	8	3	0
	합계		56	6	4	0	63	10	0
프로통산			192	23	14	5	274	48	0

정일영

대회	연도	소속	출전	교체	득점	도움	파울	경고	퇴장
BC	1984	국민은행	1	0	0	0	0	0	0
	합계		1	0	0	0	0	0	0
프로통산			1	0	0	0	0	0	0

정재곤(鄭在坤) 연세대 1976.03.17

대회	연도	소속	출전	교체	득점	도움	파울	경고	퇴장
BC	1999	포항	16	7	3	0	23	1	0
	2000	포항	4	4	0	0	5	2	0
	합계		20	11	3	0	28	3	0
프로통산			20	11	3	0	28	3	0

정재권(鄭在權) 한양대 1970.11.05

대회	연도	소속	출전	교체	득점	도움	파울	경고	퇴장
BC	1994	대우	14	8	1	2	18	1	0
	1995	대우	25	14	5	1	53	2	0
	1996	부산	31	8	8	6	46	4	0
	1997	부산	28	14	6	5	41	3	0
	1998	부산	29	6	8	8	51	4	0
	1999	부산	20	17	0	0	21	0	0
	2000	포항	20	17	2	1	29	1	0
	2001	포항	12	9	0	0	14	0	0
	합계		179	93	30	23	273	15	0
프로통산			179	93	30	23	273	15	0

정재성(鄭在星) 홍익대 1992.02.21

대회	연도	소속	출전	교체	득점	도움	파울	경고	퇴장
K1	2015	대전	2	2	0	0	0	0	0
	합계		2	2	0	0	0	0	0
프로통산			2	2	0	0	0	0	0

정재열(鄭在烈) 연세대 1972.08.10

대회	연도	소속	출전	교체	실점	도움	파울	경고	퇴장
BC	1995	전북	0	0	0	0	0	0	0
	1996	전북	0	0	0	0	0	0	0
	합계		0	0	0	0	0	0	0
프로통산			0	0	0	0	0	0	0

정재용(鄭宰溶) 고려대 1990.09.14

대회	연도	소속	출전	교체	득점	도움	파울	경고	퇴장
K1	2016	울산	10	5	0	1	12	3	0
	2017	울산	32	5	3	0	43	8	0
	2018	울산	10	3	0	0	13	2	1
	2019	울산	2	1	0	0	2	1	0
	2019	포항	30	5	0	2	26	1	0
	2021	수원FC	16	15	4	1	10	3	0
	2022	수원FC	34	20	5	2	18	3	0
	합계		134	54	12	6	124	21	1
K2	2013	안양	16	8	0	1	24	4	0
	2014	안양	25	10	6	2	40	6	0
	2015	안양	29	13	0	0	33	3	0
	2016	안양	16	4	4	0	35	6	0
	2020	수원FC	14	12	1	1	11	3	0
	합계		100	47	11	4	143	22	0
프로통산			234	101	23	10	267	43	1

정재원(鄭載園) 제주중앙고 1993.08.16

대회	연도	소속	출전	교체	득점	도움	파울	경고	퇴장
K1	2013	전북	0	0	0	0	0	0	0
	합계		0	0	0	0	0	0	0
프로통산			0	0	0	0	0	0	0

정재윤(鄭載潤) 청주대 2002.05.07

대회	연도	소속	출전	교체	득점	도움	파울	경고	퇴장
K1	2022	수원FC	12	12	1	0	2	0	0
	합계		12	12	1	0	2	0	0
프로통산			12	12	1	0	2	0	0

정재윤(鄭載潤) 홍익대 1981.05.28

대회	연도	소속	출전	교체	득점	도움	파울	경고	퇴장
BC	2004	서울	0	0	0	0	0	0	0
	합계		0	0	0	0	0	0	0
프로통산			0	0	0	0	0	0	0

정재희(鄭在熙) 상지대 1994.04.28

대회	연도	소속	출전	교체	득점	도움	파울	경고	퇴장
K1	2020	상주	9	6	3	0	3	0	0
	2022	포항	37	31	7	3	6	0	0
	합계		46	37	10	3	9	0	0
K2	2016	안양	36	23	3	1	14	1	0
	2017	안양	35	16	8	5	15	2	0
	2018	안양	30	23	1	1	13	1	0
	2019	전남	29	12	5	10	21	2	0
	2020	전남	3	3	0	0	0	0	0
	2021	김천	25	17	4	3	7	0	0
	합계		158	94	21	20	70	6	0
프로통산			204	131	31	23	79	6	0

정정석(鄭井碩) 건국대 1988.01.20

대회	연도	소속	출전	교체	득점	도움	파울	경고	퇴장
BC	2010	포항	1	1	0	0	0	0	0
	합계		1	1	0	0	0	0	0
프로통산			1	1	0	0	0	0	0

정정수(鄭正洙) 고려대 1969.11.20

대회	연도	소속	출전	교체	득점	도움	파울	경고	퇴장
BC	1994	현대	29	25	3	0	17	4	0
	1995	현대	25	18	2	2	27	2	0
	1996	울산	21	19	4	1	19	3	0
	1997	울산	19	11	0	5	35	7	0
	1998	울산	34	25	6	9	53	5	0
	1999	울산	26	17	4	7	22	1	0
	2000	울산	29	17	7	2	23	3	0
	2001	울산	31	13	7	5	32	2	0
	2002	울산	9	9	0	0	8	0	0
	합계		223	154	33	31	236	27	0
프로통산			223	154	33	31	236	27	0

정조국(鄭조국) 대신고 1984.04.23

대회	연도	소속	출전	교체	득점	도움	파울	경고	퇴장
BC	2003	안양LG	32	25	12	2	37	3	0
	2004	서울	30	22	8	2	42	2	0
	2005	서울	26	22	3	1	41	1	0
	2006	서울	27	25	6	3	45	2	0
	2007	서울	19	13	5	1	35	4	0
	2008	서울	21	13	9	5	34	4	0
	2009	서울	25	21	7	1	26	2	0
	2010	서울	29	23	13	4	26	1	0
	2012	서울	17	17	4	0	12	2	0
	합계		226	181	67	19	298	21	0
K1	2014	서울	2	2	0	0	0	0	0
	2015	서울	11	10	1	1	4	0	0
	2016	광주	31	16	20	1	38	4	0
	2017	강원	18	10	7	1	14	2	1
	2018	강원	25	21	4	1	5	2	0
	2019	강원	31	27	5	3	8	0	0
	합계		118	86	37	7	69	8	1
K2	2013	경찰	24	9	9	2	29	3	1
	2014	안산경찰	12	11	7	1	12	1	0
	2020	제주	12	11	1	0	2	0	0

대회	연도	소속	출전	교체	득점	도움	파울	경고	퇴장
	합계		48	31	17	3	43	4	1
프로통산			392	298	121	29	410	33	2

정종관(鄭鍾寬) 숭실대 1981.09.09

대회	연도	소속	출전	교체	득점	도움	파울	경고	퇴장
BC	2004	전북	16	16	0	1	6	0	0
	2005	전북	24	8	4	2	27	4	0
	2006	전북	17	7	0	1	27	3	0
	2007	전북	22	10	2	4	18	2	0
	합계		79	41	6	8	78	9	0
프로통산			79	41	6	8	78	9	0

정종선(鄭鍾先) 연세대 1966.03.20

대회	연도	소속	출전	교체	득점	도움	파울	경고	퇴장
BC	1985	포항제철	1	1	0	0	0	0	0
	1989	현대	18	2	0	0	20	1	0
	1990	현대	28	2	0	0	33	3	0
	1991	현대	32	4	0	0	39	1	0
	1992	현대	38	0	1	1	40	2	1
	1993	현대	13	2	0	0	13	1	0
	1994	현대	20	1	0	0	19	0	0
	1995	전북	32	2	0	1	46	7	0
	1996	전북	26	1	0	0	39	3	0
	1997	전북	33	0	0	0	22	2	0
	1998	안양LG	30	6	0	0	21	5	1
	합계		271	21	1	2	292	25	2
프로통산			271	21	1	2	292	25	2

정종수(鄭種洙) 고려대 1961.03.27

대회	연도	소속	출전	교체	득점	도움	파울	경고	퇴장
BC	1984	유공	23	1	0	1	23	2	0
	1985	유공	5	0	0	2	8	1	0
	1986	유공	9	1	0	0	20	0	0
	1987	유공	28	0	1	1	45	2	1
	1988	유공	23	1	0	0	30	2	0
	1989	유공	17	0	0	0	24	2	0
	1990	현대	8	1	0	1	13	0	0
	1991	현대	29	4	0	1	37	6	0
	1992	현대	29	4	1	4	34	3	1
	1993	현대	29	4	0	0	34	3	0
	1994	현대	24	7	1	1	27	2	0
	1995	현대	1	1	0	0	0	0	0
	합계		225	24	3	11	295	23	2
프로통산			225	24	3	11	295	23	2

정종식

대회	연도	소속	출전	교체	득점	도움	파울	경고	퇴장
BC	1984	대우	1	1	0	0	0	0	0
	1985	대우	1	0	0	0	2	0	0
	합계		2	1	0	0	2	0	0
프로통산			2	1	0	0	2	0	0

정종훈(鄭鍾勳) 금호고 2003.09.17

대회	연도	소속	출전	교체	득점	도움	파울	경고	퇴장
K2	2022	광주	1	1	0	0	0	0	0
	합계		1	1	0	0	0	0	0
프로통산			1	1	0	0	0	0	0

정주영(丁主榮) 배재대 1979.05.03

대회	연도	소속	출전	교체	득점	도움	파울	경고	퇴장
BC	2002	울산	1	1	0	0	1	0	0
	합계		1	1	0	0	1	0	0
프로통산			1	1	0	0	1	0	0

정주완(鄭朱完) 중앙대 1974.03.08

대회	연도	소속	출전	교체	득점	도움	파울	경고	퇴장
BC	1998	전북	8	6	0	0	6	1	0
	합계		8	6	0	0	6	1	0
프로통산			8	6	0	0	6	1	0

정주일(鄭柱日) 조선대 1991.03.06

대회	연도	소속	출전	교체	득점	도움	파울	경고	퇴장
K2	2014	부천	15	9	0	1	18	1	0
	합계		15	9	0	1	18	1	0
프로통산			15	9	0	1	18	1	0

정준연(鄭俊硯) 광양제철고 1989.04.30

대회	연도	소속	출전	교체	득점	도움	파울	경고	퇴장
BC	2008	전남	3	3	0	0	1	0	0
	2009	전남	6	3	0	0	14	2	0
	2010	전남	22	9	0	2	34	3	0
	2011	전남	17	5	0	1	26	1	0
	2012	전남	11	1	0	0	20	3	0
	합계		59	21	0	3	95	9	0
K1	2013	전남	23	6	1	1	28	3	0
	2015	광주	26	5	0	0	29	7	0
	2016	상주	9	6	0	0	8	3	0
	2017	상주	5	3	0	0	5	2	0
	2017	광주	1	1	0	0	3	0	0
	2020	광주	3	0	0	0	2	0	0
	합계		67	21	1	1	75	15	0
K2	2014	광주	30	5	0	0	28	4	0
	2018	광주	22	6	0	0	31	1	0
	2019	광주	10	1	0	0	13	3	0
	2021	안양	25	5	2	1	35	7	1
	2022	안양	14	10	0	0	10	2	0
	합계		101	27	2	1	117	17	1
승	2014	광주	2	0	0	0	1	0	0
	합계		2	0	0	0	1	0	0
프로통산			229	69	3	5	288	41	1

정준현(鄭埈炫) 중앙대 1994.08.26

대회	연도	소속	출전	교체	득점	도움	파울	경고	퇴장
K2	2016	부천	0	0	0	0	0	0	0
	2017	부천	0	0	0	0	0	0	0
	2018	부천	20	6	0	0	17	1	0
	합계		20	6	0	0	17	1	0
프로통산			20	6	0	0	17	1	0

정지안(鄭至安) 대구대 1989.06.17

대회	연도	소속	출전	교체	득점	도움	파울	경고	퇴장
K1	2013	성남일화	0	0	0	0	0	0	0
	합계		0	0	0	0	0	0	0
프로통산			0	0	0	0	0	0	0

정지용(鄭智鏞) 동국대 1998.12.15

대회	연도	소속	출전	교체	득점	도움	파울	경고	퇴장
K1	2019	강원	0	0	0	0	0	0	0
	2020	강원	8	8	0	0	9	0	0
	2021	강원	6	7	0	0	5	1	0
	합계		14	15	0	0	14	1	0
프로통산			14	15	0	0	14	1	0

정진구(鄭珍九) 명지대 1998.03.10

대회	연도	소속	출전	교체	득점	도움	파울	경고	퇴장
K2	2020	안양	0	0	0	0	0	0	0
	합계		0	0	0	0	0	0	0
프로통산			0	0	0	0	0	0	0

정진욱(鄭鎭旭) 중앙대 1997.05.28

대회	연도	소속	출전	교체	실점	도움	파울	경고	퇴장
K1	2018	서울	0	0	0	0	0	0	0
	합계		0	0	0	0	0	0	0
프로통산			0	0	0	0	0	0	0

정찬일(丁粲佾) 동국대 1991.04.27

대회	연도	소속	출전	교체	득점	도움	파울	경고	퇴장
K2	2014	강원	7	7	0	1	15	1	0
	2015	강원	13	9	1	1	9	2	0
	2016	강원	3	3	0	0	0	0	0
	합계		23	19	1	2	24	3	0
프로통산			23	19	1	2	24	3	0

정창근(丁昌根) 황지중 1983.08.10

대회	연도	소속	출전	교체	득점	도움	파울	경고	퇴장
BC	1999	안양LG	1	1	0	0	0	0	0
	합계		1	1	0	0	0	0	0
프로통산			1	1	0	0	0	0	0

정창용(丁昶溶) 용인대 1998.07.13

대회	연도	소속	출전	교체	득점	도움	파울	경고	퇴장
K1	2020	인천	1	1	0	0	0	0	0
	합계		1	1	0	0	0	0	0
K2	2021	경남	1	1	0	0	1	0	0
	합계		1	1	0	0	1	0	0
프로통산			2	2	0	0	1	0	0

정철운(鄭喆云) 광운대 1986.07.30

대회	연도	소속	출전	교체	득점	도움	파울	경고	퇴장
BC	2009	강원	6	4	0	0	3	0	0
	2010	강원	11	4	0	0	3	1	0
	합계		17	8	0	0	6	1	0
프로통산			17	8	0	0	6	1	0

정철호(鄭喆鎬) 조선대 1994.02.01

대회	연도	소속	출전	교체	득점	도움	파울	경고	퇴장
K2	2017	수원FC	16	5	0	2	19	3	0
	합계		16	5	0	2	19	3	0
프로통산			16	5	0	2	19	3	0

정철호(鄭喆鎬) 서울시립대 1968.12.01

대회	연도	소속	출전	교체	득점	도움	파울	경고	퇴장
BC	1991	일화	5	5	0	0	4	0	0
	1992	일화	4	3	0	0	5	0	0
	1993	일화	3	2	0	0	4	0	0
	1995	전북	10	3	0	0	13	5	0
	1996	전북	2	2	0	0	0	0	0
	합계		24	15	0	0	26	5	0
프로통산			24	15	0	0	26	5	0

정충근(鄭充根) 일본 FC마치다젤비아 1995.03.01

대회	연도	소속	출전	교체	득점	도움	파울	경고	퇴장
K1	2021	수원FC	14	15	0	0	5	1	0
	합계		14	15	0	0	5	1	0
K2	2022	경남	21	17	3	1	17	1	0
	합계		21	17	3	1	17	1	0
프로통산			35	32	3	1	22	2	0

정치인(鄭治仁) 대구공고 1997.08.21

대회	연도	소속	출전	교체	득점	도움	파울	경고	퇴장
K1	2018	대구	6	4	0	0	5	2	1
	2019	대구	6	6	0	1	6	0	0
	2020	대구	2	2	0	0	3	0	0
	2021	대구	23	22	2	0	21	3	0
	2022	대구	16	16	0	0	6	1	0
	합계		53	50	2	1	41	6	1
프로통산			53	50	2	1	41	6	1

정태영(鄭泰榮) 한양대 1956.08.04

대회	연도	소속	출전	교체	득점	도움	파울	경고	퇴장
BC	1984	럭키금성	14	4	0	0	5	0	0
	1985	럭키금성	13	2	0	0	11	1	0
	합계		27	6	0	0	16	1	0
프로통산			27	6	0	0	16	1	0

정태욱(鄭泰昱) 아주대 1997.05.16

대회	연도	소속	출전	교체	득점	도움	파울	경고	퇴장
K1	2018	제주	5	5	0	0	1	1	0
	2019	대구	27	5	1	0	33	3	0
	2020	대구	27	1	1	0	37	3	0
	2021	대구	33	3	1	2	26	2	0
	2022	대구	36	5	1	1	36	5	0
	합계		128	19	4	3	133	14	0
프로통산			128	19	4	3	133	14	0

정택훈(鄭澤勳) 고려대 1995.05.26

대회	연도	소속	출전	교체	득점	도움	파울	경고	퇴장
K2	2018	부천	2	2	0	0	1	1	0
	2019	부천	12	12	1	0	6	1	0
	합계		14	14	1	0	7	2	0
프로통산			14	14	1	0	7	2	0

정필석(鄭弼釋) 단국대 1978.07.23

대회	연도	소속	출전	교체	득점	도움	파울	경고	퇴장
BC	2001	부천SK	5	6	0	0	10	1	0
	2003	부천SK	4	4	0	0	3	0	0
	합계		9	10	0	0	13	1	0

프로통산			9	10	0	0	13	1	0

정한민(鄭翰旻) 오산고 2001.01.08

대회	연도	소속	출전	교체	득점	도움	파울	경고	퇴장
K1	2020	서울	11	8	2	0	6	1	0
	2021	서울	15	17	1	0	14	1	0
	2022	서울	20	20	2	0	11	1	0
	합계		46	45	5	0	31	3	0
프로통산			46	45	5	0	31	3	0

정한호(政韓浩) 조선대 1970.06.04

대회	연도	소속	출전	교체	득점	도움	파울	경고	퇴장
BC	1994	버팔로	5	6	0	0	0	0	0
	합계		5	6	0	0	0	0	0
프로통산			5	6	0	0	0	0	0

정해성(鄭海成) 고려대 1958.03.04

대회	연도	소속	출전	교체	득점	도움	파울	경고	퇴장
BC	1984	럭키금성	10	2	0	1	12	4	0
	1985	럭키금성	16	5	0	0	23	2	0
	1986	럭키금성	30	0	0	1	48	5	0
	1987	럭키금성	13	1	0	0	21	3	0
	1988	럭키금성	21	2	1	0	27	1	1
	1989	럭키금성	28	5	1	2	43	3	0
	합계		118	15	2	4	174	18	1
프로통산			118	15	2	4	174	18	1

정해원(丁海遠) 연세대 1959.07.01

대회	연도	소속	출전	교체	득점	도움	파울	경고	퇴장
BC	1983	대우	13	3	4	1	19	3	0
	1984	대우	23	3	5	4	18	0	0
	1985	대우	17	1	7	1	17	1	1
	1986	대우	26	2	10	0	29	2	0
	1987	대우	28	1	6	4	48	4	0
	1988	대우	10	2	1	0	18	2	0
	1989	대우	24	11	1	1	29	3	0
	1990	대우	12	11	0	0	14	0	0
	1991	대우	1	1	0	0	0	0	0
	합계		154	35	34	11	192	15	1
프로통산			154	35	34	11	192	15	1

정헌식(鄭軒植) 한양대 1991.03.03

대회	연도	소속	출전	교체	득점	도움	파울	경고	퇴장
K2	2014	강원	12	1	0	0	20	4	0
	합계		12	1	0	0	20	4	0
프로통산			12	1	0	0	20	4	0

정혁(鄭赫) 전주대 1986.05.21

대회	연도	소속	출전	교체	득점	도움	파울	경고	퇴장
BC	2009	인천	16	13	1	1	31	5	0
	2010	인천	29	9	4	4	55	9	0
	2011	인천	15	8	1	2	25	3	1
	2012	인천	23	14	2	1	27	5	0
	합계		83	44	8	8	138	22	1
K1	2013	전북	28	5	2	3	55	9	0
	2014	전북	19	7	3	0	44	3	0
	2016	전북	4	0	0	1	8	1	0
	2017	전북	24	8	2	0	45	10	0
	2018	전북	12	7	2	1	27	3	1
	2019	전북	13	8	1	2	24	4	0
	2020	전북	1	1	0	0	0	0	0
	2021	전북	2	2	0	0	4	0	0
	2021	인천	14	13	0	0	21	3	0
	2022	인천	4	4	0	0	1	0	0
	합계		121	55	10	7	229	33	1
K2	2015	안산경찰	19	16	1	1	15	3	0
	2016	안산무궁	23	13	2	2	19	4	0
	2020	경남	17	6	2	0	34	8	0
	합계		59	35	5	3	68	15	0
프로통산			263	134	23	18	435	70	2

정현식(鄭賢植) 우석대 1990.11.22

대회	연도	소속	출전	교체	득점	도움	파울	경고	퇴장
K2	2017	안산	28	10	0	2	31	3	0
	합계		28	10	0	2	31	3	0
프로통산			28	10	0	2	31	3	0

정현우(鄭賢佑) 금호고 2000.07.12

대회	연도	소속	출전	교체	득점	도움	파울	경고	퇴장
K1	2020	광주	1	1	0	0	0	0	0
	2021	광주	5	5	0	0	0	0	0
	합계		6	6	0	0	0	0	0
K2	2019	광주	2	2	0	0	0	0	0
	합계		2	2	0	0	0	0	0
프로통산			8	8	0	0	0	0	0

정현욱(鄭鉉昱) 스페인 레가네스 후베닐A 2001.04.12

대회	연도	소속	출전	교체	득점	도움	파울	경고	퇴장
K2	2021	안양	0	0	0	0	0	0	0
	합계		0	0	0	0	0	0	0
프로통산			0	0	0	0	0	0	0

정현철(鄭鉉澈) 명지대 1993.05.25

대회	연도	소속	출전	교체	실점	도움	파울	경고	퇴장
K1	2016	울산	0	0	0	0	0	0	0
	합계		0	0	0	0	0	0	0
프로통산			0	0	0	0	0	0	0

정현철(鄭鉉哲) 동국대 1993.04.26

대회	연도	소속	출전	교체	득점	도움	파울	경고	퇴장
K1	2018	서울	14	9	0	0	16	3	0
	2019	서울	30	10	1	0	26	6	0
	2020	서울	10	3	0	1	20	1	0
	2022	김천	15	9	1	0	8	2	0
	2022	서울	5	4	0	0	8	3	0
	합계		74	35	2	1	78	15	0
K2	2015	경남	14	10	1	0	19	4	0
	2016	경남	32	13	5	4	22	3	0
	2017	경남	33	2	7	3	50	7	0
	2021	김천	19	4	1	0	24	5	0
	합계		98	29	14	7	115	19	0
승	2018	서울	2	1	1	0	5	0	0
	합계		2	1	1	0	5	0	0
프로통산			174	65	17	8	198	34	0

정현호(丁玄浩) 건국대 1974.02.13

대회	연도	소속	출전	교체	득점	도움	파울	경고	퇴장
BC	1996	안양LG	21	10	0	0	39	3	0
	1997	안양LG	4	3	0	0	5	1	0
	1998	안양LG	5	5	0	0	5	0	0
	1999	안양LG	10	1	1	0	32	1	0
	2000	안양LG	5	5	0	0	2	0	0
	합계		45	24	1	0	83	5	0
프로통산			45	24	1	0	83	5	0

정형준(丁瀅準) 숭실대 1986.04.26

대회	연도	소속	출전	교체	득점	도움	파울	경고	퇴장
BC	2010	대전	3	2	0	0	3	1	0
	합계		3	2	0	0	3	1	0
프로통산			3	2	0	0	3	1	0

정호근(鄭虎根) 안동과학대 1999.03.17

대회	연도	소속	출전	교체	득점	도움	파울	경고	퇴장
K2	2020	부천	0	0	0	0	0	0	0
	2021	부천	0	0	0	0	0	0	0
	합계		0	0	0	0	0	0	0
프로통산			0	0	0	0	0	0	0

정호민(鄭鎬敏) 광주대 1994.03.31

대회	연도	소속	출전	교체	득점	도움	파울	경고	퇴장
K1	2017	광주	3	1	0	0	5	1	0
	합계		3	1	0	0	5	1	0
K2	2020	안산	6	2	0	0	11	1	0
	합계		6	2	0	0	11	1	0
프로통산			9	3	0	0	16	2	0

정호연(鄭好淵) 단국대 2000.09.28

대회	연도	소속	출전	교체	득점	도움	파울	경고	퇴장
K2	2022	광주	36	21	1	4	65	10	0
	합계		36	21	1	4	65	10	0
프로통산			36	21	1	4	65	10	0

정호영(鄭浩英) 전주대 1997.01.16

대회	연도	소속	출전	교체	득점	도움	파울	경고	퇴장
K1	2018	전북	1	0	0	0	2	0	0
	합계		1	0	0	0	2	0	0
프로통산			1	0	0	0	2	0	0

정호영(鄭昊泳) 중원대 1994.11.03

대회	연도	소속	출전	교체	득점	도움	파울	경고	퇴장
K2	2017	수원FC	0	0	0	0	0	0	0
	합계		0	0	0	0	0	0	0
프로통산			0	0	0	0	0	0	0

정호정(鄭好正) 광운대 1988.09.01

대회	연도	소속	출전	교체	득점	도움	파울	경고	퇴장
BC	2010	성남일화	0	0	0	0	0	0	0
	2011	성남일화	10	0	0	0	15	1	0
	2012	상주	15	7	0	0	12	1	0
	합계		25	7	0	0	27	2	0
K1	2015	광주	28	7	0	0	18	2	0
	2016	광주	28	2	0	1	13	2	0
	합계		56	9	0	1	31	4	0
K2	2013	상주	6	2	0	0	1	0	0
	2014	광주	28	3	0	2	22	2	0
	2017	부산	25	5	0	0	20	1	0
	2018	부산	21	4	0	0	12	2	0
	2019	부산	7	4	0	0	1	1	0
	합계		87	18	0	2	56	6	0
승	2014	광주	0	0	0	0	0	0	0
	2017	부산	1	1	0	0	1	0	0
	합계		1	1	0	0	1	0	0
프로통산			169	35	0	3	115	12	0

정호진(鄭好軫) 고려대 1999.08.06

대회	연도	소속	출전	교체	득점	도움	파울	경고	퇴장
K1	2022	수원	2	1	0	0	4	3	0
	합계		2	1	0	0	4	3	0
K2	2020	전남	12	6	0	0	29	3	0
	2021	전남	14	9	0	0	18	3	0
	2022	전남	10	7	0	0	8	3	0
	합계		36	22	0	0	55	9	0
프로통산			38	23	0	0	59	12	0

정호진(鄭豪鎭) 동의대 1984.05.30

대회	연도	소속	출전	교체	득점	도움	파울	경고	퇴장
BC	2007	대구	1	1	0	0	0	0	0
	합계		1	1	0	0	0	0	0
프로통산			1	1	0	0	0	0	0

정홍연(鄭洪然) 동의대 1983.08.18

대회	연도	소속	출전	교체	득점	도움	파울	경고	퇴장
BC	2006	제주	29	8	1	0	35	2	0
	2007	제주	21	10	0	0	15	2	0
	2009	부산	0	0	0	0	0	0	0
	2010	포항	11	0	1	2	14	3	0
	2011	포항	10	4	0	0	8	1	0
	2012	포항	12	6	0	1	15	2	0
	합계		83	28	2	3	87	10	0
K1	2013	포항	1	0	0	0	0	0	0
	2013	전남	4	1	0	0	5	2	0
	합계		5	1	0	0	5	2	0
K2	2014	부천	30	3	0	1	19	5	0
	2015	부천	18	9	1	0	7	2	0
	합계		48	12	1	1	26	7	0
프로통산			136	41	3	4	118	19	0

정후균(鄭候均) 조선대 1961.02.21

대회	연도	소속	출전	교체	득점	도움	파울	경고	퇴장
BC	1984	국민은행	5	5	0	0	0	0	0
	합계		5	5	0	0	0	0	0
프로통산			5	5	0	0	0	0	0

정훈(鄭勳) 동아대 1985.08.31

대회	연도	소속	출전	교체	득점	도움	파울	경고	퇴장
BC	2008	전북	13	5	0	1	22	4	0
	2009	전북	26	10	2	0	69	9	0
	2010	전북	14	11	0	0	35	6	0
	2011	전북	22	9	0	1	49	8	0
	2012	전북	34	11	0	1	65	8	0
	합계		109	46	2	3	240	35	0
K1	2014	상주	5	4	0	0	10	1	0
	2014	전북	2	2	0	0	3	2	0
	2015	전북	20	13	0	1	27	2	0
	합계		27	19	0	1	40	5	0
K2	2013	상주	19	15	0	1	26	3	0
	2017	수원FC	23	12	0	1	39	8	0
	2018	수원FC	8	1	0	0	8	0	0
	합계		50	28	0	2	73	11	0
승	2013	상주	2	2	0	0	2	0	0
	합계		2	2	0	0	2	0	0
프로통산			188	95	2	6	355	51	0

정훈성(鄭薰聖) 신갈고 1994.02.22

대회	연도	소속	출전	교체	득점	도움	파울	경고	퇴장
K1	2019	인천	16	11	1	0	17	1	0
	2020	울산	5	5	1	0	11	0	0
	2021	제주	1	1	0	0	0	0	0
	합계		22	17	2	0	28	1	0
K2	2021	부산	6	5	1	0	8	1	0
	2022	부산	5	5	0	0	4	0	0
	합계		11	10	1	0	12	1	0
프로통산			33	27	3	0	40	2	0

정훈찬(鄭薰瓚) 능곡고 1993.07.24

대회	연도	소속	출전	교체	득점	도움	파울	경고	퇴장
BC	2012	전남	2	2	0	0	2	0	0
	합계		2	2	0	0	2	0	0
프로통산			2	2	0	0	2	0	0

정희웅(鄭喜熊) 청주대 1995.05.18

대회	연도	소속	출전	교체	득점	도움	파울	경고	퇴장
K2	2017	서울E	2	2	0	0	0	0	0
	2018	안양	33	20	6	3	35	2	0
	2019	전남	13	9	0	1	16	2	0
	2020	대전	24	17	1	2	25	1	0
	2021	대전	6	5	1	0	6	0	0
	합계		78	53	8	6	82	5	0
프로통산			78	53	8	6	82	5	0

제니아(Yevgeny Zhirov) 러시아 1969.01.10

대회	연도	소속	출전	교체	득점	도움	파울	경고	퇴장
BC	1994	LG	4	2	0	1	6	1	0
	합계		4	2	0	1	6	1	0
프로통산			4	2	0	1	6	1	0

제르소(Gerso Fernandes) 기니비사우/포르투갈 1991.02.23

대회	연도	소속	출전	교체	득점	도움	파울	경고	퇴장
K1	2021	제주	32	32	5	2	62	3	0
	2022	제주	37	28	8	7	61	7	0
	합계		69	60	13	9	123	10	0
프로통산			69	60	13	9	123	10	0

제르손(Gerson Guimaraes Ferreira Junior) 브라질 1992.01.07

대회	연도	소속	출전	교체	득점	도움	파울	경고	퇴장
K1	2017	강원	10	0	1	0	10	1	0
	합계		10	0	1	0	10	1	0
프로통산			10	0	1	0	10	1	0

제리치(Uros Derić) 세르비아 1992.05.28

대회	연도	소속	출전	교체	득점	도움	파울	경고	퇴장
K1	2018	강원	36	13	24	4	39	4	0
	2019	강원	14	10	4	0	16	0	0
	2019	경남	17	5	9	1	24	2	0
	2021	수원	27	24	6	1	25	0	0
	합계		94	52	43	6	104	6	0
K2	2020	경남	6	5	1	1	7	2	0
	합계		6	5	1	1	7	2	0
승	2019	경남	2	0	0	0	4	0	0
	합계		2	0	0	0	4	0	0
프로통산			102	57	44	7	115	8	0

제영진(諸泳珍) 경일대 1975.03.10

대회	연도	소속	출전	교체	득점	도움	파울	경고	퇴장
BC	1998	울산	12	13	1	0	15	1	0
	1999	울산	2	2	1	0	0	0	0
	2000	울산	12	12	1	1	6	2	0
	합계		26	27	3	1	21	3	0
프로통산			26	27	3	1	21	3	0

제용삼(諸龍三) 한성대 1972.01.25

대회	연도	소속	출전	교체	득점	도움	파울	경고	퇴장
BC	1998	안양LG	33	20	10	4	57	4	0
	1999	안양LG	15	15	1	1	14	1	0
	2000	안양LG	11	11	1	0	4	1	0
	합계		59	46	12	5	75	6	0
프로통산			59	46	12	5	75	6	0

제이드(Jade Bronson North) 오스트레일리아 1982.01.07

대회	연도	소속	출전	교체	득점	도움	파울	경고	퇴장
BC	2009	인천	9	1	0	0	7	1	0
	합계		9	1	0	0	7	1	0
프로통산			9	1	0	0	7	1	0

제이미(Jamie Cureton) 영국(잉글랜드) 1975.08.28

대회	연도	소속	출전	교체	득점	도움	파울	경고	퇴장
BC	2003	부산	21	12	4	1	20	2	0
	합계		21	12	4	1	20	2	0
프로통산			21	12	4	1	20	2	0

제이훈(Ceyhun Eris) 터키 1977.05.15

대회	연도	소속	출전	교체	득점	도움	파울	경고	퇴장
BC	2008	서울	8	7	1	0	13	1	0
	합계		8	7	1	0	13	1	0
프로통산			8	7	1	0	13	1	0

제임스(Augustine James) 나이지리아 1984.01.18

대회	연도	소속	출전	교체	득점	도움	파울	경고	퇴장
BC	2003	부천SK	13	12	1	0	20	1	0
	합계		13	12	1	0	20	1	0
프로통산			13	12	1	0	20	1	0

제제(Zeze Gomes) 브라질

대회	연도	소속	출전	교체	득점	도움	파울	경고	퇴장
BC	1984	포항제철	9	3	4	2	14	1	0
	합계		9	3	4	2	14	1	0
프로통산			9	3	4	2	14	1	0

제종현(諸鐘炫) 숭실대 1991.12.06

대회	연도	소속	출전	교체	실점	도움	파울	경고	퇴장
K1	2015	광주	8	0	11	0	0	1	0
	2016	상주	6	0	9	0	0	0	0
	2017	상주	0	0	0	0	0	0	0
	2017	광주	0	0	0	0	0	0	0
	합계		14	0	20	0	0	1	0
K2	2013	광주	5	0	4	0	0	1	0
	2014	광주	24	0	17	0	0	2	0
	2018	광주	6	0	9	0	0	0	0
	2019	아산	3	0	5	0	0	0	0
	합계		38	0	35	0	0	3	0
승	2014	광주	2	0	2	0	0	0	0
	합계		2	0	2	0	0	0	0
프로통산			54	0	57	0	0	4	0

제카(José Joaquim de Carvalho) 브라질 1997.03.06

대회	연도	소속	출전	교체	득점	도움	파울	경고	퇴장
K1	2022	대구	28	12	7	7	72	8	0
	합계		28	12	7	7	72	8	0
프로통산			28	12	7	7	72	8	0

제칼로(Jose Carlos Ferreira/← 카르로스) 브라질 1983.04.24

대회	연도	소속	출전	교체	득점	도움	파울	경고	퇴장
BC	2004	울산	19	6	14	1	55	6	0
	2005	울산	9	2	5	0	32	8	0
	2006	전북	24	11	6	1	57	10	0
	2007	전북	21	11	8	0	51	7	1
	2008	전북	7	6	1	0	9	1	0
	합계		80	36	34	2	204	32	1
프로통산			80	36	34	2	204	32	1

제테르손(Getterson Alves dos Santos) 브라질 1991.05.16

대회	연도	소속	출전	교체	득점	도움	파울	경고	퇴장
K1	2018	포항	9	7	1	0	4	0	0
	합계		9	7	1	0	4	0	0
프로통산			9	7	1	0	4	0	0

제파로프(Server Resatovich Djeparov) 우즈베키스탄 1982.10.03

대회	연도	소속	출전	교체	득점	도움	파울	경고	퇴장
BC	2010	서울	18	7	1	7	24	4	0
	2011	서울	15	5	0	1	21	2	0
	합계		33	12	1	8	45	6	0
K1	2013	성남일화	31	16	6	2	37	7	0
	2014	성남	24	9	7	3	26	2	0
	2015	울산	22	13	6	3	17	2	0
	합계		77	38	19	8	80	11	0
프로통산			110	50	20	16	125	17	0

제펠손(Jefferson Gama Rodrigues) 브라질 1981.01.26

대회	연도	소속	출전	교체	득점	도움	파울	경고	퇴장
BC	2006	대구	3	3	0	0	2	0	0
	합계		3	3	0	0	2	0	0
프로통산			3	3	0	0	2	0	0

제프유(Jeff Yoo, Yu, Ji Young) 미국 1978.10.30

대회	연도	소속	출전	교체	득점	도움	파울	경고	퇴장
BC	2000	울산	3	3	0	0	3	0	0
	2001	부천SK	2	2	0	0	2	0	0
	합계		5	5	0	0	5	0	0
프로통산			5	5	0	0	5	0	0

제해성(諸海成) 용인대 2002.04.26

대회	연도	소속	출전	교체	득점	도움	파울	경고	퇴장
K2	2022	경남	0	0	0	0	0	0	0
	합계		0	0	0	0	0	0	0
프로통산			0	0	0	0	0	0	0

젠토이(Zentai Lajos) 헝가리 1966.08.02

대회	연도	소속	출전	교체	득점	도움	파울	경고	퇴장
BC	1991	LG	23	9	1	0	25	2	0
	합계		23	9	1	0	25	2	0
프로통산			23	9	1	0	25	2	0

젤리코(Zeljko Simović) 유고슬라비아 1967.02.02

대회	연도	소속	출전	교체	득점	도움	파울	경고	퇴장
BC	1994	대우	3	1	1	0	6	1	0
	합계		3	1	1	0	6	1	0
프로통산			3	1	1	0	6	1	0

젤리코(Zeljko Bajceta) 유고슬라비아 1967.01.01

대회	연도	소속	출전	교체	득점	도움	파울	경고	퇴장
BC	1994	LG	9	8	3	0	2	1	0
	합계		9	8	3	0	2	1	0
프로통산			9	8	3	0	2	1	0

조건규(趙建規) 호남대 1998.10.15

대회	연도	소속	출전	교체	득점	도움	파울	경고	퇴장
K2	2019	부천	5	5	0	0	4	1	0
	2020	부천	12	11	2	1	12	4	0
	2021	부천	11	10	0	0	11	2	0
	2022	충남아산	1	1	0	0	0	0	0
	합계		29	27	2	1	27	7	0
프로통산			29	27	2	1	27	7	0

조광래(趙廣來) 연세대 1954.03.19

대회	연도	소속	출전	교체	득점	도움	파울	경고	퇴장
BC	1983	대우	15	1	2	1	28	3	0
	1984	대우	13	6	1	1	23	1	0
	1985	대우	5	1	0	2	12	1	0
	1986	대우	9	2	0	0	19	1	0
	1987	대우	4	3	0	0	7	1	0
	합계		46	13	3	4	89	7	0
프로통산			46	13	3	4	89	7	0

조귀범(趙貴範) 예원예술대 1996.08.09

대회	연도	소속	출전	교체	득점	도움	파울	경고	퇴장
K1	2017	대구	0	0	0	0	0	0	0
	합계		0	0	0	0	0	0	0
K2	2018	대전	3	2	1	0	5	0	0
	2019	대전	2	1	0	0	2	1	0
	합계		5	3	1	0	7	1	0
프로통산			5	3	1	0	7	1	0

조규성(曺圭成) 광주대 1998.01.25

대회	연도	소속	출전	교체	득점	도움	파울	경고	퇴장
K1	2020	전북	23	19	4	2	36	3	0
	2022	김천	23	9	13	4	32	1	0
	2022	전북	8	4	4	1	10	1	0
	합계		54	32	21	7	78	5	0
K2	2019	안양	33	7	14	4	62	3	1
	2021	김천	25	9	8	3	36	3	0
	합계		58	16	22	7	98	6	1
프로통산			112	48	43	14	176	11	1

조규승(曺圭承) 선문대 1991.10.30

대회	연도	소속	출전	교체	득점	도움	파울	경고	퇴장
K1	2013	대전	2	2	0	0	4	0	0
	합계		2	2	0	0	4	0	0
프로통산			2	2	0	0	4	0	0

조규태(曺圭泰) 고려대 1957.01.18

대회	연도	소속	출전	교체	실점	도움	파울	경고	퇴장
BC	1985	할렐루야	3	1	5	0	0	0	0
	합계		3	1	5	0	0	0	0
프로통산			3	1	5	0	0	0	0

조긍연(趙兢衍) 고려대 1961.03.18

대회	연도	소속	출전	교체	득점	도움	파울	경고	퇴장
BC	1985	포항제철	14	9	2	1	23	1	0
	1986	포항제철	27	14	8	1	29	0	0
	1987	포항제철	20	19	3	2	14	1	0
	1988	포항제철	15	12	5	0	13	1	0
	1989	포항제철	39	11	20	1	41	2	0
	1990	포항제철	13	8	0	1	16	1	0
	1991	포항제철	15	15	0	1	10	1	0
	1992	현대	10	10	1	0	7	0	0
	합계		153	98	39	7	153	7	0
프로통산			153	98	39	7	153	7	0

조나탄(Johnathan Aparecido da Silva Vilela) 브라질 1990.03.29

대회	연도	소속	출전	교체	득점	도움	파울	경고	퇴장
K1	2016	수원	14	8	10	2	19	4	0
	2017	수원	29	11	22	3	35	5	0
	2021	광주	2	2	0	0	2	0	0
	합계		45	21	32	5	56	9	0
K2	2014	대구	29	17	14	2	56	1	0
	2015	대구	39	4	26	6	77	4	0
	합계		68	21	40	8	133	5	0
프로통산			113	42	72	13	189	14	0

조나탄(Jonathan Alonso Moya Aguilar) 코스타리카 1992.01.06

대회	연도	소속	출전	교체	득점	도움	파울	경고	퇴장
K2	2021	안양	29	9	14	1	40	5	0
	2022	안양	31	14	9	4	24	1	0
	합계		60	23	23	5	64	6	0
승	2022	안양	2	1	0	0	5	0	0
	합계		2	1	0	0	5	0	0
프로통산			62	24	23	5	69	6	0

조나탄 링(Erik Jonathan Ring) 스웨덴 1991.12.05

대회	연도	소속	출전	교체	득점	도움	파울	경고	퇴장
K1	2022	제주	28	31	5	2	17	2	0
	합계		28	31	5	2	17	2	0
프로통산			28	31	5	2	17	2	0

조남현(趙南眩) 전북대 1981.09.20

대회	연도	소속	출전	교체	득점	도움	파울	경고	퇴장
BC	2005	전북	7	6	0	0	9	0	0
	합계		7	6	0	0	9	0	0
프로통산			7	6	0	0	9	0	0

조네스(Jonhes Elias Pinto Santos) 브라질 1979.09.28

대회	연도	소속	출전	교체	득점	도움	파울	경고	퇴장
BC	2007	포항	14	11	4	0	33	1	0
	합계		14	11	4	0	33	1	0
프로통산			14	11	4	0	33	1	0

조대현(趙大現) 동국대 1974.02.24

대회	연도	소속	출전	교체	득점	도움	파울	경고	퇴장
BC	1996	수원	16	12	1	0	24	1	0
	1997	수원	12	13	1	0	16	2	0
	1998	수원	7	6	0	0	8	0	0
	1999	수원	19	17	2	1	28	2	0
	2000	수원	3	3	0	0	2	0	0
	2001	울산	4	4	0	0	8	0	0
	합계		61	55	4	1	86	5	0
프로통산			61	55	4	1	86	5	0

조덕제(趙德濟) 아주대 1965.10.26

대회	연도	소속	출전	교체	득점	도움	파울	경고	퇴장
BC	1988	대우	18	4	1	1	25	2	0
	1989	대우	39	5	1	4	71	3	0
	1990	대우	20	14	0	2	18	1	0
	1991	대우	33	14	2	0	32	1	0
	1992	대우	24	6	2	0	38	5	0
	1993	대우	29	0	0	1	29	2	0
	1994	대우	35	0	2	2	33	4	0
	1995	대우	15	3	2	1	15	3	1
	합계		213	46	10	11	261	21	1
프로통산			213	46	10	11	261	21	1

조동건(趙東建) 건국대 1986.04.16

대회	연도	소속	출전	교체	득점	도움	파울	경고	퇴장
BC	2008	성남일화	12	11	4	4	9	1	0
	2009	성남일화	39	16	8	5	57	2	0
	2010	성남일화	18	14	2	1	29	1	0
	2011	성남일화	32	13	8	2	39	0	0
	2012	수원	20	18	2	2	22	2	0
	합계		121	72	24	14	156	6	0
K1	2013	수원	25	15	5	4	18	3	0
	2014	수원	4	4	0	1	0	0	0
	2014	상주	19	6	3	1	22	0	0
	2016	수원	24	21	4	1	20	1	0
	합계		72	46	12	7	60	4	0
K2	2015	상주	14	11	6	0	11	1	0
	합계		14	11	6	0	11	1	0
프로통산			207	129	42	21	227	11	0

조동재(趙東宰) 용인시축구센터 덕영U18 2003.05.16

대회	연도	소속	출전	교체	득점	도움	파울	경고	퇴장
K2	2022	서울E	7	5	0	0	4	2	0
	합계		7	5	0	0	4	2	0
프로통산			7	5	0	0	4	2	0

조란(Zoran Milosević) 유고슬라비아 1975.11.23

대회	연도	소속	출전	교체	득점	도움	파울	경고	퇴장
BC	1999	전북	30	2	0	0	53	6	0
	2000	전북	18	13	0	0	18	1	1
	2001	전북	18	4	1	0	22	1	0
	합계		66	19	1	0	93	8	1
프로통산			66	19	1	0	93	8	1

조란(Zoran Sprko Rendulić) 세르비아 1984.05.22

대회	연도	소속	출전	교체	득점	도움	파울	경고	퇴장
BC	2012	포항	15	2	0	0	34	4	0
	합계		15	2	0	0	34	4	0
프로통산			15	2	0	0	34	4	0

조란(Zoran Vukcević) 유고슬라비아 1972.02.07

대회	연도	소속	출전	교체	득점	도움	파울	경고	퇴장
BC	1993	현대	10	10	1	0	6	0	0
	합계		10	10	1	0	6	0	0
프로통산			10	10	1	0	6	0	0

조란(Zoran Durisić) 유고슬라비아 1971.04.29

대회	연도	소속	출전	교체	득점	도움	파울	경고	퇴장
BC	1996	울산	24	20	4	2	39	4	0
	합계		24	20	4	2	39	4	0
프로통산			24	20	4	2	39	4	0

조란(Zoran Novaković) 유고슬라비아 1975.08.22

대회	연도	소속	출전	교체	득점	도움	파울	경고	퇴장
BC	1998	부산	6	5	0	0	9	1	0
	1999	부산	9	8	0	0	18	1	0
	합계		15	13	0	0	27	2	0
프로통산			15	13	0	0	27	2	0

조르단(Wilmar Jordan Gil) 콜롬비아 1990.10.17

대회	연도	소속	출전	교체	득점	도움	파울	경고	퇴장
BC	2011	경남	10	7	3	2	17	2	0
	2012	경남	22	19	2	0	31	1	0
	합계		32	26	5	2	48	3	0
K1	2013	성남일화	2	2	0	0	0	0	0
	합계		2	2	0	0	0	0	0
프로통산			34	28	5	2	48	3	0

조르징요(Jorge Xavier de Sousa) 브라질 1991.01.05

대회	연도	소속	출전	교체	득점	도움	파울	경고	퇴장
K1	2015	성남	11	7	1	0	12	3	0
	합계		11	7	1	0	12	3	0
프로통산			11	7	1	0	12	3	0

조만근(趙萬根) 한양대 1977.11.28

대회	연도	소속	출전	교체	득점	도움	파울	경고	퇴장
BC	1998	수원	3	3	0	0	4	0	0
	1999	수원	2	1	0	1	3	0	0
	2002	수원	2	2	0	0	2	0	0
	합계		7	6	0	1	9	0	0
프로통산			7	6	0	1	9	0	0

조민국(曺敏國) 고려대 1963.07.05

대회	연도	소속	출전	교체	득점	도움	파울	경고	퇴장
BC	1986	럭키금성	12	0	5	2	12	3	0
	1987	럭키금성	19	1	0	0	16	3	0
	1988	럭키금성	10	1	0	0	15	2	0
	1989	럭키금성	9	1	1	2	8	1	0
	1990	럭키금성	23	6	1	3	17	3	0
	1991	LG	32	4	6	2	31	7	1
	1992	LG	34	1	2	2	23	3	0
	합계		139	14	15	11	122	22	1
프로통산			139	14	15	11	122	22	1

조민우(趙民宇) 동국대 1992.05.13

대회	연도	소속	출전	교체	득점	도움	파울	경고	퇴장
K1	2017	포항	14	2	1	0	12	1	0
	합계		14	2	1	0	12	1	0
K2	2014	강원	3	3	0	0	3	0	0
	합계		3	3	0	0	3	0	0
프로통산			17	5	1	0	15	1	0

조민혁(趙民爀) 홍익대 1982.05.05

대회	연도	소속	출전	교체	실점	도움	파울	경고	퇴장
BC	2005	부천SK	0	0	0	0	0	0	0
	2006	제주	0	0	0	0	0	0	0

대회	연도	소속	출전	교체	득점	도움	파울	경고	퇴장
	2007	전남	0	0	0	0	0	0	0
	2008	전남	0	0	0	0	0	0	0
	합계		0	0	0	0	0	0	0
프로통산			0	0	0	0	0	0	0

조민형(曺民亨) 전주기전대 1993.04.07

대회	연도	소속	출전	교체	득점	도움	파울	경고	퇴장
K2	2014	수원FC	0	0	0	0	0	0	0
	합계		0	0	0	0	0	0	0
프로통산			0	0	0	0	0	0	0

조범석(曺帆奭) 신갈고 1990.01.09

대회	연도	소속	출전	교체	득점	도움	파울	경고	퇴장
BC	2011	인천	6	3	0	0	10	0	0
	합계		6	3	0	0	10	0	0
K2	2016	부천	36	10	1	2	17	2	0
	2017	부천	32	18	0	4	19	3	0
	2018	아산	5	5	0	1	0	0	0
	2019	아산	20	5	0	0	3	0	0
	2019	부천	13	2	0	0	9	1	0
	2020	부천	23	0	0	0	8	0	2
	2021	부천	6	3	0	0	8	1	0
	합계		135	43	1	7	64	7	2
프로통산			141	46	1	7	74	7	2

조병국(曺秉局) 연세대 1981.07.01

대회	연도	소속	출전	교체	득점	도움	파울	경고	퇴장
BC	2002	수원	23	2	3	1	38	1	1
	2003	수원	29	5	0	1	47	1	0
	2004	수원	14	2	1	0	32	3	0
	2005	성남일화	12	12	0	0	2	0	0
	2006	성남일화	40	0	0	1	47	5	0
	2007	성남일화	26	1	1	0	38	3	0
	2008	성남일화	25	0	0	1	37	3	0
	2009	성남일화	26	1	2	0	50	14	0
	2010	성남일화	30	2	0	0	49	5	0
	합계		225	25	7	4	340	35	1
K1	2016	인천	29	5	1	2	21	5	0
	2018	경남	0	0	0	0	0	0	0
	합계		29	5	1	2	21	5	0
K2	2017	경남	8	2	1	0	10	4	0
	2018	수원FC	13	4	0	0	13	0	0
	합계		21	6	1	0	23	4	0
프로통산			275	36	9	6	384	44	1

조병득(趙炳得) 명지대 1958.05.26

대회	연도	소속	출전	교체	실점	도움	파울	경고	퇴장
BC	1983	할렐루야	15	0	19	0	0	0	0
	1984	할렐루야	28	0	35	0	0	0	0
	1985	할렐루야	19	1	25	0	0	0	0
	1987	포항제철	18	2	24	0	1	0	0
	1988	포항제철	6	0	1	0	0	0	0
	1989	포항제철	25	0	35	1	0	0	0
	1990	포항제철	23	0	23	0	1	0	0
	합계		134	3	162	1	2	0	0
프로통산			134	3	162	1	2	0	0

조병영(趙炳瑛) 안동대 1966.01.22

대회	연도	소속	출전	교체	득점	도움	파울	경고	퇴장
BC	1988	럭키금성	18	1	1	0	27	1	0
	1989	럭키금성	17	13	0	0	13	0	0
	1990	럭키금성	1	0	0	0	4	0	0
	1991	LG	13	5	0	1	12	2	1
	1992	LG	15	9	1	0	19	1	0
	1993	LG	23	4	0	0	34	5	1
	1994	LG	15	2	0	0	28	2	0
	1995	LG	18	3	0	0	36	6	0
	1996	안양LG	33	6	0	0	48	7	1
	1997	안양LG	25	16	1	0	56	5	0
	합계		178	59	3	1	277	29	3
프로통산			178	59	3	1	277	29	3

조블론(Jovlon Ibrokhimov) 우즈베키스탄 1990.12.10

대회	연도	소속	출전	교체	득점	도움	파울	경고	퇴장
K2	2019	수원FC	8	5	0	2	9	2	0
	합계		8	5	0	2	9	2	0
프로통산			8	5	0	2	9	2	0

조상범(趙尙範) 호남대 1994.01.01

대회	연도	소속	출전	교체	득점	도움	파울	경고	퇴장
K2	2017	대전	11	8	0	1	8	1	0
	2018	수원FC	10	3	0	1	10	0	0
	2019	수원FC	0	0	0	0	0	0	0
	합계		21	11	0	2	18	1	0
프로통산			21	11	0	2	18	1	0

조상원(趙相圓) 호남대 1976.05.06

대회	연도	소속	출전	교체	실점	도움	파울	경고	퇴장
BC	1999	전북	3	0	3	0	0	0	0
	2000	전북	0	0	0	0	0	0	0
	2001	전북	1	1	2	0	0	0	0
	합계		4	1	5	0	0	0	0
프로통산			4	1	5	0	0	0	0

조상준(曺祥準) 대구대 1988.07.24

대회	연도	소속	출전	교체	실점	도움	파울	경고	퇴장
BC	2011	광주	0	0	0	0	0	0	0
	합계		0	0	0	0	0	0	0
K2	2013	경찰	4	3	1	0	0	1	0
	합계		4	3	1	0	0	1	0
프로통산			4	3	1	0	0	1	0

조상준(趙相俊) 제주국제대 1999.07.11

대회	연도	소속	출전	교체	득점	도움	파울	경고	퇴장
K1	2021	수원FC	26	28	2	0	5	0	0
	합계		26	28	2	0	5	0	0
프로통산			26	28	2	0	5	0	0

조석영(趙奭泳) 광운대 1997.04.09

대회	연도	소속	출전	교체	득점	도움	파울	경고	퇴장
K1	2020	서울	1	1	0	0	1	0	0
	2021	서울	1	1	0	0	2	1	0
	합계		2	2	0	0	3	1	0
프로통산			2	2	0	0	3	1	0

조석재(趙錫宰) 건국대 1993.03.24

대회	연도	소속	출전	교체	득점	도움	파울	경고	퇴장
K1	2016	전남	9	9	1	0	3	1	0
	2018	대구	6	6	0	0	0	0	0
	합계		15	15	1	0	3	1	0
K2	2015	충주	36	18	19	5	44	6	0
	2017	안양	28	24	7	1	22	2	0
	합계		64	42	26	6	66	8	0
프로통산			79	57	27	6	69	9	0

조성규(趙星奎) 동국대 1959.05.22

대회	연도	소속	출전	교체	득점	도움	파울	경고	퇴장
BC	1984	한일은행	9	4	1	2	8	1	0
	1985	한일은행	21	4	3	4	25	0	0
	1986	한일은행	18	5	2	5	20	3	0
	합계		48	13	6	11	53	4	0
프로통산			48	13	6	11	53	4	0

조성래(趙成來) 홍익대 1979.08.10

대회	연도	소속	출전	교체	득점	도움	파울	경고	퇴장
BC	2004	성남일화	9	5	0	0	17	2	0
	합계		9	5	0	0	17	2	0
프로통산			9	5	0	0	17	2	0

조성욱(趙成昱) 단국대 1995.03.22

대회	연도	소속	출전	교체	득점	도움	파울	경고	퇴장
K1	2022	성남	9	3	0	0	6	1	0
	합계		9	3	0	0	6	1	0
K2	2018	성남	11	9	0	0	7	3	0
	합계		11	9	0	0	7	3	0
프로통산			20	12	0	0	13	4	0

조성윤(趙成閏) 숭실대 1984.04.26

대회	연도	소속	출전	교체	득점	도움	파울	경고	퇴장
BC	2005	인천	2	1	0	0	1	0	0
	2006	광주상무	0	0	0	0	0	0	0
	합계		2	1	0	0	1	0	0
프로통산			2	1	0	0	1	0	0

조성준(趙聖俊) 청주대 1990.11.27

대회	연도	소속	출전	교체	득점	도움	파울	경고	퇴장
K1	2016	광주	32	28	1	2	34	4	0
	2017	광주	12	8	2	0	14	1	0
	2019	성남	14	6	1	1	11	2	0
	2021	제주	23	26	1	3	10	0	0
	2022	제주	30	24	0	5	9	1	0
	합계		111	92	5	11	78	8	0
K2	2013	안양	24	20	4	2	35	4	0
	2014	안양	22	17	4	2	25	3	0
	2015	안양	36	26	2	3	29	3	0
	2017	아산	8	7	1	0	6	1	0
	2018	아산	24	20	4	6	15	3	1
	합계		114	90	15	13	110	14	1
프로통산			225	182	20	24	188	22	1

조성준(趙星俊) 주엽공고 1988.06.07

대회	연도	소속	출전	교체	득점	도움	파울	경고	퇴장
BC	2007	전북	3	0	0	1	12	2	0
	2008	전북	8	2	0	0	18	5	0
	합계		11	2	0	1	30	7	0
프로통산			11	2	0	1	30	7	0

조성진(趙成鎭) 유성생명과학고 1990.12.14

대회	연도	소속	출전	교체	득점	도움	파울	경고	퇴장
K1	2014	수원	37	0	0	0	50	3	0
	2015	수원	29	2	3	0	56	11	0
	2017	수원	7	0	0	0	5	0	0
	2018	수원	30	3	0	0	33	3	0
	2019	수원	10	5	0	0	8	1	0
	2020	수원	9	5	0	0	4	1	0
	2021	수원	6	4	0	0	9	1	0
	합계		128	19	3	0	165	20	0
K2	2016	안산무궁	18	0	0	0	27	3	1
	2017	아산	18	1	0	0	13	4	0
	합계		36	1	0	0	40	7	1
프로통산			164	20	3	0	205	27	1

조성채(趙誠彩) 대신고 1995.06.13

대회	연도	소속	출전	교체	득점	도움	파울	경고	퇴장
K2	2016	고양	0	0	0	0	0	0	0
	합계		0	0	0	0	0	0	0
프로통산			0	0	0	0	0	0	0

조성환(趙星桓) 초당대 1982.04.09

대회	연도	소속	출전	교체	득점	도움	파울	경고	퇴장
BC	2001	수원	32	3	0	0	45	5	0
	2002	수원	23	2	2	0	47	5	0
	2003	전북	31	5	0	2	82	12	0
	2003	수원	19	6	0	0	25	6	0
	2004	수원	19	6	1	0	27	3	0
	2005	수원	6	3	0	0	12	1	0
	2005	포항	4	2	0	0	8	1	0
	2006	포항	28	2	0	0	71	9	0
	2007	포항	27	1	0	0	43	7	1
	2008	포항	18	0	1	0	22	8	0
	2010	전북	11	0	2	0	28	3	0
	2011	전북	27	0	1	1	34	12	0
	2012	전북	9	1	0	1	15	3	0
	합계		223	26	7	2	377	63	1
K1	2015	전북	17	4	0	0	17	7	0
	2016	전북	14	1	1	0	11	5	0
	2017	전북	11	6	0	1	8	4	0
	2018	전북	5	4	0	0	6	2	0
	합계		47	15	1	1	42	18	0
프로통산			270	41	8	3	419	81	1

조성환(趙成煥) 아주대 1970.10.16

대회	연도	소속	출전	교체	득점	도움	파울	경고	퇴장
BC	1993	유공	16	4	0	1	17	4	0
	1994	유공	33	11	1	1	50	5	0
	1997	부천SK	32	5	0	4	86	8	0
	1998	부천SK	9	9	0	0	13	0	0
	1999	부천SK	35	0	0	6	101	5	1
	2000	부천SK	43	0	1	3	91	5	0
	2001	부천SK	31	0	2	2	65	9	0
	2003	전북	31	5	0	2	82	12	0
	합계		230	34	4	19	505	48	1
프로통산			230	34	4	19	505	48	1

조성훈(趙晟訓) 숭실대 1998.04.21

대회	연도	소속	출전	교체	실점	도움	파울	경고	퇴장
K1	2021	포항	5	1	8	0	1	0	0
	2022	포항	0	0	0	0	0	0	0
	합계		5	1	8	0	1	0	0
프로통산			5	1	8	0	1	0	0

조세(Jose Roberto Assunção de Araujo Filho) 브라질 1993.09.14

대회	연도	소속	출전	교체	득점	도움	파울	경고	퇴장
K1	2018	대구	11	6	3	0	24	2	0
	합계		11	6	3	0	24	2	0
프로통산			11	6	3	0	24	2	0

조세권(趙世權) 고려대 1978.06.26

대회	연도	소속	출전	교체	득점	도움	파울	경고	퇴장
BC	2001	울산	28	2	0	0	25	7	0
	2002	울산	27	4	0	0	41	6	0
	2003	울산	39	2	1	1	57	7	0
	2004	울산	32	1	0	0	45	8	0
	2005	울산	31	2	0	0	63	5	0
	2006	울산	22	7	0	1	40	6	0
	2007	전남	1	1	0	0	1	0	0
	합계		180	19	1	2	272	39	0
프로통산			180	19	1	2	272	39	0

조셉(Somogyi József) 헝가리 1968.05.23

대회	연도	소속	출전	교체	득점	도움	파울	경고	퇴장
BC	1994	유공	25	11	3	3	28	3	0
	1995	유공	21	8	3	5	25	4	0
	1996	부천유공	35	9	12	6	70	10	0
	1997	부천SK	24	8	1	3	37	4	0
	합계		105	36	19	17	160	21	0
프로통산			105	36	19	17	160	21	0

조수철(趙秀哲) 우석대 1990.10.30

대회	연도	소속	출전	교체	득점	도움	파울	경고	퇴장
K1	2013	성남일화	0	0	0	0	0	0	0
	2014	인천	6	4	1	0	3	0	0
	2015	인천	27	6	2	1	28	4	0
	2016	포항	14	3	1	1	13	3	0
	2018	상주	1	1	0	0	1	1	0
	2019	상주	1	1	0	0	2	0	0
	합계		49	15	4	2	47	8	0
K2	2017	부천	10	7	1	0	11	2	0
	2019	부천	7	2	2	0	12	3	0
	2020	부천	26	5	3	0	23	6	0
	2021	부천	27	7	1	0	20	3	0
	2022	부천	25	16	2	2	21	2	0
	합계		95	37	9	2	87	16	0
프로통산			144	52	13	4	134	24	0

조수혁(趙秀赫) 건국대 1987.03.18

대회	연도	소속	출전	교체	실점	도움	파울	경고	퇴장
BC	2008	서울	2	0	1	0	0	0	0
	2010	서울	0	0	0	0	0	0	0
	2011	서울	1	0	1	0	0	0	0
	2012	서울	0	0	0	0	0	0	0
	합계		3	0	2	0	0	0	0
K1	2013	인천	0	0	0	0	0	0	0
	2014	인천	0	0	0	0	0	0	0
	2015	인천	10	2	4	0	0	2	0
	2016	인천	26	0	32	0	2	2	0
	2017	울산	10	0	10	0	0	0	0
	2018	울산	8	1	6	0	0	0	0
	2019	울산	2	0	1	0	0	0	0
	2020	울산	0	0	0	0	0	0	0
	2021	울산	0	0	0	0	0	0	0
	2022	울산	3	1	0	0	0	1	0
	합계		59	4	53	0	2	5	0
프로통산			62	4	55	0	2	5	0

조시마(Josimar de Carvalho Ferreira) 브라질 1972.04.09

대회	연도	소속	출전	교체	득점	도움	파울	경고	퇴장
BC	2000	포항	4	4	0	1	4	0	0
	합계		4	4	0	1	4	0	0
프로통산			4	4	0	1	4	0	0

조시엘(Josiel Alves de Oliveira) 브라질 1988.09.19

대회	연도	소속	출전	교체	득점	도움	파울	경고	퇴장
K2	2017	안양	16	13	2	1	26	4	0
	합계		16	13	2	1	26	4	0
프로통산			16	13	2	1	26	4	0

조엘손(Joelson Franca Dias) 브라질 1988.05.29

대회	연도	소속	출전	교체	득점	도움	파울	경고	퇴장
K2	2014	강원	19	17	6	0	26	0	0
	합계		19	17	6	0	26	0	0
프로통산			19	17	6	0	26	0	0

조영민(趙永玟) 동아대 1982.08.20

대회	연도	소속	출전	교체	득점	도움	파울	경고	퇴장
BC	2005	부산	1	1	0	0	0	0	0
	2006	부산	12	7	0	1	12	3	0
	2007	부산	1	1	0	0	1	0	0
	합계		14	9	0	1	13	3	0
프로통산			14	9	0	1	13	3	0

조영우(曺永雨) 전북대 1973.02.19

대회	연도	소속	출전	교체	득점	도움	파울	경고	퇴장
BC	1995	전북	6	5	1	0	0	0	0
	합계		6	5	1	0	0	0	0
프로통산			6	5	1	0	0	0	0

조영욱(曺永旭) 고려대 1999.02.05

대회	연도	소속	출전	교체	득점	도움	파울	경고	퇴장
K1	2018	서울	30	22	3	2	6	1	0
	2019	서울	18	17	2	1	5	3	0
	2020	서울	20	11	3	1	16	2	0
	2021	서울	36	23	8	1	23	2	0
	2022	서울	37	16	6	7	25	2	0
	합계		141	89	22	12	75	10	0
승	2018	서울	2	1	1	0	3	0	0
	합계		2	1	1	0	3	0	0
프로통산			143	90	23	12	78	10	0

조영준(曺泳俊) 경일대 1985.05.23

대회	연도	소속	출전	교체	실점	도움	파울	경고	퇴장
BC	2008	대구	0	0	0	0	0	0	0
	2009	대구	0	0	0	0	0	0	0
	2010	대구	0	0	0	0	0	0	0
	합계		0	0	0	0	0	0	0
프로통산			0	0	0	0	0	0	0

조영증(趙榮增) 중앙대 1954.08.18

대회	연도	소속	출전	교체	득점	도움	파울	경고	퇴장
BC	1984	럭키금성	28	2	9	4	28	1	0
	1985	럭키금성	5	1	1	1	8	0	0
	1986	럭키금성	12	0	4	0	15	1	0
	1987	럭키금성	7	2	0	0	2	0	0
	합계		52	5	14	5	53	2	0
프로통산			52	5	14	5	53	2	0

조영철(曺永哲) 학성고 1989.05.31

대회	연도	소속	출전	교체	득점	도움	파울	경고	퇴장
K1	2015	울산	2	2	0	0	0	0	0
	2016	상주	27	21	3	0	26	1	0
	2017	상주	15	10	2	0	6	0	0
	2017	울산	3	3	0	0	5	1	0
	2018	울산	2	2	0	0	2	0	0
	2018	경남	9	9	0	1	6	2	0
	합계		58	47	5	1	45	4	0
프로통산			58	47	5	1	45	4	0

조영훈(趙榮勳) 동국대 1989.04.13

대회	연도	소속	출전	교체	득점	도움	파울	경고	퇴장
BC	2012	대구	10	7	0	0	12	2	0
	합계		10	7	0	0	12	2	0
K1	2013	대구	26	2	1	1	37	2	0
	합계		26	2	1	1	37	2	0
K2	2014	대구	7	2	1	0	9	0	0
	2015	대구	27	4	0	1	30	7	0
	2016	대구	4	4	0	0	1	0	0
	2017	안양	7	2	0	0	7	2	0
	합계		45	12	1	1	47	9	0
프로통산			81	21	2	2	96	13	0

조예찬(趙藝燦) 용인대 1992.10.30

대회	연도	소속	출전	교체	득점	도움	파울	경고	퇴장
K2	2016	대전	24	18	1	0	24	4	0
	2017	대전	3	3	0	1	1	0	0
	2018	대전	0	0	0	0	0	0	0
	합계		27	21	1	1	25	4	0
프로통산			27	21	1	1	25	4	0

조용기(曺龍起) 아주대 1983.08.28

대회	연도	소속	출전	교체	득점	도움	파울	경고	퇴장
BC	2006	대구	0	0	0	0	0	0	0
	합계		0	0	0	0	0	0	0
프로통산			0	0	0	0	0	0	0

조용민(趙庸珉) 광주대 1992.01.15

대회	연도	소속	출전	교체	득점	도움	파울	경고	퇴장
K2	2014	수원FC	6	6	1	0	0	0	0
	합계		6	6	1	0	0	0	0
프로통산			6	6	1	0	0	0	0

조용석(曺庸碩) 경상대 1977.07.14

대회	연도	소속	출전	교체	득점	도움	파울	경고	퇴장
BC	2000	전남	16	11	1	0	22	1	0
	2001	전남	3	3	0	0	6	0	0
	합계		19	14	1	0	28	1	0
프로통산			19	14	1	0	28	1	0

조용태(趙容泰) 연세대 1986.03.31

대회	연도	소속	출전	교체	득점	도움	파울	경고	퇴장
BC	2008	수원	17	17	2	3	10	0	0
	2009	수원	9	9	1	0	7	0	0
	2010	광주상무	15	11	3	1	9	0	0
	2011	상주	12	11	1	0	7	0	0
	2011	수원	2	3	0	0	1	0	0
	2012	수원	12	12	1	1	5	0	0
	합계		67	63	8	5	39	0	0
K1	2013	수원	14	12	1	1	10	0	0
	2014	경남	1	1	0	0	1	0	0
	2015	광주	22	22	2	2	9	0	0
	2016	광주	10	10	0	1	8	1	0
	합계		47	45	3	4	28	1	0
K2	2014	광주	17	14	2	0	10	0	0
	2017	서울E	5	4	0	0	3	0	0
	2018	서울E	10	9	0	0	6	0	0
	합계		32	27	2	0	19	0	0
승	2014	광주	2	2	1	0	0	0	0
	합계		2	2	1	0	0	0	0
프로통산			148	137	14	9	86	1	0

조용형(趙容亨) 고려대 1983.11.03

대회	연도	소속	출전	교체	득점	도움	파울	경고	퇴장
BC	2005	부천SK	34	1	0	0	33	6	0

대회	연도	소속	출전	교체	득점	도움	파울	경고	퇴장
	2006	제주	35	0	0	0	44	8	0
	2007	성남일화	19	11	0	0	15	0	0
	2008	제주	31	1	0	1	33	4	1
	2009	제주	23	0	1	0	37	4	0
	2010	제주	15	2	0	0	28	1	0
	합계		157	15	1	1	190	23	1
K1	2017	제주	17	4	0	0	18	3	0
	2018	제주	16	2	0	0	15	4	1
	2019	제주	5	0	0	1	11	3	0
	합계		38	6	0	1	44	10	1
프로통산			195	21	1	2	234	33	2

조우석(趙祐奭) 대구대 1968.10.08

대회	연도	소속	출전	교체	득점	도움	파울	경고	퇴장
BC	1991	일화	37	6	3	4	42	2	0
	1992	일화	13	10	0	2	9	1	0
	1994	일화	15	9	0	2	16	5	0
	1995	일화	13	8	1	1	14	2	0
	1996	천안일화	20	8	1	1	23	1	0
	1997	천안일화	29	8	0	2	47	5	0
	1998	천안일화	27	7	1	1	21	2	0
	합계		154	56	6	13	172	18	0
프로통산			154	56	6	13	172	18	0

조우실바(Jorge Santos Silva) 브라질 1988.02.23

대회	연도	소속	출전	교체	득점	도움	파울	경고	퇴장
BC	2008	대구	2	2	0	0	0	0	0
	합계		2	2	0	0	0	0	0
프로통산			2	2	0	0	0	0	0

조우진(趙佑鎭) 포철공고 1987.07.07

대회	연도	소속	출전	교체	득점	도움	파울	경고	퇴장
BC	2011	광주	11	11	0	1	3	0	0
	2012	광주	9	9	1	0	3	1	0
	합계		20	20	1	1	6	1	0
K1	2013	대구	3	3	0	0	0	0	0
	합계		3	3	0	0	0	0	0
K2	2017	안산	14	5	0	0	6	1	0
	2018	안산	11	10	0	0	3	0	0
	합계		25	15	0	0	9	1	0
프로통산			48	38	1	1	15	2	0

조우진(趙佑辰) 한남대 1993.11.25

대회	연도	소속	출전	교체	득점	도움	파울	경고	퇴장
K2	2015	서울E	0	0	0	0	0	0	0
	2016	서울E	8	7	0	0	5	3	0
	합계		8	7	0	0	5	3	0
프로통산			8	7	0	0	5	3	0

조원광(趙源光) 한양중 1985.08.23

대회	연도	소속	출전	교체	득점	도움	파울	경고	퇴장
BC	2008	인천	4	5	0	0	4	0	0
	합계		4	5	0	0	4	0	0
프로통산			4	5	0	0	4	0	0

조원득(趙元得) 단국대 1991.06.21

대회	연도	소속	출전	교체	득점	도움	파울	경고	퇴장
K1	2015	대전	7	4	0	0	7	1	0
	합계		7	4	0	0	7	1	0
프로통산			7	4	0	0	7	1	0

조원희(趙源熙) 배재고 1983.04.17

대회	연도	소속	출전	교체	득점	도움	파울	경고	퇴장
BC	2002	울산	1	1	0	0	1	0	0
	2003	광주상무	23	12	2	0	32	3	0
	2004	광주상무	21	8	0	0	14	2	0
	2005	수원	29	13	0	1	39	2	0
	2006	수원	27	3	0	1	23	3	0
	2007	수원	19	1	0	1	39	4	0
	2008	수원	35	1	1	1	89	9	0
	2010	수원	26	3	1	0	41	2	0
	합계		181	42	4	4	278	25	0
K1	2014	경남	12	1	0	1	16	2	0
	2016	수원	26	5	1	0	33	3	0
	2017	수원	11	5	0	0	10	2	0
	2018	수원	23	11	0	1	27	3	0
	합계		72	22	1	2	86	10	0
K2	2015	서울E	38	0	5	3	41	4	0
	2020	수원FC	2	2	0	0	2	1	0
	합계		40	2	5	3	43	5	0
프로통산			293	66	10	9	407	40	0

조위제(趙偉濟) 용인대 2001.08.25

대회	연도	소속	출전	교체	득점	도움	파울	경고	퇴장
K2	2022	부산	25	8	0	0	17	4	0
	합계		25	8	0	0	17	4	0
프로통산			25	8	0	0	17	4	0

조유민(曺侑珉) 중앙대 1996.11.17

대회	연도	소속	출전	교체	득점	도움	파울	경고	퇴장
K1	2021	수원FC	31	14	4	0	23	4	0
	합계		31	14	4	0	23	4	0
K2	2018	수원FC	26	0	0	0	39	8	1
	2019	수원FC	31	2	2	0	55	7	0
	2020	수원FC	24	1	2	1	24	3	0
	2022	대전	33	1	6	0	26	4	0
	합계		114	4	10	1	144	22	1
승	2022	대전	2	0	1	0	3	1	0
	합계		2	0	1	0	3	1	0
프로통산			147	18	15	1	170	27	1

조윤성(趙允晟) 청주대 1999.01.12

대회	연도	소속	출전	교체	득점	도움	파울	경고	퇴장
K1	2021	강원	0	0	0	0	0	0	0
	합계		0	0	0	0	0	0	0
프로통산			0	0	0	0	0	0	0

조윤형(趙允亨) 안동과학대 1996.06.02

대회	연도	소속	출전	교체	득점	도움	파울	경고	퇴장
K2	2019	전남	7	7	0	0	3	1	0
	2020	전남	5	5	0	0	2	0	1
	2021	부천	11	5	0	0	20	5	0
	합계		23	17	0	0	25	6	1
프로통산			23	17	0	0	25	6	1

조윤환(趙允煥) 명지대 1961.05.24

대회	연도	소속	출전	교체	득점	도움	파울	경고	퇴장
BC	1985	할렐루야	14	0	0	0	21	2	0
	1987	유공	20	9	3	1	28	2	0
	1988	유공	21	0	0	0	24	4	1
	1989	유공	30	3	5	6	44	2	0
	1990	유공	17	3	1	2	38	2	2
	합계		102	15	9	9	155	12	3
프로통산			102	15	9	9	155	12	3

조인형(趙仁衡) 인천대 1990.02.01

대회	연도	소속	출전	교체	득점	도움	파울	경고	퇴장
K1	2013	울산	3	3	0	0	0	0	0
	2014	울산	1	1	0	0	3	0	0
	합계		4	4	0	0	3	0	0
K2	2015	수원FC	5	5	0	0	7	0	0
	합계		5	5	0	0	7	0	0
프로통산			9	9	0	0	10	0	0

조인홍(趙仁洪) 원광대 1998.05.04

대회	연도	소속	출전	교체	득점	도움	파울	경고	퇴장
K2	2020	안산	0	0	0	0	0	0	0
	2021	안산	1	1	0	0	0	0	0
	합계		1	1	0	0	0	0	0
프로통산			1	1	0	0	0	0	0

조일수(趙日秀) 춘천고 1972.11.05

대회	연도	소속	출전	교체	득점	도움	파울	경고	퇴장
BC	1991	일화	3	3	0	0	2	0	0
	1993	일화	4	5	1	0	1	0	0
	1994	일화	3	3	0	0	0	0	0
	1996	천안일화	5	2	0	0	7	0	0
	1997	천안일화	18	15	1	1	22	2	0
	합계		33	28	2	1	32	2	0
프로통산			33	28	2	1	32	2	0

조재민(趙在珉) 중동고 1978.05.22

대회	연도	소속	출전	교체	득점	도움	파울	경고	퇴장
BC	2001	수원	3	2	0	0	2	1	0
	2002	수원	4	3	0	0	10	3	0
	2003	수원	6	5	0	0	14	1	0
	2004	수원	5	3	0	0	7	1	0
	2005	수원	11	6	0	0	15	2	0
	2006	수원	6	2	0	0	8	2	0
	2007	대전	17	11	0	0	30	2	0
	합계		52	32	0	0	86	12	0
프로통산			52	32	0	0	86	12	0

조재성(趙載晟) 관동대(가톨릭관동대) 1972.05.25

대회	연도	소속	출전	교체	득점	도움	파울	경고	퇴장
BC	1995	일화	1	1	0	0	1	1	0
	합계		1	1	0	0	1	1	0
프로통산			1	1	0	0	1	1	0

조재완(趙在玩) 상지대 1995.08.29

대회	연도	소속	출전	교체	득점	도움	파울	경고	퇴장
K1	2019	강원	17	5	8	2	19	1	0
	2020	강원	22	6	5	3	13	0	0
	2021	강원	22	16	4	2	15	3	0
	합계		61	27	17	7	47	4	0
K2	2018	서울E	28	15	6	0	23	2	0
	합계		28	15	6	0	23	2	0
프로통산			89	42	23	7	70	6	0

조재용(趙在勇) 연세대 1984.04.21

대회	연도	소속	출전	교체	득점	도움	파울	경고	퇴장
BC	2007	경남	7	6	0	0	4	0	0
	2009	경남	9	3	0	0	9	0	0
	2010	광주상무	3	1	0	0	2	0	0
	2011	상주	1	0	0	0	3	0	0
	2012	경남	8	4	0	0	6	1	0
	합계		28	14	0	0	24	1	0
K1	2013	경남	0	0	0	0	0	0	0
	합계		0	0	0	0	0	0	0
프로통산			28	14	0	0	24	1	0

조재진(曺宰溱) 대신고 1981.07.09

대회	연도	소속	출전	교체	득점	도움	파울	경고	퇴장
BC	2000	수원	5	4	0	0	10	0	0
	2001	수원	3	3	0	0	0	0	0
	2003	광주상무	31	8	3	3	57	5	0
	2004	수원	8	7	1	0	9	0	0
	2008	전북	31	7	10	3	57	4	0
	합계		78	29	14	6	133	9	0
프로통산			78	29	14	6	133	9	0

조재철(趙載喆) 아주대 1986.05.18

대회	연도	소속	출전	교체	득점	도움	파울	경고	퇴장
BC	2010	성남일화	33	16	4	2	37	4	0
	2011	성남일화	33	13	0	5	33	1	0
	2012	경남	17	12	2	1	17	2	0
	합계		83	41	6	8	87	7	0
K1	2013	경남	30	21	0	2	40	4	0
	2016	성남	23	13	3	0	20	2	0
	2018	경남	16	14	3	1	5	1	0
	2019	경남	18	7	1	1	21	2	0
	합계		87	55	7	4	86	9	0
K2	2014	안산경찰	32	7	7	1	35	4	0
	2015	안산경찰	21	19	0	3	21	1	0
	2015	경남	6	3	1	0	7	2	0
	2017	성남	14	10	1	1	17	4	0
	2020	대전	19	8	0	0	18	2	0
	합계		92	47	9	5	98	13	0
승	2016	성남	1	1	0	0	1	0	0
	2019	경남	2	0	0	0	3	1	0
	합계		3	1	0	0	4	1	0

대회	연도	소속	출전	교체	득점	도움	파울	경고	퇴장
프로통산			265	144	22	17	275	30	0

조재현(趙宰賢) 부경대 1985.05.13

대회	연도	소속	출전	교체	득점	도움	파울	경고	퇴장
BC	2006	부산	8	8	0	0	5	0	0
	합계		8	8	0	0	5	0	0
프로통산			8	8	0	0	5	0	0

조재훈(調在勳) 덕영고 2003.06.29

대회	연도	소속	출전	교체	득점	도움	파울	경고	퇴장
K1	2021	포항	2	2	0	0	2	0	0
	2022	포항	2	3	0	0	0	0	0
	합계		4	5	0	0	2	0	0
프로통산			4	5	0	0	2	0	0

조정현(曺丁鉉) 대구대 1969.11.12

대회	연도	소속	출전	교체	득점	도움	파울	경고	퇴장
BC	1992	유공	18	12	4	2	27	2	0
	1993	유공	24	11	4	1	44	4	1
	1994	유공	29	8	7	9	49	3	0
	1995	유공	17	8	3	1	29	3	0
	1996	부천유공	34	13	8	4	59	5	0
	1997	부천SK	6	3	0	0	15	0	0
	1998	부천SK	35	19	9	5	54	4	0
	1999	전남	12	12	0	0	16	1	0
	2000	포항	13	12	1	1	22	0	0
	합계		188	98	36	23	315	22	1
프로통산			188	98	36	23	315	22	1

조제(Dorde Vasić) 유고슬라비아 1964.05.02

대회	연도	소속	출전	교체	득점	도움	파울	경고	퇴장
BC	1994	일화	8	8	0	0	4	1	0
	합계		8	8	0	0	4	1	0
프로통산			8	8	0	0	4	1	0

조종화(趙鍾和) 고려대 1974.04.04

대회	연도	소속	출전	교체	득점	도움	파울	경고	퇴장
BC	1997	포항	6	4	0	0	2	0	0
	1998	포항	5	6	0	0	1	0	0
	2002	포항	5	1	0	0	5	0	0
	합계		16	11	0	0	8	0	0
프로통산			16	11	0	0	8	0	0

조주영(曺主煐) 아주대 1994.02.04

대회	연도	소속	출전	교체	득점	도움	파울	경고	퇴장
K1	2016	광주	15	14	2	2	6	4	0
	2017	광주	22	19	5	2	24	1	0
	2018	인천	1	1	0	0	0	0	0
	합계		38	34	7	4	30	5	0
K2	2019	광주	10	9	1	0	4	0	0
	2022	충남아산	23	23	1	0	8	1	0
	합계		33	32	2	0	12	1	0
프로통산			71	66	9	4	42	6	0

조준재(趙儁宰) 홍익대 1990.08.31

대회	연도	소속	출전	교체	득점	도움	파울	경고	퇴장
K2	2014	충주	14	6	1	2	11	0	0
	합계		14	6	1	2	11	0	0
프로통산			14	6	1	2	11	0	0

조준현(曺準鉉) 한남대 1989.09.26

대회	연도	소속	출전	교체	득점	도움	파울	경고	퇴장
K1	2013	제주	0	0	0	0	0	0	0
	합계		0	0	0	0	0	0	0
K2	2013	충주	3	2	0	0	3	0	0
	합계		3	2	0	0	3	0	0
프로통산			3	2	0	0	3	0	0

조준호(趙俊浩) 홍익대 1973.04.28

대회	연도	소속	출전	교체	**실점**	도움	파울	경고	퇴장
BC	1999	포항	20	0	30	0	1	1	0
	2000	포항	30	0	38	0	3	1	1
	2001	포항	11	1	13	0	0	0	0
	2002	포항	6	0	7	0	0	0	0
	2003	포항	2	1	3	0	0	0	0
	2004	부천SK	36	0	36	0	0	0	0
	2005	부천SK	36	0	31	0	0	0	0
	2006	제주	33	2	33	0	0	0	0
	2007	제주	15	1	17	0	0	0	0
	2008	제주	27	3	29	0	0	0	0
	2009	대구	14	1	29	0	1	2	0
	2010	대구	0	0	0	0	0	0	0
	합계		230	9	266	0	5	4	1
프로통산			230	9	266	0	5	4	1

조지훈(趙志君) 연세대 1990.05.29

대회	연도	소속	출전	교체	득점	도움	파울	경고	퇴장
BC	2011	수원	1	1	0	0	0	0	0
	2012	수원	11	11	0	1	6	1	0
	합계		12	12	0	1	6	1	0
K1	2013	수원	20	18	1	1	15	3	0
	2014	수원	16	16	0	0	10	4	0
	2015	수원	4	4	0	1	0	1	0
	2016	상주	10	9	0	0	5	1	0
	2017	상주	8	5	0	0	5	0	0
	2017	수원	3	3	0	0	1	0	0
	2018	수원	6	6	0	0	3	0	0
	2019	강원	15	11	0	0	14	0	0
	2020	강원	8	7	0	0	8	2	0
	2022	서울	5	4	0	0	1	0	0
	합계		95	83	1	2	62	11	0
프로통산			107	95	1	3	68	12	0

조진수(趙珍洙) 건국대 1983.09.02

대회	연도	소속	출전	교체	득점	도움	파울	경고	퇴장
BC	2003	전북	2	2	0	0	0	0	0
	2004	전북	0	0	0	0	0	0	0
	2005	전북	5	5	0	0	10	1	0
	2006	전북	23	20	1	1	52	4	0
	2007	제주	24	9	3	3	53	4	0
	2008	제주	30	10	3	2	51	3	0
	2009	울산	20	17	2	1	20	4	0
	2010	울산	6	5	0	1	7	0	0
	합계		110	68	9	8	193	16	0
K2	2014	수원FC	8	8	0	0	5	0	0
	합계		8	8	0	0	5	0	0
프로통산			118	76	9	8	198	16	0

조진우(趙進優) 인천남고 1999.11.17

대회	연도	소속	출전	교체	득점	도움	파울	경고	퇴장
K1	2020	대구	19	6	0	0	13	5	0
	2021	대구	16	10	1	0	21	2	1
	2022	대구	26	7	2	1	20	4	0
	합계		61	23	3	1	54	11	1
프로통산			61	23	3	1	54	11	1

조진호(趙眞浩) 경희대 1973.08.02

대회	연도	소속	출전	교체	득점	도움	파울	경고	퇴장
BC	1994	포항제철	16	11	2	0	25	2	0
	1995	포항	13	11	2	0	21	2	0
	1996	포항	16	12	1	0	14	2	0
	1999	포항	21	13	2	3	35	3	0
	2000	부천SK	26	26	6	3	30	2	0
	2001	성남일화	21	20	2	2	23	3	0
	2002	성남일화	6	6	0	0	13	1	0
	합계		119	99	15	8	161	15	0
프로통산			119	99	15	8	161	15	0

조징요(Jorge Claudio) 브라질 1975.10.01

대회	연도	소속	출전	교체	득점	도움	파울	경고	퇴장
BC	2002	포항	3	2	0	0	4	1	0
	합계		3	2	0	0	4	1	0
프로통산			3	2	0	0	4	1	0

조찬호(趙澯鎬) 연세대 1986.04.10

대회	연도	소속	출전	교체	득점	도움	파울	경고	퇴장
BC	2009	포항	11	11	3	6	6	0	0
	2010	포항	16	13	1	2	10	0	0
	2011	포항	26	23	4	2	18	0	0
	2012	포항	20	17	6	4	20	3	0
	합계		73	64	14	14	54	3	0
K1	2013	포항	34	30	9	1	23	1	0
	2014	포항	3	2	0	0	6	0	0
	2015	포항	13	12	0	1	6	0	0
	2015	수원	6	6	2	2	5	1	0
	2016	서울	11	11	0	1	1	0	0
	2017	서울	11	11	0	0	6	0	0
	합계		78	72	11	5	47	2	0
K2	2018	서울E	23	17	5	5	7	0	0
	합계		23	17	5	5	7	0	0
프로통산			174	153	30	24	108	5	0

조창근(趙昌根) 동아고 1964.11.07

대회	연도	소속	출전	교체	득점	도움	파울	경고	퇴장
BC	1993	대우	6	7	1	0	1	0	0
	1994	대우	3	3	0	0	0	0	0
	합계		9	10	1	0	1	0	0
프로통산			9	10	1	0	1	0	0

조철인(趙哲仁) 영남대 1990.09.15

대회	연도	소속	출전	교체	득점	도움	파울	경고	퇴장
K2	2014	안양	1	1	0	0	0	0	0
	합계		1	1	0	0	0	0	0
프로통산			1	1	0	0	0	0	0

조태근(曺泰根) 전주대 1985.04.26

대회	연도	소속	출전	교체	득점	도움	파울	경고	퇴장
K2	2018	대전	2	1	0	0	0	0	0
	합계		2	1	0	0	0	0	0
프로통산			2	1	0	0	0	0	0

조태우(趙太羽) 아주대 1987.01.19

대회	연도	소속	출전	교체	득점	도움	파울	경고	퇴장
K2	2013	수원FC	28	2	1	0	34	5	1
	2014	수원FC	16	2	0	0	19	1	0
	합계		44	4	1	0	53	6	1
프로통산			44	4	1	0	53	6	1

조태천(曺太千) 청구고 1956.07.19

대회	연도	소속	출전	교체	득점	도움	파울	경고	퇴장
BC	1983	포항제철	14	4	1	2	6	0	0
	1984	포항제철	18	8	0	1	8	0	0
	합계		32	12	1	3	14	0	0
프로통산			32	12	1	3	14	0	0

조한범(趙韓範) 중앙대 1985.03.28

대회	연도	소속	출전	교체	득점	도움	파울	경고	퇴장
BC	2008	포항	2	2	0	0	1	0	0
	2009	포항	1	1	0	0	0	0	0
	2009	대구	5	3	0	0	5	1	0
	합계		8	6	0	0	6	1	0
프로통산			8	6	0	0	6	1	0

조향기(趙香氣) 광운대 1992.03.23

대회	연도	소속	출전	교체	득점	도움	파울	경고	퇴장
K2	2015	서울E	6	6	1	0	3	0	0
	2016	서울E	10	8	0	0	5	0	0
	2017	서울E	14	9	1	0	3	0	0
	2021	서울E	1	0	0	0	0	0	0
	2022	김포	25	21	3	1	16	3	0
	합계		56	44	5	1	27	3	0
프로통산			56	44	5	1	27	3	0

조현두(趙顯斗) 한양대 1973.11.23

대회	연도	소속	출전	교체	득점	도움	파울	경고	퇴장
BC	1996	수원	29	11	7	2	36	2	0
	1997	수원	32	13	7	2	70	3	0
	1998	수원	14	6	0	3	30	2	0
	1999	수원	20	17	4	2	24	0	0
	2000	수원	19	14	0	4	30	1	0
	2001	수원	7	7	1	0	5	2	0
	2002	수원	14	14	1	3	19	0	0
	2003	전남	3	3	0	0	0	0	0
	2003	부천SK	25	10	5	3	47	5	0

대회	연도	소속	출전	교체	득점	도움	파울	경고	퇴장
	2004	부천SK	26	13	3	2	60	4	0
	2005	부천SK	18	13	0	3	26	3	0
	합계		207	121	28	24	347	22	0
프로통산			207	121	28	24	347	22	0

조현우(趙賢祐) 선문대 1991.09.25

대회	연도	소속	출전	교체	실점	도움	파울	경고	퇴장
K1	2013	대구	14	0	22	0	0	0	0
	2017	대구	35	0	48	0	1	2	0
	2018	대구	28	0	42	0	1	0	1
	2019	대구	38	1	34	0	0	2	0
	2020	울산	27	0	23	0	0	2	0
	2021	울산	38	0	41	0	0	2	0
	2022	울산	36	1	33	0	0	1	0
	합계		216	2	243	0	2	9	1
K2	2014	대구	15	0	21	0	0	1	0
	2015	대구	41	1	49	1	0	2	0
	2016	대구	39	0	35	0	0	2	0
	합계		95	1	105	1	0	5	0
프로통산			311	3	348	1	2	14	1

조현택(趙玹澤) 신갈고 2001.08.02

대회	연도	소속	출전	교체	득점	도움	파울	경고	퇴장
K2	2021	부천	30	6	1	3	41	1	0
	2022	부천	34	10	6	4	30	3	0
	합계		64	16	7	7	71	4	0
프로통산			64	16	7	7	71	4	0

조형익(趙亨翼) 명지대 1985.09.13

대회	연도	소속	출전	교체	득점	도움	파울	경고	퇴장
BC	2008	대구	32	28	1	5	18	1	0
	2009	대구	32	17	6	0	44	5	0
	2010	대구	30	9	9	4	38	8	0
	2011	대구	17	8	1	2	37	4	0
	합계		111	62	17	11	137	18	0
K1	2013	대구	27	21	1	5	34	3	0
	합계		27	21	1	5	34	3	0
K2	2014	대구	31	20	3	3	35	1	0
	합계		31	20	3	3	35	1	0
프로통산			169	103	21	19	206	22	0

조형재(趙亨在) 한려대 1985.01.08

대회	연도	소속	출전	교체	득점	도움	파울	경고	퇴장
BC	2006	제주	5	4	1	1	3	1	0
	2007	제주	12	12	0	0	2	0	0
	2008	제주	27	18	1	3	34	5	0
	2009	제주	11	8	2	1	4	1	0
	합계		55	42	4	5	43	7	0
프로통산			55	42	4	5	43	7	0

조혜성(趙慧成) 개성고 2003.01.30

대회	연도	소속	출전	교체	득점	도움	파울	경고	퇴장
K2	2021	부산	0	0	0	0	0	0	0
	합계		0	0	0	0	0	0	0
프로통산			0	0	0	0	0	0	0

조호연(趙皓衍) 광운대 1988.06.05

대회	연도	소속	출전	교체	득점	도움	파울	경고	퇴장
K1	2014	상주	0	0	0	0	0	0	0
	합계		0	0	0	0	0	0	0
K2	2013	상주	0	0	0	0	0	0	0
	합계		0	0	0	0	0	0	0
프로통산			0	0	0	0	0	0	0

조홍규(曺弘圭) 상지대 1983.07.24

대회	연도	소속	출전	교체	득점	도움	파울	경고	퇴장
BC	2006	대구	12	1	0	0	27	4	0
	2007	대구	27	8	0	1	41	4	0
	2008	대구	6	2	0	0	5	2	0
	2009	포항	7	3	0	0	12	1	0
	2010	포항	4	2	0	0	8	1	0
	2011	대전	8	4	1	0	8	2	0
	합계		64	20	1	1	101	14	0
프로통산			64	20	1	1	101	14	0

존(Jon Olav Hjelde) 노르웨이 1972.04.30

대회	연도	소속	출전	교체	득점	도움	파울	경고	퇴장
BC	2003	부산	16	2	0	0	22	3	1
	합계		16	2	0	0	22	3	1
프로통산			16	2	0	0	22	3	1

존자키(John Jaki) 나이지리아 1973.07.10

대회	연도	소속	출전	교체	득점	도움	파울	경고	퇴장
BC	2000	전북	3	4	0	0	3	0	0
	합계		3	4	0	0	3	0	0
프로통산			3	4	0	0	3	0	0

졸리(Zoltan Sabo) 유고슬라비아 1972.05.26

대회	연도	소속	출전	교체	득점	도움	파울	경고	퇴장
BC	2000	수원	22	1	0	0	37	6	0
	2001	수원	24	1	0	1	45	11	1
	2002	수원	2	1	0	0	5	0	1
	합계		48	3	0	1	87	17	2
프로통산			48	3	0	1	87	17	2

좌준협(左峻協) 전주대 1991.05.07

대회	연도	소속	출전	교체	득점	도움	파울	경고	퇴장
K1	2013	제주	2	0	0	0	6	1	0
	2014	제주	0	0	0	0	0	0	0
	2016	제주	1	1	0	0	2	1	0
	2017	제주	3	2	0	0	8	0	0
	2018	경남	0	0	0	0	0	0	0
	합계		6	3	0	0	16	2	0
K2	2014	안산경찰	4	2	0	0	4	0	0
	2015	안산경찰	15	12	0	0	17	2	0
	합계		19	14	0	0	21	2	0
프로통산			25	17	0	0	37	4	0

죠다쉬(Idarko Cordas) 크로아티아 1976.12.16

대회	연도	소속	출전	교체	득점	도움	파울	경고	퇴장
BC	2001	포항	3	2	0	0	3	1	0
	합계		3	2	0	0	3	1	0
프로통산			3	2	0	0	3	1	0

죠이(Joilson Rodrigues da Silva) 브라질 1976.12.08

대회	연도	소속	출전	교체	득점	도움	파울	경고	퇴장
BC	2000	성남일화	30	19	7	1	50	2	0
	합계		30	19	7	1	50	2	0
프로통산			30	19	7	1	50	2	0

주경철(周景喆) 영남대 1965.02.22

대회	연도	소속	출전	교체	득점	도움	파울	경고	퇴장
BC	1988	럭키금성	4	2	0	0	4	0	0
	1989	럭키금성	27	21	4	3	21	3	0
	1990	럭키금성	7	6	0	0	7	0	0
	1991	유공	10	7	0	0	14	1	0
	1994	버팔로	35	9	2	7	38	3	0
	1995	LG	7	5	0	1	9	0	0
	합계		90	50	6	11	93	7	0
프로통산			90	50	6	11	93	7	0

주광선(朱廣先) 전주대 1991.04.13

대회	연도	소속	출전	교체	득점	도움	파울	경고	퇴장
K2	2015	부천	7	7	0	0	5	0	0
	합계		7	7	0	0	5	0	0
프로통산			7	7	0	0	5	0	0

주광윤(朱光潤) 고려대 1982.10.23

대회	연도	소속	출전	교체	득점	도움	파울	경고	퇴장
BC	2003	전남	13	13	1	0	5	0	0
	2004	전남	7	6	0	1	7	1	0
	2005	전남	15	12	1	0	27	3	0
	2006	전남	31	28	5	2	35	6	0
	2007	전남	19	19	2	1	14	2	0
	2008	전남	18	14	0	0	22	2	0
	2009	전남	16	16	2	1	12	3	0
	2010	광주상무	16	12	0	1	26	4	0
	2011	상주	4	4	0	1	3	0	0
	합계		139	124	11	7	151	21	0
프로통산			139	124	11	7	151	21	0

주기환(朱基煥) 경일대 1981.12.20

대회	연도	소속	출전	교체	득점	도움	파울	경고	퇴장
BC	2005	전북	0	0	0	0	0	0	0
	합계		0	0	0	0	0	0	0
프로통산			0	0	0	0	0	0	0

주니오(Figueiredo Pinto Júnior) 브라질 1986.12.30

대회	연도	소속	출전	교체	득점	도움	파울	경고	퇴장
K1	2017	대구	16	10	12	1	17	2	0
	2018	울산	32	12	22	1	31	2	0
	2019	울산	35	16	19	5	48	3	0
	2020	울산	27	15	26	2	21	0	0
	합계		110	53	79	9	117	7	0
프로통산			110	53	79	9	117	7	0

주닝요(Aselmo Vendrechovski Junior) 브라질 1982.09.16

대회	연도	소속	출전	교체	득점	도움	파울	경고	퇴장
BC	2010	수원	13	6	3	2	16	2	0
	합계		13	6	3	2	16	2	0
프로통산			13	6	3	2	16	2	0

주닝요(Junio Cesar Arcanjo) 브라질 1983.01.11

대회	연도	소속	출전	교체	득점	도움	파울	경고	퇴장
BC	2011	대구	17	11	2	2	19	4	0
	합계		17	11	2	2	19	4	0
프로통산			17	11	2	2	19	4	0

주민규(周敏圭) 한양대 1990.04.13

대회	연도	소속	출전	교체	득점	도움	파울	경고	퇴장
K1	2017	상주	32	11	17	6	44	3	0
	2018	상주	11	4	4	0	10	0	0
	2019	울산	28	22	5	5	23	0	0
	2021	제주	34	11	22	1	40	3	0
	2022	제주	37	19	17	7	19	0	0
	합계		142	67	65	19	136	6	0
K2	2013	고양	26	15	2	1	38	1	0
	2014	고양	30	8	5	1	67	5	0
	2015	서울E	40	17	23	7	66	5	0
	2016	서울E	29	8	14	3	38	2	0
	2018	서울E	3	3	0	0	1	0	0
	2020	제주	18	10	8	2	29	1	0
	합계		146	61	52	14	239	14	0
승	2017	상주	2	0	0	0	4	0	0
	합계		2	0	0	0	4	0	0
프로통산			290	128	117	33	379	20	0

주성환(朱性奐) 한양대 1990.08.24

대회	연도	소속	출전	교체	득점	도움	파울	경고	퇴장
BC	2012	전남	17	16	2	1	12	1	0
	합계		17	16	2	1	12	1	0
프로통산			17	16	2	1	12	1	0

주세종(朱世鐘) 건국대 1990.10.30

대회	연도	소속	출전	교체	득점	도움	파울	경고	퇴장
BC	2012	부산	1	1	0	0	0	0	0
	합계		1	1	0	0	0	0	0
K1	2013	부산	0	0	0	0	0	0	0
	2014	부산	22	11	2	5	41	5	0
	2015	부산	35	3	3	6	60	7	0
	2016	서울	30	9	4	1	46	5	0
	2017	서울	35	5	0	5	31	2	1
	2019	서울	9	2	1	0	15	3	0
	2020	서울	16	8	0	1	22	4	0
	합계		147	38	10	18	215	26	1
K2	2018	아산	19	6	1	2	22	5	0
	2019	아산	21	2	2	5	19	3	1
	2022	대전	17	12	0	3	19	2	0
	합계		57	20	3	10	60	10	1
승	2015	부산	1	0	0	0	5	0	0
	2022	대전	2	2	1	0	5	1	0

대회	연도	소속	출전	교체	득점	도움	파울	경고	퇴장
	합계		3	2	1	0	10	1	0
프로통산			208	61	14	28	285	37	2

주승진(朱承進) 전주대 1975.03.12

대회	연도	소속	출전	교체	득점	도움	파울	경고	퇴장
BC	2003	대전	38	1	0	3	65	8	0
	2004	대전	26	2	1	2	60	1	0
	2005	대전	32	6	0	0	87	5	0
	2006	대전	32	4	2	3	69	5	0
	2007	대전	23	7	0	0	52	4	0
	2008	대전	11	2	0	0	15	1	0
	2008	부산	18	1	0	1	31	2	0
	2009	부산	6	3	0	0	9	0	1
	합계		186	26	3	9	388	26	1
프로통산			186	26	3	9	388	26	1

주앙파울로(Joao Paulo da Silva Araujo) 브라질 1988.06.02

대회	연도	소속	출전	교체	득점	도움	파울	경고	퇴장
BC	2011	광주	30	27	8	1	35	1	0
	2012	광주	40	40	8	7	47	5	0
	합계		70	67	16	8	82	6	0
K1	2013	대전	35	17	6	3	44	2	0
	2014	인천	5	5	0	0	1	0	0
	합계		40	22	6	3	45	2	0
프로통산			110	89	22	11	127	8	0

주영만(朱榮萬) 국민대 1961.04.01

대회	연도	소속	출전	교체	득점	도움	파울	경고	퇴장
BC	1984	국민은행	17	1	0	0	15	0	0
	합계		17	1	0	0	15	0	0
프로통산			17	1	0	0	15	0	0

주영재(朱英宰) 오스트레일리아 John Paul College 1990.07.12

대회	연도	소속	출전	교체	득점	도움	파울	경고	퇴장
BC	2011	성남일화	0	0	0	0	0	0	0
	합계		0	0	0	0	0	0	0
프로통산			0	0	0	0	0	0	0

주영호(周永昊) 숭실대 1975.10.24

대회	연도	소속	출전	교체	득점	도움	파울	경고	퇴장
BC	1998	전남	7	6	0	0	3	3	0
	1999	전남	27	13	0	0	37	4	0
	2000	전남	34	4	0	0	59	6	0
	2001	전남	20	2	0	0	38	2	0
	2002	전남	19	3	2	2	33	3	0
	2003	전남	19	6	0	0	42	2	0
	2004	전남	6	2	0	0	16	2	0
	2007	전남	0	0	0	0	0	0	0
	합계		132	36	2	2	228	22	0
프로통산			132	36	2	2	228	22	0

주용국(朱龍國) 경희대 1970.01.27

대회	연도	소속	출전	교체	실점	도움	파울	경고	퇴장
BC	1996	수원	0	0	0	0	0	0	0
	합계		0	0	0	0	0	0	0
프로통산			0	0	0	0	0	0	0

주용선(朱容善) 동아대 1974.03.03

대회	연도	소속	출전	교체	득점	도움	파울	경고	퇴장
BC	1997	전남	1	1	0	0	0	0	0
	합계		1	1	0	0	0	0	0
프로통산			1	1	0	0	0	0	0

주원석(朱源錫) 청주대 1996.01.19

대회	연도	소속	출전	교체	득점	도움	파울	경고	퇴장
K2	2019	아산	1	1	0	0	1	0	0
	2020	충남아산	3	3	0	0	1	0	0
	합계		4	4	0	0	2	0	0
프로통산			4	4	0	0	2	0	0

주익성(朱益成) 태성고 1992.09.10

대회	연도	소속	출전	교체	득점	도움	파울	경고	퇴장
K2	2014	대전	2	2	0	0	0	0	0
	합계		2	2	0	0	0	0	0
프로통산			2	2	0	0	0	0	0

주인배(朱仁培) 광주대 1989.09.16

대회	연도	소속	출전	교체	득점	도움	파울	경고	퇴장
BC	2012	경남	1	1	0	0	1	0	0
	합계		1	1	0	0	1	0	0
프로통산			1	1	0	0	1	0	0

주일태(朱一泰) 수원대 1991.11.28

대회	연도	소속	출전	교체	득점	도움	파울	경고	퇴장
K2	2013	부천	3	2	0	0	3	1	0
	2014	부천	4	4	0	0	2	1	0
	합계		7	6	0	0	5	2	0
프로통산			7	6	0	0	5	2	0

주재덕(周載德) 연세대 1985.07.25

대회	연도	소속	출전	교체	실점	도움	파울	경고	퇴장
BC	2006	경남	0	0	0	0	0	0	0
	2007	경남	1	0	1	0	0	0	0
	2009	전북	0	0	0	0	0	0	0
	합계		1	0	1	0	0	0	0
프로통산			1	0	1	0	0	0	0

주종대(朱悰大) 인천대 1996.04.23

대회	연도	소속	출전	교체	득점	도움	파울	경고	퇴장
K1	2019	인천	2	2	0	0	2	1	0
	합계		2	2	0	0	2	1	0
K2	2020	부천	5	6	0	0	4	3	0
	합계		5	6	0	0	4	3	0
프로통산			7	8	0	0	6	4	0

주한성(朱漢成) 영남대 1995.06.07

대회	연도	소속	출전	교체	득점	도움	파울	경고	퇴장
K2	2017	서울E	26	14	2	2	26	3	0
	합계		26	14	2	2	26	3	0
프로통산			26	14	2	2	26	3	0

주현성(朱賢城) 용인대 1999.03.31

대회	연도	소속	출전	교체	실점	도움	파울	경고	퇴장
K2	2021	서울E	0	0	0	0	0	0	0
	2022	서울E	0	0	0	0	0	0	0
	합계		0	0	0	0	0	0	0
프로통산			0	0	0	0	0	0	0

주현우(朱眩宇) 동신대 1990.09.12

대회	연도	소속	출전	교체	득점	도움	파울	경고	퇴장
K1	2015	광주	28	25	0	1	14	1	0
	2016	광주	20	17	2	2	17	3	0
	2017	광주	25	25	1	4	9	1	0
	2019	성남	30	11	1	4	20	0	0
	합계		103	78	4	11	60	5	0
K2	2018	성남	31	21	2	1	12	2	0
	2020	안양	19	3	0	1	14	0	0
	2021	안양	37	4	0	8	22	4	0
	2022	안양	41	24	1	3	27	3	0
	합계		128	52	3	13	75	9	0
승	2022	안양	2	2	0	1	0	0	0
	합계		2	2	0	1	0	0	0
프로통산			233	132	7	25	135	14	0

주현재(周鉉宰) 홍익대 1989.05.26

대회	연도	소속	출전	교체	득점	도움	파울	경고	퇴장
BC	2011	인천	0	0	0	0	0	0	0
	2012	인천	4	3	0	0	4	0	0
	합계		4	3	0	0	4	0	0
K2	2013	안양	11	10	1	0	12	1	0
	2014	안양	16	15	3	1	28	2	1
	2015	안양	36	17	4	3	50	6	0
	2016	안산무궁	32	24	2	2	34	6	0
	2017	아산	15	7	2	1	24	6	0
	2017	안양	4	2	1	0	10	1	0
	2018	안양	1	0	0	0	3	0	0
	2019	안양	9	7	0	0	7	0	0
	2020	안양	6	7	0	0	1	0	0
	합계		130	89	13	7	169	22	1
프로통산			134	92	13	7	173	22	1

주현호(朱玹澔) 동국대 1996.03.01

대회	연도	소속	출전	교체	득점	도움	파울	경고	퇴장
K1	2017	수원	1	1	0	0	0	0	0
	2019	수원	0	0	0	0	0	0	0
	합계		1	1	0	0	0	0	0
K2	2020	안산	2	2	0	0	2	1	0
	2021	안산	1	1	0	0	0	0	0
	합계		3	3	0	0	2	1	0
프로통산			4	4	0	0	2	1	0

주호진(朱浩眞) 인천대 1981.01.01

대회	연도	소속	출전	교체	득점	도움	파울	경고	퇴장
BC	2004	인천	1	0	0	0	0	1	0
	2005	인천	0	0	0	0	0	0	0
	합계		1	0	0	0	0	1	0
프로통산			1	0	0	0	0	1	0

주홍렬(朱洪烈) 아주대 1972.08.02

대회	연도	소속	출전	교체	득점	도움	파울	경고	퇴장
BC	1995	전남	14	14	0	0	11	1	0
	1996	전남	17	10	0	1	30	3	0
	1997	전남	3	1	1	0	6	1	0
	1998	전남	10	7	0	0	16	4	0
	1999	천안일화	2	2	0	0	0	0	0
	합계		46	34	1	1	63	9	0
프로통산			46	34	1	1	63	9	0

줄루(Carlos Eduardo Alves Albina) 브라질 1983.08.18

대회	연도	소속	출전	교체	득점	도움	파울	경고	퇴장
BC	2010	포항	1	1	0	0	0	0	0
	합계		1	1	0	0	0	0	0
프로통산			1	1	0	0	0	0	0

쥴리안(Julian Kristoffersen) 노르웨이 1997.05.10

대회	연도	소속	출전	교체	득점	도움	파울	경고	퇴장
K2	2020	전남	24	18	5	2	35	1	0
	합계		24	18	5	2	35	1	0
프로통산			24	18	5	2	35	1	0

지경득(池炅得) 배재대 1988.07.18

대회	연도	소속	출전	교체	득점	도움	파울	경고	퇴장
BC	2011	인천	4	3	0	0	3	1	0
	2012	대전	40	31	2	1	28	1	0
	합계		44	34	2	1	31	2	0
K1	2013	대전	9	10	0	0	3	0	0
	합계		9	10	0	0	3	0	0
K2	2014	충주	12	12	0	3	6	0	0
	합계		12	12	0	3	6	0	0
프로통산			65	56	2	4	40	2	0

지구민(地求民) 용인대 1993.04.18

대회	연도	소속	출전	교체	득점	도움	파울	경고	퇴장
K2	2016	고양	5	4	0	0	5	0	0
	합계		5	4	0	0	5	0	0
프로통산			5	4	0	0	5	0	0

지네이(Ednet Luis de Oliveira) 브라질 1981.02.14

대회	연도	소속	출전	교체	득점	도움	파울	경고	퇴장
BC	2006	대구	26	14	4	1	63	2	0
	합계		26	14	4	1	63	2	0
프로통산			26	14	4	1	63	2	0

지넬손(Dinelson dos Santos Lima) 브라질 1986.02.04

대회	연도	소속	출전	교체	득점	도움	파울	경고	퇴장
BC	2012	대구	26	21	3	5	32	2	0
	합계		26	21	3	5	32	2	0
프로통산			26	21	3	5	32	2	0

지뉴(Claudio Wanderley Sarmento Neto) 브라질 1982.11.03

대회	연도	소속	출전	교체	득점	도움	파울	경고	퇴장
BC	2009	경남	8	4	0	0	23	1	0

대회	연도	소속	출전	교체	득점	도움	파울	경고	퇴장
	합계		8	4	0	0	23	1	0
프로통산			8	4	0	0	23	1	0

지동원(池東沅) 광양제철고 1991.05.28

대회	연도	소속	출전	교체	득점	도움	파울	경고	퇴장
BC	2010	전남	26	3	8	4	43	3	0
	2011	전남	13	4	3	1	13	1	0
	합계		39	7	11	5	56	4	0
K1	2021	서울	12	10	1	1	14	2	0
	2022	서울	3	4	0	0	2	0	0
	합계		15	14	1	1	16	2	0
프로통산			54	21	12	6	72	6	0

지병주(池秉珠) 인천대 1990.03.20

대회	연도	소속	출전	교체	득점	도움	파울	경고	퇴장
K1	2015	인천	1	1	0	0	2	1	0
	합계		1	1	0	0	2	1	0
K2	2014	대구	0	0	0	0	0	0	0
	2016	부천	13	1	1	0	27	5	1
	2017	부천	12	8	0	0	12	1	0
	합계		25	9	1	0	39	6	1
프로통산			26	10	1	0	41	7	1

지아고(Tiago Cipreste Pereira) 브라질 1980.02.01

대회	연도	소속	출전	교체	득점	도움	파울	경고	퇴장
BC	2004	대전	9	6	3	1	31	2	0
	합계		9	6	3	1	31	2	0
프로통산			9	6	3	1	31	2	0

지안(Jean Carlos Cloth Goncalves) 브라질 1993.07.02

대회	연도	소속	출전	교체	득점	도움	파울	경고	퇴장
K1	2018	대구	4	2	0	0	8	0	0
	합계		4	2	0	0	8	0	0
프로통산			4	2	0	0	8	0	0

지안(Barbu Constantin) 루마니아 1971.05.16

대회	연도	소속	출전	교체	득점	도움	파울	경고	퇴장
BC	1997	수원	6	4	2	0	3	1	0
	합계		6	4	2	0	3	1	0
프로통산			6	4	2	0	3	1	0

지언학(池彦學) 경희대 1994.03.22

대회	연도	소속	출전	교체	득점	도움	파울	경고	퇴장
K1	2019	인천	20	10	1	2	21	1	0
	2020	인천	16	8	2	1	7	0	0
	2021	인천	11	11	0	0	4	0	0
	2022	김천	4	5	0	0	0	0	0
	합계		51	34	3	3	32	1	0
K2	2021	김천	5	5	0	0	2	1	0
	합계		5	5	0	0	2	1	0
프로통산			56	39	3	3	34	2	0

지오바니(Jose Thomaz Geovane de Oliveira) 브라질 1985.08.05

대회	연도	소속	출전	교체	득점	도움	파울	경고	퇴장
BC	2008	대구	12	8	3	2	7	0	0
	합계		12	8	3	2	7	0	0
프로통산			12	8	3	2	7	0	0

지우(Givanilton Martins Ferreira: Gil) 브라질 1991.04.13

대회	연도	소속	출전	교체	득점	도움	파울	경고	퇴장
K2	2015	강원	18	9	9	5	10	2	0
	2018	광주	8	7	0	1	0	0	0
	합계		26	16	9	6	10	2	0
프로통산			26	16	9	6	10	2	0

지의수(池宜水) 중경고 2000.03.25

대회	연도	소속	출전	교체	득점	도움	파울	경고	퇴장
K1	2019	강원	0	0	0	0	0	0	0
	2020	강원	0	0	0	0	0	0	0
	합계		0	0	0	0	0	0	0
프로통산			0	0	0	0	0	0	0

지쿠(Ianis Alin Zicu) 루마니아 1983.10.23

대회	연도	소속	출전	교체	득점	도움	파울	경고	퇴장
BC	2012	포항	15	12	6	0	12	1	0
	2012	강원	17	1	9	4	20	2	0
	합계		32	13	15	4	32	3	0
K1	2013	강원	27	3	6	3	42	3	0
	합계		27	3	6	3	42	3	0
승	2013	강원	2	2	0	0	2	0	0
	합계		2	2	0	0	2	0	0
프로통산			61	18	21	7	76	6	0

진경선(陳慶先) 아주대 1980.04.10

대회	연도	소속	출전	교체	득점	도움	파울	경고	퇴장
BC	2003	부천SK	4	1	0	0	10	2	0
	2006	대구	17	3	1	0	51	4	0
	2007	대구	27	8	0	2	58	4	0
	2008	대구	34	0	0	5	52	4	0
	2009	전북	26	0	0	1	53	6	0
	2010	전북	29	5	0	0	63	8	0
	2011	전북	7	4	0	0	13	2	0
	2012	전북	22	2	1	1	38	6	0
	합계		166	23	2	9	338	36	0
K1	2013	강원	35	5	1	1	55	7	0
	2014	경남	23	5	1	1	32	4	0
	합계		58	10	2	2	87	11	0
K2	2015	경남	22	3	0	0	31	2	0
	2016	경남	21	15	1	0	11	1	0
	2017	경남	1	1	0	0	1	0	0
	합계		44	19	1	0	43	3	0
승	2013	강원	2	0	0	0	2	0	0
	2014	경남	2	0	0	0	3	0	0
	합계		4	0	0	0	5	0	0
프로통산			272	52	5	11	473	50	0

진대성(晋大星) 전주대 1989.09.19

대회	연도	소속	출전	교체	득점	도움	파울	경고	퇴장
BC	2012	제주	1	1	0	0	1	0	0
	합계		1	1	0	0	1	0	0
K1	2013	제주	0	0	0	0	0	0	0
	2014	제주	19	19	3	0	4	0	0
	2015	제주	11	9	2	1	8	0	0
	2017	상주	2	2	0	0	3	0	0
	합계		32	30	5	1	15	0	0
K2	2016	대전	24	20	3	5	21	1	0
	합계		24	20	3	5	21	1	0
승	2017	상주	1	1	0	0	1	0	0
	합계		1	1	0	0	1	0	0
프로통산			58	52	8	6	38	1	0

진민호(陳珉虎) 덕산중 1985.08.12

대회	연도	소속	출전	교체	득점	도움	파울	경고	퇴장
BC	2005	부산	0	0	0	0	0	0	0
	합계		0	0	0	0	0	0	0
프로통산			0	0	0	0	0	0	0

진성욱(陳成昱) 대건고 1993.12.16

대회	연도	소속	출전	교체	득점	도움	파울	경고	퇴장
BC	2012	인천	2	2	0	0	2	0	0
	합계		2	2	0	0	2	0	0
K1	2014	인천	26	25	6	0	25	3	0
	2015	인천	27	27	4	1	31	3	0
	2016	인천	31	21	5	3	47	3	0
	2017	제주	29	26	5	1	45	4	0
	2018	제주	25	22	2	2	20	1	0
	2019	상주	6	4	0	0	8	0	0
	2020	상주	5	1	0	1	10	0	0
	2021	제주	23	23	0	3	25	1	1
	2022	제주	19	18	2	1	19	5	0
	합계		191	167	24	12	230	20	1
K2	2020	제주	8	6	5	2	16	2	0
	합계		8	6	5	2	16	2	0
프로통산			201	175	29	14	248	22	1

진세민(陳世玟) 용인대 1998.05.23

대회	연도	소속	출전	교체	득점	도움	파울	경고	퇴장
K2	2021	경남	2	2	0	1	1	1	0
	합계		2	2	0	1	1	1	0
프로통산			2	2	0	1	1	1	0

진순진(陳順珍) 상지대 1974.03.01

대회	연도	소속	출전	교체	득점	도움	파울	경고	퇴장
BC	1999	안양LG	11	9	1	0	11	0	0
	2000	안양LG	6	3	0	0	12	3	0
	2002	안양LG	18	10	6	0	36	2	0
	2003	안양LG	40	28	10	2	67	3	0
	2004	대구	27	25	7	3	33	2	0
	2005	대구	28	27	7	1	33	3	0
	2006	전남	1	1	0	0	2	0	0
	합계		131	103	31	6	194	13	0
프로통산			131	103	31	6	194	13	0

* 실점: 2000년 1 / 통산 1

진장상곤(陳章相坤) 경희대 1958.06.20

대회	연도	소속	출전	교체	득점	도움	파울	경고	퇴장
BC	1983	국민은행	3	1	0	0	4	0	0
	1984	현대	27	3	0	2	18	0	0
	1985	현대	20	1	0	0	22	1	0
	1986	현대	29	3	0	0	46	2	0
	1987	현대	16	5	0	0	12	3	0
	1988	현대	15	0	0	1	20	0	0
	1989	현대	18	8	0	0	24	1	0
	합계		128	21	0	3	146	7	0
프로통산			128	21	0	3	146	7	0

진창수(秦昌守) 일본 도쿄조선고 1985.10.26

대회	연도	소속	출전	교체	득점	도움	파울	경고	퇴장
K2	2013	고양	33	26	5	3	57	3	0
	2015	고양	39	20	7	6	60	2	0
	2016	부천	38	26	7	6	71	3	0
	2017	부천	35	25	9	3	52	4	0
	2018	부천	31	30	7	2	26	2	0
	2019	안산	8	8	1	0	10	1	0
	합계		184	135	36	20	276	15	0
프로통산			184	135	36	20	276	15	0

진필립(陳必立) 중원대 2000.09.02

대회	연도	소속	출전	교체	실점	도움	파울	경고	퇴장
K2	2021	부산	0	0	0	0	0	0	0
	2022	부산	0	0	0	0	0	0	0
	합계		0	0	0	0	0	0	0
프로통산			0	0	0	0	0	0	0

질베르(Gilbert Massock) 카메룬 1977.06.05

대회	연도	소속	출전	교체	득점	도움	파울	경고	퇴장
BC	1997	안양LG	4	4	0	0	14	0	0
	합계		4	4	0	0	14	0	0
프로통산			4	4	0	0	14	0	0

질베르토(Gilberto Valdenesio Fortunato) 브라질 1987.07.11

대회	연도	소속	출전	교체	득점	도움	파울	경고	퇴장
K1	2015	광주	6	5	1	0	19	1	0
	합계		6	5	1	0	19	1	0
프로통산			6	5	1	0	19	1	0

짜시오(Jacio Marcos de Jesus) 브라질 1989.07.30

대회	연도	소속	출전	교체	득점	도움	파울	경고	퇴장
K1	2014	부산	6	6	0	0	3	1	0
	합계		6	6	0	0	3	1	0
프로통산			6	6	0	0	3	1	0

쯔엉(Luong Xuan Truong) 베트남 1995.04.28

대회	연도	소속	출전	교체	득점	도움	파울	경고	퇴장
K1	2016	인천	4	4	0	0	2	0	0
	2017	강원	2	2	0	0	1	0	0
	합계		6	6	0	0	3	0	0
프로통산			6	6	0	0	3	0	0

찌아고(Thiago Elias do Nascimento Sil) 브라질 1987.06.09

대회	연도	소속	출전	교체	득점	도움	파울	경고	퇴장
K1	2013	인천	19	19	1	3	8	0	0
	합계		19	19	1	3	8	0	0
프로통산			19	19	1	3	8	0	0

찌아고(Thiago Gentil) 브라질 1980.04.08

대회	연도	소속	출전	교체	득점	도움	파울	경고	퇴장
BC	2005	대구	30	15	6	0	40	1	0
	합계		30	15	6	0	40	1	0
프로통산			30	15	6	0	40	1	0

찌아구(Tiago Marques Rezende) 브라질 1988.03.03

대회	연도	소속	출전	교체	득점	도움	파울	경고	퇴장
K1	2018	제주	31	26	8	1	31	1	0
	2019	제주	15	11	4	0	11	0	0
	합계		46	37	12	1	42	1	0
프로통산			46	37	12	1	42	1	0

찌코(Dilmar dos Santos Machado) 브라질 1975.01.26

대회	연도	소속	출전	교체	득점	도움	파울	경고	퇴장
BC	2001	전남	23	8	8	1	31	4	1
	2002	전남	12	9	3	0	17	3	0
	2003	전남	4	2	0	0	7	0	0
	합계		39	19	11	1	55	7	1
프로통산			39	19	11	1	55	7	1

차강(車嫝) 한양대 1994.01.06

대회	연도	소속	출전	교체	실점	도움	파울	경고	퇴장
K2	2017	안산	0	0	0	0	0	0	0
	합계		0	0	0	0	0	0	0
프로통산			0	0	0	0	0	0	0

차건명(車建明) 관동대(가톨릭관동대) 1981.12.26

대회	연도	소속	출전	교체	득점	도움	파울	경고	퇴장
BC	2009	제주	2	1	0	0	8	1	0
	합계		2	1	0	0	8	1	0
프로통산			2	1	0	0	8	1	0

차광식(車光植) 광운대 1963.05.09

대회	연도	소속	출전	교체	득점	도움	파울	경고	퇴장
BC	1986	한일은행	19	0	0	0	11	0	0
	1988	럭키금성	7	5	0	0	3	0	0
	1989	럭키금성	35	3	1	2	22	1	0
	1990	럭키금성	29	6	1	1	9	1	0
	1991	LG	23	8	0	0	11	0	0
	1992	LG	7	3	0	0	6	1	0
	합계		120	25	2	3	62	3	0
프로통산			120	25	2	3	62	3	0

차귀현(車貴鉉) 한양대 1975.01.12

대회	연도	소속	출전	교체	득점	도움	파울	경고	퇴장
BC	1997	대전	17	12	3	1	24	1	0
	1998	대전	8	11	0	0	4	0	0
	1999	전남	15	16	1	0	12	0	0
	합계		40	39	4	1	40	1	0
프로통산			40	39	4	1	40	1	0

차기석(車奇錫) 서울체고 1986.12.26

대회	연도	소속	출전	교체	실점	도움	파울	경고	퇴장
BC	2005	전남	0	0	0	0	0	0	0
	합계		0	0	0	0	0	0	0
프로통산			0	0	0	0	0	0	0

차두리(車두리) 고려대 1980.07.25

대회	연도	소속	출전	교체	득점	도움	파울	경고	퇴장
K1	2013	서울	30	7	0	3	25	2	0
	2014	서울	28	5	0	2	29	3	0
	2015	서울	24	5	2	2	23	6	0
	합계		82	17	2	7	77	11	0
프로통산			82	17	2	7	77	11	0

차상광(車相光) 한양대 1963.05.31

대회	연도	소속	출전	교체	실점	도움	파울	경고	퇴장
BC	1986	럭키금성	7	1	7	0	1	0	0
	1987	럭키금성	15	1	19	0	0	0	0
	1988	럭키금성	16	0	17	0	0	0	0
	1989	럭키금성	32	1	31	0	0	1	0
	1990	럭키금성	28	0	23	0	0	1	0
	1991	LG	36	3	43	0	0	1	0
	1992	포항제철	33	0	32	0	1	0	0
	1993	포항제철	7	0	8	0	0	0	0
	1994	유공	22	0	21	0	1	0	0
	1995	LG	15	0	21	0	0	0	0
	1996	부천유공	1	0	1	0	0	0	0
	1997	천안일화	14	1	17	0	0	0	0
	합계		226	7	240	0	3	3	0
프로통산			226	7	240	0	3	3	0

차상해(車相海) 중동고 1965.10.20

대회	연도	소속	출전	교체	득점	도움	파울	경고	퇴장
BC	1989	럭키금성	22	16	6	4	22	0	0
	1991	대우	7	7	0	0	7	0	0
	1992	대우	1	1	0	0	1	0	0
	1992	포항제철	16	9	4	2	40	4	0
	1993	포항제철	27	19	10	2	33	1	0
	1994	포항제철	21	16	3	1	16	0	0
	1995	대우	10	8	1	0	15	3	0
	1995	유공	12	6	1	1	18	2	0
	1996	부천유공	11	10	1	0	8	0	0
	1996	안양LG	3	3	0	0	2	0	0
	합계		130	95	26	10	162	10	0
프로통산			130	95	26	10	162	10	0

차석준(車錫俊) 동국대 1966.08.24

대회	연도	소속	출전	교체	득점	도움	파울	경고	퇴장
BC	1989	유공	29	9	0	1	37	1	0
	1990	유공	19	5	0	0	23	3	0
	1991	유공	20	9	1	1	19	1	0
	1992	유공	16	5	2	0	34	2	0
	1993	유공	12	7	0	1	10	2	0
	1994	유공	12	6	0	1	17	0	0
	1995	유공	4	0	0	0	5	2	0
	합계		112	41	3	4	145	11	0
프로통산			112	41	3	4	145	11	0

차영환(車永煥) 홍익대 1990.07.16

대회	연도	소속	출전	교체	득점	도움	파울	경고	퇴장
K1	2018	상주	5	2	0	0	5	1	0
	2019	상주	1	0	0	0	1	0	0
	합계		6	2	0	0	6	1	0
K2	2016	부산	33	1	1	0	26	3	0
	2017	부산	26	9	2	0	27	3	0
	2019	부산	2	1	0	0	0	0	0
	2020	충남아산	17	2	0	1	18	2	0
	합계		78	13	3	1	71	8	0
승	2017	부산	0	0	0	0	0	0	0
	합계		0	0	0	0	0	0	0
프로통산			84	15	3	1	77	9	0

차오연(車五硏) 한양대 1998.04.15

대회	연도	소속	출전	교체	득점	도움	파울	경고	퇴장
K1	2020	서울	3	3	0	0	3	1	0
	2021	서울	9	8	0	0	10	2	0
	합계		12	11	0	0	13	3	0
프로통산			12	11	0	0	13	3	0

차종윤(車鐘允) 성균관대 1981.09.25

대회	연도	소속	출전	교체	득점	도움	파울	경고	퇴장
BC	2004	성남일화	1	1	0	0	2	0	0
	합계		1	1	0	0	2	0	0
프로통산			1	1	0	0	2	0	0

차준엽(車俊燁) 조선대 1992.02.20

대회	연도	소속	출전	교체	득점	도움	파울	경고	퇴장
K2	2014	수원FC	6	5	0	0	4	0	0
	합계		6	5	0	0	4	0	0
프로통산			6	5	0	0	4	0	0

차철호(車哲昊) 영남대 1980.05.08

대회	연도	소속	출전	교체	득점	도움	파울	경고	퇴장
BC	2003	포항	2	2	0	0	1	0	0
	2004	포항	11	11	0	0	11	0	0
	2005	광주상무	5	5	0	0	3	0	0
	2006	광주상무	12	10	1	0	11	0	0
	2007	포항	1	1	0	0	1	0	0
	합계		31	29	1	0	27	0	0
프로통산			31	29	1	0	27	0	0

차치치(Frane Cacić) 크로아티아 1980.06.25

대회	연도	소속	출전	교체	득점	도움	파울	경고	퇴장
BC	2007	부산	10	7	1	0	12	1	0
	합계		10	7	1	0	12	1	0
프로통산			10	7	1	0	12	1	0

차태영(車泰泳) 울산대 1991.02.06

대회	연도	소속	출전	교체	득점	도움	파울	경고	퇴장
K2	2015	경남	2	2	0	0	0	0	0
	합계		2	2	0	0	0	0	0
프로통산			2	2	0	0	0	0	0

차희철(車喜哲) 여주상고 1966.11.24

대회	연도	소속	출전	교체	득점	도움	파울	경고	퇴장
BC	1984	유공	22	10	1	3	10	0	0
	1985	유공	12	5	0	3	8	0	0
	1988	유공	13	8	1	0	13	1	0
	1989	유공	34	13	1	2	33	2	0
	1990	유공	15	13	0	0	9	1	0
	1991	유공	1	1	0	0	0	0	0
	합계		97	50	3	8	73	4	0
프로통산			97	50	3	8	73	4	0

채광훈(蔡光勳) 상지대 1993.08.17

대회	연도	소속	출전	교체	득점	도움	파울	경고	퇴장
K1	2020	강원	13	10	1	1	9	1	0
	합계		13	10	1	1	9	1	0
K2	2016	안양	9	3	0	0	7	2	0
	2017	안양	13	2	0	2	15	0	1
	2018	안양	30	2	0	4	24	1	1
	2019	안양	28	3	2	3	19	3	0
	2021	경남	27	6	1	4	28	2	0
	2022	서울E	28	12	0	2	12	1	0
	합계		135	28	3	15	105	9	2
프로통산			148	38	4	16	114	10	2

채선일(蔡善一) 배재대 1994.08.03

대회	연도	소속	출전	교체	득점	도움	파울	경고	퇴장
K2	2018	수원FC	1	1	0	0	0	0	0
	2019	수원FC	5	4	0	0	3	0	0
	합계		6	5	0	0	3	0	0
프로통산			6	5	0	0	3	0	0

채프만(Connor Edward Chapman) 오스트레일리아 1994.10.31

대회	연도	소속	출전	교체	득점	도움	파울	경고	퇴장
K1	2017	인천	27	8	2	0	32	5	0
	2018	포항	33	5	0	4	44	9	0
	2021	서울	2	0	0	0	2	0	0
	합계		62	13	2	4	78	14	0
K2	2020	대전	16	5	0	0	19	6	0
	합계		16	5	0	0	19	6	0
프로통산			78	18	2	4	97	20	0

챠디(Dragan Cadikovski) 마케도니아 1982.01.13

대회	연도	소속	출전	교체	득점	도움	파울	경고	퇴장
BC	2009	인천	20	14	5	1	27	4	0
	2010	인천	4	4	0	0	3	0	0
	합계		24	18	5	1	30	4	0
프로통산			24	18	5	1	30	4	0

천대환(千大桓) 아주대 1980.12.06

대회	연도	소속	출전	교체	득점	도움	파울	경고	퇴장
BC	2003	성남일화	2	2	0	0	2	1	0

대회	연도	소속	출전	교체	득점	도움	파울	경고	퇴장
	2004	성남일화	4	3	0	0	5	0	0
	2005	성남일화	7	1	0	0	10	1	0
	합계		13	6	0	0	17	2	0
프로통산			13	6	0	0	17	2	0

천병호(千秉浩) 중앙대 1958.08.10

대회	연도	소속	출전	교체	득점	도움	파울	경고	퇴장
BC	1983	국민은행	12	5	0	0	3	1	0
	합계		12	5	0	0	3	1	0
프로통산			12	5	0	0	3	1	0

천성권(千成權) 단국대 1976.09.26

대회	연도	소속	출전	교체	득점	도움	파울	경고	퇴장
BC	2000	부산	3	3	0	0	3	0	0
	합계		3	3	0	0	3	0	0
프로통산			3	3	0	0	3	0	0

천정희(千丁熙) 한양대 1974.06.23

대회	연도	소속	출전	교체	득점	도움	파울	경고	퇴장
BC	1997	울산	12	4	0	1	18	1	0
	1998	울산	30	9	0	1	17	1	0
	1999	울산	10	3	0	0	12	1	0
	2000	울산	21	7	0	1	12	2	0
	합계		73	23	0	3	59	5	0
프로통산			73	23	0	3	59	5	0

천제훈(千制訓) 한남대 1985.07.13

대회	연도	소속	출전	교체	득점	도움	파울	경고	퇴장
BC	2006	서울	6	5	1	0	11	0	0
	2007	서울	1	1	0	0	1	0	0
	2008	서울	1	0	0	0	0	0	0
	2009	광주상무	2	2	0	0	1	1	0
	2010	광주상무	1	1	0	0	0	0	0
	합계		11	9	1	0	13	1	0
프로통산			11	9	1	0	13	1	0

천지현(千知鉉) 한남대 1999.07.02

대회	연도	소속	출전	교체	득점	도움	파울	경고	퇴장
K2	2021	부산	0	0	0	0	0	0	0
	합계		0	0	0	0	0	0	0
프로통산			0	0	0	0	0	0	0

최강희(崔康熙) 우신고 1959.04.12

대회	연도	소속	출전	교체	득점	도움	파울	경고	퇴장
BC	1983	포항제철	3	0	0	0	2	0	0
	1984	현대	26	1	0	2	17	1	0
	1985	현대	21	0	0	2	23	0	0
	1986	현대	31	1	0	3	47	1	0
	1987	현대	25	0	3	6	28	3	0
	1988	현대	20	1	0	2	27	1	0
	1989	현대	9	0	0	0	11	1	0
	1990	현대	13	1	2	3	19	2	1
	1991	현대	37	5	5	4	43	2	0
	1992	현대	20	6	0	0	14	1	0
	합계		205	15	10	22	231	12	1
프로통산			205	15	10	22	231	12	1

최거룩(崔거룩) 중앙대 1976.06.26

대회	연도	소속	출전	교체	득점	도움	파울	경고	퇴장
BC	1999	부천SK	21	13	1	0	26	5	0
	2000	부천SK	27	4	0	0	37	5	1
	2001	부천SK	19	2	1	0	18	1	1
	2002	부천SK	17	7	0	0	37	5	0
	2003	부천SK	3	0	1	0	9	2	1
	2003	전남	20	2	0	2	31	5	0
	2004	전남	17	0	0	0	40	7	0
	2005	대전	13	0	0	0	27	2	0
	2006	대전	12	8	0	0	27	3	0
	2007	대전	16	7	0	0	33	6	0
	합계		165	43	3	2	285	41	3
프로통산			165	43	3	2	285	41	3

최건주(崔建柱) 건국대 1999.06.26

대회	연도	소속	출전	교체	득점	도움	파울	경고	퇴장
K2	2020	안산	20	10	3	1	17	1	0
	2021	안산	25	17	3	1	23	3	1
	2022	안산	39	33	7	3	26	2	0
	합계		84	60	13	5	66	6	1
프로통산			84	60	13	5	66	6	1

최건택(崔建澤) 중앙대 1965.03.23

대회	연도	소속	출전	교체	득점	도움	파울	경고	퇴장
BC	1988	현대	14	11	1	1	19	0	0
	1989	현대	15	13	1	1	18	0	0
	합계		29	24	2	2	37	0	0
프로통산			29	24	2	2	37	0	0

최경복(崔景福) 광양제철고 1988.03.13

대회	연도	소속	출전	교체	득점	도움	파울	경고	퇴장
BC	2007	전남	2	2	0	0	1	0	0
	2008	전남	9	8	0	0	9	1	0
	합계		11	10	0	0	10	1	0
프로통산			11	10	0	0	10	1	0

최경식(崔景植) 건국대 1957.02.01

대회	연도	소속	출전	교체	득점	도움	파울	경고	퇴장
BC	1983	유공	5	3	0	0	1	0	0
	1984	국민은행	26	4	0	0	21	0	0
	1985	포항제철	12	0	1	0	14	1	0
	합계		43	7	1	0	36	1	0
프로통산			43	7	1	0	36	1	0

최광수(崔光洙) 동의대 1979.09.25

대회	연도	소속	출전	교체	득점	도움	파울	경고	퇴장
BC	2002	부산	12	9	1	0	14	1	0
	2003	부산	2	2	0	0	2	0	0
	합계		14	11	1	0	16	1	0
프로통산			14	11	1	0	16	1	0

최광지(崔光志) 광운대 1963.06.05

대회	연도	소속	출전	교체	득점	도움	파울	경고	퇴장
BC	1986	현대	4	3	1	0	2	0	0
	1987	현대	5	4	0	0	4	1	0
	1989	현대	7	0	1	0	13	0	0
	1990	현대	5	5	0	0	6	0	0
	합계		21	12	2	0	25	1	0
프로통산			21	12	2	0	25	1	0

최광훈(崔光勳) 인천대 1982.11.03

대회	연도	소속	출전	교체	득점	도움	파울	경고	퇴장
BC	2004	인천	0	0	0	0	0	0	0
	합계		0	0	0	0	0	0	0
프로통산			0	0	0	0	0	0	0

최광희(崔光熙) 울산대 1984.05.17

대회	연도	소속	출전	교체	득점	도움	파울	경고	퇴장
BC	2006	울산	3	3	0	0	0	0	0
	2007	전북	2	2	0	0	1	0	0
	2008	부산	12	10	3	0	18	2	0
	2009	부산	4	1	0	0	1	1	0
	2010	부산	6	6	0	1	3	0	0
	2011	부산	13	9	0	0	4	0	0
	2012	부산	36	22	0	3	21	2	0
	합계		76	53	3	4	48	5	0
K1	2014	부산	8	6	0	2	10	0	0
	2015	부산	24	14	1	0	16	3	0
	합계		32	20	1	2	26	3	0
K2	2013	경찰	33	4	2	1	30	5	0
	2014	안산경찰	20	7	0	5	22	5	0
	2016	부산	19	3	1	3	17	2	0
	2017	부산	6	3	0	1	5	2	0
	합계		78	17	3	10	74	14	0
승	2015	부산	2	0	0	0	3	0	0
	합계		2	0	0	0	3	0	0
프로통산			188	90	7	16	151	22	0

최규백(崔圭伯) 대구대 1994.01.23

대회	연도	소속	출전	교체	득점	도움	파울	경고	퇴장
K1	2016	전북	15	1	1	0	21	8	1
	2017	울산	11	4	0	0	12	1	1
	2019	제주	8	2	0	0	6	1	0
	합계		34	7	1	0	39	10	2
K2	2020	수원FC	9	7	1	0	3	1	0
	2021	충남아산	18	1	1	0	22	4	0
	2022	충남아산	1	1	0	0	1	2	0
	합계		28	9	2	0	26	7	0
프로통산			62	16	3	0	65	17	2

최규환(崔奎奐) 홍익대 1987.03.28

대회	연도	소속	출전	교체	실점	도움	파울	경고	퇴장
K2	2013	충주	15	0	26	0	1	1	0
	합계		15	0	26	0	1	1	0
프로통산			15	0	26	0	1	1	0

최근식(崔根植) 건국대 1981.04.25

대회	연도	소속	출전	교체	득점	도움	파울	경고	퇴장
BC	2006	대전	2	2	0	0	2	0	0
	2007	대전	9	9	0	0	11	0	0
	2008	대전	17	8	0	1	41	4	0
	합계		28	19	0	1	54	4	0
프로통산			28	19	0	1	54	4	0

최기봉(崔基奉) 서울시립대 1958.11.13

대회	연도	소속	출전	교체	득점	도움	파울	경고	퇴장
BC	1983	유공	16	0	0	0	12	1	0
	1984	유공	28	0	0	0	19	1	0
	1985	유공	15	0	0	0	18	1	0
	1986	유공	33	0	0	0	20	4	0
	1987	유공	32	0	0	0	18	1	0
	합계		124	0	0	0	87	8	0
프로통산			124	0	0	0	87	8	0

최기석(崔記碩) 한남대 1986.03.28

대회	연도	소속	출전	교체	득점	도움	파울	경고	퇴장
BC	2006	제주	9	9	0	0	2	1	0
	2007	제주	3	1	0	0	4	1	0
	2008	부산	7	8	0	0	7	2	0
	2009	부산	4	4	0	0	2	0	0
	2010	울산	0	0	0	0	0	0	0
	합계		23	22	0	0	15	4	0
프로통산			23	22	0	0	15	4	0

최기윤(崔起綸) 용인대 2002.04.09

대회	연도	소속	출전	교체	득점	도움	파울	경고	퇴장
K1	2022	울산	19	19	1	1	11	1	0
	합계		19	19	1	1	11	1	0
프로통산			19	19	1	1	11	1	0

최낙민(崔洛玟) 경기대 1989.05.27

대회	연도	소속	출전	교체	득점	도움	파울	경고	퇴장
K2	2013	부천	27	20	4	2	17	0	0
	2014	부천	1	1	0	0	3	0	0
	합계		28	21	4	2	20	0	0
프로통산			28	21	4	2	20	0	0

최남철(崔南哲) 관동대(가톨릭관동대) 1977.11.15

대회	연도	소속	출전	교체	득점	도움	파울	경고	퇴장
BC	2000	수원	1	1	0	0	4	1	0
	합계		1	1	0	0	4	1	0
프로통산			1	1	0	0	4	1	0

최대식(崔大植) 고려대 1965.01.10

대회	연도	소속	출전	교체	득점	도움	파울	경고	퇴장
BC	1988	대우	13	12	0	0	21	0	0
	1989	대우	10	10	0	0	5	0	0
	1990	럭키금성	29	2	4	7	26	3	0
	1991	LG	38	17	0	4	35	0	0
	1992	LG	34	19	1	6	33	3	0
	1993	LG	31	8	2	4	24	1	1
	1994	LG	12	4	0	4	7	0	0
	1995	LG	22	12	1	3	22	3	1
	합계		189	84	8	28	173	10	2
프로통산			189	84	8	28	173	10	2

최덕주(崔德柱) 중앙대 1960.01.03

대회	연도	소속	출전	교체	득점	도움	파울	경고	퇴장

대회	연도	소속	출전	교체	득점	도움	파울	경고	퇴장
BC	1984	한일은행	19	3	7	1	19	1	0
	1985	포항제철	8	8	0	1	5	0	0
	합계		27	11	7	2	24	1	0
프로통산			27	11	7	2	24	1	0

최동근(崔東根) 디지털서울문화예술대 1995.01.04

대회	연도	소속	출전	교체	득점	도움	파울	경고	퇴장
K1	2016	전북	1	0	0	0	1	0	0
	합계		1	0	0	0	1	0	0
프로통산			1	0	0	0	1	0	0

최동필(崔東弼) 인천대 1971.03.25

대회	연도	소속	출전	교체	득점	도움	파울	경고	퇴장
BC	1997	대전	10	9	1	0	10	1	0
	1998	대전	15	14	2	1	20	3	0
	1999	대전	13	14	0	1	11	0	0
	2000	대전	3	4	0	0	2	1	0
	합계		41	41	3	2	43	5	0
프로통산			41	41	3	2	43	5	0

최동혁(崔東爀) 우석대 1993.12.25

대회	연도	소속	출전	교체	득점	도움	파울	경고	퇴장
K2	2015	안양	1	1	0	0	1	1	0
	합계		1	1	0	0	1	1	0
프로통산			1	1	0	0	1	1	0

최동호(崔東昊) 아주대 1968.08.12

대회	연도	소속	출전	교체	득점	도움	파울	경고	퇴장
BC	1993	현대	24	6	0	0	41	5	0
	1994	현대	31	4	3	0	40	2	0
	1995	현대	33	1	0	1	40	1	1
	1996	울산	30	6	0	3	41	3	1
	1997	울산	23	3	0	0	45	4	0
	1998	울산	34	10	0	0	63	6	0
	1999	울산	33	0	0	0	48	4	1
	합계		208	30	3	4	318	25	3
프로통산			208	30	3	4	318	25	3

최명훈(崔明訓) 숭실대 1993.01.03

대회	연도	소속	출전	교체	득점	도움	파울	경고	퇴장
K1	2014	서울	0	0	0	0	0	0	0
	합계		0	0	0	0	0	0	0
K2	2015	수원FC	4	5	0	0	3	0	0
	합계		4	5	0	0	3	0	0
프로통산			4	5	0	0	3	0	0

최명희(崔明姬) 동국대 1990.09.04

대회	연도	소속	출전	교체	득점	도움	파울	경고	퇴장
K2	2018	안산	30	5	1	1	37	3	1
	2019	안산	30	7	0	1	14	2	0
	2020	안산	23	9	0	0	16	3	0
	합계		83	21	1	2	67	8	1
프로통산			83	21	1	2	67	8	1

최무림(崔茂林) 대구대 1979.04.15

대회	연도	소속	출전	교체	실점	도움	파울	경고	퇴장
BC	2002	울산	4	0	5	0	0	0	0
	2003	울산	0	0	0	0	0	0	0
	2004	울산	0	0	0	0	0	0	0
	2005	울산	10	0	10	0	0	0	0
	2007	광주상무	16	1	29	0	0	3	0
	2008	울산	6	0	7	0	0	1	0
	2009	울산	0	0	0	0	0	0	0
	2010	울산	0	0	0	0	0	0	0
	2011	울산	1	0	2	0	0	0	0
	합계		37	1	53	0	0	4	0
프로통산			37	1	53	0	0	4	0

최문수(崔門水) 대건고 2000.09.23

대회	연도	소속	출전	교체	실점	도움	파울	경고	퇴장
K2	2019	수원FC	0	0	0	0	0	0	0
	합계		0	0	0	0	0	0	0
프로통산			0	0	0	0	0	0	0

최문식(崔文植) 동대부속고 1971.01.06

대회	연도	소속	출전	교체	득점	도움	파울	경고	퇴장
BC	1989	포항제철	17	13	6	1	6	0	0
	1990	포항제철	20	19	2	2	8	1	0
	1991	포항제철	18	15	1	1	9	0	0
	1992	포항제철	31	21	6	2	15	3	0
	1993	포항제철	13	4	5	1	13	0	0
	1994	포항제철	19	9	6	6	7	1	0
	1995	포항	6	4	1	0	2	1	0
	1998	포항	36	26	6	2	24	1	0
	1999	전남	33	11	7	3	16	0	0
	2000	전남	32	14	4	5	15	1	0
	2001	수원	12	9	0	1	6	0	0
	2002	부천SK	27	12	3	1	15	0	0
	합계		264	157	47	25	136	8	0
프로통산			264	157	47	25	136	8	0

최민기(崔珉綺) 장훈고 2002.11.08

대회	연도	소속	출전	교체	득점	도움	파울	경고	퇴장
K1	2022	대구	1	1	0	0	1	0	0
	합계		1	1	0	0	1	0	0
프로통산			1	1	0	0	1	0	0

최민서(崔民胥) 포항제철고 2002.03.05

대회	연도	소속	출전	교체	득점	도움	파울	경고	퇴장
K2	2021	안양	11	11	0	0	3	0	0
	2022	김포	10	11	0	0	3	0	0
	합계		21	22	0	0	6	0	0
프로통산			21	22	0	0	6	0	0

최배식(崔培植) 학성고 1982.05.15

대회	연도	소속	출전	교체	득점	도움	파울	경고	퇴장
BC	2001	울산	3	2	0	0	4	1	0
	2003	광주상무	8	8	0	1	4	0	0
	합계		11	10	0	1	8	1	0
프로통산			11	10	0	1	8	1	0

최범경(崔凡境) 광운대 1997.06.24

대회	연도	소속	출전	교체	득점	도움	파울	경고	퇴장
K1	2018	인천	1	1	0	0	3	1	0
	2019	인천	11	9	0	0	5	1	0
	2020	인천	9	9	0	0	2	1	0
	2021	인천	4	5	0	0	3	1	0
	합계		25	24	0	0	13	4	0
K2	2022	충남아산	30	26	1	2	15	1	0
	합계		30	26	1	2	15	1	0
프로통산			55	50	1	2	28	5	0

최병도(崔炳燾) 경기대 1984.01.18

대회	연도	소속	출전	교체	득점	도움	파울	경고	퇴장
BC	2006	인천	9	2	0	0	12	3	0
	2007	인천	9	7	0	0	18	1	0
	2008	광주상무	16	0	0	0	15	2	0
	2009	광주상무	1	1	0	0	1	0	0
	2010	인천	2	3	0	0	0	0	0
	합계		37	13	0	0	46	6	0
K2	2013	고양	30	3	1	0	27	6	0
	2014	고양	34	2	1	2	11	2	0
	2015	부천	33	1	0	1	28	4	0
	2017	서울E	2	2	0	0	2	1	0
	합계		99	8	2	3	68	13	0
프로통산			136	21	2	3	114	19	0

최병찬(崔炳贊) 홍익대 1996.04.04

대회	연도	소속	출전	교체	득점	도움	파울	경고	퇴장
K1	2019	성남	24	18	1	2	22	5	0
	2020	성남	5	5	0	0	5	0	0
	2022	김천	7	7	0	0	7	2	0
	합계		36	30	1	2	34	7	0
K2	2018	성남	19	14	5	2	31	3	0
	2020	부천	12	12	1	1	9	1	0
	2021	부천	20	17	0	0	19	4	0
	2022	부천	3	1	0	0	2	0	0
	합계		54	44	6	3	61	8	0
승	2022	김천	0	0	0	0	0	0	0
	합계		0	0	0	0	0	0	0
프로통산			90	74	7	5	95	15	0

최병호(崔炳鎬) 충북대 1983.11.23

대회	연도	소속	출전	교체	실점	도움	파울	경고	퇴장
BC	2006	경남	0	0	0	0	0	0	0
	2007	경남	0	0	0	0	0	0	0
	합계		0	0	0	0	0	0	0
프로통산			0	0	0	0	0	0	0

최보경(崔普慶) 동국대 1988.04.12

대회	연도	소속	출전	교체	득점	도움	파울	경고	퇴장
BC	2011	울산	0	0	0	0	0	0	0
	2012	울산	7	2	0	0	17	2	0
	합계		7	2	0	0	17	2	0
K1	2013	울산	29	23	0	3	34	5	0
	2014	전북	19	8	0	1	18	2	0
	2015	전북	26	10	0	0	40	7	0
	2017	전북	7	0	0	0	7	2	0
	2018	전북	32	5	1	1	35	6	0
	2019	전북	13	4	0	0	6	1	0
	2020	전북	18	1	0	0	8	2	0
	2021	전북	10	3	1	0	8	2	0
	합계		154	54	2	5	156	27	0
K2	2016	안산무궁	19	1	2	2	15	4	0
	2017	아산	20	0	0	1	14	3	0
	합계		39	1	2	3	29	7	0
프로통산			200	57	4	8	202	36	0

최봉균(崔逢均) 한양대 1991.06.24

대회	연도	소속	출전	교체	득점	도움	파울	경고	퇴장
K2	2014	고양	0	0	0	0	0	0	0
	2017	경남	1	1	0	0	1	0	0
	합계		1	1	0	0	1	0	0
프로통산			1	1	0	0	1	0	0

최봉진(崔鳳珍) 중앙대 1992.04.06

대회	연도	소속	출전	교체	실점	도움	파울	경고	퇴장
K1	2015	광주	13	0	17	0	0	1	0
	2016	광주	17	1	24	0	1	2	1
	2017	광주	10	0	15	0	0	0	0
	2021	수원FC	0	0	0	0	0	0	0
	합계		40	1	56	0	1	3	1
K2	2015	경남	0	0	0	0	0	0	0
	2018	아산	1	0	0	0	0	0	0
	2019	아산	15	0	15	0	0	2	0
	2019	광주	2	0	3	0	0	1	0
	2020	부천	25	0	34	0	2	4	1
	2022	김포	11	0	25	0	1	0	0
	합계		54	0	77	0	2	7	2
프로통산			83	1	108	0	3	10	2

최상국(崔相國) 청주상고 1961.02.15

대회	연도	소속	출전	교체	득점	도움	파울	경고	퇴장
BC	1983	포항제철	16	1	2	4	15	0	0
	1984	포항제철	23	3	4	1	28	2	0
	1985	포항제철	20	3	2	2	24	0	0
	1986	포항제철	19	3	2	4	20	1	0
	1987	포항제철	30	7	15	8	29	3	0
	1988	포항제철	11	3	2	1	23	1	0
	1989	포항제철	8	3	2	0	14	2	0
	1990	포항제철	19	6	3	0	18	1	0
	1991	포항제철	13	10	0	2	20	0	0
	합계		159	39	32	22	191	10	0
프로통산			159	39	32	22	191	10	0

최상현(崔相賢) 연세대 1984.03.18

대회	연도	소속	출전	교체	득점	도움	파울	경고	퇴장
BC	2009	대구	4	4	0	0	5	1	0
	합계		4	4	0	0	5	1	0
프로통산			4	4	0	0	5	1	0

최상훈(崔相勳) 국민대 1971.09.28

대회	연도	소속	출전	교체	득점	도움	파울	경고	퇴장
BC	1994	포항제철	3	3	0	0	6	2	0
	1995	포항	2	2	0	0	0	0	0
	1996	포항	2	2	1	0	4	0	0
	1997	안양LG	3	3	0	0	2	1	0
	합계		10	10	1	0	12	3	0
프로통산			10	10	1	0	12	3	0

최석도(崔錫道) 중앙대 1982.05.01

대회	연도	소속	출전	교체	득점	도움	파울	경고	퇴장
BC	2005	대구	1	1	0	0	1	1	0
	2006	대구	2	1	0	0	0	0	0
	합계		3	2	0	0	1	1	0
프로통산			3	2	0	0	1	1	0

최선걸(崔善傑) 서울시립대 1973.03.27

대회	연도	소속	출전	교체	득점	도움	파울	경고	퇴장
BC	1998	울산	4	4	0	0	5	0	0
	1999	울산	1	1	0	0	2	0	0
	2000	전남	17	9	3	2	41	1	0
	2001	전남	23	12	2	1	50	5	0
	합계		45	26	5	3	98	6	0
프로통산			45	26	5	3	98	6	0

최성국(崔成國) 고려대 1983.02.08

대회	연도	소속	출전	교체	득점	도움	파울	경고	퇴장
BC	2003	울산	27	22	7	1	30	5	0
	2004	울산	19	10	1	4	19	2	0
	2005	울산	16	14	1	3	26	4	0
	2006	울산	35	13	9	4	40	3	0
	2007	성남일화	28	20	3	2	36	3	0
	2008	성남일화	26	24	7	3	8	3	0
	2009	광주상무	28	5	9	3	41	2	0
	2010	광주상무	24	4	4	2	43	5	1
	2010	성남일화	4	3	0	1	4	1	0
	2011	수원	12	9	1	2	11	2	0
	합계		219	124	42	25	258	30	1
프로통산			219	124	42	25	258	30	1

최성근(崔成根) 고려대 1991.07.28

대회	연도	소속	출전	교체	득점	도움	파울	경고	퇴장
K1	2017	수원	22	6	0	1	45	5	0
	2018	수원	20	9	0	1	38	6	1
	2019	수원	30	7	2	0	80	7	0
	2020	수원	5	4	0	0	3	0	0
	2021	수원	21	9	0	0	42	5	1
	2022	수원	4	3	0	0	6	1	0
	합계		102	38	2	2	214	24	2
프로통산			102	38	2	2	214	24	2

최성민(崔晟旼) 동국대 1991.08.20

대회	연도	소속	출전	교체	득점	도움	파울	경고	퇴장
K1	2014	경남	3	2	0	0	5	1	0
	합계		3	2	0	0	5	1	0
K2	2015	경남	9	4	0	1	9	1	0
	2015	부천	2	2	0	0	1	0	0
	2018	안산	17	4	0	0	7	2	0
	2019	안산	15	2	0	0	30	5	0
	합계		43	12	0	1	47	8	0
승	2014	경남	0	0	0	0	0	0	0
	합계		0	0	0	0	0	0	0
프로통산			46	14	0	1	52	9	0

최성용(崔成勇) 고려대 1975.12.25

대회	연도	소속	출전	교체	득점	도움	파울	경고	퇴장
BC	2002	수원	11	2	0	0	10	1	0
	2003	수원	23	5	0	0	17	2	0
	2004	수원	35	6	1	4	51	3	0
	2005	수원	23	8	0	0	28	5	0
	2006	수원	12	10	0	1	9	0	0
	2007	울산	9	8	0	0	3	0	0
	합계		113	39	1	5	118	11	0
프로통산			113	39	1	5	118	11	0

최성진(崔成眞) 광양제철고 2002.06.24

대회	연도	소속	출전	교체	득점	도움	파울	경고	퇴장
K2	2021	전남	1	0	0	0	1	0	0
	2022	전남	3	3	0	0	4	0	0
	합계		4	3	0	0	5	0	0
프로통산			4	3	0	0	5	0	0

최성현(崔星玄) 호남대 1982.05.02

대회	연도	소속	출전	교체	득점	도움	파울	경고	퇴장
BC	2005	수원	2	2	0	0	4	1	0
	2006	광주상무	1	1	0	0	2	1	0
	2008	수원	8	6	0	0	6	0	0
	2009	수원	10	5	0	0	14	1	0
	2010	제주	1	1	0	0	1	0	0
	합계		22	15	0	0	27	3	0
프로통산			22	15	0	0	27	3	0

최성호(崔聖鎬) 동아대 1969.07.17

대회	연도	소속	출전	교체	득점	도움	파울	경고	퇴장
BC	1992	일화	1	1	0	0	0	0	0
	1993	일화	2	3	0	0	0	0	0
	1995	일화	7	8	4	0	5	0	0
	1996	천안일화	6	6	0	0	7	1	0
	1997	수원	4	4	0	0	0	1	0
	합계		20	22	4	0	12	2	0
프로통산			20	22	4	0	12	2	0

최성환(崔成煥) 전주대 1981.10.06

대회	연도	소속	출전	교체	득점	도움	파울	경고	퇴장
BC	2005	대구	15	5	0	0	59	9	0
	2006	대구	29	4	2	2	69	10	0
	2007	수원	3	3	0	0	4	0	0
	2008	수원	8	1	0	0	20	5	0
	2009	수원	14	4	0	0	22	5	0
	2010	수원	12	8	0	0	16	2	0
	2011	수원	21	11	0	0	33	9	0
	2012	수원	0	0	0	0	0	0	0
	2012	울산	4	1	0	0	6	2	0
	합계		106	37	2	2	229	42	0
K1	2013	울산	1	1	0	0	0	1	0
	합계		1	1	0	0	0	1	0
K2	2014	광주	5	1	0	0	6	2	0
	2015	경남	28	6	1	0	33	6	1
	합계		33	7	1	0	39	8	1
프로통산			140	45	3	2	268	51	1

최수현(崔守現) 명지대 1993.12.09

대회	연도	소속	출전	교체	득점	도움	파울	경고	퇴장
K1	2017	대구	0	0	0	0	0	0	0
	합계		0	0	0	0	0	0	0
프로통산			0	0	0	0	0	0	0

최순호(崔淳鎬) 광운대 1962.01.10

대회	연도	소속	출전	교체	득점	도움	파울	경고	퇴장
BC	1983	포항제철	2	1	2	0	3	0	0
	1984	포항제철	24	0	14	6	25	1	0
	1985	포항제철	5	1	2	0	3	1	0
	1986	포항제철	9	2	1	2	8	0	0
	1987	포항제철	16	7	2	5	23	0	0
	1988	럭키금성	11	0	1	2	16	0	0
	1989	럭키금성	9	0	0	1	17	1	0
	1990	럭키금성	8	4	1	2	7	1	0
	1991	포항제철	16	11	0	1	3	1	0
	합계		100	26	23	19	105	5	0
프로통산			100	26	23	19	105	5	0

최승범(崔勝範) 홍익대 1974.09.23

대회	연도	소속	출전	교체	득점	도움	파울	경고	퇴장
BC	2000	안양LG	1	1	0	0	2	0	0
	합계		1	1	0	0	2	0	0
프로통산			1	1	0	0	2	0	0

최승인(崔承仁) 동래고 1991.03.05

대회	연도	소속	출전	교체	득점	도움	파울	경고	퇴장
K1	2013	강원	10	10	2	1	5	1	0
	합계		10	10	2	1	5	1	0
K2	2014	강원	20	21	2	2	19	1	0
	2015	강원	31	20	11	3	34	4	0
	2016	부산	14	12	2	1	15	1	0
	2017	부산	15	12	1	0	21	2	0
	2018	부산	19	18	5	0	16	3	1
	2019	부산	3	3	0	0	1	0	0
	합계		102	86	21	6	106	11	1
승	2013	강원	2	1	2	0	2	0	0
	2017	부산	1	1	0	0	0	0	0
	2018	부산	0	0	0	0	0	0	0
	합계		3	2	2	0	2	0	0
프로통산			115	98	25	7	113	12	1

최승호(崔勝湖) 예원예술대 1992.03.31

대회	연도	소속	출전	교체	득점	도움	파울	경고	퇴장
K2	2014	충주	24	11	0	3	22	5	0
	2015	충주	32	16	1	1	17	3	0
	2016	충주	31	10	0	0	33	4	0
	2017	안양	19	14	0	0	14	2	0
	2018	안양	1	1	0	0	0	0	0
	2019	안양	0	0	0	0	0	0	0
	합계		107	52	1	4	86	14	0
프로통산			107	52	1	4	86	14	0

최승훈(崔勝勳) 기전대 2000.01.16

대회	연도	소속	출전	교체	득점	도움	파울	경고	퇴장
K2	2021	안양	1	1	0	0	0	0	0
	합계		1	1	0	0	0	0	0
프로통산			1	1	0	0	0	0	0

최연근(崔延瑾) 중앙대 1988.04.01

대회	연도	소속	출전	교체	득점	도움	파울	경고	퇴장
BC	2011	성남일화	0	0	0	0	0	0	0
	합계		0	0	0	0	0	0	0
프로통산			0	0	0	0	0	0	0

최영광(崔榮光) 한남대 1990.05.20

대회	연도	소속	출전	교체	득점	도움	파울	경고	퇴장
K2	2016	강원	0	0	0	0	0	0	0
	합계		0	0	0	0	0	0	0
프로통산			0	0	0	0	0	0	0

최영근(崔永根) 한양대 1972.07.16

대회	연도	소속	출전	교체	득점	도움	파울	경고	퇴장
BC	1998	부산	8	3	0	0	16	1	0
	1999	부산	6	6	0	0	1	0	0
	합계		14	9	0	0	17	1	0
프로통산			14	9	0	0	17	1	0

최영남(崔永男) 아주대 1984.07.27

대회	연도	소속	출전	교체	득점	도움	파울	경고	퇴장
BC	2010	강원	13	2	1	2	7	0	0
	합계		13	2	1	2	7	0	0
프로통산			13	2	1	2	7	0	0

최영은(崔永恩) 성균관대 1995.09.26

대회	연도	소속	출전	교체	실점	도움	파울	경고	퇴장
K1	2018	대구	10	0	13	0	0	2	0
	2019	대구	1	0	3	0	2	2	0
	2020	대구	10	0	12	0	1	1	0
	2021	대구	36	1	44	0	1	1	0
	2022	대구	2	1	2	0	0	1	0
	합계		59	2	74	0	4	7	0
프로통산			59	2	74	0	4	7	0

최영일(崔英一) 동아대 1966.04.25

대회	연도	소속	출전	교체	득점	도움	파울	경고	퇴장
BC	1989	현대	29	3	0	0	62	4	0
	1990	현대	21	5	0	0	26	2	0
	1991	현대	34	5	0	0	59	6	0
	1992	현대	37	6	1	0	50	1	0
	1993	현대	35	0	0	1	40	1	0
	1994	현대	17	1	0	1	27	7	0

대회	연도	소속	출전	교체	득점	도움	파울	경고	퇴장
	1995	현대	33	0	0	1	49	5	0
	1996	울산	31	0	2	2	60	7	0
	1997	부산	16	3	0	0	29	2	0
	1998	부산	8	1	0	1	13	1	1
	2000	안양LG	5	4	0	0	2	1	0
	합계		266	28	3	6	417	37	1
프로통산			266	28	3	6	417	37	1

최영일(崔永一) 관동대(가톨릭관동대) 1984.03.10

대회	연도	소속	출전	교체	득점	도움	파울	경고	퇴장
BC	2007	서울	0	0	0	0	0	0	0
	합계		0	0	0	0	0	0	0
프로통산			0	0	0	0	0	0	0

최영준(崔榮峻) 건국대 1991.12.15

대회	연도	소속	출전	교체	득점	도움	파울	경고	퇴장
BC	2011	경남	17	6	0	1	25	3	0
	2012	경남	35	9	0	1	39	3	0
	합계		52	15	0	2	64	6	0
K1	2013	경남	18	10	0	0	22	3	0
	2014	경남	21	11	0	2	21	1	0
	2018	경남	37	7	3	2	31	4	0
	2019	전북	7	5	0	0	8	0	0
	2019	포항	14	3	0	1	19	2	0
	2020	포항	23	0	0	1	27	5	0
	2021	전북	23	15	0	1	23	4	0
	2022	제주	36	4	0	1	43	5	0
	합계		179	55	3	8	194	24	0
K2	2015	안산경찰	20	11	1	0	12	4	0
	2016	안산무궁	7	6	0	1	7	0	0
	2016	경남	3	1	0	0	4	0	0
	2017	경남	31	9	3	1	29	5	0
	합계		61	27	4	2	52	9	0
승	2014	경남	2	1	0	1	5	1	0
	합계		2	1	0	1	5	1	0
프로통산			294	98	7	13	315	40	0

최영준(崔榮俊) 연세대 1965.08.16

대회	연도	소속	출전	교체	득점	도움	파울	경고	퇴장
BC	1988	럭키금성	22	0	0	0	18	0	0
	1989	럭키금성	27	2	0	1	19	2	0
	1990	럭키금성	23	0	1	0	23	0	0
	1991	LG	37	5	0	1	34	1	0
	1992	LG	27	4	1	0	52	3	0
	1993	LG	27	0	1	0	39	3	0
	1994	LG	14	3	0	0	14	3	0
	1995	현대	21	2	1	1	12	0	0
	1996	울산	12	3	0	1	12	2	0
	합계		210	19	4	4	223	14	0
프로통산			210	19	4	4	223	14	0

최영회(崔永回) 고려대 1960.02.14

대회	연도	소속	출전	교체	득점	도움	파울	경고	퇴장
BC	1984	한일은행	26	2	0	0	19	1	0
	1985	한일은행	21	0	3	2	14	0	0
	1986	한일은행	16	0	1	0	8	0	0
	합계		63	2	4	2	41	1	0
프로통산			63	2	4	2	41	1	0

최영훈(崔榮熏) 연세대 1993.05.29

대회	연도	소속	출전	교체	득점	도움	파울	경고	퇴장
K2	2016	안양	25	8	0	1	74	9	0
	2017	안양	5	4	0	0	12	0	0
	합계		30	12	0	1	86	9	0
프로통산			30	12	0	1	86	9	0

최영훈(崔榮勳) 이리고 1981.03.18

대회	연도	소속	출전	교체	득점	도움	파울	경고	퇴장
BC	2000	전북	2	2	0	0	0	0	0
	2001	전북	5	5	0	0	2	0	0
	2002	전북	6	7	0	0	7	1	0
	2003	전북	23	23	1	1	22	1	0
	2004	전북	21	15	1	0	16	1	0
	2005	전북	2	2	0	0	1	1	0
	2006	전북	21	13	0	3	36	2	0
	2007	인천	5	5	0	0	3	0	0
	2008	인천	3	2	0	0	6	0	0
	합계		88	74	2	4	93	6	0
프로통산			88	74	2	4	93	6	0

최영희(崔營喜) 아주대 1969.02.26

대회	연도	소속	출전	교체	득점	도움	파울	경고	퇴장
BC	1992	대우	17	13	1	0	7	1	0
	1993	대우	11	11	0	0	4	1	0
	1994	대우	14	1	2	0	18	0	0
	1995	대우	10	9	0	0	6	1	0
	1996	부산	12	7	0	0	5	0	0
	1997	전남	9	7	0	0	17	2	0
	1998	전남	3	2	0	0	6	0	0
	합계		76	50	3	0	63	5	0
프로통산			76	50	3	0	63	5	0

최예훈(崔豫勳) 보인고 2003.08.19

대회	연도	소속	출전	교체	득점	도움	파울	경고	퇴장
K2	2022	부산	9	7	0	0	2	1	0
	합계		9	7	0	0	2	1	0
프로통산			9	7	0	0	2	1	0

최오백(崔午百) 조선대 1992.03.10

대회	연도	소속	출전	교체	득점	도움	파울	경고	퇴장
K1	2019	성남	14	10	0	0	9	1	0
	2020	성남	8	7	0	0	2	0	0
	합계		22	17	0	0	11	1	0
K2	2015	서울E	7	7	0	1	4	0	0
	2016	서울E	18	14	2	4	15	4	0
	2017	서울E	15	4	5	2	12	5	0
	2018	서울E	35	7	4	3	28	4	0
	합계		75	32	11	10	59	13	0
프로통산			97	49	11	10	70	14	0

최왕길(崔王吉) 한라대 1987.01.08

대회	연도	소속	출전	교체	득점	도움	파울	경고	퇴장
BC	2011	대전	1	1	0	0	0	0	0
	합계		1	1	0	0	0	0	0
프로통산			1	1	0	0	0	0	0

최요셉(崔요셉/←최진호) 관동대(가톨릭관동대) 1989.09.22

대회	연도	소속	출전	교체	득점	도움	파울	경고	퇴장
BC	2011	부산	12	10	1	0	6	1	0
	2012	부산	7	7	1	0	2	0	0
	합계		19	17	2	0	8	1	0
K1	2013	강원	22	16	6	1	11	3	0
	2017	상주	2	2	0	0	0	0	0
	2018	상주	7	8	0	0	2	0	0
	2018	강원	1	1	0	0	0	0	0
	합계		32	27	6	1	13	3	0
K2	2014	강원	33	13	13	9	23	1	0
	2015	강원	26	19	1	0	15	3	0
	2016	강원	20	19	6	0	12	2	0
	2019	아산	8	8	1	1	1	0	0
	합계		87	59	21	10	51	6	0
승	2013	강원	2	1	0	1	5	0	0
	2016	강원	0	0	0	0	0	0	0
	2017	상주	0	0	0	0	0	0	0
	합계		2	1	0	1	5	0	0
프로통산			140	104	29	12	77	10	0

최용길(崔溶吉) 연세대 1965.03.15

대회	연도	소속	출전	교체	득점	도움	파울	경고	퇴장
BC	1986	한일은행	12	9	1	0	9	0	0
	합계		12	9	1	0	9	0	0
프로통산			12	9	1	0	9	0	0

최용수(崔龍洙) 연세대 1973.09.10

대회	연도	소속	출전	교체	득점	도움	파울	경고	퇴장
BC	1994	LG	35	10	10	7	31	2	0
	1995	LG	28	1	11	2	38	5	0
	1996	안양LG	22	7	5	3	21	2	0
	1999	안양LG	27	5	14	4	48	2	0
	2000	안양LG	34	10	14	10	62	6	0
	2006	서울	2	2	0	0	2	0	0
	합계		148	35	54	26	202	17	0
프로통산			148	35	54	26	202	17	0

최용우(崔容瑀) 인제대 1988.10.14

대회	연도	소속	출전	교체	득점	도움	파울	경고	퇴장
K1	2019	포항	8	9	0	0	7	0	0
	합계		8	9	0	0	7	0	0
프로통산			8	9	0	0	7	0	0

최우재(崔佑在) 중앙대 1990.03.27

대회	연도	소속	출전	교체	득점	도움	파울	경고	퇴장
K1	2013	강원	16	4	0	0	25	6	0
	합계		16	4	0	0	25	6	0
K2	2014	강원	15	8	1	0	15	4	0
	2015	강원	8	3	0	0	5	0	0
	2016	강원	5	2	0	0	5	1	0
	2019	안양	2	1	0	0	2	0	0
	2020	안양	1	1	0	0	0	0	0
	합계		31	15	1	0	27	5	0
승	2013	강원	1	0	0	0	3	0	0
	합계		1	0	0	0	3	0	0
프로통산			48	19	1	0	55	11	0

최원권(崔源權) 동북고 1981.11.08

대회	연도	소속	출전	교체	득점	도움	파울	경고	퇴장
BC	2000	안양LG	4	3	0	0	1	0	0
	2001	안양LG	22	21	0	1	23	0	0
	2002	안양LG	20	10	0	2	27	3	0
	2003	안양LG	25	15	2	1	38	3	0
	2004	서울	19	8	1	2	41	3	0
	2005	서울	11	7	0	0	19	2	0
	2006	서울	14	4	0	3	19	3	0
	2007	서울	33	4	0	2	60	3	0
	2008	서울	20	9	0	3	38	4	0
	2009	광주상무	26	2	5	5	27	6	0
	2010	광주상무	24	8	3	0	29	6	0
	2011	제주	15	9	0	0	21	1	0
	2012	제주	27	11	0	0	31	7	0
	합계		260	111	11	19	374	41	0
K1	2013	제주	2	2	0	0	3	1	0
	2013	대구	12	2	0	0	16	2	0
	합계		14	4	0	0	19	3	0
K2	2014	대구	15	1	1	0	16	4	0
	2015	대구	2	0	0	0	1	0	0
	합계		17	1	1	0	17	4	0
프로통산			291	116	12	19	410	48	0

최원우(崔原友) 포철공고 1988.10.13

대회	연도	소속	출전	교체	득점	도움	파울	경고	퇴장
BC	2007	경남	1	1	0	0	1	0	0
	2008	광주상무	2	2	0	0	1	0	0
	2010	경남	1	1	0	0	1	0	0
	합계		4	4	0	0	3	0	0
프로통산			4	4	0	0	3	0	0

최원욱(崔源旭) 숭실대 1990.04.27

대회	연도	소속	출전	교체	득점	도움	파울	경고	퇴장
BC	2011	서울	0	0	0	0	0	0	0
	합계		0	0	0	0	0	0	0
K2	2013	경찰	1	1	0	0	4	0	0
	합계		1	1	0	0	4	0	0
프로통산			1	1	0	0	4	0	0

최원창(崔原昌) 대건고 2001.05.09

대회	연도	소속	출전	교체	득점	도움	파울	경고	퇴장
K1	2021	인천	1	0	0	0	0	0	0
	합계		1	0	0	0	0	0	0
프로통산			1	0	0	0	0	0	0

최원철(崔源哲) 용인대 1995.05.26

대회	연도	소속	출전	교체	득점	도움	파울	경고	퇴장
K2	2017	수원FC	9	5	1	1	6	2	0
	2018	수원FC	12	7	0	0	8	1	0
	합계		21	12	1	1	14	3	0
프로통산			21	12	1	1	14	3	0

최월규(崔月奎) 아주대 1973.06.28

대회	연도	소속	출전	교체	득점	도움	파울	경고	퇴장
BC	1996	부산	22	20	2	0	12	0	0
	1997	부산	3	3	0	0	3	0	0
	2000	부천SK	3	3	0	0	0	0	0
	합계		28	26	2	0	15	0	0
프로통산			28	26	2	0	15	0	0

최유상(崔楡尙) 가톨릭관동대 1989.08.25

대회	연도	소속	출전	교체	득점	도움	파울	경고	퇴장
K2	2015	서울E	4	3	2	0	3	0	0
	2016	충주	30	13	3	1	53	4	0
	합계		34	16	5	1	56	4	0
프로통산			34	16	5	1	56	4	0

최윤겸(崔允謙) 인천대학원 1962.04.21

대회	연도	소속	출전	교체	득점	도움	파울	경고	퇴장
BC	1986	유공	10	1	0	0	18	1	0
	1987	유공	27	7	1	0	40	4	0
	1988	유공	11	1	0	1	11	1	0
	1989	유공	30	6	1	0	45	3	0
	1990	유공	21	2	0	0	41	2	0
	1991	유공	37	12	1	0	63	3	0
	1992	유공	26	10	2	0	45	3	0
	합계		162	39	5	1	263	17	0
프로통산			162	39	5	1	263	17	0

최윤열(崔潤烈) 경희대 1974.04.17

대회	연도	소속	출전	교체	득점	도움	파울	경고	퇴장
BC	1997	전남	29	6	0	1	72	6	0
	1998	전남	31	3	0	0	105	8	0
	1999	전남	21	5	1	0	46	3	0
	2000	전남	0	0	0	0	0	0	0
	2000	안양LG	7	3	0	0	13	1	0
	2001	안양LG	22	2	0	0	58	6	1
	2002	안양LG	27	7	0	0	48	0	0
	2003	포항	34	6	2	0	51	5	0
	2004	대전	13	0	0	0	27	2	0
	2005	대전	26	1	1	0	56	7	0
	2006	대전	20	2	1	0	42	3	0
	2007	대전	20	2	0	0	37	4	0
	합계		250	37	5	1	555	45	1
프로통산			250	37	5	1	555	45	1

최윤호(崔允浩) 아주대 1974.09.15

대회	연도	소속	출전	교체	득점	도움	파울	경고	퇴장
BC	1997	부산	10	10	0	0	8	0	0
	합계		10	10	0	0	8	0	0
프로통산			10	10	0	0	8	0	0

최은성(崔殷誠) 인천대 1971.04.05

대회	연도	소속	출전	교체	실점	도움	파울	경고	퇴장
BC	1997	대전	35	2	46	0	0	0	0
	1998	대전	33	1	55	0	1	2	0
	1999	대전	32	0	55	0	1	0	1
	2000	대전	33	0	46	0	2	1	1
	2001	대전	33	0	42	0	0	0	0
	2002	대전	25	0	35	0	0	1	0
	2003	대전	37	1	39	0	1	2	0
	2004	대전	32	0	30	0	1	1	0
	2005	대전	33	1	26	0	2	1	0
	2006	대전	39	0	41	0	3	1	0
	2007	대전	32	1	36	0	0	1	0
	2008	대전	31	1	39	0	0	0	0
	2009	대전	28	0	35	0	0	2	0
	2010	대전	13	0	25	1	0	1	0
	2011	대전	28	1	53	0	0	0	0
	2012	전북	34	1	36	0	1	4	0
	합계		498	9	639	1	12	17	2
K1	2013	전북	31	1	32	0	0	0	0
	2014	전북	3	1	3	0	0	0	0
	합계		34	2	35	0	0	0	0
프로통산			532	11	674	1	12	17	2

최익진(崔益震) 아주대 1997.05.03

대회	연도	소속	출전	교체	득점	도움	파울	경고	퇴장
K2	2019	전남	6	4	0	0	13	2	0
	2020	전남	3	0	0	0	3	2	0
	2021	대전	5	2	0	0	8	1	0
	합계		14	6	0	0	24	5	0
프로통산			14	6	0	0	24	5	0

최익형(崔益馨) 고려대 1973.08.05

대회	연도	소속	출전	교체	실점	도움	파울	경고	퇴장
BC	1999	전남	0	0	0	0	0	0	0
	합계		0	0	0	0	0	0	0
프로통산			0	0	0	0	0	0	0

최인석(崔仁碩) 경일대 1979.08.07

대회	연도	소속	출전	교체	득점	도움	파울	경고	퇴장
BC	2002	울산	4	3	0	0	4	1	0
	합계		4	3	0	0	4	1	0
프로통산			4	3	0	0	4	1	0

최인영(崔仁榮) 서울시립대 1962.03.05

대회	연도	소속	출전	교체	실점	도움	파울	경고	퇴장
BC	1983	국민은행	2	0	4	0	0	0	0
	1984	현대	22	0	26	0	0	0	1
	1985	현대	4	1	3	0	0	0	0
	1986	현대	17	0	14	0	0	1	0
	1987	현대	13	1	20	0	0	1	0
	1988	현대	4	0	7	0	1	0	0
	1989	현대	27	1	32	0	0	1	0
	1990	현대	10	0	11	0	1	1	0
	1991	현대	30	1	17	0	2	0	0
	1992	현대	28	2	26	0	1	3	0
	1993	현대	12	2	8	0	0	0	0
	1994	현대	6	0	6	0	0	0	0
	1995	현대	1	1	0	0	0	0	0
	1996	울산	0	0	0	0	0	0	0
	합계		176	9	174	0	5	7	1
프로통산			176	9	174	0	5	7	1

최인창(崔仁暢) 한양대 1990.04.11

대회	연도	소속	출전	교체	득점	도움	파울	경고	퇴장
K2	2013	부천	10	9	1	0	7	2	0
	2014	부천	31	20	4	2	70	5	0
	합계		41	29	5	2	77	7	0
프로통산			41	29	5	2	77	7	0

최인후(崔仁厚) 동북고 1995.05.04

대회	연도	소속	출전	교체	득점	도움	파울	경고	퇴장
K2	2014	강원	0	0	0	0	0	0	0
	2015	경남	7	7	0	0	0	0	0
	합계		7	7	0	0	0	0	0
프로통산			7	7	0	0	0	0	0

최재수(崔在洙) 연세대 1983.05.02

대회	연도	소속	출전	교체	득점	도움	파울	경고	퇴장
BC	2004	서울	7	7	0	0	5	0	0
	2005	서울	17	6	1	1	29	6	0
	2006	서울	11	3	0	0	15	4	0
	2007	서울	1	0	0	0	1	0	0
	2008	광주상무	26	14	0	4	33	3	0
	2009	광주상무	18	9	3	3	21	2	0
	2010	울산	28	17	0	6	36	7	0
	2011	울산	40	6	1	11	44	8	0
	2012	울산	11	6	1	1	13	0	0
	2012	수원	19	12	1	1	19	5	0
	합계		178	80	7	27	216	35	0
K1	2013	수원	26	7	0	0	34	7	0
	2014	수원	10	2	0	0	8	1	1
	2015	수원	5	2	0	1	8	1	0
	2015	포항	11	3	2	0	15	5	0
	2016	전북	12	6	0	1	16	3	0
	2018	경남	25	11	0	4	13	3	0
	2019	경남	15	8	1	1	6	3	0
	합계		104	39	3	7	100	23	1
K2	2017	경남	20	10	1	3	16	5	1
	합계		20	10	1	3	16	5	1
프로통산			302	129	11	37	332	63	2

최재영(崔載瑩) 중앙대 1998.03.18

대회	연도	소속	출전	교체	득점	도움	파울	경고	퇴장
K2	2021	부천	9	6	0	0	13	5	0
	2022	부천	18	17	0	0	26	3	0
	합계		27	23	0	0	39	8	0
프로통산			27	23	0	0	39	8	0

최재영(崔宰榮) 홍익대 1983.07.14

대회	연도	소속	출전	교체	득점	도움	파울	경고	퇴장
BC	2005	광주상무	2	2	0	0	1	0	0
	2009	성남일화	2	1	0	0	5	0	0
	합계		4	3	0	0	6	0	0
프로통산			4	3	0	0	6	0	0

최재영(崔在榮) 홍익대 1983.09.22

대회	연도	소속	출전	교체	득점	도움	파울	경고	퇴장
BC	2006	제주	9	8	0	1	12	1	0
	2007	제주	1	1	0	0	2	1	0
	합계		10	9	0	1	14	2	0
프로통산			10	9	0	1	14	2	0

최재은(崔宰銀) 광운대 1988.06.08

대회	연도	소속	출전	교체	득점	도움	파울	경고	퇴장
BC	2010	인천	2	2	0	0	4	0	0
	합계		2	2	0	0	4	0	0
프로통산			2	2	0	0	4	0	0

최재혁(崔宰赫) 통진종고 1964.09.17

대회	연도	소속	출전	교체	득점	도움	파울	경고	퇴장
BC	1984	현대	8	5	2	0	7	0	0
	1985	현대	15	9	0	3	15	1	0
	1986	현대	10	6	0	1	5	0	0
	합계		33	20	2	4	27	1	0
프로통산			33	20	2	4	27	1	0

최재현(崔在現) 광운대 1994.04.20

대회	연도	소속	출전	교체	득점	도움	파울	경고	퇴장
K1	2017	전남	23	17	3	2	37	5	0
	2018	전남	25	17	5	2	22	4	1
	합계		48	34	8	4	59	9	1
K2	2019	전남	19	13	3	0	22	2	0
	2020	대전	9	6	0	1	10	1	0
	합계		28	19	3	1	32	3	0
프로통산			76	53	11	5	91	12	1

최재훈(崔宰熏) 중앙대 1995.11.20

대회	연도	소속	출전	교체	득점	도움	파울	경고	퇴장
K2	2017	안양	32	8	2	2	51	6	0
	2018	안양	27	11	2	2	39	6	0
	2019	안양	17	15	0	1	8	0	0
	2020	서울E	24	6	1	1	48	4	1
	2021	서울E	22	19	1	0	17	2	0
	2022	김포	33	17	1	0	30	8	0
	합계		155	76	7	6	193	26	1
프로통산			155	76	7	6	193	26	1

최정민(崔禎珉) 중앙대 1977.10.07

대회	연도	소속	출전	교체	득점	도움	파울	경고	퇴장
BC	2000	부천SK	3	2	0	0	2	1	0
	2001	부천SK	17	3	1	0	26	1	0
	2002	부천SK	12	4	0	0	21	2	0
	2003	부천SK	20	3	0	0	32	3	0
	합계		52	12	1	0	81	7	0

프로통산			52	12	1	0	81	7	0

최정원(崔定原) 건국대 1995.08.16

대회	연도	소속	출전	교체	득점	도움	파울	경고	퇴장
K1	2021	수원	19	13	1	0	9	1	0
	합계		19	13	1	0	9	1	0
K2	2022	전남	21	5	0	0	17	2	0
	합계		21	5	0	0	17	2	0
프로통산			40	18	1	0	26	3	0

최정한(崔正漢) 연세대 1989.06.03

대회	연도	소속	출전	교체	득점	도움	파울	경고	퇴장
K1	2014	서울	7	7	1	1	8	1	0
	2015	서울	0	0	0	0	0	0	0
	합계		7	7	1	1	8	1	0
K2	2016	대구	26	24	1	2	9	0	0
	합계		26	24	1	2	9	0	0
프로통산			33	31	2	3	17	1	0

최정호(崔貞鎬) 한양대 1978.04.06

대회	연도	소속	출전	교체	득점	도움	파울	경고	퇴장
BC	2001	전남	0	0	0	0	0	0	0
	합계		0	0	0	0	0	0	0
프로통산			0	0	0	0	0	0	0

최정훈(崔晶勛) 매탄고 1999.03.09

대회	연도	소속	출전	교체	득점	도움	파울	경고	퇴장
K1	2019	수원	1	1	0	0	0	0	0
	합계		1	1	0	0	0	0	0
프로통산			1	1	0	0	0	0	0

최종덕(崔鍾德) 고려대 1954.06.24

대회	연도	소속	출전	교체	득점	도움	파울	경고	퇴장
BC	1983	할렐루야	16	2	1	1	7	0	0
	1984	할렐루야	25	1	3	0	18	1	1
	1985	럭키금성	17	3	1	0	11	1	0
	합계		58	6	5	1	36	2	1
프로통산			58	6	5	1	36	2	1

최종범(崔鍾範) 영남대 1978.03.27

대회	연도	소속	출전	교체	득점	도움	파울	경고	퇴장
BC	2001	포항	4	4	0	0	2	0	1
	2002	포항	17	14	0	0	16	0	0
	2003	포항	30	12	1	1	45	3	0
	2004	포항	10	6	0	1	9	2	0
	2005	광주상무	30	7	2	2	47	3	0
	2006	광주상무	11	8	0	1	9	0	0
	2008	포항	0	0	0	0	0	0	0
	2009	대구	4	4	0	0	2	0	0
	합계		106	55	3	5	130	8	1
프로통산			106	55	3	5	130	8	1

최종학(崔種學) 서울대 1962.05.10

대회	연도	소속	출전	교체	득점	도움	파울	경고	퇴장
BC	1984	현대	3	2	0	0	2	0	0
	1985	현대	1	0	0	0	2	0	0
	합계		4	2	0	0	4	0	0
프로통산			4	2	0	0	4	0	0

최종혁(崔鍾赫) 호남대 1984.09.03

대회	연도	소속	출전	교체	득점	도움	파울	경고	퇴장
BC	2007	대구	17	11	0	2	27	5	0
	2008	대구	16	13	0	0	10	1	0
	2009	대구	18	8	0	0	20	6	0
	합계		51	32	0	2	57	12	0
프로통산			51	32	0	2	57	12	0

최종호(崔鍾鎬) 고려대 1968.04.07

대회	연도	소속	출전	교체	득점	도움	파울	경고	퇴장
BC	1991	LG	1	1	0	0	0	0	0
	1992	LG	1	1	0	0	1	0	0
	합계		2	2	0	0	1	0	0
프로통산			2	2	0	0	1	0	0

최종환(崔鍾桓) 부경대 1987.08.12

대회	연도	소속	출전	교체	득점	도움	파울	경고	퇴장
BC	2011	서울	8	5	1	0	14	1	0
	2012	인천	13	11	1	0	20	1	0
	합계		21	16	2	0	34	2	0
K1	2013	인천	21	0	0	2	43	2	0
	2014	인천	30	11	3	1	38	1	1
	2016	상주	11	5	0	0	8	3	0
	2016	인천	5	2	0	0	2	0	0
	2017	인천	29	2	3	3	36	5	1
	2018	인천	15	6	0	1	23	2	0
	합계		111	26	6	7	150	13	2
K2	2015	상주	14	8	0	0	12	3	0
	2019	서울E	19	1	1	1	32	3	0
	2020	수원FC	8	3	0	0	7	1	0
	합계		41	12	1	1	51	7	0
프로통산			173	54	9	8	235	22	2

최준(崔俊) 연세대 1999.04.17

대회	연도	소속	출전	교체	득점	도움	파울	경고	퇴장
K2	2020	경남	20	2	2	3	20	6	0
	2021	부산	30	2	2	4	33	5	0
	2022	부산	31	6	0	6	36	9	0
	합계		81	10	4	13	89	20	0
프로통산			81	10	4	13	89	20	0

최준기(崔俊基) 연세대 1994.04.13

대회	연도	소속	출전	교체	득점	도움	파울	경고	퇴장
K1	2019	성남	1	1	0	0	1	0	0
	합계		1	1	0	0	1	0	0
K2	2018	성남	21	2	0	0	24	5	0
	2019	전남	4	1	0	0	1	0	0
	합계		25	3	0	0	25	5	0
프로통산			26	4	0	0	26	5	0

최준혁(崔峻赫) 단국대 1994.09.05

대회	연도	소속	출전	교체	득점	도움	파울	경고	퇴장
K1	2020	광주	10	6	0	1	3	1	0
	2022	김천	1	1	0	0	0	0	0
	합계		11	7	0	1	3	1	0
K2	2018	광주	13	4	1	1	13	3	0
	2019	광주	31	7	0	1	41	6	0
	2021	김천	9	2	0	1	12	1	0
	합계		53	13	1	3	66	10	0
프로통산			64	20	1	4	69	11	0

최지묵(崔祗默) 울산대 1998.10.09

대회	연도	소속	출전	교체	득점	도움	파울	경고	퇴장
K1	2020	성남	10	3	0	0	10	2	0
	2021	성남	22	6	1	0	20	3	0
	2022	성남	23	14	0	0	28	4	0
	합계		55	23	1	0	58	9	0
프로통산			55	23	1	0	58	9	0

최지훈(崔智薰) 경기대 1984.09.20

대회	연도	소속	출전	교체	득점	도움	파울	경고	퇴장
BC	2007	인천	7	5	0	0	5	1	0
	합계		7	5	0	0	5	1	0
프로통산			7	5	0	0	5	1	0

최진규(崔軫圭) 동국대 1969.05.11

대회	연도	소속	출전	교체	득점	도움	파울	경고	퇴장
BC	1995	전북	33	1	1	4	18	4	0
	1996	전북	36	2	1	0	23	3	0
	1997	전북	24	13	0	2	38	3	0
	1998	전북	17	5	0	2	13	1	0
	1999	전북	3	1	0	0	3	2	0
	합계		113	22	2	8	95	13	0
프로통산			113	22	2	8	95	13	0

최진백(崔鎭百) 숭실대 1994.05.27

대회	연도	소속	출전	교체	실점	도움	파울	경고	퇴장
K1	2017	강원	0	0	0	0	0	0	0
	합계		0	0	0	0	0	0	0
프로통산			0	0	0	0	0	0	0

최진수(崔津樹) 현대고 1990.06.17

대회	연도	소속	출전	교체	득점	도움	파울	경고	퇴장
BC	2010	울산	7	6	1	0	3	0	0
	2011	울산	1	1	0	0	0	0	0
	2012	울산	4	4	0	0	0	0	0
	합계		12	11	1	0	3	0	0
K2	2013	안양	31	14	6	8	47	10	0
	2014	안양	31	6	5	8	55	11	0
	2015	안양	34	16	1	7	39	6	0
	2016	안산무궁	12	10	3	0	7	0	0
	2017	아산	3	3	0	1	0	1	0
	합계		111	49	15	24	148	28	0
프로통산			123	60	16	24	151	28	0

최진욱(崔珍煜) 관동대(가톨릭관동대) 1981.08.17

대회	연도	소속	출전	교체	득점	도움	파울	경고	퇴장
BC	2004	울산	0	0	0	0	0	0	0
	합계		0	0	0	0	0	0	0
프로통산			0	0	0	0	0	0	0

최진철(崔眞喆) 숭실대 1971.03.26

대회	연도	소속	출전	교체	득점	도움	파울	경고	퇴장
BC	1996	전북	29	5	1	1	70	6	0
	1997	전북	21	1	2	0	67	6	0
	1998	전북	27	8	8	2	53	5	0
	1999	전북	35	16	9	6	56	3	0
	2000	전북	32	1	3	0	57	7	0
	2001	전북	25	5	0	0	44	6	0
	2002	전북	24	3	0	1	39	5	0
	2003	전북	33	2	1	1	85	7	0
	2004	전북	21	0	2	0	45	11	0
	2005	전북	30	2	1	0	58	9	0
	2006	전북	20	3	1	0	36	5	0
	2007	전북	15	2	0	0	22	5	1
	합계		312	48	28	11	632	75	1
프로통산			312	48	28	11	632	75	1

최진한(崔震瀚) 명지대 1961.06.22

대회	연도	소속	출전	교체	득점	도움	파울	경고	퇴장
BC	1985	럭키금성	5	3	0	0	5	0	0
	1986	럭키금성	23	8	4	3	45	3	0
	1987	럭키금성	29	10	2	1	38	5	0
	1988	럭키금성	23	7	4	1	26	1	0
	1989	럭키금성	38	15	5	4	65	3	0
	1990	럭키금성	27	5	6	5	37	0	0
	1991	LG	6	5	0	1	5	1	0
	1991	유공	18	8	12	0	17	2	0
	1992	유공	17	11	2	1	25	1	0
	합계		186	72	35	16	263	16	0
프로통산			186	72	35	16	263	16	0

최창수(崔昌壽) 영남대 1955.11.20

대회	연도	소속	출전	교체	득점	도움	파울	경고	퇴장
BC	1983	포항제철	10	5	1	0	3	0	0
	1984	포항제철	6	4	0	0	2	1	0
	합계		16	9	1	0	5	1	0
프로통산			16	9	1	0	5	1	0

최창용(崔昌鎔) 연세대 1985.09.17

대회	연도	소속	출전	교체	득점	도움	파울	경고	퇴장
BC	2008	수원	3	2	0	0	3	1	0
	합계		3	2	0	0	3	1	0
프로통산			3	2	0	0	3	1	0

최창환(崔昌煥) 광운대 1962.08.09

대회	연도	소속	출전	교체	득점	도움	파울	경고	퇴장
BC	1985	현대	3	3	0	0	3	0	0
	합계		3	3	0	0	3	0	0
프로통산			3	3	0	0	3	0	0

최철순(崔喆淳) 충북대 1987.02.08

대회	연도	소속	출전	교체	득점	도움	파울	경고	퇴장
BC	2006	전북	23	2	0	1	39	4	1
	2007	전북	19	5	0	1	36	4	0
	2008	전북	36	1	0	1	63	7	0
	2009	전북	27	5	0	1	51	6	0

대회	연도	소속	출전	교체	득점	도움	파울	경고	퇴장
	2010	전북	21	0	0	0	49	7	0
	2011	전북	23	2	1	1	39	8	0
	2012	전북	12	2	0	0	13	1	0
	2012	상주	10	0	1	0	17	2	0
	합계		171	17	2	5	307	39	1
K1	2014	상주	4	0	0	0	1	1	0
	2014	전북	30	1	0	2	39	5	0
	2015	전북	29	1	0	0	40	5	0
	2016	전북	30	1	1	4	58	10	0
	2017	전북	35	0	0	4	42	8	0
	2018	전북	28	0	0	0	41	5	0
	2019	전북	18	4	0	0	22	6	0
	2020	전북	13	1	0	2	14	2	0
	2021	전북	18	4	0	1	16	3	0
	2022	전북	17	8	0	0	7	0	0
	합계		222	20	1	13	280	45	0
K2	2013	상주	29	3	0	2	37	6	0
	합계		29	3	0	2	37	6	0
승	2013	상주	2	0	0	0	3	0	0
	합계		2	0	0	0	3	0	0
프로통산			424	40	3	20	627	90	1

최철우(崔喆宇) 고려대 1977.11.30

대회	연도	소속	출전	교체	득점	도움	파울	경고	퇴장
BC	2000	울산	12	7	5	0	15	2	0
	2001	울산	8	8	0	0	13	0	0
	2002	포항	27	21	4	1	29	0	0
	2003	포항	21	16	4	1	31	0	0
	2004	부천SK	5	5	0	1	2	0	0
	2005	부천SK	25	15	6	0	37	1	0
	2006	제주	24	13	4	1	28	3	0
	2007	전북	12	7	1	0	14	1	0
	2008	부산	9	7	0	0	12	2	0
	합계		143	99	24	4	181	9	0
프로통산			143	99	24	4	181	9	0

최철원(崔喆原) 광주대 1994.07.23

대회	연도	소속	출전	교체	실점	도움	파울	경고	퇴장
K2	2016	부천	2	1	0	0	0	0	0
	2017	부천	3	1	3	0	0	0	0
	2018	부천	30	0	39	0	0	0	0
	2019	부천	35	0	49	0	0	1	0
	2021	김천	2	0	2	0	0	0	0
	2021	부천	14	0	20	0	1	1	0
	2022	부천	38	0	40	0	0	1	0
	합계		124	2	153	0	1	3	0
프로통산			124	2	153	0	1	3	0

최철주(崔澈柱) 광양농고 1961.05.26

대회	연도	소속	출전	교체	득점	도움	파울	경고	퇴장
BC	1984	현대	1	1	0	0	0	0	0
	1985	현대	2	0	2	0	0	0	0
	합계		3	1	2	0	0	0	0
프로통산			3	1	2	0	0	0	0

최철희(崔哲熙) 동아대 1961.10.03

대회	연도	소속	출전	교체	득점	도움	파울	경고	퇴장
BC	1984	국민은행	18	15	1	0	12	0	0
	합계		18	15	1	0	12	0	0
프로통산			18	15	1	0	12	0	0

최청일(崔靑一) 연세대 1968.04.25

대회	연도	소속	출전	교체	득점	도움	파울	경고	퇴장
BC	1989	일화	13	11	1	1	15	0	0
	1990	일화	17	15	2	1	15	0	0
	1991	일화	7	8	0	0	2	0	0
	1991	현대	1	1	0	0	3	0	0
	1992	현대	6	6	0	1	9	0	0
	1993	현대	13	8	0	1	15	2	0
	1994	현대	3	2	0	1	2	1	0
	1996	전남	6	6	0	0	9	3	1
	합계		66	57	3	5	70	6	1
프로통산			66	57	3	5	70	6	1

최치원(崔致遠) 연세대 1993.06.11

대회	연도	소속	출전	교체	득점	도움	파울	경고	퇴장
K1	2015	전북	1	1	0	0	1	0	0
	2019	강원	8	6	1	0	7	3	0
	합계		9	7	1	0	8	3	0
K2	2015	서울E	8	8	1	1	11	1	0
	2016	서울E	0	0	0	0	0	0	0
	2017	서울E	17	10	6	1	29	1	0
	2018	서울E	19	12	3	1	25	3	0
	합계		44	30	10	3	65	5	0
프로통산			53	37	11	3	73	8	0

최태섭(崔台燮) 성균관대 1962.01.12

대회	연도	소속	출전	교체	득점	도움	파울	경고	퇴장
BC	1985	한일은행	1	1	0	0	0	0	0
	합계		1	1	0	0	0	0	0
프로통산			1	1	0	0	0	0	0

최태성(崔泰成) 신한고 1977.06.16

대회	연도	소속	출전	교체	득점	도움	파울	경고	퇴장
BC	1997	부산	2	2	0	0	2	0	0
	1998	부산	7	6	0	0	3	0	0
	2002	부산	0	0	0	0	0	0	0
	합계		9	8	0	0	5	0	0
프로통산			9	8	0	0	5	0	0

최태욱(崔兌旭) 부평고 1981.03.13

대회	연도	소속	출전	교체	득점	도움	파울	경고	퇴장
BC	2000	안양LG	16	16	1	3	9	0	0
	2001	안양LG	31	9	0	3	21	3	0
	2002	안양LG	22	13	2	1	6	0	0
	2003	안양LG	36	17	3	5	16	2	0
	2004	인천	23	11	5	3	29	1	0
	2006	포항	25	19	2	2	17	0	0
	2007	포항	19	11	1	1	5	0	0
	2008	전북	26	20	4	3	24	1	0
	2009	전북	32	16	9	12	30	1	0
	2010	전북	15	9	2	6	15	0	0
	2010	서울	16	10	6	2	19	0	0
	2011	서울	13	13	0	3	10	0	0
	2012	서울	28	29	2	7	11	0	0
	합계		302	193	37	51	212	8	0
K1	2013	서울	10	11	0	0	0	0	0
	2014	울산	1	1	0	0	0	0	0
	합계		11	12	0	0	0	0	0
프로통산			313	205	37	51	212	8	0

최태진(崔泰鎭) 고려대 1961.05.14

대회	연도	소속	출전	교체	득점	도움	파울	경고	퇴장
BC	1985	대우	21	1	1	2	37	1	0
	1986	대우	26	5	4	2	32	1	1
	1987	대우	6	5	0	0	6	0	0
	1988	대우	22	4	5	1	29	2	0
	1989	럭키금성	34	2	3	0	37	3	0
	1990	럭키금성	29	1	4	2	31	2	0
	1991	LG	26	5	1	1	24	2	0
	1992	LG	17	10	0	0	14	0	0
	합계		181	33	18	8	210	11	1
프로통산			181	33	18	8	210	11	1

최필수(崔弼守) 성균관대 1991.06.20

대회	연도	소속	출전	교체	실점	도움	파울	경고	퇴장
K1	2017	상주	10	0	18	0	0	0	0
	2018	상주	9	0	10	0	0	1	0
	2020	부산	13	0	22	0	0	0	0
	2022	성남	6	0	12	0	0	0	0
	합계		38	0	62	0	0	1	0
K2	2014	안양	2	0	2	0	0	0	0
	2015	안양	34	0	44	0	0	1	0
	2016	안양	13	1	18	0	1	2	0
	2018	안양	0	0	64	0	0	0	0
	2019	안양	3	0	7	0	0	0	0
	2019	부산	17	0	16	0	0	1	0
	2021	부산	20	0	31	0	2	0	0
	합계		89	1	118	0	3	4	0
승	2017	상주	0	0	0	0	0	0	0
	2019	부산	2	0	0	0	0	1	0
	합계		2	0	0	0	0	1	0
프로통산			123	1	180	0	3	6	0

최한솔(崔한솔) 영남대 1997.03.16

대회	연도	소속	출전	교체	득점	도움	파울	경고	퇴장
K2	2018	서울E	12	9	1	0	12	5	0
	2019	서울E	13	4	1	0	17	4	0
	2020	서울E	7	5	0	0	3	0	0
	합계		32	18	2	0	32	9	0
프로통산			32	18	2	0	32	9	0

최한욱(崔漢旭) 선문대 1981.03.02

대회	연도	소속	출전	교체	득점	도움	파울	경고	퇴장
BC	2004	대구	5	3	0	1	9	0	0
	2005	대구	1	1	0	0	1	0	0
	합계		6	4	0	1	10	0	0
프로통산			6	4	0	1	10	0	0

최현(崔炫) 중앙대 1978.11.07

대회	연도	소속	출전	교체	실점	도움	파울	경고	퇴장
BC	2002	부천SK	26	0	40	0	1	1	0
	2003	부천SK	13	1	24	0	0	1	0
	2004	부천SK	0	0	0	0	0	0	0
	2005	부천SK	0	0	0	0	0	0	0
	2006	제주	7	2	7	0	0	0	0
	2007	제주	16	1	19	0	0	4	0
	2008	경남	0	0	0	0	0	0	0
	2008	부산	4	0	3	0	0	0	0
	2009	부산	33	2	46	0	0	5	0
	2010	부산	1	0	1	0	0	0	0
	2011	대전	5	0	13	0	0	0	0
	2012	대전	8	1	12	0	0	1	0
	합계		113	7	165	0	1	12	0
프로통산			113	7	165	0	1	12	0

최현연(崔玹蓮) 울산대 1984.04.16

대회	연도	소속	출전	교체	득점	도움	파울	경고	퇴장
BC	2006	제주	17	14	0	3	21	4	0
	2007	제주	20	11	3	0	19	1	0
	2008	제주	26	17	2	1	22	0	0
	2009	제주	17	10	1	4	31	3	0
	2010	포항	5	5	0	0	5	0	0
	2012	경남	26	20	1	1	29	3	0
	합계		111	77	7	9	127	11	0
K1	2013	경남	17	9	0	1	19	5	0
	2014	경남	1	0	0	0	1	0	0
	합계		18	9	0	1	20	5	0
프로통산			129	86	7	10	147	16	0

최현태(崔玹態) 동아대 1987.09.15

대회	연도	소속	출전	교체	득점	도움	파울	경고	퇴장
BC	2010	서울	22	16	0	0	21	3	0
	2011	서울	28	10	1	0	26	4	0
	2012	서울	27	11	0	1	36	4	0
	합계		77	37	1	1	83	11	0
K1	2013	서울	14	10	0	1	11	1	0
	2014	서울	17	14	0	0	16	1	0
	2016	상주	6	6	0	0	5	1	0
	2016	서울	0	0	0	0	0	0	0
	2019	제주	5	4	0	0	10	1	0
	합계		42	34	0	1	42	4	0
K2	2015	상주	26	17	2	1	23	1	0
	합계		26	17	2	1	23	1	0
프로통산			145	88	3	3	148	16	0

최형준(崔亨俊) 경희대 1980.06.04

대회	연도	소속	출전	교체	득점	도움	파울	경고	퇴장

대회	연도	소속	출전	교체	득점	도움	파울	경고	퇴장
BC	2003	부천SK	14	2	0	0	23	1	2
	2004	부천SK	1	0	0	0	1	1	0
	2005	대전	4	3	0	0	10	1	0
	합계		19	5	0	0	34	3	2
프로통산			19	5	0	0	34	3	2

최호정(崔晧程) 관동대(가톨릭관동대) 1989.12.08

대회	연도	소속	출전	교체	득점	도움	파울	경고	퇴장
BC	2010	대구	17	2	0	0	27	6	0
	2011	대구	8	7	0	0	5	1	0
	2012	대구	31	4	4	0	47	5	0
	합계		56	13	4	0	79	12	0
K1	2013	대구	25	2	1	3	22	6	0
	2014	상주	27	7	0	1	36	3	0
	2016	성남	10	4	0	0	9	1	0
	합계		62	13	1	4	67	10	0
K2	2015	상주	18	0	0	1	13	1	0
	2015	대구	5	1	1	0	5	0	0
	2017	서울E	33	1	2	0	29	6	0
	2018	안양	25	2	0	1	24	5	1
	2019	안양	35	0	0	1	22	4	2
	2020	안양	25	11	0	0	28	4	0
	2021	안양	0	0	0	0	0	0	0
	2021	전남	19	4	1	0	10	3	0
	2022	전남	7	5	0	0	3	0	0
	합계		167	24	4	3	134	23	3
승	2016	성남	1	0	0	0	2	0	0
	합계		1	0	0	0	2	0	0
프로통산			286	50	9	7	282	45	3

최호주(崔浩周) 단국대 1992.03.10

대회	연도	소속	출전	교체	득점	도움	파울	경고	퇴장
K1	2015	포항	0	0	0	0	0	0	0
	2016	포항	13	13	0	1	4	0	0
	합계		13	13	0	1	4	0	0
K2	2018	안산	24	8	7	1	19	1	0
	2019	안산	13	12	1	1	7	0	0
	2019	광주	3	3	0	0	0	0	0
	합계		40	23	8	2	26	1	0
프로통산			53	36	8	3	30	1	0

최홍식(崔洪植) 강릉상고 1959.09.06

대회	연도	소속	출전	교체	득점	도움	파울	경고	퇴장
BC	1984	유공	10	8	1	1	7	0	0
	1985	할렐루야	15	8	0	1	3	0	0
	합계		25	16	1	2	10	0	0
프로통산			25	16	1	2	10	0	0

최효진(崔孝鎭) 아주대 1983.08.18

대회	연도	소속	출전	교체	득점	도움	파울	경고	퇴장
BC	2005	인천	34	7	1	2	65	4	0
	2006	인천	36	6	4	1	59	5	0
	2007	포항	26	10	3	1	44	5	0
	2008	포항	26	3	2	3	42	4	0
	2009	포항	27	2	2	2	59	7	0
	2010	서울	34	1	3	4	58	9	0
	2011	상주	30	9	2	2	34	3	0
	2012	상주	23	2	0	1	33	5	0
	2012	서울	6	5	0	0	10	0	0
	합계		242	45	17	16	404	42	0
K1	2013	서울	24	20	0	2	14	3	0
	2014	서울	13	3	0	1	15	2	0
	2015	전남	27	3	2	0	33	5	0
	2016	전남	31	1	2	4	41	9	0
	2017	전남	22	2	1	3	21	2	0
	2018	전남	12	1	0	0	13	1	0
	합계		129	30	5	10	137	22	0
K2	2019	전남	28	2	1	3	32	2	0
	2020	전남	14	4	0	1	17	4	0
	2021	전남	3	3	0	0	3	0	0
	합계		45	9	1	4	52	6	0
프로통산			416	84	23	30	593	70	0

최훈(崔勳) 건국대 1977.10.22

대회	연도	소속	출전	교체	득점	도움	파울	경고	퇴장
BC	1999	전남	1	1	0	0	0	0	0
	합계		1	1	0	0	0	0	0
프로통산			1	1	0	0	0	0	0

최희원(崔熙願) 중앙대 1999.05.11

대회	연도	소속	출전	교체	득점	도움	파울	경고	퇴장
K1	2020	성남	0	0	0	0	0	0	0
	2021	전북	1	1	0	0	0	0	0
	합계		1	1	0	0	0	0	0
K2	2022	전남	6	5	0	0	2	0	0
	합계		6	5	0	0	2	0	0
프로통산			7	6	0	0	2	0	0

추민열(秋旻悅) 경기경영고 1999.01.10

대회	연도	소속	출전	교체	득점	도움	파울	경고	퇴장
K2	2018	부천	5	3	0	0	4	0	0
	합계		5	3	0	0	4	0	0
프로통산			5	3	0	0	4	0	0

추상훈(秋相熏) 조선대 2000.02.03

대회	연도	소속	출전	교체	득점	도움	파울	경고	퇴장
K1	2021	제주	6	6	0	1	1	0	0
	2022	제주	8	8	0	0	3	0	0
	합계		14	14	0	1	4	0	0
K2	2022	전남	11	11	0	0	9	2	0
	합계		11	11	0	0	9	2	0
프로통산			25	25	0	1	13	2	0

추성호(秋性昊) 동아대 1987.08.26

대회	연도	소속	출전	교체	득점	도움	파울	경고	퇴장
BC	2010	부산	4	2	1	0	6	0	0
	2011	부산	11	4	1	0	6	4	0
	합계		15	6	2	0	12	4	0
프로통산			15	6	2	0	12	4	0

추운기(秋云基) 한양대 1978.04.03

대회	연도	소속	출전	교체	득점	도움	파울	경고	퇴장
BC	2001	전북	22	19	1	3	10	1	0
	2002	전북	32	25	3	1	19	0	0
	2003	전북	31	30	2	4	24	2	0
	2004	전북	10	10	1	0	8	0	0
	2005	전북	13	13	0	1	8	0	0
	2006	전북	6	5	0	0	3	1	0
	2007	제주	5	4	0	0	6	2	1
	합계		119	106	7	9	78	6	1
프로통산			119	106	7	9	78	6	1

추정현(鄒正賢) 명지대 1988.01.28

대회	연도	소속	출전	교체	득점	도움	파울	경고	퇴장
BC	2009	강원	2	2	0	0	1	0	0
	합계		2	2	0	0	1	0	0
프로통산			2	2	0	0	1	0	0

추정호(秋正浩) 중앙대 1997.12.09

대회	연도	소속	출전	교체	득점	도움	파울	경고	퇴장
K2	2019	전남	10	10	0	1	4	0	0
	2020	전남	18	17	1	3	8	0	0
	2021	부천	21	18	2	0	19	0	0
	합계		49	45	3	4	31	0	0
프로통산			49	45	3	4	31	0	0

추종호(秋種浩) 건국대 1960.01.22

대회	연도	소속	출전	교체	득점	도움	파울	경고	퇴장
BC	1984	현대	26	2	3	0	18	0	0
	1985	현대	10	6	0	1	3	2	0
	1986	유공	14	5	3	2	13	1	0
	1987	유공	7	6	0	0	3	0	0
	합계		57	19	6	3	37	3	0
프로통산			57	19	6	3	37	3	0

추평강(秋平康) 동국대 1990.04.22

대회	연도	소속	출전	교체	득점	도움	파울	경고	퇴장
K1	2013	수원	14	14	0	0	7	1	0
	합계		14	14	0	0	7	1	0
프로통산			14	14	0	0	7	1	0

츠바사(Nishi Tsubasa, 西翼) 일본 1990.04.08

대회	연도	소속	출전	교체	득점	도움	파울	경고	퇴장
K1	2018	대구	9	9	0	0	10	1	0
	2019	대구	13	8	1	1	17	2	0
	2020	대구	24	18	0	3	23	2	0
	2021	대구	34	28	3	2	20	1	0
	합계		80	63	4	6	70	6	0
K2	2022	서울E	37	29	5	1	21	2	1
	합계		37	29	5	1	21	2	1
프로통산			117	92	9	7	91	8	1

츠베타노프(Momchil Emilov Tsvetanov) 불가리아 1990.12.03

대회	연도	소속	출전	교체	득점	도움	파울	경고	퇴장
K1	2021	강원	12	4	0	1	12	1	0
	2022	강원	6	6	0	0	3	2	0
	합계		18	10	0	1	15	3	0
승	2021	강원	2	1	0	0	1	1	0
	합계		2	1	0	0	1	1	0
프로통산			20	11	0	1	16	4	0

치솜(Chisom Charles Egbuchunam) 나이지리아 1992.02.22

대회	연도	소속	출전	교체	득점	도움	파울	경고	퇴장
K2	2019	수원FC	33	15	18	1	52	3	0
	합계		33	15	18	1	52	3	0
프로통산			33	15	18	1	52	3	0

치치(Mion Varella Costa) 브라질 1982.06.17

대회	연도	소속	출전	교체	득점	도움	파울	경고	퇴장
BC	2009	대전	11	5	1	0	23	0	0
	합계		11	5	1	0	23	0	0
프로통산			11	5	1	0	23	0	0

치프리안(Ciprian Vasilache) 루마니아 1983.09.14

대회	연도	소속	출전	교체	득점	도움	파울	경고	퇴장
K2	2014	강원	13	11	0	1	17	2	0
	2014	충주	13	10	0	0	18	3	0
	합계		26	21	0	1	35	5	0
프로통산			26	21	0	1	35	5	0

카르모나(Pedro Carmona da Silva Neto) 브라질 1988.04.15

대회	연도	소속	출전	교체	득점	도움	파울	경고	퇴장
K2	2017	수원FC	9	7	1	1	3	1	0
	합계		9	7	1	1	3	1	0
프로통산			9	7	1	1	3	1	0

카를로스(Carlos Eduardo Costro da Silva) 브라질 1982.04.23

대회	연도	소속	출전	교체	득점	도움	파울	경고	퇴장
BC	2003	전북	13	13	3	0	7	1	0
	합계		13	13	3	0	7	1	0
프로통산			13	13	3	0	7	1	0

카사(Filip Kasalica) 몬테네그로 1988.12.17

대회	연도	소속	출전	교체	득점	도움	파울	경고	퇴장
K1	2014	울산	12	8	0	2	23	5	0
	2015	울산	2	2	0	0	3	1	0
	합계		14	10	0	2	26	6	0
프로통산			14	10	0	2	26	6	0

카송고(Jean-Kasongo Banza) 콩고민주공화국 1974.06.26

대회	연도	소속	출전	교체	득점	도움	파울	경고	퇴장
BC	1997	전남	4	5	0	0	7	3	0
	1997	천안일화	1	1	0	0	2	1	0
	합계		5	6	0	0	9	4	0
프로통산			5	6	0	0	9	4	0

카스텔렌(Romeo Erwin Marius Castelen) 네덜란드 1983.05.03

대회	연도	소속	출전	교체	득점	도움	파울	경고	퇴장

K1	2016	수원	5	5	0	0	2	1	0
	합계		5	5	0	0	2	1	0
프로통산			5	5	0	0	2	1	0

카스트로(Guilherme Nascimento de Castro) 브라질 1995.02.17

대회	연도	소속	출전	교체	득점	도움	파울	경고	퇴장
K2	2022	경남	14	12	1	0	5	0	0
	합계		14	12	1	0	5	0	0
프로통산			14	12	1	0	5	0	0

카시오(Cassio Vargas Barbosa) 브라질 1983.11.25

대회	연도	소속	출전	교체	득점	도움	파울	경고	퇴장
K2	2013	광주	2	2	0	0	7	1	0
	합계		2	2	0	0	7	1	0
프로통산			2	2	0	0	7	1	0

카이오(Kaio Felipe Gonçalves) 브라질 1987.07.06

대회	연도	소속	출전	교체	득점	도움	파울	경고	퇴장
K1	2014	전북	32	27	9	1	42	6	0
	2015	수원	21	13	4	0	14	3	0
	합계		53	40	13	1	56	9	0
프로통산			53	40	13	1	56	9	0

카이온(Herlison Caion de Sousa Ferreira) 브라질 1990.10.05

대회	연도	소속	출전	교체	득점	도움	파울	경고	퇴장
BC	2009	강원	9	7	1	2	14	1	0
	합계		9	7	1	2	14	1	0
K1	2018	대구	5	1	0	0	16	1	0
	합계		5	1	0	0	16	1	0
프로통산			14	8	1	2	30	2	0

카이저(Renato Kayzer de Souza) 브라질 1996.02.17

대회	연도	소속	출전	교체	득점	도움	파울	경고	퇴장
K2	2022	대전	13	9	4	1	13	1	0
	합계		13	9	4	1	13	1	0
프로통산			13	9	4	1	13	1	0

카자란(Krzysztof Kasztelan) 폴란드 1961.08.10

대회	연도	소속	출전	교체	득점	도움	파울	경고	퇴장
BC	1992	유공	2	2	0	0	3	0	0
	합계		2	2	0	0	3	0	0
프로통산			2	2	0	0	3	0	0

카차라바(Nikoloz(Nika) Kacharava) 조지아 1994.01.13

대회	연도	소속	출전	교체	득점	도움	파울	경고	퇴장
K2	2022	전남	10	9	2	0	12	1	0
	합계		10	9	2	0	12	1	0
프로통산			10	9	2	0	12	1	0

카파제(Timur Tajhirovich Kapadze) 우즈베키스탄 1981.09.05

대회	연도	소속	출전	교체	득점	도움	파울	경고	퇴장
BC	2011	인천	30	10	5	3	53	4	0
	합계		30	10	5	3	53	4	0
프로통산			30	10	5	3	53	4	0

칼라일 미첼(Carlyle Mitchell) 트리니다드토바고 1987.08.08

대회	연도	소속	출전	교체	득점	도움	파울	경고	퇴장
K2	2015	서울E	29	3	4	0	32	8	0
	2016	서울E	28	4	3	0	31	11	0
	합계		57	7	7	0	63	19	0
프로통산			57	7	7	0	63	19	0

* 실점: 2015년 1 / 통산 1

칼레(Zeljko Kalajdzić) 세르비아 1978.05.11

대회	연도	소속	출전	교체	득점	도움	파울	경고	퇴장
BC	2007	인천	12	4	0	0	31	4	0
	합계		12	4	0	0	31	4	0
프로통산			12	4	0	0	31	4	0

칼레드(Khaled Shafiei) 이란 1987.03.29

대회	연도	소속	출전	교체	득점	도움	파울	경고	퇴장
K1	2017	서울	2	2	0	0	1	0	0
	합계		2	2	0	0	1	0	0
프로통산			2	2	0	0	1	0	0

칼렝가(N'Dayi Kalenga) 콩고민주공화국 1978.09.29

대회	연도	소속	출전	교체	득점	도움	파울	경고	퇴장
BC	1999	천안일화	7	8	0	1	13	0	0
	합계		7	8	0	1	13	0	0
프로통산			7	8	0	1	13	0	0

캄포스(Jeaustin Campos) 코스타리카 1971.06.30

대회	연도	소속	출전	교체	득점	도움	파울	경고	퇴장
BC	1995	LG	12	7	2	4	7	2	0
	1996	안양LG	7	6	0	1	10	2	0
	합계		19	13	2	5	17	4	0
프로통산			19	13	2	5	17	4	0

케빈(Kevin Nils Lennart Höög Jansson) 스웨덴 2000.09.29

대회	연도	소속	출전	교체	득점	도움	파울	경고	퇴장
K1	2022	강원	21	19	1	0	14	2	0
	합계		21	19	1	0	14	2	0
프로통산			21	19	1	0	14	2	0

케빈(Kevin Julienne Henricus Oris) 벨기에 1984.12.06

대회	연도	소속	출전	교체	득점	도움	파울	경고	퇴장
BC	2012	대전	37	15	16	4	128	11	0
	합계		37	15	16	4	128	11	0
K1	2013	전북	31	17	14	5	59	4	0
	2015	인천	35	15	6	4	75	8	0
	2016	인천	33	7	9	10	73	9	0
	합계		99	39	29	19	207	21	0
프로통산			136	54	45	23	335	32	0

케빈(Kevin Hatchi) 프랑스 1981.08.06

대회	연도	소속	출전	교체	득점	도움	파울	경고	퇴장
BC	2009	서울	11	6	0	2	24	2	1
	합계		11	6	0	2	24	2	1
프로통산			11	6	0	2	24	2	1

케이지로(Ogawa Keijiro, 小川慶治朗) 일본 1992.07.14

대회	연도	소속	출전	교체	득점	도움	파울	경고	퇴장
K1	2022	서울	12	13	0	0	8	0	0
	합계		12	13	0	0	8	0	0
프로통산			12	13	0	0	8	0	0

케이타(Suzuki Keita, 鈴木圭太) 일본 1997.12.20

대회	연도	소속	출전	교체	득점	도움	파울	경고	퇴장
K1	2022	대구	27	23	0	0	29	7	0
	합계		27	23	0	0	29	7	0
프로통산			27	23	0	0	29	7	0

케힌데(Olanrewaju Muhammed Kehinde) 나이지리아 1994.05.07

대회	연도	소속	출전	교체	득점	도움	파울	경고	퇴장
K1	2019	인천	14	11	1	0	8	1	0
	2020	인천	3	3	0	0	2	0	0
	합계		17	14	1	0	10	1	0
프로통산			17	14	1	0	10	1	0

켄자바예프(Islom Kenjabaev) 우즈베키스탄 1999.09.01

대회	연도	소속	출전	교체	득점	도움	파울	경고	퇴장
K1	2021	제주	1	1	0	0	0	0	0
	합계		1	1	0	0	0	0	0
프로통산			1	1	0	0	0	0	0

코난(Goran Petreski) 마케도니아 1972.05.23

대회	연도	소속	출전	교체	득점	도움	파울	경고	퇴장
BC	2001	포항	33	21	10	2	48	2	0
	2002	포항	31	12	12	4	50	4	0
	2003	포항	40	29	10	3	54	4	1
	2004	포항	37	24	6	3	35	2	0
	합계		141	86	38	12	187	12	1
프로통산			141	86	38	12	187	12	1

코네(Seku Conneh) 라이베리아 1995.11.10

대회	연도	소속	출전	교체	득점	도움	파울	경고	퇴장
K2	2018	안산	26	22	2	0	53	3	0
	합계		26	22	2	0	53	3	0
프로통산			26	22	2	0	53	3	0

코놀(Serguei Konovalov) 우크라이나 1972.03.01

대회	연도	소속	출전	교체	득점	도움	파울	경고	퇴장
BC	1996	포항	13	11	0	1	15	0	0
	1997	포항	26	10	12	1	44	3	0
	1998	포항	13	8	2	1	22	0	0
	합계		52	29	14	3	81	3	0
프로통산			52	29	14	3	81	3	0

코니(Robert Richard Cornthwaite) 오스트레일리아 1985.10.24

대회	연도	소속	출전	교체	득점	도움	파울	경고	퇴장
BC	2011	전남	21	0	3	2	28	7	2
	2012	전남	31	6	3	1	47	10	0
	합계		52	6	6	3	75	17	2
K1	2013	전남	22	17	1	0	11	3	1
	2014	전남	21	13	2	1	10	2	0
	합계		43	30	3	1	21	5	1
프로통산			95	36	9	4	96	22	3

코로만(Ognjen Koroman) 세르비아 1978.09.19

대회	연도	소속	출전	교체	득점	도움	파울	경고	퇴장
BC	2009	인천	12	3	3	2	11	3	0
	2010	인천	15	9	1	1	15	2	0
	합계		27	12	4	3	26	5	0
프로통산			27	12	4	3	26	5	0

코마젝(Nikola Komazec) 세르비아 1987.11.15

대회	연도	소속	출전	교체	득점	도움	파울	경고	퇴장
K1	2014	부산	1	1	0	0	0	0	0
	합계		1	1	0	0	0	0	0
프로통산			1	1	0	0	0	0	0

코바(Ivan Kovačec) 크로아티아 1988.06.27

대회	연도	소속	출전	교체	득점	도움	파울	경고	퇴장
K1	2015	울산	17	7	6	6	7	1	0
	2016	울산	36	20	7	9	18	2	0
	2017	울산	7	5	0	2	2	0	0
	2017	서울	7	6	0	3	5	0	0
	2018	서울	5	5	0	0	2	0	0
	합계		72	43	13	20	34	3	0
프로통산			72	43	13	20	34	3	0

코바야시(Kobayashi Yuki, 小林祐希/←유키) 일본 1992.04.24

대회	연도	소속	출전	교체	득점	도움	파울	경고	퇴장
K1	2022	강원	12	11	0	1	9	2	0
	합계		12	11	0	1	9	2	0
K2	2021	서울E	8	6	0	1	14	2	0
	합계		8	6	0	1	14	2	0
프로통산			20	17	0	2	23	4	0

코스타(Koszta Mark) 헝가리 1996.09.26

대회	연도	소속	출전	교체	득점	도움	파울	경고	퇴장
K1	2022	울산	0	0	0	0	0	0	0
	합계		0	0	0	0	0	0	0
프로통산			0	0	0	0	0	0	0

콜리(Papa Oumar Coly) 세네갈 1975.05.20

대회	연도	소속	출전	교체	득점	도움	파울	경고	퇴장
BC	2001	대전	18	5	0	0	35	6	1
	2002	대전	29	3	1	0	53	7	0
	2003	대전	20	16	0	0	17	3	0
	합계		67	24	1	0	105	16	1
프로통산			67	24	1	0	105	16	1

콩푸엉(Nguyen Cong Phuong) 베트남

1995.01.21

대회	연도	소속	출전	교체	득점	도움	파울	경고	퇴장
K1	2019	인천	8	6	0	0	7	1	0
	합계		8	6	0	0	7	1	0
프로통산			8	6	0	0	7	1	0

쿠니모토(Takahiro Kunimoto, 邦本宜裕) 일본 1997.10.08

대회	연도	소속	출전	교체	득점	도움	파울	경고	퇴장
K1	2018	경남	35	16	5	2	41	7	0
	2019	경남	26	8	2	2	28	2	0
	2020	전북	25	15	2	1	36	2	0
	2021	전북	25	19	4	5	34	2	0
	2022	전북	14	9	4	1	20	2	0
	합계		125	67	17	11	159	15	0
승	2019	경남	2	0	0	0	4	1	0
	합계		2	0	0	0	4	1	0
프로통산			127	67	17	11	163	16	0

쿠벡(František Koubek) 체코 1969.11.06

대회	연도	소속	출전	교체	득점	도움	파울	경고	퇴장
BC	2000	안양LG	13	9	6	0	9	0	0
	2001	안양LG	20	19	3	0	11	0	0
	합계		33	28	9	0	20	0	0
프로통산			33	28	9	0	20	0	0

쿠비(Kwabena Appiah-Cubi) 오스트레일리아 1992.05.19

대회	연도	소속	출전	교체	득점	도움	파울	경고	퇴장
K1	2018	인천	25	23	1	2	35	3	0
	합계		25	23	1	2	35	3	0
프로통산			25	23	1	2	35	3	0

쿠아쿠(Aubin Kouakou) 코트디부아르 1991.06.01

대회	연도	소속	출전	교체	득점	도움	파울	경고	퇴장
K2	2016	충주	17	3	2	0	36	6	0
	2017	안양	25	8	0	0	59	11	0
	합계		42	11	2	0	95	17	0
프로통산			42	11	2	0	95	17	0

쿠키(Silvio Luis Borba de Silva) 브라질 1971.04.30

대회	연도	소속	출전	교체	득점	도움	파울	경고	퇴장
BC	2002	전북	2	2	0	0	0	0	0
	합계		2	2	0	0	0	0	0
프로통산			2	2	0	0	0	0	0

쿠키(Andrew Roy Cook) 영국(잉글랜드) 1974.01.20

대회	연도	소속	출전	교체	득점	도움	파울	경고	퇴장
BC	2003	부산	22	2	13	0	88	6	0
	2004	부산	27	3	8	0	68	10	2
	합계		49	5	21	0	156	16	2
프로통산			49	5	21	0	156	16	2

쿠티뉴(Douglas Coutinho Gomes de Souza) 브라질 1994.02.08

대회	연도	소속	출전	교체	득점	도움	파울	경고	퇴장
K2	2019	서울E	18	6	8	1	7	2	0
	합계		18	6	8	1	7	2	0
프로통산			18	6	8	1	7	2	0

쿤티치(Zoran Kuntić) 유고슬라비아 1967.03.23

대회	연도	소속	출전	교체	득점	도움	파울	경고	퇴장
BC	1993	포항제철	7	5	1	1	11	0	0
	합계		7	5	1	1	11	0	0
프로통산			7	5	1	1	11	0	0

크르피치(Sulejman Krpić) 보스니아 헤르체고비나 1991.01.01

대회	연도	소속	출전	교체	득점	도움	파울	경고	퇴장
K1	2020	수원	13	10	2	1	13	1	0
	합계		13	10	2	1	13	1	0
프로통산			13	10	2	1	13	1	0

크리스(Cristiano Espindola Avalos Passos) 브라질 1977.12.27

대회	연도	소속	출전	교체	득점	도움	파울	경고	퇴장
BC	2004	수원	1	1	0	0	2	1	0
	합계		1	1	0	0	2	1	0
프로통산			1	1	0	0	2	1	0

크리스찬(Cristian Costin Danalache) 루마니아 1982.07.15

대회	연도	소속	출전	교체	득점	도움	파울	경고	퇴장
K2	2016	경남	38	4	19	6	52	4	0
	2017	대전	25	7	9	3	41	3	1
	합계		63	11	28	9	93	7	1
프로통산			63	11	28	9	93	7	1

크리스토밤(Cristovam Roberto Ribeiro da Silva) 브라질 1990.07.25

대회	연도	소속	출전	교체	득점	도움	파울	경고	퇴장
K1	2018	수원	4	1	0	1	7	1	0
	합계		4	1	0	1	7	1	0
K2	2018	부천	9	4	2	0	17	1	0
	합계		9	4	2	0	17	1	0
프로통산			13	5	2	1	24	2	0

크리슬란(Crislan Henrique da Silva da Sousa) 브라질 1992.03.13

대회	연도	소속	출전	교체	득점	도움	파울	경고	퇴장
K2	2021	부천	20	15	5	0	13	3	1
	합계		20	15	5	0	13	3	1
프로통산			20	15	5	0	13	3	1

크리즈만(Sandi Krizman) 크로아티아 1989.08.17

대회	연도	소속	출전	교체	득점	도움	파울	경고	퇴장
K1	2014	전남	8	7	0	0	8	1	0
	합계		8	7	0	0	8	1	0
프로통산			8	7	0	0	8	1	0

크베시치(Mario Kvesić) 크로아티아 1992.01.12

대회	연도	소속	출전	교체	득점	도움	파울	경고	퇴장
K1	2021	포항	26	25	2	1	28	0	0
	합계		26	25	2	1	28	0	0
프로통산			26	25	2	1	28	0	0

클라우디(Claude Parfait Ngon A Djam) 카메룬 1980.01.24

대회	연도	소속	출전	교체	득점	도움	파울	경고	퇴장
BC	1999	천안일화	4	4	0	0	7	0	0
	합계		4	4	0	0	7	0	0
프로통산			4	4	0	0	7	0	0

키요모토(Kiyomoto Takumi, 清本拓己) 일본 1993.06.07

대회	연도	소속	출전	교체	득점	도움	파울	경고	퇴장
K1	2019	강원	0	0	0	0	0	0	0
	합계		0	0	0	0	0	0	0
프로통산			0	0	0	0	0	0	0

키쭈(Aurelian Ionut Chitu) 루마니아 1991.03.25

대회	연도	소속	출전	교체	득점	도움	파울	경고	퇴장
K2	2018	대전	32	4	12	4	67	3	0
	2019	대전	25	7	6	0	41	4	0
	합계		57	11	18	4	108	7	0
프로통산			57	11	18	4	108	7	0

타가트(Adam Jake Taggart) 오스트레일리아 1993.06.02

대회	연도	소속	출전	교체	득점	도움	파울	경고	퇴장
K1	2019	수원	33	16	20	1	62	2	0
	2020	수원	23	16	9	0	26	2	0
	합계		56	32	29	1	88	4	0
프로통산			56	32	29	1	88	4	0

타라바이(Edison Luis dos Santos) 브라질 1985.12.09

대회	연도	소속	출전	교체	득점	도움	파울	경고	퇴장
K2	2015	서울E	35	18	18	3	75	7	0
	2016	서울E	38	17	12	3	51	6	0
	합계		73	35	30	6	126	13	0
프로통산			73	35	30	6	126	13	0

타르델리(Tardeli Barros Machado Reis) 브라질 1990.03.02

대회	연도	소속	출전	교체	득점	도움	파울	경고	퇴장
K1	2021	수원FC	6	7	1	0	3	1	0
	합계		6	7	1	0	3	1	0
프로통산			6	7	1	0	3	1	0

타무라(Tamura Ryosuke, 田村亮介) 일본 1995.05.08

대회	연도	소속	출전	교체	득점	도움	파울	경고	퇴장
K2	2021	안양	19	15	2	2	17	0	0
	합계		19	15	2	2	17	0	0
프로통산			19	15	2	2	17	0	0

타쉬(Boris Borisov Tashti/Borys Borysovych Tashchy) 불가리아 1993.07.26

대회	연도	소속	출전	교체	득점	도움	파울	경고	퇴장
K1	2021	포항	20	20	1	1	21	1	0
	합계		20	20	1	1	21	1	0
프로통산			20	20	1	1	21	1	0

타이슨(Fabian Caballero) 스페인 1978.01.31

대회	연도	소속	출전	교체	득점	도움	파울	경고	퇴장
BC	2007	대전	6	6	0	0	9	0	0
	합계		6	6	0	0	9	0	0
프로통산			6	6	0	0	9	0	0

타쿠마(Abe Takuma, 阿部拓馬) 일본 1987.12.05

대회	연도	소속	출전	교체	득점	도움	파울	경고	퇴장
K1	2017	울산	12	10	1	1	14	2	0
	합계		12	10	1	1	14	2	0
프로통산			12	10	1	1	14	2	0

탁우선(卓佑宣) 선문대 1995.09.28

대회	연도	소속	출전	교체	득점	도움	파울	경고	퇴장
K2	2018	서울E	6	6	0	0	8	0	0
	합계		6	6	0	0	8	0	0
프로통산			6	6	0	0	8	0	0

탁준석(卓俊錫) 고려대 1978.03.24

대회	연도	소속	출전	교체	득점	도움	파울	경고	퇴장
BC	2001	대전	27	26	3	4	25	3	0
	2002	대전	14	14	1	0	13	0	0
	2003	대전	2	2	0	0	0	0	0
	합계		43	42	4	4	38	3	0
프로통산			43	42	4	4	38	3	0

태현찬(太現贊) 중앙대 1990.09.14

대회	연도	소속	출전	교체	득점	도움	파울	경고	퇴장
BC	2012	경남	2	2	0	0	0	0	0
	합계		2	2	0	0	0	0	0
프로통산			2	2	0	0	0	0	0

테드(Tadeusz Swiatek) 폴란드 1961.11.08

대회	연도	소속	출전	교체	득점	도움	파울	경고	퇴장
BC	1989	유공	18	7	1	0	16	2	0
	1990	유공	20	3	1	3	19	0	0
	1991	유공	34	5	5	3	34	3	0
	합계		72	15	7	6	69	5	0
프로통산			72	15	7	6	69	5	0

테하(Alex Barboza de Azevedo Terra) 브라질 1982.09.02

대회	연도	소속	출전	교체	득점	도움	파울	경고	퇴장
BC	2012	대전	21	14	4	1	21	1	0
	합계		21	14	4	1	21	1	0
프로통산			21	14	4	1	21	1	0

토니(Antonio Franja) 크로아티아 1978.06.08

대회	연도	소속	출전	교체	득점	도움	파울	경고	퇴장
BC	2007	전북	11	11	3	1	15	3	0
	2008	전북	3	2	0	1	1	0	0
	합계		14	13	3	2	16	3	0
프로통산			14	13	3	2	16	3	0

토다(Toda Kazuyuki, 戸田和幸) 일본 1977.12.30

대회	연도	소속	출전	교체	득점	도움	파울	경고	퇴장
BC	2009	경남	7	5	0	0	4	2	0
	합계		7	5	0	0	4	2	0
프로통산			7	5	0	0	4	2	0

토마스(Tomáš Janda) 체코 1973.06.27

대회	연도	소속	출전	교체	득점	도움	파울	경고	퇴장
BC	2001	안양LG	1	1	0	0	0	0	0
	합계		1	1	0	0	0	0	0
프로통산			1	1	0	0	0	0	0

토모키(Wada Tomoki, 和田倫季/←와다) 일본 1994.10.30

대회	연도	소속	출전	교체	득점	도움	파울	경고	퇴장
K1	2015	인천	3	3	1	0	0	0	0
	2016	광주	5	4	0	0	1	0	0
	2017	광주	2	1	0	0	2	0	0
	합계		10	8	1	0	3	0	0
K2	2017	서울E	2	2	0	0	1	0	0
	합계		2	2	0	0	1	0	0
프로통산			12	10	1	0	4	0	0

토미(Tomislav Mrcela) 오스트레일리아 1990.10.01

대회	연도	소속	출전	교체	득점	도움	파울	경고	퇴장
K1	2016	전남	21	1	0	2	13	1	0
	2017	전남	28	7	3	1	16	6	2
	2018	전남	2	1	0	1	0	0	0
	합계		51	9	3	4	29	7	2
프로통산			51	9	3	4	29	7	2

토미(Tomislav Kiš) 크로아티아 1994.04.04

대회	연도	소속	출전	교체	득점	도움	파울	경고	퇴장
K1	2020	성남	14	14	3	0	5	0	0
	합계		14	14	3	0	5	0	0
프로통산			14	14	3	0	5	0	0

토미(Tommy Mosquera Lozono) 콜롬비아 1976.09.27

대회	연도	소속	출전	교체	득점	도움	파울	경고	퇴장
BC	2003	부산	11	6	4	1	41	1	0
	합계		11	6	4	1	41	1	0
프로통산			11	6	4	1	41	1	0

토미치(Djordje Tomić) 세르비아 몬테네그로 1972.11.11

대회	연도	소속	출전	교체	득점	도움	파울	경고	퇴장
BC	2004	인천	9	9	0	1	11	1	0
	합계		9	9	0	1	11	1	0
프로통산			9	9	0	1	11	1	0

토요다(Toyoda Yoheii, 豊田陽平) 일본 1985.04.11

대회	연도	소속	출전	교체	득점	도움	파울	경고	퇴장
K1	2018	울산	9	8	2	1	10	2	0
	합계		9	8	2	1	10	2	0
프로통산			9	8	2	1	10	2	0

토체프(Slavchev Toshev) 불가리아 1960.06.13

대회	연도	소속	출전	교체	실점	도움	파울	경고	퇴장
BC	1993	유공	9	1	5	0	1	0	0
	합계		9	1	5	0	1	0	0
프로통산			9	1	5	0	1	0	0

투무(Bertin Tomou Bayard) 카메룬 1978.08.08

대회	연도	소속	출전	교체	득점	도움	파울	경고	퇴장
BC	1997	포항	4	1	4	0	11	1	0
	합계		4	1	4	0	11	1	0
프로통산			4	1	4	0	11	1	0

티아고(Thiago Jefferson da Silva) 브라질 1985.05.27

대회	연도	소속	출전	교체	득점	도움	파울	경고	퇴장
K1	2013	전북	14	13	1	2	4	0	0
	합계		14	13	1	2	4	0	0
프로통산			14	13	1	2	4	0	0

티아고(Alves Sales de Lima Tiago) 브라질 1993.01.12

대회	연도	소속	출전	교체	득점	도움	파울	경고	퇴장
K1	2015	포항	25	24	4	3	12	6	0
	2016	성남	19	8	13	5	16	0	0
	2018	전북	18	13	2	3	13	2	0
	2019	전북	2	2	0	0	0	1	0
	합계		64	47	19	11	41	9	0
프로통산			64	47	19	11	41	9	0

티아고(Thiago Henrique do Espirito Santo) 브라질 1995.08.15

대회	연도	소속	출전	교체	득점	도움	파울	경고	퇴장
K2	2022	안산	21	19	5	1	12	5	1
	합계		21	19	5	1	12	5	1
프로통산			21	19	5	1	12	5	1

티아고(Tiago Pereira da Silva) 브라질 1993.10.28

대회	연도	소속	출전	교체	득점	도움	파울	경고	퇴장
K2	2022	경남	37	16	19	3	48	7	0
	합계		37	16	19	3	48	7	0
프로통산			37	16	19	3	48	7	0

티아고(Tiago Jorge Honorio) 브라질 1977.12.04

대회	연도	소속	출전	교체	득점	도움	파울	경고	퇴장
BC	2009	수원	15	9	4	0	47	3	0
	합계		15	9	4	0	47	3	0
프로통산			15	9	4	0	47	3	0

파그너(Jose Fagner Silva da Luz) 브라질 1988.05.25

대회	연도	소속	출전	교체	득점	도움	파울	경고	퇴장
BC	2011	부산	11	2	6	0	28	6	0
	2012	부산	25	23	2	1	35	7	0
	합계		36	25	8	1	63	13	0
K1	2013	부산	31	26	8	1	23	5	1
	2014	부산	34	19	10	3	23	3	1
	합계		65	45	18	4	46	8	2
프로통산			101	70	26	5	109	21	2

파다예프(Bakhodir Pardaev) 우즈베키스탄 1987.04.26

대회	연도	소속	출전	교체	득점	도움	파울	경고	퇴장
K2	2017	부천	5	5	1	0	1	0	0
	합계		5	5	1	0	1	0	0
프로통산			5	5	1	0	1	0	0

파브리시오(Fabricio da Silva Cabral) 브라질 1981.09.16

대회	연도	소속	출전	교체	득점	도움	파울	경고	퇴장
BC	2005	성남일화	3	3	1	0	4	0	0
	합계		3	3	1	0	4	0	0
프로통산			3	3	1	0	4	0	0

파브리시오(Fabricio Eduardo Souza) 브라질 1980.01.04

대회	연도	소속	출전	교체	득점	도움	파울	경고	퇴장
BC	2009	성남일화	15	14	0	1	20	1	0
	2010	성남일화	11	8	5	2	18	6	0
	합계		26	22	5	3	38	7	0
프로통산			26	22	5	3	38	7	0

파비아노(Fabiano Ferreira Gadelha) 브라질 1979.01.09

대회	연도	소속	출전	교체	득점	도움	파울	경고	퇴장
BC	2008	포항	0	0	0	0	0	0	0
	합계		0	0	0	0	0	0	0
프로통산			0	0	0	0	0	0	0

파비안(Fabijan Komljenović) 크로아티아 1968.01.16

대회	연도	소속	출전	교체	득점	도움	파울	경고	퇴장
BC	2000	포항	7	7	0	0	9	0	0
	합계		7	7	0	0	9	0	0
프로통산			7	7	0	0	9	0	0

파비오(Jose Fabio Santos de Oliveira) 브라질 1987.06.13

대회	연도	소속	출전	교체	득점	도움	파울	경고	퇴장
K1	2013	대구	2	2	0	0	6	1	0
	합계		2	2	0	0	6	1	0
프로통산			2	2	0	0	6	1	0

파비오(Fabio Neves Florentino) 브라질 1986.10.04

대회	연도	소속	출전	교체	득점	도움	파울	경고	퇴장
K1	2015	광주	37	30	2	1	31	2	0
	2016	광주	14	12	1	1	17	1	0
	합계		51	42	3	2	48	3	0
K2	2014	광주	26	20	10	2	30	1	0
	합계		26	20	10	2	30	1	0
승	2014	광주	2	2	0	0	1	0	0
	합계		2	2	0	0	1	0	0
프로통산			79	64	13	4	79	4	0

파비오(Fabio Rogerio Correa Lopes) 브라질 1985.05.24

대회	연도	소속	출전	교체	득점	도움	파울	경고	퇴장
BC	2010	대전	13	10	5	1	33	1	0
	합계		13	10	5	1	33	1	0
프로통산			13	10	5	1	33	1	0

파비오(Fabio Junior dos Santos) 브라질 1982.10.06

대회	연도	소속	출전	교체	득점	도움	파울	경고	퇴장
BC	2005	전남	9	9	0	1	8	0	0
	합계		9	9	0	1	8	0	0
프로통산			9	9	0	1	8	0	0

파비오(Fabio Pereira da Silva) 브라질 1982.03.21

대회	연도	소속	출전	교체	득점	도움	파울	경고	퇴장
BC	2005	전남	7	3	0	0	16	3	0
	합계		7	3	0	0	16	3	0
프로통산			7	3	0	0	16	3	0

파비오(Joao Paulo di Fabio) 브라질 1979.02.10

대회	연도	소속	출전	교체	득점	도움	파울	경고	퇴장
BC	2008	부산	15	0	0	1	25	3	0
	2009	부산	10	2	0	1	14	1	0
	합계		25	2	0	2	39	4	0
프로통산			25	2	0	2	39	4	0

파비오(Fabio Luis Santos de Almeida) 브라질 1983.08.02

대회	연도	소속	출전	교체	득점	도움	파울	경고	퇴장
BC	2009	울산	5	5	1	1	6	0	0
	합계		5	5	1	1	6	0	0
프로통산			5	5	1	1	6	0	0

파우벨(Fauver Frank Mendes Braga) 브라질 1994.09.14

대회	연도	소속	출전	교체	득점	도움	파울	경고	퇴장
K2	2015	경남	6	6	0	0	3	0	0
	2019	안산	21	20	1	0	14	0	0
	합계		27	26	1	0	17	0	0
프로통산			27	26	1	0	17	0	0

파울로(Paulo Sergio Luiz de Souza) 브라질 1989.06.11

대회	연도	소속	출전	교체	득점	도움	파울	경고	퇴장
K2	2016	대구	33	18	17	4	46	7	0
	2017	성남	7	5	0	0	8	1	0
	합계		40	23	17	4	54	8	0
프로통산			40	23	17	4	54	8	0

파울로(Paulo Cesar da Silva) 브라질 1976.01.02

대회	연도	소속	출전	교체	득점	도움	파울	경고	퇴장
BC	2002	성남일화	4	3	0	1	16	2	0
	합계		4	3	0	1	16	2	0
프로통산			4	3	0	1	16	2	0

파울링뇨(Marcos Paulo Paulini) 브라질 1977.03.04

대회	연도	소속	출전	교체	득점	도움	파울	경고	퇴장
BC	2001	울산	28	20	13	2	37	1	0
	2002	울산	35	28	8	5	43	2	0
	합계		63	48	21	7	80	3	0
프로통산			63	48	21	7	80	3	0

파울링요(Beraldo Santos Paulo Luiz) 브라질 1988.06.14

대회	연도	소속	출전	교체	득점	도움	파울	경고	퇴장
K1	2018	경남	23	16	2	1	13	2	0
	합계		23	16	2	1	13	2	0
프로통산			23	16	2	1	13	2	0

파체코(Edgar Ivan Pacheco Rodriguez) 멕시코 1990.01.22

대회	연도	소속	출전	교체	득점	도움	파울	경고	퇴장
K2	2016	강원	1	1	0	0	1	1	0
	합계		1	1	0	0	1	1	0
프로통산			1	1	0	0	1	1	0

파탈루(Erik Endel Paartalu) 오스트레일리아 1986.05.03

대회	연도	소속	출전	교체	득점	도움	파울	경고	퇴장
K1	2016	전북	2	2	0	0	2	1	0
	합계		2	2	0	0	2	1	0
프로통산			2	2	0	0	2	1	0

파투(Matheus Antonio de Souza Santos/←안토니오) 브라질 1995.06.08

대회	연도	소속	출전	교체	득점	도움	파울	경고	퇴장
K2	2019	대전	15	9	6	3	15	1	0
	2021	대전	26	21	3	2	27	2	0
	합계		41	30	9	5	42	3	0
승	2021	대전	1	1	0	0	0	0	0
	합계		1	1	0	0	0	0	0
프로통산			42	31	9	5	42	3	0

팔라시오스(Manuel Emilio Palacios Murillo) 콜롬비아 1993.02

대회	연도	소속	출전	교체	득점	도움	파울	경고	퇴장
K1	2020	포항	25	22	5	6	34	5	1
	2021	포항	26	22	1	0	33	2	1
	2022	포항	1	1	1	0	1	0	0
	2022	성남	29	24	3	3	28	2	0
	합계		81	69	10	9	96	9	2
K2	2019	안양	34	8	11	6	43	5	0
	합계		34	8	11	6	43	5	0
프로통산			115	77	21	15	139	14	2

팔로세비치(Aleksandar Paločević) 세르비아 1993.08.22

대회	연도	소속	출전	교체	득점	도움	파울	경고	퇴장
K1	2019	포항	16	14	5	4	9	0	0
	2020	포항	22	7	14	6	12	3	0
	2021	서울	34	25	10	4	18	5	0
	2022	서울	38	29	5	2	31	3	0
	합계		110	75	34	16	70	11	0
프로통산			110	75	34	16	70	11	0

패트릭(Partrik Camilo Cornelio da Silva) 브라질 1990.07.19

대회	연도	소속	출전	교체	득점	도움	파울	경고	퇴장
K1	2013	강원	11	8	1	1	16	2	0
	합계		11	8	1	1	16	2	0
프로통산			11	8	1	1	16	2	0

패트릭(Patrick Villars) 가나 1984.05.21

대회	연도	소속	출전	교체	득점	도움	파울	경고	퇴장
BC	2003	부천SK	11	3	0	0	23	4	0
	합계		11	3	0	0	23	4	0
프로통산			11	3	0	0	23	4	0

펑샤오팅(Feng Xiaoting, 冯潇霆) 중국 1985.10.22

대회	연도	소속	출전	교체	득점	도움	파울	경고	퇴장
BC	2009	대구	20	2	0	0	12	3	0
	2010	전북	12	0	0	0	10	1	0
	합계		32	2	0	0	22	4	0
프로통산			32	2	0	0	22	4	0

페냐(Daniel dos Santos Penha) 브라질 1998.10.17

대회	연도	소속	출전	교체	득점	도움	파울	경고	퇴장
K1	2022	대구	10	5	1	1	16	4	0
	합계		10	5	1	1	16	4	0
프로통산			10	5	1	1	16	4	0

페드로(Pedro Bispo Moreira Junior) 브라질 1987.01.29

대회	연도	소속	출전	교체	득점	도움	파울	경고	퇴장
K1	2013	제주	29	13	17	0	56	3	0
	합계		29	13	17	0	56	3	0
프로통산			29	13	17	0	56	3	0

페드로(Pedro Henrique Cortes Oliveira Gois) 동티모르 1992.01.17

대회	연도	소속	출전	교체	득점	도움	파울	경고	퇴장
K2	2017	대전	0	0	0	0	0	0	0
	합계		0	0	0	0	0	0	0
프로통산			0	0	0	0	0	0	0

페드로(Pedro Henrique de Santana Almeida) 브라질 1991.03.25

대회	연도	소속	출전	교체	득점	도움	파울	경고	퇴장
K2	2018	대전	4	3	1	0	9	1	0
	합계		4	3	1	0	9	1	0
프로통산			4	3	1	0	9	1	0

페라소(Walter Osvaldo Perazzo Otero) 아르헨티나 1962.08.02

대회	연도	소속	출전	교체	득점	도움	파울	경고	퇴장
BC	1994	대우	2	2	0	0	1	0	0
	합계		2	2	0	0	1	0	0
프로통산			2	2	0	0	1	0	0

페레이라(Josiesley Ferreira Rosa) 브라질 1979.02.21

대회	연도	소속	출전	교체	득점	도움	파울	경고	퇴장
BC	2008	울산	10	12	0	2	21	3	0
	합계		10	12	0	2	21	3	0
프로통산			10	12	0	2	21	3	0

페르난데스(Rodrigo Fernandes) 브라질 1978.03.03

대회	연도	소속	출전	교체	득점	도움	파울	경고	퇴장
BC	2003	전북	29	25	3	4	15	0	0
	합계		29	25	3	4	15	0	0
프로통산			29	25	3	4	15	0	0

페르난도(Luiz Fernando Acuña Egidio) 브라질 1977.11.25

대회	연도	소속	출전	교체	득점	도움	파울	경고	퇴장
BC	2007	부산	9	8	0	1	18	1	0
	합계		9	8	0	1	18	1	0
프로통산			9	8	0	1	18	1	0

페르난도(Luiz Fernando Pereira da Silva) 브라질 1985.11.25

대회	연도	소속	출전	교체	득점	도움	파울	경고	퇴장
BC	2007	대전	15	15	1	1	42	2	0
	합계		15	15	1	1	42	2	0
프로통산			15	15	1	1	42	2	0

페블레스(Daniel Ricardo Febles Argüelles) 베네수엘라 1991.02.08

대회	연도	소속	출전	교체	득점	도움	파울	경고	퇴장
K2	2018	서울E	5	2	0	1	8	0	0
	합계		5	2	0	1	8	0	0
프로통산			5	2	0	1	8	0	0

페시치(Aleksandar Pešić) 세르비아 1992.05.21

대회	연도	소속	출전	교체	득점	도움	파울	경고	퇴장
K1	2019	서울	25	13	10	1	27	1	0
	2020	서울	1	1	0	0	0	0	0
	합계		26	14	10	1	27	1	0
프로통산			26	14	10	1	27	1	0

페체신(Feczesin Róbert) 헝가리 1986.02.22

대회	연도	소속	출전	교체	득점	도움	파울	경고	퇴장
K1	2017	전남	32	19	10	4	56	3	0
	합계		32	19	10	4	56	3	0
프로통산			32	19	10	4	56	3	0

페트라토스(Petratos Dimitrios) 오스트레일리아 1992.11.10

대회	연도	소속	출전	교체	득점	도움	파울	경고	퇴장
K1	2017	울산	4	4	0	1	5	0	0
	합계		4	4	0	1	5	0	0
프로통산			4	4	0	1	5	0	0

페트로(Sasa Petrović) 유고슬라비아 1966.12.31

대회	연도	소속	출전	교체	**실점**	도움	파울	경고	퇴장
BC	1996	전남	24	0	33	0	2	3	0
	1997	전남	8	0	9	0	0	0	0
	합계		32	0	42	0	2	3	0
프로통산			32	0	42	0	2	3	0

펠리삐(Felipe Martins Dorta) 오스트리아 1996.06.17

대회	연도	소속	출전	교체	득점	도움	파울	경고	퇴장
K2	2019	안산	5	5	0	0	2	0	0
	합계		5	5	0	0	2	0	0
프로통산			5	5	0	0	2	0	0

펠리팡(Felipe Augusto Souza da Silva: Felipão) 브라질 1995.02.18

대회	연도	소속	출전	교체	득점	도움	파울	경고	퇴장
K2	2020	안산	20	12	2	3	20	4	1
	합계		20	12	2	3	20	4	1
프로통산			20	12	2	3	20	4	1

펠리페(Felipe de Sousa Silva) 브라질 1992.04.03

대회	연도	소속	출전	교체	득점	도움	파울	경고	퇴장
K1	2020	광주	24	3	12	1	53	4	1
	2021	광주	13	5	3	1	28	3	0
	합계		37	8	15	2	81	7	1
K2	2018	광주	15	4	7	2	33	6	0
	2019	광주	27	7	19	3	77	4	2
	합계		42	11	26	5	110	10	2
프로통산			79	19	41	7	191	17	3

펠리피(Felipe Barreto Adao) 브라질 1985.11.26

대회	연도	소속	출전	교체	득점	도움	파울	경고	퇴장
K2	2014	안양	23	20	3	0	34	3	0
	합계		23	20	3	0	34	3	0
프로통산			23	20	3	0	34	3	0

펠리피(Felipe Azevedo dos Santos) 브라질 1987.01.10

대회	연도	소속	출전	교체	득점	도움	파울	경고	퇴장
BC	2010	부산	9	8	3	0	15	1	0
	2011	부산	5	5	0	1	6	0	0
	합계		14	13	3	1	21	1	0
프로통산			14	13	3	1	21	1	0

펠릭스(Felix Nzeina) 카메룬 1980.12.11

대회	연도	소속	출전	교체	득점	도움	파울	경고	퇴장
BC	2005	부산	24	22	2	1	50	4	0
	합계		24	22	2	1	50	4	0
프로통산			24	22	2	1	50	4	0

포섹(Peter Fousek) 체코 1972.08.11

대회	연도	소속	출전	교체	득점	도움	파울	경고	퇴장
BC	2001	전남	2	2	0	0	3	0	0
	합계		2	2	0	0	3	0	0
프로통산			2	2	0	0	3	0	0

포파(Daniel Iliuţă Popa) 루마니아 1995.07.14

대회	연도	소속	출전	교체	득점	도움	파울	경고	퇴장
K2	2022	대전	9	9	0	0	6	0	0
	합계		9	9	0	0	6	0	0
프로통산			9	9	0	0	6	0	0

포포비치(Lazar Popović) 세르비아 1983.01.10

대회	연도	소속	출전	교체	득점	도움	파울	경고	퇴장
BC	2009	대구	13	9	2	0	21	3	0
	합계		13	9	2	0	21	3	0
프로통산			13	9	2	0	21	3	0

포프(Willan Popp) 브라질 1994.04.13

대회	연도	소속	출전	교체	득점	도움	파울	경고	퇴장
K2	2016	부산	38	22	18	4	63	6	0
	2018	부천	30	10	10	2	48	3	0
	합계		68	32	28	6	111	9	0
프로통산			68	32	28	6	111	9	0

표건희(表健熙) 인천대 1997.08.06

대회	연도	소속	출전	교체	득점	도움	파울	경고	퇴장
K1	2021	인천	2	1	0	0	1	0	0
	합계		2	1	0	0	1	0	0
프로통산			2	1	0	0	1	0	0

푸마갈리(Jose Fernando Fumagalli) 브라질 1977.10.05

대회	연도	소속	출전	교체	득점	도움	파울	경고	퇴장
BC	2004	서울	17	13	2	0	22	2	0
	합계		17	13	2	0	22	2	0
프로통산			17	13	2	0	22	2	0

프라니치(Ivan Frankie Franjić) 오스트레일리아 1987.09.10

대회	연도	소속	출전	교체	득점	도움	파울	경고	퇴장
K1	2017	대구	2	2	0	0	1	1	0
	합계		2	2	0	0	1	1	0
프로통산			2	2	0	0	1	1	0

프랑코(Pedro Filipe Antunes Matias Silva Franco) 포르투갈 1974.04.18

대회	연도	소속	출전	교체	득점	도움	파울	경고	퇴장
BC	2005	서울	19	2	2	0	29	4	0
	합계		19	2	2	0	29	4	0
프로통산			19	2	2	0	29	4	0

프랑크(Frank Lieberam) 독일 1962.12.17

대회	연도	소속	출전	교체	득점	도움	파울	경고	퇴장
BC	1992	현대	19	2	1	1	12	4	1
	합계		19	2	1	1	12	4	1
프로통산			19	2	1	1	12	4	1

프론티니(Carbs Esteban Frontini) 브라질 1981.08.19

대회	연도	소속	출전	교체	득점	도움	파울	경고	퇴장
BC	2006	포항	29	26	8	4	65	7	0
	2007	포항	9	7	0	0	12	1	0
	합계		38	33	8	4	77	8	0
프로통산			38	33	8	4	77	8	0

플라나(Leonard Arben Pllana) 코소보 1996.08.26

대회	연도	소속	출전	교체	득점	도움	파울	경고	퇴장
K2	2022	전남	30	22	6	1	13	1	0
	합계		30	22	6	1	13	1	0
프로통산			30	22	6	1	13	1	0

플라마(Flamarion Petriv de Abreu) 브라질 1976.10.16

대회	연도	소속	출전	교체	득점	도움	파울	경고	퇴장
BC	2004	대전	17	2	0	0	37	3	0
	합계		17	2	0	0	37	3	0
프로통산			17	2	0	0	37	3	0

플라비오(Flávio Almeida) 브라질 1959.01.01

대회	연도	소속	출전	교체	득점	도움	파울	경고	퇴장
BC	1985	포항제철	1	1	0	0	1	0	0
	합계		1	1	0	0	1	0	0
프로통산			1	1	0	0	1	0	0

플라타(Anderson Daniel Plata Guillen) 콜롬비아 1990.11.08

대회	연도	소속	출전	교체	득점	도움	파울	경고	퇴장
K1	2013	대전	21	7	1	1	56	4	0
	합계		21	7	1	1	56	4	0
프로통산			21	7	1	1	56	4	0

피델(Fidel Rocha dos Santos) 브라질 1993.07.06

대회	연도	소속	출전	교체	득점	도움	파울	경고	퇴장
K2	2018	안산	7	6	0	1	4	0	0
	합계		7	6	0	1	4	0	0
프로통산			7	6	0	1	4	0	0

피아퐁(Piyapong Pue-on) 태국 1959.11.14

대회	연도	소속	출전	교체	득점	도움	파울	경고	퇴장
BC	1984	럭키금성	5	1	4	0	0	0	0
	1985	럭키금성	21	4	12	6	10	1	0
	1986	럭키금성	17	4	2	0	7	0	1
	합계		43	9	18	6	17	1	1
프로통산			43	9	18	6	17	1	1

피투(Miguel Sebastian Garcia) 아르헨티나 1984.01.27

대회	연도	소속	출전	교체	득점	도움	파울	경고	퇴장
K1	2016	성남	33	20	3	7	18	3	0
	합계		33	20	3	7	18	3	0
승	2016	성남	1	1	0	0	0	0	0
	합계		1	1	0	0	0	0	0
프로통산			34	21	3	7	18	3	0

필립(Filip Hlohovsky) 슬로바키아 1988.06.13

대회	연도	소속	출전	교체	득점	도움	파울	경고	퇴장
K2	2017	성남	16	10	4	0	25	3	0
	2018	대전	3	3	0	0	4	0	0
	합계		19	13	4	0	29	3	0
프로통산			19	13	4	0	29	3	0

필립(Filip Filipov) 불가리아 1971.01.31

대회	연도	소속	출전	교체	득점	도움	파울	경고	퇴장
BC	1992	유공	6	0	0	0	13	1	0
	1993	유공	7	3	0	0	7	0	0
	1998	부천SK	26	12	0	0	52	7	0
	1999	부천SK	11	5	0	0	7	4	0
	합계		50	20	0	0	79	12	0
프로통산			50	20	0	0	79	12	0

핑구(Erison Carlos dos Santos Silva) 브라질 1980.05.22

대회	연도	소속	출전	교체	득점	도움	파울	경고	퇴장
BC	2008	부산	24	13	0	0	19	1	0
	합계		24	13	0	0	19	1	0
프로통산			24	13	0	0	19	1	0

핑팡(Rodrigo Pimpão Vianna) 브라질 1987.10.23

대회	연도	소속	출전	교체	득점	도움	파울	경고	퇴장
K1	2013	수원	1	1	0	0	1	0	0
	합계		1	1	0	0	1	0	0
프로통산			1	1	0	0	1	0	0

하강진(河康鎭) 숭실대 1989.01.30

대회	연도	소속	출전	교체	실점	도움	파울	경고	퇴장
BC	2010	수원	14	0	18	0	1	1	0
	2011	성남일화	30	0	43	0	0	2	0
	2012	성남일화	23	0	35	0	0	0	0
	합계		67	0	96	0	1	3	0
K1	2013	경남	7	0	14	0	0	0	0
	합계		7	0	14	0	0	0	0
K2	2014	부천	13	0	18	0	0	1	0
	2016	경남	8	0	15	0	1	1	0
	합계		21	0	33	0	1	2	0
프로통산			95	0	143	0	2	5	0

하광운(河光云) 단국대 1972.03.21

대회	연도	소속	출전	교체	득점	도움	파울	경고	퇴장
BC	1995	전남	0	0	0	0	0	0	0
	합계		0	0	0	0	0	0	0
프로통산			0	0	0	0	0	0	0

하금진(河今鎭) 홍익대 1974.08.16

대회	연도	소속	출전	교체	득점	도움	파울	경고	퇴장
BC	1997	대전	26	3	1	0	52	5	0
	1998	대전	13	5	0	0	23	1	0
	합계		39	8	1	0	75	6	0
프로통산			39	8	1	0	75	6	0

하기윤(河基允) 금호고 1982.03.10

대회	연도	소속	출전	교체	득점	도움	파울	경고	퇴장
BC	2002	전남	0	0	0	0	0	0	0
	2003	광주상무	0	0	0	0	0	0	0
	합계		0	0	0	0	0	0	0
프로통산			0	0	0	0	0	0	0

하남(河男) 남부대 1998.12.07

대회	연도	소속	출전	교체	득점	도움	파울	경고	퇴장
K2	2020	안양	2	2	0	0	0	0	0
	2021	안양	16	15	3	0	17	2	0
	2022	경남	19	18	2	0	31	1	0
	합계		37	35	5	0	48	3	0
프로통산			37	35	5	0	48	3	0

하대성(河大成) 부평고 1985.03.02

대회	연도	소속	출전	교체	득점	도움	파울	경고	퇴장
BC	2004	울산	2	2	0	0	1	0	0
	2005	울산	0	0	0	0	0	0	0
	2006	대구	18	15	0	0	33	5	0
	2007	대구	25	10	2	2	52	3	0
	2008	대구	31	12	5	2	44	3	0
	2009	전북	30	22	2	2	45	7	1
	2010	서울	33	8	8	3	58	10	0
	2011	서울	18	9	6	2	29	2	0
	2012	서울	39	8	5	7	51	8	0
	합계		196	86	28	18	313	38	1
K1	2013	서울	29	4	3	2	50	6	0
	2017	서울	7	5	1	0	8	1	0
	2018	서울	8	5	0	0	16	2	0
	2019	서울	2	3	0	0	1	0	0
	합계		46	17	4	2	75	9	0
승	2018	서울	2	1	0	1	4	0	0
	합계		2	1	0	1	4	0	0
프로통산			244	104	32	21	392	47	1

하리(Harry German Castilo Vallejo) 콜롬비아 1974.05.14

대회	연도	소속	출전	교체	득점	도움	파울	경고	퇴장
BC	2000	수원	5	4	1	0	7	0	1
	2000	부산	10	8	1	2	5	1	0
	2001	부산	34	3	5	5	52	6	1
	2002	부산	23	3	5	5	32	3	1
	2003	부산	27	11	4	2	51	5	0
	2004	성남일화	8	6	0	0	10	0	0
	2006	경남	28	18	1	4	54	4	0
	합계		135	53	17	18	211	19	3
프로통산			135	53	17	18	211	19	3

하리스(Haris Harba) 보스니아 헤르체고비나 1988.07.14

대회	연도	소속	출전	교체	득점	도움	파울	경고	퇴장
K2	2017	부천	2	2	0	0	2	0	0
	합계		2	2	0	0	2	0	0
프로통산			2	2	0	0	2	0	0

하마드(Jiloan Mohamed Hamad) 스웨덴 1990.11.06

대회	연도	소속	출전	교체	득점	도움	파울	경고	퇴장
K1	2019	인천	11	7	1	2	8	1	0
	합계		11	7	1	2	8	1	0
프로통산			11	7	1	2	8	1	0

하마조치(Rafael Ramazotti de Quadros) 브라질 1988.08.09

대회	연도	소속	출전	교체	득점	도움	파울	경고	퇴장
K2	2019	대전	10	5	3	1	15	3	0
	합계		10	5	3	1	15	3	0
프로통산			10	5	3	1	15	3	0

하명래(河明來) 경희고 1999.05.05

대회	연도	소속	출전	교체	실점	도움	파울	경고	퇴장
K1	2020	대구	0	0	0	0	0	0	0
	합계		0	0	0	0	0	0	0
프로통산			0	0	0	0	0	0	0

하명훈(河明勳) 명지대 1971.05.18

대회	연도	소속	출전	교체	득점	도움	파울	경고	퇴장
BC	1994	LG	1	1	0	1	1	0	0
	1995	LG	5	5	0	0	1	0	0
	합계		6	6	0	1	2	0	0
프로통산			6	6	0	1	2	0	0

하밀(Brendan Hamill) 오스트레일리아 1992.09.18

대회	연도	소속	출전	교체	득점	도움	파울	경고	퇴장
BC	2012	성남일화	8	8	1	0	9	2	0
	합계		8	8	1	0	9	2	0
프로통산			8	8	1	0	9	2	0

하상수(河相秀) 아주대 1973.07.25

대회	연도	소속	출전	교체	득점	도움	파울	경고	퇴장
BC	1996	부산	6	3	0	1	7	0	0
	합계		6	3	0	1	7	0	0
프로통산			6	3	0	1	7	0	0

하석주(河錫舟) 아주대 1968.02.20

대회	연도	소속	출전	교체	득점	도움	파울	경고	퇴장
BC	1990	대우	24	12	4	3	36	0	0
	1991	대우	34	10	7	5	36	1	0
	1992	대우	29	6	5	2	40	3	0
	1993	대우	11	3	0	0	14	3	0
	1994	대우	16	3	4	2	17	1	0
	1995	대우	34	2	7	3	40	4	0
	1996	부산	26	5	11	2	46	3	0
	1997	부산	13	6	4	3	7	0	0
	2001	포항	31	0	3	2	46	6	0
	2002	포항	34	3	0	3	60	4	0
	2003	포항	6	6	0	0	5	0	0
	합계		258	56	45	25	347	25	0
프로통산			258	56	45	25	347	25	0

하성룡(河成龍) 금호고 1982.02.03

대회	연도	소속	출전	교체	득점	도움	파울	경고	퇴장
BC	2002	전남	3	3	0	0	2	0	0
	2003	전남	2	2	0	0	2	0	0
	합계		5	5	0	0	4	0	0
프로통산			5	5	0	0	4	0	0

하성민(河成敏) 부평고 1987.06.13

대회	연도	소속	출전	교체	득점	도움	파울	경고	퇴장
BC	2008	전북	10	6	0	1	19	1	0
	2009	전북	0	0	0	0	0	0	0
	2010	부산	1	1	0	0	1	0	0
	2011	전북	1	0	0	0	2	1	0
	2012	상주	26	7	0	2	47	9	0
	합계		38	14	0	3	69	11	0
K1	2013	전북	1	1	0	0	2	0	0
	2014	울산	17	5	0	1	35	5	0
	2015	울산	28	9	0	0	39	8	0
	2016	울산	24	15	2	0	34	5	1
	2018	경남	24	14	0	0	24	3	0
	2019	경남	21	12	0	0	36	4	0
	합계		115	56	2	1	170	25	1
K2	2013	상주	13	6	0	2	22	2	0
	2020	경남	9	4	0	0	10	0	1
	합계		22	10	0	2	32	2	1
승	2019	경남	0	0	0	0	0	0	0
	합계		0	0	0	0	0	0	0
프로통산			175	80	2	6	271	38	2

하성용(河誠容) 광운대 1976.10.05

대회	연도	소속	출전	교체	득점	도움	파울	경고	퇴장
BC	2000	울산	20	2	1	0	37	2	0
	2001	울산	3	0	0	0	1	0	0
	2002	울산	9	4	0	0	14	0	0
	2003	울산	5	5	0	0	5	0	0
	합계		37	11	1	0	57	2	0
프로통산			37	11	1	0	57	2	0

하성준(河成俊) 중대부고 1963.08.15

대회	연도	소속	출전	교체	득점	도움	파울	경고	퇴장
BC	1989	일화	28	14	1	2	35	3	0
	1990	일화	17	6	1	0	19	0	0
	1991	일화	38	6	1	2	61	2	0
	1992	일화	38	3	1	2	63	3	0
	1993	일화	25	7	1	0	22	3	0
	1994	일화	31	2	1	1	31	2	0
	1995	일화	29	5	1	1	39	4	0
	1996	천안일화	27	5	0	0	24	2	0
	합계		233	48	7	8	294	19	0
프로통산			233	48	7	8	294	19	0

하승운(河勝云) 연세대 1998.05.04

대회	연도	소속	출전	교체	득점	도움	파울	경고	퇴장
K1	2019	포항	15	15	0	1	12	1	0
	합계		15	15	0	1	12	1	0
K2	2020	전남	23	17	2	0	17	3	0
	2021	안양	14	12	0	0	8	0	0
	2022	광주	30	29	2	4	18	3	0
	합계		67	58	4	4	43	6	0
프로통산			82	73	4	5	55	7	0

하용우(河龍雨) 경희대 1977.04.30

대회	연도	소속	출전	교체	득점	도움	파울	경고	퇴장
BC	2000	포항	10	7	0	0	10	2	0
	합계		10	7	0	0	10	2	0
프로통산			10	7	0	0	10	2	0

하은철(河恩哲) 성균관대 1975.06.23

대회	연도	소속	출전	교체	득점	도움	파울	경고	퇴장
BC	1998	전북	21	16	7	2	28	3	0
	1999	전북	32	31	10	0	23	0	0
	2000	울산	23	12	5	1	29	0	0
	2001	울산	3	3	0	0	1	0	0
	2001	전북	2	2	0	0	0	0	0
	2003	전북	0	0	0	0	0	0	0
	2003	대구	12	12	3	0	10	0	0
	2004	대구	7	6	1	0	8	0	0
	합계		100	82	26	3	99	3	0
프로통산			100	82	26	3	99	3	0

하인호(河仁鎬) 인천대 1989.10.10

대회	연도	소속	출전	교체	득점	도움	파울	경고	퇴장
BC	2012	경남	0	0	0	0	0	0	0
	합계		0	0	0	0	0	0	0
K2	2015	고양	26	3	1	1	45	4	0
	2016	안산무궁	3	1	0	0	3	1	0
	2017	아산	1	1	0	0	1	0	0
	합계		30	5	1	1	49	5	0
프로통산			30	5	1	1	49	5	0

하재훈(河在勳) 조선대 1965.08.15

대회	연도	소속	출전	교체	득점	도움	파울	경고	퇴장
BC	1987	유공	20	3	0	1	18	2	0
	1988	유공	15	1	0	3	27	1	0
	1989	유공	11	3	0	0	11	0	0
	1990	유공	18	10	3	4	22	2	0
	1991	유공	25	18	1	1	15	1	0
	1992	유공	21	13	0	1	37	3	0
	1993	유공	23	19	1	1	13	3	0
	1994	유공	6	4	0	0	3	0	0
	합계		139	71	5	11	146	12	0
프로통산			139	71	5	11	146	12	0

하재훈(河在勳) 동국대 1984.10.03

대회	연도	소속	출전	교체	득점	도움	파울	경고	퇴장
BC	2009	강원	18	1	0	1	8	2	0
	2010	강원	11	2	0	1	6	0	0
	합계		29	3	0	2	14	2	0
프로통산			29	3	0	2	14	2	0

하정헌(河廷憲) 우석대 1987.10.14

대회	연도	소속	출전	교체	득점	도움	파울	경고	퇴장
BC	2010	강원	17	12	2	1	27	2	0
	2011	강원	5	5	1	0	6	1	0
	합계		22	17	3	1	33	3	0
K2	2013	수원FC	16	16	4	0	32	7	0
	2014	수원FC	14	14	2	0	13	3	0
	2015	안산경찰	13	9	2	0	23	5	0
	2016	안산무궁	6	7	0	1	10	3	0
	합계		49	46	8	1	78	18	0
프로통산			71	63	11	2	111	21	0

하준호(河晙鎬) 충북대 1998.07.18

대회	연도	소속	출전	교체	실점	도움	파울	경고	퇴장
K2	2019	안산	0	0	0	0	0	0	0
	합계		0	0	0	0	0	0	0
프로통산			0	0	0	0	0	0	0

하찡요(Luciano Ferreira Gabriel: Luciano Ratinho) 브라질 1979.10.18

대회	연도	소속	출전	교체	득점	도움	파울	경고	퇴장
BC	2005	대전	22	22	2	4	41	1	1
	합계		22	22	2	4	41	1	1
프로통산			22	22	2	4	41	1	1

하창래(河昌來) 중앙대 1994.10.16

대회	연도	소속	출전	교체	득점	도움	파울	경고	퇴장
K1	2017	인천	20	0	1	0	28	8	0
	2018	포항	28	5	1	0	32	5	0
	2019	포항	31	0	1	0	40	11	0
	2020	포항	26	1	1	0	44	8	0
	2021	포항	2	0	1	0	3	1	0
	2022	김천	12	4	0	0	11	3	0
	2022	포항	8	1	0	0	7	3	0
	합계		127	11	5	0	165	39	0
K2	2021	김천	8	2	0	0	15	0	0
	합계		8	2	0	0	15	0	0
프로통산			135	13	5	0	180	39	0

하칭요(Jurani Francisco Ferreira) 브라질 1996.10.01

대회	연도	소속	출전	교체	득점	도움	파울	경고	퇴장
K2	2019	광주	8	6	2	0	11	0	0
	합계		8	6	2	0	11	0	0
프로통산			8	6	2	0	11	0	0

하태균(河太均) 단국대 1987.11.02

대회	연도	소속	출전	교체	득점	도움	파울	경고	퇴장
BC	2007	수원	18	13	5	1	33	1	0
	2008	수원	6	6	0	0	9	4	0
	2009	수원	12	11	2	1	21	1	0
	2010	수원	15	13	2	0	23	1	0
	2011	수원	19	18	3	1	19	3	1
	2012	수원	31	29	6	0	25	0	0
	합계		101	90	18	3	130	10	1
K1	2014	상주	11	6	4	0	18	1	0
	2014	수원	3	3	0	0	3	1	0
	2018	전남	8	6	0	0	6	1	0
	합계		22	15	4	0	27	3	0
K2	2013	상주	19	14	8	4	33	2	0
	합계		19	14	8	4	33	2	0
승	2013	상주	1	1	0	0	0	0	0
	합계		1	1	0	0	0	0	0
프로통산			143	120	30	7	190	15	1

하파엘(Rafael Costa dos Santos) 브라질 1987.08.23

대회	연도	소속	출전	교체	득점	도움	파울	경고	퇴장
K1	2014	서울	9	9	0	0	9	3	0
	합계		9	9	0	0	9	3	0
프로통산			9	9	0	0	9	3	0

하파엘(Raphael Assis Martins Xavier) 브라질

1992.03.28

대회	연도	소속	출전	교체	득점	도움	파울	경고	퇴장
K2	2014	충주	2	1	0	0	0	0	0
	합계		2	1	0	0	0	0	0
프로통산			2	1	0	0	0	0	0

하파엘 (Rafael Rogerio da Silva) 브라질 1995.11.30

대회	연도	소속	출전	교체	득점	도움	파울	경고	퇴장
K2	2016	충주	17	15	5	2	13	2	0
	합계		17	15	5	2	13	2	0
프로통산			17	15	5	2	13	2	0

하피냐 (Rafael dos Santos de Oliveira) 브라질 1987.06.30

대회	연도	소속	출전	교체	득점	도움	파울	경고	퇴장
BC	2012	울산	17	13	6	2	23	2	0
	합계		17	13	6	2	23	2	0
K1	2013	울산	24	8	11	4	45	3	0
	2014	울산	12	8	1	1	20	0	0
	합계		36	16	12	5	65	3	0
프로통산			53	29	18	7	88	5	0

하피냐 (Rafael Lima Pereira) 브라질 1993.04.01

대회	연도	소속	출전	교체	득점	도움	파울	경고	퇴장
K1	2015	대전	7	8	0	0	3	0	0
	합계		7	8	0	0	3	0	0
프로통산			7	8	0	0	3	0	0

한건용 (韓健鏞) 동의대 1991.06.28

대회	연도	소속	출전	교체	득점	도움	파울	경고	퇴장
K2	2017	안산	24	13	3	2	23	3	0
	2018	안산	4	3	0	0	1	0	0
	합계		28	16	3	2	24	3	0
프로통산			28	16	3	2	24	3	0

한경인 (韓京仁) 명지대 1987.05.28

대회	연도	소속	출전	교체	득점	도움	파울	경고	퇴장
BC	2011	경남	23	19	2	0	13	0	0
	2012	대전	12	11	1	0	5	1	0
	합계		35	30	3	0	18	1	0
K1	2013	대전	6	6	2	0	7	1	0
	2014	상주	9	8	0	0	4	2	0
	합계		15	14	2	0	11	3	0
K2	2015	상주	1	1	0	0	0	0	0
	합계		1	1	0	0	0	0	0
프로통산			51	45	5	0	29	4	0

한교원 (韓敎元) 조선이공대 1990.06.15

대회	연도	소속	출전	교체	득점	도움	파울	경고	퇴장
BC	2011	인천	29	22	3	2	40	2	0
	2012	인천	28	10	6	2	52	4	0
	합계		57	32	9	4	92	6	0
K1	2013	인천	36	14	6	2	64	8	0
	2014	전북	32	20	11	3	44	1	0
	2015	전북	26	16	1	4	15	3	1
	2016	전북	19	8	4	0	24	5	0
	2017	전북	12	8	1	1	18	1	0
	2018	전북	23	13	7	6	19	3	0
	2019	전북	14	12	0	2	2	0	0
	2020	전북	24	10	11	4	30	1	0
	2021	전북	29	25	9	2	21	0	0
	2022	전북	20	17	5	0	11	0	0
	합계		235	143	55	24	248	22	1
프로통산			292	175	64	28	340	28	1

한국영 (韓國榮) 숭실대 1990.04.19

대회	연도	소속	출전	교체	득점	도움	파울	경고	퇴장
K1	2017	강원	18	4	2	0	23	6	0
	2019	강원	38	0	1	4	45	3	0
	2020	강원	22	2	1	2	27	2	0
	2021	강원	31	5	1	0	38	4	0
	2022	강원	6	6	0	0	3	0	0
	합계		115	17	5	6	136	15	0
승	2021	강원	2	1	1	0	3	0	0
	합계		2	1	1	0	3	0	0
프로통산			117	18	6	6	139	15	0

한그루 (韓그루) 단국대 1988.04.29

대회	연도	소속	출전	교체	득점	도움	파울	경고	퇴장
BC	2011	성남일화	4	4	0	0	1	1	0
	2012	대전	9	8	0	0	11	1	0
	합계		13	12	0	0	12	2	0
K1	2013	대전	5	5	0	0	4	0	0
	합계		5	5	0	0	4	0	0
프로통산			18	17	0	0	16	2	0

한길동 (韓吉童) 서울대 1963.01.15

대회	연도	소속	출전	교체	득점	도움	파울	경고	퇴장
BC	1986	럭키금성	20	6	0	0	16	1	0
	1987	럭키금성	16	5	0	3	12	0	0
	합계		36	11	0	3	28	1	0
프로통산			36	11	0	3	28	1	0

한덕희 (韓德熙) 아주대 1987.02.20

대회	연도	소속	출전	교체	득점	도움	파울	경고	퇴장
BC	2011	대전	16	6	1	2	26	3	0
	2012	대전	14	12	0	0	22	4	0
	합계		30	18	1	2	48	7	0
K1	2013	대전	20	14	0	1	31	2	0
	2015	대전	4	2	0	0	6	1	0
	합계		24	16	0	1	37	3	0
K2	2014	안산경찰	8	7	0	0	5	2	0
	2015	안산경찰	23	10	0	0	36	4	0
	합계		31	17	0	0	41	6	0
프로통산			85	51	1	3	126	16	0

한동원 (韓東元) 남수원중 1986.04.06

대회	연도	소속	출전	교체	득점	도움	파울	경고	퇴장
BC	2002	안양LG	1	1	0	0	0	0	0
	2003	안양LG	4	4	0	0	3	1	0
	2004	서울	4	3	0	0	2	0	0
	2005	서울	3	3	0	0	0	0	0
	2006	서울	21	13	5	1	20	2	0
	2007	성남일화	15	15	1	0	7	0	0
	2008	성남일화	26	23	6	1	27	2	0
	2009	성남일화	26	24	7	1	14	2	0
	2011	대구	14	13	0	0	8	1	0
	2012	강원	7	7	1	0	3	0	0
	합계		121	106	20	3	84	8	0
K1	2013	강원	8	8	0	0	4	0	0
	합계		8	8	0	0	4	0	0
K2	2013	안양	2	2	0	0	0	0	0
	합계		2	2	0	0	0	0	0
프로통산			131	116	20	3	88	8	0

한동진 (韓動鎭) 상지대 1979.08.25

대회	연도	소속	출전	교체	실점	도움	파울	경고	퇴장
BC	2002	부천SK	9	0	15	0	0	2	0
	2003	부천SK	31	1	45	0	3	1	0
	2004	부천SK	0	0	0	0	0	0	0
	2005	광주상무	3	0	3	0	0	0	0
	2006	광주상무	15	1	18	0	0	0	0
	2007	제주	6	0	8	0	1	0	0
	2008	제주	12	3	13	0	0	0	0
	2009	제주	14	1	11	0	0	1	0
	2010	제주	1	0	5	0	0	0	0
	2011	제주	1	1	0	0	0	0	0
	2012	제주	30	0	37	0	2	1	1
	합계		122	7	155	0	6	5	1
K1	2013	제주	0	0	0	0	0	0	0
	합계		0	0	0	0	0	0	0
프로통산			122	7	155	0	6	5	1

한문배 (韓文培) 한양대 1954.03.22

대회	연도	소속	출전	교체	득점	도움	파울	경고	퇴장
BC	1984	럭키금성	27	4	6	2	25	2	0
	1985	럭키금성	21	3	0	2	19	1	0
	1986	럭키금성	27	5	1	0	37	3	0
	합계		75	12	7	4	81	6	0
프로통산			75	12	7	4	81	6	0

한병용 (韓炳容) 건국대 1983.11.27

대회	연도	소속	출전	교체	득점	도움	파울	경고	퇴장
BC	2006	수원	12	7	0	0	15	1	0
	2007	수원	2	2	0	0	1	0	0
	합계		14	9	0	0	16	1	0
프로통산			14	9	0	0	16	1	0

한봉현 (韓鳳顯) 학성고 1981.12.04

대회	연도	소속	출전	교체	득점	도움	파울	경고	퇴장
BC	2000	울산	0	0	0	0	0	0	0
	2001	울산	2	2	0	0	0	0	0
	2003	광주상무	1	1	0	0	2	0	0
	합계		3	3	0	0	2	0	0
프로통산			3	3	0	0	2	0	0

한빛 (韓빛) 건국대 1992.03.17

대회	연도	소속	출전	교체	득점	도움	파울	경고	퇴장
K2	2014	고양	16	15	1	0	16	2	0
	합계		16	15	1	0	16	2	0
프로통산			16	15	1	0	16	2	0

한상건 (韓相健) 영등포공고 1975.01.22

대회	연도	소속	출전	교체	득점	도움	파울	경고	퇴장
BC	1994	포항제철	1	1	0	0	0	0	0
	합계		1	1	0	0	0	0	0
프로통산			1	1	0	0	0	0	0

한상구 (韓相九) 충남대 1976.08.15

대회	연도	소속	출전	교체	득점	도움	파울	경고	퇴장
BC	1999	안양LG	11	8	0	0	14	2	0
	2000	안양LG	29	4	0	0	30	2	0
	2001	안양LG	4	2	0	0	3	2	0
	2003	광주상무	40	8	3	3	31	4	0
	2004	서울	13	8	0	1	17	2	0
	합계		97	30	3	4	95	12	0
프로통산			97	30	3	4	95	12	0

한상민 (韓相旻) 천안농고 1985.03.10

대회	연도	소속	출전	교체	득점	도움	파울	경고	퇴장
BC	2009	울산	9	9	0	0	6	1	0
	합계		9	9	0	0	6	1	0
프로통산			9	9	0	0	6	1	0

한상수 (韓尙樹) 충북대 1977.02.27

대회	연도	소속	출전	교체	득점	도움	파울	경고	퇴장
BC	1999	부산	6	4	0	0	0	0	0
	2000	부산	3	3	0	0	0	0	0
	합계		9	7	0	0	0	0	0
프로통산			9	7	0	0	0	0	0

한상열 (韓相烈) 고려대 1972.09.24

대회	연도	소속	출전	교체	득점	도움	파울	경고	퇴장
BC	1997	수원	23	17	3	1	22	0	1
	1998	수원	6	6	0	0	7	2	0
	1999	수원	0	0	0	0	0	0	0
	합계		29	23	3	1	29	2	1
프로통산			29	23	3	1	29	2	1

한상운 (韓相云) 단국대 1986.05.03

대회	연도	소속	출전	교체	득점	도움	파울	경고	퇴장
BC	2009	부산	31	23	3	5	32	4	0
	2010	부산	31	12	7	5	33	1	0
	2011	부산	32	14	9	8	34	2	0
	2012	성남일화	16	11	1	1	12	1	0
	합계		110	60	20	19	111	8	0
K1	2013	울산	34	21	8	8	36	3	0
	2014	울산	12	5	2	2	7	0	0
	2014	상주	17	5	0	4	14	3	0
	2016	울산	22	14	1	4	20	3	0
	2017	울산	18	14	1	1	12	0	0
	합계		103	59	12	19	89	9	0

대회	연도	소속	출전	교체	득점	도움	파울	경고	퇴장
K2	2015	상주	29	19	7	6	21	3	0
	2018	수원FC	11	8	0	0	4	0	0
	2019	부산	5	4	0	0	5	0	0
	합계		45	31	7	6	30	3	0
프로통산			258	150	39	44	230	20	0

한상진(韓相振) 세종대 1995.08.01

대회	연도	소속	출전	교체	실점	도움	파울	경고	퇴장
K2	2016	부천	0	0	0	0	0	0	0
	2017	부천	0	0	0	0	0	0	0
	합계		0	0	0	0	0	0	0
프로통산			0	0	0	0	0	0	0

한상학(韓尙學) 숭실대 1990.07.16

대회	연도	소속	출전	교체	득점	도움	파울	경고	퇴장
K2	2014	충주	6	5	1	0	10	2	0
	합계		6	5	1	0	10	2	0
프로통산			6	5	1	0	10	2	0

한상혁(韓祥赫) 배재대 1991.11.19

대회	연도	소속	출전	교체	실점	도움	파울	경고	퇴장
K1	2015	대전	0	0	0	0	0	0	0
	합계		0	0	0	0	0	0	0
K2	2014	대전	0	0	0	0	0	0	0
	합계		0	0	0	0	0	0	0
프로통산			0	0	0	0	0	0	0

한상현(韓相晛) 성균관대 1991.08.25

대회	연도	소속	출전	교체	득점	도움	파울	경고	퇴장
K1	2015	성남	0	0	0	0	0	0	0
	합계		0	0	0	0	0	0	0
K2	2014	부천	1	1	0	0	0	0	0
	합계		1	1	0	0	0	0	0
프로통산			1	1	0	0	0	0	0

한석종(韓石種) 숭실대 1992.07.19

대회	연도	소속	출전	교체	득점	도움	파울	경고	퇴장
K1	2017	인천	32	1	3	1	46	5	1
	2018	인천	31	9	1	1	34	2	0
	2019	상주	14	5	0	0	19	1	0
	2020	상주	14	3	0	0	21	2	0
	2020	수원	10	0	1	0	12	2	0
	2021	수원	29	15	0	1	37	5	0
	2022	수원	20	15	0	0	20	2	0
	합계		150	48	5	3	189	19	1
K2	2014	강원	21	10	0	1	25	2	0
	2015	강원	25	12	4	1	34	7	0
	2016	강원	36	10	1	3	40	10	0
	합계		82	32	5	5	99	19	0
승	2016	강원	2	1	1	0	4	0	0
	합계		2	1	1	0	4	0	0
프로통산			234	81	11	8	292	38	1

한석희(韓碩熙) 호남대 1996.05.16

대회	연도	소속	출전	교체	득점	도움	파울	경고	퇴장
K1	2019	수원	11	11	4	0	9	1	0
	2020	수원	14	11	0	0	16	2	0
	2021	수원	0	0	0	0	0	0	0
	2022	수원	2	3	0	0	0	0	0
	합계		27	25	4	0	25	3	0
K2	2022	전남	3	3	0	0	2	0	0
	합계		3	3	0	0	2	0	0
프로통산			30	28	4	0	27	3	0

한설(韓雪) 동의대 1983.07.15

대회	연도	소속	출전	교체	득점	도움	파울	경고	퇴장
BC	2006	부산	7	7	0	0	6	1	0
	2008	광주상무	1	1	0	0	0	0	0
	합계		8	8	0	0	6	1	0
프로통산			8	8	0	0	6	1	0

한성규(韓成圭) 광운대 1993.01.27

대회	연도	소속	출전	교체	득점	도움	파울	경고	퇴장
K1	2015	수원	0	0	0	0	0	0	0
	합계		0	0	0	0	0	0	0
K2	2016	부천	2	2	0	0	0	0	0
	합계		2	2	0	0	0	0	0
프로통산			2	2	0	0	0	0	0

한승규(韓承規) 연세대 1996.09.28

대회	연도	소속	출전	교체	득점	도움	파울	경고	퇴장
K1	2017	울산	9	8	1	1	9	0	0
	2018	울산	31	28	5	7	24	4	0
	2019	전북	19	16	2	0	13	3	0
	2020	서울	22	10	3	2	25	3	0
	2021	수원FC	26	23	2	3	17	2	0
	2022	전북	1	1	0	0	2	0	0
	2022	서울	10	9	1	0	3	0	0
	합계		118	95	14	13	93	12	0
프로통산			118	95	14	13	93	12	0

한승엽(韓承燁) 경기대 1990.11.04

대회	연도	소속	출전	교체	득점	도움	파울	경고	퇴장
K1	2013	대구	26	22	3	1	43	4	0
	합계		26	22	3	1	43	4	0
K2	2014	대구	8	8	0	0	13	0	0
	2017	대전	3	2	0	0	3	0	0
	합계		11	10	0	0	16	0	0
프로통산			37	32	3	1	59	4	0

한승욱(韓承旭) 아주대 1995.08.24

대회	연도	소속	출전	교체	득점	도움	파울	경고	퇴장
K1	2018	전남	3	1	0	0	4	0	0
	합계		3	1	0	0	4	0	0
K2	2019	전남	8	8	1	0	4	1	0
	합계		8	8	1	0	4	1	0
프로통산			11	9	1	0	8	1	0

한연수(韓練洙) 동국대 1966.11.17

대회	연도	소속	출전	교체	득점	도움	파울	경고	퇴장
BC	1989	일화	6	4	0	0	7	1	0
	합계		6	4	0	0	7	1	0
프로통산			6	4	0	0	7	1	0

한연철(韓煉哲) 고려대 1972.03.30

대회	연도	소속	출전	교체	득점	도움	파울	경고	퇴장
BC	1997	울산	2	2	0	0	3	0	0
	합계		2	2	0	0	3	0	0
프로통산			2	2	0	0	3	0	0

한영구(韓英九) 호남대 1987.11.16

대회	연도	소속	출전	교체	득점	도움	파울	경고	퇴장
K2	2013	고양	11	5	0	0	6	0	0
	합계		11	5	0	0	6	0	0
프로통산			11	5	0	0	6	0	0

한영국(韓榮國) 국민대 1964.11.26

대회	연도	소속	출전	교체	득점	도움	파울	경고	퇴장
BC	1993	현대	6	0	0	0	4	0	0
	1994	현대	8	1	0	0	6	2	0
	합계		14	1	0	0	10	2	0
프로통산			14	1	0	0	10	2	0

한영수(韓英洙) 전북대 1960.08.14

대회	연도	소속	출전	교체	득점	도움	파울	경고	퇴장
BC	1985	유공	19	3	4	1	19	0	0
	1986	유공	10	6	0	0	4	0	0
	1987	유공	3	3	1	0	1	0	0
	합계		32	12	5	1	24	0	0
프로통산			32	12	5	1	24	0	0

한용수(韓龍洙) 한양대 1990.05.05

대회	연도	소속	출전	교체	득점	도움	파울	경고	퇴장
BC	2012	제주	23	6	0	1	33	4	0
	합계		23	6	0	1	33	4	0
K1	2018	강원	12	0	0	0	10	1	0
	2019	강원	2	1	0	0	4	0	0
	합계		14	1	0	0	14	1	0
K2	2021	충남아산	35	1	3	0	31	6	0
	2022	서울E	22	6	0	0	14	2	0
	합계		57	7	3	0	45	8	0
프로통산			94	14	3	1	92	13	0

한유성(韓侑成) 경희대 1991.06.09

대회	연도	소속	출전	교체	실점	도움	파울	경고	퇴장
K1	2014	전남	0	0	0	0	0	0	0
	2015	전남	1	0	0	0	0	1	0
	2016	전남	3	1	6	0	0	0	0
	합계		4	1	6	0	0	1	0
프로통산			4	1	6	0	0	1	0

한의권(韓義權) 관동대(가톨릭관동대) 1994.06.30

대회	연도	소속	출전	교체	득점	도움	파울	경고	퇴장
K1	2014	경남	11	11	0	1	11	0	0
	2015	대전	18	6	3	1	41	4	0
	2018	수원	22	17	1	1	23	2	0
	2019	수원	29	19	3	1	40	3	0
	2020	수원	6	6	0	0	4	1	0
	합계		86	59	7	4	119	10	0
K2	2015	경남	10	6	0	1	13	3	0
	2016	대전	6	4	0	0	8	1	0
	2017	아산	19	13	7	0	35	4	0
	2018	아산	16	11	7	1	25	5	0
	2021	서울E	28	14	6	0	18	2	0
	합계		79	48	20	2	99	15	0
승	2014	경남	2	2	0	0	0	0	0
	합계		2	2	0	0	0	0	0
프로통산			167	109	27	6	218	25	0

한의혁(韓義赫) 열린사이버대 1995.01.23

대회	연도	소속	출전	교체	득점	도움	파울	경고	퇴장
K2	2017	안양	11	10	0	1	9	1	0
	합계		11	10	0	1	9	1	0
프로통산			11	10	0	1	9	1	0

한일구(韓壹九) 고려대 1987.02.18

대회	연도	소속	출전	교체	실점	도움	파울	경고	퇴장
BC	2010	서울	0	0	0	0	0	0	0
	2011	서울	2	0	4	0	1	0	0
	2012	서울	0	0	0	0	0	0	0
	합계		2	0	4	0	1	0	0
K1	2013	서울	0	0	0	0	0	0	0
	2014	서울	0	0	0	0	0	0	0
	합계		0	0	0	0	0	0	0
프로통산			2	0	4	0	1	0	0

한재만(韓載滿) 동국대 1989.03.20

대회	연도	소속	출전	교체	득점	도움	파울	경고	퇴장
BC	2010	제주	7	6	0	1	2	0	0
	2011	제주	1	1	0	0	0	0	0
	합계		8	7	0	1	2	0	0
프로통산			8	7	0	1	2	0	0

한재식(韓在植) 명지대 1968.03.17

대회	연도	소속	출전	교체	득점	도움	파울	경고	퇴장
BC	1990	포항제철	1	1	0	0	0	0	0
	합계		1	1	0	0	0	0	0
프로통산			1	1	0	0	0	0	0

한재웅(韓載雄) 부평고 1984.09.28

대회	연도	소속	출전	교체	득점	도움	파울	경고	퇴장
BC	2003	부산	1	1	0	0	0	0	0
	2004	부산	4	4	0	0	4	0	0
	2005	부산	13	11	2	0	8	1	0
	2007	부산	1	1	0	0	3	0	1
	2008	부산	2	2	0	0	1	0	0
	2008	대전	13	13	1	1	20	3	0
	2009	대전	19	15	3	1	22	2	0
	2010	대전	23	8	3	1	36	5	0
	2011	대전	24	12	3	1	33	6	0
	2012	전남	24	12	0	1	27	4	0
	합계		124	79	12	5	154	21	1
K1	2013	인천	3	3	0	0	0	0	0
	2014	울산	7	7	0	1	4	0	0
	2017	대구	0	0	0	0	0	0	0

	합계		10	10	0	1	4	0	0
K2	2016	대구	15	13	0	0	12	2	0
	합계		15	13	0	0	12	2	0
프로통산			149	102	12	6	170	23	1

한정국(韓鄭國) 한양대 1971.07.19

대회	연도	소속	출전	교체	득점	도움	파울	경고	퇴장
BC	1994	일화	25	15	1	1	34	4	0
	1995	일화	11	9	2	0	9	1	0
	1996	천안일화	34	21	1	3	31	3	0
	1999	천안일화	6	5	0	1	7	1	0
	1999	전남	14	13	2	1	15	1	0
	2000	전남	4	4	0	0	2	0	0
	2001	대전	15	13	1	3	24	2	0
	2002	대전	26	19	0	2	38	2	0
	2003	대전	28	17	3	1	55	2	1
	2004	대전	19	16	2	1	20	1	0
	합계		182	132	12	13	235	17	1
프로통산			182	132	12	13	235	17	1

한정우(韓整宇) 숭실대 1998.12.26

대회	연도	소속	출전	교체	득점	도움	파울	경고	퇴장
K2	2020	수원FC	18	17	1	2	7	1	0
	2022	김포	21	18	1	2	7	0	0
	합계		39	35	2	4	14	1	0
프로통산			39	35	2	4	14	1	0

한정화(韓廷和) 안양공고 1982.10.31

대회	연도	소속	출전	교체	득점	도움	파울	경고	퇴장
BC	2001	안양LG	11	11	0	0	5	1	0
	2002	안양LG	7	9	1	0	3	1	0
	2003	안양LG	2	2	0	0	0	0	0
	2004	광주상무	1	1	0	0	0	0	0
	2005	광주상무	1	1	0	0	0	0	0
	2007	부산	29	23	4	2	22	1	0
	2008	부산	26	14	2	1	36	1	0
	2009	대구	20	17	0	2	14	0	0
	합계		97	78	7	5	80	4	0
프로통산			97	78	7	5	80	4	0

한제광(韓濟光) 울산대 1985.03.18

대회	연도	소속	출전	교체	득점	도움	파울	경고	퇴장
BC	2006	전북	2	1	0	0	3	0	0
	합계		2	1	0	0	3	0	0
프로통산			2	1	0	0	3	0	0

한종무(韓宗武) 제주U18 2003.05.02

대회	연도	소속	출전	교체	득점	도움	파울	경고	퇴장
K1	2022	제주	14	14	1	0	7	0	0
	합계		14	14	1	0	7	0	0
프로통산			14	14	1	0	7	0	0

한종성(韓鐘聲) 성균관대 1977.01.30

대회	연도	소속	출전	교체	득점	도움	파울	경고	퇴장
BC	2002	전북	14	2	0	0	22	2	0
	2003	전북	24	10	0	2	45	4	0
	2004	전북	8	5	0	0	12	0	0
	2005	전남	6	5	0	0	7	1	0
	합계		52	22	0	2	86	7	0
프로통산			52	22	0	2	86	7	0

한종우(韓宗佑) 상지대 1986.03.17

대회	연도	소속	출전	교체	득점	도움	파울	경고	퇴장
K2	2013	부천	27	6	2	0	29	10	0
	2014	부천	6	3	0	0	9	0	0
	합계		33	9	2	0	38	10	0
프로통산			33	9	2	0	38	10	0

한주영(韓周伶) 고려대 1976.06.10

대회	연도	소속	출전	교체	득점	도움	파울	경고	퇴장
BC	2000	전북	1	1	0	0	0	0	0
	합계		1	1	0	0	0	0	0
프로통산			1	1	0	0	0	0	0

한준규(韓俊奎) 개성고 1996.02.10

대회	연도	소속	출전	교체	득점	도움	파울	경고	퇴장
K2	2018	부산	0	0	0	0	0	0	0
	합계		0	0	0	0	0	0	0
프로통산			0	0	0	0	0	0	0

한지륜(韓地淪) 한남대 1996.08.22

대회	연도	소속	출전	교체	득점	도움	파울	경고	퇴장
K2	2018	서울E	1	1	0	0	0	0	0
	2019	서울E	7	5	0	0	12	1	0
	합계		8	6	0	0	12	1	0
프로통산			8	6	0	0	12	1	0

한지원(韓知員) 건국대 1994.04.09

대회	연도	소속	출전	교체	득점	도움	파울	경고	퇴장
K1	2016	전남	5	4	0	0	2	1	0
	2017	전남	3	3	0	0	1	0	0
	합계		8	7	0	0	3	1	0
K2	2018	안산	13	9	0	1	22	4	0
	2021	안산	0	0	0	0	0	0	0
	2021	경남	0	0	0	0	0	0	0
	합계		13	9	0	1	22	4	0
프로통산			21	16	0	1	25	5	0

한지호(韓志皓) 홍익대 1988.12.15

대회	연도	소속	출전	교체	득점	도움	파울	경고	퇴장
BC	2010	부산	9	9	0	0	6	1	0
	2011	부산	32	26	4	4	30	4	0
	2012	부산	44	20	6	3	47	2	0
	합계		85	55	10	7	83	7	0
K1	2013	부산	28	17	5	1	23	1	0
	2014	부산	22	14	0	0	24	3	0
	2015	부산	20	16	2	0	14	1	0
	2020	부산	3	3	0	0	0	0	0
	합계		73	50	7	1	61	5	0
K2	2016	안산무궁	38	12	10	6	52	4	0
	2017	아산	20	14	1	3	14	2	0
	2017	부산	5	2	1	1	8	2	0
	2018	부산	30	24	4	2	25	1	0
	2019	부산	32	26	4	3	28	3	0
	2020	경남	11	10	1	1	10	2	0
	2021	부천	29	12	4	3	44	7	0
	2022	부천	30	21	6	3	42	7	0
	합계		195	121	31	22	223	28	0
승	2015	부산	1	1	0	0	1	0	0
	2017	부산	2	2	0	0	2	0	0
	2018	부산	2	1	0	1	1	0	0
	2019	부산	1	1	0	0	0	0	0
	합계		6	5	0	1	4	0	0
프로통산			359	231	48	31	371	40	0

한찬희(韓贊熙) 광양제철고 1997.03.17

대회	연도	소속	출전	교체	득점	도움	파울	경고	퇴장
K1	2016	전남	23	18	1	1	9	2	0
	2017	전남	29	19	3	2	23	2	1
	2018	전남	31	9	2	6	44	6	1
	2020	서울	12	11	1	0	10	0	0
	2021	서울	6	6	0	0	5	0	0
	2022	김천	10	8	0	0	7	2	0
	합계		111	71	7	9	98	12	2
K2	2019	전남	30	10	3	2	44	10	0
	2021	김천	2	1	1	0	2	0	0
	합계		32	11	4	2	46	10	0
프로통산			143	82	11	11	144	22	2

한창우(韓昌佑) 중앙대 1996.07.28

대회	연도	소속	출전	교체	득점	도움	파울	경고	퇴장
K1	2018	전남	4	4	0	0	1	0	0
	합계		4	4	0	0	1	0	0
K2	2019	전남	3	3	0	0	1	1	0
	합계		3	3	0	0	1	1	0
프로통산			7	7	0	0	2	1	0

한창우(韓昌祐) 동아대 1965.10.25

대회	연도	소속	출전	교체	득점	도움	파울	경고	퇴장
BC	1988	대우	9	1	0	0	4	0	0
	합계		9	1	0	0	4	0	0
프로통산			9	1	0	0	4	0	0

한창우(韓昌祐) 광운대 1966.12.05

대회	연도	소속	출전	교체	득점	도움	파울	경고	퇴장
BC	1989	현대	5	5	0	0	6	2	0
	1991	현대	24	18	2	0	28	2	0
	1992	현대	19	17	0	0	27	1	0
	합계		48	40	2	0	61	5	0
프로통산			48	40	2	0	61	5	0

한태유(韓泰酉) 명지대 1981.03.31

대회	연도	소속	출전	교체	득점	도움	파울	경고	퇴장
BC	2004	서울	25	4	0	0	49	4	0
	2005	서울	22	11	3	1	52	9	0
	2006	서울	28	23	0	2	42	5	0
	2007	광주상무	30	8	1	0	55	5	0
	2008	광주상무	23	5	1	0	56	8	0
	2008	서울	2	2	0	0	2	0	0
	2009	서울	10	3	0	1	23	3	0
	2010	서울	8	7	0	0	10	5	0
	2011	서울	3	1	0	0	2	0	0
	2012	서울	26	15	0	0	21	3	0
	합계		177	79	5	4	312	42	0
K1	2013	서울	15	12	0	0	7	2	0
	2014	서울	0	0	0	0	0	0	0
	합계		15	12	0	0	7	2	0
프로통산			192	91	5	4	319	44	0

한태진(韓台鎭) 1961.04.08

대회	연도	소속	출전	교체	**실점**	도움	파울	경고	퇴장
BC	1983	포항제철	1	0	4	0	0	0	0
	합계		1	0	4	0	0	0	0
프로통산			1	0	4	0	0	0	0

한호강(韓浩康) 일본 조선대 1993.09.18

대회	연도	소속	출전	교체	득점	도움	파울	경고	퇴장
K2	2022	전남	15	8	0	0	15	0	0
	합계		15	8	0	0	15	0	0
프로통산			15	8	0	0	15	0	0

한홍규(韓洪奎) 성균관대 1990.07.26

대회	연도	소속	출전	교체	득점	도움	파울	경고	퇴장
K2	2013	충주	29	7	5	3	63	5	0
	2014	충주	32	30	7	1	45	5	0
	2015	안산경찰	12	6	1	0	18	4	0
	2016	안산무궁	9	10	0	0	9	2	0
	합계		82	53	13	4	135	16	0
프로통산			82	53	13	4	135	16	0

한효혁(韓孝赫) 동신대 1989.12.12

대회	연도	소속	출전	교체	득점	도움	파울	경고	퇴장
K2	2013	광주	2	2	0	0	1	0	0
	합계		2	2	0	0	1	0	0
프로통산			2	2	0	0	1	0	0

한희훈(韓熙訓) 상지대 1990.08.10

대회	연도	소속	출전	교체	득점	도움	파울	경고	퇴장
K1	2017	대구	36	2	1	0	31	4	0
	2018	대구	29	7	1	0	24	3	0
	2019	대구	22	22	0	0	14	5	0
	2020	광주	9	4	0	1	5	1	0
	2021	광주	18	10	1	0	8	4	0
	합계		114	45	3	1	82	17	0
K2	2016	부천	40	0	3	0	21	4	0
	2022	부산	3	3	0	0	2	1	0
	합계		43	3	3	0	23	5	0
프로통산			157	48	6	1	105	22	0

함민석(咸珉奭) 아주대 1985.08.03

대회	연도	소속	출전	교체	득점	도움	파울	경고	퇴장
BC	2008	인천	0	0	0	0	0	0	0
	2012	강원	0	0	0	0	0	0	0
	합계		0	0	0	0	0	0	0

프로통산			0	0	0	0	0	0	0

함상헌(咸相憲) 서울시립대 1971.03.20

대회	연도	소속	출전	교체	득점	도움	파울	경고	퇴장
BC	1994	대우	9	8	2	0	12	2	0
	1995	포항	1	1	0	0	1	0	0
	1995	LG	18	16	2	0	16	5	0
	1996	안양LG	17	15	2	1	15	3	0
	1997	안양LG	26	15	2	2	44	8	0
	1998	안양LG	2	3	0	0	2	0	0
	합계		73	58	8	3	90	18	0
프로통산			73	58	8	3	90	18	0

함석민(咸錫敏) 숭실대 1994.02.14

대회	연도	소속	출전	교체	실점	도움	파울	경고	퇴장
K1	2017	수원	0	0	0	0	0	0	0
	2018	강원	4	0	8	0	0	0	0
	2019	강원	3	1	4	0	0	0	0
	합계		7	1	12	0	0	0	0
K2	2016	강원	25	0	21	0	0	3	0
	2020	충남아산	9	0	15	0	1	0	0
	합계		34	0	36	0	1	3	0
승	2016	강원	2	0	1	0	0	0	0
	합계		2	0	1	0	0	0	0
프로통산			43	1	49	0	1	3	0

함준영(咸儁渶) 원광대 1986.03.15

대회	연도	소속	출전	교체	득점	도움	파울	경고	퇴장
BC	2009	인천	0	0	0	0	0	0	0
	합계		0	0	0	0	0	0	0
프로통산			0	0	0	0	0	0	0

함현기(咸鉉起) 고려대 1963.04.26

대회	연도	소속	출전	교체	득점	도움	파울	경고	퇴장
BC	1986	현대	35	3	17	2	34	1	0
	1987	현대	29	10	1	2	26	0	0
	1988	현대	23	5	10	5	28	1	0
	1989	현대	13	4	0	0	21	0	0
	1990	현대	28	8	3	3	27	1	0
	1991	현대	5	5	0	0	2	0	0
	1991	LG	10	8	0	0	1	0	0
	1992	LG	18	14	0	1	12	0	0
	합계		161	57	31	13	151	3	0
프로통산			161	57	31	13	151	3	0

허건(許建) 관동대(가톨릭관동대) 1988.01.03

대회	연도	소속	출전	교체	득점	도움	파울	경고	퇴장
K2	2013	부천	18	10	5	2	25	3	0
	합계		18	10	5	2	25	3	0
프로통산			18	10	5	2	25	3	0

허기수(許起洙) 명지대 1965.01.05

대회	연도	소속	출전	교체	득점	도움	파울	경고	퇴장
BC	1989	현대	20	8	1	0	23	1	0
	1990	현대	19	5	1	0	22	2	0
	1991	현대	2	1	0	0	1	0	0
	1992	현대	9	7	1	1	7	1	0
	합계		50	21	3	1	53	4	0
프로통산			50	21	3	1	53	4	0

허기태(許起泰) 고려대 1967.07.13

대회	연도	소속	출전	교체	득점	도움	파울	경고	퇴장
BC	1990	유공	7	1	0	0	12	1	0
	1991	유공	34	2	1	0	39	2	0
	1992	유공	37	5	2	0	52	2	0
	1993	유공	33	1	2	1	31	3	0
	1994	유공	34	0	2	2	26	4	0
	1995	유공	34	3	3	0	21	2	0
	1996	부천유공	31	3	0	0	34	1	0
	1997	부천SK	22	3	0	0	44	6	0
	1998	수원	11	3	0	0	10	0	0
	1999	수원	3	2	0	0	4	2	0
	합계		246	23	10	3	273	23	0
프로통산			246	23	10	3	273	23	0

허범산(許範山) 우석대 1989.09.14

대회	연도	소속	출전	교체	득점	도움	파울	경고	퇴장
BC	2012	대전	8	6	1	0	11	2	0
	합계		8	6	1	0	11	2	0
K1	2013	대전	29	15	0	5	53	6	0
	2014	제주	1	1	0	0	1	0	0
	2015	제주	16	11	0	1	23	6	0
	합계		46	27	0	6	77	12	0
K2	2016	강원	37	31	3	1	63	13	0
	2017	부산	13	3	1	4	22	4	0
	2017	아산	4	1	0	0	5	2	0
	2018	아산	8	8	1	0	6	2	0
	2019	서울E	29	6	0	3	46	7	0
	2020	서울E	3	3	0	0	3	0	0
	2020	안양	8	7	0	0	8	0	0
	합계		102	59	5	8	153	28	0
승	2016	강원	2	2	0	1	4	1	0
	합계		2	2	0	1	4	1	0
프로통산			158	94	6	15	245	43	0

허승찬(許丞瓚) 개성고 2003.03.26

대회	연도	소속	출전	교체	득점	도움	파울	경고	퇴장
K2	2021	부산	0	0	0	0	0	0	0
	합계		0	0	0	0	0	0	0
프로통산			0	0	0	0	0	0	0

허영석(許榮碩) 마산공고 1993.04.29

대회	연도	소속	출전	교체	득점	도움	파울	경고	퇴장
BC	2012	경남	2	2	0	0	0	0	0
	합계		2	2	0	0	0	0	0
K2	2015	경남	3	2	0	0	4	0	0
	합계		3	2	0	0	4	0	0
프로통산			5	4	0	0	4	0	0

허영철(許榮哲) 한남대 1992.09.07

대회	연도	소속	출전	교체	득점	도움	파울	경고	퇴장
K1	2015	대전	2	1	0	0	0	0	0
	합계		2	1	0	0	0	0	0
프로통산			2	1	0	0	0	0	0

허용준(許榕埈) 고려대 1993.01.08

대회	연도	소속	출전	교체	득점	도움	파울	경고	퇴장
K1	2016	전남	28	22	4	3	18	4	0
	2017	전남	35	29	3	3	32	8	0
	2018	전남	23	18	9	2	11	2	0
	2019	인천	10	6	0	0	8	0	0
	2019	포항	15	15	1	0	7	1	0
	2020	포항	2	2	0	0	0	0	0
	2020	상주	2	1	0	0	3	0	0
	2022	포항	30	26	10	5	38	7	0
	합계		145	119	27	13	117	22	0
K2	2021	김천	18	8	7	3	22	5	0
	합계		18	8	7	3	22	5	0
프로통산			163	127	34	16	139	27	0

허율(許律) 금호고 2001.04.12

대회	연도	소속	출전	교체	득점	도움	파울	경고	퇴장
K1	2021	광주	18	11	2	1	22	3	0
	합계		18	11	2	1	22	3	0
K2	2022	광주	33	32	6	4	34	4	0
	합계		33	32	6	4	34	4	0
프로통산			51	43	8	5	56	7	0

허인무(許寅戊) 명지대 1978.04.14

대회	연도	소속	출전	교체	실점	도움	파울	경고	퇴장
BC	2001	포항	0	0	0	0	0	0	0
	합계		0	0	0	0	0	0	0
프로통산			0	0	0	0	0	0	0

허자웅(許仔雄) 청주대 1998.05.12

대회	연도	소속	출전	교체	실점	도움	파울	경고	퇴장
K1	2020	성남	0	0	0	0	0	0	0
	2021	성남	0	0	0	0	0	0	0
	2022	성남	0	0	0	0	0	0	0
	합계		0	0	0	0	0	0	0
프로통산			0	0	0	0	0	0	0

허재녕(許財寧) 아주대 1992.05.14

대회	연도	소속	출전	교체	득점	도움	파울	경고	퇴장
K1	2015	광주	3	3	0	0	5	1	0
	합계		3	3	0	0	5	1	0
프로통산			3	3	0	0	5	1	0

허재원(許宰源) 광운대 1984.07.01

대회	연도	소속	출전	교체	득점	도움	파울	경고	퇴장
BC	2006	수원	1	1	0	0	0	0	0
	2008	광주상무	7	6	0	0	3	1	0
	2009	수원	6	3	0	0	8	1	0
	2010	수원	2	1	1	0	1	1	0
	2011	광주	29	7	1	1	45	8	0
	2012	제주	36	2	2	2	57	5	0
	합계		81	20	4	3	114	16	0
K1	2013	제주	23	4	1	0	24	2	0
	2018	전남	15	3	0	0	9	3	0
	합계		38	7	1	0	33	5	0
K2	2014	대구	33	2	3	2	31	8	0
	2015	대구	27	2	2	1	15	2	0
	합계		60	4	5	3	46	10	0
프로통산			179	31	10	6	193	31	0

허재원(許宰源) 탐라대 1992.04.04

대회	연도	소속	출전	교체	득점	도움	파울	경고	퇴장
K2	2016	고양	25	9	0	0	25	2	0
	합계		25	9	0	0	25	2	0
프로통산			25	9	0	0	25	2	0

허정무(許丁茂) 연세대 1955.01.13

대회	연도	소속	출전	교체	득점	도움	파울	경고	퇴장
BC	1984	현대	23	3	3	2	37	3	0
	1985	현대	5	0	1	0	7	0	0
	1986	현대	11	2	1	3	15	1	0
	합계		39	5	5	5	59	4	0
프로통산			39	5	5	5	59	4	0

허제정(許齊廷) 건국대 1977.06.02

대회	연도	소속	출전	교체	득점	도움	파울	경고	퇴장
BC	2000	포항	11	6	0	2	6	1	0
	2001	포항	27	18	1	1	18	2	0
	2002	포항	10	10	2	2	6	1	0
	합계		48	34	3	5	30	4	0
프로통산			48	34	3	5	30	4	0

허준호(許俊好) 호남대 1994.08.18

대회	연도	소속	출전	교체	득점	도움	파울	경고	퇴장
K1	2017	전북	1	1	0	0	0	0	0
	합계		1	1	0	0	0	0	0
프로통산			1	1	0	0	0	0	0

허청산(許青山) 명지대 1986.12.26

대회	연도	소속	출전	교체	득점	도움	파울	경고	퇴장
BC	2011	수원	0	0	0	0	0	0	0
	합계		0	0	0	0	0	0	0
프로통산			0	0	0	0	0	0	0

허태식(許泰植) 동래고 1961.01.06

대회	연도	소속	출전	교체	득점	도움	파울	경고	퇴장
BC	1985	포항제철	3	3	0	0	0	0	0
	1986	포항제철	22	5	1	2	18	1	0
	1987	포항제철	1	1	0	0	0	0	0
	1991	포항제철	1	1	0	0	0	0	0
	합계		27	10	1	2	18	1	0
프로통산			27	10	1	2	18	1	0

허화무(許華武) 중앙대 1970.04.05

대회	연도	소속	출전	교체	득점	도움	파울	경고	퇴장
BC	1996	안양LG	1	1	0	0	1	0	0
	합계		1	1	0	0	1	0	0
프로통산			1	1	0	0	1	0	0

허훈구(許訓求) 선문대 1983.06.25

대회	연도	소속	출전	교체	득점	도움	파울	경고	퇴장

BC	2006	전북	6	3	0	0	9	1	0
	2007	전북	1	0	0	0	1	0	0
	합계		7	3	0	0	10	1	0
프로통산			7	3	0	0	10	1	0

헙슨(Robson Souza dos Santos) 브라질 1982.08.19

대회	연도	소속	출전	교체	득점	도움	파울	경고	퇴장
BC	2006	대전	6	6	1	0	3	0	0
	합계		6	6	1	0	3	0	0
프로통산			6	6	1	0	3	0	0

헤나또(Renato Netson Benatti) 브라질 1981.10.17

대회	연도	소속	출전	교체	득점	도움	파울	경고	퇴장
BC	2008	전남	13	2	1	0	11	0	0
	합계		13	2	1	0	11	0	0
프로통산			13	2	1	0	11	0	0

헤나우도(Renaldo Lopes da Cruz) 브라질 1970.03.19

대회	연도	소속	출전	교체	득점	도움	파울	경고	퇴장
BC	2004	서울	11	6	1	1	23	2	0
	합계		11	6	1	1	23	2	0
프로통산			11	6	1	1	23	2	0

헤나토(Renato João Saleiro Santos) 포르투갈 1991.10.05

대회	연도	소속	출전	교체	득점	도움	파울	경고	퇴장
K2	2021	부산	10	8	0	0	7	1	0
	합계		10	8	0	0	7	1	0
프로통산			10	8	0	0	7	1	0

헤나토(Renato Olegário de Almeida) 브라질 1976.06.15

대회	연도	소속	출전	교체	득점	도움	파울	경고	퇴장
BC	2001	부산	0	0	0	0	0	0	0
	합계		0	0	0	0	0	0	0
프로통산			0	0	0	0	0	0	0

헤나토(Renato Medeiros de Almeida) 브라질 1982.02.04

대회	연도	소속	출전	교체	득점	도움	파울	경고	퇴장
BC	2010	강원	4	4	0	0	4	0	0
	합계		4	4	0	0	4	0	0
프로통산			4	4	0	0	4	0	0

헤난(Henan Faria Silveira) 브라질 1987.04.03

대회	연도	소속	출전	교체	득점	도움	파울	경고	퇴장
BC	2012	전남	11	6	1	1	8	3	0
	합계		11	6	1	1	8	3	0
K1	2016	제주	4	4	0	0	4	0	0
	합계		4	4	0	0	4	0	0
K2	2015	강원	22	10	8	3	15	1	0
	합계		22	10	8	3	15	1	0
프로통산			37	20	9	4	27	4	0

헤이날도(Reinaldo da Cruz Oliveira) 브라질 1979.03.14

대회	연도	소속	출전	교체	득점	도움	파울	경고	퇴장
BC	2010	수원	4	4	0	0	3	0	0
	합계		4	4	0	0	3	0	0
프로통산			4	4	0	0	3	0	0

헤이날도(Reinaldo de Souza) 브라질 1980.06.08

대회	연도	소속	출전	교체	득점	도움	파울	경고	퇴장
BC	2005	울산	8	9	0	0	12	0	0
	합계		8	9	0	0	12	0	0
프로통산			8	9	0	0	12	0	0

헤이날도(Reinaldo Elias da Costa) 브라질 1984.06.13

대회	연도	소속	출전	교체	득점	도움	파울	경고	퇴장
BC	2008	부산	10	9	0	1	18	1	0
	합계		10	9	0	1	18	1	0
프로통산			10	9	0	1	18	1	0

헤이네르(Reiner Ferreira Correa Gomes) 브라질 1985.11.17

대회	연도	소속	출전	교체	득점	도움	파울	경고	퇴장
K1	2014	수원	17	2	0	0	19	0	0
	합계		17	2	0	0	19	0	0
프로통산			17	2	0	0	19	0	0

헤이스(Jonatan Ferreira Reis) 브라질 1989.06.30

대회	연도	소속	출전	교체	득점	도움	파울	경고	퇴장
K1	2020	부산	1	1	0	0	0	0	0
	합계		1	1	0	0	0	0	0
프로통산			1	1	0	0	0	0	0

헤이스(Isnairo Reis Silva Morais) 브라질 1993.01.06

대회	연도	소속	출전	교체	득점	도움	파울	경고	퇴장
K1	2021	광주	30	16	4	5	37	6	0
	합계		30	16	4	5	37	6	0
K2	2022	광주	39	16	12	4	51	5	0
	합계		39	16	12	4	51	5	0
프로통산			69	32	16	9	88	11	0

헤지스(Regis Fernandes Silva) 브라질 1976.09.22

대회	연도	소속	출전	교체	득점	도움	파울	경고	퇴장
BC	2006	대전	11	11	0	0	11	1	0
	합계		11	11	0	0	11	1	0
프로통산			11	11	0	0	11	1	0

헨리(Doneil Jor-Dee Ashley Henry) 캐나다 1993.04.20

대회	연도	소속	출전	교체	득점	도움	파울	경고	퇴장
K1	2020	수원	20	1	1	0	22	2	0
	2021	수원	21	6	2	0	22	7	0
	합계		41	7	3	0	44	9	0
프로통산			41	7	3	0	44	9	0

헨릭(Henrik Jorgensen) 덴마크 1966.02.12

대회	연도	소속	출전	교체	실점	도움	파울	경고	퇴장
BC	1996	수원	5	0	7	0	0	0	0
	합계		5	0	7	0	0	0	0
프로통산			5	0	7	0	0	0	0

헬퀴스트(Philip Hellqvist) 스웨덴 1991.05.21

대회	연도	소속	출전	교체	득점	도움	파울	경고	퇴장
K2	2020	충남아산	15	10	4	0	21	3	0
	합계		15	10	4	0	21	3	0
프로통산			15	10	4	0	21	3	0

현광우(玄光宇) 선문대 1988.02.05

대회	연도	소속	출전	교체	득점	도움	파울	경고	퇴장
BC	2011	제주	0	0	0	0	0	0	0
	합계		0	0	0	0	0	0	0
프로통산			0	0	0	0	0	0	0

현기호(玄基鎬) 연세대 1960.05.12

대회	연도	소속	출전	교체	득점	도움	파울	경고	퇴장
BC	1983	대우	7	3	1	3	7	0	0
	1984	대우	18	5	1	3	18	1	0
	1985	대우	18	3	2	0	27	0	0
	1986	대우	15	8	1	0	15	0	0
	1987	대우	2	2	0	0	1	0	0
	합계		60	21	5	6	68	1	0
프로통산			60	21	5	6	68	1	0

현영민(玄泳民) 건국대 1979.12.25

대회	연도	소속	출전	교체	득점	도움	파울	경고	퇴장
BC	2002	울산	15	3	1	4	34	4	0
	2003	울산	32	3	1	2	59	8	1
	2004	울산	27	2	1	1	42	6	0
	2005	울산	38	1	0	4	66	4	0
	2007	울산	35	1	0	4	58	6	1
	2008	울산	30	3	0	6	62	5	0
	2009	울산	30	3	1	10	42	7	0
	2010	서울	33	6	1	5	49	7	0
	2011	서울	27	5	1	4	34	4	0
	2012	서울	18	6	1	0	27	2	1
	합계		285	33	7	40	473	53	3
K1	2013	서울	1	0	0	0	2	1	0
	2013	성남일화	30	1	1	4	42	7	0
	2014	전남	32	3	1	7	46	10	0
	2015	전남	29	1	0	2	28	6	0
	2016	전남	29	10	0	1	41	4	0
	2017	전남	31	8	0	1	39	4	0
	합계		152	23	2	15	198	32	0
프로통산			437	56	9	55	671	85	3

호나우도(Ronaldo Marques Sereno) 브라질 1962.03.14

대회	연도	소속	출전	교체	득점	도움	파울	경고	퇴장
BC	1994	현대	26	10	6	5	47	5	0
	합계		26	10	6	5	47	5	0
프로통산			26	10	6	5	47	5	0

호니(Roniere Jose da Silva Filho) 브라질 1986.04.23

대회	연도	소속	출전	교체	득점	도움	파울	경고	퇴장
K2	2014	고양	21	20	2	1	7	0	0
	합계		21	20	2	1	7	0	0
프로통산			21	20	2	1	7	0	0

호니(Ronieli Gomes dos Santos) 브라질 1991.04.25

대회	연도	소속	출전	교체	득점	도움	파울	경고	퇴장
BC	2011	경남	10	7	1	0	19	3	0
	2012	경남	6	6	0	0	6	1	0
	합계		16	13	1	0	25	4	0
프로통산			16	13	1	0	25	4	0

호드리고(Rodrigo Leandro da Costa) 브라질 1985.09.17

대회	연도	소속	출전	교체	득점	도움	파울	경고	퇴장
K1	2013	부산	18	17	2	2	29	1	0
	합계		18	17	2	2	29	1	0
프로통산			18	17	2	2	29	1	0

호드리고(Rodrigo Sousa Silva) 동티모르 1987.11.24

대회	연도	소속	출전	교체	득점	도움	파울	경고	퇴장
K1	2017	대구	1	1	0	0	4	0	0
	합계		1	1	0	0	4	0	0
프로통산			1	1	0	0	4	0	0

호드리고(Rodrigo Domongos dos Santos) 브라질 1987.01.25

대회	연도	소속	출전	교체	득점	도움	파울	경고	퇴장
K2	2014	부천	31	6	11	2	77	2	0
	2015	부천	36	12	11	4	64	9	0
	2017	부천	14	14	2	1	16	2	0
	합계		81	32	24	7	157	13	0
프로통산			81	32	24	7	157	13	0

호드리고(Jose Luiz Rodrigo Carbone) 브라질 1974.03.17

대회	연도	소속	출전	교체	득점	도움	파울	경고	퇴장
BC	1999	전남	8	7	1	2	6	0	0
	합계		8	7	1	2	6	0	0
프로통산			8	7	1	2	6	0	0

호드리고(Rodrigo Marcos Marques da Silva) 브라질 1977.08.02

대회	연도	소속	출전	교체	득점	도움	파울	경고	퇴장
BC	2003	대전	17	11	0	0	26	3	0
	2004	대전	7	6	0	0	11	0	0
	합계		24	17	0	0	37	3	0
프로통산			24	17	0	0	37	3	0

호드리고(Rodrigo Batista da Cruz) 브라질 1983.02.02

대회	연도	소속	출전	교체	득점	도움	파울	경고	퇴장
K1	2013	제주	3	3	0	0	2	1	0
	합계		3	3	0	0	2	1	0

대회	연도	소속	출전	교체	득점	도움	파울	경고	퇴장
프로통산			3	3	0	0	2	1	0

호마(Paulo Marcel Pereira Merabet) 브라질 1979.02.28

대회	연도	소속	출전	교체	득점	도움	파울	경고	퇴장
BC	2004	전북	23	18	7	2	37	7	0
	합계		23	18	7	2	37	7	0
프로통산			23	18	7	2	37	7	0

호마링요(Jefferson Jose Lopes Andrade) 브라질 1989.11.14

대회	연도	소속	출전	교체	득점	도움	파울	경고	퇴장
K2	2014	광주	10	6	1	0	22	1	0
	합계		10	6	1	0	22	1	0
프로통산			10	6	1	0	22	1	0

호물로(Romulo Jose Pacheco da Silva) 브라질 1995.10.27

대회	연도	소속	출전	교체	득점	도움	파울	경고	퇴장
K1	2020	부산	26	7	4	4	36	2	0
	합계		26	7	4	4	36	2	0
K2	2017	부산	21	11	1	7	27	5	0
	2018	부산	36	4	10	9	36	3	0
	2019	부산	32	4	14	2	34	3	0
	합계		89	19	25	18	97	11	0
승	2017	부산	2	0	1	0	5	1	0
	2018	부산	2	0	1	1	1	1	0
	2019	부산	2	0	1	0	2	0	0
	합계		6	0	3	1	8	2	0
프로통산			121	26	32	23	141	15	0

호물로(Romulo Marques Macedo) 브라질 1980.04.03

대회	연도	소속	출전	교체	득점	도움	파울	경고	퇴장
BC	2008	제주	27	10	10	2	67	7	1
	2009	부산	28	22	6	1	56	3	0
	2010	부산	3	3	1	0	2	0	0
	합계		58	35	17	3	125	10	1
프로통산			58	35	17	3	125	10	1

호베르또(Roberto Cesar Zardim Rodrigues) 브라질 1985.12.19

대회	연도	소속	출전	교체	득점	도움	파울	경고	퇴장
K1	2013	울산	18	15	1	4	16	1	0
	합계		18	15	1	4	16	1	0
프로통산			18	15	1	4	16	1	0

호벨손(Roberson de Arruda Alves) 브라질 1989.04.02

대회	연도	소속	출전	교체	득점	도움	파울	경고	퇴장
K1	2018	제주	6	6	1	0	5	0	0
	합계		6	6	1	0	5	0	0
프로통산			6	6	1	0	5	0	0

호벨치(Robert de Pinho de Souza) 브라질 1981.02.27

대회	연도	소속	출전	교체	득점	도움	파울	경고	퇴장
BC	2012	제주	13	11	3	0	19	0	0
	합계		13	11	3	0	19	0	0
프로통산			13	11	3	0	19	0	0

호사(Samuel Rosa Goncalves) 브라질 1991.02.25

대회	연도	소속	출전	교체	득점	도움	파울	경고	퇴장
K1	2019	전북	11	9	4	1	16	0	0
	합계		11	9	4	1	16	0	0
프로통산			11	9	4	1	16	0	0

호샤(Paulo Roberto Rocha: Paulinho Criciúma) 브라질 1961.08.30

대회	연도	소속	출전	교체	득점	도움	파울	경고	퇴장
BC	1985	포항제철	16	9	5	5	8	0	0
	1986	포항제철	24	10	7	2	11	1	0
	합계		40	19	12	7	19	1	0
프로통산			40	19	12	7	19	1	0

호성호(扈成鎬) 중앙대 1962.11.04

대회	연도	소속	출전	교체	실점	도움	파울	경고	퇴장
BC	1986	현대	16	0	9	0	0	0	0
	1987	현대	18	1	20	0	2	1	0
	1988	현대	3	0	6	0	0	0	0
	1989	현대	1	0	4	0	0	0	0
	합계		38	1	39	0	2	1	0
프로통산			38	1	39	0	2	1	0

호세(Jose Roberto Alves) 브라질 1954.10.20

대회	연도	소속	출전	교체	득점	도움	파울	경고	퇴장
BC	1983	포항제철	5	5	0	0	1	0	0
	합계		5	5	0	0	1	0	0
프로통산			5	5	0	0	1	0	0

호세(Alex Jose de Paula) 브라질 1981.09.13

대회	연도	소속	출전	교체	득점	도움	파울	경고	퇴장
BC	2003	포항	9	8	1	0	13	1	0
	합계		9	8	1	0	13	1	0
프로통산			9	8	1	0	13	1	0

호세(Jose Luis Villanueva Ahumada) 칠레 1981.11.05

대회	연도	소속	출전	교체	득점	도움	파울	경고	퇴장
BC	2007	울산	5	4	1	0	13	0	0
	합계		5	4	1	0	13	0	0
프로통산			5	4	1	0	13	0	0

호제리오(Rogerio Prateat) 브라질 1973.03.09

대회	연도	소속	출전	교체	득점	도움	파울	경고	퇴장
BC	1999	전북	29	0	2	0	97	13	1
	2000	전북	34	0	0	0	82	9	0
	2001	전북	30	2	2	0	98	8	2
	2002	전북	31	1	0	0	83	9	0
	2003	대구	34	1	2	0	87	9	1
	합계		158	4	6	0	447	48	4
프로통산			158	4	6	0	447	48	4

호제리오(Rogrio dos Santos Conceição) 브라질 1984.09.20

대회	연도	소속	출전	교체	득점	도움	파울	경고	퇴장
BC	2009	경남	10	0	0	0	22	5	0
	합계		10	0	0	0	22	5	0
프로통산			10	0	0	0	22	5	0

홍광철(洪光喆) 한성대 1974.10.09

대회	연도	소속	출전	교체	득점	도움	파울	경고	퇴장
BC	1997	대전	21	7	0	2	26	4	0
	1998	대전	13	6	0	0	11	0	0
	2001	대전	13	8	0	1	14	2	0
	2002	대전	12	5	0	0	14	4	1
	2003	대전	6	1	0	0	9	1	0
	합계		65	27	0	3	74	11	1
프로통산			65	27	0	3	74	11	1

홍길동(洪吉東) 청주대 1997.05.29

대회	연도	소속	출전	교체	득점	도움	파울	경고	퇴장
K2	2018	안양	0	0	0	0	0	0	0
	합계		0	0	0	0	0	0	0
프로통산			0	0	0	0	0	0	0

홍도표(洪到杓) 영남대 1973.07.24

대회	연도	소속	출전	교체	득점	도움	파울	경고	퇴장
BC	1996	포항	1	1	0	0	0	0	0
	1997	포항	16	16	4	0	14	2	0
	1998	천안일화	7	1	0	0	17	2	0
	1999	천안일화	32	12	1	5	64	5	0
	2000	성남일화	13	4	0	1	23	3	0
	2001	성남일화	18	10	0	1	39	2	0
	2002	성남일화	8	9	0	0	5	1	0
	2003	성남일화	2	1	0	0	4	0	0
	2004	성남일화	2	2	0	0	3	1	0
	합계		99	56	5	7	169	16	0
프로통산			99	56	5	7	169	16	0

홍동현(洪東賢) 숭실대 1991.10.30

대회	연도	소속	출전	교체	득점	도움	파울	경고	퇴장
K1	2014	부산	17	14	0	1	20	6	0
	2015	부산	5	5	1	0	6	1	0
	합계		22	19	1	1	26	7	0
K2	2016	부산	29	13	5	2	43	4	0
	2017	부산	1	2	0	0	0	0	0
	2017	안산	9	7	0	0	10	2	0
	2018	안산	20	18	2	1	16	1	0
	합계		59	40	7	3	69	7	0
승	2015	부산	1	0	0	0	3	2	0
	합계		1	0	0	0	3	2	0
프로통산			82	59	8	4	98	16	0

홍명보(洪明甫) 고려대 1969.02.12

대회	연도	소속	출전	교체	득점	도움	파울	경고	퇴장
BC	1992	포항제철	37	7	1	0	34	3	0
	1993	포항제철	12	1	1	0	8	1	0
	1994	포항제철	17	2	4	2	10	3	0
	1995	포항	31	1	1	2	19	4	0
	1996	포항	34	13	7	3	37	3	0
	1997	포항	6	3	0	0	9	1	0
	2002	포항	19	2	0	1	19	6	1
	합계		156	29	14	8	136	21	1
프로통산			156	29	14	8	136	21	1

홍상준(洪尙儁) 건국대 1990.05.10

대회	연도	소속	출전	교체	실점	도움	파울	경고	퇴장
BC	2012	대전	0	0	0	0	0	0	0
	합계		0	0	0	0	0	0	0
K1	2013	대전	16	0	30	0	1	0	0
	합계		16	0	30	0	1	0	0
K2	2014	강원	0	0	0	0	0	0	0
	2015	강원	2	0	2	0	0	0	0
	2016	충주	8	0	10	0	1	1	0
	합계		10	0	12	0	1	1	0
프로통산			26	0	42	0	2	1	0

홍석민(洪錫敏) 영남대 1961.01.06

대회	연도	소속	출전	교체	득점	도움	파울	경고	퇴장
BC	1984	포항제철	9	7	2	0	4	1	0
	1985	상무	18	11	6	2	18	0	0
	합계		27	18	8	2	22	1	0
프로통산			27	18	8	2	22	1	0

홍석환(洪石煥) 강릉제일고 2003.06.05

대회	연도	소속	출전	교체	득점	도움	파울	경고	퇴장
K1	2022	강원	2	2	0	0	0	0	0
	합계		2	2	0	0	0	0	0
프로통산			2	2	0	0	0	0	0

홍성요(洪性曜) 건국대 1979.05.26

대회	연도	소속	출전	교체	득점	도움	파울	경고	퇴장
BC	2004	전남	9	5	1	0	22	3	0
	2005	광주상무	15	4	0	0	23	3	0
	2006	광주상무	8	7	0	0	16	1	0
	2007	전남	13	6	0	0	30	8	0
	2008	부산	20	6	0	0	42	12	0
	2009	부산	15	2	0	0	37	9	1
	2010	부산	21	5	2	0	38	6	0
	2011	부산	7	3	0	0	5	1	1
	합계		108	38	3	0	213	43	2
프로통산			108	38	3	0	213	43	2

홍성욱(洪成昱) 부경고 2002.09.17

대회	연도	소속	출전	교체	득점	도움	파울	경고	퇴장
K1	2021	제주	3	3	0	0	5	2	0
	2022	제주	5	5	0	0	1	0	0
	합계		8	8	0	0	6	2	0
프로통산			8	8	0	0	6	2	0

홍성호(洪性號) 연세대 1954.12.20

대회	연도	소속	출전	교체	득점	도움	파울	경고	퇴장
BC	1983	할렐루야	16	2	0	0	11	1	0
	1984	할렐루야	14	3	0	0	8	0	0
	1985	할렐루야	10	2	0	0	15	1	0
	합계		40	7	0	0	34	2	0

대회	연도	소속	출전	교체	득점	도움	파울	경고	퇴장
프로통산			40	7	0	0	34	2	0

홍성희(洪性希) 한국국제대 1990.02.18

대회	연도	소속	출전	교체	득점	도움	파울	경고	퇴장
K2	2018	광주	0	0	0	0	0	0	0
	합계		0	0	0	0	0	0	0
프로통산			0	0	0	0	0	0	0

홍순학(洪淳學) 연세대 1980.09.19

대회	연도	소속	출전	교체	득점	도움	파울	경고	퇴장
BC	2003	대구	14	9	1	1	15	2	0
	2004	대구	27	15	0	7	47	6	1
	2005	대구	23	7	2	4	27	1	0
	2007	수원	18	9	0	1	27	2	0
	2008	수원	17	4	2	0	31	5	0
	2009	수원	14	7	0	1	11	3	0
	2010	수원	12	8	0	0	7	1	0
	2011	수원	12	2	0	1	23	4	0
	2012	수원	14	4	0	0	12	4	0
	합계		151	65	5	15	200	28	1
K1	2013	수원	15	5	0	2	25	4	0
	2014	수원	0	0	0	0	0	0	0
	합계		15	5	0	2	25	4	0
K2	2015	고양	12	11	0	1	13	2	0
	합계		12	11	0	1	13	2	0
프로통산			178	81	5	18	238	34	1

홍승현(洪承鉉) 동북고 1996.12.28

대회	연도	소속	출전	교체	득점	도움	파울	경고	퇴장
K1	2017	대구	22	8	0	1	12	0	1
	2018	대구	4	4	0	0	2	1	0
	합계		26	12	0	1	14	1	1
K2	2016	대구	0	0	0	0	0	0	0
	2018	안양	5	5	0	0	2	0	0
	2021	서울E	0	0	0	0	0	0	0
	합계		5	5	0	0	2	0	0
프로통산			31	17	0	1	16	1	1

홍시후(洪施侯) 상문고 2001.01.08

대회	연도	소속	출전	교체	득점	도움	파울	경고	퇴장
K1	2020	성남	12	10	1	1	10	0	0
	2021	성남	25	23	0	0	13	1	0
	2022	인천	28	28	1	1	17	2	0
	합계		65	61	2	2	40	3	0
프로통산			65	61	2	2	40	3	0

홍연기(洪淵麒) 단국대 1975.09.25

대회	연도	소속	출전	교체	득점	도움	파울	경고	퇴장
BC	1998	부산	1	1	0	0	4	0	0
	합계		1	1	0	0	4	0	0
프로통산			1	1	0	0	4	0	0

홍욱현(洪旭賢) 개성고 2004.01.06

대회	연도	소속	출전	교체	득점	도움	파울	경고	퇴장
K2	2022	부산	11	6	0	1	14	0	0
	합계		11	6	0	1	14	0	0
프로통산			11	6	0	1	14	0	0

홍정남(洪正男) 제주상고 1988.05.21

대회	연도	소속	출전	교체	실점	도움	파울	경고	퇴장
BC	2007	전북	0	0	0	0	0	0	0
	2008	전북	6	0	9	0	0	0	0
	2009	전북	0	0	0	0	0	0	0
	2010	전북	2	2	3	0	0	0	0
	2011	전북	0	0	0	0	0	0	0
	2012	전북	0	0	0	0	0	0	0
	합계		8	2	12	0	0	0	0
K1	2014	상주	14	0	20	0	1	1	0
	2015	전북	2	0	4	0	0	0	0
	2016	전북	0	0	0	0	0	0	0
	2017	전북	30	0	30	0	0	1	0
	2018	전북	1	0	0	0	0	0	0
	2019	전북	0	0	0	0	0	0	0
	2020	전북	0	0	0	0	0	0	0
	합계		47	0	54	0	1	2	0
K2	2013	상주	2	0	3	0	0	0	0
	합계		2	0	3	0	0	0	0
승	2013	상주	0	0	0	0	0	0	0
	합계		0	0	0	0	0	0	0
프로통산			57	2	69	0	1	2	0

홍정운(洪定芸) 명지대 1994.11.29

대회	연도	소속	출전	교체	득점	도움	파울	경고	퇴장
K1	2017	대구	6	5	0	0	7	3	0
	2018	대구	35	1	5	2	30	4	0
	2019	대구	16	2	0	0	11	3	0
	2020	대구	4	1	0	0	7	2	0
	2021	대구	24	4	1	0	20	4	0
	2022	대구	25	6	2	0	18	5	0
	합계		110	19	8	2	93	21	0
K2	2016	대구	20	7	0	0	21	1	0
	합계		20	7	0	0	21	1	0
프로통산			130	26	8	2	114	22	0

홍정호(洪正好) 조선대 1989.08.12

대회	연도	소속	출전	교체	득점	도움	파울	경고	퇴장
BC	2010	제주	21	2	1	1	15	3	0
	2011	제주	16	0	0	1	19	1	1
	2012	제주	9	1	0	0	6	3	0
	합계		46	3	1	2	40	7	1
K1	2013	제주	11	5	1	0	8	3	1
	2018	전북	25	5	1	0	32	6	0
	2019	전북	30	4	2	0	32	3	0
	2020	전북	22	1	1	1	20	3	1
	2021	전북	36	1	2	1	32	4	0
	2022	전북	19	3	1	2	14	4	1
	합계		143	19	8	4	138	23	3
프로통산			189	22	9	6	178	30	4

홍종경(洪腫境) 울산대 1973.05.11

대회	연도	소속	출전	교체	득점	도움	파울	경고	퇴장
BC	1996	천안일화	4	2	0	0	12	1	0
	1997	천안일화	8	5	0	1	16	0	1
	1998	천안일화	17	4	0	3	28	2	0
	1999	천안일화	0	0	0	0	0	0	0
	합계		29	11	0	4	56	3	1
프로통산			29	11	0	4	56	3	1

홍종원(洪鍾元) 청주상고 1956.08.04

대회	연도	소속	출전	교체	득점	도움	파울	경고	퇴장
BC	1984	럭키금성	2	2	0	1	0	0	0
	합계		2	2	0	1	0	0	0
프로통산			2	2	0	1	0	0	0

홍주빈(洪周彬) 동의대 1989.06.07

대회	연도	소속	출전	교체	득점	도움	파울	경고	퇴장
BC	2012	전북	0	0	0	0	0	0	0
	합계		0	0	0	0	0	0	0
K2	2013	충주	3	3	1	0	5	0	0
	합계		3	3	1	0	5	0	0
프로통산			3	3	1	0	5	0	0

홍주영(洪柱榮) 고려대 1963.01.25

대회	연도	소속	출전	교체	득점	도움	파울	경고	퇴장
BC	1986	현대	3	1	0	0	2	0	0
	합계		3	1	0	0	2	0	0
프로통산			3	1	0	0	2	0	0

홍주완(洪周完) 순천고 1979.06.07

대회	연도	소속	출전	교체	득점	도움	파울	경고	퇴장
BC	2004	부천SK	2	2	0	0	0	0	0
	합계		2	2	0	0	0	0	0
프로통산			2	2	0	0	0	0	0

홍준기(洪俊基) 장훈고 1997.05.11

대회	연도	소속	출전	교체	득점	도움	파울	경고	퇴장
K2	2016	충주	1	1	0	0	2	0	0
	합계		1	1	0	0	2	0	0
프로통산			1	1	0	0	2	0	0

홍준형(洪準珩/←홍복표) 광운대 1979.10.28

대회	연도	소속	출전	교체	득점	도움	파울	경고	퇴장
BC	2003	광주상무	4	4	0	0	5	0	0
	합계		4	4	0	0	5	0	0
프로통산			4	4	0	0	5	0	0

홍준호(洪俊豪) 전주대 1993.10.11

대회	연도	소속	출전	교체	득점	도움	파울	경고	퇴장
K1	2016	광주	22	7	1	0	28	5	0
	2017	광주	29	21	0	1	29	5	0
	2018	울산	2	2	0	0	3	1	0
	2020	광주	22	0	1	0	25	4	1
	2021	서울	18	11	0	0	15	2	0
	2021	제주	14	13	0	0	6	1	0
	합계		107	54	2	1	106	18	1
K2	2018	광주	1	1	0	0	0	0	0
	2019	광주	16	7	0	0	8	3	0
	합계		17	8	0	0	8	3	0
프로통산			124	62	2	1	114	21	1

홍지윤(洪智潤) 제주국제대 1997.03.27

대회	연도	소속	출전	교체	실점	도움	파울	경고	퇴장
K1	2018	강원	0	0	0	0	0	0	0
	합계		0	0	0	0	0	0	0
프로통산			0	0	0	0	0	0	0

홍진기(洪眞基) 홍익대 1990.10.20

대회	연도	소속	출전	교체	득점	도움	파울	경고	퇴장
BC	2012	전남	20	6	1	2	25	4	0
	합계		20	6	1	2	25	4	0
K1	2013	전남	30	5	2	2	34	6	0
	2014	전남	12	5	0	1	18	2	0
	2015	전남	6	2	0	0	5	1	0
	2016	전남	9	6	0	0	5	0	0
	합계		57	18	2	3	62	9	0
K2	2017	부산	6	1	2	0	3	1	0
	2018	부산	10	3	0	0	16	3	0
	합계		16	4	2	0	19	4	0
승	2017	부산	2	0	0	0	5	0	0
	합계		2	0	0	0	5	0	0
프로통산			95	28	5	5	111	17	0

홍진섭(洪鎭燮) 대구대 1985.10.14

대회	연도	소속	출전	교체	득점	도움	파울	경고	퇴장
BC	2008	전북	20	15	2	1	31	2	0
	2009	성남일화	9	8	0	0	18	2	0
	2011	성남일화	17	16	2	1	23	3	0
	합계		46	39	4	2	72	7	0
프로통산			46	39	4	2	72	7	0

홍진호(洪進浩) 경상대 1971.11.01

대회	연도	소속	출전	교체	득점	도움	파울	경고	퇴장
BC	1994	LG	10	6	0	0	16	4	0
	1995	LG	0	0	0	0	0	0	0
	합계		10	6	0	0	16	4	0
프로통산			10	6	0	0	16	4	0

홍창범(洪昌汎) 성균관대 1998.10.22

대회	연도	소속	출전	교체	득점	도움	파울	경고	퇴장
K2	2021	안양	22	14	3	3	31	7	0
	2022	안양	28	27	0	2	34	5	0
	합계		50	41	3	5	65	12	0
승	2022	안양	2	2	0	0	5	1	0
	합계		2	2	0	0	5	1	0
프로통산			52	43	3	5	70	13	0

홍창오(洪昌晤) 상지대 1995.12.16

대회	연도	소속	출전	교체	득점	도움	파울	경고	퇴장
K2	2022	김포	3	3	0	0	2	0	0
	합계		3	3	0	0	2	0	0
프로통산			3	3	0	0	2	0	0

홍철(洪喆) 단국대 1990.09.17

대회	연도	소속	출전	교체	득점	도움	파울	경고	퇴장
BC	2010	성남일화	22	7	2	0	30	2	0

대회	연도	소속	출전	교체	득점	도움	파울	경고	퇴장
	2011	성남일화	24	4	4	2	29	4	1
	2012	성남일화	30	13	2	2	43	6	1
	합계		76	24	8	4	102	12	2
K1	2013	수원	34	11	2	10	42	4	0
	2014	수원	29	4	0	0	37	7	0
	2015	수원	30	6	0	3	30	1	0
	2016	수원	12	5	0	3	10	0	0
	2017	상주	27	4	1	5	26	1	0
	2018	상주	22	3	1	5	14	1	0
	2018	수원	8	2	0	3	7	0	0
	2019	수원	30	4	1	4	29	3	0
	2020	수원	2	1	0	0	0	0	0
	2020	울산	13	5	0	4	8	1	0
	2021	울산	21	11	1	1	9	4	0
	2022	대구	28	14	0	1	21	3	0
	합계		256	70	6	39	233	25	0
승	2017	상주	2	0	0	0	3	1	0
	합계		2	0	0	0	3	1	0
프로통산			334	94	14	43	338	38	2

홍태곤(洪兌坤) 홍익대 1992.05.05

대회	연도	소속	출전	교체	득점	도움	파울	경고	퇴장
K2	2014	광주	5	5	0	0	1	1	0
	합계		5	5	0	0	1	1	0
프로통산			5	5	0	0	1	1	0

홍현승(洪鉉昇/←홍성표) 한남대 1999.03.13

대회	연도	소속	출전	교체	득점	도움	파울	경고	퇴장
K1	2021	성남	1	1	0	0	0	0	0
	합계		1	1	0	0	0	0	0
K2	2021	충남아산	12	12	0	1	10	0	0
	합계		12	12	0	1	10	0	0
프로통산			13	13	0	1	10	0	0

홍현호(洪賢虎) 골클럽U18 2002.06.11

대회	연도	소속	출전	교체	득점	도움	파울	경고	퇴장
K2	2021	안양	2	2	0	0	1	0	0
	합계		2	2	0	0	1	0	0
프로통산			2	2	0	0	1	0	0

황교충(黃敎忠) 한양대 1985.04.09

대회	연도	소속	출전	교체	실점	도움	파울	경고	퇴장
BC	2010	포항	4	0	4	0	0	0	0
	2011	포항	1	1	2	0	0	0	0
	2012	포항	0	0	0	0	0	0	0
	합계		5	1	6	0	0	0	0
K1	2013	포항	0	0	0	0	0	0	0
	합계		0	0	0	0	0	0	0
K2	2014	강원	21	1	23	0	2	3	0
	2015	강원	14	0	25	0	1	4	0
	합계		35	1	48	0	3	7	0
프로통산			40	2	54	0	3	7	0

황규룡(黃奎龍) 광운대 1971.03.12

대회	연도	소속	출전	교체	득점	도움	파울	경고	퇴장
BC	1992	대우	22	7	0	0	20	2	0
	1993	대우	30	4	1	0	40	1	0
	1994	대우	8	0	0	1	7	1	0
	1995	대우	3	2	0	0	1	0	0
	1997	안양LG	12	3	0	1	13	0	0
	합계		75	16	1	2	81	4	0
프로통산			75	16	1	2	81	4	0

황규범(黃圭範) 경희고 1989.08.30

대회	연도	소속	출전	교체	득점	도움	파울	경고	퇴장
K2	2013	고양	7	3	0	0	7	2	1
	2014	고양	26	7	0	0	60	8	0
	2015	고양	29	8	0	2	46	7	0
	합계		62	18	0	2	113	17	1
프로통산			62	18	0	2	113	17	1

황규환(黃圭煥) 동북고 1986.06.18

대회	연도	소속	출전	교체	득점	도움	파울	경고	퇴장
BC	2005	수원	13	10	0	2	25	3	0
	2006	수원	4	3	0	0	4	0	0
	2007	대전	4	4	0	0	5	0	0
	합계		21	17	0	2	34	3	0
프로통산			21	17	0	2	34	3	0

황금성(黃金星) 초당대 1984.04.26

대회	연도	소속	출전	교체	득점	도움	파울	경고	퇴장
BC	2006	대구	2	1	0	0	2	1	0
	합계		2	1	0	0	2	1	0
프로통산			2	1	0	0	2	1	0

황기욱(黃基旭) 연세대 1996.06.10

대회	연도	소속	출전	교체	득점	도움	파울	경고	퇴장
K1	2017	서울	7	4	0	0	5	0	0
	2018	서울	19	7	0	0	33	4	0
	2019	서울	1	1	0	0	0	0	0
	합계		27	12	0	0	38	4	0
K2	2020	전남	26	4	3	0	35	7	0
	2021	전남	28	7	0	0	26	6	0
	2022	안양	34	25	1	2	48	9	0
	합계		88	36	4	2	109	22	0
승	2022	안양	2	2	0	0	1	0	0
	합계		2	2	0	0	1	0	0
프로통산			117	50	4	2	148	26	0

황도연(黃渡然) 광양제철고 1991.02.27

대회	연도	소속	출전	교체	득점	도움	파울	경고	퇴장
BC	2010	전남	7	2	0	0	9	1	0
	2011	전남	10	5	1	1	10	1	0
	2012	대전	10	4	0	0	9	3	0
	합계		27	11	1	1	28	5	0
K1	2013	전남	3	0	0	0	2	0	0
	2013	제주	18	4	0	0	25	0	0
	2014	제주	12	6	0	0	13	3	0
	2016	제주	0	0	0	0	0	0	0
	2018	제주	0	0	0	0	0	0	0
	합계		33	10	0	0	40	3	0
K2	2015	서울E	34	2	1	0	19	1	0
	2016	안산무궁	0	0	0	0	0	0	0
	2017	아산	22	2	1	0	25	4	0
	2018	수원FC	16	2	0	0	11	0	0
	2019	대전	5	1	0	0	2	0	0
	2020	대전	9	2	0	0	8	1	0
	2022	김포	6	2	0	0	2	1	0
	합계		92	11	2	0	67	7	0
프로통산			152	32	3	1	135	15	0

황득하(黃得夏) 안동대 1965.06.08

대회	연도	소속	출전	교체	득점	도움	파울	경고	퇴장
BC	1996	전북	7	7	0	0	4	0	0
	1997	전북	4	5	0	0	0	0	0
	합계		11	12	0	0	4	0	0
프로통산			11	12	0	0	4	0	0

황명현(黃溟玹) 동국대 2001.11.14

대회	연도	소속	출전	교체	득점	도움	파울	경고	퇴장
K1	2022	수원	0	0	0	0	0	0	0
	합계		0	0	0	0	0	0	0
프로통산			0	0	0	0	0	0	0

황무규(黃舞奎) 경기대 1982.08.19

대회	연도	소속	출전	교체	득점	도움	파울	경고	퇴장
BC	2005	수원	3	3	0	0	4	0	0
	합계		3	3	0	0	4	0	0
프로통산			3	3	0	0	4	0	0

황문기(黃文基) 현대고 1996.12.08

대회	연도	소속	출전	교체	득점	도움	파울	경고	퇴장
K1	2021	강원	30	30	1	1	31	4	0
	2022	강원	34	33	3	0	20	2	0
	합계		64	63	4	1	51	6	0
K2	2020	안양	18	8	2	0	28	5	0
	합계		18	8	2	0	28	5	0
승	2021	강원	2	2	1	0	2	0	0
	합계		2	2	1	0	2	0	0
프로통산			84	73	7	1	81	11	0

황병권(黃柄權) 보인고 2000.05.22

대회	연도	소속	출전	교체	득점	도움	파울	경고	퇴장
K2	2019	수원FC	21	21	1	0	16	2	0
	합계		21	21	1	0	16	2	0
프로통산			21	21	1	0	16	2	0

황병근(黃秉根) 국제사이버대 1994.06.14

대회	연도	소속	출전	교체	실점	도움	파울	경고	퇴장
K1	2016	전북	3	0	3	0	0	0	0
	2017	전북	8	0	5	0	0	0	0
	2018	전북	7	0	13	0	0	0	0
	2019	상주	2	0	3	0	0	0	0
	2020	상주	6	0	9	0	0	0	0
	2021	전북	0	0	0	0	0	0	0
	2022	전북	0	0	0	0	0	0	0
	합계		26	0	33	0	0	0	0
K2	2022	부산	9	1	9	0	1	0	0
	합계		9	1	9	0	1	0	0
프로통산			35	1	42	0	1	0	0

황병주(黃炳柱) 숭실대 1984.03.05

대회	연도	소속	출전	교체	득점	도움	파울	경고	퇴장
BC	2007	대전	1	1	0	0	6	0	0
	2008	대전	11	6	1	0	17	6	0
	합계		12	7	1	0	23	6	0
프로통산			12	7	1	0	23	6	0

황보관(皇甫官) 서울대 1965.03.01

대회	연도	소속	출전	교체	득점	도움	파울	경고	퇴장
BC	1988	유공	23	2	7	5	31	3	0
	1989	유공	8	2	2	1	7	0	0
	1990	유공	7	4	0	0	5	0	0
	1991	유공	22	7	3	2	28	2	0
	1992	유공	35	10	6	4	45	2	0
	1993	유공	18	2	2	3	32	1	0
	1994	유공	28	7	15	7	32	2	2
	1995	유공	30	6	9	5	36	2	0
	합계		171	40	44	27	216	12	2
프로통산			171	40	44	27	216	12	2

황보원(Huang Bowen, 黃博文) 중국 1987.07.13

대회	연도	소속	출전	교체	득점	도움	파울	경고	퇴장
BC	2011	전북	20	5	2	1	37	5	0
	2012	전북	9	4	1	2	6	1	0
	합계		29	9	3	3	43	6	0
프로통산			29	9	3	3	43	6	0

황부철(黃富喆) 아주대 1971.01.20

대회	연도	소속	출전	교체	득점	도움	파울	경고	퇴장
BC	1996	부산	3	2	0	0	5	1	0
	합계		3	2	0	0	5	1	0
프로통산			3	2	0	0	5	1	0

황상필(黃相弼) 동국대 1981.02.01

대회	연도	소속	출전	교체	득점	도움	파울	경고	퇴장
BC	2003	광주상무	2	2	0	0	3	0	0
	합계		2	2	0	0	3	0	0
프로통산			2	2	0	0	3	0	0

황석근(黃石根) 고려대 1960.09.03

대회	연도	소속	출전	교체	득점	도움	파울	경고	퇴장
BC	1983	유공	2	2	0	0	0	0	0
	1984	한일은행	24	2	5	1	17	0	0
	1985	한일은행	14	3	2	1	15	0	0
	1986	한일은행	18	6	1	4	12	0	0
	합계		58	13	8	6	44	0	0
프로통산			58	13	8	6	44	0	0

황선일(黃善一) 건국대 1984.07.29

대회	연도	소속	출전	교체	득점	도움	파울	경고	퇴장
BC	2006	울산	1	1	0	0	0	0	0
	2008	울산	5	4	0	0	5	1	0
	합계		6	5	0	0	5	1	0

대회	연도	소속	출전	교체	득점	도움	파울	경고	퇴장
프로통산			6	5	0	0	5	1	0

황선필(黃善弼) 중앙대 1981.07.14

대회	연도	소속	출전	교체	득점	도움	파울	경고	퇴장
BC	2004	대구	20	2	0	0	38	2	0
	2005	대구	11	2	0	1	22	5	0
	2006	대구	24	7	0	0	39	3	0
	2007	대구	13	5	2	0	13	0	0
	2008	대구	31	11	1	0	26	3	0
	2009	광주상무	8	4	0	0	11	2	0
	2010	광주상무	13	5	0	0	10	4	0
	2011	전남	1	0	0	0	0	0	0
	2012	부산	1	1	0	0	0	0	0
	합계		122	37	3	1	159	19	0
프로통산			122	37	3	1	159	19	0

황선홍(黃善洪) 건국대 1968.07.14

대회	연도	소속	출전	교체	득점	도움	파울	경고	퇴장
BC	1993	포항제철	1	1	0	0	1	0	0
	1994	포항제철	14	7	5	3	24	2	0
	1995	포항	26	6	11	6	58	4	0
	1996	포항	18	2	13	5	30	4	0
	1997	포항	1	1	0	1	2	0	0
	1998	포항	3	1	2	1	14	0	0
	2000	수원	1	0	0	0	3	0	0
	합계		64	18	31	16	132	10	0
프로통산			64	18	31	16	132	10	0

황성민(黃聖珉) 한남대 1991.06.23

대회	연도	소속	출전	교체	실점	도움	파울	경고	퇴장
K1	2019	제주	4	0	6	0	0	0	0
	2022	서울	1	1	0	0	0	0	0
	합계		5	1	6	0	0	0	0
K2	2013	충주	19	0	30	0	1	0	0
	2014	충주	21	0	32	0	1	1	0
	2015	충주	33	0	57	0	0	2	0
	2017	안산	30	0	46	0	1	0	0
	2018	안산	20	2	22	0	0	1	0
	2020	경남	6	0	8	0	0	0	0
	2021	경남	7	0	8	0	0	0	0
	합계		136	2	203	0	3	4	0
프로통산			141	3	209	0	3	4	0

황세하(黃世夏) 건국대 1975.06.26

대회	연도	소속	출전	교체	실점	도움	파울	경고	퇴장
BC	1998	대전	3	1	7	0	1	1	0
	1999	대전	0	0	0	0	0	0	0
	합계		3	1	7	0	1	1	0
프로통산			3	1	7	0	1	1	0

황수남(黃秀南) 관동대 1993.02.22

대회	연도	소속	출전	교체	득점	도움	파울	경고	퇴장
K2	2015	충주	5	2	0	0	2	0	0
	2016	충주	19	4	0	0	21	2	0
	합계		24	6	0	0	23	2	0
프로통산			24	6	0	0	23	2	0

황순민(黃順旻) 일본 가미무라고 1990.09.14

대회	연도	소속	출전	교체	득점	도움	파울	경고	퇴장
BC	2012	대구	11	11	0	0	8	1	0
	합계		11	11	0	0	8	1	0
K1	2013	대구	30	23	6	1	23	3	0
	2016	상주	5	5	0	0	3	0	0
	2017	상주	11	6	1	0	11	1	0
	2017	대구	8	5	0	1	10	2	0
	2018	대구	36	22	1	3	31	3	0
	2019	대구	36	16	3	3	20	1	0
	2020	대구	8	2	0	0	9	0	0
	2021	대구	27	21	0	3	10	0	0
	2022	수원FC	9	8	0	1	6	2	0
	합계		170	108	11	12	123	12	0
K2	2014	대구	33	14	5	5	32	3	0
	2015	대구	10	10	0	1	4	0	0
	합계		43	24	5	6	36	3	0
프로통산			224	143	16	18	167	16	0

황승주(黃勝周) 한양중 1972.05.09

대회	연도	소속	출전	교체	득점	도움	파울	경고	퇴장
BC	1995	현대	1	1	0	0	1	0	0
	1996	울산	13	6	1	0	19	1	0
	1997	울산	20	12	1	0	29	3	0
	1998	울산	38	9	1	7	62	7	0
	1999	울산	36	4	0	3	58	4	0
	2000	울산	34	5	0	4	59	4	0
	2001	울산	34	3	0	1	43	3	0
	2002	전북	6	5	0	0	7	0	0
	합계		182	45	3	15	278	22	0
프로통산			182	45	3	15	278	22	0

황승회(黃勝會) 경북산업대(경일대) 1970.06.18

대회	연도	소속	출전	교체	득점	도움	파울	경고	퇴장
BC	1993	대우	1	0	0	0	0	0	0
	합계		1	0	0	0	0	0	0
프로통산			1	0	0	0	0	0	0

황신영(黃信永) 동북고 1994.04.04

대회	연도	소속	출전	교체	득점	도움	파울	경고	퇴장
K2	2015	부천	16	17	1	0	6	0	0
	2016	부천	8	8	0	0	3	1	0
	합계		24	25	1	0	9	1	0
프로통산			24	25	1	0	9	1	0

황연석(黃淵奭) 대구대 1973.10.17

대회	연도	소속	출전	교체	득점	도움	파울	경고	퇴장
BC	1995	일화	30	19	9	3	48	3	0
	1996	천안일화	28	22	4	4	26	3	0
	1997	천안일화	34	14	6	5	55	1	0
	1998	천안일화	23	10	4	0	40	2	0
	1999	천안일화	29	8	8	4	77	2	0
	2000	성남일화	31	26	5	1	42	2	0
	2001	성남일화	28	26	6	2	46	3	0
	2002	성남일화	30	31	8	3	26	1	0
	2003	성남일화	37	33	5	6	49	1	0
	2004	인천	12	12	2	0	13	0	0
	2005	인천	18	18	1	0	10	0	0
	2006	대구	28	23	6	3	37	2	0
	2007	대구	20	18	0	1	18	0	0
	합계		348	260	64	32	487	20	0
프로통산			348	260	64	32	487	20	0

황영우(黃永瑀) 동아대 1964.02.20

대회	연도	소속	출전	교체	득점	도움	파울	경고	퇴장
BC	1987	포항제철	20	17	4	0	15	0	0
	1988	포항제철	18	19	2	2	10	0	0
	1989	포항제철	19	14	0	1	26	0	0
	1990	포항제철	11	11	2	0	11	0	0
	1991	LG	26	21	5	2	23	0	0
	1992	LG	10	9	1	2	10	0	0
	1993	LG	7	8	1	0	6	1	0
	합계		111	99	15	7	101	1	0
프로통산			111	99	15	7	101	1	0

황의조(黃義助) 연세대 1992.08.28

대회	연도	소속	출전	교체	득점	도움	파울	경고	퇴장
K1	2013	성남일화	22	14	2	1	24	3	0
	2014	성남	28	20	4	0	23	1	0
	2015	성남	34	4	15	3	42	4	0
	2016	성남	37	6	9	3	36	1	0
	합계		121	44	30	7	125	9	0
K2	2017	성남	18	1	5	1	11	1	0
	합계		18	1	5	1	11	1	0
승	2016	성남	1	0	0	0	1	0	0
	합계		1	0	0	0	1	0	0
프로통산			140	45	35	8	137	10	0

황인범(黃仁範) 충남기계공고 1996.09.20

대회	연도	소속	출전	교체	득점	도움	파울	경고	퇴장
K1	2015	대전	14	7	4	1	16	2	0
	2022	서울	9	9	0	0	6	3	0
	합계		23	16	4	1	22	5	0
K2	2016	대전	35	7	5	5	31	4	0
	2017	대전	32	7	4	4	26	4	0
	2018	아산	18	10	1	2	22	2	0
	2018	대전	7	2	2	1	9	2	0
	합계		92	26	12	12	88	12	0
프로통산			115	42	16	13	110	17	0

황인성(黃仁星) 동아대 1970.04.05

대회	연도	소속	출전	교체	득점	도움	파울	경고	퇴장
BC	1995	전남	28	19	4	1	23	3	0
	1996	전남	1	1	0	0	0	0	0
	1997	전남	9	10	0	1	2	0	0
	1998	부천SK	7	8	1	0	4	1	0
	합계		45	38	5	2	29	4	0
프로통산			45	38	5	2	29	4	0

황인수(黃仁洙) 대구대 1977.11.20

대회	연도	소속	출전	교체	득점	도움	파울	경고	퇴장
BC	2000	성남일화	13	8	2	2	11	0	0
	2001	성남일화	6	6	0	0	3	0	0
	2001	수원	3	3	0	0	6	0	0
	합계		22	17	2	2	20	0	0
프로통산			22	17	2	2	20	0	0

황인재(黃仁具) 남부대 1994.04.22

대회	연도	소속	출전	교체	실점	도움	파울	경고	퇴장
K1	2016	광주	1	1	0	0	0	0	0
	2020	포항	0	0	0	0	0	0	0
	2021	포항	2	1	2	0	0	0	0
	2022	김천	16	1	22	0	1	2	0
	합계		19	3	24	0	1	2	0
K2	2017	안산	6	0	8	1	0	0	0
	2018	성남	1	0	4	0	0	0	0
	2019	안산	18	0	17	0	1	0	0
	2021	김천	0	0	0	0	0	0	0
	합계		25	0	29	1	1	0	0
승	2022	김천	2	0	6	0	0	0	0
	합계		2	0	6	0	0	0	0
프로통산			46	3	59	1	2	2	0

황인혁(黃仁赫) 동국대 1995.05.06

대회	연도	소속	출전	교체	득점	도움	파울	경고	퇴장
K1	2017	광주	1	0	0	0	2	0	0
	합계		1	0	0	0	2	0	0
프로통산			1	0	0	0	2	0	0

황인호(黃仁浩) 대구대 1990.03.26

대회	연도	소속	출전	교체	득점	도움	파울	경고	퇴장
K1	2013	제주	2	2	0	0	1	0	0
	합계		2	2	0	0	1	0	0
프로통산			2	2	0	0	1	0	0

황일수(黃一秀) 동아대 1987.08.08

대회	연도	소속	출전	교체	득점	도움	파울	경고	퇴장
BC	2010	대구	30	19	4	5	23	0	0
	2011	대구	32	29	4	3	26	5	0
	2012	대구	40	26	6	8	42	3	0
	합계		102	74	14	16	91	8	0
K1	2013	대구	32	16	8	4	46	7	0
	2014	제주	31	13	7	3	23	1	0
	2016	상주	21	15	2	4	14	1	0
	2017	제주	13	12	2	1	5	1	0
	2018	울산	31	18	4	4	21	0	0
	2019	울산	24	20	3	2	11	0	0
	합계		152	94	26	18	120	10	0
K2	2015	상주	19	18	2	4	7	0	0
	2020	경남	21	10	5	5	16	1	0
	2021	경남	21	18	4	0	14	2	0
	2022	경남	3	3	0	0	2	0	0
	합계		64	49	11	9	39	3	0

대회	연도	소속	출전	교체	득점	도움	파울	경고	퇴장
프로통산			318	217	51	43	250	21	0

황재만(黃在萬) 고려대 1953.01.24

대회	연도	소속	출전	교체	득점	도움	파울	경고	퇴장
BC	1984	할렐루야	1	1	0	0	0	0	0
	합계		1	1	0	0	0	0	0
프로통산			1	1	0	0	0	0	0

황재원(黃載元) 아주대 1981.04.13

대회	연도	소속	출전	교체	득점	도움	파울	경고	퇴장
BC	2004	포항	14	7	2	0	10	1	0
	2006	포항	12	1	2	0	28	5	0
	2007	포항	32	1	2	1	42	4	0
	2008	포항	21	0	1	0	27	4	0
	2009	포항	23	4	1	1	57	7	0
	2010	포항	9	1	0	0	23	5	0
	2010	수원	9	1	2	0	11	2	0
	2011	수원	9	1	0	0	10	2	0
	2012	성남일화	9	2	1	0	18	4	0
	합계		138	18	11	2	226	34	0
K1	2013	성남일화	0	0	0	0	0	0	0
	2017	대구	9	8	0	0	6	1	0
	합계		9	8	0	0	6	1	0
K2	2015	충주	23	9	2	0	18	8	0
	2016	대구	27	6	2	1	17	5	0
	2018	대전	3	3	0	0	0	0	0
	합계		53	18	4	1	35	13	0
프로통산			200	44	15	3	267	48	0

황재원(黃才媛) 홍익대 2002.08.16

대회	연도	소속	출전	교체	득점	도움	파울	경고	퇴장
K1	2022	대구	34	10	1	3	41	5	0
	합계		34	10	1	3	41	5	0
프로통산			34	10	1	3	41	5	0

황재필(黃載弼) 연세대 1973.09.09

대회	연도	소속	출전	교체	득점	도움	파울	경고	퇴장
BC	1996	전남	2	2	0	0	2	0	0
	합계		2	2	0	0	2	0	0
프로통산			2	2	0	0	2	0	0

황재환(黃載桓) 현대고 2001.04.12

대회	연도	소속	출전	교체	득점	도움	파울	경고	퇴장
K1	2022	울산	8	8	0	0	4	0	0
	합계		8	8	0	0	4	0	0
프로통산			8	8	0	0	4	0	0

황재훈(黃在君/←황병인) 진주고 1990.11.25

대회	연도	소속	출전	교체	득점	도움	파울	경고	퇴장
BC	2011	상주	4	0	0	0	5	0	0
	2012	상주	1	1	0	0	0	0	0
	2012	경남	1	1	0	0	0	0	0
	합계		6	2	0	0	5	0	0
K1	2016	수원FC	22	3	1	0	26	6	0
	합계		22	3	1	0	26	6	0
K2	2014	충주	5	5	0	0	4	0	0
	2015	수원FC	13	3	0	0	18	2	0
	2017	수원FC	24	4	2	1	17	6	0
	2018	대전	20	1	1	0	19	2	0
	2019	대전	29	6	0	1	22	2	0
	2020	대전	2	1	0	0	1	0	0
	합계		93	20	3	2	81	12	0
승	2015	수원FC	2	0	0	0	2	0	0
	합계		2	0	0	0	2	0	0
프로통산			123	25	4	2	114	18	0

황정만(黃晸萬) 숭실대 1978.01.05

대회	연도	소속	출전	교체	득점	도움	파울	경고	퇴장
BC	2000	수원	0	0	0	0	0	0	0
	합계		0	0	0	0	0	0	0
프로통산			0	0	0	0	0	0	0

황정연(黃正然) 고려대 1953.03.13

대회	연도	소속	출전	교체	득점	도움	파울	경고	퇴장
BC	1983	할렐루야	13	1	0	1	17	1	0
	1984	할렐루야	25	0	0	2	33	2	0
	1985	할렐루야	21	0	0	0	25	1	0
	합계		59	1	0	3	75	4	0
프로통산			59	1	0	3	75	4	0

황준호(黃浚鎬) 용인대 1998.05.04

대회	연도	소속	출전	교체	득점	도움	파울	경고	퇴장
K1	2020	부산	0	0	0	0	0	0	0
	합계		0	0	0	0	0	0	0
K2	2019	부산	15	8	0	0	5	2	0
	2021	부산	25	7	2	1	22	1	0
	2022	부산	19	12	1	0	14	3	0
	합계		59	27	3	1	41	6	0
프로통산			59	27	3	1	41	6	0

황지수(黃地水) 호남대 1981.03.27

대회	연도	소속	출전	교체	득점	도움	파울	경고	퇴장
BC	2004	포항	26	2	1	1	48	2	0
	2005	포항	31	2	1	0	65	2	0
	2006	포항	34	3	0	2	88	8	0
	2007	포항	31	5	1	0	78	5	0
	2008	포항	25	2	0	1	43	3	0
	2009	포항	18	3	0	0	39	2	0
	2012	포항	29	12	0	1	47	2	0
	합계		194	29	3	5	408	24	0
K1	2013	포항	29	3	1	2	67	8	0
	2014	포항	21	8	1	1	31	7	0
	2015	포항	30	19	0	4	48	2	0
	2016	포항	26	17	1	0	32	3	0
	2017	포항	20	19	0	0	14	2	0
	합계		126	66	3	7	192	22	0
프로통산			320	95	6	12	600	46	0

황지웅(黃明圭) 동국대 1989.04.30

대회	연도	소속	출전	교체	득점	도움	파울	경고	퇴장
BC	2012	대전	20	14	0	0	18	2	0
	합계		20	14	0	0	18	2	0
K1	2013	대전	8	4	3	0	8	2	0
	2015	대전	21	16	0	3	24	0	0
	합계		29	20	3	3	32	2	0
K2	2014	대전	28	24	1	4	13	0	0
	2016	안산무궁	21	17	2	0	14	1	0
	2017	아산	2	2	0	0	1	0	0
	2017	대전	4	4	0	0	1	0	0
	합계		55	47	3	4	29	1	0
프로통산			104	81	6	7	79	5	0

황지윤(黃智允) 아주대 1983.05.28

대회	연도	소속	출전	교체	득점	도움	파울	경고	퇴장
BC	2005	부천SK	0	0	0	0	0	0	0
	2006	제주	8	3	0	0	6	1	0
	2007	제주	30	7	2	0	32	5	0
	2008	대구	31	2	2	0	29	3	0
	2009	대전	28	1	1	0	33	8	0
	2010	대전	23	4	1	0	30	7	0
	2011	상주	1	1	0	0	0	0	0
	합계		121	18	6	0	130	24	0
프로통산			121	18	6	0	130	24	0

황지준(黃智俊) 광주대 1990.02.23

대회	연도	소속	출전	교체	득점	도움	파울	경고	퇴장
K2	2013	광주	1	1	0	0	0	0	0
	합계		1	1	0	0	0	0	0
프로통산			1	1	0	0	0	0	0

황진기(黃眞基) 건국대 1986.03.10

대회	연도	소속	출전	교체	득점	도움	파울	경고	퇴장
BC	2010	포항	1	1	0	0	0	0	0
	2011	대전	14	3	1	1	15	2	1
	2011	부산	11	1	0	0	13	2	0
	2012	부산	0	0	0	0	0	0	0
	합계		26	5	1	1	28	4	1
K1	2013	부산	5	3	0	0	5	1	0
	2014	부산	5	3	0	0	7	3	0
	합계		10	6	0	0	12	4	0
프로통산			36	11	1	1	40	8	1

황진산(黃鎭山) 현대고 1989.02.25

대회	연도	소속	출전	교체	득점	도움	파울	경고	퇴장
BC	2008	울산	0	0	0	0	0	0	0
	2009	대전	4	2	0	0	7	0	0
	2010	대전	18	16	0	2	15	4	0
	2011	대전	31	18	2	2	31	2	0
	2012	대전	9	9	0	0	11	0	0
	합계		62	45	2	4	64	6	0
K1	2013	대전	18	10	1	4	20	2	0
	합계		18	10	1	4	20	2	0
K2	2014	대전	21	17	1	2	11	2	0
	2018	부천	13	13	0	0	12	1	0
	합계		34	30	1	2	23	3	0
프로통산			114	85	4	10	107	11	0

황진성(黃辰成) 전주대 교육대학원 1984.05.05

대회	연도	소속	출전	교체	득점	도움	파울	경고	퇴장
BC	2003	포항	19	16	1	5	19	1	0
	2004	포항	24	20	3	2	17	0	0
	2005	포항	30	24	2	2	30	3	0
	2006	포항	23	16	4	5	47	1	0
	2007	포항	23	17	2	4	37	2	0
	2008	포항	24	22	2	4	35	1	0
	2009	포항	18	13	4	7	26	4	0
	2010	포항	25	16	5	5	35	2	0
	2011	포항	30	21	6	9	58	5	0
	2012	포항	41	11	12	8	63	6	0
	합계		257	176	41	51	367	25	0
K1	2013	포항	22	13	6	7	34	1	0
	2016	성남	10	9	1	2	9	0	0
	2017	강원	31	7	3	5	45	3	0
	2018	강원	16	14	2	2	18	1	0
	합계		79	43	12	16	106	5	0
승	2016	성남	2	1	1	0	6	1	0
	합계		2	1	1	0	6	1	0
프로통산			338	220	54	67	479	31	0

황철민(黃哲民) 동의대 1978.11.20

대회	연도	소속	출전	교체	득점	도움	파울	경고	퇴장
BC	2002	부산	23	15	2	2	26	3	0
	2003	부산	16	9	0	2	12	0	0
	2004	부산	2	2	0	0	0	0	0
	합계		41	26	2	4	38	3	0
프로통산			41	26	2	4	38	3	0

황태현(黃泰顯) 중앙대 1999.01.29

대회	연도	소속	출전	교체	득점	도움	파울	경고	퇴장
K1	2020	대구	4	4	0	0	3	0	0
	합계		4	4	0	0	3	0	0
K2	2018	안산	2	1	0	1	3	0	0
	2019	안산	18	5	0	3	14	1	0
	2021	서울E	20	6	1	3	19	4	0
	2022	서울E	27	13	2	0	10	1	0
	합계		67	25	3	7	46	6	0
프로통산			71	29	3	7	49	6	0

황현수(黃賢秀) 오산고 1995.07.22

대회	연도	소속	출전	교체	득점	도움	파울	경고	퇴장
K1	2014	서울	0	0	0	0	0	0	0
	2015	서울	0	0	0	0	0	0	0
	2016	서울	0	0	0	0	0	0	0
	2017	서울	26	2	3	0	34	6	1
	2018	서울	14	1	0	0	7	1	0
	2019	서울	36	1	5	3	29	2	0
	2020	서울	19	2	1	0	16	3	0
	2021	서울	22	4	0	0	17	4	0
	2022	서울	7	3	0	0	3	1	0
	합계		124	13	9	3	106	17	1

대회	연도	소속	출전	교체	득점	도움	파울	경고	퇴장
프로통산			124	13	9	3	106	17	1

황호령(黃虎領) 동국대 1984.10.15

대회	연도	소속	출전	교체	득점	도움	파울	경고	퇴장
BC	2007	제주	3	1	0	0	4	1	0
	2009	제주	1	1	0	0	0	0	0
	합계		4	2	0	0	4	1	0
프로통산			4	2	0	0	4	1	0

황훈희(黃勳熙) 성균관대 1987.04.06

대회	연도	소속	출전	교체	득점	도움	파울	경고	퇴장
BC	2011	대전	3	3	0	0	1	0	0
	합계		3	3	0	0	1	0	0
K2	2014	충주	4	3	0	0	2	0	0
	합계		4	3	0	0	2	0	0
프로통산			7	6	0	0	3	0	0

황희훈(黃熙訓) 건국대 1979.09.20

대회	연도	소속	출전	교체	실점	도움	파울	경고	퇴장
K2	2013	고양	0	0	0	0	0	0	0
	합계		0	0	0	0	0	0	0
프로통산			0	0	0	0	0	0	0

후고(Hugo Hector Smaldone) 아르헨티나 1968.01.24

대회	연도	소속	출전	교체	득점	도움	파울	경고	퇴장
BC	1993	대우	3	2	0	0	9	0	0
	합계		3	2	0	0	9	0	0
프로통산			3	2	0	0	9	0	0

후치카(Branko Hucika) 크로아티아 1977.07.10

대회	연도	소속	출전	교체	득점	도움	파울	경고	퇴장
BC	2000	울산	1	1	0	0	1	0	0
	합계		1	1	0	0	1	0	0
프로통산			1	1	0	0	1	0	0

훼이종(Jefferson Marques da Conceição) 브라질 1978.08.21

대회	연도	소속	출전	교체	득점	도움	파울	경고	퇴장
BC	2004	대구	29	13	11	2	81	4	0
	2005	성남일화	5	4	1	0	13	1	0
	합계		34	17	12	2	94	5	0
프로통산			34	17	12	2	94	5	0

히우두(Rildo de Andrade Felicissimo) 브라질 1989.03.20

대회	연도	소속	출전	교체	득점	도움	파울	경고	퇴장
K1	2019	대구	11	11	0	0	6	2	0
	합계		11	11	0	0	6	2	0
프로통산			11	11	0	0	6	2	0

히카도(Ricardo Weslei de Campelo) 브라질 1983.11.19

대회	연도	소속	출전	교체	득점	도움	파울	경고	퇴장
BC	2009	제주	26	21	6	1	43	5	0
	합계		26	21	6	1	43	5	0
프로통산			26	21	6	1	43	5	0

히카르도(Ricardo César Dantas da Silva) 브라질 1992.08.13

대회	연도	소속	출전	교체	득점	도움	파울	경고	퇴장
K1	2022	서울	1	0	0	0	2	0	0
	합계		1	0	0	0	2	0	0
프로통산			1	0	0	0	2	0	0

히카르도(Ricardo Bueno da Silva) 브라질 1987.08.15

대회	연도	소속	출전	교체	득점	도움	파울	경고	퇴장
K1	2015	성남	16	15	2	1	9	1	0
	합계		16	15	2	1	9	1	0
프로통산			16	15	2	1	9	1	0

히카르도(Ricardo da Silva Costa) 브라질 1965.03.24

대회	연도	소속	출전	교체	득점	도움	파울	경고	퇴장
BC	1994	포항제철	11	3	0	0	12	1	0
	합계		11	3	0	0	12	1	0
프로통산			11	3	0	0	12	1	0

히카르도(Ricardo Campos da Costa) 브라질 1976.06.08

대회	연도	소속	출전	교체	득점	도움	파울	경고	퇴장
BC	2000	안양LG	14	11	2	1	22	3	0
	2001	안양LG	33	4	8	2	63	6	0
	2002	안양LG	33	5	1	3	46	3	1
	2003	안양LG	36	6	6	4	50	4	1
	2004	서울	31	22	1	1	61	6	0
	2005	성남일화	28	16	1	1	52	4	0
	2006	성남일화	23	10	0	2	44	3	0
	2006	부산	10	7	0	1	12	2	0
	합계		208	81	19	15	350	31	2
프로통산			208	81	19	15	350	31	2

히칼도(Ricardo Nuno Queiros Nascimento) 포르투갈 1974.04.19

대회	연도	소속	출전	교체	득점	도움	파울	경고	퇴장
BC	2005	서울	28	11	4	14	34	7	0
	2006	서울	30	18	3	6	38	9	0
	2007	서울	13	4	1	3	20	7	0
	합계		71	33	8	23	92	23	0
프로통산			71	33	8	23	92	23	0

히칼딩요(Ricardo Alves Pereira) 브라질 1988.08.08

대회	연도	소속	출전	교체	득점	도움	파울	경고	퇴장
K1	2015	대전	7	6	0	1	13	0	0
	합계		7	6	0	1	13	0	0
프로통산			7	6	0	1	13	0	0

히칼딩요(Oliveira Jose Ricardo Santos) 브라질 1984.05.19

대회	연도	소속	출전	교체	득점	도움	파울	경고	퇴장
BC	2007	제주	12	8	3	2	15	0	0
	2008	제주	5	5	0	1	3	2	0
	합계		17	13	3	3	18	2	0
프로통산			17	13	3	3	18	2	0

힌터제어(Lukas Hinterseer) 오스트리아 1991.03.28

대회	연도	소속	출전	교체	득점	도움	파울	경고	퇴장
K1	2021	울산	20	17	6	1	20	0	0
	합계		20	17	6	1	20	0	0
프로통산			20	17	6	1	20	0	0

힝키(Paulo Roberto Rink) 독일 1973.02.21

대회	연도	소속	출전	교체	득점	도움	파울	경고	퇴장
BC	2004	전북	16	11	2	2	45	2	0
	합계		16	11	2	2	45	2	0
프로통산			16	11	2	2	45	2	0

Section 7

2022년 경기기록부

하나원큐 K리그1 2022 대회요강

하나원큐 K리그1 2022 경기기록부

하나원큐 K리그2 2022 대회요강

하나원큐 K리그2 2022 경기기록부

하나원큐 K리그 승강 플레이오프 2022 대회요강

하나원큐 K리그 승강 플레이오프 2022 경기기록부

2022 K리그 주니어 U18 대회요강

2022 K리그 주니어 U18 경기일정표 및 결과
A그룹 전반기 | B그룹 전반기
| 후반기 상위스플릿 | 후반기 하위스플릿

2022 K리그 주니어 U18 팀 순위
A그룹 전반기 | B그룹 전반기
| 후반기 상위스플릿 | 후반기 하위스플릿

AFC 챔피언스리그 2022
F조 | G조 | H조 | I조 | 16강 | 8강 | 4강

제1조 (목적)_ 본 대회요강은 (사)한국프로축구연맹(이하 '연맹')이 K LEAGUE 1(이하 'K리그1') 대회 및 경기 운영에 관한 사항을 규정함을 목적으로 한다.

제2조 (용어의 정의)_ 본 대회요강에서 '대회'라 함은 정규 라운드(1~33R)와 파이널 라운드(34~38R)를 모두 말하며, '클럽'이라 함은 연맹의 회원단체인 축구단을, '팀'이라 함은 해당 클럽의 팀을, '홈 클럽'이라 함은 홈경기를 개최하는 클럽을 지칭한다.

제3조 (명칭)_ 본 대회명은 하나원큐 K리그1 2022로 한다.

제4조 (주최, 주관)_ 본 대회는 연맹이 주최(대회를 총괄하여 책임지는 자)하고, 홈 클럽이 주관(주최자의 위임을 받아 대회를 운영하는 자)한다. 홈 클럽의 주관권은 제3자에게 양도할 수 없다.

제5조 (참가 클럽)_ 본 대회 참가 클럽(팀)은 총 12팀(강원FC, 김천상무, 대구FC, FC서울, 성남FC, 수원FC, 수원삼성, 울산현대, 인천유나이티드, 전북현대, 제주유나이티드, 포항스틸러스)이다.

제6조 (일정)_ 1. 본 대회는 2022.02.19(토)~10.23(일)에 개최하며, 경기일정(대진)은 미리 정한 경기일정표에 의한다.

구분		일정	방식	Round	팀수	경기수	장소
정규 라운드		02.19(토)~09.18(일)	3Round robin	33R	12팀	198경기 (팀당 33)	홈 클럽 경기장
파이널 라운드	그룹A	10.01(토)~10.23(일)	1Round robin	5R	상위 6팀	15경기 (팀당 5)	
	그룹B				하위 6팀	15경기 (팀당 5)	
계						228경기 (팀당 38경기)	

※ 대내외적 환경 변화 및 AFC 챔피언스리그 참가팀(K리그1)의 결승 진출 여부에 따라 경기일정 변경 가능성 있음.

2. 파이널 라운드(34~38R) 경기일정은 홈경기 수 불일치를 최소화하고 대진의 공정성을 확보하기 위해 정규라운드(1~33R) 홈경기 수 및 대진을 고려하여 최대한 보완되도록 생성하며, 파이널 라운드 홈 3경기 배정은 정규 라운드 최종 성적을 기준으로 각 그룹 성적 상위 3클럽에 1경기 추가 배정하며, 개별 경기일은 AFC 챔피언스리그 일정 등을 감안하여 연맹이 결정한다.

제7조(대회방식)_

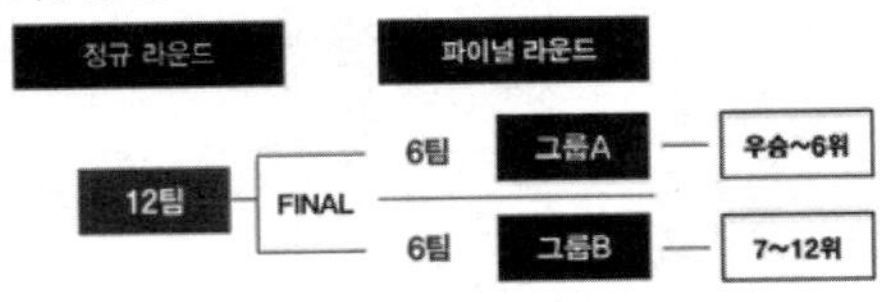

1. 12팀이 3Round robin(33라운드) 방식으로 정규 라운드 진행한다. 정규 라운드 순위 결정은 제30조를 따른다.
2. 정규 라운드(1~33R) 성적에 따라 6팀씩 2개 그룹(1~6위가 그룹A, 7~12위가 그룹B)으로 분리하고 1Round robin(각 5라운드)으로 파이널 라운드를 진행한다.
3. 최종 순위 결정은 제29조에 의한다.

제8조 (참가자격)_ 본 대회를 참가하기 위해 클럽은 'K리그 클럽 라이선싱 규정'을 준수해야 하며, 그에 따라 라이선스를 부여받아야 한다.

제9조 (경기장)_ 1. 모든 클럽은 최상의 상태에서 홈경기를 실시할 수 있도록 경기장을 유지·관리할 책임이 있다.

2. 본 대회는 원칙적으로 축구전용경기장에서 개최되어야 한다.
3. 경기장은 법령이 정하는 시설 안전 기준을 충족하여야 한다.
4. 홈 클럽은 경기장을 방문하는 관람객을 위해 관중상해보험에 가입해야 하며, 보험증권을 시즌 개막 7일 전까지 연맹에 제출하여야 한다. 홈 클럽이 연고지역 외, 기타 경기장에서 K리그 경기를 개최하고자 할 경우에는 연맹에 경기개최 승인 요청 시 보험증권을 첨부하여 제출하여야 한다.
5. 각 클럽은 경기장 시설(물)에 대해 연맹의 승인을 득하여야 한다.
6. 경기장은 연맹의 경기장 시설 기준을 준수하여야 하며, 다음 각 호의 조건을 충족하여야 한다.
   1) 그라운드는 천연잔디구장으로 길이 105m, 너비 68m를 권고하며, 천연잔디 또는 하이브리드 잔디여야 한다. 단 하이브리드 잔디를 사용할 경우 사전에 연맹의 승인을 득해야 하며, 아래 기준을 충족시켜야 한다.
   가. 기준
   - 인조잔디 내 인체 유해성분이 검출되지 않을 것
   - 전체 그라운드 면적 대비 인조잔디 함유 비율 5% 미만
   - 최초 설치 시 아래 기준치를 상회하는 성능일 것

충격흡수성	수직방향변형	잔디길이
(51~68)%	(4~10)mm	(21~25)mm
회전저항	**수직공반발**	**공구름**
(25~50)N/m	(0.6~1.0)m	(4~8)m

   나. 제출서류
   - 샘플(1m²), 제품규격서, 유해성 검출 시험 결과표, 설치/유지 관리 계획서
   다. 승인절차
   - 신청일로부터 60일 이내 승인
   - 필요시, 현장테스트 진행(최소 10m² 이상의 예비 포지 사전 마련)
   라. 그라운드 관리 미흡으로 인한 문제 발생 소지 있을 경우, 사용이 제한될 수 있음
   2) 공식경기의 잔디 길이는 2~2.5cm로 유지되어야 하며, 전체에 걸쳐 동일한 길이여야 한다.
   3) 그라운드 외측 주변에는 원칙적으로 축구전용경기장의 경우 5m 이상, 육상경기겸용경기장의 경우 1.5m 이상의 잔디 부분이 확보되어야 한다.
   4) 골포스트 및 바는 흰색의 둥근 모양(직경12cm)의 철제 관으로 제작되고, 원칙적으로 고정식이어야 한다. 또한 볼의 반발력에 영향을 줄 수 있는 비철제 보강재 사용을 금한다.
   5) 골네트는 원칙적으로 흰색(연맹의 승인을 득한 경우는 제외)이어야 하며, 골네트는 골대 후방에 폴을 세워 안전한 방법으로 부착하여야 한다. 폴은 골대와 구별되는 어두운 색상이어야 한다.
   6) 코너 깃발은 연맹이 지정한 것을 사용하여야 한다.
   7) 각종 라인은 국제축구연맹(이하 'FIFA') 또는 아시아축구연맹(이하 'AFC')이 정한 규격에 따라야 하며, 라인 폭은 12cm로 선명하고 명료하게 그려야 한다(원칙적으로 페인트 방식으로 한다).
7. 필드(그라운드 및 그 주변 부분)에는 경기 운영에 영향을 주거나 선수에게 위험의 우려가 있는 것을 방치 또는 설치해서는 안 된다.
8. 공식경기에서 그라운드에 살수(撒水)를 하는 경우 다음 각 호에 따라 실시한다.
   1) 살수는 경기 킥오프 전 및 하프타임에 실시하며, 경기장에 걸쳐 균등하게 해야 한다.
   2) 경기감독관은 경기 시간 및 날씨, 그라운드 상태, 당일 경기장 행사 등을 고려하여 살수 횟수와 시간을 정하고 이를 홈 클럽 및 원정 클럽 관계자들에게 사전 통보한다.
   3) 홈 클럽은 경기감독관이 정한 횟수와 시간에 따라 살수를 실시해야 하며, 이를 위반할 경우 상벌규정 유형별 징계기준 제5조 사.항에 의거 해당 클럽에 제재를 부과할 수 있다.
9. 경기장 관중석은 좌석수 10,000석 이상을 충족하여야 한다. 이에 미달할

경우, 연맹의 사전 승인을 득하여야 한다.

10. 홈 클럽은 상대 클럽(이하 원정 클럽)을 응원하는 관중을 위해 경기장 전체 좌석수의 5% 이상의 좌석을 배분해야 하며, 원정 클럽이 경기 개최 일주일 전까지 추가 좌석 분배를 요청할 경우 홈 클럽과 협의하여 추가 좌석 분배를 결정할 수 있다. 또한, 원정 클럽 관중을 위한 전용출입문, 화장실, 매점 시설 등을 독립적으로 사용할 수 있도록 마련하여야 한다.

11. 경기장은 다음 항목의 부대시설을 갖추도록 권고한다.
1) 양 팀 선수대기실(냉·난방 및 냉·온수 가능)
2) 심판대기실(냉·난방 및 냉·온수 가능)
3) 경기감독관 대기실 4) 운영 본부실
5) 실내 기자회견장 6) 기자실 및 사진기자실
7) 중계방송사룸(TV중계스태프룸) 8) 의무실
9) 도핑검사실(냉·난방 및 냉·온수 가능)
10) 장내방송 시스템 및 장내방송실
11) 통제실, 경찰 대기실, 소방 대기실 12) VIP룸
13) MCG, TSG석 및 심판평가관석 14) 기록석
15) 기자석 16) TV중계 부스
17) 전광판 18) TV카메라 설치 공간
19) 종합 안내소 20) 입장권 판매소
21) 식음료 및 축구 관련 상품 판매소
22) TV중계차 주차 공간 23) 케이블 시설 공간
24) 전송용기자재 등 설치 공간 25) 태극기, 연맹기, 대회기
26) 태극기, 대회 깃발, 리그 깃발, 양 팀 클럽 깃발 등을 게재할 수 있는 게양대
27) 믹스드 존(Mixed Zone) 28) 기타 연맹이 정하는 시설, 장비

제10조 (조명장치)_ 1. 경기장에는 그라운드 평균 1,200lux 이상 조도를 가진 조명 장치를 설치하여 조명의 밝음을 균일하게 유지하여야 한다. 또한 정전에 대비하여 1,000lux 이상의 조도를 갖춘 비상조명 장치를 구비하여야 한다.

2. 홈 클럽은 경기장 조명 장치의 이상 유·무를 사전에 확인하여 장애를 미연에 방지하는 한편, 고장 시 신속하게 수리할 수 있도록 모든 조치와 최선의 노력을 다하여야 한다.

제11조 (벤치)_ 1. 팀 벤치는 원칙적으로 다음의 요건을 충족하여야 한다.
1) FIFA가 정한 규격의 기술지역(테크니컬에어리어) 내에 설치하여야 한다.
2) 벤치 터치라인으로부터 5m 이상 떨어지는 한편 그 끝이 하프라인으로부터 8m 떨어지는 위치에 설치하여야 한다.
3) 최소 20인 이상 앉을 수 있는 좌석이 준비되어야 하며, 지붕을 설치할 경우 투명한 재질로 해야 한다.

2. 홈 팀 벤치는 본부석에서 그라운드를 향해 좌측에 설치하여야 한다. 단, 사전 승인 시 우측에 홈 팀 벤치의 설치가 가능하다.

3. 홈, 원정 팀 벤치에는 팀명을 표기한 안내물을 부착하여야 한다.

4. 제4의 심판(대기심판) 벤치를 준비하여야 하며, 다음 요건을 충족하여야 한다.
1) 벤치 터치라인으로부터 5m 이상 떨어지는 그라운드 중앙에 설치하여야 한다. 단, 방송사의 요청 시에는 카메라 위치에 방해가 되지 않는 위치에 설치하여야 한다.
2) 지붕을 설치할 경우 투명한 재질로 해야 하며, 지붕이 관중의 시야를 방해해서는 안 된다.
3) 대기심판 벤치 내에는 최소 3인 이상 앉을 수 있는 좌석과 테이블이 준비되어야 한다.

제12조 (의료시설)_ 홈 클럽은 선수단, 관계자, 관중 등을 위해 경기개시 90분 전부터 경기종료 후 모든 관중 및 관계자가 퇴장할 때까지 의료진(의사, 간호사, 1급 응급구조사)과 1대의 특수구급차를 포함하여 최소 2대 이상의 구급차를 반드시 대기시켜야 한다. 이를 위반할 경우, 연맹 상벌 규정에 따라 제재할 수 있다.

제13조 (경기장에서의 고지)_ 1. 홈 클럽은 경기장에서 다음의 각 항목 사항을 전광판 및 장내 아나운서(멘트)를 통해 고지하여야 한다.
1) 공식 대회명칭(반드시 지정된 방식 및 형태에 맞게 전광판 노출)
2) 선수, 심판 및 경기감독관, 심판평가관 소개
3) 대회방식 및 경기방식
4) K리그 선수 입장곡(K리그 앤섬 'Here is the Glory' BGM)
5) 선수 및 심판 교체 6) 득점자 및 득점시간(득점 직후에)
7) 추가시간(전·후반 전광판 고지 및 장내아나운서 멘트 동시 실시)
8) 다른 공식경기의 중간 결과 및 최종 결과
9) 유료관중 수(후반전 15~30분 발표)
10) 경기 중, 경기정보 전광판 표출(양 팀 출전선수명단, 경고, 퇴장, 득점)
11) 지진 등 비상상황 발생 시 대피방안
12) VAR 리뷰를 진행할 경우, VAR 영상판독 문구 전광판 표출
13) 상기 1~12호 이외 연맹이 지정하는 사항

2. 홈 클럽은 경기 전·후 및 하프타임에 다음의 각 항목 사항을 실시하는 것이 가능하다.
1) 다음 경기예정 및 안내 2) 연맹의 사전 승인을 얻은 광고 선전
3) 음악방송 4) 팀 또는 선수에 관한 정보 안내
5) 상기 1~4호 이외 연맹의 승인을 얻은 사항

제14조 (홈 경기장에서의 경기개최)_ 각 클럽은 홈경기의 과반 이상을 홈 경기장에서 실시하여야 한다. 다만, 이사회의 승인을 얻은 경우는 제외된다.

제15조 (경기장 점검)_ 1. 홈 클럽이 기타 경기장에서 경기를 개최하고자 할 경우 해당 경기개최 30일 전까지 연맹에 시설 점검을 요청하여 경기장 실사를 받아야 하며, 이때 제출하여야 하는 서류는 다음과 같다.
1) 경기장 시설 현황 2) 홈경기 안전계획서

2. 연맹의 보완 지시가 있을 경우 이에 대한 이행 결과를 경기개최 15일 전까지 서면 보고하여야 한다.

3. 연맹은 서면보고접수 후 재점검을 통해 문제점 보완이 미흡하다고 판단될 경우 경기 개최를 불허한다. 이 경우 홈 클럽은 연고지역 내에서 '법령', 'K리그 경기장 시설기준'에 부합하는 타 경기장(대체구장)을 선정하여 상기 1항, 2항의 절차에 따라 연맹의 승인을 받아야 한다.

4. 홈 클럽이 원하는 경기장에서 경기개최가 불가능하다고 판단될 경우, 본 대회요강 제18조 2항에 따른다(연맹 경기규정 30조 2항).

5. 상기 4항을 이행하지 않는 클럽은 본 대회요강 제20조 1항에 따른다(연맹 경기규정 32조 1항).

제16조 (악천후의 경우 대비조치)_ 1. 홈 클럽은 강설 또는 강우 등 악천후의 경우에도 홈경기가 개최될 수 있도록 최선의 노력을 해야 한다.

2. 악천후로 인하여 경기개최가 불가능하다고 판단될 경우, 경기감독관은 경기 개최 3시간 전까지 경기 개최 중지를 결정하여야 한다.

제17조 (경기중지 결정)_ 1. 경기 전 또는 경기 중 중대한 불상사 등으로 경기를 계속하기 어려운 사태가 발생하였을 경우, 주심은 경기 감독관에게 경기 중지를 요청할 수 있으며, 경기감독관은 동 요청에 의거하여 홈 클럽 및 원정 클럽 관계자의 의견을 참고한 후 경기 중지를 결정할 수 있다.

2. 상기 1항의 경우 또는 관중의 난동 등으로 경기장의 질서 유지가 어려운 경우, 경기감독관은 주심의 경기중지 요청이 없더라도 경기 중지를 결정할 수 있다.

3. 경기 개최 3시간 전부터 경기 종료 전까지 경기 개최 지역에 미세먼지, 초미세먼지, 황사 등에 관한 경보가 발령되었거나 경보 발령 기준농도를 초과하는 상태인 경우, 경기감독관은 경기의 취소 또는 연기를 결정할 수 있다.

4. 경기 개최 3시간 전부터 경기 종료 전까지 장내 코로나19 확진 환자 발생 시 경기감독관은 경기의 취소 또는 연기를 결정할 수 있으며, 이 경우 제22조에 따른다.

5. 경기감독관은 경기중지 결정을 내린 후, 지체 없이 그 사유를 연맹에 보고하여야 한다.

제18조 (불가항력으로 인한 경기 취소·중지 및 재경기)_ 1. 공식경기가 악천후, 천재지변 등 불가항력에 의하여 경기개최 불능 또는 중지(중단)되었을 경우, 재경기는 원칙적으로 익일 동일 경기장에서 개최한다. 단 연기된 경기가 불가피한 사유로 다시 연기될 경우, 개최일시 및 장소는 해당팀과 협의 후 연맹이 정하여 추후 공시한다.

2. 그다음 날 같은 경기장에서 재경기를 개최하기 어려운 사정이 있을 경우에는 연맹이 재경기의 일시 및 경기장을 정한다.

3. 경기장 준비부족, 시설미비 등 점검미비에 따른 홈 클럽의 귀책사유로 인하여 공식 경기가 취소·중지된 경우 원정 클럽은 그 시점으로부터 24시간 이내에 자신의 홈경기로 재경기를 개최할 것을 신청할 수 있으며, 이 경우 홈/원정의 변경 여부는 연맹이 결정한다.

4. 재경기 방식에 대해서는 다음 각 호에 의한다.

1) 이전 경기에서 양 클럽의 득실차가 없을 때는 90분간 재경기를 실시한다.

2) 이전 경기에서 양 클럽의 득실차가 있을 때는 중지 시점에서부터 잔여 시간만의 재경기를 실시한다.

5. 재경기 시, 상기 4항 1호의 경우 이전 경기에서 발생된 경고, 퇴장 기록만이 인정되며 선수교체는 팀당 최대 3명까지 가능하다. 상기 4항 2호의 경우 이전 경기에서 발생된 모든 기록이 인정되며 선수교체 횟수와 인원수 역시 이전 경기의 중지시점까지 사용한 횟수를 차감하여 남은 횟수만 사용할 수 있다.

6. 재경기 시, 이전 경기에서 발생된 경고 및 퇴장은 유효하며, 경고 및 퇴장에 대한 처벌(징계)은 경기순서대로 연계 적용한다.

제19조 (귀책사유가 있는 클럽의 비용 보상)_ 1. 홈 클럽의 귀책사유에 의해 공식경기가 개최불능 또는 중지(중단)되었을 경우, 홈 클럽은 원정 클럽에 교통비 및 숙식비를 보상하여야 한다.

2. 원정 클럽의 귀책사유에 의해 공식경기가 개최불능 또는 중지(중단)되었을 경우, 원정 클럽은 홈 클럽에 발생한 경기준비 비용 및 입장권 환불 수수료, 교통비 및 숙식비를 보상하여야 한다.

3. 상기 1항, 2항과 관련하여 천재지변 등 불가항력에 의한 경우는 제외한다.

제20조 (패배로 간주되는 경우)_ 1. 공식경기 개최거부 또는 속행 거부 등(경기장 질서문란, 관중의 난동 포함) 어느 한 클럽의 귀책사유로 인하여 공식경기가 개최불능 또는 중지(중단)되었을 경우, 그 귀책사유가 있는 클럽이 0 : 3 패배한 것으로 간주한다.

2. 공식경기에 무자격선수가 출장한 것이 경기 중 또는 경기 후 발각되어 경기종료 후 48시간 이내에 상대 클럽으로부터 이의가 제기된 경우, 무자격선수가 출장한 클럽이 0 : 3 패배한 것으로 간주한다. 다만, 경기 중 무자격선수가 출장한 것이 발각되었을 경우, 해당 선수를 퇴장시키고 경기는 속행한다.

3. 상기 1항, 2항에 따라 어느 한 클럽의 0 : 3 패배를 결정한 경우에도 양 클럽 선수의 개인기록(출장, 경고, 퇴장, 득점, 도움 등)은 그대로 인정한다.

4. 상기 2항의 무자격 선수는 K리그 미등록 선수, 경고누적 또는 퇴장으로 인하여 출전이 정지된 선수, 상벌 위원회 징계, 외국인 출전제한 규정을 위반한 선수 등 위반한 시점에서 경기출전 자격이 없는 모든 선수를 의미한다.

제21조 (대회 중 잔여경기 포기)_ 대회 중 잔여 경기를 포기하는 경우, 다음의 각 항에 의한다.

1. 대회 전체 경기수의 3분의 2 이상을 수행하였을 경우, 지난 경기 결과를 그대로 인정하고, 잔여 경기는 포기한 클럽이 0 : 3 패배한 것으로 간주한다.

2. 대회 전체 경기수의 3분의 2 이상을 수행하지 못했을 경우, 포기한 클럽과의 경기 결과를 모두 무효 처리한다. 단, 양 클럽 선수의 개인기록(출장, 경고, 퇴장, 득점, 도움 등)은 그대로 인정한다.

제22조 (코로나19 확진자 발생 시 리그 운영)_ 1. 시즌 중 코로나19 확진자 발생에 의해 경기가 중단되었을 경우, 해당 경기는 주중 경기 및 A매치 데이 기간을 활용하여 개최한다. 단, A매치, FA컵 및 ACL 등의 기타 일정과 겹칠 경우 추가로 연기될 수 있으며, 일정 연기 및 경기배정에 대한 최종 결정권은 연맹에 있다.

2. 코로나 및 기타 불가항력에 의해 일부 경기 또는 리그 전체일정이 연기되어 2022년 12월 4일까지 예정된 라운드를 종료하지 못했을 경우, 모든 팀들이 동일수의 경기를 한 마지막 라운드를 기준으로 리그의 성립 여부, 리그순위를 결정하며, 기준은 아래와 같다.

구분	리그 성립	리그 불성립
라운드 수	22R 이상	22R 미만
타이틀	부여	미부여
리그순위	인정	불인정
시상	실시	미실시
ACL 출전팀	리그 순위에 따라 참가	참가기준 별도 결정
승강 여부	제22조 3항 참조	
팀 통산 기록	인정	인정*
개인 통산 기록	인정	인정*

* 리그 불성립 시, 팀/개인 통산 기록으로는 인정하되 리그 기록으로는 미포함. 별도 대회기록으로 처리.

3. 2022 시즌의 디비전별 승강 여부는 각 대회의 최종 성립 여부에 따라 결정되며, 원칙은 아래와 같다.

K리그1	K리그2	승강 원칙	2023년 참가팀 수 (K리그1/K리그2)
성립	성립	1~3팀(기존 승강 방식, 승강PO 개최)	12팀 / 11+@팀
성립	불성립	강등(K리그1 12위) / 승격(없음)	11팀 / 12+@팀
불성립	성립	강등(없음) / 승격(K리그2 1위)	13팀 / 10+@팀
불성립	불성립	강등(없음) / 승격(없음)	12팀 / 11+@팀

* @는 신생팀 창단 시 추가되는 팀 수를 뜻함

4. 개별 경기개최 성립을 위한 양 팀의 최소 선수단 인원은 아래와 같으며, 어느 한 팀이라도 최소 선수단 수를 충족시키지 못했을 경우 해당 경기는 자동 연기된다. 연기된 경기의 일정은 양 팀과 조율하여 연맹에서 최종 결정한다.

1) 경기출전가능인원 수: 팀당 최소 17명(최소 1인의 GK 필수포함)

2) 선수들의 경기출전 가능 조건(아래 세 가지 조건 동시 충족 필수)

① 코로나19 음성 ② 무증상

③ 자가격리 비대상

5. 그 밖의 사항은 「K리그 코로나19 대응 통합 매뉴얼」 및 연맹의 결정에 따른다.

제23조 (경기결과 보고)_ 모든 공식경기의 경기결과 보고는 경기감독관 보고서, 심판 보고서, 경기기록지에 의한다.

제24조 (경기규칙)_ 본 대회의 경기는 FIFA 및 KFA의 경기규칙에 따라 실시되며, 특별한 사항이 발생 시에는 연맹이 결정한다.

제25조 (Video Assistant Referee 시행)_ 1. VAR는 주심 등 해당 경기 심판진을 지원하고 경기 결과를 바꿀 수 있는 명백한 오심을 변경해 공정한 판정을 증대하기 위해 시행하며 본 대회에서는 아래의 4가지 상황에 대해서만 VAR를 적용한다.

1) 득점 상황 2) PK(Penalty Kick) 상황

3) 퇴장 상황 4) 징계조치 오류

2. VAR의 시행과 관련하여 선수, 코칭스태프, 구단 임직원의 준수사항은 다음과 같다.

1) 'TV' 신호(Signal)를 그리는 동작을 취하거나 구두로 VAR 확인을 요청할 수 없다. 이를 위반할 시, 다음과 같은 제재가 내려진다.

① 선수 - 경고 ② 코칭스태프 및 구단 임직원 - 퇴장

2) 주심 판독 지역(Referee Review Area, 이하 'RRA')에는 오직 주심과 영상관리보조자(Review Assistant, 이하 RA), 심판진만이 진입할 수 있다. 이를 위반할 시 다음과 같은 제재가 내려진다.

① 선수 - 경고　　② 코칭스태프 및 구단 임직원 - 퇴장

4. VAR의 시행과 관련하여 홈 구단의 준수사항은 다음과 같다.

1) 홈 클럽은 VAR가 공식심판진임을 인지하고 VAR 차량에 심판실과 동일한 안전계획을 수립해 안전관리를 제공해야 하며, 안전관리 미흡 등 홈 클럽의 귀책사유로 인한 차량 및 장비의 파손 등이 발생하는 경우 이에 따른 손해를 연맹에 배상하여야 한다.

2) 홈 클럽은 RRA에 심판진과 RA 외 다른 누구도 진입할 수 없도록 관리해야 하며, 관련 안전사고 예방의 의무와 책임이 있다.

3) 홈 클럽은 VAR 상황 발생 시 판독 중임을 뜻하는 이미지를 판독 종료 시점까지 전광판에 노출해야 하며, 관련 장면 영상을 전광판을 통해 리플레이할 수 없다.

4) 홈 클럽이 상기 제1호부터 제3호까지 명시된 준수사항을 위반하는 경우, 연맹 상벌 규정 유형별 징계 기준 11조에 따른 징계를 받을 수 있다.

5. VAR는 다음과 같은 이유로 경기가 무효화되지 않는다.

1) VAR 장비가 작동하지 않은 경우

2) VAR 판정에 오심이 발생하는 경우

3) VAR 판독을 진행하지 않겠다고 결정을 내린 경우(안전문제, 신변위협 등)

4) VAR 판독이 불가능한 경우(영상 앵글의 문제점, 노이즈현상 등)

6. VAR의 시행과 관련해 VAR 및 RO 등 구성원에 관한 사항은 다음과 같다.

1) VAR, AVAR 또는 RO가 경기 전 또는 경기 중에 정상적인 업무를 수행할 수 없는 경우, 대체인력은 반드시 그 역할 수행이 가능한 자격을 갖춰야만 한다.

2) VAR 또는 RO의 자격을 갖춘 인원 및 대체인력이 없을 경우*, 해당 경기는 VAR의 운용 없이 경기를 시작 또는 재개하여야 한다.

3) AVAR의 자격을 갖춘 인원 및 대체 인력이 없을 경우*, 해당 경기는 VAR의 운용 없이 경기를 시작 또는 재개하여야 한다. 단, 이례적인 상황하에서, 양 팀이 서면으로 VAR 및 RO만으로 VAR을 운용하기로 합의할 경우는 제외한다.

7. 이 외 사항에 대해서는 IFAB(국제축구평의회)와 FIFA(국제축구연맹)이 정한 바에 따른다.

제26조 (전자장비 사용)_ 1. 선수들의 부상 상태 파악 및 안전과 실시간 전력 분석 정보를 활용하기 위한 용도로 무선헤드셋 4대와 전자장비 4대(스마트폰, 태블릿PC, 노트북)를 사용할 수 있다.

2. 벤치에서는 스마트폰, 태블릿PC, 노트북 중 1대를 사용할 수 있으며 무선헤드셋은 1대 사용 가능하다. 단, 의료진이 사용할 경우 추가로 1대를 사용할 수 있다.

3. 전자장비 사용 승인은 개막일 전까지 연맹에 장비 사용에 대한 승인을 받아야 한다. 단, 시즌 중 사용 승인 신청을 할 경우 경기 3일 전까지 연맹에 사용 승인을 받아야 한다.

4. 허가되지 않은 전자 장비를 사용하거나, 전자/통신 장비를 이용한 판정항의 시 기술지역에서 퇴장된다.

제27조 (경기시간 준수)_ 1. 본 대회는 90분(전·후반 각 45분) 경기를 실시한다.

2. 모든 클럽은 미리 정해진 경기시작시간(킥오프 타임)과 경기 중 휴식시간(하프타임)을 반드시 준수하여야 한다. 하프타임 휴식은 15분을 초과할 수 없으며, 양 팀 출전선수는 후반전 출전을 위해 후반전 개시 3분 전(하프타임 12분)까지 심판진과 함께 대기 장소에 집결하여야 한다.

3. 클럽이 경기시작시간 또는 하프타임 종료시간을 준수하지 않아 예정된 경기시작 또는 재개시간이 1분 이상 지연될 경우, 아래 각 호에 따라 해당 클럽에 제재금을 부과할 수 있다.

1) 1회 미준수 시 100만 원의 제재금

2) 2회 미준수 시 200만 원의 제재금

3) 3회 이상 미준수 시 400만 원의 제재금 및 상벌위원회 제소

4. 경기에 참가하는 팀(코칭스태프, 팀 스태프 포함)은 경기시작 100분 전에 경기장에 도착하여야 한다.

1) 어느 한 팀이 경기시작 40분 전까지 경기장에 도착하지 못할 경우, 해당 팀은 경기감독관에게 그 사유와 도착예정 시간을 통보하여야 하며, 경기감독관은 경기시간 변경 유무를 심판 및 양 팀 대표자와 협의를 통해 결정한 후, 연맹으로 통보한다.

2) 경기시간이 변경될 경우, 홈 클럽은 전광판 및 아나운서 멘트를 통해 변경된 경기시간과 변경사유에 대해 고지해야 한다.

3) 어느 한 팀이 경기시작 시각까지 경기장에 도착하지 않는 경우, 상대팀은 45분간 대기할 의무가 있다. 45분간 대기했음에도 불구하고 상대팀이 도착하지 않을 경우, 경기감독관은 17조 1항에 의한다.

4) 경기중지에 따라 발생되는 모든 비용에 대한 배상, 책임은 귀책사유가 있는 클럽에 있으며 19조에 따른다.

5) 홈/원정팀은 경기개최지로의 이동정보를 사전에 숙지할 책임이 있으며, 상황에 따른 추가 이동시간이 필요한지 확인해야 한다. 만일 팀의 도착 지연으로 킥오프가 지연될 경우, 연맹은 귀책사유가 있는 클럽에 연맹 상벌규정 제12조 제1항에 해당하는 재제를 부과할 수 있다.

제28조 (승점)_ 본 대회의 승점은 승자 3점, 무승부 1점, 패자 0점을 부여한다.

제29조 (워밍업 및 쿨다운)_ 1. 출전선수명단에 포함된 선수 및 스태프는 그라운드에서 경기 시작 전 또는 하프타임 중 몸풀기 운동(이하 '워밍업') 및 경기 종료 후 몸풀기 운동(이하 '쿨다운')을 할 수 있다.

2. 경기 시작 전 워밍업은 킥오프 50분 전에 시작하여 20분 전에 종료한다.

3. 홈 클럽은 워밍업으로 인한 잔디 훼손을 방지하기 위하여 경기감독관에게 이동식 골대 사용, 스프린트 연습 구역 지정, 워밍업 제한 구역 지정 등을 요청할 수 있다.

4. 경기감독관은 제3항에 대한 요청이 있을 경우, 잔디 상태, 양 클럽 간 형평, 기타 조건을 고려하여 이를 승인하거나 일부를 변경하여 승인할 수 있고, 양 클럽은 경기감독관이 승인한 사항을 준수하여야 한다.

5. 홈 클럽은 양 클럽의 선수단에 하프타임 이벤트의 내용, 위치, 시간 등에 관하여 사전에 고지하여야 하고, 하프타임 중 워밍업을 하는 선수 및 스태프는 고지된 이벤트와 관련된 기물 또는 사람과 충돌하거나 이벤트 진행을 방해하지 않도록 주의하여야 한다.

6. 경기 종료 후 쿨다운은 시작한 시점으로부터 20분 이내에 종료하여야 한다.

7. 쿨 다운을 할 때에는 볼을 사용할 수 없고, 경기감독관이 워밍업 제한구역을 지정한 경우 해당 구역에서는 실시할 수 없다.

제30조 (순위결정)_ 1. 정규 라운드(1~33R) 순위는 승점 → 다득점 → 득실차 → 다승 → 승자승 → 벌점 → 추첨 순으로 결정한다.

2. 최종순위 결정방식은 다음과 같다.

1) 정규라운드(1~33R) 성적을 적용하여, 6팀씩 2개 그룹(그룹A, 그룹B)로 분할한다.

2) 분할 후 그룹A, 그룹B는 별도 운영되며, 정규 라운드 성적을 포함하여 그룹A에 속한 팀이 우승~6위, 그룹B에 속한 팀이 7~12위로 결정한다. (승점 → 다득점 → 득실차 → 다승 → 승자승 → 벌점 → 추첨 순)

3) 그룹B 팀의 승점이 그룹A 팀보다 높더라도 최종 순위는 7~12위 내에서 결정된다.

3. 벌점에 대한 기준은 다음과 같다.

1) 경고 및 퇴장 관련 벌점

① 경고 : 1점　　② 경고 2회 퇴장 : 2점

③ 직접 퇴장 : 3점　　④ 경고 1회 후 퇴장 : 4점

2) 상벌위원회 징계 관련 벌점

① 제재금 100만 원당 : 3점　② 출장정지 1경기당 : 3점

3) 코칭스태프 및 팀 스태프 퇴장, 클럽(임직원 포함)에 부과된 징계는 팀 벌점에 포함한다.

4) 사후징계 및 감면 결과는 팀 벌점에 포함한다.

4. 개인기록 순위결정

1) 개인기록순위 결정은 본 대회(1~38R) 성적으로 결정한다.

2) 득점(Goal) 개인기록순위 결정의 우선 순서는 다음과 같다.

①최다득점선수　②출전경기가 적은 선수　③출전시간이 적은 선수

3) 도움(Assist) 개인기록순위 결정의 우선 순서는 다음과 같다.

①최다도움선수　②출전경기가 적은 선수　③출전시간이 적은 선수

제31조 (시상)_ 1. 본 대회의 단체상 및 개인상 시상내역은 다음과 같다.

구분		시상내역	비고
단체상	우승	상금 500,000,000원 + 트로피 + 메달	
	준우승	상금 200,000,000원 + 상패	
	페어플레이	상금 10,000,000원 + 상패	각 팀 페어플레이 평점
개인상	최다득점선수	상금 5,000,000원 + 상패	대회 개인기록
	최다도움선수	상금 3,000,000원 + 상패	대회 개인기록

2. 페어플레이 평점은 다음과 같다.

1) 페어플레이 평점은 각 클럽이 본 대회에서 받은 총벌점을 해당 팀 경기수로 나눈 것으로 평점이 낮은 팀이 페어플레이상을 수상한다.

2) 벌점에 대한 기준은 상기 제30조 3항에 따른다.

3) 만일 페어플레이 평점이 2개 팀 이상 동일할 경우, 성적 상위팀이 수상한다.

3. 우승 트로피 보관 및 각종 메달 수여는 다음과 같다.

1) 우승 클럽(팀)에 본 대회 우승 트로피가 수여되며, 우승 트로피를 1년 동안 보관할 수 있다. 수여된 우승 트로피가 연맹에 반납되기 전까지 우승 트로피의 관리(보관, 훼손, 분실 등)에 대한 모든 책임은 해당 클럽(팀)에 있다.

2) 전년도 우승 클럽(팀)은 우승 트로피를 정규 라운드(33R) 종료 후 연맹에 반납하여야 한다.

3) 연맹은 아래와 같이 메달을 수여한다.

① 대상: 클럽의 K리그에 등록된 선수 및 코칭스태프(우승 확정일 기준)

② 개수: 인당 1개씩 수여

제32조 (출전자격)_ 1. K리그 선수규정 5조에 의거하여 선수 등록을 완료한 선수만이 공식경기에 출전할 자격을 갖는다.

2. K리그 선수규정 6조에 의거하여 연맹에 등록을 완료한 코칭스태프 및 팀 스태프 중 출전선수명단에 등재된 자만이 공식경기 중, 벤치에 착석할 수 있으며, 경기 중 기술지역에서의 선수지도행위는 1명만이 할 수 있다(통역 1명 대동 가능).

3. 제재 중인 지도자(코칭스태프, 팀 스태프 포함)는 다음 항목을 준수하여야 한다.

1) 출전정지제재 중이거나 경기 중 퇴장 조치된 코칭스태프는 공식경기에서 관중석, 선수대기실을 제외한 지역에 대해 출입이 제한되며, 경기 전 훈련 지도 및 경기 중 전자장비 사용을 포함한 어떠한 지도(지시) 행위도 불가하다.

2) 징계 중인 지도자(원정팀 포함)가 경기를 관전하고자 할 경우, 홈 클럽은 본부석 쪽에 좌석을 제공하여야 하며, 해당 지도자의 안전을 위한 조치를 취해야 한다.

3) 상기 제1호를 위반할 경우, 연맹 상벌규정 제12조 제2항에 해당하는 제재를 부과할 수 있다.

4. 경고, 퇴장, 상벌위원회 징계 등에 따라 출전이 정지된 선수, 코칭스태프, 팀 스태프의 출전으로 인한 모든 책임은 해당 클럽에 있다.

5. 준프로 계약을 체결한 선수의 공식경기 출전은 선수규정 부칙 및 '준프로 계약 시행 세칙'을 따른다.

제33조 (출전선수명단 제출의무)_ 1. 공식경기에 참가하는 홈 클럽과 원정 클럽은 경기 개시 90분 전까지 경기감독관에게 출전선수명단을 제출하여 승인을 받아야 하며, 출전선수 스타팅 포메이션(Starting Formation)을 별지로 함께 제출하여야 한다.

2. 출전선수명단에는 출전 선수, 코칭스태프 및 팀 스태프 명단, 유니폼 색상이 포함되어야 하며, 제출된 인원만이 해당 공식경기 출전과 팀 벤치 착석 및 기술지역 출입, 선수 지도를 할 수 있다. 단, 출전선수명단에 등재할 수 있는 코칭스태프 및 팀 스태프의 수는 11명까지로 하며, 스카우트, 전력분석관, 장비담당자는 벤치에 착석할 수 없다.

3. 출전선수명단 승인 후에는 선수명단 변경을 할 수 없다. 다만, 경기 개시 전에 선발 출전선수 중 부상 등의 불가피한 사유로 경기출전이 불가능한 선수가 발생한 경우에 그 선발 선수를 후보 선수와 교체할 수 있다.

4. 본 대회의 출전선수명단은 18명을 원칙으로 하며, 다음 사항을 반드시 준수하여야 한다.

1) 골키퍼(GK)는 반드시 국내 선수이어야 하며, 후보 골키퍼(GK)는 반드시 1명이 포함되어야 한다. 단, 코로나 사태 종식 전까지는 'K리그 코로나19 대응매뉴얼'을 우선하며, 본 대회요강 제22조 4항에 따라 전체출전선수명단 내에 1명의 골키퍼(GK)만 포함해도 된다.

2) 외국인선수의 경우, 출전선수명단에 3명까지 등록할 수 있으며 3명까지 경기 출전이 가능하다. 단, AFC 가맹국 국적의 외국인선수와 ASEAN 가맹국 국적의 외국인선수 각각 1명에 한하여 추가 등록과 출전이 가능하다.

3) 국내 U22(2000.01.01.이후 출생자) 국내선수는 출전선수명단에 최소 2명 이상 포함(등록)되어야 한다. 만일 국내 U22 선수가 출전선수명단에 포함되어 있지 않을 경우, 해당 인원만큼 출전선수명단에서 제외한다(즉, 국내 U22 선수가 1명 포함될 경우 출전선수명단은 17명으로 하며, 전혀 포함되지 않을 경우 출전선수명단은 16명으로 한다).

4) 출전선수명단에 포함된 국내 U22 선수 1명은 반드시 의무선발출전을 해야 한다. 만일 국내 U22 선수가 의무선발출전을 하지 않을 경우, 선수교체 가능인원은 2명으로 제한한다(34조 2항 참조).

5) 클럽에 등록된 국내 U22 선수가 KFA 각급 대표팀 선수로 소집(소집일 ~ 해산일)될 경우, 해당 클럽은 소집 기간 동안에는 의무선발출전 규정(상기 4호)과 차출된 수(인원)만큼 엔트리 등록 규정도 적용받지 않는다.

U22 선수 각급대표 소집	출전선수명단(엔트리)		U22선수		선수교체 가능인원
	U22선수 포함 인원	등록가능인원	의무선발	교체 출전	
0명	0명	16명	0명	-	2명
	1명	17명	0명	-	2명
			1명	-	3명
	2명 이상	18명	0명	-	3명
			1명	-	3명
				1명	5명
			2명	-	
1명	0명	17명	0명	-	3명
	1명 이상	18명	0명	-	3명
			1명	1명	5명
2명 이상	0명	18명	0명	-	5명

* 각급 대표팀 차출의 사유 없이 U22 의무선발출전 규정 미준수 시, 선수교체 인원을 2명으로 제한.

5. 순연 경기 및 재경기(90분 재경기에 한함)의 출전선수명단은 다시 제출하여야 한다.

제34조 (선수교체)_ 1. 본 대회의 선수 교체는 경기감독관이 승인한 출전선수명단에 의해 후보선수명단 내에서만 가능하다.

2. 본 대회요강 제33조 4항 4호에 의거, 국내 U22 선수가 선발출전하지 않을 경우, 해당 클럽은 최대 2명만 선수교체가 가능하다. 이를 위반할 경우, 제20조 2항~4항에 따른다.

3. 상기 2항을 준수한 경우 선수 교체는 90분 경기에서 3명까지 가능하나, 후보 명단에 포함된 U22 선수가 교체출전하는 경우에 한하여 교체가능 인원은 최대 5명까지 가능하다. 단, 이 경우 반드시 4번째 교체명단 내에

U22 선수가 포함되어야 하며, 만약 선발로 U22 선수가 2명 이상 출전 시에는 교체 출전 여부와 관계없이 최대 5명의 선수교체가 가능하다.

4. 선수 교체 횟수는 경기 중에 최대 3회 가능하며, 하프타임 종료 후 후반전 킥오프 전에 한 차례 추가로 선수교체가 가능하다.

5. 출전선수명단 승인(경기감독관 서명) 후, 선발출전선수 11명 중 킥오프 전에 경기출전이 불가한 선수가 발생할 경우, 킥오프 전까지 경기감독관의 승인하에 출전선수명단의 교체 대상선수 7명에 한하여 해당 선수와 교체할 수 있으며, 교체된 선수는 후보선수명단으로 포함되나 해당 경기에 출전할 수 없다.

1) 상기 5항의 경우 선수교체 인원으로 적용되지 않으며, 3명의 선수교체 가능 인원 수 는 유효하다.

2) 선발출전선수 11명 중 국내 U22(2000.01.01 이후 출생자) 의무선발출전선수가 출전이 불가하여 후보 선수명단 내의 국내 U22 선수와 교체될 경우 선수교체 가능인원은 3명으로 유지되며, 이 경우 국내 U22 선수가 아닌 선수와 교체될 경우 제33조 4항 4)호에 의하여 선수교체 가능인원은 2명으로 제한한다.

3) 출전선수명단 내 교체 대상선수 7명 중 경기출전이 불가한 선수가 발생하더라도 해당 선수는 명단 외 선수와 교체할 수 없다.

제35조 (출전정지)_ 1. 본 대회에서 경고누적에 의한 출전정지 및 퇴장(경고 2회 퇴장, 직접 퇴장, 경고 1회 후 직접 퇴장)에 의한 출전정지는 최종 라운드(1~38R)까지 연계 적용한다.

2.선수는 처음 각 5회, 3회의 경고누적 시 다음 1경기가 출전 정지되며, 이후 매 2회 누적마다 다음 1경기 출전정지와 제재금 칠십만 원(700,000원)이 부과된다. 코칭스태프의 경우, 처음 각 3회, 2회의 경고누적 시 1경기의 출전정지 제재가 적용되며, 이후 매 경고 1회마다 다음 1경기 출전정지 된다.

3. 1경기 경고 2회 퇴장에 의한 출전정지는 다음 1경기가 출전 정지되며, 제재금은 일백만 원(1,000,000원)이 부과된다. 이 경고는 누적에 산입되지 않는다.

4. 직접 퇴장에 의한 출전정지는 다음 2경기가 출전 정지되며, 제재금은 일백이십만 원(1,200,000원)이 부과된다.

5. 경고 1회 후 직접 퇴장에 의한 출전정지는 다음 2경기가 출전 정지되며, 제재금은 일백오십만 원(1,500,000원)이 부과된다. 경고 1회는 유효하며, 누적에 산입된다.

6. 제재금은 출전 가능경기 1일 전까지 반드시 해당자 명의로 납부하여야 한다. 이를 위반할 경우 경기 출전이 불가하다. 출전 가능경기가 남아 있지 않을 경우, 본 대회 종료 15일 이내에 납부하여야 한다.

7. 상벌위원회 징계로 인한 출전정지는 시즌 및 대회에 관계없이 연계 적용한다.

8. 선수이면서 코칭스태프로 등록된 자가 선수로서 출장정지제재를 받은 경우 그 제재의 이행을 완료할 때까지 코칭스태프로서 경기에 출장할 수 없다. 코칭스태프로서 출장정지제재를 받은 경우에도 그 제재의 이행을 완료할 때까지 선수로서 경기에 출장할 수 없다.

9. 선수이면서 코칭스태프로 등록된 자의 경고누적으로 인한 출장정지 및 제재금 부과 기준은 코칭스태프의 예에 따르며, 누적에 산입되는 경고의 횟수는 선수로서 받은 경고와 코칭스태프로서 받은 경고를 모두 더한 것으로 한다.

10. 경고, 퇴장, 상벌위원회 징계 등에 따라 출전이 정지된 선수, 코칭스태프, 팀 스태프의 출전으로 인한 모든 책임은 해당 클럽에 있다.

제36조 (유니폼)_ 1. 본 대회는 K리그 마케팅 규정상의 팀 색상 및 유니폼 규정에 따라 반드시 연맹이 승인하고 지정한 유니폼을 착용해야 한다.

2. 선수 번호(배번은 1번~99번으로 한정하며, 배번 1번은 GK에 한함)는 출전선수명단에 기재되어 있는 선수 번호와 일치하여야 하며, 배번의 식별이 가능하도록 명확하게 표시되어 있어야 한다.

3. 팀의 주장은 주장인 것을 명확하게 표시하는 완장(Armband)을 착용하여야 한다.

4. 공식경기에 참가하는 모든 클럽은 제1유니폼과 제2유니폼을 필히 지참함을 원칙으로 하며, 경기 전 연맹(경기감독관) 및 상대 클럽과 유니폼 착용 색상과 관련하여 사전 조율하여야 한다. 조율이 되지 않을 경우 연맹(경기감독관)이 최종 결정한다. 이를 따르지 않을 경우 위반한 클럽에 제재금 500만 원을 부과할 수 있다.

5. 유니폼 안에 착용하는 이너웨어의 색상은 아래 각 호에 따른다.

1) 상의 이너웨어의 색상은 유니폼 상의 소매의 주색상과 일치해야 한다. 단, 유니폼 상의 소매 부분의 주색상이 상대팀 유니폼의 주색상과 동일하거나 유사할 경우에는 유니폼 상의의 주색상으로 착용할 수 있다. 이를 위반할 경우 공식경기 출전이 불가하다.

2) 하의 이너웨어의 색상은 반드시 하의 주 색상 또는 하의 끝부분의 색상과 동일해야 하고, 이를 위반할 경우 공식경기 출전이 불가하다.

6. 스타킹과 발목밴드(테이핑)는 동일 색상(계열)이어야 한다. 이를 위반할 경우 심판은 시정을 명할 수 있고, 이에 불응할 경우 경기출전을 금지시킬 수 있다.

제37조 (사용구)_ 본 대회의 공식 사용구는 '아디다스 커넥스트 21 프로'(Conext 21 Pro)'로 한다.

제38조 (경기관계자 미팅)_ 1. 경기시작 60~50분 전(양 팀 감독 인터뷰 진행 전) 경기감독관실에서 실시한다.

2. 참석자는 해당 경기의 경기감독관, 심판평가관, 주심, 양 팀 감독, 홈경기 운영자(필요시)로 한다. 홈경기 담당자는 당일 홈경기 관련 특이사항이 있는 경우에만 참석한다.

3. 주요내용은 아래와 같다.

1) 경기와 관련한 리그의 주요방침

2) 판정 가이드라인 등 심판판정에 관한 사항

3) 기타 해당경기 특이사항 공유

제39조 (경기 전후 인터뷰 및 기자회견)_ 1. 홈 클럽은 공동취재구역인 믹스드 존(Mixed Zone)과 공식기자회견장을 반드시 마련하고, 양 클럽 홍보담당자는 경기 전 인터뷰, 경기 후 플래시인터뷰, 공식기자회견, 믹스드 존 인터뷰가 원활히 이뤄질 수 있도록 협조하여야 한다.

2. 믹스드 존(Mixed Zone, 공동취재구역)은 코로나19 확산 사태가 종식될 때까지 운영하지 아니한다. 믹스드 존 운영 재개 시점은 추후 연맹이 각 클럽과 협의하여 정하고, 운영 재개 시 방식은 '2022 K리그 미디어 가이드라인'을 개정하여 반영한다.

3. 경기 중계방송사(HB)는 아래 각 호의 인터뷰를 실시할 수 있으며, 양 클럽은 인터뷰 실시에 적극 협조한다.

1) 경기 킥오프 전 70분 내지 60분 전 양 클럽 감독 대상 인터뷰

2) 경기 전반전 종료 직후 양 클럽 감독 또는 수훈선수 대상 인터뷰

3) 경기 후반전 종료 직후 양 클럽 감독 또는 수훈선수 대상 인터뷰

4. 경기 당일 중계방송을 하지 않는 중계권 보유 방송사(RTV)는 경기 후반전 종료 후 양 팀의 감독 또는 수훈선수를 대상으로 하는 인터뷰를 실시할 수 있으며, 양 클럽은 인터뷰 실시에 적극 협조한다. 단, RTV의 인터뷰는 HB의 인터뷰가 종료된 후에 실시한다.

5. 홈 클럽은 경기 킥오프 전 50분 내지 40분 전에 경기장 내 기자회견실에서 양 클럽의 감독이 참석하는 사전 기자회견을 개최한다. 기자회견의 순서는 원정 클럽의 감독이 먼저 진행하는 것을 원칙으로 하되 양 클럽의 합의에 따라 변경할 수 있다.

6. 홈 클럽은 경기 종료 후 20분 이내에 경기장 내 기자회견실에서 양 클럽의 감독과 미디어가 요청하는 수훈선수가 참석하는 공식기자회견을 개최한다. 양 클럽 홍보담당자는 감독 및 미디어 요청 선수가 공식기자회견에 참석할 수 있도록 협조한다.

7. 공식기자회견은 원정 - 홈 클럽 순으로 진행하며, 선수의 순서는 양 클럽 홍보담당자가 협의하여 정한다.

8. 미디어 부재로 공식기자회견을 개최하지 않은 경우, 홈 클럽 홍보담당자는 양 클럽 감독의 코멘트를 경기 종료 1시간 이내에 각 언론사에 배포한다.
9. 제재 중인 지도자(코칭스태프 및 팀 스태프 포함)도 경기 전·후 인터뷰와 공식기자회견 등에 참석해야 한다.
10. 양 클럽 선수단은 공식기자회견이 종료된 이후에 선수단 라커룸을 출발하여 믹스트 존 인터뷰에 응하여야 한다(홈팀 필수/ 원정팀 권고).
11. 모든 기자회견은 연맹이 지정한 인터뷰 배경막(백드롭)을 배경으로 실시하여야 한다.
12. 인터뷰를 실시하지 않거나 공식기자회견에 참석하지 않을 경우, 해당 클럽과 선수, 감독에게 제재금(50만 원 이상)을 부과할 수 있다.
13. 인터뷰에서는 경기의 판정이나 심판과 관련하여 일체의 부정적인 언급이나 표현을 할 수 없으며, 위반 시 다음 각 호에 의한다.
 1) 각 클럽 소속 선수, 코칭스태프, 팀 스태프, 임직원 등 모든 관계자에게 적용되며, 위반할 시 상벌규정 유형별 징계기준 제2조 가. 항 혹은 나. 항을 적용하여 제재를 부과한다.
 2) 공식 인터뷰뿐만 아니라 대중에게 공개될 수 있는 어떠한 경로를 통한 언급이나 표현에도 적용된다.
14. 그 밖의 사항은 '2022 K리그 미디어 가이드라인'을 준수하여야 한다.
15. 2022 K리그 미디어가이드라인을 준수하지 않을 경우, 해당시즌 팀 미디어 운영에 제한을 받을 수 있다.

제40조 (중계방송협조)_ 1. 홈 클럽은 경기시작 4시간 전부터 경기종료 후 1시간까지 연맹, 심판, 선수, 스폰서, 중계제작사, 미디어를 포함한 모든 경기관계자가 원활한 경기진행 및 중계방송을 위해 요청하는 시설 및 서비스를 반드시 제공해야 할 책임이 있다.
2. 홈경기 담당자는 중계제작사의 도착시간을 기점으로 TV컴파운드(TV Compound)에 중계제작에 필요한 전력을 공급해야 하며, OB밴의 밤샘 주차가 필요한 경우 이에 대한 관리 및 경비를 시행해야 한다. 홈경기 담당자는 중계제작사의 요청 시 중계제작사의 요구조건에 부합하는 조명을 제공해야 하며, 별도의 취소 요청이 있을때까지 이를 유지해야 한다.
3. 홈경기 담당자와 경기감독관 또는 대기심(매치 오피셜 - Match Officials)은 팀 벤치 앞 터치라인(Touchline) 및 대기심(4th official) 테이블 근처에 위치한 피치사이드 카메라(표준 카메라 플랜 기준 3,4,5번 카메라)와 골대 근처에 위치한 카메라(8,9,10번 카메라)에 대한 리뷰를 진행해야 한다. 만약 담당자들 간의 의견이 합의점을 찾지 못할 경우, 경기감독관이 최종 결정을 내린다. 단, 3번 피치사이드 카메라의 위치는 팀 벤치 및 대기심 테이블과 동일 선상을 이루어야 하며, 하프라인을 기준으로 좌측에 위치한다. (우측은 대기심 테이블 위치)
4. 중계제작사는 버스 도착 시 양 팀 감독과 인터뷰를 진행할 권리를 가지고 있으며, 인터뷰는 버스 도착지점과 드레싱룸 사이 공간에 K리그가 제공하는 인터뷰 백드롭 앞에서 진행해야 한다. 인터뷰는 킥오프 전 60분~20분 사이에 진행하며, 진행시간은 90초 이내로 최대 3개의 질문을 초과할 수 없다. 만약 감독 또는 감독대행이 외국인인 경우, 해당 팀은 통역 인원을 준비해야 한다.
5. 중계제작사는 경기종료 시 감독 또는 선수 중 양 팀 각각 1인과 인터뷰를 진행할 권리를 가지고 있으며, 인터뷰는 피치 또는 피치와 드레싱룸 사이 공간에 K리그가 제공하는 인터뷰 백드롭 앞에서 진행해야 한다. 중계제작사는 최소 경기 종료 10분 전까지, 양 클럽 홍보 담당자(Media Officer)에게 희망 인터뷰 선수를 전달한다. 양 클럽 홍보 담당자는 감독과 인터뷰 요청 선수를 경기종료 즉시 인터뷰 백드롭 앞으로 인계해야 한다. 만약 감독 또는 감독대행이 외국인인 경우, 해당 팀은 통역 인원을 준비해야 한다.
6. 백드롭은 2.5m × 2.5m 사이즈로 리그 로고와 스폰서 로고를 포함한 디자인으로 제작된다. 연맹에서 각 클럽에 제공하며, 홈 클럽에게 관리의 책임이 있다. 감독 도착 인터뷰 및 하프타임과 경기 종료 후 피치사이드 [Pitchside]의 플래시 인터뷰 시 각 팀은 K리그 공식 백드롭을 필수로 사용해야 한다.
7. 그 밖의 중계방송 관련 사항은 'K리그 중계방송제작가이드라인'을 준수해야 한다.

제41조 (경기장 안전과 질서유지)_ 1. 홈 클럽은 경기개시 2시간 전부터 경기종료 후 모든 관중 및 관계자가 퇴장할 때까지 선수, 팀 스태프, 심판을 비롯한 전 관계자와 관중의 안전 및 질서 유지에 대한 의무와 책임이 있다.
2. 홈 클럽은 상기 1항의 의무 실시를 위해 최선의 노력을 다해야 하며, 경기장 안전 및 질서를 어지럽히는 관중에 대해 그 입장을 제한하고 강제 퇴장시키는 등의 적정한 조치를 취할 수 있다.
3. 연맹, 클럽, 선수, 코칭스태프 및 팀 스태프, 관계자를 비방하는 사안이나, 경기진행 및 안전에 지장을 줄 수 있는 모든 사안에 대해 관련 클럽은 즉각 이를 시정 조치하여야 한다.
4. 경기감독관은 상기 3항에 해당하는 사안을 경기 중 또는 경기 전·후에 발견하였을 경우 관련 클럽에 시정 조치를 요구할 수 있으며, 관련 클럽은 경기감독관의 지시에 따라야 한다.
5. 상기 3·4항의 사안이 시정 조치되지 않을 경우, 상벌규정 유형별 징계기준 제5조 마.항 및 바.항에 의거, 해당 클럽에 제재를 부과할 수 있다.
6. 관중의 소요, 난동으로 인해 경기 진행에 문제가 발생하거나, 선수, 심판, 코칭스태프 및 팀 스태프, 미디어를 비롯한 관중의 안전과 경기장 질서 유지에 문제가 발생할 경우에는 관련 클럽이 사유를 불문하고 그에 대한 일체의 책임을 부담한다.
7. 홈 클럽은 선수단 구역과 양 팀 선수대기실 출입구에 경호요원을 상시 배치하여야 한다. 또한 해당 구역을 확인할 수 있는 CCTV를 설치해야 하며, 관련 영상을 15일간 보관해야 한다.
8. 연맹에서 제정한 '안전 가이드라인'을 준수하지 않을 경우, 상벌규정 유형별 징계 기준 제5조 마 항 및 바 항에 의거 해당 클럽에 제재를 부과할 수 있다.

제42조 (홈경기 관리책임자, 홈경기 안전책임자 선정 및 경기장 안전요강)_ 모든 클럽은 경기장 안전 및 원활한 진행을 위해 홈경기 관리책임자 및 홈경기 안전책임자를 선정하여 연맹에 보고하여야 하며, 아래의 경기장 안전요강을 숙지하여 실행하고 관중에게 사전 공지 또는 고지하여야 한다. 또한 홈경기 관리책임자 및 홈경기 안전책임자는 경기감독관의 업무 및 지시 사항에 대해 최대한 협조하여야 한다.
1. 반입금지물: 경기장에 입장하려는 사람 또는 입장한 사람은 홈경기 관리책임자 및 홈경기 안전책임자가 특별히 필요 사항에 의해 허락했을 경우를 제외하고 다음의 각 호에 명시된 것을 가지고 입장할 수 없다.
 1) 경기장 관리자에 의해 반입을 금지하고 있는 것
 2) 정치적, 사상적, 종교적인 주의 또는 주장 또는 관념을 표시하거나 또는 연상시키고 혹은 대회의 운영에 지장을 미칠 우려가 있는 게시판, 간판, 현수막, 플래카드, 문서, 도면, 인쇄물 등
 3) 연맹의 승인을 득하지 않은 특정의 회사 또는 영리기업의 광고를 목적으로 하여 특정의 회사명, 제품명 등을 표시한 것(특정 회사, 제품 등을 연상시키는 것 포함)
 4) 그 외 경기운영 또는 진행을 방해하여 타인에게 불편을 주거나 또는 위험하게 하거나 혹은 그러한 우려가 있거나 또는 운영담당·보안담당, 경비종사원이 위험성을 인정하는 것
2. 금지행위: 경기장에 입장하려는 사람 또는 입장한 사람은 홈경기 관리책임자 및 홈경기 안전책임자가 특별히 필요 사항에 의해 허락했을 경우를 제외하고는 다음의 각 호에 명시되는 행위를 해서는 안 된다.
 1) 경기장 관리자에 의해 금지되고 있는 행위
 2) 정당한 입장권 또는 통행증을 소지하지 않고 입장하는 것
 3) 항의 집회, 데모 등 대회의 원활한 운영을 저해할 우려가 있는 행위
 4) 알코올, 약물 그 외 물질을 소유 및 복용한 상태로 경기장에 입장하는 행위 또는 경기장에 이러한 물질을 방치해 두어 이것들의 영향에 의해 경기운영 또는 타인의 행위 등을 저해하는 행위(알코올 등의 영향에 의

해 정상적인 행위를 할 수 없는 우려가 있는 상태일 경우 입장 불가)
5) 해당 경기장(시설) 및 관련 장소에서 권유, 연설, 집회, 포교 등의 행위
6) 정해진 장소 외에서 차량을 운전하거나 주차하는 것
7) 상행위, 기부금 모집, 광고물의 게시 등의 행위
8) 정해진 장소 외에 쓰레기 및 오물을 폐기하는 것
9) 연맹의 승인 없이 영리목적으로 경기장면, 식전행사, 관객 등을 사진 또는 비디오로 촬영하는 것
10) 연맹의 승인 없이 대회의 음성, 영상의 전부 또는 일부를 인터넷 및 미디어를 통해 전달하는 것
11) 경기운영 또는 진행을 방해하여 타인에게 폐를 끼치거나 또는 위험을 미치거나 혹은 그러한 우려가 있으면서 경비종사원이 위험성을 인정한 행위

3. 경기장 관련: 경기장에 입장하려는 사람 또는 입장한 사람은 다음 각 호에 명시하는 사항을 준수하여야 한다.
1) 입장권, 신분증, 통행증 등의 제시가 요구되었을 때는 이것을 제시해야 함
2) 안전 확보를 위해 수화물, 소지품 등의 검사가 요구되었을 때는 이것에 따라야 함
3) 사건·사고가 발생하거나 또는 발생 우려가 예상되는 경우, 경비 종사원 또는 치안 당국의 지시, 안내, 유도 등에 따라 행동할 것

4. 입장거부 또는 퇴장명령
1) 홈경기 관리책임자 및 홈경기 안전책임자는 상기 3항 1호, 2호, 3호의 경기장 안전요강을 위반한 사람의 입장을 거부하여 경기장으로부터의 퇴장을 명할 수 있으며, 상기 3항에 의거하여 반입금지물 몰수 등 필요한 조치를 취할 수 있다.
2) 홈경기 관리책임자 및 홈경기 안전책임자는 상기 4항 1호에 해당하는 사람 중에서 특히 고의, 상습으로 확인된 사람에 대해서는 이후 개최되는 연맹 주최의 공식경기에 입장을 거부할 수 있다.
3) 홈경기 관리책임자 및 홈경기 안전책임자에 의해 입장이 거부되거나 경기장에서 퇴장을 받았던 사람은 입장권 구입 대금의 환불을 요구할 수 없다.

5. 권한의 위임: 홈경기 관리책임자는 특정 시설에 대해 그 권한을 타인에게 위임할 수 있다.

6. 안전 가이드라인 준수: 모든 클럽은 연맹이 정한 'K리그 안전가이드라인'을 준수하여야 한다.

제43조 (기타 유의사항)_ 각 클럽은 아래의 사항을 숙지하고 준수하여야 한다.

1. 모든 취재 및 방송중계 활동을 위한 미디어 관련 입장자는 2022 K리그 미디어 가이드라인을 준수하여야 한다.
2. 경기에 참가하는 선수단(코칭스태프, 팀 스태프 포함)은 경기시작 100분 전에 경기장에 도착하여야 한다.
3. 오픈경기 및 축구클리닉 등 경기 진행에 영향을 미치는 행사는 본 경기 개최 1시간(60분) 전까지 반드시 종료되어야 하며, 연맹에 사전 승인을 받아야 한다.
4. 선수는 신체보호를 위해 반드시 정강이 보호대를 착용하고 경기에 임해야 한다.
5. 경기 중 클럽의 임원, 코칭스태프, 팀 스태프, 선수는 경기장 내에서 흡연을 할 수 없으며, 이를 위반할 경우 퇴장 조치한다.
6. 시상식에는 연맹이 지정한 클럽(팀)과 수상 후보자가 반드시 참석하여야 한다.
7. 체육진흥투표권(스포츠토토 등) 발매 이상 징후 대응경보 발생 시, 경기시작 90분 전 대응 미팅에 관계자(경기감독관, 매치코디네이터, 양 클럽 관계자 및 감독) 등이 참석하여야 한다.
8. 경기 중, 교체대상 선수의 워밍업은 연맹이 사전에 지정한 장소에서 실시해야 한다.
9. 경기감독관은 하절기(6~8월) 기간 중, 쿨링 브레이크 제도(워터 타임)의 실시 여부를 결정할 수 있다. 감독관은 경기시작 20분 전, 기온을 측정해 32도(섭씨) 이상일 경우, 심판진과 협의해 실시할 수 있다.
10. 심판 판정에 대한 제소는 불가하다.
11. 전자 퍼포먼스/트래킹 시스템(EPTS)을 사용하는 경우, 사전 승인을 득하여야 한다.
12. 클럽은 경기 중 전력분석용 팀 카메라 1대를 상층 카메라구역에 설치할 수 있다. 원정 클럽이 팀 카메라를 설치하는 경우 홈 클럽에 승인을 득해야 한다.

제43조 (부칙)_ 본 대회요강에 명시되지 않은 사항은 K리그 규정, FIFA 규정, K리그 이사회 결정을 준용한다.

• 2월 19일 14:00 흐림 전주 월드컵 7,715명
• 주심_ 고형진 부심_ 김계용·박균용 대기심_ 김우성 경기감독관_ 차상해

전북 1 0 전반 0 / 1 후반 0 **0 수원FC**

퇴장	경고	파울	ST(유)	교체	선수명	배번	위치	위치	배번	선수명	교체	ST(유)	파울	경고	퇴장
0	0	0	0		송범근	31	GK	GK	51	유현		0	0	0	0
0	0	0	3(1)		김진수	23	DF	DF	4	곽윤호		0	1	1	0
0	1	1	0		홍정호	26	DF	DF	5	잭슨		0	0	0	0
0	0	0	0		구자룡	15	DF	DF	14	김건웅	8	0	0	0	0
0	0	1	0		최철순	25	DF	MF	3	박민규		0	1	0	0
0	1	3	1	4	쿠니모토	17	MF	MF	6	박주호		0	1	0	0
0	0	1	0	27	류재문	29	MF	MF	23	이기혁	10	0	1	0	0
0	1	0	0		백승호	8	MF	MF	24	김주엽	26	0	0	0	0
0	0	0	0	13	이윤권	77	FW	MF	25	니실라	7	2	1	0	0
0	0	1	0	21	박규민	88	FW	FW	9	라스		3(1)	0	0	0
0	0	4	2(2)	9	일류첸코	10	FW	FW	18	양동현	11	1	0	0	0
0	0	0	0		황병근	41			27	이범영		0	0	0	0
0	0	0	0	후40	박진섭	4			26	김동우	후26	0	0	0	0
0	0	0	0		이승기	14			77	신재원		0	0	0	0
0	0	0	1(1)	전21	송민규	21	대기	대기	8	정재용	후0	0	1	1	0
0	0	4	2	후0	문선민	27			10	무릴로	전34	2(1)	2	0	0
0	1	4	0	전21	김보경	13			7	김현	후38	1	0	0	0
0	0	2	0	후31	구스타보	9			11	이승우	후0	0	3	0	0
0	4	21	9(4)			0			0			9(2)	11	2	0

● 후 34분 문선민 AKL ↷ 송민규 GAL EL L-ST-G (득점: 송민규, 도움: 문선민) 오른쪽

• 2월 19일 16:30 맑음 DGB대구은행파크 8,082명
• 주심_ 김용우 부심_ 이정민·강동호 대기심_ 김영수 경기감독관_ 당성증

대구 0 0 전반 1 / 0 후반 1 **2 서울**

퇴장	경고	파울	ST(유)	교체	선수명	배번	위치	위치	배번	선수명	교체	ST(유)	파울	경고	퇴장
0	0	0	0		오승훈	21	GK	GK	21	양한빈		0	0	0	0
0	0	0	0	36	김진혁	7	DF	DF	88	이태석		1	1	1	0
0	1	3	0		홍정운	6	DF	DF	5	오스마르		0	2	0	0
0	0	1	0		정태욱	4	DF	DF	20	이한범		0	2	0	0
0	0	2	1	18	홍철	33	MF	DF	23	윤종규		0	0	0	0
0	0	1	0	32	이용래	74	MF	MF	6	기성용		0	0	0	0
0	1	1	1		라마스	10	MF	MF	26	팔로세비치	16	2	2	0	0
0	0	0	0	25	황재원	2	MF	MF	13	고요한		0	0	0	0
0	0	1	3		세징야	11	FW	FW	7	나상호	17	3(2)	2	1	0
0	1	3	0	22	고재현	17	FW	FW	29	강성진	24	0	0	0	0
0	0	1	3(2)		에드가	9	FW	FW	11	조영욱		4(2)	1	0	0
0	0	0	0		최영은	1			1	백종범		0	0	0	0
0	0	0	0		조진우	66			17	김진야	후42	1	0	0	0
0	0	1	0	후18	이태희	25			3	이상민		0	0	0	0
0	0	0	0	후34	케이타	18	대기	대기	45	히카르도		0	0	0	0
0	1	2	0	후34	김희승	36			16	정원진	후42	0	0	0	0
0	0	1	0	후20	이근호	22			24	권성윤	후24	0	1	0	0
0	0	0	0	후34	정치인	32			10	지동원		0	0	0	0
0	4	17	8(2)			0			0			11(4)	11	2	0

● 전반 23분 윤종규 AK 정면 백패스~ 조영욱 PAR 내 R-ST-G (득점: 조영욱, 도움: 윤종규) 왼쪽
● 후반 35분 고요한 HL 정면 ~ 나상호 PA 정면 내 R-ST-G (득점: 나상호, 도움: 고요한) 오른쪽

• 2월 19일 16:30 맑음 인천 전용 5,382명
• 주심_ 김대용 부심_ 박상준·곽승순 대기심_ 채상협 경기감독관_ 강득수

인천 1 0 전반 0 / 1 후반 0 **0 수원**

퇴장	경고	파울	ST(유)	교체	선수명	배번	위치	위치	배번	선수명	교체	ST(유)	파울	경고	퇴장
0	0	0	0		김동헌	21	GK	GK	21	양형모		0	0	0	0
0	0	2	0		김동민	47	DF	DF	33	박대원	16	0	1	1	0
0	0	0	0		이강현	24	DF	DF	39	민상기		1	0	0	0
0	0	0	0	17	강민수	4	DF	DF	35	장호익		0	1	0	0
0	0	1	0	19	강윤구	6	MF	MF	23	이기제		1(1)	0	0	0
0	0	2	2(1)		여름	18	MF	MF	6	한석종		0	1	0	0
0	0	3	1	28	이명주	5	MF	MF	8	사리치	25	0	0	0	0
0	0	0	0	16	김보섭	27	MF	MF	11	김태환		2	2	0	0
0	0	4	2		김도혁	7	FW	FW	18	오현규		1(1)	0	0	0
0	0	1	6(5)		무고사	9	FW	FW	9	김건희		0	1	0	1
0	0	0	2(1)	11	홍시후	37	FW	FW	10	정승원		0	2	1	0
0	0	0	0		민성준	23			34	박지민		0	0	0	0
0	0	1	0	후29	민경현	28			20	이한도		0	0	0	0
0	0	0	0	전13	김준엽	17			4	불투이스	후40	0	0	0	0
0	0	0	0		김대중	15	대기	대기	25	최성근	전5/4	0	1	0	0
0	1	0	0	후29	이동수	16			26	염기훈		0	0	0	0
0	0	1	2(2)	후13	이용재	11			16	유주안	후46	0	0	0	0
0	0	0	2(1)	후0	송시우	19			7	그로닝	후40	0	0	0	0
0	1	15	17(10)			0			0			5(2)	9	2	1

● 후반 46분 이용재 PAR 내 EL ↷ 무고사 GA 정면 H-ST-G (득점: 무고사, 도움: 이용재) 오른쪽

• 2월 20일 14:00 맑음 제주 월드컵 2,514명
• 주심_ 신용준 부심_ 성주경·송봉근 대기심_ 김동진 경기감독관_ 조성철

제주 0 0 전반 1 / 0 후반 2 **3 포항**

퇴장	경고	파울	ST(유)	교체	선수명	배번	위치	위치	배번	선수명	교체	ST(유)	파울	경고	퇴장
0	0	0	0	31	김동준	1	GK	GK	1	윤평국		0	0	0	0
0	0	2	2	39	안현범	17	MF	DF	2	심상민	13	0	1	0	0
0	1	2	1		김오규	35	DF	DF	5	그랜트		0	0	0	0
0	0	0	0		최영준	6	DF	DF	20	박찬용		0	2	0	0
0	1	2	1		정운	13	DF	DF	14	박승욱		0	0	1	0
0	0	1	0		정우재	22	MF	MF	6	신진호		0	4	1	0
0	0	2	0	19	윤빛가람	14	MF	MF	17	신광훈	4	0	4	0	0
0	0	4	0		이창민	8	MF	MF	7	임상협		2(2)	1	1	0
0	0	1	0		제르소	11	FW	MF	11	고영준	10	0	1	0	0
0	0	0	1(1)	10	추상훈	37	FW	MF	22	이광혁	27	2(1)	2	0	0
0	0	0	4		주민규	18	FW	FW	16	이승모	8	0	2	1	0
0	0	0	0	후0	유연수	31			31	강현무		0	0	0	0
0	0	0	0		김봉수	30			3	이광준		0	0	0	0
0	0	0	0	후39	김명순	39			13	김용환	후47	0	0	0	0
0	0	0	0		김규형	28	대기	대기	4	이수빈	후47	0	0	0	0
0	0	1	0	후39	김주공	19			10	강상우	후0	0	0	0	0
0	0	1	0	전26/9	조나탄 링	10			27	정재희	후9	2(2)	0	0	0
0	0	0	0	후35	이정문	9			8	허용준	후27	3(3)	0	0	0
0	2	16	9(1)			0			0			9(8)	17	4	0

● 전반 18분 임상협 PK-R-G (득점: 임상협) 왼쪽
● 후반 28분 허용준 GA 정면 내 R-ST-G (득점: 허용준) 가운데
● 후반 45분 정재희 HLR ~ 허용준 PAR 내 R-ST-G (득점: 허용준, 도움: 정재희) 왼쪽

• 2월 20일 14:00 맑음 강릉 종합 1,933명
• 주심_ 정동식 부심_ 지승민·방기열 대기심_ 안재훈 경기감독관_ 나승화

강원 2 0 전반 0 / 2 후반 0 **0 성남**

퇴장	경고	파울	ST(유)	교체	선수명	배번	위치	위치	배번	선수명	교체	ST(유)	파울	경고	퇴장
0	0	0	0		유 상 훈	1	GK	GK	41	김 영 광		0	0	0	0
0	0	0	0		서 민 우	4	DF	DF	34	최 지 묵		0	1	0	0
0	0	0	0		임 창 우	23	DF	DF	5	마 상 훈		1(1)	3	0	0
0	0	0	1		김 영 빈	2	DF	DF	3	권 완 규		2(1)	1	1	0
0	1	1	1		정 승 용	22	MF	MF	66	박 수 일	4	0	1	0	0
0	0	0	0		강 지 훈	19	MF	MF	13	김 민 혁		2(1)	2	0	0
0	0	1	0		김 동 현	6	MF	MF	16	이 종 성		0	2	1	0
0	0	0	0	47	황 문 기	88	FW	MF	7	권 순 형	28	0	1	0	0
0	0	5	0		김 대 우	5	MF	MF	2	이 시 영		0	1	1	0
0	0	1	1	9	이 정 협	18	FW	FW	33	전 성 수	9	2(2)	0	0	0
0	0	1	4(1)	14	김 대 원	17	FW	FW	8	뮬 리 치		7(2)	1	0	0
0	0	0	0		이 광 연	32			1	최 필 수		0	0	0	0
0	0	0	0		윤 석 영	7			4	강 의 빈	후45	0	0	0	0
0	0	0	0		김 진 호	24			18	이 지 훈		0	0	0	0
0	0	0	0	후47	신 창 무	14	대기	대기	20	곽 광 선		0	0	0	0
0	0	2	0	후28	양 현 준	47			15	이 재 원		0	0	0	0
0	0	1	2(2)	후23	디 노	9			9	박 용 지	후13	1	0	0	0
0	0	0	0		박 경 배	16			28	박 지 원	후40	0	0	0	0
0	1	12	9(3)			0			0			15(7)	13	3	0

●후반 35분 디노 GAL L-ST-G (득점: 디노) 가운데
●후반 42분 정승용 MF 정면 ~ 김대원 PAL 내 R-ST-G (득점: 김대원, 도움: 정승용) 오른쪽

• 2월 20일 16:30 맑음 울산 문수 4,673명
• 주심_ 김종혁 부심_ 윤재열·김지욱 대기심_ 박병진 경기감독관_ 김용세

울산 0 0 전반 0 / 0 후반 0 **0 김천**

퇴장	경고	파울	ST(유)	교체	선수명	배번	위치	위치	배번	선수명	교체	ST(유)	파울	경고	퇴장
0	0	0	0		조 현 우	21	GK	GK	25	구 성 윤		0	0	0	0
0	0	1	2(1)		임 종 은	5	DF	DF	15	정 승 현	23	0	1	0	0
0	1	1	0		김 영 권	19	DF	DF	3	하 창 래		0	2	2	0
0	0	1	0		김 태 환	23	DF	DF	13	정 동 윤		1	1	0	0
0	0	1	3(1)		설 영 우	66	DF	DF	11	유 인 수		0	0	0	0
0	0	2	1		원 두 재	16	MF	MF	24	정 현 철		0	1	0	0
0	1	1	1(1)		이 규 성	24	MF	MF	7	고 승 범		1	0	0	0
0	0	1	2	7	아 마 노	8	MF	MF	8	박 상 혁	31	1(1)	1	0	0
0	0	0	3(1)		이 청 용	72	MF	FW	17	서 진 수	16	0	0	0	0
0	0	1	1(1)	11	김 민 준	17	MF	FW	26	권 창 훈		2(1)	2	0	0
0	0	1	3(3)		바 코	10	FW	FW	9	조 규 성		0	2	0	0
0	0	0	0		민 동 환	77			1	황 인 재		0	0	0	0
0	0	0	0		김 기 희	44			23	박 지 수	후0	1	1	0	0
0	0	0	0		이 명 재	13			16	권 혁 규	후20	0	0	0	0
0	0	0	0		박 용 우	6	대기	대기	14	김 한 길		0	0	0	0
0	0	0	0		김 성 준	18			10	명 준 재		0	0	0	0
0	0	0	3(1)	후27	윤 일 록	7			31	이 영 재	후0	0	2	0	0
0	0	1	1(1)	후11	엄 원 상	11			28	김 지 현		0	0	0	0
0	2	11	20(10)			0			0			6(2)	13	2	0

• 2월 26일 14:00 흐림 수원 월드컵 5,626명
• 주심_ 박병진 부심_ 윤재열·송봉근 대기심_ 김종혁 경기감독관_ 허기태

수원 1 1 전반 0 / 0 후반 0 **0 수원FC**

퇴장	경고	파울	ST(유)	교체	선수명	배번	위치	위치	배번	선수명	교체	ST(유)	파울	경고	퇴장
0	0	0	0		양 형 모	21	GK	GK	51	유 현		0	0	0	0
0	0	0	0		불투이스	4	DF	DF	4	곽 윤 호	77	0	0	0	0
0	0	1	0		민 상 기	39	DF	DF	5	잭 슨		0	0	0	0
0	0	1	0		이 한 도	20	DF	DF	26	김 동 우		0	0	0	0
0	0	1	1(1)		박 형 진	13	MF	MF	3	박 민 규		0	1	0	0
0	1	5	1		최 성 근	25	MF	MF	6	박 주 호		0	2	0	0
0	0	2	0		정 승 원	10	MF	MF	22	황 순 민	7	0	1	0	0
0	0	2	1(1)		장 호 익	35	MF	MF	23	이 기 혁	10	0	1	0	0
0	0	2	2(2)	11	오 현 규	18	FW	MF	25	니 실 라	8	2(2)	3	1	0
0	0	5	1	16	그 로 닝	7	FW	FW	9	라 스		3(1)	0	0	0
0	0	1	1	22	강 현 묵	12	FW	FW	99	이 영 준	11	1	0	0	0
0	0	0	0		노 동 건	19			27	이 범 영		0	0	0	0
0	0	0	0		고 명 석	15			14	김 건 웅		0	0	0	0
0	0	0	0		박 대 원	33			77	신 재 원	후21	0	0	0	0
0	0	0	0	후36	김 상 준	22	대기	대기	8	정 재 용	후31	0	0	0	0
0	0	2	0	후28	김 태 환	11			10	무 릴 로	전20	2	3	0	0
0	0	0	0		염 기 훈	26			7	김 현	후0	2	2	0	0
0	0	0	0	후47	유 주 안	16			11	이 승 우	전20	4(1)	2	0	0
0	1	22	7(4)			0			0			14(4)	15	1	0

●전반 21분 오현규 (대기) MF 정면 H ↷ 박형진 PA 정면 내 R-ST-G (득점: 박형진, 도움: 오현규 (대기)) 왼쪽

• 2월 26일 14:00 흐림 인천 전용 4,618명
• 주심_ 김동진 부심_ 김계용·박균용 대기심_ 신용준 경기감독관_ 최윤겸

인천 1 1 전반 0 / 0 후반 1 **1 서울**

퇴장	경고	파울	ST(유)	교체	선수명	배번	위치	위치	배번	선수명	교체	ST(유)	파울	경고	퇴장
0	0	0	0		김 동 헌	21	GK	GK	21	양 한 빈		0	0	0	0
0	1	1	0		김 동 민	47	DF	DF	88	이 태 석	17	0	3	1	0
0	0	1	0	10	이 강 현	24	DF	DF	5	오스마르		0	1	0	0
0	0	1	0		강 민 수	4	DF	DF	20	이 한 범		1(1)	1	0	0
0	0	2	0		강 윤 구	6	MF	DF	23	윤 종 규		0	1	0	0
0	0	1	0		여 름	18	MF	MF	6	기 성 용		0	1	0	0
0	0	2	0	20	이 명 주	5	MF	MF	26	팔로세비치	10	2	1	0	0
0	0	0	2	28	김 보 섭	27	MF	MF	13	고 요 한		1(1)	0	0	0
0	1	0	1(1)		김 도 혁	7	FW	FW	7	나 상 호		1(1)	1	0	0
0	0	0	4(4)	11	무 고 사	9	FW	FW	29	강 성 진	9	0	1	0	0
0	0	0	0	19	홍 시 후	37	FW	FW	11	조 영 욱	24	3(2)	0	0	0
0	0	0	0		민 성 준	23			1	백 종 범		0	0	0	0
0	0	0	0	후41	민 경 현	28			17	김 진 야	후0	1(1)	0	0	0
0	0	1	0	후27	델브리지	20			3	이 상 민		0	0	0	0
0	0	0	0		이 동 수	16	대기	대기	16	정 원 진		0	0	0	0
0	0	0	0	후41	아길라르	10			24	권 성 윤	후24	0	0	0	0
0	1	1	0	후41	이 용 재	11			10	지 동 원	후15	1(1)	1	0	0
0	0	0	1	전29	송 시 우	19			9	김 신 진	후15	1	2	1	0
0	3	10	8(5)			0			0			11(7)	13	2	0

●전반 18분 기성용 GAL 내 EL 자책골 (득점: 기성용) 오른쪽

○ ●후반 28분 고요한 AKR ~ 김진야 GAR R-ST-G (득점: 김진야, 도움: 고요한) 왼쪽

• 2월 26일 16:30 맑음 제주 월드컵 1,736명
• 주심_ 이동준 부심_ 이정민·양재용 대기심_ 김희곤 경기감독관_ 조성철

제주 0 0 전반 0 / 0 후반 0 **0 강원**

퇴장	경고	파울	ST(유)	교체	선수명	배번	위치	위치	배번	선수명	교체	ST(유)	파울	경고	퇴장
0	0	0	0		김동준	1	GK	GK	1	유상훈		0	0	0	0
0	0	1	2		안현범	17	MF	DF	4	서민우		0	0	0	0
0	0	1	1		김봉수	30	DF	DF	23	임창우		0	1	0	0
0	0	2	0		김오규	35	DF	DF	2	김영빈		0	1	0	0
0	0	0	0		정운	13	DF	MF	22	정승용		0	1	0	0
0	0	0	1		정우재	22	MF	MF	19	강지훈		0	1	0	0
0	0	0	0		최영준	6	MF	MF	6	김동현		1	0	0	0
0	0	1	5		이창민	8	MF	MF	5	김대우		1	0	0	0
0	0	2	0	10	변경준	29	FW	FW	88	황문기	14	2(1)	0	0	0
0	0	1	1	11	추상훈	37	FW	FW	18	이정협	9	0	1	1	0
0	0	0	0	18	김주공	19	FW	FW	17	김대원	16	2	0	0	0
0	0	0	0		문경건	40			32	이광연		0	0	0	0
0	0	0	0		홍성욱	5			7	윤석영		0	0	0	0
0	0	0	0		우민걸	25			24	김진호		0	0	0	0
0	0	0	0	후45	김규형	28	대기	대기	14	신창무	후0	0	2	0	0
0	0	0	0	전27	조나탄 링	10			47	양현준		0	0	0	0
0	0	3	3	전27/28	제르소	11			9	디노	후9	1	2	0	0
0	0	0	2(1)	후20	주민규	18			16	박경배	후42	0	1	0	0
0	0	11	15(1)			0			0			7(1)	10	1	0

• 2월 26일 16:30 흐림 탄천 종합 1,633명
• 주심_ 김영수 부심_ 박상준·강동호 대기심_ 최현재 경기감독관_ 양정환

성남 0 0 전반 0 / 0 후반 2 **2 울산**

퇴장	경고	파울	ST(유)	교체	선수명	배번	위치	위치	배번	선수명	교체	ST(유)	파울	경고	퇴장
0	0	0	0		김영광	41	GK	GK	21	조현우		0	0	0	0
0	0	1	0		박수일	66	DF	DF	5	임종은		1(1)	1	0	0
0	1	2	0	18	최지묵	34	DF	DF	19	김영권		0	0	0	0
0	2	2	0		마상훈	5	DF	DF	23	김태환		0	1	0	0
0	0	1	0		권완규	3	DF	DF	66	설영우		1	0	0	0
0	0	4	0		이시영	2	DF	MF	16	원두재	20	0	1	0	0
0	0	1	1	4	전성수	33	MF	MF	24	이규성		0	3	0	0
0	0	1	1	19	이재원	15	MF	MF	8	아마노		3(2)	1	0	0
0	0	2	0	16	권순형	7	MF	MF	72	이청용	91	0	1	0	0
0	0	1	0	28	김민혁	13	MF	MF	17	김민준	11	0	0	0	0
0	0	1	3(1)		뮬리치	8	FW	FW	10	바코		3(2)	0	0	0
0	0	0	0		최필수	1			77	민동환		0	0	0	0
0	0	0	0	후26	강의빈	4			44	김기희		0	0	0	0
0	0	0	0	후41	이지훈	18			13	이명재		0	0	0	0
0	0	0	0		양시후	24	대기	대기	20	신형민	후42	0	0	0	0
0	0	1	0	후35	이종성	16			18	김성준		0	0	0	0
0	0	0	1	후0	박지원	28			11	엄원상	전31	2(1)	1	0	0
0	0	0	0	후41	엄승민	19			91	박주영	후30	0	0	0	0
0	3	17	6(1)			0			0			10(6)	9	0	0

● 후반 1분 아마노 GA 정면 L-ST-G (득점: 아마노) 가운데
● 후반 38분 아마노 PK-L-G (득점: 아마노) 오른쪽

• 2월 27일 14:00 맑음 김천 종합 2,932명
• 주심_ 송민석 부심_ 곽승순·방기열 대기심_ 정동식 경기감독관_ 최윤겸

김천 3 2 전반 1 / 1 후반 1 **포항 2**

퇴장	경고	파울	ST(유)	교체	선수명	배번	위치	위치	배번	선수명	교체	ST(유)	파울	경고	퇴장
0	0	0	0		구성윤	25	GK	GK	1	윤평국		0	0	0	0
0	0	0	0		정동윤	13	DF	DF	2	심상민		0	0	0	0
0	1	1	0		박지수	23	DF	DF	5	그랜트		0	5	1	0
0	0	1	0	5	연제운	20	DF	DF	20	박찬용		1	0	0	0
0	0	2	0		유인수	11	DF	DF	14	박승욱		0	1	0	0
0	0	0	1(1)		정현철	24	MF	MF	6	신진호		0	2	1	0
0	0	1	0		고승범	7	MF	MF	17	신광훈	4	0	2	0	0
0	0	0	1	8	이영재	31	MF	MF	82	팔라시오스	19	3(2)	1	0	0
0	0	0	0	10	권창훈	26	FW	MF	11	고영준	13	4(2)	0	0	0
0	0	1	4(3)	28	조규성	9	FW	MF	22	이광혁	27	1(1)	1	1	0
0	0	0	1(1)	16	서진수	17	FW	FW	16	이승모	8	0	0	0	0
0	0	0	0		황인재	1			31	강현무		0	0	0	0
0	0	0	0	후28	최준혁	5			13	김용환	후38	0	0	0	0
0	0	0	0	후41	박상혁	8			15	박건		0	0	0	0
0	1	2	0	후0	명준재	10	대기	대기	4	이수빈	후13	0	0	0	0
0	0	0	0		김한길	14			19	김지민	후28	0	0	0	0
0	0	0	0	후19	권혁규	16			27	정재희	후13	1(1)	0	0	0
0	0	0	0	후41	김지현	28			8	허용준	후0	2(2)	2	0	0
0	2	8	7(5)			0			0			12(8)	14	3	0

● 전반 20분 조규성 PK-R-G (득점: 조규성) 오른쪽
● 전반 26분 서진수 GA 정면 R-ST-G (득점: 서진수) 가운데
● 후반 25분 연제운 GAR H→ 정현철 GAL R-ST-G (득점: 정현철, 도움: 연제운) 가운데

● 전반 41분 이승모 HLL ~ 팔라시오스 GAL L-ST-G (득점: 팔라시오스, 도움: 이승모) 오른쪽
● 후반 16분 신진호 PAR EL ↷ 허용준 GA 정면 H-ST-G (득점: 허용준, 도움: 신진호) 왼쪽

• 2월 27일 16:30 맑음 DGB대구은행파크 5,526명
• 주심_ 김우성 부심_ 지승민·성주경 대기심_ 채상협 경기감독관_ 김성기

대구 1 0 전반 0 / 1 후반 1 **1 전북**

퇴장	경고	파울	ST(유)	교체	선수명	배번	위치	위치	배번	선수명	교체	ST(유)	파울	경고	퇴장
0	0	0	0		오승훈	21	GK	GK	31	송범근		0	0	0	0
0	1	3	0		박병현	20	DF	DF	23	김진수		0	0	0	0
0	0	1	0	9	홍정운	6	DF	DF	26	홍정호		0	3	1	0
0	0	2	1(1)		정태욱	4	DF	DF	15	구자룡		0	0	0	0
0	0	1	0	18	홍철	33	MF	DF	25	최철순		0	1	0	0
0	0	0	2		라마스	10	MF	MF	17	쿠니모토	13	0	0	0	0
0	0	3	1		이진용	26	MF	MF	4	박진섭		0	3	1	0
0	0	3	1(1)		이태희	25	MF	MF	8	백승호		2(1)	0	0	0
0	0	0	1		세징야	11	FW	FW	21	송민규		1	0	0	0
0	0	3	2(2)		고재현	17	FW	FW	88	박규민	27	1(1)	1	1	0
0	1	2	0		김진혁	7	FW	FW	10	일류첸코	9	1	0	0	0
0	0	0	0		최영은	1			41	황병근		0	0	0	0
0	0	0	0		조진우	66			33	박진성		0	0	0	0
0	0	0	0		황재원	2			28	맹성웅		0	0	0	0
0	1	3	0	전27	케이타	18	대기	대기	66	한승규		0	0	0	0
0	0	0	0		이용래	74			13	김보경	후13	2(2)	0	0	0
0	0	0	0		이근호	22			27	문선민	후0	1	0	0	0
0	0	2	2(2)	후0	에드가	9			9	구스타보	후13	0	2	0	0
0	3	23	10(6)			0			0			8(4)	10	3	0

● 후반 34분 이태희 PAR 내 ~ 고재현 GAR R-ST-G (득점: 고재현, 도움: 이태희) 오른쪽

● 후반 26분 김보경 PAR 내 L-ST-G (득점: 김보경) 왼쪽

• 3월 01일 14:00 흐림 울산 문수 5,260명
• 주심_ 김용우 부심_ 이정민·장종필 대기심_ 신용준 경기감독관_ 차상해

울산 2 1 전반 1 / 1 후반 0 **1 수원FC**

퇴장	경고	파울	ST(유)	교체	선수명	배번	위치	위치	배번	선수명	교체	ST(유)	파울	경고	퇴장
0	0	0	0		조현우	21	GK	GK	51	유현		0	0	0	0
0	0	0	0		김기희	44	DF	DF	4	곽윤호		0	3	1	0
0	0	0	0		김영권	19	DF	DF	5	잭슨		1(1)	1	0	0
0	0	2	0		김태환	23	DF	DF	14	김건웅		1(1)	1	0	0
0	0	1	0		설영우	66	DF	MF	3	박민규		0	0	0	0
0	0	1	1(1)		박용우	6	MF	MF	6	박주호		0	4	0	0
0	0	2	2(2)	72	이규성	24	MF	MF	8	정재용	25	0	2	0	0
0	0	0	0	16	아마노	8	MF	MF	13	김상원	7	0	0	0	0
0	0	1	2(2)		엄원상	11	MF	FW	19	김승준	11	1(1)	0	0	0
0	0	1	3(2)	9	김민준	17	MF	FW	28	박상명	10	1(1)	1	0	0
0	0	0	4(4)		바코	10	FW	FW	99	이영준	9	0	0	0	0
0	0	0	0		민동환	77			27	이범영		0	0	0	0
0	0	0	0		임종은	5			30	신세계		0	0	0	0
0	0	0	0		이명재	13			10	무릴로	후0	0	0	0	0
0	0	0	0	후31	원두재	16	대기	대기	25	니실라	후16	0	0	0	0
0	0	0	0		김성준	18			7	김현	후27	0	3	1	0
0	0	0	0	후16	이청용	72			9	라스	전28	1(1)	0	0	0
0	1	1	0	후10	레오나르도	9			11	이승우	후16	0	2	0	0
0	1	9	12(11)			0			0			5(5)	17	2	0

● 전반 42분 설영우 GAL ↷ 김민준 GA 정면 내 R-ST-G (득점: 김민준, 도움: 설영우) 가운데
● 후반 21분 바코 PK 좌측지점 R-ST-G (득점: 바코) 왼쪽
● 전반 10분 잭슨 GAR EL H ↷ 김승준 GA 정면 내 H-ST-G (득점: 김승준, 도움: 잭슨) 왼쪽

• 3월 01일 14:00 비 수원 월드컵 4,022명
• 주심_ 고형진 부심_ 지승민·방기열 대기심_ 최현재 경기감독관_ 김용세

수원 0 0 전반 0 / 0 후반 1 **1 제주**

퇴장	경고	파울	ST(유)	교체	선수명	배번	위치	위치	배번	선수명	교체	ST(유)	파울	경고	퇴장
0	0	0	0		양형모	21	GK	GK	1	김동준		0	0	0	0
0	0	0	0		불투이스	4	DF	MF	17	안현범		1	1	0	0
0	0	0	0		민상기	39	DF	DF	30	김봉수		0	1	0	0
0	1	0	1		이한도	20	DF	DF	35	김오규		0	2	1	0
0	0	1	0	33	박형진	13	MF	DF	13	정운		0	1	1	0
0	0	0	0		최성근	25	MF	MF	22	정우재		0	0	0	0
0	0	2	0	26	장호익	35	MF	MF	6	최영준		0	2	0	0
0	0	1	0	14	강현묵	12	MF	MF	8	이창민		2(1)	1	1	0
0	0	0	1(1)	11	정승원	10	MF	FW	29	변경준	19	0	0	0	0
0	0	0	3(3)		오현규	18	FW	FW	11	제르소		1(1)	3	0	0
0	1	4	3(1)		그로닝	7	FW	FW	18	주민규		5(5)	2	0	0
0	0	0	0		노동건	19			31	유연수		0	0	0	0
0	0	0	0	후45	박대원	33			5	홍성욱		0	0	0	0
0	0	0	0		김상준	22			25	우민걸		0	0	0	0
0	0	0	0	후28	김태환	11	대기	대기	39	김명순		0	0	0	0
0	0	1	1	후28	전진우	14			28	김규형		0	0	0	0
0	0	0	0	후33	염기훈	26			10	조나탄 링		0	0	0	0
0	0	0	0		유주안	16			19	김주공	전21	2(2)	0	0	0
0	2	9	9(5)			0			0			11(9)	13	3	0

● 후반 18분 정우재 PAL ~ 김주공 PA 정면 내 R-ST-G (득점: 김주공, 도움: 정우재) 오른쪽

• 3월 01일 16:30 맑음 탄천 종합 2,393명
• 주심_ 채상협 부심_ 곽승순·박균용 대기심_ 김대용 경기감독관_ 나승화

성남 0 0 전반 0 / 0 후반 0 **0 서울**

퇴장	경고	파울	ST(유)	교체	선수명	배번	위치	위치	배번	선수명	교체	ST(유)	파울	경고	퇴장
0	0	0	0		김영광	41	GK	GK	21	양한빈		0	0	0	0
0	0	1	0		권완규	3	DF	DF	88	이태석		0	0	0	0
0	0	1	0		곽광선	20	DF	DF	5	오스마르		0	0	0	0
0	0	1	0		강의빈	4	DF	DF	20	이한범		0	0	0	0
0	0	1	0	34	이지훈	18	MF	DF	23	윤종규		0	2	1	0
0	0	0	0	6	이재원	15	MF	MF	6	기성용		1(1)	0	1	0
0	1	5	0		이종성	16	MF	MF	26	팔로세비치		2	1	0	0
0	0	0	0		이시영	2	MF	MF	13	고요한		1(1)	1	1	0
0	0	0	0		박수일	66	FW	FW	7	나상호		4(2)	0	0	0
0	0	0	3(3)	25	뮬리치	8	FW	FW	29	강성진	10	1	1	0	0
0	0	0	0	33	박지원	28	FW	FW	11	조영욱	17	3(1)	1	0	0
0	0	0	0		최필수	1			1	백종범		0	0	0	0
0	0	0	0		양시후	24			17	김진야	후37	0	0	0	0
0	0	0	0	후45	최지묵	34			3	이상민		0	0	0	0
0	0	0	0	후35	김현태	6	대기	대기	16	정원진		0	0	0	0
0	0	0	0	후19	강재우	25			24	권성윤		0	0	0	0
0	0	0	0	후0	전성수	33			10	지동원	후19	0	1	0	0
0	0	0	0		엄승민	19			9	김신진		0	0	0	0
0	1	9	3(3)			0			0			12(5)	7	3	0

• 3월 01일 16:30 맑음 강릉 종합 1,559명
• 주심_ 김종혁 부심_ 윤재열·김지욱 대기심_ 송민석 경기감독관_ 강득수

강원 0 0 전반 0 / 0 후반 1 **1 인천**

퇴장	경고	파울	ST(유)	교체	선수명	배번	위치	위치	배번	선수명	교체	ST(유)	파울	경고	퇴장
0	0	0	0		유상훈	1	GK	GK	21	김동헌		0	0	0	0
0	0	0	1		서민우	4	DF	DF	26	오반석		0	1	1	0
0	0	0	1		임창우	23	DF	DF	4	강민수		0	1	0	0
0	0	0	0		김영빈	2	DF	DF	47	김동민		0	1	1	0
0	0	0	0		정승용	22	MF	MF	6	강윤구	28	0	2	1	0
0	0	2	1		강지훈	19	MF	MF	18	여름	16	1	1	1	0
0	1	1	0		김동현	6	MF	MF	5	이명주		0	1	0	0
0	0	0	0	14	김대우	5	MF	MF	17	김준엽		1(1)	2	1	0
0	0	1	1(1)	21	황문기	88	FW	FW	31	이준석	7	1	0	0	0
0	0	1	1	9	이정협	18	FW	FW	11	이용재	9	1(1)	0	0	0
0	0	2	1		김대원	17	FW	FW	10	아길라르	19	1(1)	1	0	0
0	0	0	0		이광연	32			23	민성준		0	0	0	0
0	0	0	0		윤석영	7			28	민경현	후47	0	0	0	0
0	0	0	0		김진호	24			20	델브리지		0	0	0	0
0	0	2	2(1)	후0	신창무	14	대기	대기	16	이동수	후47	0	0	0	0
0	0	0	0		양현준	47			7	김도혁	후0	1	1	0	0
0	0	1	0	후28	코바야시	21			9	무고사	후0	1(1)	1	0	0
0	0	0	4(2)	후0	디노	9			19	송시우	후16	3(2)	1	0	0
0	1	10	12(4)			0			0			10(6)	13	5	0

● 후반 41분 이명주 센타서클 ↷ 김준엽 GAR R-ST-G (득점: 김준엽, 도움: 이명주) 오른쪽

• 3월 02일 19:00 맑음 전주 월드컵 2,160명
• 주심_ 김희곤 부심_ 박상준·송봉근 대기심_ 김영수 경기감독관_ 당성증

전북 0 0 전반 0 / 0 후반 1 **1 포항**

퇴장	경고	파울	ST(유)	교체	선수명	배번	위치	위치	배번	선수명	교체	ST(유)	파울	경고	퇴장
0	0	0	0		송범근	31	GK	GK	1	윤평국		0	0	0	0
0	0	0	0	23	박진성	33	DF	DF	2	심상민	13	0	0	0	0
0	0	1	1		홍정호	26	DF	DF	5	그랜트		3(2)	1	0	0
0	0	1	0		박진섭	4	DF	DF	20	박찬용		2(1)	0	0	0
0	0	0	0		최철순	25	DF	DF	14	박승욱		0	3	1	0
0	1	4	0	10	맹성웅	28	MF	MF	6	신진호		0	1	1	0
0	0	0	1		백승호	8	MF	MF	17	신광훈	4	0	1	0	0
0	0	2	1(1)	27	한승규	66	MF	MF	7	임상협	22	1(1)	3	0	0
0	1	1	0	13	이승기	14	MF	MF	11	고영준		2	6	0	0
0	0	1	0	21	박규민	88	MF	MF	27	정재희		4(2)	0	0	0
0	1	2	3(1)		구스타보	9	FW	FW	16	이승모	8	1	1	0	0
0	0	0	0		황병근	41			31	강현무		0	0	0	0
0	0	0	0		최보경	6			13	김용환	후0	0	1	0	0
0	0	0	0	후0	김진수	23			15	박건		0	0	0	0
0	0	1	2(2)	후0	송민규	21	대기	대기	4	이수빈	후19	0	0	0	0
0	0	0	0	후0	김보경	13			8	허용준	후19	0	1	0	0
0	0	1	0	후19	문선민	27			22	이광혁	후19	2(2)	0	0	0
0	1	1	0	후30	일류첸코	10			82	팔라시오스		0	0	0	0
0	4	15	8(4)			0			0			15(8)	18	2	0

● 후반 28분 박승욱 자기 측 MFR ↷ 정재희 GAR R-ST-G (득점: 정재희, 도움: 박승욱) 오른쪽

• 3월 02일 19:30 맑음 DGB대구은행파크 2,520명
• 주심_ 정동식 부심_ 김계용·강동호 대기심_ 고형진 경기감독관_ 차상해

대구 1 1 전반 0 / 0 후반 0 **0 김천**

퇴장	경고	파울	ST(유)	교체	선수명	배번	위치	위치	배번	선수명	교체	ST(유)	파울	경고	퇴장
0	0	0	0		오승훈	21	GK	GK	25	구성윤		0	0	0	0
0	0	2	1(1)		박병현	20	DF	DF	13	정동윤		1	2	0	0
0	0	0	0		정태욱	4	DF	DF	23	박지수		0	0	0	0
0	0	1	0		조진우	66	DF	DF	3	하창래		0	0	0	0
0	0	0	0		케이타	18	MF	DF	11	유인수		1	2	0	0
0	0	0	1		라마스	10	MF	MF	24	정현철	16	0	2	0	0
0	0	2	0		이진용	26	MF	MF	7	고승범	8	2(2)	0	0	0
0	0	0	1		이태희	25	MF	MF	31	이영재		2(1)	1	0	0
0	0	1	1		세징야	11	FW	MF	17	서진수	28	0	1	1	0
0	1	1	2(1)	9	고재현	17	FW	FW	9	조규성		6(1)	2	0	0
0	0	1	2	32	김진혁	7	FW	FW	29	지언학	10	0	0	0	0
0	0	0	0		최영은	1			1	황인재		0	0	0	0
0	0	0	0		김희승	36			20	연제운		0	0	0	0
0	0	0	0		황재원	2			8	박상혁	후29	0	0	0	0
0	0	0	0		이용래	74	대기	대기	10	명준재	후0/14	1(1)	0	0	0
0	0	0	1(1)	후39	정치인	32			14	김한길	후43	0	0	0	0
0	0	0	0		이근호	22			16	권혁규	후29	0	1	0	0
0	0	3	0	후25	에드가	9			28	김지현	후19	0	0	0	0
0	1	11	9(3)			0			0			13(5)	11	1	0

● 전반 24분 정태욱 GAL H→ 고재현 GAL 내 L-ST-G (득점: 고재현, 도움: 정태욱) 왼쪽

• 3월 05일 14:00 맑음 탄천 종합 2,008명
• 주심_ 최현재 부심_ 김지욱·양재용 대기심_ 김용우 경기감독관_ 차상해

성남 2 0 전반 0 / 2 후반 2 **2 수원**

퇴장	경고	파울	ST(유)	교체	선수명	배번	위치	위치	배번	선수명	교체	ST(유)	파울	경고	퇴장
0	0	0	0		김영광	41	GK	GK	21	양형모		0	0	0	0
0	0	1	0		권완규	3	DF	DF	4	불투이스		1	2	1	0
0	0	0	1(1)		마상훈	5	DF	DF	39	민상기	35	0	1	0	0
0	0	3	0		강의빈	4	DF	DF	20	이한도		0	2	1	0
0	0	0	0		이지훈	18	MF	MF	23	이기제		0	1	0	0
0	0	1	1	14	박수일	66	MF	MF	25	최성근	22	0	0	0	0
0	0	0	0		이종성	16	MF	MF	13	박형진	18	0	2	1	0
0	1	2	1	24	이재원	15	MF	MF	11	김태환		1	1	0	0
0	0	0	0		이시영	2	MF	MF	12	강현묵		1(1)	1	0	0
0	0	3	3(2)	28	전성수	33	FW	FW	9	김건희		2(2)	0	0	0
0	0	2	1	8	엄승민	19	FW	FW	7	그로닝	26	1	2	1	0
0	0	0	0		최필수	1			19	노동건		0	0	0	0
0	0	0	0	후27	양시후	24			22	김상준	전12	1(1)	1	0	0
0	0	0	0		최지묵	34			33	박대원		0	0	0	0
0	0	0	0		권순형	7	대기	대기	35	장호익	후0	0	2	0	0
0	0	0	0	후39	정석화	14			14	전진우		0	0	0	0
0	0	0	0	후39	박지원	28			26	염기훈	후43	0	0	0	0
0	0	0	1(1)	후21	뮬리치	8			18	오현규	후0	2(1)	2	0	0
0	1	12	8(4)			0			0			9(5)	17	4	0

● 후반 6분 전성수 PK-R-G (득점: 전성수) 가운데
● 후반 22분 뮬리치 GAL 내 EL R-ST-G (득점: 뮬리치) 왼쪽
● 후반 28분 김상준 AKR R-ST-G (득점: 김상준) 오른쪽
● 후반 35분 강현묵 PAR EL ↷ 오현규 GA 정면 H-ST-G (득점: 오현규, 도움: 강현묵) 오른쪽

• 3월 05일 16:30 맑음 강릉 종합 1,075명
• 주심_ 김영수 부심_ 이정민·장종필 대기심_ 박병진 경기감독관_ 김성기

강원 2 0 전반 0 / 2 후반 0 **0 대구**

퇴장	경고	파울	ST(유)	교체	선수명	배번	위치	위치	배번	선수명	교체	ST(유)	파울	경고	퇴장
0	0	0	0		유상훈	1	GK	GK	21	오승훈		0	0	0	0
0	0	1	0		서민우	4	DF	DF	7	김진혁	74	1	1	0	0
0	0	0	0		임창우	23	DF	DF	4	정태욱		1	4	0	0
0	0	0	0		김영빈	2	DF	DF	66	조진우		0	1	0	0
0	1	1	0	22	츠베타노프	71	MF	MF	18	케이타		0	0	0	0
0	0	0	0		강지훈	19	MF	MF	10	라마스		1	0	0	0
0	0	1	2		김동현	6	MF	MF	26	이진용	32	0	1	0	0
0	1	5	0	5	코바야시	21	MF	MF	25	이태희		0	0	1	0
0	0	3	1	88	양현준	47	MF	FW	11	세징야		2(1)	2	0	0
0	0	2	1(1)	18	디노	9	FW	FW	17	고재현	22	0	2	0	0
0	0	2	1(1)		김대원	17	FW	FW	9	에드가		3(1)	3	1	0
0	0	0	0		이광연	32			1	최영은		0	0	0	0
0	0	0	0		윤석영	7			15	이원우		0	0	0	0
0	0	0	0		김진호	24			2	황재원		0	0	0	0
0	1	1	2(2)	후0	정승용	22	대기	대기	74	이용래	후22	0	1	0	0
0	0	0	0	후20	김대우	5			14	안용우		0	0	0	0
0	0	0	0	후45	황문기	88			22	이근호	후27	0	0	0	0
0	0	0	0	후42	이정협	18			32	정치인	후32	1(1)	0	0	0
0	3	16	7(4)			0			0			9(3)	15	2	0

● 후반 8분 양현준 PAR ↷ 디노 GA 정면 H-ST-G (득점: 디노, 도움: 양현준) 오른쪽
● 후반 36분 강지훈 MFR ↷ 정승용 GAL L-ST-G (득점: 정승용, 도움: 강지훈) 왼쪽

• 3월 05일 19:00 맑음 인천 전용 3,581명
• 주심_ 신용준 부심_ 지승민·강동호 대기심_ 김희곤 경기감독관_ 양정환

인천 0   0 전반 1 / 0 후반 0   **1 포항**

퇴장	경고	파울	ST(유)	교체	선수명	배번	위치	위치	배번	선수명	교체	ST(유)	파울	경고	퇴장
0	0	0	0		김동헌	21	GK	GK	1	윤평국		0	0	0	0
0	1	1	0		오반석	26	DF	DF	2	심상민	13	1	0	0	0
0	0	0	0		강민수	4	DF	DF	5	그랜트		0	2	1	0
0	1	3	1(1)		김동민	47	DF	DF	20	박찬용		0	2	0	0
0	0	0	0		민경현	28	MF	DF	14	박승욱		0	1	0	0
0	0	1	0	20	여름	18	MF	MF	6	신진호		0	2	0	0
0	0	0	0	16	이명주	5	MF	MF	17	신광훈	4	1	1	0	0
0	0	0	0	30	김준엽	17	MF	MF	7	임상협		3(3)	0	0	0
0	0	2	0	19	김도혁	7	FW	MF	11	고영준		1(1)	0	0	0
0	0	0	2(2)		무고사	9	FW	MF	27	정재희	22	2	1	0	0
0	0	2	0	11	아길라르	10	FW	FW	16	이승모	8	1	0	0	0
0	0	0	0		민성준	23			31	강현무		0	0	0	0
0	0	0	0		강윤구	6			13	김용환	후0	0	0	1	0
0	0	0	0	후40	델브리지	20			15	박건		0	0	0	0
0	0	0	0	후0	이동수	16	대기	대기	4	이수빈	후9	0	0	0	0
0	0	0	0	후40	박창환	30			8	허용준	후21	1	0	0	0
0	0	1	1(1)	후19	이용재	11			22	이광혁	후21	0	1	0	0
0	0	0	0	후19	송시우	19			82	팔라시오스		0	0	0	0
0	2	10	4(4)			0			0			10(4)	10	2	0

● 전반 36분 임상협 GAL R-ST-G (득점: 임상협) 왼쪽

• 3월 06일 14:00 맑음 김천 종합 1,552명
• 주심_ 고형진 부심_ 박상준·송봉근 대기심_ 김우성 경기감독관_ 허기태

김천   0 전반 0 / 2 후반 0   **0 서울**

퇴장	경고	파울	ST(유)	교체	선수명	배번	위치	위치	배번	선수명	교체	ST(유)	파울	경고	퇴장
0	0	0	0		황인재	1	GK	GK	21	양한빈		0	0	0	0
0	0	4	0		정동윤	13	DF	DF	88	이태석		0	1	0	0
0	0	3	0		박지수	23	DF	DF	5	오스마르		0	2	0	0
0	0	1	0		하창래	3	DF	DF	20	이한범		0	1	0	0
0	0	1	0		유인수	11	DF	DF	23	윤종규		0	2	1	0
0	0	0	0		정현철	24	MF	MF	6	기성용	16	0	0	0	0
0	0	0	1		고승범	7	MF	MF	26	팔로세비치	10	2	1	0	0
0	0	1	0	8	이영재	31	MF	MF	13	고요한	24	1(1)	0	0	0
0	1	0	0	29	서진수	17	FW	FW	7	나상호		2(1)	0	0	0
0	0	0	7(6)		조규성	9	FW	FW	29	강성진	17	1(1)	0	0	0
0	0	0	0	14	권창훈	26	FW	FW	11	조영욱		4(1)	1	0	0
0	0	0	0		강정묵	18			1	백종범		0	0	0	0
0	0	0	0		연제운	20			17	김진야	후0	2(1)	2	0	0
0	0	0	1	후44	박상혁	8			16	정원진	후40	1	0	0	0
0	0	0	0	후30	김한길	14	대기	대기	14	벤		0	0	0	0
0	0	0	0	후44	권혁규	16			24	권성윤	후30	0	0	0	0
0	0	0	1	전34/16	지언학	29			10	지동원	후16/9	0	0	0	0
0	0	0	0		김지현	28			9	김신진	후30	0	1	0	0
0	1	10	10(6)			0			0			13(5)	11	1	0

● 후반 13분 이영재 MF정면 ~ 조규성 GAL L-ST-G (득점: 조규성, 도움: 이영재) 왼쪽
● 후반 25분 권창훈 GAR ~ 조규성 GA 정면 L-ST-G (득점: 조규성, 도움: 권창훈) 왼쪽

• 3월 06일 16:30 맑음 전주 월드컵 8,297명
• 주심_ 김종혁 부심_ 이정민·윤재열 대기심_ 채상협 경기감독관_ 최윤겸

전북 0   0 전반 1 / 0 후반 0   **1 울산**

퇴장	경고	파울	ST(유)	교체	선수명	배번	위치	위치	배번	선수명	교체	ST(유)	파울	경고	퇴장
0	0	0	0		송범근	31	GK	GK	21	조현우		0	0	0	0
0	1	2	0		김진수	23	DF	DF	44	김기희		0	1	0	0
0	0	2	0		박진섭	4	DF	DF	19	김영권		0	1	0	0
0	0	0	0		홍정호	26	DF	DF	23	김태환		0	0	0	0
0	0	0	0		최철순	25	DF	DF	66	설영우		0	0	0	0
0	1	4	1		쿠니모토	17	MF	MF	16	원두재	6	0	0	0	0
0	0	1	2		백승호	8	MF	MF	24	이규성	11	0	0	0	0
0	0	1	2(2)	13	이승기	14	MF	MF	8	아마노		4(1)	1	1	0
0	0	0	0	21	이윤권	77	FW	MF	72	이청용		0	1	1	0
0	0	0	0	27	이지훈	19	FW	MF	17	김민준	9	1(1)	0	0	0
0	0	3	1	9	일류첸코	10	FW	FW	10	바코		1	0	0	0
0	0	0	0		이범수	1			28	설현빈		0	0	0	0
0	0	0	0		구자룡	15			25	오인표		0	0	0	0
0	0	0	0		맹성웅	28			20	신형민		0	0	0	0
0	0	3	1	전21	송민규	21	대기	대기	6	박용우	후0	1	1	0	0
0	0	0	1(1)	후11	김보경	13			7	윤일록		0	0	0	0
0	0	1	0	전21	문선민	27			11	엄원상	후32	0	0	0	0
0	0	0	0	후27	구스타보	9			9	레오나르도	전29	2(1)	0	0	0
0	2	17	8(3)			0			0			9(3)	5	2	0

● 전반 39분 설영우 MFR ↷ 레오나르도 GAR R-ST-G (득점: 레오나르도, 도움: 설영우) 가운데

• 3월 06일 16:30 맑음 제주 월드컵 3,021명
• 주심_ 김대용 부심_ 김계용·천진희 대기심_ 정동식 경기감독관_ 조성철

제주 0   0 전반 0 / 0 후반 0   **0 수원FC**

퇴장	경고	파울	ST(유)	교체	선수명	배번	위치	위치	배번	선수명	교체	ST(유)	파울	경고	퇴장
0	0	0	0		김동준	1	GK	GK	51	유현		0	0	0	0
0	1	3	0	7	안현범	17	MF	DF	4	곽윤호		1(1)	0	0	0
0	0	2	0		김봉수	30	DF	DF	5	잭슨		0	1	0	0
0	0	0	0		김오규	35	DF	DF	14	김건웅		0	2	0	0
0	0	0	0		정운	13	DF	MF	3	박민규		0	0	0	0
0	0	2	0		정우재	22	MF	MF	6	박주호		0	0	0	0
0	1	3	1		최영준	6	MF	MF	13	김상원		1	2	1	0
0	0	1	2		이창민	8	MF	MF	17	장혁진	25	0	2	0	0
0	0	0	1(1)	19	추상훈	37	FW	FW	19	김승준	77	1	1	0	0
0	0	2	1(1)	10	제르소	11	FW	FW	28	박상명	11	0	1	0	0
0	0	0	1(1)		주민규	18	FW	FW	99	이영준	7	0	0	0	0
0	0	0	0		유연수	31			27	이범영		0	0	0	0
0	0	0	0		이지솔	4			26	김동우		0	0	0	0
0	0	0	0		홍성욱	5			25	니실라	후37	0	0	0	0
0	0	0	0		김명순	39	대기	대기	77	신재원	후16/8	0	0	0	0
0	0	0	0	후33	조성준	7			8	정재용	후51	0	0	0	0
0	0	0	1	후33	조나탄 링	10			7	김현	후0	2(1)	2	0	0
0	0	0	2	전18	김주공	19			11	이승우	후0	1(1)	0	0	0
0	2	13	9(3)			0			0			6(3)	11	1	0

• 3월 11일 19:00 흐림 울산 문수 3,452명
• 주심_ 김희곤 부심_ 김계용·천진희 대기심_ 정동식 경기감독관_ 당성증

울산 2 0 전반 1 / 2 후반 0 **1 서울**

퇴장	경고	파울	ST(유)	교체	선수명	배번	위치	위치	배번	선수명	교체	ST(유)	파울	경고	퇴장
0	0	0	0		조 현 우	21	GK	GK	21	양 한 빈		0	0	0	0
0	0	0	0	20	김 기 희	44	DF	DF	17	김 진 야	88	0	0	0	0
0	0	0	0		김 영 권	19	DF	DF	5	오스마르		0	1	0	0
0	0	0	0		김 태 환	23	DF	DF	20	이 한 범		0	2	0	0
0	0	2	2(2)		설 영 우	66	DF	DF	23	윤 종 규		0	1	0	0
0	0	1	0		박 용 우	6	MF	MF	6	기 성 용		0	0	0	0
0	0	0	0		이 규 성	24	MF	MF	26	팔로세비치		2(2)	1	0	0
0	0	2	1(1)	10	김 성 준	18	MF	MF	16	정 원 진	8	2(2)	0	0	0
0	0	0	2(1)		엄 원 상	11	MF	MF	7	나 상 호		1(1)	1	0	0
0	0	0	0	72	김 민 준	17	MF	MF	29	강 성 진	14	0	0	0	0
0	1	2	3(3)		레오나르도	9	FW	FW	11	조 영 욱		2(1)	1	0	0
0	0	0	0		설 현 빈	28			1	백 종 범		0	0	0	0
0	0	0	0		이 명 재	13			88	이 태 석	후0	1	2	0	0
0	0	1	0	전6	신 형 민	20			14	벤	후30	1	1	0	0
0	0	0	0		아 마 노	8	대기	대기	24	권 성 윤		0	0	0	0
0	0	0	0	후0	이 청 용	72			8	임 민 혁	후0/9	0	1	1	0
0	0	1	1(1)	후13	바 코	10			19	정 한 민		0	0	0	0
0	0	0	0		박 주 영	91			9	김 신 진	후46	0	0	0	0
0	1	9	9(8)			0			0			9(6)	11	1	0

● 후반 15분 바코 GAL H ↷ 엄원상 GA 정면 H-ST-G (득점: 엄원상, 도움: 바코) 왼쪽
● 후반 44분 레오나르도 PK-R-G (득점: 레오나르도) 왼쪽

● 전반 4분 강성진 PAR ~ 조영욱 GAR R-ST-G (득점: 조영욱, 도움: 강성진) 왼쪽

• 3월 11일 19:00 맑음 DGB대구은행파크 2,580명
• 주심_ 송민석 부심_ 곽승순·강동호 대기심_ 김용우 경기감독관_ 강득수

대구 3 1 전반 1 / 2 후반 0 **1 성남**

퇴장	경고	파울	ST(유)	교체	선수명	배번	위치	위치	배번	선수명	교체	ST(유)	파울	경고	퇴장
0	0	0	0		오 승 훈	21	GK	GK	1	최 필 수		0	0	0	0
0	0	1	0		김 진 혁	7	DF	DF	3	권 완 규		0	4	0	0
0	1	2	0		정 태 욱	4	DF	DF	5	마 상 훈		0	1	0	0
0	0	1	1		조 진 우	66	DF	DF	4	강 의 빈		0	1	0	0
0	0	1	0	74	안 용 우	14	MF	MF	18	이 지 훈	14	0	1	0	0
0	2	3	1(1)		김 희 승	36	MF	MF	66	박 수 일		1	3	0	0
0	1	0	6(4)	22	라 마 스	10	MF	MF	16	이 종 성		0	3	1	0
0	0	1	0	25	황 재 원	2	MF	MF	15	이 재 원		0	0	0	0
0	0	0	3(2)		세 징 야	11	FW	MF	2	이 시 영	13	1(1)	0	0	0
0	0	2	1(1)	18	고 재 현	17	FW	FW	33	전 성 수	29	2(1)	0	0	0
0	0	4	4(2)	15	에 드 가	9	FW	FW	19	엄 승 민	34	0	1	0	0
0	0	0	0		최 영 은	1			41	김 영 광		0	0	0	0
0	0	0	0	후48	이 원 우	15			26	조 성 욱		0	0	0	0
0	0	0	0	후26	이 태 희	25			29	장 효 준	후37	0	0	0	0
0	0	0	0	후26	케 이 타	18	대기	대기	34	최 지 묵	후0/9	0	0	0	0
0	0	0	0	후32	이 용 래	74			13	김 민 혁	후24	1(1)	0	0	0
0	0	0	0	후48	이 근 호	22			9	박 용 지	후24	1	0	0	0
0	0	0	0		이 종 훈	37			14	정 석 화	후24	1	1	0	0
0	4	15	16(10)			0			0			7(3)	15	1	0

● 전반 21분 안용우 PAL ↷ 에드가 PK지점 H-ST-G (득점: 에드가, 도움: 안용우) 왼쪽
● 후반 1분 고재현 GAL L-ST-G (득점: 고재현) 왼쪽
● 후반 19분 라마스 GAL 내 L-ST-G (득점: 라마스) 왼쪽

● 전반 4분 박수일 MF 정면 ~ 전성수 PAR 내 R-ST-G (득점: 전성수, 도움: 박수일) 왼쪽

• 3월 12일 14:00 맑음 제주 월드컵 2,619명
• 주심_ 이동준 부심_ 지승민·장종필 대기심_ 김영수 경기감독관_ 조성철

제주 2 1 전반 0 / 1 후반 0 **0 전북**

퇴장	경고	파울	ST(유)	교체	선수명	배번	위치	위치	배번	선수명	교체	ST(유)	파울	경고	퇴장
0	0	0	0		김 동 준	1	GK	GK	31	송 범 근		0	0	0	0
0	0	0	0	17	김 명 순	39	MF	DF	23	김 진 수		3(1)	0	0	0
0	0	1	0	30	홍 성 욱	5	DF	DF	26	홍 정 호		0	0	0	0
0	1	3	0		김 오 규	35	DF	DF	15	구 자 룡		0	2	0	0
0	0	0	0		정 운	13	DF	DF	25	최 철 순		0	1	0	0
0	0	0	0	4	정 우 재	22	MF	MF	17	쿠니모토	14	1	4	0	0
0	0	1	0		최 영 준	6	MF	MF	8	백 승 호		1	0	1	0
0	0	0	4		이 창 민	8	MF	MF	13	김 보 경		0	0	0	0
0	0	0	0	19	조나탄 링	10	FW	FW	77	이 윤 권	21	0	0	0	0
0	1	5	1	2	제 르 소	11	FW	FW	19	이 지 훈	24	0	0	0	0
0	0	0	1(1)		주 민 규	18	FW	FW	10	일류첸코	9	0	0	0	0
0	0	0	0		문 경 건	40			1	이 범 수		0	0	0	0
0	0	1	0	전38	이 지 솔	4			4	박 진 섭	후22	0	2	0	0
0	0	1	0	전17	김 봉 수	30			28	맹 성 웅		0	0	0	0
0	0	0	0	전17	안 현 범	17	대기	대기	14	이 승 기	후35	0	0	0	0
0	0	0	0		윤빛가람	14			21	송 민 규	전15	3(1)	0	0	0
0	0	0	1(1)	후33	김 주 공	19			24	김 승 대	전15/4	0	2	0	0
0	0	3	0	후33	진 성 욱	2			9	구스타보	후22	0	0	0	0
0	2	15	7(2)			0			0			8(2)	11	1	0

● 전반 10분 제르소 PAL EL ↷ 주민규 GA 정면 H-ST-G (득점: 주민규, 도움: 제르소) 왼쪽
● 후반 40분 주민규 MF 정면 ~ 김주공 PAR 내 R-ST-G (득점: 김주공, 도움: 주민규) 오른쪽

• 3월 12일 16:30 흐림 수원 월드컵 4,044명
• 주심_ 김동진 부심_ 이정민·성주경 대기심_ 안재훈 경기감독관_ 나승화

수원 1 0 전반 0 / 1 후반 1 **1 포항**

퇴장	경고	파울	ST(유)	교체	선수명	배번	위치	위치	배번	선수명	교체	ST(유)	파울	경고	퇴장
0	0	0	0		양 형 모	21	GK	GK	1	윤 평 국		0	0	0	0
0	0	1	0		불투이스	4	DF	DF	2	심 상 민		0	0	0	0
0	0	2	0		민 상 기	39	DF	DF	5	그 랜 트		1	1	0	0
0	0	1	0		박 대 원	33	DF	DF	20	박 찬 용		0	1	0	0
0	0	0	1		이 기 제	23	MF	DF	14	박 승 욱		0	3	1	0
0	0	0	0	90	김 상 준	22	MF	MF	6	신 진 호		1(1)	1	1	0
0	0	0	0	88	박 형 진	13	MF	MF	17	신 광 훈	4	0	3	0	0
0	0	0	1(1)		김 태 환	11	MF	MF	7	임 상 협		2(2)	1	1	0
0	0	2	0	12	류 승 우	30	FW	MF	11	고 영 준	18	3(3)	3	0	0
0	0	0	1	9	그 로 닝	7	FW	MF	22	이 광 혁	27	0	0	0	0
0	0	1	1	26	오 현 규	18	FW	FW	16	이 승 모	19	0	1	0	0
0	0	0	0		노 동 건	19			41	조 성 훈		0	0	0	0
0	0	0	0		고 명 석	15			13	김 용 환		0	0	0	0
0	0	1	0	후40	구 대 영	90			15	박 건		0	0	0	0
0	0	1	0	후23	유 제 호	88	대기	대기	4	이 수 빈	후38	0	0	0	0
0	0	0	0	후19	강 현 묵	12			19	김 지 민	후33	0	1	0	0
0	0	0	1	후40	염 기 훈	26			27	정 재 희	후0	1	1	0	0
0	0	2	2(2)	후19	김 건 희	9			18	이 호 재	후47	0	0	0	0
0	0	11	7(3)			0			0			8(6)	16	3	0

● 후반 31분 김건희 PK-R-G (득점: 김건희) 오른쪽

● 후반 11분 임상협 PK-R-G (득점: 임상협) 왼쪽

• 3월 13일 14:00 흐림 인천 전용 2,607명
• 주심_ 박병진 부심_ 윤재열·방기열 대기심_ 최현재 경기감독관_ 김용세

인천 1 　 1 전반 0 / 0 후반 0 　 **0 김천**

퇴장	경고	파울	ST(유)	교체	선수명	배번	위치	위치	배번	선수명	교체	ST(유)	파울	경고	퇴장
0	0	0	0		김동헌	21	GK	GK	1	황인재		0	0	0	0
0	0	0	0		델브리지	20	DF	DF	13	정동윤		0	3	0	0
0	0	0	0		김동민	47	DF	DF	23	박지수		1	1	1	0
0	0	1	0		오반석	26	DF	DF	20	연제운		0	0	0	0
0	0	0	0	24	민경현	28	MF	DF	11	유인수	30	1	0	0	0
0	0	3	1		여름	18	MF	MF	24	정현철		0	1	0	0
0	1	0	3(2)		김보섭	27	MF	MF	7	고승범	8	1(1)	1	0	0
0	0	1	2(1)	19	김도혁	7	MF	MF	31	이영재		2	0	0	0
0	0	2	0	16	이명주	5	MF	FW	17	서진수	28	0	0	0	0
0	0	1	3(2)		무고사	9	FW	FW	9	조규성		3(1)	3	0	0
0	0	1	0	6	이용재	11	FW	FW	26	권창훈	29	3(3)	2	0	0
0	0	0	0		민성준	23	대기	대기	18	강정묵		0	0	0	0
0	0	0	0	후40	이강현	24	대기	대기	3	하창래		0	0	0	0
0	0	0	0	후7	강윤구	6	대기	대기	30	김주성	후19	0	2	1	0
0	0	0	1(1)	후20	이동수	16	대기	대기	29	지언학	후40	1(1)	0	0	0
0	0	0	0		아길라르	10	대기	대기	8	박상혁	후40	0	1	0	0
0	0	1	0	후40	홍시후	37	대기	대기	16	권혁규		0	0	0	0
0	0	1	1(1)	후20/37	송시우	19	대기	대기	28	김지현	후19	2(1)	1	0	0
0	1	11	11(7)			0			0			14(7)	15	2	0

● 전반 15분 무고사 PAR 내 R-ST-G (득점: 무고사) 왼쪽

• 3월 13일 16:30 흐리고 강릉 종합 1,154명
• 주심_ 김우성 부심_ 송봉근·양재용 대기심_ 서동진 경기감독관_ 양정환

강원 0 　 0 전반 1 / 0 후반 1 　 **2 수원FC**

퇴장	경고	파울	ST(유)	교체	선수명	배번	위치	위치	배번	선수명	교체	ST(유)	파울	경고	퇴장
0	0	0	0		유상훈	1	GK	GK	51	유현		0	0	0	0
0	0	0	0		서민우	4	DF	DF	5	잭슨		0	1	0	0
0	0	0	1		임창우	23	DF	DF	14	김건웅		0	1	0	0
0	0	2	2(1)		김영빈	2	DF	DF	26	김동우		1(1)	0	0	0
0	0	0	2(2)	71	정승용	22	MF	MF	3	박민규		0	0	0	0
0	0	0	0		강지훈	19	MF	MF	6	박주호		1	2	0	0
0	0	2	1(1)		김동현	6	MF	MF	17	장혁진	8	0	1	0	0
0	0	1	0	5	코바야시	21	MF	MF	25	니실라	22	0	1	0	0
0	0	2	1	88	양현준	47	FW	MF	77	신재원	13	2	1	1	0
0	0	1	1	18	디노	9	FW	FW	11	이승우	99	1	1	0	0
0	0	0	0		김대원	17	FW	FW	28	박상명	19	0	0	0	0
0	0	0	0		이광연	32	대기	대기	27	이범영		0	0	0	0
0	0	0	0		윤석영	7	대기	대기	13	김상원	후38	0	0	0	0
0	0	0	0		김진호	24	대기	대기	15	김기수		0	0	0	0
0	0	1	0	후22	츠베타노프	71	대기	대기	8	정재용	후26	1(1)	0	0	0
0	1	2	0	후22	김대우	5	대기	대기	22	황순민	후26	0	0	0	0
0	0	0	0	후0	황문기	88	대기	대기	19	김승준	전20	1(1)	2	0	0
0	0	0	1	후14	이정협	18	대기	대기	99	이영준	후38	0	0	0	0
0	1	11	9(4)			0			0			7(3)	10	1	0

● 전반 43분 니실라 C.KL ↷ 김동우 GA 정면 H-ST-G (득점: 김동우, 도움: 니실라) 오른쪽
● 후반 50분 황순민 PAL ~ 정재용 AK 정면 R-ST-G (득점: 정재용, 도움: 황순민) 오른쪽

• 3월 19일 14:00 비 수원 월드컵 1,989명
• 주심_ 박병진 부심_ 지승민·김지욱 대기심_ 신용준 경기감독관_ 최윤겸

수원 2 　 0 전반 1 / 2 후반 1 　 **2 강원**

퇴장	경고	파울	ST(유)	교체	선수명	배번	위치	위치	배번	선수명	교체	ST(유)	파울	경고	퇴장
0	0	0	0		양형모	21	GK	GK	32	이광연		0	0	0	0
0	0	0	0		불투이스	4	DF	DF	4	서민우		0	0	0	0
0	0	1	1		민상기	39	DF	DF	7	윤석영		1(1)	1	0	0
0	1	2	0	35	박대원	33	DF	DF	2	김영빈		0	3	1	0
0	0	2	0		이기제	23	MF	MF	22	정승용		2(1)	1	0	0
0	0	4	0	8	한석종	6	MF	MF	19	강지훈		1(1)	2	0	0
0	1	1	0	22	유제호	88	MF	MF	6	김동현		0	0	0	0
0	0	1	1(1)		김태환	11	MF	MF	21	코바야시	5	1(1)	0	0	0
0	0	4	0	26	강현묵	12	MF	MF	88	황문기		1(1)	2	0	0
0	0	2	6(3)		김건희	9	FW	FW	18	이정협	3	1(1)	3	0	0
0	0	1	0	7	오현규	18	FW	FW	47	양현준	16	3(1)	3	0	0
0	0	0	0		노동건	19	대기	대기	25	김정호		0	0	0	0
0	0	0	1	후0	장호익	35	대기	대기	3	케빈	후43	0	0	0	0
0	0	0	1(1)	후32	김상준	22	대기	대기	24	김진호		0	0	0	0
0	0	0	0	후26	사리치	8	대기	대기	71	츠베타노프		0	0	0	0
0	0	0	0	후32	염기훈	26	대기	대기	5	김대우	후30	1	0	0	0
0	0	0	0		한석희	77	대기	대기	14	신창무		0	0	0	0
0	0	1	1(1)	후26	그로닝	7	대기	대기	16	박경배	후30	1(1)	2	0	0
0	2	19	11(6)			0			0			12(8)	17	1	0

● 후반 1분 이기제 MFL FK ↷ 김건희 GA 정면 H-ST-G (득점: 김건희, 도움: 이기제) 왼쪽
● 후반 49분 사리치 PAR ↷ 김상준 GAR H-ST-G (득점: 김상준, 도움: 사리치) 왼쪽

● 전반 23분 윤석영 MFR FK L-ST-G (득점: 윤석영) 오른쪽
● 후반 5분 양현준 PAR ~ 황문기 GAR L-ST-G (득점: 황문기, 도움: 양현준) 왼쪽

• 3월 19일 16:30 흐림 서울 월드컵 6,276명
• 주심_ 김종혁 부심_ 윤재열·방기열 대기심_ 안재훈 경기감독관_ 허기태

서울 1 　 0 전반 2 / 1 후반 0 　 **2 제주**

퇴장	경고	파울	ST(유)	교체	선수명	배번	위치	위치	배번	선수명	교체	ST(유)	파울	경고	퇴장
0	0	0	0	18	백종범	1	GK	GK	1	김동준		0	0	0	0
0	1	4	0	35	양유민	33	DF	MF	17	안현범		0	1	0	0
0	0	2	0		히카르도	45	DF	DF	5	홍성욱	30	0	0	0	0
0	0	0	1		김신진	9	DF	DF	35	김오규		0	0	1	0
0	0	1	0		권성윤	24	DF	DF	13	정운		0	0	0	0
0	0	0	0		고요한	13	MF	MF	39	김명순	22	0	0	0	0
0	1	1	2(1)		팔로세비치	26	MF	MF	6	최영준		0	0	0	0
0	0	1	1(1)	40	김진성	30	MF	MF	8	이창민		0	3	0	0
0	0	0	1	99	정한민	19	MF	FW	10	조나탄 링	19	3(3)	1	0	0
0	0	0	1	77	강성진	29	MF	FW	11	제르소	2	2(2)	0	0	0
0	0	0	0		나상호	7	FW	FW	18	주민규	14	1	0	0	0
0	0	0	0	후40	황성민	18	대기	대기	31	유연수		0	0	0	0
0	0	0	0		안지만	25	대기	대기	4	이지솔		0	0	0	0
0	0	0	0	후24	백상훈	35	대기	대기	30	김봉수	전21	0	0	0	0
0	0	0	0	전38	박성훈	40	대기	대기	22	정우재	전21	1(1)	1	0	0
0	0	0	0	후40	이승재	77	대기	대기	14	윤빛가람	후35	0	0	0	0
0	0	0	1(1)	후40	박호민	99	대기	대기	19	김주공	후27	1	1	0	0
0	2	9	7(3)			0			0			8(6)	7	1	0

● 후반 43분 이승재 GAL 내 ~ 박호민 GAL 내 R-ST-G (득점: 박호민, 도움: 이승재) 가운데

● 전반 10분 주민규 MF 정면 ↷ 조나탄 링 GAR L-ST-G (득점: 조나탄 링, 도움: 주민규) 왼쪽
● 전반 26분 주민규 AKR ~ 조나탄 링 PA 정면 내 L-ST-G (득점: 조나탄 링, 도움: 주민규) 오른쪽

• 3월 19일 19:00 흐림 전주 월드컵 2,767명
• 주심_ 김동진 부심_ 김계용·천진희 대기심_ 최현재 경기감독관_ 김성기

전북 1 0 전반 1 / 1 후반 0 **1 김천**

퇴장	경고	파울	ST(유)	교체	선수명	배번	위치	위치	배번	선수명	교체	ST(유)	파울	경고	퇴장
0	0	0	0		송범근	31	GK	GK	1	황인재		0	0	1	0
0	0	2	1(1)		김진수	23	DF	DF	29	지언학	13	0	0	0	0
0	0	3	0		박진섭	4	DF	DF	23	박지수		1(1)	0	0	0
0	0	0	0		홍정호	26	DF	DF	3	하창래		0	0	0	0
0	0	4	2(2)		최철순	25	DF	DF	20	연제운	24	0	0	0	0
0	0	1	0	9	류재문	29	MF	MF	16	권혁규		0	0	0	0
0	0	2	3(2)		송민규	21	FW	MF	7	고승범		1	1	1	0
0	0	1	1		김진규	97	MF	MF	31	이영재		2(1)	0	0	0
0	0	2	1		백승호	8	MF	MF	17	서진수	11	0	2	0	0
0	0	0	1(1)	27	박규민	88	FW	FW	9	조규성		2(1)	0	0	0
0	0	2	4(4)		일류첸코	10	FW	FW	28	김지현	26	1	1	0	0
0	0	0	0		김준홍	30			18	강정묵		0	0	0	0
0	0	0	0		구자룡	15			13	정동윤	전16	0	0	0	0
0	0	0	0		맹성웅	28			30	김주성		0	0	0	0
0	0	0	0		김승대	24	대기	대기	11	유인수	후9	1(1)	0	0	0
0	0	2	2(1)	전31	문선민	27			8	박상혁		0	0	0	0
0	0	1	3(3)	후0	구스타보	9			24	정현철	후26	0	0	0	0
0	0	20	18(14)			0			0			8(4)	4	2	0

● 후반 24분 홍정호 PAR 내 H ↷ 구스타보 PK 우측지점 H-ST-G (득점: 구스타보, 도움: 홍정호) 오른쪽

● 전반 31분 조규성 PK-R-G (득점: 조규성) 오른쪽

• 3월 20일 14:00 맑음 수원 종합 3,129명
• 주심_ 이동준 부심_ 이정민·장종필 대기심_ 신용준 경기감독관_ 당성증

수원FC 4 2 전반 2 / 2 후반 1 **3 대구**

퇴장	경고	파울	ST(유)	교체	선수명	배번	위치	위치	배번	선수명	교체	ST(유)	파울	경고	퇴장
0	0	0	0		유현	51	GK	GK	21	오승훈		0	0	0	0
0	1	2	1(1)		잭슨	5	DF	DF	20	박병현		0	3	1	0
0	0	0	0		김건웅	14	DF	DF	4	정태욱		0	1	0	0
0	0	0	0	4	김동우	26	DF	DF	66	조진우		0	2	1	0
0	0	0	0		박민규	3	MF	MF	14	안용우		0	0	0	0
0	0	1	0	8	박주호	6	MF	MF	36	김희승		1	5	0	0
0	0	1	1	28	황순민	22	MF	MF	26	이진용		1	1	0	0
0	0	2	2(2)		니실라	25	MF	MF	2	황재원		1(1)	3	0	0
0	0	0	0	13	신재원	77	MF	FW	11	세징야		4(2)	1	0	0
0	0	2	5(2)		이승우	11	FW	FW	10	라마스		3(2)	2	0	0
0	0	2	0	19	이영준	99	FW	FW	32	정치인	22	1(1)	0	0	0
0	0	0	0		이범영	27			1	최영은		0	0	0	0
0	0	0	0	후11	곽윤호	4			15	이원우		0	0	0	0
0	0	0	0	전26	김상원	13			25	이태희		0	0	0	0
0	0	0	1	후20	정재용	8	대기	대기	18	케이타		0	0	0	0
0	0	0	0		장혁진	17			74	이용래		0	0	0	0
0	0	0	3(3)	후0	김승준	19			22	이근호	후24	1	0	0	0
0	1	10	13(8)			0			0			12(6)	18	2	0

● 전반 11분 이영준 HLR ~ 이승우 PK지점 R-ST-G (득점: 이승우, 도움: 이영준) 왼쪽

● 전반 32분 니실라 C.KR ↷ 잭슨 GA 정면 내 H-ST-G (득점: 잭슨, 도움: 니실라) 오른쪽

● 후반 1분 니실라 GAR R-ST-G (득점: 니실라) 가운데

● 후반 38분 김승준 GAR H-ST-G (득점: 김승준) 오른쪽

● 전반 3분 안용우 PAL ↷ 라마스 PAR 내 L-ST-G (득점: 라마스, 도움: 안용우) 왼쪽

● 전반 25분 세징야 GA 정면 R-ST-G (득점: 세징야) 가운데

● 후반 8분 세징야 PK-R-G (득점: 세징야) 왼쪽

• 3월 27일 14:00 맑음 울산 문수 6,552명
• 주심_ 정동식 부심_ 송봉근·박균용 대기심_ 안재훈 경기감독관_ 나승화

울산 2 0 전반 0 / 2 후반 0 **0 포항**

퇴장	경고	파울	ST(유)	교체	선수명	배번	위치	위치	배번	선수명	교체	ST(유)	파울	경고	퇴장
0	0	0	0		조수혁	1	GK	GK	1	윤평국		0	0	0	0
0	0	0	1(1)		임종은	5	DF	DF	2	심상민		0	0	0	0
0	0	1	2(1)		박용우	6	DF	DF	5	그랜트		0	0	0	0
0	0	0	1(1)		이명재	13	DF	DF	20	박찬용		0	2	1	0
0	0	1	0		설영우	66	DF	DF	14	박승욱		2(1)	2	0	0
0	1	1	1		이청용	72	MF	MF	6	신진호		2(1)	1	1	0
0	0	2	0	18	이규성	24	MF	MF	17	신광훈	13	0	3	1	0
0	0	2	1(1)	30	오인표	25	MF	MF	7	임상협		0	0	0	0
0	0	0	1	8	윤일록	7	MF	MF	11	고영준	90	1(1)	2	0	0
0	0	0	0	11	최기윤	29	MF	MF	27	정재희	77	0	1	0	0
0	0	5	2(2)		레오나르도	9	FW	FW	16	이승모	8	0	1	0	0
0	0	0	0		설현빈	28			41	조성훈		0	0	0	0
0	1	0	0	후36	김재성	30			13	김용환	후40	0	0	0	0
0	0	0	0		신형민	20			15	박건		0	0	0	0
0	0	0	0	후27	김성준	18	대기	대기	24	윤민호		0	0	0	0
0	1	0	0	후27	아마노	8			8	허용준	후0	0	1	0	0
0	0	0	2(2)	전26	엄원상	11			77	완델손	후21	0	0	0	0
0	0	0	0		박주영	91			90	모세스	후32	0	0	0	0
0	3	12	11(8)			0			0			5(3)	13	3	0

● 후반 25분 레오나르도 AK 내 R-ST-G (득점: 레오나르도) 왼쪽

● 후반 41분 아마노 C.KR ↷ 임종은 GAR H-ST-G (득점: 임종은, 도움: 아마노) 왼쪽

• 3월 20일 19:00 맑음 탄천 종합 1,361명
• 주심_ 최현재 부심_ 송봉근·양재용 대기심_ 김동진 경기감독관_ 김종민

성남 0 0 전반 0 / 0 후반 1 **1 인천**

퇴장	경고	파울	ST(유)	교체	선수명	배번	위치	위치	배번	선수명	교체	ST(유)	파울	경고	퇴장
0	0	0	0		김영광	41	GK	GK	21	김동헌		0	0	0	0
0	0	3	0		최지묵	34	DF	DF	20	델브리지		0	1	0	0
0	1	3	1(1)		권완규	3	DF	DF	47	김동민		0	0	0	0
0	0	0	0		강의빈	4	DF	DF	26	오반석		1	0	0	0
0	0	0	1(1)		박수일	66	MF	MF	28	민경현		0	2	0	0
0	0	0	2	6	이종성	16	MF	MF	18	여름		0	1	0	0
0	1	2	0		김민혁	13	MF	MF	5	이명주	17	0	4	0	0
0	0	1	0	28	이지훈	18	MF	MF	27	김보섭		0	2	2	0
0	0	0	1	8	이재원	15	FW	FW	7	김도혁	37	0	1	0	0
0	1	1	0	10	전성수	33	FW	FW	9	무고사	22	2(2)	3	0	0
0	0	4	1(1)	26	팔라시오스	11	FW	FW	10	아길라르	16	1	4	1	0
0	0	0	0		최필수	1			29	김유성		0	0	0	0
0	0	0	0		이시영	2			22	김창수	후48	0	0	0	0
0	0	0	0	후40	조성욱	26			17	김준엽	후31	0	0	0	0
1	0	1	0	후25	김현태	6	대기	대기	16	이동수	후31	0	0	0	0
0	0	0	0	후40	박지원	28			24	이강현		0	0	0	0
0	1	2	2	후13	뮬리치	8			37	홍시후	후15	0	1	0	0
0	0	0	1	후25	이종호	10			11	이용재		0	0	0	0
1	4	17	9(3)			0			0			4(2)	19	3	0

● 후반 12분 무고사 PK-R-G (득점: 무고사) 왼쪽

• 4월 02일 14:00 맑음 제주 월드컵 2,381명
• 주심_ 김영수 부심_ 김계용·성주경 대기심_ 신용준 경기감독관_ 조성철

제주 0 0 전반 0 / 0 후반 0 **0 대구**

퇴장	경고	파울	ST(유)	교체	선수명	배번	위치	위치	배번	선수명	교체	ST(유)	파울	경고	퇴장
0	0	0	0		김동준	1	GK	GK	21	오승훈		0	0	0	0
0	0	2	0	30	김명순	39	MF	DF	20	박병현		0	2	0	0
0	0	0	0	4	홍성욱	5	DF	DF	4	정태욱		1(1)	3	0	0
0	0	0	0		김오규	35	DF	DF	66	조진우		0	1	0	0
0	0	0	1(1)		정 운	13	DF	MF	18	케이타	74	0	2	1	0
0	0	1	0		안태현	27	MF	MF	36	김희승		1(1)	3	0	0
0	0	0	4	6	윤빛가람	14	MF	MF	26	이진용		1	2	1	0
0	1	1	3(1)		이창민	8	MF	MF	2	황재원		1	1	0	0
0	0	0	1(1)	19	조나탄 링	10	FW	FW	32	정치인	23	4(2)	2	0	0
0	0	4	2		제르소	11	FW	FW	10	라마스	14	1(1)	0	0	0
0	0	0	2	42	주민규	18	FW	FW	7	김진혁		2(1)	2	0	0
0	0	0	0		문경건	40			1	최영은		0	0	0	0
0	1	1	0	후0	이지솔	4			15	이원우		0	0	0	0
0	0	0	0	후0	김봉수	30			25	이태희		0	0	0	0
0	0	1	0	후34	최영준	6	대기	대기	14	안용우	후36	0	0	0	0
0	0	0	0	후43	구자철	42			74	이용래	후45	0	1	0	0
0	0	0	1	후19	김주공	19			22	이근호		0	0	0	0
0	0	0	0		김규형	28			23	김태양	후31	0	1	1	0
0	2	10	14(3)			0			0			11(6)	20	3	0

• 4월 02일 14:00 맑음 인천 전용 7,054명
• 주심_ 김용우 부심_ 곽승순·김지욱 대기심_ 김재홍 경기감독관_ 허기태

인천 1 0 전반 0 / 1 후반 1 **1 울산**

퇴장	경고	파울	ST(유)	교체	선수명	배번	위치	위치	배번	선수명	교체	ST(유)	파울	경고	퇴장
0	0	0	0		김동헌	21	GK	GK	21	조현우		0	0	0	0
0	0	1	0		델브리지	20	DF	DF	5	임종은		0	0	0	0
0	0	0	2		김동민	47	DF	DF	66	설영우		2(1)	0	0	0
0	1	2	0		오반석	26	DF	DF	13	이명재		2	1	0	0
0	0	1	0		민경현	28	MF	DF	25	오인표	19	0	0	0	0
0	0	2	0	4	여 름	18	MF	MF	6	박용우		1(1)	2	0	0
0	0	1	1(1)	16	이명주	5	MF	MF	24	이규성		1	4	0	0
0	0	1	0		김준엽	17	MF	MF	7	윤일록	10	2(2)	3	0	0
0	0	2	0	19	김도혁	7	FW	MF	17	김민준	8	0	1	0	0
0	0	1	3(2)	11	무고사	9	FW	FW	11	엄원상		1(1)	1	0	0
0	1	1	4(3)	37	아길라르	10	FW	FW	9	레오나르도		3(3)	2	0	0
0	0	0	0		민성준	23			77	민동환		0	0	0	0
0	0	0	0	후38	강민수	4			19	김영권	후0	0	0	0	0
0	0	0	0		김창수	22			23	김태환		0	0	0	0
0	0	0	1	후34	이동수	16	대기	대기	18	김성준		0	0	0	0
0	0	0	1(1)	후13	송시우	19			8	아마노	전28	2	0	0	0
0	0	0	0	후38	이용재	11			72	이청용		0	0	0	0
0	0	0	0	후13	홍시후	37			10	바 코	후32	0	0	0	0
0	2	12	12(7)			0			0			14(8)	14	0	0

●후반 29분 김동민 PAL ↷ 무고사 GAR H-ST-G (득점: 무고사, 도움: 김동민) 오른쪽

●후반 6분 윤일록 PAL ↷ 엄원상 GAR 내 H-ST-G (득점: 엄원상, 도움: 윤일록) 오른쪽

• 4월 02일 16:30 맑음 김천 종합 1,676명
• 주심_ 이동준 부심_ 송봉근·장종필 대기심_ 조지음 경기감독관_ 나승화

김천 1 1 전반 0 / 0 후반 1 **1 수원**

퇴장	경고	파울	ST(유)	교체	선수명	배번	위치	위치	배번	선수명	교체	ST(유)	파울	경고	퇴장
0	0	0	0		황인재	1	GK	GK	21	양형모		0	0	0	0
0	0	0	0		정승현	15	DF	DF	4	불투이스		0	3	0	0
0	0	2	0		김주성	30	DF	DF	20	이한도		1	0	0	0
0	0	1	0		강윤성	32	DF	DF	33	박대원		1	1	0	0
0	0	0	1	13	유인수	11	DF	MF	23	이기제		0	1	0	0
0	0	2	0		권혁규	16	MF	MF	22	김상준	88	0	1	0	0
0	0	0	0		문지환	6	MF	MF	11	김태환		2(1)	2	0	0
0	0	0	4(2)		이영재	31	MF	MF	26	염기훈	12	1	0	0	0
0	0	0	3(1)	26	김한길	14	MF	MF	8	사리치		1(1)	5	0	0
0	0	0	1	23	박상혁	8	MF	FW	9	김건희	77	1(1)	0	0	0
0	0	4	5(1)	19	조규성	9	FW	FW	7	그로닝	18	0	1	0	0
0	0	0	0		구성윤	25			34	박지민		0	0	0	0
0	0	0	0	후30	박지수	23			3	양상민		0	0	0	0
0	0	0	0		송주훈	4			13	박형진		0	0	0	0
0	0	0	0	후47	정동윤	13	대기	대기	12	강현묵	후6	1(1)	0	0	0
0	0	1	0	후19	권창훈	26			88	유제호	후15	0	0	0	0
0	0	0	0		김민석	27			18	오현규	후15	1	0	0	0
0	0	0	0	후47	김경민	19			77	한석희	후47	0	0	0	0
0	0	10	14(4)			0			0			9(4)	14	0	0

●전반 14분 조규성 AKR R-ST-G (득점: 조규성) 왼쪽

●후반 17분 이기제 PAL TL ↷ 사리치 GA 정면 H-ST-G (득점: 사리치, 도움: 이기제) 왼쪽

• 4월 02일 19:00 맑음 강릉 종합 1,830명
• 주심_ 채상협 부심_ 이정민·강동호 대기심_ 정회수 경기감독관_ 김용세

강원 1 0 전반 2 / 1 후반 0 **2 전북**

퇴장	경고	파울	ST(유)	교체	선수명	배번	위치	위치	배번	선수명	교체	ST(유)	파울	경고	퇴장
0	0	0	0		유상훈	1	GK	GK	31	송범근		0	0	0	0
0	0	0	0		서민우	4	DF	DF	4	박진섭		0	3	0	0
0	0	0	0	23	윤석영	7	DF	DF	26	홍정호		0	1	1	0
0	0	1	0		김영빈	2	DF	DF	2	이 용		0	2	1	0
0	0	2	0		정승용	22	MF	MF	17	쿠니모토	23	0	1	0	0
0	0	0	1		강지훈	19	MF	MF	8	백승호		1	2	0	0
0	0	3	2(1)		김동현	6	MF	MF	97	김진규		1(1)	2	0	0
0	0	0	2		코바야시	21	MF	MF	95	김문환		1(1)	1	0	0
0	0	1	1(1)	17	황문기	88	MF	MF	11	바로우	27	1	1	0	0
0	0	1	4(2)		이정협	18	FW	FW	88	박규민	13	1(1)	1	0	0
0	0	0	2(1)	3	양현준	47	FW	FW	9	구스타보		1	2	0	0
0	0	0	0		김정호	25			30	김준홍		0	0	0	0
0	0	0	2	후42	케 빈	3			15	구자룡		0	0	0	0
0	0	1	0	후0	임창우	23			29	류재문		0	0	0	0
0	0	0	0		츠베타노프	71	대기	대기	23	김진수	후29	0	1	0	0
0	0	0	0		김대우	5			27	문선민	후12	0	0	0	0
0	0	0	0		신창무	14			13	김보경	전30	1(1)	5	1	0
0	0	0	3(1)	후0	김대원	17			10	일류첸코		0	0	0	0
0	0	9	17(6)			0			0			7(4)	22	3	0

●후반 27분 김대원 PK-R-G (득점: 김대원) 오른쪽

●전반 20분 백승호 GAL H ↷ 박규민 (대기) GA 정면 L-ST-G (득점: 박규민 (대기), 도움: 백승호) 왼쪽

●전반 38분 쿠니모토 PAL ↷ 김보경 GA 정면 H-ST-G (득점: 김보경, 도움: 쿠니모토) 왼쪽

• 4월 03일 14:00 맑음 수원 종합 2,226명
• 주심_ 정동식 부심_ 박균용·방기열 대기심_ 송민석 경기감독관_ 양정환

수원FC 3 1 전반 2 / 2 후반 2 **4 성남**

퇴장	경고	파울	ST(유)	교체	선수명	배번	위치	위치	배번	선수명	교체	ST(유)	파울	경고	퇴장
0	0	0	0		이범영	27	GK	GK	41	김영광		0	0	0	0
0	0	0	0		곽윤호	4	DF	DF	3	권완규		0	2	1	0
0	0	0	1		잭슨	5	DF	DF	92	김민혁		2(2)	1	0	0
0	0	2	0	28	신재원	77	DF	DF	4	강의빈		0	0	0	0
0	0	2	2(1)	16	이승우	11	MF	MF	66	박수일	5	3(3)	0	0	0
0	0	3	0		장혁진	17	MF	MF	14	정석화	16	1(1)	3	0	0
0	1	1	1		황순민	20	MF	MF	22	안진범	11	0	1	0	0
0	0	2	0		김주엽	24	MF	MF	13	김민혁		2(2)	1	0	0
0	0	2	1		니실라	25	MF	MF	2	이시영		0	1	1	0
0	0	0	1(1)	9	김현	7	FW	FW	33	전성수	17	0	0	0	0
0	0	0	3(2)	18	이영준	99	FW	FW	8	뮬리치		4(2)	1	0	0
0	0	0	0		유현	51			1	최필수		0	0	0	0
0	0	0	0		김기수	15			5	마상훈	후44	0	0	0	0
0	0	0	2(2)	후19	라스	9			29	장효준	후44	0	0	0	0
0	0	0	0	후41	정재윤	16	대기	대기	16	이종성	후11	1	1	0	0
0	0	2	1(1)	후0	양동현	18			11	팔라시오스	후22	0	0	0	0
0	0	0	1(1)	후8	박상명	28			9	박용지		0	0	0	0
0	0	0	0		장재웅	29			17	조상준	후 0/29	1	1	0	0
0	1	14	13(8)			0			0			14(10)	12	2	0

● 전반 38분 김주엽 PAR 내 → 김현 GAR R-ST-G (득점: 김현, 도움: 김주엽) 왼쪽
● 후반 8분 장혁진 MF 정면 ~ 이승우 AK 정면 R-ST-G (득점: 이승우, 도움: 장혁진) 왼쪽
● 후반 28분 박상명 AKR ~ 라스 PAR 내 R-ST-G (득점: 라스, 도움: 박상명) 오른쪽

● 전반 3분 이시영 PAR 내 ~ 뮬리치 GAL L-ST-G (득점: 뮬리치, 도움: 이시영) 오른쪽
● 전반 46분 신재원 GA 정면 H 자책골 (득점: 신재원) 오른쪽
● 후반 14분 안진범 PAR ↷ 박수일 GAR H-ST-G (득점: 박수일, 도움: 안진범) 오른쪽
● 후반 41분 김민혁 AK 내 R-ST-G (득점: 김민혁) 오른쪽

• 4월 03일 16:30 맑음 포항 스틸야드 5,815명
• 주심_ 박병진 부심_ 지승민·천진희 대기심_ 신용준 경기감독관_ 허태식

포항 1 1 전반 0 / 0 후반 1 **1 서울**

퇴장	경고	파울	ST(유)	교체	선수명	배번	위치	위치	배번	선수명	교체	ST(유)	파울	경고	퇴장
0	0	0	0		윤평국	1	GK	GK	21	양한빈		0	0	0	0
0	0	1	0		심상민	2	DF	DF	88	이태석	17	0	0	0	0
0	0	0	0		그랜트	5	DF	DF	5	오스마르		0	2	0	0
0	0	5	1(1)		박찬용	20	DF	DF	20	이한범		0	2	0	0
0	0	2	0		박승욱	14	DF	DF	23	윤종규		0	2	1	0
0	0	1	1		이수빈	4	MF	MF	6	기성용		1(1)	1	1	0
0	0	0	0		신광훈	17	MF	MF	26	팔로세비치	8	0	2	0	0
0	0	2	0	77	임상협	7	MF	MF	13	고요한		0	1	0	0
0	0	3	0		고영준	11	MF	MF	7	나상호		2(1)	1	1	0
0	0	1	1(1)	27	이광혁	22	MF	MF	29	강성진	61	0	0	0	0
0	0	0	1(1)	12	이승모	16	FW	FW	11	조영욱		2(1)	1	0	0
0	0	0	0		조성훈	41			1	백종범		0	0	0	0
0	0	0	0		박건	15			17	김진야	후20	0	0	0	0
0	0	0	0	후27	김승대	12			24	권성윤		0	0	0	0
0	0	0	0		모세스	90	대기	대기	8	임민혁	후0	0	1	0	0
0	0	2	0	후10	완델손	77			61	한승규	후0	0	0	0	0
0	0	0	6(3)	후0	정재희	27			14	벤		0	0	0	0
0	0	0	0		허용준	8			9	김신진		0	0	0	0
0	0	17	10(6)			0			0			5(3)	13	3	0

● 전반 17분 이수빈 자기 측 센터서클 ~ 이광혁 PA 정면 L-ST-G (득점: 이광혁, 도움: 이수빈) 오른쪽

● 후반 35분 나상호 PK-R-G (득점: 나상호) 오른쪽

• 4월 05일 19:00 흐림 수원 월드컵 3,275명
• 주심_ 김동진 부심_ 김계용·김지욱 대기심_ 김영수 경기감독관_ 김성기

수원 0 0 전반 0 / 0 후반 1 **1 전북**

퇴장	경고	파울	ST(유)	교체	선수명	배번	위치	위치	배번	선수명	교체	ST(유)	파울	경고	퇴장
0	0	0	0		양형모	21	GK	GK	31	송범근		0	0	0	0
0	0	1	0		불투이스	4	DF	DF	4	박진섭		0	2	0	0
0	0	1	0		이한도	20	DF	DF	6	최보경		0	2	0	0
0	0	2	0		박대원	33	DF	DF	2	이용		0	1	1	0
0	0	0	0		이기제	23	MF	MF	23	김진수		1	1	1	0
0	0	3	0	22	유제호	88	MF	MF	8	백승호		1	3	0	0
0	1	1	1		김태환	11	MF	MF	97	김진규		1(1)	1	0	0
0	0	0	1	10	강현묵	12	MF	MF	95	김문환		0	0	0	0
0	0	2	0		사리치	8	MF	MF	88	박규민	13	0	0	0	0
0	0	0	2	9	오현규	18	FW	FW	11	바로우	9	1	1	0	0
0	1	3	1	77	그로닝	7	FW	FW	10	일류첸코		2(1)	0	0	0
0	0	0	0		박지민	34			30	김준홍		0	0	0	0
0	0	0	0		장호익	35			15	구자룡	후47	0	0	0	0
0	0	2	0	후27	김상준	22			29	류재문		0	0	0	0
0	0	0	0	후27	정승원	10	대기	대기	17	쿠니모토		0	0	0	0
0	0	0	0	후36	류승우	30			27	문선민		0	0	0	0
0	0	0	0	후 14/30	한석희	77			13	김보경	전 27/15	1(1)	1	0	0
0	0	0	2	후14	김건희	9			9	구스타보	후10	0	1	0	0
0	2	15	7			0			0			7(3)	13	2	0

● 후반 31분 구스타보 GA 정면 H ↷ 김진규 GAR R-ST-G (득점: 김진규, 도움: 구스타보) 왼쪽

• 4월 05일 19:30 맑음 DGB대구은행파크 3,009명
• 주심_ 신용준 부심_ 지승민·천진희 대기심_ 채상협 경기감독관_ 최윤겸

대구 1 0 전반 1 / 1 후반 1 **2 인천**

퇴장	경고	파울	ST(유)	교체	선수명	배번	위치	위치	배번	선수명	교체	ST(유)	파울	경고	퇴장
0	0	0	0		오승훈	21	GK	GK	21	김동헌		0	0	0	0
0	1	2	0	74	박병현	20	DF	DF	20	델브리지		0	2	0	0
0	0	1	0		정태욱	4	DF	DF	47	김동민		0	1	0	1
0	0	0	0		조진우	66	DF	DF	26	오반석	4	0	0	0	0
0	0	1	0		안용우	14	MF	MF	28	민경현		1	1	0	0
0	0	1	1(1)		김희승	36	MF	MF	16	이동수		0	0	0	0
0	0	1	0	19	이진용	26	MF	MF	5	이명주		1	2	0	0
0	0	1	0	5	황재원	2	MF	MF	17	김준엽	27	0	1	1	0
0	0	1	0	17	정치인	32	FW	FW	7	김도혁	30	0	2	0	0
0	0	4	2(1)		라마스	10	FW	FW	9	무고사		4(3)	1	0	0
0	1	1	3		김진혁	7	FW	FW	10	아길라르	18	0	0	0	0
0	0	0	0		최영은	1			23	민성준		0	0	0	0
0	0	0	0		이원우	15			4	강민수	후15	0	0	0	0
0	0	2	1	후15	장성원	5			27	김보섭	후17	1	0	0	0
0	0	2	0	후30	이용래	74	대기	대기	18	여름	후45	0	0	0	0
0	0	0	2(1)	후9	고재현	17			30	박창환	후45	0	0	0	0
0	0	0	0		이근호	22			19	송시우		0	0	0	0
0	0	0	1	후15	제카	19			11	이용재		0	0	0	0
0	2	17	10(3)			0			0			7(3)	10	1	1

● 후반 40분 고재현 GAR 내 R-ST-G (득점: 고재현) 가운데

● 전반 48분 무고사 PK-R-G (득점: 무고사) 오른쪽
● 후반 48분 무고사 PK-R-G (득점: 무고사) 왼쪽

• 4월 05일 19:30 맑음 제주 월드컵 2,504명
• 주심_ 이동준 부심_ 이정민·장종필 대기심_ 정동식 경기감독관_ 조성철

제주 1 1 전반 1 / 0 후반 1 **2 울산**

퇴장	경고	파울	ST(유)	교체	선수명	배번	위치	위치	배번	선수명	교체	ST(유)	파울	경고	퇴장
0	0	0	0		김동준	1	GK	GK	21	조현우		0	0	0	0
0	0	0	0		안현범	17	MF	DF	5	임종은		0	0	0	0
0	0	0	0	30	홍성욱	5	DF	DF	19	김영권		0	1	0	1
0	1	1	1(1)		김오규	35	DF	DF	66	설영우		0	3	0	0
0	0	0	1		정운	13	DF	DF	23	김태환		0	0	0	0
0	0	0	0	10	안태현	27	MF	MF	6	박용우		0	1	0	0
0	1	2	0	14	최영준	6	MF	MF	8	아마노	22	1(1)	1	0	0
0	0	2	4(1)		이창민	8	MF	MF	72	이청용		0	1	0	0
0	0	0	0	19	변경준	29	FW	MF	29	최기윤	11	0	0	0	0
0	0	0	1(1)		제르소	11	FW	MF	10	바코		2	0	0	0
0	0	1	0	18	구자철	42	FW	FW	9	레오나르도	24	1(1)	2	1	0
0	0	0	0		문경건	40			77	민동환		0	0	0	0
0	0	0	0		이지솔	4			4	김현우		0	0	0	0
0	1	1	1	전11	김봉수	30			13	이명재		0	0	0	0
0	0	0	1	후30	윤빛가람	14	대기	대기	24	이규성	후34	0	1	0	0
0	0	1	1(1)	전11	김주공	19			22	고명진	후39	0	0	0	0
0	0	0	2(1)	후30	조나탄 링	10			11	엄원상	전22	1(1)	1	0	0
0	0	1	4(2)	전22	주민규	18			91	박주영		0	0	0	0
0	3	9	16(7)			0			0			5(3)	11	1	1

● 전반 47분 이창민 C.KR ↷ 김오규 PK 우측지점 H-ST-G (득점: 김오규, 도움: 이창민) 오른쪽

● 전반 3분 아마노 AKL FK L-ST-G (득점: 아마노) 왼쪽
● 후반 6분 이청용 AKR → 엄원상 GAR R-ST-G (득점: 엄원상, 도움: 이청용) 오른쪽

• 4월 06일 19:00 맑음 탄천 종합 691명
• 주심_ 송민석 부심_ 성주경·이정석 대기심_ 설태환 경기감독관_ 당성증

성남 0 0 전반 2 / 0 후반 1 **3 김천**

퇴장	경고	파울	ST(유)	교체	선수명	배번	위치	위치	배번	선수명	교체	ST(유)	파울	경고	퇴장
0	0	0	0		김영광	41	GK	GK	25	구성윤		0	0	0	0
0	0	0	0		권완규	3	DF	DF	15	정승현		0	0	0	0
0	0	0	0	11	김민혁	92	DF	DF	30	김주성		0	0	0	0
0	0	0	0		강의빈	4	DF	DF	32	강윤성		1	1	1	0
0	0	1	4		박수일	66	MF	DF	11	유인수	3	0	0	0	0
0	0	0	0	16	이재원	15	MF	MF	16	권혁규	24	1	1	0	0
0	0	0	0		안진범	22	MF	MF	6	문지환		0	4	1	0
0	0	1	0	29	이시영	2	MF	MF	31	이영재	26	2	1	1	0
0	0	1	0	10	전성수	33	FW	MF	14	김한길	23	0	0	0	0
0	0	1	5(2)		뮬리치	8	FW	MF	19	김경민	17	2(1)	2	0	0
0	0	2	2		김민혁	13	FW	FW	9	조규성		2(1)	0	0	0
0	0	0	0		최필수	1			1	황인재		0	0	0	0
0	0	0	0		마상훈	5			23	박지수	후0	1(1)	2	0	0
0	0	0	1	후20	장효준	29			3	하창래	후43	0	0	0	0
0	0	0	0	후20	정석화	14	대기	대기	17	서진수	후43	0	1	0	0
0	1	1	1	전30/14	이종성	16			8	박상혁		0	0	0	0
0	0	0	0	후20	팔라시오스	11			24	정현철	후32	0	0	0	0
0	0	0	2(2)	전30	이종호	10			26	권창훈	후25	1(1)	0	0	0
0	1	7	15(4)			0			0			10(4)	12	3	0

● 전반 8분 김경민 PK 좌측지점 R-ST-G (득점: 김경민) 왼쪽
● 전반 45분 이영재 MFL ~ 조규성 PA 정면 내 R-ST-G (득점: 조규성, 도움: 이영재) 오른쪽
● 후반 11분 이영재 C.KL ↷ 박지수 GA 정면 H-ST-G (득점: 박지수, 도움: 이영재) 오른쪽

• 4월 06일 19:30 맑음 서울 월드컵 3,792명
• 주심_ 김용우 부심_ 송봉근·장종필 대기심_ 김우성 경기감독관_ 강득수

서울 2 0 전반 1 / 2 후반 1 **2 강원**

퇴장	경고	파울	ST(유)	교체	선수명	배번	위치	위치	배번	선수명	교체	ST(유)	파울	경고	퇴장
0	0	0	0		양한빈	21	GK	GK	1	유상훈		0	0	0	0
0	0	0	0	88	김진야	17	DF	DF	2	김영빈		1	1	0	0
0	1	1	1		오스마르	5	DF	DF	7	윤석영	21	0	0	0	0
0	0	2	0		이한범	20	DF	DF	23	임창우		1	0	0	0
0	0	1	0		윤종규	23	DF	MF	4	서민우		0	1	1	0
0	0	0	3		기성용	6	MF	MF	6	김동현		0	0	0	0
0	0	0	0	61	팔로세비치	26	MF	MF	19	강지훈		0	2	0	0
0	0	0	0	13	임민혁	8	MF	MF	22	정승용		2(1)	1	0	0
0	0	2	2(2)		나상호	7	MF	MF	47	양현준	71	1	1	0	0
0	0	1	0	11	벤	14	MF	FW	17	김대원	14	2(2)	0	0	0
0	0	0	3(1)		김신진	9	FW	FW	18	이정협		4(3)	1	0	0
0	0	0	0		백종범	1			32	이광연		0	0	0	0
0	0	0	0	후36	이태석	88			3	케빈		0	0	0	0
0	0	0	0		히카르도	45			71	츠베타노프	후44	0	0	0	0
0	0	0	0	후0/29	고요한	13	대기	대기	5	김대우		0	0	0	0
0	0	0	1(1)	후24	한승규	61			21	코바야시	후33	0	0	0	0
0	0	0	1	후36	강성진	29			88	황문기		0	0	0	0
0	0	0	2(2)	후0	조영욱	11			14	신창무	후39	0	1	0	0
0	1	7	13(6)			0			0			11(6)	8	1	0

● 후반 22분 나상호 PK-R-G (득점: 나상호) 오른쪽
● 후반 30분 조영욱 GAR EL ~ 한승규 GA 정면 L-ST-G (득점: 한승규, 도움: 조영욱) 가운데

● 전반 25분 양현준 GAL EL ~ 김대원 GA 정면 내 L-ST-G (득점: 김대원, 도움: 양현준) 가운데
● 후반 11분 김대원 PK-R-G (득점: 김대원) 왼쪽

• 4월 06일 19:30 맑음 포항 스틸야드 2,792명
• 주심_ 최현재 부심_ 양재용·강동호 대기심_ 이동준 경기감독관_ 김용세

포항 2 1 전반 0 / 1 후반 0 **0 수원FC**

퇴장	경고	파울	ST(유)	교체	선수명	배번	위치	위치	배번	선수명	교체	ST(유)	파울	경고	퇴장
0	0	0	0		윤평국	1	GK	GK	51	유현		0	0	0	0
0	0	1	0		심상민	2	DF	DF	4	곽윤호		0	0	0	0
0	1	1	0		그랜트	5	DF	DF	5	잭슨		0	1	0	0
0	1	3	1(1)		박찬용	20	DF	DF	14	김건웅		0	0	0	0
0	0	1	1(1)		박승욱	14	DF	MF	6	박주호	19	0	0	0	0
0	0	4	1	17	이수빈	4	MF	MF	20	황순민	13	0	0	1	0
0	1	2	1(1)		신진호	6	MF	MF	23	이기혁	11	0	0	0	0
0	0	1	2(1)	77	임상협	7	MF	MF	25	니실라		2	3	0	0
0	0	1	0	11	김승대	12	MF	MF	30	신세계	24	0	0	0	0
0	0	1	2(1)	27	이광혁	22	MF	FW	7	김현		0	2	0	0
0	1	2	3(2)	16	허용준	8	FW	FW	18	양동현	9	0	0	0	0
0	0	0	0		조성훈	41			27	이범영		0	0	0	0
0	1	1	1(1)	후19	고영준	11			13	김상원	후0	0	0	0	0
0	0	0	0	후11	신광훈	17			24	김주엽	후14	0	0	0	0
0	0	0	1(1)	후19	이승모	16	대기	대기	8	정재용		0	0	0	0
0	0	0	1	후11	정재희	27			9	라스	후0	2	0	0	0
0	0	0	1	후37	완델손	77			11	이승우	전19	1	0	0	0
0	0	0	0		모세스	90			19	김승준	후14	0	1	0	0
0	5	18	15(9)			0			0			5	7	1	0

● 전반 23분 허용준 PAL 내 R-ST-G (득점: 허용준) 오른쪽
● 후반 32분 이승모 MFL ~ 신진호 AK 정면 R-ST-G (득점: 신진호, 도움: 이승모) 오른쪽

• 4월 09일 14:00 맑음 탄천 종합 2,681명
• 주심_ 김우성 부심_ 지승민·천진희 대기심_ 최현재 경기감독관_ 양정환

성남 0 　 0 전반 1 / 0 후반 3 　 **4 전북**

퇴장	경고	파울	ST(유)	교체	선수명	배번	위치	위치	배번	선수명	교체	ST(유)	파울	경고	퇴장
0	0	0	0		김 영 광	41	GK	GK	31	송 범 근		0	0	0	0
0	0	0	1(1)		김 민 혁	92	DF	DF	23	김 진 수		0	0	0	0
0	1	3	0		곽 광 선	20	DF	DF	6	최 보 경		0	0	0	0
0	0	0	1		마 상 훈	5	DF	DF	4	박 진 섭		0	2	1	0
0	0	0	1(1)	66	이 지 훈	18	MF	MF	17	쿠니모토	5	0	1	0	0
0	0	0	1	22	강 재 우	25	MF	MF	8	백 승 호		1	1	0	0
0	0	0	1	11	권 순 형	7	MF	MF	97	김 진 규		0	3	0	0
0	1	4	2(2)		김 민 혁	13	MF	MF	95	김 문 환		0	1	0	0
0	0	0	1		권 완 규	3	MF	MF	88	박 규 민	11	2	0	0	0
0	0	0	2(2)	8	전 성 수	33	FW	FW	9	구스타보	10	3(2)	1	0	0
0	0	2	0	2	박 용 지	9	FW	FW	27	문 선 민		2(1)	0	0	0
0	0	0	0		최 필 수	1			30	김 준 홍		0	0	0	0
0	0	0	0	후29	이 시 영	2			5	윤 영 선	후13	0	0	0	0
0	0	0	0		강 의 빈	4			25	최 철 순		0	0	0	0
0	0	0	2	후0	박 수 일	66	대기	대기	13	김 보 경		0	0	0	0
0	0	0	3(2)	후19	팔라시오스	11			14	이 승 기		0	0	0	0
0	0	0	0	후0	안 진 범	22			11	바 로 우	전25	1(1)	1	1	0
0	0	0	1	후19	뮬 리 치	8			10	일류첸코	후40	2(2)	0	0	0
0	2	9	16(8)			0			0			11(6)	10	2	0

● 전반 11분 구스타보 PK-R-G (득점: 구스타보) 왼쪽
● 후반 15분 문선민 MFR ~ 바로우 PAL 내 L-ST-G (득점: 바로우, 도움: 문선민) 왼쪽
● 후반 43분 일류첸코 PAL 내 L-ST-G (득점: 일류첸코) 오른쪽
● 후반 47분 바로우 HLL ↷ 일류첸코 GAR R-ST-G (득점: 일류첸코, 도움: 바로우) 가운데

• 4월 09일 16:30 맑음 울산 문수 6,759명
• 주심_ 정동식 부심_ 양재용·김지욱 대기심_ 김용우 경기감독관_ 허기태

울산 3 　 0 전반 1 / 3 후반 0 　 **1 대구**

퇴장	경고	파울	ST(유)	교체	선수명	배번	위치	위치	배번	선수명	교체	ST(유)	파울	경고	퇴장
0	0	0	0		조 현 우	21	GK	GK	21	오 승 훈		0	0	0	0
0	0	0	0		임 종 은	5	DF	DF	7	김 진 혁		0	1	0	0
0	0	0	0		김 영 권	19	DF	DF	6	홍 정 운		0	0	0	0
0	0	2	1		설 영 우	66	DF	DF	4	정 태 욱		0	2	0	0
0	0	0	0		김 태 환	23	DF	MF	33	홍 철		1	2	1	0
0	0	0	0	22	박 용 우	6	MF	MF	36	김 희 승	74	0	3	0	0
0	0	0	0	7	이 규 성	24	MF	MF	26	이 진 용	13	0	2	0	0
0	0	2	3(2)		아 마 노	8	MF	MF	2	황 재 원	5	1(1)	3	0	0
0	0	0	0	11	김 민 준	17	MF	FW	22	이 근 호	32	2(1)	0	0	0
0	0	0	2(2)		바 코	10	MF	FW	10	라 마 스	14	0	1	0	0
0	0	2	1(1)		레오나르도	9	FW	FW	19	제 카		4(2)	2	1	0
0	0	0	0		민 동 환	77			1	최 영 은		0	0	0	0
0	0	0	0		이 명 재	13			66	조 진 우		0	0	0	0
0	0	0	0		신 형 민	20			5	장 성 원	후40	0	1	0	0
0	0	0	0	후25	고 명 진	22	대기	대기	14	안 용 우	후34	0	0	0	0
0	0	0	0	후0	윤 일 록	7			74	이 용 래	후34	0	1	1	0
0	0	1	4(4)	전26	엄 원 상	11			13	오 후 성	후43	0	0	0	0
0	0	0	0		박 주 영	91			32	정 치 인	후43	0	0	0	0
0	0	7	11(9)			0			0			8(4)	18	3	0

● 후반 8분 아마노 AKR FK L-ST-G (득점: 아마노) 왼쪽
● 후반 31분 엄원상 PAR 내 ~ 바코 PK 우측지점 R-ST-G (득점: 바코, 도움: 엄원상) 왼쪽
● 후반 46분 엄원상 GA 정면 R-ST-G (득점: 엄원상) 왼쪽

● 전반 7분 제카 PK-R-G (득점: 제카) 오른쪽

• 4월 10일 14:00 맑음 강릉 종합 1,475명
• 주심_ 신용준 부심_ 김계용·이정석 대기심_ 설태환 경기감독관_ 최윤겸

강원 1 　 0 전반 0 / 1 후반 1 　 **1 포항**

퇴장	경고	파울	ST(유)	교체	선수명	배번	위치	위치	배번	선수명	교체	ST(유)	파울	경고	퇴장
0	0	0	0	25	이 광 연	32	GK	GK	1	윤 평 국		0	0	0	0
0	1	3	1		김 영 빈	2	DF	DF	2	심 상 민		0	0	0	0
0	0	0	0		서 민 우	4	DF	DF	5	그 랜 트		2(1)	0	0	0
0	0	0	0		임 창 우	23	DF	DF	20	박 찬 용		0	0	0	0
0	0	2	0	21	김 대 우	5	MF	DF	14	박 승 욱		0	2	0	0
0	0	0	0		김 동 현	6	MF	MF	4	이 수 빈	17	0	2	0	0
0	1	1	1	7	강 지 훈	19	MF	MF	6	신 진 호		1	0	0	0
0	0	2	0		정 승 용	22	MF	MF	77	완 델 손	7	0	1	0	0
0	0	1	0	47	황 문 기	88	MF	MF	12	김 승 대	11	1(1)	1	0	0
0	0	0	1		김 대 원	17	FW	MF	22	이 광 혁	27	2(1)	0	0	0
0	0	1	1		이 정 협	18	FW	FW	8	허 용 준	16	2(1)	1	0	0
0	0	0	0	전39	김 정 호	25			41	조 성 훈		0	0	0	0
0	0	0	0	후35	윤 석 영	7			11	고 영 준	후22	0	1	0	0
0	0	0	0		츠베타노프	71			17	신 광 훈	후11	0	2	1	0
0	0	0	0		케 빈	3	대기	대기	16	이 승 모	후22	1(1)	0	0	0
0	0	0	1	전32	코바야시	21			27	정 재 희	후11	0	0	0	0
0	0	1	1	후35	신 창 무	14			7	임 상 협	후0	0	0	0	0
0	0	0	2(2)	후 0/14	양 현 준	47			90	모 세 스		0	0	0	0
0	2	11	8(2)			0			0			9(5)	10	1	0

● 후반 28분 임창우 PAR ↷ 양현준 GA 정면 H-ST-G (득점: 양현준, 도움: 임창우) 왼쪽

● 후반 4분 허용준 GAR 내 EL R-ST-G (득점: 허용준) 오른쪽

• 4월 10일 15:00 맑음 수원 종합 2,091명
• 주심_ 채상협 부심_ 송봉근·김지욱 대기심_ 최규현 경기감독관_ 김종민

수원FC 3 　 2 전반 0 / 1 후반 2 　 **2 김천**

퇴장	경고	파울	ST(유)	교체	선수명	배번	위치	위치	배번	선수명	교체	ST(유)	파울	경고	퇴장
0	0	1	0		유 현	51	GK	GK	25	구 성 윤		0	0	0	0
0	1	0	0		잭 슨	5	DF	DF	15	정 승 현		0	1	1	0
0	0	0	0		곽 윤 호	4	DF	DF	23	박 지 수		0	0	0	0
0	0	0	0		김 건 웅	14	DF	DF	3	하 창 래	4	0	1	0	0
0	1	3	1		박 민 규	3	MF	MF	11	유 인 수		3(3)	1	0	0
0	0	0	0	8	박 주 호	6	MF	MF	24	정 현 철	31	1	0	0	0
0	1	1	3(1)		이 승 우	11	MF	MF	6	문 지 환		1	1	0	0
0	0	1	0	25	황 순 민	20	MF	MF	17	서 진 수	14	0	1	0	0
0	0	0	1	24	신 세 계	30	MF	MF	8	박 상 혁	16	1(1)	2	0	0
0	0	2	1(1)		김 현	7	FW	FW	19	김 경 민	27	2	1	0	0
0	0	0	1	9	이 영 준	99	FW	FW	9	조 규 성		2(2)	2	0	0
0	0	0	0		이 범 영	27			1	황 인 재		0	0	0	0
0	0	0	0		김 상 원	13			30	김 주 성		0	0	0	0
0	0	0	0	후31	김 주 엽	24			4	송 주 훈	후16	1	0	0	0
0	0	0	0	후31	정 재 용	8	대기	대기	27	김 민 석	후31	0	0	0	0
0	0	1	1	전25	니 실 라	25			14	김 한 길	후40	0	0	0	0
0	0	0	4(2)	전20	라 스	9			16	권 혁 규	후0	0	1	0	0
0	0	0	0		김 승 준	19			31	이 영 재	후0	0	1	0	0
0	3	9	12(4)			0			0			11(6)	12	1	0

● 전반 28분 김건웅 HLL ~ 라스 PAL 내 L-ST-G (득점: 라스, 도움: 김건웅) 오른쪽
● 전반 46분 이승우 PAL ↷ 김현 GA 정면 H-ST-G (득점: 김현, 도움: 이승우) 왼쪽
● 후반 9분 김건웅 GAR H→ 이승우 GA 정면 내 R-ST-G (득점: 이승우, 도움: 김건웅) 왼쪽

● 후반 4분 조규성 PK-R-G (득점: 조규성) 왼쪽
● 후반 19분 김경민 PA 정면 내 ~ 유인수 PAR 내 R-ST-G (득점: 유인수, 도움: 김경민) 왼쪽

• 4월 10일 16:30 맑음 인천 전용 5,234명
• 주심_ 박병진 부심_ 성주경·장종필 대기심_ 조지음 경기감독관_ 김성기

인천 2 — 2 전반 1 / 0 후반 1 — **2 제주**

퇴장	경고	파울	ST(유)	교체	선수명	배번	위치	위치	배번	선수명	교체	ST(유)	파울	경고	퇴장
0	0	0	0		김동헌	21	GK	GK	31	유연수		0	0	0	0
0	0	3	0		델브리지	20	DF	MF	17	안현범	10	1	1	0	0
1	0	1	0		강민수	4	DF	DF	27	안태현		1	0	0	0
0	0	2	0		오반석	26	DF	DF	30	김봉수		0	1	0	0
0	0	0	0		민경현	28	MF	DF	13	정운		0	2	1	0
0	0	4	0	16	여름	18	MF	MF	22	정우재		1	0	0	0
0	0	1	1(1)	11	이명주	5	MF	MF	6	최영준		0	1	1	0
0	0	0	0		김보섭	27	MF	MF	8	이창민		2	0	0	0
0	0	1	1	32	김도혁	7	FW	FW	37	추상훈	19	0	0	0	0
0	0	0	2(2)	30	무고사	9	FW	FW	11	제르소	7	3(3)	0	0	0
0	0	1	0	19	아길라르	10	FW	FW	18	주민규		6(3)	0	0	0
0	0	0	0		민성준	23			40	문경건		0	0	0	0
0	0	0	0	후13	이주용	32			25	우민걸		0	0	0	0
0	0	0	0		김창수	22			39	김명순		0	0	0	0
0	0	0	0	후19	이동수	16	대기	대기	7	조성준	후23	0	0	0	0
0	0	0	0	후35	박창환	30			29	변경준		0	0	0	0
0	0	1	0	후13	송시우	19			10	조나탄 링	후32	1(1)	1	0	0
0	0	0	0	후35	이용재	11			19	김주공	전23	0	1	0	0
1	0	14	4(3)			0			0			15(7)	7	2	0

● 전반 27분 무고사 GA 정면 H-ST-G (득점: 무고사) 오른쪽
● 전반 41분 김도혁 PAL 내 EL ~ 이명주 GA 정면 R-ST-G (득점: 이명주, 도움: 김도혁) 오른쪽
● 전반 2분 안태현 MFR ↷ 주민규 GAR H-ST-G (득점: 주민규, 도움: 안태현) 오른쪽
● 후반 47분 조성준 PAL 내 가슴패스 주민규 PK 좌측지점 R-ST-G (득점: 주민규, 도움: 조성준) 왼쪽

• 4월 10일 19:00 맑음 서울 월드컵 14,625명
• 주심_ 이동준 부심_ 지승민·강동호 대기심_ 김영수 경기감독관_ 차상해

서울 2 — 0 전반 0 / 2 후반 0 — **0 수원**

퇴장	경고	파울	ST(유)	교체	선수명	배번	위치	위치	배번	선수명	교체	ST(유)	파울	경고	퇴장
0	0	0	0		양한빈	21	GK	GK	34	박지민		0	0	0	0
0	1	2	1	17	이태석	88	DF	DF	4	불투이스		0	1	0	0
0	0	1	0		오스마르	5	DF	DF	20	이한도		0	1	0	0
0	1	1	0	3	이한범	20	DF	DF	35	장호익		0	3	0	0
0	0	1	0		윤종규	23	DF	MF	23	이기제		0	0	0	0
0	0	1	0		기성용	6	MF	MF	88	유제호	7	0	3	0	0
0	0	2	4(2)	29	팔로세비치	26	MF	MF	8	사리치	12	1(1)	1	0	0
0	0	0	2(2)		한승규	61	MF	MF	11	김태환		1	3	0	0
0	0	2	2(2)		나상호	7	MF	FW	30	류승우	18	1(1)	0	0	0
0	0	1	1(1)		조영욱	11	MF	FW	9	김건희		0	2	1	0
0	0	0	1		김신진	9	FW	FW	10	정승원		2(1)	0	0	0
0	0	0	0		황성민	18			31	이성주		0	0	0	0
0	0	0	0	후49	김진야	17			39	민상기		0	0	0	0
0	0	0	0	후28	이상민	3			90	구대영		0	0	0	0
0	0	0	0		조지훈	44	대기	대기	22	김상준		0	0	0	0
0	0	0	0		임민혁	8			12	강현묵	후28	0	2	1	0
0	1	0	0	후40	강성진	29			18	오현규	후40	0	0	0	0
0	0	0	0		지동원	10			7	그로닝	후40	0	1	0	0
0	3	11	11(7)			0			0			5(3)	17	2	0

● 후반 34분 조영욱 MFR ~ 팔로세비치 PAR 내 L-ST-G (득점: 팔로세비치, 도움: 조영욱) 왼쪽
● 후반 46분 나상호 PK-R-G (득점: 나상호) 가운데

• 5월 05일 14:00 맑음 전주 월드컵 12,024명
• 주심_ 김동진 부심_ 이정민·김지욱 대기심_ 채상협 경기감독관_ 강득수

전북 1 — 0 전반 0 / 1 후반 1 — **1 서울**

퇴장	경고	파울	ST(유)	교체	선수명	배번	위치	위치	배번	선수명	교체	ST(유)	파울	경고	퇴장
0	0	0	0	30	이범수	1	GK	GK	21	양한빈		0	0	0	0
0	0	0	1		김진수	23	DF	DF	88	이태석	17	0	0	0	0
0	0	0	0		최보경	6	DF	DF	20	이한범		1	2	0	0
0	0	0	0	4	홍정호	26	DF	DF	28	강상희		0	0	0	0
0	0	0	0		김문환	95	DF	DF	23	윤종규		1(1)	0	0	0
0	1	2	1		김진규	97	MF	MF	6	기성용		0	0	0	0
0	0	3	1(1)	25	류재문	29	MF	MF	26	팔로세비치	29	1	1	0	0
0	0	2	1	13	강상윤	36	MF	MF	61	한승규	96	0	1	0	0
0	0	1	0		바로우	11	MF	MF	7	나상호		0	1	0	0
0	0	1	1(1)	27	한교원	7	MF	MF	24	권성윤	11	0	0	0	0
0	1	2	1(1)		일류첸코	10	FW	FW	50	박동진		5(3)	0	1	0
0	0	0	0	후36	김준홍	30			1	백종범		0	0	0	0
0	0	0	0	후36	최철순	25			17	김진야	후0	0	1	0	0
0	0	0	0	후24	박진섭	4			35	백상훈		0	0	0	0
0	0	0	0	후0	김보경	13	대기	대기	96	황인범	후0	0	1	1	0
0	0	0	0		송민규	21			29	강성진	후32	0	0	0	0
0	0	0	2(1)	후0	문선민	27			9	김신진		0	0	0	0
0	0	0	0		구스타보	9			11	조영욱	후0	0	0	0	0
0	2	11	8(4)			0			0			8(4)	7	2	0

● 후반 17분 김보경 C,KR ↷ 류재문 GAR 내 H-ST-G (득점: 류재문, 도움: 김보경) 오른쪽
● 후반 44분 이한범 GAR 내 H ↷ 박동진 GA 정면 내 H-ST-G (득점: 박동진, 도움: 이한범) 왼쪽

• 5월 05일 14:00 맑음 탄천 종합 2,073명
• 주심_ 안재훈 부심_ 박상준·송봉근 대기심_ 서동진 경기감독관_ 최윤겸

성남 1 — 1 전반 2 / 0 후반 0 — **2 제주**

퇴장	경고	파울	ST(유)	교체	선수명	배번	위치	위치	배번	선수명	교체	ST(유)	파울	경고	퇴장
0	0	0	0		최필수	1	GK	GK	1	김동준		0	1	0	0
0	0	3	0		최지묵	34	DF	MF	17	안현범	23	0	2	0	0
0	1	1	1(1)		김민혁	92	DF	DF	30	김봉수	4	1	0	0	0
0	0	1	0		권완규	3	DF	DF	35	김오규		0	2	1	0
0	0	0	0		박수일	66	MF	DF	13	정운		0	0	0	0
0	1	1	1	2	강재우	25	MF	MF	22	정우재		0	0	0	0
0	0	1	3		권순형	7	MF	MF	6	최영준		0	0	0	0
0	0	1	0	11	안진범	22	MF	MF	8	이창민		2(2)	1	0	0
0	0	0	0	4	이지훈	18	MF	FW	37	추상훈	10	0	1	0	0
0	0	0	0	33	박용지	9	FW	FW	11	제르소	39	4(2)	1	1	0
0	1	2	1		김민혁	13	FW	FW	18	주민규		5(1)	2	0	0
0	0	0	0		김영광	41			31	유연수		0	0	0	0
0	0	0	0	후25	이시영	2			4	이지솔	후27	0	0	0	0
0	0	1	0	후41	강의빈	4			23	김경재	후40	0	0	0	0
0	0	1	1(1)	후0	팔라시오스	11	대기	대기	39	김명순	후40	0	1	0	0
0	0	0	0		이재원	15			7	조성준	후27	0	0	0	0
0	0	0	2(1)	후0	뮬리치	8			19	김주공		0	0	0	0
0	0	0	1	전12/8	전성수	33			10	조나탄 링	전17/7	2(1)	2	0	0
0	3	12	10(3)			0			0			14(6)	13	2	0

● 전반 39분 김민혁 PK-R-G (득점: 김민혁) 왼쪽
● 전반 18분 제르소 AK 정면 ~ 조나탄 링 PA 정면 내 L-ST-G (득점: 조나탄 링, 도움: 제르소) 오른쪽
● 전반 27분 주민규 PAR H→ 제르소 PA 정면 내 L-ST-G (득점: 제르소, 도움: 주민규) 오른쪽

• 5월 05일 16:30 맑음 수원 월드컵 11,418명
• 주심_ 고형진 부심_ 곽승순·박균용 대기심_ 박병진 경기감독관_ 당성증

수원 1 0 전반 0 / 1 후반 0 **0 울산**

퇴장	경고	파울	ST(유)	교체	선수명	배번	위치	위치	배번	선수명	교체	ST(유)	파울	경고	퇴장
0	0	0	0		양 형 모	21	GK	GK	21	조 현 우		0	0	0	0
0	0	1	2(2)		이 기 제	23	DF	DF	19	김 영 권		1	1	0	0
0	0	2	0		불투이스	4	DF	DF	16	원 두 재		0	0	0	0
0	0	0	0	15	민 상 기	39	DF	DF	13	이 명 재		0	0	0	0
0	0	0	0		장 호 익	35	DF	DF	23	김 태 환		0	1	1	0
0	0	0	0	20	유 제 호	88	MF	MF	18	김 성 준		0	2	0	1
0	0	4	3(3)		사 리 치	8	MF	MF	22	고 명 진	72	0	0	0	0
0	0	0	0		정 승 원	10	MF	MF	17	김 민 준	11	1(1)	2	0	0
0	0	1	5(3)		류 승 우	30	FW	MF	29	최 기 윤	5	0	1	1	0
0	1	1	1	18	그 로 닝	7	FW	FW	8	아 마 노		3(1)	0	0	0
0	0	0	0	26	유 주 안	16	FW	FW	10	바 코	9	0	0	0	0
0	0	0	0		박 지 민	34	대기	대기	1	조 수 혁		0	0	0	0
0	0	0	0	전25	이 한 도	20			5	임 종 은	전 36/20	0	0	0	0
0	0	0	0	후33	고 명 석	15			66	설 영 우		0	0	0	0
0	0	0	0		김 태 환	11			20	신 형 민	후0	0	0	0	0
0	0	0	0		강 현 묵	12			72	이 청 용	후30	0	0	0	0
0	0	0	1	후0	염 기 훈	26			11	엄 원 상	전36	1(1)	0	0	0
0	1	1	3(3)	전38	오 현 규	18			9	레오나르도	후24	0	1	0	0
0	2	10	15(11)			0			0			6(3)	8	2	1

● 후반 18분 정승원 PK 좌측지점 ~ 사리치 PA 정면 내 R-ST-G (득점: 사리치, 도움: 정승원) 오른쪽

• 5월 05일 16:30 맑음 포항 스틸야드 9,926명
• 주심_ 송민석 부심_ 윤재열·방기열 대기심_ 정회수 경기감독관_ 양정환

포항 1 0 전반 0 / 1 후반 1 **1 대구**

퇴장	경고	파울	ST(유)	교체	선수명	배번	위치	위치	배번	선수명	교체	ST(유)	파울	경고	퇴장
0	0	0	0		윤 평 국	1	GK	GK	21	오 승 훈		1	0	0	0
0	0	2	0		심 상 민	2	DF	DF	7	김 진 혁		1	4	0	0
0	1	3	0		박 찬 용	20	DF	DF	6	홍 정 운		0	1	1	0
0	1	1	0		박 승 욱	14	DF	DF	4	정 태 욱	20	0	1	1	0
0	0	2	1		신 광 훈	17	DF	MF	33	홍 철		0	0	0	0
0	0	0	0	18	이 수 빈	4	MF	MF	10	라 마 스		0	0	0	0
0	0	4	1(1)		신 진 호	6	MF	MF	26	이 진 용		1	2	0	0
0	0	0	1(1)	22	임 상 협	7	FW	MF	2	황 재 원		1(1)	1	0	0
0	0	2	2(1)		고 영 준	11	MF	FW	22	이 근 호	5	1	0	0	0
0	0	0	0	26	정 재 희	27	FW	FW	17	고 재 현	11	0	1	0	0
0	0	0	0	16	모 세 스	90	FW	FW	19	제 카		1	3	1	0
0	0	0	0		강 현 무	31	대기	대기	1	최 영 은		0	0	0	0
0	0	0	0		박 건	15			20	박 병 현	후40	0	0	0	0
0	0	0	0	후47	김 용 환	13			5	장 성 원	후36	0	0	0	0
0	0	0	1(1)	후0	이 승 모	16			18	케 이 타		0	0	0	0
0	0	0	1(1)	후 33/13	조 재 훈	26			74	이 용 래		0	0	0	0
0	0	1	0	후25	이 광 혁	22			11	세 징 야	후25	0	0	0	0
0	1	0	0	후25	이 호 재	18			32	정 치 인		0	0	0	0
0	3	15	7(5)			0			0			6(1)	13	3	0

● 후반 26분 신진호 C,KR ↷ 고영준 GAR 내 H-ST-G (득점: 고영준, 도움: 신진호) 왼쪽

● 후반 47분 오승훈 GA 정면 H→ 황재원 GAR 내 EL 몸 맞고 골 (득점: 황재원, 도움: 오승훈) 가운데

• 5월 05일 19:00 맑음 수원 종합 3,794명
• 주심_ 김종혁 부심_ 김계용·이정석 대기심_ 조지음 경기감독관_ 김용세

수원FC 2 1 전반 1 / 1 후반 1 **2 인천**

퇴장	경고	파울	ST(유)	교체	선수명	배번	위치	위치	배번	선수명	교체	ST(유)	파울	경고	퇴장
0	0	0	0		유 현	51	GK	GK	21	김 동 헌		0	0	0	0
0	1	0	1(1)		잭 슨	5	DF	DF	20	델브리지		0	1	0	0
0	0	2	2(1)	8	김 건 웅	14	DF	DF	3	김 광 석	24	0	0	0	0
0	0	0	0		김 동 우	26	DF	DF	26	오 반 석		0	0	0	0
0	0	1	0	24	정 동 호	2	MF	MF	28	민 경 현		1(1)	2	0	0
0	0	0	0		박 민 규	3	MF	MF	18	여 름	19	0	2	0	0
0	0	1	0		박 주 호	6	MF	MF	5	이 명 주		1(1)	1	0	0
0	0	1	1(1)		이 승 우	11	MF	MF	27	김 보 섭		0	2	0	0
0	0	0	0	19	니 실 라	25	MF	FW	7	김 도 혁		2(1)	1	0	0
0	0	0	4(1)	4	라 스	9	FW	FW	9	무 고 사		5(3)	0	0	0
0	0	0	0	7	이 영 준	99	FW	FW	10	아길라르		1	2	0	0
0	0	0	0		이 범 영	27	대기	대기	23	민 성 준		0	0	0	0
0	0	0	0	후31	곽 윤 호	4			24	이 강 현	후20	0	1	0	0
0	0	0	0	후26	김 주 엽	24			16	이 동 수		0	0	0	0
0	0	0	2(1)	후31	정 재 용	8			33	김 성 민		0	0	0	0
0	0	0	0		황 순 민	20			37	홍 시 후		0	0	0	0
0	1	1	4(2)	전15	김 현	7			19	송 시 우	후35	0	0	0	0
0	0	0	0	후0	김 승 준	19			11	이 용 재		0	0	0	0
0	2	6	14(7)			0			0			10(6)	12	0	0

● 전반 43분 라스 MFR ~ 김현 PA 정면 내 R-ST-G (득점: 김현, 도움: 라스) 오른쪽
● 후반 12분 김승준 MF 정면 ~ 이승우 PAR 내 R-ST-G (득점: 이승우, 도움: 김승준) 왼쪽

● 전반 40분 김도혁 PA 정면 내 ~ 이명주 GA 정면 L-ST-G (득점: 이명주, 도움: 김도혁) 왼쪽
● 후반 49분 무고사 AK 내 R-ST-G (득점: 무고사) 왼쪽

• 5월 05일 19:00 맑음 김천 종합 1,971명
• 주심_ 김용우 부심_ 지승민·강동호 대기심_ 김영수 경기감독관_ 차상해

김천 1 0 전반 0 / 1 후반 0 **0 강원**

퇴장	경고	파울	ST(유)	교체	선수명	배번	위치	위치	배번	선수명	교체	ST(유)	파울	경고	퇴장
0	0	0	0		황 인 재	1	GK	GK	1	유 상 훈		0	0	0	0
0	0	0	0		정 승 현	15	DF	DF	2	김 영 빈		0	1	1	0
0	1	2	0		김 주 성	30	DF	DF	7	윤 석 영		0	1	0	0
0	0	0	1(1)		강 윤 성	32	DF	DF	23	임 창 우		0	0	0	0
0	0	0	1		유 인 수	11	DF	MF	4	서 민 우		0	2	0	0
0	0	1	1	19	이 영 재	31	MF	MF	6	김 동 현		0	2	0	0
0	0	0	0		권 혁 규	16	MF	MF	19	강 지 훈	88	0	2	0	0
0	0	0	0	23	서 진 수	17	MF	MF	21	코바야시	99	2(1)	0	0	0
0	0	0	0	14	권 창 훈	26	MF	MF	22	정 승 용		0	2	0	0
0	0	1	2(1)	6	고 승 범	7	MF	FW	17	김 대 원		3	1	0	0
0	1	3	3(2)	28	조 규 성	9	FW	FW	47	양 현 준		1	4	1	0
0	0	0	0		김 정 훈	12	대기	대기	25	김 정 호		0	0	0	0
0	0	0	0	후0	박 지 수	23			24	김 진 호		0	0	0	0
0	0	0	0		정 동 윤	13			66	김 원 균		0	0	0	0
0	0	0	0	후39	문 지 환	6			71	츠베타노프		0	0	0	0
0	0	1	1	후0	김 한 길	14			5	김 대 우		0	0	0	0
0	0	0	0	후38	김 지 현	28			88	황 문 기	후44	0	0	0	0
0	0	0	0	후46	김 경 민	19			99	박 상 혁	후29	1	0	0	0
0	2	8	9(4)			0			0			7(1)	15	2	0

● 후반 17분, 조규성 PK-R-G (득점:조규성) 왼쪽

• 5월 08일 14:00 맑음 DGB대구은행파크 7,075명
• 주심_ 박병진 부심_ 이정민·성주경 대기심_ 조지음 경기감독관_ 김종민

대구 3 1 전반 0 / 2 후반 0 **0 수원**

퇴장	경고	파울	ST(유)	교체	선수명	배번	위치	위치	배번	선수명	교체	ST(유)	파울	경고	퇴장
0	0	0	0		오승훈	21	GK	GK	21	양형모		0	0	0	0
0	0	3	0	20	김진혁	7	DF	DF	23	이기제		2(1)	0	0	0
0	1	2	0		홍정운	6	DF	DF	4	불투이스		0	0	0	0
0	0	0	0		정태욱	4	DF	DF	20	이한도	15	2	0	0	0
0	0	1	0		홍 철	33	MF	DF	35	장호익		0	4	1	0
0	0	1	1	74	라마스	10	MF	MF	22	김상준	90	0	0	0	0
0	1	6	1		이진용	26	MF	MF	8	사리치		1	0	0	0
0	0	2	0		황재원	2	MF	MF	10	정승원		2	0	1	0
0	1	1	2(2)	22	세징야	11	FW	FW	30	류승우	12	0	2	0	0
0	0	3	1(1)	18	고재현	17	FW	FW	7	그로닝	18	0	0	0	0
0	0	3	2(1)		제 카	19	FW	FW	16	유주안	26	0	0	0	0
0	0	0	0		최영은	1	대기	대기	34	박지민		0	0	0	0
0	0	0	0	후23/5	박병현	20			15	고명석	후25	0	0	0	0
0	0	0	0	후29	장성원	5			33	박대원		0	0	0	0
0	0	1	0	후39	케이타	18			90	구대영	후0	0	1	0	0
0	0	1	0	후23	이용래	74			12	강현묵	후19	1(1)	1	0	0
0	0	0	0	후39	이근호	22			26	염기훈	후0	1	0	0	0
0	0	0	0		정치인	32			18	오현규	후0	1	0	0	0
0	3	24	7(4)			0			0			10(2)	8	2	0

● 전반 4분 세징야 C,KR ↷ 제카 GAL H-ST-G (득점: 제카, 도움: 세징야) 왼쪽
● 후반 14분 제카 PA 정면 ~ 세징야 PAR 내 R-ST-G (득점: 세징야, 도움: 제카) 왼쪽
● 후반 20분 고재현 GAR 내 EL R-ST-G (득점: 고재현) 왼쪽

• 5월 08일 13:30 흐림 강릉 종합 2,207명
• 주심_ 김우성 부심_ 윤재열·방기열 대기심_ 안재훈 경기감독관_ 허기태

강원 1 1 전반 3 / 0 후반 0 **3 울산**

퇴장	경고	파울	ST(유)	교체	선수명	배번	위치	위치	배번	선수명	교체	ST(유)	파울	경고	퇴장
0	0	0	0		유상훈	1	GK	GK	21	조현우		0	0	0	0
0	0	3	0		김영빈	2	DF	DF	19	김영권	13	0	0	0	0
0	0	0	0		서민우	4	DF	DF	16	원두재		0	1	0	0
0	0	0	0	24	윤석영	7	DF	DF	66	설영우		1	1	0	0
0	0	1	1		김동현	6	MF	DF	23	김태환		0	0	0	0
0	0	0	3(1)	21	김대우	5	MF	MF	24	이규성		0	2	0	0
0	1	2	0		정승용	22	MF	MF	6	박용우		1(1)	0	0	0
0	0	1	2(1)	71	임창우	23	MF	MF	17	김민준	11	0	1	0	0
0	0	0	0	99	황문기	88	MF	MF	72	이청용		1(1)	0	0	0
0	1	2	1	17	박경배	16	FW	FW	10	바 코		1(1)	0	0	0
0	0	2	4(2)		양현준	47	FW	FW	9	레오나르도	8	3(3)	3	0	0
0	0	0	0		김정호	25	대기	대기	77	민동환		0	0	0	0
0	0	0	0	후10	김진호	24			13	이명재	후24	0	0	0	0
0	0	0	0		김원균	66			20	신형민		0	0	0	0
0	0	1	0	후42	츠베타노프	71			22	고명진		0	0	0	0
0	0	1	1	후18	코바야시	21			8	아마노	후40	0	0	0	0
0	0	1	0	후0	김대원	17			7	윤일록		0	0	0	0
0	0	0	1	후0	박상혁	99			11	엄원상	전25	3(3)	0	0	0
0	2	14	13(4)			0			0			10(9)	8	0	0

● 전반 17분 김대우 PAL 내 R-ST-G (득점: 김대우) 오른쪽
● 전반 27분 엄원상 GAR 내 EL ~ 레오나르도 GAR R-ST-G (득점: 레오나르도, 도움: 엄원상) 오른쪽
● 전반 34분 설영우 PAL 내 ~ 엄원상 GAR L-ST-G (득점: 엄원상, 도움: 설영우) 오른쪽
● 전반 45분 엄원상 PAR 내 → 레오나르도 GAL 내 L-ST-G (득점: 레오나르도, 도움: 엄원상) 왼쪽

• 5월 08일 16:30 흐림 서울 월드컵 12,790명
• 주심_ 이동준 부심_ 박상준·천진희 대기심_ 최광호 경기감독관_ 김성기

서울 3 0 전반 0 / 3 후반 1 **1 수원FC**

퇴장	경고	파울	ST(유)	교체	선수명	배번	위치	위치	배번	선수명	교체	ST(유)	파울	경고	퇴장
0	0	0	0	1	양한빈	21	GK	GK	51	유 현		0	0	0	0
0	0	1	1		김진야	17	DF	DF	4	곽윤호		0	2	1	0
0	0	1	1		이한범	20	DF	DF	14	김건웅	25	0	2	0	0
0	1	1	1(1)		오스마르	5	DF	DF	26	김동우		0	1	0	0
0	0	0	1(1)		윤종규	23	DF	MF	2	정동호		0	0	0	0
0	0	3	0		기성용	6	MF	MF	3	박민규		0	0	0	0
0	0	1	1	96	팔로세비치	26	MF	MF	6	박주호		0	2	2	0
0	0	0	1(1)	9	한승규	61	MF	MF	11	이승우		2	1	0	0
0	0	1	3(1)		나상호	7	MF	MF	20	황순민	8	0	2	0	0
0	0	2	3		조영욱	11	MF	FW	16	정재윤	7	0	0	0	0
0	1	1	0		박동진	50	FW	FW	9	라 스	24	2(2)	0	0	0
0	0	0	0	후47	백종범	1	대기	대기	27	이범영		0	0	0	0
0	0	0	0		이태석	88			24	김주엽	후44	0	1	0	0
0	0	0	0		강상희	28			30	신세계		0	0	0	0
0	0	0	0		백상훈	35			8	정재용	후0	0	0	0	0
0	0	1	0	후10	황인범	96			25	니실라	후44	0	0	0	0
0	0	0	0		강성진	29			7	김 현	전16/19	0	0	0	0
0	0	0	1(1)	후27	김신진	9			19	김승준	후20	1(1)	0	0	0
0	2	12	13(5)			0			0			5(3)	11	3	0

● 후반 17분 김진야 PAL ↷ 오스마르 GAR H-ST-G (득점: 오스마르, 도움: 김진야) 오른쪽
● 후반 32분 기성용 GAL ↷ 김신진 GAR 내 H-ST-G (득점: 김신진, 도움: 기성용) 가운데
● 후반 36분 나상호 PAR ~ 윤종규 AKR R-ST-G (득점: 윤종규, 도움: 나상호) 오른쪽
● 후반 21분 이승우 PAL ~ 김승준 PAL R-ST-G (득점: 김승준, 도움: 이승우) 오른쪽

• 5월 08일 16:30 흐림 인천 전용 7,597명
• 주심_ 정동식 부심_ 지승민·양재용 대기심_ 채상협 경기감독관_ 나승화

인천 0 0 전반 0 / 0 후반 1 **1 전북**

퇴장	경고	파울	ST(유)	교체	선수명	배번	위치	위치	배번	선수명	교체	ST(유)	파울	경고	퇴장
0	0	0	0		김동헌	21	GK	GK	31	송범근		0	0	0	0
0	0	2	2(1)		델브리지	20	DF	DF	23	김진수		4(1)	1	1	0
0	1	1	0	11	김광석	3	DF	DF	4	박진섭		0	2	0	0
0	0	0	0		오반석	26	DF	DF	26	홍정호		1(1)	0	0	0
0	0	0	2		민경현	28	MF	DF	95	김문환	2	1	0	0	0
0	0	0	0	24	여 름	18	MF	MF	29	류재문		1(1)	3	0	0
0	0	0	1(1)	16	이명주	5	MF	MF	14	이승기	97	0	1	0	0
0	0	1	1		김보섭	27	MF	MF	21	송민규	3	1(1)	1	0	0
0	0	1	1	37	김도혁	7	FW	MF	36	강상윤	13	0	2	1	0
0	0	0	2(1)		무고사	9	FW	MF	27	문선민	11	3(2)	1	0	0
0	0	0	0	19	아길라르	10	FW	FW	9	구스타보		1(1)	1	0	0
0	0	0	0		민성준	23	대기	대기	1	이범수		0	0	0	0
0	0	0	1	후6	이강현	24			2	이 용	후43	0	0	0	0
0	0	0	0		김동민	47			3	노윤상	후43	0	0	0	0
0	0	0	0	후42	이동수	16			7	한교원		0	0	0	0
0	0	0	0	후38	홍시후	37			11	바로우	후30	0	0	0	0
0	0	1	0	후42	이용재	11			13	김보경	전22	1(1)	0	0	0
0	0	0	2(2)	후6	송시우	19			97	김진규	후30	1	0	0	0
0	1	6	12(5)			0			0			14(8)	12	2	0

● 후반 23분 김보경 C,KR ↷ 구스타보 GAR 내 H-ST-G (득점: 구스타보, 도움: 김보경) 왼쪽

• 5월 08일 19:00 흐림 제주 월드컵 2,111명
• 주심_ 김영수 부심_ 김계용·박균용 대기심_ 송민석 경기감독관_ 조성철

제주 3 1 전반 0 / 2 후반 1 **1 김천**

퇴장	경고	파울	ST(유)	교체	선수명	배번	위치	위치	배번	선수명	교체	ST(유)	파울	경고	퇴장
0	0	0	0		김 동 준	1	GK	GK	1	황 인 재		0	0	0	0
0	0	1	0	39	안 현 범	17	MF	DF	15	정 승 현		0	2	0	0
0	0	0	0		김 봉 수	30	DF	DF	30	김 주 성	14	0	0	0	0
0	1	2	0		김 오 규	35	DF	DF	23	박 지 수		1	2	1	0
0	1	1	0		정 운	13	DF	MF	11	유 인 수		1(1)	1	0	0
0	0	0	1		정 우 재	22	MF	MF	32	강 윤 성		1(1)	1	0	0
0	0	2	2(1)		최 영 준	6	MF	MF	16	권 혁 규		2	2	0	0
0	1	3	6(2)	4	이 창 민	8	MF	MF	31	이 영 재		7(3)	0	0	0
0	0	0	0	10	추 상 훈	37	FW	FW	26	권 창 훈	28	0	0	0	0
0	0	1	5(2)	19	제 르 소	11	FW	FW	7	고 승 범	17	3(1)	0	0	0
0	0	0	3(3)		주 민 규	18	FW	FW	9	조 규 성	19	5(1)	1	0	0
0	0	0	0		유 연 수	31			12	김 정 훈		0	0	0	0
0	0	1	0	후39	이 지 솔	4			13	정 동 윤		0	0	0	0
0	0	0	0		김 경 재	23			17	서 진 수	후42	0	0	0	0
0	0	0	0	후39	김 명 순	39	대기	대기	6	문 지 환		0	0	0	0
0	0	0	0	후16	조 성 준	7			14	김 한 길	후33	0	0	0	0
0	1	0	0	후39	김 주 공	19			28	김 지 현	후19	0	0	0	0
0	1	1	1	전21/7	조나탄 링	10			19	김 경 민	후42	0	0	0	0
0	5	12	18(8)			0			0			20(7)	9	1	0

● 전반 42분 정운 PAL ↷ 주민규 GAR H-ST-G (득점: 주민규, 도움: 정운) 오른쪽
● 후반 26분 주민규 PK-R-G (득점: 주민규) 오른쪽
● 후반 33분 주민규 PK 좌측지점 L-ST-G (득점: 주민규) 오른쪽
● 후반 48분 김명순 GAL 내 H 자책골 (득점: 김명순) 왼쪽

• 5월 08일 19:00 흐림 포항 스틸야드 3,142명
• 주심_ 김대용 부심_ 곽승순·강동호 대기심_ 김동진 경기감독관_ 허태식

포항 1 0 전반 0 / 1 후반 0 **0 성남**

퇴장	경고	파울	ST(유)	교체	선수명	배번	위치	위치	배번	선수명	교체	ST(유)	파울	경고	퇴장
0	0	0	0		윤 평 국	1	GK	GK	41	김 영 광		0	0	0	0
0	1	1	0		심 상 민	2	DF	DF	3	권 완 규		0	2	0	0
0	0	0	0		박 찬 용	20	DF	DF	16	이 종 성		0	2	0	0
0	0	1	0		박 승 욱	14	DF	DF	4	강 의 빈		0	1	0	0
0	0	0	2		신 광 훈	17	DF	MF	18	이 지 훈		0	1	0	0
0	0	1	2(1)	18	이 수 빈	4	MF	MF	7	권 순 형	19	0	0	0	0
0	0	1	3(1)		신 진 호	6	MF	MF	13	김 민 혁		0	2	0	0
0	0	0	1(1)	13	임 상 협	7	FW	MF	2	이 시 영		0	1	0	0
0	0	0	3(3)		고 영 준	11	MF	FW	25	강 재 우	66	0	1	0	0
0	0	1	0	27	이 광 혁	22	FW	FW	8	뮬 리 치	17	1	0	0	0
0	0	0	1	16	모 세 스	90	FW	FW	11	팔라시오스	10	0	3	0	0
0	0	0	0		류 원 우	91			1	최 필 수		0	0	0	0
0	0	0	0		박 건	15			36	김 지 수		0	0	0	0
0	0	0	0	후40	김 용 환	13			66	박 수 일	후12	0	1	1	0
0	1	1	0	후0	이 승 모	16	대기	대기	15	이 재 원		0	0	0	0
0	0	0	0		김 준 호	66			19	엄 승 민	후39	0	0	0	0
0	0	0	0	후31	정 재 희	27			10	이 종 호	후39	0	0	0	0
0	0	0	0	후12	이 호 재	18			17	조 상 준	후39	1	0	0	0
0	2	6	12(6)			0			0			2	14	1	0

● 후반 27분 이승모 PAR EL ~ 고영준 GAR 내 R-ST-G (득점: 고영준, 도움: 이승모) 오른쪽

• 5월 14일 16:30 맑음 김천 종합 1,901명
• 주심_ 김희곤 부심_ 곽승순·양재용 대기심_ 안재훈 경기감독관_ 강득수

김천 1 1 전반 0 / 0 후반 1 **1 대구**

퇴장	경고	파울	ST(유)	교체	선수명	배번	위치	위치	배번	선수명	교체	ST(유)	파울	경고	퇴장
0	0	0	0		구 성 윤	25	GK	GK	21	오 승 훈		0	0	0	0
0	1	4	0		정 승 현	15	DF	DF	7	김 진 혁	32	0	1	1	0
0	0	0	2		박 지 수	23	DF	DF	6	홍 정 운		0	1	1	0
0	0	2	1		송 주 훈	4	DF	DF	4	정 태 욱		1	2	1	0
0	0	0	2(1)		유 인 수	11	MF	MF	33	홍 철		1	0	0	0
0	0	0	0	10	강 윤 성	32	MF	MF	10	라 마 스	18	2	0	0	0
0	1	1	0		권 혁 규	16	MF	MF	26	이 진 용	74	0	3	0	0
0	0	1	4(2)		이 영 재	31	MF	MF	2	황 재 원		0	1	1	0
0	0	0	2(1)	26	김 한 길	14	FW	FW	11	세 징 야		5(3)	0	0	0
0	0	0	2(1)		고 승 범	7	FW	FW	17	고 재 현	22	2(2)	1	0	0
0	0	1	2(1)	28	조 규 성	9	FW	FW	19	제 카		1	0	0	0
0	0	0	0		강 정 묵	18			1	최 영 은		0	0	0	0
0	0	0	0		김 주 성	30			66	조 진 우		0	0	0	0
0	0	0	0		문 지 환	6			18	케 이 타	후43	0	0	0	0
0	0	0	0	후29	명 준 재	10	대기	대기	74	이 용 래	후5	0	1	0	0
0	0	0	0		한 찬 희	22			14	안 용 우		0	0	0	0
0	0	0	0	후48	김 지 현	28			22	이 근 호	후32	1	1	0	0
0	0	0	1(1)	후34	권 창 훈	26			32	정 치 인	후43	0	0	0	0
0	2	9	16(7)			0			0			13(5)	11	4	0

● 전반 21분 조규성 PAR ↷ 유인수 GAL H-ST-G (득점: 유인수, 도움: 조규성) 왼쪽
● 후반 49분 제카 GA 정면 H ↷ 세징야 GA 정면 내 H-ST-G (득점: 세징야, 도움: 제카) 오른쪽

• 5월 14일 19:00 흐림 울산 문수 8,351명
• 주심_ 김종혁 부심_ 박상준·이정석 대기심_ 김영수 경기감독관_ 김성기

울산 2 0 전반 2 / 2 후반 0 **2 인천**

퇴장	경고	파울	ST(유)	교체	선수명	배번	위치	위치	배번	선수명	교체	ST(유)	파울	경고	퇴장
0	0	0	0		조 현 우	21	GK	GK	1	이 태 희		0	0	0	0
0	0	1	1		김 영 권	19	DF	DF	20	델브리지	4	0	0	0	0
0	0	0	0		원 두 재	16	DF	DF	47	김 동 민		0	0	1	0
0	0	1	0		설 영 우	66	DF	DF	26	오 반 석		0	1	0	0
0	1	0	1(1)		김 태 환	23	DF	MF	32	이 주 용	27	0	1	0	0
0	0	0	2(1)	10	이 규 성	24	MF	MF	24	이 강 현	37	0	2	0	0
0	0	0	1(1)		박 용 우	6	MF	MF	28	민 경 현		0	2	0	0
0	0	2	5(4)		아 마 노	8	MF	MF	7	김 도 혁		0	1	0	0
0	0	0	0	72	김 민 준	17	MF	MF	5	이 명 주		0	2	0	0
0	0	0	0		엄 원 상	11	MF	FW	9	무 고 사		3(3)	2	0	0
0	0	0	3(2)		레오나르도	9	FW	FW	11	이 용 재	18	2(1)	1	0	0
0	0	0	0		민 동 환	77			21	김 동 헌		0	0	0	0
0	0	0	0		이 명 재	13			4	강 민 수	후4	0	0	0	0
0	0	0	0		신 형 민	20			27	김 보 섭	전25	1	1	0	0
0	0	0	0		고 명 진	22	대기	대기	18	여 름	후24	0	0	0	0
0	0	0	3(2)	전19	이 청 용	72			16	이 동 수		0	0	0	0
0	0	0	2(1)	후0	바 코	10			19	송 시 우		0	0	0	0
0	0	0	0		코 스 타	99			37	홍 시 후	후24	0	0	0	0
0	1	4	18(12)			0			0			6(4)	13	1	0

● 후반 11분 엄원상 GAR ~ 아마노 GA 정면 L-ST-G (득점: 아마노, 도움: 엄원상) 왼쪽
● 후반 24분 레오나르도 GA 정면 내 R-ST-G (득점: 레오나르도) 오른쪽
● 전반 6분 이강현 MFR ~ 무고사 AK 정면 L-ST-G (득점: 무고사, 도움: 이강현) 왼쪽
● 전반 10분 이명주 PAL ↷ 이용재 GA 정면 H-ST-G (득점: 이용재, 도움: 이명주) 오른쪽

• 5월 14일 19:00 맑음 수원 월드컵 5,564명
• 주심_ 송민석 부심_ 지승민·김지욱 대기심_ 설태환 경기감독관_ 양정환

수원 1 0 전반 0 / 1 후반 0 **0 성남**

퇴장	경고	파울	ST(유)	교체	선수명	배번	위치	위치	배번	선수명	교체	ST(유)	파울	경고	퇴장
0	0	0	0		양 형 모	21	GK	GK	41	김 영 광		0	0	0	0
0	0	1	0	23	장 호 익	35	DF	DF	34	최 지 묵	18	0	1	0	0
0	0	1	0		불투이스	4	DF	DF	36	김 지 수	3	0	0	0	0
0	0	0	1(1)		민 상 기	39	DF	DF	4	강 의 빈		0	0	0	0
0	0	0	0	15	구 대 영	90	DF	DF	2	이 시 영		0	0	0	0
0	0	2	0		사 리 치	8	MF	MF	33	전 성 수	13	0	1	0	0
0	1	1	0	20	한 석 종	6	MF	MF	15	이 재 원	11	0	2	0	0
0	0	0	2(1)	26	정 승 원	10	MF	MF	7	권 순 형		1	1	0	0
0	1	3	2(2)		전 진 우	14	FW	MF	22	안 진 범		0	3	0	0
0	0	2	0		오 현 규	18	FW	FW	23	구 본 철		1(1)	2	1	0
0	0	3	2(1)	12	류 승 우	30	FW	FW	10	이 종 호	8	4(2)	2	0	0
0	0	0	0		노 동 건	19			1	최 필 수		0	0	0	0
0	0	0	0	후9	이 한 도	20			3	권 완 규	후0	1	0	0	0
0	0	0	0	후30	고 명 석	15			18	이 지 훈	후27	1(1)	0	0	0
0	0	0	0	후5	이 기 제	23	대기	대기	11	팔라시오스	후12	1(1)	1	0	0
0	0	1	1	후30	강 현 묵	12			13	김 민 혁	후12	1	1	0	0
0	0	1	2	후5	염 기 훈	26			16	이 종 성		0	0	0	0
0	0	0	0		그 로 닝	7			8	뮬 리 치	후32	0	0	0	0
0	2	15	10(5)			0			0			10(5)	14	1	0

● 후반 46분 강현묵 AKL ~ 전진우 PA 정면 내 R-ST-G (득점: 전진우, 도움: 강현묵) 오른쪽

• 5월 15일 14:20 맑음 수원 종합 2,785명
• 주심_ 고형진 부심_ 윤재열·방기열 대기심_ 정동식 경기감독관_ 나승화

수원FC 1 1 전반 0 / 0 후반 3 **3 제주**

퇴장	경고	파울	ST(유)	교체	선수명	배번	위치	위치	배번	선수명	교체	ST(유)	파울	경고	퇴장
0	0	0	0		유 현	51	GK	GK	1	김 동 준		0	0	0	0
0	1	1	0	4	잭 슨	5	DF	MF	17	안 현 범		3(2)	1	0	0
0	1	1	0		김 건 웅	14	DF	DF	30	김 봉 수		0	1	0	0
0	0	1	0		김 동 우	26	DF	DF	35	김 오 규		3(1)	1	1	0
0	0	0	0	24	정 동 호	2	MF	DF	13	정 운		1	1	0	0
0	0	0	0		박 민 규	3	MF	MF	22	정 우 재	39	1(1)	0	0	0
0	0	0	4(1)	7	이 승 우	11	MF	MF	6	최 영 준		0	0	0	0
0	0	0	0	25	장 혁 진	17	MF	MF	8	이 창 민	4	6(4)	2	0	0
0	0	0	1(1)	8	이 기 혁	23	MF	FW	37	추 상 훈	10	3(1)	1	0	0
0	0	2	0		라 스	9	FW	FW	11	제 르 소	19	1	1	0	0
0	0	0	0		김 승 준	19	FW	FW	18	주 민 규		4(3)	0	0	0
0	0	0	0		박 배 종	1			31	유 연 수		0	0	0	0
0	0	1	1(1)	후23	곽 윤 호	4			4	이 지 솔	후48	0	0	0	0
0	0	1	0	후36	김 주 엽	24			23	김 경 재		0	0	0	0
0	0	0	0		신 세 계	30	대기	대기	39	김 명 순	후48	0	0	0	0
0	0	0	2(1)	전28	정 재 용	8			7	조 성 준	후18	1(1)	0	0	0
0	0	0	0	후36	니 실 라	25			19	김 주 공	후18	1(1)	0	0	0
0	0	0	1(1)	후36	김 현	7			10	조나탄 링	전25/7	0	1	0	0
0	2	7	9(5)			0			0			24(14)	9	1	0

● 전반 30분 김오규 GAR R 자책골 (득점: 김오규) 왼쪽

● 후반 27분 조성준 PAL 내 ~ 주민규 GA 정면 내 R-ST-G (득점: 주민규, 도움: 조성준) 가운데
● 후반 44분 정운 GAR 내 EL H ~ 김주공 GA 정면 내 H-ST-G (득점: 김주공, 도움: 정운) 왼쪽
● 후반 47분 조성준 PAR 내 ~ 이창민 PA 정면 내 L-ST-G (득점: 이창민, 도움: 조성준) 왼쪽

• 5월 15일 16:30 맑음 전주 월드컵 6,755명
• 주심_ 박병진 부심_ 이정민·송봉근 대기심_ 조지음 경기감독관_ 김용세

전북 1 0 전반 0 / 1 후반 1 **1 강원**

퇴장	경고	파울	ST(유)	교체	선수명	배번	위치	위치	배번	선수명	교체	ST(유)	파울	경고	퇴장
0	0	0	0	30	송 범 근	31	GK	GK	1	유 상 훈		0	0	0	0
0	0	3	0	27	김 문 환	95	DF	DF	2	김 영 빈		1	0	0	0
0	0	1	0		최 보 경	6	DF	DF	7	윤 석 영		0	0	0	0
0	0	0	0	15	홍 정 호	26	DF	DF	23	임 창 우		0	0	0	0
0	0	1	0		이 용	2	DF	MF	4	서 민 우		1	2	0	0
0	1	1	3(1)		백 승 호	8	MF	MF	6	김 동 현		0	1	0	0
0	0	1	1(1)		바 로 우	11	MF	MF	22	정 승 용		1	2	0	0
0	0	2	0	14	강 상 윤	36	MF	MF	24	김 진 호	66	0	0	0	0
0	0	1	0	10	김 진 규	97	MF	MF	88	황 문 기	16	1	1	0	0
0	0	1	1(1)		한 교 원	7	MF	FW	17	김 대 원		2(2)	0	0	0
0	0	1	1(1)		구스타보	9	FW	FW	47	양 현 준		2(1)	0	0	0
0	0	0	0	후42	김 준 홍	30			25	김 정 호		0	0	0	0
0	0	0	0	후0	구 자 룡	15			66	김 원 균	후46	0	0	0	0
0	0	0	0		최 철 순	25			71	츠베타노프		0	0	0	0
0	0	0	1	전24	이 승 기	14	대기	대기	5	김 대 우		0	0	0	0
0	0	0	0	후42	문 선 민	27			21	코바야시		0	0	0	0
0	0	0	0		송 민 규	21			16	박 경 배	후40	0	0	0	0
0	0	0	0	후8	일류첸코	10			27	우 병 철		0	0	0	0
0	1	12	7(4)			0			0			8(3)	6	0	0

● 후반 42분 구스타보 PA 정면 내 H~ 바로우 GAL L-ST-G (득점: 바로우, 도움: 구스타보) 오른쪽

● 후반 38분 김대원 GAL R-ST-G (득점: 김대원) 오른쪽

• 5월 15일 19:00 맑음 서울 월드컵 8,610명
• 주심_ 김용우 부심_ 김계용·박균용 대기심_ 신용준 경기감독관_ 김종민

서울 1 0 전반 0 / 1 후반 0 **0 포항**

퇴장	경고	파울	ST(유)	교체	선수명	배번	위치	위치	배번	선수명	교체	ST(유)	파울	경고	퇴장
0	0	0	0		백 종 범	1	GK	GK	1	윤 평 국		0	0	0	0
0	0	0	0		김 진 야	17	DF	DF	2	심 상 민		0	2	0	0
0	0	3	2		이 한 범	20	DF	DF	20	박 찬 용		0	1	1	0
0	0	0	0		오스마르	5	DF	DF	14	박 승 욱		0	1	0	0
0	1	1	1(1)		윤 종 규	23	DF	DF	13	김 용 환		0	2	0	0
0	0	1	0		기 성 용	6	MF	MF	4	이 수 빈	12	1(1)	1	0	0
0	0	2	5(2)		팔로세비치	26	MF	MF	17	신 광 훈		1	0	0	0
0	0	0	2	96	한 승 규	61	MF	MF	7	임 상 협		2(1)	0	0	0
0	0	2	3(2)		나 상 호	7	MF	MF	11	고 영 준	90	0	0	0	0
0	0	0	2		조 영 욱	11	MF	MF	22	이 광 혁	27	0	4	0	0
0	1	2	3(1)	29	박 동 진	50	FW	FW	16	이 승 모		1	1	0	0
0	0	0	0		양 한 빈	21			91	류 원 우		0	0	0	0
0	0	0	0		이 태 석	88			15	박 건		0	0	0	0
0	0	0	0		강 상 희	28			66	김 준 호		0	0	0	0
0	0	0	0		이 상 민	3	대기	대기	12	김 승 대	후8	0	0	0	0
0	0	0	0	전34/9	황 인 범	96			90	모 세 스	후35	0	2	0	0
0	0	0	0	후47	강 성 진	29			27	정 재 희	후8	0	0	0	0
0	0	0	0	후42	김 신 진	9			18	이 호 재		0	0	0	0
0	2	11	18(6)			0			0			5(2)	14	1	0

● 후반 32분 나상호 GAL 내 L-ST-G (득점: 나상호) 왼쪽

• 5월 17일 19:00 맑음 수원 월드컵 2,290명
• 주심_ 김대용 부심_ 윤재열·송봉근 대기심_ 신용준 경기감독관_ 최윤겸

수원 2 1 전반 0 / 1 후반 1 **1 김천**

퇴장	경고	파울	ST(유)	교체	선수명	배번	위치	위치	배번	선수명	교체	ST(유)	파울	경고	퇴장
0	0	0	0		양 형 모	21	GK	GK	25	구 성 윤		0	0	0	0
0	0	0	2(1)	35	이 기 제	23	DF	DF	15	정 승 현		0	2	1	0
0	0	0	1		불투이스	4	DF	DF	23	박 지 수	30	0	0	0	0
0	0	0	0		민 상 기	39	DF	DF	4	송 주 훈	16	0	1	0	0
0	1	1	0	15	구 대 영	90	DF	MF	11	유 인 수		0	1	0	0
0	0	1	1	20	사 리 치	8	MF	MF	10	명 준 재	9	0	1	0	0
0	0	0	0		한 석 종	6	MF	MF	6	문 지 환		0	1	1	0
0	0	3	0	30	강 현 묵	12	MF	MF	31	이 영 재		2(1)	2	1	0
0	0	1	4(3)		전 진 우	14	FW	FW	17	서 진 수	7	0	0	0	0
0	0	0	1	26	오 현 규	18	FW	FW	26	권 창 훈		2(1)	2	0	0
0	0	4	1		김 태 환	11	FW	FW	28	김 지 현	14	3	0	0	0
0	0	0	0		노 동 건	19			18	강 정 묵		0	0	0	0
0	0	2	0	후14	고 명 석	15			30	김 주 성	전13	1	0	0	0
0	0	0	0	후28	이 한 도	20			16	권 혁 규	후40	0	1	1	0
0	0	1	0	후28	장 호 익	35	대기	대기	14	김 한 길	후0	1(1)	1	1	0
0	0	0	0		박 형 진	13			22	한 찬 희		0	0	0	0
0	1	1	0	후6	염 기 훈	26			7	고 승 범	후0	0	0	0	0
0	0	0	0	후28	류 승 우	30			9	조 규 성	후0	6(4)	0	0	0
0	2	14	10(4)			0			0			15(7)	12	5	0

● 전반 29분 강현묵 MFR ~ 이기제 MFL L-ST-G (득점: 이기제, 도움: 강현묵) 오른쪽
● 후반 24분 사리치 MF 정면 ~ 전진우 PAL 내 L-ST-G (득점: 전진우, 도움: 사리치) 가운데
● 후반 47분 조규성 PK-R-G (득점: 조규성) 오른쪽

• 5월 17일 19:30 맑음 인천 전용 2,754명
• 주심_ 고형진 부심_ 김계용·박균용 대기심_ 성덕효 경기감독관_ 차상해

인천 2 1 전반 1 / 1 후반 1 **2 대구**

퇴장	경고	파울	ST(유)	교체	선수명	배번	위치	위치	배번	선수명	교체	ST(유)	파울	경고	퇴장
0	0	0	0		이 태 희	1	GK	GK	21	오 승 훈		0	0	1	0
0	0	0	0		김 동 민	47	DF	DF	7	김 진 혁		0	2	1	0
0	0	1	0		김 광 석	3	DF	DF	6	홍 정 운		1(1)	0	0	0
0	0	1	0		강 민 수	4	DF	DF	4	정 태 욱		0	0	0	0
0	0	0	1(1)		민 경 현	28	MF	MF	18	케 이 타	74	0	3	0	0
0	0	2	0	5	여 름	18	MF	MF	10	라 마 스	33	1(1)	0	0	0
0	0	0	0	19	이 동 수	16	MF	MF	26	이 진 용	25	1	3	1	0
0	0	1	0	37	김 보 섭	27	MF	MF	2	황 재 원		0	2	1	0
0	0	0	2		아길라르	10	FW	FW	11	세 징 야		5(3)	1	0	0
0	0	1	5(3)		무 고 사	9	FW	FW	17	고 재 현	22	2(1)	0	0	0
0	0	1	0	7	이 용 재	11	FW	FW	19	제 카	32	2(1)	5	0	0
0	0	0	0		김 동 헌	21			1	최 영 은		0	0	0	0
0	0	0	0		김 창 수	22			66	조 진 우		0	0	0	0
0	0	0	0		이 강 현	24			33	홍 철	후26	0	0	0	0
0	0	1	1	전19	이 명 주	5	대기	대기	25	이 태 희	후42	0	0	0	0
0	0	0	0	후0	김 도 혁	7			74	이 용 래	후42	0	0	0	0
0	0	1	0	후23	송 시 우	19			22	이 근 호	후34	0	0	0	0
0	0	0	0	후37	홍 시 후	37			32	정 치 인	후42	0	1	0	0
0	0	9	9(4)			0			0			12(7)	17	4	0

● 전반 46분 무고사 PA 정면 내 L-ST-G (득점: 무고사) 오른쪽
● 후반 53분 무고사 PK-R-G (득점: 무고사) 왼쪽
● 전반 15분 세징야 C,KL ↷ 홍정운 GAL 내 H-ST-G (득점: 홍정운, 도움: 세징야) 오른쪽
● 후반 34분 세징야 PA 정면 FK R-ST-G (득점: 세징야) 왼쪽

• 5월 18일 19:00 맑음 울산 문수 4,293명
• 주심_ 정동식 부심_ 곽승순·김지욱 대기심_ 설태환 경기감독관_ 허태식

울산 1 0 전반 0 / 1 후반 0 **0 제주**

퇴장	경고	파울	ST(유)	교체	선수명	배번	위치	위치	배번	선수명	교체	ST(유)	파울	경고	퇴장
0	0	0	0		조 현 우	21	GK	GK	1	김 동 준		0	0	0	0
0	0	0	1(1)		김 영 권	19	DF	MF	17	안 현 범		0	2	1	0
0	0	1	0		원 두 재	16	DF	DF	30	김 봉 수		0	0	0	0
0	0	1	3(1)		설 영 우	66	DF	DF	23	김 경 재		0	2	0	0
0	0	0	0		김 태 환	23	DF	DF	13	정 운		0	0	0	0
0	0	0	0		박 용 우	6	MF	MF	39	김 명 순	22	0	0	0	0
0	0	1	1	7	이 청 용	72	MF	MF	6	최 영 준		1	2	0	0
0	0	1	5(3)		아 마 노	8	MF	MF	8	이 창 민	4	0	0	0	0
0	0	3	0	11	최 기 윤	29	MF	FW	37	추 상 훈	7	0	0	0	0
0	0	0	8(7)		바 코	10	MF	FW	19	김 주 공	11	2(2)	0	0	0
0	0	3	5(2)		레오나르도	9	FW	FW	18	주 민 규	2	2(2)	0	0	0
0	0	0	0		민 동 환	77			31	유 연 수		0	0	0	0
0	0	0	0		이 명 재	13			4	이 지 솔	후42	0	0	0	0
0	0	0	0		신 형 민	20			22	정 우 재	전21	2	0	0	0
0	0	0	0		고 명 진	22	대기	대기	7	조 성 준	전21	0	0	0	0
0	0	0	0	후39	윤 일 록	7			2	진 성 욱	후42	0	0	0	0
0	0	0	3(3)	전29	엄 원 상	11			11	제 르 소	후29	0	0	0	0
0	0	0	0		박 주 영	91			10	조나탄 링		0	0	0	0
0	0	10	26(17)			0			0			7(4)	6	1	0

● 후반 46분 레오나르도 GAL H ↷ 엄원상 GA 정면 내 L-ST-G (득점: 엄원상, 도움: 레오나르도) 왼쪽

• 5월 18일 19:00 맑음 포항 스틸야드 3,591명
• 주심_ 김영수 부심_ 박상준·방기열 대기심_ 김우성 경기감독관_ 나승화

포항 0 0 전반 1 / 0 후반 0 **1 전북**

퇴장	경고	파울	ST(유)	교체	선수명	배번	위치	위치	배번	선수명	교체	ST(유)	파울	경고	퇴장
0	0	0	0		윤 평 국	1	GK	GK	31	송 범 근		0	0	0	0
0	0	0	0		심 상 민	2	DF	DF	23	김 진 수	33	0	1	1	0
0	0	1	0		박 찬 용	20	DF	DF	5	윤 영 선		0	0	0	0
0	0	0	0		박 승 욱	14	DF	DF	26	홍 정 호		0	0	0	0
0	0	3	0	4	김 용 환	13	DF	DF	95	김 문 환		0	1	1	0
0	0	1	2(1)		이 승 모	16	MF	MF	28	맹 성 웅	6	0	1	0	0
0	0	2	1		신 광 훈	17	MF	MF	29	류 재 문		0	2	0	0
0	1	0	0	22	임 상 협	7	MF	MF	21	송 민 규	97	0	0	0	0
0	0	0	2(1)		고 영 준	11	MF	MF	17	쿠니모토		1(1)	0	0	0
0	0	0	5(2)		정 재 희	27	MF	MF	88	박 규 민	11	0	2	1	0
0	0	2	1	8	모 세 스	90	FW	FW	10	일류첸코	9	1	2	0	0
0	0	0	0		류 원 우	91			1	이 범 수		0	0	0	0
0	0	0	0		그 랜 트	5			6	최 보 경	후42	0	0	0	0
0	1	1	0	후0	이 수 빈	4			9	구스타보	후27	1	0	0	0
0	0	0	0		김 승 대	12	대기	대기	11	바 로 우	전40	0	1	0	0
0	0	1	0	후28	허 용 준	8			27	문 선 민		0	0	0	0
0	0	0	0	후17/18	이 광 혁	22			33	박 진 성	후42	0	0	0	0
0	0	0	0	후39	이 호 재	18			97	김 진 규	후27	0	0	0	0
0	2	11	11(4)			0			0			3(1)	10	3	0

● 전반 14분 쿠니모토 GAL 내 R-ST-G (득점: 쿠니모토) 왼쪽

• 5월 18일 19:30 맑음 탄천 종합 1,711명
• 주심_ 김동진 부심_ 이정민 · 천진희 대기심_ 김도연 경기감독관_ 허기태

성남 2 1 전반 0 / 1 후반 2 **2 수원FC**

퇴장	경고	파울	ST(유)	교체	선수명	배번	위치	위치	배번	선수명	교체	ST(유)	파울	경고	퇴장
0	1	0	0		김영광	41	GK	GK	1	박배종		0	0	0	0
0	0	2	0	5	권완규	3	DF	DF	5	잭슨		1(1)	3	1	0
0	0	1	0		김지수	36	DF	DF	13	김상원	30	0	2	0	0
0	1	4	1(1)		강의빈	4	DF	DF	24	김주엽	2	1	0	0	0
0	0	0	0		이시영	2	DF	DF	26	김동우	4	0	0	0	0
0	1	1	2(1)		박수일	66	MF	MF	6	박주호		0	0	0	0
0	0	3	1(1)		김민혁	13	MF	MF	14	김건웅		1	0	0	0
0	1	4	0	22	이종성	16	MF	MF	17	장혁진	19	1	3	0	0
0	1	1	2(1)	11	구본철	23	MF	FW	7	김현		2	0	0	0
0	0	1	0	25	뮬리치	8	FW	FW	11	이승우		3	4	0	0
0	0	1	0	17	이종호	10	FW	FW	99	이영준	9	0	0	0	0
0	0	0	0		허자웅	21			27	이범영		0	0	0	0
0	0	0	0	후32	마상훈	5			2	정동호	전20	1(1)	0	0	0
0	0	0	0		최지묵	34			4	곽윤호	후0	0	2	0	0
0	0	0	0	후42	팔라시오스	11	대기	대기	30	신세계	후29	0	0	0	0
0	0	1	0	후34	안진범	22			8	정재용		0	0	0	0
0	0	2	0	후0	강재우	25			9	라스	전20	1	0	0	0
0	0	0	1(1)	후42	조상준	17			19	김승준	후5	1	1	0	0
0	5	21	7(5)			0			0			12(2)	15	1	0

● 전반 33분 권완규 MF 정면 → 김민혁 AK 내 몸 맞고 골 (득점: 김민혁, 도움: 권완규) 왼쪽
● 후반 6분 이시영 MFR ↷ 구본철 GA 정면 H-ST-G (득점: 구본철, 도움: 이시영) 왼쪽
● 후반 26분 김승준 MFR ~ 정동호 PAR 내 L-ST-G (득점: 정동호, 도움: 김승준) 왼쪽
● 후반 39분 김민혁 GAL H 자책골 (득점: 김민혁) 오른쪽

• 5월 18일 19:30 맑음 강릉 종합 1,668명
• 주심_ 안재훈 부심_ 지승민 · 성주경 대기심_ 송민석 경기감독관_ 당성증

강원 1 1 전반 0 / 0 후반 0 **0 서울**

퇴장	경고	파울	ST(유)	교체	선수명	배번	위치	위치	배번	선수명	교체	ST(유)	파울	경고	퇴장
0	0	0	0		유상훈	1	GK	GK	1	백종범		0	0	0	0
0	0	0	0		김영빈	2	DF	DF	17	김진야		0	0	0	0
0	0	0	0		윤석영	7	DF	DF	20	이한범		2(1)	2	0	0
0	0	0	0		임창우	23	DF	DF	28	강상희	6	0	0	0	0
0	1	1	0	5	서민우	4	MF	DF	23	윤종규		0	1	1	0
0	0	2	0		김동현	6	MF	MF	5	오스마르		0	0	0	0
0	0	1	0		정승용	22	MF	MF	96	황인범	26	2(2)	1	0	0
0	0	3	0		김진호	24	MF	MF	61	한승규	88	0	0	0	0
0	1	4	5(2)	99	황문기	88	MF	MF	11	조영욱		1	1	0	0
0	0	0	1	71	김대원	17	FW	MF	29	강성진	7	0	0	0	0
0	0	0	1		양현준	47	FW	FW	9	김신진	50	0	0	0	0
0	0	0	0		김정호	25			21	양한빈		0	0	0	0
0	0	0	0		김원균	66			88	이태석	후34	0	0	0	0
0	1	0	0	후43	츠베타노프	71			3	이상민		0	0	0	0
0	0	0	0	후34	김대우	5	대기	대기	6	기성용	후0	0	0	0	0
0	0	0	0		코바야시	21			26	팔로세비치	후28	1	0	0	0
0	0	0	0	후34	홍석환	40			7	나상호	후16	0	0	0	0
0	0	0	0	후21/40	박상혁	99			50	박동진	후0	2(1)	0	0	0
0	3	11	7(2)			0			0			8(4)	5	1	0

● 전반 29분 김동현 자기 측 HL 정면 ↷ 황문기 GAR 내 R-ST-G (득점: 황문기, 도움: 김동현) 왼쪽

• 5월 21일 16:30 맑음 서울 월드컵 9,247명
• 주심_ 김우성 부심_ 곽승순 · 양재용 대기심_ 김영수 경기감독관_ 양정환

서울 0 0 전반 1 / 0 후반 0 **1 성남**

퇴장	경고	파울	ST(유)	교체	선수명	배번	위치	위치	배번	선수명	교체	ST(유)	파울	경고	퇴장
0	0	0	0		양한빈	21	GK	GK	41	김영광		0	0	1	0
0	0	0	3(2)	9	이태석	88	DF	DF	34	최지묵		0	1	0	0
0	0	0	0	3	이한범	20	DF	DF	36	김지수		0	0	0	0
0	1	2	0		오스마르	5	DF	DF	3	권완규		0	2	2	0
0	0	1	0		김진야	17	DF	DF	29	장효준	18	0	1	0	0
0	0	0	1		기성용	6	MF	MF	66	박수일	2	0	1	0	0
0	0	0	3(2)		팔로세비치	26	MF	MF	15	이재원		1(1)	0	0	0
0	0	0	1	96	한승규	61	MF	MF	13	김민혁		0	0	0	0
0	0	0	0	27	권성윤	24	MF	MF	23	구본철	7	1(1)	1	1	0
0	0	0	2(1)		조영욱	11	MF	FW	25	강재우	4	0	1	0	0
0	0	1	2		박동진	50	FW	FW	10	이종호	33	0	0	0	0
0	0	0	0		백종범	1			1	최필수		0	0	0	0
0	0	0	1(1)	후38	고광민	27			2	이시영	후0	0	1	0	0
0	0	0	0		강상희	28			4	강의빈	전28	0	0	0	0
0	0	1	0	후0	이상민	3	대기	대기	18	이지훈	후30	0	0	0	0
0	1	1	2(2)	전12	황인범	96			7	권순형	후48	0	0	0	0
0	0	0	0		강성진	29			14	정석화		0	0	0	0
0	0	0	1	후22	김신진	9			33	전성수	후30	1(1)	1	0	0
0	2	6	16(8)			0			0			3(3)	9	4	0

● 전반 22분 이종호 GAL EL → 구본철 GA 정면 R-ST-G (득점: 구본철, 도움: 이종호) 왼쪽

• 5월 21일 18:00 맑음 포항 스틸야드 4,824명
• 주심_ 송민석 부심_ 윤재열 · 송봉근 대기심_ 신용준 경기감독관_ 김성기

포항 2 2 전반 0 / 0 후반 0 **0 인천**

퇴장	경고	파울	ST(유)	교체	선수명	배번	위치	위치	배번	선수명	교체	ST(유)	파울	경고	퇴장
0	0	0	0		윤평국	1	GK	GK	1	이태희		0	0	0	0
0	0	0	0		심상민	2	DF	DF	47	김동민		1(1)	0	0	0
0	1	1	0		박찬용	20	DF	DF	3	김광석	19	0	0	0	0
0	0	2	2		박승욱	14	DF	DF	4	강민수		1(1)	1	0	0
0	1	3	0		신광훈	17	DF	MF	32	이주용		0	1	0	0
0	0	2	0		이수빈	4	MF	MF	24	이강현	16	0	1	0	0
0	0	3	0		이승모	16	MF	MF	5	이명주		0	0	0	0
0	0	0	1(1)	7	이광혁	22	FW	MF	28	민경현	20	0	2	0	0
0	0	0	1(1)	11	김승대	12	MF	MF	7	김도혁	37	1	0	0	0
0	0	0	3(3)		정재희	27	FW	FW	9	무고사		3	1	0	0
0	0	1	0	8	모세스	90	FW	FW	11	이용재	10	0	0	0	0
0	0	0	0		류원우	91			21	김동헌		0	0	0	0
0	0	0	0		그랜트	5			20	델브리지	후32	0	0	0	0
0	0	0	0		김용환	13			6	강윤구		0	0	0	0
0	0	2	1	후9	고영준	11	대기	대기	16	이동수	후0	0	0	0	0
0	0	1	4(3)	후9/18	허용준	8			10	아길라르	후0	0	0	0	0
0	0	0	1(1)	전37	임상협	7			37	홍시후	후32	0	2	0	0
0	0	0	0	후41	이호재	18			19	송시우	후0	1	0	0	0
0	2	15	13(9)			0			0			7(2)	8	0	0

● 전반 14분 정재희 GA 정면 R-ST-G (득점: 정재희) 오른쪽
● 전반 16분 정재희 GAR R-ST-G (득점: 정재희) 왼쪽

• 5월 21일 19:00 맑음 김천 종합 2,094명
• 주심_ 박병진 부심_ 이정민·천진희 대기심_ 고형진 경기감독관_ 최윤겸

김천 0 0 전반 2 / 0 후반 0 **2 울산**

퇴장	경고	파울	ST(유)	교체	선수명	배번	위치	위치	배번	선수명	교체	ST(유)	파울	경고	퇴장
0	0	0	0		구 성 윤	25	GK	GK	21	조 현 우		0	0	0	0
0	0	0	0		정 승 현	15	DF	DF	19	김 영 권		0	1	0	0
0	0	0	0		김 주 성	30	DF	DF	6	박 용 우		0	1	0	0
0	0	1	0		강 윤 성	32	DF	DF	13	이 명 재		0	0	1	0
0	0	1	0	19	유 인 수	11	DF	DF	23	김 태 환		1(1)	3	0	0
0	0	2	0	6	권 혁 규	16	MF	MF	24	이 규 성		0	2	1	0
0	0	0	3(3)	22	고 승 범	7	MF	MF	22	고 명 진		0	2	0	0
0	0	1	2(1)		이 영 재	31	MF	MF	29	최 기 윤	11	0	0	0	0
0	0	0	1	14	서 진 수	17	FW	MF	7	윤 일 록	72	2(1)	0	0	0
0	0	0	2(2)	3	권 창 훈	26	FW	MF	10	바 코		2(1)	0	0	0
0	0	0	3		조 규 성	9	FW	FW	9	레오나르도	20	2(2)	2	0	0
0	0	0	0		황 인 재	1			77	민 동 환		0	0	0	0
0	0	0	0	후19	하 창 래	3			66	설 영 우		0	0	0	0
0	0	0	0		최 준 혁	5			20	신 형 민	후38	0	0	0	0
0	0	1	3(1)	후0	김 한 길	14	대기	대기	72	이 청 용	후29	0	1	0	0
0	0	1	0	후29	한 찬 희	22			8	아 마 노		0	0	0	0
0	0	0	0	후22	문 지 환	6			11	엄 원 상	전28	0	0	0	0
0	0	1	0	후29	김 경 민	19			91	박 주 영		0	0	0	0
0	0	8	14(7)			0			0			7(5)	12	2	0

● 전반 15분 최기윤 MFR ↷ 레오나르도 GAL L-ST-G (득점: 레오나르도, 도움: 최기윤) 가운데
● 전반 36분 윤일록 PAL R-ST-G (득점: 윤일록) 오른쪽

• 5월 22일 16:30 맑음 DGB대구은행파크 6,633명
• 주심_ 정동식 부심_ 박상준·방기열 대기심_ 정회수 경기감독관_ 당성증

대구 3 1 전반 0 / 2 후반 0 **0 강원**

퇴장	경고	파울	ST(유)	교체	선수명	배번	위치	위치	배번	선수명	교체	ST(유)	파울	경고	퇴장
0	0	0	0		오 승 훈	21	GK	GK	1	유 상 훈	25	0	0	0	0
0	0	1	1(1)		김 진 혁	7	DF	DF	2	김 영 빈		0	0	0	0
0	0	0	0	66	홍 정 운	6	DF	DF	7	윤 석 영		0	1	1	0
0	0	0	1(1)		정 태 욱	4	DF	DF	23	임 창 우		2(1)	0	0	0
0	0	3	0	18	홍 철	33	MF	MF	4	서 민 우	21	0	0	0	0
0	0	1	1(1)		라 마 스	10	MF	MF	6	김 동 현		2	2	0	0
0	0	4	0		이 진 용	26	MF	MF	22	정 승 용	71	0	3	0	0
0	1	3	0		황 재 원	2	MF	MF	24	김 진 호	66	0	3	0	0
0	0	2	1	32	세 징 야	11	FW	MF	88	황 문 기	40	2(1)	0	0	0
0	0	2	0	74	고 재 현	17	FW	FW	17	김 대 원		1(1)	0	0	0
0	1	6	1(1)	22	제 카	19	FW	FW	47	양 현 준		0	2	0	0
0	0	0	0		최 영 은	1			25	김 정 호	후45	0	0	0	0
0	0	0	0	후33	조 진 우	66			66	김 원 균	후22	0	0	0	0
0	0	0	0		이 태 희	25			71	츠베타노프	후45	0	0	0	0
0	0	0	0	후33	케 이 타	18	대기	대기	5	김 대 우		0	0	0	0
0	0	0	0	후36	이 용 래	74			21	코바야시	후0	0	0	0	0
0	0	0	0	후38	이 근 호	22			40	홍 석 환	후19	0	0	0	0
0	0	0	0	후38	정 치 인	32			99	박 상 혁		0	0	0	0
0	2	22	5(4)			0			0			7(3)	11	1	0

● 전반 43분 세징야 C.KL ↷ 김진혁 GAR H-ST-G (득점: 김진혁, 도움: 세징야) 오른쪽
● 후반 11분 고재현 PA 정면 백패스~ 라마스 AK 정면 L-ST-G (득점: 라마스, 도움: 고재현) 오른쪽
● 후반 28분 세징야 MFR FK ↷ 정태욱 GAL H-ST-G (득점: 정태욱, 도움: 세징야) 왼쪽

• 5월 22일 16:30 맑음 제주 월드컵 4,027명
• 주심_ 김용우 부심_ 김계용·김지욱 대기심_ 최현재 경기감독관_ 조성철

제주 0 0 전반 0 / 0 후반 0 **0 수원**

퇴장	경고	파울	ST(유)	교체	선수명	배번	위치	위치	배번	선수명	교체	ST(유)	파울	경고	퇴장
0	0	0	0		김 동 준	1	GK	GK	21	양 형 모		0	0	0	0
0	0	0	0	4	안 현 범	17	MF	DF	23	이 기 제		2(1)	3	0	0
0	0	1	0		김 봉 수	30	DF	DF	39	민 상 기		0	0	0	0
0	1	1	0		김 오 규	35	DF	DF	20	이 한 도		0	0	0	0
0	1	0	0		정 운	13	DF	DF	15	고 명 석	4	0	0	0	0
0	0	0	0	7	김 명 순	39	MF	MF	8	사 리 치	12	0	2	1	0
0	0	0	1		최 영 준	6	MF	MF	6	한 석 종		0	2	0	0
0	0	1	0	23	한 종 무	24	MF	MF	10	정 승 원	35	0	0	0	0
0	0	4	1		제 르 소	11	FW	FW	30	류 승 우		0	4	1	0
0	0	0	0	19	조나탄 링	10	FW	FW	14	전 진 우	90	2(1)	3	0	0
0	0	0	0		주 민 규	18	FW	FW	11	김 태 환	26	2	2	0	0
0	0	0	0		유 연 수	31			19	노 동 건		0	0	0	0
0	0	0	0	후28	이 지 솔	4			4	불투이스	후19	0	0	0	0
0	0	0	0	전40	김 경 재	23			35	장 호 익	후28	0	0	0	0
0	0	0	0		우 민 걸	25	대기	대기	90	구 대 영	후28	0	0	0	0
0	0	0	0	후10	조 성 준	7			13	박 형 진		0	0	0	0
0	0	0	0	후28	김 주 공	19			26	염 기 훈	후8	1	1	0	0
0	0	0	0		이 정 문	9			12	강 현 묵	후8	2	1	1	0
0	2	7	2			0			0			9(2)	18	3	0

• 5월 22일 19:00 맑음 수원 종합 4,037명
• 주심_ 김희곤 부심_ 지승민·박균용 대기심_ 김우성 경기감독관_ 허기태

수원FC 0 0 전반 0 / 0 후반 1 **1 전북**

퇴장	경고	파울	ST(유)	교체	선수명	배번	위치	위치	배번	선수명	교체	ST(유)	파울	경고	퇴장
0	0	0	0		박 배 종	1	GK	GK	31	송 범 근		0	0	0	0
0	1	1	0		곽 윤 호	4	DF	DF	5	윤 영 선		0	0	0	0
0	0	2	0		김 건 웅	14	DF	DF	26	홍 정 호		1	1	1	0
0	0	0	0		신 세 계	30	DF	DF	2	이 용		1	1	0	0
0	0	0	1		정 동 호	2	MF	MF	33	박 진 성	23	0	0	0	0
0	0	0	1(1)	13	박 민 규	3	MF	MF	97	김 진 규	29	2	2	0	0
0	0	1	1(1)		박 주 호	6	MF	MF	8	백 승 호		1	2	0	0
0	0	0	1	19	이 기 혁	23	MF	MF	95	김 문 환		0	2	0	0
0	0	0	3(2)	8	니 실 라	25	MF	FW	88	박 규 민	27	0	0	0	0
0	0	0	1(1)	9	김 현	7	FW	FW	17	쿠니모토		1(1)	0	0	0
0	0	0	0	11	김 주 엽	24	FW	FW	10	일류첸코		3	1	0	0
0	0	0	0		유 현	51			1	이 범 수		0	0	0	0
0	0	0	1(1)	후30	김 상 원	13			6	최 보 경		0	0	0	0
0	0	0	0		김 동 우	26			7	한 교 원	후5	1	0	0	0
0	0	1	0	후15	정 재 용	8	대기	대기	11	바 로 우		0	0	0	0
0	0	1	1(1)	후15	라 스	9			23	김 진 수	전 17/7	0	0	0	0
0	0	0	2(1)	전34	이 승 우	11			27	문 선 민	전17	1	1	0	0
0	0	0	0	후0	김 승 준	19			29	류 재 문	후46	0	0	0	0
0	1	6	12(8)			0			0			11(1)	10	1	0

● 후반 26분 곽윤호 PA 정면 내 자책골 (득점: 곽윤호) 왼쪽

• 5월 28일 16:30 맑음 서울 월드컵 8,211명
• 주심_ 정동식 부심_ 김계용·방기열 대기심_ 김동진 경기감독관_ 최윤겸

서울 2 1 전반 0 / 1 후반 2 **2 김천**

퇴장	경고	파울	ST(유)	교체	선수명	배번	위치	위치	배번	선수명	교체	ST(유)	파울	경고	퇴장
0	0	0	0		양한빈	21	GK	GK	25	구성윤		0	0	0	0
0	0	2	0		윤종규	23	DF	DF	15	정승현		1(1)	2	0	0
0	0	2	1(1)		이상민	3	DF	DF	4	송주훈	11	0	0	0	0
0	0	0	0		오스마르	5	DF	DF	32	강윤성		0	0	0	0
0	0	0	1	88	김진야	17	DF	DF	3	하창래		0	1	0	0
0	0	1	4(1)		기성용	6	MF	MF	6	문지환		0	4	0	0
0	0	0	4(1)	24	팔로세비치	26	MF	MF	7	고승범		0	0	0	0
0	0	0	0	96	임민혁	8	MF	MF	31	이영재		1	0	0	0
0	0	0	0	27	강성진	29	MF	MF	14	김한길	10	0	1	0	0
0	0	0	2(1)		조영욱	11	MF	FW	26	권창훈	28	1(1)	1	0	0
0	1	1	3(1)	7	박동진	50	FW	FW	9	조규성		3(1)	1	0	0
0	0	0	0		백종범	1			12	김정훈		0	0	0	0
0	0	1	0	후36	고광민	27			17	서진수		0	0	0	0
0	0	0	0		강상희	28			5	최준혁		0	0	0	0
0	0	0	0	후46	이태석	88	대기	대기	11	유인수	후0	1	1	1	0
0	0	0	1	후0	황인범	96			22	한찬희		0	0	0	0
0	0	0	0	후36	권성윤	24			10	명준재	후49	0	0	0	0
0	0	0	1	후19	나상호	7			28	김지현	후17	0	2	0	0
0	1	7	17(5)			0			0			7(3)	13	1	0

●전반 22분 팔로세비치 PAR FK L-ST-G (득점: 팔로세비치) 왼쪽
●후반 37분 나상호 C,KL ↷ 이상민 GA 정면 H-ST-G (득점: 이상민, 도움: 나상호) 왼쪽
●후반 8분 김한길 HLL ~ 조규성 PA 정면 R-ST-G (득점: 조규성, 도움: 김한길) 왼쪽
●후반 46분 이영재 C,KR ↷ 정승현 GA 정면 내 몸 맞고 골 (득점: 정승현, 도움: 이영재) 왼쪽

• 5월 28일 19:00 맑음 전주 월드컵 7,010명
• 주심_ 김대용 부심_ 윤재열·천진희 대기심_ 박병진 경기감독관_ 양정환

전북 0 0 전반 0 / 0 후반 2 **2 제주**

퇴장	경고	파울	ST(유)	교체	선수명	배번	위치	위치	배번	선수명	교체	ST(유)	파울	경고	퇴장
0	0	0	0		송범근	31	GK	GK	1	김동준		0	0	0	0
0	0	3	1		홍정호	26	DF	MF	17	안현범		1	1	0	0
0	0	0	0	11	최보경	6	DF	DF	35	김오규		0	1	0	0
0	1	1	0		이용	2	DF	DF	23	김경재		0	1	1	0
0	0	1	0		박진성	33	MF	DF	30	김봉수	5	0	0	0	0
0	0	1	1		쿠니모토	17	MF	MF	22	정우재		1	0	0	0
0	0	0	1		백승호	8	MF	MF	6	최영준		1	1	0	0
0	0	2	1		김진규	97	MF	MF	24	한종무	4	0	1	0	0
0	0	0	0		김문환	95	MF	FW	7	조성준	28	0	0	0	0
0	0	0	1	27	송민규	21	FW	FW	11	제르소	19	0	4	0	0
0	0	0	1(1)	9	한교원	7	FW	FW	18	주민규		3(2)	0	0	0
0	0	0	0		이범수	1			31	유연수		0	0	0	0
0	0	0	0		노윤상	3			4	이지솔	후27	0	0	0	0
0	0	0	1	후13	구스타보	9			5	홍성욱	후47	0	0	0	0
0	0	1	0	후23	바로우	11	대기	대기	39	김명순		0	0	0	0
0	0	0	0		최철순	25			28	김규형	후47	0	0	0	0
0	0	0	0	후13	문선민	27			19	김주공	후32	0	0	0	0
0	0	0	0		류재문	29			10	조나탄 링		0	0	0	0
0	1	9	7(1)			0			0			6(2)	9	1	0

●후반 15분 제르소 PAL 내 ~ 주민규 GA 정면 R-ST-G (득점: 주민규, 도움: 제르소) 오른쪽
●후반 32분 조성준 PAL 내 ~ 주민규 AKR R-ST-G (득점: 주민규, 도움: 조성준) 오른쪽

• 5월 28일 19:00 맑음 수원 종합 4,485명
• 주심_ 고형진 부심_ 박상준·강동호 대기심_ 최현재 경기감독관_ 차상해

수원FC 1 1 전반 0 / 0 후반 2 **2 울산**

퇴장	경고	파울	ST(유)	교체	선수명	배번	위치	위치	배번	선수명	교체	ST(유)	파울	경고	퇴장
0	0	0	0		박배종	1	GK	GK	21	조현우		0	0	0	0
0	0	0	0		곽윤호	4	DF	DF	19	김영권		0	0	0	0
0	0	1	0		잭슨	5	DF	DF	5	임종은		0	0	0	0
0	1	1	2		김건웅	14	DF	DF	66	설영우		2	1	0	0
0	0	0	0		박민규	3	MF	DF	23	김태환		0	0	1	0
0	1	3	0		박주호	6	MF	MF	6	박용우	8	1(1)	1	0	0
0	0	1	0	18	장혁진	17	MF	MF	22	고명진		0	1	0	0
0	0	1	1	19	이기혁	23	MF	MF	29	최기윤	11	1(1)	1	0	0
0	0	0	0	2	신세계	30	MF	MF	72	이청용	16	0	1	0	0
0	0	0	2(1)	7	라스	9	FW	MF	10	바코		1(1)	2	1	0
0	0	0	0	11	정재윤	16	FW	FW	9	레오나르도		0	5	1	0
0	0	0	0		이범영	27			77	민동환		0	0	0	0
0	0	0	0	후23	정동호	2			13	이명재		0	0	0	0
0	0	0	0		정재용	8			16	원두재	후31	0	0	0	0
0	0	0	1(1)	후15	김현	7	대기	대기	24	이규성		0	0	0	0
0	0	1	2(1)	전17	이승우	11			8	아마노	후9	1(1)	1	1	0
0	0	1	1	후23	양동현	18			7	윤일록		0	0	0	0
0	0	0	1(1)	후15	김승준	19			11	엄원상	전25	0	0	0	0
0	2	9	10(4)			0			0			6(4)	13	4	0

●전반 41분 이기혁 PAL ~ 이승우 PAL R-ST-G (득점: 이승우, 도움: 이기혁) 오른쪽
●후반 9분 레오나르도 PA 정면 ~ 바코 PAL 내 R-ST-G (득점: 바코, 도움: 레오나르도) 오른쪽
●후반 14분 아마노 GAL 내 R-ST-G (득점: 아마노) 왼쪽

• 5월 29일 16:30 맑음 인천 전용 6,119명
• 주심_ 김영수 부심_ 지승민·성주경 대기심_ 최규현 경기감독관_ 당성증

인천 1 0 전반 0 / 1 후반 0 **0 성남**

퇴장	경고	파울	ST(유)	교체	선수명	배번	위치	위치	배번	선수명	교체	ST(유)	파울	경고	퇴장
0	0	0	0		김동헌	21	GK	GK	41	김영광		0	0	0	0
0	0	1	1		델브리지	20	DF	DF	34	최지묵		1	3	0	0
0	0	1	0	3	강민수	4	DF	DF	36	김지수		0	1	0	0
0	1	2	0		김동민	47	DF	DF	4	강의빈		0	1	0	0
0	0	3	1(1)		이주용	32	MF	DF	29	장효준	8	0	2	1	0
0	0	1	1(1)	19	이동수	16	MF	MF	2	이시영		0	1	0	0
0	0	1	0		이명주	5	MF	MF	15	이재원	11	1	1	0	0
0	0	2	0	27	민경현	28	MF	MF	13	김민혁		0	3	1	0
0	1	1	4(2)	37	김도혁	7	FW	MF	23	구본철		3(1)	1	0	0
0	0	1	1		무고사	9	FW	FW	25	강재우	66	0	2	0	0
0	0	1	0	24	아길라르	10	FW	FW	10	이종호		1(1)	2	0	0
0	0	0	0		이태희	1			1	최필수		0	0	0	0
0	0	0	0	후39	김광석	3			18	이지훈		0	0	0	0
0	1	1	1	후14	김보섭	27			26	조성욱		0	0	0	0
0	0	0	0	후39	이강현	24	대기	대기	66	박수일	후13	2(1)	1	0	0
0	0	0	0		이용재	11			6	김현태		0	0	0	0
0	0	1	1(1)	후0	송시우	19			11	팔라시오스	후39	0	0	0	0
0	0	0	0	후39	홍시후	37			8	뮬리치	후39	3(3)	1	0	0
0	3	16	10(5)			0			0			11(6)	19	2	0

●후반 33분 송시우 GAL 내 R-ST-G (득점: 송시우) 왼쪽

• 5월 29일 19:00 맑음 DGB대구은행파크 7,040명
• 주심_ 김용우 부심_ 이정민·이정석 대기심_ 최현재 경기감독관_ 김용세

대구 2 1 전반 1 / 1 후반 1 **2 포항**

퇴장	경고	파울	ST(유)	교체	선수명	배번	위치	위치	배번	선수명	교체	ST(유)	파울	경고	퇴장
0	0	0	0		오승훈	21	GK	GK	1	윤평국		0	0	0	0
0	0	1	0		김진혁	7	DF	DF	2	심상민		0	0	0	0
0	0	0	1		홍정운	6	DF	DF	5	그랜트		0	2	0	0
0	0	2	1		정태욱	4	DF	DF	14	박승욱		0	1	0	0
0	0	1	0		홍 철	33	MF	DF	17	신광훈		1	2	0	0
0	0	3	3(1)		라마스	10	MF	MF	6	신진호	4	1	1	0	0
0	0	3	0	74	이진용	26	MF	MF	16	이승모		0	1	1	0
0	0	1	0	25	황재원	2	MF	MF	7	임상협		1	1	0	0
0	0	2	4(2)		세징야	11	FW	MF	11	고영준	12	1(1)	1	1	0
0	0	1	3(2)	14	고재현	17	FW	MF	22	이광혁	27	0	2	0	0
0	0	2	5(1)	22	제 카	19	FW	FW	90	모세스	8	1(1)	1	0	0
0	0	0	0		최영은	1			91	류원우		0	0	0	0
0	0	0	0		조진우	66			13	김용환		0	0	0	0
0	0	0	0	후33	이태희	25			15	박 건		0	0	0	0
0	0	0	0		케이타	18	대기	대기	4	이수빈	후12	1	0	0	0
0	0	0	0	후39	이용래	74			12	김승대	후30	0	1	0	0
0	0	1	0	후39	안용우	14			27	정재희	후0	1(1)	0	0	0
0	0	0	0	후41	이근호	22			8	허용준	후12	1	1	0	0
0	0	17	17(6)			0			0			8(3)	14	2	0

● 전반 42분 황재원 PAR ↷ 제카 GA 정면 H-ST-G (득점: 제카, 도움: 황재원) 왼쪽
● 후반 8분 황재원 PAR 내 ↷ 고재현 GA 정면 H-ST-G (득점: 고재현, 도움: 황재원) 왼쪽
● 전반 46분 신진호 PAR FK ↷ 모세스 GAR H-ST-G (득점: 모세스, 도움: 신진호) 오른쪽
● 후반 3분 임상협 PAL → 정재희 PA 정면 내 L-ST-G (득점: 정재희, 도움: 임상협) 오른쪽

• 5월 29일 19:00 맑음 강릉 종합 2,069명
• 주심_ 신용준 부심_ 곽승순·박균용 대기심_ 송민석 경기감독관_ 강득수

강원 1 1 전반 0 / 0 후반 1 **1 수원**

퇴장	경고	파울	ST(유)	교체	선수명	배번	위치	위치	배번	선수명	교체	ST(유)	파울	경고	퇴장
0	0	0	0		유상훈	1	GK	GK	21	양형모		0	0	0	0
0	0	1	2(2)		김영빈	2	DF	DF	23	이기제		0	0	0	0
0	0	0	0		윤석영	7	DF	DF	4	불투이스		0	3	1	0
0	0	1	0		임창우	23	DF	DF	39	민상기		0	4	2	0
0	0	1	0	88	서민우	4	MF	DF	35	장호익		0	0	0	0
0	0	2	0		김동현	6	MF	MF	8	사리치		1(1)	2	0	0
0	0	2	0	5	한국영	8	MF	MF	6	한석종	15	0	2	1	0
0	1	4	1(1)		정승용	22	MF	MF	10	정승원	20	0	0	0	0
0	0	0	0	99	김진호	24	MF	FW	14	전진우	12	1	2	1	0
0	1	1	3(1)		양현준	47	FW	FW	7	그로닝	18	1	0	0	0
0	0	0	3(1)		김대원	17	FW	FW	30	류승우	26	0	1	0	0
0	0	0	0		김정호	25			19	노동건		0	0	0	0
0	0	0	0		김원균	66			15	고명석	후38	0	0	0	0
0	0	0	0		츠베타노프	71			20	이한도	전30	0	0	0	0
0	0	0	0	후30	김대우	5	대기	대기	13	박형진		0	0	0	0
0	0	0	0		코바야시	21			12	강현묵	후41	0	0	0	0
0	0	1	1	후22	황문기	88			26	염기훈	후0	0	0	0	0
0	0	0	0	후46	박상혁	99			18	오현규	후0	1(1)	1	0	0
0	2	13	10(5)			0			0			4(2)	15	5	0

● 전반 22분 윤석영 GAL EL ~ 김영빈 GA 정면 L-ST-G (득점: 김영빈, 도움: 윤석영) 오른쪽
● 후반 19분 장호익 PAR ↷ 오현규 GA 정면 H-ST-G (득점: 오현규, 도움: 장호익) 왼쪽

• 6월 17일 19:00 맑음 김천 종합 1,331명
• 주심_ 이동준 부심_ 이정민·성주경 대기심_ 성덕효 경기감독관_ 김용세

김천 0 0 전반 0 / 0 후반 1 **1 수원FC**

퇴장	경고	파울	ST(유)	교체	선수명	배번	위치	위치	배번	선수명	교체	ST(유)	파울	경고	퇴장
0	0	0	0		구성윤	25	GK	GK	1	박배종		0	0	0	0
0	1	0	0		정승현	15	DF	DF	3	박민규		1	1	0	0
0	0	2	1		하창래	3	DF	DF	14	김건웅		0	0	0	0
0	0	1	0		강윤성	32	DF	DF	26	김동우	2	0	2	0	0
0	0	1	0	26	유인수	11	DF	DF	30	신세계		0	2	0	0
0	1	2	0		문지환	6	MF	MF	6	박주호		0	1	0	0
0	0	0	0	10	정현철	24	MF	MF	10	무릴로	19	2(1)	0	0	0
0	0	0	3(1)		이영재	31	MF	MF	23	이기혁	8	1	2	1	0
0	1	3	1(1)		김한길	14	MF	FW	7	김 현	4	0	2	1	0
0	0	0	1	19	서진수	17	MF	FW	9	라 스		5(2)	0	1	0
0	0	4	1(1)		조규성	9	FW	FW	29	장재웅	11	0	0	0	0
0	0	0	0		김정훈	12			27	이범영		0	0	0	0
0	0	0	0		송주훈	4			2	정동호	후25	0	0	0	0
0	0	0	0		박상혁	8			4	곽윤호	전33	0	0	0	0
0	0	1	0	후37	명준재	10	대기	대기	8	정재용	후0	1	1	1	0
0	0	0	0		한찬희	22			11	이승우	전14	3(3)	0	0	0
0	0	1	1	후0	권창훈	26			18	양동현		0	0	0	0
0	0	1	1	후0	김경민	19			19	김승준	후25	1(1)	0	0	0
0	3	16	9(3)			0			0			14(7)	11	4	0

● 후반 36분 라스 GAR EL ↷ 이승우 GAL H-ST-G (득점: 이승우, 도움: 라스) 가운데

• 6월 17일 19:30 맑음 포항 스틸야드 3,036명
• 주심_ 김영수 부심_ 지승민·김지욱 대기심_ 송민석 경기감독관_ 강득수

포항 3 2 전반 1 / 1 후반 0 **1 강원**

퇴장	경고	파울	ST(유)	교체	선수명	배번	위치	위치	배번	선수명	교체	ST(유)	파울	경고	퇴장
0	0	0	0		윤평국	1	GK	GK	1	유상훈		0	0	0	0
0	0	0	0	20	심상민	2	DF	DF	2	김영빈		1(1)	0	0	0
0	0	1	0		그랜트	5	DF	DF	7	윤석영		0	0	0	0
0	0	1	0		박승욱	14	DF	DF	23	임창우		1(1)	0	0	0
0	0	2	0		신광훈	17	DF	FW	4	서민우	18	0	1	0	0
0	0	4	2(1)		신진호	6	MF	MF	6	김동현	5	2(1)	0	0	0
0	1	3	0		이수빈	4	MF	MF	22	정승용		0	0	0	0
0	0	0	3(2)	66	임상협	7	MF	MF	24	김진호	15	0	2	0	0
0	1	1	2(2)	11	이승모	16	MF	MF	21	코바야시	14	0	0	0	0
0	1	2	1(1)	27	완델손	77	MF	FW	17	김대원	3	1	0	0	0
0	0	1	0	8	모세스	90	FW	FW	47	양현준		3(1)	2	0	0
0	0	0	0		강현무	31			25	김정호		0	0	0	0
0	0	0	0		김용환	13			3	케 빈	후34	2(1)	0	0	0
0	0	0	0	후31	박찬용	20			15	이웅희	후25	0	0	0	0
0	0	0	0	후31	고영준	11	대기	대기	5	김대우	후25	0	0	0	0
0	0	0	0	후45	김준호	66			88	황문기		0	0	0	0
0	0	0	0	후9	정재희	27			14	신창무	후34	0	0	0	0
0	0	3	1(1)	후9	허용준	8			18	이정협	후0	0	0	0	0
0	3	18	9(7)			0			0			10(5)	5	0	0

● 전반 9분 신진호 자기 측 MFL ↷ 완델손 PK 지점 R-ST-G (득점: 완델손, 도움: 신진호) 오른쪽
● 전반 32분 신광훈 MFR ↷ 이승모 PK 좌측 지점 R-ST-G (득점: 이승모, 도움: 신광훈) 오른쪽
● 후반 22분 임상협 GAL R-ST-G (득점: 임상협) 왼쪽
● 전반 43분 윤평국 GA 정면 내 자책골 (득점: 윤평국) 왼쪽

• 6월 18일 18:00 맑음 제주 월드컵 4,155명
• 주심_ 정동식 부심_ 박상준·방기열 대기심_ 안재훈 경기감독관_ 조성철

제주 2 1 전반 0 / 1 후반 1 **1 인천**

퇴장	경고	파울	ST(유)	교체	선수명	배번	위치	위치	배번	선수명	교체	ST(유)	파울	경고	퇴장
0	0	0	0		김동준	1	GK	GK	21	김동헌		0	0	0	0
0	0	0	2		안현범	17	MF	DF	20	델브리지		0	1	0	0
0	1	2	2		김오규	35	DF	DF	3	김광석		0	0	0	0
0	0	0	0	30	김경재	23	DF	DF	4	강민수		0	1	0	0
0	0	1	0		정운	13	DF	MF	32	이주용		0	0	0	0
0	1	1	0	39	정우재	22	MF	MF	5	이명주		0	2	0	0
0	0	0	0		최영준	6	MF	MF	10	아길라르	37	0	1	0	0
0	0	1	2	8	한종무	24	MF	MF	28	민경현	17	0	0	0	0
0	0	1	4(2)	19	제르소	11	FW	FW	7	김도혁	16	1(1)	0	0	0
0	0	1	5(1)	7	조나탄 링	10	FW	FW	11	이용재	9	3(2)	0	0	0
0	0	0	5(2)		주민규	18	FW	FW	27	김보섭	19	1(1)	3	0	0
0	0	0	0		유연수	31			1	이태희		0	0	0	0
0	0	0	0		이지솔	4			6	강윤구		0	0	0	0
0	0	0	0	후30	김봉수	30			17	김준엽	후0	2(1)	1	1	0
0	0	1	0	후39	김명순	39	대기	대기	16	이동수	후0	0	1	0	0
0	0	0	2	후9	이창민	8			19	송시우	후35	1(1)	1	0	0
0	0	0	0	후9	조성준	7			9	무고사	후18	1	0	0	0
0	0	0	0	후39	김주공	19			37	홍시후	후32	0	1	1	0
0	2	8	22(5)			0			0			9(6)	12	2	0

● 전반 32분 제르소 GAL 내 R-ST-G (득점: 제르소) 가운데
● 후반 42분 주민규 PK-R-G (득점: 주민규) 왼쪽
● 후반 7분 이용재 GAL → 김보섭 PK지점 R-ST-G (득점: 김보섭, 도움: 이용재) 가운데

• 6월 18일 19:30 흐림 탄천 종합 2,400명
• 주심_ 최현재 부심_ 곽승순·강동호 대기심_ 송민석 경기감독관_ 나승화

성남 1 0 전반 0 / 1 후반 1 **1 대구**

퇴장	경고	파울	ST(유)	교체	선수명	배번	위치	위치	배번	선수명	교체	ST(유)	파울	경고	퇴장
0	0	0	0		김영광	41	GK	GK	21	오승훈		0	0	0	0
0	0	2	0		최지묵	34	DF	DF	7	김진혁		1	1	0	0
0	0	0	0		김지수	36	DF	DF	6	홍정운		2	2	0	0
0	1	1	0		마상훈	5	DF	DF	4	정태욱		2	0	0	0
0	0	0	0		이시영	2	DF	MF	33	홍철	18	0	0	0	0
0	0	0	0	13	강재우	25	MF	MF	74	이용래	26	1	2	0	0
0	0	1	3(2)	15	권순형	7	MF	MF	10	라마스		0	1	0	0
0	0	0	0	20	김현태	6	MF	MF	2	황재원		0	0	0	0
0	0	2	4(3)		구본철	23	MF	FW	11	세징야		3(1)	0	0	0
0	0	0	0	28	전성수	33	FW	FW	32	정치인	17	1	0	0	0
0	0	3	2(2)		팔라시오스	11	FW	FW	19	제카		4(1)	4	1	0
0	0	0	0		최필수	1			1	최영은		0	0	0	0
0	0	0	0	후32	곽광선	20			66	조진우		0	0	0	0
0	0	0	0		장효준	29			25	이태희		0	0	0	0
0	0	1	0	전13/8	김민혁	13	대기	대기	18	케이타	후26	0	1	0	0
0	0	0	0	후32	이재원	15			26	이진용	후26	0	1	1	0
0	0	0	1(1)	후24	뮬리치	8			22	이근호		0	0	0	0
0	0	0	0	후24	박지원	28			17	고재현	후0	1	0	0	0
0	1	10	10(8)			0			0			15(2)	12	2	0

● 후반 22분 팔라시오스 GAL ~ 구본철 GAR R-ST-G (득점: 구본철, 도움: 팔라시오스) 오른쪽
● 후반 18분 라마스 PAR ~ 제카 GAR R-ST-G (득점: 제카, 도움: 라마스) 왼쪽

• 6월 19일 18:00 맑음 울산 문수 13,192명
• 주심_ 김종혁 부심_ 김계용·박균용 대기심_ 박병진 경기감독관_ 차상해

울산 1 1 전반 3 / 0 후반 0 **3 전북**

퇴장	경고	파울	ST(유)	교체	선수명	배번	위치	위치	배번	선수명	교체	ST(유)	파울	경고	퇴장
0	0	0	0		조현우	21	GK	GK	31	송범근		0	0	0	0
0	0	0	0		김영권	19	DF	DF	23	김진수		1	1	0	0
0	0	0	0		임종은	5	DF	DF	4	박진섭		1(1)	0	0	0
0	0	1	0		설영우	66	DF	DF	26	홍정호		1(1)	0	0	0
0	0	0	1(1)		김태환	23	DF	DF	95	김문환		0	0	0	0
0	0	0	0	10	박용우	6	MF	MF	29	류재문		0	2	0	0
0	0	0	1		고명진	22	MF	MF	11	바로우	27	1(1)	0	1	0
0	0	0	0	11	김민준	17	MF	MF	17	쿠니모토	97	2(2)	1	0	0
0	0	0	2(1)		이청용	72	MF	MF	8	백승호		1(1)	1	0	0
0	0	0	5(4)	91	아마노	8	MF	MF	44	이준호	7	0	0	0	0
0	0	2	3(3)		레오나르도	9	FW	FW	9	구스타보		1	3	1	0
0	0	0	0		민동환	77			30	김준홍		0	0	0	0
0	0	0	0		김기희	44			15	구자룡		0	0	0	0
0	0	0	0		이명재	13			25	최철순		0	0	0	0
0	0	0	0		이규성	24	대기	대기	27	문선민	후33	0	0	0	0
0	0	0	3(3)	전34	바코	10			97	김진규	후25	1(1)	1	0	0
0	0	0	3(2)	전18	엄원상	11			10	일류첸코		0	0	0	0
0	0	0	0	후28	박주영	91			7	한교원	전42	0	0	0	0
0	0	3	18(14)			0			0			9(7)	9	2	0

● 전반 40분 엄원상 GAR 내 R-ST-G (득점: 엄원상) 오른쪽
● 전반 17분 홍정호 HLR ↷ 바로우 PK지점 R-ST-G (득점: 바로우, 도움: 홍정호) 오른쪽
● 전반 20분 백승호 MF 정면 ~ 쿠니모토 AK 정면 L-ST-G (득점: 쿠니모토, 도움: 백승호) 오른쪽
● 전반 29분 쿠니모토 AK 내 L-ST-G (득점: 쿠니모토) 왼쪽

• 6월 19일 19:30 흐림 수원 월드컵 12,922명
• 주심_ 고형진 부심_ 윤재열·양재용 대기심_ 김용우 경기감독관_ 허기태

수원 0 0 전반 0 / 0 후반 1 **1 서울**

퇴장	경고	파울	ST(유)	교체	선수명	배번	위치	위치	배번	선수명	교체	ST(유)	파울	경고	퇴장
0	0	0	0		양형모	21	GK	GK	21	양한빈		0	0	0	0
0	0	0	0	13	이기제	23	DF	DF	23	윤종규		0	2	0	0
0	1	2	0		불투이스	4	DF	DF	3	이상민		0	0	0	0
0	0	0	0		고명석	15	DF	DF	5	오스마르		0	0	0	0
0	0	1	0	90	장호익	35	DF	DF	88	이태석	27	0	0	0	0
0	1	3	2		사리치	8	MF	MF	6	기성용		0	1	0	0
0	0	0	0		한석종	6	MF	MF	26	팔로세비치	35	1	2	0	0
0	0	0	2(2)	10	강현묵	12	MF	MF	96	황인범		0	0	0	0
0	0	0	1	7	전진우	14	FW	MF	7	나상호	29	1	0	0	0
0	0	0	0	26	오현규	18	FW	MF	11	조영욱		1(1)	0	0	0
0	0	1	2		류승우	30	FW	FW	50	박동진		1	1	0	0
0	0	0	0		노동건	19			18	황성민		0	0	0	0
0	0	0	0		이한도	20			27	고광민	후30	0	0	0	0
0	0	0	0	후23	구대영	90			2	황현수		0	0	0	0
0	0	0	0	후34	박형진	13	대기	대기	35	백상훈	후42	0	0	0	0
0	0	0	0	후0	정승원	10			29	강성진	후36	0	1	0	0
0	1	1	2(1)	후0	염기훈	26			24	권성윤		0	0	0	0
0	0	0	0	후23	그로닝	7			9	김신진		0	0	0	0
0	3	8	9(3)			0			0			4(1)	7	0	0

● 후반 12분 나상호 GAL ↷ 조영욱 GA 정면 H-ST-G (득점: 조영욱, 도움: 나상호) 오른쪽

- 6월 21일 19:00 맑음 김천 종합 389명
- 주심_ 김동진 부심_ 윤재열·방기열 대기심_ 김대용 경기감독관_ 김성기

김천 1 | 1 전반 1 / 0 후반 0 | **1 성남**

퇴장	경고	파울	ST(유)	교체	선수명	배번	위치	위치	배번	선수명	교체	ST(유)	파울	경고	퇴장
0	0	0	0		김정훈	12	GK	GK	41	김영광		0	0	0	0
0	0	0	0		정승현	15	DF	DF	34	최지묵	29	1(1)	0	0	0
0	1	1	2(1)		하창래	3	DF	DF	36	김지수		0	0	0	0
0	0	3	0		강윤성	32	DF	DF	5	마상훈		0	1	0	0
0	0	1	0		김한길	14	DF	DF	2	이시영		0	2	0	0
0	0	0	0	20	문지환	6	MF	MF	18	이지훈	19	1(1)	0	0	0
0	0	1	0		정현철	24	MF	MF	7	권순형	20	0	0	0	0
0	0	1	1		이영재	31	MF	MF	6	김현태		0	2	0	0
0	0	0	1(1)	26	박상혁	8	MF	MF	23	구본철		3	2	0	0
0	0	1	5(3)	10	김지현	28	FW	FW	13	김민혁		1(1)	2	0	0
0	0	1	5(2)		조규성	9	FW	FW	8	뮬리치	15	5(1)	3	0	0
0	0	0	0		구성윤	25	대기	대기	1	최필수		0	0	0	0
0	0	1	0	전11	연제운	20			20	곽광선	후18	0	0	0	0
0	0	0	0	후36	권창훈	26			24	양시후		0	0	0	0
0	0	0	0	후42	명준재	10			29	장효준	후44	0	0	0	0
0	0	0	0		한찬희	22			15	이재원	후31	0	0	0	0
0	0	0	0		서진수	17			19	엄승민	후18/28	0	2	0	0
0	0	0	0		김경민	19			28	박지원	후44	0	0	0	0
0	1	10	14(7)			0			0			11(4)	14	0	0

- ●전반 21분 이영재 C.KR ∩ 조규성 GA 정면 H-ST-G (득점: 조규성, 도움: 이영재) 왼쪽
- ●전반 18분 뮬리치 GA 정면 R-ST-G (득점: 뮬리치) 왼쪽

- 6월 21일 19:30 맑음 DGB대구은행파크 4,651명
- 주심_ 송민석 부심_ 지승민·박균용 대기심_ 정동식 경기감독관_ 나승화

대구 1 | 0 전반 0 / 1 후반 0 | **0 제주**

퇴장	경고	파울	ST(유)	교체	선수명	배번	위치	위치	배번	선수명	교체	ST(유)	파울	경고	퇴장
0	0	0	0		오승훈	21	GK	GK	1	김동준		0	0	0	0
0	0	2	0		김진혁	7	DF	MF	17	안현범		2(2)	1	0	0
0	0	1	0		홍정운	6	DF	DF	30	김봉수		0	2	0	0
0	1	1	0	66	정태욱	4	DF	DF	23	김경재		0	2	0	0
0	0	0	1		홍철	33	MF	DF	13	정운	4	0	1	0	0
0	0	1	2		라마스	10	MF	MF	22	정우재		0	0	0	0
0	1	1	1	74	이진용	26	MF	MF	6	최영준		0	0	0	0
0	0	0	0		황재원	2	MF	MF	8	이창민		5	2	1	0
0	0	0	3(1)		세징야	11	FW	FW	7	조성준	11	0	3	0	0
0	0	0	2	5	고재현	17	FW	FW	20	김범수	19	1(1)	1	1	0
0	1	6	1(1)	22	제카	19	FW	FW	18	주민규		3(1)	2	0	0
0	0	0	0		최영은	1	대기	대기	31	유연수		0	0	0	0
0	0	0	1(1)	후33	조진우	66			4	이지솔	후22	0	0	0	0
0	0	0	0	후41	장성원	5			39	김명순		0	0	0	0
0	0	0	0		케이타	18			24	한종무		0	0	0	0
0	0	0	0	후22	이용래	74			11	제르소	후37	1(1)	0	0	0
0	0	0	0		정치인	32			10	조나탄 링		0	0	0	0
0	0	0	1	후33	이근호	22			19	김주공	전36	1(1)	0	0	0
0	3	12	12(3)			0			0			13(6)	14	2	0

- ●후반 48분 세징야 C.KR ↷ 조진우 GA 정면 H-ST-G (득점: 조진우, 도움: 세징야) 왼쪽

- 6월 21일 19:30 맑음 수원 종합 1,798명
- 주심_ 신용준 부심_ 곽승순·천진희 대기심_ 최현재 경기감독관_ 강득수

수원FC 2 | 0 전반 0 / 2 후반 1 | **1 포항**

퇴장	경고	파울	ST(유)	교체	선수명	배번	위치	위치	배번	선수명	교체	ST(유)	파울	경고	퇴장
0	0	0	0		박배종	1	GK	GK	1	윤평국		0	0	0	0
0	0	1	0		박민규	3	DF	DF	2	심상민	14	0	0	0	0
0	0	0	0		김건웅	14	DF	DF	5	그랜트		1	0	0	0
0	0	0	0	4	김동우	26	DF	DF	20	박찬용		0	0	0	0
0	1	2	0		신세계	30	DF	DF	17	신광훈		0	1	0	0
0	0	2	1		박주호	6	MF	MF	6	신진호	66	1	1	0	0
0	0	1	1	17	정재용	8	MF	MF	4	이수빈		0	4	2	0
0	0	0	1	18	무릴로	10	MF	MF	7	임상협	13	0	1	0	0
0	0	0	0	19	이기혁	23	MF	MF	16	이승모		0	1	0	0
0	0	0	4(1)		라스	9	FW	MF	77	완델손	27	2(1)	2	0	0
0	0	0	0	11	정재윤	16	FW	FW	90	모세스	8	0	1	1	0
0	0	0	0		이범영	27	대기	대기	31	강현무		0	0	0	0
0	0	0	0		정동호	2			14	박승욱	후0	0	0	0	0
0	0	0	0	후39	곽윤호	4			13	김용환	후36	0	0	0	0
0	0	0	0	후26	장혁진	17			11	고영준		0	0	0	0
0	1	1	2(1)	전15	이승우	11			66	김준호	후36	0	0	0	0
0	0	1	0	후39	양동현	18			27	정재희	후12	1	0	0	0
0	0	1	1(1)	전15	김승준	19			8	허용준	후0	1(1)	0	0	0
0	2	9	10(3)			0			0			6(2)	11	3	0

- ●후반 17분 이승우 GAL 발리슛 R-ST-G (득점: 이승우) 오른쪽
- ●후반 31분 라스 GAL ~ 김승준 GA 정면 내 L-ST-G (득점: 김승준, 도움: 라스) 왼쪽
- ●후반 46분 신광훈 PAL ↷ 허용준 GA 정면 H-ST-G (득점: 허용준, 도움: 신광훈) 오른쪽

- 6월 22일 19:00 맑음 전주 월드컵 4,815명
- 주심_ 박병진 부심_ 박상준·성주경 대기심_ 정회수 경기감독관_ 허기태

전북 2 | 0 전반 0 / 2 후반 1 | **1 수원**

퇴장	경고	파울	ST(유)	교체	선수명	배번	위치	위치	배번	선수명	교체	ST(유)	파울	경고	퇴장
0	0	0	0		송범근	31	GK	GK	21	양형모		0	0	0	0
0	0	0	2(1)		김진수	23	DF	DF	13	박형진	35	0	0	0	0
0	0	0	1(1)		박진섭	4	DF	DF	4	불투이스		0	1	0	0
0	0	3	2(1)		홍정호	26	DF	DF	15	고명석		1	0	0	0
0	0	0	1(1)		김문환	95	DF	DF	90	구대영		0	3	1	0
0	0	0	2(1)		류재문	29	MF	MF	10	정승원		2	1	0	0
0	1	2	1		바로우	11	FW	MF	6	한석종		0	0	0	0
0	0	0	0		쿠니모토	17	MF	MF	12	강현묵	8	0	2	0	0
0	0	1	2(1)		백승호	8	MF	FW	14	전진우	26	2(2)	1	0	0
0	0	0	0	27	이준호	44	FW	FW	18	오현규	7	3(1)	0	0	0
0	0	2	4(3)	10	구스타보	9	FW	FW	11	김태환	30	2(1)	0	0	0
0	0	0	0		김준홍	30	대기	대기	19	노동건		0	0	0	0
0	0	0	0		윤영선	5			20	이한도		0	0	0	0
0	0	0	0		이용	2			35	장호익	후7	0	0	0	0
0	0	0	0	후16	문선민	27			8	사리치	후7	1(1)	1	0	0
0	0	0	0		김진규	97			30	류승우	후7	0	1	0	0
0	0	0	0		김보경	13			26	염기훈	후24	1(1)	0	0	0
0	0	0	0	후40	일류첸코	10			7	그로닝	후33	0	0	0	0
0	1	8	15(9)			0			0			12(6)	10	1	0

- ●후반 3분 백승호 PAL FK ↷ 홍정호 PA 정면 내 H-ST-G (득점: 홍정호, 도움: 백승호) 오른쪽
- ●후반 26분 류재문 MF 정면 ↷ 김문환 PAR 내 L-ST-G (득점: 김문환, 도움: 류재문) 왼쪽
- ●후반 10분 사리치 PK-L-G (득점: 사리치) 왼쪽

• 6월 22일 19:30 흐림 서울 월드컵 8,523명
• 주심_ 김대용 부심_ 이정민·김지욱 대기심_ 김영수 경기감독관_ 당성증

서울 1 | 1 전반 0 / 0 후반 2 | **2 울산**

퇴장	경고	파울	ST(유)	교체	선수명	배번	위치	위치	배번	선수명	교체	ST(유)	파울	경고	퇴장
0	0	0	0		양 한 빈	21	GK	GK	21	조 현 우		0	0	0	0
0	0	1	0		윤 종 규	23	DF	DF	19	김 영 권		0	1	0	0
0	0	0	0		이 상 민	3	DF	DF	44	김 기 희		1	1	0	0
0	0	0	0	2	오스마르	5	DF	DF	66	설 영 우		0	0	0	0
0	0	1	0		이 태 석	88	DF	DF	13	이 명 재		0	0	0	0
0	0	0	0	6	조 지 훈	44	MF	MF	6	박 용 우		0	0	1	0
0	1	1	2(2)		팔로세비치	26	MF	MF	24	이 규 성	72	1	0	0	0
0	1	1	1	27	황 인 범	96	MF	MF	29	최 기 윤	11	0	1	0	0
0	0	0	0	29	정 한 민	19	MF	MF	7	윤 일 록	8	1	1	1	0
0	0	1	1		조 영 욱	11	MF	MF	10	바 코		2(1)	2	0	0
0	0	2	1(1)		박 동 진	50	FW	FW	9	레오나르도		4(1)	1	1	0
0	0	0	0		황 성 민	18			77	민 동 환		0	0	0	0
0	0	0	0	후31	고 광 민	27			5	임 종 은		0	0	0	0
0	0	0	0	후0	황 현 수	2			23	김 태 환		0	0	0	0
0	0	0	0		백 상 훈	35	대기	대기	8	아 마 노	후6	1(1)	0	0	0
0	0	0	1	후0	기 성 용	6			72	이 청 용	후13	1(1)	0	0	0
0	0	0	0	후0	강 성 진	29			11	엄 원 상	전26	2(2)	0	0	0
0	0	0	0		김 신 진	9			91	박 주 영		0	0	0	0
0	2	7	6(3)			0			0			13(6)	7	3	0

● 전반 5분 조영욱 PAR ~ 팔로세비치 MFR L-ST-G (득점: 팔로세비치, 도움: 조영욱) 왼쪽

● 후반 30분 바코 PAL 내 R-ST-G (득점: 바코) 오른쪽

● 후반 43분 엄원상 GAR 내 R-ST-G (득점: 엄원상) 오른쪽

• 6월 22일 19:30 흐림 인천 전용 2,509명
• 주심_ 김용우 부심_ 김계용·강동호 대기심_ 오현진 경기감독관_ 김종민

인천 4 | 1 전반 0 / 3 후반 1 | **1 강원**

퇴장	경고	파울	ST(유)	교체	선수명	배번	위치	위치	배번	선수명	교체	ST(유)	파울	경고	퇴장
0	0	0	0		김 동 헌	21	GK	GK	25	김 정 호		0	0	0	0
0	0	2	0		델브리지	20	DF	DF	2	김 영 빈		0	0	0	0
0	0	0	0		강 민 수	4	DF	DF	3	케 빈		1(1)	1	0	0
0	0	1	0	28	김 동 민	47	DF	DF	23	임 창 우		4(1)	1	0	0
0	0	1	0	3	강 윤 구	6	MF	MF	88	황 문 기	17	1(1)	0	0	0
0	0	1	0		이 명 주	5	MF	MF	6	김 동 현		1(1)	3	0	0
0	1	1	1	24	아길라르	10	MF	MF	22	정 승 용		0	0	0	0
0	1	1	0		김 준 엽	17	MF	MF	24	김 진 호	66	0	0	0	0
0	0	1	0	19	김 도 혁	7	FW	MF	5	김 대 우	21	0	0	0	0
0	0	2	4(3)		무 고 사	9	FW	FW	18	이 정 협	4	3(3)	0	0	0
0	0	3	0	27	홍 시 후	37	FW	FW	47	양 현 준		4(2)	1	0	0
0	0	0	0		이 태 희	1			1	유 상 훈		0	0	0	0
0	0	0	0	후32	김 광 석	3			7	윤 석 영		0	0	0	0
0	0	0	0	후32	민 경 현	28			66	김 원 균	후0	1(1)	2	0	0
0	0	1	0	후0	이 강 현	24	대기	대기	21	코바야시	후0	2(1)	1	1	0
0	0	1	1(1)	후29	송 시 우	19			4	서 민 우	후38	0	0	0	0
0	0	0	0		이 용 재	11			14	신 창 무		0	0	0	0
0	0	0	1	후0	김 보 섭	27			17	김 대 원	후15	4(4)	0	0	0
0	2	15	7(4)			0			0			21(15)	9	1	0

● 전반 13분 이명주 PAR ↷ 무고사 GAR R-ST-G (득점: 무고사, 도움: 이명주) 오른쪽

● 후반 5분 강윤구 PAL ~ 무고사 PK 좌측지점 L-ST-G (득점: 무고사, 도움: 강윤구) 오른쪽

● 후반 24분 김도혁 PAR ~ 무고사 PK 좌측지점 L-ST-G (득점: 무고사, 도움: 김도혁) 오른쪽

● 후반 49분 김보섭 PAL ~ 송시우 GA 정면 R-ST-G (득점: 송시우, 도움: 김보섭) 가운데

● 후반 23분 코바야시 MF 정면 ~ 김대원 AKL L-ST-G (득점: 김대원, 도움: 코바야시) 왼쪽

• 6월 25일 18:00 맑음 전주 월드컵 5,920명
• 주심_ 안재훈 부심_ 이정민·이정석 대기심_ 고형진 경기감독관_ 김성기

전북 1 | 0 전반 0 / 1 후반 1 | **1 대구**

퇴장	경고	파울	ST(유)	교체	선수명	배번	위치	위치	배번	선수명	교체	ST(유)	파울	경고	퇴장
0	0	0	0		송 범 근	31	GK	GK	21	오 승 훈		0	0	0	0
0	0	0	1(1)		김 진 수	23	DF	DF	7	김 진 혁		1	0	0	0
0	1	1	0		박 진 섭	4	DF	DF	66	조 진 우		1	2	0	0
0	0	0	1(1)		홍 정 호	26	DF	DF	20	박 병 현		0	1	1	0
0	0	0	1		김 문 환	95	DF	MF	18	케 이 타	5	1(1)	2	0	0
0	0	1	2		류 재 문	29	MF	MF	10	라 마 스		0	0	0	0
0	0	0	0	11	이 윤 권	77	FW	MF	74	이 용 래		0	1	0	0
0	0	1	0	2	쿠니모토	17	MF	MF	2	황 재 원		1	0	0	0
0	0	1	3(1)	8	김 진 규	97	MF	FW	11	세 징 야		5(1)	0	0	0
0	0	0	0	13	이 준 호	44	FW	FW	17	고 재 현	36	3(1)	0	0	0
0	1	3	1(1)	9	일류첸코	10	FW	FW	22	이 근 호	32	0	0	0	0
0	0	0	0		황 병 근	41			1	최 영 은		0	0	0	0
0	0	0	0	후37	이 용	2			3	김 우 석		0	0	0	0
0	0	0	0		윤 영 선	5			25	이 태 희		0	0	0	0
0	0	0	1	후24	백 승 호	8	대기	대기	5	장 성 원	후42	0	0	0	0
0	0	0	2(1)	후24	구스타보	9			36	김 희 승	후33	0	0	0	0
0	0	1	2(1)	전18	바 로 우	11			14	안 용 우		0	0	0	0
0	0	1	1	전18	김 보 경	13			32	정 치 인	후33	0	1	1	0
0	2	9	15(6)			0			0			12(3)	7	2	0

● 후반 34분 김진수 AK 정면 R-ST-G (득점: 김진수) 왼쪽

● 후반 16분 고재현 GA 정면 내 R-ST-G (득점: 고재현) 오른쪽

• 6월 25일 19:00 맑음 수원 종합 6,090명
• 주심_ 김종혁 부심_ 김계용·송봉근 대기심_ 김용우 경기감독관_ 최윤겸

수원FC 3 | 3 전반 0 / 0 후반 0 | **0 수원**

퇴장	경고	파울	ST(유)	교체	선수명	배번	위치	위치	배번	선수명	교체	ST(유)	파울	경고	퇴장
0	0	0	0		박 배 종	1	GK	GK	21	양 형 모		0	0	0	0
0	0	1	0		정 동 호	2	DF	DF	23	이 기 제		1(1)	2	0	0
0	0	0	1(1)		박 민 규	3	DF	DF	4	불투이스		1(1)	0	0	0
0	0	0	0		김 건 웅	14	DF	DF	39	민 상 기	15	0	0	0	0
0	0	0	0		신 세 계	30	DF	DF	90	구 대 영		2	0	0	0
0	0	1	0		정 재 용	8	MF	MF	8	사 리 치	6	0	1	0	0
0	0	1	2(2)	25	무 릴 로	10	MF	MF	20	이 한 도		0	1	0	0
0	0	0	1(1)	7	장 혁 진	17	MF	MF	10	정 승 원		0	2	1	0
0	0	1	0	19	이 기 혁	23	MF	FW	14	전 진 우	26	1	0	0	0
0	0	1	4(2)		라 스	9	FW	FW	18	오 현 규	9	0	0	0	0
0	0	2	0	11	이 영 준	99	FW	FW	30	류 승 우	12	1	1	0	0
0	0	0	0		이 범 영	27			31	이 성 주		0	0	0	0
0	0	0	1(1)	후33	잭 슨	5			15	고 명 석	후0	2(2)	0	0	0
0	0	0	0		황 순 민	20			35	장 호 익		0	0	0	0
0	0	1	0	후33	니 실 라	25	대기	대기	6	한 석 종	후0	0	2	0	0
0	0	0	1	후14/5	김 현	7			12	강 현 묵	후10	0	1	0	0
0	0	1	1(1)	전24	이 승 우	11			26	염 기 훈	후0	1	0	0	0
0	0	0	1(1)	전24	김 승 준	19			9	김 건 희	후10	3(2)	1	0	0
0	0	9	12(9)			0			0			12(6)	11	1	0

● 전반 1분 라스 PA 정면 내 ~ 무릴로 PK 우측지점 R-ST-G (득점: 무릴로, 도움: 라스) 오른쪽

● 전반 5분 신세계 GA 정면 내 → 장혁진 AK 내 L-ST-G (득점: 장혁진, 도움: 신세계) 오른쪽

● 전반 27분 라스 MF 정면 ~ 이승우 PA 정면 내 L-ST-G (득점: 이승우, 도움: 라스) 오른쪽

• 6월 25일 20:00 흐림 서울 월드컵 10,787명
• 주심_ 김희곤 부심_ 곽승순·장종필 대기심_ 김영수 경기감독관_ 차상해

서울 1 1 전반 0 / 0 후반 1 **1 인천**

퇴장	경고	파울	ST(유)	교체	선수명	배번	위치	위치	배번	선수명	교체	ST(유)	파울	경고	퇴장
0	0	0	0		양 한 빈	21	GK	GK	21	김 동 헌		0	0	0	0
0	0	1	1		이 태 석	88	DF	DF	20	델브리지		0	2	0	0
0	0	2	1		이 상 민	3	DF	DF	4	강 민 수		0	0	0	0
0	1	2	0		황 현 수	2	DF	DF	47	김 동 민		0	1	0	0
0	0	2	0		윤 종 규	23	DF	MF	6	강 윤 구	28	0	2	0	0
0	0	1	1		기 성 용	6	MF	MF	10	아길라르	19	0	3	1	0
0	0	1	1	20	백 상 훈	35	MF	MF	5	이 명 주	16	2(1)	2	0	0
0	0	3	1	26	김 신 진	9	MF	MF	17	김 준 엽		0	1	1	0
0	0	1	2(2)	17	정 한 민	19	MF	FW	7	김 도 혁	24	0	2	0	0
0	0	1	5(3)	27	강 성 진	29	MF	FW	9	무 고 사		5(3)	1	0	0
0	0	0	5(5)		조 영 욱	11	FW	FW	37	홍 시 후	27	1	0	0	0
0	0	0	0		황 성 민	18			1	이 태 희		0	0	0	0
0	0	1	0	후43	고 광 민	27			3	김 광 석		0	0	0	0
0	0	0	0	후23	김 진 야	17			28	민 경 현	후44	0	0	0	0
0	0	0	0	후29	이 한 범	20	대기	대기	16	이 동 수	후44	0	0	0	0
0	0	0	0		조 지 훈	44			24	이 강 현	후30	0	0	0	0
0	1	1	0	후23/50	팔로세비치	26			19	송 시 우	후19	0	0	0	0
0	0	0	0	후43	박 동 진	50			27	김 보 섭	후0	2(1)	0	0	0
0	2	16	17(10)			0			0			10(5)	14	2	0

●전반 35분 강성진 PAR ↷ 조영욱 GA 정면 H-ST-G (득점: 조영욱, 도움: 강성진) 오른쪽

●후반 25분 강윤구 PAL ↷ 이명주 GA 정면 H-ST-G (득점: 이명주, 도움: 강윤구) 오른쪽

• 6월 26일 18:00 맑음 울산 문수 5,483명
• 주심_ 김우성 부심_ 지승민·강동호 대기심_ 송민석 경기감독관_ 김용세

울산 0 0 전반 0 / 0 후반 0 **0 성남**

퇴장	경고	파울	ST(유)	교체	선수명	배번	위치	위치	배번	선수명	교체	ST(유)	파울	경고	퇴장
0	0	0	0		조 현 우	21	GK	GK	41	김 영 광		0	0	0	0
0	0	0	0		김 영 권	19	DF	DF	29	장 효 준		0	1	1	0
0	0	1	0		임 종 은	5	DF	DF	36	김 지 수		0	0	0	0
0	0	0	0		김 태 환	23	DF	DF	5	마 상 훈		1	0	0	0
0	1	1	1		이 명 재	13	DF	DF	2	이 시 영		0	0	0	0
0	0	0	1		박 용 우	6	MF	MF	18	이 지 훈	15	1	0	0	0
0	0	0	0	72	이 규 성	24	MF	MF	7	권 순 형	93	0	0	0	0
0	0	0	1	11	김 민 준	17	MF	MF	6	김 현 태	34	0	1	0	0
0	0	0	1(1)	91	윤 일 록	7	MF	MF	23	구 본 철		1(1)	0	0	0
0	0	1	3(2)		아 마 노	8	MF	FW	10	이 종 호	20	1(1)	1	0	0
0	0	0	4(3)		바 코	10	FW	FW	8	물 리 치	11	2(2)	0	0	0
0	0	0	0		민 동 환	77			1	최 필 수		0	0	0	0
0	0	0	0		김 기 희	44			20	곽 광 선	후0	0	0	0	0
0	0	0	0		설 영 우	66			34	최 지 묵	후50	0	1	1	0
0	0	0	0		고 명 진	22	대기	대기	11	팔라시오스	후25	0	2	0	0
0	0	0	0	후6	이 청 용	72			15	이 재 원	후9	0	1	0	0
0	0	0	0	전23	엄 원 상	11			93	밀 로 스	후25	0	0	0	0
0	0	2	2	후17	박 주 영	91			28	박 지 원		0	0	0	0
0	1	5	13(6)			0			0			6(4)	7	2	0

• 6월 26일 19:00 맑음 포항 스틸야드 2,966명
• 주심_ 정동식 부심_ 박상준·박균용 대기심_ 박병진 경기감독관_ 허태식

포항 1 1 전반 1 / 0 후반 0 **1 김천**

퇴장	경고	파울	ST(유)	교체	선수명	배번	위치	위치	배번	선수명	교체	ST(유)	파울	경고	퇴장
0	0	0	0		윤 평 국	1	GK	GK	12	김 정 훈		0	0	0	0
0	0	1	0	13	심 상 민	2	DF	DF	15	정 승 현		0	1	0	0
0	0	1	0		그 랜 트	5	DF	DF	3	하 창 래		0	0	0	0
0	0	1	0		박 찬 용	20	DF	DF	20	연 제 운		0	0	0	0
0	0	2	0		신 광 훈	17	DF	MF	14	김 한 길		0	1	0	0
0	0	0	1		신 진 호	6	MF	MF	32	강 윤 성	10	0	0	0	0
0	1	1	0		이 승 모	16	MF	MF	24	정 현 철		0	1	0	0
0	1	1	2(2)		임 상 협	7	MF	MF	31	이 영 재		2(1)	1	0	0
0	0	1	2	12	고 영 준	11	MF	FW	26	권 창 훈	19	0	0	0	0
0	0	0	1(1)	77	정 재 희	27	MF	FW	28	김 지 현		1(1)	1	0	0
0	1	0	8(3)	18	허 용 준	8	FW	FW	9	조 규 성		0	3	0	0
0	0	0	0		강 현 무	31			1	황 인 재		0	0	0	0
0	0	0	0		이 광 준	3			4	송 주 훈		0	0	0	0
0	0	0	0	후40	김 용 환	13			8	박 상 혁		0	0	0	0
0	0	0	0		김 준 호	66	대기	대기	10	명 준 재	후37	0	0	0	0
0	0	0	0	후29	김 승 대	12			22	한 찬 희		0	0	0	0
0	0	1	1	후6	완 델 손	77			17	서 진 수		0	0	0	0
0	0	1	0	후40	이 호 재	18			19	김 경 민	후37	0	0	0	0
0	3	10	15(6)			0			0			3(2)	8	0	0

●전반 13분 정재희 PAR ↷ 임상협 GAL H-ST-G (득점: 임상협, 도움: 정재희) 오른쪽

●전반 42분 권창훈 AKL ~ 김지현 GAL R-ST-G (득점: 김지현, 도움: 권창훈) 왼쪽

• 6월 26일 19:30 흐림 강릉 종합 1,454명
• 주심_ 김영수 부심_ 윤재열·양재용 대기심_ 신용준 경기감독관_ 양정환

강원 4 2 전반 0 / 2 후반 2 **2 제주**

퇴장	경고	파울	ST(유)	교체	선수명	배번	위치	위치	배번	선수명	교체	ST(유)	파울	경고	퇴장
0	0	0	0		유 상 훈	1	GK	GK	31	유 연 수		0	0	0	0
0	0	1	0		김 영 빈	2	DF	MF	17	안 현 범	7	0	1	0	0
0	0	0	0	7	케 빈	3	DF	DF	35	김 오 규		0	1	0	0
0	1	3	1(1)		임 창 우	23	DF	DF	23	김 경 재		0	2	0	0
0	0	0	0	5	서 민 우	4	MF	DF	30	김 봉 수		0	2	0	0
0	0	3	0	88	김 동 현	6	MF	MF	39	김 명 순	22	0	1	0	0
0	0	1	1		정 승 용	22	MF	MF	6	최 영 준		1	1	0	0
0	1	3	0		김 진 호	24	MF	MF	24	한 종 무	8	0	0	0	0
0	0	0	4(3)		김 대 원	17	FW	FW	10	조나탄 링	19	1	0	0	0
0	0	1	2(2)	29	이 정 협	18	FW	FW	11	제 르 소	20	1	1	0	0
0	0	0	1(1)		양 현 준	47	FW	FW	18	주 민 규		4(3)	0	0	0
0	0	0	0		김 정 호	25			1	김 동 준		0	0	0	0
0	1	1	0	후32	윤 석 영	7			4	이 지 솔		0	0	0	0
0	0	0	0		이 웅 희	15			22	정 우 재	전25	1(1)	0	0	0
0	0	0	0	후39	황 문 기	88	대기	대기	8	이 창 민	전25	1(1)	0	0	0
0	0	0	0	후44	김 주 형	29			19	김 주 공	후22	0	1	0	0
0	0	0	0		신 창 무	14			20	김 범 수	후33	0	2	1	0
0	0	0	0	후44	김 대 우	5			7	조 성 준	후22	0	0	0	0
0	3	13	9(7)			0			0			9(5)	12	1	0

●전반 21분 김대원 GA 정면 R-ST-G (득점: 김대원) 왼쪽

●전반 41분 김대원 MFR FK ↷ 이정협 GA 정면 H-ST-G (득점: 이정협, 도움: 김대원) 오른쪽

●후반 1분 김진호 PAR 내 ~ 김대원 GA 정면 R-ST-G (득점: 김대원, 도움: 김진호) 왼쪽

●후반 32분 김대원 MFR FK ↷ 임창우 GAL H-ST-G (득점: 임창우, 도움: 김대원) 왼쪽

●후반 7분 주민규 PK-R-G (득점: 주민규) 오른쪽

●후반 18분 제르소 PAL EL ↷ 주민규 GA 정면 H-ST-G (득점: 주민규, 도움: 제르소) 왼쪽

• 7월 02일 18:00 맑음 제주 월드컵 4,019명
• 주심_ 김용우 부심_ 박상준·방기열 대기심_ 서동진 경기감독관_ 김종민

제주 2 2 전반 1 / 0 후반 1 **2 서울**

퇴장	경고	파울	ST(유)	교체	선수명	배번	위치	위치	배번	선수명	교체	ST(유)	파울	경고	퇴장
0	0	0	0		김 동 준	1	GK	GK	21	양 한 빈		0	0	0	0
0	0	0	2(1)	10	안 현 범	17	MF	DF	17	김 진 야		0	0	0	0
0	1	0	0		김 오 규	35	DF	DF	2	황 현 수		0	0	0	0
0	0	2	0		김 경 재	23	DF	DF	3	이 상 민	20	1	1	0	0
0	0	0	0		김 봉 수	30	DF	DF	23	윤 종 규		0	0	0	0
0	0	0	1	7	정 우 재	22	MF	MF	6	기 성 용		1(1)	0	0	0
0	0	1	0		최 영 준	6	MF	MF	9	김 신 진	88	3(2)	2	1	0
0	0	0	2(1)		이 창 민	8	MF	MF	26	팔로세비치	35	2(1)	1	0	0
0	0	3	1(1)	19	제 르 소	11	FW	MF	19	정 한 민	50	3(2)	2	1	0
0	0	1	1(1)	39	김 범 수	20	FW	MF	29	강 성 진	24	3(2)	0	0	0
0	0	2	1(1)		주 민 규	18	FW	FW	11	조 영 욱		2(1)	0	0	0
0	0	0	0		유 연 수	31			18	황 성 민		0	0	0	0
0	0	0	0		이 지 솔	4			27	고 광 민		0	0	0	0
0	0	0	0		우 민 걸	25			88	이 태 석	후32	0	1	0	0
0	0	1	0	전33	김 명 순	39	대기	대기	20	이 한 범	후32	0	0	0	0
0	0	1	1	후41	조나탄 링	10			35	백 상 훈	후41	0	1	0	0
0	0	0	1	후0	조 성 준	7			24	권 성 윤	후41	0	1	0	0
0	0	0	0	후31	김 주 공	19			50	박 동 진	후22	2	1	1	0
0	1	11	10(5)			0			0			17(9)	10	3	0

● 전반 5분 제르소 GAR L-ST-G (득점: 제르소) 왼쪽
● 전반 25분 주민규 HL 정면 ↷ 김범수 PA 정면 내 R-ST-G (득점: 김범수, 도움: 주민규) 오른쪽
● 전반 36분 조영욱 MFR ~ 정한민 PA 정면 내 L-ST-G (득점: 정한민, 도움: 조영욱) 오른쪽
● 후반 18분 강성진 PAL 내 R-ST-G (득점: 강성진) 왼쪽

• 7월 02일 19:00 맑음 포항 스틸야드 7,279명
• 주심_ 박병진 부심_ 김계용·천진희 대기심_ 김동진 경기감독관_ 허태식

포항 2 1 전반 0 / 1 후반 0 **0 울산**

퇴장	경고	파울	ST(유)	교체	선수명	배번	위치	위치	배번	선수명	교체	ST(유)	파울	경고	퇴장
0	0	0	0		강 현 무	31	GK	GK	21	조 현 우		0	0	0	0
0	0	0	0		박 승 욱	14	DF	DF	19	김 영 권		0	0	0	0
0	0	0	0		그 랜 트	5	DF	DF	44	김 기 희		0	0	0	0
0	0	1	0		박 찬 용	20	DF	DF	23	김 태 환		0	0	0	0
0	0	1	0		신 광 훈	17	DF	DF	13	이 명 재	66	0	1	0	0
0	0	4	0		신 진 호	6	MF	MF	6	박 용 우		0	1	0	0
0	0	1	0	77	이 수 빈	4	MF	MF	24	이 규 성		1	1	0	0
0	0	0	2(1)	66	임 상 협	7	MF	MF	14	황 재 환	72	0	0	0	0
0	0	0	2	2	고 영 준	11	MF	MF	10	바 코	91	2	0	0	0
0	0	2	2(2)	27	김 승 대	12	MF	MF	8	아 마 노		1(1)	0	0	0
0	0	2	0	18	허 용 준	8	FW	FW	9	레오나르도		1	6	1	0
0	0	0	0		류 원 우	91			1	조 수 혁		0	0	0	0
0	0	0	0	후39	심 상 민	2			5	임 종 은		0	0	0	0
0	0	0	0		김 용 환	13			66	설 영 우	후17	0	0	0	0
0	0	0	0	후46	김 준 호	66	대기	대기	20	신 형 민		0	0	0	0
0	0	0	0	후39	완 델 손	77			72	이 청 용	전25	0	1	1	0
0	0	0	0	후30	정 재 희	27			29	최 기 윤		0	0	0	0
0	0	0	0	후46	이 호 재	18			91	박 주 영	후17	0	0	0	0
0	0	11	6(3)			0			0			5(1)	10	2	0

● 전반 15분 고영준 GAR ~ 김승대 GAL R-ST-G (득점: 김승대, 도움: 고영준) 왼쪽
● 후반 8분 허용준 GAR → 김승대 GA 정면 H-ST-G (득점: 김승대, 도움: 허용준) 왼쪽

• 7월 02일 19:00 맑음 김천 종합 2,030명
• 주심_ 김대용 부심_ 곽승순·송봉근 대기심_ 김우성 경기감독관_ 강득수

김천 1 1 전반 0 / 0 후반 2 **2 전북**

퇴장	경고	파울	ST(유)	교체	선수명	배번	위치	위치	배번	선수명	교체	ST(유)	파울	경고	퇴장
0	0	0	0	12	구 성 윤	25	GK	GK	31	송 범 근		0	0	0	0
0	0	0	0	19	송 주 훈	4	DF	DF	33	박 진 성	25	0	0	0	0
0	0	3	0	15	하 창 래	3	DF	DF	4	박 진 섭		1(1)	0	0	0
0	0	3	1(1)		연 제 운	20	DF	DF	26	홍 정 호		0	0	0	0
0	0	0	0		김 한 길	14	MF	DF	2	이 용		0	0	0	0
0	0	0	0		강 윤 성	32	MF	MF	29	류 재 문		0	0	0	0
0	0	1	4(2)		한 찬 희	22	MF	FW	11	바 로 우		2(2)	0	0	0
0	0	0	4(1)		이 영 재	31	MF	MF	97	김 진 규		2	2	0	0
0	0	0	3(1)		권 창 훈	26	FW	MF	8	백 승 호	17	0	0	0	0
0	1	1	2	9	김 지 현	28	FW	FW	21	송 민 규		2(1)	0	0	0
0	0	1	0	10	서 진 수	17	FW	FW	10	일류첸코	9	0	2	0	0
0	0	0	0	후43	김 정 훈	12			30	김 준 홍		0	0	0	0
0	0	0	0	후13	정 승 현	15			5	윤 영 선		0	0	0	0
0	0	0	0		박 상 혁	8			7	한 교 원		0	0	0	0
0	0	0	1	후0	명 준 재	10	대기	대기	9	구스타보	후28	1(1)	1	0	0
0	0	0	0		정 현 철	24			17	쿠니모토	전39	1(1)	2	0	0
0	0	1	2(1)	후25	조 규 성	9			25	최 철 순	후40	0	0	0	0
0	0	0	0	후43	김 경 민	19			36	강 상 윤		0	0	0	0
0	1	10	17(6)			0			0			9(6)	7	0	0

● 전반 21분 이영재 C.KL ↷ 연제운 GA 정면 H-ST-G (득점: 연제운, 도움: 이영재) 왼쪽
● 후반 11분 바로우 GA 정면 ~ 쿠니모토 PA 정면 내 L-ST-G (득점: 쿠니모토, 도움: 바로우) 왼쪽
● 후반 34분 바로우 PAL EL ↷ 구스타보 GA 정면 H-ST-G (득점: 구스타보, 도움: 바로우) 오른쪽

• 7월 02일 20:00 맑음 탄천 종합 1,950명
• 주심_ 김종혁 부심_ 이정민·성주경 대기심_ 송민석 경기감독관_ 나승화

성남 0 0 전반 0 / 0 후반 2 **2 강원**

퇴장	경고	파울	ST(유)	교체	선수명	배번	위치	위치	배번	선수명	교체	ST(유)	파울	경고	퇴장
0	0	0	0		김 영 광	41	GK	GK	1	유 상 훈		0	0	0	0
0	0	1	0		최 지 묵	34	DF	DF	2	김 영 빈		1(1)	0	0	0
0	0	0	0		김 지 수	36	DF	DF	7	윤 석 영		0	1	0	0
0	0	0	0	29	마 상 훈	5	DF	DF	23	임 창 우		0	0	0	0
0	0	1	2		이 시 영	2	DF	MF	4	서 민 우	5	1	0	0	0
0	0	0	0	8	이 지 훈	18	MF	MF	6	김 동 현		1	0	0	0
0	0	1	0	93	권 순 형	7	MF	MF	22	정 승 용	3	1(1)	0	0	0
0	0	0	0	66	김 현 태	6	MF	MF	24	김 진 호		0	1	0	0
0	0	2	5(2)		구 본 철	23	MF	FW	17	김 대 원		1	0	0	0
0	0	0	0	30	이 종 호	10	FW	FW	18	이 정 협	98	0	0	0	0
0	0	3	2(1)		팔라시오스	11	FW	FW	47	양 현 준	88	3	0	0	0
0	0	0	0		최 필 수	1			25	김 정 호		0	0	0	0
0	0	0	0		곽 광 선	20			3	케 빈	후46	0	0	0	0
0	0	0	0	후32	장 효 준	29			15	이 웅 희		0	0	0	0
0	0	0	1(1)	후32	박 수 일	66	대기	대기	88	황 문 기	후30	0	2	0	0
0	0	0	1(1)	후21	밀 로 스	93			5	김 대 우	후46	0	1	0	0
0	0	0	0	후21	심 동 운	30			98	발 샤	후39	2(2)	0	0	0
0	0	0	0	후21	뮬 리 치	8			14	신 창 무		0	0	0	0
0	0	8	11(5)			0			0			10(4)	5	0	0

● 후반 12분 김대원 C.KR ↷ 김영빈 GA 정면 H-ST-G (득점: 김영빈, 도움: 김대원) 왼쪽
● 후반 43분 정승용 GAL L-ST-G (득점: 정승용) 오른쪽

• 7월 03일 19:00 흐림 DGB대구은행파크 7,325명
• 주심_ 김영수 부심_ 윤재열·장종필 대기심_ 이동준 경기감독관_ 당성증

대구 0 0 전반 0 / 0 후반 0 **0 수원FC**

퇴장	경고	파울	ST(유)	교체	선수명	배번	위치	위치	배번	선수명	교체	ST(유)	파울	경고	퇴장
0	0	0	0		오 승 훈	21	GK	GK	1	박 배 종		0	0	0	0
0	0	0	1		김 진 혁	7	DF	DF	2	정 동 호		0	1	0	0
0	0	0	1	25	조 진 우	66	DF	DF	3	박 민 규		0	1	0	0
0	0	0	0	20	정 태 욱	4	DF	DF	14	김 건 웅		0	2	0	0
0	1	2	0		홍 철	33	MF	DF	30	신 세 계		1	0	0	0
0	0	1	0		이 용 래	74	MF	MF	8	정 재 용		1(1)	0	0	0
0	0	2	1	18	이 진 용	26	MF	MF	10	무 릴 로	18	0	1	0	0
0	0	0	0		황 재 원	2	MF	MF	16	정 재 윤	11	0	0	0	0
0	0	0	8(3)		세 징 야	11	FW	MF	23	이 기 혁	19	1(1)	1	0	0
0	1	3	0	14	고 재 현	17	FW	FW	7	김 현	17	1	0	0	0
0	0	2	1	22	제 카	19	FW	FW	9	라 스		6(2)	0	0	0
0	0	0	0		최 영 은	1			27	이 범 영		0	0	0	0
0	0	1	0	후0	박 병 현	20			4	곽 윤 호		0	0	0	0
0	0	0	0	후26	이 태 희	25			17	장 혁 진	후8	0	1	0	0
0	1	2	0	후17	케 이 타	18	대기	대기	25	니 실 라	후28	0	0	0	0
0	0	0	0	후42	안 용 우	14			11	이 승 우	전11/25	0	2	1	0
0	0	0	0		정 치 인	32			18	양 동 현	후28	1	0	0	0
0	0	0	1	후42	이 근 호	22			19	김 승 준	후0	1	0	0	0
0	3	13	13(3)			0			0			12(4)	9	1	0

• 7월 03일 19:30 맑음 수원 월드컵 4,325명
• 주심_ 송민석 부심_ 지승민·김지욱 대기심_ 신용준 경기감독관_ 김용세

수원 0 0 전반 0 / 0 후반 0 **0 인천**

퇴장	경고	파울	ST(유)	교체	선수명	배번	위치	위치	배번	선수명	교체	ST(유)	파울	경고	퇴장
0	0	0	0		양 형 모	21	GK	GK	21	김 동 헌		0	0	0	0
0	0	1	0		이 기 제	23	DF	DF	20	델브리지		1	0	0	0
0	0	1	1		불투이스	4	DF	DF	3	김 광 석		0	1	0	0
0	0	0	0		민 상 기	39	DF	DF	47	김 동 민		0	1	1	0
0	0	0	0		장 호 익	35	DF	MF	32	이 주 용		3(1)	1	0	0
0	0	0	1(1)	18	사 리 치	8	MF	MF	16	이 동 수	10	1	1	0	0
0	0	1	0	22	한 석 종	6	MF	MF	5	이 명 주		0	0	0	0
0	0	0	0	11	강 현 묵	12	MF	MF	28	민 경 현		1	0	0	0
0	0	0	0	5	전 진 우	14	FW	FW	37	홍 시 후	19	1	1	1	0
0	0	1	5(2)		김 건 희	9	FW	FW	11	이 용 재	24	1	0	0	0
0	0	0	2		정 승 원	10	FW	FW	33	김 성 민	27	1	2	0	0
0	0	0	0		박 지 민	34			1	이 태 희		0	0	0	0
0	0	0	0		양 상 민	3			6	강 윤 구		0	0	0	0
0	0	0	0	후23	김 상 준	22			24	이 강 현	후15	0	1	0	0
0	0	0	1	후9	김 태 환	11	대기	대기	10	아길라르	후15	0	1	0	0
0	0	0	0		염 기 훈	26			27	김 보 섭	후0	5(3)	2	0	0
0	0	1	2(2)	후0	마 나 부	5			19	송 시 우	후0	0	0	0	0
0	0	0	1	후30	오 현 규	18			15	김 대 중		0	0	0	0
0	0	5	13(5)			0			0			14(4)	11	2	0

• 7월 05일 19:00 맑음 탄천 종합 804명
• 주심_ 최현재 부심_ 지승민·양재용 대기심_ 김영수 경기감독관_ 김용세

성남 1 1 전반 0 / 0 후반 4 **4 포항**

퇴장	경고	파울	ST(유)	교체	선수명	배번	위치	위치	배번	선수명	교체	ST(유)	파울	경고	퇴장
0	0	0	0		김 영 광	41	GK	GK	31	강 현 무		0	0	0	0
0	0	2	0		박 수 일	66	DF	DF	2	심 상 민		0	0	0	0
0	0	0	0		김 지 수	36	DF	DF	5	그 랜 트		0	0	0	0
0	0	0	0	4	곽 광 선	20	DF	DF	20	박 찬 용		0	0	0	0
0	0	0	0		장 효 준	29	DF	DF	14	박 승 욱		0	0	0	0
0	1	1	1	23	김 민 혁	13	MF	MF	16	이 승 모	6	1	0	0	0
0	0	3	4(1)		밀 로 스	93	MF	MF	4	이 수 빈	13	1	1	0	0
0	0	1	0	33	안 진 범	22	MF	MF	77	완 델 손	7	2	0	0	0
0	1	1	4(3)	34	심 동 운	30	MF	MF	11	고 영 준		0	2	0	0
0	0	0	0	10	뮬 리 치	8	FW	MF	27	정 재 희	12	1	0	0	0
0	0	2	1(1)		팔라시오스	11	FW	FW	18	이 호 재	8	0	1	0	0
0	0	0	0		최 필 수	1			91	류 원 우		0	0	0	0
0	0	0	0	후37	강 의 빈	4			13	김 용 환	후32	0	0	0	0
0	0	0	0	후25	최 지 묵	34			6	신 진 호	후0	0	0	0	0
0	0	0	0		김 현 태	6	대기	대기	66	김 준 호		0	0	0	0
0	0	0	3(2)	후0	구 본 철	23			12	김 승 대	후0	3(2)	1	0	0
0	0	0	0	후25	전 성 수	33			7	임 상 협	후0	2(1)	0	0	0
0	1	1	3(2)	전39	이 종 호	10			8	허 용 준	후0	3(1)	0	0	0
0	3	11	16(9)			0			0			13(4)	5	0	0

● 전반 22분 팔라시오스 PAR ↷ 심동운 PK지점 L-ST-G (득점: 심동운, 도움: 팔라시오스) 오른쪽

● 후반 12분 박승욱 PAR ↷ 허용준 GAL 내 H-ST-G (득점: 허용준, 도움: 박승욱) 왼쪽

● 후반 20분 허용준 PAR → 김승대 GAR R-ST-G (득점: 김승대, 도움: 허용준) 오른쪽

● 후반 32분 고영준 PAL EL ~ 김승대 GAL 내 R-ST-G (득점: 김승대, 도움: 고영준) 왼쪽

● 후반 47분 허용준 AK 내 ~ 임상협 GA 정면 R-ST-G (득점: 임상협, 도움: 허용준) 왼쪽

• 7월 05일 19:00 맑음 김천 종합 557명
• 주심_ 정동식 부심_ 김계용·장종필 대기심_ 송민석 경기감독관_ 허기태

김천 4 2 전반 0 / 2 후반 0 **0 제주**

퇴장	경고	파울	ST(유)	교체	선수명	배번	위치	위치	배번	선수명	교체	ST(유)	파울	경고	퇴장
0	0	0	0		구 성 윤	25	GK	GK	1	김 동 준		0	0	0	0
0	0	1	0		정 승 현	15	DF	MF	17	안 현 범		0	0	0	0
0	0	0	0	4	연 제 운	20	DF	DF	4	이 지 솔		0	0	0	0
0	0	0	0	17	김 한 길	14	DF	DF	35	김 오 규		1	0	0	0
0	0	0	1		강 윤 성	32	DF	DF	30	김 봉 수		0	2	0	0
0	0	3	0		권 혁 규	16	MF	MF	39	김 명 순	23	0	0	0	0
0	0	1	1		한 찬 희	22	MF	MF	6	최 영 준		0	1	0	0
0	0	1	2(2)	24	이 영 재	31	MF	MF	8	이 창 민	24	6(2)	0	0	0
0	0	0	0	8	권 창 훈	26	FW	FW	20	김 범 수	7	0	1	0	0
0	0	0	1(1)		김 지 현	28	FW	FW	11	제 르 소	10	1(1)	0	0	0
0	0	1	4(2)	10	조 규 성	9	FW	FW	18	주 민 규	19	3	1	0	0
0	0	0	0		황 인 재	1			31	유 연 수		0	0	0	0
0	0	0	0	후41	송 주 훈	4			23	김 경 재	전27	0	2	0	0
0	0	0	1(1)	후27	박 상 혁	8			25	우 민 걸		0	0	0	0
0	0	0	1(1)	후33	명 준 재	10	대기	대기	24	한 종 무	후20	1	1	0	0
0	0	0	0	후41	정 현 철	24			7	조 성 준	전27	0	0	0	0
0	0	0	1(1)	후41	서 진 수	17			10	조나탄 링	후14	1(1)	0	0	0
0	0	0	0		김 경 민	19			19	김 주 공	후14	1(1)	0	0	0
0	0	7	12(8)			0			0			14(5)	8	0	0

● 전반 16분 조규성 GAR ~ 이영재 GAL 내 L-ST-G (득점: 이영재, 도움: 조규성) 왼쪽

● 전반 44분 김지현 GAL L-ST-G (득점: 김지현) 오른쪽

● 후반 35분 김오규 GA 정면 L 자책골 (득점: 김오규) 가운데

● 후반 40분 명준재 GAL 내 L-ST-G (득점: 명준재) 왼쪽

• 7월 05일 19:30 맑음 울산 문수 3,344명
• 주심_ 김동진 부심_ 곽승순·송봉근 대기심_ 김대용 경기감독관_ 김성기

울산 2 0 전반 0 / 2 후반 1 **1 강원**

퇴장	경고	파울	ST(유)	교체	선수명	배번	위치	위치	배번	선수명	교체	ST(유)	파울	경고	퇴장
0	0	0	0		조현우	21	GK	GK	1	유상훈		0	0	0	0
0	0	0	0		임종은	5	DF	DF	2	김영빈		1	0	0	0
0	0	1	0		김영권	19	DF	DF	7	윤석영		0	0	0	0
0	0	0	2		설영우	66	DF	DF	23	임창우		0	0	0	0
0	0	1	2		이명재	13	DF	MF	4	서민우	3	0	1	0	0
0	0	2	1(1)		원두재	16	MF	MF	6	김동현		0	0	0	0
0	0	2	1(1)	72	이규성	24	MF	MF	22	정승용		0	2	0	0
0	0	1	2(1)		아마노	8	MF	MF	24	김진호		1(1)	1	0	0
0	0	0	0	10	황재환	14	MF	FW	17	김대원	88	2(2)	0	0	0
0	0	3	1(1)		엄원상	11	MF	FW	18	이정협	98	0	1	0	0
0	0	0	0	9	박주영	91	FW	FW	47	양현준	14	1(1)	0	0	0
0	0	0	0		설현빈	28			25	김정호		0	0	0	0
0	0	0	0		김기희	44			3	케빈	후30	0	0	0	0
0	0	0	0		김태환	23			15	이웅희		0	0	0	0
0	0	0	0		박용우	6	대기	대기	88	황문기	후42	0	1	0	0
0	0	0	0	후8	이청용	72			5	김대우		0	0	0	0
0	0	0	2	후0	바코	10			14	신창무	후42	0	1	0	0
0	0	2	2(2)	후23	레오나르도	9			98	발샤	후16	3(2)	0	0	0
0	0	12	13(6)			0			0			8(6)	7	0	0

● 후반 30분 임종은 GA 정면 ~ 레오나르도 GAR 내 EL R-ST-G (득점: 레오나르도, 도움: 임종은) 오른쪽
● 후반 42분 레오나르도 GA 정면 ~ 엄원상 GAR 내 R-ST-G (득점: 엄원상, 도움: 레오나르도) 오른쪽
● 후반 39분 발샤 GAL 내 EL R-ST-G (득점: 발샤) 왼쪽

• 7월 06일 19:00 맑음 수원 월드컵 2,231명
• 주심_ 이동준 부심_ 이정민·박균용 대기심_ 김우성 경기감독관_ 양정환

수원 1 0 전반 1 / 1 후반 0 **1 대구**

퇴장	경고	파울	ST(유)	교체	선수명	배번	위치	위치	배번	선수명	교체	ST(유)	파울	경고	퇴장
0	0	0	0		양형모	21	GK	GK	21	오승훈		0	0	0	0
0	0	0	1		불투이스	4	DF	DF	7	김진혁		0	1	0	0
0	0	0	0		민상기	39	DF	DF	66	조진우		1(1)	0	0	0
0	0	0	0	6	박대원	33	DF	DF	4	정태욱		0	0	0	0
0	0	1	0	35	김태환	11	MF	MF	33	홍철		0	0	0	0
0	2	2	0		정호진	55	MF	MF	74	이용래		0	1	0	0
0	0	1	2(2)		정승원	10	MF	MF	26	이진용	14	0	3	0	0
0	0	2	2(2)		사리치	8	MF	MF	25	이태희	2	1(1)	0	0	0
0	0	0	0	23	강현묵	12	MF	FW	11	세징야	19	1	0	0	0
0	0	1	2(2)	22	마나부	5	FW	FW	17	고재현	32	1(1)	1	0	0
0	0	0	1	18	김건희	9	FW	FW	22	이근호	18	1	0	0	0
0	0	0	0		노동건	19			1	최영은		0	0	0	0
0	0	0	0	후16	장호익	35			20	박병현		0	0	0	0
0	0	0	0	후0	이기제	23			2	황재원	후31	0	0	0	0
0	0	0	0	후25	한석종	6	대기	대기	18	케이타	후12	0	0	0	0
0	0	0	0		염기훈	26			14	안용우	후31	1	0	0	0
0	0	2	2(2)	후16	오현규	18			32	정치인	후31	1(1)	0	0	0
0	1	1	0	후28	안병준	22			19	제카	후23	2(1)	1	0	0
0	3	10	10(8)			0			0			9(5)	7	0	0

● 후반 22분 이기제 C.KR ↷ 오현규 GAR H-ST-G (득점: 오현규, 도움: 이기제) 오른쪽
● 전반 29분 조진우 GA 정면 내 L-ST-G (득점: 조진우) 가운데

• 7월 06일 19:00 맑음 인천 전용 3,647명
• 주심_ 고형진 부심_ 박상준·방기열 대기심_ 안재훈 경기감독관_ 최윤겸

인천 0 0 전반 0 / 0 후반 1 **1 수원FC**

퇴장	경고	파울	ST(유)	교체	선수명	배번	위치	위치	배번	선수명	교체	ST(유)	파울	경고	퇴장
0	0	0	0		김동헌	21	GK	GK	1	박배종		0	0	0	0
0	0	0	1	6	델브리지	20	DF	DF	3	박민규		1(1)	0	0	0
0	0	0	0		김광석	3	DF	DF	14	김건웅		0	2	0	0
0	0	0	0		김동민	47	DF	DF	26	김동우	4	0	1	0	0
0	0	0	0	33	민경현	28	MF	DF	30	신세계		0	2	0	0
0	0	0	1		이동수	16	MF	MF	8	정재용		1	3	0	0
0	0	0	0		이명주	5	MF	MF	11	이승우	7	0	3	0	0
0	0	0	0		김준엽	17	MF	MF	17	장혁진	25	0	0	0	0
0	0	1	3(2)	15	김보섭	27	FW	MF	23	이기혁	19	2(1)	0	0	0
0	0	0	0	19	이용재	11	FW	FW	9	라스		3	0	0	0
0	0	0	2(2)	37	아길라르	10	FW	FW	99	이영준	10	1(1)	0	0	0
0	0	0	0		이태희	1			27	이범영		0	0	0	0
0	0	2	0	후0	강윤구	6			4	곽윤호	후0	0	0	0	0
0	0	0	0		이강현	24			5	잭슨		0	0	0	0
0	0	0	2(1)	후0	송시우	19	대기	대기	10	무릴로	전23	2(1)	0	0	0
0	1	1	0	후22	김성민	33			25	니실라	후12	1(1)	0	0	0
0	0	0	1	후22	홍시후	37			7	김현	후29	1	0	0	0
0	0	0	0	후39	김대중	15			19	김승준	전23	0	1	0	0
0	1	4	10(5)			0			0			12(5)	12	0	0

● 후반 46분 니실라 PAR 내 R-ST-G (득점: 니실라) 왼쪽

• 7월 06일 19:30 맑음 서울 월드컵 8,537명
• 주심_ 박병진 부심_ 윤재열·강동호 대기심_ 채상협 경기감독관_ 차상해

서울 0 0 전반 0 / 0 후반 1 **1 전북**

퇴장	경고	파울	ST(유)	교체	선수명	배번	위치	위치	배번	선수명	교체	ST(유)	파울	경고	퇴장
0	0	0	0		양한빈	21	GK	GK	31	송범근		0	0	0	0
0	0	0	0	9	이태석	88	DF	DF	23	김진수		1	1	0	0
0	0	0	0		이한범	20	DF	DF	4	박진섭		0	1	0	0
0	1	1	0		이상민	3	DF	DF	26	홍정호		0	0	0	0
0	0	2	0		윤종규	23	DF	DF	95	김문환		0	0	0	0
0	0	1	1(1)	6	조지훈	44	MF	MF	29	류재문		0	1	0	0
0	0	2	1		김진야	17	MF	FW	36	강상윤	11	2(1)	0	0	0
0	0	1	0	26	백상훈	35	MF	MF	17	쿠니모토	13	2(1)	2	0	0
0	0	1	0		권성윤	24	MF	MF	8	백승호		0	1	0	0
0	0	0	3	19	강성진	29	MF	FW	21	송민규		1(1)	2	0	0
0	1	1	4(4)		조영욱	11	FW	FW	9	구스타보	10	2(2)	1	0	0
0	0	0	0		황성민	18			30	김준홍		0	0	0	0
0	0	0	0		황현수	2			2	이용		0	0	0	0
0	0	0	0		고광민	27			10	일류첸코	후40	0	2	0	0
0	0	1	2(1)	후0	기성용	6	대기	대기	11	바로우	전34	1	0	0	0
0	0	0	2	후19	팔로세비치	26			13	김보경	후30	0	1	0	0
0	0	0	0	후38	정한민	19			25	최철순		0	0	0	0
0	0	1	0	전41	김신진	9			27	문선민		0	0	0	0
0	2	11	13(6)			0			0			9(5)	12	0	0

● 후반 8분 송민규 AK 내 ~ 구스타보 GA 정면 R-ST-G (득점: 구스타보, 도움: 송민규) 왼쪽

• 7월 08일 19:30 맑음 제주 월드컵 3,002명
• 주심_ 김희곤 부심_ 곽승순·김지욱 대기심_ 박병진 경기감독관_ 조성철

제주 3 1 전반 0 / 2 후반 2 **2 성남**

퇴장	경고	파울	ST(유)	교체	선수명	배번	위치	위치	배번	선수명	교체	ST(유)	파울	경고	퇴장
0	0	0	0		김 동 준	1	GK	GK	41	김 영 광		0	0	0	0
0	0	1	0	29	안 현 범	17	MF	DF	36	김 지 수		0	0	0	0
0	0	0	1		김 오 규	35	DF	DF	5	마 상 훈	33	0	1	0	0
0	0	0	0	4	김 경 재	23	DF	DF	3	권 완 규		0	2	0	0
0	0	0	0		김 봉 수	30	DF	MF	66	박 수 일		0	2	0	0
0	0	1	0		조 성 준	7	MF	MF	93	밀 로 스		5(3)	1	0	0
0	0	0	0		최 영 준	6	MF	MF	6	김 현 태	11	0	0	0	0
0	0	1	1	8	한 종 무	24	MF	MF	2	이 시 영	28	0	0	0	0
0	0	3	5(3)		제 르 소	11	FW	FW	30	심 동 운	34	0	0	0	0
0	0	0	1	19	조나탄 링	10	FW	FW	8	뮬 리 치		2(1)	0	0	0
0	0	1	1	42	주 민 규	18	FW	FW	23	구 본 철		1(1)	0	0	0
0	0	0	0		임 준 섭	21			21	허 자 웅		0	0	0	0
0	0	0	0	후41	이 지 솔	4			4	강 의 빈		0	0	0	0
0	0	0	1	후25	변 경 준	29			34	최 지 묵	후29	0	1	0	0
0	0	0	2	후41	구 자 철	42	대기	대기	15	이 재 원		0	0	0	0
0	0	0	1(1)	후10	이 창 민	8			28	박 지 원	후29	0	0	0	0
0	0	0	0		김 규 형	28			33	전 성 수	후0	1(1)	0	0	0
0	0	0	1(1)	후25	김 주 공	19			11	팔라시오스	후0	3(2)	0	0	0
0	0	7	14(5)			0			0			12(8)	7	0	0

● 전반 28분 조나탄 링 AK 정면 ~ 제르소 PAL 내 L-ST-G (득점: 제르소, 도움: 조나탄 링) 왼쪽
● 후반 31분 김봉수 PAL ~ 이창민 AK 정면 R-ST-G (득점: 이창민, 도움: 김봉수) 왼쪽
● 후반 35분 제르소 GAL L-ST-G (득점: 제르소) 오른쪽

● 후반 11분 구본철 C.KR ↷ 밀로스 GAR H-ST-G (득점: 밀로스, 도움: 구본철) 왼쪽
● 후반 49분 구본철 C.KL ↷ 밀로스 GAL H-ST-G (득점: 밀로스, 도움: 구본철) 오른쪽

• 7월 08일 19:30 흐림 춘천 송암 1,633명
• 주심_ 채상협 부심_ 지승민·천진희 대기심_ 김영수 경기감독관_ 강득수

강원 3 2 전반 0 / 1 후반 2 **2 김천**

퇴장	경고	파울	ST(유)	교체	선수명	배번	위치	위치	배번	선수명	교체	ST(유)	파울	경고	퇴장
0	1	0	0		유 상 훈	1	GK	GK	25	구 성 윤		0	0	0	0
0	0	0	0		김 영 빈	2	DF	DF	15	정 승 현		0	1	1	0
0	0	0	0		윤 석 영	7	DF	DF	20	연 제 운		0	0	0	0
0	0	0	0		임 창 우	23	DF	DF	14	김 한 길	8	0	0	0	0
0	0	1	1	88	서 민 우	4	MF	DF	32	강 윤 성	11	0	0	0	0
0	0	1	0		김 동 현	6	MF	MF	16	권 혁 규		1	0	0	0
0	0	1	1		정 승 용	22	MF	MF	22	한 찬 희	10	1	0	0	0
0	0	0	1(1)	15	김 진 호	24	MF	MF	31	이 영 재		2	1	0	0
0	0	0	2	5	김 대 원	17	FW	FW	26	권 창 훈	17	2(1)	1	0	0
0	0	3	2(2)	18	발 사	98	FW	FW	28	김 지 현		1	0	0	0
0	0	2	4(3)		양 현 준	47	FW	FW	9	조 규 성		4(3)	2	0	0
0	0	0	0		김 정 호	25			1	황 인 재		0	0	0	0
0	0	0	0		송 준 석	34			4	송 주 훈		0	0	0	0
0	0	0	0	후30	이 웅 희	15			8	박 상 혁	후14	1(1)	0	0	0
0	0	0	0	후30	황 문 기	88	대기	대기	10	명 준 재	후5	0	1	0	0
0	0	0	1	후46	김 대 우	5			24	정 현 철		0	0	0	0
0	0	0	0	후17	이 정 협	18			17	서 진 수	후41	1	1	0	0
0	0	0	0		김 주 형	29			11	유 인 수	후41	0	0	0	0
0	1	8	12(6)			0			0			13(5)	7	1	0

● 전반 16분 김대원 AK 정면 ~ 양현준 PK지점 L-ST-G (득점: 양현준, 도움: 김대원) 오른쪽
● 전반 23분 김대원 PAL ~ 발사 GA 정면 R-ST-G (득점: 발사, 도움: 김대원) 오른쪽
● 후반 1분 김진호 PA 정면 내 L-ST-G (득점: 김진호) 오른쪽

● 후반 6분 김한길 PAL ↷ 조규성 GA 정면 H-ST-G (득점: 조규성, 도움: 김한길) 왼쪽
● 후반 40분 박상혁 GAL L-ST-G (득점: 박상혁) 오른쪽

• 7월 09일 19:00 맑음 전주 월드컵 6,666명
• 주심_ 김종혁 부심_ 김계용·박균용 대기심_ 김대용 경기감독관_ 나승화

전북 2 2 전반 0 / 0 후반 2 **2 인천**

퇴장	경고	파울	ST(유)	교체	선수명	배번	위치	위치	배번	선수명	교체	ST(유)	파울	경고	퇴장
0	0	0	0		송 범 근	31	GK	GK	21	김 동 헌		0	0	0	0
0	0	2	1(1)		김 진 수	23	DF	DF	47	김 동 민		2	0	0	0
0	0	2	0		박 진 섭	4	DF	DF	3	김 광 석		0	1	0	0
0	0	0	0		윤 영 선	5	DF	DF	17	김 준 엽		0	0	0	0
0	0	0	2(1)		김 문 환	95	DF	MF	6	강 윤 구		1(1)	1	0	0
0	0	0	1(1)		백 승 호	8	MF	MF	39	박 현 빈	5	1(1)	1	1	0
0	0	1	2(2)		바 로 우	11	FW	MF	16	이 동 수	98	0	1	0	0
0	0	0	3(1)	13	맹 성 웅	28	MF	MF	33	김 성 민		1(1)	1	0	0
0	0	1	1	10	김 진 규	97	MF	FW	11	이 용 재	27	1	1	0	0
0	0	1	1(1)	7	강 상 윤	36	FW	FW	10	아길라르		3(2)	2	0	0
0	0	0	6(6)		구스타보	9	FW	FW	19	송 시 우	28	2	1	0	0
0	0	0	0		김 준 홍	30			1	이 태 희		0	0	0	0
0	0	0	0		이 용	2			28	민 경 현	후25	0	0	0	0
0	0	0	1	후26	한 교 원	7			24	이 강 현		0	0	0	0
0	0	0	1	후35	일류첸코	10	대기	대기	5	이 명 주	전44	1	0	0	0
0	0	0	1	후22	김 보 경	13			15	김 대 중		0	0	0	0
0	0	0	0		구 자 룡	15			27	김 보 섭	전44	4(2)	0	0	0
0	0	0	0		송 민 규	21			98	에르난데스	후0	1	0	0	0
0	0	7	20(13)			0			0			17(7)	9	1	0

● 전반 20분 김진수 PAL L-ST-G (득점: 김진수) 오른쪽
● 전반 30분 구스타보 GAR H ↷ 바로우 GAL 내 H-ST-G (득점: 바로우, 도움: 구스타보) 왼쪽

● 후반 28분 아길라르 AKR ~ 김보섭 PAL L-ST-G (득점: 김보섭, 도움: 아길라르) 왼쪽
● 후반 34분 이명주 PA 정면 ~ 김성민 AK 정면 R-ST-G (득점: 김성민, 도움: 이명주) 왼쪽

• 7월 09일 20:00 맑음 DGB대구은행파크 9,509명
• 주심_ 신용준 부심_ 박상준·이정석 대기심_ 고형진 경기감독관_ 김성기

대구 1 0 전반 0 / 1 후반 1 **1 울산**

퇴장	경고	파울	ST(유)	교체	선수명	배번	위치	위치	배번	선수명	교체	ST(유)	파울	경고	퇴장
0	0	0	0		오 승 훈	21	GK	GK	21	조 현 우		0	0	0	0
0	0	1	0		김 진 혁	7	DF	DF	44	김 기 희		0	0	0	0
0	0	0	0		조 진 우	66	DF	DF	19	김 영 권		0	0	0	0
0	0	0	0		정 태 욱	4	DF	DF	66	설 영 우		0	1	1	0
0	1	2	0		홍 철	33	MF	DF	23	김 태 환	13	0	0	0	0
0	0	2	0		이 용 래	74	MF	MF	16	원 두 재	20	0	0	0	0
0	0	3	3(1)	18	이 진 용	26	MF	MF	24	이 규 성	72	0	0	0	0
0	0	0	1		황 재 원	2	MF	MF	29	최 기 윤	11	1(1)	1	0	0
0	0	0	0	25	안 용 우	14	FW	MF	14	황 재 환	8	2(1)	0	0	0
0	0	2	1(1)	22	고 재 현	17	FW	MF	10	바 코		2	0	0	0
0	0	1	4(2)		제 카	19	FW	FW	9	레오나르도		2(2)	0	0	0
0	0	0	0		최 영 은	1			1	조 수 혁		0	0	0	0
0	0	0	0		박 병 현	20			13	이 명 재	전39	1	0	0	0
0	0	0	1(1)	후17	이 태 희	25			20	신 형 민	후24	0	0	0	0
0	0	0	0		장 성 원	5	대기	대기	8	아 마 노	전26	3	2	1	0
0	0	0	0	후43	케 이 타	18			72	이 청 용	후24	0	1	0	0
0	0	0	0		정 치 인	32			11	엄 원 상	전26	2(1)	0	0	0
0	0	0	0	후32	이 근 호	22			91	박 주 영		0	0	0	0
0	1	11	10(5)			0			0			13(5)	5	2	0

● 후반 42분 제카 PK-R-G (득점: 제카) 왼쪽

● 후반 27분 레오나르도 GAR R-ST-G (득점: 레오나르도) 왼쪽

• 7월 10일 19:00 흐림 수원 종합 4,783명
• 주심_ 김용우 부심_ 이정민·성주경 대기심_ 김영수 경기감독관_ 강득수

수원FC 4 0 전반 1 / 4 후반 2 **3 서울**

퇴장	경고	파울	ST(유)	교체	선수명	배번	위치	위치	배번	선수명	교체	ST(유)	파울	경고	퇴장
0	0	0	0		박 배 종	1	GK	GK	21	양 한 빈		0	0	0	0
0	0	1	1(1)		박 민 규	3	DF	DF	17	김 진 야		1(1)	0	0	0
0	0	0	0		김 건 웅	14	DF	DF	2	황 현 수		0	0	0	0
0	0	2	1(1)	4	김 동 우	26	DF	DF	3	이 상 민		0	1	0	0
0	0	1	1(1)		신 세 계	30	DF	DF	23	윤 종 규		1(1)	2	0	0
0	0	3	0		박 주 호	6	MF	MF	6	기 성 용		1(1)	1	1	0
0	0	0	1(1)		정 재 용	8	MF	MF	26	팔로세비치		1	1	0	0
0	0	0	3(3)	19	무 릴 로	10	MF	MF	35	백 상 훈	9	1(1)	2	0	0
0	0	2	0	25	이 기 혁	23	MF	MF	19	정 한 민	11	0	0	0	0
0	0	0	2(2)		라 스	9	FW	MF	29	강 성 진	7	2(1)	0	0	0
0	0	0	0	11	이 영 준	99	FW	FW	50	박 동 진	20	2(2)	2	0	0
0	0	0	0		이 범 영	27			18	황 성 민		0	0	0	0
0	0	0	0	후33	곽 윤 호	4			20	이 한 범	후31	2(1)	0	0	0
0	0	0	0		장 혁 진	17			27	고 광 민		0	0	0	0
0	0	0	1(1)	후0	니 실 라	25	대기	대기	24	권 성 윤		0	0	0	0
0	0	0	0		김 현	7			7	나 상 호	후29	0	1	0	0
0	0	1	2(1)	전24	이 승 우	11			9	김 신 진	후0	3(1)	0	0	0
0	0	0	1(1)	후24	김 승 준	19			11	조 영 욱	후0	2(1)	0	0	0
0	0	10	13(12)			0			0			16(10)	10	1	0

● 후반 7분 박주호 PA 정면 H ↷ 이승우 GA 정면 R-ST-G (득점: 이승우, 도움: 박주호) 왼쪽
● 후반 25분 정재용 PAR ↷ 라스 GA 정면 L-ST-G (득점: 라스, 도움: 정재용) 오른쪽
● 후반 28분 김승준 PA 정면 내 R-ST-G (득점: 김승준) 오른쪽
● 후반 48분 곽윤호 GAR H ↷ 정재용 GA 정면 내 H-ST-G (득점: 정재용, 도움: 곽윤호) 가운데
● 전반 2분 강성진 PAR ↷ 박동진 GA 정면 H-ST-G (득점: 박동진, 도움: 강성진) 왼쪽
● 후반 4분 이상민 PK 우측지점 ~ 김신진 PA 정면 내 R-ST-G (득점: 김신진, 도움: 이상민) 오른쪽
● 후반 46분 팔로세비치 MF 정면 ↷ 이한범 GAL H-ST-G (득점: 이한범, 도움: 팔로세비치) 왼쪽

• 7월 10일 19:00 흐림 포항 스틸야드 4,608명
• 주심_ 김우성 부심_ 윤재열·강동호 대기심_ 송민석 경기감독관_ 김종민

포항 1 1 전반 0 / 0 후반 0 **0 수원**

퇴장	경고	파울	ST(유)	교체	선수명	배번	위치	위치	배번	선수명	교체	ST(유)	파울	경고	퇴장
0	0	0	0		강 현 무	31	GK	GK	21	양 형 모		0	0	0	0
0	0	1	0	17	심 상 민	2	DF	DF	23	이 기 제		0	1	0	0
0	0	0	0		그 랜 트	5	DF	DF	4	불투이스		0	2	0	0
0	0	0	1		박 찬 용	20	DF	DF	39	민 상 기		0	0	0	0
0	1	2	0		박 승 욱	14	DF	DF	35	장 호 익		0	2	1	0
0	0	2	4(2)		신 진 호	6	MF	MF	8	사 리 치		0	0	1	0
0	0	0	2(2)		고 영 준	11	MF	MF	6	한 석 종	11	0	0	0	0
0	0	0	1(1)		임 상 협	7	MF	MF	12	강 현 묵	26	1(1)	1	0	0
0	0	2	1(1)		김 승 대	12	MF	FW	5	마 나 부	30	0	1	0	0
0	0	0	3(1)	77	정 재 희	27	MF	FW	9	김 건 희	22	1(1)	0	0	0
0	0	1	0	4	이 승 모	16	FW	FW	10	정 승 원		1(1)	0	0	0
0	0	0	0		류 원 우	91			19	노 동 건		0	0	0	0
0	0	0	0		김 용 환	13			45	황 명 현		0	0	0	0
0	0	0	0	후41	이 수 빈	4			11	김 태 환	후0	0	0	0	0
0	0	1	0	후20	신 광 훈	17	대기	대기	30	류 승 우	후0	2(2)	0	0	0
0	0	0	2(2)	후28	완 델 손	77			26	염 기 훈	후0/18	0	0	0	0
0	0	0	0		모 세 스	90			18	오 현 규	후26	1	0	0	0
0	0	0	0		이 호 재	18			22	안 병 준	후0	0	0	0	0
0	1	9	14(9)			0			0			6(5)	7	2	0

● 전반 19분 신진호 PAL R-ST-G (득점: 신진호) 오른쪽

• 7월 16일 18:00 맑음 전주 월드컵 4,601명
• 주심_ 김영수 부심_ 장종필·천진희 대기심_ 안재훈 경기감독관_ 차상해

전북 3 1 전반 0 / 2 후반 2 **2 성남**

퇴장	경고	파울	ST(유)	교체	선수명	배번	위치	위치	배번	선수명	교체	ST(유)	파울	경고	퇴장
0	0	0	0		송 범 근	31	GK	GK	41	김 영 광		0	0	0	0
0	0	1	1		김 진 수	23	DF	DF	66	박 수 일		0	0	0	0
0	0	2	0	15	윤 영 선	5	DF	DF	3	권 완 규		0	1	0	0
0	0	0	1(1)		박 진 섭	4	DF	DF	36	김 지 수		0	1	0	0
0	0	0	1	95	최 철 순	25	DF	DF	5	마 상 훈		1	0	0	0
0	0	0	1(1)		백 승 호	8	MF	DF	2	이 시 영	17	0	0	0	0
0	0	0	0		바 로 우	11	FW	MF	33	전 성 수	30	1	0	0	0
0	0	0	1	28	강 상 윤	36	MF	MF	93	밀 로 스		7(2)	0	0	0
0	0	0	0		김 진 규	97	MF	MF	7	권 순 형	13	2	0	0	0
0	0	0	1(1)		송 민 규	21	FW	MF	23	구 본 철		3(1)	1	0	0
0	0	2	3(2)		구스타보	9	FW	FW	11	팔라시오스	10	0	2	0	0
0	0	0	0		김 준 홍	30			1	최 필 수		0	0	0	0
0	0	0	0		김 보 경	13			4	강 의 빈		0	0	0	0
0	0	0	0		이 승 기	14			34	최 지 묵		0	0	0	0
0	0	0	0	후38	구 자 룡	15	대기	대기	13	김 민 혁	후22	1	1	1	0
0	0	0	0		문 선 민	27			30	심 동 운	전34	0	0	0	0
0	0	0	0	후11	맹 성 웅	28			10	이 종 호	후22	0	1	0	0
0	0	0	1(1)	후11	김 문 환	95			17	조 상 준	후41	0	0	0	0
0	0	5	10(6)			0			0			15(3)	7	1	0

● 전반 39분 구스타보 PK-R-G (득점: 구스타보) 가운데
● 후반 29분 백승호 C.KR ↷ 구스타보 PK지점 H-ST-G (득점: 구스타보, 도움: 백승호) 왼쪽
● 후반 36분 백승호 C.KL ↷ 박진섭 GA 정면 H-ST-G (득점: 박진섭, 도움: 백승호) 오른쪽
● 후반 23분 이종호 GAL → 구본철 GA 정면 R-ST-G (득점: 구본철, 도움: 이종호) 오른쪽
● 후반 47분 김지수 GAL 내 ~ 밀로스 GAL 내 L-ST-G (득점: 밀로스, 도움: 김지수) 오른쪽

• 7월 16일 18:00 맑음 울산 문수 6,202명
• 주심_ 정동식 부심_ 지승민·방기열 대기심_ 정회수 경기감독관_ 최윤겸

울산 2 0 전반 0 / 2 후반 1 **1 수원**

퇴장	경고	파울	ST(유)	교체	선수명	배번	위치	위치	배번	선수명	교체	ST(유)	파울	경고	퇴장
0	0	0	0		조 현 우	21	GK	GK	21	양 형 모		0	0	0	0
0	1	1	1		김 기 희	44	DF	DF	23	이 기 제		0	1	0	0
0	0	1	0		김 영 권	19	DF	DF	4	불투이스		0	0	0	0
0	0	0	0		이 명 재	13	DF	DF	39	민 상 기		0	1	0	0
0	0	1	4(2)		설 영 우	66	DF	DF	35	장 호 익	11	0	0	0	0
0	1	1	1	6	원 두 재	16	MF	MF	5	마 나 부	14	0	0	0	0
0	1	2	2(2)	7	이 규 성	24	MF	MF	8	사 리 치	10	0	0	0	0
0	0	0	0	72	황 재 환	14	MF	MF	92	이 종 성		0	3	1	0
0	0	3	4(2)		엄 원 상	11	MF	MF	30	류 승 우	6	0	0	0	0
0	0	0	4(2)		바 코	10	MF	FW	18	오 현 규	22	1	1	1	0
0	0	1	4(4)		레오나르도	9	FW	FW	9	김 건 희		2	1	0	0
0	0	0	0		설 현 빈	28			19	노 동 건		0	0	0	0
0	0	0	0		임 종 은	5			13	박 형 진		0	0	0	0
0	0	0	0	후33	박 용 우	6			11	김 태 환	후10	0	0	0	0
0	0	0	0		아 마 노	8	대기	대기	6	한 석 종	후37	0	0	0	0
0	0	0	0	후0	이 청 용	72			10	정 승 원	후22	0	1	0	0
0	0	0	0	후42	윤 일 록	7			14	전 진 우	후22	0	0	0	0
0	0	0	0		박 주 영	91			22	안 병 준	후10	2(1)	0	0	0
0	3	10	20(12)			0			0			5(1)	8	2	0

● 후반 6분 레오나르도 GAR ~ 이규성 AKR R-ST-G (득점: 이규성, 도움: 레오나르도) 오른쪽
● 후반 18분 이명재 PAL EL ↷ 엄원상 PAR 내 R-ST-G (득점: 엄원상, 도움: 이명재) 왼쪽
● 후반 22분 이기제 C.KL ↷ 안병준 GAL 내 H-ST-G (득점: 안병준, 도움: 이기제) 오른쪽

• 7월 16일 18:00 맑음 김천 종합 1,096명
• 주심_ 박병진 부심_ 박균용·양재용 대기심_ 서동진 경기감독관_ 당성증

김천 0 0 전반 0 / 0 후반 1 **1 인천**

퇴장	경고	파울	ST(유)	교체	선수명	배번	위치	위치	배번	선수명	교체	ST(유)	파울	경고	퇴장
0	0	0	0		구 성 윤	25	GK	GK	21	김 동 헌		0	0	0	0
0	1	1	1		송 주 훈	4	DF	DF	20	델브리지		0	2	0	0
0	0	1	0		박 지 수	23	DF	DF	3	김 광 석	10	0	0	0	0
0	0	0	0		유 인 수	11	DF	DF	47	김 동 민		0	3	1	0
0	0	0	1		강 윤 성	32	DF	MF	6	강 윤 구		1	1	0	0
0	0	1	0		권 혁 규	16	MF	MF	24	이 강 현	16	0	2	0	0
0	0	0	1		고 승 범	7	MF	MF	5	이 명 주		0	1	0	0
0	0	0	2(1)		이 영 재	31	MF	MF	17	김 준 엽		0	3	1	0
0	0	1	0	8	명 준 재	10	FW	FW	28	민 경 현	27	0	2	0	0
0	0	0	1	9	김 지 현	28	FW	FW	37	홍 시 후	98	1	2	0	0
0	0	2	2	26	김 한 길	14	FW	FW	33	김 성 민		0	1	0	0
0	0	0	0		황 인 재	1			1	이 태 희		0	0	0	0
0	0	0	0		김 주 성	30			16	이 동 수	후37	0	0	0	0
0	0	0	0		연 제 운	20			36	김 대 경		0	0	0	0
0	0	0	2	후23	권 창 훈	26	대기	대기	19	송 시 우	후47	0	0	0	0
0	0	1	1	후17	박 상 혁	8			10	아길라르	후0	1(1)	0	0	0
0	0	0	2(2)	후17	조 규 성	9			98	에르난데스	전42/후19	2(1)	0	0	0
0	0	0	0		김 경 민	19			27	김 보 섭	전42	2(2)	1	0	0
0	1	7	13(3)			0			0			7(4)	18	2	0

● 후반 9분 에르난데스 MF 정면 ~ 김보섭 AK 내 R-ST-G (득점: 김보섭, 도움: 에르난데스) 왼쪽

• 7월 16일 19:00 맑음 수원 종합 2,939명
• 주심_ 송민석 부심_ 김계용·이정석 대기심_ 최광호 경기감독관_ 김성기

수원FC 2 1 전반 1 / 1 후반 3 **4 강원**

퇴장	경고	파울	ST(유)	교체	선수명	배번	위치	위치	배번	선수명	교체	ST(유)	파울	경고	퇴장
0	0	0	0		박 배 종	1	GK	GK	1	유 상 훈		0	0	0	0
0	0	0	0		박 민 규	3	DF	DF	2	김 영 빈		0	1	0	0
0	0	0	1		김 건 웅	14	DF	DF	7	윤 석 영		0	0	0	0
0	0	0	0		김 동 우	26	DF	DF	23	임 창 우		0	0	0	0
0	0	0	0	22	신 세 계	30	DF	MF	4	서 민 우	8	1(1)	2	0	0
0	0	0	1	25	박 주 호	6	MF	MF	6	김 동 현		1	0	0	0
0	0	0	1(1)		정 재 용	8	MF	MF	22	정 승 용		1	2	0	0
0	0	1	0	19	무 릴 로	10	MF	MF	24	김 진 호		1(1)	0	0	0
0	0	1	0	7	이 기 혁	23	MF	FW	17	김 대 원	88	3(2)	0	0	0
0	0	2	5(2)		라 스	9	FW	FW	98	발 샤	18	2(2)	0	0	0
0	0	1	0	11	이 영 준	99	FW	FW	47	양 현 준		4(3)	3	0	0
0	0	0	0		이 범 영	27			25	김 정 호		0	0	0	0
0	0	0	0		곽 윤 호	4			15	이 웅 희		0	0	0	0
0	0	0	0	후0	이 용	22			8	한 국 영	후32	0	1	0	0
0	0	0	1(1)	후33	니 실 라	25	대기	대기	88	황 문 기	후48	0	0	0	0
0	0	0	5(2)	후0	김 현	7			5	김 대 우		0	0	0	0
1	0	2	2(1)	전17	이 승 우	11			18	이 정 협	후0	1(1)	0	0	0
0	0	0	0	후20	김 승 준	19			14	신 창 무		0	0	0	0
1	0	7	16(7)			0			0			14(10)	9	0	0

● 전반 43분 무릴로 MFL FK ↷ 정재용 PA 정면 내 H-ST-G (득점: 정재용, 도움: 무릴로) 오른쪽
● 후반 2분 무릴로 MF 정면 ~ 이승우 PA 정면 내 R-ST-G (득점: 이승우, 도움: 무릴로) 오른쪽

● 전반 18분 김대원 PAL 내 ~ 양현준 GAL L-ST-G (득점: 양현준, 도움: 김대원) 오른쪽
● 후반 19분 김대원 GAR R-ST-G (득점: 김대원) 왼쪽
● 후반 23분 김대원 MFR ~ 양현준 GAR R-ST-G (득점: 양현준, 도움: 김대원) 오른쪽
● 후반 49분 양현준 MF 정면 ~ 이정협 PAL 내 R-ST-G (득점: 이정협, 도움: 양현준) 오른쪽

• 7월 16일 20:00 흐림 서울 월드컵 8,846명
• 주심_ 김대용 부심_ 곽승순·김지욱 대기심_ 채상협 경기감독관_ 양정환

서울 2 0 전반 0 / 2 후반 1 **1 대구**

퇴장	경고	파울	ST(유)	교체	선수명	배번	위치	위치	배번	선수명	교체	ST(유)	파울	경고	퇴장
0	1	0	0		양 한 빈	21	GK	GK	21	오 승 훈	1	0	1	1	0
0	0	2	0		김 진 야	17	DF	DF	7	김 진 혁		0	0	0	0
0	0	1	0		황 현 수	2	DF	DF	6	홍 정 운		0	0	0	0
0	0	0	0		이 한 범	20	DF	DF	4	정 태 욱	66	0	0	0	0
0	0	2	2		윤 종 규	23	DF	MF	33	홍 철		0	0	0	0
0	1	1	3		기 성 용	6	MF	MF	74	이 용 래		0	3	0	0
0	0	1	1(1)	50	팔로세비치	26	MF	MF	26	이 진 용	14	0	1	1	0
0	0	1	0	96	백 상 훈	35	MF	MF	2	황 재 원		0	0	0	0
0	0	0	1(1)	7	정 한 민	19	MF	FW	70	페 냐	20	0	4	1	0
0	0	0	1	90	강 성 진	29	MF	FW	17	고 재 현	22	3(2)	0	0	0
0	0	0	5(2)		조 영 욱	11	FW	FW	19	제 카		1(1)	2	0	0
0	0	0	0		황 성 민	18			1	최 영 은	후32	0	0	1	0
0	0	0	0		고 광 민	27			20	박 병 현	후49	0	0	0	0
0	0	1	1(1)	후10	황 인 범	96			66	조 진 우	후20	0	0	0	0
0	0	0	2(2)	후0	나 상 호	7	대기	대기	25	이 태 희		0	0	0	0
0	0	0	0		김 신 진	9			18	케 이 타		0	0	0	0
0	0	0	1	후45	박 동 진	50			14	안 용 우	후49	0	0	0	0
0	0	3	1(1)	후10	일류첸코	90			22	이 근 호	후32	0	0	0	0
0	2	12	18(8)			0			0			4(3)	11	4	0

● 후반 18분 나상호 PK-R-G (득점: 나상호) 왼쪽
● 후반 50분 조영욱 PAR ~ 일류첸코 AK 정면 R-ST-G (득점: 일류첸코, 도움: 조영욱) 오른쪽

● 후반 8분 제카 AKL ~ 고재현 AK 내 R-ST-G (득점: 고재현, 도움: 제카) 왼쪽

• 7월 16일 20:00 비 포항 스틸야드 4,281명
• 주심_ 이동준 부심_ 이정민·성주경 대기심_ 신용준 경기감독관_ 허기태

포항 1 0 전반 0 / 1 후반 1 **1 제주**

퇴장	경고	파울	ST(유)	교체	선수명	배번	위치	위치	배번	선수명	교체	ST(유)	파울	경고	퇴장
0	0	0	0		강 현 무	31	GK	GK	1	김 동 준		0	0	0	0
0	0	0	0	13	심 상 민	2	DF	MF	17	안 현 범		0	1	1	0
0	0	0	0		그 랜 트	5	DF	DF	35	김 오 규		0	0	0	0
0	0	0	0		박 찬 용	20	DF	DF	6	최 영 준		1	3	0	0
0	0	1	0		신 광 훈	17	DF	DF	30	김 봉 수	4	0	0	0	0
0	0	1	1(1)		신 진 호	6	MF	MF	7	조 성 준		0	0	0	0
0	0	1	0		이 수 빈	4	MF	MF	8	이 창 민		1	0	0	0
0	0	0	0	77	임 상 협	7	MF	MF	24	한 종 무	42	1(1)	0	0	0
0	0	2	0		고 영 준	11	MF	FW	11	제 르 소	20	1(1)	0	0	0
0	0	1	1(1)	90	김 승 대	12	MF	FW	10	조나탄 링	19	0	0	0	0
0	0	1	0	27	허 용 준	8	FW	FW	18	주 민 규	29	1	2	0	0
0	0	0	0		류 원 우	91			21	임 준 섭		0	0	0	0
0	0	1	0	후29	김 용 환	13			4	이 지 솔	후34	0	0	0	0
0	0	0	0		박 건	15			29	변 경 준	후42	0	1	0	0
0	0	0	0		김 준 호	66	대기	대기	42	구 자 철	후21	0	2	0	0
0	1	1	1	후29	완 델 손	77			28	김 규 형		0	0	0	0
0	0	0	3(2)	후13	정 재 희	27			20	김 범 수	후21	0	0	0	0
0	0	1	0	후29	모 세 스	90			19	김 주 공	후0	1(1)	0	0	0
0	1	10	6(4)			0			0			6(3)	9	1	0

● 후반 32분 정재희 GAR R-ST-G (득점: 정재희) 왼쪽

● 후반 2분 주민규 GAL EL ~ 한종무 GA 정면 L-ST-G (득점: 한종무, 도움: 주민규) 오른쪽

• 8월 27일 18:00 맑음 수원 월드컵 6,312명
• 주심_ 신용준 부심_ 윤재열·박균용 대기심_ 김우성 경기감독관_ 나승화

수원 2 0 전반 2 / 2 후반 1 **3 강원**

퇴장	경고	파울	ST(유)	교체	선수명	배번	위치	위치	배번	선수명	교체	ST(유)	파울	경고	퇴장
0	0	0	0		양 형 모	21	GK	GK	1	유 상 훈		0	0	0	0
0	0	1	2(1)		이 기 제	23	DF	DF	2	김 영 빈		0	0	0	0
0	0	0	0		불투이스	4	DF	DF	7	윤 석 영		0	0	0	0
0	0	0	0		고 명 석	15	DF	DF	23	임 창 우		1(1)	1	0	0
0	0	1	0	11	장 호 익	35	DF	MF	3	케 빈	4	0	1	0	0
0	0	2	0	22	사 리 치	8	MF	MF	6	김 동 현		0	3	0	0
0	0	1	2(2)		이 종 성	92	MF	MF	22	정 승 용		0	2	0	0
0	0	1	0	6	강 현 묵	12	MF	MF	24	김 진 호		1(1)	1	1	0
0	0	1	0	5	전 진 우	14	FW	FW	17	김 대 원		2(1)	1	0	0
0	0	1	4(2)		오 현 규	18	FW	FW	98	발 샤	18	1	1	0	0
0	0	2	2(1)	39	류 승 우	30	FW	FW	11	갈 레 고	47	1(1)	0	0	0
0	0	0	0		노 동 건	19			25	김 정 호		0	0	0	0
0	0	0	0	후34	민 상 기	39			15	이 웅 희		0	0	0	0
0	0	1	0	후13	김 태 환	11			4	서 민 우	후29	0	0	0	0
0	0	2	0	후0	한 석 종	6	대기	대기	5	김 대 우		0	0	0	0
0	0	0	0		염 기 훈	26			88	황 문 기		0	0	0	0
0	0	0	0	후27	마 나 부	5			47	양 현 준	후23	0	0	0	0
0	0	0	1(1)	후0	안 병 준	22			18	이 정 협	후23	0	2	1	0
0	0	13	11(7)			0			0			6(4)	12	2	0

● 후반 5분 이기제 PAL ↷ 안병준 GA 정면 내 H-ST-G (득점: 안병준, 도움: 이기제) 가운데
● 후반 42분 마나부 PAL ~ 오현규 GAL L-ST-G (득점: 오현규, 도움: 마나부) 가운데
● 전반 17분 김진호 AKR L-ST-G (득점: 김진호) 오른쪽
● 전반 21분 김대원 MFL FK ↷ 임창우 GA 정면 H-ST-G (득점: 임창우, 도움: 김대원) 왼쪽
● 후반 8분 김대원 PAL → 갈레고 GAR R-ST-G (득점: 갈레고, 도움: 김대원) 오른쪽

• 8월 28일 19:00 맑음 DGB대구은행파크 6,303명
• 주심_ 박병진 부심_ 이정민·양재용 대기심_ 정동식 경기감독관_ 양정환

대구 0 0 전반 0 / 0 후반 0 **0 김천**

퇴장	경고	파울	ST(유)	교체	선수명	배번	위치	위치	배번	선수명	교체	ST(유)	파울	경고	퇴장
0	0	0	0		오 승 훈	21	GK	GK	12	김 정 훈		0	0	0	0
0	0	0	0		조 진 우	66	DF	DF	38	김 륜 성	14	0	1	0	0
0	0	1	0		홍 정 운	6	DF	DF	23	박 지 수		0	1	0	0
0	1	1	2(1)		정 태 욱	4	DF	DF	33	임 승 겸		0	1	0	0
0	0	2	0		홍 철	33	MF	DF	32	강 윤 성		0	1	0	0
0	1	3	0	26	케 이 타	18	MF	MF	31	이 영 재	7	2(2)	0	0	0
0	0	1	0		황 재 원	2	MF	MF	39	윤 석 주	22	0	2	0	0
0	1	2	0	25	장 성 원	5	MF	MF	36	김 준 범		1(1)	1	0	0
0	1	3	6(2)	13	페 냐	70	FW	FW	28	김 지 현		3(2)	3	0	0
0	0	2	2(1)		제 카	19	FW	FW	37	이 지 훈	26	1	0	0	0
0	0	0	1(1)	22	박 용 희	30	FW	FW	40	이 준 석	19	1	1	0	0
0	0	0	0		이 윤 오	31			1	황 인 재		0	0	0	0
0	0	0	0		김 우 석	3			35	이 유 현		0	0	0	0
0	0	0	0	후39	이 태 희	25			7	고 승 범	후31	0	0	0	0
0	0	0	2	후27	이 진 용	26	대기	대기	22	한 찬 희	후31	0	0	0	0
0	0	0	0		안 용 우	14			14	김 한 길	후10	0	0	0	0
0	0	0	1	후39	오 후 성	13			19	김 경 민	후20	0	0	0	0
0	0	1	0	후27	이 근 호	22			26	권 창 훈	후0	1	1	0	0
0	4	16	14(5)			0			0			9(5)	12	0	0

• 8월 27일 19:00 맑음 제주 월드컵 5,103명
• 주심_ 김동진 부심_ 김계용·천진희 대기심_ 안재훈 경기감독관_ 조성철

제주 1 0 전반 1 / 1 후반 0 **1 울산**

퇴장	경고	파울	ST(유)	교체	선수명	배번	위치	위치	배번	선수명	교체	ST(유)	파울	경고	퇴장
0	0	0	0		김 동 준	1	GK	GK	21	조 현 우		0	0	0	0
0	0	0	1		조 성 준	7	DF	DF	44	김 기 희		1	0	0	0
0	0	1	0		김 경 재	23	DF	DF	19	김 영 권		0	0	0	0
0	0	1	0		정 운	13	DF	DF	23	김 태 환		0	3	1	0
0	0	1	0		정 우 재	22	DF	DF	66	설 영 우		2(1)	2	0	0
0	0	2	1		최 영 준	6	MF	MF	6	박 용 우		0	3	0	0
0	0	1	2(1)	8	윤빛가람	14	MF	MF	24	이 규 성		1	3	0	0
0	0	3	1	29	김 주 공	19	MF	MF	8	아 마 노	11	0	0	0	0
0	1	2	4(2)		제 르 소	11	FW	MF	29	최 기 윤	72	0	1	0	0
0	0	1	1(1)	10	김 범 수	20	FW	MF	10	바 코	9	2(1)	0	0	0
0	1	5	0	18	진 성 욱	2	FW	FW	63	마틴 아담		0	1	0	0
0	0	0	0		유 연 수	31			28	설 현 빈		0	0	0	0
0	0	0	0		김 오 규	35			5	임 종 은		0	0	0	0
0	0	0	0		김 봉 수	30			25	오 인 표		0	0	0	0
0	0	0	0	후40	변 경 준	29	대기	대기	16	원 두 재		0	0	0	0
0	0	0	0	후40	이 창 민	8			72	이 청 용	전27	0	1	0	0
0	0	0	1	후0	조나탄 링	10			11	엄 원 상	후21	0	0	0	0
0	0	0	1	후19	주 민 규	18			9	레오나르도	후32	1	0	0	0
0	2	17	12(4)			0			0			7(2)	14	1	0

● 후반 15분 조성준 자기 측 PAR ↷ 제르소 PK 좌측지점 L-ST-G (득점: 제르소, 도움: 조성준) 오른쪽
● 전반 38분 마틴 아담 AKL ~ 바코 AKR L-ST-G (득점: 바코, 도움: 마틴 아담) 오른쪽

• 8월 29일 19:00 흐리고 전주 월드컵 3,333명
• 주심_ 이동준 부심_ 곽승순·김지욱 대기심_ 채상협 경기감독관_ 당성증

전북 2 0 전반 0 / 2 후반 2 **2 포항**

퇴장	경고	파울	ST(유)	교체	선수명	배번	위치	위치	배번	선수명	교체	ST(유)	파울	경고	퇴장
0	0	0	0		송 범 근	31	GK	GK	31	강 현 무		0	0	0	0
0	0	0	0	23	박 진 성	33	DF	DF	77	완 델 손		2(1)	1	1	0
0	0	0	0		윤 영 선	5	DF	DF	5	그 랜 트		2	0	0	0
0	0	1	0		구 자 룡	15	DF	DF	20	박 찬 용		0	2	0	0
0	0	0	0		김 문 환	95	DF	DF	17	신 광 훈		0	1	0	0
0	0	3	0	14	맹 성 웅	28	MF	MF	6	신 진 호		1(1)	0	0	0
0	0	1	1		바 로 우	11	MF	MF	16	이 승 모	4	1	1	0	0
0	0	1	0	7	김 진 규	97	MF	MF	22	이 광 혁	7	0	0	0	0
0	0	3	1(1)		백 승 호	8	MF	MF	11	고 영 준		3(2)	0	0	0
0	0	0	0	13	이 윤 권	77	MF	MF	27	정 재 희	12	1(1)	0	0	0
0	0	0	0	9	송 민 규	21	FW	FW	8	허 용 준		3(2)	2	0	0
0	0	0	0		이 범 수	1			91	류 원 우		0	0	0	0
0	0	2	0	전25	한 교 원	7			3	이 광 준		0	0	0	0
0	0	0	2(1)	후0	구스타보	9			2	심 상 민		0	0	0	0
0	0	0	1	전25	김 보 경	13	대기	대기	4	이 수 빈	후0	0	0	0	0
0	0	0	1(1)	후8	이 승 기	14			12	김 승 대	후14	0	0	0	0
0	0	0	0	전25	김 진 수	23			7	임 상 협	전10	3(3)	0	0	0
0	0	0	0		최 철 순	25			90	모 세 스		0	0	0	0
0	0	11	6(3)			0			0			16(10)	7	1	0

● 후반 9분 김진수 MFL ↷ 구스타보 GA 정면 H-ST-G (득점: 구스타보, 도움: 김진수) 오른쪽
● 후반 40분 백승호 PK-R-G (득점: 백승호) 오른쪽
● 후반 1분 신진호 AK 내 L-ST-G (득점: 신진호) 오른쪽
● 후반 4분 고영준 GAR EL ~ 정재희 GA 정면 R-ST-G (득점: 정재희, 도움: 고영준) 가운데

- 8월 28일 19:00 맑음 탄천 종합 2,329명
- 주심_ 최현재 부심_ 지승민·송봉근 대기심_ 김종혁 경기감독관_ 김용세

성남 2 1 전반 1 / 1 후반 0 **1 수원FC**

퇴장	경고	파울	ST(유)	교체	선수명	배번	위치	위치	배번	선수명	교체	ST(유)	파울	경고	퇴장
0	0	0	0		김 영 광	41	GK	GK	1	박 배 종		0	0	0	0
0	1	0	0		김 지 수	36	DF	DF	3	박 민 규		0	2	0	0
0	0	1	0	26	곽 광 선	20	DF	DF	22	이 용		0	2	0	0
0	0	0	0		마 상 훈	5	DF	DF	26	김 동 우		0	0	0	0
0	0	0	1(1)		박 수 일	66	MF	DF	30	신 세 계		0	0	0	0
0	0	3	0	15	밀 로 스	93	MF	MF	6	박 주 호	14	1	2	1	0
0	0	1	0		권 순 형	7	MF	MF	8	정 재 용		3	1	0	0
0	0	0	1	4	김 훈 민	37	MF	MF	17	장 혁 진	19	1	0	0	0
0	0	1	0	13	심 동 운	30	FW	FW	9	라 스	7	0	1	0	0
0	0	0	4(2)	11	뮬 리 치	8	FW	MF	16	정 재 윤	11	0	1	0	0
0	1	3	1		구 본 철	23	FW	MF	29	장 재 웅	10	0	2	0	0
0	0	0	0		최 필 수	1			27	이 범 영		0	0	0	0
0	0	0	0	후24	강 의 빈	4			4	곽 윤 호		0	0	0	0
0	0	0	1(1)	후32	조 성 욱	26			14	김 건 웅	후31	0	0	0	0
0	0	4	1(1)	후0	김 민 혁	13	대기	대기	10	무 릴 로	전14	2(1)	0	0	0
0	0	1	0	후0	이 재 원	15			7	김 현	후15	2(2)	0	0	0
0	0	2	1(1)	후14	팔라시오스	11			11	이 승 우	전14	2(1)	1	0	0
0	0	0	0		조 상 준	17			19	김 승 준	후15	0	0	0	0
0	2	16	10(6)			0			0			11(4)	12	1	0

- ●전반 17분 뮬리치 PK-R-G (득점: 뮬리치) 왼쪽
- ●후반 21분 팔라시오스 GAL L-ST-G (득점: 팔라시오스) 오른쪽
- ●전반 37분 이승우 PA 정면 내 R-ST-G (득점: 이승우) 오른쪽

- 8월 27일 20:00 맑음 인천 전용 10,139명
- 주심_ 송민석 부심_ 박상준·강동호 대기심_ 김용우 경기감독관_ 김종민

인천 2 1 전반 0 / 1 후반 0 **0 서울**

퇴장	경고	파울	ST(유)	교체	선수명	배번	위치	위치	배번	선수명	교체	ST(유)	파울	경고	퇴장
0	0	0	0		이 태 희	1	GK	GK	21	양 한 빈		0	0	0	0
0	0	0	0		델브리지	20	DF	DF	17	김 진 야	88	0	2	0	0
0	0	0	0		강 민 수	4	DF	DF	3	이 상 민		0	1	1	0
0	1	1	0		김 동 민	47	DF	DF	9	김 신 진		0	0	0	0
0	0	1	0		민 경 현	28	MF	DF	23	윤 종 규		0	0	0	0
0	0	2	1(1)		아길라르	10	MF	MF	6	기 성 용		3	2	0	0
0	0	2	1	16	이 명 주	5	MF	MF	14	케이지로	8	2	1	0	0
0	0	1	0		김 준 엽	17	MF	MF	26	팔로세비치	29	0	0	0	0
0	0	2	1(1)		김 도 혁	7	FW	MF	11	조 영 욱	28	2(1)	2	0	0
0	0	0	2(1)	27	에르난데스	98	FW	MF	7	나 상 호		1(1)	1	0	0
0	0	0	0	19	홍 시 후	37	FW	FW	50	박 동 진	90	1(1)	0	0	0
0	0	0	0		김 동 헌	21			18	황 성 민		0	0	0	0
0	0	0	0		김 광 석	3			88	이 태 석	후29	1(1)	0	0	0
0	0	0	0		김 창 수	22			28	강 상 희	후44	0	0	0	0
0	0	0	0		강 윤 구	6	대기	대기	8	임 민 혁	후0	0	3	1	0
0	0	2	0	후33	이 동 수	16			29	강 성 진	후13	0	0	0	0
0	0	0	1(1)	전41	김 보 섭	27			19	정 한 민		0	0	0	0
0	0	1	1	후23	송 시 우	19			90	일류첸코	후0	1	0	0	0
0	1	12	7(4)			0			0			11(4)	12	2	0

- ●전반 26분 김준엽 자기 측 MFR ~ 에르난데스 PAR 내 R-ST-G (득점: 에르난데스, 도움: 김준엽) 왼쪽
- ●후반 8분 김도혁 GA 정면 L-ST-G (득점: 김도혁) 가운데

- 8월 20일 20:00 맑음 제주 월드컵 3,521명
- 주심_ 김종혁 부심_ 박상준·방기열 대기심_ 정동식 경기감독관_ 차상해

제주 1 1 전반 2 / 0 후반 0 **2 수원**

퇴장	경고	파울	ST(유)	교체	선수명	배번	위치	위치	배번	선수명	교체	ST(유)	파울	경고	퇴장
0	0	0	0		김 동 준	1	GK	GK	21	양 형 모		0	0	0	0
0	1	1	0		안 현 범	17	DF	DF	4	불투이스		0	0	0	0
0	0	0	0	35	김 경 재	23	DF	DF	15	고 명 석		0	1	0	0
0	0	1	0		정 운	13	DF	DF	35	장 호 익	5	0	1	0	0
0	0	0	0	30	조 성 준	7	DF	MF	23	이 기 제		3	1	0	0
0	0	2	0		최 영 준	6	MF	MF	92	이 종 성	6	0	0	0	0
0	0	0	4	24	윤빛가람	14	MF	MF	11	김 태 환		1	1	0	0
0	0	1	3(1)		김 주 공	19	MF	MF	30	류 승 우	22	1(1)	2	0	0
0	0	2	2		제 르 소	11	FW	MF	10	정 승 원		0	0	0	0
0	0	1	0	8	김 범 수	20	FW	FW	14	전 진 우	26	5(2)	1	0	0
0	0	0	2(1)	18	진 성 욱	2	FW	FW	18	오 현 규	39	3(2)	2	0	0
0	0	0	0		김 근 배	41			34	박 지 민		0	0	0	0
0	0	0	0	후16	김 오 규	35			39	민 상 기	후35	0	0	0	0
0	0	0	0	후28	김 봉 수	30			6	한 석 종	후24	0	0	0	0
0	0	1	0	후18	한 종 무	24	대기	대기	12	강 현 묵		0	0	0	0
0	0	1	2	후0	이 창 민	8			26	염 기 훈	후35	0	1	0	0
0	0	0	0		조나탄 링	10			5	마 나 부	후24	0	0	0	0
0	0	1	3(1)	후18	주 민 규	18			22	안 병 준	후13	0	1	0	0
0	1	11	16(3)			0			0			13(5)	11	0	0

- ●전반 16분 최영준 HL 정면 ↷ 진성욱 PA 정면 내 R-ST-G (득점: 진성욱, 도움: 최영준) 왼쪽
- ●전반 21분 오현규 PK지점 H-ST-G (득점: 오현규) 가운데
- ●전반 30분 오현규 PAR 내 ~ 류승우 GAR R-ST-G (득점: 류승우, 도움: 오현규) 오른쪽

- 8월 10일 19:00 비 수원 종합 1,886명
- 주심_ 고형진 부심_ 이정민·지승민 대기심_ 김우성 경기감독관_ 당성증

수원FC 0 0 전반 1 / 0 후반 0 **1 전북**

퇴장	경고	파울	ST(유)	교체	선수명	배번	위치	위치	배번	선수명	교체	ST(유)	파울	경고	퇴장
0	0	0	0		박 배 종	1	GK	GK	1	이 범 수		0	0	0	0
0	0	0	1	2	박 민 규	3	DF	DF	23	김 진 수		2(1)	0	0	0
0	0	0	0		김 건 웅	14	DF	DF	5	윤 영 선		1	0	0	0
0	0	0	0		이 용	22	DF	DF	4	박 진 섭		0	1	0	0
0	0	1	2		신 세 계	30	DF	DF	95	김 문 환		0	0	1	0
0	0	1	0	19	박 주 호	6	MF	MF	28	맹 성 웅		0	3	0	0
0	0	0	0		정 재 용	8	MF	MF	29	류 재 문		0	3	0	0
0	0	1	0	9	장 혁 진	17	MF	MF	36	강 상 윤	27	2(1)	1	0	0
0	0	1	0	11	이 기 혁	23	MF	MF	97	김 진 규	14	2(1)	3	1	0
0	0	0	0	10	장 재 웅	29	MF	MF	13	김 보 경		3(2)	5	1	0
0	1	1	0		김 현	7	FW	FW	21	송 민 규	9	2(1)	0	0	0
0	0	0	0		이 범 영	27			30	김 준 홍		0	0	0	0
0	0	0	0	후23	정 동 호	2			7	한 교 원		0	0	0	0
0	0	0	0		곽 윤 호	4			9	구스타보	후21	3(2)	0	0	0
0	0	0	2(1)	전18	무 릴 로	10	대기	대기	14	이 승 기	후32	1	0	0	0
0	0	1	0	전18	라 스	9			15	구 자 룡		0	0	0	0
0	0	1	0	전18	이 승 우	11			25	최 철 순		0	0	0	0
0	0	0	0	후32	김 승 준	19			27	문 선 민	후9	1(1)	0	0	0
0	1	7	5(1)			0			0			17(9)	16	3	0

- ●전반 7분 김진규 PAL EL ↷ 송민규 GAL R-ST-G (득점: 송민규, 도움: 김진규) 왼쪽

• 8월 10일 19:30 흐림 춘천 송암 1,708명
• 주심_ 박병진 부심_ 박상준·장종필 대기심_ 이동준 경기감독관_ 차상해

강원 1 0 전반 0 / 1 후반 0 **0 대구**

퇴장	경고	파울	ST(유)	교체	선수명	배번	위치	위치	배번	선수명	교체	ST(유)	파울	경고	퇴장
0	0	0	0		유 상 훈	1	GK	GK	21	오 승 훈		0	0	0	0
0	0	1	0		케 빈	3	DF	DF	3	김 우 석	32	0	2	1	0
0	0	0	0		윤 석 영	7	DF	DF	66	조 진 우		0	1	0	0
0	0	3	2		임 창 우	23	DF	DF	4	정 태 욱		2(1)	2	0	0
0	0	1	0	8	서 민 우	4	MF	MF	18	케 이 타		0	3	1	0
0	0	3	0		김 동 현	6	MF	MF	70	페 냐		5	1	1	0
0	0	1	0		정 승 용	22	MF	MF	26	이 진 용	36	0	0	1	0
0	0	1	0		김 진 호	24	MF	MF	2	황 재 원	5	0	2	1	0
0	0	2	0		김 대 원	17	FW	FW	7	김 진 혁		2(1)	1	0	0
0	1	3	0	98	이 정 협	18	FW	FW	17	고 재 현	22	1	0	0	0
0	0	0	1	11	양 현 준	47	FW	FW	19	제 카		4(1)	2	1	0
0	0	0	0		김 정 호	25			1	최 영 은		0	0	0	0
0	0	0	0		이 웅 희	15			36	김 희 승	후25	0	2	0	0
0	0	0	0	후7	한 국 영	8			5	장 성 원	후25	0	0	0	0
0	0	0	0		김 대 우	5	대기	대기	33	홍 철		0	0	0	0
0	0	0	0		황 문 기	88			13	오 후 성		0	0	0	0
0	0	1	1(1)	후39	갈 레 고	11			22	이 근 호	후34	0	0	0	0
0	0	0	0	후15	발 샤	98			32	정 치 인	후34	0	0	0	0
0	1	16	4(1)			0			0			14(3)	16	6	0

● 후반 41분 갈레고 MFR L-ST-G (득점: 갈레고) 왼쪽

• 8월 21일 19:00 맑음 김천 종합 1,757명
• 주심_ 김대용 부심_ 윤재열·송봉근 대기심_ 박병진 경기감독관_ 허기태

김천 1 1 전반 1 / 0 후반 1 **2 울산**

퇴장	경고	파울	ST(유)	교체	선수명	배번	위치	위치	배번	선수명	교체	ST(유)	파울	경고	퇴장
0	0	0	0		황 인 재	1	GK	GK	21	조 현 우		0	0	0	0
0	1	2	0		김 륜 성	38	DF	DF	5	임 종 은		0	2	0	0
0	0	0	0		박 지 수	23	DF	DF	19	김 영 권		0	0	0	0
0	0	0	0		임 승 겸	33	DF	DF	23	김 태 환		0	4	0	0
0	0	0	0		강 윤 성	32	DF	DF	66	설 영 우		0	1	0	0
0	0	1	0	31	한 찬 희	22	MF	MF	16	원 두 재	6	1	0	0	0
0	0	2	0	26	윤 석 주	39	MF	MF	72	이 청 용		0	0	0	0
0	0	0	2(1)		김 준 범	36	MF	MF	10	바 코		2	0	0	0
0	0	1	0		김 지 현	28	FW	MF	29	최 기 윤	24	1	0	0	0
0	0	0	1(1)	34	김 경 민	19	FW	MF	11	엄 원 상		1	1	0	0
0	0	3	0	14	이 준 석	40	FW	FW	63	마틴 아담	9	3(3)	0	0	0
0	0	0	0		김 정 훈	12			28	설 현 빈		0	0	0	0
0	0	0	0	후44	김 한 길	14			44	김 기 희		0	0	0	0
0	0	0	0	후10/35	최 병 찬	34			25	오 인 표		0	0	0	0
0	0	0	0		이 지 훈	37	대기	대기	6	박 용 우	후32	0	0	0	0
0	0	0	0	후44	이 유 현	35			24	이 규 성	전22	0	1	0	0
0	0	0	0	후10	이 영 재	31			7	윤 일 록		0	0	0	0
0	0	1	1	후36	권 창 훈	26			9	레오나르도	후27	1(1)	1	0	0
0	1	10	4(2)			0			0			9(4)	10	0	0

● 전반 35분 김지현 MF 정면 ~ 김준범 AK 내 R-ST-G (득점: 김준범, 도움: 김지현) 왼쪽

● 전반 44분 김태환 PAR ↷ 마틴 아담 GAL 내 H-ST-G (득점: 마틴 아담, 도움: 김태환) 가운데

● 후반 3분 이청용 PAL ↷ 마틴 아담 GA 정면 내 H-ST-G (득점: 마틴 아담, 도움: 이청용) 오른쪽

• 8월 21일 18:00 맑음 서울 월드컵 7,755명
• 주심_ 김용우 부심_ 곽승순·장종필 대기심_ 신용준 경기감독관_ 양정환

서울 2 0 전반 0 / 2 후반 0 **0 성남**

퇴장	경고	파울	ST(유)	교체	선수명	배번	위치	위치	배번	선수명	교체	ST(유)	파울	경고	퇴장
0	0	0	0		양 한 빈	21	GK	GK	41	김 영 광		0	0	0	0
0	0	0	0	88	김 진 야	17	DF	DF	26	조 성 욱		0	0	0	0
0	0	1	0		이 상 민	3	DF	DF	36	김 지 수		0	0	0	0
0	0	2	0		이 한 범	20	DF	DF	4	강 의 빈	33	0	2	0	0
0	1	1	0		윤 종 규	23	DF	MF	29	장 효 준		0	0	0	0
0	1	2	1		기 성 용	6	MF	MF	15	이 재 원	6	0	2	0	0
0	0	1	1(1)	19	케이지로	14	MF	MF	23	구 본 철		1	0	0	0
0	0	1	1	8	팔로세비치	26	MF	MF	2	이 시 영		1(1)	0	0	0
0	1	0	2(1)		나 상 호	7	MF	FW	66	박 수 일		1	1	0	0
0	0	0	0	90	강 성 진	29	MF	FW	13	김 민 혁	11	1(1)	0	0	0
0	0	2	4(1)	35	조 영 욱	11	FW	FW	30	심 동 운	10	0	1	0	0
0	0	0	0		황 성 민	18			1	최 필 수		0	0	0	0
0	0	0	0	후23	이 태 석	88			5	마 상 훈		0	0	0	0
0	0	0	0	후45	백 상 훈	35			34	최 지 묵		0	0	0	0
0	0	0	0	후23	임 민 혁	8	대기	대기	6	김 현 태	후41	0	0	0	0
0	0	0	0	후35	정 한 민	19			10	이 종 호	후26	1	0	0	0
0	0	0	0		박 동 진	50			11	팔라시오스	후26	1(1)	1	1	0
0	0	0	3(2)	후0	일류첸코	90			33	전 성 수	후41	0	0	0	0
0	3	10	12(5)			0			0			6(3)	7	1	0

● 후반 28분 일류첸코 PA 정면 내 R-ST-G (득점: 일류첸코) 왼쪽
● 후반 37분 이상민 GAL H ↷ 일류첸코 GA 정면 H-ST-G (득점: 일류첸코, 도움: 이상민) 가운데

• 8월 20일 18:00 비 포항 스틸야드 3,479명
• 주심_ 고형진 부심_ 김계용·지승민 대기심_ 안재훈 경기감독관_ 허태식

포항 1 0 전반 1 / 1 후반 0 **1 인천**

퇴장	경고	파울	ST(유)	교체	선수명	배번	위치	위치	배번	선수명	교체	ST(유)	파울	경고	퇴장
0	0	0	0	91	강 현 무	31	GK	GK	1	이 태 희		0	0	0	0
0	0	4	0		완 델 손	77	DF	DF	20	델브리지		0	1	0	0
0	0	0	0		그 랜 트	5	DF	DF	3	김 광 석		0	1	0	0
0	0	1	0		박 찬 용	20	DF	DF	4	강 민 수		0	0	0	0
0	0	2	0		신 광 훈	17	DF	MF	6	강 윤 구	22	0	4	0	0
0	1	1	2		신 진 호	6	MF	MF	7	김 도 혁	16	0	1	0	0
0	1	1	0	4	이 승 모	16	MF	MF	5	이 명 주		0	3	0	0
0	0	1	0	12	이 광 혁	22	FW	MF	28	민 경 현	33	0	1	1	0
0	0	0	0	14	고 영 준	11	MF	FW	27	김 보 섭	37	1	0	0	0
0	0	0	1(1)		정 재 희	27	FW	FW	98	에르난데스		1	0	0	0
0	0	0	1(1)	90	허 용 준	8	FW	FW	19	송 시 우	10	1(1)	2	0	0
0	0	0	0	후0	류 원 우	91			23	민 성 준		0	0	0	0
0	0	0	0	후34	박 승 욱	14			22	김 창 수	후37	0	0	0	0
0	0	0	0	후0	이 수 빈	4			47	김 동 민		0	0	0	0
0	1	2	0	후9	김 승 대	12	대기	대기	16	이 동 수	후44	0	0	0	0
0	0	0	0		김 준 호	66			33	김 성 민	후14	0	0	0	0
0	0	0	0		권 기 표	88			10	아길라르	후14	0	0	0	0
0	0	1	0	후34	모 세 스	90			37	홍 시 후	후14	0	0	0	0
0	3	13	4(2)			0			0			3(1)	13	1	0

● 후반 23분 김승대 PAL ↷ 허용준 GA 정면 H-ST-G (득점: 허용준, 도움: 김승대) 오른쪽

● 전반 29분 송시우 PA 정면 내 H-ST-G (득점: 송시우) 왼쪽

• 7월 30일 19:00 흐림 전주 월드컵 5,138명
• 주심_ 김동진 부심_ 양재용·이정석 대기심_ 박병진 경기감독관_ 최윤겸

전북 1 0 전반 0 / 1 후반 0 **0 제주**

퇴장	경고	파울	ST(유)	교체	선수명	배번	위치	위치	배번	선수명	교체	ST(유)	파울	경고	퇴장
0	1	0	0		송 범 근	31	GK	GK	1	김 동 준		0	0	0	0
0	0	1	0	23	박 진 성	33	DF	MF	17	안 현 범		2(1)	1	0	0
0	0	2	0		윤 영 선	5	DF	DF	35	김 오 규		0	0	0	0
0	0	0	0		박 진 섭	4	DF	DF	6	최 영 준		0	2	0	0
0	0	2	0	25	김 문 환	95	DF	DF	30	김 봉 수	22	0	1	1	0
0	0	0	0	14	백 승 호	8	MF	MF	13	정 운		1	0	0	0
0	0	2	2(2)		바 로 우	11	FW	MF	8	이 창 민	20	2	2	0	0
0	1	2	0	13	강 상 윤	36	MF	MF	24	한 종 무	42	0	0	0	0
0	0	3	0		맹 성 웅	28	MF	FW	7	조 성 준	2	0	1	0	0
0	0	0	1	27	한 교 원	7	FW	FW	11	제 르 소	19	0	2	0	0
0	0	0	1(1)		구스타보	9	FW	FW	18	주 민 규		0	1	0	0
0	0	0	0		이 범 수	1			41	김 근 배		0	0	0	0
0	0	1	1(1)	후0	김 보 경	13			23	김 경 재		0	0	0	0
0	0	0	0	후7	이 승 기	14			22	정 우 재	후38	0	0	0	0
0	0	0	0		구 자 룡	15	대기	대기	42	구 자 철	후11	3(1)	1	0	0
0	1	1	1	후0	김 진 수	23			19	김 주 공	후11	3(1)	0	0	0
0	0	0	0	후43	최 철 순	25			20	김 범 수	후38	0	0	0	0
0	0	0	1(1)	후16	문 선 민	27			2	진 성 욱	후27	2(1)	1	0	0
0	3	14	7(5)			0			0			13(4)	12	1	0

● 후반 18분 김문환 MF 정면 ~ 문선민 PA 정면 내 R-ST-G (득점: 문선민, 도움: 김문환) 왼쪽

• 7월 30일 19:00 흐림 울산 문수 6,952명
• 주심_ 김용우 부심_ 이정민·박균용 대기심_ 김영수 경기감독관_ 나승화

울산 2 1 전반 1 / 1 후반 0 **1 강원**

퇴장	경고	파울	ST(유)	교체	선수명	배번	위치	위치	배번	선수명	교체	ST(유)	파울	경고	퇴장
0	0	0	0		조 현 우	21	GK	GK	1	유 상 훈		0	0	0	0
0	0	0	0		김 기 희	44	DF	DF	2	김 영 빈		0	1	1	0
0	0	0	0		김 영 권	19	DF	DF	7	윤 석 영		0	1	0	0
0	0	0	0		이 명 재	13	DF	DF	23	임 창 우		1(1)	0	0	0
0	0	0	0		설 영 우	66	DF	MF	4	서 민 우	6	1(1)	1	0	0
0	0	1	0		원 두 재	16	MF	MF	8	한 국 영	88	0	0	0	0
0	0	0	0	24	고 명 진	22	MF	MF	22	정 승 용		2(2)	0	0	0
0	0	0	0	10	황 재 환	14	MF	MF	24	김 진 호		1	3	1	0
0	1	1	1(1)	11	이 청 용	72	MF	FW	17	김 대 원		5(3)	1	0	0
0	0	2	1(1)		아 마 노	8	MF	FW	98	발 샤	18	2(2)	0	0	0
0	0	2	0		레오나르도	9	FW	FW	47	양 현 준		3(2)	2	0	0
0	0	0	0		설 현 빈	28			25	김 정 호		0	0	0	0
0	0	0	0		임 종 은	5			3	케 빈		0	0	0	0
0	0	0	0		오 인 표	25			15	이 웅 희		0	0	0	0
0	0	1	2(2)	후0	이 규 성	24	대기	대기	6	김 동 현	후24	0	1	0	0
0	0	0	1(1)	전25	바 코	10			88	황 문 기	후36	0	0	0	0
0	0	0	0	후36	엄 원 상	11			11	갈 레 고		0	0	0	0
0	0	0	0		마틴 아담	63			18	이 정 협	후16	0	1	0	0
0	1	7	5(5)			0			0			15(11)	11	2	0

● 전반 9분 이청용 GA 정면 L-ST-G (득점: 이청용) 가운데
● 후반 16분 이명재 PAL TL ↷ 아마노 PK 좌측지점 L-ST-G (득점: 아마노, 도움: 이명재) 왼쪽

● 전반 43분 김진호 GAR EL ~ 김대원 GAR 내 L-ST-G (득점: 김대원, 도움: 김진호) 왼쪽

• 7월 30일 19:00 흐림 수원 월드컵 4,072명
• 주심_ 최현재 부심_ 곽승순·장종필 대기심_ 채상협 경기감독관_ 차상해

수원 0 0 전반 0 / 0 후반 0 **0 김천**

퇴장	경고	파울	ST(유)	교체	선수명	배번	위치	위치	배번	선수명	교체	ST(유)	파울	경고	퇴장
0	0	0	0		양 형 모	21	GK	GK	25	구 성 윤		0	0	0	0
0	0	0	0		이 기 제	23	DF	DF	4	송 주 훈		0	1	0	0
0	0	0	0		불투이스	4	DF	DF	20	연 제 운		0	0	0	0
0	0	0	1(1)		민 상 기	39	DF	DF	11	유 인 수		0	0	0	0
0	0	1	1(1)		김 태 환	11	DF	DF	32	강 윤 성		1	0	0	0
0	0	0	2(1)		사 리 치	8	MF	MF	16	권 혁 규	31	2	0	0	0
0	0	0	0	6	이 종 성	92	MF	MF	24	정 현 철	23	0	0	0	0
0	0	0	0		정 승 원	10	MF	MF	8	박 상 혁	22	3(3)	1	0	0
0	0	4	3(1)	18	전 진 우	14	FW	FW	17	서 진 수	19	0	0	0	0
0	0	0	5(3)		안 병 준	22	FW	FW	28	김 지 현		1	1	0	0
0	0	1	3(1)	12	류 승 우	30	FW	FW	14	김 한 길	10	0	4	0	0
0	0	0	0		노 동 건	19			1	황 인 재		0	0	0	0
0	0	0	0		양 상 민	3			23	박 지 수	후26	0	0	0	0
0	0	0	0		장 호 익	35			22	한 찬 희	후0	0	1	1	0
0	0	0	0	후32	한 석 종	6	대기	대기	26	권 창 훈		0	0	0	0
0	0	1	0	후13	강 현 묵	12			10	명 준 재	후26	0	1	1	0
0	0	0	0		마 나 부	5			31	이 영 재	후7	2(1)	0	0	0
0	0	0	2(1)	후32	오 현 규	18			19	김 경 민	전39	2(1)	1	0	0
0	0	7	17(9)			0			0			11(5)	10	2	0

• 7월 30일 19:30 흐림 포항 스틸야드 6,355명
• 주심_ 김희곤 부심_ 김계용·천진희 대기심_ 안재훈 경기감독관_ 김성기

포항 1 1 전반 0 / 0 후반 2 **2 서울**

퇴장	경고	파울	ST(유)	교체	선수명	배번	위치	위치	배번	선수명	교체	ST(유)	파울	경고	퇴장
0	0	0	0		강 현 무	31	GK	GK	21	양 한 빈		0	0	0	0
0	0	0	0		심 상 민	2	DF	DF	17	김 진 야		0	0	0	0
0	0	0	0		박 승 욱	14	DF	DF	20	이 한 범		0	1	0	0
0	0	2	1		박 찬 용	20	DF	DF	3	이 상 민		0	0	0	0
0	0	2	0	5	신 광 훈	17	DF	DF	27	고 광 민	88	1(1)	1	0	0
0	0	4	0		신 진 호	6	MF	MF	6	기 성 용		1(1)	1	1	0
0	1	1	2(1)	13	이 수 빈	4	MF	MF	26	팔로세비치		0	0	0	0
0	0	0	1(1)		임 상 협	7	MF	MF	35	백 상 훈	14	0	1	0	0
0	0	2	0	11	김 승 대	12	MF	MF	19	정 한 민	7	1	1	0	0
0	0	0	2(1)	77	정 재 희	27	MF	MF	29	강 성 진	90	1	0	0	0
0	0	3	2(1)	90	허 용 준	8	FW	FW	11	조 영 욱		0	0	0	0
0	0	0	0		류 원 우	91			18	황 성 민		0	0	0	0
0	0	0	1(1)	후48	그 랜 트	5			88	이 태 석	후24	0	0	0	0
0	0	1	0	후35	김 용 환	13			44	조 지 훈		0	0	0	0
0	0	0	0		김 준 호	66	대기	대기	14	케이지로	전35/50	0	0	0	0
0	0	0	0	후0	고 영 준	11			7	나 상 호	후0	1(1)	0	0	0
0	0	0	0	후35	완 델 손	77			50	박 동 진	후40	0	0	0	0
0	0	0	1(1)	후35	모 세 스	90			90	일류첸코	전35	0	2	0	0
0	1	15	10(6)			0			0			5(3)	7	1	0

● 전반 26분 정재희 AKR ~ 허용준 PK 우측지점 R-ST-G (득점: 허용준, 도움: 정재희) 가운데

● 후반 20분 일류첸코 GAR ~ 고광민 GA 정면 L-ST-G (득점: 고광민, 도움: 일류첸코) 왼쪽
● 후반 36분 나상호 PK-R-G (득점: 나상호) 오른쪽

• 7월 30일 20:00 흐림 탄천 종합 1,861명
• 주심_ 신용준 부심_ 성주경·방기열 대기심_ 송민석 경기감독관_ 허기태

성남 3 0 전반 0 / 3 후반 1 **1 인천**

퇴장	경고	파울	ST(유)	교체	선수명	배번	위치	위치	배번	선수명	교체	ST(유)	파울	경고	퇴장
0	0	0	0		김영광	41	GK	GK	1	이태희		0	0	0	0
0	0	2	0		최지묵	34	DF	DF	20	델브리지		1	3	1	0
0	0	0	0	5	김지수	36	DF	DF	3	김광석		0	0	0	0
0	0	1	3(1)		권완규	3	DF	DF	26	오반석	47	1	0	0	0
0	0	0	1(1)	2	김훈민	37	DF	MF	6	강윤구	27	0	2	0	0
0	0	2	3(2)	18	박수일	66	MF	MF	24	이강현		1	0	0	0
0	0	0	3(2)		밀로스	93	MF	MF	5	이명주		0	0	0	0
0	0	1	2	13	권순형	7	MF	MF	28	민경현	10	1(1)	0	0	0
0	0	1	3(2)		구본철	23	MF	FW	7	김도혁	98	0	0	0	0
0	0	0	0	11	심동운	30	FW	FW	11	이용재	19	0	0	0	0
0	0	0	7(4)		뮬리치	8	FW	FW	33	김성민		2(1)	1	0	0
0	0	0	0		최필수	1			23	민성준		0	0	0	0
0	0	0	0	후22	이시영	2			47	김동민	후12	0	1	0	0
0	0	0	0	후0	마상훈	5			17	김준엽		0	0	0	0
0	0	0	0	후45	이지훈	18	대기	대기	10	아길라르	후30	0	0	0	0
0	0	0	0	후22	김민혁	13			19	송시우	후0	0	1	0	0
0	0	0	0		안진범	22			27	김보섭	후0	1	1	0	0
0	0	0	3(2)	후0	팔라시오스	11			98	에르난데스	후0	2	1	0	0
0	0	7	25(14)			0			0			9(2)	10	1	0

● 후반 6분 권완규 GA 정면 R-ST-G (득점: 권완규) 왼쪽
● 후반 23분 박수일 MF 정면 R-ST-G (득점: 박수일) 오른쪽
● 후반 29분 팔라시오스 PAL ~ 구본철 AK 내 R-ST-G (득점: 구본철, 도움: 팔라시오스) 왼쪽
● 후반 19분 김보섭 PA 정면 내 ~ 민경현 GAL R-ST-G (득점: 민경현, 도움: 김보섭) 오른쪽

• 7월 31일 19:30 비 수원 종합 2,201명
• 주심_ 김종혁 부심_ 강동호·김지욱 대기심_ 김우성 경기감독관_ 김용세

수원FC 2 1 전반 1 / 1 후반 1 **2 대구**

퇴장	경고	파울	ST(유)	교체	선수명	배번	위치	위치	배번	선수명	교체	ST(유)	파울	경고	퇴장
0	0	0	0		박배종	1	GK	GK	21	오승훈		0	0	0	0
0	0	1	1		정동호	2	MF	DF	3	김우석		1	1	0	1
0	0	1	0		박민규	3	MF	DF	6	홍정운		1	0	0	0
0	0	0	0		김건웅	14	DF	DF	4	정태욱	11	2(1)	0	0	0
0	0	1	0	4	김동우	26	DF	MF	33	홍철	18	2	0	0	0
0	1	1	0		신세계	30	DF	MF	70	페냐		6(3)	0	0	0
0	0	2	0		박주호	6	MF	MF	26	이진용		0	3	0	0
0	0	0	1(1)		정재용	8	MF	MF	2	황재원	5	0	3	0	0
0	0	0	0	10	정재윤	16	FW	FW	7	김진혁		1	1	0	0
0	0	1	0	19	이기혁	23	FW	FW	17	고재현	25	4(4)	0	0	0
0	0	1	2	7	라스	9	FW	FW	19	제카		2	1	0	0
0	0	0	0		유현	51			31	이윤오		0	0	0	0
0	0	1	0	후0	곽윤호	4			66	조진우		0	0	0	0
0	0	0	0		잭슨	5			25	이태희	후45	0	0	0	0
0	0	2	1	전15/25	무릴로	10	대기	대기	5	장성원	후30	0	0	0	0
0	0	0	0	후30	니실라	25			18	케이타	후30	0	0	0	0
0	0	0	1(1)	후30	김현	7			22	이근호		0	0	0	0
1	0	1	1	후0	김승준	19			11	세징야	후0	4(3)	0	0	0
1	1	12	7(2)			0			0			23(11)	9	0	1

● 전반 14분 정재용 AKR R-ST-G (득점: 정재용) 가운데
● 후반 48분 김현 PK-R-G (득점: 김현) 왼쪽
● 전반 46분 고재현 GAL 내 L-ST-G (득점: 고재현) 왼쪽
● 후반 41분 김진혁 PA 정면 내 ~ 페냐 PA 정면 내 L-ST-G (득점: 페냐, 도움: 김진혁) 왼쪽

• 8월 02일 19:00 흐림 김천 종합 1,081명
• 주심_ 김우성 부심_ 이정민·강동호 대기심_ 채상협 경기감독관_ 김성기

김천 0 0 전반 1 / 0 후반 0 **1 포항**

퇴장	경고	파울	ST(유)	교체	선수명	배번	위치	위치	배번	선수명	교체	ST(유)	파울	경고	퇴장
0	0	0	0	12	황인재	1	GK	GK	31	강현무		0	0	1	0
0	0	0	0	34	송주훈	4	DF	DF	2	심상민		0	0	0	0
0	0	2	0		박지수	23	DF	DF	5	그랜트	17	1(1)	1	1	0
0	0	0	0		연제운	20	DF	DF	20	박찬용		0	1	0	0
0	0	1	0		강윤성	32	MF	DF	14	박승욱		0	0	0	0
0	0	0	0	10	김한길	14	MF	MF	6	신진호		1(1)	0	0	0
0	0	4	1		박상혁	8	MF	MF	4	이수빈		0	0	0	0
0	0	0	2(2)		이영재	31	MF	MF	88	권기표	7	1	0	0	0
0	0	0	1(1)	24	권혁규	16	MF	MF	11	고영준	12	2	1	0	0
0	0	1	1		김지현	28	FW	MF	77	완델손	27	0	0	0	0
0	0	0	3(2)	19	권창훈	26	FW	FW	8	허용준	90	2	1	0	0
0	0	0	0	후37	김정훈	12			91	류원우		0	0	0	0
0	0	0	0	후37	최병찬	34			17	신광훈	후0	0	2	1	0
0	1	1	1	후13	정현철	24			13	김용환		0	0	0	0
0	0	0	0		한찬희	22	대기	대기	12	김승대	후0	1	0	0	0
0	0	0	0	후18	명준재	10			7	임상협	후0	0	0	0	0
0	0	0	0		김준범	36			27	정재희	후12	4(1)	0	0	0
0	0	0	3(2)	후13	김경민	19			90	모세스	후28	1	0	0	0
0	1	9	12(7)			0			0			13(3)	6	3	0

● 전반 47분 권기표 GAL H ↷ 그랜트 GA 정면 내 H-ST-G (득점: 그랜트, 도움: 권기표) 오른쪽

• 8월 02일 19:30 흐림 제주 월드컵 2,738명
• 주심_ 송민석 부심_ 김계용·장종필 대기심_ 정회수 경기감독관_ 조성철

제주 1 0 전반 1 / 1 후반 1 **2 성남**

퇴장	경고	파울	ST(유)	교체	선수명	배번	위치	위치	배번	선수명	교체	ST(유)	파울	경고	퇴장
0	0	0	0		김동준	1	GK	GK	1	최필수		0	0	0	0
0	1	0	1	23	안현범	17	MF	DF	36	김지수		0	0	0	0
0	0	1	0		김봉수	30	DF	DF	5	마상훈	26	0	2	0	0
0	0	0	0		김오규	35	DF	DF	3	권완규		1	2	1	0
0	1	1	0		정운	13	DF	MF	66	박수일		0	0	1	0
0	0	0	1(1)	7	정우재	22	MF	MF	93	밀로스		1(1)	2	1	0
0	0	2	0		최영준	6	MF	MF	7	권순형	18	0	0	0	0
0	0	1	0	19	한종무	24	MF	MF	37	김훈민	2	3(1)	0	0	0
0	0	0	0	29	제르소	11	FW	FW	30	심동운	11	0	0	0	0
0	0	3	1		조나탄 링	10	FW	FW	8	뮬리치		7(4)	1	0	0
0	0	0	3	18	진성욱	2	FW	FW	13	김민혁	23	0	1	0	0
0	0	0	0		김근배	41			31	정명제		0	0	0	0
0	0	0	0	후29	김경재	23			2	이시영	후19	0	0	0	0
0	0	0	1	후29	변경준	29			18	이지훈	후33	0	0	0	0
0	0	0	0		이지솔	4	대기	대기	26	조성욱	후19	0	0	0	0
0	1	1	0	후20	조성준	7			22	안진범		0	0	0	0
0	0	1	1	후11	김주공	19			23	구본철	후0	1	0	0	0
0	0	0	3(1)	후11	주민규	18			11	팔라시오스	후11	1	1	0	0
0	3	10	11(2)			0			0			14(6)	9	3	0

● 후반 39분 조나탄 링 C,KR ↷ 주민규 GA 정면 H-ST-G (득점: 주민규, 도움: 조나탄 링) 오른쪽
● 전반 25분 김훈민 MFR ~ 뮬리치 PAR 내 R-ST-G (득점: 뮬리치, 도움: 김훈민) 왼쪽
● 후반 2분 심동운 PAR 내 ~ 뮬리치 PA 정면 내 R-ST-G (득점: 뮬리치, 도움: 심동운) 오른쪽

• 8월 02일 20:00 흐림 울산 문수 6,682명
• 주심_ 박병진 부심_ 박상준·양재용 대기심_ 신용준 경기감독관_ 허태식

울산 1 0 전반 0 / 1 후반 1 **1 서울**

퇴장	경고	파울	ST(유)	교체	선수명	배번	위치	위치	배번	선수명	교체	ST(유)	파울	경고	퇴장
0	0	0	0		조 현 우	21	GK	GK	21	양 한 빈		0	0	0	0
0	0	1	0		김 기 희	44	DF	DF	88	이 태 석	27	0	0	0	0
0	0	0	0		김 영 권	19	DF	DF	20	이 한 범		0	1	0	0
0	0	2	1		김 태 환	23	DF	DF	3	이 상 민		1	1	0	0
0	0	0	0		설 영 우	66	DF	DF	17	김 진 야		0	0	0	0
0	0	2	0		박 용 우	6	MF	MF	44	조 지 훈		0	0	0	0
0	0	0	2(1)		이 규 성	24	MF	MF	61	한 승 규	50	1(1)	2	0	0
0	0	0	1(1)	11	최 기 윤	29	MF	MF	14	케이지로	26	0	0	0	0
0	0	1	4(2)		바 코	10	MF	MF	19	정 한 민	7	0	0	0	0
0	0	0	3(2)	72	윤 일 록	7	MF	MF	29	강 성 진	90	0	1	0	0
0	0	1	1	9	마틴 아담	63	FW	FW	11	조 영 욱		0	0	0	0
0	0	0	0		설 현 빈	28			41	서 주 환		0	0	0	0
0	0	0	0		임 종 은	5			27	고 광 민	전35	0	0	0	0
0	0	0	0		이 명 재	13			40	박 성 훈		0	0	0	0
0	0	0	0		원 두 재	16	대기	대기	26	팔로세비치	후0	1(1)	0	0	0
0	0	0	0	후30	이 청 용	72			7	나 상 호	후0	0	0	0	0
0	0	0	2(2)	전24	엄 원 상	11			50	박 동 진	후30	0	0	0	0
0	0	1	1	후6	레오나르도	9			90	일류첸코	후0	1(1)	1	0	0
0	0	8	15(8)			0			0			4(3)	6	0	0

● 후반 12분 엄원상 PAR ~ 바코 AKR R-ST-G (득점: 바코, 도움: 엄원상) 왼쪽

● 후반 4분 일류첸코 GAL 내 L-ST-G (득점: 일류첸코) 왼쪽

• 8월 03일 19:00 흐림 인천 전용 3,731명
• 주심_ 김대용 부심_ 지승민·송봉근 대기심_ 서동진 경기감독관_ 강득수

인천 1 0 전반 0 / 1 후반 1 **1 수원FC**

퇴장	경고	파울	ST(유)	교체	선수명	배번	위치	위치	배번	선수명	교체	ST(유)	파울	경고	퇴장
0	0	0	0		이 태 희	1	GK	GK	1	박 배 종		0	0	0	0
0	0	0	0		델브리지	20	DF	DF	5	잭 슨	4	0	0	0	0
0	0	0	0		강 민 수	4	DF	DF	14	김 건 웅		0	2	0	0
0	0	2	0		김 동 민	47	DF	DF	30	신 세 계	17	0	1	0	0
0	0	2	2		민 경 현	28	MF	MF	2	정 동 호		0	0	0	0
0	0	1	0	19	김 도 혁	7	MF	MF	3	박 민 규		0	0	0	0
0	0	1	3(1)	16	이 명 주	5	MF	MF	6	박 주 호		0	2	0	0
0	0	2	2(2)	6	김 준 엽	17	MF	MF	8	정 재 용		2(1)	1	0	0
0	0	1	1(1)	27	홍 시 후	37	FW	FW	16	정 재 윤	25	1	0	0	0
0	0	0	2(1)		에르난데스	98	FW	FW	23	이 기 혁	99	1(1)	0	0	0
0	0	2	4(3)	24	아길라르	10	FW	FW	7	김 현		1(1)	1	0	0
0	0	0	0		민 성 준	23			51	유 현		0	0	0	0
0	0	0	0		김 광 석	3			4	곽 윤 호	후0	0	0	0	0
0	0	0	1	후41	강 윤 구	6			77	신 재 원	후32	0	1	0	0
0	0	0	0	후16	이 강 현	24	대기	대기	10	무 릴 로		0	0	0	0
0	0	0	0	후26	이 동 수	16			17	장 혁 진	후23	0	0	0	0
0	0	0	0	후26	송 시 우	19			25	니 실 라	전19	2(1)	1	0	0
0	0	1	2(2)	후0	김 보 섭	27			99	이 영 준	후0/77	1	1	0	0
0	0	12	17(10)			0			0			8(4)	10	0	0

● 후반 5분 에르난데스 자기 측 HLL H→ 김보섭 AK 내 R-ST-G (득점: 김보섭, 도움: 에르난데스) 오른쪽

● 후반 24분 정재용 PAR 내 ~ 김현 GAR R-ST-G (득점: 김현, 도움: 정재용) 왼쪽

• 8월 03일 19:30 흐림 DGB대구은행파크 8,551명
• 주심_ 김영수 부심_ 윤재열·성주경 대기심_ 최현재 경기감독관_ 김용세

대구 1 1 전반 1 / 0 후반 1 **2 수원**

퇴장	경고	파울	ST(유)	교체	선수명	배번	위치	위치	배번	선수명	교체	ST(유)	파울	경고	퇴장
0	1	0	0		오 승 훈	21	GK	GK	21	양 형 모		0	0	0	0
0	0	0	0		김 진 혁	7	DF	DF	3	양 상 민		0	2	0	0
0	0	1	0	22	홍 정 운	6	DF	DF	39	민 상 기	4	0	0	0	0
0	0	2	1(1)		정 태 욱	4	DF	DF	35	장 호 익		0	1	0	0
0	0	1	0	18	홍 철	33	MF	MF	33	박 대 원	23	2	0	0	0
0	0	2	1		페 냐	70	MF	MF	6	한 석 종	92	1	1	0	0
0	1	3	1	36	이 진 용	26	MF	MF	11	김 태 환		0	2	1	0
0	0	1	0		황 재 원	2	MF	MF	5	마 나 부	8	0	1	0	0
0	1	0	4(1)		세 징 야	11	FW	MF	10	정 승 원		1	0	0	0
0	0	1	0	13	고 재 현	17	FW	FW	18	오 현 규		4(3)	1	1	0
0	1	5	4(2)		제 카	19	FW	FW	14	전 진 우		2(1)	0	0	0
0	0	0	0		이 윤 오	31			19	노 동 건		0	0	0	0
0	0	0	0		조 진 우	66			4	불투이스	후33	0	0	0	0
0	0	0	0		장 성 원	5			23	이 기 제	후33	0	0	0	0
0	1	2	0	후34	케 이 타	18	대기	대기	92	이 종 성	후21	0	1	1	0
0	0	0	1(1)	후34	김 희 승	36			8	사 리 치	후9/12	1	0	0	0
0	0	0	0	후34	오 후 성	13			12	강 현 묵	후21	1	0	0	0
0	0	0	0	후17	이 근 호	22			22	안 병 준		0	0	0	0
0	5	18	12(5)			0			0			12(4)	9	3	0

● 전반 32분 세징야 PK-R-G (득점: 세징야) 오른쪽

● 전반 11분 마나부 MFL → 전진우 AK 정면 R-ST-G (득점: 전진우, 도움: 마나부) 왼쪽
● 후반 7분 장호익 자기 측 MF 정면 ↷ 오현규 PK 좌측지점 L-ST-G (득점: 오현규, 도움: 장호익) 오른쪽

• 8월 03일 19:30 흐림 춘천 송암 2,709명
• 주심_ 안재훈 부심_ 곽승순·김지욱 대기심_ 김희곤 경기감독관_ 나승화

강원 2 0 전반 0 / 2 후반 1 **1 전북**

퇴장	경고	파울	ST(유)	교체	선수명	배번	위치	위치	배번	선수명	교체	ST(유)	파울	경고	퇴장
0	0	0	0		유 상 훈	1	GK	GK	31	송 범 근		0	0	0	0
0	0	0	0		김 영 빈	2	DF	DF	33	박 진 성	25	1	2	1	0
0	0	2	0		윤 석 영	7	DF	DF	5	윤 영 선		0	0	0	0
0	0	1	1(1)		임 창 우	23	DF	DF	4	박 진 섭		0	0	0	0
0	0	0	0	4	한 국 영	8	MF	DF	95	김 문 환		0	1	0	0
0	0	1	0		김 동 현	6	MF	MF	29	류 재 문		0	0	0	0
0	0	2	0		정 승 용	22	MF	FW	11	바 로 우	7	0	1	0	0
0	0	0	0	15	김 진 호	24	MF	MF	28	맹 성 웅	13	0	3	1	0
0	0	1	1	11	김 대 원	17	FW	MF	97	김 진 규		2	0	0	0
0	0	1	1(1)	18	발 샤	98	FW	FW	21	송 민 규	27	0	0	0	0
0	0	2	3(1)	88	양 현 준	47	FW	FW	44	이 준 호	9	0	0	0	0
0	0	0	0		김 정 호	25			1	이 범 수		0	0	0	0
0	0	0	0		케 빈	3			7	한 교 원	후19	1(1)	0	0	0
0	0	0	1	후40	이 웅 희	15			9	구스타보	전26	2(1)	2	0	0
0	0	0	0	후0	서 민 우	4	대기	대기	13	김 보 경	후19	1	0	0	0
0	0	0	1(1)	후40	황 문 기	88			15	구 자 룡		0	0	0	0
0	0	1	0	후46	갈 레 고	11			25	최 철 순	후36	0	0	0	0
0	0	0	1(1)	후0	이 정 협	18			27	문 선 민	후19	0	1	0	0
0	0	11	9(5)			0			0			7(2)	10	2	0

● 후반 8분 김대원 PAL 내 ~ 양현준 GA 정면 내 R-ST-G (득점: 양현준, 도움: 김대원) 가운데
● 후반 43분 김대원 MFL ~ 황문기 GAR R-ST-G (득점: 황문기, 도움: 김대원) 오른쪽

● 후반 52분 구스타보 PA 정면 내 H→ 한교원 GAL R-ST-G (득점: 한교원, 도움: 구스타보) 왼쪽

• 8월 05일 19:00 맑음 탄천 종합 1,179명
• 주심_ 채상협 부심_ 김계용·이정석 대기심_ 정동식 경기감독관_ 강득수

성남 1 0 전반 1 / 1 후반 3 **4 김천**

퇴장	경고	파울	ST(유)	교체	선수명	배번	위치	위치	배번	선수명	교체	ST(유)	파울	경고	퇴장
0	0	0	0		김영광	41	GK	GK	1	황인재		0	0	0	0
0	1	1	0	5	최지묵	34	DF	DF	14	김한길	38	0	0	1	0
0	0	0	0		김지수	36	DF	DF	23	박지수		0	0	1	0
0	0	1	0		권완규	3	DF	DF	20	연제운		0	0	0	0
0	0	0	0	2	김훈민	37	DF	DF	32	강윤성		0	3	1	0
0	0	0	3(1)		박수일	66	MF	MF	22	한찬희	31	1	2	1	0
0	0	1	3(1)		밀로스	93	MF	MF	26	권창훈		2(2)	2	0	0
0	0	0	0	13	권순형	7	MF	MF	16	권혁규		0	2	0	0
0	0	2	2(1)		구본철	23	MF	FW	9	조규성		2(1)	0	0	0
0	0	0	0	11	심동운	30	FW	FW	28	김지현		1	1	0	0
0	0	0	4(1)		뮬리치	8	FW	FW	19	김경민	40	3(3)	2	0	0
0	0	0	0		최필수	1			12	김정훈		0	0	0	0
0	0	0	1	후33	이시영	2			38	김륜성	후37	0	0	0	0
0	0	0	0	후18	마상훈	5			24	정현철		0	0	0	0
0	0	0	0		이지훈	18	대기	대기	33	임승겸		0	0	0	0
0	0	0	0		조성욱	26			10	명준재	후29	2(2)	1	0	0
0	0	1	0	전31	김민혁	13			31	이영재	후11	4(3)	0	0	0
0	0	0	2(1)	후18	팔라시오스	11			40	이준석	후11/10	0	0	0	0
0	1	6	15(5)			0			0			15(11)	13	4	0

● 후반 20분 박수일 PAL 내 R-ST-G (득점: 박수일) 오른쪽

● 전반 6분 김경민 MFR ~ 조규성 AK 정면 L-ST-G (득점: 조규성, 도움: 김경민) 왼쪽
● 후반 10분 조규성 HL 정면 ~ 김경민 AK 내 L-ST-G (득점: 김경민, 도움: 조규성) 오른쪽
● 후반 46분 김지현 PA 정면 ~ 명준재 PA 정면 내 R-ST-G (득점: 명준재, 도움: 김지현) 왼쪽
● 후반 47분 조규성 GAR ~ 명준재 PAR 내 R-ST-G (득점: 명준재, 도움: 조규성) 오른쪽

• 8월 05일 19:30 맑음 서울 월드컵 7,583명
• 주심_ 김대용 부심_ 이정민·송봉근 대기심_ 김동진 경기감독관_ 허태식

서울 0 0 전반 0 / 0 후반 2 **2 제주**

퇴장	경고	파울	ST(유)	교체	선수명	배번	위치	위치	배번	선수명	교체	ST(유)	파울	경고	퇴장
0	0	0	0		양한빈	21	GK	GK	41	김근배		0	0	0	0
0	0	3	1(1)		김진야	17	DF	MF	17	안현범	29	0	0	0	0
0	0	0	0		이상민	3	DF	DF	23	김경재		0	0	0	0
0	1	3	0		이한범	20	DF	DF	6	최영준		0	2	0	0
0	1	1	1	27	윤종규	23	DF	DF	13	정운		0	0	0	0
0	0	1	2(1)		기성용	6	MF	MF	7	조성준		0	0	0	0
0	0	2	0	50	팔로세비치	26	MF	MF	14	윤빛가람	24	0	1	0	0
0	0	0	1	61	케이지로	14	MF	MF	19	김주공		2(2)	0	0	0
0	0	0	1		나상호	7	MF	FW	20	김범수	18	0	1	0	0
0	0	0	0	11	강성진	29	MF	FW	11	제르소	28	1(1)	2	1	0
0	0	0	2(1)		일류첸코	90	FW	FW	2	진성욱	4	2	1	0	0
0	0	0	0		황성민	18			21	임준섭		0	0	0	0
0	0	1	0	후19/9	고광민	27			4	이지솔	후35	0	0	0	0
0	0	0	0		조지훈	44			29	변경준	후35	0	0	0	0
0	0	0	0	후11	한승규	61	대기	대기	24	한종무	후35	0	0	0	0
1	0	1	0	후32	김신진	9			28	김규형	후44	0	1	0	1
0	0	0	0	후32	박동진	50			10	조나탄 링		0	0	0	0
0	0	0	3(2)	후11	조영욱	11			18	주민규	전37	1(1)	1	0	0
1	2	12	11(5)			0			0			6(4)	9	1	1

● 후반 5분 제르소 GAL EL ↷ 김주공 GA 정면 H-ST-G (득점: 김주공, 도움: 제르소) 가운데
● 후반 22분 주민규 MF 정면 ~ 제르소 GAL R-ST-G (득점: 제르소, 도움: 주민규) 오른쪽

• 8월 06일 19:00 맑음 포항 스틸야드 4,380명
• 주심_ 김종혁 부심_ 지승민·방기열 대기심_ 박병진 경기감독관_ 차상해

포항 2 1 전반 0 / 1 후반 1 **1 강원**

퇴장	경고	파울	ST(유)	교체	선수명	배번	위치	위치	배번	선수명	교체	ST(유)	파울	경고	퇴장
0	1	0	0		강현무	31	GK	GK	1	유상훈		0	0	0	0
0	0	0	0		신광훈	17	DF	DF	2	김영빈		1	0	0	0
0	0	0	0		그랜트	5	DF	DF	3	케빈	22	1(1)	0	0	0
0	0	0	0		박찬용	20	DF	DF	23	임창우		0	0	0	0
0	0	0	0		박승욱	14	DF	MF	4	서민우		0	1	0	0
0	0	0	0		신진호	6	MF	MF	6	김동현	8	1(1)	0	0	0
0	0	0	0	13	이수빈	4	MF	MF	7	윤석영		0	2	0	0
0	0	0	0	12	임상협	7	MF	MF	24	김진호		1	0	0	0
0	1	1	1(1)		고영준	11	MF	FW	17	김대원	88	1(1)	0	0	0
0	0	0	0	27	완델손	77	MF	FW	18	이정협	98	1(1)	2	0	0
0	0	0	3(2)	88	허용준	8	FW	FW	47	양현준	11	1(1)	0	0	0
0	0	0	0		류원우	91			25	김정호		0	0	0	0
0	0	0	0		심상민	2			22	정승용	후0	0	0	0	0
0	0	0	0	후45	김용환	13			15	이웅희		0	0	0	0
0	0	1	0	후18	김승대	12	대기	대기	8	한국영	후24	0	0	0	0
0	0	0	0	후43	권기표	88			88	황문기	후32	0	1	0	0
0	0	1	0	후0	정재희	27			11	갈레고	후24	1(1)	1	0	0
0	0	0	0		모세스	90			98	발샤	후39	0	1	0	0
0	2	3	4(3)			0			0			8(6)	8	0	0

● 전반 18분 신진호 C,KL ↷ 고영준 GAR 내 R-ST-G (득점: 고영준, 도움: 신진호) 오른쪽
● 후반 17분 신진호 MFR ↷ 허용준 PK 좌측지점 H-ST-G (득점: 허용준, 도움: 신진호) 왼쪽

● 후반 5분 윤석영 MFL ↷ 이정협 PK 좌측지점 H-ST-G (득점: 이정협, 도움: 윤석영) 가운데

• 8월 06일 19:30 흐림 수원 종합 6,022명
• 주심_ 신용준 부심_ 박상준·박균용 대기심_ 김용우 경기감독관_ 당성증

수원FC 4 1 전반 1 / 3 후반 1 **2 수원**

퇴장	경고	파울	ST(유)	교체	선수명	배번	위치	위치	배번	선수명	교체	ST(유)	파울	경고	퇴장
0	0	0	0		박배종	1	GK	GK	21	양형모		0	0	0	0
0	0	0	0		박민규	3	DF	DF	3	양상민	15	0	1	0	0
0	0	1	1		김건웅	14	DF	DF	39	민상기		1(1)	0	0	0
0	0	2	0		이용	22	DF	DF	35	장호익	30	0	0	0	0
0	1	2	0		신세계	30	DF	MF	23	이기제		1	0	0	0
0	0	1	0		박주호	6	MF	MF	92	이종성	6	0	0	0	0
0	0	0	2(2)		정재용	8	MF	MF	11	김태환		2	0	0	0
0	0	1	1(1)	2	장혁진	17	MF	MF	5	마나부	18	0	1	0	0
0	0	0	0	11	정재윤	16	MF	MF	10	정승원		0	1	0	0
0	0	0	0	10	이기혁	23	MF	FW	14	전진우	33	2(1)	0	0	0
0	0	0	5(4)	9	김현	7	FW	FW	22	안병준		5(4)	0	0	0
0	0	0	0		유현	51			19	노동건		0	0	0	0
0	0	0	0	후40	정동호	2			4	불투이스		0	0	0	0
0	0	0	0		곽윤호	4			15	고명석	후0	0	1	0	0
0	0	0	1	전14/25	무릴로	10	대기	대기	33	박대원	후36	0	0	0	0
0	0	0	0	후40	니실라	25			6	한석종	후0	1(1)	0	0	0
0	0	0	1(1)	후25	라스	9			30	류승우	후25	1(1)	0	0	0
0	0	1	1	전14	이승우	11			18	오현규	후9	0	0	0	0
0	1	8	12(8)			0			0			13(8)	4	0	0

● 전반 13분 박민규 PAL EL ↷ 김현 GA 정면 H-ST-G (득점: 김현, 도움: 박민규) 왼쪽
● 후반 3분 무릴로 MFL ~ 정재용 AKL R-ST-G (득점: 정재용, 도움: 무릴로) 오른쪽
● 후반 23분 이승우 AKL ~ 김현 PAL R-ST-G (득점: 김현, 도움: 이승우) 오른쪽
● 후반 48분 라스 GA 정면 R-ST-G (득점: 라스) 가운데

● 전반 26분 김태환 PAR ↷ 안병준 GA 정면 H-ST-G (득점: 안병준, 도움: 김태환) 왼쪽
● 후반 40분 오현규 GA 정면 ~ 류승우 GA 정면 L-ST-G (득점: 류승우, 도움: 오현규) 오른쪽

• 8월 07일 19:00 흐림 전주 월드컵 11,480명
• 주심_ 정동식 부심_ 김계용·강동호 대기심_ 조지음 경기감독관_ 양정환

전북 1 0 전반 1 / 1 후반 0 **1 울산**

퇴장	경고	파울	ST(유)	교체	선수명	배번	위치	위치	배번	선수명	교체	ST(유)	파울	경고	퇴장
0	0	0	0		송범근	31	GK	GK	21	조현우		0	0	1	0
0	0	1	2		김진수	23	DF	DF	44	김기희		0	0	0	0
0	1	0	0		윤영선	5	DF	DF	19	김영권		0	2	0	0
0	1	1	0		박진섭	4	DF	DF	23	김태환		0	1	1	0
0	0	1	1		김문환	95	DF	DF	66	설영우		1(1)	2	1	0
0	0	0	2(1)		바로우	11	MF	MF	6	박용우	16	0	2	0	0
0	0	1	1(1)	14	맹성웅	28	MF	MF	24	이규성	72	0	2	1	0
0	0	1	1		류재문	29	MF	MF	29	최기윤	8	0	1	0	0
0	0	1	1	7	송민규	21	MF	MF	10	바코		1	0	0	0
0	0	1	2(2)		구스타보	9	FW	MF	11	엄원상		3(2)	2	0	0
0	0	0	0	13	강상윤	36	FW	FW	9	레오나르도		2	4	1	0
0	0	0	0		김준홍	30			28	설현빈		0	0	0	0
0	0	0	0	후37	한교원	7			5	임종은		0	0	0	0
0	0	3	0	전19	김보경	13			25	오인표		0	0	0	0
0	0	0	1	후33	이승기	14	대기	대기	16	원두재	후8	0	2	1	0
0	0	0	0		구자룡	15			72	이청용	후28	0	0	0	0
0	0	0	0		최철순	25			8	아마노	전16	2	3	0	0
0	0	0	0		문선민	27			63	마틴 아담		0	0	0	0
0	2	10	11(4)			0			0			9(3)	21	6	0

● 후반 13분 맹성웅 (대기) MFR ↷ 바로우 GAL R-ST-G (득점: 바로우, 도움: 맹성웅 (대기)) 왼쪽

● 전반 7분 엄원상 GAR R-ST-G (득점: 엄원상) 오른쪽

• 8월 07일 19:30 흐림 DGB대구은행파크 6,336명
• 주심_ 최현재 부심_ 곽승순·천진희 대기심_ 안재훈 경기감독관_ 허기태

대구 2 1 전반 1 / 1 후반 2 **3 인천**

퇴장	경고	파울	ST(유)	교체	선수명	배번	위치	위치	배번	선수명	교체	ST(유)	파울	경고	퇴장
0	0	0	0		오승훈	21	GK	GK	1	이태희		0	0	0	0
0	0	1	1(1)		김진혁	7	DF	DF	20	델브리지		1	1	1	0
0	1	2	0		조진우	66	DF	DF	4	강민수		0	0	0	0
0	0	0	1		정태욱	4	DF	DF	47	김동민		0	2	1	0
0	0	1	0		케이타	18	MF	MF	28	민경현	19	0	3	0	0
0	0	2	0	36	이용래	74	MF	MF	7	김도혁		1(1)	0	0	0
0	0	3	0	13	이진용	26	MF	MF	5	이명주	16	2(1)	0	0	0
0	0	1	1		장성원	5	MF	MF	17	김준엽		0	1	1	0
0	0	3	1		페냐	70	FW	FW	37	홍시후	27	0	1	0	0
0	0	1	0	2	고재현	17	FW	FW	98	에르난데스		4(1)	1	1	0
0	0	3	3(1)	32	제카	19	FW	FW	10	아길라르		2(1)	0	1	0
0	0	0	0		이윤오	31			23	민성준		0	0	0	0
0	0	0	0		이원우	15			3	김광석		0	0	0	0
0	1	1	0	후32	황재원	2			33	김성민	후50	0	0	0	0
0	0	1	2	후0	김희승	36	대기	대기	16	이동수	후9	0	0	0	0
0	0	0	0	후39	오후성	13			30	박창환		0	0	0	0
0	0	0	1	후39	정치인	32			27	김보섭	후0	2(1)	1	0	0
0	0	0	0		이근호	22			19	송시우	후20/33	0	2	0	0
0	2	19	10(2)			0			0			12(5)	12	5	0

● 전반 9분 델브리지 GA 정면 내 L 자책골 (득점: 델브리지) 왼쪽
● 후반 40분 페냐 GAR ~ 김진혁 PAR L-ST-G (득점: 김진혁, 도움: 페냐) 왼쪽

● 전반 34분 에르난데스 PK지점 → 이명주 GAL R-ST-G (득점: 이명주, 도움: 에르난데스) 오른쪽
● 후반 21분 아길라르 자기 측 MF 정면 ↷ 에르난데스 GAL R-ST-G (득점: 에르난데스, 도움: 아길라르) 오른쪽
● 후반 47분 에르난데스 GAL H ↷ 김도혁 GAR 내 H-ST-G (득점: 김도혁, 도움: 에르난데스) 오른쪽

• 8월 13일 18:00 흐리고 울산 문수 9,585명
• 주심_ 이동준 부심_ 지승민·방기열 대기심_ 채상협 경기감독관_ 당성증

울산 4 2 전반 0 / 2 후반 0 **0 대구**

퇴장	경고	파울	ST(유)	교체	선수명	배번	위치	위치	배번	선수명	교체	ST(유)	파울	경고	퇴장
0	0	0	0		조현우	21	GK	GK	21	오승훈		0	0	0	0
0	0	1	0		임종은	5	DF	DF	7	김진혁	14	1(1)	0	0	0
0	0	0	0		김영권	19	DF	DF	66	조진우		1	0	0	0
0	0	1	0		김태환	23	DF	DF	4	정태욱		3	0	0	0
0	0	1	0		설영우	66	DF	MF	5	장성원		0	0	0	0
0	0	0	0		원두재	16	MF	MF	70	페냐	13	0	0	0	0
0	0	2	1(1)		이청용	72	MF	MF	36	김희승	6	0	1	0	0
0	0	2	5(5)	7	아마노	8	MF	MF	25	이태희		2(2)	2	0	0
0	0	0	0	10	최기윤	29	MF	FW	11	세징야	28	3(1)	0	0	0
0	0	0	2(1)		엄원상	11	MF	FW	17	고재현		0	1	0	0
0	0	0	3(1)	9	마틴 아담	63	FW	FW	19	제카	22	1	0	0	0
0	0	0	0		설현빈	28			1	최영은		0	0	0	0
0	0	0	0		김기희	44			6	홍정운	후15	1(1)	0	0	0
0	0	0	0		오인표	25			3	김우석		0	0	0	0
0	0	0	0		이규성	24	대기	대기	14	안용우	후32	0	0	0	0
0	0	0	0	후34	윤일록	7			28	최민기	후32	1(1)	1	0	0
0	0	0	7(6)	전23	바코	10			13	오후성	후21	0	0	0	0
0	0	0	2(1)	후30	레오나르도	9			22	이근호	후32	0	0	0	0
0	0	7	20(15)			0			0			13(6)	5	0	0

● 전반 27분 마틴 아담 PK-L-G (득점: 마틴 아담) 왼쪽
● 전반 45분 마틴 아담 PAR 내 ~ 아마노 GAR R-ST-G (득점: 아마노, 도움: 마틴 아담) 왼쪽
● 후반 5분 김태환 GAR EL ↷ 바코 GAR 내 H-ST-G (득점: 바코, 도움: 김태환) 오른쪽
● 후반 47분 레오나르도 PAL 내 R-ST-G (득점: 레오나르도) 왼쪽

• 8월 13일 19:30 흐림 인천 전용 6,339명
• 주심_ 김동진 부심_ 박상준·장종필 대기심_ 박병진 경기감독관_ 양정환

인천 3 1 전반 1 / 2 후반 0 **1 전북**

퇴장	경고	파울	ST(유)	교체	선수명	배번	위치	위치	배번	선수명	교체	ST(유)	파울	경고	퇴장
0	0	0	0		이태희	1	GK	GK	31	송범근		0	0	0	0
0	0	0	1		델브리지	20	DF	DF	23	김진수		0	0	1	0
0	0	0	0		김광석	3	DF	DF	5	윤영선		0	0	0	0
0	0	0	0		강민수	4	DF	DF	4	박진섭		0	3	1	0
0	1	2	0	33	강윤구	6	MF	DF	95	김문환		2(2)	1	0	0
0	0	1	0	30	김도혁	7	MF	MF	28	맹성웅	8	0	2	0	0
0	0	0	1(1)	16	이명주	5	MF	MF	29	류재문		0	1	0	0
0	0	0	1(1)	22	민경현	28	MF	MF	21	송민규		3(2)	0	0	0
0	0	1	2(2)		김보섭	27	FW	MF	44	이준호	97	0	1	0	0
0	1	0	7(6)		에르난데스	98	FW	MF	36	강상윤	13	0	0	0	0
0	0	0	3(3)	37	송시우	19	FW	FW	9	구스타보	7	0	0	0	0
0	0	0	0		민성준	23			1	이범수		0	0	0	0
0	0	0	0	후45	김창수	22			7	한교원	후19	1	2	0	0
0	0	1	0	후36	김성민	33			13	김보경	전21	0	0	0	0
0	0	0	0	후45	이동수	16	대기	대기	15	구자룡		0	0	0	0
0	0	0	0	후45	박창환	30			25	최철순		0	0	0	0
0	0	0	2(1)	후23	홍시후	37			8	백승호	후10	1(1)	0	0	0
0	0	0	0		김대중	15			97	김진규	전21	1(1)	0	0	0
0	2	5	17(14)			0			0			8(6)	10	2	0

● 전반 29분 김보섭 MFL ~ 에르난데스 PK 좌측지점 L-ST-G (득점: 에르난데스, 도움: 김보섭) 오른쪽
● 후반 4분 이명주 PAL ↷ 송시우 GA 정면 H-ST-G (득점: 송시우, 도움: 이명주) 오른쪽
● 후반 28분 에르난데스 PK-R-G (득점: 에르난데스) 왼쪽

● 전반 14분 송민규 GA 정면 내 R-ST-G (득점: 송민규) 가운데

• 8월 14일 19:00 맑음 제주 월드컵 4,038명
• 주심_ 신용준 부심_ 윤재열·김지욱 대기심_ 김용우 경기감독관_ 김종민

제주 5 2 전반 0 / 3 후반 0 **0 포항**

퇴장	경고	파울	ST(유)	교체	선수명	배번	위치	위치	배번	선수명	교체	ST(유)	파울	경고	퇴장
0	0	0	0		김 동 준	1	GK	GK	31	강 현 무		0	0	0	0
0	0	1	0	30	안 현 범	17	DF	DF	14	박 승 욱	15	1	0	0	0
0	1	1	0		김 경 재	23	DF	DF	5	그 랜 트		1	0	0	0
0	0	0	0		정 운	13	DF	DF	20	박 찬 용		0	1	0	0
0	0	0	1		조 성 준	7	DF	DF	17	신 광 훈	77	0	0	0	0
0	0	0	0		최 영 준	6	MF	MF	6	신 진 호	18	0	4	0	0
0	0	1	2(2)	24	윤빛가람	14	MF	MF	4	이 수 빈		0	1	0	0
0	0	0	2(1)		김 주 공	19	MF	MF	7	임 상 협		0	2	1	0
0	0	0	1(1)	8	제 르 소	11	FW	MF	11	고 영 준		1	0	0	0
0	1	1	0	10	김 범 수	20	FW	MF	27	정 재 희	66	1	0	0	0
0	0	1	2(1)	18	진 성 욱	2	FW	FW	8	허 용 준	12	0	1	1	0
0	0	0	0		김 근 배	41			91	류 원 우		0	0	0	0
0	0	0	0		이 지 솔	4			15	박 건	후16	0	2	2	0
0	0	0	0	후40	김 봉 수	30			12	김 승 대	후0	0	0	0	0
0	0	2	0	후13	이 창 민	8	대기	대기	66	김 준 호	후30	0	0	0	0
0	0	0	0	후40	한 종 무	24			26	조 재 훈		0	0	0	0
0	0	0	1(1)	전42	조나탄 링	10			77	완 델 손	후0	1	0	0	0
0	0	0	1(1)	후40	주 민 규	18			18	이 호 재	후30	0	0	0	0
0	2	7	10(7)			0			0			5	11	4	0

● 전반 18분 윤빛가람 PAL FK R-ST-G (득점: 윤빛가람) 오른쪽
● 전반 32분 김주공 GAR H ↷ 제르소 GAR 내 H-ST-G (득점: 제르소, 도움: 김주공) 왼쪽
● 후반 25분 진성욱 PAR 내 ~ 윤빛가람 PK 우측지점 R-ST-G (득점: 윤빛가람, 도움: 진성욱) 왼쪽
● 후반 41분 김주공 PAL 내 ~ 주민규 PK지점 R-ST-G (득점: 주민규, 도움: 김주공) 가운데
● 후반 47분 김주공 PAL ~ 조나탄 링 PK 우측지점 L-ST-G (득점: 조나탄 링, 도움: 김주공) 왼쪽

• 8월 14일 19:30 흐림 수원 월드컵 4,496명
• 주심_ 송민석 부심_ 이정민·천진희 대기심_ 고형진 경기감독관_ 차상해

수원 4 1 전반 0 / 3 후반 1 **1 성남**

퇴장	경고	파울	ST(유)	교체	선수명	배번	위치	위치	배번	선수명	교체	ST(유)	파울	경고	퇴장
0	1	0	0		양 형 모	21	GK	GK	1	최 필 수		0	0	0	0
0	0	0	1(1)		이 기 제	23	DF	DF	34	최 지 묵		0	1	1	0
0	0	0	0		불투이스	4	DF	DF	36	김 지 수		0	0	0	0
0	0	0	1(1)	39	고 명 석	15	DF	DF	3	권 완 규		0	0	0	0
0	0	3	0		김 태 환	11	DF	MF	66	박 수 일		2(1)	1	0	0
0	0	2	1(1)		이 종 성	92	MF	MF	93	밀 로 스		0	1	0	0
0	1	2	0	5	정 호 진	55	MF	MF	7	권 순 형	18	2(2)	0	0	0
0	0	1	5(4)	35	전 진 우	14	MF	MF	37	김 훈 민	13	1(1)	0	0	0
0	0	0	3(1)		정 승 원	10	MF	FW	30	심 동 운	33	0	0	0	0
0	0	2	3(2)	22	류 승 우	30	MF	FW	8	뮬 리 치		2(1)	2	0	0
0	0	0	2(2)	26	오 현 규	18	FW	FW	23	구 본 철	22	1(1)	2	0	0
0	0	0	0		노 동 건	19			41	김 영 광		0	0	0	0
0	0	0	0	후38	민 상 기	39			5	마 상 훈		0	0	0	0
0	0	0	0	후38	장 호 익	35			18	이 지 훈	후15	0	0	0	0
0	0	0	0		한 석 종	6	대기	대기	13	김 민 혁	후0/10	0	0	0	0
0	0	0	1(1)	후29	염 기 훈	26			22	안 진 범	후15	0	0	0	0
0	0	1	1(1)	후0	마 나 부	5			10	이 종 호	후27	2(2)	0	0	0
0	0	0	1(1)	후25	안 병 준	22			33	전 성 수	후15	1(1)	0	0	0
0	2	11	19(15)			0			0			11(9)	7	1	0

● 전반 27분 이기제 C,KR ↷ 고명석 GA 정면 H-ST-G (득점: 고명석, 도움: 이기제) 왼쪽
● 후반 11분 이기제 PAR ↷ 오현규 GA 정면 H-ST-G (득점: 오현규, 도움: 이기제) 오른쪽
● 후반 19분 전진우 GAL L-ST-G (득점: 전진우) 가운데
● 후반 35분 마나부 PAL ~ 전진우 GAL 내 L-ST-G (득점: 전진우, 도움: 마나부) 왼쪽
● 후반 16분 박수일 AKL L-ST-G (득점: 박수일) 왼쪽

• 8월 15일 19:00 흐림 김천 종합 2,037명
• 주심_ 김우성 부심_ 지승민·박균용 대기심_ 송민석 경기감독관_ 허기태

김천 1 1 전반 0 / 0 후반 2 **2 서울**

퇴장	경고	파울	ST(유)	교체	선수명	배번	위치	위치	배번	선수명	교체	ST(유)	파울	경고	퇴장
0	0	0	0		황 인 재	1	GK	GK	21	양 한 빈		0	0	0	0
0	0	0	0	36	김 륜 성	38	DF	DF	88	이 태 석	17	1	0	0	0
0	0	0	0		박 지 수	23	DF	DF	3	이 상 민		0	1	0	0
0	0	0	0		임 승 겸	33	DF	DF	20	이 한 범		0	0	0	0
0	0	3	0		강 윤 성	32	DF	DF	23	윤 종 규		0	3	0	0
0	0	0	0	28	한 찬 희	22	MF	MF	6	기 성 용		3(1)	2	0	0
0	0	0	1		이 영 재	31	MF	MF	26	팔로세비치	8	5(2)	0	0	0
0	1	1	1	39	정 현 철	24	MF	MF	14	케이지로	29	1(1)	0	0	0
0	0	1	3(1)		권 창 훈	26	MF	MF	7	나 상 호	19	0	0	0	0
0	1	1	2(2)	14	김 경 민	19	FW	MF	11	조 영 욱	50	4(1)	0	0	0
0	0	0	0	10	이 준 석	40	FW	FW	90	일류첸코		5(3)	1	0	0
0	0	0	0		김 정 훈	12			18	황 성 민		0	0	0	0
0	0	0	1	후12	김 한 길	14			17	김 진 야	후0	0	0	0	0
0	0	0	0	후28	김 준 범	36			44	조 지 훈		0	0	0	0
0	0	0	0	후40	윤 석 주	39	대기	대기	8	임 민 혁	후33	0	1	1	0
0	0	0	0		박 상 혁	8			29	강 성 진	후0	1	1	0	0
0	0	0	1(1)	후0	명 준 재	10			19	정 한 민	후33	0	1	0	0
0	0	0	0	후12	김 지 현	28			50	박 동 진	후42	0	2	0	0
0	2	6	9(4)			0			0			20(8)	12	1	0

● 전반 33분 이영재 AKR ~ 김경민 PK지점 L-ST-G (득점: 김경민, 도움: 이영재) 왼쪽
● 후반 14분 팔로세비치 PAR ↷ 조영욱 GA 정면 H-ST-G (득점: 조영욱, 도움: 팔로세비치) 왼쪽
● 후반 21분 나상호 MF 정면 ~ 팔로세비치 AKL L-ST-G (득점: 팔로세비치, 도움: 나상호) 오른쪽

• 8월 15일 18:00 흐리고 춘천 송암 3,183명
• 주심_ 정동식 부심_ 김계용·양재용 대기심_ 김종혁 경기감독관_ 나승화

강원 2 1 전반 1 / 1 후반 2 **3 수원FC**

퇴장	경고	파울	ST(유)	교체	선수명	배번	위치	위치	배번	선수명	교체	ST(유)	파울	경고	퇴장
0	0	0	0		유 상 훈	1	GK	GK	1	박 배 종		0	0	0	0
0	0	1	0		김 영 빈	2	DF	DF	4	곽 윤 호	18	0	0	0	0
0	0	1	1		윤 석 영	7	DF	DF	14	김 건 웅		0	0	0	0
0	0	0	1		임 창 우	23	DF	DF	30	신 세 계		0	0	0	0
0	0	2	0	3	서 민 우	4	MF	MF	3	박 민 규		1(1)	1	1	0
0	0	0	0	88	김 동 현	6	MF	MF	6	박 주 호		0	1	0	0
0	0	0	3(2)		정 승 용	22	MF	MF	17	장 혁 진	8	1	0	0	0
0	0	1	2(1)		김 진 호	24	MF	MF	22	이 용		0	0	1	0
0	0	0	2(1)		김 대 원	17	FW	FW	9	라 스		4(2)	0	0	0
0	1	2	0	18	발 샤	98	FW	FW	16	정 재 윤	11	1(1)	0	0	0
0	1	1	2(1)	11	양 현 준	47	FW	FW	29	장 재 웅	19	1	1	0	0
0	0	0	0		김 정 호	25			27	이 범 영		0	0	0	0
0	0	0	0		이 웅 희	15			8	정 재 용	후16	0	0	0	0
0	0	0	1	후17	케 빈	3			10	무 릴 로		0	0	0	0
0	0	0	0		김 대 우	5	대기	대기	25	니 실 라	후16	0	2	1	0
0	0	0	1	후27	황 문 기	88			11	이 승 우	전12	0	3	1	0
0	0	1	1(1)	후17	갈 레 고	11			18	양 동 현	후34	0	1	1	0
0	0	1	2(1)	후0	이 정 협	18			19	김 승 준	전12/25	0	0	0	0
0	2	10	16(7)			0			0			8(4)	9	5	0

● 전반 25분 김진호 GAR R-ST-G (득점: 김진호) 오른쪽
● 후반 35분 이정협 GAL 내 EL R-ST-G (득점: 이정협) 왼쪽
● 전반 11분 장재웅 MF 정면 H ↷ 정재윤 PAR 내 R-ST-G (득점: 정재윤, 도움: 장재웅) 오른쪽
● 후반 3분 라스 PA 정면 내 L-ST-G (득점: 라스) 가운데
● 후반 22분 박민규 GAL R-ST-G (득점: 박민규) 오른쪽

• 9월 02일 19:00 맑음 수원 종합 1,798명
• 주심_ 김용우 부심_ 곽승순·장종필 대기심_ 신용준 경기감독관_ 나승화

수원FC 2 　1 전반 1 / 1 후반 1　 **2 제주**

퇴장	경고	파울	ST(유)	교체	선수명	배번	위치	위치	배번	선수명	교체	ST(유)	파울	경고	퇴장
0	0	0	0		박배종	1	GK	GK	41	김근배		0	0	0	0
0	0	0	0		곽윤호	4	DF	DF	17	안현범		1(1)	0	0	0
0	0	1	2(1)		김건웅	14	DF	DF	23	김경재		0	1	0	0
0	0	1	0	19	신세계	30	DF	DF	13	정운		0	0	0	0
0	0	0	0		박민규	3	MF	DF	39	김명순	22	1	0	0	0
0	0	0	0		박주호	6	MF	MF	6	최영준		0	4	1	0
0	0	1	2(1)		정재용	8	MF	MF	14	윤빛가람		3(2)	0	0	0
0	0	2	1(1)		이용	22	MF	MF	8	이창민	24	2(1)	0	0	0
0	0	3	1(1)	9	김현	7	FW	FW	10	조나탄 링	7	1	1	0	0
0	1	1	0	17	이기혁	23	FW	FW	11	제르소	19	0	0	0	0
0	0	0	1(1)	11	이영준	99	FW	FW	18	주민규	2	2(1)	2	0	0
0	0	0	0		이범영	27	대기	대기	31	유연수		0	0	0	0
0	0	0	0		정동호	2			35	김오규		0	0	0	0
0	0	0	1(1)	후0	무릴로	10			22	정우재	전23	1	1	0	0
0	0	0	0	전23/10	장혁진	17			24	한종무	후37	0	0	0	0
0	0	2	0	후0	라스	9			7	조성준	후16	1	0	0	0
0	0	3	3(2)	전23	이승우	11			19	김주공	후16	3(2)	2	1	0
0	0	0	0	후19	김승준	19			2	진성욱	후37	0	1	1	0
0	1	14	11(8)			0			0			15(7)	12	3	0

● 전반 14분 이용 MFR TL ↷ 이영준 GAR H-ST-G (득점: 이영준, 도움: 이용) 가운데
● 후반 51분 김건웅 GAL R-ST-G (득점: 김건웅) 가운데
● 전반 33분 제르소 PAL 내 ~ 주민규 GAL L-ST-G (득점: 주민규, 도움: 제르소) 왼쪽
● 후반 55초 안현범 GAR L-ST-G (득점: 안현범) 오른쪽

• 9월 02일 19:30 맑음 인천 전용 4,372명
• 주심_ 채상협 부심_ 김계용·성주경 대기심_ 최현재 경기감독관_ 김용세

인천 0 　0 전반 0 / 0 후반 1　 **1 강원**

퇴장	경고	파울	ST(유)	교체	선수명	배번	위치	위치	배번	선수명	교체	ST(유)	파울	경고	퇴장
0	0	0	0		이태희	1	GK	GK	1	유상훈		0	0	0	0
0	1	4	3(1)		델브리지	20	DF	DF	2	김영빈		0	2	0	0
0	0	1	0		강민수	4	DF	DF	7	윤석영		0	1	1	0
0	0	0	1(1)		김동민	47	DF	DF	23	임창우		0	1	0	0
0	1	2	0	19	민경현	28	MF	MF	3	케빈	4	0	2	1	0
0	0	0	1(1)	24	아길라르	10	MF	MF	6	김동현	88	1	2	1	0
0	0	0	1(1)		이명주	5	MF	MF	22	정승용		0	0	0	0
0	0	0	0		김준엽	17	MF	MF	24	김진호	15	2(1)	1	0	0
0	0	0	1(1)	15	김도혁	7	FW	FW	17	김대원		2(1)	0	0	0
0	0	0	1(1)	27	이용재	11	FW	FW	98	발사	18	0	1	0	0
0	0	1	0	22	김성민	33	FW	FW	47	양현준	11	1(1)	1	0	0
0	0	0	0		김동헌	21	대기	대기	25	김정호		0	0	0	0
0	0	0	0		김광석	3			15	이웅희	후44	0	1	0	0
0	0	0	0	후45	김창수	22			4	서민우	후0	0	0	0	0
0	0	0	0	후45	이강현	24			5	김대우		0	0	0	0
0	0	0	1(1)	후35	김대중	15			88	황문기	후33	0	0	0	0
0	1	2	0	후10	김보섭	27			11	갈레고	후33	1(1)	1	0	0
0	0	1	1(1)	후0	송시우	19			18	이정협	후0	1	2	0	0
0	3	11	10(8)			0			0			8(4)	15	3	0

● 후반 19분 이정협 PK 좌측지점 H ↷ 양현준 PA 정면 내 L-ST-G (득점: 양현준, 도움: 이정협) 왼쪽

• 9월 03일 16:30 비 포항 스틸야드 4,051명
• 주심_ 고형진 부심_ 지승민·강동호 대기심_ 송민석 경기감독관_ 허태식

포항 4 　3 전반 0 / 1 후반 1　 **1 대구**

퇴장	경고	파울	ST(유)	교체	선수명	배번	위치	위치	배번	선수명	교체	ST(유)	파울	경고	퇴장
0	0	0	0		강현무	31	GK	GK	21	오승훈		0	0	0	0
0	0	3	2		완델손	77	DF	DF	66	조진우		2	1	1	0
0	0	0	0		그랜트	5	DF	DF	6	홍정운		0	2	0	0
0	0	0	0		박찬용	20	DF	DF	3	김우석		0	0	0	0
0	1	3	0		신광훈	17	DF	MF	33	홍철		0	2	0	0
0	1	3	1(1)		신진호	6	MF	MF	18	케이타	26	0	2	0	0
0	0	2	0	4	이승모	16	MF	MF	2	황재원		0	0	0	0
0	0	0	0	7	이광혁	22	MF	MF	5	장성원	22	0	1	0	0
0	0	0	0	2	고영준	11	MF	FW	70	페냐		2(1)	2	1	0
0	0	0	1(1)	12	정재희	27	MF	FW	19	제카		3(2)	1	0	0
0	1	3	1(1)		허용준	8	FW	FW	30	박용희	11	0	0	0	0
0	0	0	0		류원우	91	대기	대기	31	이윤오		0	0	0	0
0	0	0	0		이광준	3			15	이원우		0	0	0	0
0	0	0	0	후38	심상민	2			25	이태희		0	0	0	0
0	1	2	0	후12	이수빈	4			26	이진용	후0	0	2	0	0
0	0	0	0	후12	김승대	12			74	이용래		0	0	0	0
0	0	1	2(2)	전32	임상협	7			22	이근호	후8	0	0	0	0
0	0	0	0		이호재	18			11	세징야	전16	1(1)	1	0	0
0	4	17	7(5)			0			0			8(4)	14	2	0

● 전반 12분 신진호 AK 정면 FK R-ST-G (득점: 신진호) 오른쪽
● 전반 24분 신진호 MFL ~ 정재희 MF 정면 R-ST-G (득점: 정재희, 도움: 신진호) 왼쪽
● 전반 42분 신진호 MFL ↷ 임상협 GAL R-ST-G (득점: 임상협, 도움: 신진호) 오른쪽
● 후반 45분 신진호 MF 정면 ~ 임상협 GAL L-ST-G (득점: 임상협, 도움: 신진호) 오른쪽
● 후반 23분 임상협 GAL H 자책골 (득점: 임상협) 오른쪽

• 9월 03일 19:00 흐리고 김천 종합 1,273명
• 주심_ 김종혁 부심_ 윤재열·천진희 대기심_ 안재훈 경기감독관_ 양정환

김천 2 　1 전반 0 / 1 후반 2　 **2 전북**

퇴장	경고	파울	ST(유)	교체	선수명	배번	위치	위치	배번	선수명	교체	ST(유)	파울	경고	퇴장
0	1	1	0		황인재	1	GK	GK	31	송범근		0	0	0	0
0	0	0	0		김한길	14	DF	DF	33	박진성	15	1(1)	0	0	0
0	0	0	1		박지수	23	DF	DF	5	윤영선		0	0	0	0
0	0	0	0		임승겸	33	DF	DF	4	박진섭		1(1)	0	0	0
0	0	0	1(1)		강윤성	32	DF	DF	95	김문환		0	0	0	0
0	0	0	0	39	한찬희	22	MF	MF	28	맹성웅	14	1	2	1	0
0	0	0	0	6	이영재	31	MF	MF	8	백승호		1(1)	0	0	0
0	0	1	0	36	고승범	7	MF	MF	11	바로우	36	2(2)	3	0	0
0	0	1	3(1)		권창훈	26	FW	MF	97	김진규	27	3(1)	1	0	0
0	0	0	3(1)		김경민	19	FW	MF	13	김보경	7	1	1	0	0
0	0	2	0	28	이준석	40	FW	FW	9	구스타보		2(2)	1	0	0
0	0	0	0		김정훈	12	대기	대기	1	이범수		0	0	0	0
0	0	0	0		이유현	35			7	한교원	후25	0	0	0	0
0	0	1	0	후18	윤석주	39			14	이승기	후25	0	0	0	0
0	0	0	0	후36	문지환	6			15	구자룡	후46	0	0	0	0
0	0	0	2(2)	후18	김준범	36			25	최철순		0	0	0	0
0	0	0	0		최병찬	34			27	문선민	후14	1(1)	0	0	0
0	0	0	1(1)	후18	김지현	28			36	강상윤	후46	0	0	0	0
0	1	6	11(6)			0			0			13(9)	8	1	0

● 전반 39분 이준석 GAL ~ 김경민 GA 정면 내 R-ST-G (득점: 김경민, 도움: 이준석) 가운데
● 후반 43분 박지수 PAR 내 H ↷ 김준범 GA 정면 R-ST-G (득점: 김준범, 도움: 박지수) 오른쪽
● 후반 5분 백승호 PK-R-G (득점: 백승호) 오른쪽
● 후반 28분 이승기 PAR ↷ 바로우 GA 정면 H-ST-G (득점: 바로우, 도움: 이승기) 오른쪽

• 9월 04일 16:30 흐림 서울 월드컵 16,333명
• 주심_ 정동식 부심_ 이정민·김지욱 대기심_ 박병진 경기감독관_ 김종민

서울 1 0 전반 2 / 1 후반 1 **3 수원**

퇴장	경고	파울	ST(유)	교체	선수명	배번	위치	위치	배번	선수명	교체	ST(유)	파울	경고	퇴장
0	0	0	0		양한빈	21	GK	GK	21	양형모		0	0	0	0
0	0	1	0	17	이태석	88	DF	DF	23	이기제		0	0	0	0
0	0	0	1(1)		이상민	3	DF	DF	4	불투이스		0	0	0	0
0	0	0	0	11	박동진	50	DF	DF	15	고명석		0	0	0	0
0	1	0	0		윤종규	23	DF	DF	11	김태환		3(1)	0	0	0
0	0	2	0		기성용	6	MF	MF	10	정승원		1(1)	0	0	0
0	0	0	0	8	팔로세비치	26	MF	MF	92	이종성	8	0	1	1	0
0	0	4	1	19	케이지로	14	MF	MF	30	류승우	5	0	0	0	0
0	2	4	1(1)		나상호	7	MF	FW	14	전진우	35	1	1	1	0
0	0	0	1(1)	28	강성진	29	MF	FW	18	오현규	26	4(2)	4	0	0
0	1	0	2(1)		일류첸코	90	FW	FW	12	강현묵	22	0	0	0	0
0	0	0	0		황성민	18			19	노동건		0	0	0	0
0	0	2	0	후0	김진야	17			39	민상기		0	0	0	0
0	0	0	0	후32	강상희	28			35	장호익	후30	0	2	1	0
0	0	0	0		조지훈	44	대기	대기	8	사리치	후30	0	0	0	0
0	1	1	1	후0	임민혁	8			26	염기훈	후30	0	0	0	0
0	0	1	1(1)	후32	정한민	19			5	마나부	후17	0	0	0	0
0	0	0	3(1)	후0	조영욱	11			22	안병준	전28	2(2)	0	0	0
0	5	15	11(6)			0			0			11(6)	8	3	0

● 후반 44분 일류첸코 GA 정면 내 R-ST-G (득점: 일류첸코) 왼쪽

● 전반 27분 이기제 MFL ↷ 오현규 GA 정면 R-ST-G (득점: 오현규, 도움: 이기제) 오른쪽
● 전반 31분 이기제 PAR ↷ 안병준 GAL H-ST-G (득점: 안병준, 도움: 이기제) 왼쪽
● 후반 18분 전진우 PAL ~ 오현규 GAR R-ST-G (득점: 오현규, 도움: 전진우) 오른쪽

• 9월 04일 19:00 비 탄천 종합 2,355명
• 주심_ 이동준 부심_ 박상준·이정석 대기심_ 김용우 경기감독관_ 강득수

성남 2 1 전반 0 / 1 후반 0 **0 울산**

퇴장	경고	파울	ST(유)	교체	선수명	배번	위치	위치	배번	선수명	교체	ST(유)	파울	경고	퇴장
0	0	0	0		김영광	41	GK	GK	21	조현우		0	0	0	0
0	0	0	1	4	권완규	3	DF	DF	5	임종은	72	1	1	0	0
0	0	1	0		곽광선	20	DF	DF	19	김영권		0	0	0	0
0	0	4	0		조성욱	26	DF	DF	66	설영우		0	1	0	0
0	1	1	0		장효준	29	MF	DF	7	윤일록		0	3	0	0
0	0	0	0	7	양시후	24	MF	MF	6	박용우		1(1)	0	0	0
0	0	1	0	66	안진범	22	MF	MF	16	원두재	63	0	1	0	0
0	1	3	0		이시영	2	MF	MF	8	아마노		1(1)	3	0	0
0	0	2	1(1)		이재원	15	FW	MF	14	황재환	10	0	0	0	0
0	1	3	2(2)	8	김민혁	13	FW	MF	11	엄원상		0	0	0	0
0	1	3	0	23	강재우	25	FW	FW	9	레오나르도		4(4)	2	0	0
0	0	0	0		최필수	1			28	설현빈		0	0	0	0
0	0	1	0	후0	강의빈	4			44	김기희		0	0	0	0
0	1	0	0	후32	박수일	66			25	오인표		0	0	0	0
0	0	1	1(1)	후0	권순형	7	대기	대기	24	이규성		0	0	0	0
0	0	0	2(2)	후0	구본철	23			72	이청용	후33	0	0	0	0
0	0	0	3(2)	후37	뮬리치	8			10	바코	전20	0	1	0	0
0	0	0	0		팔라시오스	11			63	마틴 아담	후7	0	0	0	0
0	5	20	10(8)			0			0			7(6)	12	0	0

● 전반 36분 강재우 PAR 내 H ↷ 김민혁 GAL R-ST-G (득점: 김민혁, 도움: 강재우) 가운데
● 후반 0분 강의빈 PK 좌측지점 H→ 권순형 GAR R-ST-G (득점: 권순형, 도움: 강의빈) 오른쪽

• 9월 06일 19:00 맑음 제주 월드컵 1,688명
• 주심_ 고형진 부심_ 지승민·김지욱 대기심_ 채상협 경기감독관_ 조성철

제주 0 0 전반 0 / 0 후반 1 **1 인천**

퇴장	경고	파울	ST(유)	교체	선수명	배번	위치	위치	배번	선수명	교체	ST(유)	파울	경고	퇴장
0	0	0	0		김근배	41	GK	GK	1	이태희		0	0	0	0
0	0	0	2(1)	29	안현범	17	DF	DF	20	델브리지		0	1	0	0
0	0	2	0	35	김경재	23	DF	DF	4	강민수		0	1	1	0
0	0	0	0		정운	13	DF	DF	47	김동민		0	1	0	0
0	0	0	1(1)		정우재	22	DF	MF	6	강윤구		1	2	1	0
0	0	1	3	2	최영준	6	MF	MF	24	이강현	16	1(1)	2	0	0
0	0	1	0	19	김봉수	30	MF	MF	10	아길라르	22	0	4	1	0
0	0	0	5(2)		이창민	8	MF	MF	17	김준엽		0	2	0	0
0	1	1	1(1)		제르소	11	FW	FW	27	김보섭		4(2)	1	0	0
0	0	0	0	7	김범수	20	FW	FW	11	이용재	19	1(1)	1	0	0
0	0	0	3(2)		주민규	18	FW	FW	33	김성민	7	0	2	0	0
0	0	0	0		유연수	31			21	김동헌		0	0	0	0
0	0	1	0	후15	김오규	35			3	김광석		0	0	0	0
0	0	0	0	후40	변경준	29			22	김창수	후44	0	0	0	0
0	0	0	0		윤빛가람	14	대기	대기	7	김도혁	후0	0	1	0	0
0	0	0	1	전23	조성준	7			16	이동수	후35	0	0	0	0
0	0	0	1	후15	김주공	19			15	김대중		0	0	0	0
0	0	1	0	후40	진성욱	2			19	송시우	후15	0	0	0	0
0	1	7	17(7)			0			0			7(4)	18	3	0

● 후반 7분 김보섭 AKL ~ 이강현 AKR R-ST-G (득점: 이강현, 도움: 김보섭) 오른쪽

• 9월 06일 19:30 맑음 춘천 송암 1,788명
• 주심_ 최현재 부심_ 강동호·장종필 대기심_ 이동준 경기감독관_ 나승화

강원 0 0 전반 1 / 0 후반 0 **1 김천**

퇴장	경고	파울	ST(유)	교체	선수명	배번	위치	위치	배번	선수명	교체	ST(유)	파울	경고	퇴장
0	0	0	0		유상훈	1	GK	GK	12	김정훈		0	0	0	0
0	1	3	1(1)		김영빈	2	DF	DF	34	최병찬	32	0	2	0	0
0	1	1	0		윤석영	7	DF	DF	23	박지수		0	1	0	0
0	0	0	0		임창우	23	DF	DF	33	임승겸		0	0	0	0
0	0	2	1(1)	3	서민우	4	MF	DF	35	이유현		1	2	0	0
0	0	1	0	88	김동현	6	MF	MF	36	김준범	6	1(1)	2	1	0
0	0	0	1		정승용	22	MF	MF	39	윤석주		0	0	0	0
0	0	0	0	15	김진호	24	MF	MF	7	고승범		0	0	0	0
0	0	1	2	18	김대원	17	FW	FW	37	이지훈	26	1(1)	0	0	0
0	0	0	0	11	발샤	98	FW	FW	19	김경민	14	2(1)	1	0	0
0	0	0	3(1)		양현준	47	FW	FW	40	이준석	28	2	1	0	0
0	0	0	0		김정호	25			1	황인재		0	0	0	0
0	0	0	0	후28	이웅희	15			32	강윤성	후26	0	0	1	0
0	0	2	1	후0	케빈	3			6	문지환	후43	0	1	0	0
0	0	0	0		김대우	5	대기	대기	31	이영재		0	0	0	0
0	0	0	0	후28	황문기	88			26	권창훈	후26	1(1)	1	0	0
0	0	0	1	전27	갈레고	11			14	김한길	후36	0	1	0	0
0	0	0	0	후28	이정협	18			28	김지현	후26	1(1)	0	0	0
0	2	10	10(3)			0			0			9(5)	12	2	0

● 전반 42분 서민우 GA 정면 L 자책골 (득점: 서민우) 오른쪽

• 9월 06일 19:30 맑음 수원 종합 1,894명
• 주심_ 김종혁 부심_ 이정민·설귀선 대기심_ 박병진 경기감독관_ 강득수

수원FC 1 0 전반 0 / 1 후반 0 **0 포항**

퇴장	경고	파울	ST(유)	교체	선수명	배번	위치	위치	배번	선수명	교체	ST(유)	파울	경고	퇴장
0	0	0	0		박배종	1	GK	GK	31	강현무		0	0	0	0
0	0	0	2		박민규	3	DF	DF	2	심상민		0	1	0	0
0	0	0	0		김건웅	14	DF	DF	5	그랜트	3	0	0	0	0
0	0	0	0		이용	22	DF	DF	20	박찬용		1	0	0	0
0	0	0	0		신세계	30	DF	DF	77	완델손		1(1)	0	0	0
0	0	0	1(1)		박주호	6	MF	MF	16	이승모	23	0	1	0	0
0	1	3	0	4	정재용	8	MF	MF	66	김준호	4	0	0	0	0
0	0	0	1(1)	17	무릴로	10	MF	MF	22	이광혁	7	1(1)	0	0	0
0	0	0	3(3)	7	라스	9	FW	MF	11	고영준	12	2(2)	0	0	0
0	0	0	1(1)	2	이승우	11	FW	MF	27	정재희		3(2)	1	0	0
0	0	1	0	19	이기혁	23	FW	FW	8	허용준		4(3)	1	1	0
0	0	0	0		이범영	27			91	류원우		0	0	0	0
0	0	0	1(1)	후31	정동호	2			3	이광준	후33	0	0	0	0
0	0	1	0	후18	곽윤호	4			23	노경호	후33	0	0	0	0
0	0	0	0		김동우	26	대기	대기	4	이수빈	후0	0	1	0	0
0	0	0	0	후18	장혁진	17			12	김승대	후8	1(1)	1	0	0
0	0	0	1(1)	후18	김현	7			7	임상협	후0	0	0	0	0
0	0	1	2(2)	전25	김승준	19			18	이호재		0	0	0	0
0	1	6	12(10)			0			0			13(10)	6	1	0

● 후반 16분 무릴로 AKR ~ 라스 PA 정면 내 L-ST-G (득점: 라스, 도움: 무릴로) 왼쪽

• 9월 07일 19:00 맑음 전주 월드컵 4,121명
• 주심_ 김동진 부심_ 김계용·박상준 대기심_ 김영수 경기감독관_ 양정환

전북 0 0 전반 0 / 0 후반 0 **0 서울**

퇴장	경고	파울	ST(유)	교체	선수명	배번	위치	위치	배번	선수명	교체	ST(유)	파울	경고	퇴장
0	0	0	0		송범근	31	GK	GK	21	양한빈		0	0	0	0
0	0	0	0		김진수	23	DF	DF	88	이태석		0	2	0	0
0	0	2	1(1)		박진섭	4	DF	DF	3	이상민		0	2	0	0
0	0	2	0		구자룡	15	DF	DF	28	강상희	5	0	0	0	0
0	0	0	0		최철순	25	DF	DF	17	김진야		1	1	0	0
0	0	2	1(1)		백승호	8	MF	MF	19	정한민	90	1	0	0	0
0	0	0	0	11	이승기	14	MF	MF	26	팔로세비치	8	0	0	0	0
0	0	2	0		맹성웅	28	MF	MF	35	백상훈	14	0	3	0	0
0	0	2	0	9	김진규	97	MF	MF	29	강성진	2	0	1	0	0
0	0	1	2(1)	7	김보경	13	MF	FW	50	박동진		1	4	0	0
0	0	0	3(2)	5	문선민	27	FW	FW	11	조영욱		2(1)	1	0	0
0	0	0	0		이범수	1			18	황성민		0	0	0	0
0	0	0	0	후43	윤영선	5			2	황현수	후41	0	0	0	0
0	0	0	1	후32	한교원	7			5	오스마르	후29	0	0	0	0
0	0	0	1(1)	후0	구스타보	9	대기	대기	14	케이지로	후14	0	1	0	0
0	0	1	0	전31	바로우	11			8	임민혁	후29	0	0	0	0
0	0	0	0		장윤호	34			99	박호민		0	0	0	0
0	0	0	0		박채준	47			90	일류첸코	후14	0	3	0	0
0	0	12	9(6)			0			0			5(1)	18	0	0

• 9월 07일 19:30 맑음 울산 문수 4,960명
• 주심_ 송민석 부심_ 곽승순·양재용 대기심_ 김용우 경기감독관_ 허태식

울산 1 1 전반 0 / 0 후반 0 **0 수원**

퇴장	경고	파울	ST(유)	교체	선수명	배번	위치	위치	배번	선수명	교체	ST(유)	파울	경고	퇴장
0	0	0	0		조현우	21	GK	GK	21	양형모		0	0	0	0
0	0	2	1		김기희	44	DF	DF	23	이기제	5	0	0	0	0
0	0	1	0	16	김영권	19	DF	DF	33	박대원		0	2	0	0
0	0	1	1(1)		김태환	23	DF	DF	39	민상기		0	0	0	0
0	0	0	0		설영우	66	DF	DF	35	장호익		0	3	0	0
0	0	0	1(1)		박용우	6	MF	MF	8	사리치		1	3	0	0
0	0	0	0		이청용	72	MF	MF	3	양상민	15	0	2	0	0
0	0	0	2(1)	8	이규성	24	MF	MF	6	한석종	13	0	2	0	0
0	1	1	1(1)	11	김민준	17	MF	FW	12	강현묵	16	0	0	0	0
0	0	0	1	29	바코	10	MF	FW	22	안병준		1	1	0	0
0	0	0	1(1)	9	마틴 아담	63	FW	FW	14	전진우	18	0	0	0	0
0	0	0	0		조수혁	1			19	노동건		0	0	0	0
0	0	0	0		오인표	25			15	고명석	후17	0	0	0	0
0	0	0	0	후0	원두재	16			13	박형진	후35	0	0	0	0
0	0	0	0	후13	아마노	8	대기	대기	26	염기훈		0	0	0	0
0	0	1	0	후35	최기윤	29			5	마나부	후0	1	1	1	0
0	0	1	0	후0	엄원상	11			16	유주안	후26	1(1)	0	0	0
0	0	1	0	후37	레오나르도	9			18	오현규	후0	0	0	0	0
0	1	8	8(5)			0			0			4(1)	14	1	0

● 전반 24분 김태환 PAR ↷ 마틴 아담 GAL 내 H-ST-G (득점: 마틴 아담, 도움: 김태환) 왼쪽

• 9월 07일 19:30 맑음 DGB대구은행파크 4,322명
• 주심_ 정동식 부심_ 윤재열·천진희 대기심_ 안재훈 경기감독관_ 김종민

대구 1 1 전반 0 / 0 후반 0 **0 성남**

퇴장	경고	파울	ST(유)	교체	선수명	배번	위치	위치	배번	선수명	교체	ST(유)	파울	경고	퇴장
0	0	0	0		오승훈	21	GK	GK	1	최필수		0	0	0	0
0	0	1	0		조진우	66	DF	DF	36	김지수	24	0	0	0	0
0	0	0	1		홍정운	6	DF	DF	26	조성욱		0	0	0	0
0	0	2	1(1)		정태욱	4	DF	DF	5	마상훈		0	1	0	0
0	0	1	0	18	홍철	33	MF	MF	66	박수일		2(1)	0	0	0
0	0	0	0	70	이용래	74	MF	MF	93	밀로스	13	0	1	0	0
0	0	3	0	5	이진용	26	MF	MF	7	권순형		2	0	0	0
0	0	1	0		황재원	2	MF	MF	37	김훈민	2	0	0	0	0
0	0	2	6(1)		세징야	11	FW	MF	23	구본철		0	2	0	0
0	0	5	3(2)		제카	19	FW	FW	8	뮬리치	30	2(1)	0	0	0
0	0	1	0	17	이근호	22	FW	FW	11	팔라시오스		2	1	0	0
0	0	0	0		최영은	1			41	김영광		0	0	0	0
0	0	0	0	후43	김우석	3			2	이시영	전21	0	1	0	0
0	0	0	0	후43	장성원	5			4	강의빈	후40	0	1	0	0
0	0	0	0	후35	케이타	18	대기	대기	24	양시후	후40	0	0	0	0
0	0	1	1(1)	후6	페냐	70			13	김민혁	후0	2	1	0	0
0	0	1	4(1)	후0/3	고재현	17			25	강재우		0	0	0	0
0	0	0	0		김진혁	7			30	심동운	후0/4	0	0	0	0
0	0	18	16(6)			0			0			10(2)	8	0	0

● 전반 18분 제카 GAL 내 R-ST-G (득점: 제카) 왼쪽

• 9월 10일 14:00 흐림 DGB대구은행파크 5,215명
• 주심_ 이동준 부심_ 곽승순·김지욱 대기심_ 송민석 경기감독관_ 허태식

대구 0 0 전반 2 / 0 후반 3 **5 전북**

퇴장	경고	파울	ST(유)	교체	선수명	배번	위치	위치	배번	선수명	교체	ST(유)	파울	경고	퇴장
0	0	0	0		오승훈	21	GK	GK	31	송범근		0	0	0	0
0	1	3	0	15	조진우	66	DF	DF	23	김진수		1	1	0	0
0	0	1	1(1)		홍정운	6	DF	DF	5	윤영선		0	2	0	0
0	0	0	0		정태욱	4	DF	DF	4	박진섭	15	1(1)	1	0	0
0	0	0	0	3	홍 철	33	MF	DF	25	최철순		0	0	0	0
0	0	0	1	70	이용래	74	MF	MF	8	백승호	14	3(2)	2	0	0
0	0	0	0	13	이진용	26	MF	MF	28	맹성웅		1	1	1	0
0	0	4	1		황재원	2	MF	MF	11	바로우	27	3(2)	1	0	0
0	0	0	4		세징야	11	FW	MF	13	김보경	97	0	1	0	0
0	0	3	4		제 카	19	FW	MF	7	한교원		6(3)	3	0	0
0	1	1	1(1)	5	이근호	22	FW	FW	10	조규성	9	1(1)	0	0	0
0	0	0	0		최영은	1			1	이범수		0	0	0	0
0	0	0	1	후17	김우석	3			9	구스타보	후22	1(1)	0	0	0
0	0	0	1(1)	후0	장성원	5			14	이승기	후40	0	0	0	0
0	0	0	0	후38	이원우	15	대기	대기	15	구자룡	후33	1(1)	0	0	0
0	0	0	3(1)	후0	페 냐	70			27	문선민	후22	0	0	0	0
0	0	0	0		고재현	17			34	장윤호		0	0	0	0
0	0	1	2	후13	오후성	13			97	김진규	후22	0	0	0	0
0	2	13	19(4)			0			0			18(11)	12	1	0

● 전반 10분 바로우 AKL L-ST-G (득점: 바로우) 왼쪽
● 전반 42분 김진수 MFL ↷ 박진섭 PK지점 H-ST-G (득점: 박진섭, 도움: 김진수) 오른쪽
● 후반 6분 바로우 GA 정면 내 L-ST-G (득점: 바로우) 가운데
● 후반 17분 맹성웅 자기 측 HL 정면 ↷ 한교원 GAR R-ST-G (득점: 한교원, 도움: 맹성웅) 가운데
● 후반 21분 바로우 PAL ↷ 한교원 GA 정면 내 L-ST-G (득점: 한교원, 도움: 바로우) 가운데

• 9월 10일 14:00 흐림 김천 종합 848명
• 주심_ 안재훈 부심_ 김계용·성주경 대기심_ 정동식 경기감독관_ 당성증

김천 1 1 전반 1 / 0 후반 1 **2 제주**

퇴장	경고	파울	ST(유)	교체	선수명	배번	위치	위치	배번	선수명	교체	ST(유)	파울	경고	퇴장
0	0	0	0		황인재	1	GK	GK	1	김동준		0	0	0	0
0	0	0	0	4	강윤성	32	DF	DF	17	안현범	23	1(1)	0	0	0
0	0	0	0		박지수	23	DF	DF	35	김오규		0	0	0	0
0	1	1	0		임승겸	33	DF	DF	13	정 운		2(1)	0	0	0
0	0	1	1(1)		이유현	35	DF	DF	22	정우재		0	0	0	0
0	0	2	0	36	이영재	31	MF	MF	6	최영준		0	1	0	0
0	0	0	0	6	윤석주	39	MF	MF	14	윤빛가람	30	4(2)	0	0	0
0	0	2	1		고승범	7	MF	MF	19	김주공		3(3)	2	0	0
0	0	1	2(1)	14	권창훈	26	FW	FW	20	김범수	7	2	2	0	0
0	0	2	3(2)		김지현	28	FW	FW	9	서진수	10	1(1)	0	0	0
0	0	0	2(2)	19	이준석	40	FW	FW	2	진성욱	18	3(1)	1	0	0
0	0	0	0		김정훈	12			41	김근배		0	0	0	0
0	0	0	0	후45	송주훈	4			23	김경재	후43	0	0	0	0
0	0	0	0	후45	문지환	6			7	조성준	후19	1(1)	0	0	0
0	0	0	0	후23	김준범	36	대기	대기	30	김봉수	후43	0	0	0	0
0	0	0	0		최병찬	34			4	이지솔		0	0	0	0
0	0	0	0	후23	김한길	14			10	조나탄 링	후8	1(1)	2	1	0
0	0	0	0	전39	김경민	19			18	주민규	후43	0	0	0	0
0	1	9	9(6)			0			0			18(11)	8	1	0

● 전반 28분 김지현 PA정면 L-ST-G (득점:김지현)왼쪽
● 전반 41분 김주공 PAL ~ 서진수 PA 정면 내 R-ST-G (득점: 서진수, 도움: 김주공) 가운데
● 후반 26분 조나탄 링 GAR 내 L-ST-G (득점: 조나탄 링) 가운데

• 9월 10일 16:30 맑음 탄천 종합 1,609명
• 주심_ 박병진 부심_ 이정민·박균용 대기심_ 신용준 경기감독관_ 허기태

성남 0 0 전반 1 / 0 후반 3 **4 강원**

퇴장	경고	파울	ST(유)	교체	선수명	배번	위치	위치	배번	선수명	교체	ST(유)	파울	경고	퇴장
0	0	0	0		김영광	41	GK	GK	1	유상훈		0	0	0	0
0	0	1	0	29	최지묵	34	DF	DF	4	서민우		0	0	0	0
0	1	1	0		연제운	32	DF	DF	7	윤석영		0	0	0	0
0	0	0	0	20	김지수	36	DF	DF	23	임창우		1(1)	1	0	0
0	0	0	4(1)		유인수	27	MF	MF	88	황문기	3	1	3	0	0
0	0	0	1	11	김현태	6	MF	MF	6	김동현		0	0	0	0
0	0	1	1(1)		권순형	7	MF	MF	22	정승용		1(1)	1	0	0
0	0	0	2		박수일	66	MF	MF	24	김진호	15	0	0	0	0
0	0	0	1	8	심동운	30	FW	FW	17	김대원		0	2	0	0
0	0	1	2(1)	22	김민혁	13	FW	FW	18	이정협	98	2(2)	1	0	0
0	0	0	0		구본철	23	FW	FW	47	양현준	11	2(2)	1	0	0
0	0	0	0		최필수	1			25	김정호		0	0	0	0
0	0	0	0	전19	곽광선	20			15	이웅희	후31	0	1	0	0
0	0	0	0	후0	장효준	29			34	송준석		0	0	0	0
0	0	0	0	후27	안진범	22	대기	대기	5	김대우		0	0	0	0
0	0	0	0		강재우	25			3	케 빈	후28	1(1)	1	0	0
0	0	2	2	후0	뮬리치	8			11	갈레고	후38	1(1)	0	0	0
0	0	0	0	후16	팔라시오스	11			98	발 사	후38	0	0	0	0
0	1	6	13(3)			0			0			9(8)	11	0	0

● 전반 34분 양현준 PA 정면 내 R-ST-G (득점: 양현준) 오른쪽
● 후반 20분 양현준 GAR R-ST-G (득점: 양현준) 오른쪽
● 후반 31분 케빈 PA 정면 내 L-ST-G (득점: 케빈) 가운데
● 후반 39분 갈레고 AK 내 L-ST-G (득점: 갈레고) 왼쪽

• 9월 10일 19:00 맑음 서울 월드컵 10,265명
• 주심_ 채상협 부심_ 지승민·송봉근 대기심_ 정회수 경기감독관_ 차상해

서울 2 2 전반 1 / 0 후반 1 **2 수원FC**

퇴장	경고	파울	ST(유)	교체	선수명	배번	위치	위치	배번	선수명	교체	ST(유)	파울	경고	퇴장
0	1	0	0		양한빈	21	GK	GK	1	박배종		0	0	0	0
0	0	0	1	17	이태석	88	DF	DF	3	박민규		0	0	0	0
0	0	0	2(1)		이상민	3	DF	DF	14	김건웅		1(1)	2	0	0
0	0	0	0	5	황현수	2	DF	DF	22	이 용		1	0	0	0
0	0	1	1		윤종규	23	DF	DF	30	신세계		0	1	0	0
0	0	0	2		나상호	7	MF	MF	6	박주호	17	0	0	0	0
0	0	0	1(1)	11	정현철	16	MF	MF	8	정재용	4	1	0	0	0
0	1	1	0		기성용	6	MF	MF	29	장재웅	10	1	0	0	0
0	0	1	2	26	정한민	19	MF	FW	2	정동호	11	2(2)	0	0	0
0	0	3	4(4)		일류첸코	90	FW	FW	9	라 스		3(2)	2	0	0
0	0	3	2(1)	14	박동진	50	FW	FW	19	김승준	7	0	0	0	0
0	0	0	0		황성민	18			27	이범영		0	0	0	0
0	0	0	0	후21	김진야	17			4	곽윤호	후0	0	0	0	0
0	0	2	1(1)	후0	오스마르	5			10	무릴로	전17	1(1)	1	0	0
0	0	0	0	후34	팔로세비치	26	대기	대기	17	장혁진	후18	1(1)	1	0	0
0	0	0	0	후42	케이지로	14			20	황순민		0	0	0	0
0	0	1	1(1)	후21	조영욱	11			7	김 현	후0	1(1)	0	0	0
0	2	12	17(9)			0			0			12(8)	7	0	0

● 전반 34분 박동진 GAL 내 H-ST-G (득점: 박동진) 왼쪽
● 전반 45분 이상민 GA 정면 H ↷ 일류첸코 GA 정면 내 H-ST-G (득점: 일류첸코, 도움: 이상민) 오른쪽
● 전반 41분 라스 AK 정면 ~ 정동호 PAL R-ST-G (득점: 정동호, 도움: 라스) 오른쪽
● 후반 48분 무릴로 AKL ↷ 김현 PK지점 R-ST-G (득점: 김현, 도움: 무릴로) 왼쪽

- 9월 11일 16:30 흐림 울산문수 11,345명
- 주심_ 김용우 부심_ 윤재열·방기열 대기심_ 안재훈 경기감독관_ 김종민

울산 1   1 전반 0 / 0 후반 2   **2 포항**

퇴장	경고	파울	ST(유)	교체	선수명	배번	위치	위치	배번	선수명	교체	ST(유)	파울	경고	퇴장
0	0	0	0		조현우	21	GK	GK	31	강현무		0	0	0	0
0	1	1	0		김기희	44	DF	DF	77	완델손		0	1	0	0
0	0	2	0		김영권	19	DF	DF	5	그랜트		0	1	0	0
0	0	1	0		김태환	23	DF	DF	45	하창래	20	0	1	1	0
0	0	0	0		설영우	66	DF	DF	17	신광훈		0	1	1	0
0	0	0	1(1)		박용우	6	MF	MF	16	이승모	23	3(2)	1	1	0
0	1	0	1(1)	8	이청용	72	MF	MF	6	신진호		0	1	0	0
0	0	3	1(1)		이규성	24	MF	MF	22	이광혁	27	1(1)	3	0	0
0	0	1	0	7	김민준	17	MF	MF	11	고영준	18	1(1)	2	0	0
0	0	1	1(1)		바코	10	MF	MF	7	임상협		1(1)	2	0	0
0	1	2	2(1)	9	마틴 아담	63	FW	FW	12	김승대		1(1)	1	0	0
0	0	0	0		설현빈	28			91	류원우		0	0	0	0
0	0	0	0		정승현	15			20	박찬용	후33	0	0	0	0
0	0	0	0		오인표	25			2	심상민		0	0	0	0
0	0	0	0		원두재	16	대기	대기	66	김준호		0	0	0	0
0	0	0	0	후37	아마노	8			23	노경호	후38	1(1)	0	0	0
0	0	0	3(3)	전24	윤일록	7			27	정재희	후0	0	0	0	0
0	0	1	1(1)	후28	레오나르도	9			18	이호재	후46	1(1)	0	0	0
0	3	12	10(9)			0			0			9(8)	14	3	0

- ●전반 36분 마틴 아담 PK-L-G (득점: 마틴 아담) 가운데
- ●후반 3분 완델손 PAL ~ 고영준 AK 내 R-ST-G (득점: 고영준, 도움: 완델손) 왼쪽
- ●후반 48분 노경호 AK 내 R-ST-G (득점: 노경호) 오른쪽

- 9월 11일 19:00 흐림 수원 월드컵 8,491명
- 주심_ 김대용 부심_ 박상준·이정석 대기심_ 이동준 경기감독관_ 김용세

수원 3   0 전반 1 / 3 후반 2   **3 인천**

퇴장	경고	파울	ST(유)	교체	선수명	배번	위치	위치	배번	선수명	교체	ST(유)	파울	경고	퇴장
0	0	0	0		양형모	21	GK	GK	1	이태희		0	0	0	0
0	0	1	0		이기제	23	DF	DF	20	델브리지		2(2)	2	0	0
0	0	0	2(2)		불투이스	4	DF	DF	4	강민수		0	0	0	0
0	0	1	2(2)		고명석	15	DF	DF	47	김동민		0	1	0	0
0	0	0	1(1)		김태환	11	DF	MF	28	민경현	15	0	0	0	0
0	1	0	0		정승원	10	MF	MF	10	아길라르	30	1	0	0	0
0	0	0	0		이종성	92	MF	MF	24	이강현	16	1(1)	0	1	0
0	0	0	0	5	박상혁	98	MF	MF	17	김준엽		0	0	0	0
0	0	0	1	22	유주안	16	FW	FW	7	김도혁		2(1)	1	1	0
0	0	1	5(3)	39	오현규	18	FW	FW	27	김보섭	25	3(2)	2	0	0
0	0	1	3(1)	26	전진우	14	FW	FW	37	홍시후	33	0	0	0	0
0	0	0	0		노동건	19			21	김동헌		0	0	0	0
0	0	0	0	후43	민상기	39			3	김광석		0	0	0	0
0	0	0	0		장호익	35			33	김성민	후26	0	0	0	0
0	0	0	0		사리치	8	대기	대기	30	박창환	후40	0	1	0	0
0	0	0	0	후36	염기훈	26			16	이동수	후9	0	0	0	0
0	0	1	1(1)	후0	마나부	5			15	김대중	후26	1(1)	1	0	0
0	0	1	0	전27	안병준	22			25	김민석	후40	2(2)	0	0	0
0	1	6	15(10)			0			0			12(9)	8	2	0

- ●후반 11분 이기제 C.KR ↷ 고명석 GA 정면 내 H-ST-G (득점: 고명석, 도움: 이기제) 가운데
- ●후반 15분 이기제 C.KR ↷ 고명석 GA 정면 내 H-ST-G (득점: 고명석, 도움: 이기제) 왼쪽
- ●후반 29분 오현규 PK-R-G (득점: 오현규) 오른쪽
- ●전반 41분 아길라르 PAR 내 ~ 이강현 AKR R-ST-G (득점: 이강현, 도움: 아길라르) 왼쪽
- ●후반 46분 델브리지 PA 정면 내 H ↷ 김대중 GA 정면 H-ST-G (득점: 김대중, 도움: 델브리지) 왼쪽
- ●후반 51분 김민석 GAL R-ST-G (득점: 김민석) 오른쪽

- 9월 13일 19:00 흐림 수원 종합 1,369명
- 주심_ 김우성 부심_ 박상준·김지욱 대기심_ 김용우 경기감독관_ 김종민

수원FC 2   1 전반 1 / 1 후반 0   **1 김천**

퇴장	경고	파울	ST(유)	교체	선수명	배번	위치	위치	배번	선수명	교체	ST(유)	파울	경고	퇴장
0	0	0	0		박배종	1	GK	GK	12	김정훈		0	0	0	0
0	0	0	0	2	박민규	3	DF	DF	34	최병찬	32	0	1	1	0
0	0	0	0		곽윤호	4	DF	DF	23	박지수		0	0	0	0
0	1	3	0		이용	22	DF	DF	4	송주훈	33	0	0	0	0
0	0	2	0		신세계	30	DF	DF	35	이유현		1(1)	0	0	0
0	0	0	0	8	박주호	6	MF	MF	36	김준범		1	2	0	0
0	0	0	1	17	무릴로	10	MF	MF	6	문지환		0	1	0	0
0	0	2	3(2)		김건웅	14	MF	MF	7	고승범	31	2(1)	0	0	0
0	1	2	3(2)	19	김현	7	FW	FW	37	이지훈	14	0	1	0	0
0	0	0	4(3)		이승우	11	MF	FW	28	김지현		2(2)	0	0	0
0	0	0	0	9	장재웅	29	FW	FW	40	이준석	39	1(1)	1	0	0
0	0	0	0		이범영	27			1	황인재		0	0	0	0
0	0	0	1	후18	정동호	2			33	임승겸	후36	0	0	0	0
0	0	0	0		잭슨	5			32	강윤성	후36	0	0	0	0
0	0	0	1	후18	정재용	8	대기	대기	31	이영재	후31	0	0	0	0
0	0	0	0	후18	장혁진	17			39	윤석주	후31	1(1)	0	0	0
0	0	2	3(3)	전19	라스	9			14	김한길	후14	0	1	0	0
0	0	0	1	후32	김승준	19			26	권창훈		0	0	0	0
0	2	11	17(10)			0			0			8(6)	7	1	0

- ●전반 21분 이승우 PA 정면 내 R-ST-G (득점: 이승우) 왼쪽
- ●후반 45분 라스 PAL H ↷ 이승우 PAL 내 R-ST-G (득점: 이승우, 도움: 라스) 왼쪽
- ●전반 40분 김지현 GAL R-ST-G (득점: 김지현) 가운데

- 9월 13일 19:30 비 제주 월드컵 1,512명
- 주심_ 송민석 부심_ 이정민·박균용 대기심_ 이동준 경기감독관_ 조성철

제주 2   1 전반 0 / 1 후반 2   **2 대구**

퇴장	경고	파울	ST(유)	교체	선수명	배번	위치	위치	배번	선수명	교체	ST(유)	파울	경고	퇴장
0	0	0	0		김동준	1	GK	GK	21	오승훈		0	0	0	0
0	0	0	0	7	안현범	17	DF	DF	3	김우석	66	0	2	1	0
0	0	0	0		김오규	35	DF	DF	6	홍정운		1	0	1	0
0	0	1	0		정운	13	DF	DF	4	정태욱		0	0	0	0
0	0	1	1		정우재	22	DF	MF	18	케이타	33	0	0	0	0
0	0	0	1		최영준	6	MF	MF	26	이진용	22	0	3	1	0
0	0	1	0		윤빛가람	14	MF	MF	2	황재원		2	2	0	0
0	0	0	1(1)	10	김주공	19	MF	MF	5	장성원	74	1(1)	2	0	0
0	0	4	2(1)	18	제르소	11	FW	FW	11	세징야		8(2)	0	0	0
0	0	2	0	9	김범수	20	FW	FW	19	제카		3(1)	3	0	0
0	2	1	3(2)		진성욱	2	FW	FW	17	고재현		1(1)	2	0	0
0	0	0	0		김근배	41			1	최영은		0	0	0	0
0	0	0	0		김경재	23			66	조진우	후6	0	1	0	0
0	0	0	0		김봉수	30			33	홍철	후6	1(1)	0	0	0
0	0	0	0	전26	조성준	7	대기	대기	74	이용래	후10	0	0	0	0
0	0	2	0	전26	서진수	9			14	안용우		0	0	0	0
0	0	0	1(1)	후26	조나탄 링	10			13	오후성		0	0	0	0
0	0	0	2	후17	주민규	18			22	이근호	후46	0	0	0	0
0	2	12	11(5)			0			0			17(6)	15	3	0

- ●전반 21분 김주공 PK-R-G (득점: 김주공) 오른쪽
- ●후반 16초 윤빛가람 MF 정면 ↷ 진성욱 GAL R-ST-G (득점: 진성욱, 도움: 윤빛가람) 왼쪽
- ●후반 13분 고재현 PK 우측지점 → 세징야 PA 정면 L-ST-G (득점: 세징야, 도움: 고재현) 왼쪽
- ●후반 22분 제카 AKL ~ 고재현 PK 좌측지점 L-ST-G (득점: 고재현, 도움: 제카) 왼쪽

• 9월 13일 19:30 흐림 서울 월드컵 5,349명
• 주심_ 신용준 부심_ 윤재열·방기열 대기심_ 김영수 경기감독관_ 강득수

서울 1 0 전반 0 / 1 후반 0 **0 강원**

퇴장	경고	파울	ST(유)	교체	선수명	배번	위치	위치	배번	선수명	교체	ST(유)	파울	경고	퇴장
0	1	0	0		양 한 빈	21	GK	GK	1	유 상 훈		0	0	0	0
0	0	0	0	17	이 태 석	88	DF	DF	2	김 영 빈		0	1	1	0
0	0	1	1		이 상 민	3	DF	DF	7	윤 석 영		0	1	0	0
0	0	0	0		오스마르	5	DF	DF	23	임 창 우		0	1	0	0
0	0	1	0		윤 종 규	23	DF	MF	4	서 민 우	3	1(1)	0	0	0
0	0	0	2	11	기 성 용	6	MF	MF	6	김 동 현	88	1	1	0	0
0	1	2	0		정 현 철	16	DF	MF	22	정 승 용		0	0	0	0
0	0	0	2(1)		팔로세비치	26	MF	MF	24	김 진 호	15	1(1)	0	0	0
0	0	1	1	50	나 상 호	7	MF	FW	17	김 대 원		1	2	0	0
0	0	0	1	29	정 한 민	19	MF	FW	18	이 정 협	98	0	1	0	0
0	1	1	3(1)		일류첸코	90	FW	FW	47	양 현 준	11	1	1	0	0
0	0	0	0		황 성 민	18			25	김 정 호		0	0	0	0
0	0	0	0	후17	김 진 야	17			15	이 웅 희	후33	0	0	0	0
0	0	0	0		황 현 수	2			3	케 빈	후33	0	1	0	0
0	0	0	0		케이지로	14	대기	대기	5	김 대 우		0	0	0	0
0	0	0	0	후28	강 성 진	29			88	황 문 기	후38	0	0	0	0
0	0	0	3(1)	후17	조 영 욱	11			11	갈 레 고	후26	1	0	0	0
0	0	0	0	후38	박 동 진	50			98	발 사	후26	0	0	0	0
0	3	6	13(3)			0			0			6(2)	9	1	0

● 후반 28분 강성진 PAR ↷ 조영욱 GAR
H-ST-G (득점: 조영욱, 도움: 강성진) 오른쪽

• 9월 14일 19:00 맑음 전주 월드컵 3,334명
• 주심_ 고형진 부심_ 지승민·양재용 대기심_ 김대용 경기감독관_ 나승화

전북 1 1 전반 0 / 0 후반 0 **0 성남**

퇴장	경고	파울	ST(유)	교체	선수명	배번	위치	위치	배번	선수명	교체	ST(유)	파울	경고	퇴장
0	0	0	0		송 범 근	31	GK	GK	1	최 필 수		0	0	0	0
0	0	1	0		김 진 수	23	DF	DF	26	조 성 욱		1	0	1	0
0	0	1	0		윤 영 선	5	DF	DF	20	곽 광 선		0	0	0	0
0	0	1	0		박 진 섭	4	DF	DF	4	강 의 빈		0	0	0	0
0	0	0	0	95	최 철 순	25	DF	MF	27	유 인 수		3(1)	2	0	0
0	0	0	1		백 승 호	8	MF	MF	15	이 재 원	11	0	1	0	0
0	1	4	0	15	맹 성 웅	28	MF	MF	24	양 시 후	32	0	2	1	0
0	0	1	1(1)		바 로 우	11	MF	MF	2	이 시 영		0	1	0	0
0	0	4	1	14	김 보 경	13	MF	FW	25	강 재 우	10	0	1	0	0
0	0	0	1(1)	27	한 교 원	7	MF	FW	13	김 민 혁		2	1	1	0
0	0	0	3(2)	9	조 규 성	10	FW	FW	22	안 진 범	23	0	1	0	0
0	0	0	0		이 범 수	1			41	김 영 광		0	0	0	0
0	0	0	0	후45	구스타보	9			32	연 제 운	후14	0	0	0	0
0	0	0	0	후24	이 승 기	14			66	박 수 일	후26	0	0	0	0
0	0	0	0	후45	구 자 룡	15	대기	대기	6	김 현 태		0	0	0	0
0	0	0	1(1)	후36	문 선 민	27			23	구 본 철	후0	0	0	0	0
0	0	0	0	후36	김 문 환	95			10	이 종 호	후0/66	0	0	0	0
0	0	0	0		김 진 규	97			11	팔라시오스	후14	0	1	1	0
0	1	12	8(5)			0			0			6(1)	10	4	0

● 전반 26분 김진수 PAL TL ↷ 바로우 GAL
H-ST-G (득점: 바로우, 도움: 김진수) 오른쪽

• 9월 14일 19:00 맑음 인천 전용 4,472명
• 주심_ 정동식 부심_ 김계용·천진희 대기심_ 이동준 경기감독관_ 허기태

인천 0 0 전반 0 / 0 후반 0 **0 울산**

퇴장	경고	파울	ST(유)	교체	선수명	배번	위치	위치	배번	선수명	교체	ST(유)	파울	경고	퇴장
0	0	0	0		김 동 헌	21	GK	GK	21	조 현 우	1	0	0	0	0
0	0	1	1		델브리지	20	DF	DF	5	임 종 은		0	0	0	0
0	0	0	0		김 광 석	3	DF	DF	15	정 승 현		0	1	0	0
0	0	1	0		김 창 수	22	DF	DF	23	김 태 환		0	1	0	0
0	1	3	1(1)	47	강 윤 구	6	MF	DF	13	이 명 재		3	1	0	0
0	0	1	1(1)	5	이 동 수	16	MF	MF	16	원 두 재		2	1	0	0
0	1	3	0		이 강 현	24	MF	MF	24	이 규 성	6	0	2	0	0
0	0	1	0		김 준 엽	17	MF	MF	17	김 민 준	10	0	0	0	0
0	0	1	0	10	김 민 석	25	FW	MF	14	황 재 환	9	1(1)	3	0	0
0	0	1	0	7	홍 시 후	37	FW	MF	8	아 마 노	7	1(1)	0	0	0
0	0	0	0	30	김 보 섭	27	FW	FW	63	마틴 아담		3(2)	0	0	0
0	0	0	0		민 성 준	23			1	조 수 혁	후0	0	0	0	0
0	0	0	0	후47	김 동 민	47			44	김 기 희		0	0	0	0
0	0	0	0	후46	박 창 환	30			25	오 인 표		0	0	0	0
0	0	0	0	후15	이 명 주	5	대기	대기	6	박 용 우	후32	0	0	0	0
0	0	0	1	후15	아길라르	10			7	윤 일 록	후32	0	0	0	0
0	0	0	1	후0	김 도 혁	7			10	바 코	전26	0	0	0	0
0	0	0	0		김 대 중	15			9	레오나르도	후15	1(1)	1	0	0
0	2	12	5(2)			0			0			11(5)	10	0	0

• 9월 14일 19:30 맑음 수원 월드컵 2,768명
• 주심_ 김동진 부심_ 송봉근·성주경 대기심_ 김우성 경기감독관_ 김성기

수원 0 0 전반 2 / 0 후반 0 **2 포항**

퇴장	경고	파울	ST(유)	교체	선수명	배번	위치	위치	배번	선수명	교체	ST(유)	파울	경고	퇴장
0	0	0	0		양 형 모	21	GK	GK	31	강 현 무		0	0	1	0
0	1	0	1(1)	35	이 기 제	23	DF	DF	77	완 델 손		0	4	0	0
0	0	2	0		불투이스	4	DF	DF	5	그 랜 트		1(1)	1	1	0
0	0	0	0		고 명 석	15	DF	DF	45	하 창 래		0	2	1	0
0	0	0	2(1)	36	김 태 환	11	DF	DF	17	신 광 훈		0	0	0	0
0	0	2	2		정 승 원	10	MF	MF	16	이 승 모	23	1(1)	3	0	0
0	1	2	0		이 종 성	92	MF	MF	6	신 진 호		1	1	1	0
0	0	2	0	22	박 상 혁	98	MF	MF	27	정 재 희		1(1)	1	0	0
0	0	0	1(1)	8	전 진 우	14	FW	MF	11	고 영 준	12	2(1)	0	0	0
0	0	3	3(2)		오 현 규	18	FW	MF	7	임 상 협		0	1	0	0
0	0	0	1(1)	5	강 현 묵	12	FW	FW	8	허 용 준	18	2	3	0	0
0	0	0	0		박 지 민	34			91	류 원 우		0	0	0	0
0	0	0	0		민 상 기	39			20	박 찬 용		0	0	0	0
0	0	0	0	후26	장 호 익	35			2	심 상 민		0	0	0	0
0	0	0	0	후24	사 리 치	8	대기	대기	23	노 경 호	후44	0	0	0	0
0	0	0	0	후36	명 준 재	36			12	김 승 대	후0	0	1	0	0
0	0	0	2(1)	후0	마 나 부	5			22	이 광 혁		0	0	0	0
0	0	0	3(2)	후0	안 병 준	22			18	이 호 재	후44	0	1	0	0
0	2	11	15(9)			0			0			8(4)	18	4	0

● 전반 28분 신진호 C,KR ↷ 그랜트 GA 정면
H-ST-G (득점: 그랜트, 도움: 신진호) 오른쪽
● 전반 34분 허용준 GAL ~ 고영준 GA 정면
R-ST-G (득점: 고영준, 도움: 허용준) 오른쪽

• 9월 18일 15:00 흐림 울산 문수 15,161명
• 주심_ 박병진 부심_ 송봉근·양재용 대기심_ 김용우 경기감독관_ 허태식

울산 2 1 전반 0 / 1 후반 0 **0 수원FC**

퇴장	경고	파울	ST(유)	교체	선수명	배번	위치	위치	배번	선수명	교체	ST(유)	파울	경고	퇴장
0	1	0	0		조수혁	1	GK	GK	1	박배종		0	0	0	0
0	0	1	0		정승현	15	DF	DF	4	곽윤호	5	0	1	1	0
0	0	0	1		김영권	19	DF	DF	14	김건웅	17	0	0	0	0
0	1	3	0		김태환	23	DF	DF	30	신세계		0	2	0	0
0	0	1	1(1)		이명재	13	DF	MF	2	정동호		0	0	0	0
0	0	1	0		박용우	6	MF	MF	3	박민규		0	1	0	0
0	0	0	2(1)	29	이청용	72	MF	MF	6	박주호	20	0	2	0	0
0	1	2	0		이규성	24	MF	MF	8	정재용		2(1)	1	0	0
0	0	1	0	8	황재환	14	MF	FW	11	이승우		1(1)	3	1	0
0	0	0	4(3)	66	바코	10	MF	FW	19	김승준	10	1	0	0	0
0	0	3	3(3)	63	레오나르도	9	FW	FW	29	장재웅	9	0	1	0	0
0	0	0	0		설현빈	28			27	이범영		0	0	0	0
0	0	0	0		김기희	44			5	잭슨	후10	0	0	0	0
0	0	0	1(1)	후38	설영우	66			77	신재원		0	0	0	0
0	0	0	0		원두재	16	대기	대기	10	무릴로	후0	1	1	0	0
0	0	0	0	후45	최기윤	29			17	장혁진	후0	0	1	0	0
0	0	1	4(2)	전26	아마노	8			20	황순민	후21	0	0	0	0
0	0	1	0	후38	마틴 아담	63			9	라스	전11	2(1)	1	0	0
0	3	14	16(11)			0			0			7(3)	14	2	0

● 전반 10분 레오나르도 PK-R-G (득점: 레오나르도) 왼쪽
● 후반 21분 이청용 GAL R-ST-G (득점: 이청용) 오른쪽

• 9월 18일 15:00 흐림 DGB대구은행파크 9,330명
• 주심_ 고형진 부심_ 박상준·성주경 대기심_ 정회수 경기감독관_ 당성증

대구 3 2 전반 0 / 1 후반 0 **0 서울**

퇴장	경고	파울	ST(유)	교체	선수명	배번	위치	위치	배번	선수명	교체	ST(유)	파울	경고	퇴장
0	0	0	0		오승훈	21	GK	GK	21	양한빈		0	0	0	0
0	0	0	0		박병현	20	DF	DF	88	이태석		0	2	0	0
0	0	0	0		조진우	66	DF	DF	3	이상민		0	2	1	0
0	0	1	0		정태욱	4	DF	DF	5	오스마르		0	1	0	0
0	0	0	1		홍철	33	MF	DF	23	윤종규		0	1	0	0
0	1	2	2(1)	3	이진용	26	MF	MF	16	정현철	14	1	1	1	0
0	0	0	2(2)		황재원	2	MF	MF	6	기성용	8	0	0	0	0
0	0	0	0		장성원	5	MF	MF	7	나상호		2(1)	0	0	0
0	0	0	5(3)	74	세징야	11	FW	MF	29	강성진	19	0	0	0	0
0	0	1	2(1)	22	제카	19	FW	FW	50	박동진	17	2	3	0	0
0	0	2	3(2)	13	고재현	17	FW	FW	26	팔로세비치	11	1	2	0	0
0	0	0	0		최영은	1			18	황성민		0	0	0	0
0	0	0	0	후38	김우석	3			17	김진야	후16	0	0	0	0
0	0	0	0		케이타	18			30	김주성		0	0	0	0
0	0	1	0	후28	이용래	74	대기	대기	14	케이지로	후42	0	0	0	0
0	0	0	0		안용우	14			8	임민혁	후20	0	1	0	0
0	0	0	0	후38	오후성	13			19	정한민	후0	2(1)	0	0	0
0	1	1	2(2)	후20	이근호	22			11	조영욱	후0	1(1)	2	1	0
0	2	8	17(11)			0			0			9(3)	15	3	0

● 전반 42분 제카 MF 정면 ~ 고재현 PAR 내 R-ST-G (득점: 고재현, 도움: 제카) 왼쪽
● 전반 45분 제카 자기 측 HL 정면 ~ 세징야 PAL 내 R-ST-G (득점: 세징야, 도움: 제카) 왼쪽
● 후반 23분 이근호 GAL 내 R-ST-G (득점: 이근호) 왼쪽

• 9월 18일 15:00 맑음 수원 월드컵 10,018명
• 주심_ 정동식 부심_ 이정민·박균용 대기심_ 서동진 경기감독관_ 양정환

수원 2 1 전반 0 / 1 후반 3 **3 전북**

퇴장	경고	파울	ST(유)	교체	선수명	배번	위치	위치	배번	선수명	교체	ST(유)	파울	경고	퇴장
0	0	0	0		양형모	21	GK	GK	31	송범근		0	0	0	0
0	1	1	0	13	이기제	23	DF	DF	23	김진수		0	1	0	0
0	2	2	0		불투이스	4	DF	DF	5	윤영선	15	0	2	1	0
0	0	1	0		고명석	15	DF	DF	4	박진섭		0	2	0	0
0	0	0	0	5	김태환	11	DF	DF	95	김문환		1(1)	2	0	0
0	0	1	0	35	류승우	30	MF	MF	8	백승호		1	2	0	0
0	2	2	0		사리치	8	MF	MF	29	류재문	14	0	1	1	0
0	0	0	0		이종성	92	MF	MF	11	바로우	27	4(3)	1	1	0
0	0	1	2(2)		정승원	10	MF	MF	13	김보경	97	1(1)	2	0	0
0	0	2	3(2)		오현규	18	FW	MF	7	한교원	21	1(1)	0	0	0
0	0	2	0	14	안병준	22	FW	FW	10	조규성		2(2)	0	0	0
0	0	0	0		박지민	34			1	이범수		0	0	0	0
0	0	0	0		양상민	3			14	이승기	후0	0	1	0	0
0	0	1	0	후34	박형진	13			15	구자룡	후0	0	2	0	0
0	0	0	0	후16	장호익	35	대기	대기	21	송민규	후28	0	0	0	0
0	0	0	1(1)	후0	전진우	14			25	최철순		0	0	0	0
0	0	0	0		명준재	36			27	문선민	후48	0	0	0	0
0	0	1	1(1)	후23	마나부	5			97	김진규	후9	2	1	0	0
0	5	14	7(6)			0			0			12(8)	17	3	0

● 전반 15분 이기제 C.KR ↷ 오현규 GAR 내 H-ST-G (득점: 오현규, 도움: 이기제) 오른쪽
● 후반 46분 마나부 PK-R-G (득점: 마나부) 왼쪽
● 후반 15분 조규성 PK-R-G (득점: 조규성) 왼쪽
● 후반 17분 조규성 MF 정면 ~ 바로우 PAL 내 L-ST-G (득점: 바로우, 도움: 조규성) 오른쪽
● 후반 40분 송민규 PAR 내 ↷ 바로우 GAL L-ST-G (득점: 바로우, 도움: 송민규) 왼쪽

• 9월 18일 15:00 맑음 탄천 종합 1,876명
• 주심_ 김대용 부심_ 김계용·김지욱 대기심_ 김영수 경기감독관_ 김종민

성남 1 1 전반 0 / 0 후반 1 **1 포항**

퇴장	경고	파울	ST(유)	교체	선수명	배번	위치	위치	배번	선수명	교체	ST(유)	파울	경고	퇴장
0	1	0	0		김영광	41	GK	GK	31	강현무		0	0	0	0
0	0	0	1(1)		박수일	66	DF	DF	77	완델손		1	3	0	0
0	0	0	0		곽광선	20	DF	DF	20	박찬용		0	0	0	0
0	0	1	0		조성욱	26	DF	DF	45	하창래		1	1	0	0
0	1	3	0		장효준	29	DF	DF	17	신광훈	66	0	2	1	0
0	0	0	0	4	연제운	32	MF	MF	16	이승모	11	0	1	0	0
0	0	0	0	33	구본철	23	MF	MF	6	신진호		1	0	0	0
0	0	1	1		이재원	15	MF	MF	7	임상협	27	2(2)	0	0	0
0	0	2	1	7	밀로스	93	MF	MF	24	윤민호	13	2	2	1	0
0	0	0	0	2	안진범	22	MF	MF	12	김승대	18	0	0	0	0
0	1	2	3(1)	11	뮬리치	8	FW	FW	8	허용준		4(2)	3	0	0
0	0	0	0		최필수	1			91	류원우		0	0	0	0
0	0	1	0	후17	이시영	2			3	이광준		0	0	0	0
0	0	0	0	후24	강의빈	4			13	김용환	후10	0	0	0	0
0	0	0	0	후0	권순형	7	대기	대기	66	김준호	후37	0	1	0	0
0	0	0	1(1)	후8	팔라시오스	11			11	고영준	전37	2(2)	0	0	0
0	0	0	0		심동운	30			27	정재희	후10	1	0	0	0
0	1	2	0	후24	전성수	33			18	이호재	후37	0	0	0	0
0	4	12	7(3)			0			0			14(6)	13	2	0

● 전반 6분 구본철 PAL 내 ~ 박수일 PAL R-ST-G (득점: 박수일, 도움: 구본철) 오른쪽
● 후반 32분 곽광선 GA 정면 내 L 자책골 (득점: 곽광선) 가운데

• 9월 18일 15:00 흐림 춘천 송암 3,344명
• 주심_ 이동준 부심_ 지승민·천진희 대기심_ 조지음 경기감독관_ 나승화

강원 2 1 전반 0 / 1 후반 1 **1 제주**

퇴장	경고	파울	ST(유)	교체	선수명	배번	위치	위치	배번	선수명	교체	ST(유)	파울	경고	퇴장
0	0	0	0		유상훈	1	GK	GK	1	김동준		0	0	0	0
0	0	0	2(2)		김영빈	2	DF	DF	30	김봉수	29	0	0	0	0
0	0	0	0		윤석영	7	DF	DF	35	김오규		0	0	0	0
0	0	0	2		임창우	23	DF	DF	13	정운		0	0	0	0
0	0	0	1	88	케빈	3	MF	DF	22	정우재		0	0	0	0
0	1	4	0	4	김동현	6	MF	MF	6	최영준	24	0	0	0	0
0	0	0	1		정승용	22	MF	MF	14	윤빛가람		0	0	0	0
0	0	2	0	15	김진호	24	MF	FW	9	서진수		4(3)	1	0	0
0	0	0	0		김대원	17	FW	MF	11	제르소	28	2(1)	2	1	0
0	0	0	1(1)	98	이정협	18	FW	MF	20	김범수	10	1	1	0	0
0	0	1	3(1)	11	양현준	47	FW	FW	2	진성욱	4	1	0	0	0
0	0	0	0		김정호	25			41	김근배		0	0	0	0
0	0	0	0	후40	이웅희	15			4	이지솔	후33	1(1)	1	0	0
0	0	1	0	후34	서민우	4			23	김경재		0	0	0	0
0	0	0	0		김대우	5	대기	대기	24	한종무	후33	0	0	0	0
0	0	0	1	후40	황문기	88			29	변경준	후23	0	0	0	0
0	1	0	1	후26	갈레고	11			28	김규형	후23	0	0	0	0
0	0	1	3(2)	후26	발샤	98			10	조나탄 링	전30	3(1)	1	0	0
0	2	9	15(6)			0			0			12(6)	6	1	0

● 전반 42분 김대원 C.KR ∩ 김영빈 GA 정면 H-ST-G (득점: 김영빈, 도움: 김대원) 왼쪽
● 후반 20분 김대원 PAR FK→ 김영빈 GAR 내 R-ST-G (득점: 김영빈, 도움: 김대원) 가운데
● 후반 46분 서진수 GA 정면 L-ST-G (득점: 서진수) 왼쪽

• 9월 18일 15:00 흐림 김천 종합 1,260명
• 주심_ 신용준 부심_ 윤재열·방기열 대기심_ 최규현 경기감독관_ 김용세

김천 1 0 전반 0 / 1 후반 0 **0 인천**

퇴장	경고	파울	ST(유)	교체	선수명	배번	위치	위치	배번	선수명	교체	ST(유)	파울	경고	퇴장
0	0	0	0		황인재	1	GK	GK	21	김동헌		0	0	0	0
0	0	1	0		이유현	35	DF	DF	20	델브리지		1	0	0	0
0	0	1	0		박지수	23	DF	DF	3	김광석		0	0	0	0
0	0	0	0		송주훈	4	DF	DF	4	강민수	47	0	0	0	0
0	1	4	2(1)		강윤성	32	DF	MF	22	김창수		0	0	0	0
0	0	1	1(1)	19	김준범	36	MF	MF	10	아길라르	6	0	1	0	0
0	1	3	0	39	문지환	6	MF	MF	5	이명주		2(2)	0	0	0
0	0	0	7(4)		이영재	31	MF	MF	17	김준엽		0	0	0	0
0	0	0	1	14	권창훈	26	FW	FW	7	김도혁	24	0	1	0	0
0	0	1	1		김지현	28	FW	FW	11	이용재	27	0	3	0	0
0	0	0	1	7	이준석	40	FW	FW	30	박창환	19	0	3	1	0
0	0	0	0		김정훈	12			23	민성준		0	0	0	0
0	0	0	0		임승겸	33			47	김동민	전30	0	0	0	0
0	0	0	0		정동윤	13			6	강윤구	후41	1	0	0	0
0	0	2	2(1)	후0	고승범	7	대기	대기	24	이강현	후13	0	0	0	0
0	0	0	0	후41	윤석주	39			19	송시우	후13	2(2)	2	0	0
0	0	0	2(1)	후0	김한길	14			27	김보섭	후0	0	0	0	0
0	0	0	0	후48	김경민	19			15	김대중		0	0	0	0
0	2	13	17(8)			0			0			6(4)	10	1	0

● 후반 46분 이영재 AK 내 R-ST-G (득점: 이영재) 오른쪽

• 10월 01일 14:00 맑음 서울 월드컵 7,805명
• 주심_ 이동준 부심_ 지승민·강동호 대기심_ 최현재 경기감독관_ 허태식

서울 2 0 전반 1 / 2 후반 2 **3 대구**

퇴장	경고	파울	ST(유)	교체	선수명	배번	위치	위치	배번	선수명	교체	ST(유)	파울	경고	퇴장
0	0	0	0		양한빈	21	GK	GK	21	오승훈		0	0	0	0
0	0	0	1(1)		김진야	17	DF	DF	66	조진우		0	1	0	0
0	1	1	1(1)		오스마르	5	DF	DF	6	홍정운	20	0	1	0	0
0	0	1	0		이상민	3	DF	DF	4	정태욱		1(1)	2	0	0
0	1	4	0	50	윤종규	23	DF	MF	18	케이타	33	0	1	0	0
0	1	3	0	14	정현철	16	MF	MF	74	이용래		0	0	0	0
0	0	0	2		기성용	6	MF	MF	2	황재원		0	0	0	0
0	0	0	2(2)	30	팔로세비치	26	MF	MF	5	장성원	15	0	2	1	0
0	0	1	0	7	정한민	19	MF	FW	11	세징야	22	5(4)	0	1	0
0	0	1	2		조영욱	11	MF	FW	19	제카		3(2)	2	0	0
0	0	0	1(1)		일류첸코	90	FW	FW	17	고재현		0	0	0	0
0	0	0	0		황성민	18			1	최영은		0	0	0	0
0	0	0	0		이태석	88			20	박병현	후28	0	0	0	0
0	1	1	0	후21	김주성	30			3	김우석		0	0	0	0
0	0	0	0	후46	케이지로	14	대기	대기	33	홍철	후32	0	0	0	0
0	0	0	0		강성진	29			15	이원우	후46	0	0	0	0
0	0	0	0	후0	나상호	7			14	안용우		0	0	0	0
0	0	0	0	후38	박동진	50			22	이근호	후28	0	2	0	0
0	4	12	9(5)			0			0			9(7)	11	2	0

● 후반 10분 팔로세비치 PK-L-G (득점: 팔로세비치) 오른쪽
● 후반 34분 이상민 GA 정면 H→ 일류첸코 GAL 내 R-ST-G (득점: 일류첸코, 도움: 이상민) 왼쪽
● 전반 37분 세징야 AK 정면 R-ST-G (득점: 세징야) 왼쪽
● 후반 15분 장성원 GAR EL ~ 세징야 PA 정면 내 R-ST-G (득점: 세징야, 도움: 장성원) 왼쪽
● 후반 21분 제카 GAL R-ST-G (득점: 제카) 오른쪽

• 10월 01일 16:30 흐림 인천 전용 9,251명
• 주심_ 김동진 부심_ 박상준·박균용 대기심_ 최광호 경기감독관_ 차상해

인천 0 0 전반 1 / 0 후반 2 **3 울산**

퇴장	경고	파울	ST(유)	교체	선수명	배번	위치	위치	배번	선수명	교체	ST(유)	파울	경고	퇴장
0	0	0	0		김동헌	21	GK	GK	21	조현우		0	0	0	0
0	1	2	0		델브리지	20	DF	DF	15	정승현		0	1	1	0
0	0	0	0	22	김광석	3	DF	DF	19	김영권		0	1	0	0
0	0	0	0		김동민	47	DF	DF	23	김태환		1	1	0	0
0	2	3	0		강윤구	6	MF	DF	13	이명재	17	0	2	0	0
0	0	2	0	19	아길라르	10	MF	MF	6	박용우		0	1	0	0
0	0	0	2(2)		이명주	5	MF	MF	72	이청용		0	1	0	0
0	0	1	0		김준엽	17	MF	MF	8	아마노	16	3(2)	3	1	0
0	0	2	0	27	김도혁	7	FW	MF	29	최기윤	11	1(1)	1	0	0
0	0	2	2(2)	8	홍시후	37	FW	MF	10	바코	66	3(3)	1	0	0
0	0	1	0	16	박창환	30	FW	FW	9	레오나르도	63	2(2)	1	0	0
0	0	0	0		민성준	23			1	조수혁		0	0	0	0
0	0	0	0	후28	김창수	22			44	김기희		0	0	0	0
0	0	0	0	후0	이동수	16			66	설영우	후30	0	0	0	0
0	0	0	0		이강현	24	대기	대기	16	원두재	후35	0	0	0	0
0	0	0	1(1)	후38	정혁	8			17	김민준	후35	0	1	1	0
0	0	0	1	후28	송시우	19			11	엄원상	후9	0	0	0	0
0	0	0	1(1)	후0	김보섭	27			63	마틴 아담	후30	3(2)	0	0	0
0	3	13	7(6)			0			0			13(10)	14	3	0

● 전반 25분 이명재 PAL 내 EL ~ 최기윤 GA 정면 L-ST-G (득점: 최기윤, 도움: 이명재) 가운데
● 후반 12분 아마노 GAR R-ST-G (득점: 아마노) 왼쪽
● 후반 38분 마틴 아담 PK-L-G (득점: 마틴 아담) 왼쪽

- 10월 01일 19:00 맑음 전주 월드컵 7,808명
- 주심_ 김종혁 부심_ 윤재열·장종필 대기심_ 최규현 경기감독관_ 당성증

전북 3 1 전반 1 / 2 후반 0 **1 포항**

퇴장	경고	파울	ST(유)	교체	선수명	배번	위치	위치	배번	선수명	교체	ST(유)	파울	경고	퇴장
0	0	0	0		송범근	31	GK	GK	31	강현무		0	0	0	0
0	0	2	0		김진수	23	DF	DF	77	완델손		1	1	0	0
0	0	1	0		박진섭	4	DF	DF	3	이광준		0	1	0	0
0	0	1	0	5	홍정호	26	DF	DF	45	하창래		1	1	1	0
0	0	0	1(1)		김문환	95	DF	DF	13	김용환		0	1	0	0
0	0	1	0		백승호	8	MF	MF	17	신광훈	4	0	2	0	0
0	0	0	1(1)		맹성웅	28	MF	MF	6	신진호		1(1)	2	1	0
0	0	0	1(1)	10	강상윤	36	MF	MF	22	이광혁	27	0	0	0	0
0	0	1	2(1)	21	바로우	11	MF	MF	11	고영준		1(1)	4	0	0
0	0	1	5(3)		한교원	7	MF	MF	7	임상협	12	0	0	0	0
0	0	1	3(2)		구스타보	9	FW	FW	8	허용준	18	2	4	1	0
0	0	0	0		김준홍	30			91	류원우		0	0	0	0
0	0	0	0	후15	윤영선	5			20	박찬용		0	0	0	0
0	0	0	0		최철순	25			2	심상민		0	0	0	0
0	0	0	0		김진규	97	대기	대기	4	이수빈	후17	0	0	0	0
0	0	0	0		김보경	13			12	김승대	후17	0	1	0	0
0	0	0	1(1)	후39	송민규	21			27	정재희	후0	0	0	0	0
0	0	0	3(1)	후0	조규성	10			18	이호재	후43	0	0	0	0
0	0	8	17(11)			0			0			6(2)	17	3	0

- ●전반 11분 김문환 PAR 내 EL ~ 바로우 GAR 내 R-ST-G (득점: 바로우, 도움: 김문환) 왼쪽
- ●후반 12분 바로우 AKL ~ 한교원 PAR 내 R-ST-G (득점: 한교원, 도움: 바로우) 왼쪽
- ●후반 27분 한교원 GAL 내 L-ST-G (득점: 한교원) 왼쪽
- ●전반 30분 김용환 MFR ↷ 고영준 GAL 내 R-ST-G (득점: 고영준, 도움: 김용환) 왼쪽

- 10월 02일 14:00 흐림 제주 월드컵 3,143명
- 주심_ 박병진 부심_ 이정민·김지욱 대기심_ 김영수 경기감독관_ 조성철

제주 1 0 전반 1 / 1 후반 1 **2 강원**

퇴장	경고	파울	ST(유)	교체	선수명	배번	위치	위치	배번	선수명	교체	ST(유)	파울	경고	퇴장
0	0	0	0		김동준	1	GK	GK	1	유상훈		0	0	0	0
0	0	0	0	4	김봉수	30	DF	DF	2	김영빈		0	0	0	0
0	0	0	0		김오규	35	DF	DF	7	윤석영		0	0	0	0
0	0	0	0		정운	13	DF	DF	23	임창우		0	0	0	0
0	0	0	0		정우재	22	DF	MF	4	서민우		1(1)	1	0	0
0	1	2	0		최영준	6	MF	MF	3	케빈	88	1	1	0	0
0	0	1	0		윤빛가람	14	MF	MF	22	정승용		0	0	0	0
0	0	0	3	7	서진수	9	MF	MF	24	김진호	15	0	0	0	0
0	0	3	3(2)	20	제르소	11	FW	FW	17	김대원		1(1)	0	0	0
0	0	0	1(1)	8	조나탄 링	10	FW	FW	18	이정협	98	3(3)	0	0	0
0	0	1	1	18	진성욱	2	FW	FW	47	양현준	11	0	0	0	0
0	0	0	0		김근배	41			25	김정호		0	0	0	0
0	0	0	0	후46	이지솔	4			15	이웅희	후46	0	0	0	0
0	0	0	0	후39	조성준	7			10	고무열		0	0	0	0
0	0	0	0		구자철	42	대기	대기	5	김대우		0	0	0	0
0	0	0	2	전45	이창민	8			88	황문기	후25	0	0	1	0
0	0	0	0	후46	김범수	20			11	갈레고	후25	1	4	0	0
0	0	1	3(2)	전45	주민규	18			98	발샤	후32	0	0	0	0
0	1	8	13(5)			0			0			7(5)	6	1	0

- ●후반 21분 윤빛가람 C,KL ↷ 주민규 GAL 내 H-ST-G (득점: 주민규, 도움: 윤빛가람) 오른쪽
- ●전반 9분 김대원 GAR 내 R-ST-G (득점: 김대원) 오른쪽
- ●후반 15분 서민우 PAR ↷ 이정협 GAR H-ST-G (득점: 이정협, 도움: 서민우) 오른쪽

- 10월 02일 16:30 흐림 수원 종합 2,319명
- 주심_ 김용우 부심_ 김계용·이정석 대기심_ 송민석 경기감독관_ 김종민

수원FC 2 2 전반 1 / 0 후반 1 **2 김천**

퇴장	경고	파울	ST(유)	교체	선수명	배번	위치	위치	배번	선수명	교체	ST(유)	파울	경고	퇴장
0	0	0	0		박배종	1	GK	GK	1	황인재		0	0	0	0
0	0	0	0		박민규	3	DF	DF	35	이유현	13	0	3	1	0
0	0	0	1(1)		잭슨	5	DF	DF	23	박지수		0	0	0	0
0	0	3	1		이용	22	DF	DF	33	임승겸		0	1	1	0
0	0	0	0		신세계	30	DF	DF	32	강윤성		0	2	1	0
0	0	1	1	7	박주호	6	MF	MF	31	이영재	26	0	0	0	0
0	0	0	0		정재용	8	MF	MF	6	문지환	39	1	1	0	0
0	0	1	0		김건웅	14	MF	MF	7	고승범	19	1	0	0	0
0	0	0	2(1)	17	라스	9	FW	FW	37	이지훈	36	1(1)	0	0	0
0	0	0	1	2	이기혁	23	FW	FW	28	김지현		1(1)	2	1	0
0	0	0	0	10	장재웅	29	FW	FW	14	김한길		3(1)	2	0	0
0	0	0	0		이범영	27			12	김정훈		0	0	0	0
0	0	0	2	전15/19	정동호	2			13	정동윤	후46	0	0	0	0
0	0	0	0		김동우	26			34	최병찬		0	0	0	0
0	0	3	3(3)	전15	무릴로	10	대기	대기	36	김준범	후0	1	0	0	0
0	0	0	1(1)	후26	장혁진	17			39	윤석주	후23	0	1	0	0
0	0	1	2	후0	김현	7			26	권창훈	후23	3(1)	0	0	0
0	0	1	0	후18	김승준	19			19	김경민	후32	1(1)	1	1	0
0	0	10	14(6)			0			0			12(5)	13	5	0

- ●전반 16분 라스 GA 정면 L-ST-G (득점: 라스) 가운데
- ●전반 47분 이용 C,KR ↷ 잭슨 GAL H-ST-G (득점: 잭슨, 도움: 이용) 오른쪽
- ●전반 31분 김한길 PA 정면 내 L-ST-G (득점: 김한길) 왼쪽
- ●후반 42분 강윤성 MFL ~ 김경민 GAL L-ST-G (득점: 김경민, 도움: 강윤성) 오른쪽

- 10월 03일 14:00 비 탄천 종합 3,024명
- 주심_ 송민석 부심_ 곽승순·양재용 대기심_ 신용준 경기감독관_ 허기태

성남 0 0 전반 1 / 0 후반 1 **2 수원**

퇴장	경고	파울	ST(유)	교체	선수명	배번	위치	위치	배번	선수명	교체	ST(유)	파울	경고	퇴장
0	0	0	0		김영광	41	GK	GK	21	양형모	34	0	0	0	0
0	0	0	1		박수일	66	DF	DF	23	이기제		0	1	0	0
0	0	1	0	24	곽광선	20	DF	DF	3	양상민		0	2	0	0
0	0	1	1		조성욱	26	DF	DF	15	고명석		0	0	0	0
0	0	0	0	2	장효준	29	DF	DF	11	김태환		0	1	0	0
0	0	0	1		연제운	32	MF	MF	14	전진우	36	3(2)	1	0	0
0	0	2	0		권순형	7	MF	MF	92	이종성		0	4	0	0
0	0	0	2(1)	11	이재원	15	MF	MF	10	정승원		0	1	0	0
0	0	1	0	8	안진범	22	MF	MF	30	류승우		0	2	1	0
0	0	1	2(2)		구본철	23	MF	FW	22	안병준	5	1	1	0	0
0	0	1	0	30	김민혁	13	FW	FW	18	오현규		3(1)	1	0	0
0	0	0	0		허자웅	21			34	박지민	후22	0	1	0	0
0	0	1	0	후0	이시영	2			13	박형진		0	0	0	0
0	0	0	0		강의빈	4			35	장호익		0	0	0	0
0	0	0	0	후13	양시후	24	대기	대기	6	한석종		0	0	0	0
0	1	0	7(3)	후0	물리치	8			98	박상혁		0	0	0	0
0	0	0	1	후0	팔라시오스	11			36	명준재	후41	0	1	1	0
0	0	1	2(1)	후13	심동운	30			5	마나부	후34	1	0	0	0
0	1	9	17(7)			0			0			8(3)	16	2	0

- ●전반 29분 전진우 PAL ~ 오현규 PAL 내 R-ST-G (득점: 오현규, 도움: 전진우) 왼쪽
- ●후반 9분 곽광선 PA 정면 내 R 자책골 (득점: 곽광선) 왼쪽

• 10월 08일 14:00 맑음 포항 스틸야드 4,304명
• 주심_ 고형진 부심_ 박상준·성주경 대기심_ 김영수 경기감독관_ 허태식

포항 1 — 1 전반 1 / 0 후반 1 — **2 제주**

퇴장	경고	파울	ST(유)	교체	선수명	배번	위치	위치	배번	선수명	교체	ST(유)	파울	경고	퇴장
0	0	1	0		강현무	31	GK	GK	1	김동준		0	0	0	0
0	0	0	0		심상민	2	DF	DF	7	조성준	4	0	1	0	0
0	0	2	1		박찬용	20	DF	DF	35	김오규		0	0	0	0
0	0	1	0		하창래	45	DF	DF	13	정운		0	0	0	0
0	0	1	0	17	김용환	13	DF	DF	22	정우재		0	2	0	0
0	0	1	1(1)		이수빈	4	MF	MF	30	김봉수		0	1	0	0
0	0	0	0	14	노경호	23	MF	MF	14	윤빛가람	42	2(2)	0	0	0
0	0	1	0	27	이광혁	22	MF	MF	8	이창민		2(1)	1	0	0
0	0	1	0		고영준	11	MF	FW	11	제르소	29	1	1	0	0
0	1	0	1		임상협	7	MF	FW	9	서진수	28	1(1)	3	0	0
0	0	3	1(1)	8	김승대	12	FW	FW	18	주민규	2	4	0	0	0
0	0	0	0		류원우	91			41	김근배		0	0	0	0
0	0	1	0	후0	박승욱	14			4	이지솔	후42	0	0	0	0
0	0	0	0	후36	완델손	77			29	변경준	후42	0	1	0	0
0	0	0	0	후17/77	신광훈	17	대기	대기	42	구자철	후27	0	0	1	0
0	0	0	0		김준호	66			28	김규형	후48	0	0	0	0
0	0	0	2	후0	정재희	27			10	조나탄 링		0	0	0	0
0	0	0	0	후17	허용준	8			2	진성욱	후27	0	0	0	0
0	1	12	6(2)			0			0			10(4)	10	1	0

● 전반 35분 김승대 GAR 내 R-ST-G (득점: 김승대) 오른쪽

● 전반 8분 제르소 PAL 내 ↷ 윤빛가람 GAL L-ST-G (득점: 윤빛가람, 도움: 제르소) 가운데

● 후반 38분 이창민 PK-R-G (득점: 이창민) 왼쪽

• 10월 08일 16:30 맑음 울산 문수 20,051명
• 주심_ 이동준 부심_ 김계용·김지욱 대기심_ 박병진 경기감독관_ 차상해

울산 2 — 0 전반 1 / 2 후반 0 — **1 전북**

퇴장	경고	파울	ST(유)	교체	선수명	배번	위치	위치	배번	선수명	교체	ST(유)	파울	경고	퇴장
0	0	0	0		조현우	21	GK	GK	31	송범근		0	0	0	0
0	1	0	2(2)		정승현	15	DF	DF	25	최철순		0	0	0	0
0	0	1	1		김영권	19	DF	DF	5	윤영선		0	0	0	0
0	0	2	1(1)	63	김태환	23	DF	DF	4	박진섭		1	2	0	0
0	1	2	1(1)		설영우	66	DF	DF	95	김문환		2	0	0	0
0	0	2	1(1)	13	박용우	6	MF	MF	36	강상윤	11	0	1	0	0
0	0	0	5(4)		이청용	72	MF	MF	28	맹성웅	29	0	2	0	0
0	1	2	0		이규성	24	MF	MF	8	백승호		0	2	0	0
0	0	0	0	11	최기윤	29	MF	MF	7	한교원	9	0	0	0	0
0	0	0	4(4)		바코	10	MF	FW	21	송민규		4(3)	0	0	0
0	0	1	3(1)		레오나르도	9	FW	FW	10	조규성		0	4	0	0
0	0	0	0		조수혁	1			30	김준홍		0	0	0	0
0	0	0	0		임종은	5			26	홍정호		0	0	0	1
0	0	0	0	후43	이명재	13			29	류재문	후13	0	1	1	0
0	0	0	0		원두재	16	대기	대기	97	김진규		0	0	0	0
0	0	0	0		김민준	17			13	김보경		0	0	0	0
0	0	0	2(2)	전19	엄원상	11			11	바로우	전23	1(1)	1	1	0
0	0	0	3(2)	후29	마틴 아담	63			9	구스타보	후13	0	3	0	0
0	3	10	23(18)			0			0			8(4)	16	2	1

● 후반 51분 마틴 아담 PK-L-G (득점: 마틴 아담) 오른쪽

● 후반 54분 이규성 C.KR ↷ 마틴 아담 GA 정면 H-ST-G (득점: 마틴 아담, 도움: 이규성) 왼쪽

● 전반 33분 송민규 GAL H~ 바로우 GAL 내 L-ST-G (득점: 바로우, 도움: 송민규) 왼쪽

• 10월 08일 19:00 맑음 춘천 송암 3,751명
• 주심_ 김대용 부심_ 곽승순·장종필 대기심_ 정동식 경기감독관_ 나승화

강원 0 — 0 전반 0 / 0 후반 0 — **0 인천**

퇴장	경고	파울	ST(유)	교체	선수명	배번	위치	위치	배번	선수명	교체	ST(유)	파울	경고	퇴장
0	0	0	0		유상훈	1	GK	GK	21	김동헌		0	0	0	0
0	0	3	0		김영빈	2	DF	DF	20	델브리지		1	1	1	0
0	0	0	0		윤석영	7	DF	DF	4	강민수		0	1	0	0
0	0	0	1(1)		임창우	23	DF	DF	47	김동민		1	1	0	0
0	0	2	1(1)		서민우	4	MF	MF	32	이주용	22	0	3	0	0
0	0	1	2	88	케빈	3	MF	MF	24	이강현		0	1	0	0
0	0	1	3(2)		정승용	22	MF	MF	16	이동수		1(1)	1	0	0
0	0	0	0	15	김진호	24	MF	MF	34	오재석	30	0	0	0	0
0	0	1	0		김대원	17	FW	FW	7	김도혁	17	1(1)	0	0	0
0	0	1	0	98	이정협	18	FW	FW	11	이용재	10	1(1)	1	0	0
0	0	0	2(1)		양현준	47	FW	FW	37	홍시후	27	1	1	0	0
0	0	0	0		김정호	25			23	민성준		0	0	0	0
0	0	0	0	후16	이웅희	15			22	김창수	후43	0	0	0	0
0	0	0	0		송준석	34			17	김준엽	후43	0	0	0	0
0	0	0	0		김대우	5	대기	대기	8	정혁		0	0	0	0
0	0	0	1(1)	후24	황문기	88			10	아길라르	후0	1	2	0	0
0	0	0	0		고무열	10			30	박창환	후43	2	0	0	0
0	0	2	1(1)	후16	발샤	98			27	김보섭	후20	1	1	0	0
0	0	11	11(7)			0			0			10(3)	13	1	0

• 10월 09일 14:00 비 수원 월드컵 10,818명
• 주심_ 김종혁 부심_ 윤재열·천진희 대기심_ 안재훈 경기감독관_ 김용세

수원 0 — 0 전반 0 / 0 후반 0 — **0 서울**

퇴장	경고	파울	ST(유)	교체	선수명	배번	위치	위치	배번	선수명	교체	ST(유)	파울	경고	퇴장
0	0	0	0		노동건	19	GK	GK	21	양한빈		0	0	0	0
0	1	1	0		이기제	23	DF	DF	30	김주성		0	2	1	0
0	0	0	0		불투이스	4	DF	DF	5	오스마르		0	1	0	0
0	0	0	0		고명석	15	DF	DF	3	이상민		0	2	0	0
0	0	0	0		김태환	11	DF	MF	17	김진야		1(1)	0	0	0
0	0	0	0	22	마나부	5	MF	MF	6	기성용	9	0	0	0	0
0	0	0	0		정승원	10	MF	MF	26	팔로세비치		1	3	0	0
0	1	2	0		이종성	92	MF	MF	23	윤종규		0	3	0	0
0	0	2	0	13	류승우	30	MF	FW	7	나상호	19	0	0	0	0
0	2	2	2(2)		오현규	18	FW	FW	90	일류첸코	11	1	2	1	0
0	0	0	1	12	전진우	14	FW	FW	29	강성진		2(1)	0	0	0
0	0	0	0		박지민	34			18	황성민		0	0	0	0
0	0	0	0		양상민	3			44	조지훈		0	0	0	0
0	0	1	0	후33	박형진	13			35	백상훈		0	0	0	0
0	0	0	0		장호익	35	대기	대기	14	케이지로		0	0	0	0
0	0	0	1(1)	후43	강현묵	12			9	김신진	후45	0	0	0	0
0	0	0	0		사리치	8			19	정한민	후32	1(1)	1	0	0
0	0	1	1	후0	안병준	22			11	조영욱	후23	2	0	0	0
0	4	9	5(3)			0			0			8(3)	14	2	0

• 10월 09일 16:30 흐리고 김천 종합 644명
• 주심_ 신용준 부심_ 지승민·김경민 대기심_ 김영수 경기감독관_ 김성기

김천 1   0 전반 1 / 1 후반 0   **1 성남**

퇴장	경고	파울	ST(유)	교체	선수명	배번	위치	위치	배번	선수명	교체	ST(유)	파울	경고	퇴장
0	0	0	0		황 인 재	1	GK	GK	41	김 영 광		0	0	0	0
0	0	1	0	34	정 동 윤	13	DF	DF	34	최 지 묵		0	1	0	0
0	0	0	0		박 지 수	23	DF	DF	32	연 제 운		0	1	0	0
0	0	1	0		송 주 훈	4	DF	DF	3	권 완 규		0	0	0	0
0	0	1	1		이 유 현	35	DF	MF	27	유 인 수	66	0	1	0	0
0	0	0	2(1)	40	김 준 범	36	MF	MF	24	양 시 후	4	0	1	0	0
0	0	0	0	6	윤 석 주	39	MF	MF	13	김 민 혁	93	0	2	0	0
0	0	0	5		고 승 범	7	MF	MF	2	이 시 영	25	1	0	0	0
0	0	0	1	26	김 한 길	14	FW	FW	30	심 동 운	11	0	0	0	0
0	0	2	2(2)		김 지 현	28	FW	FW	8	뮬 리 치		6(5)	0	0	0
0	0	0	1(1)	31	김 경 민	19	FW	FW	23	구 본 철		2	0	0	0
0	0	0	0		김 정 훈	12			1	최 필 수		0	0	0	0
0	0	1	0	후0	최 병 찬	34			4	강 의 빈	후34	0	1	0	0
0	0	0	0		임 승 겸	33			66	박 수 일	후29	0	0	0	0
0	0	0	2	후12	이 영 재	31	대기	대기	15	이 재 원		0	0	0	0
0	0	0	0	후40	문 지 환	6			25	강 재 우	후34	0	0	0	0
0	0	1	2	후12	권 창 훈	26			93	밀 로 스	후24	1(1)	2	1	0
0	0	0	0	후40	이 준 석	40			11	팔라시오스	후24	0	0	0	0
0	0	7	16(4)			0			0			10(6)	9	1	0

● 후반 10분 김준범 PAL ~ 김경민 AKL R-ST-G (득점: 김경민, 도움: 김준범) 오른쪽

● 전반 28분 김민혁 GA 정면 H → 뮬리치 PA 정면 내 R-ST-G (득점: 뮬리치, 도움: 김민혁) 왼쪽

• 10월 09일 19:00 흐리고 DGB대구은행파크 8,097명
• 주심_ 정동식 부심_ 이정민·양재용 대기심_ 이동준 경기감독관_ 양정환

대구 2   1 전반 1 / 1 후반 0   **1 수원FC**

퇴장	경고	파울	ST(유)	교체	선수명	배번	위치	위치	배번	선수명	교체	ST(유)	파울	경고	퇴장
0	0	0	0		오 승 훈	21	GK	GK	1	박 배 종		0	0	0	0
0	0	1	0		조 진 우	66	DF	DF	3	박 민 규		1	0	0	0
0	0	0	1(1)		홍 정 운	6	DF	DF	4	곽 윤 호	8	0	0	0	0
0	0	0	0		정 태 욱	4	DF	DF	5	잭 슨		0	1	0	0
0	1	2	0	33	케 이 타	18	MF	DF	22	이 용		0	3	0	0
0	1	2	0	5	이 용 래	74	MF	MF	6	박 주 호		0	1	0	0
0	0	2	0		이 진 용	26	MF	MF	10	무 릴 로	9	1	1	0	0
0	0	2	0		황 재 원	2	MF	MF	14	김 건 웅		1	1	0	0
0	1	2	3(1)		세 징 야	11	FW	FW	7	김 현		0	0	0	0
0	1	5	0	22	제 카	19	FW	FW	16	정 재 윤	2	0	1	0	0
0	0	3	2(1)		고 재 현	17	FW	FW	29	장 재 웅	11	0	0	0	0
0	0	0	0		최 영 은	1			27	이 범 영		0	0	0	0
0	0	0	0		김 우 석	3			2	정 동 호	전11/19	0	1	0	0
0	0	0	0	후33	홍 철	33			30	신 세 계		0	0	0	0
0	0	1	0	후20	장 성 원	5	대기	대기	8	정 재 용	후33	0	0	0	0
0	0	0	0		안 용 우	14			9	라 스	후18	0	0	0	0
0	0	0	0		정 치 인	32			11	이 승 우	전11	1(1)	1	0	0
0	0	0	0	후33	이 근 호	22			19	김 승 준	후18	1	0	0	0
0	4	20	6(3)			0			0			5(1)	10	0	0

● 전반 21분 황재원 AKR → 고재현 GA 정면 L-ST-G (득점: 고재현, 도움: 황재원) 왼쪽
● 후반 12분 조진우 GAL H → 홍정운 GAR 내 R-ST-G (득점: 홍정운, 도움: 조진우) 왼쪽

● 전반 30분 김현 AKL ~ 이승우 GAL L-ST-G (득점: 이승우, 도움: 김현) 오른쪽

• 10월 11일 15:00 맑음 포항 스틸야드 3,376명
• 주심_ 정동식 부심_ 곽승순·천진희 대기심_ 정회수 경기감독관_ 차상해

포항 1   0 전반 1 / 1 후반 0   **1 울산**

퇴장	경고	파울	ST(유)	교체	선수명	배번	위치	위치	배번	선수명	교체	ST(유)	파울	경고	퇴장
0	0	0	0		강 현 무	31	GK	GK	21	조 현 우		0	0	0	0
0	0	0	2(1)		완 델 손	77	DF	DF	15	정 승 현		0	0	1	0
0	0	3	1		박 찬 용	20	DF	DF	19	김 영 권		0	0	0	0
0	0	0	0		하 창 래	45	DF	DF	23	김 태 환	66	0	0	0	0
0	0	1	0		김 용 환	13	DF	DF	13	이 명 재		0	0	0	0
0	0	0	1(1)		신 진 호	6	MF	MF	6	박 용 우		0	1	1	0
0	0	0	0		박 승 욱	14	MF	MF	72	이 청 용	16	0	0	0	0
0	0	0	0		김 승 대	12	MF	MF	24	이 규 성	17	0	1	0	0
0	0	0	1	18	고 영 준	11	MF	MF	29	최 기 윤	11	1	0	0	0
0	0	0	0	7	정 재 희	27	MF	MF	10	바 코		2(2)	0	0	0
0	1	0	1		허 용 준	8	FW	FW	63	마틴 아담	9	0	3	1	0
0	0	0	0		류 원 우	91			1	조 수 혁		0	0	0	0
0	0	0	0		심 상 민	2			5	임 종 은		0	0	0	0
0	0	0	0		이 광 준	3			66	설 영 우	후39	0	0	0	0
0	0	0	0		이 수 빈	4	대기	대기	16	원 두 재	후20	0	0	0	0
0	0	0	0		권 기 표	88			17	김 민 준	후39	0	0	0	0
0	0	0	1(1)	후0	임 상 협	7			11	엄 원 상	전21	1	1	1	0
0	0	0	2(2)	후26	이 호 재	18			9	레오나르도	후20	0	1	0	0
0	1	4	9(5)			0			0			4(2)	7	4	0

● 후반 34분 임상협 PAL ↷ 이호재 GA 정면 H-ST-G (득점: 이호재, 도움: 임상협) 오른쪽

● 전반 39분 엄원상 PAR EL ↷ 바코 GAR R-ST-G (득점: 바코, 도움: 엄원상) 오른쪽

• 10월 11일 19:30 맑음 전주 월드컵 3,113명
• 주심_ 고형진 부심_ 지승민·양재용 대기심_ 오현진 경기감독관_ 당성증

전북 1   1 전반 0 / 0 후반 0   **0 강원**

퇴장	경고	파울	ST(유)	교체	선수명	배번	위치	위치	배번	선수명	교체	ST(유)	파울	경고	퇴장
0	0	0	0		송 범 근	31	GK	GK	1	유 상 훈		0	0	0	0
0	0	1	1	14	최 보 경	6	DF	DF	2	김 영 빈		2(1)	1	0	0
0	0	1	0		박 진 섭	4	DF	DF	7	윤 석 영		0	0	0	0
0	0	1	1(1)		구 자 룡	15	DF	DF	23	임 창 우		1	0	0	0
0	0	0	0	33	박 성 현	39	MF	MF	4	서 민 우		1(1)	3	0	0
0	1	0	2		김 진 규	97	MF	MF	3	케 빈	5	0	1	0	0
0	0	1	1		류 재 문	29	MF	MF	22	정 승 용		0	0	0	0
0	0	0	1(1)		백 승 호	8	MF	MF	24	김 진 호		1	1	0	0
0	0	1	0	25	김 문 환	95	MF	FW	17	김 대 원		3(1)	1	0	0
0	0	0	1	21	김 보 경	13	FW	FW	88	황 문 기	11	0	0	0	0
0	0	1	1	10	구스타보	9	FW	FW	47	양 현 준	10	1	0	0	0
0	0	0	0		이 범 수	1			25	김 정 호		0	0	0	0
0	0	1	2(2)	후11	조 규 성	10			15	이 웅 희		0	0	0	0
0	0	0	1	후33	이 승 기	14			34	송 준 석		0	0	0	0
0	0	0	0	후33	송 민 규	21	대기	대기	5	김 대 우	후39	0	0	0	0
0	0	0	0	후27	최 철 순	25			98	발 샤		0	0	0	0
0	0	0	0		문 선 민	27			10	고 무 열	후27	0	0	0	0
0	0	2	0	후0	박 진 성	33			11	갈 레 고	후0	2	2	1	0
0	1	9	11(4)			0			0			11(3)	9	1	0

● 전반 25분 김보경 C,KR ↷ 구자룡 GA 정면 H-ST-G (득점: 구자룡, 도움: 김보경) 왼쪽

- 10월 11일 19:30 맑음 인천 전용 2,970명
- 주심_ 송민석 부심_ 윤재열·김경민 대기심_ 이동준 경기감독관_ 김용세

인천 3 1 전반 0 / 2 후반 1 **1 제주**

퇴장	경고	파울	ST(유)	교체	선수명	배번	위치	위치	배번	선수명	교체	ST(유)	파울	경고	퇴장
0	0	0	0		김동헌	21	GK	GK	1	김동준		0	0	0	0
0	0	2	0		김동민	47	DF	DF	7	조성준	29	0	1	0	0
0	0	1	0		강민수	4	DF	DF	35	김오규		0	0	0	0
0	0	1	0		김준엽	17	DF	DF	13	정 운		1(1)	0	0	0
0	0	1	1		이주용	32	MF	DF	22	정우재		0	1	1	0
0	0	1	0	7	이강현	24	MF	MF	30	김봉수	28	0	0	0	0
0	0	0	1(1)	8	이동수	16	MF	MF	14	윤빛가람	42	2(2)	1	0	0
0	0	1	0	22	오재석	34	MF	MF	8	이창민		4(2)	1	0	0
0	0	0	2(1)	18	김민석	25	FW	FW	11	제르소	10	0	4	1	0
0	0	3	6(1)		김보섭	27	FW	FW	9	서진수		2(2)	0	0	0
0	0	0	1(1)	10	홍시후	37	FW	FW	2	진성욱	18	0	0	0	0
0	0	0	0		민성준	23			41	김근배		0	0	0	0
0	0	0	0	후27	김창수	22			6	최영준		0	0	0	0
0	0	0	0		김대경	36			42	구자철	후18	1	1	0	0
0	0	1	0	후20	정 혁	8	대기	대기	29	변경준	후18	0	0	0	0
0	0	0	0	후27	여 름	18			28	김규형	후33	0	0	0	0
0	0	0	2	후15	김도혁	7			10	조나탄 링	후0	1	1	0	0
0	0	2	1	후15	아길라르	10			18	주민규	후0	1	0	0	0
0	0	13	14(4)			0			0			12(7)	10	2	0

- ●전반 26분 홍시후 PAR 내 ~ 이동수 GAR L-ST-G (득점: 이동수, 도움: 홍시후) 가운데
- ●후반 4분 오재석 MFR ↷ 김민석 GAL H-ST-G (득점: 김민석, 도움: 오재석) 왼쪽
- ●후반 12분 김민석 MF 정면 ~ 홍시후 GAR R-ST-G (득점: 홍시후, 도움: 김민석) 가운데
- ●후반 14분 이창민 HL 정면 ~ 서진수 PA 정면 내 R-ST-G (득점: 서진수, 도움: 이창민) 왼쪽

- 10월 12일 19:30 맑음 수원 종합 1,146명
- 주심_ 채상협 부심_ 박상준·박균용 대기심_ 신용준 경기감독관_ 강득수

수원FC 2 1 전반 1 / 1 후반 0 **1 성남**

퇴장	경고	파울	ST(유)	교체	선수명	배번	위치	위치	배번	선수명	교체	ST(유)	파울	경고	퇴장
0	0	0	0		박배종	1	GK	GK	41	김영광		0	0	0	0
0	0	1	0	3	정동호	2	DF	DF	34	최지묵	29	0	1	0	0
0	0	0	0	30	곽윤호	4	DF	DF	32	연제운	93	0	0	0	0
0	1	0	0		잭 슨	5	DF	DF	3	권완규		1	0	0	0
0	0	1	0		이 용	22	DF	MF	66	박수일	8	0	0	0	0
0	1	1	0		박주호	6	MF	MF	24	양시후	5	0	0	0	0
0	0	1	1(1)		정재용	8	MF	MF	13	김민혁		0	4	1	0
0	0	1	1(1)		김건웅	14	MF	MF	27	유인수		2(1)	2	1	0
0	0	1	5(4)	19	라 스	9	FW	FW	30	심동운	4	0	0	0	0
0	0	1	0	11	장재웅	29	FW	FW	11	팔라시오스		3(2)	1	0	0
0	0	0	1(1)	7	이영준	99	FW	FW	23	구본철		3(2)	1	0	0
0	0	0	0		이범영	27			1	최필수		0	0	0	0
0	0	0	0	후35	박민규	3			4	강의빈	전19	0	0	0	0
0	0	0	0	후35	신세계	30			5	마상훈	전19	0	0	0	0
0	0	0	0		무릴로	10	대기	대기	29	장효준	후30	0	0	0	0
0	0	1	1	전18	김 현	7			15	이재원		0	0	0	0
0	1	1	2(2)	전18	이승우	11			93	밀로스	후30	1(1)	0	0	0
0	0	0	0	후42	김승준	19			8	뮬리치	후17	2(2)	1	0	0
0	3	9	11(9)			0			0			12(8)	10	2	0

- ●전반 2분 김건웅 GAL 내 L-ST-G (득점: 김건웅) 가운데
- ●후반 9분 라스 GAR H-ST-G (득점: 라스) 오른쪽
- ●전반 46분 김민혁 PAL 내 ~ 유인수 PA 정면 내 R-ST-G (득점: 유인수, 도움: 김민혁) 오른쪽

- 10월 12일 19:30 맑음 서울 월드컵 4,318명
- 주심_ 박병진 부심_ 이정민·김지욱 대기심_ 김영수 경기감독관_ 김종민

서울 1 1 전반 0 / 0 후반 1 **1 김천**

퇴장	경고	파울	ST(유)	교체	선수명	배번	위치	위치	배번	선수명	교체	ST(유)	파울	경고	퇴장
0	0	0	0		양한빈	21	GK	GK	12	김정훈		0	0	0	0
0	0	1	0		김주성	30	DF	DF	35	이유현		3(2)	0	0	0
0	0	0	0		오스마르	5	DF	DF	23	박지수		0	0	0	0
0	0	1	0		이상민	3	DF	DF	4	송주훈		0	1	0	0
0	0	0	1	6	김진야	17	MF	DF	32	강윤성	34	0	0	0	0
0	0	0	1(1)	16	김신진	9	MF	MF	31	이영재		3(2)	0	0	0
0	0	1	0	14	팔로세비치	26	MF	MF	6	문지환		0	1	0	0
0	0	0	0		윤종규	23	MF	MF	7	고승범		2(1)	3	0	0
0	0	0	2(1)		나상호	7	FW	FW	19	김경민	36	0	2	0	0
0	0	1	1	19	조영욱	11	FW	FW	28	김지현		1	0	0	0
0	0	0	2(2)	90	강성진	29	FW	FW	26	권창훈	14	1(1)	1	0	0
0	0	0	0		황성민	18			1	황인재		0	0	0	0
0	0	2	0	후0	정현철	16			13	정동윤		0	0	0	0
0	0	0	0		백상훈	35			33	임승겸		0	0	0	0
0	0	1	1	후0	케이지로	14	대기	대기	34	최병찬	후37	0	1	0	0
0	0	0	0	후23	기성용	6			39	윤석주		0	0	0	0
0	0	0	0	후42	정한민	19			14	김한길	후34	1	0	0	0
0	0	1	1(1)	후21	일류첸코	90			36	김준범	후17	0	0	0	0
0	0	8	9(5)			0			0			11(6)	9	0	0

- ●전반 1분 조영욱 GA 정면 ~ 김신진 GAR R-ST-G (득점: 김신진, 도움: 조영욱) 왼쪽
- ●후반 16분 고승범 AKL ~ 이영재 AK 정면 L-ST-G (득점: 이영재, 도움: 고승범) 오른쪽

- 10월 12일 19:30 맑음 수원 월드컵 3,093명
- 주심_ 김대용 부심_ 김계용·성주경 대기심_ 서동진 경기감독관_ 허기태

수원 1 0 전반 1 / 1 후반 1 **2 대구**

퇴장	경고	파울	ST(유)	교체	선수명	배번	위치	위치	배번	선수명	교체	ST(유)	파울	경고	퇴장
0	0	0	0		노동건	19	GK	GK	21	오승훈		0	0	0	0
0	0	0	1		이기제	23	DF	DF	66	조진우		0	1	0	0
0	1	0	0		불투이스	4	DF	DF	6	홍정운		0	0	0	0
0	1	2	0		고명석	15	DF	DF	4	정태욱		0	3	0	0
0	0	0	0	3	김태환	11	DF	MF	33	홍 철		0	1	0	0
0	0	0	3(2)	12	전진우	14	MF	MF	26	이진용	74	0	4	0	0
0	0	0	1	30	박형진	13	MF	MF	2	황재원		1	2	0	0
0	0	2	0	8	한석종	6	MF	MF	5	장성원		0	0	0	0
0	1	1	0		정승원	10	MF	FW	11	세징야		5(2)	1	0	0
0	1	1	2(1)		안병준	22	FW	FW	32	정치인	22	1	1	0	0
0	0	0	0	5	박상혁	98	FW	FW	17	고재현	3	2(2)	0	0	0
0	0	0	0		박지민	34			1	최영은		0	0	0	0
0	0	0	0	후41	양상민	3			3	김우석	후39	0	0	0	0
0	0	0	0		장호익	35			15	이원우		0	0	0	0
0	0	0	2(1)	후0	사리치	8	대기	대기	18	케이타		0	0	0	0
0	0	1	0	후35	강현묵	12			74	이용래	후26	0	0	0	0
0	0	1	2	후0	마나부	5			14	안용우		0	0	0	0
0	0	0	0	후35	류승우	30			22	이근호	후14	0	0	0	0
0	4	8	11(4)			0			0			9(4)	13	0	0

- ●후반 5분 이기제 C,KL ↷ 안병준 GAL 내 H-ST-G (득점: 안병준, 도움: 이기제) 가운데
- ●전반 20분 세징야 AK 정면 ~ 고재현 PAR 내 R-ST-G (득점: 고재현, 도움: 세징야) 왼쪽
- ●후반 35분 홍철 PAL TL ↷ 세징야 GA 정면 H-ST-G (득점: 세징야, 도움: 홍철) 왼쪽

• 10월 16일 14:00 흐림 춘천 송암 4,433명
• 주심_ 김용우 부심_ 이정민·강동호 대기심_ 서동진 경기감독관_ 나승화

강원 1 0 전반 0 / 1 후반 2 **2 울산**

퇴장	경고	파울	ST(유)	교체	선수명	배번	위치	위치	배번	선수명	교체	ST(유)	파울	경고	퇴장
0	0	0	0		유상훈	1	GK	GK	21	조현우		0	0	0	0
0	0	0	0		김영빈	2	DF	DF	44	김기희		0	1	0	0
0	0	0	0		윤석영	7	DF	DF	19	김영권		0	0	0	0
0	0	1	1(1)		임창우	23	DF	DF	66	설영우		1	0	0	0
0	0	2	0		서민우	4	MF	DF	13	이명재		1	0	0	0
0	0	2	1	3	황문기	88	MF	MF	6	박용우		0	3	0	0
0	0	1	0		정승용	22	MF	MF	24	이규성		2	0	0	0
0	0	3	0		김진호	24	MF	MF	72	이청용		0	0	0	0
0	0	1	2(2)		김대원	17	FW	MF	17	김민준	11	1(1)	0	0	0
0	0	0	0	11	이정협	18	FW	MF	10	바코	63	2(2)	1	0	0
0	0	0	1		양현준	47	FW	FW	9	레오나르도		3(3)	1	0	0
0	0	0	0		김정호	25			1	조수혁		0	0	0	0
0	0	0	0		이웅희	15			5	임종은		0	0	0	0
0	0	0	0		김대우	5			25	오인표	후41	0	0	0	0
0	0	0	0	후27	케빈	3	대기	대기	16	원두재		0	0	0	0
0	0	0	0		발샤	98			29	최기윤		0	0	0	0
0	0	0	0		고무열	10			11	엄원상	전22/25	2(2)	2	0	0
0	0	0	0	후35	갈레고	11			63	마틴 아담	후21	1(1)	1	0	0
0	0	10	5(3)			0			0			13(9)	9	0	0

● 후반 20분 김대원 PK-R-G (득점: 김대원) 오른쪽

● 후반 29분 마틴 아담 AKR H ↷ 엄원상 GAR 발리슛 R-ST-G (득점: 엄원상, 도움: 마틴 아담) 왼쪽
● 후반 40분 김기희 GAR 내 H→ 마틴 아담 GA 정면 내 L-ST-G (득점: 마틴 아담, 도움: 김기희) 왼쪽

• 10월 16일 14:00 흐림 수원 월드컵 9,227명
• 주심_ 이동준 부심_ 지승민·송봉근 대기심_ 박병진 경기감독관_ 김성기

수원 3 1 전반 0 / 2 후반 0 **0 수원FC**

퇴장	경고	파울	ST(유)	교체	선수명	배번	위치	위치	배번	선수명	교체	ST(유)	파울	경고	퇴장
0	0	0	0		양형모	21	GK	GK	27	이범영		0	0	0	0
0	0	0	0		이기제	23	DF	DF	2	정동호		0	1	0	0
0	0	1	0		불투이스	4	DF	DF	5	잭슨		0	0	0	0
0	0	0	2(1)		고명석	15	DF	DF	20	황순민	3	0	0	0	0
0	0	2	0	33	장호익	35	DF	DF	30	신세계		0	2	0	0
0	0	2	0	12	명준재	36	MF	MF	10	무릴로	8	0	0	0	0
0	1	3	1		사리치	8	MF	MF	11	이승우		3(2)	3	1	0
0	1	2	1(1)		이종성	92	MF	MF	14	김건웅		0	0	0	0
0	0	0	2(1)	11	류승우	30	MF	FW	7	김현		1	2	0	0
0	0	1	5(4)		오현규	18	FW	FW	19	김승준	29	0	0	0	0
0	0	1	5(1)		안병준	22	FW	FW	21	강준모	77	1	0	0	0
0	0	0	0		노동건	19			1	박배종		0	0	0	0
0	0	0	0		양상민	3			3	박민규	후16	1(1)	0	0	0
0	0	0	0		박형진	13			4	곽윤호		0	0	0	0
0	0	0	0	후27	박대원	33	대기	대기	77	신재원	전21/9	0	0	0	0
0	0	0	0	후5	김태환	11			8	정재용	후0	0	0	0	0
0	0	0	0	후12	강현묵	12			9	라스	후0	1	1	0	0
0	0	0	0		염기훈	26			29	장재웅	후16	1(1)	1	0	0
0	2	12	16(8)			0			0			8(4)	10	1	0

● 전반 25분 이종성 GA 정면 R-ST-G (득점: 이종성) 가운데
● 후반 4분 오현규 GA 정면 R-ST-G (득점: 오현규) 가운데
● 후반 46분 강현묵 PAL 내 EL ~ 안병준 GAL L-ST-G (득점: 안병준, 도움: 강현묵) 가운데

• 10월 16일 16:30 흐림 제주 월드컵 6,052명
• 주심_ 정동식 부심_ 곽승순·박균용 대기심_ 최규현 경기감독관_ 조성철

제주 1 0 전반 1 / 1 후반 1 **2 전북**

퇴장	경고	파울	ST(유)	교체	선수명	배번	위치	위치	배번	선수명	교체	ST(유)	파울	경고	퇴장
0	0	0	0		김동준	1	GK	GK	1	이범수		0	0	0	0
0	0	0	0	7	김명순	39	DF	DF	33	박진성	23	1	1	0	0
0	1	2	0		김오규	35	DF	DF	5	윤영선		0	0	0	0
0	1	1	0		정운	13	DF	DF	4	박진섭		0	1	0	0
0	1	2	0	42	정우재	22	DF	DF	25	최철순	15	0	0	0	0
0	0	0	0		김봉수	30	MF	MF	29	류재문		0	0	0	0
0	0	3	0		최영준	6	MF	FW	11	바로우	9	2(1)	1	0	0
0	0	1	5(1)		이창민	8	MF	MF	97	김진규		2(1)	2	0	0
0	0	1	4(2)		제르소	11	FW	MF	36	강상윤	28	0	1	1	0
0	0	0	2(1)	2	서진수	9	FW	FW	21	송민규	7	1(1)	0	0	0
0	0	0	6(3)		주민규	18	FW	FW	10	조규성		8(4)	2	0	0
0	0	0	0		김근배	41			30	김준홍		0	0	0	0
0	0	0	0		이지솔	4			7	한교원	후22	0	1	0	0
0	0	1	1	전25	조성준	7			9	구스타보	후29	0	1	1	0
0	0	0	0		윤빛가람	14	대기	대기	13	김보경		0	0	0	0
0	0	0	0	후14	구자철	42			15	구자룡	후40	0	0	0	0
0	0	0	0		조나탄 링	10			23	김진수	후0	0	1	0	0
0	0	0	1	후14	진성욱	2			28	맹성웅	후0	0	3	1	0
0	3	11	19(7)			0			0			14(7)	14	3	0

● 후반 42분 이창민 PAR ↷ 주민규 GA 정면 내 H-ST-G (득점: 주민규, 도움: 이창민) 왼쪽

● 전반 36분 바로우 GAR ~ 조규성 GA 정면 L-ST-G (득점: 조규성, 도움: 바로우) 가운데
● 후반 8분 김진규 PA 정면 R-ST-G (득점: 김진규) 왼쪽

• 10월 16일 16:30 맑음 DGB대구은행파크 9,711명
• 주심_ 고형진 부심_ 윤재열·천진희 대기심_ 안재훈 경기감독관_ 당성증

대구 1 0 전반 0 / 1 후반 1 **1 김천**

퇴장	경고	파울	ST(유)	교체	선수명	배번	위치	위치	배번	선수명	교체	ST(유)	파울	경고	퇴장
0	0	0	0		최영은	1	GK	GK	12	김정훈		0	0	0	0
0	0	0	1(1)	3	조진우	66	DF	DF	35	이유현		1(1)	3	0	0
0	0	0	0		홍정운	6	DF	DF	23	박지수		0	1	0	0
0	0	0	1(1)		정태욱	4	DF	DF	4	송주훈		0	0	0	0
0	0	0	1	18	홍철	33	MF	DF	32	강윤성		0	0	0	0
0	0	0	0		이진용	26	MF	MF	36	김준범	31	1(1)	0	0	0
0	0	1	0		황재원	2	MF	MF	39	윤석주	6	0	0	0	0
0	1	1	2(1)	74	장성원	5	MF	MF	7	고승범		1(1)	2	0	0
0	0	3	1(1)		세징야	11	FW	FW	14	김한길		1(1)	0	0	0
0	0	2	1	22	제카	19	FW	FW	28	김지현	19	1	0	0	0
0	0	0	2(2)		고재현	17	FW	FW	26	권창훈		5(1)	2	0	0
0	0	0	0		이윤오	31			1	황인재		0	0	0	0
0	0	0	0	후37	김우석	3			13	정동윤		0	0	0	0
0	0	1	0	후0	케이타	18			33	임승겸		0	0	0	0
0	0	1	0	후13	이용래	74	대기	대기	34	최병찬		0	0	0	0
0	0	0	0		안용우	14			6	문지환	후0	0	1	0	0
0	0	0	0		정치인	32			31	이영재	후10	1(1)	0	0	0
0	0	0	0	후27	이근호	22			19	김경민	후16	1	1	0	0
0	1	9	9(6)			0			0			12(6)	10	0	0

● 후반 20분 제카 PAL 내 ~ 세징야 AKL R-ST-G (득점: 세징야, 도움: 제카) 왼쪽

● 후반 14분 고승범 PAR → 김한길 PK 우측 지점 L-ST-G (득점: 김한길, 도움: 고승범) 오른쪽

• 10월 16일 19:00 흐림 인천 전용 7,592명
• 주심_ 김종혁 부심_ 김계용·김지욱 대기심_ 채상협 경기감독관_ 허기태

인천 1 0 전반 0 / 1 후반 1 **1 포항**

퇴장	경고	파울	ST(유)	교체	선수명	배번	위치	위치	배번	선수명	교체	ST(유)	파울	경고	퇴장
0	0	0	0		김 동 헌	21	GK	GK	31	강 현 무		0	0	0	0
0	0	1	0		델브리지	20	DF	DF	2	심 상 민		0	0	0	0
0	0	2	1		김 동 민	47	DF	DF	14	박 승 욱		0	0	0	0
0	0	0	0		김 준 엽	17	DF	DF	45	하 창 래		0	1	0	0
0	0	1	1		이 주 용	32	MF	DF	13	김 용 환		1	1	0	0
0	0	1	0	8	이 강 현	24	MF	MF	6	신 진 호		1	0	0	0
0	0	1	0	16	이 명 주	5	MF	MF	4	이 수 빈	3	0	2	0	0
0	0	0	2(2)	22	오 재 석	34	MF	MF	7	임 상 협		2(1)	0	0	0
0	0	1	0	7	김 민 석	25	FW	MF	11	고 영 준		0	0	0	0
0	0	1	6(3)		김 보 섭	27	FW	MF	12	김 승 대	77	0	0	0	0
0	0	0	2(1)	26	홍 시 후	37	FW	FW	8	허 용 준	18	1(1)	1	0	0
0	0	0	0		민 성 준	23			91	류 원 우		0	0	0	0
0	0	0	0	후48	오 반 석	26			3	이 광 준	후38	0	0	0	0
0	0	0	0	후48	김 창 수	22			77	완 델 손	후10	4(4)	0	0	0
0	0	0	0		박 창 환	30	대기	대기	23	노 경 호		0	0	0	0
0	0	0	0	후48	이 동 수	16			88	권 기 표		0	0	0	0
0	0	0	0	후26	정 혁	8			27	정 재 희		0	0	0	0
0	0	0	1(1)	후0	김 도 혁	7			18	이 호 재	후44	1(1)	0	0	0
0	0	8	13(7)			0			0			10(7)	5	0	0

●후반 33분 김보섭 GAL R-ST-G (득점: 김보섭) 오른쪽

●후반 17분 허용준 AKL ~ 완델손 PA 정면 내 L-ST-G (득점: 완델손, 도움: 허용준) 왼쪽

• 10월 16일 19:00 흐림 서울 월드컵 7,282명
• 주심_ 신용준 부심_ 박상준·방기열 대기심_ 김영수 경기감독관_ 김용세

서울 0 0 전반 0 / 0 후반 1 **1 성남**

퇴장	경고	파울	ST(유)	교체	선수명	배번	위치	위치	배번	선수명	교체	ST(유)	파울	경고	퇴장
0	0	0	0		양 한 빈	21	GK	GK	41	김 영 광		0	0	0	0
0	0	2	1		김 주 성	30	DF	DF	34	최 지 묵	5	0	2	0	0
0	0	2	0		오스마르	5	DF	DF	32	연 제 운		0	1	0	0
0	0	2	0		이 상 민	3	DF	DF	3	권 완 규		0	1	0	0
0	0	0	1(1)	24	고 광 민	27	MF	MF	27	유 인 수		1(1)	0	0	0
0	0	0	1(1)	9	기 성 용	6	MF	MF	15	이 재 원		1	0	0	0
0	0	0	1	44	팔로세비치	26	MF	MF	24	양 시 후		0	0	0	0
0	1	0	0		윤 종 규	23	MF	MF	13	김 민 혁		0	1	0	0
0	0	0	2(1)		나 상 호	7	FW	MF	29	장 효 준		0	1	0	0
0	0	1	2		일류첸코	90	FW	FW	11	팔라시오스	8	1(1)	0	0	0
0	0	0	0	11	강 성 진	29	FW	FW	23	구 본 철	66	3	2	0	0
0	0	0	0		황 성 민	18			1	최 필 수		0	0	0	0
0	0	0	0		정 현 철	16			2	이 시 영		0	0	0	0
0	0	0	0	후36	조 지 훈	44			5	마 상 훈	후37	0	0	0	0
0	0	0	0	후29	권 성 윤	24	대기	대기	66	박 수 일	후45	0	0	0	0
0	0	0	1(1)	후36	김 신 진	9			22	안 진 범		0	0	0	0
0	0	0	0		정 한 민	19			8	뮬 리 치	후24	1(1)	2	0	0
0	0	1	0	후0	조 영 욱	11			30	심 동 운		0	0	0	0
0	1	8	9(4)			0			0			7(3)	10	0	0

●후반 35분 뮬리치 PK-R-G (득점: 뮬리치) 왼쪽

• 10월 22일 15:00 맑음 수원 종합 6,452명
• 주심_ 김종혁 부심_ 곽승순·천진희 대기심_ 안재훈 경기감독관_ 강득수

수원FC 0 0 전반 1 / 0 후반 1 **2 서울**

퇴장	경고	파울	ST(유)	교체	선수명	배번	위치	위치	배번	선수명	교체	ST(유)	파울	경고	퇴장
0	0	0	0		박 배 종	1	GK	GK	21	양 한 빈		0	0	0	0
0	0	1	0		박 민 규	3	DF	DF	17	김 진 야		0	1	0	0
0	0	2	0	18	잭 슨	5	DF	DF	30	김 주 성	29	0	0	0	0
0	0	2	0		이 용	22	DF	DF	3	이 상 민		0	0	0	0
0	0	1	0	4	신 세 계	30	DF	DF	27	고 광 민		0	1	1	0
0	0	1	0		박 주 호	6	MF	MF	5	오스마르		0	2	1	0
0	0	1	1(1)	10	김 건 웅	14	MF	MF	7	나 상 호		1(1)	2	0	0
0	0	0	0	8	정 재 윤	16	MF	MF	6	기 성 용	19	1	0	0	0
0	0	0	0	19	강 준 모	21	MF	MF	11	조 영 욱		4(3)	3	0	0
0	0	0	2		라 스	9	FW	FW	90	일류첸코	9	1(1)	1	0	0
0	0	0	4(2)		이 승 우	11	FW	FW	26	팔로세비치	44	0	0	0	0
0	0	0	0		이 범 영	27			18	황 성 민		0	0	0	0
0	0	0	0		정 동 호	2			44	조 지 훈	후36	0	0	0	0
0	0	1	1	전15	곽 윤 호	4			24	권 성 윤		0	0	0	0
0	0	0	1(1)	전15	정 재 용	8	대기	대기	29	강 성 진	후45	0	0	0	0
0	0	0	0	후23	무 릴 로	10			9	김 신 진	후15	0	1	0	0
0	0	0	0	후31	양 동 현	18			19	정 한 민	후36	1(1)	2	0	0
0	0	0	1(1)	전15	김 승 준	19			50	박 동 진		0	0	0	0
0	0	9	10(5)			0			0			8(6)	13	2	0

●전반 25분 나상호 GA 정면 내 R-ST-G (득점: 나상호) 왼쪽
●후반 43분 조영욱 GAR 내 ~ 정한민 GA 정면 내 R-ST-G (득점: 정한민, 도움: 조영욱) 가운데

• 10월 22일 15:00 맑음 김천 종합 2,460명
• 주심_ 김동진 부심_ 김계용·양재용 대기심_ 채상협 경기감독관_ 당성증

김천 1 1 전반 1 / 0 후반 2 **3 수원**

퇴장	경고	파울	ST(유)	교체	선수명	배번	위치	위치	배번	선수명	교체	ST(유)	파울	경고	퇴장
0	0	0	0		황 인 재	1	GK	GK	21	양 형 모		0	0	0	0
0	0	1	1(1)	35	정 동 윤	13	DF	DF	23	이 기 제		0	0	0	0
0	0	2	0		임 승 겸	33	DF	DF	4	불투이스		1	0	0	0
0	0	0	0	23	송 주 훈	4	DF	DF	15	고 명 석		0	1	0	0
0	1	2	0		최 병 찬	34	DF	DF	35	장 호 익	5	0	1	0	0
0	1	3	3(1)		김 준 범	36	MF	MF	36	명 준 재	14	0	0	0	0
0	1	4	1	39	문 지 환	6	MF	MF	8	사 리 치	13	0	0	0	0
0	0	0	4(1)		이 영 재	31	MF	MF	92	이 종 성		1(1)	1	0	0
0	0	1	0	28	이 지 훈	37	FW	MF	30	류 승 우	11	2(2)	0	0	0
0	0	1	4(3)		김 경 민	19	FW	FW	22	안 병 준		5(3)	2	1	0
0	1	3	0	14	이 준 석	40	FW	FW	18	오 현 규	12	0	1	0	0
0	0	0	0		신 송 훈	42			34	박 지 민		0	0	0	0
0	0	0	1	후0	이 유 현	35			3	양 상 민		0	0	0	0
0	0	0	0	후0	박 지 수	23			11	김 태 환	후23	0	0	0	0
0	0	0	0		강 윤 성	32	대기	대기	13	박 형 진	후4	0	0	0	0
0	0	0	0	후25	윤 석 주	39			12	강 현 묵	후38	0	0	0	0
0	0	0	0	후14	김 한 길	14			14	전 진 우	후4	2(1)	2	0	0
0	0	0	1	후25	김 지 현	28			5	마 나 부	후23	0	0	0	0
0	4	17	15(6)			0			0			11(7)	8	1	0

●전반 37분 김경민 PAR 내 L-ST-G (득점: 김경민) 왼쪽

●전반 32분 안병준 PA 정면 내 R-ST-G (득점: 안병준) 오른쪽
●후반 34분 이기제 자기 측 PA 정면 ↷ 전진우 MFR R-ST-G (득점: 전진우, 도움: 이기제) 오른쪽
●후반 47분 전진우 GA 정면 H~ 이종성 GAR 내 R-ST-G (득점: 이종성, 도움: 전진우) 오른쪽

• 10월 22일 15:00 맑음 탄천 종합 1,974명
• 주심_ 최현재 부심_ 지승민·김지욱 대기심_ 김희곤 경기감독관_ 허기태

성남 4 0 전반 2 / 4 후반 2 **4 대구**

퇴장	경고	파울	ST(유)	교체	선수명	배번	위치	위치	배번	선수명	교체	ST(유)	파울	경고	퇴장
0	1	0	0		김영광	41	GK	GK	31	이윤오		0	0	0	0
0	0	0	0	11	최지묵	34	DF	DF	15	이원우	2	0	1	0	0
0	0	0	0		연제운	32	DF	DF	4	정태욱		0	1	0	0
0	1	3	2(1)		권완규	3	DF	DF	3	김우석		0	1	0	0
0	1	3	2(1)		유인수	27	MF	MF	18	케이타	6	1	0	0	0
0	0	0	1(1)	5	김민혁	13	MF	MF	26	이진용	74	0	0	0	0
0	0	0	0	93	양시후	24	MF	MF	17	고재현		0	0	0	0
0	0	3	0	4	안진범	22	MF	MF	5	장성원		0	1	0	0
0	0	1	0	66	장효준	29	MF	FW	30	박용희	22	0	1	0	0
0	0	1	7(5)		뮬리치	8	FW	FW	13	오후성		1(1)	1	0	0
0	0	0	3(1)		구본철	23	FW	FW	14	안용우	33	3(3)	0	0	0
0	0	0	0		최필수	1			21	오승훈		0	0	0	0
0	1	2	1(1)	후12	강의빈	4			6	홍정운	후28	0	1	0	0
0	0	0	1	후0	마상훈	5			33	홍철	후14	0	0	0	0
0	0	0	0	전32	박수일	66	대기	대기	74	이용래	전10	0	0	0	0
0	0	0	0		이재원	15			2	황재원	후28	0	2	0	0
0	0	1	3(2)	전32	밀로스	93			32	정치인		0	0	0	0
0	0	0	3(3)	후0	팔라시오스	11			22	이근호	후14	1(1)	1	0	0
0	4	14	23(15)			0			0			6(5)	10	0	0

● 후반 12분 뮬리치 PA 정면 내 ~ 팔라시오스 GA 정면 L-ST-G (득점: 팔라시오스, 도움: 뮬리치) 오른쪽
● 후반 13분 구본철 C.KL ↷ 권완규 GAR H-ST-G (득점: 권완규, 도움: 구본철) 왼쪽
● 후반 23분 팔라시오스 AK 정면 R-ST-G (득점: 팔라시오스) 왼쪽
● 후반 33분 뮬리치 AK 내 R-ST-G (득점: 뮬리치) 오른쪽

● 전반 36분 장성원 PA 정면 내 ~ 오후성 GA 정면 L-ST-G (득점: 오후성, 도움: 장성원) 오른쪽
● 전반 38분 이용래 MFR ↷ 안용우 PK지점 H-ST-G (득점: 안용우, 도움: 이용래) 왼쪽
● 후반 7분 안용우 MF 정면 FK L-ST-G (득점: 안용우) 왼쪽
● 후반 31분 김우석 자기 측 MF 정면 → 이근호 PA 정면 내 R-ST-G (득점: 이근호, 도움: 김우석) 왼쪽

• 10월 23일 15:00 맑음 울산 문수 23,817명
• 주심_ 고형진 부심_ 이정민·박상준 대기심_ 송민석 경기감독관_ 나승화

울산 1 1 전반 0 / 0 후반 2 **2 제주**

퇴장	경고	파울	ST(유)	교체	선수명	배번	위치	위치	배번	선수명	교체	ST(유)	파울	경고	퇴장
0	0	0	0		조현우	21	GK	GK	41	김근배		0	0	0	0
0	0	1	0		김기희	44	DF	MF	7	조성준		0	0	0	0
0	0	1	0		김영권	19	DF	DF	30	김봉수		0	0	0	0
0	0	1	0		김태환	23	DF	DF	16	김주원	42	0	0	0	0
0	0	0	0	66	이명재	13	DF	DF	13	정운		1	2	0	0
0	0	0	2		박용우	6	MF	MF	39	김명순	27	1	1	1	0
0	0	1	0		이규성	24	MF	MF	6	최영준		0	1	0	0
0	0	0	0	35	김민준	17	MF	MF	8	이창민		2(1)	0	0	0
0	0	0	1(1)	91	이청용	72	MF	FW	11	제르소	10	3(2)	0	0	0
0	1	1	1	29	아마노	8	MF	FW	9	서진수	2	3(1)	1	0	0
0	0	0	1(1)		마틴 아담	63	FW	FW	18	주민규		4(1)	0	0	0
0	0	0	0		조수혁	1			21	임준섭		0	0	0	0
0	0	0	0		정승현	15			4	이지솔		0	0	0	0
0	0	0	2(2)	후21	설영우	66			27	안태현	후0	0	1	0	0
0	0	0	0	전36/10	이호	35	대기	대기	42	구자철	후0	2(1)	0	0	0
0	0	0	1(1)	후21	최기윤	29			29	변경준		0	0	0	0
0	0	0	1(1)	후0	바코	10			10	조나탄 링	후18	1	0	0	0
0	0	0	0	후32	박주영	91			2	진성욱	후35	0	0	0	0
0	1	5	9(6)			0			0			17(6)	6	1	0

● 전반 43분 마틴 아담 자기 측 HLL → 이청용 PA 정면 내 R-ST-G (득점: 이청용, 도움: 마틴 아담) 오른쪽

● 후반 5분 구자철 PA 정면 내 → 서진수 PA 정면 내 L-ST-G (득점: 서진수, 도움: 구자철) 오른쪽
● 후반 47분 이창민 C.KL ↷ 구자철 GA 정면 내 H-ST-G (득점: 구자철, 도움: 이창민) 가운데

• 10월 23일 15:00 맑음 전주 월드컵 7,271명
• 주심_ 박병진 부심_ 박균용·장종필 대기심_ 김우성 경기감독관_ 차상해

전북 2 1 전반 0 / 1 후반 1 **1 인천**

퇴장	경고	파울	ST(유)	교체	선수명	배번	위치	위치	배번	선수명	교체	ST(유)	파울	경고	퇴장
0	0	0	0		송범근	31	GK	GK	23	민성준		0	0	0	0
0	0	0	2(1)	23	박진성	33	DF	DF	20	델브리지		0	2	1	0
0	0	0	0	15	윤영선	5	DF	DF	47	김동민		1(1)	1	1	0
0	0	3	0		박진섭	4	DF	DF	26	오반석		1	1	0	0
0	0	0	0		김문환	95	DF	MF	32	이주용	22	0	1	0	0
0	0	0	0	11	강상윤	36	MF	MF	16	이동수	25	2	1	0	0
0	0	0	1		류재문	29	MF	MF	5	이명주		3	1	0	0
0	0	0	1(1)	97	이승기	14	MF	MF	17	김준엽	33	0	0	0	0
0	0	0	4(2)	27	한교원	7	MF	FW	7	김도혁	30	3	2	0	0
0	1	3	8(3)		조규성	10	FW	FW	27	김보섭		1(1)	1	0	0
0	0	1	1(1)		김보경	13	FW	FW	37	홍시후	8	4(1)	0	0	0
0	0	0	0		이범수	1			29	김유성		0	0	0	0
0	0	1	0	후37	구자룡	15			22	김창수	후38	0	1	1	0
0	0	0	1(1)	전31	바로우	11			33	김성민	후24	1	0	0	0
0	0	0	1(1)	전31	김진수	23	대기	대기	8	정혁	후24	0	0	0	0
0	0	0	0		최철순	25			18	여름		0	0	0	0
0	0	0	0	후21	문선민	27			25	김민석	후9	1(1)	0	0	0
0	0	0	0	후21	김진규	97			30	박창환	후38	0	0	0	0
0	1	8	19(10)			0			0			17(4)	11	3	0

● 전반 42분 조규성 PK-R-G (득점: 조규성) 가운데
● 후반 12분 조규성 PAL 내 L-ST-G (득점: 조규성) 왼쪽

● 후반 23분 김준엽 PAR ↷ 김민석 GA 정면 H-ST-G (득점: 김민석, 도움: 김준엽) 왼쪽

• 10월 23일 15:00 맑음 포항 스틸야드 7,764명
• 주심_ 이동준 부심_ 윤재열·방기열 대기심_ 김영수 경기감독관_ 허태식

포항 1 0 전반 0 / 1 후반 0 **0 강원**

퇴장	경고	파울	ST(유)	교체	선수명	배번	위치	위치	배번	선수명	교체	ST(유)	파울	경고	퇴장
0	0	0	0		강현무	31	GK	GK	1	유상훈		0	0	0	0
0	0	1	0		심상민	2	DF	DF	2	김영빈		1	1	0	0
0	0	0	0		박승욱	14	DF	DF	7	윤석영		1	0	0	0
0	0	0	0		하창래	45	DF	DF	15	이웅희	24	0	0	0	0
0	0	0	0		김용환	13	DF	MF	4	서민우		0	1	1	0
0	0	2	1		신진호	6	MF	MF	3	케빈	88	0	2	1	0
0	1	1	0	66	이수빈	4	MF	MF	22	정승용		0	0	0	0
0	0	1	3	7	완델손	77	MF	MF	23	임창우		1	3	0	0
0	0	1	2	24	고영준	11	MF	FW	17	김대원		0	1	0	0
0	0	0	0	18	정재희	27	MF	FW	18	이정협	98	1	0	1	0
0	0	1	1(1)	26	김승대	12	FW	FW	47	양현준	11	1(1)	1	0	0
0	0	0	0		이승환	32			25	김정호		0	0	0	0
0	0	0	0		이광준	3			24	김진호	후26	0	0	0	0
0	0	0	0	후37	김준호	66			5	김대우		0	0	0	0
0	0	1	0	후37	윤민호	24	대기	대기	88	황문기	후26	1	0	0	0
0	0	0	0	후47	조재훈	26			98	발샤	후39	0	0	0	0
0	0	1	0	후17	임상협	7			10	고무열		0	0	0	0
0	0	0	0	후37	이호재	18			11	갈레고	후39	0	0	0	0
0	1	9	7(1)			0			0			6(1)	9	3	0

● 후반 19분 고영준 PAR → 김승대 GAL R-ST-G (득점: 김승대, 도움: 고영준) 왼쪽

제1조 (목적)_ 본 대회요강은 (사)한국프로축구연맹(이하 '연맹')이 K LEAGUE 2(이하 'K리그2') 대회 및 경기 운영에 관한 사항을 규정함을 목적으로 한다.

제2조 (용어의 정의)_ 본 대회요강에서 '대회'라 함은 정규 라운드(44R) 및 K리그2 준플레이오프, K리그2 플레이오프를 말하며, '클럽'이라 함은 연맹의 회원단체인 축구단을, '팀'이라 함은 해당 클럽의 팀을, '홈 클럽'이라 함은 홈경기를 개최하는 클럽을 지칭한다.

제3조 (명칭)_ 본 대회명은 '하나원큐 K리그2 2022'로 한다.

제4조 (주최, 주관)_ 본 대회는 연맹이 주최(대회를 총괄하여 책임지는 자)하고, 홈 클럽이 주관(주최자의 위임을 받아 대회를 운영하는 자)한다. 홈 클럽의 주관권은 제3자에게 양도할 수 없다.

제5조 (참가 클럽)_ 본 대회 참가 클럽(팀)은 총 11팀(경남FC, 광주FC, 김포FC, 대전하나시티즌, 부산아이파크, 부천FC 1995, 서울이랜드FC, 안산그리너스FC, FC안양, 전남드래곤즈, 충남아산FC)이다.

제6조 (일정)_ 본 대회는 2022.02.19(토)~2022.10.23(일) 개최하며, 경기일정(대진)은 미리 정한 경기일정표에 의한다.

구분		일정	방식	Round	팀수	경기수	장소
정규 라운드		02.19(토)~10.15(토)	4Round robin	44R	11팀	220경기 (팀당 40G)	홈 클럽 경기장
플레이오프	준PO, PO	10.19(수), 10.23(일)	토너먼트	2R	3팀(최종순위 3~5위)	2경기	
계						222경기 (팀당 40~42경기)	

※대내외적 환경 변화에 따라 경기일정 변경 가능성 있음.

제7조(대회방식)_

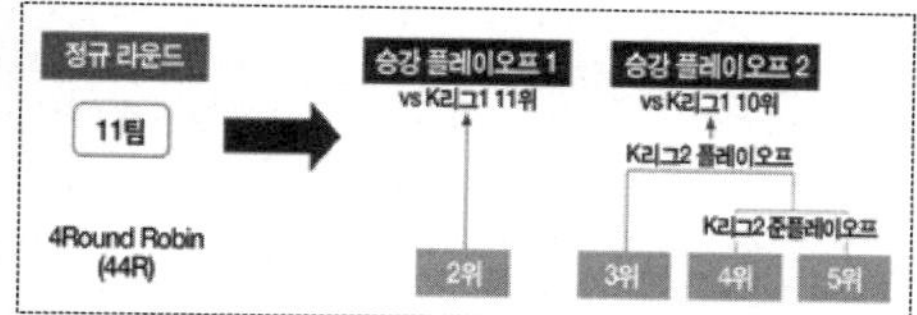

구분	대진	경기방식	경기장	다음 라운드 진출
K리그2 준PO	정규라운드 4위 vs 5위	90분 단판경기	4위팀 홈	승리팀 (무승부 시 4위팀)
K리그2 PO	정규라운드 3위 vs K리그2 준PO 승리팀	90분 단판경기	3위팀 홈	승리팀 (무승부 시 3위팀)

1. 11팀이 4Round robin(44라운드) 방식으로 정규 라운드를 진행한다.
2. 정규 라운드(1~44R) 성적을 기준으로 1위팀은 K리그1 자동승격, 2위팀은 K리그1의 11위팀과 승강 플레이오프1, 3위부터 5위까지는 K리그2 플레이오프를 실시한다. K리그2 준플레이오프, 플레이오프 및 승강 플레이오프 1, 2는 K리그1 및 K리그2가 대회성립요건을 충족했을 경우에만 개최하며, 어느 한 디비전이라도 대회가 성립되지 않을 경우의 승강방식은 제22조 3항에 따른다. 정규 라운드 순위결정은 제30조에 의한다.
3. K리그2 플레이오프 방식(준PO, PO)은 정규라운드 4위와 5위가 준PO(단판경기)를 실시하고, 90분 경기 무승부 시 정규리그 4위팀이 플레이오프에 진출한다. 플레이오프에 진출한 팀은 정규 라운드 3위와 PO(단판경기)를 실시하고, 90분 경기 무승부 시 정규리그 3위팀이 PO 승자로서 승강 플레이오프 2에 진출한다.
4. K리그2 플레이오프(준PO, PO) 홈경기 개최는 정규 라운드 상위팀의 홈경기장에서 개최한다.
5. 최종 순위 결정은 제30조에 의한다.

제8조 (참가자격)_ 1. 본 대회를 참가하기 위해 클럽은 'K리그 클럽 라이선싱 규정'을 준수해야 하며, 그에 따라 라이선스를 부여받아야 한다.

제9조 (경기장)_ 1. 모든 클럽은 최상의 상태에서 홈경기를 실시할 수 있도록 경기장을 유지·관리할 책임이 있다.

2. 본 대회는 원칙적으로 축구전용경기장에서 개최되어야 한다.
3. 경기장은 법령이 정하는 시설 안전 기준을 충족하여야 한다.
4. 홈 클럽은 경기장을 방문하는 관람객을 위해 관중상해보험에 가입해야 하며, 보험증권을 시즌 개막 7일 전까지 연맹에 제출하여야 한다. 홈 클럽이 연고지역 외, 기타 경기장에서 K리그 경기를 개최하고자 할 경우에는 연맹에 경기개최 승인 요청 시 보험증권을 첨부하여 제출하여야 한다.
5. 각 클럽은 경기장 시설(물)에 대해 연맹의 승인을 득하여야 한다.
6. 경기장은 연맹의 경기장 시설 기준을 준수하여야 하며, 다음 각 호의 조건을 충족하여야 한다.
   1) 그라운드는 천연잔디구장으로 길이 105m, 너비 68m를 권고하며, 천연잔디 또는 하이브리드 잔디여야 한다. 단 하이브리드 잔디를 사용할 경우 사전에 연맹의 승인을 득해야 하며, 아래 기준을 충족시켜야 한다.
      가. 기준
      - 인조잔디 내 인체 유해성분이 검출되지 않을 것
      - 전체 그라운드 면적 대비 인조잔디 함유 비율 5% 미만
      - 최초 설치 시 아래 기준치를 상회하는 성능일 것

충격흡수성	수직방향변형	잔디길이
(51~68)%	(4~10)mm	(21~25)mm
회전저항	**수직공반발**	**공구름**
(25~50)N/m	(0.6~1.0)m	(4~8)m

      나. 제출서류
      - 샘플(1m²), 제품규격서, 유해성 검출 시험 결과표, 설치/유지 관리 계획서
      다. 승인절차
      - 신청일로부터 60일 이내 승인
      - 필요시, 현장테스트 진행(최소 10m² 이상의 예비 포지 사전 마련)
      라. 그라운드 관리 미흡으로 인한 문제 발생 소지 있을 경우, 사용이 제한될 수 있음
   2) 공식경기의 잔디 길이는 2~2.5cm로 유지되어야 하며, 전체에 걸쳐 동일한 길이여야 한다.
   3) 그라운드 외측 주변에는 원칙적으로 축구전용경기장의 경우는 5m 이상, 육상경기겸용경기장의 경우 1.5m 이상의 잔디 부분이 확보되어야 한다.
   4) 골포스트 및 바는 흰색의 둥근 모양(직경12cm)의 철제 관으로 제작되고, 원칙적으로 고정식이어야 한다. 또한 볼의 반발력에 영향을 줄 수 있는 비철제 보강재 사용을 금한다.
   5) 골네트는 원칙적으로 흰색(연맹의 승인을 득한 경우는 제외)이어야 하며, 골네트는 골대 후방에 폴을 세워 안전한 방법으로 부착하여야 한다. 폴은 골대와 구별되는 어두운 색상이어야 한다.
   6) 코너 깃발은 연맹이 지정한 것을 사용하여야 한다.
   7) 각종 라인은 국제축구연맹(이하 'FIFA') 또는 아시아축구연맹(이하 'AFC')이 정한 규격에 따라야 하며, 라인 폭은 12cm로 선명하고 명료하게 그려야 한다(원칙적으로 페인트 방식으로 한다).
7. 필드(그라운드 및 그 주변 부분)에는 경기 운영에 영향을 주거나 선수에게 위험의 우려가 있는 것을 방치 또는 설치해서는 안 된다.
8. 공식경기에서 그라운드에 살수(撒水)를 하는 경우 다음 각 호에 따라 실시한다.
   1) 살수는 경기 킥오프 전 및 하프타임에 실시하며, 경기장에 걸쳐 균등하게 해야 한다.
   2) 경기감독관은 경기 시간 및 날씨, 그라운드 상태, 당일 경기장 행사 등

을 고려하여 살수 횟수와 시간을 정하고 이를 홈 클럽 및 원정 클럽 관계자들에게 사전 통보한다.

3) 홈 클럽은 경기감독관이 정한 횟수와 시간에 따라 살수를 실시해야 하며, 이를 위반할 경우 상벌규정 유형별 징계기준 제5조 사.항에 의거 해당 클럽에 제재를 부과할 수 있다.

9. 경기장 관중석은 좌석수 5,000석 이상을 충족하여야 한다. 이에 미달할 경우, 연맹의 사전 승인을 득하여야 한다.

10. 홈 클럽은 상대 클럽(이하 원정 클럽)을 응원하는 관중을 위해 경기장 전체 좌석수의 5% 이상 좌석을 배분해야 하며, 원정 클럽이 경기 개최 일주일 전까지 추가 좌석 분배를 요청할 경우 홈 클럽과 협의하여 추가 좌석 분배를 결정할 수 있다. 또한, 원정 클럽 관중을 위한 전용출입문, 화장실, 매점 시설 등을 독립적으로 사용할 수 있도록 마련하여야 한다.

11. 경기장은 다음 항목의 부대시설을 갖추도록 권고한다.

1) 양 팀 선수대기실(냉·난방 및 냉·온수 가능)
2) 심판대기실(냉·난방 및 냉·온수 가능)
3) 경기감독관 대기실 4) 운영 본부실
5) 실내 기자회견장 6) 기자실 및 사진기자실
7) 중계방송사룸(TV중계스태프룸) 8) 의무실
9) 도핑검사실(냉·난방 및 냉·온수 가능)
10) 장내방송 시스템 및 장내방송실
11) 통제실, 경찰 대기실, 소방 대기실 12) VIP룸
13) MCG, TSG석 및 심판평가관석 14) 기록석
15) 기자석 16) TV중계 부스
17) 전광판 18) TV카메라 설치 공간
19) 종합 안내소 20) 입장권 판매소
21) 식음료 및 축구 관련 상품 판매소
22) TV중계차 주차 공간 23) 케이블 시설 공간
24) 전송용기자재 등 설치 공간 25) 태극기, 연맹기, 대회기
26) 태극기, 대회 깃발, 리그 깃발, 양 팀 클럽 깃발 등을 게재할 수 있는 게양대
27) 믹스드 존(Mixed Zone) 28) 기타 연맹이 정하는 시설, 장비

제10조 (조명장치)_ 1. 경기장에는 그라운드 평균 1,200lux 이상 조도를 가진 조명 장치를 설치하여 조명의 밝음을 균일하게 유지하여야 한다. 또한 정전에 대비하여 1,000lux 이상의 조도를 갖춘 비상조명 장치를 구비하여야 한다.

2. 홈 클럽은 경기장 조명 장치의 이상 유·무를 사전에 확인하여 장애를 미연에 방지하는 한편, 고장 시 신속하게 수리할 수 있도록 모든 조치와 최선의 노력을 다하여야 한다.

제11조 (벤치)_ 1. 팀 벤치는 원칙적으로 다음의 요건을 충족하여야 한다.

1) FIFA가 정한 규격의 기술지역(테크니컬에어리어) 내에 설치하여야 한다.
2) 벤치 터치라인으로부터 5m 이상 떨어지는 한편 그 끝이 하프라인으로부터 8m 떨어지는 위치에 설치하여야 한다.
3) 최소 20인 이상 앉을 수 있는 좌석이 준비되어야 하며, 지붕을 설치할 경우 투명한 재질로 해야 한다.

2. 홈 팀 벤치는 본부석에서 그라운드를 향해 좌측에 설치하여야 한다. 단, 사전 승인 시 우측에 홈팀 벤치의 설치가 가능하다.

3. 홈, 원정 팀 벤치에는 팀명을 표기한 안내물을 부착하여야 한다.

4. 제4의 심판(대기심판) 벤치를 준비하여야 하며, 다음 요건을 충족하여야 한다.

1) 벤치 터치라인으로부터 5m 이상 떨어지는 그라운드 중앙에 설치하여야 한다. 단, 방송사의 요청 시에는 카메라 위치에 방해가 되지 않는 위치에 설치하여야 한다.
2) 지붕을 설치할 경우 투명한 재질로 해야 하며, 지붕이 관중의 시야를 방해해서는 안 된다.
3) 대기심판 벤치 내에는 최소 3인 이상 앉을 수 있는 좌석과 테이블이 준비되어야 한다.

제12조 (의료시설)_ 홈 클럽은 선수단, 관계자, 관중 등을 위해 경기개시 90분 전부터 경기종료 후 모든 관중 및 관계자가 퇴장할 때까지 의료진(의사, 간호사, 1급 응급구조사)과 1대의 특수구급차를 포함하여 최소 2대 이상의 구급차를 반드시 대기시켜야 한다. 이를 위반할 경우, 연맹 상벌 규정에 따라 제재할 수 있다.

제13조 (경기장에서의 고지)_ 1. 홈 클럽은 경기장에서 다음의 각 항목 사항을 전광판 및 장내 아나운서(멘트)를 통해 고지하여야 한다.

1) 공식 대회명칭(반드시 지정된 방식 및 형태에 맞게 전광판 노출)
2) 선수, 심판 및 경기감독관, 심판평가관 소개
3) 대회방식 및 경기방식
4) K리그 선수 입장곡(K리그 앤섬 'Here is the Glory' BGM)
5) 선수 및 심판 교체 6) 득점자 및 득점시간(득점 직후에)
7) 추가시간(전·후반 전광판 고지 및 장내아나운서 멘트 동시 실시)
8) 다른 공식경기의 중간 결과 및 최종 결과
9) 유료관중 수(후반전 15~30분 발표)
10) 경기 중, 경기정보 전광판 표출(양 팀 출전선수명단, 경고, 퇴장, 득점)
11) 지진 등 비상상황 발생 시 대피방안
12) VAR 리뷰를 진행할 경우, VAR 영상판독 문구 전광판 표출
13) 상기 1~4호 이외 연맹이 지정하는 사항

2. 홈 클럽은 경기 전·후 및 하프타임에 다음의 각 항목 사항을 실시하는 것이 가능하다.

1) 다음 경기예정 및 안내 2) 연맹의 사전 승인을 얻은 광고 선전
3) 음악방송 4) 팀 또는 선수에 관한 정보 안내
5) 상기 1~4호 이외 연맹의 승인을 얻은 사항

제14조 (홈 경기장에서의 경기개최)_ 각 클럽은 홈경기의 과반 이상을 홈 경기장에서 실시하여야 한다. 다만, 이사회의 승인을 얻은 경우는 제외된다.

제15조 (경기장 점검)_ 1. 홈 클럽이 기타 경기장에서 경기를 개최하고자 할 경우 해당 경기개최 30일 전까지 연맹에 시설 점검을 요청하여 경기장 실사를 받아야 하며, 이때 제출하여야 하는 서류는 다음과 같다.

1) 경기장 시설 현황 2) 홈경기 안전계획서

2. 연맹의 보완 지시가 있을 경우 이에 대한 이행 결과를 경기개최 15일 전까지 서면 보고하여야 한다.

3. 연맹은 서면보고접수 후 재점검을 통해 문제점 보완이 미흡하다고 판단될 경우 경기 개최를 불허한다. 이 경우 홈 클럽은 연고지역 내에서 '법령', 'K리그 경기장 시설기준'에 부합하는 타 경기장(대체구장)을 선정하여 상기 1항, 2항의 절차에 따라 연맹의 승인을 받아야 한다.

4. 홈 클럽이 원하는 경기장에서 경기개최가 불가능하다고 판단될 경우, 본 대회요강 제18조 2항에 따른다(연맹 경기규정 30조 2항).

5. 상기 4항을 이행하지 않는 클럽은 본 대회요강 제20조 1항에 따른다(연맹 경기규정 32조 1항).

제16조 (악천후의 경우 대비조치)_ 1. 홈 클럽은 강설 또는 강우 등 악천후의 경우에도 홈경기가 개최 될 수 있도록 최선의 노력을 해야 한다.

2. 악천후로 인하여 경기개최가 불가능하다고 판단될 경우, 경기감독관은 경기 개최 3시간 전까지 경기 개최 중지를 결정하여야 한다.

제17조 (경기중지 결정)_ 1. 경기 전 또는 경기 중 중대한 불상사 등으로 경기를 계속하기 어려운 사태가 발생하였을 경우, 주심은 경기 감독관에게 경기 중지를 요청할 수 있으며, 경기감독관은 동 요청에 의거하여 홈 클럽 및 원정 클럽 관계자의 의견을 참고한 후 경기 중지를 결정할 수 있다.

2. 상기 1항의 경우 또는 관중의 난동 등으로 경기장의 질서 유지가 어려운 경우, 경기감독관은 주심의 경기중지 요청이 없더라도 경기 중지를 결정할 수 있다.

3. 경기 개최 3시간 전부터 경기 종료 전까지 경기 개최 지역에 미세먼지, 초

미세먼지, 황사 등에 관한 경보가 발령되었거나 경보 발령 기준농도를 초과하는 상태인 경우, 경기감독관은 경기의 취소 또는 연기를 결정할 수 있다.

4. 경기 개최 3시간 전부터 경기 종료 전까지 장내 코로나19 확진 환자 발생 시 경기감독관은 경기의 취소 또는 연기를 결정할 수 있으며, 이 경우 제22조에 따른다.

5. 경기감독관은 경기중지 결정을 내린 후, 지체 없이 그 사유를 연맹에 보고하여야 한다.

제18조 (불가항력으로 인한 경기 취소·중지 및 재경기)_ 1. 공식경기가 악천후, 천재지변 등 불가항력에 의하여 경기개최 불능 또는 중지(중단)되었을 경우, 재경기는 원칙적으로 익일 동일 경기장에서 개최한다. 단 연기된 경기가 불가피한 사유로 다시 연기될 경우, 개최일시 및 장소는 해당팀과 협의 후 연맹이 정하여 추후 공시한다.

2. 그다음 날 같은 경기장에서 재경기를 개최하기 어려운 사정이 있을 경우에는 연맹이 재경기의 일시 및 경기장을 정한다.

3. 경기장 준비부족, 시설미비 등 점검미비에 따른 홈 클럽의 귀책사유로 인하여 공식 경기가 취소·중지된 경우 원정 클럽은 그 시점으로부터 24시간 이내에 자신의 홈경기로 재경기를 개최할 것을 신청할 수 있으며, 이 경우 홈/원정의 변경 여부는 연맹이 결정한다.

4. 재경기 방식에 대해서는 다음 각 호에 의한다.

1) 이전 경기에서 양 클럽의 득실차가 없을 때는 90분간 재경기를 실시한다.

2) 이전 경기에서 양 클럽의 득실차가 있을 때는 중지 시점에서부터 잔여 시간만의 재경기를 실시한다.

5. 재경기 시, 상기 4항 1호의 경우 이전 경기에서 발생된 경고, 퇴장 기록만이 인정되며 선수교체는 팀당 최대 3명까지 가능하다. 상기 4항 2호의 경우 이전 경기에서 발생된 모든 기록이 인정되며 선수교체는 이전 경기를 포함하여 3명까지 할 수 있다.

6. 재경기 시, 이전 경기에서 발생된 경고 및 퇴장은 유효하며, 경고 및 퇴장에 대한 처벌(징계)은 경기순서대로 연계 적용한다.

제19조 (귀책사유가 있는 클럽의 비용 보상)_ 1. 홈 클럽의 귀책사유에 의해 공식경기가 개최불능 또는 중지(중단)되었을 경우, 홈 클럽은 원정 클럽에 교통비 및 숙식비를 보상하여야 한다.

2. 원정 클럽의 귀책사유에 의해 공식경기가 개최불능 또는 중지(중단)되었을 경우, 원정 클럽은 홈 클럽에 발생한 경기준비 비용 및 입장권 환불 수수료, 교통비 및 숙식비를 보상하여야 한다.

3. 상기 1항, 2항과 관련하여 천재지변 등 불가항력에 의한 경우는 제외한다.

제20조 (패배로 간주되는 경우)_ 1. 공식경기 개최거부 또는 속행 거부 등(경기장 질서문란, 관중의 난동 포함) 어느 한 클럽의 귀책사유로 인하여 공식경기가 개최불능 또는 중지(중단)되었을 경우, 그 귀책사유가 있는 클럽이 0 : 3 패배한 것으로 간주한다.

2. 공식경기에 무자격선수가 출장한 것이 경기 중 또는 경기 후 발각되어 경기종료 후 48시간 이내에 상대 클럽으로부터 이의가 제기된 경우, 무자격선수가 출장한 클럽이 0 : 3 패배한 것으로 간주한다. 다만, 경기 중 무자격선수가 출장한 것이 발각되었을 경우, 해당 선수를 퇴장시키고 경기는 속행한다.

3. 상기 1항, 2항에 따라 어느 한 클럽의 0 : 3 패배를 결정한 경우에도 양 클럽 선수의 개인기록(출장, 경고, 퇴장, 득점, 도움 등)은 그대로 인정한다.

4. 상기 2항의 무자격 선수는 K리그 미등록 선수, 경고누적 또는 퇴장으로 인하여 출전이 정지된 선수, 상벌 위원회 징계, 외국인 출전제한 규정을 위반한 선수 등 위반한 시점에서 경기출전 자격이 없는 모든 선수를 의미한다.

제21조 (대회 중 잔여경기 포기)_ 대회 중 잔여 경기를 포기하는 경우, 다음의 각 항에 의한다.

1. 대회 전체 경기수의 3분의 2 이상을 수행하였을 경우, 지난 경기 결과를 그대로 인정하고, 잔여 경기는 포기한 클럽이 0 : 3 패배한 것으로 간주한다.

2. 대회 전체 경기수의 3분의 2 이상을 수행하지 못했을 경우, 포기한 클럽과의 경기 결과를 모두 무효 처리한다. 단, 양 클럽 선수의 개인기록(출장, 경고, 퇴장, 득점, 도움 등)은 그대로 인정한다.

제22조 (코로나19 확진자 발생 시 리그 운영)_ 1. 시즌 중 코로나19 확진자 발생에 의해 경기가 중단되었을 경우, 해당 경기는 주중 경기 및 A매치 데이 기간을 활용하여 개최한다. 단, A매치, FA컵 및 ACL 등의 기타 일정과 겹칠 경우 추가로 연기될 수 있으며, 일정 연기 및 경기배정에 대한 최종 결정권은 연맹에 있다.

2. 코로나 및 기타 불가항력에 의해 일부 경기 또는 리그 전체일정이 연기되어 2022년 12월 4일까지 예정된 라운드를 종료하지 못했을 경우, 모든 팀들이 동일수의 경기를 한 마지막 라운드를 기준으로 리그의 성립 여부, 리그순위를 결정하며, 기준은 아래와 같다.

구분	리그 성립	리그 불성립
라운드 수	22R 이상	22R 미만
타이틀	부여	미부여
리그순위	인정	불인정
시상	실시	미실시
ACL 출전팀	리그 순위에 따라 참가	참가기준 별도 결정
승강 여부	제22조 3항 참조	
팀 통산 기록	인정	인정*
개인 통산 기록	인정	인정*

* 리그 불성립 시, 팀/개인 통산 기록으로는 인정하되 리그 기록으로는 미포함. 별도 대회기록으로 처리.

3. 2022 시즌의 디비전별 승강 여부는 각 대회의 최종 성립 여부에 따라 결정되며, 원칙은 아래와 같다.

K리그1	K리그2	승강 원칙	2022년 참가팀 수 (K리그1/K리그2)
성립	성립	1~3팀(기존 승강 방식, 승강PO 개최)	12팀 / 11+@팀
성립	불성립	강등(K리그1 12위) / 승격(없음)	11팀 / 12+@팀
불성립	성립	강등(없음) / 승격(K리그2 1위)	13팀 / 10+@팀
불성립	불성립	강등(없음) / 승격(없음)	12팀 / 11+@팀

* @는 신생팀 창단 시 추가되는 팀 수를 뜻함

4. 개별 경기개최 성립을 위한 양 팀의 최소 선수단 인원은 아래와 같으며, 어느 한 팀이라도 최소 선수단 수를 충족시키지 못했을 경우 해당 경기는 자동 연기된다. 연기된 경기의 일정은 양 팀과 조율하여 연맹에서 최종 결정한다.

1) 경기출전가능인원 수: 팀당 최소 17명(최소 1인의 GK 필수포함)

2) 선수들의 경기출전 가능 조건(아래 세 가지 조건 동시 충족 필수)

① 코로나19 음성(PCR 결과만 인정) ② 무증상

③ 자가격리 비대상

5. 그 밖의 사항은 「K리그 코로나19 대응 통합 매뉴얼」 및 연맹의 결정에 따른다.

제23조 (경기결과 보고)_ 모든 공식경기의 경기결과 보고는 경기감독관 보고서, 심판 보고서, 경기기록지에 의한다.

제24조 (경기규칙)_ 본 대회의 경기는 FIFA 및 KFA의 경기규칙에 따라 실시되며, 특별한 사항이 발생 시에는 연맹이 결정한다.

제25조 (Video Assistant Referee 시행)_ 1. VAR는 주심 등 심판진을 지원하고 경기 결과를 바꿀 수 있는 명백한 오심을 변경해 공정한 판정을 증대하기 위해 시행하며 본 대회에서는 아래 4가지 상황에 대해서만 VAR를 적용한다.

1) 득점 상황 2) PK(Penalty Kick) 상황

3) 퇴장 상황 4) 징계조치 오류

2. VAR의 시행과 관련하여 선수, 코칭스태프, 구단 임직원의 준수사항은 다

음과 같다.

1) 'TV' 신호(Signal)을 그리는 동작을 취하거나 구두로 VAR 확인을 요청할 수 없다. 이를 위반할 시 다음과 같은 제재가 내려진다.

① 선수 - 경고 ② 코칭스태프 및 구단 임직원 - 퇴장

2) 주심판독지역(Referee Review Area, 이하 'RRA')에는 오직 주심과 영상관리보조자(Review Assistant, 이하 'RA'), 심판진만이 진입할 수 있다. 이를 위반할 시 다음과 같은 제재가 내려진다.

① 선수 - 경고 ② 코칭스태프 및 구단 임직원 - 퇴장

3. VAR의 시행과 관련하여 홈 클럽의 준수사항은 다음과 같다.

1) 홈 클럽은 VAR가 공식심판진임을 인지하고 VAR차량에 심판실과 동일한 안전계획을 수립해 안전관리를 제공해야 하며, 안전관리 미흡 등 홈 클럽의 귀책사유로 인한 차량 및 장비의 파손 등이 발생하는 경우 이에 따른 손해를 연맹에 배상하여야 한다.

2) 홈 클럽은 RRA에 심판진과 RA 외 다른 누구도 진입할 수 없도록 관리해야 하며, 관련 안전사고 예방의 의무와 책임이 있다.

3) 홈 클럽은 VAR 상황 발생 시 판독 중임을 뜻하는 이미지를 판독 종료 시점까지 전광판에 노출해야 하며, 관련 장면 영상을 전광판을 통해 리플레이할 수 없다.

4) 홈 클럽이 상기 제1호부터 제3호까지 명시된 준수사항을 위반하는 경우, 연맹 상벌 규정 유형별 징계 기준 11조에 따른 징계를 받을 수 있다.

4. 아래와 같은 사유로 경기 전 또는 경기 중 VAR 운영이 불가하여도 경기 진행에 영향을 미치지 않는다.

1) VAR 장비가 작동하지 않은 경우

2) VAR 판정에 오심이 발생하는 경우

3) VAR 판독을 진행하지 않겠다고 결정을 내린 경우(안전문제, 신변위협 등)

4) VAR 판독이 불가능한 경우(영상 앵글의 문제점, 노이즈 현상 등)

5. VAR의 시행과 관련해 VAR 및 RO 등 구성원에 관한 사항은 다음과 같다.

1) VAR, AVAR 또는 RO가 경기 전 또는 경기 중에 정상적인 업무를 수행할 수 없는 경우, 대체인력은 반드시 그 역할 수행이 가능한 자격을 갖춰야만 한다.

2) VAR 또는 RO의 자격을 갖춘 인원 및 대체인력이 없을 경우*, 해당 경기는 VAR의 운용 없이 경기를 시작 또는 재개하여야 한다.

3) AVAR의 자격을 갖춘 인원 및 대체 인력이 없을 경우*, 해당 경기는 VAR의 운용 없이 경기를 시작 또는 재개하여야 한다. 단, 이례적인 상황하에서, 양 팀이 서면으로 VAR 및 RO만으로 VAR을 운용하기로 합의할 경우는 제외한다.

6. 이 외 사항에 대해서는 IFAB(국제축구평의회)와 FIFA(국제축구연맹)이 정한 바에 따른다.

제26조 (전자장비 사용)_ 1. 선수들의 부상 상태 파악 및 안전과 실시간 전력 분석 정보를 활용하기 위해 무선헤드셋 4대와 전자장비 4대(스마트폰, 태블릿PC, 노트북)를 사용할 수 있다.

2. 벤치에서는 스마트폰, 태블릿PC, 노트북 중 1대를 사용할 수 있으며 무선 헤드셋은 1대 사용 가능하다. 단, 의료진이 사용할 경우 추가로 1대를 사용할 수 있다.

3. 전자장비 사용 승인은 개막일 전까지 연맹에 장비 사용에 대한 승인을 받아야 한다. 단, 시즌 중 사용 승인 신청을 할 경우 경기 3일 전까지 연맹에 사용 승인을 받아야 한다.

4. 허가되지 않은 전자 장비를 사용하거나, 전자/통신장비를 이용한 판정항의 기술지역에서 퇴장된다.

제27조 (경기시간 준수)_ 1. 본 대회는 90분(전·후반 각 45분) 경기를 실시한다.

2. 모든 클럽은 미리 정해진 경기시작시간(킥오프 타임)과 경기 중 휴식시간(하프타임)을 반드시 준수하여야 한다. 하프타임 휴식은 15분을 초과할 수 없으며, 양 팀 출전선수는 후반전 출전을 위해 후반전 개시 3분 전(하프타임 12분)까지 심판진과 함께 대기 장소에 집결하여야 한다.

3. 클럽이 경기시작시간 또는 하프타임 종료시간을 준수하지 않아 예정된 경기시작 또는 재개시간이 1분 이상 지연될 경우, 아래 각 호에 따라 해당 클럽에 제재금을 부과할 수 있다.

1) 1회 미준수 시 100만 원의 제재금

2) 2회 미준수 시 200만 원의 제재금

3) 3회 이상 미준수 시 400만 원의 제재금 및 상벌위원회 제소

4. 경기에 참가하는 팀(코칭스태프, 팀 스태프 포함)은 경기시작 100분 전에 경기장에 도착하여야 한다.

1) 어느 한 팀이 경기시작 40분 전까지 경기장에 도착하지 못할 경우, 해당 팀은 경기감독관에게 그 사유와 도착예정 시간을 통보하여야 하며, 경기감독관은 경기시간 변경 유무를 심판 및 양 팀 대표자와 협의를 통해 결정한 후, 연맹으로 통보한다.

2) 경기시간이 변경될 경우, 홈 클럽은 전광판 및 아나운서 멘트를 통해 변경된 경기시간과 변경사유에 대해 고지해야 한다.

3) 어느 한 팀이 경기시작 시각까지 경기장에 도착하지 않는 경우, 상대팀은 45분간 대기할 의무가 있다. 45분간 대기했음에도 불구하고 상대팀이 도착하지 않을 경우, 경기감독관은 17조 1항에 의한다.

4) 경기중지에 따라 발생되는 모든 비용에 대한 배상, 책임은 귀책사유가 있는 클럽에 있으며 19조에 따른다.

5) 홈/원정팀은 경기개최지로의 이동정보를 사전에 숙지할 책임이 있으며, 상황에 따른 추가 이동시간이 필요한지 확인해야 한다. 만일 팀의 도착 지연으로 킥오프가 지연될 경우, 연맹은 귀책사유가 있는 클럽에 연맹 상벌규정 제12조 제1항에 해당하는 재제를 부과할 수 있다.

제28조 (승점)_ 본 대회의 승점은 승자 3점, 무승부 1점, 패자 0점을 부여한다.

제29조 (워밍업 및 쿨다운)_ 1. 출전선수명단에 포함된 선수 및 스태프는 그라운드에서 경기 시작 전또는 하프타임 중 몸풀기 운동(이하 '워밍업') 및 경기 종료 후 몸풀기 운동(이하 '쿨다운)을 할 수 있다.

2. 경기 시작 전 워밍업은 킥오프 50분 전에 시작하여 20분 전에 종료한다.

3. 홈 클럽은 워밍업으로 인한 잔디 훼손을 방지하기 위하여 경기감독관에게 이동식 골대 사용, 스프린트 연습 구역 지정, 워밍업 제한 구역 지정 등을 요청할 수 있다.

4. 경기감독관은 제3항이 요청이 있을 경우, 잔디 상태, 양 클럽 간 형평, 기타 조건을 고려하여 이를 승인하거나 일부를 변경하여 승인할 수 있고, 양 클럽은 경기감독관이 승인한 사항을 준수하여야 한다.

5. 홈 클럽은 양 클럽의 선수단에 하프타임 이벤트의 내용, 위치, 시간 등에 관하여 사전에 고지하여야 하고, 하프타임 중 워밍업을 하는 선수 및 스태프는 고지된 이벤트와 관련된 기물 또는 사람과 충돌하거나 이벤트 진행을 방해하지 않도록 주의하여야 한다.

6. 경기 종료 후 쿨다운은 시작한 시점으로부터 20분 이내에 종료하여야 한다.

7. 쿨 다운을 할 때에는 볼을 사용할 수 없고, 경기감독관이 워밍업 제한구역을 지정한 경우 해당 구역에서는 실시할 수 없다.

제30조 (순위결정)_ 1. 정규 라운드(1~44R) 순위는 승점 → 다득점 → 득실차 → 다승 → 승자승 → 벌점 → 추첨 순으로 결정한다.

2. 최종순위 결정방식은 다음과 같다.

1) 최종순위는 정규라운드(1~44R) 성적에 따라 결정한다. 단, 정규라운드 2위~4위팀은 K리그2 플레이오프 결과에 따라 최종순위를 결정한다.

2) K리그2 플레이오프 승리(승강 플레이오프 진출) 팀을 3위로 한다.

3) K리그2 플레이오프에서 패한(승강 플레이오프 진출 실패) 팀을 4위로 한다.

4) K리그2 준플레이오프에서 패한(챌린지 플레이오프 진출 실패) 팀을 5위로 한다.

3. 벌점에 대한 기준은 다음과 같다.

1) 경고 및 퇴장 관련 벌점

① 경고: 1점　　② 경고 2회 퇴장: 2점

③ 직접 퇴장: 3점　　④ 경고 1회 후 퇴장: 4점

2) 상벌위원회 징계 관련 벌점

① 제재금 100만 원당: 3점　　② 출장정지 1경기당 : 3점

3) 코칭스태프 및 팀 스태프 퇴장, 클럽(임직원 포함)에 부과된 징계는 팀 벌점에 포함한다.

4) 사후징계 및 감면 결과는 팀 벌점에 포함한다.

4. 개인기록 순위결정

1) 개인기록순위 결정은 본 대회 정규라운드(1~44R) 성적으로 결정한다.

2) 득점(Goal) 개인기록순위 결정의 우선 순서는 다음과 같다.

①최다득점선수　②출전경기가 적은 선수　③출전시간이 적은 선수

3) 도움(Assist) 개인기록순위 결정의 우선 순서는 다음과 같다.

①최다도움선수　②출전경기가 적은 선수　③출전시간이 적은 선수

제31조 (시상)_ 1. 본 대회의 단체상 및 개인상 시상내역은 다음과 같다.

구분		시상내역	비고
단체상	우승	상금 100,000,000원 + 트로피 + 메달	
개인상	최다득점선수	상금 3,000,000원 + 상패	대회 개인기록
	최다도움선수	상금 1,500,000원 + 상패	대회 개인기록

2. 우승 트로피 및 각종 메달 수여는 다음과 같다.

1) 우승 클럽(팀)에 본 대회 우승 트로피가 수여되며, 해당 트로피는 클럽(팀)에 영구 귀속된다.

2) 연맹은 아래와 같이 메달을 수여한다.

① 대상: 클럽의 K리그에 등록된 선수 및 코칭스태프(우승 확정일 기준)

② 개수:: 인당 1개씩 수여

제32조 (출전자격)_ 1. K리그 선수규정 5조에 의거하여 선수 등록을 완료한 선수만이 공식경기에 출전할 자격을 갖는다.

2. K리그 선수규정 6조에 의거하여 연맹에 등록을 완료한 코칭스태프 및 팀 스태프 중 출전선수명단에 등재된 자만이 공식경기 중 벤치에 착석할 수 있으며, 경기 중 기술지역에서의 선수지도행위는 1명만이 할 수 있다(통역 1명 대동 가능).

3. 제재 중인 지도자(코칭스태프, 팀 스태프 포함)는 다음 항목을 준수하여야 한다.

1) 출전정지제재 중이거나 경기 중 퇴장 조치된 코칭스태프는 공식경기에서 관중석, 선수대기실을 제외한 지역에 대해 출입이 제한되며, 경기 전 훈련지도 및 경기 중 전자장비 사용을 포함한 어떠한 지도(지시)행위도 불가하다.

2) 징계 중인 지도자(원정팀 포함)가 경기를 관전하고자 할 경우, 홈 클럽은 본부석 쪽에 좌석을 제공하여야 하며, 해당 지도자의 안전을 위한 조치를 취해야 한다.

3) 상기 제1호를 위반할 경우, 연맹 상벌규정 제12조 제2항에 해당하는 제재를 부과할 수 있다.

4. 경고, 퇴장, 상벌위원회 징계 등에 따라 출전이 정지된 선수, 코칭스태프, 팀 스태프의 출전으로 인한 모든 책임은 해당 클럽에 있다.

5. 준프로 계약을 체결한 선수의 공식경기 출전은 선수규정 부칙 및 '준프로 계약 시행 세칙'을 따른다.

제33조 (출전선수명단 제출의무)_ 1. 공식경기에 참가하는 홈 클럽과 원정 클럽은 경기개시 90분 전까지 경기감독관에게 출전선수명단을 제출하여 승인을 받아야 하며, 출전선수 스타팅 포메이션(Starting Formation)을 별지로 함께 제출하여야 한다.

2. 출전선수명단에는 출전 선수, 코칭스태프 및 팀 스태프 명단, 유니폼 색상이 포함되어야 하며, 제출된 인원만이 해당 공식경기 출전과 팀 벤치 착석 및 기술지역 출입, 선수 지도를 할 수 있다. 단, 출전선수명단에 등재할 수 있는 코칭스태프 및 팀 스태프의 수는 11명까지로 하며 스카우트, 전력분석관, 장비담당자는 벤치에 착석할 수 없다.

3. 출전선수명단 승인 후에는 선수명단 변경을 할 수 없다. 다만, 경기 개시 전에 선발 출전선수 중 부상 등의 불가피한 사유로 경기출전이 불가능한 선수가 발생한 경우에 그 선발 선수를 후보 선수와 교체할 수 있다.

4. 본 대회의 출전선수명단은 18명을 원칙으로 하며, 다음 사항을 반드시 준수하여야 한다.

1) 골키퍼(GK)는 반드시 국내 선수이어야 하며, 후보 골키퍼(GK)는 반드시 1명이 포함되어야 한다. 단, 코로나사태종식 전까지는 'K리그 코로나19 대응매뉴얼'을 우선하며, 본 대회요강 제22조 4항에 따라 전체출전선수명단 내에 1명의 골키퍼(GK)만 포함해도 된다.

2) 외국인선수의 경우, 출전선수명단에 3명까지 등록할 수 있으며 3명까지 경기 출전이 가능하다. 단, AFC 가맹국 국적의 외국인선수와 ASEAN 가맹국 국적의 외국인선수 각각 1명에 한하여 추가 등록과 출전이 가능하다.

3) 국내 U22(2000.01.01 이후 출생자) 국내선수는 출전선수명단에 최소 2명 이상 포함(등록)되어야 한다. 만일 국내 U22 선수가 출전선수명단에 포함되어 있지 않을 경우, 해당 인원만큼 출전선수명단에서 제외한다 (즉, 국내 U22 선수가 1명 포함될 경우 출전선수명단은 17명으로 하며, 전혀 포함되지 않을 경우 출전선수명단은 16명으로 한다).

4) 출전선수명단에 포함된 국내 U22 선수 1명은 반드시 의무선발출전을 해야 한다. 만일 국내 U22 선수가 의무선발출전을 하지 않을 경우, 선수교체 가능인원은 2명으로 제한한다(34조 2항 참조).

5) 클럽에 등록된 국내 U22 선수가 KFA 각급 대표팀 선수로 소집(소집일 ~ 해산일)될 경우, 해당 클럽은 소집 기간 동안에는 의무선발출전 규정(상기 4호)과 차출된 수(인원)만큼 엔트리 등록 규정도 적용받지 않는다.

U22 선수 각급대표 소집 인원	출전선수명단(엔트리)		U22선수		선수교체 가능인원
	U22선수 포함 인원	등록가능인원	의무 선발	교체 출전	
0명	0명	16명	0명	-	2명
	1명	17명	0명	-	2명
			1명	-	3명
	2명 이상	18명	0명	-	3명
			1명	-	3명
				1명	5명
			2명	-	
1명	0명	17명	0명	-	3명
	1명 이상	18명	0명	-	3명
			1명	1명	5명
2명 이상	0명	18명	0명	-	5명

* 각급 대표팀 차출의 사유 없이 U22 의무선발출전 규정 미준수 시, 선수교체 인원을 2명으로 제한.

5. 순연 경기 및 재경기(90분 재경기에 한함)의 출전선수명단은 다시 제출하여야 한다.

제34조 (선수교체)_ 1. 본 대회의 선수 교체는 경기감독관이 승인한 출전선수명단에 의해 후보선수명단 내에서만 가능하다.

2. 본 대회요강 제33조 4항 4호에 의거, 국내 U22 선수가 선발출전하지 않을 경우, 해당 클럽은 최대 2명만 선수교체가 가능하다. 이를 위반할 경우, 제20조 2항~4항에 따른다.

3. 상기 2항을 준수한 경우 선수 교체는 90분 경기에서 3명까지 가능하나, 후보 명단에 포함된 U22 선수가 교체출전하는 경우에 한하여 교체가능 인원은 최대 5명까지 가능하다. 단, 이 경우 반드시 4번째 교체명단 내에 U22 선수가 포함되어져야 하며, 만약 선발로 U22 선수가 2명 이상 출전 시에는 교체 출전 여부와 관계없이 최대 5명의 선수교체가 가능하다.

4. 선수 교체 횟수는 경기 중에 최대 3회 가능하며, 하프타임 종료 후 후반전

킥오프 전에 한 차례 추가로 선수교체가 가능하다.

5. 출전선수명단 승인(경기감독관 서명) 후, 선발출전선수 11명 중 경기출전이 불가한 선수가 발생할 경우, 전반전 킥오프 전까지 경기감독관의 승인 하에 출전선수명단의 교체 대상선수 7명에 한하여 해당 선수와 교체할 수 있으며, 교체된 선수는 후보선수명단으로 포함되나 해당 경기에 출전할 수 없다.
   1) 상기 5항의 경우 선수교체 인원으로 적용되지 않으며, 3명의 선수교체 가능 인원 수 는 유효하다.
   2) 선발출전선수 11명 중 국내 U22(2000.01.01 이후 출생자) 의무선발출전선수가 출전이 불가하여 후보 선수명단 내의 국내 U22 선수와 교체될 경우 선수교체 가능인원은 3명으로 유지되며, 이 경우 별도의 U22 선수가 출전선수명단에 없다면 상기 3항은 적용할 수 없다. 단, 국내 U22 선수가 아닌 선수와 교체될 경우 제33조 4항 4)호에 의하여 선수교체 가능인원은 2명으로 제한한다.
   3) 출전선수명단 내 교체 대상선수 7명 중 경기출전이 불가한 선수가 발생하더라도 해당 선수는 명단 외 선수와 교체할 수 없다.

제35조 (출전정지)_ 1. 본 대회에서 경고누적에 의한 출전정지 및 퇴장(경고 2회 퇴장, 직접 퇴장, 경고 1회 후 직접 퇴장)에 의한 출전정지는 본 대회(K리그2 플레이오프 포함) 종료까지 연계 적용한다.

2. 선수는 처음 각 5회, 3회의 경고누적 시 다음 1경기가 출전정지 되며, 이후 매 2회 누적마다 다음 1경기 출전정지와 제재금 삼십만 원(300,000원)이 부과된다. 코칭스태프의 경우, 처음 각 3회, 2회의 경고누적 시 1경기의 출전정지 제재가 적용되며, 이후 매 경고 1회마다 다음 1경기 출전정지 된다.
3. 1경기 경고 2회 퇴장에 의한 출전정지는 다음 1경기가 출전 정지되며, 제재금은 오십만 원(500,000원)이 부과된다. 이 경고는 누적에 산입되지 않는다.
4. 직접 퇴장에 의한 출전정지는 다음 2경기가 출전 정지되며, 제재금은 칠십만 원(700,000원)이 부과 된다.
5. 경고 1회 후 직접 퇴장에 의한 출전정지는 다음 2경기가 출전 정지되며, 제재금은 일백만 원(1,000,000원)이 부과된다. 경고 1회는 유효하며, 누적에 산입된다.
6. 제재금은 출전 가능경기 1일 전까지 반드시 해당자 명의로 납부하여야 한다. 이를 위반할 경우, 경기 출전이 불가하다. 출전 가능경기가 남아 있지 않을 경우, 본 대회 종료 15일 이내에 납부하여야 한다.
7. 상벌위원회 징계로 인한 출전정지는 시즌 및 대회에 관계없이 연계 적용한다.
8. 선수이면서 코칭스태프로 등록된 자가 선수로서 출장정지제재를 받은 경우 그 제재의 이행을 완료할 때까지 코칭스태프로서 경기에 출장할 수 없다. 코칭스태프로서 출장정지제재를 받은 경우에도 그 제재의 이행을 완료할 때까지 선수로서 경기에 출장할 수 없다.
9. 선수이면서 코칭스태프로 등록된 자의 경고누적으로 인한 출장정지 및 제재금 부과 기준은 코칭스태프의 예에 따르며, 누적에 산입되는 경고의 횟수는 선수로서 받은 경고와 코칭스태프로서 받은 경고를 모두 더한 것으로 한다.
10. 경고, 퇴장, 상벌위원회 징계 등에 따라 출전이 정지된 선수, 코칭스태프, 팀 스태프의 출전으로 인한 모든 책임은 해당 클럽에 있다.

제36조 (유니폼)_ 1. 본 대회는 K리그 마케팅 규정상의 팀 색상 및 유니폼 규정에 따라 반드시 연맹이 승인하고 지정한 유니폼을 착용해야 한다.

2. 선수 번호(배번은 1번~99번으로 한정하며, 배번 1번은 GK에 한함)는 출전선수명단에 기재된 선수 번호와 일치하여야 하며, 배번의 식별이 가능하도록 명확하게 표시되어 있어야 한다.
3. 팀의 주장은 주장인 것을 명확하게 표시하는 완장(Armband)을 착용하여야 한다.
4. 공식경기에 참가하는 모든 클럽은 제1유니폼과 제2유니폼을 필히 지참함을 원칙으로 하며, 경기 전 연맹(경기감독관) 및 상대 클럽과 유니폼 착용 색상과 관련하여 사전 조율하여야 한다. 이를 따르지 않을 경우, 연맹(경기감독관)이 최종 결정한다. 위반한 클럽에 제재금 500만 원을 부과할 수 있다.
5. 유니폼 안에 착용하는 이너웨어의 색상은 아래 각 호에 따른다.
   1) 상의 이너웨어의 색상은 유니폼 상의 소매의 주색상과 일치해야 한다. 단,유니폼 상의 소매 부분의 주색상이 상대팀 유니폼의 주색상과 동일하거나 유사할 경우에는 유니폼 상의의 주색상으로 착용할 수 있다. 이를 위반할 경우 공식경기 출전이 불가하다.
   2) 하의 이너웨어의 색상은 반드시 하의 주 색상 또는 하의 끝부분의 색상과 동일해야 하고, 이를 위반할 경우 공식경기 출전이 불가하다.
6. 스타킹과 발목밴드(테이핑)는 동일 색상(계열)이어야 한다. 이를 위반할 경우 심판은 시정을 명할 수 있고, 이에 불응할 경우 경기출전을 금지시킬 수 있다.

제37조 (사용구)_ 본 대회의 공식 사용구는 '아디다스 커넥스트 21 프로'(Conext 21 Pro)'로 한다. ※ 추후 공인구 변경 예정

제38조 (경기관계자 미팅)_ 1. 경기 시작 60~50분 전(양 팀 감독 인터뷰 진행 전) 경기감독관실에서 실시한다.

2. 참석자는 해당 경기의 경기감독관, 심판평가관, 주심, 양 팀 감독, 홈경기 운영자(필요시)로 한다. 홈경기 담당자는 당일 홈경기 관련 특이사항이 있는 경우에만 참석한다.
3. 주요내용은 아래와 같다.
   1) 경기와 관련한 리그의 주요방침
   2) 판정 가이드라인 등 심판판정에 관한 사항
   3) 기타 해당경기 특이사항 공유

제39조 (경기 전·후 인터뷰 및 기자회견)_ 1. 홈 클럽은 공동취재구역인 믹스드 존(Mixed Zone)과 공식기자회견장을 반드시 마련하고, 양 클럽 홍보담당자는 경기 전 인터뷰, 경기 후 플래시인터뷰, 공식기자회견, 믹스드 존 인터뷰가 원활히 이뤄질 수 있도록 협조하여야 한다.

2. 믹스드 존(Mixed Zone, 공동취재구역)은 코로나19 확산 사태가 종식될 때까지 운영하지 아니한다. 믹스드 존 운영 재개 시점은 추후 연맹이 각 클럽과 협의하여 정하고, 운영 재개 시 방식은 '2022 K리그 미디어 가이드라인'을 개정하여 반영한다.
3. 경기 중계방송사(HB)는 아래 각 호의 인터뷰를 실시할 수 있으며, 양 클럽은 인터뷰 실시에 적극 협조한다.
   1) 경기 킥오프 전 70분 내지 60분 전 양 클럽 감독 대상 인터뷰
   2) 경기 전반전 종료 직후 양 클럽 감독 또는 수훈선수 대상 인터뷰
   3) 경기 후반전 종료 직후 양 클럽 감독 또는 수훈선수 대상 인터뷰
4. 경기 당일 중계방송을 하지 않는 중계권 보유 방송사(RTV)는 경기 후반전 종료 후 양 팀의 감독 또는 수훈선수를 대상으로 하는 인터뷰를 실시할 수 있으며, 양 클럽은 인터뷰 실시에 적극 협조한다. 단, RTV의 인터뷰는 HB의 인터뷰가 종료된 후에 실시한다.
5. 홈 클럽은 경기 킥오프 전 50분 내지 40분 전에 경기장 내 기자회견실에서 양 클럽의 감독이 참석하는 사전 기자회견을 개최한다. 기자회견의 순서는 원정 클럽의 감독이 먼저 진행하는 것을 원칙으로 하되 양 클럽의 합의에 따라 변경할 수 있다.
6. 홈 클럽은 경기 종료 후 20분 이내에 경기장 내 기자회견실에서 양 클럽의 감독과 미디어가 요청하는 수훈선수가 참석하는 공식기자회견을 개최한다. 양 클럽 홍보담당자는 감독 및 미디어 요청 선수가 공식기자회견에 참석할 수 있도록 협조한다.
7. 공식기자회견은 원정 - 홈 클럽 순으로 진행하며, 선수의 순서는 양 클럽 홍보담당자가 협의하여 정한다.
8. 미디어 부재로 공식기자회견을 개최하지 않은 경우, 홈 클럽 홍보담당자는

양 클럽 감독의 코멘트를 경기 종료 1시간 이내에 각 언론사에 배포한다.

9. 제재 중인 지도자(코칭스태프 및 팀 스태프 포함)도 경기 전·후 인터뷰와 공식기자회견 등에 참석해야 한다.

10. 양 클럽 선수단은 공식기자회견이 종료된 이후에 선수단 라커룸을 출발하여 믹스트 존 인터뷰에 응하여야 한다(홈팀 필수/ 원정팀 권고).

11. 모든 기자회견은 연맹이 지정한 인터뷰 배경막(백드롭)을 배경으로 실시하여야 한다.

12. 인터뷰를 실시하지 않거나 공식기자회견에 참석하지 않을 경우, 해당 클럽과 선수, 감독에게 제재금(50만 원 이상)을 부과할 수 있다.

13. 인터뷰에서는 경기의 판정이나 심판과 관련하여 일체의 부정적인 언급이나 표현을 할 수 없으며, 위반 시 다음 각 호에 의한다.

1) 각 클럽 소속 선수, 코칭스태프, 팀 스태프, 임직원 등 모든 관계자에게 적용되며, 위반할 시 상벌규정 유형별 징계기준 제2조 가. 항 혹은 나. 항을 적용하여 제재를 부과한다.

2) 공식 인터뷰뿐만 아니라 대중에게 공개될 수 있는 어떠한 경로를 통한 언급이나 표현에도 적용된다.

14. 그 밖의 사항은 '2022 K리그 미디어 가이드라인'을 준수하여야 한다.

15. 2022 K리그 미디어가이드라인을 준수하지 않을 경우, 해당시즌 팀 미디어 운영에 제한을 받을 수 있다.

제40조 (중계방송협조)_ 홈 클럽은 경기시작 4시간 전부터 경기종료 후 1시간까지 연맹, 심판, 선수, 스폰서, 중계제작사, 미디어를 포함한 모든 경기 관계자가 원활한 경기진행 및 중계방송을 위해 요청하는 시설 및 서비스를 반드시 제공해야 할 책임이 있다.

2. 홈경기 담당자는 중계제작사의 도착시간을 기점으로 TV컴파운드(TV Compound)에 중계제작에 필요한 전력을 공급해야 하며, OB밴의 밤샘 주차가 필요한 경우 이에 대한 관리 및 경비를 시행해야 한다. 홈경기 담당자는 중계제작사의 요청 시 중계제작사의 요구조건에 부합하는 조명을 제공해야 하며, 별도의 취소 요청이 있을때까지 이를 유지해야 한다.

3. 홈경기 담당자와 경기감독관 또는 대기심(매치 오피셜 - Match Officials)은 팀 벤치 앞 터치라인(Touchline) 및 대기심(4th official) 테이블 근처에 위치한 피치사이드 카메라(표준 카메라 플랜 기준 3,4,5번 카메라)와 골대 근처에 위치한 카메라(8,9,10번 카메라)에 대한 리뷰를 진행해야 한다. 만약 담당자들 간의 의견이 합의점을 찾지 못할 경우, 경기감독관이 최종 결정을 내린다. 단, 3번 피치사이드 카메라의 위치는 팀 벤치 및 대기심 테이블과 동일 선상을 이루어야 하며, 하프라인을 기준으로 좌측에 위치한다. (우측은 대기심 테이블 위치)

4. 중계제작사는 버스 도착 시 양 팀 감독과 인터뷰를 진행할 권리를 가지고 있으며, 인터뷰는 버스 도착지점과 드레싱룸 사이 공간에 K리그가 제공하는 인터뷰 백드롭 앞에서 진행해야 한다. 인터뷰는 킥오프 전 60분~20분 사이에 진행하며, 진행시간은 90초 이내로 최대 3개의 질문을 초과할 수 없다. 만약 감독 또는 감독대행이 외국인인 경우, 해당 팀은 통역 인원을 준비해야 한다.

5. 중계제작사는 경기종료 시 감독 또는 선수 중 양 팀 각각 1인과 인터뷰를 진행할 권리를 가지고 있으며, 인터뷰는 피치 또는 피치와 드레싱룸 사이 공간에 K리그가 제공하는 인터뷰 백드롭 앞에서 진행해야 한다. 중계제작사는 최소 경기 종료 10분 전까지, 양 클럽 홍보 담당자(Media Officer)에게 희망 인터뷰 선수를 전달한다. 양 클럽 홍보 담당자는 감독과 인터뷰 요청 선수를 경기종료 즉시 인터뷰 백드롭 앞으로 인계해야 한다. 만약 감독 또는 감독대행이 외국인인 경우, 해당 팀은 통역 인원을 준비해야 한다.

6. 백드롭은 2.5m × 2.5m 사이즈로 리그 로고와 스폰서 로고를 포함한 디자인으로 제작된다. 연맹에서 각 클럽에 제공하며, 홈 클럽에게 관리의 책임이 있다. 감독 도착 인터뷰 및 하프타임과 경기 종료 후 피치사이드[Pitchside]의 플래시 인터뷰 시 각 팀은 K리그 공식 백드롭을 필수로 사용해야 한다.

7. 그 밖의 중계방송 관련 사항은 'K리그 중계방송제작가이드라인'을 준수해야 한다.

제41조 (경기장 안전과 질서유지)_ 1. 홈 클럽은 경기개시 2시간 전부터 경기종료 후 모든 관중 및 관계자가 퇴장할 때까지 선수, 팀 스태프, 심판을 비롯한 전 관계자와 관중의 안전 및 질서 유지에 대한 의무와 책임이 있다.

2. 홈 클럽은 상기 1항의 의무 실시를 위해 최선의 노력을 다해야 하며, 경기장 안전 및 질서를 어지럽히는 관중에 대해 그 입장을 제한하고 강제 퇴장시키는 등의 적정한 조치를 취할 수 있다.

3. 연맹, 클럽, 선수, 코칭스태프 및 팀 스태프, 관계자를 비방하는 사안이나, 경기진행 및 안전에 지장을 줄 수 있는 모든 사안에 대해 관련 클럽은 즉각 이를 시정 조치하여야 한다.

4. 경기감독관은 상기 3항에 해당하는 사안을 경기 중 또는 경기 전·후에 발견하였을 경우 관련 클럽에 시정 조치를 요구할 수 있으며, 관련 클럽은 경기감독관의 지시에 따라야 한다.

5. 상기, 3·4항의 사안이 시정 조치되지 않을 경우, 상벌규정 유형별 징계기준 제5조 마.항 및 바.항에 의거, 해당 클럽에 제재를 부과할 수 있다.

6. 관중의 소요, 난동으로 인해 경기 진행에 문제가 발생하거나, 선수, 심판, 코칭스태프 및 팀 스태프, 미디어를 비롯한 관중의 안전과 경기장 질서 유지에 문제가 발생할 경우에는 관련 클럽이 사유를 불문하고 그에 대한 일체의 책임을 부담한다.

7. 홈 클럽은 선수단 구역과 양 팀 선수대기실 출입구에 경호요원을 상시 배치하여야 한다. 또한 해당 구역을 확인할 수 있는 CCTV를 설치해야 하며, 관련 영상을 15일간 보관해야 한다.

8. 연맹에서 제정한 '안전 가이드라인'을 준수하지 않을 경우, 상벌규정 유형별 징계 기준 제5조 마 항 및 바 항에 의거 해당 클럽에 제재를 부과할 수 있다.

제42조 (홈경기 관리책임자, 홈경기 안전책임자 선정 및 경기장 안전요강)_ 모든 클럽은 경기장 안전 및 원활한 진행을 위해 홈경기 관리책임자 및 홈경기 안전책임자를 선정하여 연맹에 보고하여야 하며, 아래의 경기장 안전요강을 숙지하여 실행하고 관중에게 사전 공지 또는 고지하여야 한다. 또한 홈경기 관리책임자 및 홈경기 안전책임자는 경기감독관의 업무 및 지시 사항에 대해 최대한 협조하여야 한다.

1. 반입금지물: 경기장에 입장하려는 사람 또는 입장한 사람은 홈경기 관리책임자 및 홈경기 안전책임자가 특별히 필요 사항에 의해 허락했을 경우를 제외하고 다음의 각 호에 명시된 것을 가지고 입장할 수 없다.

1) 경기장 관리자에 의해 반입을 금지하고 있는 것

2) 정치적, 사상적, 종교적인 주의 또는 주장 또는 관념을 표시하거나 또는 연상시키고 혹은 대회의 운영에 지장을 미칠 우려가 있는 게시판, 간판, 현수막, 플래카드, 문서, 도면, 인쇄물 등

3) 연맹의 승인을 득하지 않은 특정의 회사 또는 영리기업의 광고를 목적으로 하여 특정의 회사명, 제품명 등을 표시한 것(특정 회사, 제품 등을 연상시키는 것 포함)

4) 그 외 경기운영 또는 진행을 방해하여 타인에게 불편을 주거나 또는 위험하게 하거나 혹은 그러한 우려가 있거나 또는 운영담당·보안담당, 경비종사원이 위험성을 인정하는 것

2. 금지행위: 경기장에 입장하려는 사람 또는 입장한 사람은 홈경기 관리책임자 및 홈경기 안전책임자가 특별히 필요 사항에 의해 허락했을 경우를 제외하고는 다음의 각 호에 명시되는 행위를 해서는 안 된다.

1) 경기장 관리자에 의해 금지되고 있는 행위

2) 정당한 입장권 또는 통행증을 소지하지 않고 입장하는 것

3) 항의 집회, 데모 등 대회의 원활한 운영을 저해할 우려가 있는 행위

4) 알코올, 약물 그 외 물질을 소유 및 복용한 상태로 경기장에 입장하는 행위 또는 경기장에 이러한 물질을 방치해 두어 이것들의 영향에 의해 경기운영 또는 타인의 행위 등을 저해하는 행위(알코올 등의 영향에 의

해 정상적인 행위를 할 수 없는 우려가 있는 상태일 경우 입장 불가)
5) 해당 경기장(시설) 및 관련 장소에서 권유, 연설, 집회, 포교 등의 행위
6) 정해진 장소 외에서 차량을 운전하거나 주차하는 것
7) 상행위, 기부금 모집, 광고물의 게시 등의 행위
8) 정해진 장소 외에 쓰레기 및 오물을 폐기하는 것
9) 연맹의 승인 없이 영리목적으로 경기장면, 식전행사, 관객 등을 사진 또는 비디오로 촬영하는 것
10) 연맹의 승인 없이 대회의 음성, 영상의 전부 또는 일부를 인터넷 및 미디어를 통해 전달하는 것
11) 경기운영 또는 진행을 방해하여 타인에게 폐를 끼치거나 또는 위험을 미치거나 혹은 그러한 우려가 있으면서 경비종사원이 위험성을 인정한 행위

3. 경기장 관련: 경기장에 입장하려는 사람 또는 입장한 사람은 다음의 각 호에 명시하는 사항을 준수하여야 한다.
1) 입장권, 신분증, 통행증 등의 제시가 요구되었을 때는 이것을 제시해야 함
2) 안전 확보를 위해 수화물, 소지품 등의 검사가 요구되었을 때는 이것에 따라야 함
3) 사건·사고가 발생하거나 또는 발생 우려가 예상되는 경우, 경비 종사원 또는 치안 당국의 지시, 안내, 유도 등에 따라 행동할 것

4. 입장거부 또는 퇴장명령
1) 홈경기 관리책임자 및 홈경기 안전책임자는 상기 3항 1호, 2호, 3호의 경기장 안전요강을 위반한 사람의 입장을 거부하여 경기장으로부터의 퇴장을 명할 수 있으며, 상기 3항에 의거하여 반입금지물 몰수 등 필요한 조치를 취할 수 있다.
2) 홈경기 관리책임자 및 홈경기 안전책임자는 상기 4항 1호에 해당하는 사람 중에서 특히 고의, 상습으로 확인된 사람에 대해서는 이후 개최되는 연맹 주최의 공식경기에 입장을 거부할 수 있다.
3) 홈경기 관리책임자 및 홈경기 안전책임자에 의해 입장이 거부되거나 경기장에서 퇴장을 받았던 사람은 입장권 구입 대금의 환불을 요구할 수 없다.

5. 권한의 위임: 홈경기 관리책임자는 특정 시설에 대해 그 권한을 타인에게 위임할 수 있다.

6. 안전 가이드라인 준수: 모든 클럽은 연맹이 정한 'K리그 안전가이드라인'을 준수하여야 한다.

제43조 (기타 유의사항)_ 각 클럽은 아래의 사항을 숙지하고 준수하여야 한다.

1. 모든 취재 및 방송중계 활동을 위한 미디어 관련 입장자는 2022 K리그 미디어 가이드라인에 따라 입장하여야 하며 이를 준수하여야 한다.
2. 경기에 참가하는 선수단(코칭스태프, 팀 스태프 포함)은 경기시작 100분 전에 경기장에 도착하여야 한다.
3. 오픈경기 및 축구클리닉 등 경기 진행에 영향을 미치는 행사는 본 경기 개최 1시간(60분) 전까지 반드시 종료되어야 하며, 연맹에 사전 승인을 받아야 한다.
4. 선수는 신체보호를 위해 반드시 정강이 보호대를 착용하고 경기에 임해야 한다.
5. 경기 중 클럽의 임원, 코칭스태프, 팀 스태프, 선수는 경기장 내에서 흡연을 할 수 없으며, 이를 위반할 경우 퇴장 조치한다.
6. 시상식에는 연맹이 지정한 클럽(팀)과 수상 후보자가 반드시 참석하여야 한다.
7. 체육진흥투표권(스포츠토토 등) 발매 이상 징후 대응경보 발생 시, 경기시작 90분 전 대응 미팅에 관계자(경기감독관, 매치코디네이터, 양 클럽 관계자 및 감독) 등이 참석하여야 한다.
8. 경기 중, 교체대상 선수의 워밍업은 연맹이 사전에 지정한 장소에서 실시해야 한다.
9. 경기감독관은 하절기(6~8월) 기간 중, 쿨링 브레이크 제도(워터 타임)의 실시 여부를 결정할 수 있다. 감독관은 경기시작 20분 전 기온을 측정해 32도(섭씨) 이상일 경우, 심판진과 협의해 실시할 수 있다.
10. 심판 판정에 대한 제소는 불가하다.
11. 전자 퍼포먼스/트래킹 시스템(EPTS)을 사용하는 경우, 사전 승인을 득하여야 한다.
12. 클럽은 경기 중 전력분석용 팀 카메라 1대를 상층 카메라구역에 설치할 수 있다. 원정 클럽이 팀 카메라를 설치하는 경우 홈 클럽에 승인을 득해야 한다.

제44조 (부칙)_ 본 대회요강에 명시되지 않은 사항은 K리그 규정, FIFA 규정, K리그 이사회 결정을 준용한다.

• 2월 19일 13:30 맑음 광주 전용 697명
• 주심_ 김도연 부심_ 설귀선·주현민 대기심_ 조지음 경기감독관_ 김성기

광주 1 0 전반 1 / 1 후반 1 **2 김포**

퇴장	경고	파울	ST(유)	교체	선수명	배번	위치	위치	배번	선수명	교체	ST(유)	파울	경고	퇴장
0	0	0	0		이준	21	GK	GK	1	이상욱		0	0	0	0
0	0	0	0	10	안영규	6	DF	DF	3	박경록		0	1	1	0
0	0	2	0		박한빈	33	DF	DF	4	김태한		0	3	2	0
0	1	3	1(1)		이순민	20	DF	DF	5	박준희		0	0	0	0
0	0	2	0		이민기	3	MF	MF	45	어정원	19	0	2	0	0
0	0	2	0	8	정호연	23	MF	MF	23	최재훈		0	1	0	0
0	0	1	1(1)	13	이상기	22	MF	MF	10	김종석		1(1)	3	0	0
0	0	1	0	24	하승운	30	MF	MF	25	박대한		1	1	0	0
0	0	1	0	15	문상윤	17	MF	FW	29	권민재	7	2(2)	2	1	0
0	1	2	1(1)		엄지성	16	FW	FW	32	윤민호	47	1	1	0	0
0	0	1	0		헤이스	11	FW	FW	99	손석용		1(1)	6	1	0
0	0	0	0		김경민	1			7	마루오카	전45	0	1	0	0
0	0	0	0	후32	이으뜸	8			8	구본상		0	0	0	0
0	0	0	0	후32	김종우	10			33	윤상혁		0	0	0	0
0	0	0	1	후17	두현석	13	대기	대기	47	나성은	후42	0	0	0	0
0	0	0	0	전41	이희균	15			19	한정우	후34	0	0	0	0
0	0	0	2(1)	후17	이건희	24			35	박재우		0	0	0	0
0	0	0	0		김진영	27			41	송민혁		0	0	0	0
0	2	15	6(4)			0			0			6(4)	21	5	0

● 후반 43분 이건희 AK 정면 R-ST-G (득점: 이건희) 오른쪽

● 전반 33분 권민재 AKL ~ 손석용 AK 정면 R-ST-G (득점: 손석용, 도움: 권민재) 왼쪽
● 후반 24분 어정원 MFL TL FK ↷ 김종석 GA 정면 R-ST-G (득점: 김종석, 도움: 어정원) 오른쪽

• 2월 19일 16:00 흐림 안양 종합 1,438명
• 주심_ 정회수 부심_ 구은석·박남수 대기심_ 서동진 경기감독관_ 허기태

안양 1 0 전반 0 / 1 후반 0 **0 전남**

퇴장	경고	파울	ST(유)	교체	선수명	배번	위치	위치	배번	선수명	교체	ST(유)	파울	경고	퇴장
0	0	0	0		정민기	13	GK	GK	31	김다솔		0	0	0	0
0	0	1	0		이창용	4	MF	DF	38	이규혁		0	1	0	0
0	0	1	1(1)		조나탄	9	FW	DF	4	최정원		0	0	0	0
0	0	0	2(1)	18	아코스티	10	MF	DF	20	장순혁		0	1	0	0
0	0	1	0		김주환	19	DF	DF	77	김태현		0	0	0	0
0	0	0	0	14	박종현	25	MF	MF	45	전승민	89	1	0	0	0
0	0	1	0		백동규	30	DF	MF	10	김현욱		2	0	0	0
0	0	1	2(1)	11	심동운	32	MF	MF	66	손호준	15	0	1	1	0
0	0	3	0		연제민	40	DF	FW	11	플라나		1	0	0	0
0	0	2	0		황기욱	66	MF	FW	18	박인혁	24	2(1)	2	1	0
0	0	0	0		주현우	99	DF	FW	16	이후권	6	0	1	0	0
0	0	0	0		김태훈	1			21	오찬식		0	0	0	0
0	0	0	0		임승겸	6			3	최희원		0	0	0	0
0	0	2	0	후0	김경중	11			55	최호정		0	0	0	0
0	0	2	0	후0	홍창범	14	대기	대기	15	정호진	후0	0	0	0	0
0	0	0	0		김형진	15			24	유헤이	후16	0	2	1	0
0	0	0	0		박재용	16			6	장성재	후32	0	0	0	0
0	0	0	0	후47	유종우	18			89	발로텔리	후0	1	0	0	0
0	0	14	5(3)			0			0			7(1)	8	3	0

● 후반 8분 아코스티 PAR 내 ~ 조나탄 GA 정면 R-ST-G (득점: 조나탄, 도움: 아코스티) 왼쪽

• 2월 20일 13:30 맑음 안산 와스타디움 1,070명
• 주심_ 성덕효 부심_ 이영운·신재환 대기심_ 최규현 경기감독관_ 허기태

안산 1 1 전반 1 / 0 후반 0 **1 부산**

퇴장	경고	파울	ST(유)	교체	선수명	배번	위치	위치	배번	선수명	교체	ST(유)	파울	경고	퇴장
0	0	0	0		김원중	41	GK	GK	13	안준수		0	0	0	0
0	0	0	0		권영호	4	DF	DF	15	이청웅	17	0	1	0	0
0	0	0	0		김민호	20	DF	DF	8	박종우		0	1	0	0
0	1	1	2(2)		이준희	22	DF	DF	45	황준호		0	0	0	0
0	1	1	0	25	안성민	24	DF	MF	27	구현준	30	2	1	1	0
0	0	0	1	9	두아르테	7	MF	MF	48	최준		0	0	0	0
0	0	1	1(1)		이상민	8	MF	MF	4	에드워즈		1(1)	2	0	0
0	0	2	1(1)	11	최건주	17	MF	MF	14	김정현	6	0	2	0	0
0	1	1	0	14	이와세	12	MF	FW	24	강윤구	19	0	1	0	0
0	0	2	1(1)		김륜도	18	FW	FW	10	이상헌		1	1	0	0
0	0	3	2(1)	35	티아고	21	FW	FW	11	박정인		6(5)	2	0	0
0	0	0	0		이승빈	1			91	전종혁		0	0	0	0
0	0	0	0		김재봉	5			6	발렌티노스	후19	0	0	0	0
0	0	0	0	후42	김경준	9			19	박세진	후19	0	0	0	0
0	0	0	0	후46	강수일	11	대기	대기	22	이강희		0	0	0	0
0	0	0	0	후46	아스나위	14			17	김정민	후46	1	0	0	0
0	0	2	0	후14	김이석	25			7	드로젝		0	0	0	0
0	0	0	0	후42	김경수	35			30	이태민	후19	1(1)	1	0	0
0	3	13	8(6)			0			0			12(7)	12	1	0

● 전반 31분 두아르테 AK 내 ~ 최건주 GAR R-ST-G (득점: 최건주, 도움: 두아르테) 왼쪽

● 전반 8분 최준 PAR 내 ↷ 박정인 GA 정면 H-ST-G (득점: 박정인, 도움: 최준) 오른쪽

• 2월 20일 16:00 맑음 밀양 종합 1,973명
• 주심_ 조지음 부심_ 이양우·홍석찬 대기심_ 임정수 경기감독관_ 양정환

경남 0 0 전반 0 / 0 후반 1 **1 서울E**

퇴장	경고	파울	ST(유)	교체	선수명	배번	위치	위치	배번	선수명	교체	ST(유)	파울	경고	퇴장
0	0	0	0		손정현	31	GK	GK	77	윤보상		0	0	0	0
0	0	1	0		이재명	13	DF	DF	4	한용수		0	0	0	0
0	0	0	0		이민기	33	DF	DF	23	김연수		0	3	0	0
0	0	0	1(1)		김종필	50	DF	DF	14	이재익		1	1	0	0
0	0	2	0		이준재	29	DF	DF	2	황태현		1(1)	0	0	0
0	0	0	1	24	설현진	21	MF	MF	6	채광훈		0	0	0	0
0	0	2	0	14	이지승	8	MF	MF	8	곽성욱	11	0	0	0	0
0	0	2	0		이광진	16	MF	MF	88	김선민		2	1	0	0
0	0	1	0	17	서재원	26	MF	MF	17	이동률	99	0	0	0	0
0	1	4	0		이의형	18	FW	FW	19	유정완	9	3(1)	1	0	0
0	0	1	2(1)	7	에르난데스	10	FW	FW	7	김인성	15	2(1)	3	0	0
0	0	0	0		고동민	88			1	김형근		0	0	0	0
0	0	0	0	후37	김범용	14			3	김민규		0	0	0	0
0	0	0	0	후35	장혁진	7			27	조동재		0	0	0	0
0	0	0	0		배범근	25	대기	대기	15	김원식	후42	0	0	0	0
0	0	1	0	전36	모재현	24			99	이성윤	후30	0	0	0	0
0	0	1	1(1)	후0	하남	17			11	김정환	후14	0	1	0	0
0	0	0	0		윌리안	94			9	까데나시	후30	1(1)	1	0	0
0	1	15	5(3)			0			0			10(4)	11	0	0

● 후반 32분 김정환 PAL ↷ 까데나시 GAR H-ST-G (득점: 까데나시, 도움: 김정환) 오른쪽

• 2월 20일 16:00 맑음 부천 종합 1,017명
• 주심_ 오현진 부심_ 이병주·서영규 대기심_ 김재홍 경기감독관_ 최윤겸

부천 0 0 전반 0 / 0 후반 0 **0 충남아산**

퇴장	경고	파울	ST(유)	교체	선수명	배번	위치	위치	배번	선수명	교체	ST(유)	파울	경고	퇴장
0	0	0	0		최철원	1	GK	GK	21	박주원		0	0	0	0
0	1	2	0	20	이풍연	3	DF	MF	2	김채운		3(1)	1	0	0
0	0	1	0		김강산	5	DF	DF	13	박성우		2	2	1	0
0	0	0	0		닐손주니어	6	DF	DF	16	유준수	3	0	0	0	0
0	0	2	0		국태정	13	MF	DF	47	이은범		0	1	0	0
0	0	0	0		김준형	8	MF	MF	6	김종국		1(1)	1	1	0
0	0	2	2(1)		조수철	10	MF	DF	20	이상민		0	1	0	0
0	0	0	3(3)	11	요르만	7	FW	MF	24	박세직		0	1	0	0
0	1	3	3(2)		은나마니	16	FW	MF	7	송승민		2(1)	2	0	0
0	0	0	0		김호남	19	MF	FW	10	유강현	9	4	3	0	0
0	0	3	1(1)	18	한지호	22	FW	MF	11	유동규	18	3(1)	1	0	0
0	0	0	0		이주현	21			90	문현호		0	0	0	0
0	1	1	0	후0	김정호	20			3	이호인	전46	0	1	0	0
0	0	0	0		송홍민	4			14	이학민		0	0	0	0
0	0	0	0		이시헌	25	대기	대기	8	최범경		0	0	0	0
0	0	0	0		최병찬	33			33	김혜성		0	0	0	0
0	0	1	1(1)	후16	박창준	11			9	조주영	후41	0	0	0	0
0	0	0	0	후34	안재준	18			18	강민규	후21	1(1)	3	1	0
0	3	15	10(8)			0			0			16(5)	17	3	0

• 2월 26일 13:30 맑음 광양 전용 869명
• 주심_ 오현진 부심_ 이영운·홍석찬 대기심_ 임정수 경기감독관_ 당성증

전남 0 0 전반 1 / 0 후반 1 **2 김포**

퇴장	경고	파울	ST(유)	교체	선수명	배번	위치	위치	배번	선수명	교체	ST(유)	파울	경고	퇴장
0	0	0	0		김다솔	31	GK	GK	1	이상욱		0	0	0	0
0	0	1	0		이규혁	38	DF	DF	3	박경록		1	1	0	0
0	0	2	0		최정원	4	DF	DF	5	박준희		0	0	1	0
0	0	0	0		장순혁	20	DF	DF	26	이강연		0	0	0	0
0	0	0	1		김태현	77	DF	MF	25	박대한		0	4	0	0
0	0	2	1(1)		유헤이	24	MF	MF	23	최재훈		0	0	0	0
0	0	0	1(1)		김현욱	10	MF	MF	10	김종석		2(1)	1	0	0
0	0	1	0	55	이후권	16	MF	MF	45	어정원	19	0	1	0	0
0	0	1	1		박인혁	18	FW	FW	99	손석용	47	3(1)	0	0	0
0	0	0	1	9	플라나	11	FW	FW	32	윤민호		1(1)	1	1	0
0	0	0	0	89	전승민	45	FW	FW	29	권민재	7	0	3	0	0
0	0	0	0		오찬식	21			7	마루오카	후43	0	0	0	0
0	0	0	0		최희원	3			8	구본상		0	0	0	0
0	0	0	0	후0	최호정	55			14	양준아		0	0	0	0
0	0	0	0		손호준	66	대기	대기	19	한정우	후14	1(1)	0	0	0
0	0	0	0		장성재	6			35	박재우		0	0	0	0
0	0	0	0	후12	카차라바	9			47	나성은	후30	0	1	0	0
0	0	0	1(1)	전22	발로텔리	89			41	송민혁		0	0	0	0
0	0	7	6(3)			0			0			8(4)	12	2	0

● 전반 16분 손석용 AKR R-ST-G (득점: 손석용) 왼쪽
● 후반 34분 박경록 HLL ~ 한정우 GAL L-ST-G (득점: 한정우, 도움: 박경록) 오른쪽

• 2월 26일 16:00 흐림 부천 종합 691명
• 주심_ 조지음 부심_ 설귀선·박남수 대기심_ 김도연 경기감독관_ 차상해

부천 2 0 전반 1 / 2 후반 0 **1 안산**

퇴장	경고	파울	ST(유)	교체	선수명	배번	위치	위치	배번	선수명	교체	ST(유)	파울	경고	퇴장
0	0	0	0		최철원	1	GK	GK	41	김원중		0	0	0	0
0	0	1	1		김강산	5	DF	DF	4	권영호		1(1)	0	0	0
0	0	0	1		닐손주니어	6	DF	DF	20	김민호		0	1	0	0
0	0	1	0	26	국태정	13	MF	DF	24	안성민		1(1)	0	0	0
0	0	2	0		이용혁	23	DF	DF	25	김이석		0	1	0	0
0	1	4	0		김준형	8	MF	MF	6	신일수	35	1	2	1	0
0	0	3	2(1)	22	오재혁	77	MF	MF	8	이상민		2(2)	2	0	0
0	0	0	0	16	요르만	7	FW	MF	11	강수일	21	1(1)	0	0	0
0	0	4	0	4	박창준	11	FW	MF	12	이와세		0	0	0	0
0	0	0	0	10	안재준	18	FW	MF	17	최건주	7	0	0	0	0
0	0	0	1		김호남	19	MF	FW	18	김륜도	14	0	0	0	0
0	0	0	0		이주현	21			1	이승빈		0	0	0	0
0	0	0	0		김정호	20			5	김재봉		0	0	0	0
0	0	1	1(1)	후11	조현택	26			7	두아르테	후15	1(1)	1	0	0
0	0	0	0	후37	송홍민	4	대기	대기	14	아스나위	후31	1	1	0	0
0	1	1	0	후11	조수철	10			21	티아고	후24	1(1)	0	0	0
0	0	2	2(2)	후0	은나마니	16			22	이준희		0	0	0	0
0	0	1	2(2)	후11	한지호	22			35	김경수	후31	0	0	0	0
0	2	20	10(6)			0			0			9(7)	8	1	0

● 후반 14분 한지호 GA 정면 내 H-ST-G (득점: 한지호) 가운데
● 후반 19분 조현택 자기 측 MFL ↷ 한지호 PAL L-ST-G (득점: 한지호, 도움: 조현택) 가운데
● 전반 35분 권영호 GA 정면 L-ST-G (득점: 권영호) 가운데

• 2월 27일 13:30 맑음 안양 종합 1,138명
• 주심_ 성덕호 부심_ 이양우·주현민 대기심_ 최광호 경기감독관_ 김용세

안양 2 1 전반 0 / 1 후반 0 **0 충남아산**

퇴장	경고	파울	ST(유)	교체	선수명	배번	위치	위치	배번	선수명	교체	ST(유)	파울	경고	퇴장
0	0	0	0		정민기	13	GK	GK	21	박주원	90	0	0	0	0
0	0	2	0		이창용	4	DF	MF	2	김채운	18	1(1)	0	0	0
0	0	0	1(1)	16	조나탄	9	FW	DF	3	이호인		1	2	0	0
0	1	0	4(3)	22	아코스티	10	MF	DF	13	박성우	14	0	1	0	0
0	1	0	0		김주환	19	DF	DF	47	이은범		1(1)	1	0	0
0	0	0	1	14	박종현	25	MF	MF	6	김종국	8	0	0	0	0
0	0	0	1	15	백동규	30	DF	DF	20	이상민		0	1	1	0
0	0	0	1(1)	11	심동운	32	MF	MF	24	박세직		0	2	0	0
0	0	1	0		연제민	40	DF	MF	7	송승민		2	1	0	0
0	1	2	0		황기욱	66	MF	FW	10	유강현		3(2)	1	0	0
0	0	1	1(1)		주현우	99	DF	MF	11	유동규	9	0	3	1	0
0	0	0	0		박성수	21			90	문현호	후36	0	0	0	0
0	0	0	0		임승겸	6			14	이학민	후36	0	0	0	0
0	0	2	1(1)	후0	김경중	11			15	송주호		0	0	0	0
0	0	0	1(1)	전35	홍창범	14	대기	대기	8	최범경	전20	1(1)	0	0	0
0	0	0	0	후46	김형진	15			33	김혜성		0	0	0	0
0	0	0	0	후46	박재용	16			9	조주영	후36	0	0	0	0
0	0	2	0	후37	김동진	22			18	강민규	후15	1(1)	0	0	0
0	3	10	11(8)			0			0			10(6)	12	2	0

● 전반 6분 조나탄 PK-R-G (득점: 조나탄) 왼쪽
● 후반 33분 조나탄 PA 정면 내 ~ 김경중 PAL 내 R-ST-G (득점: 김경중, 도움: 조나탄) 오른쪽

- 2월 27일 16:00 맑음 광주 전용 696명
- 주심_ 최규현 부심_ 김지욱·신재환 대기심_ 서동진 경기감독관_ 나승화

광주 2 2 전반 0 / 0 후반 0 **0 대전**

퇴장	경고	파울	ST(유)	교체	선수명	배번	위치	위치	배번	선수명	교체	ST(유)	파울	경고	퇴장
0	0	0	0		김경민	1	GK	GK	1	이창근		0	0	0	0
0	0	1	0		안영규	6	DF	DF	2	서영재	3	0	2	0	0
0	1	1	0		박한빈	33	DF	DF	5	권한진		0	1	0	0
0	0	2	0		김현훈	5	DF	DF	20	조유민		0	0	0	0
0	1	2	0		이민기	3	MF	DF	27	이종현		2(1)	5	1	0
0	0	1	3(2)		이순민	20	MF	MF	14	김영욱		0	1	1	0
0	0	6	2(1)	10	정호연	23	MF	MF	17	이현식	11	0	3	0	0
0	0	0	0		이상기	22	MF	MF	22	김인균	77	2(1)	0	0	0
0	0	1	2	13	엄지성	16	FW	MF	33	배준호	7	0	0	0	0
0	0	0	2(1)	18	이건희	24	FW	FW	9	공민현	16	0	1	0	0
0	0	1	2(2)	30	헤이스	11	FW	FW	70	레안드로		0	1	0	0
0	0	0	0		이준	21			23	정산		0	0	0	0
0	0	0	0		이으뜸	8			3	김민덕	후0	0	2	0	0
0	0	0	0	후46	김종우	10			12	민준영		0	0	0	0
0	0	0	1(1)	후33/15	두현석	13	대기	대기	7	마사	전21	1	2	0	0
0	0	0	0	후46	이희균	15			11	김승섭	후31	0	0	0	0
0	0	0	0	후33	하승운	30			16	원기종	후20	0	0	1	0
0	0	0	0	후33	허율	18			77	이선유	후31	0	0	0	0
0	2	15	12(7)			0			0			5(2)	18	3	0

- ●전반 30분 헤이스 PK-R-G (득점: 헤이스) 오른쪽
- ●전반 44분 헤이스 PAR R-ST-G (득점: 헤이스) 왼쪽

- 2월 27일 16:00 맑음 밀양 종합 1,062명
- 주심_ 정회수 부심_ 구은석·김태형 대기심_ 김재홍 경기감독관_ 강득수

경남 3 0 전반 2 / 3 후반 0 **2 부산**

퇴장	경고	파울	ST(유)	교체	선수명	배번	위치	위치	배번	선수명	교체	ST(유)	파울	경고	퇴장
0	0	0	0		손정현	31	GK	GK	13	안준수		0	0	0	0
0	0	0	0	73	이민기	33	DF	DF	6	발렌티노스		1(1)	2	0	1
0	0	0	0		이재명	13	DF	DF	15	이청웅		0	0	0	0
0	0	0	1		김종필	50	DF	DF	45	황준호		0	1	0	0
0	1	3	0	25	이준재	29	DF	MF	48	최준		0	1	1	0
0	0	2	0	24	설현진	21	MF	MF	8	박종우		0	4	1	0
0	0	2	2	14	이지승	8	MF	MF	4	에드워즈		0	2	1	0
0	1	1	0		이광진	16	MF	MF	27	구현준	7	0	0	0	0
0	0	3	5(3)		윌리안	94	MF	FW	24	강윤구	5	0	1	0	0
0	0	1	0	17	이의형	18	FW	FW	30	이태민	3	0	3	0	0
0	1	0	3(3)		에르난데스	10	FW	FW	11	박정인	22	1(1)	2	0	0
0	0	0	0		고동민	88			1	구상민		0	0	0	0
0	0	0	0	후28	박재환	73			5	홍욱현	후11	0	1	0	0
0	1	1	0	후0	김범용	14			3	최예훈	후24	0	0	0	0
0	0	0	0	후50	배범근	25	대기	대기	22	이강희	후37	0	1	0	0
0	0	3	4(3)	전25	모재현	24			19	박세진		0	0	0	0
0	0	1	1(1)	후0	하남	17			7	드로젝	후24	0	0	0	0
0	0	0	0		서재원	26			37	이현준		0	0	0	0
0	4	17	16(10)			0			0			2(2)	18	3	1

- ●후반 35분 모재현 GAR R-ST-G (득점: 모재현) 오른쪽
- ●후반 46분 윌리안 GA 정면 R-ST-G (득점: 윌리안) 가운데
- ●후반 48분 윌리안 MFR ~ 에르난데스 GAR R-ST-G (득점: 에르난데스, 도움: 윌리안) 가운데
- ●전반 7분 박종우 PAL FK ↷ 발렌티노스 GAR 내 H-ST-G (득점: 발렌티노스, 도움: 박종우) 가운데
- ●전반 20분 최준 PAR ↷ 박정인 GAR H-ST-G (득점: 박정인, 도움: 최준) 오른쪽

- 3월 05일 13:30 맑음 안산 와스타디움 533명
- 주심_ 최광호 부심_ 이영운·주현민 대기심_ 정회수 경기감독관_ 당성증

안산 0 0 전반 0 / 0 후반 1 **1 서울E**

퇴장	경고	파울	ST(유)	교체	선수명	배번	위치	위치	배번	선수명	교체	ST(유)	파울	경고	퇴장
0	0	0	0		이승빈	1	GK	GK	77	윤보상		0	0	1	0
0	1	3	0		권영호	4	DF	DF	14	이재익		3(2)	0	0	0
0	0	1	0		김민호	20	DF	DF	4	한용수		0	1	1	0
0	0	3	1(1)		이준희	22	DF	DF	23	김연수		0	1	0	0
0	0	2	0	18	안성민	24	DF	MF	55	서보민	11	2(1)	0	0	0
0	0	2	0		이상민	8	MF	MF	6	채광훈		1(1)	0	0	0
0	0	0	0	25	이와세	12	MF	MF	88	김선민		1(1)	3	0	0
0	0	0	1		김경수	35	MF	MF	10	아센호	9	2(1)	3	0	0
0	1	1	0		두아르테	7	FW	MF	44	츠바사	15	0	2	0	0
0	0	0	1	17	강수일	11	FW	FW	17	이동률	27	3(1)	0	0	0
0	1	0	0		티아고	21	FW	FW	7	김인성	19	2(2)	1	1	0
0	0	0	0		김원중	41			1	김형근		0	0	0	0
0	0	0	0		김재봉	5			27	조동재	후27	1(1)	0	0	0
0	0	0	0		아스나위	14			8	곽성욱		0	0	0	0
0	0	0	0	후41	최건주	17	대기	대기	15	김원식	후27	0	1	1	0
0	0	1	1	후27	김륜도	18			19	유정완	후18	3(3)	2	1	0
0	0	0	0		장유섭	23			11	김정환	후41	0	1	0	0
0	0	0	0	후18	김이석	25			9	까데나시	후41	0	0	0	0
0	3	13	4(1)			0			0			18(13)	15	5	0

- ●후반 18분 이동률 GA 정면 ~ 이재익 GAR R-ST-G (득점: 이재익, 도움: 이동률) 오른쪽

- 3월 05일 16:00 맑음 부산 아시아드 2,304명
- 주심_ 오현진 부심_ 방기열·박남수 대기심_ 임정수 경기감독관_ 강득수

부산 1 0 전반 0 / 1 후반 1 **1 대전**

퇴장	경고	파울	ST(유)	교체	선수명	배번	위치	위치	배번	선수명	교체	ST(유)	파울	경고	퇴장
0	0	0	0		안준수	13	GK	GK	1	이창근		0	0	0	0
0	0	2	0		김정현	14	DF	DF	3	김민덕		0	2	0	0
0	0	2	0	22	이청웅	15	DF	DF	12	민준영		1	2	1	0
0	0	1	0		홍욱현	5	DF	DF	20	조유민		1(1)	1	0	0
0	0	3	0	19	최준	48	MF	DF	27	이종현		0	0	1	0
0	0	2	0	20	박종우	8	MF	MF	7	마사	9	2(2)	2	0	0
0	0	1	0		에드워즈	4	MF	MF	14	김영욱	17	0	4	0	0
0	0	0	0		최예훈	3	MF	MF	15	임덕근		1	3	0	0
0	0	0	1	37	강윤구	24	FW	MF	70	레안드로	11	1(1)	0	0	0
0	0	2	1	9	이태민	30	FW	MF	77	이선유	22	1(1)	1	0	0
0	0	1	1		박정인	11	FW	FW	16	원기종	5	2(1)	0	0	0
0	0	0	0		전종혁	91			23	정산		0	0	0	0
0	0	0	0	후41	조위제	20			2	서영재		0	0	0	0
0	0	0	0		구현준	27			5	권한진	후42	0	0	0	0
0	1	1	0	후41	이강희	22	대기	대기	11	김승섭	후13	2(1)	1	0	0
0	0	0	1(1)	후26	박세진	19			17	이현식	후20	0	1	0	0
0	0	1	2	후14	안병준	9			22	김인균	후13	1	0	0	0
0	0	1	0	후26	이현준	37			9	공민현	후42	0	0	0	0
0	1	17	6(1)			0			0			12(7)	17	2	0

- ●후반 45분 홍욱현 센타서클 ↷ 박세진 PAR 내 R-ST-G (득점: 박세진, 도움: 홍욱현) 가운데
- ●후반 25분 김인균 GAR ~ 마사 GAL 내 R-ST-G (득점: 마사, 도움: 김인균) 가운데

• 3월 06일 13:30 맑음 안양 종합 1,013명
• 주심_ 안재훈 부심_ 이영운·홍석찬 대기심_ 박종명 경기감독관_ 나승화

안양 2 | 2 전반 2 / 0 후반 1 | **3 경남**

퇴장	경고	파울	ST(유)	교체	선수명	배번	위치	위치	배번	선수명	교체	ST(유)	파울	경고	퇴장
0	0	0	0		정민기	13	GK	GK	31	손정현		0	0	0	0
0	0	0	0		이창용	4	MF	DF	13	이재명	33	0	1	0	0
0	0	1	2(1)		조나탄	9	FW	DF	73	박재환		2(1)	0	0	0
0	0	1	2(2)	16	아코스티	10	MF	DF	50	김종필		1	0	0	0
0	0	1	1(1)	32	김경중	11	MF	DF	29	이준재		0	2	0	0
0	0	0	1(1)	22	홍창범	14	MF	MF	24	모재현	18	2(1)	2	0	0
0	0	1	0		김주환	19	DF	MF	14	김범용		0	1	0	0
0	0	0	0		백동규	30	DF	MF	16	이광진		1(1)	0	0	0
0	0	2	0	15	연제민	40	DF	MF	94	윌리안		3(2)	2	0	0
0	0	2	1(1)		황기욱	66	MF	FW	17	하남	7	2(1)	3	0	0
0	0	0	0		주현우	99	DF	FW	10	에르난데스		4(3)	1	1	0
0	0	0	0		김태훈	1			88	고동민		0	0	0	0
0	0	0	0		임승겸	6			33	이민기	후11	0	1	0	0
0	0	0	0	후0	김형진	15			8	이지승		0	0	0	0
0	0	0	1(1)	후44	박재용	16	대기	대기	25	배범근		0	0	0	0
0	0	0	1(1)	후26	김동진	22			7	정충근	후23	0	0	0	0
0	0	0	0		박종현	25			18	이의형	후0	1(1)	1	0	0
0	0	0	0	후44	심동운	32			26	서재원		0	0	0	0
0	0	8	9(8)			0			0			16(10)	14	1	0

● 전반 19분 김경중 MF 정면 FK ~ 아코스티 MF 정면 R-ST-G (득점: 아코스티, 도움: 김경중) 오른쪽
● 전반 22분 김경중 GAL 내 L-ST-G (득점: 김경중) 왼쪽
● 전반 6분 윌리안 MFL ~ 에르난데스 PA 정면 내 R-ST-G (득점: 에르난데스, 도움: 윌리안) 가운데
● 전반 16분 이재명 PAL ↷ 에르난데스 GAL 내 H-ST-G (득점: 에르난데스, 도움: 이재명) 가운데
● 후반 25분 이광진 PAL TL FK ↷ 박재환 GAL 내 H-ST-G (득점: 박재환, 도움: 이광진) 왼쪽

• 3월 06일 16:00 맑음 광양 전용 740명
• 주심_ 조지음 부심_ 이양우·신재환 대기심_ 오현진 경기감독관_ 김용세

전남 0 | 0 전반 0 / 0 후반 0 | **0 충남아산**

퇴장	경고	파울	ST(유)	교체	선수명	배번	위치	위치	배번	선수명	교체	ST(유)	파울	경고	퇴장
0	0	0	0		김다솔	31	GK	GK	21	박주원		0	0	0	0
0	0	2	1		김태현	77	DF	DF	2	김채운	15	0	1	0	0
0	1	1	0		고태원	5	DF	DF	3	이호인		0	1	0	0
0	0	1	0		장순혁	20	DF	DF	13	박성우		0	0	0	0
0	0	1	0	7	손호준	66	DF	DF	47	이은범		0	0	0	0
0	0	1	0		김현욱	10	MF	MF	20	이상민		1(1)	0	0	0
0	0	0	0	11	유헤이	24	MF	MF	22	김강국		3(2)	1	0	0
0	0	1	0		정호진	15	MF	MF	24	박세직		1	2	0	0
0	0	3	0		이후권	16	MF	MF	7	송승민		2(1)	3	0	0
0	0	2	1(1)		발로텔리	89	FW	FW	10	유강현	9	2	1	0	0
0	0	1	0	9	박인혁	18	FW	FW	18	강민규	11	2(1)	1	0	0
0	0	0	0		오찬식	21			90	문현호		0	0	0	0
0	0	0	0		최정원	4			14	이학민		0	0	0	0
0	0	0	0	후0	임찬울	7			15	송주호	후45	0	0	0	0
0	0	0	0		장성재	6	대기	대기	8	최범경		0	0	0	0
0	0	1	2(2)	후16	플라나	11			33	김혜성		0	0	0	0
0	0	3	2(1)	후0	카차라바	9			9	조주영	후29	0	0	0	0
0	0	0	0		최성진	39			11	유동규	후29	0	0	0	0
0	1	17	6(4)			0			0			11(5)	10	0	0

• 3월 06일 18:30 맑음 부천 종합 796명
• 주심_ 최규현 부심_ 성주경·구은석 대기심_ 서동진 경기감독관_ 양정환

부천 1 | 0 전반 0 / 1 후반 0 | **0 김포**

퇴장	경고	파울	ST(유)	교체	선수명	배번	위치	위치	배번	선수명	교체	ST(유)	파울	경고	퇴장
0	0	0	0		최철원	1	GK	GK	1	이상욱		0	0	0	0
0	0	1	1(1)		김강산	5	DF	DF	3	박경록		0	0	0	0
0	0	0	0		닐손주니어	6	DF	DF	5	박준희		0	1	0	0
0	1	1	0		이용혁	23	DF	DF	26	이강연		0	1	0	0
0	1	4	0	13	조현택	26	MF	MF	25	박대한		0	4	0	0
0	0	0	2	4	김준형	8	MF	MF	23	최재훈		0	1	0	0
0	0	0	1(1)	22	오재혁	77	MF	MF	10	김종석	8	0	2	0	0
0	0	0	1	10	요르만	7	FW	MF	19	한정우		0	0	0	0
0	0	1	2(1)	25	박창준	11	FW	FW	99	손석용	45	1	2	1	0
0	0	2	0		은나마니	16	FW	FW	32	윤민호		1(1)	1	0	0
0	0	0	0		김호남	19	MF	FW	29	권민재	7	0	2	0	0
0	0	0	0		이주현	21			41	송민혁		0	0	0	0
0	0	0	0		김정호	20			4	김태한		0	0	0	0
0	0	0	1	후39	국태정	13			14	양준아		0	0	0	0
0	0	0	1(1)	후39	송홍민	4	대기	대기	7	마루오카	후0	0	0	0	0
0	0	1	1(1)	후14	조수철	10			8	구본상	후16	0	0	0	0
0	0	0	0	후29	이시헌	25			45	어정원	후24	1(1)	0	0	0
0	0	0	1	후14	한지호	22			47	나성은		0	0	0	0
0	2	10	11(5)			0			0			3(2)	14	1	0

● 후반 7분 오재혁 PAR 내 R-ST-G (득점: 오재혁) 왼쪽

• 3월 12일 13:30 맑음 안산 와스타디움 455명
• 주심_ 최규현 부심_ 이양우·홍석찬 대기심_ 박종명 경기감독관_ 최윤겸

안산 0 | 0 전반 1 / 0 후반 1 | **2 광주**

퇴장	경고	파울	ST(유)	교체	선수명	배번	위치	위치	배번	선수명	교체	ST(유)	파울	경고	퇴장
0	0	0	0		이승빈	1	GK	GK	1	김경민		0	0	0	0
0	0	1	0		김재봉	5	DF	DF	6	안영규		1	0	0	0
0	0	0	0	29	아스나위	14	DF	DF	33	박한빈		0	1	0	0
0	0	0	0	23	김민호	20	DF	DF	40	김승우	30	0	1	1	0
0	0	1	0		안성민	24	DF	MF	8	이으뜸		0	0	0	0
0	0	0	0	15	신일수	6	MF	MF	20	이순민		1	2	1	0
0	0	3	0		이상민	8	MF	MF	23	정호연	10	1	3	1	0
0	1	2	0		김경수	35	MF	MF	13	두현석	22	2(1)	2	0	0
0	0	2	2(2)		두아르테	7	FW	FW	16	엄지성	14	3(3)	0	0	0
0	0	0	1(1)	26	김경준	9	FW	FW	24	이건희	19	4(2)	1	0	0
0	0	2	1	37	최건주	17	FW	FW	11	헤이스		2(2)	1	0	0
0	0	0	0		김원중	41			31	신송훈		0	0	0	0
0	0	1	1	후6	송진규	15			3	이민기		0	0	0	0
0	0	0	0	후15	장유섭	23			22	이상기	후41	0	0	0	0
0	0	0	1(1)	후15	이지성	26	대기	대기	14	이찬동	후25	0	1	0	0
0	0	0	0	전24	김예성	29			10	김종우	후0	0	1	0	0
0	0	0	0		장동혁	33			30	하승운	후41	0	0	0	0
0	0	1	1	후15	윤경원	37			19	마이키	후25	0	1	1	0
0	1	13	7(4)			0			0			14(8)	14	4	0

● 전반 16분 이으뜸 PAL 내 ~ 이건희 GA 정면 내 R-ST-G (득점: 이건희, 도움: 이으뜸) 가운데
● 후반 17분 이으뜸 PAL → 두현석 GAR 내 EL R-ST-G (득점: 두현석, 도움: 이으뜸) 가운데

• 3월 12일 13:30 흐림 김포솔터축구장 2,061명
• 주심_ 정회수 부심_ 설귀선·서영규 대기심_ 임정수 경기감독관_ 차상해

김포 2 1 전반 0 / 1 후반 2 **2 서울E**

퇴장	경고	파울	ST(유)	교체	선수명	배번	위치	위치	배번	선수명	교체	ST(유)	파울	경고	퇴장
0	0	0	0		이상욱	1	GK	GK	77	윤보상		0	0	0	0
0	0	0	0		박경록	3	DF	DF	14	이재익		0	1	0	0
0	1	1	1		박준희	5	DF	DF	4	한용수	15	0	0	0	0
0	0	0	0		이강연	26	DF	DF	23	김연수		1	2	0	0
0	0	2	1(1)		박대한	25	MF	MF	55	서보민		0	0	0	0
0	1	2	0		최재훈	23	MF	MF	6	채광훈	18	1(1)	1	0	0
0	0	2	0		김종석	10	MF	MF	88	김선민		1	3	0	0
0	0	0	1(1)	47	한정우	19	MF	MF	44	츠바사	9	0	1	1	0
0	0	2	5(5)		손석용	99	FW	FW	17	이동률	11	1(1)	2	1	0
0	0	3	2(2)		윤민호	32	FW	FW	19	유정완	99	2	1	1	0
0	0	0	1(1)	45	권민재	29	FW	FW	10	아센호		6(4)	3	0	0
0	0	0	0		송민혁	41			31	주현성		0	0	0	0
0	0	0	0	후34	김태한	4			18	배재우	후22	1(1)	0	0	0
0	0	0	0		양준아	14			22	서재민		0	0	0	0
0	0	0	0		마루오카	7	대기	대기	15	김원식	후22	0	0	0	0
0	1	0	0	후9/4	어정원	45			99	이성윤	후0	5(3)	1	0	0
0	0	2	0	후21	나성은	47			11	김정환	후36	0	0	0	0
0	0	0	0		유리치치	9			9	까데나시	후31	1	1	0	0
0	3	14	11(10)			0			0			19(10)	16	3	0

● 전반 22분 권민재 PA 정면 내 H ↷ 윤민호 GAL L-ST-G (득점: 윤민호, 도움: 권민재) 가운데
● 후반 10분 손석용 PAR 내 L-ST-G (득점: 손석용) 왼쪽
● 후반 30분 이동률 GAL EL ~ 이성윤 GA 정면 R-ST-G (득점: 이성윤, 도움: 이동률) 오른쪽
● 후반 36분 아센호 GAR 내 R-ST-G (득점: 아센호) 가운데

• 3월 12일 16:00 흐림 대전 월드컵 2,417명
• 주심_ 조지음 부심_ 구은석·이병주 대기심_ 최광호 경기감독관_ 당성증

대전 1 0 전반 1 / 1 후반 0 **1 안양**

퇴장	경고	파울	ST(유)	교체	선수명	배번	위치	위치	배번	선수명	교체	ST(유)	파울	경고	퇴장
0	0	0	0		이창근	1	GK	GK	13	정민기		0	0	0	0
0	0	0	1	91	서영재	2	DF	MF	4	이창용		0	0	0	0
0	0	0	2(1)		김민덕	3	DF	FW	9	조나탄		3(2)	2	0	0
0	0	0	1		이종현	27	DF	MF	11	김경중	8	0	1	0	0
0	0	2	0		변준수	42	DF	MF	14	홍창범	6	0	2	0	0
0	0	1	3		마사	7	MF	DF	19	김주환		0	1	0	0
0	0	1	3(1)		이진현	10	MF	MF	23	이재용	22	3(2)	1	0	0
0	1	2	0	6	임덕근	15	MF	DF	30	백동규		0	4	0	0
0	0	3	1	16	공민현	9	FW	DF	40	연제민	15	0	2	0	0
0	0	0	0		레안드로	70	FW	MF	66	황기욱		0	1	1	0
0	0	1	2(1)	12	김인균	22	FW	DF	99	주현우	32	2(1)	1	1	0
0	0	0	0		정산	23			21	박성수		0	0	0	0
0	0	0	0		권한진	5			6	임승겸	후44	0	0	0	0
0	0	1	2(2)	후16	민준영	12			8	안드리고	후31	0	1	0	0
0	0	1	0	후11	임은수	6	대기	대기	15	김형진	전43	0	0	0	0
0	0	0	0		전병관	13			16	박재용		0	0	0	0
0	0	0	1(1)	후37	원기종	16			22	김동진	후0	0	2	0	0
0	0	0	0	후37	송창석	91			32	심동운	후44	0	0	0	0
0	1	12	16(6)			0			0			8(5)	18	2	0

● 후반 43분 마사 GAL 내 ~ 원기종 GAR 내 R-ST-G (득점: 원기종, 도움: 마사) 오른쪽
● 전반 40분 주현우 PAL ↷ 조나탄 GAR 내 H-ST-G (득점: 조나탄, 도움: 주현우) 왼쪽

• 3월 13일 13:30 비 밀양종합 281명
• 주심_ 오현진 부심_ 김경민·주현민 대기심_ 성덕효 경기감독관_ 김성기

경남 1 1 전반 2 / 0 후반 0 **2 전남**

퇴장	경고	파울	ST(유)	교체	선수명	배번	위치	위치	배번	선수명	교체	ST(유)	파울	경고	퇴장
0	0	0	0		손정현	31	GK	GK	31	김다솔		0	0	0	0
0	0	0	0		이민기	33	DF	DF	77	김태현		0	0	0	0
0	0	0	1		박재환	73	DF	DF	4	최정원		0	0	0	0
0	2	2	0		김종필	50	DF	DF	20	장순혁		0	0	0	0
0	0	2	0	22	박광일	2	DF	DF	15	정호진		0	1	1	0
0	0	2	1	28	박민서	66	MF	MF	7	임찬울	89	1	0	0	0
0	0	2	0		김범용	14	MF	MF	6	장성재		1(1)	0	0	0
0	0	0	1	20	이지승	8	MF	MF	24	유헤이	66	0	0	0	0
0	0	0	0	6	윌리안	94	MF	MF	11	플라나	10	0	1	0	0
0	0	1	3(3)		정충근	7	FW	FW	9	카차라바	18	2(2)	2	1	0
1	0	0	4		에르난데스	10	FW	FW	45	전승민	16	2(2)	0	0	0
0	0	0	0		고동민	88			21	오찬식		0	0	0	0
0	0	0	0		배승진	4			55	최호정		0	0	0	0
0	1	2	0	후24	이광선	20			66	손호준	후33	0	0	0	0
0	0	1	0	후31	김명준	22	대기	대기	16	이후권	후0	0	1	0	0
0	0	0	0	전12	이우혁	6			10	김현욱	후0	0	0	0	0
0	0	0	0		국진우	23			18	박인혁	후33	2(1)	2	0	0
0	0	1	4(2)	후0	티아고	28			89	발로텔리	후18	1	0	0	0
1	3	13	14(5)			0			0			9(6)	7	2	0

● 전반 4분 에르난데스 AK 내 ~ 정충근 GAR R-ST-G (득점: 정충근, 도움: 에르난데스) 오른쪽
● 전반 15분 장성재 AK 정면 R-ST-G (득점: 장성재) 오른쪽
● 전반 26분 카차라바 GA 정면 내 L-ST-G (득점: 카차라바) 오른쪽

• 3월 13일 16:00 흐림 부산 아시아드 905명
• 주심_ 신용준 부심_ 이영운·신재환 대기심_ 김도연 경기감독관_ 허기태

부산 0 0 전반 0 / 0 후반 1 **1 부천**

퇴장	경고	파울	ST(유)	교체	선수명	배번	위치	위치	배번	선수명	교체	ST(유)	파울	경고	퇴장
0	0	0	0		안준수	13	GK	GK	1	최철원		0	0	0	0
0	0	3	0	18	조위제	20	DF	DF	5	김강산		1(1)	2	1	0
0	0	1	1		이청웅	15	DF	DF	6	닐손주니어		0	1	0	0
0	0	1	0		홍욱현	5	DF	MF	13	국태정		1(1)	3	1	0
0	0	2	1(1)		최준	48	MF	DF	26	조현택		0	0	0	0
0	0	3	3(1)		김진규	23	MF	MF	31	감한솔		0	1	0	0
0	0	0	0	17	에드워즈	4	MF	MF	8	김준형		1	2	1	0
0	1	1	0	19	최예훈	3	MF	FW	11	박창준	7	0	1	0	0
0	1	2	1(1)	7	강윤구	24	FW	MF	77	오재혁	10	0	0	0	0
0	0	2	1(1)	22	이태민	30	FW	FW	16	은나마니		3	3	0	0
0	0	0	2		안병준	9	FW	FW	22	한지호		5(3)	1	0	0
0	0	0	0		전종혁	91			21	이주현		0	0	0	0
0	0	0	0		박호영	35			20	김정호		0	0	0	0
0	0	0	2	후32	김정민	17			45	이동희		0	0	0	0
0	0	0	0	후44	이강희	22	대기	대기	4	송홍민		0	0	0	0
0	0	0	0	후27	박세진	19			10	조수철	후9	2	1	0	0
0	0	0	0	후44	김찬	18			25	이시헌		0	0	0	0
0	0	0	0	후27	드로젝	7			7	요르만	후24	0	0	0	0
0	2	15	11(4)			0			0			13(5)	15	3	0

● 후반 41분 은나마니 GAR 내 EL ~ 한지호 GAL 내 R-ST-G (득점: 한지호, 도움: 은나마니) 가운데

• 3월 15일 19:00 맑음 대전 월드컵 607명
• 주심_ 정회수 부심_ 구은석·서영규 대기심_ 성덕효 경기감독관_ 김성기

대전 0 | 0 전반 0 / 0 후반 0 | **0 안산**

퇴장	경고	파울	ST(유)	교체	선수명	배번	위치	위치	배번	선수명	교체	ST(유)	파울	경고	퇴장
0	0	0	0		이창근	1	GK	GK	1	이승빈		0	0	0	0
0	0	0	1		김민덕	3	DF	DF	5	김재봉		0	0	0	0
0	0	0	2(1)	15	임은수	6	DF	DF	23	장유섭	4	0	0	0	0
0	0	1	1(1)		변준수	42	DF	DF	24	안성민		0	0	0	0
0	0	2	4(1)		마사	7	MF	DF	29	김예성		0	0	0	0
0	0	1	1	37	민준영	12	MF	MF	7	두아르테		1	1	0	1
0	0	1	1(1)		김영욱	14	MF	MF	8	이상민		0	1	0	0
0	0	1	1	55	이종현	27	MF	MF	17	최건주	15	3(1)	2	1	0
0	0	1	0	16	신상은	19	FW	MF	26	이지성	2	0	1	0	0
0	0	0	4(1)		레안드로	70	FW	MF	35	김경수		2(1)	0	0	0
0	0	0	3(1)	11	김인균	22	FW	FW	9	김경준	37	0	0	0	0
0	0	0	0		정산	23			41	김원중		0	0	0	0
0	0	0	0		권한진	5			2	김보섭	후10	0	1	0	0
1	0	1	0	후21	김선호	37			4	권영호	후38	0	0	0	0
0	0	0	1(1)	후14	임덕근	15	대기	대기	6	신일수		0	0	0	0
0	0	0	5(3)	전37	양지훈	55			15	송진규	후38	0	1	0	0
0	0	0	1	후21	김승섭	11			33	장동혁	후10	0	1	0	0
0	0	0	1	후0	원기종	16			37	윤경원	전39/33	0	2	0	0
1	0	8	26(10)			0			0			6(2)	10	1	1

• 3월 15일 19:30 맑음 김포솔터축구장 570명
• 주심_ 최규현 부심_ 이영운·강도준 대기심_ 박종명 경기감독관_ 김용세

김포 0 | 0 전반 3 / 0 후반 1 | **4 충남아산**

퇴장	경고	파울	ST(유)	교체	선수명	배번	위치	위치	배번	선수명	교체	ST(유)	파울	경고	퇴장
0	0	0	0		이상욱	1	GK	GK	21	박주원	90	0	0	0	0
0	0	0	0		박경록	3	DF	DF	2	김채운	33	1(1)	1	0	0
0	0	3	0		김태한	4	DF	DF	3	이호인		0	0	0	0
0	0	0	1(1)	18	박준희	5	DF	DF	14	이학민		3(2)	4	1	0
0	0	1	0		박대한	25	MF	DF	47	이은범		1	2	0	0
0	1	1	2	26	최재훈	23	MF	MF	20	이상민		0	1	0	0
0	0	0	3(1)		김종석	10	MF	MF	22	김강국	25	1(1)	3	0	0
0	0	1	1		한정우	19	MF	MF	24	박세직		0	1	0	0
1	0	1	0		손석용	99	FW	MF	7	송승민	11	5(2)	2	1	0
0	1	5	0		윤민호	32	FW	FW	10	유강현	8	5(4)	1	1	0
0	0	1	0	9	권민재	29	FW	MF	18	강민규		3(2)	1	0	0
0	0	0	0		송민혁	41			90	문현호	후36	0	0	0	0
0	0	0	0		이병욱	2			13	박성우		0	0	0	0
0	0	1	1	후22	이강연	26			25	배수용	후36	0	0	0	0
0	0	0	0		서경주	11	대기	대기	8	최범경	후25	0	0	0	0
0	0	1	2	후0	정의찬	18			33	김혜성	후27	0	0	0	0
0	0	0	0		백성진	37			9	조주영		0	0	0	0
0	0	2	4(2)	전37	유리치치	9			11	유동규	후36	1(1)	1	0	0
1	2	17	14(4)			0			0			20(13)	17	3	0

● 전반 13분 유강현 MF 정면 ~ 강민규 PA 정면 내 R-ST-G (득점: 강민규, 도움: 유강현) 가운데
● 전반 37분 김채운 PAL ~ 유강현 AK 정면 R-ST-G (득점: 유강현, 도움: 김채운) 왼쪽
● 전반 46분 유강현 GA 정면 R-ST-G (득점: 유강현) 오른쪽
● 후반 24분 유강현 PAR 내 ~ 김강국 GAR R-ST-G (득점: 김강국, 도움: 유강현) 오른쪽

• 3월 16일 19:00 흐림 광주 전용 321명
• 주심_ 김도연 부심_ 김경민·박남수 대기심_ 오현진 경기감독관_ 허기태

광주 2 | 2 전반 1 / 0 후반 0 | **1 서울E**

퇴장	경고	파울	ST(유)	교체	선수명	배번	위치	위치	배번	선수명	교체	ST(유)	파울	경고	퇴장
0	0	0	0		김경민	1	GK	GK	77	윤보상		0	0	0	0
0	0	1	1(1)		안영규	6	DF	DF	14	이재익		0	1	0	0
0	0	1	0		박한빈	33	DF	DF	4	한용수		1	0	0	0
0	0	0	0		김승우	40	DF	DF	23	김연수		1(1)	3	0	0
0	0	1	0	8	두현석	13	MF	DF	18	배재우	2	0	1	0	0
0	0	1	1(1)	14	이순민	20	MF	MF	44	츠바사		0	1	0	1
0	0	1	0	10	정호연	23	MF	MF	15	김원식	9	0	2	0	0
0	0	3	1(1)		이상기	22	MF	MF	55	서보민	6	0	0	0	0
0	0	2	3(2)		엄지성	16	FW	MF	17	이동률	11	1	2	0	0
0	0	3	2(1)	18	이건희	24	FW	FW	99	이성윤	19	1	0	0	0
0	1	1	2(2)	30	헤이스	11	FW	FW	10	아센호		3(1)	4	2	0
0	0	0	0		신송훈	31			1	김형근		0	0	0	0
0	0	0	1	후4	이으뜸	8			2	황태현	전38	0	1	0	0
0	0	1	2	후19	김종우	10			3	김민규		0	0	0	0
0	0	0	0		마이키	19	대기	대기	6	채광훈	후27	0	0	0	0
0	0	2	0	후34	이찬동	14			19	유정완	전38	1(1)	1	0	0
0	0	0	0	후34	하승운	30			11	김정환	후27	0	0	0	0
0	0	0	0	후34	허율	18			9	까데나시	후39	0	0	0	0
0	1	17	13(8)			0			0			8(3)	16	2	1

● 전반 16분 이건희 GAL 내 R-ST-G (득점: 이건희) 왼쪽
● 전반 33분 이건희 PK 좌측지점 H→ 헤이스 GA 정면 H-ST-G (득점: 헤이스, 도움: 이건희) 왼쪽
● 전반 38분 유정완 GAR 내 EL R-ST-G (득점: 유정완) 오른쪽

• 3월 16일 19:00 맑음 광양 전용 457명
• 주심_ 조지음 부심_ 이양우·이병주 대기심_ 임정수 경기감독관_ 김성기

전남 2 | 1 전반 0 / 1 후반 1 | **1 부천**

퇴장	경고	파울	ST(유)	교체	선수명	배번	위치	위치	배번	선수명	교체	ST(유)	파울	경고	퇴장
0	0	0	0		김다솔	31	GK	GK	1	최철원		0	0	0	0
0	0	0	0	3	김태현	77	DF	DF	5	김강산		1	2	0	0
0	1	2	1		최정원	4	DF	DF	6	닐손주니어		1(1)	0	0	0
0	1	0	0		장순혁	20	DF	DF	20	김정호	13	0	0	1	0
0	0	0	0	7	손호준	66	DF	MF	26	조현택		2(2)	1	0	0
0	0	0	1(1)		김현욱	10	MF	MF	31	감한솔		1	2	0	1
0	0	0	0		정호진	15	MF	MF	4	송홍민	8	1	1	0	0
0	0	0	2(1)		장성재	6	MF	MF	10	조수철	22	0	0	0	0
0	0	1	1(1)	9	발로텔리	89	FW	FW	25	이시헌		1(1)	0	0	0
0	0	0	1	24	전승민	45	FW	FW	7	요르만	16	0	0	0	0
0	0	1	0	11	박인혁	18	FW	FW	18	안재준	11	0	1	0	0
0	0	0	0		오찬식	21			21	이주현		0	0	0	0
0	0	0	0		최호정	55			13	국태정	후17	0	0	0	0
0	0	0	0	후37	최희원	3			45	이동희		0	0	0	0
0	0	1	0	전26	유헤이	24	대기	대기	8	김준형	전36	0	0	0	0
0	1	1	1	전26	임찬울	7			11	박창준	전36	0	0	1	0
0	0	0	2(1)	후14	카차라바	9			16	은나마니	전36	1	1	0	0
0	0	1	2(2)	후14	플라나	11			22	한지호	후17	2	1	1	0
0	3	7	11(6)			0			0			10(4)	9	3	1

● 전반 27분 발로텔리 PK-R-G (득점: 발로텔리) 오른쪽
● 후반 31분 플라나 PA 정면 내 L-ST-G (득점: 플라나) 왼쪽
● 후반 41분 김강산 AKR H ↷ 조현택 GAR R-ST-G (득점: 조현택, 도움: 김강산) 오른쪽

• 3월 16일 19:30 흐림 안양 종합 599명

• 주심_ 서동진 부심_ 설귀선·주현민 대기심_ 최광호 경기감독관_ 양정환

안양 1 1 전반 0 / 0 후반 0 **0 부산**

퇴장	경고	파울	ST(유)	교체	선수명	배번	위치	위치	배번	선수명	교체	ST(유)	파울	경고	퇴장
0	0	0	0		정민기	13	GK	GK	13	안준수		0	0	0	0
0	0	1	0		이창용	4	DF	DF	6	발렌티노스		1(1)	3	1	0
0	0	0	3(2)		조나탄	9	FW	DF	35	박호영		0	2	0	0
0	0	1	1(1)	8	홍창범	14	MF	DF	45	황준호	8	1	0	0	0
0	0	2	1(1)	10	김형진	15	DF	MF	48	최 준		1(1)	2	0	0
0	0	1	1	11	양정운	17	FW	MF	17	김정민		3(1)	0	0	0
1	0	1	0		김주환	19	MF	MF	22	이강희		1	2	1	0
0	0	0	1(1)		김동진	22	MF	MF	27	구현준	3	0	0	0	0
0	0	2	0		백동규	30	DF	FW	24	강윤구	30	3	1	0	0
0	0	4	0	6	황기욱	66	MF	FW	7	드로젝		5(4)	2	0	0
0	0	2	0		주현우	99	FW	FW	18	김 찬	37	0	2	0	0
0	0	0	0		김태훈	1			29	진필립		0	0	0	0
0	0	0	0	후35	임승겸	6			5	홍욱현		0	0	0	0
0	0	1	1(1)	후35	안드리고	8			3	최예훈	후10	0	0	0	0
0	0	2	2	전32	김경중	11	대기	대기	4	에드워즈		0	0	0	0
0	0	0	0	후11	아코스티	10			8	박종우	후0	0	3	1	0
0	0	0	0		박재용	16			30	이태민	후32	1(1)	0	0	0
0	0	0	0		윤준성	83			37	이현준	후10	0	1	0	0
1	0	17	10(6)			0			0			16(8)	18	3	0

● 전반 9분 김형진 PAL 내 R-ST-G (득점: 김형진) 왼쪽

• 3월 19일 13:30 비 목동 2,376명

• 주심_ 최광호 부심_ 구은석·신재환 대기심_ 성덕효 경기감독관_ 차상해

서울E 0 0 전반 0 / 0 후반 0 **0 충남아산**

퇴장	경고	파울	ST(유)	교체	선수명	배번	위치	위치	배번	선수명	교체	ST(유)	파울	경고	퇴장
0	0	0	0		윤보상	77	GK	GK	21	박주원		0	0	0	0
0	0	1	0		이재익	14	DF	DF	2	김채운		2(1)	3	0	0
0	0	0	1		한용수	4	DF	DF	3	이호인		0	2	1	0
0	0	0	0		김연수	23	DF	DF	13	박성우		1	0	0	0
0	0	0	1(1)	55	황태현	2	MF	DF	47	이은범		0	1	1	0
0	1	1	4(2)	11	채광훈	6	MF	MF	20	이상민		0	1	0	0
0	0	1	0		김원식	15	MF	MF	22	김강국		1	1	0	0
0	0	2	2(1)	8	박태준	33	MF	MF	24	박세직		0	2	0	0
0	0	0	3(1)	99	이동률	17	FW	MF	7	송승민		1	1	0	0
0	0	0	1(1)	19	김인성	7	FW	FW	10	유강현	11	3(2)	2	0	0
0	0	2	6(3)		까데나시	9	FW	MF	18	강민규		2(1)	1	0	0
0	0	0	0		김형근	1			90	문현호		0	0	0	0
0	0	0	0		김민규	3			15	송주호		0	0	0	0
0	0	0	0	후33	곽성욱	8			8	최범경		0	0	0	0
0	0	0	0	후22	서보민	55	대기	대기	33	김혜성		0	0	0	0
0	0	2	3(3)	후0	이성윤	99			9	조주영		0	0	0	0
0	0	0	0	후43	김정환	11			11	유동규	후23	0	0	0	0
0	0	0	1(1)	후22	유정완	19			77	박민서		0	0	0	0
0	1	9	22(13)			0			0			10(4)	14	2	0

• 3월 19일 16:00 맑음 부산 아시아드 711명

• 주심_ 최규현 부심_ 설귀선·김태형 대기심_ 박종명 경기감독관_ 허태식

부산 0 0 전반 1 / 0 후반 1 **2 전남**

퇴장	경고	파울	ST(유)	교체	선수명	배번	위치	위치	배번	선수명	교체	ST(유)	파울	경고	퇴장
0	0	0	0		안준수	13	GK	GK	31	김다솔		0	0	0	0
0	0	1	0		홍욱현	5	DF	DF	3	최희원		0	0	0	0
0	1	0	1(1)		발렌티노스	6	DF	DF	6	장성재		0	0	0	0
0	0	0	0		최예훈	3	DF	DF	20	장순혁		1(1)	0	0	0
0	0	1	1		최 준	48	DF	DF	77	김태현		1	1	0	0
0	0	0	1	8	김정민	17	MF	MF	7	임찬울	12	1(1)	0	0	0
0	0	1	0		에드워즈	4	MF	MF	10	김현욱		2(1)	0	0	0
0	1	4	2		이강희	22	MF	MF	24	유헤이		0	0	0	0
0	0	0	2(2)	37	드로젝	7	FW	MF	66	손호준	9	2(1)	1	0	0
0	0	3	0	24	이태민	30	FW	FW	89	발로텔리	27	2(1)	0	0	0
0	0	1	3		박정인	11	FW	FW	18	박인혁	11	1(1)	2	0	0
0	0	0	0		구상민	1			21	오찬식		0	0	0	0
0	0	0	0		박호영	35			4	최정원		0	0	0	0
0	0	0	0		조위제	20			55	최호정		0	0	0	0
0	0	0	0		구현준	27	대기	대기	27	김영욱	후26	0	0	0	0
0	1	1	0	후19	박종우	8			12	박희성	후26	0	2	1	0
0	0	0	0	후26	이현준	37			9	카차라바	후0	0	3	0	0
0	1	1	2	후6	강윤구	24			11	플라나	후13	1(1)	0	0	0
0	4	13	12(3)			0			0			11(7)	9	1	0

● 전반 15분 임찬울 MF 정면 ~ 손호준 GAR R-ST-G (득점: 손호준, 도움: 임찬울) 왼쪽

● 후반 22분 유헤이 PAL ~ 플라나 GAR R-ST-G (득점: 플라나, 도움: 유헤이) 가운데

• 3월 20일 13:30 맑음 부천 종합 1,057명

• 주심_ 김영수 부심_ 강도준·서영규 대기심_ 김재홍 경기감독관_ 김용세

부천 2 1 전반 0 / 1 후반 0 **0 광주**

퇴장	경고	파울	ST(유)	교체	선수명	배번	위치	위치	배번	선수명	교체	ST(유)	파울	경고	퇴장
0	0	0	0		최철원	1	GK	GK	1	김경민		0	0	0	0
0	1	2	0		김강산	5	DF	DF	6	안영규		1	0	0	0
0	0	0	0		닐손주니어	6	DF	DF	33	박한빈		2(2)	1	0	0
0	0	0	0		조현택	26	DF	DF	5	김현훈	18	1(1)	2	1	0
0	0	0	1(1)	20	김규민	17	MF	MF	8	이으뜸		0	0	0	0
0	0	1	0	10	김준형	8	MF	MF	20	이순민		1	2	1	0
0	1	1	1	14	오재혁	77	MF	MF	23	정호연	15	1(1)	4	0	0
0	0	0	1	25	요르만	7	FW	MF	13	두현석	22	1(1)	0	0	0
0	1	4	2(1)	33	박창준	11	FW	FW	16	엄지성	19	0	0	0	0
0	0	3	0		김호남	19	MF	FW	11	헤이스		2(1)	3	1	0
0	0	6	1		한지호	22	FW	FW	30	하승운	24	0	1	0	0
0	0	0	0		이주현	21			31	신송훈		0	0	0	0
0	0	0	0	후19	김정호	20			40	김승우		0	0	0	0
0	0	0	0	후42	최병찬	33			22	이상기	후15	0	2	0	0
0	0	0	0	후30	조수철	10	대기	대기	24	이건희	후0	3	0	0	0
0	0	0	0	후42	최재영	14			18	허 율	후36	0	0	0	0
0	0	0	0	후30	이시헌	25			15	이희균	후30	0	0	0	0
0	0	0	0		안재준	18			19	마이키	후15	1(1)	0	0	0
0	3	17	6(2)			0			0			13(7)	15	3	0

● 전반 45분 김준형 HL 정면 ~ 김규민 GAL L-ST-G (득점: 김규민, 도움: 김준형) 왼쪽

● 후반 22분 한지호 PAR TL ↷ 박창준 GA 정면 H-ST-G (득점: 박창준, 도움: 한지호) 오른쪽

- 3월 20일 16:00 맑음 김포솔터축구장 1,398명
- 주심_ 서동진 부심_ 이양우·홍석찬 대기심_ 조지음 경기감독관_ 최윤겸

김포 1 1 전반 2 / 0 후반 0 **2 대전**

퇴장	경고	파울	ST(유)	교체	선수명	배번	위치	위치	배번	선수명	교체	ST(유)	파울	경고	퇴장
1	0	1	0		이 상 욱	1	GK	GK	1	이 창 근		0	0	0	0
0	1	2	0		박 경 록	3	DF	DF	5	권 한 진		0	1	1	0
0	0	0	0		이 강 연	26	DF	DF	15	임 덕 근		1(1)	0	0	0
0	0	2	1		김 태 한	4	DF	DF	20	조 유 민		0	1	0	0
0	0	3	0	8	박 대 한	25	MF	MF	6	임 은 수		1(1)	2	0	0
0	1	1	1(1)	14	최 재 훈	23	MF	MF	12	민 준 영		0	2	0	0
0	0	0	2(2)		김 종 석	10	MF	MF	17	이 현 식		0	6	1	0
0	0	2	1		한 정 우	19	MF	MF	27	이 종 현		1	2	0	0
0	0	0	0	41	정 의 찬	18	FW	MF	55	양 지 훈	29	0	3	0	0
0	0	0	2(1)		윤 민 호	32	FW	FW	16	원 기 종	77	0	2	1	0
0	0	0	0	7	권 민 재	29	FW	FW	70	레안드로		2(2)	0	0	0
0	1	0	0	후53	송 민 혁	41			38	김 병 엽		0	0	0	0
0	0	0	0		박 준 희	5			28	배 서 준		0	0	0	0
0	1	1	1(1)	후25	양 준 아	14			35	이 한 빈		0	0	0	0
0	0	0	0	후0	마루오카	7	대기	대기	29	노 건 우	후 10/11	0	0	0	0
0	0	0	0	후33	구 본 상	8			30	이 은 재		0	0	0	0
0	0	0	0		서 경 주	11			11	김 승 섭	후28	1(1)	0	0	0
0	0	0	0		나 성 은	47			77	이 선 유	후19	0	0	0	0
1	4	12	8(5)			0			0			6(5)	19	3	0

- ●전반 7분 최재훈 GAL 내 R-ST-G (득점: 최재훈) 왼쪽
- ●전반 5분 레안드로 PK-R-G (득점: 레안드로) 왼쪽
- ●전반 28분 레안드로 PK-R-G (득점: 레안드로) 오른쪽

- 3월 20일 18:30 맑음 안산 와스타디움 560명
- 주심_ 안재훈 부심_ 이영운·이병주 대기심_ 설태환 경기감독관_ 양정환

안산 2 0 전반 1 / 2 후반 1 **2 경남**

퇴장	경고	파울	ST(유)	교체	선수명	배번	위치	위치	배번	선수명	교체	ST(유)	파울	경고	퇴장
0	0	0	0		이 승 빈	1	GK	GK	31	손 정 현		0	1	0	0
0	0	2	1		권 영 호	4	DF	DF	33	이 민 기	16	0	0	0	0
0	1	1	2(2)		김 재 봉	5	DF	DF	73	박 재 환		1	1	0	0
0	0	1	0	22	안 성 민	24	DF	DF	4	배 승 진		1(1)	1	0	0
0	0	0	0		김 예 성	29	DF	DF	2	박 광 일	29	1	2	0	0
0	0	0	2(2)		이 상 민	8	MF	MF	7	정 충 근	66	4(2)	2	0	0
0	1	1	2(2)	11	이 와 세	12	MF	MF	14	김 범 용		1(1)	0	0	0
0	0	1	0	33	김 경 수	35	MF	MF	8	이 지 승	28	1	1	0	0
0	0	0	1		최 건 주	17	FW	MF	6	이 우 혁	20	0	0	0	0
0	0	1	1(1)		김 륜 도	18	FW	FW	18	이 의 형		1(1)	1	0	0
0	0	1	2(2)	21	이 지 성	26	FW	FW	17	하 남		10(8)	7	0	0
0	0	0	0		김 선 우	19			1	김 민 준		0	0	0	0
0	0	0	0		신 일 수	6			20	이 광 선	후41	0	0	0	0
0	0	1	2	후7	강 수 일	11			22	김 명 준		0	0	0	0
0	0	0	0		신 재 혁	16	대기	대기	29	이 준 재	후41	0	0	0	0
0	0	0	2(2)	후0	티 아 고	21			16	이 광 진	후27	0	0	1	0
0	0	0	0	후17	이 준 희	22			66	박 민 서	후41	0	1	1	0
0	0	0	1	후17	장 동 혁	33			28	티 아 고	후16	0	2	0	0
0	2	9	16(11)			0			0			20(13)	19	2	0

- ●후반 40분 티아고 PAL FK R-ST-G (득점: 티아고) 왼쪽
- ●후반 46분 이상민 PK지점 R-ST-G (득점: 이상민) 가운데
- ●전반 4분 하남 PK지점 R-ST-G (득점: 하남) 왼쪽
- ●후반 10분 박광일 PAR 내 ↷ 하남 GAL H-ST-G (득점: 하남, 도움: 박광일) 왼쪽

- 3월 26일 13:30 흐림 광주 전용 416명
- 주심_ 신용준 부심_ 이양우·이병주 대기심_ 정회수 경기감독관_ 최윤겸

광주 2 1 전반 0 / 1 후반 1 **1 충남아산**

퇴장	경고	파울	ST(유)	교체	선수명	배번	위치	위치	배번	선수명	교체	ST(유)	파울	경고	퇴장
0	0	0	0		김 경 민	1	GK	GK	21	박 주 원		0	0	0	0
0	0	0	0		안 영 규	6	DF	DF	3	이 호 인		0	1	0	0
0	0	1	0		박 한 빈	33	DF	DF	13	박 성 우		0	3	0	0
0	0	1	0		김 현 훈	5	DF	MF	23	박 철 우	18	0	0	0	0
0	0	1	1(1)		이 으 뜸	8	MF	DF	47	이 은 범		0	1	1	0
0	1	1	0	34	이 순 민	20	MF	DF	20	이 상 민		0	1	0	0
0	0	2	1		정 호 연	23	MF	MF	22	김 강 국		1	1	0	0
0	0	0	0	13	이 상 기	22	MF	MF	24	박 세 직		0	0	0	0
0	0	1	0	15	마 이 키	19	FW	MF	7	송 승 민		1(1)	0	0	0
0	0	1	5	18	이 건 희	24	FW	FW	9	조 주 영	10	1	1	1	0
0	0	6	2(2)		헤 이 스	11	FW	MF	11	유 동 규	8	0	2	1	0
0	0	0	0		이 준	21			1	박 한 근		0	0	0	0
0	0	0	0		김 승 우	40			14	이 학 민		0	0	0	0
0	0	0	0	후39	김 재 봉	34			25	배 수 용		0	0	0	0
0	1	0	0	후30	두 현 석	13	대기	대기	8	최 범 경	후4	0	1	0	0
0	0	0	0	후11	이 희 균	15			66	이 태 윤		0	0	0	0
0	0	0	0		하 승 운	30			10	유 강 현	후39	0	0	0	0
0	0	1	1	후30	허 율	18			18	강 민 규	후0	1(1)	1	0	0
0	2	15	10(3)			0			0			4(2)	12	3	0

- ●전반 37분 이으뜸 PAR FK L-ST-G (득점: 이으뜸) 가운데
- ●후반 41분 허율 GAR H→ 헤이스 GAL R-ST-G (득점: 헤이스, 도움: 허율) 왼쪽
- ●후반 28분 강민규 GAL R-ST-G (득점: 강민규) 왼쪽

- 3월 26일 16:00 흐림 대전 월드컵 1,164명
- 주심_ 김용우 부심_ 설귀선·신재환 대기심_ 김재홍 경기감독관_ 나승화

대전 4 3 전반 1 / 1 후반 0 **1 경남**

퇴장	경고	파울	ST(유)	교체	선수명	배번	위치	위치	배번	선수명	교체	ST(유)	파울	경고	퇴장
0	0	0	0		이 창 근	1	GK	GK	31	손 정 현		0	1	0	1
0	0	0	0		김 민 덕	3	DF	DF	33	이 민 기	8	0	1	0	0
0	0	1	1		조 유 민	20	DF	DF	73	박 재 환		0	2	1	0
0	1	5	0		변 준 수	42	DF	DF	50	김 종 필	20	0	0	0	0
0	0	1	1		임 은 수	6	MF	DF	29	이 준 재	2	0	1	0	0
0	0	0	6(5)	8	마 사	7	MF	MF	66	박 민 서	1	1(1)	3	0	0
0	0	0	3(1)	5	민 준 영	12	MF	MF	14	김 범 용		3(2)	5	0	0
0	0	2	0	15	이 현 식	17	MF	MF	16	이 광 진	22	0	1	0	0
0	0	0	1		이 종 현	27	MF	MF	18	이 의 형		2(2)	2	0	0
0	0	2	2(1)	22	공 민 현	9	FW	FW	7	정 충 근		0	0	0	0
0	0	0	1	16	김 승 섭	11	FW	FW	17	하 남		2(1)	1	1	0
0	0	0	0		정 산	23			1	김 민 준	후48	0	0	0	0
0	0	0	0	후42	권 한 진	5			2	박 광 일	후0	0	1	1	0
0	0	0	0	후42	임 덕 근	15			20	이 광 선	전38	0	0	0	0
0	0	2	3(2)	후9	김 인 균	22	대기	대기	22	김 명 준	전38	0	0	1	0
0	0	0	0		이 선 유	77			23	국 진 우		0	0	0	0
0	0	0	2(2)	후28	포 파	8			8	이 지 승	후13	1	0	0	0
0	0	0	0	후9	원 기 종	16			44	료노스케		0	0	0	0
0	1	13	20(11)			0			0			9(6)	18	4	1

- ●전반 4분 김승섭 PAL 내 H→ 마사 GA 정면 R-ST-G (득점: 마사, 도움: 김승섭) 가운데
- ●전반 12분 김승섭 PAL ↷ 마사 GAL H-ST-G (득점: 마사, 도움: 김승섭) 오른쪽
- ●전반 29분 마사 GA 정면 R-ST-G (득점: 마사) 왼쪽
- ●후반 30분 김인균 PAR FK L-ST-G (득점: 김인균) 왼쪽
- ●전반 17분 박민서 PK지점 H→ 이의형 GA 정면 L-ST-G (득점: 이의형, 도움: 박민서) 가운데

• 3월 26일 18:30 흐림 광양 전용 780명
• 주심_ 송민석 부심_ 김지욱·김경민 대기심_ 성덕효 경기감독관_ 양정환

전남 1 　0 전반 1　1 후반 0　 **1 안산**

퇴장	경고	파울	ST(유)	교체	선수명	배번	위치	위치	배번	선수명	교체	ST(유)	파울	경고	퇴장
0	0	0	0		김 다 솔	31	GK	GK	1	이 승 빈		0	0	0	0
0	0	0	2(1)		김 태 현	77	DF	DF	4	권 영 호		1(1)	1	0	0
0	0	0	0		고 태 원	5	DF	DF	20	김 민 호		0	0	0	0
0	0	1	1(1)		장 순 혁	20	DF	DF	23	장 유 섭		0	0	0	0
0	0	2	0	15	한 호 강	30	DF	MF	12	이 와 세	14	0	0	1	0
0	0	1	1	14	박 인 혁	18	MF	MF	22	이 준 희		0	1	0	0
0	0	1	1	17	장 성 재	6	MF	MF	24	안 성 민		1	0	0	0
0	0	0	1	16	전 승 민	45	MF	MF	25	김 이 석	35	0	2	0	0
0	0	2	3(1)		김 현 욱	10	MF	MF	33	장 동 혁	26	0	1	0	0
0	0	0	2(1)		플 라 나	11	MF	FW	16	신 재 혁	11	1(1)	1	0	0
0	0	0	0	9	이 중 민	99	FW	FW	21	티 아 고		0	0	0	1
0	0	0	0		임 민 혁	36			19	김 선 우		0	0	0	0
0	0	0	0	후44	여 승 원	17			6	신 일 수		0	0	0	0
0	0	0	0	후44	정 호 진	15			11	강 수 일	후12	0	0	0	0
0	0	0	1	후21	서 명 원	14	대기	대기	13	김 영 남	후42	0	0	0	0
0	1	0	0	전33	이 후 권	16			14	아스나위	후42	0	0	0	0
0	0	0	0		정 우 빈	29			26	이 지 성	후12/13	0	3	1	0
0	0	0	3(3)	후0	카차라바	9			35	김 경 수	후42	0	0	0	0
0	1	7	15(7)			0			0			3(2)	9	2	1

● 후반 31분 카차라바 PK-R-G (득점: 카차라바) 오른쪽

● 전반 21분 티아고 PAR ~ 신재혁 GAR R-ST-G (득점: 신재혁, 도움: 티아고) 왼쪽

• 3월 27일 13:00 맑음 잠실 올림픽 1,044명
• 주심_ 김영수 부심_ 이영운·홍석찬 대기심_ 박종명 경기감독관_ 김종민

서울E 0 　0 전반 0　0 후반 0　 **0 안양**

퇴장	경고	파울	ST(유)	교체	선수명	배번	위치	위치	배번	선수명	교체	ST(유)	파울	경고	퇴장
0	0	0	0		윤 보 상	77	GK	GK	13	정 민 기		0	0	0	0
0	0	1	0		김 민 규	3	DF	DF	4	이 창 용		2(1)	0	0	0
0	0	0	0		한 용 수	4	DF	FW	9	조 나 탄		1	3	0	0
0	0	0	0		김 연 수	23	DF	MF	10	아코스티		4(1)	1	0	0
0	0	1	1(1)	55	황 태 현	2	MF	MF	14	홍 창 범	77	0	2	0	0
0	0	2	2(1)		채 광 훈	6	MF	MF	22	김 동 진		0	2	0	0
0	0	5	1(1)		김 원 식	15	MF	MF	25	박 종 현	66	1(1)	0	0	0
0	0	1	1		김 선 민	88	MF	FW	28	김 륜 도	11	0	0	0	0
0	0	1	1	17	유 정 완	19	FW	DF	30	백 동 규		0	4	1	0
0	0	1	2(1)	39	아 센 호	10	FW	DF	40	연 제 민	6	0	1	0	0
0	0	2	2	11	김 인 성	7	FW	MF	99	주 현 우		1(1)	1	0	0
0	0	0	0		김 형 근	1			21	박 성 수		0	0	0	0
0	0	0	0		김 진 환	5			6	임 승 겸	후43	0	0	0	0
0	0	0	0		곽 성 욱	8			11	김 경 중	후10	2(2)	0	0	0
0	0	1	0	후7	서 보 민	55	대기	대기	32	심 동 운		0	0	0	0
0	0	0	0	후0	이 동 률	17			66	황 기 욱	전35	1	1	0	0
0	0	1	0	후32	김 정 환	11			77	전 보 민	후43	0	0	0	0
0	0	0	0	후32	정 성 호	39			83	윤 준 성		0	0	0	0
0	0	16	10(4)			0			0			12(6)	15	1	0

• 3월 27일 16:00 맑음 부산 아시아드 1,658명
• 주심_ 채상협 부심_ 구은석·서영규 대기심_ 설태환 경기감독관_ 허태식

부산 2 　1 전반 0　1 후반 0　 **0 김포**

퇴장	경고	파울	ST(유)	교체	선수명	배번	위치	위치	배번	선수명	교체	ST(유)	파울	경고	퇴장
0	0	0	0		안 준 수	13	GK	GK	31	최 봉 진		0	0	0	0
0	0	0	1(1)	35	황 준 호	45	DF	DF	3	박 경 록		3	1	0	0
0	0	1	0		발렌티노스	6	DF	DF	26	이 강 연		1	1	0	0
0	0	2	0		박 종 우	8	DF	DF	4	김 태 한	12	0	1	0	0
0	0	1	0	24	최 예 훈	3	MF	MF	11	서 경 주		1	4	1	0
0	0	2	1		김 정 현	14	MF	MF	23	최 재 훈	14	0	0	0	0
0	0	0	2(1)	20	이 강 희	22	MF	MF	10	김 종 석		1(1)	2	0	0
0	0	1	0		박 세 진	19	MF	MF	35	박 재 우	28	0	0	0	0
0	0	3	0	10	김 찬	18	FW	FW	18	정 의 찬		0	0	0	0
0	0	3	1(1)		에드워즈	4	FW	FW	32	윤 민 호		1(1)	1	0	0
0	0	3	2(2)		안 병 준	9	FW	FW	29	권 민 재	7	0	1	0	0
0	0	0	0		구 상 민	1			21	김 근 배		0	0	0	0
0	0	0	1	전34	박 호 영	35			5	박 준 희		0	0	0	0
0	0	0	0	후31	조 위 제	20			14	양 준 아	후0	0	1	0	0
0	0	1	1	후12	이 상 헌	10	대기	대기	7	마루오카	전26	1	0	0	0
0	0	0	0		이 태 민	30			8	구 본 상		0	0	0	0
0	0	0	0		이 현 준	37			28	김 수 범	후21	0	0	1	0
0	0	1	0	후31	강 윤 구	24			12	최 민 서	후29	0	1	0	0
0	0	18	9(5)			0			0			8(2)	13	2	0

● 전반 19분 김찬 AKL ~ 안병준 AK 내 R-ST-G (득점: 안병준, 도움: 김찬) 왼쪽
● 후반 27분 박세진 PAR ↷ 안병준 GAL R-ST-G (득점: 안병준, 도움: 박세진) 왼쪽

• 4월 02일 13:30 맑음 광양 전용 663명
• 주심_ 성덕효 부심_ 구은석·주현민 대기심_ 설태환 경기감독관_ 최윤겸

전남 1 　0 전반 1　1 후반 0　 **1 서울E**

퇴장	경고	파울	ST(유)	교체	선수명	배번	위치	위치	배번	선수명	교체	ST(유)	파울	경고	퇴장
0	0	0	0		김 다 솔	31	GK	GK	77	윤 보 상		0	0	0	0
0	0	1	0	27	최 희 원	3	DF	DF	4	한 용 수		0	1	0	0
0	0	1	0		한 호 강	30	DF	DF	23	김 연 수		0	2	0	0
0	0	1	0		장 순 혁	20	DF	DF	2	황 태 현	55	0	0	0	0
0	1	1	1(1)	6	고 태 원	5	DF	MF	17	이 동 률	19	5(4)	1	0	0
0	2	2	0		김 태 현	77	DF	MF	6	채 광 훈		1(1)	1	0	0
0	0	2	1		김 현 욱	10	MF	MF	88	김 선 민		1	2	0	0
0	0	0	0	18	유 헤 이	24	MF	MF	44	츠 바 사	15	1	0	0	0
0	0	0	0	99	손 호 준	66	MF	MF	33	박 태 준	14	0	1	1	0
0	0	2	2(1)		카차라바	9	FW	FW	10	아 센 호	99	1(1)	0	0	0
0	0	1	2(1)		플 라 나	11	FW	FW	7	김 인 성		3(1)	0	0	0
0	0	0	0		임 민 혁	36			1	김 형 근		0	0	0	0
0	0	1	0	후20	김 영 욱	27			14	이 재 익	후16	0	1	0	0
0	0	0	0		임 찬 울	7			15	김 원 식	후16	0	1	0	0
0	0	0	0		이 후 권	16	대기	대기	55	서 보 민	후34	2(1)	0	0	0
0	0	0	0	후0	장 성 재	6			99	이 성 윤	후0	1	3	1	0
0	1	2	1	전40	이 중 민	99			11	김 정 환		0	0	0	0
0	0	1	2(1)	후20	박 인 혁	18			19	유 정 완	후23	0	0	0	0
0	4	15	9(4)			0			0			15(8)	13	2	0

● 후반 29분 박인혁 PK-R-G (득점: 박인혁) 오른쪽

● 전반 33분 박태준 AKR ~ 이동률 GAR R-ST-G (득점: 이동률, 도움: 박태준) 왼쪽

- 4월 02일 16:00 맑음 안양 종합 2,883명
- 주심_ 최현재 부심_ 설귀선·신재환 대기심_ 최승환 경기감독관_ 당성증

안양 3 　 2 전반 1 / 1 후반 1 　 **2 김포**

퇴장	경고	파울	ST(유)	교체	선수명	배번	위치	위치	배번	선수명	교체	ST(유)	파울	경고	퇴장
0	0	0	0		정 민 기	13	GK	GK	31	최 봉 진		0	0	0	0
0	1	3	2(2)	7	김 경 중	11	MF	DF	14	양 준 아		0	2	0	0
0	0	0	0	8	홍 창 범	14	FW	DF	26	이 강 연		0	0	0	0
0	0	1	0	10	박 재 용	16	MF	DF	23	최 재 훈		1(1)	1	0	0
0	1	0	0		김 동 진	22	DF	MF	19	한 정 우	28	0	0	0	0
0	0	1	0	4	박 종 현	25	MF	MF	8	구 본 상		2(2)	3	1	0
0	0	0	1		김 륜 도	28	FW	MF	10	김 종 석		2	1	0	0
0	0	3	0		백 동 규	30	DF	MF	35	박 재 우		1(1)	5	0	0
0	0	1	0		연 제 민	40	DF	FW	29	권 민 재	18	0	1	0	0
0	1	3	0	6	황 기 욱	66	MF	FW	32	윤 민 호		3(2)	1	0	0
0	0	3	0		주 현 우	99	DF	FW	99	손 석 용	13	1	0	0	0
0	0	0	0		김 태 훈	1			41	송 민 혁		0	0	0	0
0	1	3	1(1)	전33	이 창 용	4			22	이 중 호		0	0	0	0
0	0	0	0	후39	임 승 겸	6			7	마루오카		0	0	0	0
0	0	0	0	후27	백 성 동	7	대기	대기	28	김 수 범	후4	0	0	0	0
0	0	1	0	후0	안드리고	8			18	정 의 찬	전11	1	1	0	0
0	0	2	3(2)	전33	아코스티	10			13	임 재 혁	후29	0	1	0	0
0	0	0	0		전 보 민	77			20	조 향 기		0	0	0	0
0	4	21	7(5)			0			0			11(6)	16	1	0

- ●전반 9분 황기욱 MFR ↷ 김경중 GA 정면 H-ST-G (득점: 김경중, 도움: 황기욱) 왼쪽
- ●전반 45분 김동진 C.KL ↷ 이창용 GA 정면 H-ST-G (득점: 이창용, 도움: 김동진) 왼쪽
- ●후반 18분 안드리고 C.KR ~ 김경중 PA 정면 내 R-ST-G (득점: 김경중, 도움: 안드리고) 왼쪽
- ●전반 41분 김종석 PAL TL FK ↷ 구본상 GAL 내 H-ST-G (득점: 구본상, 도움: 김종석) 왼쪽
- ●후반 45분 정의찬 PAL 내 ~ 박재우 GAR 내 L-ST-G (득점: 박재우, 도움: 정의찬) 오른쪽

- 4월 02일 18:30 맑음 부천 종합 1,131명
- 주심_ 송민석 부심_ 이양우·이병주 대기심_ 최철준 경기감독관_ 강득수

부천 2 　 0 전반 0 / 2 후반 1 　 **1 대전**

퇴장	경고	파울	ST(유)	교체	선수명	배번	위치	위치	배번	선수명	교체	ST(유)	파울	경고	퇴장
0	0	0	0		최 철 원	1	GK	GK	1	이 창 근		0	0	0	0
0	0	1	0		김 강 산	5	DF	DF	3	김 민 덕		0	0	0	0
0	0	0	1(1)		닐손주니어	6	DF	DF	20	조 유 민		1(1)	0	0	0
0	1	1	0		이 용 혁	23	DF	DF	42	변 준 수		1(1)	2	0	0
0	0	4	3(1)		조 현 택	26	MF	MF	6	임 은 수		4(2)	1	1	0
0	0	0	0	16	송 홍 민	4	MF	MF	7	마 사	16	1(1)	0	0	0
0	0	0	0		김 준 형	8	MF	MF	12	민 준 영		3(3)	0	0	0
0	0	1	3(1)		조 수 철	10	FW	MF	17	이 현 식	37	0	2	0	0
0	0	0	2(2)	25	박 창 준	11	FW	MF	27	이 종 현		0	2	0	0
0	0	2	0	22	요 르 만	7	FW	FW	9	공 민 현	8	0	1	0	0
0	1	1	0		김 호 남	19	MF	FW	22	김 인 균	11	1	1	0	0
0	0	0	0		김 호 준	39			23	정 산		0	0	0	0
0	0	0	0		김 규 민	17			5	권 한 진		0	0	0	0
0	0	0	0		이 동 희	45			15	임 덕 근		0	0	0	0
0	0	0	0	후50	이 시 헌	25	대기	대기	37	김 선 호	후44	0	0	0	0
0	0	0	0		오 재 혁	77			8	포 파	후10	0	1	0	0
0	0	0	0	후31	은나마니	16			11	김 승 섭	후23	0	0	0	0
0	0	2	2(1)	후13	한 지 호	22			16	원 기 종	후10	3(2)	0	0	0
0	2	12	11(6)			0			0			14(10)	10	1	0

- ●후반 35초 박창준 GA 정면 내 R-ST-G (득점: 박창준) 오른쪽
- ●후반 32분 김강산 GAR H→ 닐손주니어 GAL 내 H-ST-G (득점: 닐손주니어, 도움: 김강산) 왼쪽
- ●후반 28분 조유민 GA 정면 내 L-ST-G (득점: 조유민) 가운데

- 4월 03일 13:30 맑음 밀양 종합 442명
- 주심_ 임정수 부심_ 김경민·서영규 대기심_ 조지음 경기감독관_ 차상해

경남 1 　 1 전반 0 / 0 후반 2 　 **2 광주**

퇴장	경고	파울	ST(유)	교체	선수명	배번	위치	위치	배번	선수명	교체	ST(유)	파울	경고	퇴장
0	0	0	0		고 동 민	88	GK	GK	1	김 경 민		0	0	0	0
0	0	2	0		이 민 기	33	DF	DF	6	안 영 규	34	2	1	0	0
0	0	1	0		김 명 준	22	DF	DF	33	박 한 빈		1(1)	1	0	0
0	0	0	1		이 광 선	20	DF	DF	5	김 현 훈		0	1	1	0
0	0	2	0		박 광 일	2	DF	MF	8	이 으 뜸		1	1	0	0
0	0	0	0	28	이 준 재	29	MF	MF	20	이 순 민		7(2)	1	0	0
0	0	1	0	50	이 광 진	16	MF	MF	23	정 호 연	26	0	2	0	0
0	0	1	0		정 충 근	7	MF	MF	13	두 현 석	22	0	2	0	0
0	0	2	1(1)	73	이 의 형	18	MF	FW	30	하 승 운	15	0	2	0	0
0	0	0	2(2)		에르난데스	10	FW	FW	11	헤 이 스		2(2)	2	0	0
0	0	3	1(1)	8	하 남	17	FW	FW	17	문 상 윤	18	0	0	0	0
0	0	0	0		김 민 준	1			21	이 준		0	0	0	0
0	0	0	0	후0	박 재 환	73			40	김 승 우		0	0	0	0
0	0	0	0	후17	김 종 필	50			34	김 재 봉	후41	0	0	0	0
0	0	0	0		박 민 서	66	대기	대기	22	이 상 기	후41	0	0	0	0
0	0	0	0		서 재 원	26			15	이 희 균	후15	0	0	0	0
0	1	1	1(1)	후26	이 지 승	8			26	정 종 훈	후26	0	0	0	0
0	2	2	1(1)	전26	티 아 고	28			18	허 율	후0	2(1)	1	0	0
0	3	15	7(6)			0			0			15(6)	14	1	0

- ●전반 39분 티아고 PK-R-G (득점: 티아고) 왼쪽
- ●후반 17분 이순민 PA 정면 내 R-ST-G (득점: 이순민) 왼쪽
- ●후반 43분 이으뜸 PAL ↷ 허율 GAR 내 H-ST-G (득점: 허율, 도움: 이으뜸) 오른쪽

- 4월 03일 16:00 맑음 아산 이순신 5,612명
- 주심_ 오현진 부심_ 이영운·홍석찬 대기심_ 김도연 경기감독관_ 김성기

충남아산 1 　 0 전반 0 / 1 후반 0 　 **0 부산**

퇴장	경고	파울	ST(유)	교체	선수명	배번	위치	위치	배번	선수명	교체	ST(유)	파울	경고	퇴장
0	0	0	0		박 주 원	21	GK	GK	1	구 상 민		0	0	0	0
0	0	1	1(1)	13	김 채 운	2	DF	DF	15	이 청 웅		0	0	0	0
0	0	1	0		이 호 인	3	DF	DF	5	홍 욱 현		0	0	0	0
0	0	2	2		이 학 민	14	DF	DF	6	발렌티노스		0	0	0	0
0	0	0	0		이 은 범	47	DF	MF	48	최 준		0	2	1	0
0	0	0	1(1)		이 상 민	20	MF	MF	19	박 세 진	24	0	0	0	0
0	0	1	1		김 강 국	22	MF	MF	8	박 종 우	22	0	4	0	0
0	0	1	0		박 세 직	24	MF	MF	14	김 정 현	17	1(1)	0	0	0
0	0	4	0		송 승 민	7	MF	FW	4	에드워즈	10	0	1	0	0
0	0	0	3(2)	9	유 강 현	10	FW	FW	9	안 병 준		3(1)	0	0	0
0	0	0	0	11	강 민 규	18	MF	FW	18	김 찬	11	0	3	1	0
0	0	0	0		문 현 호	90			29	진 필 립		0	0	0	0
0	0	0	0	후41	박 성 우	13			20	조 위 제		0	0	0	0
0	0	0	0		배 수 용	25			22	이 강 희	후17	1	0	0	0
0	0	0	0		최 범 경	8	대기	대기	17	김 정 민	후17	0	0	0	0
0	0	0	0		김 혜 성	33			10	이 상 헌	후27	0	0	0	0
0	0	0	1(1)	후23	조 주 영	9			24	강 윤 구	후31	0	0	0	0
0	0	0	0	후46	유 동 규	11			11	박 정 인	후17	0	2	0	0
0	0	10	9(5)			0			0			5(2)	12	2	0

- ●후반 7분 송승민 MFR ~ 유강현 AK내 L-ST-G (득점:유강현, 도움:송승민)왼쪽

• 4월 05일 19:00 맑음 광양 전용 525명
• 주심_ 김우성 부심_ 이영운·홍석찬 대기심_ 최철준 경기감독관_ 김종민

전남 0 0 전반 0 / 0 후반 1 **1 대전**

퇴장	경고	파울	ST(유)	교체	선수명	배번	위치	위치	배번	선수명	교체	ST(유)	파울	경고	퇴장
0	0	0	0		김다솔	31	GK	GK	1	이창근		0	0	0	0
0	0	1	1	15	최희원	3	DF	DF	5	권한진	22	0	0	0	0
0	0	0	0		고태원	5	DF	DF	20	조유민		0	1	1	0
0	0	0	0		최호정	55	DF	DF	42	변준수		0	1	0	0
0	0	0	0	11	한호강	30	DF	MF	3	김민덕		1(1)	2	1	0
0	0	0	0	77	손호준	66	DF	MF	7	마 사		3(1)	0	0	0
0	0	0	0		임찬울	7	MF	MF	14	김영욱	17	2(1)	1	0	0
1	0	1	0		이후권	16	MF	MF	15	임덕근	6	1	2	1	0
0	0	2	0	45	박희성	12	MF	MF	37	김선호		0	0	0	0
0	0	0	1	9	박인혁	18	FW	FW	11	김승섭		5(4)	0	0	0
0	0	0	0		유헤이	24	FW	FW	16	원기종	91	1	0	0	0
0	0	0	0		임민혁	36			23	정 산		0	0	0	0
0	0	0	0	전34	김태현	77			12	민준영		0	0	0	0
0	0	0	0		장순혁	20			6	임은수	후34	0	0	0	0
0	0	0	0	전34	정호진	15	대기	대기	17	이현식	후0	1(1)	1	1	0
0	0	0	0	후18	전승민	45			22	김인균	후13	1(1)	0	0	0
0	0	0	1	후31	카차라바	9			8	포 파		0	0	0	0
0	0	0	0	후0	플라나	11			91	송창석	후31	0	1	0	0
1	0	4	3			0			0			15(9)	9	4	0

● 후반 23분 김인균 HL 정면 ~ 김승섭 GAL L-ST-G (득점: 김승섭, 도움: 김인균) 가운데

• 4월 05일 19:30 맑음 부천 종합 613명
• 주심_ 오현진 부심_ 설귀선·서영규 대기심_ 김도연 경기감독관_ 차상해

부천 0 0 전반 0 / 0 후반 0 **0 서울E**

퇴장	경고	파울	ST(유)	교체	선수명	배번	위치	위치	배번	선수명	교체	ST(유)	파울	경고	퇴장
0	0	0	0		최철원	1	GK	GK	77	윤보상		0	0	0	0
0	0	1	1(1)		김강산	5	DF	DF	39	정성호	15	3(2)	3	0	0
0	0	0	1(1)		닐손주니어	6	DF	DF	4	한용수		0	2	0	0
0	0	2	0		이용혁	23	DF	DF	23	김연수		1	1	0	0
0	0	0	3(1)		조현택	26	MF	MF	18	배재우		0	2	1	0
0	0	0	2		김준형	8	MF	MF	6	채광훈		1	0	0	0
0	0	1	0	11	이시헌	25	MF	MF	88	김선민		0	2	0	0
0	0	0	0	10	오재혁	77	MF	MF	44	츠바사	11	0	2	0	0
0	0	0	1	16	요르만	7	FW	MF	33	박태준	8	1(1)	0	0	0
0	0	2	0		김호남	19	MF	FW	55	서보민	19	2(1)	1	0	0
0	0	0	1		한지호	22	FW	FW	7	김인성	99	1	0	0	0
0	0	0	0		김호준	39			1	김형근		0	0	0	0
0	0	0	0		김규민	17			14	이재익		0	0	0	0
0	0	0	0		이동희	45			15	김원식	후42	1(1)	0	0	0
0	0	0	0		송홍민	4	대기	대기	8	곽성욱	후21	0	0	0	0
0	0	0	0	후23	조수철	10			99	이성윤	후21	0	1	0	0
0	0	1	1	후12	박창준	11			11	김정환	후34	0	0	1	0
0	0	1	0	후12	은나마니	16			19	유정완	후0	0	0	0	0
0	0	8	10(3)			0			0			10(5)	14	2	0

• 4월 06일 19:00 맑음 광주 전용 385명
• 주심_ 조지음 부심_ 이양우·주현민 대기심_ 최승환 경기감독관_ 김성기

광주 1 0 전반 0 / 1 후반 0 **0 부산**

퇴장	경고	파울	ST(유)	교체	선수명	배번	위치	위치	배번	선수명	교체	ST(유)	파울	경고	퇴장
0	0	0	0		김경민	1	GK	GK	13	안준수		0	0	0	0
0	0	6	1(1)		안영규	6	DF	DF	5	홍욱현	18	1	2	0	0
0	0	1	0		박한빈	33	DF	DF	6	발렌티노스		0	1	0	0
0	1	2	0	5	김재봉	34	DF	DF	20	조위제		0	3	2	0
0	0	0	0	8	두현석	13	MF	MF	48	최 준		1	1	0	0
0	1	3	0		이순민	20	MF	MF	17	김정민		0	3	1	0
0	0	2	0	15	정호연	23	MF	MF	22	이강희		2(2)	5	1	0
0	0	1	0		이상기	22	MF	MF	19	박세진		1(1)	1	0	0
0	0	0	2(2)		엄지성	16	FW	FW	11	박정인	30	1	1	0	0
0	0	0	1(1)	18	김진영	27	FW	FW	10	이상헌	24	1(1)	2	0	0
0	1	2	0	11	하승운	30	FW	FW	9	안병준		2(1)	3	1	0
0	0	0	0		이 준	21			1	구상민		0	0	0	0
0	0	0	0	후0	김현훈	5			15	이청웅		0	0	0	0
0	0	0	0		김승우	40			4	에드워즈		0	0	0	0
0	0	0	0	후15	이으뜸	8	대기	대기	8	박종우		0	0	0	0
0	0	1	0	후25	이희균	15			18	김 찬	후43	0	0	0	0
0	0	1	0	후0	헤이스	11			30	이태민	후31	0	0	0	0
0	0	2	1(1)	후0	허 율	18			24	강윤구	후20	0	3	1	0
0	3	21	5(5)			0			0			9(5)	25	6	0

● 후반 3분 허율 센타서클 H→ 엄지성 PAL 내 R-ST-G (득점: 엄지성, 도움: 허율) 오른쪽

• 4월 06일 19:00 맑음 안산 와스타디움 1,283명
• 주심_ 정회수 부심_ 김경민·박남수 대기심_ 최철준 경기감독관_ 나승화

안산 1 0 전반 1 / 1 후반 1 **2 안양**

퇴장	경고	파울	ST(유)	교체	선수명	배번	위치	위치	배번	선수명	교체	ST(유)	파울	경고	퇴장
0	0	0	0		이승빈	1	GK	GK	13	정민기		0	0	0	0
0	1	2	0		권영호	4	DF	MF	10	아코스티	19	1	1	0	0
0	0	2	0		김민호	20	DF	MF	11	김경중	6	2(2)	0	0	0
0	0	1	0	17	장유섭	23	DF	MF	14	홍창범	8	3	1	0	0
0	0	2	0		이상민	8	MF	FW	16	박재용	7	0	1	0	0
0	0	2	1	6	이와세	12	MF	DF	22	김동진		1(1)	1	0	0
0	0	1	0		이준희	22	MF	MF	25	박종현		0	3	1	0
0	0	0	0		김예성	29	MF	DF	30	백동규		1	4	0	0
0	0	0	2(1)	33	두아르테	7	FW	DF	40	연제민		1	0	0	0
0	1	2	3(1)		강수일	11	FW	MF	66	황기욱		2(2)	2	1	0
0	0	2	0	14	신재혁	16	FW	DF	99	주현우		0	2	1	0
0	0	0	0		김선우	19			21	박성수		0	0	0	0
0	1	1	0	후42	신일수	6			6	임승겸	후40	0	1	0	0
0	0	0	0		김영남	13			7	백성동	후19	1	0	0	0
0	0	0	1(1)	후21	아스나위	14	대기	대기	8	안드리고	후26	0	1	0	0
0	0	0	2(2)	후7	최건주	17			19	김주환	후40	0	0	0	0
0	0	0	0		안성민	24			32	심동운		0	0	0	0
0	0	0	0	후42	장동혁	33			83	윤준성		0	0	0	0
0	3	15	9(5)			0			0			12(5)	17	3	0

● 후반 25분 최건주 GAR 내 R-ST-G (득점: 최건주) 오른쪽

● 전반 30분 김경중 PAR ↷ 황기욱 GA 정면 H-ST-G (득점: 황기욱, 도움: 김경중) 오른쪽

● 후반 24분 홍창범 자기 측 HL 정면 ~ 김경중 PAR 내 R-ST-G (득점: 김경중, 도움: 홍창범) 왼쪽

- 4월 06일 19:30 맑음 아산 이순신 232명
- 주심_ 최광호 부심_ 구은석·신재환 대기심_ 김재홍 경기감독관_ 허기태

충남아산 2 1 전반 0 / 1 후반 2 **2 경남**

퇴장	경고	파울	ST(유)	교체	선수명	배번	위치	위치	배번	선수명	교체	ST(유)	파울	경고	퇴장
0	0	0	0		박주원	21	GK	GK	88	고동민		0	0	0	0
0	0	2	0		김채운	2	MF	DF	33	이민기		0	0	0	0
0	0	0	0		이호인	3	DF	DF	22	김명준		0	0	0	0
0	0	2	1(1)		이학민	14	MF	DF	73	박재환		1(1)	1	1	0
0	0	0	1(1)		이은범	47	DF	DF	29	이준재	20	0	1	0	0
0	0	0	1	18	최범경	8	MF	MF	18	이의형		1(1)	3	1	0
0	0	2	0		이상민	20	DF	MF	16	이광진		0	1	0	0
0	0	0	1(1)		김강국	22	MF	MF	8	이지승		0	4	1	0
0	0	0	1		박세직	24	MF	MF	26	서재원	2	1	0	0	0
0	0	4	3(2)		송승민	7	FW	FW	10	에르난데스		1	0	0	0
0	0	0	5(2)	19	유강현	10	FW	FW	17	하남	7	0	0	0	0
0	0	0	0		문현호	90			1	김민준		0	0	0	0
0	0	0	0		박성우	13			20	이광선	후24	0	0	0	0
0	0	0	0		배수용	25			2	박광일	후10	0	0	0	0
0	0	0	0		김혜성	33	대기	대기	66	박민서		0	0	0	0
0	0	0	0	후20	강민규	18			7	정충근	전37	0	1	0	0
0	0	0	0	후42	조건규	19			21	설현진		0	0	0	0
0	0	0	0		박민서	77			44	료노스케		0	0	0	0
0	0	10	13(7)			0			0			4(2)	11	3	0

- ●전반 41분 송승민 PK-R-G (득점: 송승민) 오른쪽
- ●후반 43분 김강국 PA 정면 내 R-ST-G (득점: 김강국) 왼쪽
- ●후반 34분 이의형 GA 정면 R-ST-G (득점: 이의형) 왼쪽
- ●후반 47분 에르난데스 PAL ↷ 박재환 GA 정면 H-ST-G (득점: 박재환, 도움: 에르난데스) 왼쪽

- 4월 09일 16:00 맑음 대전 월드컵 1,969명
- 주심_ 정회수 부심_ 김경민·주현민 대기심_ 박종명 경기감독관_ 허태식

대전 2 2 전반 1 / 0 후반 0 **1 서울E**

퇴장	경고	파울	ST(유)	교체	선수명	배번	위치	위치	배번	선수명	교체	ST(유)	파울	경고	퇴장
0	0	0	0		이창근	1	GK	GK	77	윤보상		0	0	0	0
0	0	1	0		김민덕	3	DF	DF	14	이재익	39	1	0	0	0
0	1	4	1		민준영	12	DF	DF	4	한용수		1	1	0	0
0	0	2	2(2)		조유민	20	DF	DF	23	김연수		1(1)	3	0	0
0	1	2	0	9	이종현	27	DF	DF	2	황태현		0	1	0	0
0	0	1	1(1)		임은수	6	MF	MF	88	김선민		0	0	0	0
0	0	1	0	16	마사	7	MF	MF	33	박태준		1(1)	0	1	0
0	0	2	2(1)	17	이진현	10	MF	MF	44	츠바사	15	1	0	0	0
0	0	1	0		임덕근	15	MF	MF	55	서보민	6	1	0	0	0
0	0	2	2(1)	22	포파	8	FW	MF	17	이동률	19	0	2	0	0
0	0	0	1(1)	42	김승섭	11	FW	FW	7	김인성	11	2(2)	0	0	0
0	0	0	0		정산	23			1	김형근		0	0	0	0
0	0	1	0	후28	변준수	42			3	김민규		0	0	0	0
0	1	2	0	후0	이현식	17			15	김원식	후43	0	0	0	0
0	1	2	1	후17	김인균	22	대기	대기	6	채광훈	후0	1	0	0	0
0	0	0	0		배준호	33			39	정성호	후0	1	0	0	0
0	0	1	0	후17	공민현	9			11	김정환	후36	0	0	0	0
0	0	0	0	후28	원기종	16			19	유정완	후23	2	0	0	0
0	4	22	10(6)			0			0			12(4)	7	1	0

- ●전반 7분 이진현 C.KR ↷ 조유민 GAR 내 H-ST-G (득점: 조유민, 도움: 이진현) 왼쪽
- ●전반 28분 이진현 MFL FK ↷ 조유민 GA 정면 H-ST-G (득점: 조유민, 도움: 이진현) 왼쪽
- ●전반 44분 임은수 GA 정면 자책골 (득점: 임은수) 오른쪽

- 4월 09일 18:30 맑음 아산 이순신 744명
- 주심_ 최규현 부심_ 설귀선·이병주 대기심_ 최철준 경기감독관_ 강득수

충남아산 0 0 전반 0 / 0 후반 0 **0 안산**

퇴장	경고	파울	ST(유)	교체	선수명	배번	위치	위치	배번	선수명	교체	ST(유)	파울	경고	퇴장
0	0	0	0		박한근	1	GK	GK	1	이승빈		0	0	0	0
0	1	2	2		김채운	2	DF	DF	4	권영호		0	1	0	0
0	1	1	0		이호인	3	DF	DF	12	이와세	6	0	3	1	0
0	0	1	1		이학민	14	DF	DF	20	김민호		0	0	0	0
0	0	0	0		이은범	47	DF	MF	8	이상민		0	2	0	0
0	0	1	1(1)		이상민	20	MF	MF	24	안성민	22	0	0	0	0
0	0	3	2	33	김강국	22	MF	MF	29	김예성		0	0	0	0
0	0	1	2		박세직	24	MF	MF	33	장동혁	25	0	0	0	0
0	1	1	3(2)		송승민	7	MF	FW	11	강수일		0	0	0	0
0	0	2	3(1)	9	유강현	10	FW	FW	17	최건주	13	1	1	0	0
0	0	1	0	8	강민규	18	MF	FW	37	윤경원	14	1	0	0	0
0	0	0	0		문현호	90			19	김선우		0	0	0	0
0	0	0	0		박성우	13			6	신일수	후41	0	0	0	0
0	0	0	0		송주호	15			13	김영남	후41	0	0	0	0
0	0	1	0	후17	최범경	8	대기	대기	14	아스나위	후10	0	0	0	0
0	0	0	0	후42	김혜성	33			22	이준희	전35	0	1	0	0
0	0	1	1	후17	조주영	9			23	장유섭		0	0	0	0
0	0	0	0		박민서	77			25	김이석	전35	1	1	0	0
0	3	15	15(4)			0			0			3	9	1	0

- 4월 10일 13:30 맑음 부천 종합 1,762명
- 주심_ 최광호 부심_ 이영운·김태형 대기심_ 김재홍 경기감독관_ 당성증

부천 2 0 전반 0 / 2 후반 0 **0 안양**

퇴장	경고	파울	ST(유)	교체	선수명	배번	위치	위치	배번	선수명	교체	ST(유)	파울	경고	퇴장
0	0	0	0		최철원	1	GK	GK	13	정민기		0	0	0	0
0	0	3	0		김강산	5	DF	FW	7	백성동	10	2	1	0	0
0	0	1	0		닐손주니어	6	DF	FW	11	김경중	32	0	1	0	0
0	0	0	1(1)		이용혁	23	DF	MF	14	홍창범	8	1	2	0	0
0	0	1	3(2)		조현택	26	MF	DF	20	이상용		0	0	0	0
0	0	1	2	22	김준형	8	MF	MF	22	김동진		0	0	0	0
0	0	0	0		조수철	10	MF	DF	25	박종현	19	0	0	0	0
0	0	0	3(2)	31	박창준	11	FW	FW	28	김륜도		3(1)	0	0	0
0	0	1	0	4	오재혁	77	FW	DF	30	백동규		0	1	0	0
0	0	0	0	16	요르만	7	FW	MF	66	황기욱	6	1	2	1	0
0	0	0	0		김호남	19	MF	MF	99	주현우		0	0	0	0
0	0	0	0		이주현	21			1	김태훈		0	0	0	0
0	0	0	0		국태정	13			6	임승겸	후34	2(1)	0	0	0
0	0	0	0		김정호	20			8	안드리고	후15	1(1)	1	0	0
0	0	0	0	후43	감한솔	31	대기	대기	10	아코스티	후15	3(1)	1	0	0
0	0	1	0	후36	송홍민	4			19	김주환	후24	0	0	0	0
0	0	0	1	후12	은나마니	16			32	심동운	후34	0	0	0	0
0	0	1	0	후0	한지호	22			40	연제민		0	0	0	0
0	0	9	10(5)			0			0			13(4)	9	1	0

- ●후반 7분 박창준 GA 정면 내 R-ST-G (득점: 박창준) 왼쪽
- ●후반 27분 한지호 C.KR ↷ 이용혁 GAR H-ST-G (득점: 이용혁, 도움: 한지호) 왼쪽

• 4월 10일 16:00 맑음 광주 전용 909명
• 주심_ 안재훈 부심_ 구은석·박남수 대기심_ 서동진 경기감독관_ 김용세

광주 1 | 0 전반 0 / 1 후반 0 | **0 전남**

퇴장	경고	파울	ST(유)	교체	선수명	배번	위치	위치	배번	선수명	교체	ST(유)	파울	경고	퇴장
0	0	0	0		김 경 민	1	GK	GK	31	김 다 솔		0	0	0	0
0	0	1	2(1)		안 영 규	6	DF	DF	5	고 태 원		0	1	1	0
0	0	0	0		김 재 봉	34	DF	DF	20	장 순 혁		0	0	0	0
0	0	3	0		김 현 훈	5	DF	DF	30	한 호 강		1(1)	1	0	0
0	0	1	0		이 으 뜸	8	MF	MF	38	이 규 혁	18	0	1	0	0
0	0	1	0		박 한 빈	33	MF	MF	15	정 호 진	24	0	2	0	0
0	0	2	0		정 호 연	23	MF	MF	8	이 석 현	45	0	3	0	0
0	0	0	2(1)	22	두 현 석	13	MF	MF	77	김 태 현		0	4	1	0
0	0	3	8(2)		엄 지 성	16	FW	FW	39	최 성 진	9	2(1)	2	0	0
0	1	3	1		허 율	18	FW	FW	11	플 라 나		0	0	0	0
0	0	1	2(1)	28	헤 이 스	11	FW	FW	99	이 중 민	7	0	1	0	0
0	0	0	0		이 준	21			36	임 민 혁		0	0	0	0
0	0	0	0	후42	아 론	28			4	최 정 원		0	0	0	0
0	0	0	0		김 승 우	40			7	임 찬 울	후0	0	0	0	0
0	1	1	0	후35	이 상 기	22	대기	대기	45	전 승 민	후39	0	0	0	0
0	0	0	0		이 희 균	15			24	유 헤 이	후8	0	0	0	0
0	0	0	0		하 승 운	30			18	박 인 혁	후39	0	0	0	0
0	0	0	0		김 진 영	27			9	카차라바	후0	0	1	0	0
0	2	16	15(5)			0			0			3(2)	16	2	0

● 후반 29분 이으뜸 PAR TL ∩ 안영규 GA 정면 H-ST-G (득점:안영규, 도움:이으뜸)왼쪽

• 4월 11일 19:30 맑음 김포솔터축구장 686명
• 주심_ 김영수 부심_ 이양우·서영규 대기심_ 최승환 경기감독관_ 나승화

김포 2 | 0 전반 0 / 2 후반 1 | **1 경남**

퇴장	경고	파울	ST(유)	교체	선수명	배번	위치	위치	배번	선수명	교체	ST(유)	파울	경고	퇴장
0	0	0	0		최 봉 진	31	GK	GK	88	고 동 민		0	0	0	0
0	0	1	0		양 준 아	14	DF	DF	33	이 민 기		0	0	0	0
0	0	0	0		박 경 록	3	DF	DF	22	김 명 준		0	3	0	0
0	1	1	1		김 태 한	4	DF	DF	73	박 재 환		1(1)	2	1	0
0	1	2	0		박 대 한	25	MF	DF	2	박 광 일		0	2	0	0
0	1	4	0	23	구 본 상	8	MF	MF	18	이 의 형	66	0	1	0	0
0	0	2	4(3)		김 종 석	10	MF	MF	16	이 광 진		0	1	1	0
0	0	2	0		김 수 범	28	MF	MF	8	이 지 승		0	0	0	0
0	0	0	0	18	최 민 서	12	FW	MF	7	정 충 근	44	2(1)	3	1	0
0	0	1	4(3)		윤 민 호	32	FW	FW	21	설 현 진	28	1(1)	2	0	0
0	0	1	1	9	손 석 용	99	FW	FW	10	에르난데스		0	1	0	0
0	0	0	0		송 민 혁	41			31	손 정 현		0	0	0	0
0	0	0	0		윤 상 혁	33			20	이 광 선	후37	0	1	0	0
0	0	0	0	후34	최 재 훈	23			29	이 준 재		0	0	0	0
0	0	0	0		박 재 우	35	대기	대기	66	박 민 서	전29/20	4(3)	1	1	0
0	0	1	2(1)	전25	정 의 찬	18			26	서 재 원		0	0	0	0
0	0	0	0		임 재 혁	13			28	티 아 고	후30	1(1)	0	0	0
0	0	1	0	후13	유리치치	9			44	료노스케	후30	0	1	0	0
0	3	16	12(7)			0			0			9(7)	18	4	0

● 후반 13분 김종석 PK-R-G (득점: 김종석) 오른쪽
● 후반 40분 김수범 C,KR ↷ 윤민호 GA 정면 H-ST-G (득점: 윤민호, 도움: 김수범) 왼쪽

● 후반 20분 박민서 AK 내 L-ST-G (득점: 박민서) 왼쪽

• 4월 16일 16:00 맑음 김포솔터축구장 1,574명
• 주심_ 안재훈 부심_ 구은석·주현민 대기심_ 김재홍 경기감독관_ 최윤겸

김포 1 | 1 전반 1 / 0 후반 0 | **1 안산**

퇴장	경고	파울	ST(유)	교체	선수명	배번	위치	위치	배번	선수명	교체	ST(유)	파울	경고	퇴장
0	0	0	0		최 봉 진	31	GK	GK	1	이 승 빈		0	0	0	0
0	0	1	1(1)		양 준 아	14	DF	DF	4	권 영 호		2(1)	2	0	0
0	0	1	0		박 경 록	3	DF	DF	20	김 민 호	5	0	2	0	0
0	1	1	1(1)		김 태 한	4	DF	DF	23	장 유 섭		0	0	0	0
0	0	1	1(1)		김 수 범	28	MF	MF	8	이 상 민		1(1)	3	1	0
0	0	1	1		구 본 상	8	MF	MF	12	이 와 세	36	0	4	1	0
0	0	1	1		최 재 훈	23	MF	MF	14	아스나위	26	1(1)	3	1	0
0	0	3	0	11	한 정 우	19	MF	MF	29	김 예 성		0	0	0	0
0	0	0	0	18	최 민 서	12	FW	FW	2	김 보 섭	25	1(1)	0	0	0
0	0	2	2(2)		윤 민 호	32	FW	FW	11	강 수 일	6	1(1)	0	0	0
0	0	1	5(2)		손 석 용	99	FW	FW	17	최 건 주		2(1)	2	0	0
0	0	0	0		송 민 혁	41			19	김 선 우		0	0	0	0
0	0	0	0		박 준 희	5			5	박 민 준	후0	0	0	0	0
0	0	0	0		윤 상 혁	33			6	신 일 수	후26	0	0	0	0
0	0	0	1(1)	후15	서 경 주	11	대기	대기	22	이 준 희		0	0	0	0
0	0	1	1(1)	전21/9	정 의 찬	18			25	김 이 석	후11	0	2	0	0
0	0	0	0		마루오카	7			26	이 지 성	후45	0	0	0	0
0	0	0	0	후31	유리치치	9			36	변 승 환	후26	0	1	1	0
0	1	13	14(9)			0			0			8(6)	19	4	0

● 전반 40분 손석용 PAL 내 ~ 윤민호 GA 정면 내 R-ST-G (득점: 윤민호, 도움: 손석용) 왼쪽

● 전반 19분 최건주 PAL 내 EL ~ 김보섭 GAR 내 R-ST-G (득점: 김보섭, 도움: 최건주) 오른쪽

• 4월 16일 18:30 맑음 진주 종합 1,399명
• 주심_ 최현재 부심_ 홍석찬·박남수 대기심_ 채상협 경기감독관_ 나승화

경남 2 | 1 전반 1 / 1 후반 2 | **3 부천**

퇴장	경고	파울	ST(유)	교체	선수명	배번	위치	위치	배번	선수명	교체	ST(유)	파울	경고	퇴장
0	0	0	0		이 우 혁	6	GK	GK	1	최 철 원		0	0	0	0
0	0	1	0		이 준 재	29	DF	DF	5	김 강 산		0	0	0	0
0	0	0	0		이 광 선	20	DF	DF	6	닐손주니어		1	0	0	0
0	0	0	0		김 명 준	22	DF	DF	23	이 용 혁		0	1	1	0
0	1	2	0	50	이 민 기	33	DF	MF	26	조 현 택	31	1(1)	0	0	0
0	0	0	1		박 광 일	2	MF	MF	8	김 준 형	4	3	1	0	0
0	0	4	0		이 광 진	16	MF	MF	10	조 수 철		1(1)	1	0	0
0	0	1	0		정 충 근	7	MF	FW	11	박 창 준	20	1	0	0	0
0	1	3	1(1)	10	박 민 서	66	MF	FW	16	은나마니	7	1(1)	1	0	0
0	0	4	6(3)		티 아 고	28	FW	MF	19	김 호 남		1(1)	1	0	0
0	0	1	4(4)		설 현 진	21	FW	FW	22	한 지 호	77	0	3	0	0
0	0	0	0	후45	김 종 필	50			21	이 주 현		0	0	0	0
0	0	0	0		국 진 우	23			20	김 정 호	후49	0	0	0	0
0	0	0	0		김 태 윤	77			31	감 한 솔	후19	1	0	0	0
0	0	0	0		제 해 성	36	대기	대기	4	송 홍 민	후25	0	0	0	0
0	0	0	0		료노스케	44			25	이 시 헌		0	0	0	0
0	0	0	0	후8	에르난데스	10			77	오 재 혁	후49	0	0	0	0
0	0	0	0		서 재 원	26			7	요 르 만	후19	1(1)	0	0	0
0	2	16	12(8)			0			0			11(5)	8	1	0

● 전반 4분 이광진 C,KL ↷ 티아고 GA 정면 내 H-ST-G (득점: 티아고, 도움: 이광진) 오른쪽
● 후반 35분 이광진 MFR ↷ 티아고 GA 정면 H-ST-G (득점: 티아고, 도움: 이광진) 왼쪽

● 전반 28분 박창준 AK 정면 ~ 김호남 GAR R-ST-G (득점: 김호남, 도움: 박창준) 오른쪽
● 후반 4분 박창준 GAR 내 → 은나마니 GAR 내 R-ST-G (득점: 은나마니, 도움: 박창준) 오른쪽
● 후반 46분 요르만 GAR 내 H-ST-G (득점: 요르만) 오른쪽

• 4월 17일 16:00 맑음 부산 아시아드 1,369명
• 주심_ 김용우 부심_ 이영운·신재환 대기심_ 서동진 경기감독관_ 허태식

부산 1 1 전반 0 / 0 후반 2 **2 서울E**

퇴장	경고	파울	ST(유)	교체	선수명	배번	위치	위치	배번	선수명	교체	ST(유)	파울	경고	퇴장
0	0	0	0		안 준 수	13	GK	GK	77	윤 보 상		0	0	0	0
0	0	3	0		홍 욱 현	5	DF	DF	4	한 용 수		0	2	0	0
0	0	1	1		발렌티노스	6	DF	DF	15	김 원 식	33	0	1	0	0
0	0	1	1	18	이 청 웅	15	DF	DF	23	김 연 수		0	1	0	0
0	0	1	0		최 준	48	MF	MF	2	황 태 현	18	0	1	0	0
0	0	0	1	4	김 정 민	17	MF	MF	6	채 광 훈		0	1	0	0
0	0	0	0	8	이 강 희	22	MF	MF	88	김 선 민		1	1	0	0
0	1	1	0		박 세 진	19	MF	MF	44	츠 바 사	5	3(1)	2	0	0
0	0	2	4(3)		박 정 인	11	FW	MF	17	이 동 률	19	1(1)	1	0	0
0	0	3	1(1)		이 상 헌	10	FW	FW	39	정 성 호		4(2)	1	0	0
0	1	1	1(1)		안 병 준	9	FW	FW	7	김 인 성	11	2(1)	0	0	0
0	0	0	0		구 상 민	1			1	김 형 근		0	0	0	0
0	0	0	0		김 정 현	14			5	김 진 환	후40	0	0	0	0
0	0	1	0	후16	에드워즈	4			3	김 민 규		0	0	0	0
0	0	0	0	후24	박 종 우	8	대기	대기	18	배 재 우	전29	1	1	0	0
0	0	0	0	후39	김 찬	18			33	박 태 준	후0	2	0	0	0
0	0	0	0		이 태 민	30			11	김 정 환	후22	1	0	0	0
0	0	0	0		강 윤 구	24			19	유 정 완	후22	1(1)	0	0	0
0	2	14	9(5)			0			0			16(6)	12	0	0

●전반 22초 최준 GAL ~ 안병준 PK지점 L-ST-G (득점: 안병준, 도움: 최준) 오른쪽

●후반 9분 이동률 GAR ~ 정성호 GAL R-ST-G (득점: 정성호, 도움: 이동률) 왼쪽

●후반 38분 김정환 MFR ↷ 유정완 GA 정면 R-ST-G (득점: 유정완, 도움: 김정환) 왼쪽

• 4월 18일 19:00 맑음 안양 종합 1,044명
• 주심_ 조지음 부심_ 설귀선·이병주 대기심_ 김영수 경기감독관_ 양정환

안양 2 2 전반 1 / 0 후반 1 **2 광주**

퇴장	경고	파울	ST(유)	교체	선수명	배번	위치	위치	배번	선수명	교체	ST(유)	파울	경고	퇴장
0	0	0	0		정 민 기	13	GK	GK	1	김 경 민		0	0	0	0
0	0	1	2(1)	19	백 성 동	7	MF	DF	40	김 승 우		0	1	0	0
0	1	0	1(1)	32	아코스티	10	MF	DF	34	김 재 봉		0	1	0	0
0	0	2	0	16	김 경 중	11	FW	DF	5	김 현 훈		1	1	0	0
0	1	1	0	88	홍 창 범	14	MF	MF	8	이 으 뜸		1	4	0	0
0	0	1	1		이 상 용	20	DF	MF	33	박 한 빈		0	3	1	0
0	0	0	0		김 동 진	22	MF	MF	15	이 희 균	23	0	2	1	0
0	0	1	2		박 종 현	25	DF	MF	22	이 상 기	13	0	0	0	0
0	0	0	0		김 륜 도	28	FW	FW	16	엄 지 성		3(2)	3	0	0
0	0	1	1(1)		백 동 규	30	DF	FW	18	허 율	27	1(1)	1	0	0
0	0	1	0		주 현 우	99	MF	FW	11	헤 이 스		2(1)	2	0	0
0	0	0	0		박 성 수	21			21	이 준		0	0	0	0
0	0	0	0		임 승 겸	6			3	이 민 기		0	0	0	0
0	0	0	0	후44	박 재 용	16			23	정 호 연	후0	0	2	1	0
0	0	0	0	후35	김 주 환	19	대기	대기	27	김 진 영	후24	1(1)	3	0	0
0	0	0	0	후35	심 동 운	32			13	두 현 석	후0	1(1)	0	0	0
0	0	0	0		연 제 민	40			17	문 상 윤		0	0	0	0
0	0	0	1(1)	후16	이 정 빈	88			19	마 이 키		0	0	0	0
0	2	8	8(4)			0			0			10(6)	23	3	0

●전반 8분 김동진 MFR ↷ 백동규 GAL R-ST-G (득점: 백동규, 도움: 김동진) 왼쪽

●전반 34분 김현훈 PAL R 자책골 (득점: 김현훈) 오른쪽

●전반 27분 엄지성 PA 정면 R-ST-G (득점: 엄지성) 오른쪽

●후반 1분 두현석 GAR ~ 헤이스 PAR 내 R-ST-G (득점: 헤이스, 도움: 두현석) 오른쪽

• 4월 18일 19:30 맑음 아산 이순신 759명
• 주심_ 임정수 부심_ 이양우·김태형 대기심_ 설태환 경기감독관_ 당성증

충남아산 0 0 전반 2 / 0 후반 1 **3 대전**

퇴장	경고	파울	ST(유)	교체	선수명	배번	위치	위치	배번	선수명	교체	ST(유)	파울	경고	퇴장
0	0	0	0		박 한 근	1	GK	GK	1	이 창 근		0	0	1	0
0	0	0	2		김 채 운	2	MF	DF	3	김 민 덕		0	0	0	0
0	0	0	2		이 호 인	3	DF	DF	15	임 덕 근		0	2	0	1
0	2	3	0		이 학 민	14	MF	DF	20	조 유 민		0	1	0	0
0	0	1	1(1)	6	이 은 범	47	DF	MF	6	임 은 수		1(1)	1	0	0
0	0	0	1(1)	10	최 범 경	8	MF	MF	10	이 진 현		1(1)	2	0	0
0	0	1	2		이 상 민	20	DF	MF	12	민 준 영		0	3	0	0
0	0	2	1(1)		박 세 직	24	MF	MF	17	이 현 식	7	1	0	0	0
0	0	2	1(1)	13	김 혜 성	33	MF	MF	27	이 종 현		1(1)	3	1	0
0	0	4	1	99	송 승 민	7	FW	FW	8	포 파	42	1(1)	1	0	0
0	0	0	3(2)	11	강 민 규	18	FW	FW	11	김 승 섭	16	2(1)	0	0	0
0	0	0	0		박 주 원	21			23	정 산		0	0	0	0
0	0	0	0	후38	박 성 우	13			42	변 준 수	후0	0	0	0	0
0	0	0	0		송 주 호	15			7	마 사	후31	1(1)	0	0	0
0	0	0	1(1)	후38	김 종 국	6	대기	대기	37	김 선 호		0	0	0	0
0	0	1	2(1)	후15	유 강 현	10			77	이 선 유		0	0	0	0
0	0	0	1	후15	유 동 규	11			9	공 민 현		0	0	0	0
0	0	0	1(1)	후38	정 건 우	99			16	원 기 종	후19	1	4	1	0
0	2	14	19(9)			0			0			9(6)	17	3	1

●전반 8분 김승섭 PAL 내 EL ~ 임은수 PA 정면 내 R-ST-G (득점: 임은수, 도움: 김승섭) 오른쪽

●전반 19분 이종현 GA 정면 내 R-ST-G (득점: 이종현) 오른쪽

●후반 34분 원기종 PAR 내 ~ 마사 GA 정면 R-ST-G (득점: 마사, 도움: 원기종) 가운데

• 4월 23일 16:00 흐림 광주 전용 1,061명
• 주심_ 최규현 부심_ 이양우·김태형 대기심_ 김도연 경기감독관_ 차상해

광주 1 1 전반 0 / 0 후반 0 **0 부천**

퇴장	경고	파울	ST(유)	교체	선수명	배번	위치	위치	배번	선수명	교체	ST(유)	파울	경고	퇴장
0	0	0	0		김 경 민	1	GK	GK	1	최 철 원		0	0	0	0
0	0	1	0		안 영 규	6	DF	DF	5	김 강 산		0	2	0	0
0	0	0	1		김 재 봉	34	DF	DF	6	닐손주니어		1(1)	0	0	0
0	0	0	0		김 현 훈	5	DF	DF	23	이 용 혁		0	1	0	0
0	1	3	0	18	두 현 석	13	MF	MF	26	조 현 택	13	1	1	0	0
0	1	4	0	28	이 희 균	15	MF	MF	31	감 한 솔	22	0	0	0	0
0	1	2	1	40	정 호 연	23	MF	MF	8	김 준 형	77	0	0	0	0
0	0	1	0		이 민 기	3	MF	MF	10	조 수 철		4(1)	1	0	0
0	0	0	3(2)	22	엄 지 성	16	FW	FW	11	박 창 준	20	0	1	0	0
0	0	2	1(1)		헤 이 스	11	FW	FW	16	은나마니	7	0	3	0	0
0	1	1	1(1)	8	마 이 키	19	FW	FW	19	김 호 남		1	1	1	0
0	0	0	0		이 준	21			39	김 호 준		0	0	0	0
0	0	0	0	후44	아 론	28			13	국 태 정	후16	0	1	0	0
0	1	0	0	후44	김 승 우	40			20	김 정 호	후41	0	0	0	0
0	0	1	0	후29	이 상 기	22	대기	대기	4	송 홍 민		0	0	0	0
0	0	0	0	후0	이 으 뜸	8			77	오 재 혁	후16	0	0	0	0
0	0	0	0		하 승 운	30			7	요 르 만	후16	0	0	0	0
0	0	0	0	후22	허 율	18			22	한 지 호	후0	2(1)	2	0	0
0	5	15	7(4)			0			0			9(3)	13	1	0

●전반 12분 헤이스 C.KR ↷ 마이키 GA 정면 H-ST-G (득점: 마이키, 도움: 헤이스) 오른쪽

• 4월 23일 18:30 맑음 진주 종합 938명
• 주심_ 송민석 부심_ 설귀선·주현민 대기심_ 성덕효 경기감독관_ 양정환

경남 3 2 전반 1 / 1 후반 0 **1 서울E**

퇴장	경고	파울	ST(유)	교체	선수명	배번	위치	위치	배번	선수명	교체	ST(유)	파울	경고	퇴장
0	0	0	0		고동민	88	GK	GK	77	윤보상		0	0	0	0
0	0	0	0	29	박광일	2	DF	DF	6	채광훈		2	0	0	0
0	0	1	1(1)		김명준	22	DF	DF	4	한용수		1	0	0	0
0	0	0	0	20	박재환	73	DF	DF	23	김연수		0	1	0	0
0	0	1	0		이민기	33	DF	DF	18	배재우	3	0	0	0	0
0	0	2	0	24	설현진	21	MF	MF	44	츠바사	9	0	0	0	0
0	0	1	0		이광진	16	MF	MF	15	김원식	5	2	1	0	0
0	0	0	1	8	이우혁	6	MF	MF	33	박태준		2(1)	0	0	0
0	0	1	1	17	정충근	7	MF	MF	17	이동률	11	1	0	0	0
0	1	1	4(1)		티아고	28	FW	MF	7	김인성		5(4)	0	0	0
0	0	1	6(2)		에르난데스	10	FW	FW	39	정성호	19	2	0	0	0
0	0	0	0		손정현	31			1	김형근		0	0	0	0
0	0	0	0	후47	이광선	20			5	김진환	후45	0	0	0	0
0	0	0	0	후24	이준재	29			3	김민규	후0	0	0	0	0
0	0	0	0	후47	이지승	8	대기	대기	88	김선민		0	0	0	0
0	0	0	0		박민서	66			9	까데나시	후0	2	0	0	0
0	1	1	1	후24	모재현	24			11	김정환	후27	0	0	0	0
0	0	1	1(1)	후24	하남	17			19	유정완	후9	0	1	1	0
0	2	10	15(5)			0			0			17(5)	3	1	0

●전반 18분 박광일 MFR ↷ 티아고 GA 정면 H-ST-G (득점: 티아고, 도움: 박광일) 왼쪽
●전반 26분 정충근 MF 정면 ~ 에르난데스 AKR R-ST-G (득점: 에르난데스, 도움: 정충근) 왼쪽
●후반 17분 이광진 MFL FK ↷ 김명준 GA 정면 H-ST-G (득점: 김명준, 도움: 이광진) 왼쪽

●전반 46분 김인성 GA 정면 R-ST-G (득점: 김인성) 가운데

• 4월 24일 16:00 맑음 부산 아시아드 1,232명
• 주심_ 정동식 부심_ 구은석·서영규 대기심_ 최승환 경기감독관_ 허기태

부산 1 1 전반 0 / 0 후반 1 **1 안양**

퇴장	경고	파울	ST(유)	교체	선수명	배번	위치	위치	배번	선수명	교체	ST(유)	파울	경고	퇴장
0	0	0	0		안준수	13	GK	GK	13	정민기		0	0	0	0
0	0	0	1		조위제	20	DF	MF	7	백성동	8	1	0	0	0
0	0	2	0	5	발렌티노스	6	DF	MF	10	아코스티		3(1)	0	0	0
0	0	1	0		이청웅	15	DF	MF	11	김경중		1(1)	3	1	0
0	1	2	1		최준	48	MF	MF	14	홍창범	88	0	1	0	0
0	0	1	1	22	박종우	8	MF	DF	20	이상용		0	0	0	0
0	0	1	1(1)		에드워즈	4	MF	DF	22	김동진	19	1	0	0	0
0	0	1	0		박세진	19	MF	MF	25	박종현	66	0	1	0	0
0	1	1	2		박정인	11	FW	FW	28	김륜도		4(2)	1	0	0
0	0	1	1(1)	10	드로젝	7	FW	DF	30	백동규		0	2	0	0
0	0	2	4(3)	18	강윤구	24	FW	DF	99	주현우		1	0	0	0
0	0	0	0		구상민	1			1	김태훈		0	0	0	0
0	0	0	0	후44	홍욱현	5			8	안드리고	후35	1(1)	0	0	0
0	0	0	0		황준호	45			16	박재용		0	0	0	0
0	0	0	0		김정민	17	대기	대기	19	김주환	후35	0	0	0	0
0	0	0	1	후17	이강희	22			40	연제민		0	0	0	0
0	0	3	1(1)	후17	이상헌	10			66	황기욱	후0	0	0	0	0
0	0	0	0	후38	김찬	18			88	이정빈	후0	2(1)	0	0	0
0	2	15	13(6)			0			0			14(6)	8	1	0

●전반 40분 박정인 AK 내 ~ 강윤구 GAL L-ST-G (득점: 강윤구, 도움: 박정인) 왼쪽

●후반 44분 김경중 PAL 내 ↷ 아코스티 GAR 내 H-ST-G (득점: 아코스티, 도움: 김경중) 오른쪽

• 4월 24일 13:30 맑음 안산 와스타디움 1,016명
• 주심_ 정회수 부심_ 이병주·박남수 대기심_ 최철준 경기감독관_ 강득수

안산 1 1 전반 1 / 0 후반 1 **2 대전**

퇴장	경고	파울	ST(유)	교체	선수명	배번	위치	위치	배번	선수명	교체	ST(유)	파울	경고	퇴장
0	0	0	0		이승빈	1	GK	GK	1	이창근		0	0	0	0
0	0	2	0		김민호	20	DF	DF	3	김민덕		0	0	0	0
0	0	1	0		이준희	22	DF	DF	20	조유민		0	1	1	0
0	1	2	0	11	장유섭	23	DF	DF	42	변준수	37	0	3	1	0
0	0	0	0	5	김예성	29	DF	MF	6	임은수		1	1	0	0
0	0	2	1		김보섭	2	MF	MF	7	마사	9	2(1)	2	0	0
0	0	2	2(1)		신일수	6	MF	MF	10	이진현	17	0	2	0	0
0	0	0	1(1)	17	김경준	9	MF	MF	12	민준영		1(1)	2	0	0
0	1	1	1(1)	14	송진규	15	MF	MF	27	이종현		1	0	0	0
0	0	2	0	26	김이석	25	MF	FW	8	포파	16	1(1)	0	0	0
0	0	1	1(1)		이상민	8	FW	FW	11	김승섭	22	2(2)	1	0	0
0	0	0	0		김선우	19			23	정산		0	0	0	0
0	0	0	0	후19	박민준	5			5	권한진		0	0	0	0
0	0	1	1(1)	후19	강수일	11			17	이현식	후31	1(1)	0	0	0
0	0	0	0	전26	아스나위	14	대기	대기	22	김인균	후27	1(1)	0	0	0
0	0	0	4(2)	전26	최건주	17			37	김선호	후0	1(1)	0	0	0
0	0	0	0	후35	이지성	26			9	공민현	후41	0	0	0	0
0	0	0	0		변승환	36			16	원기종	후0	1(1)	0	0	0
0	2	14	11(7)			0			0			12(9)	12	2	0

●전반 30분 김보섭 MF 정면 ~ 이상민 GAR R-ST-G (득점: 이상민, 도움: 김보섭) 오른쪽

●전반 3분 마사 GAR 내 R-ST-G (득점: 마사) 오른쪽
●후반 46분 임은수 GA 정면 ~ 김인균 GAL 내 L-ST-G (득점: 김인균, 도움: 임은수) 왼쪽

• 4월 24일 18:30 맑음 아산 이순신 734명
• 주심_ 서동진 부심_ 이정민·신재환 대기심_ 최광호 경기감독관_ 김용세

충남아산 2 1 전반 1 / 1 후반 0 **1 김포**

퇴장	경고	파울	ST(유)	교체	선수명	배번	위치	위치	배번	선수명	교체	ST(유)	파울	경고	퇴장
0	1	1	0		박주원	21	GK	GK	31	최봉진		0	0	0	0
0	0	0	1	33	김채운	2	DF	DF	14	양준아		0	1	1	0
0	1	1	0		이호인	3	DF	DF	3	박경록		0	1	0	0
0	0	1	1		박성우	13	DF	DF	4	김태한		0	2	0	0
0	0	0	1		이은범	47	DF	MF	45	어정원		1(1)	2	0	0
0	0	1	0		이상민	20	MF	MF	8	구본상	99	0	1	0	0
0	0	2	2(2)		김강국	22	MF	MF	10	김종석		0	1	0	0
0	0	0	0		박세직	24	MF	MF	35	박재우	9	0	2	1	0
0	0	2	1(1)		송승민	7	MF	MF	23	최재훈		0	2	0	0
0	0	4	3(3)	9	유강현	10	FW	FW	32	윤민호		2(1)	2	0	0
0	0	0	4(1)	77	강민규	18	MF	FW	12	최민서	18	1	1	0	0
0	0	0	0		문현호	90			41	송민혁		0	0	0	0
0	0	0	0		이학민	14			5	박준희		0	0	0	0
0	0	0	0		김종국	6			33	윤상혁		0	0	0	0
0	0	0	0		최범경	8	대기	대기	11	서경주		0	0	0	0
0	0	0	0	후30	김혜성	33			18	정의찬	후0	1(1)	1	0	0
0	0	0	0	후46	조주영	9			99	손석용	전27	1	3	0	0
0	0	2	0	후34	박민서	77			9	유리치치	후29	1	2	1	0
0	2	14	13(7)			0			0			7(3)	21	3	0

●전반 19분 김강국 PK 좌측지점 FK R-ST-G (득점: 김강국) 오른쪽
●후반 8분 이호인 MFR ↷ 유강현 GA 정면 H-ST-G (득점: 유강현, 도움: 이호인) 오른쪽

●전반 29분 윤민호 PK-R-G (득점: 윤민호) 왼쪽

• 5월 03일 19:00 맑음 안산 와스타디움 588명
• 주심_ 최광호 부심_ 이양우·서영규 대기심_ 설태환 경기감독관_ 김종민

안산 2 | 0 전반 1 / 2 후반 2 | **3 경남**

퇴장	경고	파울	ST(유)	교체	선수명	배번	위치	위치	배번	선수명	교체	ST(유)	파울	경고	퇴장
0	0	0	0		이 승 빈	1	GK	GK	88	고 동 민		0	1	0	0
0	0	0	0	12	신 일 수	6	DF	DF	14	김 범 용		1(1)	0	0	0
0	0	0	0		김 민 호	20	DF	DF	73	박 재 환		0	1	0	0
0	0	0	0	7	장 유 섭	23	DF	DF	22	김 명 준		2(2)	0	0	0
0	1	2	2(2)		아스나위	14	MF	DF	2	박 광 일	29	0	0	0	0
0	0	1	0		김 이 석	25	MF	MF	7	정 충 근	24	4(3)	0	0	0
0	0	0	2(1)	22	김 예 성	29	MF	MF	6	이 우 혁		1(1)	2	0	0
0	0	0	0	5	변 승 환	36	MF	MF	16	이 광 진		0	0	0	0
0	0	0	0	10	김 보 섭	2	FW	FW	10	에르난데스		5(2)	2	0	0
0	0	1	1(1)		이 상 민	8	FW	FW	17	하 남	94	1(1)	1	0	0
0	0	0	1		최 건 주	17	FW	FW	28	티 아 고	18	4(3)	1	1	0
0	0	0	0		김 선 우	19			31	손 정 현		0	0	0	0
0	0	2	0	후0	박 민 준	5			29	이 준 재	후0	0	2	1	0
0	0	0	1(1)	후0	두아르테	7			20	이 광 선		0	0	0	0
0	0	0	4(3)	전43	까 뇨 뚜	10	대기	대기	8	이 지 승		0	0	0	0
0	0	0	0		강 수 일	11			18	이 의 형	후48	0	0	0	0
0	0	1	1	후0	이 와 세	12			24	모 재 현	후28	0	1	0	0
0	0	0	0	후34	이 준 희	22			94	윌 리 안	후23	0	0	0	0
0	1	7	12(8)			0			0			18(13)	11	2	0

● 후반 29분 두아르테 PK-L-G (득점: 두아르테) 가운데
● 후반 40분 이준희 PAL ~ 까뇨뚜 GA 정면 L-ST-G (득점: 까뇨뚜, 도움: 이준희) 오른쪽

● 전반 18분 티아고 AKR ~ 정충근 PAR 내 R-ST-G (득점: 정충근, 도움: 티아고) 오른쪽
● 후반 38분 윌리안 PAL ↷ 티아고 PK 우측지점 R-ST-G (득점: 티아고, 도움: 윌리안) 왼쪽
● 후반 47분 에르난데스 PAL 내 ~ 티아고 GAL R-ST-G (득점: 티아고, 도움: 에르난데스) 오른쪽

• 5월 03일 19:30 맑음 아산 이순신 506명
• 주심_ 최현재 부심_ 양재용·주현민 대기심_ 최규현 경기감독관_ 나승화

충남아산 2 | 1 전반 0 / 1 후반 0 | **0 안양**

퇴장	경고	파울	ST(유)	교체	선수명	배번	위치	위치	배번	선수명	교체	ST(유)	파울	경고	퇴장
0	0	0	0		박 주 원	21	GK	GK	13	정 민 기		0	0	0	0
0	0	0	1(1)	33	김 채 운	2	MF	FW	10	아코스티		5(2)	1	0	0
0	0	1	0		이 호 인	3	DF	FW	11	김 경 중		1	1	0	0
0	0	1	2		박 성 우	13	DF	MF	19	김 주 환	99	0	0	0	0
0	0	3	0		이 은 범	47	DF	MF	22	김 동 진		0	1	1	0
0	0	2	0		이 상 민	20	DF	FW	28	김 륜 도	9	0	0	0	0
0	0	2	3(2)		김 강 국	22	MF	DF	30	백 동 규		0	1	1	0
0	1	2	1		박 세 직	24	MF	DF	40	연 제 민	25	0	3	1	0
0	0	0	3(3)		송 승 민	7	MF	MF	66	황 기 욱	8	0	2	1	0
0	0	2	5(4)	9	유 강 현	10	FW	DF	83	윤 준 성	7	0	0	0	0
0	0	2	1	8	강 민 규	18	MF	MF	88	이 정 빈		4(3)	0	0	0
0	0	0	0		문 현 호	90			1	김 태 훈		0	0	0	0
0	0	0	0		이 학 민	14			7	백 성 동	후18	0	0	0	0
0	0	0	0		배 수 용	25			8	안드리고	후27	0	1	1	0
0	0	0	0	후35	최 범 경	8	대기	대기	9	조 나 탄	후18	0	0	0	0
0	0	0	0	후41	김 혜 성	33			20	이 상 용		0	0	0	0
0	0	0	0	후48	조 주 영	9			25	박 종 현	후0	0	2	0	0
0	0	0	0		박 민 서	77			99	주 현 우	후0	0	1	1	0
0	1	15	16(10)			0			0			10(5)	13	6	0

● 전반 25분 유강현 GAL L-ST-G (득점: 유강현) 오른쪽
● 후반 46분 송승민 PAL 내 L-ST-G (득점: 송승민) 가운데

• 5월 04일 19:00 맑음 부천 종합 864명
• 주심_ 채상협 부심_ 이영운·이병주 대기심_ 성덕효 경기감독관_ 김성기

부천 3 | 2 전반 0 / 1 후반 1 | **1 부산**

퇴장	경고	파울	ST(유)	교체	선수명	배번	위치	위치	배번	선수명	교체	ST(유)	파울	경고	퇴장
0	0	0	0		최 철 원	1	GK	GK	13	안 준 수		0	0	0	0
0	0	1	0		김 강 산	5	DF	DF	15	이 청 웅	14	0	0	0	0
0	0	0	1(1)		닐손주니어	6	DF	DF	6	발렌티노스		0	0	0	0
0	0	0	0	26	국 태 정	13	MF	DF	20	조 위 제		0	2	0	0
0	1	2	1		이 용 혁	23	DF	MF	24	강 윤 구		1	0	0	0
0	0	2	2(1)		송 홍 민	4	MF	MF	8	박 종 우		4(1)	1	1	0
0	0	2	1(1)	8	조 수 철	10	MF	MF	4	에드워즈	22	0	0	0	0
0	0	2	3(2)		오 재 혁	77	FW	MF	19	박 세 진	18	0	1	0	0
0	0	0	1(1)	11	요 르 만	7	FW	FW	11	박 정 인		4(3)	3	0	0
0	0	0	1		김 호 남	19	MF	FW	10	이 상 헌		2	2	0	0
0	1	4	0	16	한 지 호	22	FW	FW	7	드 로 젝		0	1	0	0
0	0	0	0		이 주 현	21			1	구 상 민		0	0	0	0
0	0	0	1	후27	조 현 택	26			5	홍 욱 현		0	0	0	0
0	0	0	0		이 동 희	45			45	황 준 호		0	0	0	0
0	0	1	0	후27	김 준 형	8	대기	대기	14	김 정 현	후0	3(1)	0	0	0
0	0	0	0	후23	박 창 준	11			22	이 강 희	후12	1	0	0	0
0	0	0	0		이 시 헌	25			17	김 정 민		0	0	0	0
0	0	0	0	후23	은나마니	16			18	김 찬	후12	1	1	0	0
0	2	14	11(6)			0			0			16(5)	11	1	0

● 전반 3분 닐손주니어 GAL 내 EL H-ST-G (득점: 닐손주니어) 왼쪽
● 전반 22분 요르만 GAR R-ST-G (득점: 요르만) 오른쪽
● 후반 7분 조수철 MF 정면 ~ 오재혁 PK 좌측지점 R-ST-G (득점: 오재혁, 도움: 조수철) 오른쪽

● 후반 24분 이상헌 PA 정면 ~ 박정인 PAR 내 R-ST-G (득점: 박정인, 도움: 이상헌) 왼쪽

• 5월 04일 19:30 맑음 김포솔터축구장 975명
• 주심_ 임정수 부심_ 설귀선·박남수 대기심_ 정회수 경기감독관_ 허기태

김포 1 | 1 전반 1 / 0 후반 1 | **2 광주**

퇴장	경고	파울	ST(유)	교체	선수명	배번	위치	위치	배번	선수명	교체	ST(유)	파울	경고	퇴장
0	0	0	0		이 상 욱	1	GK	GK	1	김 경 민		0	0	0	0
0	0	2	1(1)		박 경 록	3	DF	DF	6	안 영 규		0	1	0	0
0	1	3	2(1)		김 태 한	4	DF	DF	34	김 재 봉		0	2	1	0
0	0	1	0		박 준 희	5	DF	DF	5	김 현 훈		0	2	0	0
0	1	2	1		어 정 원	45	MF	MF	8	이 으 뜸		1(1)	2	0	0
0	0	2	1	7	최 재 훈	23	MF	MF	23	정 호 연	20	0	1	1	0
0	0	1	1		김 종 석	10	MF	MF	15	이 희 균	33	0	0	0	0
0	0	2	0		박 재 우	35	MF	MF	13	두 현 석	3	0	1	0	0
0	0	0	0	9	최 민 서	12	FW	FW	16	엄 지 성	30	2(1)	2	0	0
0	0	1	5(1)		손 석 용	99	FW	FW	11	헤 이 스		2(2)	3	0	0
0	0	1	2(1)	14	정 의 찬	18	FW	FW	19	마 이 키	18	1(1)	3	0	0
0	0	0	0		송 민 혁	41			21	이 준		0	0	0	0
0	0	0	0		윤 상 혁	33			3	이 민 기	후31	0	0	0	0
0	0	0	0		한 정 우	19			22	이 상 기		0	0	0	0
0	0	0	0	후18	양 준 아	14	대기	대기	20	이 순 민	후0	0	0	0	0
0	0	0	1	후34	마루오카	7			33	박 한 빈	후0	2(2)	1	1	0
0	0	0	0	후0	유리치치	9			30	하 승 운	후28	0	1	0	0
0	0	0	0		조 향 기	20			18	허 율	후11	0	1	0	0
0	2	15	14(4)			0			0			8(7)	20	3	0

● 전반 30분 김태한 GA 정면 내 R-ST-G (득점: 김태한) 오른쪽

● 전반 12분 엄지성 PK-R-G (득점: 엄지성) 오른쪽
● 후반 15분 허율 GAR EL ~ 이으뜸 PAL 내 L-ST-G (득점: 이으뜸, 도움: 허율) 오른쪽

- 6월 08일 19:00 맑음 목동 705명
- 주심_ 임정수 부심_ 설귀선·이양우 대기심_ 설태환 경기감독관_ 강득수

서울E 1 1 전반 1 / 0 후반 0 **1 전남**

퇴장	경고	파울	ST(유)	교체	선수명	배번	위치	위치	배번	선수명	교체	ST(유)	파울	경고	퇴장
0	0	0	0		윤 보 상	77	GK	GK	31	김 다 솔		0	0	0	0
0	0	0	0		김 민 규	3	DF	DF	77	김 태 현		1	0	0	0
0	0	0	1(1)		김 진 환	5	DF	DF	4	최 정 원		0	0	0	0
0	0	1	0		김 연 수	23	DF	DF	30	한 호 강		0	2	0	0
0	0	2	2(2)		서 재 민	22	MF	DF	16	이 후 권	15	0	2	1	0
0	0	0	1	15	츠 바 사	44	MF	MF	6	장 성 재		0	3	0	0
0	0	3	0		김 선 민	88	MF	MF	24	유 헤 이		1(1)	1	0	0
0	1	6	3(1)	19	이 동 률	17	MF	MF	45	전 승 민		2	0	0	0
0	0	2	0	8	서 보 민	55	MF	FW	18	박 인 혁	29	2(1)	2	1	0
0	0	0	1	11	김 인 성	7	FW	FW	99	이 중 민	12	4(4)	2	0	0
0	0	0	2	9	아 센 호	10	FW	FW	66	손 호 준	89	0	1	0	0
0	0	0	0		김 형 근	1			21	오 찬 식		0	0	0	0
0	0	0	0		황 태 현	2			17	여 승 원		0	0	0	0
0	0	0	0	후22	김 원 식	15			55	최 호 정		0	0	0	0
0	1	1	1	후22	곽 성 욱	8	대기	대기	15	정 호 진	후25	0	2	0	0
0	0	0	0	후0	김 정 환	11			89	발로텔리	후15	1(1)	0	0	0
0	0	0	1	후39	유 정 완	19			12	박 희 성	후25	1	1	0	0
0	0	0	1	후13	까데나시	9			29	정 우 빈	후42	0	0	0	0
0	2	15	13(4)			0			0			12(7)	16	2	0

- ●전반 23분 이후권 GAL R 자책골 (득점: 이후권) 왼쪽
- ●전반 43분 이중민 AK 정면 R-ST-G (득점: 이중민) 왼쪽

- 5월 07일 13:30 맑음 안양 종합 1,625명
- 주심_ 김희곤 부심_ 김경민·신재환 대기심_ 김재홍 경기감독관_ 차상해

안양 1 1 전반 1 / 0 후반 0 **1 안산**

퇴장	경고	파울	ST(유)	교체	선수명	배번	위치	위치	배번	선수명	교체	ST(유)	파울	경고	퇴장
0	0	0	0		정 민 기	13	GK	GK	1	이 승 빈		0	0	0	0
0	1	3	2(2)		정 준 연	2	DF	DF	5	박 민 준		0	0	0	0
0	0	0	1(1)	11	백 성 동	7	MF	DF	12	이 와 세		1	1	0	0
0	0	2	1	66	안드리고	8	MF	DF	20	김 민 호		0	0	0	0
0	0	1	5(4)		조 나 탄	9	FW	DF	29	김 예 성	10	0	0	0	0
0	0	0	2(2)		아코스티	10	MF	MF	2	김 보 섭	11	0	1	0	0
0	0	3	0	88	홍 창 범	14	MF	MF	6	신 일 수		2(1)	0	0	0
0	0	1	0	19	김 동 진	22	DF	MF	14	아스나위	7	0	1	0	0
0	1	3	0		박 종 현	25	MF	MF	17	최 건 주	23	1(1)	1	0	0
0	0	1	2(2)		백 동 규	30	DF	MF	25	김 이 석		0	1	0	0
0	0	1	0		주 현 우	99	DF	FW	8	이 상 민		0	0	0	0
0	0	0	0		박 성 수	21			19	김 선 우		0	0	0	0
0	0	0	1(1)	후12	김 경 중	11			7	두아르테	후16	2(2)	1	1	0
0	0	0	0	후26	김 주 환	19			10	까 뇨 뚜	후33	0	1	0	0
0	0	0	0		이 상 용	20	대기	대기	11	강 수 일	후16	0	1	1	0
0	0	0	0		김 륜 도	28			22	이 준 희		0	0	0	0
0	0	0	0	후35	황 기 욱	66			23	장 유 섭	후45	0	0	0	0
0	0	2	0	후26	이 정 빈	88			36	변 승 환		0	0	0	0
0	2	17	14(12)			0			0			6(4)	8	2	0

- ●전반 29분 안드리고 PA 정면 ~ 조나탄 PA 정면 내 R-ST-G (득점: 조나탄, 도움: 안드리고) 가운데
- ●전반 27분 최건주 GAR R-ST-G (득점: 최건주) 오른쪽

- 5월 07일 16:00 맑음 광주 전용 1,145명
- 주심_ 서동진 부심_ 구은석·이병주 대기심_ 최철준 경기감독관_ 양정환

광주 1 0 전반 0 / 1 후반 0 **0 서울E**

퇴장	경고	파울	ST(유)	교체	선수명	배번	위치	위치	배번	선수명	교체	ST(유)	파울	경고	퇴장
0	0	0	0		김 경 민	1	GK	GK	77	윤 보 상		0	0	0	0
0	1	0	0		안 영 규	6	DF	DF	14	이 재 익	15	0	0	0	0
0	1	1	0		김 재 봉	34	DF	DF	4	한 용 수		0	1	1	0
0	0	0	2(1)		박 한 빈	33	DF	DF	23	김 연 수		2(1)	2	1	0
0	0	0	0		이 민 기	3	MF	MF	6	채 광 훈		0	2	0	0
0	0	3	1		이 순 민	20	MF	MF	33	박 태 준	44	1	1	0	0
0	0	0	1(1)	23	김 종 우	10	MF	MF	88	김 선 민		0	7	0	0
0	0	0	0	13	이 상 기	22	MF	MF	55	서 보 민		1	1	0	0
0	0	2	1(1)	16	하 승 운	30	FW	FW	17	이 동 률	99	0	0	0	0
0	0	1	2(2)	11	마 이 키	19	FW	FW	7	김 인 성	11	1(1)	0	0	0
0	0	2	1	5	허 율	18	FW	FW	10	아 센 호	9	1(1)	0	0	0
0	0	0	0		이 준	21			1	김 형 근		0	0	0	0
0	0	1	1(1)	후38	김 현 훈	5			18	배 재 우		0	0	0	0
0	0	0	0		이 으 뜸	8			44	츠 바 사	후0	0	0	0	0
0	0	0	0	후23	두 현 석	13	대기	대기	15	김 원 식	전40	0	1	1	0
0	0	0	0	후0	정 호 연	23			9	까데나시	후19	0	0	0	0
0	0	0	1(1)	후0	엄 지 성	16			11	김 정 환	후38	0	0	0	0
0	0	0	1	후0	헤 이 스	11			99	이 성 윤	후19	1(1)	1	0	0
0	2	10	11(7)			0			0			7(4)	16	3	0

- ●후반 12분 정호연 PAL ~ 엄지성 PAL 내 R-ST-G (득점: 엄지성, 도움: 정호연) 오른쪽

- 5월 07일 18:30 맑음 부천 종합 1,425명
- 주심_ 조지음 부심_ 설귀선·박남수 대기심_ 설태환 경기감독관_ 최윤겸

부천 2 0 전반 0 / 2 후반 1 **1 전남**

퇴장	경고	파울	ST(유)	교체	선수명	배번	위치	위치	배번	선수명	교체	ST(유)	파울	경고	퇴장
0	0	0	0		최 철 원	1	GK	GK	31	김 다 솔		0	0	0	0
0	0	2	1(1)		김 강 산	5	DF	DF	4	최 정 원		0	0	0	0
0	0	0	4(2)		닐손주니어	6	DF	DF	20	장 순 혁		0	0	0	0
0	0	0	0		이 용 혁	23	DF	DF	5	고 태 원		0	2	0	0
0	0	0	1(1)		조 현 택	26	MF	MF	38	이 규 혁	15	0	0	0	0
0	0	1	2(1)		최 병 찬	33	MF	MF	24	유 헤 이	45	0	0	0	0
0	0	0	0	25	김 준 형	8	MF	MF	6	장 성 재		1	0	0	0
0	0	0	0		조 수 철	10	FW	MF	77	김 태 현		0	0	0	0
0	0	3	0	4	최 재 영	14	MF	FW	8	이 석 현	7	0	0	0	0
0	0	1	1	16	요 르 만	7	FW	FW	12	박 희 성	18	0	2	0	0
0	1	2	1(1)		한 지 호	22	FW	FW	66	손 호 준	11	0	0	0	0
0	0	0	0		이 주 현	21			36	임 민 혁		0	0	0	0
0	0	0	0		김 규 민	17			30	한 호 강		0	0	0	0
0	0	0	0		이 동 희	45			15	정 호 진	후4	0	2	2	0
0	0	1	0	후35	송 홍 민	4	대기	대기	45	전 승 민	후32	0	0	0	0
0	0	1	2(1)	후17	이 시 헌	25			7	임 찬 울	후32	0	0	0	0
0	0	1	1(1)	후10	은나마니	16			11	플 라 나	후4	1(1)	1	0	0
0	0	0	0		안 재 준	18			18	박 인 혁	후23	0	3	1	0
0	1	12	13(8)			0			0			2(1)	10	3	0

- ●후반 20분 은나마니 PK지점 R-ST-G (득점: 은나마니) 가운데
- ●후반 32분 조수철 PA 정면 ~ 한지호 PAR 내 R-ST-G (득점: 한지호, 도움: 조수철) 오른쪽
- ●후반 7분 유헤이 HL 정면 ~ 플라나 MF 정면 L-ST-G (득점: 플라나, 도움: 유헤이) 오른쪽

• 5월 09일 19:00 맑음 대전 월드컵 1,679명
• 주심_ 신용준 부심_ 이영운·홍석찬 대기심_ 박종명 경기감독관_ 강득수

대전 4 2 전반 2 / 2 후반 2 **4 김포**

퇴장	경고	파울	ST(유)	교체	선수명	배번	위치	위치	배번	선수명	교체	ST(유)	파울	경고	퇴장
0	0	0	0		이 창 근	1	GK	GK	1	이 상 욱		0	0	0	0
0	1	1	0		김 민 덕	3	DF	DF	3	박 경 록		0	0	0	0
0	0	0	1(1)		조 유 민	20	DF	DF	4	김 태 한		0	1	1	0
0	0	0	0	22	변 준 수	42	DF	DF	5	박 준 희		0	1	0	0
0	0	0	2(1)		임 은 수	6	MF	MF	45	어 정 원		1	1	0	0
0	0	0	0	17	이 진 현	10	MF	MF	26	이 강 연	14	1(1)	2	1	0
0	1	4	4(2)		민 준 영	12	MF	MF	10	김 종 석		1	0	0	0
0	0	0	0		김 영 욱	14	MF	MF	35	박 재 우		1(1)	2	0	0
0	0	2	0	7	배 준 호	33	MF	FW	12	최 민 서	20	2(1)	0	0	0
0	0	0	0	70	포 파	8	FW	FW	99	손 석 용		1	4	0	0
0	0	0	3(2)	16	김 승 섭	11	FW	FW	32	윤 민 호	18	2(2)	2	0	0
0	0	0	0		정 산	23			41	송 민 혁		0	0	0	0
0	0	0	0		이 종 현	27			33	윤 상 혁		0	0	0	0
0	0	1	1(1)	후0	마 사	7			19	한 정 우		0	0	0	0
0	0	0	0	후17	이 현 식	17	대기	대기	14	양 준 아	후13	0	0	0	0
0	0	0	2(2)	후23	김 인 균	22			7	마루오카		0	0	0	0
0	0	1	1	후17	원 기 종	16			18	정 의 찬	후35	0	2	0	0
0	0	0	0	후17	레안드로	70			20	조 향 기	후0	4(1)	2	1	0
0	2	9	14(9)			0			0			13(6)	17	3	0

●전반 29분 민준영 MF 정면 ~ 김승섭 AK 내 R-ST-G (득점: 김승섭, 도움: 민준영) 왼쪽
●전반 45분 김영욱 C.KL ↷ 조유민 GAL 내 H-ST-G (득점: 조유민, 도움: 김영욱) 왼쪽
●후반 34분 마사 PK-R-G (득점: 마사) 가운데
●후반 47분 김인균 AKR L-ST-G (득점: 김인균) 왼쪽

●전반 15분 손석용 AKL ~ 윤민호 GAL R-ST-G (득점: 윤민호, 도움: 손석용) 가운데
●전반 39분 이강연 AK 정면 L-ST-G (득점: 이강연) 왼쪽
●후반 14분 손석용 PAR 내 ~ 조향기 AKR R-ST-G (득점: 조향기, 도움: 손석용) 왼쪽
●후반 21분 손석용 PAR 내 ~ 윤민호 GAR 내 L-ST-G (득점: 윤민호, 도움: 손석용) 왼쪽

• 5월 09일 19:30 흐림 부산 아시아드 1,585명
• 주심_ 정회수 부심_ 이양우·서영규 대기심_ 최승환 경기감독관_ 김용세

부산 3 2 전반 0 / 1 후반 1 **1 충남아산**

퇴장	경고	파울	ST(유)	교체	선수명	배번	위치	위치	배번	선수명	교체	ST(유)	파울	경고	퇴장
0	0	0	0		안 준 수	13	GK	GK	21	박 주 원	90	0	0	0	0
0	0	0	0		조 위 제	20	DF	DF	2	김 채 운	9	0	2	0	0
0	0	0	1		발렌티노스	6	DF	DF	3	이 호 인	25	0	0	0	0
0	0	0	1		이 강 희	22	DF	DF	13	박 성 우	14	1	1	0	0
0	1	1	0		강 윤 구	24	MF	DF	47	이 은 범		0	1	1	0
0	0	1	0		박 종 우	8	MF	MF	20	이 상 민		0	1	0	0
0	1	1	0		김 정 현	14	MF	MF	22	김 강 국		2	1	0	0
0	0	2	0		박 세 진	19	MF	MF	24	박 세 직		2(1)	1	1	0
0	0	2	2(2)	9	박 정 인	11	FW	MF	7	송 승 민		1	2	0	0
0	1	3	0	4	드 로 젝	7	FW	FW	10	유 강 현		5(2)	0	0	0
0	0	2	2(2)	17	이 상 헌	10	FW	MF	18	강 민 규	8	0	0	0	0
0	0	0	0		구 상 민	1			90	문 현 호	후14	0	0	0	0
0	0	0	0		홍 욱 현	5			14	이 학 민	후14	0	0	0	0
0	0	0	0		이 청 웅	15			25	배 수 용	후14	0	1	0	0
0	0	0	0	후47	김 정 민	17	대기	대기	8	최 범 경	전35	0	2	1	0
0	0	0	0	후30	에드워즈	4			33	김 혜 성		0	0	0	0
0	0	0	0	후27	안 병 준	9			9	조 주 영	후0	1	1	0	0
0	0	0	0		김 찬	18			77	박 민 서		0	0	0	0
0	3	12	6(4)			0			0			12(3)	13	3	0

●전반 17분 강윤구 자기 측 MFL TL ~ 이상헌 MFL R-ST-G (득점: 이상헌, 도움: 강윤구) 오른쪽
●전반 25분 박종우 MF 정면 ~ 이상헌 PAR 내 R-ST-G (득점: 이상헌, 도움: 박종우) 왼쪽
●후반 11분 박세진 MFR TL ↷ 박정인 GAL L-ST-G (득점: 박정인, 도움: 박세진) 가운데

●후반 16분 유강현 PK-R-G (득점: 유강현) 왼쪽

• 5월 14일 16:00 맑음 부산 아시아드 2,823명
• 주심_ 최광호 부심_ 김경민·주현민 대기심_ 박종명 경기감독관_ 당성증

부산 1 0 전반 1 / 1 후반 0 **1 전남**

퇴장	경고	파울	ST(유)	교체	선수명	배번	위치	위치	배번	선수명	교체	ST(유)	파울	경고	퇴장
0	0	0	0		안 준 수	13	GK	GK	31	김 다 솔		0	0	0	0
0	1	1	1		조 위 제	20	DF	DF	77	김 태 현		2(1)	1	0	0
0	0	1	0		발렌티노스	6	DF	DF	30	한 호 강		0	1	0	0
0	1	1	0		이 강 희	22	DF	DF	20	장 순 혁		1	1	0	0
0	0	0	1		강 윤 구	24	MF	DF	7	임 찬 울	38	0	1	0	0
0	1	0	1(1)	17	박 종 우	8	MF	MF	24	유 헤 이	16	2(1)	0	0	0
0	0	0	2(2)	11	김 정 현	14	MF	MF	8	이 석 현		0	1	0	0
0	0	1	0	4	박 세 진	19	MF	MF	6	장 성 재		1(1)	0	0	0
0	0	1	3(1)		안 병 준	9	FW	FW	45	전 승 민	29	3(1)	0	0	0
0	0	2	2(1)		드 로 젝	7	FW	FW	18	박 인 혁	12	2	0	0	0
0	1	1	1		이 상 헌	10	FW	FW	11	플 라 나	99	5(1)	1	0	0
0	0	0	0		구 상 민	1			21	오 찬 식		0	0	0	0
0	0	0	0		홍 욱 현	5			5	고 태 원		0	0	0	0
0	0	0	0		이 청 웅	15			38	이 규 혁	후15	1(1)	0	0	0
0	0	0	0	후28	김 정 민	17	대기	대기	16	이 후 권	후43	0	0	0	0
0	0	1	0	후28	에드워즈	4			12	박 희 성	후33	0	0	0	0
0	0	0	1	후3	박 정 인	11			99	이 중 민	후43	0	0	0	0
0	0	0	0		김 찬	18			29	정 우 빈	후43	0	0	0	0
0	4	9	12(5)			0			0			17(6)	6	0	0

●후반 47분 에드워즈 PAR ↷ 드로젝 GA 정면 H-ST-G (득점: 드로젝, 도움: 에드워즈) 왼쪽

●전반 34분 임찬울 GAL EL ~ 플라나 GA 정면 L-ST-G (득점: 플라나, 도움: 임찬울) 가운데

• 5월 14일 18:30 맑음 진주 종합 1,379명
• 주심_ 김도연 부심_ 설귀선·이영운 대기심_ 최승환 경기감독관_ 허태식

경남 1 0 전반 0 / 1 후반 1 **1 대전**

퇴장	경고	파울	ST(유)	교체	선수명	배번	위치	위치	배번	선수명	교체	ST(유)	파울	경고	퇴장
0	0	0	0		손 정 현	31	GK	GK	1	이 창 근		0	0	0	0
0	0	1	0	33	김 범 용	14	DF	DF	3	김 민 덕		0	0	0	0
0	0	1	0		박 재 환	73	DF	DF	12	민 준 영	28	1	0	0	0
0	1	1	0		김 명 준	22	DF	DF	20	조 유 민		0	0	0	0
0	0	2	1(1)		이 준 재	29	DF	DF	27	이 종 현		0	1	0	0
0	0	0	2		이 우 혁	6	MF	MF	7	마 사	5	0	1	0	0
0	0	1	0		이 광 진	16	MF	MF	11	김 승 섭	22	1(1)	1	0	0
0	0	0	2(2)	24	설 현 진	21	MF	MF	15	임 덕 근		0	1	1	0
0	0	0	3(1)		티 아 고	28	FW	MF	17	이 현 식	6	1(1)	3	0	0
0	0	5	1		윌 리 안	94	FW	MF	70	레안드로		1(1)	0	1	0
0	1	2	3(2)	17	에르난데스	10	FW	FW	9	공 민 현	16	0	0	0	0
0	0	0	0		고 동 민	88			23	정 산		0	0	0	0
0	0	0	0	후28	이 민 기	33			5	권 한 진	후19	0	0	0	0
0	0	0	0		이 광 선	20			28	배 서 준	후43	0	0	0	0
0	0	0	0		이 지 승	8	대기	대기	6	임 은 수	후43	0	0	0	0
0	0	0	0		정 충 근	7			22	김 인 균	후0	2(1)	2	1	0
0	0	2	0	후23	하 남	17			8	포 파		0	0	0	0
0	0	0	1(1)	후0	모 재 현	24			16	원 기 종	후29	0	0	0	0
0	2	15	13(7)			0			0			6(4)	9	3	0

●후반 30분 이광진 MFR ↷ 이준재 GAR EL R-ST-G (득점: 이준재, 도움: 이광진) 왼쪽

●후반 14분 레안드로 PK-R-G (득점: 레안드로) 오른쪽

• 5월 14일 18:30 맑음 김포솔터축구장 1,534명
• 주심_ 정회수 부심_ 이병주·김태형 대기심_ 최철준 경기감독관_ 허기태

김포 0 　0 전반 0 / 0 후반 1　 **1 안양**

퇴장	경고	파울	ST(유)	교체	선수명	배번	위치	위치	배번	선수명	교체	ST(유)	파울	경고	퇴장
0	0	0	0		이 상 욱	1	GK	GK	13	정 민 기		0	0	0	0
0	0	1	0		박 경 록	3	DF	MF	7	백 성 동		2(2)	2	0	0
0	0	0	0		김 태 한	4	DF	FW	9	조 나 탄	28	2	0	0	0
0	0	0	0		박 준 희	5	DF	FW	11	김 경 중	8	1(1)	1	1	0
0	0	4	1(1)		어 정 원	45	MF	MF	19	김 주 환	22	1	1	0	0
0	0	1	0	14	이 강 연	26	MF	DF	25	박 종 현		1	1	0	0
0	1	3	2(1)		김 종 석	10	MF	DF	30	백 동 규		0	1	0	0
0	0	1	0		박 재 우	35	MF	DF	40	연 제 민	4	1	1	0	0
0	0	0	0	18	최 민 서	12	FW	MF	66	황 기 욱		1	1	1	0
0	0	0	3(2)		조 향 기	20	FW	MF	88	이 정 빈	10	1(1)	0	0	0
0	0	6	2(2)	47	손 석 용	99	FW	MF	99	주 현 우		1(1)	3	0	0
0	0	0	0		송 민 혁	41			1	김 태 훈		0	0	0	0
0	0	0	0		윤 상 혁	33			2	정 준 연		0	0	0	0
0	0	0	0		한 정 우	19			4	이 창 용	후42	0	0	0	0
0	0	0	0	후33	양 준 아	14	대기	대기	8	안드리고	후18	0	1	0	0
0	0	0	0		최 재 훈	23			10	아코스티	후23	0	1	0	0
0	0	1	0	후5	정 의 찬	18			22	김 동 진	후18	0	1	0	0
0	0	0	0	후44	나 성 은	47			28	김 륜 도	후42	0	0	0	0
0	1	17	8(6)			0			0			11(5)	14	2	0

● 후반 27분 아코스티 PAR 내 ↷ 주현우 GAL 내 H-ST-G (득점: 주현우, 도움: 아코스티) 왼쪽

• 5월 15일 16:00 맑음 광주 전용 1,049명
• 주심_ 최규현 부심_ 이양우·홍석찬 대기심_ 김재홍 경기감독관_ 최윤겸

광주 2 　0 전반 0 / 2 후반 0　 **0 안산**

퇴장	경고	파울	ST(유)	교체	선수명	배번	위치	위치	배번	선수명	교체	ST(유)	파울	경고	퇴장
0	0	0	0		김 경 민	1	GK	GK	1	이 승 빈		0	0	0	0
0	0	1	0		안 영 규	6	DF	DF	6	신 일 수		0	3	0	0
0	0	1	1		김 재 봉	34	DF	DF	20	김 민 호		0	1	1	0
0	0	1	0	28	김 현 훈	5	DF	DF	23	장 유 섭	32	0	1	0	0
0	0	1	1		이 으 뜸	8	MF	MF	12	이 와 세		0	1	1	0
0	0	0	0		박 한 빈	33	MF	MF	15	송 진 규		0	2	0	0
0	0	4	0	20	정 호 연	23	MF	MF	25	김 이 석	13	0	3	0	0
0	0	0	0	3	두 현 석	13	MF	MF	29	김 예 성		0	0	0	0
0	0	2	1(1)		엄 지 성	16	FW	FW	2	김 보 섭	10	0	1	0	0
0	0	0	2	30	헤 이 스	11	FW	FW	9	김 경 준	17	0	2	0	0
0	0	1	0	18	마 이 키	19	FW	FW	11	강 수 일	8	1	2	1	0
0	0	0	0		이 준	21			19	김 선 우		0	0	0	0
0	0	0	0	후44	아 론	28			8	이 상 민	후9	0	2	0	0
0	0	3	0	후16	이 민 기	3			10	까 뇨 뚜	후9	1(1)	1	1	0
0	0	1	1	후0	이 순 민	20	대기	대기	13	김 영 남	후33	0	0	0	0
0	0	0	0		이 희 균	15			17	최 건 주	후9	0	0	0	0
0	0	0	1(1)	후36	하 승 운	30			22	이 준 희		0	0	0	0
0	0	2	1(1)	후0	허 율	18			32	이 진 섭	후26	2	1	0	0
0	0	17	8(3)			0			0			4(1)	20	4	0

● 후반 8분 박한빈 HL 정면 ↷ 허율 GAL L-ST-G (득점: 허율, 도움: 박한빈) 오른쪽
● 후반 41분 하승운 GAR R-ST-G (득점: 하승운) 왼쪽

• 5월 15일 18:30 맑음 아산 이순신 1,137명
• 주심_ 성덕효 부심_ 구은석·신재환 대기심_ 서동진 경기감독관_ 차상해

충남아산 0 　0 전반 0 / 0 후반 0　 **0 부천**

퇴장	경고	파울	ST(유)	교체	선수명	배번	위치	위치	배번	선수명	교체	ST(유)	파울	경고	퇴장
0	0	0	0		박 한 근	1	GK	GK	1	최 철 원		0	0	0	0
0	0	2	3(2)	14	김 채 운	2	DF	DF	5	김 강 산		1	1	0	0
0	0	1	1		이 재 성	5	DF	DF	6	닐손주니어		0	2	1	0
0	0	1	1		박 성 우	13	DF	DF	23	이 용 혁		0	0	0	0
0	0	0	0		이 은 범	47	DF	MF	26	조 현 택		0	1	0	0
0	0	2	0		최 범 경	8	FW	MF	4	송 홍 민	8	0	3	1	0
0	0	1	0		이 상 민	20	MF	MF	10	조 수 철		2	1	0	0
0	0	1	1		김 강 국	22	MF	FW	77	오 재 혁	25	0	1	0	0
0	0	0	2(1)		박 세 직	24	MF	FW	7	요 르 만	16	1	0	0	0
0	0	3	1(1)		송 승 민	7	FW	MF	19	김 호 남		0	0	0	0
0	0	2	3(2)	18	유 강 현	10	FW	FW	22	한 지 호		3(1)	3	0	0
0	0	0	0		문 현 호	90			21	이 주 현		0	0	0	0
0	0	0	0	후34	이 학 민	14			17	김 규 민		0	0	0	0
0	0	0	0		배 수 용	25			45	이 동 희		0	0	0	0
0	0	0	0		김 혜 성	33	대기	대기	8	김 준 형	후12	0	0	0	0
0	0	0	0		조 주 영	9			25	이 시 헌	후20	0	0	0	0
0	0	0	2	후29	강 민 규	18			16	은나마니	후12	0	2	0	0
0	0	0	0		박 민 서	77			24	박 하 빈		0	0	0	0
0	0	13	14(6)			0			0			7(1)	14	2	0

• 5월 17일 19:00 맑음 대전 월드컵 1,172명
• 주심_ 조지음 부심_ 구은석·박남수 대기심_ 김재홍 경기감독관_ 김종민

대전 4 　0 전반 2 / 4 후반 1　 **3 부산**

퇴장	경고	파울	ST(유)	교체	선수명	배번	위치	위치	배번	선수명	교체	ST(유)	파울	경고	퇴장
0	0	0	0		이 창 근	1	GK	GK	13	안 준 수		0	0	1	0
0	0	1	0		김 민 덕	3	DF	DF	20	조 위 제		0	0	0	0
0	0	0	2(1)		조 유 민	20	DF	DF	6	발렌티노스	15	1(1)	0	0	0
0	0	2	1		이 종 현	27	DF	DF	5	홍 욱 현	18	0	1	0	0
0	0	0	0	16	김 선 호	37	DF	MF	48	최 준		1	1	0	0
0	1	1	5(2)		이 진 현	10	MF	MF	17	김 정 민		1(1)	1	0	0
0	0	0	3		임 덕 근	15	MF	MF	4	에드워즈		0	1	1	0
0	0	1	6(1)		이 현 식	17	MF	MF	19	박 세 진		0	2	0	0
0	0	0	2(1)	11	김 인 균	22	MF	FW	11	박 정 인		2(1)	0	0	0
0	0	0	2(2)	4	레안드로	70	MF	FW	7	드 로 젝	9	1(1)	0	0	0
0	0	0	4(3)	9	포 파	8	FW	FW	10	이 상 헌		1	0	0	0
0	0	0	0		정 산	23			1	구 상 민		0	0	0	0
0	0	0	0	후46	김 재 우	4			45	황 준 호		0	0	0	0
0	0	0	1	후12	김 승 섭	11	대기	대기	15	이 청 웅	후15	0	0	0	0
0	0	0	0		김 영 욱	14			30	이 태 민		0	0	0	0
0	0	1	4(3)	후12	공 민 현	9			9	안 병 준	후25	1	0	0	0
0	0	0	0		전 병 관	13			18	김 찬	후45	0	0	0	0
0	1	6	30(13)			0			0			8(4)	6	2	0

● 후반 19분 이진현 C,KR ↷ 공민현 GAR H-ST-G (득점: 공민현, 도움: 이진현) 오른쪽
● 후반 30분 이진현 PAR ↷ 조유민 GA 정면 H-ST-G (득점: 조유민, 도움: 이진현) 가운데
● 후반 34분 레안드로 GAL 내 H-ST-G (득점: 레안드로) 왼쪽
● 후반 43분 공민현 PAR 내 ~ 이진현 GA 정면 L-ST-G (득점: 이진현, 도움: 공민현) 왼쪽

● 전반 4분 최준 PAR 내 ↷ 박정인 PK 우측지점 R-ST-G (득점: 박정인, 도움: 최준) 왼쪽
● 전반 34분 최준 PAL ~ 김정민 PAL R-ST-G (득점: 김정민, 도움: 최준) 오른쪽
● 후반 12분 박세진 MFL FK ↷ 발렌티노스 GAR L-ST-G (득점: 발렌티노스, 도움: 박세진) 왼쪽

- 5월 17일 19:00 맑음 광양 전용 698명
- 주심_ 서동진 부심_ 이양우·홍석찬 대기심_ 설태환 경기감독관_ 강득수

전남 2 1 전반 0 / 1 후반 0 **0 안양**

퇴장	경고	파울	ST(유)	교체	선수명	배번	위치	위치	배번	선수명	교체	ST(유)	파울	경고	퇴장
0	0	0	0		김다솔	31	GK	GK	13	정민기		0	0	0	0
0	0	2	1(1)	5	김태현	77	DF	DF	4	이창용		1(1)	1	1	0
0	0	0	0		장순혁	20	DF	FW	9	조나탄		0	0	0	0
0	0	1	0	16	한호강	30	DF	MF	10	아코스티	88	0	1	1	0
0	0	0	3(1)		임찬울	7	DF	MF	11	김경중	28	3(3)	1	0	0
0	0	2	1(1)		장성재	6	MF	MF	14	홍창범	7	0	0	0	0
0	0	2	0		유헤이	24	MF	DF	22	김동진		0	0	0	0
0	0	0	0		이석현	8	MF	MF	25	박종현		0	0	0	0
0	0	1	2		플라나	11	FW	DF	30	백동규		0	0	0	0
0	0	2	3	99	박인혁	18	FW	MF	66	황기욱	8	0	1	0	0
0	1	1	1		전승민	45	FW	DF	99	주현우	19	0	0	0	0
0	0	0	0		오찬식	21			21	박성수		0	0	0	0
0	0	0	0	후38	고태원	5			7	백성동	후15	0	0	0	0
0	0	0	0		이규혁	38			8	안드리고	후0	2(1)	0	0	0
0	0	1	0	후0	이후권	16	대기	대기	19	김주환	후31	0	0	0	0
0	0	0	0		박희성	12			40	연제민		0	0	0	0
0	0	0	1(1)	후31	이중민	99			88	이정빈	후31	0	0	0	0
0	0	0	0		정우빈	29			28	김륜도	후43	0	0	0	0
0	1	12	12(4)			0			0			6(5)	4	2	0

- 전반 38분 임찬울 PAL ↷ 김태현 GAR 내 H-ST-G (득점: 김태현, 도움: 임찬울) 왼쪽
- 후반 41분 유헤이 MFR ↷ 이중민 PK지점 H-ST-G (득점: 이중민, 도움: 유헤이) 오른쪽

- 5월 17일 19:30 맑음 목동 799명
- 주심_ 오현진 부심_ 이영운·주현민 대기심_ 최승환 경기감독관_ 김성기

서울E 3 1 전반 0 / 2 후반 1 **1 김포**

퇴장	경고	파울	ST(유)	교체	선수명	배번	위치	위치	배번	선수명	교체	ST(유)	파울	경고	퇴장
0	1	0	0		윤보상	77	GK	GK	31	최봉진		0	0	0	0
0	0	1	0	92	배재우	18	DF	DF	3	박경록		1(1)	1	0	0
0	0	2	1		한용수	4	DF	DF	4	김태한		0	1	0	1
0	0	0	0	15	김연수	23	DF	DF	5	박준희		0	1	0	0
0	0	0	1(1)		채광훈	6	DF	MF	25	박대한	19	0	0	0	0
0	0	1	0	44	박태준	33	MF	MF	23	최재훈	10	0	1	0	0
0	0	3	1(1)		김선민	88	MF	MF	14	양준아		1	1	1	0
0	0	0	4(4)		김인성	7	MF	MF	28	김수범		3(3)	5	1	0
0	0	0	2(1)	90	이동률	17	MF	FW	12	최민서	32	1(1)	0	0	0
0	0	4	3(2)		까데나시	9	FW	FW	99	손석용	18	0	2	0	0
0	0	2	0	19	아센호	10	FW	FW	47	나성은	29	0	3	0	0
0	0	0	0		김형근	1			21	김근배		0	0	0	0
0	0	1	0	후37	이인재	92			2	이병욱		0	0	0	0
0	0	0	0	후14	츠바사	44			19	한정우	후37	0	0	0	0
0	0	0	0	후43	김원식	15	대기	대기	10	김종석	후10	1(1)	0	0	0
0	0	0	0	후14	유정완	19			29	권민재	후10	1(1)	1	0	0
0	0	0	0		김정환	11			18	정의찬	후37	1	0	0	0
0	0	0	0	후37	박준영	90			32	윤민호	전38	0	1	0	0
0	1	14	12(9)			0			0			9(7)	17	2	1

- 전반 16분 까데나시 PK-L-G (득점: 까데나시) 왼쪽
- 후반 28분 김인성 PK-R-G (득점: 김인성) 오른쪽
- 후반 47분 까데나시 PA 정면 내 ~ 김선민 PAL 내 R-ST-G (득점: 김선민, 도움: 까데나시) 오른쪽
- 후반 49분 양준아 MF 정면 ~ 권민재 AKR R-ST-G (득점: 권민재, 도움: 양준아) 왼쪽

- 5월 18일 19:30 맑음 안산 와스타디움 785명
- 주심_ 신용준 부심_ 설귀선·이병주 대기심_ 박종명 경기감독관_ 김용세

안산 0 0 전반 1 / 0 후반 0 **1 충남아산**

퇴장	경고	파울	ST(유)	교체	선수명	배번	위치	위치	배번	선수명	교체	ST(유)	파울	경고	퇴장
0	0	0	0		이승빈	1	GK	GK	1	박한근		0	0	0	0
0	0	0	0		이와세	12	DF	DF	2	김채운	23	0	2	0	0
0	0	1	0		김민호	20	DF	DF	5	이재성		1	2	0	0
0	0	1	0	22	김예성	29	DF	DF	14	이학민		2(1)	2	1	0
0	0	0	0	23	이진섭	32	DF	DF	47	이은범		0	1	1	0
0	0	0	0	2	신일수	6	MF	MF	20	이상민		1(1)	0	0	0
0	0	1	0		이상민	8	MF	MF	22	김강국		2(1)	0	0	0
0	0	2	1(1)		두아르테	7	MF	MF	24	박세직		2(2)	3	0	0
0	0	0	3(3)		최건주	17	MF	MF	7	송승민		0	1	0	0
0	1	0	0	15	김이석	25	MF	FW	9	조주영	10	1	0	0	0
0	0	1	3(3)		까뇨뚜	10	FW	MF	77	박민서	18	3(3)	0	0	0
0	0	0	0		김선우	19			90	문현호		0	0	0	0
0	0	0	0	후17/11	김보섭	2			13	박성우		0	0	0	0
0	0	1	3(2)	후27	강수일	11			23	박철우	후0	0	0	0	0
0	0	0	0		김영남	13	대기	대기	8	최범경		0	0	0	0
0	0	0	0	후27	송진규	15			33	김혜성		0	0	0	0
0	0	0	0	후0	이준희	22			10	유강현	후6	3(1)	0	0	0
0	1	2	0	후0	장유섭	23			18	강민규	후30	2(1)	1	1	0
0	2	9	10(9)			0			0			17(10)	12	3	0

- 전반 10분 김강국 PAL FK~ 박세직 AKL L-ST-G (득점: 박세직, 도움: 김강국) 오른쪽

- 5월 18일 19:30 맑음 부천 종합 1,266명
- 주심_ 정회수 부심_ 김경민·서영규 대기심_ 최철준 경기감독관_ 양정환

부천 0 0 전반 0 / 0 후반 1 **1 경남**

퇴장	경고	파울	ST(유)	교체	선수명	배번	위치	위치	배번	선수명	교체	ST(유)	파울	경고	퇴장
0	0	0	0		최철원	1	GK	GK	31	손정현		0	0	0	0
0	0	1	0		김강산	5	DF	DF	33	이민기	13	0	0	1	0
0	0	1	0		닐손주니어	6	DF	DF	73	박재환		0	0	0	0
0	0	0	1		국태정	13	MF	DF	22	김명준		0	2	0	0
0	0	1	0	45	이용혁	23	DF	DF	29	이준재		0	0	0	0
0	0	1	0		최병찬	33	MF	MF	6	이우혁		0	1	0	0
0	0	0	1	4	김준형	8	MF	MF	16	이광진	14	0	0	0	0
0	0	3	0	25	최재영	14	MF	MF	7	정충근	28	2(1)	3	0	0
0	0	2	0		오재혁	77	FW	MF	19	고경민	24	2(1)	0	0	0
0	0	0	1(1)	22	요르만	7	FW	FW	17	하남	94	0	0	0	0
0	0	1	3(2)	16	안재준	18	FW	FW	10	에르난데스		1	0	0	0
0	0	0	0		이주현	21			88	고동민		0	0	0	0
0	0	0	0		김규민	17			20	이광선		0	0	0	0
0	0	0	1	후31	이동희	45			13	이재명	후46	0	0	0	0
0	0	1	0	후21	송홍민	4	대기	대기	14	김범용	후40	0	0	0	0
0	0	0	2(1)	후21	이시헌	25			24	모재현	후0	0	2	0	0
0	0	1	4(3)	후16	은나마니	16			94	윌리안	후0	0	1	0	0
0	0	1	1	후16	한지호	22			28	티아고	후0	3(2)	0	0	0
0	0	13	14(7)			0			0			8(4)	9	1	0

- 후반 8분 이광진 PA 정면 ~ 티아고 GA 정면 R-ST-G (득점: 티아고, 도움: 이광진) 가운데

• 5월 21일 16:00 맑음 대전 월드컵 4,607명
• 주심_ 최현재 부심_ 이양우·주현민 대기심_ 성덕효 경기감독관_ 당성증

대전 1 1 전반 0 / 0 후반 0 **0 부천**

퇴장	경고	파울	ST(유)	교체	선수명	배번	위치	위치	배번	선수명	교체	ST(유)	파울	경고	퇴장
0	0	0	0		이창근	1	GK	GK	1	최철원		0	0	0	0
0	0	1	0		김민덕	3	DF	DF	5	김강산		1	1	0	0
0	1	3	0		김영욱	14	DF	DF	6	닐손주니어	3	0	0	0	0
0	0	0	0		조유민	20	DF	DF	23	이용혁	45	0	0	0	0
0	1	1	0		이종현	27	DF	MF	26	조현택		2	1	0	0
0	0	1	1		이진현	10	MF	MF	4	송홍민	14	0	3	0	0
0	1	0	4(3)	17	김승섭	11	MF	MF	10	조수철		3(2)	1	0	0
0	0	0	0		임덕근	15	MF	MF	25	이시헌	16	1	0	0	0
0	0	1	1	4	원기종	16	MF	FW	7	요르만	77	2(2)	0	0	0
0	0	0	0	22	포파	8	FW	MF	19	김호남		0	0	0	0
0	0	1	0	91	레안드로	70	FW	FW	22	한지호		4(1)	0	0	0
0	0	0	0		정산	23			39	김호준		0	0	0	0
0	0	0	0	후16	김재우	4			3	이풍연	후37	0	1	0	0
0	0	0	0		변준수	42			17	김규민		0	0	0	0
0	0	0	0		마사	7	대기	대기	45	이동희	후23	1(1)	1	0	0
0	0	0	1	후29	이현식	17			14	최재영	후23	0	0	0	0
0	1	1	1	후0	김인균	22			77	오재혁	후23	2(1)	0	0	0
0	0	1	0	후40	송창석	91			16	은나마니	후0	2(2)	1	0	0
0	4	10	8(3)			0			0			18(9)	9	0	0

● 전반 40분 이진현 PA 정면 내 ~ 김승섭 AKL L-ST-G (득점: 김승섭, 도움: 이진현) 왼쪽

• 5월 21일 18:30 맑음 광양 전용 1,138명
• 주심_ 안재훈 부심_ 이영운·김태형 대기심_ 최승환 경기감독관_ 나승화

전남 2 1 전반 1 / 1 후반 2 **3 안산**

퇴장	경고	파울	ST(유)	교체	선수명	배번	위치	위치	배번	선수명	교체	ST(유)	파울	경고	퇴장
0	0	0	0		김다솔	31	GK	GK	1	이승빈		0	0	1	0
0	0	0	1		김태현	77	DF	DF	12	이와세		0	1	0	0
0	1	1	0		장순혁	20	DF	DF	20	김민호		0	1	1	0
0	0	1	0	16	한호강	30	DF	DF	23	장유섭	6	0	0	0	0
0	0	2	1		임찬울	7	DF	DF	29	김예성		0	1	0	0
0	0	0	0		장성재	6	MF	MF	2	김보섭		1(1)	1	0	0
0	0	0	0		이석현	8	MF	MF	7	두아르테	22	2(1)	0	0	0
0	0	0	2(2)		전승민	45	MF	MF	8	이상민		0	3	1	0
0	0	1	3(3)	29	플라나	11	FW	MF	13	김영남	25	0	2	0	0
0	0	1	3(1)	99	박인혁	18	FW	MF	17	최건주	11	0	1	0	0
0	1	1	1	12	유헤이	24	FW	FW	10	까뇨뚜	32	2(1)	0	0	0
0	0	0	0		오찬식	21			19	김선우		0	0	0	0
0	0	0	0		고태원	5			6	신일수	후0	0	0	0	0
0	0	0	0		이규혁	38			11	강수일	후0	1(1)	0	0	0
0	1	1	0	후12	이후권	16	대기	대기	22	이준희	후29	0	0	0	0
0	0	0	0	후12	박희성	12			25	김이석	후4	1	2	0	0
0	0	1	1	후23	이중민	99			32	이진섭	후25	0	1	0	0
0	0	0	0	후46	정우빈	29			36	변승환		0	0	0	0
0	3	9	12(6)			0			0			7(4)	13	3	0

● 전반 44분 임찬울 PAL 내 ~ 전승민 AK 정면 L-ST-G (득점: 전승민, 도움: 임찬울) 왼쪽
● 후반 38분 이중민 PAL 내 EL ~ 플라나 GA 정면 L-ST-G (득점: 플라나, 도움: 이중민) 왼쪽

● 전반 8분 김보섭 GAR 내 R-ST-G (득점: 김보섭) 오른쪽
● 후반 9분 까뇨뚜 PK-L-G (득점: 까뇨뚜) 오른쪽
● 후반 18분 까뇨뚜 PAR ~ 강수일 GA 정면 내 L-ST-G (득점: 강수일, 도움: 까뇨뚜) 왼쪽

• 5월 22일 16:00 맑음 진주 종합 1,218명
• 주심_ 김영수 부심_ 구은석·신재환 대기심_ 박종명 경기감독관_ 강득수

경남 2 1 전반 1 / 1 후반 1 **2 광주**

퇴장	경고	파울	ST(유)	교체	선수명	배번	위치	위치	배번	선수명	교체	ST(유)	파울	경고	퇴장
0	0	0	0		고동민	88	GK	GK	1	김경민		0	0	0	0
0	0	1	0	13	이민기	33	DF	DF	6	안영규		0	1	0	0
0	0	1	0		박재환	73	DF	DF	34	김재봉		0	0	0	0
0	0	2	0		김명준	22	DF	DF	5	김현훈	28	0	1	1	0
0	0	1	0		이준재	29	DF	MF	8	이으뜸		2(2)	1	0	0
0	1	1	0		김범용	14	MF	MF	33	박한빈		1(1)	2	0	0
0	0	1	1	6	이광진	16	MF	MF	20	이순민	15	0	0	0	0
0	0	0	1	19	모재현	24	MF	MF	3	이민기	13	0	0	0	0
0	0	1	3(3)	17	윌리안	94	FW	FW	16	엄지성	30	0	0	0	0
0	0	0	2(2)		티아고	28	FW	FW	18	허율	19	1	1	0	0
0	0	1	0	7	에르난데스	10	FW	FW	11	헤이스		2(2)	0	0	0
0	0	0	0		손정현	31			21	이준		0	0	0	0
0	0	0	0		이광선	20			28	아론	후36	1	0	0	0
0	0	1	0	후32	이재명	13			13	두현석	후18	1	0	0	0
0	0	0	0	후22	정충근	7	대기	대기	23	정호연		0	0	0	0
0	0	0	0	후22	이우혁	6			15	이희균	후18	0	0	0	0
0	0	0	0	후32	고경민	19			30	하승운	후13	1(1)	0	0	0
0	0	0	0	후32	하남	17			19	마이키	후13	0	0	0	0
0	1	10	7(5)			0			0			9(6)	6	1	0

● 전반 43분 티아고 GA 정면 내 L-ST-G (득점: 티아고) 가운데
● 후반 7분 김명준 GA 정면 H→ 윌리안 GAR 내 R-ST-G (득점: 윌리안, 도움: 김명준) 왼쪽

● 전반 28분 안영규 자기 측 HLL ~ 박한빈 MF 정면 R-ST-G (득점: 박한빈, 도움: 안영규) 오른쪽
● 후반 19분 하승운 PAL ~ 헤이스 PAL 내 L-ST-G (득점: 헤이스, 도움: 하승운) 왼쪽

• 5월 22일 16:00 맑음 김포솔터축구장 1,452명
• 주심_ 최규현 부심_ 이병주·서영규 대기심_ 설태환 경기감독관_ 차상해

김포 1 0 전반 0 / 1 후반 0 **0 부산**

퇴장	경고	파울	ST(유)	교체	선수명	배번	위치	위치	배번	선수명	교체	ST(유)	파울	경고	퇴장
0	0	0	0		최봉진	31	GK	GK	13	안준수	1	0	0	0	0
0	0	1	1(1)		양준아	14	DF	DF	20	조위제		0	1	1	0
0	0	0	4(2)		이강연	26	DF	DF	5	홍욱현	18	0	4	0	0
0	0	0	0	3	박준희	5	DF	DF	22	이강희		0	0	0	0
0	0	2	0		박대한	25	MF	MF	4	에드워즈		0	1	0	0
0	1	2	1		최재훈	23	MF	MF	8	박종우	45	0	1	0	0
0	1	1	2		김종석	10	MF	MF	48	최준		1(1)	4	1	0
0	0	0	1		김수범	28	MF	MF	19	박세진		1	1	1	0
0	0	0	1	9	권민재	29	FW	FW	9	안병준		7(4)	1	0	0
0	0	2	2(2)		윤민호	32	FW	FW	7	드로젝	11	0	0	0	0
0	0	1	3(1)	12	손석용	99	FW	FW	10	이상헌		1(1)	0	0	0
0	0	0	0		이상욱	1			1	구상민	전18	0	0	0	0
0	0	0	0	후40	박경록	3			45	황준호	후42	0	0	0	0
0	0	0	0		어정원	45			15	이청웅		0	0	0	0
0	0	0	0		구본상	8	대기	대기	44	성호영		0	0	0	0
0	0	1	0	후47	최민서	12			37	이현준		0	0	0	0
0	1	2	0	후0/47	유리치치	9			11	박정인	후16	2(2)	0	0	0
0	0	0	2(2)	후35	나성은	47			18	김찬	후42	0	0	0	0
0	3	12	17(8)			0			0			12(8)	13	3	0

● 후반 15분 김종석 PAR FK ↷ 양준아 GAR H-ST-G (득점: 양준아, 도움: 김종석) 왼쪽

• 5월 22일 18:30 맑음 안양 종합 1,430명
• 주심_ 최광호 부심_ 설귀선·박남수 대기심_ 김재홍 경기감독관_ 김용세

안양 0 0 전반 0 / 0 후반 0 **0 서울E**

퇴장	경고	파울	ST(유)	교체	선수명	배번	위치	위치	배번	선수명	교체	ST(유)	파울	경고	퇴장
0	0	0	0		정민기	13	GK	GK	77	윤보상		0	0	0	0
0	0	1	0		정준연	2	MF	DF	92	이인재		0	2	0	0
1	1	2	0		이창용	4	DF	DF	4	한용수		0	2	0	0
0	0	0	0	28	백성동	7	FW	DF	23	김연수		1	0	0	0
0	0	0	3		조나탄	9	FW	DF	18	배재우		0	1	0	0
0	0	2	0	11	이재용	23	FW	MF	27	조동재	15	0	0	0	0
0	0	3	1(1)		박종현	25	DF	MF	44	츠바사	33	0	0	0	0
0	0	1	1		백동규	30	DF	MF	88	김선민		2(1)	3	0	0
0	0	0	0		황기욱	66	MF	MF	11	김정환	17	0	1	0	0
0	0	0	1(1)	8	이정빈	88	MF	FW	9	까데나시	19	0	3	0	0
0	0	0	0	22	주현우	99	MF	FW	7	김인성	10	1	1	0	0
0	0	0	0		김태훈	1			31	주현성		0	0	0	0
0	0	1	0	후0	안드리고	8			15	김원식	후41	0	1	0	0
0	0	0	0		아코스티	10			33	박태준	후27	0	0	0	0
0	0	3	1	전28	김경중	11	대기	대기	17	이동률	후11	1(1)	0	0	0
0	0	0	0		연제민	40			19	유정완	후27	2	0	0	0
0	0	0	0	후27	김동진	22			10	아센호	후41	0	0	0	0
1	1	13	7(2)			0			0			7(2)	14	0	0

• 5월 28일 16:00 맑음 부산 아시아드 1,904명
• 주심_ 오현진 부심_ 설귀선·주현민 대기심_ 서동진 경기감독관_ 나승화

부산 0 0 전반 2 / 0 후반 1 **3 광주**

퇴장	경고	파울	ST(유)	교체	선수명	배번	위치	위치	배번	선수명	교체	ST(유)	파울	경고	퇴장
0	0	0	0		구상민	1	GK	GK	1	김경민		0	0	0	0
0	0	1	0		이청웅	15	DF	DF	6	안영규		0	0	0	0
0	0	1	1	5	조위제	20	DF	DF	34	김재봉		0	1	0	0
0	0	3	0		황준호	45	DF	DF	5	김현훈		0	2	0	0
0	0	2	0		에드워즈	4	MF	MF	8	이으뜸	3	1	1	1	0
0	0	2	0	3	박종우	8	MF	MF	20	이순민	33	2(1)	0	0	0
0	0	1	0	18	김정민	17	MF	MF	23	정호연		1(1)	3	1	0
0	0	0	0	30	박세진	19	MF	MF	13	두현석	22	1(1)	1	0	0
0	0	0	0		드로젝	7	FW	FW	11	헤이스		3(2)	0	0	0
0	0	0	2(1)	37	이상헌	10	FW	FW	24	이건희	18	2	0	0	0
0	0	1	6(2)		안병준	9	FW	FW	19	마이키	30	1(1)	1	0	0
0	0	0	0		진필립	29			21	이준		0	0	0	0
0	0	0	0	후17	최예훈	3			3	이민기	후42	0	0	0	0
0	0	0	0	후30	홍욱현	5			22	이상기	후16	0	1	0	0
0	0	0	0		구현준	27	대기	대기	33	박한빈	후16	0	1	0	0
0	0	0	1	후17	김찬	18			15	이희균		0	0	0	0
0	0	0	2(1)	후26	이태민	30			30	하승운	후16	0	1	1	0
0	1	1	0	후17	이현준	37			18	허율	후0	4(1)	0	0	0
0	1	12	12(4)			0			0			15(7)	12	3	0

● 전반 11분 이으뜸 PAL 내 ↷ 두현석 GAR
L-ST-G (득점: 두현석, 도움: 이으뜸) 왼쪽
● 전반 33분 마이키 GAR 내 R-ST-G (득점: 마
이키) 오른쪽
● 후반 44분 이상기 PAR 내 ~ 허율 GA 정면
L-ST-G (득점: 허율, 도움: 이상기) 왼쪽

• 5월 28일 18:30 맑음 안양 종합 1,354명
• 주심_ 조지음 부심_ 이영운·이양우 대기심_ 최승환 경기감독관_ 허태식

안양 1 0 전반 0 / 1 후반 0 **0 경남**

퇴장	경고	파울	ST(유)	교체	선수명	배번	위치	위치	배번	선수명	교체	ST(유)	파울	경고	퇴장
0	0	0	0		정민기	13	GK	GK	31	손정현		0	0	0	0
0	0	2	1(1)	99	정준연	2	DF	DF	33	이민기		0	2	0	0
0	1	0	3(1)		백성동	7	MF	DF	5	김영찬		0	0	0	0
0	0	3	3		안드리고	8	MF	DF	22	김명준		0	0	0	0
0	0	1	1		조나탄	9	FW	DF	29	이준재	16	0	0	0	0
0	0	0	1	10	김경중	11	MF	MF	24	모재현	19	1(1)	1	0	0
0	0	0	0	28	이상용	20	DF	MF	14	김범용	7	0	4	1	0
0	0	0	2	19	김동진	22	DF	MF	6	이우혁		0	1	0	0
0	0	1	0		박종현	25	MF	MF	10	에르난데스		1(1)	0	0	0
0	0	2	0		백동규	30	DF	FW	94	윌리안		3(2)	3	0	0
0	0	1	1	14	황기욱	66	MF	FW	28	티아고		5(1)	0	0	0
0	0	0	0		박성수	21			1	김민준		0	0	0	0
0	0	1	3(2)	전38	아코스티	10			20	이광선		0	0	0	0
0	0	0	0	후41	홍창범	14			13	이재명		0	0	0	0
0	0	0	0	후41	김주환	19	대기	대기	16	이광진	후6	0	1	0	0
0	0	0	0		연제민	40			7	정충근	후42	0	0	0	0
0	0	0	0	후41	김륜도	28			19	고경민	후42	0	0	0	0
0	0	1	0	후25	주현우	99			17	하남		0	0	0	0
0	1	12	15(4)			0			0			10(5)	12	1	0

● 후반 48분 홍창범 GAL EL → 백성동 GAR
내 L-ST-G (득점: 백성동, 도움: 홍창범) 가
운데

• 5월 28일 18:30 맑음 목동 1,713명
• 주심_ 정회수 부심_ 이병주·서영규 대기심_ 박종명 경기감독관_ 허기태

서울E 0 0 전반 0 / 0 후반 1 **1 대전**

퇴장	경고	파울	ST(유)	교체	선수명	배번	위치	위치	배번	선수명	교체	ST(유)	파울	경고	퇴장
0	0	0	0		윤보상	77	GK	GK	1	이창근		0	0	0	0
0	0	0	0	3	이인재	92	DF	DF	3	김민덕		0	0	0	0
0	0	1	1		한용수	4	DF	DF	20	조유민		1(1)	0	0	0
0	1	2	1(1)		김연수	23	DF	DF	42	변준수	4	1	1	0	0
0	1	2	2(2)		조동재	27	MF	MF	7	마사	11	1	0	0	0
0	0	1	0	15	츠바사	44	MF	MF	10	이진현		1(1)	1	0	0
0	0	4	0	33	김선민	88	MF	MF	15	임덕근		0	2	0	0
0	0	2	3	10	김정환	11	MF	MF	17	이현식		0	2	0	0
0	0	0	0		배재우	18	MF	MF	22	김인균		1(1)	2	0	0
0	0	0	1(1)	90	김인성	7	FW	FW	9	공민현	16	0	3	0	0
0	0	1	4		까데나시	9	FW	FW	70	레안드로	19	0	1	0	0
0	0	0	0		주현성	31			23	정산		0	0	0	0
0	0	0	0	후27	김원식	15			4	김재우	후43	0	0	0	0
0	0	1	0	후7	김민규	3			11	김승섭	후22	0	0	0	0
0	0	0	0		유정완	19	대기	대기	16	원기종	후22	2(1)	0	0	0
0	0	0	0	후47	박태준	33			8	포파		0	0	0	0
0	0	0	0	후47	박준영	90			19	신상은	후44	0	0	0	0
0	1	0	1(1)	후27	아센호	10			91	송창석		0	0	0	0
0	3	14	13(5)			0			0			7(4)	12	0	0

● 후반 47분 임덕근 PAR ↷ 원기종 GA 정면
H-ST-G (득점: 원기종, 도움: 임덕근) 왼쪽

• 5월 29일 16:00 맑음 안산 와스타디움 1,344명
• 주심_ 채상협 부심_ 홍석찬·박남수 대기심_ 설태환 경기감독관_ 김성기

안산 1   1 전반 0 / 0 후반 1   **1 김포**

퇴장	경고	파울	ST(유)	교체	선수명	배번	위치	위치	배번	선수명	교체	ST(유)	파울	경고	퇴장
0	0	0	0		이 승 빈	1	GK	GK	31	최 봉 진		0	0	0	0
0	2	2	0		신 일 수	6	DF	DF	14	양 준 아		2(2)	2	0	0
0	0	1	1(1)		이 와 세	12	DF	DF	26	이 강 연		0	0	1	0
0	0	1	0		김 민 호	20	DF	DF	5	박 준 희		0	4	1	0
0	0	0	0		김 예 성	29	DF	MF	25	박 대 한		1(1)	2	0	0
0	1	2	0	25	김 보 섭	2	MF	MF	23	최 재 훈	8	0	0	0	0
0	0	0	1(1)	9	두아르테	7	MF	MF	10	김 종 석		2	0	0	0
0	0	3	0		이 상 민	8	MF	MF	28	김 수 범		2(1)	2	0	0
0	0	0	0	23	김 영 남	13	MF	FW	29	권 민 재	47	0	0	0	0
0	0	3	2(2)	35	최 건 주	17	MF	FW	32	윤 민 호		1(1)	1	0	0
0	0	0	2(1)	11	까 뇨 뚜	10	FW	FW	99	손 석 용	12	0	2	0	0
0	0	0	0		김 선 우	19			1	이 상 욱		0	0	0	0
0	0	0	0	후31	김 경 준	9			3	박 경 록		0	0	0	0
0	0	0	0	후31	강 수 일	11			45	어 정 원		0	0	0	0
0	0	0	0		이 준 희	22	대기	대기	8	구 본 상	후0	0	0	0	0
0	0	1	0	후9	장 유 섭	23			12	최 민 서	후20/20	0	0	0	0
0	1	1	0	후13	김 이 석	25			20	조 향 기	후34	0	0	0	0
0	0	0	0	후31	김 경 수	35			47	나 성 은	전33	1(1)	1	0	0
0	4	14	6(5)			0			0			9(6)	14	2	0

● 전반 8분 신일수 자기 측 MFR ↷ 최건주 PAL 내 R-ST-G (득점: 최건주, 도움: 신일수) 오른쪽

● 후반 11분 윤민호 PAL 내 ~ 양준아 AK 내 L-ST-G (득점: 양준아, 도움: 윤민호) 왼쪽

• 5월 29일 18:30 맑음 아산 이순신 4,594명
• 주심_ 김도연 부심_ 구은석·신재환 대기심_ 김재홍 경기감독관_ 김종민

충남아산 1   1 전반 0 / 0 후반 0   **0 전남**

퇴장	경고	파울	ST(유)	교체	선수명	배번	위치	위치	배번	선수명	교체	ST(유)	파울	경고	퇴장
0	0	0	0		박 한 근	1	GK	GK	31	김 다 솔		0	0	0	0
0	0	1	0	33	김 채 운	2	DF	DF	4	최 정 원		0	1	0	0
0	0	1	0		이 재 성	5	DF	DF	20	장 순 혁		0	0	0	0
0	0	1	0		이 학 민	14	DF	DF	30	한 호 강		0	2	0	0
0	0	2	0		배 수 용	25	MF	MF	77	김 태 현		1	1	1	0
0	0	0	0		이 은 범	47	DF	MF	45	전 승 민	99	0	0	0	0
0	0	3	1(1)	23	최 범 경	8	FW	MF	24	유 헤 이		2	0	0	0
0	1	1	0		김 강 국	22	MF	MF	6	장 성 재		0	1	1	0
0	0	0	0		박 세 직	24	MF	MF	16	이 후 권		2	1	0	0
0	0	1	2(1)		송 승 민	7	FW	FW	18	박 인 혁		0	1	0	0
0	0	3	3(2)	9	유 강 현	10	FW	FW	29	정 우 빈	12	0	0	0	0
0	0	0	0		문 현 호	90			21	오 찬 식		0	0	0	0
0	0	0	0		박 성 우	13			3	최 희 원		0	0	0	0
0	0	0	0	후34	박 철 우	23			55	최 호 정		0	0	0	0
0	0	0	1	후37	김 혜 성	33	대기	대기	13	이 선 걸		0	0	0	0
0	0	0	0	후40	조 주 영	9			66	손 호 준		0	0	0	0
0	0	0	0		강 민 규	18			12	박 희 성	전31	0	1	0	0
0	0	0	0		박 민 서	77			99	이 중 민	후0	0	0	0	0
0	1	13	7(4)			0			0			5	8	2	0

● 전반 14분 송승민 HL 정면 H ↷ 유강현 PAL 내 L-ST-G (득점: 유강현, 도움: 송승민) 가운데

• 6월 04일 18:00 흐림 대전 월드컵 3,273명
• 주심_ 최규현 부심_ 양재용·박남수 대기심_ 오현진 경기감독관_ 최윤겸

대전 3   3 전반 1 / 0 후반 1   **2 전남**

퇴장	경고	파울	ST(유)	교체	선수명	배번	위치	위치	배번	선수명	교체	ST(유)	파울	경고	퇴장
0	0	0	0		이 창 근	1	GK	GK	31	김 다 솔		0	0	0	0
0	0	2	1		김 민 덕	3	DF	DF	13	이 선 걸	29	0	1	0	0
0	0	0	0		김 재 우	4	DF	DF	55	최 호 정	15	0	1	0	0
0	0	0	0	42	권 한 진	5	DF	DF	20	장 순 혁	4	1	0	0	0
0	1	1	1(1)		이 진 현	10	MF	DF	77	김 태 현		0	0	0	0
0	0	1	3(2)		임 덕 근	15	MF	MF	16	이 후 권		1	4	0	0
0	0	1	1		김 인 균	22	MF	MF	24	유 헤 이		0	0	0	0
0	0	3	1		이 종 현	27	MF	MF	6	장 성 재		0	2	0	0
0	0	1	0	7	레안드로	70	MF	FW	45	전 승 민		5(3)	1	0	0
0	0	0	1	16	공 민 현	9	FW	FW	12	박 희 성	89	3	0	0	0
0	0	1	3(2)	17	김 승 섭	11	FW	FW	18	박 인 혁	99	2(1)	0	0	0
0	0	0	0		정 산	23			21	오 찬 식		0	0	0	0
0	0	0	1	후0	변 준 수	42			4	최 정 원	후27	0	0	0	0
0	0	1	1	후15	마 사	7			15	정 호 진	후14	0	0	0	0
0	0	1	0	후26	이 현 식	17	대기	대기	66	손 호 준		0	0	0	0
0	0	0	0		포 파	8			99	이 중 민	후27	1(1)	1	0	0
0	0	0	1	후11	원 기 종	16			29	정 우 빈	후14	0	1	0	0
0	0	0	0		신 상 은	19			89	발로텔리	후7	0	1	0	0
0	1	12	14(5)			0			0			13(5)	12	0	0

● 전반 17분 임덕근 GAR L-ST-G (득점: 임덕근) 오른쪽

● 전반 35분 레안드로 PAL ~ 임덕근 AK 정면 R-ST-G (득점: 임덕근, 도움: 레안드로) 왼쪽

● 전반 37분 김승섭 PAL R-ST-G (득점: 김승섭) 왼쪽

● 전반 14분 박인혁 PK-R-G (득점: 박인혁) 오른쪽

● 후반 33분 김태현 PAL TL → 전승민 PA 정면 내 L-ST-G (득점: 전승민, 도움: 김태현) 오른쪽

• 6월 04일 18:00 흐림 진주 종합 752명
• 주심_ 최광호 부심_ 곽승순·설귀선 대기심_ 김재홍 경기감독관_ 양정환

경남 6   4 전반 0 / 2 후반 1   **1 김포**

퇴장	경고	파울	ST(유)	교체	선수명	배번	위치	위치	배번	선수명	교체	ST(유)	파울	경고	퇴장
0	0	0	0		손 정 현	31	GK	GK	31	최 봉 진		0	0	0	0
0	0	1	0		이 재 명	13	DF	DF	4	김 태 한		1	1	1	0
0	0	0	0		김 영 찬	5	DF	DF	26	이 강 연		0	0	0	0
0	0	0	0	20	김 명 준	22	DF	DF	14	양 준 아	23	0	0	0	0
0	0	0	0	29	박 광 일	2	DF	MF	25	박 대 한		2(1)	1	0	0
0	0	2	2(1)		이 우 혁	6	MF	MF	7	마루오카		1(1)	0	0	0
0	0	0	0	14	이 광 진	16	MF	MF	10	김 종 석		1	1	0	0
0	0	0	3(1)		모 재 현	24	MF	MF	28	김 수 범		0	2	0	0
0	0	2	4(3)	19	에르난데스	10	MF	FW	29	권 민 재	3	0	0	0	0
0	0	1	2(2)	17	티 아 고	28	FW	FW	99	손 석 용		3	0	0	0
0	0	3	5(3)		윌 리 안	94	FW	FW	32	윤 민 호	20	2	1	0	0
0	0	0	0		김 민 준	1			1	이 상 욱		0	0	0	0
0	0	0	0	후23	이 광 선	20			3	박 경 록	전32	0	0	0	0
0	0	0	0		이 민 기	33			45	어 정 원		0	0	0	0
0	0	0	0	후23	이 준 재	29	대기	대기	23	최 재 훈	후14	1	0	0	0
0	0	0	0	후23	김 범 용	14			12	최 민 서		0	0	0	0
0	0	0	0	후23	고 경 민	19			47	나 성 은		0	0	0	0
0	0	0	1	후23	하 남	17			20	조 향 기	후31	1(1)	0	0	0
0	0	9	17(10)			0			0			12(3)	6	1	0

● 전반 7분 에르난데스 PAL 내 R-ST-G (득점: 에르난데스) 왼쪽

● 전반 15분 박광일 MFR TL ↷ 티아고 GAR H-ST-G (득점: 티아고, 도움: 박광일) 왼쪽

● 전반 28분 티아고 GAL EL ↷ 윌리안 GAR 내 H-ST-G (득점: 윌리안, 도움: 티아고) 가운데

● 전반 40분 에르난데스 GAL L-ST-G (득점: 에르난데스) 오른쪽

● 후반 13분 모재현 PAR 내 ~ 윌리안 GA 정면 L-ST-G (득점: 윌리안, 도움: 모재현) 왼쪽

● 후반 16분 윌리안 PAR ~ 에르난데스 GA 정면 L-ST-G (득점: 에르난데스, 도움: 윌리안) 오른쪽

● 후반 46분 이재명 GAR 내 H 자책골 (득점: 이재명) 오른쪽

- 6월 04일 20:00 맑음 목동 1,222명
- 주심_ 김도연 부심_ 이영운·홍석찬 대기심_ 조지음 경기감독관_ 김종민

서울E 1   0 전반 0 / 1 후반 1   **1 부천**

퇴장	경고	파울	ST(유)	교체	선수명	배번	위치	위치	배번	선수명	교체	ST(유)	파울	경고	퇴장
0	0	0	0		윤보상	77	GK	GK	1	최철원		0	0	0	0
0	1	1	0		김민규	3	DF	DF	5	김강산		0	2	0	0
0	0	0	0	5	한용수	4	DF	DF	6	닐손주니어		0	1	0	0
0	0	0	1(1)		김연수	23	DF	DF	23	이용혁		0	2	2	0
0	1	1	0	9	서재민	22	MF	MF	17	김규민	45	0	0	0	0
0	0	0	1(1)		츠바사	44	MF	MF	8	김준형	14	2(1)	1	0	0
0	0	1	1(1)		김선민	88	MF	MF	10	조수철		3(2)	0	0	0
0	0	2	0		배재우	18	MF	FW	25	이시헌	22	1(1)	2	0	0
0	0	0	0	7	유정완	19	MF	FW	77	오재혁	13	1(1)	0	0	0
0	0	2	6(3)	15	아센호	10	FW	FW	16	은나마니	18	2(1)	1	0	0
0	0	3	0	90	김정환	11	FW	MF	19	김호남		2	0	0	0
0	0	0	0		김형근	1			21	이주현		0	0	0	0
0	0	0	0	전13	김진환	5			13	국태정	후18	0	0	0	0
0	0	0	1(1)	후41	김원식	15			45	이동희	후26	0	1	0	0
0	0	0	0		곽성욱	8	대기	대기	14	최재영	후26	0	0	0	0
0	0	0	1(1)	후41	박준영	90			7	요르만		0	0	0	0
0	0	0	3(2)	후0	김인성	7			18	안재준	후20	0	0	0	0
0	0	1	1	후22	까데나시	9			22	한지호	후18	0	1	0	0
0	2	11	15(10)			0			0			11(6)	11	2	0

- ●후반 13분 츠바사 PA 정면 내 R-ST-G (득점: 츠바사) 오른쪽
- ●후반 17분 은나마니 GA 정면 ~ 조수철 GA 정면 L-ST-G (득점: 조수철, 도움: 은나마니) 가운데

- 6월 05일 18:00 비 광주 전용 660명
- 주심_ 서동진 부심_ 이병주·서영규 대기심_ 최승환 경기감독관_ 당성증

광주 3   0 전반 1 / 3 후반 1   **2 충남아산**

퇴장	경고	파울	ST(유)	교체	선수명	배번	위치	위치	배번	선수명	교체	ST(유)	파울	경고	퇴장
0	1	0	0		김경민	1	GK	GK	1	박한근		0	0	0	0
0	0	2	0		안영규	6	DF	DF	2	김채운	23	0	3	1	0
0	0	0	0		김재봉	34	DF	DF	5	이재성		0	2	0	0
0	0	1	0		김현훈	5	DF	DF	14	이학민		2(1)	1	0	0
0	0	0	0	8	이민기	3	MF	MF	25	배수용		0	2	0	0
0	1	3	0	15	이순민	20	MF	DF	47	이은범		0	2	0	0
0	0	0	0		박한빈	33	MF	FW	8	최범경		1(1)	1	0	0
0	0	1	1	13	이상기	22	MF	MF	22	김강국		0	2	1	0
0	0	0	4(3)		헤이스	11	FW	MF	24	박세직	33	1	2	0	0
0	0	1	0	18	이건희	24	FW	FW	7	송승민		0	2	0	0
0	0	2	0	30	마이키	19	FW	FW	10	유강현	9	2(1)	0	0	0
0	0	0	0		이준	21			90	문현호		0	0	0	0
0	0	0	0		아론	28			13	박성우		0	0	0	0
0	0	0	0	후0	이으뜸	8			23	박철우	후31	0	4	1	0
0	0	1	0	후0	두현석	13	대기	대기	33	김혜성	후36	0	1	0	0
0	0	0	0	후7	이희균	15			9	조주영	후46	2(2)	1	0	0
0	0	0	0	후36	하승운	30			18	강민규		0	0	0	0
0	1	0	2(2)	후0	허율	18			77	박민서		0	0	0	0
0	3	11	7(5)			0			0			8(5)	23	3	0

- ●후반 28분 허율 GAL 내 L-ST-G (득점: 허율) 왼쪽
- ●후반 39분 헤이스 PK-R-G (득점: 헤이스) 오른쪽
- ●후반 47분 헤이스 PAL FK R-ST-G (득점: 헤이스) 오른쪽
- ●전반 44분 유강현 GA 정면 L-ST-G (득점: 유강현) 오른쪽
- ●후반 55분 조주영 GAL 내 R-ST-G (득점: 조주영) 왼쪽

- 6월 05일 20:00 비 부산 아시아드 916명
- 주심_ 정회수 부심_ 이양우·신재환 대기심_ 박종명 경기감독관_ 허태식

부산 2   1 전반 0 / 1 후반 0   **0 안산**

퇴장	경고	파울	ST(유)	교체	선수명	배번	위치	위치	배번	선수명	교체	ST(유)	파울	경고	퇴장
0	0	0	0		구상민	1	GK	GK	1	이승빈		0	0	0	0
0	0	4	1		황준호	45	DF	DF	12	이와세		0	3	0	0
0	0	1	0		조위제	20	DF	DF	20	김민호	4	1(1)	1	1	0
0	0	1	0		박세진	19	DF	DF	23	장유섭		0	3	0	0
0	1	1	0		에드워즈	4	DF	DF	29	김예성		1(1)	0	0	0
0	0	3	0		박종우	8	MF	MF	2	김보섭	35	0	0	0	0
0	1	2	2	27	김정현	14	MF	MF	8	이상민		0	1	0	0
0	0	1	2(2)	15	김정민	17	MF	MF	13	김영남	25	0	0	0	0
0	0	0	1	7	정훈성	77	FW	MF	15	송진규	11	1	0	0	0
0	1	0	3(1)		이상헌	10	FW	MF	17	최건주		1	0	0	0
0	0	2	1	9	김찬	18	FW	FW	10	까뇨뚜	18	3	1	0	0
0	0	0	0		진필립	29			19	김선우		0	0	0	0
0	0	1	1	후28	이청웅	15			4	권영호	후21	0	0	0	0
0	0	0	0		홍욱현	5			11	강수일	전42	0	0	0	0
0	0	0	0	후44	구현준	27	대기	대기	18	김지안	후43	0	0	0	0
0	0	0	1(1)	후16	드로젝	7			22	이준희		0	0	0	0
0	0	1	1	후16	안병준	9			25	김이석	전42	0	0	0	0
0	0	0	0		성호영	44			35	김경수	후21	0	0	0	0
0	3	17	13(4)			0			0			7(2)	9	1	0

- ●전반 38분 이상헌 GAL R-ST-G (득점: 이상헌) 가운데
- ●후반 18분 드로젝 GAL L-ST-G (득점: 드로젝) 오른쪽

- 6월 11일 18:00 맑음 광주 전용 849명
- 주심_ 송민석 부심_ 구은석·홍석찬 대기심_ 설태환 경기감독관_ 차상해

광주 4   3 전반 0 / 1 후반 0   **0 안양**

퇴장	경고	파울	ST(유)	교체	선수명	배번	위치	위치	배번	선수명	교체	ST(유)	파울	경고	퇴장
0	0	0	0		김경민	1	GK	GK	13	정민기		0	0	0	0
0	1	1	0	33	안영규	6	DF	DF	2	정준연	19	0	0	0	0
0	0	2	0	5	김재봉	34	DF	FW	7	백성동		0	1	0	0
0	0	0	1		아론	28	DF	FW	11	김경중	32	0	1	0	0
0	0	0	1		이으뜸	8	MF	MF	14	홍창범		0	3	2	0
0	0	1	1		이순민	20	MF	MF	22	김동진		0	0	0	0
0	0	1	0	15	정호연	23	MF	DF	25	박종현		0	3	0	0
0	0	0	1		두현석	13	MF	FW	28	김륜도	9	0	1	0	0
0	1	1	2(2)	11	하승운	30	FW	DF	30	백동규		0	0	0	0
0	0	1	2(1)	18	김종우	10	FW	MF	66	황기욱	8	0	2	1	0
0	0	0	3(2)		마이키	19	FW	MF	99	주현우	10	0	0	0	0
0	0	0	0		이준	21			1	김태훈		0	0	0	0
0	0	0	0	후30	김현훈	5			8	안드리고	후15	1(1)	1	0	0
0	0	0	0		이민기	3			9	조나탄	후0	0	0	0	0
0	1	2	2(1)	후0	박한빈	33	대기	대기	10	아코스티	후22	1	1	0	0
0	0	0	0	후21	이희균	15			19	김주환	후22	0	0	0	0
0	0	2	5(4)	후0	헤이스	11			20	이상용		0	0	0	0
0	0	0	3(1)	후0	허율	18			32	심동운	후37	0	0	0	0
0	3	11	21(11)			0			0			2(1)	13	3	0

- ●전반 7분 하승운 PK 좌측지점 H-ST-G (득점: 하승운) 왼쪽
- ●전반 21분 마이키 PK 좌측지점 ~ 김종우 GA 정면 R-ST-G (득점: 김종우, 도움: 마이키) 왼쪽
- ●전반 46분 백동규 GA 정면 H 자책골 (득점: 백동규) 왼쪽
- ●후반 31분 박한빈 GAR ~ 허율 PA 정면 내 R-ST-G (득점: 허율, 도움: 박한빈) 가운데

• 6월 12일 18:00 맑음 목동 1,796명
• 주심_ 최규현 부심_ 이병주·주현민 대기심_ 최철준 경기감독관_ 김용세

서울E 2 1 전반 0 / 1 후반 2 **2 부산**

퇴장	경고	파울	ST(유)	교체	선수명	배번	위치	위치	배번	선수명	교체	ST(유)	파울	경고	퇴장
0	0	0	0		윤보상	77	GK	GK	1	구상민		0	0	0	0
0	0	0	0	3	이재익	14	DF	DF	45	황준호		0	1	1	0
0	0	1	0		김원식	15	DF	DF	20	조위제		0	0	0	0
0	2	3	0		김연수	23	DF	DF	19	박세진		0	1	0	0
0	1	1	1		서재민	22	MF	DF	4	에드워즈	27	0	0	0	0
0	0	1	1(1)		김선민	88	MF	MF	8	박종우		1(1)	2	0	0
0	0	0	2(1)	8	츠바사	44	MF	MF	14	김정현	15	0	1	0	0
0	0	1	2(1)		서보민	55	MF	MF	17	김정민	9	0	0	0	0
0	0	1	0	7	아센호	10	FW	FW	77	정훈성	7	1(1)	0	0	0
0	0	2	2(1)	17	까데나시	9	FW	FW	10	이상헌		1	1	0	0
0	0	1	2(2)	19	김정환	11	FW	FW	18	김찬		1(1)	3	0	0
0	0	0	0		김형근	1			29	진필립		0	0	0	0
0	0	0	0		황태현	2			15	이청웅	후40	0	0	0	0
0	0	0	0	후38	김민규	3			5	홍욱현		0	0	0	0
0	0	2	0	후27	곽성욱	8	대기	대기	27	구현준	후40	0	0	0	0
0	0	0	2(2)	후0	김인성	7			7	드로젝	후30	1(1)	0	0	0
0	0	0	0	후17	이동률	17			9	안병준	후17	2(2)	0	0	0
0	0	0	0	후27	유정완	19			44	성호영		0	0	0	0
0	3	13	12(8)			0			0			7(6)	9	1	0

● 전반 40분 김정환 AKL R-ST-G (득점: 김정환) 오른쪽
● 후반 28분 이동률 PAL ~ 김인성 GAR R-ST-G (득점: 김인성, 도움: 이동률) 오른쪽
● 후반 16분 박세진 PAL ↷ 김찬 GA 정면 H-ST-G (득점: 김찬, 도움: 박세진) 왼쪽
● 후반 41분 이상헌 PAL EL ↷ 안병준 GA 정면 H-ST-G (득점: 안병준, 도움: 이상헌) 왼쪽

• 6월 12일 20:00 흐림 광양전용 968명
• 주심_ 오현진 부심_ 이양우·신재환 대기심_ 서동진 경기감독관_ 김성기

전남 2 1 전반 0 / 1 후반 2 **2 경남**

퇴장	경고	파울	ST(유)	교체	선수명	배번	위치	위치	배번	선수명	교체	ST(유)	파울	경고	퇴장
0	1	0	0		김다솔	31	GK	GK	31	손정현		0	0	0	0
0	1	2	0		김태현	77	DF	DF	13	이재명	33	1	1	0	0
0	1	0	0		최정원	4	DF	DF	5	김영찬		0	0	0	0
0	0	1	1		고태원	5	DF	DF	22	김명준		0	1	0	0
0	0	2	0		이후권	16	DF	DF	2	박광일	29	0	1	0	0
0	0	0	2(2)	12	임찬울	7	MF	MF	6	이우혁		2(1)	1	0	0
0	0	2	0		장성재	6	MF	MF	16	이광진	14	0	2	0	0
0	0	1	2(2)		유헤이	24	MF	MF	24	모재현	7	2(1)	1	1	0
0	0	0	1	45	손호준	66	MF	MF	10	에르난데스		2(2)	1	0	0
0	0	2	2(1)		박인혁	18	MF	FW	28	티아고		2(1)	1	0	0
0	0	0	2	89	이중민	99	FW	FW	94	윌리안		2(1)	1	1	0
0	0	0	0		오찬식	21			1	김민준		0	0	0	0
0	0	0	0		여승원	17			20	이광선		0	0	0	0
0	0	0	0		최호정	55			33	이민기	후38	0	0	0	0
0	0	0	0	전35	전승민	45	대기	대기	29	이준재	후10	0	0	0	0
0	0	0	0	후19	박희성	12			14	김범용	후38	0	0	0	0
0	0	0	0		정우빈	29			7	정충근	후46	0	0	0	0
0	0	0	4(1)	후0	발로텔리	89			19	고경민		0	0	0	0
0	3	10	14(6)			0			0			11(6)	10	2	0

● 전반 58초 김태현 PAL ~ 임찬울 PAL 내 R-ST-G (득점: 임찬울, 도움: 김태현) 오른쪽
● 후반 15분 발로텔리 PK지점 ~ 유헤이 AK 내 R-ST-G (득점: 유헤이, 도움: 발로텔리) 왼쪽
● 후반 7분 티아고 GA 정면 R-ST-G (득점: 티아고) 가운데
● 후반 21분 이광진 HLL TL ~ 윌리안 MF 정면 R-ST-G (득점: 윌리안, 도움: 이광진) 왼쪽

• 6월 13일 19:00 맑음 아산 이순신 1,032명
• 주심_ 조지음 부심_ 지승민·이영운 대기심_ 신용준 경기감독관_ 허기태

충남아산 1 1 전반 0 / 0 후반 0 **0 대전**

퇴장	경고	파울	ST(유)	교체	선수명	배번	위치	위치	배번	선수명	교체	ST(유)	파울	경고	퇴장
0	0	0	0		박주원	21	GK	GK	1	이창근		0	0	0	0
0	0	1	1(1)	23	김채운	2	MF	DF	3	김민덕		0	0	0	0
0	0	0	1		이재성	5	DF	DF	4	김재우		0	0	0	0
0	0	2	1		박성우	13	MF	DF	5	권한진	17	0	1	0	0
0	0	0	1(1)		배수용	25	DF	MF	10	이진현	7	0	1	0	0
0	0	1	0		이은범	47	DF	MF	15	임덕근		2(2)	1	0	0
0	0	0	3(2)	33	최범경	8	MF	MF	22	김인균	16	0	3	0	0
0	0	0	1		김강국	22	MF	MF	27	이종현		1	0	0	0
0	1	1	1(1)		박세직	24	MF	FW	8	포파	6	0	2	0	0
0	0	6	3(1)		송승민	7	FW	FW	11	김승섭	9	2(2)	0	0	0
0	0	2	3(1)	77	유강현	10	FW	FW	70	레안드로		3(1)	0	0	0
0	0	0	0		문현호	90			23	정산		0	0	0	0
0	0	0	0		최규백	4			42	변준수		0	0	0	0
0	0	0	0		이학민	14			6	임은수	전43	0	1	0	0
0	1	1	0	후18	박철우	23	대기	대기	7	마사	후14	4(1)	0	0	0
0	0	0	0	후38	김혜성	33			17	이현식	후0	0	2	0	0
0	0	0	0		조주영	9			9	공민현	후24	0	0	0	0
0	0	0	0	후41	박민서	77			16	원기종	후24	1	0	0	0
0	2	14	15(7)			0			0			13(6)	11	0	0

● 전반 36분 송승민 GA 정면 ~ 박세직 AK내 L-ST-G (득점:박세직, 도움:송승민)왼쪽

• 6월 13일 19:30 맑음 안산 와스타디움 855명
• 주심_ 김영수 부심_ 설귀선·박남수 대기심_ 최승환 경기감독관_ 나승화

안산 3 1 전반 0 / 2 후반 0 **0 부천**

퇴장	경고	파울	ST(유)	교체	선수명	배번	위치	위치	배번	선수명	교체	ST(유)	파울	경고	퇴장
0	1	0	0		이승빈	1	GK	GK	1	최철원		0	0	0	0
0	1	2	0		권영호	4	DF	DF	5	김강산		0	0	0	0
0	1	1	0		이와세	12	DF	DF	6	닐손주니어		0	0	0	0
0	0	2	0		김민호	20	DF	MF	13	국태정		1	3	0	0
0	0	1	0		김예성	29	DF	DF	45	이동희		0	2	0	0
0	0	1	1(1)	11	김보섭	2	MF	MF	8	김준형	14	0	1	1	0
0	0	0	4(3)		이상민	8	MF	MF	10	조수철	77	1	0	0	0
0	0	2	1(1)	24	김영남	13	MF	FW	7	요르만	25	1(1)	0	0	0
0	0	0	4(2)	21	송진규	15	MF	FW	16	은나마니	31	1(1)	4	0	0
0	0	0	1(1)	35	최건주	17	MF	MF	19	김호남		1	1	0	0
0	0	0	3(3)		까뇨뚜	10	FW	FW	22	한지호	24	1	0	0	0
0	0	0	0		김선우	19			21	이주현		0	0	0	0
0	0	1	1(1)	후17	강수일	11			3	이풍연		0	0	0	0
0	1	0	1(1)	후22	티아고	21			31	감한솔	후30	0	0	0	0
0	0	0	0		이준희	22	대기	대기	14	최재영	후0	1(1)	2	1	0
0	0	0	0	후40	안성민	24			77	오재혁	후25	1(1)	0	0	0
0	0	0	0		김이석	25			25	이시헌	후0	2	1	0	0
0	0	0	0	후40	김경수	35			24	박하빈	후25	1(1)	0	0	0
0	4	10	16(13)			0			0			11(5)	14	2	0

● 전반 46분 까뇨뚜 PK-L-G (득점: 까뇨뚜) 오른쪽
● 후반 35분 까뇨뚜 HL 정면 ~ 강수일 PA 정면 R-ST-G (득점: 강수일, 도움: 까뇨뚜) 가운데
● 후반 45분 이상민 GAL R-ST-G (득점: 이상민) 왼쪽

• 6월 18일 18:00 흐림 안양 종합 1,805명
• 주심_ 최광호 부심_ 이병주·김태형 대기심_ 최철준 경기감독관_ 김종민

안양 2 | 0 전반 1 / 2 후반 1 | **2 대전**

퇴장	경고	파울	ST(유)	교체	선수명	배번	위치	위치	배번	선수명	교체	ST(유)	파울	경고	퇴장
0	0	0	0		정 민 기	13	GK	GK	1	이 창 근		0	0	1	0
0	0	2	0	19	정 준 연	2	DF	DF	3	김 민 덕		0	1	0	0
0	0	0	0	28	이 창 용	4	MF	DF	12	민 준 영	15	1(1)	2	1	0
0	0	0	2(1)	11	백 성 동	7	FW	DF	20	조 유 민		2(1)	1	0	0
0	0	1	1		안드리고	8	MF	DF	27	이 종 현		1(1)	0	0	0
0	0	0	3(2)		조 나 탄	9	FW	MF	6	임 은 수		0	2	1	0
0	0	4	2(1)		아코스티	10	MF	MF	7	마 사	16	0	0	0	0
0	0	0	0	88	이 상 용	20	DF	MF	10	이 진 현		0	0	0	0
0	0	0	0		박 종 현	25	DF	MF	11	김 승 섭	22	0	0	0	0
0	0	0	0		백 동 규	30	DF	MF	70	레안드로	4	1(1)	0	0	0
0	0	1	0	22	주 현 우	99	MF	FW	91	송 창 석	9	1(1)	0	0	0
0	0	0	0		박 성 수	21			23	정 산		0	0	0	0
0	0	0	1(1)	후30	김 경 중	11			4	김 재 우	후32	0	0	0	0
0	0	1	0	후15	김 주 환	19			15	임 덕 근	후32	0	1	0	0
0	0	1	0	후24	김 동 진	22	대기	대기	22	김 인 균	후11	1(1)	3	0	0
0	0	1	0	후30	김 륜 도	28			9	공 민 현	후11	3(1)	1	0	0
0	0	0	0		연 제 민	40			16	원 기 종	후11	2(1)	0	0	0
0	0	0	1	후15	이 정 빈	88			19	신 상 은		0	0	0	0
0	0	11	10(5)			0			0			12(8)	11	3	0

● 후반 32분 안드리고 C,KL ↷ 조나탄 GA 정면 내 H-ST-G (득점: 조나탄, 도움: 안드리고) 왼쪽
● 후반 48분 김륜도 PAR → 조나탄 GAR R-ST-G (득점: 조나탄, 도움: 김륜도) 오른쪽
● 전반 26분 송창석 AK 내 L-ST-G (득점: 송창석) 가운데
● 후반 16분 이종현 MF 정면 ~ 공민현 PK 우측지점 R-ST-G (득점: 공민현, 도움: 이종현) 왼쪽

• 6월 18일 20:00 맑음 광양 전용 1,868명
• 주심_ 신용준 부심_ 설귀선·박남수 대기심_ 최승환 경기감독관_ 김성기

전남 1 | 0 전반 0 / 1 후반 1 | **1 광주**

퇴장	경고	파울	ST(유)	교체	선수명	배번	위치	위치	배번	선수명	교체	ST(유)	파울	경고	퇴장
0	0	0	0		김 다 솔	31	GK	GK	1	김 경 민		0	0	0	0
0	0	0	1		김 태 현	77	DF	DF	6	안 영 규	34	0	1	1	0
0	0	1	0	30	최 정 원	4	DF	DF	33	박 한 빈		1	1	0	0
0	0	0	0		고 태 원	5	DF	DF	5	김 현 훈		0	1	0	0
0	0	1	0	17	이 후 권	16	DF	MF	3	이 민 기	8	1	0	0	0
0	0	1	1	55	임 찬 울	7	MF	MF	23	정 호 연	20	1	0	0	0
0	0	1	1		전 승 민	45	MF	MF	15	이 희 균	18	0	0	0	0
0	0	2	0		유 헤 이	24	MF	MF	13	두 현 석		1	0	0	0
0	0	1	1	99	손 호 준	66	MF	FW	30	하 승 운		1	0	0	0
0	0	1	1		발로텔리	89	FW	FW	11	헤 이 스		1(1)	3	0	0
0	0	2	3(1)		박 인 혁	18	FW	FW	19	마 이 키	10	1(1)	1	0	0
0	0	0	0		오 찬 식	21			21	이 준		0	0	0	0
0	0	0	0	후43	여 승 원	17			28	아 론		0	0	0	0
0	0	0	0	후43	한 호 강	30			34	김 재 봉	후0	0	1	0	0
0	0	1	0	후36	최 호 정	55	대기	대기	8	이 으 뜸	후24	1	0	0	0
0	0	0	0		정 우 빈	29			20	이 순 민	후0	0	0	0	0
0	0	0	0		박 희 성	12			10	김 종 우	후0	3(1)	0	0	0
0	0	0	0	후14	이 중 민	99			18	허 율	후8	2(1)	0	0	0
0	0	11	8(1)			0			0			13(4)	8	1	0

● 후반 18분 이중민 GAR H ↷ 박인혁 GAR R-ST-G (득점: 박인혁, 도움: 이중민) 가운데
● 후반 32분 박한빈 PAL ~ 김종우 PK지점 R-ST-G (득점: 김종우, 도움: 박한빈) 오른쪽

• 6월 18일 20:00 흐림 김포솔터축구장 1,595명
• 주심_ 정회수 부심_ 이영운·주현민 대기심_ 박종명 경기감독관_ 양정환

김포 2 | 2 전반 1 / 0 후반 0 | **1 부천**

퇴장	경고	파울	ST(유)	교체	선수명	배번	위치	위치	배번	선수명	교체	ST(유)	파울	경고	퇴장
0	0	0	0		이 상 욱	1	GK	GK	1	최 철 원		0	0	0	0
0	1	3	0		양 준 아	14	DF	DF	5	김 강 산		0	2	0	0
0	0	0	0	20	이 강 연	26	DF	DF	6	닐손주니어		0	2	0	0
0	0	1	0		윤 상 혁	33	DF	DF	23	이 용 혁		1(1)	1	1	0
0	0	2	0		박 대 한	25	MF	MF	17	김 규 민		1(1)	1	0	0
0	0	1	0	19	최 재 훈	23	MF	MF	8	김 준 형	20	1	1	0	0
0	0	0	0		김 종 석	10	MF	MF	10	조 수 철	25	1(1)	0	0	0
0	0	2	0		김 수 범	28	MF	FW	77	오 재 혁	4	2(1)	2	0	0
0	0	2	2	47	권 민 재	29	FW	MF	19	김 호 남		0	1	0	0
0	0	1	4(3)		손 석 용	99	FW	FW	22	한 지 호		4(2)	2	0	0
1	0	1	1(1)		윤 민 호	32	FW	FW	24	박 하 빈	16	0	0	0	0
0	0	0	0		최 봉 진	31			21	이 주 현		0	0	0	0
0	0	0	0		박 준 희	5			20	김 정 호	후32	0	0	0	0
0	0	0	0	후21	한 정 우	19			31	감 한 솔		0	0	0	0
0	0	0	0		구 본 상	8	대기	대기	4	송 홍 민	후32	0	0	0	0
0	0	0	2(1)	전23	나 성 은	47			25	이 시 헌	후19	0	1	0	0
0	0	0	0		최 민 서	12			16	은나마니	후12	2(1)	1	1	0
0	0	0	0	후37	조 향 기	20			18	안 재 준		0	0	0	0
1	1	13	9(5)			0			0			12(7)	14	2	0

● 전반 30분 김수범 AKR ~ 손석용 PA 정면 내 R-ST-G (득점: 손석용, 도움: 김수범) 왼쪽
● 전반 40분 윤민호 GAR ~ 손석용 PA 정면 내 R-ST-G (득점: 손석용, 도움: 윤민호) 왼쪽
● 전반 45분 김호남 MFR ↷ 한지호 GAR R-ST-G (득점: 한지호, 도움: 김호남) 왼쪽

• 6월 19일 18:00 맑음 아산 이순신 1,246명
• 주심_ 오현진 부심_ 김경민·신재환 대기심_ 김재홍 경기감독관_ 당성증

충남아산 0 | 0 전반 0 / 0 후반 0 | **0 서울E**

퇴장	경고	파울	ST(유)	교체	선수명	배번	위치	위치	배번	선수명	교체	ST(유)	파울	경고	퇴장
0	0	0	0		박 주 원	21	GK	GK	77	윤 보 상		0	0	0	0
0	0	1	1		김 채 운	2	MF	DF	14	이 재 익		0	1	0	0
0	1	1	1		이 재 성	5	DF	DF	15	김 원 식		0	0	1	0
0	0	0	0		박 성 우	13	MF	DF	5	김 진 환	2	0	0	0	0
0	0	0	0		배 수 용	25	DF	MF	22	서 재 민		1	1	0	0
0	0	1	0		이 은 범	47	DF	MF	88	김 선 민		0	0	0	0
0	0	0	2(1)	23	최 범 경	8	MF	MF	44	츠 바 사		1	4	0	0
0	0	0	1(1)		김 강 국	22	MF	MF	55	서 보 민		1(1)	0	0	0
0	0	2	0		박 세 직	24	MF	FW	17	이 동 률	19	0	0	0	0
0	0	1	1		송 승 민	7	FW	FW	9	까데나시	39	1	1	0	0
0	0	1	3(2)	18	유 강 현	10	FW	FW	11	김 정 환	7	1(1)	0	0	0
0	0	0	0		문 현 호	90			1	김 형 근		0	0	0	0
0	0	0	0		이 학 민	14			3	김 민 규		0	0	0	0
0	0	0	1	후28	박 철 우	23			2	황 태 현	후0	0	0	0	0
0	0	0	0		이 상 민	20	대기	대기	19	유 정 완	후23	0	2	0	0
0	0	0	0		김 혜 성	33			8	곽 성 욱		0	0	0	0
0	0	0	0		조 주 영	9			39	정 성 호	후12	3(2)	1	0	0
0	0	0	1	후28	강 민 규	18			7	김 인 성	후0	1(1)	1	0	0
0	1	7	11(4)			0			0			9(5)	11	1	0

- 6월 19일 20:00 맑음 부산 아시아드 1,390명
- 주심_ 서동진 부심_ 구은석·홍석찬 대기심_ 설태환 경기감독관_ 허태식

부산 1 1 전반 1 / 0 후반 0 **1 경남**

퇴장	경고	파울	ST(유)	교체	선수명	배번	위치	위치	배번	선수명	교체	ST(유)	파울	경고	퇴장
0	0	0	0		구상민	1	GK	GK	31	손정현		0	0	0	0
0	0	0	0		황준호	45	DF	DF	33	이민기	13	0	0	0	0
0	0	1	0	27	조위제	20	DF	DF	5	김영찬		1	0	0	0
0	0	1	1(1)	15	박세진	19	DF	DF	22	김명준		0	3	1	0
0	0	0	0	48	에드워즈	4	DF	DF	2	박광일	29	0	0	0	0
0	1	2	1		박종우	8	MF	MF	6	이우혁	14	1	1	0	0
0	0	0	1(1)		김정현	14	MF	MF	16	이광진		1	2	0	0
0	0	1	0	11	김정민	17	MF	MF	24	모재현		3(1)	1	0	0
0	0	1	2(1)	9	정훈성	77	FW	MF	7	정충근	17	1	0	0	0
0	0	2	2(1)		이상헌	10	FW	FW	28	티아고		2(2)	1	0	0
0	1	1	0		김찬	18	FW	FW	10	에르난데스		2(1)	0	0	0
0	0	0	0		진필립	29	대기	대기	1	김민준		0	0	0	0
0	0	0	0	후25	이청웅	15			20	이광선		0	0	0	0
0	0	0	1	전38	최준	48			13	이재명	후27	0	0	0	0
0	0	0	0	후25	구현준	27			29	이준재	후27	0	0	0	0
0	0	0	0		드로젝	7			14	김범용	후27	0	1	0	0
0	0	0	0	후13	안병준	9			17	하남	전36/19	1	1	0	0
0	0	0	0	후13	박정인	11			19	고경민	후33	0	0	0	0
0	2	9	8(4)			0			0			12(4)	10	1	0

- ●전반 23분 이상헌 PK-R-G (득점: 이상헌) 왼쪽
- ●전반 35분 박광일 MFR ↷ 티아고 GA 정면 H-ST-G (득점: 티아고, 도움: 박광일) 오른쪽

- 6월 21일 19:00 맑음 대전 월드컵 1,791명
- 주심_ 김영수 부심_ 구은석·신재환 대기심_ 김도연 경기감독관_ 차상해

대전 1 0 전반 1 / 1 후반 0 **1 광주**

퇴장	경고	파울	ST(유)	교체	선수명	배번	위치	위치	배번	선수명	교체	ST(유)	파울	경고	퇴장
0	0	0	0		이창근	1	GK	GK	1	김경민		0	0	0	0
0	0	1	0	10	김민덕	3	DF	DF	6	안영규		0	0	0	0
0	1	2	1(1)	2	민준영	12	DF	DF	34	김재봉		0	1	0	0
0	0	2	0		조유민	20	DF	DF	28	아론	5	0	1	0	0
0	0	1	4(2)		이종현	27	DF	MF	8	이으뜸		0	1	0	0
0	1	2	0		임은수	6	MF	MF	20	이순민		0	2	1	0
0	0	0	2(1)	91	김승섭	11	MF	MF	23	정호연	33	0	1	1	0
0	1	2	0		임덕근	15	MF	MF	25	박준강	13	0	0	0	0
0	1	3	1(1)	22	이현식	17	MF	FW	16	엄지성		1(1)	1	0	0
0	0	0	1	9	마사	7	FW	FW	10	김종우	18	1(1)	1	0	0
0	0	0	0		레안드로	70	FW	FW	11	헤이스	3	1	1	0	0
0	0	0	0		정산	23	대기	대기	21	이준		0	0	0	0
0	0	0	0	후38	서영재	2			5	김현훈	후19	0	0	0	0
0	0	0	0		김재우	4			13	두현석	후0	0	1	1	0
0	0	2	1	전42	이진현	10			3	이민기	후40	0	0	0	0
0	0	0	0	후38	김인균	22			33	박한빈	후16	1	0	0	0
0	0	0	1	후17	공민현	9			24	이건희		0	0	0	0
0	0	0	1	후17	송창석	91			18	허율	후19	2	2	0	0
0	4	15	12(5)			0			0			6(2)	12	3	0

- ●후반 19분 공민현 GAR ~ 이현식 GA 정면 L-ST-G (득점: 이현식, 도움: 공민현) 오른쪽
- ●전반 34분 아론 PAR EL ↷ 김종우 PK지점 H-ST-G (득점: 김종우, 도움: 아론) 왼쪽

- 6월 21일 19:30 맑음 김포솔터축구장 801명
- 주심_ 설태환 부심_ 이병주·홍석찬 대기심_ 안재훈 경기감독관_ 최윤겸

김포 2 0 전반 1 / 2 후반 1 **2 전남**

퇴장	경고	파울	ST(유)	교체	선수명	배번	위치	위치	배번	선수명	교체	ST(유)	파울	경고	퇴장
0	0	0	0		이상욱	1	GK	GK	31	김다솔		0	0	0	0
0	0	2	1(1)		김종민	30	DF	DF	77	김태현		0	1	0	0
0	0	0	0		이규로	88	DF	DF	30	한호강		0	1	0	0
0	0	0	0	4	윤상혁	33	DF	DF	5	고태원		0	1	0	0
0	0	0	0		박대한	25	MF	DF	16	이후권		0	2	1	0
0	0	0	0	8	한정우	19	MF	MF	7	임찬울	4	1	1	0	0
0	0	0	1	14	최재훈	23	MF	MF	45	전승민	55	1(1)	1	0	0
0	1	2	0		김수범	28	MF	MF	24	유헤이		0	2	0	0
0	0	2	1	20	김종석	10	MF	MF	10	김현욱	89	0	0	0	0
0	0	0	0	76	나성은	47	FW	FW	18	박인혁		1(1)	4	0	0
0	0	1	3(2)		손석용	99	FW	FW	99	이중민	40	1(1)	0	0	0
0	0	0	0		최봉진	31	대기	대기	21	오찬식		0	0	0	0
0	0	0	0	후14	김태한	4			38	이규혁		0	0	0	0
0	0	0	0		서경주	11			4	최정원	후19	0	2	0	0
0	0	0	0	후33	구본상	8			55	최호정	후30	0	0	0	0
0	0	0	1(1)	후17	양준아	14			40	추상훈	후10	1(1)	2	0	0
0	1	2	0	후14	이태민	76			27	김영욱		0	0	0	0
0	0	2	2(1)	후0	조향기	20			89	발로텔리	후0	2(2)	1	0	0
0	2	11	9(5)			0			0			7(6)	18	1	0

- ●후반 16분 한정우 C.KL ↷ 김종민 GAR H-ST-G (득점: 김종민, 도움: 한정우) 오른쪽
- ●후반 48분 조향기 GAR H ↷ 손석용 PA 정면 내 발리슛 R-ST-G (득점: 손석용, 도움: 조향기) 왼쪽
- ●전반 43분 이중민 PK지점 L-ST-G (득점: 이중민) 가운데
- ●후반 9분 발로텔리 PA 정면 내 L-ST-G (득점: 발로텔리) 왼쪽

- 6월 22일 19:00 맑음 진주 종합 386명
- 주심_ 임정수 부심_ 설귀선·주현민 대기심_ 최승환 경기감독관_ 허태식

경남 0 0 전반 0 / 0 후반 0 **0 충남아산**

퇴장	경고	파울	ST(유)	교체	선수명	배번	위치	위치	배번	선수명	교체	ST(유)	파울	경고	퇴장
0	0	0	0		손정현	31	GK	GK	21	박주원		0	0	0	0
0	0	2	0	33	이재명	13	DF	DF	5	이재성		0	0	0	0
0	0	1	0		박재환	73	DF	DF	13	박성우		3(2)	1	0	0
0	0	0	0	5	이광선	20	DF	DF	23	박철우		2	3	0	0
0	0	1	0		이준재	29	DF	DF	47	이은범		1	0	0	0
0	0	0	2(1)		이우혁	6	MF	MF	20	이상민		0	2	0	0
0	0	3	0		김범용	14	MF	MF	22	김강국		0	1	0	0
0	0	0	2(1)	24	설현진	21	MF	MF	24	박세직		2	2	0	0
0	0	0	0	10	정충근	7	MF	MF	7	송승민		3(2)	3	0	0
0	0	1	0	28	하남	17	FW	FW	10	유강현	9	0	2	0	0
0	0	1	1		고경민	19	FW	MF	99	정건우	77	0	0	0	0
0	0	0	0		김민준	1	대기	대기	90	문현호		0	0	0	0
0	0	0	0	후0	김영찬	5			2	김채운		0	0	0	0
0	0	1	0	후24	이민기	33			14	이학민		0	0	0	0
0	0	0	0		박광일	2			25	배수용		0	0	0	0
0	0	1	1	후0	모재현	24			8	최범경	후23	1	0	0	0
0	0	2	0	후0	에르난데스	10			9	조주영	후39	2(1)	0	0	0
0	0	0	2	후0	티아고	28			77	박민서	전21/8	1	0	0	0
0	0	13	8(2)			0			0			15(5)	14	0	0

• 6월 22일 19:30 흐림 목동 563명
• 주심_ 박종명 부심_ 이영운·김태형 대기심_ 성덕효 경기감독관_ 김용세

서울E 2 1 전반 2 / 1 후반 1 **3 안산**

퇴장	경고	파울	ST(유)	교체	선수명	배번	위치	위치	배번	선수명	교체	ST(유)	파울	경고	퇴장
0	0	0	0		윤보상	77	GK	GK	1	이승빈		0	0	0	0
0	0	0	0		이재익	14	DF	DF	4	권영호		0	0	0	0
0	1	2	0		김원식	15	DF	DF	12	이와세		0	0	0	0
0	0	1	0		김연수	23	DF	DF	20	김민호		0	1	1	0
0	0	1	0	22	배재우	18	MF	DF	22	이준희	29	0	1	0	0
0	0	2	0	7	김정환	11	MF	MF	2	김보섭	21	0	1	0	0
0	0	0	1(1)	19	츠바사	44	MF	MF	8	이상민		1	3	1	0
0	0	2	1(1)	90	이동률	17	MF	MF	13	김영남	35	0	2	0	0
0	0	0	2(1)		황태현	2	MF	MF	15	송진규	7	2(2)	1	0	0
0	0	3	1(1)		까데나시	9	FW	MF	17	최건주	11	1	0	0	0
0	0	1	1	88	아센호	10	FW	FW	10	까뇨뚜		5(3)	1	0	0
0	0	0	0		김형근	1			19	김선우		0	0	0	0
0	0	0	0		김민규	3			7	두아르테	후16	3(2)	0	0	0
0	0	0	1(1)	전34	서재민	22			11	강수일	후28	0	0	0	0
0	1	2	1	후0	김선민	88	대기	대기	21	티아고	후16	0	1	0	0
0	0	0	1(1)	후38	유정완	19			23	장유섭		0	0	0	0
0	0	1	3(1)	후16	박준영	90			29	김예성	후42	0	0	0	0
0	0	1	1(1)	후0	김인성	7			35	김경수	후28	0	0	0	0
0	2	16	13(8)			0			0			12(7)	11	2	0

● 전반 25분 김정환 PAL 내 ↷ 츠바사 GAR 내 EL R-ST-G (득점: 츠바사, 도움: 김정환) 오른쪽
● 후반 27분 서재민 MFL ↷ 까데나시 PK지점 H-ST-G (득점: 까데나시, 도움: 서재민) 오른쪽

● 전반 13분 송진규 PAR 내 L-ST-G (득점: 송진규) 왼쪽
● 전반 32분 이상민 AKR ~ 송진규 GAR R-ST-G (득점: 송진규, 도움: 이상민) 왼쪽
● 후반 32분 까뇨뚜 GAR ~ 두아르테 GAL L-ST-G (득점: 두아르테, 도움: 까뇨뚜) 왼쪽

• 6월 22일 19:30 맑음 부천 종합 772명
• 주심_ 최규현 부심_ 이양우·박남수 대기심_ 김재홍 경기감독관_ 양정환

부천 0 0 전반 1 / 0 후반 0 **1 안양**

퇴장	경고	파울	ST(유)	교체	선수명	배번	위치	위치	배번	선수명	교체	ST(유)	파울	경고	퇴장
0	0	0	0		최철원	1	GK	GK	13	정민기		0	0	1	0
0	0	2	0		김강산	5	DF	DF	4	이창용		0	0	0	0
0	0	0	1(1)		닐손주니어	6	DF	MF	8	안드리고	14	1(1)	3	0	0
0	0	2	0	13	조현택	26	MF	FW	9	조나탄		2(2)	1	0	0
0	0	0	0		이동희	45	DF	FW	10	아코스티	20	2(1)	0	0	0
0	0	0	1	77	김준형	8	MF	MF	19	김주환	2	0	1	0	0
0	0	0	1(1)	10	최재영	14	MF	DF	25	박종현		0	2	0	0
0	0	0	1	18	이시헌	25	FW	FW	28	김륜도	11	1	4	1	0
0	0	0	0	16	요르만	7	FW	DF	30	백동규		0	1	0	0
0	0	0	1		김호남	19	MF	MF	66	황기욱	7	1(1)	2	0	0
0	0	0	1		한지호	22	FW	MF	99	주현우		0	0	0	0
0	0	0	0		이주현	21			1	김태훈		0	0	0	0
0	0	0	0		이풍연	3			2	정준연	후29	0	0	0	0
0	0	1	0	후34	국태정	13			7	백성동	후44	0	0	0	0
0	0	1	1	후20	조수철	10	대기	대기	11	김경중	후16	0	0	0	0
0	0	0	0	후20	오재혁	77			14	홍창범	후16	2(1)	0	0	0
0	0	2	0	후20	은나마니	16			20	이상용	후44	0	0	0	0
0	0	1	1	후26	안재준	18			22	김동진		0	0	0	0
0	0	9	8(2)			0			0			9(6)	14	2	0

● 전반 9분 아코스티 HL 정면 ~ 조나탄 PAR 내 R-ST-G (득점: 조나탄, 도움: 아코스티) 왼쪽

• 6월 25일 18:00 맑음 아산 이순신 1,732명
• 주심_ 김도연 부심_ 이양우·이병주 대기심_ 서동진 경기감독관_ 당성증

충남아산 3 0 전반 0 / 3 후반 1 **1 안산**

퇴장	경고	파울	ST(유)	교체	선수명	배번	위치	위치	배번	선수명	교체	ST(유)	파울	경고	퇴장
0	0	0	0		박주원	21	GK	GK	1	이승빈		0	0	0	0
0	0	0	0	23	김채운	2	DF	DF	4	권영호		1(1)	1	0	0
0	0	0	0		이재성	5	DF	DF	12	이와세		0	2	0	0
0	0	0	0	14	박성우	13	DF	DF	20	김민호		0	1	1	0
0	0	0	0		이은범	47	DF	DF	29	김예성	11	0	0	0	0
0	0	0	0		이상민	20	MF	MF	2	김보섭	14	1	0	0	0
0	0	0	1(1)	33	김강국	22	MF	MF	8	이상민		0	2	0	0
0	0	1	0		박세직	24	MF	MF	13	김영남	35	0	1	0	0
0	0	0	2		송승민	7	MF	MF	15	송진규	7	1	0	0	0
0	0	0	0	10	조주영	9	FW	MF	17	최건주	21	0	1	1	0
0	0	3	2(1)	8	정건우	99	MF	FW	10	까뇨뚜		3	4	0	0
0	0	0	0		문현호	90			31	이찬우		0	0	0	0
0	0	1	0	후0	이학민	14			7	두아르테	전37	0	0	0	0
0	0	0	0	후0	박철우	23			11	강수일	후28	0	0	0	0
0	0	0	2(2)	전20	최범경	8	대기	대기	14	아스나위	전37	0	0	0	0
0	0	0	1(1)	후40	김혜성	33			21	티아고	후17	1(1)	0	0	0
0	0	2	2(2)	후20	유강현	10			23	장유섭		0	0	0	0
0	0	0	0		강민규	18			35	김경수	후28	2(1)	0	0	0
0	0	7	10(7)			0			0			9(3)	12	2	0

● 후반 12분 김강국 PK-R-G (득점: 김강국) 오른쪽
● 후반 29분 최범경 MF 정면 ↷ 유강현 PA 정면 내 R-ST-G (득점: 유강현, 도움: 최범경) 왼쪽
● 후반 37분 최범경 AK 정면 FK R-ST-G (득점: 최범경) 왼쪽

● 후반 45분 두아르테 AKR ~ 김경수 AK 정면 R-ST-G (득점: 김경수, 도움: 두아르테) 왼쪽

• 6월 25일 20:00 맑음 안양 종합 1,242명
• 주심_ 설태환 부심_ 구은석·신재환 대기심_ 최승환 경기감독관_ 허기태

안양 1 0 전반 0 / 1 후반 0 **0 서울E**

퇴장	경고	파울	ST(유)	교체	선수명	배번	위치	위치	배번	선수명	교체	ST(유)	파울	경고	퇴장
0	0	0	0		정민기	13	GK	GK	77	윤보상		0	0	0	0
0	0	1	0		이창용	4	DF	DF	14	이재익		0	2	0	0
0	0	0	2(1)	28	백성동	7	MF	DF	23	김연수		0	0	0	0
0	0	0	2(2)		조나탄	9	FW	DF	3	김민규		1	1	1	0
0	1	1	2(1)	10	김경중	11	MF	MF	22	서재민	88	0	1	0	0
0	0	1	0	8	홍창범	14	MF	MF	15	김원식		2(2)	1	0	0
0	1	2	0	99	김주환	19	DF	MF	44	츠바사	19	0	1	0	0
0	0	3	2(1)		김동진	22	DF	MF	2	황태현	55	0	0	0	0
0	0	1	0	20	박종현	25	MF	FW	17	이동률	9	1	0	0	0
0	0	1	0		백동규	30	DF	FW	7	김인성	90	2(2)	0	0	0
0	0	2	1(1)		황기욱	66	MF	FW	11	김정환		2	3	0	0
0	0	0	0		박성수	21			1	김형근		0	0	0	0
0	0	0	0	후22	안드리고	8			5	김진환		0	0	0	0
0	1	1	0	후22	아코스티	10			55	서보민	후39	0	1	0	0
0	0	0	0	후47	이상용	20	대기	대기	19	유정완	후39	0	0	0	0
0	0	0	0	후36	김륜도	28			88	김선민	후29	0	0	0	0
0	0	0	0		연제민	40			9	까데나시	후0	1	0	0	0
0	0	0	0	후0	주현우	99			90	박준영	후9	1(1)	0	0	0
0	3	13	9(6)			0			0			10(5)	10	1	0

● 후반 23분 아코스티 GA 정면 H~ 조나탄 GA 정면 내 H-ST-G (득점: 조나탄, 도움: 아코스티) 가운데

• 6월 26일 18:00 흐림 부산 아시아드 1,113명
• 주심_ 최광호 부심_ 설귀선·주현민 대기심_ 최철준 경기감독관_ 김종민

부산 0 0 전반 2 / 0 후반 0 **2 부천**

퇴장	경고	파울	ST(유)	교체	선수명	배번	위치	위치	배번	선수명	교체	ST(유)	파울	경고	퇴장
0	0	0	0		구상민	1	GK	GK	1	최철원		0	0	0	0
0	0	0	0		김동수	23	DF	DF	5	김강산	23	0	3	1	0
0	0	0	0		조위제	20	DF	DF	6	닐손주니어		0	0	0	0
0	0	0	0	27	박세진	19	DF	MF	26	조현택		2	0	0	0
0	0	1	0		최준	48	DF	MF	31	감한솔		0	1	0	0
0	0	0	1		박종우	8	MF	DF	45	이동희		0	0	0	0
0	0	0	0		김정민	17	MF	MF	8	김준형	10	0	1	0	0
0	0	1	3	7	이상헌	10	FW	FW	25	이시헌	4	3(1)	2	0	0
0	0	2	1	2	정훈성	77	FW	MF	77	오재혁	14	1	0	0	0
0	0	1	1(1)	21	박정인	11	FW	FW	18	안재준	16	2(2)	0	0	0
0	0	1	1		김찬	18	FW	FW	19	김호남		0	1	0	0
0	0	0	0		진필립	29			21	이주현		0	0	0	0
0	0	0	0		이청웅	15			13	국태정		0	0	0	0
0	0	0	2	후39	황준호	45			23	이용혁	후35	0	0	0	0
0	0	0	0	후14	구현준	27	대기	대기	4	송홍민	후23	0	1	0	0
0	0	0	1	후14	문창진	21			10	조수철	후0	0	2	0	0
0	0	0	0	전31/45	어정원	2			14	최재영	후35	0	0	0	0
0	0	0	0	후39	드로젝	7			16	은나마니	후18	0	1	0	0
0	0	6	10(1)			0			0			8(3)	12	1	0

●전반 20분 김호남 GAR ~ 안재준 PK 우측지점 R-ST-G (득점: 안재준, 도움: 김호남) 왼쪽
●전반 24분 오재혁 PA 정면 ↷ 안재준 GAR R-ST-G (득점: 안재준, 도움: 오재혁) 오른쪽

• 6월 26일 20:00 맑음 광주 전용 2,089명
• 주심_ 정회수 부심_ 김경민·서영규 대기심_ 김재홍 경기감독관_ 강득수

광주 1 1 전반 1 / 0 후반 3 **4 경남**

퇴장	경고	파울	ST(유)	교체	선수명	배번	위치	위치	배번	선수명	교체	ST(유)	파울	경고	퇴장
0	0	0	0		김경민	1	GK	GK	31	손정현		0	0	0	0
0	0	0	1		안영규	6	DF	DF	33	이민기	13	1(1)	1	1	0
0	0	1	0		김재봉	34	DF	DF	5	김영찬		0	1	0	0
0	1	1	1	25	아론	28	DF	DF	22	김명준		0	3	0	0
0	0	1	0		이으뜸	8	MF	DF	2	박광일	29	1(1)	1	0	0
0	0	0	1(1)	18	이순민	20	MF	MF	6	이우혁		0	3	1	0
0	0	1	0		정호연	23	MF	MF	16	이광진	14	0	3	0	0
0	0	0	0		두현석	13	MF	MF	24	모재현		0	2	0	0
0	0	0	0	16	하승운	30	FW	MF	10	에르난데스		3(3)	1	1	0
0	1	2	4(4)	10	박한빈	33	FW	FW	28	티아고	21	2(1)	1	0	0
0	0	0	2	11	마이키	19	FW	FW	19	고경민	17	1(1)	3	0	0
0	0	0	0		이준	21			1	김민준		0	0	0	0
0	0	0	0		김현훈	5			73	박재환		0	0	0	0
0	0	0	0	후35	박준강	25			13	이재명	후35	0	0	0	0
0	0	0	0	후14	김종우	10	대기	대기	29	이준재	후35	0	0	0	0
0	0	0	3(1)	후14	헤이스	11			14	김범용	후25	0	2	0	0
0	0	0	0	후14	엄지성	16			17	하남	후25	0	3	0	0
0	0	1	1	후19	허율	18			21	설현진	후44	0	1	1	0
0	2	7	13(6)			0			0			8(7)	25	4	0

●전반 35분 정호연 MF 정면 ~ 박한빈 PAR R-ST-G (득점: 박한빈, 도움: 정호연) 오른쪽

●전반 11분 박광일 PAR ↷ 에르난데스 GA 정면 발리슛 R-ST-G (득점: 에르난데스, 도움: 박광일) 오른쪽
●후반 6분 이우혁 MFR ~ 티아고 MF 정면 L-ST-G (득점: 티아고, 도움: 이우혁) 오른쪽
●후반 11분 이민기 GAR L-ST-G (득점: 이민기) 왼쪽
●후반 15분 에르난데스 AK 정면 → 고경민 PA 정면 내 R-ST-G (득점: 고경민, 도움: 에르난데스) 오른쪽

• 6월 26일 20:00 흐림 대전 월드컵 1,554명
• 주심_ 성덕효 부심_ 이영운·박남수 대기심_ 박종명 경기감독관_ 나승화

대전 1 0 전반 1 / 1 후반 0 **1 김포**

퇴장	경고	파울	ST(유)	교체	선수명	배번	위치	위치	배번	선수명	교체	ST(유)	파울	경고	퇴장
0	0	0	0		이창근	1	GK	GK	1	이상욱		0	0	0	0
0	0	0	0	22	서영재	2	DF	DF	30	김종민		1	1	0	0
0	0	1	2(1)		임덕근	15	DF	DF	88	이규로	23	0	0	0	0
0	0	1	1(1)		조유민	20	DF	DF	4	김태한		0	0	0	0
0	1	4	0		이종현	27	DF	MF	25	박대한	19	0	0	0	0
0	0	0	0	42	임은수	6	MF	MF	26	이강연		1	1	1	0
0	0	2	1	16	이진현	10	MF	MF	10	김종석		2(1)	1	0	0
0	0	1	1	11	이현식	17	MF	MF	28	김수범		0	3	0	0
0	0	0	2(1)		레안드로	70	MF	FW	47	나성은	76	1(1)	1	0	0
0	0	2	0	7	공민현	9	FW	FW	18	정의찬	14	2(1)	1	0	0
0	1	2	4(1)		윌리안	94	FW	FW	99	손석용	20	1	3	0	0
0	0	0	0		정산	23			31	최봉진		0	0	0	0
0	0	1	1	후0	변준수	42			33	윤상혁		0	0	0	0
0	0	0	5(3)	후0	마사	7			19	한정우	후25	0	0	0	0
0	0	0	0	후45	김승섭	11	대기	대기	23	최재훈	후10	0	1	0	0
0	0	0	0		김영욱	14			14	양준아	후25	0	1	0	0
0	0	1	3(1)	전29	김인균	22			76	이태민	후14	0	2	0	0
0	0	1	0	후45	원기종	16			20	조향기	후25	0	0	0	0
0	2	16	20(8)			0			0			8(3)	15	1	0

●후반 15분 윌리안 PAL 내 R-ST-G (득점: 윌리안) 오른쪽

●전반 20분 손석용 PAL ~ 나성은 GAL R-ST-G (득점: 나성은, 도움: 손석용) 오른쪽

• 7월 02일 18:00 맑음 안산 와스타디움 1,018명
• 주심_ 채상협 부심_ 설귀선·박남수 대기심_ 정회수 경기감독관_ 양정환

안산 1 1 전반 2 / 0 후반 2 **4 안양**

퇴장	경고	파울	ST(유)	교체	선수명	배번	위치	위치	배번	선수명	교체	ST(유)	파울	경고	퇴장
0	0	0	0		이승빈	1	GK	GK	13	정민기		0	0	0	0
0	0	2	1		권영호	4	DF	MF	4	이창용		0	2	0	0
0	0	2	0		이준희	22	DF	MF	7	백성동	11	3	2	0	0
0	0	0	0		장유섭	23	DF	MF	8	안드리고		3(2)	2	1	0
0	0	0	0	21	김예성	29	DF	FW	9	조나탄		3(2)	2	0	0
0	0	1	1(1)	15	두아르테	7	MF	FW	10	아코스티	28	3(3)	0	0	0
0	0	1	0		이와세	12	MF	DF	19	김주환	2	0	0	0	0
0	0	1	4(3)		최건주	17	MF	DF	25	박종현		0	2	1	0
0	0	2	1(1)	14	김이석	25	MF	DF	30	백동규		0	3	1	0
0	0	2	0	2	김경수	35	MF	MF	66	황기욱	14	0	4	0	0
0	0	1	3(3)		김경준	9	FW	DF	99	주현우	22	1(1)	0	0	0
0	0	0	0		김원중	41			1	김태훈		0	0	0	0
0	0	0	0	후21	김보섭	2			2	정준연	후16	0	0	0	0
0	0	0	0		박민준	5			11	김경중	후16	2	1	0	0
0	0	0	0	후21	아스나위	14	대기	대기	14	홍창범	후31	0	1	0	0
0	0	0	1(1)	후21	송진규	15			20	이상용		0	0	0	0
0	0	1	2(2)	후0	티아고	21			22	김동진	후36	0	0	0	0
0	0	0	0		안성민	24			28	김륜도	후36	0	0	0	0
0	0	13	13(11)			0			0			15(8)	19	3	0

●전반 30분 김경준 PK-R-G (득점: 김경준) 왼쪽

●전반 2분 안드리고 자기 측 HLR ↷ 아코스티 GAR R-ST-G (득점: 아코스티, 도움: 안드리고) 왼쪽
●전반 16분 안드리고 PK-R-G (득점: 안드리고) 가운데
●후반 28분 황기욱 MF 정면 ~ 아코스티 PAR L-ST-G (득점: 아코스티, 도움: 황기욱) 왼쪽
●후반 45분 김경중 PAR 내 ~ 안드리고 PK 우측지점 R-ST-G (득점: 안드리고, 도움: 김경중) 왼쪽

• 7월 02일 18:00 맑음 부천 종합 1,540명
• 주심_ 안재훈 부심_ 김경민·홍석찬 대기심_ 설태환 경기감독관_ 최윤겸

부천 2 | 2 전반 0 / 0 후반 0 | **0 대전**

퇴장	경고	파울	ST(유)	교체	선수명	배번	위치	위치	배번	선수명	교체	ST(유)	파울	경고	퇴장
0	0	0	0		최 철 원	1	GK	GK	1	이 창 근		0	0	0	0
0	1	1	1		김 강 산	5	DF	DF	4	김 재 우		1	1	0	0
0	0	1	0		닐손주니어	6	DF	DF	12	민 준 영		3(1)	0	0	0
0	0	1	4(1)		조 현 택	26	MF	DF	20	조 유 민		1(1)	0	0	0
0	0	2	0		감 한 솔	31	MF	DF	27	이 종 현		1	0	0	0
0	0	2	0		이 동 희	45	DF	MF	7	마 사	91	1(1)	1	0	0
0	0	2	0	4	김 준 형	8	MF	MF	10	이 진 현	6	1	1	0	0
0	0	0	2	13	이 시 헌	25	FW	MF	11	김 승 섭	22	1	0	0	0
0	0	1	1	10	오 재 혁	77	MF	MF	15	임 덕 근	17	1	1	1	0
0	0	2	2(1)	11	안 재 준	18	FW	MF	70	레안드로		0	0	0	0
0	0	1	2(2)	27	김 호 남	19	FW	FW	94	윌 리 안	16	1	0	0	0
0	0	0	0		이 주 현	21			23	정 산		0	0	0	0
0	0	1	1	후39	국 태 정	13			6	임 은 수	후11	2(1)	0	0	0
0	0	0	0		이 용 혁	23			14	김 영 욱		0	0	0	0
0	0	0	0	후32	송 홍 민	4	대기	대기	17	이 현 식	후0	0	0	0	0
0	0	1	1	후24	조 수 철	10			22	김 인 균	후22	0	0	0	0
0	0	1	0	후0	박 창 준	11			16	원 기 종	후22	0	0	0	0
0	0	0	0	후32	이 의 형	27			91	송 창 석	후0	0	0	0	0
0	1	16	14(4)			0			0			13(4)	4	1	0

● 전반 16분 오재혁 GAL ~ 조현택 PAL 내 L-ST-G (득점: 조현택, 도움: 오재혁) 왼쪽
● 전반 40분 닐손주니어 GAR ~ 김호남 PAR 내 R-ST-G (득점: 김호남, 도움: 닐손주니어) 오른쪽

• 7월 02일 20:00 맑음 김포솔터축구장 1,504명
• 주심_ 최규현 부심_ 구은석·주현민 대기심_ 최승환 경기감독관_ 차상해

김포 0 | 0 전반 0 / 0 후반 0 | **0 광주**

퇴장	경고	파울	ST(유)	교체	선수명	배번	위치	위치	배번	선수명	교체	ST(유)	파울	경고	퇴장
0	0	0	0		이 상 욱	1	GK	GK	1	김 경 민		0	0	0	0
0	0	0	0		김 종 민	30	DF	DF	6	안 영 규		0	1	1	0
0	0	0	1(1)	3	황 도 연	24	DF	DF	34	김 재 봉		0	2	0	0
0	0	0	0		김 태 한	4	DF	DF	5	김 현 훈	28	0	1	0	0
0	0	3	0		박 대 한	25	MF	MF	13	두 현 석		0	0	0	0
0	1	2	0		이 강 연	26	MF	MF	20	이 순 민	10	0	1	0	0
0	0	1	0		김 종 석	10	MF	MF	15	이 희 균	23	0	4	1	0
0	0	1	0		이 규 로	88	MF	MF	22	이 상 기	25	0	1	0	0
0	0	1	0	47	정 의 찬	18	FW	FW	16	엄 지 성	19	1(1)	1	0	0
0	0	2	1(1)		윤 민 호	32	FW	FW	9	산 드 로		3(2)	2	0	0
0	1	1	1(1)	20	손 석 용	99	FW	FW	11	헤 이 스		3(1)	3	0	0
0	0	0	0		최 봉 진	31			21	이 준		0	0	0	0
0	0	1	1	후19	박 경 록	3			28	아 론	후27	0	0	0	0
0	0	0	0		최 재 훈	23			25	박 준 강	후27	0	0	0	0
0	0	0	0		한 정 우	19	대기	대기	23	정 호 연	후10	1(1)	1	0	0
0	0	0	1	전40	나 성 은	47			30	하 승 운		0	0	0	0
0	0	1	0	후12	조 향 기	20			19	마 이 키	후10	2(1)	0	0	0
0	0	0	0		이 태 민	76			10	김 종 우	후36	0	1	0	0
0	2	13	5(3)			0			0			10(6)	18	2	0

• 7월 03일 18:00 맑음 아산 이순신 704명
• 주심_ 박종명 부심_ 이영운·서영규 대기심_ 임정수 경기감독관_ 김성기

충남아산 0 | 0 전반 0 / 0 후반 2 | **2 부산**

퇴장	경고	파울	ST(유)	교체	선수명	배번	위치	위치	배번	선수명	교체	ST(유)	파울	경고	퇴장
0	0	0	0		박 주 원	21	GK	GK	1	구 상 민	31	0	0	0	0
0	0	1	0	23	김 채 운	2	DF	DF	23	김 동 수		0	0	0	0
0	0	1	0		이 재 성	5	DF	DF	20	조 위 제		0	1	0	0
0	0	1	0	14	박 성 우	13	DF	DF	27	구 현 준		0	1	0	0
0	0	0	1		이 은 범	47	DF	DF	48	최 준		1	1	0	0
0	0	2	1(1)		이 상 민	20	MF	MF	8	박 종 우		1	3	1	0
0	0	3	1(1)		김 강 국	22	MF	MF	4	에드워즈		1(1)	0	0	0
0	0	1	1(1)		박 세 직	24	MF	FW	10	이 상 헌		2(2)	1	0	0
0	0	1	3(2)		송 승 민	7	MF	FW	19	박 세 진	28	0	1	0	0
0	0	1	1	10	조 주 영	9	FW	FW	11	박 정 인	21	1	1	0	0
0	0	1	0	77	정 건 우	99	MF	FW	18	김 찬		3(1)	7	0	0
0	0	0	0		박 한 근	1			31	황 병 근	후31	0	0	0	0
0	0	0	0	후43	이 학 민	14			28	한 희 훈	후43	0	0	0	0
0	1	1	2(1)	후0	박 철 우	23			15	이 청 웅		0	0	0	0
0	0	0	1	후13	최 범 경	8	대기	대기	21	문 창 진	후21	1	0	0	0
0	0	0	0		김 혜 성	33			17	김 정 민		0	0	0	0
0	0	3	0	후0	유 강 현	10			2	어 정 원		0	0	0	0
0	0	0	2	전16/8	박 민 서	77			77	정 훈 성		0	0	0	0
0	1	16	13(6)			0			0			10(4)	16	1	0

● 후반 10분 김찬 AK 정면 ~ 이상헌 GAL L-ST-G (득점: 이상헌, 도움: 김찬) 가운데
● 후반 37분 김찬 AKL R-ST-G (득점: 김찬) 오른쪽

• 7월 03일 20:00 맑음 목동 655명
• (주심_ 최현재 부심_ 이양우·이병주 대기심_ 김재홍 관리감독관_ 허기태

서울E 1 | 1 전반 0 / 0 후반 1 | **1 전남**

퇴장	경고	파울	ST(유)	교체	선수명	배번	위치	위치	배번	선수명	교체	ST(유)	파울	경고	퇴장
0	0	0	0		윤 보 상	77	GK	GK	31	김 다 솔		0	0	0	0
0	0	1	0		이 재 익	14	DF	DF	77	김 태 현		1(1)	0	0	0
0	0	0	0		김 연 수	23	DF	DF	4	최 정 원		0	1	0	0
0	1	2	0	15	김 민 규	3	DF	DF	5	고 태 원		0	1	1	0
0	1	1	0		조 동 재	27	MF	DF	16	이 후 권	66	1(1)	1	0	0
0	0	2	1		김 선 민	88	MF	MF	7	임 찬 울	99	0	0	0	0
0	0	0	2(2)	8	츠 바 사	44	MF	MF	45	전 승 민		3(2)	0	0	0
0	0	0	0	91	황 태 현	2	MF	MF	24	유 헤 이		2(1)	1	1	0
0	1	1	1	17	김 정 환	11	FW	MF	10	김 현 욱	40	0	1	0	0
0	0	2	2(1)	19	까데나시	9	FW	FW	89	발로텔리		3(1)	2	0	0
0	0	0	0		김 인 성	7	FW	FW	12	박 희 성	18	0	0	0	0
0	0	0	0		김 형 근	1			21	오 찬 식		0	0	0	0
0	0	1	0	후0	김 원 식	15			55	최 호 정		0	0	0	0
0	0	0	0		서 재 민	22			30	한 호 강		0	0	0	0
0	0	0	0	후31	곽 성 욱	8	대기	대기	66	손 호 준	후38	0	0	0	0
0	0	0	1	후17	유 정 완	19			40	추 상 훈	후32	0	1	0	0
1	0	0	0	후0	이 동 률	17			18	박 인 혁	후0	3(1)	0	0	0
0	0	0	0	후27	이 정 문	91			99	이 중 민	후17	1(1)	0	0	0
1	3	10	7(3)			0			0			14(8)	8	2	0

● 전반 22분 김인성 PAL 내 EL ~ 츠바사 GAL 내 R-ST-G (득점: 츠바사, 도움: 김인성) 왼쪽
● 후반 47분 유헤이 PAR 내 ~ 전승민 PA 정면 내 L-ST-G (득점: 전승민, 도움: 유헤이) 왼쪽

• 7월 05일 19:00 흐림 광주 전용 487명
• 주심_ 조지음 부심_ 이병주·박남수 대기심_ 설태환 경기감독관_ 강득수

광주 2 2 전반 0 / 0 후반 1 **1 부천**

퇴장	경고	파울	ST(유)	교체	선수명	배번	위치	위치	배번	선수명	교체	ST(유)	파울	경고	퇴장
0	0	0	0		김경민	1	GK	GK	21	이주현		0	0	0	0
0	0	1	0	34	안영규	6	DF	DF	3	이풍연	15	0	1	0	0
0	0	0	0		박한빈	33	DF	MF	13	국태정		0	0	0	0
0	0	2	1(1)		아론	28	DF	MF	17	김규민		0	0	0	0
0	0	1	0		이으뜸	8	MF	DF	20	김정호		0	0	0	0
0	0	0	1		이순민	20	MF	DF	23	이용혁	26	0	1	1	0
0	0	0	1	23	김종우	10	MF	MF	10	조수철	77	0	3	1	0
0	0	0	0		이상기	22	MF	MF	14	최재영		0	4	1	0
0	0	0	2(2)	30	엄지성	16	FW	FW	7	요르만	11	0	0	0	0
0	0	1	0	9	허율	18	FW	FW	18	안재준		1	0	0	0
0	0	0	0	11	마이키	19	FW	FW	27	이의형	19	1	0	0	0
0	0	0	0		이준	21			1	최철원		0	0	0	0
0	0	0	0	후32	김재봉	34			15	윤지혁	후30	0	0	0	0
0	0	0	0	후24	정호연	23			26	조현택	후0	0	0	0	0
0	0	0	0		두현석	13	대기	대기	4	송홍민		0	0	0	0
0	0	0	1	후24	하승운	30			77	오재혁	후0	0	2	1	0
0	0	4	4(2)	후0	산드로	9			11	박창준	후0	1(1)	0	0	0
0	0	0	2(1)	후0	헤이스	11			19	김호남	후24	0	0	0	0
0	0	9	12(6)			0			0			3(1)	11	4	0

● 전반 12분 이으뜸 MFL FK ↷ 아론 GAR 내 R-ST-G (득점: 아론, 도움: 이으뜸) 오른쪽
● 전반 27분 마이키 PAR ~ 엄지성 PA 정면 R-ST-G (득점: 엄지성, 도움: 마이키) 오른쪽
● 후반 34분 박창준 PK-R-G (득점: 박창준) 왼쪽

• 7월 05일 19:30 흐림 대전 월드컵 1,098명
• 주심_ 정회수 부심_ 구은석·서영규 대기심_ 김용우 경기감독관_ 나승화

대전 2 0 전반 0 / 2 후반 0 **0 안산**

퇴장	경고	파울	ST(유)	교체	선수명	배번	위치	위치	배번	선수명	교체	ST(유)	파울	경고	퇴장
0	0	0	0		이창근	1	GK	GK	1	이승빈		0	0	0	0
0	0	1	1(1)		민준영	12	DF	DF	4	권영호		1	1	1	0
0	0	1	0		조유민	20	DF	DF	12	이와세	23	0	0	0	0
0	0	1	0		이종현	27	DF	DF	20	김민호		1	1	0	0
0	0	5	0		변준수	42	DF	DF	22	이준희	24	0	1	1	0
0	0	0	1	14	임은수	6	MF	MF	14	아스나위		0	2	0	0
0	1	2	0		이현식	17	MF	MF	15	송진규		1	2	0	0
0	0	0	2(2)	11	김인균	22	MF	MF	25	김이석	7	0	3	1	0
0	0	0	2(1)		레안드로	70	MF	MF	33	장동혁	17	0	0	0	0
0	0	1	5(1)		윌리안	94	MF	MF	35	김경수	13	0	0	0	0
0	0	0	2(2)	7	공민현	9	FW	FW	9	김경준		4(2)	0	0	0
0	0	0	0		정산	23			41	김원중		0	0	0	0
0	0	0	0		김재우	4			2	김보섭		0	0	0	0
0	0	1	1	후0	마사	7			7	두아르테	후15	1	0	0	0
0	0	0	0		이진현	10	대기	대기	13	김영남	후34	0	1	0	0
0	0	0	0	후46	김영욱	14			17	최건주	후0	0	0	0	0
0	0	0	1(1)	후10	김승섭	11			23	장유섭	후0	0	0	0	0
0	0	0	0		송창석	91			24	안성민	전45	0	1	1	0
0	1	12	15(8)			0			0			8(2)	12	4	0

● 후반 9분 마사 AK 정면 ~ 민준영 AKL L-ST-G (득점: 민준영, 도움: 마사) 왼쪽
● 후반 21분 마사 AK 정면 ~ 윌리안 PA 정면 내 R-ST-G (득점: 윌리안, 도움: 마사) 오른쪽

• 7월 06일 19:00 맑음 광양전용 1,906명
• 주심_ 최광호 부심_ 이영운·신재환 대기심_ 최철준 경기감독관_ 허태식

전남 1 0 전반 1 / 1 후반 0 **1 경남**

퇴장	경고	파울	ST(유)	교체	선수명	배번	위치	위치	배번	선수명	교체	ST(유)	파울	경고	퇴장
0	0	0	0		김다솔	31	GK	GK	31	손정현		0	0	0	0
0	0	2	0	77	박성결	19	DF	DF	33	이민기	13	0	1	0	0
0	0	2	0		최정원	4	DF	DF	73	박재환		0	1	0	0
0	0	1	0		한호강	30	DF	DF	22	김명준	5	0	1	0	0
0	0	0	0		이후권	16	DF	DF	2	박광일	29	0	0	0	0
0	0	0	2(2)		전승민	45	MF	MF	6	이우혁		1	2	0	0
0	0	1	0		유헤이	24	MF	MF	16	이광진		0	1	0	0
0	0	0	1(1)	7	김현욱	10	MF	MF	24	모재현		3(1)	1	0	0
0	0	0	3(2)		발로텔리	89	MF	MF	10	에르난데스	21	4	1	0	0
0	0	1	0	14	이중민	99	FW	FW	28	티아고		1	1	0	0
0	1	1	4(3)	40	박인혁	18	FW	FW	19	고경민	17	2(1)	1	0	0
0	0	0	0		오찬식	21			87	안호진		0	0	0	0
0	0	0	0	후9	김태현	77			5	김영찬	후41	0	0	0	0
0	0	0	0		최희원	3			13	이재명	후41	0	0	0	0
0	0	0	0		최호정	55	대기	대기	29	이준재	후16	0	0	0	0
0	0	0	1(1)	후28	임찬울	7			8	이지승		0	0	0	0
0	0	1	4(3)	후9	한석희	14			21	설현진	후31	0	1	1	0
0	0	0	0	후40	추상훈	40			17	하남	후31	0	0	0	0
0	1	9	15(12)			0			0			11(2)	11	1	0

● 후반 39분 이후권 MFR ↷ 박인혁 GAL H-ST-G (득점: 박인혁, 도움: 이후권) 오른쪽
● 전반 8분 이광진 MFR ↷ 고경민 GAR H-ST-G (득점: 고경민, 도움: 이광진) 오른쪽

• 7월 06일 19:30 맑음 안양 종합 826명
• 주심_ 설태환 부심_ 이양우·주현민 대기심_ 최승환 경기감독관_ 김종민

안양 1 1 전반 1 / 0 후반 0 **1 충남아산**

퇴장	경고	파울	ST(유)	교체	선수명	배번	위치	위치	배번	선수명	교체	ST(유)	파울	경고	퇴장
0	0	0	0		정민기	13	GK	GK	21	박주원		0	0	0	0
0	0	0	1		이창용	4	DF	FW	2	김채운	23	1	2	0	0
0	0	1	1	7	안드리고	8	MF	DF	5	이재성		0	0	0	0
0	0	0	2		조나탄	9	FW	MF	14	이학민	13	0	0	0	0
0	0	0	1(1)		아코스티	10	MF	DF	16	유준수	18	0	0	0	0
0	0	1	3(1)	28	김경중	11	MF	MF	47	이은범		0	1	0	0
0	0	2	0	2	김주환	19	DF	DF	20	이상민		0	1	1	0
0	1	2	0		박종현	25	MF	MF	22	김강국	8	1(1)	0	0	0
0	0	2	0		백동규	30	DF	MF	24	박세직		2	1	0	0
0	0	1	0	14	황기욱	66	MF	FW	7	송승민		3(1)	0	0	0
0	0	0	0	22	주현우	99	DF	FW	99	정건우	10	0	0	0	0
0	0	0	0		박성수	21			90	문현호		0	0	0	0
0	1	1	1(1)	후8	정준연	2			13	박성우	후18	0	1	0	0
0	0	0	0	후30	백성동	7			23	박철우	후0	0	0	0	0
0	0	0	0	후12	홍창범	14	대기	대기	8	최범경	후18	0	0	0	0
0	0	0	0		이상용	20			9	조주영		0	0	0	0
0	0	0	0	후12	김동진	22			10	유강현	전20	3(1)	1	0	0
0	0	0	0	후30	김륜도	28			18	강민규	후40	1	0	0	0
0	2	10	9(3)			0			0			11(3)	7	1	0

● 전반 38분 조나탄 PAR 내 ~ 김경중 PK 우측 지점 R-ST-G (득점: 김경중, 도움: 조나탄) 왼쪽
● 전반 42분 송승민 PAR 내 ~ 유강현 GA 정면 L-ST-G (득점: 유강현, 도움: 송승민) 왼쪽

• 7월 06일 19:30 맑음 부산 아시아드 1,054명
• 주심_ 신용준 부심_ 설귀선·홍석찬 대기심_ 김재홍 경기감독관_ 당성증

부산 0 | 0 전반 3 / 0 후반 0 | **3 김포**

퇴장	경고	파울	ST(유)	교체	선수명	배번	위치	위치	배번	선수명	교체	ST(유)	파울	경고	퇴장
0	0	1	0		황병근	31	GK	GK	1	이상욱		0	0	0	0
0	0	0	0		김동수	23	DF	DF	30	김종민		2(2)	2	0	0
0	0	0	0	28	조위제	20	DF	DF	24	황도연		0	0	0	0
0	1	2	0		구현준	27	DF	DF	3	박경록	4	0	1	0	0
0	0	0	2		최 준	48	DF	MF	25	박대한		1	1	0	0
0	0	0	0		박종우	8	MF	MF	23	최재훈		0	3	1	0
0	0	0	0	17	에드워즈	4	MF	MF	10	김종석		1	0	0	0
0	0	0	2	21	라마스	30	MF	MF	35	박재우	88	0	1	0	0
0	0	1	2	33	박세진	19	FW	FW	47	나성은	20	1	2	0	0
0	0	0	1	77	이상헌	10	FW	FW	32	윤민호	19	2(2)	2	0	0
0	0	2	2		김 찬	18	FW	FW	99	손석용	76	1(1)	0	0	0
0	0	0	0		안준수	13			31	최봉진		0	0	0	0
0	0	1	0	후0	한희훈	28			4	김태한	후28	0	0	0	0
0	0	0	0		어정원	2			88	이규로	후41	0	0	0	0
0	0	0	0	후37	문창진	21	대기	대기	6	이성재		0	0	0	0
0	0	0	0	후15	김정민	17			19	한정우	후41	1	0	0	0
0	0	1	0	후37	정훈성	77			20	조향기	후24	1	1	1	0
0	0	1	0	후13	김도형	33			76	이태민	후28	1	1	1	0
0	1	9	9			0			0			11(5)	14	3	0

● 전반 28분 김종석 MFR FK ↷ 김종민 GA 정면 H-ST-G (득점: 김종민, 도움: 김종석) 왼쪽
● 전반 29분 손석용 MFR L-ST-G (득점: 손석용) 왼쪽
● 전반 36분 손석용 MFR ~ 윤민호 AK 정면 L-ST-G (득점: 윤민호, 도움: 손석용) 왼쪽

• 7월 09일 18:00 맑음 진주 종합 965명
• 주심_ 서동진 부심_ 구은석·장종필 대기심_ 설태환 경기감독관_ 최윤겸

경남 1 | 0 전반 0 / 1 후반 0 | **0 부산**

퇴장	경고	파울	ST(유)	교체	선수명	배번	위치	위치	배번	선수명	교체	ST(유)	파울	경고	퇴장
0	0	0	0		손정현	31	GK	GK	13	안준수		0	0	0	0
0	0	3	1	13	이민기	33	DF	DF	23	김동수		0	0	0	0
0	0	0	1	21	박재환	73	DF	DF	28	한희훈	21	0	1	1	0
0	0	1	0		김영찬	5	DF	DF	19	박세진		0	1	0	0
0	0	0	0	2	김지운	27	DF	DF	48	최 준		0	0	0	0
0	0	1	2		이우혁	6	MF	MF	50	이한도	20	0	0	1	0
0	0	1	1		이광진	16	MF	MF	66	김상준	8	0	1	0	0
0	0	1	3(2)		고경민	19	MF	MF	30	라마스		1(1)	1	0	0
0	0	0	4(2)		모재현	24	MF	FW	33	김도형	61	1	1	0	0
0	0	2	3(1)	26	하 남	17	FW	FW	10	이상헌		3(1)	1	0	0
0	0	2	3		티아고	28	FW	FW	11	박정인	18	1	1	0	0
0	0	0	0		안호진	87			31	황병근		0	0	0	0
0	0	0	0	후31	김명준	22			27	구현준		0	0	0	0
0	0	0	0	후44	이재명	13			20	조위제	후20	0	1	0	0
0	0	2	0	후0	박광일	2	대기	대기	8	박종우	후20	0	0	0	0
0	0	0	0		이준재	29			21	문창진	후44	0	0	0	0
0	0	0	0	후18/22	서재원	26			61	정원진	후0	1	0	0	0
0	0	0	0	후44	설현진	21			18	김 찬	후35	1(1)	2	1	0
0	0	13	18(5)			0			0			8(3)	10	3	0

● 후반 38분 고경민 GA 정면 ~ 모재현 GAR L-ST-G (득점: 모재현, 도움: 고경민) 왼쪽

• 7월 09일 18:00 맑음 안산 와스타디움 1,088명
• 주심_ 박종명 부심_ 이영운·신재환 대기심_ 조지음 경기감독관_ 차상해

안산 1 | 0 전반 1 / 1 후반 1 | **2 부천**

퇴장	경고	파울	ST(유)	교체	선수명	배번	위치	위치	배번	선수명	교체	ST(유)	파울	경고	퇴장
0	0	0	0		이승빈	1	GK	GK	1	최철원		0	0	0	0
0	0	3	0		권영호	4	DF	DF	5	김강산		0	1	0	0
0	0	0	1		김민호	20	DF	DF	6	닐손주니어		0	0	0	0
0	1	1	0	6	장유섭	23	DF	MF	26	조현택		0	1	0	0
0	0	0	1	35	김영남	13	MF	DF	45	이동희		0	1	0	0
0	1	2	1(1)	44	아스나위	14	MF	MF	8	김준형	4	0	3	0	0
0	0	1	1(1)		송진규	15	MF	FW	25	이시헌	27	2(1)	1	0	0
0	0	0	0		이준희	22	MF	MF	77	오재혁		2(1)	0	0	0
0	0	0	1	17	김보섭	2	FW	FW	11	박창준	10	0	3	0	0
0	0	0	4(3)	33	두아르테	7	FW	FW	16	은나마니	18	1(1)	2	1	0
0	0	0	5(5)		김경준	9	FW	MF	19	김호남		0	2	0	0
0	0	0	0		이찬우	31			21	이주현		0	0	0	0
0	0	0	2	후0	신일수	6			17	김규민		0	0	0	0
0	0	0	1(1)	전33	최건주	17			23	이용혁		0	0	0	0
0	0	0	0		김지안	18	대기	대기	4	송홍민	후39	0	0	0	0
0	0	0	1	후36	장동혁	33			10	조수철	후28	3(3)	0	0	0
0	0	0	0	후36	김경수	35			18	안재준	후7	3(1)	1	0	0
0	0	0	0	후21	장동혁	44			27	이의형	후28	0	0	0	0
0	2	7	18(11)			0			0			11(7)	15	1	0

● 후반 23분 두아르테 PK-L-G (득점: 두아르테) 오른쪽

● 전반 23분 은나마니 MF 정면 L-ST-G (득점: 은나마니) 오른쪽
● 후반 47분 조수철 PK-R-G (득점: 조수철) 왼쪽

• 7월 10일 19:30 흐림 아산 이순신 712명
• 주심_ 최규현 부심_ 설귀선·홍석찬 대기심_ 서동진 경기감독관_ 김성기

충남아산 4 | 1 전반 0 / 3 후반 0 | **0 전남**

퇴장	경고	파울	ST(유)	교체	선수명	배번	위치	위치	배번	선수명	교체	ST(유)	파울	경고	퇴장
0	0	0	0		박주원	21	GK	GK	31	김다솔		0	0	0	0
0	0	1	0	23	김채운	2	FW	DF	38	이규혁	19	0	2	1	0
0	0	0	0		이재성	5	DF	DF	30	한호강	20	0	2	0	0
0	0	1	1		이학민	14	MF	DF	5	고태원		0	2	1	0
0	0	1	0		이은범	47	MF	DF	16	이후권		0	3	0	0
0	0	0	0		이상민	20	DF	MF	7	임찬울	14	0	0	0	0
0	0	2	2(2)		김강국	22	MF	MF	24	유헤이		1(1)	0	0	0
0	0	3	0	8	박세직	24	MF	MF	45	전승민	66	0	0	0	0
0	0	1	0	16	김혜성	33	DF	MF	18	박인혁		3(2)	2	0	0
0	0	0	0	11	송승민	7	FW	FW	89	발로텔리		2(2)	0	0	0
0	0	0	0	10	정건우	99	FW	FW	10	김현욱	9	1	2	0	0
0	0	0	0		문현호	90			21	오찬식		0	0	0	0
0	0	0	0		박성우	13			19	박성결	후0	0	0	0	0
0	0	0	0	후39	유준수	16			20	장순혁	후39	0	0	0	0
0	0	1	0	후0	박철우	23	대기	대기	66	손호준	후39	0	0	0	0
0	0	0	0	후27	최범경	8			40	추상훈		0	0	0	0
0	0	0	3(3)	전26	유강현	10			9	카차라바	후29	0	1	0	0
0	0	0	0	후39	이승재	11			14	한석희	후0	0	1	0	0
0	0	10	6(5)			0			0			7(5)	15	2	0

● 전반 40분 박주원 자기 측GA 정면 내 ↷ 유강현 GA 정면 R-ST-G (득점: 유강현, 도움: 박주원) 왼쪽
● 후반 19분 김강국 MF 정면 ~ 유강현 GAR R-ST-G (득점: 유강현, 도움: 김강국) 오른쪽
● 후반 24분 이학민 PAR 내 ↷ 김강국 GAR H-ST-G (득점: 김강국, 도움: 이학민) 오른쪽
● 후반 48분 장순혁 GA 정면 내 R 자책골 (득점: 장순혁) 오른쪽

• 7월 11일 19:00 흐림 목동 550명
• 주심_ 오현진 부심_ 강도준·서영규 대기심_ 김재홍 경기감독관_ 허기태

서울E 2 　 2 전반 0 / 0 후반 2 　 **2 광주**

퇴장	경고	파울	ST(유)	교체	선수명	배번	위치	위치	배번	선수명	교체	ST(유)	파울	경고	퇴장
0	0	0	0	1	윤보상	77	GK	GK	1	김경민		0	0	0	0
0	0	4	0		이재익	14	DF	DF	33	박한빈		0	0	0	0
0	0	0	0	15	한용수	4	DF	DF	34	김재봉		0	1	0	0
0	2	4	0		김연수	23	DF	DF	5	김현훈	28	0	1	0	0
0	0	1	0	27	서재민	22	MF	MF	13	두현석		0	1	0	0
0	0	1	0		김선민	88	MF	MF	22	이상기	8	0	0	0	0
0	1	1	0		츠바사	44	MF	MF	10	김종우	20	0	1	0	0
0	0	0	0		황태현	2	MF	MF	23	정호연		1(1)	2	1	0
0	0	3	1		김정환	11	FW	FW	30	하승운	16	1(1)	0	0	0
0	1	2	2(2)	91	까데나시	9	FW	FW	11	헤이스		1(1)	0	0	0
0	0	2	1	7	김정수	30	FW	FW	9	산드로	18	3(1)	1	0	0
0	0	0	0	전22	김형근	1			21	이준		0	0	0	0
0	0	0	0		김민규	3			28	아론	후29	0	0	0	0
0	0	0	0	후33	김원식	15			8	이으뜸	후9	0	1	0	0
0	0	0	0	후14	조동재	27	대기	대기	20	이순민	후0	1	1	0	0
0	0	0	0		유정완	19			19	마이키		0	0	0	0
0	0	0	0	후0	김인성	7			16	엄지성	후0	2(1)	0	0	0
0	1	2	0	후14	이정문	91			18	허율	후15	1	2	0	0
0	5	20	4(2)			0			0			10(5)	11	1	0

● 전반 25분 김선민 MF 정면 H ↷ 까데나시 MF 정면 L-ST-G (득점: 까데나시, 도움: 김선민) 오른쪽
● 전반 33분 김정수 GAR 내 ~ 까데나시 GA 정면 내 L-ST-G (득점: 까데나시, 도움: 김정수) 가운데
● 후반 7분 헤이스 AK 정면 ~ 정호연 GAR R-ST-G (득점: 정호연, 도움: 헤이스) 왼쪽
● 후반 49분 엄지성 PK-R-G (득점: 엄지성) 왼쪽

• 7월 11일 19:30 맑음 김포솔터축구장 934명
• 주심_ 김도연 부심_ 김경민·이병주 대기심_ 임정수 경기감독관_ 김용세

김포 0 　 0 전반 1 / 0 후반 1 　 **2 안양**

퇴장	경고	파울	ST(유)	교체	선수명	배번	위치	위치	배번	선수명	교체	ST(유)	파울	경고	퇴장
0	0	0	0		이상욱	1	GK	GK	13	정민기		0	0	0	0
0	1	1	0		김종민	30	DF	MF	8	안드리고	14	0	1	0	0
0	0	1	0		황도연	24	DF	FW	9	조나탄		2(1)	2	0	0
0	0	0	0		박경록	3	DF	MF	10	아코스티		4(3)	2	0	0
0	0	1	2(1)		박대한	25	MF	MF	11	김경중	7	0	0	0	0
0	0	0	0	19	이강연	26	MF	DF	19	김주환	99	0	0	1	0
0	0	1	0	6	김종석	10	MF	DF	20	이상용	40	0	0	0	0
0	0	0	0	35	이규로	88	MF	DF	22	김동진		1(1)	1	1	0
0	0	1	2	20	나성은	47	FW	DF	25	박종현		0	0	0	0
0	0	3	0		윤민호	32	FW	DF	30	백동규		0	2	0	0
0	0	0	2(2)	76	손석용	99	FW	MF	88	이정빈	27	3(2)	1	0	0
0	0	0	0		최봉진	31			1	김태훈		0	0	0	0
0	0	0	0		김태한	4			7	백성동	전26	1	1	0	0
0	0	0	0	후36	박재우	35			14	홍창범	후25	0	0	0	0
0	0	0	0	후36	이성재	6	대기	대기	27	정석화	후37	0	1	1	0
0	0	0	2(1)	후18	한정우	19			28	김륜도		0	0	0	0
0	0	0	1(1)	후8	조향기	20			40	연제민	후25	0	0	0	0
0	0	0	0	후18	이태민	76			99	주현우	후25	0	0	0	0
0	1	8	9(5)			0			0			11(7)	11	3	0

● 전반 14분 김동진 GAL L-ST-G (득점: 김동진) 가운데
● 후반 41분 조나탄 자기 측 HL 정면 ↷ 아코스티 PAR 내 R-ST-G (득점: 아코스티, 도움: 조나탄) 오른쪽

• 7월 15일 19:00 맑음 광주 전용 867명
• 주심_ 안재훈 부심_ 설귀선·신재환 대기심_ 김도연 경기감독관_ 김용세

광주 0 　 0 전반 0 / 0 후반 0 　 **0 안양**

퇴장	경고	파울	ST(유)	교체	선수명	배번	위치	위치	배번	선수명	교체	ST(유)	파울	경고	퇴장
0	0	0	0		김경민	1	GK	GK	13	정민기		0	0	0	0
0	0	0	1(1)		안영규	6	DF	MF	4	이창용		1(1)	1	0	0
0	0	0	0		박한빈	33	DF	MF	7	백성동	88	1(1)	0	0	0
0	0	1	1		아론	28	DF	FW	8	안드리고	27	0	3	0	0
0	0	1	1	3	이으뜸	8	MF	MF	10	아코스티		1(1)	0	0	0
0	0	0	0	11	두현석	13	MF	MF	14	홍창범	20	0	4	1	0
0	2	3	0		김종우	10	MF	DF	22	김동진	19	0	1	1	0
0	0	0	1		이순민	20	MF	DF	25	박종현		0	0	0	0
0	0	1	2	15	엄지성	16	FW	FW	28	김륜도	9	1	2	0	0
0	0	0	0	23	마이키	19	FW	DF	30	백동규		0	0	0	0
0	0	0	1	9	허율	18	FW	DF	99	주현우		0	0	0	0
0	0	0	0		이준	21			21	박성수		0	0	0	0
0	0	0	0		김현훈	5			9	조나탄	후9	0	1	0	0
0	0	0	0	후33	이민기	3			19	김주환	후9	0	0	0	0
0	0	0	0	후43	이희균	15	대기	대기	20	이상용	후46	0	0	0	0
0	1	1	0	후0	정호연	23			27	정석화	후29	0	1	0	0
0	0	0	1(1)	후33	헤이스	11			40	연제민		0	0	0	0
0	0	0	1(1)	후17	산드로	9			88	이정빈	후29	0	0	0	0
0	3	7	9(3)			0			0			4(3)	13	2	0

• 7월 15일 19:30 맑음 창원 축구센터 1,047명
• 주심_ 채상협 부심_ 김경민·서영규 대기심_ 성덕효 경기감독관_ 나승화

경남 0 　 0 전반 0 / 0 후반 1 　 **1 충남아산**

퇴장	경고	파울	ST(유)	교체	선수명	배번	위치	위치	배번	선수명	교체	ST(유)	파울	경고	퇴장
0	0	0	0		손정현	31	GK	GK	21	박주원		0	0	0	0
0	0	2	0	13	이민기	33	DF	MF	2	김채운	23	0	1	0	0
0	0	0	1	5	박재환	73	DF	MF	14	이학민		2(1)	2	0	0
0	0	0	0		김명준	22	DF	DF	16	유준수	25	0	0	0	0
0	0	2	0	2	김지운	27	DF	DF	47	이은범		0	2	1	0
0	0	1	0	29	이우혁	6	MF	DF	20	이상민		0	0	0	0
0	0	1	0		이광진	16	MF	MF	22	김강국		3(2)	0	0	0
0	0	0	1		모재현	24	MF	FW	24	박세직		2	0	0	0
0	0	0	4(3)		고경민	19	MF	MF	33	김혜성		2	1	0	0
0	0	4	2	18	하남	17	FW	FW	9	조주영	10	1(1)	2	0	0
0	0	1	2(1)		티아고	28	FW	FW	99	정건우	7	1(1)	1	0	0
0	0	0	0		안호진	87			90	문현호		0	0	0	0
0	0	0	0	후34	이준재	29			13	박성우		0	0	0	0
0	0	0	0	후34	이재명	13			23	박철우	후0	0	0	0	0
0	0	0	0	후42	김영찬	5	대기	대기	25	배수용	후42	0	0	0	0
0	0	0	0	후0	박광일	2			8	최범경		0	0	0	0
0	0	0	0		서재원	26			7	송승민	전20	2(1)	0	0	0
0	0	1	1	후0	원기종	18			10	유강현	후16	0	2	0	0
0	0	12	11(4)			0			0			13(6)	11	1	0

● 후반 24분 이학민 PAR 내 EL R-ST-G (득점: 이학민) 오른쪽

- 7월 17일 18:00 맑음 광양 전용 1,710명
- 주심_ 임정수 부심_ 구은석·박남수 대기심_ 박종명 경기감독관_ 양정환

전남 0 0 전반 0 / 0 후반 1 **1 김포**

퇴장	경고	파울	ST(유)	교체	선수명	배번	위치	위치	배번	선수명	교체	ST(유)	파울	경고	퇴장
0	0	0	0		김 다 솔	31	GK	GK	1	이 상 욱		0	0	0	0
0	0	0	1		김 태 현	77	DF	DF	30	김 종 민		1(1)	0	0	0
0	0	1	0	4	장 순 혁	20	DF	DF	24	황 도 연		0	0	0	0
0	0	1	0		최 호 정	55	DF	DF	3	박 경 록		0	1	0	0
0	0	0	0		이 후 권	16	DF	MF	25	박 대 한		1(1)	1	1	0
0	0	1	1	37	임 찬 울	7	MF	MF	23	최 재 훈	19	0	0	0	0
0	0	0	2(1)		유 헤 이	24	MF	MF	10	김 종 석	66	1	1	0	0
0	1	2	1		김 현 욱	10	MF	MF	88	이 규 로	4	0	0	0	0
0	0	0	1	14	추 상 훈	40	MF	FW	47	나 성 은	76	1	1	0	0
0	0	2	2		발로텔리	89	FW	FW	32	윤 민 호	20	1	2	1	0
0	0	2	1(1)	99	박 인 혁	18	FW	FW	99	손 석 용		1(1)	0	0	0
0	0	0	0		오 찬 식	21			31	최 봉 진		0	0	0	0
0	0	0	0		여 승 원	17			4	김 태 한	후40	0	0	0	0
0	0	0	0	후25	최 정 원	4			26	이 강 연		0	0	0	0
0	0	0	0		전 승 민	45	대기	대기	66	김 이 석	후0	1	2	1	0
0	0	0	0	후44	김 건 오	37			19	한 정 우	후17	0	0	0	0
0	0	0	1	후0	한 석 희	14			20	조 향 기	후17	0	1	0	0
0	0	0	0	후35	이 중 민	99			76	이 태 민	후12	0	2	0	0
0	1	9	10(2)			0			0			7(3)	11	3	0

- 후반 28분 한정우 PAR ↷ 박대한 GAL H-ST-G (득점: 박대한, 도움: 한정우) 왼쪽

- 7월 18일 19:00 비 부산 아시아드 993명
- 주심_ 설태환 부심_ 이병주·김태형 대기심_ 오현진 경기감독관_ 허태식

부산 0 0 전반 0 / 0 후반 1 **1 안산**

퇴장	경고	파울	ST(유)	교체	선수명	배번	위치	위치	배번	선수명	교체	ST(유)	파울	경고	퇴장
0	0	0	0		안 준 수	13	GK	GK	1	이 승 빈		0	0	0	0
0	0	0	0		조 위 제	20	DF	DF	4	권 영 호		1(1)	1	0	0
0	0	0	1(1)		박 종 우	8	DF	DF	6	신 일 수	24	0	1	0	0
0	0	0	0		이 한 도	50	DF	DF	20	김 민 호		0	1	0	1
0	0	0	1		최 준	48	DF	MF	13	김 영 남		2(2)	0	0	0
0	0	1	0	27	어 정 원	2	DF	MF	14	아스나위		0	0	1	0
0	0	0	0	17	김 상 준	66	MF	MF	22	이 준 희		0	3	1	0
0	0	0	4(3)		라 마 스	30	MF	MF	35	김 경 수	15	0	0	0	0
0	0	0	0	33	정 원 진	61	FW	FW	7	두아르테	2	2	2	0	0
0	0	3	1	19	이 상 헌	10	FW	FW	17	최 건 주	8	1	0	0	0
0	0	0	2(1)	11	김 찬	18	FW	FW	21	티 아 고	9	5(1)	2	1	0
0	0	0	0		황 병 근	31			31	이 찬 우		0	0	0	0
0	0	0	1	후21	구 현 준	27			2	김 보 섭	후32	1	0	0	0
0	0	0	0		한 희 훈	28			8	이 상 민	후13	1	0	0	0
0	0	0	1(1)	후5	박 세 진	19	대기	대기	9	김 경 준	후32	0	0	0	0
0	0	0	0	후21	김 정 민	17			15	송 진 규	전22	4(2)	0	0	0
0	0	0	0	후31	김 도 형	33			24	안 성 민	후32	0	0	0	0
0	0	0	1(1)	후0	박 정 인	11			38	박 동 휘		0	0	0	0
0	0	4	12(7)			0			0			17(6)	10	3	1

- 후반 37분 송진규 C.KL ↷ 권영호 GA 정면 내 H-ST-G (득점: 권영호, 도움: 송진규) 가운데

- 7월 18일 19:30 비 대전 월드컵 1,482명
- 주심_ 최광호 부심_ 이영운·주현민 대기심_ 김재홍 경기감독관_ 당성증

대전 3 1 전반 0 / 2 후반 1 **1 서울E**

퇴장	경고	파울	ST(유)	교체	선수명	배번	위치	위치	배번	선수명	교체	ST(유)	파울	경고	퇴장
0	0	0	0		이 창 근	1	GK	GK	1	김 형 근		0	0	0	0
0	0	1	0		김 재 우	4	DF	DF	14	이 재 익		0	2	0	0
0	0	1	0		권 한 진	5	DF	DF	4	한 용 수	15	0	1	0	0
0	0	0	1(1)		임 덕 근	15	DF	DF	3	김 민 규	55	0	0	0	0
0	0	0	1	14	주 세 종	8	MF	MF	22	서 재 민	27	0	0	0	0
0	0	0	0	9	이 진 현	10	MF	MF	88	김 선 민		0	1	0	0
0	2	1	3		민 준 영	12	MF	MF	44	츠 바 사	19	2(1)	1	0	0
0	0	5	1(1)		이 종 현	27	MF	MF	2	황 태 현		0	1	0	0
0	0	0	1(1)	11	배 준 호	33	MF	FW	11	김 정 환		3(3)	1	2	0
0	0	0	1(1)		레안드로	70	FW	FW	9	까데나시		3(3)	0	0	0
0	0	3	3(2)	7	윌 리 안	94	FW	FW	99	이 성 윤	7	2(2)	0	0	0
0	0	0	0		이 준 서	25			31	주 현 성		0	0	0	0
0	0	0	0		서 영 재	2			55	서 보 민	후40	0	0	0	0
0	0	0	0		변 준 수	42			27	조 동 재	후40	0	0	0	0
0	0	1	0	후44	마 사	7	대기	대기	15	김 원 식	전38	0	2	0	0
0	0	1	0	후33	김 영 욱	14			19	유 정 완	후34	0	0	0	0
0	0	0	0	후19	공 민 현	9			91	이 정 문		0	0	0	0
0	0	0	2(1)	후0	김 승 섭	11			7	김 인 성	후0	0	1	0	0
0	2	13	13(7)			0			0			10(9)	10	2	0

- 전반 27분 레안드로 PAL 내 ~ 배준호 GAR L-ST-G (득점: 배준호, 도움: 레안드로) 오른쪽
- 후반 20분 주세종 C.KL ↷ 윌리안 GAR H-ST-G (득점: 윌리안, 도움: 주세종) 오른쪽
- 후반 36분 임덕근 PAL ~ 레안드로 PAR 내 R-ST-G (득점: 레안드로, 도움: 임덕근) 왼쪽
- 후반 10분 까데나시 GA 정면 H ↷ 츠바사 GAR 내 R-ST-G (득점: 츠바사, 도움: 까데나시) 가운데

- 7월 23일 20:00 비 안산 와스타디움 3,019명
- 주심_ 김재홍 부심_ 이양우·주현민 대기심_ 서동진 경기감독관_ 허기태

안산 3 0 전반 1 / 3 후반 0 **1 김포**

퇴장	경고	파울	ST(유)	교체	선수명	배번	위치	위치	배번	선수명	교체	ST(유)	파울	경고	퇴장
0	0	0	0		이 승 빈	1	GK	GK	1	이 상 욱		0	0	0	0
0	0	3	1(1)		신 일 수	6	DF	DF	30	김 종 민		0	2	0	0
0	0	1	1(1)		아스나위	14	DF	DF	26	이 강 연		0	2	1	0
0	0	2	0	38	이 준 희	22	DF	DF	3	박 경 록		0	1	0	0
0	0	1	0		장 유 섭	23	DF	MF	25	박 대 한		1	0	0	0
0	0	2	0		이 상 민	8	MF	MF	23	최 재 훈	20	0	0	0	0
0	0	2	0		김 영 남	13	MF	MF	10	김 종 석	6	1(1)	4	1	0
0	0	3	3(1)	35	송 진 규	15	MF	MF	35	박 재 우	88	0	0	0	0
0	0	2	0	17	김 보 섭	2	FW	FW	47	나 성 은	19	0	1	0	0
0	0	1	3(2)		두아르테	7	FW	FW	32	윤 민 호	76	1(1)	2	0	0
0	0	1	1(1)	9	티 아 고	21	FW	FW	99	손 석 용		2(1)	0	0	0
0	0	0	0		이 찬 우	31			31	최 봉 진		0	0	0	0
0	0	0	0		권 영 호	4			4	김 태 한		0	0	0	0
0	0	1	1	후14	김 경 준	9			6	이 성 재	후28	1	0	0	0
0	0	1	1(1)	전21	최 건 주	17	대기	대기	88	이 규 로	후14	1	1	0	0
0	0	0	0		안 성 민	24			19	한 정 우	후0	0	0	0	0
0	0	0	1	후38	김 경 수	35			20	조 향 기	후7	0	1	0	0
0	0	0	0	후38	박 동 휘	38			76	이 태 민	후28	0	0	0	0
0	0	20	12(7)			0			0			7(3)	14	2	0

- 후반 1분 최건주 PAR ~ 송진규 GA 정면 R-ST-G (득점: 송진규, 도움: 최건주) 오른쪽
- 후반 10분 최건주 PAL 내 R-ST-G (득점: 최건주) 왼쪽
- 후반 42분 아스나위 PAR L-ST-G (득점: 아스나위) 왼쪽
- 전반 38분 나성은 (대기) PAR ~ 윤민호 GAR R-ST-G (득점: 윤민호, 도움: 나성은 (대기)) 오른쪽

• 9월 21일 19:30 맑음 목동 700명
• 주심_ 송민석 부심_ 이영운·이병주 대기심_ 정회수 경기감독관_ 허기태

서울E 0   0 전반 1 / 0 후반 0   **1 경남**

퇴장	경고	파울	ST(유)	교체	선수명	배번	위치	위치	배번	선수명	교체	ST(유)	파울	경고	퇴장
0	0	0	0		윤보상	77	GK	GK	88	고동민		0	0	1	0
0	0	1	1	44	이재익	14	DF	DF	22	김명준		0	0	0	0
0	0	0	1		이인재	92	DF	DF	6	이우혁		0	2	0	0
0	0	2	0		김연수	23	DF	DF	20	이광선		0	0	0	0
0	0	0	0	27	채광훈	6	MF	MF	33	이민기		0	1	0	0
0	0	2	3		김선민	88	MF	MF	7	정충근	28	2(2)	0	0	0
0	0	0	3(1)		황태현	2	MF	MF	8	이지승		0	2	0	0
0	0	0	2		김정환	11	MF	MF	2	박광일	15	0	1	0	0
0	0	1	1	15	곽성욱	8	MF	FW	10	엘리아르도	24	0	0	0	0
0	0	1	1	7	까데나시	9	FW	FW	19	고경민	95	3(1)	2	0	0
0	0	1	0	91	이동률	17	FW	FW	66	박민서	73	2(2)	2	1	0
0	0	0	0		김형근	1			87	안호진		0	0	0	0
0	0	0	0		한용수	4			73	박재환	후30	0	0	0	0
0	0	1	0	후35	조동재	27			15	우주성	후14	0	2	0	0
0	1	2	0	후35	김원식	15	대기	대기	14	김범용		0	0	0	0
0	0	0	0	후25	츠바사	44			95	카스트로	후14	0	0	0	0
0	0	0	1	후13	이정문	91			24	모재현	전39	1	1	0	0
0	0	0	1	후0	김인성	7			28	티아고	후14	2(1)	1	0	0
0	1	11	14(1)			0			0			10(6)	14	2	0

● 전반 2분 정충근 GA 정면 L-ST-G (득점: 정충근) 가운데

• 7월 23일 20:00 비 부천 종합 985명
• 주심_ 성덕효 부심_ 설귀선·박남수 대기심_ 설태환 경기감독관_ 양정환

부천 2   1 전반 0 / 1 후반 1   **1 충남아산**

퇴장	경고	파울	ST(유)	교체	선수명	배번	위치	위치	배번	선수명	교체	ST(유)	파울	경고	퇴장
0	0	0	0		최철원	1	GK	GK	21	박주원		0	0	0	0
0	1	1	0		배재우	2	MF	MF	2	김채운	23	0	1	0	0
0	0	1	0		김강산	5	DF	DF	5	이재성		0	0	0	0
0	0	1	1		닐손주니어	6	DF	MF	14	이학민		1(1)	1	0	0
0	0	0	1(1)	13	조현택	26	MF	DF	16	유준수		0	0	0	0
0	0	1	0	23	이동희	45	DF	DF	20	이상민		2	0	0	0
0	0	1	0	10	김준형	8	MF	MF	22	김강국	8	0	0	0	0
0	0	0	3(1)	14	이시헌	25	MF	MF	24	박세직		2	3	0	0
0	0	1	2(1)		오재혁	77	MF	FW	7	송승민		0	2	0	0
0	0	2	4(2)		은나마니	16	FW	FW	10	유강현	9	2(1)	2	0	0
0	0	1	0	11	김호남	19	FW	FW	19	양정운	11	0	0	0	0
0	0	0	0		이주현	21			90	문현호		0	0	0	0
0	0	0	0	후40	국태정	13			23	박철우	후0	0	2	0	0
0	0	0	0	후40	이용혁	23			6	김종국	후12	0	0	0	0
0	0	0	0	후30	조수철	10	대기	대기	8	최범경	후12	0	0	0	0
0	0	1	0	후20	최재영	14			33	김혜성		0	0	0	0
0	1	2	0	후0	박창준	11			9	조주영	후33	0	0	0	0
0	0	0	0		안재준	18			11	이승재	전20/6	0	0	0	0
0	2	12	11(5)			0			0			7(2)	11	0	0

● 전반 39분 이시헌 MFL ~ 조현택 PAL 내 L-ST-G (득점: 조현택, 도움: 이시헌) 왼쪽
● 후반 7분 박창준 PAL 내 ~ 이시헌 PK 좌측지점 R-ST-G (득점: 이시헌, 도움: 박창준) 가운데
● 후반 25분 유강현 PK-R-G (득점: 유강현) 오른쪽

• 7월 24일 18:00 흐림 광양 전용 1,248명
• 주심_ 정회수 부심_ 이영운·신재환 대기심_ 박종명 경기감독관_ 김성기

전남 0   0 전반 0 / 0 후반 0   **0 부산**

퇴장	경고	파울	ST(유)	교체	선수명	배번	위치	위치	배번	선수명	교체	ST(유)	파울	경고	퇴장
0	0	0	0		김다솔	31	GK	GK	31	황병근		0	0	0	0
0	0	0	0	28	여승원	17	DF	DF	66	김상준		0	1	0	0
0	0	0	0		장순혁	20	DF	DF	6	발렌티노스		0	1	0	0
0	1	3	0		고태원	5	DF	DF	50	이한도		0	1	1	0
0	0	0	4(3)	39	김태현	77	DF	DF	48	최준		0	0	0	0
0	0	0	1		이후권	16	MF	DF	2	어정원		0	1	0	0
0	0	0	0	45	장성재	6	MF	MF	4	에드워즈	11	2(1)	4	1	0
0	0	0	3		유헤이	24	MF	MF	30	라마스	8	2(1)	0	0	0
0	0	3	3		김현욱	10	MF	FW	61	정원진	33	2	0	0	0
0	0	0	1(1)	11	이중민	99	FW	FW	19	박세진	10	0	0	0	0
0	0	1	2		박인혁	18	FW	FW	18	김찬		0	1	0	0
0	0	0	0		오찬식	21			13	안준수		0	0	0	0
0	0	0	0	후39	김수범	28			27	구현준		0	0	0	0
0	0	0	0		최정원	4			28	한희훈		0	0	0	0
0	0	0	0		김건오	37	대기	대기	8	박종우	후32	0	0	0	0
0	0	0	0	후39	전승민	45			10	이상헌	후0	3(1)	0	0	0
0	0	0	1	후21	플라나	11			33	김도형	후39	0	0	0	0
0	0	0	0	후45	최성진	39			11	박정인	후32	0	0	0	0
0	1	7	15(4)			0			0			9(3)	9	2	0

• 9월 21일 19:00 맑음 안양 종합 1,202명
• 주심_ 이동준 부심_ 김계용·김지욱 대기심_ 박종명 경기감독관_ 당성증

안양 0   0 전반 0 / 0 후반 1   **1 대전**

퇴장	경고	파울	ST(유)	교체	선수명	배번	위치	위치	배번	선수명	교체	ST(유)	파울	경고	퇴장
0	0	0	0		정민기	13	GK	GK	1	이창근		0	0	0	0
0	0	1	0		이창용	4	MF	DF	3	김민덕		0	3	0	0
0	0	0	2	66	김정현	6	MF	DF	4	김재우		0	0	1	0
0	0	2	2(1)		백성동	7	MF	DF	5	권한진		0	0	0	0
0	1	2	1	88	홍창범	14	MF	DF	12	민준영	70	0	2	1	0
0	0	1	0	28	박재용	16	FW	MF	8	주세종	15	1(1)	2	0	0
0	0	0	0		김동진	22	DF	MF	10	이진현		3(2)	1	0	0
0	0	0	1(1)		박종현	25	DF	MF	17	이현식		0	3	1	0
0	0	1	1	18	정석화	27	MF	FW	11	김승섭	19	0	0	0	0
0	0	0	0		백동규	30	DF	FW	22	김인균	6	2(1)	0	0	0
0	1	1	1(1)	99	구대영	90	DF	FW	79	카이저	9	0	1	0	0
0	0	0	0		김태훈	1			25	이준서		0	0	0	0
0	1	1	0	후34	유종우	18			6	임은수	후42	0	1	0	0
0	0	1	1	후19	김륜도	28			15	임덕근	후30	0	0	0	0
0	0	0	0		연제민	40	대기	대기	9	공민현	후0	0	1	1	0
0	0	0	0	후9	황기욱	66			19	신상은	후9	1	0	0	0
0	0	1	1	후19	이정빈	88			70	레안드로	후9	1(1)	0	0	0
0	0	0	0	후34	주현우	99			94	윌리안		0	0	0	0
0	3	11	10(3)			0			0			8(5)	14	4	0

● 후반 1분 이현식 PAR TL 드로잉 ↷ 이진현 GAR EL R-ST-G (득점: 이진현, 도움: 이현식) 오른쪽

- 7월 26일 19:00 맑음 창원 축구센터 597명
- 주심_ 서동진 부심_ 설귀선·이병주 대기심_ 설태환 경기감독관_ 나승화

경남 2 2 전반 0 / 0 후반 1 **1 안산**

퇴장	경고	파울	ST(유)	교체	선수명	배번	위치	위치	배번	선수명	교체	ST(유)	파울	경고	퇴장
0	0	0	0		손 정 현	31	GK	GK	1	이 승 빈		0	0	0	0
0	0	0	0	13	이 민 기	33	DF	DF	6	신 일 수		1	1	0	0
0	0	0	1		김 영 찬	5	DF	DF	13	김 영 남		0	0	0	0
0	0	0	0		김 명 준	22	DF	DF	23	장 유 섭	36	0	0	0	0
0	0	0	0	27	박 광 일	2	DF	MF	8	이 상 민		1	1	0	0
0	0	1	3(2)		원 기 종	18	MF	MF	14	아스나위	38	0	1	0	0
0	1	3	0		이 우 혁	6	MF	MF	22	이 준 희		1	1	0	0
0	0	2	0	16	김 세 윤	70	MF	MF	35	김 경 수	17	0	0	0	0
0	0	0	2	73	모 재 현	24	MF	FW	7	두아르테		3(2)	0	0	0
0	0	0	3(2)	26	고 경 민	19	FW	FW	9	김 경 준		5(2)	1	0	0
0	0	2	7(3)		티 아 고	28	FW	FW	33	장 동 혁	15	0	2	0	0
0	0	0	0		안 호 진	87			31	이 찬 우		0	0	0	0
0	0	0	0	후22	김 지 운	27			15	송 진 규	전24	3(1)	0	0	0
0	1	1	0	후22	이 재 명	13			17	최 건 주	전 24/44	1(1)	0	0	0
0	0	0	0	후27	박 재 환	73	대기	대기	24	안 성 민		0	0	0	0
0	0	1	0	후0	이 광 진	16			36	변 승 환	후37	0	0	0	0
0	0	0	0	후42	서 재 원	26			38	박 동 휘	후14	0	1	0	0
0	0	0	0		하 남	17			44	장 동 혁	후37	0	1	0	0
0	2	10	16(7)			0			0			15(6)	9	0	0

- ●전반 40분 박광일 C.KR ↷ 티아고 GA 정면 H-ST-G (득점: 티아고, 도움: 박광일) 오른쪽
- ●전반 46분 티아고 PK-R-G (득점: 티아고) 오른쪽
- ●후반 40분 이준희 PAL ↷ 김경준 GAL H-ST-G (득점: 김경준, 도움: 이준희) 오른쪽

- 10월 05일 19:30 맑음 아산 이순신 1,022명
- 주심_ 김대용 부심_ 양재용·구은석 대기심_ 오현진 경기감독관_ 김성기

충남아산 2 1 전반 0 / 1 후반 1 **1 서울E**

퇴장	경고	파울	ST(유)	교체	선수명	배번	위치	위치	배번	선수명	교체	ST(유)	파울	경고	퇴장
0	0	0	0		박 한 근	1	GK	GK	77	윤 보 상		0	0	0	0
0	0	0	0	23	김 채 운	2	DF	DF	92	이 인 재	10	0	1	0	0
0	0	0	1		이 학 민	14	DF	DF	4	한 용 수	14	0	0	0	0
0	1	3	0	4	배 수 용	25	DF	DF	23	김 연 수		1(1)	2	0	0
0	0	0	0		이 은 범	47	DF	MF	6	채 광 훈		0	0	0	0
0	0	0	0		이 상 민	20	MF	MF	88	김 선 민		1(1)	2	0	0
0	0	0	1		김 강 국	22	MF	MF	2	황 태 현	55	0	0	0	0
0	0	1	0		박 세 직	24	MF	MF	11	김 정 환	90	1(1)	0	0	0
0	0	2	1(1)		송 승 민	7	MF	MF	44	츠 바 사		0	0	0	0
0	0	3	3(2)	9	유 강 현	10	FW	FW	9	까데나시		3(2)	2	0	0
0	0	0	0	18	정 건 우	99	MF	FW	17	이 동 률	19	2(2)	0	0	0
0	0	0	0		문 현 호	90			1	김 형 근		0	0	0	0
0	2	1	0	후42	최 규 백	4			14	이 재 익	후29	0	0	0	0
0	0	0	0	후0	박 철 우	23			55	서 보 민	후12	0	1	0	0
0	0	0	0		김 종 국	6	대기	대기	15	김 원 식		0	0	0	0
0	0	0	0	후42	조 주 영	9			19	유 정 완	후12	0	1	1	0
0	0	1	2(1)	전 17/77	강 민 규	18			90	박 준 영	후29	1	0	0	0
0	0	0	1(1)	후27	박 민 서	77			10	아 센 호	후25	1(1)	2	1	0
0	3	11	9(5)			0			0			10(8)	11	2	0

- ●전반 6분 김강국 MFR TL ↷ 송승민 GA 정면 R-ST-G (득점: 송승민, 도움: 김강국) 가운데
- ●후반 31분 박민서 MFL ~ 유강현 GAR R-ST-G (득점: 유강현, 도움: 박민서) 왼쪽
- ●후반 48분 까데나시 PK-L-G (득점: 까데나시) 왼쪽

- 7월 26일 19:30 맑음 김포솔터축구장 1,285명
- 주심_ 박종명 부심_ 이영운·홍석찬 대기심_ 김도연 경기감독관_ 김용세

김포 1 0 전반 0 / 1 후반 1 **1 부천**

퇴장	경고	파울	ST(유)	교체	선수명	배번	위치	위치	배번	선수명	교체	ST(유)	파울	경고	퇴장
0	0	0	0		이 상 욱	1	GK	GK	1	최 철 원		0	0	0	0
0	0	1	0		김 종 민	30	DF	MF	2	배 재 우		0	2	0	0
0	1	1	0		황 도 연	24	DF	DF	5	김 강 산	23	0	1	1	0
0	0	0	1		김 태 한	4	DF	DF	6	닐손주니어		0	0	0	0
0	0	0	3(2)		이 규 로	88	MF	MF	26	조 현 택		1(1)	1	0	0
0	0	1	0	99	구 본 상	8	MF	DF	45	이 동 희		1	1	0	0
0	0	3	0		김 이 석	66	MF	MF	10	조 수 철	8	0	2	0	0
0	0	0	0	25	이 중 호	22	MF	MF	25	이 시 헌		2	1	1	0
0	0	0	0	76	김 종 석	10	FW	MF	77	오 재 혁	14	0	1	0	0
0	0	1	2(2)	23	윤 민 호	32	FW	FW	11	박 창 준	27	0	0	0	0
0	0	1	0	20	한 정 우	19	FW	FW	18	안 재 준	16	0	0	0	0
0	0	0	0		최 봉 진	31			21	이 주 현		0	0	0	0
0	0	0	0		박 경 록	3			13	국 태 정		0	0	0	0
0	0	0	0	후37	최 재 훈	23			23	이 용 혁	후20	0	1	1	0
0	0	0	0	후18	박 대 한	25	대기	대기	8	김 준 형	전22	0	2	0	0
0	0	0	2(2)	후18	손 석 용	99			14	최 재 영	후36	0	2	0	0
0	0	0	4(2)	후0	조 향 기	20			16	은나마니	후0	2(1)	2	1	0
0	0	0	0	후37	이 태 민	76			27	이 의 형	후36	0	0	0	0
0	1	8	12(8)			0			0			6(2)	16	4	0

- ●후반 47분 손석용 AKL → 조향기 PA 정면 내 몸 맞고 골 (득점: 조향기, 도움: 손석용) 왼쪽
- ●후반 15분 이시헌 MF 정면 ~ 조현택 PAL 내 L-ST-G (득점: 조현택, 도움: 이시헌) 오른쪽

- 7월 27일 19:00 흐림 부산 아시아드 1,219명
- 주심_ 오현진 부심_ 구은석·김경민 대기심_ 김재홍 경기감독관_ 허태식

부산 0 0 전반 1 / 0 후반 1 **2 광주**

퇴장	경고	파울	ST(유)	교체	선수명	배번	위치	위치	배번	선수명	교체	ST(유)	파울	경고	퇴장
0	0	0	0		황 병 근	31	GK	GK	21	이 준		0	0	0	0
0	0	1	1		어 정 원	2	DF	DF	34	김 재 봉		0	2	0	0
0	0	1	0		발렌티노스	6	DF	DF	33	박 한 빈		0	0	0	0
0	0	0	0		이 한 도	50	DF	DF	28	아 론	5	1(1)	2	1	0
0	0	1	0		최 준	48	DF	MF	8	이 으 뜸	3	0	0	0	0
0	0	1	0	4	박 종 우	8	DF	MF	13	두 현 석		1	1	0	0
0	0	2	1	11	라 마 스	30	MF	MF	20	이 순 민		0	1	0	0
0	0	1	1	66	이 상 헌	10	MF	MF	15	이 희 균	16	1	2	1	0
0	0	0	1	33	정 원 진	61	FW	FW	30	하 승 운	91	0	1	0	0
0	0	0	0	21	박 세 진	19	FW	FW	11	헤 이 스		1	3	0	0
0	0	2	2(1)		김 찬	18	FW	FW	18	허 율	40	4(3)	5	1	0
0	0	0	0		안 준 수	13			5	김 현 훈	후28	0	0	0	0
0	0	0	0		구 현 준	27			40	김 승 우	후28	0	0	0	0
0	0	0	1	후0	김 상 준	66	대기	대기	3	이 민 기	후16	0	0	0	0
0	0	0	0	후4	에드워즈	4			22	이 상 기		0	0	0	0
0	0	1	2(1)	후23	문 창 진	21			16	엄 지 성	후0	1(1)	1	0	0
0	0	0	1(1)	후23	김 도 형	33			91	산 드 로	후16	0	0	0	0
0	0	10	10(3)			0			0			9(5)	18	3	0

- ●전반 32분 하승운 PA 정면 ~ 아론 GAL L-ST-G (득점: 아론, 도움: 하승운) 왼쪽
- ●후반 19분 헤이스 PAR 내 ~ 허율 GA 정면 L-ST-G (득점: 허율, 도움: 헤이스) 가운데

• 10월 05일 19:00 맑음 대전 월드컵 2,202명
• 주심_ 김동진 부심_ 지승민·주현민 대기심_ 정회수 경기감독관_ 강득수

대전 2 1 전반 1 / 1 후반 0 **1 전남**

퇴장	경고	파울	ST(유)	교체	선수명	배번	위치	위치	배번	선수명	교체	ST(유)	파울	경고	퇴장
0	0	0	0		이창근	1	GK	GK	36	임민혁		0	0	0	0
0	0	1	0		서영재	2	DF	DF	17	여승원	16	0	0	0	0
0	0	1	1(1)		김재우	4	DF	DF	3	최희원	23	0	0	0	0
0	0	0	0	3	권한진	5	DF	DF	77	김태현		0	0	0	0
0	0	1	0		조유민	20	DF	DF	28	김수범		0	1	0	0
0	0	0	1	8	이진현	10	MF	MF	19	박성결	89	2(1)	1	0	0
0	0	1	0	22	민준영	12	MF	MF	6	장성재	8	0	0	0	0
0	0	0	0		임덕근	15	MF	MF	24	유헤이		2(1)	1	0	0
0	1	1	3(2)	33	마사	7	FW	FW	7	임찬울	11	2(1)	5	1	0
0	0	0	0		레안드로	70	FW	FW	18	박인혁		2(2)	4	0	0
0	0	2	1(1)	9	윌리안	94	FW	FW	10	김현욱		1(1)	0	1	0
0	0	0	0		정산	23	대기	대기	21	오찬식		0	0	0	0
0	0	0	0	전14	김민덕	3			23	유지하	후31	0	1	0	0
0	0	0	1	후10	주세종	8			16	이후권	전19	0	2	0	0
0	0	0	0	후0	김인균	22			8	이석현	후31	0	0	0	0
0	0	0	0	후37	배준호	33			89	발로텔리	후0	0	1	0	0
0	0	1	0	후37	공민현	9			99	이중민		0	0	0	0
0	0	0	0		김승섭	11			11	플라나	후13	0	0	0	0
0	1	8	7(4)			0			0			9(6)	16	2	0

●전반 5분 레안드로 PAL 내 ~ 윌리안 GAR R-ST-G (득점: 윌리안, 도움: 레안드로) 오른쪽
●후반 24분 주세종 C,KL ↷ 김재우 GA 정면 H-ST-G (득점: 김재우, 도움: 주세종) 오른쪽
●전반 7분 박성결 AK 내 L-ST-G (득점: 박성결) 오른쪽

• 7월 30일 19:00 흐림 광주 전용 3,326명
• 주심_ 고형진 부심_ 윤재열·박상준 대기심_ 서동진 경기감독관_ 김종민

광주 1 1 전반 0 / 0 후반 0 **0 대전**

퇴장	경고	파울	ST(유)	교체	선수명	배번	위치	위치	배번	선수명	교체	ST(유)	파울	경고	퇴장
0	0	0	0		김경민	1	GK	GK	23	정산		0	0	0	0
0	0	0	0		안영규	6	DF	DF	2	서영재	22	0	1	0	0
0	0	2	1		박한빈	33	DF	DF	3	김민덕		0	3	1	0
0	0	0	0		아론	28	DF	DF	20	조유민		0	0	0	0
0	1	0	1	13	이민기	3	MF	DF	27	이종현		0	2	1	0
0	0	2	0	5	이상기	22	MF	MF	8	주세종		0	2	0	0
0	0	3	1		이순민	20	MF	MF	17	이현식	42	0	4	1	0
0	0	4	1		정호연	23	MF	MF	33	배준호	79	0	2	0	0
0	0	0	4(2)		엄지성	16	FW	MF	70	레안드로		2	0	1	0
0	1	2	1(1)	30	헤이스	11	FW	FW	11	김승섭	9	1(1)	0	0	0
0	0	3	2(1)	10	산드로	91	FW	FW	94	윌리안		2(1)	2	0	0
0	0	0	0		이준	21	대기	대기	25	이준서		0	0	0	0
0	0	0	0	후45	김현훈	5			42	변준수	후42	0	0	0	0
0	0	0	0	후30	두현석	13			10	이진현		0	0	0	0
0	0	0	0		이희균	15			14	김영욱		0	0	0	0
0	0	1	0	후30	하승운	30			22	김인균	후15	0	0	1	0
0	0	0	0		마이키	19			9	공민현	후19	0	0	0	0
0	0	0	0	후45	김종우	10			79	카이저	후0	1(1)	0	0	0
0	2	17	11(4)			0			0			6(3)	16	5	0

●전반 43분 산드로 GAL H→ 헤이스 GA 정면 R-ST-G (득점: 헤이스, 도움: 산드로) 왼쪽

• 7월 31일 19:30 비 안양 종합 1,161명
• 주심_ 최광호 부심_ 이병주·김태형 대기심_ 박종명 경기감독관_ 양정환

안양 1 0 전반 0 / 1 후반 0 **0 부산**

퇴장	경고	파울	ST(유)	교체	선수명	배번	위치	위치	배번	선수명	교체	ST(유)	파울	경고	퇴장
0	0	0	0		정민기	13	GK	GK	31	황병근		0	0	0	0
0	0	0	1		이창용	4	MF	DF	2	어정원	19	1	1	1	0
0	0	0	2(1)	27	백성동	7	MF	DF	6	발렌티노스		0	1	0	0
0	1	1	0	88	안드리고	8	MF	DF	20	조위제		0	1	0	0
0	0	1	2		아코스티	10	MF	DF	48	최준		1	4	1	0
0	0	1	3(2)		김동진	22	DF	MF	8	박종우		0	2	0	0
0	0	0	0		박종현	25	DF	MF	4	에드워즈	17	2(2)	1	0	0
0	0	1	0	16	김륜도	28	FW	MF	30	라마스		4(2)	0	0	0
0	0	1	0		백동규	30	DF	FW	61	정원진	44	1(1)	0	0	0
0	0	0	0	6	황기욱	66	MF	FW	7	드로젝	18	3(1)	0	0	0
0	0	0	2	90	주현우	99	DF	FW	11	박정인		1(1)	0	0	0
0	0	0	0		김태훈	1	대기	대기	13	안준수		0	0	0	0
0	0	1	2	후7	김정현	6			66	김상준		0	0	0	0
0	0	0	0	후27	박재용	16			19	박세진	후33	0	0	0	0
0	0	0	0		이상용	20			17	김정민	후40	0	0	0	0
0	0	0	0	후43	정석화	27			21	문창진		0	0	0	0
0	0	2	1	후7	이정빈	88			44	성호영	후6	1(1)	1	0	0
0	0	1	0	후27	구대영	90			18	김찬	후33	0	1	0	0
0	1	9	13(3)			0			0			14(8)	12	2	0

●후반 28분 아코스티 PK지점 ~ 김동진 AK 정면 L-ST-G (득점: 김동진, 도움: 아코스티) 오른쪽

• 7월 31일 20:00 비 안산 와스타디움 968명
• 주심_ 최규현 부심_ 이영운·박남수 대기심_ 성덕효 경기감독관_ 허태식

안산 3 0 전반 0 / 3 후반 0 **0 전남**

퇴장	경고	파울	ST(유)	교체	선수명	배번	위치	위치	배번	선수명	교체	ST(유)	파울	경고	퇴장
0	0	0	0		이승빈	1	GK	GK	31	김다솔		0	0	0	0
0	0	0	0	23	신일수	6	DF	DF	17	여승원	11	0	2	0	0
0	0	0	0		이와세	12	MF	DF	20	장순혁		0	3	1	0
0	1	1	0		김영남	13	DF	DF	5	고태원		2(2)	0	0	0
0	0	6	1		이상민	8	MF	DF	28	김수범	39	0	0	0	0
0	0	2	2(2)		아스나위	14	DF	MF	77	김태현		1(1)	0	0	0
0	0	0	1(1)	24	송진규	15	MF	MF	6	장성재		2(2)	0	0	0
0	0	0	0	35	이준희	22	DF	MF	45	전승민	7	1(1)	2	0	0
0	0	1	2(1)		두아르테	7	MF	MF	10	김현욱	16	1	1	0	0
0	0	0	3(3)	9	티아고	21	MF	FW	99	이중민	24	3(1)	1	0	0
0	0	1	0	17	이건영	40	FW	FW	18	박인혁		6(3)	1	0	0
0	0	0	0		김선우	19	대기	대기	21	오찬식		0	0	0	0
0	0	0	0	후41	김경준	9			4	최정원		0	0	0	0
0	0	1	0	전29	최건주	17			16	이후권	후33	0	0	0	0
0	0	0	0	전38	장유섭	23			24	유헤이	후14	0	0	0	0
0	0	0	0	후41	안성민	24			7	임찬울	후18	1	1	0	0
0	0	0	0	후41	김경수	35			11	플라나	후0	1(1)	0	0	0
0	0	0	0		박동휘	38			39	최성진	후33	1	2	0	0
0	1	12	9(7)			0			0			19(11)	13	1	0

●후반 13분 아스나위 PA 정면 내 R-ST-G (득점: 아스나위) 오른쪽
●후반 22분 두아르테 MF 정면 ~ 티아고 AK 정면 R-ST-G (득점: 티아고, 도움: 두아르테) 오른쪽
●후반 26분 두아르테 AK 정면 ~ 티아고 PK 좌측지점 R-ST-G (득점: 티아고, 도움: 두아르테) 오른쪽

• 8월 01일 19:30 흐림 목동 605명
• 주심_ 조지음 부심_ 설귀선·신재환 대기심_ 김도연 경기감독관_ 당성증

서울E 3 — 1 전반 0 / 2 후반 0 — **0 김포**

퇴장	경고	파울	ST(유)	교체	선수명	배번	위치	위치	배번	선수명	교체	ST(유)	파울	경고	퇴장
0	0	0	0		윤보상	77	GK	GK	1	이상욱		0	0	0	0
0	0	1	0		이재익	14	DF	DF	30	김종민		0	4	1	0
0	0	0	1		김연수	23	DF	DF	24	황도연	4	0	0	0	0
0	1	1	1(1)		황태현	2	DF	DF	3	박경록		0	0	0	0
0	0	2	1		서재민	22	MF	MF	88	이규로		1(1)	1	1	0
0	0	0	2(2)	90	김정환	11	MF	MF	23	최재훈	20	0	0	0	0
0	0	2	2		김선민	88	MF	MF	66	김이석		0	1	0	0
0	0	2	0	15	츠바사	44	MF	MF	25	박대한	26	0	0	0	0
0	1	1	1	6	서보민	55	MF	FW	10	김종석		0	2	1	0
0	0	0	1(1)	19	이동률	17	FW	FW	32	윤민호	76	1(1)	0	0	0
0	0	2	0	7	까데나시	9	FW	FW	19	한정우	99	0	0	0	0
0	0	0	0		김형근	1			31	최봉진		0	0	0	0
0	0	0	0		김민규	3			4	김태한	전28	0	0	0	0
0	0	1	0	후12	채광훈	6			33	윤상혁		0	0	0	0
0	0	0	1	후37	김원식	15	대기	대기	26	이강연	후29	0	1	0	0
0	0	0	0	후12	유정완	19			99	손석용	후0	1(1)	1	0	0
0	0	1	0	후0	김인성	7			20	조향기	후0	1(1)	1	0	0
0	0	0	1(1)	후37	박준영	90			76	이태민	후29	1(1)	0	0	0
0	2	13	11(5)			0			0			5(5)	11	3	0

● 전반 9분 까데나시 GA 정면 ~ 이동률 PA 정면 내 L-ST-G (득점: 이동률, 도움: 까데나시) 가운데
● 후반 34분 김정환 AKR L-ST-G (득점: 김정환) 왼쪽
● 후반 47분 박준영 PA 정면 내 R-ST-G (득점: 박준영) 오른쪽

• 8월 01일 19:30 흐림 부천 종합 1,011명
• 주심_ 설태환 부심_ 구은석·주현민 대기심_ 임정수 경기감독관_ 강득수

부천 3 — 1 전반 1 / 2 후반 0 — **1 경남**

퇴장	경고	파울	ST(유)	교체	선수명	배번	위치	위치	배번	선수명	교체	ST(유)	파울	경고	퇴장
0	0	0	0		최철원	1	GK	GK	31	손정현		0	0	0	0
0	0	0	0		배재우	2	MF	DF	33	이민기	13	0	1	0	0
0	0	1	2(1)		닐손주니어	6	DF	DF	5	김영찬		1(1)	0	0	0
0	0	0	0		이용혁	23	DF	DF	22	김명준		0	0	0	0
0	0	1	2(1)		조현택	26	MF	DF	2	박광일		0	0	0	0
0	0	0	0		이동희	45	DF	MF	18	원기종	10	1(1)	0	0	0
0	1	2	0	4	김준형	8	MF	MF	6	이우혁	29	0	2	0	0
0	0	1	1(1)		오재혁	77	MF	MF	70	김세윤	16	0	2	0	0
0	0	1	2	11	요르만	7	FW	MF	24	모재현		4	0	0	0
0	0	1	0	16	안재준	18	FW	FW	19	고경민		2(2)	0	0	0
0	1	0	3(2)	25	김호남	19	FW	FW	28	티아고		5(2)	0	0	0
0	0	0	0		김호준	39			87	안호진		0	0	0	0
0	0	0	0		국태정	13			29	이준재	후39	0	1	0	0
0	0	0	0	후44	김정호	20			13	이재명	후39	0	1	0	0
0	0	0	1(1)	후32	송홍민	4	대기	대기	73	박재환		0	0	0	0
0	0	0	1(1)	후32	이시헌	25			16	이광진	후11	0	2	1	0
0	0	1	0	후0	박창준	11			26	서재원		0	0	0	0
0	1	1	2	후0/20	은나마니	16			10	엘리아르도	후23	0	1	0	0
0	3	9	14(7)			0			0			13(6)	10	1	0

● 전반 20분 오재혁 PAL 내 ~ 김호남 PA 정면 내 R-ST-G (득점: 김호남, 도움: 오재혁) 왼쪽
● 후반 5분 닐손주니어 PK-R-G (득점: 닐손주니어) 왼쪽
● 후반 42분 송홍민 MF 정면 FK R-ST-G (득점: 송홍민) 왼쪽

● 전반 16분 모재현 PAR 내 ~ 고경민 GA 정면 내 L-ST-G (득점: 고경민, 도움: 모재현) 가운데

• 8월 06일 19:00 흐림 목동 623명
• 주심_ 김도연 부심_ 구은석·홍석찬 대기심_ 성덕효 경기감독관_ 최윤겸

서울E 2 — 2 전반 1 / 0 후반 1 — **2 안산**

퇴장	경고	파울	ST(유)	교체	선수명	배번	위치	위치	배번	선수명	교체	ST(유)	파울	경고	퇴장
0	0	0	0		윤보상	77	GK	GK	1	이승빈		0	0	0	0
0	0	1	0		이재익	14	DF	DF	4	권영호	38	0	1	1	0
0	0	0	1		김연수	23	DF	DF	12	이와세		0	1	0	0
0	0	0	0		황태현	2	DF	DF	13	김영남	23	0	1	1	0
0	0	0	0		서재민	22	MF	MF	8	이상민		0	0	0	0
0	1	3	1(1)		김선민	88	MF	MF	14	아스나위		0	2	0	0
0	0	0	1(1)	15	츠바사	44	MF	MF	15	송진규		1(1)	0	0	0
0	0	0	1	6	서보민	55	MF	MF	22	이준희	35	1(1)	1	0	0
0	0	0	1(1)	19	김정환	11	FW	FW	7	두아르테		1(1)	0	0	0
0	0	3	3(3)	90	아센호	10	FW	FW	16	신재혁	17	0	0	0	0
0	0	0	1(1)	7	이동률	17	FW	FW	21	티아고	9	3(2)	0	0	0
0	0	0	0		김형근	1			19	김선우		0	0	0	0
0	0	0	0	후0	채광훈	6			9	김경준	후37	3(1)	0	0	0
0	0	1	1	후21	김원식	15			17	최건주	전35	1	0	0	0
0	0	0	0	후34	유정완	19	대기	대기	23	장유섭	후0	1	1	0	0
0	0	0	0		박태준	33			24	안성민		0	0	0	0
0	0	1	0	후12	박준영	90			35	김경수	후37	0	0	0	0
0	0	1	2(1)	후0	김인성	7			38	박동휘	후4	1(1)	2	0	0
0	1	10	12(8)			0			0			12(7)	9	2	0

● 전반 29분 이동률 GA 정면 내 L-ST-G (득점: 이동률) 가운데
● 전반 38분 아센호 PK-R-G (득점: 아센호) 오른쪽

● 전반 41분 두아르테 PAR 내 EL ↷ 이준희 GAL R-ST-G (득점: 이준희, 도움: 두아르테) 오른쪽
● 후반 48분 송진규 AK 정면 ~ 김경준 PAR 내 R-ST-G (득점: 김경준, 도움: 송진규) 왼쪽

• 8월 07일 19:00 맑음 아산 이순신 546명
• 주심_ 정회수 부심_ 이병주·김태형 대기심_ 서동진 경기감독관_ 나승화

충남아산 0 — 0 전반 1 / 0 후반 1 — **2 광주**

퇴장	경고	파울	ST(유)	교체	선수명	배번	위치	위치	배번	선수명	교체	ST(유)	파울	경고	퇴장
0	0	0	0		박한근	1	GK	GK	1	김경민		0	0	0	0
0	0	0	0	23	김채운	2	DF	DF	6	안영규		0	2	0	0
0	0	0	0		이재성	5	DF	DF	34	김재봉	33	0	1	1	0
0	2	2	0		박성우	13	DF	DF	5	김현훈		1(1)	0	0	0
0	0	2	0		이은범	47	DF	MF	8	이으뜸	3	0	1	0	0
0	0	0	2(2)		최범경	8	FW	MF	13	두현석	22	0	1	0	0
0	0	1	0		이상민	20	MF	MF	20	이순민		0	0	0	0
0	0	0	1(1)		박세직	24	MF	MF	23	정호연		1	3	0	0
0	1	1	2(2)	22	김혜성	33	MF	FW	30	하승운	19	0	0	0	0
0	0	0	1	10	강민규	18	FW	FW	11	헤이스		1	0	0	0
0	0	0	0	99	박민서	77	FW	FW	91	산드로	18	3(3)	0	0	0
0	0	0	0		문현호	90			21	이준		0	0	0	0
0	0	0	0		이학민	14			33	박한빈	후0	1	2	1	0
0	0	0	2	후11	박철우	23			22	이상기	후35	0	0	0	0
0	0	0	0	후30	김강국	22	대기	대기	3	이민기	후22	1	0	0	0
0	0	1	1(1)	후0	송승민	7			15	이희균		0	0	0	0
0	0	0	2(1)	후0	유강현	10			19	마이키	후22	2(2)	0	0	0
0	0	0	0	전43/7	정건우	99			18	허율	후35	0	0	0	0
0	3	7	11(7)			0			0			10(6)	10	2	0

● 전반 46분 이으뜸 PAL ↷ 산드로 GA 정면 L-ST-G (득점: 산드로, 도움: 이으뜸) 오른쪽
● 후반 46분 헤이스 센타서클 H ↷ 마이키 PAL 내 L-ST-G (득점: 마이키, 도움: 헤이스) 왼쪽

• 8월 07일 19:30 맑음 대전 월드컵 1,981명
• 주심_ 최규현 부심_ 이양우·주현민 대기심_ 김우성 경기감독관_ 김용세

대전 3 | 1 전반 0 / 2 후반 0 | **0 부산**

퇴장	경고	파울	ST(유)	교체	선수명	배번	위치	위치	배번	선수명	교체	ST(유)	파울	경고	퇴장
0	1	0	0		이준서	25	GK	GK	31	황병근		0	0	0	0
0	0	0	0	9	김민덕	3	DF	DF	2	어정원	66	1(1)	0	0	0
0	0	0	0		민준영	12	DF	DF	50	이한도		0	1	0	0
0	0	2	1		조유민	20	DF	DF	20	조위제		0	0	0	0
0	0	1	0	42	이종현	27	DF	DF	19	박세진		0	2	1	0
0	0	0	0	22	마사	7	MF	MF	8	박종우	27	0	1	0	0
0	0	2	0		주세종	8	MF	MF	4	에드워즈		2(1)	2	0	0
0	0	0	0		임덕근	15	MF	MF	61	정원진	44	1(1)	1	0	0
0	0	0	0		레안드로	70	MF	FW	10	이상헌		0	2	0	0
0	0	2	5(1)		윌리안	94	MF	FW	7	드로젝	30	0	0	0	0
0	0	0	2(1)	11	카이저	79	FW	FW	18	김찬	33	2(1)	0	0	0
0	0	0	0		정산	23	대기	대기	13	안준수		0	0	0	0
0	0	1	0	전29	변준수	42			6	발렌티노스		0	0	0	0
0	0	0	0		이진현	10			27	구현준	후34	0	0	0	0
0	0	0	0		이현식	17			66	김상준	후34	0	0	0	0
0	0	0	2(1)	후14	김인균	22			30	라마스	후6	1(1)	0	0	0
0	0	0	2(2)	후31	공민현	9			44	성호영	후24	0	0	0	0
0	0	0	1(1)	후31	김승섭	11			33	김도형	후34	1	0	0	0
0	1	8	13(6)			0			0			8(5)	9	1	0

● 전반 39분 마사 GAL → 카이저 GAR 내 L-ST-G (득점: 카이저, 도움: 마사) 오른쪽
● 후반 30분 김인균 AKR L-ST-G (득점: 김인균) 왼쪽
● 후반 41분 공민현 GA 정면 내 R-ST-G (득점: 공민현) 오른쪽

• 8월 08일 19:00 맑음 광양 전용 1,041명
• 주심_ 서동진 부심_ 설귀선·김경민 대기심_ 김재홍 경기감독관_ 김성기

전남 1 | 0 전반 0 / 1 후반 1 | **1 부천**

퇴장	경고	파울	ST(유)	교체	선수명	배번	위치	위치	배번	선수명	교체	ST(유)	파울	경고	퇴장
0	0	0	0		김다솔	31	GK	GK	1	최철원		0	0	0	0
0	1	1	0		여승원	17	DF	MF	2	배재우		0	1	0	0
0	0	1	0		최정원	4	DF	DF	5	김강산		0	0	0	0
0	0	0	1		고태원	5	DF	DF	6	닐손주니어		1(1)	1	0	0
0	0	1	0		김수범	28	DF	DF	23	이용혁		0	1	1	0
0	0	1	3(1)		임찬울	7	MF	MF	26	조현택		2	0	0	0
0	0	1	1	55	장성재	6	MF	MF	8	김준형		1	2	1	0
0	0	0	2(1)		김현욱	10	MF	FW	11	박창준	25	0	1	0	0
0	1	2	0		전승민	45	MF	MF	77	오재혁		2(2)	2	0	0
0	0	1	0	11	추상훈	40	MF	FW	19	김호남	14	1(1)	2	1	0
0	0	1	0	18	이중민	99	FW	FW	27	이의형	18	1	1	0	0
0	0	0	0		임민혁	36	대기	대기	21	이주현		0	0	0	0
0	0	0	0		장순혁	20			13	국태정		0	0	0	0
0	0	0	0	후30	최호정	55			45	이동희		0	0	0	0
0	0	0	0		이규혁	38			4	송홍민		0	0	0	0
0	0	0	0		정우빈	29			14	최재영	후29	1	0	0	0
0	0	1	0	후33	박인혁	18			25	이시헌	후29	2(1)	0	0	0
0	0	0	0	후16	플라나	11			18	안재준	후20	0	0	0	0
0	2	10	7(2)			0			0			11(5)	11	3	0

● 후반 19분 플라나 PAR ↷ 임찬울 GAL 내 H-ST-G (득점: 임찬울, 도움: 플라나) 왼쪽
● 후반 40분 김준형 PAR TL FK ↷ 닐손주니어 GA 정면 H-ST-G (득점: 닐손주니어, 도움: 김준형) 가운데

• 8월 08일 19:00 흐림 창원 축구센터 627명
• 주심_ 오현진 부심_ 이영운·서영규 대기심_ 조지음 경기감독관_ 김종민

경남 2 | 0 전반 1 / 2 후반 2 | **3 안양**

퇴장	경고	파울	ST(유)	교체	선수명	배번	위치	위치	배번	선수명	교체	ST(유)	파울	경고	퇴장
0	0	0	0		손정현	31	GK	GK	13	정민기		0	0	0	0
0	0	1	0	13	이민기	33	DF	DF	4	이창용		0	0	0	0
0	0	0	2(2)		김영찬	5	DF	MF	6	김정현	66	0	1	1	0
0	0	1	0		김명준	22	DF	MF	7	백성동	14	1	0	0	0
0	0	0	0	29	김지운	27	DF	FW	10	아코스티		3(3)	1	1	0
0	0	0	0	95	모재현	24	MF	FW	16	박재용	28	0	1	1	0
0	0	1	1(1)		이광진	16	MF	MF	22	김동진		2(1)	1	0	0
0	0	1	0	70	이우혁	6	MF	DF	25	박종현		0	0	0	0
0	0	4	0		고경민	19	FW	DF	30	백동규		0	2	0	0
0	0	0	1(1)	10	원기종	18	FW	MF	88	이정빈	8	1(1)	0	0	0
0	0	2	3(2)		티아고	28	FW	MF	99	주현우	90	0	0	0	0
0	0	0	0		고동민	88	대기	대기	21	박성수		0	0	0	0
0	0	0	1	후0	이준재	29			8	안드리고	후17	0	0	0	0
0	0	0	0	후0	이재명	13			14	홍창범	후35	1	0	0	0
0	0	0	0		박재환	73			20	이상용		0	0	0	0
0	0	0	0	후10	김세윤	70			28	김륜도	후0	0	0	0	0
0	0	1	0	후22	카스트로	95			66	황기욱	후23	0	1	0	0
0	0	0	1(1)	후22	엘리아르도	10			90	구대영	후35	0	0	0	0
0	0	11	9(7)			0			0			8(5)	7	3	0

● 후반 33분 김세윤 MFL ↷ 티아고 GA 정면 H-ST-G (득점: 티아고, 도움: 김세윤) 왼쪽
● 후반 43분 김세윤 C.KR ↷ 김영찬 GA 정면 H-ST-G (득점: 김영찬, 도움: 김세윤) 왼쪽
● 전반 17분 주현우 PAR ↷ 김동진 GAL 내 H-ST-G (득점: 김동진, 도움: 주현우) 왼쪽
● 후반 3분 이준재 GAL 내 EL L 자책골 (득점: 이준재) 왼쪽
● 후반 48분 김동진 PAL ~ 아코스티 PAL 중거리슛 R-ST-G (득점: 아코스티, 도움: 김동진) 오른쪽

• 8월 13일 18:00 흐림 광양 전용 1,042명
• 주심_ 조지음 부심_ 이양우·주현민 대기심_ 김도연 경기감독관_ 김성기

전남 2 | 2 전반 1 / 0 후반 1 | **2 안양**

퇴장	경고	파울	ST(유)	교체	선수명	배번	위치	위치	배번	선수명	교체	ST(유)	파울	경고	퇴장
0	0	0	0		임민혁	36	GK	GK	13	정민기		0	0	0	0
0	0	0	0		여승원	17	DF	DF	4	이창용	20	0	1	0	0
0	0	1	0		최정원	4	DF	FW	7	백성동		1(1)	1	0	0
0	0	0	1(1)		고태원	5	DF	MF	8	안드리고		3(2)	1	0	0
0	0	2	0		김수범	28	DF	MF	22	김동진		2(1)	1	0	0
0	0	0	2(2)	89	임찬울	7	MF	DF	25	박종현	6	0	1	0	0
0	0	1	1(1)		전승민	45	MF	FW	28	김륜도	16	1(1)	0	0	0
0	0	0	1(1)		김현욱	10	MF	DF	30	백동규		0	2	0	0
0	0	2	1(1)		이후권	16	MF	MF	66	황기욱	88	0	0	0	0
0	0	0	1	11	추상훈	40	MF	MF	90	구대영	2	0	1	1	0
0	0	3	0		박인혁	18	FW	FW	99	주현우		2	0	0	0
0	0	0	0		오찬식	21	대기	대기	1	김태훈		0	0	0	0
0	0	0	0		최희원	3			2	정준연	후38	0	0	0	0
0	0	0	0		이규혁	38			6	김정현	후0	0	1	0	0
0	0	0	0		한호강	30			16	박재용	후26	0	0	0	0
0	0	0	0		김건오	37			20	이상용	후26	0	1	0	0
0	0	0	1	후0	플라나	11			40	연제민		0	0	0	0
0	0	0	0	후20	발로텔리	89			88	이정빈	후0	1(1)	1	0	0
0	0	9	8(6)			0			0			10(6)	11	1	0

● 전반 17분 임찬울 PAL R-ST-G (득점: 임찬울) 왼쪽
● 전반 46분 김현욱 C.KL ↷ 고태원 GAL 내 H-ST-G (득점: 고태원, 도움: 김현욱) 오른쪽
● 전반 34분 김동진 AK 정면 ~ 안드리고 AK 내 R-ST-G (득점: 안드리고, 도움: 김동진) 오른쪽
● 후반 3분 백성동 PK-R-G (득점: 백성동) 오른쪽

• 8월 13일 20:00 흐림 안산 와스타디움 1,319명
• 주심_ 박종명 부심_ 설귀선·서영규 대기심_ 김재홍 경기감독관_ 나승화

안산 0 0 전반 0 / 0 후반 0 **0 광주**

퇴장	경고	파울	ST(유)	교체	선수명	배번	위치	위치	배번	선수명	교체	ST(유)	파울	경고	퇴장
0	0	0	0		이 승 빈	1	GK	GK	1	김 경 민		0	0	0	0
0	0	0	0		김 영 남	13	DF	DF	6	안 영 규	8	1	1	1	0
0	0	1	1(1)		김 민 호	20	DF	DF	33	박 한 빈		2(2)	0	0	0
0	0	2	0	14	안 성 민	24	DF	DF	28	아 론		2(2)	1	0	0
0	0	2	0		이 상 민	8	MF	MF	3	이 민 기		0	1	0	0
0	0	0	0		송 진 규	15	MF	MF	22	이 상 기		0	3	0	0
0	0	1	0		이 준 희	22	MF	MF	23	정 호 연	10	0	1	0	0
0	2	1	0		박 동 휘	38	MF	MF	15	이 희 균	20	3	2	0	0
0	0	1	1		두아르테	7	FW	FW	16	엄 지 성		7(3)	0	0	0
0	1	1	0	17	신 재 혁	16	FW	FW	19	마 이 키	11	2(2)	0	0	0
0	0	0	0	9	티 아 고	21	FW	FW	18	허 율	91	3(1)	1	0	0
0	0	0	0		김 선 우	19			21	이 준		0	0	0	0
0	0	3	3(3)	전7	김 경 준	9			5	김 현 훈		0	0	0	0
0	0	1	0	후20	아스나위	14			8	이 으 뜸	후27	0	0	0	0
0	0	1	1	전31	최 건 주	17	대기	대기	20	이 순 민	후0	0	1	0	0
0	0	0	0		김 경 수	35			10	김 종 우	후19	3(1)	0	0	0
0	0	0	0		변 승 환	36			11	헤 이 스	후0	0	0	0	0
0	0	0	0		장 동 혁	44			91	산 드 로	후0	0	0	0	0
0	3	14	6(4)			0			0			23(11)	11	1	0

• 8월 13일 20:00 흐림 부천 종합 1,013명
• 주심_ 최광호 부심_ 이영운·이병주 대기심_ 최규현 경기감독관_ 강득수

부천 0 0 전반 0 / 0 후반 0 **0 서울E**

퇴장	경고	파울	ST(유)	교체	선수명	배번	위치	위치	배번	선수명	교체	ST(유)	파울	경고	퇴장
0	0	0	0		최 철 원	1	GK	GK	77	윤 보 상		0	0	0	0
0	0	0	1		배 재 우	2	MF	DF	14	이 재 익		1	1	0	0
0	0	1	0		김 강 산	5	DF	DF	15	김 원 식		0	1	0	0
0	0	0	1		닐손주니어	6	DF	DF	23	김 연 수		0	2	0	0
0	0	0	1		조 현 택	26	MF	MF	22	서 재 민		0	0	0	0
0	0	1	0		이 동 희	45	DF	MF	88	김 선 민		0	1	0	0
0	0	2	3(1)	14	송 홍 민	4	MF	MF	55	서 보 민	6	1	1	0	0
0	0	2	5(3)	18	이 시 헌	25	FW	MF	11	김 정 환	7	0	2	0	0
0	0	1	1		오 재 혁	77	MF	MF	44	츠 바 사	33	0	0	0	0
0	0	1	1(1)	11	김 호 남	19	FW	FW	9	까데나시		3(2)	2	1	0
0	0	2	1	22	이 의 형	27	FW	FW	17	이 동 률	30	1	0	0	0
0	0	0	0		이 주 현	21			1	김 형 근		0	0	0	0
0	0	0	0		국 태 정	13			6	채 광 훈	후35	0	0	0	0
0	0	0	0		김 정 호	20			5	김 진 환		0	0	0	0
0	0	0	1(1)	후14	박 창 준	11	대기	대기	19	유 정 완	후42	0	1	0	0
0	0	0	0	후30	최 재 영	14			33	박 태 준	후0	0	1	0	0
0	0	0	0	후46	안 재 준	18			30	김 정 수	후17/19	1	0	0	0
0	0	0	1	후14	한 지 호	22			7	김 인 성	후17	0	1	0	0
0	0	10	16(6)			0			0			7(2)	13	1	0

• 8월 14일 18:00 흐림 대전 월드컵 2,070명
• 주심_ 오현진 부심_ 구은석·신재환 대기심_ 서동진 경기감독관_ 허태식

대전 2 2 전반 1 / 0 후반 0 **1 충남아산**

퇴장	경고	파울	ST(유)	교체	선수명	배번	위치	위치	배번	선수명	교체	ST(유)	파울	경고	퇴장
0	0	0	0		이 준 서	25	GK	GK	21	박 주 원		0	0	0	0
0	0	1	0	42	김 민 덕	3	DF	MF	2	김 채 운	23	0	1	0	0
0	0	1	0		임 은 수	6	DF	MF	14	이 학 민		0	0	0	0
0	0	1	0		조 유 민	20	DF	DF	16	유 준 수	6	0	0	0	0
0	0	1	0	10	주 세 종	8	MF	DF	47	이 은 범		0	1	0	0
0	1	2	0		민 준 영	12	MF	DF	20	이 상 민		2	0	0	0
0	0	1	1(1)		임 덕 근	15	MF	MF	22	김 강 국	8	1(1)	4	0	0
0	1	2	1(1)		김 인 균	22	MF	MF	24	박 세 직		2(1)	1	0	0
0	0	0	0	17	레안드로	70	FW	MF	7	송 승 민		2(1)	0	0	0
0	0	1	3(2)	11	윌 리 안	94	FW	FW	18	강 민 규	11	1(1)	0	0	0
0	0	2	1(1)	9	카 이 저	79	FW	FW	99	정 건 우	10	0	0	0	0
0	0	0	0		정 산	23			90	문 현 호		0	0	0	0
0	0	1	0	후40	변 준 수	42			23	박 철 우	후0	0	0	0	0
0	0	0	0		마 사	7			25	배 수 용		0	0	0	0
0	0	0	1(1)	후27	이 진 현	10	대기	대기	6	김 종 국	후33	0	1	0	0
0	0	1	0	후40	이 현 식	17			8	최 범 경	후33	0	0	0	0
0	0	2	0	후22	공 민 현	9			10	유 강 현	전16	2(2)	2	0	0
0	0	0	0	후40	김 승 섭	11			11	이 승 재	후15	0	1	0	0
0	2	16	7(6)			0			0			10(6)	11	0	0

● 전반 40분 임덕근 MF 정면 ↷ 카이저 GA 정면 H-ST-G (득점: 카이저, 도움: 임덕근) 오른쪽
● 전반 44분 윌리안 PA 정면 내 R-ST-G (득점: 윌리안) 오른쪽

● 전반 33분 유강현 PK-R-G (득점: 유강현) 왼쪽

• 8월 14일 20:00 비 김포솔터축구장 1,196명
• 주심_ 정회수 부심_ 김경민·박남수 대기심_ 성덕효 경기감독관_ 김용세

김포 1 1 전반 1 / 0 후반 2 **3 경남**

퇴장	경고	파울	ST(유)	교체	선수명	배번	위치	위치	배번	선수명	교체	ST(유)	파울	경고	퇴장
0	0	0	0		최 봉 진	31	GK	GK	31	손 정 현		0	0	0	0
0	0	1	0		김 종 민	30	DF	DF	13	이 재 명	2	0	1	0	0
0	0	0	0		김 태 한	4	DF	DF	5	김 영 찬		1(1)	2	0	0
0	0	0	0		박 경 록	3	DF	DF	22	김 명 준		0	0	0	0
0	0	1	0	27	이 규 로	88	MF	DF	29	이 준 재		0	0	0	0
0	0	4	4(3)		이 성 재	6	MF	MF	18	원 기 종		2(2)	1	0	0
0	0	0	1	14	김 이 석	66	MF	MF	16	이 광 진	70	0	0	0	0
0	0	0	0	25	이 중 호	22	MF	MF	6	이 우 혁		0	1	1	0
0	0	3	0	32	손 석 용	99	FW	FW	95	카스트로	24	1(1)	1	0	0
0	0	1	6(3)		조 향 기	20	FW	FW	10	엘리아르도	19	1	0	0	0
0	1	2	1(1)	76	나 성 은	47	FW	FW	28	티 아 고	73	3(2)	1	0	0
0	0	0	0		이 상 욱	1			88	고 동 민		0	0	0	0
0	0	0	0		윤 상 혁	33			73	박 재 환	후25	0	1	1	0
0	0	0	0	후37	양 준 아	14			2	박 광 일	후21	0	1	0	0
0	0	0	0	후0	박 대 한	25	대기	대기	45	이 찬 욱		0	0	0	0
0	0	0	0	후26	윤 민 호	32			70	김 세 윤	후25	0	1	0	0
0	0	1	0	후44	윤 태 웅	27			24	모 재 현	후8	2(1)	0	0	0
0	0	0	1	후44	이 태 민	76			19	고 경 민	후8	2(1)	1	0	0
0	1	13	13(7)			0			0			12(8)	11	2	0

● 전반 35분 김태한 자기 측 HL 정면 ↷ 나성은 GAL R-ST-G (득점: 나성은, 도움: 김태한) 왼쪽

● 전반 18분 이준재 PAR ↷ 티아고 GA 정면 H-ST-G (득점: 티아고, 도움: 이준재) 오른쪽
● 후반 39분 원기종 GAR 내 R-ST-G (득점: 원기종) 오른쪽
● 후반 48분 원기종 MF 정면 ~ 모재현 GAR R-ST-G (득점: 모재현, 도움: 원기종) 오른쪽

- 8월 16일 19:00 맑음 안양 종합 1,064명
- 주심_ 박종명 부심_ 구은석·신재환 대기심_ 정회수 경기감독관_ 당성증

안양 4 2 전반 0 / 2 후반 2 **2 부천**

퇴장	경고	파울	ST(유)	교체	선수명	배번	위치	위치	배번	선수명	교체	ST(유)	파울	경고	퇴장
0	0	0	0		정민기	13	GK	GK	1	최철원		0	0	0	0
0	0	0	0	90	정준연	2	MF	MF	2	배재우	13	0	0	0	0
0	1	3	1(1)		이창용	4	DF	DF	5	김강산		2(1)	1	0	0
0	1	3	0		김정현	6	MF	DF	6	닐손주니어		0	0	0	0
0	0	0	1(1)	99	백성동	7	FW	MF	26	조현택		0	2	1	0
0	0	0	5(3)		안드리고	8	MF	DF	45	이동희		0	0	0	0
0	0	1	4(1)		아코스티	10	FW	MF	8	김준형	4	0	0	0	0
0	0	0	1	9	박재용	16	FW	FW	25	이시헌	11	0	0	0	0
0	0	1	0	88	김동진	22	MF	MF	77	오재혁		2(2)	1	0	0
0	0	0	0	20	박종현	25	DF	FW	19	김호남	22	1(1)	2	1	0
0	0	1	1(1)		백동규	30	DF	FW	27	이의형	18	1(1)	2	0	0
0	0	0	0		박성수	21			21	이주현		0	0	0	0
0	0	0	2(1)	후16	조나탄	9			13	국태정	후31	0	0	0	0
0	0	0	0	후16	이상용	20			23	이용혁		0	0	0	0
0	0	0	0		김륜도	28	대기	대기	4	송홍민	후0	2	0	0	0
0	0	0	0	후45	이정빈	88			11	박창준	후0	2(2)	0	0	0
0	0	1	0	후31	구대영	90			18	안재준	후23	0	0	0	0
0	0	0	1(1)	후31	주현우	99			22	한지호	후0	0	0	0	0
0	2	10	16(9)			0			0			10(7)	8	2	0

- 전반 5분 아코스티 AKR ~ 안드리고 PAR 내 R-ST-G (득점: 안드리고, 도움: 아코스티) 오른쪽
- 전반 30분 백성동 AK 정면 ~ 안드리고 PAL 내 L-ST-G (득점: 안드리고, 도움: 백성동) 오른쪽
- 후반 13분 아코스티 PAR 내 EL ~ 백동규 AK 내 R-ST-G (득점: 백동규, 도움: 아코스티) 왼쪽
- 후반 33분 구대영 PAR 내 ~ 안드리고 GAR R-ST-G (득점: 안드리고, 도움: 구대영) 왼쪽
- 후반 42분 박창준 PA 정면 내 L-ST-G (득점: 박창준) 왼쪽
- 후반 47분 송홍민 MFR ↷ 박창준 GAL R-ST-G (득점: 박창준, 도움: 송홍민) 오른쪽

- 8월 16일 19:00 비 부산 아시아드 1,062명
- 주심_ 서동진 부심_ 이양우·주현민 대기심_ 김재홍 경기감독관_ 차상해

부산 1 0 전반 0 / 1 후반 0 **0 서울E**

퇴장	경고	파울	ST(유)	교체	선수명	배번	위치	위치	배번	선수명	교체	ST(유)	파울	경고	퇴장
0	0	0	0		구상민	1	GK	GK	1	김형근		0	0	0	0
0	0	2	0		박세진	19	DF	DF	14	이재익		0	1	0	0
0	0	1	0		이한도	50	DF	DF	23	김연수		0	1	0	0
0	0	0	1		발렌티노스	6	DF	DF	2	황태현		3(1)	0	0	0
0	1	1	0		최준	48	DF	MF	6	채광훈	92	0	0	0	0
0	0	1	0	15	김상준	66	MF	MF	88	김선민		1	0	0	0
0	0	1	0		에드워즈	4	MF	MF	55	서보민	33	2	0	0	0
0	0	0	1	2	라마스	30	MF	MF	11	김정환	90	1	2	0	0
0	0	0	2(2)		정원진	61	FW	MF	44	츠바사	15	0	0	0	0
0	0	0	3	18	드로젝	7	FW	FW	17	이동률	9	0	0	0	0
0	0	0	3(2)	45	박정인	11	FW	FW	7	김인성		3	3	0	0
0	0	0	0		황병근	31			31	주현성		0	0	0	0
0	0	0	0	후39	황준호	45			92	이인재	후40	0	0	0	0
0	0	1	0	후15	어정원	2			8	곽성욱		0	0	0	0
0	0	0	0	후31	이청웅	15	대기	대기	15	김원식	후13	0	0	0	0
0	0	0	0		김정민	17			33	박태준	후25	0	0	0	0
0	0	0	0		성호영	44			90	박준영	후25	0	0	0	0
0	0	2	0	후15	김찬	18			9	까데나시	후0	1(1)	0	0	0
0	1	9	10(4)			0			0			11(2)	7	0	0

- 후반 17분 어정원 PA 정면 ~ 박정인 PA 정면 R-ST-G (득점: 박정인, 도움: 어정원) 오른쪽

- 8월 17일 19:00 맑음 광주 전용 872명
- 주심_ 최현재 부심_ 이병주·홍석찬 대기심_ 성덕효 경기감독관_ 강득수

광주 1 0 전반 0 / 1 후반 1 **1 전남**

퇴장	경고	파울	ST(유)	교체	선수명	배번	위치	위치	배번	선수명	교체	ST(유)	파울	경고	퇴장
0	0	0	0		김경민	1	GK	GK	36	임민혁		0	0	0	0
0	1	1	0	5	김재봉	34	DF	DF	38	이규혁	7	1	1	0	0
0	0	1	1(1)	15	박한빈	33	DF	DF	4	최정원		0	1	0	0
0	0	0	1(1)		아론	28	DF	DF	5	고태원		0	0	0	0
0	1	1	0	3	이으뜸	8	MF	DF	28	김수범		0	0	0	0
0	0	1	1		두현석	13	MF	MF	77	김태현	17	1	1	0	0
0	0	0	1(1)		이순민	20	MF	MF	45	전승민	89	1	0	0	0
0	0	2	0		정호연	23	MF	MF	16	이후권		0	4	1	0
0	0	2	0	16	하승운	30	FW	MF	11	플라나		1(1)	0	1	0
0	1	2	3(1)	19	헤이스	11	FW	FW	10	김현욱	30	0	1	0	0
0	0	4	3(1)		산드로	91	FW	FW	18	박인혁	40	1(1)	0	0	0
0	0	0	0		이준	21			21	오찬식		0	0	0	0
0	0	0	0	후18	김현훈	5			3	최희원		0	0	0	0
0	0	1	0	후0	이민기	3			30	한호강	후48	0	0	0	0
0	1	1	1(1)	후18	이희균	15	대기	대기	17	여승원	후48	0	0	0	0
0	0	0	1	후24	마이키	19			7	임찬울	후14	1(1)	0	0	0
0	0	1	2	후18	엄지성	16			40	추상훈	후37	0	0	0	0
0	0	0	0		이건희	24			89	발로텔리	후0	1(1)	2	0	0
0	4	17	14(6)			0			0			7(4)	10	2	0

- 후반 4분 하승운 PAL → 산드로 GAL R-ST-G (득점: 산드로, 도움: 하승운) 오른쪽
- 후반 29분 발로텔리 GAR ~ 임찬울 GAR R-ST-G (득점: 임찬울, 도움: 발로텔리) 왼쪽

- 8월 17일 19:00 흐림 창원 축구센터 572명
- 주심_ 안재훈 부심_ 설귀선·김경민 대기심_ 조지음 경기감독관_ 허기태

경남 2 0 전반 1 / 2 후반 0 **1 대전**

퇴장	경고	파울	ST(유)	교체	선수명	배번	위치	위치	배번	선수명	교체	ST(유)	파울	경고	퇴장
0	0	0	0		손정현	31	GK	GK	25	이준서		0	0	0	0
0	0	0	0	6	박재환	73	DF	DF	4	김재우		0	2	0	0
0	0	0	0		김영찬	5	DF	DF	6	임은수	15	0	0	0	0
0	1	1	0	45	김명준	22	DF	DF	20	조유민		1	1	0	0
0	0	0	0	2	이준재	29	DF	MF	8	주세종		0	4	0	0
0	0	1	0	33	김세윤	70	MF	MF	10	이진현	7	1(1)	2	0	0
0	0	0	0		이광진	16	MF	MF	12	민준영		1(1)	1	1	0
0	0	1	1		모재현	24	MF	MF	14	김영욱	3	0	0	0	0
0	0	0	3(2)		카스트로	95	FW	FW	13	전병관	94	1(1)	0	0	0
0	0	1	2(1)	19	엘리아르도	10	FW	FW	70	레안드로		1(1)	0	0	0
0	0	3	1(1)		티아고	28	FW	FW	79	카이저		3	1	0	0
0	0	0	0		고동민	88			23	정산		0	0	0	0
0	1	3	0	후0	이민기	33			3	김민덕	후5	0	0	0	0
0	0	0	0	후21	박광일	2			7	마사	후28	0	0	0	0
0	0	0	0	후27	이찬욱	45	대기	대기	15	임덕근	후28	1	1	0	0
0	0	0	1	후0	이우혁	6			17	이현식		0	0	0	0
0	0	0	0		서재원	26			9	공민현		0	0	0	0
0	1	0	2(1)	후6	고경민	19			94	윌리안	전27	1	4	0	0
0	3	10	10(5)			0			0			10(4)	16	1	0

- 후반 24분 티아고 PK-R-G (득점: 티아고) 왼쪽
- 후반 37분 모재현 PAR 내 ~ 고경민 GAR 내 L-ST-G (득점: 고경민, 도움: 모재현) 오른쪽
- 전반 4분 카이저 GAR EL ~ 레안드로 GA 정면 R-ST-G (득점: 레안드로, 도움: 카이저) 왼쪽

• 8월 17일 19:30 맑음 아산 이순신 441명
• 주심_ 최규현 부심_ 이영운·서영규 대기심_ 임정수 경기감독관_ 김성기

충남아산 0 — 0 전반 0 / 0 후반 1 — **1 김포**

퇴장	경고	파울	ST(유)	교체	선수명	배번	위치	위치	배번	선수명	교체	ST(유)	파울	경고	퇴장
0	0	0	0		박 주 원	21	GK	GK	1	이 상 욱		0	0	1	0
0	0	0	0		이 호 인	3	DF	DF	30	김 종 민		0	2	1	0
0	0	3	1		이 학 민	14	MF	DF	4	김 태 한		0	1	0	0
0	0	2	2(1)		박 철 우	23	MF	DF	3	박 경 록		0	1	0	0
0	1	0	2		이 은 범	47	DF	MF	25	박 대 한	33	0	4	0	0
0	0	1	1		이 상 민	20	DF	MF	10	김 종 석	26	1(1)	0	0	0
0	0	2	2		김 강 국	22	MF	MF	66	김 이 석		1(1)	1	1	0
0	0	1	2(1)		박 세 직	24	MF	MF	88	이 규 로		1(1)	1	0	0
0	0	1	1		송 승 민	7	FW	FW	99	손 석 용	20	0	0	0	0
0	0	0	4(4)	9	유 강 현	10	FW	FW	32	윤 민 호	76	0	2	0	0
0	0	2	0	18	양 정 운	19	FW	FW	47	나 성 은	18	0	0	0	0
0	0	0	0		문 현 호	90			31	최 봉 진		0	0	0	0
0	0	0	0		김 채 운	2			33	윤 상 혁	후44	0	0	1	0
0	0	0	0		배 수 용	25			6	이 성 재		0	0	0	0
0	0	0	1	후26	최 범 경	8	대기	대기	26	이 강 연	후44	0	0	0	0
0	0	0	0		김 혜 성	33			18	정 의 찬	후21	0	0	0	0
0	0	0	1(1)	후36	조 주 영	9			20	조 향 기	후2	0	0	1	0
0	0	0	0	전19/8	강 민 규	18			76	이 태 민	후21	0	1	0	0
0	1	12	17(7)			0			0			3(3)	13	5	0

●후반 23분 김이석 AK 내 R-ST-G (득점: 김이석) 왼쪽

• 8월 20일 19:00 맑음 목동 1,403명
• 주심_ 김도연 부심_ 구은석·신재환 대기심_ 조지음 경기감독관_ 나승화

서울E 0 — 0 전반 2 / 0 후반 2 — **4 광주**

퇴장	경고	파울	ST(유)	교체	선수명	배번	위치	위치	배번	선수명	교체	ST(유)	파울	경고	퇴장
0	0	0	0		김 형 근	1	GK	GK	1	김 경 민		0	0	0	0
0	0	0	0		이 재 익	14	DF	DF	6	안 영 규	20	0	1	0	0
0	0	1	0		김 연 수	23	DF	DF	34	김 재 봉		0	0	0	0
0	0	0	1(1)	55	황 태 현	2	DF	DF	5	김 현 훈	28	0	1	1	0
0	0	0	0	90	서 재 민	22	MF	MF	3	이 민 기	13	1	1	1	0
0	0	5	1(1)		김 선 민	88	MF	MF	22	이 상 기	30	0	1	0	0
0	0	0	1(1)		채 광 훈	6	MF	MF	33	박 한 빈		1(1)	2	0	0
0	0	1	1	8	김 정 환	11	MF	MF	23	정 호 연		1	0	0	0
0	0	0	0	15	츠 바 사	44	MF	FW	16	엄 지 성		3(2)	1	0	0
0	0	2	1(1)		까데나시	9	FW	FW	11	헤 이 스		3(3)	0	0	0
0	0	3	2(1)	10	김 정 수	30	FW	FW	24	이 건 희	91	2(2)	0	0	0
0	0	0	0		주 현 성	31			21	이 준		0	0	0	0
0	0	0	0		이 인 재	92			28	아 론	후0	0	3	0	0
0	0	0	0	후38	서 보 민	55			13	두 현 석	후27	0	1	0	0
0	0	0	2	후23	곽 성 욱	8	대기	대기	20	이 순 민	후0	1(1)	1	0	0
0	0	2	0	후0	김 원 식	15			30	하 승 운	후35	0	0	0	0
0	0	0	1(1)	후10	박 준 영	90			19	마 이 키		0	0	0	0
0	1	2	0	후0	아 센 호	10			91	산 드 로	후0	1(1)	1	0	0
0	1	16	10(6)			0			0			13(10)	13	2	0

●전반 22분 헤이스 PK-R-G (득점: 헤이스) 왼쪽
●전반 29분 이민기 MFL ~ 이건희 GAL L-ST-G (득점: 이건희, 도움: 이민기) 가운데
●후반 23분 헤이스 GAL 내 L-ST-G (득점: 헤이스) 가운데
●후반 27분 산드로 센터서클 ~ 엄지성 PAR 내 R-ST-G (득점: 엄지성, 도움: 산드로) 가운데

• 8월 21일 18:00 맑음 대전 월드컵 2,884명
• 주심_ 설태환 부심_ 이영운·홍석찬 대기심_ 서동진 경기감독관_ 당성증

대전 2 — 0 전반 2 / 2 후반 1 — **3 안양**

퇴장	경고	파울	ST(유)	교체	선수명	배번	위치	위치	배번	선수명	교체	ST(유)	파울	경고	퇴장
0	0	0	0		이 준 서	25	GK	GK	13	정 민 기		0	0	0	0
0	0	0	0		김 민 덕	3	DF	MF	4	이 창 용		0	0	0	0
0	0	0	0	2	민 준 영	12	DF	MF	6	김 정 현	88	0	4	1	0
0	0	2	1		김 영 욱	14	DF	MF	7	백 성 동	28	0	0	0	0
0	0	0	2		조 유 민	20	DF	MF	8	안드리고	99	2(1)	1	0	0
0	0	0	0		마 사	7	MF	MF	10	아코스티		0	1	0	0
0	0	0	1		주 세 종	8	MF	FW	16	박 재 용	9	1(1)	1	0	0
0	0	1	1(1)		임 덕 근	15	MF	DF	22	김 동 진	66	0	1	0	0
0	0	0	0	9	레안드로	70	FW	DF	25	박 종 현		0	0	0	0
0	0	0	3(1)		카 이 저	79	FW	DF	30	백 동 규		0	2	0	0
0	1	2	3(2)		윌 리 안	94	FW	DF	90	구 대 영		0	1	0	0
0	0	0	0		정 산	23			1	김 태 훈		0	0	0	0
0	0	0	0	후0	서 영 재	2			9	조 나 탄	후0	2(2)	2	1	0
0	0	0	0		변 준 수	42			28	김 륜 도	후41	1	0	0	0
0	0	0	0		이 진 현	10	대기	대기	40	연 제 민		0	0	0	0
0	0	0	0		이 현 식	17			66	황 기 욱	후30	0	1	0	0
0	0	2	0	후0	공 민 현	9			88	이 정 빈	후45	1	0	0	0
0	0	0	0		전 병 관	13			99	주 현 우	후30	0	1	0	0
0	1	7	11(4)			0			0			7(4)	15	2	0

●후반 12분 윌리안 PK-R-G (득점: 윌리안) 왼쪽
●후반 29분 임덕근 PAR ↷ 카이저 GA 정면 H-ST-G (득점: 카이저, 도움: 임덕근) 왼쪽

●전반 5분 아코스티 GAR ~ 안드리고 GA 정면 내 L-ST-G (득점: 안드리고, 도움: 아코스티) 왼쪽
●전반 25분 아코스티 PAR ~ 박재용 PAR 내 R-ST-G (득점: 박재용, 도움: 아코스티) 왼쪽
●후반 48분 아코스티 PAR 내 ~ 조나탄 GAL R-ST-G (득점: 조나탄, 도움: 아코스티) 왼쪽

• 8월 21일 20:00 맑음 김포솔터축구장 1,301명
• 주심_ 최광호 부심_ 설귀선·김태형 대기심_ 박종명 경기감독관_ 김종민

김포 1 — 0 전반 0 / 1 후반 1 — **1 전남**

퇴장	경고	파울	ST(유)	교체	선수명	배번	위치	위치	배번	선수명	교체	ST(유)	파울	경고	퇴장
0	0	0	0		이 상 욱	1	GK	GK	36	임 민 혁		0	0	0	0
0	1	2	0		김 종 민	30	DF	DF	77	김 태 현		1	1	0	0
0	0	1	0		김 태 한	4	DF	DF	4	최 정 원		0	1	0	0
0	0	0	1(1)		박 경 록	3	DF	DF	5	고 태 원		0	2	0	0
0	0	0	0	25	윤 상 혁	33	MF	DF	28	김 수 범		2(1)	0	0	0
0	0	2	0	10	이 강 연	26	MF	MF	7	임 찬 울	30	1(1)	1	0	0
0	0	2	3(2)	32	이 성 재	6	MF	MF	45	전 승 민		4(4)	0	0	0
0	0	1	1(1)		이 규 로	88	MF	MF	10	김 현 욱	24	1(1)	1	0	0
0	0	2	3(3)		손 석 용	99	FW	MF	11	플 라 나	40	1	0	0	0
0	0	0	0		조 향 기	20	FW	FW	89	발로텔리		0	2	1	0
0	0	0	0	18	나 성 은	47	FW	FW	18	박 인 혁	99	4(2)	1	0	0
0	0	0	0		최 봉 진	31			21	오 찬 식		0	0	0	0
0	0	0	0	후18	박 대 한	25			3	최 희 원		0	0	0	0
0	0	0	1(1)	후18	김 종 석	10			30	한 호 강	후22	0	0	0	0
0	0	0	0		한 정 우	19	대기	대기	38	이 규 혁		0	0	0	0
0	0	1	1(1)	후0/76	정 의 찬	18			24	유 헤 이	후16	1(1)	0	0	0
0	0	0	0	후38	윤 민 호	32			40	추 상 훈	후36	1(1)	0	0	0
0	0	0	0	후38	이 태 민	76			99	이 중 민	후36	0	0	0	0
0	1	11	10(9)			0			0			16(11)	9	1	0

●후반 46분 이규로 PAL 내 L-ST-G (득점: 이규로) 왼쪽

●후반 14분 전승민 PAL ↷ 박인혁 GAR R-ST-G (득점: 박인혁, 도움: 전승민) 가운데

• 8월 22일 19:00 흐림 안산 와스타디움 537명
• 주심_ 성덕효 부심_ 김경민·주현민 대기심_ 정회수 경기감독관_ 양정환

안산 2 0 전반 0 / 2 후반 2 **2 충남아산**

퇴장	경고	파울	ST(유)	교체	선수명	배번	위치	위치	배번	선수명	교체	ST(유)	파울	경고	퇴장
0	0	0	0		이승빈	1	GK	GK	21	박주원		0	0	0	0
0	0	0	1	21	권영호	4	DF	DF	3	이호인		0	1	0	1
0	1	2	1		김영남	13	DF	MF	14	이학민		2(1)	0	0	0
0	0	0	0		김민호	20	DF	MF	23	박철우	2	0	2	0	0
0	0	0	0		이상민	8	MF	DF	47	이은범		1(1)	0	0	0
0	0	1	0	29	아스나위	14	MF	DF	20	이상민		0	2	0	0
0	0	0	2(1)		송진규	15	MF	MF	22	김강국	33	1	1	0	0
0	0	0	1(1)		이준희	22	MF	MF	24	박세직		4(1)	1	0	0
0	0	0	0	17	김경수	35	MF	MF	7	송승민	18	1	0	0	0
0	1	2	2(1)		두아르테	7	FW	FW	10	유강현	9	2(1)	0	1	0
0	0	3	2(2)		김경준	9	FW	FW	99	정건우	8	0	1	0	0
0	0	0	0		김선우	19	대기	대기	90	문현호		0	0	0	0
0	0	0	0		신재혁	16			2	김채운	후27	0	1	0	0
0	0	0	1	전27	최건주	17			25	배수용		0	0	0	0
0	0	0	0	후9	티아고	21			8	최범경	전27	0	2	0	0
0	0	0	0		안성민	24			33	김혜성	후35	0	0	0	0
0	0	0	1(1)	후38	김예성	29			9	조주영	후35	1	1	0	0
0	0	0	0		변승환	36			18	강민규	후27	2(2)	0	0	0
0	2	8	11(6)			0			0			14(6)	12	1	1

● 후반 15분 아스나위 PAR ↷ 김경준 GAR R-ST-G (득점: 김경준, 도움: 아스나위) 왼쪽
● 후반 22분 이은범 GA 정면 R 자책골 (득점: 이은범) 왼쪽
● 후반 5분 최범경 GAL 내 H ↷ 유강현 GA 정면 내 H-ST-G (득점: 유강현, 도움: 최범경) 가운데
● 후반 36분 김채운 PAL ↷ 이학민 GAR R-ST-G (득점: 이학민, 도움: 김채운) 왼쪽

• 8월 22일 19:30 흐림 부천 종합 802명
• 주심_ 오현진 부심_ 이병주·서영규 대기심_ 김도연 경기감독관_ 김용세

부천 1 0 전반 0 / 1 후반 1 **1 부산**

퇴장	경고	파울	ST(유)	교체	선수명	배번	위치	위치	배번	선수명	교체	ST(유)	파울	경고	퇴장
0	0	0	0		최철원	1	GK	GK	1	구상민		0	0	0	0
0	0	1	0		배재우	2	MF	DF	19	박세진	15	0	0	0	0
0	0	0	1		김강산	5	DF	DF	50	이한도		1	2	0	0
0	0	0	3(1)		닐손주니어	6	DF	DF	6	발렌티노스		1(1)	0	0	0
0	1	2	0		이용혁	23	DF	DF	48	최준		0	0	0	0
0	0	1	1		조현택	26	MF	MF	66	김상준		0	0	0	0
0	0	1	2(1)		송홍민	4	MF	MF	4	에드워즈	27	0	0	0	0
0	0	3	0	8	최재영	14	MF	MF	2	어정원	45	2(2)	0	0	0
0	0	0	1(1)	25	오재혁	77	FW	MF	61	정원진		3(2)	0	0	0
0	1	2	1(1)	7	한지호	22	FW	FW	18	김찬	44	1	1	0	0
0	0	0	2(1)	11	이의형	27	FW	FW	11	박정인	7	2(1)	0	0	0
0	0	0	0		이주현	21	대기	대기	31	황병근		0	0	0	0
0	0	0	0		국태정	13			20	조위제		0	0	0	0
0	0	0	0		이동희	45			27	구현준	후43	0	0	0	0
0	0	0	1(1)	후14	김준형	8			15	이청웅	후43	0	0	1	0
0	0	0	1(1)	후14	박창준	11			45	황준호	후28	0	0	0	0
0	0	1	1	후32	이시헌	25			44	성호영	후28	0	1	0	0
0	0	0	2(1)	후32	요르만	7			7	드로젝	후10	0	0	0	0
0	2	11	16(8)			0			0			10(6)	4	1	0

● 후반 39분 조현택 MFL ~ 요르만 GAL L-ST-G (득점: 요르만, 도움: 조현택) 오른쪽
● 후반 33분 정원진 PK-R-G (득점: 정원진) 왼쪽

• 8월 27일 16:00 맑음 광주 전용 1,335명
• 주심_ 채상협 부심_ 설귀선·홍석찬 대기심_ 조지음 경기감독관_ 김성기

광주 1 1 전반 0 / 0 후반 0 **0 부산**

퇴장	경고	파울	ST(유)	교체	선수명	배번	위치	위치	배번	선수명	교체	ST(유)	파울	경고	퇴장
0	0	0	0		김경민	1	GK	GK	1	구상민		0	0	0	0
0	0	0	0	34	안영규	6	DF	DF	2	어정원		2	0	0	0
0	0	0	0		아론	28	DF	DF	50	이한도		0	0	0	0
0	0	2	2(1)		이민기	3	DF	DF	20	조위제		1	0	0	0
0	0	0	1	8	이상기	22	DF	DF	48	최준		1	1	0	0
0	0	2	1(1)		정호연	23	MF	MF	66	김상준	45	0	1	0	0
0	0	0	1	18	이희균	15	MF	MF	61	정원진	6	2(1)	3	0	0
0	0	2	1(1)	30	엄지성	16	MF	MF	19	박세진	44	0	1	1	0
0	0	0	0	33	김종우	10	MF	MF	7	드로젝	37	0	3	0	0
0	0	1	1		헤이스	11	MF	FW	10	이상헌	4	0	1	0	0
0	1	6	2(1)		산드로	91	FW	FW	11	박정인		1	1	0	1
0	0	0	0		노희동	32	대기	대기	31	황병근		0	0	0	0
0	0	0	0		김현훈	5			6	발렌티노스	후43	0	0	0	0
0	0	0	0	후0	김재봉	34			27	구현준		0	0	0	0
0	1	2	0	후32	이으뜸	8			4	에드워즈	후0	1	0	0	0
0	0	1	0	후21	박한빈	33			45	황준호	후0	2	0	0	0
0	0	3	0	후2	하승운	30			44	성호영	후18	0	0	0	0
0	0	0	0	후21	허율	18			37	이현준	후18	0	2	0	0
0	2	19	9(4)			0			0			10(1)	13	1	1

● 전반 33분 엄지성 PK-R-G (득점: 엄지성) 왼쪽

• 8월 27일 18:30 맑음 대전 월드컵 3,351명
• 주심_ 정동식 부심_ 김경민·주현민 대기심_ 최철준 경기감독관_ 허기태

대전 3 0 전반 0 / 3 후반 1 **1 부천**

퇴장	경고	파울	ST(유)	교체	선수명	배번	위치	위치	배번	선수명	교체	ST(유)	파울	경고	퇴장
0	0	0	0		이준서	25	GK	GK	1	최철원		0	0	0	0
0	0	1	2(1)		서영재	2	DF	MF	2	배재우	45	2	0	0	0
0	0	2	0		김영욱	14	DF	DF	5	김강산		0	0	0	0
0	0	0	0		조유민	20	DF	DF	6	닐손주니어		3(1)	1	0	0
0	0	0	0		변준수	42	DF	MF	13	국태정	26	0	1	0	0
0	0	1	1	10	마사	7	MF	DF	23	이용혁		0	0	1	0
0	0	0	0	19	주세종	8	MF	MF	4	송홍민		1	1	0	0
0	0	0	3		임덕근	15	MF	MF	8	김준형	77	0	1	0	0
0	0	2	0	70	이현식	17	MF	FW	25	이시헌	11	1	1	0	0
0	1	2	4(3)		카이저	79	FW	FW	18	안재준	27	1	0	0	0
0	0	4	4(3)		윌리안	94	FW	FW	19	김호남		1(1)	2	0	0
0	0	0	0		정산	23	대기	대기	21	이주현		0	0	0	0
0	0	0	0		권한진	5			26	조현택	후31	0	0	0	0
0	0	0	0		민준영	12			45	이동희	후31	0	0	0	0
0	0	0	0	후46	이진현	10			11	박창준	후24	0	0	0	0
0	0	0	1(1)	후42	공민현	9			77	오재혁	후31	0	0	0	0
0	0	0	0	후46	신상은	19			7	요르만		0	0	0	0
0	0	0	0	후16/9	레안드로	70			27	이의형	후8	0	3	2	0
0	1	12	15(8)			0			0			9(2)	10	3	0

● 후반 25분 윌리안 GA 정면 내 L-ST-G (득점: 윌리안) 왼쪽
● 후반 43분 카이저 PK-R-G (득점: 카이저) 오른쪽
● 후반 48분 신상은 MFR ↷ 공민현 GAL L-ST-G (득점: 공민현, 도움: 신상은) 오른쪽
● 후반 36분 닐손주니어 PAR 내 R-ST-G (득점: 닐손주니어) 오른쪽

• 8월 27일 18:30 맑음 안양 종합 3,027명
• 주심_ 김희곤 부심_ 구은석·서영규 대기심_ 김도연 경기감독관_ 차상해

안양 0 | 0 전반 0 / 0 후반 0 | **0 김포**

퇴장	경고	파울	ST(유)	교체	선수명	배번	위치	위치	배번	선수명	교체	ST(유)	파울	경고	퇴장
0	0	0	0		정민기	13	GK	GK	1	이상욱		0	0	0	0
0	1	1	3(1)		이창용	4	MF	DF	30	김종민		1	1	1	0
0	0	2	1(1)		백성동	7	MF	DF	4	김태한		0	0	0	0
0	0	1	0	88	안드리고	8	MF	DF	3	박경록	10	0	0	0	0
0	1	0	1	90	아코스티	10	MF	MF	33	윤상혁	25	0	0	0	0
0	0	0	0	9	박재용	16	FW	MF	66	김이석		0	5	0	0
0	0	0	0		김동진	22	DF	MF	23	최재훈		1	1	0	0
0	1	3	0		박종현	25	DF	MF	88	이규로		0	2	0	0
0	0	1	2(1)	2	백동규	30	DF	FW	99	손석용		3(3)	3	0	0
0	0	1	1(1)		황기욱	66	MF	FW	32	윤민호	20	1(1)	1	0	0
0	0	1	0	28	주현우	99	DF	FW	18	정의찬		0	0	0	0
0	0	0	0		박성수	21			31	최봉진		0	0	0	0
0	0	0	0	후45	정준연	2			25	박대한	후5	0	2	0	0
0	0	0	1(1)	후0	조나탄	9			10	김종석	후37	0	0	0	0
0	0	1	1	후18	김륜도	28	대기	대기	26	이강연		0	0	0	0
0	0	0	0		연제민	40			17	홍창오		0	0	0	0
0	0	1	0	후30	이정빈	88			20	조향기	후14	0	0	0	0
0	0	0	1(1)	후0	구대영	90			76	이태민		0	0	0	0
0	3	12	11(6)			0			0			6(4)	15	1	0

• 8월 28일 16:00 맑음 광양 전용 1,234명
• 주심_ 박종명 부심_ 이병주·신재환 대기심_ 서동진 경기감독관_ 김성기

전남 1 | 0 전반 1 / 1 후반 2 | **3 충남아산**

퇴장	경고	파울	ST(유)	교체	선수명	배번	위치	위치	배번	선수명	교체	ST(유)	파울	경고	퇴장
0	0	0	0		임민혁	36	GK	GK	1	박한근		0	0	0	0
0	0	0	0	28	여승원	17	DF	FW	2	김채운	23	0	1	1	0
0	0	2	0		최정원	4	DF	DF	5	이재성		1	0	0	0
0	0	0	0		고태원	5	DF	MF	13	박성우	14	1(1)	0	0	0
0	0	2	1(1)		김태현	77	DF	MF	47	이은범		0	0	0	0
0	0	2	1(1)	45	임찬울	7	MF	DF	20	이상민		1	1	0	0
0	0	1	1		김현욱	10	MF	MF	22	김강국	8	1(1)	0	0	0
0	0	1	0	18	이후권	16	MF	MF	24	박세직		1	1	0	0
0	0	0	1	99	플라나	11	MF	DF	33	김혜성		0	1	0	0
0	0	1	6(3)		발로텔리	89	FW	FW	10	유강현	9	4(4)	1	0	0
0	0	0	1	40	유헤이	24	FW	FW	99	정건우	7	0	0	0	0
0	0	0	0		오찬식	21			90	문현호		0	0	0	0
0	0	0	0		장순혁	20			14	이학민	후32	0	0	0	0
0	0	0	0	후18	김수범	28			23	박철우	후0	2(1)	0	0	0
0	0	0	0	후27	전승민	45	대기	대기	25	배수용		0	0	0	0
0	0	0	0	후44	추상훈	40			8	최범경	후36	0	0	0	0
0	0	0	0	후44	이중민	99			7	송승민	전20	0	1	0	0
0	0	3	1(1)	후0	박인혁	18			9	조주영	후36	1	0	0	0
0	0	12	12(6)			0			0			12(7)	6	1	0

● 후반 11분 발로텔리 GAR 내 R-ST-G (득점: 발로텔리) 왼쪽

● 전반 27분 유강현 GA 정면 내 R-ST-G (득점: 유강현) 가운데
● 후반 9분 유강현 GAL 내 EL R-ST-G (득점: 유강현) 왼쪽
● 후반 17분 박세직 MFL ~ 박철우 GAL L-ST-G (득점: 박철우, 도움: 박세직) 왼쪽

• 8월 28일 18:30 맑음 창원 축구센터 925명
• 주심_ 설태환 부심_ 이영운·김태형 대기심_ 김재홍 경기감독관_ 허태식

경남 2 | 2 전반 0 / 0 후반 1 | **1 안산**

퇴장	경고	파울	ST(유)	교체	선수명	배번	위치	위치	배번	선수명	교체	ST(유)	파울	경고	퇴장
0	1	0	0		손정현	31	GK	GK	1	이승빈	19	0	0	0	0
0	0	2	0		이민기	33	DF	DF	4	권영호		3(1)	0	0	0
0	0	0	0		박재환	73	DF	DF	13	김영남	44	1	0	0	0
0	0	1	1		김명준	22	DF	DF	20	김민호		0	0	0	0
0	0	1	0		이준재	29	DF	MF	7	두아르테		3(1)	0	0	0
0	0	0	1(1)	10	카스트로	95	MF	MF	8	이상민		0	2	0	0
0	1	2	0		이우혁	6	MF	MF	14	아스나위		0	0	0	0
0	0	1	0		이광진	16	MF	MF	22	이준희		1	2	0	0
0	0	1	4(2)		모재현	24	MF	MF	16	신재혁	15	1(1)	0	0	0
0	0	0	0	19	원기종	18	FW	FW	9	김경준		5(4)	3	0	0
0	0	1	5(2)		티아고	28	FW	FW	17	최건주		0	0	0	0
0	0	0	0		고동민	88			19	김선우	후0	0	0	0	0
0	0	0	0		이광선	20			15	송진규	후0	1(1)	0	0	0
0	0	0	0		우주성	15	대기	대기	24	안성민		0	0	0	0
0	0	0	0		박민서	66			35	김경수		0	0	0	0
0	0	0	0	후35	김세윤	70			38	박동휘		0	0	0	0
0	0	0	0	후24/70	엘리아르도	10			44	장동혁	후32	0	0	0	0
0	2	9	11(5)			0			0			15(8)	7	0	0

● 전반 19분 원기종 PAL 내 ~ 카스트로 GAL R-ST-G (득점: 카스트로, 도움: 원기종) 오른쪽
● 전반 42분 이민기 PAL TL ⌒ 모재현 PAR 내 L-ST-G (득점: 모재현, 도움: 이민기) 왼쪽

● 후반 9분 김경준 GA 정면 내 L-ST-G (득점: 김경준) 왼쪽

• 8월 30일 19:00 흐림 부산 아시아드 1,029명
• 주심_ 안재훈 부심_ 김경민·주현민 대기심_ 박종명 경기감독관_ 허태식

부산 0 | 0 전반 0 / 0 후반 1 | **1 안양**

퇴장	경고	파울	ST(유)	교체	선수명	배번	위치	위치	배번	선수명	교체	ST(유)	파울	경고	퇴장
0	0	0	0		구상민	1	GK	GK	13	정민기		0	0	0	0
0	0	0	0	19	구현준	27	DF	DF	2	정준연		0	1	0	0
0	0	0	0		이한도	50	DF	MF	6	김정현		1	3	1	0
0	1	1	0		발렌티노스	6	DF	FW	9	조나탄	16	2(1)	0	0	0
0	0	1	1(1)		최준	48	DF	MF	23	이재용	27	0	1	0	0
0	0	2	0	10	김상준	66	MF	MF	28	김륜도	7	1	1	0	0
0	0	0	2(1)		정원진	61	MF	DF	40	연제민		0	1	0	0
0	0	0	1	4	어정원	2	MF	DF	83	윤준성		0	1	0	0
0	0	1	0	45	성호영	44	MF	MF	88	이정빈	8	1	0	0	0
0	0	0	1	37	드로젝	7	FW	DF	90	구대영		0	2	1	0
0	0	0	6(3)		라마스	30	MF	MF	99	주현우	22	0	0	0	0
0	0	0	0		황병근	31			1	김태훈		0	0	0	0
0	0	0	0		김동수	23			7	백성동	후26	1	0	0	0
0	0	0	0	전29	박세진	19			8	안드리고	후7	2(1)	2	0	0
0	0	0	0	후35	에드워즈	4	대기	대기	16	박재용	후26	0	1	0	0
0	0	1	0	후7	황준호	45			22	김동진	후41	0	1	1	0
0	1	2	0	후35	이상헌	10			27	정석화	후0	2(1)	0	0	0
0	0	0	0	후7	이현준	37			30	백동규		0	0	0	0
0	2	8	11(5)			0			0			10(3)	14	3	0

● 후반 46분 정석화 GA 정면 내 R-ST-G (득점: 정석화) 가운데

- 8월 30일 19:30 비 부천 종합 555명
- 주심_ 김우성 부심_ 송봉근·방기열 대기심_ 김대용 경기감독관_ 당성증

부천 2 1 전반 0 / 1 후반 1 **1 광주**

퇴장	경고	파울	ST(유)	교체	선수명	배번	위치	위치	배번	선수명	교체	ST(유)	파울	경고	퇴장
0	0	0	0		최 철 원	1	GK	GK	1	김 경 민		0	0	0	0
0	0	2	0		김 강 산	5	DF	DF	6	안 영 규		0	2	0	0
0	0	1	0		닐손주니어	6	DF	DF	33	박 한 빈		1(1)	1	0	0
0	0	1	2(2)		조 현 택	26	MF	DF	5	김 현 훈	28	0	0	0	0
0	0	1	0		이 동 희	45	DF	MF	3	이 민 기		1(1)	0	0	0
0	0	1	1	4	김 준 형	8	MF	MF	13	두 현 석	30	0	1	0	0
0	0	3	1(1)		박 창 준	11	FW	MF	15	이 희 균	34	0	1	0	0
0	0	1	3(3)	18	이 시 헌	25	FW	MF	23	정 호 연		0	2	0	0
0	0	2	1		오 재 혁	77	MF	FW	91	산 드 로	10	5	3	1	0
0	0	1	0	7	김 호 남	19	MF	FW	11	헤 이 스		1(1)	1	0	0
0	1	1	1		한 지 호	22	FW	FW	18	허 율	24	0	2	1	0
0	0	0	0		이 주 현	21			21	이 준		0	0	0	0
0	0	0	0		배 재 우	2			34	김 재 봉	후29	2(1)	2	0	0
0	0	0	0		국 태 정	13			28	아 론	후0	0	0	0	0
0	0	0	0		김 정 호	20	대기	대기	22	이 상 기		0	0	0	0
0	0	0	0	후13	송 홍 민	4			10	김 종 우	후19	0	0	0	0
0	0	0	0	후26	요 르 만	7			30	하 승 운	후29	1	0	0	0
0	0	0	1(1)	후46	안 재 준	18			24	이 건 희	전15	0	0	0	0
0	1	14	10(7)			0			0			11(4)	15	2	0

- 전반 44분 이시헌 GAL 내 EL R-ST-G (득점: 이시헌) 왼쪽
- 후반 23분 한지호 GAR H→ 이시헌 PK 우측 지점 R-ST-G (득점: 이시헌, 도움: 한지호) 왼쪽
- 후반 7분 박한빈 PAR 내 EL ↷ 헤이스 GA 정면 H-ST-G (득점: 헤이스, 도움: 박한빈) 왼쪽

- 8월 31일 19:00 흐림 아산 이순신 433명
- 주심_ 조지음 부심_ 구은석·서영규 대기심_ 최승환 경기감독관_ 차상해

충남아산 2 1 전반 1 / 1 후반 0 **1 경남**

퇴장	경고	파울	ST(유)	교체	선수명	배번	위치	위치	배번	선수명	교체	ST(유)	파울	경고	퇴장
0	0	0	0		박 한 근	1	GK	GK	88	고 동 민		0	0	0	0
0	0	0	1		이 재 성	5	DF	DF	73	박 재 환		0	1	0	0
0	0	0	0	14	박 성 우	13	DF	DF	5	김 영 찬		0	0	0	0
0	0	3	1		박 철 우	23	DF	DF	15	우 주 성	29	0	0	0	0
0	0	1	0		이 은 범	47	DF	MF	33	이 민 기		0	1	1	0
0	0	1	1(1)		이 상 민	20	MF	MF	2	박 광 일	6	1	1	0	0
0	0	0	3(1)		김 강 국	22	MF	MF	16	이 광 진		1(1)	0	0	0
0	1	1	1		박 세 직	24	MF	MF	26	서 재 원	24	2(2)	0	0	0
0	0	0	5(3)		송 승 민	7	MF	MF	95	카스트로		1(1)	0	0	0
0	0	1	1	9	유 강 현	10	FW	FW	28	티 아 고	22	3(1)	1	1	0
0	0	1	1	8	양 정 운	19	MF	FW	10	엘리아르도	19	0	2	0	0
0	0	0	0		문 현 호	90			87	안 호 진		0	0	0	0
0	0	0	0		김 채 운	2			29	이 준 재	후23	0	1	1	0
0	0	0	0	후38	이 학 민	14			66	박 민 서		0	0	0	0
0	0	0	0		배 수 용	25	대기	대기	22	김 명 준	후44	0	0	0	0
0	0	2	0	전24	최 범 경	8			6	이 우 혁	후23	0	0	0	0
0	0	0	0		김 혜 성	33			24	모 재 현	후9	1(1)	1	1	0
0	0	0	0	후38	조 주 영	9			19	고 경 민	후9	2	1	0	0
0	1	10	14(5)			0			0			11(6)	9	4	0

- 전반 29분 김영찬 GA 정면 L 자책골 (득점: 김영찬) 왼쪽
- 후반 49분 이상민 MFR L-ST-G (득점: 이상민) 오른쪽
- 전반 12분 엘리아르도 (대기) MFR TL ~ 서재원 AKR L-ST-G (득점: 서재원, 도움: 엘리아르도 (대기)) 오른쪽

- 8월 31일 19:30 맑음 목동 1,210명
- 주심_ 정회수 부심_ 이영운·신재환 대기심_ 설태환 경기감독관_ 허기태

서울E 2 2 전반 1 / 0 후반 0 **1 대전**

퇴장	경고	파울	ST(유)	교체	선수명	배번	위치	위치	배번	선수명	교체	ST(유)	파울	경고	퇴장
0	0	0	0		윤 보 상	77	GK	GK	25	이 준 서		0	0	0	0
0	0	0	0		이 재 익	14	DF	DF	12	민 준 영		1	3	0	0
0	1	1	0		김 원 식	15	DF	DF	14	김 영 욱		0	2	1	0
0	1	1	0		김 연 수	23	DF	DF	20	조 유 민		1(1)	1	1	0
0	0	0	1(1)		채 광 훈	6	MF	DF	42	변 준 수		0	1	0	0
0	0	3	0		김 선 민	88	MF	MF	7	마 사	79	0	0	0	0
0	0	0	0	55	황 태 현	2	MF	MF	8	주 세 종	17	1	1	0	0
0	1	3	1	19	김 정 환	11	MF	MF	10	이 진 현	9	1(1)	0	0	0
0	0	0	2(2)	92	츠 바 사	44	MF	MF	15	임 덕 근		2(1)	0	0	0
0	0	2	1(1)	90	까데나시	9	FW	FW	70	레안드로	19	0	0	0	0
0	0	0	2(2)	7	이 동 률	17	FW	FW	94	윌 리 안		3(3)	1	0	0
0	0	0	0		김 형 근	1			23	정 산		0	0	0	0
0	1	0	0	후19	이 인 재	92			4	김 재 우		0	0	0	0
0	0	0	0	후32	서 보 민	55			6	임 은 수		0	0	0	0
0	0	0	0		곽 성 욱	8	대기	대기	17	이 현 식	후18	0	1	0	0
0	0	1	0	후32	유 정 완	19			9	공 민 현	후26	1(1)	0	0	0
0	0	2	0	후19	박 준 영	90			19	신 상 은	후18	1(1)	1	0	0
0	0	1	1(1)	후12	김 인 성	7			79	카 이 저	전32	0	0	0	0
0	4	14	8(7)			0			0			11(8)	11	2	0

- 전반 22분 까데나시 GA 정면 R-ST-G (득점: 까데나시) 오른쪽
- 전반 26분 김정환 PAL 내 ~ 이동률 GAL L-ST-G (득점: 이동률, 도움: 김정환) 오른쪽
- 전반 43분 이진현 MF 정면 L-ST-G (득점: 이진현) 가운데

- 8월 31일 19:30 맑음 김포솔터축구장 768명
- 주심_ 오현진 부심_ 설귀선·이병주 대기심_ 서동진 경기감독관_ 양정환

김포 0 0 전반 1 / 0 후반 2 **3 안산**

퇴장	경고	파울	ST(유)	교체	선수명	배번	위치	위치	배번	선수명	교체	ST(유)	파울	경고	퇴장
0	0	0	0		이 상 욱	1	GK	GK	19	김 선 우		0	0	1	0
0	0	0	1	19	윤 상 혁	33	DF	DF	4	권 영 호		0	2	0	0
0	0	0	0		이 강 연	26	DF	DF	20	김 민 호		0	1	0	0
0	0	1	0		김 태 한	4	DF	DF	24	안 성 민		0	1	0	0
0	0	2	2(1)		김 이 석	66	MF	MF	8	이 상 민		2(1)	1	0	0
0	0	0	3		김 종 석	10	FW	MF	14	아스나위	36	0	2	0	0
0	2	4	1		이 성 재	6	MF	MF	22	이 준 희	38	1(1)	0	0	0
0	0	0	0		박 대 한	25	MF	MF	35	김 경 수	17	0	2	0	0
0	0	1	1(1)	18	이 태 민	76	MF	FW	7	두아르테		2(2)	0	0	0
0	0	0	1(1)	20	윤 민 호	32	FW	FW	9	김 경 준		2(1)	2	0	0
0	0	0	1	99	권 민 재	29	MF	FW	15	송 진 규	16	0	1	0	0
0	0	0	0		최 봉 진	31			31	이 찬 우		0	0	0	0
0	0	0	0		이 중 호	22			2	김 보 섭		0	0	0	0
0	0	0	0	후33	한 정 우	19			16	신 재 혁	후44	0	0	0	0
0	0	0	0	후19	최 재 훈	23	대기	대기	17	최 건 주	전21/29	2(1)	1	0	0
0	0	0	0	후0/23	정 의 찬	18			29	김 예 성	후44	0	0	0	0
0	0	1	0	후6	조 향 기	20			36	변 승 환	후44	0	0	0	0
0	0	0	2(1)	후0	손 석 용	99			38	박 동 휘	후33	0	1	0	0
0	2	9	12(4)			0			0			9(6)	14	1	0

- 전반 45분 두아르테 GAR ~ 최건주 GA 정면 내 L-ST-G (득점: 최건주, 도움: 두아르테) 가운데
- 후반 32분 이상민 PK-R-G (득점: 이상민) 오른쪽
- 후반 41분 두아르테 PAR 내 L-ST-G (득점: 두아르테) 오른쪽

• 9월 03일 16:00 맑음 아산 이순신 2,134명
• 주심_ 김영수 부심_ 설귀선·홍석찬 대기심_ 김재홍 경기감독관_ 당성증

충남아산 0 | 0 전반 2 / 0 후반 1 | **3 부천**

퇴장	경고	파울	ST(유)	교체	선수명	배번	위치	위치	배번	선수명	교체	ST(유)	파울	경고	퇴장
0	0	0	0		박 한 근	1	GK	GK	1	최 철 원		0	0	0	0
0	0	0	0		이 호 인	3	MF	DF	5	김 강 산		1	1	0	0
0	0	1	1(1)	9	이 재 성	5	DF	DF	6	닐손주니어		1(1)	1	0	0
0	0	0	1(1)	8	이 학 민	14	MF	MF	26	조 현 택		3(2)	0	0	0
0	1	1	2(1)	2	이 은 범	47	DF	DF	45	이 동 희		0	3	0	0
0	0	0	1		김 종 국	6	MF	MF	8	김 준 형	4	0	0	0	0
0	0	1	0		이 상 민	20	DF	MF	11	박 창 준	13	1	1	1	0
0	0	4	1(1)		김 혜 성	33	MF	FW	25	이 시 헌	2	0	0	0	0
0	0	1	1(1)		유 강 현	10	FW	MF	77	오 재 혁		2(2)	2	0	0
0	0	0	2(1)	24	이 승 재	11	MF	FW	7	요 르 만	27	1(1)	0	0	0
0	0	1	0	7	양 정 운	19	FW	FW	19	김 호 남	18	0	0	0	0
0	0	0	0		문 현 호	90			21	이 주 현		0	0	0	0
0	0	1	1	후31	김 채 운	2			2	배 재 우	후28	0	1	0	0
0	0	0	0		박 성 우	13			13	국 태 정	후39	0	0	0	0
0	0	1	1(1)	후0	최 범 경	8	대기	대기	20	김 정 호		0	0	0	0
0	0	2	0	후0	박 세 직	24			4	송 홍 민	후23	2	0	0	0
0	0	0	0	전20	송 승 민	7			18	안 재 준	후39	0	0	0	0
0	0	0	0	후31	조 주 영	9			27	이 의 형	후28	2(1)	1	0	0
0	1	13	11(7)			0			0			13(7)	10	1	0

● 전반 22분 조현택 PAL ↷ 요르만 GA 정면 H-ST-G (득점: 요르만, 도움: 조현택) 오른쪽
● 전반 43분 김준형 C,KR ↷ 조현택 GAL 내 H-ST-G (득점: 조현택, 도움: 김준형) 왼쪽
● 후반 11분 닐손주니어 PK-R-G (득점: 닐손주니어) 왼쪽

• 9월 03일 18:30 흐림 광주 전용 1,825명
• 주심_ 서동진 부심_ 이양우·신재환 대기심_ 최승환 경기감독관_ 김성기

광주 2 | 0 전반 1 / 2 후반 0 | **1 김포**

퇴장	경고	파울	ST(유)	교체	선수명	배번	위치	위치	배번	선수명	교체	ST(유)	파울	경고	퇴장
0	0	0	0		김 경 민	1	GK	GK	1	이 상 욱		0	0	0	0
0	1	2	1(1)	33	안 영 규	6	DF	DF	30	김 종 민		0	0	0	0
0	1	1	0		김 재 봉	34	DF	DF	4	김 태 한		0	0	0	0
0	0	0	3(3)		아 론	28	DF	DF	3	박 경 록		0	5	0	0
0	0	1	0		이 민 기	3	MF	MF	88	이 규 로	25	0	0	1	0
0	0	2	0	13	이 상 기	22	MF	MF	66	김 이 석		0	1	0	0
0	1	1	0	24	이 순 민	20	MF	MF	23	최 재 훈		0	3	1	0
0	0	0	2(1)		정 호 연	23	MF	MF	33	윤 상 혁		0	2	1	0
0	0	0	1(1)		헤 이 스	11	FW	FW	76	이 태 민	20	0	1	0	0
0	0	0	3(2)	8	마 이 키	19	FW	FW	32	윤 민 호	17	1(1)	1	0	0
0	0	0	0	91	허 율	18	FW	FW	99	손 석 용	10	1(1)	2	0	0
0	0	0	0		이 준	21			31	최 봉 진		0	0	0	0
0	0	0	2(1)	후27	박 한 빈	33			25	박 대 한	후39	0	0	0	0
0	0	0	0		김 현 훈	5			10	김 종 석	후39	0	0	0	0
0	0	0	1	후5	두 현 석	13	대기	대기	26	이 강 연		0	0	0	0
0	0	1	0	후27	이 으 뜸	8			27	윤 태 웅		0	0	0	0
0	0	0	2(1)	후33	이 건 희	24			20	조 향 기	후11	1	0	0	0
0	0	0	1	후0	산 드 로	91			17	홍 창 오	후25	0	1	0	0
0	3	8	16(10)			0			0			3(2)	16	3	0

● 후반 45분 이으뜸 C,KR ↷ 아론 GA 정면 H-ST-G (득점: 아론, 도움: 이으뜸) 왼쪽
● 후반 49분 박한빈 PAL 내 EL ↷ 이건희 GA 정면 H-ST-G (득점: 이건희, 도움: 박한빈) 오른쪽

● 전반 23분 이태민 PAL 내 ↷ 손석용 PAR 내 L-ST-G (득점: 손석용, 도움: 이태민) 왼쪽

• 9월 04일 16:00 흐림 안산 와스타디움 1,184명
• 주심_ 김희곤 부심_ 구은석·서영규 대기심_ 박종명 경기감독관_ 차상해

안산 3 | 1 전반 1 / 2 후반 0 | **1 부산**

퇴장	경고	파울	ST(유)	교체	선수명	배번	위치	위치	배번	선수명	교체	ST(유)	파울	경고	퇴장
0	0	0	0		김 선 우	19	GK	GK	1	구 상 민		0	0	0	0
0	0	0	0	21	권 영 호	4	DF	DF	2	어 정 원		1(1)	1	0	0
0	0	0	0		김 영 남	13	DF	DF	50	이 한 도		1	0	0	0
0	1	4	0		김 민 호	20	DF	DF	6	발렌티노스		0	1	0	0
0	0	1	1(1)		이 상 민	8	MF	DF	48	최 준	3	0	1	1	0
0	0	3	0		아스나위	14	MF	MF	66	김 상 준	45	0	2	1	0
0	0	1	4(4)		송 진 규	15	MF	MF	61	정 원 진		1(1)	2	0	0
0	0	2	0	38	이 준 희	22	MF	MF	19	박 세 진	37	0	0	0	0
0	0	1	2		김 경 준	9	FW	MF	44	성 호 영	10	2(2)	1	0	0
0	0	0	0	7	신 재 혁	16	FW	FW	30	라 마 스		1	0	0	0
0	0	1	1(1)		최 건 주	17	FW	FW	7	드 로 젝	4	0	1	0	0
0	0	0	0		이 찬 우	31			31	황 병 근		0	0	0	0
0	0	0	2(1)	전19	두아르테	7			20	조 위 제		0	0	0	0
0	1	1	2(1)	후20	티 아 고	21			3	최 예 훈	후35	0	0	0	0
0	0	0	0		안 성 민	24	대기	대기	4	에드워즈	후8	0	0	0	0
0	0	0	0		김 정 민	28			10	이 상 헌	후0	1	0	1	0
0	0	0	0		김 경 수	35			37	이 현 준	후29	0	1	0	0
0	0	0	0	후37	박 동 휘	38			45	황 준 호	후8	1(1)	1	1	0
0	2	14	12(8)			0			0			8(5)	11	4	0

● 전반 34분 아스나위 GAR ~ 최건주 GA 정면 내 R-ST-G (득점: 최건주, 도움: 아스나위) 가운데
● 후반 5분 송진규 PA 정면 ~ 이상민 AK 정면 L-ST-G (득점: 이상민, 도움: 송진규) 왼쪽
● 후반 27분 최건주 PA 정면 내 ~ 송진규 PK 좌측지점 R-ST-G (득점: 송진규, 도움: 최건주) 오른쪽

● 전반 9분 최준 MF 정면 ~ 정원진 PAL 내 L-ST-G (득점: 정원진, 도움: 최준) 왼쪽

• 9월 05일 19:00 비 목동 228명
• 주심_ 김도연 부심_ 이병주·주현민 대기심_ 최철준 경기감독관_ 김용세

서울E 2 | 2 전반 0 / 0 후반 1 | **1 경남**

퇴장	경고	파울	ST(유)	교체	선수명	배번	위치	위치	배번	선수명	교체	ST(유)	파울	경고	퇴장
0	0	0	0		윤 보 상	77	GK	GK	88	고 동 민		0	0	0	0
0	0	0	0		이 재 익	14	DF	DF	66	박 민 서		1(1)	0	0	0
0	0	0	1		이 인 재	92	DF	DF	5	김 영 찬		0	2	1	0
0	0	2	0		김 연 수	23	DF	DF	22	김 명 준		0	0	0	0
0	0	1	0	55	채 광 훈	6	MF	DF	15	우 주 성	29	0	0	0	0
0	0	3	4(3)		김 선 민	88	MF	MF	95	카스트로	26	2	0	0	0
0	0	1	0		황 태 현	2	MF	MF	16	이 광 진		1	0	0	0
0	0	1	2	66	김 정 환	11	MF	MF	6	이 우 혁		0	2	1	0
0	0	0	3(2)	8	츠 바 사	44	MF	MF	24	모 재 현		3(2)	0	0	0
0	1	2	2(2)	19	까데나시	9	FW	FW	28	티 아 고		2(1)	1	0	0
0	0	2	2(1)	90	이 동 률	17	FW	FW	10	엘리아르도	19	3	1	0	0
0	0	0	0		김 형 근	1			87	안 호 진		0	0	0	0
0	0	0	0		김 민 규	3			29	이 준 재	후29	0	0	0	0
0	0	0	1	후32	서 보 민	55			73	박 재 환		0	0	0	0
0	0	2	0	후19	곽 성 욱	8	대기	대기	2	박 광 일		0	0	0	0
0	0	1	0	후32	유 정 완	19			70	김 세 윤		0	0	0	0
0	0	0	0	후19	박 준 영	90			19	고 경 민	후8	1	0	0	0
0	0	0	0	후44	박 경 민	66			26	서 재 원	후8	1(1)	0	0	0
0	1	15	15(8)			0			0			14(5)	6	2	0

● 전반 17분 까데나시 PA 정면 내 ~ 김선민 AK 내 L-ST-G (득점: 김선민, 도움: 까데나시) 오른쪽
● 전반 39분 까데나시 GAR L-ST-G (득점: 까데나시) 가운데

● 후반 18분 모재현 PA 정면 내 L-ST-G (득점: 모재현) 왼쪽

- 9월 05일 19:30 비 안양 종합 257명
- 주심_ 최규현 부심_ 이영운·박남수 대기심_ 설태환 경기감독관_ 허기태

안양 3 2 전반 0 / 1 후반 1 **1 전남**

퇴장	경고	파울	ST(유)	교체	선수명	배번	위치	위치	배번	선수명	교체	ST(유)	파울	경고	퇴장
0	0	0	0		정 민 기	13	GK	GK	36	임 민 혁		0	0	0	0
0	0	0	0		정 준 연	2	MF	DF	77	김 태 현		0	2	0	0
0	0	1	3(3)		이 창 용	4	DF	DF	4	최 정 원		0	0	0	0
0	0	3	2(1)	66	김 정 현	6	MF	DF	20	장 순 혁	5	0	2	0	0
0	0	0	1(1)	16	백 성 동	7	FW	DF	28	김 수 범		0	1	1	0
0	0	2	3(1)		안드리고	8	MF	MF	8	이 석 현	45	0	0	0	0
0	0	1	4(4)		조 나 탄	9	FW	MF	10	김 현 욱	11	2	1	0	0
0	0	0	0	40	박 종 현	25	DF	MF	24	유 헤 이	7	0	0	0	0
0	0	0	0	28	정 석 화	27	FW	FW	40	추 상 훈	89	0	3	1	0
0	0	1	0		백 동 규	30	DF	FW	99	이 중 민		3(2)	1	0	0
0	0	1	0	19	주 현 우	99	MF	FW	18	박 인 혁		0	4	0	0
0	0	0	0		박 성 수	21			21	오 찬 식		0	0	0	0
0	0	0	0	후40	박 재 용	16			5	고 태 원	후22	0	0	0	0
0	0	0	0	후35	김 주 환	19			16	이 후 권		0	0	0	0
0	0	1	0	후0	김 륜 도	28	대기	대기	45	전 승 민	후0	1	0	0	0
0	0	0	0	후46	연 제 민	40			7	임 찬 울	후17	1(1)	0	0	0
0	0	0	0	후35	황 기 욱	66			89	발로텔리	후0	3(2)	1	0	0
0	0	0	0		이 정 빈	88			11	플 라 나	후37	0	1	0	0
0	0	10	13(10)			0			0			10(5)	16	2	0

- ●전반 24분 백성동 AK 내 FK R-ST-G (득점: 백성동) 오른쪽
- ●전반 40분 이창용 GA 정면 내 R-ST-G (득점: 이창용) 오른쪽
- ●후반 13분 조나탄 PK 좌측지점 H ↷ 이창용 GA 정면 내 R-ST-G (득점: 이창용, 도움: 조나탄) 오른쪽
- ●후반 47분 발로텔리 GAL R-ST-G (득점: 발로텔리) 왼쪽

- 9월 10일 13:30 맑음 김포솔터축구장 895명
- 주심_ 조지음 부심_ 구은석·이양우 대기심_ 김도연 경기감독관_ 나승화

김포 0 0 전반 1 / 0 후반 2 **3 서울E**

퇴장	경고	파울	ST(유)	교체	선수명	배번	위치	위치	배번	선수명	교체	ST(유)	파울	경고	퇴장
0	0	0	0		이 상 욱	1	GK	GK	77	윤 보 상		0	0	1	0
0	0	1	1	10	김 종 민	30	DF	DF	14	이 재 익		0	2	0	0
0	0	1	0		김 태 한	4	DF	DF	92	이 인 재		0	0	0	0
0	0	2	1(1)		박 경 록	3	DF	DF	23	김 연 수		0	3	0	0
0	0	1	0	88	윤 상 혁	33	MF	MF	22	서 재 민	15	1	2	1	0
0	1	1	0	6	김 이 석	66	MF	MF	88	김 선 민		0	3	0	0
0	0	1	1(1)		최 재 훈	23	MF	MF	2	황 태 현	55	1(1)	1	0	0
0	0	1	0		박 대 한	25	MF	MF	11	김 정 환	90	5(3)	0	0	0
0	0	0	0	20	이 태 민	76	FW	MF	44	츠 바 사		0	0	0	0
0	0	1	1		윤 민 호	32	FW	FW	9	까데나시	7	2(1)	1	0	0
0	0	0	0	99	권 민 재	29	FW	FW	17	이 동 률	4	3(2)	3	0	0
0	0	0	0		최 봉 진	31			1	김 형 근		0	0	0	0
0	0	2	0	전38	이 규 로	88			4	한 용 수	후39	0	0	0	0
0	0	0	0	후16	김 종 석	10			55	서 보 민	후0	1	0	0	0
0	0	0	0		이 강 연	26	대기	대기	15	김 원 식	후28	1	0	0	0
0	0	0	3(2)	후28	이 성 재	6			8	곽 성 욱		0	0	0	0
0	0	1	2(2)	전38	조 향 기	20			90	박 준 영	후28	0	2	0	0
0	0	1	2(1)	전38	손 석 용	99			7	김 인 성	후3	1(1)	0	0	0
0	1	13	11(7)			0			0			15(8)	17	2	0

- ●전반 26분 까데나시 PK-L-G (득점: 까데나시) 왼쪽
- ●후반 12분 김인성 GAR EL ~ 김정환 GA 정면 내 R-ST-G (득점: 김정환, 도움: 김인성) 가운데
- ●후반 23분 서보민 PAR ↷ 이동률 GAR 내 H-ST-G (득점: 이동률, 도움: 서보민) 왼쪽

- 9월 10일 16:00 흐림 부산 아시아드 1,571명
- 주심_ 박종명 부심_ 이영운·신재환 대기심_ 김재홍 경기감독관_ 김종민

부산 1 1 전반 0 / 0 후반 0 **0 경남**

퇴장	경고	파울	ST(유)	교체	선수명	배번	위치	위치	배번	선수명	교체	ST(유)	파울	경고	퇴장
0	0	0	0		구 상 민	1	GK	GK	88	고 동 민		0	0	0	0
0	0	1	1		어 정 원	2	DF	DF	33	이 민 기		0	0	0	0
0	0	0	0		이 한 도	50	DF	DF	5	김 영 찬	73	0	1	0	0
0	0	1	0		발렌티노스	6	DF	DF	22	김 명 준		0	2	0	0
0	0	2	2(1)		최 준	48	DF	DF	15	우 주 성		0	0	0	0
0	0	4	1(1)	66	권 혁 규	42	MF	MF	95	카스트로	26	1(1)	0	0	0
0	0	0	3(1)		정 원 진	61	MF	MF	16	이 광 진		0	1	1	0
0	0	0	0		에드워즈	4	MF	MF	70	김 세 윤	2	0	0	0	0
0	0	1	2(2)	19	성 호 영	44	FW	MF	24	모 재 현	10	0	0	0	0
0	1	1	1(1)	33	이 상 헌	10	FW	FW	28	티 아 고		5(2)	4	1	0
0	0	2	2	20	황 준 호	45	FW	FW	19	고 경 민		2(2)	2	1	0
0	0	0	0		황 병 근	31			87	안 호 진		0	0	0	0
0	0	0	0	후27	조 위 제	20			27	김 지 운		0	0	0	0
0	0	0	0	후27	박 세 진	19			73	박 재 환	전38	0	0	0	0
0	1	1	0	후20	김 상 준	66	대기	대기	2	박 광 일	전38	0	0	0	0
0	0	0	0		김 정 민	17			66	박 민 서	후21	0	0	0	0
0	0	0	0		라 마 스	30			10	엘리아르도	후0	0	0	0	0
0	0	0	0	후43	김 도 형	33			26	서 재 원	전 38/66	2(1)	0	0	0
0	2	13	12(6)			0			0			10(6)	10	3	0

- ●전반 13분 에드워즈 PA 정면 ~ 이상헌 AK 정면 R-ST-G (득점: 이상헌, 도움: 에드워즈) 오른쪽

- 9월 10일 18:30 맑음 대전 월드컵 1,873명
- 주심_ 김영수 부심_ 이병주·서영규 대기심_ 서동진 경기감독관_ 양정환

대전 1 1 전반 1 / 0 후반 0 **1 충남아산**

퇴장	경고	파울	ST(유)	교체	선수명	배번	위치	위치	배번	선수명	교체	ST(유)	파울	경고	퇴장
0	0	0	0		이 준 서	25	GK	GK	21	박 주 원		0	0	0	0
0	1	1	0		서 영 재	2	DF	DF	2	김 채 운	23	0	2	0	0
0	0	3	0		김 민 덕	3	DF	DF	5	이 재 성		1	3	1	0
0	0	0	0		조 유 민	20	DF	DF	13	박 성 우		0	0	0	0
0	0	2	0	14	김 지 훈	36	DF	DF	47	이 은 범		1	2	0	0
0	0	0	1(1)	9	마 사	7	MF	MF	20	이 상 민		0	1	0	0
0	0	2	0		주 세 종	8	MF	MF	22	김 강 국		1	1	1	0
0	0	1	1		임 덕 근	15	MF	MF	24	박 세 직		2(1)	1	0	0
0	0	2	0	22	이 현 식	17	MF	FW	10	유 강 현	8	3(2)	1	0	0
0	0	2	2(2)		카 이 저	79	FW	MF	11	이 승 재	99	0	0	0	0
0	0	1	1	70	윌 리 안	94	FW	MF	77	박 민 서	7	3(1)	2	0	0
0	0	0	0		정 산	23			90	문 현 호		0	0	0	0
0	0	0	0		변 준 수	42			23	박 철 우	후0	0	1	0	0
0	0	0	0	후37	이 진 현	10			6	김 종 국		0	0	0	0
0	1	1	1	후11	김 영 욱	14	대기	대기	8	최 범 경	후40	0	0	0	0
0	0	0	0	후11	김 인 균	22			7	송 승 민	후24	1	0	0	0
0	0	0	0	후37	공 민 현	9			18	강 민 규	후0	0	2	0	0
0	0	0	1(1)	전 36/10	레안드로	70			99	정 건 우	전 46/18	0	0	0	0
0	2	15	7(4)			0			0			12(4)	16	2	0

- ●전반 8분 이재성 GAL H 자책골 (득점: 이재성) 왼쪽
- ●전반 30분 유강현 PK-R-G (득점: 유강현) 왼쪽

• 9월 11일 13:30 흐림 광양 전용 1,250명
• 주심_ 최철준 부심_ 설귀선·주현민 대기심_ 최승환 경기감독관_ 김성기

전남 2 1 전반 2 / 1 후반 1 **3 광주**

퇴장	경고	파울	ST(유)	교체	선수명	배번	위치	위치	배번	선수명	교체	ST(유)	파울	경고	퇴장
0	0	0	0		오 찬 식	21	GK	GK	1	김 경 민		0	0	1	0
0	0	1	0	17	이 규 혁	38	DF	DF	6	안 영 규		0	0	0	0
0	0	3	0		김 태 현	77	DF	DF	33	박 한 빈		1	0	0	0
0	0	3	0		고 태 원	5	DF	DF	28	아 론	15	1(1)	1	0	0
0	0	1	0	10	김 수 범	28	DF	MF	3	이 민 기		1(1)	0	0	0
0	1	3	1		임 찬 울	7	MF	MF	22	이 상 기	11	1	1	0	0
0	0	4	0		전 승 민	45	MF	MF	23	정 호 연		1	1	0	0
0	0	0	0	89	이 석 현	8	MF	MF	10	김 종 우	34	0	0	0	0
0	0	1	1(1)		이 후 권	16	MF	MF	13	두 현 석		1(1)	0	0	0
0	0	3	3(1)	24	이 중 민	99	FW	FW	18	허 율	24	0	3	0	0
0	0	2	2(2)		플 라 나	11	FW	FW	91	산 드 로		4(3)	1	1	0
0	0	0	0		임 민 혁	36	대기	대기	21	이 준		0	0	0	0
0	0	0	0	후43	여 승 원	17			34	김 재 봉	후0	0	2	0	0
0	0	0	0		최 정 원	4			8	이 으 뜸		0	0	0	0
0	0	0	0		유 지 하	23			15	이 희 균	후17/19	0	0	0	0
0	0	0	0	후32	유 헤 이	24			19	마 이 키	후36	0	0	0	0
0	0	1	0	후7	김 현 욱	10			11	헤 이 스	후0	0	0	0	0
0	0	0	3(1)	후0	발로텔리	89			24	이 건 희	후17	1	2	0	0
0	1	22	10(5)			0			0			11(6)	11	2	0

● 전반 17분 이후권 PK 우측지점 R-ST-G (득점: 이후권) 오른쪽
● 후반 6분 발로텔리 PK-R-G (득점: 발로텔리) 오른쪽

● 전반 25분 허율 AK 정면 H→ 산드로 PK 좌측지점 L-ST-G (득점: 산드로, 도움: 허율) 오른쪽
● 전반 39분 산드로 PK 좌측지점 ~ 이민기 GAL R-ST-G (득점: 이민기, 도움: 산드로) 왼쪽
● 후반 1분 두현석 PAR ↷ 산드로 GAL H-ST-G (득점: 산드로, 도움: 두현석) 오른쪽

• 9월 11일 16:00 흐림 부천 종합 1,930명
• 주심_ 설태환 부심_ 양재용·박남수 대기심_ 정회수 경기감독관_ 강득수

부천 3 0 전반 0 / 3 후반 3 **3 안산**

퇴장	경고	파울	ST(유)	교체	선수명	배번	위치	위치	배번	선수명	교체	ST(유)	파울	경고	퇴장
0	0	0	0		최 철 원	1	GK	GK	19	김 선 우		0	0	0	0
0	0	2	1(1)		김 강 산	5	DF	DF	4	권 영 호		0	2	1	0
0	0	0	0		닐손주니어	6	DF	DF	13	김 영 남	2	0	0	0	0
0	0	1	3(2)		조 현 택	26	MF	DF	20	김 민 호		0	1	1	0
0	0	2	0		이 동 희	45	DF	MF	8	이 상 민		0	1	0	0
0	0	1	1	4	김 준 형	8	MF	MF	15	송 진 규		2(2)	0	0	0
0	0	1	0	2	박 창 준	11	MF	MF	22	이 준 희		0	1	0	0
0	0	1	3(1)	27	이 시 헌	25	FW	MF	38	박 동 휘	29	0	1	0	0
0	0	3	1(1)		오 재 혁	77	MF	FW	7	두아르테		0	0	1	0
0	0	1	3	22	요 르 만	7	FW	FW	16	신 재 혁	9	0	0	0	0
0	0	0	0	18	김 호 남	19	FW	FW	17	최 건 주	21	1	1	0	0
0	0	0	0		이 주 현	21	대기	대기	31	이 찬 우		0	0	0	0
0	0	0	0	후41	배 재 우	2			2	김 보 섭	후30	0	0	0	0
0	0	0	0		김 정 호	20			9	김 경 준	전29	2(2)	0	0	0
0	0	1	1(1)	후24	송 홍 민	4			21	티 아 고	후13	5(4)	0	0	0
0	1	2	3(1)	후24	안 재 준	18			24	안 성 민		0	0	0	0
0	0	0	2	후10	한 지 호	22			29	김 예 성	후30	0	0	0	0
0	0	0	0	후41	이 의 형	27			36	변 승 환		0	0	0	0
0	1	15	18(7)			0			0			10(8)	7	3	0

● 후반 32분 안재준 PAR EL ↷ 조현택 GAL 내 L-ST-G (득점: 조현택, 도움: 안재준) 왼쪽
● 후반 37분 닐손주니어 자기 측 센터서클 ~ 안재준 AK 내 R-ST-G (득점: 안재준, 도움: 닐손주니어) 오른쪽
● 후반 48분 조현택 PAL ↷ 김강산 GA 정면 내 H-ST-G (득점: 김강산, 도움: 조현택) 가운데

● 후반 40분 티아고 GAL 내 L-ST-G (득점: 티아고) 왼쪽
● 후반 42분 송진규 GAL L-ST-G (득점: 송진규) 오른쪽
● 후반 46분 두아르테 PAR 내 ↷ 티아고 GA 정면 내 H-ST-G (득점: 티아고, 도움: 두아르테) 가운데

• 9월 13일 19:00 맑음 창원 축구센터 510명
• 주심_ 오현진 부심_ 이병주·홍석찬 대기심_ 김재홍 경기감독관_ 허태식

경남 1 1 전반 0 / 0 후반 0 **0 김포**

퇴장	경고	파울	ST(유)	교체	선수명	배번	위치	위치	배번	선수명	교체	ST(유)	파울	경고	퇴장
0	0	0	0		고 동 민	88	GK	GK	1	이 상 욱		0	0	0	0
0	0	0	1	27	이 민 기	33	DF	DF	30	김 종 민		0	2	0	0
0	1	0	0		박 재 환	73	DF	DF	4	김 태 한		0	1	1	0
0	0	0	0		김 명 준	22	DF	DF	3	박 경 록		0	2	0	0
0	0	0	0		우 주 성	15	DF	MF	88	이 규 로		0	1	0	0
0	0	0	2(1)	26	박 민 서	66	MF	MF	6	이 성 재	23	0	1	0	0
0	0	1	0		이 우 혁	6	MF	MF	10	김 종 석	17	0	0	0	0
0	1	3	1	2	이 지 승	8	MF	MF	33	윤 상 혁	26	0	0	0	0
0	0	1	0		고 경 민	19	FW	FW	29	권 민 재	76	0	1	0	0
0	0	0	2(1)		티 아 고	28	FW	FW	20	조 향 기	27	1(1)	0	0	0
0	0	1	2(1)		모 재 현	24	FW	FW	99	손 석 용		3(3)	0	0	0
0	0	0	0		안 호 진	87	대기	대기	51	김 민 재		0	0	0	0
0	0	0	0	후39	김 지 운	27			26	이 강 연	후29	0	3	0	0
0	0	0	0	후33	김 영 찬	5			23	최 재 훈	후0	1	1	0	0
0	0	1	0	후16	박 광 일	2			25	박 대 한		0	0	0	0
0	0	0	0		김 세 윤	70			76	이 태 민	후0	0	1	0	0
0	0	0	0		설 현 진	21			17	홍 창 오	후40	1	0	0	0
0	0	0	0	후0/5	서 재 원	26			27	윤 태 웅	후29	0	1	0	0
0	2	7	8(3)			0			0			6(4)	14	1	0

● 전반 26분 모재현 PAL 내 EL ↷ 박민서 GA 정면 H-ST-G (득점: 박민서, 도움: 모재현) 오른쪽

• 9월 13일 19:30 흐림 부산 아시아드 1,834명
• 주심_ 설태환 부심_ 설귀선·주현민 대기심_ 최승환 경기감독관_ 양정환

부산 1 1 전반 2 / 0 후반 1 **3 대전**

퇴장	경고	파울	ST(유)	교체	선수명	배번	위치	위치	배번	선수명	교체	ST(유)	파울	경고	퇴장
0	0	0	0		구 상 민	1	GK	GK	25	이 준 서		0	0	0	0
0	0	2	2		어 정 원	2	DF	DF	5	권 한 진	8	0	0	0	0
0	0	0	0		이 한 도	50	DF	DF	20	조 유 민		1(1)	1	0	0
0	0	0	1(1)		발렌티노스	6	DF	DF	42	변 준 수		0	2	0	0
0	0	1	0	17	최 준	48	DF	MF	6	임 은 수		1(1)	0	0	0
0	0	1	1(1)		권 혁 규	42	MF	MF	10	이 진 현		1	1	0	0
0	0	0	2(2)		정 원 진	61	MF	MF	12	민 준 영		1	1	0	0
0	0	0	0	30	에드워즈	4	MF	MF	22	김 인 균	15	1(1)	2	0	0
0	0	1	1(1)	37	성 호 영	44	FW	FW	9	공 민 현	79	0	1	0	0
0	0	0	2	19	김 도 형	33	FW	FW	11	김 승 섭	70	0	0	0	0
0	0	0	2(2)		황 준 호	45	FW	FW	19	신 상 은	3	2(1)	0	0	0
0	0	0	0		황 병 근	31	대기	대기	23	정 산		0	0	0	0
0	0	0	0		조 위 제	20			3	김 민 덕	후12	0	1	0	0
0	0	1	0	후0	박 세 진	19			8	주 세 종	후28	0	0	0	0
0	0	0	0		김 상 준	66			15	임 덕 근	후28	0	0	0	0
0	0	0	0	후37	김 정 민	17			7	마 사		0	0	0	0
0	0	0	0	후32	라 마 스	30			70	레안드로	후0	0	0	0	0
0	0	0	0	후37	이 현 준	37			79	카 이 저	후28	0	0	0	0
0	0	6	11(7)			0			0			7(4)	9	0	0

● 전반 27분 에드워즈 PAR 내 → 황준호 GA 정면 H-ST-G (득점: 황준호, 도움: 에드워즈) 왼쪽

● 전반 19분 변준수 자기 측 MFL FK ↷ 신상은 GA 정면 L-ST-G (득점: 신상은, 도움: 변준수) 가운데
● 전반 32분 공민현 GAR 내 EL H ↷ 조유민 GA 정면 내 H-ST-G (득점: 조유민, 도움: 공민현) 왼쪽
● 후반 23분 레안드로 PAL 내 ~ 김인균 GAL L-ST-G (득점: 김인균, 도움: 레안드로) 왼쪽

• 9월 14일 19:00 맑음 안산 와스타디움 654명
• 주심_ 서동진 부심_ 이양우·신재환 대기심_ 최철준 경기감독관_ 김용세

안산 1 0 전반 4 / 1 후반 3 **7 전남**

퇴장	경고	파울	ST(유)	교체	선수명	배번	위치	위치	배번	선수명	교체	ST(유)	파울	경고	퇴장
0	0	0	0		김선우	19	GK	GK	36	임민혁		0	0	0	0
0	0	1	0	23	권영호	4	DF	DF	28	김수범		0	0	0	0
0	0	1	2(1)	36	김영남	13	DF	DF	77	김태현		0	1	0	0
0	1	2	0		김민호	20	DF	DF	5	고태원	4	0	1	1	0
0	0	1	0	21	김보섭	2	MF	DF	16	이후권		1(1)	2	0	0
0	0	1	2		이상민	8	MF	MF	19	박성결	7	2(2)	3	0	0
0	0	1	1(1)		이준희	22	MF	MF	24	유헤이		0	1	0	0
0	0	0	1	29	박동휘	38	MF	MF	8	이석현	17	0	1	0	0
0	0	1	3		두아르테	7	FW	MF	10	김현욱	45	1(1)	0	0	0
0	0	0	4(2)		김경준	9	FW	FW	89	발로텔리	11	3(3)	1	0	0
0	0	3	2(2)	34	최건주	17	FW	FW	18	박인혁		6(5)	4	0	0
0	0	0	0		이찬우	31			21	오찬식		0	0	0	0
0	0	1	3(1)	전25	티아고	21			17	여승원	후0	0	2	1	0
0	0	0	2(2)	후7	장유섭	23			4	최정원	후12	0	0	0	0
0	0	0	0		안성민	24	대기	대기	45	전승민	후12	1	1	0	0
0	0	1	1	후7	김예성	29			7	임찬울	후31	2(1)	0	0	0
0	0	0	0	후40	전용운	34			99	이중민		0	0	0	0
0	0	0	0	후40	변승환	36			11	플라나	후12	5(2)	1	0	0
0	1	13	21(9)			0			0			21(15)	18	2	0

● 후반 26분 이준희 GAL H→장유섭 GA 정면 L-ST-G (득점: 장유섭, 도움: 이준희) 왼쪽

● 전반 9분 발로텔리 GAR ~ 박인혁 GA 정면 R-ST-G (득점: 박인혁, 도움: 발로텔리) 가운데
● 전반 20분 발로텔리 AKL → 박인혁 PK지점 R-ST-G (득점: 박인혁, 도움: 발로텔리) 왼쪽
● 전반 33분 발로텔리 GAR L-ST-G (득점: 발로텔리) 가운데
● 전반 41분 김현욱 PA 정면 내 L-ST-G (득점: 김현욱) 오른쪽
● 후반 1분 이후권 GAR R-ST-G (득점: 이후권) 왼쪽
● 후반 4분 발로텔리 GA 정면 내 몸 맞고 골 (득점: 발로텔리) 오른쪽
● 후반 35분 임찬울 PA 정면 내 R-ST-G (득점: 임찬울) 오른쪽

• 9월 14일 19:30 흐림 안양 종합 1,106명
• 주심_ 박병진 부심_ 구은석·서영규 대기심_ 정회수 경기감독관_ 당성증

안양 1 0 전반 1 / 1 후반 1 **2 광주**

퇴장	경고	파울	ST(유)	교체	선수명	배번	위치	위치	배번	선수명	교체	ST(유)	파울	경고	퇴장
0	0	0	0		정민기	13	GK	GK	1	김경민		0	0	0	0
0	0	0	0	99	정준연	2	MF	DF	6	안영규		0	1	0	0
0	1	5	1(1)		이창용	4	DF	DF	34	김재봉	33	0	2	0	0
0	0	1	1(1)		김정현	6	MF	DF	28	아론		0	2	0	0
0	0	2	1(1)		백성동	7	FW	MF	8	이으뜸	3	0	1	0	0
0	0	2	0		조나탄	9	FW	MF	22	이상기	13	0	1	0	0
0	0	3	0		김동진	22	MF	MF	23	정호연	30	0	3	1	0
0	0	1	0		박종현	25	DF	MF	20	이순민		1(1)	1	0	0
0	0	2	0	28	정석화	27	FW	FW	11	헤이스		3(1)	2	0	0
0	1	1	0		백동규	30	DF	FW	91	산드로		3(2)	4	0	0
0	0	0	2	66	이정빈	88	MF	FW	10	김종우	18	1(1)	0	1	0
0	0	0	0		김태훈	1			21	이준		0	0	0	0
0	0	0	0		김주환	19			5	김현훈		0	0	0	0
0	0	0	0		이재용	23			3	이민기	후24	1	0	1	0
0	0	1	0	후38	김륜도	28	대기	대기	13	두현석	후0	0	1	1	0
0	0	0	0		연제민	40			33	박한빈	후24	0	0	0	0
0	0	1	0	후38	황기욱	66			18	허율	후24	0	1	0	0
0	0	0	1(1)	전25	주현우	99			30	하승운	후38	0	0	0	0
0	2	19	6(4)			0			0			9(5)	19	4	0

● 후반 17분 정석화 PAR 내 ~ 김정현 AKR R-ST-G (득점: 김정현, 도움: 정석화) 왼쪽

● 전반 31분 이순민 AK 정면 R-ST-G (득점: 이순민) 오른쪽
● 후반 3분 산드로 PA 정면 내 L-ST-G (득점: 산드로) 오른쪽

• 9월 17일 13:30 맑음 광양 전용 842명
• 주심_ 김용우 부심_ 이영운·홍석찬 대기심_ 김재홍 경기감독관_ 김성기

전남 1 1 전반 0 / 0 후반 1 **1 대전**

퇴장	경고	파울	ST(유)	교체	선수명	배번	위치	위치	배번	선수명	교체	ST(유)	파울	경고	퇴장
0	0	0	0		임민혁	36	GK	GK	25	이준서		0	0	0	0
0	0	1	0		김수범	28	DF	DF	3	김민덕		0	0	0	0
0	0	1	0		김태현	77	DF	DF	6	임은수		1	1	0	0
0	0	0	0		고태원	5	DF	DF	20	조유민		0	2	0	0
0	0	3	1(1)		이후권	16	DF	MF	2	서영재		1	1	0	0
0	0	0	2(1)	11	박성결	19	MF	MF	7	마사	19	0	1	0	0
0	0	2	0		유헤이	24	MF	MF	8	주세종	17	0	2	1	0
0	0	0	0	45	이석현	8	MF	MF	15	임덕근	70	0	0	0	0
0	0	0	2(1)		김현욱	10	MF	MF	36	김지훈		0	0	0	0
0	0	2	2(1)		발로텔리	89	FW	FW	79	카이저	22	1	1	0	0
0	0	1	1(1)	18	이중민	99	FW	FW	94	윌리안	9	0	3	0	0
0	0	0	0		오찬식	21			1	이창근		0	0	0	0
0	0	0	0		여승원	17			5	권한진		0	0	0	0
0	0	0	0		유지하	23			17	이현식	후12	0	0	0	0
0	0	0	0	후22	전승민	45	대기	대기	22	김인균	후0	3(1)	1	0	0
0	0	0	0		김건오	37			9	공민현	후12	0	2	0	0
0	0	0	2(1)	후8	박인혁	18			19	신상은	후0	1(1)	1	0	0
0	0	0	1	후22	플라나	11			70	레안드로	후26	0	0	0	0
0	0	10	11(6)			0			0			7(2)	15	1	0

● 전반 15분 박성결 PAL ~ 이중민 PK 좌측지점 R-ST-G (득점: 이중민, 도움: 박성결) 왼쪽

● 후반 26분 김인균 PK 좌측지점 L-ST-G (득점: 김인균) 왼쪽

• 9월 14일 19:30 흐림 목동 509명
• 주심_ 최규현 부심_ 이영운·박남수 대기심_ 박종명 경기감독관_ 차상해

서울E 3 1 전반 0 / 2 후반 0 **0 충남아산**

퇴장	경고	파울	ST(유)	교체	선수명	배번	위치	위치	배번	선수명	교체	ST(유)	파울	경고	퇴장
0	0	0	0		윤보상	77	GK	GK	21	박주원		0	0	0	0
0	0	2	1		이재익	14	DF	MF	2	김채운	14	1	0	1	0
0	0	0	0		이인재	92	DF	DF	5	이재성		1	1	0	0
0	0	0	0	3	김연수	23	DF	MF	13	박성우		1	2	0	0
0	0	1	0		채광훈	6	MF	DF	47	이은범		0	0	0	0
0	1	2	0	91	김원식	15	MF	FW	8	최범경		1	0	0	0
0	0	0	2(1)		황태현	2	MF	DF	20	이상민		0	1	0	0
0	0	4	3(1)	19	김정환	11	MF	MF	22	김강국	6	0	1	0	0
0	0	1	1	88	츠바사	44	MF	MF	24	박세직	3	0	0	0	0
0	0	0	2(2)		김인성	7	FW	FW	7	송승민		2(2)	1	0	0
0	0	0	1(1)	90	이동률	17	FW	FW	77	박민서	99	0	0	0	0
0	0	0	0		김형근	1			90	문현호		0	0	0	0
0	0	1	0	전19	김민규	3			3	이호인	후34	0	2	0	0
0	0	0	0		서보민	55			14	이학민	후0	1	0	0	0
0	0	3	0	후0	김선민	88	대기	대기	6	김종국	후34	0	1	0	0
0	0	0	0	후36	유정완	19			10	유강현	후0	4(2)	0	0	0
0	0	1	0	후36	박준영	90			11	이승재		0	0	0	0
0	0	0	0	후40	이정문	91			99	정건우	전44/10	0	1	0	0
0	1	15	10(5)			0			0			11(4)	10	1	0

● 전반 32분 채광훈 C,KL ↷ 김인성 GAL 내 H-ST-G (득점: 김인성, 도움: 채광훈) 왼쪽
● 후반 19분 황태현 MF 정면 R-ST-G (득점: 황태현) 가운데
● 후반 29분 이동률 PAL ↷ 김인성 GAR H-ST-G (득점: 김인성, 도움: 이동률) 가운데

• 9월 17일 16:00 흐림 창원 축구센터 1,124명
• 주심_ 조지음 부심_ 구은석·서영규 대기심_ 설태환 경기감독관_ 강득수

경남 0 0 전반 1 / 0 후반 2 **3 부천**

퇴장	경고	파울	ST(유)	교체	선수명	배번	위치	위치	배번	선수명	교체	ST(유)	파울	경고	퇴장
0	0	0	0		고 동 민	88	GK	GK	1	최 철 원		0	0	0	0
0	1	1	0		이 민 기	33	DF	MF	2	배 재 우		0	2	0	0
1	0	0	0		김 영 찬	5	DF	DF	5	김 강 산		1(1)	0	1	0
0	0	0	1		김 명 준	22	DF	DF	6	닐손주니어		1(1)	1	0	0
0	0	1	0		우 주 성	15	DF	MF	26	조 현 택	13	2	1	0	0
0	1	2	1	26	박 민 서	66	MF	DF	45	이 동 희		1	0	0	0
0	0	1	1(1)		이 광 진	16	MF	MF	8	김 준 형		2(1)	2	0	0
0	0	1	1	20	이 우 혁	6	MF	FW	25	이 시 헌	18	0	2	0	0
0	0	1	0	10	고 경 민	19	MF	MF	77	오 재 혁	4	0	0	1	0
0	0	4	4(2)		티 아 고	28	FW	FW	7	요 르 만	22	3(2)	0	0	0
0	0	0	0		모 재 현	24	FW	FW	19	김 호 남	27	1(1)	1	0	0
0	0	0	0		안 호 진	87			21	이 주 현		0	0	0	0
0	0	0	1	후28	이 광 선	20			13	국 태 정	후33	0	0	0	0
0	0	0	0		박 광 일	2			20	김 정 호		0	0	0	0
0	0	0	0		이 지 승	8	대기	대기	4	송 홍 민	후33	0	0	0	0
0	0	0	0		김 세 윤	70			18	안 재 준	후0	3(2)	0	0	0
0	0	1	2	후9	엘리아르도	10			22	한 지 호	후14	5(4)	0	1	0
0	1	1	0	후22	서 재 원	26			27	이 의 형	후43	0	0	0	0
1	3	13	11(3)			0			0			19(12)	9	3	0

● 전반 9분 이시헌 C.KL ↷ 닐손주니어 GAL 내 H-ST-G (득점: 닐손주니어, 도움: 이시헌) 오른쪽
● 후반 24분 김준형 자기 측 HL 정면 ↷ 한지호 GAR R-ST-G (득점: 한지호, 도움: 김준형) 왼쪽
● 후반 40분 안재준 PK 좌측지점 R-ST-G (득점: 안재준) 오른쪽

• 9월 17일 16:00 맑음 김포솔터축구장 1,367명
• 주심_ 최승환 부심_ 이양우·박남수 대기심_ 최철준 경기감독관_ 김종민

김포 0 0 전반 0 / 0 후반 0 **0 부산**

퇴장	경고	파울	ST(유)	교체	선수명	배번	위치	위치	배번	선수명	교체	ST(유)	파울	경고	퇴장
0	0	0	0		이 상 욱	1	GK	GK	31	황 병 근		0	0	0	0
0	0	1	2(1)		김 종 민	30	DF	DF	22	이 강 희		2	0	0	0
0	0	0	0		김 태 한	4	DF	DF	50	이 한 도		0	1	0	0
0	0	1	0		박 경 록	3	DF	DF	20	조 위 제		0	1	0	0
0	0	0	0	19	이 규 로	88	MF	DF	48	최 준	8	3(2)	0	0	0
0	0	0	0		최 재 훈	23	MF	MF	42	권 혁 규		0	2	0	0
0	0	1	0	6	김 이 석	66	MF	MF	61	정 원 진		1	0	0	0
0	0	0	0	33	박 대 한	25	MF	MF	4	에드워즈		0	1	0	0
0	0	0	0	10	이 태 민	76	FW	FW	44	성 호 영		0	0	0	0
0	1	4	2(1)		정 의 찬	18	FW	FW	10	이 상 헌	2	3(2)	2	1	0
0	0	1	0	17	손 석 용	99	FW	FW	45	황 준 호	30	3(2)	1	1	0
0	0	0	0		김 민 재	51			13	안 준 수		0	0	0	0
0	0	0	0		이 강 연	26			6	발렌티노스		0	0	0	0
0	0	0	1	후25	이 성 재	6			2	어 정 원	후0	2	0	0	0
0	0	1	0	전35	윤 상 혁	33	대기	대기	66	김 상 준		0	0	0	0
0	1	1	2(1)	전35	김 종 석	10			8	박 종 우	후28	0	1	0	0
0	0	1	1	후39	홍 창 오	17			30	라 마 스	후12	1	0	0	0
0	0	0	1	후25	한 정 우	19			33	김 도 형		0	0	0	0
0	2	11	9(3)			0			0			15(6)	9	2	0

• 9월 17일 18:30 맑음 안산 와스타디움 835명
• 주심_ 박종명 부심_ 이병주·주현민 대기심_ 서동진 경기감독관_ 차상해

안산 1 0 전반 1 / 1 후반 0 **1 서울E**

퇴장	경고	파울	ST(유)	교체	선수명	배번	위치	위치	배번	선수명	교체	ST(유)	파울	경고	퇴장
0	0	0	0		김 선 우	19	GK	GK	77	윤 보 상		0	0	0	0
0	0	2	0		김 영 남	13	DF	DF	14	이 재 익		0	1	0	0
0	0	2	0		장 유 섭	23	DF	DF	92	이 인 재		1(1)	1	0	0
0	0	0	0		안 성 민	24	DF	DF	3	김 민 규		0	2	0	0
0	1	1	0	21	김 보 섭	2	MF	MF	6	채 광 훈	91	0	0	0	0
1	0	0	0		두아르테	7	MF	MF	88	김 선 민	15	2(1)	2	1	0
0	0	2	1(1)		이 상 민	8	MF	MF	2	황 태 현		0	0	0	0
0	0	1	0	29	이 준 희	22	MF	MF	19	유 정 완	55	2(1)	1	0	0
0	1	5	0		박 동 휘	38	MF	MF	44	츠 바 사		0	0	0	0
0	0	1	4(3)		김 경 준	9	FW	FW	9	까데나시	7	1(1)	0	0	0
0	0	0	0	36	최 건 주	17	FW	FW	17	이 동 률	90	2(1)	1	0	0
0	0	0	0		이 찬 우	31			1	김 형 근		0	0	0	0
0	0	0	0		권 영 호	4			55	서 보 민	후27	2(1)	0	0	0
0	0	0	0		신 재 혁	16			15	김 원 식	후0	1(1)	0	0	0
0	0	0	0	전20	티 아 고	21	대기	대기	8	곽 성 욱		0	0	0	0
0	0	0	0	후31	김 예 성	29			91	이 정 문	후39	0	2	0	0
0	0	0	0		김 경 수	35			90	박 준 영	후19	0	0	0	0
0	0	0	1(1)	후9	변 승 환	36			7	김 인 성	후0	1(1)	0	0	0
1	2	14	6(5)			0			0			12(8)	10	1	0

● 후반 35분 이상민 C.KL ↷ 김경준 GA 정면 H-ST-G (득점: 김경준, 도움: 이상민) 오른쪽
● 전반 18분 김민규 MFR TL ↷ 까데나시 AK 내 R-ST-G (득점: 까데나시, 도움: 김민규) 가운데

• 9월 17일 18:30 맑음 아산 이순신 2,355명
• 주심_ 정회수 부심_ 설귀선·신재환 대기심_ 성덕효 경기감독관_ 허기태

충남아산 0 0 전반 0 / 0 후반 0 **0 안양**

퇴장	경고	파울	ST(유)	교체	선수명	배번	위치	위치	배번	선수명	교체	ST(유)	파울	경고	퇴장
0	0	0	0		박 주 원	21	GK	GK	13	정 민 기		0	0	0	0
0	0	0	0		이 재 성	5	DF	MF	19	김 주 환	22	0	0	0	0
0	0	0	0	3	박 성 우	13	DF	FW	23	이 재 용	7	0	0	0	0
0	0	1	2	2	박 철 우	23	DF	FW	27	정 석 화	9	0	1	1	0
0	0	1	0		이 은 범	47	DF	FW	28	김 륜 도		0	1	0	0
0	0	0	0		이 상 민	20	MF	DF	30	백 동 규	4	0	2	0	0
0	0	0	2(2)		김 강 국	22	MF	DF	40	연 제 민		0	0	0	0
0	1	2	0		박 세 직	24	MF	MF	66	황 기 욱	6	1(1)	2	1	0
0	1	1	3(1)		유 강 현	10	FW	DF	83	윤 준 성		1(1)	1	1	0
0	0	0	1(1)	11	양 정 운	19	MF	MF	88	이 정 빈		0	3	0	0
0	1	2	2(1)	33	박 민 서	77	MF	MF	99	주 현 우		0	2	0	0
0	0	0	0		박 한 근	1			21	박 성 수		0	0	0	0
0	0	1	0	후38	김 채 운	2			4	이 창 용	후20	0	0	0	0
0	0	0	0	후38	이 호 인	3			6	김 정 현	후15	1(1)	1	0	0
0	0	0	0		최 범 경	8	대기	대기	7	백 성 동	후0	0	0	0	0
0	0	0	0	후24	김 혜 성	33			9	조 나 탄	후0	0	1	0	0
0	0	1	0	후24	송 승 민	7			22	김 동 진	후0	1	0	0	0
0	0	0	1(1)	전35/7	이 승 재	11			90	구 대 영		0	0	0	0
0	3	9	11(6)			0			0			4(3)	14	3	0

• 9월 24일 16:00 맑음 부천 종합 2,276명
• 주심_ 김도연 부심_ 이영운·강도준 대기심_ 설태환 경기감독관_ 양정환

부천 0 0 전반 0 / 0 후반 1 **1 김포**

퇴장	경고	파울	ST(유)	교체	선수명	배번	위치	위치	배번	선수명	교체	ST(유)	파울	경고	퇴장
0	0	0	0		최 철 원	1	GK	GK	1	이 상 욱		0	0	1	0
0	0	1	1		배 재 우	2	MF	DF	26	이 강 연		1	0	0	0
0	0	2	0		김 강 산	5	DF	DF	4	김 태 한		0	0	0	0
0	0	0	0		닐손주니어	6	DF	DF	3	박 경 록		0	0	0	0
0	0	2	0	17	국 태 정	13	MF	MF	22	이 중 호		0	0	0	0
0	1	2	1		이 동 희	45	DF	MF	23	최 재 훈		1	2	1	0
0	0	1	0		김 준 형	8	MF	MF	66	김 이 석	6	1(1)	1	0	0
0	0	2	1(1)	4	최 재 영	14	MF	MF	33	윤 상 혁	25	0	0	0	0
0	0	0	3(2)	11	이 시 헌	25	FW	FW	20	조 향 기	29	1(1)	2	0	0
0	0	3	1	35	요 르 만	7	FW	FW	18	정 의 찬	32	2(1)	0	0	0
0	0	0	0	22	김 호 남	19	FW	FW	99	손 석 용	19	2(1)	1	0	0
0	0	0	0		이 주 현	21			31	최 봉 진		0	0	0	0
0	0	0	0		김 정 호	20			25	박 대 한	후20	0	0	0	0
0	0	0	0	후24	김 규 민	17			19	한 정 우	후40	0	0	0	0
0	0	0	0	후10	송 홍 민	4	대기	대기	6	이 성 재	후20	0	0	0	0
0	0	0	1	후10	박 창 준	11			32	윤 민 호	후11	0	2	0	0
0	0	1	0	후10	한 지 호	22			17	홍 창 오		0	0	0	0
0	0	0	3(2)	후32	김 규 민	35			29	권 민 재	후40	1	0	0	0
0	1	14	11(5)			0			0			9(4)	8	2	0

● 후반 25분 조향기 GAR R-ST-G (득점: 조향기) 오른쪽

• 9월 25일 13:30 맑음 대전 월드컵 3,007명
• 주심_ 신용준 부심_ 이정민·설귀선 대기심_ 최철준 경기감독관_ 김용세

대전 3 2 전반 0 / 1 후반 0 **0 경남**

퇴장	경고	파울	ST(유)	교체	선수명	배번	위치	위치	배번	선수명	교체	ST(유)	파울	경고	퇴장
0	0	0	0		이 창 근	1	GK	GK	88	고 동 민		0	0	0	0
0	0	0	0	22	서 영 재	2	DF	DF	33	이 민 기		0	3	1	0
0	0	3	0		김 민 덕	3	DF	DF	22	김 명 준		0	0	0	0
0	1	1	0		김 재 우	4	DF	DF	20	이 광 선		0	1	0	0
0	0	0	0		권 한 진	5	DF	DF	15	우 주 성	29	1(1)	1	0	0
0	0	1	0	11	주 세 종	8	MF	MF	7	정 충 근	19	1(1)	0	0	0
0	0	2	3		이 진 현	10	MF	MF	8	이 지 승	6	1	0	0	0
0	0	1	0		이 현 식	17	MF	MF	14	김 범 용		1	2	0	0
0	0	0	5(2)	15	마 사	7	FW	FW	24	모 재 현		0	3	0	0
0	0	0	0	70	공 민 현	9	FW	FW	28	티 아 고	11	2(1)	1	0	0
0	0	1	3(1)	79	윌 리 안	94	FW	FW	26	서 재 원	95	1(1)	0	0	0
0	0	0	0		이 준 서	25			87	안 호 진		0	0	0	0
0	0	0	0		임 은 수	6			73	박 재 환		0	0	0	0
0	0	0	0	후22	임 덕 근	15			29	이 준 재	후0	0	2	0	0
0	0	0	1(1)	후35	김 승 섭	11	대기	대기	6	이 우 혁	후27	0	1	0	0
0	0	2	1	후15	김 인 균	22			95	카스트로	후0	2	0	0	0
0	0	2	0	후35	레안드로	70			19	고 경 민	후0	0	0	1	0
0	0	2	2(1)	후15	카 이 저	79			11	황 일 수	후0	0	0	0	0
0	1	15	15(5)			0			0			9(4)	14	2	0

● 전반 31분 이현식 AKR ~ 마사 AK 내 L-ST-G (득점: 마사, 도움: 이현식) 오른쪽
● 전반 45분 마사 GAR 내 L-ST-G (득점: 마사) 오른쪽
● 후반 43분 레안드로 PAL 내 ~ 김승섭 PAR 내 R-ST-G (득점: 김승섭, 도움: 레안드로) 왼쪽

• 9월 25일 16:00 맑음 목동 1,492명
• 주심_ 김영수 부심_ 이양우·서영규 대기심_ 김재홍 경기감독관_ 나승화

서울E 3 1 전반 1 / 2 후반 1 **2 안양**

퇴장	경고	파울	ST(유)	교체	선수명	배번	위치	위치	배번	선수명	교체	ST(유)	파울	경고	퇴장
0	0	0	0	1	윤 보 상	77	GK	GK	13	정 민 기		0	0	0	0
0	0	1	1(1)		이 인 재	92	DF	DF	4	이 창 용		0	0	0	0
0	0	0	0		한 용 수	4	DF	FW	7	백 성 동		1(1)	0	0	0
0	0	1	1(1)		김 연 수	23	DF	MF	14	홍 창 범	18	2	2	0	0
0	0	0	0		채 광 훈	6	MF	FW	16	박 재 용	28	2(1)	1	0	0
0	0	2	0		김 선 민	88	MF	MF	22	김 동 진	90	0	0	0	0
0	0	1	2(2)		황 태 현	2	MF	MF	25	박 종 현	10	0	2	0	0
0	0	1	5(2)	19	김 정 환	11	MF	FW	27	정 석 화	88	2(2)	0	0	0
0	0	1	0	15	츠 바 사	44	MF	DF	30	백 동 규		0	1	0	0
0	0	0	3(1)	9	아 센 호	10	FW	DF	83	윤 준 성		1(1)	2	0	0
0	0	1	2(1)	90	이 동 률	17	FW	MF	99	주 현 우		0	4	0	0
0	0	0	0	후0	김 형 근	1			21	박 성 수		0	0	0	0
0	0	0	0		서 보 민	55			10	아코스티	후10	1	0	0	0
0	0	0	0	후34	김 원 식	15			18	유 종 우	후36	0	0	0	0
0	0	0	0		곽 성 욱	8	대기	대기	28	김 륜 도	후36	0	1	0	0
0	0	1	0	후25	유 정 완	19			40	연 제 민		0	0	0	0
0	1	1	0	후34	박 준 영	90			88	이 정 빈	후21	1	0	0	0
0	0	0	0	후42	까데나시	9			90	구 대 영	후21	0	0	0	0
0	1	10	14(8)			0			0			10(5)	13	0	0

● 전반 6분 츠바사 AK 내 ~ 황태현 AKR R-ST-G (득점: 황태현, 도움: 츠바사) 왼쪽
● 후반 11분 채광훈 PAL 내 ~ 김정환 GAR 내 R-ST-G (득점: 김정환, 도움: 채광훈) 왼쪽
● 후반 17분 이동률 PAL 내 L-ST-G (득점: 이동률) 오른쪽
● 전반 37분 정석화 PA 정면 내 R-ST-G (득점: 정석화) 오른쪽
● 후반 30분 아코스티 PAL 내 ~ 백성동 PAL 내 R-ST-G (득점: 백성동, 도움: 아코스티) 오른쪽

• 9월 26일 19:00 흐림 광양 전용 736명
• 주심_ 오현진 부심_ 구은석·신재환 대기심_ 서동진 경기감독관_ 김성기

전남 0 0 전반 1 / 0 후반 0 **1 부산**

퇴장	경고	파울	ST(유)	교체	선수명	배번	위치	위치	배번	선수명	교체	ST(유)	파울	경고	퇴장
0	0	0	0		임 민 혁	36	GK	GK	31	황 병 근		0	0	0	0
0	0	0	0	17	김 수 범	28	DF	DF	2	어 정 원		0	2	1	0
0	0	0	1(1)		김 태 현	77	DF	DF	50	이 한 도		0	2	0	0
0	0	0	1		고 태 원	5	DF	DF	6	발렌티노스		0	0	1	0
0	0	1	1		이 후 권	16	DF	DF	48	최 준		0	1	1	0
0	0	0	1	45	박 성 결	19	MF	MF	66	김 상 준		0	1	0	0
0	0	1	2		유 헤 이	24	MF	MF	61	정 원 진		0	0	0	0
0	0	1	0	6	이 석 현	8	MF	MF	4	에드워즈	8	1	1	0	0
0	0	0	3(2)		김 현 욱	10	MF	FW	44	성 호 영	19	0	0	0	0
0	0	0	4(1)		발로텔리	89	FW	FW	10	이 상 헌	22	1	1	1	0
0	0	0	1	11	이 중 민	99	FW	FW	30	라 마 스	45	4(2)	1	0	0
0	0	0	0		오 찬 식	21			13	안 준 수		0	0	0	0
0	0	2	1	후0	여 승 원	17			28	한 희 훈		0	0	0	0
0	0	0	0		최 정 원	4			19	박 세 진	후9	0	1	0	0
0	0	0	0	후25	전 승 민	45	대기	대기	22	이 강 희	후0	0	0	0	0
0	0	1	0	후0/18	장 성 재	6			8	박 종 우	후36	0	1	0	0
0	0	0	0	후44	박 인 혁	18			45	황 준 호	후41	0	0	0	0
0	0	0	0	후12	플 라 나	11			33	김 도 형		0	0	0	0
0	0	6	15(4)			0			0			6(2)	11	4	0

● 전반 25분 라마스 GA 정면 L-ST-G (득점: 라마스) 가운데

- 9월 26일 19:30 흐림 광주 전용 1,304명
- 주심_ 최승환 부심_ 이병주·박남수 대기심_ 성덕효 경기감독관_ 강득수

광주 3 1 전반 0 / 2 후반 0 **0 안산**

퇴장	경고	파울	ST(유)	교체	선수명	배번	위치	위치	배번	선수명	교체	ST(유)	파울	경고	퇴장
0	1	0	0		이준	21	GK	GK	19	김선우		0	0	0	0
0	0	1	0		안영규	6	DF	DF	13	김영남		0	1	0	0
0	0	0	2(2)		박한빈	33	DF	DF	20	김민호	23	0	0	0	0
0	1	2	2		아론	28	DF	DF	24	안성민	35	0	0	0	0
0	0	2	0	3	양창훈	31	MF	MF	8	이상민		0	1	0	0
0	0	1	1(1)		두현석	13	MF	MF	15	송진규		1(1)	2	1	0
0	0	0	0	23	김종우	10	MF	MF	22	이준희		0	1	0	0
0	0	2	1		이순민	20	MF	MF	38	박동휘	29	0	1	0	0
0	0	0	1	11	엄지성	16	FW	FW	9	김경준		0	1	0	0
0	0	1	1(1)	30	마이키	19	FW	FW	16	신재혁	21	0	1	0	0
0	0	1	3(2)	24	산드로	91	FW	FW	17	최건주	4	0	0	0	0
0	0	0	0		노희동	32			31	이찬우		0	0	0	0
0	0	0	0		김현훈	5			4	권영호	후25	0	0	0	0
0	0	3	0	후0	이민기	3			21	티아고	전26	2(1)	1	0	0
0	1	2	0	후17	정호연	23	대기	대기	23	장유섭	후0	0	3	0	0
0	0	0	0	후17	하승운	30			29	김예성	후34	0	0	0	0
0	0	1	2(1)	후0	헤이스	11			35	김경수	후34	0	0	0	0
0	0	1	0	후25	이건희	24			36	변승환		0	0	0	0
0	3	17	13(7)			0			0			3(2)	12	1	0

- ●전반 29분 엄지성 GAL ~ 산드로 GA 정면 내 R-ST-G (득점: 산드로, 도움: 엄지성) 왼쪽
- ●후반 9분 마이키 PAR 내 → 박한빈 GA 정면 내 H-ST-G (득점: 박한빈, 도움: 마이키) 왼쪽
- ●후반 43분 하승운 PAL EL ~ 두현석 PAR 내 R-ST-G (득점: 두현석, 도움: 하승운) 가운데

- 10월 01일 13:30 맑음 김포솔터축구장 972명
- 주심_ 신용준 부심_ 구은석·주현민 대기심_ 김재홍 경기감독관_ 강득수

김포 1 1 전반 0 / 0 후반 0 **0 충남아산**

퇴장	경고	파울	ST(유)	교체	선수명	배번	위치	위치	배번	선수명	교체	ST(유)	파울	경고	퇴장
0	1	0	0		이상욱	1	GK	GK	21	박주원	1	0	0	0	0
0	1	2	0		김종민	30	DF	DF	5	이재성	3	0	1	0	0
0	0	1	0		김태한	4	DF	DF	13	박성우	2	0	0	0	0
0	0	0	0		박경록	3	DF	DF	23	박철우		2	3	0	0
0	0	1	0		이중호	22	MF	DF	47	이은범		0	0	0	0
0	0	0	0		최재훈	23	MF	MF	20	이상민		0	1	0	0
0	0	1	1(1)	10	김이석	66	MF	MF	22	김강국		1	2	0	0
0	1	3	0	25	윤상혁	33	MF	MF	33	김혜성		1	0	0	0
0	0	0	0	76	정의찬	18	FW	FW	10	유강현		4(2)	2	0	0
0	0	1	1		조향기	20	FW	MF	19	양정운	7	0	0	0	0
0	0	0	2(1)	26	손석용	99	FW	MF	77	박민서	8	2	1	0	0
0	0	0	0		최봉진	31			1	박한근	전16	0	0	0	0
0	0	1	0	후3	박대한	25			2	김채운	후22	0	0	0	0
0	0	0	0	후36	이강연	26			3	이호인	전21	0	2	1	0
0	0	0	0		이성재	6	대기	대기	6	김종국		0	0	0	0
0	0	0	0	후26	나성은	47			8	최범경	후22	1	0	0	0
0	0	0	1(1)	후26	김종석	10			7	송승민	후0	1	0	0	0
0	0	1	0	후3/47	이태민	76			18	강민규		0	0	0	0
0	3	11	5(3)			0			0			12(2)	12	1	0

- ●전반 31분 정의찬 MF 정면 H→김이석 AKL L-ST-G (득점: 김이석, 도움: 정의찬) 왼쪽

- 10월 01일 16:00 맑음 목동 1,605명
- 주심_ 채상협 부심_ 설귀선·김경민 대기심_ 최승환 경기감독관_ 나승화

서울E 3 3 전반 0 / 0 후반 0 **0 부천**

퇴장	경고	파울	ST(유)	교체	선수명	배번	위치	위치	배번	선수명	교체	ST(유)	파울	경고	퇴장
0	0	0	0		윤보상	77	GK	GK	21	이주현		0	0	0	0
0	0	1	1(1)		이재익	14	DF	DF	5	김강산		1	0	0	0
0	0	0	0		한용수	4	DF	DF	6	닐손주니어	3	0	0	0	0
0	0	5	0		김연수	23	DF	MF	26	조현택		0	2	1	0
0	0	1	2(2)		채광훈	6	MF	DF	45	이동희		1(1)	2	1	0
0	0	2	1		김선민	88	MF	MF	8	김준형	4	1(1)	0	0	0
0	0	0	1(1)	55	황태현	2	MF	MF	11	박창준		2(2)	2	0	0
0	0	1	5(4)	90	김정환	11	MF	MF	14	최재영	25	0	2	0	0
0	0	0	2(2)	15	츠바사	44	MF	FW	7	요르만		0	1	0	0
0	0	2	1(1)	10	까데나시	9	FW	MF	19	김호남	18	0	1	0	0
0	0	0	2(2)	7	이동률	17	FW	FW	22	한지호	16	2	0	0	0
0	0	0	0		김형근	1			1	최철원		0	0	0	0
0	0	0	0		이인재	92			2	배재우		0	0	0	0
0	0	0	0	후36	서보민	55			3	이풍연	후35	0	0	0	0
0	0	0	2(1)	후27	김원식	15	대기	대기	4	송홍민	후14	1(1)	1	1	0
0	0	0	2	후0	김인성	7			25	이시헌	후14	1(1)	1	0	0
0	0	0	1(1)	후19	박준영	90			16	은나마니	후21	1	0	0	0
0	0	1	2(1)	후19	아센호	10			18	안재준	후0	3(1)	0	0	0
0	0	13	22(16)			0			0			13(7)	12	3	0

- ●전반 15분 츠바사 PK 우측지점 R-ST-G (득점: 츠바사) 왼쪽
- ●전반 17분 김정환 PAL 내 R-ST-G (득점: 김정환) 오른쪽
- ●전반 25분 김정환 PA 정면 내 R-ST-G (득점: 김정환) 오른쪽

- 10월 01일 18:30 맑음 안양 종합 2,235명
- 주심_ 안재훈 부심_ 이영운·신재환 대기심_ 최철준 경기감독관_ 양정환

안양 2 0 전반 0 / 2 후반 0 **0 안산**

퇴장	경고	파울	ST(유)	교체	선수명	배번	위치	위치	배번	선수명	교체	ST(유)	파울	경고	퇴장
0	0	0	0		정민기	13	GK	GK	19	김선우		0	0	0	0
0	0	0	1		이창용	4	DF	DF	20	김민호		0	0	0	0
0	0	0	2(1)	99	백성동	7	MF	DF	23	장유섭		0	1	0	0
0	0	0	3(1)	16	조나탄	9	FW	DF	24	안성민		0	2	0	0
0	0	2	6(3)	28	아코스티	10	MF	MF	13	김영남		0	2	0	0
0	0	0	0	66	홍창범	14	MF	MF	22	이준희		0	1	0	0
0	0	0	2(1)		김동진	22	DF	MF	36	변승환	8	0	1	0	0
0	0	0	0		박종현	25	MF	MF	38	박동휘	14	0	0	0	0
0	0	1	0	88	정석화	27	MF	FW	9	김경준	2	0	2	0	0
0	0	0	0		백동규	30	DF	FW	17	최건주	21	2(1)	1	0	0
0	0	3	0		구대영	90	DF	FW	34	전용운	15	0	0	0	0
0	0	0	0		김태훈	1			31	이찬우		0	0	0	0
0	0	0	0	후28	박재용	16			2	김보섭	후23	1	0	0	0
0	0	0	1	후45	김륜도	28			4	권영호		0	0	0	0
0	0	0	0		연제민	40	대기	대기	8	이상민	후0	0	1	0	0
0	0	1	0	후28	황기욱	66			14	아스나위	후0	0	1	0	0
0	0	0	0	후18	이정빈	88			15	송진규	전27	0	0	0	0
0	0	0	0	후45	주현우	99			21	티아고	후23	1	1	1	0
0	0	7	15(6)			0			0			4(1)	13	1	0

- ●후반 19분 백성동 GAR 내 R-ST-G (득점: 백성동) 왼쪽
- ●후반 42분 아코스티 PK-R-G (득점: 아코스티) 왼쪽

• 10월 02일 13:30 맑음 대전 월드컵 5,230명
• 주심_ 정동식 부심_ 성주경·천진희 대기심_ 설태환 경기감독관_ 김용세

대전 2 0 전반 1 / 2 후반 1 **2 광주**

퇴장	경고	파울	ST(유)	교체	선수명	배번	위치	위치	배번	선수명	교체	ST(유)	파울	경고	퇴장
0	0	0	0		이창근	1	GK	GK	21	이준		0	0	0	0
0	0	2	0		김민덕	3	DF	DF	6	안영규		0	1	0	0
0	1	2	0		김재우	4	DF	DF	33	박한빈		2	1	0	0
0	0	0	0		권한진	5	DF	DF	28	아론	5	0	2	0	0
0	1	4	2(2)		김인균	22	DF	MF	3	이민기		0	2	0	0
0	1	0	0	15	주세종	8	MF	MF	13	두현석	19	3(2)	2	1	0
0	0	2	3(2)		이진현	10	MF	MF	20	이순민		0	0	0	0
0	0	0	0	2	배준호	33	MF	MF	10	김종우	22	0	1	0	0
0	0	2	0	20	공민현	9	FW	FW	16	엄지성	30	1	3	0	0
0	0	0	0	94	김승섭	11	FW	FW	11	헤이스		1(1)	6	1	0
0	1	1	1	7	이현식	17	FW	FW	18	허율	91	0	1	0	0
0	0	0	0		정산	23			32	노희동		0	0	0	0
0	0	0	0	전29	서영재	2			5	김현훈	후25	0	0	0	0
0	0	0	0	후47	조유민	20			22	이상기	후25	2(1)	1	0	0
0	0	0	1(1)	후0	마사	7	대기	대기	8	이으뜸		0	0	0	0
0	0	0	0	후15	임덕근	15			30	하승운	후36	0	0	0	0
0	0	0	0		레안드로	70			19	마이키	후36	1(1)	0	0	0
0	1	1	3(2)	후0	윌리안	94			91	산드로	전42	0	2	0	0
0	5	14	10(7)			0			0			10(5)	22	2	0

● 후반 18분 윌리안 PK지점 ~ 마사 GAR R-ST-G (득점: 마사, 도움: 윌리안) 왼쪽
● 후반 20분 서영재 PAL ↷ 윌리안 GA 정면 H-ST-G (득점: 윌리안, 도움: 서영재) 오른쪽
● 전반 13분 김종우 PAL ↷ 두현석 PAR 내 R-ST-G (득점: 두현석, 도움: 김종우) 왼쪽
● 후반 49분 산드로 PAL 내 ~ 이상기 PAR 내 R-ST-G (득점: 이상기, 도움: 산드로) 오른쪽

• 10월 02일 16:00 맑음 창원 축구센터 1,014명
• 주심_ 서동진 부심_ 강도준·이병주 대기심_ 임정수 경기감독관_ 김성기

경남 2 1 전반 0 / 1 후반 0 **0 전남**

퇴장	경고	파울	ST(유)	교체	선수명	배번	위치	위치	배번	선수명	교체	ST(유)	파울	경고	퇴장
0	0	0	0		고동민	88	GK	GK	36	임민혁		0	0	0	0
0	0	0	0		김범용	14	DF	DF	17	여승원		0	3	0	0
0	0	0	3(2)		박재환	73	DF	DF	77	김태현		0	1	0	0
0	0	1	0		김영찬	5	DF	DF	5	고태원	3	1(1)	0	0	0
0	0	1	0	33	우주성	15	DF	DF	16	이후권	28	0	1	1	0
0	0	2	2(1)	95	정충근	7	MF	MF	37	김건오	19	0	0	0	0
0	0	3	0		이지승	8	MF	MF	45	전승민	18	0	1	0	0
0	0	1	0	6	이광진	16	MF	MF	24	유헤이		3(1)	1	0	0
0	1	4	2(2)	11	박민서	66	MF	MF	10	김현욱	8	2(1)	0	0	0
0	0	0	0	28	고경민	19	FW	FW	89	발로텔리		2	0	0	0
0	0	0	1(1)		모재현	24	FW	FW	11	플라나		2	0	0	0
0	0	0	0		안호진	87			21	오찬식		0	0	0	0
0	0	0	0		이광선	20			3	최희원	후43	0	0	0	0
0	1	1	0	후21	이민기	33			28	김수범	후30	0	0	0	0
0	0	0	0	후28	이우혁	6	대기	대기	8	이석현	후43	0	0	0	0
0	0	2	2(1)	후14	카스트로	95			40	추상훈		0	0	0	0
0	0	0	2(2)	후14	티아고	28			19	박성결	후0	1	0	0	0
0	0	2	0	후14	황일수	11			18	박인혁	후16	2(1)	0	0	0
0	2	17	12(9)			0			0			13(4)	7	1	0

● 전반 24분 박민서 GAR L-ST-G (득점: 박민서) 오른쪽
● 후반 23분 모재현 PAR 내 ↷ 티아고 GAR 내 H-ST-G (득점: 티아고, 도움: 모재현) 왼쪽

• 10월 08일 13:30 맑음 안양 종합 2,705명
• 주심_ 송민석 부심_ 이정석·이양우 대기심_ 김재홍 경기감독관_ 양정환

안양 1 0 전반 0 / 1 후반 0 **0 부천**

퇴장	경고	파울	ST(유)	교체	선수명	배번	위치	위치	배번	선수명	교체	ST(유)	파울	경고	퇴장
0	0	1	0		정민기	13	GK	GK	1	최철원		0	0	0	0
0	0	1	0	40	이창용	4	DF	MF	2	배재우		0	0	0	0
0	0	0	5(3)		백성동	7	FW	DF	5	김강산		0	1	0	0
0	0	0	3(2)	16	조나탄	9	FW	DF	6	닐손주니어	3	0	0	0	0
0	0	2	3(1)		아코스티	10	FW	DF	23	이용혁		1	3	0	0
0	0	2	2	66	홍창범	14	MF	MF	26	조현택		1(1)	1	0	0
0	0	1	2(1)		김동진	22	MF	MF	8	김준형		1	1	0	0
0	0	0	0		박종현	25	DF	MF	77	오재혁	11	0	1	0	0
0	0	1	0	88	정석화	27	MF	FW	7	요르만	18	0	1	0	0
0	0	0	0		백동규	30	DF	FW	19	김호남	25	1(1)	2	1	0
0	0	1	1(1)	99	구대영	90	MF	FW	22	한지호	16	0	2	0	0
0	0	0	0		박성수	21			21	이주현		0	0	0	0
0	0	1	1(1)	후34	박재용	16			3	이풍연	후39	0	0	0	0
0	0	0	0		김륜도	28			17	김규민		0	0	0	0
0	0	0	1	후19	연제민	40	대기	대기	11	박창준	후24	0	1	0	0
0	0	2	0	후16	황기욱	66			25	이시헌	후39	0	0	0	0
0	0	0	0	후34	이정빈	88			16	은나마니	후24	1	1	0	0
0	0	0	0	후16	주현우	99			18	안재준	후18	1	0	0	0
0	0	12	18(9)			0			0			6(2)	14	1	0

● 후반 37분 주현우 MFR ↷ 박재용 PK 우측 지점 H-ST-G (득점: 박재용, 도움: 주현우) 왼쪽

• 10월 08일 16:00 맑음 광양 전용 1,897명
• 주심_ 오현진 부심_ 구은석·주현민 대기심_ 성덕효 경기감독관_ 김성기

전남 3 1 전반 0 / 2 후반 0 **0 서울E**

퇴장	경고	파울	ST(유)	교체	선수명	배번	위치	위치	배번	선수명	교체	ST(유)	파울	경고	퇴장
0	0	0	0		임민혁	36	GK	GK	77	윤보상		0	0	0	0
0	0	2	1	38	김수범	28	DF	DF	14	이재익		0	1	0	1
0	0	2	0		김태현	77	DF	DF	92	이인재		0	1	0	0
0	0	2	0		고태원	5	DF	DF	23	김연수		1(1)	1	0	0
0	0	3	1(1)		이후권	16	DF	MF	6	채광훈		0	0	0	0
0	0	1	1	7	박성결	19	MF	MF	88	김선민	15	0	0	0	0
0	0	0	2(1)		장성재	6	MF	MF	2	황태현		0	1	0	0
0	0	1	1(1)	45	유헤이	24	MF	MF	11	김정환	90	2(1)	0	0	0
0	0	1	2	11	발로텔리	89	FW	MF	44	츠바사	8	1(1)	0	0	0
0	0	0	1(1)	18	이중민	99	FW	FW	9	까데나시	10	3	3	0	0
0	0	2	2(1)		김현욱	10	FW	FW	17	이동률	7	1(1)	0	0	0
0	0	0	0		오찬식	21			1	김형근		0	0	0	0
0	0	0	0		유지하	23			55	서보민		0	0	0	0
0	0	0	1	후40	이규혁	38			15	김원식	후23	0	0	0	0
0	0	0	0	후28	전승민	45	대기	대기	8	곽성욱	후23	1(1)	0	0	0
0	0	0	1(1)	후0	임찬울	7			7	김인성	후0	0	2	0	0
0	0	0	0	후37	플라나	11			90	박준영	후35	0	0	0	0
0	0	0	2(2)	후28	박인혁	18			10	아센호	후40	1	0	0	0
0	0	14	15(8)			0			0			10(5)	9	0	1

● 전반 34분 장성재 MFL ~ 이중민 GA 정면 R-ST-G (득점: 이중민, 도움: 장성재) 왼쪽
● 후반 7분 김수범 PAL EL ↷ 김현욱 PK 우측 지점 H-ST-G (득점: 김현욱, 도움: 김수범) 왼쪽
● 후반 36분 이후권 GAL L-ST-G (득점: 이후권) 왼쪽

• 10월 08일 18:30 맑음 김포솔터축구장 1,901명
• 주심_ 설태환 부심_ 이영운·서영규 대기심_ 조지음 경기감독관_ 김종민

김포 0 0 전반 3 / 0 후반 0 **3 대전**

퇴장	경고	파울	ST(유)	교체	선수명	배번	위치	위치	배번	선수명	교체	ST(유)	파울	경고	퇴장
0	0	0	0		최봉진	31	GK	GK	1	이창근		0	0	0	0
0	0	0	0	30	이강연	26	DF	DF	2	서영재		2(1)	2	0	0
0	0	0	0		김태한	4	DF	DF	3	김민덕		0	1	0	0
0	0	0	0		박경록	3	DF	DF	4	김재우		1	0	0	0
0	0	3	2(2)		박대한	25	MF	DF	20	조유민		0	3	1	0
0	1	2	0		최재훈	23	MF	MF	8	주세종	15	0	1	0	0
0	0	1	3(2)	6	김이석	66	MF	MF	10	이진현	11	0	4	1	0
0	0	0	0	22	윤상혁	33	MF	MF	17	이현식		1	3	0	0
0	0	1	2(1)	20	나성은	47	FW	FW	9	공민현	22	2(2)	0	0	0
0	0	1	2(1)		윤민호	32	FW	FW	33	배준호	94	1	1	0	0
0	0	0	1(1)	99	이태민	76	FW	FW	70	레안드로	7	2(2)	1	0	0
0	0	0	0		이상욱	1			23	정산		0	0	0	0
0	0	1	0	후0	김종민	30			6	임은수		0	0	0	0
0	0	1	2(2)	후0	이중호	22			7	마사	후12	1(1)	1	0	0
0	0	0	0		한정우	19	대기	대기	11	김승섭	후40	0	0	0	0
0	0	0	0	후36	이성재	6			15	임덕근	후28	0	2	0	0
0	0	1	2(2)	후6	조향기	20			22	김인균	후28	0	1	0	0
0	0	0	3(1)	후0	손석용	99			94	윌리안	후0	2(1)	0	0	0
0	1	11	17(12)			0			0			12(7)	20	2	0

● 전반 12분 주세종 센타서클 ↷ 공민현 PAR 내 R-ST-G (득점: 공민현, 도움: 주세종) 왼쪽
● 전반 16분 레안드로 PA 정면 내 R-ST-G (득점: 레안드로) 왼쪽
● 전반 39분 이현식 MFR ↷ 레안드로 GAL H-ST-G (득점: 레안드로, 도움: 이현식) 왼쪽

• 10월 09일 13:30 흐림 부산 아시아드 보조 2,688명
• 주심_ 김용우 부심_ 이병주·박남수 대기심_ 최광호 경기감독관_ 허기태

부산 4 1 전반 0 / 3 후반 0 **0 충남아산**

퇴장	경고	파울	ST(유)	교체	선수명	배번	위치	위치	배번	선수명	교체	ST(유)	파울	경고	퇴장
0	0	0	0		황병근	31	GK	GK	1	박한근	90	0	0	0	0
0	0	1	1		어정원	2	DF	DF	2	김채운	23	1	1	0	0
0	0	0	1(1)		이한도	50	DF	DF	14	이학민		1(1)	2	0	0
0	0	0	0		발렌티노스	6	DF	DF	25	배수용		0	1	0	0
0	0	0	1(1)		이강희	22	DF	DF	47	이은범		0	2	1	0
0	1	3	0	66	권혁규	42	MF	MF	20	이상민		1(1)	1	1	0
0	0	1	1		정원진	61	MF	MF	22	김강국	6	1(1)	1	0	0
0	1	1	1	11	에드워즈	4	MF	MF	24	박세직		1(1)	1	0	0
0	0	1	1(1)	33	성호영	44	FW	MF	7	송승민		0	1	0	0
0	0	0	2(2)	3	이상헌	10	FW	FW	10	유강현		3	1	0	0
0	0	1	3(2)	8	라마스	30	FW	MF	99	정건우	18	1	0	0	0
0	0	0	0		구상민	1			90	문현호	후35	0	0	0	0
0	0	0	0	후29	최예훈	3			16	유준수	후24	0	0	0	0
0	0	0	0		조위제	20			23	박철우	후0	0	0	0	0
0	0	0	0	후22	김상준	66	대기	대기	6	김종국	후24	0	2	0	0
0	0	0	0	후38	박종우	8			9	조주영		0	0	0	0
0	0	0	1	후38	박정인	11			18	강민규	전19/16	1	0	0	0
0	1	1	0	후29	김도형	33			77	박민서		0	0	0	0
0	3	9	12(7)			0			0			10(4)	13	2	0

● 전반 38분 정원진 GAR EL ~ 라마스 PAR 내 L-ST-G (득점: 라마스, 도움: 정원진) 오른쪽
● 후반 4분 정원진 C.KL ↷ 이한도 GAL 내 EL H-ST-G (득점: 이한도, 도움: 정원진) 왼쪽
● 후반 16분 권혁규 GAR ~ 이상헌 GAL 내 EL L-ST-G (득점: 이상헌, 도움: 권혁규) 가운데
● 후반 26분 어정원 GAL EL ~ 성호영 GAR 내 L-ST-G (득점: 성호영, 도움: 어정원) 왼쪽

• 10월 09일 16:00 흐림 광주 전용 5,861명
• 주심_ 정회수 부심_ 설귀선·신재환 대기심_ 최승환 경기감독관_ 당성증

광주 4 0 전반 0 / 4 후반 0 **0 경남**

퇴장	경고	파울	ST(유)	교체	선수명	배번	위치	위치	배번	선수명	교체	ST(유)	파울	경고	퇴장
0	0	0	0		이준	21	GK	GK	88	고동민		0	0	0	0
0	0	0	0	28	김재봉	34	DF	DF	14	김범용		0	0	0	0
0	1	1	2(1)	18	박한빈	33	DF	DF	73	박재환		0	0	0	0
0	0	0	0		안영규	6	DF	DF	5	김영찬	20	0	2	1	0
0	0	1	0		이으뜸	8	MF	DF	15	우주성	29	0	1	0	0
0	0	1	0		이상기	22	MF	MF	7	정충근	28	0	0	0	0
0	0	2	1(1)	15	김종우	10	MF	MF	8	이지승		0	4	1	0
0	0	2	1(1)		정호연	23	MF	MF	6	이우혁	16	0	0	0	0
0	0	0	0	24	하승운	30	FW	MF	66	박민서	95	0	0	0	0
0	0	3	2(2)	19	엄지성	16	FW	FW	19	고경민		1(1)	2	0	0
0	0	4	4(2)		산드로	91	FW	FW	24	모재현		0	0	0	0
0	0	0	0		노희동	32			87	안호진		0	0	0	0
0	0	0	0	후25	아론	28			20	이광선	후5	0	0	0	0
0	0	0	0		김현훈	5			29	이준재	후16	1	1	1	0
0	0	0	0	후25	이희균	15	대기	대기	16	이광진	후16	0	1	1	0
0	0	0	2(2)	후13	마이키	19			95	카스트로	후5	2	1	0	0
0	0	0	2(1)	후25	이건희	24			26	서재원		0	0	0	0
0	0	0	0	후34	허율	18			28	티아고	전24	0	2	0	0
0	1	14	14(10)			0			0			4(1)	14	4	0

● 후반 9분 박한빈 HL 정면 ~ 엄지성 PAR 내 R-ST-G (득점: 엄지성, 도움: 박한빈) 왼쪽
● 후반 15분 정호연 PAR ~ 마이키 PAR L-ST-G (득점: 마이키, 도움: 정호연) 왼쪽
● 후반 28분 이으뜸 MFL ~ 이건희 AKL R-ST-G (득점: 이건희, 도움: 이으뜸) 오른쪽
● 후반 30분 정호연 PAR 내 ~ 산드로 GA 정면 R-ST-G (득점: 산드로, 도움: 정호연) 왼쪽

• 10월 15일 15:00 맑음 창원 축구센터 1,124명
• 주심_ 김영수 부심_ 구은석·서영규 대기심_ 성덕효 경기감독관_ 허태식

경남 1 0 전반 0 / 1 후반 0 **0 안양**

퇴장	경고	파울	ST(유)	교체	선수명	배번	위치	위치	배번	선수명	교체	ST(유)	파울	경고	퇴장
0	0	0	0		고동민	88	GK	GK	13	정민기		0	0	0	0
0	0	0	0		이민기	33	DF	MF	7	백성동		4(2)	0	0	0
0	0	1	0		박재환	73	DF	FW	9	조나탄	16	1	0	0	0
0	0	0	0	45	이광선	20	DF	FW	10	아코스티	14	0	0	0	0
0	0	0	0	15	이준재	29	DF	MF	19	김주환		2(1)	0	0	0
0	0	2	0	95	서재원	26	MF	DF	25	박종현		0	1	0	0
0	0	2	1	16	이지승	8	MF	MF	27	정석화	15	0	0	0	0
0	1	1	1		김범용	14	MF	DF	40	연제민		0	3	0	0
0	0	4	1	19	박민서	66	MF	MF	66	황기욱	28	0	3	0	0
0	0	2	3(1)		티아고	28	FW	DF	83	윤준성		0	3	0	0
0	0	0	0		모재현	24	FW	MF	99	주현우	22	0	0	0	0
0	0	0	0		안호진	87			1	김태훈		0	0	0	0
0	0	0	0	후23	이찬욱	45			14	홍창범	후26	0	2	0	0
0	0	0	0	후36	우주성	15			15	김형진	후36	0	0	0	0
0	0	2	1(1)	후18	이광진	16	대기	대기	16	박재용	후23	2(1)	0	0	0
0	0	0	0	후18	카스트로	95			22	김동진	후0	0	1	0	0
0	0	0	0		정충근	7			28	김륜도	후23	0	0	0	0
0	0	0	0	후23	고경민	19			30	백동규		0	0	0	0
0	1	14	7(2)			0			0			9(4)	13	0	0

● 후반 30분 이광진 MFR FK R-ST-G (득점: 이광진) 오른쪽

- 10월 15일 15:00 맑음 안산 와스타디움 4,010명
- 주심_ 채상협 부심_ 설귀선·주현민 대기심_ 김재홍 경기감독관_ 차상해

안산 1 0 전반 2 / 1 후반 0 **2 대전**

퇴장	경고	파울	ST(유)	교체	선수명	배번	위치	위치	배번	선수명	교체	ST(유)	파울	경고	퇴장
0	0	0	0		이찬우	31	GK	GK	1	이창근		0	0	0	0
0	0	0	0		김영남	13	DF	DF	2	서영재		2(2)	3	0	0
0	0	2	0		이준희	22	DF	DF	3	김민덕		0	2	0	0
0	0	0	0	36	안성민	24	DF	DF	4	김재우		1(1)	0	0	0
0	0	2	2(2)		이상민	8	MF	DF	20	조유민		0	1	0	0
0	0	3	0	29	아스나위	14	MF	MF	8	주세종	6	1	1	0	0
0	0	2	1		송진규	15	MF	MF	10	이진현	15	3(3)	1	0	0
0	0	1	0	4	박동휘	38	MF	MF	17	이현식		1	1	1	0
0	0	0	0	17	김보섭	2	FW	FW	9	공민현	79	2	2	1	0
0	0	0	3(2)		두아르테	7	FW	FW	33	배준호	7	0	0	0	0
0	1	1	3	35	김경준	9	FW	FW	70	레안드로	22	1(1)	1	0	0
0	0	0	0		김선우	19			23	정산		0	0	0	0
0	0	2	1(1)	후0	권영호	4			6	임은수	후0	0	0	0	0
0	0	0	1	전21	최건주	17			7	마사	후0	0	3	0	0
0	0	0	0		이지성	26	대기	대기	11	김승섭		0	0	0	0
0	0	1	0	후33	김예성	29			15	임덕근	후12	0	0	0	0
0	0	0	0	후33	김경수	35			22	김인균	후47	0	0	0	0
0	0	1	0	후0	변승환	36			79	카이저	후22	1	2	0	0
0	1	15	11(5)			0			0			12(7)	17	2	0

- ●후반 14분 이준희 GAL H ↷ 권영호 GA 정면 H-ST-G (득점: 권영호, 도움: 이준희) 오른쪽
- ●전반 14분 레안드로 PK-R-G (득점: 레안드로) 왼쪽
- ●전반 37분 이현식 AKR ~ 이진현 GAL R-ST-G (득점: 이진현, 도움: 이현식) 오른쪽

- 10월 15일 15:00 맑음 아산 이순신 3,379명
- 주심_ 최철준 부심_ 이병주·신재환 대기심_ 안재훈 경기감독관_ 양정환

충남아산 0 0 전반 0 / 0 후반 0 **0 광주**

퇴장	경고	파울	ST(유)	교체	선수명	배번	위치	위치	배번	선수명	교체	ST(유)	파울	경고	퇴장
0	0	0	0		박한근	1	GK	GK	32	노희동		0	0	0	0
0	0	1	0	33	이호인	3	DF	DF	6	안영규		0	1	0	0
0	1	2	0	14	박성우	13	DF	DF	33	박한빈		1	0	0	0
0	0	1	0	2	박철우	23	DF	DF	5	김현훈	28	0	0	0	0
0	0	1	0		배수용	25	DF	MF	13	두현석		2(1)	0	0	0
0	0	1	0		이상민	20	MF	MF	22	이상기	3	0	1	0	0
0	0	0	0		김강국	22	MF	MF	23	정호연		0	0	0	0
0	0	0	2(1)		박세직	24	MF	MF	11	헤이스		0	0	0	0
0	0	1	1		유강현	10	FW	MF	19	마이키	30	2(1)	0	0	0
0	0	0	0	7	양정운	19	MF	FW	24	이건희	15	0	0	0	0
0	0	1	0	8	박민서	77	MF	FW	91	산드로	18	0	2	1	0
0	0	0	0		문현호	90			21	이준		0	0	0	0
0	0	0	1	후27	김채운	2			40	김승우		0	0	0	0
0	0	0	0		최규백	4			28	아론	후23	0	0	0	0
0	0	0	0	후27	이학민	14	대기	대기	3	이민기	후0	0	0	0	0
0	0	0	0	후15	최범경	8			15	이희균	후0	2	2	0	0
0	0	0	0	후27	김혜성	33			30	하승운	후0	1(1)	0	0	0
0	1	0	0	전18	송승민	7			18	허율	후34	1(1)	1	0	0
0	2	8	4(1)			0			0			9(4)	7	1	0

- 10월 15일 15:00 맑음 목동 3,321명
- 주심_ 조지음 부심_ 이양우·홍석찬 대기심_ 최승환 경기감독관_ 강득수

서울E 0 0 전반 0 / 0 후반 1 **1 부산**

퇴장	경고	파울	ST(유)	교체	선수명	배번	위치	위치	배번	선수명	교체	ST(유)	파울	경고	퇴장
0	0	0	0		윤보상	77	GK	GK	1	구상민		0	0	1	0
0	0	1	0		이인재	92	DF	DF	2	어정원		1(1)	0	0	0
0	0	0	0		김원식	15	DF	DF	50	이한도		0	0	0	0
0	0	0	0		김연수	23	DF	DF	20	조위제		0	0	0	0
0	0	0	0	8	채광훈	6	MF	DF	48	최준	22	0	1	1	0
0	0	2	0		김선민	88	MF	MF	42	권혁규		0	3	1	0
0	0	0	0	3	서재민	22	MF	MF	61	정원진		2(2)	0	0	0
0	0	1	2(1)	7	김정환	11	MF	MF	11	박정인	37	1	1	0	0
0	0	1	1(1)		츠바사	44	MF	FW	44	성호영		0	4	0	0
0	0	1	4	66	까데나시	9	FW	FW	10	이상헌	33	0	0	0	0
0	0	0	1(1)	30	이동률	17	FW	FW	30	라마스		0	0	0	0
0	0	0	0		김형근	1			31	황병근		0	0	0	0
0	0	1	0	후37	김민규	3			22	이강희	후37	0	0	0	0
0	0	1	0	후25	곽성욱	8	대기	대기	6	발렌티노스		0	0	0	0
0	0	0	1	후37	박경민	66			66	김상준		0	0	0	0
0	0	0	0	후12	김정수	30			8	박종우		0	0	0	0
0	0	0	1	후12	김인성	7			37	이현준	후27	0	0	0	0
0	0	8	10(3)			0			0			4(3)	9	3	0

- ●후반 3분 이상헌 GAL ~ 정원진 GA 정면 R-ST-G (득점: 정원진, 도움: 이상헌) 왼쪽

- 10월 15일 15:00 맑음 부천 종합 2,752명
- 주심_ 최현재 부심_ 이영운·김경민 대기심_ 설태환 경기감독관_ 김종민

부천 2 0 전반 0 / 2 후반 2 **2 전남**

퇴장	경고	파울	ST(유)	교체	선수명	배번	위치	위치	배번	선수명	교체	ST(유)	파울	경고	퇴장
0	0	0	0	21	김호준	39	GK	GK	36	임민혁		0	0	1	0
0	0	0	1		이풍연	3	DF	DF	38	이규혁		0	2	0	0
0	0	0	1(1)		윤지혁	15	DF	DF	77	김태현		1	0	0	0
0	0	2	0		김규민	17	MF	DF	5	고태원		1(1)	1	1	0
0	0	0	0		김정호	20	DF	DF	28	김수범		0	3	1	0
0	0	1	0		유승현	66	MF	MF	24	유헤이		1	2	0	0
0	0	1	1		송홍민	4	MF	MF	6	장성재		1(1)	2	0	0
0	1	3	1	28	최재영	14	MF	MF	10	김현욱		1	0	0	0
0	0	2	1(1)	35	은나마니	16	FW	FW	40	추상훈	89	1(1)	2	1	0
0	0	1	0	25	안재준	18	FW	FW	99	이중민	7	2(1)	0	0	0
0	0	1	2(1)	24	이의형	27	FW	FW	11	플라나	19	3(3)	1	0	0
0	0	0	0	전45	이주현	21			21	오찬식		0	0	0	0
0	0	0	0		국태정	13			4	최정원		0	0	0	0
0	0	0	0		이동희	45			23	유지하		0	0	0	0
0	0	0	2(2)	후14	이시헌	25	대기	대기	19	박성결	후38	0	1	0	0
0	0	1	0	후27	이현기	28			7	임찬울	후12	0	0	0	0
0	0	0	0	후27	박하빈	24			89	발로텔리	후0	2(2)	1	0	0
0	0	0	0	후14	김규민	35			39	최성진		0	0	0	0
0	1	12	9(5)			0			0			13(9)	15	4	0

- ●후반 19분 송홍민 PAR TL FK ↷ 이시헌 GA 정면 H-ST-G (득점: 이시헌, 도움: 송홍민) 왼쪽
- ●후반 48분 박하빈 GA 정면 → 윤지혁 GAL 내 EL L-ST-G (득점: 윤지혁, 도움: 박하빈) 왼쪽
- ●후반 25분 임찬울 PAR ~ 플라나 GAR L-ST-G (득점: 플라나, 도움: 임찬울) 가운데
- ●후반 32분 장성재 C,KL ↷ 고태원 GAR 내 H-ST-G (득점: 고태원, 도움: 장성재) 오른쪽

- 10월 19일 19:00 맑음 부천 종합 2,119명
- 주심_ 김대용 부심_ 송봉근·강동호 대기심_ 오현진 경기감독관_ 차상해

부천 2 0 전반 0 / 2 후반 3 **3 경남**

퇴장	경고	파울	ST(유)	교체	선수명	배번	위치	위치	배번	선수명	교체	ST(유)	파울	경고	퇴장
0	1	0	0		최철원	1	GK	GK	88	고동민		0	0	0	0
0	0	1	0	18	배재우	2	MF	DF	33	이민기		0	0	0	0
0	0	2	0		김강산	5	DF	DF	73	박재환		0	0	0	0
0	0	0	0		닐손주니어	6	DF	DF	15	우주성		1(1)	2	0	0
0	0	1	1(1)		조현택	26	MF	MF	66	박민서	95	0	1	1	0
0	0	1	1(1)		이동희	45	DF	MF	16	이광진	8	1(1)	1	0	0
0	0	1	1(1)		송홍민	4	MF	MF	6	이우혁	14	0	1	1	0
0	0	0	0	25	김준형	8	MF	MF	29	이준재		0	1	1	0
0	0	1	0	14	박창준	11	FW	FW	26	서재원	24	0	0	0	0
0	0	0	2	22	요르만	7	FW	FW	7	정충근	28	0	2	0	0
0	0	0	2(2)	23	김호남	19	FW	FW	19	고경민		0	4	0	0
0	0	0	0		이주현	21			87	안호진		0	0	0	0
0	0	0	0		김규민	17			45	이찬욱		0	0	0	0
0	0	0	0	후43	이용혁	23			14	김범용	후0	1	0	0	0
0	0	1	0	후36	최재영	14	대기	대기	8	이지승	후32	1	0	0	0
0	0	0	1	후32	이시헌	25			95	카스트로	후10	0	0	0	0
0	0	0	0	후32	안재준	18			24	모재현	후0	2(2)	1	0	0
0	1	3	1(1)	후0	한지호	22			28	티아고	후0	3(2)	1	0	0
0	2	11	9(6)			0			0			9(6)	14	3	0

- ●후반 16분 배재우 MF 정면 ↷ 이동희 PA 정면 내 R-ST-G (득점: 이동희, 도움: 배재우) 왼쪽
- ●후반 32분 송홍민 GAL R-ST-G (득점: 송홍민) 오른쪽
- ●후반 11분 티아고 MF 정면 ~ 모재현 GAR R-ST-G (득점: 모재현, 도움: 티아고) 왼쪽
- ●후반 29분 이광진 MFL TL FK R-ST-G (득점: 이광진) 오른쪽
- ●후반 49분 모재현 GAR H ↷ 티아고 GA 정면 H-ST-G (득점: 티아고, 도움: 모재현) 가운데

- 10월 23일 13:00 맑음 안양 종합 3,641명
- 주심_ 정동식 부심_ 설귀선·김경민 대기심_ 서동진 경기감독관_ 양정환

안양 0 0 전반 0 / 0 후반 0 **0 경남**

퇴장	경고	파울	ST(유)	교체	선수명	배번	위치	위치	배번	선수명	교체	ST(유)	파울	경고	퇴장
0	0	0	0		정민기	13	GK	GK	88	고동민		0	0	0	0
0	0	0	1		이창용	4	DF	DF	73	박재환		1	0	0	0
0	0	0	1(1)	15	백성동	7	FW	DF	22	김명준		0	3	0	0
0	0	3	1(1)	16	조나탄	9	FW	DF	15	우주성		0	0	0	0
0	0	1	4		아코스티	10	FW	MF	66	박민서	11	2(1)	0	1	0
0	0	2	1(1)	11	홍창범	14	MF	MF	16	이광진		1	0	0	0
0	0	0	0		김동진	22	MF	MF	8	이지승	6	0	2	0	0
0	0	2	0		박종현	25	DF	MF	14	김범용	33	0	0	0	0
0	0	2	1	66	정석화	27	MF	FW	95	카스트로	26	3	0	0	0
0	0	1	0		백동규	30	DF	FW	24	모재현	18	0	0	0	0
0	0	0	0	90	주현우	99	MF	FW	28	티아고		1	3	1	0
0	0	0	0		박성수	21			87	안호진		0	0	0	0
0	0	0	2(1)	후25	김경중	11			45	이찬욱		0	0	0	0
0	0	0	1	후40	김형진	15			33	이민기	후31	0	1	0	0
0	0	0	2(1)	후40	박재용	16	대기	대기	6	이우혁	후38	0	0	0	0
0	0	0	0		연제민	40			18	원기종	전23	2	0	0	0
0	0	1	0	후25	황기욱	66			11	황일수	후31	0	0	0	0
0	1	1	0	후17	구대영	90			26	서재원	후38	0	0	0	0
0	1	13	14(5)			0			0			10(1)	9	2	0

하나원큐 K리그 승강 플레이오프 2022 대회요강

제1조 (목적)_ 본 대회요강은 K LEAGUE 1(이하 'K리그1') 11위 클럽과 K LEAGUE 2(이하 'K리그2') 2위 클럽, K리그1 10위 클럽과 K리그2 플레이오프 승자 클럽 간의 승강 플레이오프 대회 및 경기 운영에 관한 사항을 규정한다.

제2조 (용어의 정의)_ 본 대회요강에서 '클럽'이라 함은 연맹의 회원단체인 축구단을, '홈 클럽'이라 함은 홈경기를 개최하는 클럽을 지칭한다.

제3조 (명칭)_ 본 대회명은 '하나원큐 K리그 승강 플레이오프 2022'로 한다.

제4조 (주최, 주관)_ 본 대회는 연맹이 주최(대회를 총괄하여 책임지는 자)하고, 홈 클럽이 주관(주최자의 위임을 받아 대회를 운영하는 자)한다. 홈 클럽의 주관권은 제3자에게 양도할 수 없다.

제5조 (승강 플레이오프)_ 승강 플레이오프 1은 K리그1 11위 클럽과 K리그2 2위 클럽, 승강 플레이오프 2는 K리그1 10위 클럽과 K리그2 플레이오프 승자 클럽이 실시하여 승자가 2023년 K리그1 리그에 참가하고 패자는 2023년 K리그2 리그에 참가한다. 단, 2023 K리그 클럽 라이선스를 부여 받은 클럽에 한한다.

제6조 (일정)_ 본 대회는 2022.10.26(수), 10.29(토) 양일간 개최하며, 경기일정(대진)은 아래의 경기일정표에 의한다.

구분		경기일	경기시간	대진	장소
승강 플레이오프 1	1차전	10.26 (수)	19:30	K리그2 2위 vs K리그1 11위	K리그2 2위 클럽 홈 경기장
	2차전	10.29 (토)	16:00	K리그1 11위 vs K리그2 2위	K리그1 11위 클럽 홈 경기장
승강 플레이오프 2	1차전	10.26 (수)	19:30	K리그2 플레이오프 승자 vs K리그1 10위	K리그2 플레이오프 승자 클럽 홈 경기장
	2차전	10.29 (토)	14:00	K리그1 10위 vs K리그2 플레이오프 승자	K리그1 10위 홈 경기장

제7조 (경기 개시 시간)_ 경기시간은 사전에 연맹이 지정한 경기시간에 의한다.

제8조 (대회방식)_ 1. 본 대회 방식은 K리그1 11위 클럽과 K리그2 2위 클럽, K리그1 10위 클럽과 K리그2 플레이오프 승자 클럽 간 Home & Away 방식에 의해 각각 2경기씩 실시되며, 1차전 홈 경기는 K리그2 클럽 홈에서 개최한다.

2. 승강 플레이오프는 1차전, 2차전 각 90분(전/후반 45분) 경기를 개최한다.
3. 1, 2차전이 종료된 시점에서 승리수가 많은 팀을 승자로 한다.
4. 1, 2차전이 종료된 시점에서 승리수가 같은 경우에는 다음 순서에 의해 승자를 결정한다.
   1) 1, 2차전 90분 경기 합산 득실차
   2) 합산 득실차가 동일한 경우, 연장전(전/후반 15분) 개최
   3) 연장전 무승부 시, 승부차기로 승리팀 최종 결정(PK방식 각 클럽 5명씩 승패가 결정되지 않을 경우, 6명 이후는 1명씩 승패가 결정 날 때까지)

제9조 (경기장)_ 1. 모든 클럽은 최상의 상태에서 홈경기를 개최할 수 있도록 경기장을 유지·관리할 책임이 있다.

2. 본 대회는 원칙적으로 축구전용경기장에서 개최되어야 한다.
3. 경기장은 법령이 정하는 시설 안전 기준을 충족하여야 한다.
4. 홈 클럽은 경기장을 방문하는 관람객을 위해 관중상해보험에 가입해야 하며, 보험증권을 연맹에 경기 개최 전에 제출하여야 한다. 홈 클럽이 연고지역 외 기타 경기장에서 K리그 경기를 개최하고자 할 경우에는 연맹에 경기개최 승인 요청 시 보험증권을 첨부하여 제출하여야 한다.
5. 각 클럽은 경기장 시설(물)에 대해 연맹의 승인을 득하여야 한다.
6. 경기장은 연맹의 경기장 시설 기준을 준수하여야 하며, 다음 각 호의 조건을 충족하여야 한다.
   1) 그라운드는 천연잔디구장으로 길이 105m, 너비 68m를 권고하며, 천연잔디 또는 하이브리드 잔디여야 한다. 단 하이브리드 잔디를 사용할

경우 사전에 연맹의 승인을 득해야 하며, 아래 기준을 충족시켜야 한다.

가. 기준

- 인조잔디 내 인체 유해성분이 검출되지 않을 것
- 전체 그라운드 면적 대비 인조잔디 함유 비율 5% 미만
- 최초 설치 시 아래 기준치를 상회하는 성능일 것

충격흡수성	수직방향변형	잔디길이
(51~68)%	(4~10)mm	(21~25)mm
회전저항	수직공반발	공구름
(25~50)N/m	(0.6~1.0)m	(4~8)m

나. 제출서류: 샘플(1m²), 제품규격서, 유해성 검출 시험 결과표, 설치/유지 관리 계획서

다. 승인절차

- 신청일로부터 60일 이내 승인
- 필요시, 현장테스트 진행(최소 10m² 이상의 예비 포지 사전 마련)

라. 그라운드 관리 미흡으로 인한 문제 발생 소지 있을 경우, 사용이 제한될 수 있음

2) 공식경기의 잔디 길이는 2~2.5cm로 유지되어야 하며, 전체에 걸쳐 동일한 길이여야 한다.

3) 그라운드 외측 주변에는 원칙적으로 축구전용경기장의 경우는 5m 이상, 육상경기겸용경기장의 경우 1.5m 이상의 잔디 부분이 확보되어야 한다.

4) 골포스트 및 바는 흰색의 둥근 모양(직경12cm)의 철제 관으로 제작되고, 원칙적으로 고정식이어야 한 다. 또한 볼의 반발력에 영향을 줄 수 있는 비철제 보강재 사용을 금한다.

5) 골네트는 원칙적으로 흰색(연맹의 승인을 득한 경우는 제외)이어야 하며, 골네트는 골대 후방에 폴을 세워 안전한 방법으로 부착하여야 한다. 폴은 골대와 구별되는 어두운 색상이어야 한다.

6) 코너 깃발은 연맹이 지정한 것을 사용하여야 한다.

7) 각종 라인은 국제축구연맹(이하 'FIFA') 또는 아시아축구연맹(이하 'AFC')이 정한 규격에 따라야 하며, 라인 폭은 12cm로 선명하고 명료하게 그려야 한다.(원칙적으로 페인트 방식으로 한다.)

7. 필드(그라운드 및 그 주변 부분)에는 경기 운영에 영향을 주거나 선수에게 위험의 우려가 있는 것을 방치 또는 설치해서는 안 된다.

8. 공식경기에서 그라운드에 살수(撒水)를 하는 경우, 다음 각 호에 따라 실시한다.

1) 살수는 경기 킥오프 전 및 하프타임에 실시하며, 경기장에 걸쳐 균등하게 해야 한다.

2) 경기감독관은 경기 시간 및 날씨, 그라운드 상태, 당일 경기장 행사 등을 고려하여 살수 횟수와 시간을 정하고 이를 홈 클럽 및 원정 클럽 관계자들에게 사전 통보한다.

3) 홈 클럽은 경기감독관이 정한 횟수와 시간에 따라 살수를 실시해야 하며, 이를 위반할 경우 상벌규정 유형별 징계기준 제5조 사.항에 의거 해당 클럽에 제재를 부과할 수 있다.

9. 경기장 관중석은 K리그1 클럽의 경우 좌석수 10,000석 이상, K리그2 클럽의 경우 좌석수 5,000명 이상을 충족하여야 한다. 이에 미달할 경우 연맹의 사전 승인을 득하여야 한다.

10. 홈 클럽은 상대 클럽(이하 원정 클럽)을 응원하는 관중을 위해 경기장 전체 좌석수의 5% 이상의 좌석을 배분해야 하며, 원정 클럽이 경기 개최 일주일 전까지 추가 좌석 분배를 요청할 경우 홈 클럽과 협의하여 추가 좌석 분배를 결정할 수 있다. 또한, 원정 클럽 관중을 위한 전용출입문, 화장실, 매점 시설 등을 독립적으로 사용할 수 있도록 마련해야 한다.

11. 경기장은 다음 항목의 부대시설을 갖추도록 권고한다.

1) 양 팀 선수대기실(냉·난방 및 냉·온수 가능)

2) 심판대기실(냉·난방 및 냉·온수 가능)

3) 경기감독관 대기실 4) 운영 본부실

5) 실내 기자회견장 6) 기자실 및 사진기자실

7) 중계방송사룸(TV중계스태프룸) 8) 의무실

9) 도핑검사실(냉·난방 및 냉·온수 가능)

10) 장내방송 시스템 및 장내방송실

11) 통제실, 경찰 대기실, 소방 대기실 12) VIP룸

13) MCG, TSG석 및 심판평가관석 14) 기록석 15) 기자석

16) TV중계 부스 17) 전광판 18) TV카메라 설치 공간

19) 종합 안내소 20) 입장권 판매소

21) 식음료 및 축구 관련 상품 판매소 22) TV중계차 주차 공간

23) 케이블 시설 공간 24) 전송용기자재 등 설치 공간

25) 태극기, 연맹기, 대회기 26) 태극기, 대회 깃발, 리그 깃발, 양팀 클럽 깃발 등을 게재할 수 있는 게양대

27) 믹스드 존(Mixed Zone) 28) 기타 연맹이 정하는 시설, 장비

제10조 (조명장치)_ 1. 경기장에는 그라운드 평균 1,200lux 이상 조도를 가진 조명 장치를 설치하여 조명의 밝음을 균일하게 유지하여야 한다. 또한 정전에 대비하여 1,000lux 이상의 조도를 갖춘 비상조명 장치를 구 비하여야 한다.

2. 홈 클럽은 경기장 조명 장치의 이상 유·무를 사전에 확인하여 장애를 미연에 방지하는 한편, 고장 시 신속하게 수리할 수 있도록 모든 조치와 최선의 노력을 다하여야 한다.

제11조 (벤치)_ 1. 팀 벤치는 원칙적으로 다음 요건을 충족하여야 한다.

1) FIFA가 정한 규격의 기술지역(테크니컬에어리어) 내에 설치하여야 한다.

2) 벤치 터치라인으로부터 5m 이상 떨어지는 한편 그 끝이 하프라인으로부터 8m 떨어지는 위치에 설치하여야 한다.

3) 최소 20인 이상 앉을 수 있는 좌석이 준비되어야 하며, 지붕을 설치할 경우 투명한 재질로 해야 한다.

2. 홈 팀 벤치는 본부석에서 그라운드를 향해 좌측에 설치하여야 한다. 단 사전 승인 시 우측에 홈 팀 벤치의 설치가 가능하다.

3. 홈, 원정 팀 벤치에는 팀명을 표기한 안내물을 부착하여야 한다.

4. 제4의 심판(대기심판) 벤치를 준비하여야 하며, 다음의 요건을 충족하여야 한다.

1) 벤치 터치라인으로부터 5m 이상 떨어지는 그라운드 중앙에 설치하여야 한다. 단, 방송사의 요청 시에는 카메라 위치에 방해가 되지 않는 위치에 설치하여야 한다.

2) 지붕을 설치할 경우 투명한 재질로 해야 하며, 지붕이 관중의 시야를 방해해서는 안 된다.

3) 대기심판 벤치 내에는 최소 3인 이상 앉을 수 있는 좌석과 테이블이 준비되어야 한다.

제12조 (의료시설)_ 홈 클럽은 선수단, 관계자, 관중 등을 위해 경기개시 90분 전부터 경기종료 후 모든 관중 및 관계자가 퇴장할 때까지 의료진(의사, 간호사, 1급 응급구조사)과 1대의 특수구급차를 포함하여 최소 2대 이상의 구급차를 반드시 대기시켜야 한다. 이를 위반할 경우, 연맹 상벌 규정에 따라 제재할 수 있다.

제13조 (경기장에서의 고지)_ 1. 홈 클럽은 경기장에서 다음의 각 항목 사항을 전광판 및 장내 아나운서(멘트)를 통해 고지하여야 한다.

1) 공식 대회명칭(반드시 지정된 방식 및 형태에 맞게 전광판 노출)

2) 선수, 심판 및 경기감독관, 심판평가관 소개

3) 대회방식 및 경기방식

4) K리그 선수 입장곡(K리그 앤섬 'Here is the Glory' BGM)

5) 선수 및 심판 교체

6) 득점자 및 득점시간(득점 직후에)

7) 추가시간(전·후반 전광판 고지 및 장내아나운서 멘트 동시 실시)

8) 유료관중 수(후반전 15~30분 발표)

9) 경기 중, 경기정보 전광판 표출(양 팀 출전선수명단, 경고, 퇴장, 득점)

10) 지진 등 비상상황 발생 시 대피방안

11) VAR 리뷰를 진행할 경우, VAR 영상 판독 문구 전광판 표출

12) 상기 항 이외 연맹이 지정하는 사항

2. 홈 클럽은 경기 전·후 및 하프타임에 다음의 각 항목 사항을 실시하는 것이 가능하다.

1) 다음 경기예정 및 안내 2) 연맹의 사전 승인을 얻은 광고 선전

3) 음악방송 4) 팀 또는 선수에 관한 정보 안내

5) 상기 1~4호 이외 연맹의 승인을 얻은 사항

제14조 (경기장 점검)_ 1. 클럽이 기타 경기장에서 경기를 개최하고자 할 경우 해당 경기개최 14일 전까지 연맹에 시설 점검을 요청하여 경기장 실사를 받아야 하며, 이때 제출하여야 하는 서류는 다음과 같다.

1) 경기장 시설 현황 2) 홈경기 안전계획서

2. 연맹의 보완 지시가 있을 경우 이에 대한 이행 결과를 경기개최 7일 전까지 서면 보고하여야 한다.

3. 연맹은 서면보고접수 후 재점검을 통해 문제점 보완이 미흡하다고 판단될 경우 경기 개최를 불허한다. 이 경우 홈 클럽은 연고지역 내에서 '법령', 'K리그 경기장 시설기준'에 부합하는 타 경기장(대체구장)을 선정하여 상기 1항, 2항의 절차에 따라 연맹의 승인을 받아야 한다.

4. 홈 클럽이 원하는 경기장에서 경기개최가 불가능하다고 판단될 경우, 본 대회요강 제17조 2항에 따른다. (연맹 경기규정 30조 2항)

5. 상기 4항을 이행하지 않는 클럽은 본 대회요강 제19조 1항에 따른다.(연맹 경기규정 32조 1항)

제15조 (악천후의 경우 대비조치)_ 1. 홈 클럽은 강설 또는 강우 등 악천후의 경우에도 홈경기가 개최될 수 있도록 최선의 노력을 다하여야 한다.

2. 악천후로 인하여 경기개최가 불가능하다고 판단될 경우, 경기감독관은 경기개최 3시간 전까지 경기개최 중지를 결정하여야 한다.

제16조 (경기중지 결정)_ 1. 경기 전 또는 경기 중 중대한 불상사 등으로 경기를 계속하기 어려운 사태가 발생하였을 경우, 주심은 경기 감독관에게 경기 중지를 요청할 수 있으며, 경기감독관은 동 요청에 의거하여 홈 클럽 및 원정 클럽 관계자의 의견을 참고한 후 경기 중지를 결정할 수 있다.

2. 상기 1항의 경우 또는 관중의 난동 등으로 경기장의 질서 유지가 어려운 경우, 경기감독관은 주심의 경기중지 요청이 없더라도 경기 중지를 결정할 수 있다.

3. 경기 개최 3시간 전부터 경기 종료 시까지 경기 개최 지역에 미세먼지, 초미세먼지, 황사 등에 관한 경보가 발령되었거나 경보 발령 기준농도를 초과하는 상태인 경우, 경기감독관은 경기의 취소 또는 연기를 결정할 수 있다.

4. 경기 개최 3시간 전부터 경기 종료 전까지 선수단 내 코로나 확진 환자 발생 시 경기감독관은 경기의 취소 또는 연기를 결정할 수 있으며, 이 경우 제20조에 따른다.

5. 경기감독관은 경기중지 결정을 내린 후, 지체 없이 그 사유를 연맹에 보고하여야 한다.

제17조 (불가항력으로 인한 경기 취소·중지 및 재경기)_ 1. 공식경기가 악천후, 천재지변, 기타 클럽의 통제범위를 벗어난 불가항력적 상황, 경기장 조건, 선수단과 관계자 및 관중의 안전이 우려되는 긴급한 상황 등 부득이한 사유로 취소·중지된 경우, 그다음 날 같은 경기장에서 재경기를 개최함을 원칙으로 한다.

2. 그다음 날 같은 경기장에서 재경기를 개최하기 어려운 사정이 있을 경우에는 연맹이 재경기의 일시 및 경기장을 정한다.

3. 경기장 준비부족, 시설미비, 관중의 소요 등 홈 클럽의 귀책사유로 인하여 공식경기가 취소·중지된 경우 원정 클럽은 그 시점으로부터 24시간 이내에 자신의 홈 경기로 재경기를 개최할 것을 신청할 수 있으며, 이 경우 홈/원정의 변경 여부는 연맹이 결정한다.

4. 재경기 방식에 대해서는 다음 각 호에 의한다.

1) 이전 경기에서 양 클럽의 득실차가 없을 때는 90분간 재경기를 실시한다.

2) 이전 경기에서 양 클럽의 득실차가 있을 때는 중지 시점에서부터 잔여 시간만의 재경기를 실시한다.

5. 재경기 시, 상기 4항 1호의 경우 이전 경기에서 발생된 경고, 퇴장 기록만이 인정되며 선수교체는 팀당 최대 3명까지 가능하다. 상기 4항 2호의 경우 이전 경기에서 발생된 모든 기록이 인정되며 선수교체는 이전 경기를 포함하여 3명까지 할 수 있다.

6. 재경기 시, 이전 경기에서 발생된 경고 및 퇴장은 유효하며, 경고 및 퇴장에 대한 처벌(징계)은 경기순서대로 연계 적용한다.

제18조 (귀책사유가 있는 클럽의 비용 보상)_ 1. 홈 클럽의 귀책사유에 의해 공식경기가 개최불능 또는 중지(중단)되었을 경우, 홈 클럽은 원정 클럽에 교통비 및 숙식비를 보상하여야 한다.

2. 원정 클럽의 귀책사유에 의해 공식경기가 개최불능 또는 중지(중단)되었을 경우, 원정 클럽은 홈 클럽에 발생한 경기준비 비용 및 입장권 환불 수수료, 교통비 및 숙식비를 보상하여야 한다.

3. 상기 1항, 2항과 관련하여 천재지변 등 불가항력에 의한 경우는 제외한다.

제19조 (패배로 간주되는 경우)_ 1. 공식경기 개최거부 또는 속행 거부 등(경기장 질서문란, 관중의 난동 포함) 어느 한 클럽의 귀책사유로 인하여 공식경기가 개최불능 또는 중지(중단)되었을 경우, 그 귀책사유가 있는 클럽이 0 : 3 패배한 것으로 간주한다.

2. 공식경기에 무자격선수가 출장한 것이 경기 중 또는 경기 후 발각되어 경기 종료 후 48시간 이내에 상대 클럽으로부터 이의가 제기된 경우, 무자격선수가 출장한 클럽이 0 : 3 패배한 것으로 간주한다. 다만 경기 중 무자격선수가 출장한 것이 발각되었을 경우, 해당 선수를 퇴장시키고 경기는 속행한다.

3. 상기 1항, 2항에 따라 어느 한 클럽의 패배를 결정한 경우에도 양 클럽 선수의 개인기록(출장, 경고, 퇴장, 득점, 도움 등)은 그대로 인정한다.

4. 상기 2항의 무자격 선수는 K리그 미등록 선수, 경고누적 또는 퇴장으로 인하여 출전이 정지된 선수, 상벌 위원회 징계, 외국인 출전제한 규정을 위반한 선수 등 그 시점에서 경기출전 자격이 없는 모든 선수를 의미한다.

제20조 (코로나19 확진자 발생 시에 따른 경기진행 요건)_ 1. 개별 경기개최 성립을 위한 양 팀의 최소 선수단 인원은 아래와 같으며, 어느 한 팀이라도 최소 선수단 수를 충족시키지 못했을 경우 해당 경기는 익일 동일 경기장에서 재경기를 속행하도록 하며 불가할 경우 연맹이 재경기의 일시 및 경기장을 정한다.

1) 경기출전가능인원 수: 팀당 최소 17명 (최소 1인의 GK 필수포함)

2) 선수들의 경기출전 가능 조건 (아래 세 가지 조건 동시 충족 필수)

① 자가격리 비대상 ② 무증상 ③ 코로나 19 음성

2. 그 밖의 사항은 「K리그 코로나19 대응 통합 매뉴얼」 및 연맹의 결정에 따른다.

제21조 (경기결과 보고)_ 모든 공식경기의 경기결과 보고는 경기감독관 보고서, 심판 보고서, 경기기록지에 의한다.

제22조 (경기규칙)_ 본 대회의 경기는 FIFA 및 KFA의 경기규칙에 따라 실시되며, 특별한 사항이 발생 시에는 연맹이 결정한다.

제23조 (Video Assistant Referee 시행)_ 1. VAR는 주심 등 심판진을 지원하고 경기 결과를 바꿀 수 있는 명백한 오심을 변경해 공정한 판정을 증대하기 위해 시행하며 본 대회에서는 아래의 4가지 상황에 대해서만 VAR를 적용한다.

1) 득점 상황 2) PK(Penalty Kick) 상황 3) 퇴장 상황 4) 징계조치 오류

2. VAR의 시행과 관련하여 선수, 코칭스태프, 구단 임직원의 준수사항은 다음과 같다.

1) 'TV' 신호(Signal)를 그리는 동작을 취하거나 구두로 VAR 확인을 요청할 수 없다. 이를 위반할 시, 다음과 같은 제재가 내려진다.

① 선수 - 경고 ② 코칭스태프 및 구단 임직원 - 퇴장

2) 주심 판독 지역(Referee Review Area, 이하 'RRA')에는 오직 주심과 RA(Review Assistant), 심판진만이 진입할 수 있다. 이를 위반할 시 다음과 같은 제재가 내려진다.

① 선수 - 경고 ② 코칭스태프 및 구단 임직원 - 퇴장

3. VAR의 시행과 관련하여 홈 클럽의 준수사항은 다음과 같다.

1) 홈 클럽은 VAR가 공식심판진임을 인지하고 VAR 차량에 심판실과 동일한 안전계획을 수립해 안전관리를 제공해야 하며, 안전관리 미흡 등 홈 클럽의 귀책사유로 인한 차량 및 장비의 파손 등이 발생하는 경우 이에 따른 손해를 연맹에 배상하여야 한다.

2) 홈 클럽은 RRA에 심판진과 RA 외 다른 누구도 진입할 수 없도록 관리해야 하며, 관련 안전사고 예방의 의무와 책임이 있다.

3) 홈 클럽은 VAR 상황 발생 시 판독 중임을 뜻하는 이미지를 판독 종료 시점까지 전광판에 노출해야 하며, 관련 장면 영상을 전광판을 통해 리플레이할 수 없다.

4) 홈 클럽이 상기 제1호부터 제3호까지에서 정한 준수사항을 위반하는 경우, 연맹 상벌 규정 유형별 징계 기준 11조에 따른 징계를 받을 수 있다.

4. 아래와 같은 사유로 경기 전 또는 경기 중 VAR 운영이 불가하여도 경기 진행에 영향을 미치지 않는다.

1) VAR 장비가 작동하지 않은 경우

2) VAR 판정에 오심이 발생하는 경우

3) VAR 판독을 진행하지 않겠다고 결정을 내린 경우(안전문제, 신변위협 등)

4) VAR 판독이 불가능한 경우(영상 앵글의 문제점, 노이즈현상 등)

5. VAR의 시행과 관련해 VAR 및 RO 등 구성원에 관한 사항은 다음과 같다.

1) VAR, AVAR 또는 RO가 경기 전 또는 경기 중에 정상적인 업무를 수행할 수 없는 경우, 대체인력은 반드시 그 역할 수행이 가능한 자격을 갖춰야만 한다.

2) VAR 또는 RO의 자격을 갖춘 인원 및 대체인력이 없을 경우, 해당 경기는 VAR의 운용없이 경기를 시작 또는 재개하여야 한다.

3) AVAR의 자격을 갖춘 인원 및 대체 인력이 없을 경우, 해당 경기는 VAR의 운용없이 경기를 시작 또는 재개하여야 한다. 단, 이례적인 상황 하에서, 양팀이 서면으로 VAR 및 RO만으로 VAR을 운용하기로 합의할 경우는 제외한다.

6. 이 외 사항에 대해서는 IFAB(국제축구평의회)와 FIFA(국제축구연맹)이 정한 바에 따른다.

제24조 (전자장비 사용)_ 1. 선수들의 부상 상태 파악 및 안전과 실시간 전력 분석 정보를 활용하기 위한 용도로 무선헤드셋 4대와 전자장비 4대(스마트폰, 태블릿PC, 노트북)를 사용할 수 있다.

2. 벤치에서는 스마트폰, 태블릿 PC, 노트북 중 1대를 사용할 수 있으며 무선헤드셋은 1대 사용 가능하다. 단, 의료진이 사용할 경우 추가로 1대를 사용할 수 있다.

3. 전자장비 사용 승인은 개막일 전까지 연맹에 장비 사용에 대한 승인을 받아야 한다. 단, 사용 승인 신청을 할 경우 경기 3일 전까지 연맹에 사용 승인을 받아야 한다.

4. 허가되지 않은 전자 장비를 사용하거나, 전자/통신 장비를 이용한 판정항의 시 기술지역에서 퇴장된다.

제25조 (경기시간 준수)_ 1. 본 대회는 90분(전·후반 각 45분) 경기를 실시한다.

2. 모든 클럽은 미리 정해진 경기시작시간(킥오프 타임)과 경기 중 휴식시간(하프타임)을 반드시 준수하여야 한다. 하프타임 휴식은 15분을 초과할 수 없으며, 양 팀 출전선수는 후반전 출전을 위해 후반전 개시 3분 전(하프타임 12분)까지 심판진과 함께 대기 장소에 집결하여야 한다.

3. 클럽이 경기시작시간 또는 하프타임 종료시간을 준수하지 아니하여 예정된 경기시작 또는 재개시간이 1분 이상 지연될 경우, 아래 각 호에 따라 해당 클럽에 제재금을 부과할 수 있다.

1) 1회 미준수 시: 100만 원의 제재금 2) 2회 미준수 시: 200만 원의 제재금

3) 3회 이상 미준수 시: 400만 원의 제재금 및 상벌위원회 제소

4. 경기에 참가하는 팀(코칭스태프, 팀 스태프 포함)은 경기시작 100분 전에 경기장에 도착하여야 한다.

1) 어느 한 팀이 경기시작 40분 전까지 경기장에 도착하지 못할 경우, 해당 팀은 경기감독관에게 그 사유와 도착예정 시간을 통보하여야 하며, 경기감독관은 경기시간 변경 유무를 심판 및 양 팀 대표자와 협의를 통해 결정한 후, 연맹으로 통보한다.

2) 경기시간이 변경될 경우, 홈 클럽은 전광판 및 아나운서 멘트를 통해 변경된 경기시간과 변경사유에 대해 고지해야 한다.

3) 어느 한 팀이 경기시작 시각까지 경기장에 도착하지 않는 경우, 상대팀은 45분간 대기할 의무가 있다. 45분간 대기했음에도 불구하고 상대팀이 도착하지 않을 경우, 경기감독관은 16조 1항에 의한다.

4) 경기중지에 따라 발생되는 모든 비용에 대한 배상, 책임은 귀책사유가 있는 클럽에 있으며 18조에 따른다.

5) 홈/원정팀은 경기개최지로의 이동정보를 사전에 숙지할 책임이 있으며, 상황에 따른 추가 이동시간이 필요한지 확인해야 한다. 만일, 팀의 도착 지연으로 킥오프가 지연될 경우, 연맹은 귀책사유가 있는 클럽에 재제를 부과할 수 있다.

제26조 (워밍업 및 쿨다운)_ 1. 출전선수명단에 포함된 선수 및 스태프는 그라운드에서 경기 시작 전또는 하프타임 중 몸풀기 운동(이하 '워밍업') 및 경기 종료 후 몸풀기 운동(이하 '쿨다운')을 할 수 있다.

2. 경기 시작 전 워밍업은 킥오프 50분 전에 시작하여 20분 전에 종료한다.

3. 홈 클럽은 워밍업으로 인한 잔디 훼손을 방지하기 위하여 경기감독관에게 이동식 골대 사용, 스프린트 연습 구역 지정, 워밍업 제한 구역 지정 등을 요청할 수 있다.

4. 경기감독관은 제3항에 대한 요청이 있을 경우, 잔디 상태, 양 클럽 간 형평, 기타 조건을 고려하여 이를 승인하거나 일부를 변경하여 승인할 수 있고, 양 클럽은 경기감독관이 승인한 사항을 준수하여야 한다.

5. 홈 클럽은 양 클럽의 선수단에 하프타임 이벤트의 내용, 위치, 시간 등에 관하여 사전에 고지하여야 하고, 하프타임 중 워밍업을 하는 선수 및 스태프는 고지된 이벤트와 관련된 기물 또는 사람과 충돌하거나 이벤트 진행을 방해하지 않도록 주의하여야 한다.

6. 경기 종료 후 쿨다운은 시작한 시점으로부터 20분 이내에 종료해야 한다.

7. 쿨 다운을 할 때에는 볼을 사용할 수 없고, 경기감독관이 워밍업 제한구역을 지정한 경우 해당 구역에서는 실시할 수 없다.

제27조 (출전자격)_ 1. K리그 선수규정 5조에 의거하여 선수 등록을 완료한 선수만이 공식경기에 출전할 자격을 갖는다.

2. K리그 선수규정 6조에 의거하여 연맹에 등록을 완료한 코칭스태프 및 팀 스태프 중 출전선수명단에 등재된 자만이 공식경기 중 벤치에 착석할 수 있으며, 경기 중 기술지역에서의 선수지도행위는 1명만이 할 수 있다.(통역 1명 대동 가능)

3. 제재 중인 지도자(코칭스태프, 팀 스태프 포함)는 다음 항목을 준수하여야 한다.

1) 출전정지제재 중이거나 경기 중 퇴장 조치된 지도자는 공식경기에서 관중석, 선수대기실을 제외한 지역에 대해 출입이 제한되며, 그라운드에서 사전 훈련 및 경기 중 어떠한 지도(지시) 행위도 불가하다.

2) 징계 중인 지도자(원정팀 포함)가 경기를 관전하고자 할 경우, 홈 클럽은 본부석 쪽에 좌석을 제공하여야 하며, 해당 지도자의 안전을 위한 조치를 취해야 한다.

3) 상기 제1호를 위반할 경우, 연맹 상벌규정 제12조 제2항에 해당하는 제재를 부과할 수 있다.

4. 경고, 퇴장, 상벌위원회 징계 등에 따라 출전이 정지된 선수, 코칭스태프, 팀 스태프의 출전으로 인한 모든 책임은 해당 클럽에 있다.

5. 준프로 계약을 체결한 선수의 공식경기 출전은 선수규정 부칙 및 '준프로

계약 시행 세칙'을 따른다.

제28조 (출전선수명단 제출의무)_ 1. 공식경기에 참가하는 홈 클럽과 원정 클럽은 경기 개시 90분 전까지 경기감독관에게 출전선수명단을 제출하여 승인을 받아야 하며, 출전선수 스타팅 포메이션(Starting Formation)을 별지로 함께 제출하여야 한다.

2. 출전선수명단에는 출전 선수, 코칭스태프 및 팀 스태프 명단, 유니폼 색상이 포함되어야 하며, 제출된 인원만이 해당 공식경기 출전과 팀 벤치 착석 및 기술지역 출입, 선수 지도를 할 수 있다. 단, 출전선수명단 에 등재할 수 있는 코칭스태프 및 팀 스태프의 수는 11명까지로 하며 스카우트, 전력분석관, 장비담당자는 벤치에 착석할 수 없다.

3. 출전선수명단 승인 후에는 선수명단 변경을 할 수 없다. 다만, 경기 개시 전에 선발 출전선수 중 부상 등의 불가피한 사유로 경기출전이 불가능한 선수가 발생한 경우에 그 선발 선수를 후보 선수와 교체할 수 있다.

4. 본 대회의 출전선수명단은 18명을 원칙으로 하며, 다음 사항을 반드시 준수하여야 한다.

1) 골키퍼(GK)는 반드시 국내 선수이어야 하며, 후보 골키퍼(GK)는 반드시 1명이 포함되어야 한다. 단, 코로나19 확진자 발생 시, 본 대회요강 제20조 1항에 따라 전체 출전선수명단 내에 1명의 골키퍼(GK)만 포함해도 된다.

2) 외국인선수의 경우, 출전선수명단에 3명까지 등록할 수 있으며 3명까지 경기 출전이 가능하다. 단, AFC 가맹국 국적의 외국인선수와 ASEAN 가맹국 국적의 외국인선수 각각 1명에 한하여 추가 등록과 출전이 가능하다.

3) 국내 U22(1999.01.01 이후 출생자) 국내선수는 출전선수명단에 최소 2명 이상 포함(등록)되어야 한다. 만일 국내 U22 선수가 출전선수명단에 포함되어 있지 않을 경우, 해당 인원만큼 출전선수명단에서 제외한다(즉, 국내 U22 선수가 1명 포함될 경우 출전선수명단은 17명으로 하며, 전혀 포함되지 않을 경우 출전선수명단은 16명으로 한다).

4) 출전선수명단에 포함된 국내 U22 선수 1명은 반드시 의무선발출전을 해야 한다. 만일 국내 U22 선수가 의무선발출전을 하지 않을 경우, 선수교체 가능인원은 2명으로 제한한다(제29조 2항 참조).

U22 선수 각급대표 소집 인원	출전선수명단(엔트리)		U22선수		선수교체 가능인원	비고
	U22선수 포함 인원	등록가능 인원	의무 선발	교체 출전		
0명	0명	16명	0명	-	2명	연장전 진행 시 U22 선수 출전 여부와 관계없이 추가 1명 교체 가능
	1명	17명	0명	-	2명	
			1명	-	3명	
	2명 이상	18명	0명	-	3명	
			1명	-	3명	
				1명	5명	
			2명	-		
1명	0명	17명	0명	-	3명	
	1명 이상	18명	0명	-	3명	
			1명	1명	5명	
2명 이상	0명	18명	0명	-	5명	

5. 순연 경기 및 재경기(90분 재경기에 한함)의 출전선수명단은 다시 제출하여야 한다.

제29조 (선수교체)_ 1. 본 대회의 선수 교체는 경기감독관이 승인한 출전선수명단에 의해 후보선수명단 내에서만 가능하다.

2. 본 대회요강 제27조 4항 4호에 의거, 국내 U22 선수가 선발 출전하지 않을 경우, 해당 클럽은 90분 경기에서 2명까지 선수교체가 가능하며, 선발 출전할 경우에는 3명까지 가능하다. 90분 경기 내 승부가 결정되지 않아 연장전에 돌입하게 될 경우, 연장전 시작 전 또는 이후 최대 1명을 추가로 교체할 수 있다.

3. 상기 2항을 준수한 경우 선수 교체는 90분 경기에서 3명까지 가능하나, 후보 명단에 포함된 U22선수가 교체출전하는 경우에 한하여 교체가능 인원은 최대 5명까지 가능하다. 단, 이 경우 반드시 4번째 교체명단 내에 U22선수가 포함되어야 하며, 만약 선발로 U22선수가 2명 이상 출전 시에는 교체 출전여부와 관계없이 최대 5명의 선수교체가 가능하다.

4. 승부차기는 선수 교체가 허용되지 않는다. 단, 연장전에 허용된 최대수(2명)의 교체를 다하지 못한 팀이 승부차기를 행할 때, 골키퍼(GK)가 부상을 이유로 임무를 계속할 수 없다면 교체할 수 있다.

5. 출전선수명단 승인(경기감독관 서명) 후, 선발출전선수 11명 중 경기출전이 불가한 선수가 발생할 경우, 전반전 킥오프 전까지 경기감독관의 승인하에 출전선수명단의 교체 대상선수 7명에 한하여 교체할 수 있으며, 교체된 선수는 후보선수명단으로 포함되나 해당 경기에 출전할 수 없다.

1) 상기 5항의 경우 선수교체 인원으로 적용되지 않으며, 3명의 선수교체 가능 인원 수는 유효하다.

2) 선발 출전선수 11명 중 국내 U22(1999.01.01. 이후 출생자) 의무선발 출전선수가 출전이 불가하여 후보 선수명단 내의 국내 U22 선수와 교체될 경우 선수교체 가능인원은 3명으로 유지된다. 단, 국내 U22 선수가 아닌 선수와 교체될 경우 제27조 4항 4호에 의하여 선수교체 가능 인원은 2명으로 제한한다.

3) 출전선수명단 내 교체 대상선수 7명 중 경기출전이 불가한 선수가 발생하더라도 해당 선수는 명단 외 선수와 교체할 수 없다.

제30조 (출전정지)_ 1. K리그1 및 K리그2 에서 받은 경고, 퇴장에 의한 출전정지는 연계 적용하지 않으나, 승강 플레이오프 1차전에서 받은 퇴장(경고 2회 퇴장 포함)은 다음 경기(승강PO 2차전)에 출전정지가 적용된다.

2. 경고 2회 퇴장에 의한 출전정지는 다음 경기(승강PO 2차전) 출전 정지되며, 제재금은 일백만 원(1,000,000원)이 부과된다.

3. 직접 퇴장에 의한 출전정지는 다음 경기(승강PO 2차전)에 적용되며, 제재금은 일백이십만 원(1,200,000원)이 부과된다.

4. 경고 1회 후 직접 퇴장에 의한 출전정지는 다음 경기(승강PO 2차전)에 적용되며, 제재금은 일백오십만 원(1,500,000원)이 부과된다.

5. 제재금은 본 대회 종료 15일 이내에 납부하여야 한다.

6. 상벌위원회 징계로 인한 출전정지 징계는 시즌 및 대회에 관계없이 연계 적용한다.

7. 선수이면서 코칭스태프로 등록된 자가 선수로서 출장정지제재를 받은 경우 그 제재의 이행을 완료할 때까지 코칭스태프로서 경기에 출장할 수 없다. 코칭스태프로서 출장정지제재를 받은 경우에도 그 제재의 이행을 완료할 때까지 선수로서 경기에 출장할 수 없다.

8. 선수이면서 코칭스태프로 등록된 자의 경고누적으로 인한 출장정지 및 제재금 부과 기준은 코칭스태프의 예에 따르며, 누적에 산입되는 경고의 횟수는 선수로서 받은 경고와 코칭스태프로서 받은 경고를 모두 더한 것으로 한다.

9. 경고, 퇴장, 상벌위원회 징계 등에 따라 출전이 정지된 선수, 코칭스태프, 팀 스태프의 출전으로 인한 모든 책임은 해당 클럽에 있다.

제31조 (유니폼)_ 1. 본 대회는 K리그 마케팅 규정상의 팀 색상 및 유니폼 규정에 따라 반드시 연맹이 승인하고 지정한 유니폼을 착용해야 한다.

2. 선수 번호(배번은 1번~99번으로 한정하며, 배번 1번은 GK에 한함)는 출전선수명단에 기재된 선수 번호와 일치하여야 하며, 배번의 식별이 가능하도록 명확하게 표시되어 있어야 한다.

3. 팀의 주장은 주장인 것을 명확하게 표시하는 완장(Armband)을 착용하여야 한다.

4. 공식경기에 참가하는 모든 클럽은 제1유니폼과 제2유니폼을 필히 지참함을 원칙으로 하며, 경기 전 연맹(경기감독관) 및 상대 클럽과 유니폼 착용 색상과 관련하여 사전 조율하여야 한다. 조율이 되지 않을 경우, 연맹(경기감독관)이 최종 결정한다. 이를 따르지 않을 경우, 위반한 클럽에 제재금 500만 원을 부과할 수 있다.

5. 유니폼 안에 착용하는 이너웨어의 색상은 아래 각 호에 따른다.

1) 상의 이너웨어의 색상은 유니폼 상의 소매의 주색상과 일치해야 한다. 단, 유니폼 상의 소매 부분의 주색상이 상대팀 유니폼의 주색상과 동일하거나 유사할 경우에는 유니폼 상의의 주색상으로 착용할 수 있다. 이를 위반할 경우 공식경기 출전이 불가하다.

2) 하의 이너웨어의 색상은 유니폼 하의 끝부분의 색상과 일치해야 한다. 단, 유니폼 하의 끝부분의 색상이 상대팀 유니폼의 주색상과 동일하거나 유사할 경우에는 유니폼 하의의 주색상으로 착용할 수 있다. 이를 위반할 경우 공식경기 출전이 불가하다.

6. 스타킹과 발목밴드(테이핑)는 동일 색상(계열)이어야 한다. 이를 위반할 경우 심판은 시정을 명할 수 있고, 이에 불응할 경우 경기출전을 금지시킬 수 있다.

제32조 (사용구)_ 본 대회의 공식 사용구는 '아디다스 알 릴라(Al Rihla)'로 한다.

제33조 (경기관계자 미팅)_ 1. 경기시작 60~50분 전(양 팀 감독 인터뷰 진행 전) 경기감독관실에서 실시한다.

2. 참석자는 해당 경기의 경기감독관, 심판평가관, 주심, 양 팀 감독, 홈경기 운영자(필요시)로 한다. 홈경기 담당자는 당일 홈경기 관련 특이사항이 있는 경우에만 참석한다.

3. 주요내용은 아래와 같다.

1) 경기 관련 주요방침 2) 판정 가이드라인 등 심판판정에 관한 사항

3) 기타 해당경기 특이사항 공유

제34조 (경기 전후 인터뷰 및 기자회견)_ 1. 홈 클럽은 공동취재구역인 믹스드 존(Mixed Zone)과 공식기자회견장을 반드시 마련하고, 양 클럽 홍보담당자는 경기 전 인터뷰, 경기 후 플래시인터뷰, 공식기자회견, 믹스드 존 인터뷰가 원활히 이뤄질 수 있도록 협조하여야 한다.

2. 믹스드 존(Mixed Zone, 공동취재구역)은 코로나19 확산 사태가 종식될 때까지 운영하지 아니한다. 믹스드 존 운영 재개 시점은 추후 연맹이 각 클럽과 협의하여 정하고, 운영 재개 시 방식은 '2022 K리그 미디어 가이드라인'을 개정하여 반영한다.

3. 경기 중계방송사(HB)는 아래 각 호의 인터뷰를 실시할 수 있으며, 양 클럽은 인터뷰 실시에 적극 협조한다.

1) 경기 킥오프 전 70분 내지 60분 전 양 클럽 감독 대상 인터뷰

2) 경기 전반전 종료 직후 양 클럽 감독 또는 수훈선수 대상 인터뷰

3) 경기 후반전 종료 직후 양 클럽 감독 또는 수훈선수 대상 인터뷰

4. 경기 당일 중계방송을 하지 않는 중계권 보유 방송사(RTV)는 경기 후반전 종료 후 양 팀의 감독 또는 수훈선수를 대상으로 하는 인터뷰를 실시할 수 있으며, 양 클럽은 인터뷰 실시에 적극 협조한다. 단, RTV의 인터뷰는 HB의 인터뷰가 종료된 후에 실시한다.

5. 홈 클럽은 경기 킥오프 전 50분 내지 40분 전에 경기장 내 기자회견실에서 양 클럽의 감독이 참석하는 사전 기자회견을 개최한다. 기자회견의 순서는 원정 클럽의 감독이 먼저 진행하는 것을 원칙으로 하되 양 클럽의 합의에 따라 변경할 수 있다.

6. 홈 클럽은 경기 종료 후 20분 이내에 경기장 내 기자회견실에서 양 클럽의 감독과 미디어가 요청하는 수훈선수가 참석하는 공식기자회견을 개최한다. 양 클럽 홍보담당자는 감독 및 미디어 요청 선수가 공식기자회견에 참석할 수 있도록 협조한다.

7. 공식기자회견은 원정 - 홈 클럽 순으로 진행하며, 선수의 순서는 양 클럽 홍보담당자가 협의하여 정한다.

8. 미디어 부재로 공식기자회견을 개최하지 않은 경우, 홈 클럽 홍보담당자는 양 클럽 감독의 코멘트를 경기 종료 1시간 이내에 각 언론사에 배포한다.

9. 제재 중인 지도자(코칭스태프 및 팀 스태프 포함)도 경기 전·후 인터뷰와 공식기자회견 등에 참석해야 한다.

10. 양 클럽 선수단은 공식기자회견이 종료된 이후에 선수단 라커룸을 출발하여 믹스트 존 인터뷰에 응하여야 한다.(홈팀 필수 / 원정팀 권고)

11. 모든 기자회견은 연맹이 지정한 인터뷰 배경막(백드롭)을 배경으로 실시하여야 한다.

12. 인터뷰를 실시하지 않거나 공식기자회견에 참석하지 않을 경우, 해당 클럽과 선수, 감독에게 제재금(50만 원 이상)을 부과할 수 있다.

13. 인터뷰에서는 경기의 판정이나 심판과 관련하여 일체의 부정적인 언급이나 표현을 할 수 없으며, 위반 시 다음 각 호에 의한다.

1) 각 클럽 소속 선수, 코칭스태프, 팀 스태프, 임직원 등 모든 관계자에게 적용되며, 위반할 시 상벌규정 유형별 징계기준 제2조 가, 항 혹은 나, 항을 적용하여 제재를 부과한다.

2) 공식 인터뷰뿐만 아니라 대중에게 공개될 수 있는 어떠한 경로를 통한 언급이나 표현에도 적용된다.

14. 그 밖의 사항은 '2022 K리그 미디어 가이드라인'을 따른다.

15. 2022 K리그 미디어가이드라인을 준수하지 않을 경우, 해당시즌 팀 미디어 운영에 제한을 받을 수 있다.

제35조 (중계방송협조)_ 1. 홈 클럽은 경기시작 4시간 전부터 경기종료 후 1시간까지 연맹, 심판, 선수, 스폰서, 중계제작사, 미디어를 포함한 모든 경기관계자가 원활한 경기진행 및 중계방송을 위해 요청하는 시설 및 서비스를 반드시 제공해야 할 책임이 있다.

2. 홈경기 담당자는 중계제작사의 도착시간을 기점으로 TV컴파운드(TV Compound)에 중계제작에 필요한 전력을 공급해야 하며, OB밴의 밤샘 주차가 필요한 경우 이에 대한 관리 및 경비를 시행해야 한다. 홈경기 담당자는 중계제작사의 요청 시 중계제작사의 요구조건에 부합하는 조명을 제공해야 하며, 별도의 취소 요청이 있을 때까지 이를 유지해야 한다.

3. 홈경기 담당자와 경기감독관 또는 대기심(매치 오피셜 - Match Officials)은 팀 벤치 앞 터치라인(Touchline) 및 대기심(4th official) 테이블 근처에 위치한 피치사이드 카메라(표준 카메라 플랜 기준 3,4,5번 카메라)와 골대 근처에 위치한 카메라(8,9,10번 카메라)에 대한 리뷰를 진행해야 한다. 만약 담당자들 간의 의견이 합의점을 찾지 못할 경우, 경기감독관이 최종 결정을 내린다. 단, 3번 피치사이드 카메라의 위치는 팀 벤치 및 대기심 테이블과 동일 선상을 이루어야 하며, 하프라인을 기준으로 좌측에 위치한다.(우측은 대기심 테이블 위치)

4. 중계제작사는 버스 도착 시 양 팀 감독과 인터뷰를 진행할 권리를 가지고 있으며, 인터뷰는 버스 도착지점과 드레싱룸 사이 공간에 K리그가 제공하는 인터뷰 백드롭 앞에서 진행해야 한다. 인터뷰는 킥오프 전 60분~20분 사이에 진행하며, 진행시간은 90초 이내로 최대 3개의 질문을 초과할 수 없다. 만약 감독 또는 감독대행이 외국인인 경우, 해당 팀은 통역 인원을 준비해야 한다.

5. 중계제작사는 경기종료 시 감독 또는 선수 중 양 팀 각각 1인과 인터뷰를 진행할 권리를 가지고 있으며, 인터뷰는 피치 또는 피치와 드레싱룸 사이 공간에 K리그가 제공하는 인터뷰 백드롭 앞에서 진행해야 한다. 중계제작사는 최소 경기 종료 10분 전까지, 양 클럽 홍보 담당자(Media Officer)에게 희망 인터뷰 선수를 전달한다. 양 클럽 홍보 담당자는 감독과 인터뷰 요청 선수를 경기종료 즉시 인터뷰 백드롭 앞으로 인계해야 한다. 만약 감독 또는 감독대행이 외국인인 경우, 해당 팀은 통역 인원을 준비해야 한다.

6. 백드롭은 2.5m × 2.5m 사이즈로 리그 로고와 스폰서 로고를 포함한 디자인으로 제작된다. 연맹에서 각 클럽에 제공하며, 홈 클럽에게 관리의 책임이 있다. 감독 도착 인터뷰 및 하프타임과 경기 종료 후 피치사이드[Pitchside]의 플래시 인터뷰 시 각 팀은 K리그 공식 백드롭을 필수로 사용해야 한다.

7. 그 밖의 중계방송 관련 사항은 'K리그 중계방송제작가이드라인'을 준수해야 한다.

제36조 (경기장 안전과 질서유지)_ 1. 홈 클럽은 경기개시 2시간 전부터 경기 종료 후 모든 관중 및 관계자가 퇴장할 때까지 선수, 팀 스태프, 심판을 비롯한 전 관계자와 관중의 안전 및 질서 유지에 대한 의무와 책임이 있다.

2. 홈 클럽은 상기 1항의 의무 실시를 위해 최선의 노력을 다해야 하며, 경기

장 안전 및 질서를 어지럽히는 관중에 대해 그 입장을 제한하고 강제 퇴장 시키는 등의 적정한 조치를 취할 수 있다.

3. 연맹, 클럽, 선수, 코칭스태프 및 팀 스태프, 관계자를 비방하는 사안이나, 경기진행 및 안전에 지장을 줄 수 있는 모든 사안에 대해서 관련 클럽은 즉각 이를 시정 조치하여야 한다.
4. 경기감독관은 상기 3항에 해당하는 사안을 경기 중 또는 경기전후에 발견하였을 경우, 관련 클럽에 시정 조치를 요구할 수 있으며, 관련 클럽은 경기감독관의 지시에 따라야 한다.
5. 상기, 3, 4항의 사안이 시정 조치되지 않을 경우, 상벌규정 유형별 징계기준 제5조 마 항 및 사.항에 의거, 해당 클럽에 제재를 부과할 수 있다.
6. 관중의 소요, 난동으로 인해 경기 진행에 문제가 발생하거나, 선수, 심판, 코칭스태프 및 팀 스태프, 미디어를 비롯한 관중의 안전과 경기장 질서 유지에 문제가 발생할 경우에는 관련 클럽이 사유를 불문하고 그에 대한 일체의 책임을 부담한다.
7. 홈 클럽은 선수단 구역과 양팀 선수대기실 출입구에 경호요원을 상시 배치하여야 한다. 또한 해당구역을 확인할 수 있는 CCTV를 설치해야 하며, 관련 영상을 15일간 보관해야 한다.
8. 연맹에서 제정한 '안전 가이드라인'을 준수하지 않을 경우, 상벌규정 유형별 징계 기준 제5조 바 항 및 사 항에 의거 해당 클럽에 제재를 부과할 수 있다.

제37조 (홈경기 관리책임자, 홈경기 안전책임자 선정 및 경기장 안전요강)_ 모든 클럽은 경기장 안전 및 원활한 진행을 위해 홈경기 관리책임자 및 홈경기 안전책임자를 선정하여 연맹에 보고하여야 하며, 아래의 경기장 안전요강을 숙지하여 실행하고 관중에게 사전 공지 또는 고지하여야 한다. 또한 홈경기 관리책임자 및 홈경기 안전책임자는 경기감독관의 업무 및 지시 사항에 대해 최대한 협조하여야 한다.

1. 반입금지물: 경기장에 입장하려는 사람 또는 입장한 사람은 홈경기 관리책임자 및 홈경기 안전책임자가 특별히 필요 사항에 의해 허락했을 경우를 제외하고 다음의 각 호에 명시된 것을 가지고 입장할 수 없다.
   1) 경기장 관리자에 의해 반입을 금지하고 있는 것
   2) 정치적, 사상적, 종교적인 주의 또는 주장 또는 관념을 표시하거나 또는 연상시키고 혹은 대회의 운영 에 지장을 미칠 우려가 있는 게시판, 간판, 현수막, 플래카드, 문서, 도면, 인쇄물 등
   3) 연맹의 승인을 득하지 않은 특정의 회사 또는 영리기업의 광고를 목적으로 하여 특정의 회사명, 제품 명 등을 표시한 것(특정 회사, 제품 등을 연상시키는 것 포함)
   4) 그 외 경기운영 또는 진행을 방해하여 타인에게 불편을 주거나 또는 위험하게 하거나 혹은 그러한 우려가 있거나 또는 운영담당 · 보안담당, 경비종사원이 위험성을 인정하는 것
2. 금지행위: 경기장에 입장하려는 사람 또는 입장한 사람은 홈경기 관리책임자 및 홈경기 안전책임자가 특별히 필요 사항에 의해 허락했을 경우를 제외하고는 다음의 각 호에 명시되는 행위를 해서는 안 된다.
   1) 경기장 관리자에 의해 금지되고 있는 행위
   2) 정당한 입장권 또는 통행증을 소지하지 않고 입장하는 것
   3) 항의 집회, 데모 등 대회의 원활한 운영을 저해할 우려가 있는 행위
   4) 알코올, 약물 그 외 물질을 소유 및 복용한 상태로 경기장에 입장하는 행위 또는 경기장에 이러한 물질을 방치해 두어 이것들의 영향에 의해 경기운영 또는 타인의 행위 등을 저해하는 행위(알코올 등의 영향에 의해 정상적인 행위를 할 수 없는 우려가 있는 상태일 경우 입장 불가)
   5) 해당 경기장(시설) 및 관련 장소에서 권유, 연설, 집회, 포교 등의 행위
   6) 정해진 장소 외에서 차량을 운전하거나 주차하는 것
   7) 상행위, 기부금 모집, 광고물의 게시 등의 행위
   8) 정해진 장소 외에 쓰레기 및 오물을 폐기하는 것
   9) 연맹의 승인 없이 영리목적으로 경기장면, 식전행사, 관객 등을 사진 또는 비디오로 촬영하는 것
   10) 연맹의 승인 없이 대회의 음성, 영상의 전부 또는 일부를 인터넷 및 미디어를 통해 전달하는 것
   11) 경기운영 또는 진행을 방해하여 타인에게 폐를 끼치거나 또는 위험을 미치거나 혹은 그러한 우려가 있으면서 경비종사원이 위험성을 인정한 행위
3. 경기장 관련: 경기장에 입장하려는 사람 또는 입장한 사람은 다음의 각 호에 명시하는 사항에 준수하여야 한다.
   1) 입장권, 신분증, 통행증 등의 제시가 요구되었을 때는 이것을 제시해야 함
   2) 안전 확보를 위해 수화물, 소지품 등의 검사가 요구되었을 때는 이것에 따라야 함
   3) 사건 · 사고가 발생하거나 또는 발생 우려가 예상되는 경우, 경비 종사원 또는 치안 당국의 지시, 안내, 유도 등에 따라 행동할 것
4. 입장거부 또는 퇴장명령
   1) 홈경기 관리책임자 및 홈경기 안전책임자는 상기 1항, 2항, 3항의 경기장 안전요강을 위반한 사람의 입장을 거부하여 경기장으로부터의 퇴장을 명할 수 있으며, 상기 1항에 의거하여 반입금지물 몰수 등 필요한 조치를 취할 수 있다.
   2) 홈경기 관리책임자 및 홈경기 안전책임자는 전항에 해당하는 사람 중에서 특히 고의, 상습으로 확인된 사람에 대해서는 이후 개최되는 연맹 주최의 공식경기에 입장을 거부할 수 있다.
   3) 홈경기 관리책임자 및 홈경기 안전책임자에 의해 입장이 거부되거나 경기장에서 퇴장을 받았던 사람은 입장권 구입 대금의 환불을 요구할 수 없다.
5. 권한의 위임: 홈경기 관리책임자는 특정 시설에 대해 그 권한을 타인에게 위임할 수 있다.
6. 안전 가이드라인 준수: 모든 클럽은 연맹이 정한 'K리그 안전가이드라인'을 준수하여야 한다.

제38조 (기타 유의사항)_ 각 클럽은 아래의 사항을 숙지하고 준수하여야 한다.

1. 모든 취재 및 방송중계 활동을 위한 미디어 관련 입장자는 2022 미디어 가이드라인을 준수하여야 한다.
2. 경기에 참가하는 선수단(코칭스태프, 팀 스태프 포함)은 경기시작 100분 전에 경기장에 도착하여야 한다.
3. 오픈경기는 본 경기 개최 1시간(60분) 전까지 반드시 종료되어야 하며, 연맹에 사전 승인을 받아야 한다.
4. 선수는 신체보호를 위해 반드시 정강이 보호대를 착용하고 경기에 임해야 한다.
5. 경기 중 클럽의 임원, 코칭스태프, 팀 스태프, 선수는 경기장 내에서 흡연을 할 수 없으며, 이를 위반할 경우 퇴장 조치한다.
6. 체육진흥투표권(스포츠토토 등) 발매 이상 징후 대응경보 발생 시, 경기시작 90분 전 대응 미팅에 관계자(경기감독관, 양 클럽 관계자 및 감독) 등이 참석하여야 한다.
7. 경기 중, 교체대상 선수의 워밍업은 연맹이 사전에 지정한 장소에서 실시해야 한다.
8. 심판 판정에 대한 제소는 불가하다.
9. 전자 퍼포먼스/트래킹 시스템(EPTS)을 사용하는 경우, 사전 승인을 득하여야 한다.
10. 클럽은 경기 중 전력분석용 팀 카메라 1대를 상층 카메라구역에 설치할 수 있다. 원정 클럽이 팀 카메라를 설치하는 경우 홈 클럽에 승인을 득해야 한다.

제39조 (부칙)_ 본 대회요강에 명시되지 않은 사항은 K리그 규정, FIFA 규정, K리그 이사회 결정에 의거하여 시행한다.

하나원큐 K리그 승강플레이오프 2022 경기기록부

- 10월 26일 19:30 맑음 대전 월드컵 8,545명
- 주심_ 이동준 부심_ 윤재열·방기열 대기심_ 송민석 경기감독관_ 김성기

대전 2 1 전반 1 / 1 후반 0 **1 김천**

퇴장	경고	파울	ST(유)	교체	선수명	배번	위치	위치	배번	선수명	교체	ST(유)	파울	경고	퇴장
0	0	0	0		이창근	1	GK	GK	1	황인재		0	0	0	0
0	0	5	1		서영재	2	DF	DF	35	이유현		0	2	1	0
0	0	1	2		김민덕	3	DF	DF	23	박지수		0	0	0	0
0	1	0	0		김재우	4	DF	DF	4	송주훈		0	3	1	0
0	1	3	1(1)		조유민	20	DF	DF	32	강윤성		0	2	0	0
0	1	2	1(1)	15	주세종	8	MF	MF	7	고승범		0	1	0	0
0	1	2	1		이진현	10	MF	MF	6	문지환		1(1)	2	0	0
0	0	3	2(1)		이현식	17	MF	MF	31	이영재	36	0	0	0	0
0	0	4	2(1)	19	공민현	9	FW	FW	19	김경민	14	2(1)	0	0	0
0	0	2	0	7	배준호	33	FW	FW	28	김지현		2(1)	1	0	0
0	0	1	3	22	레안드로	70	FW	FW	37	이지훈	26	0	1	0	0
0	0	0	0		정산	23			42	신송훈		0	0	0	0
0	0	0	1	후40	임덕근	15			13	정동윤		0	0	0	0
0	0	0	0		김영욱	14			33	임승겸		0	0	0	0
0	0	1	1(1)	후27	김인균	22	대기	대기	26	권창훈	전27	3(2)	1	0	0
0	0	0	0	후17	마사	7			39	윤석주		0	0	0	0
0	0	0	0		김승섭	11			14	김한길	후37	0	0	0	0
0	0	0	0	후40	신상은	19			36	김준범	후30	0	1	0	0
0	4	24	15(5)			0			0			8(5)	14	2	0

- ●전반 35분 조유민 GAR 내 R-ST-G (득점: 조유민) 오른쪽
- ●후반 28분 마사 GAL 내 ~ 주세종 GAR 내 R-ST-G (득점: 주세종, 도움: 마사) 오른쪽
- ●전반 21분 이영재 C.KL ↷ 문지환 GA 정면 H-ST-G (득점: 문지환, 도움: 이영재) 가운데

- 10월 26일 19:30 맑음 안양 종합 4,863명
- 주심_ 김종혁 부심_ 곽승순·장종필 대기심_ 김우성 경기감독관_ 김용세

안양 0 0 전반 0 / 0 후반 0 **0 수원**

퇴장	경고	파울	ST(유)	교체	선수명	배번	위치	위치	배번	선수명	교체	ST(유)	파울	경고	퇴장
0	0	0	0		정민기	13	GK	GK	21	양형모		0	0	0	0
0	0	0	0		이창용	4	DF	DF	23	이기제		0	0	0	0
0	0	0	1	11	백성동	7	FW	DF	3	양상민	4	0	0	0	0
0	0	3	2(2)	16	조나탄	9	FW	DF	15	고명석		0	0	0	0
0	0	1	0		아코스티	10	FW	DF	35	장호익		0	1	0	0
0	0	2	1	8	홍창범	14	MF	MF	8	사리치		0	2	0	0
0	0	1	0		김동진	22	MF	MF	12	강현묵	22	0	0	0	0
0	1	1	0		박종현	25	DF	MF	92	이종성		1	2	0	0
0	0	0	0		백동규	30	DF	FW	14	전진우	36	1(1)	0	0	0
0	0	0	1(1)	15	황기욱	66	MF	FW	18	오현규		2	2	0	0
0	0	1	1	99	구대영	90	MF	FW	30	류승우	11	2	3	0	0
0	0	0	0		김태훈	1			34	박지민		0	0	0	0
0	0	0	1(1)	후26	안드리고	8			4	불투이스	후34	0	0	0	0
0	0	0	0	후35	김경중	11			33	박대원		0	0	0	0
0	0	1	0	후26	김형진	15	대기	대기	13	박형진		0	0	0	0
0	0	0	1	후35	박재용	16			11	김태환	후18	1(1)	0	0	0
0	0	0	0		연제민	40			36	명준재	후34	1	0	0	0
0	0	0	0	후45	주현우	99			22	안병준	후0	0	0	0	0
0	1	10	8(4)			0			0			8(2)	10	0	0

- 10월 29일 16:00 맑음 김천 종합 2,918명
- 주심_ 김종혁 부심_ 곽승순·장종필 대기심_ 김우성 경기감독관_ 당성증

김천 0 0 전반 1 / 0 후반 3 **4 대전**

퇴장	경고	파울	ST(유)	교체	선수명	배번	위치	위치	배번	선수명	교체	ST(유)	파울	경고	퇴장
0	0	0	0		황인재	1	GK	GK	1	이창근		0	0	0	0
0	0	0	2	35	정동윤	13	DF	DF	2	서영재		1(1)	1	0	0
0	0	0	2(2)		박지수	23	DF	DF	3	김민덕		0	1	0	0
0	0	0	4(3)		송주훈	4	DF	DF	4	김재우		0	2	0	0
0	1	2	1(1)		강윤성	32	DF	DF	20	조유민		0	0	0	0
0	0	1	1	39	고승범	7	MF	MF	8	주세종	15	0	3	0	0
0	0	1	1(1)		문지환	6	MF	MF	10	이진현		4(3)	0	1	0
0	0	1	4(1)		이영재	31	MF	MF	17	이현식		0	2	1	0
0	0	0	0	19	이준석	40	FW	FW	9	공민현	19	1	1	0	0
0	0	1	1(1)		김지현	28	FW	FW	33	배준호	22	1	0	0	0
0	0	0	0	14	권창훈	26	FW	FW	70	레안드로	11	3(2)	1	0	0
0	0	0	0		신송훈	42			25	이준서		0	0	0	0
0	0	0	0	후41	이유현	35			15	임덕근	후41	0	0	0	0
0	0	0	0		임승겸	33			6	임은수		0	0	0	0
0	0	0	0		최병찬	34	대기	대기	22	김인균	후0	1(1)	1	0	0
0	0	0	1	후41	윤석주	39			7	마사		0	0	0	0
0	0	0	1(1)	후0	김한길	14			11	김승섭	후15	2(2)	0	0	0
0	0	1	1	후0	김경민	19			19	신상은	후15	0	1	0	0
0	1	7	19(10)			0			0			13(9)	13	2	0

- ●전반 31분 이진현 GA 정면 L-ST-G (득점: 이진현) 가운데
- ●후반 8분 이진현 AK 정면 FK L-ST-G (득점: 이진현) 오른쪽
- ●후반 29분 신상은 PAL 내 ~ 김인균 GAL R-ST-G (득점: 김인균, 도움: 신상은) 오른쪽
- ●후반 39분 김인균 AK 내 ~ 김승섭 PAL 내 R-ST-G (득점: 김승섭, 도움: 김인균) 오른쪽

- 10월 29일 14:00 맑음 수원 월드컵 12,842명
- 주심_ 이동준 부심_ 윤재열·방기열 대기심_ 송민석 경기감독관_ 차상해

수원 2 1 전반 0 / 0 후반 1 / 0 연전 0 / 1 연후 0 **1 안양**

퇴장	경고	파울	ST(유)	교체	선수명	배번	위치	위치	배번	선수명	교체	ST(유)	파울	경고	퇴장
0	0	0	0		양형모	21	GK	GK	13	정민기		0	0	0	0
0	0	0	2(1)		이기제	23	DF	DF	4	이창용	16	0	1	1	0
0	0	1	1	3	불투이스	4	DF	FW	7	백성동		3	0	0	0
0	0	0	0		고명석	15	DF	FW	9	조나탄		1(1)	2	0	0
0	1	1	0	35	김태환	11	DF	FW	10	아코스티		2(1)	2	0	0
0	0	0	1(1)	14	명준재	36	MF	MF	14	홍창범	15	1	3	1	0
0	0	0	2(1)	13	사리치	8	MF	MF	22	김동진		1	1	0	0
0	1	1	1		이종성	92	MF	DF	25	박종현		0	2	0	0
0	0	1	1(1)	5	류승우	30	MF	DF	30	백동규		0	1	0	0
0	1	0	4(3)		오현규	18	FW	MF	66	황기욱	8	0	1	0	0
0	0	1	10(4)		안병준	22	FW	MF	90	구대영	99	0	0	0	0
0	0	0	0		박지민	34			21	박성수		0	0	0	0
0	0	0	0	연후9	양상민	3			8	안드리고	후0/40	1(1)	0	0	0
0	0	0	1	후40	장호익	35			11	김경중	연전9	0	1	0	0
0	0	0	1	후40	박형진	13	대기	대기	15	김형진	후17	0	2	0	0
0	0	0	0	연후12	강현묵	12			16	박재용	후35/11	0	0	0	0
0	0	0	3	후11/12	전진우	14			40	연제민	연후13	0	0	0	0
0	1	1	0	후11	마나부	5			99	주현우	후0	0	0	0	0
0	4	6	27(11)			0			0			9(3)	16	2	0

- ●전반 16분 이기제 C.KR ↷ 안병준 GA 정면 H-ST-G (득점: 안병준, 도움: 이기제) 가운데
- ●연장후반 15분 강현묵 GA 정면 H ↷ 오현규 GA 정면 내 H-ST-G (득점: 오현규, 도움: 강현묵) 왼쪽
- ●후반 9분 주현우 PAR ↷ 아코스티 GA 정면 H-ST-G (득점: 아코스티, 도움: 주현우) 오른쪽

제1조 (대회명)_ 본 대회는 '2022 K리그 주니어 U18'이라 한다.

제2조 (주최, 주관, 후원)_ 본 대회는 사단법인 대한축구협회(이하 '협회')와 사단법인 한국프로축구연맹(이하 '연맹')이 공동 주최하며, 해당 팀 프로구단(이하 '구단')이 주관한다.

제3조 (대회조직위원회 구성)_ 본 대회의 원활한 운영을 위해 주최 측은 대회 운영본부(이하 '운영본부')를 별도로 구성한다.

제4조 (대회기간, 일자, 장소, 대회방식)_ 1. 대회기간: 2022년 3월 5일 ~ 11월 12일(기간은 운영본부의 결정에 따라 변동 가능)

2. 본 대회는 토요일 개최를 원칙으로 하며, 대회의 공정성을 위하여 마지막 라운드의 모든 경기는 반드시 동일한(지정된) 일자와 시간에 실시한다.
3. 본 대회는 FIFA 경기규칙에 준하는 경기장으로 구단 연고지역 내에서 개최하는 것을 원칙으로 한다. 주최 측이 승인한 천연 잔디 구장 개최를 원칙으로 하되, 사전 운영본부의 승인을 득할 경우 인조 잔디구장의 개최도 가능하다.
4. 경우에 따라 일정 및 장소는 변경될 수 있다. 단 팀 사정으로 인한 일정 변경 시 양 구단 합의 후 경기 7일 전(경기시간 기준 '-168시간')까지 운영본부로 사전 통보를 해야 하며, 반드시 경기 5일 전(경기시간 기준 '-120시간')까지 운영본부의 최종 승인을 얻어야 한다. 또한 해당 지역의 미세먼지 경보 시, 경기 일정 연기를 적극 권장하며 해당 운영본부가 결정한다.

1) 환경부 기준(2018. 3.27)

등급	미세먼지(PM10)	초미세먼지(PM2.5)	운영지침
나쁨	81~150	36~75	당일 경기시간 조정 또는 경기일 연기 권장
매우 나쁨	150 이상	76 이상	당일 경기일 연기 권장

2) 환경부 안전기준(2시간 연속 기준)

등급	미세먼지(PM10)	초미세먼지(PM2.5)	운영지침
주의보	150 ㎍/㎥ 지속	75 ㎍/㎥ 지속	경기일 연기 적극 권장
경보	300 ㎍/㎥ 지속	150 ㎍/㎥ 지속	경기일 연기 (의무사항)

5. 4항의 경기 일정변경을 비롯한 모든 대안을 강구함에도 불구하고, 홈 팀의 사정으로 홈 팀 경기장에서 경기 진행이 불가할 경우, 해당 경기의 장소 결정권은 원정팀에 귀속되며, 원정팀 역시 경기 개최가 불가할 경우 가능한 중립경기장에서 경기를 개최한다. 이 역시 여의치 않을 경우, 운영본부는 아래 19조에 따라 홈팀의 몰수패를 선언할 수 있다.
6. 본 대회의 참가팀 및 조편성은 아래와 같다.

참가팀수	참가팀명 (학교/클럽명)
22개팀	**A조**: 총 12팀 강원(강릉제일고), 부천(부천FC1995 U-18), 서울(오산고), 서울이랜드(서울이랜드FC U-18), 성남(풍생고), 수원(매탄고), 수원FC(수원FC U-18), 안산(안산그리너스 U-18), 안양(안양공고), 인천(인천대건고), 제주(제주유나이티드 U-18), 김포(김포FC U-18) **B조**: 총 11팀 경남(진주고), 김천(경북미용예술고), 광주(금호고), 대구(현풍고), 대전(충남기계공고), 부산(개성고), 아산(충남아산FC U-18), 울산(현대고), 전남(광양제철고), 전북(전주영생고), 포항(포항제철고)

7. 전기리그(1Round robin, 1~11라운드) 결과에 따라 각 조 1~6위, 총 12개 팀이 상위그룹(A조)에 편성되고, 이외 11팀이 하위그룹(B조)에 편성되어 후기리그(1Round robin, 12~22라운드)를 진행한다.

제5조 (참가팀, 선수, 지도자의 자격)_

1. 본 대회의 참가자격은 2022년도 협회에 등록을 필한 U18 클럽팀(고교팀 포함)과 선수, 임원, 지도자에 한한다. 단, 지도자의 경우 협회가 발급한 지도자 자격증 2급(AFC B급[감독], AFC C급[코치]) 이상을 취득한 자에 한해 참가가 가능하다. 팀은 감독에 해당하는 급의 자격증 소지자 1명 이상을 반드시 등록하여야 한다.

감독	코치	GK코치	피지컬코치 (2022년부터 적용)
AFC B급 이상	AFC C급 이상	GK Lv 1	피트니스 Lv 1

2. 지도자와 임원(축구부장, 트레이너, 의무, 행정 등)은 시기에 상관없이 등록 승인을 받은 후 리그 참가 신청을 할 수 있다.
3. 징계 중인 지도자 및 임원은 리그 참가 신청이 가능하다. 단, 경기 중 벤치 착석과 선수 지도(지도자의 경우)는 징계 해제 이후부터 할 수 있다.
4. 지도자 및 임원은 중복으로 참가신청 할 수 없다(팀 단장의 중복 신청만 허용한다).

제6조 (선수의 등록 및 리그 참가신청)_ 1. 선수의 참가신청은 정기 등록 기간(매년 1월 부터 3월 중) 및 추가 등록 기간(매월 5월, 7월, 8월 및 9월) 및 신규 등록 기간(매월 초 3일간 / 협회 근무일 기준)에 등록을 필한 자에 한하여 가능하다.

2. 참가팀은 출전선수 명단 제출(60분 전)까지 18명 이상 참가신청을 하여야 한다.
3. 선수의 리그 경기 출전은 리그 참가신청한 날로부터 가능하다.
4. 참가신청은 등록된 선수에 한하여 시기에 상관없이 할 수 있다.
5. 리그 참가 신청 시 유니폼 번호는 1번부터 99번까지 가능하며 중복되지 않아야 한다. 선수는 리그 첫 경기 이후 유니폼 번호를 변경할 수 없다. 단, 선수의 이적이나 탈퇴로 인해 유니폼 번호가 결번될 경우, 추가로 리그 참가 신청을 하는 선수는 비어 있는 번호를 사용할 수 있다. 본 규정은 왕중왕전까지 연계 적용한다.
6. 분쟁 조정(협회 선수위원회 결정) 등의 사유로 등록을 요청한 경우 신청일을 기준(등록기간 내)으로 등록 및 참가신청이 가능하다.

제7조 (선수 활동의 개시)_ 1. 이적 선수의 경기 출전은 3개월이 경과되어야 하며, 이적 출전 제한의 적용 기준은 다음과 같다. 단, 2023년 1월 1일부터는 이적 출전 제한을 받지 않으며, 개정된 이적 관련 규정이 시행되기 전에 이적한 선수의 경우에도 소급하여 적용한다.

1) 선수가 최종 출전한 경기 다음 날을 기준으로 출전 제한기간을 계산한다.

2) 최초 등록 후 경기출전 없이 이적할 경우, 최초 등록일을 기준으로 출전 제한기간을 계산한다.

2. 유급 선수로 등록한 자는 유급 연도에 최종출전한 경기일로부터 만 1년 동안 출전이 제한된다. 팀은 연령초과자를 2명까지 리그(왕중왕전 포함)에 참가 신청할 수 있다.
3. 해체된 팀의 선수는 참가 신청한 날로부터 경기에 출전할 수 있다. 해체된 팀의 선수가 다른 팀으로 이적할 경우, 시기에 상관없이 등록 승인을 받은 후 리그 참가 신청이 가능하며, 리그 참가 신청을 한 날로부터 경기에 출전할 수 있다.
4. 해외의 학교 또는 팀으로 그 소속을 옮긴 선수가 귀국하여 원래의 국내 소속팀으로 복귀할 경우, 등록 기간 내 국제 이적 절차를 거쳐 등록 승인을 받은 후 리그 참가 신청이 가능하며, 참가 신청한 날로부터 경기에 출전할 수 있다(국제이적확인서를 요청할 수 있는 기한은 협회가 정한 등록 마감일 업무 종료 시각까지이며, 국제이적확인서가 등록기간이 지나서 수신되더라도 수신일을 기점으로 등록이 유효하다).
5. 외국인 선수는 FIFA 규정 및 협회 등록규정에 의거하여 선수등록 후 리그

참가 신청이 가능하다.

6. 신규 등록(최초 등록) 선수는 리그 참가 신청을 한 날로부터 경기에 출전할 수 있다.

7. 위 1항에서 6항까지의 규정은 본 대회에만 해당되며, 방학 중 전국 대회를 포함한 다른 대회의 이적 선수 출전 규정은 해당 대회의 규정에 따른다.

제8조 (경기규칙)_ 본 대회는 FIFA(국제축구연맹, 이하 'FIFA') 경기규칙에 준하여 실시하며, 명문화되지 않은 사항은 협회 초중고리그 운영 규정 및 운영본부의 결정에 따른다.

제9조 (경기시간)_ 본 대회의 경기 시간은 전·후반 각 45분으로 하고, 필요시 전·후반 각 15분의 연장전을 실시한다. 하프타임 휴식 시간은 '10분 전·후'로 하되 15분을 초과하지 않으며, 원활한 경기진행을 위해 운영본부의 통제에 따라야 한다.

제10조 (공식 사용구)_ 본 대회의 공식 사용구는 협회가 지정하는 5호 공인구로 한다.

제11조 (순위결정 및 왕중왕전 진출)_ 1. 본 대회 승점은 승 3점, 무 1점, 패 0점으로 한다.

2. 본 대회 순위결정은 리그 최종성적을 기준으로 승점을 우선으로 하되 승점이 같은 경우 골득실차 - 다득점 - 승자승(승점 → 골 득실차 순으로 비교) - 페어플레이 점수 - 추첨' 순으로 정한다. 단, 3개 팀 이상 다득점까지 동률일 경우 승자승을 적용하지 않고 '페어플레이 점수 - 추첨' 순으로 순위를 결정한다.

※ 페어플레이 점수 부여 방식은 대한축구협회 초중고 축구리그 운영규정에 따른다.

3. 왕중왕전 진출 팀 수, 개최 유무 및 방식 등은 협회가 통합 온라인 시스템(joinkfa.com) 등을 통해 별도 공지한다.

제12조 (선수의 출전 및 교체)_ 1. 본 대회의 경기에 참가하는 팀은 경기 당일 리그 참가신청서를 대한축구협회 통합 온라인시스템(joinkfa.com)으로 접속하여 출력 후, 경기 개시 60분 전까지 출전 선수 18명(선발 출전 11명과 교체 대상 7명)의 명단과 KFA 등록증을 해당 리그운영경기감독관에게 제출해야 함을 원칙으로 한다.

1) 선발 출전선수 11명은 KFA 등록증을 소지하고 장비 검사를 받아야 한다.

2) 경기 중 교체 선수는 본인의 KFA 등록증을 직접 감독관 또는 대기심판에게 제출하여 교체 승인을 받은 후 교체하여야 한다.

3) KFA 등록증을 제출하지 않은 선수는 해당 경기에 출전할 수 없다.

4) KFA 등록증 발급은 KFA 등록증 발급 매뉴얼을 따른다.

2. 선수교체는 팀당 7명 이내로 하되, 경기 개시 전에 제출된 교체 대상 선수(7명)에 한한다.

3. 팀이 출전선수 명단을 제출한 후 선수를 교체하고자 할 경우,

1) 기제출된 출전선수 11명과 교체 대상 선수 7명 간에만 허용하며, 경기 개시 전까지 리그운영감독관 승인하에 교체할 수 있다.

2) 경기 개시 전 선발 또는 기존 출전선수와 교체선수가 바뀐 것을 주심에게 알리지 않았을 경우 다음과 같이 조치하며, 보고된 사항은 공정소위원회에 회부한다.

FIFA 경기규칙서 규칙 3. 선수 내 5. 위반과 처벌

경기 전

ㅇ 주심은 교체 선수가 계속 경기하는 것을 허락한다.
ㅇ 해당 교체 선수에게 어떠한 징계도 내리지 않는다.
ㅇ 선수는 교체선수가 될 수 있다.
ㅇ 교체 허용수는 감소하지 않는다.
ㅇ 주심은 이에 대해 해당 기관에 보고한다.

하프타임 또는 연장전(교체 허용 수가 남아 있는 경우에 한함)

ㅇ 주심은 교체 선수가 계속 경기하는 것을 허락한다.
ㅇ 해당 교체 선수에게 어떠한 징계도 내리지 않는다.
ㅇ 선수는 교체선수가 될 수 없다.
ㅇ 교체 허용수는 감소한다.
ㅇ 주심은 이에 대해 해당 기관에 보고한다.

4. 다음과 같은 조건의 선수가 경기에 출전하였을 경우에는 즉시 퇴장조치한 후(교체 불가) 경기는 계속 진행하며, 해당 팀의 지도자에 대해서는 공정소위원회에 회부한다.

1) 이적 후 출전 제한 기간 미경과 선수

2) 징계기간 미경과 선수

3) 유급선수의 경우 유급 직전연도 리그 출전일이 미경과한 선수

5. 참가신청서에 기재된 선수 중 출전 선수명단(선발출전 선수, 교체 선수)에 포함되지 않는 선수가 출전한 경우, 해당 선수는 기존 출전 선수와 즉시 재교체하여 경기를 진행하며 교체 허용 수는 감소하지 않는다. 경기 종료 후 위의 사항이 발견되었을 경우 경기 결과는 그대로 인정하며, 해당 팀은 공정소위원회에 회부된다.

6. 동일일자에 2경기 이상(U18, U15리그 당일 고/저학년 경기) 개최되는 경우, 선수당 출전시간은 총 90분을 초과할 수 없으며, 출전시간 계산은 리그운영감독관이 작성한 기록지를 기준으로 한다. 이때 추가시간은 출전시간 계산에 포함하지 않는다.

1) 선수가 동일일자에 개최된 2경기에 90분 이상 출전한 경우, 해당 선수는 고학년 대회(U18, U15)의 다음 1경기(경기 번호의 변동에 관계없이 가장 가까운 일정의 경기)에 출전하지 못한다. 만약 출전 정지인 선수가 다음 경기에 출전하였을 경우 해당 선수 및 지도자는 공정소위원회에 회부되며, 징계 수위는 협회 운영규정 내 '유형별 긴급제재 징계 기준표'에 따른다.

2) GK는 부상, 대표팀 소집, 준프로 계약 체결(프로팀 소집), 기타 등의 사유가 인정되는 경우에 한해 90분을 초과하여 출전이 가능하다. 이 경우, 출전선수명단 제출 시 해당 사유를 명기하여 리그운영감독관에게 제출해야 한다.

제13조 (벤치 착석 대상)_ 1. 경기 중 벤치에 앉을 수 있는 사람은 리그 참가신청서에 기재된 지도자 및 선수, 임원(축구부장, 트레이너, 의무, 행정 등)에 한한다.

2. 임원의 경우 벤치 착석은 가능하나 지도는 불가하다.

3. 지도자, 임원은 반드시 자격증 또는 KFA 등록증을 패용하고 팀 벤치에 착석하여야 한다.

4. 징계 중인 지도자, 임원, 선수는 징계 해제 이후부터 벤치에 착석할 수 있다.

5. 벤치 착석 인원 중 KFA 등록증 또는 자격증을 패용한 지도자에 한하여 지도행위가 가능하며, 비정상적인 지도행위(임원의 지도행위, 관중석에서의 지도행위 등)는 리그운영감독관 판단하에 경기장에서 퇴장 조치할 수 있다. 또한 해당 팀은 공정소위원회에 회부한다.

6. 지도자 및 팀 임원의 경우 선수의 복지와 안전, 전술적/코칭의 목적과 직접적으로 관련이 되어 있을 경우에 한하여 소형, 이동식, 손에 휴대할 수 있는 장비(즉 마이크, 헤드폰, 이어폰, 핸드폰/스마트폰, 스마트워치, 태블릿PC, 노트북)은 사용할 수 있다. 허가되지 않은 전자 장비를 사용하거나 또는 전자/통신 장비를 사용한 결과를 이용하여 부적절한 행동을 보인다면 기술지역에서 퇴장 조치한다.

제14조 (경기 운영)_ 1. 홈 팀은 다음과 같은 경기 시설, 물품, 인력을 준비해야 할 의무가 있다.

1) 시설: 경기장 라인, 코너깃대 및 코너깃발, 팀 벤치, 본부석/심판석(의자, 책상, 텐트), 스코어보드(팀명, 점수판), 의료인석 대기석, 선수/심판 대기실, 골대/골망, 화장실, 팀 연습장(워밍업 공간), 주차시설 등

2) 물품: 시합구, 볼펌프, 들것, 교체판, 스태프 조끼, 리그 현수막, 벤치팀명 부착물, 구급차, 구급 물품(의료백), 각종 대기실 부착물 등

3) 인력: 경기운영 보조요원, 안전/시설담당, 의료진, 볼보이, 들것요원 등
4) 기타: 각종 서류(경기보고서, 운영감독관 보고서, 사고/상황보고서, 심판 보고서, 출전선수 명단, 선수 교체표, 리그 참가신청서) 지정 병원

2. 홈 팀은 경기 중 또는 경기 전, 후에 선수, 코칭스태프, 심판을 비롯한 전 관계자와 관중의 안전 및 질서 유지에 대한 의무와 책임이 있다.

제15조 (응급치료비 보조)_ 1. 경기 중 발생한 부상선수에 대한 치료비는 팀 명의의 공문으로 운영본부를 경유하여 중앙조직위원회로 신청한다.

2. 최초 부상일로부터 반드시 20일 이내 신청하여야 하며, 기한 내 신청하지 않은 팀 또는 단체는 지원 대상에서 제외된다.
3. 경기 당일 발생한 응급치료비에 한하여 200,000원까지만 지원한다.
4. 제출서류: 1) 해당 팀 소속 구단 공문 1부
2) 해당선수가 출전한 경기의 경기보고서 사본 1부
※ 경기보고서에 있는 부상선수 발생 보고서에 기재된 선수에 한하여 치료비 지급
3) 진료영수증 원본
4) 해당선수 계좌사본(선수 본인 계좌 이외의 계좌일 경우 지원 불가)
5) 해당선수 주민등록등본(해당 선수의 주민번호 전체 표출)

제16조 (재경기 실시)_ 1. 불가항력적인 사유(필드상황, 날씨, 정전에 의한 조명 문제 등)로 인해 경기 중단 또는 진행이 불가능하게 된 경기를 「순연경기」라 하고, 순연된 경기의 개최를 '재경기'라 한다.

2. 재경기는 중앙 조직위원회 또는 운영본부가 결정하는 일시, 장소에서 실시한다.
3. 득점차가 있을 때는 중단 시점에서부터 잔여 시간만의 재경기를 갖는다.
   1) 출전선수 및 교체대상 선수의 명단은 순연경기 중단 시점과 동일하여야 한다.
   2) 선수교체는 순연경기를 포함하여 팀당 7명 이내로 한다.
   3) 순연경기에서 발생된 모든 기록(득점, 도움, 경고, 퇴장 등)은 유효하다.
4. 득점차가 없을 때는 전·후반 경기를 새로 시작한다.
   1) 출전선수 및 교체대상 선수의 명단은 순연경기와 동일하지 않아도 된다.
   2) 선수교체는 순연경기와 관계없이 팀당 7명 이내로 한다.
   3) 경기 기록은 순연경기에서 발생된 경고, 퇴장 기록만 인정한다.
5. 경고(2회 누적 포함), 퇴장, 징계 등 출전정지 대상자는 경기번호의 변동에 관계없이 가장 가까운 일정의 경기 순서대로 연계 적용한다.
6. 심판은 교체 배정할 수 있다.

제17조 (경고)_ 1. 경기 중 경고 2회로 퇴장당한 선수, 지도자 또는 팀 임원은 다음 1경기(경기 번호의 변동에 관계없이 가장 가까운 일정의 경기)에 출전하지 못한다.

2. 경기 중 1회 경고를 받은 선수, 지도자 또는 팀 임원이 경고 없이 바로 퇴장을 당할 경우, 다음 1경기(경기 번호의 변동에 관계없이 가장 가까운 일정의 경기)에 출전하지 못하며, 당초에 받은 경고는 그대로 누적된다.
3. 경고를 1회 받은 선수, 지도자 또는 팀 임원이 다른 경기에서 경고 2회로 퇴장당했을 경우, 퇴장 당시 받은 경고 2회는 경고 누적 횟수에서 제외된다. 당초에 받은 경고는 그대로 누적된다.
4. 본 대회의 서로 다른 경기에서 각 1회씩 최초 3회 누적하여 경고를 받은 선수, 지도자 또는 팀 임원은 다음 1경기(경기 번호의 변동에 관계없이 가장 가까운 일정의 경기)에 출전할 수 없다.
5. 4항의 출전정지 이후에 추가로 서로 다른 경기에서 각 1회씩 2회 누적 경고를 받은 선수, 지도자 또는 팀 임원은 다음 1경기(경기 번호의 변동에 관계없이 가장 가까운 일정의 경기)에 출전할 수 없다.
6. 본 대회에서 받은 경고(누적 경고 포함)는 플레이오프전 및 왕중왕전에 연계되지 않는다. 플레이오프전에 받은 경고 또한 왕중왕전에 연계되지 않는다.
7. 선수, 지도자 또는 팀 임원이 본 리그 기간 중 이적하더라도 이미 받은 경고는 새로 이적한 팀에서 연계 적용된다.
8. 경고 누적으로 인한 출전정지 대상 경기가 몰수 또는 실격 처리된 경우, 출전정지 이행으로 간주한다.

제18조 (퇴장)_ 1. 경기 도중 퇴장 당한 선수, 지도자, 임원은 다음 1경기(경기 번호의 변동에 관계없이 가장 가까운 일정의 경기)에 출전하지 못한다.

2. 퇴장 사유의 경중에 따라 공정소위원회 및 중앙 조직위원회는 잔여 경기의 출전금지 횟수를 결정할 수 있다.
3. 본 대회 최종 경기에서 당한 퇴장은 왕중왕전에 연계 적용된다.
4. 경기 도중 선수들을 터치라인 근처로 불러 모아 경기를 중단시키는 지도자 또는 임원은 즉시 퇴장 조치하고, 리그공정위원회에 회부한다.
5. 주심의 허락 없이 경기장에 무단 입장하거나, 시설 및 기물 파괴, 폭력 조장 및 선동, 오물투척 등 질서 위반행위를 한 지도자와 임원은 즉시 퇴장 조치하고 공정소위원회에 회부한다.
6. 경기 도중 퇴장당한 선수가 본 리그 기간 중 이적하더라도 본 리그에서는 퇴장의 효력이 그대로 연계 적용된다.
7. 퇴장으로 인한 출전정지 대상 경기가 몰수 또는 실격 처리된 경우, 출전정지 이행으로 간주한다.

제19조 (몰수)_ 1. 몰수라 함은 경기 결과에 관계없이 해당 경기에 대한 팀의 자격 상실을 말한다.

2. 다음 경우에 해당하는 팀은 몰수 처리한다.
   1) 팀이 일정표상의 경기 개시 시각 15분 전까지 경기장에 도착하지 않을 경우. 단, 천재지변 등 불가피한 사유는 제외한다.
   2) 등록은 하였으나 리그 참가신청서 명단에 없는 선수가 출전했을 경우
   3) 경기 당일 일정표상에 명시된 경기 시간 15분 전까지 KFA 등록증 소지자가 7명 미만일 경우
   4) 경기 도중 심판 판정 또는 기타 사유로 팀이 경기를 지연하거나 집단으로 경기장을 이탈한 뒤 감독관 등으로부터 경기 재개 통보를 받은 후 3분 이내에 경기에 임하지 않을 경우
   5) 위 '4)'의 경기 지연 또는 경기장 이탈 행위를 한 팀이 3분 이내에 경기에 임했으나 경기 재개 후 재차 경기를 지연하거나 집단으로 경기장을 이탈한 뒤, 감독관 등으로부터 경기 재개 통보를 받은 후 주어진 3분 중에서 잔여 시간 내에 경기를 재개하지 않을 경우
   6) 등록하지 않은 선수가 경기에 출전한 경우
   7) 다른 선수의 KFA 등록증을 제출 후 경기에 참가시킨 경우
   8) 그 외의 경기 출전 자격 위반 행위나 경기 포기 행위를 할 경우
3. 해당 경기 몰수 팀에 대해서는 패 처리하며, 상대팀에게는 스코어 3 : 0 승리로 처리한다. 또한 본 대회에서는 승점 3점을 준다. 단, 세 골 차 이상으로 승리했거나 이기고 있었을 경우에는 해당 스코어를 그대로 인정한다.
4. 몰수 처리 경기라 하더라도 득점, 경고, 퇴장 등 양 팀 선수 개인의 경기 기록 및 실적은 인정한다. 단, 몰수팀의 출전 자격이 없는 선수가 경기출전 시 해당 선수의 기록 및 실적은 인정하지 않는다.

제20조 (실격)_ 1. 실격이라 함은 본 대회 모든 경기에 대한 팀의 자격 상실을 말한다.

2. 다음 경우에 해당하는 팀은 실격으로 처리한다.
   1) 참가 신청 후 본 대회 전체 일정에 대한 불참 의사를 밝힌 경우
   2) 본 대회의 잔여 경기를 더 이상 치를 수 없는 상황이 발생한 경우
   3) 본 대회에서 2회 몰수된 경우
3. 대회 전체경기 수의 1/2 이상을 수행하지 않았을 때, 실격된 경우에는 실격 팀과의 잔여 경기를 허용하지 않으며 대회에서 얻은 승점 및 스코어를 모두 무효 처리한다. 단, 대회 전체 경기수의 1/2 후에 실격 팀이 발생한 경우에는 이전 경기결과를 인정하고, 잔여경기는 3 : 0으로 처리한다.
4. 실격 팀과의 경기라 하더라도 득점, 경고, 퇴장 등 양 팀 선수 개인의 경기 기록 및 실적은 인정한다. 단, 실격 팀의 출전 자격이 없는 선수가 경기출전 시 해당 선수의 기록 및 실적은 인정하지 않는다.

제 21조 (징계 회부 사항)_ 경기와 관련하여 아래 사항에 대해서는 공정소위원회에 회부하여 징계를 심의한다.

1. 징계기간 미경과 선수가 출전하였을 경우
2. 징계 중인 지도자가 팀 벤치 또는 공개된 장소에서 지도 행위를 했을 경우
3. 경기 중 지도자 또는 임원이 벤치 이외의 장소에서 팀을 지도했을 경우
4. 경기 중 앰프를 사용한 응원을 했을 경우
5. 몰수 또는 실격 행위를 했을 경우
6. 등록 또는 리그 참가 신청과 관련한 문제로 인해 징계 심의가 필요한 경우
7. 근거 없이 경기 진행에 지장을 주는 항의를 하였다고 판단될 경우
8. 기타 대회 중 발생한 경기장 질서문란 행위 및 경기 중 또는 경기 후에라도 심각한 반칙행위나 불법 행위가 적발되어 징계 심의가 필요하다고 인정되는 경우
9. 유급선수가 유급 직전 년도에 최종 출전한 경기일이 경과하지 않은 상태에서 출전하였을 경우
10. 경기 중 폭언, 폭설(욕설), 인격모독, 성희롱 행위를 한 지도자, 임원, 선수의 경우
11. 이적 후 출전 정지 기간 미경과 선수가 출전하였을 경우
12. 3명 이상의 연령초과선수를 출전시킨 경우 (조기입학으로 인하여 유급한 자는 제외)
13. KFA 등록증을 패용하지 않은 지도자, 선수, 임원이 팀 벤치에 착석하거나 지도행위를 할 수 없는 사람이 지도행위를 한 경우

제22조 (시상)_ 본 대회의 시상은 전반기(1~11R) 1회, 후반기(12~22R) 1회로 총 2회 진행하며, 내역은 다음과 같다.

1. 단체상 : 우승, 준우승, 3위, 페어플레이팀
※ 우승, 준우승 : 트로피, 상장 수여 / 3위, 페어플레이팀상 : 상장 수여
※ 후반기는 상위그룹(A조)만 시상한다.
2. 개인상 : 최우수선수상, 득점상, 수비상, GK상, 최우수지도자상, 득점상
3. 득점상의 경우 다득점 선수 - 출전경기수가 적은 선수 - 출전시간이 적은 선수 순으로 한다.
4. 득점상의 경우 3명 이상일 때는 시상을 취소한다.
5. 대회 중 퇴장조치 이상의 징계를 받은 선수 및 지도자는 경중에 따라 시상에서 제외될 수 있다.
6. 본 대회에서 몰수 이상(승점 감점 포함)의 팀 징계를 받을 경우 모든 시상 및 포상의 지급 대상에서 제외하고 환수조치한다.
7. 전체 경기수 중 30% 이상의 경기를 미실시한 구단과 그 소속 선수는 단체상 및 개인상 시상에서 제외한다.
8. 특별한 사유가 발생할 경우 시상 내역이 변경될 수 있으며, 시상에 관련한 사항은 운영본부 결정에 의한다.

제23조 (도핑)_ 1. 도핑방지규정은 선수의 건강보호와 공정한 경기운영을 위함이며, 협회에 등록된 선수 및 임원은 한국도핑방지위원회(www.kada-ad.or.kr)의 규정을 숙지하고 준수할 의무가 있다.

2. 본 대회 기간 중 한국도핑방지위원회(이하 'KADA')에서 불특정 지목되어진 선수는 KADA에서 시행하는 도핑검사 절차를 반드시 준수해야 한다.
3. 본 대회 전 또는 기간 중 치료를 위해 금지약물을 복용할 경우, KADA의 지침에 따라 해당 선수는 치료 목적 사용면책(이하 'TUE') 신청서를 작성/제출해야 한다.
4. 협회 등록 소속 선수 및 관계자 (감독, 코치, 트레이너, 팀의무, 기타임원 등 모든 관계자)는 항상 도핑을 방지할 의무가 있으며, 본 규정에 따라 KADA의 도핑검사 절차에 어떠한 방식으로도 관여할 수 없다.
5. 도핑검사 후 금지물질이 검출 된 경우 KADA의 제재 조치를 따라야 한다.

제24조 (기타)_ 1. 경기에 참가하는 팀은 경기 당일 유니폼 2벌(스타킹 포함)을 필히 지참해야 한다. 경기에 참가하는 두 팀의 유니폼(스타킹 포함) 색상이 동일할 때는 원정팀이 보조 유니폼(스타킹 포함)을 착용한다. 이도 동일하거나 색상 구분이 명확하지 않을 경우에는 홈팀이 보조 유니폼을 착용한다(이 외의 상황은 리그운영감독관 및 심판진의 결정에 따른다).

2. 경기에 출전하는 선수의 상하 유니폼 번호는 반드시 리그 참가신청서에 기재된 것과 동일해야 하며, 번호 표기는 유니폼 색상과 명확히 판별할 수 있게 해야 한다. 번호가 동일하지 않을 경우 해당 선수는 참가 신청서에 기재된 번호가 새겨진 유니폼으로 갈아입은 후 출전해야 한다. 이를 위반하는 선수는 해당 경기에 출전할 수 없다.
3. 경기에 출전하는 모든 선수들(선발선수 11명 외 교체선수 포함)은 KFA 등록증을 지참하여 경기 시작 전 리그운영감독관에게 제출하여 확인을 받아야 한다. KFA 등록증을 지참하지 않았을 시, 해당 선수는 경기에 출전하지 못한다. 교체 선수는 본인의 KFA 등록증을 지참 후 리그운영감독관에게 직접 제출하여 교체 승인 후 교체되어야 한다.
4. 출전선수는 신체 보호를 위해 반드시 정강이 보호대(Shin Guard)를 착용하고 경기에 임해야 한다.
5. 기능성 의류를 입고 출전할 때는, 상·하 유니폼과 각각 동일한 색상을 입어야 한다.
6. 경기에 출전하는 팀의 주장 선수는 완장을 차고 경기에 출전하여야 한다.
7. 스타킹 위에 테이핑 또는 비슷한 재질의 색상은 스타킹의 주 색상과 같아야 한다.
8. 경기에 참가하는 팀은 팀과 무관한 국내외 다른 팀의 엠블럼이나 명칭을 사용할 수 없으며, 다른 선수의 이름이 부착된 유니폼을 착용해서는 안 된다.
9. 대회에 참가하는 모든 선수는 참가팀에서 반드시 심장, 호흡기관 등 신체 건강에 이상이 없는지 점검한 후 선수를 출전시켜야 하며, 이로 인한 사고가 발생할 경우 해당 팀에 그 책임이 있다.
10. 참가팀은 선수 부상을 비롯한 각종 사고에 대비하기 위해 보험 가입을 권장한다.
11. 경기와 관련한 제소는 육하원칙에 의해 팀 대표자 명의로 공문을 작성하여 경기 종료 후 48시간 이내에 하여야 한다. 경기 중 제소는 허용하지 않으며, 심판 판정에 대한 제소는 대상에서 제외한다.
12. 리그에 참가하는 팀은 반드시 리그운영규정을 확인하고 숙지해야 할 의무가 있다. 또한 경고, 퇴장, 공정(소)위원회 징계 등에 따라 출전이 정지된 선수, 지도자, 임원의 출전으로 인한 모든 책임 및 미확인(숙지)에 따른 불이익은 해당 팀이 감수하여야 한다.
13. 리그에 참가하는 팀은 반드시 대한축구협회 통합 온라인 시스템(joinkfa.com)을 통하여 리그 참가에 관한 일체의 정보(공문서, 안내문,공지사항 등)를 확인할 의무가 있으며, 미확인(숙지)에 따른 불이익은 참가팀이 감수하여야 한다.
14. 대회운영은 협회 국내대회승인 및 운영규정에 의거하여 실시한다.
15. 본 대회는 협회 및 운영본부로부터 기승인된 EPTS 시스템을 운영하며, 세부사항은 FIFA 경기규칙서(규칙 4.선수의 장비 내 4.기타 장비)에 따른다.
16. '코로나19' 관련 상황 발생 시, 연맹 및 협회에서 배포한 '코로나19' 대응 매뉴얼에 따른다.

제25조 (마케팅 권리)_ 1. 본 대회 마케팅과 관련된 모든 권리는 운영본부에 있으며, 미승인된 마케팅의 활동은 금지한다.

2. 참가팀은 운영본부의 상업적 권리 사용에 대해 적극 협조하여야 한다.

제26조 (부칙)_ 1. 본 대회규정에 명시되지 않은 사항은 운영본부의 결정 및 전국 초중고 축구리그 운영 규정에 따른다.

2. 대회 중 징계사항은 대회운영본부의 확인 후, 초중고 리그 공정위원회의 결정에 따른다.

2022 K리그 주니어 U18 경기일정표 및 결과

A그룹 전반기

경기일자	경기시간	홈팀	경기결과	원정팀	경기장소
03.11(금)	14:00	수원FC	5:0	김포	김포솔터축구장 인조
03.12(토)	14:00	안양	2:2	서울	자유공원
03.19(토)	14:00	서울	2:1	제주	GS챔피언스파크
	14:30	김포	1:8	서울E	김포솔터축구장 인조
	14:00	성남	1:1	수원FC	풍생고등학교
	14:00	수원	5:1	안산	수원W 인조1
03.25(금)	14:00	수원FC	2:0	수원	수원종합운동장 보조구장
03.26(토)	11:00	안산	0:0	부천	안산유소년스포츠타운 1구장
	14:00	안양	2:2	성남	자유공원
	11:00	서울	11:0	김포	GS챔피언스파크
	14:00	서울E	5:2	인천	송도LNG
03.30(수)	11:00	안산	3:1	제주	안산유소년스포츠타운 1구장
04.02(토)	14:00	부천	1:2	서울E	부천체육관
	14:00	강원	2:0	수원FC	강릉제일고
	14:00	김포	0:3	제주	김포솔터축구장 인조
	14:00	성남	0:2	서울	풍생고등학교
	14:00	수원	3:2	안양	수원W 인조1
04.06(수)	14:00	수원	1:2	부천	수원W 인조1
04.08(금)	12:00	제주	4:2	안양	걸매운동장
04.09(토)	14:00	서울E	1:2	수원	수원W 인조1
	14:00	인천	1:1	안산	송도LNG
04.15(금)	15:00	수원FC	0:1	부천	수원종합운동장 보조구장
04.16(토)	14:00	안양	1:1	안산	자유공원
	13:00	서울	1:2	강원	GS챔피언스파크
	12:00	김포	1:9	수원	김포솔터축구장 인조
	14:00	서울E	2:1	성남	풍생고등학교
04.19(화)	18:00	서울E	1:1	강원	남양주체육문화센터
04.23(토)	11:00	안산	4:1	서울E	안산유소년스포츠타운 1구장
	14:00	부천	2:1	안양	부천체육관
	14:00	강원	9:0	김포	강릉제일고
	14:00	인천	0:2	수원FC	송도LNG
	14:00	성남	3:2	제주	풍생고등학교
	14:00	수원	2:1	서울	수원W 인조1
04.27(수)	15:00	인천	4:0	성남	송도LNG
04.29(금)	14:00	제주	1:0	부천	걸매운동장
04.30(토)	14:00	안양	1:0	서울E	자유공원
	14:00	서울	1:0	인천	GS챔피언스파크
	14:00	강원	3:1	수원	강릉제일고
	11:00	수원FC	0:2	안산	안산유소년스포츠타운 1구장
05.04(수)	15:00	강원	1:0	부천	강릉제일고
05.07(토)	14:00	부천	0:1	서울	부천체육관
	14:00	인천	3:0	안양	송도LNG
	14:00	성남	2:2	강원	풍생고등학교
	14:00	서울E	1:2	수원FC	제천축구센터3구장
	14:00	수원	3:3	제주	수원W 인조1
05.11(수)	13:00	강원	3:2	인천	강릉제일고
05.13(금)	16:00	수원FC	1:0	안양	수원종합운동장 보조구장
05.14(토)	13:00	서울	2:3	안산	GS챔피언스파크
	13:00	김포	0:3	인천	김포솔터축구장 인조
	14:00	제주	1:3	서울E	걸매운동장
	14:00	성남	0:1	수원	풍생고등학교
05.18(수)	14:00	부천	6:2	인천	북부수자원생태공원
	14:00	강원	3:1	안양	강릉제일고
	15:00	김포	0:7	성남	김포솔터축구장 인조
05.21(토)	14:00	서울	1:1	수원FC	GS챔피언스파크
	14:00	김포	1:8	부천	김포솔터축구장 인조
	14:00	성남	1:1	안산	풍생고등학교
	14:00	제주	2:1	인천	걸매운동장
05.24(화)	11:00	안산	7:0	김포	안산유소년스포츠타운 1구장
05.25(수)	11:00	제주	3:3	강원	걸매운동장
05.28(토)	14:00	안산	0:1	강원	안산유소년스포츠타운 1구장
	14:00	부천	2:0	성남	부천체육관
	14:00	안양	3:0	김포	자유공원
	14:00	인천	2:4	수원	승기구장
	14:00	서울E	1:5	서울	가평종합보조 희망구장
	14:00	수원FC	2:1	제주	수원종합운동장 보조구장

B그룹 전반기

경기일자	경기시간	홈팀	경기결과	원정팀	경기장소
03.05(토)	14:00	경남	1:1	울산	진주모덕
	14:00	전남	0:0	부산	송죽구장
03.12(토)	14:00	대전	1:0	대구	안영생활체육공원
	14:00	경남	1:4	포항	진주문산스포츠파크
03.19(토)	14:00	충남아산	0:2	전남	아산선장축구장 2구장
	13:00	대구	2:1	부산	현풍고
	14:00	김천	3:1	경남	대한법률구조공단 법문화교육센터
03.25(금)	14:00	경남	0:5	전북	진주문산스포츠파크
03.26(토)	14:00	부산	1:1	김천	개성고등학교
04.02(토)	14:00	충남아산	1:2	울산	아산선장축구장 2구장
	14:00	김천	2:3	전남	대한법률구조공단 법문화교육센터
	14:00	광주	2:2	부산	금호고
	10:30	전북	3:0	포항	전북현대클럽하우스
04.09(토)	14:00	전남	2:1	광주	송죽구장
	14:00	포항	0:0	울산	포철고 인조잔디구장
	14:00	대전	6:0	충남아산	안영생활체육공원
04.13(수)	14:00	포항	1:1	김천	포철고 인조잔디구장
	14:00	전북	5:2	대전	전북현대클럽하우스
04.16(토)	14:00	부산	2:3	대전	개성고등학교
	13:00	대구	0:1	전북	현풍고
	14:00	김천	2:0	충남아산	대한법률구조공단 법문화교육센터
	14:00	전남	6:3	울산	송죽구장
04.20(수)	14:00	충남아산	1:6	전북	아산선장축구장 2구장
04.23(토)	16:00	대전	3:1	경남	안영생활체육공원
	14:00	광주	2:1	김천	금호고
	10:30	전북	2:0	부산	전북현대클럽하우스
	14:00	울산	1:2	대구	서부구장
04.27(수)	14:00	광주	2:1	대전	금호고
04.30(토)	14:00	부산	1:3	충남아산	개성고등학교
	13:00	대구	0:2	전남	현풍고
	14:00	김천	2:3	대전	대한법률구조공단 법문화교육센터
	14:00	포항	0:1	광주	포철고 인조잔디구장
	14:00	울산	1:2	전북	서부구장

경기일자	경기시간	홈팀	경기결과	원정팀	경기장소
05.04(수)	14:00	포항	0:1	대구	포철고 인조잔디구장
05.07(토)	14:00	충남아산	1:2	포항	아산선장축구장 2구장
	14:00	부산	1:0	경남	개성고등학교
	14:00	대전	4:2	울산	안영생활체육공원
	14:00	광주	2:2	대구	금호고
	14:30	전남	2:1	전북	송죽구장
05.11(수)	14:00	대구	2:1	충남아산	현풍고
05.13(금)	14:00	경남	1:2	전남	진주문산스포츠파크
05.14(토)	14:00	광주	2:1	충남아산	금호고
	10:30	전북	5:2	김천	전북현대클럽하우스
	14:00	포항	0:1	대전	포철고 인조잔디구장
	14:00	울산	1:1	부산	미포구장
05.18(수)	15:00	울산	3:1	광주	미포구장
05.21(토)	14:00	울산	1:0	김천	미포구장
	13:00	대구	1:0	경남	현풍고
	14:00	전남	0:2	포항	송죽구장
05.24(화)	14:00	경남	0:2	광주	진주문산스포츠파크
05.28(토)	14:00	충남아산	1:2	경남	아산선장축구장 2구장
	14:00	부산	2:2	포항	개성고등학교
	14:00	대전	6:0	전남	안영생활체육공원
	14:00	김천	0:2	대구	대한법률구조공단 법문화교육센터
	14:00	전북	2:1	광주	전북현대클럽하우스

후반기 상위스플릿

경기일자	경기시간	홈팀	경기결과	원정팀	경기장소
06.25(토)	17:00	광주	0:4	전북	금호고등학교
	10:30	서울	0:1	전남	GS챔피언스파크
07.02(토)	17:00	안산	2:0	수원FC	안산유소년스포츠타운 2구장
	10:30	전남	1:1	수원	송죽구장
	19:00	대전	2:1	광주	안영생활체육공원
	17:00	서울	2:1	포항	GS챔피언스파크
07.06(수)	16:00	강원	2:1	대구	강릉제일고
07.09(토)	17:00	대구	1:0	대전	현풍고
08.27(토)	17:00	광주	5:2	부천	금호고등학교
	10:30	전북	5:1	전남	전북현대클럽하우스
	10:30	강원	0:3	안산	강릉제일고
09.03(토)	16:00	서울	2:0	수원	GS챔피언스파크
	17:00	대전	2:2	전북	안영생활체육공원
	14:00	부천	0:5	수원FC	부천체육관
	14:00	포항	1:3	강원	포철고 인조잔디구장
	14:00	안산	1:2	광주	안산유소년스포츠타운 2구장
09.07(수)	10:30	전북	4:2	부천	전북현대클럽하우스
09.17(토)	10:30	전북	2:0	안산	전북현대클럽하우스
	14:00	광주	3:2	포항	금호고등학교
	14:00	대전	1:1	부천	안영생활체육공원
	15:00	대구	0:1	서울	현풍고
	11:00	강원	1:1	전남	강릉제일고
09.23(금)	15:00	수원FC	0:1	광주	수원종합운동장 보조구장
09.24(토)	14:00	부천	1:0	포항	북부수자원생태공원
	10:00	수원	3:1	강원	수원W 인조1
	14:00	서울	3:2	전북	GS챔피언스파크
	15:00	전남	3:4	대전	송죽구장
	14:00	안산	0:1	대구	안산유소년스포츠타운 2구장
09.28(수)	14:00	수원	6:1	수원FC	수원W 인조1
09.30(금)	15:00	강원	1:4	서울	강릉제일고
10.01(토)	14:00	광주	3:2	전남	금호고등학교
	15:00	대구	0:1	부천	현풍고
	17:00	대전	1:2	안산	안영생활체육공원
	14:00	포항	2:0	수원FC	포철고 인조잔디구장
10.07(금)	17:00	수원FC	0:3	서울	수원종합운동장 보조구장
10.08(토)	15:00	전남	1:1	대구	송죽구장
10.14(금)	19:00	수원FC	1:3	대구	수원종합운동장 보조구장
	16:00	전남	2:2	안산	송죽구장
10.15(토)	14:00	포항	3:0	전북	포철고 인조잔디구장
	14:00	부천	2:1	강원	북부수자원생태공원
	16:00	서울	6:2	대전	GS챔피언스파크
10.16(일)	14:00	수원	2:1	광주	수원W 인조1
10.19(수)	15:30	부천	0:0	수원	북부수자원생태공원
10.21(금)	11:00	전북	4:2	강원	전북현대클럽하우스
10.22(토)	11:00	안산	2:2	수원	안산유소년스포츠타운 1구장
	14:00	전남	1:1	수원FC	송죽구장
	15:00	대구	0:1	광주	현풍고
	14:00	대전	1:1	포항	안영생활체육공원
10.25(화)	14:00	전북	1:2	수원	전북현대클럽하우스
10.26(수)	15:00	대구	1:1	포항	현풍고
	15:00	서울	3:2	부천	GS챔피언스파크
10.28(금)	18:00	수원FC	1:3	전북	수원종합운동장 보조구장
10.29(토)	14:00	부천	5:2	안산	북부수자원생태공원
	11:00	포항	3:1	전남	포철고 인조잔디구장
	10:00	수원	3:2	대구	수원W 인조1
	14:00	강원	2:1	대전	강릉제일고
11.04(금)	16:00	광주	2:2	서울	금호고등학교
11.05(토)	14:00	수원FC	2:0	강원	강릉제일고
	11:00	포항	3:1	안산	포철고 인조잔디구장
	11:00	수원	1:4	대전	수원W 인조1
11.12(토)	14:00	전북	0:1	대구	전북현대클럽하우스
	14:00	강원	1:0	광주	강릉제일고
	14:00	수원	2:3	포항	수원W 인조1
	14:00	안산	0:1	서울	안산유소년스포츠타운 1구장
	14:00	전남	2:2	부천	송죽구장
	14:00	대전	6:2	수원FC	안영생활체육공원

후반기 하위스플릿

경기일자	경기시간	홈팀	경기결과	원정팀	경기장소
06.25(토)	17:00	경남	2:0	서울E	진주문산스포츠파크
	11:00	충남아산	0:1	인천	아산선장축구장 2구장
07.02(토)	10:00	서울E	0:2	제주	가평종합보조 행복구장
	17:00	경남	1:0	김천	진주문산스포츠파크
	11:00	울산	1:0	안양	미포구장
07.09(토)	10:00	김포	2:4	울산	김포솔터축구장 인조
08.19(금)	17:00	안양	2:3	경남	자유공원
08.27(토)	10:00	제주	0:1	충남아산	걸매운동장
	10:00	인천	2:1	서울E	승기구장
	10:00	김천	5:1	성남	대한법률구조공단 법문화교육센터
09.02(금)	15:00	인천	1:0	김천	중구국민체육센터
09.03(토)	16:00	성남	1:0	안양	풍생고등학교

경기일자	경기시간	홈팀	경기결과	원정팀	경기장소
	14:00	서울E	1:0	충남아산	청평생활체육공원
09.07(수)	14:00	충남아산	2:1	부산	아산선장축구장 2구장
	11:00	제주	6:1	김포	사라봉구장
09.17(토)	14:00	울산	4:0	경남	서부구장
	14:00	서울E	2:1	안양	청평생활체육공원
	14:00	충남아산	0:1	성남	아산선장축구장 2구장
	11:00	부산	3:2	인천	개성고등학교
09.23(금)	18:00	안양	2:2	충남아산	자유공원
	15:00	인천	2:1	제주	중구국민체육센터
09.24(토)	14:00	성남	0:1	서울E	풍생고등학교
	11:00	김포	1:3	경남	김포솔터축구장 인조
	14:00	김천	0:1	울산	대한법률구조공단 법문화교육센터
09.28(수)	10:30	제주	2:2	김천	걸매운동장
09.30(금)	14:00	충남아산	3:0	김포	아산선장축구장 2구장
10.01(토)	14:00	울산	1:1	인천	서부B구장
	14:00	제주	6:0	성남	걸매운동장
	15:00	경남	1:0	부산	진주문산스포츠파크
	13:00	김천	1:1	안양	대한법률구조공단 법문화교육센터
10.07(금)	16:00	성남	2:1	김포	탄천변B구장
10.14(금)	11:00	김포	1:0	김천	김포솔터축구장 인조
10.15(토)	14:00	안양	0:4	인천	자유공원
	14:00	부산	4:1	제주	개성고등학교
	14:00	성남	2:1	경남	성남축구센터
	14:00	서울E	1:2	울산	청평생활체육공원
10.19(수)	15:00	부산	0:1	울산	개성고등학교
10.21(금)	15:00	인천	4:0	김포	중구국민체육센터
10.22(토)	14:00	안양	2:1	부산	자유공원
	15:00	경남	1:1	충남아산	진주문산스포츠파크
	14:00	김천	0:3	서울E	대한법률구조공단 법문화교육센터
10.29(토)	14:00	충남아산	1:1	김천	아산선장축구장 2구장
	14:00	부산	5:3	서울E	개성고등학교
	10:30	제주	0:2	울산	걸매운동장
	11:00	김포	0:1	안양	김포솔터축구장 인조
11.02(수)	14:00	부산	2:1	성남	개성고등학교
11.05(토)	15:00	경남	3:2	제주	진주문산스포츠파크
	14:00	울산	1:0	성남	서부구장
11.08(화)	14:00	김포	1:7	부산	김포솔터축구장 인조
11.09(수)	16:00	성남	2:1	인천	탄천변B구장
11.12(토)	14:00	울산	1:1	충남아산	미포구장
	14:00	안양	1:2	제주	자유공원
	14:00	서울E	3:0	김포	청평생활체육공원
	14:00	김천	1:2	부산	대한법률구조공단 법문화교육센터
	14:00	인천	0:1	경남	승기구장

2022 K리그 주니어 U18 팀 순위

A그룹 전반기

순위	팀명	경기수	승점	승	무	패	득점	실점	득실차
1	강원	11	27	8	3	0	30	11	19
2	수원	11	22	7	1	3	31	18	13
3	서울	11	20	6	2	3	29	12	17
4	수원FC	11	20	6	2	3	16	9	7
5	부천	11	19	6	1	4	22	10	12
6	안산	11	19	5	4	2	23	13	10
7	서울E	11	16	5	1	5	25	21	4
8	제주	11	14	4	2	5	22	22	0
9	성남	11	10	2	4	5	17	19	-2
10	인천	11	10	3	1	7	20	24	-4
11	안양	11	9	2	3	6	15	21	-6
12	김포	11	0	0	0	11	3	73	-70

B그룹 전반기

순위	팀명	경기수	승점	승	무	패	득점	실점	득실차
1	전북	10	27	9	0	1	32	9	23
2	대전	10	24	8	0	2	30	14	16
3	전남	10	22	7	1	2	19	16	3
4	대구	10	19	6	1	3	12	9	3
5	광주	10	17	5	2	3	16	14	2
6	포항	10	12	3	3	4	11	11	0
7	울산	10	12	3	3	4	15	18	-3
8	김천	10	8	2	2	6	14	19	-5
9	부산	10	8	1	5	4	11	16	-5
10	경남	10	4	1	1	8	7	23	-16
11	충남아산	10	3	1	0	9	9	27	-18

후반기 상위스플릿

순위	팀명	경기수	승점	승	무	패	득점	실점	득실차
1	서울	11	28	9	1	1	27	11	16
2	전북	11	19	6	1	4	27	17	10
3	광주	11	19	6	1	4	19	18	1
4	수원	11	18	5	3	3	22	18	4
5	포항	11	17	5	2	4	20	15	5
6	대전	11	15	4	3	4	24	22	2
7	부천	11	15	4	3	4	18	23	-5
8	대구	11	14	4	2	5	11	11	0
9	강원	11	13	4	1	6	14	22	-8
10	안산	11	11	3	2	6	15	19	-4
11	전남	11	9	1	6	4	16	23	-7
	수원FC	11	7	2	1	8	13	27	-14

후반기 하위스플릿

순위	팀명	경기수	승점	승	무	패	득점	실점	득실차
1	울산	10	26	8	2	0	18	5	13
2	경남	10	22	7	1	2	16	12	4
3	인천	10	19	6	1	3	18	9	9
4	부산	10	18	6	0	4	25	15	10
5	서울E	10	15	5	0	5	15	14	1
6	성남	10	15	5	0	5	10	18	-8
7	제주	10	13	4	1	5	22	16	6
8	충남아산	10	13	3	4	3	11	9	2
9	안양	10	8	2	2	6	10	17	-7
10	김천	10	6	1	3	6	10	14	-4
11	김포	10	3	1	0	9	7	33	-26

AFC 챔피언스리그 2022

F조	경기	승	무	패	득	실	득실	승점
대구FC (KOR)	6	4	1	1	14	4	10	13
URAWA RED DIAMONDS (JPN)	6	4	1	1	20	2	18	13
LION CITY SAILORS FC (SGP)	6	2	1	3	8	14	-6	7
SHANDONG TAISHAN FC (CHN)	6	0	1	5	2	24	-22	1

G조	경기	승	무	패	득	실	득실	승점
BG PATHUM UNITED (THA)	6	3	3	0	11	2	9	12
MELBOURNE CITY FC (AUS)	6	3	3	0	10	3	7	12
전남 드래곤즈 (KOR)	6	2	2	2	5	5	0	8
UNITED CITY FC (PHI)	6	0	0	6	1	17	-16	0

H조	경기	승	무	패	득	실	득실	승점
YOKOHAMA F. MARINOS (JPN)	6	4	1	1	9	3	6	13
전북 현대 모터스 (KOR)	6	3	3	0	7	4	3	12
HOANG ANH GIA LAI (VIE)	6	1	2	3	4	7	-3	5
SYDNEY FC (AUS)	6	0	2	4	3	9	-6	2

I조	경기	승	무	패	득	실	득실	승점
JOHOR DARUL TA'ZIM (MAS)	6	4	1	1	11	7	4	13
KAWASAKI FRONTALE (JPN)	6	3	2	1	17	4	13	11
울산 현대 (KOR)	6	3	1	2	14	7	7	10
GUANGZHOU FC (CHN)	6	0	0	6	0	24	-24	0

F조

일자	시간	홈팀	스코어	원정팀
4.15	20:00	SHANDONG TAISHAN FC (CHN)	0 : 7	**대구 FC** (KOR)
4.15	23:00	LION CITY SAILORS FC (SGP)	1 : 4	URAWA RED DIAMONDS (JPN)
4.18	20:00	**대구 FC** (KOR)	0 : 3	LION CITY SAILORS FC (SGP)
4.18	23:00	URAWA RED DIAMONDS (JPN)	5 : 0	SHANDONG TAISHAN FC (CHN)
4.21	20:00	SHANDONG TAISHAN FC (CHN)	0 : 0	LION CITY SAILORS FC (SGP)
4.21	23:00	**대구 FC** (KOR)	1 : 0	URAWA RED DIAMONDS (JPN)
4.24	20:00	URAWA RED DIAMONDS (JPN)	0 : 0	**대구 FC** (KOR)
4.24	23:00	LION CITY SAILORS FC (SGP)	3 : 2	SHANDONG TAISHAN FC (CHN)
4.27	20:00	URAWA RED DIAMONDS (JPN)	6 : 0	LION CITY SAILORS FC (SGP)
4.27	23:00	**대구 FC** (KOR)	4 : 0	SHANDONG TAISHAN FC (CHN)
4.30	20:00	SHANDONG TAISHAN FC (CHN)	0 : 5	URAWA RED DIAMONDS (JPN)
4.30	20:00	LION CITY SAILORS FC (SGP)	1 : 2	**대구 FC** (KOR)

G조

일자	시간	홈팀	스코어	원정팀
4.15	20:00	BG PATHUM UNITED (THA)	1 : 1	MELBOURNE CITY FC (AUS)
4.15	23:00	UNITED CITY FC (PHI)	0 : 1	**전남 드래곤즈** (KOR)
4.18	20:00	**전남 드래곤즈** (KOR)	0 : 2	BG PATHUM UNITED (THA)
4.18	23:00	MELBOURNE CITY FC (AUS)	3 : 0	UNITED CITY FC (PHI)
4.21	20:00	BG PATHUM UNITED (THA)	5 : 0	UNITED CITY FC (PHI)
4.21	23:00	MELBOURNE CITY FC (AUS)	2 : 1	**전남 드래곤즈** (KOR)
4.24	20:00	**전남 드래곤즈** (KOR)	1 : 1	MELBOURNE CITY FC (AUS)
4.24	23:00	UNITED CITY FC (PHI)	1 : 3	BG PATHUM UNITED (THA)
4.27	20:00	MELBOURNE CITY FC (AUS)	0 : 0	BG PATHUM UNITED (THA)
4.27	23:00	**전남 드래곤즈** (KOR)	2 : 0	UNITED CITY FC (PHI)
4.30	20:00	BG PATHUM UNITED (THA)	0 : 0	**전남 드래곤즈** (KOR)
4.30	23:00	UNITED CITY FC (PHI)	0 : 3	MELBOURNE CITY FC (AUS)

H조

일자	시간	홈팀	스코어	원정팀
4.16	20:00	HOANG ANH GIA LAI (VIE)	1 : 2	YOKOHAMA F. MARINOS (JPN)
4.16	23:00	**전북 현대 모터스** (KOR)	0 : 0	SYDNEY FC (AUS)
4.19	20:00	SYDNEY FC (AUS)	1 : 1	HOANG ANH GIA LAI (VIE)
4.19	23:00	YOKOHAMA F. MARINOS (JPN)	0 : 1	**전북 현대 모터스** (KOR)
4.22	20:00	**전북 현대 모터스** (KOR)	1 : 0	HOANG ANH GIA LAI (VIE)

4.22	23:00	SYDNEY FC (AUS)	0 : 1	YOKOHAMA F. MARINOS (JPN)
4.25	20:00	YOKOHAMA F. MARINOS (JPN)	3 : 0	SYDNEY FC (AUS)
4.25	23:00	HOANG ANH GIA LAI (VIE)	1 : 1	**전북 현대 모터스** (KOR)
4.28	20:00	YOKOHAMA F. MARINOS (JPN)	2 : 0	HOANG ANH GIA LAI (VIE)
4.28	23:00	SYDNEY FC (AUS)	2 : 3	**전북 현대 모터스** (KOR)
5.01	20:00	HOANG ANH GIA LAI (VIE)	1 : 0	SYDNEY FC (AUS)
5.01	23:00	**전북 현대 모터스** (KOR)	1 : 1	YOKOHAMA F. MARINOS (JPN)

I조

일자	시간	홈팀	스코어	원정팀
4.15	18:00	KAWASAKI FRONTALE (JPN)	1 : 1	**울산 현대** (KOR)
4.15	23:00	JOHOR DARUL TA'ZIM (MAS)	5 : 0	GUANGZHOU FC (CHN)
4.18	18:00	GUANGZHOU FC (CHN)	0 : 8	KAWASAKI FRONTALE (JPN)
4.18	23:00	**울산 현대** (KOR)	1 : 2	JOHOR DARUL TA'ZIM (MAS)
4.21	18:00	**울산 현대** (KOR)	3 : 0	GUANGZHOU FC (CHN)
4.21	23:00	KAWASAKI FRONTALE (JPN)	0 : 0	JOHOR DARUL TA'ZIM (MAS)
4.24	18:00	GUANGZHOU FC (CHN)	0 : 5	**울산 현대** (KOR)
4.24	23:00	JOHOR DARUL TA'ZIM (MAS)	0 : 5	KAWASAKI FRONTALE (JPN)
4.27	18:00	**울산 현대** (KOR)	3 : 2	KAWASAKI FRONTALE (JPN)
4.27	23:00	GUANGZHOU FC (CHN)	0 : 2	JOHOR DARUL TA'ZIM (MAS)
4.30	18:00	JOHOR DARUL TA'ZIM (MAS)	2 : 1	**울산 현대** (KOR)
4.30	18:00	KAWASAKI FRONTALE (JPN)	1 : 0	GUANGZHOU FC (CHN)

16강

일자	시간	홈팀	스코어	원정팀
8.18	17:00	**대구FC** (KOR)	1 : 2	**전북 현대 모터스** (KOR)

8강

일자	시간	홈팀	스코어	원정팀
8.22	16:00	VISSEL KOBE (JPN)	1 : 3	**전북 현대 모터스** (KOR)

4강

일자	시간	홈팀	스코어	원정팀
8.25	19:30	**전북 현대 모터스** (KOR)	2 : 2 (1 승부차기 3)	URAWA RED DIAMONDS (JPN)

Section 8

시 존 별 기 타 기 록

역대 시즌별 팀 순위
역대 대회방식 변천사
역대 신인선수선발 제도 변천사
역대 외국인 선수 보유 및 출전한도 변천사
역대 승점제도 변천사
역대 관중 기록
K리그 BC | K리그1 | K리그2 | K리그 승강 플레이오프
역대 시즌별 개인상 수상자

역대 시즌별 팀 순위

연도	구분	대회명		1위	2위	3위	4위	5위	6위	7위
1983	정규리그	83 수퍼리그		할렐루야 6승 8무 2패	대우 6승 7무 3패	유공 5승 7무 4패	포항제철 6승 4무 6패	국민은행 3승 2무 11패		
1984	정규리그	84 축구대제전 수퍼리그	전기	유공 9승 2무 3패	대우 9승 2무 3패	현대 6승 6무 2패	할렐루야 5승 4무 5패	럭키금성 5승 3무 6패	포항제철 3승 5무 6패	한일은행 3승 4무 7패
			후기	대우 8승 4무 2패	현대 7승 4무 3패	포항제철 7승 2무 5패	할렐루야 5승 5무 4패	유공 4승 7무 3패	한일은행 2승 7무 5패	럭키금성 3승 3무 8패
			챔피언결정전	대우 1승 1무	유공 1무 1패					
1985	정규리그	85 축구대제전 수퍼리그		럭키금성 10승 7무 4패	포항제철 9승 7무 5패	대우 9승 7무 5패	현대 10승 4무 7패	유공 7승 5무 9패	상무 6승 7무 8패	한일은행 3승 10무 8패
1986	정규리그	86 축구대제전	춘계	포항제철 3승 6무 1패	럭키금성 3승 5무 2패	유공 4승 2무 4패	대우 4승 2무 4패	한일은행 3승 3무 4패	현대 2승 4무 4패	
			추계	럭키금성 7승 2무 1패	현대 5승 4무 1패	대우 6승 4패	유공 3승 3무 4패	포항제철 2승 2무 6패	한일은행 1승 1무 8패	
			챔피언결정전	포항제철 1승 1무	럭키금성 1무 1패					
	리그컵	86 프로축구 선수권대회		현대 10승 3무 3패	대우 7승 2무 7패	유공 4승 7무 5패	포항제철 6승 1무 9패	럭키금성 4승 5무 7패		
1987	정규리그	87 한국프로축구대회		대우 16승 14무 2패	포항제철 16승 8무 8패	유공 9승 9무 14패	현대 7승 12무 13패	럭키금성 7승 7무 18패		
1988	정규리그	88 한국프로축구대회		포항제철 9승 9무 6패	현대 10승 5무 9패	유공 8승 8무 8패	럭키금성 6승 11무 7패	대우 8승 5무 11패		
1989	정규리그	89 한국프로축구대회		유공 17승 15무 8패	럭키금성 15승 17무 8패	대우 14승 14무 12패	포항제철 13승 14무 13패	일화 6승 21무 13패	현대 7승 15무 18패	
1990	정규리그	90 한국프로축구대회		럭키금성 14승 11무 5패	대우 12승 11무 7패	포항제철 9승 10무 11패	유공 8승 12무 10패	현대 6승 14무 10패	일화 7승 10무 13패	
1991	정규리그	91 한국프로축구대회		대우 17승 18무 5패	현대 13승 16무 11패	포항제철 12승 15무 13패	유공 10승 17무 13패	일화 13승 11무 16패	LG 9승 15무 16패	
1992	정규리그	92 한국프로축구대회		포항제철 13승 9무 8패	일화 10승 14무 6패	현대 13승 6무 11패	LG 8승 13무 9패	대우 7승 14무 9패	유공 7승 8무 15패	
	리그컵	92 아디다스컵		일화 7승 3패	LG 5승 5패	포항제철 5승 5패	유공 6승 4패	현대 4승 6패	대우 3승 7패	
1993	정규리그	93 한국프로축구대회		일화 13승 11무 6패	LG 10승 11무 9패	현대 10승 10무 10패	포항제철 8승 14무 8패	유공 7승 13무 10패	대우 5승 15무 10패	
	리그컵	93 아디다스컵		포항제철 4승 1패	현대 4승 1패	대우 3승 2패	LG 2승 3패	일화 2승 3패	유공 5패	
1994	정규리그	94 하이트배 코리안리그		일화 15승 9무 6패	유공 14승 9무 7패	포항제철 13승 11무 6패	현대 11승 13무 6패	LG 12승 7무 11패	대우 7승 6무 17패	전북버팔로 3승 5무 22패
	리그컵	94 아디다스컵		유공 3승 2무 1패	LG 3승 2무 1패	대우 2승 3무 1패	일화 2승 2무 2패	현대 1승 3무 2패	전북버팔로 2승 4패	포항제철 1승 2무 3패
1995	정규리그	95 하이트배 코리안리그	전기	일화 10승 3무 1패	현대 7승 5무 2패	포항 7승 5무 2패	대우 5승 3무 6패	유공 4승 4무 6패	전남 4승 2무 8패	전북 4승 10패
			후기	포항 8승 5무 1패	유공 5승 5무 4패	현대 4승 7무 3패	전북 5승 4무 5패	전남 4승 5무 5패	LG 3승 6무 5패	일화 3승 6무 5패
			참피온	일화 1승 2무	포항 2무 1패					
	리그컵	95 아디다스컵		현대 5승 2무	일화 3승 4무	대우 2승 3무 2패	전북 2승 2무 3패	유공 2승 2무 3패	LG 1승 3무 3패	포항 1승 3무 3패
1996	정규리그	96 라피도컵 프로축구대회	전기	울산 11승 3무 2패	포항 10승 5무 1패	수원 9승 3무 4패	부천SK 5승 5무 6패	전북 5승 4무 7패	전남 5승 3무 8패	부산 4승 3무 9패
			후기	수원 9승 6무 1패	부천SK 8승 4무 4패	포항 7승 5무 4패	부산 5승 6무 5패	천안 6승 3무 7패	전남 4승 6무 6패	전북 5승 3무 8패
			참피온	울산 1승 1패	수원 1승 1패					
	리그컵	96 아디다스컵		부천SK 5승 2무 1패	포항 3승 3무 2패	부산 3승 3무 2패	울산 3승 2무 3패	천안 3승 2무 3패	수원 3승 2무 3패	전북 2승 3무 3패
1997	정규리그	97 라피도컵 프로축구대회		부산 11승 4무 3패	전남 10승 6무 2패	울산 8승 6무 4패	포항 8승 6무 4패	수원 7승 7무 4패	전북 6승 8무 4패	대전 3승 7무 8패
	리그컵	97 아디다스컵		부산 4승 4무 1패	전남 3승 5무 1패	울산 3승 5무 1패	천안 3승 5무 1패	부천SK 3승 4무 2패	수원 2승 5무 2패	포항 2승 4무 3패
		97 프로스펙스컵	A조	포항 4승 4무	전남 4승 4무	안양LG 2승 4무 2패	울산 2승 2무 4패	전북 2무 6패		
			B조	부산 5승 2무 1패	수원 5승 1무 2패	부천SK 3승 3무 2패	천안 3승 1무 4패	대전 1무 7패		
			4강전	부산 2승 1무	포항 1승 1무 1패	전남 1패	수원 1패			

8위	9위	10위	11위	12위	13위	14위	15위	16위
국민은행 1승 4무 9패								
국민은행 2승 4무 8패								
할렐루야 3승 7무 11패								
LG 2승 4무 8패								
대우 4승 2무 8패								
전남 1승 3무 3패								
안양LG 4승 3무 9패	**천안** 2승 5무 9패							
안양LG 4승 5무 7패	**울산** 5승 11패							
안양LG 2승 3무 3패	**전남** 1승 2무 5패							
천안 2승 7무 9패	**안양LG** 1승 8무 9패	**부천SK** 2승 5무 11패						
대전 1승 4무 4패	**전북** 1승 4무 4패	**안양LG** 6무 3패						

연도	구분	대회명		1위	2위	3위	4위	5위	6위	7위
1998	정규리그	98 현대컵 K-리그	일반	수원 12승 6패	울산 11승 7패	포항 10승 8패	전남 9승 9패	부산 10승 8패	전북 9승 9패	부천SK 9승 9패
			PO	수원 1승 1무	울산 1승 1무 2패	포항 2승 1패	전남 1패			
	리그컵	98 필립모리스 코리아컵		부산 8승 1패	부천SK 6승 3패	안양LG 5승 4패	수원 5승 4패	천안 5승 4패	대전 3승 6패	전북 3승 6패
		98 아디다스 코리아컵	A조	울산 5승 3패	안양LG 4승 4패	수원 6승 2패	대전 3승 5패	부산 2승 6패		
			B조	부천SK 6승 2패	포항 4승 4패	전남 3승 5패	전북 4승 4패	천안 3승 5패		
			4강전	울산 2승 1무	부천SK 1승 1무 1패	포항 1패	안양LG 1패			
1999	정규리그	99 바이코리아컵 K-리그	일반	수원 21승 6패	부천SK 18승 9패	전남 17승 10패	부산 14승 13패	포항 12승 15패	울산 12승 15패	전북 12승 15패
			PO	수원 2승	부산 3승 2패	부천SK 2패	전남 1패			
	리그컵	99 아디다스컵		수원 3승	안양LG 3승 1패	전남 1승 1패	포항 2승 1패	울산 1패	천안 1패 [공동6위]	대전 1패 [공동6위]
		99 대한화재컵	A조	수원 5승 3패	부산 5승 3패	부천SK 4승 4패	대전 3승 5패	포항 3승 5패		
			B조	울산 5승 3패	천안 5승 3패	전북 4승 4패	안양LG 4승 4패	전남 2승 6패		
			4강전	수원 2승 1무	부산 1승 1무 1패	천안 1무[공동3위]	울산 1무[공동3위]			
2000	정규리그	2000 삼성 디지털 K-리그	일반	안양LG 19승 8패	성남일화 18승 9패	전북 15승 12패	부천SK 16승 11패	수원 14승 13패	부산 11승 16패	전남 12승 15패
			PO	안양LG 2승	부천SK 2승 3패	성남일화 1승 1패	전북 1패			
	리그컵	2000 아디다스컵		수원 3승	성남일화 2승 1패	전남 1승 1패	안양LG 1승 1패	대전 1패	울산 1승 1패	부산 1승 1패
		2000 대한화재컵	A조	부천SK 6승 2패	포항 4승 4패	전북 3승 5패	수원 4승 4패	안양LG 3승 5패		
			B조	전남 6승 2패	성남일화 4승 4패	울산 5승 3패	부산 3승 5패	대전 2승 6패		
			4강전	부천SK 2승	전남 1승 1패	포항 1패	성남일화 1패			
2001	정규리그	2001 포스코 K-리그		성남일화 11승 12무 4패	안양LG 11승 10무 6패	수원 12승 5무 10패	부산 10승 11무 6패	포항 10승 8무 9패	울산 10승 6무 11패	부천SK 7승 14무 6패
	리그컵	아디다스컵 2001	A조	수원 5승 3패	성남일화 5승 3패	포항 4승 4패	안양LG 3승 5패	전남 3승 5패		
			B조	부산 6승 2패	전북 5승 3패	대전 4승 4패	울산 3승 5패	부천SK 2승 6패		
			4강전	수원 2승 1무	부산 1승 1무 1패	성남일화 1무	전북 1패			
2002	정규리그	2002 삼성 파브 K-리그		성남일화 14승 7무 6패	울산 13승 8무 6패	수원 12승 9무 6패	안양LG 11승 7무 9패	전남 9승 10무 8패	포항 9승 9무 9패	전북 8승 11무 8패
	리그컵	아디다스컵 2002	A조	수원 4승 4패	성남일화 5승 3패	부천SK 4승 4패	전북 4승 4패	포항 3승 5패		
			B조	안양LG 7승 1패	울산 5승 3패	전남 3승 5패	대전 3승 5패	부산 2승 6패		
			4강전	성남일화 2승 1무	울산 1승 1무 1패	수원 1패	안양LG 1패			
2003	정규리그	삼성 하우젠 K-리그 2003		성남일화 27승 10무 7패	울산 20승 13무 11패	수원 19승 15무 10패	전남 17승 20무 7패	전북 18승 15무 11패	대전 18승 11무 15패	포항 17승 13무 14패
2004	정규리그	삼성 하우젠 K-리그 2004	전기	포항 6승 5무 1패	전북 5승 5무 2패	울산 5승 5무 2패	수원 5승 3무 4패	서울 3승 7무 2패	전남 3승 6무 3패	광주상무 3승 6무 3패
			후기	수원 7승 2무 3패	전남 6승 4무 2패	울산 6승 3무 3패	인천 4승 5무 3패	서울 4승 5무 3패	부산 4승 4무 4패	대구 4승 4무 4패
			PO	수원 2승 1무	포항 1승 1무 1패	울산 1패	전남 1패			
	리그컵	삼성 하우젠컵 2004		성남일화 6승 4무 2패	대전 5승 5무 2패	수원 4승 7무 1패	전북 5승 4무 3패	울산 4승 5무 3패	전남 5승 1무 6패	포항 4승 3무 5패
2005	정규리그	삼성 하우젠 K-리그 2005	전기	부산 7승 4무 1패	인천 7승 3무 2패	울산 7승 1무 4패	포항 6승 3무 3패	서울 5승 4무 3패	성남일화 4승 4무 4패	부천SK 4승 4무 4패
			후기	성남일화 8승 3무 1패	부천SK 8승 2무 2패	울산 6승 3무 3패	대구 6승 3무 3패	인천 6승 3무 3패	포항 5승 4무 3패	대전 4승 4무 4패
			PO	울산 2승 1패	인천 2승 1패	성남일화 1패	부산 1패			
	리그컵	삼성 하우젠컵 2005		수원 7승 4무 1패	울산 6승 5무 1패	포항 4승 8무	부천SK 5승 3무 4패	서울 5승 2무 5패	인천 4승 3무 5패	대구 4승 3무 5패

8위	9위	10위	11위	12위	13위	14위	15위	16위
	대전 6승 12패	천안 5승 13패						
울산 3승 6패	포항 4승 5패	전남 3승 6패						
대전 9승 18패	안양LG 10승 17패	천안 10승 17패						
부천SK 1패	전북 1패	부산 1패						
대전 10승 17패	포항 12승 15패	울산 8승 19패						
포항 1패	부천SK 1패[공동9위]	전북 1패[공동9위]						
전남 6승 10무 11패	전북 5승 10무 12패	대전 5승 10무 12패						
부천SK 8승 8무 11패	부산 6승 8무 13패	대전 1승 11무 15패						
안양LG 14승 14무 16패	부산 13승 10무 21패	광주상무 13승 7무 24패	대구 7승 16무 21패	부천SK 3승 12무 29패				
성남일화 4승 3무 5패	부산 2승 8무 2패	대구 3승 3무 6패	대전 2승 6무 4패	부천SK 1승 8무 3패	인천 2승 3무 7패			
광주상무 3승 5무 4패	성남일화 3승 5무 4패	부천SK 3승 5무 4패	대전 4승 2무 6패	전북 3승 3무 6패	포항 2승 3무 7패			
대구 2승 9무 1패	인천 3승 6무 3패	광주상무 4승 2무 6패	부천SK 2승 6무 4패	서울 2승 4무 6패	부산 2승 4무 6패			
대전 2승 8무 2패	수원 3승 5무 4패	전남 3승 5무 4패	전북 2승 3무 7패	대구 2승 3무 7패	광주상무 1승 3무 8패			
수원 3승 5무 4패	서울 3승 4무 5패	전남 4승 1무 7패	광주상무 3승 2무 7패	전북 2승 3무 7패	부산 3무 9패			
성남일화 3승 5무 4패	전남 3승 5무 4패	대전 3승 4무 5패	광주상무 3승 3무 6패	전북 2승 5무 5패	부산 2승 4무 6패			

연도	구분	대회명		1위	2위	3위	4위	5위	6위	7위
2006	정규리그	삼성 하우젠 K-리그 2006	전기	**성남일화** 10승 2무 1패	**포항** 6승 4무 3패	**대전** 4승 7무 2패	**서울** 3승 7무 3패	**전남** 2승 10무 1패	**부산** 4승 4무 5패	**전북** 3승 7무 3패
			후기	**수원** 8승 3무 2패	**포항** 7승 4무 2패	**서울** 6승 5무 2패	**대구** 6승 3무 4패	**울산** 5승 5무 3패	**인천** 5승 4무 4패	**전남** 5승 3무 5패
			PO	**성남일화** 3승	**수원** 1승 2패	**포항** 1패	**서울** 1패			
	리그컵	삼성 하우젠컵 2006		**서울** 8승 3무 2패	**성남일화** 6승 4무 3패	**경남** 7승 1무 5패	**대전** 5승 6무 2패	**울산** 6승 3무 4패	**전북** 6승 2무 5패	**전남** 6승 2무 5패
2007	정규리그	삼성 하우젠 K-리그 2007	일반	**성남일화** 16승 7무 3패	**수원** 15승 6무 5패	**울산** 12승 9무 5패	**경남** 13승 5무 8패	**포항** 11승 6무 9패	**대전** 10승 7무 9패	**서울** 8승 13무 5패
			PO	**포항** 5승	**성남일화** 2패	**수원** 1패	**울산** 1승 1패	**경남** 1패	**대전** 1패	
	리그컵	삼성 하우젠컵 2007	A조	**울산** 5승 4무 1패	**인천** 6승 1무 3패	**대구** 4승 1무 5패	**전북** 3승 3무 4패	**포항** 2승 5무 3패	**제주** 2승 2무 6패	
			B조	**서울** 6승 3무 1패	**수원** 5승 2무 3패	**광주상무** 3승 3무 4패	**부산** 2승 5무 3패	**대전** 2승 5무 3패	**경남** 1승 4무 5패	
			PO	**울산** 2승	**서울** 1승 1패	**수원** 1승 1패	**인천** 1승 1패	**전남** 1패	**성남일화** 1패	
2008	정규리그	삼성 하우젠 K-리그 2008	일반	**수원** 17승 3무 6패	**서울** 15승 9무 2패	**성남일화** 15승 6무 5패	**울산** 14승 7무 5패	**포항** 13승 5무 8패	**전북** 11승 4무 11패	**인천** 9승 9무 8패
			PO	**수원** 1승 1무	**서울** 1승 1무 1패	**울산** 2승 1패	**전북** 1승 1패	**성남일화** 1패	**포항** 1패	
	리그컵	삼성 하우젠컵 2008	A조	**수원** 6승 3무 1패	**부산** 5승 1무 4패	**서울** 4승 2무 4패	**경남** 3승 4무 3패	**제주** 2승 3무 5패	**인천** 2승 3무 5패	
			B조	**전북** 5승 4무 1패	**성남일화** 6승 1무 3패	**울산** 4승 4무 2패	**대전** 4승 2무 4패	**대구** 3승 2무 5패	**광주상무** 3무 7패	
			PO	**수원** 2승	**전남** 2승 1패	**포항** 1승 1패	**전북** 1패	**성남일화** 1패	**부산** 1패	
2009	정규리그	2009 K-리그	일반	**전북** 17승 6무 5패	**포항** 14승 11무 3패	**서울** 16승 5무 7패	**성남일화** 13승 6무 9패	**인천** 11승 10무 7패	**전남** 11승 9무 8패	**경남** 10승 10무 8패
			챔피언십	**전북** 1승 1무	**성남일화** 3승 1무 1패	**포항** 1패	**전남** 1승 1패	**서울** 1패	**인천** 1패	
	리그컵	피스컵 코리아 2009	A조	**성남일화** 3승 2무	**인천** 2승 2무 1패	**대구** 2승 1무 2패	**전남** 2승 1무 2패	**대전** 2승 3패	**강원** 1승 4패	
			B조	**제주** 3승 1무	**부산** 2승 2무	**전북** 1승 1무 2패	**경남** 1승 1무 2패	**광주상무** 1무 3패		
			PO	**포항** 4승 1무 1패	**부산** 3승 1무 2패	**울산** 2승 2패[공동3위]	**서울** 2승 1무 1패[공동3위]	**성남일화** 1승 1패[공동5위]	**인천** 1무 1패[공동5위]	**제주** 2패[공동5위]
2010	정규리그	쏘나타 K리그 2010	일반	**서울** 20승 2무 6패	**제주** 17승 8무 3패	**전북** 15승 6무 7패	**울산** 15승 5무 8패	**성남일화** 13승 9무 6패	**경남** 13승 9무 6패	**수원** 12승5무11패
			챔피언십	**서울** 1승 1무	**제주** 1승 1무 1패	**전북** 2승 1패	**성남일화** 1승 1패	**울산** 1패	**경남** 1패	
	리그컵	포스코컵 2010	A조	**전북** 3승 1무	**경남** 3승 1패	**수원** 2승 2패	**전남** 1승 1무 2패	**강원** 4패		
			B조	**서울** 2승 2무	**제주** 2승 1무 1패	**울산** 1승 2무 1패	**성남일화** 3무 1패	**광주상무** 2무 2패		
			C조	**부산** 3승 1패	**대구** 2승 2패	**포항** 1승 2무 1패	**인천** 1승 1무 2패	**대전** 1승 1무 2패		
			본선토너먼트	**서울** 3승	**전북** 2승 1패	**경남** 1승 1패[공동3위]	**수원** 1승 1패[공동3위]	**부산** 1패 [공동5위]	**대구** 1패 [공동5위]	**제주** 1패 [공동5위]
2011	정규리그	현대오일뱅크 K리그 2011	일반	**전북** 18승 9무 3패	**포항** 17승 8무 5패	**서울** 16승 7무 7패	**수원** 17승 4무 9패	**부산** 13승 7무 10패	**울산** 13승 7무 10패	**전남** 11승 10무 9패
			챔피언십	**전북** 2승	**울산** 2승 2패	**포항** 1패	**수원** 1승 1패	**서울** 1패	**부산** 1패	
	리그컵	러시앤캐시컵 2011	A조	**포항** 4승 1패	**경남** 3승 1무 1패	**성남일화** 2승 2무 1패	**인천** 1승 2무 2패	**대구** 1승 2무 2패	**대전** 1무 4패	
			B조	**부산** 4승 1패	**울산** 4승 1패	**전남** 3승 1무 1패	**강원** 1승 1무 3패	**상주** 1승 무 4패	**광주** 1승 4패	
			본선토너먼트	**울산** 3승	**부산** 2승	**경남** 1승 1패 [공동3위]	**수원** 1패 [공동3위]	**제주** 1패 [공동5위]	**포항** 1패 [공동5위]	**서울** 1패 [공동5위]
2012	정규리그	현대오일뱅크 K리그 2012	일반	**서울** 19승 7무 4패	**전북** 17승 8무 5패	**수원** 15승 8무 7패	**울산** 15승 8무 7패	**포항** 15승 5무 10패	**부산** 12승 10무 8패	**제주** 11승 10무 9패
			그룹A	**서울** 10승 2무 2패	**포항** 8승 3무 3패	**전북** 5승 5무 4패	**제주** 5승 5무 4패	**수원** 5승 5무 4패	**울산** 3승 6무 5패	**경남** 2승 4무 8패
			그룹B							
			최종	**서울** 29승 9무 6패	**전북** 22승 13무 9패	**포항** 23승 8무 13패	**수원** 20승 13무 11패	**울산** 18승 14무 12패	**제주** 16승 15무 13패	**부산** 13승 14무 17패

8위	9위	10위	11위	12위	13위	14위	15위	16위
수원 3승 7무 3패	**울산** 3승 6무 4패	**인천** 2승 8무 3패	**대구** 2승 7무 4패	**광주상무** 2승 7무 4패	**경남** 3승 4무 6패	**제주** 1승 6무 6패		
부산 5승 3무 5패	**성남일화** 4승 5무 4패	**제주** 4승 4무 5패	**경남** 4승 1무 8패	**대전** 3승 3무 7패	**전북** 2승 4무 7패	**광주상무** 3승 1무 9패		
제주 6승 2무 5패	**포항** 6승 1무 6패	**부산** 4승 2무 7패	**광주상무** 4승 2무 7패	**수원** 2승 6무 5패	**대구** 2승 6무 5패	**인천** 1승 4무 8패		
전북 9승 9무 8패	**인천** 8승 9무 9패	**전남** 7승 9무 10패	**제주** 8승 6무 12패	**대구** 6승 6무 14패	**부산** 4승 8무 14패	**광주상무** 2승 6무 18패		
경남 10승 5무 11패	**전남** 8승 5무 13패	**제주** 7승 7무 12패	**대구** 8승 2무 16패	**부산** 5승 7무 14패	**대전** 3승 12무 11패	**광주상무** 3승 7무 16패		
울산 9승 9무 10패	**대전** 8승 9무 11패	**수원** 8승 8무 12패	**광주상무** 9승 3무 16패	**부산** 7승 8무 13패	**강원** 7승 7무 14패	**제주** 7승 7무 14패	**대구** 5승 8무 15패	
수원 2패[공동5위]								
부산 8승9무11패	**포항** 8승9무11패	**전남** 8승8무12패	**인천** 8승7무13패	**강원** 8승6무14패	**대전** 5승7무16패	**광주상무** 3승10무15패	**대구** 5승4무19패	
울산 1패 [공동5위]								
경남 12승 6무 12패	**제주** 10승 10무 10패	**성남일화** 9승 8무 13패	**광주** 9승 8무 13패	**대구** 8승 9무 13패	**인천** 6승 14무 10패	**상주** 7승 8무 15패	**대전** 6승 9무 15패	**강원** 3승 6무 21패
전북 1패 [공동5위]								
경남 12승 4무 14패	**인천** 10승 10무 10패	**대구** 10승 9무 11패	**성남일화** 10승 7무 13패	**전남** 7승 8무 15패	**대전** 7승 7무 16패	**광주** 6승 9무 15패	**상주** 7승 6무 17패	**강원** 7승 4무 19패
부산 1승 4무 9패								
	인천 7승 6무 1패	**강원** 7승 3무 4패	**전남** 6승 6무 2패	**대구** 6승 4무 4패	**대전** 6승 4무 4패	**광주** 4승 6무 4패	**성남일화** 4승 3무 7패	**상주** 14패
경남 14승 8무 22패	**인천** 17승 16무 11패	**대구** 16승 13무 15패	**전남** 13승 14무 17패	**성남일화** 14승 10무 20패	**대전** 13승 11무 20패	**강원** 14승 7무 23패	**광주** 10승 15무 19패	**상주** 7승 6무 31패

연도	구분	대회명		1위	2위	3위	4위	5위	6위	7위
2013	K리그1/정규리그	현대오일뱅크 K리그 클래식 2013	일반	포항 14승 7무 5패	울산 14승 6무 6패	전북 14승 6무 6패	서울 13승 7무 6패	수원 12승 5무 9패	인천 11승 8무 7패	부산 11승 8무 7패
			그룹A	포항 7승 4무 1패	울산 8승 1무 3패	서울 4승 4무 4패	전북 4승 3무 5패	수원 3승 3무 6패	부산 3승 3무 6패	인천 1승 6무 5패
			그룹B							
			최종	포항 21승 11무 6패	울산 22승 7무 9패	전북 18승 9무 11패	서울 17승 11무 10패	수원 15승 8무 15패	부산 14승 10무 14패	인천 12승 14무 12패
	K리그2 정규리그	현대오일뱅크 K리그 챌린지 2013		상주 23승 8무 4패	경찰 20승 4무 11패	광주 16승 5무 14패	수원FC 13승 8무 14패	안양 12승 9무 14패	고양 10승 11무 14패	부천 8승 9무 18패
	승강 PO	현대오일뱅크 K리그 승강 플레이오프 2013		상주 1승 1패	강원 1승 1패					
2014	K리그1/정규리그	현대오일뱅크 K리그 클래식 2014	일반	전북 20승 8무 5패	수원 16승 10무 7패	포항 16승 7무 10패	서울 13승 11무 9패	제주 13승 11무 9패	울산 13승 8무 12패	전남 13승 6무 14패
			그룹A	전북 4승 1무 0패	수원 3승 0무 1패	서울 2승 2무 1패	제주 1승 1무 3패	포항 0승 3무 2패	울산 0승 3무 2패	
			그룹B							부산 3승 1무 1패
			최종	전북 24승 9무 5패	수원 19승 10무 9패	서울 15승 13무 10패	포항 16승 10무 12패	제주 14승 12무 12패	울산 14승 9무 15패	전남 13승 11무 14패
	K리그2/정규리그	현대오일뱅크 K리그 챌린지 2014	일반	대전 20승 10무 6패	안산경찰청 16승 11무 9패	강원 16승 6무 14패	광주 13승 12무 11패	안양 15승 6무 15패	수원FC 12승 12무 12패	대구 13승 8무 15패
			PO		광주 2승	안산경찰청 1패	강원 1패			
			최종	대전 20승 10무 6패	광주 15승 12무 11패	안산경찰청 16승 11무 10패	강원 16승 6무 15패	안양 15승 6무 15패	수원FC 12승 12무 12패	대구 13승 8무 15패
	승강 PO	현대오일뱅크 K리그 승강 플레이오프 2014		광주 1승 1무	경남 1무 1패					
2015	K리그1/정규리그	현대오일뱅크 K리그 클래식 2015	일반	전북 21승 5무 7패	수원 17승 9무 7패	포항 15승 11무 7패	성남 14승 12무 7패	서울 15승 9무 9패	제주 13승 7무 13패	인천 12승 9무 12패
			그룹A	포항 3승 1무 1패	서울 2승 2무 1패	수원 2승 1무 2패	성남 1승 3무 1패	전북 1승 2무 2패	제주 1승 1무 3패	
			그룹B							울산 4승 1무 0패
			최종	전북 22승 7무 9패	수원 19승 10무 9패	포항 18승 12무 8패	서울 17승 11무 10패	성남 15승 15무 8패	제주 14승 8무 16패	울산 13승 14무 11패
	K리그2/정규리그	현대오일뱅크 K리그 챌린지 2015	일반	상주 20승 7무 13패	대구 18승 13무 9패	수원FC 18승 11무 11패	서울이랜드 16승 13무 11패	부천 15승 10무 15패	안양 13승 15무 12패	강원 13승 12무 15패
			PO		수원FC 1승 1무 0패	대구 0승 0무 1패	서울이랜드 0승 1무 1패			
			최종	상주 20승 7무 13패	수원FC 19승 12무 11패	대구 18승 13무 10패	서울이랜드 16승 14무 11패	부천 15승 10무 15패	안양 13승 15무 12패	강원 13승 12무 15패
	승강 PO	현대오일뱅크 K리그 승강 플레이오프 2015		수원FC 2승 0무 0패	부산 0승 0무 2패					
2016	K리그1/정규리그	현대오일뱅크 K리그 클래식 2016	일반	전북 18승 15무 0패	서울 17승 6무 10패	제주 14승 7무 12패	울산 13승 9무 11패	전남 11승 10무 12패	상주 12승 6무 15패	성남 11승 8무 14패
			그룹A	서울 4승 1무 0패	제주 3승 1무 1패	전북 2승 1무 2패	울산 1승 3무 1패	전남 1승 1무 3패	상주 0승 1무 4패	
			그룹B							수원 3승 2무 0패
			최종	서울 21승 7무 10패	전북 20승 16무 2패	제주 17승 8무 13패	울산 14승 12무 12패	전남 12승 11무 15패	상주 12승 7무 19패	수원 10승 18무 10패
	K리그2/정규리그	현대오일뱅크 K리그 챌린지 2016	일반	안산무궁화 21승 7무 12패	대구 19승 13무 8패	부천 19승 10무 11패	강원 19승 9무 12패	부산 19승 7무 14패	서울이랜드 17승 13무 10패	대전 15승 10무 15패
			PO			강원 2승	부천 1패	부산 1패		
			최종	안산무궁화 21승 7무 12패	대구 19승 13무 8패	강원 21승 9무 12패	부천 19승 10무 12패	부산 19승 7무 15패	서울이랜드 17승 13무 10패	대전 15승 10무 15패
	승강 PO	현대오일뱅크 K리그 승강 플레이오프 2016		강원 2무	성남 2무					

8위	9위	10위	11위	12위	13위	14위	15위	16위
성남일화 11승 7무 8패	제주 10승 9무 7패	전남 6승 11무 9패	경남 4승 10무 12패	대구 4승 8무 14패	강원 2승 9무 15패	대전 2승 8무 16패		
강원 6승 3무 3패	성남 6승 2무 4패	제주 6승 1무 5패	대전 5승 3무 4패	경남 4승 3무 5패	대구 2승 6무 4패	전남 3승 2무 7패		
성남일화 17승 9무 12패	제주 16승 10무 12패	전남 9승 13무 16패	경남 8승 13무 17패	강원 8승 12무 18패	대구 6승 14무 18패	대전 7승 11무 20패		
충주 7승 8무 20패								
인천 8승 6무 14패	부산 7승 12무 14패	성남 7승 10무 16패	경남 6승 13무 14패	상주 6승 11무 16패				
성남 2승 3무 0패	전남 1승 3무 1패	상주 1승 2ㅜ 2패	경남 1승 2무 2패	인천 0승 3무 2패				
부산 10승 13무 15	성남 9승 13무 16패	인천 8승 16무 14패	경남 7승 15무 16패	상주 7승 13무 18패				
고양 11승 14무 11패	충주 6승 16무 14패	부천 6승 9무 21패						
고양 11승 14무 11패	충주 6승 16무 14패	부천 6승 9무 21패						
인천 13승 12무 13패	전남 12승 13무 13패	광주 10승 12무 16패	부산 5승 11무 22패	대전 4승 7무 27패				
광주 2승 1무 2패	전남 2승 1무 2패	인천 1승 3무 1패	대전 2승 0무 3패	부산 0승 2무 3패				
인천 13승 12무 13패	전남 12승 13무 13패	광주 10승 12무 16패	부산 5승 11무 22패	대전 4승 7무 27패				
고양 13승 10무 17패	경남 10승 13무 17패	안산경찰청 9승 15무 16패	충주 10승 11무 19패					
고양 13승 10무 17패	경남 10승 13무 17패	안산경찰청 9승 15무 16패	충주 10승 11무 19패					
포항 11승 8무 14패	광주 10승 11무 12패	수원 7승 16무 10패	인천 8승 11무 14패	수원FC 8승 9무 16패				
인천 3승 1무 1패	수원FC 2승 0무 3패	광주 1승 3무 1패	포항 1승 2무 2패	성남 0승 2무 3패				
광주 11승 14무 13패	포항 12승 10무 16패	인천 11승 12무 15패	성남 11승 10무 17패	수원FC 10승 9무 19패				
경남 18승 6무 16패	안양 11승 13무 16패	충주 7승 8무 25패	고양 2승 10무 28패					
경남 18승 6무 16패	안양 11승 13무 16패	충주 7승 8무 25패	고양 2승 10무 28패					

연도	구분	대회명		1위	2위	3위	4위	5위	6위	7위
2017	K리그1 /정규 리그	KEB하나은행 K리그 클래식 2017	일반	**전북** 19승 8무 6패	**제주** 17승 8무 8패	**울산** 16승 11무 6패	**수원** 14승 11무 8패	**서울** 14승 11무 8패	**강원** 12승 10무 11패	**포항** 11승 7무 15패
			그룹A	**수원** 3승 2무 0패	**전북** 3승 1무 1패	**서울** 2승 2무 1패	**제주** 2승 1무 2패	**강원** 1승 0무 4패	**울산** 1승 0무 4패	
			그룹B							**포항** 4승 0무 1패
			최종	**전북** 22승 9무 7패	**제주** 19승 9무 10패	**수원** 17승 13무 8패	**울산** 17승 11무 10패	**서울** 16승 13무 9패	**강원** 13승 10무 15패	**포항** 15승 7무 16패
	K리그2 /정규 리그	KEB하나은행 K리그 챌린지 2017	일반	**경남** 24승 7무 5패	**부산** 19승 11무 6패	**아산** 15승 9무 12패	**성남** 13승 14무 9패	**부천** 15승 7무 14패	**수원FC** 11승 12무 13패	**안양** 10승 9무 17패
			PO		**부산** 1승 0패	**아산** 1승 1패	**성남** 1패			
			최종	**경남** 24승 7무 5패	**부산** 20승 11무 6패	**아산** 16승 9무 13패	**성남** 13승 14무 10패	**부천** 15승 7무 14패	**수원FC** 11승 12무 13패	**안양** 10승 9무 17패
	승강 PO	KEB하나은행 K리그 승강 플레이오프 2017		**상주** 1승 1패	**부산** 1승 1패					
				2차전 후 승부차기로 상주 잔류						
2018	K리그1 /정규 리그	KEB하나은행 K리그1 2018	일반	**전북** 24승 5무 4패	**경남** 16승 10무 7패	**울산** 15승 11무 7패	**수원** 13승 10무 10패	**포항** 13승 8무 12패	**제주** 11승 11무 11패	**강원** 10승 9무 14패
			그룹A	**제주** 3승 1무 1패	**전북** 2승 3무	**울산** 2승 1무 2패	**포항** 2승 1무 2패	**경남** 2승 1무 2패	**수원** 1무 4패	
			그룹B							**인천** 4승 1패
			최종	**전북** 26승 8무 4패	**경남** 18승 11무 9패	**울산** 17승 12무 9패	**포항** 15승 9무 14패	**제주** 14승 12무 12패	**수원** 13승 11무 14패	**대구** 14승 8무 16패
	K리그2 /정규 리그	KEB하나은행 K리그2 2018	일반	**아산** 21승 9무 6패	**성남** 18승 11무 7패	**부산** 14승 14무 8패	**대전** 15승 8무 13패	**광주** 11승 15무 10패	**안양** 12승 8무 16패	**수원FC** 13승 3무 20패
			PO			**부산** 1승	**대전** 1승 1패	**광주** 1패		
			최종	**아산** 21승 9무 6패	**성남** 18승 11무 7패	**부산** 15승 14무 8패	**대전** 16승 8무 14패	**광주** 11승 15무 11패	**안양** 12승 8무 16패	**수원FC** 13승 3무 20패
	승강 PO	KEB하나은행 K리그 승강 플레이오프 2018		**서울** 1승 1무	**부산** 1무 1패					
2019	K리그1 /정규 리그	하나원큐 K리그1 2019	일반	**울산** 20승 9무 4패	**전북** 19승 11무 3패	**서울** 15승 9무 9패	**대구** 12승 14무 7패	**포항** 14승 6무 13패	**강원** 13승 7무 13패	**상주** 13승 7무 13패
			파이널A	**전북** 3승 2무	**울산** 3승 1무 1패	**포항** 2승 2무 1패	**대구** 1승 2무 2패	**강원** 1승 1무 3패	**서울** 2무 3패	
			파이널B							**상주** 3승 2패
			최종	**전북** 22승 13무 3패	**울산** 23승 10무 5패	**서울** 15승 11무 12패	**포항** 16승 8무 14패	**대구** 13승 16무 9패	**강원** 14승 8무 16패	**상주** 16승 7무 15패
	K리그2 /정규 리그	하나원큐 K리그2 2019	일반	**광주** 21승 10무 5패	**부산** 18승 13무 5패	**안양** 15승 10무 11패	**부천** 14승 9무 13패	**안산** 14승 8무 14패	**전남** 13승 9무 14패	**아산** 12승 8무 16패
			PO		**부산** 1승	**안양** 1무 1패	**부천** 1무			
			최종	**광주** 21승 10무 5패	**부산** 19승 13무 5패	**안양** 15승 11무 12패	**부천** 14승 10무 13패	**안산** 14승 8무 14패	**전남** 13승 9무 14패	**아산** 12승 8무 16패
	승강 PO	하나원큐 K리그 2019 승강 플레이오프		**부산** 1승 1무	**경남** 1무 1패					
2020	K리그1 /정규 리그	하나원큐 K리그1 2020	일반	**울산** 15승 5무 2패	**전북** 15승 3무 4패	**포항** 11승 5무 6패	**상주** 11승 5무 6패	**대구** 8승 7무 7패	**광주** 6승 7무 9패	**서울** 7승 4무 11패
			파이널A	**포항** 4승 1패	**전북** 4승 1패	**울산** 2승 1무 2패	**대구** 2승 1무 2패	**상주** 2승 3패	**광주** 5패	
			파이널B							**강원** 3승 1무 1패
			최종	**전북** 19승 3무 5패	**울산** 17승 6무 4패	**포항** 15승 5무 7패	**상주** 13승 5무 9패	**대구** 10승 8무 9패	**광주** 6승 7무 14패	**강원** 9승 7무 11패
	K리그2 /정규 리그	하나원큐 K리그2 2020	일반	**제주** 18승 6무 3패	**수원FC** 17승 3무 7패	**경남** 10승 9무 8패	**대전하나** 11승 6무 10패	**서울이랜드** 11승 6무 10패	**전남** 8승 14무 5패	**안산** 7승 7무 13패
			PO		**수원FC** 2무	**경남** 1무	**대전하나** 1무			
			최종	**제주** 18승 6무 3패	**수원FC** 17승 4무 7패	**경남** 10승 11무 8패	**대전하나** 11승 7무 10패	**서울이랜드** 11승 6무 10패	**전남** 8승 14무 5패	**안산** 7승 7무 13패

8위	9위	10위	11위	12위	13위	14위	15위	16위
대구 8승 12무 13패	**전남** 8승 9무 16패	**상주** 8승 9무 16패	**인천** 6승 15무 12패	**광주** 4승 11무 18패				
대구 3승 2무 0패	**광주** 2승 1무 2패	**인천** 1승 3무 1패	**상주** 0승 2무 3패	**전남** 0승 2무 3패				
대구 11승 14무 13패	**인천** 7승 18무 13패	**전남** 8승 11무 19패	**상주** 8승 11무 19패	**광주** 6승 12무 20패				
서울이랜드 7승 14무 15패	**안산** 7승 12무 17패	**대전** 6승 11무 19패						
서울이랜드 7승 14무 15패	**안산** 7승 12무 17패	**대전** 6승 11무 19패						
대구 11승 6무 16패	**서울** 8승 11무 14패	**상주** 8승 9무 16패	**전남** 8승 8무 17패	**인천** 6승 12무 15패				
대구 3승 2무	**강원** 2승 1무 2패	**상주** 2승 1무 2패	**서울** 1승 2무 2패	**전남** 5패				
부천 10승 6무 19패	**안산** 10승 9무 17패	**서울이랜드** 10승 7무 19패						
부천 10승 6무 19패	**안산** 10승 9무 17패	**서울이랜드** 10승 7무 19패						
수원 10승 10무 13패	**성남** 10승 8무 15패	**경남** 5승 13무 15패	**인천** 5승 11무 17패	**제주** 4승 11무 18패				
수원 2승 2무 1패	**인천** 2승 2무 1패	**성남** 2승 1무 2패	**경남** 1승 2무 2패	**제주** 1승 1무 3패				
수원 12승 12무 14패	**성남** 12승 9무 17패	**인천** 7승 13무 18패	**경남** 6승 15무 17패	**제주** 5승 12무 21패				
수원FC 11승 10무 15패	**대전** 8승 11무 17패	**서울이랜드** 5승 10무 21패						
수원FC 11승 10무 15패	**대전** 8승 11무 17패	**서울이랜드** 5승 10무 21패						
강원 6승 6무 10패	**성남** 5승 7무 10패	**부산** 4승 9무 9패	**수원** 5승 6무 11패	**인천** 4승 6무 12패				
수원 3승 1무 1패	**인천** 3승 2패	**성남** 2승 3패	**부산** 1승 1무 3패	**서울** 1승 1무 3패				
수원 8승 7무 12패	**서울** 8승 5무 14패	**성남** 7승 7무 13패	**인천** 7승 6무 14패	**부산** 5승 10무 12패				
부천 7승 5무 15패	**안양** 6승 7무 14패	**충남아산** 5승 7무 15패						
부천 7승 5무 15패	**안양** 6승 7무 14패	**충남아산** 5승 7무 15패						

연도	구분	대회명		1위	2위	3위	4위	5위	6위	7위
2021	K리그1/정규리그	하나원큐 K리그1 2021	일반	**전북** 18승 10무 5패	**울산** 18승 10무 5패	**대구** 13승 10무 10패	**수원FC** 12승 9무 12패	**제주** 10승 15무 8패	**수원** 12승 9무 12패	**포항** 11승 9무 13패
			파이널A	**전북** 4승 1패	**울산** 3승 1무 1패	**제주** 3승 2패	**수원FC** 2승 3패	**대구** 2승 3패	**수원** 1무 4패	
			파이널B							**서울** 3승 1무 1패
			최종	**전북** 22승 10무 6패	**울산** 21승 11무 6패	**대구** 15승 10무 13패	**제주** 13승 15무 10패	**수원FC** 14승 9무 15패	**수원** 12승 10무 16패	**서울** 12승 11무 15패
	K리그2/정규리그	하나원큐 K리그2 2021	일반	**김천** 20승 11무 5패	**안양** 17승 11무 8패	**대전하나** 17승 7무 12패	**전남** 13승 13무 10패	**부산** 12승 9무 15패	**경남** 11승 10무 15패	**안산** 11승 10무 15패
			PO		**대전하나** 1승 1무	**안양** 1패	**전남** 1무			
			최종	**김천** 20승 11무 5패	**대전하나** 18승 8무 12패	**안양** 17승 11무 9패	**전남** 13승 14무 10패	**부산** 12승 9무 15패	**경남** 11승 10무 15패	**안산** 11승 10무 15패
	승강 PO	하나원큐 K리그 2021 승강 플레이오프		**강원** 1승 1패	**대전하나** 1승 1패					
2022	K리그1/정규리그	하나원큐 K리그1 2022	일반	**울산** 19승 9무 5패	**전북** 17승 10무 6패	**포항** 15승 10무 8패	**인천** 12승 13무 8패	**제주** 12승 10무 11패	**강원** 13승 6무 14패	**수원FC** 12승 8무 13패
			파이널A	**전북** 4승 1패	**울산** 3승 1무 1패	**제주** 2승 3패	**포항** 1승 2무 2패	**인천** 1승 2무 2패	**강원** 1승 1무 3패	
			파이널B							**대구** 3승 2무
			최종	**울산** 22승 10무 6패	**전북** 21승 10무 7패	**포항** 16승 12무 10패	**인천** 13승 15무 10패	**제주** 14승 10무 14패	**강원** 14승 7무 17패	**수원FC** 13승 9무 16패
	K리그2/정규리그	하나원큐 K리그2 2022	일반	**광주** 25승 11무 4패	**대전하나** 21승 11무 8패	**안양** 19승 12무 9패	**부천** 17승 10무 13패	**경남** 16승 8무 16패	**충남아산** 13승 13무 14패	**서울이랜드** 11승 15무 14패
			PO			**안양** 1무	**경남** 1승 1무	**부천** 1패		
			최종	**광주** 25승 11무 4패	**대전하나** 21승 11무 8패	**안양** 19승 13무 9패	**경남** 17승 9무 16패	**부천** 17승 10무 14패	**충남아산** 13승 13무 14패	**서울이랜드** 11승 15무 14패
	승강 PO	하나원큐 K리그 2022 승강 플레이오프		**대전하나** 2승	**수원** 1승 1무	**안양** 1무 1패	**김천** 2패			

역대 대회방식 변천사

연도	정규리그			리그컵	
	대회명	방식	경기수(참가팀)	대회명(방식)	경기수(참가팀)
1983	83 수퍼리그	단일리그	40경기 (5팀)	-	-
1984	84 축구대제전 수퍼리그	전후기리그, 챔피언결정전	114경기 (8팀)	-	-
1985	85 축구대제전 수퍼리그	단일리그	84경기 (8팀)	-	-
1986	86 축구대제전	춘계리그, 추계리그, 챔피언결정전	62경기 (6팀)	86 프로축구선수권대회	40경기 (5팀)
1987	87 한국프로축구대회	단일리그	80경기 (5팀)	-	-
1988	88 한국프로축구대회	단일리그	60경기 (5팀)	-	-
1989	89 한국프로축구대회	단일리그	120경기 (6팀)	-	-
1990	90 한국프로축구대회	단일리그	90경기 (6팀)	-	-
1991	91 한국프로축구대회	단일리그	120경기 (6팀)	-	-
1992	92 한국프로축구대회	단일리그	92경기 (6팀)	92 아디다스컵(신설)	30경기 (6팀)
1993	93 한국프로축구대회	단일리그	90경기 (6팀)	93 아디다스컵	15경기 (6팀)
1994	94 하이트배 코리안리그	단일리그	105경기 (7팀)	94 아디다스컵	21경기 (7팀)
1995	95 하이트배 코리안리그	전후기리그, 챔피언결정전	115경기 (8팀)	95 아디다스컵	28경기 (8팀)
1996	96 라피도컵 프로축구대회	전후기리그, 챔피언결정전	146경기 (9팀)	96 아디다스컵	36경기 (9팀)
1997	97 라피도컵 프로축구대회	단일리그	90경기(10팀)	97 아디다스컵	45경기(10팀)
				97 프로스펙스컵(조별리그)	44경기(10팀)
1998	98 현대컵 K-리그	단일리그, 4강결승(준플레이오프, 플레이오프, 챔피언결정전 등 5경기)	95경기(10팀)	98 필립모리스코리아컵	45경기(10팀)
				98 아디다스코리아컵(조별리그)	44경기(10팀)
1999	99 바이코리아컵 K-리그	단일리그, 4강결승(준플레이오프, 플레이오프, 챔피언결정전 등 5경기)	140경기(10팀)	99 대한화재컵(조별리그)	44경기(10팀)
				99 아디다스컵(토너먼트)	9경기(10팀)

8위	9위	10위	11위	12위	13위	14위	15위	16위
인천 11승 7무 15패	**서울** 9승 10무 14패	**강원** 9승 10무 14패	**성남** 9승 10무 14패	**광주** 9승 5무 19패				
인천 1승 4무	**성남** 2승 1무 2패	**강원** 1승 3무 1패	**광주** 1승 2무 2패	**포항** 1승 1무 3패				
인천 12승 11무 15패	**포항** 12승 10무 16패	**성남** 11승 11무 16패	**강원** 10승 13무 15패	**광주** 10승 7무 21패				
충남아산 11승 8무 17패	**서울이랜드** 8승 13무 15패	**부천** 9승 10무 17패						
충남아산 11승 8무 17패	**서울이랜드** 8승 13무 15패	**부천** 9승 10무 17패						
서울 10승 11무 12패	**대구** 7승 14무 12패	**김천** 8승 10무 15패	**수원** 8승 10무 15패	**성남** 6승 7무 20패				
수원 3승 1무 1패	**성남** 1승 2무 2패	**서울** 1승 2무 2패	**김천** 4무 1패	**수원FC** 1승 1무 3패				
대구 10승 16무 12패	**서울** 11승 13무 14패	**수원** 11승 11무 16패	**김천** 8승 14무 16패	**성남** 7승 9무 22패				
김포 10승 11무 19패	**안산** 8승 13무 19패	**부산** 9승 9무 22패	**전남** 6승 17무 17패					
김포 10승 11무 19패	**안산** 8승 13무 19패	**부산** 9승 9무 22패	**전남** 6승 17무 17패					

연도	정규리그			리그컵	
	대회명	방식	경기수(참가팀)	대회명(방식)	경기수(참가팀)
2000	2000 삼성 디지털 K-리그	단일리그, 4강결승(준플레이오프, 플레이오프, 챔피언결정전 등 5경기)	140경기(10팀)	2000 대한화재컵(조별리그)	43경기(10팀)
				2000 아디다스컵(토너먼트)	9경기(10팀)
2001	2001 포스코 K-리그	단일리그(3라운드)	135경기(10팀)	아디다스컵 2001(조별리그)	44경기(10팀)
2002	2002 삼성 파브 K-리그	단일리그(3라운드)	135경기(10팀)	아디다스컵 2002(조별리그)	44경기(10팀)
2003	삼성 하우젠 K-리그 2003	단일리그(4라운드)	264경기(12팀)	-	-
2004	삼성 하우젠 K-리그 2004	전후기리그, 4강결승(전기우승 - 통합차상위전, 후기우승 - 통합최상위전, 챔피언결정전)	160경기(13팀)	삼성 하우젠컵 2004	78경기(13팀)
2005	삼성 하우젠 K-리그 2005	전후기리그, 4강결승(전기우승 - 통합차상위전, 후기우승 - 통합최상위전, 챔피언결정전)	160경기(13팀)	삼성 하우젠컵 2005	78경기(13팀)
2006	삼성 하우젠 K-리그 2006	전후기리그, 4강결승(전기우승 - 통합차상위전, 후기우승 - 통합최상위전, 챔피언결정전)	186경기(14팀)	삼성 하우젠컵 2006	91경기(14팀)
2007	삼성 하우젠 K-리그 2007	6강플레이오프, 준플레이오프, 플레이오프, 챔피언결정전	188경기(14팀)	삼성 하우젠컵 2007(조별리그)	65경기(14팀)
2008	삼성 하우젠 K-리그 2008	6강플레이오프, 준플레이오프, 플레이오프, 챔피언결정전	188경기(14팀)	삼성 하우젠컵 2008(조별리그)	65경기(14팀)
2009	2009 K-리그	6강플레이오프, 준플레이오프, 플레이오프, 챔피언결정전	216경기(15팀)	피스컵 코리아2009(조별리그)	39경기(15팀)
2010	쏘나타 K리그 2010	6강플레이오프, 준플레이오프, 플레이오프, 챔피언결정전	216경기(15팀)	포스코컵 2010(조별리그)	37경기(15팀)
2011	현대오일뱅크 K리그 2011	6강플레이오프, 준플레이오프, 플레이오프, 챔피언결정전	246경기(16팀)	러시앤캐시컵 2011(조별리그)	37경기(16팀)
2012	현대오일뱅크 K리그 2012	단일리그 / 상하위 스플릿리그(그룹A, 그룹B)	352경기(16팀)	-	-

2013	현대오일뱅크 K리그 클래식 2013	1부리그 단일리그 / 상하위 스플릿리그(그룹A, 그룹B)	266경기(14팀)		
	현대오일뱅크 K리그 챌린지 2013	2부리그 단일리그	140경기 (8팀)	-	-
	현대오일뱅크 K리그 승강 플레이오프 2013	승강 플레이오프	2경기 (2팀)		
2014	현대오일뱅크 K리그 클래식 2014	1부리그 단일리그 / 상하위 스플릿리그(그룹A, 그룹B)	228경기(12팀)	-	-
	현대오일뱅크 K리그 챌린지 2014	2부리그 단일리그	182경기(10팀)	-	-
	현대오일뱅크 K리그 승강 플레이오프 2014	승강 플레이오프	2경기 (2팀)		
2015	현대오일뱅크 K리그 클래식 2015	1부리그 단일리그 / 상하위 스플릿리그(그룹A, 그룹B)	228경기(12팀)		
	현대오일뱅크 K리그 챌린지 2015	2부리그 단일리그	222경기(11팀)	-	-
	현대오일뱅크 K리그 승강 플레이오프 2015	승강 플레이오프	2경기 (2팀)		
2016	현대오일뱅크 K리그 클래식 2016	1부리그 단일리그 / 상하위 스플릿리그(그룹A, 그룹B)	228경기(12팀)		
	현대오일뱅크 K리그 챌린지 2016	2부리그 단일리그	222경기(11팀)	-	-
	현대오일뱅크 K리그 승강 플레이오프 2016	승강 플레이오프	2경기 (2팀)		
2017	KEB하나은행 K리그 클래식 2017	1부리그 단일리그 / 상하위 스플릿리그(그룹A, 그룹B)	228경기(12팀)		
	KEB하나은행 K리그 챌린지 2017	2부리그 단일리그	182경기(10팀)	-	-
	KEB하나은행 K리그 승강 플레이오프 2017	승강 플레이오프	2경기 (2팀)		
2018	KEB하나은행 K리그1 2018	1부리그 단일리그 / 상하위 스플릿리그(그룹A, 그룹B)	228경기(12팀)		
	KEB하나은행 K리그2 2018	2부리그 단일리그	182경기(10팀)	-	-
	KEB하나은행 K리그 승강 플레이오프 2018	승강 플레이오프	2경기 (2팀)		
2019	하나원큐 K리그1 2019	1부리그 단일리그 / 상하위 파이널리그(파이널A, 파이널B)	228경기(12팀)		
	하나원큐 K리그2 2019	2부리그 단일리그	182경기(10팀)	-	-
	하나원큐 K리그 2019 승강 플레이오프	승강 플레이오프	2경기 (2팀)		
2020	하나원큐 K리그1 2020	1부리그 단일리그 / 상하위 파이널리그(파이널A, 파이널B)	162경기(12팀)		
	하나원큐 K리그2 2020	2부리그 단일리그	137경기(10팀)	-	-
2021	하나원큐 K리그1 2021	1부리그 단일리그 / 상하위 파이널리그(파이널A, 파이널B)	228경기(12팀)		
	하나원큐 K리그2 2021	2부리그 단일리그	182경기(10팀)	-	-
	하나원큐 K리그 2021 승강 플레이오프	승강 플레이오프	2경기 (2팀)		
2022	하나원큐 K리그1 2022	1부리그 단일리그 / 상하위 파이널리그(파이널A, 파이널B)	228경기(12팀)		
	하나원큐 K리그2 2022	2부리그 단일리그	222경기(11팀)	-	-
	하나원큐 K리그 2022 승강 플레이오프	승강 플레이오프	4경기 (4팀)		

* 2016년 이후 순위 결정 방식: 승점 - 다득점 - 득실차 - 다승 - 승자승 - 벌점 - 추천 순

역대 신인선수선발 제도 변천사

연도	방식
1983~1987	자유선발
1988~2001	드래프트
2002~2005	자유선발
2006~2012	드래프트
2013~2015	드래프트 +자유선발
2016~	자유선발

역대 외국인 선수 보유 및 출전한도 변천사

연도	등록인원	출전인원	비고
1983~1993	2	2	
1994	3	2	출전인원은 2명으로 하되 대표선수 차출에 비례하여 3명 이상 차출 시 3명 출전가능
1995	3	3	
1996~2000	5	3	1996년부터 외국인 GK 출전제한(1996년 전 경기 출전, 1997년 2/3 출전, 1998년 1/3 출전 가능), 1999년부터 외국인 GK 영입 금지
2001~2002	7	3	월드컵 지원으로 인한 대표선수 차출로 한시적 운영
2003~2004	5	3	
2005	4	3	
2006~2008	3	3	
2009~2019	3+1	3+1	아시아 쿼터(1명) 시행
2020~	3+1+1	3+1+1	아시아 쿼터(1명), 아세안(ASEAN) 쿼터(1명) 시행

역대 승점제도 변천사

연도	대회	승점현황
1983	수퍼리그	90분승 2점, 무승부 1점
1984	축구대제전 수퍼리그	90분승 3점, 득점무승부 2점, 무득점무승부 1점
1985	축구대제전 수퍼리그	90분승 2점, 무승부 1점
1986	축구대제전	
	프로축구선수권대회	
1987	한국프로축구대회	
1988	한국프로축구대회	
1989	한국프로축구대회	
1990	한국프로축구대회	
1991	한국프로축구대회	
1992	한국프로축구대회	
	아디다스컵	90분승 3점, 무승부 시 승부차기 (승 1.5점, 패 1점), 연장전 없음
1993	한국프로축구대회	90분승 4점, 무승부 시 승부차기 (승 2점, 패 1점), 연장전 없음
	아디다스컵	90분승 2점, 무승부 시 승부차기 승 2점
1994	하이트배 코리안리그	90분승 3점, 무승부 1점
	아디다스컵	
1995	하이트배 코리안리그	
	아디다스컵	
1996	라피도컵 프로축구대회	
	아디다스컵	
1997	라피도컵 프로축구대회	
	아디다스컵	
	프로스펙스컵(조별리그)	
1998	현대컵 K-리그	90분승 3점, 연장승 2점, 승부차기 승 1점
	필립모리스코리아컵	
	아디다스코리아컵(조별리그)	
1999	바이코리아컵 K-리그	
	대한화재컵(조별리그)	
	아디다스컵(토너먼트)	

연도	대회	승점현황
2000	삼성 디지털 K-리그	90분승 3점, 연장승 2점, 승부차기 승 1점
	대한화재컵(조별리그)	
	아디다스컵(토너먼트)	
2001	포스코 K-리그	90분승 3점, 무승부 1점 90분승 3점, 연장승 2점, 승부차기 승 1점
	아디다스컵(조별리그)	
2002	삼성 파브 K-리그	
	아디다스컵(조별리그)	
2003	삼성 하우젠 K-리그	90분승 3점, 무승부 1점
2004	삼성 하우젠 K-리그	
	삼성 하우젠컵	
2005	삼성 하우젠 K-리그	
	삼성 하우젠컵	
2006	삼성 하우젠 K-리그	
	삼성 하우젠컵	
2007	삼성 하우젠 K-리그	
	삼성 하우젠컵(조별리그)	
2008	삼성 하우젠 K-리그	
	삼성 하우젠컵(조별리그)	
2009	K-리그	
	피스컵 코리아(조별리그)	
2010	쏘나타 K리그	
	포스코컵(조별리그)	
2011	현대오일뱅크 K리그	
	러시앤캐시컵(조별리그)	
2012	현대오일뱅크 K리그	
2013	현대오일뱅크 K리그 클래식	
	현대오일뱅크 K리그 챌린지	
2014	현대오일뱅크 K리그 클래식	
	현대오일뱅크 K리그 챌린지	
2015	현대오일뱅크 K리그 클래식	
	현대오일뱅크 K리그 챌린지	
2016	현대오일뱅크 K리그 클래식	
	현대오일뱅크 K리그 챌린지	

연도	대회	승점현황
2017	KEB하나은행 K리그 클래식	90분승 3점, 무승부 1점
	KEB하나은행 K리그 챌린지	
2018	KEB하나은행 K리그1	
	KEB하나은행 K리그2	
2019	하나원큐 K리그1	
	하나원큐 K리그2	

연도	대회	승점현황
2020	하나원큐 K리그1	90분승 3점, 무승부 1점
	하나원큐 K리그2	
2021	하나원큐 K리그1	
	하나원큐 K리그2	
2022	하나원큐 K리그1	
	하나원큐 K리그2	

역대 관중 기록 _ K리그 BC(1983~2012년)

연도	경기수(경기일)	총관중수	평균 관중수	우승팀	비고
1983	40 (20)	419,478	20,974	할렐루야	
1984	114 (58)	536,801	9,255	대우	챔피언결정전 포함
1985	84 (42)	226,486	5,393	럭키금성	
1986	102 (53)	179,752	3,392	포항제철	챔피언결정전 포함
1987	78	341,330	4,376	대우	총 80경기 중 부산 기권승 2경기 제외
1988	60	360,650	6,011	포항제철	
1989	120	778,000	6,483	유공	
1990	90	527,850	5,865	럭키금성	
1991	121	1,480,127	12,232	대우	올스타전 포함
1992	123	1,353,573	11,005	포항제철	챔피언결정전, 올스타전 포함
1993	105	851,190	8,107	일화	
1994	126	893,217	7,089	일화	
1995	144	1,516,514	10,531	일화	챔피언결정전, 올스타전 포함
1996	182	1,911,347	10,502	울산 현대	챔피언결정전 포함
1997	180	1,218,836	6,771	부산 대우	올스타전포함
1998	185	2,179,288	11,780	수원 삼성	플레이오프, 올스타전 포함
1999	195(191)	2,752,953	14,413	수원 삼성	수퍼컵, 올스타전, 플레이오프 포함
2000	194(190)	1,909,839	10,052	안양 LG	수퍼컵, 올스타전, 플레이오프 포함
2001	181	2,306,861	12,745	성남 일화	수퍼컵, 올스타전 포함
2002	181	2,651,901	14,651	성남 일화	수퍼컵, 올스타전 포함
2003	265	2,448,868	9,241	성남 일화	올스타전 포함
2004	240	2,429,422	10,123	수원 삼성	수퍼컵, 올스타전 포함
2005	240	2,873,351	11,972	울산 현대	수퍼컵, 올스타전 포함
2006	279	2,455,484	8,801	성남 일화	수퍼컵, 올스타전 포함
2007	254	2,746,749	10,814	포항 스틸러스	
2008	253	2,945,400	11,642	수원 삼성	
2009	256	2,811,561	10,983	전북 현대	올스타전 포함
2010	254	2,735,904	10,771	FC서울	올스타전 포함
2011	283	3,030,586	10,709	전북 현대	
2012	352(338)	2,419,143	7,157	FC서울	올스타전 포함, 인천 무관중 경기 제외, 상주 기권경기 제외
합계		51,292,461			

- 1999, 2000 아디다스컵 5경기 기준
- 1일 2경기 또는 3경기 시 1경기로 평균처리
- 2012년부터 실관중 집계

역대 관중 기록 _ K리그1

연도	경기수	총관중수	평균 관중수	우승팀
2013	266	2,036,413	7,656	포항 스틸러스
2014	228	1,808,220	7,931	전북 현대
2015	228	1,760,238	7,720	전북 현대
2016	228	1,794,855	7,872	FC서울
2017	228	1,482,483	6,502	전북 현대
2018	228	1,241,320	5,444	전북 현대
2019	228	1,827,061	8,013	전북 현대
2020	162	86,640	2,475	전북 현대
2021	228	444,473	1,949	전북 현대
2022	228	1,099,031	4,820	울산 현대
합계		13,580,734		

역대 관중 기록 _ K리그2

연도	경기수	총관중수	평균 관중수	우승팀
2013	140	235,846	1,685	상주 상무
2014	182	221,799	1,219	대전 시티즌
2015	222	356,924	1,606	상주 상무
2016	222	335,384	1,511	안산 무궁화
2017	182	426,645	2,344	경남FC
2018	182	310,627	1,707	아산 무궁화
2019	182	536,217	2,946	광주FC
2020	137	27,717	792	제주 유나이티드
2021	182	118,975	653	김천 상무
2022	222	301,107	1,356	광주FC
합계		2,871,241		

- 2018년부터 유료관중 집계
- 2020년: 코로나19로 무관중 경기(K리그1 127경기, K리그2 102경기) 및 관중 제한 입장(K리그1 35경기, K리그2 35경기) 실시
- 2021년: 코로나19로 무관중 경기(K리그1 39경기, K리그2 39경기) 및 관중 제한 입장(K리그1 189경기, K리그2 143경기) 실시

역대 관중 기록 _ K리그 승강 플레이오프

연도	경기수	총관중수	평균 관중수	잔류/승격 팀	비고
2013	2	10,550	5,275	상주 상무	클래식 13위팀 vs 챌린지 1위팀
2014	2	4,636	2,318	광주FC	클래식 11위팀 vs 챌린지 2~4위 플레이오프 진출팀
2015	2	8,482	4,241	수원FC	
2016	2	9,587	4,794	강원FC	클래식 11위팀 vs 챌린지 3~5위 플레이오프 진출팀
2017	2	4,036	2,018	상주 상무	클래식 11위팀 vs 챌린지 2~4위 플레이오프 진출팀
2018	2	18,681	9,341	FC서울	K리그1 11위팀 vs K리그2 3~5위 플레이오프 진출팀
2019	2	13,646	6,823	부산 아이파크	
2020	-	-	-		승강 플레이오프 미개최
2021	2	10,325	5,162	강원FC	K리그1 11위팀 vs K리그2 3~5위 플레이오프 진출팀
2022	4	29,168	7,292	수원, 대전	K리그1 11위팀 vs K리그2 2위팀 / K리그1 10위팀 vs K리그2 3~5위 플레이오프 진출팀
합계		69,618			

- 2018년부터 유료관중 집계
- 2021년: 코로나19로 관중 제한 입장 실시

역대 시즌별 개인상 수상자

구분	감독상	MVP	득점상	도움상	감투상	모범상	베스트 11				심판상	우수 GK상	수비상	신인 선수상	특별상
							GK	DF	MF	FW					
1983	함흥철 (할렐)	박성화 (할렐)	박윤기 (유공)	박창선 (할렐)	이강조 (유공)	이춘석 (대우)	조병득 (할렐)	박성화(할렐) 김철수(포철) 장외룡(대우) 이강조(유공)	조광래(대우) 박창선(할렐)	박윤기(유공) 이길용(포철) 이춘석(대우) 김용세(유공)		조병득 (할렐)			* **인기상**: 조광래(대우) * **응원상**: 국민은행
1984	장운수 (대우)	박창선 (대우)	백종철 (현대)	렌스베르겐 (현대)	정용환 (대우)	조영증 (럭금)	오연교 (유공)	정용환(대우) 박경훈(포철) 박성화(할렐) 정종수(유공)	박창선(대우) 허정무(현대) 조영증(럭금)	최순호(포철) 이태호(대우) 백종철(현대)	나윤식	오연교 (유공)			
1985	박세학 (럭금)	한문배 (럭금)	피아퐁 (럭금)	피아퐁 (럭금)	김용세 (유공)	최강희 (현대)	김현태 (럭금)	장외룡(대우) 한문배(럭금) 최강희(현대) 김철수(포철)	박상인(할렐) 이흥실(포철) 박항서(럭금)	김용세(유공) 피아퐁(럭금) 강득수(럭금)	최길수	김현태 (럭금)		이흥실 (포철)	
1986	최은택 (포철)	이흥실 (포철) 최강희 (현대)	정해원 (대우) 함현기 (현대)	강득수 (럭금) 전영수 (현대)	민진홍 (유공)	박성화 (포철)	김현태 (럭금)	조영증(럭금) 김평석(현대) 최강희(현대) 박노봉(대우)	조민국(럭금) 이흥실(포철) 윤성효(한일)	김용세(유공) 정해원(대우) 함현기(현대)	심건택	김현태 (럭금) 호성호 (현대)		함현기 (현대)	정해원(대우)
1987	이차만 (대우)	정해원 (대우)	최상국 (포철)	최상국 (포철)	최기봉 (유공)	박노봉 (대우)	김풍주 (대우)	최기봉(유공) 정용환(대우) 박경훈(포철) 구상범(럭금)	김삼수(현대) 노수진(유공) 이흥실(포철)	최상국(포철) 정해원(대우) 김주성(대우)	박경인	조병득 (포철)		김주성 (대우)	
1988	이회택 (포철)	박경훈 (포철)	이기근 (포철)	김종부 (포철)	최진한 (럭금) 손형선 (대우)	최강희 (현대)	오연교 (현대)	최강희(현대) 최태진(대우) 손형선(대우) 강태식(포철)	최진한(럭금) 김상호(포철) 황보관(유공)	이기근(포철) 함현기(현대) 신동철(유공)	이도하	오연교 (현대)		황보관 (유공)	
1989	김정남 (유공)	노수진 (유공)	조긍연 (포철)	이흥실 (포철)	조긍연 (포철)	강재순 (현대)	차상광 (럭금)	임종헌(일화) 조윤환(유공) 최윤겸(유공) 이영익(럭금)	이흥실(포철) 조덕제(대우) 강재순(현대)	윤상철(럭금) 조긍연(포철) 노수진(유공)		차상광 (럭금)		고정운 (일화)	
1990	고재욱 (럭금)	최진한 (럭금)	윤상철 (럭금)	최대식 (럭금)	최태진 (럭금)	이태호 (대우)	유대순 (유공)	최영준(럭금) 이재희(대우) 최태진(럭금) 임종헌(일화)	최진한(럭금) 이흥실(포철) 최대식(럭금)	윤상철(럭금) 이태호(대우) 송주석(현대)	길기철	유대순 (유공)		송주석 (현대)	
1991	비츠케이 (대우)	정용환 (대우)	이기근 (포철)	김준현 (유공)	최진한 (유공)	정용환 (대우)	김풍주 (대우)	정용환(대우) 박현용(대우) 테 드 (유공)	김현석(현대) 이영진(LG) 김주성(대우) 최강희(현대) 이상윤(일화)	이기근(포철) 고정운(일화)	이상용		박현용 (대우)	조우석 (일화)	
1992	이회택 (포철)	홍명보 (포철)	임근재 (LG)	신동철 (유공)	박창현 (포철)	이태호 (대우)	사리체프(일화)	홍명보(포철) 이종화(일화) 박정배 (LG)	신홍기(현대) 김현석(현대) 신태용(일화) 박태하(포철) 신동철(유공)	박창현(포철) 임근재(LG)	노병일		사리체프 (일화)	신태용 (일화)	
1993	박종환 (일화)	이상윤 (일화)	차상해 (포철)	윤상철 (LG)	윤상철 (LG)	최영일 (현대)	사리체프(일화)	최영일(현대) 이종화(일화) 유동관(포철)	김판근(대우) 신태용(일화) 김동해 (LG) 이상윤(일화) 김봉길(유공)	차상해(포철) 윤상철(LG)	김광택		이종화 (일화)	정광석 (대우)	
1994	박종환 (일화)	고정운 (일화)	윤상철 (LG)	고정운 (일화)	이광종 (유공)	정종수 (현대)	사리체프(일화)	안익수(일화) 유상철(현대) 홍명보(포철) 허기태(유공)	신태용(일화) 고정운(일화) 황보관(유공)	윤상철 (LG) 라 데 (포철) 김경래(버팔)	박해용		사리체프 (일화)	최용수 (LG)	
1995	박종환 (일화)	신태용 (일화)	노상래 (전남)	아미르 (대우)			사리체프(일화)	최영일(현대) 홍명보(포항) 허기태(유공)	신태용(일화) 고정운(일화) 김현석(현대) 김판근(LG) 아미르(대우)	황선홍(포항) 노상래(전남)	김진옥			노상래 (전남)	

구분	감독상	MVP	득점상	도움상	베스트 11				최우수 주심상	최우수부심상	신인 선수상	특별상
					GK	DF	MF	FW				
1996	고재욱 (울산)	김현석 (울산)	신태용 (천안)	라데 (포항)	김병지 (울산)	윤성효(수원) 김주성(부산) 허기태(부천SK)	신태용(천안) 비데아(수원) 홍명보(포항) 하석주(부산) 김현석(울산)	라데(포항) 세르게이 (부천SK)	김용대	김회성	박건하 (수원)	
1997	이차만 (부산)	김주성 (부산)	김현석 (울산)	데니스 (수원)	신범철 (부산)	김주성(부산) 마시엘(전남) 안익수(포항)	김현석(울산) 신진원(대전) 김인완(전남) 이진행(수원) 정재권(부산)	마니치(부산) 스카첸코(전남)	이재성	곽경만	신진원 (대전)	
1998	김호 (수원)	고종수 (수원)	유상철 (울산)	정정수 (울산)	김병지 (울산)	안익수(포항) 마시엘(전남) 이임생(부천SK)	고종수(수원) 유상철(울산) 백승철(포항) 안정환(부산) 정정수(울산)	사샤(수원) 김현석(울산)	한병화	김회성	이동국 (포항)	김병지(울산/ GK 필드골)
1999	김호 (수원)	안정환 (부산)	사샤 (수원)	변재섭 (전북)	이운재 (수원)	신홍기(수원) 김주성(부산) 마시엘(전남) 강철(부천SK)	서정원(수원) 고종수(수원) 데니스(수원) 고정운(포항)	안정환(부산) 사샤(수원)	한병화	김용대	이성재 (부천SK)	이용발(부천SK)
2000	조광래 (안양LG)	최용수 (안양LG)	김도훈 (전북)	안드레 (안양LG)	신의손 (안양LG)	강철(부천SK) 이임생(부천SK) 김현수(성남일) 마시엘(전남)	안드레(안양LG) 신태용(성남) 전경준(부천SK) 데니스(수원)	최용수(안양LG) 김도훈(전북)	이상용	곽경만	양현정 (전북)	이용발(부천SK) 조성환(부천SK)
2001	차경복 (성남)	신태용 (성남)	산드로 (수원)	우르모브 (부산)	신의손 (안양LG)	우르모브(부산) 김현수(성남일) 김용희(성남일) 이영표(안양LG)	신태용(성남일) 서정원(수원) 송종국(부산) 남기일(부천SK)	우성용(부산) 산드로(수원)	김진옥	김계수	송종국 (부산)	신의손(안양LG) 이용발(부천SK)
2002	차경복 (성남일)	김대의 (성남일)	에드밀손 (전북)	이천수 (울산)	이운재 (수원)	김현수(성남일) 김태영(전남) 최진철(전북) 홍명보(포항)	신태용(성남일) 이천수(울산) 안드레(안양LG) 서정원(수원)	김대의(성남일) 유상철(울산)	권종철	원창호	이천수 (울산)	김기동(부천SK) 이용발(전북)
2003	차경복 (성남일)	김도훈 (성남일)	김도훈 (성남일)	에드밀손 (전북)	서동명 (울산)	최진철(전북) 김태영(전남) 김현수(성남일) 산토스(포항)	이관우(대전) 이성남(성남일) 신태용(성남일) 김남일(전남)	김도훈(성남일) 마그노(전북)	권종철	김선진	정조국 (안양LG)	
2004	차범근 (수원)	나드손 (수원)	모따 (전남)	홍순학 (대구)	이운재 (수원)	산토스(포항) 유경렬(울산) 무사(수원) 곽희주(수원)	김동진(서울) 따바레즈(포항) 김두현(수원) 김대의(수원)	나드손(수원) 모따(전남)	이상용	원창호	문민귀 (포항)	김병지(포항) 조준호(부천SK) 신태용(성남일/최다 경기 출전)
2005	장외룡 (인천)	이천수 (울산)	마차도 (울산)	히칼도 (서울)	김병지 (포항)	조용형(부천SK) 김영철(성남일) 임중용(인천) 유경렬(울산)	이천수(울산) 김두현(성남일) 이호(울산) 조원희(수원)	박주영(서울) 마차도(울산)	이영철	원창호	박주영 (서울)	조준호(부천SK) 김병지(포항)
2006	김학범 (성남일)	김두현 (성남일)	우성용 (성남일)	슈바 (대전)	박호진 (수원)	마토(수원) 김영철(성남일) 장학영(성남일) 최진철(전북)	김두현(성남일) 이관우(수원) 백지훈(수원) 뽀뽀(부산)	우성용(성남일) 김은중(서울)	이영철	안상기	염기훈 (전북)	김병지(서울) 최은성(대전) 이정래(경남)
2007	파리아스 (포항)	따바레즈 (포항)	까보레 (경남)	따바레즈 (포항)	김병지 (서울)	마 토(수원) 황재원(포항) 장학영(성남일) 아 디(서울)	따바레즈(포항) 이관우(수원) 김기동(포항) 김두현(성남일)	까보레(경남) 이근호(대구)	이상용	강창구	하태균 (수원)	김병지(서울) 김영철(성남일) 김용대(성남일) 장학영(성남일) 염동균(전남)
2008	차범근 (수원)	이운재 (수원)	두두 (성남일)	브라질리아(울산)	이운재 (수원)	아 디(서울) 마 토(수원) 박동혁(울산) 최효진(포항)	기성용(서울) 이청용(서울) 조원희(수원) 김형범(전북)	에두(수원) 이근호(대구)	고금복	손재선	이승렬 (서울)	백민철(대구)
2009	최강희 (전북)	이동국 (전북)	이동국 (전북)	루이스 (전북)	신화용 (포항)	김형일(포항) 황재원(포항) 최효진(포항) 김상식(전북)	최태욱(전북) 기성용(서울) 에닝요(전북) 김정우(성남일)	이동국(전북) 데닐손(포항)	최광보	원창호	김영후 (강원)	김영광(울산) 김병지(경남/통산 500경기 출전) *판타스틱플레이어상: 이동국(전북)

구분		감독상	MVP	득점상	도움상	베스트 11 GK	베스트 11 DF	베스트 11 MF	베스트 11 FW	최우수 주심상	최우수 부심상	신인선수상	특별상	판타스틱 플레이어상
2010		박경훈 (제주)	김은중 (제주)	유병수 (인천)	구자철 (제주)	김용대 (서울)	최효진(서울) 아디(서울) 사샤(성남일) 홍정호(제주)	구자철(제주) 에닝요(전북) 몰리나(성남일) 윤빛가람(경남)	김은중(제주) 데얀(서울)	최명용	정해상	윤빛가람 (경남)	김용대(서울) 김병지(경남) 백민철(대구)	구자철 (제주)
2011		최강희 (전북)	이동국 (전북)	데얀 (서울)	이동국 (전북)	김영광 (울산)	박원재(전북) 곽태휘(울산) 조성환(전북) 최철순(전북)	염기훈(수원) 윤빛가람(경남) 하대성(서울) 에닝요(전북)	이동국(전북) 데얀(서울)	최광보	김정식	이승기(광주)		이동국 (전북)
2012		최용수 (서울)	데얀 (서울)	데얀 (서울)	몰리나 (서울)	김용대 (서울)	아디(서울) 곽태휘(울산) 정인환(인천) 김창수(부산)	몰리나(서울) 황진성(포항) 하대성(서울) 이근호(울산)	데얀(서울) 이동국(전북)	최명용	김용수	이명주(포항)	김병지(경남/통산 600경기 출전) 김용대(서울)	데얀 (서울)
2013	K리그1	황선홍 (포항)	김신욱 (울산)	데얀 (서울)	몰리나 (서울)	김승규 (울산)	아디(서울) 김치곤(울산) 김원일(포항) 이용(울산)	고무열(포항) 이명주(포항) 하대성(서울) 레오나르도(전북)	데얀(서울) 김신욱(울산)	유선호	손재선	영플레이어상 고무열(포항)	권정혁(인천)	김신욱 (울산)
	K리그2	박항서 (상주)	이근호 (상주)	이근호 (상주)	염기훈 (경찰/수원)*	김호준 (상주/제주)*	최철순(상주) 김형일(상주/포항)* 이재성(상주) 오범석(경찰)	염기훈(경찰/수원)* 이호(상주) 최진수(안양) 김영후(경찰/강원)*	이근호(상주) 알렉스(고양)					
2014	K리그1	최강희 (전북)	이동국 (전북)	산토스 (수원)	이승기 (전북)	권순태 (전북)	홍철(수원) 김주영(서울) 윌킨슨(전북) 차두리(서울)	임상협(부산) 고명진(서울) 이승기(전북) 한교원(전북)	이동국(전북) 산토스(수원)	최명용	노태식	김승대(포항)	김병지(전남)	이동국 (전북)
	K리그2	조진호 (대전)	아드리아노(대전)	아드리아노(대전)	최진호 (강원)	박주원 (대전)	이재권(안산경) 허재원(대구) 윤원일(대전) 임창우(대전)	김호남(광주) 이용래(안산경) 최진수(안양) 최진호(강원)	아드리아노 (대전) 알렉스(강원)					
2015	K리그1	최강희 (전북)	이동국 (전북)	김신욱 (울산)	염기훈 (수원)	권순태 (전북)	홍철(수원) 요니치(인천) 김기희(전북) 차두리(서울)	염기훈(수원) 이재성(전북) 권창훈(수원) 송진형(제주)	이동국(전북) 아드리아노 (서울)			이재성(전북)	신화용(포항) 오스마르(서울)	이동국 (전북)
	K리그2	조덕제 (수원FC)	조나탄 (대구)	조나탄 (대구)	김재성 (서울E)	조현우 (대구)	박진포(상주) 신형민(안산경) 강민수(상주) 이용(상주)	고경민(안양) 이승기(상주) 조원희(서울E) 김재성(서울E)	조나탄(대구) 주민규(서울E)					
2016	K리그1	황선홍 (서울)	정조국 (광주)	정조국 (광주)	염기훈 (수원)	권순태 (전북)	고광민(서울) 오스마르(서울) 요니치(인천) 정운(제주)	로페즈(전북) 레오나르도(전북) 이재성(전북) 권창훈(수원)	정조국(광주) 아드리아노 (서울)			안현범(제주)		레오나르도(전북)
	K리그2	손현준 (대구)	김동찬 (대전)	김동찬 (대전)	이호석 (경남)	조현우 (대구)	정승용(강원) 황재원(대구) 이한샘(강원) 정우재(대구)	세징야(대구) 이현승(안산무) 황인범(대전) 바그닝요(부천)	김동찬(대전) 포프(부산)				김한빈(충주)	
2017	K리그1	최강희 (전북)	이재성 ⑰(전북)	조나탄 (수원)	손준호 (포항)	조현우 (대구)	김진수(전북) 김민재(전북) 오반석(제주) 최철순(전북)	염기훈(수원) 이재성⑰(전북) 이창민(제주) 이승기(전북)	이근호(강원) 조나탄(수원)	김종혁	이정민	김민재(전북)	이동국(전북/통산 200골 달성) 김영광(서울E)	조나탄 (수원)
	K리그2	김종부 (경남)	말컹 (경남)	말컹 (경남)	장혁진 (안산)	이범수 (경남)	최재수(경남) 박지수(경남) 이반(경남) 우주성(경남)	정원진(경남) 문기한(부천) 황인범(대전) 배기종(경남)	말컹(경남) 이정협(부산)					

* 시즌 중 전역

구분		감독상	MVP	득점상	도움상	베스트 11				최우수 주심상	최우수 부심상	영플레이어상	특별상	아디다스 탱고 어워드
						GK	DF	MF	FW					
2018	K리그1	최강희(전북)	말 컹(경남)	말 컹(경남)	세징야(대구)	조현우(대구)	홍 철(수원) 리차드(울산) 김민재(전북) 이 용(전북)	네게바(경남) 최영준(경남) 아길라르(인천) 로페즈(전북)	말 컹(경남) 주니오(울산)	김대용	김계용	한승규(울산)	강현무(포항) 김승대(포항)	강현무(포항)
	K리그2	박동혁(아산)	나상호(광주)	나상호(광주)	호물로(부산)	김영광(서울E)	김문환(부산) 이한샘(아산) 윤영선(성남) 서보민(성남)	황인범(대전) 호물로(부산) 이명주(아산) 안현범(아산)	나상호(광주) 키 쭈(대전)				김영광(서울E)	
2019	K리그1	모라이스(전북)	김보경(울산)	타가트(수원)	문선민(전북)	조현우(대구)	김태환(울산) 홍정호(전북) 홍 철(수원) 이 용(전북)	김보경(울산) 문선민(전북) 세징야(대구) 완델손(포항)	주니오(울산) 타가트(수원)	이동준	윤광열	김지현(강원)	송범근(전북) 한국영(강원)	김대원(대구)
	K리그2	박진섭(광주)	이동준(부산)	펠리페(광주)	정재희(전남)	윤평국(광주)	김문환(부산) 닐손주니어(부천) 아슐마토프(광주) 이으뜸(광주)	김상원(안양) 알렉스(안양) 이동준(부산) 호물로(부산)	조규성(안양) 치솜(수원FC)					
2020	K리그1	김기동(포항)	손준호(전북)	주니오(울산)	강상우(포항)	조현우(울산)	김태환(울산) 홍정호(전북) 권경원(상주) 강상우(포항)	손준호(전북) 한교원(전북) 세징야(대구) 팔로세비치(포항)	주니오(울산) 일류첸코(포항)	-	-	송민규(포항)	강현무(포항) 조현우(울산) 송범근(전북)	-
	K리그2	남기일(제주)	안병준(수원FC)	안병준(수원FC)	김영욱(제주)	오승훈(제주)	정우재(제주) 정 운(제주) 조유민(수원FC) 안현범(제주)	공민현(제주) 이창민(제주) 김영욱(제주) 백성동(경남)	레안드로(서울E) 안병준(수원FC)			이동률(제주)		
2021	K리그1	김상식(전북)	홍정호(전북)	주민규(제주)	김보경(전북)	조현우(울산)	강상우(포항) 불투이스(울산) 홍정호(전북) 이기제(수원)	임상협(포항) 바 코(울산) 세징야(대구) 이동준(울산)	라스(수원FC) 주민규(제주)	-	-	설영우(울산)	김영광(성남) 조현우(울산)	-
	K리그2	김태완(김천)	안병준(부산)	안병준(부산)	주현우(안양)	구성윤(김천)	서영재(대전) 주현우(안양) 정승현(김천) 최 준(부산)	김경중(안양) 박진섭(대전) 김현욱(전남) 마 사(대전)	안병준(부산) 조나탄(안양)			김인균(충남아산)		
2022	K리그1	홍명보(울산)	이청용(울산)	조규성(전북)	이기제(수원)	조현우(울산)	김진수(전북) 김영권(울산) 박진섭(전북) 김태환(울산)	김대원(강원) 세징야(대구) 신진호(포항) 이청용(울산)	조규성(전북) 주민규(제주)	-	-	양현준(강원)		EA Most Selected Player 이범영(수원FC)
	K리그2	이정효(광주)	안영규(광주)	티아고(경남)	아코스티(안양)	김경민(광주)	조현택(부천) 조유민(대전) 안영규(광주) 두현석(광주)	윌리안(대전) 박한빈(광주) 이순민(광주) 엄지성(광주)	유강현(충남아산) 티아고(경남)			엄지성(광주)	정민기(안양)	

- 특별상 수상 내역: 별도표기 없는 수상자는 모두 전 경기 전 시간 출전자

K LEAGUE ANNUAL REPORT 2023

2023 K리그 연감 : 1983~2022

엮은이 | (사) 한국프로축구연맹
펴낸이 | 김종수
펴낸곳 | 한울엠플러스(주)

초판 1쇄 인쇄 | 2023년 3월 2일
초판 1쇄 발행 | 2023년 3월 17일

주소 | 10881 경기도 파주시 광인사길 153 한울시소빌딩 3층
전화 | 031-955-0655
팩스 | 031-955-0656
홈페이지 | www.hanulmplus.kr
등록번호 | 제406-2015-000143호

Printed in Korea.
ISBN 978-89-460-8254-0 03690
* 책값은 겉표지에 표시되어 있습니다.